Rechtskonflikte

Festschrift für Horst Dreier
zum 70. Geburtstag

Rechtskonflikte

Festschrift für Horst Dreier zum 70. Geburtstag

herausgegeben von

Frauke Brosius-Gersdorf, Armin Engländer, Andreas Funke, David Kuch, Axel Tschentscher und Fabian Wittreck

Mohr Siebeck

Publiziert mit Unterstützung der Schulze-Fielitz Stiftung Berlin.

ISBN 978-3-16-162685-2 / eISBN 978-3-16-164025-4
DOI 10.1628/978-3-16-164025-4

Die Deutsche Nationalbibliothek verzeichnet diese Publikation in der Deutschen Nationalbibliographie; detaillierte bibliographische Daten sind im Internet über *https://dnb.dnb.de* abrufbar.

Das Buch wurde von Martin Fischer in Tübingen gesetzt, von Stückle Druck in Ettenheim auf alterungsbeständiges Werkdruckpapier gedruckt und von der Buchbinderei Spinner in Ottersweier gebunden.

Printed in Germany.

Vorwort

Horst Dreier hat am 7. September 2024 sein siebzigstes Lebensjahr vollendet. Aus diesem Anlass publizieren Kolleginnen und Kollegen, Weggefährtinnen und Weggefährten sowie Schülerinnen und Schüler des Jubilars in dieser Festschrift Beiträge zu den von ihm besonders gepflegten Themengebieten. Der Band wurde ihm anlässlich eines Festakts am 22. November 2024 in Hannover, wo er aufgewachsen ist und seine juristische Laufbahn begann, übergeben. Wir verbinden mit dieser Übergabe den herzlichsten Dank an unseren akademischen Lehrer, der uns seit so vielen Jahren inspiriert und begleitet.

Die beeindruckende Interessenvielfalt von Horst Dreier spiegelt sich in der inhaltlichen Spannbreite der Beiträge. Mit dem dafür gefundenen Titel »Rechtskonflikte« soll das Verbindende, nicht das Trennende betont werden: die Auflösung von Grundrechtskonflikten durch praktische Konkordanz, die Entfaltung der modernen Verfassungsstaatlichkeit aus einer konfliktgeladenen historischen Entwicklung, die Synthese verfassungsrechtlicher Wertungen mit rechtsphilosophischer Reflexion, das Zusammenspiel von gewaltenteiligen Institutionen im Verfassungsstaat und die Offenheit der freiheitlichen Verfassung gegenüber widerstreitenden Religionen.

Schon in dem Band, der das Symposium zum sechzigsten Geburtstag des Jubilars dokumentierte (»Grundlagen des Grundgesetzes«, 2018), konnten wir mit dem Abdruck eines aktuellen Schriftenverzeichnisses das ganze Spektrum der von Horst Dreier behandelten Themen präsentieren. Diese Zusammenstellung ist bis heute noch einmal mächtig gewachsen. Angesichts der ungebrochenen publizistischen Aktivität des Jubilars freuen wir uns auf viele weitere Jahre des wissenschaftlichen und persönlichen Austausches.

Die Herausgeberin und die Herausgeber danken den Verantwortlichen beim Verlag Mohr Siebeck, insbesondere Frau Daniela Taudt, Frau Silja Verena Meister und Herrn Matthias Spitzner, für ihre engagierte und umsichtige Unterstützung. Mit der Publikation dieser Festschrift im Verlag Mohr Siebeck schreiben wir nicht zuletzt eine jahrzehntelange Tradition des Lehrstuhls Dreier fort. Dank gebührt auch allen Autorinnen und Autoren dieses Bandes. Sie haben sich einem in Zeit und Umfang anspruchsvollen Vorhaben unterzogen und uns die Herausgeberarbeit so angenehm gemacht, wie man es sich bei einem solchen Projekt wünscht. Ein besonderer Dank geht an die Schulze-Fielitz Stiftung Berlin für die großzügige finanzielle Unterstützung der Festschrift. Schließlich danken wir den Mitarbeiterinnen und Mitarbeitern unserer Lehrstühle für die Unterstützung bei der Korrektur der Texte und die ergänzenden Recherchen zur Vervollständigung der Nachweise sowie bei der Organisation des Festaktes für Horst Dreier im November 2024, namentlich: Noah Alibayli, Sabrina Camenzind, Rosalie Filbert, Dennis Fischer, Nicole Friedlein, Martin Krafczyk, Olga Lieder, Julian Marbach, Sarah Maurus, Tanja Oldach, Lena Alisa Orleth, Nicolas Rudert, Clara Schmid, Tina Sperling und Nadine Thomet.

Potsdam/München/Nürnberg-Erlangen/Konstanz/Bern/Münster,
im November 2024,

Frauke Brosius-Gersdorf
Armin Engländer
Andreas Funke
David Kuch
Axel Tschentscher
Fabian Wittreck

Inhaltsverzeichnis

II. Verfassungsstaatlichkeit: Konzept und Institutionen

III. Demokratie: Theorie und Praxis

V. Religion

I. Recht: Struktur, Idee und Wirklichkeit

Versprechen, Gehören, Bestimmen

Zur Aktualität der Privatrechtstheorie Adolf Reinachs

Marietta Auer

Es sind einige wenige berühmte Namen des frühen zwanzigsten Jahrhunderts, zu denen das rechtstheoretische Schaffen des verehrten Jubilars immer wieder zurückkehrt. Unter diesen ragt keiner so sehr heraus wie Hans Kelsen, der Schöpfer der Reinen Rechtslehre. Seit der in zwei Auflagen erschienenen, breit rezipierten und vielfach rezensierten Dissertation, die maßgeblich zur Durchsetzung des Denkens ihres Protagonisten in der deutschen Rechtstheorie der Gegenwart beigetragen hat, hat sich Horst Dreier immer wieder mit Leben und Werk dieses »Jahrhundertjuristen« befasst.[1] Geboren 1881 und trotz Vertreibung, Flucht und Exil mit einem langen, produktiven Gelehrtenleben bis 1973 gesegnet, gelang es Kelsen, den Positivismus der Reinen Rechtslehre als eine der führenden rechtstheoretischen Lehren des zwanzigsten Jahrhunderts zu etablieren.

Anders als Kelsen konnte Adolf Reinach nie ein Jahrhundertjurist werden. Wer weiß, wie die Landkarte der deutschsprachigen Rechtsphilosophie heute aussähe, wenn Reinach, der derselben Generation angehörte wie Kelsen, das Jahr 1917 überlebt hätte? Reinachs Leben war tragisch – von tragischer Kürze und abgebrochener Entfaltung. Seine Geschichte ist auch eine Geschichte davon, wie der Weg der deutschen Philosophie im Dialog mit dem Recht hätte aussehen können, wenn es die Schlachtfelder des ersten Weltkriegs nicht gegeben hätte. Auf ganz andere Weise als Kelsen steht er damit paradigmatisch für das Denken seiner Zeit und sollte ebenso aufmerksam gelesen werden wie jener.

---

[1] *Horst Dreier*, Rechtslehre, Staatssoziologie und Demokratietheorie bei Hans Kelsen, Baden-Baden 1986; 2. Auflage Baden-Baden 1990. Zwölf Aufsätze zu Kelsen und Kelseniana sind versammelt in ders., Kelsen im Kontext. Beiträge zum Werk Hans Kelsens und geistesverwandter Autoren, hrsgg. von Matthias Jestaedt und Stanley L. Paulson, Tübingen 2019. Aus jüngster Zeit seien noch erwähnt *ders.*, ad Kelsen. Rechtspositivist und Demokrat, Hamburg 2021 sowie *ders.*, Hans Kelsen. Zur Einführung, Hamburg 2023.

I. Adolf Reinach: Sprachphilosoph des Privatrechts

Als Sohn eines jüdischen Fabrikanten 1883 in Mainz geboren, erlebte Adolf Reinach ebenso wie der zwei Jahre ältere Kelsen seine akademische Ausbildung in den wissenschaftlichen Blütejahren der Jahrhundertwende, als das unübersehbare Auseinanderdriften der Geistes- und Naturwissenschaften die Frage nach den Bedingungen der Möglichkeit von Erkenntnis mit voller Wucht aufwarf. Reinachs frühe akademische Prägung begann in München, wo er sich 1901 als Student der Rechte einschrieb, jedoch hauptsächlich bei Theodor Lipps Philosophie und Psychologie studierte.[2] Lipps und seine Schüler – Neurophilosophen *avant la lettre* – beanspruchten, erkenntnistheoretische Grundfragen durch psychologische Prozesse des menschlichen Bewusstseins erklären zu können. Lange hielt es Reinach nicht in diesem Kreis. Nach der 1904 bei Lipps abgeschlossenen Promotion zog es ihn zusammen mit einer Gruppe junger Phänomenologen rund um Moritz Geiger, Otto Selz, Aloys Fischer, Alexander Pfänder und Johannes Daubert in einer später als »Münchner Invasion in Göttingen« bekannt gewordenen Gruppenbewegung nach Göttingen, um bei Edmund Husserl, Lipps' antipsychologistischem Gegenspieler, Phänomenologie zu studieren.[3] Zwischendurch schloss Reinach noch sein rechtswissenschaftliches Studium bei dem Strafrechtstheoretiker Ernst Beling in Tübingen ab. Schließlich wandte er sich hauptberuflich zur Philosophie und habilitierte sich 1909 bei Husserl in Göttingen. 1913 gehörte er neben Moritz Geiger, Alexander Pfänder und Max Scheler zu den Mitbegründern von Husserls *Jahrbuch für Philosophie und phänomenologische Forschung*. Im ersten Band dieser Zeitschrift erschien im selben Jahr seine Abhandlung *Die apriorischen Grundlagen des bürgerlichen Rechtes*.[4] Neben dieser Abhandlung hat Reinach nur wenige weitere phänomenologische und begriffstheoretische Schriften hinterlassen. Und dann der November 1917,

---

[2] Siehe die Selbstzeugnisse in den Lebensläufen zur Dissertation und Habilitation sowie den Editionsbericht zu den »apriorischen Grundlagen«, in: Adolf Reinach. Sämtliche Werke. Textkritische Ausgabe in 2 Bänden, hrsgg. von Karl Schuhmann und Barry Smith, München/Wien 1989, Band 1, S. 636; Band 2, S. 665ff., 713; vgl. auch *Karl Schuhmann/Barry Smith*, Adolf Reinach: An Intellectual Biography, in: Kevin Mulligan (Hrsg.), Speech Act and Sachverhalt. Reinach and the Foundations of Realist Phenomenology, Dordrecht 1987, S. 3–27; *James DuBois/Barry Smith*, Adolf Reinach, in: The Stanford Encyclopedia of Philosophy (Fall 2018 Edition), hrsgg. von Edward N. Zalta, https://plato.stanford.edu/archives/fall2018/entries/reinach/. Eine wissenschaftliche Biographie Reinachs fehlt.

[3] Zum Göttinger Phänomenologenkreis etwa *Alessandro Salice*, The Phenomenology of the Munich and Göttingen Circles, in: The Stanford Encyclopedia of Philosophy (Winter 2020 Edition), hrsgg. von Edward N. Zalta, https://plato.stanford.edu/archives/win2020/entries/phenomenology-mg/.

[4] *Adolf Reinach*, Die apriorischen Grundlagen des bürgerlichen Rechtes, in: Jahrbuch für Philosophie und phänomenologische Forschung 1, 2. Teilband (1913), S. 685–847, hier zitiert nach: Adolf Reinach. Sämtliche Werke, Band 1, S. 141–278 [nachfolgend: *Reinach*, AGbR].

ein Schützengraben in Flandern. Die vielversprechenden Schriften, die von Reinach noch zu erwarten gewesen wären, blieben ungeschrieben.

Es ist müßig, darüber zu spekulieren, was Reinach hätte erreichen können, hätte er lange genug gelebt, um aus seinen ersten jugendlichen Versuchen zu einer phänomenologischen Rechtstheorie ein reifes wissenschaftliches Werk zu formen. Heutige Exegeten müssen mit dem Wenigen arbeiten, das er hinterlassen hat. So wenig ist es indessen gar nicht: Das schmale Werk *Die apriorischen Grundlagen des bürgerlichen Rechtes* bietet genug Denkanstöße für vielfältige rechtstheoretische Befassung. Der theoretische Weg, den Reinach darin beschreitet, unterscheidet sich von praktisch allen anderen Wegen, die in der Rechtsphilosophie des frühen zwanzigsten Jahrhunderts begangen wurden. Unter diesen gab es – verallgemeinernd gesprochen – drei konkurrierende Strömungen: Erstens den positivistischen Analytizismus der Allgemeinen Rechtslehre, der es insbesondere in der neukantianischen Ausprägung der Reinen Rechtslehre Hans Kelsens zu weltweiter Verbreitung schaffte. Zweitens verschiedene Spielarten des Rechtsrealismus, des Freirechts, der Interessenjurisprudenz und der soziologischen Jurisprudenz, die ebenfalls länderübergreifend diskutiert wurden. Drittens schließlich eine starke idealistische Gegenströmung, die sich in verschiedenen Ansätzen eines christlichen oder säkularen Naturrechts, richtigen Rechts oder idealistisch gewendeten Neukantianismus oder Neuhegelianismus ausdrückte, so schon bei Friedrich Julius Stahl und später etwa bei Rudolf Stammler, Julius Binder und Karl Larenz.[5]

Reinachs apriorische Phänomenologie lässt sich keinem dieser Lager zuordnen. Reinach postuliert zwar ein rechtliches Apriori, schließt sich dabei aber weder dem neukantianischen Verständnis von Apriorität noch dem idealistischen Naturrecht an – und schon gar nicht den empiristischen Strömungen des Rechtsrealismus. Reinach hat vielmehr eine phänomenologisch begründete, apriorische Rechtsontologie und -epistemologie im Sinne, die keinerlei naturrechtliches oder moralisches Bekenntnis voraussetzt. Zugleich macht die Ablehnung eines moralischen Apriori Reinach jedoch auch nicht umgekehrt zum Rechtspositivisten. Was ihm vielmehr vorschwebt, ist die Erkenntnis allgemeiner Strukturen des Rechtsdenkens und Rechtshandelns, die der Gestalt des positiven Rechts als notwendige strukturelle Vorbedingungen vorgelagert sind. Apriorität ist für Reinach sowohl eine erkenntnistheoretische als auch eine ontologische Kategorie. Sie setzt nicht voraus, dass das menschliche Erkenntnisvermögen jeder Erfah-

---

[5] Zur Ideengeschichte rechtstheoretischer Epistemologien der Jahrhundertwende *Marietta Auer*, Politische Theologie als Rechtswissenschaftstheorie. Kommentar zu Jean-François Kervégan, in: RPhZ 7 (2021), S. 131–140. Zum Standort von Reinachs Rechtsphilosophie etwa *Andreas Funke*, Allgemeine Rechtslehre als juristische Strukturtheorie, Tübingen 2004, S. 37 f.; *Karl Larenz*, Methodenlehre der Rechtswissenschaft, 6. Auflage Berlin u. a. 1991, S. 111 ff.; *Neil Duxbury*, The Legal Philosophy of Adolf Reinach, Teil 1, in: ARSP 77 (1991), S. 314–347; Teil 2, in: ARSP 77 (1991), S. 466–492.

rung vorausgeht, sondern nur, aber immerhin, dass das Erkenntnisvermögen und die erkannte Objektstruktur gleichermaßen das Bewusstseinsphänomen der Erfahrung prägen, dass es also das konkrete Phänomen menschlicher Erkenntnis ohne die Annahme eines ontologischen und zugleich epistemologischen Apriori so nicht gäbe. In der phänomenologischen Erkenntnis treffen die nicht weiter reduzierbaren Grundstrukturen des erkannten Objekts und des erkennenden Subjekts aufeinander.[6]

Wesentlich ist es für Reinach, sich mit Husserl gegen den zeitgenössischen Psychologismus zu positionieren, wie er etwa von Reinachs Münchner Lehrer Theodor Lipps vertreten wurde. Für Reinach und Husserl gehorcht die Welt universalen Gesetzen, die von der menschlichen Psyche unabhängig sind.[7] Man kann die Frage so formulieren: Kommt das Bewusstsein vor der Logik oder die Logik vor dem Bewusstsein? Folgt die Logik der Psychologie, gilt also 2+2=4, weil die menschliche Psyche so beschaffen ist, dass sie das so sieht, oder ist es nicht vielmehr umgekehrt so, dass 2+2=4 aufgrund universeller logischer Gesetze in jeder denkbaren Welt gilt, unabhängig von den psychischen Strukturen des menschlichen Bewusstseins? Reinach vertritt mit Husserl dezidiert den letzteren Standpunkt, also den Vorrang der Logik und die Apriorität ihrer Gesetze vor der menschlichen Psyche.

Worin liegen nun die apriorischen Grundlagen des Rechts? Ganz im Sinne der Prämisse, dass es universelle Gesetze der Logik des menschlichen Miteinanders geben müsse, die der individuellen Psyche vorausgehen, versucht Reinach, eine Verständigung über allgemeine Strukturen des Rechtsdenkens herbeizuführen, hinter die man nicht zurückgehen kann, wenn überhaupt so etwas wie Recht und eine Verständigung darüber möglich sein soll. Das Elegante an Reinach ist dabei, dass man den phänomenologischen Überbau seiner Theorie letztlich gar nicht braucht, um sein Werk mit Gewinn zu lesen. Reinach besitzt das große philosophische Talent, seine Theorie so schlank zu formulieren, dass man sich gerade nicht auf die philosophischen Grundlagen der Phänomenologie einlassen muss, um von seinen analytischen Einsichten zu profitieren.

Fundamental für Reinachs Rechtsontologie ist der Begriff des sozialen Akts.[8] Der soziale Akt bildet gewissermaßen die Rohform und kleinste Einheit des Rechtsakts. Reinach definiert den sozialen Akt durch zwei Eigenschaften: Spontaneität und Fremdpersonalität.[9] Spontaneität bezeichnet den Ausdruck des den

---

[6] Zum Ganzen *Adolf Reinach*, Über Phänomenologie (1914), in: Adolf Reinach. Sämtliche Werke, Band 1, S. 531–550; vgl. auch *Helmut Holzhey/Wolfgang Röd*, Die Philosophie des ausgehenden 19. und des 20. Jahrhunderts 2: Neukantianismus, Idealismus, Realismus, Phänomenologie, München 2004, S. 133 ff.

[7] Grundlegend *Edmund Husserl*, Logische Untersuchungen, Erster Band, Husserliana XVIII, hrsgg. von Elmar Holenstein, Den Haag 1975, §§ 17 ff., S. 63 ff.

[8] *Reinach*, AGbR, § 3, S. 158 ff.

[9] *Reinach*, AGbR, § 3, S. 158 f.

Akt vollziehenden Subjekts in der Außenwelt. Reinach legt großen Wert darauf, Spontaneität von Intentionalität und damit von jeglicher Art von psychischer Disposition des handelnden Subjekts zu unterscheiden. Vielmehr geht es Reinach nur darum, wie die Äußerung des Subjekts in der Außenwelt verstanden werden konnte, also – und das ist mit Blick auf §§ 133, 157 BGB bereits ein sehr juristischer Gedanke – um den Empfängerhorizont und die essentielle Sozialität allen Rechtshandelns, die im Rechtsakt als sozialem Akt steckt. Mit der spontanen Äußerung ist der Rechtsakt aber noch nicht vollständig. Er bedarf vielmehr der Vernehmung durch den Adressaten. Reinach spricht hier von der Fremdpersonalität des sozialen Akts und meint damit eine spezifisch *sprachliche* Sozialität: Der soziale Akt muss von einem anderen Subjekt als dem Äußernden *vernommen* werden, um seine soziale Wirkung zu entfalten.

Das Apriori des Rechts hat also notwendig etwas mit *Sprache* als dem Apriori sozialen Handelns zu tun. Damit wird nochmals deutlich, worauf Reinachs apriorische Rechtslehre zielt: Sie postuliert weder transzendentale Erkenntnis- oder Wahrheitsbedingungen, noch die Annahme eines Vorrangs der Erkenntnis vor der Erfahrung. Sie erfordert vielmehr das Erfassen der elementaren, irreduziblen Elemente des menschlichen Bewusstseins im Bereich rechtlicher Handlungen, die sich als Bedingung der Möglichkeit rechtlicher Sozialität nicht weiter hinterfragen lassen. Solche Grundbegriffe muss man nach Reinach ohne weitere Begründung akzeptieren, sobald – daran erkennt man sie – das Verlangen nach weiterer Begründung in Zirkelschlüsse mündet und philosophische Scheinprobleme generiert. Dann ist nach Reinach der harte phänomenologische Untergrund der Erkenntnis erreicht: »Es ist die *Angst vor der Gegebenheit*, eine seltsame Scheu oder Unfähigkeit, Letztanschauliches ins Auge zu fassen und als solches anzuerkennen, welche eine unphänomenologisch gerichtete Philosophie [...] zu haltlosen und schließlich abenteuerlichen Konstruktionen getrieben hat.«[10] Und weiter: »Es ist ein Zeichen philosophischer Unbildung, Definitionen da zu verlangen, wo sie nicht möglich sind oder nichts zu leisten vermögen.«[11] Reinachs Argumentation hat viel mit Wittgensteins Bild eines Spatens gemein, der sich zurückbiegt, wenn beim Graben der harte Fels erreicht ist: »Habe ich die Begründungen erschöpft, so bin ich nun auf den harten Felsen angelangt, und mein Spaten biegt sich zurück. Ich bin dann geneigt zu sagen: ›So handle ich eben‹.«[12] Oder, nochmal mit Wittgenstein: »Wovon man nicht sprechen kann, darüber muss man schweigen.«[13]

---

[10] *Reinach*, AGbR, § 4, S. 188; Sperrungen im Original hier und im Folgenden stets kursiv wiedergegeben.

[11] *Reinach*, AGbR, § 6, S. 204.

[12] *Ludwig Wittgenstein*, Philosophische Untersuchungen, § 217, in: Ludwig Wittgenstein, Schriften, Frankfurt am Main 1960, S. 279–544 (386).

[13] *Ludwig Wittgenstein*, Tractatus logico-philosophicus, 7, in: Ludwig Wittgenstein, Schriften, Frankfurt am Main 1960, S. 7–83 (83).

Damit ist endgültig die Brücke zur Sprachphilosophie geschlagen. Die Grundbegriffe, in denen Reinach das rechtliche Apriori erkennt, sind durchweg sogenannte performative Verben wie »versprechen«, »bestimmen«, »befehlen« oder »akzeptieren«. Reinach gilt daher zu Recht als Vorläufer der Sprechakttheorie im Sinne von John L. Austin und John Searle, in deren Zentrum ebenfalls die Performanz sprachlicher Äußerungen steht.[14] Reinachs Begriff des sozialen Akts entspricht Austins Definition der performativen Äußerung, wonach »etwas zu sagen« zugleich bedeutet, »etwas zu tun«; »to *say* something is to *do* something; or [...] *by* saying or *in* saying something we are doing something.«[15] Dasselbe gilt für die weitere Ausdifferenzierung dieser Ursprungsdefinition durch die Unterscheidung zwischen lokutionären, illokutionären und perlokutionären Akten. Innerhalb dieser Trias entspricht der soziale Akt Reinachs dem illokutionären Akt, also der Ausführung eines Aktes, indem man etwas sagt, im Gegensatz zur Ausführung des bloßen Aktes, etwas zu sagen: »The performance of an ›illocutionary‹ act, i. e. performance of an act *in* saying something as opposed to performance of an act *of* saying something.«[16]

Worin liegen nun die apriorischen sozialen Rechtsakte im Sinne Reinachs? Als Ausgangspunkt dienen Reinach wie erwähnt performative Verben wie »versprechen« oder »befehlen«. »Versprechen« bildet in Reinachs Theorie die Grundlage des Vertrags und des gesamten Obligationenrechts. Hinzu kommt »gehören« als Grundbegriff der Eigentumstheorie und des Sachenrechts. Schließlich wird die Trias durch »bestimmen« vollendet, bei dem es um die Rolle des positiven Rechts geht. Bei »versprechen« und »bestimmen« handelt es sich unzweifelhaft um performative Verben im Sinne Austins, bei denen man etwas *tut*, indem man etwas *sagt*.[17] Was gilt nun aber für »gehören«? Hier passen die Kategorien des performativen Verbs und des sozialen Akts nur bedingt. »Gehören« kann etwas auch Robinson auf der einsamen Insel. In einem weiteren, etymologischen Sinne handelt es sich jedoch auch beim »Gehören« um einen sozialen Tatbestand, der das Eigentum aus der Perspektive des Objekts beschreibt und mithin verwandt ist mit Formen performativer sozialer Akte, die absolute soziale Unterordnung bezeichnen, etwa »Hörigkeit«. Ebenso wie der »Hörige« dem Lehnsherrn hörig, also gewissermaßen verpflichtet ist, diesem ununterbrochen zuzuhören, falls

---

[14] *John L. Austin*, How to Do Things with Words, hrsgg. von James O. Urmson und Marina Sbisà, 2. Auflage Cambridge 1975; *John R. Searle*, Speech Acts. An Essay in the Philosophy of Language, Cambridge 1969. Zu Reinach als Vorläufer der Sprechakttheorie vgl. etwa *Armin Burkhard*, Soziale Akte, Sprechakte und Textillokutionen. A. Reinachs Rechtsphilosophie und die moderne Linguistik, Tübingen 1986; *John F. Crosby*, Speech Act Theory and Phenomenology, in: Adolf Reinach, The Apriori Foundations of the Civil Law, hrsgg. von John F. Crosby, Frankfurt am Main u. a. 2012, S. 167–191.

[15] *Austin*, Words, S. 12.

[16] *Austin*, Words, S. 99 f.

[17] Zur Theorie performativer Verben bei *Austin*, Words, S. 148 ff.

dieser ruft und befiehlt, ge-hört die Sache dem Eigentümer. Man denke an den Sklaven im römischen Recht.

Damit schließt sich die Reihe der drei Reinachschen Grundbegriffe »Versprechen«, »Gehören« und »Bestimmen« in einer sehr charakteristischen Weise: Jedes Glied dieser Trias hat seiner Etymologie nach unmittelbar etwas mit Stimme, Sprache, sprechen oder hören zu tun. *Ver-Sprechen* besagt wörtlich, dass das Versprechen etwas ist, was der Sprecher gegenüber dem Adressaten mit Worten bewirkt. »Versprechen« ist damit geradezu der Prototyp eines performativen Verbs, das sich auf die Tätigkeit des Sprechens zu einer anderen Person bezieht, so dass durch die bloße Äußerung von Worten etwas entsteht, nämlich eine Rechtsfolge. Wo es ein Sprechen gibt, gibt es aber auch ein Hören: *Ge-Hören*. Und schließlich das *Be-Stimmen*, wunderbar doppeldeutig: Einerseits mit der eigenen Stimme eine Sache bezeichnen, ihr einen Namen geben, andererseits die Sache selbst stimmhaft machen, so dass sie künftig eine be-stimmte Bedeutung besitzt – das ist für Reinach die Rolle des positiven Rechts. Es ist unwahrscheinlich, dass sich Reinach dieses auffälligen etymologischen Musters nicht bewusst war, das – obwohl er es an keiner Stelle eigens betont – seine gesamte Theorie durchzieht.

Um diese drei performativen Verben – versprechen, gehören, bestimmen –, die für Reinach die Grundlage des Privatrechts bilden, wird es in den folgenden drei Abschnitten gehen.

II. Versprechen: Obligation und relatives Recht

Das Versprechen, genauer gesagt der durch das performative Verb »versprechen« bezeichnete soziale Akt, steht im Zentrum von Reinachs Theorie des Schuldrechts und speziell des Vertragsrechts.[18] Nun konstruiert das deutsche Privatrecht das Zustandekommen von Verträgen gemäß §§ 145 ff. BGB bekanntlich mittels zweier übereinstimmender Willenserklärungen. Wie gelangt man nun aber vom einseitig bindenden Antrag oder Versprechen zum gültigen Vertrag? Oder noch grundsätzlicher gefragt: Warum ist ein Antrag, Versprechen oder sogar ein Vertrag überhaupt bindend?

Reinach stellt zunächst die Frage, wie eine bindende Obligation überhaupt entsteht – durch Vertragsschluss mittels übereinstimmender Willenserklärungen oder bereits durch das bindende Versprechen als solches.[19] Reinach bezieht in konstruktiver Hinsicht einen klaren Standpunkt: Das Versprechen und nicht die

[18] *Reinach*, AGbR, § 2, S. 147 ff.; § 4, S. 169 ff.

[19] Letzteres ähnelt der Vertragstheorie des Common Law, wo das Versprechen bei Vorliegen von *consideration* den Vertrag begründet; dazu *Arthur L. Corbin*, The Effect of Options on Consideration, in: Yale Law Journal 34 (1925), S. 571–590; *Lon L. Fuller*, Consideration and Form, in: Columbia Law Review 41 (1941), S. 799–824.

Willenserklärung bildet die elementare Kategorie des Obligationenrechts. Denn einen Willen zu erklären ist kein performativer Akt. Die Erklärung, etwas zu wollen, ist eine reine Tatsachenerklärung. Dass der erklärte Wille auch geschehe, erfordert dagegen etwas anderes, nämlich eine mit der Erklärung angestrebte Performanz, die über die reine Willenserklärung hinausgeht. Genau diese Performanz liegt für Reinach im sozialen Akt des Versprechens. Die für den Vertragsschluss im BGB konstruktiv zentrale Willenserklärung bildet für Reinach also letztlich eine falsche positivrechtliche Einkleidung für die Entstehung der Obligation und die Bindungswirkung des wirksam geschlossenen Vertrags.[20]

Welche Konsequenzen hat diese Einsicht? Stellen wir die naheliegende Frage nach dem Verhältnis zwischen der von Reinach als a priori beschriebenen Struktur des bindenden Versprechens und dem positiven Recht, das den Vertragsschluss abweichend regelt, zunächst zurück. Nur soviel vorab: Reinach hat keinerlei Problem damit, dass das positive Recht vielfach von den sozialen Akten, aus denen a priori Rechtsfolgen erwachsen, abweicht. Reinach nutzt seine Analyse aber, um einige Grundsatzfragen zu beleuchten, die sich auch für die positive Rechtsgestalt des Vertrags stellen. Drei seien hervorgehoben:

Erstens: Muss das Versprechen angenommen werden, um verbindlich zu werden?[21] Reinach verneint diese Frage klar. Dies folgt unmittelbar aus der performativen Natur des Versprechens. Durch das Versprechen als solches drückt der Versprechende bereits aus, dass das, was er verspricht, gelten soll. Zwar gibt es bedingte Versprechen. Aber darum geht es hier nicht. Der wesentliche Punkt ist: Der Normalfall des unbedingten Versprechens hat den und nur den performativen Aussagesinn, dass das Versprochene gilt. Sonst wäre der Begriff des Versprechens sinnlos. Daher bedarf das Versprechen zur Herbeiführung seiner a priori bindenden Wirkung entgegen der positivrechtlichen Konstruktion des Vertrags im BGB keiner Annahme. Die Obligation, die aus dem Versprechen folgt, entsteht nach Reinach durch den einseitigen Akt des Versprechens, ohne dass der Empfänger etwas dazutun müsste.[22]

Zweitens folgen aus diesem Verständnis von Versprechen und Obligation Konsequenzen für deren Erfüllung, Verletzung und Beendigung. Nach Reinach gibt es a priori zwei Möglichkeiten, einen schuldrechtlichen Anspruch zum Erlöschen zu bringen: Erfüllung und Verzicht.[23] Dabei unterscheidet Reinach zwischen dem Forderungsverzicht des Versprechensempfängers und dem Widerruf des Versprechens durch den Versprechenden selbst. Während die Möglichkeit des Verzichts im Wesen der Forderung begründet ist und dem Inhaber der Forderung unmittelbar zusteht, setzt der Widerruf durch den Versprechenden

[20] *Reinach*, AGbR, § 4, S. 184 f.; § 6, S. 208 f.
[21] *Reinach*, AGbR, § 4, S. 169 ff.
[22] *Reinach*, AGbR, § 4, S. 172.
[23] *Reinach*, AGbR, § 4, S. 172 ff.

ein rechtliches *Können* voraus, das, wenn es nicht im Versprechen vorbehalten ist, dem Erklärenden vom Versprechensempfänger verliehen werden muss.[24] Diese Unterscheidung widerspiegelt eine weitere Grundstruktur des deutschen Privatrechts, nämlich die Trennung zwischen *Verpflichtung* und *Verfügung*: Im Gegensatz zur Verpflichtung erfordert die Verfügung ein zusätzliches rechtliches Können des Verfügenden – die Verfügungsmacht. Und so liegt es auf der Hand, dass der Anspruchsinhaber durch Verzicht über sein Recht verfügen kann, nicht aber der Versprechende durch Widerruf über das Recht des Versprechensempfängers. Man sieht dabei nebenbei, auf welche Weise Reinachs Privatrechtstheorie erhellend wirken kann: Sie hebt das Grundgerüst der privatrechtlichen Mechanik wie mit einem Suchscheinwerfer aus seiner kontingenten positivrechtlichen Einkleidung heraus.

Drittens bleibt damit die entscheidende Frage: Warum sind Versprechen bindend? In der aktuellen angloamerikanischen Vertragstheorie ist diese Frage schlechthin zentral und umstritten.[25] Reinachs Antwort besteht in der Zurückweisung dreier alternativer Erklärungen, warum Versprechen aus jeweils anderen Gründen als ihrer Versprechenseigenschaft als solcher bindend sein sollen. Zunächst wendet er sich gegen David Hume, der nominalistisch und konventionalistisch argumentiert hatte, dass Versprechen aufgrund des inneren Willens des Versprechenden bindend seien, weil durch gesellschaftliche Konvention die Verbindlichkeit eines solchen Willens definiert sei.[26] Man sieht sofort, dass man sich dabei im Kreis dreht: Versprechen seien bindend, weil sie als bindend gewollt seien, was aber nur deswegen gelten soll, weil sozial gewollt sei, dass Versprechen bindend sind – also gelangt man wieder an den Ausgangspunkt, warum Versprechen überhaupt als bindend gewollt sein sollen.

Genau so zirkulär ist auch die zweite Theorie, gegen die sich Reinach wendet, nämlich der psychologistische Ansatz seines Münchner Lehrers Theodor

---

[24] *Reinach*, AGbR, § 4, S. 174 f.

[25] Prominent *Charles Fried*, Contract as Promise. A Theory of Contractual Obligation, 1. Auflage Cambridge/Mass. 1981; 2. Auflage Oxford 2015; dazu *Anthony T. Kronman*, A New Champion for the Will Theory, in: Yale Law Journal 91 (1981), S. 404–423. Ökonomische Theorien des sogenannten *efficient breach* argumentieren dagegen, dass es keinen Grund gibt, ein Versprechen oder sogar einen wirksam geschlossenen Vertrag für kategorisch bindend zu halten; so etwa *Robert L. Birmingham*, Breach of Contract, Damage Measures, and Economic Efficiency, in: Rutgers Law Review 24 (1970), S. 273–292; *Charles J. Goetz/Robert E. Scott*, Liquidated Damages, Penalties, and the Just Compensation Principle: Some Notes on an Enforcement Model and a Theory of Efficient Breach, in: Columbia Law Review 77 (1977), S. 554–594; *Richard A. Posner/Andrew M. Rosenfield*, Impossibility and Related Doctrines in Contract Law: An Economic Analysis, in: Journal of Legal Studies 6 (1977), S. 83–118.

[26] *Reinach*, AGbR, § 4, S. 175 ff. unter Bezugnahme auf *David Hume*, Traktat über die menschliche Natur (A Treatise of Human Nature: Being an Attempt to Introduce the Experimental Method of Reasoning into Moral Subjects, 1739/40).

Lipps.[27] Auch Lipps führt die bindende Wirkung des Versprechens auf den inneren Willen des Versprechenden zurück, nur dass die Bindungswirkung hier nicht aus einer sozialen Konvention, sondern aus der psychischen Disposition des Versprechenden folgt, sich binden zu wollen. Auch dies ist jedoch zirkulär, weil aus dem bloßen Binden-Wollen gerade kein Binden-Sollen folgt. Zugleich zeigt Reinach hier deutlich die Grenzen aller psychologistischen Erkenntnistheorien auf: Diese bleiben letztlich in einem unüberwindbaren Subjektivismus gefangen, aus dem heraus keine Erklärung für die essentiell soziale Verbindlichkeit rechtlicher Akte und rechtlicher Zurechnungen möglich ist.

Bleibt schließlich eine dritte Theorie. Reinach exemplifiziert sie am Konsequentialismus eines weiteren Philosophen des späten 19. Jahrhunderts, Wilhelm Schuppe.[28] Anders als Hume und Lipps begründet Schuppe die Verbindlichkeit des Versprechens nicht mit dem inneren Bindungswillen des Versprechenden, sondern mit dem Vertrauen und möglichen Vertrauensschaden des Versprechensempfängers. Schuppe ist heute weitgehend in Vergessenheit geraten. Was jedoch keinesfalls in Vergessenheit geraten ist, ist das Vertrauensprinzip als anspruchsbegründendes Prinzip des Privatrechts.[29] Wieder tut sich jedoch eine ähnliche Schwierigkeit auf: Warum soll aus dem faktischen Vertrauen immer schon ein Vertrauen-Dürfen folgen? Man verwickelt sich abermals in Zirkelschlüsse, wenn man sagt, geschützt sei das schutzwürdige Vertrauen in die Bindungswirkung des Versprechens, weil der Versprechende durch sein Versprechen einen Vertrauenstatbestand geschaffen habe.

Reinachs brillante Einsicht ist bei alledem, dass die Frage, wie die Verpflichtung aus dem Versprechen entsteht, nicht weiter argumentativ analysiert oder reduziert werden kann. Reinachs Apriori ist, wie man hier abermals erkennen kann, kein metaphysisches Zauberwerk, sondern schlicht eine Anwendung von Ockhams Rasiermesser: eine diskursive Reduktion, die die Vertragstheorie von der Suche nach weiteren Erklärungen für die Verbindlichkeit von Versprechen entlastet, wo keine gegeben werden können. Hier trifft Wittgensteins Spaten auf festen Grund und wird zurückgebogen. Das Versprechen ist bindend, weil es ein *Versprechen* ist, oder präziser: weil der soziale Akt des Versprechens nur *als bindend* gedacht werden kann; andernfalls wäre die Rede vom Versprechen sinnlos. Reinachs Vertragstheorie liefert die bestmögliche irreduzible Interpretation der Entstehung der Verpflichtung aus dem Versprechen unter der Voraussetzung, dass so etwas wie ein Versprechen als rechtliche Praxis überhaupt existiert.

---

[27] *Reinach*, AGbR, § 4, S. 179 ff. unter Bezugnahme auf *Theodor Lipps*, Leitfaden der Psychologie, 2. Auflage Leipzig 1906 sowie *ders.*, Die ethischen Grundfragen. Zehn Vorträge, 2. Auflage Hamburg u.a. 1905.

[28] *Reinach*, AGbR, § 4, S. 183 ff. unter Bezugnahme auf *Wilhelm Schuppe*, Grundzüge der Ethik und Rechtsphilosophie, Breslau 1881.

[29] Grundlegend *Claus-Wilhelm Canaris*, Die Vertrauenshaftung im deutschen Privatrecht, München 1971.

III. Gehören: Eigentum und absolutes Recht

Das zweite, jedenfalls im metaphorischen Sinne performative Verb, das für Reinach die Grundlagen des Privatrechts definiert, ist das Gehören. Die unausgesprochene etymologische Korrelativität zwischen Ver-Sprechen und Ge-Hören, in der die gesamte Dualität von relativen Rechten zwischen Personen einerseits und absoluten Rechten an Sachen andererseits aufgehoben ist, zählt nach hier vertretener Auffassung zu den erhellendsten Eigenschaften von Reinachs Privatrechtstheorie. Aber kann es wirklich sinnvoll sein, das heutige Schuldrecht als ein Recht des Sprechens und das heutige Sachenrecht als ein Recht des Hörens zu konstruieren und daraus zu folgern, dass obligatorische und dingliche Rechte zwei inkommensurable Kategorien sind? Der Gedanke klingt auf den ersten Blick abenteuerlich.

Auf den zweiten Blick schließt er aber wiederum an eine aktuelle Diskussion an. Denn die Unterscheidung zwischen relativen und absoluten Rechten steht – wiederum ausgehend von der angloamerikanischen Rechtstheorie – seit einiger Zeit unter Druck.[30] Einige Autoren meinen sogar, sie sei unter der Kritik des amerikanischen Rechtsrealismus sowie der daraus abgeleiteten »Bündeltheorie« des Eigentums längst kollabiert.[31] Nach der Bündeltheorie lassen sich Eigentum und andere absolute Rechte nicht kategoriell von relativen Rechten unterscheiden. Vielmehr gebe es nur und ausschließlich relative Rechte zwischen Personen, und Eigentumsrechte oder andere absolute dingliche Rechte seien nichts anderes als besonders umfangreiche »Bündel« solcher relativer Rechte gegen eine besonders große oder sogar unbestimmte Vielzahl von relativen Anspruchsgegnern. Die Begründung von Eigentumsrechten läuft nach dieser Auffassung auf die Rechtfertigung der ideologischen Absichten hinaus, die mit der Konstruktion dinglich imaginierter absoluter Rechte verbunden sind.

An dieser Stelle kommt nun wieder Reinach ins Spiel. Denn Reinach hält an der Unterscheidung zwischen relativen und absoluten Rechten nicht nur fest, sondern hält diesen Dualismus in direktem Widerspruch zur Eigentumskritik des Rechtsrealismus wiederum für a priori notwendig. Für rekonstruktive Projekte der modernen Eigentumstheorie ist es also interessant, sich Reinachs Argumente gegen die Bündeltheorie anzuhören. Ausgangspunkt ist der Begriff

---

[30] Zur aktuellen Debatte etwa *James E. Penner*, The Bundle of Rights Picture of Property, in: UCLA Law Review 43 (1996), S. 711–820; *Thomas W. Merrill/Henry E. Smith*, What Happened to Property in Law and Economics?, in: Yale Law Journal 111 (2001), S. 357–398; *Henry E. Smith*, Property as the Law of Things, in: Harvard Law Review 125 (2012), S. 1691–1726.

[31] *Thomas C. Grey*, The Disintegration of Property, in: J. Roland Pennock/John W Chapman (Hrsg.), Property. Nomos XXII, New York 1980, S. 69–85. Grundlegend für den rechtsrealistischen Ursprung der Kritik war *Wesley N. Hohfeld*, Some Fundamental Legal Conceptions as Applied in Judicial Reasoning, Teil 1, in: Yale Law Journal 23 (1913), S. 16–59; Teil 2, in: Yale Law Journal 26 (1917), S. 710–770.

des absoluten Rechts, das üblicherweise als von der Rechtsordnung mit Wirkung gegenüber jedermann ausgestattetes und gegen jeden rechtswidrigen Eingriff geschütztes Recht definiert wird.[32] Reinach sieht in dieser Definition jedoch eine Verwechslung am Werk: Wäre das absolute Recht nur dadurch gekennzeichnet, dass es allseitig geschützt ist, dann wäre es gerade nicht kategoriell von relativen Rechten zu unterscheiden.

Reinach hat dagegen eine andere, viel radikalere Vorstellung: Nach seiner Auffassung ist ein absolutes Recht ein solches, das *keinen* Anspruchsgegner hat.[33] Es ist ein Recht des Inhabers in Bezug auf *sein eigenes Verhalten* im Umgang mit dem Gegenstand des Rechts.[34] Zwar folgen aus dem absoluten Recht unter Umständen allseitige Schutzansprüche gegen Dritte. Diese Sekundärebene darf jedoch nicht mit der Primärebene des absoluten Rechts verwechselt werden, die man sich als nichtrelationales Residualrecht vorstellen kann. Umgekehrt argumentiert: Da alle relativen Rechte per definitionem Beziehungen zwischen Personen beschreiben, folgt im Umkehrschluss, dass absolute Rechte, falls es sie überhaupt gibt, nur möglich sind, wenn sie als *Abwesenheit* jeglicher Beziehung zu einer anderen Person gedacht werden. Reinach geht damit über das gängige Verständnis von »Recht« hinaus, indem er die – letztlich begriffsjuristische – Ableitungsbeziehung zurückweist, wonach sich sowohl relative als auch absolute Rechte als gleichsam parallel gelagerte, konträre und abschließende Subkategorien unter den Oberbegriff des subjektiven Rechts subsumieren lassen.[35]

Reinach veranschaulicht dagegen durch seine Sprachanalyse so einfach wie genial, dass relative und absolute Rechte ebenso inkommensurabel und dennoch aufeinander bezogen sind wie – genau: *sprechen* und *hören*. Geht es um ein relatives Recht, muss jemand sprechen, also ein Versprechen abgeben. Bei absoluten Rechten geht es dagegen nicht um das Sprechen, sondern um das Hören. Die Frage, warum ein absolutes Recht nicht eine Beziehung zu einer Person bezeichnen kann, ist letztlich ganz einfach zu beantworten: Diese Person müsste absolut hören und nicht sprechen. Das absolute Hören ist aber nichts für moderne Personen, sondern nur etwas für vormoderne Hörige oder eben für Dinge als die stummen Diener der Zivilisation. Und genau hier kommt Reinachs Begriff des Sachenrechts ins Spiel: Sachenrechte beziehen sich für Reinach unmittelbar auf Sachen, indem sie sich auf ein »*Verfahren* mit Sachen« beziehen.[36] Der unmittel-

[32] *Jürgen F. Baur/Rolf Stürner*, Sachenrecht, 18. Auflage München 2009, § 2 Rn. 2, S. 6.

[33] *Reinach*, AGbR, § 5, S. 190: »Die Absolutheit von Rechten und Verbindlichkeiten bedeutet den *Mangel* jeglicher Gegnerschaft, nicht etwa deren *Universalität*.«

[34] *Reinach*, AGbR, § 5, S. 189 ff., 197 ff., 203; § 6, S. 205.

[35] Insoweit ähnelt Reinachs Analyse Hohfelds Dekonstruktion des subjektiven Rechts; vgl. *Wesley N. Hohfeld*, Some Fundamental Legal Conceptions as Applied in Judicial Reasoning, Teil 1, in: Yale Law Journal 23 (1913), S. 16–59; Teil 2, in: Yale Law Journal 26 (1917), S. 710–770.

[36] *Reinach*, AGbR, § 5, S. 191.

bare Bezug zum Gegenstand, den das Sachenrecht verkörpert, ist also die soziale Praxis der Herrschaft des Rechtsinhabers über die Sache.[37]

Nun bedeutet all das ausdrücklich nicht, dass das positive Recht nicht die Befugnis des Eigentümers zur Verfügung über die Sache – also die Herrschaftsbeziehung, die das Gehören ausmacht – in vielfacher Hinsicht einschränken könnte. Im Gegenteil: Was Reinach bezweckt, ist zu zeigen, dass ein apriorisches – d.h. wiederum: argumentativ irreduzibles, basales – Verständnis von Eigentum und anderen absoluten Rechten nur und erst dann möglich ist, wenn man das Eigentumsrecht als *sozialen Akt des Gehörens*, verstanden als das unmittelbare Machtverhältnis zwischen Eigentümer und gehörender Sache, begreift. Daraus folgt mit Reinach mühelos, dass die Bündeltheorie des Eigentums keine basale Erklärung des Eigentums liefern kann, weil sie die multiplen Anspruchsrechte gegen Dritte, die sich aus der ursprünglichen Herrschaftsbeziehung zwischen dem Eigentümer und dem Objekt ergeben, mit dem absoluten Recht selbst verwechselt. Als ein weiteres Korollar folgt daraus, dass absolute Rechte und insbesondere das Eigentumsrecht unteilbar sind.[38]

Schließlich taucht im Anschluss an Reinachs Ausführungen zur Übertragung des Eigentums und zur Zession noch ein weiteres, auf den ersten Blick unverbundenes Thema auf: das Recht der Stellvertretung.[39] Den mit der Struktur des BGB vertrauten Leser mag das zunächst überraschen. Der Zusammenhang erschließt sich jedoch, wenn man sich nochmals die für das Sachenrecht ebenso wie für die Zession zentrale Bedeutung der Unterscheidung zwischen Verpflichtung und Verfügung vor Augen hält. Exakt dieselbe Differenzierung beherrscht auch das Stellvertretungsrecht der §§ 164 ff. BGB, wo zwischen Innen- und Außenverhältnis bzw. dem Auftrag als Grundgeschäft und der Vollmachtserteilung als solcher zu unterscheiden ist.[40] Der Unterschied entspricht erneut dem zwischen Sollen und Können: Aus dem Innenverhältnis des Auftrags folgt der Grund für die Erteilung von Vertretungsmacht einschließlich eventueller Beschränkungen. Im Außenverhältnis gilt dagegen grundsätzlich der abstrakte Umfang der Vertretungsmacht oder ihres Rechtsscheins ohne die Beschränkungen aus dem Innenverhältnis. Damit gilt im Stellvertretungsrecht ein entsprechendes Trennungs- und Abstraktionsprinzip wie im Zessions- und Sachenrecht, und es

---

[37] Gerade daraus ergibt sich die Anschlussfähigkeit Reinachs für moderne Eigentumstheorien, deren Ziel darin besteht, die *soziale* Bedeutung der dinglichen Sachzuordnung zu strukturieren und zu regulieren. Vgl. *Anna di Robilant*, The Making of Modern Property. Reinventing Roman Law in Europe and its Peripheries, 1789–1950, Cambridge 2023, S. 322 ff.

[38] *Reinach*, AGbR, § 5, S. 194 ff., insbes. 194: »Freilich lehnen wir die häufige Formulierung ab, das Eigentum sei die *Summe* oder die *Einheit* aller Sachenrechte.« Auch dies ist für die gegenwärtige Eigentumstheorie anschlussfähig: Die soziale Bedeutung der Herrschaft über Ressourcen kann nur in ihrer Gesamtheit erfasst werden.

[39] *Reinach*, AGbR, § 7, S. 222 ff.

[40] *Werner Flume*, Allgemeiner Teil des Bürgerlichen Rechts, Band 2, 4. Auflage Berlin u.a. 1992, § 50 1, S. 839 ff.

ist Reinachs Verdienst, diese Parallele deutlich aufgezeigt zu haben. Man kann das sogar so zuspitzen, dass Reinach das deutsche Modell der Übertragung von Rechten durch die Konstruktion eines abstrakten, vom kausalen Grundgeschäft gelösten Verfügungsaktes als solches apriorisiert.

Für das BGB ist das eine gute Nachricht, weil Reinach die Strukturentscheidung, die hinter dem Abstraktionsprinzip steht, bestätigt und damit abermals eine grundlegende Wertung des geltenden Privatrechts bekräftigt: Der Sinn des Trennungs- und Abstraktionsprinzips liegt darin, zu verdeutlichen, dass es zwischen Versprechen und Gehören eines Zwischenschritts in Form des Könnens oder der Verfügungsmacht bedarf.[41] Aus dem Grundgeschäft als solchem folgt nur die Verpflichtung – das Übertragen-*Sollen*. Diese Verpflichtung kann jedoch – abgesehen von den Fällen des gutgläubigen Erwerbs, dessen Konstruktion sich wiederum nur unter der Voraussetzung des Trennungsprinzips auf der Ebene des positiven Rechts erschließt – nur erfüllt werden, wenn der Versprechende das versprochene Recht auch tatsächlich innehat, es ihm also *gehört* – und zum Übertragen-*Sollen* mithin das Übertragen-*Können* hinzutritt. Sonst gilt *nemo plus iuris transferre potest quam ipse habet*. Es dürfte nicht verwundern, dass Reinach auch in dieser Parömie einen apriorischen Grundsatz des Rechtsdenkens erkennt.[42]

IV. Bestimmen: Die Rolle des positiven Rechts und das Erkenntnisziel der Rechtstheorie

Bei alledem ist bislang eine Frage offengeblieben: Wenn man wie Reinach von der Existenz apriorischer Strukturen des Rechtsdenkens ausgeht, die etwa auf der Ebene der Nichtannahmebedürftigkeit des Versprechens, der kategoriellen Verschiedenheit absoluter und relativer Rechte sowie der Unmöglichkeit der Verfügung über fremde Rechte liegen, wie verhält man sich dann zu der Tatsache, dass das positive Recht diese Sachverhalte vielfach abweichend von Reinachs Apriori regelt? Warum führen abweichende Regelungen des positiven Rechts nicht zur Widerlegung von Reinachs Theorie, und was kann in einem abweichend geregelten Rechtsumfeld deren Sinn sein?

Zur ersten Frage: Reinach ist in der Tat ausdrücklich der Auffassung, dass das positive Recht an vielen Stellen nicht nur vom sprachlichen Apriori des Rechts abweichen kann, sondern dies sogar muss.[43] So lässt er wie erwähnt keinen Zweifel daran, dass das positive Recht die Befugnisse des Eigentümers, mit der Sache nach Belieben zu verfahren, in vielen Fällen einschränken kann und muss, gerade *weil* der soziale Akt des Gehörens potentiell unbeschränkte Sachherrschaft

---

[41] Vgl. auch *Baur/Stürner*, Sachenrecht, § 5 Rn. 42, S. 56.
[42] *Reinach*, AGbR, § 5, S. 207.
[43] *Reinach*, AGbR, § 8, S. 239ff.; § 9, S. 252ff.

impliziert. Reinachs Apriori entfaltet ausdrücklich keine normative Wirkung dafür, wie das positive Recht beschaffen sein *soll* und unterscheidet sich damit fundamental von jeglicher Art von Naturrecht, soweit dieses als außerrechtlicher Maßstab eines »richtigen Rechts« fungieren will.[44] Reinach steht in dieser Frage klar auf der Seite des Rechtspositivismus, ohne deswegen das positive Recht zu essentialisieren; ja man kann Reinach sogar geradezu als den eigentlichen Positivisten unter den Rechtspositivisten bezeichnen, weil er durch seine Theorie ein Schlaglicht auf die fundamentale Konstruiertheit des positiven Rechts wirft.[45]

Wenn es aber zutrifft, dass Reinachs Apriori durch bloßes Fiat des positiven Rechts überwunden werden kann, was ist dann zweitens der Sinn von Reinachs Theorie und – so könnte man die Frage erweitern – von jeglicher analytisch-vorpositiver Rechtstheorie in einem positivistisch geprägten Rechtsumfeld? Muss man dann nicht Kelsenianer werden und auch die Rechtstheorie ausschließlich im positiven Recht ansiedeln, weil alles andere ohnehin keine positivrechtliche Relevanz besitzt? Ich meine: Nein, und hier legt Reinach einerseits eine fundamentale Schwäche der Reinen Rechtslehre offen und zeigt andererseits das Potential einer Rechtstheorie, die die Grenzen des positiven Rechts überschreitet, ohne sich deswegen in den Registern des Naturrechts oder der empirischen Realwissenschaften zu vergreifen.

Reinach zeigt, dass Kelsen einem Kurzschluss unterliegt, indem die Reine Rechtslehre aus der Voraussetzung, dass nur positives Recht gültiges Recht ist – was niemand bezweifelt und auch Reinach nie bezweifelt hat – schließt, dass es darüber hinaus kein rechtswissenschaftlich valides Theoretisieren über Recht geben könne.[46] Reinach bietet heutigen Rechtstheoretikern eine bestechend voraussetzungsarme Theorie eines sprachlich-sozialen Apriori rechtlicher Handlungen an. Man muss kein Sprachphilosoph sein, um zu sehen, dass der besondere Reiz, den Reinach dabei zu bieten hat, nicht in einem Mehr, sondern in einem *Weniger* an Metaphysik liegt – jedenfalls weniger, als Kelsens Theorie der Grundnorm und der Stufenbaulehre voraussetzt.[47] Reinach *entlastet* die Vertragstheorie von der Suche nach nichtabschließbaren, zirkulären Begründungen dafür, warum Verträge bindend sind; genauso *entlastet* er die Eigentumstheorie von der Suche nach Begründungen dafür, dass absolute Rechte nicht nur Bündel von relativen Rechten, sondern in ihrer Dinglichkeit unmittelbar sozial wirksam sind. Was Reinach bietet, zeigt damit alle Kennzeichen guter Philosophie:

---

[44] *Reinach*, AGbR, § 10, S. 271 ff.

[45] *Reinach*, AGbR, § 9, S. 261: »Positive Rechtsbestimmungen können ›secundum leges‹, ›praeter leges‹ und ›contra leges‹ sein.«

[46] So explizit *Hans Kelsen*, Reine Rechtslehre. Mit einem Anhang: Das Problem der Gerechtigkeit, 2. Auflage Wien 1960, S. 1: »die Rechtswissenschaft von allen ihr fremden Elementen befreien.«

[47] *Kelsen*, Reine Rechtslehre 1960, S. 196 ff., 228 ff. Zum Privatrecht hat Kelsen ohnehin wenig zu sagen; vgl. ebd., S. 284 ff.

Zu wissen, wann keine weiteren Begründungen gegeben werden können, wann der Spaten auf harten Fels trifft; und an diesem Punkt nicht ins Spekulativ-Metaphysische abzugleiten, sondern die Rechtstheorie von unbegründbaren metaphysischen Voraussetzungen freizuhalten. Reinach wendet sich ausdrücklich dagegen, dem sprachlichen Apriori des Rechts mehr als nur analytische Wirkung zuzusprechen; alles andere nennt er »Ontologismus«.[48]

Was Reinachs Theorie des privatrechtlichen Apriori leistet, ist folgendes: Sie bietet einen einzigartigen analytischen Standpunkt, um das Sein des Rechts zu erkennen und begrifflich zu durchdringen, ohne deswegen einerseits in normativen Nihilismus zu verfallen oder andererseits ein idealisiertes Sollen zu postulieren. Reinach vermeidet das Sollen, ohne das Sein zu essentialisieren. Das macht seine Theorie geradezu aufreizend modern, ja zeitlos, und für alle drei konkurrierenden Theorielager zu einer Herausforderung: für die Rechtspositivisten, die behaupten, dass nur das positive Recht existiert und man folglich nur über das positive Recht rechtswissenschaftlich nachdenken dürfe; für die Moralisten und Naturrechtler, die im Gegenteil dazu ein unbegründbares außerrechtliches Sollen essentialisieren, und schließlich für die Rechtsrealisten, die dasselbe mit der kontingenten sozialen Realität des Rechts tun. All dies sind für Reinach »Ontologismen« und letztlich wissenschaftstheoretische Fehlschlüsse. Reinachs Ontologie des sprachlichen Apriori des Rechts ist eine Ontologie, um alle Ontologismen zu beenden.

---

[48] *Reinach*, AGbR, § 9, S. 262, 265; § 10, S. 272.

Neukantianismus und rechtswissenschaftlicher Trialismus im Lichte der Philosophie Kants

*Wolfgang Bock**

I. Die Entstehung des Neukantianismus: Grundelemente und Ziele

1. Übergänge

Der Übergang zu einem geeinten Nationalstaat von der Paulskirchenverfassung 1848/49 hin zur Reichsgründung 1871 verstärkt die Orientierung auf parlamentarisch gesetztes positives Recht und Rechtsstaatlichkeit. Das fordert eine Neubestimmung des methodischen Verhältnisses zwischen Rechtswissenschaft, Philosophie und Rechtsgeschichte. Die Ausdifferenzierung von rechtshistorischer Forschung und dogmatischer Arbeit am geltenden Recht führt in dieser Blütezeit der deutschen Rechtswissenschaft zu wissenschaftlichen Methodendiskussionen.[1] Wissenschaftliche Methodik ist auf Philosophie als Erkenntnislehre angewiesen. Um 1865 beginnt im Zeichen der Wiederaufnahme der Kantischen Philosophie ein philosophischer Neuaufbruch, der um 1900 in den Zweigen des Marburger und des Südwestdeutschen Neukantianismus einen Höhepunkt erreicht und die wissenschaftsmethodischen Diskussionen bis 1933 prägt. Als einer der ersten Rechtswissenschaftler nimmt Georg Jellinek in seinen Veröffentlichungen ab 1878 die methodischen Herausforderungen einer Neuaufnahme kantischer Fragestellungen in der Rechtswissenschaft an.[2] Die neukantianische Diskussion unterscheidet mit *Windelband* und *Rickert* die nomothetischen, auf

* Für Rat und Hilfe danke ich Prof. Dr. Heinz Wismann (Paris), Prof. Dr. Joachim Rückert (Frankfurt am Main) und Prof. Dr. Thomas Göller (Karlsruhe).

[1] Vgl. dazu *Andreas Funke*, Allgemeine Rechtslehre als juristische Strukturtheorie. Entwicklung und gegenwärtige Bedeutung der Rechtstheorie um 1900, Tübingen 2004.

[2] Dies gipfelt wohl in seinem »System der subjektiven öffentlichen Rechte« (1892/1905). Vgl. insgesamt das Geleitwort von *Wilhelm Windelband* in: Georg Jellinek, Ausgewählte Schriften und Reden, 1. Band, Berlin 1911, S. VII–XII; *Camilla Jellinek*, Georg Jellinek: Ein Lebensbild, Aalen 1970 (Sonderdruck aus Georg Jellinek, Ausgewählte Schriften, ebd.), S. 16–23; *Klaus Kempter*, Die Jellineks 1820–1955. Eine familienbiographische Studie zum deutschjüdischen Bildungsbürgertum, Düsseldorf 1998, S. 173–186. Zur Methodendiskussion bei *Georg Jellinek: Oliver Lepsius,* Georg Jellineks Methodenlehre im Spiegel der zeitgenössischen Erkenntnistheorie, in: Stanley L. Paulson/Martin Schulte (Hrsg.), Georg Jellinek – Beiträge zu Leben und Werk, Tübingen 2000, S. 309–343.

Findung allgemeiner Gesetze abstellenden Naturwissenschaften von den idiografischen, individualisierend beschreibenden und erklärenden Kulturwissenschaften. Eine in diesem Zusammenhang entwickelte, wissenschaftstheoretisch entscheidende Fragestellung zielt auf die Bedingungen der Geltung wissenschaftlicher Urteile.

2. *Ein Gegenbild als Spiegel*

Etwa seit den siebziger Jahren des 19. Jahrhunderts führt der teils als vorbildlich angesehene, teils als übermächtig empfundene Erfolg der Naturwissenschaften zu Zweifeln in der Rechtswissenschaft: Ihre wissenschaftliche Methodik scheint nicht in gleicher Weise gesichert wie die der Naturwissenschaften. Um die Fortschritte des Neukantianismus zu entziffern, hilft ein Blick auf ein um die Jahrhundertwende entwickeltes philosophisch-politisches Gegenbild. Dafür steht die 1897 gehaltene Marburger Rektoratsrede des angesehenen Rechtslehrers und Zivilisten *H. O. Lehmann* (1852–1904).[3] Leitend für seine Übersicht der Systematik der Wissenschaften ist die Frage nach dem Wissenschaftscharakter der Jurisprudenz.

Kulturerscheinungen wie Sprache und Recht sind ihm »in ihren Hauptzügen wenigstens nicht rein willkürliche Satzung, sondern das nothwendige Produkt geschichtlicher Entwicklung«[4]. Die Systematik der Wissenschaften erhält die Aufgabe einer »Übersicht über die begrifflich erfaßten Erscheinungen des Seienden nach den Beziehungen«, »welche sich aus den für sie charakteristischen Merkmalen ergeben«[5]. Die Einteilung nach dem »Inhalt der Erscheinungen« mündet in eine Systematisierung nach den Objekten der Erkenntnis.[6] Die Geisteswissenschaft ist der Naturwissenschaft im weitesten Sinne subordiniert: »Da nun die Lehre von der Geistesthätigkeit des Menschen einen Theil der Lehre vom Geiste des Menschen, diese wieder einen Theil der Lehre vom Menschen, die Lehre vom Menschen einen Theil der Wissenschaft von der Natur ausmacht, wir ferner von der Existenz geistiger Wesen außerhalb der Körper nichts wissen: so ergibt sich, dass unser ganzes Wissen Wissen von der Natur ist.«[7] Wie bei *A. Comte* und *J. Bentham* führt das zu einer abwärtsgleitenden Skala der Wissenschaften.[8] Den allgemeinen Naturwissenschaften – der als formal qualifizierten Mathematik (aus den Erscheinungen abstrahierte Größenbeziehungen),

---

[3] *Heinrich Otto Lehmann*, Die Systematik der Wissenschaften und die Stellung der Jurisprudenz. Rede gehalten bei der Übernahme des Rektorates der Universität zu Marburg am 17. Oktober 1897, Marburg 1897.

[4] *Lehmann*, Systematik, S. 8 mit Hinweis auf *Lorenz von Stein*, System der Staatswissenschaft, Band 1, Stuttgart/Tübingen 1852, S. 16f.

[5] *Lehmann*, Systematik, S. 9.

[6] *Lehmann*, Systematik, S. 13f.

[7] *Lehmann*, Systematik, S. 15f.

[8] *Lehmann*, Systematik, S. 16.

und der je als real klassifizierten Physik und Chemie – folgen die »besonderen, Einzelerscheinungen gewidmeten Naturwissenschaften«[9] und diesen die Geisteswissenschaften als zweite Gruppe der Wissenschaft von den Menschen.

Objekt der Geisteswissenschaften ist die geistige Betätigung des Menschen, reflexiv nach innen gerichtet in der Erfahrung der Außenwelt oder willensgeleitet impulsiv nach außen gerichtet in der Veränderung der Außenwelt. Das reflexive geistige Verhalten zerfällt wieder in zwei Typen, die passiv reflektorische Tätigkeit (Empfindungen, Gefühl und Phantasie) und die aktiv-reflektierende Tätigkeit (verstandesmäßiges Begreifen der Erscheinungen und die Vernunft als Fähigkeit der Kombination der Denkergebnisse). Dem tritt die impulsive Funktion des Willens an die Seite. Die Denkform des reflektierenden Verstandes fällt unter die Wissenschaft der Logik, der auf Erfahrungen bezogene Denkinhalt schafft Wissen. Von den außenbezogenen Geistestätigkeiten abzugrenzen sind das nach innen bezogene Selbstbewusstsein und das Selbstgefühl. Sämtliche Wissenschaften dieser reflexiven Geistestätigkeiten unterfallen den philosophisch-theologischen Wissenschaften.[10] Die Ergebnisse der Betätigung des Willens sind Gegenstand der historisch-philologischen Wissenschaften.

Die Rechtswissenschaft wird dem »Gebiet der Gesellschaftswissenschaften oder Staatswissenschaften«, und damit der »Lehre von der Bethätigung [des Menschen, W.B.] im Gemeinschaftsleben« zugeschlagen. Indem *Lehmann* Form und Inhalt scheidet, bestimmt er die gesellschaftliche Ordnung, soweit sie auf den Verstand zurückgeht, als »Rechtsordnung« und, soweit sie auf das Gefühl zurückgeht, als »Sittenordnung«. Den Inhalt des Gemeinschaftslebens erfassen Nationalökonomie und Kulturwissenschaft.[11] Die Wissenschaft von den allgemeinen Grundsätzen für das Handeln der Gemeinschaftsorgane ist die Politik als formale Wissenschaft, während die Wissenschaft für die praktische Ausführung die Verwaltung als reale Wissenschaft ist. Dem folgen die unterschiedlichen Wissenschaften der geschichtlichen Entwicklung der menschlichen Gemeinschaften. *Lehmann* bestimmt die Geisteswissenschaften im Gegensatz zu dem später besonders von *Max Weber* sowie von Neukantianern vertretenen Postulat, dass Wissenschaft sich jedes wissenschaftlichen Urteils über Politik zu enthalten habe: »Während nämlich die Naturwissenschaften uns nur Erkenntnis bieten, geben die Geisteswissenschaften uns daneben zugleich eine Norm für unser Verhalten. Indem sie uns zeigen, wie der Mensch sich verhält, lehren sie uns zugleich, wie er sich verhalten soll. Sie haben also neben dem referierenden

[9] »Kosmologie, Astronomie, Geographie und Geologie, Mineralogie, Botanik, Zoologie« und Biologie folgen als erster Teil der Wissenschaft vom Menschen die medizinischen Grundwissenschaften; *Lehmann*, Systematik, S. 18.

[10] *Lehmann*, Systematik, S. 20 mit dem charakteristischen Zitat »nihil est in intellectu, quod non fuerit in sensu«.

[11] *Lehmann*, Systematik, S. 22 f.: samt den Nebenzweigen »Internationale Verhältnisse« und »Soziologie«.

zugleich einen normativen Charakter.«[12] Diese Darstellung der systematischen Stellung der Rechtswissenschaft und ihres Verhältnisses zu anderen Wissenschaftsdisziplinen habe »den Beweis erbracht, daß die Rechtswissenschaft wahre, theoretische Wissenschaft« sei.[13]

Die Forderungen *Lehmanns* für die Gestaltung von Wissenschaft, Praxis und Studium des Rechts sind einschneidend: Die Praktiker »sollen das Recht nicht nur auslegen können, sondern es beherrschen«. Das Recht ist »in steter Weiterentwicklung begriffen, auch da wo die Gesetzgebung stille steht«. Die Forderungen der Politik und der Gerechtigkeit müssen im Recht berücksichtigt werden: »Das Recht ist […] diejenige Ordnung, welche den Anschauungen des Volkes und der in ihm herrschenden Kreise entspricht. Nur soweit die geschriebene Rechtsordnung diesen Anschauungen konform ist, wird sie als gerecht empfunden, kann sie als Recht sich behaupten. Mit veränderten Anschauungen des Volkes ändert sich die Rechtsordnung auch bei unveränderter Lage der Gesetzgebung.«[14] Richter und Anwälte sollen dazu befähigt sein, Änderungen der Volksanschauungen zu folgen, »die auf Wandlungen der politischen, wirthschaftlichen, sozialen, sittlichen, kurz aller möglichen Verhältnisse beruhen können«, und »ihnen gemäß das Recht zu modeln«. Die Gerichte stehen über Gesetzgebung und Gesetz: »Diese Fähigkeit aber, an der Fortbildung des Rechts mitzuwirken, die für die Gesundung und Gesunderhaltung unseres Volkslebens, vor Allem auch unserer sozialen Zustände von höchster Bedeutung ist, kann der Jurist nur besitzen, wenn er geistig nicht unter, sondern über dem Gesetze steht, wenn das jeweils geltende Recht für ihn nicht die Grenze seines Gesichtsfeldes bildet, sondern er darüber hinaus zu schauen vermag, wenn er Blick besitzt für die Entwicklung des Rechts und für die Gründe dieser Entwicklung.«[15]

Eine wohlwollende Interpretation mag diesen weitreichenden Postulaten zwar einige gefährliche Konsequenzen nehmen. In der historischen Rückschau erschrecken aber nicht nur die politischen Schlagwörter, die mit einem verschärften Kern in der völkisch-nationalsozialistischen Ideologie wiederkehren. Die problematischen Elemente der Rede umfassen eine Kurzschließung von Recht, Politik und Moral samt einer stets ambivalenten Politisierung von Recht und Justiz, die direkte Gründung von Rechtsentwicklung und Gestaltung auf der jeweiligen, wie auch immer ausfallenden Rechtsüberzeugung des Volkes und die Überhöhung der Gerichte gegenüber der parlamentarischen Gesetzgebung samt Vernachlässigung der Trennung bzw. Aufteilung der Gewalten. Diese Elemente sind mit wissenschaftstheoretischen Grundannahmen des von Lehmann vertretenen Modells verbunden.

---

[12] *Lehmann*, Systematik, S. 24. Nicht eindeutig wird geklärt, ob so Sollensurteile aus Seinserfahrung zu schließen sind.

[13] *Lehmann*, Systematik, S. 25.

[14] *Lehmann*, Systematik, S. 27.

[15] *Lehmann*, Systematik, S. 28.

3. Neukantianische Konzepte

Neukantianer der Marburger wie der Südwestdeutschen Richtung plädieren ebenso wie ihnen nahestehende Rechtsgelehrte hinsichtlich der vorstehend angesprochenen Probleme methodisch gegründet für andere Lösungen (Trennung von juristischer Dogmatik, philosophisch-politischer Wertung und Geschichte sowie klare Kompetenzteilung zwischen Gesetzgebung, Rechtsprechung und Wissenschaften). Das gilt zunächst für *H. Rickert*, für *Georg Jellinek* und besonders für *Max Weber*, das kennzeichnet aber auch die rechtsphilosophischen Perspektiven von *E. Lask*, *H. Kantorowicz* und *G. Radbruch*.

Der Neukantianismus geht philosophisch-systematisch von vier Grundpositionen aus.[16]

(1) Philosophie ist »Theorie [...] der wissenschaftlichen Erkenntnis«. Diese beansprucht notwendig, »gültige Aussagen zu machen«. Philosophie muss fragen, »worin die Gültigkeit der Erkenntnis besteht, was sie ausmacht, wodurch sie zu prüfen und wie sie zu begründen ist«[17]. (2) Diese philosophische Analyse unterscheidet »scharf zwischen Geltungsbestimmtheit und Seinsbestimmtheit, bezieht aber das Unterschiedene in der Weise aufeinander, daß in der Geltungsbestimmtheit die Seinsbestimmtheit begründet wird, die Gültigkeitsbedingungen der Objektivierungen [menschlicher Geistestätigkeit] also zugleich die Bedingungen der Erfassung des Seienden in ihren verschiedenen Modi darstellen«[18]. Methodisch wird zugleich eine Transzendentallogik im Sinne der kritischen Philosophie *Kants* beansprucht. (3) Das Subjekt der Erkenntnis wird neu gefasst: In Abwehr des Psychologismus stehen nicht Subjekt-Objekt-Beziehungen im Mittelpunkt des Prozesses der Erkenntnis, sondern deren Gültigkeitsprinzipien und -maßstäbe. Das führt dazu, dass »Subjektivität nur als Grund der Objektivität und Allgemeingültigkeit von Erkenntnis thematisch« wird. »Das reine Subjekt ist also Inbegriff der Geltungsprinzipien und dergestalt das gültigen Aussagen ›Zugrundeliegende‹«. Der Mensch als empirisches Subjekt ist dagegen durch seine tatsächlichen Bedingtheiten begrenzt: Seine Subjektskompetenz ist ihm angesichts der faktischen Herausforderungen nicht sicher, sie »muss er sich stets aufs Neue sichern«. Er ist dazu genötigt, »weil er mit jeder Aussage, jeder kulturellen Regung den Anspruch der Geltung denkt«[19]. (4) »Philosophie, die die Geltungsfrage als Prinzipienfrage verfolgt, ist [...] Analytik der faktisch

[16] Vgl. zum Folgenden: *Werner Flach/Helmut Holzhey*, Erkenntnistheorie und Logik im Neukantianismus. Texte von Cohen, Natorp, Windelband, Rickert, Lask, Bauch, Hildesheim 1979, S. 9–14 (Einführung).

[17] *Flach/Holzhey*, Erkenntnistheorie, S. 10f. Alle kulturellen Produkte sind auf ihre Geltungsbedingungen zu untersuchen.

[18] *Flach/Holzhey*, Erkenntnistheorie, S. 11: »Kenntnis des Seienden gibt es nur und kann es nur geben, insofern und insoweit gültiges Wissen möglich ist. Das heißt: Die Geltungsbestimmtheit des Wissens [...] bildet die Bedingung dafür, daß Seiendes qua Seiendes zugänglich ist.«

[19] *Flach/Holzhey*, Erkenntnistheorie, S. 12.

vorliegenden und der möglichen Erkenntnis bzw. kulturellen Phänomene überhaupt.« Im Ergebnis werden im Wege der Reflexion die Geltungsstrukturen der Erkenntnisse und kulturellen Hervorbringungen erforscht und festgestellt. Eine derartige Transzendentalphilosophie fundiert letztendlich Erkenntnis.[20]

Die Marburger und die Südwestdeutsche Richtung des Neukantianismus unterscheiden sich im Verständnis des Charakters dieser als transzendentallogisch angesehenen Grundlegung dadurch, dass die Marburger ihn als den Ursprung der denkenden Hervorbringung des Erkenntnisgegenstandes konstruieren, während die Südwestdeutschen darunter den notwendigen Gedanken der Letztbegründung, also der Selbstlegitimierung der Transzendentalphilosophie verstehen. Innerhalb der Marburger Schule bilden sich drei systematische Konzeptionen heraus, die je stärker eine der drei Kantischen Kritiken samt der ihnen zugrundeliegenden Frage betonen: Während für *Cohen* die Kritik der reinen Vernunft zentral ist, ist dies für *Natorp* die Kritik der praktischen Vernunft, wohingegen *Cassirer* – insofern vergleichbar der Südwestdeutschen Schule – die Kritik der Urteilskraft in den Mittelpunkt der Systematik stellt.

Abgesehen von *Georg Jellinek*, der sich einen philosophisch eigenständigen Zugang zu neukantianischen Perspektiven u. a. im Austausch mit *W. Windelband* erschloss, rezipierten methodische Einsichten des Neukantianismus *Max Weber*, *G. Radbruch* und *H. Kantorowicz* sowie *H. Kelsen* und weitere Rechtswissenschaftler. Deren rechtssoziologischen und rechtswissenschaftlichen Grundlegungen zeichnen sich dadurch aus, dass der methodische Zugriff zu teils verwandten, teils voneinander abweichenden Modellen führt: von der Zwei-Seiten-Lehre des Staates bei *Georg Jellinek* über den Trialismus bei *H. Kantorowicz* und *G. Radbruch* bis hin zu *Kelsens* »Reiner Rechtslehre«.

Vor der Frage nach möglichen Gewinnen und Fehlstellen neukantianischer Modelle ist die Rolle des rechtswissenschaftlichen Trialismus zu umreißen.

II. Der rechtswissenschaftliche Trialismus

1. Eine erste Blüte: Gustav Hugo *(1764–1844)*

Das Modell des rechtswissenschaftlichen Trialismus geht auf den Göttinger Professor *Gustav Hugo* zurück. Er lehrte dort seit 1788 Zivilrecht, Rechtsphilosophie und Rechtsgeschichte und rezipierte gründlich die Schriften *Immanuel Kants*.[21] *Joachim Rückert* hat das Wirken *Hugos* auf den Punkt gebracht: »Seine

[20] *Flach/Holzhey*, Erkenntnistheorie, S. 12f.

[21] Umfassend zu *Gustav Hugo: Joachim Rückert*, »daß dies nicht das Feld war, auf dem er seine Rosen pflücken konnte«. Gustav Hugos Beitrag zur juristisch-philosophischen Grundlagendiskussion nach 1789, in: Ralf Dreier (Hrsg.), Rechtspositivismus und Wertbezug des Rechts. Vorträge der Tagung der Deutschen Sektion der Internationalen Vereinigung für Rechts-

methodische Trias Dogmatik, Philosophie, Geschichte innerhalb der Jurisprudenz bedeutete eine Revolution der juristischen Denkarten.«[22] Die Unterscheidung dieser drei Bereiche der Rechtswissenschaft ist philosophisch-methodisch, und das heißt: wissenschaftstheoretisch von *Kant* inspiriert worden.

Kant stellt in der Kritik der reinen Vernunft die berühmten drei Fragen: »Was kann ich wissen? Was soll ich tun? Was darf ich hoffen?« Diese drei Fragen charakterisieren zugleich den Inhalt seiner drei Kritiken: Während die Kritik der reinen Vernunft die Sicherung und Begrenzung des Wissens zum Thema hat, steht das Sollen im Zentrum der Kritik der praktischen Vernunft. Die Kritik der Urteilskraft behandelt dagegen den Bereich der Geschichte und Kultur und damit den Raum des möglichen Geschehens sowie die Urteilsbildung im Rahmen der menschlichen Kultur.

Hugo bildet diese Systematik mit den von ihm gestellten drei Fragen der Rechtswissenschaft ab. Die Erkenntnis auf jedem der drei Felder der Rechtslehre, nämlich erstens der Rechtswissenschaft im engeren Sinn (Dogmatik), zweitens der praktischen Philosophie (Ethik und Politik) und drittens der Rechtsgeschichte erfordert jeweils andere Herangehensweisen. *Hugo* formuliert die drei für jedes positive Recht zentralen Fragen, wobei er positives Recht als Gegenstand schon voraussetzt:

»*Was ist Rechtens?* – Die juristische Dogmatik. Sie macht das Handwerksmäßige der Jurisprudenz aus, und könnte auch empirisch gelernt werden, selbst ohne alle gelehrte Kenntnisse.

I. *Ist es vernünftig, daß es so sey?* Philosophie des Rechts, theils die Metaphysik über die bloße Möglichkeit (Censur und Apologetik des positiven Rechts nach Principien der reinen Vernunft) theils die Politik über die Rathsamkeit eines Rechtssatzes (Beurtheilung der technischen und pragmatischen Zweckmäßigkeit nach empirischen Daten der juristischen Anthropologie).

II. *Wie ist es Rechtens geworden?* Die *Rechtsgeschichte*, sowohl die gewöhnlich so genannte, die äußere, d.h. die Geschichte der Quellen und des Studiums, – als die innere, die Geschichte der Lehren selbst, die Rechtsalterthümer. Eine von der Geschichte des Studiums und von der Geschichte der Lehren selbst, noch verschiedene DogmenGeschichte gibt es wohl nicht.«[23]

---

und Sozialphilosophie (IVR) in der Bundesrepublik Deutschland, Göttingen, 12.–14. Oktober 1988, Stuttgart 1990, S. 94–128; *ders.*, Rechtsgeschichte, Rechtswissenschaft, Rechtspolitik – ein Essay, in: Volker Gerhardt u.a. (Hrsg.), Politisches Denken. Jahrbuch 2014, Berlin 2014, S. 85–105.

[22] *Rückert*, Rechtsgeschichte, S. 86.

[23] *Gustav Hugo*, Lehrbuch der juristischen Encyclopädie (= Civilistischer Cursus I), 2. Auflage Berlin 1799, S. 15 (§ 16), mit zusätzlichen Erläuterungen so fortgesetzt bis in die 1835 erschienene 5. Auflage.

Stellt man die Lehren *Kants* in Rechnung,[24] so sind für diese drei Bereiche jeweils besondere methodische Anforderungen aufzustellen. Während rechtswissenschaftlich die Rechtsdogmatik und ihre Entwicklung in jeder nationalen Rechtskultur von verschiedenen Faktoren abhängen, zu denen erstens das Verhältnis zwischen Rechtswissenschaft, gerichtlichen Instanzen, den Strukturen der Rechtspraxis und der Gesetzgebung, zweitens die realen Elemente der Rechtserzeugung sowie drittens die Strukturen des politischen Systems gehören, ist die politisch-philosophische Grundstruktur des Rechts nach wissenschaftlichen Maßstäben zu beurteilen, die der Philosophie, der Lehre von der Politik und den Lehren von der Bildung des Rechts durch eine Rechtsgemeinschaft angehören: Das gipfelt in den ethischen, politischen und rechtlichen Anforderungen, die an die Bildung eines am Gemeinwohl orientierten, das Recht prägenden Gemeinsinnurteils im Sinne der Kritik der Urteilskraft zu stellen sind.[25] Die Rechtsgeschichte als eine auf Empirie abzielende, die Maßstäbe und Ergebnisse menschlichen Handelns in der Geschichte analysierende und darstellende Wissenschaft ist dagegen auf allgemeine Kriterien der Geschichtsschreibung und letzten Endes auf eine methodisch gültige Theorie der Erfassung von Geschichte angewiesen.[26] *Hugo* erweiterte und beschränkte angesichts der Herausforderungen der Sattelzeit um 1800 die Wissenschaftsmethodik der Jurisprudenz so, dass die neuen Fragestellungen künftig mit neuen und angemessenen Methoden bearbeitet werden konnten.

Auch heute noch lassen sich die Konzeptionen eines juristischen Trialismus anhand der drei Fragen klassifizieren und bewerten: Stehen die Erkenntnis und Konstruktion der tatsächlichen Rechtsdogmatik, die auf ein Sollen orientierte, praktisch-philosophische Bewertung oder das geschichtlich-kulturelle Werden samt seinen Möglichkeiten im Zentrum? Aus welchen Gründen wird das Verhältnis der drei Erkenntnisperspektiven zueinander auf welche Weise bestimmt?

---

[24] Fortschritte des Verständnisses und der Interpretation der Schriften Kants seit den zwanziger Jahren des letzten Jahrhunderts betreffen eine methodisch genauere Systematik des Verhältnisses zwischen den drei Kritiken und ein tieferes Verständnis einzelner Schritte und Elemente der Kritik der reinen Vernunft. Dazu *Werner Flach*, Grundzüge der Erkenntnislehre. Erkenntniskritik, Logik, Methodologie, Würzburg 1994; *ders.*, Grundzüge der Ideenlehre. Die Themen der Selbstgestaltung des Menschen und seiner Welt, der Kultur, Würzburg 1997; *ders.*, Die Idee der Transzendentalphilosophie. Immanuel Kant, Würzburg 2002; *ders.*, Kant zu Geschichte, Kultur und Recht, hrsgg. von Wolfgang Bock, Berlin 2015.

[25] Vgl. dazu *Wolfgang Bock*, Recht der Gewalt oder Gewalt des Rechts? Tatsächliche Voraussetzungen rechtsgegründeter Gemeinwesen, in: Julian Krüper (Hrsg.), Die Organisation des Verfassungsstaats. Festschrift für Martin Morlok zum 70. Geburtstag, Tübingen 2019, S. 38–58 (50f.).

[26] Vgl. dazu *Flach*, Geschichte, S. 159ff. (Zu Kants geschichtsphilosophischem Chiliasmus [2005]), S. 169ff. (Zu Kants Kultur- und Geschichtsphilosophie [2002]), S. 181ff. (Kants Geschichtsphilosophie), S. 193ff. (Kants Geschichtsphilosophie im Widerstreit).

2. *Die zweite Blüte*

Angesichts dieser Errungenschaften, die erst wieder 1910 *Ernst Landsberg* weitgehend zutreffend erkannte,[27] verwundert es nicht, dass die zweite Blüte des rechtswissenschaftlichen Trialismus sich erst im Rahmen des Neukantianismus entfaltet. Hierfür stehen in erster Linie der Rechtshistoriker und Strafrechtler *H. Kantorowicz* und in zweiter Linie sein Freund, der Rechtsphilosoph und Strafrechtler *G. Radbruch*. Zu deren Nachfolgern gehören u. a. der aus der Kelsen-Schule stammende Staatsrechtslehrer *H. Nawiasky*,[28] dessen Lebenswerk *H.F. Zacher*[29] treffend beschrieben hat, der Völkerrechtler *Julius Stone*[30] und aktuell z.B. der Rechtshistoriker, Zivilrechtler und Rechtstheoretiker *Joachim Rückert*.[31]

Eine wissenschaftlich wie literarisch als klassisch anzusehende Beschreibung des zweiten Trialismus in der Rechtswissenschaft stammt von *H. Kantorowicz*.[32] Zunächst unterscheidet er

(1) die Ebene der empirischen Erfahrung von wirklichen, der physischen oder der geistigen Realität angehörenden Objekten in den Natur- oder in den Geisteswissenschaften,

(2) die Ebene der Wahrnehmung und Bestimmung dieser Objekte als Sinngebilde – seien es quantitativ bestimmte Größen (Zahlen oder geometrische Figuren), seien es qualitativ bestimmte Bedeutungen (menschliche Handlungen oder Äußerungen) –, die zwar von mathematischen oder »dogmatischen« (auf sonstige kulturelle Sinnerfassung spezialisierten) Wissenschaften erfasst werden können, was aber zu dem Problem führt, dass mathematische Sinngebilde streng

[27] *Ernst Landsberg*, Geschichte der deutschen Rechtswissenschaft, 3. Abteilung. Zweiter Halbband, Text, München/Berlin 1910, S. 1–48 mit Hinweisen auf die Rezeption *Hugos*.

[28] *Hans Nawiasky*, Norm, Idee, soziale Tatsache im Recht, in: Zeitschrift für öffentliches Recht, Band XIII (1933), S. 321 ff.; *ders*., Allgemeine Rechtslehre. System rechtlicher Grundbegriffe, Einsiedeln/Köln 1941 (2. Auflage 1948); *ders*., Der Staat als Annahme, Tatsache, Norm, Leitgedanke. Festrede, St. Gallen 1946; *ders*., Allgemeine Staatslehre. 1. Teil: Grundlegung (1945), 2. Auflage Einsiedeln/Zürich/Köln 1958, S. 1–62.

[29] *Hans F. Zacher*, Hans Nawiasky, in: C.H. Beck Verlag (Hrsg.), Juristen im Portrait. Verlag und Autoren in 4 Jahrzehnten. Festschrift zum 225jährigen Jubiläum des Verlages C.H. Beck, München 1988, S. 588 ff.; *ders*., Hans Nawiasky (1880–1961). Ein Leben für Bundesstaat, Rechtsstaat und Demokratie, in: Peter Landau/Michael Stolleis (Hrsg.), Deutsche Juristen jüdischer Herkunft, München 1993, S. 677 ff.

[30] *Julius Stone*, The Province and Function of Law. Law as Logic Justice and Social Control. A Study in Jurisprudence, Sydney 1946 (2. Auflage 1950). *Stone* kannte die Positionen von *Hermann Kantorowicz*: Er zitiert mehrfach: Legal Science. A Summary of its Methodology. Zu *Julius Stone* vgl.: *Leonie Star*, Julius Stone. An Intellectual Life, Sydney/Oxford 1992.

[31] *Joachim Rückert*, Autonomie des Rechts in rechtshistorischer Perspektive, Hannover 1988, S. 101; *ders.*, Rechtsgeschichte, S. 98–105 (für einen dem modernen Verfassungsstaat angemessenen rechtswissenschaftlichen Trialismus).

[32] *Hermann Kantorowicz*, Staatsauffassungen. Eine Skizze (1925), in: ders., Rechtswissenschaft und Soziologie. Ausgewählte Schriften zur Wissenschaftslehre, hrsgg. von Thomas Würtenberger, Karlsruhe 1962, S. 69–81.

eindeutig sind, während die Träger der anderen (»dogmatischen«) Sinngebilde in der Regel mehrere unterschiedliche Interpretationen zulassen – im Fall des Rechts können tatsächliche Handlungen oft mit unterschiedlichen juristischen Sinngehalten verbunden werden –, sodass verschiedene Konstruktionen »gleich möglich« sein können, und

(3) die Ebene der wertenden Beurteilung dieser Sinngebilde: Ein positiver oder negativer Wert (logisch, ethisch, ästhetisch) wird von den kritischen Wissenschaften, die sich entweder mit diesen Werten oder mit den Mitteln zu ihrer Verwirklichung befassen, erforscht und bestimmt. Nur der Sinn eines Satzes kann wahr sein, da ohne die Erfassung des Sinnes eines Satzes auch keine Aussage über diesen Sinn möglich ist.[33]

Auf das Recht übertragen heißt das: »Wenn der Rechtsanwalt zu seinem Klienten sagt: ›Bei richtiger Auslegung des Ihren Fall beherrschenden Gesetzes haben Sie Recht; aber dieses Gesetz ist veraltet und ungerecht; darum wird unser Amtsrichter, wie ich ihn kenne, es so eng auslegen, daß Ihr Fall nicht darunter fällt, und daher werden Sie Ihren Prozeß verlieren‹ – so befaßt er sich erstens mit dem Sinn, dann dem Wert, dann der Wirklichkeit des Rechts.« *Kantorowicz* erläutert den rechtswissenschaftlichen Trialismus anhand der drei umrissenen Ebenen: »Den Sinn des objektiven Rechts erforschen wir, wenn wir die konstruktive Frage stellen, welche seiner Auslegungen mit allen anderen Rechtssätzen zusammen ein widerspruchsloses Ganzes ergibt; seinen Wert, wenn wir die kritische Frage stellen, ob dieser Sinn ein gerechter sei; seine Wirklichkeit, wenn wir die empirische Frage stellen, wie es tatsächlich von seinen Urhebern gemeint war, von seinen Auslegern verstanden wird, wie es tatsächlich von den Behörden und Gerichten angewandt, und wie es tatsächlich von den Gesetzesunterworfenen befolgt wird, so daß es eine ganze Anzahl von Stufen der Verwirklichung gibt.«[34]

Zur Rechtsdogmatik und Normenlehre der jeweiligen Rechtsordnung ist anzumerken, dass für *Kantorowicz* ein oberstes Prinzip von Rechtsordnungen die Widerspruchslosigkeit der rechtlichen Entscheidungen – zumindest im Rahmen der letzten gerichtlichen Instanz – ist, da ansonsten keine Gleichheit der Rechtsanwendung möglich ist. *Kantorowicz* legt erkennbar für die erste Ebene dieses Prinzip zugrunde. Die zweite Ebene, die mögliche philosophische und politische Bewertungen beinhaltet – so schon bei *Hugo* –, fasste *Kantorowicz* in den einleitenden Bemerkungen etwas weiter, während er im Beispiel für das Recht nur den Wert der Gerechtigkeit anführt. Die dritte Ebene enthält mit der Frage, wie eine Rechtsnorm zum Zeitpunkt ihrer Entstehung verstanden wurde, ein rechtshistorisches Element, das methodisch (subjektive versus objektive Auslegung) auch auf der ersten Ebene relevant sein kann.

---

[33] *Kantorowicz*, Staatsauffassungen, S. 69–71.
[34] *Kantorowicz*, Staatsauffassungen, S. 72.

Zu den wissenschaftlich-methodischen Gewinnen dieser Form des rechtswissenschaftlichen Trialismus zählen die durchgehende Unterscheidung zwischen erstens Rechtsdogmatik und ihren Sinnkonstruktionen, zweitens politischen und moralischen Wertungen sowie drittens historisch-sozialwissenschaftlichen Erkenntnissen. Dabei waren für *Kantorowicz* die Erkenntnisse und Methoden der (Rechts-) Soziologie *Max Webers*[35] von entscheidender Bedeutung. Seine rechtshistorischen Forschungen und rechtstheoretischen Begriffsbildungen zeichnen sich durch methodisch wohlfundierte Offenheit gegenüber der Empirie aus.[36]

III. Philosophische und methodische Probleme des rechtsbezogenen Neukantianismus

Der Neukantianismus wirkte auf Rechtswissenschaft und Rechtsphilosophie besonders durch ein rechtsphilosophisches Modell, die 1905 veröffentlichte Abhandlung von *E. Lask* über Rechtsphilosophie. Es ist von hervorragender Bedeutung, weil *H. Kantorowicz* ebenso wie *G. Radbruch* und *F. Somló* sich nicht nur positiv darauf beziehen, sondern es – wenn auch in unterschiedlicher Weise angesichts ihrer verschiedenen Konzeptionen – in die Grundlage der eigenen Argumentation einbeziehen.[37] Die Frage nach den Verdiensten und Problemen der Arbeit von *Lask* hat also erhebliches Gewicht. Ergänzend wird auf die Gliederung der Rechtswissenschaft von *H. Kantorowicz* eingegangen.

1. Die Rechtsphilosophie von Emil Lask (1875–1915)

Lask ist der wohl engste Schüler *H. Rickerts*.[38] Philosophie ist ihm kritische Wertlehre. Er stellt der Rechtsphilosophie die Aufgabe, eine »absolute« Bedeutung

[35] Dazu nunmehr die vorbildliche Arbeit von *Hubert Treiber*, Max Webers Rechtssoziologie – eine Einladung zur Lektüre, Wiesbaden 2017.

[36] Dies findet auch seinen Niederschlag in *Hermann Kantorowicz*, The Definition of Law, Cambridge 1957, deutsch: *ders.*, Der Begriff des Rechts, Göttingen [1963]. Vgl. zu den weitgespannten rechtsgeschichtlichen Arbeiten von Hermann Kantorowicz: Ino Augsberg/Saskia Lettmaier/Rudolf Meyer-Pritzl (Hrsg.), Hermann Kantorowicz' Begriff des Rechts und der Rechtswissenschaft, Tübingen 2020, darin: *Rudolf Meyer-Pritzl*, Die Bedeutung der Wissenschaft vom römischen Recht in Leben und Werk von Hermann Kantorowicz, S. 41–73; *Denis Bock*, Kantorowicz und Albert Gandinus, S. 75–84; *Saskia Lettmaier*, Kantorowicz' Begriff von Rechtsgeschichte, S. 85–109; *Michael H. Hoeflich*, Hermann Kantorowicz: Medievalist & Controversialist, S. 111–127.

[37] So sieht *Hermann Kantorowicz* in der Abhandlung *Lasks* »die beste Darstellung des Problems von Wert und Wirklichkeit in der Rechtsphilosophie«: *ders.*, Begriff, S. 111.

[38] Der folgende Abschnitt greift auf eine zur Veröffentlichung vorgesehene Arbeit *Werner Flachs* und des Autors zurück: »Emil Lasks Rechtsphilosophie und die Sonderstellung der ›Juristischen Grundlehre‹ Felix Somlós zwischen neukantianischer Wertlehre und Positivismus«.

des Rechts in »seiner Beziehung zu anderen unbedingten Werten zu ergründen.[39] Trotz einer für die Erkenntnis auf die Empirie abstellenden (nachfolgend: »empiriologischen«) Orientierung am wirklichen geschichtlichen Leben – »*einzige* Art von Realität« – samt der Feststellung von »*nur einerlei Art von Recht*« sieht *Lask* diese Realität »zugleich aber als Schauplatz oder Substrat überempirischer Werte, allgemeingültiger Bedeutungen«.[40] Er zielt damit auf den Rechtswert der Rechtswirklichkeit, auf die »letzte Berechtigung« der formellen Rechtspositivität als der »Art des Geltens« des Rechts, auf seine Verbindlichkeit.[41]

Prinzipiell ist vor einem weiteren Eingehen auf *Lask* festzustellen: Die formelle Geltung des Rechts besteht in der faktisch von ihm beanspruchten Rechtsnormbindung, zuvorderst in der Bindung an die mit Sanktionsmöglichkeiten versehenen Gesetze. Legt man die Rechts-, Verfassungs- und Staatslehre *Immanuel Kants* zugrunde, so steht hinter der Geltung menschlichen Rechts notwendig eine Willenseinigung mit dem Ziel, mittels Bildung einer Rechtsgemeinschaft und deren Erzeugung von Recht die Freiheit der gegenseitigen Gestaltung menschlicher Kultur und damit menschlicher Würde zu sichern: Die Sicherung gleicher menschlicher Freiheit ist die notwendige Bedingung einer Kultur, in der der Mensch zum Subjekt seiner Gestaltung und damit seiner Würde werden kann.

Gemessen daran ist *Lasks* Konzeption insofern positiv zu bewerten, als sie empiriologisch orientiert ist. Negativ erscheint die Begrenztheit der weitgehend von *Rickert* übernommenen Wertlehre. *Lask* stellt der Rechtsphilosophie die Aufgabe, »dem Recht seinen transzendentalen Ort« zu bestimmen, und propagiert dafür »die Scheidung von Wert- und Wirklichkeitsbetrachtung«[42]. Er schreibt der Form des Rechts – der normativen Funktion der Geltung unabhängig von den konkreten Inhalten des Rechts – abweichend von seiner Aussage über den empirisch-positiven Charakter des Rechts »überempirische Bedeutung« zu.[43] Diese Zuschreibung ist nicht nachzuvollziehen. Zwar ist die Funktion der normativen Geltung des Rechts, seine Verbindlichkeit, unabhängig von seinen konkret-inhaltlichen Regelungen. Diese notwendige Abstraktion führt aber nicht zu seiner Lösung aus dem Raum der Erfahrung. *Lask* selbst hebt hervor, dass Empirizität das Recht kennzeichne. Die tatsächliche Sicherung der Freiheit, der Selbstgestaltung des Menschen und damit seiner Würde als Person durch Recht ist nur als empirisch und erfahrungszugänglich zu konzipieren und zu verstehen. Trotz seiner Betonung des empirischen Charakters von Recht sieht *Lask* nicht die notwendigen und weitreichenden Folgen dieser Qualifikation.

---

[39] *Emil Lask*, Rechtsphilosophie, in: Wilhelm Windelband u.a. (Hrsg.), Die Philosophie im Beginn des zwanzigsten Jahrhunderts. Festschrift für Kuno Fischer (1905), 2. erweiterte Auflage Heidelberg 1907, S. 269–320 (270).

[40] *Lask*, Rechtsphilosophie, S. 271.

[41] *Lask*, Rechtsphilosophie, S. 273.

[42] *Lask*, Rechtsphilosophie, S. 278 f.

[43] *Lask*, Rechtsphilosophie, S. 271.

Die Ursache für diesen Fehlgriff liegt in *Lasks* Wertbegriff.[44] Philosophische Prinzipien können regulative Funktion haben, also das Maß ihrer Realisierung oder Wirksamkeit bezeichnen. Sie können aber auch konstitutive Funktion besitzen, indem sie notwendige Bestandteile, Elemente, Quantitäten oder Qualitäten beinhalten oder zur Folge haben. Darüber hinaus können diese Prinzipien dem jeweiligen Gegenstand oder Bereich immanent einbeschrieben sein oder transzendent von ihm (ihn überschreitend) bestehen Die Crux des *Laskschen* Wertbegriffs besteht darin, dass er alle diese möglichen Funktionen berührt, ohne die notwendigen Differenzierungen zwischen ihnen vorzunehmen: *Lask* konzipiert Normativität des Rechts als eine Synthesis bestimmter Kulturwerte, denen er die Absolutheit objektiver Geltung zuspricht. Das hat zur Folge, dass jede Berücksichtigung historischer und sonstiger Kontingenzen ausgeschlossen wird und dass die jeweilige Kontingenz der von diesen Werten beherrschten und in der Beurteilung bedingten konkreten Tatsächlichkeiten einer prinzipiellen Geltungsdefizienz unterworfen wird. Philosophisch gesehen, verkörpern und generieren derartige Werte nur reine Sinngehalte, sind reine Bedeutungen. Für *Lask* ist daher das Recht »als ein Reich reiner Bedeutungen zu begreifen«[45]. Die formale Geltung des Rechts wird auf diese Weise nicht als notwendig aus philosophisch gesicherten Prinzipien erklärt. Es geht vielmehr um die Gewinnung von Realität unter der Bedingung der Erfüllung von Werten. *Lask* produziert auf diese Weise das »Problem der Verschlingung von rechtlicher Bedeutung und realem Substrat«[46]. Entscheidend kommt es so auf die Realisierung des Werts, auf das Problem der Trägerschaft des Wertes und auf sein jeweiliges Substrat an.

Ein belastbares und tragfähiges Verständnis der Lehren *Kants* muss folgende Grundelemente in den Mittelpunkt stellen: Der Mensch ist zwecks Erreichung eines rechtlich gesicherten Fortgangs der Entwicklung seiner selbst und seiner Gattung angesichts der Aufgabe der Erreichung seiner Subjektswürde und zwecks Realisierung einer wechselseitig gesicherten Freiheit gezwungen, zur Gründung eines rechtlich verfassten Staats in eine gegenseitige Gemeinschaft einzutreten, was zu einer bzw. mehreren Rechtsgemeinschaften führt. Die Rechtsmacht ist in dieser Gemeinschaft qua Einigung auf und über das Recht und nur insofern in sich selbst gegründet. Recht erhält unter diesen Bedingungen Geltungsformalität und reine Positivität. Mit gutem Grund wird dem Recht Autonomie zugesprochen.[47]

Lasks von diesem Verständnis abweichende Position wird besonders deutlich, wenn er sich gegen eine »Vorspiegelung selbständiger Existenz« des Rechts ausspricht. Er plädiert für eine zusammenführende Wechselwirkung einerseits

---

[44] Dessen methodisch problematischen Bestandteile finden sich auch in anderen Grundelementen des Südwestdeutschen und des Marburger Neukantianismus.

[45] *Lask*, Rechtsphilosophie, S. 308.

[46] *Lask*, Rechtsphilosophie, S. 308.

[47] *Rückert*, Autonomie des Rechts.

der dem Recht zugrunde liegenden reinen Bedeutungen und der Lebenswirklichkeiten andererseits, im Sinne eines »beständige[n] Ineinandergreifen[s] von lebendiger Wirklichkeit und rechtlicher Bedeutung«[48]. So treffend das als Beschreibung von Subsumtion und Normkonkretisierung der juristischen Praxis für das positive Recht sein mag, so unzureichend ist es als Element einer rechtsphilosophischen Grundlegung. Denn die formale Positivität als Recht, die spezifische Geltungspositivität garantiert und ermöglicht in ihrer Faktizität erst die Subjektswürde der Person. Juristische Tatsachen und Tatbestände haben zuletzt die Funktion, die Subjektswürde des Menschen und damit seine Personalität zu sichern. Eine Einheit von Lebenswirklichkeit und reinen Bedeutungen stünde dem entgegen. Reinen Bedeutungen im dargelegten Sinne mangelt es an der für das Recht erforderlichen Positivität, der positiven Setzung innerhalb einer Rechtsordnung durch die dafür eingesetzte Instanz. Eine philosophisch strenge Grundlegung von Rechtswissenschaft und Rechtspraxis muss Denkmodellen entgegentreten, die davon ausgehen, für die Normativität von Recht spiele ein an die Lebenswirklichkeit anzulegender, aus dieser heraus nicht legitimierter, in ihr nur mehr oder weniger und aus welchen Gründen auch immer akzeptierter Werte- bzw. Bedeutungskanon eine Rolle. Ähnlich betont *Hans Kelsen* in der Auseinandersetzung mit diesem werttheoretischen Modell: Das positive Recht »›gilt‹ nur, sofern davon abgesehen wird, seine Normen auf einen höheren Imperativ der Moral oder Gerechtigkeit zurückzuführen und so zu rechtfertigen«[49].

Die Rechtsphilosophie *Lasks* hat mit gutem Grund Zustimmung gefunden, da sie Recht als Gegenstand der geistig-kulturellen Erfahrung qualifiziert. Gescheitert ist sie aber mit dem Einbau dieses Gedankens in das werttheoretische Gebäude des südwestdeutschen Neukantianismus. Die an sich sinnvolle Verortung des Rechts als Kulturphänomen wird durch die Lehre von der überempirischen Objektivität der (Rechts-)Werte denaturiert. Denn die Werte müssen nach dieser Lehre durch die konkreten Subjekte in die real-empirische Welt übertragen und so verwirklicht werden. Die Funktion als Träger charakterisiert damit das konkrete, empirische Subjekt, das in innerer Erfahrung die Werte anerkennt und so ein Kulturgut schafft. Die Geltungsdeduktion der Werte, ein philosophisch nach Kant notwendiges Element der Herausbildung der Subjektswürde des Menschen, findet in diesem Modell keinen Platz. Vielmehr »verschlingen« sich für *Lask* durch seine Auffassung der Wertorientiertheit des Menschen im Begriff der Realisierung der objektiven Werte die Geltungsbestimmtheit und die ontische Bestimmtheit miteinander.[50]

Keinen Platz findet in *Lasks* Modell die Geltungsdeduktion des Begriffs der Person, obwohl die Erfahrungsqualität des Rechts erst in dem für das Recht

[48] *Lask*, Rechtsphilosophie, S. 308 f.

[49] *Hans Kelsen*, Die Rechtswissenschaft als Norm- oder als Kulturwissenschaft. Eine methodenkritische Untersuchung (1916), in: HKW, Band 3, Tübingen 2010, S. 551–605 (592).

[50] *Lask*, Rechtsphilosophie, S. 308.

zentralen Begriff der Person ihre entscheidende Funktion erhält. Der Begriff der Person als Inbegriff des sich selbst in Gemeinschaft aufklärenden menschlichen Subjekts ist auf das Recht als Phänomen der Erfahrung angewiesen. Der Begriff der Person ist auf einen teleonomischen, d.h. vom Menschen philosophisch gültig selbst gegründeten, auf seine geschichtliche Verwirklichung hin entworfenen Freiheitsbegriff gegründet. Erst wenn jeder Person aufgrund ihrer Entscheidungsmöglichkeit in Freiheit Handlungen und Verhalten zuzurechnen sind, ist ihre Subjektswürde gegeben. Diese Faktizität der Freiheit ermöglicht erst die Normativität und mithin auch die Geltung von Recht als in Einigung gesetztes, als positives Recht.

Trotz *Lasks* Hinweis auf den teleologischen Charakter juristischer Begriffe[51] gelangt ihm der teleonomisch angelegte Freiheitsbegriff nicht in den Blick. Vielmehr stehen für ihn im Zentrum die Zweckorientierung juristischer Begriffe und damit die Erreichung einzelner Ziele in der Ausprägung der Rechtsordnung. Der grundlegende Freiheitsbegriff in seiner Verbindung mit dem Begriff der Person und der Geltungsfaktizität bleibt außer Reichweite. Rechtsnormativität und rechtliche Normierung sind aber philosophisch als Begriffe zu fassen, die auf der als regulatives Prinzip fungierenden Freiheit in und aus Erfahrung beruhen. Die so zu erreichende Geltungsfaktizität ist so einerseits in der Erfahrung zu verorten, zu finden und zu erreichen und beinhaltet andererseits allgemeine Formalität gegenüber den variablen und besonderen Rechtsgehalten, also Gesetzlichkeit, was wiederum Rechtsbindung samt Sanktionierungsmöglichkeiten mit umfasst.

2. *Die Klassifikation wissenschaftlicher Erkenntnis und der Rechtswissenschaft bei Hermann Kantorowicz*

Kantorowicz, dessen ganzes Werk sich durch die Forderung nach einem systematischen, wissenschaftstheoretisch und methodisch präzisen Zugang zu Recht und Rechtswissenschaft auszeichnet,[52] entwirft 1927 eine Gliederung der zentralen Zweige der Rechtswissenschaft.[53] Diese folgt nur teilweise dem be-

---

[51] *Lask*, Rechtsphilosophie, S. 306–313.

[52] Zu *Hermann Kantorowicz* nun umfassend: Augsberg/Lettmaier/Meyer-Pritzl (Hrsg.), Kantorowicz' Begriff des Rechts. Materialiter weiter unentbehrlich: *Karlheinz Muscheler*, Relativismus und Freirecht. Ein Versuch über Hermann Kantorowicz, Heidelberg 1984; *ders.*, Hermann Ulrich Kantorowicz. Eine Biographie, Berlin 1984. Eine kritische Summe der Freirechtslehre: *Joachim Rückert*, Vom »Freirecht« zur freien »Wertungsjurisprudenz« – eine Geschichte voller Legenden, in: Zeitschrift der Savignystiftung für Rechtsgeschichte. Germanistische Abteilung 125 (2008), S. 199–255.

[53] *Hermann Kantorowicz*, Legal Science: A Summary of its Methodology, Columbia Law Review XXVIII No. 6 (1928), S. 679ff. = *ders.*, Die Rechtswissenschaft. Eine kurze Zusammenfassung ihrer Methodologie, in: ders., Rechtswissenschaft und Soziologie. Ausgewählte Schriften zur Wissenschaftslehre, hrsgg. von *Thomas Würtenberger*, Karlsruhe 1962, S. 83–99

reits vorstehend umrissenen Trialismus. Rechtswissenschaft gliedert sich zwar in drei Felder. Es gehören aber (1) zur Rechtswissenschaft im engeren Sinne (»Dogmatik« bei *Hugo*) als »konstruktive Zweige, die den Sinn des Rechts behandeln« die »Allgemeine Rechtslehre« und die »Rechtsdogmatik«, (2) zur Rechtsphilosophie (Metaphysik des Rechts nach Principien der reinen Vernunft und Politik bei *Hugo*) als »deontologische Zweige, die den Wert des Rechts behandeln« die »Rechtsphilosophie« und die »Rechtspolitik« und (3) zur Rechtsgeschichte (äußere und innere Rechtsgeschichte bei *Hugo*) als »empirische Zweige, die die Verwirklichung des Rechts behandeln« die »Rechtssoziologie« und die »geschichtliche Rechtswissenschaft. Die neukantianisch inspirierte Begrifflichkeit von *Kantorowicz* wird schon daran deutlich, dass er Konstruktion und Auslegung (Konkretisierung) von Rechtsnormen als Behandlung des Sinns des Rechts ansieht. Dies ist für *Kantorowicz* konsequent, da er jedes Objekt als Gegenstand der Erkenntnis in den drei Dimensionen des Sinns, der Wirklichkeit und des Werts erfasst.[54]

Da die so unterschiedenen Erkenntnisweisen auf verschiedenen wissenschaftlichen Methoden beruhen, ist nach der wissenschaftsmethodischen Rechtfertigung dieses Ansatzes zu fragen. Die Inbezugnahme neukantianischer Methodik lässt vermuten, dass – wie vorstehend am Beispiel von *E. Lask* aufgezeigt – damit Fallstricke verbunden sein können. Das gilt allerdings nicht generell für jeden rechtswissenschaftlichen Trialismus, der die von *Hugo* beschriebenen Wissenschaftsbereiche und deren einschlägige Methoden zugrunde legt. Unterschiedliche Varianten des rechtswissenschaftlichen Trialismus müssen je für sich wissenschaftsmethodisch präzise analysiert und bewertet werden. Denn die mit jeder Variante verbundenen und verbindbaren, philosophisch anders strukturierten Methodenansätze und Grundkonzeptionen können zu sehr unterschiedlichen Ergebnissen führen.[55]

Noch deutlicher werden die Übernahme und die Mischung neukantianischer Positionen bei einem Blick auf die Unterdifferenzierungen, die *Kantorowicz* in seine Klassifizierung der rechtswissenschaftlichen Disziplinen einführt. Er stellt für alle drei Zweige zwei verschiedene Erkenntnisarten auf, nämlich »Systematische Erkenntnis des Rechts im allgemeinen (Verfassungsrecht, Strafrecht, Handelsrecht, Seerecht usw.« und »Individualisierende Erkenntnis eines einzelnen Rechts (römisches, englisches, deutsches, europäisches Recht usw.)«. Die systematische Erkenntnis scheint auf generelle Typen von Recht und allgemeine Aussagen zu zielen. Ihr werden die allgemeine Rechtslehre als Teil

(92). – Für die neukantianischen Elemente bei *Kantorowicz* wird hier auf den Zeitraum zwischen 1910 und 1930 abgestellt. Spätere mögliche Änderungen seiner Positionen werden nicht berücksichtigt.

[54] *Hermann Kantorowicz*, Staatsauffassungen. Eine Skizze (1925), in: ders., Rechtswissenschaft und Soziologie, S. 69–81.

[55] Ähnlich im Ergebnis: *Rückert*, Rechtsgeschichte, S. 99–105.

des konstruierenden (dogmatischen) Zweiges, die Rechtssoziologie als Teil des empirischen Zweiges und die Rechtsphilosophie als Teil des deontologischen (wertenden) Zweiges zugeordnet. Der individualisierenden Erkenntnis für das Feld einzelner Rechtsgebiete werden dagegen zugewiesen die Rechtsdogmatik, die geschichtliche Rechtswissenschaft und die Rechtspolitik. Die der systematischen Erkenntnis zugeteilten Disziplinen sollen die allgemeinen Begriffe erforschen, entwickeln und bereithalten – teils in Wechselwirkung mit den individualisierenden Disziplinen, die dann von den individualisierenden Disziplinen angewendet werden sollen.

Das Problem dieser Einteilung besteht darin, dass das Verhältnis zwischen den wissenschaftlichen Disziplinen zentral anhand zweier Elemente bestimmt wird, nämlich anhand der neukantianischen Wertlehre und einer Aktualisierung der auf Wilhelm Windelband zurückführbaren Unterscheidung zwischen nomothetischen Natur- und idiographischen Geistes- bzw. Kulturwissenschaften. Jedoch überzeugen die Zuordnung der Rechtssoziologie und der Rechtsphilosophie zur systematischen sowie der Rechtsgeschichte und der Rechtspolitik zur individualisierenden Erkenntnis wenig. Eine klarere Einteilung wäre zu erreichen, wenn die unterschiedlichen Methoden wissenschaftlicher Erkenntnis für die einzelnen Bereiche stärker berücksichtigt würden und wenn eine das Recht stärker in Betracht ziehende wissenschaftstheoretische und geschichtsphilosophische Grundlegung herangezogen würde.

Diese kritischen Anmerkungen dürfen den Blick für die großartigen Leistungen von *H. Kantorowicz* auf dem Gebiet der mittelalterlichen und frühneuzeitlichen Rechtsgeschichte nicht verstellen. *M. Frommel* hat zudem mit gutem Grund den wissenschaftlichen Status seiner strafrechtlich-dogmatischen Arbeiten hervorgehoben.[56]

IV. Vorwärts zu *Kant*

Die Marburger und die Südwestdeutsche Schule des Neukantianismus haben die Offenheit und Sicherheit der von Kant wohl etablierten Erkenntnismethodik teils zugunsten eigener neuer Modelle der Erkenntnisbegründung modifiziert. Das hat dem Neukantianismus zum Nachteil gereicht.[57] Wissenschaft kann fortschreiten, sich aber auch rückwärts entwickeln. In der Vergangenheit gewonnene

[56] *Monika Frommel*, Tat und Schuld (1933): Ein vergessenes Buch von H. Kantorowicz, in: Augsberg/Lettmaier/Meyer-Pritzl (Hrsg.), Kantorowicz' Begriff des Rechts, S. 149–174.

[57] Dazu umfassend *Werner Flach*, Das Problem der transzendentalen Deduktion: seine Exposition in der Kritik der reinen Vernunft und seine Wiederaufnahme im Neukantianismus der Südwestdeutschen Schule (1981), in: Bock (Hrsg.), Kant zu Geschichte, S. 47–57; *ders.*, Das Kategorienkonzept der kritischen Philosophie Kants und seine Revision in der Erkenntnislehre des Marburger Neukantianismus (1990), in: Bock (Hrsg.), Kant zu Geschichte, S. 59–91.

Einsichten und Erkenntnisse gewinnen neues Leben, wenn offenbar wird, dass eine als wissenschaftlicher Fortschritt angesehene Entwicklung auch mit Rückschritt verbunden war. Dass sowohl die Erkenntnislehre und -methodik als auch die fundierenden Einsichten *Kants* zu Recht und Staat neu in Betracht zu ziehen sind, sei abschließend an einem Beispiel demonstriert.[58]

Kant war sich der fundamentalen Differenz zwischen zwei grundlegenden Einsichten bewusst: auf der einen Seite die Erkenntnis der Notwendigkeit, unter den Gesichtspunkten der Sicherung der menschlichen Freiheit und der Subjektswürde des Menschen sowie der notwendigen Zivilisierung der Menschheit als Gattung durch Einung rechtlich verfasste Gemeinwesen zu begründen, auf der anderen Seite die Erkenntnis, dass die Gestaltung des Rechts durch in die Zukunft weisende Gemeinsinnurteile trotz der kategorisch gegebenen vorgenannten Aufgaben angesichts der unabsehbaren Vielfalt der Herausforderungen der empirischen Realität weder wissenschaftlich noch philosophisch systematisch vorzubestimmen ist. Die Kantische Philosophie ist deswegen kritisch, weil sie die Grenzen von theoretischer und praktischer Vernunft und die Möglichkeiten der Urteilskraft in notwendiger Selbstbescheidung bestimmt. So gipfelt der kategorische Imperativ angesichts der unabschließbaren Aufgaben in rein negativen Grenzziehungen.

Dies schlägt sich, wenn auch wenig gesehen oder zutreffend eingeordnet, im ersten Teil der Metaphysik der Sitten nieder, den *Kant* mit gutem Grund »metaphysische Anfangsgründe der Rechtslehre« nennt. Gleich einleitend und später wieder aufgenommen betont er das vertrackte Verhältnis zwischen Moral, Recht und Empirie. Zwar werde »ein aus der Vernunft hervorgehendes System verlangt«, »welches man die Metaphysik des Rechts nennen könnte«. Nun sei »der Begriff des Rechts als ein reiner jedoch auf die Praxis (Anwendung auf in der Erfahrung vorkommende Fälle) gestellter Begriff«. Ein metaphysisches – d.h. bei Kant: ein den Maßstäben der kritischen Philosophie gerecht werdendes – System müsse als ein System der Vernunft vollständig sein, Vollständigkeit der Einteilung des Empirischen sei aber unmöglich. Es sei daher nur eine Annäherung an ein System möglich.[59] Wie oft bei *Kant* steckt hinter dieser Einteilung und Grenzziehung eine weit gehende, systematische Einsicht: Das Recht erfordert für seine Gestaltung notwendig die Vereinigung unterschiedliche Urteile über und aus sehr verschiedenen Feldern der menschlichen Kultur: sachlich-technische, politische, geschichtliche, ethische und sonstige kulturelle Entscheidungen. Diese sollen in Form von Gemeinsinnurteilen, also in die Zukunft gerichteter Entscheidungen, denen alle Mitglieder der Rechtsgemeinschaft

---

[58] *Horst Dreier* sei hier genannt: *ders.*, Demokratische Repräsentation und vernünftiger Allgemeinwille. Die Theorie der amerikanischen Federalists im Vergleich mit der Staatsphilosophie Kants, in: AöR 113 (1988), S. 450–483.

[59] *Immanuel Kant*, Metaphysische Anfangsgründe der Rechtslehre (1797), AA VI, S. 205.

sollen zustimmen können, gefasst werden. Die Kriterien eines derartigen Urteils hat *Kant* in der Kritik der Urteilskraft entwickelt.[60] Die Anwendung des Rechts ist dann wiederum Gegenstand kulturell unterschiedlich geprägter juristischer Methodiken in verschiedenen Rechtsordnungen. *Kant* deutet auch diese Problematik in der Vorrede der Metaphysischen Anfangsgründe der Rechtslehre an: »So wie es aber in einer Metaphysik der Natur auch Principien der Anwendung jener allgemeinen obersten Grundsätze von einer Natur überhaupt auf Gegenstände der Erfahrung geben muß, so wird es auch eine Metaphysik der Sitten daran nicht können mangeln lassen, und wir werden oft die besondere Natur des Menschen, die nur durch Erfahrung gekannt wird, zum Gegenstande nehmen müssen, um an ihr die Folgerungen aus den allgemeinen moralischen Principien zu zeigen, ohne daß jedoch dadurch der Reinigkeit der letzteren etwas benommen, noch ihr Ursprung a priori dadurch zweifelhaft gemacht wird. – Das will so viel sagen als: eine Metaphysik der Sitten kann nicht auf Anthropologie gegründet, aber doch auf sie angewandt werden.«[61] Mit Ironie weist *Kant* den Gedanken eines deduktiv erzeugten philosophisch-vernünftigen Systems, das Freiheit, Moral, Recht und Politik vereinte, zurück: »und wenn die Fertigkeit der Willkür nach Freiheitsgesetzen [...] Kunst genannt werden sollte, so würde darunter eine solche Kunst verstanden werden müssen, welche ein System der Freiheit gleich einem System der Natur möglich macht; fürwahr eine göttliche Kunst, wenn wir im Stande wären, das, was uns die Vernunft vorschreibt, vermittelst ihrer auch völlig auszuführen und die Idee davon ins Werk zu richten.«[62]

Ein Vergleich der philosophischen Leistungen des Neukantianismus und der Kantischen Philosophie auf dem Gebiet des Rechts und der Rechtswissenschaft zeigt: Hinsichtlich der zentralen Fragen der Einung zu einer Rechtsgemeinschaft und der Staatserrichtung, des Rechtswillens in Form der Rechtsbildung und des Verhältnisses von Recht, Moral, Politik, Wissenschaft und Philosophie besitzt die Kantische Grundlehre Vorteile, deren Bedeutung auch künftige Versuche in Rechnung stellen sollten. Das gilt nicht zuletzt für die Einteilung und Bewertung rechtswissenschaftlicher Modelle wie des Trialismus anhand ihrer auszuweisenden Schwerpunktsetzungen im Sinne der drei Kantischen Fragen und damit des Verhältnisses der drei Kritiken *Kants* zueinander.

---

[60] *Immanuel Kant*, Kritik der Urteilskraft (1791), AA V, S. 238–243, 290–298. Zur Verankerung dieses Gedankengangs in der Kantischen Philosophie: *Werner Flach*, Kant zur Gründung von Recht und Rechtswissenschaft, in: Bock (Hrsg.), Kant zu Geschichte, S. 267–279 (270–278). Siehe auch: *Wolfgang Bock*, Kants Rechtsbegriff: Philosophische Bestimmung und geschichtlicher Reichtum, in: Christian Krijnen/Walter Zeidler (Hrsg.), Gegenstandsbestimmung und Selbstgestaltung. Transzendentalphilosophie im Anschluss an Werner Flach, Würzburg 2011, S. 43ff. (52–55).

[61] *Kant*, Anfangsgründe, S. 216f.

[62] *Kant*, Anfangsgründe, S. 218.

V. Ergebnis

Die wissenschaftsmethodisch, rechtsphilosophisch und rechtshistorisch fruchtbaren Herausforderungen des rechtswissenschaftlichen Trialismus im Licht der Philosophie Kants entfalten sich auf drei Ebenen: Die juristische Dogmatik steht vor der Aufgabe, das in Form von Gesetzen, Rechtsnormen und Urteilen (common law) gegebene positive Recht zu systematisieren und logisch im Sinne der praktischen und widerspruchsfreien Anwendung zu bearbeiten. Dies ist, wie wir heute wissen, nicht etwas rein »Handwerksmäßiges« im Sinne Hugos. Vielmehr ist eine Voraussetzung sinnvoller Dogmatik das Verstehen der Elemente und Einrichtungen, die der Produktion von Recht zugrunde liegen und an ihm notwendig beteiligt sind. Rechtsphilosophie und -politik haben in je nach Staat und Gesellschaft anders strukturierten Arenen die Aufgabe, konsistente und wertende Urteile über Recht zu entwerfen und zu vertreten. Rechtsgeschichte und -soziologie sollen die tatsächlichen Umstände, die mit den beiden vorstehenden Ebenen verbunden sind, aufzeigen und analysieren. Rechtsentwürfe auf jeder der drei Ebenen sind Beurteilungen, die auf Zustimmung der Rechtsgemeinschaft und auf praktische Bewährung angelegt sind, mithin Gemeinsinnsurteile im Sinne Kants.

Substanz und Funktion in der Rechtsphilosophie: zur Kritik von Georg Lukács am Rechtsformalismus von Hans Kelsen

*Agostino Carrino**

I. Einleitung

Jedes Mal, wenn ich mich mit der europäischen Kultur der ersten Jahrzehnte des 20. Jahrhunderts befasste, sei es mit der Theorie von Kelsen, der Verfassung von Weimar, dem Marxismus, Carl Schmitt oder der österreichischen Verfassung und der Frage der Verfassungsrechtsprechung – Themen, zu deren Wissen Horst Dreier einen entscheidenden Beitrag geleistet hat,[1] – direkt oder indirekt, deklarativ oder als Voraussetzung, wurde immer auf der Grundlage meiner Interpretationen die – methodisch, aber auch politisch entscheidende – Opposition zwischen dem Substanzbegriff und dem Funktionsbegriff positioniert.

Der Hauptverweis ist eindeutig auf das berühmte Buch von Ernst Cassirer, *Substanzbegriff und Funktionsbegriff* aus dem Jahr 1910[2] zurückzuführen, aber dieses Buch ist letztlich Ausdruck einer in der Philosophie in der europäischen Kultur zwischen dem 18. und 20. Jahrhundert erlebten Opposition. Die Funktion oder sogar die Relation ist das wirkende Prinzip, das die sozialen, persönlichen, politischen Beziehungen und Bindungen im europäischen Westen auflöst und das mit einer überwältigenden Modernität zu kämpfen hat, die auf dem unaufhaltsamen Fortschritt der Technik und ihrer inneren Logik auf der einen Seite und dem Aufkommen der organisierten Arbeiterklasse auf der anderen Seite beruht. Nichts versteht man von den Debatten, den Prozessen jener Zeit, ohne die große Opposition zwischen Substanz und Funktion im Auge zu behalten, ähnlich der großen Umwandlung in der Wirtschaft, die Karl Polanyi (*The great Transformation*) studiert hat und die letztliche Ursache und Wirkung der Krise

---

* Der Autor dankt Frau *Olga Lieder*, Universität Bern, für die sprachliche Überarbeitung.

[1] Vgl. inter alia *Horst Dreier*, Rechtslehre, Staatssoziologie und Demokratietheorie bei Hans Kelsen, 1986; *ders.*, Idee und Gestalt des freiheitlichen Verfassungsstaates, 2014; *ders.*, Staatsrecht in Demokratie und Diktatur. Studien zur Weimarer Republik und zum Nationalsozialismus, 2016.

[2] *Ernst Cassirer*, Substanzbegriff und Funktionsbegriff. Untersuchungen über die Grundfragen der Erkenntniskritik, 1910.

ist. Schon vor Cassirer hatte Marx den laufenden Prozess gut verstanden, indem er im Manifest von der Auflösung alles Festen in der Luft sprach.

Auch im Bereich des Rechts zeigt sich dieser Widerspruch gewaltig, wie bereits 1915 von Alfred Löwenstein[3] und 1925 von Siegfried Marck in seinem *Substanzbegriff und Funktionsbegriff in der Rechtsphilosophie* signalisiert wurde.[4] Während auf der einen Seite vor allem die relativistische Rechtstheorie mit dem Normativisten Kelsen an der Spitze steht, ist auf der anderen Seite die Kritik am Relationalismus/Relativismus vielfältig und nimmt im Rechtsbereich vor allem die Form einer Kritik am Formalismus an, sowohl bei konservativen (z. B. Erich Kaufmann und Carl Schmitt[5]) als auch bei marxistischen Autoren. Bei letzteren spielt vor allem die Subjektivität im Recht und gegen das (bürgerliche) Recht die entscheidende Rolle, da das Thema auf die großen Klassengegensätze verweist, an denen sich damals der Gedanke entwickelte, den wir »neomarxistisch« nennen können, nämlich der Austromarxismus (Renner, Adler, Bauer) einerseits und der westliche Marxismus andererseits (Lukács, Korsch).

Ich werde mich hier nur mit der expliziten Diskussion von Kelsen durch Lukács befassen und die Kritik am Rechtsformalismus bei anderen marxistischen Vertretern wie Adler, Korsch und Pašukanis auslassen. Es handelt sich um Positionen und Haltungen, die nicht homologiert werden können, und dieses bereits in Bezug auf ihre persönlichen Geschichten; im Übrigen hat das heuristisch nützliche Zusammenspiel von Substanz/Funktion bei Lukács mehr unmittelbare Bedeutung als bei den anderen. Gerade ungarischen Philosophen ermöglicht er, den anderen zentralen Gegensatz im juristisch-politischen Denken von Hans Kelsen zu erfassen: den methodischen und politischen Gegensatz zwischen Relativismus und Absolutismus, den bürgerlich-demokratischen Relativismus und den marxistischen Absolutismus; und wenn man so will, in dieser historischen Phase den marxistisch-leninistischen Ansatz.

II. Kelsens Formalismus

Die absolutistische/relativistische Opposition drückt in der Theorie die politische Opposition zwischen Autokratie und Demokratie aus, aber auch jene zwischen Säkularismus (Relativismus und wissenschaftliche Weltanschauung) und »Theokratie« (Absolutismus, Irrationalismus und mystische Auffassung der Realität, zumindest wie Kelsen diese Strömungen interpretiert). Kelsen stellt

---

[3] *Alfred Löwenstein,* Der Rechtsbegriff als Relationsbegriff. Studien zur Methodologie der Rechtswissenschaft, 1915.

[4] *Sigfried Marck,* Substanzbegriff und Funktionsbegriff in der Rechtsphilosophie, 1925.

[5] Vgl. *Erich Kaufmann*, Kritik der neukantischen Rechtsphilosophie, 1922; *Carl Schmitt*, Politische Theologie. Vier Kapitel zur Lehre von der Souveränität, 1923.

sich auf der Seite der Form gegen das Leben, jedoch ist das keine Einschränkung, denn jeder muss theoretisch eine Seite dieses historisch-geistigen Gegensatzes einnehmen (sei es juristisch, soziologisch, politisch, wirtschaftlich oder anderweitig). Doch gerade deshalb ist Kelsen ein Klassiker der Rechtswissenschaft,[6] der Sinn und theoretische Kraft hat, da er – auch über seinen eigenen Willen hinaus – im (hier juristischen) Denken die wirkliche Bewegung der Geschichte hin zur Auflösung der Substanzen zum Ausdruck bringt (z.B. Souveränität als »Substanz« des Staates[7]). Kelsen steht auf der Seite der Form gegen das Leben, aber nicht als Kulturmensch (da er sich der Tragik der Existenz bewusst ist), sondern als Rechtswissenschaftler. Man könnte sagen, dass Kelsen dieses Schicksal auf sich nimmt und versucht, ihm bis zum Ende treu zu sein, als moralische Verpflichtung, trotz aller Widersprüche, sowohl in der ersten als auch in der letzten Phase seines Denkens; es handelt sich dabei um eine moralische Verpflichtung, und nicht zuletzt vor diesem Hintergrund müssen Kelsens Gedanken untersucht werden, auch in Bezug auf seine Kritiker, ob konservativ oder revolutionär.

Auf juristischer Ebene ist der weitere Gegensatz, in den alle genannten Oppositionen münden und der der marxistischen Kritik an Kelsen einen besonderen Sinn verleiht, der Gegensatz zwischen juristischem Positivismus und Naturrecht. Es lohnt, sich daran zu erinnern, dass für Kelsen selbst dieser Gegensatz nicht ein für alle Mal zu lösen ist, sondern ein ewiger Gegensatz des Rechts und im Recht bleibt. Die Interpretation der marxistischen Kritik an Kelsen als Kritik an einigen Aspekten ist »epochal. Über die spezifischen Positionen der einzelnen Autoren hinaus ermöglicht sie es, auf der gleichen Seite die Kritik der Substanz, des Lebens, aber auch der »Autokratie« im Gegensatz zum liberalen System zu äußern. Es geht dabei um einen Autor wie Schmitt, der nicht zufällig von Marxisten wie Korsch studiert und bewundert wurde (siehe seinen Brief an Schmitt weiter unten). Es ist kein Zufall, dass in einer Jugendschrift von Schmitt,[8] mit dem Titel *Kritik der Zeit*, der alldurchdringende Produktionsprozess des modernen Kapitalismus als nichts anderes erscheint als eine säkularisierte Umsetzung des hegelianischen Logos; die »Klasse« ist das neue Subjekt der Geschichte, die in verschiedenen, aber ähnlichen Gesetzen wie der hegelsche Geist handelt: Die Vernunft vollzieht sich in der Geschichte, für Hegel als Verwirklichung der Freiheit, für Marx als Schüler Hegels als dialektischer Prozess in Richtung der kommunistischen Gesellschaft durch die Diktatur des Proletariats.

---

[6] Vgl. *Horst Dreier*, Hans Kelsen zur Einführung, 2023.

[7] *Hans Kelsen*, Das Problem der Souveränität und die Theorie des Völkerrechts. Beitrag zu einer reinen Rechtslehre (1920), in: Hans Kelsen Werke, hrsgg. von M. Jestaedt, Band 4, 2013, S. 235ff.

[8] *Carl Schmitt*, Rezension von: Walther Rathenau, Kritik der Zeit (1912), in: Die Rheinlande 22 (1912), S. 323–324.

III. Die »Diktatur der Bourgeoisie«

Die Existenz der »Diktatur der Bourgeoisie« ist die unabdingbare Voraussetzung für die Legitimierung eines neuen Verfassungsprozesses, der nicht nur wirtschaftlicher, sondern auch rein politischer Natur ist. Hier tritt mit Nachdruck das Thema der Dialektik in ihren verschiedenen Formen zutage, das bereits vor den großen methodischen Debatten der 1920er Jahre auf eine grundlegende Diskriminierung hinweist: die Bezugnahme erfolgt dabei nicht mehr im Hinblick auf Kant, sondern auf Hegel. Dabei trennt er diejenigen, die die dialektische Methode in den Mittelpunkt ihres Denkens stellen (These, Antithese, Synthese) und diejenigen, die eher auf große Dichotomien verweisen (bei Kelsen: Sein/Sollen). Mit der »Auflösung der Unmittelbarkeit«, die bei Hegel ein unrealistisches Programm blieb (mit der daraus folgenden Tragik des unglücklichen Gewissens), beabsichtigt man, in einem bestimmten Marxismus (aber auch in den Gedanken von Carl Schmitt), praktikabel zu sein: im westlichen Marxismus von Lukács und Korsch in der Annahme der Praxis in der Theorie und der Theorie in der Praxis, bei Schmitt in der Funktion für bestimmte kathartische (aber auch bremsende: *katechon*) Aspekte der Entscheidung. In einer anderen Form des marxistischen Denkens, der des sogenannten Austromarxismus, wird die Unmittelbarkeit auf der Grundlage der Unterscheidung zwischen Sein und Sollen qualifiziert. Diese diente auch bei Lukács (charakteristisch für seine Bildung im neokantianischen Heidelberg) als erste Referenz , um sie aber dialektisch *zu überwinden*.

Das theoretische und praktische Mittel zur Überwindung der bürgerlichen Dichotomien ist in dieser Phase die Idee der souveränen Entscheidung, und es ist kein Zufall, dass Schmitts Gedanke an die Diktatur die Tatsache voraussetzt, dass die Idee von Marx in die Praxis umgesetzt wird: Schmitts dezisionistische politische Philosophie ist in diesem Sinne tatsächlich »okkasionalistisch«. Das Buch über die Diktatur[9] ist unverständlich ohne die Oktoberrevolution von 1917 und ohne die revolutionären Prozesse in Deutschland während des Krieges und nach der militärischen Niederlage von 1918. Wie Jorge E. Dotti zu Recht bemerkte,

> »Schmitt encapsulates the problem of the dictatorship within the new sociopolitical and cultural contexts, born of the eruption of the masses and the collapse of the classical liberal articulation between electors and a parliamentary representation that is formally independent of them and obedient only to the dictates of dialogical rationality«[10].

Im Übrigen sei darauf hingewiesen, dass sich das Aufkommen des Staatssozialismus in Deutschland ereignete, bevor es in Russland in den Kriegsjahren geschah, und die Demokratie sich damit vom Liberalismus entfernte, und beide wurden

---

[9] *Carl Schmitt*, Die Diktatur. Von den Anfängen des modernen Souveränitätsgedankens bis zum proletarischen Klassenkampf, 1921.

[10] *Jorge E. Dotti*, Schmitt reads Marx, in: Cardozo Law Review 21 (1999–2000), S. 1473 (1475).

von einem dritten Protagonisten unterworfen, dem fortschreitenden Sozialismus in seinen praktischen und theoretischen Formen. Die Demokratie steht dem Liberalismus entgegen, aber das bedeutet mehr als nur eine Feststellung: Die Geschichte ist an einem Punkt des Bruchs angelangt und damit erliegt der angeblich »evolutionäre« oder mechanische Prozess, so Marx in der *Kritik der politischen Ökonomie*, der Neuheit dessen, was Ortega die »Rebellion der Massen« nennen wird, nämlich der Forderung nach dem Eintritt der Massen in den Staat, nicht mehr als Ort der bürgerlichen Eliten, sondern jetzt erschüttert und kompromittiert von den Prozessen tiefer sozioökonomischer Transformation. Diese Prozesse erfordern eine neue Art, Marx zu lesen, nicht mehr nach den Regeln und den Kriterien von Kautsky oder Bernstein, sondern mit einem direkten Blick auf die – von Marx im Bürgerkrieg in Frankreich angekündigte – Lösung der Diktatur. Nicht, dass diese Lesart zwingend wäre, ich würde sogar sagen, dass sich zwischen dem 19. und dem 20. Jahrhundert die Art und Weise, Marx über die kautskianische Sozialdemokratie hinaus zu interpretieren, abzweigt: einerseits in Richtung Bernsteins Reformismus, andererseits in Richtung der Betonung des Themas der Diktatur, die dem Klassenkampf in seiner neuen Phase angemessene politische Form verleiht. Es ist jedoch kein Zufall, dass Bernsteins Reformismus sich trotz der empirischen Rationalität mit seinen Positionen als praktischer Verlierer erweisen wird.

IV. Korsch, Lukács und Schmitt

Die neue Phase der Massenrebellion verbindet sich mit einem Phänomen, das der westliche Marxismus, wenn auch widersprüchlich, in den frühen 1920er Jahren in Weimar zu erfassen versucht, das aber eine komplexe Entstehungsgeschichte hat, die auch mit der Krise des bürgerlichen Bewusstseins verbunden ist. Die bürgerliche Subjektivität zersplittert und löst sich auch in der Analyse der individuellen Psyche besonders in Wien auf, zusammen mit der Entstehung der Psychoanalyse und den modernistischen und zeitkritischen Bewegungen. Diese Auflösung bringt aber kein »Leben« in der österreichischen Kultur hervor, sondern verweilt in diesem Prozess der bloßen Negativität und Krise in gewisser Weise, da in gewisser Hinsicht – nach dem Fall der Österreichisch-Ungarischen Monarchie – die Voraussetzung der Macht nicht mehr gegeben ist. Dagegen ist die Macht in Deutschland, in der Weimarer Republik, noch immer eine Möglichkeit, die trotz der Niederlage besteht; sie wird aber von revolutionären Impulsen erschüttert.

Es ist sicherlich wahr, dass der Motor des Prozesses, oder besser gesagt, der Prozess selbst, anderswo – nämlich in Russland – ist, aber zusammen in der ersten realisierten Form der »Diktatur des Proletariats« und in dem Denken, das diesen Prozess versteht, zeigt sich in all seiner paradoxen Originalität die *politische Form des Marxismus*, die seine wirtschaftliche Dimension (oder sein Aussehen?) auszuschließen scheint. Wo es sich konkret zeigt, in der bereits offensichtlichen Bürokratisierung der russischen revolutionären Bewegung, erscheint die Verschärfung des Prozesses in einer Verabsolutierung der Staatsform (genau das Gegenteil der ausschweifenden Hypothese). In Europa und speziell in Deutschland kehrt das dialektische Moment von Marx' Denken (in seiner Abstammung von Hegel) zurück, das entscheidende hegelianische Moment in der Erklärung sowohl von Lukács(, »links«) als auch Schmitt (»rechts«). Das Proletariat erwirbt in und durch seine Avantgarden ein Selbstbewusstsein, das es vom Mechanismus des »vulgären« Marxismus entfernt und zum Subjekt des revolutionären Prozesses erhebt.

Es ist jedoch auch wahr, dass dieses Phänomen, diese intellektuelle und historische Entdeckung, eine Einschränkung beinhaltet, die sich später als tragisch erweisen wird: das Proletariat kann nur dann aktives Subjekt des Prozesses sein, wenn sich dieser Prozess in der »Diktatur des Proletariats« konkretisiert; nicht in den Formen des reformistischen oder parlamentarischen Sozialismus. Das Proletariat erlangt nur in einer politischen Form Bewusstsein, die sich historisch als selbstzerstörerisch erweisen wird. Der westliche Marxismus ist der theoretische Ort, an dem diese Revolution gespielt und durchgeführt wird, intellektuell und politisch zugleich.

Der westliche Marxismus ist bekanntlich im Wesentlichen in zwei Büchern enthalten, die beide 1923 erschienen sind: *Marxismus und Philosophie* von Karl Korsch und *Geschichte und Klassenbewußtsein* von Georg Lukács: aber, wie bereits erwähnt, gibt es in der Regel einen dritten Protagonisten dieser Geschichte, und zwar Carl Schmitt, der sie mit seinem Buch über die »Diktatur« vorwegnimmt und den Kreis mit dem Essay über den »Parlamentarismus« schließt. Nicht, dass Schmitt in irgendeiner Weise in den westlichen Marxismus zurückgeführt werden könnte, aber mit seinem politischen Realismus ist Schmitt *auch* im westlichen Marxismus. Mit anderen Worten: Es ist wichtig, darauf hinzuweisen, dass Demokratie und Diktatur sich nicht nur nicht widersprechen, sondern im Hinblick auf den Parlamentarismus eine Notwendigkeit der Präsenz des Volkes signalisieren, die genau auf jene »Rebellion der Massen« antwortet, die die bürgerliche Repräsentation und die (illusorische) Souveränität des Einzelnen radikal untergräbt.

Unter diesem Gesichtspunkt ist es kein Zufall, dass Lukács und Schmitt sich gegenseitig beeinflussen: Die Lektüre, die Schmitt über Marx verfasst, wird von Georg Lukács beeinflusst, obwohl der Verweis auf den ungarischen Autor im *Begriff des Politischen* von 1932 aus den Ausgaben nach 1933 verschwinden wird.[11] Wie Dotti richtig angedeutet hat,

[11] Vgl. *Carl Schmitt*, Der Begriff des Politischen. Synoptische Darstellung der Texte, im Auftrag der Carl-Schmitt-Gesellschaft hrsgg. von Marco Walter, 2018, S. 192–194.

»it is worth mentioning that it is through Lukács that Schmitt reads Marx's reading of Hegel. Schmitt recognizes this explicitly. The Hungarian thinker is the referent for the positive evaluation of dialectics by virtue of the politicity inherent in it. He is also the principal thinker referred to by Schmitt when the latter wages a theoretical war against the Marxist hegemony in the areas of political, social, and cultural interpretation of history«[12].

Wenn das der Fall ist, versteht man auch, warum *Geschichte und Klassenbewusstsein* von den russischen Bolschewiki als ein »idealistisches« und »antimaterialistisches« Buch gebrandmarkt wird.[13]

Im Mittelpunkt steht das Verhältnis zwischen Ökonomie und Politik oder, wenn man so will, zwischen Struktur und Überbau, zwischen Form (Recht und Politik) und Materie (Wirtschaft und Technik), auch wenn die Struktur unvermeidlich ihre *eigene* Form hat. Schmitt sieht in der politischen Form, die der Klassenkampf in Marx annimmt, nämlich in der Diktatur des Proletariats, die Verwirklichung der hegelschen Wurzel des Marxschen Denkens, das sowohl Lukács als auch Schmitt selbst zugrunde liegt (und Korsch,[14] ganz zu schweigen von Hermann Heller[15]). Es handelt sich um die Dialektik, die dem historischen Subjekt vorschreibt, seinen Willen durch einen Akt der Entscheidung zu bekräftigen, der unvermeidlich mit der bestehenden Ordnung bricht, eine Ausnahme schafft und entscheidet.

Das »Klassenbewusstsein« bei Lukács stellt genau diesen Moment des Bruchs dar, sowohl in der Praxis mit der bürgerlichen Ordnung, als auch in der Theorie mit dem Mechanismus der Wirtschaftsstruktur, die sich in einem immanenten evolutionären Prozess der Selbsterhaltung der Klassenherrschaft zu entfalten scheint. In dem Moment, in dem das Proletariat (auch wenn es sich dann immer nur um seine Avantgarde handelt) sich seiner historischen Rolle bewusst wird, bekräftigt es seinen vom wirtschaftlichen Mechanismus unabhängigen politischen Charakter: unabhängig von der historischen Realität des Leninismus in Russland erscheint es in Deutschland als Überwindung des geschlossenen Dogmatismus des Ökonomismus; mit anderen Worten die Autonomie des Politikers gegenüber der Wirtschaft, also der Vorrang der Politik.

Der Gegensatz zwischen Leben und Formen wird bei Lukács dialektisch vermittelt, indem er die Last auf sich nimmt, die durch die Trennung der Form vom »Leben« erzeugt wird. Seine spezifische geistige Geschichte zwingt ihn aber dazu, den Gegensatz Leben/Form aufzuheben. Er versucht diese Opposition zu überwinden, indem er »die Form« ins Leben ruft; gegenüber zum Beispiel Max

---

[12] *Dotti,* Schmitt reads Marx, S. 1480.

[13] Vgl. Laura Boella (Bearb.), Intellettuali e coscienza di classe. Il dibattito su Lukács 1923–1924, 1977.

[14] Vgl. *Agostino Carrino,* Stato e filosofia nel marxismo occidentale. Saggio su Karl Korsch, 1981.

[15] Vgl. *Hermann Heller,* Hegel und die deutsche Politik, in: Zeitschrift für Politik 13 (1924), S. 132–145.

Adler, der – obwohl er Kelsens Formalismus kritisiert[16] – bei dem Gegensatz bleibt, unfähig, die dialektische Methode anzuwenden. Dem Hegelianer Lukács steht der Kantianer Adler deutlich gegenüber. Eine sicherlich komplizierte Rede, die aber Ausdruck der Komplexität der Realität in diesen »entscheidenden Jahren«, ist, um Spengler zu zitieren.

Lassen Sie uns also sehen, wie Lukács seine spezifische und sinnbildliche Kritik am juristischen Formalismus von Hans Kelsen organisiert.

V. Dialektische Prozesse

Die Kritik, die der ungarische Philosoph auf einigen Seiten von *Geschichte und Klassenbewusstsein* an Kelsen richtet, soll kontextualisiert werden, um in ihrer ganzen Bedeutung verstanden werden zu können.

Mit »Kontext« meine ich nicht die historische Epoche, die natürlich vor dem Hintergrund einer Polemik steht, die Kelsen gleichzeitig mit der Debatte über die marxistische Konzeption des Staates konfrontiert hat, wie sie in Wien von Max Adler dargestellt wurde. Ich meine die theoretischen Voraussetzungen des Marxismus von Lukács, die ihn zu einer Denkweise bewegen, welche der gleichen marxistischen Wende der ungarischen Denker vorausgeht, nämlich auf die Linie der philosophischen Forschungen in Max Webers Heidelberg, der Südwestdeutschen Schule des Neokantismus und vor allem der Philosophie von Emil Lask,[17] dem Lukács 1918 noch einen bewegten Nachruf widmete.[18]

Ich möchte hier nicht auf die Schriften von Lukács über die *Theorie des Romans* und andere eingehen, aber es muss betont werden, dass der Marxismus von Lukács den besonderen Stürmen der Jahre vor dem Ersten Weltkrieg oder der Wiederentdeckung des Idealismus und der Zwietracht zwischen Leben und Form im Zeitalter des Aufkommens der Technik viel zu verdanken hat. Technik und Kultur sind in dieser Phase die beiden Seiten des Dilemmas des bürgerlichen Bewusstseins (und das von Lukács war in Wahrheit ein hochbürgerliches Bewusstsein, das dem seines geliebten Thomas Mann entsprach). Diese bestimmen einerseits die Berücksichtigung der Krise der Moderne auch bei sehr unterschiedlichen Autoren (wie Walther Rathenau und Oswald Spengler), aber auch die methodische Debatte in der Philosophie.

Der Kern der Konzeption von Lukács ist die Interpretation der Dialektik als einer Methode, die nur auf die historisch-soziale Welt anwendbar ist, um die Ideologie als falsches Bewusstsein zu entlarven. Aber insbesondere für Lukács

[16] *Max Adler*, Die Staatsauffassung des Marxismus. Ein Beitrag zur Unterscheidung von soziologischer und juristischer Methode, in: Marx-Studien, Band IV, Wien 1922.

[17] Vgl. *Agostino Carrino*, L'irrazionale nel concetto. Comunità e diritto in Emil Lask, 1983.

[18] *Georg Lukács*, Emil Lask. Ein Nachruf, in: Kant Studien, 1918, S. 349–370.

muss der Marxismus als historisch bestimmte Auffassung, als kritische Analysemethodik der bürgerlichen und kapitalistischen Welt, und nicht als Wissenschaft der Gesellschaft im Allgemeinen erklärt werden. Grundlegende Konzepte dieser Methodik waren für Lukács die Subjekt-Objekt-Identität und der Begriff der konkreten Ganzheit.

Die konkrete Ganzheit ist eine wirtschaftliche und soziale Bildung, die sich in ständiger Bewegung befindet:

»Nicht die Vorherrschaft der ökonomischen Motive in der Geschichtserklärung unterscheidet entscheidend den Marxismus von der bürgerlichen Wissenschaft, sondern der Gesichtspunkt der Totalität. Die Kategorie der Totalität, die allseitige, bestimmende Herrschaft des Ganzen über die Teile ist das Wesen der Methode, die Marx von Hegel übernommen und originell zur Grundlage einer ganz neuen Wissenschaft umgestaltet hat. [...] Die Herrschaft der Kategorie der Totalität ist der Träger des revolutionären Prinzips in der Wissenschaft.«[19]

Wie Korsch weigert sich auch Lukács, sich eine vollständig von der wirtschaftlichen Struktur abhängige, sozioökonomische Ausbildung vorzustellen. Von konkreter Ganzheit zu sprechen bedeutet, dass die soziale Struktur nicht auf einen einzigen Faktor reduziert werden kann (hier ist die Rezeption von Weber offensichtlich), sondern eine komplexe Gesamtheit von materiellen und geistigen Elementen darstellt, bei der Sein und Bewusstsein einander durchdringen und eine dialektisch komplexe und jedem Naturalismus fremde Realität hervorbringen. Die empirischen Daten gewinnen nur dann an Bedeutung, wenn sie in die konkrete Gesamtheit eingefügt werden, wo Struktur und Überbau sich gegenseitig bedingen und wo die dialektische Methode die Verdinglichung und ideologischen Entfremdungen, die die konkreten Machtverhältnisse verschleiern, aufhebt. Die Methode der konkreten Ganzheit »zerlegt« sozusagen das Objekt in seine falsche Gegebenheit und rekonstruiert es auf die Höhe theoretischer Konzepte, die in der Lage sind, zum Verständnis beizutragen und gleichzeitig die tatsächlichen Daten zu erklären, sowie den sozialen Konflikt in seiner Gesamtheit zu enthüllen:

»Denken und Sein sind also nicht in dem Sinne identisch, daß sie [...]miteinander ›parallellaufen‹ oder ›zusammenfallen‹ (alle diese Ausdrücke sind nur versteckte Formen einer starren Dualität), sondern ihre Identität besteht darin, daß sie Momente eines und desselben real-geschichtlichen dialektischen Prozesses sind.«[20]

Das (Klassen)Bewusstsein ist daher im historischen Prozess als Produkt der Geschichte von grundlegender Bedeutung zu sehen. Diese wird einmal subjektiv in einer historisch kontinuierlichen Dialektik objektiviert und ist deshalb nicht auf eine gnoseologische Beziehung herabzusetzen, da sie auf die Praxis des Subjekts

[19] *Georg Lukács*, Geschichte und Klassenbewußtsein. Studien über marxistische Dialektik (1923), 1986, S. 94.

[20] *Lukács*, Geschichte und Klassenbewußtsein, S. 349.

als kollektives Subjekt abzielt. Die gleiche Natur ist für Lukács »eine gesellschaftliche Kategorie«[21] und die Wirklichkeit »ist aber nicht, sondern wird – nicht ohne Zutun des Denkens«[22] bestehen. Das ist eine These, die natürlich auf viele Arten interpretiert werden kann, aber deren Bedeutung wir hier beiseitelassen müssen. Der wichtigste Einwand gegen Lukács war der des subjektiven Idealismus, und im Vergleich zur marxistischen Orthodoxie ist der idealistische Ansatz von Lukács offensichtlich.

Lukács steht daher auf der Seite der Forderung nach Autonomie auf der Seite der Sozialwissenschaften, die den Naturwissenschaften gegenüber stehen. Es ist kein Zufall, in der Tat, dass der orthodoxe Marxismus der III. Internationale *Geschichte und Klassenbewusstsein* als einen Text verurteilte, der einer antimaterialistischen Mentalität entspricht, und dass Lukács selbst dieses Buch in den 1960er Jahren abgelehnt und sogar versucht hat, seine Veröffentlichung in Frankreich zu verhindern.

Natürlich haben wir kein Interesse daran, die Kritik an dem angeblichen bürgerlichen Idealismus von Lukács zurückzuverfolgen; wir möchten vielmehr betonen, dass die Forderung nach Autonomie der Kulturwissenschaften gegenüber den mechanistischen Naturwissenschaften der Aspekt ist, der zwar Lukács nicht in die Nähe von Kelsen bringt, es aber ermöglicht, beide auf die gleiche Ebene zu setzen, nämlich auf den gleichen gnoseologischen Boden. Natürlich ist bei Kelsen der Begriff der *Vermittlung* nicht abstrakter als bei Hegel, sondern konkret. Bei Kelsen fehlt dieser Begriff der Vermittlung, während in der Auffassung von Lukács die Vermittlung benötigt wird, um die Ganzheit zu erkennen und gleichzeitig umzukehren. Lukács trennt dieses konkrete Vermittlungskonzept von den anderen Marxismen und verhindert damit, dass er in den Ökonomismus verfällt. Wie I. Mészáros schrieb, ist bei Lukács »die Rolle der Ökonomie, weit davon entfernt, mechanisch und einseitig deterministisch zu sein, dialektisch aktiv«[23]. Die Gesamtheit von Lukács ist eine komplexe Gesamtheit, sie ist spezifisch ein Komplex von Komplexen. Keine monokausale Wissenschaft ist in der Lage, diese Gesamtheit zu erfassen, geschweige denn eine Wissenschaft von Recht und Staat, die sich auf die bloße Rechtsform beschränkt. Es gibt in Lukács keinen wirtschaftlichen Determinismus, aber auch keine Ablehnung des Determinismus, vorausgesetzt, dass jeder Bestimmende als bestimmt angesehen wird.

Die Ökonomie bei Marx darf nicht als »Struktur« betrachtet werden, sondern als die Gesamtheit der Lebensbereiche: sie ist Wirtschaft, Kunst, Politik, Recht, Religion etc. Es ist nicht nur eine »Produktionsweise« der Waren, sondern der Ort, an dem auf eine bestimmte Weise die Waren und nicht nur die physischen

[21] *Lukács,* Geschichte und Klassenbewußtsein, S. 372.
[22] *Lukács,* Geschichte und Klassenbewußtsein, S. 349.
[23] *István Mészáros,* Lukács' Concept of Dialectic, 1972, S. 71.

Waren, sondern auch die »geistigen« Güter hergestellt werden, also auch das Recht als ein normatives Wesen. Die Kritik der politischen Ökonomie

»steht folglich nicht mehr als ›eine‹ Wissenschaft neben den anderen, noch wird sie einfach als ›Grundlagenwissenschaft‹ übergeordnet, sondern sie umfasst die gesamte Weltgeschichte der ›Existenzformen‹ (Kategorien) der menschlichen Gesellschaft«[24].

VI. Das Wesen des Rechts

Ich gehe von einem Zitat aus, mit dem Lukács Felix Somlós *Juristische Grundlehre* in Verbindung mit Kelsens *Hauptprobleme* bringt. Nachdem er Kelsen zitiert hat: »Es ist das große Mysterium von Recht und Staat, das sich in dem Gesetzgebungsakte vollzieht, und darum mag es gerechtfertigt sein, daß nur in unzulänglichen Bildern das Wesen desselben veranschaulicht wird«[25], setzt er sofort mit Somló fort:

»Es ist eine für das Wesen des Rechts bezeichnende Tatsache, daß auch eine widerrechtlich entstandene Norm eine Rechtsnorm sein kann, daß sich mit anderen Worten die Bedingung seines rechtmäßigen Zustandekommens in den Begriff des Rechts nicht aufnehmen läßt«[26].

Es handelt sich bekanntlich auch gemäß Somló um eine der Grundvoraussetzungen der kelsenschen Theorie des Rechts, der »Reinheit« der Rechtswissenschaft als Wissenschaft des Sollens. Nur eine »reine« Rechtstheorie kann für Kelsen eine wissenschaftliche Berücksichtigung des Rechts als Normensystem ermöglichen. Natürlich möchte Kelsen damit nicht die Bedeutung der soziologischen Betrachtung des Rechts herabsetzen, denn diese Disziplin hat nichts mit der Rechtswissenschaft zu tun. Bei Kelsen gibt es keine logisch-historische Ganzheit und keine Vermittlung, vielleicht abstrakt, aber gewiss nicht so konkret, wie Lukács es verlangt.

Die zitierten Kommentare von Lukács zu Kelsen und zu Somló sind daher besonders bedeutsam:

»Diese erkenntniskritische Klärung könnte eine tatsächliche Klärung und damit einen Fortschritt der Erkenntnis bedeuten, wenn einerseits das in andere Disziplinen verschobene Problem der Rechtsentstehung dort wirklich eine Lösung finden würde und wenn andererseits die so entstehende, rein zur Kalkulation von Handlungsfolgen und zur klassenmäßig rationellen Durchsetzung von Handlungsarten dienende Wesensart des Rechts zugleich wirklich durchschaut werden könnte.«[27]

[24] *Mészáros,* Dialectic, S. 71.

[25] *Hans Kelsen*, Hauptprobleme der Staatsrechtslehre entwickelt aus der Lehre vom Rechtssatz, (1911), Hans Kelsen Werke, Band 2, S. 427.

[26] *Felix Somló*, Juristische Grundlehre (1917), 1973, S. 117.

[27] *Lukács,* Geschichte und Klassenbewußtsein, S. 206 f.

Es handelt sich um einen besonders interessanten Abschnitt, der, wie ich feststelle, auch von den Lukács-Gelehrten sehr wenig behandelt wird. Zunächst ist das Urteil über Kelsen interessant, der an sich als ein »scharfsinniger Denker« betitelt wird: Lukács spricht von *tatsächlicher Klärung* unter der Bedingung, dass die Disziplinen, auf die Kelsen verweist, dieses Wissen tatsächlich vermitteln können. In Wirklichkeit ist die Kritik jedoch tiefgründig, denn sie beschuldigt Kelsen, ein Spiel der Verantwortungslosigkeit zu spielen, das dazu führt, dass seine formalistische Theorie der Abhängigkeit des Rechts von anderen Disziplinen unterliegt, die aber alle von Klasseninteressen bestimmt sind. Die Wirtschaft zum Beispiel steht in den Diensten des Kapitals und der Notwendigkeit, dass der Gewinn kalkulierbar sei; daraus folgt, dass sich die formale Rechtstheorie indirekt, aber sicher, in die Dienste des Klasseninteresses stellt, auch wenn dieses nicht der Fall gewesen wäre, wenn die politische Ökonomie oder eine bestimmte Soziologie nicht eigenständig auf die materiellen Interessen der Bourgeoisie mit der ausgerichteten Disziplinen abzielt.

Um das sehr subtile Spiel von Lukács zu verdeutlichen, sei zunächst daran erinnert, dass die Entstehung des Rechts gerade von Lukács nach den Notationen von Max Weber beschrieben wird als »eine rationelle Systematisation aller rechtlichen Regulierungen des Lebens, die einerseits, wenigstens der Tendenz nach, ein geschlossenes und auf alle irgend möglichen und denkbaren Fälle beziehbares System vorstellt«[28]. »Und es ist ohne weiteres klar, daß dieses Bedürfnis nach Systematisation, nach Verlassen der Empirie, der Tradition, der materiellen Gebundenheit, ein Bedürfnis der exakten Kalkulation gewesen ist«[29]. Es ist offensichtlich, dass das Recht, von dem Lukács spricht, das moderne Recht ist, das abstrakte Recht der Epoche der formalen (bürgerlichen) Legalität, das auch von Max Weber studiert wurde.

Lukács wirft also Kelsen die Unfähigkeit und die Unzulänglichkeiten der anderen empirischen Wissenschaften vor, die nicht in der konkreten Gesamtheit vermittelt und vermittelbar sind und auf die der Wiener Jurist verweist (insbesondere natürlich die Geschichte, die Soziologie und die politische Ökonomie). Es geht darum, das Problem der »Rechtsentstehung« und die Tatsache zu lösen, dass »[d]as Recht [...]weiter in enger Beziehung zu den ›ewigen Werten‹ [bleibt], wodurch in der Form von Rechtsphilosophie ein formalistisch verdünnter Neuaufguß des Naturrechts entsteht (Stammler)«[30]. Das Problem für den ungarischen Philosophen ist der »Zusammenhang des Ganzen«, den der Neokantianismus aufgegeben hat und auf die »die Einzelwissenschaften durch Entfernung von dem materiellen Substrat ihrer Begriffsbildung bewußt ver-

[28] *Lukács,* Geschichte und Klassenbewußtsein, S. 189.
[29] *Lukács,* Geschichte und Klassenbewußtsein, S. 189f.
[30] *Lukács,* Geschichte und Klassenbewußtsein, S. 207.

zichtet haben«[31]. Man kann in diesem Fall nicht verstehen, wie Lukács von den Vertretern der III. Kommunistischen Internationale beschuldigt werden konnte, ein Buch geschrieben zu haben, das von Idealismus gegen Marx durchdrungen ist, was in Bezug auf seine Beziehung zu Hegel zutreffend sein mag, aber nicht mehr als Marx selbst von hegelscher Dialektik durchdrungen war.

Für Lukács verzichtet die traditionelle Rechtsprechung – die zumindest teilweise die ist, gegen die Kelsen seit den *Hauptproblemen* arbeitet – »methodisch« auf die rationale Grundlage, die Rationalität nicht in Bezug auf die Berechnung des Gewinns, sondern in Bezug auf den Inhalt des Rechts ansieht. Sie habe nichts anderes im Recht gesehen als, »ein formales Kalkulationssystem, mit dessen Hilfe die notwendigen juristischen Folgen bestimmter Handlungen ([clausula] rebus sic stantibus) möglichst exakt errechnet werden können«[32]. »Damit erhält« – so Lukács, kritisch mit Hugo Preuß – »der primitive, zynisch-skeptische Kampf gegen das Naturrecht, den der ›Kantianer‹ Hugo am Ende des XVIII. Jahrhunderts begann, eine ›wissenschaftliche‹ Form.«[33]

Die reine Rechtswissenschaft der jungösterreichischen Schule ist damals für Lukács genauso schuldig wie die traditionelle Rechtsprechung, die in den Positivismus von Georg Jellinek mündet, denn sein Formalismus ist nichts anderes als das letzte Produkt eines Prozesses, der weit zurück geht in der Gründung der bürgerlichen Welt, der sich in der »Unfähigkeit, bis zum wirklichen materiellen Substrat der Wissenschaft herunterzudringen« versucht – ein Fehler, der nicht von einem Einzelnen stammt, »sondern [...] desto krasser hervortritt, je entwickelter die Wissenschaft ist, je konsequenter sie – von den Voraussetzungen ihrer Begriffsbildung aus – arbeitet«[34]. Diese Unfähigkeit der bürgerlichen »Wissenschaft« nach der französischen Revolution erscheint für Lukács gerade in der Rechtswissenschaft, die das Bewusstsein für das revolutionäre Naturrecht verloren hat. »Von den Forderungen des Naturrechts bleibt nur der Gedanke des lückenlosen Zusammenhanges des formellen Rechtssystems bestehen; bezeichnenderweise nennt Bergbohm alles juristisch Ungeregelte, mit Übernahme der Terminologie der Physik, ›einen rechtsleeren Raum‹«[35].

VII. Rechtswissenschaft und Klassenkonflikt

Die Kritik von Lukács weist auf die Scharfsinnigkeit des ungarischen Philosophen hin, aber auch, um ehrlich zu sein, auf die Fruchtbarkeit der marxistischen Methode, wenn sie ohne ideologische Superfetation, d.h. als historische

[31] *Lukács,* Geschichte und Klassenbewußtsein, S. 207.
[32] *Lukács,* Geschichte und Klassenbewußtsein, S. 206.
[33] *Lukács,* Geschichte und Klassenbewußtsein, S. 205f.
[34] *Lukács,* Geschichte und Klassenbewußtsein, S. 204.
[35] *Lukács,* Geschichte und Klassenbewußtsein, S. 205.

Soziologie eingesetzt wird. Lukács erfasst eine Entwicklung der juristischen Institutionen und des wissenschaftlichen Wiederaufbaus, die das bürgerliche Denken ausmacht. Sie weise auf eine historische Rekonstruktion von äußerster Interessantheit hin. Die Rechtswissenschaft ist keine bloße Dogmatik, auch wenn nur eine dogmatische Fähigkeit sowohl die theoretische als auch die praktische Qualität von Wissenschaft und Juristen identifiziert, sondern sie ist eine geschichtlich-geistige Form, die – in diesem Fall würde ich sagen *à la* Schmitt – den komplexen Zustand sowohl der bestehenden ökonomische Gesellschaftsformation als auch des so genannten Überbaus signalisiert. Sie erweist sich unter diesem Gesichtspunkt aber keineswegs als Überbau, sondern im Wesentlichen als *strukturell* – aufgrund ihrer Handlungs- und Reaktionsfähigkeit. Diese Auffassung zeigt auch die Gründe für das Interesse von Lukács an Lenin und von Korsch an Schmitt.[36]

Die Rechtswissenschaft wird beim Übergang von der revolutionären Bourgeoisie zur Finanzbourgeoisie, »außerstande gesetzt« – so schreibt Lukács, es gehe darum –, »das Entstehen und das Vergehen, den gesellschaftlichen Charakter der eigenen Materie, sowie den der möglichen Stellungnahmen zu ihr und den des eigenen Formsystems zu begreifen.«[37] Da das moderne bürgerliche Denken nur »die ›Bedingungen der Möglichkeit‹ des Geltens jener Formen untersucht, in denen sich das ihr zugrunde liegende Sein äußert, versperrt es sich selbst den Weg zu den klaren Fragestellungen, zu den Fragen nach Entstehen und Vergehen, nach wirklichem Wesen und Substrat dieser Formen«[38].

Auf der Grundlage der Kritik von Lukács an Kelsen ist eine nicht deklarierte, aber präzise und korrekte Interpretation der *Hauptprobleme* von Kelsen als eine *ahistorische* Darstellung des Rechts zu beobachten. Das Recht, das sich gemäß Lukács aus Kelsens Schrift ergibt, ist ein Recht, das nach den Kriterien einer »rein« formalen Rationalität »berechenbar« und vorhersehbar sein soll;

---

[36] Das Interesse des Marxisten Korsch an dem »reaktionären« Schmitt wird sowohl durch die Rezensionen bestätigt, die Korsch über zwei Bücher von Carl Schmitt schrieb, als auch durch seinen Brief, der im Nachlass des deutschen Juristen aufbewahrt wird:

»Berlin – Neutempelhof, 7.7.32

Sehr verehrter Herr Schmitt,

Ich danke Ihnen Herzlich für Ihr freundliches Schreiben vom 10.6.1932. Auch ich habe, schon seit längerer Zeit, den dringenden Wunsch, wieder einmal mit Ihnen zu sprechen und besonders Ihre Meinung über die gegenwärtige politische Entwicklung kennen zu lernen. Leider war ich in den letzten Wochen durch verschiedene unaufschiebbare Arbeiten verhindert und fahre nun morgen mit meiner Familie für ungefähr 14 Tage an die Ostsee. Möglicherweise treten Sie, wenn ich zurückkomme, gerade Ihre Sommer-Erholungsreise an. Ich werde aber auf jeden Fall nach meiner Rückkehr versuchen, Sie telefonisch zu der angegebenen Tageszeit (gegen 11 Uhr) zu erreichen um zu erfahren, ob Ihre Zeit noch für ein Zusammensein ausreicht.

Mit Hochachtung
Ihr sehr ergebener
Karl Korsch«

[37] *Lukács,* Geschichte und Klassenbewußtsein, S. 201.

[38] *Lukács,* Geschichte und Klassenbewußtsein, S. 209.

aber diese Vorhersehbarkeit verlangt, dass der formalistische Rationalismus (von Kelsen) als Rationalisierung eines der Geschichte entrissenen Gegenstands (des Rechts) vorgestellt wird. Rationalistisches Denken bezieht sich für Lukács notwendigerweise auf die formale Berechenbarkeit des Inhalts abstrakter Formen, so dass es notwendigerweise diese Inhalte als unveränderliche Inhalte vorstellen und definieren muss. Die dem ahistorischen Formalismus eigene Methode bleibt in der Abstraktion unfähig, sich dem konkreten historischen Inhalt zu nähern. Diese Überschwänglichkeit der Theorie Kelsens in ihrer ursprünglichen Phase wurde mehrfach unterstrichen, und hier nimmt Lukács sie mit großer Kritik auf, insofern er eine Schließung des Systems voraussetzt, der in dieser Hinsicht die grundlegende Norm dienen wird (Grundnorm) – eben als Regel des Schließens der Ordnung und auch der politischen Kritik; der Beseitigung der Kontingenz: Sobald das System geschlossen ist, das kohärent und rational geordnet ist, wird es zu einem bürgerlichen System schlechthin – »normal«: zur Berechnung, die für die kapitalistische Herrschaft notwendig ist. Daraus ergibt sich die Notwendigkeit für Kelsen, das System zu juridifizieren, weil die Juridifizierung des Rechtssystems (d.h. der Ausschluss aller nichtrechtlichen Faktoren: psychologisch, soziologisch, moralisch, politisch, naturalistisch) jede historische Rechtfertigung blockiert. Ohne ihn zu erwähnen, ist es zweifellos Kelsen, an den Korsch denkt, wenn er die bürgerliche Rechtswissenschaft kritisiert, weil sie die Tatsache ignoriert, dass das Recht sowohl Frieden als auch Krieg enthält (Schmitts ähnliche Auffassung vom Freund-Feind-Schema als Kriterium des Politikers).[39]

Die Wiederherstellung des Ganzen kann also für Lukács nur anders als im Wege der empirischen oder auch der philosophischen Wissenschaften gehen, sie trennen – wie es im trotz allem sehr interessanten und scharfsinnigen Buch Simmels, *Philosophie des Geldes*, geschieht – »diese entleerten Erscheinungsformen von ihrem kapitalistischen Naturboden […], verselbständigen […] sie als einen zeitlosen Typus menschlicher Beziehungsmöglichkeiten überhaupt.«[40] Obwohl ich hier nicht auf den Inhalt eines Textes und dessen *Hauptprobleme* eingehe, wird ersichtlich, dass Kelsen den historischen Diskurs von seiner Rekonstruktion der Grundprobleme des Staatsrechts ausgeschlossen hatte – eine Ausgrenzung, die ebenso offenkundig war, wie oben erklärt wurde.

---

[39] »Diese Unfähigkeit, etwas wirklich Vorhandenes zu sehen und zu begreifen, hat ihre letzte Ursache darin, daß die bürgerliche Rechtswissenschaft vermöge ihres besonderen geschichtlichen und gesellschaftlichen Charakters gewisse Wirklichkeiten und Wirklichkeitszusammenhänge nicht sehen und begreifen darf und kann, durch deren Begreifen und Erkennen sie aufhören würde, das zu sein, was sie allen ihren Bekenntnissen zu dem Geist freier voraussetzungsloser wissenschaftlicher Forschung zum Trotz, oder vielmehr auch gerade mit diesen ihren Bekenntnissen, in ihrer geschichtlichen Wirklichkeit tatsächlich ist, nämlich eine *bürgerliche Klassenwissenschaft,* ein Teil der *Wissenschaft der bürgerlichen Klasse«; K. Korsch,* Jus belli ac pacis im Arbeitsrecht (1924), in: Kritische Justiz 5/2 (1975), S. 142–149 (144).

[40] *Lukács,* Geschichte und Klassenbewußtsein, S. 186f.

Es handelt sich also um eine von Lukács skizzierte Auffassung vom Recht, in der der Übergang von Kant (und besonders vom Neukantianismus) zu Hegel und über Hegel hinaus zu einer erneuerten Auffassung vom Marxismus deutlich wird, den wir eben westlichen Marxismus nennen: das gleiche formale Recht gilt für die Allgemeinheit der bürgerlichen Gesellschaft, die sich über die konkrete Ganzheit des Lebens des Volkes hinaus ausdehnt, andererseits aber nicht wirklich das beherrschende Prinzip der bürgerlichen Gesellschaft darstellt, aber es ist eine Funktion der dominierenden wirtschaftlichen Anarchie.

VIII. Fazit

Da der andere westliche Marxist, Karl Korsch, keine direkte Kritik an Kelsen formuliert hat, erwähne ich nur, dass sich seine Position von der von Lukács unterscheidet, um unmittelbarer politisch zu sein. Während Lukács aufgrund seines kulturellen Hintergrunds in erster Linie ein Wissensproblem darstellt, scheint Korsch das Problem der Praxis adressieren zu wollen, indem er darin die theoretische Frage löst, die als Historisierung und Selbsthistorisierung der Methode dargestellt wird. Aus diesem Grund ist ihm eine Position wie die von Kelsen irgendwie gleichgültig, da er davon ausgeht, dass sie keine Probleme für eine revolutionäre Praxis schaffen kann – ohne Vermittlung, die nicht die der eigenen Selbsthistorisierung ist. Deshalb hat das Thema des juristischen Positivismus bei Korsch keinen Sinn: Es ist nur die starre, tote Form des revolutionären Naturrechtes der Bourgoisie. Bezweckt wird, das lebendige »natürliche Recht« der Arbeiterklasse einzufordern, das das positive Recht im Namen ihrer eigenen Wertansprüche und auch ihrer eigenen Organisation bricht: die Arbeiterräte. Für Lukács ist das Naturrecht linearer Ausdruck der revolutionären Bourgeoisie und das formale Recht, wie es sich aus der Auflösung der bürgerlichen Rechtsprinzipien ergibt, nur eine »Funktion der herrschenden wirtschaftlichen Anarchie«, und somit eine universelle und unübertreffliche Antinomie des bürgerlichen Denkens. Für die im wesentlichen einheitliche Auffassung Korschs vom menschlichen Befreiungsprozess – dessen Etappen sowohl die bürgerliche als auch die proletarische Revolution sind – bildet das Naturrecht hingegen eine historisch grundlegende Dimension im revolutionären Prozess. In gewisser Weise hielt sich Karl Korsch an eine aufklärerische Tradition und damit an eine positive Sicht der Moderne als kontinuierlichen Prozess der Vertiefung der Bewusstwerdung der revolutionären Subjektivität (zuerst die Bourgeoisie, dann das Proletariat). Eine gewisse optimistische Sicht der Geschichte ist in der Kritik an der revisionistischen und passiven Sozialdemokratie (Karl Kautsky) zu erblicken; im Gegensatz dazu zeigt Lukács seine tragische Auffassung vom Werden, wo sich unter der Fassade des Fortschritts zur kommunistischen Gesellschaft ein zutiefst gespaltenes Gewissen und eine substantielle und entschiedene Ablehnung der bürgerlichen Mentalität und der bürgerlichen Welt als solche verbirgt: Lukács ist in Wirklichkeit ein Denker des Verfalls, und es ist kein Zufall, dass er ohne Illusionen kämpft, bis er sich Jahre nach *Geschichte und Klassenbewusstsein* der stalinistischen Ideologie unterordnet als eine Art bewussten Verzicht auf jede wahre Idee von Freiheit. Korsch, zwischen Höhen und Tiefen, praktischer als Lukács und Jurist und Theoretiker des Arbeitsrechts, der Arbeiterräte und der Sozialisation, will immer noch die Suche nach alternativen Wegen aufzeigen, sogar in seiner Beziehung zu Carl Schmitt. Für Lukács hingegen fungiert die marxistische Soziologie, die er dem juristischen Formalismus gegenüberstellt, wie geschrieben wurde,

»nicht als eine einzelne Wissenschaft, sondern als eine Philosophie. [...] Die kollektiven Bewusstseinsformen, insbesondere das Klassenbewusstsein als Subjekt der Geschichte, sind keine Objekte einer theoretischen Psychologie, einer Wissenschaft des Seins, sondern einer philosophisch-dialektischen Psychologie, die selbst zum wesentlichen Faktor der Geschichte wird«[41].

[41] *Sigfried Marck,* Die Dialektik in der Philosophie der Gegenwart, 1929, S. 124.

Hegels Rechtspositivismus

Franz-Alois Fischer

I. Hegel als Vertreter des Rechtspositivismus?

Hegel ist einer der frühen und bedeutenden Vertreter des Rechtspositivismus: Diese Aussage – zugleich Arbeitsthese dieses Beitrags – mag dem ein oder anderen Leser eine handfeste Provokation sein. Hegel, ein Rechtspositivist? Davon mal abgesehen, dass die Rede von einem Rechtspositivisten, bezogen auf einen Philosophen des frühen 19. Jahrhunderts, sowohl anachronistisch anmutet als auch den Anschein erweckt, die Fakultät zu verwechseln (Hegel war ja Philosoph, der zwar über Recht geschrieben hat, aber gewiss kein Rechtstheoretiker!) – Hegel war doch, so man die klassische Schablone Rechtspositivismus/Naturrecht auf ihn anwendet, eindeutig Naturrechtler. Dem müsste man, in zunächst unbefriedigender Manier, antworten: In gewisser Hinsicht stimmt das schon. In gewisser Hinsicht aber auch nicht.

In diesem Beitrag soll es darum gehen, dieses zunächst einmal vage »in gewisser Hinsicht« zu konkretisieren. In einem ersten Schritt soll dargelegt werden, warum und inwiefern Hegel klassischerweise als Naturrechtler angesehen wird. Sodann soll anhand einiger Passagen aus Hegels Grundlinien der Philosophie des Rechts[1] nachgewiesen werden, dass sich in Hegels Rechtsphilosophie Kerngedanken des Rechtspositivismus finden, namentlich die Betonung des Wertes einer ordnenden und vereinheitlichenden Funktion des Rechts aufgrund seiner Allgemeingültigkeit und Öffentlichkeit, unabhängig von seinem konkreten Inhalt, und die Abwesenheit eines inhaltlich bestimmten Gerechtigkeitsbegriffs vom Begriff des Rechts. Dieser Befund soll in einem weiteren Schritt insofern relativiert werden, als er eingeordnet wird in Hegels System der Philosophie des Geistes. Ein rechtspositivistischer Rechtsbegriff ist nämlich bei Hegel verknüpft mit einer Betrachtung des Rechts als Gestalt des objektiven Geistes, eine Gestalt, deren Defizität Hegel aufgrund ihrer Verortung im Endlichen, in der sozialen und geschichtlichen Wirklichkeit eines tatsächlichen Gemeinwesens herausarbeitet. Hegel ist somit zwar ein Chronist des Rechtspositivismus auf einer analytischen Ebene (analytisch freilich bezogen auf Hegels dialektisches

[1] Im folgenden abgekürzt als GPR und zitiert als GPR § (ggfs. mit Zusatz A oder Z) nach der Theorie Werkausgabe, Werke in zwanzig Bänden mit Registerband, hrsgg. von Eva Moldenhauer und Karl Markus Michel, Frankfurt a. M. 1970 ff.

Denken), nicht aber selbst ein überzeugter Rechtspositivist. Sofern man aber das klassische Paradigma Naturrecht/Rechtspositivist auf ihn anwendet, ist Hegel, der Autor der Grundlinien, ein Rechtspositivist und kein Naturrechtler.

II. Die klassische Einordnung Hegels als Naturrechtler

Im klassischen Paradigma Naturrecht/Rechtspositivismus wird Hegel gemeinhin als Naturrechtler angesehen.[2]

Diese Einordnung hat schon auf den allerersten Blick eine Plausibilität. Denn Hegels großes, dem Recht gewidmetes Spätwerk, das meist nur unter dem Kurztitel »Grundlinien der Philosophie des Rechts« zitiert wird, trägt im Gesamttitel einen aufschlussreichen Zusatz. Es heißt in Gänze: Grundlinien der Philosophie des Rechts oder Naturrecht und Staatswissenschaft im Grundrisse. Es trägt also das Naturrecht sogar im Titel. Zwar ist damit noch nicht zwingend gesagt, dass es sich bei der in diesem Buch formulierten Rechtsphilosophie inhaltlich um eine naturrechtliche Rechtsphilosophie handeln muss – Hegel könnte ja auch das Naturrecht in seinem Werk kritisieren und ablehnen. Die Nennung im Titel, zudem ohne kritischen Zusatz wie zum Beispiel »Kritik des« legt aber zumindest eine inhaltliche Nähe zum Naturrecht nahe.

Weitet man den Blick auf Hegels Gesamtwerk aus, verwundert die Einordnung als Naturrechtler aber. Der junge Hegel ist nämlich ein ausgewiesener Kritiker des Naturrechts. In einer seiner ersten systematisch anspruchsvolleren Schriften, dem Naturrechtsaufsatz aus den Jahren 1802/1803[3], unterzieht er das naturrechtliche Denken seiner Zeit einer eingehenden Kritik, die er sowohl gegen das klassische empirische Naturrecht als auch gegen die ihm gegenläufige, abstrakte und formelle »Behandlungsart«[4] des Naturrechts nach dem Vorbild Kants richtet.

Natürlich wäre es möglich, dass der reife Hegel der Grundlinien sich von dieser Kritik seiner jungen Jahre gelöst haben und sich zum spätberufenen Natur-

---

[2] Siehe zum Beispiel die Kategorisierung von *Ralf Dreier,* Artikel Naturrecht, in: Ergänzbares Lexikon des Rechts, 2/370, 1954 ff., Stand 2006, S. 2 ff., der das Naturrecht einteilt in: Naturrecht im engeren Sinne und Vernunftrecht, wobei er unter letzteres auch Hegel fasst; *Arthur Kaufmann,* Problemgeschichte der Rechtsphilosophie, in: Arthur Kaufmann/Winfried Hassemer/Ulfrid Neumann (Hrsg.), Einführung in die Rechtsphilosophie und Rechtstheorie der Gegenwart, 8. Auflage 2011, S. 26–147 (64): »In Hegel hat der Deutsche Idealismus – und mit ihm das idealistische Naturrecht – seinen Höhepunkt erfahren.«

[3] *Georg Wilhelm Friedrich Hegel,* Über die wissenschaftlichen Behandlungsarten des Naturrechts, seine Stelle in der praktischen Philosophie und sein Verhältnis zu den positiven Rechtswissenschaften, ursprünglich in: Kritisches Journal der Philosophie, Band II, Stück 2, 1802 und Stück 3, 1803, abgedruckt in: Theorie Werkausgabe 2. Jenaer Schriften 1801–1807, hrsgg. v. Eva Moldenhauer und Karl Markus Michel, Frankfurt a. M. 1970 ff., S. 434–530.

[4] So Hegels Terminologie in Titel und Text des Aufsatzes.

rechtler gewandelt haben könnte. Die eingehende, geradezu vernichtende Kritik, die er in seinem Naturrechtsaufsatz an jeglichen Spielarten des Naturrechts übt, verbietet indes zumindest eine vorschnelle Einordnung Hegels als naturrechtlichen Denker.

Wenn nun Hegel nicht als Naturrechtler aufgefasst wird, heißt das natürlich nicht automatisch, dass er Rechtspositivist ist. Das wäre nur dann der Fall, wenn das klassische Paradigma Naturrecht/Rechtspositivismus kein Drittes kennen würde. Darüber ließe sich natürlich trefflich streiten. Einige Auflistungen, wie sie insbesondere in der rechtsphilosophischen Studienliteratur begegnen, erwecken durchaus diesen Eindruck eines Tertium non datur. Es ließe sich mit Blick auf Hegel aber der Punkt machen, dass es ihm gerade um eine Ablehnung des naturrechtlichen und des rechtspositivistischen Ansatzes ginge sowie darum, aus einer dialektischen Kritik dieser beiden Positionen heraus, die sich, um es in Hegels Terminologie auszudrücken: abstrakt gegenüberstehen, ein Drittes zu entwickeln.[5] Darum soll es aber in diesem Rahmen nicht gehen. Vielmehr soll im folgenden die klassische Schablone Naturrecht/Rechtspositivismus an Hegel angelegt werden und es sollen, ausgehend vom Textbefund der Grundlinien, Gründe dafür aufgezeigt werden, warum Hegel, so man diese Schablone an ihn anlegt, eher als Rechtspositivist denn, wie es gemeinhin geschieht, als Naturrechtler zu bezeichnen wäre.

III. Hinweise auf einen rechtspositivistischen Rechtsbegriff in Hegels Grundlinien

In Hegels Grundlinien finden sich zwei Hinweise darauf, dass seinem Denken über Recht ein rechtspositvistischer Zug eingeschrieben ist. Der erste Hinweis besteht darin, dass Hegel der ordnenden Funktion einer aus allgemeingültigen Gesetzen bestehenden Gesetzeskodifikation eine große, ja geradezu mit emphatischen Worten ausgedrückte Bedeutung zumisst. Der zweite Hinweis besteht darin, dass in Hegels Grundlinien – immerhin ein Werk, das es sich zur Aufgabe macht, »die Idee des Rechts, den Begriff des Rechts und dessen Verwirklichung« vollständig abzubilden[6] – der Begriff der Gerechtigkeit für den Begriff des Rechts nahezu keine Rolle spielt.[7]

Hegel wäre nicht Hegel, würde er nicht diese beiden Hinweise auf eine auf den ersten Blick verwirrende Art und Weise miteinander verknüpfen. In § 215 der

[5] Hierzu ausführlich *Franz-Alois Fischer*, Das Recht und seine Voraussetzungen. Eine rechtsphilosophische Rekonstruktion von Hegels Rechtsbegriff, Freiburg i. Br. 2018, insb. S. 21 ff., 100 ff., 163 f., 221 ff.

[6] GPR § 1.

[7] Hierzu ausführlich *Franz-Alois Fischer*, Gerechtigkeit ist kein Thema, in: Zeitschrift für philosophische Forschung, Band 73 (2019), S. 70–99.

Grundlinien schreibt Hegel, verortet in seinen Ausführungen zur bürgerlichen Gesellschaft, über das »Dasein des Gesetzes« folgendes im Haupttext:

»Die Verbindlichkeit gegen das Gesetz schließt von den Seiten des Rechts des Selbstbewußtseins (…) die Notwendigkeit ein, daß die Gesetze allgemein bekannt gemacht seien.«[8]

Dieser zunächst einmal unspektakulären These von der Notwendigkeit einer allgemeinen Bekanntmachung der Gesetze fügt Hegel in der Anmerkung noch einige Ausführungen hinzu. Diese lauten wie folgt:

»Die Regenten, welche ihren Völkern, wenn auch nur eine unförmliche Sammlung, wie Justinian, noch mehr aber ein Landrecht, als geordnetes und bestimmtes Gesetzbuch, gegeben haben, sind nicht nur die größten Wohltäter derselben geworden und mit Dank dafür von ihnen gepriesen worden, sondern sie haben damit einen großen Akt der Gerechtigkeit exerziert.«[9]

Ausgehend von dieser Textpassage lassen sich, im Vergleich mit einigen weiteren Passagen und in Verknüpfung mit systematischen Überlegungen zu Hegels Rechtsphilosophie, die beiden erwähnten Hinweise auf die wichtige Rolle der ordnenden Funktion des Rechts bei Hegel und das Fehlen eines inhaltlich bestimmten Begriffs der Gerechtigkeit und damit zwei entscheidende Hinweise auf Hegels Rechtspositivismus explizieren.

1. Die ordnende, einheitsstiftende Funktion des Rechts

In der zitierten Textpassage des § 215 und seiner Anmerkung kommt eine positive Zuschreibung Hegels in Bezug auf das Recht zum Ausdruck, die zwar keine hinreichende Bedingung einer jeden rechtspositivistischen Position ist, die aber zentral ist für gängige Positionen des Rechtspositivismus: Die Betonung der ordnenden, einheitsstiftenden Funktion des Rechts. Entscheidend dabei ist, dass sich diese Funktion des Rechts nicht aus der Bezugnahme auf etwas Außerrechtliches, beispielsweise soziologisch begründbare Kriterien oder moralische Normen begreifen lässt, sondern dass dieses ordnende, einheitsstiftende Moment im Recht selbst begründet ist. Dieser Gedanke ist beispielsweise einer von vielen Leitgedanken, die Hinter Hans Kelsens Grundnorm stecken. Die Grundnorm ist der Geltungsgrund aller zur selben Rechtsordnung gehörigen Rechtsnormen[10], nur durch sie erhalten diese Geltung als Rechtsnormen und werden in ihrer Zugehörigkeit zum Recht (und eben nicht zu anderen Normordnungen) explizit.

[8] GPR § 215.

[9] GPR § 215 A.

[10] *Hans Kelsen*, Was ist die Reine Rechtslehre? in: Demokratie und Rechtsstaat, Festgabe zum 60. Geburtstag von Zaccaria Giacometti, hrsgg. v. Max Imboden u. a., Zürich 1953, S. 143–162 (148); Zur besonderen, einheitsstiftenden Bedeutung der Grundnorm für den Stufenbau der Rechtsordnung nur *Horst Dreier*, Hans Kelsen zur Einführung, Hamburg 2023, S. 121–125 m. w. N.

Bei Hegel liegt die Bedeutung des zitierten, auf den ersten Blick unscheinbaren Abschnitts, wie so häufig, im Detail und in der Systematik. Auch wenn hierauf sogleich noch näher eingegangen werden wird, sei schon an dieser Stelle vorangestellt, dass es sich bei der zitierten Stelle um eine der wenigen Passagen in Hegels Grundlinien handelt, in denen der Begriff der Gerechtigkeit ausdrücklich vorkommt.[11] Selbst in diesen wenigen Passagen, in denen er ausdrücklich erwähnt wird, spielt der Begriff der Gerechtigkeit eine eher untergeordnete und keine zentrale Rolle. Seine nachdrücklichste Formulierung erfährt er in der zitierten Anmerkung des § 215, in dem Hegel von einem »großen Akt der Gerechtigkeit« spricht. Es stellt sich die Frage, was Hegel gerade an dieser Stelle zu dieser doch erstaunlichen Formulierung veranlasst. Um die Antwort auf diese Frage in den Blick zu bekommen, muss man sich zunächst den Kontext und die systematische Stellung dieser Formulierung in Hegels Werk bewusst machen.

§ 215 gehört zu Hegels Ausführungen zur bürgerlichen Gesellschaft, die wiederum Teil seiner Ausführungen zur Sittlichkeit sind. Hegels Sittlichkeit teilt sich auf in die drei Gestalten: Familie – bürgerliche Gesellschaft – Staat. Im Abschnitt zur bürgerlichen Gesellschaft schildert Hegel die Wesensmerkmale eines Gemeinwesens, das sich auf individuelle Personen und ihre besonderen Bedürfnisse gründet und das seinen Zweck wesentlich in der Befriedigung dieser Bedürfnisse findet. Ein solches Gemeinwesen, so Hegel, trägt einen in der eigenen Logik dieses Gemeinwesens unauflösbaren Widerspruch in sich. Dieser kommt darin zum Ausdruck, dass das sich durch die individuellen Bedürfnisse der Individuen bestimmende Moment der Besonderheit, wie Hegel dies nennt, für sich gesehen keine einheitsstiftende Funktion für ein Gemeinwesen (dem nach Hegels Terminologie das Moment der Allgemeinheit zugeordnet wäre) einnehmen kann. In Hegels Worten:

»Die konkrete Person, welche sich als besondere Zweck ist, als ein Ganzes von Bedürfnissen und eine Vermischung von Naturnotwendigkeit und Willkür, ist das eine Prinzip der bürgerlichen Gesellschaft, – aber die besondere Person als wesentlich in Beziehung auf andere solche Besonderheit, so daß jede durch die andere und zugleich schlechthin nur als durch die Form der Allgemeinheit, das andere Prinzip, vermittelt sich geltend macht und befriedigt.«[12]

Korrelat dieses Widerspruchs eines sich aus dem Begriffsmoment der Besonderheit ableitenden Gemeinwesens ist ein eher karger, reduzierter Staat, den Hegel in einer berühmten Formulierung als »Not- und Verstandesstaat«[13] bezeichnet.

Unter den Vorzeichen eines solchen Staates wäre es nun müßig, nach allgemeinverbindlichen moralischen Prinzipien oder einem inhaltsreichen Gerech-

[11] Die zitierte Stelle des § 215 A GPR ist eine von lediglich fünf Stellen, an denen der Begriff der Gerechtigkeit in einer erwähnenswerten Weise vorkommt, siehe hierzu *Fischer*, Gerechtigkeit, S. 74–82.

[12] GPR § 182.

[13] GPR § 183.

tigkeitsbegriff zu suchen. Unter diesen Vorzeichen herrscht das positive Recht, das seine Funktion als Recht unabhängig davon erfüllen kann, ob es inhaltlich gerecht ist oder nicht. Ebenfalls irrelevant für die Bestimmung des Rechts als Recht ist die Frage, ob eine Rechtsnorm – sei es in isolierter Betrachtung oder als Teil einer Kodifikation, wie Hegel sie in § 215 A nennt – seine Normativität aus einer dem Recht vorgelagerten naturrechtlichen Norm, beispielsweise einer moralisch fundierten Gerechtigkeitsnorm bezieht.

Nun mag es auf den ersten Blick irritieren, dass Hegel gerade in diesem Kontext den Begriff der Gerechtigkeit gebraucht. Er schreibt ja, wie bereits zitiert, von einem »großen Akt der Gerechtigkeit«,[14] der in der Kodifikation und Veröffentlichung von Gesetzbüchern (er nennt das CIC und das ALR) liege. Hegel drückt hier indes nicht etwa eine naturrechtliche Forderung danach aus, dass der Inhalt eines solchen Gesetzbuches gerecht sein müsse. Diese naturrechtliche Forderung stellt er vielmehr im vorangegangen § 214 ausdrücklich in Abrede. Hegel führt an dieser Stelle aus, dass es dem positiven Recht gerade nicht um einen allgemeingültig gerechten Inhalt gehen kann. Denn das positive Gesetz steht unter den Vorzeichen der bürgerlichen Gesellschaft und des ihr inhärenten Widerspruchs zwischen der Besonderheit und der Allgemeinheit vor dem Problem, eine Allgemeingültigkeit für sich beanspruchen und dennoch auf die Anwendung im Einzelfall ausgerichtet sein zu müssen. Zitat Hegel:

> »In dieser Zuspitzung des Allgemeinen, nicht nur zum Besonderen, sondern zur Vereinzelung, d.i. zur unmittelbaren Anwendung, ist es vornehmlich, wo das rein Positive der Gesetze liegt. Es läßt sich nicht vernünftig bestimmen noch durch die Anwendung einer aus dem Begriffe herkommenden Bestimmtheit entscheiden, ob für ein Vergehen eine Leibesstrafe von vierzig Streichen oder von vierzig weniger eins, noch ob eine Geldstrafe von fünf Talern oder aber auch von vier Talern und dreiundzwanzig usf. Groschen, noch ob eine Gefängnisstrafe von einem Jahre oder von dreihundertvierundsechzig usf. (Tagen) oder von einem Jahre und einem, zwei oder drei Tagen das Gerechte sei.«[15]

Im weiteren Verlauf fährt Hegel, zwar in kritischer Stoßrichtung, aber doch in analytischer Klarheit fort, dass es unter den Vorzeichen der bürgerlichen Gesellschaft gar nicht in erster Linie auf diese Fragen der Einzelfallgerechtigkeit (wie wir das heute nennen würden) ankommen könne, sondern vielmehr allein auf das »Interesse der Verwirklichung« der Gesetze, das Interesse daran, »daß überhaupt bestimmt und entschieden sei (…).«[16]

Eine ordnende Funktion hat das Recht somit nach Hegel unabhängig von naturrechtlichen Vorgaben, allein auf Grundlage seiner institutionell vermittelten Bestimmung als Rechtsnorm. Auch wenn es für den Rechtsbegriff nicht auf naturrechtliche Vorgaben, insbesondere nicht auf einen inhaltlichen Gerechtigkeitsbezug ankommt, ist das Recht in dieser von Hegel beschriebenen Funktion

[14] GPR § 215 A.
[15] GPR § 214 A.
[16] Beide Zitate GPR § 214 A.

aber auch nicht beliebig. In seiner Rede vom »großen Akt der Gerechtigkeit«[17] kommt ja gerade zum Ausdruck, dass es gerechteres und ungerechteres Recht oder, ganz allgemein gesprochen, besseres und schlechteres Recht gibt. Diese Bewertung: gerechter/ungerechter oder besser/schlechter macht sich aber nicht am Inhalt des Rechts fest, sondern an seiner formalen Gestaltung. Hegel preist nämlich das Erlassen bestimmter Kodifikationen durch hierfür zuständige Regenten als gerecht. Diese Kodifikationen müssen aber, um in diesem Sinne ein Akt der Gerechtigkeit zu sein, bestimmte Anforderungen erfüllen: Sie müssen allgemein zugänglich und verständlich sein. Das erläutert Hegel in einer Gegenüberstellung von Dionysios dem Tyrannen auf der einen Seite, der seine Gesetze so hoch aufgehängt habe, dass kein Bürger sie habe lesen können, und Justinian (als Verantwortlichem des CIC) sowie den Verantwortlichen des ALR (gemeint sind wohl Friedrich der Große bzw. Friedrich Wilhelm II.) auf der anderen Seite, die den Menschen allgemein zugängliche und verständliche Gesetzessammlungen gegeben haben. Öffentlichkeit, Allgemeingültigkeit und Verständlichkeit der Gesetze sind nach Hegel Voraussetzung dafür, dass man ein Gesetz oder eine Gesetzessammlung als gerecht bezeichnen kann.

Hier soll nun nicht näher auf diese Voraussetzungen im Detail eingegangen werden, beispielsweise auf die Frage, was genau unter Verständlichkeit eines Gesetzes zu verstehen ist und der womöglich damit verknüpften Folgefrage, ob denn heutige Gesetze in diesem Sinne als gerecht anzusehen wären. Vielmehr soll festgehalten werden, dass Hegel zwar den Begriff der Gerechtigkeit im Zusammenhang mit Gesetzeskodifikationen und damit im Zusammenhang mit der Rechtsordnung gebraucht, dabei aber gerade nicht auf inhaltliche Voraussetzungen des Rechts verweist. Er erteilt sogar etwaigen Einwänden gegen seinen einen Gerechtigkeitsbezug aussparenden Rechtsbegriff an dieser Stelle eine Absage: Gerechtigkeit, die sollten wir nicht inhaltlich im Recht suchen, sondern – wenn überhaupt – in der ordnenden, verallgemeinernden Funktion des Rechts. Notwendige Voraussetzung des »Dasein(s) des Gesetzes«, wie Hegel die zitierte Passage überschreibt, ist folgerichtig lediglich, dass »die Gesetze allgemein bekannt gemacht seien.«[18]

2. *Kein inhaltlicher Gerechtigkeitsbezug*

Mit § 215 wurde bereits eine Passage der Grundlinien vorgestellt, in der Hegel ausdrücklich den Begriff der Gerechtigkeit gebraucht. Es wurde gezeigt, dass es sich dabei aber nicht um eine inhaltliche Bezugnahme des Rechtsbegriffs auf den Begriff der Gerechtigkeit handelt. Insbesondere postuliert Hegel an dieser Stelle keinen Legitimationszusammenhang zwischen Gerechtigkeit und Recht. Ganz

---

[17] GPR § 215 A.
[18] GPR § 215.

im Gegenteil: Der Gebrauch des Begriffs der Gerechtigkeit bezieht sich gerade nicht auf den Inhalt der Rechtsordnung, sondern auf ihre formal-institutionelle Gestaltung. Nicht das Recht, wie es inhaltlich ist, wird als gerecht bezeichnet, sondern die Art und Weise der Veröffentlichung des Rechts. Ein Regent, der in einer Kodifikation allgemeingültig, öffentlich und verständlich Recht setzt, exerziert, so drückt Hegel das aus, »einen großen Akt der Gerechtigkeit«.[19] Wie das Recht inhaltlich beschaffen ist, insbesondere ob es inhaltlich auch mit einer wie auch immer bestimmten Norm der Gerechtigkeit übereinstimmt, spielt für diese Zuschreibung keine Rolle. Diese Passage steht dabei exemplarisch für die gesamten Grundlinien, in denen, anders als man das von einem umfassenden Werk der Rechtsphilosophie aus der ersten Hälfte des 19. Jahrhunderts vielleicht erwarten würde, der Begriff der Gerechtigkeit nahezu keine Rolle spielt. Dies soll anhand einiger ausgewählter Passagen im folgenden kurz erläutert werden.[20]

a) Nur spärliche Bezugnahmen zur Gerechtigkeit

Diese Betrachtung nimmt ihren Ausgangspunkt in einem trivialen (Text-)Befund. Der Begriff der Gerechtigkeit kommt in Hegels Grundlinien schon rein quantitativ betrachtet eher selten vor. Er wird an fünf prominenten Stellen gebraucht, wobei die markanteste Stelle mit § 215 A bereits bekannt ist. Neben diesen fünf prominenten Stellen, auf deren vier noch unerwähnte sogleich noch kurz einzeln eingegangen wird, finden sich nur in etwa zehn weitere Stellen in den Grundlinien, an denen Hegel in einer eher beispielhaften, wiederholenden oder umgangssprachlichen Weise den Begriff der Gerechtigkeit gebraucht.[21] Schon dieser quantitative Befund ist dünn und lässt erahnen, dass Gerechtigkeit für Hegels Rechtsphilosophie nur eine untergeordnete Rolle spielt. Diese These erhärtet sich mit Blick auf die noch fehlenden vier markanten Passagen, in denen sich Hegel etwas ausführlicher mit dem Begriff der Gerechtigkeit auseinandersetzt. An keiner dieser Stellen nimmt Gerechtigkeit eine tragende systematische Rolle in Hegels Rechtsphilosophie ein. Auch wenn sie erwähnt und teilweise thematisiert wird, geschieht dies eher beiläufig und weitgehend in Randfragen, nicht an zentraler Stelle. An zentralen Punkten, an denen man von einem Denker, der den Höhepunkt des idealistischen Naturrechts darstellen soll[22], eine ausführliche Auseinandersetzung mit dem Begriff der Gerechtigkeit erwarten würde, findet diese in den Grundlinien hingegen nicht statt.

---

[19] GPR § 215 A.

[20] Näher *Fischer*, Gerechtigkeit, S. 73–82.

[21] Es handelt sich hierbei um die §§ 140 (Ende des Moralitätskapitels), 174 (körperliche Züchtigung ohne Bezug zur Gerechtigkeit), 288 A (Gerechtigkeit in einer Aufzählung), 299 A (quantitative Bestimmtheit der Leistungen und Gerechtigkeit), 324 A (Ungerechtigkeiten in einer Aufzählung), 337 (Gerechtigkeit der Kriege). In den §§ 220 und 233 rekurriert Hegel außerdem auf die in den §§ 99 ff. bereits thematisierte Strafgerechtigkeit.

[22] *Kaufmann*, Problemgeschichte der Rechtsphilosophie, 2011, S. 64.

Neben der bereits diskutierten Passage des § 215 A gibt es noch vier weitere Passagen, in denen sich Hegel in markanter Weise mit dem Begriff der Gerechtigkeit befasst: Im Abschnitt zum abstrakten Recht in § 49 bei der Frage der »Verteilung« des Besitzes, in den §§ 99 ff. bei der Frage nach der Strafgerechtigkeit, im Abschnitt der Sittlichkeit in § 317 bei der Frage nach der Gerechtigkeit der öffentlichen Meinung und, gegen Ende der Grundlinien, in § 345 bei der Frage nach der Gerechtigkeit als Modus des objektiven Geistes.

b) Die »Verteilung« des Besitzes

Eine erste Erwähnung des Begriffs der Gerechtigkeit findet sich in § 49 der Grundlinien, in dem Hegel von einer »Ungerechtigkeit der Natur über ungleiches Austeilen des Besitzes und Vermögens«[23] schreibt. Liest man nur dieses Zitat isoliert, könnte man auf die Idee kommen, dass Hegel hier sehr wohl einen Begriff der Gerechtigkeit um- und in das Recht einschreibt, indem er nämlich eine ungleiche und damit ungerechte Verteilung von Natur aus einer gleichen und gerechten Verteilung der Güter in einer Rechtsordnung gegenüberstelle. Hegel rekurriert in diesem Zitat aber lediglich auf eine Auffassung, die er gerade ablehnt. Dies wird klar, wenn man sich den textlichen Kontext des Zitats ansieht. Dort steht:

> »Von einer Ungerechtigkeit der Natur über ungleiches Austeilen des Besitzes und Vermögens kann nicht gesprochen werden, denn die Natur ist nicht frei und darum weder gerecht noch ungerecht. Daß alle Menschen ihr Auskommen für ihre Bedürfnisse haben sollen, ist teils ein moralischer und, in dieser Unbestimmtheit ausgesprochen, zwar wohlgemeinter, aber wie das bloß Wohlgemeinte überhaupt nichts Objektives seiender Wunsch [...].«[24]

Hegel erteilt an dieser Stelle gerade einem auf Natur – Natur hier im wörtlichen, ursprünglichen Sinne verstanden – rekurrierenden Begriff der Gerechtigkeit eine Absage. Dies lässt freilich die Möglichkeit offen, dass er einen auf beispielsweise Vernunft fußenden naturrechtlichen Gerechtigkeitsbegriff vertritt. Darüber sagt Hegel an dieser Stelle nur indirekt etwas aus. In der zitierten Passage klingt nämlich bereits seine Kritik an der Moralität an, die er im zweiten, »Moralität« benannten Teil der Grundlinien ausführlich durchführt. Das Moralische bezeichnet Hegel bereits hier als das »bloß Wohlgemeinte«, einen bloßen »Wunsch«, dem er jegliche Objektivität abspricht. Moral, das spricht er bereits an dieser frühen Stelle aus, kann keine objektive Norm der Gerechtigkeit hervorbringen.

c) Strafgerechtigkeit

Die eingehendste Beschäftigung mit dem Begriff der Gerechtigkeit findet sich in den §§ 99 ff., also im Abschnitt zu Zwang und Verbrechen. In der Anmerkung zu § 99 kritisiert Hegel gängige Strafzwecktheorien seiner Zeit. Diese beruhten,

---

[23] GPR § 49 A.
[24] GPR § 49 A.

gleich ob es sich um »Verhütungs-, Abschreckungs-, Androhungs-, Besserungs-, usw.«[25]-Theorien handele, auf dem gemeinsamen Fehler, das Verbrechen als Übel zu setzen und dem eine Strafe als Gutes entgegenzusetzen. Diese Theorien verkennen nach Hegel, dass im Verbrechen nicht ein isoliertes Übel verwirklicht wird, dem ein willkürlich bestimmtes Gegenteil entgegenzusetzen wäre. Sie verkennen »die objektive Betrachtung der Gerechtigkeit, welche der erste und substantielle Gesichtspunkt bei dem Verbrechen ist«, sie »setzen die Begründung voraus, daß das Strafen an und für sich gerecht sei.«[26] Da sich der Begriff der Freiheit im abstrakten Recht nur in äußeren Sachen verwirklicht, das Verbrechen sich aber nach Hegel nicht gegen eine spezifische Sache (und damit »nur« gegen eine von vielen Sachen, in denen sich Freiheit verwirklicht hat), sondern gegen die Rechtsordnung als solche richtet, deren Teil auch der Verbrecher ist, richtet sich jedes Verbrechen auch gegen den Verbrecher selbst. So entsteht Hegels berühmte und vielzitierte These, der Verbrecher werde durch Strafe »als Vernünftiges geehrt«.[27] In der Strafe wird das eigene Recht des Verbrechers, das er durch das Verbrechen gesetzt hat, verwirklicht. Dies, und nicht Überlegungen wie Ausgleich, Prävention und Resozialisierung, ist nach Hegel eine Verwirklichung von Gerechtigkeit durch Strafe.[28] Auch wenn Hegel sich an dieser Stelle am Eingehendsten mit dem Begriff der Gerechtigkeit befasst und der Begriff der Gerechtigkeit für seine Ausführungen zur Strafe eine tragende Rolle spielt, schreibt er auch hier dem Recht keinen inhaltlichen Gerechtigkeitsbegriff ein. Vielmehr versucht er aufzuzeigen, dass die Gerechtigkeit in einer spezifischen Begründung des Strafens liegt und kritisiert damit gängige Strafzwecktheorien, die diesen Bezug ignorieren.

d) Die Gerechtigkeit der öffentlichen Meinung

Im Abschnitt zur gesetzgebenden Gewalt des Staatskapitels findet sich eine weitere explizite Bezugnahme Hegels zur Gerechtigkeit. In § 317 schreibt er:

> »Die öffentliche Meinung enthält daher in sich die ewigen substantiellen Prinzipien der Gerechtigkeit, den wahrhaften Inhalt und das Resultat der ganzen Verfassung, Gesetzgebung und des allgemeinen Zustandes überhaupt, in Form des gesunden Menschenverstandes [...].«[29]

Das klingt auf den ersten Blick so, als sei in der öffentlichen Meinung Gerechtigkeit verwirklicht, sodass man die These aufstellen könnte, dass zumindest ein weiter Rechtbegriff, der diese öffentliche Meinung umfasst (Hegel schreibt ja in den Grundlinien der Philosophie des Rechts auch darüber), Gerechtigkeit ver-

[25] GPR § 99 A.
[26] Beide GPR § 99 A.
[27] GPR § 100 A.
[28] Siehe auch Hegels Verweis auf die »strafende(n) Gerechtigkeit« in GRP § 103.
[29] GPR § 317.

wirkliche. In §§ 317 ff. stellt Hegel allerdings klar, dass der im Zitat ausgedrückte Gerechtigkeitsbezug nur die eine Seite der öffentlichen Meinung ist. Ihre andere Seite nennt Hegel »Eigentümlichkeit«.[30] Eigentümlichkeit als Gegenteil des gesunden Menschenverstandes, in dem Gerechtigkeit verwirklicht ist, ist dann gegeben, wenn dem gesunden Menschenverstand ein Primat der individuellen Besonderheit entgegentritt, eine (bloß) subjektive Meinung. Indem diese subjektive Meinung in Gestalt der öffentlichen Meinung auftritt, impliziert sie eine Geltungs- und eine Schutzforderung. Als öffentliche Meinung hebt sie sich vom Kontingenzverdacht des rein Privaten ab, und sie fordert im Kontext eines modernen Rechtsstaats den Schutz der Meinungsfreiheit. Hegel bemerkt noch spöttisch, dass es gerade dieses Eigentümliche sei, »worauf das Meinen sich etwas einbildet.«[31]Die Schwäche der öffentlichen Meinung besteht nun darin, dass es zufällig ist, ob sich in ihr der gesunde Menschenverstand oder die Eigentümlichkeit durchsetzt. Die öffentliche Meinung trägt selbst kein Regulativ in sich, dem gesunden Menschenverstand gegenüber der Eigentümlichkeit zur Durchsetzung zu verhelfen. Gerechtigkeit kann sich durchsetzen, tut dies aber nicht notwendigerweise. Dies macht deutlich: Auch an dieser Stelle ist Hegels Rechtsbegriff kein notwendiger Bezug zur Gerechtigkeit eingeschrieben. Das Recht kann sich zu Gerechtigkeit verhalten und kann der Gerechtigkeit zur Durchsetzung verhelfen. Das ist aber keine Notwendigkeit. Zudem kann das Recht mit eigenen Mitteln nicht abschließend darüber bestimmen, ob es Gerechtigkeit zur Durchsetzung verhilft. Man könnte sagen: Gerechtigkeit geschieht dem Recht, ist aber selbst nicht Teil des Rechts.

e) Gerechtigkeit als Modus des objektiven Geistes

Eine letzte Stelle findet sich in § 345, im Abschnitt über die Weltgeschichte gegen Ende der Grundlinien. Hier schildert Hegel die Geschichtlichkeit des Geistes und verwendet den Begriff der Gerechtigkeit zweimal auf ganz unterschiedliche Weise. Zunächst verwendet Hegel ihn positiv in einer Aufzählung mehrerer Begriffe wie Tugend, Unrecht und Glück, die nach Hegel allesamt »ihre bestimmte Bedeutung und Wert« »in der Sphäre der bewußten Wirklichkeit«[32] haben. Hegel verortet, wie stets in seiner Philosophie des Geistes, die Verwirklichung philosophischer Begriffe in der Sphäre der konkreten (sozialen und historischen) Wirklichkeit und damit in der Endlichkeit. Philosophische Begriffe entstammen aber nicht der Sphäre der Endlichkeit, sie sind, wie auch Begriffe der Kunst und der Religion, Teil des absoluten Geistes. Ihre Verwirklichung im Kontext des Endlichen, zum Beispiel in einem historischen Gemeinwesen, ist nie absolut, immer nur relativ und imperfekt. Gerechtigkeit, Tugend, Unrecht, Glück und ähnliche

[30] GPR § 317.
[31] GPR § 317.
[32] Beide GPR § 345.

Begriffe finden in der Wirklichkeit »ihr Urteil und ihre, jedoch unvollkommene Gerechtigkeit.«[33]Gerechtigkeit ist hier nicht nur ein (absoluter) Wert, der im relativen Kontext unvollkommen verwirklicht wird. Gerechtigkeit ist auch der Modus des Verwirklicht-Werdens von Werten in einem relativen Kontext. Den genannten Werten erfährt mehr oder weniger Gerechtigkeit je nachdem, ob sie mehr oder weniger verwirklicht werden. Dies funktioniert ganz analog zur Frage, ob sich gesunder Menschenverstand oder Eigentümlichkeit durchsetzen. Auch hier gilt aber das bereits zuvor in der Diskussion der öffentlichen Meinung Gesagte: Im Kontext eines geschichtlichen Gemeinwesens (der Sphäre also, die Hegel *objektiver Geist* nennt) ist die Verwirklichung dieser Werte, so auch des Wertes *Gerechtigkeit* kontingent.

Dieser Aussage würde ein Rechtspositivist, beispielsweise Hans Kelsen[34] zustimmen. Anders als Hegel würde Hans Kelsen diese Kontingenz und Unvollkommenheit der Gerechtigkeit aber sicher nicht als Makel einer Rechtsordnung und höchstwahrscheinlich auch nicht als Makel eines liberalen Gemeinwesens auffassen. Hegel beschreibt an einigen Stellen ganz zutreffend die Wirkweise des positiven Rechts, stellt diese aber als Makel des objektiven Geistes dar. An diesem Punkt, der sogleich noch expliziert werden soll, stößt die These von Hegel als Rechtspositivisten an ihre Grenzen. Zuvor soll aber noch ein kurzer Blick auf Passagen in Hegels Grundlinien geworfen werden, in denen eine Auseinandersetzung mit dem Begriff der Gerechtigkeit zu erwarten wäre, aber nicht erfolgt.

f) Wo die Grundlinien zur Gerechtigkeit schweigen

In systematischer Hinsicht wäre vor allem in zwei Kapiteln der Grundlinien eine eingehendere Auseinandersetzung mit dem Begriff der Gerechtigkeit zu erwarten gewesen: Im Kapitel zur Moralität und im Kapitel zur bürgerlichen Gesellschaft.[35]

Die Moralität ist die systematische Stelle, an der man am ehesten einen Gerechtigkeitsbezug erwartet, insbesondere unter der Prämisse, dass Hegel landläufig als Naturrechtler angesehen wird. Im Kapitel zur Moralität befasst sich Hegel allerdings, abgesehen vom Übergangsparagraphen 104, der den Übergang vom abstrakten Recht zur Moralität schildert und in dem die Bezugnahme zur Gerechtigkeit noch an die vorausgehende Passage zur Strafgerechtigkeit anknüpft, gar nicht mit Gerechtigkeit – und das, obwohl schon die Überschriften der Unterkapitel, beispielsweise »Die Absicht und das Wohl« oder »Das Gute und das Böse« Möglichkeiten der Anknüpfung an den Begriff der Gerechtigkeit

[33] GPR § 345.

[34] Siehe nur *Hans Kelsen*, Was ist Gerechtigkeit?, 2. Auflage Wien 1975, zitiert nach der Reclam-Ausgabe, Stuttgart 2019.

[35] Eingehend *Fischer*, Gerechtigkeit, S. 83–87.

nahelegen. Hegel führt sogar in einem anspruchsvollen systematischen Gedanken aus, warum es in der Moralität gerade nicht um Gerechtigkeit gehen kann. Im Verbrechen, das die letzte Gestalt des abstrakten Rechts darstellt, wird die zunächst in den von kontingenten Einzelwillen bestimmten Austauschverhältnissen des Vertragsrechts implizite Rechtsordnung explizit. Daraus entsteht für das Selbstbewusstsein ein offen gewordener Unterschied zwischen dem eigenen subjektiven Willen und der objektiven Rechtsordnung. Auf diesen Unterschied ließe sich nun vom subjektiven Willen her reagieren, im Falle einer Angelegenheit des Vertragsrechts beispielsweise als im Privatwege geltend gemachter Schadensersatz[36], im Falle einer Straftat im Wege der Rache. Die Rache kann zwar nach Hegel, den zuvor dargestellten Gedanken zur Strafgerechtigkeit folgend, kontingenterweise gerecht sein, »insofern sie Wiedervergeltung ist«,[37] der Form nach ist sie es aber nicht, weil in ihr der subjektive Wille und nicht die Rechtsordnung zur Durchsetzung kommt. Die (staatlich und institutionell vermittelte) Strafgerechtigkeit, also die Folge auf ein Unrecht, die im Unterschied zur Rache die Bezeichnung *gerecht* erst verdient, ist die vom Standpunkt der Rechtsordnung aus gedachte Reaktion auf den Konflikt zwischen subjektivem Willen und objektiver Rechtsordnung. Die Moralität ist aber nach Hegels Darstellung gerade nicht die Fortführung dieses Gedankens der Durchsetzung der Rechtsordnung, sondern eine subjektive Gegenbewegung hierzu. Sie ist die Abstraktion des subjektiven Willens, selbst den Geltungsstandard der Rechtsordnung für sich in Anspruch zu nehmen, eine Deklination des Gedankens der Autonomie. Nahezu nichts könnte in Hegels Denken der Gerechtigkeit ferner stehen. Seine Kritik an der Moralität besteht in dieser Hinsicht unter anderem darin, dass im Denken der klassischen (Kantschen) Moralphilosophie aus dieser subjektiven Prämisse heraus ein objektiver Gerechtigkeitsbegriff postuliert wird. Diese Kritik Hegels ist nicht weit weg von der wertrelativistischen Grundposition Hans Kelsens, der diese Position unter anderem damit begründet, dass man »mit den Methoden der Naturrechtslehre [...] eben alles und daher nichts beweisen«[38] kann. Das könnte nahezu wortgleich auch in Hegels Moralitäts-Kapitel stehen.

Auch nahezu nichts zur Gerechtigkeit findet man in Hegels Abschnitt zur bürgerlichen Gesellschaft. Das überrascht, weil es Hegel in der bürgerlichen Gesellschaft trotz der Beschränkung auf den »Not- und Verstandesstaat«[39] darum geht, das Individuum nicht nur isoliert als Privatperson, sondern als Bürger eines Gemeinwesens zu begreifen. Hegel schreibt hierzu, in Abgrenzung zum abstrakten Recht und der Moralität:

---

[36] Siehe GPR § 98.
[37] GPR § 102.
[38] *Kelsen*, Gerechtigkeit, S. 44.
[39] GPR § 183.

»Im Rechte ist der Gegenstand die Person, im moralischen Standpunkt das Subjekt, in der Familie das Familienmitglied, in der bürgerlichen Gesellschaft überhaupt der Bürger (als bourgeois)«[40].

Durch die Beschränkung auf den Bourgeois wird aber bereits klar, dass Hegel in der bürgerlichen Gesellschaft nur eine bestimmte Perspektive des Bürgertums verortet, eine auf subjektive Bedürfnisse, Sicherheit und Wohlstandsmaximierung bezogene Perspektive. Am pointiertesten kommt dies schon ganz zu Beginn der Ausführungen zur bürgerlichen Gesellschaft zum Ausdruck:

»Die Individuen sind als Bürger dieses Staates Privatpersonen, welche ihr eigenes Interesse zu ihrem Zwecke haben.«[41]

Hieraus erklärt sich, warum über die thematisierte Passage des § 215 hinaus, in der Hegel auf die Allgemeingültigkeit, Öffentlichkeit und Verständlichkeit von Gesetzen verweist und diese Faktoren mit Gerechtigkeit in Verbindung setzt, im Abschnitt zur bürgerlichen Gesellschaft nichts zur Gerechtigkeit zu finden ist. Die Bürger der bürgerlichen Gesellschaft begreifen sich als Bourgeois, als Akteure eines intersubjektiven Wettstreits. Die bürgerliche Gesellschaft wird hierbei als bloßes Mittel zum Zweck aufgefasst: als Raum, in dem subjektive, private Interessen geltend gemacht und durchgesetzt werden können. Das ontologische Primat liegt bei diesen subjektiven Interessen. Alles Intersubjektive, alle »Werte« leiten sich aus dieser Prämisse ab. Die einzige Regulierung erhält diese Gemeinschaft ihre subjektiven Interessen durchsetzender Individuen durch die Geltung einer formalen Rechtsordnung. Dass diese Rechtsordnung allgemein gilt, ist gerecht. Ihr Inhalt ist es nicht zwingend.

3. Grenzen der Einordnung Hegels als Rechtspositivisten

Nun soll, abschließend, die These von Hegel als Rechtspositivisten eingeschränkt werden. Hegel ist insofern Rechtspositivist, als er in seinen Grundlinien ein ziemlich präzises Bild einer nach rechtspositivistischen Prämissen verstehbaren Rechtsordnung zeichnet. Diese ist maßgeblich im Abschnitt über die bürgerliche Gesellschaft zu verorten. Damit hängt zusammen, dass in diesem Abschnitt – über die kurze Passage zur Allgemeinheit von Kodifikationen hinaus – keine Ausführungen zur Gerechtigkeit zu finden sind. Nun könnte man aufgrund dieser Zuordnung des Rechtspositivismus zur bürgerlichen Gesellschaft vermuten, dass dann womöglich in der folgenden Stufe des Geistes, nämlich im Staat, ein naturrechtlicher Rechtsbegriff verwirklicht sei. Das wäre aber ein Trugschluss. Im Abschnitt zum Staat gibt es einige wenige Bezüge zum Begriff der Gerechtig-

40 GPR § 190 A.
41 GPR § 187.

keit, diese weisen aber nur einen kontingenten und keinen notwendigen Bezug zum Begriff der Gerechtigkeit auf.

Die These von Hegel als Rechtspositivisten ist aber in zweierlei Hinsicht einzuschränken. Wie bereits erwähnt, entwickelt Hegel sein Bild einer aus rechtspositivistischen Prämissen verstehbaren Rechtsordnung im Verlauf seiner dialektischen Darstellung des Rechts. Er ist dabei kein überzeugter Rechtspositivist, keiner, der einen rechtspositivistischen Rechtsbegriff vertritt. Er schildert lediglich, freilich im Vokabular seiner Zeit, Wesen und Systematik einer solchen Rechtsordnung. Derlei Darstellungen haben bei Hegel auch immer einen kritischen Zug – kritisch in dem Sinne, dass es ihm darum geht, die Entwicklungen, Widersprüchlichkeiten und dialektischen Dynamiken der vorkommenden Begrifflichkeiten aufzuzeigen. Hegel zeigt auf, nach welchen Normen eine tatsächliche Gemeinschaft unter den endlichen Prämissen des objektiven Geistes funktioniert. Dazu gehört auch, dass er auf Leerstellen hinweist, zum Beispiel die, dass in einer menschlichen Gemeinschaft Gerechtigkeit nicht vollkommen verwirklicht werden kann. Auch dem würden aber sicherlich Kelsen, Hart, Radbruch und andere zustimmen.

Die zweite Grenze findet die hier explizierte These darin, dass Hegels Rechtsphilosophie dem klassischen Kriterium des Rechtspositivismus, der von Norbert Hoerster so genannten Neutralitätsthese[42], nach der der Begriff des Rechts inhaltlich neutral zu definieren sei, nicht vollends standhält. Zwar sieht Hegel von außerrechtlichen Prämissen bei seiner Definition des Rechtsbegriffs ab – Ziel der Grundlinien ist es ja gerade, »den Begriff des Rechts und dessen Verwirklichung zum Gegenstande«[43] zu haben – doch von einer inhaltlichen Neutralität wird man hier kaum sprechen können. Hegels Anspruch ist es aber ja gerade, diesen Inhalt aus dem Rechtsbegriff selbst heraus zu entwickeln. Dabei hat Hegel freilich einen ganz anderen, viel weiteren Rechtsbegriff als beispielsweise ein Rechtstheoretiker im 20. oder 21. Jahrhundert. Zudem ließe sich auch trefflich streiten, ob Hegel die von Hoerster so genannte Legalismusthese vertritt, nach der die Normen des Rechts unter allen Umständen Befolgung verdienen[44] und die von vielen Rechtspositivisten, allen voran Kelsen[45] und Hart[46], abgelehnt wird. Auch bei dieser Frage würde die Antwort differenziert ausfallen.

---

[42] *Norbert Hoerster*, Verteidigung des Rechtspositivismus, Frankfurt a. M. 1989, S. 10.

[43] GPR § 1.

[44] *Hoerster*, Verteidigung des Rechtspositivismus, S. 10.

[45] Hierzu *Dreier*, Kelsen zur Einführung, S. 72 mit der Terminologie »Gehorsamsthese«.

[46] *Herbert Lionel Adolphus Hart*, Der Positivismus und die Trennung von Recht und Moral, in: ders., Recht und Moral. Drei Aufsätze, aus dem Englischen übersetzt und mit einer Einleitung hrsgg. v. Norbert Hoerster, Göttingen 1971, S. 14–57 (42 f.), der seine Ablehnung der Legalismusthese/Gehorsamsthese mit einer harschen Kritik an Radbruch verknüpft.

IV. Hegel als Versteher des Rechtspositivismus

Die eingangs aufgestellte These, Hegel ist einer der frühen und bedeutenden Vertreter des Rechtspositivismus, kann somit nur mit den dargelegten Einschränkungen aufrecht erhalten werden. Sie lautet besser: Hegel ist einer der frühen und bedeutenden Versteher des Rechtspositivismus. *Diese* These soll aber mit Nachdruck vertreten werden. Hegel liefert eine verblüffend präzise Darstellung einer nach rechtspositivistischen Prämissen verstehbaren Rechtsordnung und ist damit ein erstaunlich moderner (Vor-)Denker des Rechts. Dass er dies in kritischer Stoßrichtung und an einigen Stellen womöglich sogar in abfälligem Ton tut, schmälert diesen Befund nicht.

Letztlich entzieht sich Hegel freilich in seiner dialektischen Darstellung eines sich aus sich selbst heraus entfaltenden, eng mit dem Begriff der Freiheit verknüpften Rechtsbegriffs dem klassischen Paradigma Naturrecht/Rechtspositivismus. So man dieses aber dennoch auf ihn anwendet, spricht mehr dafür, ihn als Rechtspositivisten auszuweisen denn als Naturrechtler.

Die Epistemisierung des rechtlichen Stufenbaus

Zu einer Differenz zwischen Kelsen und Merkl

Andreas Funke

I. Kelsen: doppelte Frontstellung oder architektonischer Grundwiderspruch?

Nach breit vertretener Auffassung ist Hans Kelsens Reine Rechtslehre durch eine »doppelte Frontstellung« gekennzeichnet: gegenüber der kausalen Methode der Soziologie und einem damit verbundenen Naturalismus einerseits, gegenüber dem Naturrecht andererseits.[1] Horst Dreier, der die These von der doppelten Frontstellung besonders sorgfältig und eingängig ausgearbeitet hat, weist darauf hin, was die Alternative zu diesem Interpretationsansatz ist: die Annahme, dass Kelsens Werk von einem tiefgreifenden Widerspruch durchzogen ist, der sich nicht auflösen lässt.[2] Der Widerspruch kann auf verschiedene Weisen artikuliert werden. Wolfgang Schild sieht einen Widerspruch zwischen Neukantianismus und Positivismus,[3] Julius Moór und Agostino Carrino zwischen normativer (d.h. statischer) Betrachtung und Stufenbaulehre (d.h. dynamischer Betrachtung).[4] Carrino fasst dieses Verständnis in das hübsche Bonmot, dass Kelsen zu sehr Idealist ist, um ein reiner Positivist sein zu können, aber auch zu sehr Positivist, um offen Idealist sein zu können.[5] Werkgeschichtlich wird die Problematik daran festgemacht, dass Kelsens »Hauptprobleme der Staatsrechtslehre« die normative im Gegensatz zu einer explikativen Betrachtung des Rechts etabliert, dass aber mit der späteren Integration der Stufenbaulehre in das Theoriegebäude der empirische Charakter des Rechts hervortritt.

---

[1] *Horst Dreier*, Rechtslehre, Staatssoziologie und Demokratietheorie bei Hans Kelsen, 2. Auflage 1990, S. 27ff.; *ders.*, Hans Kelsen zur Einführung, 2023, S. 76ff.; *Stanley L. Paulson*, Läßt sich die Reine Rechtslehre transzendental begründen?, in: Rechtstheorie 21 (1990), S. 155; nicht zuletzt auch Kelsens Selbstdeutung: *Hans Kelsen*, Hauptprobleme der Staatsrechtslehre entwickelt aus der Lehre vom Rechtssatz, 2. Auflage 1923, Vorrede, S. V (V).

[2] *Dreier*, Rechtslehre, S. 35 Fn. 52.

[3] *Wolfgang Schild*, Theorie und Praxis bei Hans Kelsen, in: Rechtstheorie 10 (1979), S. 199.

[4] *Julius Moór*, Reine Rechtslehre, Naturrecht und Rechtspositivismus, in: Alfred Verdroß (Hrsg.), Gesellschaft, Staat und Recht. Festschrift gewidmet Hans Kelsen zum 50. Geburtstage, 1931, S. 58 (78ff.); *Agostino Carrino*, Die Normenordnung. Staat und Recht in der Lehre Kelsens, 1998, S. 43ff.

[5] *Carrino*, Normenordnung, S. 44.

Mit guten Gründen kann davon ausgegangen werden, dass es sich um zwei verschiedene Fragestellungen handelt, die, so Dreier, integriert werden können. Das hat jedoch den Preis, Kelsens eigenartige, nach Stanley Paulson nicht »inhaltliche«, sondern »modale« Normativitätsvorstellung akzeptieren zu müssen.[6] Eine andere Strategie zielt darauf, Kelsens Schaffen in Perioden zu unterteilen, mit der unglücklichen Folge einer Fragmentierung des Werks.[7] Vor diesem Hintergrund ist es reizvoll – und dies soll im Folgenden geschehen –, noch einmal zur These vom Grundwiderspruch zurückzukehren.

In ihrer schematischen Starrheit kann die These freilich kaum überzeugen. Sie muss unterstellen, dass eine normative Betrachtung eine naturrechtliche sei, und dass die dynamische Betrachtung eine naturrechtliche Betrachtung ausschließe. *Beide* Annahmen stimmen nicht, und zwar letztlich, weil die jeweiligen Kelsenianischen Theorieelemente gar nicht unmittelbar eine Abgrenzung zum Naturrecht enthalten.

Sicherlich sind Kelsens »Hauptprobleme der Staatsrechtslehre« im Geist einer grundsätzlichen Ablehnung des Naturrechts verfasst worden. Die erstgenannte Annahme, eine im Kelsenschen Sinne normative Rechtsbetrachtung impliziere eine naturrechtliche Auffassung, ist deshalb in erheblichem Maße begründungsbedürftig. Aber dies soll hier nicht weiter interessieren. Mehr Aufmerksamkeit verdient die Einordnung der Stufenbaulehre. Sicherlich: Es ist nicht unmittelbar einleuchtend, wie Rechtserzeugung durch menschliche Tat (= Stufenbaulehre) und ein womöglich überzeitlich gedachtes Naturrecht zusammengebracht werden können. Dabei ist es aber gar nicht so sehr die Frage, ob es nun Naturrecht gibt oder nicht, sondern wie es gewissermaßen in die Welt kommt. Die Annahme, dass die Stufenbaulehre hierbei für Spannungen sorge, beruht auf einer bestimmten Prämisse, einer gleichsam manichäischen Betrachtung: So argumentiert Moór, dass eine rein normative Betrachtung das Problem der Rechtserzeugung gänzlich ignorieren und behaupten müsse, dass das Recht nicht *erzeugt*, sondern bloß *erkannt* werden könne (dies sei der Standpunkt des Naturrechts).[8] Aus der entgegengesetzten Richtung kommend, hat Karl Larenz früh eingewandt, dass sich die Stufenbaulehre nicht mit der Auffassung Kelsens verträgt, dass das Recht nicht durch Willensakte, sondern durch Erkenntnisakte zustande kommt.[9] In systematischer Hinsicht kann diese Art von Kritik aber nicht so recht überzeugen, weil das Recht *ohne* Akte der Setzung und Anwendung nun einmal nicht gedacht werden kann. Die systematische Aufgabe der Rechtstheorie muss

---

[6] *Stanley L. Paulson*, Der Normativismus Hans Kelsens, in: JZ 2006, S. 529. Siehe auch unten Fn. 70.

[7] Insbesondere: *Carsten Heidemann*, Die Norm als Tatsache. Zur Normentheorie Hans Kelsens, 1997; skeptisch *Dreier*, Einführung, S. 70 m. w. N.

[8] *Moór*, Rechtslehre, S. 68.

[9] *Karl Larenz*, Rechts- und Staatsphilosophie der Gegenwart, 1931, S. 27.

also darin bestehen, »Faktizität und Geltung« (Jürgen Habermas) miteinander zu vermitteln.

In diesem Zusammenhang gibt es zu denken, dass einer der zeitgenössischen Kommentatoren Kelsens den genannten Grundwiderspruch schon bei dem Begründer der Stufenbaulehre, Adolf Merkl, verortet: einem Denker nämlich, »der die rein normative Auffassung viel einseitiger als Kelsen vertritt«.[10] Moór spielt hier offenbar auf den frühen Merkl-Aufsatz »Zum Interpretationsproblem« an, in dem Merkl herausarbeitet, dass die Auslegung Sache der Rechtswissenschaft und umgekehrt die Rechtswissenschaft nichts als Rechtsauslegung sei.[11] Merkl hat eingeräumt, dass er hiervon später abgerückt ist.[12] Wie sich zeigen wird, hat Merkl in diesem Zusammenhang ein außerordentlich interessantes Theorieangebot zur Rolle von Rechtserkenntnis und Rechtserzeugung unterbreitet.

II. Merkls Primat-Theoreme

Bekanntermaßen hat Kelsen die Stufenbaulehre Merkls in die Reine Rechtslehre integriert.[13] Gleichwohl hatte Merkl keine Scheu, Kelsen als seinen Lehrer zu bezeichnen.[14] Aus verschiedenen Gründen blieb Merkl aber, bei aller Einordnung in den Schulzusammenhang der Reinen Rechtslehre, ein eigenständiger, eigensinniger Denker. Den bekanntesten rechtstheoretischen Unterschied zwischen Kelsen und Merkl bildet sicherlich der Umgang mit rechtlichen Fehlern. Während Merkl positiv-rechtliche Regelungen wie solche über Rechtsmittel als einen Fehlerkalkül interpretiert, der es ermöglicht, an sich rechtswidrige und damit nichtige Akte als Recht zu erkennen und dem Staat zuzurechnen,[15] interpretiert Kelsen Vorschriften über die Aufhebung rechtswidriger Normen als Erlaubnis, von den Rechtsetzungsvorgaben abzuweichen.[16]

---

[10] *Moór*, Rechtslehre, S. 80.

[11] *Adolf Merkl*, Zum Interpretationsproblem (1916), in: ders., Gesammelte Schriften, Band I/1, hrsgg. von Dorothea Mayer-Maly u.a., 1993, S. 63 (67).

[12] *Adolf Merkl*, Autobiographie, in: ders., Schriften I/1, S. XXI (XXVI).

[13] *Kelsen*, Hauptprobleme (Vorrede), S. XIII.

[14] *Merkl*, Autobiographie, S. XXXI.

[15] *Adolf Merkl*, Lehre von der Rechtskraft, 1923, S. 293. Schon in *ders.*, Das Recht im Lichte seiner Anwendung, in: ders., Schriften I/1, S. 85 (125).

[16] *Hans Kelsen*, Reine Rechtslehre. Einleitung in die rechtswissenschaftliche Problematik, 1934, S. 85f.; *ders.*, Reine Rechtslehre. Mit einem Anhang: Das Problem der Gerechtigkeit, 2. Auflage 1960, S. 273. Siehe zur Differenz nur: *Rodrigo Garcia Cadore*, Alternativermächtigung vs. Fehlerkalkül. Wie geht das Recht mit Fehlern um?, in: Matthias Jestaedt/Ralf Poscher/Jörg Kammerhofer (Hrsg.), Die Reine Rechtslehre auf dem Prüfstand, 2020, S. 177; *Patrick Hilbert*, Fehlerkalkül oder Alternativbestimmungen – zu den Strategien der Geburtshilfe im Stufenbau der Rechtsordnung, in: ZöR 72 (2017), S. 549. Zur Alternativermächtigung zahlreiche (kritische) Beiträge in: Letitia Gianformaggio/Stanley L. Paulson (Hrsg.), Cognition and Interpretation of Law, 1995.

Eine andere Differenz hat bislang weniger Aufmerksamkeit gefunden, obwohl sie bei Merkl eng mit der Stufenbaulehre verbunden ist.[17] Nach Merkl hat das Recht ein doppeltes Antlitz nicht nur insofern, als Rechtsakte je nach Sicht rechtsanwendend oder rechtserzeugend erscheinen. Eine damit im Zusammenhang stehende Doppelung liegt auch darin, dass die Rechtsordnung aus der Perspektive der Rechtserkenntnis oder aus der Perspektive der Rechtsanwendung betrachtet werden kann.[18] Diese Art der Doppelung hat, so Merkl, jene Doppelung von Rechtserzeugung und Rechtsanwendung zur Voraussetzung. Die Rechtsgestalt, so wie sie sich dem objektiven Rechtsbetrachter (also nach der Rechtserkenntnis) darstellt, müsse sich mit der Rechtsgestalt, die das handelnde Organ entwirft (die Rechtsanwendung), nicht decken. Kelsen hat die Unterscheidung in dieser Form *nicht* übernommen. Was meint Merkl mit der Unterscheidung, und was bedeutet es, dass Kelsen sie so nicht trifft?

1. Rechtserkenntnis und Rechtsanwendung in Merkls Schriften

In seinem langen Aufsatz über das »Das Recht im Lichte seiner Anwendung« arbeitet Merkl die Unterscheidung von Rechtsanwendung und Rechtserkenntnis erstmals scharf heraus. Im Vordergrund steht aber eine wichtige Abweichung von dem frühen Aufsatz zum »Interpretationsproblem«: Das Gesetz ist notwendigerweise materiell indeterminiert.[19] Merkl geht davon aus, dass das abstrakt-generelle Gesetz in der Regel mehrere Auslegungsmöglichkeiten für konkrete Rechtsfragen zulässt. Die Rechtswissenschaft kann, in ihrem Modus der Erkenntnis, diese Auslegungsmöglichkeiten bestimmen. Die Auswahl obliegt der Rechtsanwendung. Die Rechtswissenschaft müsse anerkennen, dass gerade in der Offenheit des Gesetzes eine Delegation an die Rechtsanwendung liege, die offene Frage zu entscheiden. Sofern und soweit es um Rechtsanwendung gehe, liege kein »intellektuelles Erkennen« vor. Dieses intellektuelle Erkennen sei der

---

[17] Fehlanzeigen etwa in den gründlichen Darstellungen der Stufenbaulehre Merkls bei *Jürgen Behrend*, Untersuchungen zur Stufenbaulehre Adolf Merkls und Hans Kelsens, 1977; *Ewald Wiederin*, Die Stufenbaulehre Adolf Julius Merkls, in: Stefan Griller/Heinz Peter Rill (Hrsg.), Rechtstheorie. Rechtsbegriff – Dynamik – Auslegung, 2011, S. 81; *Martin Borowski*, Die Lehre vom Stufenbau des Rechts nach Adolf Julius Merkl, in: Stanley L. Paulson/Michael Stolleis (Hrsg.), Hans Kelsen. Staatsrechtslehrer und Rechtstheoretiker des 20. Jahrhunderts, 2005, S. 122. In seinen »Prolegomena einer Theorie des rechtlichen Stufenbaus« (1931, in: ders., Schriften I/1, S. 437) geht Merkl selbst nicht darauf ein.

[18] *Adolf Merkl*, Das doppelte Rechtsantlitz. Eine Betrachtung aus der Erkenntnistheorie des Rechts (1918), in: ders., Schriften I/1, S. 227 (234). Hierzu *Jakob Faig*, Beziehungsprobleme. Überlegungen zur Theorie des Fehlerkalküls, in: Ruwen Fritsche u. a. (Hrsg.), Unsicherheiten des Rechts. Von den sicherheitspolitischen Herausforderungen für die freiheitliche Gesellschaft bis zu den Fehlern und Irrtümern in Recht und Rechtswissenschaft, 2020, S. 209; *Christoph Kletzer*, Der Stufenbau als Archetyp des Rechts?, in: Clemens Jabloner/Thomas Olechowski/Klaus Zeleny (Hrsg.), Der Stufenbau des Rechts auf dem Prüfstand, Wien 2022, S. 1 (12ff.).

[19] *Merkl*, Anwendung, S. 96ff.

Rechtswissenschaft vorbehalten. Bei der »dem Rechtsanwender vorbehaltenen Erkenntnisfunktion« handele es sich hingegen »nicht um ein Denken, sondern um ein Wollen und Handeln«.[20] Merkl verbindet in diesem Zusammenhang seine Überlegungen zur Ausfüllung gesetzlicher Spielräume mit der Frage, was es bedeutet, wenn die Rechtsanwendung fehlerhaft ist. »Ist ein Urteil, das der Richter auch für noch so richtig hält, aus dem Gesetz logisch unableitbar, dann ist es logisch falsch [...]«.[21] Dass die Rechtsanwendung Recht schafft, »kann nach all dem *nicht* als Zeichen *besseren Wissens*, [...] sondern ausschließlich als Zeichen *stärkeren Könnens* gewertet werden«.[22] Die intellektuelle Interpretation bestimmt einen Rahmen, innerhalb dessen sich die authentische Interpretation vollzieht.[23] Authentische Interpretation ist ein Instrument des Rechtserzeugers.[24] So wirken im Recht intellektuelle und authentische Interpretation, erkenntnismäßige und schöpferische Auslegung stets zusammen.[25]

Der authentische Interpret kann bei der Festlegung dieses Rahmens irren.[26] Dennoch muss die Rechtswissenschaft anerkennen, dass falsche Rechtsanwendung als Recht bestehen kann.[27] Aber dadurch wird zwar die unrechtmäßige Entscheidung, wie Merkl sagt, zu einer rechtlichen, nicht aber zu einer richtigen. »Was logisch richtig ist, sagt nur die reine Erkenntnis [...].«[28] Die juristische Wahrheit auszusprechen, ist alleinige Aufgabe der Rechtswissenschaft.[29] Merkl sieht hier eine Grenze des Rechtspositivismus: Das Recht könne nur normieren, aber nicht Urteile über wahr und falsch abgeben: »Die Wahrheit, und sei es auch die rechtliche Wahrheit, kann vom Rechte nicht ins Unrecht gesetzt und korrigiert werden.«[30] Auch bei der fehlerhaften Rechtsanwendung komme die Rechtserkenntnis zum Zuge, insofern sie nämlich auf dasjenige Recht – den Fehlerkalkül – gerichtet ist, das es erlaubt, den fehlerhaften Akt als Recht zu erkennen.[31]

In dem Aufsatz über »Das doppelte Rechtsantlitz« akzentuiert Merkl die Unterscheidung von Rechtserkenntnis und Rechtsanwendung noch stärker. Er

---

[20] *Merkl*, Anwendung, S. 110. Womöglich spielt Merkl hier mit dem Umstand, dass in der österreichischen Rechtssprache das verwaltungsgerichtliche Urteil als »Erkenntnis« bezeichnet wird.

[21] *Merkl*, Anwendung, S. 110.

[22] *Merkl*, Anwendung, S. 113 (Hervorhebung im Original).

[23] *Merkl*, Anwendung, S. 116.

[24] *Merkl*, Anwendung, S. 115. Merkls bzw. Kelsens Begriff der authentischen Interpretation weicht vom gängigen Verständnis – Interpretation einer Norm durch den Normgeber – ab.

[25] *Merkl*, Anwendung, S. 115.

[26] *Merkl*, Anwendung, S. 121.

[27] *Merkl*, Anwendung, S. 122.

[28] *Merkl*, Anwendung, S. 129.

[29] *Merkl*, Anwendung, S. 130.

[30] *Merkl*, Anwendung, S. 132.

[31] *Merkl*, Anwendung, S. 134.

verknüpft damit zwei denkbare Rechtssysteme.[32] Ihn interessiert ihre Divergenz in dem Fall, dass die Rechtsanwendung rechtliche Anforderungen verfehlt. Für Merkl ist klar, dass es der Rechtswissenschaft ohne Rechtserzeugung, die stets Rechtsanwendung voraussetze, an einem Gegenstand fehlen würde.[33] Aber schon dieser Primat der Rechtsanwendung hat seine Grenze darin, dass ein Organ der Rechtsanwendung identifiziert werden können muss, und diese Identifikation sei wiederum Gegenstand der Rechtserkenntnis.[34] Der zweite Anknüpfungspunkt für die Rechtserkenntnis sind die Bestimmungen über die Rechtskraft.[35]

Mit diesen Gedanken gewinnt Merkl Distanz nicht nur zu der Theorie Fritz Sanders,[36] sondern auch zu derjenigen Kelsens. Hier interessiert nur der Unterschied zu Kelsen. In seinem Aufsatz »Über Staatsunrecht« aus dem Jahr 1914 meint Kelsen, dass ein Fehler bei der Rechtserzeugung nur relevant ist, wenn der Staat den Fehler selbst feststellt und berücksichtigt. Es sei gerade das Wesen der staatlichen Autorität, dass sich das individuelle Denken unterordnen müsse.[37] Merkl markiert an dieser Stelle eine Differenz. Er hält gegenüber Kelsen daran fest, dass dem Rechtsanwender zwar Willensmacht, aber nicht Erkenntnisfähigkeit übertragen sei; letzteres sei gar nicht möglich.[38] Das individuelle Denken müsse deshalb nicht der staatlichen Autorität geopfert werden.[39] Letztlich ist es eben die Rechtswissenschaft, die »das wahre richtige Recht« beschreibt.[40]

In der »Lehre von der Rechtskraft« spitzt Merkl die mit dieser Konstellation potentiell verbundenen Konflikte zu. Wo es – wie im Falle des letztinstanzlichen

---

[32] *Merkl*, Rechtsantlitz, S. 235.

[33] *Merkl*, Rechtsantlitz, S. 236.

[34] *Merkl*, Rechtsantlitz, S. 237f.

[35] *Merkl*, Rechtsantlitz, S. 238.

[36] Sander bestreitet die Möglichkeit, dem Recht eine Erkenntnisautorität gegenüberzustellen. Aber anders als Kelsen negiert er nicht die epistemische Dimension, sondern verlagert sie in das Recht selbst: Das Recht *ist* in gewisser Hinsicht Erkenntnis. Sander betrachtet das Recht als Rechtsverfahren, das in einem Zusammenhang synthetischer Urteile besteht und sich selbst auslegt (*Fritz Sander*, Die transzendentale Methode der Rechtsphilosophie und der Begriff des Rechts [1919/20], in: Fritz Sander/Hans Kelsen, Die Rolle des Neukantianismus in der Reinen Rechtslehre. Eine Debatte zwischen Sander und Kelsen, hrsgg. von Stanley L. Paulson, 1988, S. 75 [130]; im Ergebnis so auch *Kletzer*, Stufenbau, S. 17ff.). Dies tritt nicht nur in seiner Auseinandersetzung mit Kelsen, sondern auch mit Merkl hervor; siehe insbesondere Sanders Rezension der »Lehre von der Rechtskraft«: *Fritz Sander*, Merkls Rechtslehre, in: Prager Juristische Zeitschrift IV (1924), Sp. 16–31. Zur Debatte Sander/Merkl siehe etwa *Alexander Somek*, Wissen des Rechts, 2018, S. 20ff., 47ff.; *Thomas Hochmann*, Welche Rolle für die Rechtswissenschaft? Zu einer Debatte innerhalb der Wiener rechtstheoretischen Schule, in: Jestaedt/Poscher/Kammerhofer, Rechtslehre, S. 161.

[37] *Hans Kelsen*, Über Staatsunrecht. Zugleich ein Beitrag zur Frage der Deliktsfähigkeit juristischer Personen und zur Lehre vom fehlerhaften Staatsakt (1914), in: Hans Kelsen Werke, Band III, hrsgg. von Matthias Jestaedt, 2010, S. 439 (514).

[38] *Merkl*, Rechtsantlitz, S. 245.

[39] *Merkl*, Rechtsantlitz, S. 251.

[40] *Merkl*, Rechtsantlitz, S. 246.

Urteils – keinen positiven Rechtssatz mehr gibt, der es erlaubt, einen fehlerhaften Akt als Recht zu erkennen, sei zwar nicht abzustreiten, dass sich der Akt faktisch durchsetzen werde. Aber die Möglichkeit, diesen Akt als Scheinakt zu erkennen und »als Justizmord oder Gewalttat brandmarken zu können«, bleibe bestehen;[41] dies sei »ein Triumph des durch das Kollektivum vergewaltigten Individuums über dieses Kollektivum«. Gesetze, Verordnungen, Urteile usw. sind »prima facie als Recht erscheinende(n) Daten der ›Rechtserfahrung‹« (der Begriff stammt von Sander); sie müssen aber ihren Rechtscharakter kraft der Überprüfung durch die Rechtswissenschaft erst noch erweisen.[42] Wie Merkl hervorhebt, ist das nicht eigentlich ein Konflikt zwischen Individuum und Staat oder zwischen Rechtswissenschaft und Staat, sondern zwischen Wahrheit und staatlicher Rechtserzeugung. »›Recht‹ ist aber nicht, was Recht zu sein behauptet, sondern was sich vor dem Richterstuhl der Wahrheit als Recht herausstellt.«[43] Im Übrigen betont Merkl noch einmal, dass auch die Rechtspraxis – damit meint er die Tätigkeit der Organe der Rechtsproduktion – »durch Rechtserkenntnis bedingt ist«, weil »deren einzelne Akte – Akte der Rechtsanwendung – eine Rechtserkenntnis – Erkenntnis des anzuwendenden Rechts – in sich schließen«[44].

2. *Der Unterschied zu Kelsen: Epistemisierung*

Was genau Merkl unter »Rechtswissenschaft« versteht, ist nicht ganz klar. Es liegt nahe anzunehmen, dass die universitäre Institution »Rechtswissenschaft« oder die faktische Gemeinschaft von Rechtswissenschaftlern damit nicht gemeint ist. Eher steht der Begriff der Rechtswissenschaft hier für ein spezifisches Aussagensystem, dessen Gegenstand das Recht ist und das wahrheitsfähig ist. So schreibt Merkl, dass Staat, Untertan und Rechtstheoretiker irren können, nicht aber die Rechtswissenschaft: »die *Rechtswissenschaft hat Recht* im eigentlichen Sinn des Wortes«.[45] Die Wahrheit wird also, so muss man Merkl wohl verstehen, von der Rechtswissenschaft nicht repräsentiert, sondern ist geradezu mit ihr identisch. Damit steht aber fest, dass die Institution »Rechtswissenschaft« keinen exklusiven Zugang zur rechtswissenschaftlichen Wahrheit hat. Wenn Recht, genauer: Rechtsanwendung als Gegenstand der Erkenntnis fungiert, wenn diese Erkenntnis als wahrheitsfähig ausgewiesen wird, dann muss diese Erkenntnis jedermann zugänglich sein.[46]

---

[41] *Merkl*, Lehre, S. 284 Fn. 1.
[42] *Merkl*, Lehre, S. 284f.
[43] *Merkl*, Lehre, S. 286 Fn. 1.
[44] *Merkl*, Lehre, S. 285 Fn. 1, Hervorhebungen weggelassen.
[45] *Merkl*, Lehre, S. 290, Hervorhebungen im Original.
[46] Dazu vorzüglich *Faig*, Beziehungsprobleme, S. 214. Allerdings sieht Faig darin eine Kompetenz des Individuums, über Recht und Unrecht zu entscheiden. Das dürfte zu weit gehen,

Kelsen ignoriert nicht, dass es eine rechtswissenschaftliche Erkenntnis gibt und dass diese die Rechtsanwendung als fehlerhaft qualifizieren kann. Er begnügt sich aber damit, die rechtswissenschaftliche Interpretation der authentischen Interpretation durch die rechtsanwendenden Organe gegenüberzustellen und sie als nicht verbindlich anzusehen.[47] Damit zeigt sich der entscheidende Unterschied zwischen Merkl und Kelsen: Kelsen stellt für die Rechtsanwendung nicht mehr die »Wahrheitsfrage«. Er verknüpft die Rechtsanwendung nicht mit der Rechtserkenntnis. Genaugenommen, fehlt es bei Kelsen schon an einem Konflikt zwischen Rechtsanwendung und Rechtswissenschaft, so wie Merkl ihn aufbaut.

Natürlich ist Kelsen in einem anderen Zusammenhang offen für das Problem der Wahrheit. Ihn hat immer wieder beschäftigt, ob Normen wahrheitsfähig sind. In der 2. Auflage der »Reinen Rechtslehre« hält er die Rechtssätze der Rechtswissenschaft für wahrheitsfähig, nicht aber die im Recht erzeugten Rechtsnormen, die nur gültig oder ungültig sein können.[48] Die darin ausgedrückte strikte Trennung von Gültigkeit und Wahrheit steht in einigem Abstand zu der Verbindung von Rechtserkenntnis und Rechtsanwendung, die Merkl sucht. Für Kelsen gilt: Wahr ist ein Rechtssatz, wenn die darin ausgedrückte Rechtsnorm gültig ist. Für Merkl dürfte umgekehrt gelten: Gültig ist die Rechtsnorm, wenn es wahr ist, dass sie ordnungsgemäß erzeugt wurde.

Bei Merkl ist die Stufenbaulehre also von vorneherein mit einer Wissensperspektive verknüpft. Er *epistemisiert* den rechtlichen Stufenbau: Sobald im Stufenbau Recht angewendet wird (d.h. noch nicht bei der reinen Rechtserzeugung durch die Verfassung, sondern ab der Anwendung der Verfassung durch den Gesetzgeber), muss diese Rechtsanwendung *erkannt* werden können, sei es die gelingende (etwa über die Identifikation des delegierten Organs), sei es die fehlerhafte (über den Fehlerkalkül). Kelsen scheint beide Verknüpfungen nicht zu sehen. Bei ihm operiert Rechtsanwendung für sich, sie ist einfach da. Die Stufenbaulehre erhält damit einen ontischen, realistischen Charakter.

Die epistemische Perspektive Merkls ist mit wichtigen weiteren Annahmen verbunden. Wenn die Auslegung ein Werkzeug der Rechtserkenntnis ist, dann kann sie nicht gleichzeitig ein Gegenstand der Rechtserkenntnis sein.[49] Sie ist also ihrerseits eine Voraussetzung der Rechtserkenntnis. Das Recht wandelt sich mit seiner Auslegung; wie viele Rechtsauslegungsarten, so viele Rechtsordnungen.[50] Dass verschiedene Auslegungen möglich sind, ist für Merkl u.a. darauf zurückzuführen, dass es zwei grundsätzlich unterschiedliche Auslegungs-

---

weil es die Möglichkeit einer verbindlichen Interpretation voraussetzt (dazu im Text unter IV und insbesondere bei Fn. 79). Nur die Urteilsbildung ist betroffen.

[47] *Kelsen*, Reine Rechtslehre 1960, S. 350ff.

[48] *Kelsen*, Reine Rechtslehre 1960, S. 75f. Zum Ganzen *Heidemann*, Norm, S. 198ff.

[49] *Merkl*, Anwendung, S. 87.

[50] *Merkl*, Anwendung, S. 95.

methoden gibt: die subjektive und die objektive. Unter subjektiver Auslegung versteht Merkl dabei den Rückgang auf die Gesetzgebungsmaterialien und den Willen des Gesetzgebers, während die objektive Auslegung am Gesetzeswortlaut als solchem anknüpfe (dies entspricht nicht ganz der heutigen Unterscheidung von subjektiver und objektiver Auslegung, die damit v.a. die Ziele der Auslegung meint). Merkl votiert ausführlich für die objektive Auslegung, qualifiziert seine Argumente als teilweise logischer, teilweise ethisch-politischer Natur.[51] Nicht alle Merkl-Interpreten sehen das als konsequent an.[52]

Zwei Fragen stellen sich nun: (1) Kann Rechtsanwendung ohne Erkenntnis gedacht werden? (2) Was heißt es, dass eine im Wege der Rechtsanwendung vorgenommene Interpretation »verbindlich« ist? Sie bilden im Grunde die beiden Kehrseiten einer Medaille. Im Folgenden wird sich zeigen, dass die Frage 1 mit Merkl zu verneinen ist (unter III.), womit Kelsens Position zur zweiten Frage die Grundlage fehlt (unter IV.).

III. Rechtsanwendung ohne Rechtserkenntnis?

Wie erwähnt, geht Merkl davon aus, dass die mit der epistemischen Sicht verbundene Doppelgestalt des Rechts – Standpunkt der Rechtserkenntnis und der Rechtsanwendung – die Doppelgestalt von Rechtserzeugung und Rechtsanwendung zur Voraussetzung hat. Die Frage ist, ob sie notwendig daraus folgt. Merkl ist insofern nicht klar. Warum ist Recht nur das, was als wahr erkannt wird? Um eine bloße Analyse des Begriffs der Rechtsanwendung handelt es sich offenbar nicht. Vermutlich zutreffend, aber unergiebig ist insofern der Hinweis auf den neukantianischen Zeitgeist,[53] der nun einmal eine epistemologische Schlagseite hatte.

Überraschenderweise finden sich Argumente, die Merkls Position stützen, in einer sehr spezifischen jüngeren rechtsphilosophischen Debatte.

1. Metaphysische Determination

In Beiträgen, die im angloamerikanischen Recht durchaus als bahnbrechend angesehen werden, hat Mark Greenberg eine Theorie entwickelt, die sich als nichtpositivistische Alternative zur interpretativen Theorie Dworkins versteht. Sie bezieht Anregungen aus der jüngeren analytischen Philosophie ein und könnte insofern eigentlich für eine analytische Rechtstheorie, die – wie die Reine

[51] *Merkl*, Anwendung, S. 145.

[52] Vgl. *Matthias Jestaedt*, Grundrechtsentfaltung im Gesetz. Studien zur Interdependenz von Grundrechtsdogmatik und Rechtsgewinnungstheorie, 1999, S. 333 Fn. 20.

[53] Siehe *Gerhart Wielinger*, Merkls Interpretationslehre, in: Robert Walter (Hrsg.), Adolf J. Merkl – Werk und Wirksamkeit, 1990, S. 107 (113, 115).

Rechtslehre – einem auf »Verstehen« ausgerichteten Rechtsverständnis skeptisch gegenübersteht, interessant und anschlussfähig sein. Greenbergs Bezugspunkt, die anglo-amerikanische Debatte um Positivismus und Nichtpositivismus, interessiert hier nur am Rande. Im Fokus steht einmal mehr die Verbindung von »Faktizität und Geltung«. Greenberg geht davon aus, dass es auch aus nichtpositivistischer Perspektive die Rechtspraktiken – Akte der Gesetzgebung, Rechtsprechung, Verwaltung – sind, die den Inhalt des Rechts determinieren. Während aber Positivisten behaupten, dass es *allein* diese Rechtspraktiken sind, die den Inhalt des Rechts bestimmen, behaupten die Nichtpositivisten, dass dieser Inhalt auch von einer moralischen Rechtfertigung dieser Praktiken abhängt.[54] Greenberg artikuliert dies unter Rückgriff auf die Figur der Supervenienz: Da die rechtfertigenden Prinzipien, wenn und indem sie rechtfertigen, feststehen, kann eine Änderung des Rechts nur durch eine Änderung deskriptiver Fakten – also der Rechtspraktiken – erfolgen.[55] Insofern könnten Positivisten und Nichtpositivisten darin übereinstimmen, dass allein deskriptive Fakten den Inhalt des Rechts determinieren. Die Art und Weise dieser Determination ist von besonderem Interesse.

Greenberg möchte dabei nicht die epistemische Frage diskutieren, wie bzw. anhand welcher Methoden sich auf der Grundlage der rechtlichen Praktiken der Rechtsinhalt *ermitteln* lässt, sondern wie der Rechtsinhalt durch rechtliche Praktiken *bestimmt* wird. Es muss, so die leitende Hypothese, eine konstitutive Beziehung zwischen rechtlichen Praktiken und Rechtsinhalt geben (»grounding«). Greenberg bezeichnet diese Beziehung als metaphysische Determination.[56] Nun setzt sich im juristischen Kontext schnell in die Nesseln, wer den Ausdruck »Metaphysik« verwendet. Für Kelsen ist Metaphysik in etwa das gleiche wie Spekulation, und dies dürfte auch heutzutage der Meinung vieler Rechtswissenschaftler entsprechen.[57] Aber metaphysisch heißt hier nur: konstituierend. Eine in diesem Sinne metaphysische Relation zwischen den Fakten der Rechtserzeugung und dem Rechtsinhalt besteht genau dann, wenn es diese Fakten sind, aufgrund derer (»in virtue of«) der Rechtsinhalt so ist, wie er ist. Diese Fakten sind »more basic« als der Rechtsinhalt. Im Vokabular des positivistischen Rechtsdenkens ist das die Frage danach, was es eigentlich heißt,

---

[54] *Mark Greenberg*, How Facts Make Law (2004), in: Scott Hershovitz (Hrsg.), Exploring Law's Empire. The Jurisprudence of Ronald Dworkin, 2006, S. 225 (226).

[55] *Greenberg*, Facts, S. 227.

[56] *Greenberg*, Facts, S. 245. Zu den Hintergründen dieser Ideen in der jüngeren philosophischen Debatte siehe *Andreas Funke*, Rechtstheorie, in: Julian Krüper/Mehrdad Payandeh/Heiko Sauer (Hrsg.), Grundlagen des Verfassungsrechts, Band I: Zugänge, i. E., § 2 Rn. 67 ff., 129 f.

[57] Siehe etwa *Kelsen*, Reine Rechtslehre 1960, S. 82 Fn. **; vgl. *Josef Franz Lindner*, Rechtswissenschaft als Metaphysik. Das Münchhausenproblem einer Selbstermächtigungswissenschaft, 2017.

Recht zu »erzeugen«[58]. Dabei geht Greenberg davon aus, dass die Relation der metaphysischen Festlegung es überhaupt erst ermöglicht, den Rechtsinhalt kraft der rechtlichen Praktiken zu ermitteln. Die Erkenntnis des Rechts hat also jene konstitutive Beziehung zur Voraussetzung.

Genau hieraus ergibt sich der Anknüpfungspunkt für die oben aufgeworfene Frage nach der Rechtfertigung einer epistemischen Interpretation der Stufenbaulehre. Wenn rechtliche Inhalte auf die gezeigte Weise metaphysisch determiniert sind, ist es unvermeidlich, eine epistemische Perspektive anzulegen. Denn dann ist es erforderlich, diese Determination durch Erkenntnis greifbar zu machen. Die realistische Interpretation der Stufenbaulehre durch Kelsen würde dies nicht ermöglichen.

Greenberg unterscheidet die schlichte metaphysische Determination von der rationalen. Nach seiner Ansicht geht die alltägliche Rechtswissenschaft davon aus, dass das Recht mit einer rationalen Determination verbunden ist. Rational ist die Determination, weil sie auf Gründen beruht. Dadurch wird das Recht intelligibel. Es ist uns möglich, in rechtlichen Praktiken Gründe dafür zu sehen, warum das Recht so ist, wie es ist. Erst auf der Grundlage dieser Annahme, so Greenberg, ist etwa H.L.A. Harts Argument für die *open texture* des Rechts (Merkl argumentiert, wie gesehen, im Zusammenhang mit der Rechtserzeugung ganz ähnlich) verständlich: Wenn aus der sprachlichen Offenheit des Rechts folgen soll, dass das Recht insofern unbestimmt ist, wird vorausgesetzt, dass das Recht insofern keinen Grund dafür liefern kann, welchen Inhalt es hat.[59]

Ein zentrales Argument Greenbergs ist, dass Rechtspraktiken nicht selbst festlegen können, wie sie zum Inhalt des Rechts beitragen.[60] Dieses Argument ist die Konsequenz aus einer Reihe von Überlegungen. Greenberg geht davon aus, dass die Art und Weise jener Festlegung in die Form eines Modells gebracht werden kann. Es bildet das metaphysische Gegenstück zur epistemischen Frage nach der richtigen Interpretation des Rechts. Das Modell gibt an, was als rechtliche Praxis gilt, welche ihrer Aspekte ausgewählt werden und wie verschiedene Aspekte zusammenwirken. Eine solches Modell im Sinne einer systematisierenden Einheit ist notwendig, damit die metaphysische Determination einen rationalen Charakter hat. Da der Inhalt des Rechts von einem solchen Modell abhängt, kann er nicht darüber entscheiden, welches Modell das richtige ist. »The content of the law and the correct model are thus interdependent.«[61] Greenberg arbeitet diese Interdependenz detailliert näher aus, was hier nicht rekapituliert werden soll. Nach meinem Eindruck folgen die Erwägungen einem Muster, das auf Ludwig Wittgensteins Überlegungen zum Befolgen von Regeln zurückgeht: So wie ein

[58] Vgl. *Andreas Funke*, Kommentar, in: *Somek*, Wissen, S. 113 (120ff.).
[59] *Greenberg*, Facts, S. 239.
[60] *Greenberg*, Facts, S. 245ff.
[61] *Greenberg*, Facts, S. 247.

Sprachspiel für sich genommen deutungsoffen ist und mit verschiedenen Regeln bzw. Regelformulierungen in Übereinstimmungen gebracht werden kann, ermöglicht es umgekehrt die Deutungsabhängigkeit von Regeln, eine Vielzahl von Handlungen mit einer Regel in Übereinstimmung zu bringen.[62] In den Worten Greenbergs: Die Beschreibung ein- und derselben rechtlichen Praxis ist stets auf eine neue Weise möglich.[63]

Es muss deshalb Gründe dafür geben, welches Modell das richtige ist. Wie Greenberg argumentiert, sind Wertbezüge dabei unerläßlich. Aber er beschränkt das Argument darauf, dass der moralische Wert einer rechtlichen Aussage nur insofern zur Wahrheit dieser Aussage beiträgt, als dieser Wert eine Rolle bei der Festlegung spielt, welche Auswirkungen die rechtliche Praxis auf den Rechtsinhalt hat.[64] Der moralische Wert allein soll nicht ausreichen, um die rechtliche Aussage wahr zu machen.[65]

2. Metaphysische Determination bei Kelsen?

Bevor diese Überlegungen mit Merkls Position in Verbindung gebracht werden, soll ein Blick auf Kelsens Rechtstheorie geworfen werden. Unabhängig von dem Problem der Interpretation des Stufenbaus argumentiert George Pavlakos, dass die Reine Rechtslehre dem Recht eine metaphysische Determination im genannten Sinne zuschreibt.[66] Pavlakos hat den *ground-theoretic approach* in der gegenwärtigen Debatte besonders gründlich ausgearbeitet,[67] so dass seine Überlegungen Beachtung verdienen.

Den Ausgangspunkt bildet dabei die Funktion der Rechtsnorm als Deutungsschema.[68] Diese Funktion erklärt, so zutreffend Pavlakos, die Identifikation natürlicher Akte als Normsetzungsakte, aber noch nicht, welchen Inhalt die kraft eines Normsetzungsakts gesetzte Norm hat. Dieser Inhalt manifestiert sich bei Kelsen in der Form der Zurechnung als der besonderen Gesetzlichkeit des Rechts. Eine bestimmte, von staatlichen Organen auszuführende Unrechtsfolge wird dem unrechtmäßigen Verhalten des Einzelnen zugerechnet. So wie

---

[62] *Ludwig Wittgenstein*, Philosophische Untersuchungen, 1971, insbesondere § 54 (S. 42), § 198 (S. 105).

[63] *Greenberg*, Facts, S. 250.

[64] *Greenberg*, Facts, S. 252.

[65] *Greenberg*, Facts, S. 263.

[66] *George Pavlakos*, A Non-Naturalist Account of Law's Place in Reality, in: Bartosz Brożek/Jaap Hage/Nicole Vincent (Hrsg.), Law and Mind. A Survey of Law and the Cognitive Sciences, 2021, S. 473.

[67] *George Pavlakos*, The Metaphysics of Law. From Supervenience to Rational Justification, in: Bartosz Brożek/Antonino Rotolo/Jerzy Stelmach (Hrsg.), Supervenience and Normativity, 2017, S. 139; *Samuele Chilovi/George Pavlakos*, Law-Determination as Grounding. A Common Grounding Framework for Jurisprudence, Legal Theory 25 (2019), S. 53.

[68] *Kelsen*, Reine Rechtslehre 1934, S. 4 ff.

zur »Begreiflichkeit der Natur« das Kausalitätsprinzip benötigt wird, erfordert das Verständnis des Rechts den Rückgriff auf das Zurechnungsprinzip.[69] Da insofern eine staatliche Autorisierung vorausgesetzt wird, die ihrerseits durch eine Norm begründet sein muss, verweist die Zurechnung auf höhere Normen. Die ultimative Norm, die besagt, welche prätendierten Autorisierungen bzw. Normsetzungsakte relevant sind, ist die Grundnorm. Diese Zusammenhänge lassen sich nach Pavlakos so rekonstruieren, dass im Zurechnungsprinzip die metaphysische Verstehbarkeitsbedingung des Rechts artikuliert ist.

Gegen diese Interpretation der Reinen Rechtslehre erheben sich allerdings zwei Einwände. Der erste ist gewissermaßen technischer Natur: Das *grounding* geht ins Leere. Nach Kelsen bezieht sich die Zurechnung auf die Relation von ziviler Handlung A und staatlicher Sanktion B. Norminhalt ist aber nicht der Akt B als solcher, sondern die Aussage »Wenn A ist, soll B sein.« Diese Aussage wiederum ist eigentlich der Inhalt des Normsetzungsakts. Pavlakos muss also zwei Relationen kreuzen: die zwischen Normsetzungsakt und Norminhalt und die zwischen ziviler Unrechtshandlung und staatlicher Sanktion. Die Verknüpfung von rechtlicher Praxis und Rechtsinhalt wird also gar nicht wirklich erfasst. Kelsen begründet auf dieser Grundlage nicht die rechtliche Normativität im Sinne einer metaphysischen Determination, sondern allenfalls die soziale Funktionalität des Rechts.

Selbst wenn es möglich sein sollte, diese Determination auf den Rechtsinhalt zu beziehen, fehlt es der Annahme eines *grounding* an Überzeugungskraft. Sie muss den Rechtsinhalt in jener verzerrten Form hinnehmen, die Kelsen präsentiert: Der Rechtsinhalt ist nicht Element einer Verhaltensordnung, sondern einer »sozialen Technik«, die zwangsaktvermeidendes Verhalten generiert.[70] Insofern liefert das Recht Gründe für menschliches Handeln, die nicht *als Gründe* operieren müssen. Nicht nur, dass sich das Recht, so Kelsen, für die Motive des Rechtsgehorsams nicht interessiert: Es bietet den Einzelnen keine Erwägungen, die auf ihr Verhalten bezogen sind. Genau das ist aber erforderlich.[71]

3. Die Differenz von Rechtsinhalt und rechtlichen Praktiken

Es liegt auf der Hand, dass Merkls Mantra »wie die Auslegung, so das Recht« einige Parallelen zu Greenbergs Argumentationsgang aufweist. Entscheidend ist schon die Differenz, auf der Merkl, entgegen Kelsen, beharrt: Die Rechts-

---

[69] *Kelsen*, Reine Rechtslehre 1934, S. 23.

[70] *Kelsen*, Reine Rechtslehre 1934, S. 28 ff.

[71] Siehe hierzu *George Pavlakos*, Law, Normativity and the Model of Norms, in: ders./Stefano Bertea (Hrsg.), New Essays on the Normativity of Law, 2011, S. 246 (254 ff.); *ders.*, Nonnaturalism, Normativity and the Meaning of Ought: Some Lessons from Kelsen, in: Kenneth Einar Himma/Miodrag Jovanović/Bojan Spaić (Hrsg.), Unpacking Normativity. Conceptual, Normative and Descriptive Issues, 2018, S. 77 (86).

anwendung ist notwendig ein Gegenstand von Rechtserkenntnis. Gerade indem Merkl ausschließt, dass im rechtlichen Stufenbau der Bereich der Willens ausübung der intellektuellen Erkenntnis zugänglich ist, setzt er voraus, dass der Rechtsinhalt durch Gründe festgelegt wird. Und zwar in doppelter Hinsicht: Für die Rechtsanwendung enthalten die Bedingungen der Rechtsanwendung (die Delegationsnormen) die Gründe, und für die fehlerhafte, weil den Rahmen überschreitende Rechtserzeugung bestimmen die Normen über den Fehlerkalkül weitere Bedingungen.

Von diesem Ausgangspunkt wäre es denkbar, Merkls stets von ihm selbst ausgestellten Positivismus zu hinterfragen. Das soll hier nur angedeutet werden. Merkl hatte ohnehin einige Einschränkungen angebracht: Verpflichtende Kraft hat das Recht nur, wenn es mit der Rechtsidee übereinstimmt.[72] Für den Primat der Rechtserkenntnis spricht ergänzend das ethische Argument, dass er den politischen Ideen des Liberalismus bzw. Individualismus entspricht.[73] Schließlich sei an Merkls logische bzw. ethisch-politische Argumentation für die objektive Auslegung erinnert (unter II. 2.). Merkl hat all diese Aspekte nicht dezidiert in die Wahrheitsbedingungen des Rechts aufgenommen. Aber da sie notwendige Bausteine der Theorie sind, wäre diese schon als nichtpositivistisch im Sinne Greenbergs zu bezeichnen. Für Dworkin ist Greenbergs Position allerdings noch die eines politischen Positivismus,[74] was mit Greenbergs Abgrenzung zu Dworkins interpretativem Ansatz zu tun haben dürfte.

Natürlich hat der Vergleich zwischen der über 100 Jahre alten Wiener Rechtstheorie und der gerade angesagten analytischen Metaphysik seine Grenzen. Nur zwei Aspekte seien genannt, die auf beträchtliche Unterschiede verweisen: Rechtserkenntnis scheint Merkl eng zu verstehen, weil er nämlich nur Logik und Grammatik als Erkenntnismittel anerkennen möchte. Aber immerhin weist er auch darauf hin, dass dies leistungsfähige Instrumente sind.[75] Demgegenüber erscheint der Begriff der rechtlichen Praxis, so wie die anglo-amerikanische Diskussion ihn verwendet, als relativ roh. Die Unterscheidung von Rechtserzeugung und Rechtsanwendung spielt hier keine Rolle. Es geht offenbar nur um tatsächliche Handlungen, die sich irgendwie als Handlungen von rechtlichen Organen identifizieren lassen.

---

[72] *Merkl*, Autobiographie, S. XXIV. In diesem Sinne auch *ders.*, Rechtsantlitz, S. 250; *ders.*, Zum 80. Geburtstag Hans Kelsens. Reine Rechtslehre und Moralordnung, in: ders., Schriften I/1, S. 629 (655).

[73] *Merkl*, Lehre, S. 284 Fn. 1. Es handelt sich für Merkl um »staatsgestaltende Ideen«, siehe *ders.*, Individualismus und Universalismus als staatliche Baugesetze (1934), in: ders., Schriften I/1, S. 85.

[74] *Ronald Dworkin*, Response, in: Hershovitz, Empire, S. 291 (311).

[75] *Merkl*, Rechtsantlitz, S. 250f.

IV. Eine Kategorienverwechslung: verbindliche Interpretation

Wie erwähnt, spricht Kelsen der Rechtswissenschaft die Fähigkeit zur verbindlichen Interpretation des Rechts ab. Kelsen ist hierbei klar und strikt:

»Daß die Rechtswissenschaft nicht *entscheiden* kann, daß ein sich subjektiv als Rechtsakt darstellender Akt objektiv ein Rechtsakt ist, schließt natürlich nicht aus, daß ein wissenschaftlicher Jurist darüber eine Meinung äußern kann. [...] Aber eine so geäußerte Meinung ist rechtlich irrelevant, denn die Rechtsordnung knüpft an sie keinerlei Folgen.«[76]

Kelsen hält es dementsprechend für sinnlos, von einer richterlichen Gesetzesinterpretation zu sagen, sie sei richtig oder falsch.[77] Diese Auffassung dürfte der herrschenden Interpretationslehre entsprechen. So unterscheidet Robert Alexy verschiedene Formen der Interpretation danach, ob die Interpretation einen institutionellen Charakter und demnach verbindliche Kraft hat oder nicht.[78] Als institutionelle Interpretation sieht Alexy die authentische Interpretation durch den Gesetzgeber oder die Rechtsprechung an. Dem stehen die Laieninterpretation oder die Interpretation durch die Rechtswissenschaft gegenüber.

Auf der Grundlage der Merklschen Position stellen sich die Dinge anders dar. Wie erwähnt, beruht das »Recht zu haben« der Rechtsanwendung nur auf einem rechtlichen Können. Der entscheidende Punkt ist, dass dieses Können notwendig einer Beurteilung unterliegt, deren Maßstab die Wissenschaft ist. Damit muss die Rede von einer verbindlichen Interpretation, die sich bei Kelsen findet, als Kategorienverwechslung charakterisiert werden.[79] Sie ist deshalb in sich widersprüchlich. Ebenso wenig wie die Organe der Rechtspraxis legt aber auch die Rechtswissenschaft das Recht *verbindlich* aus. Eine Erkenntnis (des Rechts) ist wahr oder falsch, aber sie ist nicht – nie – verbindlich.

---

[76] *Hans Kelsen*, Was ist ein Rechtsakt? (1951/52), in: Hans R. Klecatsky/René Marcic/Herbert Schambeck (Hrsg.), Die Wiener rechtstheoretische Schule. Schriften von Hans Kelsen, Adolf Julius Merkl und Alfred Verdross, Band II, 1968, S. 1381 (1384) (Hervorhebung im Original).

[77] *Hans Kelsen*, Reine Rechtslehre und Egologische Theorie. Antwort auf: Carlos Cossios, Egologische Theorie und Reine Rechtslehre, in: ZöR n. F. 5 (1952), S. 449 (475).

[78] *Robert Alexy*, Juristische Interpretation, in: ders., Recht, Vernunft, Diskurs. Studien zur Rechtsphilosophie, 1995, S. 71 (74); hierzu *Andreas Funke*, Das institutionalistische Vorurteil in der Interpretationslehre. Zur Bedeutung der Selbstbeurteilung von und im Recht, in: Carsten Bäcker (Hrsg.), Rechtsdiskurs, Rechtsprinzipien, Rechtsbegriff. Elemente einer diskursiven Theorie fundamentaler Rechte, 2022, S. 387.

[79] Nach *Hochmann*, Rolle S. 169, ist Merkl der Auffassung, dass die Rechtsnorm zwar nicht durch die Rechtswissenschaft, aber durch einen Organakt niederer Stufe verbindlich ausgelegt wird. Aber daraus, dass der Rechtswissenschaft eine verbindliche Auslegung nicht möglich ist, folgt nicht, dass die Organe dies können. Wenn Hochmann meint, die von *Alfred Verdroß*, Eine Antinomie der Rechtstheorie (1951), in: Klecatsky u. a. (Hrsg.), Schule, S. 1375 (1378), bemerkte Differenz zwischen den Theorien von Sander – und auf dieser Linie: Kelsen – und Merkl bestehe nicht, überzeugt dies nicht.

Sicherlich ist das Willenselement als solches, das mit jeder Rechtserzeugung einhergeht, notwendig mit der rechtlichen Autorisierung des jeweiligen Organs verbunden. Aber wie Merkl deutlich macht, gibt es keine blanke Autorisierung, sondern sie ist epistemisch eingehegt. Die rechtliche Relevanz der Autorisierung hängt von einer Erkenntnisprozedur ab, deren Instanz nicht wiederum das Recht, sondern die Wahrheit ist. Jedenfalls muss dies für die intellektuelle Interpretation gelten, die nach Merkl aber der authentischen stets zu Grunde liegt. Verbindlich können diese Interpretationen nur sein, wenn die Akte, mit denen sie verbunden sind, als rechtmäßig oder als vom Fehlerkalkül erfasst qualifiziert werden können. Das Urteil, eine Norm bzw. eine Auslegung sei verbindlich, hat eine erkenntnismäßige Struktur. Wenn Kelsen sagt, die Meinungsäußerung des Juristen habe keine Folgen in der Rechtsordnung, so trifft das zwar zu. Aber dass ein Rechtsakt überhaupt Folgen hat, ist ohne irgendeine Meinung darüber, ob es sich dabei um eine gelungene oder fehlerhafte Rechtsanwendung handelt, so das zutreffende Argument Merkls, nicht möglich.

Es wird also nie »entschieden«, was das Recht ist: »there is a sense in which *nobody* decides what ›the law‹ is: not legislators, nor constitutional assemblies, nor judges, nobody«.[80] Der Inhalt des Rechts hängt stets von zusätzlichen Erwägungen ab, und dies können nur – auf welche verschlungene Weise auch immer – die Werte der politischen Moral sein.[81] Merkl hat auch das gezeigt.

V. Schlussfolgerungen

Die integrierende Interpretation der dem ersten Anschein nach gegenläufigen Abgrenzungen Kelsens hat, so zeigt sich, nicht nur den Preis, dass sie zu einer problematischen Normativitätsvorstellung führt. Sie verdeckt einige interessante Fragen, die mit der Stufenbaulehre verbunden sind. Insbesondere vernachlässigt sie deren epistemisches Verständnis.

Aber wo ist das überhaupt praktisch relevant? Die Reine Rechtslehre hat sich stets als Theorie der Praxis verstanden, und dies zeigt sich auch hier. Das Besondere der Position Merkls macht sich etwa bei der Einordnung fehlerhafter höchstrichterlicher Entscheidungen bemerkbar.[82] Mangels Fehlerkalkül – der für solche Entscheidungen regelmäßig nicht nachweisbar ist; Rechtsmittelbestim-

---

[80] *George Letsas*, Harmonic Law: The Case Against Pluralism, in: Julie Dickson/Pavlos Eleftheriadis (Hrsg.), Philosophical Foundations of European Union Law, 2012, S. 77 (97) (Hervorhebung im Original).

[81] So etwa *Letsas*, Law, S. 97.

[82] Zum Folgenden *Adolf Merkl*, Die gerichtliche Prüfung von Gesetzen und Verordnungen, in: ders., Schriften, Band II/1, 1999, S. 393 (431 ff.); Merkls diesbezügliche Sicht wird im Zusammenhang mit dem Fehlerkalkül erstaunlich selten diskutiert (siehe Fn. 16); Ausnahmen sind etwa *Hans Tessar*, Der Stufenbau nach der rechtlichen Autorität und seine Bedeutung für die juristische Interpretation. Zur Beachtlichkeit ständiger Vollzugspraxen und höchstgerichtlicher

mungen scheiden jedenfalls per definitionem aus – können höchstrichterliche Urteile, wenn sie sich als falsch erweisen, nicht als Recht erkannt werden. Es handelt sich, wie gezeigt (oben unter II. 1.), um Scheinakte. Mit kühler Radikalität sieht Merkl deshalb die fehlerhafte Entscheidung des Verfassungsgerichts nicht als eine rechtliche Entscheidung an. Es ist deshalb grundsätzlich möglich und sinnvoll, ihre Fehlerhaftigkeit juristisch zu diskutieren. Sie muss nicht befolgt werden und ist einer Korrektur zugänglich. Genaugenommen muss sie dann, wie Merkl hervorhebt, überhaupt erst einmal ergehen. Dass diese Sicht, so Merkl, »vielleicht grotesk erscheinende(n) Konsequenzen« haben kann, ist ihm bewusst.[83] Im Zweifel werde ein unrichtiges Urteil schlicht als wahr behandelt, und im Übrigen werde das Verfassungsgericht – konkret meint er den österreichischen Verfassungsgerichtshof – schon richtig entscheiden. Selbst wer die Theorie des Fehlerkalküls überzeugend findet, wird hier zögern.

Als analytischer Gewinn bleibt jedenfalls die Trennung des Bestehens einer Rechtswidrigkeit von ihrer Erkenntnis. Sie bildet eine tragende Säule des Staatshaftungsrechts.[84] So öffnet sich der Raum dafür, kraft eines *Erkenntnisfortschritts* vergangene rechtliche Entscheidungen, die auf fehlerhafte Weise erzeugt wurden, zu korrigieren. Ein interessantes, schwieriges Beispiel hierfür ist die gesetzliche Aufhebung von Urteilen, die auf Gesetzen beruhten, die erst später als verfassungswidrig erkannt wurden. Dies geschieht, wie etwa das Gesetz zur strafrechtlichen Rehabilitierung der nach dem 8. Mai 1945 wegen einvernehmlicher homosexueller Handlungen verurteilten Personen (StrRehaHomG) vom 17. Juli 2017 zeigt.[85] Eine Stufenbaulehre, die keine Wahrheit kennt, kennt auch keinen Erkenntnisfortschritt. Sie kann in solchen Gesetzen dementsprechend nicht wirklich eine Korrektur fehlerhafter Rechtserzeugung erkennen. Aber dann fragt sich, inwiefern eine Urteilsaufhebung überhaupt ihr Ziel erreichen kann, Straftäter zu rehabilitieren.[86] Die epistemisch verstandene Stufenbaulehre hat demgegenüber keine Schwierigkeiten, dieses Vorgehen zu erklären und im Übrigen auch in eine verfassungsrechtliche Rechtfertigung solcher Praktiken einzubeziehen.

Präjudizien, 2010, S. 260 ff.; *Luka Samonig*, Fehlerkalkül –Alternativermächtigung – Revolution. Zur Geltung fehlerhafter letztinstanzlicher Entscheidungen, 2022, S. 11 ff., 17 ff.

[83] *Merkl*, Prüfung, S. 437.

[84] Vgl. *Heiko Sauer*, Öffentliches Reaktionsrecht. Theorie und Dogmatik der Folgen hoheitlicher Rechtsverletzungen, 2021, S. 93 ff.

[85] BGBl. I S. 2443.

[86] Die Problematik kann hier nur angedeutet werden. Näher *Andreas Funke*, Unrecht im Verfassungsstaat. Das Prinzip des Erkenntnisfortschritts als Herzstück eines Rehabilitierungsrechts, in: JöR 73 (2025), i. E.

Kelsens Grundnorm

Ein »Zauberstab« wie Rousseaus volonté générale (Horst Dreier)

Rolf Gröschner

Im Junius-Band »Hans Kelsen zur Einführung« schreibt Horst Dreier: »Die Grundnorm ist für die Reine Rechtslehre, was die volonté générale für Rousseaus Contrat Social ist: die in gewisser Weise rätselhafte Mitte des gesamten Gedankengebäudes«.[1] In ihrer »mirakulösen« Funktion gleiche sie einem »Zauberstab«, durch dessen Berührung eine faktisch wirksame Zwangsordnung zu einer normativ geltenden Rechtsordnung wird.[2] Eine virtuose Vorführung dieses Mirakels demonstriert, wie die Transformation von Faktizität in Normativität im Theorierahmen strikter Trennung von Sein und Sollen gelingt. Inwieweit die von Kelsen selbst in Anspruch genommene Analogie zwischen dem Status der Grundnorm und den transzendentalen Erkenntnisbedingungen Kants das Gelingen erklärt, wird dann zum Gegenstand einer philosophisch anspruchsvollen Diskussion (I.). Was die volonté générale betrifft, bleibt es bei der zitierten kurzen Erwähnung. Umso reizvoller erscheint es, Dreiers wohlüberlegten Vergleich aufzugreifen und das intellektuelle Vergnügen zu wagen, Kelsens rechtstheoretisches Normkonzept mit Rousseaus freiheitsphilosophischer Willenskonzeption zu konfrontieren (II.).

I. Kelsens Grundnorm

Hans Kelsen (1881–1973) hat das Prinzip des Rechtspositivismus höchst eigenwillig, aber mit größter Stringenz vertreten. Schon auf der ersten Seite seines Hauptwerkes wird klar, worum es geht: »Die Reine Rechtslehre ist eine Theorie des positiven Rechts; des positiven Rechts schlechthin, nicht einer speziellen Rechtsordnung. Sie ist allgemeine Rechtslehre, nicht Interpretation besonderer nationaler oder internationaler Rechtsnormen.«[3] Als »reine« Lehre vom Recht will sie »die Rechtswissenschaft von allen ihr fremden Elementen befreien«, um jenen »Methodensynkretismus« zu vermeiden, in dem sich – so Kelsen – »Juris-

[1] *Horst Dreier,* Hans Kelsen zur Einführung, 2023, S. 81.

[2] *Dreier,* Kelsen zur Einführung, S. 84.

[3] *Hans Kelsen,* Reine Rechtslehre. Mit einem Anhang: Das Problem der Gerechtigkeit, 2. Auflage 1960, S. 1.

prudenz mit Psychologie und Soziologie, mit Ethik und politischer Theorie vermengt« hat.[4]

Damit wird die Grundfrage der Rechtsphilosophie, die Frage nach der Richtigkeit des positiven Rechts, als Frage der Ethik und der Politik ausgelagert aus der konsequent »rein« betriebenen allgemeinen Rechtslehre. Das hat eine radikale Konsequenz: Die Rechtsgeltung muss aus dem Recht selbst erklärt und mit dessen eigener Normativität begründet werden. »Da der Grund der Geltung einer Norm nur wieder eine Norm sein kann«, muss der letzte Geltungsgrund des Rechts eine Rechtsnorm sein, freilich »keine von einer Rechtsautorität gesetzte, sondern eine vorausgesetzte Norm«[5], die berühmt-berüchtigte »Grundnorm«. Dreier nennt sie eine »überaus schillernde« Gedankenfigur, die kontrovers beurteilt wurde: als »unentbehrlich« oder »schlicht als überflüssig«, als »great puzzle« oder als »bloße Chimäre«.[6]

Die originale Bestimmung der Grundnorm lautet in der ersten Auflage der Reinen Rechtslehre: »Nur unter Voraussetzung der Grundnorm kann das empirische Material, das sich der rechtlichen Deutung darbietet, als Recht, das heißt als ein System von Rechtsnormen gedeutet werden.«[7] Ein entsprechender Abschnitt mit der Überschrift »Die Norm als Deutungsschema« findet sich auch in der zweiten Auflage.[8] Die eingehende Erörterung dieser authentischen Interpretation der Grundnorm in Horst Dreiers Dissertation über Hans Kelsens Rechts-, Staats- und Demokratielehre[9] hat Maßstäbe gesetzt und zur Versachlichung der Debatten um Anerkennung oder Ablehnung der Reinen Rechtslehre beigetragen.[10] Im Junius-Band diskutiert Dreier im Kapitel über »Die Grundnorm« an erster Stelle die Frage, warum Kelsen auf ein solches Schema, eine fiktive, »gewissermaßen künstliche Annahme« zurückgegriffen hat, um dem Recht Normativität »unterstellen« zu können.[11]

---

[4] *Kelsen,* Reine Rechtslehre 1960, S. 1. In der Erstauflage (*Kelsen,* Reine Rechtslehre. Einleitung in die rechtswissenschaftliche Problematik, 1934) galt die Synkretismus-Kritik noch der Biologie und der Theologie statt der Soziologie und der politischen Theorie – ein Zeichen der Etablierung zweier neuer Wissenschaften.

[5] *Kelsen,* Reine Rechtslehre 1960, S. 203.

[6] *Dreier,* Kelsen zur Einführung, S. 81.

[7] *Kelsen,* Reine Rechtslehre 1934, S. 77.

[8] *Kelsen,* Reine Rechtslehre 1934, S. 4, *ders.,* Reine Rechtslehre 1960, S. 3. Der »Inhalt eines tatsächlichen Geschehens« wird in der Erstauflage an einer »irgendwie vorausgesetzten« Norm gemessen, in der Zweitauflage dann präziser an einer »als gültig angenommenen« Norm.

[9] *Horst Dreier*, Rechtslehre, Staatssoziologie und Demokratietheorie bei Hans Kelsen, 1986.

[10] Im Junius-Band heißt es, Dreiers Dissertation »läutete« Kelsens »Renaissance in Deutschland ein« (S. 277). Vier Jahre nach der ersten Auflage erschien eine zweite (1990). Der »Exkurs« zum »transzendentalen Status der Grundnorm und zur neukantianischen Rechtstheorie« (S. 56–90) ist in philosophischer Präzision und rechtstheoretischer Pointierung ein Unikat. Der Autor bekennt, sich daran »fast die Zähne ausgebissen« zu haben: *Horst Dreier,* Kelsen im Kontext, 2019, S. 127.

[11] *Dreier*, Kelsen zur Einführung, S. 82. In seiner letzten Äußerung zur Grundnorm wollte Kelsen sie nicht mehr als »Hypothese« bezeichnet wissen, sondern als »Fiktion«, weil man

Dem Reihentitel »Zur Einführung« entsprechend verlangt seine Antwort keine rechtstheoretischen Vorkenntnisse: Anders als der »naive« Rechtspositivismus kann die Reine Rechtslehre sich nicht auf das Faktum einer wirksamen Zwangsordnung stützen, weil »Fakten der Seinswelt« keine Normativität begründen können. Andererseits kann Kelsens »kritischer« Rechtspositivismus jene Normativität nicht aus einer »höheren Rechtsschicht« herleiten.[12] Kelsen selbst formuliert als sein zentrales Problem, wie eine »Deutung des subjektiven Sinns gewisser Tatbestände« als ein System »objektiv gültiger Rechtsnormen« möglich ist, ohne auf »metarechtliche Autoritäten wie Gott oder Natur« zurückzugreifen.[13]

Die Lösung des Problems erfolgt mit dem »Zauberstab« der Grundnorm. In dessen virtuoser Vorführung durch Horst Dreier zeigt sich: Die Grundnorm ist eine Voraussetzung, die als normativitätsstiftende »Annahme« zugrunde gelegt wird, um die Anordnungen einer effektiven Zwangsordnung »als Rechtsakte« begreifen zu können.[14] Dazu zitiert er einen Satz Kelsens, der wie ein Zauberspruch wirkt: »Der Inhalt einer positiven Rechtsordnung ist von ihrer Grundnorm völlig unabhängig.«[15] Weil mit ihr kein Wert vorausgesetzt wird, der das positive Recht »metarechtlich« transzendiert, sichert die Grundnorm die Positivität des Rechts als dessen Normativität.

Um die letzten Zweifel an der Zauberkraft dieser Normativitätssicherung zu beseitigen, zitiert Dreier die gängigen Charakterisierungen aus der Sekundärliteratur: Die Grundnorm gilt »fiktiv« oder »bloß gedacht«, als ein »Postulat« oder eine »Annahme«. Ihre Unterstellung ist »keineswegs zwingend«; sie ist »möglich«, aber »nicht notwendig«.[16] Wenn man die Grundnorm allerdings nicht unterstellt, können die durch das positive Recht geregelten Beziehungen nach klarer Aussage Kelsens »nur als Machtverhältnisse, nicht als Rechtsverhältnisse gedeutet werden«. In diesem Zusammenhang hat Matthias Jestaedt gute Gründe dafür vorgetragen, dass die Diskussion über die dogmatische Figur des Rechtsverhältnisses durch die »juridische Relativitätstheorie« der Reinen Rechtslehre theoretisch bereichert werden könnte. Denn auch und gerade für Kelsen gilt: »Kein Recht ohne Rechtsverhältnis.«[17]

---

sich bewusst sein müsse, dass ihr die Wirklichkeit nicht entspricht: *Hans Kelsen,* Allgemeine Theorie der Normen, aus dem Nachlass herausgegeben von Kurt Ringhofer und Robert Walter, 1979, S. 206f.

[12] *Kelsen,* Allgemeine Theorie, S. 82.

[13] *Kelsen,* Reine Rechtslehre 1960, S. 205.

[14] *Dreier,* Kelsen zur Einführung, S. 83.

[15] *Kelsen,* Reine Rechtslehre 1960, S. 224.

[16] *Dreier,* Kelsen zur Einführung, S. 85.

[17] *Matthias Jestaedt,* Recht als Relation, in: Katharina v. Schlieffen (Hrsg.), Republik, Rechtsverhältnis, Rechtskultur, 2018, S. 220, Fn. 62, bezogen auf den »Gröschnerschen Satz«: »Kein Recht ohne Rechtsverhältnis«.

In der zweiten Auflage der Reinen Rechtslehre lautet eine Abschnittsüberschrift »Die Grundnorm als transzendental-logische Voraussetzung«. Dort vergleicht Kelsen seine Fragestellung mit derjenigen Kants, wie »eine von aller Metaphysik freie Deutung der unseren Sinnen gegebenen Tatsachen in den von der Naturwissenschaft formulierten Naturgesetzen möglich« sei[18]. »Transzendental« im philosophischen Sinne[19] – nicht etwa »transzendent« im theologischen Sinne – fragt Kant nach den apriorischen, vor aller Erfahrung gelegenen Bedingungen möglicher Erkenntnis[20]. Es ist nicht die Natur, die uns ihre Gesetze offenbart, sondern der menschliche Verstand, der die Erkenntnisbedingungen an die Natur heranträgt. Diese Bedingungen sind die »reinen Anschauungsformen« Raum und Zeit und die »Verstandeskategorien«, exemplarisch und für Kants Freiheitsbegriff unentbehrlich: die Kausalität.[21] Pointiert schreibt er: der Verstand »vermag nichts anzuschauen« und die Sinne vermögen »nichts zu denken«. »Nur daraus, dass sie sich vereinigen, kann Erkenntnis entspringen.«[22]

Horst Dreier erscheint Kelsens »Parallelisierung seiner Grundnorm mit diesem Gedankengang [...] auf den ersten Blick nicht unplausibel«: »so, wie es Kant nicht um die Erkenntnis selbst, sondern um die Bedingungen der Möglichkeit von Erkenntnis geht, so geht es Kelsen um die Aufdeckung derjenigen Voraussetzung, die bestimmte Willensakte als Rechtsakte zu deuten erlaubt, eben mithilfe der Grundnorm.«[23] Für Kelsen besteht die Parallele darin, dass die Grundnorm dem positiven Recht keinen »bestimmten Inhalt« vorschreibt – ebenso wenig wie die »transzendental-logischen Bedingungen der Erfahrung dieser Erfahrung einen Inhalt vorschreiben.«[24]

Dreier weist aber mit Recht auf die »gravierenden Differenzen zwischen den Konstruktionen Kants und Kelsens« hin: Die Annahme der Grundnorm ist »keineswegs zwingend«. Sie »fungiert lediglich als Platzhalter der Idee der Normativität«. Von ihr könne man »absehen, von den allgemeinen Verstandesbegriffen Kants nicht«. Die Grundnorm habe daher nur eine »quasi-transzendentale Struktur, da sie nicht – wie eine Möglichkeitsbedingung der Erkenntnis – reduktiv aufgewiesen« werde. Insoweit sei hervorzuheben, dass Kelsen

---

[18] *Kelsen,* Reine Rechtslehre 1960, S. 205.

[19] *Immanuel Kant*, Kritik der reinen Vernunft, Einleitung, Akademie-Ausgabe, Band III, S. 43: »Ich nenne alle Erkenntnis transzendental, die sich nicht sowohl mit Gegenständen, sondern mit unserer Erkenntnisart von Gegenständen, so fern diese apriori möglich sein soll, überhaupt beschäftigt. «

[20] Am Anfang der soeben zitierten Einleitung betont Kant: »Wenn aber gleich alle unsere Erkenntnis mit der Erfahrung anhebt, so entspringt sie darum doch nicht eben alle aus der Erfahrung« (S. 27).

[21] Unten, Fn. 74.

[22] *Kant,* Kritik, S. 75.

[23] *Dreier* Kelsen, S. 90.

[24] *Kelsen,* Reine Rechtslehre 1960, S. 208, Fußnote.

»eine gewisse Distanz« zu Kant zum Ausdruck bringe, wenn er den Begriff der Transzendentallogik nur »per analogiam« anwende.[25]

Weniger zurückhaltend hat Dreier sich in seiner bereits erwähnten Dissertation geäußert: Mit der Grundnorm als »Apriori des Rechts« werde die transzendentale Logik »auf eine durchaus anfechtbare Unterstellung heruntergestuft«. Sie »schrumpft bei Kelsen [...] auf eine Annahme zusammen«.[26] Die Kritik ist philosophisch überzeugend: Kelsens Apriori sei »nicht auf der Ebene der praktischen Vernunft und damit der ethischen Begründungs-, Rechtfertigungs- und Legitimierungsfunktion des Rechts, sondern auf der der theoretischen Vernunft angesiedelt, aber gleichwohl auf Normatives bezogen«.[27] Weil es auf der Theorie-Ebene der reinen Vernunft nicht um die Prinzipien der Ethik geht, sondern um die Kategorien des erkennenden Verstandes, folgert Dreier mit Recht: »Im strengen Sinn apriorisch wäre bestenfalls noch der Gedanke der Normativität als solcher, also das Festhalten an der Sollenskategorie zu nennen; doch auch dafür gibt es letzten Endes keinen zwingenden Grund.«[28]

Im Rahmen des Vergleichs mit einem »Zauberstab« kann man dies als Ermahnung an alle künftigen Zauberlehrlinge der Rechtstheorie lesen, die Normativität des positiven Rechts nur aus dem Hut der »Reinen Rechtslehre« hervorzuzaubern, ohne die »Kritik der reinen Vernunft« zur Assistenz auf die Bühne zu bemühen. Die apriorischen oder »reinen«, von allen empirischen Beimengungen gereinigten transzendentalen Erkenntnisbedingungen sind nicht durch Zauberei entstanden, sondern durch eine »Revolution der Denkart«, die Kant selbst »mit den ersten Gedanken des Kopernikus« verglichen hat.[29]

Dass »die Gegenstände« sich »nach unserem Erkenntnis richten« müssen, hielt Kant für ebenso revolutionär wie die Kopernikanische »Umänderung der Denkart« auf das heliozentrische Weltbild: »Kopernikus, der, nachdem es mit der Erklärung der Himmelsbewegungen nicht gut fort wollte, wenn er annahm, das ganze Sternheer drehe sich um den Zuschauer, versuchte, ob es nicht besser gelingen möchte, wenn er den Zuschauer sich drehen und dagegen die Sterne in Ruhe ließ.«[30] Den Doppelsinn, die Sterne »in Ruhe« zu lassen, präsentiert der Philosoph der »reinen Vernunft« in einem spielerischen Umgang mit der Sprache, auf den der Theoretiker der »Reinen Rechtslehre« in der streng fachsprachlichen Präsentation der Grundnorm verzichtet.

---

[25] *Dreier*, Kelsen zur Einführung, S. 91 f.

[26] *Dreier*, Rechtslehre, S. 88 und 89.

[27] *Dreier*, Rechtslehre, S. 88.

[28] *Dreier*, Rechtslehre, S. 88.

[29] *Immanuel Kant*, Kritik der reinen Vernunft, Vorrede zur 2. Auflage, Akademie-Ausgabe, Band III, S. 12.

[30] *Kant*, Kritik, S. 12.

II. Rousseaus volonté générale

Das angekündigte intellektuelle Vergnügen eines Vergleichs der Grundnorm mit der volonté générale bedarf einer Vorbemerkung: Für Hans Kelsen ist Rousseau »vielleicht der bedeutendste Theoretiker der Demokratie«[31] und Horst Dreier rühmt die Leitidee des Contrat social als »brillant ausformulierte(n) Gedanke(n) kollektiver Autonomie durch demokratische Selbstgesetzgebung«.[32] Im hier vorzunehmenden Vergleich wird Rousseau aber nicht als Demokratietheoretiker behandelt, sondern als Philosoph der Republik. Als solcher hat er in den beiden ersten Büchern des »Contrat social« (1762[33]) eine Freiheitskonzeption entwickelt, die in ihrem Anspruch von keinem anderen Autor der Politischen Philosophie übertroffen wird.[34]

Ein erstes authentisches Zeugnis für den Grundgedanken dieser Konzeption stellt die von Rousseau selbst so bezeichnete »illumination« dar, eine Erleuchtung, die ihm im Jahre 1749 blitzartig zuteil geworden und lebenslang Inspiration geblieben ist[35]: »Alles ist gut, wie es aus den Händen des Schöpfers kommt; alles entartet unter den Händen des Menschen.«[36] Der noch nicht denaturierte, durch soziale Konkurrenz und Sozialneid noch nicht verdorbene (»depravierte«[37]) homme sauvage folgt nur den einfachen Antrieben der Natur: »Die einzigen Güter, die er im Universum kennt, sind Nahrung, ein Weibchen und Ruhe.«[38] Erst durch die »Verschiedenheit der Erziehungs- und Lebensarten, die innerhalb der verschiedenen Stände der bürgerlichen Gesellschaft

---

[31] *Hans Kelsen,* Vom Wesen und Wert der Demokratie, Neudruck der 2. Auflage 1929 (1981), S. 6.

[32] *Horst Dreier,* Art. 20 (Demokratie), in: ders. (Hrsg.), GG-Kommentar, Band II, 3. Auflage 2015, Rn. 11 mit Betonung des Gedankens »identitärer, direkter Versammlungsdemokratie«. Im vorliegenden Beitrag geht es dagegen um Rousseaus Legitimation der freiheitlichen Verfassung einer Republik.

[33] Leicht zugänglich in der zweisprachigen Reclam-Ausgabe »Du contrat social. Vom Gesellschaftsvertrag, übersetzt und herausgegeben von Hans Brockard, 2010. Die Würdigung als republikanische Freiheitsphilosophie bezieht sich auf die Kapitel 1, 6 und 8 des Ersten sowie 4, 6 und 12 des Zweiten Buches. Zu den Schwächen anderer Kapitel nimmt sie keine Stellung.

[34] *Wolfgang Kersting,* Die politische Philosophie des Gesellschaftsvertrags, 1994: »Kein politischer Philosoph hat einen anspruchsvolleren Freiheitsbegriff als Rousseau.«

[35] Dazu *Georg Holmsten,* Jean-Jacques Rousseau, 1972, S. 64 f.

[36] So liest man es im ersten Satz des Émil: Emil oder Über die Erziehung, Vollständige Ausgabe in neuer deutscher Fassung, besorgt von Ludwig Schmidts, 7. Auflage 1985, S. 9. Der Satz bezeichnet »ausdrücklich einen vor-moralischen und nicht etwa einen von moralischem Pflichtbewusstsein bestimmten Zustand«: *Bernhard H. F. Taureck,* Jean-Jacques Rousseau, 2009, S. 50.

[37] »Depraviert«, französisch »depravé« bedeutet bei Rousseau so viel wie denaturiert, hergeleitet vom lateinischen »depravare«: verkehren, entstellen, verderben. Als Motto (»Non in depravatis [...]«) findet sich das Wort auf dem Titelblatt des Zweiten Diskurses: Über den Ursprung der Ungleichheit unter den Menschen, übersetzt und herausgegeben von Kurt Weigand, 1995, S. 61.

[38] *Rousseau,* Ursprung, S. 135: »ein Weib«, dagegen französisch S. 134: »une femelle« – ein Weibchen, nicht »une femme«.

herrschen«, entstehe jene Ungleichheit unter den Menschen, die ihre ursprüngliche Freiheit bedroht.[39]

Rousseaus spezifische Dichotomie lautet »amour de soi« und »amour propre«, Eigenliebe und Selbstsucht. »Eigenliebe« bezeichnet bei ihm »ein natürliches Gefühl«: das Bei-sich-selbst-Sein des nicht depravierten, sozusagen edlen Wilden, der sich noch nicht im Spiegel der anderen sieht und danach definiert. »Selbstsucht« dagegen ist ein »künstliches, in der Gesellschaft entsprungenes Gefühl«.[40] Zur philosophischen Pointe wird diese Dichotomie in der Gegenüberstellung »frei geboren« und »in Ketten« – »né libre« und »dans les fers« – im Eingangssatz des ersten Kapitels des Contrat social.[41] Sie hat den Sinn, den Leser für das Phänomen gesellschaftlicher und staatlicher Depravation durch den Verlust der angeborenen Freiheit zu sensibilisieren.

»Auf seine Freiheit verzichten heißt auf seine Eigenschaft als Mensch [...] verzichten [...] Ein solcher Verzicht ist unvereinbar mit der Natur des Menschen.«[42] Weil die Menschen von Natur aus frei und in eben dieser Freiheit – nicht in irgendeiner anderen Hinsicht – gleich sind, ist eine naturgegebene Herrschaft von Menschen über Menschen philosophisch zwingend ausgeschlossen. Das im ersten Satz des Contrat social artikulierte Anliegen Rousseaus ist es daher, eine »legitime« Regel für eine freiheitsverträgliche »administration« zu finden[43], das heißt: für eine Regierung von Freien und Gleichen, die sich nicht beherrschen lassen wollen.

Die aristotelische Differenzierung zwischen »despotike arche« und »politike arche«, despotischer und politischer Herrschaft oder paraphrasiert zwischen despotischer »Herrschaft« und politischer »Regierung«[44] hat in den aktuellen Diskursen der Politischen Philosophie zu einer bemerkenswerten Renaissance des Republikanismus als »non-domination« geführt.[45] Was den Grundgedanken einer nicht-beherrschenden Regierungsweise betrifft, war Rousseau der Entwicklung weit voraus. Aus seiner Sicht musste die Lösung des Problems prinzipiell anders konzipiert werden als in den traditionellen Naturzustandslehren.[46] Das Ergebnis seiner Neukonzeption ist der sogenannte »Gesellschaftsvertrag«.[47]

---

[39] *Rousseau,* Ursprung, S. 185, 187.

[40] *Rousseau,* Ursprung, S. 169.

[41] *Rousseau,* Contrat social, französisch S. 8, deutsch S. 9.

[42] *Rousseau,* Contrat social, S. 21.

[43] *Rousseau,* Contrat social, S. 8: »Je veux chercher [...] quelque regle d'administration légitime [...]«.

[44] Zur ideengeschichtlichen Tradition der aristotelischen Differenzierung *Rolf Gröschner*, Weil Wir frei sein wollen, 2016, S. 54 ff.: »Lassen wir uns nicht beherrschen«.

[45] Thorsten Thiel/Christian Volk (Hrsg.), Die Aktualität des Republikanismus, 2016, S. 9: »In den letzten drei Dekaden [...] ist es weltweit zu einer Renaissance des Republikanismus gekommen.«

[46] Rousseau kritisiert diese Lehren im Diskurs über die Ungleichheit folgendermaßen: »Die Philosophen, welche die Grundlagen der Gesellschaft untersuchten, haben alle die Notwendig-

Die »wahre Grundlage der Gesellschaft« verortet Rousseau in einem Akt, »durch welchen ein Volk zum Volk wird«.[48] Dieser Akt besteht nicht aus einer bloßen »aggrégation« von Menschen, die rein quantitativ zu einer Summe addiert werden, sondern er verlangt die besondere Qualität einer »association«,[49] »die mit ihrer ganzen gemeinsamen Kraft die Person und das Vermögen jedes einzelnen Mitglieds verteidigt und schützt und durch die doch jeder, indem er sich mit allen vereinigt, nur sich selbst gehorcht und genauso frei bleibt wie zuvor.«[50] Der Wille, »frei« zu bleiben »wie zuvor«, macht die besondere Qualität und mit ihr die philosophische Bedeutung der »association« aus. Notwendige Bedingung dafür ist die Verallgemeinerung des Freiheitswillens: »Gemeinsam stellen wir alle, jeder von uns seine Person und seine ganze Kraft unter die oberste Richtschnur der ›volonté générale‹; und wir nehmen, als Körper, jedes Glied als untrennbaren Teil des Ganzen auf.«[51]

Die freiheitliche Unterwerfung unter die »volonté générale« – ein Kunstwort[52], das als französisches Wortkunstwerk unübersetzt bleiben sollte – wird an anderer Stelle provokativ als »aliénation totale« bezeichnet.[53] Das hat die fatale Fehldeutung hervorgerufen, Rousseau propagiere den totalitären Staat.[54] Denn er verlange »die völlige Entäußerung jedes Mitglieds mit allen seinen Rechten an das Gemeinwesen als Ganzes«.[55] Vertreter der Totalitätsthese verstehen die »Entäußerung« so, dass der Einzelne in der Gemeinschaft aufgeht wie in der unsäglichen Naziparole »Du bist nichts, dein Volk ist alles«. Dies ist jedoch eine fatale Fehlinterpretation, die mit Rousseaus generellem Ausschluss eines Freiheitsverzichts ebenso unvereinbar ist wie mit der speziell erklärten Beibehaltung der Freiheit »wie zuvor«.[56]

---

keit verspürt, bis auf den Naturzustand zurückzugreifen, aber keiner von ihnen ist dazu gelangt.«

[47] Die bessere Bezeichnung wäre »staatsgründender Vertrag«. Die beste Lösung liegt allerdings jenseits des Kontraktualismus – in der Philosophie der verfassunggebenden Gewalt. Dazu statt aller *Ernst-Wolfgang Böckenförde,* Die verfassunggebende Gewalt des Volkes – ein Grenzbegriff des Verfassungsrechts, 1986.

[48] *Rousseau,* Contrat social, S. 31, französisch S. 30: »acte par lequel un peuple est un peuple«.

[49] *Rousseau,* Contrat social, S. 32.

[50] *Rousseau,* Contrat social, S. 33.

[51] *Rousseau,* Contrat social, S. 35.

[52] Erfunden von Diderot, wurde es bekannt durch Rousseau, blieb aber immer umstritten: *Wolfgang Kersting*, Jean-Jacques Rousseaus »Gesellschaftsvertrag«, 2002, S. 74 ff.

[53] *Kersting*, Gesellschaftsvertrag, S. 32.

[54] Prominent: *Jacob L. Talmon,* Die Geschichte der totalitären Demokratie, 1964, S. 34 ff.

[55] So Brockards Übersetzung, S. 33. In einer Anmerkung (S. 317, Anm. 26) wird die »völlige Entäußerung« als »eine Art Verwandlung des Menschen« paraphrasiert: »sein Wesen ändert sich«, er wird – wie im Haupttext zu erläutern – vom homme naturel zum Citoyen. Übersetzt man das Substantiv »lien« in »aliénation« als »Band«, bringt es keine Entäußerung zum Ausdruck, sondern eine Verbindung: diejenige der Freiheitsliebe.

[56] Eingehende Erörterung bei *Rolf Gröschner* und *Wolfgang Mölkner,* »Ich weiß, dass ich nichts weiß«. Fatale Fehldeutungen philosophischer Klassiker, 2023, S. 86 ff.

Der Vertrag nimmt dem Einzelnen nichts, ohne ihm etwas zu geben. Es ist gerade umgekehrt: Der Gewinn ist höher als der Verlust: »Schließlich gibt sich jeder, da er sich allen gibt, niemandem, und da kein Mitglied existiert, über das man nicht das gleiche Recht erwirbt, das man ihm über sich einräumt, gewinnt man den Gegenwert für alles, was man aufgibt, und mehr Kraft, um zu bewahren, was man hat.«[57] Der uno actu mit dem fiktiven Vertragsschluss entstehende Kollektivkörper des politischen Verbandes gewinnt durch die Orientierung an der volonté générale seine ureigene freiheitsphilosophische Identität als republikanische Einheit. Wörtlich heißt es: »Dieser Akt des Zusammenschlusses schafft augenblicklich anstelle der Einzelperson jedes Vertragspartners eine sittliche Gesamtkörperschaft, [...] die durch ebendiesen Akt ihre Einheit, ihr gemeinschaftliches Ich, ihr Leben und ihren Willen erhält.«[58]

Mit dem Gebrauch des Begriffs der »Polis« beweist Rousseau seine Kenntnis der ideengeschichtlichen Herkunft »politischen« Denkens.[59] Er schreibt: »Diese öffentliche Person, die so aus dem Zusammenschluss aller zustande kommt, trug früher den Namen Polis.«[60] Als Kritiker der »modernen« Autoren fügt er in einer Fußnote hinzu: »Die meisten verwechseln Stadt (ville) und Polis (cité). Sie wissen nicht, dass die Häuser die Stadt, die Bürger aber die Polis machen.«[61] Im Französischen heißt es: »les maisons font la ville, mais les Citoyens font la Cité«[62] – »aber die Republikaner machen die Republik«. Auch wenn »machen« kein schönes Wort ist, bringt es das Machbare als Machtpotential der Republikaner in zweifacher Weise zum Ausdruck: als Macht ihrer republikanischen Gründungsaktivität und als Macht in der Verteidigung ihrer Republik.

Der Gründungsvertrag kennt kein historisches Datum.[63] Es handelt sich um einen fiktiven Akt, der die Basisbedingung legitimen Regierens formuliert: die Gründung einer Verfassungsordnung auf den gemeinsamen Willen der Citoyens, im politischen Zustand so frei bleiben zu wollen wie im natürlichen. Die volonté générale darf dabei nicht als ein nach präzisen Merkmalen definierter Begriff verstanden werden. Sie hat den Charakter einer Metapher[64] für die Freiheitsliebe

---

[57] *Rousseau,* Contrat social, S. 35.

[58] *Rousseau,* Contrat social, S. 35.

[59] Obwohl er sich immer wieder auf Aristoteles beruft, bleibt Rousseau in seiner Staatsphilosophie ein selbständiger Denker. Er bestimmt den Menschen nicht als zoon politikon vom aristotelischen Primat der politischen Gemeinschaft her, sondern geht von der angeborenen Freiheit des Einzelnen aus. Zum Allgemeinen als metaphysisch Erstem bei Aristoteles *Günther Mensching*, Jean-Jacques Rousseau zur Einführung, 2000, S. 84.

[60] *Mensching*, Rousseau, S. 35.

[61] *Mensching*, Rousseau, S. 37.

[62] *Mensching*, Rousseau, S. 36.

[63] *Kersting*, Philosophie, S. 150: Er ist »mit keiner geschichtsphilosophischen These verbunden«.

[64] *Taureck*, Rousseau, S. 108: »Metapher für eine anthropologische Interesseneinheit der Menschen [...], die auf Dauer von ihren bisherigen politischen Deformationen zu befreien ist.«

einer Bürgerschaft, die ein Gespür dafür hat, dass man politische Freiheit nur für alle wollen kann und persönliche Freiheit ohne politische Freiheit undenkbar ist. Weil »allgemeiner Wille« zu diesem Grundanliegen der Philosophie Rousseaus – zur Freiheit[65] – schweigt, ist die betreffende Übersetzung alles andere als geglückt.

Als »Zauberstab« Rousseaus bewirkt die volonté générale eine »transformation« der natürlichen Eigenliebe des homme naturel in die politische Freiheitsliebe des Citoyen: Aus der angeborenen Freiheit des Naturzustands wird die von allen gewollte Freiheit in der politischen Ordnung einer Republik. Der Satz, der Rousseau neben der »aliénation totale« in den Verdacht des Totalitarismus gebracht hat, lautet: »Damit nun aber der Gesellschaftsvertrag keine Leerformel sei, schließt er stillschweigend jene Übereinkunft ein, die allein die anderen ermächtigt, dass, wer immer sich weigert, der volonté générale zu folgen, von der gesamten Körperschaft dazu gezwungen wird, was nichts anderes heißt, als dass man ihn zwingt, frei zu sein.«[66] Jemanden zu »zwingen«, frei zu sein, klingt beim ersten Hören tatsächlich totalitär. In der Unterstellung des von allen gewollten Gründungsaktes der freiheitlichen Ordnung einer Republik ist Rousseaus Konzeption aber buchstäblich zwingend.

Denn der Freiheitswille der volonté générale trägt diesen Akt nur dann, wenn er ausnahmslos von allen mitgetragen wird. Eine einzelne faktische Ausnahme oder ein einziger mentaler Vorbehalt ließe die Konstruktion einer von allen gewollten Freiheitsordnung in sich zusammenbrechen. Da der Gründungsakt – wie bereits betont – fiktiven Charakter hat, ist die Rede vom Zwang zur Freiheit als rhetorische Emphase zu verstehen, um die Einstimmigkeit zu betonen, die für die Konstituierung einer republikanischen Freiheitsordnung erforderlich ist. Außerdem betont Rousseau: »Das Gesetz der Stimmenmehrheit beruht selbst auf Übereinkunft und setzt zumindest einmal Einstimmigkeit voraus.«[67]

Was die Macht der Citoyens als Verteidiger ihrer Republik betrifft, gibt Rousseau eine Antwort, die ihn erneut als Herzensrepublikaner ausweist: Die wahre Verfassung der Cité »wird in die Herzen der Citoyens geschrieben«; »sie erhält ein Volk im Geiste seiner Errichtung und setzt dann unmerklich die Kraft der Gewohnheit an die Stelle staatlicher Autorität«.[68] Da der Gründungsakt der Republik, in dem der politische Körper sich bildet und zusammenschließt, noch nicht festlegt, was zu seiner Erhaltung zu tun ist, kommt es in zweiter Linie darauf an, den natürlichen Willen zur Selbsterhaltung des Einzelnen auf die in-

[65] *Kersting*, Gesellschaftsvertrag, S. 204: »Freiheit wird zur Quelle, zum Maß und zum Zweck des Rechts und der politischen Ordnung« im Contrat social. »Freiheitsbewahrende Vergesellschaftung« als »Grundfunktion des Vertrages«: S. 54.

[66] *Rousseau,* Contrat social, S. 43.

[67] *Rousseau,* Contrat social, S. 31.

[68] *Rousseau,* Contrat social, S. 121.

stitutionalisierte Freiheitsordnung zu übertragen. Denn deren wichtigste Sorge ist »sa propre conservation«.[69]

Die volonté générale wird so zu dem auf sich selbst gerichteten Erhaltungswillen des Ganzen der Republik. Auch hier ist sie kein Programm für die Alltagsarbeit des Regierens – die Rousseau mit einer Maschine vergleicht[70] –, sondern eine politische Leitidee für den Ernstfall, in dem der Bourgeois sich auf seine Rolle als Citoyen besinnen muss, um seiner Republik die Fähigkeit zu erhalten, die gleiche Freiheit aller zu gewährleisten.[71] Im Verfassungsstaat des Grundgesetzes ist das Bundesverfassungsgericht die Institution, die dazu berufen ist, die Freiheitsordnung einer wehrhaften Republik gegen die Feinde der Freiheit zu verteidigen.[72]

Was folgt aus diesen Überlegungen für die Vergleichbarkeit der Grundnorm mit der volonté générale im Hinblick auf Struktur und Funktion der jeweiligen Konzeption? Zunächst handelt es sich übereinstimmend um eine fiktive Annahme, die als »Denkbehelf der Wissenschaft«[73] dazu dient, den Plan des betreffenden »Gedankengebäudes« (Dreier) von Grund auf rekonstruieren zu können. Die Grundnorm fungiert als geltungstheoretische Basis der Normativität des Rechts, die volonté générale als legitimatorisches Fundament der freiheitlichen Verfassung einer Republik oder – in korrekter Übersetzung des lateinischen Lehnwortes – eines Freistaates.

Eine mirakulöse, wie durch die Berührung mit einem Zauberstab bewirkte »Transformation« findet in beiden Konzeptionen statt: Die Grundnorm transformiert Faktizität in Normativität, die volonté générale verwandelt die Eigenliebe der hommes naturels in die Freiheitsliebe der Citoyens. Während die Annahme der Normativität ohne Inhalt bleibt, hat die Unterstellung der volonté générale eine bestimmte Form der Freiheit zum Inhalt: nicht private, sondern öffentliche Freiheit, nicht persönliche, sondern politische Freiheit, nicht indivi-

---

[69] *Rousseau,* Contrat social, S. 64. Gesetze sind in Rousseaus Politischer Philosophie nicht schon dann Ausdruck der volonté générale, wenn sie mit demokratischer Mehrheit beschlossen wurden (weil Rousseau diese Mehrheit mit der volonté de tous verbindet), sondern erst dann, wenn »das ganze Volk über das ganze Volk bestimmt« (S. 81), vor allem also bei Errichtung und Erhaltung der Republik.

[70] *Rousseau,* Contrat social, S. 42: »le jeu de la machine politique« und S. 86: »le méchanicien qui invente la machine«.

[71] *Hans Buchheim,* Zur Interpretation von Rousseaus »Du contrat social«, Der Staat 35 (1996), S. 389 ff.

[72] Das kann hier nicht weiter ausgeführt werden. Exemplarisch sei aber auf die Entscheidung im Fall der Entführung Hanns-Martin Schleyers hingewiesen: BVerfGE 46, 160. Die dort herangezogene »Schutzpflicht [...] gegenüber der Gesamtheit aller Bürger« hat ihre verfassungsrechtliche Grundlage in der staatlichen Pflicht zur Verteidigung der republikanischen Ordnung als ganzer.

[73] *Robert Walter,* Die Grundnorm im System der Reinen Rechtslehre, in: Festschrift für Werner Krawietz, 1993, S. 86.

duelle, sondern institutionelle Freiheit oder alles in allem: nicht rechtsstaatliche, sondern republikanische Freiheit.

Der fingierte Akt, durch den ein Volk zum Volk wird, indem es sich eine freistaatliche Verfassung gibt, das heißt für Rousseau: indem es im gemeinsamen Freiheitswillen seiner Citoyens die Cité einer republikanischen Ordnung konstituiert, beruht auf einem Willen, der nichts Apriorisches im Sinne Kants enthält. Er entspringt weder der Freiheit des theoretischen Verstandes (»Spontaneität«[74]) noch derjenigen der praktischen Vernunft (»Autonomie«[75]). Als existenzbestimmender Habitus der Citoyens lässt er sich nur – um es wiederholend zu bekräftigen – als Freiheitswille von Herzensrepublikanern rekonstruieren.[76]

Im Werben für die Freiheitsphilosophie seines Herzensrepublikanismus vertraute der künstlerische Geist Rousseaus weniger auf die formalen Regeln der Logik und mehr auf die schönen Formen der Literatur: auf die Metaphorik der »volonté générale« und der »aliénation totale« oder auf Wendungen wie »né libre« und »dans les fers«. Ohne sich auf diesen literarischen Stil ernsthaft einzulassen, ist der philosophisch anspruchsvolle Grundgedanke gemeinsam gewollter Freiheit im öffentlichen Raum und im institutionellen Rahmen einer Republik nicht zu verstehen.

Angesichts der »Anstrengung des Begriffs«[77], die erforderlich ist, um die transzendentalen Bedingungen der Erkenntnis in Kants Kritischer Philosophie und Kelsens Reiner Rechtslehre im Original und in Analogie[78] nachvollziehen zu können, verdient Rousseaus eigenartiger, auf eigene Art herausfordernder Denk- und Schreibstil ebenfalls eine angemessene Anstrengung[79]. Denn die verschiedenen Stile der drei Autoren sind durchaus geeignet, das intellektuelle Vergnügen am Vergleich ihrer Konzeptionen noch zu verstärken.

[74] Kritik der reinen Vernunft, Akademie-Ausgabe Band III, S. 363: »das Vermögen, einen Zustand von selbst anzufangen« als »Kausalität [...] aus Freiheit« (S. 362).

[75] *Immanuel Kant,* Grundlegung zur Metaphysik der Sitten, Akademie-Ausgabe Band IV, S. 440: »Die Autonomie des Willens als oberstes Prinzip der Sittlichkeit«. *Ders.,* Kritik der praktischen Vernunft, Akademie-Ausgabe Band V, S. 55: »Die objective Realität eines reinen Willens [...] ist im moralischen Gesetze a priori gleichsam durch ein Factum gegeben.«

[76] Dieser Freiheitswille hat seinen Grund nicht in der transzendentalen Philosophie eines »reinen Willens«, sondern in der Existenzweise des Citoyen – die ohne Anstrengung eines Apriori der reinen praktischen Vernunft als reales »Factum« einer politischen Grundhaltung unterstellt werden kann.

[77] *Georg Wilhelm Friedrich Hegel,* Phänomenologie des Geistes, Sämtliche Werke, Jubiläumsausgabe in zwanzig Bänden, hrsgg. von Hermann Glockner, Zweiter Band 1927, S. 54 – bezogen auf Hegels eigene Dialektik, in der dem »Begriff« die Funktion zukommt, die »Wirklichkeit der Idee« zu bestimmen.

[78] Oben, Fn. 24.

[79] Kants Wertschätzung Rousseaus – wie sie unter anderem in der handschriftlichen Notiz »Rousseau hat mich zurecht gebracht« (Akademie-Ausgabe, Band XX, S. 44) zum Ausdruck kommt – wäre ein Thema für sich.

Anti-Konsequentialismus in Katastrophenlagen: eine überzeugende Maxime?

Tatjana Hörnle

I. Einleitung

Anlass für eine Auseinandersetzung mit dem Phänomen Anti-Konsequentialismus gab die Einführung gesetzlicher Regeln für die Bewältigung einer Katastrophenlage, zum einen die Entführung eines Flugzeugs, zum anderen unzureichende intensivmedizinische Kapazitäten in einer Pandemie. Die jetzigen Fassungen von § 14 LuftSiG, § 5c Abs. 2 S. 4 IfSG verbieten das Vorgehen, das die größere Zahl an Menschenleben retten würde. Im Fall des zur Mordwaffe zweckentfremdeten Flugzeugs würden nicht nur Passagiere an Bord sterben, sondern auch die Menschen, die sich am Zielort (etwa in einem Hochhaus oder in einem Fußballstadion) befinden, auch dann, wenn ein Abschuss des Flugzeugs über unbewohntem Gebiet möglich wäre. In einer zukünftigen Pandemie wird die geltende »wer zuerst kommt«-Regel zur Folge haben, dass mehr Menschen sterben als unter Geltung der Alternativregel, regelmäßig die Überlebenschancen von Patienten neu zu bewerten.

Es lohnt sich, rückblickend einen Blick auf die rechtspolitischen Debatten und ihre Ergebnisse zu werfen. Nicht, weil zu wenig debattiert wurde, und auch nicht, weil die rechtspolitische Lage noch offen wäre – es ist unwahrscheinlich, dass die Gesetze in absehbarer Zeit revidiert werden. Aber es handelt sich um gute Beispiele dafür, wie sich deutsche Denkmuster durchsetzen, nämlich eine ausgeprägt anti-konsequentialistische Einstellung. Zum Beispiel hat die Journalistin Christina Berndt als Beitrag zur Triage-Debatte formuliert, dass man »ganz grundsätzlich fragen [müsse], ob das Ziel der Ärzte, möglichst viele Leben zu retten, eigentlich das richtige ist.«[1] Solche Einstellungen bedürfen einer kritischen Analyse.

Eine kurze Bemerkung zum Begriff des Konsequentialismus: Diese ethische Theorie besagt, dass Regeln und Handlungen *ausschließlich* nach ihren Folgen zu beurteilen sind; zu den Details gibt es Variationen.[2] Die bekannteste Untervariante ist der wirkmächtig von *Jeremy Bentham* und *John Stuart Mill* ausgear-

---

[1] *Christina Berndt*, Wer darf Überleben?, in: Süddeutsche Zeitung vom 19. August 2022, S. 12.

[2] *Walter Sinnott-Armstrong*, Consequentialism, in: The Stanford Encyclopedia of Philoso-

beitete Utilitarismus, der für jede betroffene Person das erwartete Ausmaß von Freude bzw. Glück und Leid bestimmt, wobei das Gesamtmaß von der Anzahl der Betroffenen abhängt.[3] Auf Folgefragen, etwa wie Freude oder Glück zu definieren sind[4] und wie sich moralphilosophische Diskussionen um Utilitarismus versus Kantianismus in unterschiedlichen Ländern heute auffächern,[5] muss nicht eingegangen werden. Für die hier erörterten Beispiele ist konsequentialistische Logik einfach zu präzisieren: Regeln sind auf das Überleben der größten Zahl an Menschen auszurichten. In meinem Beitrag steht die Auseinandersetzung mit dem Gegenpol, einem Anti-Konsequentialismus, im Vordergrund, der nicht anerkennt, dass Überlebendenzahlen jedenfalls *ein* Kriterium sein sollten. Auch wenn man davon ausgeht, dass ein *ausschließlich* auf die Maximierung positiver Konsequenzen gerichteter Ansatz weder für angewandte Ethik noch für Rechtspolitik überzeugend wäre, ergibt sich hieraus nicht, dem Ziel, in Katastrophenlagen möglichst viele Menschenleben zu retten, *keinen* Stellenwert beizumessen. Von einem strikten Maximierungs*gebot* ist eine (durch andere Aspekte zu ergänzende) Maximierungs*erlaubnis* zu unterscheiden.[6]

Ich nehme bewusst auf *deutsche* Denkmuster Bezug, weil unsere Herangehensweise bei Gesprächspartnern aus anderen Ländern meist auf wenig Verständnis stößt. Für das Beispiel des Flugzeugabschusses ist zudem davon auszugehen, dass auch bei uns Bürgerinnen und Bürger mehrheitlich Handlungen als richtig werten, die zum Überleben der größten Zahl führen. Darauf deuten empirische Studien hin.[7] In einem Ernstfall würden die Szenarien »Abschuss wäre möglich

---

phy (Winter 2023), https://plato.stanford.edu/archives/win2023/entries/consequentialism (hier und im Folgenden 31. Januar 2024).

[3] *Jeremy Bentham*, An Introduction to the Principles of Morals and Legislation (1789), in: Alan Ryan (Hrsg.), J. S. Mill and Jeremy Bentham, Utilitarianism and Other Essays, 1987, Kapitel 4, S. 65, 86 ff.

[4] S. zum Problem *J.S.Mill*, Utilitarianism(1861), in: Alan Ryan (Hrsg.), J.S. Mill and Jeremy Bentham, Utilitarianism and Other Essays, 1987, S. 272, 277 ff.

[5] S. aus der deutschen Literatur zum Utilitarismus *Bernward Gesang*, Eine Verteidigung des Utilitarismus, 2003; *Dieter Birnbacher*, Eine Begründung des Utilitarismus, in: Jörg Schroth (Hrsg.), Texte zum Utilitarismus, 2016, S. 211 ff., und dazu, dass in der Moralphilosophie Kant-Rezeption kein deutsches Phänomen ist, z. B. *Christine Korsgaard*, The Sources of Normativity, 1996.

[6] S. *Jörg Schroth*, Konsequentialistische Ethik, in: Christian Neuhäuser u. a. (Hrsg.), Handbuch Angewandte Ethik, 2023, S. 59 ff.

[7] Die Idee, Fernsehzuschauer nach Ausstrahlung des Films »Terror« (ein Gerichtsdrama um einen Flugzeugabschuss-Fall) abstimmen zu lassen, stieß auf Kritik, s. z. B. *Sibylle Reinhardt*, ARD – Politische Miss-Bildung durch »Terror – Ihr Urteil«, in: Gesellschaft. Wirtschaft. Politik 66 (2017), S. 9. Ein Problem ist, dass unklar bleibt, welche Gründe die Abstimmenden bewegten. Angesichts der großen Zahl und der Zahlenwerte (mehr als 80 % sprachen sich gegen Bestrafung aus) darf man jedoch von einem hinreichend klaren Indiz ausgehen. Moralpsychologische Studien zeigen, dass die Zahl der geretteten Leben (am Beispiel des auf ein Nebengleis umgeleiteten Zugs) als wesentlich angesehen wird, s. für eine neuere Studie *Edmond Awada u. a.*, Universals and variations in moral decisions made in 42 countries by 70,000 participants, in: Proceedings of the National Academy of Sciences 117 (2020), S. 2332 ff.: Zustimmungswerte

gewesen – ist aber unterblieben, Tausende von Menschen kamen ums Leben« oder »es mussten in einer Pandemie schnell die Intensivstationen geschlossen werden und es gab deshalb viele vermeidbare Todesfälle« für Empörung sorgen.

Mein Anliegen ist, kompromissloses Entweder-Oder-Denken (und damit auch die Rechtsprechung des BVerfG zur Menschenwürde) zu kritisieren (s. unten V., VI.). Auf das Risiko einer Inflationierung des Menschenwürdearguments hat auch Horst Dreier hingewiesen.[8] Es ist eine große Freude und Ehre, zur Festschrift für diesen hochgeschätzten Rechtsgelehrten beitragen zu dürfen.

II. Gesetzliche Regeln für Dilemma-Situationen

1. Notstand als Rechtfertigungsgrund im StGB

Eine Handlung, die tödliche Folgen hat, kann nach § 34 StGB gerechtfertigt sein, wenn sie der Abwendung einer Lebensgefahr für andere dient und das geschützte Interesse das beeinträchtigte Interesse wesentlich überwiegt. Umstritten ist, ob sich Hoheitsträger (also etwa Angehörige der Luftwaffe) darauf berufen könnten. Im Schrifttum wird dies teilweise verneint,[9] was jedoch nicht überzeugt. Zwar kann eine allgemeine Norm im StGB nicht die Rechtfertigungslast tragen, die beim Einsatz der Streitkräfte besteht, aber das BVerfG hat in der Entscheidung zum LuftSiG die individuelle strafrechtliche Beurteilung explizit offengelassen.[10]

Zu der Frage, ob § 34 StGB bei einer Leben-gegen-Leben-Konstellation tödliche Handlungen zur Rettung der größeren Zahl erlaubt, lassen sich drei Gruppen von Meinungen bilden. Eine nach dem Wortlaut mögliche konsequentialistische Auslegung (Gruppe 1) hat heute, soweit ich dies überblicke, keine Anhänger.[11] Es gehört zu den wenigen fest etablierten Postulaten in der deutschen Strafrechtswissenschaft, dass sich nur aus einem Vergleich von Überlebendenzahlen

---

bei über 80 %. Sie sinken, wenn zur Rettung vieler ein Mensch persönlich attackiert wird (im sog. Fat Man-Fall: Ein korpulenter Mensch wird auf Gleise geworfen, um den Zug zu bremsen). Aber selbst das hielten in vielen Ländern (auch in Deutschland) etwa die Hälfte der Befragten für richtig, s. ebd., Fig. 2, S. 2334.

[8] *Horst Dreier*, Verbindungsweg: Würde und Freiheit, in: Rolf Gröschner u. a. (Hrsg.), Wege der Würde, 2022, S. 49 (63).

[9] *Ulfrid Neumann*, in: Nomos Kommentar StGB, 6. Auflage 2023, § 34 Rn. 113; *Josef Isensee*, Das grundrechtliche Dilemma des Terrorangriffs mit gekapertem Passagierflugzeug, in: Festschrift für Günther Jakobs, 2007, S. 205 (231).

[10] BVerfGE 115, 118 (157). Die Frage, ob nach einem realen Vorfall § 34 StGB anzuwenden wäre, müsste dann geklärt werden, s. *Manuel Ladiges*, Die notstandsbedingte Tötung von Unbeteiligten im Fall des § 14 Abs. 3 LuftSiG, in: ZIS 2008, S. 129 (131); *Klaus Rogall*, Ist der Abschuss gekaperter Flugzeuge widerrechtlich?, in: NStZ 2008, S. 1 ff.

[11] S. für eine interessante, weil non-konformistische Herangehensweise in einer älteren Münchner Dissertation *Franz-Benno Delonge*, Die Interessenabwägung nach § 34 StGB und ihr Verhältnis zu den übrigen strafrechtlichen Rechtfertigungsgründen, 1988, S. 118 ff. (130).

keine rechtfertigende Wirkung ergebe.[12] Es ist auffällig, wie einheitlich dieses Meinungsbild ausfällt, wenn man bedenkt, dass dies weite Teile der Bevölkerung anders sehen.[13] Auch im englischen Schrifttum wird eine Rechtfertigung wegen *necessity* bei Rettung der größeren Zahl nicht kategorisch abgelehnt.[14]

Einige Kollegen bleiben bei einer ausnahmslosen Ablehnung jedweder Folgenorientierung, wenn Unbeteiligte getötet würden (Gruppe 2).[15] Bei anderen (Gruppe 3) scheint ein kompromissloses Verdikt gegen eine Rechtfertigung doch mit Intuitionen zu kollidieren, sodass diese Autoren für besondere Umstände eine Rettungshandlung zulassen wollen: bei freiwilliger Aufopferung für andere in einer Gefahrengemeinschaft,[16] im Defensivnotstand,[17] bei *ex ante* asymmetrisch verteilten Rettungschancen, d.h. wenn die getöteten Menschen auch ohne den aktiven Eingriff nicht nennenswert länger überlebt hätten,[18] oder sogar generell für *alle* Gefahrengemeinschaften, also auch solche mit identischer Gefährdungslage.[19] Für die letzte Konstellation muss zwangsläufig das Argument »größere Zahl wird gerettet« herangezogen werden (ansonsten ließe sich nicht entscheiden, wie innerhalb der Gefahrengemeinschaft die Auswahl begründet werden könnte).

2. *§ 14 LuftSiG*

Ursprünglich hatte § 14 Abs. 3 LuftSiG[20] die Streitkräfte ermächtigt, Waffengewalt einzusetzen, »wenn nach den Umständen davon auszugehen ist, dass das

---

[12] S. z.B. *Wolfgang Mitsch*, Flugzeugabschüsse und Weichenstellungen, in: GA 2006, S. 11 (13); *Neumann*, § 34 Rn. 74f., 78; *Volker Erb*, MK StGB, 4. Auflage 2020, § 34 Rn. 143, 148; *Frank Zieschang*, LK StGB, 13. Auflage 2019, § 34 Rn. 110. S. allerdings auch *Jan Joerden*, in: Eric Hilgendorf u.a. (Hrsg.), Handbuch des Strafrechts, Band 2, 2020, § 39 Rn. 40, der für »extreme Zahlendifferenzen« (Rettung von einer Million Menschen durch Tötung eines Menschen) das Abwägungsverbot bezweifelt.

[13] S. oben Fn. 7.

[14] *David Ormerod/Karl Laird*, Smith, Hogan, and Ormerod's Criminal Law, 15. Auflage 2018, S. 376; *Jeremy Horder*, Ashworth's Principles of Criminal Law, 2019, S. 145f.

[15] *Zieschang*, § 34 Rn. 110; *Walter Perron*, in: Schönke/Schröder, StGB, 30. Auflage 2019, § 34 Rn. 24; *Thomas Fischer*, StGB, 71. Auflage 2024, § 34 Rn. 17ff.; *Stefan Stübinger*, »Not macht erfinderisch«, in: ZStW 123 (2011), S. 403ff. So auch *Horst Dreier*, Grenzen des Tötungsverbots, in: JZ 2007, S. 261 (265f.).

[16] *Wolfgang Mitsch*, »Nantucket Sleighride«, in: Festschrift für Ulrich Weber, 2004, S. 49 (66f.); *Eric Hilgendorf*, Tragische Fälle, in: Ulrich Blaschke u.a. (Hrsg.), Sicherheit statt Freiheit?, 2005, S. 107 (111); *Erb*, § 34 Rn. 151.

[17] *Walter Gropp*, Der Radartechniker-Fall – ein durch Menschen ausgelöster Defensivnotstand? in: GA 2006, S. 284 (287); *Rogall*, Abschuss, S. 3f.; *Hans Joachim Hirsch*, Defensiver Notstand gegenüber ohnehin Verlorenen, in: Festschrift für Wilfried Küper, 2007, S. 149 (160ff.); *Armin Engländer*, Das selbstfahrende Kraftfahrzeug und die Bewältigung dilemmatischer Situationen, in: ZIS 2016, S. 608 (610f.); krit. *Reinhard Merkel*, § 14 Abs. 3 Luftsicherheitsgesetz, in: JZ 2007, S. 373 (383ff.); *Hilgendorf*, Tragische Fälle, S. 127.

[18] *Neumann*, § 34 Rn. 77e; *Erb*, § 34 Rn. 152f.; *Ladiges*, Tötung, S. 137.

[19] *Andreas Hoyer*, SK-StGB, 9. Auflage 2017, § 34 Rn. 52, 54.

[20] Gesetz zur Neuregelung von Luftsicherheitsaufgaben v. 11. Januar 2005, BGBl. I S. 78.

Luftfahrzeug gegen das Leben von Menschen eingesetzt werden soll, und sie das einzige Mittel zur Abwehr dieser gegenwärtigen Gefahr ist.« Der Anwendungsfall, der nach den Ereignissen vom 11. September 2001 allen vor Augen stand, war die Entführung eines Passagierflugzeugs für einen terroristischen Anschlag. Vorstellbar wäre auch, dass ein Pilot in einem akuten psychotischen Schub auf die Idee kommt, ein Flugzeug an einem Ort aufprallen zu lassen, an dem sich viele Menschen befinden. Nachdem das BVerfG § 14 Abs. 3 LuftSiG für nichtig erklärt hat,[21] dürften lediglich Waffengewalt angedroht und Warnschüsse abgegeben werden (§ 14 Abs. 1 LuftSiG), wobei das jedoch nur geeignet wäre, um bei vom Kurs abgekommenen Flugzeugen den Ernst der Lage zu verdeutlichen. Entführer, die Absturz und eigenen Tod anstreben, werden durch Warnschüsse nicht zu beeinflussen sein.

3. § 5c IfSG

Dass es ein Gesetz gibt, das die Zuteilung von Ressourcen in einer Pandemie regelt, ist auf eine Entscheidung des BVerfG zurückzuführen[22] – die Alternative bestünde in Empfehlungen medizinischer Fachgesellschaften, wie in vielen anderen Ländern auch.[23] Die Hauptaussage war allerdings nur, dass behinderte Menschen besser gegen Benachteiligung geschützt werden müssten. Inhaltlich enthält der Beschluss überraschend wenig Vorgaben.[24] Im Gesetzgebungsverfahren[25] wurde kontrovers diskutiert. Teilweise wurden Zufallsentscheidungen gefordert,[26] dagegen haben sich ärztliche Berufsverbände ausgesprochen.[27] Das jetzt geltende Recht scheint auf den ersten Blick auf einem vernünftigen System zu beruhen. Neben Diskriminierungsverboten (§ 5c Abs. 1 S. 1, Abs. 2 S. 2 und S. 3 IfSG) wird ein Zuteilungskriterium genannt: »Eine Zuteilungsentscheidung

---

[21] BVerfGE 115, 118, Urteil v. 15. Februar 2006.

[22] BVerfGE 160, 79, Beschluss v. 16. Dezember 2021.

[23] S. zu diesen Empfehlungen *Stefan Huster u. a.*, Eine Triage Regelung gegen die Ärzteschaft?, in: VVSAR 2024, S. 3 (7 ff.).

[24] Krit. deshalb *Tonio Walter*, Keine Verpflichtung zu einem Triagegesetz – und kaum Vorgaben dafür, in: NJW 2022, S. 363 ff.; *Jochen Taupitz*, Benachteiligungsrisiken von Menschen mit Behinderung in der Triage, in: MedR 2022, S. 181 ff.

[25] Zweites Gesetz zur Änderung des Infektionsschutzgesetzes v. 8. Dezember 2022, BGBl. I, S. 2235.

[26] S. z. B. Dt. Inst. für Menschenrechte (Hrsg.), Stellungnahme zum Referentenentwurf des Bundesministeriums für Gesundheit, Juli 2022, S. 8; *Bijan Fateh-Moghadam/Thomas Gutmann*, Gleichheit vor der Triage, in: Tatjana Hörnle u. a. (Hrsg.), Triage in der Pandemie, 2. Auflage 2024, S. 291 (306). Die Präferenz für eine Zufallsentscheidung wird in der Bevölkerung nicht geteilt. Nach einer Befragungsstudie würde die Mehrheit auf das Kriterium »deutlicher Altersunterschied« abstellen, einen Zufallsentscheid befürwortete nur eine Minderheit: *Elisa Hoven*, Berücksichtigung von Lebensalter und Lebenserwartung, in: Hörnle u. a. (Hrsg.), Triage, S. 335 (338 ff.).

[27] S. z. B. *Georg Marckmann* u. a., Triage in der COVID-19-Pandemie, in: DIVI 2020, S. 172 ff.

darf nur aufgrund der aktuellen und kurzfristigen Überlebenswahrscheinlichkeit der betroffenen Patientinnen und Patienten getroffen werden« (§ 5c Abs. 2 S. 1 IfSG). Aber diese Regel wird nur sehr begrenzt zur Anwendung kommen. Die im Ernstfall zentrale Verteilungsregel steht in § 5c Abs. 2 S. 4 IfSG: »Bereits zugeteilte überlebenswichtige intensivmedizinische Behandlungskapazitäten sind von der Zuteilungsentscheidung ausgenommen.« Wenn nicht re-evaluiert und neu zugeteilt werden darf, lautet die tatsächliche Zuteilungsregel: »wer zuerst kommt«, d.h., nur diejenigen, die am Anfang einer Pandemie erkranken bzw. schnell in die Aufnahme gelangen, werden behandelt, nicht aber wer später kommt.

III. Konsequenzen

Die geltenden Regeln erzwingen in kritischen Situationen Passivität von medizinischem Personal bzw. den Entscheidungsträgern bei der Luftwaffe. Manche Autoren gehen davon aus, dass ggf. ein diese Regeln missachtendes, couragiertes Individuum entschuldigt werden könnte,[28] was immerhin im Einzelfall harsche persönliche Konsequenzen vermeiden würde. Es bleibt aber dabei, dass die gesetzliche Verhaltensnorm zu passivem Verhalten anhält. Im Falle eines als Mordwaffe eingesetzten Flugzeugs würde rechtstreues Verhalten der Normadressaten bedeuten, dass die Menschen in der Maschine *und* am Zielort sterben. Falls sich ein neuer Krankheitserreger schnell verbreitet, der viele tödlich endende Infektionen verursacht, werden aufgrund der »wer zuerst kommt«-Regel mehr Menschen sterben als dies der Fall wäre, wenn Zuteilungsentscheidungen re-evaluiert werden dürften.[29] Modellierungen zeigen höhere Sterberaten als Konsequenz von »wer zuerst kommt«[30], und es liegt auch ohne mathematische Berechnung auf der Hand, dass dies ein unvermeidbarer Effekt wäre. Am Anfang der Pandemie werden alle dringlich Behandlungsbedürftigen schnell, ohne Detailwissen, aufgenommen,[31] und dann sind Betten auch durch Patienten mit

[28] *Dreier,* Grenzen, S. 267; *Tatjana Hörnle*, Töten, um viele Leben zu retten, in: Festschrift für Rolf Dietrich Herzberg, 2008, S. 555 (573); *Claus Roxin/Luis Greco*, Strafrecht AT, Band 1, 5. Auflage 2020, § 22 Rn. 182. A. A. *Günther Jakobs*, Kaschierte Ausnahme: übergesetzlicher entschuldigender Notstand, in: Festschrift für Volker Krey, 2010, S. 207 (215 f.); *Stübinger,* Not, S. 403 (445 f.).

[29] S. die krit. Stellungnahme der Arbeitsgemeinschaft der Wiss. Med. Fachgesellschaften (AWMF) v. 21. Juli 2022, https://www.awmf.org/fileadmin/user_upload/dateien/veranstaltungen/stellungnahme-aenderung-infektionsschutzgesetz.pdf.

[30] *A. R. Heller u. a.,* »Triagegesetz« – Regelung mit fatalen Folgen, in: Die Anaesthesiologie 72 (2023), S. 385 (391); *Christina Bartenschlager/Jens Brunner*, Triage meets Data Science, in: medstra 2023, S. 152 (154).

[31] *Bernhard Zwissler*, »Gut gedacht, schlecht gemacht« – das »Triage«-Gesetz, seine Defizite und die Folgen, in: Die Anaesthesiologie 72 (2023), S. 381 (382).

kleiner Überlebenswahrscheinlichkeit belegt. Alle neu Eintreffenden müssen abgewiesen werden, auch diejenigen mit sehr gut behandelbarer Akuterkrankung (etwa einem Herzinfarkt).

Befürworter der Verbote von Rettungshandlungen sprechen wenig über die Konsequenzen, auch nicht über den Widerspruch zu anderen Szenarien der Katastrophenmedizin, wo die Überlebenschance bei Triagierung natürlich eine Rolle spielt. Auch in diesem Kontext könnte man sagen, dass sich ein »Schleier des Nichtwissens«[32] als nützlich erweist. In dem erwähnten Artikel von Christina Berndt heißt es, dass bei einem Verbot von Re-Evaluierungen »die Zahl der Überlebenden einer Pandemie womöglich etwas kleiner«[33] sei. Mit den weichzeichnenden Zusätzen »womöglich« und »etwas« klingt das weniger drastisch als die ehrliche Ansage »dann sterben eben ein paar Menschen mehr«. Wenn man die Konsequenzen unverschleiert beschreibt, zeigt sich auch ein absurder Zug in Pressekampagnen anlässlich der Beratungen zu § 5c IfSG. Teilweise wurde eine Parallele zum Nationalsozialismus gezogen, so von Heribert Prantl.[34] Seine Gedanken könnte man so zusammenfassen: Damals wurden Menschen mit Behinderungen vorsätzlich ermordet, heute sollten wir sie besonders schützen, indem nur Losverfahren darüber entscheiden, wer einen Behandlungsplatz erhält. Ärzte in die Nähe des Nationalsozialismus zu rücken, wenn sie in einer Pandemie oder bei anderen Katastrophen kurzfristige Überlebenschancen vergleichen, ist ungeheuerlich. Prantl und Berndt haben offensichtlich auch nicht bedacht, in welche Traditionen die Aussage »dann sterben eben ein paar Menschen mehr« einzuordnen wäre. Ein Ausweis für Humanität ist das gewiss nicht, sondern eine Haltung, die auch nationalsozialistischem Denken nicht fremd war.

In der Entscheidung des BVerfG zum LuftSiG haben Überlegungen zu Nichtwissen eine große Rolle gespielt.[35] Die Urteilsgründe rezipieren Warnungen von Pilotenvereinigungen, dass bei einem irregulären Flugverlauf die Ursache »Entführung« nicht einfach zu verifizieren wäre. Auch die Feststellung, dass das Flugzeug an einen Ort gelenkt wird, an dem der Aufprall viele Menschen töten wird, wäre alles andere als einfach. Allerdings ist die Aussage recht pauschal, dass Einschätzungen »wohl bis zuletzt spekulativ« wären.[36] Konstellationen sind vorstellbar, in denen Entführer eine ideologische Botschaft kundgeben und drohen wollen, und in denen dem Absturz eine gewisse Zeitspanne vorausgeht. Auch bei nicht eindeutigem Gehalt von Drohungen kann der Kurs unter Umständen klar auf den geplanten Aufschlagsort hindeuten. Aus dem Umstand, dass die Ermittlung der Situation schwierig bis unmöglich sein *kann*, ist nicht zwingend

[32] Die bekannte Formel, die *John Rawls* in anderem Kontext verwendet hat, *John Rawls*, A Theory of Justice, 1971, S. 136 ff.

[33] *Berndt*, Überleben, S. 12.

[34] *Heribert Prantl*, Abgründe, in: Süddeutsche Zeitung v. 6./7. August 2022.

[35] BVerfGE 115, 118 (154 ff.).

[36] Zitate aus BVerfGE 115, 118 (155 f.).

zu schließen, dass der Einsatz von Waffengewalt kategorisch ausgeschlossen sein müsse.[37] Wäre es nur um diese Sorgen gegangen, hätte das BVerfG das Gesetz wegen des Fehlens einer Klausel beanstanden können, die eindeutige Tatsachenfeststellungen verlangt.

IV. Wurzeln anti-konsequentialistischen Denkens

Warum ist in deutschen Debatten die Neigung so groß, das Argument »es werden mehr Menschen überleben« als irrelevant, ja sogar als verwerflich einzustufen? Eine Antwort liegt auf der Hand: Es liegt an der prägenden Kraft, die Art. 1 Abs. 1 GG als politische und verfassungsrechtliche Norm in der Geschichte der Bundesrepublik gewonnen hat. In der Entscheidung zum LuftSiG hat das BVerfG es sich nicht nehmen lassen, neben der für das Ergebnis ausreichenden Begründung, dass es an der Gesetzgebungskompetenz des Bundes fehle,[38] auf Art. 1 Abs. 1 GG einzugehen. Die Objektformel spielte eine zentrale Rolle: Die Verpflichtung zur Achtung und zum Schutz der Menschenwürde schließe es aus, den Menschen »zum bloßen Objekt des Staates« zu machen.[39]

Tatsächlich lässt sich das Ergebnis aus den benutzten Formeln nicht ableiten.[40] Für die Bestimmung des kategorisch Verbotenen mit der »bloßes Objekt«-Formel kann es nicht genügen, die Situation mit Begriffen wie »ausweglos und unentrinnbar« und »wehr- und hilflos«[41] zu beschreiben. Das trifft auch für alle Formen erheblichen, unerwünschten, aber legitimen Zwangs zu. Außerdem taucht im Urteil die Formel von der Benutzung als Mittel auf: Die nicht an der Entführung beteiligten Personen würden »als Mittel zur Rettung anderer benutzt«[42]. Dies passt genauso wenig für die zu entscheidende Konstellation,

---

[37] *Isensee*, Dilemma, S. 220.

[38] BVerfGE 115, 118 (140ff.).

[39] BVerfGE 115, 118 (153). Zustimmend z.B. *Burkhard Hirsch*, Zum Verbot des Rettungstotschlags, in: NJW 2007, S. 1188f.; *Oliver Lepsius*, Das Luftsicherheitsgesetz und das Grundgesetz, in: Festgabe für Burkhard Hirsch, 2006, S. 47 (60ff.); *Mathias Hong*, Der Menschenwürdegehalt der Grundrechte, 2023, S. 690ff.; *Friederike Wapler*, in: Frauke Brosius-Gersdorf (Hrsg.), Dreier-Grundgesetz-Kommentar, 4. Auflage 2023, Art. 1 I Rn. 112. A. A. z.B. *Isensee*, Dilemma, S. 227ff.; *Christian Hillgruber*, Der Staat des Grundgesetzes – nur »bedingt abwehrbereit«?, in: JZ 2007, S. 209 (214ff.); *Hirsch*, Defensiver Notstand, S. 170: absurde Konsequenz.

[40] So auch *Merkel*, § 14 Abs. 3, S. 379f.; *Ralf Poscher*, Menschenwürde, in: Matthias Herdegen u.a. (Hrsg.), Handbuch des Verfassungsrechts, 2021, Rn. 87ff.; *Stefan Huster*, Gesundheitsschutz, Biotechnologie und Bioethik, in: Uwe Kischel/Hanno Kube (Hrsg.), Handbuch des Staatsrechts, Band I, 2023, § 21 Rn. 28; *Andreas Funke*, Menschenwürde und Haltung, in: JRE 27 (2019), S. 73 (80); *Erb*, § 34 Rn. 155. S. dazu, dass auch Verweise auf Instrumentalisierung nicht weiterführen, *Peter Schaber*, Instrumentalisierung und Würde, 2010, S. 17ff.; *Dieter Birnbacher*, Annäherungen an das Instrumentalisierungsverbot, in: Gerd Brudermüller/Kurt Seelmann (Hrsg.) Menschenwürde, 2012, S. 9ff.

[41] S. zu diesen Formeln BVerfGE 115, 118 (154).

[42] BVerfGE 115, 118 (153).

sondern nur dann, wenn es *Bedingung* für die Rettung der größeren Zahl ist, dass ein Mensch getötet wird, oder dies jedenfalls maßgeblich zur Zweckerreichung beiträgt. Das ist etwa in dem von Bernard Williams angeführten Beispiel der Fall, in dem nur durch das absichtliche Erschießen einer Geisel die Freilassung anderer Geiseln bewirkt werden könnte (»Jim and the Indians«).[43] In der Konstellation des LuftSiG hinge der Rettungserfolg nicht davon ab, dass Passagiere und Crew im entführten Flugzeug sind und mit diesem abgeschossen werden. Lesern, die mit den deutschen Diskursen nicht vertraut sind, würde es nicht einleuchten, dass aus den Objekt- und Mittelformeln deduktiv abzuleiten sei, dass deshalb Waffengewalt gegen ein entführtes Passagierflugzeug verboten sei.

Die in Deutschland besonders weit verbreitete Affirmation einer anti-konsequentialistischen Haltung als besonders wertvoll hat historische Wurzeln. Unter anderem spielt das nach 1945 schrittweise wachsende Bestreben, sich vom Nationalsozialismus abzugrenzen, eine Rolle. *Hans Welzel* hatte das Weichenstellerbeispiel in diesem Kontext aufgegriffen: Es ging um die Bestrafung von Ärzten wegen Beihilfe zur Tötung psychisch kranker Patienten; die Angeklagten machten geltend, dass partielle Mitwirkung ermöglicht habe, eine größere Zahl an Patienten zu retten[44]. Der BGH hat in einem Urteil aus dem Jahr 1952 (interessanterweise ohne Rekurs auf Art. 1 Abs. 1 GG) auf die »christliche Sittenlehre« als Gegenmittel gegen nationalsozialistisches Denken verwiesen und ein Verrechnungsverbot als Teil einer »von der christlichen Sittenlehre her bestimmten Kulturanschauung«[45] eingestuft. Allerdings war das entscheidende Merkmal in diesen Fällen die mit jeder Selektion zwangsläufig verbundene Botschaft »lebensunwertes Leben«, und es ist zu betonen, dass Berücksichtigung von Überlebendenzahlen und eigenschaftsbezogene Aussagen zum »Wert« eines Menschen nicht dasselbe sind.

Die wohl wirkmächtigste Wurzel anti-konsequentialistischer Intuitionen liegt in der von Immanuel Kant vertretenen deontologischen Ethik.[46] Kants Einfluss muss insgesamt als ambivalent bezeichnet werden. Horst Dreier kommt für die Rechtslehre zu einem positiven Ergebnis, weil zentrale Elemente von Kants Rechtslehre mit den Basisstrukturen moderner Verfassungsstaaten übereinstimmen,[47] etwa die klare Trennung der Rechtslehre von der Morallehre, die Bedeutung des »allgemeinen Gesetzes der Freiheit« in der Definition des Rechts und die Idee der Selbstgesetzgebung.

---

[43] *Bernard Williams*, A Critique of Utilitarianism, in: J.J.C. Smart/Bernard Williams, Utilitarianism: For and Against, 1973, S. 98ff.

[44] *Hans Welzel*, Zum Notstandsproblem, in: ZStW 63 (1951), S. 47 (51).

[45] BGH, NJW 1953, S. 513 (514).

[46] S. dazu *Joachim Hruschka*, Die Würde des Menschen bei Kant, in: ARSP 88 (2002), S. 463ff.; *Kurt Seelmann*, Menschenwürde und die zweite und dritte Formel des Kategorischen Imperativs, in: Gerd Brudermüller/Kurt Seelmann (Hrsg.), Menschenwürde, 2012, S. 67ff.

[47] *Horst Dreier*, Kants Republik, in: JZ 2004, S. 745 (746ff.).

Es gibt daneben Postulate, die offensichtlich nicht mehr anschlussfähig sind,[48] etwa das Bekenntnis zur Todesstrafe und das Fehlen einer rationalen Begründung für Kriminalstrafe.[49] An diesen Stellen in der Rechtslehre werden auch anti-konsequentialistische Überzeugungen klar sichtbar, etwa in der Formulierung von den »Schlangenwindungen der Glückseligkeitslehre«.[50] Die anti-konsequentialistische Grundhaltung prägte insbesondere Kants Ethik, d.h. die Überlegungen, die nicht dem Inhalt von konkreten Geboten und Verboten gelten, sondern der Frage, wie man zu Inhalten kommt. Charakteristisch ist die starke Verinnerlichung der Maßstäbe. Maßgeblich sei, so die zentrale Festlegung in der »Grundlegung zur Metaphysik der Sitten«, allein der gute Wille,[51] während »Imperative der Klugheit« abgewertet werden.[52]

In der Interpretation der Menschenwürdegarantie schwingt bis heute dieser Teil der Rezeptionsgeschichte mit. Die vom BVerfG verwendeten Floskeln vom »bloßen Objekt« und der »Benutzung als Mittel« entsprechen Formulierungen in der Kantschen Ethik.[53] Als Prüfformel für die rechtliche Zulässigkeit von Verhalten haben die Objekt- und Mittelformen den Nachteil der Unbestimmtheit. Und vor allem: Eine kategorische Ablehnung der Berücksichtigung von Folgen mag eventuell (was hier nicht erörtert werden muss) als tugendethische Lebensmaxime überzeugen, aber nicht als Leitlinie für staatliche Aufgaben und darauf bezogene Rechtsregeln.

Das Problem reicht, wie die hier erörterten rechtspolitischen Debatten zeigen, über verfassungsrechtliche Interpretationsfragen hinaus. Die Verschränkung des im öffentlichen Diskurs sehr präsenten Menschenwürdetopos mit der Idee, dass eine strikte Ablehnung jeglicher Folgenberücksichtigung moralisch besonders hochwertig sei, führt zu merkwürdigen Konsequenzen. Würden wir wirklich wollen, dass unser Gesundheitssystem Ärzten vorgeben soll, dass die Rettung einer möglichst großen Zahl an Menschenleben *kein* zentrales Ziel sei?

---

[48] S. zur Zeitgebundenheit mancher Aussagen den Hinweis bei *Dreier,* Kants Republik, S. 750.

[49] *Immanuel Kant,* Die Metaphysik der Sitten (MdS, 1797), zitiert aus Wilhelm Weischedel (Hrsg.), Werkausgabe, Band VIII, 1977, S. 455ff.

[50] *Kant,* MdS, S. 453. S. zu den Vorgängern der Klassiker der Utilitarismus, gegen die sich Kant richtete, *Hruschka,* Würde, S. 478 Fn. 93.

[51] *Immanuel Kant,* Grundlegung zur Metaphysik der Sitten (GMS, 1785), zitiert aus Wilhelm Weischedel (Hrsg.), Werkausgabe, Band VII, 1977, S. 18.

[52] *Kant,* GMS, S. 47f.

[53] *Kant,* GMS, S. 61: »Handle so, daß du die Menschheit, sowohl in deiner Person, als in der Person eines jeden anderen, jederzeit zugleich als Zweck, niemals bloß als Mittel brauchest.« S. zur Rezeption für die Interpretation von Art. 1 Abs. 1 GG *Hong,* Menschenwürdegehalt, S. 419ff., 677ff.; *Dreier,* Verbindungsweg, S. 54, 56f. S. aber auch zur Vielschichtigkeit der Quellen für Interpretationen des Art. 1 Abs. 1 GG *Manfred Baldus,* Kämpfe um die Menschenwürde, 2016.

V. Alternativen

Man könnte nach der vorstehenden Kritik vermuten, dass nun wohl ein klares Bekenntnis zum Konsequentialismus folge. Mein eigener Ansatz ist allerdings nicht, dass allein die prognostizierten Folgen den Ausschlag geben sollten, auch nicht in Katastrophenszenarien. Kritik von Anti-Konsequentialismus bedeutet nicht, notwendigerweise die entgegengesetzte Position »*nur* Folgenabschätzung ist relevant« einzunehmen. Die Vorstellung, dass ein klares Bekenntnis *entweder* zu Konsequentialismus bzw. Utilitarismus *oder* zu einer ausschließlich deontologischen Ethik zu verlangen sei, ist verbreitet, aber der überzeugendere Ansatz liegt in der Kombination unterschiedlicher Perspektiven.[54] Eine mehrdimensionale Herangehensweise ist komplizierter als der Rekurs auf eingängige Formeln, jedoch ist Komplexitätsreduktion durch den kategorischen Ausschluss von Erwägungen, die relevant werden können, die schlechtere Alternative. Eine mehrdimensionale Bewertung der möglichen Situationen ist insbesondere für rechtspolitische Überlegungen zu Katastrophenfällen zu empfehlen. Dazu gehört, die Perspektive der in jeder Entscheidungsalternative betroffenen Opfer einzunehmen, aber auch, die Perspektive der Akteure in den Blick zu nehmen.[55]

Erstens geht es um Abwehrrechte der Personen, die von der erwogenen Rettungshandlung betroffen sind, in den beiden Anwendungsbeispielen: dem Abschuss des Flugzeugs und einer Neuzuteilung von Behandlungsplätzen an andere Patienten. Diese Aspekte standen in den rechtspolitischen Diskursen und im Urteil zum LuftSiG im Vordergrund, und es ist nicht in Frage zu stellen, dass diese individuellen Abwehrrechte den Ausgangspunkt bilden müssen.

Zweitens sind Schutzpflichten gegenüber denjenigen zu berücksichtigen, die bei Unterlassen einer möglichen rettenden Maßnahme sterben. Im Urteil zu § 14 Abs. 3 LuftSiG wurden Schutzpflichten immerhin angesprochen.[56] In der rechtspolitischen Debatte zu Zuteilungsentscheidungen in einer Pandemie wurde dagegen die ärztliche Schutzpflicht gegenüber den Hilfsbedürftigen, die trotz mit Behandlung bester Überlebenschance bei geschlossenen Intensivstationen vor der Tür sterben würden, weitgehend ausgeblendet.

Wie wären Konflikte zwischen Abwehrrechten und Schutzansprüchen in Leben-gegen-Leben-Fällen aufzulösen, wenn man *nicht* davon ausginge, dass der Verweis auf Art. 1 Abs. 1 GG zugunsten des Abwehrrechts eines einzigen Menschen genüge? Unter dieser Bedingung, bei einer engeren Auslegung des Schutzbereichs von Art. 1 Abs. 1 GG, würde auch der Verweis auf die »gefestigte strafrechtliche Dogmatik«[57] zu § 34 StGB an Bedeutung verlieren, die in

---

[54] Ähnlich *Hilgendorf*, Tragische Fälle, S. 114.

[55] S. zu dieser Herangehensweise *Hörnle*, Töten, S. 338 ff.

[56] BVerfGE 115, 118 (159 f.).

[57] *Dreier*, Grenzen, S. 263.

denselben geistesgeschichtlichen und verfassungsrechtlichen Kontext eingebettet ist. An dieser Stelle sollten Betroffenenzahlen auf beiden Seiten berücksichtigt werden. Die Bezugnahme auf eine »Schutzpflicht des Staates«[58] könnte den Eindruck erwecken, dass es um *eine* monolithisch gedachte Pflicht des Staates gegenüber einer diffus bleibenden Gruppe gehe. Stattdessen ist auf die Vielzahl individueller Schutzansprüche abzustellen. Das ist keine menschenfeindliche Zahlenarithmetik, sondern im Gegenteil die Anerkennung, dass es um Individuen geht und sich genau deshalb *Schutzansprüche addieren*. Für dieses Argument kommt es nicht darauf an, ob es sich um terroristische Aktivitäten handelt, die den Staat insgesamt bedrohen, und auch nicht auf Aufopferungspflichten jeder Person, die vom Dasein im Staat zuvor profitiert hat.[59] Es geht auch nicht um Allgemeininteressen.[60]

Ein auf Individuen bezogenes, relationales Verständnis von Schutzansprüchen und Abwehrrechten erlaubt die Addition, *ohne* dass ein Wechsel der Perspektive zum Kollektiv erfolgt, das sich erst für den Saldowert interessiert und diesen unter dem Aspekt »Nützlichkeit für das Kollektiv« bewertet. In deutschen Diskussionen werden nicht selten Kollektivismus und Utilitarismus verwechselt,[61] verkennend, dass die Maximierung eines »Kollektivwohls« typisch für totalitäre Regime ist, aber *nicht* mit einem liberalen Utilitarismus gleichzusetzen ist. Ein Beispiel für ein kollektivistisches Argument wäre: »es sollen möglichst viele überleben, weil zum Gewinnen des Krieges Soldaten benötigt werden«. Um die mit Kollektivinteressen zu erklärende Nützlichkeit der Personen am Aufschlagsort eines entführten Flugzeugs oder der Patienten, die vor verschlossenen Intensivstationen sterben, geht es nicht.[62] Es ist deshalb nicht überzeugend, zu argumentieren, dass die Berücksichtigung von Überlebendenzahlen den »individualbezogenen Achtungsanspruch«[63] verkenne und deshalb Menschenwürde verletze.

Schließlich würde in einem fiktiven Begründungsdialog zwischen Personen aus beiden Gruppen der Kontext »Katastrophenlage« eine zentrale Rolle spielen. Über Leben-gegen-Leben-Dilemmata wird auch mit Blick auf kleinformatigere

---

[58] BVerfGE 115, 118 (159).

[59] S. zu solchen Überlegungen *Michael Pawlik*, § 14 Abs. 3 des Luftsicherheitsgesetzes – ein Tabubruch? in: JZ 2004, S. 1045 (1052ff.); *Jakobs,* Kaschierte Ausnahme, S. 217f.; *Christoph Enders*, Der Staat in Not, in: DÖV 2011, S. 1039 (1043).

[60] So aber *Isensee,* Dilemma, S. 230.

[61] S. z.B. *Wolfram Höfling/Steffen Augsberg*, Luftsicherheit, Grundrechtsregime und Ausnahmezustand, in: JZ 2005, S. 1080 (1084): »utilitaristische Verrechnung im Sinne der Bildung eines sozialen Gesamtsaldos«; *Bijan Fateh-Moghadam/Tugce Fildir*, Der fremdnützige Behandlungsabbruch, in: medstra 2023, S. 147 (150): Es gehe um die Opferung für das Kollektiv.

[62] Überlebendenzahlen sind deshalb nicht mit einem Rekurs auf das »Volksganze« gleichzusetzen, s. zu diesen Topoi in den Debatten der Nachkriegsjahre *Günter Jerouschek*, Nach dem 11. September 2001, in: Festschrift für Hans-Ludwig Schreiber, 2003, S. 185 (192).

[63] So *Wapler,* Art. 1 I Rn. 112. Wie hier *Ralf Poscher*, Die Abwägung von Leben gegen Leben, in: Hörnle u.a. (Hrsg.), Triage, S. 41 (74ff.).

Dramen diskutiert, in häufig genannten Beispielen etwa unter Bergsteigern. Eine Pandemie oder ein Großanschlag bedeutet einen anderen Rahmen. Z.B. hat in einer Pandemie, die zu nicht behebbarer Knappheit der Ressourcen führt, das Argument »Vertrauen in die Fortsetzung angefangener Behandlung«[64] eine andere Bedeutung als in Normallagen. Die Entscheidung, intensivmedizinische Behandlungen bei relativ geringen Überlebenschancen nicht weiterzuführen, ist in solchen Situationen keine Aussage über einen »geringeren Lebenswert«,[65] sondern ein Verweis auf die faktischen Grenzen des Möglichen.

Drittens sollte die regelmäßig ausgeblendete Akteursperspektive, d.h. die Perspektive des Rettungspersonals, eine stärkere Rolle spielen. Wer sich für die *ex ante*-Regel »dem Schicksal seinen Lauf lassen« ausspricht, geht möglicherweise davon aus, dass es einfacher sein könne, sich für Passivität zu entscheiden. Bernard Williams wollte mit dem erwähnten »Jim and the Indians«-Beispiel[66] darauf aufmerksam machen, dass Jim legitimerweise vorbringen kann »aber ich will das, die Erschießung der Geisel, nicht tun müssen!«. Allerdings führt dieser Gedanke für unsere Zwecke nicht weiter. Zum einen erledigt er sich, wenn der Akteur gehandelt *hat*. Zum anderen ist er nur überzeugend, wenn es um Privatpersonen geht, die nicht in einer spezifischen, durch eine Berufsrolle geprägte Schutzrelation zu den Betroffenen stehen. Angehörige der Luftwaffe und auch Ärzte haben keinen Anspruch darauf, tragischen Entscheidungen und Handlungen aus dem Weg gehen zu dürfen, und eine Präferenz für Passivität entspricht auch nicht ihrem beruflichen Selbstverständnis.[67]

In den Diskussionen zu den beiden Katastrophenfällen wurde das professionelle Selbstverständnis der Normadressaten zu wenig berücksichtigt. Für die spezifische Perspektive, die der Überprüfung durch das BVerfG zugrunde liegt, ist es nachvollziehbar, auf Schutzpflichten *des Staates* abzustellen und dabei die tatsächlichen Akteure aus dem Blick zu verlieren. Rechtspolitische Überlegungen zu Regeln für Katastrophensituationen sollten jedoch breiter ansetzen. Hier liegt einer der Gründe, warum § 5c Abs. 2 S. 4 IfSG nicht überzeugen kann. Die Norm verlangt von Ärzten und anderen Entscheidenden in Pandemienotlagen, bei vollen Intensivstationen generell und pauschal Neuankömmlinge nicht mehr intensivmedizinisch zu behandeln. Erzwungene Passivität gegenüber den Per-

---

64 Zum Vertrauensargument *Christoph Sowada*, Strafrechtliche Probleme der Triage, in: NStZ 2020, S. 452 (457f.). Aus verfassungsrechtlicher Sicht darauf hinweisend, dass eine simple Priorisierung des Status Quo nicht überzeugt: *Roman Lehner*, »Triage« und Grundrechte, in: DÖV 2021, S. 255 (261).

65 So z.B. *Hans-Georg Dederer/Marina Preiß*, Gesetzliche Regelung der pandemiebedingten Triage, in: JZ 2022, S. 170 (179). Eine Gleichsetzung von Aussagen über »Lebenswert/Lebensunwert« und Berücksichtigung von Überlebenszahlen überzeugt nicht, s. dazu auch *Huster*, § 21 Rn. 28.

66 *Williams*, Critique of Utilitarianism, S. 98ff.

67 Aus diesem Grund überzeugt die kategorische Unterscheidung zwischen Unterlassungs- und Schutzpflichten staatlicher Organe nicht, etwa bei *Merkel*, § 14 Abs. 3, S. 381.

sonen, die mit Behandlung eine hohe Überlebenschance hätten, verstößt gegen ärztliches Ethos[68] und kollidiert mit der Berufsausübungsfreiheit (Art. 12 Abs. 1 GG) von Ärzten.[69] Generell sollte in rechtspolitischen Debatten berücksichtigt werden: Je größer die Herausforderungen sind, die Berufsgruppen in einer Katastrophenlage zu meistern haben, und je mehr von ihnen hohe persönliche Opfer verlangt werden, umso mehr sollte ihre Berufsperspektive berücksichtigt werden.

Wenn man alle Argumente zusammenführt, sprechen sie klar *gegen* die geltenden Regeln. Die Schutzansprüche einer großen Zahl an potentiell zu rettenden Personen überwiegen die Abwehrrechte derjenigen, die durch die Rettungshandlung ums Leben kommen. Und es sollte eine Rolle spielen, dass das Retten der größtmöglichen Zahl an Individuen dem professionellen Selbstverständnis der Akteure entspricht, das gerade dann respektiert werden muss, wenn diese selbst große Belastungen im Katastropheneinsatz aushalten müssen.

VI. Nochmals zu Art. 1 Abs. 1 GG

Die Auslegung von Art. 1 Abs. 1 GG durch das BVerfG wird von vielen als lobenswerte Errungenschaft, als Verteidigung humanitärer Werte empfunden. Fraglich ist jedoch, ob damit die Rolle voll erfasst wird, die der Menschenwürdeklausel in deutschen verfassungsrechtlichen, strafrechtlichen und rechtspolitischen Diskursen zukommt. Dies gilt für die Funktion der Komplexitätsreduktion. Die Vielschichtigkeit der Bewertungsdimensionen, die man (auch wenn man meine obige zusammenfassende Wertung nicht teilt) doch jedenfalls als erwägenswert einordnen müsste, wird ausgeblendet, wenn nur die Formel: »Behandlung eines Menschen als Objekt« eingesetzt wird, und dabei nicht einmal von einer stringenten Ableitung des Ergebnisses aus dieser Formel die Rede sein kann. Eine solche Bezugnahme auf Menschenwürde bedeutet, eine Tabuschranke zu errichten,[70] die Abwägungen und Kenntnisnahme aller relevanten Topoi verhindert.[71]

Für die Stellung des BVerfG in Relation zur Legislative bedeutet, institutionensoziologisch gesehen, die Interpretation von Art. 1 Abs. 1 GG als Stopp-Formel, die alle anderen Überlegungen überflüssig macht und Entscheidungen wegen Art. 79 Abs. 3 GG auf Dauer stellt, einen strategischen Vorteil.[72] Sachlich notwendig war eine extensive Auslegung von Art. 1 Abs. 1 GG nicht. Es wäre

---

[68] S. zu entsetzten Stellungnahmen von Ärzten z.B. *Heller u. a.,* »Triagegesetz«, S. 391; *Zwissler,* »Gut gedacht«, S. 382; *Axel Heller,* Ante, inter und post COVID-19, in: medstra 2023, S. 155ff.

[69] S. *Huster u. a.,* Triage, S. 20ff.

[70] Dazu passt die Einordnung des § 14 Abs. 3 LuftSiG a.F. als »beispielslosen Tabubruch«, *Merkel,* § 14 Abs. 3, S. 373.

[71] *Ralf Poscher,* »Die Würde des Menschen ist unantastbar«, in: JZ 2004, S. 756 (758ff.).

[72] S. zu skeptischen bis kritischen Stimmen *Christoph Möllers,* Legalität, Legitimität und Legitimation des Bundesverfassungsgerichts, in: Jestaedt u. a., Das entgrenzte Gericht, 3. Auf-

vorstellbar gewesen (und aus heutiger Sicht empfehlenswert), den Bedeutungsgehalt auf die Abgrenzung zu den menschenverachtenden Praktiken totalitärer Regime auszurichten[73] bzw. die Anwendung auf Formen einer extremen Demütigung oder Erniedrigung von Menschen zu beschränken.[74] Eine zurückhaltende Auslegung würde jedoch auf größere Selbstbeschränkung des Gerichts hinauslaufen,[75] und dem Anspruch des Gerichts nicht gerecht werden, auch gegenüber dem Gesetzgeber »Hüter eines letzten Reservats an Humanität«[76] zu sein.

Komplexitätsreduktion und Einengung rechtspolitischer Gestaltungsspielräume sind Folgen, die man als problematisch oder jedenfalls ambivalent bewerten kann. *Für* diese Herangehensweise ließe sich anführen, dass die Botschaft, ein genuines Dilemma könne durch empathische, klare Affirmation eines humanitären Wertes aufgelöst werden, *außerhalb* einer tatsächlichen Katastrophenlage positive, beruhigende Wirkung haben dürfte. Tabus bekräftigen Identität,[77] und in modernen, auf Menschenrechte ausgerichteten Verfassungsstaaten funktioniert die identitätsstiftende Wirkung der Menschenwürdegarantie gut. *Gegen* die Menschenwürdegarantie als Diskussionen abbrechende Stopp-Formel sprechen jedoch die erwartbaren dysfunktionalen Effekte in einer realen Katastrophenlage. Man könnte zwar selbst in dieser Situation von einer tieferliegenden zweckrationalen Funktion hinter dem rechtlich untermauerten Tabu ausgehen, die darin liegt, dass Sanktionserwartung diejenigen zu besonders sorgfältigem Überlegen zwingt, die *trotz des Verbots* eine Rettungshandlung erwägen.[78] Es ist jedoch fraglich, ob sich ggf. tatsächlich couragierte Individuen finden würden, die sich normativen Vorgaben und der hierarchischen Struktur in ihrem beruflichen Umfeld widersetzen würden.[79] Der Erwartung, dass dies idealerweise so geschehen solle, haftet außerdem der Makel der Doppelzüngigkeit an.[80] Im Ernstfall würde

---

lage 2019, S. 281 (392 ff.); *Manfred Baldus*, Verfahrensweg: Menschenwürde und Methode, in: Rolf Gröschner u. a. (Hrsg.), Wege der Würde, 2022, S. 271 (275).

[73] So noch BVerfGE 1, 97 (104): Schutz gegen Erniedrigung, Brandmarkung, Verfolgung, Ächtung usw. Für ein enges, historisch begründetes, »philosophie-, theologie- und theoriefreies« Verständnis *Baldus*, Kämpfe, S. 260 ff.

[74] *Tatjana Hörnle*, Menschenwürde als Freiheit von Demütigungen, in: ZRph 2008, S. 41 ff.; *dies.*, Warum sich das Würdekonzept Margalits zur Präzisierung von »Menschenwürde als geschütztes Rechtsgut« eignet, in: Eric Hilgendorf (Hrsg.), Menschenwürde und Demütigung, 2013, S. 91 ff.

[75] S. zur Stellung des BVerfG als »außergewöhnlich mächtiges und wirksames Gericht« *Matthias Jestaedt*, Phänomen Bundesverfassungsgericht, in: Jestaedt u. a., Das entgrenzte Gericht, S. 77 (149); dazu, dass mit einem ausgreifenden Grundrechtsschutz der Legitimationsbedarf des Gerichts wächst *Möllers*, Legalität, S. 348 ff.

[76] *Möllers,* Legalität, S. 392 ff.

[77] *Poscher,* Würde, S. 759.

[78] S. dazu für ticking-bomb-Szenarien und mögliche Rettungsfolter *Poscher,* Würde, S. 761.

[79] *Enders,* Staat in Not, S. 1045 f.

[80] In der drastischen Formulierung durch *Isensee,* Dilemma, S. 232: »Dem Staat bleibt das schmutzige Geschäft erspart. Die Richter halten ihre Hände rein und ihre Ideale hoch«. Skeptisch auch *Funke,* Menschenwürde, S. 83 f.

höchstwahrscheinlich bei einer großen Mehrheit in der Bevölkerung ein unterbliebener, obwohl möglicher Abschuss des entführten Flugzeugs genauso wie die Schließung von Intensivstationen nach der ersten Welle in einer Pandemie auf großes Unverständnis stoßen. Dieses Unverständnis würde Enttäuschung über Staatsversagen befeuern. Für die Rettungskräfte, die sich zähneknirschend an Verbote halten und sich damit von ihrem eigenen professionellen Selbstverständnis entfernen, wäre die Situation ebenfalls hochgradig frustrierend. Die zu erwartenden demotivierenden Effekte wären besonders im Fall einer Pandemie schädlich, in der den Behandelnden enorme Belastungen zugemutet werden.

VII. Schlussbemerkung

Mehrere Faktoren haben dazu geführt, dass wir heute eine Rechtslage haben, die in den diskutierten Katastrophenszenarien zu vielen vermeidbaren Todesfällen führen würde, als Preis für einen »normativen Rigorismus«.[81] Ausgangspunkt war der vom BVerfG in der Triage-Entscheidung bekräftigte, keineswegs selbstverständliche Gedanke, dass Regeln für Katastrophenszenarien nicht den Berufsverbänden überlassen werden dürfen.[82] Auf den (im Fall des LuftSiG durch das BVerfG gestalteten) Norminhalt haben sich geistesgeschichtliche Wurzeln ausgewirkt, nämlich Kants wenig überzeugende Vorgaben, die in rechtspolitischen Debatten als Plädoyer gegen Konsequentialismus fortwirken, und die Rechtsprechung des BVerfG, die Art. 1 Abs. 1 GG als weitreichende Stopp-Formel auslegt. Diese Interpretation bewirkte eine radikale Komplexitätsreduktion, mit der Folge, dass wichtige Erwägungen untergehen. Zu diesen vernachlässigten Erwägungen gehört, dass das tatsächliche Gewicht der Schutzansprüche einer großen Zahl von Individuen entgegen aller gegenteiligen Behauptungen erst durch Addition sichtbar wird, sowie akteursorientierte Gründe, nämlich das berufliche Selbstverständnis der Normadressaten. Wir dürfen hoffen, dass die beiden Beispiele auch in den kommenden Jahren nur Stoff für theoretische Diskussionen ergeben. Aber es ist nicht ganz ausgeschlossen, dass sich Katastrophenszenarien realisieren könnten, und wenn im Gesetz Regeln geschaffen werden, sollten diese auch in einem Ernstfall den bestmöglichen von allen tragischen Ausgängen ermöglichen.

Ich ende diesen Beitrag mit der Bitte, dass der Jubilar es mir verzeihen möge, ein solch' düsteres Thema für den Beitrag zu einem freudigen Anlass in seinem Leben gewählt zu haben!

---

[81] *Stefan Huster*, Wer hat Angst vor der Triage?, in: Hörnle u.a. (Hrsg.), Triage, S. 83 (89).

[82] Krit. zum Bestreben nach umfassender Reglung *Hilgendorf*, Tragische Fälle, S. 130f.; *Lepsius*, Luftsicherheitsgesetz, S. 68ff.; *Isensee*, Dilemma, S. 234.

Hans Kelsen als advocatus Dei

*Clemens Jabloner**

I. Dreiers Kelsen

Kelsens Lehre ist niemals aus dem wissenschaftlichen Diskurs gefallen, mochte man es im Nachkriegsdeutschland auch einige Zeit darauf abgesehen haben, hüben wie drüben.[1] Obschon: Erst neulich ist deutlich geworden, wie aktuell das »Feindbild« Kelsen bleibt.[2]

Kelsen setzte sein Schaffen bis knapp vor seinem Tod 1973 unermüdlich fort,[3] blieb also ein Autor, mit dessen aktuellen Schriften man sich noch geraume Zeit nach dem Krieg auseinanderzusetzen hatte. Hinsichtlich der Pflege seines Schaffens lassen sich – durchaus vergröbert – drei Hauptströmungen unterscheiden:

In Österreich wurde die Reine Rechtslehre im engeren Sinn von Robert Walter und seinem Kreis kritisch weiterentwickelt, seit 1972 im Wirkungsfeld des Hans Kelsen-Instituts in Wien.[4] Überwölbend lässt sich die österreichische staatsrechtliche Rezeption durchaus als die Nachführung eines rechtspositivistischen Denkstils verstehen, der freilich schon vor der Reinen Rechtslehre gepflogen wurde und im Großen und Ganzen bis heute dominiert.[5] Die zweite wesentliche Strömung ist mit dem Schaffen von Stanley Paulson verbunden und besteht in

* Für wertvolle Unterstützung danke ich cand. iur. *Raymond Rasser.*

[1] Vgl. differenziert *Norbert Achterberg*, Die Reine Rechtslehre in der Staatstheorie der Bundesrepublik Deutschland, in: Der Einfluß der Reinen Rechtslehre auf die Rechtstheorie in verschiedenen Ländern, Wien 1978, passim und *Horst Dreier*, Festvortrag »Rezeption und Rolle der Reinen Rechtslehre«, in: ders. (Hrsg.), Rezeption und Rolle der Reinen Rechtslehre: Festakt aus Anlaß des 70. Geburtstags von Robert Walter, Wien 2001, S. 17–34 (27).

[2] Vgl. *Marietta Auer*, Der Mann ohne Eigenschaften, in: Rechtsgeschichte – Legal History Rg 31 (2023), S. 285–290, http://dx.doi.org/10.12946/rg31/285-290 (hier und im Folgenden: 31. Januar 2024), dazu später V. 3.

[3] Zu den letzten Schriften vgl. *Thomas Olechowski*, Hans Kelsen. Biographie eines Rechtswissenschaftlers, 2. Auflage Tübingen 2021, S. 910.

[4] Vgl. nur *Robert Walter*, Hans Kelsens Rechtslehre, Vortrag gehalten am 16. Juli 1998, in: Horst Dreier/Dietmar Willoweit (Hrsg.), Würzburger Vorträge zur Rechtsphilosophie, Rechtstheorie und Rechtssoziologie, Heft 24, Baden-Baden 1999, passim und zum Hans Kelsen-Institut: https://hki.univie.ac.at.

[5] Vgl. *Ewald Wiederin*, Denken vom Recht her. Über den modus austriacus in der Staatsrechtslehre, in: Helmut Schulze-Fielitz (Hrsg.), Staatsrechtslehre als Wissenschaft, Berlin 2007, S. 293–317.

einer quasi stratigraphischen Vermessung des Werks im Sinne einer eigentlichen »Kelsenologie«.[6]

Die dritte Strömung aber ist aufs Engste mit Horst Dreier verknüpft. Sein Engagement für Kelsen war nicht nur die Initialzündung für eine sachliche Auseinandersetzung mit der Lehre, sondern Dreier richtete den Blick auf die Ganzheit des Lehrgebäudes. Denn bis dahin wollte man nicht selten die einzelnen Themen Kelsens – die Normentheorie, die Demokratietheorie, die Rechtssoziologie etc. – als scheinbar unverbundene Bereiche wahrnehmen. So schrieb Felix Ermacora noch 1970 vom »schillernden Lebenswerk« Kelsens, das in unterschiedliche Gebiete der politischen Wissenschaft zerfalle und davon, dass »Kelsens rechtspolitische Schriften mit seiner monumentalen methodischen Leistung an Bedeutung nicht Schritt gehalten« hätten.[7] Demgegenüber zeigte Horst Dreier, dass uns bei allen werkimmanenten Spannungen doch immer derselbe Hans Kelsen gegenübertritt, und alle Teile ein Ganzes ergeben.[8] Demgemäß lautet der Titel seiner 1986 erstmals erschienenen Dissertation: »Rechtslehre, Staatssoziologie und Demokratietheorie bei Hans Kelsen«.[9] Horst Dreier hat diese Perspektive seitdem stetig verfeinert, zuletzt bei einer Tagung in Wien im Oktober 2023.[10]

II. Secular Religion

Das Interesse Dreiers erweckten nicht zuletzt auch die ideologiekritischen und religionssoziologischen Schriften Kelsens.[11] Mit dem vom Hans Kelsen-Institut 2012 aus dem Nachlass Kelsens publizierten Werk »Secular Religion – A Polemic against the Misinterpretation of Modern Social Philosophy, Science and Politics

[6] Aus Paulsons so umfangreichem wie tiefschürfendem Œuvre vgl. hier nur paradigmatisch: *Stanley Paulson*, Metamorphosis in Hans Kelsen's Legal Philosophy, in: The Modern Law Review 80/5 (2017), S. 860–894 passim.

[7] Vgl. *Felix Ermacora*, Allgemeine Staatslehre: Vom Nationalstaat zum Weltstaat, 1. Teilband, Berlin 1970, S. 131, 134. In einer vom Verfasser besuchten Vorlesung meinte Ermacora, man müsse stets wissen, mit welchem Kelsen man es gerade zu tun hätte.

[8] *Horst Dreier*, Der Preis der Moderne, Hans Kelsens Rechts- und Sozialtheorie, in: Elif Özmen (Hrsg.), Hans Kelsens politische Philosophie, Tübingen 2017, S. 3–28 (4): spricht von der »Einbettung seiner (Kelsens) rechtspositivistischen Position in ein gleichsam sozialanthropologisches Modell«.

[9] *Horst Dreier*, Rechtslehre, Staatssoziologie und Demokratietheorie bei Hans Kelsen, 2. Auflage Baden-Baden 1990, passim.

[10] Vgl. *Horst Dreier*, »Secular Religion« im Kontext von Kelsens Gesamtwerk, in: Clemens Jabloner/Thomas Olechowski/Klaus Zeleny (Hrsg.), Secular Religion. Rezeption und Kritik von Kelsens Auseinandersetzung mit Religion und Wissenschaft, Wien 2013, S. 1–18 und jüngst sein Einleitungsreferat »Der ganze Kelsen« im Rahmen des Symposiums »Hans Kelsen und die österreichische Wissenschaftskultur«, das am 20. Oktober 2023 in Wien stattfand. Der Tagungsband soll 2024 erscheinen.

[11] *Dreier,* »Secular Religion«, S. 1 ff.

as ›New Religion‹« erweckte dieser Teil des Œuvres neues Interesse.[12] In diesem Werk kulminierte Kelsens wiederholte Kritik an der von seinem vormaligen Schüler Eric Voegelin vertretenen »New Science of Politics«.[13] Bezeichnenderweise trugen frühere Versionen von Kelsens Kritik die Titel »Defense of Modern Times« und »Religion without God?«.[14] Beide Titel sind für Kelsens Selbstverständnis als beharrlicher Streiter für die Moderne höchst signifikant und können als Leitmotive für seine unermüdlichen Bemühungen dienen.

»Religion without God?« ist nun fast gleichlautend mit dem Titel »Religion without God«, der letzten Monographie von Ronald Dworkin.[15] Das bietet die Gelegenheit, die beiden eminenten Gelehrten auch auf diesem Feld miteinander zu konfrontieren. Zugleich erfährt man etwas über Kelsens Religionsverständnis, mit einem Seitenblick auf seine jüdische Herkunft.

III. Voegelins Gnosis

Kelsen befand sich zeitlebens in vielen, oft auch polemischen Duellen mit einzelnen Gelehrten, so mit Ehrlich und Schwind, Schmitt und Smend, um nur manche zu nennen. Die Auseinandersetzung mit Eric Voegelin hatte einen besonderen Charakter, denn Voegelin hatte als Assistent Kelsens zunächst zu dessen Wiener Kreis gezählt.[16] Mit seiner Monographie »Rasse und Staat« aus 1933 versuchte sich Voegelin als quasi intellektuell verfeinerter Rassentheoretiker, mit der folgenden Schrift »Der autoritäre Staat« von 1937 bot er sich dem autoritären System in Österreich als Ideologe an. Damit hatte er freilich auf das falsche Pferd gesetzt und musste 1938 in die USA emigrieren.[17] Dort entwickelte Voegelin

[12] Nunmehr: *Hans Kelsen*, Secular Religion: A Polemic against the Misinterpretation of Modern Social Philosophy, Science and Politics as »New Religion«, 2. Auflage Wien 2017, passim.

[13] *Eric Voegelin*, The New Science of Politics. An Introduction, 2. Auflage Chicago 1987.

[14] Zur komplizierten Vorgeschichte von Secular Religion vgl. *Eckhard Arnold*, Erich Voegelin, in: Robert Walter/Clemens Jabloner/Klaus Zeleny (Hrsg.), Der Kreis um Hans Kelsen, Wien 2008, S. 513–552; die »Editorial Remarks« in *Kelsen,* Secular Religion, S. 11; und Paolo di Lucia/Lorenzo Passerini Glazel (Hrsg.), Hans Kelsen, Religione secolare. Una polemica contro l'errata interpretation della filosofia sociale, della scienza e della politica modern come »nuove religioni«, 2014, S. XIX.

[15] *Ronald Dworkin*, Religion without God, Cambridge/London 2013.

[16] Vgl. *Arnold*, Erich Voegelin 2008 und die dort verarbeitete Literatur; Zum Verhältnis Kelsens zu Voegelin vgl. auch *Günther Winkler,* Geleitwort in: *Erich Voegelin*, Der autoritäre Staat, Wien 1937, Neuausgabe Schriftenreihe Forschungen aus Staat und Recht mit einem Geleitwort von Günther Winkler, Wien 1997, S. V–XXXII – mit deutlicher Sympathie für den Zweitgenannten.

[17] Zu Voegelins Driften zwischen dem Austrofaschismus und den Nazis vgl. *Emmanuel Faye*, Eric Voegelins Haltung zum Nationalsozialismus. Überlegungen zum Briefwechsel Krieck-Voegelin (1933–1934), in: Moritz Epple/Johannes Fried/Raphael Gross/Janus Gudian (Hrsg.), »Politisierung der Wissenschaft«. Jüdische Wissenschaftler und ihre Gegner an der Universität Frankfurt vor und nach 1933, Göttingen 2016, S. 111–146.

seine »Neue Wissenschaft der Politik«,[18] die sich durch ihren Antipositivismus, ihre aggressive Antimoderne und ihre Demokratiefeindlichkeit auszeichnet. Im Kern geht es um das vermeintliche Bedürfnis nach einem mythischen Fundament für die politische Ordnung, das Voegelin in der christlichen Religion und in der antiken Philosophie sah. Mit dem Verdikt des »Gnostizismus« griff Voegelin eine ganze Reihe von untereinander widersprüchlichen Anschauungen an. Mit gnostischen Verirrungen – im Sinne von »falschen« Religionen – meinte Voegelin nicht nur jene totalitären Ideologien, denen so oft religiöse Züge zugeschrieben werden – wie etwa dem Kommunismus oder dem Nationalsozialismus –, sondern auch die »Irrlehren« der liberalen Demokratie oder überhaupt jede moderne, wissenschaftlich geprägte Weltanschauung.[19]

IV. Kelsens Kritik an Voegelin

Durch Voegelins Angriff sah Kelsen das wissenschaftliche Weltbild bedroht, denn wenn es ein Kriterium gäbe, das die Neuzeit vom Mittelalter unterschiede, dann sei es – in der westlichen Zivilisation – die Existenz einer objektiven und unabhängigen Wissenschaft.[20] Voegelins Denken bot Kelsen eine Reihe von Angriffspunkten und viel Raum für inhärente Kritik. Für unseren Zusammenhang ist es wesentlich, dass sich Kelsen vor allem auf den Missbrauch des Religionsbegriffs konzentrierte. Denn es schien ihm unpassend, eine Religion ohne die Vorstellung eines Gottes anzunehmen. Es ist bemerkenswert, wie wichtig ihm diese – vielleicht nur begriffsökonomische – Frage war. Freilich mag es schon angesichts fernöstlicher Religionen unzweckmäßig sein, den Begriff so eng zu bilden.[21] Indessen hängt Kelsens Vorstellung von Religion eng mit seinem Konzept des Normativen zusammen. Die Übertragung des Religionsbegriffs auf »moralisch-politische Doktrinen« wie den Marxismus beruhte für Kelsen auf einer Verwechslung der Intensität der Gefühle, die Menschen für Ideen haben können, mit der »Natur der Gefühle«. Gegen Raymond Aron, der den Marxismus als eine politische Religion ansah, meinte Kelsen, dessen Argument sei »das Ergebnis einer irrtümlichen Identifizierung von Religion mit Moral, d. h. einem System von Normen, das auf Werten beruht, die zwangsläufig als übergeordnet vorausgesetzt werden (was nicht bedeutet, wie Aron anzunehmen scheint, dass es sich um absolute Werte handelt). Ein solches System ist nicht unbedingt religiös. Manche Moralsysteme haben keinen Bezug zu einer Religion. Die moralischen Werte einer Religion zeichnen sich durch den Glauben aus, daß sie durch

[18] *Voegelin*, Science of Politics.
[19] Vgl. *Arnold*, Erich Voegelin, passim.
[20] *Kelsen*, Secular Religion, Preface S. 4.
[21] Vgl. dazu *Arnold*, Erich Voegelin, S. 38.

den Willen Gottes oder eines gottähnlichen transzendenten Wesens festgelegt werden und daher absolut sind«.[22]

In gewissem Sinne ist also der – auf den ersten Blick affirmativ deutbare – Titel »Secular Religion« irreführend, ging es Kelsen ja gerade darum, wie verfehlt dieser Ausdruck doch sei.

V. Kelsen – ein jüdisch inspirierter Denker?

1. Identitäten

Kelsen stammte aus einer jüdischen Familie[23] und entwickelte sich in einem intellektuellen Klima, in dem assimilierte Juden eine wichtige Rolle spielten.[24] Er selbst war wohl eher Agnostiker als Atheist und akzeptierte Religionen als subjektive Überzeugungen. Sein eigenes religiöses Bekenntnis sah er pragmatisch, was seine beiden Religionsübertritte nahelegen.[25] Natürlich blieb er sich seiner jüdischen Abstammung stets bewusst, schon allein, weil sie sein Schicksal bestimmte.[26] Kelsens sehr späte Reflexion über sein Judentum mag halb apokryph sein.[27]

Somit liegt es nahe, aus einer historischen Perspektive die Frage nach der jüdischen Identität Kelsens zu stellen,[28] solange dieser Zugang nicht ins Identitäre gewendet wird und das Werk auf seine »Jüdischkeit« hin untersucht wird.[29] Die subtile Balance glückt Eliav Lieblich, der den »Austrian Kelsen« dem »Jewish Kelsen« gegenüberstellt: Für den Kelsen des Vielvölkerstaats habe die durch das

---

[22] *Kelsen,* Secular Religion, S. 25. Zur Auseinandersetzung Kelsens mit Aron vgl. differenziert *Michael Potacs*, Marxismus als »säkuläre« Religion – Kelsen und Aron, in: Clemens Jabloner/Thomas Olechowski/Klaus Zeleny (Hrsg.), Secular Religion. Rezeption und Kritik von Hans Kelsens Auseinandersetzung mit Religion und Wissenschaft, Wien 2013, S. 89–100 (98).

[23] Vgl. *Olechowski*, Kelsen-Biographie, S. 27.

[24] Vgl. für alle *Steven Beller*, Wien und die Juden: 1867–1938, Wien/Köln/Weimar 1993, passim.

[25] Vgl. *Olechowski*, Kelsen-Biographie, S. 85, 117.

[26] Vgl. grundlegend *Eliav Lieblich*, Assimilation through Law: Hans Kelsen and the Jewish Experience, in: James Loeffler/Moria Paz (Hrsg.), The Law of Strangers, Cambridge 2019, S. 51–81 passim.

[27] Vgl. *Max Knight,* Erinnerungen an Hans Kelsen, in: Aufbau, 4. März 1973.

[28] So *Raphael Gross,* Kommentar zum Beitrag von Matthias Jestaedt, in: Til van Rahden/Michael Stolleis (Hrsg.), Emanzipation und Recht. Zur Geschichte der Rechtswissenschaft und der jüdischen Gleichberechtigung, Frankfurt am Main 2021, S. 267–272.

[29] Zutreffend *Matthias Jestaedt*, Rechtstheorie ohne Metaphysik: Die »Reine Rechtslehre« als jüdische Rechtstheorie?, in: Til van Rahden/Michael Stolleis (Hrsg.), Emanzipation und Recht. Zur Geschichte der Rechtswissenschaft und der jüdischen Gleichberechtigung, Frankfurt am Main 2021, S. 247–266, passim.

Recht bewirkte Assimilation eine existenzielle Alternative zum zionistischen Weg dargestellt.[30]

2. Jüdischer Rechtspositivismus?

Darüber hinaus macht es wenig Sinn, in der Reinen Rechtstheorie nach »jüdischen« Merkmalen zu suchen. Ein solches Unterfangen wäre an sich höchst ambivalent, und außerdem hatten Kelsen und viele andere Gelehrte aus seinem Kreis zwar einen jüdischen Familienhintergrund, viele andere herausragende Köpfe dieser Zeit jedoch nicht. Alfred Verdross und Adolf Julius Merkl, zwei von Kelsens frühesten Weggefährten, stammten aus bürgerlichen nichtjüdischen Familien.[31] Die Reine Rechtslehre – als allgemeine Rechtstheorie – ist keineswegs vom jüdischen Recht oder Rechtsdenken inspiriert. Noch verfehlter ist die Frage, ob sie mit dem jüdischen Recht vereinbar sei – was Itzhak Englard eindrucksvoll demonstriert.[32] Hakan Gustafsson hat gar die verstiegene These geäußert, dass es eine Schule des »eindeutig ›jüdischen Rechtspositivismus‹« gebe, die von Hermann Cohen inspiriert sei und die Jellineks, Kelsen, Hart und Raz einschließe.[33]

3. Ein »jewish turn«?

Eine andere Wendung nimmt »the jewish turn«, eine neuere Modeerscheinung der Rechtstheorie.[34] Während die Narration des jüdischen Rechtspositivismus etwas von der Shylock'schen Unerbittlichkeit hat, so geht die neue Erzählung über das jüdische Recht geradezu in die entgegengesetzte Richtung. In Deutschland spielt sie vor allem für die Position von Marietta Auer eine tragende Rolle: »Bestätigung findet diese Grundthese des Freirechts in der seit einiger Zeit von der Rechtstheorie entdeckten oder wiederentdeckten Interpretationskultur des

---

[30] *Eliav Lieblich*, Assimilation through Law, passim.

[31] Vgl. *Clemens Jabloner*, Kelsen and his Circle: The Viennese Years, in: European Journal of International Law 9/2 (1998), S. 368–385 (370): Die Beiträge beider Gelehrter zur Reinen Rechtslehre können nicht hoch genug eingeschätzt werden: Von Merkl stammt die Einsicht in die Rechtsdynamik, also den Stufenbau, von Verdroß ein wichtiger Baustein für die Grundnormlehre.

[32] *Izhak Englard*, Haben Kelsens Reine Rechtslehre, seine Faszination für Religion und sein Religionsverständnis einen jüdischen Hintergrund?, in: Clemens Jabloner/Thomas Olechowski/Klaus Zeleny (Hrsg.), Secular Religion. Rezeption und Kritik von Hans Kelsens Auseinandersetzung mit Religion und Wissenschaft, Wien 2013, S. 101–112.

[33] *Hakan Gustafsson*, Fiction of Law, in: Rechtstheorie 41/3 (2010), S. 319–363 (330); *Englard*, Kelsens Reine Rechtslehre, S. 105: bezeichnet Gustafssons Versuch rundheraus als »absurd«.

[34] Vgl. *Klaus F. Röhl*, Freirecht und rabbinische Interpretationskultur. Zu einer These von Marietta Auer, 2017, https://www.rsozblog.de/freirecht-und-rabbinische-interpretationskultur-zu-einer-these-von-marietta-auer m.w.H.

jüdischen Rechts, die seit Jahrhunderten auf dem Meinungspluralismus rabbinischer Interpreten aufbaut und in diesem ›anarchischen‹ Verständnis von Sinnstiftung durch divergierende, ja inkonsistente Standpunkte kein Defizit, sondern im Gegenteil eine vernunftbegründende Qualität erkennt. Das jüdische Gesetzesverständnis lehrt, die richterliche Begründungsleistung als notwendig eigenständiges, heteronomes Datum zu begreifen, das sich vor den autoritären Gesetzestext schiebt und diesen in einer fundamentalen Weise normativ unverfügbar macht.«[35]

Nun gehört es zu den Grundeinsichten der Reinen Rechtslehre, dass die richterliche Rechtsanwendung stets auch rechtsschöpferisch ist.[36] Die darin zum Ausdruck kommende Spannungslage ist jeder Rechtsdynamik zu eigen, einer staatlichen ebenso wie einer religiösen. Die »normative Unverfügbarkeit des autoritären Gesetzestextes« – so Auer – ist genauso verfehlt wie die Gegenannahme, die gesamte Rechtserzeugung sei schon mit der generellen Norm abgeschlossen, aus der sich die bloß deklarative richterliche Entscheidung ohne weiteres ableiten ließe.[37] Eine andere Frage ist es, wie weit die richterliche Rechtsschöpfung im Rahmen einer positiven Verfassungsordnung gehen kann: Das lässt sich grundsätzlich nur aus den jeweiligen Rechtserzeugungsregeln ableiten.

Die Berufung auf einen dunklen »Nomos« und das explizite Bekenntnis Auers zu einer »unreinen Rechtslehre«[38] zeigen die ungebrochene Aktualität der Reinen Rechtslehre.[39]

5. *Säkuläres Judentum?*

Man kann diesen Abschnitt nicht schließen, ohne anzusprechen, wie sehr Kelsen antisemitischen Angriffen ausgesetzt war und wie oft die »Reine Rechtstheo-

---

[35] *Marietta Auer*, Zum Erkenntnisziel der Rechtstheorie. Philosophische Grundlagen multidisziplinärer Rechtswissenschaft, Baden-Baden 2018, S. 68.

[36] Vgl. dazu – und auch zum Verhältnis Kelsens zur Freirechtsschule – nur *Hans Kelsen*, Juristischer Formalismus und reine Rechtslehre, in: Juristische Wochenschrift 58/3 (1929), S. 1723–1726, passim.

[37] Vgl. grundlegend *Adolf Julius Merkl*, Das doppelte Rechtsantlitz. Eine Betrachtung aus der Erkenntnistheorie des Rechts, in: Juristische Blätter, 47 (1918), S. 425–427, 444–447, 463–465.

[38] *Auer*, Erkenntnisziel der Rechtstheorie, S. 28.

[39] In diesen Zusammenhang gehört die Rezension der Autorin zur kürzlich erschienenen Kelsen-Biographie von Thomas Olechowski – vgl. *Auer*, Mann ohne Eigenschaften. Die Besprechung zeigt ein beträchtliches Ressentiment gegen den Menschen Kelsen: Welch ein Eifer, mit dem die Autorin aus dem 1029-seitigen Werk ein paar Anekdoten herausklaubt, die ihr den bedenklichen Charakter Kelsens offenbaren! Auers Gefallen am jüdischen Recht, gleichwie ihre Haltung zu Kelsen erinnert – um beim »Mann ohne Eigenschaften« zu bleiben –, an die Sätze des Grafen Leinsdorf »zur ganzen sogenannten Judenfrage« – *Robert Musil*, Der Mann ohne Eigenschaften, 1978, S. 843, rsp. https://www.projekt-gutenberg.org/musil/mannohn2/chap020.html.

rie« als typisch jüdisches Produkt verunglimpft wurde.[40] An der Spitze dieser Agitation stand der scharfzüngige und bösartige Carl Schmitt, dessen Antisemitismus nicht nur eine Zutat in seinem Werk war, sondern in dessen Mittelpunkt stand.[41] So sprach Schmitt nach 1933 von der »Wiener Schule des Juden Kelsen«.[42] Die zentralen Elemente in Kelsens Lehre – Normativismus, Universalismus, Pazifismus – können für Schmitt nur Werkzeuge jüdischer Zersetzung sein: »Normativität«, weil sie die ursprüngliche Einheit des »Nomos« zerstört; Universalismus, denn »Wer Menschheit sagt, will betrügen«[43] – und Pazifismus auf jeden Fall. Schmitt gehörte zur Phalanx jener deutschen »Meisterdenker«, die ihren Antisemitismus als Gegensatz von Seele und Geist, Wesen und Form verkleideten. Angesichts dessen besteht die Versuchung, dieser ursprünglich in antisemitischer Absicht vorgenommenen Identifizierung jüdischer Elemente zu folgen, sie aber im Einklang mit dem zeitgenössischen humanitären Konsens positiv umzuwerten: Man würde so zu einem »säkularen Judentum« gelangen, mit den Elementen der starken Selbstbeherrschung, der Gleichheit aller Menschen und einer durch Zivilisation erworbene Friedlichkeit. Man sollte dieser Versuchung aber nicht nachgeben. Wenn auch solche Werte in der jüdischen Kultur vorkommen und von säkularen Juden und Jüdinnen vertreten werden, so sind sie keineswegs spezifisch »jüdisch«.

VI. Kelsens Religionsbegriff

Horst Dreier hat den Blick darauf gelenkt, wie sehr Kelsen religiöse Themen faszinierten.[44] Allerdings war es nicht die jüdische, sondern die christliche Theologie, »mit der er sein Gespräch führte«.[45] Es sind besonders die Schlusssätze von »Vom Wesen und Wert der Demokratie«, die den doch sonst eher nüchternen Kelsen voller Pathos zeigen.[46] Kelsen erzählt die Szene »Jesus vor Pilatus« aus dem Johannesevangelium als »ein tragisches Symbol für Relativismus und Demokratie« und endet mit folgenden Sätzen: »Gläubige – politische Gläubige –

---

[40] Vgl. nur *Dreier*, Festvortrag »Rezeption«, S. 25 und *Olechowski*, Kelsen-Biographie, S. 397.

[41] Vgl. *Raphael Gross*, Carl Schmitt und die Juden. Eine deutsche Rechtslehre, Frankfurt am Main 2000, passim.

[42] *Carl Schmitt*, Schlußwort des Reichsgruppenwalters Staatsrat Prof. Dr. Carl Schmitt, in: Das Judentum in der Rechtswissenschaft, Heft 1. Die deutsche Rechtswissenschaft im Kampf gegen den jüdischen Geist: Ansprachen, Vorträge und Ergebnisse der Tagung der Reichsgruppe Hochschullehrer im NSRB am 3. und 4. Oktober 1936, Berlin 1936, S. 28–34 (30).

[43] *Carl Schmitt*, Der Begriff des Politischen. Text von 1932 mit einem Vorwort und drei Corollarien, Berlin 1963, S. 55.

[44] *Horst Dreier*, Joh 18, Wertrelativismus und Demokratietheorie, in: Robert Walter/Klaus Zeleny (Hrsg.), Reflexionen über Demokratie und Recht, Wien 2009, S. 13–31.

[45] So *Englard*, Kelsens Reine Rechtslehre, S. 111.

[46] *Hans Kelsen*, Vom Wesen und Wert der Demokratie, 2. Auflage Tübingen 1929, S. 103.

mögen einwenden, dass genau dieses Beispiel eher gegen als für die Demokratie spricht. Diesem Einwand muss stattgegeben werden, aber nur unter einer Bedingung: daß diese Gläubigen sich ihrer politischen Wahrheit, die sie notfalls mit Gewalt durchsetzen werden, ebenso sicher sind, wie der Sohn Gottes seiner selbst.«

Der agnostische Kelsen anerkennt somit die Möglichkeit des Glaubens. In ihm sieht er einen Ausdruck subjektiver Gewissheit, die auch dann besteht, wenn der Gläubige seine Erfahrung nicht zugleich für objektiv wahr – und damit für alle verbindlich – hält. Wie Dreier festhält, darf Kelsens Wertrelativismus also keineswegs als Wertnihilismus missverstanden werden.[47]

Kelsen verstand Religion als ein System von Normen, deren Geltung dem Willen Gottes zugeschrieben wird.[48] Dabei ist die Religion als Normensystem von der Theologie als dessen Beschreibung zu unterscheiden: Werden religiöse Normen wissenschaftlich beschrieben, so müsse dies unter der Voraussetzung geschehen, dass dem die »Grundnorm« – die Gebote Gottes sind zu befolgen – vorangestellt werde, nur so könne das objektive »Sollen« religiöser Normen – ihre Geltung erreicht werden.

Der Wille Gottes als Geltungsvoraussetzung hängt eng mit Kelsens normtheoretischem Spätwerk zusammen, das dem Grundsatz »Kein Imperativ ohne Imperator« folgt. In der »Allgemeinen Normentheorie« beruht die Positivität des Rechts für Kelsen – neben einer gewissen Wirksamkeit – auf der Normsetzung, also auf realen menschlichen Willensakten.[49] Dies treffe sogar dann zu, wenn der Willensakt der Autorität, dessen Bedeutung die bloß gedachte Norm ist, fiktiv sei. Denn – so Kelsen – könne man sich eine solche Norm nur als Bedeutung eines Willensaktes vorstellen, der unter einem vorauszusetzen sei.[50] Übertragen auf ein religiöses Normensystem müssen Willensakte in ihrem fiktiven Kontext angenommen bzw. geglaubt werden, wesentlich ist jedoch die Vorstellung eines persönlichen Gottes. Für Kelsen ergibt die Vorstellung einer Religion ohne Gott folgerichtig keinen Sinn. In der Tat stellt Kelsen hier geradezu »eine reine

---

[47] *Dreier,* Joh 18, S. 18.

[48] *Hans Kelsen*, Politics, Ethics, Religion and law, in: Gerhard Ritter/Gilbert Ziebura (Hrsg.), Faktoren der politischen Entscheidung. Festgabe für Ernst Frankel zum 65. Geburtstag, Berlin 1963, S. 3–7.

[49] *Hans Kelsen*, Allgemeine Theorie der Normen, Wien 1979, S. 186. Es geht hier nicht um die Probleme eines nur vermeintlich realpsychischen Willensaktes – vgl. dazu *Clemens Jabloner*, Kein Imperativ ohne Imperator – Anmerkungen zu einer These Kelsens, in: Robert Walter (Hrsg.), Untersuchungen zur Reinen Rechtslehre II, Wien 1988, 75 (79), sondern vielmehr darum, wie konsistent Kelsen denkt.

[50] *Hans Kelsen*, Die Grundlagen der Naturrechtslehre, in: Franz-Martin Schmölz (Hrsg.), Das Naturrecht in der politischen Theorie, Wien 1963, S. 1–37 (5): »[...] nun kann man vielleicht zugeben, daß Normen nicht notwendig das Sinn menschlicher Willensakte sein müssen. Keinesfalls kann man aber zugeben, daß es Normen gibt, die nicht das Sinn eines Willensaktes, wenn auch nicht gerade eines menschlichen Willensaktes, sind«.

Theorie Gottes« auf[51] und bezeichnete sich, als er 1963 zu Vertretern der Naturrechtslehre sprach, mit sanfter Ironie sogar als »advocatus Dei«.[52]

Das Gottesbild Kelsens hängt mit der Abwehr einer naturrechtlichen Überstülpung der Reinen Rechtslehre zusammen, wie sie in Österreich in der frühen Nachkriegszeit betrieben wurde.[53] Verdross etwa übernahm zwar Kelsens hierarchischen Aufbau des Rechts und insoweit auch den rechtspositivistischen Geltungsbegriff, mochte diesem aber nur eine Funktion »neben einer Rechtswertlehre und Metaphysik« des Rechts einräumen.[54]

1962 fand in Salzburg ein »Forschungsgespräch« zum Thema »Das Naturrecht in der politischen Theorie« statt, zu dem man neben Kelsen einige Rechtsphilosophen, politische Theoretiker und Theologen eingeladen hatte.[55] Die Veranstaltung hatte zeitweilig weniger den Charakter einer wissenschaftlichen Tagung als vielmehr eines Exorzismus, wollte man doch Kelsen unbedingt dazu bringen, das Naturrecht zu akzeptieren. Nun hielt Kelsen zwar ein Naturrecht für denkmöglich, wenn man es als Emanation eines göttlichen Willens auffasst, doch an Gott muss – und kann nur – geglaubt werden. Das genügte aber den anwesenden Naturrechtlern keineswegs. Vielmehr ging es ihnen darum, das Naturrecht aus einer ontologischen Ordnung heraus abzuleiten, was für Kelsen wegen des grundlegenden Paradigmas der Trennung von Sein und Sollen nicht in Betracht kommen konnte.[56]

VI. Dworkins Religion

Ronald Dworkins 2013 erschienene Schrift »Religion without God« hat mit der eingangs geschilderten reaktionären Positionen Voegelins nichts gemein. Aller-

---

[51] Vorsichtig *Englard*, Kelsens Reine Rechtslehre, S. 110: »[...] man könnte fast sagen, es sei eine reine Gotteslehre.«

[52] *Kelsen*, Grundlagen der Naturrechtslehre, S. 1.

[53] Vgl. *Franz Fillafer/Johannes Feichtinger*, Natural Law and the Vienna School: Hans Kelsen, Alfred Verdross and Eric Voegelin, in: Peter Langford/Ian Bryan/John McGarry (Hrsg.), Hans Kelsen and the Natural Law Tradition, Leiden/Boston 2019, S. 425–461.

[54] Vgl. *Alfred Verdross,* Abendländische Rechtsphilosophie, 2. Auflage Wien 1963, S. 190, 193.

[55] Vgl. Franz-Martin Schmölz (Hrsg.), Das Naturrecht in der politischen Theorie, Wien 1963.

[56] *René Marcic*, Das Naturrecht als Grundnorm der Verfassung, in: Franz-Martin Schmölz (Hrsg.), Das Naturrecht in der politischen Theorie, Wien 1963, S. 69–90 (85). Vgl. auch *Albert Auer*, Diskussionsbemerkung: Existenz und Erkennbarkeit Gottes, in: Franz-Martin Schmölz (Hrsg.), Das Naturrecht in der politischen Theorie, Wien 1963, S. 117–118 (117): »Wir Theologen, die ein Naturrecht vertreten, nehmen an, daß der übernatürliche, theologische Glaube, nicht nötig ist, um an einem Naturrecht festzuhalten. Das, was unseres Erachtens das Naturrecht voraussetzt, ist die philosophisch-rationale Erkennbarkeit Gottes durch die natürliche Vernunft.« Zur gegenaufklärerischen Tendenz Marcic' vgl. auch *Ulfrid Neumann*, Rechtsphilosophie in Deutschland seit 1945, in: ders., Recht als Struktur und Argumentation, Baden-Baden 2008, S. 257–294 (265).

dings gerät Dworkins Religionsbegriff zum posthumen Ziel von Kelsens Kritik. Denn Dworkin ist überzeugt davon, dass Religion tiefer als Gott sei, so der erste Satz seines Vortrags, und vertritt die Ansicht: »belief in a god is only one possible manifestation or consequence of that deeper worldview«. Ganz anders als Kelsen meint Dworkin, dass die »conviction that a god underwrites value [...] presupposes prior commitment to the independent reality of that value«.[57] Nur konsequent setzt Dworkin »the objective truth of two central judgments about values« voraus: »Life's intrinsic meaning and nature's intrinsic beauty«.[58]

Doch wie erlangt man diese Sicherheit ohne die Autorität eines Gottes? Dworkin argumentiert, dass es auch in den Naturwissenschaften und in der Mathematik Grundannahmen brauche, denn die Wissenschaft könne sich nicht selbst bestätigen, vielmehr müsse sie annehmen, dass es eine Außenwelt gibt oder die Axiome der Mathematik akzeptieren. Diese Bestätigung beruhe aber nicht auf einem Konsens, sondern auf je persönlicher Evidenz, die freilich nicht rein subjektiv zu verstehen sei, denn »we cannot have that conviction without thinking that it is objectively true«.[59] Nun aber muss Dworkin als rationaler Denker eine Grenze zwischen allgemeinen religiösen Weltanschauungen und etwa kreationistischen Überzeugungen ziehen. Dazu trennt Dworkin bei den traditionellen theistischen Religionen den Wissenschaftsteil vom Werteteil – für ihn »als religiösen Atheisten« zähle nur der zweite Teil.

Dworkin befasst sich dann mit dem grundlegenden theistischen Problem des Gottesbildes und hier allein stimmt er mit Kelsen überein, »that a non-personal god is an ›obscure idea‹, which we no longer need«.[60]

Ronald Dworkin war ein zutiefst humaner Gelehrter, der diese bewegende Schrift nahe seinem Lebensende schrieb. Doch die Analogie zwischen der Gewissheit über die reale Welt und der Gewissheit von Werten überzeugt nicht: Die erste Gewissheit mag – in Dworkins Worten – eine implizite »Annahme« sein, die wir treffen, während wir in der Realität handeln und über sie sprechen. Die zweite Gewissheit läuft aber auf eine individuelle Evidenzerfahrung hinaus, auf eine eher romantische Art, Werte zu »erschauen«. Darüber hinaus macht es in der tatsächlichen Erfahrung keinen Unterschied, ob man an die Realität glaubt oder nicht, was bei Werten offensichtlich nicht der Fall ist.[61]

Was die Objektivität von Werten betrifft, sind Kelsen und Dworkin hier genauso uneinig wie in ihrer jeweiligen Rechtstheorie. In seiner Interpretationslehre lehrt Kelsen, dass die Rechtswissenschaft nur einen Rahmen möglicher Interpretationen bieten könne, es bliebe Sache des Richters, zwischen diesen

---

[57] *Dworkin*, Religion without God, S. 1.

[58] *Dworkin*, Religion without God, S. 10.

[59] *Dworkin*, Religion without God, S. 20.

[60] *Dworkin*, Religion without God, S. 43.

[61] Ein wahnsinniger Solipsist könnte argumentieren, es gäbe keinen Grund, nicht zu morden, da die Realität nur (s)eine Illusion sei.

Möglichkeiten zu entscheiden.[62] In Dworkins Theorie ist es gerade die zentrale Aufgabe des Richters, die rechtsrichtige Auslegung zu finden. Nach Kelsens Ansicht liegen die berühmten »harten Fälle« daher außerhalb des »Imperiums des Rechts«, aber nach Dworkins Ansicht befinden sie sich im Kern. Dworkins wichtigstes Argument ist, dass der Richter seine Meinung nicht als eine von mehreren möglichen Lösungen betrachten kann, sondern davon überzeugt sein muss, die richtige Lösung gefunden zu haben – »interpretation aims at truth«.[63]

Im gegebenen Rahmen geht es freilich nicht um die rechtstheoretische Frage der Interpretation, sondern es soll hervortreten, wie konsequent Kelsen und Dworkin ihre jeweiligen Methoden befolgten. Nicht übersehen werden sollte, dass die Gelehrten jeweils unterschiedliche Menschen ansprechen: Dworkin den Richter, der einen Fall entscheidet, Kelsen die Rechtswissenschaftlerin, die nicht ihre Meinung als wissenschaftliche Wahrheit verkaufen soll. Auf der religiösen Ebene denkt Kelsen an den Theologen, der (s)einen Glauben darstellt, während Dworkins Gegenüber die Gläubige selbst ist.

---

[62] *Hans Kelsen,* Reine Rechtslehre, 2. Auflage Wien 1964, S. 346.

[63] *Ronald Dworkin,* Justice for Hedgehogs, Cambridge/London 2011, S. 126.

Der Stufenbau der Rechtsordnung

Von den Tücken einer Metapher

Matthias Jestaedt

I. Ein nur scheinbar vertrautes Thema

Der Stufenbau der Rechtsordnung gehört zweifelsohne zum Markenkern der Reinen Rechtslehre. Und doch wird das Konzept verbreitet in Lesarten tradiert, rezipiert und diskutiert, die sich die Frage gefallen lassen müssen, ob und inwieweit sie mit dem Wiener Original übereinstimmen. In einer ersten Annäherung seien drei knappe Bemerkungen zum Konzept des Stufenbaus der Rechtsordnung vorausgeschickt, die unstreitig sein dürften.

(1) Ohne das Theorem des Stufenbaus der Rechtsordnung lässt sich die Reine Rechtslehre – gleichviel, ob man darunter (a) das Denkkollektiv, das *Hans Kelsen* in der zweiten und dritten Dekade des 20. Jahrhunderts um sich versammelt hat, also die »Wiener Schule der Rechtstheorie«, (b) das von diesem Kreis erarbeitete Rechtserklärungskonzept, dessen, wenn man so will, juridische Weltanschauung, oder (c) die von *Hans Kelsen* just unter diesem Titel verfassten Monografien versteht – in ihrem Kern weder erklären noch verstehen. Der Stufenbau der Rechtsordnung gehört also zu den Essentialia der Reinen Rechtslehre.[1]

(2) Mit keinem anderen rechtsphilosophischen oder rechtstheoretischen Konzept wird die Reine Rechtslehre im globalen Diskurs in so unlösbare Beziehung

---

[1] Das sieht auch *Horst Dreier* so (vgl. etwa *Horst Dreier*, Hans Kelsen [1881–1973], in: Peter Häberle/Michael Kilian/Heinrich Amadeus Wolff [Hrsg.], Staatsrechtslehrer des 20. Jahrhunderts. Deutschland – Österreich – Schweiz, 2. Auflage 2018, S. 281–303 [289 f.]; *ders.*, Hans Kelsen zur Einführung, Hamburg 2023, S. 121–125). Nichtsdestoweniger fällt auf, dass *Dreier*, der wie kaum ein zweiter deutscher Staatsrechtslehrer zu *Kelsen* publiziert und dessen Werk in der deutschen Jurisprudenz wieder diskursfähig gemacht hat, doch nie vertieft zum Stufenbautheorem gearbeitet hat; seine ausführlichste Darstellung und Auseinandersetzung findet sich bereits in der Dissertation: *Horst Dreier*, Rechtslehre, Staatssoziologie und Demokratietheorie bei Hans Kelsen, 2. Auflage Baden-Baden 1990, S. 129–136. Auch in dem frühen Beitrag *Horst Dreier*, Hans Kelsen und Niklas Luhmann: Positivität des Rechts aus rechtswissenschaftlicher und systemtheoretischer Perspektive, in: Rechtstheorie 14 [1983], S. 419–458), der durchaus Anlass gegeben hätte, den Stufenbaugedanken *Kelsens* mit dem *Luhmann*'schen Konzept des autopoietischen Systems zu vergleichen, wird die Stufenbaulehre nur am Rande angesprochen. Prägnanter und souveräner Überblick über Wesen und Wert der Stufenbaulehre bei *Kelsen*: *Dreier*, Kelsen zur Einführung, S. 121–125.

gebracht wie mit dem Stufenbau der Rechtsordnung (Konkurrenz kann ihm hier allenfalls das in seiner Bedeutung freilich überschätzte Konzept der Grundnorm machen[2]). Wer Stufenbau sagt, adressiert in aller Regelmäßigkeit – wenigstens mittelbar – die Reine Rechtslehre. Nicht zuletzt wird am Stufenbautheorem die fortwirkende Erklärungsmächtigkeit der Reinen Rechtslehre in modernen Diskursen erwiesen. Der Stufenbau erscheint auf diese Weise gleichermaßen als Markenkern und Exportschlager der Reinen Rechtslehre.

(3) Das Stufenbau-Theorem verdankt seinen Erfolg nicht zuletzt seiner intuitiven, bildsprachlichen Eingängigkeit, kurz: seiner Anschaulichkeit. Es bedarf, um verstanden zu werden, keiner weitschweifigen, voraussetzungsreichen und komplizierten Erläuterungen. Es darf als Glücksfall einer gelungenen Übersetzung, genauer: einer einprägsamen Visualisierung eines zentralen Strukturmerkmals modern-arbeitsteiliger Rechtsordnungen gelten. Die Stufenbau-Lehre nimmt damit einen der vorderen Ränge unter den rechtswissenschaftlichen Vermarktungserfolgen ein.

Doch dieser Erfolg hat seinen Preis. Dieser zeigt sich bereits daran, dass im modernen Diskurs über das Stufenbau-Theorem recht selten unmittelbar auf *Kelsens* Schriften verwiesen wird. Ausgehend von *Kelsens* wohl genialstem Schüler, *Adolf Julius Merkl*, und dessen »Prolegomena einer Theorie des rechtlichen Stufenbaues«,[3] entfernt sich der Diskurs in aller Regel davon, was *Kelsen* namentlich in den beiden Auflagen der »Reinen Rechtslehre« 1934 und 1960 unter dem Topos des Stufenbaus der Rechtsordnung verhandelt hat. *Kelsen* bei der Stufenbau-Diskussion weithin außen vor zu lassen, mutet indes schon deswegen irritierend an, weil dieser den längsten Einzelparagrafen der Zweitauflage der »Reinen Rechtslehre« (§ 35 mit 55 Druckseiten im Original und mit 92 Druckseiten in der Studienausgabe) mit »Der Stufenbau der Rechtsordnung« überschrieben hat.[4] Der Zugang zu *Kelsens* Vorstellungen vom Stufenbau der Rechtsordnung wird durch einen weiteren Zugang erschwert, um nicht zu sagen: verstellt, und zwar einen ausgesprochen wirkmächtigen Zugang, den man als populärwissenschaftlich-banalisierende Rezeption der Reinen Rechtslehre charakterisieren könnte. Nun könnte man – sich nicht von der Bedeutung *Kelsens* einschüchtern lassend – die These vertreten, dass die modernen Diskurse eben *Kelsen* fortgedacht und -entwickelt und damit dessen Konzept im *Hegel*'schen Doppelsinne aufgehoben hätten. Doch davon kann, bei Lichte besehen, nicht

---

[2] Näher ausgeführt: *Matthias Jestaedt*, Geltung des Systems und Geltung im System. Wozu man die Grundnorm braucht – und wozu nicht, in: JZ 2013, S. 1009–1021.

[3] *Adolf Julius Merkl*, Prolegomena einer Theorie des rechtlichen Stufenbaues (1931), in: ders., Gesammelte Schriften, Band I/1, Berlin 1993, S. 437–492.

[4] *Hans Kelsen*, Reine Rechtslehre. Mit einem Anhang: Das Problem der Gerechtigkeit, 2. Auflage Wien 1960 (Studienausgabe der 2. Auflage, Wien 1960, hrsgg. von Matthias Jestaedt, Tübingen 2017), S. 228–282/398–490 (die erste Seitenangabe bezieht sich – hier wie auch bei der Erstauflage der »Reinen Rechtslehre« und der »Allgemeinen Staatslehre« – auf die Original-, die zweite auf die Studienausgabe).

die Rede sein. Vielmehr kann eine Rückbesinnung darauf, welche Rolle der Stufenbau der Rechtsordnung in *Kelsens* Rechtserklärungskonzept spielt, dem aktuellen Diskurs über die Grundstrukturen moderner Rechtsordnungen wichtige neue Impulse verleihen.

Damit ist der Weg der Überlegungen vorgezeichnet: In einem ersten Teil geht es um die beiden Diskurse, die es beschwerlich machen, zu unserer Thematik vorzustoßen. Erst wenn diese Hindernisse erkannt und beiseite geräumt sind, können wir uns *Kelsens* Vorstellungen vom Stufenbau der Rechtsordnung zuwenden.

II. Hindernisse auf dem Weg zu Kelsens Stufenbau-Konzeption

Beginnen wir also mit den beiden Hindernissen, die zunächst überwunden werden müssen, um zu *Kelsens* Vorstellungen zum Stufenbau der Rechtsordnung vordringen zu können. Das erste Hindernis entstammt dem Diskurs, wenn diese plakative, aber nicht (ab)wertend gemeinte Charakterisierung gestattet ist, rechtstheoretischer Laien, das zweite hingegen dem rechtstheoretischen Expertendiskurs.

1. Hindernisse im rechtstheoretischen Laiendiskurs

Zunächst also zum weitverbreiteten rechtstheoretischen *Laien*diskurs: Der Stufenbau der Rechtsordnung wird – insbesondere in jenen Ländern, in denen die Reine Rechtslehre zu den herausgehobenen juridischen Studieninhalten des ersten Studienjahres gezählt, in denen also der Reinen Rechtslehre gewissermaßen kanonischer Status zuerkannt wird – in die griffige und eingängige Kurzformel »*Kelsens* Normenpyramide« oder auch die »kelsenianische Normenpyramide« übersetzt.[5] Das gilt für Mittel- und Südamerika genauso wie für Spanien oder Portugal, für Italien und die Türkei genauso wie für Südkorea oder Japan. Selbst in der anglophonen Welt, die deutlich weniger Verständnis für die Reine Rechtslehre aufbringt, liest man vielfach von *Kelsens* Normenpyramide.[6] Auch im

---

[5] Beispiele aus primär didaktisch angelegten Internetbeiträgen: *Uzair Alvi*, What is the Kelsen Pyramid of Law – Hierarchy of Norms, https://whatmaster.com/pyramid-of-kelsen/ (hier und im Folgenden 23. Januar 2024) (Mexico); (*Dome Expertise Tributária*), Entenda a importância da pirâmide de Hans Kelsen para a legislação tributária, https://vempradome.com.br/blog/piramide-de-hans-kelsen/ (Brasilien); *Luis Manuel Madrigal*, La Pirámide de Kelsen, versión Costa Rica, https://delfino.cr/2019/02/la-piramide-de-kelsen-version-costa-rica (Costa Rica); *Maxime Bizeau*, Pyramide de Kelsen et hiérarchie des normes, https://fiches-droit.com/pyramide-de-kelsen (Frankreich); *Raphaël Briguet-Lamarre*, Pyramide de Kelsen et hiérarchie des normes, https://aideauxtd.com/pyramide-de-kelsen/ (Frankreich).

[6] Vgl. aus der Lehrbuchliteratur beispielsweise *Miguel Reale*, Lições Preliminares de Direito, 27. Auflage São Paulo 2002, S. 291–293 (Brasilien); *Alysson Leandro Mascaro*, Introdução ao

deutschen Sprachraum – in Deutschland und der Schweiz wohl mehr als in Österreich – kennt man von *Kelsen* in erster Linie »dessen« ebenso intuitive wie suggestive Visualisierung der arbeitsteiligen Rechtsordnung in Gestalt der Normenpyramide, die gleichsam den inneren Bauplan des Verfassungsstaates mit der Verfassung an der alles dirigierenden Spitze erkennbar werden lässt.[7] Lassen Sie mich gleichsam in Parenthese ergänzen: Zum rechts*theoretischen* Laiendiskurs zähle ich weite Bereiche des rechts*philosophischen* Diskurses namentlich angloamerikanischer Provenienz, wenn und soweit dort nämlich das Recht allein im generischen Singular – als »the Law« – adressiert wird und an dessen konkreter arbeitsteiliger Binnenstruktur, an kontingenten Rechtssatzformen in ihrem Zusammenwirken oder gar an einzelnen positivrechtlichen Bestimmungen kein Interesse besteht.

Schaut man indes genauer hin, so erweist sich schnell, dass es sich bei der Normenpyramide um eine eminente Fehlzuschreibung handelt. Und das liegt am wenigsten daran, dass *Kelsen* selbst die Metapher von der Pyramide, soweit ersichtlich, überhaupt nicht, jedenfalls nicht in seinen rechtstheoretischen

---

Estudo do Direito, 6. Auflage São Paulo 2018, Kap. 9 (Brasilien); *Paulo Dourado Gusmão*, Introdução ao Estudo do Direito, 20. Auflage Rio de Janeiro 1997, S. 101 (Brasilien); *Agustín Squella Narducci*, Introducción al Derecho, Santiago 2000, S. 327 (Chile); *Gianella Bardazzano/Ricardo Marquisio* (Hrsg.), Introducción a la teoría del derecho, Montevideo 2022, S. 165 (Uruguay). – Freilich ist die Redeweise von der *Kelsen* und der Reinen Rechtslehre zugeschriebenen Normenpyramide nicht auf den nichtrechtstheoretischen Diskurs beschränkt; vgl. etwa *Eduardo García Máynez*, Algunos Aspectos de la Doctrina Kelseniana. Exposición y crítica, Ciudad de Mexico 1978, S. 127; *Veronique Champeil Desplats*, Michel Troper (1938–), in: Enrico Pattaro/Corrado Roversi (Hrsg.), A Treatise of Legal Philosophy and General Jurisprudence. Band 12: Legal Philosophy in the Twentieth Century. The Civil Law World, Cham 2016, S. 448–455 (454); *Giorgio Bongiovanni*, Legal Positivism in the First Half of the 20th Century, in: Enrico Pattaro/Corrado Roversi (Hrsg.), A Treatise of Legal Philosophy and General Jurisprudence. Band 12: Legal Philosophy in the Twentieth Century. The Civil Law World, Cham 2016, S. 187–241 (211); *Mario Galindo Soza*, La pirámide de Kelsen o jerarquía normativa en la nueva CPE y el nuevo derecho autonómico, in: Revista Jurídica Derecho 7/9 (2018), S. 126–148. Für die Anglophonie: *Lon Fuller*, The Morality of Law. Revised Edition, New Haven/London 1969, S. 110; kritisch zu einer derartigen Lesart aber etwa *Herbert Hart*, Lon L. Fuller. The Morality of Law, in: Herbert Hart, Essays on Jurisprudence and Philosophy, Oxford 1983, S. 343–364 (354); *Joseph Raz*, The Concept of a Legal System, 2. Auflage New York 1997, S. 99.

[7] Stellvertretend (wenngleich selbstredend nicht dem rechtstheoretischen Laiendiskurs zuzurechnen!) *Thomas Vesting*, Rechtstheorie, 2. Auflage München 2015, S. 41. Von einer »pyramidalen Hierarchie [...] in einem dynamischen System« spricht der *Kelsen*-Schüler *William Ebenstein:* »a pyramidal hierarchy of higher and lower norms in a dynamic system of constant creation of law through the gradual concretisation of higher norms in lower ones« (The Pure Theory of Law: Demythologizing Legal Thought, in: California Law Review 59 [1971], S. 617–652 [643]). – Selbst *Horst Dreier*, der im Übrigen – meines Erachtens mit gutem Recht – stärker die strukturierenden und strukturellen Aspekte der Stufenbaulehre herausstreicht (*Dreier*, Rechtslehre, S. 129–136), meint 1986/1990, dass »die Annahme einer höchsten und letzten Norm, der Grundnorm [...] zu der Vorstellung [zwinge], daß die Normen einer positiven Rechtsordnung in einem Verhältnis der Über- und Unterordnung stehen, eine *Normpyramide* bilden« (*Dreier*, Rechtslehre, S. 129f.; Hervorhebung nicht im Original). In der sehr ähnlichen Passage in *Dreier*, Kelsen zur Einführung, S. 121, taucht 2023 freilich die »Normpyramide« nicht mehr auf.

Hauptschriften, also der »Allgemeinen Staatslehre« von 1925,[8] der Erstauflage der »Reinen Rechtslehre« von 1934,[9] der »General Theory of Law and State« von 1945[10] oder der Zweitauflage der »Reinen Rechtslehre« von 1960[11] verwendet. Vielmehr erweist sich die Visualisierung der Rechtsordnung durch die Normenpyramide als eine ins Groteske verzerrte Karikatur der komplexen Lehren *Kelsens* zum Stufenbau der Rechtsordnung, die einige wenige Charakteristika als das Ganze erscheinen lassen, indes das Gros der Bauelemente des Stufenbautheorems invisibilisiert wird. Würde die Metapher von der Normenpyramide nicht in aller Regel *bona fide* und in der Absicht, Wesentliches über die Binnenstruktur modernen Rechts auszusagen, eingesetzt, sie wäre für deren Gegner die nachgerade perfekte Referenz, um die »Reine Rechtslehre« als formalistisch-simplizistisch und ihren eigenen hohen Ansprüchen nicht gerecht werdend, als selbstwidersprüchlich und kinderleicht zu widerlegen, zu desavouieren und zu diskreditieren.

Um nur die sechs wichtigsten Defizite oder auch Insinuationen der Metapher von der Normenpyramide stichwortartig zu bezeichnen:

(1) Die Pyramide insinuiert eine statische, in sich ruhende Ordnung, indes die Stufenbaulehre das zentrale Mittel ist, der Rechtsdynamik eine adäquate Ausdrucksweise zu verleihen.[12]

(2) Die Pyramide insinuiert, dass sich die Normen der jeweils unteren Stufe in Geltung und Inhalt aus jenen der jeweils oberen Stufe ohne weiteres deduzieren lassen; damit wird verdeckt, dass es eines – konstitutiven – Rechtserzeugungsaktes auf der unteren Stufe bedarf, der dem betreffenden Rechtserzeuger ein eigenes, sich im Stufenbau nicht abbildbares Eigengewicht im Rechtserzeugungsprozess verleiht.[13]

(3) Die Pyramide insinuiert, dass Einheit über der Vielheit allein über eine Kollisionslösung in der Vertikalen der Rechtssatzformen (Verfassung, Gesetz, Ver-

---

[8] *Hans Kelsen*, Allgemeine Staatslehre, Berlin 1925 (Studienausgabe der »Allgemeine Staatslehre«, hrsgg. von Matthias Jestaedt, Tübingen 2019).

[9] *Hans Kelsen*, Reine Rechtslehre. Einleitung in die rechtswissenschaftliche Problematik, 1. Auflage Leipzig/Wien 1934 (Studienausgabe der 1. Auflage 1934, hrsgg. von Matthias Jestaedt, Tübingen 2008).

[10] *Hans Kelsen*, General Theory of Law and State, übersetzt von Anders Wedberg, Cambridge/Mass. 1945.

[11] *Kelsen*, Reine Rechtslehre 1960.

[12] Dazu, dass das Stufenbau-Konzept das bedeutendste Ausdrucksmittel der Rechtsdynamik darstellt, wortlautidentisch *Kelsen*, Reine Rechtslehre 1934, S. 107/117, sowie *Kelsen*, Reine Rechtslehre 1960, S. 283/491: »Die Lehre vom Stufenbau der Rechtsordnung erfaßt das Recht in seiner *Bewegung*, in dem ständig sich erneuernden Prozeß seiner Selbsterzeugung. Es ist eine *dynamische*, zum Unterschied von einer statischen Theorie des Rechts, die das Recht ohne Rücksicht auf seine Erzeugung, nur als erzeugte Ordnung, seine Geltung, seinen Geltungsbereich usw. zu begreifen sucht.« (Hervorhebungen nicht im Original)

[13] Dazu, am Beispiel der richterlichen Entscheidung: *Kelsen*, Reine Rechtslehre 1960, S. 242 ff./423 ff.

ordnung, Verwaltungsakt u.s.f.) – also über die *lex superior* – hergestellt wird. Die Ordnungsherstellung in der Horizontalen – insbesondere über die *lex posterior* und die *lex specialis* – findet hier keinen Platz, erscheint folglich als Fremdkörper.

(4) Die Pyramide invisibilisiert die Unterscheidung des Rechtserzeugungs- und Rechtsvernichtungszusammenhangs nach axiologischen und genealogischen Gesichtspunkten. Darauf wird im Kontext mit *Merkl* zurückzukommen sein.[14]

(5) Die Pyramide insinuiert, dass Rangstufe und Abstraktionsstufe im Stufenbau notwendigerweise korrelieren: je höher der Abstraktionsgrad, desto größer die derogatorische Kraft. Das ist indes am offensichtlichsten bei aus unterschiedlichen Rechtsschichten zusammengesetzten, also föderalen Rechtsordnungen nicht der Fall, in denen beispielsweise alles Bundesrecht gleichwelcher Abstraktions- oder Konkretisierungsstufe allem Landesrecht gleichwelcher Abstraktions- oder Konkretisierungsstufe vorgeht.[15] So verdrängt etwa ein bundesrechtlicher Verwaltungsakt eine entgegenstehende Bestimmung einer Landesverfassung.

(6) Last but not least: Die Pyramide insinuiert eine »schlichte« Hierarchie, in der sich die von der Rechtssatzform her höhere Norm (z.B. eine Verfassungsbestimmung) stets gegen eine niedrigere Norm (z.B. einen Verwaltungsakt) durchsetzt. Dabei wird indes unterschlagen, dass moderne Rechtsordnungen allesamt auch »intelligentere« Kollisionslösungsmechanismen einsetzen, die *Adolf Julius Merkl* mit dem wunderbaren Begriff des »Fehlerkalküls«[16] bezeichnet. Das Rechtsinstitut der Rechts- oder Bestandskraft belegt dies aufs eindrücklichste: Ein bestandskräftiger rechtswidriger (aber nicht nichtiger) Verwaltungsakt ist unanfechtbar und, soweit die sonstigen Voraussetzungen vorliegen, auch vollstreckbar – und das unbeschadet der Frage, ob die Rechtswidrigkeit aus einer Gesetzes- oder gar Verfassungsverletzung herrührt. Kurzum: Der Umgang des Rechts mit »fehlerhaftem Recht« findet im Bild der Pyramide keinen Platz.[17]

---

[14] Vgl. nachstehend bei und nach Anm. 24.

[15] So bestimmt etwa das deutsche Grundgesetz in Art. 31: »Bundesrecht bricht Landesrecht.« Eine derartige, primär an die Rechtsschicht (internationales, supranationales oder nationales Recht; Bundes- oder Landesrecht) statt an die konkrete Rechtssatzform (Verfassung, Gesetz, Rechtsverordnung, Satzung, Verwaltungsakt, Vertrag, Gerichtsurteil u.s.w.) anknüpfende Vorrangrelation besteht auch im Verhältnis von EU-Recht und mitgliedstaatlichem Recht; so geht etwa das regelmäßig viel konkretere EU-Sekundärrecht (etwa in Gestalt von Verordnungen und Richtlinien) mitgliedstaatlichem Recht gleichwelcher Rangstufe – das in aller Regel abstraktere Verfassungsrecht eingeschlossen – vor.

[16] Vgl. pars pro toto: *Adolf Julius Merkl*, Allgemeines Verwaltungsrecht, Wien/Berlin 1927, S. 191–201, bes. S. 196.

[17] Die Frage, ob es so etwas wie »rechtswidriges Recht« geben könne und wie sich dieses rechtstheoretisch einordnen lasse, hat die Wiener Schule der Rechtstheorie in zentraler Weise beschäftigt. Besonders sind insoweit die sich diametral widersprechenden Antworten von *Adolf Julius Merkl* (1890–1970) einerseits, *Fritz Sander* (1889–1939) andererseits hervorzuheben, dazu nunmehr umfassend: *Rodrigo Garcia Cadore*, »Rechtswidriges Recht«: Die Merkl-Sander-Kontroverse innerhalb der Wiener Schule der Rechtstheorie, Tübingen 2024, dort auch S. 283–303 eine umfassende Darstellung der *Merklschen* Fehlerkalkül-Lehre.

Oder anders: Mit rechtswidrigem Recht weiß die Pyramidendarstellung nichts Rechtes anzufangen.

Wenn ich das Vorgesagte zusammenfasse und auf den Punkt bringe, so ergibt sich Folgendes: Ein ganz erheblicher Teil jener Funktionsmechanismen moderner Rechtsordnungen, deren Aufdeckung und Analyse just auf die Arbeiten der Reinen Rechtslehre als Denkkollektiv zurückgehen, wird mit der Metapher von der Pyramide nicht erfasst und – schlimmer noch – invisibilisiert oder – wenigstens einschlussweise – dementiert. Das ist oder, genauer: das wäre ein vernichtendes Urteil über eine rechtstheoretische Strömung, die angetreten ist, eine möglichst exakte und objektive, sprich: realitätsgetreue Beschreibung der Funktionsweise des positiven Rechts zu geben.[18]

Vielleicht darf an dieser Stelle noch kurz ein Satz zu einem üblichen, hier aber nicht weiter verfolgten Missverständnis verloren werden: Die Stufenbau-Lehre versteht sich, wenn und soweit sie auf die Reine Rechtslehre zurückgeführt wird, ausdrücklich nicht als präskriptives, d. h. dem positiven Recht als orientierender Maßstab dienendes Konzept – das geltende Recht muss nicht so sein –, sondern exklusiv und explizit als deskriptiv und explikativ: Ihr Wert ist folglich daran zu messen, wie erklärungsmächtig und verständnisträchtig sie eine Ordnung des jeweils zu erfassenden positiven Rechts zur Darstellung zu bringen vermag.

2. *Hindernisse im rechtstheoretischen Expertendiskurs*

Damit zum Hindernis im rechtstheoretischen *Experten*diskurs: Wenn dort die Rede vom »Stufenbau der Rechtsordnung« ist, so denkt der Kenner in aller Regel nicht an *Kelsen*, sondern an deren eigentlichen Entdecker, der der Stufentheorie mit seinen »Prolegomena« in der *Kelsen*-Festschrift des Jahres 1931 den kanonischen Text geliefert hat: *Adolf Julius Merkl*. Ich muss weiter präzisieren: Ausgangspunkt der Überlegungen sind dann regelmäßig nicht *Kelsens* Ausführungen, sondern jene *Merkls*, wie sie sich in »Das Recht im Lichte seiner Anwendung« (1916 und 1917),[19] im »Doppelten Rechtsantlitz« (1918),[20] der »Lehre von der Rechtskraft« (1923),[21] dem »Allgemeinen Verwaltungsrecht« (1927)[22] und, last but not least, in den »Prolegomena« (1931)[23] finden.

---

[18] Zum Anspruch der Reinen Rechtslehre prägnant und programmatisch: *Kelsen*, Reine Rechtslehre 1934, Vorwort, S. III/3.

[19] *Adolf Julius Merkl*, Das Recht im Lichte seiner Anwendung (1916 und 1917), in: ders., Gesammelte Schriften, Band I/1, Berlin 1993, S. 85–146.

[20] *Adolf Julius Merkl*, Das doppelte Rechtsantlitz. Eine Betrachtung aus der Erkenntnistheorie des Rechts (1918), in: ders., Gesammelte Schriften, Band I/1, Berlin 1993, S. 227–252.

[21] *Adolf Julius Merkl*, Die Lehre von der Rechtskraft entwickelt aus dem Rechtsbegriff, Leipzig/Wien 1923.

[22] *Merkl*, Verwaltungsrecht.

[23] *Merkl*, Prolegomena.

Ausgangs- und nicht etwa Endpunkt deshalb, weil *Merkls* Lehre im weiteren rechtstheoretischen Diskurs regelmäßig nicht bloß historisch rekonstruiert und gewürdigt, sondern vielfach am Maßstab des (jeweils) *aktuellen* rechtstheoretischen Erkenntnisstandes gemessen, auf ihren *heutigen* Erklärungswert hin befragt und regelmäßig mit entsprechenden Theorie-Anbauten im Sinne eines ihre *gegenwärtige* Leistungsfähigkeit steigernden *aggiornamento* versehen wird. So lesen wir heute *Merkl*, um nur die markanteste Weiterentwicklung zu nennen, durch die Brille des Merkl-Schülers *Robert Walter*, dessen Verdienst es ist, den beiden bei *Merkl* lediglich ansatz- und einschlussweise unterschiedenen Stufenbauten – jenem nach dem Bedingungszusammenhang und jenem nach der derogatorischen Kraft – einen je eigenen Namen und ein je eigenes konzeptionelles Gewand verliehen zu haben.[24] Aus der jüngeren Literatur seien – *pars pro toto* – *Theodor Schilling*, *Rainer Lippold*, *Peter Koller*, *Martin Borowski*, *Ewald Wiederin*, *Thomas Hochmann*, *Lucas Hartmann* oder auch *Christoph Kletzer* genannt.[25] Auch das im rezentesten Band der Schriftenreihe des Hans Kelsen-Instituts dokumentierte Kolloquium »Der Stufenbau des Rechts auf dem Prüfstand« ist ganz selbstverständlich *Adolf Julius Merkl* gewidmet – schon das Frontispiz, das Merkl im Jahre 1927 zeigt, und das Vorwort der Herausgeber lassen hieran keinen Zweifel.[26]

---

[24] Vgl. *Robert Walter*, Der Aufbau der Rechtsordnung. Eine rechtstheoretische Untersuchung auf Grundlage der Reinen Rechtslehre, Wien 1964, bes. S. 53–68.

[25] Vgl. *Theodor Schilling*, Rang und Geltung von Normen in gestuften Rechtsordnungen, Berlin 1994; *Rainer Lippold*, Recht und Ordnung. Statik und Dynamik der Rechtsordnung, Wien 2000; *Peter Koller*, Zur Theorie des rechtlichen Stufenbaus, in: Stanley L. Paulson/Michael Stolleis (Hrsg.), Hans Kelsen – Staatsrechtslehrer und Rechtstheoretiker des 20. Jahrhunderts, Tübingen 2005, S. 106–121; *Martin Borowski*, Die Lehre vom Stufenbau nach Adolf Julius Merkl, in: Stanley L. Paulson/Michael Stolleis (Hrsg.), Hans Kelsen – Staatsrechtslehrer und Rechtstheoretiker des 20. Jahrhunderts, Tübingen 2005, S. 122–159; *Ewald Wiederin*, Die Stufenbaulehre Adolf Julius Merkls, in: Stefan Griller/Heinz-Peter Rill (Hrsg.), Rechtstheorie: Rechtsbegriff – Dynamik – Auslegung, Wien 2011, S. 81–134; *Thomas Hochmann*, Les théories de la »prise en compte des défauts« et de l'»habilitation alternative«, in: Thomas Hochmann/Xavier Magnon/Régis Ponsard (Hrsg.), Un classique méconnu: Hans Kelsen, Paris 2019, S. 333–358; *Lucas Hartmann*, Fehlerfolgen: Ist die verfassungsgerichtliche Ultra-vires- und Identitätskontrolle aus verfassungsrechtlichen Gründen rechtlich wirkungslos? Rechtstheoretische Analyse eines Scheinriesen, in: Der Staat 60 (2021), S. 387–431; *Christoph Kletzer*, Der Stufenbau als Archetyp des Rechts?, in: Clemens Jabloner/Thomas Olechowski/Klaus Zeleny (Hrsg.), Der Stufenbau des Rechts auf dem Prüfstand, Wien 2022, S. 1–23 – *Kletzer* freilich nimmt in der vorgenannten Reihe gewissermaßen eine Sonderrolle ein, positioniert er sich zur Stufenbaulehre doch ähnlich wie der hiesige Text. Auch hier darf – im Anschluss an Fn. 1 – bemerkt werden, dass sich *Dreier*, sieht man einmal von der Schrift zur Rezeption der Lehren *Merkls* in der deutschen Verwaltungsrechtslehre ab (*Horst Dreier*, Merkls Verwaltungsrechtslehre und die heutige deutsche Dogmatik des Verwaltungsrechts, in: Adolf J. Merkl. Werk und Wirksamkeit, hrsgg. von Robert Walter, Wien 1990, S. 55–88, insb. S. 73–76 zu Ermessen und Stufenbaulehre), an diesem Spezialdiskurs nicht mit eigenen Beiträgen beteiligt hat.

[26] Vgl. Clemens Jabloner/Thomas Olechowski/Klaus Zeleny (Hrsg.), Der Stufenbau des Rechts auf dem Prüfstand, Wien 2022, S. [II] und VII.

Der Umstand, dass eigentlicher Urheber der Lehre vom Stufenbau der Rechtsordnung nicht *Kelsen*, sondern *Merkl* und insofern *Kelsen* Schüler seines bedeutendsten Schülers ist, markiert für sich genommen indes noch nicht das Hindernis, von dem ich gesprochen habe, zumal *Kelsen* selbst ja in der berühmten Vorrede zur Zweitauflage der »Hauptprobleme« 1923 in nobler und unmissverständlicher Weise die Umkehrung des Lehrer-Schüler-Verhältnisses offenlegt[27] und er in seinen drei Hauptmonografien aus den Jahren 1925, 1934 und 1960 einen durchaus eigenständigen Beitrag leistet.[28] Zu einem Problem wird die zumeist nicht thematisierte (und wohl auch nicht wahrgenommene) Verschiebung von *Kelsen* auf *Merkl* erst dann und dadurch, dass – erstens – *Merkl* und *Kelsen* nicht vollauf identische Dinge unter dem Label »Stufenbau der Rechtsordnung« abhandeln und insbesondere der spätere Diskurs sich – zweitens – ganz schwerpunktmäßig auf zentrale konzeptionelle Äußerungen *Merkls* bezieht, die bei *Kelsen* zwar regelmäßig auch auftauchen, aber dort nicht denselben konzeptionsprägenden Stellenwert besitzen.

Konkreter: Der moderne, erst in den 1960er Jahren einsetzende und ohne *Kelsen* und *Merkl* geführte Diskurs um die Stufenbaulehre, wie er richtungweisend mit dem letzten Kapitel von *Robert Walters* Kleinmonographie »Der Aufbau der Rechtsordnung« (1964) anhebt,[29] kreist – so möchte es scheinen – je länger desto mehr nur mehr um den Stufenbau nach der derogatorischen Kraft einerseits und jenen nach der rechtlichen Bedingtheit andererseits. Beim erstgenannten, also dem Stufenbau nach der derogatorischen Kraft, geht es um eine Rangfolge der Normen nach der Rechtsverdrängungsmacht, d.h. nach ihrer Fähigkeit, sich im Kollisionsfalle gegen eine inhaltlich widerstreitende Norm durchzusetzen. Beispiele relativ höherer Rechtsdurchsetzungsmacht sind der Vorrang der Verfassung vor, wie man sagt, unterverfassungsrechtlichem Recht, der Vorrang des Gesetzes vor untergesetzlichen Rechtsnormen oder auch der Vorrang des Unionsrechts vor grundsätzlich allem mitgliedstaatlichem Recht. Demgegenüber beschreibt der Stufenbau nach der rechtlichen Bedingtheit eine genealogische Abfolge von Normen: Danach steht eine Norm »über« einer anderen, wenn erstere die Erzeugung, also: das In-rechtliche-Existenz-Treten, der letzteren bedingt. In diesem Verständnis kann eine nach der derogatorischen Kraft nachgeordnete Norm, wenn und soweit sie Bedingungen für das Ingeltungtreten einer der derogatorischen Kraft nach vorgeordneten Norm enthält, die im Bedingungszusammenhang frühere oder auch höhere Norm sein. Das Verhältnis beider Stufenbauten – des Rechtserzeugungs- und des Rechtsvernichtungszusammenhangs – zueinander, die Frage, ob und inwieweit sich das Fehlerkalkül in die

---

[27] *Hans Kelsen*, Hauptprobleme der Staatsrechtslehre entwickelt aus der Lehre vom Rechtssatze, 2. Auflage Tübingen 1923, Vorrede, S. XVf.

[28] Dazu näher nachfolgend III.

[29] Vgl. *Walter*, Aufbau der Rechtsordnung, S. 53–68.

Stufenbaudarstellung integrieren lasse, schließlich die Herausforderung, insbesondere die Rechtsordnung der Europäischen Union, unionale und mitgliedstaatliche Ebenen umfassend, mithilfe der Lehre vom Stufenbau darzustellen:[30] sie alle nehmen die Metapher für ein Modell, das den Anspruch erhebt, die Rechtsordnung in ihren zentralen strukturbildenden Bezügen vollständig und erschöpfend einzufangen. Damit geht das Bemühen einher, einen durchgängigen und vollständigen Stufenbau zu konzipieren, der den Standort jeder einzelnen Rechtssatzform und damit deren Bezüge zu allen anderen Rechtssatzformen in einem unidirektional-transitiven Rechtsgewinnungszusammenhang lokalisieren und qualifizieren kann.

Kelsen aber, gleichviel ob 1925, 1934 oder 1960, unterscheidet weder scharf nach den beiden Typen des Stufenbaus;[31] noch unterzieht er sich der Mühe, den Stufenbau der Rechtsordnung am Beispiel einer ihm vertrauten positivierten Rechtsordnung mit all ihren Rechtsatzformen exemplarisch »durchzurechnen«, also das vollständige oder doch wenigstens nahezu vollständige Bild des Stufenbaus einer konkreten positivrechtlichen Ordnung zu zeichnen.[32] Wie erklärt man sich diese – nennen wir sie mal – Zurückhaltung *Kelsens*? War sie Ausdruck des Umstandes, dass er noch nicht über das – erst später entwickelte – analytische Instrumentarium verfügte, nämlich die Disjunktion des Stufenbaus nach der derogatorischen Kraft und der rechtlichen Bedingtheit? War sie gar Ausdruck und Folge eines Desinteresses oder eines Mangels an konstruktiver Konsequenz und Präzision auf Seiten *Kelsens*? Mit Sicherheit ausschließen wird man keine dieser Möglichkeiten können. Indes sei nachfolgend, fußend auf *Kelsens* eigenen Schriften, eine andere Erklärung unterbreitet, die, aufs Kürzeste verknappt, dahin lautet, dass *Kelsen* in einem weiteren, weniger technisch-konstruktiven, letztlich indes komplexeren Sinne vom Stufenbau der Rechtsordnung gesprochen hat.

Um nicht missverstanden zu werden: Damit soll der heutige Zugriff auf die Stufenbau-Lehre keineswegs desavouiert oder in seiner Berechtigung herabgesetzt werden. So scheint es mir, um nur einen Aspekt herauszuheben, ein wichtiger Ertrag dieses Diskurses zu sein, dass moderne, rechtsformpluralarbeitsteilige Rechtsordnungen nicht allein mit *einer* Leitstruktur arbeitet, sondern mit deren zweien und gleichsam als eine Doppelhelix beschrieben werden können.

---

[30] Vgl. pars pro toto *Stefan Griller*, Der Stufenbau der österreichischen Rechtsordnung nach dem EU-Beitritt, in: Journal für Rechtspolitik 8 (2000), S. 273–288.

[31] Nicht nur terminologisch, sondern auch in der Sache ist die Unterscheidung des Stufenbaus nach genealogischen und nach derogatorischen Aspekten noch nicht greifbar, allenfalls angelegt.

[32] Dazu nachstehend III.2. bei Anm. 52f.

III. Kelsens Stufenbau: Strukturprinzip, nicht Gesamtmodell der Rechtsordnung

1. Die Stufenbaulehre im Œuvre Kelsens – eine Bestandsaufnahme

Damit sind wir bei *Kelsens* Vorstellung vom Stufenbau der Rechtsordnung angelangt. *Kelsen* hat vielfach über den Stufenbau oder auch die »Stufentheorie« geschrieben. Bekannt sind *Kelsens* Worte aus der bereits genannten Vorrede zur zweiten, inhaltlich völlig unveränderten Auflage der »Hauptprobleme der Staatsrechtslehre« aus dem Jahre 1923. Dort heißt es:

»Das Verdienst, die Rechtsordnung als ein *genetisches* System von Rechtsnormen erkannt und dargestellt zu haben, die in stufenweiser Konkretisierung von der Verfassung über Gesetz und Verordnung und sonstige Zwischenstufen bis zu den individuellen Rechtsakten der Vollziehung fortschreiten, gebührt *Adolf Merkl.* Dieser hat in einer Reihe von Arbeiten [...] diese *Stufentheorie des Rechtes*, als Theorie der *Rechtsdynamik*, in energischer Weise gegen das noch in den »Hauptproblemen« festgehaltene Vorurteil von dem nur im generellen Gesetz enthaltenen Recht ins Feld geführt und den ins Absolute erstarrten Gegensatz von Gesetz und Vollziehung, Rechtserzeugung und Rechtsanwendung, genereller und individueller, abstrakter und konkreter Norm *relativiert.* Gestützt auf die Arbeiten *Merkls* und *Verdross'* habe ich in meinen späteren Schriften die Stufentheorie als einen wesentlichen Bestandteil in das System der reinen Rechtslehre aufgenommen.«[33]

Besonders eingehend hat sich *Kelsen* mit dem Stufenbau der Rechtsordnung in der, wie ich sie gerne nenne, Nullten Auflage der Reinen Rechtslehre, nämlich der 1925 erschienenen »Allgemeinen Staatslehre«, der Erstauflage der »Reinen Rechtslehre« (1934), der »General Theory of Law and State« und schließlich der Zweitauflage der »Reinen Rechtslehre« (1960) beschäftigt. In der »Allgemeinen Staatslehre« ist es insbesondere das Siebente Kapitel »Die Erzeugungsstufen« im Buch über »Die Erzeugung der Staatsordnung. (Dynamik.)«, das sich mit Fragen des Stufenbaus beschäftigt;[34] freilich spricht *Kelsen* explizit und in der Überschrift nur im Zusammenhang mit der Verfassung von »Stufentheorie«.[35] Das ändert sich in der Erstauflage der »Reinen Rechtslehre«: hier beansprucht der Abschnitt über den »Stufenbau der Rechtsordnung« bereits einen eigenen Paragraphen im Kapitel V über »Die Rechtsordnung und ihr Stufenbau«.[36] In der »GTLS« muss *Kelsen* gleich in mehrerlei Hinsicht eine andere Sprache verwenden, um seine Adressaten anzusprechen: Hier heißt das entsprechende XI. Kapitel »*The Hierarchy of the Norms*«;[37] im umfangreichsten Unterkapitel B verbreitet sich *Kelsen* über »*The Different Stages of the Legal Order*«.[38]

[33] *Kelsen*, Hauptprobleme 1923, S. XVf. (Hervorhebungen im Original).
[34] *Kelsen*, Staatslehre, §§ 32–38, S. 229–261/541–615.
[35] *Kelsen*, Staatslehre, § 36 A, S. 248/587.
[36] *Kelsen*, Reine Rechtslehre 1934, § 31, S. 73–89/84–99.
[37] *Kelsen*, General Theory, S. 123–162.
[38] *Kelsen*, General Theory, S. 124–136.

Ihre endgültige Fassung erhält die Auseinandersetzung mit dem »Stufenbau der Rechtsordnung« in *Kelsens* Alterswerk, der Zweitauflage der »Reinen Rechtslehre«: Das unter allen acht Kapiteln längste über die »Rechtsdynamik« enthält zwei Paragraphen, nämlich § 34, der der Grundnorm als dem »Geltungsgrund einer normativen Ordnung« gewidmet ist,[39] und § 35, den längsten Einzelparagraphen des ganzen Buches, der just dem »Stufenbau der Rechtsordnung« gilt.[40] Die Unterscheidung in Stufenbau nach der derogatorischen Kraft und jenen nach der rechtlichen Bedingtheit sucht man hier indes ebenso vergeblich wie eine vollständige Reihung oder Stufung aller denkbaren Rechtsquellen bzw. Rechtsatzformen. Unter dem Label des »Stufenbaus der Rechtsordnung« behandelt *Kelsen* vielmehr eine zunächst heterogen erscheinende Vielfalt von Themen: Es geht um die (Rolle der) Verfassung, das Verhältnis von Gesetz und Verordnung, das Zusammenspiel von generellen und individuellen Rechtsnormen, um Unterscheidung und Inbezugsetzung von Rechtserzeugung, Rechtsanwendung, Rechtsbefolgung, um den »konstitutive[n] Charakter der richterlichen Entscheidung«, um die »sogenannten »Lücken« im Recht«, um das Rechtsgeschäft als »rechtserzeugende[n] Tatbestand«, um Normenkonflikte, wobei das Problem der »normwidrigen Norm« besondere Aufmerksamkeit verdient und mit der Lehre von der Alternativermächtigung eine besondere Lösung erfährt, und schließlich die Disjunktion von Nichtigkeit und Vernichtbarkeit.[41]

2. *Der Stufenbau der Rechtsordnung: eine Sammelbezeichnung*

Vielzahl und Vielfalt der angesprochenen Aspekte lassen erkennen, dass es *Kelsen* hier nicht um ein durchkomponiertes *mono*kriterielles Modell eines möglichst alle Rechtssatzformen integrierenden, insoweit *allerklärenden* Stufenbaus – etwa »nach der derogatorischen Kraft« oder »nach der rechtlichen Bedingtheit«– geht. Ganz im Gegenteil legt die Heterogenität der unter einem gemeinsamen Label verhandelten Gegenstände nahe, dass *Kelsen* einem exhaustiv-perfekten Modell, welches die Metapher vom Stufenbau für die Wirklichkeit einer vollständigen und durchgängigen Stufung der Rechtssatzformen nimmt, also die Rechtsordnung im Stufenbau aufgehen lässt, – wenn auch unausgesprochen – eher skeptisch gegenübergestanden haben dürfte. Das würde auch mühelos erklären, dass *Kelsen* – so wenig wie übrigens auch *Merkl* – sich niemals an einer Darstellung –

39 *Kelsen*, Reine Rechtslehre 1960, S. 196–227/346–398.

40 *Kelsen*, Reine Rechtslehre 1960, S. 228–282/398–490.

41 In der Reihenfolge der Aufzählung im Text: *Kelsen*, Reine Rechtslehre 1960, S. 228–230/398–403, 235 f./411 f., 239–242/418–423, 242–247/423–432, 251–255/438–445, 261–263/454–458, 271–280/472–487 und 280–282/488–490. – Es macht die Stärke der Ausführungen *Dreiers*, Rechtslehre, S. 129–136, aus, dass (nahezu) alle der vorgenannten Themen in ihrem inneren Zusammenhang als »[d]ie Lehre vom Stufenbau der Rechtsordnung« im Werke *Kelsens* rekonstruiert werden.

gar pyramidalen Visibilisierung! – des vollständigen, d.h. sämtliche Rechtssatzformen harmonisch integrierenden Stufenbaus versucht hat.

Damit korreliert, dass *Kelsen* von Stufe oder Stufung in mehreren zwar sinnverwandten, aber eben doch nicht identischen Kontexten spricht: Stufen sind für *Kelsen* das eine Mal die »Rechtsquellen« oder Rechtssatzformen (Verfassung, Gesetz, Verordnung, Vertrag, Urteil u.s.f.).[42] Stufen nennt *Kelsen* aber auch Rechtserzeugungsfunktionen wie einerseits die Gesetzgebung, die Verwaltung und die Rechtsprechung[43] sowie andererseits die dichotome Paarung von Rechtsetzung und Rechtsanwendung.[44] Ein Stufenverhältnis erkennt *Kelsen* des Weiteren im Abstieg von abstrakt-generellen zu zunehmend konkret-individuellen Normen.[45] Und schließlich verwendet er das Stufen-Vokabular im Verhältnis von einzelstaatlicher Rechtsordnung und Völkerrecht.[46] Diese vier Verwendungsweisen könnten – wie schon zuvor – als Ausdruck einer in sich noch nicht hinreichend konsistenten, intellektuell mäandernd-suchenden Theorie und damit als Schwäche oder Unausgereiftheit des Konzepts begriffen werden. Ich sehe hierin indes keine unbeabsichtigte – terminologische oder substanzielle – Unschärfe, sondern, ganz im Gegenteil, eher eine absichtsvoll eingesetzte Unschärfe, die auf Mehrgliedrigkeit denn auf Sinnidentität setzt, auf Offenheit denn auf Abgeschlossenheit, auf Funktion denn auf Substanz, auf Komplexität denn auf Einfachheit, auf Hybridität denn auf Homogenität.

Stufenbau der Rechtsordnung bezeichnet in diesem Verständnis nicht so sehr eine klare und einfache, einheitliche und umfassende hierarchische Abfolge von Rechtssatzformen. Vielmehr dürfte es sich um eine verschiedene Aspekte verklammernde – nota bene: metaphorische – Sammelbezeichnung handeln, eine Heuristik, d.h. verständniserleichternde Einstiegshilfe, die den Einheits-[47] und damit Ordnungsbezug des Rechts im Lichte von dessen – die Ordnung dynamisierender – »Eigentümlichkeit«, nämlich die eigene Erzeugung zu regeln,[48] adressiert. Zentral ist für *Kelsen* der Aufweis, dass die Geltung einer Rechtsnorm eine Zugehörigkeitsrelation zur Rechtsordnung bedeutet,[49] dass die Rechtsordnung, die nichts anderes als die eigengesetzlich strukturierte Einheit einer Vielheit von

---

[42] Vgl. beispielsweise *Kelsen*, Staatslehre, S. 88/223, 110/270, 249/589; *Kelsen*, Reine Rechtslehre 1960, S. 271/472 u.ö.

[43] Vgl. etwa *Kelsen*, Staatslehre, S. 89/226, 233f./551f.

[44] Dazu etwa *Kelsen*, Staatslehre, S. 233f./551f.

[45] Stellvertretend *Kelsen*, Staatslehre, S. 91/231, 158/380, 233/550f., 234/552, s. allgemein S. 107/262.

[46] Dazu beispielsweise *Kelsen*, Staatslehre, S. 249/588.

[47] Prononciert: *Kelsen*, Staatslehre, S. 98f./244: »Wie in der Lehre von den Erzeugungsstufen der staatlichen Ordnung noch näher zu zeigen sein wird (...), ist die *Einheit der Rechtsordnung* im wesentlichen die *Einheit eines Erzeugungszusammenhanges.*« (Hervorhebungen nicht im Original)

[48] Vgl. *Kelsen*, Staatslehre, S. 98/243 und 234/553; *Kelsen*, Reine Rechtslehre 1934, S. 73f./84; *Kelsen*, Reine Rechtslehre 1960, S. 73/140, 228/398f.

[49] Pars pro toto *Kelsen*, Reine Rechtslehre 1960, S. 239/418, s. ergänzend S. 201/354.

Normen ist, sich als dynamischer, unidirektionaler – insofern »hierarchischer« – und lückenloser – *Luhmann* würde sagen: operativ geschlossener[50] – Zusammenhang von strukturell (nicht materiell!) gleichgearteten Rechtserzeugungsprozessen präsentiert.[51] Die Metapher vom Stufenbau der Rechtsordnung steht mithin, um eine schöne Wendung aus der »Allgemeinen Staatslehre« aufzugreifen, für »die spezifische Selbstbewegung des Rechts, das Recht unter dem Gesichtspunkt seiner Dynamik«,[52] man könnte auch sagen: seiner dynamischen Einheit. Dass die Rechtssatzformen untereinander in einer hierarchischen Stufung stehen, ist auf dieser Folie lediglich *ein* Bauprinzip des positiven Rechts, das mit anderen Bauprinzipien wie etwa dem Fehlerkalkül konkurriert und daher nicht als die allein maßgebliche Darstellungsform der Funktionsweise arbeitsteiligen positiven Rechts ausgegeben werden darf. Das hat unter anderem zur Folge, dass die Darstellung der Rechtsordnung als nach Rechtssatzformen hierarchisch gegliedertes Ganzes – wie sie sich insbesondere in der pyramidalen Visibilisierung zeigt – irreführend ist; was sich für *einzelne* Rechtsrelationen durchführen lässt, funktioniert nicht für *sämtliche* Rechtsrelationen in einer *einzigen* Darstellung – wenigstens nicht, ohne dass die Stufung als ebenso anschaulich-sinnfällige wie führend-charakteristische Ordnungsstruktur verloren ginge.[53]

3. Dynamik und Zusammenhang, Durchgängigkeit und Stufung

Diese auf Dynamik und Einheit zielende Deutung des Stufenbaus als bloße Metapher oder Heuristik findet ihre Stützung und Bewährung, wenn man in gedrängter Kürze die zentralen Bauelemente der Reinen Rechtslehre Revue passieren lässt, die *Kelsen* in § 35 der Zweitauflage der »Reinen Rechtslehre« unter der Überschrift »Der Stufenbau der Rechtsordnung« verarbeitet.[54] Um es vorwegzunehmen: § 35 ist jener Abschnitt der Zweitauflage der »Reinen Rechtslehre«, der die mit Abstand höchste Dichte an rechtstheoretischen Konzepten

[50] Vgl. *Niklas Luhmann*, Das Recht der Gesellschaft, Frankfurt a. M. 1993, S. 76ff.

[51] Das ist denn auch die zentrale Aussage der kompakt-prägnanten Präsentation der Stufenbaulehre durch *Dreier*, Kelsen zur Einführung, S. 121–126.

[52] *Kelsen*, Staatslehre, S. 248f./587.

[53] Dazu nunmehr *Michael Jülich*, Normativität, Geltung und andere Enigmen. Eine intuitionistische Rekonstruktion des Rechts, Diss. iur. Freiburg 2024, VII.1., bes. b (»Klassische Axiomatisierung der Rechtsordnung«) und c (»Das intuitionistische Wahlfolgenmodell«) mit veranschaulichenden Graphen. – Wie hier bereits *Theo Öhlinger*, Der Stufenbau der Rechtsordnung. Rechtstheoretische und ideologische Aspekte, Wien 1975, S. 26: »Diese einzelnen als Stufungen oder Stufenfolgen begreifbaren Elemente der Rechtsordnung fügen sich jedoch nicht zu jenem geschlossenen, alle Rechtsphänomene umfassenden, einheitlichen Stufenbau, den Merkl intendierte und den die Rechtslehre und auch die Judikatur, speziell in Österreich, zu akzeptieren bereit war.« Vgl. ergänzend, freilich ohne *Kelsens* spezifischen Ansatz zu würdigen: *Marieta Auer*, Warum der Begriff der Rechtsgeltung nicht zur Bewältigung staatlichen Unrechts taugt?, in: Rechtswissenschaft 1 (2017), S. 45–64 (61).

[54] *Kelsen*, Reine Rechtslehre 1960, § 35, S. 228–282/398–490.

enthält, mit denen die Wiener Schule der Rechtstheorie die überkommenen juridischen Weltanschauungen und Gewissheiten dekonstruiert und revolutioniert, sozusagen vom Kopf auf die Füße stellt. In keinem zweiten Abschnitt ist der typische Wiener Sound klarer und kräftiger zu vernehmen als hier. Ohne Anspruch auf Vollständigkeit seien hier herausgegriffen: Der Gesetzessolipsismus, dem zufolge allein das Gesetz Norm und in ihm bereits alles Recht enthalten ist, wird demythologisiert. Neben abstrakt-generellen Rechtsnormen existieren auch konkret-individuelle.[55] Der Richter ist nicht nur »*la bouche qui prononce les paroles de la loi*«,[56] sondern sein Spruch erzeugt – neues – Recht,[57] das gegebenenfalls sogar als »gesetzwidriges Recht« Bestand haben kann – freilich nur, wenn eine Rechtsnorm existiert, die diesen Bestand anordnet.[58] Der für das traditionelle Rechtsdenken strukturprägende, absolut und essentiell gedachte Gegensatz von Rechtsetzung und Rechtsanwendung wird – Stichwort: »doppeltes Rechtsantlitz« – perspektivisch relativiert: Was aus Sicht der bedingenden Norm als Rechtsetzung zu qualifizieren ist, wendet der bedingten Norm sein rechtsanwendendes Antlitz zu.[59] Damit ist der Weg frei, die Durchgängigkeit des aus strukturidentischen Rechtserzeugungsphänomen sich aufbauenden dynamisch-prozeduralen Zusammenhangs – genannt Rechtsordnung – zu erkennen. Das Problem der »Lücken« im Recht wird transformiert in eine Frage der Ermächtigung zur Schließung fälschlich so genannter Lücken – und damit die Lückenlosigkeit des Rechtserzeugungszusammenhangs hervorgehoben.[60] Die Qualifizierung privatrechtlicher Rechtsgeschäfte, allen voran von privatrechtlichen Verträgen, als Ausübung staatlich delegierter Rechtserzeugungsmacht[61] belegt ein weiteres Mal den flächendeckenden Charakter des alles Rechtsrelevante umfassenden Zusammenhangs der »Selbsterzeugung« des positiven Rechts.[62] Auch die Ausführungen zu Normenkonflikten, insbesondere jene zur Alternativermächtigung, dienen dem Zweck, aufzuweisen, dass Recht nur im und nach Maßgabe des positivrechtlich arrangierten Rechtserzeugungs- und -vernichtungszusammenhangs entstehen und vergehen kann.[63]

---

[55] Vgl. *Kelsen*, Reine Rechtslehre 1960, S. 239 ff./418 ff., 242 ff./423 ff., 266 ff./464 ff.

[56] *Charles de Secondat Baron de Montesquieu*, De l'esprit des loix, Genf 1758, Buch XI, Kap. VI; das Zitat lautet im Kontext: »Mais les juges de la nation ne sont, comme nous avons dit, que la bouche qui prononce les paroles de la loi; des êtres inanimés qui ne peuvent en modérer ni la force ni la vigueur«.

[57] Dazu *Kelsen*, Reine Rechtslehre 1960, S. 242 ff./423 ff.

[58] Vgl. *Kelsen*, Reine Rechtslehre 1960, S. 271 ff./472 ff.

[59] Dazu *Kelsen*, Reine Rechtslehre 1960, S. 239 ff./418 ff.

[60] Vgl. *Kelsen*, Reine Rechtslehre 1960, S. 251 ff./438 ff.

[61] Dazu *Kelsen*, Reine Rechtslehre 1960, S. 261 ff./454 ff.

[62] Stellvertretend: *Kelsen*, Reine Rechtslehre 1934, S. 107/117; *Kelsen*, Reine Rechtslehre 1960, S. 283/491. Von der »Selbsterzeugung allen Rechts« spricht etwa auch *Merkl*, Prolegomena, S. 475.

[63] *Kelsen*, Reine Rechtslehre 1960, S. 271 ff./472 ff.

Was die scheinbar thematisch disparaten und vom überkommenen Rechtsdenken ja auch jeweils mit eigenen, sprich: unverbundenen Theoremen und Konzeptionen bedachten Gegenstände zusammenspannt, ist ein Doppeltes: Auf der einen Seite werden grundlegende Prämissen, Konstruktionen und Konsequenzen der bis dahin ganz herrschenden Meinung in der Jurisprudenz als die Funktionsweise des positiven Rechts entstellend dekonstruiert, um sie auf der anderen Seite als Bauelemente eines zwar vielgliedrigen, aber doch einheitlichen, eines zwar dynamischen, aber doch lückenlosen, eines zwar gestuften, aber doch durchgängigen, kurz: eines vollpositivierten Rechtserzeugungszusammenhangs zu rekonstruieren, den *Kelsen* – auch insoweit *Merkl* folgend – in dem Sprachbild (sic) des Stufenbaus der Rechtsordnung zum Ausdruck bringt.

Vielleicht darf ich an dieser Stelle *Merkls* Aussage in den »Prolegomena« ins Gedächtnis rufen, die sich auf die Wahl der Stufenbau-Metapher bezieht. Dort heißt es:

»Unter den *zum Vergleich herangezogenen Bildern*, wie dem einer Kette, eines Stammbaumes [*Dworkin* wird später ja kritisch vom *test of pedigree* sprechen[64]] oder eines Wasserlaufes, eines technischen Produktionsprozesses usw., ist wohl das einer *Stufenfolge*, eines *Stufenbaues*, das schmuckloseste, aber sinnfälligste und bezeichnendste.«[65]

Kelsen selbst fasst prägnant zusammen, wozu ihm die »Lehre vom Stufenbau der Rechtsordnung« dient. Zu Beginn von § 36 zu »Rechtsform und Staatsform«[66] hält er nämlich fest:

»Die Lehre vom Stufenbau der Rechtsordnung erfaßt das Recht in seiner Bewegung, in dem ständig sich erneuernden Prozeß seiner Selbsterzeugung. Es ist eine dynamische, zum Unterschied von einer statischen Theorie des Rechts, die das Recht ohne Rücksicht auf seine Erzeugung, nur als erzeugte Ordnung, seine Geltung, seinen Geltungsbereich usw. zu begreifen sucht. Im Mittelpunkt der Probleme einer Rechtsdynamik steht die Frage nach den verschiedenen Methoden der Rechtserzeugung oder nach den Formen des Rechts.«[67]

Dass auf diesem Hintergrund *Kelsens* Bemühen nicht dahin geht, einen oder mehrere Stufenbauten im technischen Sinne als allerklärende Rechtsordnungskonzeptionen auszubuchstabieren, sondern er es dabei sein Bewenden haben lässt, einzelne, wenngleich typische Stufenbaurelationen zu analysieren, sollte sich leicht erschließen lassen. Noch weitergehend wird man die von *Kelsen* bewusst bewahrte Unschärfe im Umgang mit der Stufenbau-Metapher auch als Warnung verstehen dürfen, nicht das aus bloß heuristischen Gründe gewählte Sprachbild für die Sache selbst zu halten und das geltende Recht in seiner Komplexität und Kontingenz *à tout prix* mit einem exhaustiv verstandenen, perfekten

---

[64] Grundlegend *Ronald Dworkin*, The Model of Rules, in: The University of Chicago Law Review 35/1 (1967), S. 14–46 (17).

[65] *Merkl*, Prolegomena, S. 478 (2. und 3. Hervorhebung auch im Original).

[66] *Kelsen*, Reine Rechtslehre 1960, S. 283 f./491 f.

[67] *Kelsen*, Reine Rechtslehre 1960, S. 283/491.

Stufenraster zu begreifen. Denn damit steht man in der – just von *Kelsen* und dessen Schule ein ums andere Mal betonten – Gefahr einer ontologisierenden Hypostasierung, die sich in einer Bezeichnung und Bezeichnetes in zwei Wesenheiten aufspaltenden Verdoppelung manifestiert und die Bezeichnung – hier der Stufenbau – ein Eigenleben neben dem positiven Recht zu führen beginnt.[68]

[68] Dazu exemplarisch *Kelsen*, Reine Rechtslehre 1960, S. 182/322, wo *Kelsen* – in Bezug auf die juristische Person – von der »unzulässige[n] Hypostasierung eines Denkbehelfes oder Hilfsbegriffes, der zum Zweck der Vereinfachung und Veranschaulichung der Darstellung eines komplizierten rechtlichen Sachverhaltes von der Rechtswissenschaft konstruiert ist«, spricht; vgl. auch in Bezug auf das Verhältnis von Staat und Recht(sordnung) S. 319 f./551 ff.

Stumpfe Zuspitzungen der Werturteilsfreiheit in der »Reinen Rechtslehre«

*Andreas Kley**

I. Emil Brunner: Vier Stufen der »Gerechtigkeit«

Der Zürcher Theologe Emil Brunner (1889–1966) stellte 1943 seinen kühnen Versuch einer Gerechtigkeitslehre vor. Er setzte dem katholischen Naturrecht einen kompakten Gegenentwurf einer protestantischen Naturrechtsordnung entgegen. Brunners Anstrengung fand große Beachtung: Das Buch erlebte vier Auflagen und wurde in viele Sprachen übersetzt. An der Universität Zürich sammelte Brunner einen Kreis von interessierten (Rechts-)Studenten und Doktoranden um sich, die seine »Gerechtigkeit« aufnahmen und auch in der Rechtswissenschaft zur Geltung brachten.[1]

Brunners Buch behandelt die gesellschaftliche Gerechtigkeit, selbstverständlich auch die Gerechtigkeit im Staat. Dabei unterscheidet er, der Genealogie des staatsrechtlichen Naturrechts folgend, vier »Stufen der Gerechtigkeit«[2]. Die vier Stufen folgen einerseits einem historischen Pfad der Gerechtigkeitsentwicklung im Staat und andererseits einer zunehmenden Intensität der pro Stufe erhobenen Gerechtigkeitsforderungen. Es handelt sich um folgende Stufen.

Die *erste Stufe* besteht in der Forderung, dass der Staat als »zentrale Gewalt mit Willen« ein »Gewaltmonopol« ausübt und dadurch eine Ordnung schafft. Die zentralisierte Gewalt entfaltet selbst in der Hand eines Despoten insofern eine »wohltätige Wirkung«, als dass der Staat »das Monopol zwingender Gewalt, vor allem der Tötungsgewalt wirksam für sich in Anspruch nimmt und damit dieses gefährlichste Element den einzelnen entwindet. […] Der Zustand der Anarchie, des Faustrechts, hört auf, das äusserste Mass von Gefährdung alles Humanen und Geistigen ist beseitigt, es ist jetzt eine gewisse, wenn auch

---

* Der Autor dankt seiner Assistentin Rahel Blunschi, MLaw, für kritische Durchsicht.

[1] *Andreas Kley*, Geschichte des öffentlichen Rechts der Schweiz, 2. Auflage Zürich/St.Gallen 2015, S. 426ff.

[2] *Emil Brunner*, Gerechtigkeit: eine Lehre von den Grundgesetzen der Gesellschaftsordnung, Zürich 1943, S. 233ff. Max Weber hat das entsprechende Konzept aus soziologischer Warte entwickelt. Der Staat gilt als alleinige Quelle der Gewaltsamkeit (Stufe 1), und als Rechtfertigungen dafür beschreibt Weber die Sitte (Tradition), die Gnadengabe (Charisma) sowie die legale Satzung, d.h., er trifft wichtige Aspekte von Brunners Stufen 2 bis 4; *Max Weber*, Wirtschaft und Gesellschaft, 5. Auflage Tübingen 1980, S. 822 (Teil aus Politik als Beruf, 1919).

brutale Friedensordnung da.«[3] Die Ordnungsfunktion einer *zentralen Gewalt mit Willen* ist dem Zustand eines allgemeinen Bürgerkrieges vorzuziehen.

Die *zweite Stufe* besteht in der Herrschaft durch generell-abstrakte, konditionale (Wenn-dann-)Regeln. Für Brunner kann auch der Despot »auf die Dauer nicht regieren, ohne dass er sein launisches Willensdiktat in ein allgemein gültiges Gesetz verwandelt. Indem er Gesetz[e] proklamiert, […] schafft er bereits eine Ordnung zweiten Grades.«[4] Die Wahl der Gesetzesform rationalisiert zwar bloß den Machtwillen des Despoten, trotzdem schafft dieser, »ohne es zu wollen, eine Wirkung im Sinne der Gerechtigkeit«[5]. Die regelhafte Ordnung bezieht sich notwendigerweise auf eine »gewisse Gleichheit« und diese sei »ein entscheidendes Element der Gerechtigkeit. Schon die blosse Konstanz gesetzlicher Regelung ist ein Sieg des Geistes über die Ungeistigkeit der Laune und Willkür.«[6] Es entsteht in einem bescheidenen Umfang Rechtssicherheit, da der Despot »jetzt wenigstens auf einen Teil seiner Willkür verzichtet, er hat seinen Willen an das Gesetz abgetreten«[7]. Brunner bezieht sich hier auf die Spätphilosophie von Platon, der den Philosophenkönig durch die Herrschaft der treuesten Diener der Gesetze ersetzte:

»Denn einem Staate, in welchem das Gesetz unter der Willkür der Herrscher steht und ohne Gewalt ist, sehe ich den Untergang bevorstehen; wo es dagegen über den Herrschern steht und sie Sklaven des Gesetzes sind, da sehe ich Wohlstand und alle die Güter erblühen, welche die Götter Staaten verleihen«.[8]

Das Bundesverfassungsgericht hat diese Aspekte der Stufen eins und zwei in seinem Beamtenurteil von 1957 hervorgehoben und wollte nicht annehmen, dass die gesamte nationalsozialistische Gesetzgebung rechtsunwirksam gewesen sei. Denn

»eine ungerechte und von geläuterter Auffassung aus abzulehnende Gesetzgebung [kann] durch das auch ihr innewohnende Ordnungselement Geltung gewinnen; sie schafft […] Rechtssicherheit und ist […] einem völligen Rechtschaos […] gegenüber das geringere Übel«[9].

Die erste und zweite Stufe von Brunners Gerechtigkeitslehre im Staat werden heute vernachlässigt, weil die beiden Stufen als selbstverständlich und nicht mehr erwähnenswert gelten. Seit dem Ende des Zweiten Weltkrieges erscheint es in Europa undenkbar, dass keine zentrale Gewalt mit Willen und auch keine

---

[3] *Brunner*, Gerechtigkeit, S. 234.

[4] *Brunner*, Gerechtigkeit, S. 234 f.

[5] *Brunner*, Gerechtigkeit, S. 235.

[6] *Brunner*, Gerechtigkeit, S. 235.

[7] *Brunner*, Gerechtigkeit, S. 235.

[8] *Platon*, Nomoi 715c; zur Rolle der generell-abstrakten Gesetzesherrschaft in der antiken Polis: *Thomas Gross*, Verwaltung und Recht in antiken Herrschaftsordnungen, Tübingen 2022, S. 148 ff.

[9] BVerfGE 6, 132 (199).

Normherrschaft besteht. Die im Folgenden zu behandelnden weiteren, intensiveren Stufen der Gerechtigkeit im Staat haben diese elementaren Forderungen überdeckt.

In der *dritten Stufe* soll die Tatsache der Gerechtigkeit den Inhalt der Gesetze bestimmen. Die zentrale Gewalt soll nicht nur mittels generell-abstrakter Normen regieren, diese sollen vielmehr »die schöpfungsmässigen Menschenrechte des einzelnen und der Gemeinschaften zur Geltung bringen«[10]. Brunner wandte sich – ohne ihn zu nennen – gegen Kelsen, indem er feststellte: »Kein juristischer Formalismus und keine historisierenden Argumente gegen das Naturrecht können die Tatsache beseitigen, dass es Forderungen der Gerechtigkeit gibt, die in Gesetze zu fassen Aufgabe des gerechten Gesetzgebers ist.«[11] Die Geschichte der Staaten sei zum großen Teil »die Geschichte davon, wie dem blossen Machtwesen Staat gerechte Gesetze abgerungen werden«[12].

Die letzte und *vierte Stufe* der Gerechtigkeit sorgt für eine gerechte Machtverteilung und bei gegebenen Voraussetzungen für die Einführung der Staatsform der Demokratie. Die Einführung dieser Staatsform setzt allerdings ein reifes Volk und geordnete soziale und ökonomische Verhältnisse in der Gesellschaft voraus.[13]

II. Jahrhundertwissenschafter begegnen sich

Hans Kelsen (1881–1973) ergriff den intellektuellen Fehdehandschuh von Brunner rund zehn Jahre später und konterte den Formalismusvorwurf. Kelsen geht in seiner 44-seitigen detaillierten, kritischen Analyse von Emil Brunners »Gerechtigkeit« vom Standpunkt aus, dass Recht »jeden beliebigen Inhalt haben« könne und »nur relativ gerecht« sei.[14] Seine Grundlage ist die in vielen Schriften immer wieder bestätigte Haltung, wonach »[a]bsolute Werte im allgemeinen und absolute Gerechtigkeit im besonderen [...] wissenschaftlicher Erkenntnis nicht zugänglich«[15] sind. Sie gehörten zur Metaphysik und seien deshalb der wissenschaftlichen Erkenntnis entzogen. Daran ändere auch das nach den Weltkriegen entstandene Bedürfnis nach einer Rechtfertigung der individualistisch-liberalen Staatsordnung des Westens nichts. Die relativistisch-positivistische Rechtswis-

[10] *Brunner*, Gerechtigkeit, S. 236.
[11] *Brunner*, Gerechtigkeit, S. 236.
[12] *Brunner*, Gerechtigkeit, S. 236.
[13] *Brunner*, Gerechtigkeit, S. 236f.
[14] *Hans Kelsen*, Die Idee der Gerechtigkeit nach den Lehren der christlichen Theologie: eine kritische Analyse von Emil Brunners »Gerechtigkeit«, in: Studia philosophica. Schweizerische Zeitschrift für Philosophie, Band 13 (1953), S. 157–200 (157). Die Antwort auf die Frage, worin der Unterschied zwischen der relativen und der absoluten Gerechtigkeit besteht, muss hier offenbleiben.
[15] *Kelsen*, Idee der Gerechtigkeit, S. 157.

senschaft könne eine solche Rechtfertigung nicht leisten. Brunners Werk passt nach Kelsen zur »Renaissance anti-rationalistisch-metaphysischer Spekulation« und dem »Vordringen eines wissenschaftsfeindlichen oder doch wissenschaftsabgewandten religiösen Dogmatismus«[16].

Brunners »Gerechtigkeit« will gegen den »totalen Staat«, das Ungeheuer von Ungerechtigkeit, kämpfen, der gemäß ihm nur deshalb möglich werde, weil man den Relativismus zulasse und damit die absolute Gerechtigkeit negiere. Gerade die absolute Gerechtigkeit manifestiert sich aber als oberstes Ziel von Brunners Gerechtigkeitslehre. Nach Kelsen setzt sich Brunner damit in Widerspruch zur »Tatsache, daß die klassische Rechtfertigung des totalen Staates gerade durch jene Philosophie erfolgt ist, die den Relativismus auf das entschiedenste ablehnt«[17], nämlich die Ideenlehre Platons. Dessen Lehre gipfle in der Idee des absolut Guten und das bedeute den totalen Staat, der nicht ein »Ungeheuer von Ungerechtigkeit«, sondern die höchste Gerechtigkeit verwirklichen wolle. Wenn überhaupt ein Zusammenhang zwischen der platonischen Wertphilosophie und der Brunnerschen Lehre bestehe, »so ist Wertabsolutismus dem politischen Absolutismus des autokratisch-totalitären Staates, Wertrelativismus der Demokratie und dem ihr wesentlichen Prinzip der Toleranz zugeordnet«[18]. Brunner argumentiert in Kelsens Augen unschlüssig, indem er mit seinen vier Stufen absolute Werte fixiert, z. B. in der dritten Stufe die Gerechtigkeit der generell-abstrakten Gesetze. Brunner kann seine letzten Werte – so Kelsen – nicht rational begründen. Die Idee einer absoluten Gerechtigkeit Gottes ist für Kelsen jenseits menschlicher Erkenntnisfähigkeit. Brunner könne, so Kelsen, die absolute Gerechtigkeit nicht eindeutig definieren, und Brunners Versicherung, dass er von der absoluten Gerechtigkeit wisse, behebe diesen grundlegenden Mangel nicht.[19]

Kelsen vertritt mit seiner reinen Rechtslehre den Standpunkt, dass man das Absolute »nicht begreifen, von ihm voraussetzungsgemäß nichts wissen und daher Wissenschaft mit dem Absoluten [...] nichts zu tun haben kann«[20]. Er sieht Brunner von diesem Standpunkt gar nicht so weit entfernt. Letzterer erkläre in seinem Vorwort, dass das Werk den Versuch bilde, »eine Lehre von der Gerechtigkeit auf den Grundlagen des reformierten Glaubensverständnisses aufzubauen«[21]. Brunner möchte die Frage beantworten, »was auf Grund des Glaubens [...] als das Gerechte gefordert ist«[22]. Dabei bemerkt der Autor der »Gerechtigkeit«, dass es sich vielleicht um Fragen handle, »in denen überhaupt nicht die Wissenschaft, sondern die praktische Erfahrung massgebend zu sein

[16] *Kelsen*, Idee der Gerechtigkeit, S. 158.
[17] *Kelsen*, Idee der Gerechtigkeit, S. 160.
[18] *Kelsen*, Idee der Gerechtigkeit, S. 160.
[19] *Kelsen*, Idee der Gerechtigkeit, S. 160.
[20] *Kelsen*, Idee der Gerechtigkeit, S. 161.
[21] *Brunner*, Gerechtigkeit, S. VI.
[22] *Brunner*, Gerechtigkeit, S. VII.

scheint«[23]. Zudem habe, so Brunner, die Wissenschaft die Frage nach der absoluten Gerechtigkeit nicht oder noch nicht beantwortet. Aber:

»Die Welt kann nicht warten, bis die Männer der Wissenschaft ihre Forschungen abgeschlossen haben, um ihr einmütig zu sagen, was das Gerechte sei, und ebenso hat die protestantische Christenheit ein Recht darauf, von ihren geistigen Führern [...] darüber belehrt zu werden, was denn nun auf Grund des christlichen Glaubens als soziale und staatliche Gerechtigkeit gefordert sei.«[24]

Brunner erklärt, dass es ihm gar nicht um Wissenschaft gehe, sondern um die theologische Praxis. Damit möchte er »die gesellschaftliche Wirklichkeit in einer bestimmten Weise gestalten, indem er die handelnden Menschen beeinflusst«.[25] Gemäß Kelsen fordert Brunner dann in widersprüchlicher Weise, »dass aller sinnvollen Verwirklichung die Erkenntnis vorausgehen« müsse und dass eine »klar und sicher gegründete Erkenntnis des Gerechten [...] etwas Unentbehrliches für seine Verwirklichung«[26] sei. Für Kelsen muss dieser Erkenntnisprozess wissenschaftlich geleitet sein, und es ist für ihn nicht verständlich, wie ein solch praktischer Prozess »eine klar und sicher gegründete Erkenntnis des Gerechten geben kann. Das Unternehmen steht von allem Anfang an im Zeichen eines unlösbaren Widerspruchs: das Unerkennbare zu erkennen.«[27]

Kelsen arbeitet sich in der umfangreichen Rezension weiter in diesem Stil ab und deckt Widerspruch um Widerspruch auf. Seine Argumentation ist schlüssig, exakt und gehorcht der Logik der reinen Rechtslehre. Gemäß ihm darf die Wissenschaft nicht auf Wertungen bauen, sondern nur das Gegebene logisch durchdringen. Der Theologe Brunner arbeitet mit fundamental anderen Grundlagen. Das Alte und Neue Testament bilden den vorausgesetzten Grund, auf dem er seine Lehre der Gerechtigkeit errichtet. Er sucht und findet in der Bibel die Weisungen, die nach seiner Interpretation zu einer gerechten Gesellschafts- und Staatsordnung führen. Er nimmt die Gleichnisse und Aussagen der Bibel, um in einem kreativen Akt eine mögliche Form der Gerechtigkeit zu beschreiben. Sein Verständnis von Gerechtigkeit bildet sich durch diese theologische Arbeitsweise erst heraus. Dabei nimmt er im Fall des Staates die Genealogie der Staatsphilosophie mit den vier Stufen der Gerechtigkeit als Leitlinie.

Dieses Vorgehen ist in der protestantischen Theologie so selten, dass Brunner als ein Jahrhunderttheologe[28] erscheint. Kelsen und Brunner arbeiten mit diametral entgegengesetzten Annahmen ihrer Wissenschaften und können sich nicht verstehen. So lässt sich Brunners Vorgehen auch nicht in die reine Rechts-

[23] *Brunner,* Gerechtigkeit, S. VI.
[24] *Brunner,* Gerechtigkeit, S. VI.
[25] *Kelsen,* Idee der Gerechtigkeit, S. 161.
[26] *Brunner,* Gerechtigkeit, S. VIII.
[27] *Kelsen,* Idee der Gerechtigkeit, S. 161.
[28] *Frank Jehle,* Emil Brunner: Theologe im 20. Jahrhundert, Zürich 2006.

lehre Kelsens integrieren. Brunner geht von der Bibel aus; er setzt ihre Wahrheit voraus und entwickelt gestützt darauf seine Gerechtigkeitstheorie. Kelsens Wissenschaftsideal folgt einer von jeglichen Werten, Ethik oder Moral gereinigten Wissenschaft und trug ihm zusammen mit dem Gesamtwerk den Ehrentitel »Jahrhundertjurist«[29] ein. Im Folgenden ist zu zeigen, dass der Preis für die so verstandene wissenschaftliche Reinheit hoch ist.[30]

III. Rechtsbegriff der reinen Rechtslehre

Emil Brunner fasst in seiner Gerechtigkeitslehre den möglichen Begriff von »gerechtem« Recht differenziert und erkennt vier unterschiedliche kategoriale Inhalte des Rechts. Sie bauen ideell-historisch aufeinander auf, und jede neue Stufe stellt noch höhere ethische Anforderungen an den Rechtsbegriff. Die Stufen eins und zwei erfassen die formale Seite des Rechts: Dieses geht von einer zentralen Gewalt mit Willen aus und erscheint in der Form als generell-abstrakte Norm. Die Stufen drei und vier haben formale und materielle Gerechtigkeitsforderungen zum Inhalt, indem die Regeln inhaltlich einer Gerechtigkeit entsprechen sollen und der Staat die Entscheide über Normen im besten Fall demokratisch fällt.

Es liegt auf der Hand, dass Kelsens Rechtsbegriff sich auf den ersten beiden Stufen bewegen muss, wenn er Ethik, Moral und Politik vom Recht möglichst fernhalten will. Kelsen gibt zunächst kaum Auskunft über den Rechtsbegriff, wenn er immer wieder betont, dass das Recht generell einen beliebigen Inhalt[31] besitzen kann. Der Inhalt des Rechts geht die reine Rechtslehre nichts an, da sie sich nicht in die Sphäre des Moralischen, Ethischen und Politischen einmischen darf. Die reine Rechtslehre setzt eine zentrale Gewalt mit Willen, den Staat, voraus. Kelsen identifiziert konsequenterweise Staat mit Recht, sodass jeder Staat ein Rechtsstaat ist.[32] Demzufolge schließt Kelsen die erste Stufe der Gerechtigkeit von Brunner (den Macht- und Gewaltbegriff des Rechts) ein, und die folgenden Stufen zwei bis vier schließt er aus. Kelsen durchbricht damit den engen Zusammenhang der Stufen eins und zwei von Brunners Theorie: Erst die Wertentscheidung der Herrschaft von generell-abstrakten Regeln macht die Wertent-

[29] *Horst Dreier*, Hans Kelsen zur Einführung, Hamburg 2023, S. 11; *ders.*, Kelsen im Kontext. Beiträge zum Werk Hans Kelsens und geistesverwandter Autoren, Tübingen 2019, S. 95–114.

[30] *Hasso Hofmann*, Recht des Rechts, Berlin 1998, S. 51.

[31] *Hans Kelsen*, Reine Rechtslehre, 1. Auflage Leipzig 1934, S. 9, 63; *ders.*, Reine Rechtslehre. Mit einem Anhang: Das Problem der Gerechtigkeit, 2. Auflage Wien 1960, S. 201, 229, 440; *ders.*, Was ist die reine Rechtslehre?, in: Festschrift für Zaccaria Giacometti, Zürich 1953, S. 147ff. (147); *ders.*, Idee der Gerechtigkeit, S. 157.

[32] *Kelsen*, Reine Rechtslehre 1934, S. 117ff. und *ders.*, Reine Rechtslehre 1960, S. 314: »Ein dem Recht nicht unterworfener Staat [ist] undenkbar.«

scheidung für einen Staat als sich durchsetzende Macht und Gewalt erträglich. Die normative, d. h. auf generell-abstrakte Regeln konzentrierte Rechtswissenschaft ist der Versuch, die Rechtsregel als Mittel zur Begrenzung von Macht und Willkür der Macht- und Gewaltinhaber auszugestalten. Kelsens metaphysisch begründete Annahme des Rechts als Macht- und Gewaltinstrument muss mit der weiteren Annahme der Herrschaft generell-abstrakter Regeln korrigiert werden: »Das Recht [ist] ein Versuch mit Worten (im Gesetz), die Macht zu bändigen.«[33] »Das Recht ist Kritik der Macht. Der Mächtige muss sich nicht auf das Recht berufen; er hat die Macht. Der Schwache braucht das Recht.«[34]

Kelsens verkümmerter Rechtsbegriff führt ihn zur folgenden Behauptung: Die Aussage, dass ein Staat eine Rechtsordnung habe oder ein Rechtsstaat sei, stelle »keinerlei politisches Werturteil«[35] dar. Im Sinn der Brunnerschen Gerechtigkeitsstufe bindet Kelsen seine Lehre dessen ungeachtet immer noch an einen metaphysischen Wert, nämlich das Bestehen der faktischen Ordnungsmacht des Staates. Kelsens Staatsbegriff (und damit Rechtsbegriff) als einer Organisation mit zentraler Gewalt und Willen stellt eine nicht begründbare politische, ethische und metaphysische Festlegung dar.

Kelsen folgt mit seinem inhaltsarmen Rechtsbegriff dem Dezisionismus. Der Macht- und Gewaltbegriff des Rechts eignet sich zum ideologisch-politischen Einsatz, wie das Carl Schmitt in seinem Schrifttum vorführt. Carl Schmitt betrachtete den Staat im Ausnahmezustand nicht als Anarchie oder Chaos, sondern es bestehe »im juristischen Sinne immer noch eine Ordnung, wenn auch keine Rechtsordnung«[36]. Die Frage, worin sich die in einem »juristischen Sinne« bestehende Ordnung von einer Rechtsordnung unterscheidet, kann offenbleiben. Schmitt fährt fort: »Alles Recht ist Situationsrecht«[37]. Jeder durchgesetzte Staatsakt ist damit Recht und, mit einem Ausdruck von Carl Schmitt, »höchste Justiz«[38], wenn er vom obersten Machthaber ausgeht. Allerdings beschreibt Schmitt in der Sache Vorgänge (Ermordung von vorgeblichen Regimegegnern), die mit einem Rechtsstaat, der den Begriff der generell-abstrakten Regel konstitutiv voraussetzt,[39] nichts gemein haben. Schmitts Rechtsbegriff verhüllt die physische Vernichtung eines angeblichen Feindes höchst durchsichtig.

---

[33] *Peter Noll*, Diktate über Sterben und Tod, Zürich 1984, S. 173.

[34] *Peter Noll*, Wer gefährdet den Rechtsstaat?, in: Neue Wege: Beiträge zu Christentum und Sozialismus 79 (1985), S. 79–82 (79); ähnlich *ders.*, Diktate, S. 23, 190, 204 f.

[35] *Kelsen*, Reine Rechtslehre 1934, S. 127.

[36] *Carl Schmitt*, Politische Theologie. Vier Kapitel zur Lehre von der Souveränität (1922), Berlin 1996, S. 18.

[37] *Schmitt*, Politische Theologie, S. 19.

[38] *Carl Schmitt*, Der Führer schützt das Recht, in: DJZ 1934, Heft 15, Sp. 945 ff.

[39] Mit Quellenangabe zur Begriffsgenese: *Andreas Kley*, Der »Rechtsstaat« – ein Instrument von Recht und Politik, in: Festschrift für Regina Kiener, Bern 2024.

Schmitt und Kelsen kommen sich nahe;[40] denn Kelsen spitzt die Schmittianische Auffassung zu. Er charakterisiert alle Ordnungen, die sich durch eine zentrale Macht realisieren, z. B. eine Despotie, als Rechtsordnungen:

»Vollends sinnlos ist die Behauptung, daß in der Despotie keine Rechtsordnung bestehe, sondern Willkür des Despoten herrsche […], stellt doch auch der despotisch regierte Staat irgendeine Ordnung menschlichen Verhaltens dar. […] Diese Ordnung ist eben die Rechtsordnung. Ihr den Charakter des Rechts absprechen, ist nur eine naturrechtliche Naivität oder Überhebung. […] Was als Willkür gedeutet wird, ist nur die rechtliche Möglichkeit des Autokraten, jede Entscheidung an sich zu ziehen, die Tätigkeit der untergeordneten Organe bedingungslos zu bestimmen und einmal gesetzte Normen jederzeit mit allgemeiner oder nur besonderer Geltung aufzuheben oder abzuändern. Ein solcher Zustand ist ein Rechtszustand, auch wenn er als nachteilig empfunden wird. Doch hat er auch seine guten Seiten. Der im modernen Rechtsstaat gar nicht seltene Ruf nach Diktatur zeigt dies ganz deutlich.«[41]

Leo Strauss beschreibt am Beispiel dieser Haltung die negativen Folgen eines fehlenden Naturrechts:

»Unsere Sozialwissenschaft mag uns sehr weise oder schlau hinsichtlich der Mittel für irgendwelche Zielsetzungen machen, die wir wählen könnten. Sie räumt aber ein, daß sie außerstande ist, uns bei der Unterscheidung zwischen legitimen und illegitimen, zwischen gerechten und ungerechten Zielsetzungen zu helfen. Eine solche Wissenschaft ist instrumentell und nichts als instrumentell: sie ist die geborene Magd beliebiger existierender Mächte oder Interessen.«[42]

Zudem konfrontierte er Kelsens Haltung zur Despotie mit folgenden Worten:

»Da Kelsen seine Haltung gegenüber dem Naturrecht nicht geändert hat, kann ich mir nicht erklären, warum er diese aufschlußreiche Passage in der englischen Übersetzung ausgelassen hat.«[43]

Strauss hatte Kelsen ertappt, und konsequenterweise ging Letzterer nicht darauf ein. Und selbstverständlich erneuerte Kelsen seine Auffassung »beliebigen Rechts«, wie sich anhand der zweiten Auflage der »Reinen Rechtslehre« von 1960 belegen lässt.[44] Sein Rechtsbegriff lässt sich der ersten Stufe von Emil

[40] *Dreier,* Kelsen im Kontext, S. 42 Fn. 74 über die Nähe von Kelsen und Schmitt. Die inhaltliche Nähe der beiden berühmten Autoren erklärt u. a. die Schärfe der geführten Auseinandersetzungen. Dieses Thema wäre ein lohnender Forschungsgegenstand.

[41] *Hans Kelsen,* Allgemeine Staatslehre, Berlin 1925, S. 335 f.

[42] *Leo Strauss,* Naturrecht und Geschichte, in: ders., Gesammelte Schriften, Band 4, Hamburg 2022, S. 1–311 (11 f.).

[43] *Strauss,* Naturrecht und Geschichte, S. 11 f. Die ausgelassene Stelle findet sich bei: *Hans Kelsen,* General Theory of Law and State, Cambridge 1949, S. 300; die entsprechende Stelle fehlt auch in der amerikanischen Neuauflage von 1961.

[44] *Kelsen,* Reine Rechtslehre 1960, S. 302 ff. betreffend die nicht mögliche Bewertung von Diktatur und Demokratie; weitere Stellen zum Axiom des »beliebigen« Rechts: S. 42 f., 109, 201 (»Jeder beliebige Inhalt [kann] Recht sein«), 229 u.s.w.

Brunner zuweisen: Kelsen wie auch Schmitt verbleiben bei ihrem Rechtsbegriff auf der Macht- und Gewalttheorie des Rechts.

Leo Strauss deckt Kelsens naturrechtliche Position der Macht- und Gewalttheorie des Rechts von einer anderen Seite her auf. Nach Kelsen kann »eine anti-metaphysische, wissenschaftlich-kritische Weltanschauung mit ihrem Ideal der Objektivität [...] nur in relativ ruhigen Zeiten, in Epochen des sozialen Gleichgewichts gedeihen«[45]. Die »Wahrheit« der objektiven Wissenschaft oder der reinen Rechtslehre kann nach Strauss aber nicht von ruhigen oder unruhigen Zeiten oder vom »sozialen Gleichgewicht« abhängen. Kelsen gebe damit zu, dass von der (Un-)Beruhigtheit der Forscher abhängt, ob der von ihnen vertretene Positivismus möglich ist. Das sei ein rein subjektives Element, das Kelsen doch eigentlich so vehement ausschließen möchte.[46] Strauss legt mit dieser Beobachtung den Finger auf einen wunden Punkt, der die »Reinheit« der Rechtslehre widerlegt.

IV. Ist Kelsens Rechtslehre rein oder werturteilsfrei?

Der Ausdruck »reine Lehre« entstammt nicht der Rechtswissenschaft. Kelsen verwendet einen Begriff aus dem Bereich der christlichen Theologie und der Kirche.[47] Namentlich die reformatorischen Kirchen haben mit der Kirchenspaltung ab 1515 die Unreinheit der Lehre abgewehrt, indem sie das Glaubensgebäude von behaupteten Fremdkörpern und Unrat gereinigt haben. Sie grenzten sich damit von der Papstkirche ab und installierten die Reformatoren als Kämpfer für die »reine Lehre«.[48] Außerhalb der Theologie gibt es die reine Lehre höchstens in entlehnter Form, sozusagen metaphorisch. Der Anspruch jeder reinen Lehre ist hoch, er signalisiert den Besitz der einzig richtigen Wahrheit in den letzten Fragen. Kelsen hat die Bezeichnung seiner Rechtstheorie mit Bedacht gewählt. Die »Reine Rechtslehre« (Kelsen schreibt »rein« groß) ist eine geschaffene Eigenmarke, die höchsten Ansprüchen genügen will.

Kelsen versucht mit seiner Lehre, »die Frage zu beantworten, was und wie das Recht ist, nicht aber die Frage, wie es sein oder gemacht werden soll. Sie ist Rechtswissenschaft, nicht aber Rechtspolitik.«[49] Die Wissenschaft soll also von der Politik und damit von Überlegungen der Gerechtigkeit gereinigt werden.

---

[45] *Hans Kelsen*, Die philosophischen Grundlagen der Naturrechtslehre und des Rechtspositivismus, Charlottenburg 1928, S. 77.

[46] *Leo Strauss*, Die politische Wissenschaft des Hobbes. Eine Einführung in das Naturrecht, in: ders., Gesammelte Schriften, Band 3, Stuttgart/Weimar 2001, S. 192ff., 201–206, 211f. (204).

[47] Instruktiv etwa: *Otto Michel*, Um lautere und reine Lehre, in: Zeitschrift für Theologie und Kirche, Neue Folge, 17/4 (1936), S. 289–315.

[48] *Kurt Aland*, Der Kampf um die reine Lehre. Die Werke Martin Luthers in neuer Auswahl, 4. Auflage Göttingen 1991.

[49] *Kelsen*, Reine Rechtslehre 1934, S. 1.

Kelsen kämpft gegen das Naturrecht, um eben von einem wissenschaftlichen Standpunkt aus Ideologiekritik betreiben zu können. Sein Vorgehen reiht sich in der Wissenschaftsgeschichte in den Positivismus von Auguste Comte ein.[50] Letzterer will das Positive, das (empirisch) Gegebene zu seinem Gegenstand machen. Auch Kelsen beansprucht, dass seine Theorie ausschließlich »den Gegenstand«[51] des Rechts erkennt, und er wandelt auf Comtes Pfaden: Seine »radikal realistische Rechtstheorie [...] lehnt es ab, das positive Recht zu bewerten. Sie betrachtet sich als Wissenschaft zu nichts anderem verpflichtet, als das *positive Recht seinem Wesen nach* zu begreifen«[52].

Kelsen will sich in der Sphäre des philosophischen Realismus bewegen. Er nimmt nur das Gegebene als Gegenstand seiner Wissenschaft. Den platonischen Idealismus lehnt er rundweg ab und betrachtet ihn als Erfindung oder Ideal.[53] Das hindert ihn indessen nicht daran, sein gesuchtes »positives Recht dem Wesen nach« begreifen zu wollen. Die Rede vom Wesen eines Gegenstands oder Objekts bezieht sich aber wiederum auf den Essenzialismus oder die platonische Ideenlehre. Seine radikal realistische Rechtstheorie ist sicher nicht radikal, sie ist nicht einmal realistisch, sondern entpuppt sich als Metaphysik. So bekennt Kelsen in seinem eigenen Werk in diametralem Widerspruch zum eben Beschriebenen, dass es »unmöglich ist, das Wesen der Idee oder des Dinges an sich in wissenschaftlicher, d. h. rationaler, an der Erfahrung orientierter Erkenntnis zu bestimmen«[54]. Dieser Widerspruch in der Argumentation ist bemerkenswert. Kelsen benutzt entgegen dieser Aussage den Essenzialismus häufig und kann damit Naturrecht und Metaphysik importieren, die er nicht begründen muss.[55] Der Anspruch einer »reinen Lehre« (über)fordert ihren Schöpfer und zwingt ihm die Figur des (wissenschaftlich nicht beweisbaren) »Wesens des Rechts« auf.

Die Werturteilsfreiheit der (Rechts-)Wissenschaft forderte Kelsen wissenschaftlich heraus. Max Weber hatte diesen Begriff 1913 im Verein für Socialpolitik eingeführt[56] und eine geistesgeschichtliche Großdebatte ausgelöst. Er

---

[50] *Auguste Comte*, Rede über den Geist des Positivismus, hrsgg. von Iring Fetscher, Hamburg 1994.

[51] *Kelsen*, Reine Rechtslehre 1934, S. 1.

[52] *Kelsen*, Reine Rechtslehre 1934, S. 17 (Hervorhebung vom Verfasser).

[53] *Kelsen*, Reine Rechtslehre 1934, S. 14 ff. (»Gerechtigkeit ist ein irrationales Ideal«), 38.

[54] *Kelsen*, Reine Rechtslehre 1934, S. 14, was in diametralem Widerspruch zu S. 17 steht.

[55] Siehe etwa in *Kelsen*, Reine Rechtslehre 1934, S. 42: Wesen der Rechtspersönlichkeit, S. 102: Wesen der Lücke, S. 110: Wesen der vertraglichen Rechtserzeugung; in der 2. Auflage nimmt der Essenzialismus überhand: *Kelsen*, Reine Rechtslehre 1960, S. 1: Wesen der Rechtswissenschaft und Wesen des Menschen, S. 15: Wesen der Rechtsordnung, S. 36: Wesen des Rechts, S. 47: Wesen der Voraussetzung, S. 131, 140, 141: Wesen des subjektiven Rechts, S. 289, 319: Wesen des Staates, S. 321: Wesen des Völkerrechts u.s.w.

[56] *Max Weber*, Das Postulat der Werturteilsfreiheit der Wissenschaft (1913), in: ders., Werk und Person, Tübingen 1964, S. 102–139; umgearbeitet als: Der Sinn der »Wertfreiheit« der soziologischen und ökonomischen Wissenschaften (1917), in: ders., Gesammelte Aufsätze zur Wissenschaftslehre, 7. Auflage Tübingen 1988, S. 489 ff.

stellte die Forderung auf, dass die Sozialwissenschaften sich am Ideal der Werturteilsfreiheit orientieren sollten. Weber stellte sich gegen die seit 1872 aktiven Kathedersozialisten[57] und kritisierte die »auf dem Gebiet der praktisch-politischen Wertungen« weit verbreitete Annahme, dass »letztlich eine der möglichen Stellungnahmen die *ethisch* allein richtige sein müsse«[58]. Er hielt es für »ganz und klar unerträglich«, dass im Hörsaal »persönlich gefärbte Professoren-Prophetie« verbreitet werde: »Im Namen der Wissenschaft [werden] Kathederentscheidungen von Weltanschauungsfragen zum besten gegeben«[59].

Weber gab dem akademischen Lehrer die Aufgabe, die Studenten in folgenden Fähigkeiten zu schulen:

»Was aber heute der Student im Hörsaal doch vor allen Dingen von seinem Lehrer lernen sollte, ist: 1. die Fähigkeit, sich mit der schlichten Erfüllung einer gegebenen Aufgabe zu bescheiden; – 2. Tatsachen, auch und gerade persönlich unbequeme Tatsachen, zunächst einmal anzuerkennen und ihre Feststellung von subjektiver Stellungnahme dazu zu scheiden; – 3. seine eigene Person hinter die *Sache* zurückzustellen und vor allem das Bedürfnis zu unterdrücken: seine persönlichen Geschmacks- und sonstigen Empfindungen ungebeten und sozusagen ›unkeusch‹ zur Schau zu stellen.«[60]

Jeder, der eine berufliche Aufgabe erfüllt, hat »das auszuscheiden, was nicht streng zur ›Sache‹ gehört, am meisten aber: eigene Liebe und Haß«[61]. Eine akademische Persönlichkeit könne man »nicht absichtsvoll« werden, »der einzige Weg [...], um es (vielleicht!) zu werden«, bestehe in der »rückhaltlosen Hingabe an eine *Sache*«[62]. In der rein ethischen Sphäre könne man sich argumentativ nicht finden:

»Ich kann mir aber nicht denken, daß eine [...] Debatte über Möglichkeit oder Unmöglichkeit einer normativen Ethik, oder über die Frage, ob sie nur ›formale‹ oder auch ›inhaltliche‹ Normen ergründen könne [...] irgendwelche erfreuliche Resultate zeitigen würde.«[63]

So lassen sich die »Konsequenzen des Postulates der ›Gerechtigkeit‹« nicht eindeutig wissenschaftlich-ethisch bestimmen.[64] Weber verfolgt damit das gleiche Anliegen wie Kelsen. Es stellt sich allerdings die Frage, wie weit dieses Anliegen verfolgt werden kann.

Die Forderung Webers löste viele Missverständnisse und Überinterpretationen aus. Im Kern ging es Weber um die Ermöglichung der vollen »Nüchternheit

[57] *Kley*, Geschichte, S. 53 ff.
[58] *Weber*, Postulat der Werturteilsfreiheit, S. 106.
[59] *Weber*, Postulat der Werturteilsfreiheit, S. 106.
[60] *Weber*, Postulat der Werturteilsfreiheit, S. 107.
[61] *Weber*, Postulat der Werturteilsfreiheit, S. 108.
[62] *Weber*, Postulat der Werturteilsfreiheit, S. 108.
[63] *Weber*, Postulat der Werturteilsfreiheit, S. 118.
[64] *Weber*, Postulat der Werturteilsfreiheit, S. 117.

des Urteils«, um »die Erkenntnis praktischer *Probleme* in ihrer ganzen Tragweite«[65]. Hennis kommentiert Webers Anliegen:

»›Ich muß dabei bleiben, daß ich imstande bin, wissenschaftliche Zusammenhänge darzulegen ohne Werturteile, und bin nur auf den Teil meiner Lehrtätigkeit stolz, in dem ich diesem Ideal treu geblieben bin.‹ […] Die Logik zwingt nur zur Anerkennung, daß Sachaussagen und praktische Werturteile in ›heterogenen Ebenen‹ liegen. Wer wollte dem widersprechen.«[66]

Weber ging es im Werturteilsstreit nicht um »Reinheit«, sondern nur um weit weniger: Er hielt die Stellungnahmen des Wissenschafters für oder gegen Wertvorstellungen für unzulässig. Dazu gehört auch die Vermischung der Rolle des Forschers mit der Rolle des Aktivisten.

Webers Postulat der Werturteilsfreiheit bezog sich zunächst auf die Sozial- und weniger auf die Rechts- und Geisteswissenschaften. Die Rechtswissenschaft weist jedoch Elemente der empirischen Sozialwissenschaften wie auch der normativen Geisteswissenschaften auf. Webers Forderung der Werturteilsfreiheit lässt sich insofern auch auf die Rechtswissenschaft beziehen. Weber forderte vom Wissenschafter »die intellektuelle Rechtschaffenheit: einzusehen, daß Tatsachenfeststellung, Feststellung mathematischer oder logischer Sachverhalte oder der inneren Struktur von Kulturgütern«[67] zur Wissenschaft gehören. Das Recht, sein Begriff und Gegenstand, sei ein vom Menschen geschaffenes Kulturgut. Weber anerkennt damit, dass der Wissenschafter ein nicht vermeidbares Werturteil über den Wissenschaftsbegriff und damit den Gegenstand der Wissenschaft fällen muss, wenn er sich mit einem Sachgebiet und einem Gegenstand, eben z. B. dem Recht, auseinandersetzen will.[68] Ein Rechtsbegriff, der die sich durchsetzende zentrale Gewalt und ihre Bindung an Regeln (Stufen eins und zwei von Brunner) einschließt, gehört zur »inneren Struktur« des Rechts und muss als ein unvermeidbares Werturteil vorausgesetzt werden. Dieser Rechtsbegriff genügt den Voraussetzungen der Werturteilsfreiheit von Weber, denn nur damit lässt sich die in die Antike zurückreichende Kulturgeschichte der Herrschaft generell-abstrakter Regeln untersuchen.[69]

---

[65] *Wilhelm Hennis*, Max Webers Wissenschaft vom Menschen, Tübingen 1995, S. 166.

[66] *Hennis*, Max Webers Wissenschaft, S. 170.

[67] *Max Weber*, Wissenschaft als Beruf (1919), in: ders., Gesammelte Aufsätze zur Wissenschaftslehre, 7. Auflage Tübingen 1988, S. 582–613 (601 f.). Nicht zur Wissenschaft gehört für Weber dagegen die Bewertung »der Kultur und ihrer einzelnen Inhalte«.

[68] *Dreier*, Kelsen im Kontext, S. 345–385 (351 ff., 362 f. m.w.H.); *Alois Riklin*, Unvermeidbare und vermeidbare Werturteile, in: Beiträge zur Methode des Rechts. St. Galler Festgabe zum Schweizerischen Juristentag 1981, Bern/Stuttgart 1981, S. 37–68 (50 ff.).

[69] *Fernanda Pirie*, The Rule of Laws. A 4000-Year Quest to Order the World, New York 2021; *Lorraine Daston*, Rules. A Short History of What We Live By, Princeton/Oxford 2022, S. 1–22, übersetzt: *Lorraine Daston*, Regeln. Eine kurze Geschichte, Berlin 2023, S. 11–35.

Die vier Stufen der Gerechtigkeit von Emil Brunner bestimmen in der abstrakten Übersicht die möglichen Begriffe des Rechts[70] und damit die denkbaren Gegenstände der Rechtswissenschaft. Auch Kelsen bestimmt für seine Lehre den maßgeblichen Inhalt des Rechtsbegriffs und damit den Gegenstand der Rechtswissenschaft. Nimmt man Brunners vier Kategorien von Recht, so wählt Kelsen die erste Stufe, nämlich das Bestehen einer zentralen Gewalt mit Willen und er lässt auch die zweite Stufe fakultativ zu, soweit der Staat sich mit generell-abstrakten Normen abgibt. Allerdings bildet der generell-abstrakte Charakter der Normen keinen notwendigen Bestandteil seines Rechtsbegriffs. Kelsen fällt ein Werturteil und verzichtet für seinen Rechtsbegriff darauf, die Herrschaft der generell-abstrakten Norm zu fordern. Damit lässt er ein wichtiges Kulturphänomen des gesellschaftlichen Lebens des Menschen außer Acht.[71] Er erntet mit diesem Verzicht sowieso nicht die Webersche Werturteilsfreiheit und schon gar nicht die Reinheit seiner Rechtslehre. Vielmehr huldigt seine Rechtslehre einer Autorität, die, was immer sie unternimmt, Recht anwendet, Recht setzt und damit gleichzeitig immer rechtmäßig (legal) handelt. Ein derartiges Recht hat keine Funktion.

Das Anliegen von Kelsen bestand in einer konsequenten Naturrechtskritik, die er weit über sein Interesse an der Rechtswissenschaft stellte.[72] Er entleerte den Rechtsbegriff mit seiner Naturrechtskritik in einer Weise, dass die Rechtswissenschaft ihren Gegenstand, das »generell-abstrakte Recht«, verlor und das Recht nur noch in Form der »Kompetenz der Autorität« bestand[73]. Diese äußerte sich am Boden (Stufe eins von Brunner) wie auch zuoberst in der Verfassungsgerichtsbarkeit.

»Daß der letztinstanzliche Staatsakt, hinsichtlich dessen die Rechtsordnung keine Überprüfungsinstanz mehr einsetzt, weil sie eben solches nicht ad infinitum tun kann, gültig

[70] *Ernst-Wolfgang Böckenförde*, Der Rechtsbegriff in seiner geschichtlichen Entwicklung. Aufriss eines Problems, in: Archiv für Begriffsgeschichte 12 (1968), S. 145–165 steht unter dem Eindruck der zeitgenössischen Naturrechtsdiskussion und behandelt ausschließlich die Stufe drei gemäß Brunner. Das ist für einen Lexikonbeitrag eine beachtliche Lücke.

[71] Siehe Fn. 69.

[72] *Thomas Hochmann*, Welche Rolle für die Rechtswissenschaft?, in: Matthias Jestaedt u. a. (Hrsg.), Die reine Rechtslehre auf dem Prüfstand, Stuttgart 2020, S. 161–176 (170 ff.) kommt zum Ergebnis, dass Kelsen an der Rechtswissenschaft desinteressiert ist; *Carl August Emge*, Hans Kelsen: Théorie pure du droit, Neuenburg 1953 (französische Ausgabe der Reinen Rechtslehre, 1. Auflage 1934), in: Philosophischer Literaturanzeiger 8 (1955), S. 66–73, 123–128 (71) stellt fest, dass Kelsens Werke eine wahre Angst vor Richtigkeitskriterien durchziehe.

[73] *Dreier*, Kelsen im Kontext, S. 27–66 (65 f. m.w.H.) sieht die bei Kelsen vorliegende Zurückdrängung und Reduktion der Rechtswissenschaft; *Péter Techet*, Die »Reine Rechtslehre« im Kontext der verfassungsrichterlichen Tätigkeit von Hans Kelsen. Verflechtungen und Widersprüche zwischen Theorie und Praxis, in: Der Staat 62 (2023), S. 299–359 (357 f.), wonach Kelsen die Verfassungsgerichtsbarkeit zuerst als Kompetenzgerichtshof in einem Bundesstaat begründete.

sei, das muß von der Rechts- und Staatstheorie ebenso vorausgesetzt werden, wie die Grundnorm von ihr vorausgesetzt wird.«[74]

Die staatliche Autorität und die Grundnorm sind gemäß Kelsen definitionsgemäß nicht hinterfragbar und die oberste Instanz entscheidet immer verfassungs- und rechtmäßig.[75] Dadurch verfehlt Kelsen die angestrebte Ideologiekritik weitgehend. Kelsens Missverständnis ist von größter Tragweite: Die soziale Tatsache der Herrschaft von Menschen über Menschen erzeugt das Bedürfnis nach legitimierenden politischen Ideologien. Kelsen macht diese Tatsache zum Eckstein seiner Rechtslehre und blendet sie damit vollständig aus. Er schreibt: »Ideologie aber verhüllt die Wirklichkeit, indem sie sie [...] entstellt. Alle Ideologie hat ihre Wurzel im Wollen, nicht im Erkennen, entspricht [...] anderen Interessen als dem Interesse an der Wahrheit.«[76] Jede Staatsform außerhalb des Anarchismus setzt jedoch Herrscher voraus. Und Herrschaft ist ohne ideologische Unterstützung nicht denkbar und nicht möglich. Sie »gründet sich [...] ausschließlich auf Meinung«[77] oder eben Glaube und Ideologie.

Emil Brunner[78] und viele andere Wissenschafter warfen Kelsen einen inhaltsleeren Formalismus und Logizismus vor. Der Vorwurf setzt einen einigermaßen inhaltsreichen Begriff der Rechtswissenschaft voraus. Die Rechtswissenschaft ist aber stets logizistisch-formalistisch, und sie bezieht diese Eigenschaft vor allem aus der zweiten Stufe von Brunners Gerechtigkeitstheorie, nämlich der Herrschaft der generell-abstrakten Regeln. Das Vorhandensein einer Autorität und ihrer Kompetenz (Stufe eins von Brunner) erlaubt nur einen bescheidenen, nachgerade trivialen Formalismus-Logizismus. Kelsen gibt davon speziell in der zweiten Auflage seiner Reinen Rechtslehre mit den unzähligen Wiederholungen, Aussagevarianten und Redundanzen ein beredtes Zeugnis.[79]

Webers Anliegen war nicht die Kritik an ethischen und politischen Werturteilen, sondern das Eintreten für die »Sache«, den Gegenstand der Wissenschaft. Zu diesem Zweck wollte er mit der Wissenschaft ent-täuschen und auf-

---

[74] *Kelsen*, Allgemeine Staatslehre, S. 277; dazu *Dreier*, Kelsen im Kontext, S. 307–344 (319ff.); *Techet*, Die »Reine Rechtslehre« im Kontext, S. 350ff., insb. S. 356.

[75] Auch diese Tatsache ist vielfach zugespitzt worden, so etwa: »Auch Höchstrichter irren, aber sie irren rechtskräftig«, *Matthias Jestaedt*, Wirken und Wirkungen höchstrichterlicher Judikatur – Rechtsprechung von Grenzorganen aus Sicht der Reinen Rechtslehre, in: Clemens Jabloner (Hrsg.), Wirken und Wirkungen höchstrichterlicher Judikatur. Symposion zum 60. Geburtstag von Heinz Mayer, Wien 2007, S. 9–33 (31).

[76] *Kelsen*, Reine Rechtslehre 1934, S. 17.

[77] *David Hume*, Über die ursprünglichen Prinzipien der Regierung, in: ders., Politische und ökonomische Essays, Teilband 1, Hamburg 1988, S. 25–30 (25).

[78] *Brunner*, Gerechtigkeit, S. 235f.

[79] *Kelsen*, Reine Rechtslehre 1960, S. 1, 17, 24, 60ff., 75 u.s.w. wehrt stets die Vermengung von Recht mit Moral/Ethik ab. In allen anderen rechtstheoretischen Schriften verfährt Kelsen nach demselben Muster der Wiederholungen. Diese stellt auch *Hans Nawiasky*, Staatslehre. Dritter Teil: Allgemeine Staatslehre, Einsiedeln u.a. 1956, S. 158f. als wesentliche Eigenschaft seines Schrifttums fest.

klären: Die Wissenschaft darf nicht falsche Sicherheiten vermitteln, sie darf nicht legitimieren[80] und die Politik in irgendeiner Richtung anleiten.[81] Für Weber ist die spezifische Funktion der Wissenschaft, »daß ihr das konventionell Selbstverständliche zum Problem wird«[82]. Die Wissenschaft besteht nicht aus einer »durch Konvention geschaffenen faktischen Selbstverständlichkeit«, die das Publikum beruhigen soll. Sie ist vielmehr Diskussion über das scheinbar Selbstverständliche. Prägnant drückte es Robert K. Merton[83] aus: Wissenschaft ist »organized scepticism«. Weber machte die kreative Intention am Beispiel eines anarchistischen Rechtsprofessors deutlich:

»Einer unserer allerersten, politisch streng konservativ gesonnenen Juristen erklärte freilich auf einer Tagung des Hochschullehrertages (worin er sich gegen die Exklusion von Sozialisten von den Kathedern aussprach): wenigstens einen ›Anarchisten‹ würde auch er als Rechtslehrer nicht akzeptieren können, da der ja die Geltung des Rechts als solchen überhaupt negiere, – und hielt dies Argument offenbar für durchschlagend. Ich bin der gegenteiligen Ansicht. Der Anarchist kann sicherlich ein sehr guter ›Jurist‹ sein. Und ist er das, dann kann gerade jener sozusagen archimedische Punkt außerhalb der uns so selbstverständlichen Konventionen und Voraussetzungen, auf die ihn seine Überzeugung – wenn sie echt und praktisch bewährt ist – stellt, ihn befähigen, Grundanschauungen der üblichen Rechtslehre als problematisch zu erkennen, die denjenigen entgehen, welchen sie allzu selbstverständlich sind. Der radikalste Zweifel ist der Vater der Erkenntnis.«[84]

Kelsen steht auf dem gegenteiligen Standpunkt als der von Weber beschriebene anarchistische Rechtsprofessor. Er setzt den archimedischen Punkt der zentralen Gewalt mit Willen voraus und hält das für die reine Lehre. Als Wissenschafter sollte er gerade dieser Annahme gegenüber skeptisch sein und sie in Zweifel ziehen. Ein skeptischer Forscher würde eine Brunnersche Stufe tiefer steigen, nämlich von der Stufe eins auf die bei Brunner nicht vorhandene Stufe null: eine herrschaftslose Lebensform der Menschen infolge des Fehlens einer zentralen Gewalt mit Willen. Es gibt die positive Variante eines friedlichen herrschaftsfreien Zusammenlebens. In diesem System einer spontanen Ordnung erzeugen

[80] *Weber*, Postulat der Werturteilsfreiheit, S. 122.

[81] Ein Beispiel dafür ist die intellektuelle Freundschaft von Kelsen mit Zaccaria Giacometti. Kelsen gab davon in seinem Festschriftbeitrag für Giacometti von 1953 Zeugnis ab. Letzterer verhält sich gerade nicht nach Kelsens Maßstäben der »Reinheit«. Vielmehr trat er in der Schweiz für die Geltung der generell-abstrakten Normen ein. Dieses Engagement ist »politisch«, es ist aber im Begriff der Rechtswissenschaft mit den Stufen eins und zwei von Brunner angelegt, *Kley*, Geschichte, S. 387f. mit Fn. 2440.

[82] *Weber*, Postulat der Werturteilsfreiheit, S. 115.

[83] *Robert K. Merton*, A Note on Science and Democracy, in: Journal of Legal and Political Sociology 1 (1942), S. 115–126, insb. S. 118, 126.

[84] *Weber*, Postulat der Werturteilsfreiheit, S. 110; *Kelsen*, Reine Rechtslehre 1960, S. 224 Fn. ** anerkennt, dass ein Anarchist ein guter Jurist sein kann, aber er lehnt den Anarchismus als »utopisch« ab (S. 39); *Dreier*, Kelsen im Kontext, S. 42 Fn. 73 und 74 und S. 350 Fn. 22 m.w.H.

die Menschen infolge ihrer sozialen Natur die nötige Koordination selbst[85], der Staat ist nicht erforderlich. Das »Recht« ist damit ein vom Menschen beiläufig hervorgebrachtes Kultur- und Sozialphänomen. Eine Rechtswissenschaft der Stufe null beschränkt sich darauf, dieses Phänomen zu beschreiben, sie hat einen empirisch-beobachtenden Charakter. Es gibt ferner die Variante eines unfriedlichen, durch Gewaltakte begleiteten Zusammenlebens oder Bürgerkriegs. Die Menschen haben einen asozialen, egoistischen Charakter und kämpfen nur für sich selbst. Der Krieg aller gegen alle, in dem die Stärksten überleben, wäre dann eine Form von Rechtsordnung. Die empirische, d.h. »soziologische Rechtswissenschaft«[86] kann dieses »Faustrecht«, ebenso wie das anarchisch-friedliche Modell der spontanen Ordnung, beobachten.

Die Koordination einer Gesellschaft durch ein Mittel, z.B. die Herrschaft eines Einzelnen oder eines abstrakten Staats, oder die im Sinn von Brunner höheren Stufen von »Recht« ist eine kulturelle Leistung des Menschen. Die Methode der Koordination lässt sich indes nicht vom Menschenbild trennen. Jede Koordinationsform bedingt Annahmen über den Charakter des Menschen. Soll die Rechtswissenschaft beliebiges Recht zum Gegenstand haben, so bedeutet das übersetzt, dass der Mensch, der sich in den höheren Stufen von Brunners »Gerechtigkeit« organisiert, keinerlei Aufmerksamkeit seitens der reinen Rechtslehre erhält. Diese Stufen sind aus der Sicht der absolut gesetzten Stufe eins metaphysisch-politisch, eben unrein, und verdienen nicht die Würde eines wissenschaftstauglichen Sachgegenstands. Die Stufe eins ist freilich ebenso essenzialistisch-metaphysisch verunreinigt und vermag nicht den Boden für eine reine Lehre abzugeben.[87]

Die Antwort auf die im Abschnittstitel gestellte Frage lautet deshalb: Kelsens Rechtslehre ist unter keinen Umständen rein und schon gar nicht werturteilsfrei.

V. Was bleibt von der Rechtswissenschaft nach Kelsens Reinigung übrig?

In der reinen Rechtslehre signalisiert der Begriff des »Rechts« nur, dass eine Handlung dem Staat zugerechnet wird. Gegenstand der gereinigten Rechts-

[85] *Friedrich August von Hayek*, Die Verfassung der Freiheit, 3. Auflage Tübingen 1991, S. 72, 193.

[86] *Kelsen*, Reine Rechtslehre 1960, S. 224 Fn. **: Der Anarchismus wünsche eine zwangsfreie Gemeinschaft, was eine politische Haltung darstelle. »Die die Grundnorm nicht voraussetzende, soziologische Deutung ist eine theoretische Haltung.«

[87] Den großen Ertrag, den der Zweifel an der zentralen Gewalt mit Willen ergab, zeigen die herausragenden Leistungen von Ludwig Wittgenstein in seiner Spätphilosophie mit seinem Konzept des Regelfolgens und der Ethnomethodologie von Harold Garfinkel, dazu: *Andreas Kley*, Der richterliche Rechtsschutz gegen die öffentliche Verwaltung, Habil. HSG, St.Gallen/Zürich 1995, S. 174ff. (Wittgenstein) und S. 201ff. (Ethnomethodologie).

wissenschaft Kelsens sind vorrangig Fakten, Gewalt- und Machtakte, die der Staat[88], also die zentrale Gewalt mit Willen, durchsetzt. Generell-abstrakte Normen können vorkommen, aber Kelsens Rechtsbegriff verzichtet darauf, die Herrschaft von Regeln als das Charakteristikum des Rechts zu definieren. Diese gereinigte Rechtswissenschaft wäre eine entkernte und einigermaßen leere Wissenschaft und hat bedeutende Konsequenzen, die im Folgenden aufzuschlüsseln sind.

Leonard Nelson (1882–1927) analysierte in seinem 1917 veröffentlichten Werk »Die Rechtswissenschaft ohne Recht«[89] die Staats- und Völkerrechtslehren zahlreicher deutscher Rechtswissenschafter, darunter auch diejenige Georg Jellineks. Für Jellinek sind »Rechtssätze unvermögend, staatliche Machtverteilung tatsächlich zu beherrschen«[90], und »ohnmächtig gegenüber eingewurzelter sozialer Sitte«[91]. Ihm zufolge gehen die faktischen Verhältnisse den von ihnen erzeugten Normen stets voraus:[92] Fakten erzeugen Recht (normative Kraft des Faktischen). Jellineks Theorie verabschiedet die Vorstellung einer Bestimmung der sozialen Wirklichkeit des Menschen durch generell-abstrakte Normen radikal. Die Rechtsetzung verläuft vielmehr umgekehrt. Die Wirklichkeit schafft nach Jellineks Ansicht Recht, und damit stimmen im Ergebnis Wirklichkeit und Recht immer überein. Die Rechtswissenschaft beschreibt lediglich empirische Tatsachen und damit das Recht. In der Konsequenz decken sich die Theorie und die Praxis des Rechts. Vermutlich gab es noch nie eine Theorie, die so genau zur Wirklichkeit passte wie Jellineks Theorie der normativen Kraft des Faktischen.[93]

Kelsen schließt direkt an Georg Jellineks Theorie der normativen Kraft des Faktischen an. Er hält seine reine Rechtslehre für »radikal-realistisch«. Diese wolle »das Recht darstellen, so wie es ist, ohne es als gerecht zu legitimieren oder als ungerecht zu disqualifizieren; sie fragt nach dem wirklichen und möglichen, nicht nach dem richtigen Recht«[94]. Dieses wirkliche Recht kann keine Rechtssicherheit verschaffen, da das Recht keine »feste Ordnung«[95] ist. Vielmehr lassen sich Rechtsetzung, Rechtsauslegung und Rechtsdurchsetzung nicht voneinander trennen.[96]

---

[88] *Nawiasky*, Staatslehre. Dritter Teil, S. 160, 164 macht darauf aufmerksam, dass der Staat für Kelsen »als Apparat beamteter Organe« (*Kelsen*, Reine Rechtslehre 1934, S. 121) verstanden wird.

[89] *Leonard Nelson*, Die Rechtswissenschaft ohne Recht. Kritische Betrachtungen über die Grundlagen des Staats- und Völkerrechts, insbesondere über die Lehre von der Souveränität, Leipzig 1917, S. 6 ff., insb. S. 11 ff.

[90] *Georg Jellinek*, Verfassungsänderung und Verfassungswandlung, Berlin 1906, S. 72.

[91] *Georg Jellinek*, Allgemeine Staatslehre, 3. Auflage Berlin 1921, S. 336, 343.

[92] *Jellinek*, Allgemeine Staatslehre, S. 356.

[93] *Nelson*, Rechtswissenschaft ohne Recht, S. 147 f. zu Erich Kaufmann.

[94] *Kelsen*, Reine Rechtslehre 1934, S. 17; Reine Rechtslehre 1960, S. 112.

[95] *Kelsen*, Reine Rechtslehre 1934, S. 99.

[96] *Kelsen*, Reine Rechtslehre 1960, S. 244, Rechtserzeugung entsteht nicht durch das Setzen der generellen Norm, sondern auch durch das Urteil (als individuelle Norm). Qualitativ besteht kein Unterschied, da der Rechtserzeugungsprozess fortgesetzt wird.

Entscheidend ist, dass das kompetente Staatsorgan[97] handelt: Jeder Akt, den es setzt, ist »Recht«. Hinzu kommt, dass Recht Beliebiges zum Inhalt haben kann. Ist die Kompetenz der »Rechtsautorität« gegeben, stellen sich keine Rechtsfragen mehr. Die vom Staat geschaffenen und durchgesetzten Fakten haben Geltungskraft und sind Recht.[98] Kelsen illustriert damit die Binsenwahrheit: Wenn alles Recht ist, was der Staat unternimmt, dann ist das Recht nicht mehr vorhanden. Diese rechtsunsichere Lage macht ein Staatsnotrecht überflüssig.[99]

Die reine Rechtslehre schlägt sich mit ihrer radikal realistischen Tendenz auf die Seite der von Menschen geschaffenen und sich durchsetzenden Fakten.[100] Kelsen gibt mehrfach Zeugnis von dieser Leistungsfähigkeit seiner reinen Rechtslehre. Er hält dafür, dass es wissenschaftlich sinnlos sei, von einer

> »richterlichen Entscheidung zu sagen, sie sei falsch. Wenn ein gültiger Akt des rechtsanwendenden Organs keine der vom Standpunkt der Rechtswissenschaft möglichen Deutungen der anzuwendenden Rechtsnorm darstellt, kann der wissenschaftliche Jurist nur feststellen, daß durch diesen Akt neues Recht – wenn vielleicht auch nur für den konkreten Fall – erzeugt wurde«[101].

Kelsen illustriert damit erneut, dass die Gesetzesherrschaft, Brunners zweite Stufe, für ihn keine begriffsprägende Relevanz hat. Er verurteilt sie als ein ideologisches Element, das der Reinheit seiner Lehre widerspricht. Für die Herrscher im Staat ist diese Aussage vorteilhaft. Sie können rechtlich gesehen nie etwas falsch machen. Entweder wenden sie das Gesetz (generell-abstraktes Recht) korrekt an oder ihre Willkür schafft Einzelfall-Recht (individuell-konkreter Akt).

Die Theorie lässt sich am Beispiel des Usurpators der Verfassung vertiefen. Frage man – so Kelsen – nach dem Geltungsgrund einer Verfassung, so stoße man am Ende einer Kette ergangener Rechtsakte auf eine historisch erste Verfassung, die von einem einzelnen Usurpator oder von einem irgendwie gebildeten

---

[97] *Kelsen*, Reine Rechtslehre 1934, S. 65, 119 und auch Fn. 73 sowie *Techet*, Die »Reine Rechtslehre« im Kontext, in Fn. 427.

[98] *Emge*, Théorie pure, S. 125: »Bei Kelsen aber wird das Faktische [...] im Verbindlichkeitssinne einfach zum Maßgeblichen«. Diesen Aspekt übersehen nahezu alle Kelsen-Interpreten.

[99] *Dreier*, Kelsen im Kontext, S. 49ff. m.w.H.; *Kelsen*, Reine Rechtslehre 1934, S. 112; *Kelsen*, Reine Rechtslehre 1960, S. 286.

[100] Dieser radikale Realismus (siehe dazu die Nachfolger von Kelsen bei *Techet*, Die »Reine Rechtslehre« im Kontext, S. 348) findet sich ausgeprägt in der realistischen Theorie der internationalen Beziehungen von z.B. *Hans J. Morgenthau*, Politics Among Nations. The Struggle for Power and Peace (1948), 5. Auflage New York 1978, S. 4–15. Sie findet sich auch in den juristischen Völkerrechtslehren, die das Recht zwischen den Völkern mit Macht und Gewalt identifizieren, z.B. *Erich Kaufmann*, Das Wesen des Völkerrechts und die Clausula rebus sic stantibus, Tübingen 1911, S. 153: »So stellt sich auch für das Koordinationsrecht der siegreiche Krieg als Bewährung des Rechtsgedankens, als die letzte Norm heraus, die darüber entscheidet, welcher der Staaten Recht hat.« Die militärische Gewalt und der Ausgang des Kräftemessens ist ein Vorgang der Rechtsetzung. Diese Theorie und gleichzeitige Praxis verbreitet sich zurzeit weltweit.

[101] *Kelsen*, Was ist die reine Rechtslehre?, S. 151.

Kollegium erlassen wurde[102]. Der Begriff des Usurpators ist »in einer radikal realistischen Rechtsanwendungslehre sinnlos [...], weil die rechtliche Qualität eines Rechtsaktes nicht von der Eigenschaft des Rechtsaktes, sondern von der Wirksamkeit der Autorschaft abhängt«[103]. Erlässt ein Usurpator ein generelles Gesetz und wird vom zuständigen Kontrollorgan auch nicht daran gehindert, so liege – im Fall der Wirksamkeit dieses Gesetzes – »eine revolutionäre Änderung der Verfassung und damit ein verfassungsmäßiges, der neuen Verfassung entsprechendes Gesetz vor«[104]. In diesem Sinne besitzt jeder Usurpator, der sich erfolgreich durchsetzt, die verfassungs- und gesetzgebende Gewalt. Kelsens Rechtsbegriff ist eben, wie von Leo Strauss festgestellt, instrumenteller Natur.

Für die Inhaber von Macht und Gewalt im Staat erweist sich diese inhaltsleere Form von Recht als ausgesprochen praktisch (»griech. praxis, Handeln, Tun, Beschäftigung«[105]). Jeder sich durchsetzende Akt der Staatsgewalt ist als »Recht« definiert, womit die Herrscher des Staates die Möglichkeit erhalten, bei ihrem Handeln den Ausdruck »Recht« ideologisch einzusetzen. Kelsen gibt zu, dass der Anspruch, wonach das positive Recht der Wirklichkeit entsprechen soll, eine »Ideologie« darstelle.[106] Die reine Rechtslehre hält jeden sich durchsetzenden Staatsakt für Recht. Die Inhaber der Staatsgewalt nehmen diese Aussage gerne auf und halten jede ihrer Handlungen für »rechtskonform«, d.h. verfassungs- und gesetzmäßig. Die Sprachwurzel von »Recht« aus dem Mittelhochdeutschen meint »gerade«, »richtig« und auch »lenken«, »richten« und »leiten«[107]. Sie schließt ein, dass der Akt sich auf eine generell-abstrakte »Regel« bezieht und bezogen darauf als »richtig und gerade« gelten kann.[108] Die reine Rechtslehre wertet beliebige Akte des Staates semantisch als »richtig und gerade«[109].

Die Antwort auf die im Abschnittstitel gestellte Frage lautet deshalb: Kelsens Reinigung nimmt der Rechtswissenschaft jede Aufgabe weg.

VI. Epilog

Der hohe Anspruch der reinen Rechtslehre lässt sich nicht einlösen, sie erweist sich als einigermaßen inhaltsleer und zeigt einen Autor, der an der Rechtswissenschaft und ihren höherwertigen Rechtsbegriffen der Stufen zwei bis vier wenig

---

[102] *Kelsen*, Reine Rechtslehre 1934, S. 65.
[103] *Techet*, Die »Reine Rechtslehre« im Kontext, S. 348.
[104] *Kelsen*, Reine Rechtslehre 1960, S. 279.
[105] *Friedrich Kluge*, Etymologisches Wörterbuch der deutschen Sprache, 22. Auflage Berlin 1989, S. 560.
[106] *Kelsen*, Reine Rechtslehre 1934, S. 38.
[107] *Kluge*, Etymologisches Wörterbuch, S. 586.
[108] *Kluge*, Etymologisches Wörterbuch, S. 588.
[109] Kelsen verwendet wie Carl Schmitt das rhetorische Kampfmittel der Äquivokationen, dazu: *Jay F. Rosenberg*, Philosophieren, 6. Auflage Frankfurt a.M. 2009, S. 89.

interessiert ist. Kelsens reine Rechtslehre erklärt Macht- und Gewaltakte zu Recht, was theoretisch (also von der »Anschauung« her) keinen Erklärungswert hat. Kelsen hat seine »Reine Rechtslehre« nicht nur in zwei Auflagen monographisch dargestellt, sondern in unzähligen Artikeln, Beiträgen, Rezensionen und sonstigen Schriften erörtert, variiert und selbstinterpretiert. Sein umfangreiches Schrifttum zur reinen Rechtslehre ist ein gigantisches Labyrinth von (ungebräuchlichen) Begriffsdefinitionen, Wiederholungen, Widersprüchen, vor allem Äquivokationen (Rechtsbegriff) und weiteren rhetorischen Figuren.

Unzutreffend ist der Vorwurf, Kelsen habe mit seiner Lehre generell die Nationalsozialisten und ihre Gewaltherrschaft unterstützt. Seine Lehre spielte für die juristisch desinteressierten Nationalsozialisten keine Rolle. Kelsen lebte neben seiner reinen Rechtslehre ein zweites Wissenschafterleben und dachte über jene Dinge nach, die in seiner Lehre zwecks Reinhaltung nicht vorkommen durften.[110]

Die Rechtswissenschaft ist eine Wissenschaft vom Menschen, Teil seines Soziallebens und insofern nicht objektiv und wertungsfrei möglich. Wie immer man es dreht und wendet: Jeder Rechtsbegriff wird vom Menschen erzeugt, und der theoretische Erforscher des Rechts muss sich explizit oder implizit auf einen oder mehrere Begriffe konzentrieren. Die Forderung einer werturteilsfreien Rechtswissenschaft stößt auf immanente Schranken. Emil Brunner hat mit seinen genealogisch gestuften Rechtsbegriffen eine wertvolle Orientierung geschaffen. Der Gegenstand der Rechtswissenschaft im Sinn der vier Stufen Brunners muss gewählt werden, und damit ist mit jeder Wahl einer Gerechtigkeitsstufe ein Werturteil verbunden. Kelsen hat sich für die Macht- und Gewalttheorie des Rechts entschieden: Er fällte ein naturrechtliches, metaphysisches und politisches Werturteil. Sein gewählter Rechtsbegriff ist rudimentär. Eine dermaßen begrenzte (»reine«) Rechtslehre lässt nicht nur zentrale Aspekte des gesellschaftlichen Kulturlebens des Menschen weg,[111] sondern sie ist auch metaphysisch-naturrechtlich verunreinigt. Kelsens Rechtsbegriff der zentralen Gewalt zersetzt nicht nur die Rechtswissenschaft, sondern bestimmt auch, wie Leonard Nelson feststellte,

> »das Schicksal des Rechtes selbst. Die Existenz oder Nichtexistenz der Seele hängt nicht davon ab, ob die Psychologie sie anerkennt. [...] Wenn aber die Wissenschaft der Unterscheidung von Recht und Unrecht die Anerkennung verweigert, so wird dadurch die [...] Geltung des Rechtes selbst untergraben. [...] Denn wenn schon die berufenen Hüter des Rechtes seine Heiligkeit nicht achten, wie viel mehr werden es dann diejenigen mit Füßen treten, denen bei der skrupellosen Verfolgung ihrer Interessen nur das Recht eine Schranke setzen könnte.«[112]

---

110 *Hans Kelsen*, Was ist Gerechtigkeit?, Wien 1953, S. 42 und die Würdigung durch *Dreier*, Hans Kelsen zur Einführung, S. 201 ff.

111 Die von *Dreier*, Kelsen im Kontext, S. 65 f. benutzten Begriffe »Zurückdrängung« und »Reduktion« sind zu verharmlosend.

112 *Nelson*, Rechtswissenschaft ohne Recht, S. 4.

Ästhetische Aspekte der Reinen Rechtslehre

*David Kuch**

I. Rechtstheorie zwischen den Zeilen

Aspekte der Theorieästhetik hatten im modernen, am cartesischen Wissenschaftsideal geschärften Erkenntnismodell[1] lange Zeit einen schweren Stand. Wo Begriffsbildung *more geometrico* erstrebt wird, wo analytische und empirische Wahrheitstheorien vorherrschen, müssen Rhetorik, Metaphern, Tropen, figürliche und expressive Rede suspekt erscheinen.[2] Bestenfalls unfertige Zwischenprodukte auf dem Weg zur begrifflichen Ordnung und Präzision, gilt es, sie zu eliminieren, damit ihre Suggestivkraft das wissenschaftliche Urteil nicht trübe.

Diese Sichtweise auf Ausdrucksmittel, deren Sinn über den buchstäblichen Gehalt der Wörter hinausgeht und gleichsam zwischen den Zeilen steht, dürfte indes überholt sein. Sie ist einem sensibleren Verständnis der Sprache gewichen, das ihren scheinbar »bloß« rhetorischen Mitteln eine eigenständige Rolle bei der Sinnvermittlung und Wissensgenerierung zubilligt. Als Pionier einer in diesem Sinne anti-reduktionistischen Position kann Hans Blumenberg gelten, der mit seinen »Paradigmen zu einer Metaphorologie« von 1960 und weiteren Arbeiten die begriffsgeschichtliche und -analytische Fruchtbarkeit von Metaphern dargelegt hat.[3] Ähnliche Überlegungen finden sich bei Paul Ricœur[4] sowie in der weniger vergeistigten angloamerikanischen Literatur,[5] nicht zuletzt bei wis-

---

* Der Verf. dankt Annabelle Meier, Sebastian Löffler und Patrick Hilbert für hilfreiche Kommentare zu einer früheren Textfassung.

[1] Zu seiner Expansion im 17. und 18. Jahrhundert nach wie vor *Ernst Cassirer*, Die Philosophie der Aufklärung, 1932, Erstes Kapitel.

[2] *Charles Taylor*, Das sprachbegabte Tier. Grundzüge menschlichen Sprachvermögens (The Language Animal, 2016), übersetzt von Joachim Schulte, 2017, S. 197 ff., diagnostiziert der modernen Erkenntnistheorie eine regelrechte »Tropenphobie« (S. 221).

[3] *Blumenberg*, Paradigmen zu einer Metaphorologie, in: Archiv für Begriffsgeschichte 6 (1960), S. 7–142; weitere Arbeiten in: ders., Ästhetische und metaphorologische Schriften, hrsgg. von Anselm Haverkamp, 2001; bündige Erläuterung seiner Position bei *Franz Josef Wetz*, Hans Blumenberg zur Einführung, 2004, S. 17 ff.

[4] *Ricœur*, La métaphore vive, 1975.

[5] Dazu die Analysen bei *Ricœur*, La métaphore, S. 88 ff., 100 ff., 109 ff., 116 ff.; lesenswert zudem *Stanley Cavell*, Aesthetic Problems of Modern Philosophy (1965), in: ders., Must We Mean What We Say? (1969), 2. Auflage 2002, S. 68–90; *James C. Edwards*, Ethics Without Philosophy. Wittgenstein and the Moral Life, 1982, S. 131 ff., zum späten Wittgenstein; hierzu auch jüngst aus der deutschsprachigen Literatur *Martin Seel*, Spiele der Sprache, 2023, S. 127 ff.,

senschaftstheoretisch ausgerichteten Autoren,[6] und längst hat das Interesse an Metaphern die Rechtswissenschaft hierzulande erreicht.[7] Auf Grundlage einer breiten Sichtung der voluminösen geisteswissenschaftlichen Bestände gelangt etwa Laura Münkler zu einer positiven Einschätzung des *rechtstheoretischen* Nutzens figürlicher Rede:

»Neben ihrem heuristischen Wert sind Metaphern für die rechtstheoretische Perspektive insbesondere deshalb relevant, weil sich mit ihrer Hilfe sowohl nicht fassbare als auch komplexe Phänomene umschreiben lassen, die einer allgemeinverständlichen Erklärung nur schwer zugänglich sind. Beobachtungen, die unterschiedliche Kontexte bzw. verschiedene Aspekte betreffen, können mit Hilfe von Metaphern zusammengefasst und verdeutlicht werden.«[8]

Trifft der Befund zu, so eröffnet er frische Perspektiven auf die sich meist in wissenschaftlicher Strenge darbietenden Rechtstheorien. Dem soll hier am Beispiel der Reinen Rechtslehre nachgegangen werden. Steht sie einerseits für ein geradliniges »Wissenschaftsprogramm«[9], prägt sie andererseits auch starke Bilder, denen bislang wenig Aufmerksamkeit geschenkt wurde.

II. Reinheit der Rechtswissenschaft

1. *»Reinheit« zwischen Erkenntnistheorie und Metaphorik*

»In Kunst und Wissenschaft sowie im Tun und Handeln kommt alles darauf an, daß die Objekte *rein* aufgefaßt und ihrer Natur gemäß behandelt werden.«[10]

Diese Sentenz des späten Goethe über den Gleichlauf von Kunst und Wissenschaft, von ästhetischer und alethischer Modalität stellt Hans Kelsen seiner Allgemeinen Staatslehre von 1925 voran. Sie nennt den ersten Bezugspunkt

---

sowie, als Versuch einer Synthese Wittgensteins mit der klassischen Wissenschaftstheorie, *Hans Julius Schneider*, Phantasie und Kalkül. Über die Polarität von Handlung und Struktur in der Sprache (1992), 1999, S. 264 ff., 362 ff.

[6] Geistreiches über Metaphern etwa bei *Willard Van Orman Quine*, Theorien und Dinge (Theories and Things, 1981), übersetzt von Joachim Schulte, 1991, S. 227 ff.; auch *Quine*, »Beauty«, in: ders., Quiddities. An Intermittently Philosophical Dictionary, 1987, S. 17 f.

[7] Monographisch insb. *Daniel Damler*, Der Staat der Klassischen Moderne, 2012; *ders.*, Rechtsästhetik, 2016; *Jörg Michael Schindler*, Rechtsmetaphorologie. Ausblick auf eine Metaphorologie der Grundrechte, 2016; aus der Aufsatzliteratur stellvertretend *Laura Münkler*, Metaphern im Recht. Zur Bedeutung organischer Vorstellungen von Staat und Recht, in: Der Staat 55 (2016), S. 181–211; ferner der Sammelband Eva Schürmann/Levno von Plato (Hrsg.), Rechtsästhetik in rechtsphilosophischer Absicht. Untersuchungen zu Formen und Wahrnehmungen des Rechts, 2020.

[8] *Münkler*, Metaphern, S. 206.

[9] *Horst Dreier*, Hans Kelsens Wissenschaftsprogramm (2007), in: ders., Kelsen im Kontext, 2019, S. 27–66.

[10] *Johann Wolfgang Goethe*, Maximen und Reflexionen, hier nach: Werke, Hamburger Ausgabe, hrsgg. von Erich Trunz, Band XII, 7. Auflage 1973, S. 492 (Nr. 900 [1818–1827]); Hervorh. bei Kelsen.

der speziellen Ästhetik von Kelsens Hauptwerk: das für die Reine Rechtslehre titelgebende Motiv der *Reinheit*. Seine Konnotation mit einer Reinigungsmetaphorik, die eine Läuterung der Rechtstheorie verheißt, fließt in die vielzitierte Passage zu Beginn des Vorworts der Erstauflage von 1934 ein:

»Mehr als zwei Jahrzehnte ist es her, daß ich es unternommen habe, eine reine, das heißt: von aller politischen Ideologie und allen naturwissenschaftlichen Elementen gereinigte, ihrer Eigenart weil der Eigengesetzlichkeit ihres Gegenstandes bewußte Rechtstheorie zu entwickeln.«[11]

Hier wird der Leser zugleich daran erinnert, dass das Reinheitsmotiv bis in die Anfangsgründe von Kelsens Rechtsdenken zurückreicht. Frühe Referenzen finden sich etwa in einem Beitrag von 1912 über den Unterschied zwischen normativer Rechtswissenschaft und Rechtssoziologie[12] und dann besonders im Vorwort seiner 1920 erschienenen Schrift über das »Problem der Souveränität und die Theorie des Völkerrechts«[13], weshalb der Sekundärliteratur das Motiv auch schon vor 1934 nicht verborgen bleiben konnte.[14]

Substantiell geht es dabei um einen *erkenntnistheoretischen* Begriff von Reinheit, der Möglichkeit und Grenzen »wahre[r] Rechtswissenschaft«[15] reflektiert. Er steht für ein Prinzip der Methodenstrenge, dessen Befolgung »eine nur auf das Recht gerichtete Erkenntnis sicherstellen« und in kritischer Absicht »die Rechtswissenschaft von allen ihr fremden Elementen befreien«[16] soll. Mit diesem Verständnis von Reinheit rückt Kelsen in den weiteren Kontext einer gerade in Deutschland seit der Neuzeit prägenden Denktradition, die den früher vor allem ethisch konnotierten Begriff epistemologisch umbesetzt[17] und ihren Höhepunkt in der Philosophie Immanuel Kants findet. Dessen Erste Kritik, welche eine »Läuterung unserer Vernunft«[18] projiziert und die Reinheit ebenso im Titel führt wie Kelsens Hauptwerk, ist wohl auch Kelsens »bedeutendste philosophische Inspirationsquelle«[19].

---

[11] *Hans Kelsen*, Reine Rechtslehre, 1934, S. III; die vorliegende Untersuchung beschränkt sich weitgehend auf die Erstauflage. Das Reinheitsmotiv wäre auch ein mögliches Indiz für eine religiöse Prägung Kelsens, besonders durch den jüdischen Glauben; für eine solche gibt es aber keinen (biographischen) Anhalt, vgl. *Thomas Olechowski*, Hans Kelsen: Biographie eines Rechtswissenschaftlers, 2020, S. 44, 919.

[12] *Kelsen*, Zur Soziologie des Rechtes. Kritische Betrachtungen, in: Archiv für Sozialwissenschaft und Sozialpolitik 34 (1912), S. 601–614 (602: »Reinigung der Rechtslehre«); auch in: Hans Kelsen Werke (HKW), Band 3, hrsgg. von Matthias Jestaedt in Kooperation mit dem Hans-Kelsen-Institut, 2010, S. 77–92.

[13] Untertitel: Beitrag zu einer reinen Rechtslehre, hier S. III.

[14] Vgl. *Wilhelm Jöckel*, Hans Kelsens rechtstheoretische Methode, 1930, S. 7ff.

[15] *Kelsen*, Reine Rechtslehre 1934, S. 17.

[16] *Kelsen*, Reine Rechtslehre 1934, S. 1.

[17] Allgemein *Martin Arndt*, »Reinheit, Reinigung« (V. Neuzeit), in: Joachim Ritter/Karlfried Gründer (Hrsg.), Historisches Wörterbuch der Philosophie, Band 8, 1992, Sp. 547ff.

[18] Kritik der reinen Vernunft (KrV), 1781 [= A], 2. Auflage 1787 [= B], B 25.

[19] *Stanley L. Paulson*, The Purity Thesis, in: Ratio Juris 31 (2018), S. 276–306 (282f.); dass

Die erkenntniskritische und wissenschaftstheoretische Aneignung des Reinheitsmotivs durch die Philosophie der Aufklärung führte indes nicht zum Verlust seiner übertragenen, metaphorischen Sinnschichten, die es schon lange begleiten.[20] So gilt Reinheit geradezu als eine der »Gründertropen« abendländischen Denkens.[21] Im Wandel der Zeiten sind Reinheit oder Reinigung (Katharsis) in ganz unterschiedliche Vorstellungsbilder eingebunden. Kant etwa bewegt sich an vielen Stellen in einem verräumlichenden, sphärischen Assoziationsfeld.[22] Darin durchmisst er »den Umfang und die Grenzen«[23] der menschlichen Erkenntnis, um innerhalb derselben die »Architektonik der reinen Vernunft« als eines »baulustigen« Vermögens freizulegen.[24]

Verbindungen der Reinheits- mit Bau- und Begründungsmetaphern finden sich just auch in der Reinen Rechtslehre (dazu III., IV.). In diesem Abschnitt soll es aber nur um jenes Leitmotiv gehen, zuerst in der Lesart des Jubilars (2.), dann mit Blick auf seinen allegorischen Gehalt (3.).

2. *Erkenntniskritische Funktion der »Reinheit«*

In seinen Studien zur Reinen Rechtslehre hat sich Horst Dreier der erkenntniskritischen Komponente von Kelsens »Purifizierungsstrategie«[25] im Einzelnen zugewandt. Aus der 1986 in Erstauflage erschienenen Dissertation stammt das von ihm seither beibehaltene Bild einer »doppelten Frontstellung«[26]:

»[Die Eigengesetzlichkeit des Rechts] ist in doppelter Weise gefährdet, sieht sich gewissermaßen von zwei Seiten herausgefordert, weswegen man vielleicht von einer ›doppelten Frontstellung‹ sprechen kann. Die eine Gefährdung stammt aus dem Bereich der Kausalwissenschaften, die andere liegt in der Überformung des positiven Rechts durch andere Sollensordnungen. Kelsen sucht den Selbstand der Sollensdimension des Rechts einer-

---

Kelsens Lehre tatsächlich nicht der Logik der Ersten Kritik folgt, birgt ein eigenes Interpretationsproblem (s. u. am Ende von IV.3.).

[20] Aus der Rechtswissenschaft *Otto Depenheuer*, Reinheit und Recht. Einführung, in: ders. (Hrsg.), Reinheit des Rechts. Kategorisches Prinzip oder regulative Idee?, 2010, S. 7–20.

[21] *Dirk Mende*, »Reinheit«, in: Ralf Konersmann (Hrsg.), Wörterbuch der philosophischen Metaphern, 3. Auflage 2014 (Studienausgabe), S. 296–305 (296), angelehnt an *Jacques Derrida*.

[22] Eingängig *Mende*, »Reinheit«, S. 300; vgl. bei *Kant*, KrV, etwa in der Vorrede der ersten Auflage (A XXI): »einen ganz verwachsenen Boden zu reinigen und zu ebenen«; hierzu passt das in der Vorrede zur zweiten Auflage wiederkehrende Bild vom »sicheren Gang einer Wissenschaft« (B VII, XIV, XVIII f.).

[23] Z.B. *Kant*, KrV, B 193, A 154; anschaulich der »Reisebericht«: B 294 f., A 235 f.

[24] Vgl. insb. *Kant*, KrV, B 860, A 832 (»Die Architektonik der reinen Vernunft«), und *ders.*, Prolegomena zu einer jeden künftigen Metaphysik, die als Wissenschaft wird auftreten können, 1783, Einleitung (»baulustig«).

[25] So zuletzt *Dreier*, Hans Kelsen zur Einführung, 2023, S. 75.

[26] *Dreier*, Rechtslehre, Staatssoziologie und Demokratietheorie bei Hans Kelsen, 1986 (2. Auflage 1990), S. 27 ff.

seits gegenüber einer kausal-analytischen Perspektive, andererseits gegenüber anderen normativen Ordnungen wie Moral, Religion oder Metaphysik zu bewahren.«[27]

Mit den »Kausalwissenschaften«, denen Kelsens erste Absage gilt, sind weniger die klassischen Naturwissenschaften als die seit Ende des 19. Jahrhunderts aufblühenden empirischen Sozialwissenschaften in Gestalt der Soziologie und der Psychologie gemeint, die auch in andere Bereiche hinüberwirkten. Der Profilierung der Jurisprudenz ihnen gegenüber arbeitet Kelsen schon im Frühwerk vor. Dort hebt er den Fragehorizont der Sozialwissenschaften in mehreren Einzelbetrachtungen scharf gegen den der Rechtswissenschaft ab.[28]

Rückblickend erwiesen sich besonders seine Einwände gegen die Staatsrechtslehre des Kaiserreichs, die den Staat als vorrechtliches, substanzhaftes Gebilde konzipierte und in der sog. Zwei-Seiten-Lehre Georg Jellineks gipfelte, als wissenschaftstheoretisch fruchtbar.[29] Wie Kelsen im Hauptwerk resümiert, hat eine Normwissenschaft keine Verwendung für eine solche Konzeption vom Staat als »metarechtliches Wesen, als eine Art machtvoller Makroanthropos oder sozialer Organismus«[30]. Für eine *reine* Rechtslehre ist der Staat nicht als »raumzeitliches Phänomen, als Kausalgebilde darzustellen; er ist nur als Normativum, mehr noch: als die normative Ordnung schlechthin, als die ›vollendete Form des positiven Rechts‹ zu fassen.«[31] Aus dieser Perspektive fallen Staat und Rechtsordnung ineins, schrumpft der Staat als Urheber konkreter Entscheidungen (etwa der Gesetzgebung) auf einen abstrakten juristischen »Zurechnungspunkt« zusammen.[32] Auf kürzere Sicht trug dieser »*Staatsagnostizismus*«[33] Kelsen in der Staatsrechtslehre teils erbitterte Gegner ein.[34] Doch längerfristig kam die Selbstbeschränkung der Rechtswissenschaft der Entfaltung anderer staatswissenschaftlicher Disziplinen entgegen.[35]

Zur Elimination kausalwissenschaftlicher Elemente konzentriert sich die Reine Rechtslehre auf die »Zurechnung« als »besondere Gesetzlichkeit des Rechtes« respektive auf die »Geltung« als dessen »spezifische Existenz«.[36] Kelsen bedient

---

[27] *Dreier*, Einführung, S. 76f. (Klammernachweis fortgelassen, D. K.).

[28] Stellvertretend *Kelsen*, Über Grenzen zwischen juristischer und soziologischer Methode, 1911; auch in: HKW 3, S. 23–55.

[29] Vgl. *Christoph Möllers*, Staat als Argument (2000), 2. Auflage 2011, S. 36ff., 125ff., 129ff., 420.

[30] *Kelsen*, Reine Rechtslehre 1934, S. 115ff. (Zit. 116).

[31] *Dreier*, Rechtslehre, S. 209 (das Zitat im Zitat aus *Kelsen*, Die philosophischen Grundlagen der Naturrechtslehre und des Rechtspositivismus, 1928, S. 9).

[32] *Kelsen*, Reine Rechtslehre 1934, S. 120f.

[33] *Dreier*, Rechtslehre, S. 226 (Hervorh. im Orig., D. K.).

[34] Dazu *Dreier*, Rezeption und Rolle der Reinen Rechtslehre (2001), in: ders., Kelsen im Kontext, S. 95–114 (99ff.).

[35] Vgl. aus der Politologie *Markus Porsche-Ludwig*, Die Abgrenzung der sozialen Normen von den Rechtsnormen und ihre Relevanz für das Verhältnis von Recht(swissenschaft) und Politik(wissenschaft), 2007, S. 91.

[36] *Kelsen*, Reine Rechtslehre 1934, S. 22.

sich bekanntlich des Sammelbegriffs des »Sollens«, um den Gegenstandsbereich der Rechtswissenschaft zu verallgemeinern und dem »Sein« als Erkenntnisobjekt der Naturwissenschaften abstrakt gegenüberzustellen. Mit diesem Schritt sieht er sich allerdings zugleich an seine zweite Front versetzt, an der die Selbstbehauptung der Jurisprudenz auszufechten ist. Anders als an der ersten geht es hier nun nicht um die Abwehr eines Methodensynkretismus, sondern einer »Überlagerung und Durchdringung der Sollenssphäre des positiven Rechts durch Sätze der Ethik, der Moral, des Naturrechts«.[37]

Im Unterschied zur naturalistischen Staatsrechtslehre war die naturrechtliche Tradition im Rechtsdiskurs des deutschen Kaiserreichs wenig präsent gewesen, sodass die rechtspositivistische Ausrichtung (schon) des frühen Kelsen jedenfalls in der Jurisprudenz nicht vergleichbar hohe Wellen schlug. Die Situation änderte sich aber nach dem Ersten Weltkrieg. Zum einen war nun ein »Wiedererstarken der Naturrechtslehre«[38] zu verzeichnen; zum anderen geriet die deutschsprachige Rechtswissenschaft zunehmend zwischen die Mühlen politischer Ideologien, weshalb Kelsen sie im Hauptwerk vor allem auch gegen »rechtspolitisches Raisonnement« verteidigt.[39]

Zur Einlösung der Wertneutralität der Rechtswissenschaft begründet die Reine Rechtslehre einen »konsequenten Positivismus«.[40] Jede rechtswissenschaftliche Aussage über die Rechtsordnung schuldet einen »Positivierungsnachweis«[41] im Hinblick auf die in ihr gegenständlichen Rechtsnormen. Sie müssen auf (rechtlich autorisierten) Setzungsakten beruhen, sodass sie zwar nicht *in* ihrer sinnlich wahrnehmbaren Qualität Objekte der Rechtserkenntnis sind, aber als Sinngehalte solcher Akte doch an Raum und Zeit gebunden bleiben. Wenn auch frei von kausalwissenschaftlichen Elementen, handelt es sich folglich um eine »zutiefst empiriebezogene Lehre«.[42]

3. Doppelte Gegenbildlichkeit der »Reinheit«

Rechtstheoretisch besitzt Kelsens Reinheitspostulat eine hohe Selektionskraft. Wie mit einem Kontrastmittel soll der Objektbereich der Jurisprudenz heraus-

---

[37] *Dreier*, Rechtsdeutung zwischen Normativierung der Natur und Naturalisierung des Normativen am Beispiel von Kelsens Rechtsbegriff, in: Clemens Jabloner/Friedrich Stadler (Hrsg.), Logischer Empirismus und Reine Rechtslehre, 2001, S. 291–305 (300).

[38] Hinweis bei *Dreier*, Rechtslehre, S. 40; weiterführend *Alf Ross*, Theorie der Rechtsquellen. Ein Beitrag zur Theorie des positiven Rechts auf Grundlage dogmenhistorischer Untersuchungen, 1929 (ND 1989), S. 24 ff.

[39] Vgl. wiederum die Eingangspassage *Kelsen*, Reine Rechtslehre 1934, S. III.

[40] *Kelsen*, Reine Rechtslehre 1934, S. 127.

[41] *Matthias Jestaedt*, »Rechtspositivismus«, in: Görres-Gesellschaft (Hrsg.), Staatslexikon, Band 4, 8. Auflage 2020, Sp. 1218 (1218).

[42] *Dreier*, Rechtslehre, S. 41.

präpariert werden. Keine geringere Prägnanz besitzt es nun auf der allegorischen Ebene:

Allgemein entfaltet »Reinheit« eine »Differenzmetaphorik«[43]. Reinheit zeigt sich in der Abwesenheit von Verunreinigungen und zielt programmatisch auf die Abstoßung aller (gemessen am Ideal) *unreinen* Elemente. Entsprechend verhält es sich offenbar mit der »Reinheit« bei Kelsen: Die Kraft, mit der sie die Jurisprudenz »auf die Höhe einer echten Wissenschaft [...] heben«[44] will, wird konkurrierenden Lehrgebäuden und Ideologien, die selbst von alten, wirkmächtigen Vorstellungsbildern zehren, sozusagen abgezapft. In dem Maß, in dem die Reine Rechtslehre sie aus der Wissenschaft hinausdrängt, materialisiert sich die »Reinheit« zum *Gegenbild* solcher Denkmuster.

Das gilt erstens für anthropomorphe Staatslehren, die den Staat als großen Menschen personifizieren, ihm einen Körper mit Organen sowie einen konkreten Willen zuschreiben oder ihn sonst in vorrechtlich-substanzhafter Homogenität vergegenwärtigen möchten. Sie haben in Deutschland eine lange Tradition, die durch Kelsens Werk jedoch einen Bruch erfährt.[45] Sein rein juristischer Staatsbegriff bildet die Kontrastfolie, vor der sich jedwede »Hypostasierung« des Staats als eine leere Hülle entpuppt. In dieser Hinsicht steckt in der »Reinheit« der Reinen Rechtslehre also nicht nur ein Theorieangebot, sondern auch eine Projektionsfläche für anti-naturalistisches wie anti-essentialistisches Staatsdenken überhaupt. Je stärker sich die Reine Rechtslehre insofern aber zu behaupten weiß, desto mehr absorbiert ihr Leitmotiv die Strahlkraft der von ihr entzauberten Staatsmetaphorik.

Eine ähnliche Absorptionskraft kann die »Reinheit« zweitens als Gegenbild ideologisch aufgeladener Rechtswissenschaft entwickeln. Kelsens Forderung, die Wissenschaft von rechtspolitischem Raisonnement »rein« zu halten, erscheint zu jener Zeit, in der sich ein schon länger virulentes rassenbiologisches Reinheitsdenken politisch radikalisierte, sehr bemerkenswert:

> »Gerade weil die Idee des ›Reinen‹ in nationalistischen, rassistischen und totalitaristischen Ideologien, die ihre Theorien zu diesem Zeitpunkt schon längst in (entsprechend ›säubernde‹) Taten umsetzen konnten, eine Schlüsselfunktion erfüllte, beanspruchte sie Kelsen für die Wissenschaft – als wollte er sie aus der Praxis herausreißen und für den Bereich der Theorie, der Betrachtung, zurückerobern und keinesfalls wieder rückerstatten«.[46]

---

[43] *Mende*, »Reinheit«, S. 296.

[44] Nochmals die Eingangspassage *Kelsen*, Reine Rechtslehre 1934, S. III.

[45] Zu Kontinuitäten nach 1945 *Möllers*, Staat, S. 123 ff., 136 ff.; Georg Jellineks Zwei-Seiten-Lehre, die Kelsen angreift (o. Fn. 29 ff.), fällt wohlgemerkt nicht (ebenso wenig wie Max Webers Staatssoziologie) ins Spektrum organischen Staatsdenkens, s. etwa *Stefan Breuer*, Von der sozialen Staatslehre zur Staatssoziologie: Georg Jellinek und Max Weber, in: Andreas Anter (Hrsg.), Die normative Kraft des Faktischen. Das Staatsverständnis Georg Jellineks, 2004, S. 89–112.

[46] *Tamara Ehs*, Nachwort: Kelsen im wissenschaftshistorischen Kontext. Das *reine* Recht und die »Freunde der Demokratie«, in: dies. (Hrsg.), Hans Kelsen – Eine politikwissenschaft-

Als Emblem der »anti-ideologische[n] Tendenz«[47] der Reinen Rechtslehre besitzt das Reinheitsmotiv in seinem Entstehungskontext eine spezifisch anti-*totalitäre* Pointe. Die zeitgenössische Wissenschaft, gerade die deutschsprachige, gegen die ideologische Vergiftung zu immunisieren, konnte Kelsen historisch zwar unmöglich gelingen,[48] doch kann sich sein Leitmotiv zumindest *ex post* als Seismograph etwaiger Rückfallgefahren bewähren. Auch in dieser Hinsicht dürfte die Reine Rechtslehre längst ein ganz erhebliches Integrationsvermögen besitzen. Ähnlich wie als Differenzmetapher gegen den Staatsanthropomorphismus wird die »Reinheit« hier zum Gegenbild einer Jurisprudenz im Bann politischer Feindbilder.[49]

III. Stufenbau des Rechts

1. Metaphorischer Kontext

Die Reine Rechtslehre prägt nicht nur auf der Methodenebene, sondern auch auf der Sachebene suggestive Bilder. Exemplarisch für die Verbindung von theoretischer und metaphorischer Ausdruckskraft ist hier die Lehre vom »Stufenbau« der Rechtsordnung. Ihr Urheber, Adolf Julius Merkl, erklärt sich rückblickend in seinen »Prolegomena einer Theorie des rechtlichen Stufenbaues«, erschienen in der Kelsen-Festschrift von 1931, zur Wahl dieser Baumetapher:

> »Unter den zum Vergleich herangezogenen Bildern, wie dem einer Kette, eines Stammbaums oder Wasserlaufs, eines technischen Produktionsprozesses usw., ist wohl das einer *Stufenfolge*, eines *Stufenbaues*, das schmuckloseste, aber sinnfälligste und bezeichnendste.«[50]

---

liche Einführung, 2009, S. 209–235 (212); zur Reinheit als »Metapher der Gewalt« *Felix Heidenreich*, Politische Metaphorologie. Hans Blumenberg heute, 2020, S. 81 m. w. N.

[47] *Kelsen,* Reine Rechtslehre 1934, S. 38.

[48] Zur ideologischen Unterwanderung der deutschen Staatsrechtslehre in der Zeit des Nationalsozialismus *Dreier*, Die deutsche Staatsrechtslehre in der Zeit des Nationalsozialismus, VVDStRL 60 (2001), S. 9–72; aus der Geschichtswissenschaft etwa *Michael Wildt*, »Jedem das Seine«. Die Rechtssicherheit der Volksgenossen, in: ders., Die Ambivalenz des Volkes. Der Nationalsozialismus als Gesellschaftsgeschichte, 2. Auflage 2019, S. 302–325 (307 ff.).

[49] Zu den »Anti-Haltungen« der NS-Juristen *Dreier*, Nationalsozialismus, S. 24 ff.

[50] *Merkl*, Prolegomena einer Theorie des rechtlichen Stufenbaues, in: Gesellschaft, Staat und Recht. Untersuchungen zur Reinen Rechtslehre, Festschrift Hans Kelsen, 1931, S. 252–294 (283), Hervorh. im Orig., D. K.; zur Reifung der Stufenbaulehre bei Merkl, der sich ihr nach den »Prolegomena« von 1931 nicht mehr zuwandte, insb. *Martin Borowski*, Die Lehre vom Stufenbau des Rechts nach Adolf Julius Merkl, in: Stanley L. Paulson/Michael Stolleis (Hrsg.), Hans Kelsen – Staatsrechtslehrer und Rechtstheoretiker des 20. Jahrhunderts, 2005, S. 122–159 (124 ff.), der auch verwandte Bilder Merkls, »der generell gerne in Metaphern sprach« (ebd., S. 127), erwähnt, wie z. B. die »Rechtspyramide« (128); ferner *Monika Zalewska*, Network, or Stufenbau?, in: Clemens Jabloner/Thomas Olechowski/Klaus Zeleny (Hrsg.), Der Stufenbau des Rechts auf dem Prüfstand, 2022, S. 23–38 (25 ff.).

Das Spektrum von Merkls Kandidaten lässt schon erahnen, welche Seiten des Rechts die Stufenbaulehre, die Kelsen praktisch unverändert in sein Hauptwerk übernimmt, reflektieren soll. Zum einen geht es in den Metaphern um ein bestimmtes Maß an Kohärenz, welche das Recht als »Ordnung« kennzeichnet. Dieser Aspekt gehört zum Assoziationsfeld der »Kette« und des »Stammbaums«, die mechanische bzw. genealogische Verbindungen symbolisieren. Zum anderen geht es um Bewegung und Erzeugung, allgemein also um das Recht als eine »wesentlich dynamische Ordnung«[51]. Hierfür stehen der »Wasserlauf« und der »technische Produktionsprozess«.

Den »Stufenbau« nennt Merkl nicht nur das »sinnfälligste«, sondern auch das »schmuckloseste« Bild für jene Eigenheiten des Rechts. Dass diese Anmutung seiner Wahl nicht entgegensteht, erlaubt wohl ebenfalls gewisse Rückschlüsse auf das Objekt der Betrachtung: Das moderne, vollpositivierte Recht ist für Merkl ebensowenig wie für Kelsen eine intrinsisch werthafte Ordnung. Die Vordenker der Reinen Rechtslehre interessiert es vielmehr in seiner *instrumentellen* Funktion als eine »spezifische soziale Technik«, als eine »Zwangsordnung«[52], die nach einer schmucklosen Formensprache geradezu verlangt. Insofern weist der »Stufenbau« als Sinnbild der inneren Struktur moderner Rechtsordnungen nicht zuletzt Querbezüge zu allgemeineren kulturellen Strömungen und Sujets der Weimarer Zeit auf. Gewisse, nicht ganz fernliegende Parallelen der Reinen Rechtslehre zur funktionalistischen Architektur als Ingenieurskunst des Wohlfahrtsstaats und Paradigma der industrialisierten Moderne[53] wurden denn auch verschiedentlich gezogen.[54] Ähnlichkeiten zur konstruktivistischen Sozialtheorie in Gestalt der modernen Systemtheorie sind ebenfalls nicht von der Hand zu weisen.[55]

Auf konkretere Verbindungen zwischen Stufenbau und Rechtsbegriff wird zurückzukommen sein (3.). Zuvor ist freilich eine genauere Beschäftigung mit den Grundprämissen der Lehre angezeigt, die von der Rechtserzeugung im Allgemeinen, der Rechtsanwendung und Interpretation im Besonderen handelt (2.).

---

[51] *Merkl*, Prolegomena, S. 281.

[52] *Kelsen*, Reine Rechtslehre 1934, S. 28.

[53] Vgl. *Andreas Reckwitz*, Die Gesellschaft der Singularitäten. Zum Strukturwandel der Moderne, 2017, S. 43; zu Architekten und Ingenieuren als »Modellsubjekte« der Epoche – der österreichische »Verfassungsarchitekt« der 1920er Jahre, Kelsen (vgl. *Dreier*, Einführung, S. 36 ff.), als juristisches Pendant?

[54] *Damler*, Staat, S. 72 ff.; zu allgemeinen Ähnlichkeiten zwischen Bauhaus-Stil und formalem Rechtsstaat *Laura Münkler*, Die Bauhaus-Ästhetik des Rechts. Zum Widerstreit zwischen verschiedenen ästhetischen Bedürfnissen des Rechts, in: Schürmann/von Plato (Hrsg.), Rechtsästhetik, S. 169–185 (175 ff.).

[55] *Dreier*, Hans Kelsen und Niklas Luhmann: Positivität des Rechts aus rechtswissenschaftlicher und systemtheoretischer Perspektive (1983), in: ders., Kelsen im Kontext, S. 387–428 (396 ff.).

2. *Vertikales Normbegründungsverfahren*

Am Ausgangspunkt veranschaulicht der Stufenbau eine Normenhierarchie, wie sie für eine moderne Rechtsordnung charakteristisch ist. Eine solche Ordnung besteht aus Normen unterschiedlicher Rangstufen, wobei regelmäßig das Verfassungsrecht den obersten Rang bekleidet.[56] Darunter liegen das Gesetzes- und Verordnungsrecht, gerichtliche Urteile, Verwaltungsakte oder auch Verträge zwischen Privaten. Die Stufenbaulehre belässt es nun aber nicht bei der bloßen Abbildung dieser Rangordnung, geht es ihr doch gerade um die *Interdependenz* der Rechtsnormen unterschiedlicher Stufe im kontinuierlichen Prozess der Rechtserzeugung:

»Im Anschluß an grundlegende Einsichten *Adolf Merkls* begreift Kelsen die Rechtsordnung nicht allein als Summe genereller Rechtsnormen einschließlich des Gewohnheitsrechts, sondern als Gesamtheit aller auf den verschiedenen Rechtsebenen erzeugten Rechtsakte: von der Verfassung über Gesetze und Verordnungen bis hin zu richterlichen Urteilen, behördlichen Entscheidungen und zwischen Privatpersonen geschlossenen Verträgen. Diese dynamische Vorstellung eines Stufenbaus rückt den Prozeß der Selbsterzeugung (und Selbstvernichtung) des Rechts ins Bewußtsein und begreift den interdependenten Normenkosmos als Abfolge stufenweise zunehmender Individualisierung und Konkretisierung.«[57]

Als solchermaßen »dynamische Vorstellung« beschreibt die Lehre vom Stufenbau ein vertikales Normbegründungsverfahren. Leitend ist die Beobachtung, dass die Normen höherer Rangstufe rechtliche *Bedingungen* statuieren, unter denen die Normen tieferer Stufe erzeugt werden (können). Merkl unterscheidet demensprechend zwischen »bedingenden« und »bedingten« Rechtssätzen.[58] So ist beispielsweise eine Rechtsverordnung (in der Hierarchie nach »oben«) bedingt durch das ihr zugrundeliegende Gesetzesrecht, dessen Erzeugung ihrerseits durch das Verfassungsrecht bedingt wird. Zugleich bedingt die Verordnung selbst (in der Hierarchie nach »unten«) den Erlass von Verwaltungsakten.

Wie bei Merkl ist bei Kelsen die Erzeugung von Recht immer auf das Recht selbst zurückzuführen. Das Normbegründungsverfahren der Stufenbaulehre ist wesentlicher Bestandteil einer Theorie der »Selbsterzeugung« des Rechts. Kelsen stellt den Zusammenhang zwischen Stufenbaulehre und Selbsterzeugungsprinzip in wenigen Worten her:

»Das Recht regelt seine eigene Erzeugung: und zwar in der Weise, daß die eine Rechtsnorm das Verfahren, in dem eine andere Rechtsnorm erzeugt wird und – in verschiedenem Grade – auch den Inhalt der zu erzeugenden Norm regelt.«[59]

---

[56] *Merkl*, Prolegomena, S. 257 ff.; erläuternd *Patrick Hilbert*, Systemdenken in Verwaltungsrecht und Verwaltungswissenschaft, 2015, S. 101 ff.

[57] *Dreier*, Wissenschaftsprogramm, S. 58 f. (kursiv im Orig., D. K.).

[58] *Merkl*, Prolegomena, S. 275.

[59] *Kelsen*, Reine Rechtslehre 1934, S. 74.

Hiernach ist rechtliche Normbegründung dergestalt in sich geschlossen, dass alle Rechtsnormen – vermittelt über eine je verschiedene Anzahl der ihre Erzeugung bedingenden Normen – ihren Ursprung im Recht selbst finden. Weil dieser Umstand es rechtfertigt, das positive Recht von sämtlichen anderen Normen und Werten, die ihren Ursprung *nicht* im Recht finden, zu unterscheiden, ist die Stufenbaulehre in besonderem Maße anschlussfähig an die von der Reinen Rechtslehre aufgegriffene Tradition des Rechtspositivismus, als deren »Vollstrecker und Vollender« Kelsen auftrat.[60] Zu dieser Positionierung trägt die Stufenbaulehre weiterhin dadurch bei, dass sie die Erzeugung von Recht als einen relativ offenen, d.h. rechtsinhaltlich nur schwach determinierten Vorgang begreift. Es handelt sich um ein Verfahren (relativ) inhaltsunabhängiger Normenbegründung, die nicht »deduktiv« aus vorgegebenen Werten und Normen an Gehalt gewinnt, sondern sozusagen induktiv von Rechtsetzungsakt zu Rechtsetzungsakt voranschreitet.[61]

Praktisch nahtlos an das Stufenbaumodell knüpft Kelsens Rechtsanwendungs- und Interpretationslehre an. Denn die Einzelnorm ist durch ihre Funktion im Prozess der Selbsterzeugung des Rechts definiert. Aus der »Verklammerung von Stufenbautheorie und Interpretationslehre«[62] ergeben sich unmittelbare Konsequenzen für das »Problem der Interpretation«[63].

Im einschlägigen Kapitel der Reinen Rechtslehre vergleicht Kelsen die Beziehung der ranghöheren (bedingenden) zur nachgeordneten (bedingten) Norm mit einem »Rahmen«, den jene zieht und diese partiell ausfüllt.[64] Jeder Schritt im Stufenbau abwärts schließt zwar bestimmte Folgeschritte aus, schließt zugleich aber eine unbestimmte Vielzahl solcher Möglichkeiten ein. Normen sind ebenso bestimmt wie unbestimmt. Für die Interpretation etwa eines Gesetzes folgt daraus: Ihre Aufgabe kann nur darin bestehen, eben jenen Rahmen nachzuzeichnen, den das Gesetz eröffnet. Sie bietet keine, allenfalls sehr schwache Gewissheit, welche konkreten Entscheidungen die Gerichte oder Behörden aufgrund des Gesetzes treffen (sollen).

Interpretation als »rein erkenntnismäßige Feststellung des Sinnes der zu vollziehenden Norm«[65] reicht nicht über deren höchst begrenzten Aussagegehalt hinaus. Alle weitere Konkretisierungsarbeit ist für Kelsen Rechtspolitik: »eine

[60] *Dreier*, Kelsen und Luhmann, S. 404 Anm. 83; vgl. auch oben bei und in Fn. 40ff.

[61] Vgl. bei *Kelsen*, Reine Rechtslehre 1934, S. 63f.

[62] *Dreier*, Zerrbild Rechtspositivismus. Kritische Bemerkungen zu zwei verbreiteten Legenden (2011), in: ders., Kelsen im Kontext, S. 307–344 (336).

[63] *Kelsen*, Reine Rechtslehre 1934, S. 90.

[64] *Kelsen*, Reine Rechtslehre 1934, S. 91, 94ff. bzw. *Kelsen*, Reine Rechtslehre 1960, S. 348ff.; Nachweise früherer Fundstellen zur Interpretation bei Kelsen: *Dreier*, Rechtslehre, S. 145 Fn. 325.

[65] *Kelsen*, Reine Rechtslehre 1960, S. 352; »Interpretation« wird vorliegend nur dieses kognitive Moment der Rechtsanwendung genannt.

im Kern von irrationalen Elementen geprägte, alogische Dezision«[66]. Die Reine Rechtslehre tritt damit der begriffsjuristischen »Illusion der Rechtssicherheit« entgegen und stichelt etwa gegen (vermeintlich) »wissenschaftliche« Kommentare als durchschaubare »Versuche, die rechtsschöpferische Funktion der Gerichte und Verwaltungsbehörden zu beeinflussen«[67]. Infolge der (relativen) Inhaltsunabhängigkeit des Normbegründungsverfahrens kann Interpretation – kann die *Jurisprudenz* – wenig zur Rationalisierung der Rechtsanwendung beitragen.

Die an diesem Punkt zahlreichen Kritiker Kelsens monieren nicht zuletzt eine übertriebene Geringschätzung der Rechtswissenschaft im Allgemeinen, der juristischen Methodenlehre im Besonderen.[68] Leicht wird dabei allerdings die durchaus *politische* Pointe einer rechtspolitisch zurückhaltenden Rechtswissenschaft verkannt:

> »Den authentischen Rechtsinterpreten, den Richtern und Verwaltungsbeamten, wird mit Kelsens Lehre unmissverständlich bedeutet, dass sie nicht in neutraler, rein logischer Weise ihnen vorgegebenes Recht lediglich anwenden oder passiv umsetzen. Ihnen wird hingegen klar vor Augen geführt, dass ihre Tätigkeit eine unmittelbar wertsetzende und -realisierende, in diesem Sinn eben eminent ›politische‹ Angelegenheit ist.«[69]

Mit der Politisierbarkeit der (nur scheinbar) streng programmierten Rechtsanwendung ist aber ein Kernanliegen des kritischen Rechtspositivismus seit Jeremy Bentham angesprochen:[70] Der neutral-distanzierte Blick des Theoretikers legt Begründungslasten offen, ordnet Verantwortlichkeiten zu und macht damit den Weg frei für eine kritische Prüfung der Rechtspraxis anhand allgemeiner Wertmaßstäbe, zu deren Einforderung in einer Demokratie jedermann jederzeit berufen ist. Nach dieser Richtung hin mag Kelsens Standpunkt zwar für eine dogmatische Rechtswissenschaft eine Zumutung darstellen. Zugleich dürfte er aber im weiteren Traditionszusammenhang, nicht zuletzt in der analytischen Rechtstheorie, auf breite Zustimmung treffen.[71]

3. Sinnbild der Autonomie und Normativität des Rechts

Der rechtliche »Stufenbau« ist nun nicht bloß ein zentrales Theorieelement der Reinen Rechtslehre. Ebenso ist er ein wesentlicher Bestandteil ihrer Bildersprache, die unter dem Schlagwort von der Normenpyramide in kaum einer Erst-

---

[66] *Dreier*, Rechtslehre, S. 152.

[67] *Kelsen*, Reine Rechtslehre 1934, S. 98 (Kommentare), 99 (Rechtssicherheit).

[68] Vgl. *Dreier*, Einführung, S. 130ff.

[69] *Dreier*, Einführung, S. 133; allg. zur begrenzten Determinationskraft von Rechtsnormen *ders.*, Hierarchische Verwaltung im demokratischen Staat, 1991, S. 164ff.

[70] Nur *H. L. A. Hart*, Positivism and the Separation of Law and Morals (1958), in: ders., Essays in Jurisprudence and Philosophy, 1983, S. 49–87 (50ff.).

[71] Vgl. zusammenfassend zur neueren analytischen Rechtstheorie etwa *David Kuch*, Die Autorität des Rechts. Zur Rechtsphilosophie von Joseph Raz, 2016, S. 322.

semestervorlesung fehlt. Über ihren didaktisch-demonstrativen Nutzen hinaus besitzt die Metapher aber, so die hiesige These, zusätzlichen Erkenntniswert.

Das gilt erstens für ihr Zusammenspiel mit dem schon diskutierten Reinheitsmotiv. Präsentiert dieses die Reine Rechtslehre als ungetrübtes Gegenbild naturalistischen und ideologisch aufgeladenen Rechtsdenkens, betont die *dynamische* Lehre von der Selbsterzeugung des Rechts, dass das positive Recht – anders als die Rechts*lehre* – gerade nicht »rein« ist, dass vielmehr politische Triebkräfte hinter all seinen Konkretisierungsphasen stecken.[72] Anders als die prägnante Differenzmetapher der »Reinheit« verweist das völlig »schmucklose« Bild vom Stufenbau auf eine letztlich irrationale und bis in die banalsten Niederungen menschlichen Lebens hinabreichende Rechtswirklichkeit. Im Kontrast der beiden Motive tritt also die beiderseitige *Autonomie* von Recht und Rechtswissenschaft in aller Schärfe zutage.

Die spezifische Ordnungsstruktur, die der Stufenbau dem Recht verleiht, führt sodann, zweitens, zu seinen Implikationen für den Rechtsbegriff. Das Bild vom Stufenbau entstammt dem geometrisch-architektonischen Fundus. Es verknüpft eine Treppengeometrie mit der konstruktiven Tätigkeit des Bauens. Neben eher fruchtlosen Vergleichen der Reinen Rechtslehre mit einer quasigeometrischen Jurisprudenz[73] harmoniert die Metapher, wie gesehen, mit der funktionalen Formensprache der zeitgenössischen Kunst und Architektur.[74]

Interessanter als diese zeitgebundenen Stilbezüge erscheinen jedoch ihre Verweise auf ein durchaus überzeitliches Merkmal von Recht, das selten als solches registriert wird: Genau wie das lateinische »rectus« und das englische »right« überträgt das deutsche Wort »recht« ein geometrisch-räumliches Verhältnis in allgemeinsprachliche, soziale Kontexte.[75] Ähnlich wie in den Zusammensetzungen »lotrecht«, »senkrecht«, »waagerecht« oder »rechter Winkel« beschreibt »recht« einen geraden oder direkten Weg im Gegensatz zu einem schiefen Verlauf oder einer krummen Linie. Das Wort schließt zudem eine Orientierungsmetapher ein, die »rechts« und »links« gegenüberstellt und den »rechten Weg« als den vorzugswürdigen, zielgerichteten und von daher zweckmäßigen auszeichnet.[76] Als Sinnschicht des Rechtsbegriffs ist diese Konnotation weniger präsent, doch nicht weniger »natürlich« als der oft betonte »Gerechtigkeitsbezug

---

[72] *Dreier*, Einführung, S. 74; zumindest missverständlich *Depenheuer*, Reinheit, S. 11 ff.

[73] Dahingehende Nebenbemerkungen Kelsens sind Nebelkerzen, wenn sie ihn in die Nähe der Begriffsjurisprudenz (Stichwort »Rechnen in Begriffen«) rücken, der Kelsens Rechtsanwendungslehre jedoch scharf widerspricht, vgl. oben bei und in Fn. 67 sowie *Dreier*, Rechtslehre, S. 106 ff.

[74] Vgl. oben bei und in Fn. 53 f.

[75] Vgl. zur etymologischen Herausbildung *Moriz Heyne*, »Recht«, in: Deutsches Wörterbuch von Jacob Grimm und Wilhelm Grimm, Achter Band, 1893, Sp. 364 (insb. 388 ff.).

[76] *Heyne*, »Recht«, Sp. 391 ff.; die Richtungsmetaphorik reflektieren etwa auch das französische »droit«, das spanische »derecho« oder das italienische »diritto«.

des Rechts«[77]. Stärker als in diesem tritt in jener die schlicht handlungsleitende Funktion des Rechts hervor, deren Nutzen darin besteht, dass *überhaupt* eine Richtungsvorgabe, ein Wegweiser, eine Direktive, ein Leitmaß vorhanden ist. Hier eine Verbindung zum Rechtsbegriff der Reinen Rechtslehre herzustellen, liegt nicht nur wegen dem »Stufenbau« als einer geradlinigen Konstruktion aus waagerechten und senkrechten Elementen und rechten Winkeln nahe, sondern auch in Anbetracht der Prominenz des *Normbegriffs* im gesamten Theoriegebäude. Denn die »Norm« gehört demselben Assoziationsfeld wie jene Schicht des Rechtsbegriffs an. Das Wort (»norma«) projiziert sehr ähnliche geometrische Konnotationen auf die soziale Ordnung, nämlich die eines rechten Winkels und die einer Geraden, die es seit dem späten 19. Jahrhundert zum Synonym für die Willensrichtung eines (Norm-)Befehls werden ließen.[78]

Insgesamt stellt sich die ursprünglich von Merkl geprägte Baumetapher daher als echte Theoriestütze dar. Das geometrisch-mechanische Bild ist einerseits geeignet, die dynamische »Sozialtechnik« namens Recht zu veranschaulichen, deren Autonomie politische Gestaltungsfreiheit entbindet. Andererseits legt die Form des Stufenbaus hintergründige Aspekte rechtlicher Ordnungsstrukturen offen, die sonst leicht ignoriert oder vom Gerechtigkeitsbezug des Rechts verdrängt werden. In dieser Hinsicht reduziert die vertikale geometrische Konstruktion das Recht sinnbildlich auf ein Instrument autoritativer Verhaltenslenkung und -kontrolle, dessen Zweckmäßigkeit sich (relativ) unabhängig von der Gerechtigkeit seiner Normen beurteilt. Diese Blaupause könnte jüngere Autoren aus dem rechtspositivistischen Lager inspiriert haben.[79]

IV. Die Grundnorm als Theoriefundament

1. *Produktive Unschärfe*

Nicht wenige Komponenten der Reinen Rechtslehre weisen metaphorische Bezüge zum Bauen auf. Der »Stufenbau« der Rechtsordnung ist dafür ebenso exemplarisch wie der positivistische, den Akt der »Setzung« markierende Rechtsbegriff oder das konstruktivistische Prinzip der Selbsterzeugung und -vernichtung des Rechts.[80] In der nun zu behandelnden »Grundnorm«, in der

---

[77] Hierzu *Dreier*, Recht und Gerechtigkeit, in: Assunta Verrone/Peter Nickl (Hrsg.), Welche Gerechtigkeit? Texte zum 4. Festival der Philosophie Hannover 2014, 2016, S. 64–80 (66).

[78] Siehe *Hasso Hofmann/Red.*, »Norm« (I.), in: Joachim Ritter/Karlfried Gründer (Hrsg.), Historisches Wörterbuch der Philosophie, Band 6, 1984, Sp. 906ff.

[79] Man denke besonders an die von Joseph Raz entwickelte, heute verbreitete Theorie vom Recht als »praktischer Autorität«: stellvertretend *Raz*, Authority, Law, and Morality (1985), in: ders., Ethics in the Public Domain, 1994, S. 210–237 (215ff.); näher *Kuch*, Autorität, S. 212ff.

[80] Überblick über die mit »Bauen« assoziierten Bilder (etwa Setzen, Gründen) bei *Hannes Böhringer*, »Bauen«, in: Konersmann, Wörterbuch, S. 36–49.

die Reine Rechtslehre ihr »künstliches Fundament«[81] finden soll, kommt dieses Leitmotiv zu einem gewissen Abschluss.

Die Grundnormlehre am Sockel des Theoriegebäudes fügt sich aber nicht nur in die Bildersprache Kelsens ein, sondern trägt ihrerseits zur Fortschreibung selbiger bei. Denn bei der Lehre handelt es sich um ein schillerndes, rätselhaftes, geradezu mysteriöses Theorieelement,[82] dessen schwer greifbare Aussagen mit den begrenzten Mitteln der Wissenschaftsprosa kaum recht zu erfassen sind. Das regt selbst Autoren, die sonst einen nüchternen Sprachstil pflegen, zur Prägung von (neuen) Metaphern an.[83] Insofern wohnt der Grundnorm eine überaus produktive Unschärfe inne. Zwei Zitate aus dem Werk des Jubilars können dies belegen:

»[D]ie Grundnorm ist der Schlüssel zu der Pforte, die ins Reich der Idealität, des Normativen, des rechtlichen Sollens führt, wobei in diesem Reich – gemäß der positivistischen Doktrin – nur positiv gesatzte Normen zum Gegenstand rechtswissenschaftlicher Arbeit werden.«[84]

»Die Grundnorm fungiert [...] wie ein Zauberstab, durch dessen Berührung effektiv wirksame Zwangsordnungen zu normativen Rechtsordnungen werden, weil sich durch die Annahme der Grundnorm Wirklichkeitstatsachen so interpretieren lassen, als ob es sich um normative Sollenstatbestände handelte. Auf einen Schlag wird durch ihre Zugrundelegung aus einem bloßen faktischen Material, dem Normativität nicht von vornherein innewohnt, eine Rechtsordnung.«[85]

In beiden Bildern erschließt die Grundnorm den Gegenstand juristischer Arbeit. Jeweils wird sie als ein Hilfsmittel umschrieben, das eben diesen Zweck erfüllt. Indem sie sich seiner *bedient*, spielt die Rechtswissenschaft eine aktive Rolle im Zugang zu ihrem Objektbereich – einmal so, als öffne sie eine »Pforte« zum »rechtlichen Sollen«, einmal so, als verwandele sie »Wirklichkeitstatsachen« in »normative Sollenstatbestände«. Dabei kommt es freilich zu keiner Manipulation des Objektbereichs, wie besonders das zweite Zitat verdeutlicht: Ein und derselbe Wirklichkeitsausschnitt *erscheint* demjenigen, der die Grundnorm zugrunde legt, nur *als* eine Rechtsordnung. Gerade auf diese Wahrnehmungsbeziehung wird im Anschluss an einige Bemerkungen zur theoretischen Funktion der Grundnorm (2.) zurückzukommen sein (3.).

---

[81] *Dreier*, Einführung, S. 85.

[82] Siehe *Dreier*, Einführung, S. 81 f. m. w. N.; *Stanley L. Paulson*, The Great Puzzle: Kelsen's Basic Norm, in: Luís Duarte D'Almeida/John Gardner/Leslie Green (Hrsg.), Kelsen revisited, 2013, S. 43–61.

[83] Nicht selten projiziert die Metapher eine bekannte Ausdrucksform auf ein sprachlich (partiell) unerschlossenes Gebiet, vgl. *Schneider*, Phantasie, S. 332 ff., 366 m. w. N.

[84] *Dreier*, Rechtslehre, S. 90.

[85] *Dreier*, Einführung, S. 84 f.

2. Stabilität des Theoriefundaments

Wozu also benötigt die Rechtswissenschaft jenes geheimnisvolle Instrument, das ihr eine spezifische Perspektive auf das Recht eröffnet? In der Erstauflage der Reinen Rechtslehre führt Kelsen es im Kapitel über die Rechtsordnung und ihren Stufenbau ein.[86] Beide Theorieelemente stehen in wechselseitiger Abhängigkeit – ja in gewisser, erläuterungsbedürftiger Hinsicht setzt die Lehre von der Grundnorm die Stufenbaulehre mit ihrem inhaltsunabhängigen Normbegründungsverfahren voraus.[87]

Dieses Verfahren beschreibt, wie gesehen (oben III. 2.), den kontinuierlichen Prozess der Erzeugung und Vernichtung von Recht. Dabei sind alle Normen einer Rechtsordnung auf einen gemeinsamen Ursprung in derselben Rechtsordnung zurückzuführen. An den Anfängen von Kelsens Lehre liegt der einheitsstiftende Ursprung in der Staatsverfassung als der ranghöchsten Norm einer Rechtsordnung.[88] Später geht er jedoch einen entscheidenden Schritt weiter (zurück): Nun erweist sich die Staatsverfassung nur ebenso als Teil des positiven Rechts wie alle ihr nachfolgenden Stufen. Wie diese bedarf aber auch *sie* eines Geltungsgrundes, soll sie wiederum selbst als Geltungsgrund für das übrige abgeleitete Recht fungieren.[89] In Kelsens Worten funktioniert das Normbegründungsverfahren der Stufenbaulehre also allein unter der Voraussetzung eines »Grundtatbestandes der Rechtserzeugung«, der außerhalb des positiven Rechts liegt und den »Ausgangspunkt« jenes Verfahrens bildet:

»Die Grundnorm einer positiven Rechtsordnung ist [...] nichts anderes als die Grundregel, nach der die Normen der Rechtsordnung erzeugt werden, die Ein-Setzung des Grundtatbestandes der Rechtserzeugung. Sie ist der Ausgangspunkt eines Verfahrens; sie hat einen durchaus formal-dynamischen Charakter.«[90]

Insofern bereitet die Grundnorm der Rechtserzeugung in der Tat das »Fundament«, wobei für sie – als Geltungsgrund der letzten, ranghöchsten Normschicht einer Rechtsordnung – ein rein formaler Gehalt – etwa nach Art einer Blankettermächtigung – zu postulieren ist. Ein anderes, materielles Verständnis der Grundnorm scheidet aus. Denn für die *positivistische* Lehre Kelsens richtet sich die Geltungsfrage ausschließlich auf den Inhalt autoritativ gesetzten Rechts, sodass die Grundnorm in anti-naturrechtlicher Stoßrichtung als »künstliches Surrogat für die verlorengegangene Möglichkeit der Fundierung des Rechts in

---

[86] *Kelsen*, Reine Rechtslehre 1934, S. 62 ff.

[87] Vgl. *Dreier*, Einführung, S. 121.

[88] Näher zur theorieimmanenten Entwicklung *Matthias Jestaedt*, Geltung des Systems und Geltung im System. Wozu man die Grundnorm benötigt – und wozu nicht, in: JZ 2013, S. 1009–1021 (1012).

[89] Vgl. *Dreier*, Einführung, S. 83.

[90] *Kelsen*, Reine Rechtslehre 1934, S. 64.

außerempirischen Prinzipien einer materialen Vernunftethik oder in sonstigen unhinterfragbaren metaphysischen Wahrheiten«[91] dienen muss.

Gleichwohl transportiert sie nicht allein die anti-naturrechtliche Negationskraft der Reinen Rechtslehre. So folgt die Grundnorm der theorieimmanenten Logik gerade auch in ihrem Rückgriff über das positive Recht hinaus, wäre dieses doch ohne die Annahme der Grundnorm, ohne ihre »Zauberkraft«, als bloße Zwangsordnung, nicht aber als normative *Rechtsordnung* zu begreifen.[92]

Zusammengenommen verknüpft die Grundnorm also den anti-naturalistischen Gegenstandsbezug der Reinen Rechtslehre mit ihrer Naturrechtskritik. Diese Doppelfunktion verleiht dem Fundament zumindest auf der konzeptionellen Ebene eine hohe Stabilität. Denn theorieimmanent wird es durch andere Bausteine, insbesondere die Lehre vom Stufenbau und das Reinheitspostulat, verstärkt.

3. Recht als »Deutungsschema«

Soweit sich die Grundnorm in die Baumetaphorik der Reinen Rechtslehre einfügt, reichert sie das von der Stufenbaulehre gezeichnete Bild vom Recht als einer Sozialtechnik weiter an. Indes ist mit Blick auf die ästhetischen Aspekte der Reinen Rechtslehre gerade auch die theorieschließende Funktion der Grundnorm von Interesse. Denn der resultierende Gegenstandsbezug erinnert *insgesamt* stark an eine ästhetische Anschauungsform. Einen Hinweis darauf gibt der Oxforder Rechtsphilosoph Joseph Raz in einer charmanten Würdigung Kelsens:

> »The beauty and subtlety of Kelsen's view is that he believes that, like beauty, normativity is in the eye of the beholder.«[93]

Wie die »Schönheit« liege die *Normativität* bei Kelsen »im Auge des Betrachters«. Eine ganz ähnliche Wahrnehmungsbeziehung bringt die bei Kelsen selbst und seinen deutschsprachigen Interpreten vorfindliche Wendung vom Recht als einem »Deutungsschema«[94] zum Ausdruck, und die weiter oben zitierten Metaphern von der Grundnorm als »Schlüssel« oder »Zauberstab« identifizieren gerade dieses Theorieelement als das juristische Sehorgan: Erst durch die Annahme der Grundnorm *erscheint* demjenigen, der sie voraussetzt, eine Zwangsordnung *als* eine Rechtsordnung. Die Grundnorm eröffnet mithin eine Sichtweise, ohne

---

[91] So *Dreier*, Die Radbruchsche Formel – Erkenntnis oder Bekenntnis?, in: ders., Kelsen im Kontext, S. 177–200 (195).

[92] Vgl. nochmals das Zitat bei Fn. 85.

[93] *Raz*, The Morality of Obedience: A Theory of Law by Philip Soper, in: Michigan L. Rev. 83 (1985), S. 732–749 (738).

[94] *Kelsen*, Reine Rechtslehre 1934, S. 4f.; *Dreier*, Hans Kelsen (1881–1973), in: ders., Kelsen im Kontext, S. 1–25 (10).

jedoch ihrerseits im Sichtfeld zu liegen[95] – denn schließlich lässt sie den Gegenstand der Betrachtung, das Recht, unberührt bzw. »rein«.

Nimmt man diese Versuche, Kelsens Enigma weiter zu entschlüsseln, ernst, liegt in der Grundnorm mehr als ein ästhetischer Einzelaspekt. Eher verleiht sie der kompletten Theorie eine quasi-ästhetische Form. Die Reine Rechtslehre zeigt sich als eine Theorie der Rechts*betrachtung*, sie entwickelt einen juristischen *Beobachterstandpunkt* zum Recht.[96] Gewiss befasst sich Kelsen nicht inhaltlich mit Problemen der Ästhetik. Doch sein Problem*zugang* ähnelt Vorbildern aus diesem Bereich möglicherweise stärker als allen anderen. Es mag dieser Umstand – dies sei nur angedacht – vielleicht sogar die uneindeutige Verortung Kelsens zu seiner philosophischen Inspirationsquelle in Gestalt der (neu-)kantianischen Transzendentalphilosophie partiell erleichtern. Hier scheint bislang nämlich vor allem als doppelter Negativbefund festzustehen, dass Kelsen sich weder in den Bahnen der theoretischen und noch weniger in denen der praktischen Philosophie Kants bewegt.[97] Sind aber sowohl die Erste als auch die Zweite Kritik als Referenzen eher unergiebig, ist damit das transzendentalphilosophische Repertoire noch nicht erschöpft: Nicht zu vergessen ist schließlich Kants Dritte Kritik von 1790.[98] Und gerade sie käme einer Erklärung, inwiefern etwas »im Auge des Betrachters« liegen und trotzdem allgemeingültiger (auch wissenschaftlicher?) Beschreibung zugänglich sein kann, sicherlich am nächsten.[99] Doch ob sich hier wirklich weiterführende Verbindungen knüpfen lassen, muss einer gesonderten Ausarbeitung vorbehalten bleiben.

V. Schlussbemerkung

In dem kurzen Diskurs über Bilderwelt und Anschauungsform der Reinen Rechtslehre zeichneten sich einige neue Facetten von Kelsens Hauptwerk ab. Ganz offensichtlich handelt es sich nicht um eine flache, szientistische Theorie – dafür ist sie viel zu reich an ästhetischen Aspekten, die sie dem Leser auch kaum

---

[95] Bild in Anlehnung an *Ludwig Wittgenstein*, Tractatus logico-philosophicus (1922/1971), zit. nach: Werkausgabe, Band 1, 1984, Thesen 5.633, 5.6331.

[96] Hierzu insb. *Joseph Raz*, Kelsen's Theory of the Basic Norm (1974), in: ders., The Authority of Law (1979), 2. Auflage 2009, S. 122–145 (140 ff.).

[97] Siehe nur *Dreier*, Einführung, S. 87 ff., insb. S. 91 ff.; Kelsen selbst nimmt ausdrücklich auf Kants »Erkenntnistheorie« Bezug, etwa in *Kelsen*, Reine Rechtslehre 1960, S. 204 f. (allerdings »*per analogiam*«).

[98] Kritik der Urteilskraft (KU), 1. Auflage 1790 [= A], 2. Auflage 1793 [= B].

[99] Kurzüberblick zur schwierigen, Dritten Kritik bei *Otfried Höffe*, Immanuel Kant, 9. Auflage 2020, S. 266 ff.; zu ihrer Reichweite über den engeren Rahmen ästhetischer Theorie hinaus *Cavell*, Aesthetic Problems, S. 80 ff.; eine bemerkenswerte Ähnlichkeit zwischen ästhetischem Urteil (i. S. d. Dritten Kritik) und juristischem Urteil (i. S. d. Reinen Rechtslehre) könnte in der *Interesselosigkeit*, d. h. der Freiheit (Reinheit) des Urteils von persönlichen »Neigungen« des Urteilenden liegen, vgl. bei *Kant*, KU, A 17 f., B 17 f.

verbirgt: Einige Motive, wie die »Reinheit«, sind prägnant und plakativ; andere, wie der »Stufenbau« oder die »Rechtsdynamik«, wirken eher unscheinbar und subtil.

Über ihren stilistisch-ornamentalen Beitrag hinaus scheint die Bilderwelt eine Sinnebene zu generieren, die der rechtstheoretischen Überzeugungskraft der Reinen Rechtslehre Vorschub leistet. Neben dem sozusagen buchstäblichen Sinn der Argumente treten einfache und anschauliche Botschaften, die sich im Unterschied zu den theoretischen Aussagen nicht »widerlegen« lassen: Mag beispielsweise das Reinheitspostulat nicht unwesentlicher Qualifikationen oder Relativierungen bedürfen,[100] so bleibt davon die doppelte Gegenbildlichkeit der »Reinheit« zum anthropomorphen Staatsdenken wie zur ideologischen Vergiftung der Wissenschaft unberührt; und mag die formale Konstruktion des »Stufenbaus« zunächst hinter der Tiefe gerechtigkeitsbezogenen Rechtsdenkens zurückstehen, ändert sich die Bewertung, sobald nur die latente Anwesenheit sozialtechnischer Konnotationen im Rechtsbegriff erkannt ist. Jeweils bilden die Metaphern einen vielsagenden Subtext, der auch Kritiker der Reinen Rechtslehre (wieder) mit ihr versöhnt – sei es in gemeinsamer »Front« gegen den »Makroanthropos« der Staatsperson, sei es im Schulterschluss gegen eine Reduktion des Rechts- auf den Gerechtigkeitsbegriff.

Bemerkenswert erscheint schließlich die größere Denkbewegung, die mit der Einsetzung der Grundnorm eine quasi-ästhetische Richtung einschlägt. Was dies bedeutet und welche Konsequenzen daraus zu ziehen sind, bleibt am Ende eine offene Frage. Man ist geneigt, sie direkt an den Kelsenianer weiterzugeben.

---

[100] Siehe *Dreier*, Rechtslehre, S. 121 ff.; *Kuch*, Autorität, S. 243 ff.

Die Unverzichtbarkeit des Symbols

Zum Kantianismus Kelsens

Michael Moxter

Von Positivismus wird in mehreren Bedeutungen gesprochen. Das zeigt *via negationis* die Polemik, die einer unter diesem Titel operierenden Rechtslehre Anschmiegung ans Bestehende, Normativierung des Faktischen, bedenkenlosen Gesetzesgehorsam oder Szientismus nachsagt. Diese Vieldeutigkeit hat, gerade auch in Kirchen und Theologien, die routinierte Flucht an die Quellen von Naturrecht und gelebter Sittlichkeit begünstigt. Dass diese Quellen austrocknen könnten, stand nicht zu befürchten, solange die Philosophie mit der Transformation des Natur- ins Vernunftrecht, der Würdigung der Person als Selbstzweck oder mit der Diagnose, auch der säkulare Rechtsstaat bedürfe entgegenkommender Einstellungen, für Plausibilitätszufluss sorgte. Doch Klagen über das zuletzt versiegende Gespräch zwischen Theologie und Rechtswissenschaft könnten ein Anlass sein, begriffliche Klarheit zu schaffen, alte Fronten zu korrigieren und also zu fragen, ob reflektiertere Gestalten des Rechtspositivismus nicht auch zu anderen theologischen Einschätzungen herausfordern.

Hans Kelsens *Reine Rechtslehre* ist dafür ein paradigmatisches Experimentierfeld. Denn »Klärung« des Rechtsbegriffs von allen externen Zusätzen, um Recht *als Recht* zu betrachten, ist Arbeit an der Vereindeutigung des Begriffs. Diese bleibt freilich *kantisch* nur, wenn sie auch den Symbolisierungsbedarf erkennt, den Recht und Religion gemeinsam haben. Um das zu zeigen, sei zunächst Einschlägiges wiederholt.

I. Reflektierter Rechtspositivismus

Der Begriff des positiven Rechts wird durch Unterscheidung (nicht notwendigerweise durch Trennung!) von Recht und Moral geklärt, zugleich in Absetzung vom Zwang, mit dem Recht gleichwohl verbunden bleibt. Während sich rechtliche von moralischen Normen dadurch unterscheiden, dass ihre Einhaltung durch Zwangsmaßnahmen gestützt werden kann, lässt sich Recht auf seine »Befugnis zu zwingen«, die »Gewalt« der Recht*durchsetzung* nicht reduzieren. Die Rechtsordnung verlangt keine innere Zustimmung zu ihren Normen, sondern koordiniert, solche Zustimmung den Rechtssubjekten freistellend, äußere Handlungen, um gemeinsame Freiheit zu ermöglichen. Das schließt nicht aus, dass Normen *auch* aus Gründen innerer Zustimmung befolgt werden. Jedoch kommt es darauf im Rechtsverhältnis nicht an.

Deshalb gewinnt die Rechtswissenschaft nach Kelsen Zugang zum Recht durch methodische Sistierung der moralischen Bewertung von Rechtsnormen und durch entsprechende ἐποχή gegenüber einer soziologischen Beobachtung von Rechtstatsachen. Moral und Soziologie entwickeln Perspektiven, unter denen sie Recht betrachten, aber auf ihre je eigene Weise und in außenperspektivischer Beschränkung. So können moralische Anforderungen an den Gesetzgeber erhoben oder die soziale Geltung des Rechts empirisch beschrieben werden. Was es aber bedeutet, wenn solche Forderungen die Geltung einer Rechtsnorm annehmen und was juristische Perspektiven auf das Recht implizieren, das zu bestimmen ist die genuine Aufgabe der Rechtslehre.

Ihre Orientierung an der Sein-Sollen-Dichotomie verbindet die reine Rechtslehre Kelsens mit den empirischen Naturwissenschaften. Von deren Selbstverständnis hebt sie sich jedoch ab, weil sie die Jurisprudenz »auf die Höhe einer echten Wissenschaft, einer Geistes-Wissenschaft«[1] heben will und, damit verbunden, nach dem Sinn des Rechts fragt, also »Rechtsnormen als [...] Sinngehalte« betrachtet. Das Recht als »spezifische Eigengesetzlichkeit einer Sinnsphäre«[2] zu explizieren, prägt Kelsens Positivismus, der die *Tatsachen* des sozialen Lebens und den *Tatbestand* des im Recht präsenten Zwangs nicht verkennt, aber dadurch zu einer eigenständigen Wissenschaft wird, dass er Recht hinsichtlich des ihm »gleichsam innewohnende[n] oder anhaftende[n] Sinn[s]«[3] betrachtet. Sinn ist keine extern gesetzte, äußerlich vorgegebene Größe, sondern ist verschränkt mit einer konstitutiven »Selbstdeutung«[4]. Diese liegt in den Rechtsakten selbst, entspringt also nicht der Interpretation eines individuell disponierenden Subjektes, sondern markiert einen verkörperten, »objektive[n] Sinn«[5]. Kelsens Rechtspositivismus ist schon darin reflektiert, dass er von einem Positiven handelt, das »Gegebenheit im Sinn« ist, einen »immanenten Sinn des Rechts«[6] meint, der sich keinem willkürlichen Sinn*setzungsakt* verdankt. Kelsens Positivismus beschreibt im Horizont einer Sinnunterstellung, was eine gegebene Ordnung zu einer Rechtsordnung macht, welche Bedeutung das Recht den Handelnden *zuschreibt* (nicht umgekehrt) und welchem Deutungsschema diese sich unterstellen, wenn sie sich als Rechtssubjekte begreifen. Die Reinheit der Rechtslehre wird also negativ durch Ausschaltung aller rechts-

[1] *Hans Kelsen*, Reine Rechtslehre. Studienausgabe der 1. Auflage 1934, hrsgg. von M. Jestaedt, Tübingen 2008, S. 3.
[2] *Kelsen*, Reine Rechtslehre 1934, S. 24.
[3] *Kelsen*, Reine Rechtslehre 1934, S. 16.
[4] *Kelsen*, Reine Rechtslehre 1934, S. 17.
[5] *Kelsen*, Reine Rechtslehre 1934, S. 17.
[6] *Kelsen*, Reine Rechtslehre 1934, S. 47.

externen Größen konstituiert, positiv aber als immanente Sinntheorie des Rechts entfaltet.

Beim Ineinander von Rechtsbegriff, Sinntheorie und Deutungsschema handelt es sich nicht um eine Addition aus Tatsachenfeststellung und deutendem Werturteil, sondern um den prägnanten Fall eines Gegebenen, das als *so und nicht anders Gedeutetes* gegeben ist. Wer philosophische Lager als Realismus und Interpretationismus disjunktiv voneinander abzugrenzen gewillt wäre, müsste die Rechtslehre Kelsens als das ausgeschlossene Dritte, als *unicum* eines realistischen Interpretationismus, für den es Deutungsrealitäten gibt, begreifen. Rein wird die Rechtslehre Kelsens also nicht durch Nachahmung empirischer Methoden, die Daten in Protokollsätzen erfassen wollen, sondern als Rekonstruktion des im Recht vorausgesetzten Sinns.

II. Das Grundnormmissverständnis

Ihre quasi-transzendentale Ausrichtung[7] gibt die Reine Rechtslehre unter dem Titel »Grundnorm« zu erkennen. Freilich ist dieser Begriff problematisch, stiftet er doch mit dem Wortfeld »Grund« (ratio, principium) die Erwartung eines Begründungsschrittes und in Sonderheit die einer Letztbegründung. Eine solche, seit Descartes der neuzeitlichen Ersten Philosophie eingeschriebene Fundierungsfigur ist aber für Kelsen unmöglich. Denn sie liefe auf eine selbstwidersprüchliche Rechtfertigung des positiven Rechts oder gar auf eine deduktive Herleitung einzelner Normen aus einer vom Recht abgesetzten, aber als dessen Fundament infrage kommenden Größe hinaus. Mit der Figur einer sozusagen meta-rechtlichen Norm wäre es um den Anspruch der immanenten Betrachtung des Rechts geschehen. Selbst wenn es gelänge, eine höchste Norm im positiven Recht auszuweisen (wie es die populäre Rede von Grundwerten der Verfassung suggerieren mag), so rechtfertigte eine solche Norm noch nicht die begründungstheoretische Erwartung einer umfassenden (vollständigen) Herleitung aller materialen Rechtssätze. Ein Begründungsmissverständnis im Begriff der Grundnorm ist also auszuschließen.

Deshalb ist Kelsens Grundnorm eher ein Inbegriff des Rechts, eine formale Anzeige, *wie* bzw. *als was* ein Satz zu verstehen ist, der Rechtsatz ist. Die Grundnorm begründet nicht Normen, sondern expliziert deren normative Eigenart[8]. Insofern ist sie eine implikative Größe jedes einzelnen Rechtssatzes und aller Rechtssätze insgesamt, nicht aber ein unabhängiger Referent der Herleitung oder Begründung. Ob ein Satz als Rechtssatz gilt, entscheidet sich an *Verfahren*

---

[7] Auch *Horst Dreier* nutzt den Rekonstruktionsbegriff, um die Eigenart der transzendentalen Fragestellung zu kennzeichnen: *ders.*, Kelsen zur Einführung, Hamburg 2023, S. 88.

[8] Vgl. *Kelsen*, Reine Rechtslehre 1934, S. 19.

der Rechts*erzeugung* und zwar nicht im Sinne einer zeitlichen Vorgängigkeit *zuerst* erlassener Verfahrensregeln, sondern im Sinne eines – wie bei Kant – strikt logischen Aprioris, als einer mitgesetzten Bedingung, unter der Recht immer schon operiert. Mag dieser Status der Aufklärung bedürftig bleiben – die charakteristische Pointe Kelsens wird jedenfalls verfehlt, wenn man das Verhältnis von Grundnorm und positiven Normen dem Modell eines deduktiven Satzsystems oder auch nur der Vorstellung einer Kette aufeinanderfolgender Gesetzgeber unterwirft, nach der die ordnungsgemäße Promulgation eines Gesetzes auf einem durch einen älteren Gesetzgeber erlassenen Recht zur Gesetzgebung beruhe[9]. Die Rede von einer Grundnorm müsste in das Münchhausen-Trilemma geraten, würde sie in diesem Sinne aufgefasst.

Eher könnte man von der Paradoxie sprechen, dass Kelsens Grundnorm eine *petitio principii* zum Prinzip erklärt, um diese in der rechtswissenschaftlichen Darstellung des Rechts, insbesondere mit der Lehre von dessen Stufenbau zu entparadoxieren.[10] Insofern hat die Grundnorm eine die Eigengesetzlichkeit des Rechts erläuternde Funktion[11], sie lässt dessen Positivität reflexiv werden.

Die Zirkularität nicht scheuende rechtswissenschaftliche Explikation der Voraussetzungen, die das Recht erst zu dem machen, was es in der Perspektive der Rechtswissenschaft ist, erscheint in milderem Licht, wenn man sich klarmacht, dass Kelsen die Typik der Transzendentalphilosophie nicht nur auf das Recht bzw. die Rechtswissenschaft anwendet, sondern sie zugleich umprägt. Denn es handelt sich um ein Verständnis transzendentaler Reflexion, das nicht länger in Nachbarschaft zu einer letztbegründeten Prinzipientheorie operiert (auch nicht als deren Transformation in eine Analytik des Verstandes, die statt auf Substanzielles/Ontisches auf Leistungen des Bewusstseins rekurriert). Transzendentale Reflexion kann auch die Gestalt einer regressiv-rekonstruktiven Analyse von Präsuppositionen annehmen, die zwar mitgesetzt sind, aber allererst erschlossen werden müssen. Kant sprach in seinen *Prolegomena* von einer regressiven Lehrart, die »von dem, was gesucht wird, als ob es gegeben sei, ausgeht und zu den Bedingungen aufsteigt, unter denen es allein möglich ist«[12]. Diese Lehrart

[9] Kelsens gelegentliche Rede von einer ersten Verfassung, usurpatorisch erlassen, ist ausdrücklich als »*schematische* Formulierung der Grundnorm« eingeführt (*Kelsen*, Reine Rechtslehre 1934, S. 76 – Hervorhebung von mir), also kantisch gesprochen: als Anwendung ihres Begriffs auf die reine Anschauungsform der Zeit. Durch Schematisierung entsteht ein Bild, das aber die zugrundeliegenden kategorialen Verhältnisse nicht in ihrer reinen Bedeutung expliziert. Der Schematismus gehört in die *Analytik der Grundsätze*, nicht in die der Begriffe.

[10] Wenn diese Formulierung in Anschluss an Luhmann erlaubt ist: vgl. *Niklas Luhmann*, Das Recht der Gesellschaft, Frankfurt a. M. 1993, S. 102.

[11] Vgl. dazu Paulson, der freilich Einwände gegen die Tragfähigkeit einer ausschließlich explikativen Funktion der Grundnorm anmeldet (*Stanley L. Paulson*, Das regulative Prinzip als Rettung der Reinen Rechtslehre Kelsens?, in: Wissenschaftsphilosophie im Neukantianismus, hrsgg. von Chr. Krijen/K. W. Zeidler, Würzburg 2014, S. 259–288 [274 f.]).

[12] *Immanuel Kant*, Prolegomena zu einer jeden künftigen Metaphysik, die als Wissenschaft wird auftreten können, A 42. Anm.

hat analytischen Charakter, obwohl sie nicht nur Begriffsanalyse treibt und auch nicht ausschließlich aus analytischen Sätzen bestehen muss. Als tendenziell didaktische Variante des kantischen Programms ist sie von einer *progressiven* Methode, die vom unhintergehbaren Ersten zum Begründeten voranschreitet und darum Ableitungsformat hat (wie es die *Kritik der reinen Vernunft* mit ihrem Anspruch auf transzendentale Deduktion der Kategorien zumindest ankündigt), unterschieden. Im Sinne dieser Selbstdisziplinierung im Theorieaufbau geht die Bearbeitung der berühmt gewordenen Leitfrage: »Wie sind synthetische Sätze a priori möglich?« von dem aus, was »mit unstreitiger Gewißheit wirklich gegeben« ist, um dann und daraufhin die »Prinzipien ihrer Möglichkeit«[13] zu bestimmen. Wem die Gewissheit fehlt, dem ist nicht zu helfen.

Der Neukantianismus Marburger Prägung hatte dieses bescheidenere Programm als eine Methode interpretiert, die im Ausgang vom *Faktum* der Wissenschaft (konkret: der Physik) zur Explikation und Rekonstruktion ihres Geltungssinnes führt. Er las Kants erste Kritik dementsprechend als Wissenschaftstheorie der Mathematik und Physik und forderte analog auch für die Ethik und Ästhetik den Rekurs auf entsprechende *facta*[14]. Den Eindruck eines *circulus vitiosus*, der in der *faktisch* beanspruchten Erkenntnis bereits voraussetzt, was er zu begründen hätte, suchte bereits Hermann Cohen aufzulösen.

Cohen setzt nämlich die transzendentalphilosophische Fragestellung vom Begründungsdiskurs der Metaphysik ab. Während diese als Prinzipientheorie die Grundlagen der Erkenntnis zu sichern suche und zu diesem Zwecke ein Erstes und Absolutes unterstelle, bestehe die Eigenart des Platonischen wie des Kantischen Idealismus darin, sämtliche Grundlagen auf *Grundlegungen* zurückzuführen.

»Dem *Idealismus* sind die letzten Grundlagen der Wahrheit und der Wissenschaft *Grundlegungen*; der *Metaphysik* sind sie absolute *Grundlagen.*«[15]

Den Weg der Metaphysik habe Aristoteles mit seiner Orientierung am Seienden und Einen bzw. am Begriff der οὐσία folgenreich eingeschlagen, während Platon und Kant, anderen Unterschieden zum Trotz, die Leistungen des Denkens rekonstruierten, die nicht extern garantiert, sondern nur *in actu* bekräftigt werden könne. Die kritische Selbstbescheidung, auf ein An-sich-Gegebenes zu verzichten, kein Seiendes als dem Denken schlechterdings vorgegeben hinzunehmen, verbinde beide Denker als Einsicht in die Unhintergehbarkeit dessen, was das

---

[13] *Kant,* Prolegomena, A 41.

[14] Vgl. *Carsten Heidemann*, Das »Faktum der Rechtswissenschaft« bei Hans Kelsen, in: Die reine Rechtslehre auf dem Prüfstand – Hans Kelsen's Pure Theory of Law: Conceptions and Misconceptions (= Archiv für Rechts- und Sozialphilosophie Beiheft 163), hrsgg. von M. Jestaedt et al., Stuttgart 2020, S. 81–98.

[15] *Hermann Cohen*, Logik der reinen Erkenntnis, in: ders., Werke, hrsgg. von H. Holzhey, Band 6, Hildesheim 1977, S. 303.

Denken selbst hervorbringt. Diese Voraussetzung[16] zwingt die Neukantianer zur Weiterentwicklung einer Form der Transzendentalphilosophie, die nicht länger durch die kantische Hintergrundsmetaphysik des *noumenon* geleitet sein darf. Gerade der Idealismus des *verum et factum convertuntur*, gerade der Anschluss an das Vico-Axiom: »Wir verstehen nur, was wir machen können« und folglich das Insistieren auf der Kopernikanischen Wende im Verhältnis von Gegenstand und Erkenntnisweise, entspreche dem stets revisionsbedürftigen, ja fallibilistischen Selbstverständnis wissenschaftlicher Forschung. Ähnlich wie für Charles S. Peirce in *The Fixation of Belief (1877)* hängt für Cohen das Verständnis wissenschaftlicher Methoden daran,

> »daß die Festlegung von Grundsätzen in dem Sinne, daß sie unveränderliche Grundlagen der Wissenschaft bilden, abgewehrt wurde. Die fortschreitende Wissenschaft sucht und findet ihrem sachlichen Fortschritte gemäß immer tiefere und genauere Grundlagen; sie muß daher ihre Prinzipien immer neu formulieren, und demgemäß ihre Grundbegriffe gemäß ihrer Geschichte verwandeln«[17].

Wer sich statt an zugrundeliegenden *Dingen* an *Bedingungen* der Erkenntnis orientiert, macht Hypothesenbildung zu deren Methodik. Folglich werden Voraussetzungen an den Erkenntnissen gemessen, die sie ermöglichen, während ein Bild des Forschens zurückgewiesen wird, das Wissen darin kulminieren lässt, sein *fundamentum inconcussum* auszuweisen. Cohen fasst das veränderte Wissenschaftsverständnis in Anlehnung an die Funktion des platonischen Begriffs *anhypotheton* mit dem Kunstwort *Ungrundlegung* zusammen.[18] Die Aussperrung aus dem Reich absoluter Gewissheiten eröffnet die Geltungsräume der menschlichen Erkenntnis.

Rationalität erweist sich als Methode der *Erzeugung*, also darin, nichts anzuerkennen und gelten zu lassen, was nicht in geregelten Schritten selbst erzeugt wird. Sinnliche Daten, Empfindungen oder Anschauungsformen mögen Funktionen im Aufbau der Erkenntnis haben, aber sie sind nichts, was diese Überzeugung einschränken könnte. Insofern ist der Neukantianismus Cohens

---

[16] Zur Platoninterpretation: *Cohen*, Logik, S. 303. Vgl. die Zusammenführung von Platon und Kant, in: *Paul Natorp*, Platos Ideenlehre. Eine Einführung in den Idealismus (1902), Nachdruck, 3. Auflage, Darmstadt 1961, S. X: »Erst die Wiedergeburt des kantischen Idealismus hat zugleich für den Idealismus Platos volles Verständnis gezeitigt. Ich stehe nicht an, Hermann Cohen als den zu nennen, der uns, wie für Kant, so für Plato die Augen geöffnet hat«.

[17] *Cohen*, Logik, S. 585.

[18] »Wir wissen aus der Logik, wie der Begriff des Absoluten bei *Platon* in innerlichstem Zusammenhange mit der *Hypothesis* entstanden ist; als Ausdruck verzweifelnder Demut des tiefsten Menschengeistes, der Selbstironisierung der Vernunft. Da alles Sein auf der Grundlegung des Denkens beruht, so erhebt sich das tiefsinnige Verlangen nach einem Grunde, der von dieser Grundlegung unabhängig sei. Die Ungrundlegung (ἀνυπόθετον = ἀνυπόθεσις), so möchte man das objektive Wort […] durch das methodische Wort übersetzen […] um sogleich die Paradoxie des Ausdrucks unverkennbar zu machen« (*Hermann Cohen*, Ethik des reinen Willens, in: ders., Werke, hrsgg. von H. Holzhey, Band 7, Hildesheim 1981, S. 429).

ein *Kantianismus ohne Ding-an-sich-selbst*, ein Unternehmen, das alle externen Quellen aus dem Geltungsgrund rationaler Selbstbesinnung ausschließt.

»Wenn man fragt: warum Grundlegung, und nur Grundlegung? So ist eben zu antworten: weil nur die Grundlegung reine Erzeugung ist; und weil nur diese wahrhafte Grundlagen schafft.«[19]

Im Blick auf das Verhältnis von Denken und Sein, Begriff und Existenz, Logos und Wirklichkeit ist folglich mit einem Primat der Konstruktion zu rechnen, die aber von einer Beliebigkeitslizenz, die sich mitunter Konstruktivismus nennt, durch strenge Observanz geregelter Methoden unterschieden bleibt:

»Nur das Denken selbst kann erzeugen, was als Sein gelten darf«[20].

Darin ist die Logik der Grundnorm Kelsens vorgezeichnet.

Denn analog betont Kelsen, dass es keinen Beweis für die Alternativlosigkeit des rechtswissenschaftlichen Standpunktes gibt, dieser also keine Denknotwendigkeit mit sich führe. Diejenige Skepsis gegenüber dem Recht, die eine ausschließlich machttheoretische Betrachtung auslöst, kann nicht durch Widerlegung soziologischer Annahmen oder durch rationale Begründung des Rechtsbegriffs überwunden werden. Das Recht des Rechts ist nicht in reiner Vernunft beschlossen. Aber *wenn* es Recht *gibt*, dann kommt es wissenschaftlich darauf an, dieses Faktum auch angemessen zu rekonstruieren u.d.h. zu bestimmen, wie es sich aus der Perspektive der rechtlich Handelnden (etwa der staatlichen Organe oder der Rechtssubjekte) darstellt und konkretisiert. Dies leistet Kelsens »Grundnorm als eine [...] hypothetische [...] Grundlage«[21]. Diese ist nicht selbst positivierbar, sondern rekonstruiert Bedingungen, auf die man sich einlässt, wenn man das Recht *als Recht* begreift. Die Einsicht in den konstruktiven Zusammenhang von *Grundlegung* und *Erzeugung* dürfte für die Beschreibung des Verhältnisses Kelsens zum Neukantianismus produktiver sein als ein Vergleich mit Cohens eigenem System, das umwillen ihrer Parallelisierung mit der *Logik der reinen Erkenntnis* auch die *Ethik des reinen Willens* vom Faktum der Wissenschaft ausgehen lässt und zwar von dem der Rechtswissenschaft.[22] Kelsen kann offenlassen, ob sich der Gedankengang am Faktum des Rechts oder an dem der Rechtswissenschaft ausrichtet,[23] so dass diesbezügliche Vergleiche für die Verortung Kelsens im Neukantianismus nicht hinreichend aufschlussreich sind.

---

[19] *Cohen*, Logik, S. 429.

[20] *Cohen*, Logik, S. 81.

[21] *Kelsen*, Reine Rechtslehre 1934, S. 77.

[22] *Cohen*, Ethik, S. 65f. Vgl. den Hinweis auf das Faktum der Rechtserkenntnis, wie sie Sache der Rechtsdogmatik sei, bei *Heidemann*, Faktum, S. 88.

[23] *Hans Kelsen*, Staat und Recht im Lichte der Erkenntniskritik, hier zitiert nach: Die Wiener Rechtstheoretische Schule. Schriften von Hans Kelsen, Adolf Merkl, Alfred Verdross, hrsgg. von Hans Klecatsky et al., Wien u.a. 1968, S. 95–148 (111). Zwar spricht Kelsen vom »jahrtausendalte[n] Faktum der Rechtswissenschaft« (*Kelsen*, Reine Rechtslehre 1934, S. 48), aber

III. Halbierter Kantianismus?

Interpretationen der Grundnorm Kelsens differieren weniger hinsichtlich des faktischen Einflusses Cohens als aufgrund der systematischen Bewertung des transzendentalphilosophischen Programms. Neigt man zu der Auffassung, nicht nur das Recht, sondern auch die Transzendentalphilosophie müsse im Modus einer »reinen Lehre« gedacht werden, so erscheint jede Abweichung von Kants *Kritik der reinen Vernunft* als Rückfall in Metaphysik oder als Unterbestimmung der transzendentalen Frage. Dann gerät freilich der Marburger Neukantianismus ingesamt unter Apostasieverdacht, wenn man dessen Leitüberzeugungen (Verabschiedung des Ding-an-sich, der Zwei-Stämme-Lehre der Erkenntnis, also auch der transzendentalen Ästhetik, und Umdeutung der theoretischen Philosophie Kants als Wissenschaftstheorie) summiert. Und liest man Kant nur als Metaphysik*kritiker*, weil man ihn nicht im Kontext seiner anderen kritischen Schriften und deren systematischer Verortung der Vernunftideen wahrnimmt, so erkennt man im Neukantianismus und in der Folge in Kelsens Berufung auf diesen das Ergebnis typischer Zweideutigkeiten der Philosophie des späten neunzehnten Jahrhunderts. So statuiert Paulson:

»Wenn Kelsen davon ausgeht, daß Cohens Philosophie als eine Fortschreibung der transzendentalen Philosophie Kants anzusehen ist, irrt er sich«[24].

Die neukantianische Berufung auf das Faktum der Wissenschaft gilt dann als Brutstätte selbstwidersprüchlicher Operationen[25] und Kelsens Kantianismus als Konfusion[26]. Ohne solch weitreichende Bewertung, die den Begriff des Neu*kant*ianismus im Grunde unverständlich macht, aber wohl ebenfalls im Sinne einer Abweichungsdiagnose urteilt Dreier, wenn er die Deutungseinstellung der Grundnorm als eine Sache der Entscheidung, etwas als etwas zu sehen, interpretiert. Es sei eher ein Perspektivenpluralismus und -relativismus am Werk als genuine Transzendentalphilosophie.[27] Offenbar kommt es in dieser Debatte darauf an, wie man die Berufung auf das kantische Programm im Neukantianismus versteht: ob als Entschärfung und Herabstufung oder als Fortsetzung der Transzendentalphilosophie mit anderen Mitteln. Nach Maßgabe der Beantwortung dieser Frage wird man Kelsen unterschiedlich interpretieren, übrigens auch verwandte Problemlagen in anderen Disziplinen, etwa die Umstellung des

abgesehen von dem keineswegs klaren Sachverhalt, geht es im Kontext gerade nicht um eine Explikation der transzendentalen Methode. Für sie kommt als Faktum wohl nur das Recht infrage (anders *Heidemann*, Faktum, S. 82).

[24] *Paulson*, Das regulative Prinzip, S. 270.

[25] Vgl. *Paulson*, Das regulative Prinzip, S. 263.

[26] So in Übereinstimmung mit Geert Edel in der dokumentierten Diskussion, *Paulson*, Das regulative Prinzip, S. 282 f.

[27] Vgl. *Dreier*, Kelsen zur Einführung, S. 86 f. und S. 91 f.

Begründungsdiskurses auf Faktizität, wie sie in der Evangelischen Theologe bei Karl Barth zu beobachten ist.[28]

Verkürzung und Halbierung können allerdings auch in anderer Hinsicht zum Problem werden. Der Verzicht auf eine der Kantischen *Kritik der Urteilskraft* angemessene systematische Explikation des Symbolbegriffs, also einseitige Orientierung der Kantrezeption an der *Kritik der reinen Vernunft*, kennzeichnet m.E. Kelsens Berufung auf die Transzendentalphilosophie deutlicher als Abweichung vom Original als alles, was sich die Marburger gegenüber dem Königsberger gestatteten.

IV. Metaphorologischer Zwischenruf

Der paradoxe Status einer Grundnorm, deren Semantik verdeckt, dass sie faktisch nur reflektiert, mit welchen Sinnimplikationen rechtliche Normen verbunden sind, wenn rationale Subjekte sich als Glieder einer Rechtsgemeinschaft begreifen,[29] zitiert – wie in Erinnerung gerufen – die Begründungsterminologie, um dem Vernunftbegriff eine andere Wendung zu geben als in rationalistischer Ausrichtung vorgesehen. Man könnte von einem »medial turn« sprechen, insofern die Grundnorm – ähnlich wie das Licht als Medium der Sichtbarmachung aller Gegenstände überhaupt oder Sinn als Medium der Kommunikation – sozusagen die Lösung ist, in der Normen als Rechtsnormen erkennbar werden.[30] Als Mittel, in dem Rechtsnormen ihren Eigensinn entfalten, kann die Grundnorm kein Element der Klasse aller Rechtsnormen sein. Wenn dies der Sachstand ist, darf die Frage aufgeworfen werden, ob die Brechungen im Begründungsdiskurs nicht auf systemische Grenzen rein begrifflicher Bestimmtheit verweisen, also auf Verlegenheiten, die nach anderen, nicht-begrifflichen Darstellungsformen verlangen. Immerhin ist es auffällig, dass Horst Dreier in seinen, erkennbar auch für diesen Beitrag wegweisenden Interpretationen der Grundnorm Kelsens immer wieder auf Metaphern zurückgreift. Die Grundnorm ist nach ihm ein »Zauberstab«,[31]

[28] Vgl. *Michael Moxter*, Learning from Hermann Cohen. Karl Barth's Understanding of Theology as Science, in: Wissenschaft des Judentums. 200 Years of Academic Thought on Religion (= DAAT. Journal of Jewish Philosophy & Kabbalah 88, hrsgg. von George Y. Kohler et al.), Ramat Gan 2019, S. 117–125.

[29] Das Verhältnis zwischen dem Deutungsschema des Rechts und der Selbstdeutung der Rechtssubjekte erklärt sich aus dem Umstand, dass diese das Recht nicht allein als etwas betrachten, was ein Stärkerer ihnen antut (*law as something done to us*), sondern als etwas, das auf Selbstgesetzgebung (plus Repräsentation) beruht (*law as something we do*). So treffend: *Paul W. Kahn*, The Cultural Study of Law. Reconstructing Legal Scholarship, Chicago 1999, S. 36.

[30] Auch Dreier spricht in diesem Zusammenhang von »Medium«: *Horst Dreier*, Rechtslehre, Staatssoziologie, Demokratietheorie bei Kelsen, Baden-Baden 1986, S. 84.

[31] *Dreier*, Kelsen zur Einführung, S. 84; so auch schon in: *ders.*, Rechtslehre, S. 86. Auch Kelsen gebraucht die verwandte Metapher »Zauberstück«, freilich in ausschließlich kritisch-

eine »rätselhafte Mitte«,[32] der *Bürge* für die Einheit von Normativität und Positivität,[33] der »Schlüssel zu der Pforte, die ins Reich des Normativen führt«[34] und »Normativitätssurrogat«[35] – ein Surrogat, das nicht etwa hochwertige Kaffeebohnen durch Muckefuck ersetzt, sondern überzogene Begründungsansprüche in ein reflektiertes Selbstverständnis auflöst. Man dürfte mit einer technischen Metapher wohl auch von einer *black box* sprechen, welche die Funktion hat, Zwangsordnungen in Rechtsordnungen zu transformieren, ohne dass man über das Innenleben dieser »Verwandlung«[36] etwas wissen müsste; verlässliches Eintreten der Wirkung genügt.

Was bedeutet es, dass ausgerechnet im Zentrum einer den Begriff des Rechts mit höchst-möglicher Bestimmtheit und Klarheit entfaltenden Lehre sich Metaphorik, also produktive Unbestimmtheit und Ungenauigkeit einstellen? Ein Faktum ist jedenfalls auch diese Präsenz der Sprachbilder, nach deren Eigenrecht zumindest gefragt werden darf. Immerhin wurde mit Gründen behauptet, dass ein Rückgriff auf metaphorische Rede sich dort aufdrängt, wo Einheits- (und Totalitäts-)figuren ins Spiel kommen, wie es bei der Grundnorm der Fall ist. Denn als Platzhalter der Darstellbarkeit umfassender Ganzheit gilt, seit und mit Blumenberg, nicht der Begriff, sondern die Metapher.[37] Insofern erscheint es sachgemäß, dass eine rationale Sinnexplikation, welche die Gesamtheit impliziter Voraussetzungen, also die Einheit des Rechts thematisiert, ein Gefälle zu Formen gutartiger Unbestimmtheit erhält. Wenn man den *Begriff* der Grundnorm ein »tiefsinniges Symbol für die Grundlosigkeit der Rechtsgeltung«[38] genannt hat, gerät das Verhältnis von Begriff, Metapher und Symbol zum Prüfstein einer Rationalitätstheorie.

V. Symbolisierung der Einheit des Rechts

Kants Kategorien sind *Begriffe*, unter denen Gegenstände als bestimmt angesehen werden, so dass man im Blick auf sie wahrheitsdifferente Urteile bilden kann. Als Leistungen des Verstandes wären sie ohne Bezug auf anschaulich Gegebenes auch ohne *Bedeutung*. Ihr *Gebrauch* ist freilich auch jenseits dieser Restriktion möglich, man verstrickt sich dann aber in logische Fehler und Scheinprobleme,

---

polemischer Absicht; vgl. *Hans Kelsen*, Gott und Staat, in: ders., Werke, hrsgg. von M. Jaestedt, Band 7, Tübingen 2022, S. 452.

[32] *Dreier*, Kelsen zur Einführung, S. 81.

[33] *Dreier*, Kelsen zur Einführung, S. 85.

[34] *Dreier*, Kelsen zur Einführung, S. 87.

[35] *Dreier*, Kelsen zur Einführung, S. 85.

[36] *Dreier*, Kelsen zur Einführung, S. 84.

[37] *Hans Blumenberg*, Ausblick auf eine Theorie der Unbegrifflichkeit, in: ders., Schiffbruch mit Zuschauer, Frankfurt a. M. 1979, S. 75–93 (80).

[38] Alexander Somek, zit. nach *Dreier*, Kelsen zur Einführung, S. 85.

so dass der transzendentale Ausweis ihrer Bedeutung mit der Kritik ihres metaphysischen Gebrauchs zusammenfällt.[39] Ideen sind dagegen Angelegenheiten der Vernunft, die zwar keine Funktion für die Begründung von Erkenntnis haben, ihrerseits aber insoweit produktiv sind, als die Vernunft durch sie die Tätigkeiten des Verstandes anregt und belebt. Denn ließe sich die empirische Forschung nicht von der Idee der Vereinigung aller Erkenntnisse unter einem einzigen Naturgesetz leiten, hätte sie zu wenig Anlass, am Leitfaden der Kausalitätskategorie nach immer weiteren Bedingungen und unbekannt gebliebenen Sachverhalten zu suchen. Insofern ist die Warnung, die Ideen der Vernunft nicht so aufzufassen, als ob sie in der Realität gegeben wären, d. h. sie nicht zu hypostasieren, eine unaufgebbare Pointe Kants. Zugleich aber gilt: Nur weil der Verstand *Einheit* in der Realität sucht, findet er immer weitere Differenzen, entdeckt er die Vielfalt und Pluralität der Erscheinungen. In diesem Sinne begegnet bereits bei Kant, wenn auch nicht unter dieser Terminologie, eine »List der Vernunft«, die den Verstand gerade durch das, was sie ihm »vormacht« und »vorgaukelt«, antreibt, sich mit keiner schon geleisteten Arbeit, mit keiner erreichten Erkenntnis zufrieden zu geben. Kurz: Ohne transzendenten *Missbrauch* auch kein regulativer Gebrauch der Ideen.

Unter denjenigen Ideen, die auf Erkenntnisprozesse bezogen sind (im Unterschied zur Idee der Freiheit), erfüllen die *Idee der Einheit* und die *Gottesidee* besondere Funktionen. Erstere bildet sich mit den Synthesisleistungen des Verstandes und hält diesem einen Inbegriff des Wissbaren vor, eine Projektion, die allerdings in keinem einzelnen Wissensakt und darum auch durch keinen Erkenntnisfortschritt jemals erreicht wird. Die Idee Gottes wiederum ist unter ihrem Pseudonym »transzendentales Ideal« der Grenzbegriff der vollständigen und durchgängigen Bestimmtheit aller Gegenstände überhaupt.[40] Dieses Ideal muss die Vernunft aufstellen, sobald der Verstand zu erkennen beginnt. Nur dürfen nach Kant *Denken* und *Erkennen* nicht verwechselt werden, weil sonst metaphysische Quasi-Wissenschaften entstehen. Im Blick auf Ideen lassen sich rationale Geltungsansprüche nicht entscheiden, was aber nicht besagt, dass sie deshalb für das Zustandekommen von Wissen funktionslos und entbehrlich wären. So stützt das transzendentale Ideal den Prozess der Bestimmung, ohne selbst ein Gegenstand unter Gegenständen zu sein, dem man Sein unterstellen oder dessen Nichtsein man demonstrieren könnte. Wird das transzendentale Ideal, also der Gottesgedanke, hypostasiert, gerät er zur »Zauberlaterne von Hirngespenstern«,[41] die eine Unmenge religiöser Vorstellungen und Bilder erzeugt und diese hernach anthropomorph einkleidet. Kant entwirft eine Art Stufenbau überschwänglicher Vorstellungen, eine Abfolge von Projektionen

[39] *Heinz Röttges*, Dialektik als Grund der Kritik, Königstein/Ts. 1981.
[40] *Immanuel Kant*, Kritik der reinen Vernunft (KdrV), A 572 ff.
[41] *Immanuel Kant*, Kritik der praktischen Vernunft, A 254.

und Fehlschlüssen, die von Vergegenständlichung über Substanzunterstellung zur Personifikation führt.[42] Letztere ist am Werk, wenn »das Urwesen« nicht nur »als ein einiges, einfaches, allgenugsames, ewiges etc.«[43], sondern auch als mit Verstand und Wille ausgestattet gedacht wird. Auf dieser Treppe gerät man immer tiefer in die Täuschung, »ein bloßes Selbstgeschöpf« des Denkens »für ein wirkliches Wesen anzunehmen«.[44] Freilich: Täuschung ist *Selbst*täuschung der Vernunft, die keinem anderen Subjekt zugeschrieben werden kann. Darin unterscheidet sich Kants Kritik von der aufklärerischen Aufdeckung des »Priestertrugs«. Denn wie in der Optik die Entdeckung der Scheinhaftigkeit des sinnlichen Eindrucks diesen selbst nicht ändert, sondern nur voreilige Urteile zu arretieren erlaubt, so schränkt die Aufklärung der Genese der personalen Gottesvorstellung den Sachgehalt des Ideals nicht ein, sondern schließt nur aus, dem logisch-ontologischen Schein zu glauben. Kants »Dialektik der reinen (theoretischen) Vernunft« beruht insofern auf einer wirklichen Dialektik, als sie nicht nur den konstitutiven Gebrauch der Ideen zurückweist und auf den bloß regulativen Charakter beschränkt, sondern zugleich beides, Missbrauch und Gebrauch, verschränkt (Röttges). Regulativ wirken die Ideen nur, solange der Schein ihrer konstitutiven Bedeutung besteht. Schon Kant hätte Nietzsches »Befürchtung« zustimmen können, dass wir »Gott« nicht loswerden, solange wir noch an Fortschritt, Erkenntnis oder Wahrheit glauben. Denn er betreibt die Desillusionierung ontologischer Optionen *zusammen* mit der Rehabilitierung der Ideen. Am deutlichsten zeigt sich das Ineinander von Unaufgebbarkeit und Scheinhaftigkeit an der Idee der Einheit.

Dass die entsprechende Ambivalenz auch für das Recht gilt, ist die Pointe in Kelsens Aufsatz *Das Verhältnis von Staat und Recht im Lichte der Erkenntniskritik.*[45] Er setzt mit der Überzeugung ein, dass jede Rede vom Staat, die diesen vom Recht zu isolieren sucht, Fehlgriffe wiederhole, die Kant als Realisierung, Hypostasierung und Personifizierung des transzendentalen Ideals beschrieben hat.[46] Der *meta*rechtliche Staat werde als ein selbständiges Subjekt, als eine Größe eigner Art gesetzt (mit der Wesenseigenschaft, Machtstaat zu sein) und alsbald mit den anthropomorphen Vorstellungen des Verstandes und Willens (Staatsräson und Staatswille) aufgerüstet. Insofern behandelt Kelsen, wie es der Titel seiner Untersuchung ankündigt, die soziologische bzw. machttheoretische

---

[42] »Dieses Ideal des allerrealesten Wesens wird also, ob es zwar eine bloße Vorstellung ist, zuerst *realisiert*, d.i. zum Objekt gemacht, darauf *hypostasiert*, endlich, durch einen natürlichen Fortschritt der Vernunft zur Vollendung der Einheit, so gar *personifiziert*« (KdrV, B 611).

[43] Diese Prädikate zählt Kant in KdrV, B 608 auf.

[44] KdrV, B 612.

[45] Zuerst in: *Kelsen*, ZÖR 2 (1921), S. 453–510, eine Art Vorabdruck des abschließenden Kapitels seines Buches: Der soziologische und der juristische Staatsbegriff, Tübingen 1922.

[46] *Kelsen*, Staat und Recht, S. 96. Vgl. den Begriff »Personifikation« in *Hans Kelsen*, Das Problem der Souveränität und die Theorie des Völkerrechts. Beiträge zu einer reinen Rechtslehre, 2. Auflage 1928, S. 17.

Staatsvorstellung »im Lichte der kantischen Erkenntniskritik« und skizziert Kants »Logik des Scheins« als Schlüssel auch zu Problemen der Rechtswissenschaft. Wie Kelsen mit der Grundnorm den konstruktiven Teil der *Kritik der reinen Vernunft* (ihre Analytik) aufruft, so entwirft er auch ein Pendant zu ihrer Dialektik. Das wirft nun allerdings die Frage auf, wie weit Kelsens Parallelaktion hinsichtlich der kantischen Erläuterung der Gründe reicht, warum es überhaupt zu illusionärer Selbstbeschreibung der reinen Vernunft kommt.

Kelsen begründet das Recht der Idee der Einheit mit ihrer Funktion. Rechtsprechung auf der Basis widersprüchlicher oder auch nur diffuser Normen, die sich nicht in eine konsistente Einheit bringen lassen, wäre unmöglich. Die Einheitsidee rückt sogar die anthropomorphe Rede von der »Staatsperson« in günstigeres Licht, sofern diese als bildlicher Ausdruck für die Einheit der Rechtsordnung diene, als Konsistenzfiguration des homogenen Willens des *einen* Gesetzgebers.[47] Das Missverständnis einer metaphysischen Staatslehre liege darin, eine Redeweise, die »Bild, aber nur Bild« bzw. nichts anderes als »Ausdruck«[48] ist, zu ontologisieren, also die *Funktion* der Einheitsstiftung in *Substanz* umzudeuten.[49] Diesen Fehler anzuprangern heißt aber nicht: die Idee der Einheit aufzugeben oder zu diskreditieren. Auch zum Rechtsbegriff gehört bei Kelsen eine Vernunftidee, die allerdings nicht als Idee der Gerechtigkeit inhaltliche Bestimmungen an das positive Recht heranträgt, sondern eine rein formale, rein logische Idee[50] bleibt. Das bringt sie in eine Nähe zur Grundnorm. Um beide trennscharf von einander abzuheben, hilft der Blick auf ihre (tendenziell verwandten) Funktionen im Recht wohl weniger als die Beachtung der charakteristischen Darstellungsformen, wie sie Kant mit seinen Reflexionen zum vom Verstandesbegriff unterschiedenen Symbol entfaltet und an der analogen Rede von Gott verdeutlicht.[51]

Kelsens Analyse struktureller Entsprechungen zwischen Rechtswissenschaft und Theologie sind der Ort, an dem Analogiebildung, Übertragung und Symbolisierung sein Interesse finden. Dieses ist neben der Kritik undurchschauter Hypostasierungen auf die These fokussiert, letztere erzeugten in beiden Wissenschaften typische Duale, die in der Theologie Gott und Welt und in der Rechtswissenschaft Staat und Recht separieren. Der Hinweis auf Entsprechungen ist also kritisch gemeint. Einerseits bestreitet Kelsen die rationale Nachvollziehbarkeit diverser Theologumena, andererseits will er zeigen, dass eine metarechtliche Staatslehre theologieaffine Behauptungen verbreitet und metaphysische Scheinlösungen präsentiert. Man braucht die polemische Absicht, der Juris-

---

[47] Vgl. *Kelsen*, Staat und Recht, S. 101 f.

[48] Beide Formulierungen in der langen Fussnote 35, in: *Kelsen*, Staat und Recht, S. 113.

[49] Kelsen bezieht sich emphatisch auf *Ernst Cassirer*, Substanzbegriff und Funktionsbegriff. Untersuchungen über die Grundfragen der Erkenntniskritik, Berlin 1910.

[50] Vgl. *Kelsen*, Staat und Recht, S. 106.

[51] Kritik der Urteilskraft (KdU), § 59, insb. A 254.

prudenz Metaphysik und Theologie austreiben zu wollen, aber nicht mit einer prinzipiellen Reserve gegenüber jeder Theologie gleichzusetzen.

Denn die »Forderung, daß die Staatslehre aufhören müsse, Staatstheologie zu sein, richtet sich ausschließlich gegen den für die Theologie charakteristischen Systemdualismus«.[52]

Diese Klarstellung lässt freilich offen, wie die Einschränkung gemeint ist. Ist der Autor der Auffassung, die Theologie als solche führe einen Dualismus mit sich und schleuse ihn in die Rechtswissenschaft ein?[53] Oder rechnet er mit der Möglichkeit auch theologischer Konzeptionen, diesen Dualismus zu überwinden und darum »methodische Verwandtschaft« auch mit der Reinen Rechtslehre beanspruchen zu können? Eindeutig fällt die Antwort nicht aus, weil Kelsen das eine nicht explizit ausschließt und das andere immerhin einräumt – wobei er unterstellt, dass eine nachmetaphysische Theologie nicht mehr als Dogmatik, sondern ausschließlich als Ethik operieren könnte.[54]

Auch darüber wäre zu streiten. Aber wichtiger scheint es mir, eine Perspektivverkürzung zu benennen, mit der Kelsen die Isomorphie von Theologie und Rechtswissenschaft (von Gottes- und Staatslehre) ausschließlich auf beidseitige »Verwurzelung der Theoriebildung [...] in einer *vorkritischen erkenntnistheoretischen Position*« zurückführt.[55] Denn Entsprechungen zwischen beiden Disziplinen entstehen auch in erkenntniskritisch aufgeklärten Theorien, sobald diese sich auf die unhintergehbare Idee der Einheit beziehen. Diese darf nicht hypostasiert, kann oder muss aber doch dargestellt werden. Sie nicht mit einem realexistierenden Einheitsgrund zu verwechseln, ist nötig, aber Bedarf an ihrer Symbolisierung besteht im Recht wie in der Religion. Die Einheit der rechtlichen Ordnung dort und der kosmischen Ordnung hier (eventuell auch die Vereinigung beider) auf einen transzendenten Grund zurückzuführen, ist das eine, sie hier wie dort in Symbolen dargestellt zu sehen, ein anderes.

Geht man vom Symbolisierungsbedarf aus, kann man in der von Kelsen beschriebenen Strukturisomorphie die Alternative zu dem Versuch Carl Schmitts erkennen, die Grundbegriffe der Staatswissenschaft als Säkularisation theologischer Voraussetzungen auszugeben.[56] Statt einer historischen Ableitung der Staatslehre aus bzw. ihrer Legitimierung durch Theologie und statt einer Delegitimierung des demokratischen Rechtsstaates durch Säkularisierungsbehauptungen lässt Kelsen beide Disziplinen *pari passu* voranschreiten, beide mit denselben problematischen

[52] *Kelsen*, Staat und Recht, S. 147.

[53] So tendenziell *Kelsen*, Staat und Recht, S. 140.

[54] Man denke an Trutz Rendtorffs »Ethische Theologie«: ders., Ethik. Grundelemente, Methodologie und Konkretionen einer ethischen Theologie, Stuttgart 1980, S. 14 ff. Zur Transformation der Theologie in Ethik: *Kelsen*, Staat und Recht, S. 147.

[55] So *Manfred Walther*, Politische Theologie bei Kelsen und Schmitt, in: Religion und Politik, hrsgg. von ders., Baden-Baden 2004, S. 247–264 (250).

[56] *Carl Schmitt*, Politische Theologie. Vier Kapitel zur Lehre von der Souveränität, 1922, 8. Auflage, Berlin 2004.

Unterstellungen und kritischen Potentialen operieren. So konkretisiert sich die Gottesvorstellung im Kontext der Königsideologie und versteht sich umgekehrt die Souveränität des Monarchen aus den Alleinherrschaftsprojektionen religiöser Monolatrie. Entsprechungen zwischen Theologie und Recht sind für Kelsen keine Indizien eines Begründungsgefälles und auch nicht semantische Residuen eines Säkularisierungsprozesses, sondern Ausdruck verwandter »Problem- oder Scheinproblemlage[n]«[57]. An die Stelle des linearen Säkularisierungsnarrativs tritt das Modell eines »langwierigen Bedeutungswandel[s]«,[58] das mit wechselseitigen Metaphorisierungsprozessen rechnet. Es ist kantisch gesprochen, die produktive Unbestimmtheit der Idee, die Symbolisierungen freisetzt, die »mehr bei Veranlassung einer Vorstellung zu denken« geben als in ihr durch bestimmte Begriffe »aufgefaßt und deutlich gemacht werden kann«[59]. Das Symbol gibt dort »viel zu denken«[60], wo kein bestimmter Begriff »völlig adäquat sein«[61] kann.

Ob die Idee der Einheit theomorph, soziomorph oder etatistisch figuriert wird, ist weniger signifikant als der Umstand, dass sie der Darstellungsformen bedarf – in der Rechts- nicht weniger als in der Gotteslehre[62]. Was vorkritisch zu Hypostasierungen und Personifikationen geraten muss, gilt auf dem Niveau der kantischen Philosophie und also für ein reflektiertes Bewusstsein als eine Versinnlichung, die »einem Begriffe, den nur die Vernunft denken, und dem keine sinnliche Anschauung angemessen sein kann«, dennoch »eine solche unter[...]legt« und zwar »bloß analogisch« oder »symbolisch«.[63] Versteht man die von Kelsen identifizierten Strukturisomorphien als solche »Hypotyposen«,[64] ist es weder unkritisch noch illegitim, Ähnlichkeiten zwischen einer Theologie, die das Verhältnis von Monotheismus und Trinitätslehre als Dekonstruktion einer mit Allmacht gekoppelten Einheitsidee begreift, und einer Rechtstheorie zu entdecken, die Souveränität in rechtsimmanente Kompetenzen überführt. Theologie und Rechtswissenschaft können sich auch nachmetaphysisch wechselseitig beobachten und produktiv interpretieren, ohne systematische Abhängigkeiten zwischen sich zu etablieren.

Das ist freilich nicht der Weg, den Kelsen geht. Er begreift die herausgearbeiteten Analogien nicht als Resultate eines Metaphorisierungsbedarfs, sondern

---

[57] *Kelsen*, Gott, S. 271. Nur an einer Stelle findet sich die Überlegung, eine bestimmte Konzeption (nämlich die des Willens) sei »überhaupt religiös-theologischen Ursprungs« (*Kelsen*, Staat und Recht, S. 132).

[58] *Kelsen*, Staat und Recht, S. 142.

[59] KdU, B 194 f.

[60] KdU, A 192.

[61] KdU, A 191.

[62] Vgl. zum Verhältnis von Einheitsbegriff und Symbol: *Luhmann*, Recht der Gesellschaft, S. 98–103. Zur Wiederkehr der Analogien zwischen Theologie und Rechtswissenschaft vgl. *ders.*, Kontingenz und Recht, hrsgg. von J. F. K. Schmidt, Berlin 2013, S. 99–103.

[63] KdU, A 252.

[64] KdU, A 252.

als Ergebnis einer methodischen Ausrichtung der Rechtswissenschaft an einem Systemdualismus, den die Theologie nur durch eine Kombination aus Pantheismus[65] und Mystizismus überwinden könne. Ersterer setze Gott und Welt bzw. Gott und Natur identisch (und gerät damit ins häretische Abseits), letzterer will »in Christus nur ein ewiges Symbol erblicken und die Menschwerdung Gottes nicht als ein historisches Faktum, sondern als im Wesen des Menschen begründetes Erlebnis jeder Seele begreifen«[66] (und bleibt heterodox). Damit deuten sich Entsprechungen zwischen der Reinen Rechtslehre und einer liberalen Theologie an, wie sie im Umkreis von Ernst Troeltsch und Paul Tillich entwickelt wurde. Neue Nachbarschaften erklären sich aus einem hüben wie drüben bewährten reflektierten Umgang mit dem Gegebenen, der Bedeutungswandel als Transformationsleistungen entschlüsselt, also am Rechtspositivismus die Veränderbarkeit des bestehenden Rechts und an der Theologie die Neuinterpretation ihrer Symbole zu schätzen weiß. – Ob freilich die von Kelsen favorisierten »mystisch-pantheistische[n] Sektenlehren« die einzige Alternative zu Metaphysik und Orthodoxie sind, darf im Interesse der systematischen Theologie gefragt, muss aber hier nicht entschieden werden.

[65] Vgl. *Kelsen*, Staat und Recht, S. 141.
[66] *Kelsen*, Staat und Recht, S. 122.

Rechtsgeltung als Konstruktion

Ulfrid Neumann

I. Die »wirkliche Rechtslage« in vergangenen Rechtsordnungen

1. Ausgangspunkt: Die »Mauerschützen«-Prozesse

Nach dem Beitritt der Deutschen Demokratischen Republik (DDR) zur Bundesrepublik Deutschland (BRD) wurden in der BRD vielfach ehemalige DDR-Bürger strafrechtlich für Handlungen verurteilt, die nach dem seinerzeit in der DDR praktizierten Rechtssystem rechtmäßig, regelmäßig sogar pflichtgemäß waren. Im Vordergrund der gesellschaftlichen Wahrnehmung der Bundesrepublik standen dabei die so genannten »Mauerschützen-Prozesse«, in denen es um tödliche Schüsse auf DDR-Bürger ging, die versucht hatten, die DDR auf – jedenfalls nach deren Gesetzen – illegale Weise, unter Überwindung der an der Grenze zur BRD errichteten Sperranlagen, zu verlassen.

Die Gerichte der Bundesrepublik verurteilten die Angeklagten auch in *den* Fällen wegen eines (ggf. versuchten) Tötungsdelikts, in denen die Handlungen (auch nach eigener Einschätzung der Gerichte) vom positiven, gesetzten Recht der DDR (§ 27 Abs. 2 GrenzG-DDR)[1] gedeckt waren. Ein Verstoß gegen das verfassungsrechtlich garantierte Rückwirkungsverbot (Art. 103 Abs. 2 GG) wurde verneint. Das wichtigste Instrument dazu lieferte die Radbruchsche Formel,[2] die sowohl vom BGH als auch vom BVerfG herangezogen wurde.[3] Die Argumentation, die damit verfolgt wurde, lässt sich mit Robert Alexy auf die

[1] »Gesetz über die Staatsgrenze der Deutschen Demokratischen Republik« vom 25. März 1982.

[2] »Der Konflikt zwischen der Gerechtigkeit und der Rechtssicherheit dürfte dahin zu lösen sein, daß das positive, durch Satzung und Macht gesicherte Recht auch dann den Vorrang hat, wenn es inhaltlich ungerecht und unzweckmäßig ist, es sei denn, daß der Widerspruch des positiven Gesetzes zur Gerechtigkeit ein so unerträgliches Maß erreicht, daß das Gesetz als ›unrichtiges Recht‹ der Gerechtigkeit zu weichen hat. Es ist unmöglich, eine schärfere Linie zu ziehen zwischen den Fällen des gesetzlichen Unrechts und den trotz unrichtigen Inhalts dennoch geltenden Gesetzen; eine andere Grenzziehung aber kann mit aller Schärfe vorgenommen werden: wo Gerechtigkeit nicht einmal erstrebt wird, wo die Gleichheit, die den Kern der Gerechtigkeit ausmacht, bei der Setzung positiven Rechts bewußt verleugnet wurde, da ist das Gesetz nicht etwa nur ›unrichtiges Recht‹, vielmehr entbehrt es überhaupt der Rechtsnatur« (*Gustav Radbruch*, Gesetzliches Unrecht und übergesetzliches Recht [1946], in: ders., Gesamtausgabe [GRGA] Band 3, Heidelberg 1990, S. 83 [89]).

[3] BGHSt 39, 1 (15 f.); BGHSt 41, 101 (105 ff.); BVerfGE 95, 96 (134 f.).

prägnante Formel bringen: »Es wird mit der Anwendung der Radbruchschen Formel [...] nicht rückwirkend die Rechtslage geändert, sondern nur festgestellt, wie im Zeitpunkt der Tat die Rechtslage war.«[4]

Horst Dreier, dem dieser Beitrag in kollegialer Hochschätzung gewidmet ist, hat dieser Sichtweise, die im Schrifttum vielfach geteilt wird, widersprochen.[5] Er verzichtet darauf, im Streit zwischen Naturrecht und Rechtspositivismus grundsätzlich Partei zu ergreifen, zeigt aber, dass auch auf der Basis der naturrechtlichen Tradition die Annahme eines strafbarkeitsbegründenden Naturrechts problematisch ist. Entscheidend gegen die Anwendung der Radbruchschen Formel in diesem Kontext spreche schließlich, dass sie zu einer (verdeckten) Rückwirkung (auch) von Strafvorschriften führe.[6] Das BVerfG habe zwar – im Unterschied zu Entscheidungen anderer Gerichte und zu Stimmen im Schrifttum – erkannt, dass das Rückwirkungsverbot des Art. 103 Abs. 2 GG tangiert sei, aber zu Unrecht angenommen, dass das Rückwirkungsverbot hier hinter Gerechtigkeitserwägungen zurückzutreten habe. Die Bestimmung des Art. 103 Abs. 2 GG sei, so Dreier überzeugend, bereits das Ergebnis einer Abwägung zwischen Gerechtigkeit und Rechtssicherheit und könne deshalb nicht erneut einer Abwägung unterworfen werden.[7] Die Hürde des Rückwirkungsverbots hätte nur durch eine Verfassungsänderung überwunden werden können; zweifelhaft sei allerdings, ob es dafür hinreichend gute Gründe gegeben hätte.[8]

Diese Kritik, der ich uneingeschränkt zustimme,[9] ist inzwischen durch Überlegungen ergänzt worden, die nicht erst in Hinblick auf das rechtsstaatliche Rückwirkungsverbot, sondern bereits aus rechtstheoretischen Gründen die Tauglichkeit der Radbruchschen Formel zur strafrechtlichen Bewältigung von früherem staatlichem »Unrecht« in Zweifel ziehen. So wird die mangelnde Bestimmtheit des Kriteriums des »unerträglichen« Maßes an Ungerechtigkeit moniert, das nach Radbruch zur Annahme »gesetzlichen Unrechts« und damit zur Ungültigkeit des betreffenden Gesetzes führen soll.[10] In Hinblick auf die

---

[4] *Robert Alexy*, Mauerschützen. Zum Verhältnis von Recht, Moral und Strafbarkeit, Göttingen 1993, S. 33.

[5] *Horst Dreier*, Gustav Radbruch und die Mauerschützen, in: JZ 1997, S. 421 ff. (durchgesehener und geringfügig veränderter Abdruck in: Staat und Recht in Teilung und Einheit, hrsgg. von Julian Krüper/Heiko Sauer, Tübingen 2011, S. 88 ff.; hier zitiert nach der Erstveröffentlichung).

[6] *Dreier*, Mauerschützen, S. 431.

[7] *Dreier*, Mauerschützen, S. 432.

[8] *Dreier*, Mauerschützen, S. 433 f.

[9] Vgl. *Ulfrid Neumann*, Rechtspositivismus, Rechtsrealismus und Rechtsmoralismus in der Diskussion um die strafrechtliche Bewältigung politischer Systemwechsel (2002), in: ders., Recht als Struktur und Argumentation. Beiträge zur Theorie des Rechts und zur Wissenschaftstheorie der Rechtswissenschaft, Baden-Baden 2008, S. 163 (179 ff.).

[10] *Bernd Schünemann*, Das strafrechtliche Rückwirkungsverbot als Prüfstein des Rechtsbegriffs, in: Festschrift für Kristian Kühl zum 70. Geburtstag, hrsgg. von Martin Heger/Brigitte Kelker/Edward Schramm, München 2014, S. 457 (465).

Frage der Strafbarkeit der »Mauerschützen« sei es unzulässig, *eine* Norm des geschriebenen DDR-Rechts (§ 27 Abs. 2 GrenzG-DDR) mittels der Radbruchschen Formel aus der seinerzeit geltenden Rechtsordnung herauszubrechen, um die Strafbarkeit dann auf eine *andere* Norm derselben Rechtsordnung (Tatbestand des Totschlags, § 113 StGB-DDR) zu stützen. Entscheidend sei, dass das Strafrecht der DDR in seiner Gesamtheit eben keine Strafbarkeit statuierte, soweit die Handlungen nach den Bestimmungen des Grenzgesetzes gerechtfertigt waren.[11]

2. *Kritik des Geltungsbegriffs im Kontext der Radbruchschen Formel*

Weitergehend wird inzwischen bestritten, dass der Begriff der Rechtsgeltung, auf den sich die Radbruchsche Formel in ihrer ersten Alternative (»Unerträglichkeitsformel«) bezieht, zur »Bewältigung staatlichen Unrechts« geeignet sei.[12] Diese Kritik ist geeignet, der Argumentation, mit der die Gerichte der Bundesrepublik, unter Zustimmung weiter Teile des Schrifttums, die Strafbarkeit der »Mauerschützen« begründet haben, den Boden zu entziehen. Denn Kern dieser Argumentation ist die Behauptung, die Norm, die tödliche Schüsse auf Fliehende unter Strafandrohung verboten habe, sei bereits in der DDR – trotz anderslautender Gesetze – »geltendes Recht« gewesen. Sowohl die naturrechtliche als auch die positivistische[13] Begründung der Strafbarkeit der tödlichen Schüsse an der Mauer beziehen sich auf eine *seinerzeitige Rechtslage*, die aber in der Praxis der Gerichte und anderer damaliger staatlicher Institutionen keine Widerspiegelung gefunden habe. Nach dem Recht, das seinerzeit gegolten habe (aber von den Staatsorganen nicht angewendet worden sei), seien tödliche Schüsse an der Mauer auch insoweit strafbar gewesen, als das GrenzG sie für gerechtfertigt erklärt habe.

Damit wird die Vorstellung eines »seinerzeit geltenden Rechts« zum entscheidenden Bezugspunkt der Argumentation.[14] Löst man den Zusammenhang

[11] *Schünemann*, Rückwirkungsverbot, S. 469.

[12] *Marietta Auer*, Warum der Begriff der Rechtsgeltung nicht zur Bewältigung staatlichen Unrechts taugt, in: RW 2017, S. 45 ff.

[13] Darstellung und Kritik der Versuche, die Strafbarkeit der nach dem gesetzten Recht der DDR straflosen »Mauerschützen« positivistisch zu begründen, bei *Schünemann*, Rückwirkungsverbot, S. 458 ff.

[14] Dass Radbruch »unrichtigem Recht« die Geltung absprechen wollte, erscheint mir überzeugend (anders *Auer*, Begriff der Rechtsgeltung, S. 63: Es sei »ohne weiteres möglich, *Radbruchs* Formel so zu interpretieren, dass extrem ungerechtes Recht, soweit es seine Rechtsnatur behält, auch seine *rechtliche* Geltung *behält*, aber im Einzelfall der besseren Einsicht der Vernunft zu weichen hat«). Denn an die »Unerträglichkeitsformel« schließt unmittelbar der Satz an: »Es ist unmöglich, eine schärfere Linie zu ziehen zwischen den Fällen des gesetzlichen Unrechts und den trotz unrichtigen Inhalts dennoch geltenden Gesetzen«. Daraus ergibt sich, dass es hier um die Grenzziehung zwischen (trotz unrichtigen Inhalts) *geltenden* Gesetzen einerseits, wegen eines »unerträglichen« Widerspruchs gegen die Gerechtigkeit *nicht geltenden* Gesetzen

zwischen der Qualifikation eines Gesetzes als »gesetzliches Unrecht« und seiner Nichtgeltung, dann verliert die Radbruchsche Formel hinsichtlich vergangener Rechtsordnungen ihre rechtsgestaltende Kraft.[15]

3. Kritik der »Trias« der Geltungsbegriffe

Die referierte Kritik an der Tauglichkeit des Geltungsbegriffs, staatliches Unrecht *ex post* strafrechtlich zu bewältigen, ist im Kontext einer Kritik des Nebeneinanders eines juristischen, eines faktischen (soziologischen) und eines moralischen Begriffs der Rechtsgeltung zu sehen.[16] In Wirklichkeit gebe es nur einen einzigen Begriff der Rechtsgeltung, nämlich den juristischen.[17] Zwar lasse sich von der juristischen Rechtsgeltung die soziale Wirksamkeit unterscheiden, der auch Bedeutung für die Frage der juristischen Geltung zuerkannt werden könne.[18] Nicht möglich sei es aber, soziale Wirksamkeit und rechtliche Geltung unter einen einheitlichen Geltungsbegriff zu subsumieren.[19] An dieser Stelle geht es einerseits um Möglichkeit bzw. Sinnhaftigkeit eines Nebeneinanders der drei genannten Geltungsbegriffe (a), andererseits um deren Verhältnis zueinander (b).

a) Juristische, faktische und moralische »Geltung«?

Zustimmung verdient hier die Kritik an der Kategorie der *moralischen Geltung* des Rechts, die geeignet ist, die kategoriale Trennung zwischen Recht und Moral zu verwischen. Auch wenn man, etwa im Sinne der Radbruchschen Formel, die juristische Geltung des Rechts partiell von seiner moralischen Qualität abhängig machen will – aus Gründen der Transparenz der Argumentation sollte klargestellt werden, dass es nicht um eine kategorial eigenständige *moralische Geltung*, sondern um einen möglichen Einfluss der moralischen Qualität einer Norm auf deren *juristische Geltung* geht. Die Kategorie der moralischen Geltung

---

andererseits geht. Darauf, ob das Gesetz seine »Rechtsnatur« behält, kommt es im Rahmen der »Unerträglichkeitsformel«, anders als bei der sog. »Verleugnungsformel«, nicht an.

[15] Hinsichtlich aktueller Rechtsordnungen bleibt sie bedeutsam als Appell an den Rechtsstab, »unerträglich ungerechte« Gesetze nicht anzuwenden.

[16] Übersichtliche Darstellung bei *Robert Alexy*, Begriff und Geltung des Rechts. Erweiterte Neuausgabe, Freiburg/München 2020, S. 137ff. (Unterscheidung zwischen soziologischem, ethischen und juristischem Geltungsbegriff). Kritische Analyse der drei Geltungsdimensionen bei *Marietta Auer*, Rechtsgeltung: Verständnisse und Missverständnisse, in: Geschichte – Gesellschaft – Geltung. XXIII. Deutscher Kongress für Philosophie 28. September – 2. Oktober 2014 an der Westfälischen Wilhelms-Universität Münster. Kolloquienbeiträge, hrsgg. von Michael Quante, Hamburg 2016, S. 683 (685ff.).

[17] *Auer*, Begriff der Rechtsgeltung, S. 45, 64. Kritisch auch *Stephan Kirste*, Rechtsbegriff und Rechtsgeltung, in: Quante (Hrsg.), Geschichte – Gesellschaft – Geltung, 2016, S. 659 (671).

[18] *Auer*, Begriff der Rechtsgeltung, S. 56ff.

[19] *Auer*, Begriff der Rechtsgeltung, S. 56.

legt es nahe, diesen Einfluss bereits begrifflich zu unterstellen. Sie tendiert damit, im Widerspruch zum Prinzip der Neutralität rechtstheoretischer Begriffe, in der Auseinandersetzung zwischen Rechtsmoralismus und Rechtspositivismus zu einer Parteinahme für die rechtsmoralistische Position.

Was die Kategorie der *faktischen Geltung* betrifft, so geht es wohl um ein rein terminologisches Problem. Dass es sinnvoll ist, die Frage nach einer sozialen Wirksamkeit von Gesetzen zu stellen, wird nicht bestritten. Aus Gründen der begrifflichen Klarheit wäre es aber in der Tat vorzugswürdig, insoweit auf den Begriff der »Geltung« zu verzichten.

Die Kategorie der *juristischen Geltung* schließlich wird zwar von Seiten »realistischer« Positionen unter Metaphysikverdacht gestellt, ist aber funktional unverzichtbar. Denn die Feststellung, dass ein bestimmter Fall *rechtlich* anhand einer bestimmten Norm entschieden werden soll, setzt nach der institutionellen Logik des Rechts die Bejahung der Geltung dieser Norm voraus. Noch nicht entschieden ist damit über den epistemischen Status der Geltungsbehauptung. Ob es sich um die Beschreibung eines Sachverhalts, eine Fiktion oder aber eine soziale Konstruktion handelt, kann zunächst offenbleiben.[20]

b) Verhältnis von juridischer, faktischer und moralischer Perspektive

Unabhängig von terminologischen Fragen lässt sich hinsichtlich des Problems der Rechtsgeltung zwischen juridischer, faktischer und moralischer *Perspektive* unterscheiden. Diese Perspektiven sind nicht aufeinander reduzierbar.[21] Das steht der Annahme funktionaler Zusammenhänge aber nicht entgegen. So kann die juridische Geltung sowohl von einem Mindestmaß an faktischer Wirksamkeit als auch davon abhängig gemacht werden, dass die Norm kein unerträgliches Unrecht darstellt. Komplementär kann die moralische *prima-facie*-Verbindlichkeit einer Regel von deren juridischer Geltung abhängen – das ist insbesondere dort plausibel, wo die Legitimität des Rechts auf seine demokratische Konstitution gestützt wird. Lediglich die faktische Geltung ist gegenüber den beiden anderen Geltungsdimensionen indifferent: Das »lebende Recht« (Eugen Ehrlich) kann jenseits des geschriebenen Rechts oder sogar in Opposition zu ihm bestehen. Von moralischen Anforderungen ist die faktische Geltung unabhängig, solange man in sie nicht subkutan normative Elemente (qualifizierte »Anerkennung«) integriert.

---

[20] Dazu unten S. 213ff.

[21] *Thomas Gutmann*, Genesis, Geltung, Genealogie, in: Quante (Hrsg.), Geschichte – Gesellschaft – Geltung, 2016, S. 719 (719).

4. *Juristische oder (nur) faktische Geltung früheren Rechts?*

Recht hat, jenseits naturrechtlicher Vorstellungen, nur eine soziale, keine ideale Existenz. Die Annahme, es gebe in einer bestimmten Gesellschaft eine konturierte Rechtsordnung jenseits der in dieser Gesellschaft praktizierten Rechtsnormen, verlässt die Basis des erkenntnistheoretisch Ausweisbaren. Aus der *internen Perspektive*, die gegenüber der aktuellen eigenen Rechtsordnung eingenommen werden muss, ist es allerdings notwendig, sich das Recht als eine ideale Ordnung *vorzustellen*, die sich nicht auf die faktisch geltenden Regeln reduzieren lässt. Die Vorstellung einer juristisch geltenden und konturierten Rechtsordnung ist Bedingung der Möglichkeit normorientierter Rechtsanwendung. Man kann sie deshalb als *regulative Idee* qualifizieren, unter der richterliches Handeln – wie jede »Rechtsanwendung« – steht.[22]

Anderes gilt für die Beurteilung der »Rechtslage« in vergangenen Rechtsordnungen. Hier geht es nicht um rechtsorientiertes *Handeln*, sondern um die *Feststellung* der seinerzeitigen Rechtspraxis. Die Frage, ob die gesellschaftlich anerkannte Praxis der Handhabung des Rechts mit dem »wirklich geltenden« Recht übereinstimmte, kann insoweit nicht sinnvoll gestellt werden. Gefragt werden kann nur nach der tatsächlich geübten Rechtspraxis.

Diese Unterscheidung zwischen der internen Perspektive des Rechtsanwenders und der externen des Beobachters einer vergangenen Rechtsordnung entspricht der Differenz zwischen der Sichtweise der Jurisprudenz einerseits, der Sozialtheorie des Rechts andererseits, die von Radbruch, Kantorowicz und Jellinek auf der Basis der vom Neukantianismus akzentuierten Trennung von Sein und Sollen (Methodendualismus) vorgenommen wird:[23] Während die Jurisprudenz als Dogmatik des geltenden Rechts die Aufgabe hat, dieses geltende Recht durch Auslegung der Gesetze für seine Anwendung aufzubereiten, ist Gegenstand der Sozialtheorie des Rechts das Recht als Faktum, als soziales Phänomen. Die Jurisprudenz hat es folglich mit dem Sollen, die Sozialtheorie des Rechts mit dem Sein zu tun. Von einem Sollen aber kann nur in Bezug auf eine gegenwärtige, Verbindlichkeit beanspruchende Rechtsordnung die Rede sein. In der prägnanten Formulierung von Jellinek: »Es gibt kein Seinsollendes nach rückwärts«[24].

Radbruch stimmt dieser Sichtweise in einer 1907 veröffentlichten Rezension der zweiten Auflage von Jellineks »Allgemeiner Staatslehre« ausdrücklich

---

[22] Dazu unter II.1.

[23] Näher dazu *Ulfrid Neumann*, »Methodendualismus« in der Rechtsphilosophie des Neukantianismus. Positionen zum Verhältnis von Sein und Sollen bei Gustav Radbruch (2015), in: ders., Rechtsphilosophie im Spiegel der Zeit. Beiträge zum Rechtsdenken Gustav Radbruchs (1878–1949), Tübingen 2021, S. 113 (116ff.).

[24] *Georg Jellinek,* Allgemeine Staatslehre, 3. Auflage Berlin 1914, S. 52 (mit Hinw. auf Radbruch und Kantorowicz).

zu.[25] Bereits in dem 1905 erschienenen Aufsatz »Die Methode der Rechtsvergleichung« hatte er die Auffassung vertreten, die juristische Dogmatik sei auf eine vergangene Rechtsordnung ebenso wenig anwendbar wie auf ein fremdes Rechtssystem der Gegenwart. Denn der Zweck der dogmatischen Arbeit sei es, das Recht zur Anwendung fähig zu machen. Sobald ein Gesetz außer Kraft trete, höre es auf, Gegenstand der juristischen Dogmatik zu sein und werde Gegenstand der Sozialwissenschaft.[26]

5. Konsequenzen für die Strafbarkeit früheren »staatlichen Unrechts«

Diese Überlegungen bestätigen im Ergebnis die Kritik, die von H. L. A. Hart,[27] Horst Dreier[28] und anderen an dem Einsatz der Radbruchschen Formel zu Zwecken der »Korrektur« vergangener Rechtsordnungen geübt wird. Die Argumentation geht aber insofern über diese Kritik hinaus, als sie nicht nur die normative Korrektur einer früheren Rechtspraxis anhand des Maßstabs einer angeblichen seinerzeitigen »wirklichen« normativen Rechtsordnung in Zweifel zieht, sondern bereits die Annahme der Existenz einer solchen seinerzeitigen »wirklichen«, juristisch geltenden Rechtsordnung infrage stellt.

Am Beispiel der rechtlichen Beurteilung der Handlungen der »Mauerschützen«: Die Behauptung, tödliche Schüsse an der Mauer seien »in Wirklichkeit« schon nach damaligem DDR-Recht strafbar gewesen, ist nicht (nur) deshalb problematisch, weil damit naturrechtliche Vorstellungen mit strafbegründender Wirkung in seinerzeit geltendes Recht eines früheren (anderen) Staates inkorporiert werden. Sondern: Es gibt in Hinblick auf vergangene Rechtsordnungen kein »wirkliches«, juristisch geltendes Recht. Die Existenz eines solchen Rechts ist fiktiv.

Es kommt deshalb auch nicht darauf an, ob die Behauptung, die Abgabe tödlicher Schüsse an der Mauer sei schon nach der damaligen Rechtsordnung der DDR strafbar gewesen, naturrechtlich oder aber rechtspositivistisch begründet werden soll. Selbst wenn es nach den methodischen Standards anderer Rechtssysteme naheliegen würde, aufgrund höherrangigen internationalen Rechts diese Strafbarkeit nach dem positiven Recht der DDR zu bejahen:[29] Die Annahme

[25] GRGA Band 1, Heidelberg 1987, S. 484.

[26] GRGA Band 15, Heidelberg 1999, S. 155.

[27] *H. L. A. Hart*, Der Positivismus und die Trennung von Recht und Moral (1958), in: ders., Recht und Moral. Drei Aufsätze, hrsgg. von Norbert Hoerster, Göttingen 1971, S. 14 (39 ff.).

[28] *Dreier*, Mauerschützen, S. 421 ff.

[29] Dagegen etwa *Schünemann*, Rückwirkungsverbot, S. 458 ff.

eines positiven Rechts jenseits des kollektiv praktizierten ist hinsichtlich *vergangener* Rechtsordnungen[30] eine Illusion.[31]

Auch der Versuch, anhand der in der früheren Rechtskultur formulierten *methodologischen Standards* ein seinerzeit »geltendes« (aber von den Institutionen nicht gehandhabtes) Recht zu rekonstruieren, wäre nicht von Erfolg gekrönt. Zwar wäre dieses Unternehmen nicht dem Einwand ausgesetzt, die Geltung des damaligen Rechts schlicht als ideale Existenz zu verstehen und damit die Grenzen des erkenntnistheoretisch Vertretbaren zu sprengen. Aber die Handhabung der seinerzeit anerkannten methodologischen Standards ist wiederum im Kontext von spezifischen, auch impliziten Rechtsprinzipien zu sehen, die einer anderen Rechtskultur jedenfalls nicht uneingeschränkt zugänglich sind.

An einem aktuellen Beispiel:[32] Wenn Richter der ehemaligen DDR in der BRD mit der Begründung wegen Rechtsbeugung (§ 339 StGB) verurteilt werden, dass sie in arbeitsgerichtlichen Prozessen »parteiisch« zugunsten der Arbeitnehmer geurteilt hätten, so geschieht das möglicherweise unter Missachtung grundlegender Rechtsprinzipien der damaligen Rechtsordnung.[33] Die hier naheliegende Argumentation, gerade diese Diagnose zeige, dass es grundsätzlich möglich sei, bei der Rekonstruktion einer früheren bzw. anderen Rechtsordnung auch deren ungeschriebene Rechtsprinzipien zu berücksichtigen, würde nicht durchschlagen. Denn: Selbst wenn man die Existenz eines ungeschriebenen Rechtsprinzips des Inhalts »Gerechtigkeit bedeutet Parteilichkeit zugunsten des Arbeitnehmers« in der damaligen Rechtsordnung der DDR anerkennen würde: Inwieweit der sozialistische Grundsatz des Vorrangs der Politik vor dem Recht[34] bei der Anwendung des Rechts seitens der Gerichte zu berücksichtigen war, kann aus einer externen Perspektive nicht beurteilt werden.[35] Der Versuch, sich in die andere Rechtsordnung hineinzudenken, stößt zwangsläufig an hermeneutische Grenzen.

---

[30] Zur Notwendigkeit, aus einer *internen*, gegenüber der eigenen Rechtsordnung unverzichtbaren Perspektive die Existenz einer normativ geltenden, mit dem praktizierten Rechtssystem nicht notwendig identischen Rechtsordnung anzuerkennen s. schon oben unter I.4.

[31] Hinsichtlich der Beurteilung der Schüsse an der Mauer deshalb folgerichtig Jakobs: Von einer Strafbarkeit der betroffenen Volkspolizisten könne »nur bei einem einigermaßen blutleer anmutenden, normativistischen Ansatzpunkt die Rede sein« (*Günther Jakobs*, Vergangenheitsbewältigung durch Strafrecht? Zur Leistungsfähigkeit des Strafrechts nach einem politischen Umbruch, in: Vergangenheitsbewältigung durch Recht. Drei Abhandlungen zu einem deutschen Problem, hrsgg. von Josef Isensee, Berlin 1992, S. 37ff. (53).

[32] Beispiel bei *Schünemann*, Rückwirkungsverbot, S. 466.

[33] *Schünemann*, Rückwirkungsverbot, S. 466.

[34] Dazu *Jörg Arnold,* Die Berücksichtigung der systemimmanenten Auslegung des DDR-Rechts (1994), in: Strafrechtliche Auseinandersetzung mit Systemvergangenheit am Beispiel der DDR, hrsgg. von dems., Baden-Baden 2000, S. 176 (186).

[35] Dazu *Arnold*, Berücksichtigung, S. 186.

II. Epistemischer Status der »Geltung« in aktuellen Rechtsordnungen

1. Parallelen und Differenzen

Es stellt sich die Frage, ob die skizzierte, erkenntnistheoretisch ansetzende Kritik an der Vorstellung einer normativen Geltung einer *vergangenen* Rechtsordnung nicht auch hinsichtlich der jeweils *aktuellen* Rechtsordnung gelten müsste. Wenn es richtig ist, dass Recht nur eine soziale, nicht aber eine ideale Existenz hat: Müsste dann nicht auch die jeweils aktuelle Rechtsordnung auf das praktizierte, empirisch feststellbare Rechtssystem reduziert werden? Beispielhaft: Wäre die Behauptung, der BGH verfehle mit seiner Rechtsprechung zu einer bestimmten Rechtsfrage die »wirkliche« Rechtslage, nicht Ausdruck eines verfehlten »metaphysischen« Rechtsdenkens?

Von einer konsequent »rechtsrealistischen« Position aus wäre diese Frage zu bejahen. Indes verfehlt der Rechtsrealismus, wie wiederholt gezeigt wurde, die Bedingungen rechtlich orientierten gesellschaftlichen Handelns.[36] Plakativ: Der Richter kann seine eigene Entscheidung nicht empirisch-soziologisch vorhersagen. Er muss sich, wie jeder »Rechtsanwender«, an Normen orientieren, die in empirisch feststellbaren Fakten ihr Fundament haben, durch diese aber nicht zu einer schlicht anwendbaren Regel konturiert werden. Auch in ihrer Kombination lassen sich Gesetzestext, Präjudizien, in der Rechtswissenschaft vertretene Meinungen nicht zu einer präzisen Handlungsanweisung verdichten. Die »Rechtslage«, an der sich der Entscheider orientieren soll, ist keine soziale Realität, sondern eine Konstruktion.

Wenn an diesem Punkt von einer *Konstruktion* (und nicht von einer Fiktion) die Rede ist, so deshalb, weil mit dem Begriff der »Fiktion« das Verfehlen einer anders konturierten »Wirklichkeit« assoziiert werden kann. Tatsächlich aber gibt es hinsichtlich der »Rechtslage«, von der der Richter jeweils ausgeht, keine alternative »Wirklichkeit«. Natürlich kann eine bestimmte Rechtsauffassung nach den Standards der jeweiligen Rechtsordnung besser (oder schlechter) begründet sein als eine konkurrierende. Aber eine »wirkliche« Rechtslage gibt es, wie heute nahezu unbestritten ist, nicht.

Für die Verwendung des Begriffs der »Konstruktion« spricht ferner der Umstand, dass die Einsicht in den kontrafaktischen Charakter der Vorstellung einer vorgegebenen Rechtslage keinen Anlass gibt, diese Vorstellung zu überdenken und ggf. zu revidieren. Sie ist notwendige Bedingung der Entscheidungstätigkeit in einem Rechtssystem, das nicht auf Kadi-Justiz, sondern auf eine regelgebun-

---

[36] Nachdrückliche Kritik bereits bei *Hermann Kantorowicz*, Rationalistische Bemerkungen über Realismus (Some rationalism about realism, 1934), in: ders., Rechtswissenschaft und Soziologie. Ausgewählte Schriften zur Wissenschaftslehre, hrsgg. von Thomas Würtenberger, Karlsruhe 1962, S. 101 ff. Vgl. schon oben unter I.4 (»regulative Idee«).

dene Urteilspraxis setzt. In diesem Sinne lässt sich das vieldiskutierte Modell der »einzig richtigen Entscheidung« als regulative Idee interpretieren, unter der sich Rechtsanwendung vollzieht.[37] Diese Zuordnung bedeutet auch: Das Modell der einzig richtigen Entscheidung ist reflexionsstabil. Es wird durch die Einsicht in den kontrafaktischen Charakter der Vorstellung nicht in Frage gestellt.

Was für die Annahme einer *in casu* »geltenden« Rechtslage gilt, gilt für die Vorstellung einer (juristisch) »geltenden« Rechtsordnung insgesamt. Sie ist Bedingung der Möglichkeit eines normativ (und nicht nur pragmatisch) an rechtlichen Regeln orientierten Handelns in der Gesellschaft insgesamt – auf Seiten der Bürger wie auf Seiten des Rechtsstabs. Für eine pragmatische, allein durch die Erwartung möglicher Sanktionen bestimmte Motivation mag die Frage der Geltung der Rechtsordnung gleichgültig sein (wenngleich die zu erwartenden Sanktionen wiederum anhand der Normen der »geltenden« Rechtsordnung zu bestimmen wären). Eine intrinsische Motivation, für die Rechtsnormen Handlungsgründe darstellen,[38] ist notwendig auf die Vorstellung einer *geltenden* Rechtsordnung bezogen.

2. *Korrespondierende rechtstheoretische Modelle*

Wie der Befund, dass die Vorstellung einer geltenden Rechtsordnung für die gesellschaftliche Praxis regelorientierten Handelns unverzichtbar ist, rechtstheoretisch verarbeitet werden kann, ist damit noch nicht geklärt.

a) Modell der Grundnorm (Kelsen)

Ein mögliches Modell stellt die Reine Rechtslehre mit der Voraussetzung einer *Grundnorm* bereit, deren Funktion darin besteht, »die objektive Geltung einer positiven Rechtsordnung [...] zu begründen«[39]. Wie tragfähig diese Begründung ist, hängt allerdings von dem erkenntnistheoretischen Status ab, der der Grundnorm zuerkannt wird.[40] An mehreren Stellen von Kelsens Arbeiten findet sich

---

[37] Aus der kaum noch überschaubaren Diskussion zu *Dworkins* Modell der »one right answer« vgl. etwa *Robert Alexy*, Probleme der Diskurstheorie (1989), in: ders., Recht, Vernunft, Diskurs, Frankfurt a.M. 1995, S. 109 (121 f.); *Marietta Auer*, Materialisierung, Flexibilisierung, Richterfreiheit. Generalklauseln im Spiegel der Antinomien des Privatrechtsdenkens, Tübingen 2005, S. 85 ff.; *Ulfrid Neumann*, Wahrheit im Recht. Zu Problematik und Legitimität einer fragwürdigen Denkform, Baden-Baden 2004, S. 37 ff.

[38] Dazu etwa *Joseph Raz*, Practical Reason and Norms, Princeton/New Jersey 1975 (1990) (deutsch: Praktische Gründe und Normen, Frankfurt am Main 2006); *Paul Sourlas*, Rechtsprinzipien als Handlungsgründe. Studien zur Normativität des Rechts, Baden-Baden 2011.

[39] *Hans Kelsen*, Reine Rechtslehre, 2. Auflage Wien 1960, S. 205. Zu den unterschiedlichen Fassungen der Grundnorm ausf. *Stanley L. Paulson*, Die unterschiedlichen Formulierungen der »Grundnorm«, in: Rechtsnorm und Rechtswirklichkeit. Festschrift für Werner Krawietz zum 60. Geburtstag, hrsgg. von Aulis Aarnio u. a., Berlin 1993, S. 53 ff.

[40] Zu möglichen Funktionen der Grundnorm differenzierend *Matthias Jestaedt*, Geltung

eine metaphysische Deutung. In einem Text aus dem Jahr 1928 bezeichnet Kelsen die Grundnorm als ein »Minimum an Metaphysik«, ohne das »eine Erkenntnis des Rechts nicht möglich« sei.[41] Folgerichtig heißt es in dem gleichen Text zu dem Geltungsmodus der Grundnorm, sie gelte »wie eine Norm des Naturrechts«[42]. Mit der Annahme einer sinnvollen, also widerspruchsfreien Ordnung, wie sie durch die Grundnorm gesetzt werde, überschreite die Rechtswissenschaft bereits die Grenzen des reinen Positivismus. An anderer Stelle formuliert Kelsen, die Annahme des Sollens-Charakters des Rechts wurzele letztlich in einer »gleichsam intuitiven Wesensschau«[43].

Überzeugender als diese metaphysik-lastigen Interpretationen der Grundnorm erscheint deren Deutung als transzendental-logische Voraussetzung, die sich in späteren Arbeiten Kelsens findet.[44] Mit dieser Deutung wird zwischen der Anerkennung der Grundnorm und der Interpretation bestimmter subjektiver Willensakte als »objektiv gültige Rechtsnormen« eine konditionale Beziehung hergestellt: Nur wenn man die Grundnorm voraussetzt, dann lassen sich Willensakte, die rechtliche Geltung prätendieren, (unter den entsprechenden prozeduralen Voraussetzungen) als Setzung geltender Rechtsnormen verstehen. Horst Dreier hebt zu Recht hervor, dass mit der in dieser Weise begründeten Geltung von Rechtsnormen bei Kelsen kein Anspruch auf Rechtsgehorsam verbunden ist.[45] Die Grundnorm hat eine rein logische (transzendental-logische) Funktion. Das »Sollen«, das sie begründet, ist eine deontologische Kategorie ohne appellative Funktion.

Gerade diese (transzendental-)logische Funktion der Grundnorm wird zum Ansatzpunkt einer Kritik, die beanstandet, dass eine so verstandene Grundnorm Normativität nur logisch, nicht aber rechtlich, und Geltung »nur hypothetisch, nicht aber realiter« begründen könne.[46] Im ersten Punkt ließe sich entgegnen, dass es Kelsen gerade um die logische Konsistenz des Rechts als einer Sollens-Ordnung gehe, im zweiten, dass Kelsen – unter Absage an metaphysische Rechtsbegründungen – eben das Modell einer transzendentalen (und in diesem

des Systems und Geltung im System. Wozu man die Grundnorm benötigt – und wozu nicht, in: JZ 2013, S. 1009ff.

[41] *Hans Kelsen*, Die philosophischen Grundlagen der Naturrechtslehre und des Rechtspositivismus, Charlottenburg 1928, S. 66.

[42] *Kelsen,* Philosophische Grundlagen, S. 20.

[43] *Kelsen*, Die Rechtswissenschaft als Norm- oder als Kulturwissenschaft (1916), in: Hans Kelsen Werke (HKW), Band 3, hrsgg. von Matthias Jestaedt, Tübingen 2010, S. 551 (592).

[44] *Kelsen*, Reine Rechtsehre 1960, S. 204. Näher zu dieser Kennzeichnung (und zu Parallelen sowie Differenzen zur Transzendentalphilosophie Kants) *Horst Dreier*, Kelsen zur Einführung, Hamburg 2023, S. 87ff.

[45] *Horst Dreier*, Die Radbruchsche Formel – Erkenntnis oder Bekenntnis? (1991), in: Die Natur des Rechts bei Gustav Radbruch, hrsgg. von Martin Borowski/Stanley L. Paulson, Tübingen 2015, S. 1 (17). Im Unterschied zu Radbruch habe Kelsen deshalb nach 1945 »nichts widerrufen« müssen.

[46] *Kirste*, Rechtsbegriff und Rechtsgeltung, S. 671.

Sinne notwendig »hypothetischen«) Begründung des Rechts vertrete. Die Möglichkeit, ohne Rekurs auf metaphysische Prämissen eine (normative) »wirkliche« Geltung (Begründung »realiter«) des Rechts nachzuweisen, wäre darzulegen.[47]

Überzeugend ist die Kritik aber insofern, als die transzendental-logische Konstruktion nicht geeignet ist, die Geltung gerade des gesetzten, des positiven Rechts zu begründen. Bezieht man in dem Monitum, Kelsens Grundnorm vermöge Normativität nicht rechtlich zu begründen, das »rechtlich« auf die Geltung des positiven (gesetzten) Rechts,[48] dann ist gegen diese Kritik nichts zu erinnern. In der Tat ist schwer zu sehen, wie auf der Basis der von Kelsen im Sinne des neukantianischen Methodendualismus vertretenen strikten Trennung von Sein und Sollen die Normativität (Geltung) des gesetzten Rechts begründbar sein sollte.[49] Denn der Akt der Rechtssetzung ist als soziales Handeln der Sphäre des Seins, nicht der des Sollens zuzuordnen – auch wenn in der Kennzeichnung als *Rechts*setzung schon die Deutung als normativ produktives soziales Handeln mitschwingt.[50]

Unberechtigt ist dagegen wohl der Vorwurf, Kelsens Modell der Grundnorm sei eine »metaphysische Hypostasierung« anzulasten.[51] Jedenfalls in der Ausarbeitung, die dieses Modell in der zweiten Auflage der »Reinen Rechtslehre« gefunden hat, wird die Grundnorm ausdrücklich als nur gedachte Norm bezeichnet[52] und ihr ein transzendental-logischer Status zugeschrieben.[53] Sie hat lediglich eine erkenntnistheoretische Funktion, weil sie die Voraussetzung iden-

---

[47] Der von Kirste verfochtene »immanente Geltungsbegriff« macht zu Recht darauf aufmerksam, dass es der Rechtsordnung (zu ergänzen: grundsätzlich) selbst obliege, Geltungskriterien festzulegen (*Kirste*, Rechtsbegriff und Rechtsgeltung, S. 659 [672]). Das löst aber nicht das Problem der Begründung der Geltung dieser Rechtsordnung selbst, will man sich nicht den logischen Risiken einer reflexiven Begründung (Selbstbegründung) aussetzen.

[48] Deutlich in diesem Sinne *Stephan Kirste*, Rechtsphilosophie Einführung, Baden-Baden 2020 (2. Auflage der »Einführung in die Rechtsphilosophie«, Darmstadt 2010): »[…] wie kann eine solche Grundnorm die Normativität des Rechts als Recht begründen, wenn sie ein – auch von Kelsen für wesentlich [im Original: »wesentliches«] gehaltenes – Kriterium des Rechts, nämlich gesetzt zu sein, nicht teilt« (S. 108).

[49] Ausf. zu diesem Problem *Horst Dreier*, Rechtslehre, Staatssoziologie und Demokratietheorie bei Hans Kelsen, Baden-Baden 1986, S. 27ff. Vgl. auch *Ulfrid Neumann*, Wissenschaftstheorie der Rechtswissenschaft bei Hans Kelsen und Gustav Radbruch. Zwei »neukantianische« Perspektiven (2005), in: ders., Rechtsphilosophie im Spiegel der Zeit, 2021, S. 93 (108ff.).

[50] »Positivismus« meint bei Kelsen in diesem Kontext nicht die Abhängigkeit der Rechtsgeltung von der Rechtssetzung, sondern die Unabhängigkeit des Rechts von der Moral (*Jestaedt*, Geltung des Systems, S. 1014; ebenso schon *Neumann*, Wissenschaftstheorie, S. 109).

[51] So aber *Dietmar von der Pfordten*, Kritik der Geltung, in: Quante (Hrsg.), Geschichte – Gesellschaft – Geltung, 2016, S. 693 (698).

[52] *Kelsen*, Reine Rechtslehre 1960, S. 207.

[53] *Kelsen*, Reine Rechtslehre 1960, S. 204. In der Sache ebenso schon in der 1. Auflage (1934): Mit der Lehre von der Grundnorm versuche die Reine Rechtslehre nur, »die transzendentallogischen Bedingungen der seit jeher geübten Methode positiver Rechtserkenntnis […] bloßzulegen« (*Kelsen*, Reine Rechtslehre, Studienausgabe der 1. Auflage 1934, hrsgg. von Matthias Jestaedt, Tübingen 2008, S. 78).

tifiziert, unter der allein man Normen, die durch menschliche Willensakte gesetzt sind, als Elemente einer objektiv geltenden Rechtsordnung verstehen kann. Vereinfacht: Wer ohne naturrechtliche oder metaphysische Voraussetzungen von einer geltenden Rechtsordnung spricht, setzt die Grundnorm zwangsläufig voraus. In der Formulierung Kelsens: »Die Lehre von der Grundnorm ist nur das Ergebnis einer Analyse des Verfahrens, das eine positivistische Rechtserkenntnis seit jeher angewendet hat.«[54]

b) Modell der Erkenntnisregel (Hart)

An dieser Stelle ließe sich allerdings einwenden, dass Kelsens Analyse des Verfahrens der Rechtserkenntnis den tatsächlichen, sozialen Prozess der Identifikation geltender Rechtsnormen zu wenig in den Blick nehme und zudem die Perspektive auf eine »positivistische« Rechtserkenntnis verenge. In beiden Punkten distanziert sich Hart, dessen Modell der »Erkenntnisregel« deutliche Parallelen zu dem der Grundnorm aufweist, deshalb von Kelsen. Während Kelsens Grundnorm eine »juristische Hypothese« darstelle, gehe es bei Existenz und Inhalt der Erkenntnisregel um Tatsachenfragen, die empirisch beantwortet werden könnten.[55] Zum zweiten Punkt weist Hart u. a. darauf hin, dass eine – auch ungeschriebene – Verfassung durchaus verschiedene Rechtsquellen angeben könne. Der »Schein von Uniformität und Einfachheit«, den Kelsens Modell der Grundnorm erwecke, sei deshalb irreführend.[56]

In einem, in *dem* zentralen Punkt aber besteht zwischen Hart und Kelsen Übereinstimmung: Die Geltung des Rechts ist weder ein metaphysisches Phänomen, das als Vorgegebenes zu akzeptieren wäre, noch die erkenntnistheoretisch fragwürdige *Vorstellung* eines metaphysischen Phänomens, die folgerichtig aus dem wissenschaftlichen Denken zu verbannen wäre. Rechtsgeltung ist vielmehr das Ergebnis einer Konstruktion – fundiert durch eine transzendental-logische Grundnorm (Kelsen) oder aber eine empirisch nachweisbare »Erkenntnisregel« (Hart). Damit wird einem banalen Rechtsrealismus ebenso überzeugend eine Absage erteilt wie einer kruden Rechtsmetaphysik.

3. Zwischenbilanz

Das Modell der Erkenntnisregel bestätigt die These, dass es nicht möglich ist, aus der Perspektive einer späteren Rechtsordnung die Geltung von Rechtsnormen einer früheren Rechtsordnung anders zu beurteilen, als es in der kollektiven Praxis dieser Rechtsordnung geschehen ist. Denn: Unter welchen Voraussetzungen eine Regel als gültige Rechtsnorm anzusehen ist, entscheidet sich an-

[54] *Kelsen*, Reine Rechtslehre 1960, S. 209.
[55] *H. L. A. Hart*, Der Begriff des Rechts (engl. Original 1961), Frankfurt a. M. 1973, S. 351.
[56] *Hart*, Begriff des Rechts, S. 352.

hand der Deutungsmuster der jeweiligen Gesellschaft – anhand der jeweiligen Erkenntnisregel. Einer vergangenen Gesellschaft rückblickend eine abweichende Erkenntnisregel zu verordnen, ist ausgeschlossen. Auf der Basis eines ontologischen Modells der Rechtsgeltung wäre es demgegenüber grundsätzlich möglich, einer Norm, die in der früheren Rechtsordnung kollektiv anerkannt wurde, die »wirkliche« Geltung abzusprechen. Die Einsicht, dass Rechtsgeltung kein ontologisches Modell, sondern das Ergebnis einer gesellschaftlichen Konstruktion ist, schließt dieses Verdikt aus.

Was bleibt, ist die Möglichkeit, die in der früheren Rechtsordnung seinerzeit geltenden Normen aus der Perspektive einer späteren Rechtsordnung einer wertenden Kritik zu unterziehen. Diese Normen können als grob ungerecht, als willkürlich, als schwere Verletzung elementarer Menschenrechte erscheinen. Diese Wertung ändert aber nichts an dem Faktum ihrer seinerzeitigen Geltung. Das bedeutet: Diese Normen können nicht als inexistent betrachtet, sie können lediglich als für die heutige Statuierung von Rechtsfolgen unbeachtlich gewertet werden. Anhand des Ausgangsbeispiels: Wenn man die Abgabe tödlicher Schüsse an der Grenzmauer der DDR strafrechtlich sanktionieren will, dann geht das nur auf dem Weg einer rückwirkenden Strafgesetzgebung.

III. Zeitstruktur der Geltung in einer aktuellen Rechtsordnung

In anderer Weise stellt sich das Problem der Zeitstruktur der Normgeltung, wenn es nicht um das Verhältnis einer früheren zu einer späteren Rechtsordnung geht, sondern um eine geänderte Sichtweise auf die Frage der Geltung einer älteren Norm innerhalb derselben Rechtsordnung. Konkret: Kann man eine Norm, die in einem früheren Zeitraum von den Gerichten durchgehend angewendet und deren Verfassungskonformität von dem zuständigen Verfassungsgericht bestätigt wurde, zu einem späteren Zeitpunkt für *ab initio* verfassungswidrig und damit nichtig erklären? Oder gilt auch hier, dass Korrekturen lediglich auf der Rechtsfolgenseite möglich sind, man also die von der Anwendung der Norm Betroffenen nur so stellen kann, als ob die (dann) für die Vergangenheit gültige Norm schon seinerzeit verfassungswidrig gewesen wäre?

1. Beispiel: Rückwirkende Aufhebung von Gerichtsurteilen

Die Frage betrifft aktuell die Konzeption des Gesetzes zur strafrechtlichen Rehabilitierung von Personen, die (vereinfacht dargestellt) in der Bundesrepublik wegen einfach-homosexueller Handlungen verurteilt wurden.[57] Nach der zen-

[57] »Gesetz zur strafrechtlichen Rehabilitierung der nach dem 8. Mai 1945 wegen einvernehmlicher homosexueller Handlungen verurteilten Personen vom 17. Juli 2017 (BGBl I S. 2443)«.

tralen Bestimmung dieses Gesetzes werden die betroffenen Verurteilten »rehabilitiert, indem mit diesem Gesetz die strafgerichtlichen Urteile aufgehoben werden [...]« (§ 1 Abs. 1). Diese Aufhebung von Gerichtsurteilen, die innerhalb *derselben* Rechtsordnung ergangen sind (»nachkonstitutionelle Urteile«) durch den Gesetzgeber wirft verfassungsrechtliche, zugleich aber rechtstheoretische Probleme auf, die ihrerseits von verfassungsrechtlicher Relevanz sind.

Die verfassungsrechtliche Problematik betrifft das Rechtsstaatsprinzip sowie den Grundsatz der Gewaltenteilung. Gesetze, die rückwirkend in die Rechtskraft von Gerichtsurteilen eingreifen, berührten beide Prinzipien und bedürften, so die Begründung des Gesetzesentwurfs, in einem Rechtsstaat deshalb besonderer Rechtfertigung.[58] Das Problem soll sich in dieser Weise allerdings nur für nachkonstitutionelle, nicht aber für *vorkonstitutionelle* Urteile stellen. Entsprechend dieser Differenzierung hatte der Bundestag im Jahre 2002 zwar in der NS-Zeit ergangene Urteile gegen Homosexuelle für nichtig erklärt,[59] nicht aber entsprechende Verurteilungen in der Bundesrepublik.[60] Auch in der Begründung des Entwurfs des StrRehaHomG wird unter Verweis auf einen Beschluss des BVerfG aus dem Jahr 2006 die Auffassung vertreten, dass die Aufhebung nachkonstitutioneller Strafurteile durch den Gesetzgeber besonderer Rechtfertigung bedarf und nur ausnahmsweise möglich sei.[61] Diese Rechtfertigung sieht der Gesetzgeber darin, dass die Kriminalisierung einverständlicher homosexueller Handlungen *»aus heutiger Sicht* in besonderem Maße grundrechts- und menschenrechtswidrig« sei.[62]

2. *Geänderte Verfassungslage oder »geläuterte Rechtserkenntnis«?*

Diese perspektivische Relativierung (»aus heutiger Sicht«), die sich auch im Schrifttum findet,[63] lässt die rechtstheoretisch zentrale Frage offen: Geht es hier

---

[58] Begründung des Gesetzesentwurfs der Bundesregierung (BR-Drs. 262/17 v. 31. März 2017) S. 7 (unter Verweis auf BVerfGE 72, 302 [328]). – Zur umstrittenen Frage, ob diese Voraussetzungen im Falle der rückwirkenden Aufhebung der nach § 219a StGB a. F. erfolgten Verurteilungen (»Gesetz zur Änderung des Strafgesetzbuches – Aufhebung des Verbots der Werbung für den Schwangerschaftsabbruch [...]« v. 11. Juli 2022 [BGBl I 2022, 1082 f.]) gegeben sind, vgl. die Diskussion zwischen *Kubiciel*, JZ 2022, S. 934; JZ 2023, S. 96 und *Hohnerlein*, JZ 2023, S. 94.

[59] BGBl I S. 2714.

[60] Dazu *Matthias Rampp/Christian Johnson/Yvonne Wilms*, »Die seit Jahrzehnten belastende Schmach fällt von mir ab« – Rehabilitierung und Entschädigung der wegen einvernehmlicher homosexueller Handlungen Verurteilten, in: JZ 2018, S. 1143 (1144).

[61] Begründung des Gesetzesentwurfs der Bundesregierung (BR-Drs. 262/17 v. 31. März 2017) S. 7 unter Verweis auf BVerfG Beschluss v. 8. März 2006 – 2 BvR 486/05.

[62] Bundesregierung, BR-Drs. 262/17 v. 31. März 2017, S. 7 (Hervorhebung von mir, U. N.).

[63] *Rampp/Johnson/Wilms*, Rehabilitierung und Entschädigung, S. 1150: Mit dem StrRehaHomG habe der Gesetzgeber Urteile aufgehoben, die »auf einer nach heutigen Maßstäben eindeutig verfassungswidrigen Strafvorschrift beruhten.«

lediglich um eine späte Einsicht in eine schon seinerzeit gegebene Rechtslage? Waren also die Verurteilungen nach § 175 StGB a. F. schon zum Zeitpunkt ihres Erlasses verfassungswidrig, so dass die »heutige Sicht« lediglich eine bessere Rechtserkenntnis widerspiegeln würde?[64] Oder ist, nach heutigen Standards beurteilt, verfassungswidrig, was seinerzeit mit der Verfassung in Übereinstimmung war? Anders formuliert: Waren die Entscheidungen, mit denen das BVerfG die Verfassungskonformität des Straftatbestands bestätigt hat,[65] sachlich falsch und in diesem Sinne »Fehlurteile«? Oder hat sich der Regelungsgehalt der Verfassung in diesem Punkt gewandelt[66] – mit der Konsequenz, dass Verurteilungen nach § 175 StGB seinerzeit mit der Verfassung vereinbar waren, heute aber – die Existenz eines entsprechenden Straftatbestands unterstellt – verfassungswidrig wären?

Dass der Gesetzgeber die seinerzeitigen Verurteilungen rückwirkend aufgehoben hat, könnte dafür sprechen, dass er der ersteren Lesart folgt, also die Urteile als *ab initio* verfassungswidrig einstuft. Dafür spricht auch, dass es ihm maßgeblich darum ging, den »Fortbestand des Strafmakels« zu beseitigen, der aus der Verurteilung resultiert. Dazu genügten nicht Maßnahmen wie die Beendigung der Strafvollstreckung oder Löschungen im Bundeszentralregister.[67] In der Tat: Für eine vollständige Rehabilitierung reicht das Zugeständnis, der Betroffene hätte nach heutigem Verfassungsverständnis nicht verurteilt werden dürfen, nicht aus. Erforderlich ist die klare Feststellung, dass er seinerzeit zu Unrecht verurteilt wurde.[68] Damit verbunden ist allerdings das Verdikt, dass es sich bei allen Verurteilungen nach § 175 StGB (bei einvernehmlichen sexuellen Handlungen) ebenso um Fehlurteile handelte wie bei den Entscheidungen des

---

[64] So die klare Position bei *Monika Frommel*, War das Verbot der »Unzucht unter Männern« (§ 175 StGB in der Fassung der Jahre 1935–1969) »gesetzliches Unrecht«?, in: Rechtsstaatliches Strafrecht. Festschrift für Ulfrid Neumann zum 70. Geburtstag, hrsgg. von Frank Saliger, Heidelberg 2017, S. 109 ff.: »Das Grundgesetz garantiert das sexuelle Selbstbestimmungsrecht aller Menschen. So gesehen war die Strafverfolgung von erwachsenen Homosexuellen *nach 1949*, also unter der Geltung des Grundgesetzes, objektiv Unrecht« (S. 109).

[65] BVerfGE 6, 389; 36, 41.

[66] Zum Problem eines »Verfassungswandels durch Interpretation« *Uwe Volkmann*, Verfassungsänderung und Verfassungswandel, in: JZ 2018, S. 265 ff.

[67] Bundesregierung, BR-Drs. 262/17 v. 31. März 2017, S. 7.

[68] Anders offenbar *Martin Burgi/Daniel Wolff*, Rehabilitierung der nach § 175 StGB verurteilten homosexuellen Männer. Auftrag, Optionen und verfassungsrechtlicher Rahmen, 2016: »Bezugspunkt einer verfassungsrechtlichen Legitimation für staatliche Rehabilitierungsmaßnahmen […] bildet […] der gegenwärtig bestehende Zustand eines fortbestehenden Strafmakels auf der Grundlage einer mit höherrangigem Recht unvereinbaren Strafandrohungsvorschrift. Hingegen geht es nicht um die retrospektive Beurteilung der Verfassungs- oder Europarechtskonformität des § 175 StGB im Zeitraum zwischen 1949 und 1969 […] Das fortwährende Unterlassen des heutigen Gesetzgebers bildet den primären verfassungsrechtlichen Prüfungsgegenstand, nicht ein etwaiges Fehlverhalten des Gesetzgebers in den Jahren zwischen 1949 und 1969 oder gar der seinerzeit auf der Grundlage der gesetzlichen Vorschriften urteilenden Gerichte« (S. 71/72).

BVerfG, mit denen die Verfassungskonformität des Straftatbestands bestätigt wurde.[69] Man wird die Auffassung des Gesetzgebers also dahingehend rekonstruieren können, dass sich die zeitliche Relativierung (»aus heutiger Sicht«) auf den epistemischen Faktor (in traditioneller Terminologie: »geläuterte Rechtserkenntnis«) bezieht, nicht aber auf die Rechtslage als solche.

Das ist eine rechtstheoretisch mögliche Sichtweise, sofern man der Vorstellung folgt, dass eine bestimmte »Rechtslage« zu jedem beliebigen Zeitpunkt entweder gegeben oder aber nicht gegeben ist.[70] Aber ist diese Sichtweise auch realitätsnah, ist sie praktisch überzeugend? Kann man sinnvollerweise behaupten, dass die Strafjustiz der Bundesrepublik zu einer bestimmten Rechtsfrage jahrzehntelang und systematisch Fehlurteile gefällt habe, unter der Billigung nicht nur des Bundesgerichtshofs, sondern auch des Bundesverfassungsgerichts? Dass die Rechtslage »in Wirklichkeit« anders gewesen sei, als die gesamte Rechtspraxis sie eingeschätzt habe?

Diese Fragen weisen zurück auf den Ausgangspunkt der vorstehenden Überlegungen. Es wurde argumentiert, dass in Bezug auf *vergangene* Rechtsordnungen die Vorstellung einer »wirklichen«, von der seinerzeitigen Rechtspraxis durchgehend verfehlten Rechtslage nicht aufrechterhalten werden könne. Hinsichtlich vergangener Rechtsordnungen kann sich die Frage nach dem (seinerzeit) geltenden Recht nicht auf eine normative, sondern nur auf die faktische Rechtsgeltung beziehen – in einem weiten Sinne, der die damalige Gesetzeslage und seinerzeit anerkannte Standards der Methodenlehre einschließt. Diese Bausteine des seinerzeitigen Rechtssystems können identifiziert und analysiert, nicht aber »konstruktiv« zu einer damals »wirklich« geltenden Rechtsordnung zusammengesetzt werden. Über die entsprechenden Konstruktionsregeln bestimmt die jeweilige »gelebte« Rechtsordnung selbst.

Das Beispiel der Gesetzgebung und der Rechtspraxis zu § 175 StGB legt die Vermutung nahe, dass Entsprechendes auch dann gilt, wenn sich innerhalb *derselben* Rechtsordnung gravierende Änderungen in der Bewertung von (nicht geänderten) Gesetzen durch Gesellschaft und Rechtsstab ergeben. Auch hier führt der Versuch, die spätere Rechtsauffassung als Korrektur der früheren, dann als fehlerhaft abgestempelten Auffassung zu qualifizieren, zu einer Vernachlässigung, wenn man will: »Vergewaltigung der Rechtswirklichkeit«. Selbstverständlich ist es rechtstheoretisch möglich, das Problem dadurch zu entspannen, dass man die Möglichkeit eines Wandels des Regelungsgehalts von textuell unveränderten Gesetzesbestimmungen annimmt.[71] Im Fall der Gesetz-

[69] Oben Fn. 65.

[70] Kritisch zu einer derartigen ontologischen Interpretation des Satzes vom ausgeschlossenen Dritten *Ulfrid Neumann*, Hase und Igel – oder: Logik und (juristische) Argumentation, Jahrbuch für Recht und Ethik 34 (2024), S. 143 ff.

[71] Hinsichtlich eines »Verfassungswandels durch Interpretation« *Uwe Volkmann*, Verfassungsänderung und Verfassungswandel, S. 265 ff.

gebung zu § 175 StGB würde das bedeuten: Seinerzeit war die Bestimmung verfassungskonform, später aber wurde sie durch eine implizite Veränderung des Regelungsgehalts der relevanten Grundrechtsartikel verfassungswidrig. Aber: Auch die Annahme eines (normativen) »Verfassungswandels« spiegelt lediglich die Veränderungen, die sich innerhalb der Gesellschaft und des praktizierten Rechtssystems ergeben haben. Näher liegt deshalb die Argumentation: Seinerzeit wurde der Straftatbestand für verfassungskonform *erachtet*, aus heutiger Sicht ist/war er verfassungswidrig. Spekulationen über die seinerzeitige »wirkliche« Rechtslage erübrigen sich damit.

Hans Kelsen, Immanuel Kant und Hermann Cohen

*Stanley L. Paulson**

Philosophisch folgt Hans Kelsen im Wesentlichen Immanuel Kant,[1] und der Neukantianismus,[2] wie dem Ausdruck zu entnehmen ist, hat erklärtermaßen Kant zum Inhalt. Also ist Kelsen, so wie die Kant folgenden Philosophen vom späten 19. Jahrhundert bis zum Ende des 1. Weltkrieges, ein Neukantianer.[3]

Was aber bedeutet die Behauptung, Kelsen folge Kant? Über diese These ist bis heute keine Einigung erzielt worden. Allerdings gibt es in der Kelsen-Forschung einige, die behaupten, es gehe eigentlich um eine andere These: Kelsen habe sich weniger von Kant, sondern tiefgreifend von dem Neukantianer Hermann Cohen beeinflussen lassen. Auch wenn diese These in historischer Perspektive eine bemerkenswerte Kontinuität unter den Kelsen-Forschern und Staatsrechtslehrern aufweist,[4] fehlt es bislang an einer kritischen Auseinandersetzung mit ihr.

---

* Für Hinweise zu diesem Text in sachlicher sowie in sprachlicher Hinsicht bin ich Carsten Bäcker (Bayreuth), Carsten Heidemann (Kiel), Ekkehard Klausa (Berlin), Luca Knuth (Kiel), Bonnie Litschewski Paulson (Kiel) und Jan Sieckmann (Erlangen) sehr verbunden. Der Text ist im Rahmen der Hans Kelsen-Forschungsstelle des Hermann Kantorowicz-Instituts der Christian-Albrechts-Universität zu Kiel entstanden.

[1] Vgl. die Stellungnahme dazu von Adolf Julius Merkl im Text bei Fn. 33.

[2] Der »Rausch des Idealismus« sei jetzt vorbei, schrieb *Friedrich Albert Lange,* Geschichte des Materialismus, Iserlohn 1868, S. 278, und die Philosophie fand sich in einer tiefschürfenden Identitätskrise. Es gelang *Otto Liebmann,* Kant und die Epigonen, Stuttgart 1865, S. 138 et passim, mit seinem bekannten Ruf »Zurück auf Kant!« die weitere Entwicklung vorherzubestimmen. Ihre Kulmination zeitigt sich in der Herausbildung zweier stark revisionistischer Schulen des Neukantianismus, der Marburger, fokussiert vor allem auf die Wissenschaftstheorie (Hermann Cohen, Paul Natorp und Ernst Cassirer) und der Badener bzw. Südwestdeutschen, fokussiert auf die Wertlehre (Wilhelm Windelband, Heinrich Rickert und Emil Lask).

[3] Stefan Korioths Formulierung ist zitierbar: »Für Kelsen galt die […] Anknüpfung an Kant in der neukantianischen Variante.« *Stefan Korioth,* Kelsen im Diskurs – die Weimarer Jahre, in: Matthias Jestaedt (Hrsg.), Hans Kelsen und die deutsche Staatsrechtslehre, Tübingen 2013, S. 29–46 (33).

[4] Ältere Stellungnahmen dazu sind etwa: *Hermann Heller,* Die Krise der Staatslehre, in: Archiv für Staatswissenschaft und Staatspolitik 55 (1926), S. 289–316 (303) (Cohen sei »Kelsens Lehrer«); *William Ebenstein,* Die rechtsphilosophische Schule der Reinen Rechtslehre, Prag 1938, S. 43 (»Entscheidenden Einfluss auf die Reine Rechtslehre […] hat die extrem idealistische Richtung Hermann Cohens gehabt«). Die These ist heutzutage weit verbreitet, vgl. z. B. *Thomas Olechowski,* Hans Kelsen. Biographie eines Rechtswissenschaftlers, 2. Auflage Tübingen 2021, S. 327. Auf die Stellungnahme Olechowskis wird im Teil II der Abhandlung zurückzukommen sein, vgl. den Text bei Fn. 72.

Die Abhandlung besteht aus zwei Teilen, die das Verhältnis Kelsens zu Kant und zu Cohen untersuchen – denn keine anderen kommen in der Literatur als mögliche Quellen des philosophischen Einflusses auf Kelsen vor. Der erste Teil wird der Frage gewidmet, ob sich ein transzendentales Argument kantischer Prägung auf die Rechtslehre Kelsens anwenden lässt. Im zweiten Teil wird untersucht, ob Kelsens eigene Behauptung, er habe sich philosophisch von Hermann Cohen beeinflussen lassen, überzeugt.

I. Kelsen und Kant

1. Abschnitt. Die Bedeutung des Mittelweges

Was hat es also mit dem Verhältnis Kelsens zu Kant und den Neukantianern auf sich? In einer Hinsicht ist dieses Verhältnis von höchster Bedeutung. Kelsen braucht ein Argument, um seine Rechtslehre zu begründen. Doch bekanntermaßen ist er nicht bereit, einer der traditionellen Rechtstheorien zu folgen. Wie der Jubilar trefflich schreibt, begibt sich Kelsen in eine »doppelte Frontstellung«[5]. Er lehnt sowohl das breite Spektrum der auf Fakten bzw. der Empirie beruhenden Rechtstheorien als auch das gleichermaßen breite Spektrum der Naturrechtslehren als grundfalsch ab. Damit versperrt er sich den Zugriff auf empirisch basierte Argumente ebenso wie den auf naturrechtliche. Was bleibt ihm übrig? Nicht später als 1920 hat er Stellung dazu genommen: die Philosophie Kants oder diejenige eines oder mehrerer Neukantianer.[6] Kelsens Versuch, Elemente der kantischen Strömung in seine Rechtslehre aufzunehmen, ist bekannt als sein Mittelweg, der die besagte doppelte Frontstellung ersetzt.

Immanuel Kant wiederum repräsentiert nun seinerseits den paradigmatischen Fall eines Philosophen, der eine als Mittelweg geltende strategische Argumentation entwickelt. In seiner »Kritik der reinen Vernunft« (nachfolgend: die erste Kritik)[7] argumentiert Kant sowohl gegen den Dogmatismus (Rationalismus) als auch gegen den Skeptizismus (Empirismus) – die zwei konkurrierenden

---

[5] Vgl. *Horst Dreier,* Rechtslehre, Staatssoziologie und Demokratietheorie bei Hans Kelsen, 2. Auflage Baden-Baden 1990, S. 27–42; *Horst Dreier,* Hans Kelsen zur Einführung, Hamburg 2022, S. 76–81.

[6] Vgl. *Hans Kelsen,* Das Problem der Souveränität, Tübingen 1920, Vorrede, S. III, VI, in der 2. Auflage 1928, S. V, VIII. Die erste Auflage ist wieder abgedruckt in: Matthias Jestaedt (Hrsg.), Hans Kelsen Werke, Band 4, Tübingen 2013, S. 263–572 (265, 267), abgekürzt im Folgenden als HKW. Kelsen bezieht sich auf die »Kant'sche Transzendentalphilosophie« als auch auf Paul Natorp und Rudolf Stammler sowie auf den Neukantianer bzw. Friesianer Leonard Nelson.

[7] *Immanuel Kant,* Kritik der reinen Vernunft (KrV, 1781), überarbeitete Auflage (1787). Die weit verbreitete Konvention bezüglich der Hinweise auf die beiden Auflagen wird verwendet: Hinweise auf »A« beziehen sich auf die 1. Auflage, Hinweise auf »B« auf die 2. Auflage.

Richtungen der Philosophie des 17. und 18. Jahrhunderts.[8] Kant bezieht sich auf Christian Wolff und David Hume als prominente Vertreter der jeweiligen Richtungen. Während es kaum strittig ist, dass sich die beiden Richtungen – die apriorische sowie die empirische – gegenseitig ausschließen, ist eine weitere Bestimmung dieses Verhältnisses doch problematisch. Es handelt sich um die Vorstellung, dass die beiden Richtungen zusammen alle möglichen Ansätze zur Philosophie erschöpften:[9] *tertium non datur*. Selbst wenn diese Vorstellung in der Philosophie des 17. und 18. Jahrhunderts als selbstverständlich angenommen wurde, liefert Kant ihr einen coup de grâce, indem er beide Richtungen, den Dogmatismus sowie den Skeptizismus, durch seinen Mittelweg ersetzt. In seinen Worten: »Der *kritische* Weg ist allein noch offen.«[10] Noch offen ist dieser Weg, weil er für eine völlig neue Art Philosophie steht, den kritischen Idealismus. Und Kelsen folgt Kant fast wortwörtlich in dieser Strategie des kritischen Weges.

Dass Kelsen Kant folgt,[11] ist Ausgangspunkt dieser Abhandlung. Und weil er dies tut, hat man Anlass zu fragen, ob Kelsen sich auf ein transzendentales Argument kantischer Prägung berufen kann, um seine Rechtslehre zu begründen.

2. *Abschnitt. Die Möglichkeit eines transzendentalen Arguments*

Kants kritischer Weg, sein Mittelweg, kulminiert in einem in der transzendentalen Analytik der ersten Kritik entwickelten Argument. Erste Andeutungen dieses Arguments lassen sich auf Kants berühmt gewordenen, an Marcus Herz gerichteten Brief vom 21. Februar 1772 – also ein Jahrzehnt vor der Erscheinung der ersten Kritik – zurückführen. In diesem Brief stellt Kant die Frage:

> »[W]ie mein Verstand gänzlich *a priori* sich selbst Begriffe von Dingen bilden soll, mit denen nothwendig die Sachen einstimmen sollen, wie er reale Grundsätze über ihre Möglichkeit entwerfen soll, mit denen die Erfahrung getreu einstimmen muß und die doch von ihr unabhängig sind […].«[12]

In seiner ersten Kritik kehrt Kant zu der Frage der Möglichkeit zurück. Er beginnt mit einem Hinweis auf die traditionelle Metaphysik, die mehr den Charakter eines »Kampfplatz[es]« habe als »den sicheren Gang einer Wissenschaft«[13]. Aus den Rätseln der traditionellen Metaphysik ergibt sich Kants transzendentale Frage:

---

[8] Kant verwendet die Ausdrucke »Dogmatismus« und »Skeptizismus«, während »Rationalismus« und »Empirismus« heutzutage gebräuchlicher sind. Vgl. Fn. 9.

[9] Vgl. die grundlegende Befassung mit diesem Thema bei *Hans-Jürgen Engfer*, Empirismus versus Rationalismus? Kritik eines philosophiegeschichtlichen Schemas, Paderborn 1996.

[10] *Kant*, KrV, A 856/B 884.

[11] Vgl. die Hinweise in Fn. 27–33.

[12] *Immanuel Kant*, Brief an Marcus Herz, 21. Februar 1772, in: Immanuel Kant, Akademie Ausgabe, Band 10, Berlin/Leipzig 1922, S. 129–135 (131).

[13] *Kant*, KrV, B xiv–xv.

»Die eigentliche Aufgabe der reinen Vernunft ist nun in der Frage enthalten: *Wie sind synthetische Urteile* a priori *möglich?*«[14]

Kant nimmt die Verfolgung dieser Aufgabe mit Fragen nach reiner Mathematik und reiner Naturwissenschaft vorweg.

»In der Auflösung obiger Aufgabe ist zugleich die Möglichkeit des reinen Vernunftgebrauches in Gründung und Ausführung aller Wissenschaften, die eine theoretische Erkenntnis *a priori* von Gegenständen enthalten, mit begriffen, d.i. die Beantwortung der Fragen: *Wie ist reine Mathematik möglich? Wie ist reine Naturwissenschaft möglich?*«[15]

Unter den Mitgliedern der Wiener rechtstheoretischen Schule greift Felix Kaufmann[16] frühzeitig die kantische Frage nach der Möglichkeit auf und richtet sie auf die Rechtswissenschaft: Wie ist Rechtswissenschaft möglich?[17]

Ähnlich lautet die Frage, die Kelsen in seiner Monographie »Die philosophischen Grundlagen der Naturrechtslehre und des Rechtspositivismus« (1928) stellt.

»[W]ie ist positives Recht – als Gegenstand der Erkenntnis, als Objekt der Rechtswissenschaft, – und sohin: wie ist [Rechtswissenschaft] möglich.«[18]

In der 2. Auflage der »Reinen Rechtslehre« (1960) spricht Kelsen die kantische Frage von Möglichkeit nochmals an:

»So wie Kant fragt: wie ist eine von aller Metaphysik freie Deutung der unseren Sinnen gegebenen Tatsachen in den von der Naturwissenschaft formulierten Naturgesetzen möglich, so fragt die Reine Rechtslehre: wie ist eine nicht auf meta-rechtliche Autoritäten wie Gott oder Natur zurückgreifende Deutung des subjektiven Sinns gewisser Tatbestände als ein System in Rechtssätzen beschreibbarer objektiv gültiger Rechtsnormen möglich?«[19]

Kelsen antwortet sogleich selbst auf diese Frage der Möglichkeit einer reinen Rechtslehre bzw. einer reinen Rechtswissenschaft,[20] indem er sich auf die Grundnorm als transzendental-logische Bedingung bezieht.[21]

---

[14] *Kant,* KrV, B 19.

[15] *Kant,* KrV, B 20.

[16] Felix Kaufmann (1899–1949) war ein echter Polymath, zuhause sowohl in der Kelsen'schen Schule als auch im Wiener Kreis sowie in der Phänomenologie.

[17] *Felix Kaufmann,* Kant und die reine Rechtslehre, in: Kant-Studien 29 (1924), S. 232–245 (236).

[18] *Hans Kelsen,* Die philosophischen Grundlagen der Naturrechtslehre und des Rechtspositivismus, Charlottenburg 1928, § 36 (S. 66).

[19] *Hans Kelsen,* Reine Rechtslehre, 2. Auflage Wien 1960, § 34(d) (S. 205).

[20] Sensu stricto ist »Rechtswissenschaft« richtig an dieser Stelle. Vgl. Kants Beispiele im Text bei Fn. 15. Allerdings oszilliert Kelsen hin und her in verschiedenen Zusammenhängen bei der Verwendung von »Reiner Rechtslehre« und »Rechtswissenschaft«. Vgl. z. B. *Hans Kelsen,* Reine Rechtslehre, 1. Auflage Leipzig/Wien 1934, § 7 (S. 10), § 9 (S. 17); *Kelsen,* Reine Rechtslehre 1960, § 26 (S. 112–113).

[21] Zur diesbezüglichen Rolle der Grundnorm, vgl. *Dreier,* Kelsen zur Einführung, S. 87–93.

»Sofern nur durch die Voraussetzung der Grundnorm ermöglicht wird, den subjektiven Sinn des verfassunggebenden Tatbestandes und der der Verfassung gemäß gesetzten Tatbestände als deren objektiven Sinn, das heißt: als objektiv gültige Rechtsnormen zu deuten, kann die Grundnorm in ihrer Darstellung durch die Rechtswissenschaft – wenn ein Begriff der Kant'schen Erkenntnistheorie *per analogiam* angewendet werden darf – als die transzendental-logische Bedingung dieser Deutung bezeichnet werden.«[22]

Der Gedanke eines Analogieschlusses deutet darauf hin, Kelsen denke über das Konstruieren eines Arguments nach, das als transzendentales Argument das kantische widerspiegelt. Doch es gibt von Anfang an ein Hindernis, das der Konstruktion eines auf Kant beruhenden Arguments im Wege steht. Kant beginnt bei der Entwicklung seines transzendentalen Arguments in der ersten Kritik mit einer auffallend schwachen ersten Prämisse, die bloß die Daten des Bewusstseins zum Ausdruck bringt. Ausgehend hiervon gelangt er letztlich zu dem Schluss einer begrifflichen Exposition der phänomenalen Welt. Wird Kants transzendentales Argument als seine Antwort auf den Skeptiker verstanden, so zeigt sein Argument, dass der Skeptiker bei der Verteidigung seiner eigenen Position gerade diese unvermeidlich untergräbt. Denn auch der Skeptiker muss von den Daten seines eigenen Bewusstseins ausgehen, und er wird dann unausweichlich in die weiteren Auseinandersetzungen mit dem Argument gezogen, das gegen ihn gerichtet ist.

Bei Kelsen findet sich nichts Vergleichbares. Ihm fehlen Kants unwiderstehliche Gründe dafür, die Zustimmung des Skeptikers zu erzwingen.[23] In der Tat gesteht Kelsen ausdrücklich zu, die Zustimmung des Skeptikers sei möglich, nicht aber notwendig.[24]

»[Die Reine Rechtslehre] verhehlt sich nicht, daß die als ›Recht‹ bezeichnete, spezifisch normative Bedeutung gewisser Tatbestände das Ergebnis einer möglichen, [...] nicht aber einer notwendigen Deutung ist.«[25]

Zusammenfassend: Die Erklärung der Nichtanwendbarkeit eines kantischen transzendentalen Arguments auf die Kelsensche Rechtslehre lässt sich vor allem auf die fundamentale Differenz zwischen den jeweiligen Wirkungskreisen zurückführen.[26] Während Kant die phänomenale Welt erst konzeptuell aufbauen will, setzt Kelsen bei der versuchten Begründung seiner Rechtslehre die phänomenale Welt voraus.

---

[22] *Kelsen,* Reine Rechtslehre 1960, § 34(d) (S. 204–205).

[23] Wenn ich den Jubilar richtig verstanden habe, lassen sich die Ergebnisse meiner diesbezüglichen Untersuchungen mit denen, die er in seinem neuen Kelsen-Buch darstellt, in Einklang bringen. Vgl. *Dreier,* Kelsen zur Einführung, S. 87–93.

[24] Vgl. *Kelsen,* Reine Rechtslehre 1960, § 34(i) (S. 224).

[25] *Kelsen,* Reine Rechtslehre 1934, § 16 (S. 36).

[26] Auch der Jubilar lenkt die Aufmerksamkeit auf »die gravierenden Differenzen« zwischen den jeweiligen Projekten der beiden Denker. Vgl. *Dreier,* Kelsen zur Einführung, S. 91.

Aus der fehlenden Anwendbarkeit eines kantischen transzendentalen Arguments auf die Kelsensche Rechtslehre folgt natürlich nicht, Kelsen sei kein Neukantianer. Dass Kelsen Kants Mittelweg expressis verbis folgt, wie im 1. Abschnitt bereits umrissen, ist hinreichend, um Kelsen dem Neukantianismus zuzuordnen. Darüber hinaus gibt es Werke Kelsens, in denen Aspekte der Erkenntnistheorie Kants vorkommen: so etwa »Die philosophischen Grundlagen« (1928),[27] die 1. Auflage der »Reinen Rechtslehre« (1934)[28] sowie die 2. Auflage der »Reinen Rechtslehre« (1960).[29] Wohlbekannte Begriffe Kants sind in diesen Werken kaum übersehbar, beispielsweise die Kategorie.[30] Auch die umfangreiche Abhandlung »Rechtswissenschaft und Recht« (1922) zählt zu diesen Werken. In dieser Schrift offenbart Kelsen seine Fähigkeit, sich mit recht schwierigen Aspekten der ersten Kritik Kants zu befassen.[31] Ein Beispiel hierfür ist Kelsens Darstellung der Funktion von Urteilen in Kants Erkenntnistheorie.[32]

Schließlich liefert Adolf Julius Merkl (1890–1970) ein Indiz dafür, dass sich Kelsen von Kant habe beeinflussen lassen. Merkl hatte von der Kelsen'schen Rechtslehre eine tiefe Kenntnis, die in der Wiener rechtstheoretischen Schule ohnegleichen war. Wie Merkl zur Feier des achtzigsten Geburtstags Kelsens in der »Österreichischen Zeitschrift für öffentliches Recht« schrieb, Hans Kelsen sei der *Schöpfer* der Reinen Rechtslehre, ihr Urheber sei Immanuel Kant.[33]

---

[27] Vgl. *Kelsen,* Philosophische Grundlagen, §§ 34–36 (S. 62–68), § 40 (S. 75–78).

[28] Vgl. *Kelsen,* Reine Rechtslehre 1934, § 11 (S. 20–25).

[29] Vgl. *Kelsen,* Reine Rechtslehre 1960, §§ 8–9 (S. 62–64), § 23 (S. 102–103 Fn.), § 34(d) (S. 204–205).

[30] Vgl. *Kelsen,* Reine Rechtslehre 1934, § 11(b) (S. 21–24).

[31] Vgl. *Hans Kelsen,* Rechtswissenschaft und Recht, in: Zeitschrift für Öffentliches Recht 3 (1922), S. 103–235 (125–128, 130–132, 134, 137, 145–147, 157–160, 171–173, 176, 184, 188–189, 194, 196, 199, 201, 206–208, 235). Die Abhandlung ist Kelsens Antwort auf Fritz Sander (1889–1939), der in einer Monographie, Rechtsdogmatik oder Theorie der Rechtserfahrung?, Wien/Leipzig 1921, Kelsen scharf angegriffen hat. Vgl. *Olechowski,* Kelsen, S. 317–344.

[32] »[D]er reine Verstandesbegriff [wird] auf sinnliche Anschauungen bezogen [...]. Diese Einheitsbeziehung realisiert sich in den Urteilen der Naturwissenschaft, in synthetischen Urteilen, die in ihrem systematischen Zusammenhang die Erfahrung, die Erfahrung als Wissenschaft im Sinne Kants, darstellen. Die Transzendentalphilosophie analysiert diese Urteile, stellt die Synthese fest, die in ihnen zwischen Verstandesbegriff und Anschauung besteht, und zerlegt sie [in] ihre beiden Komponenten. Die Verstandesbegriffe, d.s. die Kategorien, sind als synthetische Grundsätze die Erzeugungsregeln, die Gesetze der Erzeugung der naturwissenschaftlichen Urteile. Das *Urteil,* die spezifische *Funktion der Erkenntnis,* eine Funktion, die die Erkenntnis, und nur die Erkenntnis leisten kann, *ist der Grund- und Eckstein der Transzendentalphilosophie,* die eben darum nur Kritik der Wissenschaft, *Erkenntniskritik,* weil Analyse des synthetischen Urteiles sein kann. Die Frage, in die Kant seine Probleme zusammenfaßt: Wie sind synthetische Urteile möglich, ist gleichbedeutend mit der Frage, wie ist Erfahrung, Erfahrung als Wissenschaft, wie ist Wissenschaft, Wissenschaft als Erkenntnis, wie ist Erkenntnis möglich.« *Kelsen,* Rechtswissenschaft, S. 127–128.

[33] *Adolf Julius Merkl,* Österreichische Zeitschrift für öffentliches Recht, N.F. 11 (1961), S. 293–313 (294), wieder abgedruckt in: Adolf Julius Merkl, Gesammelte Schriften, hrsgg. von Dorothea Mayer-Maly/Herbert Schambeck/Wolf-Dietrich Grussmann, Band I/1, Berlin 1993, S. 629–655 (630).

Ging es uns bis hierhin um ein philosophisches Thema, so soll der nachfolgende Teil II vor allem auf eine textliche Frage gerichtet sein. Denn während es klar ist, dass Kelsen Kant folgt, ist gerade dies alles andere als klar in dem Falle Hermann Cohens. Ein einziger Text ermöglicht eine Antwort auf diese Frage, die Cohen-Frage.

II. Kelsen und Cohen

Bei diesem einzigen textlichen Anknüpfungspunkt für die Beantwortung der Cohen-Frage handelt es sich um Kelsens Vorrede von 1923 (nachfolgend: Vorrede 1923), die in der 2. Auflage der »Hauptprobleme der Staatsrechtslehre« erschien. Unter den Veröffentlichungen Kelsens gibt es nur in dieser Vorrede eine Andeutung, die für die Cohen-Frage ausschlaggebend sein kann. Nicht nur findet sich in der Vorrede 1923 eine direkte Bezugnahme Kelsens auf Cohen, sondern zugleich spricht Kelsen fünf Lehren an, die zumindest terminologisch auch für das Werk Cohens von Bedeutung sind.

Die fünf Lehren finden sich in der unten wiedergegebenen Textstelle aus der Vorrede 1923. Sie werden im Zitat als (a)–(e) markiert.

> »Den entscheidenden erkenntnis-theoretischen Gesichtspunkt, von dem allein aus die richtige Einstellung der Begriffe Staat und Recht möglich war, gewann ich durch Cohens Kant-Interpretation, insbesondere durch seine ›Ethik des reinen Willens‹. Eine 1912 in den Kantstudien erschienene Besprechung meiner ›Hauptprobleme‹, in denen dieses Werk als ein Versuch anerkannt wurde, (a) die transzendentale Methode auf die Rechtswissenschaft anzuwenden, hatte mich auf (b) weitgehende Parallelen aufmerksam gemacht, die zwischen meinem Begriffe des juristischen Willens und den mir bis dahin nicht bekannten Aufstellungen Cohens bestanden. Nunmehr ergab sich mir als bewußte Konsequenz der erkenntnistheoretischen Grundeinstellung Cohens, der zufolge (c) die Erkenntnisrichtung den Erkenntnisgegenstand bestimmt, (d) der Erkenntnisgegenstand aus einem Ursprung logisch erzeugt wird, daß (e) der Staat, soferne er Gegenstand juristischer Erkenntnis ist, nur Recht sein kann, weil juristisch erkennen oder rechtlich begreifen nichts anderes bedeutet, als etwas als Recht begreifen.«[34]

Die Ausgangsthese, Kelsen habe sich philosophisch vor allem von Hermann Cohen beeinflussen lassen, findet hier allem Anschein nach einen textlichen Beleg. Die Kelsen-Forscher, welche diese These vertreten, scheinen sich also Kelsen selbst anzuschließen, bezeugt dieser doch mit seinem Bezug auf Cohen als Quelle des »erkenntnis-theoretischen Gesichtspunkt[s]«[35], er habe sich von Cohen beeinflussen lassen. Was aber möchte Kelsen unter diesen ersten Zeilen der zitierten Textstelle verstanden wissen? Denn hier ist seine Sprache so all-

---

[34] *Hans Kelsen,* Hauptprobleme der Staatsrechtslehre, 2. Auflage Tübingen 1923, Vorrede, S. XVII.

[35] Vgl. die erste Zeile in der zitierten Textstelle: *Kelsen,* Hauptprobleme, Vorrede, S. XVII.

gemein, dass man sich zu ihrem Verständnis verhelfen lassen muss. Auch ist es gar nicht klar, wozu Kelsen »insbesondere« auf Cohens »Ethik des reinen Willens« hinweist.[36]

Bieten sich vielleicht die fünf Lehren in der zitierten Textstelle als die erforderliche Hilfe an? Diese Hypothese bildet im 1. sowie im 4. Abschnitt den Ausgangs- und Zielpunkt des Teil II. Werden im 1. Abschnitt die fünf Lehren kurz erläutert, so wird im 4. Abschnitt auf sie zurückzukommen sein, um sie zu kommentieren und bewerten. Im 2. Abschnitt wird die 1912 in den »Kant-Studien« erschienenen Rezension Oscar Ewalds dargestellt, in der Ewald unter anderem »den Transzendentalismus« in das damalige Hauptwerk Kelsens einführt. Ewalds Arbeit ist nicht zuletzt deshalb von Interesse, weil Kelsen in der zitierten Textstelle einige seiner Bemerkungen von Ewald übernimmt. Im Rahmen des 3. Abschnitts wird auf die Philosophie Hermann Cohens eingegangen. Im 5. Abschnitt, dem letzten, werden Schlussfolgerungen gezogen.

1. Abschnitt. Fünf Lehren in Kelsens Vorrede 1923 bezogen auf die Cohen-Frage

Die fünf Lehren werden hier in der Reihenfolge erläutert, in der Kelsen sie in der oben zitierten Textstelle einführt.

(a) *Die transzendentale Methode.* Eine der Versionen der transzendentalen Methode stammt von Cohen, und nach seiner Ansicht liefert sie die Voraussetzungen des Faktums der Wissenschaft.[37] Falls sich zeigen lässt, dass Kelsen tatsächlich die Cohensche transzendentale Methode übernommen hat, wäre dies ein vielversprechender Beleg dafür, dass Kelsen philosophisch signifikant von Cohen beeinflusst wurde.

(b) *Der Begriff des juristischen Willens.* Bei Kelsens Begriff des juristischen Willens geht es in seinen »Hauptproblemen« (1911) um eine Art Begriffsbildung – vor allem im Hinblick darauf, den Psychologismus zu überwinden. Doch Kelsen entwickelte seinen Begriff zu einer Zeit, da ihm die Cohensche Philosophie unbekannt war, also kann sein Begriff nicht auf einen Einfluss Cohens zurückgehen.

(c) *Die Erkenntnisrichtung bestimme den Erkenntnisgegenstand.* Diese Lehre gilt als Aphorismus, der sich gemeinhin auf Kants erkenntnis-theoretische Methode, wie sie vor allem in dem Bild der kopernikanischen Revolution metaphorisch dargestellt wird, bezieht. Der Eindruck, den Kelsen in der zitierten Textstelle tatsächlich erweckt, dass ausgerechnet diese Lehre von Cohen stamme, erscheint, gelinde gesagt, überraschend.

---

[36] Vgl. die dritte Zeile in der zitierten Textstelle: *Kelsen,* Hauptprobleme, Vorrede, S. XVII.

[37] Vgl. den 3. Abschnitt und insbesondere die Zitate in den Texten bei Fn. 55 und 59.

(d) *Der Erkenntnisgegenstand werde aus einem Ursprung logisch erzeugt.* Diese Lehre ist die einzige der genannten, die klar und deutlich von Cohen stammt. Die Lehre findet sich in Cohens »Logik der reinen Erkenntnis«, ein Werk der Cohen'schen Spätlehre. Mehrere Begriffe der Spätlehre, z. B. Ursprung, sind jedoch weit entfernt von Kelsens Rechtslehre. Das Rätsel besteht darin, zu welchem Zweck Kelsen sich darauf bezieht.

(e) *Der Staat als Gegenstand juristischer Erkenntnis könne nur Recht sein.* Kelsens Lehre von Staat und Recht findet sich schon in seinen »Hauptproblemen« (1911). Für diese Lehre gibt es eine deutliche kantische Grundlage, auch wenn sich diese kantische Dimension zur Zeit der Veröffentlichung der »Hauptprobleme« noch nicht herausgestellt hatte. Verblüffenderweise findet sich in der zitierten Textstelle auch eine zweite, vorgeblich völlig andere Grundlage für die Begriffe Staat und Recht, namentlich eine Cohensche.

2. Abschnitt. Die Rezension Oscar Ewalds: Kelsens Auffindung der Philosophie Cohens

Kelsens Auffindung der Philosophie Cohens bedurfte einer Vermittlung, die durch eine von Oscar Ewald geschriebene Rezension bereitgestellt wurde. Ewalds Schrift, veröffentlicht im Jahre 1912, ist eine Sammelrezension, welche einige der wichtigsten philosophischen Werke des vorigen Jahres bespricht, einschließlich des im Vorjahr erschienenen Hauptwerkes von Hans Kelsen, seiner »Hauptprobleme der Staatsrechtslehre«[38]. In Ewalds Rezension werden daneben auch Emil Lasks »Die Logik der Philosophie und die Kategorien-Lehre« sowie Hans Vaihingers »Philosophie des Als-Ob« besprochen. Über Kelsens Buch schreibt Ewald:

»Als beredtes Zeichen, dass die methodologischen Prinzipien, welche die moderne Erkenntnislehre beherrschen, auch in andere Forschungsgebiete einzudringen beginnen, darf Kelsens Werk ›Hauptprobleme der Staatsrechtslehre‹ [...] angesehen werden. Es ist ein mit logischer Energie und Strenge durchgeführter Versuch, den Transzendentalismus in die Rechtsphilosophie einzuführen. Von der Unterscheidung zwischen Norm und Naturgesetz, zwischen Sollen und Sein, zwischen normativer und explikativer Betrachtungsart wird ausgegangen, um die den Rechtssatz bestimmende Eigentümlichkeit zu entwickeln. Diese ist nicht auf der Seinsebene zu suchen, sondern auf der des Sollens. [...] So wird auch hier die Opposition gegen den Psychologismus zum Eckstein einer Methode erhoben, welche im wesentlichen die transzendentale, Kantische ist. Kelsens Willensbegriff deckt sich ja in bemerkenswerter Weise mit dem Cohens in seiner ›Kantinterpretation‹ und in seiner ›Ethik des reinen Willens‹.«[39]

---

[38] *Hans Kelsen,* Hauptprobleme der Staatsrechtslehre, Tübingen 1911, wieder abgedruckt in HKW, Band 2, S. 49–878.

[39] *Oscar Ewald,* Die deutsche Philosophie im Jahre 1911, in: Kant-Studien 17 (1912), S. 382–438 (396–397, 398).

Ewalds Hinweis auf Cohens »Kantinterpretation« bezieht sich auf dessen Kant-Buch. Die erste der drei Auflagen des Werkes »Kants Theorie der Erfahrung« stammt aus dem Jahre 1871.[40]

Was Ewald hier im Auge hat, sind die bekannten Dichotomien Kelsens – Norm und Naturgesetz, Sollen und Sein, normative und explikative Betrachtungsart. So weit, so gut. Doch wenn man Ewald weiter verfolgt, sind die Ergebnisse enttäuschend, denn es gelingt ihm nicht, einschlägige Details der beiden Philosophen, derjenigen Kelsens sowie Cohens, richtig darzustellen. So ist Ewald der Meinung, dass sich Kelsens Begriff des juristischen Willens mit dem Cohens »ja in bemerkenswerter Weise« decke. Das Gegenteil ist der Fall. Wie im 4. Abschnitt anhand eines textlichen Beleges gezeigt wird, ist die Entfernung zwischen den Begriffen Kelsens und denen Cohens auffallend.[41]

Die Missverständnisse Ewalds sind gleichsam von Bedeutung in Bezug auf die Cohen-Frage, weil Kelsen dazu tendiert, einigen Behauptungen Ewalds beizupflichten.

3. Abschnitt. Zur Philosophie Cohens

Hermann Cohen (1842–1918), der zu den prominentesten unter den fin-de-siècle Neukantianern avancierte, begann seine philosophische Karriere nicht mit Kant, sondern mit der Völkerpsychologie.[42] Der diesbezügliche, von Heymann Steinthal[43] stammende Einfluss auf Cohen spiegelt sich beispielsweise in einer Abhandlung aus dem Jahre 1868, in der Cohen argumentiert, alle logischen Kausalitätsverbindungen müssten als psychologische Beziehungen im Bewusstsein aufgefasst werden.[44]

Doch drei Jahre später war die Distanzierung Cohens von der Völkerpsychologie beinahe ein *fait accompli* und zeigte sich in seiner Kant-Rezeption. Dabei

[40] *Hermann Cohen,* Kants Theorie der Erfahrung, Berlin 1871, erweiterte 2. Auflage 1885, 3. Auflage 1918.

[41] Im 4. Abschnitt wird die Aufmerksamkeit auch auf ein zweites Beispiel gelenkt, vgl. den Text bei Fn. 62.

[42] Vgl. *Klaus Christian Köhnke,* »Unser junger Freund«. Hermann Cohen und die Völkerpsychologie, in: Wolfgang Marx/Ernst Wolfgang Orth (Hrsg.), Hermann Cohen und die Erkenntnistheorie, Würzburg 2001, S. 62–77.

[43] Heymann Steinthal (1823–1899), zuhause in Ethnologie, Philologie, Psychologie und Theologie, gründete in 1859 zusammen mit Moritz Lazarus (1824–1903) die Zeitschrift für Völkerpsychologie und Sprachwissenschaft. Vgl. die in Fn. 44 und 46 zitierten Werke Cohens.

[44] *Hermann Cohen,* Mythologische Vorstellungen von Gott und Seele, psychologisch entwickelt, in: Zeitschrift für Völkerpsychologie und Sprachwissenschaft 5 (1868), S. 396–434 (430), sowie Band 6 (1869), S. 113–131, wieder abgedruckt in: Albert Görland/Ernst Cassirer (Hrsg.), Hermann Cohens Schriften zur Philosophie und Zeitgeschichte, 2 Bände, Berlin 1928, 1. Band, S. 88–140 (120), zitiert in: *Ulrich Sieg,* Aufstieg und Niedergang des Marburger Neukantianismus, Würzburg 1994, S. 109.

geht es vor allem um sein schon erwähntes Werk »Kants Theorie der Erfahrung« (1871),[45] das zum Klassiker wurde und Cohen als Philosophen und angesehenen Kant-Gelehrten etablierte. Zu derselben Zeit tritt er in die zelebrierte Auseinandersetzung zwischen Kuno Fischer und Friedrich Adolf Trendelenburg ein.[46]

Gleichwohl blieben Spuren der Völkerpsychologie in den Schriften Cohens bis 1883, dem Jahr der Veröffentlichung der Monographie »Das Princip der Infinitesimal-Methode und seine Geschichte«[47]. Erst mit diesem Werk ist Cohens Abkehr von der Völkerpsychologie vollständig.

Die eigene Befreiung wird aber nicht begleitet von einem Versuch Cohens, auch Kant von der weit verbreiteten Wahrnehmung seines angeblichen Psychologismus zu befreien. Cohen zufolge kämpfe »Kant selbst aber noch mit psychologischen Vorstellungen und Zumuthungen«. Im Gegensatz dazu objektiviere er, Cohen, selbst »in dem Geist und Buchstaben des kritischen Systems die *Vernunft in der Wissenschaft*«[48].

Trotz seiner kantischen Rhetorik ist Cohens Distanzierung von Kant recht weitgehend. Kants transzendentale Ästhetik – Raum und Zeit als reine Formen der Sinnlichkeit – bleibe, so Cohen, durch und durch psychologisch. In der Tat sei die transzendentale Ästhetik eine »Trivialität«[49]. Aufgrund der unmissverständlichen Ablehnung der Kant'schen Grundlage zweier Stämme – Sinnlichkeit und Verstand –[50] hat der Marburger Kant-Spezialist Reinhard Brandt diese Kant-Auslegung als die »Destruktion der Kantischen Systematik« verurteilt.[51]

Es wäre aber ein Irrtum, aus Cohens wachsender Distanzierung von Kant zu schließen, Cohen sei kein Neukantianer mehr. Revisionistische Positionen, weit entfernt von Kant, waren ein Charakteristikum der Mitglieder der Marburger wie der Badener bzw. Südwestdeutschen Schulen des Neukantianismus.[52] Cohen war keine Ausnahme. Zwei der Begriffe Cohens veranschaulichen seinen neu-

---

[45] Vgl. Fn. 40.

[46] *Hermann Cohen,* Zur Controverse zwischen Trendelenburg und Kuno Fischer, in: Zeitschrift für Völkerpsychologie und Sprachwissenschaft 7 (1871), S. 249–296, wieder abgedruckt in: Görland/Cassirer (Hrsg.), Schriften, S. 229–275. Bei diesem berühmten Streit handelt es sich um den Status der reinen Formen der Sinnlichkeit in der transzendentalen Ästhetik Kants, vgl. *Klaus Christian Köhnke,* Entstehung und Aufstieg des Neukantianismus, Frankfurt a. M. 1986, S. 257–272.

[47] *Hermann Cohen,* Das Princip der Infinitesimal-Methode und seine Geschichte, Berlin 1883.

[48] *Cohen,* Infinitesimal-Methode, § 8 (S. 6).

[49] *Cohen,* Infinitesimal-Methode, § 28 (S. 23).

[50] *Kant,* KrV, A 15/B 29: »*Sinnlichkeit* und *Verstand,* durch deren ersteren uns Gegenstände gegeben, durch den zweiten aber gedacht werden.«

[51] *Reinhard Brandt,* Hermeneutik und Seinslehre bei Hermann Cohen, in: Reinhard Brandt/Franz Orlik (Hrsg.), Philosophisches Denken – Politisches Wirken. Hermann-Cohen-Kolloquium, Hildesheim 1993, S. 37–54 (48).

[52] Vgl. Fn. 2.

kantianischen Ansatz, namentlich das Faktum der Wissenschaft[53] und die Cohen eigentümliche »transzendentale Methode«[54].

In seiner Monographie »Das Princip der Infinitesimal-Methode« (1883) führt Cohen das Faktum der Wissenschaft ein:

»Nehme ich hingegen die Erkenntniss nicht als eine Art und Weise des Bewusstseins sondern als ein *Factum*, welches in der *Wissenschaft* sich vollzogen hat und *auf gegebenen Grundlagen* sich zu vollziehen fortfährt, so bezieht sich die Untersuchung nicht mehr auf eine immerhin subjective Thatsache, sondern auf einen wie sehr auch sich vermehrenden, so doch objectiv gegebenen *und in Principien gegründeten* Thatbestand, nicht auf den Vorgang und Apparat des Erkennens, sondern auf das Ergebniss desselben, die Wissenschaft. Alsdann wird die Frage nahegelegt und unzweideutig: aus *welchen Voraussetzungen* dieser Thatbestand der Wissenschaft seine Gewissheit ableite.«[55]

Der nur leicht verkappte Bezug Cohens auf Kant in der öffnenden Zeile des Zitats unterstreicht einen der grundlegenden Unterschiede zwischen Cohen und Kant. Wie bereits im Teil I dieser Abhandlung wird darauf hingewiesen, dass Kant in seinem transzendentalen Argument mit einer sehr schwachen ersten Prämisse beginnt, auf die Cohen »als eine Art und Weise des Bewusstseins« verweist. Wenn das Ziel des Kant'schen Arguments darauf gerichtet ist, die reine Naturwissenschaft zu demonstrieren, dann steht Kants Argument diametral entgegengesetzt zu dem Cohens.[56] Denn Cohen lehnt die Sinnlichkeit, die Daten des Bewusstseins, als bloß psychologisch ab. Sein Ausgangspunkt muss deswegen ein anderer sein, namentlich das Faktum der Wissenschaft. Und Cohen – am Ende des Zitats – nimmt die Anwendung seiner transzendentalen Methode vorweg. Also müssten die Voraussetzungen des Faktums der Wissenschaft entdeckt und begründet werden, und dies ist die Aufgabe der transzendentalen Methode.[57]

In seiner Monographie »Kants Begründung der Ethik« (1877)[58] führt Cohen die transzendentale Methode zum ersten Mal ein. Statt des Faktums der Wissenschaft als das, was gegeben ist, spricht Cohen von »Erfahrung«, die doch in Mathematik und reiner Naturwissenschaft gegeben sei.

---

[53] Vgl. *Carsten Heidemann,* Das »Faktum der Rechtswissenschaft« bei Hans Kelsen, in: Matthias Jestaedt/Ralf Poscher/Jörg Kammerhofer (Hrsg.), Die Reine Rechtslehre auf dem Prüfstand, Stuttgart 2020, S. 81–98. Heidemann befasst sich auch mit Cohen.

[54] Es ist schon seit langem anerkannt, dass der Ausdruck »transzendentale Methode« in Kants eigenen Werken nicht vorkommt.

[55] *Cohen,* Infinitesimal-Methode, § 7 (S. 5).

[56] Das kantische Argument wird als selbstgenügsam betrachtet, um eine unmittelbare Gegenüberstellung mit Cohens Argument zu ermöglichen. Tatsächlich ist das Argument Kants wie hier dargestellt Teil eines wesentlich größeren Arguments.

[57] Einige der Probleme, die sich aus der transzendentalen Methode Cohens ergeben, erweisen sich als kaum lösbar. Vgl. *Jürgen Stolzenberg,* Ursprung und System, Göttingen 1995, S. 30–34 et passim.

[58] *Hermann Cohen,* Kants Begründung der Ethik, 1. Auflage Berlin 1877. Trotz des Titels widmet Cohen der Erkenntnistheorie die fünf Kapitel des ersten Teils dieser Monographie (S. 18–116).

»[D]ie Erfahrung ist gegeben; es sind die Bedingungen zu entdecken, auf denen ihre Möglichkeit beruht. [...] [D]iese Bedingungen [sind] als die constituirenden Merkmale des Begriffs der Erfahrung zu bezeichnen, und aus diesem Begriff ist sodann zu deduciren, was immer den Erkenntnisswerth *objectiver Realität* beansprucht. Das ist das ganze Geschäft der Transscendental-Philosophie. Die Erfahrung ist also in Mathematik und reiner Naturwissenschaft gegeben.«[59]

Auf die Bedeutung der transzendentalen Methode bezüglich der Cohen-Frage wird sogleich zurückzukommen sein.

4. Abschnitt. Kommentierung zu den fünf Lehren in Kelsens Vorrede 1923

Bei der Textstelle aus Kelsens Vorrede 1923, in der er schreibt, er habe seinen erkenntnis-theoretischen Standpunkt von Cohen gewonnen, geht es vor allem um die fünf, dort angedeuteten Lehren.[60]

(a) *Die transzendentale Methode.* Die transzendentale Methode ist eine der charakteristischsten Lehren Cohens. Schon deswegen wäre zu erwarten, dass Kelsen diese Lehre so weit wie möglich zur Begründung des philosophischen Einflusses Cohens nutzen müsste. Zwar erwähnt Kelsen eine transzendentale Methode in der zitierten Textstelle aus der Vorrede 1923, nicht aber die Cohensche.[61]

Dieser einzige Hinweis Kelsens darauf findet sich zudem in seiner Paraphrase einiger Zeilen Ewalds. Dieser schreibt, die »Hauptprobleme« Kelsens seien ein Versuch, den »Transzendentalismus« mit »logischer Energie und Strenge [...] in die Rechtsphilosophie einzuführen.«[62] Kelsen redigiert und spezifiziert Ewalds Zeilen: die »Hauptprobleme« seien ein Werk, das »als ein Versuch anerkannt wurde, die transzendentale Methode auf die Rechtswissenschaft anzuwenden«[63]. Natürlich pflichtet Kelsen damit weder den Zeilen Ewalds noch seiner eigenen Paraphrase bei. Kelsens »Hauptprobleme« stellen in keiner Weise eine Verwendung irgendeiner transzendentalen Methode dar, was auch nicht strittig ist.[64]

Wie sieht es im Jahre 1922, dem Jahre der Replik Kelsens auf Sander, aus? An zwei Stellen in dieser Replik deutet Kelsen Cohens transzendentale Methode kritisch an – und erklärt an der ersten dieser Stellen, Sanders Übertragung der

[59] *Cohen,* Kants Begründung, S. 24–25.
[60] Vgl. die zitierte Textstelle Kelsens bei Fn. 34.
[61] Allerdings erwähnt Kelsen die Cohensche transzendentale Methode an anderen Stellen. Vgl. die Texte, auf die Fn. 65 hinweist.
[62] Vgl. das Zitat aus Ewalds Rezension, wiedergegeben im Text bei Fn. 39.
[63] Vgl. die zitierte Textstelle Kelsens (a) bei Fn. 34.
[64] Schon die Idee einer Begründung des Rechts bzw. der Rechtswissenschaft war Kelsen zur damaligen Zeit noch fremd. In der Tat argumentiert er expressis verbis dagegen, vgl. *Kelsen,* Hauptprobleme, S. 352, in: HKW, Band 2, S. 481.

transzendentalen Methode auf die Rechtswissenschaft sei fragwürdig.[65] Daher vermag es nicht zu überraschen, dass Kelsen ein Jahr später nicht bereit ist, die transzendentale Methode in seiner Begründung eines von Cohen stammenden philosophischen Einflusses aufzunehmen.[66] Auch im Jahre 1928, als Kelsen selbst eine transzendentale Methode aufnimmt, gibt es keine Spur eines Cohen'schen Einflusses. Kelsens transzendentale Methode ist durch und durch kantisch.[67]

In einem Wort: die Lehre der transzendentalen Methode erweist nichts, was einen philosophischen Einfluss Cohens auf Kelsen nahelegen würde.

(b) *Der Begriff des juristischen Willens.* Kelsen bezieht sich auf »weitgehende Parallelen« zwischen seinem »Begriffe des juristischen Willens« und den »Aufstellungen Cohens«, seinem Platzhalter für den »reinen Willen« Cohens, ein Begriff, der zur Zeit der Veröffentlichung der »Hauptprobleme« (1911) Kelsen völlig fremd war. Der in diesem Kontext vage Ausdruck »Aufstellungen« ist fast sicher Kelsens verkappter Hinweis auf Ewalds in Frage stehende Behauptung, Kelsens Willensbegriff decke sich mit dem Cohens.[68] Abgesehen von einer trivialen Hinsicht, in der die beiden Begriffe »sich decken« – als Beispiele der Begriffsbildung –, könnten sie kaum weiter voneinander entfernt sein. Es handelt sich um Kelsens begriffliche »Umkehrung« sowie Cohens »reine[n] Wille[n] als Grundlage der Ethik«. Beispiele aus den jeweiligen Texten der beiden Denker unterstreichen die Unterschiede.

Der Text Kelsens stammt aus seinen »Hauptproblemen«:

»Wenn das der juristischen Begriffsbildung immanente Streben, das in der Formulierung des Willensdogmas seinen Ausdruck findet, einen tieferen Grund und die Gleichung zwischen der Qualität der Gültigkeit und Gewolltheit des Rechtsgeschäftes einen unanfechtbaren Sinn haben soll, wird man sich auch entschließen müssen, nicht mehr, wie die in der Annahme eines psychologischen Willensbegriffes verstrickten Theoretiker, zu schließen: Ein Rechtsgeschäft ist gültig, weil und soferne es (psychologisch) gewollt ist, sondern man wird umgekehrt schließen: Ein Geschäft ist gewollt, sofern oder weil es gültig ist, wobei die Qualität der Gültigkeit der Erkenntnisgrund für die Qualität der Gewolltheit ist: In dieser Relation zeigt sich der ›Wille‹ schon auf den ersten Blick nicht als die so benannte psychische Tatsache. Es wird mit dem ›Gewollt'sein ebensowenig eine reale psychische oder physische Tatsache behauptet, wie mit dem ›Rechtsgültig‹ sein. […] [A]ber das zivilistische Willensdogma [hat] auch in dieser Umkehrung, ja gerade in dieser Umkehrung seinen eigentlich juristischen Sinn […]«[69].

[65] *Kelsen,* Rechtswissenschaft, S. 117, 128 et passim. Hinsichtlich dieser beiden Textstellen bin ich Carsten Heidemann für einen sehr hilfreichen Austausch dankbar.

[66] Es ist gut möglich, dass Kelsens Kenntnis der transzendentalen Methode Cohens ausschließlich aus einer Abhandlung Fritz Sanders stammt, namentlich *Fritz Sander,* Die transzendentale Methode der Rechtsphilosophie und der Begriff der Rechtserfahrung, in: Zeitschrift für öffentliches Recht 1 (1919/20), S. 468–509. Kelsen widmet der Arbeit Sanders den mittleren Teil seiner Abhandlung Rechtswissenschaft und Recht (S. 129–172), bevor er sich der 1921 erschienenen Monographie Sanders zuwendet (vgl. Fn. 31).

[67] Vgl. *Kelsen,* Philosophische Grundlagen, § 36 (S. 66–68).

[68] Vgl. das Zitat aus Ewalds Rezension, wiedergegeben im Text bei Fn. 39.

[69] *Kelsen,* Hauptprobleme, S. 133, in: HKW, Band 2, S. 235.

Cohen schreibt in der »Ethik des reinen Willens«:

»*Unsere Ethik definiert sich als Ethik des reinen Willens.* Nicht schlechthin mit dem Willen hat es die Ethik zu tun; einen solchen gibt es nicht. Nur die Ethik vermag zu entscheiden, ob es einen Willen gibt oder nicht gibt. Und nur von ihr erst kann die Psychologie es lernen, ob es einen Willen geben darf und kann. Aber da die Ethik nur den reinen Willen als Willen anerkannt, so wird auch sie darin von der Logik abhängen. Denn nur die Logik bestimmt den Begriff der Reinheit. Die Reinheit ist der platonische Ausdruck, welcher den methodologischen Grundcharakter der Erkenntnis bezeichnet.«[70]

Die Unterschiede liegen auf der Hand: einerseits der begriffliche Ansatz Kelsens, andererseits der ethische Cohens.[71]

(c) *Die Erkenntnisrichtung bestimme den Erkenntnisgegenstand.* Die Antwort auf die Frage, ob Kelsen diese Lehre von Cohen übernommen hat, setzt zunächst voraus, dass sie sich auf Cohen zurückführen lässt. Thomas Olechowski, der Verfasser der großen Kelsen-Biographie, schreibt Cohen diese Lehre zu: es sei »Cohens Lehre, dass die Methode (das Verfahren) ihren bzw. seinen Gegenstand erzeuge.«[72] Die Lehre ist aber bloß ein Aphorismus, der auf das Leitmotiv des kritischen Idealismus in der ersten Kritik Kants verweist.

Der Sinn des auf Kant verweisenden Aphorismus spiegelt sich im Bild der kopernikanischen Revolution Kants wider. Dabei handelt es sich um die konstituierende Erkenntnis, auf die Kant sich beruft, um zu zeigen, dass sowohl der Platonismus als auch der Empirismus unhaltbar seien. Kant zielt darauf ab, die Unmöglichkeit von transzendenten bzw. platonischen Objekten zu beweisen, da deren vorgeschobene Existenz jenseits der Erkenntnis liege. Dem traditionellen Empiristen ergeht es nicht besser. Seiner Abbildtheorie zufolge fänden sich die Gegenstücke der Abbildungen in einer Realität, die jenseits menschlicher Erkenntnis stehe. Im Gegensatz zu diesen Philosophien behauptet der kritische Idealist kantischer Prägung, dass die phänomenale Welt von der Erkenntnis konstituiert werde. Dieses Prinzip spiegelt sich in der Leistung, welche Kants Metapher, die kopernikanische Revolution, zum Ausdruck bringt. Die Philosophie Cohens spielt dabei keine Rolle.

Popularisierte, höchst komprimierte Phrasen, die kantische und neukantianische Positionen vorgeben, sind zur Zeit der Jahrhundertwende gang und gäbe. Freilich kann Kelsen den Aphorismus mit Cohen assoziieren, was er in der Tat zu tun scheint. Aus dieser Assoziation folgt aber nicht, dass der Aphorismus von Cohen stammt. Und eine derartige Behauptung ist tatsächlich falsch.

(d) *Der Erkenntnisgegenstand werde aus einem Ursprung logisch erzeugt.* Diese Lehre in der von Kelsen aufgelisteten Gruppe ist die einzige, die deutlich

[70] *Hermann Cohen,* Ethik des reinen Willens, 2. Auflage Berlin 1907, S. 28–29.

[71] Der Jubilar befasst sich vorrangig mit Cohens Werk Ethik des reinen Willens, vgl. *Dreier,* Rechtslehre, S. 76–78. Dreier ist jedoch nicht bereit, Cohen einen bedeutenden philosophischen Einfluss auf Kelsen zuzuschreiben, vgl. ebd. S. 33 Fn. 40 und S. 85.

[72] *Olechowski,* Kelsen, S. 327.

auf Cohen zurückgeht. »Ursprung« findet sich in Cohens »Logik der reinen Erkenntnis« und ist einer der zentralen Begriffe in diesem Werk.

»*Die Logik muß demnach Logik des Ursprungs werden.* Denn der Ursprung ist nicht nur der notwendige Anfang des Denkens; sondern in allem Fortgang muß er sich als das treibende Prinzip betätigen. *Alle reinen Erkenntnisse müssen Abwandlungen des Prinzips des Ursprungs sein.* Andernfalls hätten sie keinen selbständigen, wie keinen reinen Wert. Die Logik des Ursprungs muß sich daher in ihrem ganzen Aufbau als solche vollziehen.«[73]

In der Literatur findet man verschiedene Auslegungen des Ursprungs. Nach Helmut Holzhey sei der Ursprung Cohens als »unbedingter Grund« bzw. als »das Absolute« zu verstehen.[74] Geert Edel betrachtet den Ursprung »als Grundlegung, als Hypothesis«[75]. Jürgen Stolzenberg argumentiert in seiner recht komplexen Darstellung, der Ursprung sei das Prinzip der Form der Gesetzlichkeit.[76]

Aus der einzigen Lehre, die sich tatsächlich auf Cohen zurückführen lässt, ergeben sich Fragen, die in Bezug auf die anderen von Kelsen aufgelisteten Lehren nicht entstehen. Insbesondere wirft diese Lehre zwei Fragen auf, die beide einerseits unvermeidbar, andererseits unbeantwortbar sind. Zur ersten Frage: wo kommt diese Lehre – so detailliert, so spezifisch, im Gegensatz zu den anderen – her? Soweit Kelsens Kenntnis der Schriften Cohens anhand Kelsens Veröffentlichungen festgestellt werden kann, erweist sie sich als dürftig[77] – erst recht im Falle der Spätwerke Cohens, zu denen »Logik der reinen Erkenntnis« gehört. Möglicherweise findet sich eine Antwort bei Alfred Verdross (1890–1980), Kelsens Kollege in der Wiener rechtstheoretischen Schule. Verdross veröffentlichte einen Artikel, in dem er aus Cohens »Logik der reinen Erkenntnis« zitiert.[78] Der Artikel von Verdross erschien im Jahre 1925, also nicht lange nach der 1923 erschienenen 2. Auflage von Kelsens »Hauptprobleme« mit der neuen Vorrede. Darüber hinaus trafen sich Kelsen und Verdross damals oft, nicht zuletzt wegen

---

[73] *Hermann Cohen,* Logik der reinen Erkenntnis, 2. Auflage Berlin 1914, S. 36, vgl. auch S. 28–29, 35–36, 52–53, 79–80 et passim. Viele der weiteren Hinweise auf »Ursprung« in diesem massiven, aus 600-Seiten bestehenden Werke weisen keinen Zusammenhang zu dem von Kelsen in Bezug genommenen Gedanken auf.

[74] *Helmut Holzhey,* Cohen und Natorp, 2 Bände, Basel/Stuttgart 1986, Band 1, S. 183 bzw. S. 218.

[75] *Geert Edel,* Kantianismus oder Platonismus? Hypothesis als Grundbegriff der Philosophie Cohens, in: Brunella Antomarini (Hrsg.), Filosofi della scuola di Marburgo, in: Il cannocchiale, rivista di studi filosofici, Nr. 1–2 (1991), S. 59–87 (81).

[76] *Stolzenberg,* Ursprung, S. 47–58.

[77] Es gibt allerdings Hinweise Kelsens auf Cohen, beginnend mit seinem Artikel: Das Verhältnis von Staat und Recht im Lichte der Erkenntniskritik, in: Zeitschrift für öffentliches Recht 2 (1921), S. 453–510 (471), und beendend mit der posthum veröffentlichten Monographie Allgemeine Theorie der Normen, Wien 1979, S. 132 (in der Fußnote). Doch diese Hinweise enthalten keine auf Kelsens Rechtslehre bezogenen Bemerkungen.

[78] *Alfred Verdross,* Die gesellschaftswissenschaftlichen Grundlagen der Völkerrechtstheorie, in: Archiv für Rechts- und Wirtschaftsphilosophie 18 (1924/25), S. 413–431 (423).

der Sander-Angelegenheit,[79] und es lässt sich nicht ausschließen, dass die beiden sich auch über Cohen ausgetauscht haben.

Zur zweiten Frage: falls Kelsen in seiner Vorrede 1923 tatsächlich beabsichtigt, den philosophischen Einfluss Cohens auf seine Rechtslehre aufzuzeigen, warum hat er, soweit wir wissen, das Projekt nicht fortgeführt? Der Ursprung gilt als Begriff, mit dem Kelsen seine Grundnorm-These möglicherweise hätte weiter entwickeln können. Doch davon findet sich keine Spur. Welche Gründe Kelsen davon abhielten, dieses Projekt weiter zu verfolgen, bleibt unbekannt.

(e) *Der Staat als Gegenstand juristischer Erkenntnis könne nur Recht sein.* Auch Kelsens Behandlung der Begriffe Staat und Recht ist rätselhaft, obwohl der Grund dafür ganz woanders liegt als im vorigen Falle. Dort, über den Cohen'schen Begriff des Ursprungs, sagt Kelsen zu wenig. Hier, über die Begriffe Staat und Recht, sagt er zu viel. Denn er führt das Begriffspaar von zwei völlig verschiedenen, nicht zu vereinbarenden Standpunkten ein.

In einem Fall leitet Kelsen seine Identitätsthese – die Identität von Staat und Recht – unmittelbar von dem Aphorismus, also der kantischen Bestimmung des Erkenntnisgegenstandes durch die Erkenntnisrichtung, ab. Er schreibt:

»daß der Staat, soferne er Gegenstand juristischer Erkenntnis ist, nur Recht sein kann, weil juristisch erkennen oder rechtlich begreifen nichts anderes bedeutet, als etwas als Recht begreifen.«[80]

Kelsens Identitätsthese kommt hier kaum überraschend vor, denn Darstellungen dieser These erscheinen mehrmals in früheren Schriften Kelsens.[81]

Verblüffend ist jedoch die Tatsache, dass Kelsen auch bereit ist, das Begriffspaar auf Werke Cohens zurückzuführen:

»Den entscheidenden erkenntnis-theoretischen Gesichtspunkt, von dem allein aus die richtige Einstellung der Begriffe Staat und Recht möglich war, gewann ich durch Cohens Kant-Interpretation, insbesondere durch seine ›Ethik des reinen Willens‹.«[82]

5. Abschnitt. Kelsens Behandlung der fünf Lehren

Aus der im vorigen Abschnitt entwickelten Stellungnahme zu den fünf Lehren folgt ohne weiteres, dass sie für eine Beantwortung der Cohen-Frage nicht hilfreich sind. In den ersten beiden Fällen, der transzendentalen Methode und dem

---

[79] Vgl. *Olechowski,* Kelsen, S. 326, 329–330, 336–338, 340, 342–343 et passim; zu Sander Fn. 31.

[80] Vgl. die zitierte Textstelle Kelsens bei Fn. 34.

[81] Vgl. z. B. *Hans Kelsen,* Staat und Recht, in: Kölner Vierteljahrshefte für Sozialwissenschaften (Reihe A: Soziologische Hefte) 1 (1921), S. 18–37, in: HKW, Band 9, S. 191–209; *Hans Kelsen,* Der soziologische und der juristische Staatsbegriff, Tübingen 1922, § 15 (S. 86–91), § 30 (S. 185), in: HKW, Band 7, S. 97–350, 187–191, 281.

[82] Vgl. die zitierte Textstelle Kelsens bei Fn. 34.

Begriff des juristischen Willens, sind die Bemerkungen Kelsens zum Teil eine bloße Widerspiegelung der Ausführungen von Ewald, die in keinem der beiden Fälle zutreffen. Im dritten Falle, dem Aphorismus, schreibt Kelsen Cohen die Lehre zu, obwohl sie von Kant stammt und in diesem Verständnis in Kelsens Schriften verwendet wird. Im vierten Falle, dem Ursprung, ist die Lehre tatsächlich eine Cohensche, doch Kelsen hat diese Lehre nirgendwo in seiner Rechtslehre verwendet. Im fünften Falle, der Lehre des Begriffspaars Staat und Recht, bezieht sich Kelsen auf seine eigene Identitätsthese und geht dann weiter, indem er – verblüffend, wie oben gesagt – diese Lehre letztlich auf Werke Cohens zurückführt.

Entscheidend ist aber nicht der Status der einzelnen Lehren an sich, sondern ihre Bedeutung für eine Bewertung des behaupteten Einflusses Cohens auf Kelsen und damit die Validität der untersuchten Textstelle als Beleg für diese Behauptung. Die Untersuchung der einzelnen Lehren zeigt gerade, dass – soweit es um Kelsens Veröffentlichungen geht – die genannte Textstelle den behaupteten Einfluss Cohens auf Kelsen nicht belegen kann.

III. Schluss

In der Einführung wird angemerkt, dass in der Literatur zwei Philosophen ein nachweisbarer Einfluss auf Kelsen zugeschrieben wird: Immanuel Kant und Hermann Cohen. Einer dieser Namen übersteht die auf die Vorrede 1923 bezogene Untersuchung nicht: Hermann Cohen. Dieses Ergebnis muss aber nicht bedeuten, dass Cohen auf Kelsens Rechtslehre überhaupt keinen Einfluss gehabt habe. Doch diese Untersuchung beschränkt sich allein auf die Fragestellung, ob Kelsens eigene Behauptung in der Vorrede 1923 als Beleg für einen aus Cohen stammenden Einfluss überzeugt. So ist etwa ein Einfluss, dessen Kelsen sich nicht bewusst war, selbstverständlich möglich. Eine darauf bezogene Untersuchung steht jedoch auf einem anderen Blatt.

Ein weiteres Gebiet, das hier nicht behandelt wird, ist das von Rekonstruktionen. Solche auf Kelsens Rechtslehre bezogenen Rekonstruktionen sind nicht nur möglich, sondern finden vielfach in philosophischen Arbeiten Vorbilder. Falls Rechtsphilosophen, einschließlich einiger Kelsen-Forscher, danach gefragt würden, was sie von der Kelsen'schen Grundnorm halten, würden einige darauf mit einem Hinweis auf Churchills berühmte Zeile antworten: »a riddle, wrapped in a mystery, inside an enigma«[83]. Vielleicht fänden diese Wissenschaftler die Idee einer Rekonstruktion der Grundnorm gar nicht weit hergeholt, erst recht nicht, wenn sie bereit sind, sich auf Cohens Begriff des Ursprungs zu berufen. Cohen-

[83] *Winston Churchill,* BBC, The Russian Enigma, 1. Oktober 1939.

Experten haben den Ursprung auf verschiedenste Art und Weise ausgelegt,[84] und in zumindest einem Falle auch unmittelbar in Bezug auf Kelsen.[85]

Dieser Rekonstruktionsvorschlag entspricht durchaus dem Geiste von Hans Kelsens Unterfangen. Denn das Bedürfnis nach einer Begründung für seine Rechtslehre war ihm noch bis zum Ende seiner langen klassischen Phase im Jahre 1960 bewusst. Man kann davon ausgehen, dass die Suche danach weiter geht – und Hermann Cohen könnte dabei eine Rolle spielen.

[84] Vgl. Fn. 74–76.

[85] Vgl. *Geert Edel*, The *Hypothesis* of the Basic Norm: Hans Kelsen and Hermann Cohen, in: Stanley L. Paulson/Bonnie Litschewski Paulson (Hrsg.), Normativity and Norms. Critical Perspectives on Kelsenian Themes, Oxford 1998, S. 195–219.

Versuch über die Bedeutung von Normen für die soziale Ordnung

Ulrich K. Preuß

Wieso sollte man eigentlich in der Festschrift für einen hervorragend ausgewiesenen Staatsrechtslehrer einen Beitrag über Normen schreiben? Trägt man damit nicht Eulen nach Athen? Normen sind ja doch der Gegenstand der Jurisprudenz, und wenn von ihnen explizit die Rede ist, dann in zusammengesetzten Begriffen wie Normenklarheit, Normenwahrheit, Normenkollision oder Normenhierarchie – stets wird dann Existenz und Verständnis von Normen vorausgesetzt.

Aber so vollkommen fraglos scheinen Normen selbst für Juristen denn doch nicht zu sein. Immerhin gibt es eine von Hans Kelsen, mit dessen Werk sich Horst Dreier bekanntlich in seiner Dissertation und auch in späteren Veröffentlichungen gründlich und kenntnisreich auseinandergesetzt hat,[1] eine posthum erschienene »Allgemeine Theorie der Normen«.[2] Bemerkenswert ist auch die bei Robert Alexy geschriebene Dissertation von Carsten Heidemann zur Normentheorie Hans Kelsens, die den paradoxen Titel »Die Norm als Tatsache« trägt.[3] Der Norm als etwas Gesolltem und der Norm als Tatsache hat Christoph Möllers in einer ebenso gelehrten wir originellen Studie die Norm als eine »Möglichkeit« der Verwirklichung des Gesollten hinzugefügt. Wenn Normen mithin selbst für Juristen Gegenstand kritischen Nachdenkens sind, wie viel mehr für andere Wissenschaften wie die Philosophie, die Politikwissenschaft und die Soziologie. Bis vor kurzem existierte an der Frankfurter Universität ein interdisziplinärer Forschungsverbund unter dem Titel »Normative Ordnungen«, in dem es um die Klärung des Verhältnisses machtbegründeter oder -gestützter Ordnungen und deren normative Rechtfertigung und auch Regulierung geht.[4]

Offenbar sind Rechtsnormen denn doch nicht einfach nur unproblematische Voraussetzungen verschiedenster juristischer Diskurse – sondern selbst eine Kategorie, deren Verwendung der theoretischen Reflexion bedarf. In den folgenden

---

[1] Von *H. Dreier,* Rechtslehre, Staatssoziologie und Demokratietheorie bei Hans Kelsen, Baden-Baden 1986, bis *ders.,* Hans Kelsen zur Einführung. Hamburg 2023, dort auf S. 241 ff. die Arbeiten im Zeitraum dazwischen.

[2] *H. Kelsen,* Allgemeine Theorie der Normen. Im Auftrag des Hans-Kelsen-Instituts aus dem Nachlaß herausgegeben von Kurt Ringhofer und Robert Walter, Wien 1979.

[3] *C. Heidemann,* Die Norm als Tatsache: zur Normentheorie Hans Kelsens, Baden-Baden 1997.

[4] Vgl. R. Forst/K. Günther (Hrsg.), Normative Ordnungen, Berlin 2021.

Überlegungen geht es um die häufig angerufene Funktion der Normen – hier ausschließlich der Rechtsnormen – für die Begründung, Bewahrung und Verteidigung eines Zustandes der Ordnung. Welchen Beitrag zur Herstellung und Wahrung von Ordnung in verschiedenen Lebensbereichen kann man sinnvollerweise von Rechtsnormen erwarten?

I. Das Verhältnis von Normen zu Ordnungen

Normen definieren etwas, was noch nicht ist. Normen sind kontrafaktische Aussagen über eine mögliche Zukunft. Sie sollen Ordnung zur Bewältigung des sie umgebenden Chaos stiften, eine Struktur vorzeichnen. Die Frage ist: können sie das? Stiften sie Ordnung in einer ungeordneten Welt? Woher weiß der, der durch die Setzung einer Norm Ordnung in eine ungeordnete Welt bringen will oder soll, wie diese Ordnung denn aussehen soll, welche die Norm vorschreibt? Hat er die Ordnung bereits im Kopf, als er die Norm erlässt? Als Gott den Israeliten die zehn Gebote verkündete, da hatte es zuvor den durch Moses vermittelten Bund Gottes mit dem Volk Israel gegeben. Dies war die Grundlage dafür, dass Gott dann die zehn Gebote für die Israeliten verkündete.[5] Als sich die Menschen seit der Aufklärung von göttlichen Geboten, insbesondere deren priesterlichen Boten, emanzipierten, da schufen sie sich ihre Ordnungen selbst, wobei man erklären muss: in der Regel schufen sie durch ihr Handeln faktische Verhältnisse, die bestimmte Handlungsmuster und Gesetzmäßigkeiten aufwiesen, deren Verfestigung durch Umwandlung in Ge- und Verbote eine normative Ordnung schufen. Max Weber, u.a. auch studierter Jurist, der als Ordnung »alle tatsächlich feststellbaren Regelmässigkeiten des Sichverhaltens verstand, welche für den faktischen Verlauf des ihn konstituierenden [...] Gemeinschaftshandelns charakteristisch oder als Bedingung wesentlich ist«, schloss daraus, dass dann diese »Ordnung« nur zum verschwindenden Teil die Folge der Orientierung an »Rechtsregeln« sei.[6] Wenn es solche Rechtsregeln gibt, so muss man ihn wohl lesen, dann haben sie zweifellos eine orientierende, aber keine konstituierende Bedeutung für Bestand und Funktionieren der jeweiligen Ordnung.

Adam Smith ist ein klassischer Fall: wenn man den Menschen erlaube, ihre individuellen Interessen zu verfolgen, so würden mit der Zeit Handel und Manufaktur »Ordnung, eine gute Regierung und in der Folge die Freiheit und Sicherheit der Bewohner des Landes einführen, die zuvor meist in einem ständigen Zustand des Streites mit ihren Nachbarn [...] gelebt hatten«.[7] Die Normen, die

[5] Altes Testament, S. 2. Buch Mose, S. 19, S. 3ff. u. S. 20, S. 12ff.

[6] *M. Weber*, Wirtschaft und Gesellschaft. Grundriss der Verstehenden Soziologie. Studienausgabe, hrsgg. v. J. Winckelmann, 5. Auflage Tübingen 1972, S. 16.

[7] Zitat bei *A. O. Hirschman*, The Passions and the Interests. Political Arguments for Capitalism before its Triumph, Princeton 1977, S. 100 (Übersetzung U.K.P.).

diese Ordnung regeln, ergeben sich aus den funktionalen Notwendigkeiten der Erhaltung dieses faktischen Zustandes. Mit anderen Worten: nicht die Normen erzeugen die Ordnung, sondern die Ordnung verlangt die Normen, die zu ihrer Erhaltung erforderlich sind. Dieses Verhältnis zwischen Ordnung und Norm betrifft auch die Methodik der Staatsrechtswissenschaft.

II. Der Staat: eine vorrechtliche Faktizität oder ein Geschöpf des Rechts?

Dies zeigte sich deutlich in dem auch heute noch lehrreichen Methodenstreit zwischen den maßgeblichen Akteuren der deutschen Staatsrechtslehre der Weimarer Republik – von Anschütz über Heller, Kaufmann, Schmitt, Smend, Triepel und anderen.[8] Er drehte sich darum, eine Antwort auf die quälende Frage zu finden, wie nach dem verlorenen Krieg, dem Zusammenbruch der monarchischen Ordnung und unter den Bedingungen von Inflation, Verarmung großer Teile des Bürgertums, außenpolitischer Isolierung und interner Mobilisierung einer höchstnervösen und krisenhaften Gesellschaft eine neue Formel für das friedliche Zusammenleben der Nation gefunden werden konnte. Gesucht wurde das Konzept einer sozio-politischen und -kulturellen Ordnung, die effektiven physischen und sozialen Schutz, Sicherheit, Bindungskräfte für den inneren Zusammenhalt versprach und nicht zuletzt auch Wege zur Überwindung jenes Status der internationalen Isolierung und Demütigung wies, die die Siegermächte des Weltkrieges Deutschland auferlegt hatten. Ein erster Schritt war ja im Jahr 1919 mit der Ersetzung des dynastischen Autoritarismus der Hohenzollern durch das Projekt einer demokratischen Republik getan worden. Im akademischen Milieu der Staatsrechtslehrer äußerte sich der Kampf um die »richtige« Ordnung für das in vielerlei Hinsicht innerlich verwüstete Deutschland in der Auseinandersetzung über den angemessenen Staatsbegriff. Es war keine Frage, dass eine zeitgemäße Staatsrechtswissenschaft nicht an den etatistischen Positivismus des Bismarckreiches von v. Gerber und Laband anknüpfen konnte; sie mussten sich der sozialen und politischen Wirklichkeit einer demokratischen klassengespaltenen Massengesellschaft öffnen. So geschah es denn auch: Carl Schmitt bezeichnete seine Lehre vom Staat zwar als Verfassungslehre, machte aber deutlich, dass die politische Einheit eines Volkes in der Verfassung des Staates zum Ausdruck kommen müsse[9] – seine Verfassungslehre war die Lehre von einem Staat, in dem der politische Kampf um die Einheit des Volkes

[8] Hierzu ausführlich *M. Stolleis*, Geschichte des öffentlichen Rechts in Deutschland. Dritter Band: Staats- und Verwaltungsrechtswissenschaft in Republik und Diktatur 1914–1945, München 1999, S. 153ff.

[9] *C. Schmitt*, Verfassungslehre, 4. Auflage Berlin 1965, S. 3ff.

ausgetragen werde. Im Gegensatz zu Schmitt richtete Rudolf Smend auf der Suche nach den Quellen einer politischen Befriedung seine Erwartungen auf die »Integration als grundlegenden Lebensvorgang des Staats«.[10] Hier schimmerte schon die Idee der Gesellschaft als Gegenstand des Integrationsprozesses durch. Hermann Heller wiederum charakterisierte seine posthum 1934 erschienene Staatslehre als Teil der politischen Wissenschaften, in denen der Staat zentrale gesellschaftliche Funktionen übernimmt, jedoch intensiv mit dem Geflecht gesellschaftlicher Kräfte verwoben ist.[11]

All diese beispielhaft genannten Ansätze verstanden sich als Beiträge zu einer Staats*rechts*lehre, obwohl darin das Recht nicht unbedingt eine dominante Rolle spielte. Schließlich war diese Generation mit der aus dem 19. Jahrhundert überlieferten Erkenntnis und Erfahrung der vorrechtlichen Existenz des Staates wissenschaftlich sozialisiert worden.

Gegen diese vorherrschende Staatsrechtswissenschaft gab es den dezidierten Einspruch eines österreichischen Staatsrechtlers, der bereits im Jahre 1911 mit seiner Habilitationsschrift unter dem herausfordernden Titel »Hauptprobleme der Staatsrechtslehre entwickelt aus der Lehre vom Rechtssatze« ein deutliches Ausrufezeichen gegen die konventionelle, auf den Staat fokussierte Staatsrechtslehre gesetzt hatte – es war Hans Kelsen. Die Wiederentdeckung von dessen Bedeutung vor allem für die deutsche Staatsrechtslehre der Bundesrepublik ist das Verdienst Horst Dreiers. Dessen oben erwähnte Dissertation hat ganz wesentlich zur geistigen Wiederkehr dieses in den 1930er Jahren in das amerikanische Exil vertriebenen Staatsrechtlers und Rechtstheoretikers in die deutsche Staatsrechts- und Politikwissenschaft der Nachkriegszeit beigetragen.

Kelsens Prämisse ist der herrschenden Lehre (der heutigen wie bereits der unter der Weimarer Verfassung) diametral entgegengesetzt. Nach Kelsens Verständnis setze diese einen Dualismus von Staat und Recht voraus und nehme an, dass der Staat als eine vorrechtliche Entität sich durch eigene Rechtsetzung als Rechtsstaat dadurch rechtfertigen könne, »daß er das Recht fertigt«.[12] Für Kelsen gibt es diesen Dualismus von Staat und Recht nicht. Werde der Staat als »soziale Gemeinschaft begriffen, kann diese Gemeinschaft [...] nur durch eine normative Ordnung konstituiert sein«.[13] Der Staat ist nach seiner Theorie von Beginn an eine Rechtsordnung.[14] Als solche sei sie auch eine Zwangsordnung, insofern sie den Zwang ordne, dessen Zulässigkeit an die durch die Rechtsordnung benann-

---

[10] *R. Smend*, Verfassung und Verfassungsrecht, in: Staatsrechtliche Abhandlungen und andere Aufsätze, Berlin 1968, S. 119–276 (136 ff.).

[11] *H. Heller*, Staatslehre, 3. unveränd. Auflage Leiden 1963, S. 199 ff.

[12] *H. Kelsen*, Reine Rechtslehre. Zweite, vollständig neu bearbeitete und erw. Auflage 1960, Nachdruck 2000, S. 288.

[13] *Kelsen*, Reine Rechtslehre 1960, S. 290.

[14] *Kelsen*, Reine Rechtslehre 1960, S. 289; auch bereits Allgemeine Staatslehre, Berlin 1925, S. 16.

ten Bedingungen geknüpft sei. Die Konsequenzen dieser Unterschiedlichkeit des Verhältnisses von Staat und Recht sind durchaus bedeutsam: nach Kelsens Konzeption ist der dem Staat verfügbare Zwangsapparat strikt in die Logik von Bedingung und Rechtsfolge der Sanktion eingebunden. Kelsens Staat als Rechtsordnung ist so etwas wie eine Normerfüllungszwangsmaschine. Die herrschende Auffassung dagegen gibt dem Staat gewissermaßen *plein pouvoir* für jede beliebige Ausweitung des staatlichen Zwangspotentials – Rechtfertigung durch Fertigung von Recht.[15]

Was bedeutet die Kelsen'sche Behauptung, dass der Staat nur als rechtlich konstituierte Ordnung begriffen werden könne?

In einer auf der Geltung von Rechtsnormen beruhenden Ordnung bilden die Rechtspflichten ihrer Mitglieder das Fundament dieser Ordnung. Doch ist diese Ordnung nicht mit einer Struktur zu verwechseln, die auf kausalwissenschaftlich erkennbaren Realitäten der äußeren Welt besteht. Kelsens Staat als eine durch Recht konstituierte Ordnung ist eine Sollensordnung. Sollen ist ein Pauschalbegriff für alle »intentional auf das Verhalten anderer gerichteten Akte« und umfasst Ge- und Verbote, Erlaubnisse und Ermächtigungen.[16] Sie ist eine reine Normordnung.[17] Gesollte Akte, Unterlassungen oder andere Verhaltensweisen tragen den Sinn in sich, dass sie in der realen Welt verwirklicht werden. Dabei steht es der durch die Norm verpflichteten Person keineswegs frei, ob sie das gesollte Verhalten erbringt oder nicht. Die Kelsen'sche Rechtsordnung ist eine Zwangsordnung, in der die Nichterfüllung einer Verpflichtung die Sanktionsgewalt des Staates auslöst. Sie ist, um einen Gedanken von Christoph Möllers aufzugreifen,[18] kein Raum von Möglichkeiten, sondern von kategorischen Pflichten. Bei genauer Betrachtung besteht die staatliche Zwangsgewalt nicht lediglich zum Zwecke der Sanktionierung der Verletzung einer Normverletzung – sie ist vor allem ein konstitutives Element des Staates als einer Ordnung des »geregelten Zwanges«[19].

Doch bedeutet das für Kelsen nicht, dass der Staat mit seinem Zwangspotential die Erfüllung der in den Sollsätzen enthaltenen Verpflichtungen erzwingt.

---

[15] Zur politischen Theorie der Rechtfertigung vgl. *R. Forst,* Kritik der Rechtfertigungsverhältnisse. Perspektiven einer kritischen Theorie der Politik, Berlin 2011.

[16] *Kelsen,* Reine Rechtslehre 1960, S. 5.

[17] Hier ist darauf hinzuweisen, dass Kelsen eine gewisse Verwirrung dadurch auslöst, dass er einerseits das Sollen mit den normativen Varianten »Dürfen«, »Können« Verhaltensweisen von Normunterworfenen verbindet (*Kelsen,* Reine Rechtslehre 1960, S. 4f. – so auch *Dreier,* Kelsen zur Einführung, S. 101), andererseits aber erklärt, »daß mit ›Geboten-‹ oder ›Verboten-‹Sein eines bestimmten Verhaltens nicht das Gesollt-sein dieses Verhaltens oder seines Gegenteils, sondern das Gesollt-sein der Folge dieses Verhaltens, das ist: der Sanktion, gemeint ist«, *Kelsen,* Reine Rechtslehre 1960, S. 26. Die Frage soll hier auf sich beruhen, wobei ich der zuerst genannten Version folge.

[18] *Chr. Möllers,* Die Möglichkeit der Normen. Über eine Praxis jenseits von Moralität und Kausalität, Berlin 2016, S. 125ff.

[19] *Kelsen,* Reine Rechtslehre 1960, S. 289.

Damit die gesollten Handlungen, Unterlassungen etc. auch tatsächlich ausgelöst, d. h. Ursache von Handlungen und Unterlassungen werden, »kann die solches bewirkende ›Kraft‹ oder ›Macht‹ nur psychischer Art, nur Motivation sein. [...] Psychologische Analyse kann die Macht des Staates immer nur als die Motivation von normbeinhaltenden Vorstellungen aufzeigen. Diese Norm aber ist das Recht, kann nur das positive Recht sein«.[20] Nun lehrt aber die Erfahrung, dass die Motivationslage eines mit einer Soll-Norm konfrontierten Individuums durchaus nicht zuverlässig durch »normbeinhaltende« Vorstellungen bestimmt wird. Hier muss der Staat mit seiner Macht nachhelfen und auch das bewusst normverletzende Individuum zur Normerfüllung zwingen. Bereits in der 1925 veröffentlichten Allgemeinen Staatslehre, in der Kelsen den Staat als Rechtsordnung definierte, charakterisiert er diesen durch Recht konstituierten Staat als »Zwangsapparat« und als »Macht«. Der Zwang liege nicht in dem Inhalt der Rechtsnormen; vielmehr sei es der »faktisch psychische Zwang, der in der Wirksamkeit gewisser Normvorstellungen liegt, eine Motivationsregel, die das tatsächliche Verhalten der Menschen bestimmt, eine reale Macht also ist es, an die man auch denkt, wenn man den Staat als Zwangsanstalt kennzeichnet«.[21] Später, insbesondere in der Reinen Rechtslehre, wird das Recht als »eine Zwangsordnung«, genauer: als normative Zwangsordnung qualifiziert, kraft der die Rechtsgemeinschaft das Zwangsmonopol innehat, dessen objektiver Sinn darin bestehe, die Einheit und Integrität der Rechtsordnung gegen sozialschädliche Sachverhalte zu schützen.[22] Dieser etwas komplizierte Weg des Rechts vom Sollen der rechtsunterworfenen Individuen zur realen Durchsetzung der Rechtsordnung ist das, was Kelsen im Unterschied zur rein normativen Geltung des Rechts als die faktische »Wirksamkeit der Rechtsordnung« bezeichnet.[23] Sie besteht in der staatlichen Durchsetzung der Rechtsfolgen, die das Recht für die Verletzung seiner Normen vorsieht. Nicht aus Gedankenlosigkeit definiert Kelsen den Staat als eine »im *großen und ganzen* wirksame Rechtsordnung«[24].

Was ist es denn nun, was den Staat als die politische Ordnung eines Volkes konstituiert? Ist es die Normativität des Rechts oder die Faktizität der Macht, die den Rechtsnormen Wirksamkeit verleiht?

Kelsens Antwort ist unmissverständlich: »Wird der Staat als soziale Gemeinschaft begriffen, kann diese Gemeinschaft [...] nur durch eine normative Ordnung konstituiert sein«.[25] Der staatliche Zwangsapparat setzt die normative Ordnung voraus; er ist ein Mittel zu deren Erhaltung, konstituiert sie also nicht. Deutlich kommt diese Charakterisierung des Staates als Rechtsordnung und

---

[20] *Kelsen,* Allgemeine Staatslehre, S. 17.
[21] *Kelsen,* Allgemeine Staatslehre, S. 17.
[22] *Kelsen,* Reine Rechtslehre 1960, S. 34 ff.
[23] *Kelsen,* Reine Rechtslehre 1960, S. 122, 293 u. ö.; *ders.,* Allgemeine Staatslehre, S. 17.
[24] *Kelsen,* Reine Rechtslehre 1960, S. 293 (Kursivdruck hinzugefügt U. K. P.).
[25] *Kelsen,* Reine Rechtslehre 1960, S. 290.

zugleich »als ›Zwangsapparat‹ und als ›Macht‹« in Kelsens im Jahre 1925 veröffentlichter »Allgemeine(n) Staatslehre« zum Ausdruck. Man müsse erkennen, »daß die Existenzsphäre des Staates normative Geltung und nicht kausale Wirksamkeit, daß jene spezifische Einheit, die wir in dem Begriff des Staates setzen, nicht in der Welt der Naturwirklichkeit, sondern in jener der Normen oder des Wertes liegt, daß der Staat seinem Wesen nach ein System von Normen oder der Ausdruck für die Einheit eines solchen Systems ist«.[26] Und wenn er von jenem Staat als »Zwangsapparat« und als »Macht« spricht, dann meint er »den zum Wesen des Staates gehörigen ›Zwang‹ [...], jene spezifischen Inhalte der Rechtsnormen: Strafe, Exekution«,[27] wobei mit »Exekution« natürlich die erheblich harmlosere Zwangsvollstreckung gemeint ist. Es ist nicht der Staat, der das Recht erzeugt, sondern das Recht, das den Staat generiert. In diesem Sinne ist der Staat ein »Normerfüllungszwangsapparat«, in Kelsens Worten eine »normative Zwangsordnung«.[28]

III. Folgen für Kelsens Normtheorie

Die Frage nach dem Verhältnis von Ordnung zu Normativität ist damit für Kelsen eindeutig beantwortet: Am Anfang war die Norm – in Kelsens Terminologie die Grundnorm. Sie konstituiert die Ordnung, der zufolge die Geltung einer Norm jeweils auf der Begründung durch eine höhere Norm beruht. In dieser Geltungskette von Normen hat die allerhöchste Norm, die Urnorm, ein Problem: sie hat keine Norm, von der sie ihre eigene Normativität ableiten könnte. Kelsen bezeichnet diese Norm als Grundnorm. »Als höchste Norm muß sie *vorausgesetzt* sein, da sie nicht von einer Autorität *gesetzt* sein kann, deren Kompetenz auf einer noch höheren Norm beruhen müßte«.[29] Im Verfassungsstaat ist die Grundnorm die Verfassung – sie ist vorrechtlich in einem normativ leeren Raum auf unterschiedliche Weise erzeugt worden – meist durch revolutionäre Akte einer sich als politisches Subjekt konstituierenden Menge von Menschen, zuweilen auch durch Vereinbarungen zwischen verschiedenen Machtfaktoren in einem zuvor entstandenen oder bewusst geschaffenen normativen Vakuum. In jedem Falle entsteht dieser normerzeugende Akt im Bereich der Faktizität. Der pouvoir constituant des Volkes – eine eigene Kategorie für die schöpferische Kraft eines folgenreichen, häufig gewalttägigen Aufstandes der Massen – strukturiert durch die Erzeugung der Verfassung die Normativität der aus diesem Aufstand hervorgegangenen faktischen Konstellation und transformiert sie da-

[26] *Kelsen,* Allgemeine Staatslehre, S. 16.
[27] *Kelsen,* Allgemeine Staatslehre, S. 17.
[28] *Kelsen,* Reine Rechtslehre 1960, S. 45 ff.
[29] *Kelsen,* Reine Rechtslehre 1960, S. 197 – kursiv i.O.

mit in eine Ordnung. Für Kelsen ist das Ergebnis des pouvoir constituant die »Verfassung im rechtslogischen Sinne zum Unterschied von der Verfassung im positiv-rechtlichen Sinne«. Sie ist, wie er betont, »keine gesetzte, durch Gewohnheit oder durch den Akt eines Rechtsorgans gesetzte, keine positive, sondern eine voraus-gesetzte Norm«.[30]

So kann Kelsen auch zugeben, dass die Geschichte der Rechtsordnung mit einem vorkonstitutionellen, aber ordnungsstiftenden Akt beginnt. Aber er würde darauf bestehen, dass der durch den verfassunggebenden Akt geschaffene Staat eine Rechtsordnung ist – die »Staatsform [...] ist nur ein besonderer Fall der Rechtsform«.[31] Der Staat existiert ausschließlich im Reich der Rechtsgeltung. Es ist bemerkenswert, dass im Sachregister – und natürlich im gesamten Text – der »Reinen Rechtslehre« die Begriffe »pouvoir constituant« oder »verfassunggebende Gewalt« nicht vorkommen. Man findet lediglich den Begriff »Verfassunggeber als höchste Rechtsautorität«. Der Staat ist durch und durch eine Rechtserscheinung – ein Ausbund an Normativität.

Wo bleiben da die Kräfte, die durch die Regulierungsmacht des Rechts gebändigt, geformt und dadurch zum Bestand der Legitimität der Rechts*ordnung* transformiert werden? Woher kommt die Sanktionsgewalt des Staates, deren Funktionieren den Geltungsraum des Staates überhaupt nur ermöglicht? Schaut man sich den gegenwärtigen Staat und seine Wirkungsweise an, so kann man der Erkenntnis nicht entgehen, dass der Staat auch in seiner rechtlichen Verfasstheit ein Machtkomplex ist, in welchem die durch ihn und in ihm organisierte heterogene Gesellschaft ihre vielfältigen Ansprüche auf Teilhabe an der staatlichen, durch Recht begründeten Legitimität oder ihre Erwartung des Schutzes durch diese legitime Macht geltend macht. Um den Staat zu verstehen, muss man sich vergegenwärtigen, dass das politische Zusammenleben unter der Ordnungsmacht des Staates das »Zusammenleben [...] von Wesen [ist], die sich auf keine gemeinsame Moral- oder Gerechtigkeitsordnung einigen können; allenfalls eine einigermaßen akzeptable und legitime Ordnung kann angestrebt werden«[32]. Mit gutem Grund verweist der Autor auf den britischen Philosophen Bernard Williams, der in einer Studie unter dem Titel »Realism and Moralism in Political Theory« die Auffassung vertritt, dass ganz im Hobbes'schen Sinne die »vordringlichste Frage der Politik die der Gewährleistung von Ordnung, Sicherheit, Schutz, Vertrauen und die Voraussetzung des politischen Zusammenlebens« seien. Sie seien die Voraussetzung für die Lösung aller anderen Probleme des gesellschaftlichen Lebens.[33]

[30] *Kelsen,* Reine Rechtslehre 1960, S. 197.

[31] *Kelsen,* Reine Rechtslehre 1960, S. 283.

[32] *R. Forst,* Normativität und Macht: Zur Analyse sozialer Rechtfertigungsordnungen, 3. Auflage Berlin 2022, S. 204.

[33] *B. Williams,* Realism and Moralism in Political Theory, in: B. Goodin/P. Pettit (Hrsg.), Contemporary Political Philosophy: An Anthology, Hoboken 2019, S. 4 ff.

Tatsächlich leisten in liberalen Demokratien gesellschaftliche Akteure, die sich der Rigorosität des etatistischen Normativismus entziehen, bedeutsame Ordnungsleistungen – man denke nur an die vielfältigen intermediären zivilgesellschaftlichen Initiativen, die den Eigensinn spontaner Vergesellschaftung freisetzen und der staatlichen Ordnung nichtstaatliche, häufig durchaus auch gegenstaatliche Ordnungselemente einfügen. Sie sind Beispiele für neuartige horizontal wirkende innergesellschaftliche Verpflichtungsbeziehungen und erzeugen neue, jenseits der staatlichen Vermittlungsprozesse und -institutionen angesiedelte Sphären »sozialer Gemeinschaft«, wie Kelsen sie wohl benennen würde. Sie bereichern durch die mehr oder weniger spontan entstandenen Normen des zivilgesellschaftlichen Verkehrs die soziale, aber durchaus auch politische Ordnung und bereichern damit den sozio-kulturellen Thesaurus eines Volkes.

Das wirft die Frage auf, ob eine Soll-Ordnung, wie sie Kelsen als Modell des modernen Staates entwickelt hat, heute noch existieren könnte. Eine Ordnung, die allein aus der Funktionalität staatlicher Rechtserzeugung sowie der Gewissheit besteht, dass jede Verletzung eines Sollens durch die Ingangsetzung des Satzes behoben werden kann und wird: »wenn eine Sollnorm verletzt wird, dann folgt die im Recht definierte Sanktion«. Zweifel daran sind angebracht. Denn abgesehen einmal von der mit dieser etatistischen Ordnungsstruktur verbundenen Überforderung des Staates und seines Rechts- und Kontrollapparates würde die Struktur der Bewahrung der staatlichen Ordnung ausschließlich nach der Mechanik einer strikten Legalität all die informellen und experimentellen Selbstregulierungen einer selbstbewussten Zivilgesellschaft austrocknen und im schlimmsten Fall die Gesellschaft auf ein mechanisches Reiz-Reaktions-Schema reduzieren.

Nichts davon wäre Kelsen zuzurechnen, denn in den Zeiten, in denen er seine reine Rechtslehre entwickelte, war sein »Etatismus des 20. Jahrhunderts«, wie ich seine rechtsbegründete Staatstheorie bezeichnen möchte, darauf angewiesen, der im Gefolge des revolutionären Umsturzes plötzlich freigesetzten Massengesellschaft der Republik eine stabile Struktur zu geben, und dafür stand eigentlich nur die Tradition der Staatlichkeit zur Verfügung – freilich einer gegenüber der Staatstradition des 19. Jahrhunderts modernisierten und sehr anspruchsvollen Staatlichkeit: der Zwangscharakter des Staates wird ausschließlich durch die Mobilisierung der Sanktionen für die Verletzung des Rechts definiert.[34]

[34] Krit. auch *A. Somek*, Ermächtigung und Verpflichtung. Ein Versuch über Normativität bei Hans Kelsen, in: Stanley L. Paulsen/Michael Stolleis (Hrsg.), Hans Kelsen – Staatsrechtslehrer und Rechtstheoretiker des 20. Jahrhunderts, Tübingen 2005, S. 58–79.

IV. Die internationale Ordnung und die Normativität des Völkerrechts

Der Einfluss nicht-normativer Faktoren auf die Gestaltung einer gesellschaftlichen Ordnung macht sich besonders im Bereich der internationalen Beziehungen geltend. Das ist die Sphäre des Zusammenlebens von gegenwärtig ca. 190 Staaten, die unabhängig von ihrer Ausdehnung, ihrem materiellen Ressourcenreichtum und ihrer Macht den völkerrechtlichen Status der souveränen Gleichheit genießen. In den 1970er Jahren hat der britische Politikwissenschaftler Hedley Bull den Status dieser Staatenvielheit als eine »anarchische Gesellschaft« charakterisiert.[35] »Anarchisch« ist nicht als die Umschreibung von Chaos oder Regellosigkeit zu verstehen. Gekennzeichnet wird damit der Tatbestand, dass mangels einer den souveränen Staaten übergeordneten Autorität nach dem Hobbes'schen Vorbild des Leviathan die Staaten selbst untereinander für eine gewisse Ordnung ihrer Beziehungen sorgen müssen – formell also ein herrschaftsloser Zustand.

Dennoch: die anarchische Gesellschaft – das Neben-, Mit- und Gegeneinander des Pluriversums souveräner Staaten – existiert keineswegs in einem vollkommen unregulierten Raum. Auch eine anarchische Gesellschaft ist eine Gesellschaft, von der man nur sprechen kann, wenn die Glieder einer Vielheit nicht vereinzelt nebeneinander existieren, sondern nach Maßgabe bestimmter Strukturmerkmale in Beziehung miteinander stehen und eine Gesamtheit bilden. Das Fehlen einer zentralen übergeordneten Autorität schließt jedoch nicht aus, dass diese formell als unabhängige Monaden existierenden Staaten sich eines Minimums an gemeinsamen Interessen bewusst sind. Bull nannte die folgenden drei fundamentalen Interessen: erstens das Interesse an irgendeiner Form von Ordnung, d.h. an Struktur; zweitens das Interesse an bestimmten Regeln der Koexistenz der Staaten; und drittens die Existenz von Mechanismen, die gewährleisten, dass zwischen Staaten verabredete Vorhaben verlässlich durchgeführt werden können, vor allem also das Prinzip *pacta sunt servanda.*[36] Auch diese Ordnungsminima müssen ganz ohne die Existenz einer normativ legitimierten überlegenen Herrschaftsmacht aus der Mitte der Staaten heraus geschaffen werden. Man kann sie in den Normen des Völkerrechts sehen, jenem »jahrhundertealten Geflecht aus Verträgen, Gewohnheitsrecht, allgemeinen Grundsätzen, gerichtlichen Präzedenzfällen und wissenschaftlichen Gutachten«[37]. Dieses »Geflecht« bildet das Modell einer auf Recht beruhenden Ordnung – eine normative Ordnung. Hugo Grotius, der wohl bedeutendste Begründer der Völkerrechtslehre, erklärte in der

[35] *H. Bull,* The Anarchical Society: A Study of Order in World Politics, London 1977.
[36] *Bull,* Anarchical Society, S. 65ff. (68f.).
[37] *M. Byers,* International Law, in: Chr. Reus-Smit/D. Snidal (Hrsg.), The Oxford Handbook of International Relations, Oxford 2010, S. 612–631 (612).

Vorrede zu seinem opus magnum »De Jure Belli ac Pacis Libri Tres«, dass »das Recht nicht bloß des Nutzens wegen vorhanden [ist]. Kein Staat ist so kräftig, daß er nicht irgendeinmal der Hilfe anderer bedarf [...]«[38].

Dennoch sind wohl die außernormativen Faktoren bedeutsamer, die der »anarchischen Gesellschaft« den Charakter einer Ordnung verleihen. Kommen wir noch einmal auf ein oben nicht erwähntes Element von Max Webers Definition von Ordnung zurück, in der sich normative mit empirischen Elementen mischen. Von einer »Ordnung« spricht er, »wenn das Handeln an angebbaren ›Maximen‹ (durchschnittlich und annähernd) orientiert wird. Wir wollen [...] nur dann von einem ›Gelten‹ dieser Ordnung sprechen, wenn diese tatsächliche Orientierung an jenen Maximen mindestens *auch* [...] deshalb erfolgt, weil sie als irgendwie *für* das Handeln geltend: verbindlich oder vorbildlich, angesehen werden«[39]. Trotz immer wieder beklagter Völkerrechtsverletzungen durch einzelne Staaten wird man dennoch sagen können, dass das Völkerrecht in der Sphäre der internationalen Beziehungen gewisse regulative Funktionen erfüllt. Aber es ist nicht das Völkerrecht, welches die Ordnung der internationalen Beziehungen konstituiert. Denn es fehlt ihr ein verlässliches System der Sanktionierung von Völkerrechtsverletzungen – es gibt kein im Namen der Gesamtheit der Staaten handelndes effektives System der Sanktionierung von Völkerrechtsverletzungen einzelner Staaten. Zwar können Resolutionen der Vollversammlung der Vereinten Nationen[40] Missbilligungen von Völkerrechtsverstößen seitens einzelner Staaten aussprechen. Die durchaus mögliche Sanktionierung von Rechtsverletzungen ist in die Hand der einzelnen Staaten gelegt. In Fällen einer Friedensgefährdung kann der Sicherheitsrat sogar militärische Sanktionsmaßnahmen durchführen und dabei auf die Beistandspflicht aller Mitgliedsstaaten der VN zurückgreifen.[41]

Doch die Uneinigkeit in vielen Angelegenheiten der Weltordnung unter den permanenten Mitgliedern des Sicherheitsrates verhindert ein gemeinsames konstruktives Handeln im Interesse einer friedlichen und die Zukunft der Menschheit sichernden Neuordnung der internationalen Verantwortlichkeiten. Eine Reform der Vereinten Nationen scheiterte bislang an dem Widerstand jener Nationen, die im Jahre 1945 aufgrund ihres damaligen weltpolitischen Potentials mit der Verantwortung für den Weltfrieden betraut worden waren.

Offenkundig hat sich der Charakter der internationalen Beziehungen in den Jahrzehnten seit dem Ende des Kalten Krieges deutlich verändert. Mit der Auflösung der beiden von den USA und der Sowjetunion angeführten Machtblöcken hat sich aus dem Nebeneinander der formell gleich souveränen Staaten ein ver-

---

[38] *H. Grotius,* De jure belli Ac pacis libri tres (1625). Drei Bücher vom Recht des Krieges und des Friedens. Neuer deutscher Text und Einleitung von Walter Schätzel, Tübingen 1950, S. 35.

[39] *Weber,* Wirtschaft und Gesellschaft, S. 16 (Hervorhebungen i.O.).

[40] Art. 10, 11 VN-Charta.

[41] Art. 42, 43 VN-Charta.

änderter Typ von wechselseitiger zwischenstaatlicher Verbindlichkeit herausgebildet, der von einer beachtlichen Zahl von Völkerrechtlern, Philosophen und Experten der Internationalen Beziehungen als eine Art von Konstitutionalisierung der Staatengemeinschaft verstanden wird.[42] Dabei handelt es sich erkennbar um ein normatives Projekt. Doch hat die weltpolitische Wirklichkeit seit dem russischen Angriffskrieg gegen die Ukraine im Februar 2022 und zusätzlich seit dem am 7. Oktober 2023 entfesselten schmutzigen Krieg der Hamas gegen Israel die hinter diesem Konzept stehende Idee einer »internationalen Gemeinschaft« desavouiert. Wenn eine deutliche Mehrheit von Staaten sich nicht einmal dazu entschließen kann, das am 7. Oktober von der Terrorgruppe »Hamas« begangene und durch weltweit verbreitete Bilder sinnlich erfahrbar gewordene Massaker an hunderten von israelischen Zivilpersonen als solches zu benennen und als unvereinbar mit jeglicher für die zivilisierte Menschheit verbindlichen Norm zu verurteilen, dann spiegelt sich darin die gegenwärtige polarisierende Fraktionierung der Staatenwelt. Bereits der Ausbruch dieser beiden Kriege macht deutlich, dass das Völkerrecht nicht als Garant einer friedlichen internationalen Ordnung fungiert. Die Normativität einer Sollenssphäre allein ist zu schwach, um eine stabile internationale Ordnung zu begründen und zu tragen.

Sucht man nach stabilisierenden Faktoren, so findet man sie in der Sphäre, die in der die Währung der Macht gilt – sei es die politische, die militärische, die ökonomische oder durchaus auch die ideologische oder normative Macht.[43] Je nach dem historischen Entwicklungsstand der Staatenbeziehungen findet man verschiedene Varianten des seit der Entstehung der modernen Staatlichkeit vorherrschenden Prinzips des »Gleichgewichts der Kräfte« (balance of power).[44] Je nach Staatenkonstellation – z.B. die hegemoniale Großmachtstellung eines

---

[42] Vgl. *A. Peters,* Compensatory Constitutionalism: The Function and Potential of Fundamental International Norms and Structures, in: Leiden Journal of International Law 19/3 (2006), S. 579–610; *J. A. Frowein,* Konstitutionalisierung des Völkerrechts, in: Völkerrecht und internationales Privatrecht in einem sich globalisierenden internationalen System. Berichte DGVR, Band 39, Heidelberg 2000, S. 427–445; *A. Fischer-Lescano,* Die Emergenz der Globalverfassung, in: Zeitschrift für ausländisches öffentliches Recht und Völkerrecht 63 (2003), S. 717–760; *M. Barnett/K. Sikkink,* From International Relations to Global Society, in: Chr. Reus-Smit/D. Snidal (Hrsg.), The Oxford Handbook of International Relations, Oxford 2010, S. 62–83; J. Klabbers/A. Peters (Hrsg.), The constitutionalization of international law, Oxford, 2011; *B.-O. Bryde,* Konstitutionalisierung des Völkerrechts und Internationalisierung des Verfassungsrechts, in: Der Staat 42 (2003), S. 61–76; aus philosophischer Sicht *J. Habermas,* Eine politische Verfassung für die pluralistische Weltgesellschaft?, in: ders., Zwischen Naturalismus und Religion. Philosophische Aufsätze, Frankfurt a.M. 2005, S. 324–365.

[43] Hierzu *G. Poggi,* Forms of power, Cambridge/Malden 2001.

[44] Vgl. z.B. *Friedrich v. Gentz,* Fragmente aus der neusten Geschichte des politischen Gleichgewichts in Europa, St. Petersburg 1806; *E. Luard,* The balance of power: the system of international relations, 1648–1815, New York 1992; *M. Wight,* The Balance of Power, in: H.W. Butterfield (Hrsg.), Diplomatic Investigations. Essays in the Theory of International Politics, London 1966, S. 149–175; *M. Sheehan,* The Balance of Power. History and Theory, New York 1996; *S.J. Kaufman u.a.,* The balance of power in world history, New York 2007.

Staates[45], das Duopol zweier Großmächte, eine Multipolarität der Staatenwelt[46] oder eine fraktionierte »Weltunordnung«[47] – stellt sich das Problem des Gleichgewichts unterschiedlich. Das Ziel ist stets das gleiche: die Vermeidung des Krieges. Wenn er denn doch nicht vermieden werden konnte, dann bezeichnet der damit in der Regel verbundene und dem Aggressor vorgeworfene Bruch des Völkerrechts nicht die Wurzel des Problems. Diese liegt in der Fehlkonstellation der Machtverteilung. Die Profession, deren Dienste und Fähigkeiten in einer solchen Situation gefragt sind, ist nicht die der Völkerrechtler, sondern die der Diplomaten.

V. Kelsens völkerrechtliches Ordnungsmodell: die Sanktion aus Folge einer Rechtsverletzung

Schauen wir also zum Abschluss auf die Position Hans Kelsens zur Eventualität eines Krieges. Hält er an seiner Grundposition des konstitutiven Charakters der Rechtsnormen auch für den Bereich der internationalen Ordnung fest?

Aus Gründen des zulässigen Umfangs muss ich mich mit einigen skizzenhaften Bemerkungen begnügen.[48] Grundlegend für Kelsens Völkerrechtstheorie ist seine Parallelisierung der wesentlichen Merkmale des Völkerrechts mit denen des binnenstaatlichen Rechts. Das »sogenannte Völkerrecht« sei »Recht, wenn es eine als souverän vorausgesetzte Zwangsordnung menschlichen Verhaltens ist« und nach der Logik des binnenstaatlichen Rechts funktioniere – die sanktionierenden Zwangsakte werden bei Eintritt der in Rechtssätzen definierten Tatbestandsmerkmale der Rechtsverletzung ausgelöst.[49] Mag diese Feststellung noch im Hinblick auf gewisse Universalien des Rechtsbegriffs einleuchten, so ist Kelsens Interpretation der bei Vorliegen der einschlägigen Tatbestandsmerkmale einer Norm ausgelösten Sanktionen irritierend. Die für das Völkerrecht charakteristischen Sanktionen sind die (gegebenenfalls bewaffnete) Repressalie und der Krieg – beide bestehen »in der zwangsweisen Entziehung von Leben, Frei-

---

[45] Hierzu *H. Mosler,* Die Grossmachtstellung im Völkerrecht, Heidelberg 1945; vgl. auch *H. Triepel,* Die Hegemonie. Ein Buch von führenden Staaten. Nachdruck d. 1. Auflage 1938, Aalen 1961, S. 211 ff.

[46] Vgl. *R. Aron,* Frieden und Krieg. Eine Theorie der Staatenwelt, Frankfurt a.M. 1962, S. 117 ff.; *H. Kissinger,* Diplomacy, New York 1994, S. 17 ff.; *ders.,* Weltordnung, 3. Auflage 2014, S. 9 ff.; *H. Münkler,* Welt in Aufruhr. Die Ordnung der Mächte im 21. Jahrhundert, Berlin 2023; vgl. auch *J.J. Mearsheimer,* The Tragedy of Great Power Politics, New York/London 2001, S. 360 ff.

[47] *C. Masala,* Weltunordnung. Die globalen Krisen und die Illusionen des Westens, 3. Auflage München 2022.

[48] Ein sehr guter Überblick über Kelsens Völkerrechtstheorie bei *J. v. Bernstorff,* Hans Kelsen and the Return of Universalism, in: A. Orford/F. Hoffmann (Hrsg.), The Oxford Handbook of the Theory of International Law, Oxford 2016, S. 192–211.

[49] *Kelsen,* Reine Rechtslehre 1960, S. 321.

heit und anderen, insbesondere wirtschaftlichen Gütern von Menschen«. Wenn diese Sanktionen »als gegen den Staat gerichtet bezeichnet werden, obgleich sie unmittelbar gegen Menschen gerichtet sind, das heißt: wenn das Erleiden der Sanktionen dem Staate zugeschrieben wird, so komme in dieser Zuschreibung zum Ausdruck, daß die Menschen, die die Übel der Sanktionen tatsächlich erleiden, zu dem Staat gehören, das heißt der Rechtsordnung unterworfen sind, deren Personifikation der Staat als Subjekt des Völkerrechts und als solches Subjekt des völkerrechtlichen Deliktes ist, die die Bedingung der Sanktion bildet«.[50] Das ist eine juristisch korrekte Umschreibung des Tatbestandes einer Kollektivhaftung.[51]

Die Irritation über diese mit kalter begriffslogischer Konsequenz vorgetragenen Auffassung dürfte kaum durch Kelsens Hinweis darauf besänftigt werden, dass das Völkerrecht nun einmal eine »primitive Rechtsordnung« sei, die »eine gewisse Ähnlichkeit mit dem Recht der primitiven Gesellschaft« zeige.[52]

Der kritische Punkt dieses Argumentes liegt nicht in der von Kelsen gebilligten Zuschreibung der Konsequenzen der vom Staat ausgelösten Sanktion einer bewaffneten Repressalie oder gar eines Krieges zu den Menschen, die die zerstörerischen Kriegsfolgen erleiden müssen, sondern darin, dass Kelsen ohne große Umschweife diese beiden Optionen offenbar als zulässige Sanktionen in einem völkerrechtlichen Konflikt betrachtet.

In seiner 1957 an entlegener Stelle veröffentlichten Studie über *Collective Security under International Law* erklärte er in seinem kurzen Vorwort die Prämisse seiner Analyse, nämlich dass kollektive Sicherheit im Rahmen der internationalen Gemeinschaft ihrem Wesen nach ein rechtliches Problem sei (»by its very nature a legal problem«[53]). Staatenbündnisse und Konzepte eines Gleichgewichts der Kräfte als Garanten internationaler Sicherheit verwirft er; am Ende hätten sie stets erneut zu Kriegen geführt.[54] Eine weitere Prämisse lautet, dass rechtswidrige Akte von Staaten im Interesse der Bewahrung der internationalen (Rechts-)Ordnung sanktioniert werden müssen.[55] Im Einklang mit dem seit dem Briand-Kellogg-Pakt von 1928 bestehenden und 1945 in Art. 2 Abs. 4 der UN-Charta bekräftigten völkerrechtlich geltenden Kriegsverbot unterscheidet Kelsen zwischen rechtmäßigen und rechtswidrigen Kriegen und gelangt zu

---

[50] *Kelsen,* Reine Rechtslehre 1960, S. 323.

[51] In der 1932 veröffentlichten Abhandlung über »Unrecht und Unrechtsfolgen im Völkerrecht«, hier zitiert nach dem Nachdruck 1971, bezeichnete Kelsen diese Art der Zurechnung als die »ideologische Verhüllung der Tatsache, daß ein anderer Mensch als der, der den Unrechtstatbestand gesetzt hat, von der Unrechtsfolge getroffen wird. Es ist die Rechtfertigung der Kollektivhaftung«, vgl. Nachdruck 1971 in *H. Kelsen,* Der Staat als Integration, Aalen 1971, S. 101–228 (123).

[52] *Kelsen,* Reine Rechtslehre 1960, S. 323 f.

[53] *H. Kelsen,* Collective Security under International Law, Washington 1957.

[54] *Kelsen,* Collective Security, S. 39.

[55] *Kelsen,* Collective Security, S. 34 ff.

der Schlussfolgerung aus den genannten Prämissen, dass rechtswidrige Akte eines Staates einschließlich eines rechtswidrigen Krieges sanktioniert werden müssen.[56] Angesichts der Abwesenheit einer überlegenen internationalen Autorität als Inhaber der Sanktionsgewalt besteht in diesem Sachverhalt das zentrale Problem der Kelsen'schen Konzeption der internationalen Sicherheit als ein Rechtsproblem. Es ist mit anderen Worten ein mit rechtlichen Mitteln zu lösendes Problem. Kelsens Vorschläge folgen im Wesentlichen den in Kapitel VII der UN-Charta vorgesehenen Instrumenten einer mit militärischen Mitteln zu bewirkenden Lösung des Konfliktes.[57] Eine ebenso interessante wie kühne und vermutlich nicht erst im Angesicht der gegenwärtigen Weltlage auch illusorische Idee Kelsens ist der Vorschlag der Einrichtung einer internationalen permanenten und gesonderten bewaffneten Polizeimacht unter der ausschließlichen Verfügung des zuständigen Sicherheitsorgans, das heißt wohl des Sicherheitsrates.[58] Diese niemals realisierte Polizeimacht ist nicht mit den jeweils ad hoc eingerichteten UN-Blauhelmtruppen der UN zu verwechseln. Realistischer und folgenreicher waren dagegen Kelsens hier nicht weiter zu verfolgenden Vorschläge zur Errichtung einer internationalen Gerichtsbarkeit mit dem Ziel, nicht die Staaten, sondern die in den Staaten verantwortlichen Individuen für die Auslösung eines illegalen Krieges zur Rechenschaft zu ziehen.[59]

Welche Schlussfolgerungen ergeben sich aus dieser Position Kelsens zur Bedeutung des (Völker-)Rechts für die internationale Ordnung? Seine Völkerrechtstheorie erhebt den Anspruch, zugleich eine Theorie der Ordnung der internationalen Beziehungen zu sein – und das nicht ganz ohne Berechtigung. Denn solange und soweit die internationalen Beziehungen ausschließlich aus Beziehungen zwischen Staaten bestehen, die völkerrechtlich den Status gleicher Souveränität genießen, ist das Kelsen'sche Modell einer auf der Sanktionierung rechtswidrigen Verhaltens beruhenden rechtlichen Normativität und sozialen Normalität plausibel.[60] Aber schon in der internationalen politischen Realität gibt es immer wieder Fälle, in denen keineswegs jedes Delikt jedes Staates unabhängig von dessen ökonomischen, militärischen und politischen Rang nach dem Kelsen'schen Muster sanktioniert wird. So kann es geschehen, dass die Welt im Jahre 2023 Zeuge zweier Kriege wird, die beide rechtswidrig begonnen und damit im Kelsen'schen Sinne Delikte waren, ohne dass eine ordnungsstiftende Sanktion in Sicht wäre. Der völkerrechtlich-normativen souveränen Gleichheit

---

[56] *Kelsen,* Collective Security, S. 101 ff., S. 110 ff.

[57] Vgl. *Kelsen,* Collective Security, S. 111 ff.

[58] *Kelsen,* Collective Security, S. 113 ff.

[59] *H. Kelsen,* Peace Through Law, Chapel Hill 1944, S. 71 ff.

[60] Eine glänzende Explikation dieses Modells bei *H. Kelsen,* Principles of International Law, 2. Auflage, hrsgg. von Robert W. Tucker, New York/Chicago u.a. 1966, S. 3 ff., wo die Überschrift des ersten Abschnitts bezeichnenderweise mit den Worten überschrieben ist: »The Nature of International Law: International Delicts and International Sanctions«.

aller Staaten steht die Realität einer internationalen Hierarchie gegenüber, in der keineswegs alle Staaten die vom Völkerrecht vorausgesetzten Merkmale eines souveränen Territorialstaates aufweisen.[61] Die Macht zur Erhaltung einer internationalen Ordnung und zur Wiederherstellung einer gestörten Ordnung liegt nicht bei juristischen Wächtern, auch nicht bei den von Kelsen dafür vorgeschlagenen Gerichten – sie liegt in den Händen der einflussreichsten Akteure der internationalen Politik, von deren Diplomaten, zuweilen auch Generälen.

[61] Hierzu *D. A. Lake,* The State and International Relations, in: Chr. Reus-Smit/D. Snidal (Hrsg.), The Oxford Handbook of International Relations, Oxford 2010, S. 41–61 (54 f.).

Reine Rechtslehre und Kritischer Rationalismus

Divergenzen und Konvergenzen

Rudolf Thienel

I. Einleitung

Mit seiner 1986 veröffentlichten Dissertationsschrift[1] hat der Jubilar einen bahnbrechenden Beitrag zur Renaissance von *Hans Kelsen* geleistet. In den Jahrzehnten seither ist eine umfangreiche Beschäftigung mit *Kelsens* Œuvre festzustellen, wobei neben seinen rechtstheoretischen auch seine demokratietheoretischen und politikwissenschaftlichen Arbeiten in den Fokus rückten.[2] Der Jubilar hat zu dieser Diskussion mit zahlreichen Publikationen beigetragen und jüngst eine konzentrierte Darstellung des Gesamtwerks *Kelsens* vorgelegt.[3]

Mit der im Zentrum seines Lebenswerks stehenden Reinen Rechtslehre hat *Kelsen* es unternommen, eine »von aller politischen Ideologie und allen naturwissenschaftlichen Elementen gereinigte, ihrer Eigenart weil der Eigengesetzlichkeit ihres Gegenstandes bewußte Rechtstheorie zu entwickeln«.[4] Die Reine Rechtslehre will die Rechtswissenschaft einerseits gegen die Vereinnahmung durch die Politik abgrenzen, anderseits aber auch von den erklärenden Kausalwissenschaften. Ausgangspunkt ist die Auffassung, dass die Rechtsordnung eine durch bewusste menschliche Setzung geschaffene normative Ordnung ist, die Gebote, Verbote, Erlaubnisse und Ermächtigungen statuiert, also ein »Sollen«. Die Problemlage, die die Reine Rechtslehre zu lösen unternimmt, ergibt sich einerseits daraus, dass aus einem Sein kein Sollen folgen kann, also aus dem Umstand, dass jemand faktisch etwas anordnet, nicht folgt, dass damit ein Sollen statuiert wird, mag die Anordnung auch faktisch effektiv sein; zum anderen

---

[1] *Horst Dreier,* Rechtslehre, Staatssoziologie und Demokratietheorie bei Hans Kelsen, Baden-Baden 1986; 2. unveränderte Auflage, Baden-Baden 1990.

[2] Vgl. dazu etwa *Horst Dreier*, Die (Wieder-)Entdeckung Kelsens in den 1980er Jahren – Ein Rückblick (auch in eigener Sache), in: Horst Dreier, Kelsen im Kontext, Tübingen 2019, S. 115 ff.; Tamara Ehs (Hrsg.), Hans Kelsen. Eine politikwissenschaftliche Einführung, Wien 2009; Elif Özmen (Hrsg.), Hans Kelsens Politische Philosophie, Tübingen 2017; *Robert Schuett*, Professor Kelsen's Amazing Reappearing Act, in: ÖZP 2022, S. 2 ff.; *Lars Vinx*, Hans Kelsen's Pure Theory of Law, Oxford 2007.

[3] *Horst Dreier*, Hans Kelsen zur Einführung, Hamburg 2023.

[4] *Hans Kelsen*, Reine Rechtslehre, Leipzig/Wien 1934, S. IX.

geht die Reine Rechtslehre davon aus, dass objektive Werte – der Moral oder Gerechtigkeit – nicht intersubjektiv nachweisbar sind und Sollensanforderungen daher auch nicht durch Rekurs auf derartige Wertordnungen begründet werden können.[5]

Zur erkenntnistheoretischen Fundierung seiner Theorie hat *Kelsen* neben *Kant* insbesondere auf neukantianische Richtungen zurückgegriffen. Abgesehen davon, dass die Tragfähigkeit des (Neu)Kantianismus als erkenntnistheoretische Grundlage der Reinen Rechtslehre immer wieder angezweifelt wurde, habe ich insbesondere im Lichte der Überlegungen des Kritischen Rationalismus – der wohl wirkmächtigsten Erkenntnistheorie der letzten Jahrzehnte – Vorbehalte gegen die (idealistischen) Positionen des Neukantianismus; ich habe daher versucht zu zeigen, dass die wesentlichen Positionen der Reinen Rechtslehre auch auf der Grundlage der erkenntnistheoretischen Positionen des Kritischen Rationalismus vertreten werden können.[6] Tatsächlich nehmen die Reine Rechtslehre und der Kritische Rationalismus in vielen Punkten ähnliche Positionen ein, wie etwa die Unterscheidung von Sein und Sollen oder das Postulat der Wertfreiheit der Wissenschaft.[7] Interessanterweise hat es aber zwischen *Kelsen* und dem Begründer des Kritischen Rationalismus, *Karl R. Popper*, trotz persönlicher Berührungspunkte[8] keine weitere Diskussion gegeben, wobei sich *Popper* freilich mit rechtstheoretischen Fragen nicht befasst hat. Eine dezidierte Position zu Methodenfragen der Rechtswissenschaft hat aber der bedeutendste Vertreter des Kritischen Rationalismus im deutschen Sprachraum *Hans Albert* entwickelt, der mit seiner sozialtechnologischen Konzeption der Rechtswissenschaft allerdings eine rechtsrealistische Haltung einnimmt,[9] mit der ich mich kritisch auseinandergesetzt habe. In der folgenden Diskussion konnten wir uns trotz Übereinstimmung in vielen Fragen nicht in allen Punkten einigen.[10]

---

[5] Vgl. zu dem damit grundgelegten Rechtsbegriff der Reinen Rechtslehre etwa *Rudolf Thienel*, Der Rechtsbegriff der Reinen Rechtslehre – Eine Standortbestimmung, in: Schäffer/Berka/Stolzlechner/Werndl (Hrsg.), Staat – Verfassung – Verwaltung. Festschrift anläßlich des 65. Geburtstages von Prof. DDr. DDr. h.c. Friedrich Koja, Wien/New York 1998, S. 160ff.

[6] *Rudolf Thienel*, Kritischer Rationalismus und Jurisprudenz, Wien 1991.

[7] Zum Wissenschaftsprogramm *Hans Kelsen* vgl. insb. *Horst Dreier*, Hans Kelsens Wissenschaftsprogramm, in: ders., Kelsen im Kontext, Tübingen 2019, S. 19ff.; zu den Grundpositionen des Kritischen Rationalismus z.B. *Hans Albert*, Kritischer Rationalismus, Tübingen 2000; *Karl Popper*, Alles Leben ist Problemlösen, München 1994, S. 15ff.

[8] Beide hatten Kontakte zum Wiener Kreis; 1935 verfasste *Kelsen* ein an *August F. Hayek* adressiertes Empfehlungsschreiben für *Popper:* vgl. dazu *Robert Schuett*, Hans Kelsens Political Realism, Edinburgh 2021, S. 124ff.

[9] Vgl. insb. *Hans Albert*, Konstruktion und Kritik, 2. Auflage Hamburg 1975, S. 221ff.; *Hans Albert*, Traktat über rationale Praxis, Tübingen 1978, S. 60ff.; *ders.*, Zur Kritik der reinen Jurisprudenz. Recht und Rechtswissenschaft in der Sicht des Kritischen Rationalismus, in: Internationales Jahrbuch für Rechtsphilosophie und Gesetzgebung 1992, S. 343ff.

[10] Vgl. *Hans Albert*, Rechtswissenschaft als Realwissenschaft, Baden-Baden 1993; *ders.*, Kritik der reinen Hermeneutik, Tübingen 1994, S. 164ff.; *Rudolf Thienel*, Rechtswissenschaft

Mittlerweile berufen sich verschiedene juristische Autoren auf Positionen des Kritischen Rationalismus, freilich mit z.T. sehr unterschiedlichen Konzepten.[11] Es scheint daher reizvoll, mit gewisser zeitlicher Distanz die Diskussion mit *Hans Albert* noch einmal aufzugreifen, wobei ich drei zentrale Fragen diskutieren möchte.

II. Rechtswissenschaft als Realwissenschaft oder als »Normwissenschaft«?

Nach Auffassung des Kritischen Rationalismus stellt Wissenschaft eine Form menschlicher Praxis dar, die auf die Erzielung von Erkenntnis gerichtet ist. Die wissenschaftliche Tätigkeit beruht dabei auf bestimmten metaphysischen Annahmen, die Methodologie ist danach eine Technologie der Erkenntnispraxis, die an bestimmten Zielsetzungen orientiert ist. Sowohl bei den verfolgten Zielsetzungen wie auch bei den daran ausgerichteten methodischen Regeln handelt es sich um Festsetzungen, um Normierungen für die Erkenntnispraxis, die durch eine Entscheidung festgelegt werden,[12] und kritisierbar sowie revidierbar sind.[13] In der Erkenntnispraxis – wie auch bei sonstigen praktischen Fragen – ist von einer Analyse der jeweiligen Problemsituation auszugehen, es sind verschiedene alternative Lösungsvorschläge auszuarbeiten und diese im Hinblick auf die verfolgte Zielsetzung einer vergleichenden Bewertung und allfälligen Revision zu unterziehen.[14]

Das Erkenntnisprogramm des Kritischen Rationalismus verfolgt das Ziel einer Erklärung realer Tatbestände anhand allgemeiner Gesetzmäßigkeiten; auf diesem einheitlichen Erkenntnisprogramm beruht nach Auffassung des Kritischen Rationalismus die methodische Einheit der Wissenschaften.[15] Dieses Erkenntnisprogramm beruht auf bestimmten metaphysischen Annahmen, die sich auf das damit verbundene methodische Konzept auswirken: Dazu gehört die Annahme

ohne Sollen? in: Eric Hilgendorf (Hrsg.), Wissenschaft, Religion und Recht. Hans Albert zum 85. Geburtstag, Berlin 2006, S. 415ff.

[11] Vgl. nur beispielsweise *Axel Birk*, Der Kritische Rationalismus und die Rechtswissenschaft, in: Rechtstheorie 48 (2017), S. 43ff.; *Jens-Peter Damas*, Ist die Rechtswissenschaft eine »Wissenschaft«?, in: ARSP 89 (2003), S. 186ff.; *Karl-Heinz Fezer*, »Recht ist Recht ist Recht ist Recht«, Konstanz 2015; *Michael Potacs*, Kritischer Rationalismus und Rechtswissenschaft, in: Neck/Salamun (Hrsg.), Karl R. Popper – Plädoyer für kritisch-rationale Wissenschaft, Frankfurt a.M. 2004, S. 109ff.; *Bernd Rüthers/Christian Fischer/Axel Birk*, Rechtstheorie und Juristische Methodenlehre, 12. Auflage, München 2022; *Bernhard Schlink*, Interpretations as Hypotheses, in: Goodrich/Rosenfeld (Hrsg.), Administering Interpretation, New York 2019, S. 11ff.

[12] Vgl. etwa *Karl R. Popper*, Logik der Forschung, 9. Auflage, Tübingen 1989, S. 25ff.; *Albert*, Praxis, S. 45ff.; *ders.*, Kritik der reinen Erkenntnislehre, Tübingen 1987, S. 84f.

[13] *Albert*, Erkenntnislehre, S. 74.

[14] *Albert*, Praxis, S. 29ff.; *Popper*, Problemlösen, S. 21ff.

[15] Vgl. etwa *Albert*, Praxis, S. 37f.; *ders.*, Erkenntnislehre, S. 102.

einer subjektunabhängigen Wirklichkeit (erkenntnistheoretischer Realismus), die Annahme ihrer grundsätzlichen Erkennbarkeit, die Existenz allgemeiner Gesetzmäßigkeiten, die Möglichkeit von Erklärungen auf deren Grundlage, die Annahme der Möglichkeit einer mehr oder weniger zutreffenden Darstellung realer Sachverhalte (Korrespondenztheorie der Wahrheit) und die Vorstellung der Wertfreiheit der Wissenschaft.[16] Die spezifische Pointe liegt im fallibilistischen Ansatz, wonach alle zur Erklärung herangezogenen Theorien nur hypothetischen Charakter haben und sich an der Beobachtung der Realität bewähren müssen.[17]

Angesichts des Erkenntnisprogramms des Kritischen Rationalismus scheint es zunächst naheliegend, auch die Rechtswissenschaft als erklärende Wissenschaft zu konzipieren, bei der rechtliche Normierungen als Ursachen für bestimmte Verhaltensweisen bzw. (technologisch) als Mittel der gezielten Sozialsteuerung angesehen werden. Auch eine solche Erklärung bzw. der technologische Einsatz von Normierungen setzen aber voraus, dass man die relevanten Normen erkennen und beschreiben kann; das betont auch *Albert*.[18] Dies erfordert freilich eine Identifikation und eine Interpretation der jeweiligen Rechtsnormen, womit die zentralen Aufgaben der traditionellen Rechtswissenschaft angesprochen sind. Diese Aufgaben, insbesondere die Identifikation der Rechtsnormen, lassen sich aber nicht mehr allein mit einer Erklärung aufgrund allgemeiner Gesetzmäßigkeiten bewerkstelligen. Ich möchte die Problemsituation und die von der Reinen Rechtslehre vorgeschlagene Lösung in mehreren Schritten an einem Beispiel explizieren:

Nehmen wir an, Sie werden in Ihrem Kfz auf der Straße von einem uniformierten Menschen angehalten, der sie auffordert, ihm Führerschein und Wagenpapiere zu zeigen. Ob es sich dabei um den Befehl eines Polizeibeamten oder um die Amtsanmaßung einer unbefugten Person handelt, hängt davon ab, ob dieser Mensch durch Rechtsvorschriften als Polizeibeamter ermächtigt ist, derartige Anordnungen zu erlassen. Es ist offensichtlich, dass diese Frage nicht mittels einer Kausalerklärung nach dem Muster von Ursache und Wirkung beantwortet werden kann, sondern eine Deutung des tatsächlichen Verhaltens anhand von ermächtigenden Rechtsnormen erfordert: Das Entstehen eines rechtlich relevanten Befehls ist nicht kausale Folge des Anordnungsaktes, sondern die in einer Ermächtigungsnorm vorgesehene Rechtsfolge der Verwirklichung der im Tatbestand der ermächtigenden Norm vorgesehenen Bedingungen. Dieses für die Rechtswissenschaft typische Erklärungsschema hat *Kelsen* als Zurechnung bezeichnet:[19] Es geht der Rechtswissenschaft um Beziehungen zwischen

---

[16] *Albert*, Praxis, S. 39ff.
[17] *Albert*, Vernunft, S. 42f.; *ders.*, Praxis, S. 10f.
[18] Z.B. *Albert*, Konstruktion, S. 233ff.; *ders.*, Praxis, S. 75ff.
[19] Vgl. etwa *Kelsen*, Reine Rechtslehre 1960, S. 72ff.

menschlichem Verhalten, die durch Rechtsnormen hergestellt werden. Mit dieser Betrachtungsweise unterscheidet sich die Methode der Rechtswissenschaft von den kausal erklärenden Wissenschaften; ohne diese Betrachtungsweise wäre es nicht möglich, die zu einem Rechtssystem gehörenden Rechtsnormen zu identifizieren. Das Erkenntnisziel, die rechtlich relevanten Akte und damit die Rechtsnormen zu identifizieren, lässt sich somit mit den Methoden einer erklärenden Wissenschaft nicht erreichen.[20] Nun hat aber *Albert* selbst darauf hingewiesen, dass Erkenntnisinteressen anderer Wissenschaften nicht einfach »wegdekretiert« werden können und es unangemessen wäre, die an (anderen) Erkenntniszielen ausgerichteten Methoden ohne Analyse der für eine Wissenschaft typischen Problemstellungen für maßgebend zu erklären.[21]

Die Eigenarten der Rechtswissenschaft gehen aber weiter; bleiben wir bei unserem Beispiel: Um welche Art von Gegenstand handelt es sich bei dem Befehl unseres Uniformierten? Dazu müssen wir zwischen zwei Gegenständen unterscheiden: Einerseits gibt es den Anordnungsakt, einen physischen Vorgang, den wir mit physischen Merkmalen beschreiben können; davon zu unterscheiden ist aber der damit erteilte Befehl, der der intendierte Sinn dieses Anordnungsaktes und mit diesem nicht identisch ist. Diesen Sinn können wir nicht mit physischen Merkmalen beschreiben: Wenn wir ihn beschreiben, machen wir nicht Aussagen über physische Merkmale, sondern über etwas anderes, was mit den beim Anordnungsakt verwendeten Zeichen zum Ausdruck gebracht wird. Das ist übrigens keine Besonderheit eines Anordnungsaktes, sondern eine Eigenart aller kommunikativen Handlungen, bei denen wir zwischen den verwendeten Zeichen (Medien) einerseits und dem damit zum Ausdruck gebrachten Sinn unterscheiden müssen. Bei diesem Sinngehalt handelt es sich nicht bloß um ein Merkmal des kommunikativen Handelns,[22] sondern um einen Gegenstand eigener Art; *Kelsen* bezeichnet die Normen daher als ideelle Gegenstände.[23]

Eine adäquate ontologische Einordnung derartiger »Idealentitäten« ist mit Hilfe der von *Popper* entwickelten Drei-Welten-Lehre möglich.[24] Danach besteht die Welt aus (zumindest) drei Teilwelten: Der Welt 1 der physikalischen Zustände, der Welt 2 unserer psychischen Erlebnisse und der Welt 3 der Ideen

[20] Kritisch zur Position *Alberts* aus diesem Grund auch *Armin Engländer*, Kritischer Rationalismus und Jurisprudenz, in: Eric Hilgendorf (Hrsg.), Kritischer Rationalismus und Einzelwissenschaften, Tübingen 2017, S. 111 ff. (118 ff.); vgl. auch *Stefan Huster*, Rechtswissenschaft als Realwissenschaft? Anmerkungen zu Hans Alberts Konzeption der Jurisprudenz, in: Eric Hilgendorf (Hrsg.), Wissenschaft, Religion und Recht. Hans Albert zum 85. Geburtstag, Berlin 2006, S. 385 ff. (389 ff.).

[21] Vgl. etwa *Albert*, Erkenntnislehre, S. 141 ff.

[22] So aber *Albert*, Rechtswissenschaft als Realwissenschaft, S. 21 f.; *ders.*, Hermeneutik, S. 183 f.

[23] Vgl. etwa *Hans Kelsen*, Allgemeine Theorie der Normen, Wien 1979, S. 138.

[24] Vgl. etwa *Karl R. Popper*, Objektive Erkenntnis, Ein evolutionärer Entwurf, Gütersloh 1984, S. 93 ff., 167 ff.; *Popper*, Problemlösen, S. 75 ff., 95 ff.

im objektiven Sinn. Dazu gehören etwa wissenschaftliche Theorien ebenso wie alle anderen von Menschen erzeugten Sinngehalte, wie Kunstwerke, Werke der Literatur, Opern oder Konzerte. Alle diese Sinngehalte sind zwar menschliche Konstrukte, sie sind aber auch Gegenstände unserer Erkenntnis. Ich verkenne nicht, dass *Albert* diese Auffassung nicht übernommen hat und dass immer wieder Kritik an diesem Konzept *Poppers* geäußert wurde.[25] Überzeugend finde ich diese Überlegung dennoch aus mehreren von *Popper* genannten Gründen: Einerseits ist unbestreitbar, welchen faktischen Einfluss derartige Ideen – vermittelt durch die Welt 2 – auf die physikalische Welt 1 hatten und haben – man denke an die Auswirkungen politischer, theologischer oder wissenschaftlicher Konzepte auf die physische Welt. Zum anderen zeigt sich die Eigenständigkeit dieser ideellen Welt daran, dass es auch bezüglich dieser ideellen Gegenstände immer wieder zu neuen Entdeckungen kommt: Das gilt für Entdeckungen in der Mathematik ebenso wie für Entdeckungen innerhalb von Theorien, von künstlerischen Werken aber eben auch innerhalb einer von Menschen geschaffenen Rechtsordnung, bei der man immer wieder auf neue Fragestellungen stoßen kann. Von daher ist es naheliegend auch Anordnungen und Befehle und die Rechtsordnung insgesamt als Teile dieser Welt 3 anzusehen. Die Rechtsordnung ist damit eine spezifische Kulturleistung, die auf der Vorstellung der Möglichkeit gezielter Sozialsteuerung durch bewusste Setzung von Anordnungen beruht.[26] Aufgrund der metaphysischen Hypothese, dass solchen Sinngehalten und damit auch rechtlichen Normen eine eigenständige ideelle Existenz zukommt (das ist ein »normtheoretischer Realismus«), wird es möglich, über sie als Gegenstände der Erkenntnis zu sprechen und wahrheitsfähige Aussagen im Sinne der Korrespondenztheorie der Wahrheit zu machen.

Bei der Rechtsordnung handelt es sich freilich nicht um isolierte einzelne Anordnungen, sondern um ein System zusammenhängender Vorschriften, durch die bestimmte Verhaltensweisen vorgeschrieben (geboten, verboten) oder erlaubt und Ermächtigungen für Anordnungen und Sanktionen erteilt werden. Kehren wir zu dem Befehl unseres (vermeintlichen?) Polizeibeamten zurück: Der erteilte Befehl ist der Sinn eines konkreten physischen Anordnungsaktes: Der betreffende Mensch setzt den Anordnungsakt mit der Intention, damit einen Befehl zu erzeugen; *Kelsen* bezeichnet dies als den subjektiven Sinn der

[25] Vgl. dazu etwa *Birk*, Kritischer Rationalismus, S. 68ff.

[26] Neben der Rechtsordnung gibt es auch andere normative Ordnungen, wie insb. die Moral, sodass eine Abgrenzung von diesen anderen Ordnungen erforderlich ist; die Reine Rechtlehre nimmt diese Abgrenzung so vor, dass auf die Effektivität und die Zwangsbewehrung der Vorschriften abgestellt wird: vgl. etwa *Thienel*, Rechtsbegriff, S. 160ff. Auch *Albert* stellt dazu auf die faktische Wirksamkeit ab, das Kriterium der zwangsweisen Durchsetzbarkeit hält er hingegen nicht für erforderlich: *Albert*, Hermeneutik, S. 182; *ders.*, Rechtswissenschaft als Realwissenschaft, S. 20. Übereinstimmung besteht darin, dass es sich bei dieser Abgrenzung um eine Festsetzung handelt, die nach dem Kriterium der Zweckmäßigkeit vorgenommen wird.

Anordnung, den dieser vom Standpunkt des handelnden Menschen aus hat.[27] Wir haben aber schon gesehen, dass dieser Befehl nur dann rechtliche Relevanz hat, wenn er aufgrund einer entsprechenden Ermächtigung erteilt wird. Der Sinngehalt als Rechtsnorm wird dem Befehl nur durch die zu seiner Erlassung ermächtigenden Normen verliehen. Das ist es, was *Kelsen* als den objektiven Sinn einer Anordnung bezeichnet. Bei der Identifikation einer Rechtsnorm geht es also nicht um den subjektiven Sinn bestimmter Anordnungen (aus der Sicht des Anordnenden), sondern um diesen objektiven Sinn. Natürlich stellt sich dann bei dieser Ermächtigung sogleich wieder die Frage, ob es sich auch bei ihr um eine rechtliche Ermächtigung handelt, was nur dann der Fall ist, wenn es auch für ihre Erlassung wieder eine rechtliche Ermächtigung gibt. Die Einheit des Normensystems ergibt sich damit daraus, dass alle Rechtsnormen in einem Ermächtigungszusammenhang stehen, der letztlich auf eine oberste Ermächtigung zurückgeführt werden kann. Diese oberste Ermächtigung kann man als die Verfassung der betreffenden Rechtsordnung bezeichnen.[28] Befehle, die nicht entsprechend den jeweiligen Ermächtigungen erteilt werden und damit letztlich auf die Verfassung zurückgeführt werden können, existieren nicht als Rechtsnormen, gleichgültig, welche Intention der Anordnende aus seiner Sicht damit verbindet. Diese spezifische Existenz der Normen und der ganzen Rechtsordnung bezeichnet *Kelsen* als Geltung.[29] Da nach dem positivistischen Verständnis sowohl der Reinen Rechtslehre wie auch des Kritischen Rationalismus nur von Menschen getroffene Anordnungen als Rechtsnormen verstanden werden, handelt es sich bei dieser Verfassung somit um eine von Menschen gesetzte Anordnung.

Wir haben es bei der Rechtsordnung also mit einem System von Idealentitäten zu tun, das durch den Ermächtigungszusammenhang konstituiert wird. Um dieses System insgesamt als Einheit und damit als Gegenstand der Wissenschaft erfassen zu können, bedarf es damit noch eines weiteren Schrittes: Genauso wie der erkenntnistheoretische Realismus auf der (nicht beweisbaren) metaphysischen Hypothese der Existenz einer subjektunabhängigen Wirklichkeit beruht, bedarf die Rechtswissenschaft einer metaphysischen Hypothese, dass eine durch eine Verfassung konstituierte Rechtsordnung als System von Idealentitäten existiert, um diese beschreiben zu können.

Das ist im Kern die Überlegung der Reinen Rechtslehre, die freilich noch eine spezifische Position einnimmt: Sie postuliert, dass die Beschreibung eines Rechtssystems nur unter der hypothetischen Annahme der von *Kelsen* so genannten »Grundnorm« möglich ist, wonach man den Anordnungen der Verfassung gehorchen soll, dass es eine »Welt des Sollens« gibt, und dass die Rechtsnormen ein

[27] Vgl. zum Folgenden *Kelsen*, Reine Rechtslehre 1960, S. 2f.
[28] Vgl. näher *Kelsen*, Reine Rechtslehre 1960, S. 202f.
[29] *Kelsen*, Reine Rechtslehre 1960, S. 9ff.

zwar hypothetisches, aber objektiv gültiges Sollen statuieren. »Geltung« einer Rechtsnorm bedeutet daher für die Reine Rechtslehre nicht nur, dass sie dem Rechtssystem angehört, sondern auch, dass sie eine »Sollensanordnung« statuiert. Gerade diese Position und das Konzept der Grundnorm sind immer wieder auf Kritik gestoßen.[30] Diese Kritik beruht weithin auf einem fehlerhaften Verständnis der Positionen der Reinen Rechtslehre und ihres Verständnisses des Begriffes »Sollen«:[31] Rechtliche Anordnungen dienen dem Ziel der Sozialsteuerung, indem Gebote oder Verbote aufgestellt sowie Erlaubnisse oder Ermächtigungen erteilt oder frühere Rechtsnormen aufgehoben werden.[32] Der spezifische Sinn dieser Anordnungen ist darauf gerichtet, dass andere Menschen sich in bestimmter Weise verhalten »sollen«, d. h. dass ihnen etwas geboten, verboten oder erlaubt wird oder dass sie zu rechtlich relevantem Handeln ermächtigt werden. Die Reine Rechtslehre verwendet den Ausdruck »Sollen« somit in einem weiteren Sinn als im allgemeinen Sprachgebrauch: »Nimmt man an, dass *jede* Norm ein ›Sollen‹ statuiert, umfaßt dieses Wort alle möglichen normativen Funktionen: gebieten, ermächtigen, erlauben, derogieren.«[33] Wenn *Kelsen* die Grundnorm dahingehend formuliert, »man soll sich so verhalten, wie die Verfassung vorschreibt, das heißt: wie es dem subjektiven Sinn des verfassungsgebenden Willensaktes ... entspricht«, wird damit keine moralische oder sonstige Aufforderung aufgestellt, sondern lediglich der Inhalt jener Annahme umschrieben, deren Voraussetzung erforderlich ist, damit man die auf der Verfassung beruhenden Normierungen insgesamt als ein System von Sollensanforderungen (im vorbezeichneten weiten Sinn) deuten kann. In der Diktion des Kritischen Rationalismus kann man die Grundnorm als metaphysische Hypothese ansehen, die es ermöglicht, ein Anordnungssystem seinem intentionalen Sinn entsprechend als System »gültiger Normen« zu beschreiben, die Ermächtigungen oder Verhaltensanforderungen darstellen, ohne einen naturalistischen Fehlschluss von einem Sein auf ein Sollen oder einen Rückgriff auf metarechtliche Wertordnungen zu erfordern. Für diese Annahme bedarf es weder einer besonderen Wertschätzung noch einer Identifikation mit der betreffenden Ordnung, noch wird damit zum Ausdruck gebracht, dass es (von irgendeinem moralischen oder sonstigen) Standpunkt aus »richtig« ist, diesen Anordnungen zu folgen. Diese Annahme ist auch nicht zwingend: Wenn man das Erkenntnisinteresse einer Beschreibung eines Anordnungssys-

[30] Aus der mittlerweile unüberschaubaren Literatur zur Grundnorm vgl. z. B. *Ute Bindreiter*, Why Grundnorm, The Hague/London/New York 2022; *Dreier*, Kelsen zur Einführung, S. 81 ff., 139 ff.

[31] Vgl. zum Folgenden schon ausführlich *Thienel*, Rationalismus, S. 69 ff., 102 Fn. 29.

[32] Vgl. zu den Funktionen der Norm insb. *Kelsen*, Allgemeine Theorie, S. 76 ff.

[33] Z. B. *Kelsen*, Allgemeine Theorie, S. 3 (Hervorhebung im Original). Richtig formuliert daher *Christoph Kletzer*, The Idea of a Pure Theory of Law, Oxford/Portland 2010, S. 37, zu *Kelsens* Position: »It seems that he proposes to use the term ›ought‹ as a *pars pro toto* label for normative modality as such« (Hervorhebung im Original).

tems im dargestellten Sinn nicht verfolgt, und die Beziehungen zwischen Anordnungs- und Befolgungsakten als reine Machtbeziehungen deuten will, muss man sie nicht machen. Anderseits hebt aber das Konzept der Grundnorm nur ins Bewusstsein, was jeder Jurist tut, wenn er ein Anordnungssystem als normatives System beschreibt: Damit setzt man (ausdrücklich, implizit oder auch nur unbewusst) eine solche Annahme voraus.[34] Wer meint, ein auf einem Ermächtigungszusammenhang gegründetes Anordnungssystem als einheitliches System beschreiben zu können, ohne eine solche Annahme zu machen,[35] befindet sich in einem performativen Widerspruch.

III. Eine realistische Auslegungslehre – Fallibilismus als methodisches Konzept

Neben der Identifikation der Rechtsnormen gehört deren Interpretation zu den zentralen Aufgaben der Rechtswissenschaft. *Kelsen* selbst hat den Anspruch erhoben, mit der Reinen Rechtslehre auch eine Theorie der Interpretation zu liefern, dabei aber nur einige – freilich ganz wesentliche – analytische Gesichtspunkte aufgewiesen:[36]

– Man muss zwischen den durch die rechtssetzenden Autoritäten erlassenen Rechtsnormen und den sie beschreibenden Aussagen der Rechtswissenschaft unterscheiden; durch die (mit der Annahme der Grundnorm geleistete) Vergegenständlichung der Rechtsnormen besteht die Möglichkeit, sie mit Aussagen zu beschreiben, die – im Sinne der Korrespondenztheorie der Wahrheit – wahr oder falsch sein können.[37] *Kelsen* unterscheidet daher zwischen den Rechtsnormen (als Gegenstand der Rechtswissenschaft) und den sie beschreibenden Aussagen, die er als »Rechtssätze« bezeichnet.[38]

– Die zur Rechtserzeugung ermächtigenden Vorschriften lassen den ermächtigten Organen typischerweise einen gewissen Spielraum, innerhalb dessen diese verschiedene gleichermaßen rechtmäßige Rechtsakte setzen können.

---

[34] So schon *Kelsen*, Reine Rechtslehre 1960, S. 209; ebenso *Bindreiter*, Grundnorm, S. 127; *Dreier*, Kelsen zur Einführung, S. 86f.; treffend *Kletzer*, Pure Theory, S. 135: »One cannot ask a legal question, one cannot say or think anything legal, without already having presupposed the basic norm. Presupposing the basic norm is not a psychological accident but is, by logical necessity, implied in speaking about law.«

[35] So etwa *Michael Potacs*, Rechtstheorie, 2. Auflage, Wien 2019, der als »positives Recht« von Menschen gesetzte »Anordnungssysteme« ansieht (S. 54), die Annahme der Grundnorm aber ablehnt (S. 90ff.); zu den Argumenten von *Potacs* gegen die Reine Rechtslehre vgl. schon *Rudolf Thienel*, Kritik und Rationalismus, in: ZfV 1993, S. 574ff.; *Thienel*, Rechtswissenschaft ohne Sollen?, S. 424ff.

[36] Vgl. etwa *Kelsen*, Reine Rechtslehre 1960, S. 346ff.

[37] Vgl. dazu etwa *Kelsen*, Reine Rechtslehre 1960, S. 76.

[38] *Kelsen*, Reine Rechtslehre 1960, S. 73ff.

– Die Aufgabe der Rechtswissenschaft sieht *Kelsen* darin, die Rechtsvorschriften präzise zu beschreiben, nicht aber eine Auswahl zwischen diesen verschiedenen – gleichermaßen möglichen – Auslegungsvarianten zu treffen. Das ist ein zentraler Aspekt des Wissenschaftskonzeptes der Reinen Rechtslehre.

Wie bei der Interpretation konkreter Anordnungen vorzugehen ist, hat *Kelsen* selbst freilich nicht näher behandelt. Dieser Frage sind im Rahmen der Reinen Rechtslehre andere Autoren nachgegangen, deren Positionen sich voneinander allerdings unterscheiden, insbesondere hinsichtlich der Frage, ob es im Sinne einer »objektiven« Auslegung primär auf den Wortlaut oder im Sinn einer »subjektiven« Auslegung primär auf den Willen des Normsetzers ankommt.[39] Angesichts des Fehlens einer einheitlichen Interpretationstheorie im Rahmen der Reinen Rechtslehre habe ich versucht, ausgehend von den genannten Grundpositionen eine Auslegungslehre auf Grundlage des Kritischen Rationalismus zu konzipieren. Nach meinem Verständnis kann man die Auslegung von Rechtsnormen als eine Erklärung auf nomologischer Grundlage ansehen, wobei man auf Einsichten der Kommunikationswissenschaft zurückgreifen kann.[40]

Auszugehen ist dabei davon, dass Rechtsnormen durch konkrete menschliche Rechtssetzungsakte erzeugt werden, sie sind »der Sinn empirischer, in Raum und Zeit gesetzter, von Menschen gesetzter Akte«.[41] In den modernen Rechtsordnungen erfolgt die Rechtssetzung regelmäßig in einem formalisierten Verfahren, an dessen Ende ein Text steht, in dem die verbindliche Anordnung zum Ausdruck gebracht wird (Gesetzestext, Spruch eines Urteils oder eines Bescheides); zu diesem »verbindlichen« Text treten regelmäßig weitere ergänzende Texte hinzu (Gesetzesmaterialien, Begründung von Urteilen oder Bescheiden). Angesichts der positivrechtlich geregelten förmlichen Rechtserzeugungsverfahren ist zu schließen, dass als »Sinnträger« der verbindliche Text anzusehen ist, der das Ergebnis dieses förmlichen Verfahrens ist.[42]

Aus der Sicht des Kritischen Rationalismus stellt die Ermittlung der Bedeutung eines Textes eine Erklärung auf nomologischer Basis dar, indem dieser Text anhand hypothetischer Theorien von allgemeinem Charakter gedeutet (erklärt)

---

[39] Vgl. eher im Sinne einer »objektiven« Theorie die frühe grundlegende Untersuchung von *Adolf J. Merkl*, Zum Interpretationsproblem, in: GrünhutsZ 1916, S. 535 ff.; eher im Sinne einer subjektiven Auslegung *Matthias Jestaedt*, Grundrechtsentfaltung im Gesetz, Tübingen 1999, S. 328 ff.; *Robert Walter*, Das Auslegungsproblem im Lichte der Reinen Rechtslehre, in: Günter Kohlmann (Hrsg.), Festschrift für Ulrich Klug zum 70. Geburtstag, Köln 1983, S. 187 ff. Vgl. aber auch schon die frühe und leider wenig beachtete Schrift von *Fritz Schreier*, Die Interpretation der Gesetze und Rechtsgeschäfte, Leipzig/Wien 1927, der einen Ansatz vertritt, der in vielen Punkten moderne kommunikationstheoretische Überlegungen vorwegnimmt.

[40] Vgl. im einzelnen *Thienel*, Rationalismus, S. 183 ff. m. w. N.; eine insofern ähnliche Position vertritt etwa auch *Potacs*, Rechtstheorie, S. 154 ff.

[41] *Hans Kelsen*, Eine »realistische« und die Reine Rechtslehre, in: ÖZÖR 10 (1959), S. 1 ff. (5).

[42] Auf die andersartigen Probleme der Ermittlung des Inhalts gewohnheitsrechtlich erzeugter Normen gehe ich hier nicht ein.

wird. Das Ergebnis einer solchen Erklärung hat freilich ebenfalls nur hypothetischen Charakter.[43] Konkret ist im Lichte der Kommunikationswissenschaft davon auszugehen, dass sprachliche Verständigung nur dann gelingen kann, wenn der Kommunikator und der Adressat seiner Äußerung in Bezug auf die verwendeten sprachlichen Zeichen einen gemeinsamen »Bedeutungsvorrat« teilen, d.h. mit den in Verwendung stehenden Zeichen (in einem gewissen Umfang) dieselben Bedeutungen verbinden.[44] Davon ausgehend ist daher als Auslegungshypothese von der Annahme auszugehen, dass der Normsetzer sich der Sprache in einer Weise bedient, von der er annimmt, dass sie von den Adressaten verstanden wird, d.h. dass er die in der betreffenden Gesellschaft tatsächlich verwendeten Sprachkonventionen nutzt. Auslegung ist daher als Erklärung der Bedeutung der normsetzenden Anordnungen anhand der allgemein feststellbaren Kommunikationsregeln anzusehen.[45] Im Einzelnen bedarf dies naturgemäß näherer Präzisierung dahingehend, welche Sprachgemeinschaft maßgeblich ist und auf welchen Zeitpunkt der Sprachverwendung abzustellen ist, was hier nicht vertieft werden soll. Hervorgehoben sei lediglich, dass sprachliche Zeichen mehrere Bedeutungsdimensionen aufweisen, nämlich neben der semantischen auch eine syntaktische (Zusammenhang) und eine pragmatische (Art der Sprachverwendung).[46] Wenn man auf den tatsächlichen Sprachgebrauch abstellt, ist ferner zu beachten, dass sich im tatsächlichen Sprachgebrauch die Bedeutung einzelner Worte oder Sätze nicht allein nach ihrer lexikalischen oder grammatischen Bedeutung richtet, sondern auch nach dem jeweiligen Kontext, wobei sowohl der systematische Kontext (etwa die Wortverwendung innerhalb eines einheitlichen Regelwerks), der Handlungskontext (z.B. eine gesetzliche Anordnung als Reaktion auf eine konkrete Situation) oder die begleitenden Äußerungen etwa in Gesetzesmaterialien zu beachten sind. Aus einem solchen Kontext können sich Indizien ergeben, dass mit einer konkreten Äußerung vom sonst üblichen Sprachgebrauch abgewichen wird. Die genannte Auslegungshypothese bedarf daher insofern einer Präzisierung, dass zur Erklärung der Bedeutung einer Anordnung nur dann auf die allgemeinen Kommunikationsregeln zurückzugreifen ist, wenn es aus dem Kontext keine starken Indizien dafür gibt, dass von diesen im konkreten Fall abgewichen wurde. Die Auslegungsergebnisse – die »Rechtssätze« beschreibenden Charakters i.S. *Kelsens* – sind damit Deutungshypothesen über die Bedeutung der Rechtssetzungsakte.

---

[43] Vgl. dazu näher *Albert*, Vernunft, S. 180ff., insb. S. 186.

[44] Vgl. etwa *Roland Burkart*, Kommunikationswissenschaft, 6. Auflage, Wien/Köln 2021, S. 53ff.

[45] Festzuhalten ist, dass diese Überlegung nichts bahnbrechend Neues ist, ähnliche Überlegungen finden sich auch schon in früheren Arbeiten anderer Autoren; vgl. dazu die Nachweise bei *Thienel*, Rationalismus, S. 195ff.

[46] Vgl. etwa *Burkart*, Kommunikationswissenschaft, S. 66ff.

Für die Auslegung von Rechtstexten ist somit ein Rückgriff auf die empirischen Sozialwissenschaften erforderlich, womit das methodische Konzept des Kritischen Rationalismus – der Fallibilismus – auch insofern anwendbar ist. Dabei ist allerdings nicht zu verkennen, dass sich die falsifikationistische Vorgangsweise in diesem Zusammenhang von jenem in den Naturwissenschaften unterscheidet:[47] Während es bei diesen um allgemeine Hypothesen geht, die durch Einzelbeobachtungen (insbesondere Experimente) widerlegt werden können, geht es bei der Erklärung des Bedeutungsgehalts sprachlicher Äußerungen um die Erklärung eines einzelnen konkreten Phänomens und damit um singuläre Deutungshypothesen.[48] Erkenntnisziel ist also nicht die Bildung neuer allgemeiner Theorien, vielmehr werden verschiedenste Gesetzmäßigkeiten als gegeben angenommen, um auf ihrer Grundlage ein konkretes Ereignis zu erklären.[49] Das Aufstellen solcher singulärer Deutungshypothesen steht daher vor anderen Problemen als die Naturwissenschaften, weil es etwa schwierig sein kann, den tatsächlichen Sprachgebrauch aufzuweisen. Außerdem sind sprachliche Äußerungen – und das gilt auch für Rechtstexte – oft unbestimmt oder mehrdeutig, sodass mehrere Auslegungshypothesen gleichermaßen möglich sind. Und schließlich handelt es sich bei der Hypothese, dass der Rechtssetzer die in einer Sprachgemeinschaft üblichen Kommunikationsregeln verwendet, nicht um eine strikte Gesetzmäßigkeit wie in den Naturwissenschaften, sondern um eine probabilistische Regelmäßigkeit.

Dennoch ist der Fallibilismus ein geeignetes Kriterium zur Abgrenzung von wissenschaftlich begründeten von unbegründeten Aussagen: Einerseits lassen sich Hypothesen über den tatsächlichen Sprachgebrauch durch empirische Beobachtung desselben widerlegen.[50] Aber auch individuelle Deutungshypothesen lassen sich anhand der Kommunikationsregeln falsifizieren: Die Behauptung etwa, dass Mord nach österreichischem Recht straffrei sei, kann durch Nachlesen von § 75 öStGB leicht widerlegt werden; allgemein können Deutungshypothesen widerlegt werden, indem gezeigt wird, dass sie vom üblichen Sprachgebrauch abweichen, ohne dass ein Grund für ein solches Abweichen angegeben werden

---

[47] So auch *Potacs*, Rechtstheorie, S. 159 ff., insb. S. 162 f. Das wird verschiedentlich verkannt, so wenn z. B. *Birk*, Kritischer Rationalismus, S. 49, gegen *Potacs* die Eignung des Falsifikationismus im Bereich der Rechtsauslegung deshalb in Zweifel zieht, weil der Falsifikationismus eine »empirische Kontrolle und Überprüfung normativer Regeln an ihren sozialen Wirkungen« erfordere. Damit wird ein anderes Erkenntnisinteresse zugrunde gelegt, nämlich Informationen darüber, inwieweit rechtliche Normierungen zur Erreichung bestimmter Zielsetzungen geeignet sind. Wenn man hingegen wie hier das Erkenntnisinteresse verfolgt, den gegebenen Inhalt von Rechtsvorschriften zu ermitteln, kommt es auf eine solche empirische Kontrolle nicht an; zutreffend *Potacs*, Rechtstheorie, S. 163 Fn. 84.

[48] So ausdrücklich *Albert*, Vernunft, S. 186; *ders.*, Erkenntnislehre, S. 141 ff.

[49] Vgl. *Popper*, Problemlösen, S. 179 ff., zur Erklärung historischer Ereignisse anhand allgemeiner Gesetzmäßigkeiten.

[50] Vgl. dazu etwa *Potacs*, Kritischer Rationalismus, S. 117 f.

kann.[51] Anderseits kann aber selbst eine aufgrund eines scheinbar eindeutigen Wortlauts naheliegende Deutungshypothese widerlegt werden, wenn sich aus den im Kontext stehenden Gesetzesmaterialien klar ergibt, dass der Normsetzer mit den verwendeten Worten vom üblichen Sprachgebrauch abweichen wollte. Es wäre – wie *Albert* zu Recht festhält – eine zu enge Sicht der erklärenden Methode, wenn man nur eine Vorgangsweise wie in den Naturwissenschaften als vom Fallibilismus erfasst ansähe.[52]

IV. Modell einer technologischen Anwendungslehre

Für *Kelsen* endet die Aufgabe der Rechtswissenschaft mit dem Ergebnis der Auslegung – wenn die betreffende Norm mehrere Lösungen zulässt, insbesondere wenn mehrere Auslegungsergebnisse gleichermaßen vertretbar sind, ist es nach seiner Meinung nicht Aufgabe der Rechtswissenschaft, eine Auswahl zwischen diesen möglichen Lösungen zu treffen, das ist vielmehr Aufgabe des Rechtsanwenders, der dann eben eine Entscheidung treffen muss. Damit zeigt die Rechtswissenschaft nach dem Konzept der Reinen Rechtslehre klar auf, wo die Entscheidungsverantwortung des jeweiligen Rechtsanwenders beginnt – sei das der Gesetzgeber, der aufgrund der Verfassung generelle Normen erlässt, oder die Vollzugsorgane, die aufgrund der Gesetze individuelle Entscheidungen treffen.

Diese heuristische Enthaltsamkeit ist es freilich, die traditionell Vorbehalte gegen die Reine Rechtslehre begründet: Welchen Wert – so könnte man fragen – hat eine Wissenschaft, die den Rechtsanwender gerade in schwierigen Entscheidungssituationen allein lässt? Hat dann nicht doch eine Vorgangsweise Berechtigung, nach der die Rechtswissenschaft eine eindeutige Lösung anbietet?

Eine solche Überlegung übersieht freilich, dass gar nicht einzusehen ist, warum die Rechtswissenschaft den Anschein eindeutiger Lösungen erwecken soll, wenn die zu vollziehenden Vorschriften eben nicht eindeutig sind. Im Gegenteil kann es oft sinnvoller sein, mehrere mögliche Deutungshypothesen aufzuzeigen als den bestehenden Spielraum unnötig einzuschränken. Auch in der juristischen Praxis werden praktische Probleme oft erst lösbar, wenn man neue Auslegungsalternativen ins Auge fasst.

---

[51] *Damas*, »Wissenschaft«?, S. 196f.

[52] *Albert*, Vernunft, S. 186. Diesen Umstand verkennt *Pascal Felix Meier*, Falsifying Falsificationist Legal Theory, in: ARSP 109 (2023), S. 65ff. (insb. S. 67f.), wenn er den Falsifikationsmus dahingehend kennzeichnet, dass eine (hypothetische) allgemeine Gesetzmäßigkeit durch eine konkrete gegenteilige Beobachtung widerlegt werden könne: »falsificationism is motivated by an alleged asymmetry between theory and observation« (S. 65f.), aber »no equivalent asymmetry holds in the domain of jurisprudence, at least not under its usual construal« (S. 68). Seine Ablehnung des Fallibilismus beruht daher auf einem zu eng gefassten Verständnis desselben.

Außerdem muss die Wissenschaft den Rechtsanwender in Entscheidungssituationen durchaus nicht alleine lassen; sie kann ihm sehr wohl Kriterien an die Hand geben, wie er zwischen mehreren Handlungsalternativen auswählen kann – nämlich durch eine sozialtechnologische Vorgangsweise, wie sie *Albert* entwickelt hat.[53]

Rechtsorgane haben bei der Rechtssetzung immer (politische) Entscheidungen zu treffen, mag das ein Akt der Gesetzgebung oder ein Akt der Vollziehung sein. Das vom Kritischen Rationalismus entwickelte Konzept der Problemlösung ist aber nicht auf den Erkenntnisbereich beschränkt, sondern gilt für jegliche menschliche Problemlösungstätigkeit, auch für Entscheidungen von rechtssetzenden oder rechtsanwendenden Menschen und auch für den Bereich der Politik.[54] Auch bei den Entscheidungen von Rechtsorganen geht es darum, im Hinblick auf bestimmte vorausgesetzte Zielsetzungen alternative Lösungsmöglichkeiten zu entwickeln, dabei das (hypothetische) Wissen der verschiedenen Wissenschaftsdisziplinen zu verwerten und die gefundenen alternativen Lösungen darauf zu überprüfen, wie weit sie die gewünschten Ziele erreichen und welche Nebenwirkungen sie haben.[55] Eine Wissenschaft, die in solchen Situationen weiterhelfen kann, müsste als Technologie konstruiert werden, die die Erkenntnisse der verschiedenen Wissenschaften in technologische Aussagen umsetzt, die Auskunft darüber geben, wie die jeweils hypothetisch vorausgesetzten Ziele erreicht werden können.[56] Mit einer solchen technologischen Vorgangsweise lässt sich sowohl eine rationale Gesetzgebungslehre wie auch eine rationale Entscheidungslehre entwickeln. Eine solche Wissenschaft hätte einerseits konstruktive Relevanz, indem sie methodische Anleitungen zur Entwicklung von Entscheidungsgrundlagen bietet, und anderseits kritische Relevanz, indem sie rationale Kriterien zur Kritik getroffener Entscheidungen bietet.

Aufgrund einer solchen Technologie müssten Entscheidungen in mehreren Schritten vorbereitet werden:[57] Auszugehen ist von dem im Wege der Auslegung ermittelten Rahmen des rechtlichen Spielraums; dessen Feststellung ist deshalb von eminenter Bedeutung, weil das Recht seine soziale Steuerungsfunktion nur erfüllen kann, wenn der jeweilige rechtliche Rahmen auch eingehalten wird. Im Weiteren müssten die jeweiligen Zielsetzungen aufgezeigt werden, die sich aus dem positiven Recht oder aus politischen Festsetzungen ergeben können. Darauf aufbauend müssten die möglichen Entscheidungsalternativen entwickelt und deren jeweilige Folgen abgeschätzt werden, sodann diese Lösungen im Hinblick auf die Zielerreichung und die zu erwartenden Folgen bewertet werden,

---

[53] Vgl. zum Folgenden näher *Thienel*, Rationalismus, S. 212 ff. m. w. N.; einen ähnlichen Ansatz vertreten z. B. auch *Rüthers/Fischer/Birk*, Rechtstheorie, S. 189 ff. m. w. N.

[54] Vgl. dazu etwa *Eric Hilgendorf*, Hans Albert, Hamburg 1997, S. 148 ff. m. w. N.

[55] Vgl. *Albert*, Praxis, S. 22 ff.

[56] Vgl. dazu *Albert*, Konstruktion, S. 74 ff.

[57] Näher *Thienel*, Rationalismus, S. 216 ff.

wobei ungeeignete Maßnahmen auszuscheiden wären, aber auch gezeigt werden könnte, dass bestimmte Zielsetzungen wegen der damit verbundenen Folgewirkungen nicht erstrebenswert sind. Letztlich muss die Entscheidung auf Grund dieser Erkenntnisse freilich von den jeweiligen Entscheidungsträgern getroffen werden. Eine solche Vorgangsweise kann aber auch zur Kritik an getroffenen Entscheidungen nutzbar gemacht werden. Überlegungen im Sinne einer solchen Vorgangsweise sind nicht nur in der Literatur zu finden, sondern haben z.T. ansatzweise in der Rechtssetzung oder in der Rechtsprechung Niederschlag gefunden.[58]

V. Fazit

Kritischer Rationalismus und Reine Rechtslehre stehen beide in der Tradition eines rationalistischen Denkens, das sich am Konzept der Wertfreiheit der Wissenschaft orientiert und das Ziel einer möglichst präzisen Erfassung des jeweiligen Gegenstandsbereiches verfolgt. Divergenzen bestehen insbesondere im Verständnis der Normen als ideeller Entitäten und der Zielsetzung einer Rechtswissenschaft, solche von Menschen erzeugte Gebilde zu beschreiben. Auch für erklärende Sozialwissenschaften ist aber die Kenntnis des Inhalts derartiger Normierungen und der damit von Menschen geschaffenen regelmäßig sehr komplexen Regelungssysteme notwendig, um ihre Erkenntnisziele verfolgen zu können. Eine adäquate Erfassung solcher Regelsysteme wird möglich, wenn man sie im Sinne *Poppers* als Gegenstände der von ihm so benannten Welt 3 qualifiziert. Wenn man diesen Schritt geht, lassen sich zentrale Positionen der Reinen Rechtslehre auch auf der Grundlage des Kritischen Rationalismus begründen. Dabei zeigt sich, dass erklärende Sozialwissenschaften und eine auf die Beschreibung des positiven Regelsystems gerichtete Rechtswissenschaft voneinander abhängig sind und einander wechselseitig ergänzen (können).

[58] So sieht etwa § 17 des österreichischen Bundeshaushaltsgesetzes, öBGBl I 139/2009 i.d.F. BGBl I 153/2020 eine »Wirkungsorientierte Folgenabschätzung bei Regelungsvorhaben und sonstigen Vorhaben« vor, bei der jedenfalls »finanzielle, wirtschafts-, umwelt-, konsumentenschutzpolitische sowie Auswirkungen auf Kinder und Jugend sowie die Verwaltungskosten für Bürgerinnen und Bürger und für Unternehmen, als auch in sozialer Hinsicht und insbesondere auch auf die tatsächliche Gleichstellung von Männern und Frauen zu berücksichtigen« sind. Bei der Prüfung der Zulässigkeit von Grundrechtseingriffen ist im Rahmen der grundrechtlich gebotenen Verhältnismäßigkeitsprüfung zu beurteilen, ob die eingreifende Maßnahme zur Erreichung der legitimen Ziele geeignet ist. Soweit der Gesetzgeber den verordnungserlassenden Organen einen Beurteilungsspielraum einräumt, müssen die verordnungserlassenden Behörden nach der ständigen Rspr. des öVfGH die Entscheidungsgrundlagen erheben und dokumentieren, wobei insb. die jeweiligen Ziele und die Eignung der Maßnahmen zur Zielerreichung anzugeben sind: vgl. etwa zu Maßnahmen im Rahmen der COVID-19-Pandemie grundlegend VfSlg 20399/2020 u.v.m.

Gestalten und Entwicklungen der Rechtsphilosophie in Deutschland im 20. Jahrhundert

Manfred Walther

I. Leitfragen und Aufbau

1. Deutschland hat im 20. Jahrhundert drei, nimmt man die Vereinigung im Jahre 1990 hinzu, sogar vier große Umbrüche seiner politischen Struktur erfahren.

Ich werde im folgenden versuchen, einige Entwicklungslinien und Umbrüche der Rechtsphilosophie im 20. Jahrhundert zu skizzieren, und zwar aus Zeitgründen nur bis zu der Zeit um ca. 1950; die Entwicklung in der Deutschen Demokratischen Republik bleibt dabei unberücksichtigt, weil zum einen diese Entwicklung so viele Gemeinsamkeiten mit der sozialistischen Rechtsphilosophie in anderen Ländern aufweist, daß sie hier als bekannt vorausgesetzt werden kann, zum anderen, weil ich noch keinen vollständigen Überblick über diese Periode habe.

2. Die *Grundprobleme*, mit denen sich die Rechtsphilosophie im behandelten Zeitraum beschäftigt, lassen sich grob folgendermaßen beschreiben:

(1) Im 19. Jahrhundert vollzog sich eine Ausdifferenzierung der Einzelwissenschaften, deren Emanzipation von der Philosophie. Das gilt auch für die Rechtswissenschaft, so daß als eines der *Leitprobleme* der Rechtsphilosophie sich die Frage nach dem Wissenschaftscharakter der Rechtswissenschaft ergab: *Wie ist Rechtsdogmatik als Wissenschaft möglich?* Rechtsphilosophie ist also insofern Wissenschafts- und Methodentheorie der Rechtsdogmatik.

(2) Wenn Wissenschaft, nach dem allgemein vorherrschenden Verständnis, *wertfrei* arbeitet, dann ergibt sich als zweite Frage, in welchem Verhältnis der Wissenschaftscharakter der Rechtswissenschaft zu der *kritischen Aufgabe* der Philosophie des Rechts steht, Beurteilungskriterien für die Qualität der positiven Rechtsordnung eines Staates zu begründen und zur Geltung zu bringen, und zwar nach dem als definitiv unterstellten Ende des Naturrechtsdenkens.

Das Verhältnis von Wissenschaftlichkeit der Rechtswissenschaft und kritischer Funktion der an der Gerechtigkeit orientierten Rechtidee steht also im Mittelpunkt rechtsphilosophischer Arbeit.

II. Der Hintergrund: Der staatsrechtliche Positivismus und dessen Kritiker im Kaiserreich

1. Zu Beginn der Wiedererrichtung des Deutsches Reiches im Jahre 1870 als einer konstitutionellen Monarchie gewinnt der sog. Staatsrechtliche Positivismus, vor allem in der Gestalt Paul Labands, eine dominante Stellung. Laband betreibt energisch die Etablierung einer gegenüber Politik, Wirtschaft, Religion etc. eigenständigen Rechtswissenschaft, als deren Aufgabe er bestimmt, die Gesamtheit des positiven Rechtsstoffes eines Staates zu einem geschlossenen Gesamtsystem zu verarbeiten und auf dieser Grundlage dann neu auftretende Rechtsfragen »nicht nach dem politischen Wunsch oder der politischen Macht, sondern nach den Grundsätzen des bestehenden Rechts zu entscheiden«.[1] Im Zentrum rechtswissenschaftlicher Arbeit steht dabei die »logische Behandlungsart des [positven] Rechts«, die Laband folgendermaßen definiert: »Die wissenschaftliche Aufgabe der *Dogmatik* eines bestimmten positiven Rechts liegt aber

- in der Konstruktion der Rechtsinstitute,
- in der Zurückführung der einzelnen Rechtssätze auf allgemeinere Begriffe
- und andererseits in der Herleitung der aus diesen Begriffen sich ergebenden Folgerungen.

Dies ist ... eine rein logische Denktätigkeit«[2].

2. Dieses als *Begriffsjurisprudenz* oder *staatsrechtlicher Positivismus* bezeichnete Verständnis von Rechtsdogmatik als Wissenschaft erfährt schon während des Kaiserreiches, also vor der Revolution von 1918, vielfältige Kritik. Ich skizziere drei der markantesten Positivismus-kritischen Positionen, weil sie auch in der Folgezeit sehr einflußreich geworden sind und z. T. noch die Diskussionen in der Zeit der Weimarer Republik (1919–1933) prägen.

a) Otto von Gierke erhebt – bei voller Würdigung der Bemühung Labands um die Autonomie der Rechtswissenschaft – zugleich eine Reihe scharfer Einwände gegen Labands Konzeption von Rechtswissenschaft, die als Schlagworte bald ein Eigenleben gewinnen:

– Labands *Methode* der logischen Konstruktion wirft Gierke *»logische(n) Formalismus«* vor (98):[3] Zum einen geht bei rein logischem Vorgehen der Blick für die Angemessenheit der Resultate, deren Auswirkungen auf das Rechtsleben, völlig verloren, zum anderen – und wichtiger noch – ist die Behauptung, man könne auf dem Wege rein logischer, analysierender und synthetisierender Begriffsarbeit irgendwelche Resultate erzielen, eine Illusion, im besten Falle eine

[1] *Paul Laband,* Das Staatsrecht des Deutschen Reiches, Band 1, Tübingen 1876, S. VI.

[2] *Paul Laband,* Das Staatsrecht des Deutschen Reiches, Band 1, Tübingen 1911 (Repr. Aalen 1964), S. IX.

[3] *Otto von Gierke,* Labands Staatsrecht und die deutsche Rechtswissenschaft (1883), Darmstadt 1961, S. 98.

Selbsttäuschung, im schlechtesten Falle eine Verschleierung, denn es gibt immer mehrere Konstruktionsmöglichkeiten, unter denen man daher nur bewußt und rational wählen kann, wenn man sich der notwendigen Selektivität solcher Konstruktion bewußt ist und auf vorpositive Ordnungsmuster zurückgreift, die ihrerseits kritisch geprüft werden müssen.

– Die Kritik am »*positivistische(n)* Formalismus« Labands betrifft den zugrundeliegenden *Rechtsbegriff:* Recht ist für solche Rechtswissenschaft alles, was formal auf dem dafür vorgeschriebenen Weg (durch Beschluss der verfassungsmäßigen Organe) zustande gekommen ist. Hier wird, so Gierkes Vorwurf, die *Form* vollständig vom *Inhalt* isoliert, *so* dass jeder Inhalt Gesetz werden könne; die Verbindlichkeit (Gierke: die Gültigkeit) des Gesetzesrechts beruhe jedoch darauf, daß es sich um »wirkliches Recht« handelt, und das ist nach Gierke nur dann der Fall, wenn das Gesetz seinem Inhalt nach »an dem Wesen des Rechts als Ausdruck einer eigenthümlichen und nur sich selbst gleichen menschheitlichen Idee irgendwie(!) Theil hat« (78).

– Es besteht also die Gefahr des *Naturalismus und Materialismus*: Wenn man wie Laband »den idealen Gehalt des Rechts preisgibt«, so schwächt man »seine Widerstandskraft gegen den Ansturm politischer und kirchlicher, sozialer und wirtschaftlicher Mächte und Interessen« (97). Recht wird, statt sich an der Rechtidee zu orientieren, zum bloßen Instrument der jeweils herrschenden Mächte und Interessen, und damit steht »der Bestand der Kultur« insgesamt in Frage (97).

Damit bereitet Laband, statt die Autonomie des Rechts zu sichern, in Wahrheit deren Sturz vor.

b) Diese Kritik an juristischem Formalismus = Begriffsjurisprudenz und Gesetzespositivismus wird, nun aber von der entgegengesetzten Seite aus, von der sog. Freirechtsbewegung, aufgegriffen. Die freirechtliche Kritik des logischen Positivismus changiert zwischen zwei Polen: Einerseits zeigt sie auf, daß sowohl in der rechtsdogmatischen Konstruktion als auch in der richterlichen Einzelfallentscheidung de facto immer irrationale, also Willens- oder Dezisionsmomente eine Rolle spielen. Diesbezüglich plädieren die Freirechtler also für das, was man sehr viel später »Methodenehrlichkeit« genannt hat. Diese erkenntnis- und methodentheoretisch inspirierte Kritik wird aber von einer zweiten Tendenz begleitet und z. T. überlagert, die der Rechtswissenschaft und der Justizpraxis die Aufgabe »freier Rechtsfindung«[4] zuschreibt. Indem die Rechtswissenschaft »die abgestorbenen Elemente des Gesetzes« hinwegräumt »und die blühenden zur Reife« bringt, steht sie im »Kampf ums Recht«, folgt sie als »freie Rechts-

[4] *Hermann Kantorowicz* [u.d. Pseudonym *Gnaeus Flavius*], Der Kampf um die Rechtswissenschaft, Heidelberg 1906; erneut in: ders., Rechtswissenschaft und Soziologie. Ausgewählte Schriften zur Wissenschaftsgeschichte, hrsgg. von Thomas Würtenberger, Karlsruhe 1952, S. 13–39.

schöpfung« dem individuellen Rechtsgefühl des Wissenschaftlers (20), verhilft sie dem Primat des Willens gegenüber dem Verstand zum Durchbruch (21), auch gegen das Gesetz, aber im Blick auf die Bedürfnisse des Lebens. Im gleicher Weise werden in der »freien« Rechtspraxis »immer ... Sätze herangezogen, die bestimmt sind, staatliches Recht zu bewerten, zu ergänzen, fortzubilden oder umzustoßen« (11).

So geht von der Freirechtsbewegung ein mächtiger Impuls in Richtung der Betonung des immer irrationalen Lebens gegenüber der Starrheit des Gesetzesrechts aus.

c) Der Rückgewinnung einer kritischen Dimension gegenüber dem positiven Recht ohne Aufgabe des Wissenschaftscharakters gilt die Denkanstrengung Rudolf Stammlers. Stammler ist denn auch eben deswegen einer der am meisten zitierten Rechtsphilosophen in der Zeit zwischen 1919 und 1933, auch wenn seine Problemlösung fast durchgängig als misslungen betrachtet wird. Er ist, innerhalb der Rechtsprofession, der exponierteste Vertreter des Neukantianismus. Stammler erarbeitet eine transzendentale Theorie des Rechts mit der Unterscheidung von Rechts*begriff* und Rechts*idee*.

So wie die Erfahrung und die Analyse ihrer logischen Struktur Thema der theoretischen Philosophie sind, sind das Wollen und dessen logische Struktur Thema der praktischen Philosophie. Das rechtliche Wollen ist als *soziales* Wollen »verbindendes Wollen«, d.h. es wird das Wollen der anderen mitgewollt; das spezifisch rechtliche Moment des Wollens besteht darin, daß es die Reziprozität von Willensverhältnissen selber will, es ist selbstherrliches Wollen; und es will das andere Wollen nicht für begrenzte Zwecke, sondern schlechthin: es ist unverletzbares Wollen. Der *Begriff* des Rechts ist also nach Stammler: »Recht ist unverletzbar selbstherrliches verbindendes Wollen«[5].

Wissenschaftliche Erkenntnis bedarf der Einheit aller Erkenntnisse als regulativer Idee. Die *Rechtsidee* ist die Idee der generellen Einheit des rechtlichen Wollens selber, und diese Einheit kann nur jenseits aller empirischen Zwecke des Wollens liegen: Sie ist als »*einheitliches* Verfahren des Richtens von Zwecken ... die *Idee des freien* Wollens. Sie ... geht in dem Gedanken einer schlechthin gleichförmigen Art des Urteilens auf, die über die *Begründetheit* von bedingten Zwecken allgemeingültig befindet« (445) – die Entsprechung zu Kants kategorischem Imperativ ist deutlich.

Der Bezug auf die Rechtsidee in der Erkenntnis des Rechts macht den *Gültigkeits-(= Verbindlichkeits-)*Charakter rechtlicher Erkenntnis aus. Dagegen ist *Geltung* die Möglichkeit der Durchsetzung des Rechts (117), und deshalb kommen als Inhalte geltenden Rechts nur solche Setzungen des Willens in Frage, für die die Möglichkeit der Durchsetzung gegeben ist, und das ist das positive Recht. Die Rechtswissenschaft konstruiert nun die Einheit des positiven, d.h.

---

[5] *Rudolf Stammler*, Theorie der Rechtswissenschaft, Halle a.d. Saale 1911, S. 109.

des geltenden Rechts unter Bezugnahme auf die *Rechtsidee*, d.h. auf die inhaltliche Richtigkeit; die Rechtswissenschaft sieht das positive Recht als Versuch an, »in seinem Inhalt das *grundsätzlich Richtige* zu treffen«, aber als bloß geltendes Recht biete es »keine unbedingte Gewähr für inhaltliche Richtigkeit« (135).

Daraus ergibt sich eine Art Arbeitsteilung zwischen der *Rechtsdogmatik* als Erkenntnis der Einheit des geltenden Rechts, das auch der *Richter* anzuwenden hat, und der Rechts*kritik*, deren Adressat der *Gesetzgeber* ist. Aber so wie der Systembildung in der Rechtsdogmatik als einer *wissenschaftlichen* Tätigkeit ein perspektivischer Zug auf das richtige Recht eigentümlich ist, so hat umgekehrt die Rechtskritik auf die Möglichkeit, dass das von ihr erkannte richtige Recht auch *positiv* werden kann, Rücksicht zu nehmen (»Naturrecht mit wechselndem Inhalt«). So wird der Unterschied zwischen Rechtspositivismus als Arbeitsmethode der Rechtsdogmatik und Naturrechtsdenken als Arbeitsmethode der Rechtskritik zwar nicht aufgehoben, aber von beiden Polen her verringert.

III. Das Spektrum rechtsphilosophischer Positionen in der Weimarer Republik

Die beiden bedeutendsten Rechtsphilosophen der Weimarer Zeit, Hans Kelsen und Gustav Radbruch, knüpfen beide kritisch an Stammler an, entwickeln dessen Ansatz aber in einander entgegengesetzter Richtung weiter.

1. Kelsen erarbeitet eine allgemeine Theorie des Rechts in Form einer Strukturtheorie von Rechtsordnungen und eine Erkenntnistheorie und Methodologie der Rechtswissenschaft als Rechtsdogmatik. Was Gierke an Labands Begriffsjurisprudenz als gefährlich angesehen hatte und wogegen Stammler sich gewendet hatte, nämlich die Vernachlässigung eines inhaltlichen Kriteriums für das, was Recht sei, die Trennung von Recht und Moral, tritt bei Kelsen, einem der am meisten zitierten Rechtsphilosophen der Weimarer Zeit, als Grundthese hervor: Recht ist nach Kelsen eine von Menschen gemachte, wirksame – entweder befolgte oder bei Nichtbefolgung angewandte –, als geltend unterstellte Ordnung beliebigen Inhalts. Alle einzelnen positiven Rechtssätze stehen in einer hierarchischen Ordnung, insofern als Geltungsgrund einer beliebigen materiellen oder Verfahrensnorm wiederum nur eine andere, höhere Norm angegeben werden kann (Stufenbau der Rechtsordnung). Die oberste Normebene, die Verfassung einer positiven Rechtsordnung, muß als geltend unterstellt werden (Grundnormhypothese). Es gibt nach Kelsen kein wahrheitsfähiges Kriterium für »richtiges Recht« (Stammler). Der Kritik an dem Logizismus der Labandschen Position begegnet Kelsen so, daß er, was die rechtsdogmatische Systembildung betrifft, die Vielfalt möglicher Interpretationen von Rechtsnormsätzen zugesteht, es aber zur Aufgabe der Rechtswissenschaft erklärt, ein widerspruchsfreies System aller möglichen Interpretationen von Rechtsnormsätzen auszuarbeiten; eine Wahl

zwischen den verschiedenen Alternativen, die nur mit Hilfe von Wertungen möglich ist, ist der Rechtswissenschaft verwehrt. Und der vor allem von den Freirechtlern formulierten Kritik an der These, jede Einzelfallentscheidung sei »logisch« zwingend aus Sachverhalt und vorgegebenen Rechtsnormen ableitbar, begegnet er damit, daß er den Dezisions- oder Wertungscharakter der Einzelfallnormen durch die Justiz zugesteht und darüber hinaus das durch ständige Gerichtspraxis entstandene Richterrecht (als Gewohnheitsrecht neben dem Gesetzesrecht) seiner Wirksamkeit = Positivität wegen bei der dogmatischen Arbeit ebenso wie das Gesetzesrecht berücksichtigt. Die Frage nach dem »richtigen Recht« gehört, da sie als Wertungsfrage nicht wissenschaftlich entscheidbar ist, in die Rechtsphilosophie, die eigentlich Rechtspolitik ist.

2. Gustav Radbruch verstärkt einerseits, in seiner Lehre von der Verbindlichkeit des Gesetzesrechts für den Richter, den gesetzespositivistischen Zug der Laband-Stammler-Tradition, aber er intensiviert in seiner Lehre vom obersten Rechtswert andererseits die kritische Dimension der Stammlerschen Theorie. Das kommt prägnant darin zum Ausdruck, daß Radbruch zwischen zwei Geltungsbegriffen, einem juristischen und einem philosophischen, unterscheidet. Radbruch definiert: »Recht ist die Wirklichkeit, die den Sinn hat, [...] der Rechtsidee zu dienen«[6]. In dem Definitionsmerkmal »Wirklichkeit« steckt, dass nur das Recht ist, was auch wirksam ist, »Wirksamkeit ... im Durchschnitt der Fälle« (176), also nur positives Recht

Der *juristische* Geltungsbegriff ist konstitutiv für Rechtswissenschaft und Rechtspraxis. »*Die Rechtswissenschaft*, rein immanent wie sie ist, gefangen und befangen in einer bestimmten Rechtsordnung, kann ... die Geltung einer Rechtsordnung immer nur an ihrem eigenen Geltungsanspruch messen, niemals aber über den Geltungsanspruch einer dieser Rechtsordnungen im Verhältnis zu anderen unparteilich entscheiden ... sie wäre sogar unfähig, den Imperativen eines Paranoikers, der sich König dünkte, mit zwingenden Gründen die Geltung abzusprechen« (175). Schärfer kann man die Beliebigkeit des Inhalts der Rechtswissenschaft nicht formulieren. Und auch der Richter im Dienste der positiven Rechtsordnung »hat keine andere als die juristische Geltungslehre zu kennen, die den Geltungsanspruch des Gesetzes der wirklichen Geltung gleich achtet« (175). Der Richter hat also nicht seinem eigenen Rechtsgefühl zu folgen, sondern dieses »dem autoritativen Rechtsbefehl zu opfern« (ebd.). Kelsen hatte für den Richter keine normative Geltungslehre aufgestellt, sondern sich an dem orientiert, was die Justiz tatsächlich an positivem Recht produziert. Insofern ist also Radbruch, weil er auch einen Gesetzesuniversalismus lehrt, auch in der juristischen Geltungslehre normativ, während Kelsen seinen positivistischen Ansatz auch für das Richterrecht, das sich durchgesetzt hat, beibehält.

---

[6] *Gustav Radbruch*, Rechtsphilosophie (1932), 5. Auflage Stuttgart 1956, S. 123.

In der *philosophischen* Geltungslehre hebt Radbruch zunächst hervor, daß die tatsächlich wirksamen positiven Ordnungen Recht nur sind, weil sie auf einen obersten Rechtswert bezogen sind. Von den drei zentralen Werten, welche die *Rechts- und zugleich Gesellschaftsidee* ausmachen – nämlich Gerechtigkeit als Gleichbehandlung Gleicher nach einer allgemeinen Regel, Zweckmäßigkeit und Rechtssicherheit – ist die Zweckmäßigkeit insofern zentral, als sie das Kriterium für die Gleichbehandlung abgibt und als jede tatsächlich wirksame Rechtsordnung auch Rechtssicherheit gewährt. Aber welches der letzte Zweck des Rechts ist, ist zwischen den Vertretern einer individualistischen, einer kollektivistischen und einer transpersonalen Rechtsidee umstritten. Zwischen diesen drei miteinander kämpfenden Rechtswerten kann nun auch für Radbruch, wie schon für Kelsen, nicht mit wissenschaftlichen Gründen entschieden werden (rechtsphilosophischer Relativismus). Wohl aber kann die Rechtsphilosophie die Konsistenz verschiedener, angeblich auf einen bestimmten obersten Rechtswert gegründeter Rechtsvorstellungen überprüfen und insofern zu einer *immanenten Rationalisierung und Disziplinierung* jeder dieser Konzeptionen beitragen, ohne daß der Relativismus bezüglich der »Richtigkeit« eines dieser Rechtswerte aufgeben werden müßte.

Den Gegenpol zu den positivistischen Positionen Kelsens und Radbruchs bilden zwei Rechtsphilosophen, die den Rechtspositivismus vehement bekämpfen und dabei z. T. Motive der Gierkeschen Kritik an Labands staatsrechtlichem Positivismus aufnehmen und eine Rückkehr der Rechtsphilosophie zur Metaphysik fordern.

3. Julius Binder durchläuft verschiedene Positionen und wird schließlich zum Schulhaupt eines Neuhegelianismus.

In der Weimarer Demokratie ist mit der Lehre von der Volkssouveränität die »Herrschaft der Menge über die Gebildeten und die in ihnen verkörperten idealen Werte«[7] Wirklichkeit geworden. Um einen festen Standpunkt gegenüber dem politischen Niedergang zu gewinnen und das pflichtbewußte Tatmenschentum zu fundieren, bedarf es der »Weltanschauung und Metaphysik« (X), und der Formalismus kann in der Rechtswissenschaft nur überwunden werden, indem diese »historisch-interpretativ« verfährt. »Die Logik der Rechtswissenschaft« kann nicht mehr »die Formallogik des mathematischen Denkens« sein, »sie muß *Teleologik* und *Ideologik* sein« (Stammler 1925: S. 888–890, m. Anm. 95), d. h. das historisch Eigentümliche der nationalen Rechtsentwicklung herausarbeiten und sich gegen die nivellierenden Tendenzen der Demokratie als eines halt- und substanzlosen Massenkonglomerats zur Wehr setzen. Das führt zunächst zu der Bestimmung der Rechtsidee als der »Idee einer Zwangsgemeinschaft unter Menschen ..., die ihr Recht in sich selber trägt, weil sie in den Dienst gestellt ist

[7] *Julius Binder*, Philosophie des Rechts, Berlin 1925, Neudr. Aalen 1967, S. 300–301.

derselben kategorischen Forderungen, die in der Welt der Ideen überhaupt für die Menschheit begründet sind« (Binder 1925 S. 265, S. 282).

In der Zeit des Niederganges der Weimarer Demokratie gewinnt Binder stärkeres Zutrauen in die Entstehung einer substantiell gegründeten Rechtsordnung, in der das Wirklichwerden des Begriffs sich vollziehen wird, und wird daher absoluter Idealist (»Das Wirkliche ist vernünftig«). Und er bemüht sich darum, den »objektiven Begriff des Führers« zu bestimmen, durch den das, »was das Volk fühlt und meint, in das Licht des Gedankens und des Begriffs« gehoben wird, ... damit er [der objektive Geist, Wa.] dann mit unserer Hilfe in der politischen Welt lebendig werde«[8].

Ausgerüstet mit dem konkret-allgemeinen Begriff, wird dann der Binder-Schüler Karl Larenz einen völkisch bestimmten Begriff der Rechtspersönlichkeit zur Grundlage einer völligen Neugestaltung des Privatrechts im Geiste der von ihm durch den Nationalsozialismus erhofften Erneuerung machen.

4. Eine sehr scharfsinnige Kritik des Neukantianismus aller Schattierungen im Interesse einer Rückgewinnung der metaphysischen Dimension des Rechts arbeitet Erich Kaufmann aus. Ganz im Tenor der Gierkeschen Positivismus- und Formalismuskritik kritisiert Kaufmann am Neukantianismus den Verlust echter Normativität und die Auslieferung an einen schrankenlosen Empirismus und Positivismus, »wie ihn namentlich das westeuropäische Denken ausgebildet hatte«[9]: Da im Neukantianismus der Formalismus herrsche, werde alle Inhaltlichkeit des Rechts nur erschlichen, nämlich aus der vorfindlichen Realität einfach übernommen, und eben damit liefere sich die Rechtswissenschaft an die jeweilige Faktizität blind und kritiklos aus.

Wenn Kaufmann aber darangeht, die ihm vorschwebende Alternative zu formulieren, bleibt er in sehr nebelhaften Formulierungen stecken: Es geht ihm um die Bewahrung der »metaphysischen Substanz der Seele«, die der »rationalistischen Seelenblindheit« entgegengesetzt werden müsse; »(D)er Wert der einzelnen Rechtsordnung« könne »niemals aus dem abstrakten Rechtsbegriff als solchem erkannt werden ..., sondern nur aus dem *Werte der konkreten Gemeinschaft*, deren Verhältnisse die Rechtsordnung ›gerecht‹ regeln will, aus dem Werte der ›Zumutbarkeit‹, der ›Allgemeingültigkeit‹, die *den konkreten Gemeinschaftszwecken* auf Grund bestimmter Weltanschauung und des ihr eigentümlichen Ethos zukommt« (65, 67, 69). Über die Frage, wie ein solches Geschäft als *Wissenschaft* betrieben werden könne, verliert Kaufmann kein Wort; das scheint ihn nicht zu interessieren.

Mit seiner vehementen Kritik am »Logizismus«, »Formalismus«, »Rationalismus«, »Positivismus« der herrschenden rechtsphilosophischen Strömung, der

---

[8] *Julius Binder,* Führerauslese in der Demokratie, Langensalza 1929, S. 8.

[9] *Erich Kaufmann,* Kritik der neukantianischen Rechtsphilosophie, Tübingen 1921 (Nachdr. Aalen 1964), S. 4.

kein irgendwie konstruktiver Gegenentwurf gegenübersteht, ist er ein unfreiwilliger Wegbereiter einer weltanschaulichen Bewegung, die im Niederreißen einer durch diese verworfenen Eigenschaften charakterisierten Wissenschaftskultur, in der Zerstörung der Vernunft im Wege permanenter Revolution ihr eigentliches Zentrum haben wird – einer Bewegung, der er auch selber zum Opfer fallen wird. Denn bis auf Binder werden alle behandelten Rechtsphilosophen der Weimarer Zeit zu Beginn der NS-Herrschaft aus ihren Ämtern vertrieben.[10]

IV. Rechtsphilosophie im/des Nationalsozialismus

1. Der Nationalsozialismus versteht sich in erster Linie als eine das ganze Volk ergreifende und tiefgreifend umgestaltende Bewegung (nationalsozialistische Revolution), die eine neue Rechtsidee entwickelt und neue Rechtsquellen erschlossen hat. Die Frage, welches aber diese neue Rechtsidee sei und wie sie sich zu den früher herrschenden Rechtsideen verhält, damit auch die Frage, wie Aufgabe, Methode und Begrifflichkeit einer dementsprechenden neuen Rechtswissenschaft auszusehen haben, ist in den ersten Jahren ab 1933 unklar und umstritten.

Zuvor sei angemerkt, dass von den zehn in der Weimarer Zeit am häufigsten zitierten lebenden professionellen Rechtsphilosophen fünf aus dem Amt vertrieben werden, von denen außer Radbruch alle emigrieren. Von den im Amt verbliebenen, meist älteren Rechtsphilosophen bieten sich Julius Binder, Erich Jung und Wilhelm Sauer als Rechtsphilosophen des Nationalsozialismus an, finden jedoch keine große Beachtung. Außer Carl Schmitt, der in der Anfangsphase mit einem gewaltigen Publikationspensum so etwas wie die Führungsrolle nicht nur beansprucht, sondern auch tatsächlich innehat, gehören alle anderen rechtsphilosophisch tätigen Rechtswissenschaftler der jüngeren Generation an.

2. In einem im Frühjahr 1934 gehaltenen Vortrag gibt Carl Schmitt eine Übersicht »Über die drei Arten des rechtswissenschaftlichen Denkens«[11], in der er zwischen einem normativistischen, einem dezionistischen und einem Typ konkreten Ordnungsdenkens unterscheidet. Recht wird entweder primär als Regel (Normativismus), als Entscheidung (Dezisionismus) oder als konkrete Ordnung aufgefaßt (11). Die Kombination von Normativismus und Dezionismus ist cha-

[10] Eine umfassende Übersicht über die Biografien (und Bibliografien) sämtlicher in der NS-Zeit aus dem Amt vertriebener, emigrierter und im Ankunftsland wieder/weiterhin wissenschaftlich tätiger Rechtswissenschaftler (inkl. einer Rechtswissenschaftlerin) ist jetzt zu finden in: *Leonie Breunung/Manfred Walther*, Die Emigration deutschsprachiger Rechtswissenschaftler ab 1933. Ein bio-bibliographisches Handbuch, Band 1: Westeuropäische Staaten, Türkei, Palästina/Israel, lateinamerikanische Staaten, Südafrikanische Union, Berlin/Boston 2012; *Leonie Breunung/Kay Schweigmann-Grewe/Manfred Walther*, Band 2: USA, Berlin/Boston 2024.

[11] *Carl Schmitt,* Über die drei Arten des rechtwissenschaftlichen Denkens, Hamburg 1934.

rakteristisch für den vor allem durch Kelsen repräsentierten Rechtspositivismus, der als Hauptfeind des neuen NS-Rechtsdenkens identifiziert wird (Kap. I.2). Schmitt läßt keinen Zweifel daran, dass der dem NS entsprechende Typus des Rechtsdenkens das konkrete Ordnungsdenken ist. »Für das konkrete Ordnungsdenken ist ›Ordnung‹ auch juristisch nicht in erster Linie Regel oder eine Summe von Regeln, sondern, umgekehrt, die Regel nur ein Bestandteil und ein Mittel der Ordnung. Das Normen- und Regel-Denken ist danach ein beschränkter und zwar abgeleiteter Teil der gesamten und vollständigen rechtswissenschaftlichen Aufgabe und Betätigung. Die Norm oder Regel schafft nicht die Ordnung; sie hat vielmehr nur auf dem Boden und im Rahmen einer gegebenen Ordnung eine gewisse regulierende Funktion mit einem relativ kleinen Maß in sich selbständigen, von der Lage der Sache unabhängigen Geltens« (13).

Daraus erklärt sich die Vorliebe der NS-Gesetzgebung für Generalklauseln, die für die jeweils aktuellen politischen etc. Bedürfnisse offen sind. Ein Teil der Revolution des Rechts kann sich daher auch als Neuinterpretation schon vorhandener Generalklauseln vollziehen. Daraus ergibt sich auch, daß ein Staat, in dem das Gesetz herrscht und auch den Handlungsspielraum der Politik und ihrer Führer begrenzt, lediglich ein *Gesetzesstaat* ist, während ein wirklicher *Rechtsstaat* nur dort vorliegt, wo eine der Volksgemeinschaft innewohnende konkrete Ordnung das Denken, Handeln und Fühlen der Menschen durchdringt und prägt. Insofern ist der NS-Staat ein Rechtsstaat im vollen Sinne des Wortes, der nicht mehr durch die Spannung zwischen Gerechtigkeit und Recht geprägt ist, sondern schlicht ein Gerechtigkeitsstaat ist. »(D)die deutsche Rechtsauffassung (betont) die Seinsgebundenheit aller Werte. Für sie liegt allein in den konkreten Gemeinschaftsordnungen eines Volkes, wenn sie von einem rassischen Auslesegedanken erfüllt sind, die Möglichkeit, diesen Zwiespalt zwischen Wertidee und Gesetzesrecht zu überwinden«[12]. Ein Gerechtigkeitsstaat ist, wie der später zum Gegner des Nationalsozialismus gewordene Erik Wolf um die Jahreswende 1934/35 ausführt, ein solcher, in dem die neue Rechtsidee »nicht nur das Einhalten gewisser Mindestschranken des Sich-im-Recht-Auslebens (verlangt), sondern das Unterlassen aller, wenn auch rechtlich erlaubter, so doch sozial schädigender Handlungen. Dieses Ideal der *Gemeinnützigkeit* im Recht ist ... zu verwirklichen vor allem durch Stärkung der Rechtsgesinnung jedes Rechtsgenossen. Die Forderung der gemeinnützigen Rechtsausübung muß allen Rechtsgenossen im Blute leben«[13]. Das ist nur möglich innerhalb einer ganz und gar homogenen, folglich rassereinen Volksgemeinschaft, weil nur »auf dem Naturgrund rassischen Erbgutes« eine solche arteigene Rechtsanschauung sich bilden und blühen kann. Damit ist der grundsätzliche Gegensatz gegenüber

---

[12] *Reinhard Höhn,* Verständnis und Mißverständnis gegenüber dem deutschen Verfassungsrecht, in: Deutsches Recht 1937, S. 397–399 (399a).

[13] *Erik Wolf,* [Text nicht mehr identifizierbar], 1934, S. 355.

einem »individualistischen, liberalistischen und materialistischen Menschen- und Rechtsbild der Vergangenheit« gegeben, der das 19. Jahrhundert (357) und auch dessen Rechtsbegrifflichkeit, selbst noch bei Gierke,[14] beherrschte.

In diesem Rechtsverständnis ist die Trennung von Recht und Moral aufgehoben, und ganz allgemein gilt, daß die Differenzierung moderner Gesellschaften in verschiedene, jeweils einer Eigenlogik gehorchende Teilbereiche aufgehoben ist zugunsten der Unterwerfung unter eine nicht normativ fixierte zentrale Steuerungs-, Erziehungs- und Kontrollinstanz. *Genau in diesem Punkte sehe ich eine strukturelle Entsprechung zwischen dem Nationalsozialismus und dem Staatssozialismus.* Und aus dieser Entdifferenzierung resultiert auch, daß das politische Zentrum, im Nationalsozialismus also der die Volksgemeinschaft sowohl authentisch ausdrückende wie dirigierende Führer, jede justizförmig ergangene Entscheidung entweder nachträglich durch politischen Zugriff revidieren oder aber ganz ersetzen kann; darin liegt also der *terroristische Zug* des Regimes, den Ernst Fraenkel als Doppelstaat gekennzeichnet:[15] Je nach konkretem Ordnungserfordernis kann der Staat gesetzesförmig oder direkt politisch und gewaltförmig handeln, immer legitimiert durch die völkische Rechtsidee als Ausdruck der völkischen Gemeinschaft.

Eine eigenständige, autonom ihre Begrifflichkeit und Methode erarbeitende Rechtswissenschaft ist unter solchen Bedingungen nicht möglich. Und für den Richter bedeutet eine solche Rechtsidee, daß er niemals sicher sein kann, wann er sich nach den rechtlichen Normierungen und wann er sich nach den konkreten Ordnungserfordernissen zu richten hat, um »im Recht zu stehen« – mit der Folge, daß die Richter sich trotz ihrer formell niemals angetasteten Unabhängigkeit stets nach dem vermutlichen Führerwillen oder dem Wollen der Führer und Bewegung repräsentierenden örtlichen Leiter von Partei, SS etc. richten sollen.

V. Neubeginn nach 1945?

Im Westen Deutschlands, wo nur Schmitt, Höhn und einige wenige andere ihre Universitätsposition verlieren, sind für die Entwicklung der Rechtsphilosophie in den ersten 20 Jahren von entscheidender Bedeutung die Folgerungen, die Gustav Radbruch aus der Rolle vor allem der Justiz im Nationalsozialismus zieht. Seine *Erklärung* dieser Rolle besteht in der Behauptung, daß es die positivistische Erziehung der Juristen in Kaiserreich und Weimarer Republik gewesen sei, welche »den Juristenstand wehrlos gemacht (habe) gegen Gesetze willkürlichen und

---

[14] *Reinhard Höhn,* Otto von Gierkes Staatslehre und unsere Zeit, Hamburg 1936.

[15] *Ernst Fränkel,* Der Doppelstaat, mit einem Nachwort von Horst Dreier, hrsgg. von Alexander von Brünneck, 3. Auflage Hamburg 2012. [Rückübers. d. engl. Übers.; dtsches Original unpubliz., 1940.]

verbrecherischen Inhalts«[16]. Erinnern wir uns, daß Radbruch vor 1933 gelehrt hatte, daß der Richter auch die »Imperative eines Paranoikers, der sich König dünkt«, anzuwenden habe, ohne auf sein dem widerstrebendes Rechtsgefühl zu hören, und erinnern wir uns ferner, daß der Rechtspositivismus der Hauptfeind des nationalsozialistischen Rechtsdenkens gewesen war, so wird die Tragik der Rolle deutlich, die Radbruch in der Rechtsphilosophie nach 1945 spielte: Wenn derjenige, der als erster von den Nationalsozialisten aus seinem Universitätsamt gejagt worden war, hier in einer Art Selbstanklage dem Positivismus die Verantwortung für die Rolle des gesamten »Juristenstandes« in der NS-Zeit zuschrieb, so konnten alle diejenigen, die auch schon vorher diesen Positivismus bekämpft hatten, das als eine Befreiung durch eine unantastbare moralische Autorität verstehen – und sie ließen sich diese Chance auch nicht entgehen. Außerdem ergab sich, dass Richter, die nach NS-Recht judiziert hatten, nicht rechtlich zur Verantwortung gezogen werden konnten, weil sie ja bei ihrer positivistischen Erziehung unmöglich Rechtsbeugung begangen haben konnten, während normale »Volksgenossen«, die z.B. jemand denunziert hatten, der dann zum Tode verurteilt worden war, sehr wohl bestraft werden konnte.[17]

Für die Zukunft zieht Radbruch aus dem Versagen des Rechtspositivismus die Konsequenz, daß er seine juristische Geltungslehre aufgibt und durch die Formel ersetzt, daß in zwei *Extremfällen* das übergesetzliche Recht gegenüber dem gesetzlichen Unrecht vom Richter vorzuziehen sei:

(1) »wo Gerechtigkeit nicht einmal erstrebt wird, wo die Gleichheit, die den Kern der Gerechtigkeit ausmacht, bei der Setzung positiven Rechts bewußt verleugnet wird, da ... entbehrt (das Gesetz) überhaupt der Rechtsnatur« (353) (*Verleugnungsthese*);

(2) wenn »der Widerspruch des positiven Gesetzes zur Gerechtigkeit ein so unerträgliches Maß erreicht, daß das Gesetz als ›unrichtiges Recht‹ der Gerechtigkeit zu weichen hat« (353) (*Unerträglichkeitsthese*).

Jenes der Gerechtigkeit verpflichtete übergesetzliche Recht sieht Radbruch sowohl in den traditionellen Naturrechts- als auch in den modernen Vernunftrechtslehren ausformuliert.

In der Folgezeit kommt es zu einer Renaissance zunächst vor allem das Naturrechtsdenkens in jener Form, wie es die katholische Rechtsphilosophie in der Nachfolge Thomas von Aquins tradiert hatte, und es gibt Urteile oberster Bundesgerichte, in denen direkt nach Thomas von Aquin judiziert wird. Der

---

[16] *Gustav Radbruch*, Rechtsphilosophie, 5. Auflage Stuttgart 1956, S. 352.

[17] Zur Kritik der Radbruchthese vgl. *Manfred Walther*, Hat der juristische Positivismus die deutschen Juristen im »Dritten Reich« wehrlos gemacht? Zur Analyse und Kritik der Radbuch-These, in: Ralf Dreier/Wolfgang Sellert (Hrsg.), Recht und Justiz im Dritten Reich, Frankfurt a.M. 1989, S. 323–254, sowie *Horst Dreier*, Die Radbruchsche Formel – Erkenntnis oder Bekenntnis?, in: Staatsrecht in Theorie und Praxis, Festschrift für Robert Walter, Wien 1991, S. 117–144.

Grund ist, daß der Katholizismus im Unterschied zum Protestantismus über eine ausgearbeitete Lehre vom überpositiven Recht verfügt und sich, z.T. auch wegen seiner sehr traditionalen Ausprägung, in der westdeutschen Gesellschaft im Gegenschlag zu der Eliminierung einer autonomen Rechtssphäre im Nationalsozialismus als feste Burg für die Orientierung suchenden Juristen anbietet. Die Rechtsphilosophie der ersten 20 Nachkriegsjahre fällt so, was die Konsequenzen aus dem Modernisierungsprozeß der westlichen Gesellschaften betrifft, m.E. weit hinter das Reflexionsniveau und das Problembewußtsein bezüglich des Rechts im nachmetaphysischen Zeitalter der Weimarer Zeit zurück. Erst Mitte der 60er Jahre setzt eine Neubesinnung ein, die mit einer Erforschung von Justiz, Rechtswissenschaft und Rechtsphilosophie in der Zeit des Nationalsozialismus einhergeht.

Ethische Pluralitäten und die Antwort der Lebensethik

Christiane Woopen

> »Denn es zeichnet diesen Staat gerade aus, dass er die Vielfalt der Meinungen, ethischen Überzeugungen, divergenten Weltanschauungen und Lebensvollzüge in umfassender Weise schützt.«[1]

I. Hinführung

Ethische Pluralität gilt als charakteristisches Merkmal freier und demokratischer Gesellschaften. Keiner wird vom Staat dazu gezwungen, vorgegebene ethische Überzeugungen zu vertreten oder ihnen zu folgen. Vielmehr darf jede und jeder Einzelne und jede Gruppe eine eigene Weltanschauung und einen spezifischen Wertekanon haben – solange ihre tatsächliche Umsetzung die grundlegenden Freiheiten und Rechte anderer nicht verunmöglichen. Dies ist ganz im Sinne des ersten Grundsatzes der Gerechtigkeit von John Rawls, in dem es heißt, dass jedermann das gleiche Recht auf das umfangreichste Gesamtsystem gleicher Grundfreiheiten hat, das für alle möglich ist.[2] So weit so gut – und so unbestimmt.

Dass von Pluralität gesagt wird, sie sei ethischer Art, gibt zwar einen Aufschluss darüber, dass es nicht um eine Vielfalt etwa an Biersorten oder möglichen Urlaubszielen geht. Aber worauf bezieht sich die Qualifizierung als »ethisch« genau? Geht es um eine Vielfalt an Theorien, an Prinzipien, an Werten oder Tugenden, an Bewertungen und Normen oder etwa an ethisch relevanten Voran-nahmen?[3] Das würde jeweils andere Fragen und Konflikte aufwerfen – und wohl auch zu unterschiedlichen Antworten auf die Frage führen, inwiefern ethische Pluralität wünschenswert oder problematisch sein kann. So mag eine Vielzahl

---

[1] *Horst Dreier*, Der freiheitliche Verfassungsstaat als riskante Ordnung, in: RW 1 (2010), S. 11–38 (29).

[2] *John Rawls*, Eine Theorie der Gerechtigkeit, Frankfurt a. M. 1971, S. 81.

[3] In diesem Beitrag wird terminologisch nicht zwischen Ethik und Moral unterschieden. Zwar wird in der Moralphilosophie häufig zwischen der Moral als den in einer Gesellschaft tatsächlich gelebten sittlichen Normen und Wertvorstellungen und der Ethik als der Wissenschaft der Moral unterschieden. In interdisziplinären Kontexten und in der allgemeinen öffentlichen Diskussion kann diese Unterscheidung begrifflich jedoch nicht vorausgesetzt und, falls der Bezug auf die Wissenschaft ausdrücklich erforderlich ist, anders ausgedrückt werden.

ethischer Orientierungspunkte geradezu konstitutiv für eine bestimmte ethische Theorie wie etwa die Tugendethik sein; eine Vielzahl ethischer Theorien, die sich nicht selten widersprechen und zu entgegengesetzten ethischen Normen führen, ist hingegen verwirrend und lässt die Ethik als wissenschaftliche Disziplin in den Augen mancher beliebig erscheinen. Man wählt – so der Einwand – eben diejenige Theorie aus, die das – etwa aus Gründen der Bequemlichkeit oder des Eigennutzes – gewünschte Ergebnis erbringt.

Im Folgenden sollen zunächst die unterschiedlichen Bezugspunkte ethischer Pluralität differenziert werden (II. Die Pluralität ethischer Pluralitäten). Vor diesem Hintergrund wird der neue Ansatz der Life Ethics (III. Lebensethik) vorgestellt und insbesondere diskutiert, inwiefern er für den Umgang mit der Pluralität ethischer Pluralitäten hilfreich zu sein vermag.

II. Die Pluralität ethischer Pluralitäten

1. Gegenstandsbereich der Ethik

Die Begriffe Ethik und Moral gehören zum üblichen Wortschatz vieler Menschen. Sie beurteilen beispielsweise bestimmte Verhaltensweisen und Einstellungen einzelner Personen oder die Regeln zur Verteilung knapper Güter als ethisch (was dann ethisch gut heißen soll) oder als unethisch (was im allgemeinen Sprachgebrauch ethisch schlecht oder böse bedeutet). So geläufig ethische Beurteilungen im Alltag sind, so vage ist das Verständnis dessen, was mit Ethik überhaupt gemeint ist. Eine erste Intuition lautet oft, dass es in der Ethik um gut und schlecht gehe. Dass eine Handlung als gut bewertet wird, heißt aber noch nicht, dass sie *ethisch* gut ist, sie könnte auch technisch oder ökonomisch gut sein. »Der Apfelkuchen ist gut« ist auch keine ethische Bewertung, sondern will sagen, dass er gut schmeckt.

Was also macht eine Bewertung als gut oder schlecht zu einer ethischen Bewertung? Es ist die Bezugnahme auf zwei Aspekte: Erstens muss ein Bezug zu einer Verantwortung gegeben sein. Irgendeine Person, Gruppe oder Institution hat eine Verantwortung für die Gestaltung dessen, was bewertet wird. Ein umstürzender Baum, der ein kleines Kind erschlägt, wird nicht ethisch dafür bewertet oder zur Rechenschaft gezogen. Aus ethischer Perspektive fragt sich nur, ob es jemanden gibt, der in der Verantwortung gewesen wäre, diesen Unfall zu vermeiden – etwa die Eltern, die bei dem Unwetter nicht mit ihrem Kind hätten in den Park gehen sollen, oder die Stadt, die die morschen Bäume nicht fällt. Zweitens muss es einen Bezug zu einer Dimension geben, die man im weitesten Sinne als gelingendes oder sinnvolles Leben einer einzelnen Person oder einer Gruppe bezeichnen kann. Es ist das Sinn-Erleben, das im Bewusstsein des auch Scheitern-Könnens die ethische Dimension ausmacht. Dabei geht es nicht nur um die Funktionalität oder die Zweckrationalität, dass ein bestimmter Plan gelingt oder ein beliebiges Ziel faktisch erreicht wird, sondern um das Bewusstsein und Erleben von Sinn, um das Gelingen weit über ein technisches oder instrumentelles Verständnis hinaus. Dieser Sinn-Bezug kann sich auf eine einzelne Handlung, auf einen Abschnitt des Lebens oder auf das ganze Leben beziehen.[4]

Fasst man den Gegenstandsbereich von Ethik in dieser Weise, ergeben sich vielfältige Möglichkeiten ethischer Pluralität im individuellen und gesellschaftlichen praktischen Leben sowie in wissenschaftlichen Theorien der Ethik.

2. Deskriptive ethische Vielfalt

Unmittelbar ins Auge fällt die in der erfahrenen Wirklichkeit tatsächlich gegebene Vielfalt an Vorstellungen darüber, was ein gutes und sinnvolles Leben ausmacht. Diese kann man beschreiben, ohne sie zu bewerten. Sie unterscheiden sich über die Zeit hinweg, zwischen Gesellschaften sowie innerhalb von Gesellschaften, und nicht allzu selten auch innerhalb eines individuellen Lebensverlaufs. Ein Eremit führt aufgrund seiner Werte und Überzeugungen ein völlig anderes Leben als ein Popstar, und beide werden wohl unterschiedlich beurteilen, ob das Spenden des gesamten eigenen Hab und Guts in der Abwägung mit Glamour, Wohlstand und Bequemlichkeit ethisch gewichtiger ist.

3. Evaluative ethische Vielfalt

Von der Beschreibung vielfältiger Lebensformen und ethischer Überzeugungen ist deren Bewertung, mithin eine evaluative Vielfalt, zu unterscheiden. Ist es ethisch gut, als Eremit zu leben oder ist das Leben eines Popstars ethisch besser?

Hier stellt sich sofort die Frage nach dem Maßstab, mit dessen Hilfe ethisch bewertet wird. Schnell zeigt sich, dass es eine Vielfalt an Maßstäben gibt, anhand derer ethische Bewertungen vorgenommen werden können. So kann als Maßstab etwa der Beitrag zum Gemeinwohl, die Beförderung des Glücks anderer Menschen, die Verherrlichung Gottes oder ökologische Nachhaltigkeit herangezogen werden. Je nach angewandtem Maßstab fällt die Antwort auf die Frage, ob es besser ist, ein Eremit oder ein Popstar zu sein, unterschiedlich aus.

Zudem unterscheiden sich die Adjektive, mit denen die Bewertung in ethischer Hinsicht eingeordnet wird. Eine basale Unterscheidung ist diejenige zwischen geboten und verboten. Dazwischen liegt das Vertretbare. Zusätzlich kann etwas als ethisch wünschenswert oder vorzugswürdig, problematisch oder reduktionistisch usw. bewertet werden.

---

[4] Mit dieser Bestimmung der ethischen im Unterschied zu anderen Dimensionen werden viele in der Moralphilosophie umstrittene Fragen aufgeworfen und jeder verwendete Begriff müsste wiederum differenziert erläutert und abgegrenzt werden. Das aber würde den Rahmen dieses Beitrags sprengen und ist aus Sicht der Autorin für den weiteren Gedankengang nicht erforderlich.

4. Normative ethische Vielfalt

Die Vielfalt ethischer Bewertungsmaßstäbe wirft sodann die Frage danach auf, welcher Maßstab denn nun der geeignete oder gar der beste ist, um zu einer triftigen ethischen Bewertung zu kommen und damit auch gut begründbare Normen zu verbinden. Hier geht es um eine *normative Vielfalt,* bei der jeweils verschiedene Prinzipien, Regeln, Werte, Rechte, Pflichten usw. als entscheidende Bezugspunkte ethischer Orientierung aufgestellt und als maßgeblich für das Handeln begründet werden.

5. Vielfalt ethischer Theorien

Normative Vielfalt spiegelt sich ebenso wie die evaluative Vielfalt mit all ihren Facetten in einer Pluralität ethischer Theorien wider, die im Laufe der Zeit entwickelt wurden und nach wie vor in einem Konkurrenzverhältnis zueinander stehen oder sich sogar in grundlegenden ethischen Beurteilungen – etwa zur ethischen Vertretbarkeit eines Schwangerschaftsabbruchs oder einer Tötung auf Verlangen – diametral widersprechen.

Ethische Theorien unterscheiden sich (unter anderem) darin, ob sie ihre ethischen Normen auf ein einziges übergeordnetes Prinzip gründen oder mehrere Prinzipien ohne ein hierarchisches Verhältnis nebeneinander stellen.[5] Gehören etwa die kantische Deontologie und der Utilitarismus zu den Theorien des Prinzipienmonismus, sind die intuitionistische Pflichtenethik von William David Ross,[6] der 6 Gruppen von prima-facie-Pflichten begründet, und die Bioethik von Beauchamp und Childress[7] mit ihren 4 nicht hierarchisch geordneten prima-facie-Prinzipien als prinzipienpluralistische Theorien konzipiert. Zwischen den prinzipienmonistischen Theorien gibt es materielle Unterschiede bezüglich des letzten Prinzips, auf dem die jeweilige Theorie beruht. Ist beispielsweise für den Utilitaristen das größtmögliche Glück für die größtmögliche Zahl der entscheidende Maßstab, ist es für den Kantianer der kategorische Imperativ, für den Tugendethiker das Leben gemäß der Tugend, für den Palaverethiker der Konsens in der Gemeinschaft,[8] und für den Menschenrechtler sind es die Menschenrechte.

Von der Ebene grundlegender Prinzipien ist wiederum die axiologische Ebene zu unterscheiden. Auch dort unterscheiden sich Theorien danach, ob sie einem

---

[5] *Dieter Witschen,* Ethischer Pluralismus. Grundarten, Differenzierungen, Umgangsweisen, Paderborn 2016, S. 55 ff.

[6] *David Ross,* The Right and the Good (1930), hrsgg. von Philip Stratton Lake, Oxford 2002.

[7] *Tom L. Beauchamp/James F. Childress,* Principles of Biomedical Ethics, 8. Auflage Oxford 2019.

[8] Das Wort ›Palaver‹ ist im deutschen Sprachgebrauch oft abwertend gemeint. Im afrikanischen Denken bezeichnet es hingegen eine positiv konnotierte Kulturtechnik des zugewandten Austausches und Miteinanders, auch zur Lösung von Konflikten. *Anna Floerke Scheid,* Under the Palaver Tree: Community Ethics for Truth-Telling and Reconciliation, in: Journal of the Society of Christian Ethics 31 (Spring/Summer 2011), Nr. 1, S. 17–36.

Wertmonismus zuzuordnen sind (bei Kant etwa die Selbstzwecklichkeit des Menschen), oder einem Wertepluralismus, bei dem viele Werte nebeneinander stehen und nicht auf einen einzigen grundlegenden Wert zurückgeführt werden können.[9]

Ethische Normen gehen in verschiedenen ethischen Theorien mit einem unterschiedlichen Geltungsumfang einher. Es kann vertreten werden, dass eine Norm kategorisch gelten soll oder es werden unter bestimmten und zu definierenden Umständen Ausnahmen als vertretbar angesehen, was für sich genommen noch keine Pluralität darstellt, da die eine grundlegende Norm trotz Ausnahme gelten soll – sonst wäre es ja keine Ausnahme. Das klassische Beispiel ist das kantische Gebot, nicht zu lügen,[10] das selbst dann gelten soll, wenn das Belügen krimineller Verfolger das Leben eines unschuldigen Menschen retten würde. Die meisten Ethiker würden eine solche Konstellation wohl als eine ethisch gebotene oder zumindest vertretbare Ausnahme von dem ansonsten geltenden Gebot nicht zu lügen ansehen.

Ethische Theorien unterscheiden sich auch darin, inwiefern sie ethische Aussagen für wahrheitsfähig halten. Unter dem Stichwort des Relativismus fasst man solche Ansätze zusammen, in denen alle ethischen Normen nur relativ zu dem jeweiligen kulturellen Kontext oder zu einer bestimmten Weltanschauung gelten. Witschen bezeichnet dies als »umfassenden Pluralismus«.[11]

6. *Vielfalt an Menschenbildern*

Was aber führt zu solch unterschiedlichen Theorien mit ihren vielfältigen Maßstäben und Prinzipien, Regeln und Normen? Dafür gibt es sicherlich nicht nur eine einzige Erklärung, eine aber wird nach meinem Eindruck derzeit nur unzureichend wahrgenommen und diskutiert: Theorien der Ethik sind mit unterschiedlichen Menschenbildern verbunden,[12] die entweder in Form einer schlichten Setzung oder als Bestandteil einer philosophischen Argumentation als Ausgangspunkt für die Entwicklung einer Ethik dienen. Diese Menschenbilder selbst können umgekehrt durch die gelebten ethischen Vorstellungen geprägt und verändert werden.

---

[9] *Witschen*, Ethischer Pluralismus, S. 64 f.

[10] *Immanuel Kant*, Grundlegung zur Metaphysik der Sitten, AA 04:403.

[11] *Witschen*, Ethischer Pluralismus, S. 33.

[12] Unter Menschenbildern verstehe ich hier Auffassungen davon, welche Eigenschaften und Fähigkeiten den Menschen charakterisieren. Manchmal spielt dabei die (vermeintliche) Abgrenzung zu nichtmenschlichen Lebewesen eine herausragende Rolle (Selbstbewusstsein, Vernunft, Autonomie u. ä.), manchmal stehen die mit anderen Lebewesen geteilten Merkmale des Lebendigen im Vordergrund (Vulnerabilität, Sterblichkeit, Bedürftigkeit, Abhängigkeit). Vgl. auch *Michael Zichy*, Die Macht der Menschenbilder. Wie wir andere wahrnehmen, Stuttgart 2021.

Beispielsweise stellt Jeremy Bentham die folgende Auffassung über die Natur an den Anfang seines Werkes über die Einführung in die Prinzipien der Gesetzgebung und der Moral im Jahr 1780:

»Nature has placed mankind under the governance of two foreign masters, pain and pleasure. It is for them alone to point out what we ought to do, as well as to determine what we shall do. On the one hand the standard of right and wrong, on the other the chain of causes and effects, are fastened to their throne.«[13]

Ein anderes Menschenbild führt Aristoteles am Beginn seiner Nikomachischen Ethik ein: »Jede Kunst und jede Lehre, desgleichen jede Handlung und jeder Entschluß, scheint ein Gut zu erstreben, weshalb man das Gute treffend als dasjenige bezeichnet hat, wonach alles strebt.« Das höchste Ziel, also jenes, das um seiner selbst willen und nicht etwa um eines anderen Zieles wegen angestrebt wird, ist nach Aristoteles die Glückseligkeit, die Eudämonie. »Sie [die Glückseligkeit] wollen wir immer wegen ihrer selbst, nie wegen eines anderen, [...]«. Um zeigen zu können, worin sie besteht, solle man die eigentümliche menschliche Tätigkeit ins Auge fassen, und das ist nach Aristoteles das Handeln gemäß der Vernunft, »ein volles Leben hindurch«[14]. Im Unterschied dazu sind im christlichen Menschenbild (wenn man seine unterschiedlichen Ausformungen vereinfachend einmal so zusammenfassen darf) die Gottesebenbildlichkeit des Menschen und gleichzeitig seine Geschöpflichkeit, die mit Endlichkeit, Fehlbarkeit und Vulnerabilität einhergeht, grundlegend. Damit wird der christliche Gott zusätzlich als normgebende Instanz eingeführt.

Dominieren in manchen postaufklärerischen Ethik-Diskussionen Menschenbilder, die das Augenmerk vorrangig auf das Individuum richten und erst nachfolgend seine Eingebundenheit in eine soziale Gemeinschaft als ethisch bedeutsam erörtern, steht in anderen Ansätzen die Gemeinschaft stärker im Vordergrund, und das Individuum wird durchgängig als Teil einer Gemeinschaft verstanden. So ist das Menschenbild der südafrikanischen Ubuntu-Philosophie prägnant in dem Satz von John Mbiti zusammengefasst: »Ich bin, weil wir sind, und weil wir sind, bin ich.« Er fährt fort: »Was immer dem einzelnen widerfährt, geht die ganze Gruppe an, und was der ganzen Gruppe widerfährt, ist ebenso Sache des einzelnen.«[15] In die Gemeinschaft sind auch die Ahnen einbezogen, die Grenze zwischen den Lebenden und den Toten wird im Sinne der Unterscheidung von Sein und Nicht-Sein, Leben und Nicht-Leben nicht als so dualistisch angesehen, wie es in westlichen Kontexten üblich ist. Für den Buddhismus wiederum und die im Verlauf der Zeit entstandenen unterschiedlichen Lehren ist ein Menschen-

---

[13] *Jeremy Bentham*, An Introduction to the Principles of Morals and Legislation, London 1780.

[14] *Aristoteles*, Nikomachische Ethik. Übers. v. Eugen Rolfes, bearb. von Günther Bien, S. 1094a, 1097b, 1098a.

[15] *John Mbiti*, Afrikanische Religion und Weltanschauung, Berlin/New York 1974, S. 136.

bild zentral, das den Kreislauf allen Lebens voraussetzt und das Leben insgesamt als leidvoll versteht. Es wird demnach angestrebt, durch die eigene Lebensweise aus dem leidvollen Kreislauf unendlicher Wiedergeburten auszusteigen. Vor allem kommt es dabei auf die rechte Intention des Menschen und die Folgen seines Handelns an.[16]

7. Vielfalt an Weltbildern

Angesichts solch unterschiedlicher Menschenbilder, die jeweils zu unterschiedlichen Sichtweisen auf das führen, was in ethischer Hinsicht ein gutes Leben und Handeln ausmacht, stellt sich die noch einmal grundlegendere Frage, ob es sich dabei um verschiedene Perspektiven innerhalb der einen Welt, dem Universum, oder um unterschiedliche Welten, ein *Pluriversum* handelt. William James stellte dieses Konzept unter dem Begriff Multiversum in den Mittelpunkt seiner 1907 am Manchester College in Oxford gehaltenen Hibbert-Vorlesungen über die gegenwärtige Lage der Philosophie.[17] Seither wird es vor allem in Diskursen zur Dekolonialisierung diskutiert und einem einseitigen Wissenschaftsverständnis sowie dem Universalitätsanspruch westlicher Modernität entgegengesetzt. Pluriversale Argumente teilen zwei Annahmen: Erstens: westliche Theorien und Praktiken gehen von einer »one world«-Ontologie aus, die ein lineares Verständnis von Zeit hat und die Wirklichkeit in Kategorien wie Natur und Kultur, menschliche und nichtmenschliche Natur einteilt. Diese Differenzen werden sodann hierarchisch geordnet. Zweitens: der dies voraussetzende euromoderne Universalitätsanspruch ist falsch und hat destruktive Folgen für Menschen anderer Anschauungen sowie für die Natur, die ausgebeutet und zerstört wird. Uneinigkeit besteht zwischen unterschiedlichen Konzeptualisierungen des Pluriversums als unterschiedliche Welten, die inkommensurabel sind oder aber in einer guten Beziehung zueinander stehen können.[18]

Im Konzept des Pluriversums, wie es in den Diskursen über Dekolonialisierung und Post-Development seit nun mehr als zwei Jahrzehnten gefasst wird, geht es letztlich nicht nur um die ontologische Dimension der Strukturierung von Wirklichkeit, sondern es wird von vorneherein als Praxis verstanden.[19] Im Sinne einer politischen Ontologie geht es um die Art und Weise, wie Realitäten und Welten entstehen (»worlding«). In ethischer Hinsicht wird die Vielfalt des Pluriversums zuweilen sogar als ein Wert um seiner selbst willen betrachtet,

---

[16] *Jens Schlieter*, Buddhistische Ethik, in: Christian Neuhäuser u. a. (Hrsg.): Handbuch Angewandte Ethik, Wiesbaden 2023, S. 133–137.

[17] *Willliam James*, Das pluralistische Universum, Leipzig 1914.

[18] *Kimberly Hutchings*, Decolonizing Global Ethics: Thinking with the Pluriverse, in: Ethics & International Affairs 33 (2019) Nr. 2, S. 115–125.

[19] Ashish Kothari/Ariel Salleh/Arturo Escobar/Federico Demaria/Alberto Acosta (Hrsg.), Pluriverse. A Post-Development Dictionary, New Delhi 2019.

und es wird kontrovers beurteilt, ob schon ein bestimmtes Verfahren für die Triftigkeit einer ethischen Bewertung ausreicht oder ob es eines oder mehrerer Prinzipien bedarf, auf die sich die Bewertung stützt. Im Konzept des Pluriversums mischen sich also wiederum die Ebenen und Facetten dessen, worauf sich ethische Pluralität beziehen kann. Deren jeweilige Beziehung zu sehr grundsätzlichen Annahmen über die Welt (bei indigenen Völkern auch Kosmovisionen genannt) wird hier nur im Vergleich zu anderen Ethik-Theorien in besonderem Maße deutlich.

8. Zwischenfazit

Angesichts der unterschiedlichen Arten ethischer Pluralität kommt man wohl nicht umhin, jeweils anzugeben, von welcher man genau spricht. Oft ist die deskriptive ethische Pluralität gemeint. Oft aber wird sie auch unter Bezugnahme etwa auf einen ethischen Relativismus, Partikularismus oder Universalismus kritisch diskutiert, was auf Wahrheits- und Geltungsansprüche ethischer Sätze hinweist, die damit die evaluative und normative Ebene berühren. Es ist also alles andere als klar, was mit einer Bezugnahme auf »ethische Pluralität« tatsächlich gemeint ist, wenn man nicht ausdrücklich angibt, was genau als plural angesehen wird. Eine Spezifizierung ist aus Präzisionsgründen stets erforderlich, zumal eine ethische Pluralität in einer Hinsicht nicht immer mit einer ethischen Pluralität in einer anderen Hinsicht verbunden sein muss.

Es stellt sich notwendigerweise die Frage, wie die unterschiedlichen Arten ethischer Vielfalt untereinander zusammenhängen. Geht zum Beispiel eine deskriptive ethische Pluralität immer auch mit einer normativen Pluralität einher? Oder: lassen sich unterschiedliche Menschenbilder mit einer prinzipienmonistischen ethischen Theorie vereinbaren? An dieser Stelle können nicht alle denkbaren Kombinationen der bis hierhin differenzierten Hinsichten von Pluralität durchgespielt werden. Es reicht aber für den Zweck dieses Beitrages aus aufzuzeigen, dass die Vielfalt in einer Hinsicht mit einer Nicht-Vielfalt in einer anderen Hinsicht vereinbar ist. Das Wort »Nicht-Vielfalt« mag zunächst irritieren, es kann aber nicht einfach durch ein einziges anderes Wort ersetzt werden, weil es auf den unterschiedlichen Ebenen unterschiedliche Konzepte sind, die einer Vielfalt entgegenstehen. Ein Gegensatz zu deskriptiver Vielfalt wäre etwa die Einheitlichkeit der Lebensweise; einer evaluativen Vielfalt stünde eine einheitliche Bewertung entgegen, einer normativen Vielfalt die Allgemeingültigkeit ethischer Vorschriften, der Wertevielfalt ein oberster Wert. Allein dieser sprachliche Umstand weist schon darauf hin, dass es sich bei »ethischer Pluralität« um ganz unterschiedliche Dinge handeln kann.

Eine ethische Pluralität in einer Hinsicht kann nun in der Tat mit einer Nicht-Vielfalt in anderer Hinsicht einhergehen. Es ist beispielsweise miteinander vereinbar, dass es deskriptiv viele ethische Lebensweisen gibt, sich normativ jedoch alle einig sind, dass die Achtung der Menschenrechte die eine, letztlich entscheidende, Grundlage des Zusammenlebens bildet.[20] Es ist zudem möglich, in einer prinzipienmonistischen Theorie wie der Tugendethik mit ihrem Grundsatz »Handle gemäß der Tugend« eine Wertepluralität im Sinne einer Vielfalt von Tugenden einzuführen, die je nach Kontext in unterschiedlicher Gewichtung die Handlungen der Person leiten sollen. Man kann also noch nicht einmal pauschal sagen, ob eine bestimmte ethische Theorie zum Pluralismus gehört oder nicht, weil sie sowohl monistische als auch pluralistische Anteile haben kann. Selbst innerhalb des Theorie-Diskurses muss also ausdrücklich ausgewiesen werden, in welcher Hinsicht eine Theorie zum Pluralismus gehört. Und ein letztes Beispiel: Auch ist nicht ausgeschlossen, dass Menschen oder Theorien trotz unterschiedlicher Menschenbilder zu einer einheitlichen ethischen Evaluation kommen, z.B. Christen und Atheisten die hinterhältige Tötung eines unschuldigen Menschen als ethisch böse bewerten und normativ das uneingeschränkte ethische Verbot einer solchen Tat vertreten. Umgekehrt ist es möglich, dass man ausgehend von demselben Menschenbild zu divergierenden ethischen Beurteilungen kommt: So gibt es beispielsweise trotz eines geteilten christlichen Menschenbildes erbitterte Kontroversen über die Rolle der Frau in der Kirche.

III. Lebensethik (Life Ethics) als pluralitätsoffene Ethik-Theorie

1. Hintergrund

Angesichts der vielen Arten und Ebenen ethischer Pluralität werden Zweifel daran geäußert, ob Ethik überhaupt eine orientierende Funktion beanspruchen kann. Man könne sich ja beliebig diejenige Theorie oder diejenigen Werte oder Prinzipien als ausschlaggebend heraussuchen, die gerade am besten zu dem Ergebnis führen, das man sich aus ganz anderen als ethischen Gründen wünscht. Diese Zweifel leuchten zunächst einmal ein, übersehen aber, dass nicht theoretisch fundierte ethische Beurteilungen schnell zu Inkonsistenzen führen. Zum Beispiel: Jemand, der in Fragen der Wirtschaftsethik dem Utilitarismus anhängt, weil er eine Orientierung an Optimierung, Effizienzsteigerung und Kosten-Nutzen-Funktionen für richtig hält und entsprechend mit der Vermehrung von Glück und Wohlstand für alle Beteiligten argumentiert, gibt diese Argumentation in der Regel irritiert auf, wenn man ihm die Frage stellt, ob man ein Neugeborenes mit Behinderungen töten darf, weil sich dann die Eltern für die Geburt eines gesunden Kindes entscheiden können und im Ergebnis insgesamt das

[20] Hierfür ist es unerheblich, dass es in der Theorie der Menschenrechte auch plurale Ansätze gibt, die mehrere Arten von Menschenrechten nebeneinander zur Grundlage nehmen. S. *Witschen*, Ethischer Pluralismus, S. 60f.

Glück aller Beteiligten größer sei.[21] Darüber hinaus ist die Tatsache der Pluralität ethischer Theorien noch kein Argument dafür, dass keine der Theorien besonders gut sein kann. Auch in anderen Wissenschaften wie der Quantenphysik gibt es widerstreitende theoretische Ansätze, und es muss sich im Laufe der Zeit und mit dem Fortgang der Erkenntnisse herausstellen, welcher Ansatz der bessere ist – oder ob ein noch ganz anderer Ansatz vielversprechender ist, von dem man derzeit noch gar nichts weiß. So läuft es auch in der Ethik.

Vor diesem Hintergrund möchte ich den neuen Ansatz der Lebensethik (life ethics) in der gebotenen Kürze (und damit notwendigerweise auch verkürzt) vorstellen, weil ich in ihm die Möglichkeit sehe, dem Denken und Diskurs über das ethisch Gute einen grundlegenden inhaltlichen Ausgangspunkt zu geben, und gleichzeitig unterschiedliche Pluralitäten bis hin zu divergierenden Menschen- und Weltbildern aufgreifen zu können. Alle geläufigen ethischen Theorien wie etwa deontologische, tugendethische und utilitaristische Ansätze könnten sich auf dieser Grundlage austauschen und sich ausweisen. Gleichzeitig würde der lebensethische Ansatz manche konzeptionellen, evaluativen sowie normativen Implikationen der jeweiligen Theorien ausschließen.

2. Die Bestimmung des ethisch Guten

Vor dem Hintergrund der vielfältigen ethischen Pluralitäten und angesichts der brennenden ethischen Herausforderungen, die die vielen regionalen wie globalen Krisen uns tagtäglich vor Augen führen, scheint es erforderlich zu sein, einen übergreifenden ethischen Ansatz zu entwickeln, der eine inhaltlich gehaltvolle und nicht rein formale Bestimmung des ethisch Guten enthält, und der sich gleichzeitig nicht einem ganz bestimmten Menschen- oder Weltbild verschreibt und damit alle anderen ausschließt oder als minderwertig bis hin zu falsch degradiert. Eine solche Ethik sollte, damit sich grundsätzlich alle, die ethisch relevant handeln können, miteinander verständigen können, bei etwas ansetzen, das als gemeinsame Erfahrung geteilt wird. Die basalste gemeinsame Erfahrung scheint mir darin zu liegen, lebendig zu sein. Punkt. Jede nähere Bestimmung dessen, was das Lebendig-Sein ausmacht oder wozu es (vermeintlich) dient (z.B. Lustgewinn, Vernunftgebrauch, Fortpflanzung, Erfüllung des Auftrags Gottes) ist der Erfahrung nach mit zunehmender Konkretion zunehmend umstritten.

Nimmt man nun die ethische Dimension hinzu, wie sie zu Beginn dieses Beitrags charakterisiert wurde, nämlich als die Dimension des gelingenden und als sinnvoll empfundenen Lebens, wird deutlich, dass es nicht ausschließlich um das biologische Leben gehen kann. Zwar ist das (Über-)Leben eine notwendige, aber nicht bereits eine hinreichende Bedingung für die Möglichkeit, ein sinnvolles Leben zu führen. Für manche Menschen bedeutet ein sinnvolles Leben

[21] *Peter Singer*, Praktische Ethik, 3. Auflage 2013.

unter bestimmten Umständen sogar, ihr biologisches Leben zu beenden, und durch die Selbsttötung oder die Bereitschaft sich töten zu lassen, zum Ausdruck zu bringen, dass die Umstände, unter denen sie zu leben gezwungen werden, wie etwa bei Märtyrern, ihren Sinnvorstellungen fundamental widersprechen. Der Grundsatz einer Lebensethik griffe demnach zu kurz, wenn er sich ausschließlich auf die Bewahrung und Nichttötung biologischen (menschlichen) Lebens bezöge, wie es etwa im Menschenrecht auf Leben angesprochen wird. Er muss vielmehr Eigenschaften des Lebens in den Vordergrund stellen, die einen unmittelbaren Bezug zur ethischen Dimension haben und gleichzeitig offen für unterschiedliche Auffassungen von einem sinnvollen Leben sind.

Es gibt nach meinem Eindruck drei Eigenschaften des Lebens, die in der einen oder anderen Ausgestaltung und Gewichtung von allen Weltanschauungen angesprochen werden. Dabei geht es darum, dass das Leben kein statischer Zustand, sondern ein Prozess ist, dass es eine ästhetische Dimension umfasst und dass es neben dem Biologischen viele weitere Facetten hat, die etwa mit Geist, Vernunft, Gefühl, Spiritualität, Beziehung, Glück, Freude etc. zusammenhängen. Diese drei Hinsichten kann man in die Begriffe Entfaltung, Schönheit und Fülle fassen.

So führt der Grundsatz der Lebensethik zu der folgenden Bestimmung des ethisch Guten:

Das ethisch Gute besteht darin, die Entfaltung, Schönheit und Fülle allen Lebens zu respektieren oder zu fördern.

Die Lebensethik berücksichtigt *alles* Leben, nicht nur das menschliche. Soweit wir wissen, können wir ethische Ansprüche nur an den Menschen richten, weil er das einzige Lebewesen auf dieser Welt zu sein scheint, das für sein Handeln ethisch verantwortlich gemacht werden kann. Aber was tatsächlich getan oder unterlassen wird, wirkt sich auch auf anderes, nicht-menschliches Leben aus. Überhaupt lebendig zu sein verbindet alles Lebendige und stellt die dualistische und oft hierarchisch sortierende Unterscheidung zwischen der menschlichen und der nichtmenschlichen Natur zunächst in den Hintergrund. Es wird betont, was verbindet, und nicht, was trennt, auch wenn damit nicht ausgeschlossen ist, dass in konkreten Kontexten eine Hierarchisierung begründbar sein kann. Ausgeschlossen ist aber eine vollumfängliche und rücksichtslose Ausbeutung nichtmenschlichen Lebens zu beliebigen Zwecken menschlichen Lebens.

Die im lebensethischen Grundsatz enthaltene ethische Norm bezieht sich auf die *Achtung oder Förderung* allen Lebens. Es ist nicht notwendig, das Leben zu fördern; es ist schon gut, es im Handeln zu respektieren – sonst liefen wir Gefahr, das zu fordern, was man das Supererogatorische, also das die geschuldete Pflichterfüllung Überschreitende, nennt. Gleichzeitig darf die Lebensethik nicht auf eine Ethik der guten Absichten (Überzeugungen) reduziert werden. Aus dem Grundsatz selbst folgt bereits, dass auch die Fülle des Handelns mit allen seinen Dimensionen in den Blick zu nehmen ist. Dazu gehört die handelnde Person mit ihren inneren und äußeren Handlungsgründen einschließlich des motivationalen Hintergrundes ebenso wie die Art des Tuns oder Unterlassens, das Objekt, an dem gehandelt wird, das Ziel und die Folgen des Handelns. Auch sind die vielfältigen Handlungsumstände (etwa zeitlicher, räumlicher, gesetzlicher, kultureller Art) zu bedenken.[22] Eine Ethik, die sich ausschließlich auf ein bestimmtes Handlungselement bezieht, wie es beispielsweise der Utilitarismus bezüglich der Folgen einer Handlung tut, ist für die Lebensethik zu reduktionistisch und verfehlt den Anspruch, die Entfaltung und Fülle des Lebens und damit auch des Handelns zu achten oder zu fördern.

3. Diskurs als wesentliches Element der Lebensethik

Wie kommt man nun ausgehend von diesem lebensethischen Grundsatz zu konkreten Ergebnissen in spezifischen Fragen? Eine gewisse Einigung in hochumstrittenen Fragen scheint nicht zuletzt angesichts des Erfordernisses rechtlicher Regulierung neuer Technologien, die tief in das Leben des Menschen eingreifen können, erforderlich zu sein. »Die Bildung gesamtgesellschaftlich akzeptabler ethischer wie rechtlicher Maßstäbe zur Beurteilung jener Prozesse (der Entwicklungen der IvF, PID, Stammzellforschung, Klonen) stellt ohne Frage eine der wichtigsten, wenngleich kaum lösbaren Aufgaben unserer Zeit dar.«[23]

Zwar ist die Lebensethik nicht auf rechtliche Regulierung gerichtet, sie kann jedoch einen Beitrag dazu leisten, den für die Rechtsetzung erforderlichen ethischen Diskurs zu fördern. Es ist offensichtlich, dass verschiedene Menschen und Kulturen die Entfaltung, die Schönheit und die Fülle des Lebens unterschiedlich definieren. Sie können ausgehend von diesem Grundsatz in einen konkretisierenden Dialog miteinander treten. Dadurch kann diskutiert und herausgefunden werden, wo Einigkeit und wo Konflikt und Widerspruch bestehen, was miteinander vereinbar ist und was sich ausschließt. Abgesehen von ethischen Regeln, die den lebensethischen Grundsatz klar verletzen (z.B. »Handle stets so, dass Du Deinen eigenen Nutzen maximierst.«) werden erst der Diskurs und die konkrete Anwendung zu dann auch materiell bestimmter ethischer Orientierung führen. Der Bezug auf Entfaltung, Schönheit und Fülle allen Lebens bei gleichzeitiger Offenheit für unterschiedliche Kulturen und Weltanschauungen verbindet den Inhalt des ethischen Standards mit der Notwendigkeit, einen Diskurs zu führen. Auch wenn die Ausgangspunkte möglicherweise sehr unterschiedlich

---

[22] *Christiane Woopen*, Selektion aufgrund genetischer Diagnostik? Handlungstheoretisch fundierte Güterethik und ihre Anwendung am Beispiel der Präimplantationsdiagnostik, in: Ludger Honnefelder/Dieter Sturma (Hrsg.), Jahrbuch Wissenschaft und Ethik 10 (2005), S. 343–353.

[23] *Horst Dreier*, Bioethik. Politik und Verfassung, Tübingen 2013, S. 2.

sind, bietet die Lebensethik einen gemeinsamen Bezugsrahmen, ohne dass man sich auf eine bestimmte Weltanschauung einigen muss.

Dieser Diskurs im Rahmen der Lebensethik hat einen weiteren Vorteil: Er macht Annahmen explizit, die sonst verborgen, missverständlich oder irreführend sind. Er fordert uns dazu heraus zu erläutern, was wir mit Entfaltung, Schönheit und Fülle meinen, was wiederum bedeutet, dass wir ein immer besseres Verständnis für unseren eigenen Standpunkt und den der anderen entwickeln können. Zugleich fördert er eine Auseinandersetzung mit dem, was Werner Situationshermeneutik nennt.[24] Ein ethisches Problem muss zuallererst erschlossen und angemessen beschrieben werden, um es bearbeitbar und besprechbar zu machen. Schon bei dieser Erschließung kann es zu Divergenzen kommen, wenn beispielsweise voneinander abweichende empirische Sachverhalte angenommen werden oder divergierende Erfahrungen und Vorüberzeugungen die Wahrnehmung einer Situation oder eines Problems (mit-)prägen. Wird man sich dieser Hermeneutik bewusst, lassen sich die entscheidenden Bezugspunkte eines Dissenses identifizieren und eine erfolgreiche Einigung oder zumindest Verständigung rückt in greifbarere Nähe.

Der diskursive Prozess muss sich selbstverständlich selbst an den Grundsatz der Achtung oder Förderung allen Lebens halten, was bedeutet, dass man offen sein und zuhören muss, um andere Weltanschauungen zu verstehen und seine eigenen Ansichten zu erklären oder auch infrage zu stellen. Dies ist nicht auf den akademischen Bereich beschränkt, sondern erfordert einen transdisziplinären Ansatz, der die Menschen in ihren jeweiligen Lebenswelten einbezieht. Der Vorteil der Lebensethik ist dabei, dass sie intuitiv und unmittelbar verständlich ist. Sie erfordert kein vorheriges Studium der Philosophie und bedarf für ihre Anwendung keiner teils schwer verständlichen Theorien oder Begriffe. Man kann mit jedem Menschen, der das möchte, darüber sprechen.

Es ist davon auszugehen, dass es wohl nie zu einer abschließenden, von allen konsentierten, inhaltlichen Definition dessen kommen wird, was im Einzelnen die Entfaltung, Schönheit und Fülle alles Lebendigen ausmacht. Man kann es mit Hannah Arendt sogar als Fehler begreifen, eine Definition geben zu wollen. In ihrer biographischen Erzählung über Isak Dinesen schreibt Arendt: »It is true that storytelling reveals meaning without committing the error of defining it«[25]. Hier eröffnen sich gerade im Bereich des Ästhetischen Möglichkeiten der Sinnerfahrung, die sich nur in der Unmittelbarkeit der Erfahrung, der Unbestimmtheit und Offenheit verwirklichen, nicht aber in der abstrahierenden Erklärung oder definitorischen Eingrenzung.

Es wird in der Konkretisierung des lebensethischen Grundsatzes im besten Fall zu einer Annäherung kommen, die faktisch an Raum und Zeit sowie den jewei-

[24] *Micha H. Werner*, Einführung in die Ethik, Heidelberg 2021, S. 249.
[25] *Hannah Arendt*, Men in Dark Times, New York 1968, S. 105.

ligen Kontext gebunden ist. Sie kann sich im Laufe der Zeit und mit zunehmenden wissenschaftlichen Erkenntnissen wandeln und sie kann für unterschiedliche Menschen und Gruppen unterschiedlich ausfallen. Ist Lebensethik deswegen relativistisch? Sind ihre Aussagen immer nur unter Bezugnahme etwa auf eine bestimmte Weltanschauung oder eine bestimmte gesellschaftliche Gruppe gültig? Nein. Der lebensethische Grundsatz ist trotz seiner Offenheit für unterschiedliche Ethiken und Menschen- sowie Weltbilder nicht relativistisch gemeint, weil er diese nicht als unhinterfragbar gesetzt und damit selbst als Maßstab ansieht. Vielmehr müssen die jeweiligen Vorstellungen zu Entfaltung, Schönheit und Fülle des Lebens am lebensethischen Grundsatz selbst gemessen werden. Gleichzeitig geht die Lebensethik von der Annahme aus, dass der Diskurs im Laufe der Zeit zu mehr Toleranz und Annäherung führt und damit auch faktisch und mit normativer Geltung eine größere Einigkeit darüber erreicht werden kann, wie wir gemeinsam angesichts der existenziellen Krisen und Bedrohungen ein gutes Leben für alle ermöglichen und gestalten können. Horst Dreier spricht von der »integrativen Kraft des Dissenses« und der »Bürgertugend der Toleranz«[26].

IV. Ausblick

Ethische Pluralität in ihren unterschiedlichen Ausformungen auf der beschreibenden, bewertenden und normierenden Ebene sowie in einer Vielfalt an ethischen Theorien, Menschen- und Weltbildern ist eine große Herausforderung in einer Zeit, die angesichts zahlreicher politischer, wirtschaftlicher, weltanschaulicher und ökologischer Krisen nach Orientierung geradezu schreit. Es scheint ganz und gar unwahrscheinlich zu sein, dass sich ein bestimmter Ethik-Ansatz global durchzusetzen vermag, und doch ist es der Mühe wert, gemeinsam einen einigenden Ansatz entwickeln zu wollen. Er wird wohl nicht zu einem vollständigen Konsens in konkreten ethischen Bewertungen und Regeln führen (was vielleicht gar nicht wünschenswert wäre, aber das ist ein Thema für einen anderen Aufsatz), es wäre gleichwohl schon ein enormer Fortschritt, wenn er zumindest einen Prozess der Teilhabe fördert, in dem alle gehört werden. Mit der hier vorgestellten Lebensethik, die von dem Grundsatz ausgeht, dass das ethisch Gute darin besteht, die Entfaltung, Schönheit und Fülle allen Lebens zu achten oder zu fördern, wird der inhaltliche Anker der von allen geteilten Erfahrung des Lebendig-Seins mit der Offenheit für unterschiedliche Menschen- und Weltbilder sowie für verschiedene ethische Überzeugungen verbunden. Alle werden eingeladen, in einen Diskurs miteinander einzutreten und den lebensethischen Grundsatz zu einer konkretisierten Antwort auf eine bestimmte ethische Frage auszuformen.

---

[26] *Dreier*, Freiheitlicher Verfassungsstaat, S. 14.

Der lebensethische Ansatz ist für plurale ethische Überzeugungen offen, gleichwohl nicht neutral, weil er der Entfaltung, Schönheit und Fülle des Lebens einen entscheidenden Wert beimisst, auch wenn er nicht zu definieren beansprucht, wann genau der Prozess des Lebens eine Entfaltung darstellt, welche Kriterien genau zu erfüllen sind, um als schön zu gelten, und was genau alles erfüllt sein muss, damit die Fülle des Lebens erreicht wird. In Analogie zu diesem ethischen Ansatz des weltanschaulich nicht festgelegt Seins bei gleichzeitiger Unmöglichkeit, alle Werte außen vor zu lassen, betont Horst Dreier verfassungsrechtlich hinsichtlich der gebotenen Neutralität des Staates: »Das Konzept der ethischen Neutralität des Staates impliziert nicht die unmögliche Idee einer wertungsasketischen Normsetzung, sondern insistiert auf der Notwendigkeit ihrer säkularen Begründung bzw. Begründbarkeit und dem Ausschluß eines unmittelbaren Durchgriffs religiöser Imperative bei der inhaltlichen Gestaltung.«[27]

Wenn er zudem herausstellt, dass den »freiheitlichen Verfassungsstaat … neben demokratischen und rechtsstaatlichen Prinzipien vor allem anderen die Gewährung bestimmter Freiheits- und Gleichheitsrechte« auszeichne,[28] so findet auch dies im lebensethischen Grundsatz eine Entsprechung. Denn wie sollte die Entfaltung, Schönheit und Fülle allen Lebens geachtet oder gefördert werden können, wenn es keine Freiheit und Gleichheit gäbe?

[27] *Dreier*, Bioethik, S. 18f.

[28] *Dreier*, Freiheitlicher Verfassungsstaat, S. 13.

II. Verfassungsstaatlichkeit: Konzept und Institutionen

Anreize zum Verfassungsbruch und »Nudges« im öffentlichen Sektor

Verfassungsrechtspolitische Beobachtungen mit Hilfe von Hans Kelsen

Helmut Goerlich

I. Einführung

Immer öfters sind auf verschiedenen Ebenen gerade im öffentlichen Sektor Manipulationen des *an sich freien menschlichen Willens* zu verzeichnen. Das geschieht offenbar durch Anreize, die manchmal auch Signalworte setzen, steuernde Andeutungen darstellen und dadurch Verhalten modifizieren. Zwei davon sind manifest, beide kommen über den Atlantik. Führen kann das am Ende der ersten Präsidentschaft Trump bis zur sozusagen verdeckten Anstiftung im Rechtssinne dieses Begriffs seitens eines noch im Amt befindlichen Präsidenten. Der andere Fall ist auf den ersten Blick harmlos. Gemeint ist »nudging«. *Nudging* ist inzwischen ein noch nicht wirklich legitimes Werkzeug im Kasten staatlichen Handelns. Es geht dabei um nahezu erzieherische, sprachlich gefasste staatliche Einwirkung auf Gebietsansässige, insbesondere deren innere Willensfreiheit. Geschehen soll dies durch Anstöße, Anreize und andere Affekte auslösende Signale wie Bilder u. a., eingesetzt zunächst im Bereich Gesundheit, Umwelt und dann auch für den Verkehr, teils verdeckt bzw. mittelbar, teils offen.[1] Exemplarisch für die erste Variante scheint die Art des Einsatzes solcher Instrumente letztlich im Vorfeld des Sturms auf das Kapitol in Washington D. C. am 6. Januar 2021. Unabhängig davon geht es hier – wie gesagt – um das andere, modische Feld des *nudging* von hoher Hand. Dieser Terminus meint die Einflussnahme von Seiten des Staates oder seiner Amtsträger auf menschliches Verhalten in verdeckter oder offener Form – verschiedene Varianten, auch solche paternalistischer Art, sind durchaus möglich – und zwar im Interesse einer Steuerung dieses Verhaltens auf Ziele hin, von denen zugleich angenommen wird, dass sie ein besseres Leben des betroffenen Einzelnen und sein größeres Glück sowie derlei mehr im Auge

[1] Knapp und klar: *C. Hillgruber,* in: W. Kahl/M. Ludwigs (Hrsg.), HVwR V, Heidelberg 2023, § 151 Rn. 98 m.N., darunter *U. Volkmann,* Darf der Staat seine Bürger erziehen?, Baden-Baden 2012, S. 43 ff. und früher.

haben[2] – wobei moderne Techniken der Beeinflussung zum Einsatz kommen können. Sicher ist allerdings eines: Auch auf solche Anreize, Ziele und Ansinnen hin ist es vielleicht nützlich, sich an die Klassiker zu erinnern und sich ihrer Aussagen zu vergewissern.

Nach *Horst Dreier* ist seit seiner Dissertation das zunächst niemand anderes als *Kelsen*. Und daran will ich mich halten, zumal er vor vielen Jahren – es war Recht des öffentlichen Dienstes – in Hannover bei mir, ich war damals dort Privatdozent, gehört hat. Diese Vorlesung hatte allerdings keinen vergleichenden Teil, der das amerikanische Verständnis von *public service* thematisiert hätte. Insofern fehlt es an einem sachlichen Anknüpfungspunkt für einen Bezug zur Ära Trump. Hingegen enthält der jüngste Beitrag von Horst Dreier zu *Kelsen* einen Hinweis zum Thema hier. Dreier betont dort zunächst, dass *Kelsen* Demokratie aus Freiheit herleitet, nicht aus der Gleichheit.[3] Eingriffe in Freiheit sind also Thema. Angesprochen ist damit insbesondere *Kelsens* Abhandlung zur Demokratie.

II. Kelsen, Kant, Humboldt u.a.

Dort, bei *Kelsen*, in seiner Schrift vom Wesen und Wert der Demokratie (1929), ist zu lesen:

> »Und die Freiheitsideologie der Demokratie scheint gegenüber der ihr zugeordneten Realität sozialer Bindung eine ähnliche Rolle zu spielen wie die *ethische Illusion der Willensfreiheit* gegenüber der durch die psychologische Erkenntnis festgestellten unentrinnbaren *kausalen Gebundenheit* alles menschlichen Wollens. Und zwischen diesen beiden Problemkomplexen besteht nicht nur eine äußere Parallele, sondern eine tiefinnere Kommunikation.«[4]

---

[2] Siehe als Klassiker der Verhaltensökonomie *R. H. Thaler/C. R. Sunstein,* Nudge. Wie man kluge Entscheidungen anstößt, 16. Auflage des Taschenbuchs, Berlin 2020 – die Originalausgabe erschien in den U.S.A. 2008 bei Yale University Press mit dem Untertitel »Improving Decisions about Health, Wealth and Happiness«, wobei in den U. S. A. der »pursuit of happiness« als Bestandteil der Unabhängigkeitserklärung seit 1776 zumindest Teil der politischen Kultur ist; es gibt hierzulande eine kritische Debatte zum *nudging*, die hier nicht wiederholt werden soll, vgl. etwa eingehend unter Auswertung der Literatur *B. Bornemann/U. Smeddinck,* Anstößiges Anstoßen – Krit. Beobachtungen zur »Nudging« Diskussion im deutschen Kontext, in: ZParl 2016, S. 437ff.; nicht behandelt werden hier auch Fragen des staatlichen Informationshandelns unter Nutzung neuer Kommunikationswege und deren notwendiger rechtlicher Rahmen, der oft noch fehlt; dazu *N. Harding,* Staatliche Öffentlichkeitsarbeit in sozialen Netzwerken, Tübingen 2023. Zu den jüngsten Aktivitäten von Cass Sunstein vgl. *C. Eisenring,* Nudge-Erfinder knöpft sich »Sludge« vor. Was uns bremst, wie Warteschlangen und Formulare, verstößt gegen die Menschenwürde, sagt Cass Sunstein, in: NZZ Internationale Ausgabe vom 30. November 2023, S. 18.

[3] *H. Dreier,* Hans Kelsen zur Einführung, Hamburg 2023, S. 145ff.; näher *ders.,* Kelsens Demokratietheorie: Grundlegung, Strukturelemente, Probleme, in: R. Walter/C. Jabloner (Hrsg.), Schriftenreihe des Hans Kelsen-Instituts Band 20, Wien 1997, S. 79ff. (80ff.).

[4] Vgl. *H. Kelsen,* Vom Wesen und Wert der Demokratie, 2. überarb. Auflage 1929, zit. nach der Ausgabe Stuttgart 2018, S. 105.

Es kommt hier der Kern eines inneren und irgendwie in sich versöhnten Gegensatzes von Freiheit und Gebundenheit zur Sprache. In diese »tiefinnere« Kommunikation hinein greift der Staat, die hohe Hand, wenn er auf den Einzelnen einwirkt. Hält man an dieser Kommunikation fest und schlägt sich nicht sogleich auf die eine oder andere Seite, so hilft da zunächst nicht der für den Juristen naheliegende Blick ins Grundgesetz von 1949. Dann ist zunächst anzumerken, dass *Kelsen* in seiner Schrift zur Demokratie offensichtlich nicht nur die innere Willensfreiheit thematisiert, sondern auch die soziale Freiheit des Einzelnen in der Demokratie, die diese innere Freiheit voraussetzt. Es geht also zugleich auch um soziale Freiheit, Freiheit im politischen Sinne eines durch sie geprägten Gemeinwesens. Sucht man in diesem Licht weitere klassische Texte zum Thema auf, so ergibt sich ein deutliches Bild: Prominente Autoren eines wohl liberalen Idealismus – man denke etwa an *Immanuel Kant* oder *Wilhelm von Humboldt* – greifen in diesem Gegensatz zur Willensfreiheit und plädieren gegen paternalistische Eingriffe der hohen Hand in diese Freiheit.

Kant sagt in seiner Schrift »Über den Gemeinspruch« etc.:

»[...] eine *väterliche Regierung* (imperium paternale) [...] ist der größte denkbare Despotismus«, und zuvor spricht er davon, dass nach seiner Sicht »die Freiheit als Mensch, deren Prinzip für die Konstitution eines gemeinen Wesens« fundamental ist; und dass er dies »in der Formel ausdrücke: Niemand kann mich zwingen, auf seine Art (wie er sich das Wohlsein anderer Menschen denkt) glücklich zu sein, sondern ein jeder darf seine Glückseligkeit auf dem Wege suchen, welcher ihm selbst gut dünkt, wenn er nur der Freiheit anderer, einem ähnlichen Zwecke nachzustreben, die mit der Freiheit von jedermann nach einem möglichen allgemeinen Gesetze zusammen bestehen kann (d.h. diesem Rechte des andern) nicht Abbruch tut.«[5] etc.

Und *Wilhelm von Humboldt* führt in seinen »Ideen zu einem Versuch, die Gränzen der Wirksamkeit des Staats zu bestimmen« (1794) aus,

> »der Staat enthalte sich aller Sorgfalt für den positiven Wohlstand der Bürger, und gehe keinen Schritt weiter, als zu ihrer Sicherstellung gegen sich selbst, und gegen auswärtige Feinde notwendig ist; zu keinem anderen Endzwecke beschränke er ihre Freiheit.«[6]

Dieser Grundsatz war offenbar in der bürgerlichen Philosophie und Staatstheorie europäisches Gemeingut im 19. Jahrhundert. So zitiert *John Stuart Mill* 1859 *Humboldt* mit seiner Schrift, sieht sich also wohl in dieser Tradition.[7]

---

[5] Siehe *I. Kant,* Über den Gemeinspruch etc., in: ders., Werke in sechs Bänden, hrsgg. von W. Weischedel, Darmstadt 1968, Band VI, S. 125ff., (145f.).

[6] Vgl. *W. v. Humboldt,* Werke in fünf Bänden, Band I, 2. Auflage Darmstadt 1969, S. 56ff. (90).

[7] Siehe *J.St. Mill,* On Liberty (1859), 3. Kapitel, überschrieben »Of Individuality, as one of the Elements of Well-Being«, vgl. *ders.,* Utilitarianism etc., S. 65ff. in der Ausgabe No. 482 Everyman's Library, London & N.Y. 1968, S. 114 (116, Fn. 1) – eine Schrift die sich auf der ersten Seite vom Thema »Willensfreiheit« abgrenzt.

Gewiss, diese Aussagen stehen zugleich im Kontext ihrer wirtschaftsliberalen Implikationen. Auf diese kommt es indes hier nicht an. Denn sie besitzen jeweils auch eine ideelle, das Wesen und den Wert der Demokratie betreffenden Gehalt. Dieser ist hier der interessierende Gegenstand.

III. Die Sphäre des Individuums

Angeregt von solch absoluten Grenzziehungen zugunsten einer gewissermaßen ureigenen Sphäre des willensmächtigen Individuums liegt es nahe, dieses Konzept klassischer Autoren rechtlich aufzugreifen. Das führt letztlich zu einer Anforderung an jede allgemeine Regel dahin, dass auch unterhalb der Schwelle des Zwangs die öffentliche Gewalt in die Sphäre des Individuums nur auf gesetzlicher Grundlage eingegriffen werden darf.

Damit werden Transparenz bezüglich der Ziele, der Zwecke und der gewählten Mittel, Proportion, offengelegte Finalität, Begründung zum Thema, ja all das, was heute eine präzise Verhältnismäßigkeitsprüfung einfordert. Dies gilt jedenfalls dann, wenn ein gewisses Maß an hier tauglicher Rechtsstaatlichkeit, *rule of law,* oder sonst ein qualifiziertes Verwaltungshandeln zur Übung geworden ist.

Und ein Maßstab der Beurteilung solcher Anreize setzender Handlungsformen[8] könnte das ideale Konzept der Willensfreiheit sein. Seine ideale Vorstellung liegt nicht nur dem personalen Recht zugrunde, sondern auch den Strukturen demokratischer Meinungs- und Willensbildung. Und es ist als ideales Konzept auch Grundlage der konkreteren rechtsdogmatischen Konzeption subjektiver Rechte und Freiheiten. Das schließt nicht aus, dass dieses Konzept auch Grundlage der Fortbildung des Verständnisses von Grundrechten und Freiheiten wird. Bisher scheint dies noch nicht der Fall zu sein, auch nicht im Bereich des Persönlichkeitsschutzes, abgesehen von etwas vorsichtigen Hinweisen.[9]

IV. Anreize: Spielarten und Varianten

Zurück zu den Anreizen selbst: Unterscheiden kann man zunächst solche Anreize, die ihren Adressaten offen gegenübertreten, von solchen, die dies verdeckt tun. Man kann für erstere vertreten, dass sie die Willensfreiheit des Einzelnen

---

[8] Für eine Fülle simpler Beispiele aus dem Alltagsleben hierzulande siehe *F. Hufen,* Rechtsformen, Möglichkeiten und Grenzen der sanften Beeinflussung des Menschen durch den Staat, in: JuS 2020, S. 193 ff. (193 f.); Hufen grenzt dort *nudges* auch gegenüber Handlungsformen der Verwaltung betreffend Informationen, Gebote und Verbote sowie gegenüber privatem Handeln ab.

[9] Siehe aber die Ausführungen von *F. Baer,* Staatliche Steuerung durch Nudging im Lichte der Grundrechte, Tübingen 2023, S. 165 ff. und passim.

ansprechen. Dieser kann dementsprechend dank seiner Willenskraft und seines Einsichtsvermögens, was die Lage angeht, sein Verhalten anpassen oder dies unterlassen.

Demgegenüber spricht eine verdeckte Vorgehensweise dafür, dass das Unbewusste angesprochen werden soll, d.h. bewusste Entscheidungen unterbleiben sollen. Dem Einzelnen ist in dieser Situation nicht möglich, in rationaler Weise entsprechend zu reagieren, er wird nach der Terminologie von *Kelsen* in der »kausalen Gebundenheit« gehalten, beeinflusst und zum Objekt des verdeckten Anreizes gemacht.

Hierbei ist an die suggestive Beeinflussung zu denken, die insbesondere die Werbebranche der Wirtschaft kennt. Hinzu kommen massenpsychologisch wirksame Einflussnahmen, die in Wirtschaft und Politik bekannt sind und genutzt werden. Ihre Instrumente werden sicher auch eingesetzt, wenn es um Anreize im öffentlichen Interesse geht, so wie es die jeweils im Amt befindlichen Kräfte sehen.

Diese zweite Variante interessiert mithin weit mehr. Die nachfolgenden Ausführungen betreffen mithin vor allem sie. Aber es macht einen Unterschied, ob der Anreiz vor allem auf die unbewusste Einflussnahme setzt oder nicht. Im Zweifel müssen Regeln, die für die zweite Variante entwickelt werden, auch darüber hinaus für Fälle gelten, die *prima facie* der ersten Variante zuzuordnen sind.

Als dritte Variante käme in Betracht, zu klären, wie *nudges* im politischen Kontext, also etwa in Wahlkämpfen, im Parteienwettbewerb und in der parlamentarischen Auseinandersetzung zu sehen sind. Sie sind denkbar im fortgesetzten Kampf der Politik um Stimmen. Erfolgen sie offen – im Sinne der erstgenannten Variante – so sprechen sie zugleich die Willenskraft der Menschen direkt an und erscheinen im Rahmen des geltenden Rechts des politischen Wettbewerbs eher unbedenklich. Die Stimmabgabe steht jeweils unter der Regie dieser Kraft. Anders verhält es sich, wenn es um verdeckte, suggestive, massenwirksame Anreize geht. Hier wird die Willenskraft durch die gewählte Technik ausgeblendet und können Meinungsbildung und Stimmabgabe in dieser »Verblendung« stattfinden.

V. Nudging: Import aus einer Präsidialdemokratie

Vor weiteren Betrachtungen ist aus praktisch-zeitgeschichtlich-verfassungsrechtlicher Perspektive nochmal anzumerken: *Nudging* ist ein Import. Es stammt aus der u.s.-amerikanischen Praxis während der Amtszeit des Präsidenten Obama. Als er keine Mehrheiten mehr in den Kammern des Kongresses besaß, wurde ihm vorgeschlagen, durch Anreize – *nudges* – die Bevölkerung zu motivieren im Sinne der Vorhaben, auf deren Ziele der Präsident nun nicht mehr mit Hilfe von Gesetzen rechtlich verpflichten konnte.

Bei der Beurteilung der Wahl einer solchen Handlungsform durch die Spitze der Exekutive einer Präsidialdemokratie ist die Eigenart dieses Systems zu berücksichtigen. Das Parlamentsgesetz ist dort nicht die allein maßgebliche Form der Schaffung von Regeln oder Regelerwartungen. Auch der Präsident besitzt eigene Rechtssetzungsmacht. Anders liegt es im parlamentarischen Regierungssystem. Im parlamentarischen System bedürfen nämlich Grundrechtseingriffe regelmäßig einer Ermächtigungsgrundlage in gesetzlicher Form. Und Ausgestaltungen von Lebensbereichen bedürfen, soweit sie grundrechtsrelevant sind, eines Parlamentsgesetzes. Es steht hier das demokratisch-parlamentarische Gesetz im Mittelpunkt. Andere Handlungsformen können es nicht ersetzen, zumal nicht allein die der Exekutive.

Dafür spricht hierzulande die Figur des Vorbehalts des förmlichen Gesetzes im Unterschied zum bloßen Gesetzesvorbehalt. Sind Grundrechte berührt, sind sie in ihrer Ausübung durch die Wahrnehmung von Handlungsmöglichkeiten betroffen, so bedarf es nach diesem Konzept, das das Bundesverfassungsgericht verbindlich gemacht hat,[10] des parlamentarischen Gesetzes. Das setzt aber voraus, dass das Projekt – hier das des *nudging* – tatsächlich Grundrechte berührt, ihre Ausübung so wesentlich prägt und damit unter das Regime des Vorbehalts des parlamentarischen Gesetzes fällt.

Hier soll indes anfangs noch offen bleiben, ob sich exekutivisches *nudging*[11] auf diesem Pfad einfangen lässt. Und im Übrigen mag die Schwelle des Zugangs auf diesem Pfad so hoch liegen, dass mildere Formen des *nudging* so nicht erfasst werden. Zudem sind Ausweichstrategien denkbar, etwa indem eine Mehrparteienkoalition, die sich auf ihre Vorhaben nicht immer verständigen kann, *nudging* durch die Parteiebene der einen oder anderen Koalitionspartei duldet. Es bleibt also veranlasst, dem *nudging* nachzugehen. Der Import scheint denkbar, stößt aber rechtlich auf andere Umstände.

VI. Selbstbestimmung und Anreize

Das Grundgesetz als Maßstab – neben den europäischen Rechteerklärungen – bietet mit den Schutzbereichen seiner einzelnen Grundrechte, besonders aber auch mit dem Persönlichkeitsschutz sowie mit dem Schutz der Menschenwürde heute zweifelsfrei zahlreiche Ansatzpunkte, Anreize i.S. des *nudging* kritisch zu sehen. Und ins Spiel kommt das vorausgesetzte Postulat der Selbstbestim-

[10] Der parlamentarische Vorbehalt des Gesetzes gilt für staatliche Warnungen auch nach der jüngeren Rechtsprechung, vgl. *F. Baer,* Staatliche Steuerung, S. 288ff. m.N.

[11] Weltweit greifen offenbar 136 von 196 Ländern auf *nudging* zurück, 51 Länder sollen eigene administrative Stellen für *nudging* eingerichtet haben, so sollen in Großbritannien *nudge units* und in Dänemark *mindlabs* geschaffen worden sein, die sich mit der Entwicklung von *nudges* befassen, vgl. *Bornemann/Smeddinck,* Anstößiges Anstoßen, S. 441.

mung der Bürger im demokratischen Staat, sofern die Selbstbestimmung nach Gegenstand und Methode berührt sein könnte. Der Schutz der Würde mag aber insoweit nicht greifen, weil eben diese Würde auch die Willenskraft umfasst, die befähigt, sich solchen Anreizen zu entziehen. »Würde« sollte zudem nicht abschließend objektiv bestimmt werden, will man nicht in Gefahr geraten, sie sozusagen paternalistisch zu administrieren. Sie enthält Elemente der Freiheit, der Individualität und die Selbstbestimmung, die auf die individuelle Willenskraft bezogen sind.

VII. Deutsche Fachliteratur zum Thema

Schaut man zurück in die ältere deutsche Literatur zu einer Zeit, als *nudging* als Begriff noch nicht gängig war, so sind gewiss auch Anstöße setzende Informationen des Staates, etwa zu Gesundheits- oder Umweltfragen, nicht als Eingriffe in die Rechtssphäre des Einzelnen verstanden worden.[12] Anders ist das Bild heute, ist von *nudging* die Rede: hier werden jüngere Autorinnen und Autoren zunehmend vorsichtig[13] bis sehr bestimmt, letzteres dahingehend, dass in vollem Umfange Rechtsschutz ermöglicht sein soll.[14]

Der älteren Sicht, die eine Beeinträchtigung subjektiver Rechte eher verneint, schließen sich manchmal diejenigen an, die *nudging* als Steuerungsinstrument verstehen.[15] In letzter Zeit wurde hingegen der Steuerungsaspekt durchaus einbezogen, aber dennoch zugleich durchaus ein greifend wirksamer Rechtsschutz gegen mögliche Beeinträchtigungen nicht ausgeschlossen.[16]

Franziskus Baer problematisiert in seiner Dissertation zum *nudging* das Freiheitsverständnis. Er diskutiert Schutzbereiche der freien Entfaltung der Persön-

---

[12] Vgl. *R. Philipp*, Staatliche Verbraucherinformationen im Umwelt- und Gesundheitsrecht, Köln u. a. 1989, S. 135 ff.; für einen dubiosen Fall der Verquickung mit Privaten vgl. BVerwG Urt. v. 15. Dezember 2005 – 7 C 20.04 und dazu *H. Goerlich*, tvdiskurs 10 (2006), S. 94 ff.

[13] *St. Gerg*, Nudging – Verfassungsrechtliche Maßstäbe für das hoheitliche Einwirken auf die innere Autonomie des Bürgers, Tübingen 2019; und etwa *F. S. Kunzendorf*, Gelenkter Wille. Das Nudging-Konzept zwischen Selbstbestimmungsfreiheit und Rechtsstaatsprinzip, Tübingen 2021; auch *L. Böker*, Nudge im Spiegel des allgemeinen Persönlichkeitsrechts. Eine grundrechtliche Untersuchung des Regelungskonzepts Nudge aus der Verhaltensökonomik, Hamburg 2021.

[14] *U. Sacksofsky*, Anreize, in: Voßkuhle/Eifert/Möllers (Hrsg.), GVwR II, 3. Auflage München 2022, § 39 als eigenständiger Beitrag; anders erwähnen im von Kahl/Ludwigs herausgegebenen Handbuch des Verwaltungsrechts zwar drei Beiträge *nudging: H. Hill*, in: W. Kahl/M. Ludwigs (Hrsg.), HVwR V, Heidelberg 2023, § 127 Rn. 34; *G. F. Schuppert*, ebd. § 152 Rn. 37 und *C. Hillgruber*, ebd. § 151 Rn. 98, aber nur Hillgruber stellt rechtlich Anforderungen an es; zu knapp und unspezifisch *P. Kirchhof*, ebd. § 159 Rn. 107–109.

[15] Vor allem *J. Wolff*, Anreize im Recht – ein Beitrag zur Systembildung und Dogmatik im öffentlichen Recht und darüber hinaus, Tübingen 2021.

[16] *Baer*, Staatliche Steuerung, S. 149 ff.

lichkeit als äußere und innere Freiheit, Handlungsfreiheit und Persönlichkeitsrecht ebenso wie solche der negativen Informationsfreiheit, wie denjenigen eines Rechts auf Nichtwissen oder Nichtbefassung, darunter auch des Rechts, in Ruhe gelassen zu werden, bzw. des Rechts auf Nichterklärung und Nichtentscheidung als Teil des Persönlichkeitsrechts, der informationellen Selbstbestimmung oder der Menschenwürde und geschützter Gleichheit. Durchschlagend berührt sieht er, jedenfalls für bestimmte Konstellationen, ein Recht der Willensentschließungsfreiheit als elementarem Teil der menschlichen Autonomie im Privatrecht wie im öffentlichen Recht,[17] in seinem jeweiligen Schutzbereich,[18] wobei konkrete Entscheidungssituationen vorausgesetzt werden, die ein *nudging* modifizieren könnte. Diese Einflussnahmen können – so die naheliegende Annahme – auf dem Weg über für den Betroffenen unbewusste Wirkungen auf den subjektiven Bereich empfundener Willensfreiheit so wirken, dass der Entscheidungsprozess des Individuums einen anderen Verlauf nimmt als ohne jenes *nudging*. Dies zeigt das eingangs zitierte duale Modell *Kelsens*, dass die Struktur von Willensfreiheit und kausaler Gebundenheit des Individuums durchaus taugt, um solche Vorgänge zu beschreiben. Und wie gesagt, es scheint zudem kein Zufall, dass *Kelsen* es in einer Schrift über *Wesen und Wert der Demokratie* einführt. Bei aller Ungewissheit über Formen und Wirkungen von *nudging* ist es notwendig, diesen verfassungspolitischen Aspekt denkbarer Auswirkungen dieser Handlungsform des Staates in seine Bewertung einzubeziehen.

Der verfassungspolitische Aspekt erscheint indes bisher in der jüngeren Literatur kaum aufgegriffen. Ein größeres Interesse gilt dort dem Aspekt staatlicher Steuerung. Das ist insofern nicht unberechtigt, als die Wirksamkeit von Einflussnahmen auf das Verhalten der Bürger durchaus ein Problem darstellen kann. Die heutigen Techniken der Beeinflussung jenseits zwingenden Rechts eröffnen dafür ein innovatives Feld. Das privatwirtschaftliche Interesse, vor allem im Wege der Werbung für Produkte der Wirtschaft, nutzt sie. Abgesehen davon, dass daher nicht zufällig die Verhaltensökonomik als Gebiet der Wirtschaftswissenschaft entstanden und entwickelt worden ist, beeinflusst der Staat diese Aktivitäten der Wirtschaft durch bindende Rechtsregeln. Und sofern er selbst als Akteur auf diesem Feld auftritt, kann es durchaus sein, dass er insoweit mit seinen eigenen Regeln in Konflikt gerät. Aber auch das wird ihn nicht abhalten, sich dieses Feld zu erschließen. Denn es hat sich offenbar als ein ausgezeichnetes Instrument des Zugangs zum Bürger erwiesen.

---

[17] Die Willensentschließungsfreiheit hat besonderes Gewicht in der Demokratie, wenn man in ihr den Wahlakt des Einzelnen in seiner Freiheit zum Angelpunkt macht und nicht die Akklamation von Massen als »Volk« – was eine Gegenüberstellung von Kelsen und C. Schmitt zeigt, zu dieser *Dreier,* Kelsen zur Einführung, S. 89ff.

[18] Diesen Aspekt entwickelt insbes. *Baer,* Staatliche Steuerung, S. 165ff.

VIII. Steuerungswille des Staates

Der Staat wird immer versuchen zu steuern. Er wird das nach Lage der Dinge auch mit anderen Mitteln als denen der klassischen Form, dem Parlamentsgesetz und unter ihm stehenden Normen, tun. Er wird dies in einem breiten Spektrum auch mit Hilfe von Informationen tun oder sogar mit verdeckten Anreizen. Auch diese »Handlungsformen« wird er für sich beanspruchen. Es fragt sich nur, wann er sie nicht mehr rechtens nutzt, die Rechte seiner Bürger verletzt und diese sich dagegen zur Wehr setzen können.

Zudem: Als Beispiel eines medial ungemein gewandten, vor nichts zurückschreckenden Populisten kann *Donald Trump* dienen.[19] Dies zeigte sich – auch als er noch im Amt war – besonders in den von ihm inszenierten Auseinandersetzungen um seine Wiederwahl. Dafür ist hier aber kein Raum. Trump arbeitete und arbeitet als ehemaliger Moderator, Showmaster und nun als Wahlkämpfer – unabhängig davon, wie er beim Sturm auf das Kapitol und heute konkret auf einer internen Ebene ausdrücklich agiert haben mag oder agiert[20] – in seinen öffentlich bekannten und zugänglichen Äußerungen oft mit Kürzeln und Anspielungen, Anstößen und Hinweisen, die dem Handwerkskasten des *nudging* entstammen könnten. Es sind jeweils oft Kürzeln in Form eines *»innuendo«*, eine Figur, die im amerikanischen Medien-»Sprech« und in der Politik dieses Typs häufig anzutreffen ist.[21]

---

[19] Zu Trump, Karriere und erster Präsidentschaft sowie zu Gründen seines Aufstiegs vgl. *Ph. Gassert,* Die USA im 20. und 21. Jahrhundert, in: ders. u.a. (Hrsg.), Geschichte der USA, Stuttgart 2021, S. 355 ff. (525 ff., 529 ff. und passim); zu von Ressentiments und Hass geprägten, sich zunehmend auflösenden Gesellschaften in Demokratien am Beispiel Israel *E. Illouz,* Undemokratische Emotionen, Berlin 2023, etwa S. 7 ff., 121 ff. (137 ff. und S. 150 ff. auch zu Trumps Rhetorik auf Grundlage der Arbeit von Historikern, Soziologen und Kommunikationswissenschaftlern), aufgrund eines *dictums* von F. Nietzsche und Theorieansätzen von Th.W. Adorno und Max Scheler.

[20] Es muss eine interne Ebene gegeben haben: Vier Tage vor dem 6. Januar 2021 warnte *Mitt Romney*, bis Januar 2025 republikanischer Senator aus Utah, offenbar seinen Fraktionsführer Mitch McConnell mit einer Textnachricht auf der Basis einer Quelle aus dem Pentagon mit folgendem Wortlaut: »Es gibt Aufrufe, Dein Zuhause abzubrennen, Mitch, Waffen nach DC zu schmuggeln, das Kapitol zu erstürmen. Ich hoffe, es gibt ausreichende Sicherheitspläne, aber ich bin besorgt, dass der Anstifter – der Präsident – die Verstärkungen kommandiert, welche die Polizei benötigen könnte«, zit. nach NZZ Internationale Ausgabe v. 16. September 2023, S. 2 in dem Artikel von *Ch. Weisflog,* mit dem Titel »Vom führenden Republikaner zum ›Verräter‹. Senator Mitt Romney tritt nicht mehr zur Wiederwahl an – seine Partei verliert einen ihrer letzten Aufrechten«. Nach dem Zeitungsbericht gab es auf diese Textnachricht keine Antwort. *Romney* plant ein Buch über seine Zeit im Senat zu veröffentlichen.

[21] Zur lateinischen Herkunft des Terminus vgl. den Eintrag in: The Shorter Oxford Dictonary on Historical Principles, Band I, 3. Auflage Oxford 1973, S. 1077.

IX. Innere Willensentschließungsfreiheit bei Kelsen

Zurück in die klassische Theorie: Die Formen und Formeln eines *nudging* sprechen vorzugsweise die emotional gebundene Ebene der Willensfreiheit an, also nicht die Ebene freier und vor allem bewusster Entscheidung. Diese Ebene sieht *Kelsen* zwar in einer engen Bindung an das idealistische Konzept der Willensfreiheit in der Demokratie. Die Grenzlinie zwischen zulässiger Einflussnahme und unzulässiger Beeinträchtigung könnte da verlaufen, wo die »tiefinnere« Kommunikation zwischen ideeller Willensfreiheit und kausaler Gebundenheit des Individuums im Sinne der Aussage von *Kelsen* gestört wird.

Willensfreiheit, Gebundenheit, soziale und politische Freiheit, Entscheidungsfreiheit sind es, wie nochmals zu betonen ist, die bei *Kelsen* in seiner Demokratie-Schrift leitende Funktionen für den Argumentationsgang zu Wesen und Wert der Demokratie haben. *Kelsen* spielt indes auch in der hier schon wiederholt zitierten Arbeit von *Franziskus Baer* keine Rolle. *Kelsen* wird nicht zitiert, noch scheint er ansonsten »verarbeitet«. Das schmälert die Leistung dieser Dissertation nicht. Es zeigt vielmehr vor allem, in welchem Maße *Kelsen* als vergessener Autor zu gelten hat. Die Ausgrenzung dieses Autors als Folge der wissenschaftsinternen Konflikte des Fachs in der Weimarer Zeit und die Ausblendung der Erträge der Forschung von *Hans Kelsen* auch als Folge seiner Emigration werden da besonders deutlich, bis heute.

X. Kelsen näher

In der Demokratieschrift von *Kelsen* geht es vor allem auch um den demokratischen Wettbewerb. Sein Ausgangspunkt ist dort die individuelle Freiheit. Dieser Ansatz führt zur Willensfreiheit als dem ideellen Konzept, das der Demokratie als Grundlage dient. Daher sind Einflussnahmen, sei es durch Lügen, *fake news*, Verlockungen oder andere Formen der emotionalen Ansprache mit den Prinzipien, die der Demokratie zugrunde liegen, nicht in Einklang zu bringen. Um die Bedeutung der freien Willensentscheidung in der Schrift *Kelsens* zu verdeutlichen, einige Belege[22]: Die »im Grunde genommene unmögliche Freiheit des Individuums« (S. 18) ist eben dennoch – obwohl »ethische Illusion« (S. 105) – Grundlage. Denn politische Freiheit genießt nur, »wer zwar untertan, aber nur seinem eigenen, keinem fremden Willen untertan ist« (S. 10). Die »selbständige Willensentscheidung – der Idee der Demokratie entsprechend« (S. 27). Die »Metamorphose des Freiheitsgedankens« (S. 22) von »der natürlichen zur sozialen oder politischen Freiheit« (S. 10) »führt von der Idee zur Wirklichkeit der Demokratie« (S. 22), wobei sich zu einem guten Teil die *Freiheit von* zu einer

[22] Die Seitenangaben, die nun im Text folgen, beziehen sich auf *Kelsen,* Wesen und Wert.

Freiheit der Beteiligung an wandelt. »Der Wandel des Freiheitsbegriffes [...] von der Vorstellung eines Freiseins des Individuums von staatlicher Herrschaft zur Vorstellung einer Beteiligung des Individuums an der staatlichen Herrschaft [...]« (S. 17) wird zum Angelpunkt. »Aus der Freiheit der *Anarchie* wird die Freiheit der *Demokratie*.« (S. 12).

»In der *Idee* der Demokratie vereinigen sich zwei Postulate unserer praktischen Vernunft, drängen zwei Urinstinkte des geselligen Lebewesens nach Befriedigung. Fürs erste die Reaktion des gegen den aus dem gesellschaftlichen Zustande fließenden Zwang, der Protest gegen den fremden Willen, dem sich der eigene beugen muss, gegen die Qual der Heteronomie. Es ist die Natur selbst, die sich in der Forderung der Freiheit gegen die Gesellschaft aufbäumt. Die Last fremden Willens, die (die) soziale Ordnung auferlegt, wird umso drückender empfunden. [...] So stellt sich die durchaus negative und tief innerst antiheroische Idee der *Gleichheit* in den Dienst der ebenso negativen Forderung der *Freiheit*« (S. 9),

womit das zweite Postulat, die Gleichheit, die hier auf den ersten Blick nicht weiter interessiert, angesprochen ist. Es kommt hier nicht darauf an, weiter zu veranschaulichen, wie bei *Kelsen* die »im Grunde genommen, unmögliche Freiheit des Individuums« (S. 18) allmählich in den Hintergrund und die Freiheit des sozialen Kollektivums in den Vordergrund tritt. Dies erörtert er eingehend im Zusammenhang der Darstellung der Mehrheitsregel und des Wahlrechts.[23]

Dazu einige Formulierungen von *Kelsen* in diesem Zusammenhang: Zwar bedeutet in der Demokratie »jede arbeitsteilige Differenzierung des staatlichen Organismus, die Übertragung irgendeiner staatlichen Funktion auf ein anderes Organ als das Volk [...] notwendigerweise eine Einschränkung der Freiheit« (S. 45). Denn »die Teilnahme an der Bildung des Gemeinschaftswillen ist der Inhalt der sogenannten politischen Rechte« (S. 25f.). Den politisch Berechtigten wird mithin durch Differenzierung Entscheidungsmacht entzogen. Ist doch

»Demokratie [...] der Idee nach eine Staats- und Gesellschaftsform, bei der der Gemeinschaftswille, oder, ohne Bild gesprochen, die soziale Ordnung durch die ihr Unterworfenen erzeugt wird: durch das Volk. [...] Allein was ist dieses ›Volk‹? Dass eine Vielheit von *Menschen* in ihm zu einer *Einheit* sich gestalte, scheint eine Grundvoraussetzung der Demokratie zu sein« (S. 22).

Sie zu erfüllen erscheint indes nur möglich, wenn erreicht wird, »dass – wenn schon nicht alle – möglichst wenig Menschen mit ihrem Willen in Widerspruch zu dem allgemeinen Willen der sozialen Ordnung geraten« ein Ziel, das »auf einem vernünftigen Wege zum Majoritätsprinzip« führt (beide Stellen S. 17). Dabei kann dieses Ziel mit Mitteln unterschiedlicher Maße der Bindung des Willens verfolgt werden, so etwa wenn der Gesetzgebung noch eine »(relativ)« freie Willensbildung zusteht, während die Vollziehung einer »(relativ) gebun-

---

[23] Hier zeigt sich, dass die Diskussion um Anreize von hoher Hand nicht ohne Demokratietheorie auskommt; zu Kelsen insoweit *Dreier*, Kelsens Demokratietheorie, S. 83ff. in kritischer Analyse.

denen Willensbildung« (S. 96) zu genügen hat. Gefordert ist indes durchweg eine rationale, transparente und daher nachvollziehbare Willensbildung. Daher sind Mechanismen, die diesen Anforderungen nicht genügen, zu meiden. Das gilt nicht nur für das Wahlrecht und sonstige Entscheidungsregeln, sondern auch für interne und partikulare Entscheidungsprozesse des Individuums zur Gestaltung des eigenen politischen Willens und eines ihm entsprechenden Verhaltens. Die hier unternommene Exkursion in einen klassischen Text von *Hans Kelsen* macht vielleicht auch deutlich, dass Eingriffe sowohl in die Sphäre der anarchischen Freiheit des Willens im Sinne negativer Freiheit als auch in die Sphäre partizipatorischer Freiheit der Beteiligung an demokratischen Prozessen kaum zu rechtfertigen sind. Das Konzept des freien Willens darf in beiden Fällen nicht durch Einflussnahmen auf interne Willensbildungsprozesse, die schließlich jeweils im Bereich des jeweils rechtlich gewährleisteten freien Willens angesiedelt sind, in Frage gestellt werden. Solche Einflussnahmen sind nicht nur bedenklich, sie sind, soweit es um Einflussnahmen von hoher Hand in öffentlichen Angelegenheiten geht, unzulässig, soweit sie damit den wesentlichen Kern des freien Willens beeinträchtigen.

Umso mehr gilt dies für offene oder verdeckte Anreize, die jene subjektive Willenssteuerung seitens des Individuums nicht zugängliche Sphäre der Motivationen betreffen, die nach *Kelsen* kraft psychologischer Erkenntnis allein von Kausalgesetzen gesteuert sind. Denn die Einwirkung auf diese Sphäre der Willenskraft des Individuums stört den im Idealfall dank der demokratischen Ordnung oft rational geleiteten Prozess der Willensbildung. Er findet weithin unüberprüfbar auf der Grundlage der menschlichen Willensentschließungsfreiheit statt. Damit ist unabhängig von diesen Aspekten auch anschaulich, dass zudem die Willensentschließungsfreiheit, die die freie Willensbildung erst ermöglicht, kaum gestört werden darf, sei dies durch Irreführung, Anreize oder sonstige Verlockungen. Dies ergibt denn auch den Maßstab, mit dem solche Störungen zu messen sind.

XI. Rechtliche Konsequenzen »*informalen*« Handelns

Diese Feststellungen gelten umso mehr, wenn infolge der Verbreitung durch die traditionellen Medien und darüber hinaus durch die Kanäle der individuellen, indes nicht minder massenwirksamen Kommunikation Lügen, Unwahrheiten und sonstige *fake news* verbreitet werden. Sie können mit erheblicher Suggestivkraft massenwirksam, aber zugleich individuell mit dem eigenen *smart phone* aufgegriffen und weltweit verbreitet werden. Das kann ihnen eine eigene Dynamik verleihen, die kaum aufzuhalten ist. Werden auf der Basis solcher »Informationen« als gewiss geltende Wissensbestände kreiert, so können diese von den »Informanten« und den »Informierten« angesprochen und genutzt werden.

Das kann durch Anreize zu politisch relevantem Handeln führen. Derlei ist wohl der Hintergrund der Geschehnisse in Washington D. C. am 6. Januar 2021. Ein derartiger, einmal geschaffener Hintergrund kann indes sicher immer wieder abgerufen werden, um erneut solche derart gesicherte Wissensbestände einzusetzen für politisch relevante Aktionen. Dieser Fall zeigt auch, dass Anreize in einer Gefahrenlage einer größeren Bestimmtheit und Klarheit verpflichtet sein sollten. Die suggestive Wirkung des Einsatzes moderner Medien besteht trotz der mit ihnen zugleich einhergehenden Individualisierung der Kommunikation.

Das Bundesverfassungsgericht hat in Deutschland schon vor Jahren die massenpsychologisch wirksame mediale Suggestivkraft moderner Medien zu einer tragfähigen Grundlage der Rechtfertigung des öffentlich-rechtlichen Rundfunks gemacht.[24] Dieser Ansatz ist es, der unter veränderten Bedingungen der Massenkommunikation auch neue Gründe für weitere bereichsspezifische rechtliche Regulierungen des Kommunikationsgeschehens aufdecken kann. Dabei geht es um die Sicherung und Erhaltung demokratischer Entscheidungsprozesse, nicht allein und ängstlich beschränkt auf Wahlen und Wahlkämpfe, sondern auch im Vorfeld des Kommunikationsgeschehens.[25]

Dabei konnte das Gericht auf seine eigene Entwicklung von Erweiterungen der Reichweite von Grundrechten durch Schutz mittels von Verfahren und Organisationsstrukturen zurückgreifen, die die Wissenschaft erst allmählich wahrnahm[26] und dann dogmatisch ausbaute.[27] Ergänzt wird dieser Ertrag immer wieder auch um neue Ansätze zur Ausgestaltung von Grundrechten um der Steigerung, aber oft auch nur der Erhaltung ihrer Wirksamkeit willen.[28] Das gilt besonders dort, wo es um die Entscheidungsfreiheit, die Willensbildung und schließlich um die Wahlen in der Demokratie – wenn auch zunächst nur mittelbar – geht.[29]

---

[24] Vgl. BVerfGE 90, 60 (87 ff.); 103, 44 (74 Rn. 95); 114, 371 (387 Rn. 61); 119, 181 (215 Rn. 116); 136, 9 (28 Rn. 29); 158, 389 (417 Rn. 77); vgl. auch *A.-B. Kaiser,* in: F. Brosius-Gersdorf (Hrsg.), Dreier-Grundgesetz-Kommentar, Band I, 4. Auflage Tübingen 2023, Art. 5 I, II Rn. 42 und 52.

[25] Das gilt auch für sonstiges staatliches Informationshandeln, auch neben *nudging*; und auch im gesellschaftlichen Bereich für die Rolle Privater und Intermediärer – zur staatlichen Seite *Harding,* Staatliche Öffentlichkeitsarbeit, und die Rezension dazu von *St. Klenner,* in: FAZ Nr. 224 v. 26. September 2023, S. 7.

[26] Etwa den Bericht *H. Goerlich,* Eigentum als Verfahrensgarantie, in: DVBl. 1976, S. 362 ff.; *ders.,* Wiedereinsetzung und erster Zugang zu Gericht, in: NJW 1976, S. 1526 ff., hier nur zögernd und zunächst nur in Fußnoten.

[27] *K. Hesse,* Bestand und Bedeutung der Grundrechte in der BRD, in: EuGRZ 1978, S. 427 ff.; und im Rückblick *H. Dreier,* Dimensionen der Grundrechte, Hannover 1993.

[28] Dazu zuletzt *Th. Kingreen/R. Poscher,* Grundrechte Staatsrecht II, 39. Auflage Heidelberg 2023, Rn. 167 ff., 353 ff., 451 ff., 1187 ff.

[29] Warnungen und Mutmaßungen zur Gefährdung der freien Ordnung der Demokratie finden sich bei *H. Wissmann,* Verwaltungsrecht, Tübingen 2023, Rn. 411, und zwar im Abschnitt über staatliches Informationshandeln dieses Buches, das Anreize indes nicht direkt behandelt.

Daher ist es für eine Demokratie, die ihre Funktionsweisen und Fähigkeiten in Zeiten eines erneuten Strukturwandels der Öffentlichkeit[30] erhalten will, unerlässlich, das Setzen der Anreize, die derlei Aktionen auslösen können, staatlichen Stellen und Amtsträgern zu untersagen sowie private Akteure, die dahin aktiv zu werden drohen, mit hinreichend wirksamen Sanktionen zu begegnen. In der Regel werden nur Sanktionen des Strafrechts ausreichen, die den Wahrheitsbeweis für die jeweils relevanten Behauptungen voraussetzen und – sofern sie unwahr sind – deren Einsatz als Anreiz zum Handeln in der politischen Arena unterbinden. Vermutlich lässt sich das bei Einsatz der Rechtsdogmatik des Begriffs der Anstiftung zu Straftaten erfassen.[31] Damit dürfte die Justiz auf einer bewährten und daher sicheren Grundlage solche Fälle abarbeiten können, ohne im Blick auf die Gewährleistung der Meinungsfreiheit verfassungsrechtlich fragwürdiges Terrain zu betreten.

Im Falle *Trump* wird in den U.S.A. eine persönliche sozusagen »zivilrechtliche« Haftung des früheren Präsidenten nach dortigem Recht offenbar nicht diskutiert.[32] Im Gegensatz zu diesem Fall wird es regelmäßig im Kontext öffentlicher Anreize wohl kaum Bezüge zum Strafrecht geben. Jedoch können Anreize des Staates durchaus zur Haftung führen, nicht nur wenn bestehende Sorgfaltspflichten verletzt sind, Rechte beeinträchtigt wurden und Schäden entstanden sind, um einige Voraussetzungen zu nennen, so wie dies – jenseits einer bloßen Folgenbeseitigung – schon länger zurück in Fällen staatlichen Informationshandelns anerkannt ist und zu klassischen Judikaten geführt hat.[33]

XII. Regelungsgebote

Der Regelfall also, Anreize gesetzt von hoher Hand von Amts wegen oder seitens des überschießenden Eifers eines Amtswalters, bedarf darüber hinaus

[30] Dazu *J. Habermas,* Ein neuer Strukturwandel der Öffentlichkeit und deliberative Politik, Berlin 2022, 38 ff. Für eine differenziertere Betrachtung unter Berücksichtigung individueller Kommunikationsmöglichkeiten in heutigen Medien siehe nun *H. Dreier,* Metamorphosen der Demokratie, Basel 2024, S. 48 ff.

[31] Im Falle *Trump* fand das zunächst nicht statt; ebenso ist er zunächst wegen Zuwartens während des Chaos im Kapitol am 6. Januar 2021 wegen Unterlassens angeklagt worden.

[32] Die Frage wäre wohl auch, ob er sich auf die Redefreiheit gegenüber einem solchen Anspruch würde berufen können, oder ob dies nicht scheitern würde am »clear and present danger test«, vgl. dazu z.B. Schenck v. U.S. 249 U.S. 47 (1919) und *L.H. Tribe,* Constitutional Law, 2. Auflage Mineola/N.Y. 1988, S. 785 ff., 841 ff. und *S. Baer,* Meinungsfreiheit und Demokratie, in: EuGRZ 2023, S. 322 ff. (322 f.).

[33] Beginnend mit dem Fall *Birkel*, vgl. LG Stuttgart Urt. v. 23. Mai 1989, NJW 1989, S. 2257 ff.; heute etwa mit Nachw. *Wissmann,* Verwaltungsrecht, Rn. 413; zum Hintergrund *W. Kahl,* Kontrolle der Verwaltung und des Verwaltungshandelns, in: Voßkuhle/Eifert/Möllers (Hrsg.), GVwR II, 3. Auflage, § 45 Rn. 252 f. und 163 ff.; und *H. Sauer,* Einstandspflichten der Verwaltung nach geltendem Recht, ebd. § 47 Rn 101 ff.

einer auf Dauer tauglichen Regelung. Man neigt heute dazu, insoweit Beeinträchtigungen von Grundrechten zu bejahen. Manche gehen so weit, hier im Regelfall Verstöße gegen die Würde des Menschen anzunehmen[34], ohne Rücksicht auf die Willenskraft des Menschen, Einflussnahmen abzuwehren. Jedenfalls liegen Einflussnahmen, die sich als Eingriffe darstellen können, vor, und zwar Einflussnahmen, die die Willensentschließungsfreiheit betreffen. Dies ist durch *F. Baer* in seiner Dissertation überzeugend erarbeitet worden.[35] *Kelsen* bestätigt diesen Ansatz.

Die heutige Grundrechtsdogmatik antwortet auf derartige Lagen mit der Figur des Vorbehalts des parlamentarischen Gesetzes.[36] Er wurde auch eingesetzt, als es um die Domestizierung von Informationshandlungen des Staates ging, insbesondere im Umwelt- und Polizeirecht.[37] Erforderlich ist »Wesentlichkeit«[38] der Maßnahmen, teilweise gefolgt von dem Stichwort »Grundrechtsrelevanz«. Dann soll diese verantwortliche Regelungsstruktur zwingend geboten sein. Dies ist hier der Fall, sofern man dem jüngeren Verständnis von »Anreizen« folgt. Allerdings gibt es so unterschiedliche Anreize, dass es kaum möglich ist, die Anforderungen allgemein zu beschreiben. Manche werden sich so schwach auswirken können, dass ihnen die Willenskraft des Einzelnen ohne Weiteres gewachsen ist, andere so stark, dass es unerlässlich ist, sie einer stärkeren Regulierung zu unterwerfen. Eine parlamentsgesetzliche Generalklausel könnte, begleitet von sachverständigem, unabhängigen und zudem externen Begleitschutz zu Ausdifferenzierungen in der Anwendung führen. Inhaltliche Vorgaben für eine derartige parlamentarische Gesetzgebung für schutzbedürftige Gruppen sind hier nicht zu notieren.

Eine Gesetzgebung, die dieser Rechtsfigur genügt, kann zugleich für den spezifischen Bereich, um den es geht, weitere Kautelen realisieren. So etwa die vorausgehende Befassung mit unabhängigen sachkompetenten Gremien, bevor solche Anreize umgesetzt werden. Dies erfordert auch die Schaffung eines gewissen Maßes an Organisation. Auch können Rechtsschutzmechanismen, die vorhanden sind, ergänzt werden. Zudem können vorab Berufsverbände beteiligt, auch Bürgerbeteiligungen eingerichtet werden. Entscheidend wird sein, dass

---

[34] Vgl. *Hufen,* Rechtsformen, S. 193ff. (198ff.).

[35] Vgl. wie oben *Baer,* Staatliche Steuerung, S. 89ff., 178ff., 250ff. (259, 269).

[36] Dazu *H. Dreier,* in: ders. (Hrsg.), Grundgesetz-Kommentar, Band II, 3. Auflage Tübingen 2015, Art. 20 (Rechtsstaat) Rn. 105ff. und passim.

[37] Vgl. etwa, aber ohne jede Erwähnung der vorliegenden Arbeiten zum *nudging, H. Maurer/ Ch. Waldhoff,* Allgemeines Verwaltungsrecht, 21. Auflage München 2024, § 15 Rn. 11 und 13ff., auch ohne *nudging* als Terminus.

[38] Dazu *K. Hesse,* Grundzüge des Verfassungsrechts der Bundesrepublik Deutschland, 20. Auflage Heidelberg 1995 (Nachdruck 1999), Rn. 201 und 508f.; jetzt etwa *J. Lennartz,* Kanzlerdemokratie, 2023, S. 248ff.; auch zum Vorbehalt des eben kraft die Souveränität des Parlaments *auch anders* Möglichen *L. Munaretto,* Der Vorbehalt des Möglichen, Tübingen 2022, S. 480ff. – was wohl auch für die Form und daneben auch für Politik in der Sache gilt.

kein kollusives Miteinander von Verwaltung und Beteiligung entsteht, also eine kritische interne Öffentlichkeit vorab erhalten bleibt. Sie muss die wiederholt genannten Kriterien der Transparenz, der Publizität und der Verhältnismäßigkeit in jedem Sinne bewahren. Dies jedoch schließen allerdings verdeckte Formen der Anreize wohl unvermeidlich aus.

Rechtliche oder politische Verfassung?

Dieter Grimm

I. Die politische Verfassung als die bessere Verfassung

Die moderne Verfassung, wie sie aus den Revolutionen Nordamerikas und Frankreichs Ende des 18. Jahrhunderts hervorging, zeichnet sich dadurch aus, dass sie die Einrichtung und Ausübung politischer Herrschaft umfassend und verbindlich regelt. Sie beschreibt nichts, sie schreibt etwas vor. Sie ist Recht.[1] Zu diesem Verständnis steht die britische Verfassung quer. Sie hat den Schritt vom deskriptiven zum präskriptiven Verfassungsbegriff nicht mit vollzogen, obwohl er in England gut 100 Jahre vor Nordamerika und Frankreich erstmals getan worden war. Oliver Cromwell setzte nach der Abschaffung der Monarchie im Jahr 1653 eine rechtliche Verfassung in Kraft.[2] Doch überlebte sie Cromwells Tod nicht. Das alte System wurde unter einer neuen Dynastie wiederhergestellt und entwickelte sich seitdem evolutionär. Die Verfassungsbewegungen Nordamerikas und des europäischen Kontinents gingen an England spurlos vorüber.

Die Einordnung der britischen Verfassung, die in ihrer Andersartigkeit und Einmaligkeit in die Welt des modernen Konstitutionalismus hineinragt, blieb freilich schwierig, und zwar nicht nur außerhalb Großbritanniens, sondern auch dort selbst. Aus dieser Schwierigkeit erklärt sich die Aufmerksamkeit, die der englische Jurist John Griffith fand, als er in einem 1979 veröffentlichten Vortrag eine neue Deutung ins Gespräch brachte. Die britische Verfassung wurde dort als »politische Verfassung« charakterisiert.[3] »Politisch« hieß für Griffith nicht, dass die Verfassung sich auf die Politik bezieht. Das hätte sie nicht von den modernen Verfassungen unterschieden. Der Sinn von »politisch« ergab sich vielmehr aus dem Unterschied zur rechtlichen Verfassung. Gerade im fehlenden Rechtscharakter sollte die Besonderheit der britischen Verfassung liegen.

---

[1] Vgl. *Dieter Grimm,* Die Zukunft der Verfassung, 4. Auflage 2020, S. 35 ff.; *ders.,* Ursprung und Wandel der Verfassung, in: Josef Isensee/Paul Kirchhof (Hrsg.), Handbuch des Staatsrechts, Band I, 3. Auflage 2003, S. 3.

[2] Text in S.R. Gardiner (Hrsg.), The Constitutional Documents of the Puritan Revolution, Neudruck 1968, S. 405; vgl. *Grimm,* Zukunft, S. 51 ff.

[3] S. *John A. G. Griffith,* The Political Constitution, in: The Modern Law Review 42 (1979), S. 1.

Damit war eine Diskussion eröffnet, in der andere Autoren den Rechtscharakter der britischen Verfassung verteidigten.[4] Sie unterschied sich dann zwar immer noch von der modernen Verfassung, aber der Unterschied war kein kategorischer mehr, sondern nur noch ein gradueller. Diese Diskussion hält bis heute an. Sie hat sich aber mittlerweile von ihrem Ursprung gelöst und kreist nicht mehr allein um die Eigenart der britischen Verfassung, sondern hat sich zu einer Auseinandersetzung über die bessere Verfassung überhaupt ausgeweitet. Diese Ausweitung gewinnt dadurch an Bedeutung, dass sie mit der neuen Verfassungsskepsis zusammenfällt, die der Verfassungseuphorie nach der Wende von 1989/90 folgte und heute im Zentrum des Interesses steht. Sie hängt eng mit der grundsätzlichen Kritik an der Verfassungsgerichtsbarkeit zusammen, die von den USA ausgegangen ist, mittlerweile aber ebenfalls auf breiterer Basis geäußert wird.[5]

Die Auseinandersetzungen bleiben nicht auf die Wissenschaft beschränkt. Verfassungsstaatlichkeit und Verfassungsgerichtsbarkeit geraten auch in der politischen Realität unter Druck. Wo populistische Kräfte an die Macht gelangen, werden Verfassungen zu Instrumenten der Machtsicherung statt der Machtbegrenzung, und Verfassungsgerichte sehen sich in ihren Kompetenzen beschnitten oder personell gleichgeschaltet. Deswegen muss man betonen, dass diejenigen Autoren, welche die politische Verfassung der rechtlichen Verfassung vorziehen oder die Verfassungsgerichtsbarkeit begrenzen wollen, nichts mit dem Populismus zu tun haben, auch wenn sie gern von *popular* oder *populist constitutionalism* sprechen.[6] Sie argumentieren vielmehr auf der Basis der freiheitlichen Demokratie, fürchten aber, dass die Verfassungsgerichtsbarkeit diese gefährdet. Sie können damit allerdings, ohne selbst Populisten zu sein, dem Populismus Argumentationshilfe leisten.

Doch betrachten wir zunächst Griffith, mit dem alles begann und auf den sich alle folgenden Gegner der rechtlichen Verfassung beziehen. Griffith' Vortrag gibt sich als Beschreibung der britischen Verfassung aus, erscheint also als empirische Darstellung. Hinter der Beschreibung kommt aber eine normative Agenda zum Vorschein. Es war die Zeit, als die Transformation der Europäischen Menschenrechtskonvention in britisches Recht und die Ersetzung des House of Lords als oberstes Gericht des Königreichs durch einen Supreme Court diskutiert wurden.

---

[4] Vgl. vor allem *T. R. S. Allen*, Law, Liberty, and Justice: The Legal Foundations of British Constitutionalism, 2003; *ders.*, Constitutional Justice. A Liberal Theory of the Rule of Law, 2001; *John Laws*, Law and Democracy, in: Public Law 1995, S. 72. Schwerer einzuordnen *Martin Loughlin*, Swords & Scales: An Examination of the Relationship of Law & Politics, 2000; *ders.*, The Idea of Public Law, 2003.

[5] Vgl. *Dieter Grimm*, Neue Radikalkritik an der Verfassungsgerichtsbarkeit, in: Der Staat 59 (2020), S. 321; auch in *ders.*, Verfassungsgerichtsbarkeit, 2. Auflage 2022, S. 357.

[6] Vgl. etwa *Mark Tushnet*, Taking the Constitution Away from the Courts 1999, S. 177ff.: »populist constitutional law«; *Larry Kramer*, The People Themselves. Popular Constitutionalism and Judicial Review, 2004.

Griffith gehörte zu den Gegnern dieser Pläne, und zwar gerade, weil sie die politische Verfassung Großbritanniens in eine rechtliche umzuwandeln drohten. Es ging also nicht nur um eine Beschreibung der britischen Verfassung in ihrer Andersartigkeit, sondern auch und sogar vor allem um eine Begründung ihrer Vorzugswürdigkeit.

Dabei leitete ihn die Vorstellung, dass es zwischen Recht und Politik keinen Unterschied gebe, Recht vielmehr nur eine Erscheinungsform der Politik sei. Ausgehend von dieser Annahme war es ihm schon wenige Jahre vor dem Vortrag gelungen, ein Buch über »Government and Law« zu schreiben, das den Untertitel »An Introduction to the Working of the Constitution of Britain« trug, ohne dass die Verfassung dort ausdrücklich vorkam.[7] Die Vorstellung über das Verhältnis von Recht und Politik bestimmte auch seine Einstellung zur Bill of Rights. Für ihn konnte es keine Grundrechte geben, sondern nur »political claims by individuals or groups«, die dann im politischen Prozess anerkannt oder zurückgewiesen werden.[8] Bemühungen, ihren Sinn juristisch zu ermitteln, hielt er für vergeblich. Wenn Richter das täten, sprächen sie nicht Recht, sondern machten Politik.

Ist Recht nichts anderes als eine Form der Politik, konnte auch nicht erwartet werden, dass Verfassungen die Politik zu binden vermochten, gleich ob geschrieben oder ungeschrieben. »Written constitutions do not achieve it. Nor do Bills of Rights or any other devices. They merely pass political decisions out of the hands of politicians and into the hands of judges.«[9] Hier tritt Griffith' eigentliche Besorgnis zutage. Seine Präferenz für die politische statt der geschriebenen rechtlichen Verfassung basierte nicht auf der Annahme, dass Politiker, namentlich Parlamente, bessere Entscheidungen träfen als Richter. Den Unterschied zwischen diesen sah er nur darin, dass Politiker abwählbar (»removable«) sind. Abhilfe gegen schlechte Entscheidungen versprachen daher nur politische Mittel, nicht rechtliche. Die Einführung einer Bill of Rights war unter diesen Umständen ein gefährlicher Schritt von der politischen zur rechtlichen Verfassung.

Bei den heutigen Befürwortern von Griffith' Position steht das normative Argument im Vordergrund.[10] Ihr Ziel ist es nicht, die englische Verfassung als eine politische zu beschreiben, sondern das vorherrschende rechtliche Verständnis der Verfassung als Fehlentwicklung zu erweisen und durch ein politisches abzulösen. Damit sind sie radikaler als die amerikanischen Kritiker des judicial review, denen es um die Abschaffung oder Schwächung der Verfassungsgerichtsbarkeit geht und denen dabei die rechtliche Normativität der Verfassung ent-

---

[7] *S. T. C. Hartley/John A. G. Griffith,* Government and Law, 1975.
[8] *Griffith,* Political Constitution, S. 17.
[9] *Griffith,* Political Constitution, S. 16.
[10] Vgl. *Graham Gee/Grégoire C.N. Webber,* What is a Political Constitution? in: Oxford Journal of Legal Studies 30 (2010), S. 273 (293).

gleitet,[11] während hier der Angriff auf die rechtliche Normativität der Verfassung selbst zielt und die Absage an Verfassungsgerichtsbarkeit lediglich die Konsequenz davon ist. Wenn Verfassung nicht länger rechtlich zu denken ist, hat auch die Verfassungsgerichtsbarkeit keinen Platz mehr. Die politische Verfassung lässt sich nur politisch sichern.

Als Wortführer dieser Richtung kann heute der englische Politologe Richard Bellamy gelten, der in seinem Buch »Political Constitutionalism« die Position wesentlich anspruchsvoller begründet hat als Griffith in seinem Vortrag.[12] Bellamy steht mit dieser Auffassung nicht allein. Auf Seiten der Rechtswissenschaft verteidigt vor allem Adam Tomkins die politische Verfassung.[13] Dieser Beitrag wird sich jedoch vorwiegend auf Bellamys Werk konzentrieren, weil er sich nicht auf die britische Verfassung beschränkt. Anders als bei Griffith scheitert die rechtliche Verfassung bei ihm nicht schon daran, dass es ein von Politik unterscheidbares und ihr gegenüberstehendes Recht gar nicht geben kann. Das Recht hat bei ihm durchaus einen Selbststand. Aber die rechtliche Verfassung ist mit Demokratie unvereinbar. Demokratie ist also der normative Angelpunkt, an dem Verfassung und Verfassungsrechtsprechung zu messen sind.

Bellamys Demokratieverständnis ist republikanisch akzentuiert. »Republikanisch« steht hier nicht im Gegensatz zur Monarchie. Adam Tomkins kann ohne Bedenken von Großbritannien als »republican monarchy« sprechen.[14] Republikanisch bedeutet vielmehr self-rule und non-domination. Diese sind die wiederkehrenden Begriffe von Bellamys Theorie. Self-rule meint bei ihm nicht plebiszitäre Demokratie, ebenso wenig wie bei den Kritikern der Verfassungsgerichtsbarkeit in USA. Self-rule bedeutet Herrschaft in Form der repräsentativen Demokratie, im Unterschied zu USA aber in Gestalt der Parlamentssouveränität. Non-domination ist nicht identisch mit herrschaftsfrei, sondern meint »not arbitrary«, wobei »arbitrary« schon dann gegeben ist, wenn die Träger öffentlicher Gewalt discretion (freies Ermessen) haben.

Nach diesem Demokratieverständnis darf dem Volk in Gestalt seiner gewählten Vertreter kein Entscheidungsgegenstand vorenthalten werden. Alles muss im demokratischen Prozess entscheidbar sein. Zweck der rechtlichen Verfassung ist es aber gerade, bestimmte Gegenstände dem demokratischen Prozess und damit der Mehrheitsentscheidung zu entziehen. Das ist für die Anhänger der political constitution der Grund der Unvereinbarkeit mit der Demokratie. Dagegen haben die Vertreter dieser Richtung kein Problem mit constraints of democracy, die aus dem demokratischen Prozess hervorgehen und in ihm von der jeweiligen

---

[11] Vgl. *Grimm,* Radikalkritik, S. 321.

[12] S. *Richard Bellamy,* Political Constitutionalism, A Republican Defence of the Constitutionality of Democracy, 2007.

[13] Vgl. *Adam Tomkins,* Our Republican Constitution, 2005.

[14] *Adam Tomkins,* The Republican Monarchy Revisited, in: Constitutional Commentary 19 (2002), S. 737; *ders.,* Republican Constitution.

Mehrheit jederzeit wieder geändert werden können. Die politische Verfassung steht dann dem demokratischen Prozess nicht begrenzend gegenüber wie die rechtliche. Sie fällt vielmehr mit ihm in eins. Bellamys Ausführungen gipfeln in dem Satz: »The democratic process *is* the constitution.«[15]

Dann drängt sich freilich die Frage auf, ob für die Verfassung noch etwas übrig bleibt. Für Bellamy konstituiert und strukturiert sie diesen Prozess, aber sie tut es beschreibend und nicht regelnd.[16] In der rechtlichen Verfassung ist das die Funktion des Organisationsteils. Rechtliche Verfassungen haben in der Regel aber auch noch einen Grundrechtsteil. Wie steht es damit in der politischen Verfassung? Grundrechte kann es für Bellamy geben, aber nicht als verfassungsrechtliche und erst recht nicht als justiziable. Sie dürfen nicht »entrenched« sein. Bellamy ist überzeugt, dass der demokratische Prozess die Freiheiten ausreichend schütze. Grundrechte gegen den demokratischen Prozess wenden zu wollen, wäre daher widersinnig. Lediglich unterstützend kommt Bellamy auf das zu sprechen, was bei Griffith im Vordergrund steht: Über die Bedeutung von Grundrechten für konkrete Streitfragen gibt es keinen Konsens.

Bellamy will das zwar nicht, wie etwa Jeremy Waldron, als kategorische Unmöglichkeit verstehen, sondern nur als praktische Unmöglichkeit. »Reasonable disagreements« sind der Normalfall.[17] Die Grundrechte sind nicht in der Lage, ihre Anwendung auf Fälle vollständig zu determinieren. Infolgedessen herrscht bei der Anwendung discretion. Dann ist es aber nicht plausibel, die Interpretation und Anwendung der Grundrechte Richtern zu überlassen und sie damit dem demokratischen Prozess zu entziehen. Die Aufgabe der politischen Verfassung sieht er im managing disagreement. Allerdings konzediert Bellamy, dass es »fair procedures to work through their disagreements about justice« geben muss, damit das Ergebnis als demokratisch anerkennungsfähig gelten kann.[18]

Nun könnte man meinen, dass wenigstens diese Anforderungen verfassungsrechtlich garantiert und gerichtlich durchsetzbar sein sollten, es also eine rein demokratie-akzessorische Verfassungsgerichtsbarkeit geben könne, wie sie sich etwa John Hart Ely vorstellt.[19] Bellamy spricht sich gleichwohl dagegen aus, weil das ein Rückfall in die rechtliche Begrenzung des demokratischen Prozesses wäre.[20] Zur Missbrauchsverhütung seien keine Grundrechte nötig. Der demokratische Prozess enthalte vielmehr die notwendigen Vorkehrungen gegen Missbrauch. Bellamy sieht sie in der accountability der Amts- und Mandatsträger gegenüber dem Volk. Wenn Mehrheiten ihre Macht missbrauchen, werden

[15] *Bellamy,* Political Constitutionalism, S. 5.
[16] *Bellamy,* Political Constitutionalism, S. 4ff.
[17] *Bellamy,* Political Constitutionalism, S. 5.
[18] *Bellamy,* Political Constitutionalism, S. 20.
[19] Vgl. *John H. Ely,* Democracy and Distrust. A Theory of Judicial Review, 1980.
[20] *Bellamy,* Political Constitutionalism, S. 6.

sie in der nächsten Wahl zur Verantwortung gezogen. Für Tomkins, der ähnlich argumentiert, liegt sie in der Ministerverantwortlichkeit vor dem Parlament.

Besorgnisse über Defizite des demokratischen Prozesses weist Bellamy zurück. »A system of ›one person, one vote‹, provides citizens with roughly equal resources; deciding by majority rule treats their views fairly and impartially; and party competition in elections and parliament institutionalises a balance of power that encourages the various sides to hear and harken to each other, promoting mutual recognition through the construction of compromises.«[21] Bellamy legt Wert darauf, dass alle Werte des Konstitutionalismus – Demokratie, Rechtsstaat, Gewaltenteilung, politische Partizipation, Freiheit, Gleichheit – auch in der politischen Verfassung hochgehalten werden, aber eben nicht verrechtlicht und justiziabel. Der demokratische Prozess schütze diese Werte nicht nur besser als der gerichtliche. Der rechtliche Prozess gefährde sie sogar, indem er Willkür produziere statt sie zu eliminieren.[22]

II. Das Verhältnis zur Demokratie

Die Idee der politischen Verfassung stellt sich einer Entwicklung entgegen, die ausgangs des 18. Jahrhunderts mit den amerikanischen und französischen Verfassungen begann und nach vielen Kämpfen, Umwegen und Rückschlägen ausgangs des 20. Jahrhunderts auf ihrem Höhepunkt angelangt war. Der Konstitutionalismus hatte sich universal als Mittel zur Legitimation und Limitation politischer Herrschaft durchgesetzt. Seit der zweiten Hälfte des 20. Jahrhunderts gehören auch Verfassungsgerichte zum Standard des Verfassungsstaats. Überwiegend wird er auch weiterhin als Errungenschaft betrachtet. Bellamy hat freilich nicht die Absicht, in den vorkonstitutionellen Zustand zurückkehren. Seine Kritik ist nicht restaurativ gemeint. Er will die Verfassung vielmehr mit der Demokratie versöhnen. Voraussetzung dafür ist, dass sie die Rechtsform ablegt.

Für die Beurteilung dieser Forderung erscheint es nützlich, noch einmal auf die Frage zurückzukommen, warum die moderne Verfassung die Rechtsform angenommen hatte und ob das ein Irrweg war oder ob die Voraussetzungen mittlerweile entfallen sind. In beiden Ursprungsländern entstand die Verfassung aus einem revolutionären Bruch mit der angestammten Herrschaft. In Nordamerika richtete sich die Revolution gegen die britische Kolonialmacht, in Frankreich gegen die absolute Monarchie und die mit ihr verbundene ständisch-feudale Gesellschaftsordnung. Beide Revolutionen unterschieden sich von den zahlreichen Revolten und Umbrüchen der Geschichte dadurch, dass sie sich nicht damit begnügten, eine oppressive Herrschaft gegen eine neue auszutauschen.

[21] *Bellamy,* Political Constitutionalism, S. 5.
[22] *Bellamy,* Political Constitutionalism, S. VIII.

Vielmehr entwarfen sie zunächst ein Modell legitimer Herrschaft, auf dessen Grundlage dann erst Personen zu ihrer Ausübung berufen wurden.

Das Modell musste von den Revolutionären nicht erfunden werden, es lag bereit. Nachdem der transzendentalen Legitimation politischer Herrschaft durch die Glaubensspaltung der Boden entzogen worden war, hatte sich in der Sozialphilosophie die Vorstellung herausgebildet, dass politische Herrschaft allein durch den Konsens der Herrschaftsunterworfenen, also demokratisch, legitimiert werden könne und dass ihr einziger Zweck darin bestehe, die natürliche Freiheit und Gleichheit aller Menschen zu sichern. In der zweiten Hälfte des 18. Jahrhunderts füllten sich die Naturrechtslehrbücher mit Rechten der Individuen, die vom Staat zu respektieren und gegen Übergriffe Dritter zu verteidigen waren. Mit Ausnahme von Emer de Vattel trieb jedoch keiner der Philosophen die Lehre zur Forderung nach einer Verfassung voran. Es ging nur darum, die Bedingungen zu ermitteln, unter denen Herrschaftssysteme Legitimität beanspruchen konnten.

In der revolutionären Situation wurden diese Ideen aber handlungsleitend, zunächst zur Rechtfertigung des Rechtsbruchs, sodann zur Errichtung der neuen Ordnung. Beide Revolutionen gründeten die neue Ordnung auf das Legitimationsprinzip der Volkssouveränität. Beiden war aber auch bewusst, dass das Volk, obzwar die Quelle von Herrschaft, nicht selbst herrschen konnte. Es benötigte dafür Repräsentanten, welche die Herrschaftsfunktionen wahrnahmen. Sie besaßen die Befugnis zur Herrschaft aber nicht aus sich heraus, sondern übten sie im Auftrag des Volkes aus. Damit stellte sich freilich das Problem jeder repräsentativen Herrschaft: die Herrschenden können sich von ihren Auftraggebern entfernen und nicht deren Interessen, sondern ihre eigenen verfolgen. Um dem vorzubeugen, mussten die Bedingungen, unter denen die Herrschaftsfunktionen ausgeübt werden durften, fixiert sein, ehe Personen zu ihrer Wahrnehmung eingesetzt wurden.

Das Mittel dazu war die Verfassung. Allerdings konnte sie ihre Funktion nur erfüllen, wenn sie für die Herrschenden verbindlich war und allen von diesen gesetzten Herrschaftsakten vorging. Diese Leistung vermochte allein das Recht zu erbringen. Es löste die Verfassung von dem Moment ihrer Entstehung und von den an der Verfassunggebung beteiligten Personen ab, stellte sie auf Dauer und stattete sie mit Vorrang gegenüber allem anderen Recht aus. Zur rechtlichen Verfassung kam es also gerade aus demokratischen Motiven. Das Bindeglied war die Volkssouveränität. Vom Volk ging die Staatsgewalt aus, das Volk bestimmte eben durch die rechtliche Verfassung deren Befugnisse und Grenzen. Das Neue des revolutionären Umbruchs war also nicht das Modell legitimer Herrschaft. Dieses war vor den Revolutionen ausgearbeitet worden, aber eben als Theorie. Das Neue war vielmehr die Umwandlung von Philosophie in Recht.

Als undemokratisch könnte die rechtliche Verfassung unter diesen Umständen nur betrachtet werden, wenn man sie nicht als Produkt eines demokratischen Willens ansieht, sondern die verfassunggebende Gewalt des Volkes leugnet. Gerade das trifft aber auf die englische Verfassung zu. Die in den Revolutionen Nordamerikas und Frankreichs entwickelte Vorstellung von einer verfassunggebenden Gewalt, die dem Volk zugeschrieben wird, hat in England nicht Fuß gefasst. Griffith lobt sein Land dafür, dass es sich von diesem »nonsens« ferngehalten habe.[23] Der revolutionäre Bruch, der dort im 17. Jahrhundert eintrat und die sich absolutistisch gebärdende Stuart-Dynastie beseitigte, führte nach einem kurzen republikanischen Intervall gerade nicht zu einer neuen, sondern zur Rückkehr der traditionellen Ordnung unter einer neuen Dynastie, welche die Wahrung dieser Ordnung zusicherte. Die Voraussetzungen für die moderne Verfassung waren damit entfallen.

Der ältere Verfassungstyp, der sich auf den Zustand eines Landes einschließlich seiner politischen Institutionen und grundlegenden rechtlichen Normen bezog, aber selbst nicht präskriptiv, sondern deskriptiv war und in England überlebte, hatte keinen Schöpfer und ging nicht auf einen schöpferischen Akt zurück. Verfassungen waren noch nicht machbar.[24] Die englische Verfassung war das Produkt einer langen und sich fortsetzenden Entwicklung. Die Restauration der Monarchie »has led to the idea of a ›constituting power‹ becoming entirely absorbed into the doctrine of the absolute authority of the Crown-in-Parliament to speak for the British nation«[25]. Das Volk verfügt über Entscheidungsbefugnisse nur in der Wahl des Parlaments. Die Souveränität steht diesem zu. Auf die Verfassung kann das Volk nur durch seine politischen Aktivitäten im öffentlichen Raum einwirken.

Ob man der britischen Verfassung schon deswegen jeden rechtlichen Charakter absprechen muss, wie Griffith und seine Nachfolger es tun, ist in England selbst umstritten. Eine Mehrheit von Autoren teilt die Auffassung nicht. So gehörten zur englischen Verfassung schon lange vor dem Human Rights Act, der 2000 in Kraft trat, grundrechtliche Garantien, die von den Gerichten verteidigt wurden, ohne aber die Parlamentssouveränität in Frage zu stellen. Deswegen hatten sie den amerikanischen Kolonisten in ihrem Kampf gegen die vom englischen Parlament festgesetzten Sondersteuern für die Kolonien nicht weiter geholfen. Diese Erfahrung veranlasste die Kolonisten, sie in Verfassungsrang zu erheben. Auch hier war das Neue also nicht der Inhalt, sondern ihre Konstitutionalisierung und damit der Vorrang gegenüber dem Parlament.[26]

Eine solche Konstitutionalisierung ist aber das Angriffsziel der Vertreter der politischen Verfassung. Es geht ihnen vor allem darum, die Grundrechte

---

[23] *Griffith,* The Political Constitution, S. 3.

[24] Vgl. *Dieter Grimm,* Verfassungsgebende Gewalt, in: Uwe Kischel/Hanno Kube (Hrsg.), Handbuch des Staatsrechts, Band II, 2024.

[25] *Martin Loughlin,* Constituent Power Subverted: From English Constitutional Argument to British Constitutional Practice, in: ders./Neil Walker (Hrsg.), The Paradox of Constitutionalism, 2007, S. 27.

[26] Vgl. *Gerald Stourzh,* Zur Konstitutionalisierung der Individualrechte in der Amerikanischen und der Französischen Revolution, in: ders., Wege zur Grundrechtsdemokratie, 1989, S. 155; vgl. auch *ders.,* Grundrechte zwischen Common Law und Verfassung, ebd., S. 75.

den Gerichten zu entwinden und dem Parlament die Entscheidungsbefugnis zu bewahren, welche Bedeutung sie haben sollen und wie Konflikte über sie gelöst werden. Zwar gilt mittlerweile der Civil Rights Act, der die Europäische Menschenrechtskonvention in nationales Recht überführte und die oberen Gerichte ermächtigt, die Grundrechtskonformität von Gesetzen zu überprüfen. Das Prinzip der Parlamentssouveränität wird aber dadurch gewahrt, dass ihre Entscheidungen nicht zur Aufhebung grundrechtswidriger Gesetze führen. Es bleibt vielmehr dem Parlament überlassen, ob es ein verfassungswidriges Gesetz aufhebt oder beibehält.[27] Die Achtung der Grundrechte ist also ins Belieben der Politik gestellt.

Scheiden inhaltliche Anforderungen an politische Entscheidungen aus, bleiben zur Gewährleistung der Grundrechte gegenüber dem Gesetzgeber nur prozedurale Sicherungen übrig. Auf ihnen liegt dann die gesamte Last der Gemeinwohlverträglichkeit und Freiheitssicherung. Trotzdem wollen die Anhänger der politischen Verfassung auch die prozeduralen Anforderungen nicht von der Entrechtlichung ausnehmen. Dennoch sollen sie wirken. Das kann nur heißen, dass die Politik bereit ist, ihnen konventionell zu folgen. Folgt sie nicht, ist das aber kein Rechtsverstoß. Doch kann ein Konventionsverstoß politische Konsequenzen haben. Es ist möglich, dass er Protest auf sich zieht, der in der nächsten Wahl Folgen hat. Es ist aber auch möglich, dass der Verstoß gegen die alte Konvention eine neue begründet. Was der Fall ist, lässt sich immer nur ex post feststellen.

Graham Gee und Grégoire Webber, die die Unversöhnlichkeit von politischem und rechtlichem Verfassungsbegriff in Frage stellen, weisen freilich darauf hin, dass die britische Verfassung nicht pures Faktum ist.[28] Die politischen Akteure finden vielmehr jederzeit Institutionen und Regelwerke vor, innerhalb deren sie handeln. Sie sind »prescriptive without prescribing«[29]. Deswegen sehen die Autoren auch in der politischen Verfassung normative Elemente, so wie umgekehrt die rechtliche Verfassung trotz ihres umfassenden Regelungsanspruchs auf zusätzliche informelle Verhaltensnormen oder Gebräuche angewiesen ist. Der wesentliche Unterschied wäre dann in der Tat nur die Verfassungsgerichtsbarkeit. Für die Vertreter der politischen Verfassung bleibt es freilich dabei, dass die Verfassung nicht die Grundlage politischen Verhaltens, sondern ihr Ergebnis ist. Als politische verflüssigt sie sich. In Griffith' Worten ist sie »no more and no less then what happens«[30].

---

[27] Vgl. *Stephen Gardbaum,* The New Commonwealth Model of Constitutionalism, 2013, S. 157ff.

[28] *Gee/Webber,* Political Constitution?, S. 273.

[29] *Gee/Webber,* Political Constitution?, S. 286.

[30] *Griffith,* Political Constitution, S. 19; s. auch nochmals Bellamys Aussage, dass der demokratische Prozess die Verfassung *ist: Bellamy,* Political Constitutionalism.

Kommt der Verfassung keine Rechtsqualität mehr zu, ist auch der Verfassungsgerichtsbarkeit der Boden entzogen. Für die Befürworter der politischen Verfassung bildet sie die größte Demokratie-Gefahr, weil sie letztinstanzliche Entscheidung politischer Fragen in die Hände politisch nicht verantwortlicher Richter legt. Der Nachweis der Unvereinbarkeit von politischer Verfassung und Verfassungsgerichtsbarkeit liegt den Kritikern der rechtlichen Verfassung daher besonders am Herzen. Darin treffen sie sich mit den amerikanischen Radikalkritikern des judicial review und ihren Gefolgsleuten sowie den Befürwortern einer »weak form of judicial review«, bei der die Gerichte zwar die Verfassungswidrigkeit von Gesetzen feststellen, diese aber nicht aufheben dürfen.[31] Auch hier stellt sich aber wieder die Frage, was denn ursprünglich zur Verfassungsgerichtsbarkeit geführt hat und ob die Gründe dafür heute nicht mehr zählen.

Es kommt dann zum Vorschein, dass Verfassungsgerichtsbarkeit die Antwort auf die eigentümliche Schwäche von Verfassungsrecht war. Wird einfaches Recht verletzt, hat der Staat die Möglichkeit, es zwangsweise durchzusetzen oder gegen den Störer Sanktionen zu verhängen. Verletzen die obersten Staatsorgane selbst Verfassungsrecht, gibt es keine übergeordnete Gewalt. Adressat und Garant der Verfassungsnormen fallen hier in eins. Verfassungsrecht ist deswegen immer prekär. Im Ursprungsland des judicial review, den USA, fehlte es an einer ausdrücklichen Grundlage in der Verfassung. Der judicial review geht dort vielmehr auf einen aus der Funktion der Verfassung abgeleiteten Akt der Selbstermächtigung des Supreme Court zurück. Es kann aber sehr wohl sein und ist in der großen Mehrzahl der Fälle sogar so, dass Verfassungsgerichtsbarkeit der in der Verfassung selbst zum Ausdruck gebrachte Wille des Volkes ist.

Wo ein solcher Wille mangels verfassunggebender Gewalt des Volkes ausgeschlossen ist wie in England, verfängt dieses Argument nicht. Vom Standpunkt einer Theorie der politischen Verfassung, hinter der keine verfassunggebende Gewalt steht, spielt es ebenfalls keine Rolle. In einer allgemeinen Theorie der Verfassung müsste es aber Beachtung finden. In der Tat lässt sich der lange in Oxford tätig gewesene, heute in USA lehrende Rechtsphilosoph Jeremy Waldron darauf ein. Er ist kein Anhänger der politischen Verfassung, sondern argumentiert vom Standpunkt der Demokratie aus. Daher kann er dem Volk nicht das Recht absprechen, sich bei der Verfassunggebung für Verfassungsgerichtsbarkeit zu entscheiden. Er hält Staaten, in denen das geschehen ist, aber nicht mehr für demokratisch. Ein Volk, das sich für Verfassungsgerichtsbarkeit ausspricht, gibt damit die Demokratie preis.[32]

Man kann auch nicht übersehen, dass die Mehrzahl der in der zweiten Hälfte des 20. Jahrhunderts zustande gekommenen Verfassungen, die ausdrücklich eine

---

[31] Vgl. *Grimm,* Neue Radikalkritik, S. 321.

[32] *Jeremy Waldron,* The Core of the Case Against Judicial Review, in: Yale Law Journal 115 (2006), S. 1359ff.

Verfassungsgerichtsbarkeit vorsehen, damit auf Erfahrungen mit gescheiterten Demokratien reagieren und Verfassungsgerichte in den Dienst der Demokratie stellen. Verfassungsgerichte sollen nicht nur die Grundrechte der Einzelnen gegenüber dem Staat sichern, sondern auch den Bestand der Demokratie und ihre gesellschaftlichen Voraussetzungen im Parteienstaat wahren und den demokratischen Prozess für Wechsel und Veränderung offen halten. Insofern Verfassungsgerichte das vom Volk ausgehende und deswegen höherrangige Recht gegenüber den Repräsentanten des Volkes und deren Entscheidungen durchsetzen, fallen auch sie nicht aus der demokratischen Logik heraus.

Das Demokratieproblem der Verfassungsgerichtsbarkeit hat sich damit nicht erledigt. Aber es stellt sich nicht in der Schärfe, welche die Befürworter der politischen Verfassung sehen. Es trifft zwar zu, dass Verfassungsnormen ihre eigene Anwendung nicht vollständig determinieren können. Die Anwendung der Verfassung auf konkrete Fälle verlangt vielmehr ein mehr oder weniger großes Zutun der Richter. Aber es ist weder so, dass dem Verfassungstext jegliche Determinationskraft fehlt noch dass seine Auslegung und Anwendung notwendig arbitrary ist. Sie bleibt vielmehr ein Vorgang im Rechtssystem. Dieses genießt, wie jedes Teilsystem in funktional differenzierten Gesellschaften, relative Autonomie. Es folgt seiner spezifischen Logik. Auch in dem Spielraum, den der Normtext lässt, geht es daher nach juristischen Kriterien weiter, selbst wenn ein Rest an subjektiven Einstellungen bleibt, die in die Entscheidungsfindung einfließen.

Wie schon die amerikanischen Kritiker der Verfassungsgerichtsbarkeit lassen aber auch die Vertreter der politischen Verfassung die Verfassungsinterpretation außer Acht, gleich ob Rechtswissenschaftler oder Politikwissenschaftler. Der englische Politologe David Robertson, dem es in seinem vergleichenden Werk gerade um die rechtlichen Begründungen verfassungsgerichtlicher Entscheidungen geht, bleibt eine rühmliche Ausnahme.[33] Da die Anhänger der politischen Verfassung die Möglichkeit einer rechtlich rationalen Deutung von Verfassungsnormen unterschätzen oder leugnen, versperren sie sich die Frage, ob die Bedingungen für unparteiliche Sinnermittlung von Verfassungsvorschriften im politischen oder im rechtlichen System besser sind. Der Arenenwechsel mit der Folge anderer Akteure, anderer Rollenverteilungen, anderer Entscheidungskriterien und anderer Verfahren fällt für sie nicht ins Gewicht.[34]

Die Gemeinwohlverträglichkeit politischer Entscheidungen ruht unter einer politischen Verfassung ausschließlich auf der Leistungsfähigkeit des demokratischen Prozesses und der Wirksamkeit der Vorkehrungen zur Verhütung von Machtmissbrauch, die dieser vorsieht. Fragt man, worin diese Vorkehrungen bestehen, dann ist die Antwort überwiegend: accountability, bei Tomkins in Ge-

[33] Vgl. *David Robertson,* The Judge as Political Theorist. Contemporary Constitutional Review, 2010.

[34] Vgl. *Dieter Grimm,* Was genau ist politisch an der Verfassungsgerichtsbarkeit? in: Zeitschrift für Politik 66 (2019), S. 86; auch in *ders.,* Verfassungsgerichtsbarkeit, S. 89.

stalt der Ministerverantwortlichkeit vor dem Parlament, bei Bellamy in Gestalt der Verantwortlichkeit des Parlaments vor dem Volk. Aber auch diese Verantwortlichkeit ist nicht rechtlich verankert und im Übrigen relativ schwach. Die Ministerverantwortlichkeit ist schwach, weil im parlamentarischen System eine Kontrollbereitschaft nur bei der Opposition unterstellt werden kann, während die Mehrheit ihre Minister schützt, wenn sie sie nicht selbst abruft.

Bellamys Verantwortung der Amts- und Mandatsinhaber vom Volk aktualisiert sich in der Wahl. Die Wiederkehr der Wahl und der Wettbewerb der Parteien um Wählerstimmen sind der Mechanismus, der die Politik anhält, sich responsiv zu den Bedürfnissen der Gesellschaft zu verhalten. Aber auch diese Verantwortlichkeit ist diffus, weil die Wahl keine Möglichkeit bietet, zu konkreten Streitfragen oder bestimmten Vorhaben Stellung zu nehmen. Die Wahl ermöglicht nur ein hoch generalisiertes Urteil über vergangenes Regierungshandeln und einen hoch generalisierten Vertrauensvorschuss für künftiges Regierungshandeln. Wahlenthaltungen können durch generelle Ablehnung oder generelles Einverständnis motiviert sein. Es ist auch nicht möglich, Wahlausgänge zuverlässig als Votum für oder gegen bestimmte politische Entscheidungen oder Projekte zu deuten, selbst wenn diese im Vordergrund des Wahlkampfs standen.

Die gut erforschten Defizite des demokratischen Prozesses werden dagegen nicht ernst genommen, weder die unterschiedliche Organisations- und Durchsetzungsfähigkeit von Interessen noch die Rolle des Geldes im Wahlkampf, nicht die Versuchung der Parlamentsparteien zur Selbstbegünstigung und Behinderung der Konkurrenten, also Entscheidungen in eigener Sache, auch nicht die von den wiederkehrenden Wahlen ausgehenden Anreize, Kurzfristerfolge zu erzielen und langfristige Probleme zu vernachlässigen. Unbeachtet bleibt ebenfalls die Qualität der medialen Vermittlung von Politik, die Voraussetzung rationaler Meinungsbildung ist. Diese Gefahren sind dem demokratischen Prozess inhärent, und können daher nur von außen wirksam begrenzt werden, eben durch Recht. Die Theorie leidet insofern – entgegen Bellamys Überzeugung, sie sei nicht nur normativ, sondern auch empirisch der Theorie von der rechtlichen Verfassung überlegen[35] – an einem Empiriedefizit.

III. Das Verhältnis zum Rechtsstaat

Als Ergebnis der bisherigen Überlegungen lässt sich resümieren, dass die rechtliche Verfassung nicht in Widerspruch zur Demokratie steht, wenn sie selber als demokratisches Erzeugnis verstanden wird, dessen Funktion es ist, den demokratischen Prozess und seine Produkte zu legitimieren, zu strukturieren, anzuleiten und zu begrenzen. Ermöglicht wird das durch die Trennung und

[35] *Bellamy,* Political Constitutionalism, S. VIII.

hierarchische Anordnung von Verfassung und Gesetz. Dadurch kann Recht auf Recht angewendet werden und so seine Möglichkeiten steigern. Das Recht wird im Verfassungsstaat reflexiv. Im englischen Recht sind zwar Ansätze dazu vorhanden, haben sich aber aus den früher genannten Gründen nicht zur modernen Verfassung fortgebildet. Dass Bellamy mit dieser Aufteilung nichts anzufangen weiß, zeigt, wie sehr er trotz seines Anspruchs, eine allgemeine Verfassungstheorie vorzulegen, der englischen Tradition verhaftet ist.

In den folgenden Überlegungen geht es umgekehrt um die Frage, ob die politische Verfassung mit der zweiten Säule des Konstitutionalismus, dem Rechtsstaat, den Bellamy auch im politischen Konstitutionalismus hochhalten will, vereinbar ist. »Rechtsstaat« heißt im Kern, dass der Staat seine Macht nur auf rechtlicher Grundlage ausüben darf. Damit soll staatliche Willkür ausgeschlossen sein. Ausübung der Macht auf rechtlicher Grundlage hat deswegen eine doppelte Bedeutung: zum einen herrscht der Staat mittels Recht, zum anderen herrscht er gemäß dem Recht. Träte der zweite Aspekt nicht hinzu, wäre der erste von geringem Wert, weil kein Verlass auf die gleichmäßige Anwendung des Rechts bestünde, Willkür also nicht ausgeschlossen wäre.

Auf diesen Kerngehalt beschränkt, würde der Rechtsstaat allerdings nicht vor gesetzlichem Unrecht schützen, weil der Staat das Recht, mittels dessen er herrscht und an das er gebunden ist, selber erzeugt. Zwar wäre der Rechtsstaat selbst in dieser beschränkten Form noch ein Gewinn, weil er auf der Rechtsanwendungsebene Willkür ausschlösse. Der Gewinn bliebe aber bescheiden, weil die jeweilige gesetzgeberische Mehrheit keinen rechtlichen Bindungen unterläge. Besonders gefährdet wären unter diesen Umständen die Grundrechte der Einzelnen, die selbst exzessiven gesetzlichen Beschränkungen oder willkürlichen Ungleichbehandlungen keinen Widerstand entgegensetzen könnten. Sie schützten ihre Träger nur vor der Exekutive und auch dies nur gegen Eingriffe ohne gesetzliche Grundlage.

Gerade der Erfahrung, dass Grundrechte den parlamentarischen Gesetzgeber nicht banden, verdankten sie ihren Verfassungsrang in Nordamerika, zuerst in den Verfassungen der ehemaligen Kolonien, dann in der Verfassung der USA. In Frankreich, wo die Revolution sich nicht allein gegen den monarchischen Absolutismus, sondern auch gegen die überkommene gesellschaftliche Ordnung richtete, so dass die gesamte Rechtsordnung auf die Prinzipien von Freiheit und Gleichheit der Individuen umgestellt werden musste, waren sie anfangs geradezu als maßgebend für den schwierigen und langwierigen Prozess der Rechtserneuerung gedacht.[36] Nachdem dieser Prozess abgeschlossen war, wurden sie allerdings rechtlich funktionslos, bis der Conseil constitutionnel, selbst eine Neuerung der Verfassung von 1958, sie erstmals 1971 gegenüber dem Gesetzgeber in Stellung brachte.

---

[36] Vgl. *Dieter Grimm*, Verfassung und Privatrecht im 19. Jahrhundert, 2017, S. 39 ff.

In den deutschen Verfassungen beschränkte sich die Wirkung der Grundrechte lange darauf, Grundrechtseingriffe von einer gesetzlichen Eingriffsgrundlage abhängig zu machen, richteten an diese selbst aber keine Anforderungen. Hier war es erst die Erfahrung massiven gesetzlichen Unrechts in der Zeit des Nationalsozialismus, die zu einer Erstreckung der Bindungswirkung auf den Gesetzgeber führte. Ähnlich verhielt es sich in denjenigen Ländern, welche in der zweiten Hälfte des 20. Jahrhunderts autoritäre oder diktatorische Regime zu Fall brachten, neue Verfassungen nach liberal-demokratischem Muster erließen oder die alten in diesem Sinn änderten. Auch dort führte die Unrechts-Erfahrung zu einer Bedeutungssteigerung der Grundrechte. Eben durch die Erstreckung ihrer Wirkung auf die Gesetzgebung wurde der Rechtsstaat von einem bloß formellen zu einem materiellen Prinzip.

Gerade dies soll mit der Theorie von der politischen Verfassung jedoch verhindert werden. Jede rechtsstaatliche Bindung des Gesetzgebers schädigt die Demokratie. Auch dabei stehen aber wieder Eigenarten des englischen Rechts im Hintergrund, die anderwärts keine Entsprechung haben. Zum einen war der größte Teil des englischen Rechts, das common law, kein Produkt von Gesetzgebung, sondern Richterrecht, ganz im Gegensatz zum europäischen Kontinent, wo das gemeine Recht im Absolutismus vom staatlich gesetzten Recht verdrängt worden war. Zum anderen ist der Rechtsstaat in England seit Dicey der Sammelbegriff für eine Anzahl von Freiheitsgarantien, die dem common law seit langem eigen sind und vom Parlament gegenüber der Krone sowie von der Justiz gegenüber Parlament und Exekutive geschützt werden, indem diese das Gesetzesrecht eng und freiheitsfreundlich auslegt.

Den Unterschied zum Freiheitsschutz im modernen Konstitutionalismus, wo er auf Grundrechtskatalogen beruht, die heute den Gesetzgeber binden und von Verfassungsgerichten durchgesetzt werden, hat Martin Loughlin auf den Punkt gebracht: »This safeguarding of liberty through the workings of the ›rule of law‹ contrasts sharply with the modern practice of formal declarations of rights, in which rights to personal liberty derive – are *deduced* – from the constitution. In the English case, however, ›constitutional principles‹ are *induced* from various court rulings on personal rights.«[37] Das Verhältnis von Verfassung und Gesetz kehrt sich dadurch um: Es herrscht die Vorstellung, »that the constitution itself comes from the ordinary law of the land. The ›law of the constitution‹ ist nach Dicey ›not the source but the consequence of the rights of the individuals‹.«[38] Man spricht daher in Großbritannien auch von einem »Common Law Constitutionalism«[39].

[37] *Martin Loughlin,* The British Constitution, 2013, S. 89 f.

[38] Zitiert nach *Loughlin,* British Constitution, S. 89.

[39] Vgl. *Thomas Poole,* Back to the Future? Unearthing the Theory of Common Law Constitutionalism, in: Oxford Journal of Legal Studies 23 (2003), S. 435. Vgl: auch *Gordon S. Wood,* The Creation of the American Republic, 1776–1787, 1998, S. 260 ff.

Bellamy kann daran anknüpfen, weil er von einer funktionierenden Demokratie ausgeht, in der politische Mechanismen einen fairen Interessenausgleich gewährleisten, obwohl sich die Voraussetzungen seit Diceys Zeit grundlegend geändert haben und Gesetzgebung auch in Großbritannien nicht mehr die Ausnahme ist. Aber er selber muss sich die Frage gefallen lassen, wie weit eine funktionierende Demokratie ihrerseits wieder auf die rechtliche Verfassung und ihre rechtsstaatlichen Sicherungen angewiesen ist. Diese Frage stellt sich, weil das Funktionieren der Demokratie von Voraussetzungen abhängt, die nicht als gegeben unterstellt werden können. In der politischen Praxis der meisten Länder, auch solcher mit demokratischen Regimen, sind sie vielmehr unwahrscheinlich.

Angelpunkt aller demokratischen Systeme ist die Wahl der Volksvertreter und mittelbar der Regierung. Retrospektiv fällen die Wähler ein Urteil über die Leistungen in der vergangenen Legislaturperiode, prospektiv bringen sie ihre Erwartungen für die nächste zum Ausdruck. Um ihre demokratische Funktion, die Bestimmung von Repräsentanten und durch sie auch der politischen Richtung, erfüllen zu können, muss die Wahl frei sein. Frei ist eine Wahl aber nicht schon, wenn die Wähler ihr Kreuz auf dem Wahlschein ohne Pressionen machen können. Dazu muss es Alternativen geben, und die Alternativen müssen sich in der Gesellschaft frei bilden und mit gleichen Chancen in den Wettbewerb um Wählerstimmen eintreten können. Die Wähler wiederum müssen sich über Leistungen und Versprechungen der Konkurrenten frei informieren und frei diskutieren können, was wiederum freie Kommunikationsmedien voraussetzt.

All diese Voraussetzungen einer funktionierenden Demokratie kann das Demokratieprinzip selber aber nicht garantieren. Die nach dem Mehrheitsprinzip funktionierende Demokratie gefährdet im Gegenteil die Freiheit des demokratischen Prozesses, weil Mehrheiten zur eigenen Machterhaltung und zur Behinderung der Konkurrenten genutzt werden können. Deswegen müssen ihnen Grenzen gesetzt werden, die ihren rechtlichen Ausdruck in Grundrechten als einem wesentlichen Bestandteil des Rechtsstaatsprinzips finden. Die Bedeutung des Rechtsstaats für die Demokratie reicht aber über die Wahl hinaus. Demokratie bedeutet ebenfalls, dass auf der Ebene der staatlichen Verwaltung die demokratisch beschlossenen Gesetze nicht unterlaufen, sondern befolgt werden. Auch das garantiert erst der Rechtsstaat durch das Prinzip der Gesetzmäßigkeit der Verwaltung.

So wenig wie die Demokratie ist aber auch der Rechtsstaat selbstgenügsam. Er erübrigt nicht Politik, sondern reguliert sie. Die Verfassung zieht ihr einen Rahmen und setzt ihr Ziele, reduziert sie aber nicht auf Verfassungsvollzug. Es ist daher nicht damit getan, dass politische Herrschaft mittels Recht und gemäß dem Recht ausgeübt wird. Das Recht muss auch die Vorstellungen und Bedürfnisse der Herrschaftsunterworfenen aufnehmen und von ihnen als ihr Recht akzeptiert werden. Das ist nicht gewährleistet, wenn die Herrschenden aus überlegener Einsicht, historischer Mission oder transzendentaler Ermächtigung bestimmen können, was dem Interesse der Gesamtheit am besten nützt. Dazu bedarf es der Partizipation der Betroffenen, die erst das Demokratieprinzip vermittelt.

Zwischen Rechtsstaat und Demokratie besteht also ein Verhältnis gegenseitiger Spannung und wechselseitiger Abhängigkeit.[40] Zur Spannung kommt es, weil beiden Prinzipien die Tendenz innewohnt, die jeweils andere zu überwältigen. Die Demokratie ist in Versuchung die rechtsstaatlichen Bindungen zu übergehen, wenn sie dem Mehrheitswillen im Wege stehen. Der Rechtsstaat ist in Gefahr, die Politik auf die Wahrung des status quo zu beschränken. Ins Extrem getrieben sind beide selbstzerstörerisch. Die wechselseitige Abhängigkeit ergibt sich aus diesen Gefahren. Jedes Prinzip wird durch Elemente des anderen begrenzt und balanciert. Die politische Verfassung löst die Balance einseitig zugunsten der Demokratie auf. Der Rechtsstaat ist ihr nachgeordnet und greift erst auf der Ebene des Gesetzesvollzugs ein. Der Übergang zur politischen Verfassung wäre ein Rückschritt.

[40] Vgl. *Dieter Grimm,* Rule of Law and Democracy, in: Giuliano Amato u. a. (Hrsg.), Rule of Law vs Majoritarian Democracy, 2021, S. 43. Das ist gerade Horst Dreier stets bewusst, vgl. etwa Grenzen demokratischer Freiheit, in: *Horst Dreier,* Idee und Gestalt des freiheitlichen Verfassungsstaates, 2014, S. 248.

Zur Prognosequalität von Entscheidungen zur nachrichtendienstlichen Beobachtung der AfD im Rahmen der freiheitlichen demokratischen Grundordnung

Jochen Hofmann-Hoeppel

Öffentliche wie wissenschaftliche Diskussion über potenziellen Erfolg oder politische Sinnhaftigkeit eines Verbotsantrags gem. Art. 21 Abs. 2 S. 2 GG sowie von Anträgen auf Feststellung der Verwirkung der in Art. 18 S. 1 GG bezeichneten Grundrechte – bezogen auf Funktionäre der AfD als Gesamtpartei, ihrer Landesverbände und des »Flügels« um Björn Höcke –, eines Antrags auf Ausschluss von der Parteienfinanzierung gem. Art. 21 Abs. 3 S. 2 GG sowie eines Vereinsverbots der »Jungen Alternative« nach öffentlichem Vereinsrecht hat seit Bekanntwerden des »Geheimtreffens« von Martin Sellner mit AfD-Politikern und privaten Unterstützern[1] an Fahrt aufgenommen, das u. a. der Beratung eines »Masterplans« zur sog. »Remigration« auch von deutschen Staatsbürgern mit Migrationshintergrund inklusive der Schaffung eines »Musterstaats« in Nordafrika diente.[2] Plädoyers pro wie kontra legen es nahe, die vorliegenden Entscheidungen zu Fragen der Verfassungs- und Rechtmäßigkeit der Ein- bzw.

[1] Vgl. Frankfurter Rundschau, https://www.fr.de/politik/geheimtreffen-afd-sellner-migration-vertreibung-potsdam-correctiv-92767928.html (hier und im Folgenden: 10. Januar 2024); NDR, https://www.ndr.de/nachrichten/niedersachsen/afd-treffen-mit-rechtsextremen-ist-die-demokratie-in-gefahr,demokratie214.html; Legal Tribune online, https://www.lto.de/recht/nachrichten/n/afd-geheimtreffen-correctiv-recherche-reaktionen-konsequenzen-zusammenfassung; Zeit online, https://www.zeit.de/politik/Deutschland/2024-01/afd-verbot-demo-kanzleramt. Tagungsort war das ehemalige Landhaus Adlon in Potsdam, OT Neu Fahrland.

[2] Die Errichtung eines »Musterstaats in Nordafrika« lässt Anklänge an den sog. Madagaskar-Plan des Jahres 1940 erkennen; beabsichtigt war die Schaffung einer »jüdischen Wohnstätte unter deutscher Oberhoheit«; vgl. *Magnus Brechtken*, »Madagaskar für die Juden«: Antisemitische Idee und politische Praxis 1885–1945 (= Studien für Zeigeschichte, Band 53), 1997; *Hans Jansen*, Der Madagaskarplan, 1997, S. 241 ff., 341 ff.; *Klaus von Münchhausen*, »Geheime Reichssache Auschwitz«. NS-Maßnahmen zur Tarnung des Völkermords an den osteuropäischen Juden, 2014, S. 58 ff.; zu Paul de Lagarde als geistigen »Ahnherrn« vgl. *Paul de Lagarde,* »Die nächsten Pflichten deutscher Politik« (1885), in: ders., Deutsche Schriften, 4. Auflage 1903, S. 385 ff. (391) sowie *Ulrike Paul*, Paul de Lagarde und »die Juden«, in: Heike Behlmer/Thomas L. Gertzen/Orell Witthuhn (Hrsg.), Der Nachlass Paul de Lagarde. Orientalische Netzwerke und antisemitische Verflechtungen (= Europäisch-jüdische Studien. Beiträge, Band 46), 2020, S. 9 ff., 18 ff.; *Ulrich Sieg,* Deutschlands Prophet. Paul de Lagarde und die Ursprünge des modernen Antisemitismus, 2007, S. 335 ff.

Hochstufung der AfD als Gesamtpartei bzw. des »Flügels« und der »Jungen Alternative« als nachrichtendienstlichen Verdachtsfall bzw. zur Einordnung, Beobachtung, Behandlung, Prüfung und Führung als »gesichert (rechts) extremistische Bestrebungen« sowie zur Berichterstattung hierüber unter Berücksichtigung der in den beiden Entscheidungen des BVerfG v. 18. März 2003 (1. NPD-Verbotsverfahren) und 17. Januar 2017 (2. NPD-Verbotsverfahren) entwickelten Maßstäbe im Hinblick auf Erfolg oder Misserfolg dieser Anträge zu untersuchen. Dies gilt auch für einen Antrag gem. Art. 21 Abs. 3 S. 2 GG im Hinblick auf das jüngst ergangene Urteil des BVerfG vom 23. Januar 2024 zur Verfassungsmäßigkeit des Ausschlusses der Partei »Die Heimat« als Nachfolgeorganisation der NPD von der staatlichen Parteienfinanzierung.

I. Maßgebliche Gründe für die Einstellung des 1. Verbotsverfahrens gegen die NPD 2001–2003

Der Beschluss des BVerfG vom 18. März 2003 über die Einstellung des auf Anträge der Bundesregierung, des Bundestages und des Bundesrats eingeleiteten Verbotsverfahrens[3] verdankte sich dem Umstand, dass die für eine stattgebende, der Partei »nachteilige« Entscheidung gem. § 15 Abs. 4 S. 1 BVerfGG erforderliche Mehrheit von zwei Dritteln der Mitglieder des Senats deshalb nicht gegeben war, weil die Richter des BVerfG Hassemer, Broß und die Richterin Osterloh die Auffassung vertraten, es liege angesichts der bekannt gewordenen nachrichtendienstlichen Beobachtung von Mitgliedern des Bundes- oder Landesvorstands ein nicht behebbares Verfahrenshindernis vor.[4] Dies wurde u. a. begründet mit dem Verstoß gegen das Gebot strikter Staatsfreiheit infolge des Einsatzes von V-Leuten oder verdeckten Ermittlern auf den Führungsebenen der Partei vor und während des Verbotsverfahrens, nicht belegter »Abschaltung« nachrichtendienstlicher Quellen sowie unterbliebener »Nachsorge«, nicht gegebener Quellenfreiheit der Beweismittel und dem Verstoß gegen ein faires Verfahren durch Ausspähung der Prozessstrategie mit nachrichtendienstlichen Mitteln.[5]

---

[3] BVerfG, B.v. 18. März 2003 – 2 BvB 1/01, 2 BvB 2/01, 2 BvB 3/01, BVerfGE 107, 339 ff. = DVBl 2003, S. 593 ff. = EuGRZ 2003, S. 291 ff. = JuS 2003, S. 809 ff. = NJW 2003, S. 1248 ff. = NVwZ 2003, S. 1577 ff. = VR 2003, S. 318 ff.

[4] BVerfG, B.v. 18. März 2003, Rn. 63 ff.

[5] BVerfG, B.v. 18. März 2003, Rn. 86 ff., 100 ff., 113 f.; vgl. Thomas Kliegel/Matthias Roßbach (Hrsg.), Das NPD-Verbotsverfahren. Dokumentation des Verfahrens 2013 bis 2017 vor dem Bundesverfassungsgericht, 2020, S. 2 ff.

II. Zurückweisung des 2. NPD-Verbotsantrags 2017

Durch das – den Verbotsantrag zurückweisende – Urteil des BVerfG vom 17. Januar 2017[6] wurden die im 1. NPD-Verbotsverfahren entwickelten Maßstäbe im Wesentlichen bestätigt, zum Teil präzisiert bzw. abgemildert, soweit es um die Qualifizierung von Verfahrensverstößen als Verfahrenshindernis ging: Zur Feststellung des Vorliegens eines Verfahrenshindernisses bedürfe es einer Abwägung zwischen den rechtsstaatlichen Verfahrensanforderungen einerseits und dem Präventionszweck dieses Verfahrens andererseits.[7]

1. Nach ausführlicher Darlegung, dass einem Parteiverbot gem. Art. 21 Abs. 2 S. 1 GG weder das Demokratieprinzip noch Art. 146 GG entgegenstünden,[8] folgt eine Darstellung der zentralen Grundprinzipien der freiheitlichen demokratischen Grundordnung – Garantie der Menschenwürde, Demokratieprinzip, Rechtsstaatsprinzip[9] – um nach begrifflicher Klärung deren »Beseitigens« als Abschaffung »zumindest eines ihrer Wesenselemente und deren Ersetzung durch eine andere Verfassungsordnung oder ein anderes Regierungssystem«[10] und dem ausdrücklichen Hinweis, dass die Partei auf die Beeinträchtigung oder Beseitigung »ausgehen« müsse,[11] eine begriffliche Entfaltung des Terminus »ausgehen« vorzunehmen als »aktives Handeln und planvolles Vorgehen, das im Sinne einer qualifizierten Vorbereitungshandlung auf die Beeinträchtigung oder Beseitigung der freiheitlichen demokratischen Grundordnung oder auf die Gefährdung des Bestands der Bundesrepublik Deutschland gerichtet« sei,[12] wobei es ohne Vorliegen einer konkreten Gefahr »konkreter Anhaltspunkte von Gewicht« bedürfe, die einen Erfolg des gegen die freiheitlich demokratische Grundordnung oder den Bestand der Bundesrepublik Deutschland gerichteten Handelns zumindest möglich erscheinen lasse.[13]

2. Die Wesensverwandtschaft einer Partei mit dem Nationalsozialismus rechtfertige »für sich genommen« die Anordnung eines Verbots nicht; nichts anderes folge auch aus der »gegenbildlich identitätsprägenden Bedeutung des Nationalsozialismus für das GG«, da hieraus kein allgemeines anti-nationalso-

[6] BVerfG, U.v. 17. Januar 2017 – 2 BvB 1/13, BVerfGE 144, 20 ff. = BayVBl 2017, S. 337 ff. = DÖV 2017, S. 508 ff. = EuGRZ 2017, S. 44 ff. = NJW 2017, S. 611 ff. = NVwZ 2017, Beilage 2, S. 46 ff. = VR 2017, S. 172 ff.

[7] BVerfG, U.v. 17. Januar 2017, Rn. 403, 426; vorangegangen war der Beschluss vom 19. März 2015 (2 BvB 1/13, BVerfGE 138, 397 ff.), mit dem der Bundesrat aufgefordert wurde, die Nichtexistenz nicht behebbarer Verfahrenshindernisse darzustellen und zu belegen.

[8] BVerfG, U.v. 17. Januar 2017, Rn. 510–520.

[9] BVerfG, U.v. 17. Januar 2017, Rn. 538–545.

[10] BVerfG, U.v. 17. Januar 2017, Rn. 550 ff.

[11] BVerfG, U.v. 17. Januar 2017, Rn. 570.

[12] BVerfG, U.v. 17. Januar 2017, Rn. 573 ff.

[13] BVerfG, U.v. 17. Januar 2017, Rn. 573 ff.

zialistisches Grundprinzip resultiere und Art. 21 Abs. 2 GG nicht »spezifisch anti-nationalsozialistisch« ausgestaltet sei, sondern vielmehr eine Absage an totalitäre Bestrebungen jeglicher Art beinhalte.[14] Die Wesensverwandtschaft einer Partei mit dem Nationalsozialismus sei jedoch im Parteiverbotsverfahren insoweit zu berücksichtigen, als sie Rückschlüsse auf die verfassungsfeindlichen Zielsetzungen zulasse, da zentrale Prinzipien des Nationalsozialismus gegen die Menschenwürde verstießen und gleichzeitig das Prinzip der Volkssouveränität verletzten.[15]

3. Ausgehend davon, dass das verfassungsgerichtliche Parteiverbot die »schärfste und überdies zweischneidige Waffe des demokratischen Rechtsstaats gegen seine organisierten Feinde« darstelle[16] mit der Folge, dass es des präventiven Schutzes der Verfassung durch ein Parteiverbot nicht bedürfe, wenn das Handeln einer Partei noch nicht einmal auf die Möglichkeit eines Erreichens ihrer verfassungsfeindlichen Ziele schließen lasse,[17] wird der Verbotsantrag nach Darlegungen der Vereinbarkeit eines Parteiverbots mit den Vorgaben des EGMR zu Art. 11 EMRK[18] und der Feststellung der Nichtanwendbarkeit von Unionsrecht einschließlich der Regelungen der Europäischen Grundrechtscharta auf Art. 21 Abs. 2 GG[19] mit der Begründung abgelehnt, es ermangle konkreter Anhaltspunkte von Gewicht, die es zumindest möglich erscheinen ließen, dass dieses Handeln zum Erfolg führt; die Tätigkeit der NPD erreiche damit nicht die Qualität des »darauf Ausgehens«, es fehle die erforderliche Potenzialität der Zielerreichung.[20]

III. Zur Prognosequalität erfolgter Beurteilung der Verfassungs- und Rechtmäßigkeit nachrichtendienstlicher Beobachtung der AfD und ihrer Teilorganisationen

Die vorliegenden Entscheidungen zur Verfassungs- und Rechtmäßigkeit der nachrichtendienstlichen Beobachtung der AfD als Gesamtpartei, ihrer Teilorganisationen des »Flügels« sowie der »Jungen Alternative« wie von Landesverbänden lassen den Schluss zu, dass konkrete Anhaltspunkte von Gewicht für verfassungsfeindliche Bestrebungen und/oder Tätigkeiten gegeben sind, die

---

[14] BVerfG, U.v. 17. Januar 2017, Rn. 593–597.
[15] BVerfG, U.v. 17. Januar 2017, Rn. 598.
[16] BVerfG, U.v. 17. Januar 2017, Rn. 405.
[17] BVerfG, U.v. 17. Januar 2017, Rn. 586.
[18] BVerfG, U.v. 17. Januar 2017, Rn. 607ff.; vgl. hierzu EGMR E. v. 11. Juni 2019 – 57939/18, NVwZ 2019, S. 1663, nach VG Köln, B.v. 26. Februar 2019 – 13 L 202/19, NVwZ 2019, S. 1060 (Untersagung der Bezeichnung als Prüffall).
[19] BVerfG, U.v. 17. Januar 2017, Rn. 624ff.
[20] BVerfG, U.v. 17. Januar 2017, Rn. 633ff., 844ff., 896.

sowohl eine weitere nachrichtendienstliche Beobachtung als auch die Prüfung eines Verbotsantrags gem. Art. 21 Abs. 2 GG ungeachtet der Tatsache rechtfertigen, dass sich die AfD als Gesamtpartei ebenso wie die Landesverbände auf die Parteifreiheit gem. Art. 21 Abs. 1 S. 1 und 2 GG, also auf Gründungs-, Betätigungs-,[21] Programm- Wettbewerbs- und Finanzierungsfreiheit berufen können.

1. Der Beschluss des BayVGH v. 14. September 2023

a) Der BayVGH erkannte auf die Beschwerde in Abänderung des Beschlusses VG München[22] darauf, der Freistaat Bayern werde vorläufig verpflichtet, es zu unterlassen, die Pressemitteilung v. 8. September 2022 weiter zu veröffentlichen oder zu verbreiten, soweit dabei die Formulierung »Krise idealer Nährboden für extremistische Szenen – AfD als Beobachtungsobjekt aufgenommen« verwendet wird, begründet damit, aus einer öffentlichen Berichterstattung müsse deutlich werden, dass noch keine gesicherten Erkenntnisse für eine extremistische Bestrebung der Gesamtpartei vorlägen.[23]

b) Die Zurückweisung der Beschwerde im Übrigen i.S.d. Verneinung eines Anspruchs auf künftige Unterlassung der Beobachtung der Gesamtpartei verdankte sich folgenden Erwägungen:

– Ausgehend von der durch das BVerfG mehrfach ausdrücklichen Billigung der Beobachtung einer politischen Partei durch Verfassungsschutzbehörden,[24] der erfolgten Klärung von Begriff und Schutzumfang der freiheitlichen demokratischen Grundordnung wie der Voraussetzung der »tatsächlichen Anhaltspunkte« in Form »konkreter und hinreichend verdichteter Umstände als Tatsachenbasis« für den Verdacht verfassungsfeindlicher Bestrebungen,[25] der grundsätzlichen Zurechenbarkeit der Verhaltensweisen ihrer Organe, insbesondere der Parteiführung und leitender Funktionäre sowohl auf Bundes- wie Landesebene[26] sowie unter Beachtung der Maßgabe, dass eine Zurechnung von Äußerungen einfacher Mitglieder »naheliege«, wenn diese in unmittelbarem

---

[21] Vgl. hierzu u.a. *Martin Morlok*, in: Horst Dreier (Hrsg.), Grundgesetz-Kommentar, Band II, 3. Auflage 2015, Art. 21 Rn. 21ff.; *Jochen Hofmann-Hoeppel*, Innere Ordnung in Partei und Fraktion, in: Julian Krüper (Hrsg.), Die Organisation des Verfassungsstaats. Festschrift für Martin Morlok zum 70. Geburtstag, 2019, S. 365ff.

[22] VG München, B.v. 17. April 2023 – M 30 E 22.4913.

[23] BayVGH, B.v. 14. September 2023, Rn. 157ff.; gleichsinnig VG Weimar, U. v. 11. Juni 2021 – 8 K 1151.19.We, Rn. 27.

[24] BayVGH, B.v. 14. September 2023, Rn. 81 und 84 u.V.a.; BVerfG, U.v. 17. Januar 2017, Rn. 418; U.v. 26. April 2022 – 1 BvR 1619/17, Rn. 150; B.v. 20. Februar 2013 – 2 BvE 11/12, Rn. 24; B.v. 18. März 2003 – 2 BvB 1/01 u.a., Rn. 77f.

[25] BayVGH, B.v. 14. September 2023, Rn. 81 u. 82 n.w.N.

[26] BayVGH, B.v. 14. September 2023, Rn. 92–96 u.V.a.; BVerfG, U.v. 17. Januar 2017 – 2 BvB 1/13 u.a., Rn. 562f., 658, 659, 682, 702, 716, 730, 732, 746, 748, 751, 754, 775, 781, 789, 791, 799, 812, 815, 836ff.

Zusammenhang mit einer Parteiveranstaltung oder sonstigen Parteiaktivitäten stehen,[27] wird dargelegt, dass sich eine quantitativ und qualitativ hinreichende Tatsachenbasis in Form konkreter und hinreichend verdichteter Umstände für den Verdacht verfassungsfeindlicher Bestrebungen bei wertender Gesamtbetrachtung aus den Feststellungen in der Beobachtungserklärung und deren verfassungsschutzrechtlicher Bewertung zum Einfluss der Sammlungsbewegung »Der Flügel« sowie der Jugendorganisation »Junge Alternative« auf die inhaltliche bzw. ideologische Ausrichtung der Gesamtpartei und deren bayerischen Landesverband ergebe;[28]

– der Einfluss von Angehörigen des ehemaligen »Flügels« auf die Gesamtpartei sei angesichts deren Zahl sowohl in der Gesamtpartei als auch im Bayerischen Landesverband »nicht unerheblich«, wobei eine nachhaltige und glaubhafte Distanzierung der Gesamtpartei von dem von Mitgliedern des ehemaligen Flügels und insbesondere von Björn Höcke vertretenen Volksbegriff nicht erkennbar sei;[29]

– die von in der Partei aktiven Mitgliedern des aufgelösten »Flügels«, insbesondere Höckes, verwendeten Formulierungen und Begriffe – »Umvolkung«, Europa als »wirtschaftstechnokratisches Siedlungs- und Ausbeutungsgebiet für alle Menschen dieser Welt«, »autochthone Völker«, »gewachsene Völker«, »Volkstod«, »Austausch des Volkes« – gingen ebenso wie die Verschwörungserzählungen vom »Ethnopluralismus« und vom »großen Austausch« von einer vorgeblich vorherrschenden »ethno-kulturellen Identität« der europäischen Völker aus, die durch die Masseneinwanderung »kulturfremder Einwanderer« bedroht sei, legten damit einen dem Volksbegriff des Grundgesetzes und der Menschenwürdegarantie widersprechenden ethno-kulturellen Volksbegriff zugrunde;[30]

– weitere konkrete und hinreichend verdichtete Anknüpfungspunkte für verfassungsfeindliche Bestrebungen der Gesamtpartei i. S. v. Art. 4 Abs. 2 Nr. 1 BayVSG n. F.[31] seien das durch die »Junge Alternative« vertretene verfassungsfeindliche ethno-kulturelle bzw. ethno-biologische Volksverständnis[32] sowie

[27] BayVGH, B.v. 14. September 2023, Rn. 97 u.V.a.; BVerfG, U.v. 17. Januar 2017 – 2 BvB 1/13 u. a., Rn. 562f., 658, 659, 682, 702, 716, 730, 732, 746, 748, 751, 754, 775, 781, 789, 791, 799, 812, 815, 836ff.

[28] BayVGH, B.v. 14. September 2023, Rn. 100ff.

[29] BayVGH, B.v. 14. September 2023, Rn. 104 u. 108.

[30] BayVGH, B.v. 14. September 2023, Rn. 105 n.w.N.

[31] Durch Urteil des BVerfG v. 26. April 2022 – 1 BvR 1619/17, BVerfGE 162, 1ff. = BayGVBl 2022, S. 299f. = NVwZ 2022, Beilage Nr. 2, S. 70ff. waren Art. 15 Abs. 3 BayVSG v. 12. Juli 2016 (GVBl S. 145) i. d. F. v. § 3 des Gesetzes zur Änderung des Polizeiaufgabengesetzes und weiterer Rechtsvorschriften v. 23. Juli 2021 (GVBl S. 418) wegen Verstoßes gegen Art. 10 Abs. 1 GG für nichtig sowie weitere Artikel des BVSG als mit Art. 2 Abs. 1 i. V. m. Art. 1 Abs. 1, Art. 10 Abs. 1, Art. 13 Abs. 1, 4 GG nicht vereinbar erklärt worden.

[32] BayVGH, B.v. 14. September 2023, Rn. 109ff.

die »Umsturzfantasien« auf verschiedenen Parteiebenen innerhalb der AfD als Gesamtpartei, bayerischen Landesverband und der an der geschlossenen Telegram-Gruppe »Alternative Nachrichtengruppe Bayern« teilnehmenden Personen,[33] die in ihrer Gesamtheit darauf hindeuteten, die Partei missachte die Menschenwürde von Muslimen in verfassungsschutzrechtlich relevanter Weise.[34]

2. Die Entscheidungen von VerfG Potsdam und OVG Berlin-Brandenburg

a) Nachdem der Antrag auf Erlass einer einstweiligen Anordnung gem. § 30 Abs. 1 VerfGG Bbg im Organstreitverfahren bzgl. Nennung des Landesverbands Brandenburg, des »Flügels« und der »Jungen(n) Alternative« im Verfassungsschutzbericht 2019 sowie dessen Pressefassung wegen mangelnden Rechtsschutzbedürfnisses infolge der Möglichkeit effektiven verwaltungsrechtlichen (Eil-) Rechtsschutzes und damit wegen Unzulässigkeit durch Beschluss vom 19. März 2021[35] abgelehnt worden war, wurde der weitergehende Antrag wegen Bezeichnung und Darstellung als rechtsextremistische »Verdachtsfälle« im Wesentlichen mit der Begründung verworfen, es ermangle bereits der Antragsbefugnis, da kein spezifisches Verfassungsrechtsverhältnis betroffen, die Erwähnung als »Verdachtsfall« vielmehr dem verwaltungsrechtlichen Rechtskreis zuzuordnen sei.[36]

b) Das OVG Berlin-Brandenburg hatte durch Beschlüsse v. 19. Juni 2020[37] die Beschwerde gegen die ablehnenden Beschlüsse des VG Berlin[38] wegen der Nennung der »Junge(n) Alternative« bzw. des »Flügels« im Verfassungsschutzbericht des Bundes für das Jahr 2019 gem. § 16 Abs. 2 S. 1 BVerfSchG u. a. mit der Begründung zurückgewiesen,

– die Berichterstattung gem. § 16 Abs. 2 S. 1 BVerfSchG setze unter dem Gesichtspunkt der Verhältnismäßigkeit keine »konkrete unmittelbare Gefahr für die freiheitliche demokratische Grundordnung voraus«, so dass die Verfassungsmäßigkeit der Verdachtsberichterstattung regelmäßig nicht am »Erforderlichkeitskriterium« scheitere bzw. unverhältnismäßig sei;[39]

– der Sache nach habe die Vorinstanz tatsächliche Anhaltspunkte von hinreichendem Gewicht dafür festgestellt, dass eine zentrale politische Vorstellung des sog. Flügels der Erhalt des deutschen Volkes in seinem ethnischen Bestand

---

[33] BayVGH, B.v. 14. September 2023, Rn. 114–133.

[34] BayVGH, B.v. 14. September 2023, Rn. 134–145.

[35] VerfG Potsdam, B.v. 19. März 2021 – 3/21 EA.

[36] VerfG Potsdam, B.v. 20. Mai 2021 – 5/21, Rn. 50 ff.

[37] OVG Berlin-Brandenburg, B.v. 19. Juni 2020 – OVG 1 S 55/20, NVwZ-RR 2021, S. 39 ff.; OVG 1 S 56/20, NVwZ-RR 2021, S. 44 ff.

[38] VG Berlin, B.v. 28. Mai 2020 – 1 L 95/20; B.v. 28. Mai 2020 – 1 L 97/20.

[39] OVG Berlin-Brandenburg, B.v. 19. Juni 2020 – OVG 1 S 55/20, OVG 1 S 56/20, Rn. 18.

sei und ethnisch »Fremde« nach Möglichkeit ausgeschlossen bleiben sollen; ein dergestalt völkisch-abstammungsmäßiger Volksbegriff verstoße gegen die Menschenwürde nach Art. 1 Abs. 1 GG; Äußerungen von Rednern beim 4. Kyffhäusertreffen 2018 über die »Auflösung der Parallelgesellschaften«, »Re-Migrationsprogramme, die natürlich die De-Islamisierungsprogramme inkludieren«, dokumentierten die beabsichtigte »Rechtlosstellung und gezielte Ausgrenzung unterschiedslos aller Migranten muslimischen Glaubens« und deren Ausschluss vom politischen Willensbildungsprozess.[40]

c) Ebenso wurde der Antrag auf Zulassung der Berufung gegen das Urteil des VG Berlin[41] wegen Ablehnung der Klage auf Unterlassung der weiteren Berichterstattung in den Verfassungsschutzberichten des Bundes in den Jahren 2016 bis 2019 sowie auf Richtigstellung im nächsten Verfassungsschutzbericht durch Beschluss des OVG Berlin im Wesentlichen mit der Begründung abgelehnt, der Forderung nach dem Erhalt des deutschen Volkes in seiner ethnokulturellen Identität (sog. Ethnopluralismus) liege der Sache nach ein völkisch-abstammungsmäßiger Volksbegriff zu Grunde, der gegen die Menschenwürde nach Art. 1 Abs. 1 GG verstoße.[42] Die Behauptungen, dass bereits eingetretene Änderungen des deutschen Staatsvolks akzeptiert würden und der erlangte Rechtsstatus deutscher Staatsangehöriger anderer ethnischer Zugehörigkeit unverändert bleiben solle, führe zu keiner anderen Bewertung, da völkisch-abstammungsmäßige und rassistische Kriterien auch dann gegen die Menschenwürde verstießen, wenn sie nicht absolut gelten sollten.[43]

d) Dem gegenüber wurde der Beschwerde gegen den Beschluss des VG Berlin[44] durch das OVG Berlin-Brandenburg[45] insoweit – unter Zurückweisung im übrigen – stattgegeben, als das Land bis zur rechtskräftigen Entscheidung in der Hauptsache ergänzend verpflichtet wurde, binnen dreier Werktage durch Pressemitteilung bekannt zu geben, dass ihm die gelöschte Berichterstattung im Verfassungsschutzbericht 2020 über Aktivitäten von Anhängern des »Flügels« in Berlin im Berichtszeitraum mangels Glaubhaftmachung vorläufig untersagt wurde.

---

[40] OVG Berlin-Brandenburg, B.v. 19. Juni 2020 – OVG 1 S 55/20, Rn. 36 f.; OVG 1 S. 56/20, Rn. 29, 35 f.

[41] VG Berlin, U.v. 12. November 2020 – 1 K 606/17.

[42] OVG Berlin-Brandenburg, B.v. 23. Juni 2021 – OVG 1 N 96/20, NVwZ-RR 2021, S. 1002 ff., Rn. 9; vgl. hierzu generell *Bertold Huber*, Die AfD – Facetten aktueller Rechtsprechung, in: NVwZ 2024, S. 119 ff.

[43] OVG Berlin-Brandenburg, B.v. 23. Juni 2021 – OVG 1 N 96/20, Rn. 13.

[44] VG Berlin, B.v. 27. August 2021 – 1 L 308/21.

[45] OVG Berlin-Brandenburg, B.v. 25. November 2021 – OVG 1 S 121/21, LKV 2021, S. 507 ff.

3. Die Entscheidungen von HessStGH und HessVGH

a) Ähnlich wie das VerfG Potsdam wies der HessStGH[46] den im Wege der für grundsätzlich zulässig erklärten Grundrechtsklage geltend gemachten Anspruch des hessischen Landesverbands der AfD auf Widerruf und Unterlassung von Äußerungen des Ministerpräsidenten anlässlich der Pressekonferenz mit dem bayerischen Ministerpräsidenten vom 7. September 2022 mangels Rechtswegerschöpfung gem. § 44 Abs. 1 S. 1 StGHG zurück, zumal die Frage der Rechtsnatur – verfassungs- oder verwaltungsrechtliche Streitigkeit – ungeachtet der Tatsache noch nicht endgültig geklärt sei, dass das VG Wiesbaden den gleichlautenden Antrag mangels Eröffnung des Verwaltungsrechtswegs als unzulässig abgewiesen hatte.[47]

b) Durch Beschluss des HessVGH vom 3. März 2021[48] wurde der Beschwerde gegen den Beschluss des VG Wiesbaden[49] dadurch stattgegeben, dass das hessische Ministerium des Innern und für Sport bis zu einer rechtskräftigen Entscheidung in der Hauptsache verpflichtet wurde, die Berichterstattung im hessischen Verfassungsschutzbericht 2019 über ein dem »Flügel« angehörendes Personenpotenzial »in Hessen bis zu 600« als untere Grenze der Schätzung zu löschen und es zu unterlassen, diese Berichterstattung in jedweder Form weiterzuverbreiten, sowie binnen dreier Werktage nach Zugang des Beschlusses durch eine Pressemitteilung richtig zu stellen, dass die bisherige Berichterstattung in dem gem. dem Tenor zu löschenden Umfang rechtswidrig war.

c) Begründet wurde dies seitens des HessVGH im Wesentlichen damit, § 2 Abs. 1 S. 4 HVSG gestatte zwar die Berichterstattung auch in Verdachtsfällen, die hierfür sprechenden Anhaltspunkte müssten aber hinreichend gewichtig sein; soweit ein auf Tatsachen gegründeter Verdacht verfassungsfeindlicher Bestrebungen bestehe, sei der Grundsatz der Verhältnismäßigkeit Maßstab für die Entscheidung, in welcher Art und Weise darüber berichtet werden dürfe. Diesen Anforderungen werde die Bezeichnung eines »rechtsextremistischen Personenpotenzials, Der Flügel, Hessen 2019, 600« nicht gerecht, weil solche gewichtigen tatsächlichen Anhaltspunkte dafür, dass das Personenpotenzial des sogenannten Flügels in Hessen 2019 bis zu 20 % der rund 3.000 Mitglieder des Landesverbands erreichen konnte, nicht vorlagen bzw. nicht vorlägen und auch einer Plausibilitätskontrolle nicht standhielten.[50]

---

[46] HessStGH, B.v. 1. Dezember 2023 – P. St. 2910.

[47] VG Wiesbaden, B.v. 14. November 2023 – 6 L 1181/22.WI.

[48] HessVGH, B.v. 3. März 2021 – 7 B 190/21, ESVGH 71, S. 192.

[49] VG Wiesbaden, B.v. 13. Januar 2021 – 6 L 1337/20.WI.

[50] HessVGH, B.v. 3. März 2021, Rn. 24 f.; das VG Wiesbaden hatte demgegenüber im Beschluss vom 13. Januar 2021 – 6 L 1337/20.WI, Rn. 41 die Plausibilität bejaht; vgl. hierzu VG Köln, U.v. 8. März 2022 – 13 K 325/21 und B.v. 10. März 2022 – 13 L 104/21 zur Verpflichtung der Unterlassung und Richtigstellung der Aussage des Bundesamts für Verfassungsschutz,

4. Die Entscheidungen des VG Köln

a) In dem durch die AfD als Gesamtpartei geführten Hauptsacheverfahren wurde die Bundesrepublik durch Urteil v. 8. März 2022[51] unter Klageabweisung im Übrigen verurteilt, es zu unterlassen,

– den »Flügel« als gesichert (rechts-)extremistische Bestrebung einzuordnen, zu beobachten, zu behandeln, zu prüfen und/oder zu führen,

– durch das Bundesamt für Verfassungsschutz öffentlich bekannt zu geben, dass der »Flügel« als »gesichert (rechts-)extremistische Bestrebung« eingeordnet, beobachtet, behandelt, geprüft und/oder geführt wird,

wobei für jeden Fall der Zuwiderhandlung gegen die Unterlassungsanordnungen ein Ordnungsgeld bis zu 10.000 € angedroht wurde, begründet wie folgt:

– Die Einstufung als Verdachtsfall gem. § 4 Abs. 1 S. 3 BVerfSchG ergebe sich aus dem Vorliegen tatsächlicher Anhaltspunkte für eine verfassungsfeindliche Bestrebung (Rn. 141, 174 ff.); die Anforderungen an das Gewicht der Anhaltspunkte seien geringer als bei einer Berichterstattung in Verfassungsschutzberichten; lediglich vereinzelte Entgleisungen einzelner Funktionsträger, Mitglieder oder Anhänger genügten allerdings nicht; ausreichend sei, dass die Gesamtschau aller vorhandenen tatsächlichen Anhaltspunkte, auf entsprechende Bestrebungen hindeuten, selbst wenn jeder einzelne Anhaltspunkt für sich genommen nicht genügen würde (Rn. 188);

– aus der klägerseits ins Feld geführten sog. »Republikaner-Rechtsprechung«[52] ergebe sich kein anderer Maßstab hinsichtlich des Tatbestandsmerkmals »Bestrebungen gegen die freiheitliche demokratische Grundordnung«, insbesondere sei unerheblich, ob sich angesichts gegenläufiger Äußerungen ein uneinheitliches Bild im Bereich der Ausländer- und Asylpolitik ergebe;

– nach einer Abgrenzung »bloßer« Kritik an einem Bestandteil der freiheitlichen demokratischen Grundordnung zu »Bestrebungen« gegen diese (Rn. 197–200) wird unter Bezugnahme auf das Gutachten des Bundesamts für Verfassungsschutz v. 15. Januar 2019[53] und in Auseinandersetzung mit dem durch

die Mitgliederzahl des »Flügel« habe bis zur »Auflösung« zum 30. April 2020 »etwa 7.000« betragen bzw. sei auch nach der »Auflösung« weiterhin bei »etwa 7.000« belegen.

[51] VG Köln, U. v. 8. März 2022 – 13 K 207/20; die durch das VG Köln zugelassene Berufung der AfD gegen die Abweisung der Klage wegen Feststellung der Einordnung, Prüfung und Beobachtung des »Flügel« als Verdachtsfall im Zeitraum vom 16. Januar 2019 bis 11. März 2020 (Rn. 453 ff.) sowie der Rechtswidrigkeit der öffentlichen Bekanntmachung der Einstufung des »Flügel« im vorgenannten Zeitraum (Rn. 539 ff.) wurde durch Urteil des OVG Münster vom 13. Mai 2024 (5 A 1216/22) unter Nichtzulassung der Revision zurückgewiesen.

[52] VG Köln, U.v. 8. März 2022 – 13 K 207/20, Rn. 190 ff.

[53] https://netzpolitik.org/2019/wir-veroeffentlichen-das-verfassungsschutz-gutachten-zur-afd/.

den Prozessbevollmächtigten Murswiek erstatteten Gutachten[54] dahin erkannt, u.a. der verwendete Terminus des »großen Austauschs« wie des »Volkstod« sowie der »Umvolkung« als in rechtsextremen Kreisen gängige Begrifflichkeiten (Rn. 218ff.) legten ebenso wie die Äußerungen Höckes ein »völkisch-abstammungsmäßiges Volksverständnis« (Rn. 265ff.) nahe, die ebenso wie die durch die sog. »Identitäre Bewegung« verwendeten Begriffe des »Ethno-Pluralismus« bzw. der »ethno-kulturellen Identität« einen Verstoß gegen Art. 1 Abs. 1 und Art. 3 Abs. 3 S. 1 GG darstellten (Rn. 315); das in diesem Zusammenhang entwickelte Verständnis von der Volkszugehörigkeit werde durch Repräsentanten des »Flügels massiv und mit martialischer Rhetorik in der Öffentlichkeit« vertreten, auch im Kontext von Wahlen, wo um Unterstützung für die politische Agenda geworben wird (Rn. 324),

– neben dem verfassungsfeindlichen Volksverständnis des »Flügels« sei in den Äußerungen seiner Repräsentanten auch eine »massive ausländerfeindliche Agitation« als Ausdruck einer Missachtung von Art. 1 Abs. 1, Art. 3 Abs. 3 S. 1 GG festzustellen (Rn. 347), insbesondere durch Gleichsetzung multikultureller mit multikriminellen Gesellschaften (Rn. 354ff.), die Bezeichnung muslimischer Flüchtlinge pauschal als Vergewaltiger und Mörder (Rn. 358ff.) sowie von Flüchtlingen als »Invasoren« (Rn. 370ff.), Forderungen nach Abschiebungen und »Remigration« (Rn. 372ff.), Bezeichnung der »De-Islamisierung« als Ziel (Rn. 383ff.), so dass sich in der »Gesamtschau« unter Einbeziehung von Anhaltspunkten für Bestrebungen gegen das Demokratie- oder Rechtsstaatsprinzip durch die Begriffe »Systempresse«, »Systempartei«, »Kartellparteien« feststellen lasse, es handle sich im maßgeblichen Zeitpunkt um »hinreichend gewichtige Anhaltspunkte für verfassungsfeindliche Bestrebungen« aus den Verlautbarungen des Flügels und der Erstunterzeichner der Erfurter Resolution und damit der führenden Repräsentanten des »Flügels« (Rn. 400), die durch die durchgeführten Parteiordnungsverfahren und Parteiausschlüsse von (ehemaligen) Mitgliedern des Flügels nicht entfielen (Rn. 409);

– damit hätten zum 15. Januar 2019 die Voraussetzungen nach § 16 Abs. 1 BVerfSchG vorgelegen, wobei Art. 21 Abs. 2 GG nicht entgegenstehe, da kein Parteiverbot und keine dem Parteienverbot vergleichbare Maßnahme im Raum stehe (Rn. 429ff.); so dass der »Flügel« im bezeichneten Zeitraum (16. Januar 2019–11. März 2020) weiterhin taugliches Beobachtungsobjekt und die öffentliche Bekanntgabe der Einstufung des »Flügels« im Zeitraum 16. Januar 2019–11. März 2020 rechtmäßig gewesen sei (Rn. 539ff.).

---

[54] *Dieter Murswiek*, Rechtliche Voraussetzungen für die Beobachtung einer politischen Partei durch den Verfassungsschutz. Kurzgutachten und Handlungsempfehlungen für die AfD, 22. Oktober 2018, https://netzpolitik.org/2018/wir-veroeffentlichen-wie-sich-die-afd-ihre-eigene-verfassungsfeindlichkeit-bescheinigen-laesst/.

Die Stattgabe der Klageanträge zu Nr. 3 (Einordnung, Beobachtung, Behandlung, Prüfung und Führung als »gesichert (rechts)extremistische Bestrebung«) und Nr. 4 (öffentliche Bekanntgabe) verdankte sich der Erwägung, dass bei der Einstufung als »gesichert extremistische Bestrebung« hinsichtlich des Verdachtsgrades eine Verdichtung von Verdachtsmomenten zur Gewissheit erforderlich sei (Rn. 622). Tatsächliche Anhaltspunkte, die einen Verdachtsfall auslösen, seien nicht mehr ausreichend, da die Verdachtsphase überschritten sein müsse (Rn. 626). Zweifel an der erforderlichen »Verdichtung zur Gewissheit« ergäben sich aus der formalen Auflösung des »Flügels« zum 30. April 2020 aufgrund des Beschlusses des Vorstands der AfD v. 20. März 2020 (Rn. 634 ff.).

b) Demgegenüber betraf das Urteil des VG Köln v. 8. März 2022[55] die »Hochstufung« der AfD zum Verdachtsfall. Erkannt wurde dahin,

– die Einstufung einer Partei als Verdachtsfall sei unmittelbar (und untrennbar) mit ihrer Einstufung als Beobachtungsobjekt verbunden, so dass die Partei planmäßig (und erforderlichenfalls – allerdings bei Vorliegen weiterer Voraussetzungen – auch unter Einsatz nachrichtendienstlicher Mittel) beobachtet werden dürfe, um die betreffenden Bestrebungen weiter aufzuklären (Rn. 140),

– die AfD habe keinen Anspruch auf Unterlassung der Einordnung, Prüfung, Behandlung und Beobachtung als Verdachtsfall (Rn. 150),

– das Bundesamt für Verfassungsschutz dürfe die Öffentlichkeit daher über die Einstufung der AfD als Verdachtsfall informieren (Rn. 971 ff.).

Im nachgängigen Beschluss v. 10. März 2022[56] wurden daher die Anträge auf vorläufige Unterlassung der Einordnung als Verdachtsfall sowie deren Bekanntgabe insgesamt abgelehnt.

[55] VG Köln, U. v. 8. März 2022 – 13 K 326/21, NVwZ 2023, S. 279; die durch das VG Köln zugelassene Berufung wurde durch Urteil des OVG Münster vom 13. Mai 2024 (5 A 1218/22) unter Nichtzulassung der Revision zurückgewiesen. Zur Abweisung der Anträge von AfD und »Junger Alternative« auf einstweilige Unterlassung der Einordnung, Beobachtung, Behandlung, Prüfung und Führung als »gesichert extremistische Bewegung« vgl. VG Köln, B. v. 5. Februar 2024 (13 L 1124/23) unter Bezugnahme auf die Ausführungen und Beurteilungen in den Urteilen v. 8. März 2022 (13 K 207/20, 13 K 326/21) und Beschlüssen v. 10. März 2022 (13 L 104/21, 13 L 105/21), Rn. 107 ff.; über die beim OVG Münster anhängige Beschwerde (5 B 121/24) ist zum Zeitpunkt der Drucklegung noch keine Entscheidung ergangen; vgl. Pressemitteilung v. 13. Mai 2024 unter https://www.ovg.nrw.de/behoerde/presse/pressemitteilungen/23_240513/index.php.

[56] VG Köln, B.v. 10. März 2022 – 13 L 105/21; vgl. auch VG Magdeburg, B.v. 7. März 2022 – 9 B 273/21.MD und VG Stuttgart, B.v. 6. November 2023 – 1 K 167/23.

IV. Ausspruch auf Verwirkung von Grundrechten gegenüber führenden Repräsentanten der AfD und ihrer Teilorganisationen »Der Flügel« bzw. »Junge Alternative«

1. Nach Art. 18 S. 1 GG verwirkt die dort bezeichneten Grundrechte, wer diese zum Kampfe gegen die freiheitlich demokratische Grundordnung missbraucht. Die praktische Relevanz von Art. 18 S. 2 GG wird angesichts der Tatsache, dass bislang überhaupt erst vier Verfahren eingeleitet wurden und sämtlich bereits im Zulassungsstadium scheiterten,[57] nach allgemeiner Auffassung als gering erachtet.

2. Das Tatbestandsmerkmal des »Kampfes« setzt nach h. M. erstens ein aktives und zweitens ein aggressives Eintreten für eine Gestaltung der staatlichen oder gesellschaftlichen Verhältnisse der Bundesrepublik voraus, die mit der freiheitlichen Grundordnung nicht vereinbar sind, wobei nicht erforderlich ist, dass der Grundrechtsträger seine Absichten bereits durch tatsächliche Gewalttaten untermauert hat; es reiche der verbale Rekurs auf Gewalt, etwa in Gestalt der »Einstimmung« von Anhängern auf den bevorstehenden »Kampf« aus. Das Verhalten müsse von hinreichender Dauer und von Vorsatz getragen sein. Erforderlich sei eine »ernsthafte Gefahr«, da gegen erfolglose Verfassungsfeinde nicht vorgegangen werden soll.[58] Angesichts der in den vorbezeichneten Hauptsache– wie Eilentscheidungen dokumentierten Äußerungen insbesondere Höckes dürften diese Voraussetzungen belegbar sein.

Selbst wenn man Art. 18 GG einen gegen Null gehenden »Netto-Kampfwert« zubilligen wollte,[59] ist gleichwohl zu beachten, dass das Normprogramm von Art. 18 GG durch die in § 39 Abs. 2 BVerfGG getroffenen Regelungen dadurch erweitert wird, dass mit der Feststellung nach Art. 18 S. 2 GG gleichzeitig die Anordnung der Aberkennung des Wahlrechts, der Wählbarkeit und der Fähigkeit zur Bekleidung öffentlicher Ämter, bei juristischen Personen auch der Auflösung für die Dauer der Verwirkung der Grundrechte, verbunden werden kann.

---

[57] *Tristan Barczak,* in: Frauke Brosius-Gersdorf (Hrsg.), Dreier-Grundgesetz-Kommentar, Band I, 4. Auflage 2023, Art. 18 Rn. 28 unter Verweis auf BVerfGE 11, 282 (Remer) und BVerfGE 38, 24 (Frey); vgl. umfassend *Eva Marie Schnelle,* Freiheitsmissbrauch und Grundrechtsverwirkung. Versuch einer Neubestimmung von Artikel 18 GG (Schriften zum Öffentlichen Recht, Band 1260), 2014, S. 40 ff., 55 ff. und 272 ff.

[58] *Barczak,* Art. 18 Rn. 46 m.w.N.

[59] So *Barczak,* Art. 18 Rn. 29; vgl. *Christian von Coelln,* Keine Grundrechtsverwirkung statt Parteiverbot, VerfBlog 2024/1/22, https://verfassungsblog.de/keine-grundrechtsverwirkung-statt-parteiverbot; a.A. zu Recht *Gertrude Lübbe-Wolff,* Wehrhafte Demokratie: Die Instrumente des Parteiverbots und der Grundrechtsverwirkung, VerfBlog 2023/10/13, https://verfassungsblog.de/wehrhafte-demokratie.

V. Vereinsverbot gegen »Junge Alternative« wegen Verstoßes gegen die verfassungsmäßige Ordnung gem. § 3 VereinsG i. V. m. Art. 9 Abs 2 GG

Ungeachtet der Tatsache, dass die »Junge Alternative für Deutschland« gem. § 1 Abs. 1 der Bundessatzung v. 10. Januar 2015 i. d. F. der Änderung v. 10. Oktober 2022 einen Verein darstellt (§ 1 Abs. 1 S. 1), der auf Beschluss des Bundeskonvents in das Vereinsregister einzutragen ist (§ 1 Abs. 2), ist zu prüfen, ob ein Vereinsverbot nach § 3 Abs. 1 S. 1, 1. Hs., 2. Alt. VereinsG i. V. m. Art. 9 S. 2, 2. Alt. GG wegen Verstoßes gegen die verfassungsmäßige Ordnung u. a. wegen Missachtung der im GG konkretisierten Menschenrechte sowie des Demokratieprinzips[60] – nicht etwa mangels Erfüllung der erforderlichen Tatbestandsmerkmale – sondern deshalb nicht in Betracht kommt, weil Art. 21 Abs. 2 GG »uneingeschränkt« lex specialis zu Art. 9 Abs. 2 GG,[61] also im politischen Raum nur auf Gruppen anwendbar ist, die sich nicht als politische Parteien organisiert haben oder betätigten oder aber »Nebenorganisationen« sind. Daran ist wohl auch im Hinblick auf die Formulierung im Urteil des BVerfG v. 23. Oktober 1952 festzuhalten, wonach Art. 21 Abs. 2 G nur nicht anwendbar sein soll bei »selbstständigen Organisationen« – eine Voraussetzung, die gem. § 3 Abs. 3 S. 1 der Bundessatzung gegeben wäre, wonach die Junge Alternative für Deutschland »selbstständig« und an Weisungen nicht gebunden ist (§ 2 Abs. 3 S. 2) und Landesverbände und deren Untergliederungen gem. § 3 Abs. 5 S. 1 der Bundessatzung ebenso wie ihre Untergliederungen als »eigenständige Vereine« dem Bundesverband untergeordnet und den Bestimmungen dieser Satzung unmittelbar unterworfen sind (Subordinationsverhältnis). Daher ist ein Vereinsverbot nach § 3 Abs. 1 S. 1, 1. Hs., 2. Alt. VereinsG i. V. m. Art. 9 Abs. 2, 2. Alt. GG zu erwägen – vornehmlich wegen des in der Rechtsprechung anerkannten Gleichlaufs von Zielsetzungen und Wertungen nach Art. 9 Abs. 2 GG und Art. 21 Abs. 2 GG.[62]

VI. Antrag auf Feststellung des Ausschlusses von staatlicher Finanzierung gem. Art. 21 Abs. 3 S. 2 i. V. m. Abs. 4 GG

Der Antrag gem. Art. 21. Abs. 3 S. 1 i. V. m. Abs. 4 GG bzgl. des Ausschlusses der AfD von staatlicher Finanzierung – mit der Konsequenz des Wegfalls der

[60] Vgl. *Jochen Hofmann-Hoeppel*, Öffentliches Vereinsrecht in: Lutz Eiding/ders. (Hrsg.), Verwaltungsrecht. 3. Auflage 2022, § 64, Rn. 31 ff. n.w.N. in Fn. 68.

[61] So bereits BVerfG, U.v. 23. Oktober 1952 – 1 BvB 1/51, BVerfGE 2, 1 ff., Rn. 301 – SRP-Verbotsurteil.

[62] Vgl. hierzu BVerfG, B.v. 2. Februar 2023 – 1 BvR 187/21, BayVBl 2023, S. 300 = DVBl 2023, S. 593 = NVwZ 2023, S. 666.

steuerlichen Begünstigung sowie von Zuwendungen gem. Art. 21 Abs. 3 S. 2 GG – hat nach Bekanntwerden des Urteils des BVerfG v. 23. Januar 2024[63] als »alternatives« Mittel im Hinblick auf die Begründung an Brisanz gewonnen, wonach

– die Voraussetzungen des »darauf Ausgehens« nach Art. 21 Abs. 2 GG und des »darauf ausgerichtet seins« nach Art. 21 Abs. 3 S. 1 G nicht identisch seien, da ein »darauf ausgerichtet sein« ein qualifiziertes und planvolles Handeln zur Beseitigung oder Beeinträchtigung der freiheitlich demokratischen Grundordnung voraussetze, ohne dass es auf das Erfordernis der Potenzialität ankomme (Rn. 278 ff., 283, 286, 290 ff.),

– erhebliche Relevanz für das »darauf ausgerichtet sein« der Frage zukomme, ob die Partei über ein strategisches Konzept verfügt, um mittel- oder langfristig ihre verfassungsfeindlichen Ziele zu erreichen, wobei die Entwicklung eines solchen Konzepts dafürspreche, dass sie in der Lage sei, Aktivitäten zu entfalten, die auf die Beeinträchtigung der freiheitlich demokratischen Grundordnung oder die Gefährdung des Bestandes der Bundesrepublik Deutschland zielen (Rn. 300),

und dies unter Bezugnahme auf die Erfordernisse der Bestrebungen zur »Beseitigung« gem. dem Urteil v. 17. Januar 2017 (Rn. 317 ff.) bejaht wird aufgrund des Art. 1 Abs. 1 GG widerstreitenden, exkludierenden Charakters der »Deutschen Volksgemeinschaft« (Rn. 324 ff., 339 ff.), der Missachtung des Demokratieprinzips (Rn. 379 ff.) sowie der »Wesensverwandtschaft mit dem Nationalsozialismus« (Rn. 404 ff.).

Ungeachtet der Tatsache, dass für die AfD die konstatierten Phänomene eines Mitgliederschwunds und zurückgehender Wahlergebnisse nicht zutreffen, dürfte es nicht schwerfallen, hinreichendes Tatsachenmaterial bereit zu stellen, um zu dokumentieren, dass die AfD das für ein »darauf ausgerichtet sein« i. S. v. Art. 21 Abs. 3 S. 1 GG erforderliche strategische Konzept verfügt, um mittel- oder langfristig ihre verfassungsfeindlichen Ziele zu erreichen.

IV. Fazit

1. Das den Verfahren zugrunde gelegte Tatsachenmaterial rechtfertigt weiterhin die Einordnung, Beobachtung, Behandlung, Prüfung und/oder Führung als »gesichert (rechts-)extremistische Bestrebung« sowie deren Bekanntgabe bzgl. der AfD als Gesamtpartei, des (ehemaligen) »Flügel«, der »Jungen Alternative« sowie der Landesverbände ungeachtet z. T. entgegenstehender Judikate. Die formale Auflösung des sog. »Flügels« am 30. April 2020 steht dem nicht entgegen,

[63] BVerfG, U.v. 23. Januar 2024 – 2 BvB 1/19; vgl. Pressemitteilung BVerfG Nr. 9/24 v. 23. Januar 2024.

da der Einfluss von Angehörigen des ehemaligen »Flügels« auf die Gesamtpartei nach wie vor als »nicht unerheblich« zu qualifizieren ist.

2. Das ethno-kulturelle bzw. ethno-biologischen Volksverständnis als Verstoß gegen Art. 20 Abs. 2 S. 1 GG und Art. 1 Abs. 1 S. 1 GG, die Missachtung der Menschenwürde von muslimischen Glaubensangehörigen als Verstoß gegen Art. 1 Abs. 1 S. 1 und Art. 4 Abs. 1, 2 GG und das von Führungspersonen der Bundespartei vertretene Konzept der sog. »Remigration« und »De-Islamisierung« rechtfertigen nicht nur die Führung und Beobachtungen der Gesamtpartei als »gesichert (rechts-)extremistische Bestrebung« gegen die freiheitlich demokratische Grundordnung, sondern gebieten sie von Rechts wegen.

3. Die vorliegenden gerichtlichen Entscheidungen lassen die Prognose zu, dass die (weiterhin) zu erfolgende nachrichtendienstliche Beobachtung der AfD als Gesamtpartei einschließlich ihrer Teilorganisationen im Hinblick auf die verfassungsrechtlich gebotene Differenzierung von verfassungsfeindlichen »Zielen« einerseits, aktiv-kämpferischer Verhaltensweisen andererseits Erkenntnis zu Tage fördern wird, die die für ein Verfahren gem. Art. 21 Abs. 2 S. 2 GG erforderliche Verfassungswidrigkeit bejahen lassen.

4. Das für ein Parteiverbot erforderliche »darauf ausgehen« als planvolles Handeln im Sinne der qualifizierten Vorbereitung als kontinuierliches Hinarbeiten auf Verwirklichung eines der freiheitlich demokratischen Grundordnung und deren Wesenselementen (Menschenwürde, Demokratie, Rechtsstaat) widersprechendes Konzept ist angesichts der Vertretung eines »völkisch-abstammungsmäßigen« Volksbegriffs, einer weitgehenden Rechtlosstellung und gezielten Ausgrenzung aller Migranten und deren Ausschluss vom politischen Willensbildungsprozess, insbesondere jener muslimischen Glaubens, sowie einer »Re-Migration« mit einhergehender »De-Islamisierung« zu bejahen.

5. Die konkreten Anhaltspunkte von Gewicht für den Erfolg der planvollen und qualifizierten Hinarbeit zur Erreichung der gegen die freiheitlich demokratische Grundordnung gerichteten Ziele als »Potenzialität« können angesichts der in Umfragen zur Bundestagswahl und den Landtagswahlen für die AfD in Brandenburg, Sachsen und Thüringen dokumentierten Zahlenwerte (Bundestagswahl: 24 %, Brandenburg: 32 %, Sachsen: 34 %, Thüringen: 36 %) nicht verneint werden.

6. Die Prognose des Zutageförderns von (weiteren) Belegen, eines aktiv-kämpferischen Vorgehens der AfD als Gesamtpartei durch (weitere) nachrichtendienstliche Beobachtung trägt nach den Grundsätzen des Urteils des Bundesverfassungsgerichts v. 23. Januar 2024 zur Feststellung eines Ausschlusses von staatlicher Finanzierung nach § 18 PartG auch eine entsprechende Antragstellung gem. Art. 21 Abs. 3, Abs. 4 GG.

7. Die in den bisherigen Verfahren auf der Grundlage des vorgelegten Materials erfolgten Würdigungen der Äußerungen Höckes legen darüber hinaus die Antragstellung gem. Art. 18 S. 2 GG bzgl. der Verwirkung dessen Grundrechte

nach Art. 5 Abs. 1 S. 1, 1. u. 2. Alt. GG, Art. 8 Abs. 1 GG, Art. 9 Abs. 1 GG und Art. 10 Abs. 1 GG gem. Art. 18 S. 1 GG sowie der Aberkennung des aktiven und passiven Wahlrechts und der Fähigkeit zur Bekleidung öffentlicher Ämter (§ 39 Abs. 2 BVerfGG) nahe.

8. Die jeweilige Antragstellung kann nicht politischer Opportunität bzw. wahlkampftaktischer Sinnhaftigkeit überantwortet werden, da grundsätzlich zu bezweifeln ist, dass Art. 21 Abs. 2 S. 2, Abs. 3 und Art. 18 S. 2 GG ein klassisches Ermessen einräumen: So wie man bei Vorliegen von dem Beobachtungsauftrag unterliegenden Bestrebungen von der verfassungsrechtlichen Pflicht zur Beobachtung i. S. d. Legalitätsprinzips auszugehen hat, so wird dies auch für Erkenntnisse aufgrund (weitergehender) Beobachtung zu gelten haben, die den »zielorientierten Zusammenhang zwischen eigenen Handlungen und Aussagen und der Beseitigung oder Beeinträchtigung der freiheitlich demokratischen Grundordnung« dokumentieren, ohne dass ein strafrechtlich relevantes Vorgehen gegeben ist, die eigenen Zielvorstellungen also mit »legalen« Mitteln erreicht werden sollen. Dabei kommt »Legalitätsbeteuerungen« – gerade vor dem Hintergrund historischer Erfahrung – allenfalls begrenzte Bedeutung zu, wie etwa die Aussagen Hitlers im sog. Ulmer Reichswehrprozess 1930 zeigen.[64]

[64] Im Rahmen des vor dem 4. Strafsenat des Reichsgerichts stattfindenden Prozesses gegen drei Offiziere des 5. Artillerieregiments der Reichswehr in Ulm (Scheringer, Ludin, Wendt) wegen des Versuchs der Bildung nationalsozialistischer Zellen in der Reichswehr hatte Hitler als Zeuge anlässlich seiner eidlichen Einvernahme am 25. September 1930 erklärt, er wolle seine Ziele »unter keinen Umständen mit ungesetzlichen Mitteln erstreben«; die NSDAP habe »Gewalt nicht nötig«, weil sie bei den nächsten Wahlen stärkste Partei sein werde: »Wir werden auf diesem verfassungsmäßigen Wege die ausschlaggebenden Mehrheiten in den gesetzgebenden Körperschaften zu erlangen suchen, um in dem Augenblick, wo uns das gelingt, den Staat in die Form zu gießen, die unseren Ideen entspricht,« um sodann die Aussage zu treffen: »Wenn unsere Bewegung in ihrem legalen Kampfe siegt, wird ein deutscher Staatsgerichtshof kommen, und der November 1918 wird seine Sühne finden, und es werden auch Köpfe rollen.« Die Angeklagten wurden wegen gemeinschaftlicher Vorbereitung eines hochverräterischen Unternehmens durch Urteil v. 4. Oktober 1930 (Die Justiz VI, 1930/31, S. 187 ff.) zu 18 Monaten Festungshaft verurteilt; vgl. hierzu *Ingo Kraft*, Politische Strafprozesse vor dem Reichsgericht, in: JZ 2019, S. 213 ff. (221 ff.); *Volker Ullrich*, Adolf Hitler. Biografie, Band 1: Die Jahre des Aufstiegs 1889 bis 1939, 2013, S. 270 f. Obwohl die unter Beteiligung von Robert M. W. Kempner als Justiziar der Polizeiabteilung des preußischen Innenministeriums erstellte Denkschrift vom August 1930 über »Die NSDAP als staats- und republikfeindliche, hochverräterische Verbindung« (in: Karl-Dietrich Bracher/Erich Matthias/Rudolf Morsey [Hrsg.], Quellen zur Geschichte des Parlamentarismus und der Politischen Parteien, 3. Reihe, Die Weimarer Republik, Band 3: Staat und NSDAP 1930–1932, S. 96 ff. unter Ziff. 5) zu dem Schluss gekommen war: »Es kann danach keinem Zweifel unterliegen, dass die Legalitätsversicherungen der NSDAP, ebenso wie ähnliche Äußerungen der KPD, als taktische Schutzbehauptungen anzusehen sind, die keinerlei Glauben verdienen.«, sah die Regierung Brüning davon ab, zur »Legalität oder Illegalität der NSDAP endgültig Stellung« zu nehmen (vgl. Akten der Reichskanzlei. Weimarer Republik – Die Kabinette Brüning I/II/Bd. 1/Dokumente/Nr. 206 Ministerbesprechung v. 10. Dezember 1930, 9.30 Uhr/Top 2. Politische Angelegenheit, S. 751 ff.), nachdem die Aussagen Hitlers bereits Gegenstand der Kabinettssitzung vom 25. September 1930 gewesen waren.

Das Bundesverwaltungsgericht als Eingangsinstanz

Zweifel an der Wahrung des gesetzlichen Richters

Ingo Kraft

Als der Jubilar und der Verfasser dieser Zeilen in den 1980'er Jahren am Lehrstuhl ihres gemeinsamen akademischen Lehrers *Hasso Hofmann* in Würzburg zusammengearbeitet haben, *Horst Dreier* als promovierender und sich dann habilitierender Assistent, der andere als wissenschaftliche Hilfskraft und sodann Doktorand – retrospektiv war das noch »die gute alte Zeit«, in der das Bundesverwaltungsgericht vornehmlich als Revisionsgericht fungierte. Seit 1991 hat der Gesetzgeber dessen erstinstanzliche Zuständigkeiten jedoch kontinuierlich ausgeweitet. Die Belastung des Gerichts mit solchen Verfahren ist über alle Senate hinweg in einem Maße angewachsen, die angesichts der Vorgaben aus Art. 92 und Art. 95 Abs. 1 GG erhebliche Zweifel aufkommen lässt, ob die zur Entscheidung erstinstanzlicher Verfahren berufenen Spruchkörper noch als gesetzliche Richter i. S. d. Art. 101 Abs. 1 Satz 2 GG anzusehen sind.

I. Verfassungsrechtliche Vorgaben für die obersten Gerichtshöfe des Bundes

1. Genese des Art. 95 GG

Art. 95 Abs. 1 GG nennt das Bundesverwaltungsgericht als einen der vom Bund zu errichtenden obersten Gerichtshöfe.[1] In der Urfassung des Grundgesetzes waren diese in Art. 95 Abs. 2, Art. 96 Abs. 1, Art. 99 und Art. 100 Abs. 3 als »obere Bundesgerichte« bezeichnet worden.[2] Denn darüber hatte der Verfassungsgeber zur Wahrung der Einheit des Bundesrechts die Errichtung eines »Obersten Bundesgerichts« in Art. 95 GG a. F. vorgesehen. Im Parlamentarischen Rat herrschte

---

[1] Art. 95 Abs. 1 GG i. d. F. des 16. Gesetzes zur Änderung des Grundgesetzes vom 18. Juni 1968, BGBl. I S. 657. Demgegenüber beruht die erstinstanzliche Zuständigkeit der beim Bundesverwaltungsgericht angesiedelten Wehrdienstsenate auf Art. 96 Abs. 4 GG; auf diese wird hier nicht eingegangen.

[2] Art. 95, Art. 96, Art. 99 und Art. 100 GG i. d. F. des Grundgesetzes vom 23. Mai 1949, BGBl. I S. 1. Zur Entstehungsgeschichte: *Häberle*, JÖR n. F. Band 1 (1951), 2. Auflage 2010, S. 690 ff.; *Jachmann-Michel*, in: Dürig/Herzog/Scholz, GG, Band VI, Art. 95 Rn. 46 ff.

Uneinigkeit, wie Rechtsprechungskonflikte auf höchster Ebene institutionell gelöst werden sollten: Entweder durch eine einheitliche Spitze der dritten Gewalt in Form eines Obersten Bundesgerichts von besonders hoher Autorität oder durch einen Gemeinsamen Senat der oberen Bundesgerichte nach Art der Vereinigten Senate des früheren Reichsgerichts.[3] So wurde ein Kompromiss in Art. 95 GG a.F. gefunden, der lediglich die Aufgaben des Obersten Bundesgerichts umriss und die Wahl seiner Richter durch einen Richterwahlausschuss anordnete.[4]

Einige Jahre nach Inkrafttreten des Grundgesetzes mehrten sich rechtspolitische Zweifel an dem Sinn einer derartigen Institution. Sowohl das Bundesverfassungsgericht als auch die Präsidenten der »oberen Bundesgerichte« sahen die Schaffung eines »Obersten Bundesgerichts« als verzichtbar an. Deshalb wurde Art. 95 GG a.F. im Jahr 1968 gestrichen und an die Stelle eines »Obersten Bundesgerichts« ist in Art. 95 Abs. 3 Satz 1 GG n.F. der Gemeinsame Senat der obersten Gerichtshöfe des Bundes als Instrument rechtswegübergreifender Vereinheitlichung der Rechtsprechung in Form eines ad-hoc-Spruchkörpers getreten. Zugleich konnten die »oberen Bundesgerichte« terminologisch in die freigewordene oberste Hierarchieebene aufrücken. Der Gesetzgeber hat dem Wunsch ihrer Präsidenten Rechnung getragen, in der Bezeichnung zum Ausdruck zu bringen, dass sie als letztinstanzliche Gerichte die Stellung oberster Gerichte des Bundes haben.[5]

2. *Auslegung*

a) Dem Begriff eines obersten Gerichtshofs lässt sich entnehmen, dass ihm – mit Ausnahme des grundsätzlich auf Bundesverfassungsrecht als Prüfungsmaßstab beschränkten Bundesverfassungsgerichts – andere innerstaatliche Gerichte nicht übergeordnet werden dürfen.[6] Ein oberster Gerichtshof des Bundes fungiert grundsätzlich als Rechtsmittelgericht letzter Instanz.[7] Zugleich wird die in Art. 30 und Art. 92 GG angelegte Konzeption des auch die Dritte Gewalt durchziehenden Bundesstaatsprinzips deutlich, demzufolge nicht nur Gesetzgebung und Verwaltung, sondern auch die Rechtsprechung im Bundesstaat zwischen

---

[3] So die historische Analyse in BT-Drs. V/1449 S. 3.

[4] Dilatorisch als Option bezeichnet von *Schulze-Fielitz*, in: Dreier (Hrsg.), Grundgesetz-Kommentar, Band III, 3. Auflage 2018, Art. 96 Rn. 6 wegen der Uneinigkeit im Parlamentarischen Rat über die Ausgestaltung eines solchen Gerichts.

[5] BT-Drs. V/1449 S. 3. Der Bundesrat hatte demgegenüber für »oberste Gerichte« plädiert (ebd. S. 5).

[6] *Wolff*, in: Hömig/Wolff, GG, 13. Auflage 2022, Art. 95 Rn. 4.

[7] BVerwG, U.v. 22. Januar 2004 – 4 A 32.02, BVerwGE 120, 87 (93); U.v. 9. Juli 2008 – 9 A 14.07, BVerwGE 131, 274 Rn. 31; vgl. auch BSG, U.v. 4. Oktober 1994 – 7 KlAr 1/93, BSGE 75, 97 (133ff.).

Bund und Ländern verteilt sind.[8] Deshalb ist der Instanzenzug föderal aufgebaut,[9] aber die Bundesgerichte stehen nicht als eigene Säule – wie in den Vereinigten Staaten – neben, sondern über den Landesgerichten.[10]

Sowohl der Parlamentarische Rat als auch der verfassungsändernde Gesetzgeber hatten die Vorstellung, die nunmehr »obersten« Gerichtshöfe des Bundes seien Rechtsmittelgerichte höchster Instanz, die im Regelfall nur gegen Entscheidungen von Landesgerichten angerufen werden können.[11] Die Konzeption oberster Gerichtshöfe als grundsätzlich den Instanzenzug abschließende Rechtsmittelgerichte zeigt sich auch in Art. 99 GG, wenn der Gesetzgeber ihnen in bestimmten landesrechtlichen Streitigkeiten die Entscheidung für »den letzten Rechtszug« zuweisen kann.[12]

b) Damit wird teleologisch die eigentliche Aufgabe eines obersten Gerichtshofs des Bundes als Revisionsgericht angesprochen: die Rechtsfortbildung und Sicherung der Einheitlichkeit der Rechtsprechung im Hinblick auf das revisible Recht.[13]

Die Bindung an die tatsächlichen Feststellungen der Vorinstanz (§ 137 Abs. 2 VwGO), die diese im Rahmen der ihr als Tatrichter obliegenden freien Beweiswürdigung (§ 108 Abs. 1 Satz 1 VwGO) getroffen hat, ermöglicht dem Revisionsgericht die Fokussierung auf die durch den Fall aufgeworfenen Rechtsfragen. Es kann seine Ressourcen auf die Auslegung des revisiblen Rechts, die damit einhergehende Maßstabsbildung sowie die Formulierung von Obersätzen verwenden und auf diese Weise den Instanzgerichten sowie der Verwaltungspraxis Leitlinien geben. Diese Kernaufgabe erklärt auch die Besetzung des Spruchkörpers mit fünf Richtern im Urteilsverfahren (§ 10 Abs. 3 VwGO), die der Gesetzgeber wegen der »Schwierigkeit der Rechtsfindung« vorgesehen hat.[14] Damit wird zur Förderung der Argumentationsqualität die Basis für den rechtlichen Diskurs innerhalb des Spruchkörpers verbreitert.

Zwar kann das Bundesverwaltungsgericht auch in erstinstanzlichen Entscheidungen bei der Rechtsauslegung maßstabsbildend tätig sein. Aber der überwiegende Teil dieser Verfahren zeichnet sich durch die Notwendigkeit überaus

---

[8] *Voßkuhle*, in: v. Mangoldt/Klein/Starck, GG, 7. Auflage 2018, Band 3, Art. 95 Rn. 3: »bundesstaatliche Stoßrichtung«; *Jachmann-Michel*, Art. 95 Rn. 4: »Prinzip föderativer Gliederung der Justiz«.

[9] BVerwG, U.v. 9. Juli 2008 – 9 A 14.07, BVerwGE 131, 274 Rn. 32.

[10] Einfache Bundesgerichte (Bundespatentgericht, Truppendienstgerichte) bleiben hier außen vor.

[11] *Jachmann-Michel*, Art. 95 Rn. 5, 100.

[12] *Achterberg*, in: Bonner Kommentar zum GG, Art. 95 (Zweitbearbeitung Juli 1985), Rn. 150.

[13] *Degenhart*, in: HStR Band V, 3. Auflage 2007, § 114 Rn. 15; *Schulze-Fielitz*, in: Dreier (Hrsg.), Grundgesetz-Kommentar, Band III, 3. Auflage 2018, Art. 95 Rn. 18; *Jachmann-Michel*, Art. 95 Rn. 18; *Heusch*, in: Schmidt-Bleibtreu, GG, 15. Auflage 2022, Art. 95 Rn. 1; *Kraft*, in: Eyermann, VwGO, 16. Auflage 2022, § 132 Rn. 2, 15 und 29; § 137 Rn. 7.

[14] BT-Drs. III/55 S. 27f.

komplexer und intensiver Tatsachenfeststellungen aus, die durch aufwändige Beweisaufnahmen viel richterliche Arbeitskraft binden. Für die Ermittlung des Sachverhalts sind die Oberverwaltungsgerichte bzw. Verwaltungsgerichtshöfe als Landesgerichte vor Ort wegen ihrer Kenntnis der örtlichen und regionalen Gegebenheiten sowie ihrer schlagkräftigeren Besetzung mit nur drei Berufsrichtern wesentlich besser gerüstet; für diese Aufgabe erscheint die Besetzung der Senate des Bundesverwaltungsgerichts mit fünf Bundesrichtern überschießend und volkswirtschaftlich sinnlos.[15] Mit der Notwendigkeit, komplexe Sachverhalte als Grundlage der Rechtsanwendung selbst festzustellen, gehen Ressourcen für die Bewältigung der eigentlichen Aufgabe als Revisionsgericht verloren. Werden Rechtsfragen vom Bundesverwaltungsgericht in erstinstanzlichen Verfahren entschieden, fehlt dem Gericht zudem die Breite des rechtlichen und tatsächlichen Anschauungsmaterials, das ansonsten durch die Vorbefassung der Vorinstanzen geliefert und aufbereitet wird. Denn gutes Richterrecht entsteht evolutionär, nicht revolutionär in großen Sprüngen.[16] Schließlich leidet der die Entscheidungsqualität fördernde instanzübergreifende Diskurs, da der Rechtsmittelzug als institutionalisiertes Dialogforum für das Ringen um die richtige Lösung von Rechtsfragen mit den Verwaltungs- und Oberverwaltungsgerichten ausfällt.[17]

c) Hinter der grundsätzlich bestehenden Beschränkung des revisionsgerichtlichen Prüfungsmaßstabs auf das Bundesrecht (§ 137 Abs. 1 Nr. 1 VwGO) steht das Bundesstaatsprinzip, das den Oberverwaltungsgerichten als obersten Landesgerichten der Verwaltungsgerichtsbarkeit die Kompetenz zur verbindlichen Auslegung des Landesrechts zuweist.[18] Zwar ist dem Revisionsgericht der Zugriff auf Landesrecht im Rahmen der Prüfung der angefochtenen Entscheidung auf Ergebnisrichtigkeit nach § 144 Abs. 4 VwGO und der Prüfung, ob es in der Sache selbst entscheidet (§ 144 Abs. 3 Satz 1 VwGO), nicht verwehrt. Das Bundesstaatsprinzip legt aber Zurückhaltung nahe, um das Oberverwaltungsgericht bei der Auslegung seines Landesrechts nicht unnötig zu präjudizieren.[19]

---

[15] *Groth*, Das Bundesverwaltungsgericht »vor Ort« – Die erstinstanzliche Tätigkeit des Gerichts im Verkehrswegerecht, in: Schmidt-Aßmann/Sellner/Hirsch/Kemper/Lehmann-Grube (Hrsg.), Festgabe 50 Jahre Bundesverwaltungsgericht, 2003, S. 661 (671).

[16] *Rennert*, NWVBl. 2015, S. 41 (42).

[17] *Paetow*, NVwZ 2007, S. 36 (37f.); *Rennert*, NWVBl. 2015, S. 41 (45).

[18] BVerwG, U.v. 18. Dezember 1987 – 4 C 9.86, BVerwGE 78, 347 (351); U.v. 13. Dezember 1995 – 6 C 7.94, BVerwGE 100, 160 (170f.); U.v. 27. April 2005 – 8 C 5.04, BVerwGE 123, 303 (307). Vgl. *Häberle*, JÖR n.F. Band 1, S. 667 mit Verweis auf den als Vorlage des Art. 92 GG dienenden Art. 128 des Herrenchiemsee-Entwurfs, der die Gerichtsbarkeit der Länder in den Vordergrund gestellt hatte und die Gerichtshoheit des Bundes nur aufgrund expliziter Festlegung im Grundgesetz vorsah.

[19] Vgl. die Nachw. in Fn. 18; BVerwG, U.v. 24. Januar 2024 – 6 C 4.22 Rn. 25f.; *Kraft*, VwGO, § 144 Rn. 12f., 19 m.w.N.; *Eichberger/Buchheister*, in: Schoch/Schneider, VwGO, § 137 Rn. 89; *Eichberger*, ebd., § 144 Rn. 85; *Neumann/Korbmacher*, in: Sodan/Ziekow, VwGO, 5. Auflage

In erstinstanzlichen Verfahren vor dem Bundesverwaltungsgericht gehört Landesrecht zum Prüfungsmaßstab.[20] Die konkurrierende Gesetzgebungskompetenz für das Prozessrecht (Art. 74 Abs. 1 Nr. 1 GG) ermöglicht dem Bundesgesetzgeber diese Maßstabserweiterung.[21] In materieller Hinsicht erweist sich diese jedoch mit Blick auf das auch die Dritte Gewalt durchziehende Bundesstaatsprinzip als rechtfertigungsbedürftig.[22] Denn das Bundesverwaltungsgericht dringt in die den Oberverwaltungsgerichten vorbehaltene Jurisdiktionskompetenz bei der ihnen obliegenden Auslegung des Landesrechts ein.[23]

3. Rechtsprechung des Bundesverfassungsgerichts

Das Regel-Ausnahme-Verhältnis zwischen der Funktion als Rechtsmittel- und Eingangsinstanz liegt auch der Rechtsprechung des Bundesverfassungsgerichts zur Stellung der obersten Gerichtshöfe des Bundes zugrunde.[24] Ausgangspunkt seiner Entscheidung zum Bundesverwaltungsgericht als Eingangsinstanz gemäß § 9 BVerwGG[25] ist das Bundesstaatsprinzip und die Zuständigkeitsvermutung zugunsten der Länder (Art. 30 und Art. 92 GG). Prinzipielle Begrenzungen der Zuständigkeit hat das Bundesverfassungsgericht vor dem Hintergrund der geschichtlichen Entwicklung des Gerichtswesens aus der Bezeichnung »obere Bundesgerichte« (Art. 96 Abs. 1 GG a. F.) entnommen. Damit sei hinreichend eindeutig zum Ausdruck gebracht, dass diese Gerichte innerhalb eines Instanzenzuges stünden und grundsätzlich als höchste Rechtsmittelgerichte innerhalb eines Gerichtszweigs gedacht seien. Aus der Bezeichnung folge jedoch nicht zwingend, dass sie nur Rechtsmittelgerichte sein könnten; sie müssten im Wesentlichen als Rechtsmittelgerichte tätig seien. Das Grundgesetz überlasse es dem Bundesgesetzgeber – unter Beachtung der dargelegten im Grundgesetz enthaltenen Grundentscheidung – die notwendigen Bestimmungen über die Abgrenzung der Zuständigkeit der Bundesgerichte einerseits und der Gerichte der Länder andererseits im Einzelnen zu treffen.[26]

Weitere erstinstanzliche Zuständigkeitszuweisungen des Gesetzgebers seien eng zu begrenzen und dürften den Charakter der Ausnahmeregelung nicht zerstören. Es bestünden keine verfassungsrechtlichen Bedenken dagegen, den grundsätzlich als Rechtsmittelgerichten letzter Instanz zu errichtenden »obe-

2018, § 137 Rn. 119 f.; noch enger: *W.R. Schenke*, in: Kopp/Schenke, VwGO, 29. Auflage 2023, § 137 Rn. 32.

[20] BVerwG, U.v. 13. Dezember 1984 – 7 C 139.81, NJW 1985, S. 1655; B.v. 5. Oktober 1993 – 4 A 9.93, LKV 1994, S. 146 f.

[21] BVerfG, B.v. 2. Februar 1960 – 2 BvF 5/58, BVerfGE 10, 285 (292 ff.).

[22] *Kraft*, VwGO, § 50 Rn. 2; a.A. *Schenke*, VwGO, § 50 Rn. 1.

[23] *Groth*, Bundesverwaltungsgericht »vor Ort«, S. 661 (671); *Postier*, NJ 1996, S. 125 (126 f.).

[24] BVerfG, B.v. 10. Juni 1958 – 2 BvF 1/56, BVerfGE 8, 174 (176 ff.).

[25] Gesetz über das Bundesverwaltungsgericht vom 23. September 1952, BGBl. I S. 625.

[26] BVerfGE 8, 174 (177).

ren Bundesgerichten« durch Bundesgesetz erstinstanzliche Zuständigkeiten für Streitigkeiten einzuräumen, in denen Verwaltungsakte bestimmter oberster Bundesbehörden angegriffen würden, die von überregionaler oder allgemeiner grundsätzlicher Bedeutung seien oder einer raschen endgültigen Klärung ihres Rechtsbestandes bedürften.[27] An diesen Aussagen und dem Maßstab hat das Bundesverfassungsgericht für Art. 95 Abs. 1 GG n. F. festgehalten.[28]

4. Rechtsprechung des Bundesverwaltungsgerichts

Das Bundesverwaltungsgericht hat diese Vorgaben dahingehend konkretisiert, dass nicht jeder beliebige Grund eine erstinstanzliche Zuständigkeitszuweisung zu rechtfertigen vermag. Mit Blick auf den föderalen Aufbau des Gerichtswesens und damit die Aufgabenverteilung im Bundesstaat müsse es um Rechtsstreitigkeiten gehen, bei denen ein gesamt- oder bundesstaatliches Interesse an einer raschen (rechtskräftigen) Entscheidung bestehe. Aus dem Ausnahmecharakter einer solchen Zuständigkeitsbestimmung folge darüber hinaus, dass sie weiteren quantitativen und qualitativen Schranken unterliege, damit der oberste Gerichtshof seiner eigentlichen und vorrangigen Aufgabe als Revisionsgericht, nämlich der Rechtsfortbildung und der Sicherung der Einheitlichkeit der Rechtsprechung, gerecht werden könne: Die Zuweisung erstinstanzlicher Zuständigkeiten dürfe quantitativ und qualitativ nach ihrem Anteil an der gesamten Geschäftslast des Gerichts keine solche Größenordnung erreichen, dass nicht mehr von einer ausnahmsweisen Zuständigkeit gesprochen werden könne. Sie dürfe auch nicht dazu führen, dass den Gerichten der Länder in wesentlichen Rechtsmaterien, zumal solchen mit raumbedeutsamem Inhalt, praktisch keine substanziellen Zuständigkeiten mehr verblieben.[29]

Bei der Beurteilung der genannten Voraussetzungen sei dem Gesetzgeber ein weiter Einschätzungsspielraum zuzugestehen, weil damit oftmals (verkehrs-, wirtschafts- und rechts-)politische Wertungen verbunden seien. Würden einem obersten Gerichtshof Rechtsstreitigkeiten nicht abstrakt, sondern unter Auflistung konkreter Infrastrukturvorhaben zugewiesen, müsse jedes Einzelprojekt den vorstehenden Anforderungen eines sachlichen Grundes genügen. Der Einschätzungsspielraum des Gesetzgebers bedinge allerdings, dass seine Entscheidung, ein Vorhaben in diese Zuständigkeitsbestimmung aufzunehmen, vom Gericht erst dann zu beanstanden sei, wenn sie offensichtlich fehlsam oder evident unsachlich sei.[30]

---

[27] BVerfGE 8, 174 (178 f., 180, 181).

[28] BVerfG, U.v. 4. April 1995 – 1 BvF 2/86 u. a., BVerfGE 92, 365 (410); vgl. auch B.v. 7. Oktober 2003 – 2 BvG 1, 2/02, BVerfGE 109, 1 (8).

[29] BVerwG, U.v. 9. Juli 2008 – 9 A 14.07, BVerwGE 131, 274 Rn. 32; vgl. auch B.v. 5. November 2020 – 7 VR 1.20, NVwZ-RR 2021, S. 173 Rn. 6.

[30] BVerwG, U.v. 9. Juli 2008 – 9 A 14.07, BVerwGE 131, 274 Rn. 33.

5. *Zusammenfassung: Verfassungsrechtliche Anforderungen*

Fasst man die in der Rechtsprechung mit Blick auf die Stellung des Bundesverwaltungsgerichts als einem der obersten Gerichtshöfe des Bundes entwickelten Vorgaben aus Art. 92, Art. 95 Abs. 1 und Art. 3 Abs. 1 GG zusammen, muss jede neue erstinstanzliche Zuständigkeit wegen des verfassungsrechtlich vorgegebenen Regel-Ausnahme-Verhältnisses zwischen der Tätigkeit als Revisionsgericht und Eingangsinstanz folgenden kumulativ erforderlichen Anforderungen genügen:

a) Eine Neuzuweisung bedarf auf der ersten Stufe in einer isolierten Mikrobetrachtung der sachlichen Rechtfertigung.[31] Dazu darf die Zuständigkeit nur Klagen gegen Verwaltungsakte oberster Bundesbehörden erfassen, die von überregionaler oder allgemeiner grundsätzlicher Bedeutung sind oder einer raschen endgültigen Klärung bedürfen; insoweit besteht eine Einschätzungsprärogative des Gesetzgebers. Zudem muss auch die Ausgestaltung der Zuweisung sachgerecht erfolgen.

b) Eine danach gerechtfertigte Neuzuweisung hat sich auf der zweiten Stufe des Weiteren einer Makrobetrachtung im Hinblick auf den dadurch zu erwartenden Zuwachs an erstinstanzlichen Verfahren beim Bundesverwaltungsgericht zu stellen. Denn durch sie dürfen die erstinstanzlichen Verfahren keinen Anteil an der Geschäftslast des Gerichts erreichen, so dass nicht mehr von einer ausnahmsweisen Zuständigkeit gesprochen werden kann. Diese Vergleichsbetrachtung nimmt die *quantitative* und die *qualitative* Mehrbelastung des zu prognostizierenden Mehraufkommens angesichts der bereits bestehenden Arbeitslast durch erstinstanzliche Verfahren in den Blick und setzt diese in Relation zu der Belastung mit Rechtsmittelverfahren.

c) Maßgeblich für die verfassungsrechtliche Überprüfung neuer Zuständigkeiten ist der Moment des Gesetzesbeschlusses. Aber auch wenn die Anforderungen zu diesem Zeitpunkt erfüllt sind, kann eine Regelung angesichts tatsächlicher Entwicklungen verfassungswidrig werden. Insoweit trifft den Gesetzgeber die Pflicht, den Anteil erstinstanzlicher Verfahren in der Gesamtbelastung des Bundesverwaltungsgerichts nicht aus dem Blick zu verlieren. Auch im Nachhinein auftretende Fehlentwicklungen können einen Verfassungsverstoß begründen, wenn der Gesetzgeber über längere Zeit nicht nachsteuert.

---

[31] Ob der Gleichheitssatz gesondert (BVerwG, U.v. 22. Januar 2004 – 4 A 32.02, BVerwGE 120, 87 [94f.]) oder im Rahmen eines einheitlichen Prüfungsmaßstabs (BVerwG, U.v. 9. Juli 2008 – 9 A 14.07, BVerwGE 131, 274 Rn. 30) zur Anwendung kommt, kann mangels Ergebnisrelevanz dahinstehen.

II. Mikrobetrachtung der einzelnen erstinstanzlichen Zuständigkeiten

1. § 50 VwGO

a) Der im Gesetzentwurf der Bundesregierung für eine Verwaltungsgerichtsordnung[32] übernommene Katalog des § 9 BVerwGG wurde auf Vorschlag des Bundesrates durch den Rechts- und den Innenausschuss des Bundestags stark zusammengestrichen. Es blieb bei der Zuständigkeit für den Bund-Länder- bzw. den Länderstreit (Nr. 1) und der Verbotsfeststellung für Vereine zu Strafverfolgungszwecken (Nr. 2).

b) Mit dem Vereinsgesetz von 5. August 1964[33] wurde die Zuständigkeit des Bundesverwaltungsgerichts für Verbotsfeststellungen auf Vereinsverbote umgestellt, soweit sie das Bundesministerium des Innern wegen länderübergreifender Vereinstätigkeit oder -organisation zu verfügen hat (§ 50 Abs. 1 Nr. 2 VwGO). Die Bundesregierung stützte sich darauf, dass es sich bei Vereinsverboten zumeist um Entscheidungen von erheblicher Bedeutung infolge ihres politischen Charakters und Einflusses auf die Staatssicherheit handele. Es sei für die Staats- wie für die Rechtssicherheit unerträglich, wenn Vereinsverbote u.U. jahrelang mit dem Makel der Vorläufigkeit behaftet wären und das Erlaubt- oder Verbotensein einer Massenorganisation auf lange Zeit in der Schwebe bleibe.[34]

Diese Zuständigkeitsregelung genügt als solche den verfassungsrechtlichen Anforderungen, auch wenn sie rechtspolitisch nicht zwingend erscheint. Denn Klagen gegen vom Bundesinnenministerium verfügte Vereinsverbote könnten – wie auch gegen die von der obersten Landesbehörde erlassenen Verbote (§ 48 Abs. 2 VwGO) – ohne Weiteres von den Oberverwaltungsgerichten entschieden werden. § 50 Abs. 1 Nr. 2 VwGO ist nach Sinn und Zweck auch auf Feststellung der Nichtigkeit eines Vereinsverbots gerichtete Klagen anzuwenden,[35] nicht jedoch auf einen Feststellungsantrag, kein Mitglied des verbotenen Vereins gewesen zu sein.[36]

c) Die in Nr. 3 des § 50 Abs. 1 VwGO vorgesehene Zuständigkeit für Klagen gegen Akte konsularischer und diplomatischer Auslandsvertretungen wurde 1990 aufgehoben.[37] Die Vorschrift hatte keine praktische Bedeutung erlangt und Fälle dieser Art haben in der Regel weder allgemeine noch grundsätzliche

---

[32] BT-Drs. III/55 S. 8. Vgl. zur damaligen Diskussion um eine erstinstanzliche Zuständigkeit: *Bachof*, DRZ 1950, S. 245; *Naumann*, DÖV 1951, S. 281; *Koehler*, DÖV 1951, S. 429; *Naumann*, DVBl. 1953, S. 530 (532).

[33] BGBl. I S. 593.

[34] BT-Drs. IV/430 S. 6, 25.

[35] BVerwG, B.v. 13. Mai 2020 – 6 PKH 6.19 Rn. 5f.

[36] BVerwG, U.v. 31. August 2022 – 6 A 9.20, BVerwGE 176, 224 Rn. 29.

[37] 4. Gesetz zur Änderung der Verwaltungsgerichtsordnung vom 17. Dezember 1990, BGBl I S. 2809.

Bedeutung.[38] Durch das Zuwanderungsgesetz[39] hat der Gesetzgeber die Leerstelle in Nr. 3 mit den Streitigkeiten gegen Abschiebungsanordnungen nach § 58a des Aufenthaltsgesetzes und ihre Vollziehung gefüllt.[40] Als Reaktion auf die eng geführte Rechtsprechung[41] hat der Gesetzgeber Einreise- und Aufenthaltsverbote einbezogen.[42]

Verfassungsrechtlich begegnet diese Zuständigkeitszuweisung schon deshalb Bedenken, da Abschiebungsanordnungen aufgrund des § 58a Abs. 1 AufenthG in der Regel von obersten *Landes*behörden erlassen werden. Damit fehlt bereits die Voraussetzung der Vollzugskompetenz einer obersten *Bundes*behörde für die Begründung einer erstinstanzlichen Zuständigkeit des Bundesverwaltungsgerichts.[43] Im Übrigen ist nicht zu erkennen, welcher Mehrwert in einer Abschiebungsanordnung nach § 58a AufenthG gegenüber einer mit Sofortvollzug versehenen Abschiebungsandrohung ohne Ausreisefrist (§ 59 Abs. 1 Satz 2 AufenthG) liegt, gegen die die Verwaltungsgerichte nach § 45 VwGO Rechtsschutz gewähren. Die Eilbedürftigkeit vermag § 50 Abs. 1 Nr. 3 VwGO nicht zu rechtfertigen, denn in der ausländerrechtlichen Praxis ermöglicht auch der nur über maximal zwei Instanzen reichende vorläufige Rechtsschutz zeitnahe Abschiebungen.

d) Bereits die Urfassung des § 50 VwGO sah in Nr. 4 Streitigkeiten gegen den Bund vor, denen dienstrechtliche Vorgänge im Geschäftsbereich des Bundesnachrichtendienstes (BND) zugrunde lagen.[44] Im Jahr 2001 wurde die Beschränkung »gegen den Bund« gestrichen,[45] um den umgekehrten Parteirollen im Falle der Disziplinarklage des Dienstherrn gegen den Beamten Rechnung zu tragen.[46] Zudem fiel das Attribut »dienstrechtlich« weg,[47] denn es sollten sämtliche Verfahren zu Angelegenheiten des BND erstinstanzlich vor dem Bundesverwaltungsgericht verhandelt werden.[48]

---

[38] BT-Drs. 11/7030 S. 22.

[39] Art. 11 Nr. 23 des Zuwanderungsgesetzes vom 30. Juli 2004, BGBl. I S. 1950.

[40] Art. 11 Nr. 7 der Beschlussempfehlung des Vermittlungsausschusses in BT-Drs. 15/3479 S. 19.

[41] BVerwG, B.v. 22. August 2017 – 1 A 10.17, NVwZ 2018, S. 345 Rn. 3ff.; U.v. 6. Februar 2019 – 1 A 3.18, NVwZ-RR 2019, S. 738 Rn. 15.

[42] Art. 4 des Zweiten Gesetzes zur besseren Durchsetzung der Ausreisepflicht vom 15. August 2019, BGBl I S. 1294.

[43] Soweit das Bundesverfassungsgericht in seiner Entscheidung zu § 116 AFG (BVerfG, U.v. 4. April 1995 – 1 BvF 2/86 u.a., BVerfGE 92, 365 [410f.]) hinsichtlich des bei der damaligen Bundesanstalt für Arbeit angesiedelten Neutralitätsausschusses ausgeführt hat, für diesen könne nichts anderes gelten als für oberste Bundesbehörden, handelte es sich immerhin um ein herausgehobenes weisungsfreies Bundesorgan.

[44] Bericht des Rechtsausschusses BT-Drs. 3/1094 S. 6, 32f.

[45] Art. 14 Nr. 3 des Gesetzes vom 9. Juli 2001, BGBl. I S. 1510.

[46] BT-Drs. 14/4659 S. 55.

[47] Art. 1 Nr. 7 des Gesetzes vom 20. Dezember 2001, BGBl. I S. 3987.

[48] So der Rechtsausschuss des Bundestags in BT-Drs. 14/7474 S. 5, 14f.

Diese Sonderbehandlung des BND begegnet erheblichen Bedenken:[49] Zum einen ist nicht ersichtlich, aus welchen Gründen berechtigten Geheimschutzbelangen im Verwaltungsprozess mit Blick auf das In-camera-Verfahren gemäß § 99 VwGO nicht auch vor den (Ober-)Verwaltungsgerichten Rechnung getragen werden könnte. Die weite Fassung der Vorschrift betrifft u.a. beamtenrechtliche Streitigkeiten um Beihilfe oder Beförderung oder Klagen wegen Auskunftsbegehren, die nicht eo ipso top-secret erscheinen.[50] Zum anderen führt die Regelung in dienstrechtlichen Streitigkeiten zu paradoxen Resultaten: Während Prozesse von Beamten des BND durch das Bundesverwaltungsgericht entschieden werden, sind für arbeitsrechtliche Klagen der Angestellten des BND die Arbeitsgerichte und nicht etwa das Bundesarbeitsgericht zuständig. Diese Disparität belegt die Absurdität der Regelung. Schließlich hat der Gesetzgeber Streitigkeiten in den Geschäftsbereichen des Bundesamtes für Verfassungsschutz sowie des Militärischen Abschirmdienstes den Verwaltungsgerichten als Eingangsinstanz zugewiesen;[51] auch im Hinblick darauf ist die prozessuale Sonderbehandlung des BND nicht zu rechtfertigen.[52]

e) Der Gesetzgeber hat für Rechtsschutz gegen Maßnahmen und Entscheidungen nach § 44a AbgG sowie zur Durchsetzung der Transparenzregelungen in § 50 Abs. 1 Nr. 5 VwGO die erstinstanzliche Zuständigkeit des Bundesverwaltungsgerichts angeordnet[53] und sodann Maßnahmen gegen ehemalige Mitglieder der Bundesregierung gem. § 6b BMinG in die Vorschrift einbezogen.[54] Die Erweiterung wurde mit dem Argument der Sachnähe begründet, da die Betroffenen in allen der von Nr. 5 erfassten Fällen gegenwärtige bzw. ehemalige Mitglieder eines Verfassungsorgans seien, deren nachwirkende Rechte und Pflichten ausgestaltet würden.[55] Dem ist bereits der Bundesrat mit überzeugenden Einwänden entgegengetreten und hat die Rechtfertigung der erstinstanzlichen Zuständigkeit des Bundesverwaltungsgerichts mangels erkennbarer legitimer Gründe für die gesamte Nr. 5 in Zweifel gezogen.[56] Wenn daraufhin die Bundesregierung die Regelung mit Blick auf »Entscheidungen höchster Institutionen der Legislative [...]

[49] *Kraft*, VwGO, § 50 Rn. 13.

[50] Ergänzend ordnet § 112 Abs. 8 BPersVG für personalvertretungsrechtliche Verfahren beim Bundesnachrichtendienst die Zuständigkeit des Bundesverwaltungsgerichts an.

[51] Eine analoge Anwendung hat das BVerwG, B.v. 27. Juni 1984 – 9 A 1.84, DVBl. 1984, S. 1015 abgelehnt.

[52] Bedenken mit Blick auf Art. 3 Abs. 1 GG wurden von der 1. Kammer des 2. Senats des BVerfG nicht geteilt: B.v. 2. Oktober 2007 – 2 BvR 2457/04, BVerfGK 12, 265 Rn. 8.

[53] Art. 2 des 26. Gesetzes zur Änderung des Abgeordnetengesetzes vom 22. August 2005, BGBl. I S. 2482.

[54] Art. 3 des Gesetzes zur Änderung des Bundesministergesetzes und des Gesetzes über die Rechtsverhältnisse der Parlamentarischen Staatssekretäre vom 17. Juli 2015, BGBl. I S. 1322. Neufassung der Regelung durch Art. 2 des Gesetzes vom 8. Oktober 2021, BGBl. I S. 4650.

[55] BT-Drs. 18/4630 S. 12.

[56] Rechtsausschuss des Bundesrates in BR-Drs. 52/1/15 und Stellungnahme des Bundesrates in BR-Drs. 52/15, wiedergegeben in BT-Drs. 18/4630 S. 14f.

bzw. Exekutive […] mit Auswirkungen auf die gewählten Abgeordneten bzw. auf (ehemalige) Bundesminister/-innen und Parlamentarische Staatssekretäre/-sekretärinnen« sowie dem Ziel dieser Entscheidungen, der »Sicherstellung der staatlichen Integrität und Loyalität, mithin die Bewahrung bedeutender Güter eines demokratischen Rechtsstaats« zu verteidigen suchte,[57] vermag das nicht zu überzeugen. Weder die Stellung des Entscheiders, noch der Status der Betroffenen oder gar der Normzweck erscheinen geeignet, die Sonderregelung zu rechtfertigen. Vielmehr schimmern hier elitäre Standesdünkel der Betroffenen durch, die mit eigenen Statusangelegenheiten offenbar nur einen obersten Gerichtshof des Bundes befasst sehen wollen.

2. *Infrastrukturvorhaben*

Vorläufer der heutigen Regelung in § 50 Abs. 1 Nr. 6 VwGO war § 5 Abs. 1 des Verkehrswegeplanungsbeschleunigungsgesetzes (VerkPBG).[58] Nach Auffassung der Bundesregierung boten die Gerichte der neuen Länder nach der Wiedervereinigung Deutschlands noch keine Gewähr dafür, Verfahren in einer der Eilbedürftigkeit Rechnung tragenden Weise durchzuführen. Mangels gefestigter Spruchpraxis seien auch divergierende Entscheidungen zu befürchten.[59] Die Geltung des Gesetzes war für Verkehrswege der Bundeseisenbahnen bis Ende 1999 und im Übrigen (Bundesfernstraßen, Bundeswasserstraßen, Verkehrsflughäfen und Straßenbahnen) bis Ende 1995 befristet.

Nichts erweist sich jedoch als so haltbar wie ein Provisorium: Die Geltung des Gesetzes wurde immer wieder verlängert.[60] Dabei ist für die intertemporale Anwendbarkeit darauf abzustellen, ob das Planfeststellungsverfahren vor Ablauf des 16. Dezember 2006 nach den Vorschriften des Verkehrswegeplanungsbeschleunigungsgesetzes begonnen worden ist (§ 11 Abs. 2 VerkPBG). Deshalb ergingen noch im Jahr 2022 Entscheidungen auf der Grundlage dieser erstinstanzlichen Zuständigkeit.[61]

Aus Sicht des Gesetzgebers hatte sich die Regelung bewährt,[62] so dass er sie in der Folgezeit auf Großprojekte im gesamten Bundesgebiet ausdehnte. Im Dezember 2006 wurde das Bundesverwaltungsgericht in der neu geschaffenen Nr. 6 des § 50 Abs. 1 VwGO als Eingangsinstanz in sämtlichen Streitigkeiten

---

[57] BT-Drs. 18/4630 S. 16.

[58] Gesetz vom 16. Dezember 1991, BGBl. I S. 1474.

[59] BT-Drs. 12/1092 S. 10.

[60] § 1 Abs. 1 Satz 1 VerkPBG i. d. F. des Gesetzes vom 15. Dezember 1995, BGBl. I S. 1840 (einheitliche Geltung bis Ende 1999); des Gesetzes vom 22. Dezember 1999, BGBl. I S. 2659 (bis Ende 2004); des Gesetzes vom 21. Dezember 2004, BGBl. I S. 3644 (bis Ende 2005) und des Gesetzes vom 22. Dezember 2005, BGBl. I S. 3691 (bis Ende 2006).

[61] Vgl. BVerwG, U.v. 23. November 2022 – 7 A 9.21, BVerwGE 177, 108 Rn. 11.

[62] Erfahrungsbericht der Bundesregierung in BT-Drs. 15/2311; Bedenken aus der Praxis wurden beiseitegeschoben (BT-Drs. 15/2311 S. 12).

installiert, »die Planfeststellungsverfahren und Plangenehmigungsverfahren für Vorhaben betreffen, die in dem Allgemeinen Eisenbahngesetz, dem Bundesfernstraßengesetz, dem Bundeswasserstraßengesetz oder dem Magnetschwebebahnplanungsgesetz bezeichnet sind.«[63] Die Regelung wurde dann auf Stromtrassen,[64] Offshore-Windenergieanlagen, Energieleitungen[65] und LNG-Terminals[66] erweitert. Zudem sind in Nr. 7 Vorhaben nach dem Energiesicherungsgesetz hinzugekommen.[67] Die in einigen Spezialgesetzen als Anlagen enthaltenen Listen von Einzelvorhaben – Stand Januar 2024: 262 (!) – werden ständig erweitert.[68]

Der 4. Senat des Bundesverwaltungsgerichts hat die Sonderregelung des § 5 Abs. 1 VerkPBG bis 1999 noch gerechtfertigt, dann aber betont, dass sorgfältig zu prüfen sei, ob die beitrittsbedingte Sondersituation auch über das Jahr 2004 hinaus fortbestehe.[69] Der 9. Senat hat 2008 entschieden, § 50 Abs. 1 Nr. 6 VwGO begegne für bestimmte Straßenverkehrsprojekte keinen durchgreifenden verfassungsrechtlichen Bedenken.[70] Dieses Judikat lässt einen bemerkenswerten Mangel an Sensibilität bei der Subsumtion unter die vom Senat selbst ausdifferenzierten Kriterien erkennen. Dass es hier nicht um Verwaltungsakte einer obersten Bundesbehörde gehe, sondern Planfeststellungsbehörden der Länder im Auftrag des Bundes handelten, sei ohne Belang.[71] Die reale Belastung des Gerichts wurde nicht qualitativ geprüft; der tatsächlichen Mehrbelastung durch

---

[63] Art. 9 Nr. 2 des Gesetzes zur Beschleunigung von Planungsverfahren für Infrastrukturvorhaben vom 9. Dezember 2006, BGBl. I S. 2833.

[64] Art. 3 Nr. 2 des Gesetzes zur Beschleunigung des Ausbaus der Höchstspannungsnetze vom 21. August 2009, BGBl. I S. 2870 und Art. 4 des Zweiten Gesetzes über Maßnahmen zur Beschleunigung des Netzausbaus Elektrizitätsnetze vom 23. Juli 2013, BGBl. I S. 2543 (Gesetz über den Bundesbedarfsplan – Bundesbedarfsplangesetz – BBPlG).

[65] Art. 1a Nr. 2 des Gesetzes zur Änderung des Windenergie-auf-See-Gesetzes und anderer Vorschriften vom 3. Dezember 2020, BGBl. I S. 2682 i. d. F. von Art. 3 des 2. ÄndG vom 20. Juli 2022, BGBl. I S. 1325.

[66] § 12 des Gesetzes zur Beschleunigung des Einsatzes verflüssigten Erdgases (LNG–Beschleunigungsgesetz – LNGG) vom 24. Mai 2022, BGBl. I S. 802, rezipiert in § 50 Abs. 1 Nr. 6 durch Art. 1 Nr. 4 lit. a des Gesetzes zur Beschleunigung verwaltungsgerichtlicher Verfahren im Infrastrukturbereich vom 14. März 2023, BGBl. I Nr. 71 S. 1.

[67] Art. 1 Nr. 4 lit. a des Gesetzes vom 14. März 2023, BGBl. I Nr. 71 S. 1.

[68] Anlagen zu § 18e AEG, § 17e FStrG, § 14e WastrG, § 1 EnLAG und § 1 BBplG.

[69] BVerwG, U.v. 22. Januar 2004 – 4 A 32.02, BVerwGE 120, 87 (93 ff.). Bedenken äußerte demgegenüber der damalige PräsBVerwG *Hien* im Pressegespräch des Bundesverwaltungsgerichts (DVBl. 2006, S. 350 [351]). Der 4. Senat hat im B.v. 26. September 2013 – 4 VR 1.13, UPR 2014, S. 106 Rn. 13 die Zuweisung nach § 1 Abs. 3 EnlAG mit Blick auf den Anteil sämtlicher erstinstanzlicher Verfahren i.H.v. 9,5 % des Gesamtbestandes der beim Bundesverwaltungsgericht anhängigen Verfahren unbeanstandet gelassen.

[70] BVerwG, U.v. 9. Juli 2008 – 9 A 14.07, BVerwGE 131, 274 Rn. 34 ff. Die Kriterien wurden wieder aufgegriffen im U.v. 5. Oktober 2021 – 7 A 13.20, BVerwGE 173, 296 Rn. 15 ff.

[71] BVerwG, U.v. 9. Juli 2008 – 9 A 14.07, BVerwGE 131, 274 Rn. 37. Demgegenüber sieht *Postier*, NJ 1996, S. 125 (127) mangels alleiniger Jurisdiktionskompetenz des Bundes einen Verstoß gegen Art. 30 GG.

die hochkomplexen erstinstanzlichen Verfahren ist der 9. Senat nicht nachgegangen.[72]

Die Literatur ist der permanenten Ausweitung erstinstanzlicher Sonderzuständigkeiten entgegengetreten. Deutlich wurde unterstrichen, dass die Sondersituation nach der Wiedervereinigung lange passé sei und allein der vom Gesetzgeber gewünschte Beschleunigungsbedarf keine Zuweisung an das Bundesverwaltungsgericht rechtfertige.[73] Denn selbst bei einem zweistufigen Instanzenzug in der Hauptsache gelangen wegen des Zulassungsvorbehalts in § 132 VwGO in der Praxis allenfalls 10 % der Verfahren in die Revisionsinstanz. Mögen einzelne Projekte zur Gewährleistung einer sicheren Energieversorgung nach dem Angriff Russlands auf die Ukraine im Februar 2022 ausnahmsweise eine Sonderzuständigkeit des Bundesverwaltungsgerichts rechtfertigen; bei der Masse der ihm tatsächlich zugewiesenen Projekte ist das auch mit Blick auf den angestrebten Klimaschutz nicht der Fall.[74]

3. Weitere erstinstanzliche Zuständigkeitsregelungen

Die Regelung des § 50 Abs. 1 VwGO ist nicht abschließend; vielmehr hat der Gesetzgeber in Spezialgesetzen weitere erstinstanzliche Zuständigkeiten des Bundesverwaltungsgerichts vorgesehen.

a) Infrastrukturprojekte betreffen die Eröffnung der Normenkontrolle für Bundesverordnungen, die die Legalplanung der »Südumfahrung Stendal«[75] oder der Ostseeautobahn[76] abändern. Auch für Rechtstreitigkeiten im Zusammenhang mit der Suche nach einem Endlager für hochradioaktive Abfälle ist das Bundesverwaltungsgericht zuständig.[77]

b) Im Wirtschaftsrecht weist ihm § 13 Abs. 2 BPatG Anfechtungsstreitigkeiten gegen die staatliche Benutzungsanordnung von Patenten zu, wenn die Entscheidung von der Bundesregierung oder von der zuständigen obersten Bun-

---

[72] BVerwG, U.v. 9. Juli 2008 – 9 A 14.07, BVerwGE 131, 274 Rn. 39.

[73] *Sendler*, in: Kormann (Hrsg.), Aktuelle Fragen der Planfeststellung, 1994, S. 9 (17 f.); *Wickel*, NVwZ 2001, S. 16 (19 f.); *Groth*, in: FG 50 Jahre Bundesverwaltungsgericht, 2003, S. 661 (673 ff.); *Blümel*, in: Planung-Steuerung-Kontrolle – FS Bartlsperger, 2006, S. 263 (271 ff.); *Paetow*, NVwZ 2007, S. 36 (38).

[74] Zweifel auch bei *Heusch*, Art. 95 Rn. 5; *Pagenkopf*, NVwZ 2023, S. 1095 (1095 f.) und *Roth*, DVBl. 2023, S. 10 (14).

[75] § 2 Abs. 3 des Gesetzes über den Bau der »Südumfahrung Stendal« der Eisenbahnstrecke Berlin – Oebisfelde vom 29. Oktober 1993, BGBl. I S. 1906 i.d.F. des Gesetzes vom 8. September 2015, BGBl. I S. 1474.

[76] § 2 Abs. 3 des Gesetzes über den Bau des Abschnitts Wismar West-Wismar Ost der Bundesautobahn A 20 Lübeck-Bundesgrenze (A 11) vom 2. März 1994, BGBl. I S. 734 i.d.F. des Gesetzes vom 31. August 2015, BGBl. I S. 1474.

[77] § 17 Abs. 3 Satz 5 und § 19 Abs. 2 Satz 8 des Standortauswahlgesetzes – StandAG – vom 5. Mai 2017, BGBl. I S. 1074.

desbehörde getroffen worden ist.[78] § 30 Satz 1 des Stabilisierungsfondsgesetzes benennt es ebenfalls als zuständiges Gericht.[79] Das Bundesverwaltungsgericht entscheidet zudem nach § 5 Abs. 1 des Gesetzes zur Rettung von Unternehmen zur Stabilisierung des Finanzmarktes über die Gültigkeit von Enteignungsverordnungen.[80] Ferner ist es zuständig für gerichtliche Entscheidungen über die Anordnungen der Treuhandverwaltung, von Kapitalmaßnahmen oder die Anweisung zur Übertragung von Vermögensgegenständen bei Unternehmen der Kritischen Infrastruktur (§ 17 Abs. 6 Satz 2, § 17a Abs. 8 Satz 2 und § 17b Abs. 7 Satz 2 EnSiG) sowie die Gültigkeit von Enteignungsverordnungen (§ 22 Abs. 1 EnSiG).[81]

c) Spannend im unionsrechtlichen Mehrebenensystem dürfte die erstinstanzliche Zuständigkeit des Bundesverwaltungsgerichts für die Entscheidung über einen Antrag der Aufsichtsbehörde auf gerichtliche Entscheidung bei angenommener Rechtswidrigkeit eines Beschlusses der Europäischen Kommission (§ 21 Abs. 3 BDSG) werden.[82]

III. Makrobetrachtung der Belastung des Bundesverwaltungsgerichts

Für die Jahre 2019–2023 ergibt sich die Geschäftslage des Bundesverwaltungsgerichts (erstinstanzliche Eil- und Hauptsacheverfahren ohne Wehrdienstsenate) aus Tabelle 1. Diese rein quantitative Betrachtung besitzt allerdings nur geringen Aussagewert. Denn ausschlaggebend ist die reale Arbeitsbelastung durch erstinstanzliche Verfahren, die sich im Vergleich zu Revisionsverfahren durchweg durch eine deutlich erhöhte Komplexität, insbesondere in der Aufbereitung des Sachverhalts auszeichnen und deshalb mit hohem Arbeitsaufwand einhergehen. Hatte der damalige Präsident *Klaus Rennert* im Jahr 2015 den Anteil der erstinstanzlichen Sachen auf bald ein Drittel der Richterarbeitskraft geschätzt,[83] liegt die reale Belastung nach einer Umfrage unter den Senaten des Bundesver-

---

[78] § 13 BPatG vom 16. Dezember 1980, BGBl. I 1981, S. 1 i.d.F. des Gesetzes vom 13. Dezember 2001, BGBl. I S. 3656.

[79] Gesetz zur Errichtung eines Finanzmarkt- und eines Wirtschaftsstabilisierungsfonds (Stabilisierungsfondsgesetz – StFG – vom 17. Oktober 2008, BGBl. I S. 1982 i.d.F. des Art. 1 Nr. 10 des Gesetzes vom 27. März 2020, BGBl. I S. 543.

[80] Gesetz zur Rettung von Unternehmen zur Stabilisierung des Finanzmarktes (Rettungsübernahmegesetz – RettungsG) vom 7. April 2009, BGBl. I S. 725 (729).

[81] Gesetz zur Sicherung der Energieversorgung – Energiesicherungsgesetz – vom 20. Dezember 1974, BGBl. I S. 3681 i.d.F. des Gesetzes vom 8. Juli 2022, BGBl. I S. 1054. Vgl. dazu jüngst BVerwG, U.v. 14. März 2023 – 8 A 2.22, NVwZ 2023, S. 1326.

[82] Bundesdatenschutzgesetz vom 30. Juni 2017, BGBl. I S. 2097.

[83] *Rennert*, NWVBl. 2015, S. 41 (44): »Es spricht einiges für die Feststellung, dass die hiermit – ohnehin ›weich‹ – gezogene Grenze längst überschritten ist.«

waltungsgerichts für das Jahr 2023 und die Vorjahre im Gesamtdurchschnitt des Gerichts mittlerweile bei ca. 40 %. Von einer Ausnahme lässt sich bei diesem Befund wahrlich nicht mehr sprechen.

Tabelle 1		Geschäftslage:		Anteil erstinstanzlicher Verfahren:	
		Eingänge:	Gesamtbestand:	Eingänge:	Gesamtbestand:
2019	erstinstanzliche:	118	186	10,71 %	10,80 %
	alle Verfahren:	1102	1722		
2020	erstinstanzliche:	111	191	10,62 %	11,89 %
	alle Verfahren:	1045	1607		
2021	erstinstanzliche:	103	178	10,92 %	12,29 %
	alle Verfahren:	943	1448		
2022	erstinstanzliche:	66	148	8,20 %	11,22 %
	alle Verfahren:	805	1319		
2023	erstinstanzliche:	123	178	14,66 %	13,51 %
	alle Verfahren:	839	1318		

IV. Ausblick

Zutreffend wird mittlerweile der Wandel des Bundesverwaltungsgerichts von einer Revisions- zur Tatsacheninstanz[84] konstatiert. Hatte das Bundesverfassungsgericht im Jahr 1958 (noch) nicht feststellen können, dass die erstinstanzlichen Zuständigkeiten von der Rücksicht auf »Empfindlichkeiten der Ministerialbürokratie« bestimmt seien,[85] lässt sich das heute nicht mehr so sagen. Denn anscheinend wird im politischen Realbetrieb eine Sachmaterie oder ein Projekt erst durch die Begründung der erstinstanzlichen Zuständigkeit des Bundesverwaltungsgerichts nobilitiert. Mittlerweile geistern neue rechtspolitische Ideen umher, die das Bundesverwaltungsgericht betreffen: Rechtsschutz gegenüber Legalplanungen[86] und prinzipale Normenkontrolle für das gesamte untergesetzliche Bundesrecht.[87] Der Gesetzgeber sei gewarnt: Ohne eine gründliche Durchforstung des Bestands an erstinstanzlichen Zuständigkeitsregelungen steht die akute Gefahr eines Verstoßes gegen den gesetzlichen Richter im Raum.

[84] *Rennert*, NWVBl. 2015, S. 41 (44); *Roth*, DVBl. 2023, S. 10.
[85] BVerfG, B.v. 10. Juni 1958 – 2 BvF 1/56, BVerfGE 8, 174 (182f.).
[86] Koalitionsvertrag 2021–2025 zwischen SPD, Bündnis 90/Die Grünen und der FDP, S. 11.
[87] Vgl. *W.-R. Schenke/R. P. Schenke*, in: Kopp/Schenke, VwGO, § 47 Rn. 12.

Demokratische Hierarchie und unabhängige Verwaltung

*Markus Ludwigs**

I. Einführung

Zu den herausragenden wissenschaftlichen Leistungen von *Horst Dreier* zählt es, die Bedeutung des teils kritisch beäugten[1] Hierarchiemodells als zentrales Ordnungsprinzip in der Staatsform Demokratie theoretisch fundiert zu haben.[2] In seinem 1991 veröffentlichten Werk »Hierarchische Verwaltung im demokratischen Staat« (einem Teildruck der Würzburger Habilitationsschrift aus dem Jahr 1989) spricht der Jubilar markant von einem »Funktionserfordernis demokratischer Staatlichkeit«[3]. Zur Begründung weist *Dreier* auf die »doppelte Fundamentierung« des »demokratisch-hierarchischen Kontrollsystems« hin. Dieses wurzele sowohl im Gedanken der Gesetzesbindung der Verwaltung als auch in der Kontrolle der Regierung durch das Parlament.[4] Beides untermauere »die These vom instrumentellen Charakter der Exekutive« und entspreche dem »Erfordernis demokratischer Legitimation des gesamten staatlichen Handelns«. Demokratie verlange »nach strikter Determination des Verwaltungshandelns, nach Durchsetzung des legalen Willens mit Hilfe eines loyal-gehorsamen Verwaltungsstabes«.[5] Zugleich erkennt *Dreier* bereits in großer Klarheit, dass »die zentralistisch-monistische Vorstellung eines demokratisch hierarchischen Kontrollsystems […] der komplexen Realität moderner Staaten […] nicht annähernd

* Der Beitrag ist auf dem Stand der Einreichung am 22. Januar 2024.

[1] Vgl. *Schuppert*, Der Staat 32 (1993), S. 581 (595 ff.); kompakt *Cancik*, in: Herdegen/Masing/Poscher/Gärditz (Hrsg.), Handbuch des Verfassungsrechts, 2021, § 14 Rn. 88 ff., mit Verweis auf *Wagener*, VVDStRL 37 (1979), S. 215 ff.

[2] Ebenso die Einordnung bei *Biaggini*, in: von Bogdandy/Cassese/Huber (Hrsg.), Handbuch IPE, Band III, 2010, § 53 Rn. 21; *Schuppert*, in: Heidbrink/Langbehn/Loh (Hrsg.), Handbuch Verantwortung, 2017, S. 789 (794).

[3] *Dreier*, Hierarchische Verwaltung im demokratischen Staat, 1991, S. 125; prägend für die dogmatische Erschließung des klassisch-hierarchischen Ansatzes: *Böckenförde*, in: Isensee/Kirchhof (Hrsg.), HStR I, 1. Auflage 1987, § 24 Rn. 16, mit dem Bild der ununterbrochenen »Legitimationskette«.

[4] *Dreier*, Hierarchische Verwaltung, S. 139 (mit den wörtlichen Zitaten im Satz zuvor und danach).

[5] *Dreier*, Hierarchische Verwaltung, S. 127 f.

gerecht wird«.[6] Erschütterungen des Hierarchieprinzips leitet er aus 1. einer abnehmenden Fähigkeit des Gesetzgebers zur Programmierung der Exekutive, 2. der Zunahme nichthierarchischer Handlungsformen im Verhältnis von Verwaltung und Bürger sowie 3. einer sich im Lichte veränderter Aufgabenstrukturen wandelnden Verwaltungsorganisation ab.[7]

Noch keine zentrale Rolle spielte zum Zeitpunkt des Erscheinens der Schrift hingegen die auf Etablierung einer unabhängigen Verwaltung abzielende supranationale Überlagerung des Verwaltungsorganisationsrechts durch Vorgaben der EU. Der erst einige Jahre später begonnene »Megatrend« erfasst heute immer mehr Rechtsgebiete.[8] Die einschlägigen Sekundärrechtsakte streben eine »völlige Unabhängigkeit« der zur Anwendung des (umgesetzten) Unionsrechts berufenen nationalen Stellen an.[9] Neben einer Ministerialfreiheit der nationalen Vollzugsbehörden folgt hieraus in Teilbereichen sogar eine Unabhängigkeit gegenüber normativer Vorstrukturierung des behördlichen Handelns durch den nationalen Gesetz- und Verordnungsgeber.[10]

Die resultierende Herausforderung einer Einpassung in den verfassungsrechtlichen Rahmen hat der Jubilar in einem aktuellen (mit seinem Schüler *David Kuch* verfassten) Beitrag als »komplizierte, nach den allgemeinen Grundsätzen pluraler Legitimation indes nicht unlösbare Aufgabe« klassifiziert.[11] Der Tragfähigkeit dieser These soll in einem Dreischritt nachgegangen werden. Zunächst sind die unterschiedlichen Ausprägungen der behördlichen »Unabhängigkeit« zu umreißen (II.). Hieran anknüpfend ist das Unionsprinzip der unabhängigen Verwaltung in seinen Wirkrichtungen und mit Blick auf etwaige primärrechtliche Schranken entlang der Erscheinungsformen in den einzelnen Rechtsgebieten zu entfalten (III.). Auf dieser Grundlage kann die Frage der Rezeptionsfähigkeit im nationalen Recht beantwortet und eine kritische Analyse der bisherigen Praxis geleistet werden (IV.).

---

[6] *Dreier*, Hierarchische Verwaltung, S. 159.

[7] *Dreier*, Hierarchische Verwaltung, S. 148 ff.

[8] Wörtliches Zitat bei *Kahl*, NVwZ 2011, S. 449 (450).

[9] Exemplarisch (zum Digital-Dienste-Koordinator) Art. 50 Abs. 2 S. 1 der VO (EU) 2022/2065 des EP und des Rates v. 19. Oktober 2022 über einen Binnenmarkt für digitale Dienste und zur Änderung der RL 2000/31/EG (Gesetz über digitale Dienste), ABl. 2022 L 277/1; hierzu noch unter III. 3. a).

[10] Zum TK-Sektor EuGH, C-424/07, ECLI:EU:C:2009:749 Rn. 53 ff. – Kommission/Deutschland; zum Energiesektor EuGH, C-718/18, ECLI:EU:C:2021:662 Rn. 98 ff. – Kommission/Deutschland.

[11] *Dreier/Kuch*, in: Kahl/Ludwigs (Hrsg.), HVwR III, 2022, § 60 Rn. 75; zurückhaltender noch *Dreier*, in: ders. (Hrsg.), Grundgesetz-Kommentar, 3. Auflage 2015, Art. 20 (Demokratie) Rn. 124.

II. Ausprägungen behördlicher Unabhängigkeit

Im Ausgangspunkt gilt es festzuhalten, dass nicht nur die »eine« Form der Unabhängigkeit von Behörden existiert. Zwar lässt sich allgemein von einer unabhängigen Position sprechen, wenn die jeweilige Stelle »zu einem gewissen Grad von anderen inter-, supra- oder nationalen Einrichtungen distanziert bzw. entkoppelt [ist]«[12]. Bei näherer Betrachtung können sich Art und Weise sowie Intensität der Beschränkung von Einflussnahmen jedoch erheblich unterscheiden.[13] Regelmäßig erfolgt eine Ausdifferenzierung in die Ausprägungen der institutionellen, sachlich-funktionellen, personellen und finanziellen Unabhängigkeit.[14] Mit Blick auf die Hierarchie als »Bauprinzip der Exekutive«[15] erweist sich die nachfolgend allein im Zentrum stehende sachlich-funktionelle (politische) Unabhängigkeit als besondere Herausforderung. Damit wird das Freisein eines Entscheidungsprozesses von äußerer Einflussnahme umschrieben.[16] Zu denken ist vor allem an den Ausschluss der üblichen Steuerungsmechanismen, mit denen übergeordnete Instanzen entlang der Hierarchiekette ihre Kontrolle ausüben können.

Das hiermit angesprochene Instrumentarium der ministeriellen Aufsicht über nachgeordnete Behörden präsentiert sich als ausdifferenziertes System.[17] Dabei kann sowohl zwischen Einzel(fall-)weisungen und allgemeinen Weisungen als auch zwischen einer reinen Rechtsaufsicht, einer die Zweckmäßigkeit einbeziehenden Fachaufsicht sowie einer die Organisation, den allgemeinen Geschäftsgang und die Personalangelegenheiten der Behörde adressierenden Dienstaufsicht unterschieden werden. Im Zuge der Europäisierung ist überdies deutlich geworden, dass die sachlich-funktionelle Unabhängigkeit neben adressatenbezogenen Weisungen und Einflussnahmen im Binnenbereich auch die Freiheit vor einer objektiv-allgemein geltenden Vorstrukturierung des Behördenhandelns durch den Gesetz- und Verordnungsgeber umfassen kann.[18]

---

[12] *Kuhn*, Binnenkonflikte unabhängiger Stellen der Verwaltung im Regulierungs- und Kartellrecht, 2023, S. 32 f., in Anknüpfung an *Kröger*, in: ders./Arne Pilniok (Hrsg.), Unabhängiges Verwalten in der Europäischen Union, 2016, S. 1 (3).

[13] *Kröger*, Unabhängigkeitsregime im europäischen Verwaltungsverbund, 2020, S. 50.

[14] Statt vieler *Bredt*, Die demokratische Legitimation unabhängiger Institutionen, 2006, S. 29 ff.

[15] *Dreier*, Hierarchische Verwaltung, S. 141 ff., 145 ff.

[16] *Bredt*, Legitimation, S. 32; *Kuhn*, Binnenkonflikte unabhängiger Stellen, S. 35.

[17] Näher *Kuhn*, Binnenkonflikte unabhängiger Stellen, S. 35 f.; zum Begriff der Staatsaufsicht grundlegend *Kahl*, Die Staatsaufsicht, 2000, S. 349 ff.

[18] *Gundel*, RdE 2019, S. 493 (495); *Ludwigs*, N&R-Beilage 2/2021, S. 1 (5); s. auch schon die Nachweise in Fn. 10.

III. Unionsprinzip der unabhängigen Verwaltung

Damit ist die Basis für eine nähere Analyse des Unionsprinzips der unabhängigen Verwaltung gelegt. Insoweit gilt es zunächst die unterschiedlichen Wirkungsebenen (1.) und primärrechtlichen Schranken in den Blick zu nehmen (2.), bevor die Vielgestaltigkeit der Erscheinungsformen in den einzelnen Rechtsgebieten entfaltet werden kann (3.)

1. Wirkungsebenen

Das Unionsprinzip der unabhängigen Verwaltung erfasst sowohl den direkten Vollzug des Unionsrechts durch Organe, Einrichtungen und sonstige Stellen der EU als auch den indirekten Vollzug seitens der mitgliedstaatlichen Behörden. Für den Bereich des Eigenverwaltungsrechts erfährt das Unabhängigkeitsgebot eine allgemeine Fundierung in Art. 298 Abs. 1 AEUV. Die Reichweite der Vorgabe ist indes noch weithin ungeklärt.[19] Einigkeit besteht darin, dass auch auf Unionsebene eine Funktionengliederung sowohl von Legislative, Exekutive und Judikative als auch der Administrative gegenüber der Gubernative festgeschrieben wird.[20] Daneben ist anerkannt, dass die EU-Eigenverwaltung vor einseitigen Einflussnahmen der Mitgliedstaaten abgeschirmt werden soll.[21] Kontrovers diskutiert wird hingegen, ob Art. 298 Abs. 1 AEUV eine weiterreichende (Weisungs-)Unabhängigkeit impliziert.[22] Dafür lässt sich anführen, dass die Vorschrift auf eine schwedische Initiative im Verfassungskonvent zurückgeht.[23] In der Verfassung des Königreichs Schweden wird die (Weisungs-)Unabhängigkeit der Verwaltung im Einzelfall durch §§ 2 und 3 des Kapitels 12 festgeschrieben.[24] Dagegen spricht aber, dass eine Entsendung der gesamten EU-Eigenverwaltung in die »völlige Unabhängigkeit« den eigenständigen Gewährleistungsgehalt anderer Vorschriften der europäischen Verträge nivellieren würde, in denen sachspezifisch weitergehende Unabhängigkeiten normiert sind.[25]

---

[19] *Gärditz*, DÖV 2010, S. 453 (461): »nebulös«.

[20] *Streinz*, in: ders. (Hrsg.), EUV/AEUV, Art. 298 AEUV Rn. 8; zur Rückführung auf die Figur des institutionellen Gleichgewichts *Haratsch*, in: Kahl/Ludwigs (Hrsg.), HVwR III, 2022, § 63 Rn. 34; zur Stärkung der Unabhängigkeit rechtlich verselbständigter EU-Agenturen *Saurer*, in: Pechstein/Nowak/Häde (Hrsg.), Frankfurter Kommentar, 2. Auflage 2023, Art. 298 AEUV Rn. 14.

[21] Statt vieler *Hatje*, in: Schwarze, EU-Kommentar, 4. Auflage 2019, Art. 298 AEUV Rn. 19.

[22] *Gärditz*, DÖV 2010, S. 453 (461): »Unabhängigstellung wird der Regelfall, hierarchische Observanz zum rechtfertigungsbedürftigen Ausnahmefall«; a.A. *Haratsch*, in: Kahl/Ludwigs, HVwR III, 2022, § 63 Rn. 34.

[23] *Groß*, Die Verwaltung 47 (2014), S. 197 (208); *Saurer*, in: Pechstein/Nowak/Häde (Hrsg.), Frankfurter Kommentar, 2. Auflage 2023, Art. 298 AEUV Rn. 1.

[24] Abrufbar unter https://www.verfassungen.eu (7. Januar 2024); *Wollmann*, in: König et al. (Hrsg.), Grundmuster der Verwaltungskultur, 2014, S. 537 (546).

[25] *Saurer*, in: Pechstein/Nowak/Häde (Hrsg.), Frankfurter Kommentar, 2. Auflage 2023,

Regelmäßig allein im Sekundärrecht wurzeln dagegen die nachfolgend im Zentrum stehenden Vorgaben zur sachlichen Unabhängigkeit der nationalen Behörden beim indirekten Vollzug des Unionsrechts. Eine Ausnahme bilden die bereits im Primärrecht angelegten Unabhängigkeitspostulate für die Datenschutzaufsicht (insbesondere Art. 16 Abs. 2 UAbs. 1 S. 2 AEUV und Art. 8 Abs. 3 GRCh) sowie bei der Erstellung von Unionsstatistiken (Art. 338 Abs. 2 AEUV). In beiden Fällen werden neben den unionalen Stellen auch die nationalen Behörden adressiert.[26] Den Vorschriften lassen sich indes keine genauen Vorgaben entnehmen, welche organisationsrechtlichen Konsequenzen aus dem Unabhängigkeitsgebot zu ziehen sind.[27] Es besteht daher Bedarf nach Konkretisierung des über einen Gestaltungsspielraum verfügenden Unionsgesetzgebers. Für die Frage einer aus den Unabhängigkeitsvorgaben resultierenden Destabilisierung des deutschen Hierarchieprinzips kommt es entscheidend auf die primärechtlichen Schranken (2.) und die konkrete Ausgestaltung der Europäisierung des nationalen Verwaltungsorganisationsrechts (3.) an.

2. Grenzen des Demokratie- und Rechtstaatsprinzips

Die Frage, inwieweit Vorgaben des Unionsgesetzgebers zur Etablierung völlig unabhängiger nationaler Behörden mit den Maßgaben des unionalen Demokratie- und Rechtsstaatsprinzips kollidieren können, ist noch weithin unterbelichtet. In kritischer Perspektive wird zwar pointiert darauf hingewiesen, dass der Judikatur des Gerichtshofs »kein auch nur annähernd substanzielles und subsumtionsfähiges Konzept demokratischer Legitimation zugrunde [liegt]«.[28] Immerhin hat der EuGH aber in Entscheidungen zum Datenschutzrecht und zur Energieregulierung deutlich gemacht, dass der Ausschluss hierarchischer Aufsichtsmechanismen durch eine parlamentarische und gerichtliche Kontrolle ausgeglichen werden muss.[29] Zur Begründung rekurriert er auf das in Art. 2 EUV (Art. 6 Abs. 1 EUV a.F.) verankerte Demokratieprinzip sowie den rechtsstaatlichen Grundsatz der Gesetzmäßigkeit des Vollzugs. Ein Fehlen jeglichen parlamentarischen Einflusses kommt »[g]ewiss [...] nicht in Betracht« und die

---

Art. 298 Rn. 14, zu Art. 285 AEUV (Europäischer Rechnungshof) und Art. 130, 282 Abs. 3 AEUV (EZB).

[26] Zur Datenschutzaufsicht: *Kingreen*, in: Calliess/Ruffert (Hrsg.), EUV/AEUV, 6. Auflage 2022, Art. 16 AEUV Rn. 9, Art. 39 EUV Rn. 1 und Art. 8 GRCh Rn. 19; zur Wahrung der wissenschaftlichen Unabhängigkeit bei Erstellung von Unionsstatistiken *Ladenburger*, in: von der Groeben/Schwarze/Hatje, Europäisches Unionsrecht, 7. Auflage 2015, Art. 338 AEUV Rn. 14.

[27] *Kröger*, Unabhängigkeitsregime, S. 123 (zur Datenschutzaufsicht), S. 132 (zum Statistikrecht).

[28] *Jestaedt*, in: Kahl/Mager (Hrsg.), Verwaltungsaufgaben und Legitimation der Verwaltung, 2022, S. 183 (196).

[29] Ebenso *Drechsler*, in: Dauses/Ludwigs, EU-WirtschaftsR-HdB, 59. EL 2023, B.III, Rn. 109.

unabhängigen Stellen bleiben »an das Gesetz gebunden und der Kontrolle durch die zuständigen Gerichte unterworfen«.[30] Mangels bislang identifizierter näherer Vorgaben im Primärrecht verfügen der Unionsgesetzgeber bzw. – bei Fehlen entsprechender Regelungen – der nationale Gesetzgeber hier über erhebliche Spielräume.[31] Als mögliche Instrumente nennt der EuGH exemplarisch die Bestellung des Leitungspersonals der unabhängigen Stellen durch Parlament oder Regierung sowie Rechenschaftspflichten gegenüber dem Parlament.[32]

3. Erscheinungsformen

Sind die weit gefassten Grenzen des Primärrechts für unionsrechtliche Gebote zur Etablierung völlig unabhängiger nationaler Vollzugsbehörden skizziert, kann der Blick auf die bisherigen Erscheinungsformen im Sekundärrecht gelenkt werden. Aus dem sich abzeichnenden Bild wird deutlich, dass der »Megatrend« eine stetig wachsende Zahl an Rechtsgebieten erfasst.

a) Recht des Datenschutzes und der Digitalisierung

Seinen Anfang nahm der Diskurs um die Autonomie der nationalen Vollzugsbehörden im Datenschutzrecht.[33] Dort forderte schon Art. 28 Abs. 1 UAbs. 2 der Datenschutzrichtlinie 95/46/EG (DS-RL)[34], dass die nationalen Kontrollstellen ihre Aufgaben »in völliger Unabhängigkeit wahrnehmen«. Mit Urteil vom 9. März 2010 leitete der EuGH hieraus den Ausschluss jeder staatlichen Aufsicht »gleich welcher Art« ab, ohne dass hiermit eine parlamentarische Einflussnahme und gerichtliche Kontrolle entbehrlich werde.[35] In seiner Folgejudikatur stellte er klar, dass die Formel von der völligen Unabhängigkeit auch den Ausschluss der Dienstaufsicht erfasst,[36] und einer vorzeitigen Beendigung der Amtszeit des nationalen Datenschutzbeauftragten enge Grenzen setzt.[37] Mit dem Ver-

[30] EuGH, C-518/07, ECLI:EU:C:2010:125 Rn. 40, 42f. – Kommission/Deutschland; EuGH, C-718/18, ECLI:EU:C:2021:662 Rn. 124ff. – Kommission/Deutschland; zum (auch in Art. 10 EUV wurzelnden) Demokratieprinzip *Haratsch*, in: Kahl/Ludwigs (Hrsg.), HVwR III, 2022, § 63 Rn. 19ff.; zum Gesetzmäßigkeitsprinzip als »europäische[m] Konsens« *Kahl*, in: ders./Ludwigs (Hrsg.), HVwR III, 2022, § 66 Rn. 19.

[31] *Drechsler*, EU-WirtschaftsR-HdB, B.III. Rn. 109.

[32] EuGH, C-518/07, ECLI:EU:C:2010:125 Rn. 44f. – Kommission/Deutschland; EuGH, C-378/19, ECLI:EU:C:2020:462 Rn. 36ff. – Prezident Slovenskej republiky.

[33] Näher *Dix*, in: Kröger/Arne Pilniok (Hrsg.), Unabhängiges Verwalten in der EU, S. 121ff.

[34] RL 95/46/EG des EP und des Rates v. 24. Oktober 1995 zum Schutz natürlicher Personen bei der Verarbeitung personenbezogener Daten und zum freien Datenverkehr, ABl. L 281/31; aufgehoben durch VO (EU) 2016/679 des EP und des Rates v. 27. April 2016, ABl. 2016 L 119/1.

[35] EuGH, C-518/07, ECLI:EU:C:2010:125 Rn. 32 – Kommission/Deutschland.

[36] EuGH, C-614/10, ECLI:EU:C:2012:631 Rn. 43ff. – Kommission/Österreich; zur weiterhin umstrittenen Frage, ob die Dienstaufsicht zulässig bleibt, sofern sie gesetzlich klar geregelt ist und die behördliche Unabhängigkeit nicht beeinträchtigt, *Kröger*, Unabhängigkeitsregime, S. 310f.

[37] EuGH, C-288/12, ECLI:EU:C:2014:237 Rn. 47ff. – Kommission/Ungarn.

trag von Lissabon erfuhr die Unabhängigkeit der Datenschutzbehörden dann eine (bereits erwähnte) Verankerung u.a. in Art. 16 Abs. 2 UAbs. 1 S. 2 AEUV und Art. 8 Abs. 3 GRCh. Die Konkretisierung der primärrechtlichen Vorgaben erfolgt heute in Art. 52 der Datenschutz-Grundverordnung (DS-GVO).[38]

Erst jüngst wurden im Recht der Digitalisierung mit dem am 19. Oktober 2022 verabschiedeten *Digital Services Act* (DSA)[39] weitere Vorgaben zur Etablierung des Unionsprinzips der unabhängigen Verwaltung geschaffen. Der DSA setzt den Rechtsrahmen einer Regulierung von Online-Plattformen.[40] Sein institutionelles Herzstück bildet der von jedem Mitgliedstaat zu benennende Digitale-Dienste-Koordinator (DDK). Ihm obliegt die Koordination aller DSA-Angelegenheiten seines Staates. Dabei fordert Art. 50 Abs. 2 DSA explizit die völlige Unabhängigkeit der weisungsfrei agierenden Stelle. Hiermit verbunden ist ein umfassender Ausschluss der Fach-, Rechts- und Dienstaufsicht.[41] Zugleich formuliert Art. 50 Abs. 3 S. 2 DSA einen expliziten Vorbehalt zugunsten der Etablierung einer effektiven gerichtlichen Kontrolle und von Rechenschaftspflichten des DDK gegenüber den nationalen Parlamenten.

b) Recht der Netzwirtschaften

Besondere Dynamik hat die Unabhängigkeitsdebatte in den Netzwirtschaften entwickelt.[42] Mit Ausnahme der Post beinhalten die Sekundärrechtsakte für alle Sektoren weitreichende Vorgaben zur sachlich-funktionellen Autonomie der nationalen Regulierungsbehörden. Im Energiesektor sehen die Binnenmarktrichtlinien für Strom[43] und Gas[44] eine Weisungsfreiheit explizit vor und betonen in den

---

[38] VO (EU) 2016/679 des EP und des Rates v. 27. April 2016 zum Schutz natürlicher Personen bei der Verarbeitung personenbezogener Daten, zum freien Datenverkehr und zur Aufhebung der Richtlinie 95/46/EG (Datenschutz-Grundverordnung), ABl. 2016 L 119, 1; näher *Nguyen*, in: Gola/Heckmann (Hrsg.), DS-GVO/BDSG, 3. Auflage 2022, Art. 52 DS-GVO Rn. 4, der zudem auf das Vorbild für Art. 52 DS-GVO in der Regelung zur Unabhängigkeit des Europäischen Datenschutzbeauftragten nach Art. 44 VO (EG) Nr. 45/2001 (heute Art. 55 VO [EU] 2018/1725) hinweist.

[39] Nachweis in Fn. 9.

[40] Ein weiteres Beispiel könnte künftig die KI-VO bilden. Das EP hat im Gesetzgebungsverfahren Änderungen zum Kommissionsvorschlag (COM[2021] 206 final) angenommen, die auch eine (Weisungs-)Unabhängigkeit der nationalen Aufsichtsbehörden umfassen (P9_TA[2023]0236).

[41] *Kühling/Dürr*, ZfDR 2023, S. 93 (104ff.); *Ludwigs*, DVBl. 2023, S. 577 (578ff.); anders *Cornils/Auler/Kirsch*, Vollzug des Digital Services Act in Deutschland – Implementierung einer verbraucherorientierten Aufsichtsbehördenstruktur, 11/2022, S. 36ff.

[42] Vgl. zum Folgenden bereits den Überblick bei *Ludwigs*, NZKart 2020, S. 576 (577f.); eingehend zuletzt *Kuhn*, Binnenkonflikte unabhängiger Stellen, S. 133ff.

[43] Vgl. Art. 57 Abs. 4 und 5 i.V.m. ErwGr. Nr. 80 der RL (EU) 2019/944 des EP und des Rates v. 5. Juni 2019 mit gemeinsamen Vorschriften für den Elektrizitätsbinnenmarkt und zur Änderung der RL 2012/27/EU, ABl. 2019 L 158, 125.

[44] Siehe Art. 39 Abs. 4 und 5 i.V.m. ErwGr. Nr. 30 der RL 2009/73/EG des EP und des Rates

auslegungsrelevanten Erwägungsgründen,[45] dass die nationalen Regulierer »völlig unabhängig von anderen öffentlichen oder privaten Interessen sein [müssen]«. Zulässig bleiben nur »allgemeine politische Leitlinien der Regierung«, die aber keinen Zusammenhang mit den Regulierungsaufgaben und -befugnissen aufweisen dürfen. Daneben steht die Weisungsfreiheit »weder gerichtlichen Überprüfungen noch der parlamentarischen Kontrolle nach dem Verfassungsrecht der Mitgliedstaaten entgegen«. Der EuGH unterstreicht, dass der unionsrechtliche Unabhängigkeitsbegriff »eine Stellung bezeichnet, die garantiert, dass die betreffende Stelle völlig frei von Weisungen und Druck [...] handeln kann«[46]. Daraus folgt eine Ablehnung jedweder Form staatlicher Aufsicht im Anwendungsbereich des Unionsrechts.[47] Noch weitergehend hat der Gerichtshof dem deutschen Modell einer über die unionsrechtlichen Vorgaben hinausweisenden normativen Vorstrukturierung des Behördenhandelns (sog. normierende Regulierung) eine Absage erteilt. Den primären Anknüpfungspunkt bilden hier jedoch nicht die Vorgaben über die Weisungsfreiheit, sondern jene zur ausschließlichen Zuständigkeit der nationalen Behörde für eine Regulierung des Netzzugangs.[48]

Im Telekommunikationssektor findet sich die Forderung nach sachlich-funktioneller Unabhängigkeit in Art. 8 Abs. 1 S. 1 des europäischen Kodex für die elektronische Kommunikation.[49] Danach holen die nationalen Regulierungsbehörden »im Zusammenhang mit der laufenden Erfüllung der ihnen [...] übertragenen Aufgaben weder Weisungen einer anderen Stelle ein noch nehmen sie solche entgegen«. Zwar soll die Weisungsunabhängigkeit »einer Aufsicht im Einklang mit dem nationalen Verfassungsrecht nicht entgegen[stehen]« (Abs. 1 S. 2). Im Lichte des durch Erwägungsgrund 37 der Richtlinie betonten strikten Ausschlusses »vo[n] äußerer Einflussnahme und politischem Druck« wird damit aber – parallel zum Energiesektor – allein die Möglichkeit einer parlamentarischen und gerichtlichen Kontrolle betont.[50] Im Übrigen hat der Gerichtshof

---

v. 13. Juli 2009 über gemeinsame Vorschriften für den Erdgasbinnenmarkt und zur Aufhebung der RL 2003/55/EG, ABl. 2009 L 211, S. 94.

[45] Vgl. zur Auslegungsrelevanz der Erwägungsgründe von Sekundärrechtsakten z. B. EuGH, C-473/19, C-474/19, ECLI:EU:C:2021:166 Rn. 39, 62f. – Föreningen Skydda Skogen.

[46] EuGH, C-378/19, ECLI:EU:C:2020:462 Rn. 32 – Prezident Slovenskej republiky; s. auch EuGH, C-718/18, ECLI:EU:C:2021:662 Rn. 108 – Kommission/Deutschland.

[47] *Ludwigs*, DVBl. 2023, S. 577 (580), zur Diskussion um die fortbestehende Zulässigkeit einer die Unabhängigkeit nicht beeinträchtigenden Dienstaufsicht: *Kröger*, Unabhängigkeitsregime, S. 286f. (zum Telekommunikationssektor); s. auch den Hinweis zur Datenschutzaufsicht in Fn. 36.

[48] EuGH, C-718/18, ECLI:EU:C:2021:662 Rn. 98ff. – Kommission/Deutschland, zu Art. 37 Abs. 1 lit. a, Abs. 6 lit. a und b der alten Strom-RL 2009/72/EG (heute: Art. 59 Abs. 1 lit. a Strom-RL [EU] 2019/944) sowie Art. 41 Abs. 1 lit. a, Abs. 6 lit. a und b der Gas-RL 2009/93/EG.

[49] RL (EU) 2018/1972 des EP und des Rates vom 11. Dezember 2018 über den europäischen Kodex für die elektronische Kommunikation, ABl. 2018 L 321/36.

[50] *Eifert*, in: Ehlers/Fehling/Pünder (Hrsg.), Besonderes Verwaltungsrecht, Band 1, 4. Auf-

auch im Telekommunikationssektor das (gegenüber dem Energiesektor ohnehin schon deutlich schwächer ausgeprägte) Modell einer normierenden Regulierung in Deutschland verworfen.[51] Konsequenz dieser Unabhängigkeit gegenüber dem Gesetz- und Verordnungsgeber ist ein unionsrechtlich vorausgesetztes Höchstmaß an Gestaltungsfreiheit der nationalen Regulierungsbehörde bei paralleler Einbindung in ein durch intensive Eingriffsbefugnisse der EU-Kommission geprägtes System der Verbundverwaltung.[52]

Eine Regelung zur sachlich-funktionellen Unabhängigkeit der nationalen Regulierungsbehörde etabliert schließlich auch die sog. Recast-Richtlinie von 2012 für den Eisenbahnsektor.[53] Dem behördlichen Personal wird es wiederum ausdrücklich untersagt, bei Wahrnehmung der Regulierungsaufgaben Weisungen von staatlichen, öffentlichen oder privaten Stellen einzuholen oder entgegenzunehmen. Die Regelung erfährt keine Einschränkung und ist (auch hinsichtlich der Möglichkeit einer parlamentarischen und gerichtlichen Kontrolle) parallel zu den Bestimmungen im Energie- und Telekommunikationssektor auszulegen.[54]

c) Kartellrecht

Im EU-Kartellrecht zielt die ECN+-Richtlinie (EU) 2019/1 darauf ab, den Vollzug durch die nationalen Kartellbehörden zu erleichtern und zu vereinheitlichen.[55] In Anlehnung an das Recht der Netzwirtschaften statuiert Art. 4 Abs. 1 ECN+-RL eine Verpflichtung der Mitgliedstaaten, »die Unabhängigkeit der für Wettbewerb zuständigen nationalen Verwaltungsbehörden bei der Anwendung der Artikel 101 und 102 AEUV zu gewährleisten«. Nach der konkretisierenden Vorgabe in Art. 4 Abs. 2 lit. b Hs. 1 ECN+-RL dürfen Mitarbeiter und Per-

---

lage 2019, § 24 Rn. 141; *Ludwigs*, Die Verwaltung 44 (2011), S. 41 (45 f.); für eine Deutung als »nationale Reserveklausel« dagegen *Kühling*, in: Ruffert (Hrsg.), Europäisches Sektorales Wirtschaftsrecht, 2. Auflage 2020, § 4 Rn. 71. Zur Paralleldiskussion bei Art. 30 Abs. 2 UAbs. 2 S. 2 der RL 2010/13/EU über audiovisuelle Mediendienste (ABl. 2010 L 303/69) vgl. *Holznagel*, CR 2022, S. 245 (248), der unter Hinweis auf den weniger strikten Erwägungsgrund 53 der maßgeblichen Änderungs-RL (EU) 2018/1808 (ABl. 2018 L 303/69) »ganz allgemein« eine Aufsicht über die nationalen Regulierungsbehörden für zulässig hält; anders *Gundel*, ZUM 2019, S. 131 (137 f.): nur Rechtsaufsicht.

[51] EuGH, C-424/07, ECLI:EU:C:2009:749 Rn. 53 ff. – Kommission/Deutschland.

[52] *Ludwigs*, in: Schmidt/Wollenschläger (Hrsg.), Kompendium Öffentliches Wirtschaftsrecht, 6. Auflage 2024, Kap. 12 Rn. 16 (im Erscheinen); kritisch zur Einflussverschiebung auf die Unionsebene *Gärditz*, AöR 135 (2010), S. 251 (268 f.); im Kontext der DSA-Umsetzung jüngst *Buchheim/Schrenk*, NVwZ 2024, S. 1 (7 f.).

[53] Art. 55 Abs. 3 UAbs. 4 der RL 2012/34/EU des EP und des Rates vom 21. November 2012 zur Schaffung eines einheitlichen europäischen Eisenbahnraums, ABl. 2012 L 343/32.

[54] *Kuhn*, Binnenkonflikte unabhängiger Stellen, S. 134; *Ludwigs*, NZKart 2020, S. 576 (577 f.).

[55] RL (EU) 2019/1 des EP und des Rates v. 11. Dezember 2018 zur Stärkung der Wettbewerbsbehörden der Mitgliedstaaten im Hinblick auf eine wirksamere Durchsetzung der Wettbewerbsvorschriften und zur Gewährleistung des reibungslosen Funktionierens des Binnenmarkts, ABl. 2019 L 11/3.

sonen, die bei der für Wettbewerb zuständigen Behörde näher bezeichnete Entscheidungen treffen, diesbezüglich »keinerlei Weisungen der Regierung oder einer anderen öffentlichen oder privaten Stelle einholen oder entgegennehmen«. Im Lichte der strikten Formulierung (»keinerlei«) werden rechts- und fachaufsichtliche Weisungen gleichermaßen untersagt.[56] Zwar gilt die Weisungsfreiheit nach Art. 4 Abs. 2 lit. b Hs. 2 ECN+-RL »unbeschadet des Rechts der mitgliedstaatlichen Regierungen, gegebenenfalls Vorschriften allgemeiner Art herauszugeben«. Diese Vorschriften der Regierung dürfen sich aber gerade »nicht auf Untersuchungen einzelner Wirtschaftszweige oder bestimmte Durchsetzungsverfahren beziehen«. Ein Bezug zur laufenden Kartellaufsicht ist mithin ausgeschlossen. Bei einer Gesamtwürdigung verengt sich der Raum für allgemeine Weisungen der Regierung damit erheblich.[57] Hiervon unberührt bleibt nach Erwägungsgrund 22 der ECN+-RL wiederum die Möglichkeit einer parlamentarischen oder gerichtlichen Kontrolle.

d) Recht der Bankenaufsicht und -abwicklung

Ein bereits auf den Prüfstand des BVerfG gestelltes Anwendungsfeld des Unionsprinzips der unabhängigen Verwaltung liefert die Bankenunion. Zentrale Pfeiler bilden der *Single Supervisory Mechanism* (SSM) und der *Single Resolution Mechanism* (SRM).[58] Beide umfassen Vorgaben zur Unabhängigkeit der Bankenaufsicht und -abwicklung.[59] Gemäß Art. 19 Abs. 1 SSM-VO[60] handeln neben der EZB auch die nationalen Aufsichtsbehörden in Wahrnehmung der durch die Verordnung übertragenen Aufgaben unabhängig und unterliegen bei der Bankenaufsicht im Verwaltungsverbund keinerlei Weisungen.[61] Parallel hierzu ist die Bankenabwicklung ebenfalls durch Vollzugsteilung und -verflechtung geprägt. Nach Art. 47 Abs. 1 und 2 SRM-VO[62] agieren das *Single Resolution Board* (als europäische Abwicklungsbehörde) wie auch die nationalen Abwick-

---

[56] *Ludwigs*, NZKart 2020, S. 576 (579); vgl. zur Dienstaufsicht die übertragbaren Ausführungen in Fn. 36 und Fn. 47, zur Diskussion im Datenschutzrecht und im Recht der Netzwirtschaften.

[57] *Kuhn*, Binnenkonflikte unabhängiger Stellen, S. 210; *Ludwigs*, NZKart 2020, S. 576 (579).

[58] Knapper Überblick unter Einbeziehung des unvollendeten gemeinsamen Systems der Einlagensicherung bei *Seitz*, in: Görres-Gesellschaft (Hrsg.), Staatslexikon, Band 1, 8. Auflage 2017, S. 546f.

[59] Ausführlich jüngst *Gurlit*, ZBB 2023, S. 69ff.

[60] VO (EU) Nr. 1024/2013 des Rates vom 15. Oktober 2013 zur Übertragung besonderer Aufgaben im Zusammenhang mit der Aufsicht über Kreditinstitute auf die EZB, ABl. 2013 L 287/63.

[61] Deutlich BVerfGE 151, 202 Rn. 221; ferner *Gurlit*, ZBB 2023, S. 69 (75), wonach diesem Verständnis nicht entgegensteht, dass eine Weisungsfreiheit in Art. 19 Abs. 1 S. 2 SSM-VO explizit nur für das Aufsichtsgremium und den Lenkungsausschuss vorgesehen ist.

[62] VO (EU) Nr. 806/2014 des EP und des Rates v. 15. Juli 2014 zur Festlegung einheitlicher Vorschriften und eines einheitlichen Verfahrens für die Abwicklung von Kreditinstituten und bestimmten Wertpapierfirmen im Rahmen eines einheitlichen Abwicklungsmechanis-

lungsbehörden unabhängig.[63] Sofern von der nationalen Behörde Aufgaben innerhalb des einheitlichen Abwicklungsmechnanismus wahrgenommen werden, sind ministerielle Weisungen ausgeschlossen.[64]

e) Statistikrecht

Weniger im Fokus stand bislang die sekundärrechtliche Ausdifferenzierung der bereits in Art. 338 Abs. 2 AEUV angelegten Unabhängigkeit der nationalen Behörden bei Erstellung von Unionsstatistiken.[65] Ausweislich der im Jahr 2015 novellierten EU-Statistikverordnung handeln die Leiter der nationalen Statistikämter »bei Ausführung ihrer statistischen Aufgaben unabhängig und dürfen Weisungen von einer Regierung, einem Organ, einer Einrichtung oder jeder anderen Stelle weder einholen noch entgegennehmen«.[66] Die fachliche Unabhängigkeit der statistischen Stellen erweist sich dergestalt als »Garant für die Glaubwürdigkeit der europäischen Statistiken«,[67] wobei die demokratische Rechenschaftspflicht der Statistikämter unberührt bleibt.[68]

IV. Rezeption im nationalen Recht

Den dezidierten Vorgaben im Unionsrecht steht eine bemerkenswerte Zurückhaltung des nationalen Gesetzgebers gegenüber, das Prinzip der unabhängigen Verwaltung im deutschen Recht zu verankern.[69] Die verfassungsrechtlichen Hintergründe wurden im Gesetzgebungsverfahren zum Eisenbahnregulierungesetz (ERegG) offenbar. Dort rekurrierte die Bundesregierung im Gesetzentwurf explizit auf das Spannungsverhältnis zwischen dem unionalen Unabhängigkeitsgebot und der Ministerverantwortlichkeit im Staatsorganisationsrecht. Beide Positionen könnten »nicht zugleich in vollem Umfang gewahrt werden«.[70] Die mit einem Festhalten an überkommenen Denkfiguren verbundene Unsicherheit der deutschen Staatsorgane spiegelt sich in den disparaten Regelungen der einzelnen Rechtsgebiete wider. Im Folgenden gilt es zunächst die Heterogenität der

mus und eines einheitlichen Abwicklungsfonds sowie zur Änderung der Verordnung (EU) Nr. 1093/2010, ABl. 2014 L 225/1.

[63] *Ludwigs/Pascher/Sikora*, EWS 2020, S. 1 (2).

[64] BVerfGE 151, 202 Rn. 283.

[65] Siehe nur *Kröger*, Unabhängigkeitsregime, S. 132ff.; *ders./Pilniok*, DÖV 2015, S. 917ff.

[66] Art. 5a Abs. 2 lit. c der VO (EG) Nr. 223/2009 des EP und des Rates v. 11. März 2009 über europäische Statistiken […], ABl. 2009 L 87/164 (eingefügt durch VO [EU] 2015/759 des EP und des Rates v. 29. April 2015, ABl. 2015 L 123/90); *Drechsler*, in: Kühling (Hrsg.), BStatG, 2023, § 2 Rn. 21.

[67] Hierzu *Kröger*, Unabhängigkeitsregime, S. 134f. m. w. N.

[68] Vgl. Erwägungsgrund 10 der Änderungs-VO (EU) 2015/759.

[69] Ähnlich bereits *Groß*, Die Verwaltung 47 (2014), S. 197 (201); *Gurlit*, ZBB 2023, S. 69 (79).

[70] BT-Drs. 18/8334, S. 82.

getroffenen Regelungen herauszuarbeiten (1.), bevor eine Antwort auf die Frage gegeben werden kann, ob das Verfassungsrecht einer konsequenten Verwirklichung des unionalen Unabhängigkeitsgebots entgegensteht (2.).

1. Praxis der Umsetzung und Durchführung

Mit Blick auf die Umsetzung und Durchführung der unionsrechtlichen Vorgaben in Deutschland ist zwischen affirmativen und negierenden Regelungsmodellen zu unterscheiden. Während im Recht des Datenschutzes und der Digitalisierung eine zwar teils dilatorische, letztlich aber ordnungsgemäße Rezeption zu verzeichnen ist, weisen die Regelungen in den übrigen Rechtsgebieten durchgängig Defizite auf.

a) Affirmative Rezeption

Im Datenschutzrecht wurden die Konsequenzen aus dem EuGH-Urteil gegen Deutschland (2010) mit erheblicher Verzögerung gezogen.[71] Der zum 1. Januar 2016 neu formulierte § 22 Abs. 5 BDSG a. F.[72] verwandelte die/den Bundesbeauftragte[n] für den Datenschutz und die Informationsfreiheit (BfDI) in eine eigenständige oberste Bundesbehörde. Bei der Anpassung an die DS-GVO wurde die Regelung in § 8 BDSG überführt.[73] Mit der vorgesehenen Behördenstruktur wird die unionsrechtlich geforderte Weisungsunabhängigkeit gewährleistet.[74] Zudem findet die »völlige Unabhängigkeit« und Weisungsfreiheit des BfDI auch außerhalb des Regelungsbereichs von Art. 52 DS-GVO in § 10 Abs. 1 BDSG eine explizite Verankerung.[75]

Daneben weist die mit dem Gesetzentwurf der Bundesregierung zum Digitale-Dienste-Gesetz (DDG) vom 22. Dezember 2023 bzw. 15. Januar 2024 angestrebte Durchführung des DSA ebenfalls in die richtige Richtung. § 15 S. 1 S. 1 DDG-E sieht explizit vor, dass die bei der zuständigen BNetzA eingerichtete Koordinierungsstelle für digitale Dienste bei Wahrnehmung der ihr durch den DSA zugewiesenen Aufgaben und Befugnisse »völlig unabhängig« handelt. Konkretisierend stellt Satz 2 klar, dass die Stelle »weder direkter noch indirekter Beeinflussung von außen [unterliegt] und […] weder um Weisungen

---

[71] Zu den bereits zuvor auf Länderebene getroffenen Regelungen *Boehm*, in: Kühling/Buchner (Hrsg.), DS-GVO/BDSG, 4. Auflage 2024, Art. 52 DS-GVO Rn. 25.

[72] BGBl. 2015, I S. 162.

[73] BGBl. 2017, I S. 2097.

[74] *Grittmann*, in: Taeger/Gabel (Hrsg.), DSGVO/BDSG/TTDSG, 4. Aufl 2022, Art. 52 DSGVO Rn. 31 f.; zum Regelungsziel auch BT-Drs. 18/11325, S. 83 (Gesetzentwurf der Bundesregierung).

[75] *Boehm*, Art. 52 DS-GVO Rn. 28, s. auch BT-Drs. 18/11325, 84, mit Verweis auf § 1 Abs. 5 BDSG und die durch § 10 Abs. 1 BDSG erfolgende Umsetzung von Art. 42 Abs. 1 und 2 der RL 2016/680 (ABl. 2016 L 119/89).

[ersucht] noch [...] Weisungen entgegen[nimmt], sofern diese Weisungen den fachlichen Bereich der unabhängigen Aufgabenerfüllung betreffen«. Ausweislich der Begründung zum Gesetzentwurf soll auch eine Dienstaufsicht (durch die Präsidentin bzw. den Präsidenten der BNetzA) nur noch im außerfachlichen Bereich möglich sein.[76]

b) Negierende Rezeption

Kontrastierend zur affirmativen Rezeption im Recht des Datenschutzes und der Digitalisierung wird das Unabhängigkeitspostulat in den anderen Rechtsgebieten in erheblichem Maße negiert. In den Netzwirtschaften setzen die Veröffentlichungsregeln aus § 61 EnWG und § 193 TKG weiterhin eine Zulässigkeit ministerieller Weisungen voraus.[77] Dies erscheint umso bemerkenswerter, als es bei den Gesetzesnovellen zur Abkehr von der normierenden Regulierung in den Sektoren Energie[78] und Telekommunikation[79] nahegelegen hätte, auch diese Verstöße gegen das Unionsrecht zu beseitigen. An der Forderung legislativer Anpassung ist aus Gründen der Rechtsklarheit selbst dann festzuhalten, wenn man annehmen wollte, dass die unionsrechtlich geforderte (Weisungs-)Unabhängigkeit schon heute aus einer objektiven unmittelbaren Wirkung der Richtlinienvorgaben resultiert.[80] Ein erster Schritt wurde im Eisenbahnsektor getan. Dort schließt § 4 BEVVG eine Fachaufsicht über die BNetzA aus (Abs. 3) und begründet daneben ein privilegiertes Klagerecht der Behörde gegen rechtsaufsichtliche Weisungen (Abs. 3a). Es erscheint allerdings fragwürdig, ob die Obliegenheit der BNetzA zur Verteidigung ihrer Unabhängigkeit mit den strengen Vorgaben des Unionsrechts in Einklang zu bringen ist.[81]

Nicht minder unbefriedigend ist die Rechtslage im Kartellrecht. Mit der 10. GWB-Novelle[82] wurden die Anforderungen an eine Umsetzung der ECN+-RL im Hinblick auf die geforderte Weisungsunabhängigkeit der Beschlussabteilungen des BKartA bei einem Handeln im Kontext von Art. 101 und 102 AEUV verfehlt. Aus der Veröffentlichungsregel in § 52 GWB lässt sich weiter allein die (unionsrechtliche) Ausnahme der Gebundenheit an allgemeine Weisungen

[76] BT-Drs. 20/10031, S. 74 f. bzw. BR-Drs. 676/23, S. 80 f.

[77] Zur hiermit im Energiesektor kontrastierenden Umsetzung auf Länderebene *Gundel*, EWS 2017, S. 301 (305).

[78] BGBl. 2023 Nr. 405; hierzu im Kontext der Unabhängigkeitsdiskussion *Kreuter-Kirchhof*, NVwZ 2024, S. 9 (12 ff.); s. auch *Mohr/Müller*, EuZW 2023, S. 1069 (1071 ff.).

[79] BGBl. 2011, I S. 506; dazu *Körber*, MMR 2011, S. 215 ff.

[80] Dafür *Kuhn*, Binnenkonflikte unabhängiger Stellen, S. 145 ff., 149; *Ludwigs*, in: Säcker/Schmidt-Preuß (Hrsg.), Grundsatzfragen des Regulierungsrechts, 2015, S. 251 (260); für eine richtlinienkonforme Auslegung (bei fortbestehender Rechtsaufsicht) *Gundel*, EWS 2017, S. 301 (306).

[81] Bejahend *Gundel*, EWS 2017, S. 301 (306); verneinend *Ludwigs*, NVwZ 2016, S. 1665 (1670).

[82] BGBl. 2021, I S. 2; hierzu die Beiträge in Bien u. a. (Hrsg.), Die 10. GWB-Novelle, 2021.

ableiten, während das Paradigma der behördlichen (Weisungs-)Unabhängigkeit keinen Niederschlag im Gesetz gefunden hat. Zwar erscheint eine richtlinienkonforme Auslegung denkbar, ohne dass hierin aber ein vollwertiges und dauerhaftes Surrogat für die Umsetzung des Richtlinieninhalts durch Rechtsnormen läge.[83]

Ebenfalls als fehlerhaft erweisen sich die organisatorischen Regelungen zur Finanzmarktaufsicht. Zuständige Behörde in den Bereichen der Bankenaufsicht und -abwicklung ist auf nationaler Ebene vor allem die BaFin.[84] Diese untersteht nach § 2 FinDAG ausdrücklich der Rechts- und Fachaufsicht des Bundesfinanzministeriums. Ein Anwendungsbereich für das aufsichtliche Instrumentarium existiert indes nur noch außerhalb der Verbundverwaltung im SSM und SRM. Im Übrigen wird § 2 FinDAG durch die unmittelbar anwendbaren Unabhängigkeitsgebote aus Art. 19 Abs. 1 SSM-VO und Art. 47 Abs. 1 SRM-VO verdrängt.[85] Eine entsprechende Klarstellung durch den Bundesgesetzgeber erscheint schon aus Gründen der Rechtssicherheit geboten.[86]

Korrekturbedarf ist schließlich mit Blick auf die Regelungen zum Statistischen Bundesamt zu verzeichnen. Nach § 2 Abs. 1 BStatG handelt es sich um eine selbständige Bundesoberbehörde im Geschäftsbereich des Bundesministeriums des Innern und für Heimat (BMI), dem nach allgemeinen Grundsätzen die Rechts- und Dienstaufsicht zusteht. Das BMI darf jedoch nicht von vornherein auch fachliche Weisungen erteilen, weil die Fachaufsicht nach Art. 2 Abs. 3 BStatG von dem Bundesministerium ausgeübt wird, in dessen Geschäftsbereich die jeweilige Bundesstatistik fällt.[87] Im Übrigen wird die Weisungsbindung durch die den Leitern der nationalen Statistikämter in Art. 5a Abs. 2 lit. c EU-Statistikverordnung zugesprochene unabhängige Rechtsstellung überlagert.[88] Handeln die Leiter in Ausführung ihrer statistischen Aufgaben, sind Weisungen im Bereich der europäischen Statistiken ausgeschlossen. Der gegenläufige § 2 Abs. 3 BStatG ist hier unanwendbar und sollte angepasst werden.[89]

2. *Verfassungsrechtliche Schranken*

Das Zurückbleiben der nationalen Regelungen hinter den unionsrechtlichen Anforderungen führt zu der Frage zurück, ob sich hierfür eine Begründung

---

[83] *Ludwigs*, in: Bien u. a. (Hrsg.), Die 10. GWB-Novelle, 2021, Kap. 2 Rn. 16f., 18 (auch zum Vorstehenden).

[84] Vgl. zur Bankenaufsicht § 6 Abs. 1 KWG (s. auch § 7 KWG zur Zusammenarbeit mit der Deutschen Bundesbank); zur Bankenabwicklung § 3 Abs. 1 SAG.

[85] *Gurlit*, ZBB 2023, S. 69 (79); s. auch schon *Dechent*, NVwZ 2015, S. 767 (771).

[86] Ebenso *Gurlit*, ZBB 2023, S. 69 (79).

[87] *Kröger*, Unabhängigkeitsregime, S. 319.

[88] *Drechsler*, § 2 Rn. 22f., der auch für eine unionsrechtskonforme Auslegung des § 2 Abs. 3 StatG im Lichte von Art. 5a Abs. 1 und Art. 5a Abs. 2 lit. a und c EU-Statistikverordnung plädiert.

[89] Ähnlich *Kröger/Pilniok*, DÖV 2015, S. 917 (919).

aus dem Staatsorganisationsrecht ergibt. Als Anknüpfungspunkt könnte die den Vorrang des Unionsrechts relativierende Kontrollvorbehalte-Judikatur des BVerfG dienen.[90] Teile des Schrifttums qualifizieren die Forderung nach einer (Weisungs-)Unabhängigkeit der nationalen Vollzugsbehörden als Beeinträchtigung der integrationsfesten Verfassungsidentität nach Art. 23 Abs. 1 S. 3 i. V. m. Art. 79 Abs. 3 GG.[91] Demgegenüber weisen andere Stimmen auf eine mögliche Kompensation des Defizits an sachlich-inhaltlicher Legitimation[92] hin.[93]

Im Bankenunion-Urteil vom 30. Juli 2019 hat sich das BVerfG der letztgenannten Position angeschlossen und einen Zwei-Stufen-Test zur Rechtfertigung unionsrechtlich veranlasster Absenkungen des Legitimationsniveaus formuliert.[94] Auf der ersten Stufe wird eine »spezifische Rechtfertigung« etwaiger »Einflussknicke«[95] durch verfassungsrechtlich legitime Gründe gefordert, wobei ein Unterlaufen der Volkssouveränität ausgeschlossen sein muss. Auf einer zweiten Stufe bedarf es »gegebenenfalls« der zusätzlichen Kompensation eines festgestellten Mangels an demokratischer Legitimation.[96] Dieser Ausgleich kann im Wege einer die Gesetzesbindung akzentuierenden richterlichen Kontrolle des amtlichen Handelns, durch Einräumung besonderer parlamentarischer Kontrollrechte oder mittels behördlicher Rechenschaftspflichten erfolgen.[97]

Die fundamentale Bedeutung des Urteils liegt in der erstmaligen systematischen Entfaltung der aus dem integrationsfesten Demokratieprinzip resultierenden Anforderungen an ein hinreichendes Legitimationsniveau der handelnden Stellen.[98] Zugleich macht die konkrete Subsumtion deutlich, dass mit dem Zwei-Stufen-Test keine übersteigerten Anforderungen verbunden sind.[99] So erkennt das BVerfG für die nationalen Aufsichtsbehörden im SSM auf der ersten Stufe die Ermöglichung einer effektiven Aufsicht und den Schutz vor ungebührlicher politischer Einflussnahme und Einmischungen der Industrie

---

[90] Eingehend zuletzt *Pracht*, Residualkompetenzen des BVerfG, 2022, S. 29 ff., 185 ff., 225 ff.

[91] Siehe insb. *Gärditz*, AöR 135 (2010), S. 251 (275 ff., 285); *Kahl*, Der Staat 50 (2011), S. 353 (381).

[92] Zu den unterschiedlichen Komponenten der Legitimation *Dreier/Kuch*, § 60 Rn. 36 ff.

[93] *Kersten*, DVBl. 2011, S. 585 (590 f.); *Ludwigs*, Die Verwaltung 44 (2011), S. 41 (52 ff.).

[94] BVerfGE 151, 202 Rn. 134; in Ansätzen bereits BVerfGE 142, 123 Rn. 189; hierzu und zur Geltung auch für die Errichtung von unabhängigen Einrichtungen und Stellen der EU bereits *Ludwigs/Pascher/Sikora*, EWS 2020, S. 1 (5).

[95] *P. M. Huber*, StWiss 8 (1997), S. 423 (424); *Wagener*, in: ders. (Hrsg.) Verselbständigung von Verwaltungsträgern, 1976, S. 31 (40); aus der Rspr. BVerfGE 142, 123 Rn. 131.

[96] Ein Absehen von der Kompensation erscheint denkbar, wenn die behördliche Aufgabe bereits ihrer spezifischen Eigenart nach eine ministerielle Weisungsfreiheit notwendig erfordert (*Ludwigs/Pascher/Sikora*, EWS 2020, S. 1 [5] m. w. N.).

[97] BVerfGE 151, 202 Rn. 134.

[98] Zum Folgenden *Ludwigs*, in: Kahl/Ludwigs (Hrsg.), HVwR II, § 44 Rn. 39, 43; zur überkommenen Diskussion einer Rechtfertigung ministerialfreier Räume *Dreier/Kuch*, § 60 Rn. 44; näher *Kuhn*, Binnenkonflikte unabhängiger Stellen, S. 85 ff.

[99] BVerfGE 151, 202 Rn. 207 ff., 253 ff.

als spezifische Rechtfertigung an.[100] Nicht minder gewichtige Zwecke des Unabhängigkeitserfordernisses finden sich auch in den anderen Referenzgebieten. Zum Beispiel stützt sich der Unionsgesetzgeber in den Netzwirtschaften sowie im Kartellrecht auf eine wirksame, einheitliche und vorhersehbare Anwendung der unionalen Vorgaben unter Abschirmung von äußerer Einflussnahme und politischem Druck.[101] Im Recht des Datenschutzes und der Digitalisierung soll ein unabhängiger Vollzug den Grundrechtsschutz bei Datenverarbeitungen und auf Online-Plattformen stärken.[102] Von der EU-Statistikverordnung wird die hohe fachliche Unabhängigkeit der Statistiker als Voraussetzung für glaubwürdige europäische Statistiken hervorgehoben.[103]

Auf der zweiten Stufe seines Tests verweist das BVerfG im Bankenunion-Urteil zur Kompensation des Legitimationsdefizits dann auf eine umfassende gerichtliche Kontrolle der nationalen Bankenaufsicht sowie die fortbestehenden Rechenschaftspflichten und Kontrollrechte der nationalen Parlamente.[104] Das Unionsrecht lässt freilich in allen analysierten Anwendungsfeldern entsprechenden Raum für eine parlamentarische und gerichtliche Kontrolle der unabhängigen Verwaltung bzw. fordert diese sogar ein. Von einem unlösbaren Spannungsverhältnis zur deutschen Verfassungsidentität (bei Zugrundelegung der europarechtsfreundlichen BVerfG-Judikatur[105]) kann daher keine Rede sein. Etwas anderes gilt auch nicht für solche Bereiche, in denen neben der ministeriellen Aufsicht auch eine nähere Vorstrukturierung des Behördenhandelns durch den Normgeber ausgeschlossen wird. Zwar fordert der in den Sektoren Energie und Telekommunikation vollzogene Wandel von der normierenden zur administrativen Regulierung den Parlamentsvorbehalt heraus. Zu bedenken ist aber, dass die umgesetzten Richtlinien den nationalen Regulierern eine Vielzahl von politischen Zielen, Aufgaben, Maßstäben und Abwägungskriterien vorgegeben.[106] Auf diese Weise erfährt das behördliche Handeln eine grundlegende

[100] BVerfGE 151, 202 Rn. 223; kritisch zur fehlenden Herleitung einer spezifischen Rechtfertigung für die Unabhängigkeit der nationalen Abwicklungsbehörden im SRM *Gentzsch/Brade*, EuR 2019, S. 602 (629); *Ludwigs/Pascher/Sikora*, EWS 2020, S. 1 (7).

[101] Siehe nur exemplarisch die Erwägungsgründe 37 und 38 der Kodex-RL (EU) 2018/1972 im Telekommunikationsrecht sowie Erwägungsgrund 17 der ECN+-RL (EU) 2019/1 im Kartellrecht.

[102] Zur Datenschutzaufsicht deutlich EuGH, C-518/07, ECLI:EU:C:2010:125 Rn. 25 – Kommission/Deutschland; zum Schutz der Grundrechtsentfaltung im Online-Umfeld vgl. Art. 1 Abs. 1 (i. V. m. Erwägungsgrund 111) der VO (EU) 2022/2065 (DSA).

[103] Erwägungsgrund 9 der Änderungs-VO (EU) 2015/759 zur EU-Statistikverordnung.

[104] BVerfGE 151, 202 Rn. 227, 229; kritisch zur Bezugnahme des BVerfG (ebd., Rn. 299) auf eine unspezifische »Gesamtschau« bei Anwendung des Zwei-Stufen-Tests auf die nationalen Abwicklungsbehörden im SRM: *Ludwigs/Pascher/Sikora*, EWS 2020, S. 1 (7).

[105] Ablehnend hierzu aber *Jestaedt*, in: Kahl/Mager (Hrsg.), Verwaltungsaufgaben und Legitimation der Verwaltung, 2022, S. 183 ff.; zum Grundsatz der Europarechtsfreundlichkeit *Knop*, Völker- und Europarechtsfreundlichkeit als Verfassungsgrundsätze, 2013, S. 260 ff.

[106] *Ludwigs*, N&R-Beilage 2/2021, S. 19 f.; zurückhaltender *Kreuter-Kirchhof*, NVwZ 2021, S. 589 ff.

normative Vorstrukturierung. Nicht zu verkennen ist allerdings, dass bei einem Zusammentreffen der Unionsgebote einer behördlichen Weisungsfreiheit und der Unabhängigkeit vom (nationalen) Normgeber erhöhte Anforderungen an das Vorliegen kompensatorischer Faktoren zu stellen sein dürften.[107]

Unterbleibt der Ausgleich eines aus der behördlichen Weisungsfreiheit (oder der mangelnden normativen Vorstrukturierung) resultierenden Legitimationsdefizits, ist der Verstoß gegen das grundgesetzliche Demokratieprinzip nicht durch EU-Recht veranlasst, sondern beruht auf einer verfassungs- und gegebenenfalls auch unionsrechtswidrigen Untätigkeit des nationalen Gesetzgebers. Dabei stehen zahlreiche Maßnahmen zur Steigerung des Legitimationsniveaus bereit, die alle mit den europarechtlichen Rahmenbedingungen kompatibel sind. Zu denken ist etwa an eine erhöhte gerichtliche Kontrolldichte, privilegierte Klagerechte der Gubernative gegen Entscheidungen der unabhängigen Stellen,[108] die Einrichtung spezialisierter Bundestagsausschüsse[109] oder die Normierung behördlicher Rechenschafts- und Berichtspflichten.[110] In die richtige Richtung deutet etwa der Gesetzentwurf zum DDG, in dem explizit die Vorlage eines Tätigkeitsberichts der Koordinierungsstelle für digitale Dienste an die gesetzgebenden Körperschaften des Bundes vorgesehen ist (§ 17 DDG-E).[111]

V. Resümee

Resümierend bleibt festzuhalten, dass sich die These des Jubilars von der Einpassungsfähigkeit des Unionsprinzips der unabhängigen Verwaltung in den Verfassungsrahmen bestätigt hat. Als Schlüssel zur Lösung der »komplizierte[n] […] Aufgabe« fungiert die sowohl auf nationaler als auch auf unionaler Ebene geforderte Kompensation eines aus dem Unabhängigkeitspostulat entstehenden Legitimationsdefizits. Einerseits bedingt der Zwei-Stufen-Test des BVerfG im Bankenunion-Urteil eine von *Horst Dreier* bereits seit Längerem geforderte Öffnung des überkommenen Hierarchiemodells für Aspekte der pluralen Legitimationstheorie.[112] Andererseits belässt die EuGH-Judikatur zum Datenschutzrecht und zur Energieregulierung den Mitgliedstaaten hinreichenden Spielraum zur Etablierung einer parlamentarischen und gerichtlichen Kontrolle von außer-

---

[107] Die jüngste Novelle zur Anpassung des EnWG an das EuGH-Urteil zur normierenden Regulierung (C-718/18) sucht dem durch erweiterte Berichts-, Begründungs- und Veröffentlichungspflichten in § 63 Abs. 2b, § 73 Abs. 1b und § 74 EnWG n. F. zu entsprechen.

[108] Näher *Drechsler*, EU-WirtschaftsR-HdB, B.III. Rn. 109.

[109] Ausführlich *Ludwigs*, Die Verwaltung 44 (2011), S. 41 (52 ff.).

[110] Überblick bei *Dreier/Kuch*, § 60 Rn. 61.

[111] BT-Drs. 20/10031, S. 75 f. (Begründung zu § 17 DDG-E) bzw. BT-Drs. 676/23, S. 82 f.

[112] *Dreier*, in: ders. (Hrsg.), Grundgesetz-Kommentar, 3. Auflage 2015, Art. 20 (Demokratie) Rn. 114; vgl. für ein differenziert entfaltetes Konzept des pluralistischen Legitimationskonzepts *Trute*, in: Voßkuhle/Eifert/Möllers (Hrsg.), GVwR I, 3. Auflage 2022, § 9 Rn. 15 ff.

halb des klassisch-hierarchischen Verwaltungsaufbaus angesiedelten Vollzugsbehörden. Vor diesem Hintergrund sollte der deutsche Gesetzgeber seine Scheu vor einer konsequenten Verankerung der unionsrechtlichen geforderten (Weisungs-)Unabhängigkeit ablegen und sich auf die Ausgestaltung kompensierender Faktoren konzentrieren.

Klubs im Nationalrat

Eine Studie zum Österreichischen Recht

Heinz Mayer

I. Einleitung

Klubs (bzw »Fraktionen«) zählen zum festen Bestandteil der inneren Organisation parlamentarischer Körperschaften. In Österreich standen sie lange Zeit nicht im Blickpunkt rechtswissenschaftlicher Analysen. Dies gilt für den Nationalrat, für den Bundesrat und ebenso für die Landtage- und Gemeinderäte. Der Grund für das »Schattendasein« der Klubs lag zum Teil darin, dass sie »kein staatsrechtliches, sondern eher ein politisches Phänomen«[1] darstellten. Zwar finden sich schon in der Monarchie in den Geschäftsordnungen der parlamentarischen Körperschaften Ansätze für deren Strukturierung[2], im Wesentlichen war diese aber bloß eine politische Vorgangsweise.

Eine rechtliche Grundlage erhielten die Klubs des Nationalrats erst durch das Geschäftsordnungsgesetz 1961 mit einer – aus heutiger Sicht – dürren Formulierung.[3] In der Bundesverfassung finden die Klubs erstmals seit der Novellierung im Jahr 1973 in Art. 30 B-VG Erwähnung.[4] Ihre heute geltende Fassung erhielt die Regelung der Klubs im Geschäftsordnungsgesetz 1975 (§ 7) mit einer Novelle aus 2013.[5]

Das erwähnte Schattendasein der Klubs endete schlagartig im Jahr 1993, als es zu einer Parteispaltung der FPÖ kam. Unter der Führung einer Spitzenfunktionärin der Freiheitlichen Partei erklärten fünf Abgeordnete der Freiheitlichen Partei, dass sie aus dieser Partei ausgetreten seien und die Absicht hätten, eine neue Partei (»Liberales Forum«) und einen eigenen Parlamentsklub zu gründen.[6] In aller Deutlichkeit – und Brisanz – zeigte sich, dass diese »politische Bombe«

[1] *Ilse M. Pogatschnigg*, Die Klubbildung im Österreichischen Parlament, 2006, S. 54.
[2] *Pogatschnigg*, Klubbildung, S. 21 ff.; *Heinz Fischer*, Das Liberale Forum als parlamentarische Fraktion, in: JRP 1993, S. 8 f.
[3] GOG-NR 1961, § 13 (BGBl 1961/178).
[4] BGBl 1973/391.
[5] BGBl I 2013/131.
[6] *Fischer*, Liberales Forum, S. 3.

einer Parteispaltung[7] zahlreiche schwierige Rechtsfragen aufwirft, die durch § 7 GOG-NR entweder gar nicht oder eher unklar geregelt wurden; z. B.:

- Haben Klubs Rechtspersönlichkeit und wenn ja, welcher Qualität?
- Können Abgeordnete aus einem Klub austreten?
- Hat der Austritt aus der politischen Partei Konsequenzen für die Mitgliedschaft im Klub?
- Können ausgetretene Mitglieder aus einem Klub einen neuen Klub gründen?
- Kann ein Abgeordneter gleichzeitig mehreren Klubs angehören?
- Kann (und wodurch kann) ein Klub seine rechtliche Existenz verlieren?
- Welche Folgen hat eine Klubspaltung für allenfalls vorhandenes Vermögen des Klubs?
- Bedarf die Gründung eines Klubs einer »Anerkennung« durch den Präsidenten des Nationalrats?

Einige dieser Fragen waren im Jahr 1993 Gegenstand eingehender rechtswissenschaftlicher Untersuchungen.[8] Diese wurden zum Teil auch dadurch befeuert, dass es in der Folge zu weiteren Parteispaltungen, zum Teil im Bereich der Freiheitlichen Partei, aber auch einiger anderer Parteien, kam. Die folgenden Überlegungen konzentrieren sich auf die rechtliche Situation der Klubs im Nationalrat. Die landesgesetzlichen Regelungen betreffend Klubs in Landtagen und Gemeinderäten sind im Einzelnen differenziert, folgen aber im Allgemeinen dem Muster des § 7 GOG-NR. Sie bleiben hier außer Betracht.

II. Die Trias Klub, Wahlpartei, Politische Partei

Gemäß § 7 Abs. 1 GOG-NR können sich Abgeordnete derselben wahlwerbenden Partei zu Beginn einer Gesetzgebungsperiode in einem einzigen Klub zusammenschließen. Abgeordnete, die nicht derselben wahlwerbenden Partei angehören, können sich zu Beginn einer Gesetzgebungsperiode nur mit Zustimmung des Nationalrates in einem Klub zusammenschließen. Ein Klub muss mindestens fünf Abgeordnete als Mitglieder umfassen. Eine Klubgründung durch Nationalratsbeschluss soll Angehörigen wahlwerbender Parteien, die die erforderliche Anzahl von fünf Mandataren nicht erreichen, eine entsprechende Mitwirkung im Verfahren des Nationalrats ermöglichen. Solche Klubs spielen in der Praxis keine Rolle.

Regelmäßig erfolgt die Klubbildung durch Angehörige derselben wahlwerbenden Partei (»Wahlpartei«).

[7] *Theo Öhlinger*, Der Klub des Liberalen Forums, in: JRP 1993, S. 77.

[8] Es wurden zahlreiche Rechtsgutachten erstattet; vgl. zu diesen *Fischer*, Liberales Forum, S. 4 ff.

Unter einer »Wahlpartei« ist eine Wählergruppe zu verstehen, »die sich unter Führung einer unterscheidenden Parteibezeichnung und Aufstellung einer Parteiliste an der Wahlwerbung zu einem allgemeinen Vertretungskörper oder dem europäischen Parlament beteiligt«[9]. Wahlparteien finden ihre Rechtsgrundlage in den entsprechenden Wahlgesetzen und haben eine beschränkte Rechtspersönlichkeit. Sie haben lediglich die Rechte, die ihnen die entsprechende Wahlordnung einräumt.[10] Die Rechtsfähigkeit einer Wahlpartei beginnt mit Einbringung des Wahlvorschlages und endet mit dem Ende der Gesetzgebungsperiode. Wahlparteien sind also im Regelfall Instrumente, mit denen politische Parteien ihre Mitwirkung an der politischen Willensbildung in den gesetzgebenden Körperschaften wahrnehmen. Politische Parteien genießen Rechtspersönlichkeit gemäß der Verfassungsbestimmung des § 1 des Parteiengesetzes. Dieses spezifische »aufeinander angelegt sein« wurde vom Verfassungsgerichtshof in einem bemerkenswerten Erkenntnis aus dem Jahr 1997 als »verfassungsrechtlich vorgegebene Korrelation von politischer Partei und Wahlpartei« bezeichnet.[11]

Bedenkt man dieses spezifische Verhältnis von Wahlpartei und politischer Partei, zeigt sich, dass auch der von der Wahlpartei gegründete Klub in einer spezifischen Wechselbeziehung nicht nur zur Wahlpartei, sondern auch zur politischen Partei steht.[12] Der Klub gestaltet unmittelbar das parlamentarische Geschehen mit und nimmt Einfluss auf die politische Willensbildung im Nationalrat. Nach heute herrschender Auffassung genießen Klubs uneingeschränkte Rechtspersönlichkeit gemäß § 26 ABGB. Sie sind juristische Personen des Privatrechts.[13] Klubs sind funktionell Organe des Nationalrates und üben in dessen Verfahren verschiedene Funktionen aus.[14]

---

[9] § 2 Z 2 Parteiengesetz.

[10] *Werner Zögernitz/Stephan Lenzhofer*, Politische Parteien. Recht und Finanzierung, 2013, S. 43 f.

[11] VfSlg 14803; dieser Auffassung folgend VfSlg 19860, 20091.

[12] Vgl. dazu auch *Andreas Th. Müller*, Recht auf (nachträglichen) Klubzusammenschluss und freies Mandat, JRP 2018, S. 49 (51 f.).

[13] Vgl. umfassend *Andreas Vonkilch*, Zur privatrechtlichen Rechtsfähigkeit von Klubs und Fraktionen in den allgemeinen Vertretungskörpern, JBl 2000, S. 77 ff.; *Werner Zögernitz*, Nationalrats-Geschäftsordnung[4], 2020, S. 62 ff. zu § 7 GOG-NR; *Josef Aicher*, Rz. 10 zu § 26 ABGB, in: Peter Rummel/Meinhard Lukas (Hrsg.) Kommentar zum Allgemeinen bürgerlichen Gesetzbuch[4], 2015; OGH 29.11.2001, 6Ob 270/01a; 20.03.2003, 6 Ob 287/02b; VwGH 21.12. 2012, 2009/03/0131; VfSlg 16535.

[14] Vgl. §§ 8, 32 und 93 GOG-NR; die von *Zögernitz*, Nationalrats-Geschäftsordnung[4], S. 62 vertretene Auffassung, die Klubs seien keine Organe des Nationalrats, weil sie an dessen Willensbildung nicht mitzuwirken haben, ist nicht zutreffend.

III. Beginn und Ende der rechtlichen Existenz von Klubs

1. Beginn der rechtlichen Existenz

Anlässlich der Gründung des Liberalen Forums als Parlamentsklub im Jahr 1993 wurde auch die Frage aufgeworfen, durch welchen Akt die rechtliche Existenz eines Parlamentsklubs begründet wird. Insbesondere wurde auch heftig diskutiert, welche Rolle der Präsident des Nationalrats in diesem Zusammenhang hat, genauer: ob er ermächtigt ist, durch einen normativen Akt auf die rechtliche Entstehung eines Parlamentsklubs Einfluss zu nehmen.[15]

Eine klare Regelung enthält weder § 7 GOG-NR in der im Jahr 1993 geltenden Fassung, noch in der Fassung, die dieser Bestimmung durch die GOG-Novelle 2013[16] gegeben wurde. § 7 Abs. 1 GOG-NR in der *geltenden* Fassung sieht vor, dass Abgeordnete »das Recht haben, sich in einem – einzigen – Klub zusammenzuschließen«. Gemäß § 7 Abs. 4 sind die Ergebnisse der Konstituierung eines Klubs sowie Veränderungen derselben dem Präsidenten unverzüglich schriftlich mitzuteilen. § 7 Abs. 1 spricht – wie auch die Vorgängerregelung – allerdings auch von einer »Anerkennung« von Klubs. Aus dieser Wortwahl könnte man ableiten, dass die rechtliche Existenz eines Klubs nicht durch den Willensakt der Abgeordneten, sich zu einem Klub zusammenzuschließen begründet wird, sondern durch die »Anerkennung« dieses Zusammenschlusses durch den Präsidenten.

Im Gefolge der Parteispaltung und Klubgründung im Jahr 1993 musste diese Frage vom Verfassungsgerichtshof beantwortet werden.[17] Der Verfassungsgerichtshof kam zum Ergebnis, dass sich ein Klub »durch eine entsprechende Willenserklärung der Abgeordneten, nicht aber durch den konstitutiven oder deklarativen Rechtsakt irgendeines Staatsorgans« konstituiert. Die Mitteilung an den Präsidenten des Nationalrats habe – so der VfGH – keine normative Bedeutung. Dass der Gesetzgeber von »Anerkennung eines solchen Zusammenschlusses« sprach, verstand der VfGH im zitierten Erkenntnis so, dass dadurch »lediglich zum Ausdruck gebracht werden [soll], dass der betreffende Klub in der Rechtsordnung existent geworden ist, sofern der Zusammenschluss aus mindestens fünf Abgeordneten besteht«. Für die Begründung der rechtlichen Existenz eines Klubs war daher nach dem zitierten Erkenntnis des VfGH ausschließlich eine entsprechende Willenserklärung der Abgeordneten relevant. Diese übereinstimmende Willenserklärung wurde vom VfGH als Konstituierung des Klubs qualifiziert.

Man hätte erwarten können, dass der Gesetzgeber bei der Novellierung des § 7 GOG-NR im Jahr 2013 die Probleme, die im Jahr 1993 sichtbar geworden

[15] Vgl. dazu *Fischer*, Liberales Forum, S. 11 f.
[16] BGBl I 2013/131.
[17] VfSlg 13641.

sind und zu heftigen rechtlichen, aber auch politischen Auseinandersetzungen geführt haben, berücksichtigt. Bedauerlicherweise kann davon keine Rede sein. Der Gesetzgeber des Jahres 2013 war bestrebt, »Scheingründungen« von Klubs zu verhindern. Als »Scheingründung« sah die Begründung des Initiativantrages[18] vor, dass von Abgeordneten einer wahlwerbenden Partei die Konstituierung von mehr als einem Klub mitgeteilt wird. Für diesen Fall sieht der zweite Satz des § 7 Abs. 1 GOG-NR in der geltenden Fassung vor, dass »die zahlenmäßig größere Gruppe von Abgeordneten als Klub anzuerkennen« ist.[19] Wenn der Gesetzgeber offenbar unbedacht mehrfach von der »Anerkennung« eines Klubs spricht, so hat er offenbar vergessen, dass aus dieser »Anerkennung« im Jahr 1993 von manchen abgeleitet wurde, dass der Präsident des Nationalrats durch einen eigenen normativen Akt eine solche Anerkennung vornehmen oder verweigern könne. Der Verfassungsgerichtshof hat – wie bereits erwähnt – im Erkenntnis VfSlg 13641 diese Auffassung abgelehnt und hat diese »Anerkennung« so verstanden, dass damit »zum Ausdruck gebracht werden [soll], dass der betreffende Klub in der Rechtsordnung existent geworden ist [...]«.

Nach der geltenden Fassung des § 7 Abs. 1 GOG-NR lässt sich diese Auffassung in dieser Allgemeinheit nur mehr schwer vertreten. Wenn es im geltenden Text des § 7 Abs. 1 heißt, dass dann, wenn mehrere Zusammenschlüsse mitgeteilt werden, »die zahlenmäßig größere Gruppe von Abgeordneten als Klub anzuerkennen« ist, so deutet dies darauf hin, dass der Präsident einen normativen Akt zu setzen hat, mit dem diese Anerkennung erfolgt. Der Wortlaut der Regelung lässt eine andere Deutung kaum zu. Damit freilich tauchen zahlreiche Fragen auf, die man wohl unbeabsichtigt aufgeworfen hat:

Ist diese »Anerkennung« bekämpfbar? Wenn ja: wer kann solche Akte bei welchem Organ bekämpfen? Die Begründung des Initiativantrages lässt kein Problembewusstsein erkennen; die Debatten des Jahres 1993 scheinen längst vergessen zu sein.

Die Novellierung des § 7 GOG-NR im Jahr 2013 erweist sich freilich nicht nur als legistisch mangelhaft und sorglos, sondern auch als verfassungswidrig. Nach der Neufassung dieser Bestimmung ist eine Klubgründung nämlich nur mehr »zu Beginn einer Gesetzgebungsperiode, spätestens jedoch einen Monat vom Tag des ersten Zusammentrittes des Nationalrats an gerechnet« möglich. Hätte diese Regelung bereits im Jahr 1993 gegolten, wäre die Gründung des Klubs des Liberalen Forums nicht möglich gewesen. Versucht man zu ergründen, welche Beweggründe der Gesetzgeber hatte, so stößt man in der Begründung des Initiativantrages auf folgenden Satz: »Die neue Regelung gewähr-

---

[18] 2304/A 24. GP-Initiativantrag.

[19] Der letzte Satz des § 7 Abs. 1 enthält eine Regelung für den Fall, dass mehrere gleich große Klubs mitgeteilt werden; in diesem Fall ist jener Klub »anzuerkennen«, dem der Listenerste des jeweiligen Bundeswahlvorschlages angehört.

leistet die demokratische Legitimation der Parlamentsfraktionen«. Will uns der Gesetzgeber damit sagen, dass der Klub des Liberalen Forums im Jahr 1993 nicht demokratisch legitimiert war? Wird die Tätigkeit von Abgeordneten im Nationalrat nicht durch die Wahl vom Wähler legitimiert? Meint der Gesetzgeber im Ernst, die demokratische Legitimation werde durch die Mitgliedschaft in einem Parlamentsklub gewährleistet? Man kann es kaum glauben, welches Verfassungsbewusstsein die Verfasser dieser Bestimmung geleitet hat. Man kann es kaum fassen, mit welchem Furor die Entwurfsverfasser und ihnen folgend der Gesetzgeber Klubspaltungen um jeden Preis zu verhindern suchen und dabei völlig außer Acht lassen, dass die Verfassung das freie Mandat der Abgeordneten garantiert (Art. 56 Abs. 1 B-VG). Auch in diesem Zusammenhang zeigt sich, dass der Gesetzgeber die breite Diskussion des Jahres 1993 offenbar vergessen hat.[20]

Indem die Neufassung des § 7 GOG-NR es Abgeordneten unmöglich macht, im Laufe einer Legislaturperiode aus einem Klub auszutreten und einen neuen Klub zu gründen, verletzt diese Regelung das im Artikel 56 Abs. 1 B-VG gewährleistete Recht der Freiheit der Mandatsausübung. Zutreffend wurde darauf hingewiesen, dass sich im Laufe einer Legislaturperiode politische und gesellschaftliche Entwicklungen, aber auch Überzeugungen, wandeln können, die Abgeordnete veranlassen können, ihrer Partei oder ihrem Klub die Gefolgschaft zu versagen. Wenn man Abgeordneten in diesem Fall die Möglichkeit nimmt, einen neuen Klub zu gründen, so schränkt man ihre parlamentarischen Mitwirkungsmöglichkeiten erheblich ein; sie haben zwar noch ihr Rede- und Stimmrecht, eine Mitarbeit in Ausschüssen ist ihnen aber nicht mehr möglich; sie können dort lediglich anwesend sein.[21] Die im Jahr 2013 geschaffene Neuregelung schneidet Abgeordnete, deren Überzeugungen und Positionen sich im Laufe einer Legislaturperiode geändert haben, von zentralen Mitwirkungsmöglichkeiten im Nationalrat ab. Die Bestimmung ist daher verfassungswidrig.[22] Die hier erörterte Novellierung des § 7 GOG-NR ist ein betrübliches Beispiel für einen äußerst sorglosen und unreflektierten Umgang des Gesetzgebers mit verfassungsrechtlichen Grundfragen; an diese wurden offenbar keine Gedanken verschwendet.

Der sorglose Umgang mit verfassungsrechtlichen Vorgaben bei der Schaffung der Novelle BGBl I 2013/131 zeigt sich auch in einem weiteren Punkt. Wie bereits erwähnt begründet der Initiativantrag die Neufassung des § 7 GOG-NR unter anderem damit, dass die Beschränkung der Klubbildung auf den Beginn

---

[20] Dazu nochmals *Fischer*, Liberales Forum, S. 3 ff.; *Öhlinger*, Klub, S. 77 ff. sowie die bei diesen Autoren zitierten zahlreichen Gutachten.

[21] Vgl. dazu *Müller*, JRP 2018, S. 63 ff.; *Ulrich E. Zellenberg*, Rz. 24 zu Art. 56 B-VG, in: Benjamin Kneihs/Georg Lienbacher (Hrsg.), Bundesverfassungsrecht – alle mit weiteren Nachweisen.

[22] So schon *Müller*, JRP 2018, S. 62 ff.; *Zellenberg*, Rz. 24 zu Art. 56 B-VG.

der Legislaturperiode »die demokratische Legitimation der Parlamentsfraktionen« gewährleistet.[23] Einige Absätze später wird folgendes ausgeführt:

»Dem Grundsatz des freien Mandats wird durch die Weitergeltung der bisherigen Regelung Rechnung getragen, wonach ein Mandatar in einen Klub eintreten kann, aber nicht muss. Dem Abgeordneten steht es darüber hinaus jederzeit frei, in einen Parlamentsklub einzutreten, aus einem Parlamentsklub auszutreten oder in einen anderen Parlamentsklub überzutreten.«

Nach dem ausdrücklich erklärten Willen des Gesetzgebers soll es also zulässig sein, dass Abgeordnete jederzeit aus einem Parlamentsklub austreten und in einen anderen Parlamentsklub übertreten. Derartige Übertritte gab es sowohl vor wie auch nach Inkrafttreten der Novelle BGBl I 2013/131.[24] Wen der Gesetzgeber die Neubildung eines Klubs während einer laufenden Gesetzgebungsperiode ausschließt und dies damit begründet, dass damit »die demokratische Legitimation der Parlamentsfraktionen« gewährleistet wird, gleichzeitig aber zulässt, dass während der laufenden Gesetzgebungsperiode Abgeordnete von einem Klub in einen anderen übertreten dürfen, dann ist diese Unterscheidung sachlich nicht zu rechtfertigen.[25] Wenn der Gesetzgeber es fünf Abgeordneten des Nationalrats verbietet, aus einem bestehenden Klub auszutreten oder – sofern sie keinem Klub angehörten – während einer Legislaturperiode einen neuen Klub zu gründen, gleichzeitig aber gestattet, dass sich diese fünf Abgeordneten einem anderen Klub anschließen, dann ist dies in verfassungswidriger Weise inkonsequent; wir stehen vor einer bedauerlichen gesetzgeberischen Fehlleistung.

2. Exkurs: Die »Mitteilung« an den Präsidenten

Gemäß § 7 Abs. 4 GOG-NR sind die Ergebnisse der Konstituierung eines Klubs sowie Veränderungen derselben dem Präsidenten unverzüglich schriftlich mitzuteilen. Dies wirft die Frage auf, welche Konsequenzen es hat, wenn eine derartige unverzügliche Mitteilung nicht erfolgt. Der Verfassungsgerichtshof hat im Jahr 1993 die Auffassung vertreten, dass die Konstituierung des Klubs und damit die Begründung seiner rechtlichen Existenz »durch eine entsprechende Willenserklärung der Abgeordneten« erfolgt.[26] Aus dem Erkenntnis ergibt sich auch, dass der Verfassungsgerichtshof der vorgesehenen Mitteilung an den Präsidenten jedenfalls für die Klubgründung keine normative Bedeutung beimisst; der Verfassungsgerichtshof wörtlich: »Das Ergebnis der Konstituierung ist dem

---

[23] 2304/A 24. GP.

[24] *Zögernitz*, Nationalrats-Geschäftsordnung, 4. Auflage 2020, S. 67.

[25] Kritisch auch *Theo Öhlinger*, Der Clubwechsel einzelner Abgeordneter – ein Anlass zu gesetzlichen Änderungen?, in: JRP 2017, S. 118 (122).

[26] VfSlg 13641.

Präsidenten des Nationalrates lediglich mitzuteilen […]«. Dies bedeutet, dass die Mitteilung jedenfalls für die Existenzbegrünung des Klubs irrelevant ist.[27]

Auch wenn man dieser Auffassung beitritt, stellt sich doch die Frage, ob die Unterlassung der Mitteilung nicht für das parlamentarische Verfahren von Relevanz ist. Dies gilt insbesondere für die Zusammensetzung der Ausschüsse gemäß § 32 GOG-NR. Aus dem Absatz 1 dieser Bestimmung folgt nämlich, dass Veränderungen im Stärkeverhältnis der Klubs erst dann wirksam werden, wenn dem Präsidenten diese Veränderungen mitgeteilt wurden. Es heißt nämlich im § 32 Abs. 1 GOG-NR: »Sobald dem Präsidenten mitgeteilte Veränderungen im Stärkeverhältnis der Klubs es erfordern, hat der Nationalrat innerhalb einer Woche nach Einlangen der Mitteilung beim Präsidenten […] eine Neuwahl der bestehenden Ausschüsse durchzuführen.« Daraus folgt klar, dass Veränderungen im Stärkeverhältnis der Klubs erst nach Mitteilung dieser Veränderungen an den Präsidenten relevant werden. Offen bleibt in diesem Zusammenhang, wie vorzugehen ist, wenn ein Klub seine Verkleinerung nicht mitteilt. Man wird hier wohl ein amtswegiges Vorgehen des Präsidenten anzunehmen haben; dies deshalb, weil der Präsident – von Amts wegen – auf die »Beobachtung« der Geschäftsordnung zu achten hat.[28]

3. Das Ende der rechtlichen Existenz von Klubs; vermögensrechtliche Folgen

Wie bereits unter II. ausgeführt, genießen parlamentarische Klubs im Regelfall uneingeschränkte Rechtspersönlichkeit; dies gilt vor allem für parlamentarische Klubs gemäß § 7 GOG-NR. Diese Rechtsfähigkeit von Klubs kann auf verschiedene Weise enden: Zu denken ist hier etwa an den praktisch wohl kaum denkbaren Fall der Selbstauflösung. Schon näherliegend ist der Fall, dass die Anzahl der Klubmitglieder unter die gesetzlich erforderlichen fünf Mitglieder fällt. Dies kann etwa im Zuge einer Parteispaltung und daraus folgend einer Klubspaltung eintreten. Wesentlich häufiger endet die Rechtsfähigkeit eines Klubs dadurch, dass die betreffende Wahlpartei nach einer Neuwahl aus dem Nationalrat ausscheidet.

Nach der gefestigten Rechtsprechung des Obersten Gerichtshofs[29] ist davon auszugehen, dass eine Klubauflösung durch Beendigung der Legislaturperiode für sich allein nicht zur Beendigung der Existenz des Klubs führt. Gehört die betreffende Wahlpartei dem Nationalrat auch nach einer Neuwahl weiter an, so bleibt die Rechtsfähigkeit des Klubs, der in der vorigen Legislaturperiode bestand, aufrecht. Der OGH begründet diese Auffassung damit, dass die

[27] So auch *Andreas Vonkilch*, Zur privatrechtlichen Rechtsfähigkeit und Vertretung von Klubs und Fraktionen in den allgemeinen Vertretungskörpern, in: JBl 2000, S. 77 ff. (84 f.).

[28] § 13 Abs. 2 GOG-NR.

[29] OGH 20. März 2023, 6 Ob 287/02b.

Rechtsfähigkeit durch einen allfälligen Wechsel der Mitglieder des Klubs nicht berührt wurde und davon unabhängig besteht.[30] Diesfalls bedeutet die Neukonstituierung des Klubs am Beginn der nächsten Gesetzgebungsperiode »nichts anderes als die Fortsetzung der davor aufgelösten, aber noch nicht voll beendeten juristischen Person«.[31]

Anders ist die Situation, wenn ein Klub durch Verlust der erforderlichen Mindestanzahl von Mitgliedern durch Selbstauflösung oder durch Ausscheiden aus der gesetzgebenden Körperschaft erfolgt. Diesfalls wird von Lehre und Rechtsprechung angenommen, dass diese »Auflösung« keine Vollbeendigung bewirkt. In diesen Fällen tritt der aufgelöste, aber noch nicht vollbeendigte, Klub zwingend in ein Liquidationsverfahren ein.[32]

Führt das Liquidationsverfahren zu einem entsprechenden Erlös, stellt sich die Frage, wie dieses Vermögen zu verteilen ist. Fehlen entsprechende Regelungen – was weithin der Fall ist – könnte man eine Abwicklung in analoger Anwendung des Vereinsgesetzes in Betracht ziehen. Nach § 30 Abs. 2 des Vereinsgesetzes ist verbleibendes Vermögen grundsätzlich verwandten Zwecken zuzuführen.

Es sei hier dahingestellt, ob man diese Analogie tatsächlich benötigt; bedenkt man, dass der Verfassungsgerichtshof zutreffend mehrfach vor allem in finanziellen Belangen auf »die verfassungsrechtlich vorgegebene Korrelation von politischer Partei und Wahlpartei« betont hat,[33] liegt ein anderes Ergebnis nahe. Diese Korrelation besteht auch zwischen dem Klub der Wahlpartei und der politischen Partei; es wurde bereits darauf hingewiesen, dass der Klub das Instrument ist, mit dem die Wahlpartei – mittelbar die politische Partei – an der politischen Willensbildung teilnimmt. Bedenkt man dies so ist naheliegend, dass ein allfälliger Liquidationserlös letztlich der politischen Partei, die hinter dem betreffenden Klub steht, zufließt. Einer Analogie zum Vereinsgesetz bedarf es daher nicht. In diesem Zusammenhang kommt es regelmäßig zu erbitterten Streitigkeiten; umso bedauerlicher, dass der Gesetzgeber hier keine Regelung getroffen hat.

---

[30] Vgl. OGH 29. November 2001, 6 Ob 270/01a; 20. März 2003, 6 Ob 287/02; vgl. dazu auch *Zögernitz*, § 7 GOG-NR., S. 62 ff., Anmerkung 2.

[31] OGH 20. März 2003, 6 Ob 287/02b; vgl. auch VwGH 21. Dezember 2021, 2009/03/0131; vgl. auch VfSlg 16535.

[32] Vgl. *Andreas Vonkilch*, Rechtsfragen bei Auflösung eines Parlamentsclubs, in: JRP 2007, S. 24 f.; dies bedeutet, dass die laufenden Geschäfte zu beenden sind. Zuständig bleiben die »bislang mit der Geschäftsführung bzw. -leitung betrauten Organe des aufgelösten Verbandes«.

[33] VfSlg 14803; vgl. auch VfSlg 19860, 20091.

IV. Schluss

Eine Analyse des § 7 GOG-NR hat gezeigt, dass die bestehende Rechtslage in vielfacher Hinsicht mangelhaft ist. Wesentliche Fragen sind gesetzlich ungeregelt und haben Lehre und Rechtsprechung vor große Herausforderungen gestellt. Die Novellierung des § 7 GOG-NR im Jahr 2013 ist misslungen; sie lässt Fragen, die sich schon im Jahr 1993 gestellt haben, weiterhin ungeregelt und ist verfassungswidrig.

Nicht wesentlich anders ist die Situation auf Landesebene. Die bestehenden Regelungen der Landtags- oder Gemeinderatsklubs sind zum Teil wenig durchdacht und lassen ebenfalls wichtige Fragen ungeregelt. Lehre und Rechtsprechung haben sich bemüht, sinnvolle Lösungen zu entwickeln, können aber klare gesetzliche Regelungen nicht immer ersetzen.

Erstaunlich ist, wie wenig Aufmerksamkeit – insbesondere der Nationalrat – diesem Thema schenkt. Klubs sind zentrale Akteure des politischen Geschehens; ihre Organisation sollte so geregelt werden, dass im Konfliktfall politische Streitigkeiten möglichst vermieden werden.

Wie weiter mit dem Parteiverbot?

Bilanz der Verbotspolitik und liberale Perspektive

Horst Meier

»Die deutsche Frage ist die Frage nach den Hemmnissen der liberalen Demokratie in Deutschland.« *Ralf Dahrendorf* (Gesellschaft und Demokratie, 1965)

Staunend und etwas ratlos stelle ich fest, dass die Frage des deutschen Parteiverbots weit zurück reicht in die Anfänge meiner »Politisierung«. Für den fünfzehnjährigen Schüler, der im Bundestagswahlkampf 1969 zu Willy Brandt in die Stadthalle pilgerte, war die Sache sonnenklar: Die NPD, eine Partei, die nicht nur antidemokratische Ziele propagiert, sondern auch 28 000 alte und neue Nazis als Mitglieder hat; eine Partei, die nicht nur in sieben Landtagen vertreten ist, sondern auch dem »Ansehen Deutschlands in der Welt« schadet; eine Partei, deren Ordner nicht nur Andersdenkende, »linke Störer«, aus dem Saal prügeln, sondern sogar, wie in Kassel geschehen, auf Gegendemonstranten schießen[1] – eine solche Partei gehört schleunigst verboten! Aber daraus wurde nichts. Denn die NPD verpasste mit 4,3 Prozent den Einzug in den Bundestag, Willy Brandt wurde Kanzler, der *»Mehr Demokratie wagen!«* versprach. Und um die NPD wurde es still.

Mitte der siebziger Jahre, unter den Vorzeichen der innerstaatlichen Feinderklärung gegen links, stritt man verbissen um die Berufsverbotepraxis nach dem »Radikalenerlass«. Was macht die Verfassungstreue eines deutschen Beamten aus? Darf eine angehende Lehrerin an einer Demonstration gegen »kapitalistische Ausbeutung« teilnehmen? Darf ein Postbeamter Mitglied der DKP sein?[2] So begab sich der Jurastudent auf die Suche nach der vielbeschworenen

---

[1] Am 16. September 1969 schoss der Bundesbeauftragte für den Ordnerdienst der NPD, Klaus Kolley, in Kassel auf Gegendemonstranten und verletzte Bernd Lunkewitz (22) und Michael Hoke (19). Lunkewitz wurde später Maoist (KPD/ML), dann Immobilienhändler und kaufte 1991 den Aufbau-Verlag, vgl. *Hans Riebsamen,* Der Abenteurer, in: FAZ vom 8. Juni 2008. – Zum Ganzen *Wolfgang Kraushaar,* Die Schüsse von Kassel, in: Horst Meier (Hrsg.), Verbot der NPD – ein deutsches Staatstheater in zwei Akten. Analysen und Kritik 2001–2014, 2015, S. 29ff.

[2] Vgl. *Peter Brückner/Alfred Krovoza,* Staatsfeinde. Innerstaatliche Feinderklärung in der BRD, Berlin 1972; *Bernhard Schlink,* Zwischen Identifikation und Distanz, in: Der Staat 15

»freiheitlichen demokratischen Grundordnung« – sprich »fdGO« – und stieß auf angestaubte Verbotsurteile aus den fünfziger Jahren. Den Doktoranden kostete das Thema einige Jährchen länger als geplant; der freundliche Zuspruch des Doktorvaters *Ralf* Dreier bedeutete damals alles. Es war eine stille, zurückgezogene Zeit; die Frage des Parteiverbots erschien Mitte der achtziger Jahre als ferne Verfassungsgeschichte.

So konnte in aller Ruhe die Waffe der Kritik geschärft werden: vor allem in Auseinandersetzung mit dem KPD-Urteil, in dem der Grundstein für den *ideologischen Verfassungsschutz* der »streitbaren Demokratie« gelegt wurde.[3] Die zunächst sperrige, doch bald elektrisierende Lektüre einschlägiger Schriften von Hans Kelsen (den *Horst* Dreier bis heute so erhellend ausbuchstabiert!)[4] tat ein Übriges: Kelsens »Verteidigung der Demokratie« öffnete den Blick für die Stärke eines *gefahrenbezogenen Republikschutzes.* Weil dieser friedlich-legale Fundamentalopposition ohne Ansehen des Inhalts ebenso kompromisslos toleriert, wie er gewaltsam-illegale Opposition in rechtsstaatlicher Form unterdrückt.

Ein erstes Anzeichen dafür, dass das Parteiverbot eine Renaissance erleben könnte, war die kurz aufflackernde Diskussion um ein Verbot der *Republikaner*, die Anfang 1989 ins West-Berliner Abgeordnetenhaus eingezogen waren.[5] Als dann im Jahr 2000 – provoziert durch fremdenfeindliche Anschläge, die nicht auf das Konto der NPD gingen –, der »Aufstand der Anständigen«[6] ausgerufen wurde, fand der Autor am aufgewärmten Parteiverbot keinen rechten Gefallen. Wie auch? Wer das über dreihundertseitige Verdikt gegen die KPD gelesen hat, in dem 26 Schriften des Marxismus-Leninismus als »Beweise«[7] gelistet sind, dem vergeht jede Freude am Parteienverbieten.

Jene, die ich heute mit gutem Gewissen schlechte Verbotsparolen rufen höre, hätten besser zuerst das KPD-Urteil gelesen, anstatt vordergründiger Aktualität zu erliegen. Dass ich noch auf der Veteranenbank mit dem Parteiverbot beschäftigt bin, hätte ich mir nicht träumen lassen. Man wählt seine Themen nicht, sie finden einen.

(1976), S. 335 ff.; *H. Meier/Ulrich Wollenteit,* Disziplinarrecht und »politische Treuepflicht«, in: Kritische Justiz 1983, S. 22 ff.

[3] Vgl. *H. Meier*, Parteiverbote und demokratische Republik. Zur Interpretation und Kritik von Art. 21 Abs. 2 GG, Baden-Baden 1993; *ders.*, Als die Demokratie streiten lernte. Zur Argumentationsstruktur des KPD-Urteils, in: Kritische Justiz 1987, S. 460 ff.

[4] Vgl. *Horst Dreier,* Hans Kelsen zur Einführung, Hamburg 2023, S. 163 ff., 166 (Zitat Kelsen).

[5] Vgl. *Claus Leggewie*, Die Republikaner, Berlin 1990 (mit einer Expertise von *H. Meier*, Verfassungsschutz für Antifaschisten?, nachgedruckt in: ders., Politische Einheit im Dissens. Baden-Baden 2022, S. 213 ff.).

[6] Vgl. *Ingo von Münch*, Und immer wieder: Der »Aufstand der Anständigen«, in: ders., Rechtspolitik und Rechtskultur, 2011, S. 207 ff.

[7] BVerfGE 5, 85 (107 ff.).

I. Einleitung: Vorsicht Parteiverbot!

Art. 21 II wird mit dem Grundgesetz 75 Jahre alt. Nach den Verboten der kleinen (National-)*Sozialistischen Reichspartei* (1952) und der ebenso marginalen *KPD* (1956), die beide keiner wirklichen Gefahrenlage geschuldet waren, geschah lange Zeit nichts. 1993 beantragte die Bundesregierung in Reaktion auf den mörderischen Brandanschlag von Solingen ein Verbot der *Freiheitlichen Deutschen Arbeiterpartei* – obgleich diese Neonazi-Sekte nichts damit zu tun hatte. Das Bundesverfassungsgericht lehnte den Antrag als unzulässig ab, da es sich bei der Kleinstorganisation FAP, die bundesweit nur einige Hundert Mitglieder hatte, gar nicht um eine Partei handelte. Dies galt erst recht für die *Nationale Liste*, gegen die vom Hamburger Senat ein Verbotsantrag gestellt worden war.[8] Schließlich scheiterten gegen die NPD gleich zwei Verfahren vor dem Bundesverfassungsgericht: 2003 wegen der hochgradigen Infiltration durch V-Leute und 2017 wegen der völligen Bedeutungslosigkeit der Partei.[9]

Diese Serie sollte zu denken geben. Doch da gerät schon eine neue Partei ins Visier: die sogenannte *Alternative für Deutschland*, AfD. Sie gilt als rechtspopulistisch bis rechtsextrem, ihre Umfragewerte steigen besorgniserregend. Was tun? Das Allererste wäre reflexive Distanz. Denn nervöse Rufe nach dem Staat sind ein untrügliches Zeichen für die Unfähigkeit, die politische Auseinandersetzung mit Antidemokraten zu führen. Wem es an Selbstbewusstsein und Kampfesfreude gebricht, der bleibt anfällig für paternalistische Einflüsterungen und deutsche Scheinlösungen. Wahrscheinlich kennt jede(r) eine Partei, um die es nun wirklich nicht schade wäre. Aber Vorsicht! Der Verbotsartikel des Grundgesetzes statuiert eine fragwürdige Rücknahme der Parteienfreiheit, er ist ein notständischer Fremdkörper.

In altehrwürdigen Demokratien wie England und den Vereinigten Staaten gibt es nämlich nichts Vergleichbares, dort halten viele eine solche Maßnahme für undemokratisch. In Deutschland hingegen hat man mit der verkürzten Parteienfreiheit ein Problem, doch leider wenig Problembewusstsein.[10] So erscheint

---

[8] BVerfGE 91, 276 – FAP und BVerfGE 91, 262 – NL. Es waren die ersten Verbotsanträge seit 1951 (Anträge gegen SRP und KPD); vgl. *Claus Leggewie/H. Meier*, Republikschutz. Reinbek 1995, S. 69ff. und 75f.

[9] Vgl. Claus Leggewie/H. Meier (Hrsg.), Verbot der NPD oder Mit Rechtsradikalen leben? Frankfurt 2002; *H. Meier*, Protestfreie Zonen?, 2012, S. 100ff. (Verfassungsschutz in flagranti) und S. 108ff. (Befreiungsschlag aus Karlsruhe); *ders.*, Die »verfassungswidrige« Partei als Ernstfall der Demokratie. Kritik des abermaligen Verbotsantrags gegen die NPD sowie Skizze für eine restriktive Interpretation, in: ders. (Hrsg.), Staatstheater, S. 129–198.

[10] Vgl. *Dieter Grimm*, NPD-Verbot. Die Hürden sind hoch. Interview von Maximilian Steinbeis vom 5. Dezember 2012 unter https://verfassungsblog.de/npd-verbot-juristisch-riskant-und-politisch-fragwurdig/ (hier und im Folgenden 31. Januar 2024) – (nachgedruckt in: Meier [Hrsg.], Staatstheater, S. 367ff.); *ders.*, Über den Umgang mit Parteiverboten, in: Leggewie/Meier (Hrsg.), Verbot der NPD?, S. 138ff.

es der deutschen Ideologie völlig normal, von politischen Parteien nicht allein *legales Verhalten*, sondern obendrein eine *verfassungstreue Gesinnung* zu verlangen. Dass im Zentrum aller Anklagen ein Sack voll widerwärtiger Zitate steht, ist der Anfang jeder Erkenntnis.

Die hiesige Verbotsdebatte beherrschen taktische Fragen. Es ist aber keine Frage herablassender Toleranz, keine der Geduld oder wohlkalkulierter Erfolgsaussichten, ob man eine unbequeme Oppositionspartei in Karlsruhe ausschalten lassen will oder nicht. Es geht um demokratische Haltung, die energische Bereitschaft, *mit allen über alles* den offenen Streit zu führen. *Fairplay* ist eine Kardinaltugend der Demokratie, Gleichheit eine des Parteienpluralismus. Erstaunlich genug, dass Bundespräsident Walter Steinmeier sich zu dem Satz hinreißen ließ: »Unser Grundgesetz verträgt harte und härteste Auseinandersetzung. Verfassungsfeinde jedoch kann die Verfassung nicht integrieren«[11]. Welches System könnte das besser als eine Demokratie? Paradebeispiel ist die abenteuerliche Karriere des Joseph »Joschka« Fischer.[12]

Das Parteiverbot ist ein Problem, das hierzulande viele mit einer Lösung verwechseln. Eine Alternative formuliert das liberaldemokratische, konfliktorientierte Verfassungsdenken von Horst Dreier, der bereits 1994 in seiner Antrittsvorlesung über die »Grenzen demokratischer Freiheit im Verfassungsstaat« nachdachte. Und später eine Art Bilanz zog: »Der freiheitliche Verfassungsstaat als riskante Ordnung«[13].

Im Folgenden wird zunächst die neueste Wendung der alten Verbotspolitik, der Fall der AfD, besichtigt (II.). Im Zentrum steht eine analytische Kritik des NPD-Urteils von 2017, denn dort wurden die normativen Maßstäbe aufbereitet, die über den Erfolg künftiger Verbotsanträge entscheiden (III.). Die Alternative »liberale statt streitbare Demokratie« reflektiert die Möglichkeiten restriktiver Interpretation und bietet eine dezidierte Reform des Artikel 21 II GG (IV.). Weil sich aber die alte Politik im Kreise dreht, wird am Ende pragmatisch für eine Verbotsabstinenz plädiert: Offene Gesellschaften brauchen Dissens (V.).

II. Die nächste bitte! Verbot der AfD?

Die AfD, gegründet 2013, fiel bislang nicht durch militante Demonstrationen oder sonstige Gewaltakte auf; auch nicht durch Anstiftung zu fremdenfeindlichen Übergriffen, ja nicht einmal durch systematische strafbare Volksverhetzung.

[11] *Frank-Walter Steinmeier,* Rede vom 10. August 2023 zum 75. Jahrestag des Verfassungskonvents von Herrenchiemsee, https://www.bundespraesident.de/SharedDocs/Reden/DE/Frank-Walter-Steinmeier/Reden/2023/08/230810-Herrenchiemsee.html; grundlegend *Helmut Ridder,* Zur Ideologie der »streitbaren Demokratie«, Berlin 1979.

[12] Vgl. *Wolfgang Kraushaar,* Fischer in Frankfurt, 2001.

[13] Beide in: *Horst Dreier,* Idee und Gestalt des freiheitlichen Verfassungsstaates, Tübingen 2014.

Und so begnügen sich ihre Gegner denn auch damit, der Partei provozierende Parolen und ganz allgemein ihre inhaltliche »Radikalisierung« vorzuwerfen; auch vom Fernziel »Systemveränderung« ist die Rede. Unterdessen bleibt sie im Umfragehoch. In einer Atmosphäre gereizter Nervosität schwelt eine merkwürdig ratlose, saft- und kraftlose Verbotsdebatte.[14]

Wenn in Deutschland jemand hinfällt, dann steht er nicht auf, soll Kurt Tucholsky gesagt haben, sondern überlegt, wen er verklagen könnte. Wenn hierzulande eine radikale Partei auffällt, dann wird mit ihr nicht etwa der Kampf um Argumente und Wähler geführt, sondern überlegt, wie man sie am besten in Karlsruhe verklagt. Es fängt an mit dem Verfassungsschutz und seinem Ringen um die – vom jeweiligen Innenminister initiierten – Prüfphasen: extremistischer Anfangsverdacht (Prüffall), mehr oder weniger substantiierter Verdachtsfall (nachrichtendienstliche Beobachtung) oder gar »gesichert extremistisch« (Aufnahme in den offiziellen Jahresbericht).

Dabei scheint der Begriff des Extremismus, unter den man einst auch die Grünen rubrizierte, bis heute eine unbestimmte Variable aus Definitionsmacht und Zeitgeist.[15] Was indes wie ein Extremistenspiel ohne greifbaren Gebrauchswert anmutet, ist nur die Vorglühphase für das nächste Stadium: die bange Frage, ob man diese Partei eigentlich gewähren lassen dürfe. Und so lautet bald die Schicksalsfrage: Verbotsantrag stellen oder nicht stellen?

Seit 2019 prüft der Inlandsgeheimdienst die Verfassungstreue der AfD anhand der im Gesetz über den Verfassungsschutz verankerten fdGO-Formel (abgeschrieben aus dem SRP-Urteil).[16] Inzwischen gelten drei Landesverbände als »gesichert extremistisch«: Thüringen, Sachsen-Anhalt und Sachsen; die Bundespartei wird als »Verdachtsfall« eingestuft – was dem Umfragehoch keinen Abbruch tut. Thomas Haldenwang, dem Chef des Kölner Bundesamtes, entfuhr der Stoßseufzer: »Nicht allein der Verfassungsschutz ist dafür zuständig, die Umfragewerte der AfD zu senken.«[17] Man reibt sich die Augen. Seit wann ist ein Inlandsgeheimdienst dafür zuständig, dass die Bürgerinnen und Bürger »richtig« wählen?

---

[14] Vgl. z.B. »Meinen Sie nicht, dass diese Menschen einfach in den Untergrund wandern?« (Streitgespräch M. Wanderwitz und S. Schönberger), in: Spiegel 27/2023; Soll die AfD verboten werden? (Streitgespräch A. von Lucke und P. Piechotta), in: Zeit 53/2023; Kann man die AfD verbieten? (Gespräch mit G. Lübbe-Wolff), in: Zeit-Podcast vom 6. Oktober 2023; A. Voßkuhle, »Die Köpfe dieser Partei wollen eine grundsätzliche Systemveränderung« (Interview), in: Tagesspiegel vom 28. Dezember 2023; kristallklar *Wilhelm Heitmeyer,* Der falsche Weg, in: SZ vom 2. September 2023.

[15] Vgl. *Richard Stöss,* Sollen die Grünen verboten werden?, in: Politische Vierteljahresschrift 25 (1984), S. 403ff.; *Meier,* Parteiverbote, S. 228ff. (Grüne) und 238ff. (Republikaner und PDS).

[16] Vgl. BVerfGE 2, 1 (12f.) und 5, 85 (140, 223ff.); *Meier,* Parteiverbote, S. 27f. und 79ff.; *ders.,* Die AfD und der Verfassungsschutz – ein deutsches Extremistenspiel oder Der lange Abschied von der fdGO, in: ders., Politische Einheit, S. 197ff.

[17] Vgl. *Fatina Keilani,* Der Verfassungsschutz hilft der AfD, in: NZZ vom 22. Juni 2023.

Einen Verbotsantrag gegen die AfD mag man für klug oder töricht, demokratisch oder undemokratisch, für überfällig oder verfrüht halten. In jedem Fall stellt sich die Frage nach den Erfolgsaussichten; sie führt zu den rechtlichen Maßstäben. Diese finden sich im zweiten NPD-Urteil, in dem die Verfassungsrichterinnen und -richter ihre Lesart des Art. 21 II GG einstimmig vorgaben. Was ein amerikanischer Verfassungsrichter lapidar formulierte, gilt auch für das Parteiverbot: »We are under a constitution, but the constitution is what the judges say it is.«[18]

III. Normative Maßstäbe – Kritik des NPD-Urteils von 2017

Der Verbotsartikel ist die »schärfste und überdies zweischneidige Waffe« der streitbaren Demokratie, erklärt das Verfassungsgericht: eine »demokratieverkürzende Ausnahmenorm«[19], die »zurückhaltend« angewendet werden müsse. Die genuin demokratische Frage lautet: *Was rechtfertigt einen so folgenschweren Eingriff in die Parteien- und Meinungsfreiheit? Wann kommt er überhaupt in Betracht?* Schon dann, wenn eine Partei anstößige Ziele propagiert? Oder erst, wenn sie zu Rechtsbruch und Gewalt übergeht, also eine konkrete Gefahr darstellt? Und was ist am Ende schädlicher für die deutsche Demokratie: die Existenz oder das Verbot einer Partei wie der AfD?

1. Überblick

Das Urteil in Sachen NPD, das 2017 viele enttäuschte oder irritierte, hat ein zweifellos richtiges, ja man darf in diesem Fall sagen: das einzig richtige Ergebnis. Vertieft man sich aber in die dreihundertfünfzig Seiten der verschachtelten Gründe, so stellt man fest, dass dieselben alles andere als »hohe Hürden« errichten.[20] Die Gründe überzeugen nicht, misst man sie an der Erwartung, das Verfassungsgericht werde seine Verbotsurteile der fünfziger Jahre einer kritischen Reflexion unterziehen; es werde aus einem Grundgesetzartikel des Jahres 1949 moderne liberale Maßstäbe entwickeln. Es werde, kurz gesagt, den Schritt wagen von der

---

[18] *Chief Justice Charles Evan Hughes* (1908), zit. nach Einleitung in: Ralf Dreier/Friedrich Schwegmann (Hrsg.), Probleme der Verfassungsinterpretation, Baden-Baden 1976, S. 15.

[19] NPD-Urteil vom 17. Januar 2017 (jeweils als Randnummer zit. nach www.bverfg.de), Rn. 524, bezugnehmend auf *Meier,* Parteiverbote, S. 263. – Zentrale Argumentationslinien des Urteils in: *H. Meier/Claus Leggewie/Johannes Lichdi,* Das zweite Verbotsverfahren gegen die NPD. Analyse, Prozessreportage, Urteilskritik, in: Recht und Politik, Beiheft 1 (2017), S. 40–49.

[20] Zur detaillierten Analyse des Urteils vgl. *H. Meier/Claus Leggewie/Johannes Lichdi,* »Hohe Hürden« sehen anders aus, in: *dies.,* Das zweite Verbotsverfahren, S. 35–88; *H. Meier,* Vorsicht Parteiverbot! (= Rezension: Kliegel/ Roßbach, Dokumentationsband zum zweiten NPD-Verfahren), in: Jahrbuch Extremismus & Demokratie 33 (2021), S. 345 ff.

Fixierung auf verfassungswidrige Ziele und Absichten hin zu einer verhaltensbezogenen Gefahrenabwehr. Diese Chance wurde vertan.

Lässt man die Gründe Revue passieren, fällt auf, dass das Urteil denen gegen SRP und KPD in der Argumentationsstruktur überraschend ähnelt. Den zahlreichen affirmativen Bezugnahmen und einigen zeitgenössischen Akzentverschiebungen (etwa beim Begriff der »freiheitlichen demokratischen Grundordnung«) steht eine einzige, allerdings den Fall entscheidende Korrektur gegenüber. Es ist jene Distanzierung vom Präventionsexzess des KPD-Urteils, demzufolge eine Realisierungschance keinerlei Rolle spielen sollte.[21] Mit dem neuen Begriff der »Potentialität« wird eine entfernte Möglichkeit verlangt: Das Treiben der »organisierten Feinde« unserer Grundordnung darf »nicht völlig aussichtslos«[22] erscheinen.

Ansonsten das alte Bild: Es gibt *keine begriffliche Unterscheidung zwischen Zielen und Verhalten der Anhänger*. Über weite Strecken wird das »politische Konzept«[23] der NPD abgehandelt. Rechtsbrüche und Straftaten ihrer Parteigänger sind marginal und spielen praktisch keine Rolle. Das wird der NPD sogar explizit bescheinigt. So kommt es zu dem aus den fünfziger Jahren bekannten »ideologischen« Überhang. Es sind immer wieder die Ziele der Partei, die an den Maßstäben der fdGO gemessen werden. Das geht über weite Passagen der fallbezogenen Normanwendung, die sich bald im Handgemenge von politischen Ideen und Tagespolitik verzettelt.[24] Ja, die NPD ist eine antidemokratische Partei, sie schürt Fremdenfeindlichkeit und Vorurteile gegen Minderheiten, sie bewegt sich im Gravitationsfeld der Naziideologie, ihre antisemitischen Fehlleistungen haben System. Aber brauchen wir ein Verfassungsgericht, um solche Einsichten gleichsam hochamtlich zu beglaubigen?

Wohin man in diesem Urteil auch sieht, *anstößige Politikinhalte bleiben das Leitmotiv des Parteiverbots*. Mittel der Überführung sind nicht etwa Taten, sondern »Aussagen«, »Aufsätze« und »Reden«, »Publikationen und Äußerungen«[25]. Damit wird das »demokratieverkürzende« Potential eines Verbotsartikels, den man treffend als »Ausnahmenorm« einordnet, nicht annähernd erfasst. Man beteuert zwar, eine restriktive Interpretation müsse dem Regel-Ausnahme-Verhältnis Rechnung tragen. Weil das Gericht aber die Tragweite der demokratischen

---

[21] Rn. 586. Zum »deutschen Reinheitsgebot auf dem Gebiet des Staatsschutzes« bereits *H. Meier*, Die »verfassungswidrige« Partei als Ernstfall, in: ders. (Hrsg.), Staatstheater, S. 145 und *ders.*, Parteiverbote, S. 59, 93 ff.

[22] Rn. 585 ff.

[23] Rn. 635 ff., 694, 758, 762, 766, 844.

[24] Zum Beispiel »Integration ist Völkermord«, Asylgrundrecht ersatzlos streichen (Rn. 642), Volksentscheid über Wiedereinführung der Todesstrafe, Kastration von Pädophilen (Rn. 644), »Minarettverbot« (Rn. 728) – zur Inhaltskontrolle der Parteiziele an der fdGO vgl. Rn. 634–844.

[25] Z. B. Rn. 657 ff., 661 ff., 669, 798, 803 (Aussagen); 467, 809 (Aufsätze); 558, 574 (Reden); 587, 636, 653 ff., 738, 866 (Publikationen); 636, 653, 692, 737, 758 (Äußerungen).

Regel, das heißt den Schutzbereich der Parteien- und Meinungsfreiheit gar nicht abschreitet, sondern sich sogleich auf die Ausnahme konzentriert, verstellt es sich den kritischen Blick auf deren »demokratieverkürzende« Bedeutung. Kein Wunder, dass es sich alsbald im Irrgarten des Parteiverbots verläuft und in einem extensiven Präventionsdenken befangen bleibt. Solange, bis sich die Ausnahme zur streitbaren »Grundentscheidung« häutet.

Ansonsten ist der Fallbezug alles in allem überzeugend. Der Methode des Aufbauschens, der sich die Verbotsbetreiber befleißigen, setzt das Gericht eine nüchterne empirische Bestandsaufnahme entgegen. Der für eine Partei geradezu vernichtende Kernsatz, der auf die erste Seite gehört, findet sich auf der allerletzten: Die NPD ist »*zu einer prägenden Einflussnahme auf den politischen Prozess nicht in der Lage*«. Wohl wahr, diese Partei stellt es ja seit 1964 unter Beweis. Das aber provoziert die Frage, warum das Gericht sich und der Öffentlichkeit diesen Prozess nicht ersparte.[26] Vermutlich zog es den dürftigen Fall an sich, um auf Vorrat Maßstäbe zu zimmern (im längsten Urteil seiner Geschichte).[27] Damals hatte der Aufstieg jener »Alternative für Deutschland« bereits begonnen.

2. Muss radikale Opposition verfassungstreu sein?

»Eine Partei, die nichts Verbotenes tut, kann nicht verboten werden.«[28] Dem würden vermutlich viele zustimmen. Wenn sie freilich den Satz, der 2012 auf einer Pressekonferenz fiel, aus dem Mund des damaligen Vorsitzenden der NPD Holger Apfel hörten, sähe das wohl anders aus. Inzwischen erscheint das glatte Gegenteil, so wie im NPD-Urteil formuliert, weithin zustimmungsfähig: »Eine Partei kann auch dann verfassungswidrig sein, wenn sie ihre verfassungsfeindlichen Ziele ausschließlich [!] mit legalen Mitteln und unter Ausschluss jeglicher Gewaltanwendung verfolgt [...]. Daher kann auch die Inanspruchnahme grundrechtlich geschützter Freiheiten verbotsrelevant sein. Die ›streitbare Demokratie‹ will gerade den Missbrauch grundrechtlich geschützter Freiheiten zur Abschaffung der Freiheit verhindern.«[29]

Auf das Wort »ausschließlich« kommt es an, denn es eröffnet die Möglichkeit, lupenreine Legalität in »verbotsrelevante« Verfassungswidrigkeit zu verwandeln. Man mag das als historischen Fortschritt der »streitbaren« Demokratie begrüßen; es ändert nichts daran, dass darin eine Aporie des deutschen Parteiverbots verborgen liegt: die Statuierung einer *Verfassungstreuepflicht* für politische Parteien und ihre Mitglieder. Diese Treuepflicht wird zwar nirgendwo als solche

[26] Ein Antrag kann als »nicht hinreichend begründet« zurückgewiesen werden, vgl. § 45 BVerfGG.

[27] BVerfGE 144, 20–369 = 350 Seiten (NPD) – bislang das längste Urteil BVerfGE 5, 85–393 = 309 Seiten (KPD).

[28] Vgl. *Andreas Speit*, Lust aufs Verbotsverfahren, in: taz vom 5. Dezember 2012.

[29] Rn. 578 und 579; *Meier/Leggewie/Lichdi*, Das zweite Verbotsverfahren, S. 45 und 55 f.

benannt, doch der Sache nach wie selbstverständlich vorausgesetzt – als höhere Legitimität einer Grundordnung, an der »missbrauchte« Legalität gemessen und *kollektiv* für verwirkt[30] erklärt werden kann. Wer die »Systemfrage« stellt, bewegt sich in der Verbotszone.[31]

Dass man damit anstößige Kritik, radikalen Dissens, kurz: Opposition ans staatliche Gängelband der fdGO legt, scheint nicht weiter zu stören. Die Hohepriester der fdGO sehen ihre vornehmste Aufgabe darin, einen staatlichen Bezirk des Indiskutablen abzusperren. Ja doch, das »*kritische Hinterfragen einzelner Elemente der Verfassung*« muss möglich sein, versichern sie: Ein Parteiverbot »*kommt erst [!] in Betracht, wenn dasjenige in Frage gestellt und abgelehnt wird, was [...] schlechthin unverzichtbar ist und daher außerhalb jedes Streits stehen muss.*«[32]

Der US-amerikanische Supreme Court dagegen fand im Kontext der Redefreiheit deutliche Worte: »We begin with the common ground. Under the First Amendment there is no such thing as a false idea. However pernicious an opinion may seem, we depend for its correction not on the conscience of judges and juries but on the competition of other ideas«. Es ist kein Zufall, dass ein amerikanischer Prozessbeobachter in Karlsruhe die deutsche Verhandlung darüber, ob die »Volksgemeinschaft« der NPD mit der fdGO kompatibel ist, staunend registrierte und sich fragte, warum die NPD-Funktionäre so beflissen über ihre Ideologie Auskunft geben, anstatt sich auf die Meinungsfreiheit zu berufen.[33]

Der *erste gravierende Mangel* dieses Urteils ist es, die »Parteien- und Meinungsfreiheit« bloß zu erwähnen, sie aber nicht als genuine Freiheit der Opposition auszubuchstabieren. Der *zweite Mangel* besteht darin, auf die begrifflich naheliegende (weil im Normtext verankerte) Unterscheidung zwischen legalen »verfassungswidrigen« »Zielen« und illegalem »Verhalten« zu verzichten. Die Folge ist eine alles überwölbende Dominanz der zielbezogenen Parteiaktivitäten: Verbotsrelevant sind mithin zahlreiche anstößige Äußerungen, die eigentlich unter dem Schutz der Meinungsfreiheit stehen. Zum Beispiel Wahlplakate mit

---

[30] Zur *individuellen* Verwirkung nach Art. 18 GG (seit 1949 leerlaufend und ersatzlos zu streichen) vgl. *Leggewie/Meier,* Republikschutz, S. 82 ff. – Gegen den AfD-Rechtsaußen Björn Höcke fordern inzwischen mehr als 1,6 Millionen »campact«-Petenten, Karlsruhe solle ihm die Grundrechte aberkennen; vgl. *Gertrude Lübbe-Wolff,* Wehrhafte Demokratie, in: Verfassungsblog vom 13. Oktober 2023, die empfiehlt, sich gegen »verfassungsfeindliche Umtriebe« auf ein »noch zielgenaueres Instrument« als das Parteiverbot »zu besinnen«; https://verfassungsblog.de/wehrhafte-demokratie/.

[31] Anklänge an Treuepflicht in Rn. 405 (»loyale Institution«) und Rn. 576 (»loyale Haltung«); Systemfrage Rn. 782 und 804.

[32] Rn. 535; *Meier/Leggewie/Lichdi,* Das zweite Verbotsverfahren, S. 41 und 62.

[33] Gertz v. Welch, Inc. 418 U.S. 323 (1974), S. 339 f.; *Russell A. Miller,* How to Kill an Idea: An American's Observation on the NPD Party Ban Proceedings, in: Verfassungsblog vom 13. Januar 2017; https://verfassungsblog.de/how-to-kill-an-idea-an-americans-observations-on-the-npd-party-ban-proceedings/.

dem Slogan »Gas geben« oder »Geld für die Oma statt für Sinti & Roma«[34]. Ein Gericht, das hier die Frage der Strafbarkeit für unbeachtlich erklärt, macht sich zum Sittenwächter politischer Moral.

3. »Darauf ausgehen« als handlungsbezogenes Organisationsverbot?

Bei der Interpretation des Begriffs »darauf ausgehen« setzt das Gericht zunächst die alte Präventionslinie fort, bietet dann aber – kurz bevor das Verbot der NPD unausweichlich erscheint – eine den Fall entscheidende Innovation: das Erfordernis der »Potentialität«[35].

Das Parteiverbot »sanktioniert nicht Ideen oder Überzeugungen«, es »beinhaltet kein Gesinnungs- oder Weltanschauungsverbot«, wird im Urteil versichert, »sondern ein Organisationsverbot«. Das macht sich gut in den Leitsätzen, und es wird bald im Lesebuch für die Oberstufe zu finden sein. Leider verspricht der mit Abstand schönste Satz des Urteils mehr, als die Gründe halten. »Erst wenn eine Partei mit ihren verfassungsfeindlichen Zielen nach außen tritt«, beteuert das Gericht, überschreite sie die Grenze vom »Bekennen« zum »Bekämpfen«. »Erst« beim »Überschreiten der Schwelle zur Bekämpfung« werde aus dem Bekenntnis eine verbotsrelevante Handlung.[36]

Diese »Erst«-Rhetorik klingt langmütig, taugt aber praktisch nichts. Denn was hat eine Opposition davon, dass sie sich in den Hinterzimmern geschlossener Parteiversammlungen geräuschlos zu ihren »verfassungsfeindlichen« Idealen »bekennen« darf? Besagtes »Außen« ist die Gesellschaft, die politische Öffentlichkeit, in der eine Partei – will sie denn nicht absterben – auftreten muss.

Schließlich ist bei allen kommunikativen Freiheiten »nicht nur die Äußerung, sondern auch deren Wirkung geschützt; das muss auch für politische Parteien gelten.«[37] Was taugt eine »handlungsbezogene« Schwelle, die jede politisch aktive Partei ohnehin überschreitet? Das Gericht bemüht die aus dem KPD-Urteil bekannte Hohlformel »aktiv kämpferische, aggressive Haltung« – und macht sich offenbar zu eigen, dass eine solche Haltung bereits in »Reden« führender Funktionäre zum Ausdruck kommen kann.[38] So mutiert eine Partei, nur weil sie am politischen Wettbewerb teilnimmt, zur Gegnerin der fdGO.

Die Tendenz, das Parteiverbot zu ideologisieren, setzt sich fort in der synonymen Verwendung der Begriffe »planvolles Handeln« und »qualifizierte Vorbereitung«[39]. Denn darunter wird, genauer besehen, weiter nichts verstanden

---

[34] Vgl. Rn. 871 und 992 sowie Oma-Plakat: Rn. 217, 755 und 757.

[35] Vgl. Rn. 585 ff.; *Meier/Leggewie/Lichdi,* Das zweite Verbotsverfahren, S. 46, 49, 73–75.

[36] Rn. 573, 570.

[37] *Winfried Brugger,* Gewährleistung von Freiheit und Sicherheit, in: VVDStRL 63 (2004), S. 101, 140.

[38] Rn. 574.

[39] Rn. 570, 575, 577 ff., 845. Darauf ausgehen als »qualifizierte Vorbereitungshandlung«

als Parteiaktivitäten, die »zielorientiert« verklammert sind und sich allgemein erlaubter Mittel bedienen. Es genügt ein der fdGO »widersprechendes politisches Konzept«, das mit »hinreichender Intensität« vertreten wird.[40] Wenn also das Gericht der NPD bescheinigt, sie sei bestrebt, »planvoll« und »qualifiziert« die fdGO zu beseitigen, dann beschränkt sich der Vorwurf auf die Ebene des Meinungskampfs.

Die ganze planvolle, qualifizierte Vorbereitung muss sich auch nicht zu etwas Greifbarem verdichtet haben. Warum eigentlich? Weil sich der »Zeitpunkt, ab dem eine konkrete Gefahr vorliegt«, »regelmäßig nicht genau bestimmen« lasse. »Historische Erfahrung« besagt, heißt es im Urteil, dass »radikale Bestrebungen« bekämpft werden müssen, bevor sie »an Boden gewinnen«[41]. Das ist so allgemein formuliert richtig, kann aber doch nicht bedeuten, man dürfe einfach darauf verzichten, den »richtigen Zeitpunkt« zu bestimmen! Unausgesprochen gilt wohl die Faustregel: Nicht zu lange abwarten, lieber zu früh als zu spät eingreifen, in dubio contra libertatem.

Damit aber knüpft das Konzept des »präventiven Organisationsverbots«[42], das doch Ideen und Überzeugungen schonen soll, trotz gegenteiliger Beteuerungen an die geistige Wirkung friedlich-legaler Aktivitäten an. Und so verkehrt sich das Regel-Ausnahme-Verhältnis tendenziell ins Gegenteil. Das ist, sagen wir es einmal schnörkellos, ein Frontalangriff auf die Parteien- und Meinungsfreiheit. Nicht von ungefähr beschäftigt man sich ja so ausgiebig mit »verfassungswidrigem Gedankengut«[43].

4. »Potentialität«?

Diesen Maßstäben zufolge scheint am Verbot der NPD kein Weg mehr vorbeizuführen – würde hier nicht das neugeschöpfte Erfordernis der »Potentialität« greifen: Es bedarf »konkreter Anhaltspunkte von Gewicht«, die einen Erfolg des gegen die fdGO gerichteten Handelns »zumindest möglich erscheinen lassen«, lautet die fallentscheidende Formel.[44] Was soll man damit anfangen?

Mit Blick auf die Rechtsprechung des Europäischen Gerichtshofs für Menschenrechte erklärte der ehemalige Verfassungsrichter Dieter Grimm 2012: »Das Straßburger Gericht fragt nicht nur nach der Absicht, die verfassungsmäßige

---

vgl. *H. Meier*, Die »verfassungswidrige« Partei als Ernstfall, in: ders. (Hrsg.), Staatstheater, S. 172 und *Meier*, Parteiverbote, S. 271 ff.; *Martin Morlok*, in: Horst Dreier (Hrsg.), Grundgesetz-Kommentar, Band II, 3. Auflage 2015, Art. 21 Rn. 150 (instruktiv zu allen Auslegungsfragen).

[40] Rn. 577, 576, 556/845.

[41] Rn. 583, 621, 613.

[42] Rn. 585.

[43] Rn. 589, 923.

[44] Rn. 570, 585 ff., 633, 845.

Ordnung zu beseitigen, sondern auch nach der Erfolgswahrscheinlichkeit.«[45] Im NPD-Urteil wird dagegen, was einen Erfolg betrifft, nicht einmal die geringste *Wahrscheinlichkeit* gefordert, sondern nur eine denkbar vage *Möglichkeit*, eine Art Restrisiko. Von der Verbotsdrohung bleiben nur Parteien verschont, die total ohnmächtig und wirkungslos sind, das heißt von vornherein keinerlei Erfolgschance haben.

Die Prüfung von »Potentialität« erfolgt auf zwei Ebenen: einerseits für die »bloße Beteiligung [...] am politischen Meinungskampf«, andererseits für »sonstige Mittel«[46]. Auf der *ersten Ebene* werden zunächst die *parlamentarischen* Erfolgsaussichten geprüft. Man darf nicht übersehen, dass es hierbei um ausschließlich friedlich-legale Aktivitäten geht: um Wahlerfolge, dauerhafte Vertretung in Parlamenten, Koalitionsfähigkeit und die Möglichkeit der Regierungsbeteiligung. Das hat gravierende Folgen für die Grenzziehung, denn die Frage des »darauf Ausgehens« – und damit des Verbots – entscheidet sich in einem Kontinuum der Legalität. Was aber charakterisiert »Anhaltspunkte von Gewicht«, die die Ausübung von Grundrechten in einen verfassungswidrigen Angriff verwandeln? In welcher Stärke zum Beispiel müsste eine Partei im Parlament vertreten sein? Das Gericht nennt keine Zahlen, nicht einmal die Fünfprozentklausel, lässt also alles offen.

Zu den *außerparlamentarischen* Aktivitäten zählt das Gericht nicht nur friedliche Demonstrationen, sondern auch die *zweite Ebene* der »sonstigen Mittel«, nämlich »Gewalt oder die Begehung von Straftaten«[47]. Die Feststellung, dass solche Taten »eine gewisse Potentialität« indizieren, ist treffend und versteht sich im Grunde von selbst: Weil kriminelle Aktivitäten selbst kleiner Parteien schwer wiegen.

Problematisch wird es allerdings, wo diese Indizwirkung auch einem Verhalten »unterhalb der Ebene« des Strafrechts zugesprochen wird: nämlich der Herstellung einer »›Atmosphäre der Angst‹ oder der Bedrohung«, die abstrakt geeignet ist, die demokratische Teilhabe aller »nachhaltig zu beeinträchtigen«[48]. Die Indizwirkung soll selbst dort greifen, wo »derartige Beeinträchtigungen« nur »in regional begrenzten Räumen« wirksam werden (»national befreite Zonen«). Hier rächt sich einmal mehr, dass das Gericht begrifflich-systematisch nicht zwischen legalen Zielen und illegalen Kampfmethoden unterscheidet, ja dies ausdrücklich ablehnt.

Mangelnde »Potentialität« bedeutet *fallbezogen*, was in den besten Passagen dieses Urteils Punkt für Punkt abgehandelt wird: kümmerliche Wahlergebnisse, Mitgliederschwund, desolate Finanzlage und so weiter und so fort. »National

[45] Zit. nach Meier (Hrsg.), Staatstheater, S. 146; vgl. Rn. 619 (Grimm) und *Şeyda Emek*, Die Europäisierung des Parteiverbots, in: Recht & Politik 2017/2.

[46] Rn. 587.

[47] Rn. 588.

[48] Rn. 588.

befreite Zonen« – Fehlanzeige, »Atmosphäre der Angst« – Fehlanzeige. Und ein »nationales Begegnungszentrum« wie in Anklam oder »nationalrevolutionäre Graswurzelarbeit« wie die Veranstaltung von Kinderfesten oder Hartz-IV-Beratungen machen noch »keine Bekämpfung der Verfassungsordnung«[49]. Am Ende bleiben einige wenige gewaltförmige Straftaten und Vorfälle, die indes keine Grundtendenz der NPD ausmachen.

Kurz und gut: Das ganze Tun und Streben dieser Kleinpartei ist »völlig aussichtslos«, ihr wird Bedeutungslosigkeit bescheinigt. Weil sie nun aber konstitutionell unfähig ist, die fdGO zu beeinträchtigen, geht sie auch nicht »darauf aus« – folglich kann ihre Verfassungswidrigkeit nicht festgestellt werden. Die Logik ist zwingend und keine Frucht »wehrhaften« Denkens. Um »radikale Bestrebungen« einer isolierten Splitterpartei, die ein wahnhaft-untauglicher Versuch sind, als unbeachtlich einzustufen, genügen Common Sense und Realitätssinn.

5. »Potentialität« als Surrogat für eine objektive Gefahrenlage

Ein Urteil, das sich für die 5000 Mitglieder »starke« NPD im Ergebnis als fabelhaft tolerant darstellt, könnte für andere Parteien einschneidende Konsequenzen haben. Denn die Toleranz des »wehrhaften Verfassungsstaates« erschöpft sich darin, seine politisch impotenten Gegner zu dulden. Alle anderen hingegen, denen auch nur im Entferntesten zugetraut wird, ihr Treiben könnte sich eines Tages zu einer Gefahr auswachsen, bewegen sich an den Rändern der Verbotszone.

Man muss nur die Probe aufs Exempel machen. Wäre die altnazistische SRP (1952 an die 10 000 Mitglieder) oder die KPD (1956 an die 20 000 Mitglieder) mangels »Potentialität« etwa freigesprochen worden? Schwer zu sagen, aber wohl eher nicht. Und was wäre heute mit der AfD (2024 an die 40.000 Mitglieder)? Ihr inzwischen aufgelöster völkischer Flügel bietet fdGO-widrige Ziele genug, welche man einer Partei, die sich nicht distanziert, wohl zurechnen kann. Ihre bürgerliche Verankerung und parlamentarische Präsenz – zur Zeit in fast allen Landesparlamenten und bereits das zweite Mal im Bundestag – entfalten zweifellos »Potentialität«: Erfolg »nicht völlig ausgeschlossen«, Verbot also möglich. Wobei freilich eine politische Mehrheit für einen Antrag gegen die AfD *derzeit* nicht in Sicht ist – ihre zunehmende gesellschaftliche Wirkkraft ist einfach zu stark. Wenn das keine Pointe ist: »Potentialität«, die ein Verbot rechtlich ermöglicht, schützt politisch vor ihm.

Der *dritte schwerwiegende Mangel* des NPD-Urteils liegt darin, dass es von *konkreten* Gefahren[50] nichts wissen will und auch sonst keinen operationalisierbaren Gefahrenbegriff entwickelt: Der Eingriff soll ja »weit im Vorfeld« einer

---

[49] Rn. 934, 943, 922, 859, 923, 922.
[50] Rn. 570, 583, 522.

konkreten, das heißt noch gar nicht existenten, erst »künftig mögliche(n)«[51] Gefahr erfolgen. Wer aber objektiv ungefährliche Parteien verbietet, verfolgt subjektiv gefährliche Ideen. So findet das Gericht, sein Präventionsmantra murmelnd, aus dem selbstverschuldeten Zirkel verfassungswidriger Ziele und Absichten nicht heraus.

6. Der richtige Zeitpunkt: Nicht zu spät, aber auch nicht zu früh

Zentrale Aufgabe einer rechtsstaatlichen Interpretation ist es, einerseits den offenkundigen Präventivcharakter des Art. 21 II GG ernst zu nehmen, andererseits den legalen Handlungsspielraum von Opposition zu schützen. Das kann nur gelingen, indem man das »darauf Ausgehen« auf eine sich wenigstens in Ansätzen verdichtende und konkret benennbare Gefahrenlage bezieht. Prävention zielt auf Gefahrenvorsorge, also die »Gefahr einer Gefahr«. Das ist völlig unzureichend. Denn ein Verbot, praktisch das Todesurteil für die betroffene Partei, ist eine empfindliche Störung des demokratischen Wettbewerbs.

Um den richtigen Zeitpunkt für einen Eingriff zu bestimmen, muss man beides im Blick haben: Was bezogen auf Prävention *nicht zu spät* erfolgen soll, darf bezogen auf die Parteienfreiheit *nicht zu früh* greifen. Winfried Brugger unterscheidet »vier Konzeptionen zum Parteiverbot« und diskutiert eine Typologie, die von bloß fdGO-widrigen Inhalten und einem Restrisiko über eine abstrakte bis hin zur konkreten Gefahr reicht.[52] Davon ausgehend wäre in der Grauzone zwischen abstrakter und konkreter Gefahr zu bestimmen, was das Gewicht eines gegenwärtigen Angriffs ausmacht. Es geht, wie Bernhard Schlink erklärt, um jene »feine Linie zwischen Schon-Angriff und Noch-nicht-reale-Gefahr, die nicht leicht präzise zu fassen ist«[53].

Das Gericht weicht dieser Aufgabe aus, indem es, angelehnt an den polizeirechtlichen Begriff der konkreten Gefahr, zu einem *argumentum ad absurdum* greift: Man dürfe nicht so lange warten, bis der Grundordnung »bei ungehindertem Geschehensablauf mit hinreichender Wahrscheinlichkeit« das Ende droht.[54] Als würde solch ein langes Zuwarten in der aktuellen Debatte irgendjemand fordern. Es geht heutzutage nicht um eine zugespitzte revolutionäre Lage, eine akute Umsturzgefahr! Es geht um schleichendes Entdemokratisieren. Gefragt ist daher eine praxistaugliche Eingriffsschwelle mit Augenmaß.

Wer das Parteiverbot als rationale Gefahrenabwehr konzipieren will, muss es, wie Maximilian Alter darlegte, gegen »ideologische Risikovorsorge« abgrenzen und zugleich »Kriterien für die Gefahrenbestimmung« entwickeln. Das läuft auf

---

[51] Rn. 578; ähnlich Rn. 584.
[52] *Brugger,* Freiheit und Sicherheit, S. 142 f.
[53] *Bernhard Schlink,* Mit Rechts leben, in: Meier (Hrsg.), Staatstheater, S. 218 ff., 222.
[54] Rn. 583, 621.

eine fallbezogene, empirisch gesättigte Prognose hinaus. Nur solche Parteien wären demnach verbotsrelevant, von denen hier und heute »absehbar« ist, dass sie »in nächster Zeit« imstande sind, die fdGO massiv zu stören – und zwar nicht bloß ideell durch provozierende Meinungen, sondern in Wirklichkeit, im Kampf um (außer)parlamentarischen Einfluss.[55]

7. Resümee: Fast alle Hintertüren der Prävention weit offen

Was als Gebot der »restriktiven Auslegung« begann, endet in der extensiven Lesart aus überwunden geglaubten Zeiten. Das Gericht will »die Gelegenheit genutzt« haben, die verfassungsrechtlichen Maßstäbe »zu überdenken«. Es glaubt, mit dem NPD-Urteil eine »hohe Schwelle« für das Parteiverbot gesetzt zu haben.[56] Das ist leider nicht der Fall. »Hohe Hürden« sehen anders aus. Das Gericht stufte zwar Art. 21 II GG als »demokratieverkürzende Ausnahmenorm« ein und postulierte eine restriktive Interpretation. Diesem Anspruch wurde es aber nur ansatzweise gerecht, weil es dem entgrenzten Präventionsdenken verhaftet blieb. Die Maßstäbe des Jahres 2017 sind daher – bis auf eine Ausnahme – im Endeffekt die der fünfziger Jahre. *Fast alle Hintertüren der Prävention stehen weit offen.*

Man kann die Sache drehen und wenden, wie man will: Opposition in Deutschland steht nach wie vor zur Disposition der Mehrheitsparteien. Wer die antragberechtigten Organe dominiert, hat es in der Hand, jede Partei, die sich aus der »Zone der gemäßigten Kritik« hinauswagt,[57] vor die Karlsruher fdGO-Wächter zu bringen. Die »Grenzmarken der Verfassung«[58], die im Rechtsstaat den Spielraum legalen Verhaltens bezeichnen, schrumpfen auf die Duldung einer verfassungsgemäßen Gesinnung zusammen.

IV. Liberale statt »streitbare« Demokratie: restriktive Interpretation und Reformpolitik

Im Rückblick auf 75 Jahre Grundgesetz fällt die praktische Bilanz der bisherigen, weithin symbolischen Verbotspolitik negativ aus. Der hohe Aufwand steht in keinem Verhältnis zum dürftigen Ertrag. Die beiden einzigen Verbotsurteile galten objektiv ungefährlichen und randständigen Parteien – und verpufften in ihrer Wirkung. Auf die SRP folgte die NPD, auf die KPD die DKP. Und gegen

---

[55] Vgl. *Maximilian Alter,* Das Parteiverbot: Weltanschauungsvorsorge oder Gefahrenabwehr?, in: AöR 140 (2015).

[56] Einführung zur Urteilsverkündung von Präsident Voßkuhle, S. 7 und Rn. 1008.

[57] *Otto Kirchheimer,* Politische Justiz, Frankfurt a.M. 1981, S. 78. Europäische Verbotsfälle diskutiert *Cas Mudde,* Liberal Democracy. The Do's and Don'ts of Banning Political Extremism, in: openDemocracy vom 11. August 2014; https://www.opendemocracy.net/en/can-europe-make-it/liberal-democracy-dos-and-donts-of-banning-political-extremism/

[58] So der Titel des Aufsatzes von *Joachim Perels,* in: Kritische Justiz 10 (1977), S. 375ff.

die weithin isolierte Splitterpartei NPD scheiterten zwei Verbotsanläufe, die man mit kühlem Kopf besser gar nicht unternommen hätte. Art. 21 II GG erscheint wie ein »Relikt aus einer anderen Zeit«[59]. Diese Bilanz ist kein Zufall, denn der Verbotsartikel ist eine Fehlkonstruktion: »[...] schon die geringe Zahl einschlägiger Fälle [...] sowie das weitgehende Fehlen vergleichbarer Verfassungsnormen in anderen Demokratien spricht eine deutliche Sprache, was die Effektivität wie vor allem vielleicht die verfassungspolitische Klugheit entsprechender Maßnahmen angeht.«[60]

1. *Und demnächst die AfD?*

Das verheißt für den neuerdings diskutierten Fall der AfD nichts Gutes. Weil hier – bis auf vereinzelte Volksverhetzungsdelikte – keine Rechtsbrüche zu verzeichnen sind und auch das offizielle Programm nichts hergibt, bleibt allein der politische Vorwurf, gewisse Äußerungen widersprächen dem Inhalt des »fdGO« genannten Verfassungskerns. Damit hätte das Verfassungsgericht leichtes Spiel. Denn es müsste ja nur anstößige Ziele an dem Ideal einer »fdGO« messen. Eine gleichsam politische Beweisaufnahme über »falsche« Parteiziele ist in hohem Maße ideologieanfällig[61] und unberechenbar. Sie beschwört die Gefahr herauf, unbequeme Opposition im Handumdrehen mundtot zu machen.

Eine Partei mag sich noch dagegen verwahren, dass ihr gewisse Äußerungen von Randfiguren oder die Politik des Thüringer Landesverbands um Höcke & Co. als Ganze zugerechnet werden. Wie aber soll sie sich dagegen verteidigen, dass inkriminierte Inhalte ihrer Politik erst interpretativ als »wirkliche Ziele«[62] aufbereitet und dann mit Hilfe einer fdGO-Formel höchstrichterlich als »verfassungswidrig« abgestempelt werden? Mit einer dezisionistischen Hohlformel, der Erhard Denninger »proteushaften Charakter« bescheinigte, was ihrer Verwendung »ein hohes Maß an Beliebigkeit öffnet«[63]. Zumal das eigentliche Problem der fdGO-Formel – was auch immer ihr Inhalt sein mag –, in der doppelbödigen Struktur einer Verfassung liegt, die es erlaubt, die Legitimität ihrer Grundordnung gegen das »bloß« legale Verhalten einer Partei auszuspielen.[64]

Wie dünn die Luft einer gleichsam seminaristischen Beweisaufnahme ist, wird klar, wenn man an handfeste Vorwürfe wie Rechtsbruch und Gewalt denkt –

---

[59] *Uwe Volkmann,* Dilemmata des Parteiverbots, in: DÖV 2007, S. 577 (583 f.).

[60] *Dreier,* Idee und Gestalt, S. 480 (auch mit Blick auf Art. 18 und 9 II GG).

[61] Grundlegend *Ralf Dreier,* Verfassung und »streitbare« Ideologie, in: Leggewie/Meier (Hrsg.), Verbot der NPD?, S. 81 ff.; Horst Dreier warnt vor der Gefahr, Instrumente zum Schutz der Demokratie könnten zur »politischen Waffe gegen unliebsame Kritiker« werden (*Dreier,* Idee und Gestalt, S. 285).

[62] Rn. 559.

[63] E. Denninger (Hrsg.), Freiheitliche demokratische Grundordnung. Materialien, Frankfurt a. M. 1976, Band I, S. 7.

[64] *Meier/Leggewie/Lichdi,* Das zweite Verbotsverfahren, S. 60–63.

über die nicht weltanschauliche Exegese, sondern die förmliche Feststellung von Tatsachen entscheidet. Sagen wir es so: Im Lichte der Parteien- und Meinungsfreiheit sind »Nahziele« und blumige Absichten wie »Fern- und Endziele«[65] eigentlich nicht justiziabel; in der verkehrten Welt der »wehrhaften« Demokratie mutieren sie, obgleich grundrechtlich geschützt, zu »verbotsrelevantem« Belastungsmaterial.

Hinzu kommen praktische Hindernisse, die kaum zu überwinden sind. Eine Partei wie die AfD, die bundesweit derzeit mit zwanzig Prozent und im Osten mit über dreißig Prozent ausgesprochen erfolgreich ist, bringt das »strukturelle Dilemma«[66] des deutschen Parteiverbots drastisch auf den Punkt: Je mehr ein Verbot sich auf bloße Ziele stützt, desto sinnloser ist es – Ideen lassen sich nicht verbieten. Und während das Verbot kleiner Parteien möglich, aber nicht notwendig ist, wird das vielleicht notwendige Verbot großer Parteien nicht möglich sein. Oder durchsetzbar nur um den Preis einer schweren Beschädigung der doch zu schützenden Demokratie.[67]

2. *Wirklich restriktive Interpretation und Verfassungspolitik*

Angesichts dieser Bilanz gewinnt man den Eindruck, dass das Parteiverbot – jedenfalls in seiner herrschenden Lesart – für eine »Verteidigung der Demokratie« (Kelsen)[68] praktisch nichts taugt. Es bleibt daher die Forderung des Tages, den Verbotsartikel des Jahres 1949 im Sinne der Parteienfreiheit nachzujustieren: entweder durch wirklich restriktive Interpretation oder durch Verfassungsreform. So oder so müsste sich die »streitbare« Demokratie selbstaufklären und zu einer unverkürzten liberalen Demokratie emanzipieren.

Am Anfang dieser Selbstaufklärung steht eine *restriktive Interpretation* des Art. 21 II GG, die diesen Namen verdient. In der fallbezogenen Anwendung

---

[65] Rn. 558. – Solche Fernziele sind u.a. die »Ausländer-raus!«-Phantasien (»Remigration«) jener Rechtsradikalen, deren Treffen Correctiv.org am 10. Januar 2024 enthüllte: »Geheimplan gegen Deutschland«.

[66] *Dreier,* Idee und Gestalt, S. 284 Fn. 162; vgl. *Meier/Leggewie/Lichdi,* Das zweite Verbotsverfahren, S. 88.

[67] So schon *Otto Kirchheimer, Hartmut Maurer* und *Konrad Hesse,* vgl. Meier (Hrsg.), Staatstheater, S. 197. – Dasselbe Dilemma gilt auch für die neue Möglichkeit nach Art. 21 III GG, eine Partei von der staatlichen Finanzierung auszuschließen; dazu erstmals das BVerfG in Sachen Die Heimat (ex-NPD): Urteil vom 23. Januar 2024 (Ausschluss einer Partei, die seit 2020 mangels Wählerstimmen ohnehin keine Staatsgelder mehr bekommt). Zu einem weiteren Grundsatzurteil vgl. *Horst Meier,* Warum die AfD-nahe Stiftung bei der staatlichen Finanzierung nicht benachteiligt werden darf, in: Recht und Politik 59 (2023), S. 147 ff.

[68] Vgl. *Hans Kelsen,* Verteidigung der Demokratie, hrsgg. von M. Jestaedt/O. Lepsius, Tübingen 2006. Der »Schutz der Demokratie vor ihrer Selbstpreisgabe« lässt sich aus dem offenzuhaltenden Mehrheitsprinzip theoretisch gut begründen, die »entscheidende Frage aber lautet: Welches sind dafür die tauglichen Mittel?«, vgl. *Dreier,* Idee und Gestalt, S. 282 f.; *ders.,* Kelsen zur Einführung, S. 163 ff.

des Art. 21 II GG entscheidet sich, ob die Verbotsschwelle niedrig oder hoch angesetzt wird – ob also die Interpretation eine autoritär-etatistische oder eine liberal-demokratische Tendenz hat. »Jede Verfassung ist nur so gut wie ihre Interpreten.«[69] So ist es. Die Leistungsfähigkeit einer restriktiven Interpretation muss sich daran messen lassen, ob und inwieweit es ihr gelingt, friedlich-legale Aktivitäten aus der Verbotszone herauszuhalten. Staatliche Eingriffe in den Prozess der politischen Willensbildung, die doch dem Schutz der Demokratie dienen sollen, müssen auf das notwendige Minimum reduziert werden. Der Verbotsartikel des Grundgesetzes – 1949 als vermeintlich zwingende »Lehre aus Weimar«[70] ins Fundament der »Grundordnung« einbetoniert – bedarf einer beherzten Schadensbegrenzung.

Für einen *gefahrenbezogenen Republikschutz*, die systemgerechte Verteidigung der Demokratie, ist es unerlässlich, anstößige »verfassungswidrige« Ziele, also den *Inhalt* von Politik, mit dem illegalen »Verhalten« der Parteianhänger, also der *Form* von Politik zu verknüpfen. Mithin das »oder« in Art. 21 II GG als »und« zu lesen.[71] Denn politisch motivierte Kriminalität ist ein untrügliches, überdies neutrales Indiz für eine imminente Gefahrenlage. Kurz und gut: *Kein Verbot darf ausschließlich auf Parteiziele, auf die Ausübung von Grundrechten der politischen Kommunikation gestützt werden.*

Zur Selbstaufklärung in Sachen Parteiverbot gehört des Weiteren ein klarer Blick für die strukturelle Unterscheidung zwischen system*immanenten* und system*sprengenden* Gefahren. System*immanent* sind alle Gefahren, die aus den Kommunikationsgrundrechten und dem Wettbewerb der Parteien, das heißt dem öffentlichen Diskurs erwachsen; sie sind um der Freiheit willen auszuhalten. System*sprengend* sind hingegen Gefahren, die aus Rechtsbruch und (Drohung mit) Gewalt erwachsen; sie sind um der Freiheit willen zu unterdrücken.[72] Für die Einhaltung der Spielregeln genügt die formale Legalität äußeren Verhaltens, Gesinnungskontrolle und Meinungsaufsicht sind dem liberalen Verfassungsstaat fremd.

---

[69] *Andreas Voßkuhle,* zit. nach: *Meier/Leggewie/Lichdi,* Das zweite Verbotsverfahren, S. 35.

[70] Vgl. *Dreier,* Idee und Gestalt, S. 280 Fn. 144; *ders.,* Die drei gängigsten Irrtümer über die Weimarer Reichsverfassung, in: ders., Staatsrecht in Demokratie und Diktatur, Tübingen 2016, S. 49ff.; Horst Dreier/Christian Waldhoff (Hrsg.), Das Wagnis der Demokratie. Eine Anatomie der Weimarer Reichsverfassung, München 2018; *Volker Neumann,* Carl Schmitt als Jurist, Tübingen 2015, S. 260ff.

[71] So *Volker Neumann,* Ziele oder Mittel? Eine Erinnerung an den Streit über Parteiverbote in der Endphase von Weimar, in: Meier (Hrsg.), Staatstheater, S. 231ff., 240. – Zwei »Arten der Legalität der politischen Partei« (= formale und inhaltliche) unterscheidet Johanna Kendziora in ihrer (von Carl Schmitt betreuten) Dissertation »Begriff der politischen Partei im System des politischen Liberalismus« (Bottrop 1935). Zum Doppelcharakter von Art. 21 II GG *Meier,* Parteiverbote, S. 375ff.; *Neumann,* Carl Schmitt als Jurist, S. 252–255, 559f.

[72] Vgl. *Claus Leggewie/H. Meier,* Vom Betriebsrisiko der Demokratie. Versuch, die deutsche Extremismusdebatte vom Kopf auf die Füße zu stellen, in: Eckhard Jesse (Hrsg.), Wie gefährlich ist Extremismus? Baden-Baden 2015, S. 163ff. – ebenso in: *Meier,* Politische Einheit, S. 319, 324f.

Natürlich lässt sich über die Möglichkeiten und Grenzen einer restriktiven Interpretation streiten. Soll Karlsruhe nicht das letzte Wort behalten, wäre es ureigene Aufgabe von *Reformpolitik*, eine Neufassung des Art. 21 II GG zu beschließen. Etwa orientiert am Reichsvereinsgesetz von 1908: »Parteien, deren Zwecke oder Tätigkeit den Strafgesetzen zuwiderlaufen, können aufgelöst werden.«[73] Das wäre ein Befreiungsschlag. Leider ist die Zweidrittelmehrheit für eine parlamentarische Korrektur des geltenden Parteiverbots nicht in Sicht.

V. Ausblick: Wie weiter?

Der Verbotsartikel bleibt bis auf weiteres eine vergiftete Frucht am Baum der deutschen Verfassung. Er ist praktisch so gut wie nutzlos und als notständische Rücknahme der Parteienfreiheit hochproblematisch. Seine bloße Existenz korrumpiert das demokratische Bewusstsein: Weil er dazu verleitet, aus dem Parteienwettbewerb auszusteigen, anstatt, wie in einer freien Gesellschaft notwendig, mit den Verächtern der Demokratie entschlossen den Kampf aufzunehmen. *Fragt sich nur, wie es weitergehen könnte mit dem Parteiverbot?* So wie bislang jedenfalls nicht! Die Lage ist verfassungsrechtlich und politisch-mental verfahren. Ob der selbstverschuldete Verblendungszusammenhang einer »wehrhaft«-illiberalen Demokratie durchschaut wird, steht in den Sternen. Und eine »echte Bewährungsprobe steht dem Grundgesetz wohl erst noch bevor«[74].

Da derzeit weder vom Verfassungsgericht eine wirklich restriktive Interpretation noch vom Parlament eine verfassungsändernde Reform, also nichts Durchgreifendes zu erwarten ist, bleibt nur ein Ausweg: der pragmatisch-politische. Es gibt schließlich keine Pflicht, einen Verbotsantrag zu stellen. Das unterliegt, wie bereits im KPD-Urteil klargestellt, dem freien politischen Ermessen der Antragsberechtigten.[75] Strikte *Verbotsabstinenz* wäre deshalb eine schöne demokratiefreundliche Alternative: Sie belebt den Wettbewerb der Parteien und schützt die gesellschaftliche Willensbildung vor staatlicher Bevormundung.

Die deutsche juristische Weltanschauung glaubt es gerne, aber Politik geht nicht restlos in Recht auf. Eine offene Gesellschaft muss lernen, mit dem »Betriebsrisiko«[76], das jeder Demokratie innewohnt, umzugehen. Als eine »riskante Ordnung« der Freiheit kann sie politische Spannungen und Krisen bestehen, ohne reflexhaft nach justiziell-bürokratischer Abhilfe zu schielen. Bevor ein

---

[73] Vgl. *Meier*, Parteiverbote, S. 467 und *Meier/Leggewie/Lichdi*, Das zweite Verbotsverfahren, S. 84. – Am Entscheidungsmonopol des Verfassungsgerichts ist unbedingt festzuhalten. Es ist eine unverzichtbare prozedurale Sicherung gegen »eifernde Verfolgung unbequemer Oppositionsparteien« (BVerfGE 5, 141).

[74] *Dreier*, Idee und Gestalt, S. 284 Fn. 161.

[75] BVerfGE 5, 113; *Meier*, Parteiverbote, S. 74f.

[76] Vgl. *Leggewie/Meier*, Betriebsrisiko, S. 319ff.

Verbot in Betracht kommt (ultima ratio), müssen, wie es sich in einer Demokratie gehört, alle systemgerechten Selbstheilungskräfte aufgeboten werden (prima ratio). Eine konfliktorientierte Verfassungspraxis – nicht zu verwechseln mit bügelfreier Streitkultur – bringt den Verbalradikalismus nicht zum Schweigen, sie setzt auf die »Integrationskraft des Dissenses«. Legale Opposition, solange sie nur friedlich bleibt, ist ein »begriffsnotwendiger Bestandteil der Demokratie«; sie ist der »lebendige Beweis« für das Wechselspiel von Minderheit und Mehrheit.[77] Daher heißt das Mittel der Wahl *mehr Parteienfreiheit, nicht erzwungene Konformität.* Darauf, auf diesen Mut zum wohlkalkulierten Risiko, kommt am Ende alles an. In den Worten von Horst Dreier:[78] »Wirksam kann sich die Freiheit nur durch sich selbst schützen«.

[77] *Dreier,* Idee und Gestalt, S. 487 ff. und ebd. S. 428 und 131; *Cass R. Sunstein,* Why Societies Need Dissent, 2005.

[78] *Dreier,* Idee und Gestalt, S. 285.

Die hierarchische Verwaltung in Österreich

Franz Merli

I. Einführung

Dass die Verwaltung grundsätzlich hierarchisch aufgebaut und durch Weisungen steuerbar sein soll, wird in Deutschland aus dem Demokratieprinzip des Grundgesetzes abgeleitet.[1] In Österreich steht es ausdrücklich in der Verfassung. Art. 20 Abs. 1 Bundes-Verfassungsgesetz (B-VG) lautet:

»Unter der Leitung der obersten Organe des Bundes und der Länder führen nach den Bestimmungen der Gesetze auf Zeit gewählte Organe, ernannte berufsmäßige Organe oder vertraglich bestellte Organe die Verwaltung. Sie sind den ihnen vorgesetzten Organen für ihre amtliche Tätigkeit verantwortlich und, soweit in Gesetzen gemäß Abs. 2 nicht anderes bestimmt ist, an deren Weisungen gebunden. Das nachgeordnete Organ kann die Befolgung einer Weisung ablehnen, wenn die Weisung entweder von einem unzuständigen Organ erteilt wurde oder die Befolgung gegen strafgesetzliche Vorschriften verstoßen würde.«

Mehr als ein Grundsatz ist das freilich nicht. Wie in Deutschland werden zahlreiche Ausnahmen und Abweichungen vom hierarchischen Prinzip akzeptiert, die die reale Vielfalt der Verwaltungsorganisation erklären sollen (II.). In Österreich kommen noch Besonderheiten der Handlungsformenlehre und des Verwaltungsrechtsschutzsystems hinzu, die die zentrale Rolle der Weisungsbindung in Frage stellen: die weitreichende rechtliche Unmöglichkeit, bestimmte Weisungen zu erteilen, und das Verschwinden des Verwaltungshandelns, das mit Weisungen gesteuert werden könnte (III.).

II. Weisungsgrundsatz und Ausnahmen

Im Mittelpunkt der hierarchischen Verwaltung steht die Weisung. Das B-VG spricht 55 mal von Weisungen, und auch wo es das nicht explizit tut, wie bei den Verwaltungsbereichen des Bundes, die nicht den Regierungsmitgliedern unterstellt sind (der Präsidentschaftskanzlei des Bundespräsidenten, der Parlaments-,

---

[1] *Horst Dreier*, Hierarchische Verwaltung im demokratischen Staat. Genese, aktuelle Bedeutung und funktionelle Grenzen eines Bauprinzips der Exekutive, Tübingen 1991, S. 129ff., 141ff.; *ders.*, in: ders. (Hrsg.), Grundgesetz-Kommentar, Band II, 3. Auflage Tübingen 2015, Art. 20 (Demokratie) Rn. 121.

Rechnungshofs- und Volksanwaltschaftsverwaltung), wird implizit deutlich, dass sie durch Weisungen der Vorgesetzten gesteuert werden können.

Das Weisungsrecht wurde schon von Kelsen und Merkl als demokratisches Instrument verstanden, das die Vollziehung auch der nachgeordneten Organe an den Willen der parlamentarisch und verfassungsgerichtlich verantwortlichen obersten Verwaltungsorgane bindet und umgekehrt deren Verantwortlichkeit dafür ermöglicht und rechtfertigt.[2] Eine Weile wurde es sogar als Definitionsmerkmal der Verwaltung verwendet: Für Merkl u. a. war sie – im Gegensatz zur Gerichtsbarkeit – eben weisungsgebundene Vollziehung.[3] In dieser Strenge ließ sich das allerdings nicht aufrechterhalten.

Bis 2008 bedurften Ausnahmen von der Weisungsbindung einer eigenen verfassungsrechtlichen Grundlage. Solche Fälle fanden sich im B-VG selbst, etwa zur Justizverwaltung durch richterliche Kollegialorgane und zu den »quasirichterlichen« Unabhängigen Verwaltungssenaten und zum Unabhängigen Asylsenat, meist aber in Verfassungsbestimmungen außerhalb des B-VG. Um ein weiteres Anwachsen von fugitivem Verfassungsrecht zu vermeiden und Ausnahmen generellen Regeln zu unterwerfen, ermächtigte dann die B-VG-Novelle BGBl I 2008/2 die einfache Gesetzgebung, nachgeordnete Organe mit bestimmten Aufgaben bei Wahrung einer angemessenen Aufsicht weisungsfrei zu stellen. Art. 20 Abs. 2 B-VG bestimmt nun:

»Durch Gesetz können Organe
1. zur sachverständigen Prüfung,
2. zur Kontrolle der Gesetzmäßigkeit der Verwaltung,
3. mit Schieds-, Vermittlungs- und Interessenvertretungsaufgaben,
4. zur Sicherung des Wettbewerbs und zur Durchführung der Wirtschaftsaufsicht,
5. zur Aufsicht und Regulierung elektronischer Medien und zur Förderung der Medien,
6. zur Durchführung einzelner Angelegenheiten des Dienst- und Disziplinarrechts,
7. zur Durchführung und Leitung von Wahlen, oder,
8. soweit dies nach Maßgabe des Rechts der Europäischen Union geboten ist,

von der Bindung an Weisungen der ihnen vorgesetzten Organe freigestellt werden. Durch Landesverfassungsgesetz können weitere Kategorien weisungsfreier Organe geschaffen werden. Durch Gesetz ist ein der Aufgabe des weisungsfreien Organs angemessenes Aufsichtsrecht der obersten Organe vorzusehen, zumindest das Recht, sich über alle Gegenstände der Geschäftsführung der weisungsfreien Organe zu unterrichten, und – soweit es sich nicht um Organe gemäß den Z 2, 5 und 8 handelt – das Recht, weisungsfreie Organe aus wichtigem Grund abzuberufen.«

---

[2] Z. B. *Hans Kelsen*, Vom Wesen und Wert der Demokratie, 2. Auflage Tübingen 1929, S. 69ff. *Adolf Merkl*, Die Weisung in der Verwaltung, in: ZfV 1921, S. 121ff.; *ders.*, Allgemeines Verwaltungsrecht, Wien/Berlin 1927, S. 339ff.

[3] *Merkl*, Verwaltungsrecht, S. 42; *Walter Antoniolli*, Allgemeines Verwaltungsrecht, Wien 1954, S. 6; ähnlich *Ludwig Adamovich senior*, Handbuch des österreichischen Verwaltungsrechts, 5. Auflage Wien 1954, S. 7.

Von dieser Möglichkeit ist reichlich Gebrauch gemacht worden. Weisungsfrei gestellt wurden z. B. die Sicherheitsuntersuchungsstelle des Bundes, die Rechtsschutzbeauftragten bei Sicherheitspolizei, Gleichbehandlungskommissionen, der Generaldirektor für den Wettbewerb, Disziplinarkommissionen im Dienstrecht oder der Leiter der Datenschutzbehörde.[4]

Das alles gilt für Weisungen zwischen den Organen desselben Verwaltungsträgers. Weniger umfassend regelt das B-VG *rechtsträgerübergreifende* Weisungsbeziehungen, also solche zwischen Organen verschiedener juristischer Personen als Verwaltungsträgern. Zum einen sieht es eine Reihe von Fällen vor, in denen oberste Verwaltungsorgane Weisungen an Organe der Länder, der Gemeinden oder nichtterritorialer Selbstverwaltungsträger erteilen dürfen. Das betrifft im Wesentlichen die mittelbare Bundesverwaltung (die in etwa der deutschen Auftragsverwaltung entspricht) und die Steuerung staatlicher Aufgaben, die den Selbstverwaltungsträgern übertragen wurden. Umgekehrt stellt das B-VG die Selbstverwaltungsorgane im eigenen Wirkungsbereich und die staatlichen Universitäten (eigene juristische Personen des öffentlichen Rechts) ausdrücklich weisungsfrei. Was in sonstigen Fällen der Betrauung verselbständigter Rechtsträger mit Verwaltungsaufgaben gilt, sagt es nicht.

Der VfGH nimmt an, dass Art. 20 Abs. 1 B-VG, anders als innerhalb eines Rechtsträgers, in solchen Fällen die Weisungsbindung nicht schon selbst erzeugt.[5] Ganz selbstverständlich ist das nicht, wird doch die hoheitliche Tätigkeit auch aller von Bund oder Ländern beliehener Rechtssubjekte funktionell als Verwaltung i. S. d. Art. 20 Abs. 1 B-VG und auch der Vorschriften über die parlamentarische Kontrolle verstanden,[6] sodass Art. 20 Abs. 1 B-VG für beide Bereiche gleichermaßen gelten könnte. Doch zur Wahrung der demokratischen Legitimation setzte der VfGH grundsätzlicher an und entwickelte zunächst einmal allgemeine Schranken für die immer weiter um sich greifenden Ausgliederungs- und Beleihungspraxis: So darf die Übertragung auf ausgegliederte Rechtsträger keine Kernaufgaben des Staates betreffen und auch sonst nur vereinzelte Aufgaben umfassen, und sie muss dem aus dem Gleichheitsgrundsatz abgeleiteten Sachlichkeitsgebot und dem verfassungsrechtlichen Effizienzgebot entsprechen.

---

[4] Eine ausführliche Liste von Beispielen mit den gesetzlichen Fundstellen findet sich in *Christoph Lanner* (Bearbeiter), Kodex Verfassungsrecht 2023/24, 55. Auflage Wien 2023, Art. 20 B-VG Anmerkungen 7 ff. Vgl. auch die Liste jener Weisungsfreistellungen, die durch § 5 Abs. 2 Erstes Verfassungsrechtsbereinigungsgesetz, BGBl. I 2008/2, von Verfassungsbestimmungen zu einfachgesetzlichen Bestimmungen herabgestuft wurden, da sie von der neuen Fassung des Art. 20 Abs. 2 als gedeckt erachtet wurden. Beide Listen enthalten allerdings auch Weisungsfreistellungen von Organen ausgegliederter Rechtsträger; zu diesen gleich im Anschluss. Zu einer Konvalidierung (Heilung) einer zunächst verfassungswidrigen Weisungsfreistellung durch Art. 20 Abs. 2 B-VG VfSlg 19.123/2010.

[5] Z. B. VfSlg 16.400/2001, 17.023/2003.

[6] Z. B. *Michael Holoubek*, Die »Verwaltung« des Art. 20 Abs. 1 B-VG, in: Rainer Hofmann/Sven Hölscheidt/Philipp Mörth/Jürgen Pirker/Magdalena Pöschl/Ewald Wiederin (Hrsg.), Festschrift für Franz Merli, Baden-Baden/Wien 2023, S. 349–364 (352 f.) m. w. N.

Wenn das alles gewährleistet ist, verlangt schließlich das verfassungsrechtliche »System des Aufbaus der staatlichen Verwaltung« oder das »Organisationkonzept des B-VG, wie es insbesondere in Art. 20 Abs. 1 und Art. 77 B-VG zum Ausdruck kommt«, dass die Gesetzgebung den obersten Verwaltungsorgane Weisungsrechte (oder gesellschaftsrechtliche gesetzliche Äquivalente) gegenüber den ausgegliederten Rechtsträgern und ihren Organen einräumt.[7] Statt also auch bei Ausgliederungen Weisungsbindung selbst zu schaffen, verpflichtet Art. 20 Abs. 1 B-VG den Gesetzgeber dazu.

In der Folge stellte der VfGH klar, dass auch Organe ausgegliederte Rechtsträger nach Art. 20 Abs. 2 B-VG für die dort genannten Aufgaben bei Wahrung einer angemessenen Aufsicht weisungsfrei gestellt werden können.[8] Die Ermächtigung des Art. 20 Abs. 2 B-VG gelte für die Hoheitsverwaltung auch im funktionellen Sinn, also auch jene durch Ausgegliederte. Freilich dürfe sie nur im Rahmen der allgemeinen Ausgliederungsschranken in Anspruch genommen werden. Neben einfachgesetzlichen Weisungsfreistellungen auf der Grundlage von Art. 20 Abs. 2 B-VG gibt es auch eine Reihe von entsprechenden Sonderverfassungsbestimmungen, etwa für die Nationalbank oder die Finanzmarktaufsicht.[9]

Ganz konsistent ist das so geschaffene System nicht, wenn für Ausgegliederte einerseits die Weisungsbindung nicht schon von Verfassungs wegen gelten und andererseits für eine Weisungsfreistellung ein Gesetz notwendig sein soll. Aber das ist eine Kleinigkeit. Ein größeres Problem liegt darin, dass das judikativ erzeugte System bisher nur für die Ausgliederung von Hoheitsaufgaben galt. Handelt der Staat selbst privatrechtsförmig, zählt dies zur Verwaltung. Wenn aber ausgegliederte Rechtsträgern öffentliche Aufgaben in Privatrechtsform besorgt werden, ist dies keine Verwaltung des Art. 20 Abs. 1 B-VG (und der parlamentarischen Kontrollregeln); das gilt auch dann, wenn die Ausgegliederten staatlich beherrscht werden.[10] Da die Gesetzgebung weitgehend frei wählen darf, ob sie eine bestimmte Aufgabe hoheitlich oder privatrechtsförmig erledigt haben will,[11] kann sie bestimmte Aufgaben durch Ausgliederung dem beschriebenen System des Verwaltungsaufbaus entziehen.

Die Übertragung von finanziellen Leistungen für Unternehmen wegen der COVID-Pandemie an eine vom Bund beherrschte GmbH hat den VfGH jüngst

---

[7] U.a. VfSlg 14.473/1996, Flugsicherung u. ä. durch die Austro Control GmbH; 16.400/2001, Wertpapieraufsicht durch eine Anstalt des öffentlichen Rechts mit eigener Rechtspersönlichkeit; 17.421/2004, Einhebung des Kulturförderungsbeitrags durch Gebühreninkasso Service GmbH; 19.728/2012, Zertifizierung und Evaluierung von Deutsch-Integrationskursen durch den Österreichischen Integrationsfonds.

[8] VfSlg 20.522/2021, Akkreditierung von Privathochschulen und Privatuniversitäten durch die Agentur für Qualitätssicherung und Akkreditierung Austria, eine juristische Person des öffentlichen Rechts.

[9] § 79 Abs. 5 Bankwesengesetz; § 1 Abs. 1 Finanzmarktaufsichtsbehördengesetz.

[10] Z.B. VfSlg 19.992/2015; *Holoubek*, »Verwaltung«, S 353 f. m. w. N.

[11] Ständige Rechtsprechung seit VfSlg 3262/1957.

veranlasst, den Verwaltungsbegriff des Art. 20 B-VG neu zu betrachten und etwas zu öffnen.[12] Das Besondere an dem Fall lag darin, dass diese privatrechtsförmig zu erbringenden Leistungen zum Teil als funktionelles Äquivalent an die Stelle von den hoheitlich zu vollziehenden Entschädigungsregelungen nach dem Epidemiegesetz getreten waren. Allgemein hielt der VfGH fest, dass unter besonderen Voraussetzungen auch die privatrechtsförmige Besorgung von übertragenen Aufgaben durch ausgegliederte Rechtsträger staatliche Verwaltung sein kann:

»Eine solche Zurechnung zur staatlichen Verwaltung im Sinne des Art. 20 Abs. 1 B-VG bei der Übertragung von privatwirtschaftlichen Angelegenheiten setzt eine spezifische organisatorische sowie spezifische funktionelle Nahebeziehung des Rechtsträgers zum Staat voraus:

Von einer spezifischen organisatorischen Nahebeziehung des Staates zu einem (anderen) Rechtsträger kann z.B. dann gesprochen werden, wenn eine Gebietskörperschaft alleine (oder mehrheitlich) an dem Rechtsträger beteiligt ist (oder auf sonstige, vergleichbare Weise beherrschenden Einfluss auf den Rechtsträger hat). Weiters muss zwischen der staatlichen Verwaltung im organisatorischen Sinn und dem mit der privatwirtschaftlichen Aufgabe betrauten Rechtsträger eine spezifische funktionelle Nahebeziehung im Sinne eines Aufgabenübertragungszusammenhanges bestehen. Die Besorgung einer derart übertragenen Aufgabe ist dementsprechend eine Verwaltungsführung im Sinne des Art. 20 Abs. 1 B-VG (vgl. Raschauer in Korinek/Holoubek et al [Hrsg.], Bundesverfassungsrecht [3. Lfg, 2000] Art. 20 Abs. 1 B-VG Rz 65). Jedenfalls keine in diesem Sinn spezifisch staatliche Aufgabe, sondern erwerbswirtschaftliche Tätigkeit liegt vor, wenn der mit entsprechenden Aufgaben betraute Rechtsträger als ein (weiteres) Wirtschaftssubjekt im Wirtschaftsverkehr der Privaten untereinander, also am Markt unter bestehenden oder staatlich organisierten (und regulierten) Wettbewerbsbedingungen, auftritt.«

Wie diese Abgrenzung in Einzelnen zu ziehen ist und welche Bereiche nun von neuen Legitimationsanforderungen betroffen sind, ist noch nicht klar.[13] Die Rechtsberatung und -vertretung von Asylsuchenden durch eine vom Bund beherrschte GmbH, ein Äquivalent zur Verfahrenshilfe (Prozesskostenhilfe), hat der VfGH entgegen ersten Erwägungen letztlich nicht der staatlichen Verwaltung zugerechnet.[14] Entscheidend war wohl, dass Beratung und Vertretung nicht den Interessen der Verwaltung dienen, sondern die Interessen der Asylsuchenden gegen die Verwaltung wahrnehmen sollen, und auch von Privaten (insbesondere gemeinnützigen Einrichtungen) erbracht werden.

---

[12] VfGH 5. Oktober 2023, G 265/2022 (COFAG). Dazu *Maximilian Ponader*, Aktuelle Rechtsfragen zu Ausgliederung im Kontext der COFAG-Rechtsprechung des VfGH, ÖHW 2023, S. 239-256, und die Beiträge von *Thomas Müller*, *Claudia Fuchs* und *Laura Pavlidis* in ÖJZ 2024, S. 68-75.

[13] Erste Überlegungen bei *Holoubek*, »Verwaltung«, S. 358 ff.; *Müller*, ÖJZ 2024, S. 68 f.; *Fuchs*, ÖJZ 2024, S. 71 f.

[14] VfGH 14. Dezember 2023, G 328–335/2022.

III. Weisungsschwächendes Verfassungsrecht

So wichtig die Weisungsbefugnis auch ist, so schwer fällt den Behörden mitunter ihre Nutzung. In einer windungsreichen und schwer durchschaubaren Rechtsprechung qualifiziert der VfGH nämlich immer wieder generelle Weisungen (»Erlässe«, in Deutschland Verwaltungsvorschriften) als Verordnungen und hebt sie dann regelmäßig wegen gesetzwidriger Kundmachung (Verkündung) auf, weil sie nicht im dafür vorgesehenen Gesetzblatt verlautbart wurden.[15]

Weisungen wirken nur innerhalb der Verwaltung, Verordnungen binden auch Bürger und Gerichte. Was nun in einem konkreten Fall zutrifft, lässt sich manchmal schwer feststellen, wenn man nur den Text der Anordnung betrachtet, aber dann könnte man sich z. B. mit der Bezeichnung des Akts, dem erklärten Willen der erlassenden Behörde, den Adressaten der Anordnung (Verwaltungsorgane oder Außenstehende) oder der Kundmachungsform (verwaltungsintern oder Gesetzblatt) behelfen. Der VfGH wollte sich aber in vielen Fällen nicht helfen lassen,[16] sondern die im Erlass geäußerte Rechtsansicht korrigieren. Da er Weisungen nicht kontrollieren darf, muss er sie zuerst in Verordnungen umdeuten. Indem er nur auf den Inhalt des Akts abstellt, kann der das immer tun, wenn der Akt auch nur indirekt, nämlich über das angeordnete Behördenverhalten, Auswirkungen auf die Rechtssphäre der Bürger haben kann.

Der Nutzen dieser Judikatur hält sich in engen Grenzen, weil es zu einer inhaltlichen Prüfung der angeblichen Verordnungen meist gar nicht kommt; der VfGH hebt sie, wie gesagt, bereits wegen gesetzwidriger Kundmachung auf. Der Preis der Umdeutung ist dagegen sehr hoch: Zum einen gelten auch bloß verwaltungsintern bekanntgemachte Rechtsakte als Verordnungen[17] und binden als solche nicht nur die Verwaltung, sondern auch Bürger und Gerichte, bis sie vom VfGH aufgehoben werden. Das ist rechtsstaatlich schwer zu ertragen.[18] Zum anderen nimmt der VfGH damit der Verwaltungsspitze genau jenes Instrument, für dessen Sicherung er sich im Organisationsrecht so engagiert: die verhaltenslenkende Weisung, etwa zur Interpretation von Gesetzen und zur Steuerung von Ermessen.

[15] *Gabriele Kucsko-Stadlmayer*, Die »Verwaltungsverordnung«, in: Clemens Jabloner/Dieter Kolonovits/Gabriele Kucsko-Stadlmayer/Hans René Laurer/Heinz Mayer/Rudolf Thienel (Hrsg.), Gedenkschrift Robert Walter, Wien 2013, S. 369–387; *Franz Merli*, Gehörige Kundmachung, generelle Weisungen und Verordnungen, in: Erwin Bernat/Christoph Grabenwarter/Benjamin Kneihs/Magdalena Pöschl/Karl Stöger/Ewald Wiederin/Johannes Zahrl (Hrsg.), Festschrift Christian Kopetzki zum 65. Geburtstag, Wien 2019, S. 391–398; unübertroffen in der Analyse der Materialfülle und höchst unterhaltsam *Magdalena Pöschl*, Zweifelhafte Segnungen der verfassungsgerichtlichen Erlasskontrolle, in: FS Merli, S. 397–413.

[16] Z. B. VfSlg 8029/1977, 8467/1979, 12.744/1991, 17.806/2006, 19.999/2015.

[17] Z. B. VfSlg 8467/1979, 14.154/1995, 17.771/2006.

[18] *Ewald Wiederin*, Überlegungen zur gehörigen Kundmachung von Verordnungen, in: Susanne Auer-Mayer/Elias Felten/Rudolf Mosler/Birgit Schrattbauer (Hrsg.), Festschrift Walter J. Pfeil, Wien 2022, S. 761–771 (766).

Zum Glück folgen die Fachgerichte dieser Rechtsprechung nicht. Statt solche Weisungen als gesetzwidrig kundgemachte Verordnungen beim VfGH anzufechten, betrachten sie sie als bloß verwaltungsintern relevante und daher für sie unbeachtliche Rechtsakte.[19] Die Verwaltung wiederum behilft sich mit Unverbindlichkeitsklauseln. So beginnen z.B. die Einkommensteuerrichtlinien mit den Worten:

»Die Einkommensteuerrichtlinien 2000 (EStR 2000) stellen einen Auslegungsbehelf zum Einkommensteuergesetz 1988 dar, der im Interesse einer einheitlichen Vorgangsweise mitgeteilt wird. Über die gesetzlichen Bestimmungen hinausgehende Rechte und Pflichten können aus den Richtlinien nicht abgeleitet werden. Bei Erledigungen haben Zitierungen mit Hinweisen auf diese Richtlinien zu unterbleiben.«[20]

Mangels Imperativität hält der VfGH so eingeleitete Akte nicht für Verordnungen, auch wenn sie im Übrigen völlig imperativ formuliert sind von der selbstverständlichen Erwartung begleitet werden, das die nachgeordneten Behörden ihnen folgen.[21] Weisungen können es nach dieser Lesart auch nicht sein – aber sie wirken.

Eine zweite Grenze der Weisungsmöglichkeiten ergibt sich aus der neuen Organisation der Verwaltungsgerichtsbarkeit, die seit 2014 in Kraft ist. Seither geht der Rechtsweg gegen Verwaltungsakte gem. Art. 130 B-VG direkt an die Verwaltungsgerichte. Die Verwaltungsbehörde kann zwar versuchen, den Konflikt noch vor der Vorlage der Beschwerde an das Verwaltungsgericht durch eine verbesserte »Beschwerdevorentscheidung« zu bereinigen, aber wenn sie das gar nicht versucht oder die Parteien nicht zufriedenstellen kann, entscheidet das Gericht. Einen inneradministrativen Instanzenzug zu einer übergeordneten Behörde gibt es nicht mehr.

Das Verwaltungsgericht hat nach Art. 130 Abs. 4 B-VG über die Beschwerde grundsätzlich »in der Sache selbst zu entscheiden, wenn 1. der maßgebliche Sachverhalt feststeht oder 2. die Feststellung des maßgeblichen Sachverhalts durch das Verwaltungsgericht selbst im Interesse der Raschheit gelegen oder mit einer erheblichen Kostenersparnis verbunden ist«. Das bedeutet, dass das Gericht die Verwaltungsentscheidung nicht bloß kontrolliert, bei Rechtswidrigkeit aufhebt und die Sache zur neuen Entscheidung an die Verwaltungsbehörde zurückverweist; das darf es nur ausnahmsweise tun, nach der Rechtsprechung des VwGH etwa, wenn die Verwaltungsbehörde jegliche Ermittlungstätigkeit unterlassen hat, lediglich ungeeignete oder ansatzweise Ermittlungen angestellt hat oder wenn sie

---

[19] Nachweise bei *Magdalena Pöschl*, in: Karl Korinek/Michael/Holoubek/Christoph Bezemek/Claudia Fuchs/Andrea Martin/Ulrich Zellenberg (Hrsg.), Österreichisches Bundesverfassungsrecht. Kommentar, 30. Lieferung Wien 2023, Art. 89 Abs. 1 B-VG Rn. 84. Welche Rolle diese Praxis spielt, schildert sehr anschaulich *Elisabeth Holzleithner*, Der geschlechtliche Personenstand. Szenen einer Odyssee, in: FS Merli, S. 181–198 (189ff., 192ff.).

[20] https://findok.bmf.gv.at/findok/volltext?dokumentId=a67dcb38-0ab9-4dbc-a992-b6fb396242d5 (11. Februar 2024).

[21] Z.B. VfSlg 6928/1972, 16.635/2002.

schwierige Ermittlungen dem Verwaltungsgericht überlassen wollte.[22] Sonst hat das Gericht die Sache selbst zu erledigen. Es muss dafür fehlende Ermittlungen und andere Verfahrensschritte nachholen und dann den ursprünglichen Antrag als unbegründet abweisen oder die beantragte Genehmigung oder Berechtigung, allenfalls unter Nebenbestimmungen selbst erteilen oder der Partei die strittige Verpflichtung im gesetzlichen Umfang auferlegen.[23] Gewährt der entsprechende gesetzliche Tatbestand Ermessen, ist das Gericht nach Art. 130 Abs. 3 B-VG zwar darauf beschränkt zu prüfen, ob das Ermessen im Sinne des Gesetzes geübt wurde. Wenn dies aber nicht zutrifft (oder auch eine andere ermessensrelevante Rechtswidrigkeit vorliegt), darf das Gericht die Sache nach der genannten Regel ebenfalls nicht an die Verwaltung zurückschicken, sondern muss zur Erledigung der Sache das ursprünglich der Verwaltung eingeräumte Ermessen selbst ausüben.[24] Die verwaltungsgerichtliche Entscheidung kann unter bestimmten Voraussetzungen noch mit Revision beim Verwaltungsgerichtshof bekämpft werden. Die Verwaltungsbehörden werden mit der Sache aber regelmäßig nicht mehr befasst.

Die Einrichtung der Verwaltungsgerichte als »bessere Verwaltung« ist vor allem aus der Sicht der traditionellen Gewaltenteilung ungewöhnlich. Sie lässt sich historisch und mit dem Willen zur Verfahrensbeschleunigung erklären, wirft aber allerlei Folgeprobleme auf. Z. B. kann Ermessen nicht mehr als Letztentscheidungsbefugnis der Verwaltung definiert werden.[25] Hier relevant ist vor allem, dass der Verwaltungsspitze Weisungsmöglichkeiten verloren gehen: Im – statistisch seltenen, aber wichtigen – Konfliktfall hat die Verwaltung nicht mehr viel zu reden oder gutzumachen, und deshalb geht auch eine Steuerung durch Weisungen ins Leere. Dass das schon bei den vielen unabhängigen Rechtsschutzbehörden innerhalb der Verwaltung, aus denen die Verwaltungsgerichte erster Instanz hervorgegangen sind, gegolten hat, bestätigt den systemischen Charakter dieser Beschränkung: Von der Grenzziehung zwischen Verwaltung und Verwaltungsgerichtsbarkeit hängt sie nicht ab.

IV. Schlussbemerkung

Horst Dreier wüsste sicher, wie sich das alles zu einem kohärenten System fügen ließe. Wir arbeiten noch daran.

---

[22] VwGH 26. Juni 2014, Ro 2014/03/0063 u.v. a.

[23] *David Leeb*, in: Johannes Hengstschläger/David Leeb, Allgemeines Verwaltungsverfahrensgesetz (AVG). Ergänzungsband, Wien 2017, § 28 VwGVG Rn. 34 ff.

[24] Z. B. VwGH 1. März 2026, Ra 2015/11/0106. Näher *Martin Köhler*, in: ders./Nikolaus Brandtner/Christian Schmelz (Hrsg.), VwGVG. Kommentar zum Verwaltungsgerichtsverfahrensgesetz inklusive Kommentierung der relevanten Bestimmungen in B-VG und VwGG, Wien 2021, § 28 VwGVG, Rn. 88 ff.

[25] *Philipp Mörth*, Verwaltungsermessen im Sinne des B-VG – eine Definition im Kontrast zur Rechtslage in Deutschland, in: FS Merli, S. 379–395 (383 f.).

Verfassungsgeschichtliche Asymmetrien 1871–1875–1919 und 1946–1949–1958

Zur »Seitenverschiedenheit« des Vertrauens in die Teilhabe an der Gesetzgebung »links« und in die Verfassungsgerichtsbarkeit »rechts« des Rheins

Ulrike Müßig

Sieyès' Prononcierung einer nationalen verfassungsgebenden Souveränität 1789/1791[1] findet sich 1946[2] und im aktuellen Verfassungstext der V. Französischen Republik 1958.[3] Dabei durchzieht die Texte die changierende Konnotation »französisches Volk«, »Nation« und »französische Republik«, ohne dadurch den Referenzpunkt der Verfassungsgebung zu ändern: Gemeinsamer Nenner der (revolutionären) Identifikation von Volk, *tiers état* und Nation ist die Unteilbarkeit der Souveränität als Nationalsouveränität, welche sowohl republikanische als auch cäsaristisch-präsidentielle Traditionen integriert hat und integriert (1789-Nation = Volk und Monarch; 2024-Nation = Volk und Präsident).[4]

Für den französischen Diskurs sind Gemeinwohl und Freiheit (durch Teilhabe an der Gesetzgebung) kein begrifflicher Gegensatz, für den deutschen Diskurs nach Nivellierung der ständisch gestuften Verfassungsrealität im Pufendorfschen Naturrecht (und seinen Fortsetzungen bei Thomasius und Wolff) schon. Zudem fehlt dem deutschen 19. Jahrhundert jede dem Ballhausschwur vergleichbare, eruptive Identifikation des dritten Standes mit der Nation. Vielmehr »kommt«

---

[1] Dietmar Willoweit/Ulrike Seif (= Müßig) (Hrsg.), Rechtshistorische Texte, Europäische Verfassungsgeschichte, München 2003, S. 251, 299 mit französischem Originaltext »[La Souveraineté] appartient à la Nation; aucune section du Peuple, ni aucun individu, ne peut s'en attribuer l'exercice.« Mit dem Jubilar verbindet die Autorin nicht nur die gemeinsame Herausgeberschaft der Grundlagenreihe im Mohr Siebeck Verlag, sondern auch ein – natürlich zeitlich versetztes – gemeinsames Lernen von Hasso Hofmann.

[2] Verkündet am 27. Oktober, in Kraft getreten am 24. Dezember 1946.

[3] Zitiert nach https://www.conseil-constitutionnel.fr/la-constitution/les-constitutions-de-la-france (hier und im Folgenden 5. Januar 2024). Wenn nicht anders angegeben, sind paraphrasierende Übersetzungen von der Verf. Frz. Zitate folgen frz. Interpunktion. Soweit verständlich, ist histor. Orthographie beibehalten, also »amendemens« bei Sieyès statt »amendements«.

[4] Vgl. die pointierte Kritik von *Thomas Paine* daran (Die Rechte des Menschen, hrsgg. von Wolfgang Mönke, 2. Auflage Berlin 1983, Repr. 2022, https://doi.org/10.1515/9783112642320, S. 286) und die Auseinandersetzung mit Paine von *Hasso Hofmann,* Repräsentation, 4. Auflage Berlin 2003, § 20.

das Besitz- und Bildungsbürgertum in der ständischen Szenerie der Art. XIII Deutsche Bundesakte 1815, Art. LIV Wiener Schlussakte 1820 »unter«, und das monarchische Prinzip beansprucht für die Kronen die alleinige Repräsentation der Nation (Nation = Monarch).[5] Zusammen mit der kantianischen Verknüpfung von Republik und Repräsentation,[6] prägt den deutschen Verfassungsdiskurs eine Republik-Monarchie-Dichotomie. Der monarchisch »exekutivistisch« gedachten Verkörperung der Nation[7] folgt die »Staatsanstalt« von 1871. Für die Volksvertreter bleibt nur die »altliberal-konservative außerstaatliche«[8] Verortung – in der Weimarer Diskussion wohl der eigentliche Grund für die Angst vor einem Parlamentsabsolutismus wie in der dritten Französischen Republik.

Im verfassungsgeschichtlich asymmetrischen Zugriff auf den »monarchischen Republikanismus«[9] Frankreichs geht es um die Neubewertung der Rousseau'schen Identität des Einzel- mit dem Gesamtwillen in ihrer verfahrensrechtlichen Konstruiertheit (I.), bevor die Auseinandersetzung mit Sieyès' erfolglosem Vorschlag einer *jury constitutionnaire* (II.) Repräsentation im Gegensatz zu Identität neu artikuliert. Trotz ›französischer Präponderanz‹ der Quellen soll eine derartige Argumentationsführung ontologische Repräsentationsvorstellungen auch im deutschen Demokratiediskurs dechiffrieren; letztere scheinen in verfassungsethischen Vorstößen gerade angesichts der Herausforderungen intertemporaler Freiheitssicherung im Umwelt- und Klimaschutz – immer noch wirkmächtig zu sein.

---

[5] *Ulrike Müßig*, The Iconography of the Royal Constitutional Oath. Communicating the Decisive Moment of Monarchical Sovereignty, in: Giovanni Rossi/Pietro Schirò (Hrsg.), Law and Art in the 19th Century: Power in Images, in: MIUR 2024. Im Erscheinen.

[6] Metaphysik der Sitten I § 52: »Alle wahre Republik aber ist und kann nichts anderes sein als ein repräsentatives System des Volks, um im Namen desselben, durch alle Staatsbürger vereinigt, vermittelst ihrer Abgeordneten (Deputierten) ihre Rechte zu besorgen.« (Werkausgabe, Band IV, hrsgg. von Wilhelm Weischedel, Frankfurt a. M. 1977, S. 464). Vgl. dazu grundlegend *Hofmann*, Repräsentation, S. 411 ff.

[7] Ausgenommen davon ist die Eröffnung der Paulskirchenversammlung durch Heinrich von Gagern im Namen der »Souveränität der Nation« (Franz Wigard [Hrsg.], Stenographischer Bericht über die Verhandlungen der deutschen constituirenden Nationalversammlung zu Frankfurt am Main, Erster Band [Nr. 1–33], Frankfurt a. M. 1848, S. 17).

[8] *Hofmann*, Repräsentation, S. 422 (dort auch die Wortschöpfung »exekutivistisch«) und der Hinweis auf *Otto von Gierkes* Kritik an Labands Staatsrecht (Labands Staatsrecht und die deutsche Rechtswissenschaft, in: Schmollers Jb NF 7 [1883], S. 1097–1195 [1148]).

[9] Vgl. die Charakterisierung bei *Maurice Duverger*, La monarchie républicaine – ou comment les démocraties se donnent des rois, Paris 1974, S. 3 und die Aufzählung der Kompetenzen bei *Jan Niermann*, Das monarchische Erbe des französischen Staatspräsidenten im System der V. Republik, in: Gernot Sydow (Hrsg.), Französisches Verfassungsrecht im 21. Jahrhundert, Tübingen 2022, S. 91–120, 117 Fn. 277 bis 282. Vgl. auch *Olivier Jouanjan*, § 2 Frankreich. Grundlagen und Grundzüge staatlichen Verfassungsrechts, in: Armin von Bogdandy/Pedro Cruz-Villalón/Peter M. Huber (Hrsg.), Ius Publicum Europaeum, Band I, Heidelberg 2007, S. 87 ff., 95, 107, 133 f.; *Claude Nicolet*, L'idée republicaine en France, Essai d'histoire critique, Paris 1982, insbes. auch zur Ambiguität der Republik als französischer Nationalstaat und als Modell eines universellen Wertesystems.

Um nicht Schnecken nach Metz oder Rebstöcke nach Würzburg zu tragen, werden für die »Seitenverschiedenheit« der deutschen Verfassungsentwicklung die vom Jubilar angestoßene Neubewertung der Weimarer Reichsverfassung ebenso vorausgesetzt wie die in seinem Kommentarwerk erfasste, vom Bundesverfassungsgericht umfassend abgesicherte Normativität des Grundgesetzes.[10]

I. Französischer *légicentrisme* als republikanische Identität

Prägend für den französischen *légicentrisme* (Gesetzesabsolutismus)[11] als republikanische Identität ist die Idee der nationalen Einheit. Auch wenn die Totalität der Unterwerfung individueller Partikularinteressen unter den Rousseau'schen Allgemeinwillen durch die einflussreichen Ideen von Constant oder de Tocqueville[12] abgemildert ist, interessiert sich die französische Lesart der Republik immer noch weniger für Repräsentation,[13] Wahlen und Abstimmungen.[14] Denn wichtiger als der *demokratische* Zusammenhalt erscheint noch immer die *republikanische* Identität, welche nach dem mystifizierend tradierten[15] Revolutions-

[10] Horst Dreier/Christian Waldhoff (Hrsg.), Das Wagnis der Demokratie. Eine Anatomie der Weimarer Reichsverfassung, München 2018.

[11] Vgl. die Formulierung des Art. 6 Déclaration des droits de l'homme et du citoyen 1789: »La loi est l'expression de la volonté générale.« (zit. nach Willoweit/Seif, Europäische Verfassungsgeschichte, S. 252).

[12] *Alexis-Charles-Henri De Tocqueville,* De la Démocratie en Amérique, Band 1, Paris 1835, englische Übersetzung von Harvey Mansfield und Delba Winthrop, Democracy in America, Chicago 2000, S. 378, 380 zur Beschränkung des demokratischen Monismus durch eine besondere Beteiligung des Einzelnen an der Selbstverwaltung auf kommunaler Ebene. Die Gemeinden sind für De Tocqueville die zentralen Orte für die Ausübung der politischen Freiheit. Vgl. dazu auch *Sheldon S. Wollin,* Tocqueville Between Two Worlds. The Making of a Political & Theoretical Life, Princeton 2001, S. 380; *Michael Hereth,* Art. De Tocqueville, in: Hauptwerke der politischen Theorie, hrsgg. von Theo Stammen/Gisela Riescher/Wilhelm Hofmann, Stuttgart 1997, S. 494 ff.

[13] *Jean-Jacques Rousseau,* Contract, Buch II, Kap. 4, in: Œuvres complètes, Band III: Du contrat social – Écrits politiques, Paris 1964 (Pléiade-Ausgabe), S. 374. Vgl. auch *Bernard Manin,* Principes du Gouvernement Représentatif, Paris 1996, englische Ausgabe, Cambridge 1997, S. 21 ff. Da die verwendete Pléiade-Ausgabe der Schreibweise contract statt contrat in der aktuellen Orthographie folgt, wird dies im Weiteren beibehalten.

[14] Vgl. schon *Rousseau,* Contract, Buch III, Kap. 15, S. 430: »La loi n'étant que la déclaration de la volonté générale, il est clair que dans la puissance Législative le Peuple ne peut être réprésenté«.

[15] Nicht im Sinne rechtshistorischer Quellentreue, sondern (auch tendenziöser) Erinnerungskultur. Statt vieler *Nicolet,* L'idée republicaine; *Tyler Stovall,* The Myth of the Liberatory Republic and the Political Culture of Freedom in Imperial France, in: Yale French Studies 111 (2007), S. 89–103; *Julian März,* Zwischen Laizismus und Religionsfreiheit. Das Religionsverfassungsrecht der Dritten Französischen Republik im Vergleich mit der Weimarer Republik, Berlin 2021 (RG, Band 197), betreut am Lehrstuhl der Verfasserin.

erbe von 1789[16] für die nationale Einheit Frankreichs einerseits[17] und die universelle Gültigkeit der Rechte der 1789-Erklärung andererseits steht.

Diese Gleichsetzung von Republik und allgemeinem Willen, von Gesetz und Souveränität,[18] beruht auf Rousseaus Vorstellung der Schaffung einer republikanischen Gemeinschaft durch das egalitäre Modell eines Vertrags,[19] also auf einem »normative[n] Ideal, welches die Nostalgie für sein heimatliches Genf [...] mit Sparta und Rom verbindet«.[20] Ausweislich der Zivilisationskritik im Diskurs über die Ungleichheit (1755)[21] ist der bürgerliche Staat für Rousseau – im Gegensatz zu Hobbes und Locke – »kein optimierter Naturzustand«.[22] Durch die unumkehrbare[23] Verkümmerung der natürlichen Selbstliebe (*amour de soi*) zum selbst-

[16] Zu den Kontinuitäten und damit gegen das tradierte revolutionäre Zäsurdenken explizit *Ulrike Müßig,* Recht und Justizhoheit, 2. Auflage Berlin 2009, S. 130 ff.

[17] Zum eigentlich revolutionären Moment der Umwandlung der Generalstände in eine Nationalversammlung mit Anspruch auf verfassungsgebende Souveränität vgl. ausführlich *Ulrike Müßig,* Juridification by Constitution. National Sovereignty in Eighteenth and Nineteenth Century Europe, in: dies. (Hrsg.), Reconsidering Constitutional Formation / National Sovereignty. A Comparative Analysis of the Juridification by Constitution, Cham 2016, S. 1–92, S. 18 ff. Durch die nationale Souveränität als Referenzpunkt des französischen Konstitutionalismus wird jedes Handeln im Namen Frankreichs notwendigerweise auch im Namen des Volkes vorgenommen sowie jede Handlung gegen das Volk als gegen Frankreich (geographisch gemeint) und gegen die Republik als soziale, rechtliche und politische Ordnung Frankreichs gerichtet verstanden. Eine solche nationalisierende Verselbstständigung ist dem bundesrepublikanischen Diskurs fremd.

[18] *Rousseau,* Contract, Buch II, Kap. 4, S. 374 f.; Ausführlich dazu auch *Ulrike Müßig,* Republicanism and its »gentle wings« (Ode to Joy), The Republican Dignity to be Governed, not Mastered as Founding Rational Legitimacy, in: Giornale di Storia Costituzionale/Journal of Constitutional History 41/I (2021), S. 117–176, S. 148 ff. Manchen Ausführungen liegen Argumente des Giornale-Beitrages in einer auf Deutsch paraphrasierenden und modifizierten Fassung zugrunde.

[19] Nicht nur die Idee einer homogenen Bürgerschaft, sondern auch der Gesellschaftsvertrag selbst waren mit den »naturrechtlichen Implikationen« der Gleichheit verbunden. Für Johnson Kent Wright ging Rousseau von einer »umbilical connection between individual and collective freedom« aus (*Johnson Kent Wright,* The Idea of a Republican Constitution in Old Régime France, in: Martin van Gelderen/Quentin Skinner [Hrsg.], Republicanism. A shared European Heritage, Band 1: Republicanism and Constitutionalism in Early Modern Europe, Cambridge 2002, S. 289 ff.). Wright verweist auf die grundlegenden Arbeiten von *Maurizio Viroli* (Jean-Jacques Rousseau and the »Well-Ordered Society«, Cambridge 1988); *Helena Rosenblatt* (Rousseau and Geneva: From the First Discourse to the Social Contract 1749–1762, Cambridge 1997) und *Robert Wokler* (Rousseau, A very short introduction, Oxford 1995). Hier auch die Unvertretbarkeit der Souveränität gemäß *Rousseau,* Contract, Buch III, Kap. 15, S. 429 f.: »La Souveraineté ne peut être représentée, par la même raison qu'elle ne peut être aliénée; elle consiste essenciellement dans la volonté générale, et la volonté ne se représente point: elle est la même, ou elle est autre; il n'y a point de milieu. Les députés du peuple ne sont donc ni ne peuvent être ses représentants, ils ne sont que ses commissaires; ils ne peuvent rien conclurre définitivement. Toute loi que le Peuple en personne n'a pas ratifiée est nulle; ce n'est point une loi.«

[20] *Wright,* Idea, S. 289 ff., 296.

[21] Diskurs über die Ungleichheit, 2. Teil Anfang, kritische Ausgabe, übersetzt und kommentiert von Heinrich Meier, 4. Auflage, Paderborn u. a. 1997, S. 173.

[22] *Hasso Hofmann,* Einführung in die Rechts- und Staatsphilosophie, 4. Auflage, Darmstadt 2011, S. 162.

[23] Das individuelle Bemühen um die Überwindung der Degeneration durch eine »naturgemä-

süchtigen Egoismus (*amour propre*) ist vielmehr der *contrat social* erforderlich, um rechtliche Gleichheit auf einer neuen, vertraglichen Grundlage zu schaffen.[24]

Dabei kann individuelle bürgerliche Freiheit nur in der moralisch-politischen Totalität[25] eines umfassenden Gesellschaftsvertrags erreicht werden: »In der Grenzenlosigkeit der auf dieser Weise gebildeten Staatsgewalt eines neuen Leviathan wird die ursprüngliche Freiheit des Menschen wiedergeboren [...]«.[26] In dieser Absolutheit der Staatsgewalt lässt sich die ursprüngliche Freiheit des Menschen nur in der Mitwirkung an der Gesetzgebung denken: »Gehorsam dem Gesetz gegenüber, das man sich selbst auferlegt hat, ist Freiheit«.[27] Ein solches Freiheitsnarrativ der Gesetzgebung ist nicht nur dem anglo-amerikanischen Diskurs,[28] sondern auch staatstheoretischen Neigungen zu einer ontologischen Lesart von Repräsentation[29] im bundesrepublikanischen Diskurs fremd.

Kern des Rousseau'schen Republikanismus[30] ist die kollektive Selbstbestimmung durch selbst auferlegte Gesetze: »Gesetze sind [...] die Bedingungen der bürgerlichen Vereinigung. Das Volk, das den Gesetzen unterworfen ist, muss

---

ße« Erziehung großer Künstlichkeit – eine offensichtliche Inkonsequenz – wird im »Emile« (1762) propagiert (*Hofmann,* Einführung, S. 162).

[24] *Rousseau,* Contract, Buch II, Kap. 6, S. 378: »Par le pacte social nous avons donné l'existence et la vie au corps politique: [...]«.

[25] *Rousseau,* Contract, Buch I, Kap. 8, S. 364: »Ce que l'homme perd par le contract social, c'est sa liberté naturelle [...]; ce qu'il gagne, c'est la liberté civile [...]«; vgl. auch Buch I, Kap. 6, ivi, S. 360: »l'aliénation totale de chaque associé avec tous ses droits à toute la communaute.« und Buch II, Kap. 7, ivi, S. 381: »de transformer chaque individu, qui par lui-même est un tout parfait et solitaire, en partie d'un plus grand tout dont cet individu reçoive en quelque sorte sa vie et son être.«

[26] *Hofmann,* Einführung, S. 163.

[27] *Rousseau,* Contract, Buch I, Kap. 8, S. 365: »[...] l'obéissance à la loi qu'on s'est prescritte est liberté.« Zitat (anders paraphrasiert) auch bei *Hofmann,* Einführung, S. 163.

[28] Pointiert dazu bereits *Hasso Hofmann,* Zur Herkunft der Menschenrechtserklärungen, in: JuS 1988, S. 841–847.

[29] Dazu gehören v. a. auch ein ontologisches Verständnis von Repräsentation aufgrund der »Antithese von Repräsentation und Identität« (*Hofmann,* Repräsentation, S. 19) mit der nur politisch-legitimatorischen Zurechnung des Parlementswillens an das Volk, der eigentlichen staatsrechtlichen Zuschreibung aber an den Staat. Hofmann zitiert dafür *Georg Jellineks* organologische Theorie der Repräsentation (Allgemeine Staatslehre, Heidelberg 1921, S. 566 ff., 580 ff., 584 ff.), *Gerhard Leibholz'* Verabsolutierung altliberaler Begriffswelt (Wesen der Repräsentation und der Gestaltwandel der Demokratie im 20. Jahrhundert, 2. Auflage Berlin 1960, S. 32 ff., 34) oder gar die *Carl Schmittsche* Staats-»Ontologie« (Verfassungslehre, 11. Auflage Berlin 2017, S. 209 f.). Zu der daraus resultierenden Verführbarkeit durch seinsmäßige, ontologische Überhöhungen ebd., S. 27 mit Verweis auf *Nicolai Hartmann,* Das Problem des geistigen Seins, Untersuchungen zur Grundlegung der Geschichtsphilosophie und der Geisteswissenschaften, Berlin 1933, ND 2015, https://doi.org/10.1515/9783111456409. Zu den genannten Belegen *Hofmann,* Repräsentation, S. 18 Fn. 22, S. 19 Fn. 27, S. 20 Fn. 33, S. 28 Fn. 1 und das Zitat auf S. 23. In diesen Argumentationszusammenhang gehört auch die Konzeption des Reichstages in Abschnitt V der deutschen 1871-Verfassung als »Organ des Reiches«.

[30] In diesem Sinne nannte Rousseau »jeden durch Gesetze regierten Staat« eine »Republik« (*Rousseau,* Contract, Buch II, Kap. 6, S. 379), und nur eine »republikanische Regierung« »legitim« (ebd., S. 380).

ihr Urheber sein. Es ist allein Sache derjenigen, die sich zusammenschließen, die Bedingungen der Gesellschaft festzulegen.«[31] Die Herrschaft des Volkes ist die unpersönliche Herrschaft des Gesetzes, falls ihre Ausführung von der Gesetzgebung getrennt ist,[32] und das Gesetz »die Totalität des Willens mit der des Gegenstandes« vereint.[33]

Die Abstraktheit der Regelung hinsichtlich der Adressaten und der Anwendung, also die Gleichheit vor dem Gesetz (*égalité devant la loi*), ist noch eingängig. Schwieriger zu fassen ist Rousseaus (monodemokratische) Konstruktion einer kognitiven Identität des individuellen mit dem allgemeinen Willen; denn sie betrifft nicht nur die Allgemeinheit des Regelungsgegenstandes, sondern auch die Legitimation der Gesetzessouveränität. Im letzteren liegt des Pudels Kern, die Spannungslage, welche vom *légicentrisme* in der aktuellen französischen Verfassungspraxis ausgeht. Die Unterscheidung der mehrheitlichen *volonté générale* von der Summe der Einzelstimmen (*volonté de tous*) ist derart notorisch,[34] dass unbemerkt bleibt, dass Rousseau dadurch die normative Wirkung mittels egalitärer Beteiligung am Gesetzesbeschluss verfahrenstechnisch begründet.

Seine Lesart der politischen Legitimation der Herrschaft des Gesetzes als ausgeübte kollektive Autonomie – nämlich die Stimmabgabe aller »wahren«[35] Bürger als integrierte Teile eines Ganzen[36] – ist im *légicentrisme* als republikanische Identität des modernen Frankreichs noch wirksam, auch wenn Rousseaus verfahrenstechnisch konstruierten Annahmen der »natürlichen Richtigkeit« der Gesamtheit des Willens, die Abstraktheit des Gegenstandes immer im Bestreben auf das Gemeinwohl[37] zu regeln, auf drei unrealistischen Annahmen[38]

[31] *Rousseau,* Contract, Buch II, Kap. 6, S. 380.

[32] *Rousseau,* Contract, Buch III, Kap. 1, S. 395, 396, 399; Kap. 4, S. 404; Kap. 15, S. 430; Kap. 16, S. 432f.

[33] *Rousseau,* Contract, Buch II, Kap. 6, S. 380; Buch II Kap. 4, S. 374.

[34] *Rousseau,* Contract, Buch II, Kap. 3, S. 371: »Il y a souvent bien de la différence entre la volonté de tous et la volonté générale; celle-ci ne regarde [...] qu'une somme de volontés particulieres: mais ôtez de ces mêmes volontés les plus et les moins qui s'entredétruisent, reste pour somme des différences la volonté générale.«

[35] Also mit bürgerlicher Tugend, sich für die gemeinsame Erhaltung und das öffentliche Wohl einzusetzen (*Rousseau,* Contract, Buch IV, Kap. 1, S. 437: »[...] le bien commun se montre par tout avec évidence, et ne demande que du bon sens pour être apperçu.«).

[36] *Rousseau,* Contract, Buch II, Kap. 6, S. 379: »Quand je dis que l'objet des loix est toujours général, j'entends que la loi considere les sujets en corps et les actions comme abstraites, jamais un homme comme individu ni une action particuliére.«

[37] *Rousseau,* Contract, Buch II, Kap. 3, S. 371: »Il s'ensuit de ce qui précede que la volonté générale est toujours droite et tend toujours à l'utilité publique.« Der allgemeine Charakter des allgemeinen Willens wurde von Rousseau auf der Grundlage der Allgemeinheit und Abstraktheit der Normen konstruiert, die im Sinne einer obersten öffentlichen Vernunft in Kraft gesetzt werden sollten: »Das Volk selbst will immer das Gute, aber es sieht es nicht immer von selbst. Der allgemeine Wille ist immer richtig, aber das Urteil, das ihn leitet, ist nicht immer aufgeklärt.« (La volonté générale est toujours droite, mais le jugement qui la guide n'est pas toujours éclairé. Ebd., S. 380). Vgl. auch *Rousseau,* Contract, Buch II, Kap. 3, 4, S. 371, 373.

[38] *Rousseau,* Contract, Buch IV, Kap. 1, S. 438f.

beruhen: *erstens* auf der Fähigkeit des Einzelnen, alle Angelegenheiten, von denen er betroffen ist, vernünftig, d. h. frei von individuellen Sonderinteressen, zu beurteilen; *zweitens* auf der institutionellen Vergemeinschaftung der individuellen Selbstbestimmung durch reale oder virtuelle Beteiligung aller von der Regelung Betroffenen ohne jede Fraktionsbildungen;[39] und *drittens* auf der gemeinsamen Überzeugung von einer Ordnung nach abstrakten Regeln. Entkräftende Gegenargumente liegen auf der Hand: Nach dem *ersten* Axiom würde jede ungerechtfertigte Mitwirkung eines Einzelnen (mit Sonderinteressen) oder jeder ungerechtfertigte Ausschluss eines Einzelnen (ohne Sonderinteressen) die natürliche Richtigkeit der *volonté générale* verunmöglichen; ohne diese ist im Gedankengebäude des *contrat social* jedoch Normativität kraft Allgemeingültigkeit nicht begründbar, gleichgültig wie allgemein der objektive Gesetzesinhalt formuliert ist.[40] Hinsichtlich des *zweiten* Axioms behauptet Rousseau selbst mit Bezug auf Solon, dass es bei Fraktionsbildung notwendig sei, »ihre Zahl [d. h. der Fraktionen] zu vermehren und ihre Ungleichheit zu verhindern [...] um zu verhindern, dass sich das Volk über den allgemeinen Willen irrt«[41], als ob ihm die Realitätsferne seiner eigenen Annahme klar gewesen sein musste. Die *dritte* Annahme wurde zum theoretischen Steigbügel des *terreur*,[42] nur so konnte sich das jakobinische Gemeinwohl als Paradigma des »*suprême être*« behaupten. An dieser letzten Feststellung ändert sich auch nichts dadurch, dass Rousseau die angenommene kognitive und verfahrenstechnische Identität des Einzelwillens mit dem allgemeinen Willen in traditionell republikanischer »Nabelverbindung zwischen individueller und kollektiver Freiheit«[43] als bürgerliche Solidarität und Gleichheit formuliert und wichtigste Grundgesetze (*leges imperii* in der von Bodin artikulierten Tradition)[44] zur republikanischen Identität erklärt.[45]

---

[39] *Rousseau,* Contract, Buch II, Kap. 3, S. 371; Buch IV, Kap. 1, S. 438.

[40] *Rousseau,* Contract, Buch II, Kap. 4, S. 373 f.

[41] *Rousseau,* Contract, Buch II, Kap. 3, S. 372.

[42] Vgl. auch die derzeit (2023/24) am Wiener Burgtheater laufende Inszenierung von Georg Büchners Dantons Tod (Regie Johan Simons). *Büchner,* Dantons Tod, München 2015, I.3: »Die Waffe der Republik ist der Schrecken, die Kraft der Republik ist die Tugend. Die Tugend, weil ohne sie der Schrecken verderblich, der Schrecken, weil ohne ihn die Tugend ohnmächtig ist. Der Schrecken ist ein Ausfluss der Tugend, er ist nichts anders als die schnelle, strenge und unbeugsame Gerechtigkeit.« (Robespierre) »Die Revolutionsregierung ist der Despotismus der Freiheit gegen die Tyrannei.« (Robespierre). Angesichts der Rousseau'schen Souveränitätskonstruktion bemerkenswert ist die Wiener Konzeption des Volkes als Souffleur, der trotz subalterner Positionierung am Rand des Bühnengeschehens gegenüber dem deterministischen Reagieren Dantons und Robespierres als einziges Gestaltungsmacht auszuüben scheint.

[43] *Wright,* Idea.

[44] Auch Rousseau teilte die Gesetze ein in *loix politiques* und *loix fondamentales*, die die Regierungsform begründeten (»*forme du Gouvernement*«), und unterschied zwischen Zivilgesetzen (*loix civiles*) und Strafgesetzen (*loix criminelles*).

[45] *Rousseau,* Contract, Buch II, Kap. 12, S. 394: »[...] dans les cœurs des citoyens; qui fait la véritable constitution de l'État«. Die Aufzählung der Gesetzesarten beginnt auf S. 393.

Entscheidend für den asymmetrischen Verfassungsvergleich erscheint, dass die Rousseau'sche radikal-demokratische Konstruktion des Rechts als allgemeines Gesetz, das auf der Urheberschaft des Volkes beruht, jede staatsorganisationsrechtliche Gegenüberstellung der Republik mit der Monarchie im französischen Diskurs überlagert.[46] Die monolithische Konzentration der Souveränität in einer republikanischen Einheit, welche Rousseau um den allgemeinen Willen herum konstruiert hat und die den heutigen *légicentrisme* nährt, hat mit der klassischen Tradition einer gemischten Verfassung gebrochen.[47] Für ihn ist die Republik nicht nur Ausdruck des allgemeinen Willens, sondern sie *ist* der allgemeine Wille, der in Form von Gesetzen regiert, unabhängig von der Regierungsform.[48] Zusammen mit der tradierten Revolutionsskepsis gegenüber Richtern, welche als Parlamentsadel (*noblesse de robe*) die eigentlichen Symbolfiguren des Ancien Régime waren,[49] resultiert aus dieser Argumentation die französische Skepsis gegenüber einer richterlichen Kontrolle von Gesetzgebung.[50]

---

[46] Auch wenn Rousseau selbst sein Rechtskonzept mit einer monarchischen Staatsform verbunden hat (solange die Errichtung der Monarchie ein einseitiger, jederzeit widerrufbarer Akt des souveränen Volkes ist); für ihn war eine Monarchie, die nicht vom souveränen Volk ausgeht, Despotie.

[47] Im Gegensatz zu Montesquieus Gleichgewichtssystem (*Ulrike Seif* [= Müßig], Der mißverstandene Montesquieu: Gewaltenbalance, nicht Gewaltentrennung, in: ZNR 22 [2000], S. 149–166) zielte Rousseaus republikanischer Gesetzesstaat auf die Überordnung der einheitlichen, auf allgemeinen Wahlen beruhenden Legislative, die als kollektivierte Selbstbestimmung des Individuums ausgestaltet war, über die bestehende monarchische Exekutive.

[48] *Johson Kent Wright,* A Classical Republican in Eighteenth-Century France. The Political Thought of Mably, Stanford 1997; *Wright,* Idea, S. 289 ff., 297 f.

[49] Zu deren Privilegien vgl. *Ulrike Müßig,* Höchstgerichte im frühneuzeitlichen Frankreich und England, in: Leopold Auer/Werner Ogris/Eva Ortlieb (Hrsg.), Höchstgerichte in Europa, Bausteine frühneuzeitlicher Rechtsordnungen, Wien 2007, S. 19–49. *Vanessa Ritter,* Das Verhältnis von Question prioritaire de constitutionnalité und contrôle de conventionnalité, in: Sydow (Hrsg.), Französisches Verfassungsrecht, S. 283–316, 285 mit Fn. 14, dort auch Hinweis auf die Polemik *gouvernment des juges* von *Edouard Lambert* (Le Gouvernement des juges et la lutte contre la législation sociale aux États-Unis, Paris 1921, S. 221 ff.); *Maja Katharina Walter,* Verfassungsprozessuale Umbrüche, Tübingen 2015, S. 181 f. Ebenso die heutige Verfassungsterminologie (Tit. VIII der Verfassung der V. Republik) von richterlicher Autorität (*autorité*) statt richterlicher Macht (*pouvoir*). Insgesamt dazu auch *Laura Magdalena Jung,* Verfassungsvergleichung als Postulat, Eine deutsch-französische Wissenschaftsgeschichte seit 1870, Tübingen 2022, S. 130 (GRW 44).

[50] Vgl. u. a. *Ho Hio Ky,* Le contrôle de la constitutionnalité des lois en France (thèse de doctorat), Paris: Pedone, 1926; *Philippe Sueur,* Histoire du droit public français XV–XVIIIesiècle. La genèse de l'État contemporain. 2. Affirmation et crise de l'État sous l'Ancien Régime, Paris: PUF, 1989; *Jean-Louis Mestre,* Les contrôles judiciaires a posteriori de constitutionnalité à partir de la Révolution, in: Cahiers du Conseil constitutionnel 28, dossier L'histoire du contrôle de constitutionnalité (Juli 2010), http://www.conseil-constitutionnel.fr/conseil-constitutionnel/francais/nouveaux-cahiers-du-conseil/cahier-n-28/les-controles-judiciaires-a-posteriori-de-constitutionnalite-a-partir-de-la-revolution.52719.html; *Alain Laquièze,* Le contrôle de constitutionnalité de la loi vu par les penseurs libéraux français du XXe siècle, in: Aux origines du contrôle de constitutionnalité, XVIII–XXe siècle, hrsgg. von Dominique Chagnollaud, Paris 2003, S. 85–102; *Didier Maus,* La naissance du contrôle de constitutionnalité des lois en France,

Mit der rechtlichen Konstruktion der verfassungsgebenden Nation[51] und der Unterscheidung von konstituierender Souveränität (*pouvoir constituante*) und verfasster Souveränität (*pouvoir constitué*) hat Sieyès die republikanische Idee der Selbstgesetzgebung an das Repräsentationsprinzip gebunden. Ausdrücklich positioniert er sich gegen Rousseau: »Die Repräsentation kann nie ein direkter Akt sein, und unter der Verfassung ist sie immer geteilt, nie akkumuliert und immer von den Verfassungsgesetzen abhängig.«[52] Auf den jakobinischen Einwand, jede Repräsentation sei antidemokratisch (Hérault de Séchelles, Maximilien de Robespierre), antwortete Sieyès mit seiner berühmten, wenn auch recht prosaischen Metapher der Post: Die Verweigerung der Vertretung wäre gleichbedeutend damit, »sich das Recht vorzubehalten, seine Briefe selbst zu befördern, ohne sie der öffentlichen Einrichtung [der Post] anzuvertrauen, die mit ihrer Beförderung beauftragt ist«.[53] Denn in seinem konstitutionellen Liberalismus[54] folgt aus der Unterscheidung zwischen ordentlichen gesetzgebenden Körperschaften von den verfassungsgebenden Versammlungen die »Superlegalität der Verfassung« (*superlégalité de la constitution*).[55]

---

in: L'esprit des institutions, l'équilibre des pouvoirs. Mélanges en l'honneur de Pierre Pactet, comité scientifique Pierre Avril, Monique Chemillier-Gendreau, Jean-Claude Colliard [...] u. a., Paris 2003, S. 713 ff.; *Marcel Morabito,* Histoire constitutionnelle de la France (1789–1958), Paris 2002, S. 11 ff.; *Bruno Nicolle,* Aux origines du contrôle de constitutionnalité. La jurie constitutionnaire de Sieyes (1795), mémoire de DEA, Universität Paris X-Nanterre 1990. Insgesamt grundlegend *Marco Fioravanti,* Sieyès et le jury constitutionnaire: perspectives historico-jurdiques, in: Annales historiques de la Révolution française 2007, S. 349.

[51] Lafayette wird später in seinem Vorentwurf zur Erklärung der Menschen- und Bürgerrechte vom 11. Juli 1789 vom Prinzip der Nation sprechen, vgl. Archives Nationales Paris (AP), Band VIII, BN, Mikrofilm M11174(4); AP, Band VIII, S. 222 [11 Juli 1789]. Malouet kritisiert in seiner Opinion sur l'acte constitutionnel: »Tel est donc le premier vice de votre Constitution, d'avoir placé la souveraineté en abstraction,« (zit. in François Furet/Ran Halévi, [Hrsg.], Orateurs de la Révolution française, Band I: Les Constituants, Paris 1989, S. 503). Ausführlich auch *Müßig,* Juridification, S. 18 ff.

[52] *Emmanuel Joseph Sieyès,* Manuscrit »Limites de la Souveraineté«, in: Archives Nationales Paris, 284 AP 5 doss. 1 (4): »Donc, la représentation et non l'action directe; dons la représentation divisée, sous la constitution, et non accumulée et rendue indépendante de ses lois constitutives.«. Das Zitat findet sich auch bei *Pasquale Pasquino,* Sieyès et l'invention de la constitution en France, Paris 1998, S. 179 f.

[53] *Emmanuel Joseph Sieyès,* Moniteur, 2 Thermidor III, S. 1236. Vgl. auch *Georges Lescuyer,* Histoire des idées politiques, Paris 2001, S. 355.

[54] Zur Verfassungstheorie von Sieyès vgl. u. a. *Jean-Denis Bredin,* Sieyès. La clé de la Révolution française, Paris 1988; *Stéphane Rjals,* Sieyès ou la délibération sans la prudence. Éléments pour une interprétation de la philosophie de la Révolution et de l'esprit du légicentrisme, Droits VII, no. 1 (1991), S. 123–138; *Pasquino,* Sieyès, S. 179 f.; *Andreï Tyrsenko,* L'ordre politique chez Sieyès en l'an III, in: Annales historiques de la Révolution française LXXVII, no. 1 (2000), S. 27–45; *Michel Troper,* Sieyès et le jury constitutionnaire, in: La République. Mélanges en l'honneur de Pierre Avril, hrsgg. von Michel Ameller, Paris 2001, S. 265–282; *Lucien Jaume,* Sieyès et le sens du jury constitutionnaire: une reintérpretation, in: Droits XVIII, no. 36 (2002), S. 115–134; *Michel Troper,* La suprématie de la constitution et le jury constitutionnaire, in: ders., Terminer la Révolution, La Constitution de 1795, Paris 2006, S. 199–221.

[55] *Pasquino,* Sieyès, S. 94.

Doch Sieyès gehörte der sog. »Kommission der Elf«[56] nicht an, welche die Direktoriumsverfassung des Jahres III (1795) ausarbeitete, die am 22. August 1795 (5 Fructidor, Jahr III) verabschiedet wurde.[57] Niemand der mehrheitlichen Gegner Robespierres im Thermidorkonvent[58] hatte nach dessen Hinrichtung (am 27. Juli 1794 (9 Thermidor, Jahr II) Interesse daran, die jakobinische Verfassung von 1793[59] noch in Kraft zu setzen; damit ist einmal mehr die dem französischen Diskurs fehlende Dichotomie Republik-Monarchie belegt. Die Revolution sollte beendet werden, geschützt vor sich selbst und vor Außenstehenden![60]

II. Sieyès' Vorschlag einer Verfassungsjury

Sieyès' Vorschlag einer Verfassungsjury folgte der Logik, die er mit der Unterscheidung zwischen der verfassungsgebenden und der verfassten Gewalt 1789 in

[56] Die Mitglieder der am 29. Germinal III (18. April 1795) eingesetzten Kommission waren: Antoine-Claire Thibaudeau, Louis-Marie de La Révellière-Lépeaux, Denis Toussaint Lesage (d'Eure-et-Loir), François-Antoine Boissy d'Anglas, Jacques-Antoine Creuzé-Latouche, Jean-Baptiste Louvet de Couvray, Théophile Berlier, Pierre-Claude-François Daunou, Jean-Denis Lanjuinais, Pierre-Toussaint Durand de Maillane, Pierre-Charles-Louis Baudin (des Ardennes).

[57] Zur Direktoriumsverfassung und zur Kontinuität des rousseauschen republikanischen Konzepts der Volkssouveränität im Nationalkonvent vgl. *Albert Mathiez,* Le Directoire, Paris 1934; *Georges Lefebvre,* Le Directoire, Paris 1943; *Françoise Brunel,* Aux origines d'un parti de l'ordre: les projets de Constitution de l'an III, in: Mouvements populaires et conscience sociale, XVIe–XIXe siècle, hrsgg. von Jean Nicolas, Paris 1985, S. 687–96; *Michel Pertué,* Constitution de l'an III, in: Albert Soboul (Hrsg.), Dictionnaire historique de la Révolution française, Paris 1989, S. 284–286; *Michel Troper,* La Constitution de l'an III ou la continuité: la souveraineté populaire sous la Convention, in 1795: Pour une République sans Révolution, hrsgg. von Roger Dupuy/Marcel Morabito, Rennes 1996; *ders.,* Terminer la Révolution, La Constitution de 1795, Paris 2006.

[58] Das Adjektiv »thermidorianisch« bezieht sich auf den 9. Thermidor im Jahr II, in welchem Robespierre und seine radikalen Mitrevolutionäre im Nationalkonvent angegriffen und verhaftet wurden. Es beschreibt auch den Verfassungsdiskurs im Nationalkonvent (auch bekannt als Thermidor-Konvent) bis zur Einführung des Direktoriums. Die Bezeichnung Thermidorianer meint die Gegner von Robespierre.

[59] Der allgemein gewählte Nationalkonvent (*Convention nationale*) war die verfassungsgebende Versammlung, die zwischen dem 20. September 1792 und dem 26. Oktober 1795 zusammentrat und den Entwurf der radikaldemokratischen »Montagnarde«-Verfassung des Jahres I (*Acte constitutionnel du 24 juin 1793*) vorgelegt hat, welche die Abschaffung der Monarchie vorsah. Zusammen mit der *Konstituante*, welche vom 9. Juli 1789 bis zum 2. September 1791 tagte, bezeichnete Sieyès den Konvent als »Urversammlung«.

[60] Als wichtiger Mitwirkender an der Septemberverfassung (1791) war Sieyès während des Terrors untergetaucht; erst nach Robespierres Tod betrat er im Nationalkonvent wieder die politische Bühne, um wie andere *Thermidoriens* auch »die Revolution zu beenden«. Vgl. den Titel »Terminer la Révolution, La Constitution de 1795« von *Troper,* Terminer. *Bronislaw Baczko,* Le contrat social des Français: Sieyès et Rousseau, in: Baker Keith Michael (Hrsg.), The French Revolution and the Création of Modem Political Culture, Band 1, Oxford 1987, S. 493–513; vgl. auch *ders.,* Comment sortir de la Terreur? Thermidor et la Révolution, Paris 1989, S. 13ff.

Gang gesetzt hatte.[61] Die Normativität der Verfassung (*superlégalité de la constitution*)[62] erfordert eine konstitutionelle Dimension der Repräsentation – oder in Sieyès' Worten vom 2. Thermidor III (20. Juli 1795): »Was die Regierung und die Verfassung betrifft, so bedeutet Einheit allein Despotismus, und Teilung allein Anarchie. Die Teilung mit der Einheit gibt die soziale Garantie, ohne die die Freiheit nur prekär wäre [...] Die Teilung, um den Despotismus zu verhindern; die Zentralisierung, um die Anarchie zu vermeiden [...] Ich kenne nur zwei Systeme der Gewaltenteilung: das Gleichgewicht und die Konkurrenz, oder in fast ähnlichen Begriffen, das System der Gegenmächte und das der organisierten Einheit.«[63] Daran schloss sich Sieyès' Forderung nach Einrichtung einer Verfassungsjury an: »Dies ist das wirkliche Gremium von Vertretern, das ich fordere, mit einer besonderen Mission, die Reklamationen gegen jede Verletzung der Verfassung zu beurteilen.«[64]

Sein Plädoyer zur »Notwendigkeit einer Verfassungsjury« verkannte die Spannungslage zum republikanischen Selbstverständnis nicht: Die Notwendigkeit der Justitiabilität der Verfassung »bildet eine Art Vorfrage; sie ist nicht unproblematisch. Wie könnte sich die Vorstellung des Gesetzgebers an die Idee einer aufgegebenen Verfassung gewöhnen, im Augenblick ihres Entstehens? Eine Verfassung ist ein Corpus verbindlicher Gesetze oder sie existiert nicht; wenn sie ein Corpus von Gesetzen ist, fragt man sich, wo ist der Wächter, wo ist der Richter dieses Kodex.«[65] Vor dem Hintergrund dieser pointiert formulierten justitiablen Normativität der Verfassung ist eine Kontrollinstitution notwendig; denn – so Sieyès in seinem Bericht über den dritten Stand (*Compte rendu de Qu'est-ce que le tiers état?*)[66] – die gesetzgebende Gewalt könne nicht »ohne Widerspruch und Absurdität die Verfassung berühren«.

Sieyès entwarf in dem sich anschließenden Diskurs vom 18. Thermidor III (5 August 1795)[67] die »juristisch-politischen«, wie er es nannte, Kompetenzen

---

[61] Vgl. auch *Christine Fauré,* Introduction à des manuscrits de Sieyès 1773–1799, Paris 1999, S. 29.

[62] *Pasquino,* Sieyès, S. 94 mit Fn. 55.

[63] *Sieyès,* Moniteur, S. 1236: »En fait de gouvernement, et plus généralement en fait de constitution politique, unité toute seule est despotisme, division toute seule est anarchie. Division avec unité donne la garantie sociale, sans laquelle toute liberté n'est que précaire. [...] Divisez, pour empêcher le despotisme; centraliser, pour éviter l'anarchie. [...] Je ne connais que deux systèmes de division des pouvoirs: le système d'équilibre et celui de l'unité organisée.«

[64] *Sieyès,* Moniteur, S. 1237.

[65] *Emmanuel Joseph Sieyès,* Opinion de Sieyès, in: Moniteur, 18 Thermidor III, S. 1311.

[66] Compte rendu de Qu'est-ce que le tiers état? (1789), in: Archives Nationales Paris, 284 AP 4 doss. 8: »sans contradiction et sans absurdité toucher à la Constitution«. Zitiert auch bei *Pasquino,* Sieyès, S. 168.

[67] Du jury constitutionnaire (an III), in: Archives Nationales Paris, 284 AP 4 doss. 8. Dieser Text ist (im französischen Original) auch wiedergegeben bei *Pasquino,* Sieyès, S. 193 ff. und in *Paul Bastid,* Les discours de Sieyès dans les débats constitutionnels de l'an III (2 et 18 Thermidor), Paris 1939, S. 30–47. Eine französische (Appendix A) und eine englische Fassung

der *jury constitutionnaire*; diese sollte für die Beurteilung von Beschwerden – auch von Einzelpersonen – über Verfassungsverstöße durch die konstituierten Gewalten zuständig sein;[68] insoweit war die Verfassungsjury als klassischer Verfassungsgerichtshof (*tribunal de cassation dans l'ordre constitutionnel*) konzipiert.[69] Die zweite Kompetenz der Verfassungsjury bestand darin, die Verfassung zu vervollkommnen, indem sie als *Atelier de propositions pour les amendemens* Vorschläge zur Verfassungsrevision vorlegen und die Verfassung selbst alle zehn Jahre überprüfen sollte.[70] Die dritte vorgesehene Befugnis der Verfassungsgeschworenen war die originellste: Als ein »Gerichtshof für Menschenrechte«[71] sollte der *jury constitutionnaire* eine Billigkeitsgerichtsbarkeit zukommen, wenn dies mit förmlicher Verweisung von einem ordentlichen Gericht beantragt worden war.[72] Wenn von den ordentlichen Gerichten aufgrund »fehlenden oder ungerechten positiven Rechts« keine Entscheidung getroffen werden konnte, sollte eine Verfassungsgerichtsbarkeit kraft Naturrechts als *supplement de juridiction naturelle* zum Tragen kommen können.[73]

Der Revolutionsskepsis der Judikative gegenüber hat Sieyès insofern Rechnung getragen, als dass die Angehörigen der Verfassungsjury nicht Berufsrichter sein sollten, sondern ehemalige Mitglieder der verfassungsgebenden Versammlungen, der gesetzgebenden Organe oder des Konvents.[74] Zudem konnte keine der Funktionen auf Initiative der Jury selbst ausgeübt werden (Art. XVII).[75] Nach Sieyès' Verständnis erforderte die »Superlegalität der Verfassung« einen Hüter der Verfassung, aber nicht notwendigerweise einen richterlichen.

(Appendix B) des Vorschlages sind ediert in Ulrike Müßig (Hrsg.), ReConFort II: Reconsidering Constitutional Formation II – Decisive Constitutional Normativity. From Old Liberties to New Precedence (Hrsg.), Studies in the History of Law and Justice 12, Cham 2018, S. 363 ff., open access zugänglich unter https://link.springer.com/book/10.1007/978-3-319-73037-0.

[68] *Bastid,* Discours, S. 32.

[69] *Sieyès,* Opinion de Sieyès, in: Moniteur, 18 Thermidor III, S. 1311.

[70] *Sieyès,* Opinion de Sieyès, in: Moniteur, 18 Thermidor III, S. 1311.

[71] *Bastid,* Discours, S. 42.

[72] Diese zusätzliche Verfassungsgerichtsbarkeit basiert auf dem Naturrecht (wohl den Charakter der Erklärung der Menschen- und Bürgerrechte von 1789 widerspiegelnd) und sollte zugänglich sein, wenn Gerichte sich in Ermangelung eines anwendbaren positiven Gesetzes nicht in der Lage sahen, eine Entscheidung zu treffen, oder wenn sie die Entscheidung dem Gesetzestext gemäß als gegen ihr Gewissen verstoßend ansahen (*Bastid,* Discours, S. 46–47).

[73] *Sieyès,* Opinion de Sieyès, in: Moniteur, 18 Thermidor III, S. 1311.

[74] Art. II–IV Entwurf der Verfassungsjury (Jahr III); Anhang A, B, in: Müßig (Hrsg.), ReConFort II, S. 363 ff.; 367 ff.

[75] Die Verfassungsjury kann keine Entscheidung aus eigener Initiative treffen./Le jury constitutionnaire ne peut rendre aucun arrêt du propre mouvement.

III. Schluss

Mit der Einführung der *Question prioritaire de constitutionnalité* (QPC, Art. 61–1 französische Verfassung) mit Verfassungsänderung vom 28. Juli 2008 auf Vorschlag des Comité Balladur gibt es im französischen Verfassungsrecht erstmals die Möglichkeit, bereits verkündete Gesetze *a posteriori* auf ihre Verfassungsgemäßheit zu prüfen. Die hier analysierten historischen Argumente haben gezeigt, dass der französische Verfassungsdiskurs an der (justitiablen) Normativität der Textgrundlage der V. Republik nicht vorbeikommt. Im Ringen um den (verfahrenstechnisch zeitlichen) Vorrang der QPC[76] gegenüber der *contrôle de conventionnalité* gem. Art. 55 französische Verfassung, der Überprüfung französischer Gesetze auf ihre Vereinbarkeit mit internationalem und europäischem Recht und der nur abstrakten Prüfung ohne Individualschutz[77] zeigt sich jedoch auch das Beharrungsvermögen der Gesetzessouveränität – gerade angesichts ihrer Unteilbarkeit als Nationalsouveränität.

Die »Seitenverschiedenheit« hat die hier angerissenen Verfassungssymmetrien metaphorisch umgesetzt; die nationalstaatlichen Traditionslinien 1871-1919-1949 oder 1875-1946-1958 sind bisweilen von monokausalen Kontinuitätserzählungen überfrachtet. Der deutsche Demokratiediskurs kann vom asymmetrischen Blick auf die historischen Funktionalitäten[78] profitieren, wenn deutlich geworden ist, dass die »Herrschaft der Gesetze« (in kantianischer, nicht rousseauischer

[76] Loi organique n° 2009–1523 vom 9. Dezember 2009 relative à l'application de l'article 61–1 de la Constitution, https://www.legifrance.gouv.fr/loda/id/JORFTEXT000021446446. Rein prozeduraler Vorrang: *Lukas Preußler,* Question prioritaire de constitutionnalité, Köln 2015, S. 273; *Marc Guillaume,* Question prioritaire de constitutionnalité, Paris 2019, Rn. 262; *Yann Aguila/Bernhard Stirn,* Droit public français et européen, Paris 2014, S. 646. Von der Weiterleitung durch die Fachgerichte abhängig: *Otto Pfersmann,* Concrete Review as Indirect Constitutional Complaint in French Constitutional Law: A Comparative Perspective, in: European Constitutional Law Review 6 (2010), S. 223–248, 248. Zur Schnelligkeit arg. *priorité* statt *primauté Olivier Jouanjan,* Conseil Constituionnel und das Bundesverfassungsgericht, in: Michael Stolleis (Hrsg.), Herzkammern der Republik. Die Deutschen und das Bundesverfassungsgericht, München 2011, S. 137–146. Nur das *conventionnalité*-Verfahren ist individualschützend, die QPC nicht: Verpflichtung an den Gesetzgeber zur Gesetzesänderung. Insgesamt dazu Johannes Masing/Olivier Jouanjan (Hrsg.), Verfassungsgerichtsbarkeit. Grundlagen, innerstaatliche Stellung, überstaatliche Einbindung, Tübingen 2011. Zur französischen Rezeption der Geschichte des Bundesverfassungsgerichts vgl. *Aurore Gaillet,* La Cour constitutionnelle fédérale allemande. Reconstruire la démocratie par le droit (1945–1961), Paris 2021.

[77] Arg. Art. 23–1 Loi organique n° 2009–1523; Conseil Constitutionnel, Décision n° 2009–595 DC vom 3. Dezember 2009 (https://www.conseil-constitutionnel.fr/decision/2009/2009595DC.htm), considération 27: keine Zuständigkeit für die Tatsachenfeststellung.

[78] »[I]m Anfang [war] das Wort und nicht der Begriff ...« (*Karl Siegfried Bader,* Studien zur Rechtsgeschichte des mittelalterlichen Dorfes, 2. Teil: Dorfgenossenschaft und Dorfgemeinde, Köln/Graz 1962, S. 1 ff., 5); *Ulrike Müßig,* Reason and Fairness, Constituting Justice in Europe, from Medieval Canon Law to ECHR, Legal History Library Band 27, Brill: Leiden 2019, S. 27 ff. Vgl. auch *Hofmann,* Repräsentation, dessen Untertitel auch »Wort- und Kontextgeschichte« hätte lauten können.

Prägung) und die umfassende Justitiabilität des bundesrepublikanischen Grundgesetzes keine »Krise der Repräsentation«[79] verträgt. Diese Zusammenhänge zwischen Normativität, Repräsentation und Justitiabilität motivierten auch den historischen Entwurf einer Verfassungsjury noch vor Beschluss und Verkündung der Direktoriumsverfassung vom 22. August 1795. So wie Rousseaus Konstruktion einer verfahrenstechnischen Identität von Einzel- und Gesamtwillen als ausgeübte kollektive Autonomie autoritärer Vereinnahmung (wie durch den Wohlfahrtsausschuß in der *terreur*) ausgeliefert war, wird deutlich, dass die Verfassungsgerichtsbarkeit (auch gegenüber Gesetzesbeschlüssen) die Komplementarität der »demokratischen Dimension der Repräsentation«[80] braucht; nur dann ist das Ringen um die Legitimation der normativen Bindungswirkung – über die Allgemeinheit und Verfahrensgemäßheit von formellen Gesetzen hinaus – und damit die Demokratie schützt; insoweit sind »richterstaatliche Vorbehalte«[81] gegenüber Verfassungsgerichten zu relativieren.

[79] *Kerstin Behnke,* Repräsentation V., Krise der Repräsentation, in: Historisches Wörterbuch der Philosophie, Band 8, hrsgg. von Joachim Ritter/Karlfried Gründer, Darmstadt 1992, S. 846–853.

[80] Angelehnt an den Titel von *Ulrich K. Preuß,* Repräsentation – Hasso Hofmanns Aufklärung über deren demokratischer Dimension, in: Horst Dreier (Hrsg.), Repräsentation und Legitimität im Verfassungs- und Umweltstaat. Gedächtnissymposion für Hasso Hofmann, Berlin 2022, S. 77–102.

[81] Vgl. auch die Bezeichnung als »strukturelle Opposition« gegenüber dem demokratisch gebildeten Mehrheitswillen bei *Andreas Voßkuhle,* Die weltweite Krise der Verfassungsgerichtsbarkeit, in: JZ 2024, S. 1–7, 6. Verfassungsgerichte als »die natürliche Feinde des Illiberalismus«, Voßkuhle, ebd., S. 6 mit Verweis in Fn. 68 auf *Li-Ann Thio,* Constitutionalism in Illiberal Polities, in: Michel Rosenfeld/Andras Sajo (Hrsg.), The Oxford Handbook of Comparative Constitutional Law, Oxford 2012, S. 133 ff.

Hierarchische Verwaltung im demokratischen Staat

Eberhard Schmidt-Aßmann

I. Zum Forschungsfeld »Demokratie« im wissenschaftlichen Werk Horst Dreiers

Die Verfassungsentscheidung für die Demokratie in der staatlichen Rechtsordnung greifbar werden zu lassen und lebendig zu erhalten, gehört zu den großen bewegenden Themen im wissenschaftlichen Werk Horst Dreiers. Beeindruckend das breite Spektrum der methodischen Zugriffe: Der systematischen Entfaltung des demokratischen Prinzips in seiner ganzen Breite dienen die umfangreichen Kommentierungen der Art. 20 und 28 GG im »Dreier«.[1] Die demokratische Legitimation speziell der Verwaltung ist detailliert entfaltet im Handbuch des Verwaltungsrechts.[2] Die rechtstheoretischen Grundlagen sind früh in Auseinandersetzung mit der Demokratietheorie Hans Kelsens gelegt worden.[3] Die Eigenheiten des erforderlichen rechtsdogmatischen Arbeitens erläutern 10 Thesen, die unbeschadet des kreativen Charakters des Auslegungsprozesses die Wissenschaftlichkeit der Rechtswissenschaft betonen.[4] Aktuelle Sorgen um die Zukunft der Demokratie formuliert die scharfsinnige Analyse, mit der 2017 das Symposium der Siemens Stiftung zur Zukunft der Demokratie eröffnet wird.[5] Nüchterne Kritik am Parlament, sich auch in Krisen als »Gravitationszentrum der Demokratie« zu erweisen, wird an konkreten Beispielen im Blick auf die Corona-Pandemie geübt.[6] Eine Vielzahl von Detailstudien, etwa zum Mehr-

---

[1] *Horst Dreier*, Art. 20 (Demokratie) und Art. 28, in: ders. (Hrsg.), Grundgesetz-Kommentar, Band II, 3. Auflage Tübingen 2015, S. 27–145 und S. 657–762.

[2] *Horst Dreier/David Kuch*, Die demokratische Legitimation der Verwaltung, in: Wolfgang Kahl/Markus Ludwigs (Hrsg.), Handbuch des Verwaltungsrechts, Band III, Heidelberg 2022, § 60.

[3] *Horst Dreier*, Rechtslehre, Staatssoziologie und Demokratietheorie bei Hans Kelsen, Baden-Baden 1986, 2. Auflage 1990.

[4] *Horst Dreier*, Rechtswissenschaft als Wissenschaft, in: ders. (Hrsg.), Rechtswissenschaft als Beruf, Tübingen 2018, S. 1–65 (50–60).

[5] *Horst Dreier*, Vom Schwinden der Demokratie, in: Friedrich Wilhelm Graf/Heinrich Meyer (Hrsg.), Die Zukunft der Demokratie, München 2018, S. 29–82.

[6] *Horst Dreier*, Rechtsstaat, Föderalismus und Demokratie in der Corona-Pandemie, in: DÖV 2021, S. 229–243 (240 ff.).

heitsprinzip oder zu Fragen der direkten und der repräsentativen Demokratie, komplettieren das Forschungsfeld in beeindruckender Weise.[7]

Ein Spezifikum dieses Feldes ist die frühe Erkenntnis der wichtigen Rolle der Verwaltung in der Demokratie und der zentralen Bedeutung des demokratischen Prinzips für das Verwaltungsrecht. Für diese Erkenntnis steht die 1992 im Verlag J. C. B. Mohr veröffentlichte Schrift, deren Titel der Titel auch dieses Beitrages ist: Hierarchische Verwaltung im demokratischen Staat.[8] Es geht um die Genese, die aktuelle Bedeutung und die Grenzen der Hierarchie als eines Bauprinzips der Exekutive. In guter Tradition Hasso Hofmanns setzt die Schrift historisch an, um sodann für die grundgesetzliche Verwaltungsordnung systematisch zu entfalten, wie sich mit einem gemäßigten Hierarchiemodell die Steuerungsansprüche des parlamentarischen Gesetzes und die Kontrollansprüche des parlamentarischen Regierungssystems mit der Eigenständigkeit einer vielfach ausdifferenzierten Verwaltung zusammenfügen lassen.

1. Die historischen Rolle der Hierarchie

Entwicklungsgeschichtlich betrachtet findet das hierarchische Prinzip seine prägende Ausformung im absoluten Fürstenstaat, der sich den vorgefundenen intermediären Gewalten gegenüber als Staat mit einer strikt am landesherrlichen Willen ausgerichteten Verwaltung etablierte:[9] Eine nach dem »Maschinenmodell« funktionierende Verwaltung mit einem festen, allein auf das Staatswohl ausgerichteten Beamtenstab erschien als der beste Garant, um die Steuerungsimpulse des allerhöchsten Willens präzise umzusetzen. Zwar bildete sich in praxi keine allgegenwärtige und omnipotente Verwaltung aus; aber die Vorstellung von der vollständigen Gebundenheit administrativen Entscheidens und vom reinen Instrumentalcharakter der Verwaltung entsprach in perfekter Weise der neuen rationalen Weltinterpretation, die auf »Sicherheit, Systematik und Vernunft« setzte.

Nach den Erschütterungen des fürstlichen Absolutismus durch die Französische Revolution entwickelte sich in der Zeit der (preußischen) Reformen in gewisser Hinsicht ein Gegenmodell, das, von organischen Vorstellungen bestimmt, den Staat als ein »der tätigen Anteilnahme seiner Bürger bedürftiges Gemeinwesen« verstand. Wie die Neustrukturierung von Staat und Gesellschaft

---

[7] Wieder abgedruckt in: *Horst Dreier*, Idee und Gestalt des freiheitlichen Verfassungsstaates, Tübingen 2014, S. 125–138 und S. 397–432.

[8] *Horst Dreier*, »Hierarchische Verwaltung im demokratischen Staat«. Es handelt sich um den ersten Teil der Schrift, mit der sich Horst Dreier im Sommersemester 1989 an der Juristischen Fakultät der Universität Würzburg für die Fächer Öffentliches Recht, Rechtstheorie und Verwaltungswissenschaften habilitiert hat (vgl. Vorwort S. V).

[9] Zum Folgenden die hier verkürzt umschreibend wiedergegebenen Zitate bei *Dreier*, Verwaltung, S. 36 ff.

im Einzelnen auszugestalten war, blieb unter den Reformern streitig. Was speziell den administrativen Bereich betrifft, führte die Entwicklung zu zwei Veränderungen, von denen die erste folgenreich war, während die zweite letztlich eher theoretischer Natur blieb:

Zum einen ging es um eine Reorganisation der Staatsverwaltung, die mit dem Übergang vom Territorial- zum Realprinzip und der Errichtung verantwortlicher Ressortministerien an der Spitze das Ziel der Einheit der Staatsverwaltung verfolgte. Insofern hier Effizienz und Rationalität eine Rolle spielten, war das auch der absolutistischen Verwaltung nicht fremd gewesen, so dass sich hier eine Traditionslinie anzudeuten beginnt, die sich bis in die Gegenwart fortzeichnen lässt: »das im Grunde noch heute gültige Grundgerüst des Verwaltungsstaates mit seinen typischen Elementen bürokratischer Rationalität«.[10]

Zum andern sollte das Bild des Beamten eine neue Ausrichtung erhalten.[11] »Jetzt ging es darum, die Kräfte der bürgerlichen Gesellschaft zur Entfaltung zu bringen und so unter Abbau staatlicher Reglementierungen günstige Entwicklungsbedingungen für die Eigenkräfte der Bürger zu schaffen«. Der Beamte erscheint nicht mehr als verlängerter Arm des Monarchen, sondern als »legitimer Repräsentant der bürgerlichen Gesellschaft«, dessen Berufsethos frühere Bindungen ersetzen soll. So überzeugend sich dieses Beamtenbild aus der zeitgenössischen Staatsphilosophie begründen ließ, wird man doch »mit guten Gründen annehmen können, daß das von Teilen der Staatsrechtslehre entworfene und in der Nachzeichnung vielleicht überspitzte Bild des selbständigen Beamten kaum mehr als eine theoretisch konsequente, aber für die Realität der Staatsorganisation weitgehend unerhebliche Vorstellung gewesen ist«. Das Zitat macht auf einen Befund aufmerksam, der auch sonst für das Themenfeld charakteristisch ist: Seine Schlüsselbegriffe sind starken Schwankungen zwischen einem realem, einem rechtspositivistischen und einem ideellen Gehalt ausgesetzt.

Die folgenden Epochen – untersucht werden der Konstitutionalismus, das Kaiserreich von 1871 und auch die Weimarer Republik – haben die Bindungsmaßstäbe der Verwaltung zunächst verschoben und dann ausgetauscht:[12] An die Stelle des monarchischen Willens trat das Gesetz, während die bürokratische Organisation der Verwaltung als Instrument des Gesetzesvollzuges weitgehend erhalten blieb. »Verwaltung in der Bundesrepublik Deutschland: Historische Konstanz, neue Fragen« lautet die Überschrift des den historischen Teil des Buches abschließenden Abschnitts.[13] In der Art einer überleitenden Reflexion werden die Spannungen herausgearbeitet, die zwischen dem geschichtlich ermittelten Befund und seiner richtigen Einordnung in das parlamentarische

[10] *Dreier*, Verwaltung, S. 56f.
[11] *Dreier*, Verwaltung, S. 56 (59, 64ff., 68).
[12] *Dreier*, Verwaltung, S. 75ff., 90ff. und 99ff.
[13] *Dreier*, Verwaltung, S. 108ff.

System des Grundgesetzes bestehen. »Obwohl sich also der Werkzeugcharakter der Verwaltung den bisherigen Darlegungen gemäß als konstitutiver Faktor und historische Konstante erweist, stellt sich unabweislich die Frage nach etwaigen Korrekturen an dem vielleicht etwas zu eindeutigen Bilde«.[14] Das ist zunächst vorsichtig formuliert, wird sich aber als eine höchst anspruchsvolle Aufgabe erweisen; denn es geht um nicht mehr und nicht weniger als darum, das Hierarchieprinzip trotz seiner absolutistischen Genese in der Demokratie des Grundgesetzes heimisch zu machen.

2. *Dogmatische Grundlegungen*

Der Erfüllung dieser Aufgabe dienen die drei folgenden Kapitel der Schrift, von denen das erste die Strukturen der grundgesetzlichen Verwaltungsordnung herausarbeitet, während die beiden folgenden Kapitel die beiden Eckpfeiler dieser Ordnung, die Steuerungskraft des Gesetzes und die plurale Gestalt der Verwaltung, detailliert unter die Lupe nehmen. Den Ausgangspunkt bildet die Option für eine klare Trennung zwischen interessenpluraler Gesetzgebung und streng gebundenem Gesetzesvollzug. »Gerade dem Bündnis von rechtsstaatlich-liberalem Sicherheitsdenken und demokratisch-politischem Impetus zur aktiven Gestaltung von Staat und Gesellschaft entspringt das Bedürfnis nach ebenso präziser wie umfassender Direktion des Verwaltungshandelns«.[15]

Diese Option kann nicht ohne Rückwirkung auf den Zuschnitt des Vollzugsapparats bleiben, sondern tendiert zu einer hierarchisch-bürokratischen Verwaltungsorganisation. Gestützt wird dieses Modell zudem durch die Ministerverantwortlichkeit im parlamentarischen Regierungssystem. »Wegen dieses Zusammenhangs scheint es prinzipiell berechtigt, auch für den demokratischen Verfassungsstaat die Hierarchie als das maßgebliche ›Bauprinzip der Exekutive‹ zu proklamieren«.[16] Das Hierarchiemodell entfalte, so heißt es an anderer Stelle, »eine geradezu erdrückende Plausibilität und Alternativlosigkeit«.[17]

Freilich ist die Hierarchie ein »sehr voraussetzungsvolles Prinzip«. Sie setzt »eindeutige, möglichst konditional programmierende Normen« und Verwaltende voraus, die nicht »politische Bürokraten« werden wollen. »Idealfall ist und bleibt insofern die Routineaufgabe der Vollzugsverwaltung«.[18] Dass dieser Idealfall nicht der Realfall der Verwaltung unter dem Grundgesetz ist, wird im Folgenden an »Phänomenen der Destabilisierung des hierarchischen Prinzips« aufgezeigt.[19] Die dazu gebotenen Analysen des Verhältnisses der Verwaltung

---

[14] *Dreier*, Verwaltung, S. 115ff.
[15] *Dreier*, Verwaltung, S. 126f.
[16] *Dreier*, Verwaltung, S. 145 (und Verwendung einer Formulierung von Loschelder).
[17] *Dreier*, Verwaltung, S. 143.
[18] *Dreier*, Verwaltung, S. 147f., 150.
[19] *Dreier*, Verwaltung, S. 148ff.

zur Gesetzgebung und zu ihrer Umwelt sind in ihrem objektiv-beschreibenden Gehalt treffend und aktuell. Zweifelhaft erscheint allerdings, ob der Begriff der »Destabilisierung« glücklich gewählt ist. Das Wort »Destabilisierung« ist negativ besetzt und läuft Gefahr, gerade jenen Verfallsszenarien Vorschub zu leisten, die gleich am Anfang der Schrift in Auseinandersetzung mit Carl Schmitt und Ernst Forsthoff richtigerweise zurückgewiesen worden sind.[20] Zweifellos gibt es Gesetze, die nur Formelkompromisse mit defizitärer Steuerungskraft bieten, und ebenso zweifellos gibt es immer wieder Fälle, in denen die Verwaltung die Formvorgaben des Organisationsrechts mit undurchsichtigen Konstruktionen zu unterlaufen trachtet. Aber viele, wenn nicht die meisten der als »Destabilisierung« behandelten Phänomene gehören zum Grundtatbestand gesetzlich dirigierter Verwaltungsführung, wie er dem Grundgesetz so und nicht anders von Anfang an zugrundegelegen hat. Erinnert sei nur an die Verfassungsentscheidung für den Sozialstaat und die damit vorausgesetzte Breite der Verwaltungsaufgaben und die Vielfalt der implizierten Erfüllungsmodalitäten.[21]

Diese Aufgabenabhängigkeit der Verwaltungsorganisation bildet dann den Hintergrund der verfassungs- und verwaltungsrechtsdogmatischen Untersuchungen in den beiden folgenden Kapiteln. Deutlich wird, dass sich die Schrift von dem pathologischen Anklang der »Destabilisierung« selbst nicht hat einfangen lassen. Sehr klar wird vielmehr im Ausgangspunkt festgehalten, »daß die zentralistisch-monistische Vorstellung eines demokratisch-hierarchischen Kontrollsystems, das auf der automatenhaften Umsetzung eines in Gesetzesform gegossenen, inhaltlich eindeutigen souveränen Willens beruht, der komplexen Realität moderner Staaten im allgemeinen wie dem ausdifferenzierten Staats- und Verwaltungssystem der Bundesrepublik Deutschland im speziellen nicht annähernd gerecht wird«.[22]

Auf dieser Basis definiert das Kapitel 4 das Verhältnis von Legislative und Exekutive positiv als »Handlungsverbund«, der die Dominanz des Gesetzes als Steuerungsmedium, aber auch die methodologische Unhintergehbarkeit der Konkretisierung allgemein gefasster Gesetze und die Unvermeidbarkeit offener Gesetzestatbestände anerkennt.[23] »Im demokratischen Wohlfahrts- und Industriestaat, wir wiederholen es, bedeutet Herrschaft der Gesetze stets und unvermeidlich: Mitherrschaft der Verwaltung«.[24]

---

[20] *Dreier*, Verwaltung, S. 23 ff. und später S. 207 ff.

[21] Vgl. dazu auch die Rezensionsabhandlung von *Gunnar Folke Schuppert*, Verfassungsrecht und Verwaltungsorganisation, in: Der Staat 32 (1993), S. 581–610 (585 ff.).

[22] *Dreier*, Verwaltung, S. 159.

[23] *Dreier*, Verwaltung, S. 164 ff.

[24] *Dreier*, Verwaltung, S. 210. Es geht um einen »Verbund«, um »das arbeitsteilige Ergänzungsverhältnis zwischen Gesetzgeber und Exekutive sowohl auf der Normsetzungsebene wie auf der Normumsetzungsebene« (S. 202).

In vergleichbar nüchterner Weise wird in Kapitel 5 der dem hierarchischen Zentralismus entgegenstehende »in der Bundesrepublik Deutschland besonders hohe Grad an organisatorischer Ausdifferenzierung« analysiert und bewertet.[25] Schon die Vielfalt der Organisationsrechtsformen zeigt, dass die »Gesamthierarchie der öffentlichen Verwaltung offenkundig Brechungen [aufweist], die nicht als untypische Ausnahmetatbestände und punktuelle Besonderheiten marginalisiert werden dürfen«. Vielmehr stehen auch hinter diesen Phänomenen Gründe, die mit der Aufgabenstruktur des modernen Wohlfahrts- und Leistungsstaates zu tun haben. Sicher können Verselbständigungen die Wirksamkeit verbindlichen Staatshandelns gefährden. Dem kann aber mit einem institutionellen Gesetzesvorbehalt und unterschiedlichen Formen staatlicher Aufsicht entgegengewirkt werden. Stellung genommen wird damit zugleich gegen eine »zentralistische Verkürzung des Demokratiegedankens«.[26] »An der prinzipiellen Offenheit des Grundgesetzes für nichtparlamentarische Legitimationsstränge, die als Form der Intensivierung und Komplettierung repräsentativ-parlamentarischer Strukturen zu begreifen sind, ist nicht zu zweifeln«.[27] Sichergestellt sein muss allerdings, dass Partikularinteressen sich nicht in dysfunktionaler Weise durchsetzen können.

Mit seinem Werk »Hierarchische Verwaltung im demokratischen Staat« von 1991 ist es Horst Dreier gelungen, ein differenziertes Bild von Gesetzesbindung und Organisation der Verwaltung unter dem Grundgesetz zu zeichnen. Hierarchische und zentralisierende Formen haben darin ebenso ihren legitimen Platz wie lockernde und entkoppelnde Bauelemente. Das entspricht einem gemäßigten Hierarchiemodell, das auf interessenadäquate institutionelle Arrangements statt auf mechanistische Steuerungszusammenhänge baut. Vorgelegt ist damit zugleich eine klar strukturierte Lehre von der demokratischen Legitimation der Verwaltung, die zwischen monolithischen und pluralistischen Modellen eine vermittelnde Position einnimmt.

II. Parallele Entwicklungen und erste Folgen

1. Die Ausländerwahlrechts-Urteile des Bundesverfassungsgerichts

Das Buch erschien zu einem exakt passenden Zeitpunkt: Wenige Monate vor der Publikation hatte der 2. Senat des Bundesverfassungsgerichts in den beiden Ausländerwahlrechts-Entscheidungen vom 31. Oktober 1990 seine bis dato getroffenen Einzelaussagen zu Legitimationsproblemen der Exekutive zu einem Gefüge fester dogmatischer Figuren fortentwickelt, das zentral auf Art. 20 Abs. 2

---

[25] Zum Folgenden *Dreier*, Verwaltung, S. 211 ff., bes. S. 263, 277 ff.

[26] *Dreier*, Verwaltung, S. 275 f. unter Bezugnahme auf Winfried Brohm und in krit. Distanz zu Ernst Wolfgang Böckenförde (dort Fn. 269).

[27] *Dreier*, Verwaltung, S. 276 f.

S. 1 GG abhebt und die entscheidenden Merkmale direkt aus dieser Bestimmung entnimmt:[28] Legitimationssubjekt der staatlichen Gewalt ist danach das deutsche Volk, das sich aus den deutschen Staatsangehörigen zusammensetzt.[29] Legitimationsobjekt ist die Staatsgewalt, zu der »jedenfalls alles amtliche Handeln mit Entscheidungscharakter« gehören soll. Zwischen den die Staatsgewalt ausübenden Organen und dem Volk muss ein »Zurechnungszusammenhang« bestehen, »der vor allem durch die Wahl des Parlaments, durch die von ihm beschlossenen Gesetze als Maßstab der vollziehenden Gewalt, durch den parlamentarischen Einfluß auf die Politik der Regierung sowie durch die grundsätzliche Weisungsgebundenheit der Verwaltung gegenüber der Regierung hergestellt« wird.[30]

Auf Begriffe gebracht und unterschieden werden die Formen der institutionellen, der funktionellen, der sachlich-inhaltlichen und der personellen Legitimation.[31] Für die sachliche Legitimation spielen das parlamentarische Gesetz und die Gesetzesbindung der Verwaltung eine zentrale Rolle, während die personelle Legitimation durch eine »ununterbrochene Legitimationskette« vom Volk über die gewählten Volksvertretungen zum einzelnen Amtswalter vermittelt wird. Für den Zurechnungszusammenhang entscheidend sein soll allerdings nicht die einzelne Form, sondern die Effektivität der Legitimation. Notwendig ist »ein bestimmtes Legitimationsniveau«, das je nach den Erscheinungsformen der Ausübung staatlicher Gewalt unterschiedlich ausgestaltet sein kann.

2. *Verwaltung im demokratischen Staat als ein Zentralthema*

Seit Beginn der 1990er Jahre avancierte die Stellung der Verwaltung im Gefüge einer demokratischen Verfassungsordnung zu einem Zentralthema des öffentlichen Rechts. Waren bis dahin das Rechtsstaatsprinzip und die Grundrechte die dominierenden verfassungsrechtlichen Determinanten des Verwaltungsrechts gewesen, so hat seither auch die zweite große Verfassungsstrukturentscheidung des Grundgesetzes, das Demokratieprinzip, prägende Bedeutung für die verwaltungsrechtliche Systematik entfaltet. Vertraute Institute wie etwa die Gesetzesvorbehaltslehre zeigen, im Lichte des demokratischen Prinzips betrachtet, ihre doppelte Funktionalität als Garant individualrechtlicher Sphärenabgrenzung und als Mittler demokratischer Legitimation. Vor allem das Verwaltungsorgani-

---

[28] BVerfGE 83, 37 ff. und 60 ff.; diese Linie fortsetzend der Beschluss vom 24. Mai 1995 zur Mitbestimmung im öffentlichen Dienst BVerfGE 93, 37 (65–74); darstellend *Dreier*, Art. 20 (Demokratie) Rn. 109 ff. und 120 ff.; *Hans-Heinrich Trute*, in: Andreas Voßkuhle/Martin Eifert/Christoph Möllers (Hrsg.), Grundlagen des Verwaltungsrechts (GVwR), 3. Auflage 2023, Band I § 10 Rn. 4–14.

[29] BVerfGE 83, 37 (50–52).

[30] BVerfGE 83, 60 (71 f.).

[31] BVerfGE 83, 60 (71 f.) unter Bezugnahme auf BVerfGE 47, 253 (274 f.); 49, 89 (125) und auf *Ernst-Wolfgang Böckenförde*, Demokratie als Verfassungsprinzip, in: Josef Isensee/Paul Kirchhof (Hrsg.), Handbuch des Staatsrechts (HStR), Band I, 1987, § 22 Rn. 14.

sationsrecht hat dadurch ein schärferes Profil gewonnen. Zahlreiche überkommene Institute, Gremien und organisationsrechtliche Arrangements sind auf den verfassungsrechtlichen Prüfstand gestellt worden. Für Maßnahmen der Verwaltungsmodernisierung lässt sich heute ein Rahmen entwickeln, der rechtlich mehr bietet als die üblichen Praktikabilitäts- und Nützlichkeitserwägungen. Insgesamt hat sich hier im Zusammenspiel von Judikatur und rechtswissenschaftlicher Forschung ein Bestand dogmatischer Erkenntnisse von hoher praktischer Relevanz konstituiert.[32]

III. Verwaltungsrechtliche Dogmatik in der Entwicklung: das Beispiel der Verwaltungslegitimation

Der Bestand war freilich von Anfang an kein geschlossener, sondern – wie Rechtsdogmatik allgemein – ein gegenüber neuen Argumenten und neuen Herausforderung der politischen Entwicklung offener Bestand.[33] Das soll im Folgenden mit knappen Strichen an der Lehre der Verwaltungslegitimation nachgezeichnet werden. Die Legitimationslehre erschöpft zwar die Direktiven des Demokratieprinzips für das Verwaltungsrecht nicht; sie bildet aber eines der Kernthemen.[34]

1. Ausdifferenzierungen der Judikatur

Die Urteile zum Ausländerwahlrecht gelten als der »klassische« Ausdruck der verfassungsgerichtlichen Legitimationslehre. In der Folgezeit sind jedoch Entscheidungen hinzugetreten, die andere Formulierungen nutzen, zusätzliche Argumente heranziehen oder die Akzente etwas anders setzen.

a) Weitere Legitimationsfaktoren: Betroffenenbeteiligung, Sachverstand

Deutlich wird das bereits in der ebenfalls vom 2. Senat getroffenen Wasserverbandentscheidung (2002), in der Demokratie und funktionale Selbstverwaltung zueinander in Beziehung gesetzt werden. Das Gericht setzt zwar auch hier bei Art. 20 Abs. 2 GG an, betont aber, dass dieser »aufgrund seines Prinzipiencha-

---

[32] Zu diesem Zusammenspiel *Dreier*, Rechtswissenschaft als Beruf, S. 1 (45 ff.).

[33] Allgemein zur notwendigen Flexibilität von Dogmatik *Eberhard Schmidt-Aßmann*, Verwaltungsrechtliche Dogmatik in der Entwicklung, 2. Auflage, Tübingen 2023, S. 4 f. unter Bezugnahme u. a. auf *Hasso Hofmann*, Wissenschaftsgeschichtliche Aspekte des Rechtsdenkens, in: JZ 2019, S. 265–273; *Hinnerk Wißmann*, Verwaltungsrecht, Tübingen 2023, Rn. 646–658 (654): »Vorbehalt einer hinreichenden Änderungsfähigkeit«.

[34] Vgl. *Dreier*, Art. 20 (Demokratie) Rn. 82–92, 109–115 und 120–138; *Eberhard Schmidt-Aßmann*, Das Demokratieprinzip. Ein Plädoyer für seine noch bessere Entfaltung in der verwaltungsrechtlichen Lehrbuchliteratur, in: Festschrift für Ulrich Battis, 2014, S. 85–100.

rakters« entwicklungsoffen sei.[35] Außerhalb der unmittelbaren Staatsverwaltung und der kommunalen Selbstverwaltung, so heißt es weiter, sei »das Demokratiegebot offen für andere, insbesondere vom Erfordernis lückenloser personeller demokratischer Legitimation aller Entscheidungsbefugten abweichende Formen der Organisation und Ausübung von Staatsgewalt«. Das soll etwa für die Beteiligung Betroffener im Rahmen der funktionalen Selbstverwaltung gelten, die insofern das demokratische Prinzip »ergänzt und verstärkt«. Verwiesen wird auf die beide Prinzipien »verbindende Idee des sich selbst bestimmenden Menschen in einer freiheitlichen Ordnung (Art. 1 Abs. 1 GG)«. Dieses fortführend nennt das Lissabon-Urteil (2009) den »Anspruch auf freie und gleiche Teilhabe an der öffentlichen Gewalt«, der in der Würde des Menschen wurzelt, als Angelpunkt demokratischer Legitimation.[36]

Die Erweiterung der Grundlagen um einen »menschenrechtlichen Kern«[37] hat zu einer Flexibilisierung und Pluralisierung des Legitimationsgefüges geführt, die von beiden Senaten des Gerichts getragen wird. In der Entscheidung des 1. Senats zur bayerischen Notarkasse (2004) heißt es: »Die Prinzipien der Selbstverwaltung und der Autonomie wurzeln im demokratischen Prinzip und entsprechen dem freiheitlichen Charakter der Verfassung, sie ermöglichen gesellschaftlichen Gruppen, in eigener Verantwortung die Ordnung der sie berührenden Angelegenheiten mit zu gestalten«.[38] Neben der kommunalen Selbstverwaltung, die ihre unmittelbare demokratische Rückbindung in Art. 28 Abs. 1 S. 2 GG findet, wird auch die funktionale Selbstverwaltung ausdrücklich » als Ausprägung des Demokratieprinzips des Art. 20 Abs. 2 GG« anerkannt. Der Gesetzgeber wird in die Pflicht genommen, »institutionelle Vorkehrungen vorzusehen, damit die Beschlüsse so gefasst werden, dass nicht einzelne Interessen bevorzugt werden«.[39] Zutreffend wird damit die hinter den Formprinzipien der Ableitungszusammenhänge und »Legitimationsketten« stehende materielle Demokratiekomponente interessengerechter Entscheidungsteilhabe betont.

Die Ausdifferenzierung der Judikatur ist in der Zwischenzeit noch weiter gegangen. Hervorgehoben sei die Entscheidung aus dem Jahre 2014 zur Filmförderabgabe.[40] Sie ist vor allem deshalb interessant, weil die Verwaltung, um deren demokratische Legitimation es ging, keine Körperschaft der funktionalen Selbstverwaltung, sondern eine Anstalt war, die sich nicht aus dem Gedanken

---

[35] BVerfGE 107, 59 (91 f.).

[36] BVerfGE 123, 267 (341).

[37] BVerfGE 142, 123 Rn. 124 (unter Bezugnahme auf Peter Häberle und Hans-Heinrich Trute); ferner BVerfGE 144, 20 Rn. 542.

[38] BVerfGE 111, 191 (215 f.).

[39] BVerfGE 111, 191 (217).

[40] BVerfGE 135, 155 bes. Rn. 159 ff.

der Selbstbestimmung legitimieren konnte.[41] Prekär musste daher vor allem die Tätigkeit der anstaltseigenen Vergabekommission erscheinen, von deren 11 Mitgliedern überhaupt nur drei die erforderliche personelle Legitimation besaßen, während die anderen von nichtstaatlichen Verbänden benannt worden waren. Diesen Mangel durch eine besonders präzise sachlich-inhaltliche Legitimation auszugleichen, kam nicht in Betracht, denn die Kommission war gerade für die in höherem Maße wertungsabhängigen (gesetzlich also nicht exakt gesteuerten) Förderentscheidungen zuständig. Das Bundesverfassungsgericht fragt zunächst nach der Rechtfertigung für eine solche Entscheidungszuständigkeit und findet sie in den »Urteilen über kreativ-künstlerische Qualitäten«, mit denen die Filmförderung verbunden sei.[42] In einem zweiten Schritt untersucht es dann, ob die Rahmenbedingungen so beschaffen sind, »dass eine an den gesetzlichen Bestimmungen orientierte, nicht zugunsten von Sonderinteressen verzerrte Entscheidungspraxis gesichert erscheint«. Dieses bejaht es. Dabei wird entscheidend auf die Sachkunde und Praxiserfahrung der von den Verbänden entsandten Kommissionsmitglieder abgehoben. Von der »Aktivierung von Sachverstand und Interesse« habe sich der Gesetzgeber »eine in besonderer Weise dem Gesetzeszweck und den gesetzlichen Vorgaben entsprechende Entscheidungspraxis versprechen dürfen«.[43] Im Ergebnis ist das die Anerkennung einer legitimierenden Wirkung von Sachverstand. Das klassische Legitimationsmodell bildet dafür den Rahmen, der aber nicht starr ist. Der Gesetzgeber kann und muss ihn ausfüllen und darf dabei auch von üblichen Legitimationsstandards begründet abweichen und neuen Formen trauen. Dabei besitzt er einen Einschätzungsspielraum, der von einer Beobachtungspflicht begleitet ist.[44]

b) Legitimationsniveau und Kompensation

Für die weitere Entwicklung in zweifacher Hinsicht wichtig ist das Urteil vom 30. Juli 2019, in dem sich der 2. Senat des Bundesverfassungsgerichts mit Legitimationsproblemen der europäischen Bankenaufsicht beschäftigt.[45] Interessant ist dieses Urteil zum einen, weil es die verschränkten Strukturen des Europäischen Verwaltungsverbundes in das Zentrum rückt. Zum zweiten verdient es Aufmerksamkeit, weil es Methodenfragen der Legitimationslehre anschaulich macht. In der Sache geht es um den zulässigen Umfang der Unabhängigkeit, die das einschlägige sekundäre EU-Recht für die an der Bankenaufsicht beteiligten europäischen und mitgliedstaatlichen Verwaltungsstellen vorschreibt. Da das

---

[41] Vorher schon BVerfGE 130, 76 (123 ff.) – Beleihung im Maßregelvollzug; folgend BVerfGE 136, 194 Rn. 167 ff. – Deutscher Weinfonds.

[42] BVerfGE 135, 155, Rn. 169.

[43] BVerfGE 135, 155, Rn. 170.

[44] BVerfGE 130, 76 (123 f.).

[45] BVerfGE 151, 202 ff.; vgl. dazu nur *Markus Ludwigs/Tobias Pascher/Patrick Sikura*, Das Bankenunion-Urteil – ein Judikativer Kraftakt des BVerfG, in: EWS 2020, S. 1–8 und S. 185–192.

EU-Recht grundsätzlich Vorrang (auch) vor nationalem Verfassungsrecht besitzt, ist der Prüfungsmaßstab des Verfassungsgerichts auf die sog. Identitätskontrolle reduziert, in deren Rahmen es aber zu prüfen gilt, ob die Ausgestaltung der EU »auch in der organisatorischen und verfahrensrechtlichen Ausgestaltung der autonom handelnden Unionsgewalt demokratischen Grundsätzen entspricht«.[46]

Bei der Entfaltung dieser Grundsätze anerkennt das Bundesverfassungsgericht im Ansatz zutreffend, dass die deutsche Verfassung von der europäischen Ebene »nicht den Gleichlauf« mit den für die deutsche Verwaltung entwickelten Legitimationsanforderungen verlangen kann. Es legt der Entfaltung dann aber exakt das dogmatische Gerüst und alle jene Begriffe und Argumentationsmuster zugrunde, die in den Ausländerwahlrechts-Urteilen für die deutsche Verwaltung und ihre rein innerstaatlichen Aktivitäten geprägt worden sind.[47] Methodisch erscheint dieses Vorgehen problematisch, denn es ist die Eigenart dogmatischer Zuordnungen und Zäsuren, indirekt auch substantielle Vorstellungen und Wertungen zu transferieren. Dem zunächst abgelehnten »Gleichlauf« wird so durch die Ausrichtung der Urteilsbegründung auf die deutsche Dogmatik mindestens Vorschub geleistet. Erst später wendet sich das Verfassungsgericht den Anforderungen des EU-Rechts an die demokratische Legitimation unabhängiger Behörden zu:[48] Es referiert die EuGH-Judikatur und entnimmt ihr, die Einrichtung solcher Behörden begegne zwar keinen grundsätzlichen Einwänden, sei aber aus Sicht des Demokratiegebots »prekär«, jedenfalls eine vollständige Abkoppelung stoße an die Grenzen dieses Gebots.

Die zweite interessante Erkenntnis des Bankenunion-Urteils betrifft Methodenfragen bei der Anwendung der nach Maßgabe der deutschen Dogmatik strukturierten Legitimationslehre: Das mit den Formen personeller und sachlich-inhaltlicher Legitimation in ihrem Zusammenwirken erreichbare Legitimationsniveau darf durch bestimmte organisationsrechtliche Gestaltungen wie die Einschaltung unabhängiger Stellen in begrenztem Umfang abgesenkt werden. Ob und inwieweit solche »Einflussknicks« verfassungsrechtlich toleriert werden können, ist in zwei Schritten zu prüfen:[49] Sie »müssen eine spezifische Rechtfertigung aufweisen und gegebenenfalls durch eine gerichtliche Kontrolle des amtlichen Handelns, die Einräumung besonderer Kontrollrechte für das Europäische Parlament und den Deutschen Bundestag oder durch Rechenschaftspflichten, die die Mitgliedstaaten in die Lage versetzen, die Rechtsgrundlagen der unabhängigen Stellen zu ändern, kompensiert werden«.

Mit diesem »Zwei-Stufen-Test« von Rechtfertigung und Kompensation hat die verfassungsgerichtliche Legitimationslehre ein schärferes äußeres Profil er-

[46] BVerfGE 151, 202, Rn. 120, 124.
[47] BVerfGE 151, 202, Rn. 128–133.
[48] BVerfGE 151, 202, Rn. 135–139.
[49] BVerfGE 151, 202, Rn. 134.

halten.[50] Dass die Schaffung unabhängiger Verwaltungseinheiten damit auch inhaltlich schärfer begrenzt wird, ist allerdings angesichts des breiten Spektrums möglicher Kompensationsmaßnahmen kaum zu erwarten.[51] Es zeigt sich, dass das verfassungsgerichtliche Konzept der Verwaltungslegitimation nach dem Urteil zur Bankenunion zwischen äußerer Formstrenge und inhaltlicher Flexibilität der Legitimationsfaktoren oszilliert.

2. *Das Demokratieprinzip zwischen Formstrenge und Flexibilität*

Betrachtet man die Lehre von der Verwaltungslegitimation im Spiegel der Literatur, so bietet sie ein ähnlich oszillierendes Erscheinungsbild.

a) Die Notwendigkeit von Formelementen

Gerade wegen seiner »notorischen Unschärfe« im politischen Sprachgebrauch ist das Demokratieprinzip in der normativen Verfassung des Grundgesetzes eben auch als ein möglichst präzise zu fassendes Formprinzip zu verstehen, das gesellschaftliche Kommunikation mit Hilfe von Formen und Verfahren in politische Entscheidungen übersetzt.[52] Formen und Verfahren sollen Transparenz, gleiche interessenadäquate Beteiligungschancen und Stabilität vermitteln. Das setzt verlässliche Zuordnungen, eindeutige Richtpunkte und klar strukturierte Ordnungsmuster voraus. »Dabei kommt nicht zu unterschätzende Bedeutung dem Umstand zu, daß juristisches Denken wesensnotwendig Einheitsdenken ist«.[53]

Es ist nur natürlich, dass gerade die Ausländerwahlrechts-Urteile in der juristischen Literatur in diesem Sinne interpretiert und mit viel Zustimmung aufgenommen worden sind. Ihre einprägsame Begrifflichkeit (Legitimationssubjekt, Legitimationsobjekt, Legitimationsformen, Legitimationsketten, Legitimationsniveau) und ihre stringente Definition des Volksbegriffs vermitteln den Eindruck eines scharfkantigen Konzepts, das mit den vertrauten juristischen Argumentationstechniken anschaulich dargestellt und zur Lösung praktischer Fälle genutzt werden kann. In diesen Kontext gehört auch das Hierarchieprinzip. Es bewährt sich in seiner Instrumentalfunktion, indem es die dominierende Ausrichtung des zugrundegelegten Legitimationsmodells an parlamentarischer Steuerung und Ministerverantwortlichkeit mit einem plausiblen Vermittlungsmechanismus ver-

---

[50] Begriff »Zwei-Stufen-Test« bei *Ludwigs/Pascher/Sikora*, Bankenunion-Urteil, S. 3 ff.

[51] Jedenfalls hat das Bundesverfassungsgericht nach durchlaufenem Test das streitbefangene Bankenaufsichtsmodell nicht scheitern lassen.

[52] Zur Unschärfe und zu den beiden Seiten des Demokratiebegriffs »politisches Ideal« und »juristische Kategorie« *Dreier*, Art. 20 (Demokratie) Rn. 60. Zur Bedeutung von Formelementen *Eberhard Schmidt-Aßmann*, Verwaltungslegitimation als Rechtsbegriff, in: AöR 116, 1991, S. 329–390 (330–336); *ders.*, Das Allgemeine Verwaltungsrecht als Ordnungsidee, 2. Auflage, Heidelberg 2004, S. 43 ff.

[53] *Dreier*, Verwaltung, S. 1.

sieht. »Hierarchische Verwaltung im demokratischen Staat« ist daher – für eine Habilitationsschrift selten – auch drei Jahrzehnte nach ihrem Erscheinen bei der Darstellung der Lehre von der Verwaltungslegitimation in anspruchsvolleren Lehrbüchern zum Allgemeinen Verwaltungsrecht eine Standardreferenz.[54]

Das Bemühen, die verflochtenen Vermittlungs- und Rechtfertigungsvorgänge, die im Begriff der Verwaltungslegitimation zusammengefasst sind, immer wieder in klaren Strukturen einzufangen und juristisch auf den Punkt zu bringen, verdient daher grundsätzlich Anerkennung. Ein Unternehmen dieser Art stellt die von David Roth-Isigkeit 2023 vorgelegte Schrift »Verfassungsordnung und Verwaltungsorganisation« dar.[55] Entfaltet wird darin aus den Verfassungsstrukturprinzipien zunächst eine »Organisationsrahmenordnung«, in der dem Demokratieprinzip die Führungsrolle zufallen soll, die wiederum (ganz wie in den Ausländerwahlrechts-Urteilen) von der Volkssouveränität des Art. 20 Abs. 2 GG her gedacht und in den Formen der sachlich-inhaltlichen und der organisatorisch-personellen Legitimation verfassungsrechtlich operationalisiert wird.[56] In diesem Rahmen erscheint die Hierarchie als »das prototypische Grundmodell des Verwaltungsaufbaus«.[57] Abweichungen von diesem Modell (Legitimationsdefizite, »Einflussknicks«) müssen sich einem Drei-Stufen-Test »Defizitfeststellung – Kompensation – Rechtfertigung« stellen. Der Test nimmt Überlegungen des Bankenunion-Urteils auf, verschärft diese aber an zwei Stellen entscheidend:[58] Auf der Stufe der Kompensation werden nur solche Mechanismen zugelassen, die »einen Zurechnungszusammenhang vom Volk zur Ausübung von Staatsgewalt tatsächlich und effektiv herstellen« können. Gerichtlichen und den meisten parlamentarischen Kontrollen wird daher mit Hinweis auf die fehlende »Stoffgleichheit« der kompensatorische Effekt abgesprochen. Nicht kompensierbare Absenkungen des Legitimationsniveaus sind auf der dritten Stufe des Tests dann vor allem einer Prüfung nach Maßgabe des Verhältnismäßigkeitsprinzips zu unterziehen. Auf diesen originär grundrechtlichen Maßstab meint der Verfasser zurückgreifen zu können, »da es sich bei den Einflussknicks um Erscheinungen handelt, die strukturell und methodisch eine Nähe zu Grundrechtseingriffen aufweisen«.[59] Nimmt man die skizzierten Schritte zusammen, so ist es David Roth-Isigkeit gelungen, das juristische Profil

---

[54] Vgl. nur beispielhaft *Dirk Ehlers*, in: ders./Hermann Pünder (Hrsg.), Allgemeines Verwaltungsrecht, 16. Auflage Heidelberg 2022, § 6 Rn. 8; *Martin Burgi*, ebd., § 7 Rn. 28; *Winfried Kluth*, in: Wolff/Bachof/Stober/ders., Verwaltungsrecht II, 8. Auflage München 2023, § 80 Rn. 269; bei *Wißmann*, Verwaltungsrecht, Rn. 212 als Bezugnahme auf Dreier/Kuch.

[55] *David Roth-Isigkeit*, Verfassungsordnung und Verwaltungsorganisation, Tübingen 2023.

[56] *Roth-Isigkeit*, Verfassungsordnung, S. 121 ff., 234–244.

[57] *Roth-Isigkeit*, Verfassungsordnung, S. 270–279.

[58] *Roth-Isigkeit*, Verfassungsordnung, S. 484–501 und S. 551–552.

[59] *Roth-Isigkeit*, Verfassungsordnung, S. 551, vorsichtiger aber S. 291–299: »organisationsspezifische Deutung der Verhältnismäßigkeit«, »Zwischenstatus zwischen (vollem) grundrechtlich-materiellen Prüfungsmaßstab und Willkürprüfung«.

der Legitimationslehre zu schärfen. Das kann als ein Zugewinn für die Formelemente des Demokratieprinzips verbucht werden. Erreicht ist dieses Ergebnis durch eine Reihe von Zuspitzungen und Ausklammerungen, die das Argumentationsarsenal der Deduktionen einschränkend »verdichten« und auf diese Weise den aus dem allgemeinen Diskurs herausgehobenen, spezifisch juristischen Begründungsanforderungen besser entsprechen wollen.

b) Die Notwendigkeit flexibler Zuordnungen

Freilich stellt sich bei aller Sympathie für klare Prüfungskriterien die Frage, ob die Legitimationslehre dadurch nicht zu sehr an die juristische Kette gelegt worden ist. »Zum Demokratiebegriff gehört, dass er sich kompletter Verrechtlichung entzieht«.[60] Mit der (zu) starken Konzentration auf die Volkssouveränität und die Ministerialverwaltung wird die Vielfalt der Verwaltung in der grundgesetzlichen Ordnung unterschätzt. »Die hierarchische Organisation der Ministerialverwaltung unter parlamentarischer Steuerung und Kontrolle ist zwar ein bestimmendes, keineswegs aber ein strukturnotwendiges Merkmal der Verwaltungsorganisation der Bundesrepublik«.[61] Neben ihr ist vor allem das breite Spektrum der Selbstverwaltungskörperschaften in die Systematik einzubeziehen und in seinen eigenen Legitimationsbeiträgen anzuerkennen: Die kommunale Selbstverwaltung lässt sich mit Blick auf Art. 28 Abs. 1 S. 2 GG legitimationstheoretisch nicht umstandslos in Parallele zur staatsunmittelbaren Verwaltung stellen, sondern ist in ihrer dualen Legitimation zu entfalten.[62] Und die funktionale Selbstverwaltung lässt sich nicht auf die Rolle einer rechtfertigungsbedürftigen Ausnahme von einem allgemeinen Legitimationsstandard reduzieren, sondern erschließt originär gesellschaftliche Bereiche einer Ordnung, die mit einer staatszentrierten Regulierung allein nicht darzustellen wäre.[63]

In der Literatur war der Einwand einer zu starken Konzentration auf die Ministerialverwaltung und hierarchische Legitimationsmodi schon früh gegen die Ausländerwahlrechts-Urteile erhoben worden. Dass sich demokratische Legitimation auch anders, nämlich von einem pluralen Ansatz aus entwickeln lässt, ist in der Folgezeit wiederholt, besonders gründlich von Hans-Heinrich Trute dargetan worden.[64] Idealtypisch lassen sich so ein »monolithisches« und

[60] *Dreier/Kuch*, § 60 Rn. 24.

[61] *Dreier/Kuch*, § 60 Rn. 46; differenzierende Darstellung bei *Dreier*, Verwaltung S. 211 ff.: »Vom hierarchischen Ministerialsystem zum Netzwerk verselbständigter Verwaltungseinheiten«. Zur internationalen Perspektive *Katharina Reiling*, Legitimationsstrukturen einer extraterritorialen Verwaltung der Digitalwirtschaft, in: Roland Broemel/Arne Pilniok (Hrsg.), Die digitale Gesellschaft als Herausforderung für das Recht der Demokratie, 2020, S. 108–140.

[62] *Dreier/Kuch*, § 60 Rn. 47–49; anders aber *Roth-Isigkeit,* Verfassungsordnung, S. 183–186 und S. 370–372 (»staatsanaloge Legitimationsstruktur«).

[63] Vgl. *Dreier/Kuch*, § 60 Rn. 50–53; anders aber *Roth-Isigkeit,* Verfassungsordnung, S. 374 ff.

[64] *Hans-Heinrich Trute*, Die demokratische Legitimation der Verwaltung, in: Andres Voß-

ein »pluralistisches« Legitimationskonzept unterscheiden.[65] Bei solchen Gegenüberstellungen muss freilich beachtet werden, dass zwischen beiden Modellen heute ein breiter Überlappungsbereich besteht. Beide Modelle können keine Exklusivitätsansprüche erheben. Für das in der Literatur bisweilen exklusivisch interpretierte Konzept der Ausländerwahlrechts-Urteile haben das die oben referierten Folgeentscheidungen deutlich gemacht. Eher geht es in beiden Modellen darum, unterschiedliche Modalitäten des komplexen Legitimationsgeschehens zur Geltung zu bringen.

Die damit anerkannte größere Zahl legitimationsrelevanter Faktoren macht es zwar schwerer, zu eindeutigen Aussagen zu gelangen. Sie ist jedoch im Organisationsrecht unvermeidbar, denn Organisationen sind komplexe Gebilde, deren Reaktionen auf rechtliche Vorgaben sich nicht in einem linear-kausalen Erklärungsmuster bestimmen lassen. Die Steuerung von Organisationen ist Kontextsteuerung. Diese Eigenheit von Organisationen ist allem Organisationsrecht vorgegeben und legt es darauf fest, mit Beurteilungsmargen, »weichen« Kriterien, »pauschalen« Wirkungsannahmen und »plausiblen« Schätzungen zu arbeiten. Auch das Hierarchieprinzip umgreift, entgegen dem ersten Anschein eines klar von oben nach unten verlaufenden Steuerungsmechanismus, solche Zonen unsicherer Wirkungserwartungen; es ist eben auch insofern »voraussetzungsvoll«. Wer ein höheres Maß stringenter juristischer Deduktionen verlangt, überfordert das Organisationsrecht in dem, was es bieten kann.

Die Lehre von der demokratischen Legitimation der Verwaltung hat diese naturgegebene Offenheit auch von Anfang an mit im Blick gehabt: Eine erste Folge dieser Einsicht ist die schon in den Ausländerwahlrechts-Entscheidungen an zentraler Stelle eingeführte dogmatische Figur des Legitimationsniveaus, das die unterschiedlichen Legitimationsformen »in ihrem Zusammenwirken« wiedergeben soll.[66] Wie eine solche Saldierung aussehen und welche Verrechnungsfaktoren dabei etwa zwischen einem gesetzlichen Steuerungsprogramm als Ausdruck der sachlich-inhaltlichen Legitimation und der Länge einer Kette von Ernennungsakten als Ausdruck der organisatorisch-personellen Legitimation in Ansatz gebracht werden sollen, ist eine offene Frage.[67] Jedenfalls mit Subsumtionsschlüssen der traditionellen Rechtsanwendungslehren kann die Feststellung, eine bestimmte organisationsrechtliche Formation biete danach ein »hinreichendes Legitimationsniveau«, nicht getroffen werden. Verlangt sind

---

kuhle/Martin Eifert/Christoph Möllers (Hrsg.), Grundlagen des Verwaltungsrechts, 3. Auflage, München 2022, § 9 Rn. 15–59.

[65] Vgl. *Dreier/Kuch*, § 60 Rn. 26 ff.: »Hierarchiemodell« und »Partizipationsmodell«.

[66] BVerfGE 83, 60 (72).

[67] *Trute*, Demokratische Legitimation, § 9 Rn. 57; grundsätzlich krit. zu dieser Figur auch *Florian Meinel*, Verselbständigte Verwaltungseinheiten, in: Kahl/Ludwigs, § 61 Rn. 44 f. (»Hantieren mit großflächigen Kategorien«).

vielmehr »Bewertungen empirischer Wirkungszusammenhänge«, die mit Schätzungen, Indizien und Vermutungen arbeiten müssen.[68]

Das Urteil zur Bankenunion hat diese Linie eines offenen Modells mit der dogmatischen Figur der Kompensation fortgesetzt. Der Kompensationsgedanke erweitert den Kreis der Legitimationsfaktoren. Er macht damit auch die Saldierung nochmals erheblich komplexer, unübersichtlicher und in ihren Ergebnissen schwer zu prognostizieren. Das gilt zumal dann, wenn man den Kreis so weit zieht, wie es das Bundesverfassungsgericht in Übereinstimmung mit dem EuGH tut, und auch gerichtlichen Kontrollmöglichkeiten kompensierende Kraft zumisst.[69] Von einer direkten Steuerung des Verwaltungsgeschehens ist ein solcher Ausgleich ein ganzes Stück entfernt und überhaupt nur über mehrere vermittelnde Schritte, die von einer die Gesetzesbindung der Exekutive stärkenden Gerichtskontrolle ausgehen, mit einer parlamentszentrierten Legitimation in Verbindung zu bringen. Darin ist kein beklagenswerter Mangel an Formstrenge, sondern eine sinnvolle und notwendige Offenheit für die differenzierten Belange aufgabenadäquater Verwaltungsorganisation zu sehen, auf die das Demokratieprinzip antworten muss. »Nur die Vermeidung einer zu restriktiven Handhabung des Modells und die Offenheit für andere Legitimationsmodi kann die Gefahr bannen, den außerordentlich heterogenen Erscheinungsformen staatlicher Verwaltungstätigkeit nicht immer hinreichend gerecht zu werden«.[70]

---

[68] Vgl. *Trute*, Demokratische Legitimation, § 9 Rn. 14; *Roth-Isigkeit*, Verfassungsordnung, S. 428 f.: »Das Legitimationsniveau erlaubt damit die rechtswissenschaftliche Fiktion der Autorenschaft des Volkes auch in komplexen institutionellen Ausgestaltungen«.

[69] BVerfGE 151, 202, Rn. 130; systematische demokratietheoretische Entfaltung dieses Gedankens bei *Nikolaos I. Simantiras*, Netzwerke im europäischen Verwaltungsverbund, Tübingen 2016, S. 115–144.

[70] *Dreier*, Art. 20 (Demokratie) Rn. 114.

Demokratische Legitimation der Verwaltung unter dem Einfluss des EU-Rechts

Friedrich Schoch

I. Demokratische Legitimation der Staatsgewalt als Kernelement des Grundgesetzes

1. Volkssouveränität im System repräsentativer Demokratie

Nach Art. 20 Abs. 2 S. 1 GG geht alle Staatsgewalt vom Volke aus. Die demokratische Legitimation der in der Bundesrepublik Deutschland ausgeübten öffentlichen Gewalt durch das Staatsvolk wird als wesentlicher Inhalt des Grundsatzes der Volkssouveränität zu der durch Art. 79 Abs. 3 GG geschützten Verfassungsidentität des Grundgesetzes gezählt.[1] Dogmatische Konturen erlangt das Legitimationskonzept durch drei »Basiselemente«:

- Legitimationssubjekt ist das »Volk«. Gemeint ist das Staatsvolk,[2] nicht irgendeine Entität von Menschen, sondern das Volk als Kollektiv der Staatsbürger.[3]
- Legitimationsobjekt ist die »Staatsgewalt«. Das ist nicht nur »alles amtliche Handeln mit Entscheidungscharakter«,[4] sondern – mit Blick auf die Exekutive – jegliches Verwaltungshandeln.[5]
- Die Ausübung der Staatsgewalt durch »besondere Organe« unter anderem der vollziehenden Gewalt (Art. 20 Abs. 2 GG) verlangt einen Legitimationszusammenhang zwischen dem mittels Wahlen agierenden Legitimationssubjekt und den Organen der Exekutive, damit die Herrschaftsausübung auf die Staatsbürger zurückgeführt werden kann.[6]

---

[1] BVerfGE 154, 17 Rn. 101.

[2] BVerfGE 83, 37 (50); 83, 60 (81).

[3] *Ernst Emde*, Die demokratische Legitimation der funktionalen Selbstverwaltung, 1991, S. 322ff.; *Matthias Jestaedt*, Demokratieprinzip und Kondominialverwaltung, 1993, S. 205ff.

[4] BVerfGE 77, 1 (40); st. Rspr., vgl. BVerfGE 147, 50 Rn. 218.

[5] *Bodo Pieroth*, Plurale und unitarische Strukturen demokratischer Legitimation, in: EuGRZ 2006, S. 330 (331); *Mathias Honer/Tobias Rudloff*, Die Leistungsfähigkeit der Legitimationskettentheorie, in: DÖV 2020, S. 461 (462).

[6] BVerfGE 93, 37 (66); 130, 76 (123); 137, 185 Rn. 131; 139, 194 Rn. 106; 142, 123 Rn. 128; 151, 202 Rn. 117.

Der regulativen Idee nach erreicht die vom Volk »ausgehende« Staatsgewalt durch den Wahlakt nicht nur das Parlament, sondern auch die »besonderen Organe« der vollziehenden Gewalt.

2. *Mechanismen zur Vermittlung demokratischer Legitimation*

Die normativen Anforderungen an den Zurechnungszusammenhang zwischen Volk und Exekutive sind voraussetzungsvoll. Die herrschende Doktrin rekurriert auf drei Legitimationsformen:
- Die funktionell-institutionelle Legitimation weist im Rahmen der Funktionenordnung die Eigenständigkeit der Verwaltung aus und garantiert damit ein Minimum an demokratischer Legitimation.[7]
- Die organisatorisch-personelle Legitimation führt in einem mehrstufigen Vermittlungsvorgang die Bestellung der Amtsträger auf das Staatsvolk zurück;[8] gefordert wird eine ununterbrochene Legitimationskette.[9]
- Die sachlich-inhaltliche Legitimation umfasst die Gesetzesbindung der Verwaltung und die parlamentarische Verantwortlichkeit der Regierung;[10] die Sachverantwortung der Regierung gegenüber dem Parlament gründet insbesondere auf der Befugnis zu Aufträgen und Weisungen gegenüber Amtsträgern.[11]

Die Gesetzesbindung realisiert die Gesetzmäßigkeit der Verwaltung (Art. 20 Abs. 3 GG) und verknüpft den Verantwortungsbereich der Regierung mit den Kompetenzen nachgeordneter Stellen.[12] Diese Ausprägung der sachlich-inhaltlichen Legitimation ist auch Element des Rechtsstaatsgebots.

3. *Ministerialverwaltung als Grundmodell*

Die skizzierten Anforderungen an die demokratische Legitimation der Verwaltung basieren auf dem Konzept der hierarchisch-bürokratisch geformten

---

[7] Dazu *Horst Dreier/David Kuch*, Demokratische Legitimation der Verwaltung, in: Wolfgang Kahl/Markus Ludwigs (Hrsg.), Handbuch des Verwaltungsrechts, Band III, 2022, § 60 Rn. 37: Die Kluft zwischen dem hierarchischen Modell und alternativen Ansätzen könne verringert werden.

[8] *Horst Dreier*, in: ders. (Hrsg.), Grundgesetz-Kommentar, Band II, 3. Auflage 2015, Art. 20 (Demokratie) Rn. 111: Parlamentswahl, Kanzlerwahl, Auswahl der Regierungsmitglieder, Ernennung der Beamten durch zuständige Ministerien.

[9] BVerfGE 139, 194 Rn. 106; 146, 1 Rn. 87; 147, 50 Rn. 198.

[10] *Ernst-Wolfgang Böckenförde*, Demokratie als Verfassungsprinzip, in: Josef Isensee/Paul Kirchhof (Hrsg.), Handbuch des Staatsrechts, Band II, 3. Auflage 2004, § 24 Rn. 21.

[11] BVerfGE 93, 37 (67 f.); 107, 59 (88); 130, 76 (124); 137, 185 Rn. 131; 139, 194 Rn. 107; 146, 1 Rn. 87; 147, 50 Rn. 198.

[12] BVerfGE 139, 104 Rn. 110 ff. (zur Bundespolizei); BVerfGE 146, 1 Rn. 90 (zum Verfassungsschutz); BVerfGE 147, 50 Rn. 215 ff. (zur DB AG).

Ministerialverwaltung.[13] Sie fungiert als Grundmodell zum Verständnis demokratischer Legitimation der vollziehenden Gewalt.[14] Die Ministerialverwaltung erscheint als Idealtypus von demokratischer Verwaltung.[15] Immerhin hat das BVerfG das Legitimationskonzept über die unmittelbare Staatsverwaltung hinaus auf die kommunale Selbstverwaltung ausgedehnt; speziell das Erfordernis personeller demokratischer Legitimation gelte für die Kommunen wegen des gegenständlich nicht eingegrenzten umfassenden Aufgabenkreises gemeindlicher Selbstverwaltung.[16]

Abweichungen von dem Grundmodell bedürfen der Rechtfertigung. Das gilt insbesondere für »ministerialfreie Räume«.[17] Ein schlüssiges Konzept dazu hat das BVerfG bislang nicht entwickelt. Das Gericht akzeptiert weisungsunabhängige Behörden »in begrenzten Ausnahmefällen« unter Beibehaltung einer gewissen Verantwortlichkeit der Regierung, weil andernfalls »unkontrollierte und niemandem verantwortliche Stellen Einfluss auf die Staatsverwaltung gewönnen«; zu beurteilen sei die Zulässigkeit »ministerialfreier Räume« nur »mit Blick auf den konkreten Fall«.[18]

II. Defizite und Friktionen des klassischen Modells

1. Staatsvolk und Teilvölker

Das Grundmodell der Ministerialverwaltung ist aus der Perspektive des Bundes konzipiert. Diese verengte Sichtweise wird schon in Bezug auf das Legitimationssubjekt geltendem Verfassungsrecht nicht gerecht. Die territorial gegliederte Struktur des Staates in mehrere Gebietskörperschaften zwingt zur Anerkennung von »Teilvölkern«: neben »Staatsvolk« auch »Landesvolk« sowie »Gemeindevolk« und »Kreisvolk« (Art. 28 Abs. 1 GG). Ein Legitimationssubjekt in Gestalt einer monolithischen Einheit gibt es verfassungsrechtlich nicht.[19] Jeder Gebietskörperschaft ist »ihr Volk« zugeordnet.

Demnach erweist sich das klassische Legitimationsmodell schon beim ersten »Basiselement« als unterkomplex. Das tradierte Verständnis geht stillschweigend von unitarischen Strukturen aus, die das Grundgesetz nicht kennt. Die

---

[13] Dazu *Horst Dreier*, Hierarchische Verwaltung im demokratischen Staat, 1991, S. 113 ff.

[14] *Jestaedt*, Demokratieprinzip, S. 302 ff.

[15] *Dreier*, Hierarchische Verwaltung, S. 125, 134, 136; *Thomas Groß*, Demokratische Legitimation und Verwaltungsorganisation, in: JURA 2016, S. 1026 (1028).

[16] BVerfGE 107, 59 (88) mit ergänzendem Hinweis auf Art. 28 Abs. 1 S. 2 GG.

[17] *Dreier*, Hierarchische Verwaltung, S. 136, reserviert den Begriff zutreffend für die unmittelbare Staatsverwaltung (nicht hingegen erfasst werden z. B. Bundesbank und Rundfunkanstalten).

[18] BVerfGE 151, 202 Rn. 133 (Rspr. zusammenfassend).

[19] *Dreier/Kuch*, § 60 Rn. 35.

Binnengliederung des Staates in Gebietskörperschaften bewirkt eine Pluralität der Legitimationssubjekte.

2. Binnendifferenzierung der Staatsgewalt

Die Staatsgewalt ist ebenfalls nicht als monolithische Einheit verfasst. Die bundeseigene Verwaltung (Art. 86 GG) besteht nicht nur aus der Ministerialbürokratie. Das geltende Recht weist auch bundesunmittelbare Körperschaften und Anstalten des öffentlichen Rechts aus (Art. 87 Abs. 2 und 3 GG). Es liegt nahe, dass sich für diese aus der unmittelbaren Bundesverwaltung ausgegliederten Verwaltungsträger spezifische Legitimationsfragen stellen (können).

Hinzu treten bundesstaatlich bedingte Brechungen in den Verwaltungsstrukturen. Die Bundesregierung verfügt nicht über Weisungs- und Kontrollrechte gegenüber den Behörden der Länder (Ausnahme: Art. 85 Abs. 4 GG), obwohl diese (unter Einschluss der Kommunen) für die Ausführung der Bundesgesetze grundsätzlich zuständig sind (Art. 83, 84 Abs. 1 GG). Die Weisungskette ist föderal unterbrochen und wird durch eine von einem Teilvolk ausgehende landeseigene Kette ersetzt.[20] Im Regelfall der Art. 83, 84 GG ist eine effektive parlamentarische Kontrolle von Landesbehörden durch den Bundestag nicht vorgesehen.[21]

3. Verarbeitung von Expertenwissen

Das Wissensproblem in komplexen Gemeinwesen ist kein neues Phänomen, es belastet die öffentliche Verwaltung zusehends. Ausdifferenzierung und Pluralisierung der Verwaltung sind Reaktionen auf eine stetig steigende Komplexität der Anforderungen an die Aufgabenerledigung. Resultat sind vielfach ausgegliederte und verselbstständigte Verwaltungseinheiten.[22] Deren demokratische Legitimation wirft neue Fragen auf (III. 2.).

Das Wissensproblem betrifft auch die Ministerialverwaltung. Legitimationsprobleme entstehen, wenn nicht amtlich bestellten Funktionsträgern im Verwaltungsverfahren (Mit-)Entscheidungsbefugnisse übertragen werden. So sollten nach Vorstellungen der Bundesregierung von dem grundsätzlichen Verbot der Fracking-Methode zur Gewinnung von Erdgas oder Erdöl (§ 13a Abs. 1 S. 1 Nr. 1 WHG) Ausnahmen zugelassen werden können, wenn eine mit externen Fachleuten besetzte unabhängige Kommission die Unbedenklichkeit des Vorhabens

---

[20] *Hans-Heinrich Trute*, Die demokratische Legitimation der Verwaltung, in: Andreas Voßkuhle/Martin Eifert/Christoph Möllers (Hrsg.), Grundlagen des Verwaltungsrechts, Band I, 3. Auflage 2022, § 9 Rn. 36.

[21] *Thomas Groß*, Ist die Wirtschaftskrise ein Katalysator für das Entstehen unabhängiger Behörden?, in: Die Verwaltung 47 (2014), S. 197 (201 f.).

[22] *Dreier*, Hierarchische Verwaltung, S. 211 ff.

attestierte.[23] Wegen der mit dem Demokratieprinzip nicht zu vereinbarenden Mitentscheidungsbefugnis des Expertengremiums[24] ist die vorgesehene Entscheidungsberechtigung der Kommission nicht Gesetz geworden,[25] den Fachleuten ist eine beratende Funktion zugewiesen (§ 13a Abs. 6 WHG).[26] Das Beispiel macht auf das generelle Problem der Ministerialbürokratie aufmerksam, in komplexen Handlungsfeldern mit Wissensdefiziten konfrontiert zu sein und nur unter Heranziehung externen Sachverstandes verantwortlich entscheiden zu können.[27]

III. Doktrin vom »hinreichenden Legitimationsniveau«

1. Flexibilisierung des klassischen Modells

Die Mechanismen zur Vermittlung demokratischer Legitimation (I. 2.) manifestieren nach der Judikatur kein starres Schema. Zur Gewährleistung der Volkssouveränität in der repräsentativen Demokratie wird auf die Wirksamkeit des Gesamtgefüges der Legitimationsformen für ein hinreichendes Legitimationsniveau abgestellt.[28] Nicht die Form der demokratischen Legitimation staatlichen Handelns sei maßgebend, sondern deren Effektivität; notwendig sei ein bestimmtes (insgesamt hinreichendes) Legitimationsniveau.[29]

In dem vom BVerfG kreierten flexiblen Modell haben die verschiedenen Legitimationsformen nicht je für sich entscheidende Bedeutung, sondern nur in ihrem Zusammenwirken.[30] Daraus resultiert das Potential zum gegenseitigen Ausgleich, sogar zur Substitution. So kann etwa eine verminderte organisatorisch-personelle Legitimation durch eine verstärkte sachlich-inhaltliche Legitimation kompensiert werden, sofern insgesamt ein bestimmtes Legitimationsniveau erreicht wird.[31] Zu welchen inhaltlichen Modifizierungen des klassischen Legitimationskonzepts das flexibel einsetzbare Strukturmodell genutzt werden kann, kann nachfolgend anhand einzelner Sachbereiche gezeigt werden.

---

[23] § 13a Abs. 7 WHG-RegE, BT-Drs. 18/4713 S. 11 (mit Begründung S. 26).

[24] *Volker Boehme-Neßler*, Fracking-Entscheidungen durch Experten-Kommissionen?, in: NVwZ 2015, S. 1249 (1251 ff.).

[25] Empfehlung BT-Umweltausschuss, BT-Drs. 18/8916 S. 21.

[26] *Rüdiger Breuer/Klaus Ferdinand Gärditz*, Öffentliches und privates Wasserrecht, 4. Auflage 2017, Rn. 674; *Manfred Czychowski/Michael Reinhardt*, WHG, 13. Auflage 2023, § 13a Rn. 72.

[27] *Trute*, Demokratische Legitimation, § 9 Rn. 32 ff.

[28] *Eberhard Schmidt-Aßmann*, Das allgemeine Verwaltungsrecht als Ordnungsidee, 2. Auflage 2004, 2. Abschnitt Textziffer 94.

[29] BVerfGE 83, 60 (72); 93, 37 (66 f.); 107, 59 (87); 135, 155 Rn. 157; 136, 194 Rn. 168; 146, 164 Rn. 113.

[30] BVerfGE 135, 155 Rn. 157; 136, 194 Rn. 168; 146, 164 Rn. 113.

[31] BVerfGE 130, 76 (124); *Schmidt-Aßmann*, Ordnungsidee, 2/98; *Bernd Grzeszick*, in: Dürig/Herzog/Scholz, Grundgesetz Kommentar, Art. 20 II (Demokratie) Rn. 148 ff.

2. *Lockerung von Standards demokratischer Legitimation*

Die partielle Entkoppelung des flexibilisierten Legitimationskonzepts vom klassischen Modell führt zu einer Absenkung der Standards. Das betrifft vor allem das Legitimationssubjekt. In das Zentrum des Erkenntnisinteresses rückt die Frage nach der Rechtfertigung einer Lockerung an sich geforderter Standards.

a) Funktionale Selbstverwaltung

Die funktionale Selbstverwaltung (z. B. Kammern der freien Berufe, Einrichtungen sozialer Selbstverwaltung, Realkörperschaften)[32] aktiviert den spezifischen Sachverstand der Betroffenen sowie ihre Interessen.[33] Die Verwaltungsträger verfügen nicht über ein »Teilvolk« (wie die kommunalen Gebietskörperschaften), ein »Verbandsvolk« gibt es nicht.[34] Die Frage nach dem Legitimationssubjekt wird unter Hinweis auf die Historie beantwortet: Bei Entstehung des Grundgesetzes vorhandene Organisationsformen der funktionalen Selbstverwaltung seien zur Kenntnis genommen und ihre grundsätzliche Vereinbarkeit mit der Verfassung anerkannt worden.[35] Das BVerfG sieht in der funktionalen Selbstverwaltung eine Ergänzung und Verstärkung des demokratischen Prinzips; der Gesetzgeber dürfe ein Mitspracherecht der Betroffenen schaffen und verwaltungsexternen Sachverstand aktivieren sowie einen sachgerechten Interessenausgleich erleichtern und so dazu beitragen, dass die von ihm beschlossenen Zwecke und Ziele effektiver erreicht werden.[36]

Etabliert wird danach eine Art »Betroffenenverwaltung«,[37] verknüpft mit einer gewissen Output-Legitimation.[38] Da das Demokratieprinzip wegen der Egalität der Mitwirkenden Distanz gegenüber Sonderinteressen verlangt,[39] müssen entsprechende Vorkehrungen gesetzlich getroffen werden.[40] Anerkannt ist

---

[32] Dazu *Winfried Kluth*, Funktionale Selbstverwaltung, in: Wolfgang Kahl/Markus Ludwigs (Hrsg.), Handbuch des Verwaltungsrechts, Band III, 2022, § 65 Rn. 22 ff.

[33] *Hinnerk Wißmann*, Grundmodi der Aufgabenwahrnehmung, in: Andreas Voßkuhle/Martin Eifert/Christoph Möllers (Hrsg.), Grundlagen des Verwaltungsrechts, Band I, 3. Auflage 2022, § 14 Rn. 63.

[34] *Matthias Jestaedt*, Funktionale Selbstverwaltung und Demokratieprinzip im Lichte der neueren Rechtsprechung des Bundesverfassungsgerichts, in: Winfried Kluth (Hrsg.), Jahrbuch des Kammerrechts 2003, 2004, S. 9 (12); *Dreier*, Art. 20 (Demokratie) Rn. 129; a.A. *Dirk Ehlers*, Die Staatsgewalt in Ketten – zum Demokratiegebot im Sinne des Grundgesetzes, in: Festschrift für Ekkehart Stein, 2002, S. 125 (132 f.); *Pieroth*, Plurale und unitarische Strukturen, S. 332.

[35] *Grzeszick*, Art. 20 II (Demokratie) Rn. 186 f.

[36] BVerfGE 107, 59 (92); Schwächen der Entscheidung herausarbeitend *Mattias Jestaedt*, Demokratische Legitimation – quo vadis?, in: JuS 2004, S. 649 (651 f.).

[37] *Groß*, Demokratische Legitimation, S. 1033.

[38] Dazu *Trute*, Demokratische Legitimation, § 9 Rn. 50.

[39] *Eberhard Schmidt-Aßmann*, Verwaltungslegitimation als Rechtsbegriff, in: AöR 116 (1991), S. 329 (336); *Dreier/Kuch*, § 60 Rn. 27, 28, 51.

[40] BVerfGE 107, 59 (93); 111, 191 (217).

eine hinreichende Legitimation in der Praxis bei Wasser- und Bodenverbänden[41] sowie bei Industrie- und Handelskammern,[42] die Errichtung einer Ländernotarkasse ist wegen unzulänglicher organisatorischer Vorgaben im Gesetz (z.B. fehlende Regelung zur Zusammensetzung des satzungsgebenden Organs) für verfassungswidrig erklärt worden.[43] Zum Gemeinsamen Bundesausschuss (§ 91 Abs. 1 S. 1 SGB V) hat das BVerfG »gewichtige Zweifel« an der Legitimation des Gremiums geäußert.[44]

Bei der funktionalen Selbstverwaltung gerät die Annahme einer demokratischen Legitimation der Verwaltungsträger unter Berufung auf Art. 20 Abs. 2 GG zur Fiktion. Es sollte von einer autonomen Legitimation gesprochen werden.[45] Die Distanz zu Art. 20 Abs. 2 GG zeigt sich plastisch im Vergleich mit der kommunalen Selbstverwaltung: Muss dort bei der Besetzung von Ausschüssen der kommunalen Vertretungskörperschaft das Gebot der Spiegelbildlichkeit (zwecks Wahrung des Prinzips der Repräsentation) beachtet werden,[46] soll dies bei Trägern funktionaler Selbstverwaltung nicht gelten; der Gesetzgeber verfüge über einen weiten Spielraum für abweichende Regelungen bezüglich der Repräsentation von Berufs- bzw. Interessengruppen.[47]

b) Rechtsfähige Anstalten

Am Beispiel der Filmförderungsanstalt und des Deutschen Weinfonds, rechtsfähige Anstalten des öffentlichen Rechts (§ 1 Abs. 1 S. 2 FFG, § 37 WeinG) mit der Befugnis zu hoheitlichem Handeln (Erhebung von Sonderabgaben, §§ 146ff. FFG, §§ 43ff. WeinG), hat das BVerfG weitere Lockerungen der Legitimationsanforderungen vorgenommen: Auch außerhalb der funktionalen Selbstverwaltung könnten »im Interesse sachgerechter, effektiver Aufgabenwahrnehmung begrenzte Abweichungen von der Regelanforderung uneingeschränkter personeller Legitimation zulässig sein«.[48]

Zur Filmförderungsanstalt stellt das BVerfG eine nicht ausreichende personelle demokratische Legitimation der Entscheidungsträger fest,[49] sieht auf Grund einer Gesamtbetrachtung das notwendige Maß an demokratischer Legitimation jedoch gewahrt, weil zur sachlich-inhaltlichen Legitimation durch gesetzliche Vorgaben hinreichende rechtliche Bindungen des Verwaltungshandelns normiert

---

41 BVerfGE 107, 59 (95ff.).

42 BVerfGE 146, 164 Rn. 116ff.

43 BVerfGE 111, 191 (218ff.).

44 BVerfGE 140, 229 Rn. 22; BVerfG-K, NVwZ-RR 2017, 121 Tz. 24.

45 *Schmidt-Aßmann*, Ordnungsidee, 2/81 und 2/91; *Dreier*, Art. 20 (Demokratie) Rn. 129; *Trute*, Demokratische Legitimation, § 9 Rn. 5, 26, 54, 55.

46 BVerwGE 90, 104 (113); 119, 305 (307f.); NVwZ 2010, 834 (835f.).

47 BVerwGE 161, 323 Rn. 27.

48 BVerfGE 135, 155 Rn. 158 und 136, 194 Rn. 159; bekräftigend BVerfGE 146, 164 Rn. 114.

49 § 8 FFG 2004: acht von elf Mitgliedern der Vergabekommission werden von nichtstaatlichen Verbänden benannt.

seien.[50] Beim Deutschen Weinfonds seien die Einschränkungen der personellen demokratischen Legitimation von Mitgliedern des Vorstands und des Aufsichtsrats (wegen Mitwirkung nichtstaatlicher Akteure an den Wahl- und Bestellungsakten der Gremienmitglieder) eine »unschädliche Abweichung« vom typischen Amtsträgermodell; kompensatorisch wirkten die detaillierte gesetzliche Normierung der Abgabepflicht und die Unterstellung des Deutschen Weinfonds unter die Aufsicht des zuständigen Ministeriums.[51]

Für die Akzentverschiebung der Legitimationsanforderungen im Anstaltsrecht gegenüber der funktionalen Selbstverwaltung gibt das BVerfG keine Begründung. Die Orientierung der Anstaltstätigkeit an einer sachgerechten und effektiven Aufgabenwahrnehmung (§ 2 und § 3 FFG, § 37 Abs. 1 WeinG) erinnert an die stillschweigende Anerkennung einer Output-Legitimation.[52] Derartiges ist im klassischen Legitimationsmodell nicht vorgesehen.

c) *Verwaltung in Privatrechtsform*

Bei der Verwaltung in Privatrechtsform gebietet die Wahrung demokratischer Legitimation dem Staat, sich hinreichend Einwirkungsrechte auf das öffentliche Unternehmen vorzubehalten.[53] Diese Rechte können organisatorisch-personell geprägt sein (durch staatliche Bestellung der Mitglieder in den Unternehmensorganen) oder eine sachlich-inhaltliche Komponente aufweisen (z. B. strikte Gesetzesbindung, Weisungen). Entscheidend ist das insgesamt hinreichende Legitimationsniveau.[54]

Wählt der Staat die Aktiengesellschaft als Unternehmensform, können Steuerungs- und Kontrollverluste und damit Legitimationsdefizite eintreten, weil der Aufsichtsrat bei seiner Aufgabenwahrnehmung (§ 111 AktG) dem Interesse des Unternehmens verpflichtet ist und ohne Bindung an staatliche Weisungen agiert.[55] In dem Konflikt zwischen öffentlich-rechtlichen Anforderungen und privatrechtlichen Möglichkeiten kann nicht wegen der »eigenständigen Bewegungsgesetze des Wirtschaftsbereichs« eine defizitäre sachlich-inhaltliche

---

[50] BVerfGE 135, 155 Rn. 163 ff.; a.A. *Wolfgang Kahl*, Verwaltungsaufgaben und Legitimation der Verwaltung, in: Wolfgang Kahl/Ute Mager (Hrsg.), Verwaltungsaufgaben und Legitimation der Verwaltung, 2022, S. 329 (369 Fn. 246): Fehlen einer institutionell-funktionellen Legitimation sowie teilweiser Ausfall der personellen Legitimation und sehr dünne sachlich-inhaltliche Legitimation, daher Verstoß gegen Art. 20 Abs. 2 GG.

[51] BVerfGE 136, 194 Rn. 174.

[52] *Groß*, Demokratische Legitimation, S. 1033: Rechtfertigung kraft »Natur der zu treffenden Entscheidungen«, nämlich Beurteilung kreativ-künstlerischer Qualitäten bei der Filmförderung und Förderung der Weinwirtschaft mit Mitteln aus der Sonderabgabe beim Deutschen Weinfonds.

[53] *Dreier*, Hierarchische Verwaltung, S. 258 f.; *Dreier/Kuch*, § 60 Rn. 67; *Trute*, Demokratische Legitimation, § 9 Rn. 28, 76.

[54] BVerfGE 147, 50 Rn. 222.

[55] Paradigmatisch BGHZ 169, 98 (106).

Legitimation hingenommen werden.[56] Es muss diejenige Rechtsform für die Aufgabenwahrnehmung gewählt werden, die die gebotenen Einwirkungsmöglichkeiten gewährleistet.[57] Gemeinden ist dies gesetzlich auferlegt.[58]

3. Folgen der Flexibilisierung

Nach dem erreichten Entwicklungsstand wird demokratische Legitimation nicht länger als formales Konstrukt verstanden, sondern als eine real wirksame Verantwortungsbeziehung zwischen Repräsentierten und Repräsentanten beschrieben.[59] Die Rede vom »hinreichenden« Niveau lässt indessen in der Sache offen, welches Niveau bei einer Gesamtbetrachtung erreicht werden muss. Es soll auf die Art der zu legitimierenden Entscheidungstätigkeit ankommen: Je intensiver die in Betracht kommende Entscheidung Grundrechte berühre, desto höher müsse das Legitimationsniveau sein.[60]

Die relationale These entbehrt einer inhaltlichen Substanz. Ohne materiellen Maßstab wird dezisionistisch darüber befunden, ob das Zusammenwirken der Legitimationsformen zu einem (noch) hinreichenden Legitimationsniveau führt. Zunächst entscheidet der mit Gestaltungsoptionen ausgestattete Gesetzgeber; im Konfliktfall obliegt die Dezision dem BVerfG.

IV. Neuvermessung der Verwaltungslegitimation durch EU-Recht

1. Unabhängige Verwaltungsbehörden im EU-Binnenmarkt

a) Normativer Befund

Die Schaffung unabhängiger Verwaltungsbehörden gilt als »Megatrend« des europäischen Verwaltungsrechts.[61] Für die EU-Eigenverwaltung bietet das Primärrecht die Grundlage.[62] Unabhängige nationale Verwaltungsbehörden sind nach Vorgaben des Sekundärrechts einzurichten. Das gilt für die

---

[56] So aber *Schmidt-Aßmann*, Verwaltungslegitimation, S. 386; *ders.*, Ordnungsidee, 5/52; *Trute*, Demokratische Legitimation, § 9 Rn. 78.

[57] *Dirk Ehlers*, Mitbestimmung in der öffentlichen Verwaltung, in: JURA 1997, S. 180 (186); *Dreier*, Art 20 (Demokratie) Rn. 133.

[58] Exemplarisch: § 103 Abs. 1 S. 1 Nr. 3, Abs. 2 GemO BW; Art. 92 Abs. 1 S. 1 Nr. 2, S. 3 BayGO.

[59] *Dreier/Kuch*, § 60 Rn. 56.

[60] BVerfGE 93, 37 (73); 130, 76 (124); 135, 155 Rn. 157; 136, 194 Rn. 168; 146, 164 Rn. 13.

[61] *Wolfgang Kahl*, 35 Jahre Verwaltungsverfahrensgesetz – 35 Jahre Europäisierung des Verwaltungsverfahrensrechts, in: NVwZ 2011, S. 449 (450); *ders.*, Verwaltungsaufgaben, S. 381.

[62] Art. 298 Abs. 1 AEUV; dazu *Thomas Groß*, Die Legitimation der polyzentralen EU-Verwaltung, 2015, S. 56 ff.

- Aufsichtsbehörden im Datenschutzrecht,[63]
- Regulierungsbehörden im Recht der Netzwirtschaften,[64]
- Kartellbehörden,[65]
- Behörden der Finanzmarktaufsicht,[66]
- Koordinatoren für digitale Dienste.[67]

Hinzu tritt als Spezifikum im Haftbefehlsrecht die Unabhängigkeit der Staatsanwaltschaft bei der Ausstellung eines Europäischen Haftbefehls.[68]

In einigen Fällen hat die Bundesrepublik Deutschland den EuGH angerufen und die unionsrechtlich angeordnete Unabhängigkeit der Behörden als Verstoß gegen das Gebot demokratischer Legitimation gerügt. Die Klagen waren erfolglos: 2010 zur Datenschutzaufsicht,[69] 2019 zur Staatsanwaltschaft beim Europäischen Haftbefehl,[70] 2021 zur Bundesnetzagentur als Regulierungsbehörde im Energiesektor (Elektrizität, Erdgas).[71]

b) Grundmodell unabhängiger Verwaltungsbehörden

Die Unabhängigkeit von Verwaltungsbehörden gilt als ein etabliertes Element zur Gewährleistung effektiver Aufsichtsstrukturen im EU-Binnenmarkt.[72] Geschützt wird die Verwaltung gegenüber politischen Einflussnahmen.[73] Zum Unabhängigkeitserfordernis hat der EuGH schrittweise ein weites Verständnis entwickelt:

- Am Beispiel des Datenschutzrechts sind die Fachaufsicht und die Rechtsaufsicht als unzulässige Einflussnahmen für unionsrechtswidrig erklärt worden.[74]
- Ebenfalls zum Datenschutzrecht wurde die funktionelle Unabhängigkeit von Behörden als unzureichend eingestuft und die Dienstaufsicht für unzulässig erachtet.[75]

---

[63] Art. 28 Abs. 1 UAbs. 2 RL 95/46/EG, seit dem 25. Mai 2018: Art. 51 Abs. 1 VO 2016/679/EU.

[64] Telekommunikation: Art. 3 Abs. 3a RL 2002/21/EG i.d.F. der RL 2009/140/EG; Elektrizität: Art. 35 Abs. 4 RL 2009/72/EG, abgelöst durch Art. 57 Abs. 4 RL 2019/944/EU; Erdgas: Art. 39 Abs. 4 RL 2009/73/EG, zur anstehenden Novellierung gleichsinnig der Kommissionsentwurf Art. 70 Abs. 4 COM (2021) 803 final.

[65] Art. 4 RL 2019/1/EU.

[66] Art. 19 VO 1024/2013/EU; Art. 4 Abs. 4 RL 2013/36/EU, geändert durch Art. 4 Abs. 4 RL 2019/2034/EU.

[67] Art. 50 Abs. 2 VO 2022/2065/EU.

[68] Art. 6 Abs. 1 Rahmenbeschluss 2002/584/JI über den Europäischen Haftbefehl.

[69] EuGH, EuZW 2010, 296 (m. Anm. *Roßnagel*).

[70] EuGH, NVwZ 2019, 1185 (m. Bespr. *Kluth*, NVwZ 2019, 1175).

[71] EuGH, EuZW 2021, 893 (m. Anm. *Scholtka*).

[72] *Jürgen Kühling/Maximilian Dürr*, Die Unabhängigkeit des Digitale-Dienste-Koordinators, in: ZfDR 2023, S. 93 (95).

[73] *Josef Ruthig*, Gewährleistungs- und Regulierungsverwaltung, in: Wolfgang Kahl/Markus Ludwigs (Hrsg.), Handbuch des Verwaltungsrechts, Band I, 2021, § 22 Rn. 21.

[74] EuGH, EuZW 2010, 296 Tz. 25 ff.

[75] EuGH, ZD 2012, 563 Tz. 42 ff. und EuGRZ 2014, 410 Tz. 52 ff.

- Anhand der Netzregulierung im Energiemarkt ist die »völlige Trennung von der politischen Macht« postuliert und die behördliche Unabhängigkeit gegenüber der Normgebung (Gesetz, Rechtsverordnung) durchgesetzt worden.[76]

Sein Credo fasst der EuGH so zusammen: Unabhängigkeit bedeute, dass eine Behörde »völlig frei handeln kann und dabei vor jeglicher Weisung und Einflussnahme von außen geschützt ist«, dass die Behörde »ihre Entscheidungen selbstständig und allein auf der Grundlage des öffentlichen Interesses trifft«, um die Einhaltung der durch die betreffende Richtlinie verfolgten Ziele zu gewährleisten, »ohne externen Weisungen anderer öffentlicher oder privater Stellen unterworfen zu sein«.[77]

c) Europäisierung der Verwaltungshierarchie

Das BVerfG befürchtet den Verlust demokratischer Legitimation und Kontrolle, da durch die Übertragung von Aufgaben und Befugnissen auf unabhängige Institutionen »ministerialfreie Räume« entstünden.[78] Das ist ein Irrtum. Die Behörden werden zwar aus der innerstaatlichen Verwaltungshierarchie herausgelöst und der inhaltlichen Steuerung durch nationale Gesetze weitgehend entzogen, sie sind jedoch in einen europäischen Verwaltungsverbund integriert und unterliegen den Direktiven der EU-Kommission sowie den Vorgaben des EU-Sekundärrechts.[79] Bewirkt wird eine Kohärenz des Verwaltungshandelns im EU-Binnenmarkt.[80] Ausgetauscht wird die übergeordnete Hierarchie: Ersetzt wird die zur Feinsteuerung neigende nationale Normgebung durch das EU-Recht, an die Stelle der nationalen Regierung tritt die EU-Kommission, die das europäisch definierte Gemeinwohl im Verwaltungsverbund durchsetzt.[81]

---

[76] EuGH, EuZW 2021, 893 Tz. 113ff. – Nachzeichnung der EuGH-Rechtsprechung bei *Markus Ludwigs*, Unionale Verformung der Verwaltungsorganisation durch völlige Unabhängigkeit nationaler Vollzugsbehörden, in: DVBl 2023, S. 577ff.

[77] EuGH, EuZW 2021, 893 Tz. 108, 109. – Im Anschluss daran OLG Düsseldorf, EnWZ 2023, 455: unionsrechtskonformes Verhalten des Beirats der Bundesnetzagentur verlangt Verzicht auf verbindliche Weisungen.

[78] BVerfGE 151, 202 Rn. 132f.

[79] *Thomas Mayen*, Unabhängige Verwaltungsbehörden in der europäischen Mehrebenen-Verbundverwaltung, in: Festschrift für Klaus-Peter Dolde, 2014, S. 39ff. (S. 42ff. zum TK-Recht, S. 48ff. zum Energierecht, S. 50ff. zum Datenschutzrecht); *Malte Kröger*, Unabhängigkeitsregime im europäischen Verwaltungsverbund, 2020, S. 176ff. zum TK-Recht, S. 182ff. zum Datenschutzrecht; *Claudia Kawohl*, Der Europäische Datenschutzverbund – Strukturen, Legitimation, Rechtsschutz, 2022, S. 85ff. zum Datenschutzrecht; *Jörg Gundel*, Organisationsrechtliche Fragen der europäischen Netzwerkverwaltung: Das Beispiel der Energiebinnenmarkt-Verwaltung, in: DÖV 2023, S. 744 (746ff.) zum Energierecht.

[80] *Groß*, Wirtschaftskrise, S. 208; *Kröger*, Unabhängigkeitsregime, S. 105.

[81] *Wolfgang Durner*, Schutz der Verbraucher durch Regulierungsrecht, in: VVDStRL 70 (2011), S. 398 (412): Regulierungsverbund nähert sich einer Auftragsverwaltung an, Stellung nationaler Behörden ähnele derjenigen nachgelagerter EU-Behörden.

2. Unionsrechtliches Legitimationsmodell

Zu den Fundamenten der EU gehört die Demokratie (Art. 2 EUV). Ihre Struktur folgt dem Modell der repräsentativen Demokratie (Art. 10 bis 12 EUV). Für ein tragfähiges Konzept demokratischer Legitimation unionsrechtlich geforderter unabhängiger Verwaltungsbehörden sind die Rationalitäten des EU-Rechts maßgebend.[82] Darauf hat der EuGH frühzeitig hingewiesen: Die Einforderung demokratischer Legitimation bedeute nicht, dass es außerhalb des klassischen hierarchischen Verwaltungsaufbaus keine öffentlichen Stellen geben könne, die von der Regierung mehr oder weniger unabhängig seien.[83]

Auf der Grundlage des Art. 10 Abs. 1 EUV hat der EuGH zur demokratischen Legitimation unabhängiger Verwaltungsbehörden folgendes Konzept entwickelt:[84]

- Die repräsentative Demokratie der EU spiegelt sich im Gesetzgebungsverfahren zum Erlass des einschlägigen Sekundärrechts wider;
- außerhalb des klassischen hierarchischen Verwaltungsaufbaus angesiedelte unabhängige Stellen sind an Gesetz und Recht gebunden und der Kontrolle durch die zuständigen Gerichte unterworfen;
- Parlament und Regierung können nach nationalem Recht – jenseits einer Mitregulierung – Einfluss nehmen auf die Behörde insbesondere durch allgemeine politische Leitlinien sowie bei der Bestellung und Abberufung des Leitungspersonals[85] und mittels Einforderung von Rechenschaftsberichten der Einrichtung;
- effektiver gerichtlicher Rechtsschutz gegen Maßnahmen unabhängiger Verwaltungsbehörden muss gewährleistet sein.[86]

Dieser »Bauplan« findet Anerkennung, stößt aber hinsichtlich der praktischen Wirksamkeit der Legitimations- und Kontrollmechanismen auf Skepsis.[87] So wird im Interesse eines effektiven gerichtlichen Rechtsschutzes die Anerkennung weiter behördlicher Beurteilungsspielräume abgelehnt.[88] Dagegen steht die

---

[82] *Udo Di Fabio*, Unabhängige Regulierungsbehörden und gerichtliche Kontrolldichte, in: EnWZ 2022, S. 291 (295); a.A. *Charlotte Kreuter-Kirchhof*, Unabhängigkeit der Regulierungsbehörde?, in: NVwZ 2021, S. 589 (590ff.): Maßgeblichkeit deutschen Verfassungsrechts; bekräftigend *dies.*, Die Stellung der Bundesnetzagentur nach der Novelle des EnWG, in: NVwZ 2024, S. 9 (11).

[83] EuGH, EuZW 2010, 296 Tz. 42.

[84] EuGH, EuZW 2021, 893 Tz. 124ff.

[85] Dazu bereits EuGH, BeckRS 2020, 11948 Rn. 35ff.: auf der Grundlage objektiver, klar und abschließend aufgeführter sowie überprüfbarer Kriterien.

[86] Exemplarisch dazu Art. 37 Abs. 17 RL 2009/72/EG (Elektrizitätsbinnenmarkt) und Art. 41 Abs. 17 RL 2009/73/EG (Erdgasbinnenmarkt); Art. 50 Abs. 3 S. 2 VO 2022/2065/EU (digitale Dienste).

[87] *Boris Scholtka*, Urteilsanmerkung, EuZW 2021, S. 900 (901); *Kahl*, Verwaltungsaufgaben, S. 382f.

[88] *Di Fabio*, Unabhängige Regulierungsbehörden, S. 296f.

EuGH-Rechtsprechung zum Regulierungsermessen der Regulierungsverwaltung.[89] Hieran knüpft der BGH an und postuliert (am Beispiel der Nutzungsentgelte für die leitungsgebundene Versorgung der Allgemeinheit mit Strom und Gas) gerade wegen der unabhängigen Stellung der Regulierungsbehörde (Bundesnetzagentur) eine nur eingeschränkte gerichtliche Kontrolle von Verwaltungsentscheidungen.[90]

3. Reaktion des BVerfG

In seinem Urteil zur Bankenunion beharrt das BVerfG darauf, dass ein Mindestmaß an demokratischer Legitimation und Kontrolle i.S.v. Art. 20 Abs. 2 GG auch bei unionsrechtlich veranlassten unabhängigen Verwaltungsbehörden gegeben sein müsse,[91] öffnet das nationale Verfassungsrecht jedoch für begrenzte Modifikationen der Vermittlung demokratischer Legitimation, durch die Einflussknicke kompensiert werden könnten.[92] Gefordert sei eine sachliche Rechtfertigung, wie das z.B. bei der Unabhängigkeit der EZB der Fall sei.[93]

Nach dieser Rationalität steht Art. 20 Abs. 2 GG der unionsrechtlich bedingten Unabhängigkeit nationaler Verwaltungsbehörden nicht entgegen: Die Unabhängigkeit von Aufsichtsbehörden beim Datenschutz ist zur effektiven Gewährleistung des Rechts auf informationelle Selbstbestimmung und zur wirksamen Sicherung des freien Datenverkehrs gerechtfertigt;[94] die Unabhängigkeit der Regulierungsbehörde bei der Telekommunikation ist der Liberalisierung des Binnenmarktes geschuldet;[95] dasselbe gilt, zumal nach negativen Praxiserfahrungen, für den Energiesektor;[96] bei der Regulierung von Online-Diensten

---

[89] EuGH, NVwZ 2010, 370 Tz. 69ff.; innerstaatlich BVerwG, NVwZ 2010, 1359 Tz. 15ff. und NVwZ 2013, 1352 Tz. 42ff.

[90] BGH, BeckRS 2021, 42681 Rn. 16ff.

[91] BVerfGE 151, 202 Rn. 125, 127; krit. dazu *Trute*, Demokratische Legitimation, § 9 Rn. 102a; *Bettina Schöndorf-Haubold*, Legitimationsfragen der Verbundverwaltung, in: Wolfgang Kahl/Ute Mager (Hrsg.), Verwaltungsaufgaben und Legitimation der Verwaltung, 2022, S. 219 (233f.); *Jonas Plebuch/Simon Pielhoff*, Verwaltungsstaat als Demokratieideal, Der Staat 61 (2022), S. 167 (179ff.).

[92] BVerfGE 151, 202 Rn. 130: effektive gerichtliche Kontrolle und parlamentarische Kontrollrechte; zutreffende Kritik an den Inkonsistenzen der BVerfG-Rechtsprechung bei *Matthias Jestaedt*, Die Legitimation der Verwaltung in Deutschland und der EU, in: Wolfgang Kahl/Ute Mager (Hrsg.), Verwaltungsaufgaben und Legitimation der Verwaltung, 2022, S. 183ff.

[93] BVerfGE 151, 202 Rn. 134: Sicherung des Geldwerts, was politischen Kräften weniger gut gelänge.

[94] *Kröger*, Unabhängigkeitsregime, S. 139ff.

[95] Erwägungsgrund (13) der RL 2009/140/EG; ferner *Kröger*, Unabhängigkeitsregime, S. 137.

[96] *Di Fabio*, Unabhängige Regulierungsbehörden, S. 292. – Zur Neuregelung in Deutschland *Jochen Mohr/Kim Nathalie Müller*, Die Novelle des Energiewirtschaftsgesetzes und die Unabhängigkeit der Bundesnetzagentur, in: EuZW 2023, S. 1069ff.

vermögen angesichts nationaler Egoismen[97] nur unabhängige Behörden im Verbund mit der EU-Kommission eine grundrechtsfundierte Ordnung im europäischen Binnenmarkt durchzusetzen.[98] Das Argumentationsmuster entspricht der Rhetorik des BVerfG zur demokratischen Legitimation der mit Autonomie ausgestatteten Anstalten (Filmförderungsanstalt, Deutscher Weinfonds): Rechtfertigung der Abweichung vom klassischen Modell demokratischer Legitimation der Verwaltung wegen sachgerechter und effektiver Aufgabenwahrnehmung.

V. Fazit

Das klassische Modell demokratischer Verwaltungslegitimation deutscher Provenienz hat ausgedient. Eine freundliche Lesart attestiert ihm Wandlungs- und Anpassungsfähigkeit, um mit der Evolution der Verwaltung bei deren demokratischer Legitimierung Schritt halten zu können.[99] Nach der Gegenthese wird dem Konstrukt zwar noch wortreich Tribut gezollt, klare Kontur und kritisches Potential seien jedoch verschwunden.[100] Ein streng an Art. 20 Abs. 2 GG ausgerichtetes Konzept stößt wegen seiner Linearität angesichts einer hochgradig ausdifferenzierten Verwaltungsorganisation strukturell an Grenzen. Kompensation bieten rechtsstaatliche Legitimationsmechanismen. Deren Bedeutung wird unter dem Einfluss des EU-Rechts weiter zunehmen.

Die Unabhängigkeit von (Regulierungs-)Behörden nicht nur gegenüber privaten Marktteilnehmern und innerhalb der Verwaltung, sondern weitgehend auch gegenüber dem Parlament wirft weitergehende Fragen auf: Wird durch das EU-Recht in der strikten Deutung des EuGH einer Art Expertokratie Vorschub geleistet? Und wem gegenüber sind die unabhängig in den Behörden agierenden Experten eigentlich verantwortlich? Allein dem Binnenmarkt (Art. 26 AEUV)? Erleben wir unter dem Einfluss des EU-Rechts einen schleichenden Übergang zur »Output-Legitimation«, deren Erfolg wiederum der Beurteilung der Experten obliegt? Derartige Folgefragen zur demokratischen Legitimation der Verwaltung unter dem Einfluss des EU-Rechts bedürfen der vertieften Untersuchung. Doch damit ist eine neue Themenstellung aufgeworfen!

---

[97] Erwägungsgrund (2) der VO 2022/2065/EU; ferner *Kühling/Dürr*, Digitale-Dienste-Koordinator, S. 94f.; *Ludwigs*, Unionale Verformung, S. 577.

[98] *Jürgen Kühling*, Die EU schafft digitale Ordnung, in: ZGI 2022, S. 101 (102).

[99] *Dreier/Kuch*, § 60 Rn. 68.

[100] *Jestaedt*, Legitimation der Verwaltung, S. 194.

Historisch gewachsene Eigenheiten des schweizerischen Staatsrechts

*Axel Tschentscher**

»Liegt das nicht an der direkten Demokratie?« – das ist die am häufigsten gehörte Frage, wenn es um die Eigenheiten des schweizerischen Staatsrechts geht. Sie wird innerhalb der Schweiz ähnlich oft gestellt wie im Ausland. Und sie hat ihre Berechtigung, denn neben der unmittelbaren Bedeutung von Volksinitiative und Referendum gibt es weitreichende mittelbare Effekte der direkten Demokratie: die Sorgfalt in der Auslotung beteiligter Interessen, etwa durch ein ausgefeiltes Vernehmlassungsverfahren, die damit einhergehende Langsamkeit der politischen Entscheidfindung, die Multipolarität in Regierungsorganen (Kollegialregierung), das in solchen Organen übliche Kollegialitätsprinzip in der Außendarstellung, die starke Konsensorientierung innerhalb des Parlaments, das weitgehende Nichtvorhandensein parlamentarischer Regierungs- und Oppositionsrollen.

Sogar für weiter »entfernte« Besonderheiten des schweizerischen Staatsrechts lassen sich häufig Verbindungen zur direkten Demokratie herstellen. So ist die eingeschränkte Verfassungsgerichtsbarkeit, bei der dem Bundesgericht für formelle Bundesgesetze die Verwerfungskompetenz fehlt, eine Referenz an den Primat der Demokratie. Je näher das Volk hinter dem parlamentarischen Gesetzgeber steht, je stärker es mit seiner Kontrollmacht das einzelne Gesetz beherrscht und honoriert, desto weniger sollte das Bundesgericht – ein bloß mittelbar vom Volk gewähltes Organ – dessen politischen Willen konterkarieren dürfen. Auch die politisierten Richterwahlen mit ihrem engen Takt an Wiederwahlterminen sind als Abhängigkeit nur deshalb erträglich, weil sie eine starke Bodenhaftung der Richterschaft im Sinne demokratischer Legitimation erzeugen.

Das weit ausgreifende Wirkungsnetz der direkten Demokratie verdeckt die historisch gewachsenen Charakteristika des schweizerischen Staatsrechts, die unabhängig vom demokratischen Primat entstanden sind. Einige davon finden sich auch in anderen Staaten, so dass sie zwar prägend für die Schweiz, aber gleichwohl nicht spezifische Eigenheiten des schweizerischen Staatsrechts sind. Dazu gehört der starke Föderalismus mit dem echten Zweikammerparlament

* Der Autor dankt *Julian Marbach, Olga Lieder* und *Dennis Fischer* für Hilfe bei den Recherchen zu diesem Beitrag.

US-amerikanischer Prägung. Die wechselseitige Rücksichtnahme auf die verschiedenen Sprachstämme zeigt, ähnlich wie in Belgien, dass die Nation und der Nationalstaat nicht kulturell (Kulturnation), sondern politisch verwurzelt sind (Willensnation). Soweit man in der jetzt seit 175 Jahren fast unveränderten Institutionenordnung der Bundesverfassung eine »faktische Ewigkeitsgarantie« sehen wollte,[1] wäre auch diese mit Blick auf das noch beständigere US-Vorbild nicht einzigartig. Und auch eine Sonderheit wie die Sitzverteilung nach Einwohner- statt Stimmbürgerzahlen, bei denen Kantone mit hohem Ausländeranteil (Basel, Bern) etliche Sitze im Nationalrat gewinnen, ist nicht einzigartig, sondern findet sich bereits beim House of Representatives in den Vereinigten Staaten.[2]

So bleibt schließlich ein kleiner Kreis wahrhafter Eigenheiten, unter denen im Folgenden drei kurz skizziert werden: die Tradition der Anerkennung ungeschriebener Grundrechte (I.), das Einbürgerungsprozedere auf drei Ebenen (II.) und der Fortbestand von Burgergemeinden neben den gemeindlichen Territorialkörperschaften (III.). Die Liste ist beispielhaft gemeint. Daneben gibt es weitere Phänomene des schweizerischen Staatsrechts, die als Kandidaten in Frage kommen, etwa die explizite »Portierung« eigener Richterinnen und Richter durch die politischen Parteien, die Kirchensteuerpflicht von Unternehmen oder das Verbot des »überspitzten Formalismus« im Verfahrensrecht.[3]

I. Anerkennung ungeschriebener Grundrechte

Die Bundesverfassung von 1848 und ihre kaum veränderte Totalrevision von 1874 enthielten fast keine Grundrechte. Lediglich Religionsfreiheit, Pressefreiheit, Vereinsfreiheit, Niederlassungsfreiheit, Handels- und Gewerbefreiheit, Verbot körperlicher Strafen, Verbot des Schuldverhafts sowie Post- und Telegraphengeheimnis waren ausdrücklich garantiert. Es fehlten offenkundig wichtige Grundrechte wie die Meinungsfreiheit, die Kunstfreiheit, die persönliche Freiheit im umfassenden Sinn, die Unverletzlichkeit der Wohnung, die Garantie des Eigentums und die Versammlungsfreiheit – später auch die Rundfunkfreiheit.[4] Die Idee hinter dieser restriktiven Konzeption war, Bundesgrundrechte nur

[1] *Andreas Kley,* Eigenheiten des schweizerischen Verfassungsrechts, in: Oliver Diggelmann u. a. (Hrsg.), Verfassungsrecht der Schweiz, Band I: Grundlagen, 2020, S. 85 ff., Rn. 37.

[2] Article I Section 2 Clause 3 US-Verf: »Number of free Persons …«.

[3] Dazu beispielsweise *Axel Tschentscher,* Demokratische Legitimation der dritten Gewalt, 2006, S. 273 ff. m. w. N.; *ders.,* Überspitzter Formalismus, in: Franziska Sprecher u. a., Die staatsrechtliche Rechtsprechung des Bundesgerichts in den Jahren 2022 und 2023, in: ZBJV 159 (2023), S. 595 ff. (643); weitere Beispiele in: ZBJV 156 (2020), S. 533 ff. (583 f.); ZBJV 155 (2019), S. 663 ff. (726).

[4] Weitere konkrete Beispiele bei *Zaccaria Giacometti,* Die Freiheitsrechtskataloge als Kodifikation der Freiheit (1955), Neuabdruck in: Alfred Kölz (Hrsg.), Zaccharaia Giacometti (1893–1970). Ausgewählte Schriften, Zürich 1994, S. 23 ff. (29): psychische Integrität (Narkoanalyse),

dort zu etablieren, wo es einer bundesweiten Rechtseinheit bedurfte – also im Wesentlichen deckungsgleich mit den Bundeskompetenzen. Im Übrigen waren die kantonalen Grundrechte anwendbar,[5] wobei allerdings in einigen Kantonen zentrale Garantien fehlten.[6] Für wenige, besonders dringliche Materien wich man schon damals von dieser zurückhaltenden Konzeption ab und schrieb einen bundeseinheitlichen Grundrechtsschutz ausdrücklich vor. Das wohl prominenteste Beispiel ist das Verbot der Körperstrafe, das 1874 noch vor Einführung der Strafrechtskompetenz des Bundes (1898) in die Bundesverfassung einging.[7]

1. Ungeschriebene Eigentumsgarantie

An der Zurückhaltung bei den Bundesgrundrechten wurde bis in die 1960er Jahre von Parlament und Bundesgericht festgehalten. Die erste Fortentwicklung geschah ausgerechnet bei einem nicht menschenrechtlich radizierten Grundrecht: der Eigentumsgarantie. Diese hatte bereits in allen Kantonen außer dem Tessin gegolten,[8] so dass die Bundesverfassung nur noch die Entschädigungspflicht bei Enteignungen durch den Bund regelte (Art. 22 Abs. 1 BV 1874). Im Jahr 1960 erklärte das Bundesgericht dann die Eigentumsgarantie zum ungeschriebenen Grundrecht der Bundesverfassung.[9] Zur Begründung verwies das Gericht auf zwei unpublizierte, kurz zuvor ergangene Urteile[10] und auf die »heute herrschend[e] Lehre«, die allein mit einem rechtsvergleichenden Vortrag von *Hans Huber* begründet wird. Dessen Werk enthält tatsächlich einen beiläufigen Hinweis auf die bundesrechtliche Eigentumsgarantie unter besonderer Berücksichtigung der Enteignungen (Wildwasserverbauungen, Alpenstraßenbau).[11] Die breiter angelegte Literatur zu ungeschriebenen Grundrechten wird

---

Bewegungsfreiheit, Verbot der Zwangsarbeit, Auswanderungsfreiheit, Verbot der Rassendiskriminierung, Informationsfreiheit.

[5] Vgl. das Beispiel der Unverletztlichkeit von Haus und Person mit »Affinität zum kantonalen Aufgabenkreis« bei *Hans Huber,* Probleme des ungeschriebenen Verfassungsrechts, in: Festgabe für den Schweizerischen Juristenverein 1955, ZBJV 91bis (1955), S. 95 ff. (103) mit Fn. 5.

[6] *Giacometti,* Freiheitsrechtskataloge, S. 28, nennt als Beispiele Versammlungsfreiheit und Unterrichtsfreiheit, persönliche Freiheit, Unverletztlichkeit der Wohnung und Eigentumsfreiheit.

[7] Art. 65 Abs. 3 BV 1874: »Körperliche Strafen sind untersagt.« (ab 1879 dann Art. 65 Abs. 2).

[8] *Jörg Paul Müller/Markus Schefer,* Grundrechte in der Schweiz. Im Rahmen der Bundesverfassung, der EMRK und der UNO-Pakte, 4. Auflage 2008, S. 1012 Fn. 30.

[9] BGer-Urteil vom 11. Mai 1960, in: ZBl 1961, S. 69 ff. E. 2 S. 72 – Thermalquelle Zurzach.

[10] BGer-Urteil vom 24. Juni 1959 E. 2, unpubliziert – Oberhäsli; BGer-Urteil vom 21. Oktober 1959 E. 1, unpubliziert – Heinrich.

[11] *Hans Huber,* Öffentlich-rechtliche Gewährleistung, Beschränkung und Inanspruchnahme privaten Eigentums in der Schweiz, in: Max-Planck-Institut für ausländisches öffentliches Recht und Völkerrecht (Hrsg.), Staat und Privateigentum. Öffentlich-rechtliche Gewährleistung, Beschränkung und Inanspruchnahme privaten Eigentums, in sechs Staaten rechtsvergleichend dargestellt, Köln/Berlin 1960, S. 49 ff. (52 f.).

hier aber nur beiläufig erwähnt.[12] Angesichts der knappen Behandlung kann die Anerkennung der ungeschriebenen Eigentumsgarantie als eine – geradezu apodiktische – »Erfindung« des Bundesgerichts gelten. Sie erfolgte zudem als *obiter dictum,* denn in der Verfassung des Kantons Aargau war bereits eine Eigentumsgarantie enthalten.[13] Inhaltlich war die bundesweite Geltung der Garantie als Grundrecht ohnehin unumstritten. Wenige Jahre später fand das Eigentumsgrundrecht ausdrücklich Anerkennung in der Bundesverfassung.[14]

2. *Ungeschriebenes Freiheitsrecht*

Wirkliche Breitenwirkung erlangten die ungeschriebenen Grundrechte ab dem Jahr 1963. Das Bundesgericht erkannte in diesem Jahr die »persönliche Freiheit« als ungeschriebenes Grundrecht der Bundesverfassung an.[15] Diese Freiheit galt und gilt in der Schweiz nicht als allgemeine Handlungsfreiheit. Sie schützte vielmehr nur einzelne Teilgehalte der Persönlichkeit (Leben, körperliche Integrität, Bewegungsfreiheit). Ein solcher Freiheitsschutz war zum Zeitpunkt der Anerkennung in den meisten Kantonsverfassungen bereits ausdrücklich gewährleistet. Der Fall betraf aber eine Blutprobe im Kanton Basel-Stadt, dessen Kantonsverfassung nur Schutz vor Verhaftung vorsah, aber über kein Grundrecht auf körperliche Unversehrtheit verfügte. In dieser Situation argumentierte das Bundesgericht: »*Die persönliche Freiheit* im Sinne der physischen Freiheit, d. h. der Freiheit über den eigenen Körper [...], *ist die Voraussetzung für die Ausübung aller andern Freiheitsrechte* und bildet damit einen unentbehrlichen Bestandteil der rechtsstaatlichen Ordnung des Bundes.«[16] Schon ein Jahr später weitete das Bundesgericht diese Argumentation von der physischen auf die psychische Freiheit aus.[17] Auch hier war die Begründung, dass die Entscheidung frei von psychischem Zwang eine notwendige Voraussetzung für die Wahr-

---

[12] *Huber,* Öffentlich-rechtliche Gewährleistung, S. 53 mit Fn. 12, unter anderem mit Hinweis auf *ders.,* Probleme, S. 103 ff., nicht allerdings auf die noch umfassendere Behandlung bei *Giacometti,* Freiheitsrechtskataloge, S. 23 ff. (28 ff.).

[13] Vgl. den Hinweis, dass diesem neben der Bundesgarantie keine selbstständige Bedeutung zukomme (BGer-Urteil vom 11. Mai 1960, in: ZBl 1961, S. 69 ff. E. 2 S. 72 – Thermalquelle Zurzach), mit dem Verweis auf BGE 64 I 187 lit. a) S. 189 – Bankregulierung Fribourg, wo dieser Grundsatz (ohne weitere Begründung) für die Wirtschaftsfreiheit postuliert wurde.

[14] Volksabstimmung vom 14. September 1969; BBl 1969 II 1101: 55.9 % Ja-Stimmen; Art. 22ter Abs. 1 BV 1874: »Das Eigentum ist gewährleistet.«

[15] BGE 89 I 92 E. 3 S. 97 – Blutuntersuchung. Dort (E. 3 S. 98) falsch zitiert: BGE 35 I 559 E. 4 S. 571 – Pfarrlasten (1909), wo neben den Kantonsverfassungen nur eine naturrechtliche Begründung aus dem Gesellschaftszustand (»naturellement de l'état de société«) anklingt.

[16] BGE 89 I 92 E. 3 S. 98 – Blutuntersuchung (Hervorhebung hinzugefügt, A. T.); inhaltsgleich bereits *Giacometti,* Freiheitsrechtskataloge, S. 32: »notwendige Voraussetzung für die Betätigung bestimmter ausdrücklicher Freiheitsrechte der Bundesverfassung«.

[17] BGE 90 I 29 E. 3a S. 34 ff. (36) – Castella.

nehmung zahlreicher anderer Grundrechte sei.[18] Im Jahr 1971 kam es dann zur generalklauselartigen Erweiterung der persönlichen Freiheit. Seither schützt sie alle »elementare Erscheinungen der Persönlichkeitsentfaltung«.[19] Das ist zwar explizit nicht als allgemeine Handlungsfreiheit gemeint,[20] etabliert aber immerhin ein allgemeines Freiheitsrecht, das die Funktion eines Auffanggrundrechts wahrnimmt.[21] Interessanterweise hat das Bundesgericht schon damals betont, dass Verfassungsrichter zur Konkretisierung des Grundrechts »auch rechtsvergleichende Überlegungen« anzustellen haben und nötigenfalls die Normen berücksichtigen, die überstaatliche Organisationen aufstellen.[22]

3. Expansion der ungeschriebenen Grundrechte

Die Anerkennung ungeschriebener Bundesgrundrechte ersparte dem Bundesgericht fortan jede Auseinandersetzung mit möglichen ungeschriebenen Kantonsgrundrechten.[23] Vor allem aber konnten die Konkretisierungen, die über Jahrzehnte in der Rechtsprechung zu kantonalen Grundrechten entwickelt worden waren, nun Schritt für Schritt auf die Bundesebene hochskaliert werden. Die persönliche Freiheit umfasste danach auch die Verfügung über den Körper nach dem Tod,[24] das Zusammenleben von Unverheirateten[25] und das Getrenntleben von Scheidungswilligen[26] – alles Einzelrechte, die unter dem Titel der persönlichen Freiheit lange zuvor bezogen auf das Staatsrecht verschiedener Kantone anerkannt worden waren. Außerhalb dieser kantonal vorgeprägten Teilgehalte wurden die Meinungsfreiheit (1961/1970),[27] die Sprachenfreiheit (1965),[28] die

---

[18] BGE 90 I 29 E. 3a S. 36 – Castella: »En effet l'existence de cette faculté constitue la condition d'exercice de nombreux droits constitutionnels.«

[19] BGE 97 I 45 E. 3 S. 49 – Malen im Gefängnis; wiederum mit dem Argument: »notwendige Voraussetzung für die Ausübung der übrigen verfassungsrechtlich gewährleisteten Freiheitsrechte«.

[20] BGE 97 I 45 E. 3 S. 49 – Malen im Gefängnis; in Abgrenzung zu einzelnen Literaturstimmen.

[21] BGE 97 I 45 E. 3 S. 50 – Malen im Gefängnis.

[22] BGE 97 I 45 E. 3 S. 50f. – Malen im Gefängnis. Die Ratifikation der EMRK erfolgte in der Schweiz erst 1974.

[23] Ausdrücklich BGE 89 I 92 E. 3 S. 98 – Blutuntersuchung: »braucht nicht geprüft zu werden«.

[24] BGE 45 I 119 E. 6 S. 132ff. – Feuerbestattung (Kanton Luzern).

[25] BGE 31 I 297 E. 2 S. 301 – Konkubinatsverbot (Kanton Thurgau).

[26] BGE 18, 69 E. 2 S. 73 – Matrimonialurteil (Kanton St. Gallen).

[27] BGE 87 I 114 E. 2 S. 117 – Sphinx-Film; allerdings nur als *obiter dictum* und zudem eher beiläufig: »la liberté d'expression, qui constitue un principe fondamental du droit fédéral et cantonal, écrit ou non, et une extension de la protection assurée par la liberté de la presse«. Die Presse- und Vereinsfreiheit waren ausdrücklich als Grundrechte anerkannt (Art. 55 und 56 BV 1874). Mit Argumenten erst in BGE 96 I 219 E. 4 S. 223f. – Nöthiger (1970).

[28] BGE 91 I 480 E. II.1 S. 485f. – Association de l'Ecole française.

Versammlungsfreiheit (1970),[29] die Kunstfreiheit (1975),[30] die Informationsfreiheit (1978)[31] und das Recht auf Existenzsicherung (1995)[32] als ungeschriebene Grundrechte anerkannt. Auch die Demonstrationsfreiheit (1974)[33] und die Wissenschaftsfreiheit (1989)[34] wären wohl anerkannt worden, hätte nicht der Rekurs auf die Meinungsfreiheit im konkreten Fall genügt.

Das Voraussetzungs-Argument wurde dabei um eine Alternative ergänzt. Ungeschriebene Grundrechte können auch damit begründet werden, dass sie »sonst als unentbehrliche Bestandteile der demokratischen und rechtsstaatlichen Ordnung des Bundes erscheinen.«[35] Zur Selbstbescheidung bei der Rechtsschöpfung fragt das Bundesgericht aber jeweils, ob das neu anzuerkennende Grundrecht »bereits einer weitverbreiteten Verfassungswirklichkeit in den Kantonen entspreche und von einem allgemeinen Konsens getragen sei«.[36] Echte Ablehnungen von ungeschriebenen Grundrechten gab es nach diesen Kriterien bei dem behaupteten Recht auf freie Grabmalgestaltung (1970)[37] und dem Recht auf Bildung (1977)[38] – letzteres allerdings vor dem Hintergrund, dass ein Grundrecht auf Bildung kurz zuvor in der Volksabstimmung knapp am fehlenden Ständemehr gescheitert war (1973).[39]

4. Strukturelle Besonderheiten gegenüber anderen Formen des Grundrechtswandels

Der Grundrechtswandel, verstanden als Inhaltsänderung ohne Veränderung des grundrechtlichen Verfassungstextes, ist selbst bei änderungsoffenen Verfassun-

---

[29] BGE 96 I 219 E. 4 S. 223 – Nöthiger.

[30] BGE 101 Ia 252 E. 3b S. 255 – Histoire d'A.

[31] BGE 104 Ia 88 E. 4b S. 93 f. – Bündner Informationsrichtlinien.

[32] BGE 121 I 367 E. 2a S. 370 – Existenzsicherung.

[33] BGE 100 Ia 392 E. 4c S. 400 – Komitee für Indochina.

[34] BGE 115 Ia 234 E. 10a S. 268 – St. Galler Fortpflanzungsbeschluss. Als separates Grundrecht wurde die ungeschriebene Wissenschafts- und Forschungsfreiheit auch später nicht anerkannt (1993): BGE 119 Ia 460 E. 12b S. 500 f. – Reproduktionsmedizin Basel.

[35] BGE 121 I 367 E. 2a S. 370 – Existenzsicherung. Ähnlich bereits *Huber*, Probleme, S. 104: »tragende Säulen des demokratischen Rechtsstaates«.

[36] BGE 121 I 367 E. 2a S. 370 – Existenzsicherung; ähnlich bereits BGE 115 Ia 234 E. 10a S. 268 – St. Galler Fortpflanzungsbeschluss; BGE 104 Ia 88 E. 5c S. 96 – Bündner Informationsrichtlinien.

[37] BGE 96 I 104 E. 1 S. 107 – Freie Wahl des Begräbnisplatzes; unter Hinweis auf den Gleichbehandlungsanspruch (Art. 4 BV 1874) und das explizite Grundrecht auf ein schickliches Begräbnis (Art. 53 Abs. 2 Satz 2 BV 1874).

[38] BGE 103 Ia 369 E. 4a S. 377 f. – Wäffler; BGE 103 Ia 394 E. 2 S. 398 ff. – Lehrerseminar Liestal, zusätzlich mit Ablehnung eines kantonalen Grundrechts auf Bildung oberhalb der Volksschule. Den *numerus clausus* betreffend vorher schon BGE 100 Ia 189 E. 3c S. 194 – Pädagogikkurs; BGE 102 Ia 321 E. 3a S. 324 f. – Immatrikulationsversagung.

[39] BBl 1973 I 1730: 52,8 % Ja-Stimmen, aber nur 9 ganze und 3 halbe Stände dafür und 10 ganze und 3 halbe Stände dagegen.

gen wie dem deutschen Grundgesetz gewichtiger als die ausdrückliche Verfassungsänderung.[40] Grundrechtswandel kommt in der Schweiz ähnlich vielfältig vor wie in Deutschland. Die Schweiz ist angesichts ihrer langen Textgeschichte (1874 bis 1999) traditionell interpretationsoffen und ähnelt darin den Vereinigten Staaten, wo es angesichts der weitgehenden Petrifizierung des Verfassungstextes geradezu unverzichtbar ist, eine Inhaltsänderung ohne Textänderung zuzugestehen (z. B. bei implied powers, substantive due process). Meist geht es beim Grundrechtswandel einfach um extensive Interpretation des Verfassungstextes.

In jüngster Zeit ist der Grundrechtswandel durch die Europäisierung des Rechts dominant. Die enge Einbeziehung der EGMR-Rechtsprechung ist für die Schweiz wichtiger als für viele andere Staaten. Wenn das Bundesgericht seine Entscheidung auf EMRK-Grundrechte abstützen kann – Grundrechte, die in der Schweiz im Rang über den Bundesgesetzen stehen –, dann ist damit eine Normenkontrolle auch gegenüber formellen Bundesgesetzen möglich, wie sie mit den Grundrechten der Bundesverfassung allein (wegen der beschränkten Verfassungsgerichtsbarkeit nach Art. 190 BV) nicht erlaubt wäre. Eine Grundrechtsinterpretation, die sich auf die EMRK-Geltung stützt, ist darum durchsetzungsstärker als eine rein nationale Grundrechtsinterpretation.

Bis zu einem gewissen Grad ist auch der Rückgriff auf das allgemeine Freiheitsrecht in der Schweiz ein Generator neuer Schutzgehalte. Das hat aber, verglichen mit der Situation des Grundgesetzes, enge Grenzen. Wo das deutsche Bundesverfassungsgericht auf einer allgemeinen Handlungsfreiheit aufbaut und dadurch den Grundrechtsschutz praktisch unbegrenzt erweitert, bis er »lückenlos und flächendeckend« wird,[41] ist das Freiheitsrecht in der Schweiz gerade nicht als allgemeine Handlungsfreiheit konstituiert. Grundrechtlich geschützt sind nur die elementaren Erscheinungen der Persönlichkeitsentfaltung.

Jenseits interpretatorischer Ausdehnung der Schutzbereiche stellt sich vor allem die Frage, wie der Grundrechtswandel die Entdeckung oder »Erfindung« ganz neuer Grundrechte ermöglicht. In Deutschland sind dafür die Anerkennung des informationellen Selbstbestimmungsrechts, des »Computer-Grundrechts«[42] und des Rechts auf Vergessenwerden zu nennen sowie (wohl auch) der grundlegende Schritt zur Anerkennung der (explizit oder implizit) unmittelbaren Grundrechtsgeltung für öffentlich zugängliche private Räume (Fraport, Stadionverbot).[43] Strukturell verstehen sich solche Rechte allerdings als bereichsspezifi-

---

[40] *H. Sauer*, in: F. Brosius-Gersdorf (Hrsg.), Dreier-Grundgesetz-Kommentar, Band I, 4. Aufl. 2023, Vorb. vor Artikel 1 GG Rn. 21.

[41] *Sauer*, Vorb. vor Artikel 1 GG Rn. 21 m. w. N.

[42] BVerfGE 120, 274 (302 ff.) – Online-Durchsuchungen; BVerfGE 133, 277 (365 ff., 373 ff.) – Antiterrordateigesetz; BVerfGE 154, 152 (286 ff.) – BND-Ausland-Ausland-Fernmeldeaufklärung.

[43] BVerfGE 128, 226 (244 ff.) – Fraport; BVerfGE 148, 267 (284) – Stadionverbot: »Recht auf Teilhabe am kulturellen Leben« und Konstellationen »struktureller Überlegenheit«. Zur

sche Konkretisierung des allgemeinen Persönlichkeitsrechts. Sie werden meist aus einer Kombination von Persönlichkeitsrecht und Menschenwürdegarantie gewonnen (Art. 2 Abs. 1 GG i. V. m. Art. 1 Abs. 1 GG).[44] Dabei sind echte Innovationen (Computer-Grundrecht) und interpretatorische Erweiterungen (Recht auf Vergessenwerden) kaum sinnvoll zu trennen.[45] Sie sind allesamt Produkte richterlicher Rechtsfortbildung, die der Lückenschließung bei überkommenen oder neuen Gefährdungslagen dienen. Von normaler Grundrechtsinterpretation unterscheiden sich solche Kreationsakte höchstens dadurch, dass sie gewissermaßen in der Stunde Null bereits eine große und neuartige Fallgruppe erschließen.

Wie sieht dies nun im Vergleich zur schweizerischen Anerkennung ungeschriebener Grundrechte aus? Hier ist selbst die heutige Bundesverfassung von 1999, die einen umfangreichen Grundrechtskatalog enthält, mangels allgemeiner Handlungsfreiheit nicht auf Vollständigkeit angelegt. Ansonsten enthält die Verfassung aber eine als umfassend gedachte Liste von Einzelgewährleistungen, die durch »Nachführung« des Grundrechtswandels aus 150 Jahren gewonnen wurde. Für die Anerkennung neuer ungeschriebener Grundrechte kann es das Voraussetzungs-Argument und das Kriterium »unentbehrlicher Bestandteile« darum im früher akzeptierten Sinn nicht mehr geben. Die Rechtsprechung greift sozusagen nie mehr ganz ins Leere, wenn sie nach einer grundrechtlichen Garantie fragt: Rechtsgleichheit, persönliche Freiheit und Menschenwürde sind als Auffanggrundrechte präsent und können die neuen Entwicklungen tragen.[46]

Das ist allerdings nicht unumstritten. In der Literatur wird überwiegend die Auffassung vertreten, dass für die nicht nur kleinteilige Lückenfüllung stets die Möglichkeit bleibt, neue ungeschriebene Grundrechte anzuerkennen. Der Mechanismus zur Anerkennung ungeschriebener Grundrechte sei zwar momentan von »marginaler« Bedeutung, aber stehe als Option für die Zukunft weiterhin zur Verfügung.[47] Dafür spricht immerhin, dass eine ursprünglich für die Verfassung angedachte »Grundrechtsentwicklungsklausel« gegen die »Versteinerung«

---

grundsätzlichen Bedeutung *Jens Kersten/Florian Meinel*, Grundrechte in privatisierten öffentlichen Räumen, in: JZ 2007, S. 1127 ff. (1131 ff.); außerdem *Fabian Michl*, Situativ staatsgleiche Grundrechtsbindung privater Akteure. Zugleich Besprechung von BVerfG, Beschluss vom 11.4. 2018 – 1 BvR 3080/09, in: JZ 2018, S. 910 ff. (910, 917): neue Form der Grundrechtswirkung im Privatrecht; *Stefan Greiner/Ansgar Kalle*, Gleichbehandlung als Produkt der Freiheits- oder der Gleichheitsrechte? Zur Drittwirkung nach der Stadionverbotsentscheidung, in: JZ 2022, S. 542 ff. (549): mittelbare Drittwirkung als »unpassendes Konstrukt«.

[44] BVerfGE 65, 1 (41 ff.) – Volkszählung; Anklänge bereits in BVerfGE 27, 1 (7) – Mikrozensus: »verletzt […] die menschliche Persönlichkeit in ihrer Würde oder berührt ihr Selbstbestimmungsrecht im innersten Lebensbereich.«

[45] So schon *Huber*, Probleme, S. 107.

[46] *Axel Tschentscher/Andreas Lienhard/Franziska Sprecher*, Öffentliches Recht, 2. Auflage 2019, Rn. 111.

[47] *Regina Kiener/Walter Kälin/Judith Wyttenbach*, Grundrechte, 3. Auflage 2018, S. 25 f. Ähnlich *Giovanni Biaggini*, Bundesverfassung der Schweizerischen Eidgenossenschaft, 2. Auf-

der Grundrechte wieder gestrichen wurde, nachdem im Nationalrat betont worden war, dass neben der interpretatorischen Fortbildung der Grundrechte auch die Anerkennung ungeschriebener Rechte weiterhin möglich sei.[48] Nun sind solche politischen Einschätzungen noch kein Beleg für methodische Stimmigkeit. Wo Auffanggrundrechte bestehen, da gibt es auch eine geschriebene Basis für neue Inhalte. Diese wären dann durchaus innovativ, aber eben nicht mehr »ungeschrieben«. Gleichwohl wird man in der Summe anerkennen müssen, dass die Lehre von den ungeschriebenen Grundrechten nach breiter Überzeugung in der Staatsrechtslehre nach wie vor lebendig ist – und insofern eine Eigenheit des schweizerischen Staatsrechts.

II. Dreigliedriges Schweizer Bürgerrecht

Als einziger Staat der Welt kennt die Schweiz ein dreigliedriges Bürgerrecht, das dem Staatsaufbau entsprechend seine formale Basis im Gemeindebürgerrecht hat, dann – gewissermaßen nach oben erweitert – in ein Kantonsbürgerrecht mündet und schließlich das Staatsbürgerrecht im Bund nur als formalen letzten Schritt nach sich zieht. Das Schweizer Bürgerrecht ist eine Hülle, in der sich die materielle Gestalt des Kantonalen Bürgerrechts befindet.

Das Recht, als »Schweizerbürger« in ein nationales Register eingetragen zu werden, gab es erstmals in der von Frankreich aufoktroyierten Helvetischen Verfassung (Art. 19f. CH-Verf 1798). In der von Napoleon geschriebenen Mediationsverfassung wurde es übernommen (Art. 4 CH-Verf 1803), doch in der postnapoleonischen Restauration wieder abgeschafft. Der Bundesvertrag spricht nur noch von den »XXII souveränen Cantonen der Schweiz« (§ 1 CH-Verf 1815), die sich zu einem bloßen Staatenbund zusammenschließen. Bis zur Gründung des Bundesstaates vor genau 175 Jahren blieb es danach allein Sache dieser souveränen Kantone, das Bürgerrecht zu definieren. Die Bundesverfassung knüpfte an die traditionelle kantonale Vielfalt an und bestimmte schlicht: »Jeder Kantonsbürger ist Schweizerbürger.« (Art. 42 Satz 1 BV 1848). Entsprechend baut noch die heutige Bundesverfassung von unten nach oben auf: »Schweizerbürgerin oder Schweizerbürger ist, wer das Bürgerrecht einer Gemeinde und das Bürgerrecht des Kantons besitzt.« (Art. 37 Abs. 1 BV).

Das Einbürgerungsverfahren ist nach wie vor dreistufig gegliedert. Im ordentlichen Einbürgerungsverfahren erteilt der Bund die Einbürgerungsbewilligung

---

lage 2017, Vorbem. Art. 7–36, Rn. 5: »im Grundrechtsbereich [noch keine] grösseren richterlichen Innovationen«.

[48] Verfassungskommission des Nationalrats (Hrsg.), Reform der Bundesverfassung, Entwurf, in: BBl 1998 I 364 (370): »Alle Rechte, die dem Menschen um seiner Persönlichkeit willen zustehen oder unentbehrlicher Bestandteil der demokratischen und rechtlichen Ordnung des Bundes sind, sind durch die Verfassung gewährleistet.«

erst, wenn Kanton und Gemeinde die Einbürgerung zugesichert haben.[49] Dabei kann das kantonale Recht zusätzliche Integrationsvoraussetzungen vorsehen, die über das Bundesrecht hinausgehen (Art. 12 Abs. 3 BüG). Nach wie vor ist es erlaubt, dass das Einbürgerungsgesuch an einer Gemeindeversammlung zur Abstimmung gestellt wird (Art. 15 Abs. 2 BüG). Weil es dabei in der Vergangenheit zu ethnischer Diskriminierung gekommen ist,[50] darf heute die unbegründete Abstimmung an der Urne nicht mehr durchgeführt werden. Es herrscht eine Begründungspflicht (Art. 16 BüG).

Die Einbürgerung auf Gemeindeebene lässt noch offen, welche Gemeinde diese Aufgabe übernimmt. In einigen Kantonen, beispielsweise in Bern, ist dies die Einwohnergemeinde. In anderen Kantonen ist es hingegen die Bürgergemeinde – beispielsweise in Basel-Stadt[51] und Solothurn.[52] Das hat die kuriose Folge, dass der Einbürgerungsenscheid nicht durch die Gesamtheit der politisch berechtigten Einwohnerinnen und Einwohner getragen wird, sondern nur durch den Teil, der gleichzeitig Mitglied in der Bürgergemeinde ist. Hier wird das dreigliedrige Bürgerrecht durch eine weitere schweizerische Eigenheit überlagert: den im Folgenden zu schildernden Gemeindedualismus.

III. Heimatort und Burgergemeinden

Zu den historisch gewachsenen Eigenheiten des schweizerischen Staatsrechts gehört das Festhalten an der Institution der Burgergemeinde neben der Einwohnergemeinde (Gemeindedualismus).[53]

1. Terminologie, Rechtsform und Problematik

Die Burgergemeinden sind in der Regel öffentlich-rechtliche Körperschaften. Anders als Einwohnergemeinden sind sie keine Gebietskörperschaften, sondern Personalkörperschaften. Während die »Bürger« die jeweilig ortsansässigen Staatsbürger einer politischen Gemeinde sind, werden »Burger« mitgliedschaftlich zugeordnet, gleich wo sie ihren Wohnsitz nehmen. Die Terminologie ist

---

[49] Art. 13 Abs. 2 und 3 BüG; Bundesgesetz über das Schweizer Bürgerrecht, Bürgerrechtsgesetz, vom 20. Juni 2014, SR 141.0.

[50] BGE 129 I 217 – Urnenabstimmung Emmen.

[51] § 10 Abs. 3 BüRV; Verordnung zum Bürgerrechtsgesetz vom 12. Dezember 2017, SG 121.110.

[52] § 5 Abs. 1 BüG; Gesetz über das Kantons- und Gemeindebürgerrecht (Bürgerrechtsgesetz) vom 6. Juni 1993, BGS 112.11.

[53] Zum Gemeindedualismus als schweizerischer (nicht nur bernischer) Besonderheit *Christophe von Werdt*, Der Ausscheidungsvertrag zwischen Burger- und Einwohnergemeinde Bern von 1852 – Quellenanalyse statt Verschwörungstheorie, in: Berner Zeitschrift für Geschichte 71 (2009), S. 57 ff. (59).

variantenreich.[54] In Kantonen wie Basel-Stadt oder Solothurn heißen die Burgergemeinden modernisiert »Bürgergemeinden«.

Drei Kantone in der Westschweiz (Genf, Waadt, Neuchâtel) sowie einzelne in der Ostschweiz (Zürich, Schwyz, Nidwalden) kennen die Burgergemeinden nicht mehr,[55] die übrigen haben sie variantenreich ausgestaltet. In der Stadt Bern ist nur etwa jeder achte Einwohner gleichzeitig Mitglied der Burgergemeinde Bern (12,9 %).[56] Aufnahmen sind möglich, aber normalerweise erbt man die Mitgliedschaft, zumal ansonsten ein nicht unerheblicher Einkaufsbeitrag fällig wird.[57]

Obwohl die Burgergemeinden dem Gemeinwohl verpflichtet sind, gibt es nach wie vor Bereiche des sozialen Engagements, in denen sie primär für ihre Mitglieder da sind. So stehen Wohnungen im burgerlichen Altenheim den Nichtburgern nur zur Verfügung, »soweit Platz vorhanden« ist.[58] Auch das burgerliche Waisenhaus war ursprünglich den Kindern und Jugendlichen burgerlicher Herkunft vorbehalten.[59] Und schließlich werden Unternehmen von Bernburgern auffällig häufig bei den zahlreichen Bauvorhaben der Burgergemeinde berücksichtigt.[60] Die offene oder verdeckte Privilegierung von Mitgliedern ist problematisch, weil die Burgergemeinden historisch und wirtschaftlich aus dem Staatswesen als Ganzem hervorgegangen sind. Hier wird, modern gesprochen, »Volkseigentum« für einen Partikularnutzen vereinnahmt – eine Ungleichbehandlung unter den Staatsbürgern, die verfassungsrechtlich abgestützt ist.[61]

---

[54] Etwa auch »Ortsgemeinden« (St. Gallen), »Tagwen« (Glarus) oder »Patriziati« (Tessin); *Kurt Buchmann,* Die Bürgergemeinde – Idee und Wirklichkeit, 1977, S. 156.

[55] *Giorgio Malinverni u. a.,* Droit constitutionnel suisse, Band I: L'État, 4. Auflage 2021, Rn. 241. Zu Zürich: *Tobias Jaag,* Art. 83, in: Isabelle Häner u. a. (Hrsg.), Kommentar zur Zürcher Kantonsverfassung, 2007, Rn. 4: Aufhebung zugunsten der politischen Gemeinde im Gemeindegesetz von 1866. Zu Schwyz und Nidwalden: *Buchmann,* Bürgergemeinde, S. 156, wobei in den Urkantonen teils bürgergemeindeähnliche Korporationen privaten Rechts bestehen. Im Gegensatz zum Gemeindedualismus (système dualiste) heißt das bürgergemeindelose System »Gemeindeunitarismus« (système unitaire): Droit constitutionnel suisse, Band I, 4. Auflage 2021, Rn. 241.

[56] 18'700 Mitglieder der Burgergemeinde (www.bgbern.ch/burgergemeinde, hier und im Folgenden 31. Januar 2024) gegenüber ca. 145'000 Einwohnern (Statistik Stadt Bern unter www.bfs.admin.ch).

[57] Beispielsweise 1'000.– Franken für Angeheiratete und bis zu 13'000.– Franken für Neumitglieder ohne familiäre Verbindung: *Andrea von Däniken,* Einburgern, in: hauptstadt.be vom 16. November 2023, https://www.hauptstadt.be/a/einburgern-burgergemeinde.

[58] *Thüring von Erlach/Eric von Graffenried,* Die Burgergemeinde Bern heute, in: Burgergemeinde Bern (Hrsg.), Die Burgergemeinde Bern. Gegenwart und Geschichte, 2. Auflage 1993, S. 11 ff. (21).

[59] *Katrin Rieder,* Netzwerke des Konservatismus. Berner Burgergemeinde und Patriziat im 19. und 20. Jahrhundert, 2. Auflage Bern 2008, S. 523.

[60] *Rieder,* Netzwerke, S. 524 f.

[61] Dazu sogleich unter 3.

2. *Historische Genese und traditionelle Funktion*

Die Zuordnung eines »Heimatorts« für alle Staatsbürger, selbst die neu eingebürgerten, hängt eng mit der Genese der Burgergemeinden zusammen.

Infolge der Reformation wurden der Kirche Aufgaben wie Schulwesen und Armenfürsorge nach und nach entzogen. Mit den Bettelordnungen von 1676 und 1679 wurden die Heimatgemeinden verpflichtet, sich um ihre eigenen Armen und deren Nachkommen zu kümmern. Wer in eine andere Gemeinde zog, musste einen Heimatschein vorweisen, der wie eine Garantie des Heimatorts wirkte, dass dieser im Falle der Armengenössigkeit für die eigenen Bürger sorgen werde – entweder durch Zahlungen oder durch Wiederaufnahme. Dies war lange die zentrale Aufgabe der Burgergemeinden, so dass man verkürzt sagen kann, dass die Burgergemeinden aus den Heimatgemeinden hervorgegangen sind.[62] Unter der französischen Besatzung (1798) gingen dann die meisten hoheitlichen Aufgaben auf die neuen politischen Gemeinden über.[63] Den Burgergemeinden blieben aber die Vermögensverwaltung und die Armenfürsorge. Sie waren wichtige Träger von Staatsvermögen. So gesehen kann auch 1798 als Gründungsdatum der Burgergemeinden gelten, weil erst der helvetische Einheitsstaat die Kategorien von Kanton und Einwohnergemeinde schuf, neben denen die Burgergemeinde als Nachfolgerin der alten Stadtrepublik fungierte.[64]

Mit Beginn der Bundesstaatlichkeit (1848) verschoben sich die Gewichte weiter. Hoheitliche Aufgaben gingen nun exklusiv an die politischen Gemeinden. In Bern war der Vorgang eng mit der Wahl zur Bundesstadt verknüpft, mit der die »Bundeslast« einherging. Die Stadt musste für die Parlaments- und Verwaltungsgebäude des neuen Staatswesens sorgen. Die Burgergemeinde gewährte der Einwohnergemeinde »Stadt Bern« zunächst einen Kredit für diese Bundeslast, bevor dann im Ausscheidungsvertrag (1852) eine breitere Vermögensübertragung bewirkt wurde. Dabei gingen die liquiden Vermögenswerte und die bebauten öffentlichen Grundstücke an die Stadt, während die Burgergemeinde mit den unbebauten Feldern und Wäldern und einer Reihe von Kultur- und Sozialeinrichtungen Vorlieb nahm (Spital, Waisenhäuser, Museen, Bibliothek etc.).[65] Im Rückblick erwiesen sich die unbebauten Grundstücke indes als außerordentlich wertvoll. Nach dem Bau der Kirchenfeldbrücke 1883 und der Kornhausbrücke 1898 wurden auf den Feldern ganze Stadtteile errichtet. Aus heutiger Perspektive verblieben dadurch etwa zwei Drittel des Gesamtvermögens in der Burgergemeinde, was als »Sicherung des Ortsvermögens für die Burgergemeinde«

---

[62] *Rieder,* Netzwerke, S. 38.
[63] *Buchmann,* Bürgergemeinde, S. 80.
[64] *Rieder,* Netzwerke, S. 48.
[65] *Karl F. Wälchli,* Die Burgergemeinde Bern von 1831 bis zur Gegenwart, in: Burgergemeinde (Hrsg.), Burgergemeinde Bern, S. 83 ff. (91).

kritisiert worden ist.[66] In der Tat war die verstörende Folge, dass die Einwohnergemeinde ihre Aufgaben nur durch Steuererhöhungen bewältigen konnte, während die Burgergemeinde den Familienoberhäuptern ihrer Mitglieder jedes Jahr aus dem eigenen Vermögen den »Burgernutzen« ausrichtete, der in Bern erst durch den Reorganisationsentscheid von 1888 und in anderen Kantonen teils erst in den 1970er Jahren abgeschafft wurde.[67] Noch heute ist die Burgergemeinde Bern die größte Grundbesitzerin der Region.

3. Rechtfertigung der Eigennützigkeit

Verfassungsrechtlich ist die Ungleichbehandlung unter den Staatsbürgern durch die aktuelle Bundesverfassung nach wie vor abgestützt: »Niemand darf wegen seiner Bürgerrechte bevorzugt oder benachteiligt werden. Ausgenommen sind Vorschriften über die politischen Rechte in Bürgergemeinden und Korporationen sowie über die Beteiligung an deren Vermögen, es sei denn, die kantonale Gesetzgebung sehe etwas anderes vor.« (Art. 37 Abs. 2 BV). Die privilegierte Nutzung des burgergemeindlichen Vermögens für die Mitglieder wird in der rechtswissenschaftlichen Literatur bisher nicht kritisiert.[68] Sie bestand, sprachlich leicht modifiziert, auch schon unter der alten Bundesverfassung.[69]

Früher war mit diesem Sonderrecht immerhin noch eine besondere Pflicht verbunden. In der Subsidiaritätsfolge für die Sozialhilfe trat die politische Gemeinschaft erst dann in Verantwortung, wenn keine Burgergemeinde bereit stand, um für ihr Mitglied zu sorgen. Diese Rangfolge im Zuständigkeitsgesetz wurde aber nach und nach zurückgestuft und schließlich aufgehoben. Nach der Revision von 1990 galt noch, dass der Aufenthaltskanton, mithin die Wohnsitzgemeinde, zuständig war, wenn ein Unterstützungswohnsitz (die Heimatgemeinde nach Bürgerrecht) fehlte. In der jüngsten Revision von 2012 wurde dann, mit Über-

---

[66] *Rieder,* Netzwerke, S. 67ff. Kritisch zur These eines verdeckten Machthandelns: *von Werdt,* Ausscheidungsvertrag, S. 57ff.

[67] Details bei *Rieder,* Netzwerke, S. 131ff., 523f. Die jährliche Holzabgabe fand noch bis 1920 statt, die bedürfnisorientierte Unterstützung von Burgerinnen und Burgern knapp oberhalb der Sozialhilfe (»Frühlingsbeiträge«) zwischen 1934 und 1988. Zur späten Abschaffung *Buchmann,* Bürgergemeinde, S. 94ff., 157f., 162f., 174.

[68] Vgl. etwa *Malinverni u. a.,* Droit constitutionnel suisse, Rn. 241: »Elles assurent la gestion de leur patrimoine (immeubles, forêts, vergers, vignes, etc.), dont le revenu peut être distribué entre leurs membres.«

[69] Art. 43 Abs. 4 BV 1874: »Der Mitanteil an Bürger- und Korporationsgütern sowie das Stimmrecht in rein bürgerlichen Angelegenheiten sind jedoch hievon [von der staatsbürgerlichen Gleichheit] ausgeschlossen.« Zur Geltung »in einem Grossteil der Kantone« *Etienne Grisel,* in: Jean-François Aubert u. a. (Hrsg.), Kommentar zur Bundesverfassung vom 29. Mai 1874, Stand: Juni 1988, Art. 43 Rn. 53 mit Fn. 54. Die Ausnahme gilt auch gegenüber der allgemeinen staatsbürgerlichen Gleichbehandlungsklausel in Art. 60 BV 1874; *Felix Stoffel,* Die Gleichstellung der Schweizerbürger mit den eigenen Kantonsbürgern nach Artikel 60 der Bundesverfassung, 1950, S. 63.

gangsfrist bis 2017, die Pflicht des Heimatkantons zur Ausgleichszahlung an den Wohnsitzkanton ganz aufgehoben.[70] In der Sozialhilfe wurde damit schrittweise vom Heimatprinzip zum Wohnsitzprinzip übergegangen, um den erheblichen Aufwand der gegenseitigen Rückforderung von Unterstützungsleistungen einzusparen.[71] Wenn das Vermögen der Burgergemeinden jetzt also nicht mehr mit einer Unterstützungspflicht für notleidende Mitglieder verbunden ist, dann fragt sich, welche Berechtigung diese Gemeinden heute noch haben.

Die geschilderte Aufgabenverlagerung betrifft allerdings nur den Ausgleich zwischen Kantonen. Innerhalb eines Kantons kann es weiterhin bei der primären Sozialhilfezuständigkeit der Burgergemeinde für ihre Mitglieder bleiben. So sieht das Berner Sozialhilfegesetz vor: »Den Burgergemeinden [...], welche bei Inkrafttreten dieses Gesetzes die burgerliche Sozialhilfe ausüben, obliegt die Gewährung der Sozialhilfe an ihre Angehörigen.«[72] Wenn sie diese Aufgabe nicht wahrnehmen wollen oder können, schulden sie der subsidiär zuständigen Sozialdirektion des Kantons einen jährlichen »Burgergutsbeitrag« (Art. 48 Abs. 1 SHG/BE). Entsprechend ist in der Satzung der Burgergemeinde Bern nach wie vor die »Sozialhilfe [...] für Burgerinnen und Burger« im Artikel über »Angestammte Aufgaben« vorgesehen.[73]

Insgesamt stehen die Burgergemeinden mit der Verknüpfung von Staatsaufgaben und Mitgliedschaftsprivilegien mit einem Fuß noch im schweizerischen Ancien Régime des 18. Jahrhundert. Sie sind als Institution in Zeiten knapper öffentlicher Kassen gegenwärtig wieder einmal herausgefordert.[74] Auch unabhängig von konjunktureller Mißgunst kommt es regelmäßig zu systemischen Konflikten in der Bodenpolitik, weil die Einwohnergemeinden für ihre Ortsplanungspolitik häufig darauf angewiesen sind, dass die Burgergemeinden als größte Landbesitzer einzelne Grundstücke verkaufen oder plangemäß selbst entwickeln.[75] Bezeichnenderweise wurde 1973 im kantonalbernischen Gemeindegesetz die Pflicht eingeführt, dass die Burgergemeinden bei der Verwendung ihres Vermögens »die Bedürfnisse der Einwohnergemeinde« zu beachten haben.[76]

---

[70] AS 2015 319; Bericht der Kommission für soziale Sicherheit und Gesundheit des Ständerates vom 19. Juni 2012 zur parlamentarischen Initiative Abschaffung der Rückerstattungspflicht des Heimatkantons, BBl 2012 7741, 7749 Ziff. 3.4.

[71] Siehe dazu BGE 149 V 156 E. 7.2.2 S. 155 f. – Geburtskosten Münsterlingen.

[72] Art. 47 Abs. 1 SHG/BE; Sozialhilfegesetz vom 11. Juni 2001 (Sozialhilfegesetz, SHG; BSG 860.1).

[73] Art. 4 Abs. 1 lit. b Satzungen der Burgergemeinde Bern vom 20 Juni 2018.

[74] *Bernhard Ott,* Gehört die Burgergemeinde abgeschafft? Streit über Berner Geschichte, in: Der Bund vom 11. Januar 2024, S. 17.

[75] Vgl. *Buchmann,* Bürgergemeinde, S. 159 f.

[76] Art. 114 GG/BE; Gemeindegesetz vom 16. März 1998 (BSG 170.11).

IV. Fazit

Was verbindet die geschilderten Eigenheiten des schweizerischen Staatsrechts? Ungeschriebene Grundrechte, dreigliedriges Bürgerrecht, Heimatgemeinde und Gemeindedualismus haben zunächst alle ihren Ursprung in historischen Sondersituationen. Bei den Grundrechten war es die nur punktuelle und unsystematische Garantie in einer überalterten Bundesverfassung. Bei der Heimatgemeinde war es das Koordinationsbedürfnis unter traditionell schwach verbundenen Kantonen. Und der Gemeindedualismus war letztlich das Ergebnis eines fremdbestimmten und damit zögerlichen Übergangs vom Ancien Régime zur Bundesstaatlichkeit. Außerdem gibt es jedenfalls bei zwei Elementen eine Art Entlastungsfunktion. Sollte der Grundrechtswandel einmal stocken, so steht die Anerkennung ungeschriebener Grundrechte als Instrument weiterhin bereit. Soweit die burgergemeindliche Sozialhilfe trägt, wird die sonst fällige staatliche Hilfe geschont. Und schließlich, wie so oft bei Instrumenten mit langer Tradition, werden auch die Identität der sozialen Gemeinschaft, ihr »vaterländischer Sinn« und die »Heimatverbundenheit«[77] gestützt, wenn man auf sie nicht verzichtet, obwohl sie sich staatsrechlich eigentlich überlebt haben.

[77] *Buchmann*, Bürgergemeinde, S. 160f.

Richterwahl und Richteranklage

Triumph und Tragik zweier Instrumente der wehrhaften Demokratie

*Fabian Wittreck**

An eher versteckter Stelle finden sich im Grundgesetz zwei Rechtsinstitute, die seit Gründung der Bundesrepublik ein Schattendasein geführt haben: Art. 98 Abs. 2 und 5 GG regeln die Richteranklage,[1] Art. 98 Abs. 4 GG räumt den Ländern die Möglichkeit ein, einen Richterwahlausschuß gemeinsam mit dem Landesjustizminister über die Bestellung der Richter entscheiden zu lassen. Nun ist der Befund übersichtlich: Eine Richteranklage hat es seit 1949 weder auf Bundes- noch auf Landesebene gegeben,[2] und die Richterwahlausschüsse haben zwar vereinzelt die Gerichte beschäftigt,[3] sind darüber hinaus aber selbst in der Fachöffentlichkeit kaum präsent.[4]

* Dank gilt den Mitarbeiterinnen und Mitarbeitern des Instituts für Öffentliches Recht und Politik für ihre famose Unterstützung.

[1] Im ersten Zugriff – außer den Kommentaren zu Art. 98 GG und den Bestimmungen der Landesverfassungen – *Günter C. Burmeister,* Die Richteranklage im Bundesstaat, in: DRiZ 1998, S. 518–527; *Christoph Möllers*, Richteranklage unter dem Grundgesetz, in: DRiZ 2022, S. 216–219; *Annabelle Meier,* Die Richteranklage, in: JZ 2023, S. 31–38; *Mehrdad Payandeh/ Parissa Rahimian*, Die Richteranklage zwischen wehrhafter Demokratie und richterlicher Unabhängigkeit, in: JuS 2023, S. 1108–1112; monographisch nunmehr *Hagen K.A. Diderich*, Die Richteranklage, Diss. iur. Münster 2024, i.E.

[2] Statt aller die Kommentierung von *Christian Hillgruber*, in: Günter Dürig/Roman Herzog/ Rupert Scholz (Hrsg.), Grundgesetz, München, Art. 98 (2022) Rn. 61.

[3] Siehe zuletzt BVerfGE 143, 22 zu den Bundesrichterwahlen 2015.

[4] Aus der Literatur – außer den Kommentaren zu Art. 95 Abs. 2 und Art. 98 Abs. 4 GG – *Ernst-Wolfgang Böckenförde,* Verfassungsfragen der Richterwahl, 2. Auflage Berlin 1998; *Dirk Ehlers*, Verfassungsrechtliche Fragen der Richterwahl, Berlin 1998, S. 15ff.; *Axel Tschentscher,* Demokratische Legitimation der dritten Gewalt, Tübingen 2006, S. 234ff.; *Fabian Wittreck*, Die Verwaltung der Dritten Gewalt, Tübingen 2006, S. 19f., 305ff., 396ff.; *Klaus F. Gärditz*, Richterwahlausschüsse für Richter im Landesdienst – Funktion, Organisation, Verfahren und Rechtsschutz, in: ZBR 2011, S. 109–119; *Martin Minkner*, Die Gerichtsverwaltung in Deutschland und Italien, Tübingen 2015, S. 286ff.; *Fabian Wesselmann*, Die Politik der Bundesrichterberufung, in: JöR 67 (2019), S. 301–360; *Konrad Duden*, Die Wahl der Richterinnen und Richter des BVerfG und der obersten Bundesgerichte, in: JuS 2019, S. 859–864 sowie *Matthias Stauch*, Referat, in: Verhandlungen des 73. Deutschen Juristentages Bonn 2022, Band II/1, München 2023, S. P 41–49. – Tabellarische Übersicht bei *Fabian Wittreck*, Empfehlen sich Regelungen zur Sicherung der Unabhängigkeit der Justiz bei der Besetzung von Richterpositionen?, Gutachten G zum 73. DJT Hamburg 2020/Bonn 2022, München 2020, S. G 96ff. (vgl. dort auch S. G 40ff.).

Es ist bezeichnend, daß diese Stille gegenwärtig einem merklichen Raunen Raum gibt. Angesichts gleich zweier Justizangehöriger, die für die AfD im Bundestag saßen und während dieser Zeit wie danach durch offene Umsturzphantasien[5] oder die Selbsttitulierung als »AfD-Richter«[6] verhaltensauffällig geworden sind, ist die Richteranklage wieder zur praktischen Option geworden[7] (obgleich die Justiz beide »Fälle« sozusagen »mit Bordmitteln« des Dienst- bzw. Disziplinarrechts erledigt hat[8]). Und namentlich in Thüringen steht der dortige Richterwahlausschuß deshalb im Fokus, weil nach der 2024 anstehenden Landtagswahl die AfD als mutmaßlich stärkste Fraktion über eine Blockadeoption verfügen könnte.[9]

Diese unerfreulichen Szenarien geben Anlaß, sich zunächst der Genese von Richterwahlausschüssen und Richteranklage in der frühen Nachkriegszeit zu vergewissern (I.). Sodann ist zu fragen, wie sich beide Rechtsinstitute in der bundesrepublikanischen Geschichte tatsächlich entwickelt haben (II.). Am Ende steht die Frage, ob die Genese beider Rechtsinstitute heute noch eine plausible Anleitung für die gegenwärtigen Probleme der Abschirmung der Dritten Gewalt gegen autoritäre, populistische oder rechtsextreme Tendenzen bietet (III.).

I. Genese: Richteranklage und Richterwahlausschüsse als »Probiersteine« demokratischer Gesinnung

1. Verfassunggebung im Angesicht der »Justizkatastrophe«

Den Vätern und Müttern des Grundgesetzes, vor allem aber den Angehörigen der verfassunggebenden Versammlungen der Länder, stand das Versagen der Justiz in der NS-Zeit nur allzu deutlich vor Augen. Denn die Gerichte hatten nicht

---

[5] Statt aller *Anne Sanders/Elisabeth Faltinat*, Judges, Political Mandates and Judicial Independence in Germany, in: VerfBlog 2023/1/20, https://verfassungsblog.de/judges-political-mandates-and-judicial-independence-in-germany/ (hier und im Folgenden 31. Januar 2024).

[6] Zur »causa Jens Maier« näher *Bernd Wittkowski*, Maßnahmen zur Verhinderung der Dienstrückkehr von Richtern, in: ZRP 2022, S. 87–90; *Valentin Lippmann*, Causa Maier – Richteranklage wagen!, in: DRiZ 2022, S. 154–155.

[7] Siehe das Gutachten von *Christoph Möllers* (https://www.gruene-fraktion-sachsen.de/wp-content/uploads/2022/03/Rechtsgutachten_Richteranklage.pdf); vgl. ferner *Andreas Voßkuhle*, Extremismus im Öffentlichen Dienst – Was tun?, in: NVwZ 2022, S. 1841–1847 (1844 f.); *Mehrdad Payandeh*, in: Wolfgang Kahl/Christian Waldhoff/Christian Walter (Hrsg.), Bonner Kommentar zum Grundgesetz, Heidelberg, Art. 98 (2023) Rn. 78.

[8] Zu Frau *Malsack-Winkemann* DG Berlin, Urt. v. 13. Oktober 2022 – DG 1/22 sowie DG Berlin, Urt. v. 15. März 2023 – DG 1/23. – Zu Herrn *Maier* BGH, Urt. v. 5. Oktober 2023 – RiZ (R) 1/23, in: NVwZ 2023, S. 1932. – Anm. von *Klaus F. Gärditz*, in: DVBl. 2023, S. 367–370 sowie *Andreas Nitschke*, in: ZBR 2024, S. 50–52.

[9] Vgl. zu diesen und anderen Planspielen zur »Resilienz« des demokratischen Verfassungsstaates das »Thüringen-Projekt« des VerfassungsBlog unter https://verfassungsblog.de/thuringen-projekt/.

nur – so die wohlfeile Verteidigungsstrategie nach 1945 – die Rechtsakte des NS-Regimes nach dem Motto »Gesetz ist Gesetz« auch dann anstandslos angewandt, wenn sie wie die Nürnberger Rassengesetze der Gerechtigkeit offensichtlich Hohn sprachen.[10] Schwerer wog, daß die deutsche Justiz den Machthabern selbst dann jeden Wunsch quasi von den Augen abgelesen hatte, wenn er sich (noch) nicht in rechtsförmlicher Weise manifestiert hatte. Das Urteil des Landgerichts Königsberg, das wohlgemerkt *vor* Erlaß der Nürnberger Rassengesetze zu dem Ergebnis kam, der Eheschließung zwischen Deutschen und Juden stehe ein ungeschriebenes Ehehindernis der »Reinerhaltung der Rasse« entgegen, möge an dieser Stelle genügen.[11]

Für die Mitglieder der verfassunggebenden Versammlungen der frühen Nachkriegszeit lag danach auf der Hand, daß eine Rückkehr zum »Normalbetrieb« der Rechtspflege nicht in Betracht kam.[12] Zu offensichtlich war die Fehlentscheidung der Weimarer Demokratie, den Systemwechsel von 1918/1919 nicht zu einem Personalwechsel in der Justiz genutzt zu haben – im Kaiserreich sozialisierte Richter hatten sich nicht allein unter der Geltung der Weimarer Verfassung »auf dem rechten Auge blind« gezeigt, sondern sich auch dem NS-Regime nachgerade schamlos angedient.[13]

In der rechtspolitischen Diskussion tauchen eingedenk dieser anfangs noch über die politischen Lagergrenzen hinaus manifesten Einsicht zwei Rechtsfiguren auf, die als zwei Seiten einer Medaille gesehen werden müssen (und von der zeitgenössischen Kritik aus der Richterschaft auch so gesehen worden sind[14]): Es sind die Richterwahl und die Richteranklage.

Beide können durchaus auf Vorläufer oder zumindest Vorüberlegungen in der Zwischenkriegszeit zurückblicken. Denn Richterwahlausschüsse existieren in den Hansestädten Bremen und Hamburg schon in der Epoche des Konstitutionalismus (konkret in Bremen seit 1849,[15] in Hamburg – wenn auch zunächst

---

[10] Klassisch *Bernd Rüthers*, Die unbegrenzte Auslegung, 6. Auflage Tübingen 2005, S. 136 ff., 216 ff. u. passim; vgl. auch *Fabian Wittreck*, Nationalsozialistische Rechtslehre und Naturrecht – Affinität und Aversion, Tübingen 2008, S. 2 ff.

[11] LG Königsberg, Entsch. v. 26. August 1935, in: Deutsche Justiz 1935, S. 1387 (Zitat S. 1387).

[12] Im Überblick *Hans Wrobel*, Verurteilt zur Demokratie, Heidelberg 1989, S. 101 ff.; *Wittreck*, Verwaltung, S. 69 ff.; *Jörg Requate*, Der Kampf um die Demokratisierung der Justiz, Frankfurt a. M. 2008, S. 28 ff.; Manfred Görtemaker/Christoph Safferling (Hrsg.), Die Rosenburg, Göttingen 2013.

[13] Maßgeblich weiterhin *Lothar Gruchmann*, Justiz im Dritten Reich 1933–1940, München 1988; vgl. zuletzt *Benjamin Lahusen*, »Der Dienstbetrieb ist nicht gestört«, München 2022, S. 13 ff.

[14] Statt aller *Paulus v. Husen*, Die Entfesselung der Dritten Gewalt, in: AöR 78/N.F. 39 (1952/53), S. 49–62 (54), der den Richterwahlausschuß als »törichten und verfälschten Abklatsch«, die Richteranklage als »Gifttropfen[s]« perhorresziert.

[15] Nachweise bei *Theodor Spitta*, Kommentar zur Bremischen Verfassung von 1947, Bremen 1960, Art. 136 Abs. 1 (S. 250 f.); zuletzt *Hans Wrobel*, Richterwahl und demokratische Legitimation, in: NordÖR 2016, S. 50–52.

informell – seit 1879[16]). Allerdings verschiebt sich nunmehr der Akzent. Waren die hanseatischen Richterwahlausschüsse letztlich ein Mosaikstein in der fein austarierten Gewaltenteilung zwischen Senat und Bürgerschaft,[17] so sollen die neuen Richterwahlausschüsse der Nachkriegszeit ganz grundsätzlich das Vertrauen in die Justiz wiederherstellen, das nach Auffassung der Verantwortlichen in der NS-Zeit verlorengegangen ist.[18]

Was die Richteranklage anbelangt, so wird sie im Ergebnis zu Recht als Innovation eingestuft.[19] Allerdings stimmt das nur, wenn man allein auf die rechtliche Institutionalisierung abstellt. Hingegen ist der Gedanke, daß es ein Instrument zur Entfernung von Richtern aus dem Dienst geben sollte, wenn es diesen an der notwendigen Treue zur (demokratischen) Verfassungsordnung fehlt, durchaus nicht neu. Er stammt vielmehr von *Ludwig Bendix* und wird nicht zufällig in der vom Republikanischen Richterbund verantworteten Reformzeitschrift »Die Justiz« formuliert.[20] Sein Vorstoß, der Republik »untreue« Richter wegen »politischer Rechtsbeugung« vor den Staatsgerichtshof zu ziehen,[21] wird schon zeitgenössisch als »Richteranklage« etikettiert,[22] bleibt aber ohne politische Resonanz.

2. *Ursprungskontext: Richteranklage und Richterwahl in Hessen*

Als »Initialzündung« für Richterwahl wie Richteranklage nach der Zäsur von 1945 dürfen vor diesem Hintergrund die Beratungen zur Hessischen Verfassung von 1946 gelten.[23] Noch in der heutigen Fassung der Urkunde finden sich beide

[16] Siehe *Jürgen Gündisch*, Der Richterwahlausschuß, in: Jan Albers u.a. (Hrsg.), Recht und Juristen in Hamburg, Köln u.a. 1994, S. 113–127 (113ff., 124ff.) sowie *Heiko Morisse*, Die Ernennung der Richter in Hamburg seit der Trennung von Justiz und Verwaltung, in: Volker F. Drecktrah/Dietmar Willoweit (Hrsg.), Rechtsprechung und Justizhoheit, Köln/Weimar/Wien 2016, S. 243–252 (245ff.).

[17] Siehe *Andreas Rehder*, Die Verfassung der Freien Hansestadt Bremen von 1920, Baden-Baden 2016, S. 68, 216 sowie *Tilman Lütke*, Hanseatische Tradition und demokratischer Umbruch, Baden-Baden 2016, S. 255f.

[18] So *Hillgruber*, Art. 98 Rn. 3f. sowie *Payandeh*, Art. 98 Rn. 23, 44.

[19] So etwa *Helmuth Schulze-Fielitz*, in: Horst Dreier (Hrsg.), Grundgesetz-Kommentar, Band III, 3. Auflage Tübingen 2018, Art. 98 Rn. 4 oder *Wolfgang Meyer*, in: Jörn A. Kämmerer/Markus Kotzur (Hrsg.), v. Münch/Kunig, Grundgesetz, Band II, 7. Auflage München 2021, Art. 98 Rn. 182.

[20] Zeitgenössische (teils böswillige) Kritik an diesem Publikationsorgan bei *Reichert*, Die Justiz. Zeitschrift für Erneuerung des deutschen Rechtswesens, zugleich Organ des Republikanischen Richterbundes, in: DRiZ 1926, S. 21–23; vgl. zum Hintergrund nur *Wittreck*, Verwaltung, S. 55f. m.w.N.

[21] *Ludwig Bendix*, Die Rechtsbeugung im künftigen deutschen Strafrecht, in: Die Justiz II (1926/27), S. 42–75 (59ff.).

[22] So wohl erstmals von *Alfred Delmar*, Richterliche Unabhängigkeit und politische Justiz, in: Die Justiz IV (1928/29), S. 458–505 (489f.). Weitere Nachw. zur Weimarer Diskussion bei *Wittreck*, Verwaltung, S. 160 Fn. 249.

[23] Dokumentation: Helmut Berding (Hrsg.), Die Entstehung der Hessischen Verfassung von

Institute in der unmittelbaren Nähe (Art. 127 Abs. 2–4 Verf.), die ihre innere Verbundenheit deutlicher dokumentiert als andere Landesverfassungen und das Grundgesetz.

Den Anfang macht dabei die Richteranklage, die sich bereits im Entwurf des Vorbereitenden Verfassungsausschusses findet.[24] Der Richterwahlausschuß folgt in ersten Entwürfen aus der SPD.[25] Die zentrale Weichenstellung findet in der Sitzung des Verfassungsausschusses am 25. September 1946 statt.[26] Der Antrag wird von *Bauer* (KPD) eingebracht und von der SPD unterstützt, wohingegen CDU und Liberale auf die Gewaltenteilung und die richterliche Unabhängigkeit verweisen. Daß dabei auch in der Union noch schmerzhaft gegenwärtig ist, welcher Justizverfall im Hintergrund des Projekts »Richterwahl« steht, belegt die Einlassung des Abgeordneten *Raabe* (CDU):[27]

> »Wer die Entwicklung von 1918 bis 1933 mitgemacht hat, weiß, daß der damalige Richterstand in ganz außerordentlich starkem Maß – um ein politisches Schlagwort zu gebrauchen – reaktionär gewesen ist, daß er sich nicht auf den Boden der Weimarer Republik gestellt hat. Es ist auch nicht die Tatsache zu bestreiten, daß im Jahre 1933 unser Richterstand mit vollen Segeln in das nationalsozialistische Fahrwasser eingeschwenkt ist. [...] Wir müssen dafür sorgen, daß die Rechtspflege der staatsrechtlichen Grundauffassung sich anpaßt.«

Die dort mit einer »linken« Mehrheit beschlossene Regelung bleibt – inzwischen vereint mit der Richteranklage – im weiteren Verlauf der Beratungen ungeachtet des nicht zuletzt von der Besatzungsmacht angeregten Kompromisses der SPD mit der Union bestehen.[28]

3. *Richteranklage und Richterwahl im Parlamentarischen Rat*

Das hessische Muster wiederholt sich im Parlamentarischen Rat:[29] Richteranklage wie Richterwahl erweisen sich als Projekte der SPD, die gegen den anfänglichen Widerstand der Union bzw. des bürgerlichen Lagers durchgesetzt werden müssen, wobei deren Zustimmung letztlich erneut mit ausdrücklichen Hinweisen auf Erfahrungen mit der NS-Justiz bzw. der »auf dem rechten Auge blinden« Weimarer Richterschaft motiviert wird.[30] Dabei ist zu differenzieren:

1946, Wiesbaden 1996; monographisch m.w.N. *Martin Will*, Die Entstehung der Verfassung des Landes Hessen von 1946, Tübingen 2009, S. 8ff. u. passim.

[24] Text in Helmut Berding, Entstehung, S. 188.

[25] Siehe insb. den Entwurf von *Caspary* (Berding, Entstehung, S. 198ff.).

[26] Dokumentiert in Berding, Entstehung, S. 764ff.

[27] Berding, Entstehung, S. 776 (im Ergebnis hält er den Richterwahlausschuß gleichwohl für einen »großen politischen Fehler«: ebd., S. 777).

[28] Dokumentiert namentlich bei Berding, Entstehung, Dok. Nr. 58ff.

[29] Bündig zur Entstehungsgeschichte von Art. 98 Abs. 2, 4 und 5 GG die Zusammenstellung in JöR 1 (1951), S. 719ff.; vgl. ferner *Schulze-Fielitz*, Art. 98 Rn. 7f.; *Hillgruber*, Art. 98 Rn. 1ff.; *Payandeh*, Art. 98 Rn. 23ff. (vgl. auch die Zusammenstellung der Quellen ebd., S. 1ff.).

[30] Deutlich etwa der Abg. *Stock* bei der ersten Generaldebatte im Hauptausschuß (Deutscher

Während die Richteranklage explizit von der SPD-Fraktion gefordert wird, die sich dabei auch normtextlich eng an die hessische Regelung anlehnt,[31] taucht die Richterwahl in den Ländern erstmals in einer Vorlage des Allg. Redaktionsausschusses auf, die auf ein Papier von *Zinn* (SPD), *Strauß* (CSU) und *Dehler* (FDP) zurückgeht.[32] Allerdings weist auch hier ein älterer Vorstoß den hessischen SPD-Politiker als *spiritus rector* aus,[33] und in der weiteren Debatte greifen die Sozialdemokraten die »Demokratisierung der Justiz« als Anliegen auf, das gegen die – im Kern mit der Rücksichtnahme auf die »Justizhoheit« der Länder begründeten – Bedenken der Union und der FDP durchgesetzt wird.[34] Den Ausschlag gibt letztlich die Umwandlung des späteren Art. 98 Abs. 4 GG in eine Kann-Vorschrift. Bei der Richteranklage beseitigen die Engführung auf den Vorsatz sowie die Absicherung durch die Zweidrittelmehrheit im Bundesverfassungsgericht die Zweifel.[35]

4. *Normtextliche Proliferation*

In den übrigen Ländern, die Richterwahlausschüsse einführen und die Richteranklage vorsehen, geschieht dies vielleicht mit weniger normtextlichem Pathos als in Hessen, aber im Kern aus ähnlichen Motiven: Die Richterwahl soll im Sinne einer Eingangskontrolle die demokratische Gesinnung der Richterinnen und Richter gewährleisten,[36] die Richteranklage im Sinne einer Exit-Option in der Hinterhand bereitstehen, wenn ruchbar wird, daß diese demokratische Gesinnung fehlt.[37] Mit diesen Maßgaben haben sich unter den »alten« Bundesländern zunächst die Länder Baden (Art. 111 Abs. 1 Verf. 1947), Berlin (Art. 69 f. VvB 1950), Niedersachsen (Art. 40 Abs. 1 Vorl. Verf. 1950; jetzt Art. 52 Verf.), Nordrhein-Westfalen (Art. 73 Verf.), Rheinland-Pfalz (Art. 132 Abs. 1 Verf.), Schleswig-Holstein (Art. 36 Abs. 2 Landessatz. 1949; nunmehr Art. 50 Abs. 4 Verf.) und Württemberg-Baden (Art. 88 Abs. 3 u. 4 Verf. 1946) für eine im Detail teils abweichende Variante der Richteranklage entschieden; Baden-Württemberg bleibt 1953 sozusagen im Konvoi (Art. 66 Abs. 2 Verf.). Eine Sonderrolle

---

Bundestag/Bundesarchiv [Hrsg.], Der Parlamentarische Rat 1948–1949, Band 14/I, München 2009, S. 722).

[31] Siehe JöR 1 (1951), S. 723 m.N. in Fn. 46.

[32] JöR 1 (1951), S. 719.

[33] Der – wörtlich Art. 127 HessVerf. entlehnte – Vorschlag in JöR 1 (1951), S. 719 Fn. 2.

[34] Zentrale Debatte in der 24. Sitzung des Hauptausschusses v. 9. Dezember 1948: Parl. Rat 14/I, S. 719 ff., 748 ff.

[35] Siehe JöR 1 (1951), S. 723 ff.

[36] Siehe nur für Bremen *Hans Wrobel,* in: Andreas Fischer-Lescano u. a. (Hrsg.), Verfassung der Freien Hansestadt Bremen, Baden-Baden 2016, Art. 136 Rn. 3.

[37] Prägnant für Bremen *Wrobel*, Art. 136 Rn. 10; für Baden-Württemberg *Jens Hofmann*, in: Volker M. Haug (Hrsg.), Verfassung des Landes Baden-Württemberg, Baden-Baden 2018, Art. 66 Rn. 20; für Art. 98 Abs. 2 und 5 GG *Hillgruber*, Art. 98 Rn. 4, 34.

spielen Bremen und Hamburg, die ihre traditionsreichen Richterwahlausschüsse fortschreiben.[38] Bremen orientiert sich dabei erkennbar an der Hessischen Verfassung und sieht wie dort eine Richteranklage vor (Art. 136 Abs. 2 u. 3 Verf.).[39] Auch Hamburg zielt in Sachen Richteranklage auf die hessische Vorlage.[40] Noch vor der Wiedervereinigung ziehen Berlin[41] und Schleswig-Holstein mit der Einführung von Richterwahlausschüssen nach.[42]

Nach diesen ersten beiden »Wellen« werden Richterwahlausschüsse meist erst in einem dritten »Schub« nach der Wiedervereinigung eingeführt. Dies betrifft Brandenburg,[43] Rheinland-Pfalz[44] und Thüringen (unten III.). Eine Sonderrolle spielt Baden-Württemberg, wobei hier der Richterwahlausschuß seit 1972 nur zum Stichentscheid zwischen Justizministerium und Präsidialrat berufen ist.[45] Im Gefolge der Wiedervereinigung führen schließlich alle neuen Bundesländer die Richteranklage ein.[46]

II. Metamorphosen von Richteranklage und -wahl

Haben sich die Hoffnungen, die nach dem Ende der NS-Diktatur bzw. nach dem verdienten Ableben des realsozialistischen Experiments mit Richterwahlausschüssen und der Richteranklage verknüpft worden sind, im Ergebnis erfüllt? Die Antwort fällt positiv aus, ist aber gleichwohl ernüchternd bzw. lehrt Demut bezüglich der Frage, was das Recht in der Realwelt ausrichten kann.

Zunächst läßt sich festhalten: Die deutsche Justiz mag blinde Flecken und Schwächen haben – auf dem rechten Auge blind ist sie nicht. Trotz (oder wegen?) des Scheiterns einer Entnazifizierung, die diesen Namen verdient hätte, besteht die Richterschaft der Bundesrepublik inzwischen aus Personen, die im Sinne von Art. 127 Abs. 2 HessVerf. »ihr Amt im Geiste der Demokratie und des sozialen Verständnisses ausüben«. Die bundesdeutsche Justiz hat weiterhin Defizite in

---

[38] Vgl. oben Fn. 17f.

[39] Art. 136 Abs. 2 und 3 BremVerf. – Siehe dazu *Hans Wrobel*, in: Fischer-Lescano u.a. (Hrsg.), Bremen, Art. 137 Rn. 10ff.

[40] Siehe für die Richteranklage Art. 63 Abs. 2 und 3 HambVerf.

[41] Dort seit 1958 durch einfaches Gesetz, heute §§ 11ff. RiG; vgl. dazu (kritisch) *Gisela v. Lampe*, in: Gero Pfennig/Manfred J. Neumann (Hrsg.), Verfassung von Berlin, 3. Auflage Berlin/New York 2000.

[42] Dort zunächst 1971 durch einfaches Gesetz: Näher m.N. *Georg Grünstäudl*, Richterauswahl und Richterausbildung im Systemvergleich, Baden-Baden u.a. 2018, S. 181ff.; vgl. heute Art. 50 Abs. 2 Verf. sowie §§ 14ff. LRiG.

[43] Art. 109 Abs. 1 Verf., §§ 11ff. LRiG.

[44] Dort seit 2004: §§ 14ff. LRiG und dazu *Herbert Mertin*, Richterwahlausschuß künftig auch in Rheinland-Pfalz, in: RuP 39 (2003), S. 26–33.

[45] Näher und kritisch *Jens Hofmann*, in: Haug (Hrsg.), Baden-Württemberg, Art. 25 Rn. 18f.

[46] Brandenburg (Art. 111 LVerf.), Mecklenburg-Vorpommern (Art. 77 LVerf.), Sachsen (Art. 80 LVerf.), Sachsen-Anhalt (Art. 84 LVerf.) und Thüringen (Art. 89 Abs. 3 LVerf.).

Sachen Gleichberechtigung der Geschlechter oder weiter gefaßt »Diversität« aufzuweisen,[47] aber kein substantielles Problem mit »rechten Richtern«[48].

Nur: Ist das ein Verdienst der Richterwahlausschüsse oder aber der Möglichkeit der Richteranklage? Um mit Letzterer zu beginnen: Schon die Bezeichnung als »fleet in being« ist prononciert wohlwollend. Anfangs als veritable Bedrohung der richterlichen Unabhängigkeit bekämpft,[49] wirkt die Richteranklage heute eher wie die Replik einer »eisernen Jungfrau« in einer Schau(er)ausstellung zur Strafjustiz in der Frühen Neuzeit.[50] Sie ist in der Bundesrepublik viermal erwogen, aber nie erhoben worden: Wellen geschlagen hat der wahlweise als »Fall Deckert« bzw. »Fall Orlet« bezeichnete Vorgang, der sich 1994/1995 in Baden-Württemberg abgespielt hat.[51] Hier wurde die Richteranklage erwogen, nachdem eine Strafkammer einen Leugner des Holocaust zwar verurteilt, in der Urteilsbegründung aber ausgeprägte Sympathie für den Angeklagten und seine Gedankenwelt offenbart hatte.[52] Unterblieben sind Anklagen auch in den jüngsten Fällen von der AfD angehörigen Richterinnen und Richtern: Während im Fall von *Jens Maier* zumindest eine parlamentarische Debatte zustandekam,[53] entschied sich in Berlin in Sachen *Malsack-Winkemann* die Senatsverwaltung für die Anrufung des Richterdienstgerichts.[54] Noch offen ist ein Antrag der hessischen SPD, einen hessischen Verwaltungsrichter anzuklagen, der das bekannte NPD-Plakat »Migration tötet« unbeanstandet gelassen hatte.[55] Zugleich zeigen die erwähnten Fälle, daß die deutsche Justiz Richterinnen und Richter, die erkennbar die Grenzen des Rechts oder der Verfassung überschreiten, mit Mitteln aus dem Dienst entfernen kann, die unterhalb der Fallhöhe der Instrumente der »streitbaren Demokratie« angesiedelt sind: Die Betroffenen wurden

[47] Hinweise bei *Fabian Wittreck*, Dritte Gewalt im Wandel – Veränderte Anforderungen an Legitimität und Effektivität?, in: VVDStRL 74 (2015), S. 115–167 (129 ff.); instruktiv *Andreas Maisch*, Migranten in Roben. Richterinnen und Richter mit Migrationshintergrund an deutschen Gerichten, Münster 2019.

[48] Stellenweise alarmistisch *Joachim Wagner*, Rechte Richter?, Berlin 2021 sowie die Beiträge in Nele Austermann u. a. (Hrsg.), Recht gegen Rechts, Frankfurt a. M. 2022. Ferner *Joachim Wagner*, Juristisches Neuland – über den Umgang von Richterdienstgerichten mit AfD-Richtern und Staatsanwälten, in: NJW 2023, S. 501–506; *John P. Thurn*, Über »Rechte Richter«, Regelanfragen und verfassungsstaatlichen »Republikschutz«, in: KritJ 56 (2023), S. 213–220.

[49] Vgl. oben Fn. 14.

[50] Es sprechen gute Gründe dafür, daß diese Apparaturen zwar die menschliche Phantasie befeuert, aber in der fraglichen Zeit nie existiert haben: *Wolfgang Schild*, Die Eiserne Jungfrau. Dichtung und Wahrheit, Rothenburg 1998.

[51] Siehe aus der Debatte statt aller *Günther Bertram*, Noch einmal: Die »Auschwitzlüge«, in: NJW 1994, S. 2397–2399; w.N. bei *Wittreck*, Verwaltung, S. 160 m. Fn. 247.

[52] LG Mannheim, Urt. v. 22. Juni 1994 – (6) 5 KLs 2/92, in: NJW 1994, S. 2494. Eingehend *Diderich*, Richteranklage, Kapitel 4.

[53] Vgl. oben Fn. 5 f. sowie knapp und m.N. *Payandeh*, Art. 98 Rn. 78.

[54] Oben Fn. 5, 8.

[55] Hessischer Landtag, Drs. 20/7740, S. 1 ff.

dienstunfähig krank,[56] nach § 31 DRiG als »schuldlos untragbar« entsorgt[57] oder per Disziplinarverfahren ihres Amtes enthoben.[58] Nochmals unterhalb dieser Schwelle finden sich Vorkommnisse, in denen Richter auf Probe wegen verfassungsfeindlicher Bestrebungen aus dem Dienst entfernt worden sind.[59]

Aussagekräftiger ist das Bild in Sachen Richterwahlausschüsse. Diese haben nach vergleichsweise einhelliger Auffassung eine Steuerungswirkung entfaltet, die zwar viel mit der Wirklichkeit der real existierenden bundesdeutschen Demokratie zu tun haben dürfte, aber nur einen überschaubaren Beitrag zur »Demokratisierung« der Justiz geleistet hat. Hier hilft vorab eine Kontrollüberlegung: Da gerade eine substantielle Anzahl von Flächenländern am überkommenen Modell der Exekutivernennung der Richterinnen und Richter festhält[60] – hier seien nur Bayern, Niedersachsen und Nordrhein-Westfalen genannt – müßte sich nach teils über 70 Jahren in Ländern mit Richterwahlausschuß eigentlich eine »Demokratisierungsdividende« verzeichnen lassen. Nun fehlen allerdings Behauptungen (erst recht Belege), die Richterschaft in Hessen sei demokratischer gesinnt als diejenige in Bayern oder Nordrhein-Westfalen.[61]

Dafür gibt es (leider) angebbare Gründe.[62] Die Richterwahlausschüsse auf Landesebene sind regelmäßig aus einer Mehrheit von Abgeordneten (meist zwei Drittel der Mitglieder) sowie einer Minderheit aus der Richterschaft (ein Drittel der Mitglieder) zusammengesetzt (in einer Reihe von Ländern kommt noch ein anwaltliches Feigenblatt hinzu; die Hansestädte folgen traditionell einem abweichenden Modell[63]). Nun legen alle vorliegenden Erkenntnisse der politischen bzw. der Institutionensoziologie nahe, daß Abgeordnete, die ihr Mandat politischen Parteien verdanken, die Vergabe weiterer Ämter als Verteilungsmasse begreifen.[64] In der Folge treten Parteizugehörigkeit oder wenigstens -nähe mit dem Grundsatz der Bestenauslese nach Art. 33 Abs. 2 GG in einen Wettstreit, der – um

---

[56] So im »Fall Decker/Orlet«; siehe oben Fn. 51.

[57] So im »Fall Maier«; siehe oben Fn. 5 f.

[58] So im »Fall Malsack-Winkemann«; siehe oben Fn. 5 und 8.

[59] So in Bayern 2014: kritisch *Christine Dieterle/Tobias Kühn*, Wiedereinführung der Regelanfrage für angehende Richter in Bayern, in: ZD 2017, S. 69–74 (71 ff.).

[60] Näher *Wittreck*, Verwaltung, S. 413 ff.; *Tschentscher*, Legitimation, S. 340 ff.; vergleichend *Grünstäudl*, Richterauswahl, S. 140 ff., 180 ff.

[61] Anders sieht es in Sachen Strafzumessung aus: Instruktiv *Volker Grundies*, Regionale Unterschiede in der gerichtlichen Sanktionspraxis in der Bundesrepublik Deutschland, in: Dieter Hermann/Andreas Pöge (Hrsg.), Kriminalsoziologie, Baden-Baden 2018, S. 295–315.

[62] In der Einschätzung wie hier *Minkner*, Gerichtsverwaltung, S. 666; ferner *Wittreck*, Regelungen, S. G 42 f.

[63] Näher dazu *Tschentscher*, Legitimation, S. 361 ff.

[64] *Ulrich Vultejus*, Parteizugehörigkeit der Bundesrichter, in: DRiZ 1995, S. 393; Horst Häuser (Hrsg.), Ämterpatronage, Darmstadt 1997; *Tschentscher*, Legitimation, S. 329 ff.; *Stefan Machura*, Der Einfluss der Parteien auf die dritte Gewalt, in: Ralf Walkenhaus/ders. (Hrsg.), Staat im Wandel, Stuttgart 2006, S. 263–281; *Emanuel Towfigh*, Das Parteien-Paradox, Tübingen 2015, S. 132 ff.; *Wesselmann*, Bundesrichterberufung, S. 338 ff., 349 f.; *Stauch*, Referat, S. P 41.

einen Helvetismus zu benutzen – »mit ungleich langen Spiessen« ausgetragen wird (die Schamgrenzen variieren je nach Bundesland und Hierarchieebene).[65]

Dieser Verteilungsmechanismus ist in einzelnen Bundesländern inzwischen in Bezug auf die Landesverfassungsgerichte gesetzlich in Stein gemeißelt und hat gerade in Bayern für Unbehagen gesorgt:[66] Während dort die Landesverfassung die Zusammensetzung des Verfassungsgerichtshofes nur fragmentarisch regelt (vgl. Art. 68 Abs. 2 und 3 BayVerf.), bestimmt Art. 4 Abs. 2 BayVerfGHG, daß »[d]ie weiteren Mitglieder und ihre Vertreter [...] jeweils vom neuen Landtag nach seinem Zusammentritt gemäß den Grundsätzen des Verhältniswahlrechts gewählt« werden.[67] Die Parallelbestimmung im Hessischen Gesetz über den Staatsgerichtshof (§ 5 Abs. 4 HessStGHG) belegt, daß damit eine proportionale Berücksichtigung *aller* im Landtag vertretenen Parteien gemeint sein muß.[68] Die Rechtslage unterscheidet sich insofern deutlich vom Problem der lediglich auf eine Geschäftsordnungsregel gestützten Wahl der Vizepräsidenten des Bundestages (vgl. § 2 Abs. 1 S. 2 GOBT): Während das Bundesverfassungsgericht hier zu Recht darauf verweisen konnte, daß die AfD oder ihre Fraktion keinen Anspruch auf die *Wahl* der von ihr präsentierten Personen erheben kann,[69] stellt die Nichtbestellung eines vom Gesetz (hier: der BayVerf.) vorgesehenen Richters ein handfestes verfassungsrechtliches Problem dar: Ein Gericht, das nicht nach Recht und Gesetz besetzt ist, verletzt mit jeder einzelnen Entscheidung das Grundrecht der betroffenen Bürger auf den gesetzlichen Richter nach Art. 101 Abs. 1 S. 2 GG.[70] Wenn also die Verteilung von Posten an Verfassungsgerichten nicht – wie beim Bundesverfassungsgericht – auf informellen Absprachen beruht,[71] sondern auf gesetzlichen Regelungen, sind in entsprechende Proporzüberlegungen alle Parteien einzubeziehen, die nicht nach Art. 21 Abs. 2 und 4 GG vom Bundesverfassungsgericht verboten worden sind.

---

[65] Zusammenfassend *Wittreck*, Regelungen, S. G 42f.

[66] Siehe *Timo Frasch*, AfD-Kandidaten an den Verfassungsgerichtshof?, in: FAZ Nr. 20 v. 24. Januar 2024, S. 4.

[67] Siehe *Heinrich A. Wolff*, in: Josef F. Lindner/Markus Möstl/ders. (Hrsg.), Verfassung des Freistaats Bayern, 2. Auflage München 2017, Art. 68 Rn. 7ff. sowie *Michael Weigl*, Der Bayerische Verfassungsgerichtshof, in: Werner Reutter (Hrsg.), Landesverfassungsgerichte, Wiesbaden 2017, S. 53–76 (56f., 60ff.).

[68] *Ute Sacksofsky*, Hessische Landesverfassung und Staatsgerichtshof, in: Wolfgang Schroeder/Arijana Neumann (Hrsg.), Politik und Regieren in Hessen, Wiesbaden 2016, S. 11–33 (21); vgl. noch *Sigrid Koch-Baumgarten*, Der Staatsgerichtshof in Hessen zwischen unitarischem Bundesstaat, Mehrebenensystem und Landespolitik, in: Reutter, Landesverfassungsgerichte, S. 175–198 (183f.).

[69] BVerfGE 160, 411 und dazu nur *André Kruschke*, Zur Chancengleichheit von Abgeordneten und Fraktionen im Deutschen Bundestag, in: DÖV 2023, S. 109–118.

[70] Aus der Kommentarliteratur *Helmuth Schulze-Fielitz*, in: Horst Dreier (Hrsg.), Grundgesetz-Kommentar, Band III, 3. Auflage Tübingen 2018, Art. 101 Rn. 18ff.

[71] Luzide und materialreich *Gertrude Lübbe-Wolff*, Beratungskulturen, 2. Auflage Berlin 2023, S. 180ff.

Zurück zum »Normalbetrieb« der Richterwahlausschüsse. Die richterlichen Mitglieder haben sich hier nicht als Korrektiv zur parteipolitischen Durchdringung der Justiz erwiesen, da sie ihrerseits nicht »urwüchsig« der »Richterschaft« entstammen.[72] Die Vertretung der Richter, die in den Richterwahlausschüssen »die Justiz« und ihre Auswahlerfahrung repräsentieren sollen, wird inzwischen in praktisch allen Bundesländern durch eine Wahl durch die Richterschaft organisiert (teils wird noch eine parlamentarische Auswahl aus diesem Tableau eingeschaltet). Aber auch bei dieser Wahl bedarf es der Kanalisierung der verschiedenen Präferenzen in der Richterschaft, die nicht oder nur am Rande durch Parteien, sondern durch die verschiedenen Berufsverbände erfolgt. Hier sind nun in der Literatur informelle Koalitionen zwischen den eher bürgerlichen Parteien und dem Deutschen Richterbund ebenso gut belegt wie Bündnisse des linken politischen Lagers mit der Neuen Richtervereinigung.[73] Am Ende stehen immer »Paketlösungen«[74]: Die Kandidaten des einen Lagers werden »durchgewunken«, sofern sie halbwegs satisfaktionsfähig sind und das andere Lage seinerseits bedacht wird. Das mag – soviel sei bei aller Häme konzediert – bislang zu einer »Demokratisierung« auf niedrigem Niveau in dem Sinne geführt haben, daß Personen nicht »portabel« waren, die sich nicht der Unterstützung einer der im weitesten Sinne demokratischen Parteien oder einer der Richtervereinigungen sicher sein konnten.

III. Renaissance von Richteranklage und -wahl als Instrumente der wehrhaften Demokratie?

1. Richterwahlausschüsse – Anker oder Achillesferse der wehrhaften Demokratie?

Schildern wir zunächst die geltende Rechtslage in den zwei Ländern, die gegenwärtig aufgrund besorgniserregend hoher Umfragewerte der AfD im Zentrum der öffentlichen Aufmerksamkeit stehen:[75]

---

[72] Näher zum Folgenden mit w.N. *Wittreck*, Regelungen, S. G 42f.

[73] *Ingo Hurlin,* Wer wird RichterIn [sic] in Schleswig-Holstein?, in: Neue Richtervereinigung (Hrsg.), Mitwirkung – Mitbestimmung, Leonberg 1992, S. 49–54 (50f.); *Ulrich Vultejus,* Der Zugang zum Richterberuf, in: AuR 1995, S. 251–255 (254). – Die Forderung nach einer Reform des Richterwahlausschusses in Hessen wurde von sozialdemokratischer Seite offen damit begründet, daß die »zu über 80 % konservativ und der CDU nahestehend geblieben[en]« Richter und ihre Vertreter im Ausschuß »in jedem Fall unseren politischen Gegnern zugerechnet werden« müßten: *Theo Rasehorn,* Der Richterwahlausschuß als gesellschaftspolitisches Problem der Justiz, in: Christian Broda u.a. (Hrsg.), Festschrift für Rudolf Wassermann, Neuwied u.a. 1985, S. 401–413 (410).

[74] Für die Richterwahl auf Bundesebene nachgezeichnet bei *Wesselmann*, Bundesrichterbestellung, S. 317ff., 346ff.

[75] Siehe *dpa*, AfD mit hohen Werten in Wahlumfragen, abrufbar unter: https://www.

In Thüringen existiert ein Richterwahlausschuß, der in Art. 89 Abs. 2 ThürVerf. vorgesehen ist und in den §§ 50 ff. ThürRiStAG näher ausbuchstabiert wird.[76] Das Gremium wird in der Verfassungsurkunde wie folgt umschrieben:

»Über die vorläufige Anstellung der Richter entscheidet der Justizminister, über deren Berufung auf Lebenszeit entscheidet er mit Zustimmung des Richterwahlausschusses. Zwei Drittel der Mitglieder des Richterwahlausschusses werden vom Landtag mit Zweidrittelmehrheit gewählt. Jede Landtagsfraktion muß mit mindestens einer Person vertreten sein.«

Die danach zunächst noch offene Zusammensetzung des Ausschusses wird im Gesetz dahingehend konkretisiert, daß der Richterwahlausschuß aus 15 Mitgliedern besteht, nämlich zehn Angehörigen des Landtags, zwei Richtern ohne nähere Zuordnung sowie drei Richtern der Gerichtsbarkeit, für die eine Personalentscheidung zu treffen ist (§ 51 S. 1 Nr. 1–3 ThürRiStAG). Die Abgeordneten werden nach § 52 ThürRiStAG vom Landtag mit Zweidrittelmehrheit gewählt, wobei jede Fraktion mit mindestens einem Mitglied vertreten sein muß (Abs. 1, Abs. 2 S. 1). Die richterlichen Mitglieder werden nach § 53 ThürRiStAG ohne Mitwirkung des Landtags von den Richtern des Landes bzw. des betroffenen Gerichtszweiges in unmittelbarer Mehrheitswahl gewählt; sie sind mithin im Sinne der Lehre von der demokratischen Legitimation aller Staatsgewalt nur eingeschränkt legitimiert[77] und dürfen im Richterwahlausschuß weder über eine Mehrheit verfügen (das ist beim Verhältnis fünf zu zehn gesichert) noch sich im Einzelfall unter Mitwirkung eines Teils der vollumfänglich vom Parlament legitimierten Vertreter gegen die Mehrheit derselben durchsetzen (also etwa drei Abgeordnete für ein Votum von acht zu sieben auf ihre Seite ziehen).[78] Die Zuständigkeit des Ausschusses wird in den §§ 50 Abs. 1, 62 f. ThürRiStAG dahingehend präzisiert, daß das Gesetz zwischen der »erstmalige[n] Berufung in ein Richteramt auf Lebenszeit« (also der »Verplanung« am Ende der Probezeit nach §§ 10 ff. DRiG: §§ 50 Abs. 1 S. 1, 62 ThürRiStAG) und der »Vergabe von Beförderungsämtern« (also der Ernennung zum Richter oder Richterin an einem Obergericht bzw. zum Vorsitzenden oder Präsidenten) nach §§ 50 Abs. 1 S. 2,

---

sueddeutsche.de/politik/wahlen-afd-mit-hohen-werten-in-wahlumfragen-in-laendern-weit-vorn-dpa.urn-newsml-dpa-com-20090101-240111-99-566541.

[76] Siehe dazu näher *Klaus von der Weiden*, in: Michael Brenner u. a. (Hrsg.), Verfassung des Freistaats Thüringen, 2. Auflage Baden-Baden 2023, Art. 89 Rn. 14 ff.

[77] Siehe speziell in Ansehung von Richtern *Tschentscher*, Legitimation, S. 145 ff.; *Wittreck*, Verwaltung, S. 114 ff. sowie *Horst Dreier*, in: ders. (Hrsg.), Grundgesetz-Kommentar, Band II, 3. Auflage Tübingen 2015, Art. 20 (Demokratie) Rn. 139 ff. – Speziell zu den Richterwahlausschüssen *Hillgruber*, Art. 98 Rn. 65, 71 ff. sowie *Payandeh*, Art. 98 Rn. 131 ff.

[78] Eingehende Kritik an dieser Maxime der »doppelten Mehrheit«, die im Kern auf *Ernst-Wolfgang Böckenförde* zurückgeht (zuerst *ders.*, Demokratie als Verfassungsprinzip, in: Josef Isensee/Paul Kirchhof [Hrsg.], Handbuch des Staatsrechts der Bundesrepublik Deutschland, Band II, 3. Auflage Heidelberg 2004, § 24 Rn. 19 fn. 28) bei *Wittreck*, Verwaltung, S. 121 ff.

63 ThürRiStAG differenziert.[79] Bei der »Eingangskontrolle« nach Abs. 1 S. 1 ist die *Zustimmung* des Richterwahlausschusses notwendig (§ 62 ThürRiStAG), bei der Auswahl für Beförderungsämter nach Abs. 1 S. 2 lediglich seine *Beteiligung* (§ 63 ThürRiStAG). Allerdings hat ungeachtet dieser Unterscheidung der Thüringer Richterwahlausschuß eine echte Vetoposition inne; weder eine Ernennung auf Lebenszeit noch eine »Beförderung« (präziser gem. § 75 Abs. 1 DRiG die »Ernennung eines Richters für ein Amt mit höherem Endgrundgehalt als dem eines Eingangsamts«) ist ohne oder gegen sein Votum möglich. Ferner reicht für die Ersternennung die einfache Mehrheit der Anwesenden (§ 60 Abs. 1 S. 2 ThürRiStAG), während für eine positive wie negative Entscheidung über Beförderungsämter eine Zweidrittelmehrheit der abgegebenen Stimmen notwendig ist (§ 63 Abs. 2 S. 3 ThürRiStAG); außerdem hat der Justizminister hier seinerseits eine Vetoposition inne (lies § 63 Abs. 3 S. 2 ThürRiStAG).[80]

In Sachsen existiert ein Richterwahlausschuß gerade nicht. Das Land folgt vielmehr dem überkommenen deutschen Beispiel der Exekutivernennung der Richter. Danach werden – mit Ausnahme des Verfassungsgerichtshofes (vgl. Art. 81 Abs. 2–4 SächsVerf.) – die Träger der rechtsprechenden Gewalt vom Ministerpräsidenten ernannt (Art. 66 S. 1 SächsVerf.; vgl. auch Art. 79 Abs. 2 u. 3 SächsVerf.), der diese Kompetenz auf das Justizministerium übertragen hat.[81]

Welche Chancen, Gefahren und Risiken bergen diese institutionellen Arrangements nun angesichts von Umfragen, die der AfD in beiden Ländern Stimmanteile von über 30 % voraussagen?

Wenden wir zunächst den Blick nach Sachsen, so wird rasch klar, daß das bisherige System der Exekutivernennung nach dem Motto »Alles oder nichts« funktioniert. Sofern sich noch eine Regierungsmehrheit gegen die AfD findet, hat diese praktisch keinen formalisierten Einfluß auf die Ernennung der Richter. Innerhalb des Justizapparats mögen einzelne Angehörige, die mit der Partei und ihrem völkischen Programm sympathisieren, der Versuchung erliegen, »Strippen zu ziehen« und »Gleichgesinnte« durch strategische Beurteilungen[82] für Führungspositionen zu empfehlen (das Wort verursacht in dieser Konstellation leichtes Unwohlsein). In der Sache hat aber ein demokratisch legitimiertes Justizministerium das letzte Wort. Das Bild wandelt sich markant, wenn die AfD – etwa durch eine weitere Zersplitterung der demokratischen Parteien – eine eigene

[79] Dazu *von der Weiden*, Art. 89 Rn. 24.

[80] Diese folgt wiederum aus Art. 98 Abs. 4 GG, der ausdrücklich vorsieht, daß »der Landesjustizminister *gemeinsam* mit einem Richterwahlausschuß entscheidet« (Hervorhebung nicht i.O., F. W.). Siehe dazu näher die konträren Positionen von *Tschentscher*, Legitimation, S. 234 ff. sowie *Wittreck*, Verwaltung, S. 400 ff.; vgl. ferner *Schulze-Fielitz*, Art. 98 Rn. 43; *Hillgruber*, Art. 98 Rn. 69 f. sowie *Payandeh*, Art. 98 Rn. 128 f.

[81] Näher *Matthias Mittag*, in: Harald Baumann-Hasske (Hrsg.), Die Verfassung des Freistaates Sachsen, 4. Auflage 2021, Art. 66 Rn. 11.

[82] Zum Problem *Nana K. A. Baidoo*, Die dienstliche Beurteilung und ihre Kontrolle durch Gerichte, München 2018, S. 151 f.

Mehrheit erreicht. Dann offenbart sich mit aller Härte, daß die bundesdeutsche »Voreinstellung« der exekutiven Richterernennung nur dann funktioniert, wenn die in der Wahl siegreiche Regierungsmehrheit die Bereitschaft mitbringt, sowohl den Grundsatz der Bestenauslese i. S. v. Art. 33 Abs. 2 GG zu achten als auch ein Mindestmaß an Proporz zu wahren. Daß davon in der Bundesrepublik bislang ausgegangen werden konnte, hat aus der Außenperspektive eindrucksvoll der Europäische Gerichtshof in seiner Entscheidung zur Vorlage des Verwaltungsgerichts Wiesbaden bestätigt:[83] Obwohl die deutsche Justiz nach den Obersätzen, die er in Ansehung der polnischen Justiz formuliert hatte, nicht mehr als unabhängig gelten dürfte,[84] sah der Gerichtshof hier offenbar keinen Grund zum Mißtrauen.

Daß das System der Exekutivernennung eine kritische Schwachstelle hat,[85] offenbart aber die schlichte Kontrollüberlegung, was passieren dürfte, wenn eine Partei, die derlei Zurückhaltung ablehnt, das Justizministerium besetzt. Sie sitzt dann an den klassischen Machthebeln – Geld, Personal und Waffen – und kann diese praktisch ungehindert ausüben. Das betrifft beileibe nicht nur die politischen Beamten,[86] sondern in der Justiz die gesamte Bandbreite von der Ersternennung bis hin zu den Gerichtsspitzen. Wenn ein Justizministerium es darauf anlegt, die nachgeordnete Justiz »auf Linie zu bringen«, verfügt es über die Machtmittel, das zu tun. Seit 1949 schwelgen wir in dem Luxus, daß es derlei Bestrebungen nicht in einem halbwegs ernsthaften Maße gegeben hat.

Präsentieren sich die Dinge in Thüringen unter den Auspizien eines Richterwahlausschusses nun besser? Eine Antwort auf diese Frage muß verschiedene Szenarien in den Blick nehmen. Wie dargelegt, haben sich in der bundesdeutschen Praxis die Richterwahlausschüsse von Instrumenten zur Prüfung der demokratischen Gesinnung (I.) zu Mechanismen der Gewährleistung des Parteiproporzes entwickelt (II.). Dem liegt eine Mischkalkulation zugrunde: Die Justizverwaltungen legen den Wahlausschüssen Personaltableaus vor, die sich durch eine Mixtur aus fachlicher Exzellenz und »Satisfaktionsfähigkeit plus Parteibuch« auszeichnen. Mit einer Prüfung der demokratischen oder zumindest

[83] Siehe EuGH, Urteil v. 9. Juli 2020, Rs. C-272/19, VQ ./. Land Hessen (zuvor VG Wiesbaden, Beschluß v. 28. März 2019 – 6 K 1016/15.WI, in: AnwBl. 2019, S. 425) und dazu nur *Fabian Wittreck*, Ergänzungen zum Gutachten G zum 73. DJT Hamburg 2020/Bonn 2022, München 2022, S. G 101–134 (106 ff.).

[84] Näher zu diesem Wertungswiderspruch *Wittreck*, Ergänzungsgutachten, S. 108 sowie jetzt *Lukas Kintrup*, Europarecht als Weichenstellung zur institutionellen Unabhängigkeit deutscher Justiz?, Baden-Baden 2024, S. 261 ff.

[85] Lesenswert *Lübbe-Wolff*, Beratungskulturen, S. 160 ff. – Diesbezüglich unkritisch *Roman Poseck*, Besetzung von Richterpositionen – Status quo besser als sein Ruf, in: NJW 2022, S. 2734–2738.

[86] Siehe etwa *Jannik Jaschinski/Armin Steinbach*, Mehr Sicherheit für den Sicherheitsapparat, in: VerfBlog 2024/1/19, https://verfassungsblog.de/mehr-sicherheit-fur-den-sicherheitsapparat/.

nicht offen verfassungsfeindlichen Gesinnung hat das nicht mehr viel zu tun. Je nach Wahlergebnis kann die AfD nun unterschiedlich reagieren.

Option eins wäre die Blockadestrategie. Da die Landtagsabgeordneten im Ausschuß vom Parlament mit Zweidrittelmehrheit gewählt werden (§ 52 Abs. 1 ThürRiStAG), kann die AfD mit einer Sperrminorität von einem Drittel der Mandate plus eins die Wahl einer neuen »Landtagsbank« verhindern. Zwar bestimmt § 52 Abs. 2 S. 2 ThürRiStAG, daß die »Parlamentsbank« des Richterwahlausschusses der vorangegangenen Legislaturperiode bis zu einer Neuwahl fortamtiert, doch soll diese Regelung erkennbar eine »richterwahlausschußlose Zeit« in der Phase der Konstituierung des neugewählten Landtags verhindern. Die Vorstellung, daß die vom Vorgängerlandtag gewählten Mitglieder eine ganze Legislaturperiode weiter ihre Amtsgeschäfte ausüben, weil der neue Landtag sich nicht mit Zweidrittelmehrheit auf eine Neubesetzung einigen kann, widerstreitet ganz offensichtlich den Grundsätzen der demokratischen Legitimation aller Staatsgewalt sowie insbesondere dem Dogma, daß Demokratie Herrschaft auf Zeit ist[87] und ein Parlament nicht seinen Nachfolger dauerhaft an Personalentscheidungen binden kann.[88] Angesichts der auch in Thüringen anstehenden Pensionierungswelle in der Justiz wären die Auswirkungen einer solchen Blockadestrategie auf die Rechtspflege im Land gravierend. Wem die Bevölkerung die resultierende Justizverweigerung politisch anlasten würde, ist dabei nicht ausgemacht. Das bisherige Geschick der AfD, sich als vermeintliches Opfer von Machenschaften der »Altparteien« in Szene zu setzen,[89] stimmt nicht optimistisch.

Gleichwohl dürfte Option zwei für die AfD mittelfristig aussichtsreicher sein: Sie könnte versuchen, mit der bloßen Drohung mit der Obstruktion ihre Aufnahme in das bisher obwaltende Postenverteilungskartell zu erzwingen. Das bedeutete in einem ersten Schritt die Wahl von AfD-Abgeordneten in den Richterwahlausschuß selbst. Die Entscheidung des Bundesverfassungsgerichts zum Vizepräsidentenposten im Bundestag unterstreicht zwar, daß eine parlamentarische Wahl eben eine Wahl ist und auch Pflichten zur Mindestberücksichtigung der Fraktionen (hier § 52 Abs. 2 S. 1 ThürRiStAG) keinen Anspruch auf die Wahl einer bestimmten Person begründen, die von den übrigen Abgeordneten als ungeeignet eingestuft wird.[90] Für den Fall einer echten Blockadeoption verschiebt sich hier allerdings das Machtparallelogramm – zur Vermeidung eines Stillstands der Rechtspflege müssen die Abgeordneten der übrigen Parteien bzw.

[87] Dies ein *cantus firmus* des Jubilars: Siehe nur *Dreier*, in: ders. (Hrsg.), Grundgesetz-Kommentar, Band II, 3. Auflage Tübingen 2015, Art. 20 (Demokratie) Rn. 73.

[88] Statt aller *Hans H. Klein/Kyrill-Alexander Schwarz*, in: Dürig/Herzog/Scholz, GG, Art. 39 (2022) Rn. 68.

[89] Unlängst befeuert durch das Stiftungsfinanzierungsgesetz mit seiner Ausnahmeregelung zugunsten der FDP.

[90] Nochmals BVerfGE 160, 411 (419 ff., Rn. 26 ff.).

Fraktionen irgendwann Kandidaten akzeptieren, die halbwegs präsentabel sind. In einem zweiten Schritt wird sich dann dieser Vorgang im Ausschuß bzw. bei der dort stattfindenden Richterbestellung wiederholen. Denn auch hier folgt aus dem – wie auch immer verklausulierten – Kompromiß, daß Kandidaten, die von den AfD-Mitgliedern im Ausschuß für die Ernennung auf Lebenszeit oder eine »Beförderung« vorgeschlagen werden, nur unter Inkaufnahme massiver Eskalationskosten abgelehnt werden können, sofern sie fachlich halbwegs akzeptabel sind und nicht bei der Regelanfrage beim Verfassungsschutz auffällig werden. Daß es dabei für alle Seiten gesichtswahrend sein dürfte, ein AfD-Parteibuch zu vermeiden, belegt das vitale Interesse der Rechtspartei, die ihr nahestehende Desiderius-Erasmus-Stiftung an der staatlichen Stiftungsfinanzierung teilhaben zu lassen – deren zukünftige Stipendiaten wären ideale Kandidaten für ein solches Angebot, das sich nicht ablehnen läßt. Nun mag man einwenden, daß gegenwärtig die von der Richterschaft zu wählenden Mitglieder des Ausschusses ein demokratisch gesinntes Gegengewicht darstellen. Allerdings wirkt sich hier erstens die obwaltende Deutung der Maxime der »doppelten Mehrheit« (oben II.) aus. Und zweitens muß damit gerechnet werden, daß mittelfristig der Einfluß der AfD auf die Richterbestellung auch auf deren Zusammensetzung abfärbt (oder wenigstens die Bereitschaft derjenigen steigert, seit jeher bestehende Dispositionen nunmehr offener zum Ausdruck zu bringen). So oder so lautet das Ergebnis: Jeder effektive Einfluß der AfD auf den Richterwahlausschuß ebnet Richterinnen und Richtern den Weg in die Thüringer Justiz, die »völkischem« Gedankengut anhängen, sofern sie es nicht zu offen äußern.

2. *Richteranklage*

Die Möglichkeit, Richterinnen und Richter anzuklagen, besteht in Sachsen wie in Thüringen. Art. 80 Abs. 2 SächsVerf. bestimmt:[91]

»(2) [1]Der Antrag auf Erhebung der Anklage muß mindestens von einem Drittel der Mitglieder des Landtages gestellt werden. [2]Der Beschluss auf Erhebung der Anklage erfordert bei Anwesenheit von mindestens zwei Dritteln der Mitglieder des Landtages eine Zweidrittelmehrheit, die jedoch mehr als die Hälfte der Mitglieder betragen muß.«

Art. 89 Abs. 3 ThürVerf. lautet demgegenüber:[92]

»Verstößt ein Richter im Amt oder außerhalb des Amtes gegen die Grundsätze des Grundgesetzes oder dieser Verfassung, so kann auf Antrag der Mehrheit der Mitglieder des Landtags das Bundesverfassungsgericht mit Zweidrittelmehrheit anordnen, daß der Richter in ein anderes Amt oder in den Ruhestand zu versetzen ist. Im Falle eines vorsätzlichen Verstoßes kann auf Entlassung erkannt werden.«

[91] Aus der Kommentarliteratur *Ralph Zimmermann*, in: Baumann-Hasske, Art. 80 Rn. 1ff.
[92] Näher *von der Weiden*, Art. 89 Rn. 28ff.

Wie ist es um die Wehrhaftigkeit beider Länder nun diesbezüglich bestellt, wenn sich die Prognosen bewahrheiten, daß die AfD mehr als ein Drittel der Stimmen bzw. Landtagsmandate erhält? Für beide Länder gilt zunächst, daß über eine Richteranklage das Bundesverfassungsgericht im Verfahren nach den §§ 13 Nr. 9, 58 ff. BVerfGG entscheidet,[93] so daß sich die Mehrheitsverhältnisse in den Landesparlamenten auf die Chance einer Verurteilung nicht unmittelbar auswirken (sie setzt gem. Art. 98 Abs. 2 S. 2, Abs. 5 S. 1 GG eine Zweidrittelmehrheit voraus, was in der Sache einer Dreiviertelmehrheit von sechs der acht Richter entspricht[94]). Dafür rücken die Modalitäten der Einleitung des Anklageverfahrens in den Blick: Da Art. 98 Abs. 5 S. 1 GG lediglich »eine Absatz 2 entsprechende Regelung« vorschreibt, sind die Länder zwar auf ein Antragsrecht des Landtags festgelegt,[95] in dessen genauer Ausgestaltung (insbesondere der Festsetzung der etwa erforderlichen Mehrheiten) aber frei.[96] Hier unterscheiden sich die beiden Landesverfassungen nun markant: Während Thüringen eine Mehrheit der Mitglieder des Landtages verlangt, sieht Sachsen in Art. 80 Abs. 2 S. 2 SächsVerf. eine gestufte Regelung vor, die eine Zweidrittel-Anwesenheitsmehrheit voraussetzt, die jedoch mehr als die Hälfte der gesetzlichen Mitglieder des Landtags betragen muß.[97] Stellt man auf den gegenwärtigen sächsischen Landtag ab, so läge dieses Quorum bei 60 Abgeordneten.[98] Wichtiger ist, daß es auf diese »Hilfsschwelle« nicht ankommen dürfte, da die AfD – unterstellt, sie hat ein Drittel der Mandate oder mehr erzielt – kaum durch Abwesenheit glänzen dürfte, wenn die Abstimmung über die Anklage gegen einen Richter ansteht, der von der Partei eingedenk »völkischer« Gesinnung als »Fleisch vom eigenen Fleische« angesehen wird. Dann aber ist bei vollzähligem Erscheinen der Fraktion eine Zweidrittelmehrheit im Landtag des Freistaates nach menschlichem Ermessen ausgeschlossen. Die Richteranklage liegt danach in Thüringen im Arsenal der wehrhaften Demokratie weiterhin bereit (bzw. wäre erst dann praktisch nicht mehr mit Aussicht auf Erfolg einzuleiten, wenn die AfD tatsächlich eine eigene Parlamentsmehrheit erzielte). In Sachsen hingegen ist die Anklage nach Art. 98 Abs. 5 GG bzw. Art. 80 SächsVerf. schon dann keine Option mehr, wenn die AfD über eine Sperrminorität von 41 Mandaten verfügt.

---

[93] Näher *Hillgruber*, Art. 98 Rn. 59; *Payandeh,* Art. 98 Rn. 100 f. sowie *Dirk Diehm*, in: Tristan Barczak (Hrsg.), Bundesverfassungsgerichtsgesetz, Berlin/Boston 2018, § 58 Rn. 2 ff., § 62 Rn. 1 f. – Aus der landesrechtlichen Literatur nur *Zimmermann,* Art. 80 Rn. 6 ff.

[94] So auch *Hillgruber*, Art. 98 Rn. 46.

[95] So ebenfalls *Hillgruber*, Art. 98 Rn. 59 sowie *Payandeh*, Art. 98 Rn. 99.

[96] *Andreas Heusch*, in: Hans Hofmann/Hans-Günter Henneke (Hrsg.), Schmidt-Bleibtreu/Klein, Grundgesetz, 15. Auflage Hürth 2022, Art. 98 Rn. 6; vgl. die Übersicht zu den landesrechtlichen Regelungen bei *Payandeh*, Art. 98 Rn. 13.

[97] Näher *Zimmermann*, Art. 80 Rn. 8.

[98] Nach Art. 41 Abs. 1 S. 1 SächsVerf. besteht der Landtag »in der Regel« aus 120 Abgeordneten (gegenwärtig 119).

3. Zwischenergebnis

In der Bilanz läßt sich festhalten: »Rechnet« man auf der Grundlage einer Sperrminorität von einem Drittel plus eins, so bleibt die Richteranklage gegen der AfD nahestehende Richter in Thüringen eine zumindest theoretische Option, wohingegen sie in Sachsen schon in diesem Szenario nur dann möglich ist, wenn die AfD-Fraktion uneins auftritt (was nach bisherigen Beobachtungen ein nicht völlig unplausibles Szenario ist[99]). Der Thüringer Richterwahlausschuß kann jedoch bereits bei diesen Mehrheitsverhältnissen ebenso blockiert werden wie die Nachwahl von ausscheidenden Mitgliedern des Verfassungsgerichtshofes (vgl. Art. 79 Abs. 3 S. 3 ThürVerf., der ebenfalls eine Wahl mit Zweidrittelmehrheit vorsieht[100]). In Sachsen würden sich eingedenk der Exekutivernennung zunächst keine Auswirkungen einer Sperrminorität auf die Justiz manifestieren (anders auch hier wegen Art. 81 Abs. 3 S. 1 SächsVerf. der Verfassungsgerichtshof). Unterstellt man das Horrorszenario einer AfD-Mehrheit, so wäre auch in Thüringen eine Richteranklage nicht mehr möglich. Der Richterausschuß würde hingegen selbst in dieser Konstellation nur einen partiellen Zugriff der Rechten auf Richterämter in Gestalt von »Paketlösungen« erlauben und wäre gegen substantielle Eingriffe in seine einfachgesetzliche Ausgestaltung durch die Verankerung in der Verfassung geschützt. In Sachsen hingegen wäre einem AfD-Justizministerium der »Durchmarsch« durch die Institutionen durch Einstellung und »Beförderung« dem Grunde nach möglich.

IV. Der Kreis schließt sich

Richteranklage und Richterwahl sind in der Nachkriegszeit unter dem unmittelbaren Eindruck der Krise der Weimarer Republik sowie der NS-Diktatur als Instrumente der »streitbaren« oder »wehrhaften« Demokratie geschaffen worden; sie müssen als solche stets zusammen gedacht und gelesen werden. In der rechtsstaatlich saturierten Bonner wie Berliner Republik sind die Richterwahlausschüsse zu Transmissionsriemen des parteipolitischen Einflusses auf die Justiz degeneriert, während die Richteranklage in einen Dornröschenschlaf gefallen ist. Heute sehen wir uns mit einer Situation konfrontiert, in der breitbeinig Akteure auftreten, die den jahrzehntelangen Konsens aufkündigen, daß im demokratischen Prozeß errungene Macht gerade in Ansehung der Dritten Gewalt mit

[99] In Sachsen wie Thüringen sind je drei AfD-Abgeordnete aus der Landtagsfraktion ausgetreten.

[100] Siehe dazu *Siegfried Jutzi*, in: Brenner u.a. (Hrsg.), Thüringen, Art. 79 Rn. 20 sowie zuletzt *Lukas C. Gundling*, Selbstergänzung zur Vermeidung politischer Blockaden des Thüringer Verfassungsgerichtshofs, in: VerfBlog 2024/2/01, https://verfassungsblog.de/selbsterganzung-zur-vermeidung-politischer-blockaden-des-thuringer-verfassungsgerichtshofs/.

Mäßigung auszuüben ist. In dieser Zwangs- oder Notlage werden Richterwahl und Richteranklage gewissermaßen wieder auf ihre Ursprungsfunktion »zurückgesetzt«, erweisen sich bei näherer Analyse aber als in ihrer Leistungsfähigkeit begrenzt. Diese Einsicht, daß institutionelle Arrangements, Normen und auch Verfassungen die Demokratie als »riskante Ordnung« (*Horst Dreier*) gegen ihre Bürgerinnen und Bürger nur höchst unzureichend schützen können, führt nun zurück zu Anstößen, für die der Verfasser dem Jubilar dauerhaft dankbar ist: Und das ist neben der behutsamen Hinlenkung auf das wissenschaftliche Lebensthema der Dritten Gewalt und der Erfahrung völliger akademischer Freiheit die Überzeugung, daß sich »Wesen und Wert der Demokratie« im persönlichen Eintreten auch des Staatsrechtslehrers für dieselbe manifestieren.

III. Demokratie: Theorie und Praxis

Demokratische Teilhabe von Ausländer:innen in der Migrationsgesellschaft

Für eine Entkoppelung von Staatsangehörigkeits- und Wahlrecht

Uwe Berlit

I. Migration und Demokratie: eine dauerhafte Gestaltungsaufforderung

Die Bundesrepublik Deutschland ist heute ein Nationalstaat mit einer Wohnbevölkerung, die signifikant auch durch Einwanderung geprägt und nicht durchweg deutscher Staatsangehörigkeit ist. Ende 2022 waren 23,8 Mio. Menschen als »Personen mit Migrationshintergrund« erfasst; von den im Gebiet lebenden 13,4 Mio. Menschen ohne deutsche Staatsangehörigkeit hatten 6,3 Mio. Menschen eine Aufenthaltsdauer von mehr als acht Jahren.

Diese »Internationalisierung« der Wohnbevölkerung birgt Herausforderungen normativer wie tatsächlicher Art, insbesondere die Bewältigung einer den gesellschaftlichen Zusammenhalt in pluraler Vielfalt hinreichend wahrenden »Integration«.[1] Mit der Frage nach der auch politischen Integration gerät das klassische personale Substrat der modernen Demokratie in den Blick: das herrschaftslegitimierende Volk. Bereits in den 1980er Jahren stand mit dem Kommunalwahlrecht für Ausländer[2] das Problem der politischen Teilhabe von Ausländer:innen als Reaktion auf das Auseinanderfallen von Wohn- und Wahlbevölkerung als Problem (auch) der demokratischen Ordnung auf der politischen wie verfassungsrechtlichen Tagesordnung. Das Bundesverfassungsgericht[3] hat 1990 diese Debatte vorerst autoritativ beendet: Der Staatsgewalt kann und

---

[1] Zu Integrationsbegriffen und -konzepten s. *Heckmann*, Integration von Migranten, 2015, S. 69 ff., 95 ff., 159 ff.; *Scherr/Iman*, in: Gesemann/Roth (Hrsg.), Handbuch Lokale Integrationspolitik, 2018, S. 201; aus juristischer Perspektive s. *Eichenhofer*, Begriff und Konzept der Integration im Aufenthaltsgesetz, 2013; *Thym*, Migrationsverwaltungsrecht, 2010, S. 257 ff.

[2] S. nur Isensee/Schmidt-Jortzig (Hrsg.), Das Ausländerwahlrecht vor dem Bundesverfassungsgericht, 1993; *Bryde*, Ausländerwahlrecht revisited, in: GS Rittstieg 2015, S. 99 ff.; zum Kommunalwahlrecht für Ausländer in NRW die Beiträge in der KritV 1987 von *Isensee* (S. 300 ff.), *Papier* (S. 309 ff.), *Rittstieg* (S. 315 ff.) und *Zuleeg* (S. 322 ff.).

[3] BVerfGE 83, 37 – Kommunalwahlrecht SH; 83, 60 – Bezirksversammlung HH; dazu etwa *Stöcker*, Der Binnen- und der Außenaspekt der Volkssouveränität, Der Staat 30 (1991), S. 259; *Bryde*, Die bundesrepublikanische Volksdemokratie als Irrweg der Demokratietheorie, StWuStP 1994, S. 304.

darf die demokratische Legitimation nur ein Staats- und Wahlvolk vermitteln, das exklusiv aus der Gesamtheit der Personen deutscher Staatsangehörigkeit besteht.

Reformen des Staatsangehörigkeitsrechts, das Zugehörigkeit und Exklusion zugleich organisiert,[4] werden seitdem (auch) mit dem »Ziel der weitmöglichen Herstellung einer Kongruenz zwischen der inländischen Wohnbevölkerung und dem Staatsvolk (den Staatsangehörigen)«[5] begründet.[6] Einbürgerungserleichterungen[7] haben indes den deutlichen Anstieg des Anteils Nichtdeutscher an der Wohnbevölkerung seit 2000 etwas gemildert, aber nicht begrenzt.[8] Vor diesem Hintergrund konstatiert Dreier,[9] dass »(d)ie tendenziell zunehmende Migration … ein massives Demokratieproblem nach sich (zieht), das aber erstaunlicherweise nur selten thematisiert wird.«

Demokratieprobleme sollten in einer Demokratie tunlichst gelöst oder gemildert, nicht nur konstatiert werden. Notwendigkeit sowie Möglichkeiten und Grenzen der nationalen Akteure hierzu lotet der Beitrag aus. Diese haben es in der Hand, »eine Kongruenz zwischen den Inhabern demokratischer politischer Rechte und den dauerhaft einer bestimmten Herrschaft Unterworfenen herzustellen«.[10] Eine Vorfrage der denkbaren Strategien zur Milderung dieser Inkongruenz (allein) durch Staatsangehörigkeitsrecht (III.) oder (auch) verfassungsgesetzliche Demokratieausgestaltung (IV., V.) ist die nähere Bestimmung von Existenz und Reichweite des Problems (II.).

II. Inkongruenz von Wohn- und Wahlbevölkerung: ein reales Demokratieproblem?

1. Ausgestaltungsbedürftigkeit von Demokratie

»Demokratie« ist als Staatsstrukturprinzip der grundgesetzlichen Ordnung (Art. 20 Abs. 1 GG)[11] im besonderen Maße vor Veränderung geschützt (Art. 79

[4] HBMigR/*Berlit*, 3. Auflage 2024, § 1 Rn. 1 ff.; allgemein zu Zugehörigkeit, Identität und Partizipation *Funke*, in: VVDStRL 82 (2023), S. 247 ff., dort auch (S. 279 ff.) zur politischen Zugehörigkeit.

[5] So bereits BT-Drs. 14/533, S. 11 (RegE StARRefG [16. März 1999]); jüngst BT-Drs. 20/9044, 30 (RegE StARModG [1. November 2023]).

[6] Zur Einwirkung auf die Auslegung einzelner Einbürgerungsvoraussetzungen s. BVerwGE 169, 269.

[7] Knapp zur Entwicklung des heutigen StAG HBVerfR/*Siehr*, 2021, § 9 (Der Staat als Personalverbund) Rn. 85 ff.

[8] S.u. IV.1.

[9] *H. Dreier*, Metamorphosen der Demokratie, 2024, S. 48; s. bereits *ders.*, Erosionsprozesse des Verfassungsstaates, in: Gestrich (Hrsg.), Die herausgeforderte Demokratie, 2003, S. 54 (60).

[10] BVerfGE 83, 37 (52).

[11] *Unger*, Das Verfassungsprinzip der Demokratie, 2008.

Abs. 3 GG). Zugleich ist sie ein durch den (verfassungsändernden) Gesetzgeber ausgestaltungsfähiges und -bedürftiges Strukturprinzip. Konzeptionell heterogene demokratietheoretische Konzepte und Überlegungen[12] als solche können dabei nicht unmittelbar in verfassungsrechtliche Aussagen überführt werden. Das Grundgesetz schafft einen Diskurs- und Möglichkeitsrahmen, innerhalb dessen die Ausgestaltung dem – seinerseits demokratisch zu legitimierenden – (verfassungsändernden) Gesetzgeber zugewiesen bleiben muss.

Dies gilt auch für das Legitimationssubjekt staatlicher Herrschaft. Das Grundgesetz setzt für die Hoheitsgewalt, die es selbst konstituiert, sein Legitimationssubjekt, das Staatsvolk, das es mit der Konstitution bildet,[13] als die zentrale Legitimitätsquelle voraus – definiert es aber nicht abschließend. Das Bundesverfassungsgericht knüpft hierfür an die deutsche Staatsangehörigkeit an. Denn es koppelt demokratische Legitimationskraft und Wahlteilhabe exklusiv an das Staatsvolk, das es dann als Gesamtheit deutscher Staatsangehöriger definiert. Diese Setzungen[14] sind zwar nicht die einzige,[15] wohl aber die herrschende Perspektive. Bestand und Gewicht des Inkongruenzproblems hängen aber von dem jeweiligen Demokratie- bzw. Staatsvolksverständnis ab, für das hier grobschnittig drei Perspektiven unterschieden werden.

2. *»Nationalvölkische« Perspektive*

Eine »nationalvölkische« Perspektive geht – im Kern – von einem dem Staat vorgelagerten, substantiell homogenen Staatsvolk[16] aus, das der Definitionsmacht der verfassten Staatsgewalt entzogen ist (materialisierter Volksbegriff).[17] Zwischen Staatsangehörigen und Staatsbürgern im materiellen, meist ethnisch-kulturellen Sinne wird unterschieden. Aus dieser Perspektive besteht schon im Ansatz kein Kongruenzproblem. Denn zur »echten« politischen Mitwirkung befugt und berufen sind nur Staatsbürger im materiellen Sinne, nicht alle der staatlichen Herrschaft Unterworfene.[18] Demokratie ist Sache des souveränen National-, nicht des Staats(bürger)volkes. Bei de constitutione lata vorgegebener politischer Teilhabe aller Staatsangehöriger folgen aus dem Gebot substantieller Homogenität und deren Schutz ethnisch-kulturell definierte Restriktionen für den Gebietszugang und – vor allem – den Staatsangehörigkeitserwerb.

---

[12] Dazu im Überblick *Schmidt*, Demokratietheorien, 6. Auflage 2019.

[13] Dazu *Preuß*, Migration und Demokratie, JöR NF 66 (2018), S. 459 (466 f.).

[14] Sondervotum *Sacksofsky* BremStGH, LVerfGE 25, 235 (257 ff.).

[15] Pointiert a.A. *Meyer*, Grundgesetzliche Demokratie und Wahlrecht, JZ 2016, S. 121.

[16] Dazu *Schmitt*, Verfassungslehre, 1954 (1928), S. 228 ff.

[17] Dazu *Möllers,* Die verfassungsrechtliche Missbilligung eines materialisierten Volksbegriffs als Element des Schutzes der Verfassung, Der Staat 62 (2023), S. 181 (186 ff.).

[18] Prototypisch *Murswiek*, Staatsvolk, Demokratie und Einwanderung im Nationalstaat des Grundgesetzes, JöR N. F. 66 (2018), S. 385.

Dieses Verständnis des »Deutschen Volkes« schreibt ein wirkmächtiges Narrativ der deutschen Nationenbildung fort,[19] das normativ bereits bei Inkrafttreten des Grundgesetzes – nicht zuletzt wegen seiner Entscheidung gegen ethnisch definierte Unterscheidungen (Art. 3 Abs. 3 GG) und der durch Grundrechte gewährleisteten Inhomogenität – konzeptionell überholt war.[20] Ein Rückgriff auf letztlich kraft Geburt unveränderlich mit einer Person verbundenen Kriterien der Einheitsbildung im »Deutschen Volk« ist mit dem Grundgesetz auch sonst nicht kompatibel.[21]

Eine abgemilderte Variante[22] sieht die deutsche Staatsangehörigkeit als im Kern institutionell garantiert, koppelt dies mit dem Erfordernis der »schicksalhaften« Verbundenheit mit dem Gemeinwesen oder Vorstellungen von einer doch kulturellen Homogenität des Staatsvolkes, die Strukturprinzipien des Verfassungsstaates als Ausformungen einer abendländisch-christlichen Identität versteht.[23]

3. Demokratie als politische Organisation der Staatsangehörigen

Ein gewisses »Demokratieproblem« allenfalls mittleren Gewichts besteht bei dem – in unterschiedlichen Ausformungen vertretenen, derzeit herrschenden – staatsangehörigkeitszentrierten, nationalstaatlich geschlossenen[24] bzw. »volksdemokratischen«[25] Demokratieansatz. Das Staatsvolk bilden allein die Personen, welche – zu einem gegebenen Zeitpunkt – die deutsche Staatsangehörigkeit besitzen.[26] Nur diese haben als Angehörige der durch Staatsangehörigkeit definierten »politischen Schicksalsgemeinschaft«[27] des Staatsvolkes und personales Substrat der souveränen politischen Handlungs- und Wirkungseinheit Anspruch auf demokratische Teilhabe an staatlicher Herrschaftsmacht.

Wer Staatsbürger ist (und wird), bestimmt hier indes allein das gesatzte Recht. Diese rein formale Staatsvolkdefinition schließt ein der Verfassung vorgegebenes, materiell definiertes präexistentes Staatsvolk aus.[28] Demokratie als verfasste

---

[19] *Winkler*, Wie wir wurden, was wir sind, 2020, S. 12 ff., 33 ff.; zur Reflexion *Gosewinkel*, »Staatsbürgerschaft« als interdisziplinäres Feld historischer Forschung, in: Angster/Gosewinkel/Gusy (Hrsg.), Staatsbürgerschaft im 19. und 20. Jahrhundert, 2019, S. 1 (41 ff.).

[20] A. A. etwa *Ziemske*, Die deutsche Staatsangehörigkeit nach dem Grundgesetz, 1995.

[21] Gegen einen ethnisch definierten Volksbegriff klar BVerfGE 144, 20 (Rn. 638); Urteil v. 23. Januar 2024 – 2 BvB 1/19, Rn. 326, 350 ff., 380.

[22] S. *Ziemske*, Deutsche Staatsangehörigkeit, 1995.

[23] S. etwa *Uhle*, Freiheitlicher Verfassungsstaat und kulturelle Identität, 2004.

[24] *Wallrabenstein*, Das Verfassungsrecht der Staatsangehörigkeit, 1999, S. 147 ff., 158 f.

[25] So *Bryde*, Irrweg, S. 304.

[26] BVerfGE 83, 37 (Leitsatz 2, 52).

[27] *Böckenförde*, Demokratie als Verfassungsprinzip, in: ders., Staat. Verfassung. Demokratie, 1991, S. 289 (311), der selbst von einem »demokratischen Volksbegriff« spricht; HStR/*Grawert*, Band 1, 1. Auflage 1987, § 14 Rn. 11 ff.

[28] *Möllers*, Verfassungsrechtliche Missbilligung, S. 182 ff.; s. a. BVerfGE 144, 20 (Leitsatz 9, Rn. 690).

Form kollektiver Selbstbestimmung ist gleichwohl exklusiv an durch Staatsangehörigkeit vermittelte (politische) Zugehörigkeit gekoppelt. Die (aufenthaltsrechtliche) Gebietszulassung Nichtstaatsangehöriger bewirkt keine Zulassung zur »politischen Schicksalsgemeinschaft« des Nationalvolkes. Selbst bei einer Statusverfestigung, die rechtlich die Differenz zu Staatsangehörigen bei der sozialen, ökonomischen oder kulturellen Teilhabe (weitestgehend) im Sinne einer »Denizenship«[29] einebnet, bleibt systematisch die qua Staatsangehörigkeit vermittelte politische Teilhabe ein Aliud, kein weiterer Schritt der »Entbündelung« traditionell vormals in der Staatsangehörigkeit gebündelter Rechte. Die Verleihung der Staatsangehörigkeit greift zwar den aus dem Demokratieprinzip folgenden Konvergenzgedanken auf.[30] Sie bleibt aber lediglich eine verfassungs-, demokratie- und integrationspolitische Option.

4. »Republikanischer« Demokratiebegriff

Ein systematisches, gewichtiges Demokratieproblem besteht indes bei einem »republikanischen« Demokratieverständnis. Staatliche Herrschaft ist grundsätzlich durch alle territorial von ihr Betroffenen zu legitimieren. Die politische Gemeinschaft wird durch gefestigte territorial-gesellschaftliche Zugehörigkeit definiert, die nicht exklusiv an die Staatsangehörigkeit gekoppelt ist.

Teils als Ausfluss ahistorisch-empiriewidrigen, schablonenhaften Legitimationsdenkens,[31] von Imaginationen[32] oder einer Vernachlässigung des politischen Gehalts »volksgetragener« Demokratie[33] kritisiert, gründet diese Perspektive auf einem teilhabeorientierten Verständnis des Legitimationssubjekts, das auf politische Teilhabe als Ausdruck ge- und erlebter, gesellschaftlicher Verbundenheit (nicht auf eine substantielle Schicksalsgemeinschaft) abstellt. Bei stabiler Gebietszulassung und sozioökonomischer Inländergleichstellung sieht sie keinen Grund, die zur Abgrenzung nach Außen (Gebietszulassung; Nationalstaatlichkeit) entwickelten Ansätze (Staat als exkludierender Territorial- und Personalverband) für die Herrschaftsorganisation im Inneren zu verlängern.[34]

---

[29] S. *Bast*, Aufenthaltsrecht und Migrationssteuerung, 2011, S. 222 ff.; *ders.*, Denizenship als rechtliche Form der Inklusion in eine Einwanderungsgesellschaft, ZAR 2013, S. 353; *Thym*, Vom »Fremdenrecht« über die »Denizenship« zur »Bürgerschaft«, Der Staat 57 (2018), S. 77 (85 ff.); HStR/*Thym*, 4. Auflage 2023, § 11 Rn. 48; *Deinhard*, Das Recht der Staatsangehörigkeit unter dem Einfluss globaler Migrationserscheinungen, 2015, S. 191 ff.

[30] BVerfGE 83, 37 (52); eine rein pragmatisch-politische Verknüpfung sieht *Weber*, Staatsangehörigkeit und Status, 2018, S. 474.

[31] Hailbronner/Kau/Gnatzy/Weber/*Weber*, StAR, 6. Auflage 2022, Einl. B, Rn. 141 f., 44.

[32] *Weber*, Staatsangehörigkeit, S. 470.

[33] *Böckenförde*, Demokratie als Verfassungsprinzip, S. 312.

[34] S. a. HBVerfR/*Siehr*, 2021, § 9 Rn. 151 ff., 191.

Es besteht eine gewisse Nähe zu auch ethisch-moralisch,[35] letztlich menschenrechtlich gegründeten, auf der autonomen Selbstbestimmung des Einzelnen als Menschen gegründeten Demokratieansätzen,[36] die bei hinreichender Verwurzelung ein ius nexi[37] einschließlich eines Anspruchs auf Einbürgerung ableiten. Mit dem herrschenden Völkerrechtsverständnis ist indes ein individuelles Menschenrecht auf freie Wahl des Verbandes politischer Zugehörigkeit oder auf Wechsel der Staatsangehörigkeit[38] nicht anzuerkennen. Auch nach Gebietszulassung ist dieses Konzept begrenzt offen[39] für (zumutbar) erfüllbare Komponenten soziokultureller und identifikatorischer Zugehörigkeit jenseits der bloßen Gebietsansässigkeit. Eine Entkoppelung der politischen Teilhabe vom (vererbbaren) Rechtebündel »Staatsangehörigkeit« zielt darauf, die Voraussetzungen politischer Teilhabe auf der Grundlage eines prozesshaften Integrationsverständnisses an die realen gesellschaftlichen Integrationserfordernisse anzupassen, ohne alle noch exklusiv an die Staatsangehörigkeit gekoppelten Rechte verleihen zu müssen.

III. Einbürgerungsvoraussetzungen des aktuellen Staatsangehörigkeitsrechts als hinreichende Bewältigung des Kongruenzproblems?

Den Kern der Problemanzeige, dass es der demokratischen Idee entspricht, »eine Kongruenz zwischen den Inhabern demokratischer politischer Rechte und den dauerhaft einer bestimmten staatlichen Herschaft Unterworfenen herzustellen«, anerkennt auch das Bundesverfassungsgericht. »(I)m Ausgangspunkt« hält es diese Idee für zutreffend, sieht aber de constitutione lata als einzige »Möglichkeit« zur Bewältigung den Weg über das Staatsangehörigkeitsrecht.[40] Verfassungsrechtlich hat der nationale Gesetzgeber – außer bei einer nationalvölkischen Perspektive – für die Erleichterung der Einbürgerung einen breiten Gestaltungsspielraum.[41] Je offener rechtlich *und* tatsächlich der Zugang zur Staatsangehörigkeit

---

[35] *Goppel*, Wahlrecht für Ausländer?, in: Cassee/dies. (Hrsg.), Migration und Ethik, 2012, S. 255.

[36] Ansätze dahin bei *Uslucan*, Zur Weiterentwicklungsfähigkeit des Menschenrechts auf Staatsangehörigkeit, 2012, S. 284 ff.; s. a. BVerfGE 142, 123 (189, Rn. 124): menschenrechtlicher Kern des Demokratieprinzips.

[37] *Shachar*, Earned Citizenship, YJLH 23 (2011), S. 110 (116).

[38] Nicht einmal das völkervertragsrechtlich verbürgte Recht auf (erstmaligen) Erwerb einer Staatsangehörigkeit und deren Besitz (*Hoffmann*, Völkerrechtliche Vorgaben für die Verleihung der Staatsangehörigkeit, 2022, S. 382 ff., 422 ff.) gilt absolut.

[39] *Wallrabenstein*, Verfassungsrecht der Staatsangehörigkeit, S. 162 f.

[40] BVerfGE 83, 37 (52).

[41] S. a. *Leisner*, »Nation« und Verfassungsrecht, Der Staat 55 (2016), S. 213 ff.; *Gärditz*, Der Bürgerstatus im Licht von Migration und europäischer Integration, VVDStRL 72 (2013), S. 49

ist, desto mehr wird das aus der Inkongruenz folgende Demokratieproblem zu einer demokratietheoretisch und menschenrechtlich hinzunehmenden Konsequenz einer vom Individuum freiheitlich verantworteten Entscheidung zum Verzicht auf politische Teilhabe durch Nichteinbürgerung[42] bzw. der »Statuswahlfreiheit«.[43] Mitgliedschaftliche Zugehörigkeit vermittelt demokratische Teilhabemöglichkeiten, begründet aber keine Teilhabeverpflichtungen.

1. Regelungsoption oder Regelungsauftrag?

Der Verweis der Bewältigung des Inkongruenzproblems an das Staatsangehörigkeitsrecht wird teils als bloße Regelungsoption, nicht -pflicht gesehen.[44] Dies widerspricht der verfassungsgerichtlichen Anerkennung des Kongruenzproblemes als »im Ausgangspunkt« zutreffende Beschreibung eines Demokratieproblems. Demokratie und Staatsangehörigkeit sind aufeinander bezogen. Die Koppelung verpflichtet den Gesetzgeber im Sinne eines Regelungsauftrages, das Problem der Inkongruenz von Wohn- und Wahlbevölkerung ernsthaft und mit dem Ziel einer wirksamen Verminderung anzugehen. Der verfassungsgerichtliche Ausschluss von Ausländerwahlrechten unter Verlagerung der Problemlösung auf das Staatsangehörigkeitsrecht engt so den staatsangehörigkeitsrechtlichen Gestaltungsspielraum ein: Dauerhaft Inlandsansässigen ist die zumutbare Möglichkeit zu eröffnen, zu demokratiekonformen Konditionen Teilhabemöglichkeiten zu erlangen.[45]

Ein weitergehendes Optimierungsgebot[46] zum möglichst weitgehenden Abbau bestehender Demokratiedefizite machte angesichts der Einschätzungsprärogative des Gesetzgebers zur Frage wenig Sinn, welche – zeitlichen und sachlichen – Anforderungen an einen teilhaberelevanten Daueraufenthalt im Bundesgebiet zu stellen sind. Das Demokratieprinzip erlegt dem Gesetzgeber für deren demokratische Inklusion zumindest keine ergebnisbezogene Einstandspflicht oder Bringschuld auf, allen dauerhaft im Bundesgebiet lebenden Ausländer:innen gesetzesunmittelbar, ohne ein Mindestmaß über den Zeitfaktor hinausgehender soziokultureller Zugehörigkeit und ohne eigene (zumutbare) Mitwirkungsaktivitäten demokratische Teilhabe zu eröffnen. Demokratische Teilhabe – mit oder ohne Einbürgerung – muss bei dauerhaftem Inlandsaufent-

---

(134f.); *Thym*, »Fallstricke« des Doppelpasses, JZ 2023, S. 395 (541).

[42] HStR/*Thym*, § 11 Rn. 19ff.

[43] *Weber*, Vermeidung von Mehrstaatigkeit, JBMigR 2022, S. 395 (421); *Gärditz*, Die demokratische Gestaltungsverantwortung durch Recht in einer Einwanderungsgesellschaft, EuGRZ 2017, S. 516 (520).

[44] So wohl *Weber*, Vermeidung, S. 410; differenzierter *Thym*, »Fallstricke«, S. 542.

[45] Zu undifferenziert noch GK-StAR/*Berlit*, § 10 StAG Rn. 274 (40. EL 8/2022).

[46] S. a. *Unger*, Verfassungsprinzip der Demokratie, S. 252ff. (Demokratie als Optimierungsgebot).

halt aber zumutbar und tatsächlich »erreichbar« sein und darf nur von Voraussetzungen abhängen, deren Erfüllung durch das eigene Handeln der Ausländer:innen »realistisch« beeinfluss- und zumutbar gestaltbar ist.[47]

2. *Bewältigung des Inkongruenzproblems durch das geltende Staatsangehörigkeitsrecht*

Mit dem geltenden Staatsangehörigkeitsrecht hat der nationale Gesetzgeber im Zuge der über 30 Änderungen des Staatsangehörigkeitsgesetzes seit 1990 das Inkongruenzproblem schon normativ nicht hinreichend gemildert oder gar gelöst. Die – hochstrittige – Aufhebung der Regeleinbürgerungsvoraussetzung[48] der Aufgabe der bisherigen Staatsangehörigkeit Mitte 2024[49] beseitigt zwar ein Einbürgerungshemmnis, das im Motivbündel der rechtlich-pragmatischen und emotionalen bzw. identifikatorischen Gründe gegen eine Einbürgerung von Gewicht war,[50] wird aber keinen qualitativen Umschwung bewirken – zumal bei Unmöglichkeit oder Unzumutbarkeit der Aufgabe bereits zuvor gewisse Ausnahmen bestanden.[51]

a) Zugehörigkeit und Aufenthaltsdauer

Eine extraterritoriale, eine nur punktuelle oder eine nur temporäre Herrschaftsbetroffenheit gebietet keine Teilhabe an deren demokratischer Legitimation. Ein wichtiges, in Grenzen gestaltungsoffenes Kriterium ist die Aufenthalts(mindest)dauer, die auf eine dauerhafte oder hinreichende Verfestigung der Herrschaftsunterworfenheit[52] verweist. Völkervertragsrechtlich ist sie für die Einbürgerung auf höchstens zehn Jahre begrenzt.[53] Die bis Mitte 2024 acht- und seitdem fünfjährige Voraufenthaltsdauer (§ 10 Abs. 1 Satz 1 Halbs. 1 StAG) genügt diesem Erfordernis auch unter dem Aspekt demokratischer Inklusion. Mangels völkerrechtlich verbürgten Rechts auf einen Staatsangehörigkeitswechsel nicht

[47] S. a. *Gärditz*, Bürgerstatus, S. 120 ff.; *Groß*, Postnationale Demokratie, RW 2011, S. 125 (139 ff.): »adäquate Einbürgerungschancen«.

[48] Beim Geburtserwerb nach § 4 Abs. 1 StAG in binationalen Ehen, im Vertriebenenrecht und – weitestgehend bereits seit 2014 – beim Geburtserwerb nach § 4 Abs. 3 StAG wird Mehrstaatigkeit seit jeher hingenommen.

[49] StARModG v. 22. März 2024, BGBl. I Nr. 104.

[50] *Sauer*, Erkenntnisse der Forschung zu Einbürgerungshemmnissen in Deutschland – Expertise, erstellt für die Fachkommission zu den Rahmenbedingungen der Integrationsfähigkeit bei der Beauftragten der Bundesregierung für Migration, Flüchtlinge und Integration, Essen 15. Oktober 2019, S. 17.

[51] Eingehend HBMigR/*Berlit*, 2. Auflage 2020, § 2 Rn. 104 ff.; GK StAR/*Berlit*, § 12 Rn. 1 ff. (41. EL/Dez. 2022).

[52] Zur seit 2005 gegebenen prinzipiellen Verfestigungsoffenheit der Aufenthaltstitel s. *Bast*, Aufenthaltsrecht, S. 217 ff.

[53] Art. 6 Abs. 5 EuÜbkStA.

überzeugend ist ein menschenrechtlich argumentierender Ansatz,[54] der allein auf eine glaubhaft bekundete prospektive Zugehörigkeitsabsicht abstellen möchte – allzumal wegen der Funktion von Voraufenthaltszeiten als Integrationsindikator.

Mit zunehmender Dauer des legalen Inlandsaufenthalts gewinnt der Ausschluss von der demokratischen Teilhabe an Gewicht und kann bewirken, dass an sich dem Grunde nach rechtfertigungsfähige Einbürgerungsvoraussetzungen (etwa Kenntnisse der Schriftsprache oder Lebensunterhaltssicherungserfordernisse) zurückzutreten haben. Dem Gebot, die Chance demokratischer Teilhabe zu gewähren, entspräche, bei deutlich überdurchschnittlicher Voraufenthaltszeit bestimmte Erwerbsschwellen im Zeitverlauf abzusenken oder aufzuheben; dies ist in § 10 StAG indes so nicht vorgesehen.

b) Staatsbürgerliche Tugend als Staatsangehörigkeitsvoraussetzung?

Die grundgesetzliche Demokratie versteht sich als wehrhafte Demokratie – und trifft Vorkehrungen zur Wahrung und Verteidigung der freiheitlichen Grundordnung.[55] Staatsangehörigkeitsrechtlicher Demokratieschutz hat präventiv zu erfolgen, weil in Reaktion auf die nationalsozialistische Ausbürgerungspolitik das Verbot des Entzugs der deutschen Staatsangehörigkeit (Art. 16 Abs. 1 Satz 1 GG) – allzumal bei anderweitig drohender Staatenlosigkeit – bewusst weit reicht.[56] Selbst der signifikante (und zu hohe) Anteil aktiver Demokratiegegner bei den Personen, die das deutsche Staatsvolk bilden,[57] ist aus der Perspektive demokratischer Teilhabegleichheit kein durchgreifender Grund gegen einen präventiven Demokratieschutz bei der Einbürgerung, der ausländische aktive Demokratiegegner vom Staatsangehörigkeitserwerb durch Einbürgerung oder Erklärung ausschließt.[58] Das gesetzlich nicht hinreichend bewältigte Problem liegt in der Ausgestaltung des präventiven Verfassungsschutzes[59] und seiner Anwendung in der Einbürgerungspraxis – insbesondere mit Blick auf nicht strafbare, grundrechtsgeschützte Handlungen/Äußerungen.

Ein erhebliches Spannungsverhältnis zum Kongruenzminderungsgebot begründen insbesondere Erwerbsvoraussetzungen, die jenseits strafrechtlich relevanter Handlungen oder Äußerungen an eine weitergehende »Einordnung

---

[54] *Goppel*, Aufenthaltsrecht und Wahlrecht, ARSP 102 (2017), S. 23 (27 ff.); *dies.*, Wahlrecht für Ausländer?, S. 255.

[55] Jüngst *Fahrner*, Die freiheitliche demokratische Grundordnung, 2022; *Flümann*, Streitbare Demokratie in Deutschland und den Vereinigten Staaten, 2015; im staatsangehörigkeitsrechtlichen Kontext s. BVerwGE 162, 153 (Rn. 51 ff.).

[56] S. *Sander*, Staatsangehörigkeitsrechtliche Maßnahmen im Rahmen der Terrorismus- und Extremismusbekämpfung, 2021.

[57] Zick/Küpper/Mokros (Hrsg.), Die distanzierte Mitte, 2023, S. 91 ff., 118 ff.

[58] Zum Spannungsverhältnis zum Wertepluralismus einer freiheitlichen Gesellschaft s. *Langer*, Von der Treue der Bürger zur Verfassung, 2023, S. 65 ff., 252 ff.

[59] Krit. zu Einsatz und Tauglichkeit der Instrumente der wehrhaften Demokratie zur Extremismusprävention s. *Fuhrmann*, Antiextremismus und wehrhafte Demokratie, 2019.

in deutsche Lebensverhältnisse«,[60] eine »echte Hinwendung ... insbesondere zu den Werten, die unserem Zusammenleben zugrunde liegen,«[61] den Einbürgerungsausschluss bei antisemitisch, rassistisch oder sonstigen menschenverachtend motivierten Handlungen/Äußerungen bzw. bei Missachtung der im Grundgesetz festgelegten Gleichberechtigung von Mann und Frau oder sonst die Beachtung einer »Leitkultur«[62] anknüpfen. Deren Ausbau durch das StAG-ModG 2024 errichtet schon mangels hinreichender Bestimmtheit demokratiewidrige Hürden.[63] Die Nichtzulassung zur demokratischen Mitwirkung zum Schutz »demokratischer Werte« bewirkt so selbst einen problematischen Eingriff in den demokratischen Wertediskurs. Die freiheitliche demokratische Grundordnung ist jedenfalls nicht in dem Sinne eine objektive Werteordnung, dass sie die (prospektiven) Staatsbürger auch zu moralisch und politisch korrektem, tugendhaften Verhalten bereits im Vorfeld strafbaren oder rechtlich sonst verbotenen Handelns verpflichtet.[64]

c) Lebensunterhaltssicherung als Zeichen wirtschaftlicher Integration?

Demokratische Teilhabe an der politischen Willensbildung steht unter dem Grundgesetz[65] auch Staatsangehörigen zu, die auf (ergänzende) Leistungen staatlicher Existenzsicherung angewiesen sind. Staatsangehörigkeitsrechtlich ist die eigenständige Sicherung des Lebensunterhalts (inkl. des der Familie) traditionelle Einbürgerungsvoraussetzung;[66] wirtschaftliche Eigensicherung wird als Grundlage gelingender Integration und deren Kennzeichen gewertet. Die weitgehende Streichung der Rückausnahme in Fällen, in denen Ausländer:innen ihren durch das Grundrecht auf ein menschenwürdiges Existenzminimum ge-

---

[60] § 8 Abs. 1 letzter Halbs., § 10 Abs. 1 Satz 1 letzter Halbs. StAG (a.F.)/§ 10 Abs. 1 Satz 3, § 11 Satz 1 Nr. 1a, 3 StAG.

[61] Antrag der Fraktion der CDU/CSU »Den Wert der deutschen Staatsangehörigkeit bewahren«, BT-Drs. 20/9764 v. 13. Dezember 2023.

[62] *Krings*, Zuwanderung und Leitkultur, ZAR 2019, S. 315; *Emmerich-Fritsche*, Verfassungsrechtliche Fragen nationaler Identität und Homogenität sowie einer Leitkultur, Der Staat 2019, S. 575; *Thym*, Verfassungspatriotismus in der Einwanderungsgesellschaft, AöR 145 (2020), S. 40; *Klimke*, Das Menschenrecht auf Kultur in der pluralistischen Gesellschaft, ZAR 2021, S. 278. Zur Komplexität des Leitkulturbegriffs, die eine normenklare Vergesetzlichkeit ausschließt, s. Zimmermann/Geißler (Hrsg.), Wertedebatte: Von Leitkltur bis kulturelle Integration, 2018; Stiftung Haus der Geschichte (Hrsg.), Leitkultur, 2006.

[63] *Berlit*, Das Staatsangehörigkeitsmodernisierungsgesetz, ZAR 2024, S. 59 (60f.); *ders.*, ADrs. 20(4)350, S. 14ff.

[64] *Dreier*, Der freiheitliche Verfassungsstaat als riskante Ordnung, RW 2010, S. 11 (28f.).

[65] Zum Zensuswahlrecht in einigen deutschen Ländern bis 1918 s. *Strelitz-Risse*, Das Zensuswahlrecht, 2018, S. 156ff.

[66] Seit § 8 RuStAG (1913).

sicherten[67] Leistungsbezug nicht zu vertreten haben,[68] koppelt seit Mitte 2024 nicht nur teils völkerrechtswidrig,[69] sondern demokratiewidrig für eine Reihe von Personengruppen, die durch Behinderung, Krankheit, Alter oder Lebenslage dauerhaft oder temporär zur eigenständigen Lebensunterhaltssicherung objektiv nicht (mehr) in der Lage sind, demokratische Teilhabechancen an die Nichtinanspruchnahme grundrechtlicher Gewährleistungen.

3. Zwischenergebnis

Das heutige Staatsangehörigkeitsrecht enthält ungeachtet vieler Einbürgerungserleichterungen[70] mit dem Demokratieprinzip inkompatible Voraussetzungen und ermöglicht eine vom Demokratieprinzip geforderte Inkongruenzminderung schon normativ nur begrenzt. Es eröffnet aber in vielen Fällen eine realistische und zumutbare Option, durch Staatsangehörigkeitserwerb demokratische Teilhabemöglichkeiten zu erlangen, und mildert so das Demokratieproblem. Empirisch haben die Einbürgerungserleichterungen das selbstgesetzte Ziel indes nicht erreicht (s. u. IV.2).

IV. Demokratische Inklusion durch Staatsangehörigkeitsrecht als systematische Sackgasse?

Die Koppelung von Staatsangehörigkeit(serwerb) und demokratischer Teilhabe hindert nicht nur erforderliche Integration. Sie ist mit (auch) demokratierelevanten Nebenwirkungen verbunden. Sie erschwert – zumal wegen des absoluten Verbots des Staatsangehörigkeitsentzugs (Art. 16 Abs. 1 Satz 1 GG) – abgestufte, differenzierte Teilhabemöglichkeiten, die auf Veränderungen im Zeitverlauf reagieren und heterogenen Migrationsmustern angepasst werden können (1.). Neben dessen relativer Erfolglosigkeit (2.) ist dies ein weiterer Anstoß, den vom Bundesverfassungsgericht 1990 vorgezeichneten Pfad über das Staatsangehörigkeitsrecht – auch und gerade unter Demokratieaspekten – zu revidieren.

---

[67] BVerfGE 132, 134 (Rn. 95).

[68] Zumindest grenzwertig daher die Änderung des § 10 Abs. 1 Satz 1 Nr. 3 StAG durch das StARModG (Fn. 49); dazu *Berlit*, BT – ADrs. 20(4)360, S. 14 ff.

[69] Dazu *Berlit*, Das Staatsangehörigkeitsmodernisierungsgesetz, ZAR 2024, S. 59 (60 f.).

[70] Zu den gegenläufigen, signifikanten Einbürgerungsrestriktionen in den letzten Jahrzehnten; s. *Hanschmann*, Partizipation, in: Barwig u. a. (Hrsg.), Gleichheit, 2012, S. 187 (188 ff.).

1. Demokratieförderung durch Vermeidung staatsangehörigkeitsrechtlicher »Überinklusion«

Migration ist heute vielfältiger denn je – und folgt jedenfalls nicht durchweg dem Modell der Auswanderung mit dauerhafter Niederlassung im Zielstaat.[71] Rück- oder Weiterwanderung der Erstgeneration oder von Abkömmlingen auch nach Inlandsgeburt und längeren Aufenthaltszeiten sind keine Seltenheit mehr; die digital ermöglichte Entörtlichung von Arbeit lässt Wohn- und Arbeitsorte in unterschiedlichen Staaten auch in ein und derselben Lebensphase zu. Die in der früheren »Vermeidungs- bzw. Übeldoktrin«[72] zum Ausdruck kommende »Exklusivität« von Staatsangehörigkeit ist – völker- wie verfassungsrechtlich – zu einer staatsangehörigkeitspolitisch möglichen Gestaltungsoption mutiert und der grenzüberschreitenden Organisation von Mehrstaatigkeit[73] gewichen.[74]

Die zwingende Koppelung politischer Teilhabe an das »weitergabefähige« Bündel von Rechten und Pflichten, das Staatsangehörigkeit – ob nun Status oder Rechtsverhältnis[75] – umfasst, trägt den flexibilisierten Formen von Zugehörigkeit konzeptionell nicht hinreichend Rechnung. Nach Verleihung ist die deutsche Staatsangehörigkeit – aus guten historischen Gründen – in besonderem Maße »entzugsfest« (Art. 16 Abs. 1 Satz 1 GG). Sie bleibt auch bei dauerhafter Ausreise aus dem Bundesgebiet erhalten und wird zunächst (§ 4 Abs. 4 StAG) auch bei Auslandsgeburt nahezu voraussetzungslos weitergegeben. Die über die deutsche Staatsangehörigkeit eröffnete politische Teilhabe im Inland entfällt nicht bei weiterer Staatsangehörigkeit; Mehrfachstaatler haben je nach Wahlrechtsausgestaltung ohne hinreichende demokratische Rechtfertigung eine »mehrfache« politische Teilhabe sowohl im Wohnsitz als auch im Staat der anderen Staatsangehörigkeit.

Diese »demokratische Überinklusion« oder auch »Multiplikation politischer Mitgliedschaft«[76] lässt sich (allein) durch nationale Regelungen wegen der vielfältigen Gründe von Mehrstaatigkeit nicht vollständig vermeiden. Sie gewinnt mit unkonditionierter Zulassung von Mehrstaatigkeit ohne korrespondierenden Generationenschnitt beim Geburtserwerb und der Einbürgerung quantitativ

---

[71] Zum korrespondierenden Wandel migrationsrechtlicher Leitbilder s. *Thym*, »Fremdenrecht«, S. 77.

[72] StlMindÜbk v. 6. Mai 1963, BGBl. 1969, II, 1954; s.a. BVerfGE 37, 217 (254f., 257); *Ziemske*, Deutsche Staatsangehörigkeit, S. 131 ff.

[73] Europäisches Übereinkommen über die Staatsangehörigkeit vom 6. November 1997; dazu *Kanaan*, Abkommen zur Mehrstaatigkeit, 2012.

[74] *Deinhard*, Recht der Staatsangehörigkeit, S. 191 ff.; für die Zeit vor Kündigung des StlMindÜbk s. *Goes*, Mehrstaatigkeit in Deutschland, 1997; *Wallrabenstein*, Verfassungsrecht der Staatsangehörigkeit, S. 147 ff., 158 f.; *Masing*, Wandel im Staatsangehörigkeitsrecht vor den Herausforderungen moderner Migration, 2001, S. 68 ff.; *Hokema*, Mehrfache Staatsangehörigkeit, 2002.

[75] Zur begrenzten Bedeutung dieses Streits s. HBMigR/*Berlit*, 3. Auflage 2024, § 1 Rn. 4.

[76] *Weber*, Vermeidung von Mehrstaatigkeit, S. 401 ff.

deutlich an Gewicht. Für die nationale Demokratie beschränkt die Begrenzung des Auslandswahlrechts von Deutschen ohne Inlandswohnsitz die Folgeprobleme. Bei Mehrstaatlern kann deren demokratische Inklusion im Bundesgebiet mit einer Überinklusion im Herkunftsstaat verbunden sein. Auslandswahlrechte geben für Staaten, deren Staatsangehörige in nennenswerter Zahl außerhalb des eigenen Territoriums leben, politische Möglichkeiten zur gezielten Gestaltung des eigenen Elektorats und können – worauf das Beispiel »Türkei« weist – national schwer steuerbare »Problemimporte« bewirken.[77]

Eine Entkoppelung von Wahlrecht und Staatsangehörigkeitserwerb entlastet das Staatsangehörigkeitsrecht und ermöglicht, durch differenzierende Ansätze demokratischer Inklusion demokratisch problematische Überinklusion durch Einbürgerung zu vermeiden.

2. *Erfolglosigkeit der Einbürgerungsstrategie*

Der Weg über das Staatsangehörigkeitsrecht hat ungeachtet sektoral gestärkter Einwanderungsförderung nicht dazu geführt, die Kluft zwischen Wohn- und Wahlbevölkerung wirksam zu schließen.[78] Der Anteil der ausländischen Wohnbevölkerung wächst – auch ohne die Berücksichtigung der Fluchtmigration – seit 2000 kontinuierlich – ungeachtet der seit der Jahrtausendwende zwischen ca. 100.000 bis 200.000 Einbürgerungen jährlich.[79]

Die Nichtnutzung einer (möglicherweise) bestehenden Einbürgerungsoption intendiert keinen Verzicht des Individuums auf demokratische Teilhabe. Sie gründet meist in einem Motivmix[80] objektiver Hindernisse und subjektiver, teils affektiver Hemmnisse; bewusster Teilhabeverzicht gehört nicht dazu. Verfassungspolitisch sollte der auf durch Teilhabe der Gewaltunterworfenen gegründete demokratische Staat, der Einwanderung auch aktiv fördert, bei einem Personenkreis signifikanter Größe nicht auf den Versuch einer möglichst niedrigschwelligen wahlrechtlichen Inklusion verzichten, indem auf den ersichtlich nicht hinreichend wirksamen »Inklusionsmechanismus« Staatsangehörigkeitsrecht verwiesen wird.

---

[77] Dazu *Friehe*, Reform der Staatsangehörigkeit, NJW 2023, S. 3626 (3628f.); *ders.*, ADrs. 20(4)349 (H), S. 4f.; *Weber*, ADrs. 20(4)349 J, S. 9ff.

[78] *Walter*, VVDStRL 72 (2013), S. 7 (34); *Groß*, Das demokratische Defizit bei der Grundrechtsverwirklichung der ausländischen Bevölkerung, KJ 2011, S. 303 (309).

[79] Der Anteil Nichtdeutscher an der Bevölkerung betrug Ende 1990 6,99 v.H., Ende 2000 8,83 v.H., Ende 2010 8,80 v.H., Ende 2020 12,73 v.H. und Ende 2022 – nicht zuletzt infolge des Zuzugs aus der Ukraine geflüchteter Menschen – 14,61 v.H.

[80] *Sauer*, Erkenntnisse der Forschung zu Einbürgerungshemmnissen in Deutschland, 2019, S. 15ff.; Bundesamt für Migration und Flüchtlinge (Hrsg.), Das Einbürgerungsverhalten von Ausländerinnen und Ausländern in Deutschland. Quantitative Untersuchung des Einbürgerungsverhaltens und des Verhaltens von Optionspflichtigen, 2011.

V. Entkoppelung von Wahl- und Staatsangehörigkeitsrecht als Lösungspfad?

1. *Notwendigkeit einer Verfassungsänderung*

Eine Entkoppelung des Wahl- vom Staatsangehörigkeitsrecht – im Ansatz weder originell[81] noch neu – erfordert nach dem Stand der verfassungsgerichtlichen Rechtsprechung eine Verfassungsänderung, die zumindest den vom Bundesverfassungsgericht verengten Diskurs- und gesetzgeberischen Gestaltungsspielraum wieder eröffnet. Trotz hier geteilter Kritik[82] an der Judikatur – auch der Landesverfassungsgerichte[83] – steht eine mögliche[84] Selbstkorrektur durch das Bundesverfassungsgericht real nicht zu erwarten. Eine Berufung auf den Wegfall der Bindungswirkung (§ 31 BVerfGG) wäre rechtlich riskant[85] und verfassungspolitisch in dieser symbolträchtigen, hochumstrittenen Frage schwer zu verantworten.

Für das Kommunalwahlrecht für EU-Ausländer hat in Umsetzung von Unionsrecht denn auch der verfassungsändernde Gesetzgeber[86] die nationale Verfassungsordnung durch Art. 28 Abs. 1 Satz 3 GG geöffnet. In der Gemeinsamen Verfassungskommission hat 1993 der Vorschlag, diese Öffnung nach Maßgabe des Landesrechts auf andere Ausländer mit ständigem Wohnsitz im Bundesgebiet Deutschland zu erweitern, zwar die absolute, nicht aber eine Zweidrittelmehrheit gefunden.[87] Beides anerkennt und akzeptiert politisch die verfassungsrechtliche Notwendigkeit einer Verfassungsänderung.

2. *Möglichkeit einer Verfassungsänderung*

Vor dem Werben für eine – kurzfristig eher irreale – verfassungsändernde Mehrheit steht die Frage, ob Art. 79 Abs. 3 GG einer Verfassungsänderung

---

[81] HStR/*Thym*, Band 1, 4. Auflage 2023, § 11 Rn. 22; *Celikates*, Demokratische Inklusion, in: Cassee/Goppel (Hrsg.), Migration und Ethik, 2017, S. 291 (298 ff.); *Wallrabenstein*, Verfassungsrecht der Staatsangehörigkeit, S. 138 ff.

[82] Statt vieler s. nur *Bryde*, Irrweg, S. 304; *Hobe*, Das Staatsvolk nach dem Grundgesetz, JZ 1994, S. 191; *Meyer*, Grundgesetzliche Demokratie, S. 121; *Wallrabenstein*, Verfassungsrecht der Staatsangehörigkeit, S. 140 ff., passim; *Hanschmann*, Partizipation, S. 190 ff.; *Tabarra*, Zu Möglichkeiten einer einfachgesetzlichen Einführung eines Ausländerwahlrechts, InfAuslR 2023, S. 133 ff., der letztlich auf die Eigenkorrektur seiner Rechtsprechung durch das Bundesverfassungsgericht selbst setzt.

[83] BremStGH, LVerfGE 25, 235.

[84] *Sachs*, Die Bindung des Bundesverfassungsgerichts an seine Entscheidungen, 1977.

[85] S. *Kischel*, Darf der Gesetzgeber das Bundesverfassungsgericht ignorieren?, AöR 131 (2006), S. 219.

[86] Gesetz zur Änderung des Grundgesetzes v. 21. Dezember 1992, BGBl. I, 2086; dazu etwa *Kaufmann*, Kommunales Unionsbürgerwahlrecht und demokratischer Staatsaufbau, ZG 1998, S. 25.

[87] BT-Drs. 12/6000, S. 97.

entgegensteht, die eine (konditionierte, durch Gesetz auszugestaltende) Entkoppelung von Staatsangehörigkeit und Wahlrecht ermöglicht. Sie wird höchst unterschiedlich beantwortet.[88] Auf der Grundlage des »volksdemokratischen« Demokratiebegriffs[89] des Bundesverfassungsgerichts bzw. eines weitergehend ethnisch aufgeladenen Volks- und Demokratieverständnisses wird teils bereits die Einräumung des Kommunalwahlrechts für EU-Bürger als Grenzberührung, wenn nicht -überschreitung[90] eingestuft; nur ein obiter dictum des Bundesverfassungsgerichts[91] hindert die Qualifizierung als verfassungswidriges Verfassungsrecht. Auf der Grundlage eines republikanisch-bürgerschaftlichen Demokratiebegriffs wird die Öffnung jedenfalls für ein Wahlrecht auch für Drittstaatsangehörige mit qualifiziertem Aufenthalt für die Kommunalwahlen oder die Landtagswahlen als möglich und geboten erachtet; zumindest eine Öffnung auch auf Bundesebene wird überwiegend verneint.

Die Dissenslinien verlaufen entlang der Argumentationslinien zum Demokratie- und Volksverständnis, die bereits die Debatte um das Ausländerwahlrecht Ende der 1980er Jahre geprägt hatten.[92] Im Rahmen des Art. 79 Abs. 3 GG vernachlässigt werden dabei die prinzipielle Gestaltungsoffenheit von Demokratie und die nicht nur menschenrechtliche, sondern vor allem demokratietheoretische Begründung für Ausländerwahlrechte. Art. 79 Abs. 3 GG ist zwar nicht minimalistisch im Sinne eines Revolutionsverbots, wohl aber tendenziell zurückhaltend auszulegen.[93] Der »Grundsatzschutz« von Demokratie lässt Raum für eine verfassungsgesetzliche Modifikation des Legitimationssubjekts von Demokratie (und damit auch des Volksbegriffs), wenn diese auf eine höhere Übereinstimmung von Wohnbevölkerung und Wahlrecht gerichtet ist, jedenfalls dann, wenn das Wahlrecht für Ausländer an eine hinreichend stabile Zuordnung zum Bundesgebiet gebunden ist.[94] Staats- und Wahlvolk müssen nicht zwingend identisch sein. Ein Auseinanderfallen muss nur demokratietheoretisch rechtfertigbar sein. Die Erweiterung zielt lediglich auf eine konditionierte Ergänzung des Zuganges zu demokratischer Teilhabe jenseits der durch Staatsangehörigkeit vermittelten und lässt die Schlüsselfunktion von Staatsangehörigkeit – vor allem für die Grenzziehung nach Außen – unberührt.

---

[88] Zum Diskussionsstand etwa *Dreier*, in: ders. (Hrsg.), Grundgesetz-Kommentar, Band II, 3. Auflage Tübingen 2015, Art. 79 Abs. III Rn. 43; *Gärditz,* Bürgerstatus, S. 98f.

[89] So *Bryde,* Irrweg, S. 305f.

[90] So – auf der Grundlage eines ethnisch-kulturellen Volksbegriffs – *Murswiek,* Staatsvolk, S. 410ff.

[91] BVerfGE 83, 57 (59).

[92] Dazu Isensee/Schmidt-Jortzig (Hrsg.), Ausländerwahlrecht.

[93] *Dreier*, Art. 79 Abs. 3 Rn. 19; *Bryde*, in: von Münch/Kunig (Hrsg.), Grundgesetz, 7. Auflage 2021, Art. 79 Rn. 37.

[94] *Gärditz,* Bürgerstatus , S. 93 mit Fn. 144; *Groß,* Integration durch Rechtsgleichheit, DVBl. 2014, S. 1217 (1222); s.a. *Lenski,* Der Bürgerstatus im Licht von Migration und europäischer Integration, DVBl. 2012, S. 1057 (1063f.).

Die kommunale Ebene übt zwar (auch) hoheitliche Gewalt aus und ist eine verfassungsrechtlich gesicherte, aber keine staatliche Ebene legitimationsbedürftiger öffentlicher Gewalt. Die Gemeindevertretungen sind ein körperschaftsinternes Repräsentationsorgan innerhalb der gesetzesgebunden tätigen Gebietskörperschaften.[95] In Bezug auf die demokratische Teilhabe bestehen zwischen EU-Ausländern und Drittstaatsangehörigen keine grundsätzlichen Unterschiede, die der Zulässigkeit einer verfassungsgesetzlichen Öffnung für ein allgemeines Kommunalwahlrecht für Ausländer – und sei es als Einstieg[96] – entgegenstünden. Mangels Gesetzgebungskompetenz des Bundes für das Kommunalwahlrecht muss sich der verfassungsändernde Gesetzgeber indes auf eine Öffnungsklausel für die Länder beschränken, die ggfls. – soweit sie keine Vorsorge getroffen haben (Art. 22 LV BB) – die jeweilige Landesverfassung zu ändern haben.

Das Demokratiegebot des Art. 28 Abs. 1 Satz 2 GG ist bei republikanischer Lesart ein tragfähiger Grund auch für eine verfassungsgesetzliche Modifikation des Volksbegriffs, der die Reichweite des Homogenitätsgebots des Art. 28 Abs. 1 Satz 2 GG begrenzt. Gründe, die an die Verfasstheit der Bundesrepublik Deutschland als Nationalstaat anknüpfen, haben auch in Ansehung der Mitwirkung der Länder bei der Gesetzgebung im Bund und ihrer Hauptverantwortung für den Verwaltungsvollzug kein durchschlagendes Gewicht. Der demokratisch ebenfalls zumindest nicht perfekt[97] legitimierte Einfluss der Europäischen Union auf nationale Gesetzgebung und Verwaltungsvollzug unterstreicht die in Art. 79 Abs. 3 GG vorausgesetzte Flexibilität demokratischer Legitimationsmuster. Auch die Offenheit des Grundgesetzes für Einwanderung[98] sperrt den Rückgriff auf ein nationalstaats- oder staatsvolkszentriertes Demokratie- und Legitimationsverständnis oder sonst dessen Verabsolutierung zu einer dem verfassungsändernden Gesetzgeber entzogenen Verfassungsvoraussetzung[99] auch für die Länderebene. Soweit Länder eine eigene, nicht allein an die deutsche Staatsangehörigkeit geknüpfte[100] Staatsangehörigkeit vorsehen,[101] hat dies derzeit keine praktischen Konsequenzen[102] und allenfalls staatsangehörigkeitsrechtliche, aber keine nationenbildende Funktion.[103]

Der republikanische Demokratie- bzw. -bürgerbegriff zielt auf Mitwirkung an der Gestaltung gemeinsamer Angelegenheiten. Er streitet ebenso wie ein

---

[95] S. HStR/*Thym*, Band I, 4. Auflage 2023, § 11 Rn. 19.

[96] S. *Walter*, VVDStRL 72 (2013), S. 7 (37ff.).

[97] *Dreier,* Metamorphosen, S. 39ff.

[98] HStR/*Thym*, Band 1, 4. Auflage, § 11 Rn. 51ff.

[99] So *Murswiek,* Staatsvolk, S. 414f.; in diese Richtung – in Bezug auf die kulturelle Identität – auch *Uhle*, Freiheitlicher Verfassungsstaat und kulturelle Identität, 2004, S. 108ff., 508ff.; s.a. *Ziemske,* Deutsche Staatsangehörigkeit, S. 301ff.

[100] So etwa Art. 75 Abs. 2 LV RP.

[101] Art. 6 BayLV; Art. 5 Abs. 1 Satz 1 LV SN.

[102] BayVerfGH, BayVBl. 1986, S. 396.

[103] S.a. *Sachs*, Das Staatsvolk in den Ländern, AöR 108 (1983), S. 68ff.

menschenrechtlich argumentierender Zugehörigkeitsbegriff für eine konditionierte Öffnung des Wahlrechts auch auf Bundesebene.[104] Hinreichend verfestigte, verantwortlich wahrzunehmende Zugehörigkeit zu einer politischen Gemeinschaft ist weder logisch noch empirisch an Staatsangehörigkeit geknüpft. Die Bedeutung der mitgliedschaftlichen Definition des durch Staatsangehörigkeit definierten, konstituierten[105] Staatsvolkes für die »nationale Identität« (nach innen und außen) und ihre Funktion als »personales Substrat« des Staates wird nicht schon durch jede – konditionierte und zudem aufhebbare – Einräumung von Wahlrechten qualitativ verändert. Entscheidend ist die Ausgestaltung.

3. Öffnungsfunktion einer Verfassungsänderung

Die verfassungsgesetzliche Entkoppelung von Wahl- und Staatsangehörigkeitsrecht machte den Weg frei für die erforderliche, offenere gesellschaftliche Debatte um die Gestaltung der Folgen transnationaler Migration für die demokratische Teilhabe. Sie ermöglichte eine nach Ebenen, Voraussetzungen und Reichweite differenzierende Integration durch politische Teilhabe,[106] die vor und neben die Öffnung der Staatsangehörigkeit tritt. Residenzgebundene, nicht »vererbbare« Wahlrechte vermeiden zudem die potentiell kontraproduktiven Nebenwirkungen einer dauerhaften Einbürgerung unter unkonditionierter Hinnahme von Mehrstaatigkeit.

Öffnungsklauseln für die Kommunal- und Landesebene schaffen nicht zuletzt Raum für die Nutzung föderaler Vielfalt als Chancen- und Experimentierraum. Wahlrechte für Menschen ohne Staatsangehörigkeit könnten schrittweise, regional, nach Ebenen und nach Wahlberechtigung und Wahlrecht differenzierend, akzeptanzorientiert und – vor allem – einfachgesetzlich revisibel zielgenau demokratisch gewährleistet werden.

---

[104] *Groß*, Integration, S. 1222.

[105] Für die verfassungsablösende Gewalt (dazu *Dreier*, Gilt das Grundgesetz ewig?, 2008) (Art. 146 GG) mag eine Ausnahme gelten.

[106] So bereits *Kotalakidis*, Von der nationalen Staatsangehörigkeit zur Unionsbürgerschaft, 2000, S. 75 ff., 89.

Kelsen und Popper

Zwei Wiener Streiter für die Demokratie in schwieriger Zeit

Armin Engländer

I. Einleitung

»Das Ideal der Demokratie verblaßt, und an dem dunklen Horizont unserer Zeit steigt ein neues Gestirn auf, dem sich die Hoffnung der Massen um so gläubiger zuwendet, je blutiger sein Glanz über ihr leuchtet: die *Diktatur*.«[1] Von dieser dramatischen Lagebeschreibung Hans Kelsens aus dem Jahr 1932 unterscheidet sich die gegenwärtige Situation zwar dadurch, dass Autokratie oder gar Diktatur nur selten *offen* als vorzugswürdige Formen politischer Herrschaft propagiert werden. Es kann aber nur wenig Zweifel daran bestehen, dass in den parlamentarisch-demokratisch verfassten Staaten der sog. westlichen Welt in den letzten dreißig Jahren das Vertrauen der Bevölkerung in die demokratischen Institutionen in beunruhigendem Umfang abgenommen hat und damit eine Erosion des Glaubens an die Demokratie einhergeht.[2] Der Aufstieg links- und insbesondere rechtspopulistischer Bewegungen vor dem Hintergrund multipler geopolitischer, sozialer, ökonomischer und ökologischer Krisen, zunehmende gesellschaftliche Polarisierungen, der Abbau rechtsstaatlicher und demokratischer Standards (auch in Staaten der Europäischen Union wie z.B. Ungarn, Polen zu Zeiten der PiS-Mehrheit von 2015 bis 2023 und der Slowakei) bis zur Transformation vormaliger – wenn auch vielleicht labiler – Demokratien in Hybridsysteme oder verdeckte bzw. offene Autokratien sowie das zunehmend aggressive Auftreten autoritärer Regime bis hin zum russischen Angriffskrieg auf die Ukraine bringen die Demokratien weltweit in Bedrängnis. Zwar ist die Ver-

---

[1] *Kelsen*, Verteidigung der Demokratie, Blätter der Staatspartei, 1932, S. 90, 91. Fast wortgleich *ders.*, Staatsform und Weltanschauung, 1933, S. 5.

[2] Vgl. *Mounk*, Der Zerfall der Demokratie, 2018, S. 118ff. Die Aussagekraft der entsprechenden Umfragen relativiert allerdings *Przeworski*, Crises of Democracy, 2019, S. 100ff. Zur Erklärung der genannten Entwicklung werden ökonomische, kulturelle und institutionelle Gründe ins Feld geführt. Vgl. *Dreier*, Vom Schwinden der Demokratie, in: Graf/Meier (Hrsg.), Die Zukunft der Demokratie, 2019, S. 29, 41ff.; *Heitmeier*, Autoritäre Versuchungen, 2018; *Manow*, Die Politische Ökonomie des Populismus, 2018; *Münkler*, Die Zukunft der Demokratie, 2022, S. 54ff.; *Mounk*, Zerfall, S. 155ff.; *Przeworski*, Crises of Democracy, S. 103ff.; *Reckwitz*, Das Ende der Illusionen, 2019, S. 23ff., 29ff., 126ff., 268ff.; *Schäfer/Zürn*, Die demokratische Regression, 2021, S. 89ff.

kündung des unvermeidlichen Eintritts in ein Zeitalter des Autoritarismus[3] voreilig. Verschiedentlich gelingt es durchaus, Geländegewinne populistischer oder autoritärer Bewegungen oder Regierungen zu verhindern, zu begrenzen oder durch Wahlen rückgängig zu machen – wie etwa in den USA (wo freilich nach aktuellen Umfragen mit Donald Trump die Rückkehr eines Präsidenten droht, der für die demokratischen Institutionen und Traditionen seines Landes nur Verachtung hat und dabei auf die Unterstützung seiner radikalisierten republikanischen Partei setzen kann), in Brasilien oder in Polen. Dessen ungeachtet haben sich die Stabilitätsverluste demokratischer Systeme als hartnäckig erwiesen; die Hoffnung, es handele sich bloß um eine vorübergehende Schwächephase, dürfte sich nicht erfüllen.

Diese aktuellen politischen Entwicklungen und Trends verschaffen den staats- und politikphilosophischen Abhandlungen über »Wesen und Wert der Demokratie«[4] aus der Zwischenkriegszeit[5] und der Zeit des Zweiten Weltkriegs eine neue Aktualität. Zu nennen sind hier neben Karl Loewensteins Abhandlung über die wehrhafte Demokratie (»militant democracy«)[6] insbesondere Kelsens demokratietheoretische Schriften aus den 20er und 30er Jahren[7] und Karl Poppers zweibändiges Werk »Die offene Gesellschaft und ihre Feinde«[8]. Während jüngere Texte zur normativen Demokratietheorie die Überlegenheit der demokratischen Herrschaftsorganisation häufig schlicht voraussetzen,[9] stellen sich die genannten Beiträge der Aufgabe, die für die Demokratie sprechenden Gründe aufzuzeigen, dabei auch die Bedingungen der Möglichkeit und Stabilität demokratischer Ordnungen sowie die Ursachen ihrer Gefährdung zu reflektieren und so der Herausforderung des Autoritarismus auf einer philosophischen Ebene zu begegnen.

Im Folgenden sollen die diesbezüglichen Überlegungen Kelsens und Poppers kurz skizziert, zueinander in Bezug gesetzt und kritisch gewürdigt wer-

---

[3] Zu den Merkmalen des Autoritarismus s. *Levitsky/Ziblatt*, Wie Demokratien sterben, 2018, S. 31 ff. Eingehend *Frankenberg*, Autoritarismus, 2020, S. 55 ff.

[4] *Kelsen*, Vom Wesen und Wert der Demokratie, 2. Auflage 1929.

[5] Erhellend zur Parlamentarismus- und Demokratiedebatte in der politischen Theorie in der Weimarer Republik *Hacke*, Existenzkrise der Demokratie, 2018, S. 209 ff.

[6] *Loewenstein*, Militant Democracy and Fundamental Rights I & II, The American Political Science Review 31 (1937), S. 417, 638.

[7] *Kelsen*, Wesen und Wert, 1. Auflage 1920, 2. Auflage 1929; *ders.*, Das Problem des Parlamentarismus, 1925; *ders.*, Verteidigung der Demokratie, S. 90.

[8] *Popper*, Die offene Gesellschaft und ihre Feinde, Band I & II, 7. Auflage 1992. Das Buch erschien zwar erst nach Ende des 2. Weltkriegs und entfaltete seine Wirkmacht erst in der Nachkriegszeit in der Phase der Ost-West-Konfrontation in den Auseinandersetzungen mit dem Marxismus-Leninismus, war von Popper aber Ende der dreißiger, Anfang der vierziger Jahre als sein »Beitrag zum Krieg«, zur »Verteidigung der Freiheit [...] gegen totalitäre und autoritäre Ideen« verfasst worden. Vgl. *Popper*, Ausgangspunkte, 1979, S. 163.

[9] Pars pro toto *Lafont*, Unverkürzte Demokratie, 2021, S. 18, die diesen Punkt freilich selbst thematisiert.

den.[10] Ein Vergleich der beiden Denker bietet sich nicht nur deshalb an, weil beide demselben spezifischen kulturell-wissenschaftlich-intellektuellen Milieu Wiens Ende des 19./Anfang des 20. Jahrhunderts entstammen,[11] sondern auch und gerade aufgrund zahlreicher Parallelen und Ähnlichkeiten in ihren wissenschafts- und erkenntnistheoretischen, ideologiekritischen, meta-ethischen und demokratietheoretischen Überzeugungen.[12] Thematisiert werden im Einzelnen (1.) die Frage nach den Grundgedanken der Demokratie, (2.) Bezüge zur Erkenntnistheorie, (3.) die Kritik autokratischer Herrschaft und (4.) das Problem der Selbstabschaffung der Demokratie.

II. Die Grundgedanken der Demokratie

Zunächst bedarf der Klärung, was Kelsen und Popper jeweils unter Demokratie verstehen. Dazu sei vorweg ein Blick auf Rousseau als den Ahnherrn der neuzeitlichen Demokratietheorie und die an ihn anschließenden Konzeptionen geworfen. Ihnen zufolge bildet die Volkssouveränität, also die Herrschaft des Volkes über das Volk, das Grundprinzip der Demokratie.[13] Politische Herrschaft erhält dadurch ihre Legitimation, dass sie nicht durch Akte der Fremd-, sondern durch Akte der Selbstbestimmung ausgeübt wird und so eine gemeinwohlorientierte volonté générale verkörpert. Die Bürger als Adressaten der Gesetze können sich zugleich als ihre Autoren verstehen.[14] Da der gesetzgebende Gemeinwille *ihr eigener Wille* ist, gehorchen sie als Herrschaftsunterworfene nur sich selbst und bleiben deshalb in einer solchen politischen Gemeinschaft *freie Personen.*

An dieses rousseauistische Demokratieverständnis knüpft Kelsen zunächst insoweit an, als auch er die Demokratie jedenfalls »der Idee nach« bestimmt als eine »Staats- oder Gesellschaftsform, bei der [...] die soziale Ordnung durch die ihr Unterworfenen erzeugt wird: durch das Volk.«[15] Die Etablierung einer solchen selbstbestimmten Form der Herrschaft, wiewohl im Freiheitsgedanken verankert, ist für die Einzelnen indes unvermeidbar mit einem Preis verbunden

---

[10] S. zu Poppers Überlegungen bereits *Engländer*, Poppers Verteidigung der freiheitlichen Demokratie und das Wiedererstarken autoritären Denkens, in: Der Staat 59 (2020), S. 355; ferner *Nasher*, Die Staatstheorie Karl Poppers, 2017. Zu Kelsens Positionen vgl. *Dreier*, Rechtslehre, Staatssoziologie und Demokratietheorie bei Hans Kelsen, 2. Auflage 1990, S. 249ff.; *ders.*, Kelsen im Kontext, 2019, S. 67ff.

[11] Zu Kelsen s. *Olechowski*, Hans Kelsen, 2. Auflage 2021, S. 27ff., S. 211ff.; zu Popper *Heyt*, Karl Popper und das Wien seiner Zeit, in: European Journal of Sociology 38 (1997), S. 141.

[12] Im Hinblick auf die Theorie des Rechts und der Rechtswissenschaft s. *Fritzsche*, Die Reine Rechtslehre im Lichte des Kritischen Rationalismus, 2002; *Thienel*, Kritischer Rationalismus und Jursprudenz, 1991.

[13] Grundlegend *Rousseau*, Vom Gesellschaftsvertrag (1762), 1996. Zur Volkssouveränitätsformel im GG siehe *Dreier*, Idee und Gestalt des freiheitlichen Verfassungsstaates, 2014, S. 163ff.

[14] *Habermas*, Faktizität und Geltung, 4. Auflage 1994, S. 153.

[15] *Kelsen*, Wesen und Wert, S. 14.

(der freilich im Hinblick auf die Freiheit des Individuums immer noch geringer ausfällt als die Kosten einer jeden anderen Herrschaftsform). An die Stelle des *Freiseins von* staatlicher Herrschaft tritt die *Beteiligung an* staatlicher Herrschaft mit dem Mehrheitsprinzip als Entscheidungsregel.[16] Damit einher geht nach Kelsen im Ergebnis eine Verschiebung des Freiheitssubjekts. Frei ist nun nicht mehr das in die staatliche Ordnung eingebundene Individuum, sondern das *Kollektiv* des Volkes.[17] In Bezug auf das Volk muss dabei zudem, sobald nicht nur die Idee, sondern auch die Realität der Demokratie in den Blick genommen wird, zwischen dem Volk als Herrschafts*objekt* und dem Volk als Herrschafts*subjekt* unterschieden werden; keineswegs verfügen realiter alle Gesetzesadressaten über das Recht, sich an der Gesetzeserzeugung zu beteiligen (oder könnten auch nur über ein solches Recht verfügen).[18] Von politischer Selbstbestimmung kann lediglich beim Volk als Herrschaftssubjekt die Rede sein, das indes lediglich eine Teilmenge des Volkes als Herrschaftsobjekt bildet. Und beim Volk als Inbegriff der politisch Berechtigten ist zu beachten, dass in der sozialen Realität der modernen Massengesellschaft die von Rousseau propagierte direkte Demokratie[19] als Organisationsform politischer Herrschaft ausscheidet. Die gegenwärtige Demokratie kann Kelsen zufolge nur die Form der repräsentativen, parlamentarischen Demokratie annehmen (für die er im Übrigen politische Parteien als intermediäre Organisationen für unverzichtbar erachtet).[20] Das aber bedeutet, dass das politische Beteiligungsrecht der einzelnen Bürger »sich im wesentlichen zu einem bloßen *Stimmrecht* abschwächt.«[21] Demokratische Selbstbestimmung beschränkt sich so für die Meisten auf die Teilnahme an den Parlamentswahlen. Auch die rousseauistische Vorstellung, in der Ausübung der Volkssouveränität manifestiere sich eine (unfehlbare) gemeinwohlbezogene volonté générale,[22] die von den Partikularinteressen der Einzelnen strikt zu unterscheiden sei, lehnt Kelsen ab. Angesichts der in jeder demokratischen Gesellschaft »unvermeidlichen Interessengegensätzlichkeit kann der Gemeinschaftswille, wenn er nicht einseitig das Interesse nur einer Gruppe ausdrücken soll, nichts anderes als [... ein] Kompromiß zwischen entgegengesetzten Interessen sein.«[23] Kelsens Demokratieverständnis bleibt damit zwar im Ausgangspunkt dem Ideal der Selbstgesetzgebung

[16] Die Rechtfertigung der Mehrheitsregel ergibt sich dabei Kelsen zufolge primär nicht aus dem Gleichheits-, sondern dem Freiheitsprinzip. Denn die Mehrheitsregel gewährleistet, dass so viele Menschen wie möglich frei bleiben, also »möglichst wenig Menschen mit ihrem Willen in Widerspruch zu dem allgemeinen Willen der sozialen Ordnung geraten«; *Kelsen*, Wesen und Wert, S. 9f.

[17] *Kelsen*, Wesen und Wert, S. 10ff.

[18] *Kelsen*, Wesen und Wert, S. 17.

[19] *Rousseau*, Gesellschaftsvertrag, 3. Buch, 15. Kapitel.

[20] *Kelsen*, Wesen und Wert, S. 19ff., 26ff.

[21] *Kelsen*, Wesen und Wert, S. 25.

[22] *Rousseau*, Gesellschaftsvertrag, 1. Buch, 7. Kapitel, 2. Buch 1. u. 3. Kapitel.

[23] *Kelsen*, Wesen und Wert, S. 22.

verbunden, verzichtet aber dabei auf jede romantisierende Emphase und vertritt angesichts der umfassenden Einbeziehung der Realbedingungen demokratischer Beratung und Entscheidung unter den Voraussetzungen moderner Massengesellschaften eine Version einer realistischen Demokratietheorie.

Einen Schritt weiter geht Popper. Er ersetzt die Vorstellung von der Demokratie als Volks*herrschaft* durch die Idee der Demokratie als Volks*gericht*. Denn das Volk selbst herrsche »niemals in irgendeinem konkreten praktischen Sinn«;[24] wohl aber könne es in geheimen und gleichen Wahlen über die Regierung »zu Gericht sitzen«.[25] Den großen Vorzug der Demokratie sieht Popper deshalb auch nicht darin, dass sich in ihr der Wille des Volkes, eine *volonté générale* realisiere. Eine solche Vorstellung erachtet er wie Kelsen als illusorisch.[26] Vielmehr bildet die Demokratie ihm zufolge die Staatsform, in der es der Bevölkerung durch institutionelle Vorkehrungen möglich ist, diejenigen, die die politische Herrschaft ausüben, durch »Urteilsspruch« ohne Gewalt und Blutvergießen wieder abzusetzen.[27] Es geht also primär um die Kontrolle, die Eindämmung von Macht zum Schutz der Freiheiten der Einzelnen; darin liegt nach Popper die wesentliche Funktion der Demokratie. Und leisten sollen dies klug eingerichtete und angeordnete Institutionen, die die Gewalten verteilen und durch ein System von Gegenkräften und Ausgleichsmechanismen Machtmissbrauch unterbinden. Die in der politischen Philosophie intensiv erörterte Frage, *wer* herrschen soll, sieht Popper hingegen als nebensächlich, ja verfehlt an, lenke sie doch vom eigentlich entscheidenden Punkt der Herrschafts*kontrolle* und *-beschränkung* ab.[28] Platons berühmtes, gegen die Demokratie gerichtetes Diktum, die Herrschaft dürfe nur bei den Besten liegen, kritisiert er in diesem Zusammenhang als irreführend und »völlig nutzlos«.[29] Nicht anders sieht letzteres auch Kelsen. Die Formel von der Herrschaft der Besten sei »nichtssagend« und hülle die Hervorbringung der politischen Führung »in mystisches Dunkel«; hinter ihr verberge sich »zumeist nur eine höchst unkritische und wundergläubige Anbetung der Macht.«[30]

Indem Popper anders als Kelsen auf den Gedanken der Volksherrschaft als definierendes Merkmal der Demokratie verzichtet, vermeidet er es, dass die Freiheitsrechte der Einzelnen mit ihrer Abwehrfunktion gegen die Legislative in ein Spannungsverhältnis zum Demokratieprinzip geraten. Nach der Logik des Ideals der Volkssouveränität schränken Abwehrrechte die Autonomie des Demos

---

[24] *Popper*, Offene Gesellschaft, Band I, S. 149.
[25] *Popper*, Alles Leben ist Problemlösen, 1996, S. 244.
[26] *Popper*, Vermutungen und Widerlegungen, 2000, S. 505f.
[27] *Popper*, Offene Gesellschaft, Band I, S. 149f., Band II, S. 188f.
[28] *Popper*, Offene Gesellschaft, Band I, S. 144f.
[29] *Popper*, Offene Gesellschaft, Band I, S. 145.
[30] *Kelsen*, Verteidigung der Demokratie, S. 90, 95f. Vgl. auch *ders.*, Wesen und Wert, S. 89: »elende Tautologie«.

ein; sie stehen deshalb aus dieser Perspektive unter besonderem Rechtfertigungszwang und sind jedenfalls keineswegs in einem umfassenden Sinn demokratietheoretisch gefordert. So äußert Kelsen mit der ihm eigenen Konsequenz, selbst »bei völliger Vernichtung der individuellen ›Freiheit‹ und Negation des liberalen Ideals ist Demokratie – wird solche Staatsgewalt nur von den ihr unterworfenen Individuen gebildet – noch möglich.«[31] Zwar geht dies sicherlich zu weit, stellen doch gewisse Freiheiten wie etwa die Meinungs-, Presse- und Versammlungsfreiheit notwendige Bedingungen politischer Autonomie dar.[32] Jedoch vermag ein solcher demokratiefunktionaler Begründungsansatz Abwehrrechte nur in einem eingeschränkten Umfang zu rechtfertigen. Weder weisen alle Freiheitsrechte einen Bezug zur demokratischen Selbstgesetzgebung auf noch stellt ein Freiheitsgebrauch, der nicht in der *Ausübung* von, sondern im *Verzicht* auf politische Mitwirkung besteht, eine Voraussetzung dieser Selbstbestimmung dar.[33] Für Popper bilden weitreichende Abwehrrechte gegen die Legislative hingegen Einrichtungen, die die durch demokratische Wahlen ausgeübte Kontrolle und Eindämmung politischer Macht sinnvoll *ergänzen*; sie brauchen daher in seiner Demokratiekonzeption der Souveränität des Volkes nicht erst mühsam abgerungen zu werden.

Weiterhin bietet Poppers Modell den Vorteil, dass es das bei verschiedenen autoritären Strömungen beliebte Argument abschneidet, bestimmte demokratische Institutionen und Spielregeln oder auch gewisse Opponenten stünden der Verwirklichung des »echten« Volkswillens entgegen und dürften deshalb im Interesse des Volkes umgangen oder ausgeschaltet werden. Dass es sich bei diesem in Anspruch genommenen »echten« Volkswillen um eine ideologische Fiktion, »eine metapolitische Illusion« zur Durchsetzung der »Alleinherrschaft eines einzigen Gruppeninteresses« handelt, hat schon Kelsen klar herausgearbeitet.[34] Sind es indes gerade die Institutionen und Spielregeln, die kunstvoll ausbalancierten Checks and Balances und die Minderheitenrechte zur Kontrolle

---

[31] *Kelsen*, Wesen und Wert, S. 10f. In einer späteren Abhandlung erkennt Kelsen zwar an, dass das Modell der liberalen Demokratie die Existenz umfassender Freiheitsrechte – auch gegen den demokratischen Gesetzgeber – als notwendige Bedingung demokratischer Verhältnisse versteht. Er sieht darin aber nach wie vor nur eine mögliche Version der Demokratie und hält daran fest, dass zwischen den Grundprinzipien der Demokratie und des Liberalismus ein gewisser Antagonismus besteht. »For according to the principle of democracy the power of the people is unrestricted […] Liberalism, however, means restriction of governmental power, whatever form the government may assume. It means also restriction of democratic power.« S. *Kelsen*, Foundations of Democracy, Ethics 66 (1955), S. 1, 3f. Näher zum nicht immer ganz klaren Verhältnis von Demokratie und Freiheitsrechten bei Kelsen *Dreier*, Kelsen im Kontext, S. 84ff.

[32] Zum Versuch, das Spannungsverhältnis zwischen Freiheitsrechten und Demokratieprinzip dadurch aufzulösen, dass erstere als eine notwendige Bedingung politischer Autonomie verstanden werden, vgl. *Habermas*, Faktizität und Geltung, S. 151ff.

[33] Näher dazu *Engländer*, Diskurs als Rechtsquelle?, 2002, S. 99ff.

[34] *Kelsen*, Wesen und Wert, S. 21ff. Im Hinblick auf die gegenwärtigen populistischen Strömungen eingehend *Müller*, Was ist Populismus?, 2016, S. 42ff., 58ff.

und Eindämmung politischer Macht, die die Demokratie ausmachen, kann ihre Missachtung auch nicht als »wahres« demokratisches Handeln scheinlegitimiert werden.[35] Nicht die Orientierung an einem – vorgeblichen – Volkswillen, sondern die Bereitschaft zur Achtung der demokratischen Institutionen und Traditionen bildet den Lackmustest für das Vorhandensein demokratischer Einstellungen.

Kelsen und Popper sehen gleichermaßen in der Stimmabgabe bei gleichen und freien Wahlen die entscheidende demokratische Mitwirkungshandlung der Masse der Bürger – bei Kelsen als mittelbarer Beitrag zur parlamentarischen Erzeugung des Gemeinschaftswillens, bei Popper als Urteilsspruch über die bisherige Regierung. Fraglich ist indes, ob sie mit dieser »minimalistischen« Betrachtungsweise nicht weitergehende Partizipationsinteressen der Bürger vernachlässigen.[36] Eine wesentliche Quelle des derzeitigen Vertrauensverlustes in die demokratischen Institutionen bildet gerade der Eindruck mangelnden Einflusses auf die Politikinhalte.[37] Dass die Bürger sich, wie Popper meint, hier mit der Auskunft beruhigen lassen, ihre Ohnmachtsgefühle beruhten auf einem Fehlverständnis von Demokratie als Volksherrschaft,[38] erscheint eher zweifelhaft. Immerhin schließt Kelsen aber die Ergänzung der parlamentarischen Demokratie durch direktdemokratische Elemente nicht aus.[39] Und Popper trägt den Partizipationsinteressen der Bürger zwar nicht bei der Explikation seines Demokratiebegriffs, wohl aber bei der nach seiner Ansicht mit dem Demokratiegedanken eng verbundenen Idee der kritischen Öffentlichkeit Rechnung.[40] Zudem darf man die Partizipations*bereitschaft* der Bürger auch nicht überschätzen.[41] Für Demokratietheorien, die sich insoweit mit »sparsamen« Annahmen begnügen, spricht, dass eine selbstbestimmte bürgerliche Partizipation unter den heutigen gesellschaftlichen Bedingungen nur noch als hochselektive vorstellbar ist.

---

[35] Zu einer unverhüllten Form autoritären Denkens, das die Demokratie in einen Gegensatz zum liberalen Parlamentarismus und zu freien Wahlen zu bringen sucht, s. *Schmitt*, Die geistesgeschichtliche Lage des heutigen Parlamentarismus, 2. Auflage 1926, S. 21 ff.

[36] In Bezug auf Popper näher *Engländer*, Poppers Verteidigung, S. 355, 362 ff.

[37] *Mounk*, Zerfall, S. 74 ff.

[38] So *Popper*, Alles Leben ist Problemlösen, S. 226.

[39] *Kelsen*, Wesen und Wert, S. 38 ff.

[40] *Popper*, Vermutungen und Widerlegungen, S. 511 f.

[41] Das Maß an politischem Engagement, das etwa kommunitaristische Demokratietheoretiker als notwendig ansehen (vgl. *Taylor*, Wieviel Gemeinschaft braucht die Demokratie?, 2001, S. 23 ff.), dürfte sich schon angesichts der erheblichen zeitlichen Ressourcen, die der Einzelne investieren müsste, um in einer ausdifferenzierten, komplexen und vernetzten Welt auch nur ansatzweise über die wichtigsten politischen Fragen orientiert zu sein, auf freiwilliger Basis kaum realisieren lassen.

III. Bezüge zur Erkenntnistheorie

Sowohl Kelsen als auch Popper stützen sich bei ihrer Verteidigung der Demokratie auch und gerade auf epistemologische Überlegungen. Kelsen spricht explizit von einem *inneren Zusammenhang* von Erkenntnistheorie und Staatsform.[42] Ihm zufolge handelt es sich bei der Demokratie um die Staatsform, die der kritizistischen Einsicht Rechnung trage, dass Gegenstand menschlicher Erkenntnis nur relative Wahrheiten und relative Werte sein könnten. Sie respektiere jede politische Überzeugung gleichermaßen und räume ihr die Möglichkeit ein, im freien Wettbewerb Zustimmung zu erlangen. »Wer absolute Wahrheit und absolute Werte menschlicher Erkenntnis für verschlossen hält, muss nicht nur die eigene, muss auch die fremde, gegenteilige Meinung zumindest für möglich halten. Darum ist der *Relativismus* die Weltanschauung, die der *demokratische Gedanke* voraussetzt.«[43] Epistemische Demokratietheorien, die den Vorzug der Demokratie darin erblicken, dass Mehrheiten am besten erkennen könnten, was (in einem absoluten Sinne) wahr und richtig sei,[44] lehnt Kelsen dagegen als metaphysische Illusion ab.[45] Den Glauben an die Erkennbarkeit absoluter Wahrheiten und absoluter Werte sieht er als Kernelement autokratischen Denkens.[46] Der Antagonismus zwischen erkenntnistheoretischem »Absolutismus« und »Relativismus« entspricht nach Kelsen dem »antagonism between autocracy and democracy«.[47]

Für Popper bildet die Fallibilität menschlicher Erkenntnis die epistemologische Legitimationsgrundlage der Demokratie. Jedes Wissen habe stets nur einen vorläufigen, konjekturalen Charakter.[48] Daher sei es verfehlt, nach sicherer, unbezweifelbarer, endgültiger Erkenntnis zu streben. Erkenntnisfortschritte ließen sich vielmehr nur dadurch erzielen, dass wir Hypothesen bildeten und diese sodann möglichst strengen Widerlegungsversuchen unterzögen.[49] Der Erwerb unseres Wissens erfolgt demnach durch eine Methode von Konstruktion und Kritik, Versuch und Irrtum. Das bedinge, in Alternativen zu denken, kritische Prüfung zu fördern und ein Lernen aus Irrtümern zu gestatten. Nach Popper ist dieser kritische Rationalismus nicht nur die richtige Methode in der Wissenschaft, sondern ebenso die angemessene Herangehensweise einer rationalen Politik, wenn sie gesellschaftliche Probleme lösen und Fortschritt ermöglichen

---

[42] *Kelsen*, Staatsform und Weltanschauung, S. 7.

[43] *Kelsen*, Wesen und Wert, S. 101.

[44] Aktuell vertreten eine solche Demokratietheorie etwa *Estlund*, Democratic Authority, 2008; *Landemore*, Democratic Reason, 2013.

[45] *Kelsen*, Wesen und Wert, S. 99.

[46] *Kelsen*, Wesen und Wert, S. 100f.

[47] *Kelsen*, Foundations of Democracy, S. 1, 15.

[48] *Popper*, Objektive Erkenntnis, 2. Auflage 1994, S. 1ff. S. dazu auch *Musgrave*, Alltagswissen, Wissenschaft und Skeptizismus, 1993, S. 280ff.

[49] *Popper*, Logik der Forschung, 9. Auflage 1989, S. 31ff.

wolle. Erforderlich sei »eine Einstellung, die zugibt, daß ›ich mich irren kann, daß du recht haben kannst und daß wir zusammen vielleicht der Wahrheit auf die Spur kommen werden‹.«[50]

Kelsen und Popper verbindet damit im Ausgangspunkt ein erkenntnistheoretischer Antifundamentalismus und rationaler Kritizismus. Gleichwohl gibt es zwischen ihren Ansichten nicht unwichtige Unterschiede. Diese betreffen zum einen die epistemologischen Auffassungen selbst und zum anderen die demokratietheoretischen Folgerungen. Zu den erkenntnistheoretischen Differenzen: Während Kelsen die Annahme der Existenz einer vom erkennenden Subjekt unabhängigen Realität, die prinzipiell der menschlichen Erkenntnis zugänglich ist, als metaphysische Spekulation verwirft,[51] hält Popper am Realismus, also der Hypothese vom Bestehen einer erkenntnisunabhängigen objektiven Welt, fest[52] (betont dabei aber die Fallibilität der auf diese Realität bezogenen Erkenntnisakte). Einigkeit besteht zwischen beiden freilich darüber, dass Normen und Werte ontologisch *subjektiver* Natur sind; sie existieren nicht unabhängig von – prinzipiell kontingenten – menschlichen Einstellungen, Wünschen und Entscheidungen.[53] Soweit Kelsen anzunehmen scheint, dass ein erkenntnistheoretischer Realismus die Bejahung einer ontologisch objektiven Natur von Normen und Werten impliziert,[54] ist dem zu widersprechen. Man kann ohne weiteres eine (im epistemologischen Sinne) realistische Weltanschauung vertreten und dabei annehmen, dass manche Erkenntnisgegenstände wie Planeten, Sterne, Steine, Bäume etc. über eine objektive und andere Erkenntnisgegenstände wie Wünsche, Zielsetzungen, Normen und Werte »nur« über eine subjektive Existenzweise verfügen.[55] Ebenso wenig verpflichtet der erkenntnistheoretische Realismus darauf, normative oder wertende Aussagen bzw. Überzeugungen in einem kognitivistischen Sinne zu verstehen; er ist nicht gleichbedeutend mit einem *moralischen* Realismus,[56] sondern durchaus kompatibel mit einem ethischen Nonkognitivismus, nach dem das präskriptive bzw. evaluative Element solcher Aussagen oder Überzeugungen nicht auf Erkenntnis beruht.[57]

---

[50] *Popper*, Offene Gesellschaft, Band II, S. 263.

[51] *Kelsen*, Foundations of Democracy, S. 1, 16.

[52] *Popper*, Objektive Erkenntnis, S. 37ff.

[53] *Kelsen*, Foundations of Democracy, S. 1, 17; *Popper*, Offene Gesellschaft, Band I, S. 69ff. Gleichwohl verbleiben allerdings Differenzen im Hinblick auf die Ontologie von Normen und Werten. S. dazu *Engländer*, Kritischer Rationalismus und Jurisprudenz, in: Hilgendorf (Hrsg.), Kritischer Rationalismus und Einzelwissenschaften, 2017, S. 111, 115ff.

[54] *Kelsen*, Foundations of Democracy, S. 1, 16.

[55] Zur Unterscheidung zwischen »objektiv« und »subjektiv« zum einen in epistemologischer und zum anderen in ontologischer Hinsicht vgl. *Searle*, The Construction of Social Reality, 1995, S. 7ff.

[56] Zu ihm s. Sayre-McCord (Hrsg.), Essays on Moral Realism, 1988; *Werner*, Ethical Realism, in: Ethics 93 (1983), S. 653.

[57] S. hierzu *Engländer*, Critical Rationalism and Metaethics, in: Homo oeconomicus 39 (2022), S. 25.

Nun zu den demokratietheoretischen Folgerungen: Kelsen sieht die parlamentarische Demokratie als die dem Relativismus entsprechende Herrschaftsform an, weil sie zum einen plurale, miteinander kollidierende und konfligierende Interessen und Werte als prinzipiell gleichberechtigt anerkenne und zum anderen die sich daraus ergebenden sozialen Konflikte im Wege der Kompromissbildung zu entschärfen (nicht: aufzulösen) vermöge.[58] Nicht in der Herbeiführung einer individuell für alle Beteiligten vorteilhaften Kooperation oder in der Herstellung eines Konsenses, sondern in der Ermöglichung eines im Großen und Ganzen fairen Kompromisses trotz unvermeidlicher Interessen- und Wertungsgegensätze liegt für ihn die zentrale Leistung der Demokratie.[59] Popper hingegen hält die Fähigkeit zur Erzielung von Kompromissen zwar ebenfalls für ein wichtiges Merkmal der Demokratie[60], erblickt aber eine weitere, vielleicht noch wesentlichere Eigenschaft darin, dass sie die kooperative Suche nach Problemlösungen zur reformatorischen Verbesserung gesellschaftlicher Zustände im Wege von Versuch und Irrtum ermöglicht und fördert.

So plausibel diese Verknüpfungen von Epistemologie und normativer Demokratietheorie auf den ersten Blick wirken mögen, sind doch gegenüber Kelsens weitreichender These, die Demokratie bedinge weltanschaulich den Relativismus, gewisse Bedenken angebracht.[61] Bei näherer Betrachtung ist dieser zur Rechtfertigung jener weder notwendig noch hinreichend. Er ist nicht notwendig, weil Anhänger eines ethischen Kognitivismus durchaus der Auffassung sein können, dass gerade die Freiheit *objektiv* den höchsten Wert bildet und die (liberale) Demokratie diesen Wert unter den Bedingungen staatlich geordneten Zusammenlebens in größtmöglichem Maße realisiert.[62] Ferner kann es sein, dass Kognitivisten ungeachtet ihrer Überzeugung von der objektiven Wahrheit bzw. Richtigkeit ihrer jeweiligen Werte und moralischen Ansichten die Möglichkeit bzw. das Faktum eines »vernünftigen Pluralismus« anerkennen – etwa aufgrund der von ihnen gesehenen Fehlbarkeit des menschlichen Erkennens – und deshalb eine demokratische Gesellschaftsordnung befürworten.[63] (Über die epistemologische Validität solcher kognitivistischen Auffassungen ist damit selbstverständlich noch nichts gesagt.[64]) Nicht hinreichend ist der Relativismus, weil die Erkenntnis, dass die eigenen Interessen und Werte nicht in einem objektiven Sinn

[58] *Kelsen*, Wesen und Wert, S. 57 f.

[59] Näher dazu *Özmen*, Kelsen und das Problem des Pluralismus, in: dies. (Hrsg.), Hans Kelsens Politische Philosophie, 2017, S. 29; ferner *Zanetti*, Spielarten des Kompromisses, 2022, S. 141 ff.

[60] *Popper*, Offene Gesellschaft, Band II, S. 190.

[61] Krit. dazu bereits *Dreier*, Kelsen im Kontext, S. 87 ff.

[62] Prototyp eines solchen Standpunkts ist die Rechts- und Staatsphilosophie Immanuel Kants. Vgl. *Kant*, Metaphysische Anfangsgründe der Rechtslehre (1797/1798), in: *ders.*, Die Metaphysik der Sitten, Werkausgabe Band VIII, 1956.

[63] Zu einer solchen Sichtweise s. *Rawls*, Political Liberalism, 1993.

[64] Für eine eingehende Kritik *Engländer*, Critical Rationalism and Metaethics, S. 25.

wahrer oder richtiger sind als die Interessen und Werte anderer, keineswegs dazu zwingt, die letzteren als gleichberechtigt anzusehen. So kann eine Non-Kognitivistin in Kenntnis dieses Umstands gleichwohl wollen, dass ihre Vorstellungen autokratisch durchgesetzt werden – eben weil sie *ihr* wichtig sind. Das Postulat der Gleichberechtigung aller Interessen und Werte stellt ein normatives Prinzip dar, das nicht aus der nicht-normativen Einsicht in die ontologisch subjektive Natur dieser Interessen und Werte folgt. Im Übrigen kann es auch und gerade aus der Sicht eines non-kognitivistischen Befürworters demokratischer Verhältnisse gute Gründe geben, den vorgenannten normativen Grundsatz abzulehnen und bestimmte Werte und Interessen aus dem demokratischen Verfahren auszuschließen – nämlich solche, die auf eine Abschaffung von Freiheitsrechten und Demokratie abzielen (s. dazu auch unten V.).

Nun konstatiert Kelsen zwar, man dürfe nicht erwarten, dass in der Realität die politische Überzeugung stets mit der ihr adäquaten erkenntnistheoretischen Auffassung zusammenfinde, da der Mensch nun einmal ein widersprüchliches Wesen sei.[65] Das ist richtig, trifft jedoch nicht den hiesigen Punkt. In den soeben erwähnten Konstellationen unterläuft dem Kognitivisten ebenso wenig ein gedanklicher Fehler, wenn er sich für eine demokratische Ordnung ausspricht, wie der Non-Kognitivistin, wenn sie ein autokratisches System befürwortet; vielmehr ist ihre jeweilige Positionierung zur Frage der vorzugswürdigen Herrschaftsform durchaus folgerichtig. Es führt kein gerader Weg vom erkenntnistheoretischen »Absolutismus« zur Autokratie und vom Relativismus zur Demokratie. Zutreffend dürfte freilich die schwächere Annahme sein, dass insgesamt die Bereitschaft zur autokratischen Durchsetzung von Werten und Interessen eher durch eine kognitivistische als durch eine non-kognitivistische Sichtweise gefördert wird. Das gilt in verstärktem Maße, wenn der Kognitivismus einher geht mit einem Gefühl der Gewissheit bzw. Unumstößlichkeit des vermeintlich als richtig Erkannten. Die maßgebliche der Demokratie entgegenkommende erkenntnistheoretische Position ist deshalb womöglich nicht so sehr der Relativismus als vielmehr der Fallibilismus.

IV. Kritik autokratischer Herrschaft

Über Natur und (Un-)Wert der Autokratie besteht zwischen Kelsen und Popper Einigkeit. Ihre Analysen dieser Herrschaftsform überschneiden und ergänzen sich. Als Grundidee der Autokratie sieht Kelsen die als absoluten Wert aufgefasste Herrschaft einer Führung, die vorgeblich von »göttlicher Herkunft« oder zumindest mit »magischen, übernatürlichen oder rational nicht erklärlichen Kräften

---

[65] *Kelsen*, Staatsform und Weltanschauung, S. 8f.

ausgestattet« ist.[66] Im Besitz dieser besonderen Eigenschaften bzw. Fähigkeiten zu sein, bilde die Legitimationsgrundlage für ihren Herrschaftsanspruch. Es gebe in der Autokratie »keine Diskussion und kein[en] Kompromiß, nur Diktat«;[67] Opposition könne nicht geduldet werden. Fehlentwicklungen und politische Missstände würden mangels Kontrollmaßnahmen entweder schon nicht entdeckt oder zur Aufrechterhaltung der Ehrfurcht vor und des Gehorsams gegenüber der Autorität verschleiert.[68] Charakteristisch sei ein »Primat des Wollens«, eine Tendenz zur »Höherwertung des Irrationalen gegenüber dem Rationalen.«[69] Die Autokratie entziehe sich der für die Demokratie typischen Rationalisierung und Berechenbarkeit staatlichen Handelns, der Bindung durch allgemeine Gesetze und Publizität; alles liege stattdessen »in der konkreten Tat, im Geheimnis des schöpferischen Kairos«.[70] Sie sei »mit der größten Energie darauf bedacht [...], sich mit spezifisch religiös-mystischen Ideologien zu umgeben«, gegen deren Kritik sie mit besonderer Härte vorgehe.[71] Während in der Demokratie die Führungsauswahl als das »wichtigste Problem der Politik« im Mittelpunkt rationaler Überlegungen stehe und als transparentes Geschehen ausgestaltet sei, verfüge die Autokratie streng genommen über gar keine Methode der Führerkreation;[72] sie bereite über den Vorgang einen »mystisch-religiösen Schleier«, der indes nur verberge, dass der Erwerb der Führungsrolle letztlich schlicht »dem Zufall der Gewalt« überlassen bleibe.[73]

Popper bestimmt die Autokratie seinem Demokratiebegriff entsprechend zunächst rein negativ. Es handelt sich für ihn um die Herrschaftsform, bei der es nicht durch institutionelle Vorkehrungen gewährleistet ist, dass die Bevölkerung die Inhaber der politischen Macht durch gleiche und geheime Wahlen und somit ohne Blutvergießen wieder absetzen kann.[74] Zugrunde liege ihr die verfehlte Ideologie der »unkontrollierten Souveränität«, nach der die politische Macht keiner Kontrolle unterliege und unterliegen dürfe (weshalb ihr zufolge nur die Besten, Weisesten, Geeignetsten o.ä. diese Macht in Händen halten dürfen).[75] Verbunden werde die autokratische Herrschaft zumeist mit einem kollektivistischen Denken, das primär auf das Wohl eines Kollektivsubjekts wie Staat, Nation, Volk, Klasse oder Kulturgemeinschaft abstelle, hinter dem die Freiheitsinteressen des Einzelnen zurückzustehen hätten.[76] Dahinter verbirgt sich

[66] *Kelsen*, Staatsform und Weltanschauung, S. 18.
[67] *Kelsen*, Staatsform und Weltanschauung, S. 15.
[68] *Kelsen*, Staatsform und Weltanschauung, S. 17.
[69] *Kelsen*, Staatsform und Weltanschauung, S. 15.
[70] *Kelsen*, Staatsform und Weltanschauung, S. 17.
[71] *Kelsen*, Staatsform und Weltanschauung, S. 17.
[72] *Kelsen*, Wesen und Wert, S. 87ff.
[73] *Kelsen*, Wesen und Wert, S. 89.
[74] *Popper*, Offene Gesellschaft, Band I, S. 149.
[75] *Popper*, Offene Gesellschaft, Band I, S. 145f.
[76] *Popper*, Offene Gesellschaft, Band I, S. 127ff.

nach Popper eine durch die Anstrengungen und Beschwernisse des individuellen Freiheitsgebrauchs ausgelöste romantische Sehnsucht nach der Sicherheit und Geborgenheit der archaischen Stammesgesellschaft, der »*geschlossenen Gesellschaft*«.[77] Autoritäre Ordnungen versprächen, dieses Verlangen zu erfüllen, indem sie wie die Stammesgesellschaft ein klar strukturiertes Gemeinschaftsgefüge, Statusgewissheit, Einfachheit der Weltorientierung, Erwartungssicherheit und Befreiung von Entscheidungszwängen und Verantwortungsangst gewährleisteten[78] – was ihre nicht aus der Welt zu schaffende Anziehungskraft begründe. Indes sind die Sicherheit und Geborgenheit der Stammesgesellschaft Popper zufolge letztlich nur um den Preis des Rückfalls in die Barbarei zu haben. »Wenn wir uns zurückwenden, dann müssen wir den ganzen Weg gehen – wir müssen wieder zu Bestien werden.«[79]

Korrekturbedürftig aus heutiger Sicht erscheint Kelsens Verknüpfung der Autokratie mit der Idee einer religiös-mystisch-metaphysischen Herrschaftslegitimation. Zwar gibt es nach wie vor politische Systeme, die offen die Demokratie ablehnen und ihren Herrschaftsanspruch auf irgendeine obskure Form des Auserwähltseins stützen. Absolutistische Monarchien wie sie in verschiedenen Golf-Staaten existieren, Theokratien wie das Islamische Emirat Afghanistan sowie Militärdiktaturen wie in Myanmar oder in verschiedenen afrikanischen Staaten ließen sich hier nennen. Zumeist kommt die Autokratie aber gegenwärtig im Gewande der Demokratie daher. Autokratische Regime bekennen sich häufig vordergründig zu den Regeln der demokratischen Führungsauswahl und legitimieren ihre Herrschaft durch Wahlen. Sie schaffen – anders als klassische Diktaturen – die demokratischen Institutionen und Traditionen auch nicht ab; vielmehr höhlen sie diese schrittweise von innen aus bis nur noch die leere Hülle bleibt.[80] Opposition ist zwar zugelassen, wird jedoch überwacht und auf vielfältige Weise bei der Ausübung ihrer Rechte behindert. Dazu bedient sich das autokratische Regime auch des staatlichen Repressionsapparats, obschon meistens etwas dosierter als in einer Diktatur. Die Medien werden nicht vollständig gleichgeschaltet, sie unterliegen allerdings der staatlichen Kontrolle und es wird ein starkes Übergewicht regimetreuer Berichterstattung sichergestellt. Wahlen finden weiterhin regelmäßig statt, laufen jedoch nicht mehr unter fairen Bedingungen ab. Ideologisch wird mit Polarisierungskategorien operiert: Das Regime beansprucht, dem »echten« Willen des Volkes Geltung zu verschaffen; demzufolge werden Andersdenkende als Gegner des Volkes gebrandmarkt.[81]

---

[77] *Popper*, Offene Gesellschaft, Band I, S. 205 ff.

[78] S. dazu auch *Salamun*, Ein Jahrhundertdenker, 2018, S. 122.

[79] *Popper*, Offene Gesellschaft, Band I, S. 238.

[80] Näher dazu *Przeworski*, Crises of Democracy, S. 172 ff.; *Schäfer/Zürn*, Die demokratische Regression, S. 171 ff.; Fallbeispiele bei *Levitsky/Ziblatt*, Wie Demokratien sterben, S. 86 ff.

[81] Zur dahinter liegenden Ideologie des Populismus vgl. mit unterschiedlichen Akzentsetzungen *Manow*, Die Politische Ökonomie des Populismus, S. 26 ff.; *Mudde/Rovira Kaltwasser*,

Kompromisse gelten als Zeichen der Schwäche. Bezeichnen kann man diese Form der Autokratie als »elektoralen« oder »kompetitiven Autoritarismus«.[82]

Auch wenn die zeitgenössischen Versionen autoritärer Herrschaft unter demokratischer Flagge segeln, ändert dies nichts an ihrer autokratischen Natur. Sie weisen damit ebenfalls die von Kelsen und Popper akzentuierten Nachteile der Autokratie auf: Freiheitsverluste für die Bevölkerung, ein geringeres Maß der Berechenbarkeit und Verlässlichkeit staatlichen Handelns, ein höheres Maß an Korruption, Nepotismus und sonstigem Machtmissbrauch sowie – selbst im Falle einer benevolenten Führung – eine *strukturelle* Unterlegenheit gegenüber der Demokratie bei der politischen Problemlösung. Letztere resultiert aus dem Umstand, dass prinzipiell jede Artikulation von abweichenden Vorstellungen, alternativen Ideen, Dissens und Widerspruch den von der autokratischen Führung erhobenen politischen Alleinvertretungsanspruch zu unterminieren droht. Für diese stellt es zur Aufrechterhaltung der Fiktion, sie verkörpere den »echten« Willen des Volkes, geradezu eine Notwendigkeit dar, eine kritische Öffentlichkeit zu unterbinden oder zumindest erheblich einzuschränken. Ohne eine solche fehlt ihr aber eine entscheidende Informationsquelle zur Überprüfung ihrer Politik.[83] Politische Fehlentwicklungen lassen sich infolgedessen erst verspätet oder nur unvollkommen erkennen. Zur Aufrechterhaltung des Autoritätsanspruchs müssen diese sodann geleugnet oder, insbesondere wenn das nicht mehr möglich ist, äußere oder innere Feinde – der »Deep State«, die »Zins-Lobby«, »ausländische Agenten« etc. – für sie verantwortlich gemacht werden. Die Autokratie bedarf daher ständig neuer Antagonisten, um die Misserfolge ihrer Politik zu erklären. Das zwingt sie, mit Schwarz-Weiß-Dichotomien und Polarisierungskategorien zu operieren, was wiederum eine weitere Verkürzung der Wirklichkeitserfahrung zur Folge hat – mit erneut nachteiligen Folgen für eine zielorientierte politische Problemlösung.[84]

V. Das Problem der Selbstabschaffung der Demokratie

Muss eine Demokratie ihre Abschaffung anerkennen, wenn diese unter demokratischen Bedingungen mehrheitlich beschlossen wird? Kelsen bejaht diese Frage. »Eine Demokratie, die sich gegen den Willen der Mehrheit zu behaupten, gar mit Gewalt sich zu behaupten versucht, hat aufgehört, Demokratie zu sein. Eine Volksherrschaft kann nicht gegen das Volk bestehen bleiben.«[85] Dass die

Populism: A Very Short Introduction, 2017; *Müller*, Was ist Populismus?, 2016; *Schäfer/Zürn*, Die demokratische Regression, S. 64 ff.

[82] *Przeworski*, Crises of Democracy, S. 15 m. w. N.

[83] *Popper*, Offene Gesellschaft, Band I, S. 190.

[84] Dazu bereits *Engländer*, Poppers Verteidigung, S. 355, 367.

[85] *Kelsen*, Verteidigung der Demokratie, S. 90, 98.

Demokratie sich mit ihrer Methode der Willensbildung legal selbst aufheben könne, sei das »paradoxe Vorrecht«, das ihr gegenüber der Autokratie zukomme.[86]

Gegenteiliger Auffassung ist Popper. Ihm zufolge resultiert das »Paradoxon der Demokratie« aus dem verfehlten Verständnis der Demokratie als Herrschaft des Volkes. Sehe man den Kerngedanken der Demokratie hingegen in der Kontrolle und Begrenzung der politischen Macht durch die Abwählbarkeit der Regierung im Wege gleicher und geheimer Wahlen, stelle die Abschaffung dieser Institution, auch wenn sie mit Mehrheit beschlossen werde, keinen demokratischen Akt dar.[87] Gegen institutionelle Schutzmechanismen, die auch dem Mehrheitswillen Grenzen setzen, etwa durch die Verwirkung von Grundrechten (Art. 18 GG i. V. m. §§ 36 ff. BVerfGG), ein Parteienverbot (Art. 21 Abs. 2 GG i. V. m. §§ 43 ff. BVerfGG), eine normative Ewigkeitsgarantie des Demokratieprinzips (Art. 79 Abs. 3 i. V. m. Art. 20 Abs. 2 GG) oder ein Widerstandsrecht (Art. 20 Abs. 4 GG),[88] ist vor dem Hintergrund dieser Sichtweise demokratietheoretisch nichts einzuwenden. Keineswegs muss danach die Demokratie, wie Kelsen meint, »ihren ärgsten Feind an ihrer eigenen Brust nähren«, »auch eine auf Vernichtung der Demokratie gerichtete Bewegung dulden.«[89] Zwar ist sich Popper durchaus des Umstands bewusst, dass sich demokratische Verhältnisse gegen eine Mehrheit der Bevölkerung kaum dauerhaft aufrechterhalten lassen. Es bedürfe neben den demokratischen Institutionen und Traditionen stets auch einer hinreichenden Anzahl an Menschen, die die Werte der Demokratie teilten und ihnen entsprechend handelten.[90] Jedoch treffe es nicht zu, dass konsequente Demokraten die mehrheitlich beschlossene Abschaffung der Demokratie als demokratisch legitimierte Entscheidung anerkennen müssten.

Aber auch vom Standpunkt des Kelsenschen Demokratieverständnisses, das anders als das Poppersche am Grundprinzip der Volkssouveränität festhält, erscheint es zweifelhaft, dass sich die Demokratie, will sie sich treu bleiben, tatsächlich bei entsprechenden Mehrheiten konsequenterweise in das Schicksal ihrer eigenen Abschaffung fügen muss. Horst Dreier wendet gegen diese Auffassung ein, sie verabsolutiere und verselbständige das Mehrheitsprinzip als Entscheidungsregel der Demokratie gegenüber dem ihr zugrunde liegenden und

---

[86] *Kelsen*, Staatsform und Weltanschauung, S. 20. Darin liegt freilich entgegen Kelsen kein Spezifikum der Demokratie. Denn selbstverständlich kann sich auch die Autokratie durch entsprechende Willensbekundung des Autokraten selbst abschaffen. Nach *Popper*, Offene Gesellschaft, Band I, S. 148, sind insoweit alle Spielarten der unbegrenzten Souveränität paradox.

[87] *Popper*, Offene Gesellschaft, Band I, S. 149 f.

[88] Näher zum Grundgesetz als Verfassung einer wehrhaften Demokratie *Dreier*, Idee und Gestalt, S. 249 ff.; *Fahrner*, Die freiheitlich demokratische Grundordnung, 2023, S. 187 ff.; *Neumann*, Volkswille, 2020, S. 294 ff.; *Papier/Durner*, Streitbare Demokratie, in: AöR 128 (2003), S. 340; *Thiel* (Hrsg.), Wehrhafte Demokratie, 2003.

[89] *Kelsen*, Verteidigung der Demokratie, Blätter der Staatspartei 1932, S. 90, 98.

[90] *Popper*, Offene Gesellschaft, Band I, S. 152.

sie tragenden Freiheitsprinzip. Ersteres könne sich indes nicht gegen Letzteres kehren, ohne einen Widerspruch zu evozieren. »Eine Mehrheitsentscheidung, die ihre eigene Basis beseitigt, kann nicht ihrerseits als Konsequenz oder Ausdruck des Demokratieprinzips gewertet werden; sie ist dessen Zerstörung.«[91]

VI. Fazit

Das Fortbestehen der Demokratie ist nicht selbstverständlich.[92] Kelsens und Poppers Verteidigungsschriften sind in diesem Bewusstsein verfasst; die Gefährlichkeit der autoritären Versuchung stand ihnen seinerzeit unmittelbar vor Augen. Angesichts der aktuellen politischen Krisen und Auseinandersetzungen sind uns die beiden Wiener Streiter für die Demokratie in schwieriger Zeit auch insoweit wieder nahe gerückt – wenngleich die heutige Situation nicht einfach mit der zeitgeschichtlichen Lage, in der sich die beiden Denker befanden, gleichgesetzt werden kann.[93] Ihre Ausführungen verdeutlichen indes, was derzeit auf dem Spiel steht. Vor allem aber vermitteln sie uns als Klassiker der Demokratietheorie ein vertieftes Verständnis der Grundidee(n), der Funktionsweise und der Existenzbedingungen der Demokratie – und offenbaren uns nicht zuletzt etwas über deren *Wert*.

---

[91] *Dreier*, Kelsen im Kontext, S. 93 f. Ein weiteres Problem sieht Dreier in der Unumkehrbarkeit der Selbstabschaffung, da eine wertrelativistische Demokratie gerade die Revisibilität aller Mehrheitsentscheidungen postulieren müsse; vgl. *Dreier*, Rechtslehre, S. 270 f. Ferner zur Thematik *Hidalgo*, Kelsen und das Paradox der wehrhaften Demokratie, in: *Özmen* (Hrsg.), Kelsen und das Problem des Pluralismus, S. 95.

[92] Deutlich übertrieben ist freilich die These vom unaufhaltsamen Niedergang (»Devolution«) der Demokratie; so aber jüngst *Selke,* Demokratiedämmerung, 2023, S. 31 ff.

[93] Während die seinerzeitige Epoche geprägt war von den Auseinandersetzungen mit und zwischen den großen totalitären Ideologien, ist die heutige Situation weltanschaulich weitaus diffuser. Die meisten (wenn auch nicht alle) aktuellen autoritären Strömungen verzichten auf eine »große Erzählung« zur Rechtfertigung ihres Herrschaftsanspruchs und greifen, zuweilen recht opportunistisch, lediglich auf gewisse Theorie- und Ideenfragmente zurück. Von »thin-centered ideologies« sprechen deshalb *Mudde/Rovira Kaltwasser*, Populism: A Very Short Introduction, S. 6. Einen »pragmatischen Autoritarismus« erkennt *Runciman*, So endet die Demokratie, 2020, S. 165 ff.

Das Recht auf demokratische Selbstbestimmung

Peter M. Huber

Die Demokratie gehört zu den juristischen Gegenständen, die *Horst Dreier* immer wieder beschäftigt haben. Sie steht als *pouvoir constituant* am Anfang unserer Verfassungsordnung, sie ist die Folie, vor der die Staatsfunktionen vermessen werden und die »hierarchische Verwaltung« ihren spezifischen Sinn erhält,[1] und sie steht ggf. auch am Ende des demokratischen Verfassungsstaates Bundesrepublik Deutschland, wenn sich das deutsche Volk eines Tages denn entschließen sollte, nach Art. 146 GG vom Grundgesetz Abschied zu nehmen.[2] *Horst Dreier* hat die Demokratie historisch, dogmatisch und rechtspolitisch vermessen und dem öffentlichen Diskurs in Deutschland weit über die Fachwelt im engeren Sinne hinaus wichtige Einsichten beschert.[3]

Ein zentraler Aspekt der Demokratie und des in Art. 20 Abs. 1 und 2 GG niedergelegten Verfassungsgrundsatzes, sein – je nach Metapher – Gravitations- oder Fluchtpunkt, kommt dabei jedoch kaum vor: das in Art. 38 Abs. 1 Satz 1 in Verbindung mit Art. 20 Abs. 1 und 2 in Verbindung mit Art. 1 Abs. 1 GG verankerte Recht aller Bürgerinnen und Bürger Deutschlands auf demokratische Selbstbestimmung.

I. Europarechtlicher Anlass – allgemeingültige Idee

Die Zurückhaltung mag etwas damit zu tun haben, dass dieses Recht nicht im Zentrum des nationalen Verfassungsdiskurses »entdeckt« worden ist, sondern im Kontext des Europaverfassungsrechts.

Im Maastricht-Urteil vom 12. Oktober 1993 ist dem Bundesverfassungsgericht und seinem Berichterstatter *Paul Kirchhof* ein – wohl von *Hans Heinrich Rupp* vorbereiteter – Brückenschlag zwischen dem Grundrechtsteil der Verfassung und dem Staatsorganisationsrecht gelungen, der das Staatsverständnis

[1] *Horst Dreier*, Hierarchische Verwaltung im demokratischen Staat, 1991.

[2] *Horst Dreier*, Gilt das Grundgesetz ewig? Fünf Kapitel zum modernen Verfassungsstaat, 2009.

[3] Vgl. nur *Horst Dreier*, in: ders. (Hrsg.), Grundgesetz-Kommentar, Band II, 3. Auflage 2015, Art. 20 (Demorkatie); *ders.*, Grundrechtsrepublik Weimar, in: ders./Christian Waldhoff (Hrsg.), Das Wagnis der Demokratie, 2018, S. 175 ff.

der Bonner Republik und ihre Staatsrechtslehrer auch 30 Jahre später noch immer irritiert.

Dieser Brückenschlag fiel nicht vom Himmel, sondern beruht auf der ebenso einfachen wie klaren Einsicht, dass Demokratie und Volkssouveränität im repräsentativ-parlamentarischen System des Grundgesetzes nicht nur formale Zurechnungsfiktionen darstellen, sondern die Verfassungswirklichkeit prägende Rechtsprinzipien. Die Wahlen zum Deutschen Bundestag – Vergleichbares gilt mutatis mutandis auch für die Landtage – erschöpfen sich deshalb nicht in der Kreation des Parlaments, sondern besitzen eine real- wie personalplebiszitäre Dimension, die sie als »Surrogat der unmittelbaren Demokratie im Flächenstaat«[4] erscheinen lässt. Das Lissabon Urteil des Bundesverfassungsgerichts spricht insoweit davon, dass mit der Wahl die Staatsgewalt auf Bundesebene nicht nur nach Art. 20 Abs. 1 und Abs. 2 GG legitimiert, sondern zudem auch dirigierender Einfluss genommen werde, wie diese ausgeübt wird. Denn die Wahlberechtigten können zwischen konkurrierenden Kandidaten und Parteien auswählen, die sich mit unterschiedlichen politischen Vorschlägen und Konzepten zur Wahl stellen.[5] Mit anderen Worten: Im Wahlakt treffen Bürgerinnen und Bürger – politikwissenschaftlich wie verfassungsrechtlich gesprochen – eine Entscheidung für ein bestimmtes Programm in personeller wie inhaltlicher Hinsicht und für die politische Grobrichtung, für die vor allem die von ihnen gewählte Partei aus ihrer Sicht zu stehen scheint.

Von einer dermaßen personal- wie realplebiszitären Dimension kann freilich nur die Rede sein, wenn das für die Vermittlung demokratischer Legitimation in erster Linie verantwortliche Parlament auch über hinreichende Kompetenzen verfügt, um die im Wahlakt getroffene Richtungsentscheidung in die Tat umzusetzen.[6] Das gilt für den Bundestag wie für die Landtage. Das Demokratieprinzip widerstreitet deshalb Entwicklungen und Zuständen, in denen Wahlen und Abstimmungen zum inhaltslosen Ritual degenerieren, weil mit ihnen nicht auf politisch-inhaltliche Gestaltungsspielräume Einfluss genommen werden kann. Wahlen zu Repräsentativkörperschaften, die über keine (ausreichenden) Kompetenzen verfügen, dienen konsequenterweise nicht der demokratischen Teilhabe: Eine Repräsentativkörperschaft ohne Entscheidungsbefugnisse erfüllt keine demokratische Funktion. Sie ist ein Potemkin'sches Dorf.

Es leuchtet vor diesem Hintergrund unmittelbar ein, dass der Abbau bzw. die Verringerung von Zuständigkeiten des Parlaments Rückwirkungen auf seine Wählerinnen und Wähler hat und dass sie ein Interesse daran haben (müssen),

---

[4] *Peter Badura*, in: Bonner Kommentar (Zweitbearb.), Art. 38 Rn. 26; *ders.*, Parlamentarismus und parteienstaatliche Demokratie, in: FS für Michaelis, 1972, S. 9, 22.

[5] BVerfGE 123, 267 (330) – Lissabon, unter Hinweis auf BVerfGE 89, 155 (172) – Maastricht.

[6] BVerfGE 89, 155 (171 f., 182); *Paul Kirchhof*, Das Parlament als Mitte der Demokratie, in: Festschrift für Peter Badura, 2004, S. 237 (242 f.); *Winfried Kluth*, Die demokratische Legitimation der Europäischen Union, 1995, S. 61.

dass die Hebelwirkung ihres Wahlrechts nicht verringert wird. Das Grundgesetz hat diesen legitimatorischen Zusammenhang zwischen den Wahlberechtigten und der Staatsgewalt durch Art. 23 Abs. 1 Satz 3 in Verbindung mit Art. 79 Abs. 3 und Art. 20 Abs. 1 und Abs. 2 GG für unantastbar erklärt.

I. Die subjektiv-rechtliche Dimension der Demokratie

1. Der Bezug zur Menschenwürde in der Rechtsprechung

Dass sich die Grundsätze der Demokratie und der Volkssouveränität nicht in objektiv-rechtlichen Verfassungsvorgaben an die Legitimation von Akten öffentlicher Gewalt oder die Rolle des Parlaments in der Entscheidungsfindung erschöpfen, sondern dass es dabei der Sache nach um die politische Selbstbestimmung des Einzelnen geht,[7] taucht bereits im KPD-Urteil des Bundesverfassungsgerichts vom 17. August 1956 auf. Dort heißt es, wenn auch etwas beiläufig:

»In der freiheitlichen Demokratie ist die Würde des Menschen der oberste Wert. Sie ist unantastbar, vom Staate zu achten und zu schützen. Der Mensch ist danach eine mit der Fähigkeit zu eigenverantwortlicher Lebensgestaltung begabte ›Persönlichkeit‹. Sein Verhalten und sein Denken können daher durch seine Klassenlage nicht eindeutig determiniert sein. Er wird vielmehr als fähig angesehen, und es wird ihm demgemäß abgefordert, seine Interessen und Ideen mit denen der anderen auszugleichen. Um seiner Würde willen muß ihm eine möglichst weitgehende Entfaltung seiner Persönlichkeit gesichert werden. Für den politisch-sozialen Bereich bedeutet das, daß es nicht genügt, wenn eine Obrigkeit sich bemüht, noch so gut für das Wohl von ›Untertanen‹ zu sorgen; der Einzelne soll vielmehr in möglichst weitem Umfange verantwortlich auch an den Entscheidungen für die Gesamtheit mitwirken. Der Staat hat ihm dazu den Weg zu öffnen; das geschieht in erster Linie dadurch, daß der geistige Kampf, die Auseinandersetzung der Ideen frei ist, daß mit anderen Worten geistige Freiheit gewährleistet wird. Die Geistesfreiheit ist für das System der freiheitlichen Demokratie entscheidend wichtig, sie ist geradezu eine Voraussetzung für das Funktionieren dieser Ordnung; sie bewahrt es insbesondere vor Erstarrung und zeigt die Fülle der Lösungsmöglichkeiten für die Sachprobleme auf. Da Menschenwürde und Freiheit jedem Menschen zukommen, die Menschen insoweit gleich sind, ist das Prinzip der Gleichbehandlung aller für die freiheitliche Demokratie ein selbstverständliches Postulat.«[8]

Seit dem Maastricht-Urteil betont das Bundesverfassungsgericht in ständiger Rechtsprechung – wenn auch nur im Kontext des Europaverfassungsrechts –, dass es Kern des in Art. 20 Abs. 1 und 2 GG verankerten und im Kern durch Art. 79 Abs. 3 i. V. m. Art. 1 Abs. 1 GG geschützten Demokratieprinzips sei, den

---

[7] Das bedeutet allerdings nicht, dass das Demokratieprinzip des Art. 20 Abs. 1 und 2 GG umfassend subjektiviert wäre. Der Deutsche Bundestag etwa kann aus ihm keine Positionen ableiten, die er im Wege der Organklage geltend machen könnte, vgl. BVerfGE 123, 267 (339) – Lissabon.

[8] BVerfGE 5, 85 (204 f.) – KPD-Urteil.

einzelnen Staatsbürgerinnen und Staatsbürgern die Möglichkeit zu sichern, ihren Lebensentwurf, ihre individuelle »*pursuit of happiness*«, durch eine wirkungsvolle Einflussnahme auf die politischen Grundentscheidungen der für sie zuständigen Herrschaftsverbände abzusichern.[9]

Vor diesem Hintergrund erscheint es gleichwohl gerechtfertigt, einen mit Partizipationsmöglichkeiten hinreichend ausgestatteten »Status activus«, der den Einzelnen ernst nimmt und insoweit als eine Art »Verfassungsorgan« begreift, als archimedischen Punkt des in Art. 20 Abs. 1 und 2 GG verankerten Demokratieprinzips zu identifizieren.

2. *Gemeineuropäischer Befund*

Das subjektiv-rechtliche Verständnis der Demokratie ist im Übrigen kein »Ausreißer« und auch kein deutscher Sonder- oder Irrweg. Es entspricht – bei allen Unterschieden, die die Konkretisierung des Demokratiegebots in den einzelnen Staaten erfahren hat[10] – dem (gemein-)europäischen Verständnis.

Dessen harter Kern bilden zwar auf den ersten Blick »nur« gewissen Mindestanforderungen genügende Wahlen und eine rechtlich abgesicherte Responsivität der politischen Willensbildung.[11] Bei genauerem Hinsehen zeigt sich jedoch eine unauflösliche Verbindung dieser Vorgaben mit den demokratierelevanten, weil partizipationsermöglichenden Grundrechten wie den Kommunikationsfreiheiten, der Versammlungs- oder der Vereinigungsfreiheit.[12] Dass es von hier aus nur ein kleiner Schritt ist, den Bezugspunkt der Demokratie in der politischen Selbstbestimmung des Einzelnen zu finden, seinen Mitwirkungsmöglichkeiten und seinem Status activus (*Georg Jellinek*), liegt auf der Hand.[13]

In diesem Sinne spricht Art. 10 Abs. 2 UAbs. 1 EUV davon, dass die Bürgerinnen und Bürger auf Unionsebene unmittelbar im Europäischen Parlament vertreten sind. Für die mitgliedstaatliche Ebene wird dies zwar nicht so deutlich festgelegt; Art. 10 Abs. 2 UAbs. 2 EUV rekurriert insoweit auf die Mitgliedstaaten als solche, betont aber immerhin, dass die nationalen Organe ihren Bür-

---

[9] Für Deutschland BVerfGE 5, 85 (197); 44, 125 (142); 89, 155 (187) – Maastricht; 123, 267 (340); 129, 124 (169, 177); 132, 195 (238 Rn. 104); 135, 317 (386 Rn. 125); 142, 123 (190 Rn. 126) – OMT.

[10] Vgl. *Sebastian Unger*, Das Verfassungsprinzip der Demokratie, 2008, S. 285, 291 f.

[11] *Peter M. Huber*, Demokratie in Europa – Zusammenfassung und Ausblick, in: Hartmut Bauer/ders./Karl-Peter Sommermann (Hrsg.), Demokratie in Europa, 2005, S. 491 (497 f.).

[12] Deutschland: *Peter M. Huber*, in: ders. (Hrsg.), ThürStVerwR, 2000, 1. Teil, Rdnr. 116 zu Art. 9 ThürVerf.; Polen: *Stanislaw Biernat*, Demokratieprinzip im polnischen Verfassungssystem, in: Bauer/Huber/Sommermann (Hrsg.), Demokratie in Europa, 2005, S. 79 ff.

[13] Für die *Schweiz* betont *Giovanni Biaggini*, Ausgestaltung und Entwicklungsperspektiven des demokratischen Prinzips in der Schweiz, in: Bauer/Huber/Sommermann (Hrsg.), Demokratie in Europa, S. 107 ff., dass es bei der Referendumsdemokratie um *Rechte* der Stimmberechtigten geht und dass, wenn Wahl und Abwahl der Regierung der Maßstab seien, die Schweiz kaum als demokratisch einzustufen wäre – ein skurriles Ergebnis.

gerinnen und Bürgern Rechenschaft ablegen müssen. Das muss man wohl so verstehen, dass die Konkretisierungen des Demokratieprinzips in den Verfassungen der Mitgliedstaaten – auch wenn sie wie in Deutschland, Frankreich, Italien, Österreich oder Spanien an das Staatsvolk anknüpfen – die Anerkennung eines individualrechtlichen Kerns nicht ausschließen (dürfen).[14]

Aus der menschenrechtlichen Einbettung des unionalen Demokratiegebots sowie aus dem Fehlen eines europäischen (Staats-)Volkes folgt somit, dass dessen Bezugspunkt auf EU-Ebene nur der Einzelne sein[15] und sein »Wesen« nur darin bestehen kann, Unionsbürgerinnen und -bürgern eine wirkungsvolle Einflussnahme auf die politischen (Grund-)Entscheidungen der Europäischen Union und ihrer Organe zu ermöglichen. Die Partizipationsmöglichkeiten und ihre Effektivität entscheiden m. a. W. über das demokratische Legitimationsniveau der Europäischen Union und der von ihr erlassenen Maßnahmen.

III. Art. 38 Abs. 1 Satz 1 GG als materielles Recht

1. Rechtsprechung des Bundesverfassungsgerichts

a) Ausgangspunkt

Im Maastricht-Urteil vom 12. Oktober 1993 wird die auf Art. 1 Abs. 1 GG gestützte subjektive Dimension der Demokratie erstmals mit dem in Art. 38 Abs. 1 Satz 1 GG garantierten Wahlrecht zum Deutschen Bundestag in Zusammenhang gebracht und dieses nicht mehr nur als ein formelles Recht verstanden, die Abgeordneten in allgemeinen, freien, gleichen, geheimen und unmittelbaren Wahlen zu wählen, sondern als materielles Recht, mit dem der Einzelne auf die politischen Geschicke des Landes auch tatsächlich Einfluss nehmen kann.[16]

Daraus folgt, dass das Wahlrecht materiell umso gehaltvoller ist, je mehr Befugnisse die zu wählende Repräsentativkörperschaft hat. Umgekehrt ist es umso schwächer, je weniger mit der konkreten Wahl bewegt werden kann. Das zeigt nicht zuletzt der Blick auf die alle sechs Jahre stattfindenden Sozialwahlen, denen angesichts der flächendeckenden gesetzlichen Determinierung nur eine sehr geringe demokratische Relevanz zukommt. Denn ihre Repräsentativkörperschaften – in der Rentenversicherung Vertreterversammlung (§ 3 Satzung) und Bundesvertreterversammlung (§ 12 Satzung) haben kaum Substantielles zu entscheiden.[17]

---

[14] *Peter M. Huber*, in: Streinz (Hrsg.), EUV/AEUV, 3. Auflage 2018, Art. 10 EUV Rn. 11.

[15] EuGHE 2001, I-6193 – Grzelzyk; 2002, I – 7091 – Baumbast und R; 2004, I-7573 – Trojani; 2004, I – 9925 ff. – Chen/Zhu; *Peter M. Huber*, Unionsbürgerschaft, in: EuR 48 (2013), S. 637 (649).

[16] BVerfGE 89, 155 (171 f., 182) – Maastricht.

[17] *Peter M. Huber*, Klarere Verantwortungsteilung von Bund, Ländern und Kommunen, Gutachten D zum 65. DJT, 2004, D 34; *Kluth*, Demokratische Legitimation, S. 61 Fn. 100.

Das Lissabon-Urteil[18] und die folgende Rechtsprechung des Zweiten Senats vom Urteil zu Griechenlandhilfe und EFSF[19] bis zu den Entscheidungen in Sachen *Next Generation EU*[20] haben diesen Ansatz weiter vertieft und um zusätzliche Facetten angereichert. Im Urteil zu Griechenlandhilfe und EFSF heißt es insoweit:

»Art. 38 Abs. 1 und Abs. 2 GG gewährleistet das subjektive Recht, unter Einhaltung der verfassungsrechtlichen Wahlgrundsätze an der Wahl der Abgeordneten des Deutschen Bundestages teilzunehmen [...] Dabei erschöpft sich der Wahlakt nicht in einer formalen Legitimation der Staatsgewalt auf Bundesebene nach Art. 20 Abs. 1 und Abs. 2 GG. Vom Wahlrecht mit umfasst ist auch der grundlegende demokratische Gehalt des Wahlrechts, mithin die Gewährleistung wirksamer Volksherrschaft.«[21]

b) Beschränkung auf supranationale Konstellationen?

Das Bundesverfassungsgericht hat diesen Gedanken bislang allerdings auf aus der Supranationalisierung von Aufgaben und Befugnissen herrührende Einflussknicke beschränkt. Im Anwendungsbereich von Art. 23 GG schließt es Art. 38 Abs. 1 Satz 1 GG danach aus, die durch die Wahl bewirkte Legitimation von Staatsgewalt und Einflussnahme auf deren Ausübung durch die Verlagerung von Aufgaben und Befugnissen des Bundestages auf die europäische Ebene so zu entleeren, dass das Demokratieprinzip verletzt wird.[22] Zugleich schützt er die wahlberechtigten Bürgerinnen und Bürger insoweit vor einem Substanzverlust ihrer im verfassungsstaatlichen Gefüge maßgeblichen Herrschaftsgewalt durch weitreichende oder gar umfassende Übertragungen von Aufgaben und Befugnissen des Bundestages, vor allem auf supranationale Einrichtungen. Vergleichbares gilt für völkervertraglich eingegangene Bindungen im institutionellen Zusammenhang mit der Europäischen Union, wenn die demokratische Selbstregierung des Volkes dadurch dauerhaft eingeschränkt wird, dass zentrale politische Entscheidungen nicht mehr selbständig getroffen werden können.[23]

Der materielle Gehalt des Wahlrechts wird durch Art. 38 Abs. 1 Satz 1 GG nach dieser Rechtsprechung allerdings nur in einem engen Umfang geschützt, der letztlich mit dem von Art. 1 Abs. 1 in Verbindung mit Art. 79 Abs. 3 GG individualrechtlichen Kern des Demokratieprinzips zusammenfällt. Dieser wird nur insoweit berührt, als er in einem für die politische Selbstbestimmung des Volkes wesentlichen Bereich praktisch leerzulaufen droht, das heißt wenn die demokratische Selbstregierung des Volkes dauerhaft derart eingeschränkt wird,

[18] BVerfGE 123, 267 (330, 341) – Lissabon.
[19] BVerfGE 129, 124 ff. – Griechenlandhilfe und EFSF.
[20] BVerfGE 164, 193 ff. – ERatG – NGEU.
[21] BVerfGE 129, 124 (167 ff.) – Griechenlandhilfe und EFSF.
[22] BVerfGE 123, 267 (330) – Lissabon, unter Hinweis auf BVerfGE 89, 155 (172) – Maastricht.
[23] BVerfGE 129, 124 (167 ff.) – Griechenlandhilfe und EFSF.

dass zentrale politische Entscheidungen nicht mehr selbständig getroffen werden können.[24]

Dieser materielle Schutzgehalt von Art. 38 Abs. 1 Satz 1 GG kommt vor allem in Konstellationen zum Tragen, in denen die Kompetenzen des Bundestages auf eine Art und Weise ausgehöhlt werden, die eine parlamentarische Repräsentation des Volkswillens, gerichtet auf die Verwirklichung des politischen Willens der Bürger, rechtlich oder praktisch unmöglich macht.[25] Einen »Anspruch auf Demokratie« vermittelt Art. 38 Abs. 1 Satz 1 GG nur insoweit, als durch einen Vorgang demokratische Grundsätze berührt werden, die Art. 79 Abs. 3 GG auch dem Zugriff des verfassungsändernden Gesetzgebers entzieht.[26]

Im Beschluss zum Einheitlichen Patentgericht I vom 13. Februar 2020 hat der Zweite Senat diese Rechtsprechung noch einmal zusammengefasst und auch die (bisherige) Beschränkung auf supranationale Konstellationen erläutert. So heißt es dort:

»Art. 38 Abs. 1 Satz 1 GG schützt die wahlberechtigten Bürgerinnen und Bürger vor einer Übertragung von Hoheitsrechten gemäß Art. 23 Abs. 1 GG, die unter Verstoß gegen Art. 79 Abs. 3 in Verbindung mit Art. 23 Abs. 1 Satz 3 GG den wesentlichen Inhalt des Grundsatzes der Volkssouveränität (Art. 20 Abs. 1 und Abs. 2 GG) preisgibt. [...] Der Gewährleistungsbereich von Art. 38 Abs. 1 Satz 1 GG erfasst Strukturveränderungen im staatsorganisationsrechtlichen Gefüge, wie sie bei der Übertragung von Hoheitsrechten auf die Europäische Union oder andere supranationale Einrichtungen eintreten können [...]. Kompetenzen, die einem anderen Völkerrechtssubjekt übertragen werden, können im Unterschied zu einer Verfassungsänderung nicht ohne Weiteres ›zurückgeholt‹ werden. Das Erfordernis der Zwei-Drittel-Mehrheit in Art. 23 Abs. 1 Satz 3 in Verbindung mit Art. 79 Abs. 2 GG dient insoweit der Gewährleistung eines besonderen Legitimationsniveaus für Entscheidungen, die die Substanz des Wahlrechts zum Bundestag schwächen und die demokratischen Gewährleistungen des Grundgesetzes möglicherweise dauerhaft bis zu der durch die Verfassungsidentität geschützten Grenze zurücknehmen. Dabei soll der ohne unmittelbare Beteiligung des Volkes zur materiellen Verfassungsänderung berufene Integrationsgesetzgeber eine substantielle Hürde zu überwinden haben [...]. Anders als bei Verfassungsänderungen ist Art. 38 Abs. 1 Satz 1 GG bei der Übertragung von Hoheitsrechten stets betroffen. Hoheitsrechte können ohne Beachtung der verfassungsrechtlichen Anforderungen an die Kompetenzübertragung, auch soweit damit keine Verfassungsänderung einhergeht, nicht wirksam übertragen werden, so dass an eine solche ›Übertragung‹ anknüpfende Akte als Ultra-vires-Akte anzusehen sind.«[27]

---

[24] Vgl. BVerfGE 89, 155 (172) – Maastricht; 123, 267 (330) – Lissabon; 129, 124 (168) – Griechenlandhilfe und EFSF.

[25] Vgl. BVerfGE 129, 124 (170) – Griechenlandhilfe und EFSF; 135, 317 (386 Rn. 125) – ESM.

[26] Vgl. BVerfGE 123, 267 (340) – Lissabon; 129, 124 (177) – Griechenlandhilfe und EFSF; 132, 195 (238 Rn. 104) – eA ESM; 135, 317 (386 Rn. 125) – ESM.

[27] BVerfGE 153, 74 (133 f. Rn. 96 f.) – Einheitliches Patentgericht.

2. Kritik

Die materielle Deutung von Art. 38 Abs. 1 Satz 1 GG ist trotz der geschilderten Engführung auf heftige Kritik gestoßen.[28] Gegen sie wird insbesondere eingewandt, der Wortlaut des Art. 38 GG gebe für einen solche Interpretation nichts her,[29] zudem führe der Ansatz des Gerichts zu einer faktischen Popularklage auf Einhaltung der verfassungsrechtlichen Schranken der Integration, die das austarierte System verfassungsgerichtlicher Verfahrensarten weg von der abstrakten Normenkontrolle und dem Organstreitverfahren hin zur Verfassungsbeschwerde verschiebe.[30]

Sieht man einmal davon ab, dass die Kritiker geflissentlich übersehen, dass in so gut wie allen vom Bundesverfassungsgericht entschiedenen Fällen auch Organklagen zur Entscheidung anstanden, verfangen die Einwände auch in der Sache nicht: Eine Popularklage eröffnet die Rechtsprechung schon deshalb nicht, weil eine auf die Verletzung von Art. 38 Abs. 1 Satz 1 GG gestützte Verfassungsbeschwerde – wie jede Verfassungsbeschwerde – substantiiert darlegen muss, dass das inhaltlich einigermaßen klar konturierte materielle »Recht auf demokratische Selbstbestimmung« durch den angegriffenen Rechtsakt möglicherweise verletzt wird. Das setzt die plausible Darlegung voraus, dass eine Erosion der demokratischen Substanz des Wahlrechts droht, also der enge, durch Art. 79 Abs. 3 GG geschützte Bereich berührt wird. Es geht – wie der Zweite Senat immer wieder betont hat – gerade nicht um eine inhaltliche Kontrolle demokratischer Prozesse, sondern um deren Ermöglichung. Der materielle Gehalt von Art. 38

---

[28] SV Gerhardt BVerfGE 134, 430ff. – OMT-Vorlage; *Christian Tomuschat*, Die Europäische Union unter Aufsicht des Bundesverfassungsgerichts, in: EuGRZ 1993, S. 489 (491); *Brun-Otto Bryde*, Das Maastricht-Urteil des Bundesverfassungsgerichts – Konsequenzen für die weitere Entwicklung der europäischen Integration, 1993, S. 4; *Christian König*, Das Urteil des Bundesverfassungsgerichts zum Vertrag von Maastricht – ein Stolperstein auf dem Weg in die europäische Integration?, in: ZaöRV 54 (1994), S. 17 (27f.); *R. Bieber*, Beschwerden über die Verfassung als Verfassungsbeschwerden?, in: NJ 47 (1993), S. 241 (242); *Ulrich M. Gassner*, Kreation und Repräsentation. Zum demokratischen Gewährleistungsgehalt von Art. 38 Abs. 1 S. 1 GG, in: Der Staat 34 (1995), S. 429 (439f.); *H.J. Cremer*, Rügbarkeit demokratiewidriger Kompetenzverschiebungen im Wege der Verfassungsbeschwerde?, in: NJ 49 (1995), S. 5ff.; *Christoph Schönberger*, Die Europäische Union zwischen »Demokratiedefizit« und Bundesstaatsverbot. Anmerkungen zum Lissabon-Urteil des Bundesverfassungsgerichts, in: Der Staat 48 (2009), S. 535 (539ff.); *Martin Nettesheim*, Ein Individualrecht auf Staatlichkeit? Die Lissabon-Entscheidung des BVerfG, in: NJW 2009, S. 2867 (2869); *E. Pache*, Das Ende der europäischen Integration?, in: EuGRZ 2009, S. 285 (287f.); *Jörg Paul Terhechte*, Souveränität, Dynamik und Integration – making up the rules as we go along? – Anmerkungen zum Lissabon-Urteil des Bundesverfassungsgerichts, in: EuZW 2009, S. 724 (725).

[29] Vgl. *Matthias Jestaedt*, Warum in die Ferne schweifen, wenn der Maßstab liegt so nah? Verfassungshandwerkliche Anfragen an das Lissabon-Urteil des BVerfG, in: Der Staat 48 (2009), S. 497 (503); *A. Proelß*, Zur verfassungsgerichtlichen Kontrolle der Kompetenzmäßigkeit von Maßnahmen der Europäischen Union: Der »ausbrechende Rechtsakt« in der Praxis des BVerfG, in: EuR 2011, S. 241 (252).

[30] Vgl. *Schönberger*, »Demokratiedefizit«, S. 540f.; *Terhechte*, Souveränität, S. 726.

Abs. 1 Satz 1 GG zielt – ausschließlich – auf die Verwirklichung demokratischer Mitwirkungsrechte.[31] Mit einer Popularklage hat das nichts zu tun.

Auch die angebliche Verschiebung des »sorgfältig austarierten Systems verfassungsgerichtlicher Verfahrensarten«[32] bleibt letztlich Behauptung; den Nachweis, dass – und warum – eine verfassungsgerichtliche Kontrolle der Integrationsgewalt nur im Rahmen der abstrakten Normenkontrolle möglich sein sollte, die in der Praxis des Gerichts eine absolut untergeordnete Rolle spielt, bleiben die Kritiker ebenso schuldig wie eine plausible Antwort auf die nun mal nicht zu leugnende substantielle Erosion des Wahlrechts, die mit jeder Übertragung von Hoheitsrechten notgedrungen einhergeht. Wie das Bundesverfassungsgericht im Urteil zu Griechenlandhilfe und EFSF vom 7. September 2011 dargelegt hat, wäre der letztlich in der Würde des Menschen wurzelnde Anspruch des Bürgers auf effektive Teilhabe an der demokratischen Selbstbestimmung hinfällig, wenn das Parlament Kernbestandteile der politischen Selbstbestimmung aufgeben und den Bürgern damit ihre demokratischen Einflussmöglichkeiten dauerhaft entziehen könnte, ohne dass hiergegen eine verfassungsprozessuale Abwehrmöglichkeit bestünde.[33]

3. Begriff

Auch wenn die materielle Dimension des Wahlrechts einigermaßen klar konturiert ist, so fiel es dem Bundesverfassungsgericht zunächst doch schwer, diese auch auf den Begriff zu bringen.

Im Maastricht-Urteil von 1993 ist noch recht umständlich vom »Recht auf Teilnahme an der demokratischen Legitimation der mit der Ausübung von Hoheitsgewalt betrauten Einrichtungen und Organe«[34] die Rede, im Lissabon-Urteil von 2009 vom »Recht auf gleiche Teilhabe an der demokratischen Selbstbestimmung (demokratisches Teilhaberecht)«[35] und in den Urteilen zur Griechenlandhilfe und EFSF von 2011 oder zum OMT-Programm der Europäischen Zentralbank vom »Grundrecht auf Mitwirkung an der demokratischen Selbstherrschaft des Volkes«[36]. In der Entscheidung über die einstweilige Anordnung zum ESM vom 12. September 2012 heißt es dagegen unspezifisch, dass das Wahlrecht (Art. 38 Abs. 1 GG) als grundrechtsgleiches Recht die Selbstbestimmung der Bürger gewährleiste und die freie und gleiche Teilhabe an der in Deutschland ausgeübten Staatsgewalt garantiere. Sein Gewährleistungsgehalt umfasse die Grundsätze

[31] Vgl. BVerfGE 129, 124 (168) – Griechenlandhilfe und EFSF; 134, 366 (396f. Rn. 52) – OMT-Vorlage; 142, 123 (190 Rn. 126) – OMT.

[32] *Schönberger*, »Demokratiedefizit«, S. 540.

[33] Vgl. BVerfGE 129, 124 (169) – Griechenlandhilfe und EFSF.

[34] BVerfGE 89, 155 (187) – Maastricht.

[35] BVerfGE 123, 267 (341) – Lissabon.

[36] BVerfGE 129, 124 (168) – Griechenlandhife und EFSF; 142, 123 (126) – OMT.

des Demokratiegebots im Sinne von Art. 20 Abs. 1 und Abs. 2 GG, die durch Art. 79 Abs. 3 GG als Identität der Verfassung auch vor dem Zugriff durch den verfassungsändernden Gesetzgeber geschützt seien.[37] Der Vorlagebeschluss in Sachen OMT von 2014 wiederholt diese Beschreibung.[38] Von einem »Recht auf Demokratie« ist bis dahin lediglich in den Sachberichten bei den Wiedergaben des Parteivortrags die Rede.[39]

Der Begriff »Anspruch auf Demokratie« findet sich erstmals im OMT-Urteil von 2016[40] und wird später gleichsinnig auch als »Recht auf Demokratie« bezeichnet.[41] Mit dem Vorlage-Beschluss des Bundesverfassungsgerichts in Sachen PSPP-Programm vom 18. Juli 2017 beginnt sich schließlich der prägnantere Begriff des »Rechts auf demokratische Selbstbestimmung« durchzusetzen, der inzwischen als gefestigt gelten kann.[42]

IV. Schutzbereich

Das Recht auf demokratische Selbstbestimmung ist bisher in drei Konstellationen relevant geworden:

Im Rahmen der Identitätskontrolle schützt es die Wahlberechtigten vor einer Übertragung von Hoheitsrechten, die unter Verstoß gegen Art. 79 Abs. 3 in Verbindung mit Art. 23 Abs. 1 Satz 3 GG den wesentlichen Inhalt des Grundsatzes der Volkssouveränität (Art. 20 Abs. 1 und Abs. 2 Satz 1 GG) preisgibt sowie vor Verletzungen der durch Art. 23 Abs. 1 Satz 3 in Verbindung mit Art. 79 Abs. 3 GG für integrationsfest erklärten Garantie der Menschenwürde durch Organe, Einrichtungen und sonstige Stellen der Europäischen Union im Einzelfall.[43]

Das Recht auf demokratische Selbstbestimmung gewährt den Wahlberechtigten ferner einen vor allem gegen Bundestag und Bundesregierung gerichteten Anspruch darauf, dass diese in Wahrnehmung ihrer Integrationsverantwortung über die Einhaltung des Integrationsprogramms wachen, am Zustandekommen und an der Umsetzung von Maßnahmen, die die Grenzen des Integrations-

[37] BVerfGE 132, 195 (238 Rn. 104) – ESM eA.

[38] BVerfGE 134, 366 (381 Rn. 21) – OMT-Vorlage.

[39] Vgl. BVerfGE 129, 124 (143) – Griechenlandhilfe und EFSF; 135, 317 (359 Rn. 50) – ESM.

[40] BVerfGE 142, 123 (219 Rn. 185) – OMT.

[41] BVerfG, WM 2020, 56ff. – EUFSTA; BVerfG, Beschluss vom 23. Januar 2020 – 2 BvR 183/19 – WPA/JEFTA.

[42] Vgl. BVerfGE 146, 216 (249 Rn. 44) – PSPP-Vorlage; 147, 39 (45 Rn. 7) – Teilnahme der Bundesbank am PSPP eA; 153, 74 (136 Rn. 102) – Einheitliches Patentgericht; 157, 332 (380 Rn. 82) – EU-Wiederaufbaufonds (NGEU) – eA; 158, 89 (121 Rn. 88) – PSPP-Vollstreckungsanordnung; 158, 210 (231 Rn. 52f., 238 Rn. 69) – EPG II; 160, 208 (267 Rn. 147ff.) – CETA – Vorläufige Anwendung; 163, 165 (166 Rn. 1ff.) – ESM-ÄndÜG und IGA; 164, 163 (178 Rn. 115ff.) – ERatG-NGEU; BVerfG, Beschluss vom 16. Juli 2020 – 2 BvR 2211/18.

[43] Grundlgend BVerfGE 140, 317 (341 Rn. 48) – Identitätskontrolle I; 151, 202 (287f. Rn. 120f.) – Europäische Bankenunion.

programms überschreiten, nicht mitwirken und bei offensichtlichen und strukturell bedeutsamen Kompetenzüberschreitungen von Organen, Einrichtungen und sonstigen Stellen der Europäischen Union ohne ihre Mitwirkung aktiv auf die Befolgung des Integrationsprogramms und die Beachtung seiner Grenzen hinwirken. Dies prüft das Bundesverfassungsgericht im Rahmen der Ultra-vires-Kontrolle.[44]

Schließlich erstreckt sich der Schutz des grundrechtsgleichen Rechts aus Art. 38 Abs. 1 Satz 1 GG auch auf die Wahrung der Anforderungen des Art. 23 Abs. 1 GG an eine wirksame Übertragung von Hoheitsrechten. Das ist Gegenstand der formellen Übertragungskontrolle.[45]

V. Ausblick

Letztlich geht es darum, ob das Wahlrecht auch einen materiellen Gehalt besitzt oder nicht. Wer Demokratie ernst nimmt, kann sie nicht dem Kalkül und den Interessen der Akteure in den Verfassungsorganen überlassen mit ihrer Tendenz zu Abschottung und Selbstreferentialität. In der – für die Staatsrechtslehre der Bonner Republik zweifellos herrschenden – hermetischen Unterscheidung zwischen dem Bürgerinnen und Bürger berechtigenden Grundrechtsteil der Verfassung auf der einen und dem Staatsorganisationsrecht auf der anderen Seite, in dem diese so gut wie keine Rolle spielen, lebt ein Stück Konstitutionalismus des 19. Jahrhunderts fort, etwas von der altliberalen Vorstellung, dass sich der Bourgeois zwar um seine Pfeffersäcke kümmern darf, dass er die »große« Politik jedoch der Obrigkeit zu überlassen hat.

Diese für Deutschland (leider) charakteristische – die Historiker würden sagen – Pfadabhängigkeit, die den Staat primär als Rechtsstaat und nicht als Demokratie begreift, ist in unserem Denken tief verwurzelt[46] und hat dazu geführt, dass Rechtsprechung und Lehre das Demokratieprinzip erst nach 1990 als neuen *rocher de bronze* des Verfassungsstaates so richtig entdeckt haben.[47] Die mit dieser dominant rechtsstaatlichen Perspektive verbundene Geringschätzung des *citoyen* ist freilich ein Relikt des Ancien Régime, das sich auch in der ablehnenden Haltung gegenüber allen Formen der direkten Demokratie zeigt.

---

[44] Vgl. BVerfGE 151, 202 (296 Rn. 140) – Europäische Bankenunion; 154, 17 (85 ff.) – PSPP.

[45] Vgl. BVerfGE 153, 74 (152 Rn. 137) – EPG; a.A. Sondervotum der Richterinnen König und Langenfeld und des Richters Maidowski.

[46] *Peter M. Huber*, Rechtsstaat, in: Herdegen/Masing/Poscher/Gärditz (Hrsg.), Handbuch des Verfassungsrechts, 2021, § 6 Rn. 1 ff.

[47] *Peter M. Huber*, Demokratische Selbstbestimmung als neuer »rocher de bronze« des deutschen Staatsrechts, in: Mélanges en l'honneur du Professeur Gérard Marcou, 2017, S. 1075 (1077).

Und in der Tat geht es den Kritikern in der Sache ja vor allem darum, Bürgerinnen und Bürger von den Grundentscheidungen über ihr Gemeinwesen auszuschließen und diese exklusiv den politischen Institutionen und Parteien zu überlassen. Aus der Sicht der politischen Akteure ist dies zwar nachvollziehbar, weil jede Form von Mitsprache Findung und Durchsetzung politischer Entscheidungen erschwert und Vetorechte zu weiteren Kompromissen zwingen. Aus verfassungsrechtlicher und -politischer Sicht atmet dieses Staatsverständnis jedoch einen überholten und autoritären Paternalismus, der an den aktuellen Problemen – Polarisierung in der Gesellschaft, Vertrauensverlust in die Institutionen, unzureichende Responsivität – nicht ganz unschuldig sein dürfte.

Trotz der vom Bundesverfassungsgericht gegebenen Begründung für die Beschränkung des Rechts auf demokratische Selbstbestimmung auf die supranationale Konstellation wird sich über kurz oder lang die Frage stellen, ob dieses in Art. 1 Abs. 1 und Art. 20 Abs. 1 und 2 GG verankerte Recht nicht auch in anderen Konstellationen Bedeutung erlangen kann – beim Wahlrecht etwa, wenn die Responsivität des Parlaments weiter nachlässt und Bürgerinnen und Bürger – wie es das Sondervotum von König, Müller und Maidowski zum Urteil vom 29. November 2023 zu Recht rügt – die Zuteilung der Sitze nicht mehr nachvollziehen können, bei der Privatisierung von Staatsaufgaben, die staatlichem Handeln das Substrat entzieht oder bei der Weiterentwicklung des Bundesstaates, die aus den Landtagen die oben apostrophierten Potemkin'schen Dörfer zu machen droht.[48]

[48] Siehe dazu *Huber*, Verantwortungsteilung, D 33 ff.

Die Pandemie im demokratischen Rechtsstaat

Anmerkungen zu einigen Grund- und Verfassungsfragen der Pandemiepolitik

Stefan Huster

I. Horst Dreier als Ratgeber und Wegweiser

Als ich im Sommer 1991 für meine Dissertation an der Heidelberger Fakultät über das Verhältnis von allgemeiner Regel und Einzelfall anhand der Verfassungsrechtsprechung zur Typisierung nachdachte, irritierte es mich, dass die üblichen »(nur) wesentlich Ungleiches ungleich behandeln«-Formeln der Gleichheitsprüfung hier nicht passen wollten: Denn schließlich werden bei der Typisierung Differenzierungen vorgenommen oder unterlassen, die mit den relevanten Unterschieden zwischen den Vergleichspersonen wenig, mit Praktikabilitätsüberlegungen dagegen sehr viel zu tun haben. Anscheinend gab es also mehrere Arten, Differenzierungen zu rechtfertigen: über die Vergleichspersonen selbst oder über ganz andere Zwecke. Und tatsächlich erklärte diese Unterscheidung dann auch, warum die klassische Verhältnismäßigkeitsprüfung in der Gleichheitsdogmatik reichlich verloren herumstand: Sie passt nämlich nur auf die zweite Fallgruppe.

Schnell entstand dazu ein längeres Konzeptpapier. Aber war es nicht völlig verstiegen, in einer Dissertation zu versuchen, eine neue Dogmatik des allgemeinen Gleichheitssatzes zu entwickeln? Ich musste jemanden fragen. Horst Dreier, der gerade nach Heidelberg berufen worden war, bot Seminare an, die ich – obgleich schon wissenschaftlicher Mitarbeiter – gerne besuchte. Es kam mir ganz plausibel vor (aus heutiger Sicht war es etwas dreist), nicht meinen Betreuer, Görg Haverkate, sondern zuerst ihn mit meinem Konzept zu behelligen. Jedenfalls hat Horst Dreier meine ca. 30 Seiten durchgeschaut und mich zur Weiterarbeit ermutigt. Ich weiß nicht, ob ich das Projekt ohne diese Bestärkung gewagt hätte.[1]

Horst Dreier ahnt vermutlich gar nicht, dass er damit entscheidenden Anteil an meiner Arbeit hatte. Auch später war er mit seinen Publikationen zum Ver-

---

[1] Es ist dann daraus geworden: *Stefan Huster*, Rechte und Ziele. Zur Dogmatik des allgemeinen Gleichheitssatzes, Berlin 1993.

hältnis von Staat und Religion[2] und zur rechtlichen Bewältigung bioethischer Fragen[3] immer wieder ein maßgeblicher Wegweiser für mich. Es hat mich daher besonders gefreut, dass wir 2021/22 in dem Sachverständigenausschuss zur Evaluation der Pandemiepolitik nach § 9 Abs. 5 IfSG zusammenwirken durften,[4] auch wenn die Arbeit in diesem Ausschuss nicht immer ganz einfach war.[5] Die folgenden Anmerkungen zu einigen Grundfragen und verfassungsrechtlichen Aspekten der Pandemiebekämpfung[6] beruhen zum Teil auf den Erfahrungen der Arbeit in dieser Evaluationskommission und auch auf den Beiträgen, die Horst Dreier bereits zu diesem Thema beigesteuert hat.[7]

II. Pandemiebekämpfung – juristische und politische Diskussionen

1. Die »Stunde der Exekutive«?

In der Covid-19-Pandemie ist in Deutschland die Führungsrolle schnell auf die Exekutive – insbesondere die Regierungen – übergegangen; das war nicht erstaunlich und ist schnell bemerkt worden.[8] Dass aus der berühmten »Stunde

[2] Vgl. nur *Horst Dreier*, Kanonistik und Konfessionalisierung – Marksteine auf dem Weg zum Staat, in: JZ 2002, S. 1 ff.; *ders.*, Staat ohne Gott. Religion in der säkularen Moderne, München 2018; dazu dann *Stefan Huster*, Die ethische Neutralität des Staates. Eine liberale Interpretation der Verfassung, 2. Auflage Tübingen 2017.

[3] Vgl. nur *Horst Dreier*, Bioethik – Politik und Verfassung, Tübingen 2013; dazu dann wiederum *Stefan Huster*, Gesundheitsschutz, Biotechnologie und Bioethik, in: Uwe Kischel/Hanno Kube (Hrsg.), Handbuch des Staatsrechts, Band I: Grundlagen, Wandel und Herausforderungen, Heidelberg 2023, § 21 (S. 935 ff.).

[4] Vgl. dann den Bericht »Evaluation der Rechtsgrundlagen und Maßnahmen der Pandemiepolitik«, 2022, veröffentlicht mit der gesetzlich vorgesehenen Stellungnahme der Bundesregierung unter https://dserver.bundestag.de/btd/20/038/2003850.pdf (hier und im Folgenden 31. Januar 2024).

[5] Vgl. dazu *Stefan Huster*, Evaluation und Politikberatung in der Pandemie. Reflexionen aus der Werkstatt, in: Rainer Hofmann u.a. (Hrsg.), FS für Franz Merli, Baden-Baden 2023, S. 35 ff.

[6] Hilfreicher Überblick dazu bei *Jens Kersten/Stephan Rixen*, Der Verfassungsstaat in der Corona-Krise, 3. Auflage München 2022.

[7] Vgl. *Horst Dreier*, Rechtsstaat, Föderalismus und Demokratie in der Corona-Pandemie, in: DÖV 2021, S. 229 ff.; *ders.*, Der Verfassungsstaat des Grundgesetzes in der Corona-Pandemie, in: Die Handlungsfähigkeit des demokratischen Verfassungsstaates in Krisenzeiten (Bitburger Gespräche. Jahrbuch 2022), München 2023, S. 23 ff.; *ders.*, Demokratie oder Virolokratie?, in: FAZ.NET v. 26. November 2020, https://www.faz.net/einspruch/wie-sehr-sollte-die-wissenschaft-die-politik-bestimmen-17071828.html (hier und im Folgenden 22. April 2024); *ders.*, Verfassungsrechtliche Grenzen des Infektionsschutzes, in: Ansgar W. Lohse (Hrsg.), Infektionen und Gesellschaft. COVID-19, frühere und zukünftige Herausforderungen durch Pandemien, Berlin 2021, S. 90 ff.; *ders.*, Höchste Zeit für die Freiheit, in: Welt am Sonntag v. 8. August 2021, Nr. 32, S. 2 f.

[8] Vgl. nur *Hans Michael Heinig u. a.*, Why constitution Matters – Verfassungsrechtswissenschaft in Zeiten der Corona-Krise, in: JZ 2020, S. 861 ff.; *Felix Schmitt*, Solutionismus, Techno-

der Exekutive« dann aber nicht nur Stunden, Tage und Wochen, sondern Monate und Jahre wurden, weil den Parlamenten nichts »weggenommen« wurde, wie gelegentlich behauptet wurde, sondern sie sich durch Nichtstun selbst entmächtigt haben,[9] war dann doch überraschend. Fast hatte man den Eindruck, dass es für die Abgeordneten recht kommod war, in ihren Wahlkreisen bei Kritik an den freiheitseinschränkenden Coronamaßnahmen auf die Regierungen verweisen und insoweit ihre Hände in Unschuld waschen zu können; eine besonderes entschiedene Absicht, das Heft des Handelns wieder in die parlamentarische Hand zu bekommen, war auch in den Anhörungen und Gesprächen, die zu diesem Thema in einigen Landtagen stattgefunden haben und an denen der Autor dieses Textes teilweise teilgenommen hat, nicht zu spüren. Man bediente sich dann auch eher niedrigschwelliger Maßnahmen, um die Parlamente wieder etwas stärker ins Spiel zu bringen; beliebt war etwa der Ausbau von Informationsrechten.[10]

Diese Zurückhaltung der Parlamente dürfte nicht nur die demokratische Legitimation der Coronapolitik geschwächt, sondern auch die Beratungsgrundlage unnötig verkleinert haben: Während die Regierungen von handverlesenen, oft stark medizinisch und virologisch ausgerichteten Expertenstäben mit Informationen und Handlungsempfehlungen versorgt wurden, fehlte es hier und da wohl an einem breiteren Input aus der Zivilgesellschaft, was z.B. Schulschließungen oder Besuchsverbote im Altenheim[11] für die Menschen bedeuten. Dieser Input hätte über die Abgeordneten und die Parlamente durchaus in die Entscheidungen einfließen und diese verändern können; insoweit hängen institutionelle Fragen und die inhaltliche Ausrichtung der Politik durchaus zusammen.[12] Vor diesem Hintergrund hat die Rechtsprechung den Parlamentsvorbehalt in der Pandemie

---

kratie und Entdemokratisierung, in: JöR 69 (2021), S. 465ff.; *Maryam Kamil Abdulsalam*, Die Stunde der Exekutive: Ein Wendepunkt im Umgang mit Tatsachen?, in: JöR 69 (2021), S. 487ff. Kritisch zu der Figur *Tristan Barczak*, Die »Stunde der Exekutive«, in: RuP Beiheft 7 (2021), S. 129ff.

[9] Vgl. *Christoph Möllers*, Parlamentarische Selbstentmächtigung im Zeichen des Virus, in: VerfBlog, 2020/3/26, https://verfassungsblog.de/parlamentarische-selbstentmaechtigung-im-zeichen-des-virus.

[10] Zur Übersicht vgl. *Lamia Amhaouach/Stefan Huster/Andrea Kießling/Lynn Schaefer*, Die Beteiligung der Landesparlamente in der Pandemie – Modelle und Entwicklungen, in: NVwZ 2021, S. 825ff.

[11] Zu den Besuchsverboten vgl. aus verfassungsrechtlicher Sicht *Friedhelm Hufen*, Zur verfassungsrechtlichen Beurteilung von Besuchs- und Ausgangsbeschränkungen in Alten- und Pflegeheimen aus Anlass der COVID-19-Pandemie, Bonn 2020. Diese problematische Maßnahme ist übrigens in vielen Ländern ergriffen worden – selbst in Schweden, das sonst in der Pandemie sehr zurückhaltend mit Ge- und Verboten war und deshalb vielen Maßnahmekritikern als Vorbild gilt (vgl. https://taz.de/Coronapandemie-in-Schweden/!5980804).

[12] Vgl. dazu *Hans Michael Heinig*, Parlamente und Pandemie, in: FAZ v. 16. August 2021, Nr. 168, S. 6; treffend auch *Dreier*, DÖV 2021, S. 242: »Parlamentarische Deliberation schützt vor seuchenpolizeilicher Blickverengung.« Zu einer vorläufigen Bilanz der Bedeutung der Pandemie für das demokratische System aus politikwissenschaftlicher Sicht vgl. Martin Florack/Karl-Rudolf Korte/Julia Schwanholz (Hrsg.), Coronakratie, Frankfurt/New York 2021.

sehr großzügig gehandhabt.[13] Eine Verpflichtung der Landesparlamente zur Nutzung des Instruments des verordnungsvertretenden Gesetzes nach Art. 80 Abs. 4 GG[14] wird man dagegen schon deshalb nicht annehmen dürfen,[15] weil es dann der Bundestag in der Hand hätte, durch defizitäre Gesetzgebung die Landesparlamente zum Erlass von Gesetzen zu zwingen.

Ein Folgeproblem ist der jetzige Zustand des IfSG. Die unwillige, punktuelle und unsystematische Tätigkeit des Bundesgesetzgebers hat dazu geführt, dass das Gesetz ein Steinbruch geworden ist, in dem sich verschiedene Normschichten überlagern und überkreuzen. Auch die – nach ziemlich einhelliger Meinung: verfassungswidrigen[16] – Befugnisse des Gesundheitsministeriums zum Erlass gesetzesabweichender Verordnungen nach § 5 Abs. 2 IfSG sind noch (unter dem Vorbehalt der Feststellung einer epidemischen Lage von nationaler Tragweite) im Gesetz verankert. Aufräumarbeiten wären daher dringend geboten und sinnvolle Vorschläge liegen auch vor,[17] aber die politische Energie dafür wird angesichts anderer Großereignisse und des Umstandes, dass mit einer IfSG-Reformdiskussion alte Corona-Wunden aufgerissen würden, voraussichtlich auf absehbare Zeit nicht vorhanden sein. Die Defizite der Rechtsgrundlagen der Pandemiebekämpfung, die man schon vor Corona konstatiert hat,[18] sind daher bisher nicht ausgeräumt. Eigenartigerweise wird aber daran weniger gedacht, wenn eine »Aufarbeitung« der Pandemiepolitik gefordert wird.[19]

---

[13] Zur Diskussion vgl. etwa *Thorsten Kingreen*, Der demokratische Rechtsstaat in der Corona-Pandemie, in: NJW 2021, S. 2766 ff.; *ders.*, Grundlagen des deutschen Infektionsschutzrechts, in: Stefan Huster/Thorsten Kingreen (Hrsg.), Handbuch Infektionsschutzrecht, 2. Auflage München 2022, Kap. 1 Rn. 130 ff.; *Armin von Weschpfennig*, Der Parlamentsvorbehalt in der Corona-Krise, in: DV 2020, S. 469 ff.; *Wolfgang Zeh*, Pandemie und Parlament, in: RuP Beiheft 7 (2021), S. 11 ff.; *ders.*, Die Parlamente sind zurück – von wo?, in: RuP Beiheft 10 (2022), S. 9 ff.

[14] Vgl. dazu *Anika Klafki*, Mehr Parlament wagen? – Die Entdeckung des Art. 80 IV GG in der Corona-Pandemie, in: NVwZ 2020, S. 1718 ff.; *Hinnerk Wißmann*, Verordnungsvertretende Gesetzgebung, in: JöR 69 (2021), S. 619 ff.

[15] In die Richtung aber etwa *Arne Pautsch/Volker M. Haug*, Parlamentsvorbehalt und Corona-Verordnungen – ein Widerspruch, in: NJ 2020, S. 281 (285).

[16] Vgl. dazu den bereits erwähnten Bericht »Evaluation der Rechtsgrundlagen und Maßnahmen der Pandemiepolitik«, S. 105 ff.; zuvor bereits *Dreier*, DÖV 2021, S. 235 ff.; *Thomas Mayen*, Zur Verfassungsmäßigkeit der Befugnisse des Bundesministeriums für Gesundheit nach § 5 IfSG, in: NVwZ 2020, S. 828 ff.

[17] Vgl. *Johannes Gallon/Anna-Lena Hollo/Andrea Kießling*, Epidemiegesetz. Entwurf eines Gesetzes zur Neuordnung der Rechtsgrundlagen der Epidemiebekämpfung, 2023.

[18] Vgl. *Anika Klafki*, Risiko und Recht, 2017. Die Arbeit ist als eines der juristischen Bücher des Jahres ausgezeichnet worden (vgl. *Reinhard Zimmermann*, Juristische Bücher des Jahres – Eine Leseempfehlung, in: NJW 2017, S. 2971 [2974 f.]) – eine Entscheidung, an der der Jubilar und der Autor dieses Textes als Mitglieder des Auswahlgremiums mitgewirkt haben.

[19] Vgl. dazu unten bei III.

2. Hat der Rechtsstaat versagt? Die Grenzen der Verhältnismäßigkeitskontrolle

Es war und ist charakteristisch für die juristische, aber auch die allgemeine öffentliche Diskussion in Deutschland, dass Stimmen, die die Coronamaßnahmen dezidiert skeptisch beurteilen, besonders die Justiz kritisieren und ein »Versagen des Rechtsstaats« konstatieren.[20] Im Vordergrund steht dabei das – tatsächliche oder vermeintliche – Versäumnis, die individuelle Freiheit mittels der Grundrechte gegenüber diesen Maßnahmen zur Geltung zu bringen. Dogmatisch ist das in der Regel als ein Problem der Reichweite und Kraft des Verhältnismäßigkeitsgrundsatzes dargestellt worden, der im deutschen Verfassungsrecht das zentrale Instrument des materiellen Grundrechtsschutzes darstellt.[21] Nun kann man über die Ergebnisse einzelner Verhältnismäßigkeitsprüfungen bekanntlich immer streiten, weil der Verhältnismäßigkeitsgrundsatz nur selten trennscharfe Resultate produziert. Man wird daher auch kaum darlegen können, dass alle pandemiemaßnahmenbezogenen Prüfungen gelungen sind. Ebenso wenig wird man aber behaupten können, dass die Verhältnismäßigkeitskontrolle und damit der freiheitsschützende Rechtsstaat insgesamt versagt haben.

Das Bundesverfassungsgericht, auf das sich hinsichtlich des Grundrechtsschutzes das Augenmerk zunächst richtet, kam relativ spät ins Spiel, weil sich der Bundesgesetzgeber erst mit der »Bundesnotbremse« im Frühjahr 2021 zu sachhaltigen Vorgaben im Infektionsschutzgesetz entschloss. Die beiden ent-

---

[20] Vgl. etwa *Alexander Blankenagel*, Did Constitution Matter?, in: JZ 2021, S. 702 ff.; mit dieser Tendenz auch *Oliver Lepsius*, Partizipationsprobleme und Abwägungsdefizite im Umgang mit der Corona-Pandemie, in: JöR 69 (2021), S. 705 (730 ff.).

[21] Aus der Diskussion zur grundrechtlichen Kontrolle der Pandemiepolitik vgl. etwa *Tim Niklas Dapprich*, Die Pflicht zur Präzisierung eines legitimen Zwecks – Die Dogmatik des Verhältnismäßigkeitsgrundsatzes am Beispiel der Corona-Politik, in: COVuR 2021, S. 717 ff.; *Dreier*, Verfassungsrechtliche Grenzen des Infektionsschutzes, S. 105 ff.; *Andrea Edenharter*, Grundrechtseinschränkungen in Zeiten der Corona-Pandemie, in: JöR 69 (2021), S. 555 ff.; *Judith Froese*, Absoluter Lebensschutz?, in: JRP 2020, S. 148 ff.; *Klaus Ferdinand Gärditz*, Grundrechtsschutz in der Pandemie, in: NJW 2021, S. 2761 ff.; *Holger Greve*, Grundrechtsschutz und Grundrechtseingriff im Zuge der Coronavirus-Pandemiebekämpfung, in: ZG 2021, S. 25 ff.; *Christoph Gusy*, Grundrechte unter Quarantäne?, in: RuP Beiheft 7 (2021), S. 64 ff.; *Ingo Heberlein*, COVID-19 – Stresstest für das Prinzip der Verhältnismäßigkeit, in: GuP 2020, S. 97 ff.; *Stefan Huster/Lara Wiese*, Einschränkbarkeit der Grundrechte des Grundgesetzes in Ausnahme- und Krisenzeiten, in: Pierre Thielbörger/Sascha Rolf Lüder (Hrsg.), Die Bewältigung des Coronavirus SARS-CoV-2 (COVID-19) als Herausforderung an das Völkerrecht, das Verfassungsrecht und das Verwaltungsrecht, 2022, S. 57 ff.; *Karl-Heinz Ladeur*, Die COVID-19-Pandemie – experimentelles Handeln unter Ungewissheitsbedingungen, in: RuP Beiheft 10 (2022), S. 80 ff. *Anna Leisner-Egensperger*, Der legitime Zweck als Bezugspunkt der Verhältnismäßigkeit, in: JZ 2021, S. 913 ff.; *Oliver Lepsius*, Grundrechtsschutz in der Corona-Pandemie, in: RuP Beiheft 7 (2021), S. 40 ff.; *Anna Katharina Mangold*, Relationale Freiheit. Grundrechte in der Pandemie, in: VVDStRL 80 (2021), S. 7 ff.; *Dietrich Murswiek*, Die Corona-Waage – Kriterien für die Prüfung der Verhältnismäßigkeit von Corona-Maßnahmen, in: NVwZ-Extra 5/2021, S. 1 ff.; *ders.*, Schutz – Freiheit – COVID. Zum Verhältnis von Schutzpflicht und Abwehrrechten in der Pandemie, in: DÖV 2021, S. 505 ff.; *Stephan Rixen*, Grenzenloser Infektionsschutz in der Corona-Krise?, in: RuP Beiheft 7 (2021), S. 67 ff.

sprechenden Entscheidungen des Verfassungsgerichts nahmen dann die Verhältnismäßigkeitskontrolle tatsächlich weit zurück und akzeptierten auch Instrumente wie die Ausgangsbeschränkungen, die nur mit viel gutem Willen noch als mittelbar wirksame Maßnahmen gegen die Infektionsausbreitung angesehen werden konnten.[22] Auch ist es irritierend, dass dem Gesetzgeber selbst bei der Bewertung der Angemessenheit noch ein Spielraum eingeräumt wird;[23] gleichzeitig ist es angesichts des Umstandes, dass sich die Verhältnismäßigkeitskontrolle typischerweise auf den Ausschluss einer mehr oder minder evidenten Unverhältnismäßigkeit reduziert, durchaus fraglich, ob sich dadurch am Ergebnis viel geändert hat. Die Last der Grundrechtskontrolle haben die Verwaltungsgerichte getragen, die in zahlreichen Entscheidungen in sehr unterschiedlichen Konstellationen zu sehr differenzierten Ergebnissen gelangt sind.[24] Hier war weniger das Problem, dass die Verhältnismäßigkeitskontrolle generell ausgefallen wäre, sondern dass sie oft zu spät kam: In dem dynamischen Pandemiegeschehen waren die Maßnahmen häufig schon gar nicht mehr aktuell, wenn die Verwaltungsgerichte im Hauptsacheverfahren entschieden. Der einstweilige Rechtsschutz konnte das kaum kompensieren, weil hier die empirischen Bedenken gegen die Maßnahmen und ihre Verhältnismäßigkeit nicht durchgreifend geltend gemacht werden konnten.[25] Das sind Probleme, die den verwaltungsgerichtlichen Rechtsschutz in ganz allgemeiner Weise betreffen und schon deshalb kaum das Verdikt eines spezifisch pandemiebezogenen Versagens des Rechtsstaats tragen.

Dieses Verdikt ist auch deshalb schwerlich plausibel, weil mit dem Ende der Pandemie die Maßnahmen flächendeckend aufgehoben wurden und umstandslos zur rechtsstaatlichen Normalität zurückgekehrt wurde. Die Befürchtungen, durch die Rechtfertigung der Einschränkungen während der Pandemie könne es zu einem generellen Substanzverlust des Freiheitsschutzes kommen,[26] haben sich – soweit ersichtlich – nicht bestätigt. Zudem sind in vielen anderen Staaten, denen man einen demokratischen und rechtsstaatlichen Charakter nicht absprechen mag, zum Teil noch sehr viel härtere und länger andauernde Maßnahmen

---

[22] Vgl. BVerfGE 159, 223 ff.; 159, 335 ff. Anders zur Ausgangsbeschränkung in Bayern dagegen BayVGH, BayVBl. 2022, S. 158 ff.; BVerwGE 177, 92 ff.

[23] Vgl. BVerfGE 159, 223 (319). Kritisch dazu *Oliver Lepsius*, Nach BVerfG zur Bundesnotbremse: Zerstörerisches Potential für den Verfassungsstaat, in: Legal Tribune Online, 3. Dezember 2021, https://www.lto.de/persistent/a_id/46831.

[24] Vgl. nur letztinstanzlich und mit unterschiedlichen Ergebnissen BVerwGE 177, 60 ff. und 177, 92 ff., zu Ausgangsbeschränkungen in Bayern und Kontaktbeschränkungen und Betriebsschließungen in Sachsen.

[25] Vgl. dazu etwa *Lepsius*, JöR 69 (2021), S. 708 f. Überblick zu dieser Rechtsprechung bei *Inga Maria Lüke*, Einstweiliger Rechtsschutz gegen Corona-Schutzverordnungen. Eine Analyse der oberverwaltungsgerichtlichen Rechtsprechung von März 2020 bis August 2021, in: JöR 70 (2022), S. 609 ff.

[26] Diese Befürchtung teilte anfangs auch der Autor dieses Artikels, vgl. *Stefan Huster/Thorsten Kingreen/Uwe Volkmann*, Der infizierte Rechtsstaat, https://taz.de/Krisenmanagement-und-Ungleichheit/!5674368.

ergriffen worden. Schließlich dürfte unterschätzt werden, welche Steuerungswirkung die Freiheitsrechte auch dann gehabt haben, wenn sie nicht gerichtlich geltend gemacht worden sind: Viele Maßnahmen, die man sich im Kampf gegen die Pandemie durchaus hätte vorstellen können, sind wegen verfassungsrechtlicher Bedenken vermutlich erst gar nicht ergriffen worden; dieser Effekt ist nur sehr begrenzt beweis- und quantifizierbar, deshalb aber nicht zu vernachlässigen.[27]

Grundsätzlich wird man bei der Bewertung des Agierens der Dritten Gewalt in der Pandemie berücksichtigen müssen, dass die Lage für die Gerichte nicht einfach war. Die Ungewissheiten betrafen die Wirksamkeit und die Nebenfolgen der Maßnahmen und waren also zuvörderst empirischer Natur – und in dieser Situation tut sich die Justiz immer schwer, klüger sein zu wollen als die anderen Staatsgewalten mit ihrem administrativen und – etwa in Form von Expertenräten – zusätzlich organisierten Sachverstand. Die Idee einiger »Justizkritiker«, die Richter hätten sich nach ihrem Vorbild noch schnell an der Wikipedia- oder Youtube-Universität zu Virologen oder Epidemiologen fortbilden und auf dieser Grundlage einen Überblick über die weltweite Studienlage verschaffen können, um dann – wie diese Kritiker selbst – zu den »richtigen« Einschätzungen zu gelangen, geht an den Realitäten eines hochgradig spezialisierten Wissenschaftssystems meilenweit vorbei. Ein realistischer Umgang mit der empirischen Unsicherheit kann nur auf dem prozeduralen Weg gefunden werden, den das Bundesverfassungsgericht gewiesen hat: Der Gesetzgeber muss die Situation beobachten und sich umso mehr Informationen verschaffen, je länger die Freiheitseinschränkungen dauern.[28] Auch dann werden aber nicht alle Unklarheiten zu beseitigen sein. Selbstverständlich soll und muss man sich um eine möglichst rationale Entscheidungsgrundlage bemühen, aber die Vorstellung einer »evidenzbasierten Jurisprudenz«[29] oder »evidenzbasierten Rechtsetzung«[30] dürfte sehr grundsätzlich die Bedingungen menschlichen Handelns verfehlen: Politik ist immer Handeln unter Unsicherheit. Vor Kurzschlüssen nach dem Prinzip, dass ohne das Vorliegen zweifelsfreier Evidenz gar keine freiheitseinschränkenden Maßnahmen möglich sind, ist daher zu warnen. Zustimmungsfähig hat die Entscheidung »Bundesnotbremse II« dies in einem Leitsatz zusammengefasst: »Bei einer lange andauernden Gefahrenlage wie der Corona-Pandemie muss der Gesetzgeber seinen Entscheidungen umso fundiertere Einschätzungen zugrunde

---

[27] Vgl. dazu *Daniel Wolff*, (Post)Pandemische Rechtswissenschaft – Zehn Thesen zu Forschung und Lehre in und nach der Gesundheitskrise, in: RW 2022, S. 319 (325 f.). Vgl. auch *Matthias Jestaedt/Anna-Bettina Kaiser*, Kritik ja, Verfassungskrise nein: Das staatliche Pandemiemanagement im Lichte des Verfassungsrechts, VerfBlog, 2021/3/31, https://verfassungsblog.de/kritik-ja-verfassungskrise-nein.

[28] Vgl. BVerfGE 159, 355 (431 ff.).

[29] Vgl. *Hanjo Hamann*, Evidenzbasierte Jurisprudenz, 2014.

[30] Vgl. *Klaus Meßerschmidt/Christian von Hesler*, Evidenzbasierte Rechtsetzung in der Pandemiekrise, in: ZG 2022, S. 200 ff.

legen, je länger die zur Bekämpfung der Gefahr ergriffenen belastenden Maßnahmen anhalten. Allerdings dürfte der Staat große Gefahren für Leib und Leben am Ende nicht deshalb in Kauf nehmen, weil er nicht genug dazu beigetragen hat, dass freiheitsschonendere Alternativen zur Abwehr dieser Gefahren erforscht wurden.«[31] Auch die gelegentlich zu hörende Behauptung, die Verhältnismäßigkeitsprüfung müsse neu aufgestellt werden, um die »Kollateralschäden« staatlicher Maßnahmen in den Blick zu bekommen, dürfte schwerlich überzeugen: Denn die Freiheitseingriffe, die aus Gründen des Gesundheitsschutzes ergriffen wurden, sind in ihren Auswirkungen nichts anderes als diese »Kollateralschäden« und werden daher ganz selbstverständlich einer Verhältnismäßigkeitskontrolle unterzogen. Das mag im Einzelfall mehr oder weniger gut gelungen sein, aber ein strukturelles Problem ist hier nicht ersichtlich. Am ehesten ist es noch schwierig, die soziale Ausdifferenzierung der Maßnahmen und ihrer Auswirkungen in die Verhältnismäßigkeitsprüfung zu integrieren.[32]

Generell wird man sagen müssen, dass der anlässlich der Pandemie geäußerten Rechtsstaats- und Justizkritik eine übersteigerte und sehr deutsche Erwartung an die Gerichte zugrundeliegt: Es mögen (tatsächliche oder vermeintliche) Defizite bis hin zu massenhysterischen Erscheinungen in Politik, Medien und Wissenschaft bestehen – der Verwaltungsrichter soll fest und unbeeindruckt wie ein Fels in der Brandung die individuelle Freiheit verteidigen und gegenüber allen demokratisch-politischen Verirrungen, Einseitigkeiten der wissenschaftlichen Politikberatungen und medial-kulturellen Dynamiken resistent sein. Ersichtlich kommt darin eine unrealistische und extrem justizlastige Sichtweise zum Ausdruck, deren Erwartungen die Gerichte nur enttäuschen können. Wenn es in der Pandemie ein Versagen gegeben hat, war es eher ein Demokratie- als ein Rechtsstaats- und Justizversagen, weil die Parlamente sich ihrer Verantwortung weithin entzogen haben und dadurch manche Aspekte unterbelichtet geblieben sind.[33] Derartige Defizite kann aber die Justiz nicht vollständig kompensieren. Dies gilt insbesondere auch für die Erwartung, die Gerichte mögen (tatsächliche oder vermeintliche) Irrtümer der Wissenschaften und medizinischen oder sonstigen Fachverbände und Experten korrigieren: Wenn es dort Fehleinschätzungen gegeben hat, sind es die Fachkreise selbst, die über Reformen nachdenken müssen; die Justiz kann sich nicht zum Oberschiedsrichter in wissenschaftlichen Kontroversen aufschwingen und Außenseitermeinungen (selbst wenn sie sich später als richtig erweisen mögen) zum Durchbruch verhelfen. Diese Erwartung zu hegen, ist nur die Kehrseite des ebenso unpolitischen oder politisch naiven Slogans

[31] BVerfGE 159, 355 (356 Leitsatz 4).

[32] Zu den sozial differenzierten Auswirkungen der Maßnahmen vgl. nur *Thomas Gerlinger*, Abschottung und soziale Ungleichheit. Sozialwissenschaftliche Perspektiven auf Instrumente der Pandemieeindämmung, in: Andrea Kießling (Hrsg.), Quarantäne, Isolation, Abschottung, 2023, S. 79ff.

[33] Vgl. dazu soeben bei II.1.

»Follow the Science«.[34] Anstatt über weitere Ausdifferenzierungen der Verhältnismäßigkeitskontrolle nachzudenken, wäre es zielführender zu überlegen, wie man es verhindert, dass sich die Exekutive verselbständigt, und wie eine breitere und pluralistischere Politikberatung zur Vermeidung eines expertokratischen Tunnelblicks sichergestellt werden kann.[35]

3. Missverständnisse des Freiheitsschutzes und des Freiheitsbegriffs

Es verwundert nicht, dass über grundlegende Orientierungsbegriffe unseres politischen und rechtlichen Zusammenlebens – Freiheit, Gleichheit, Demokratie, Menschenwürde u. ä. – keine Einigkeit zu erzielen ist: Denn dies sind »Essentially Contested Concepts« oder – mit den Worten von Ronald Dworkin – »interpretative Begriffe«, in deren Interpretation sich gerade die Meinungsverschiedenheiten und politischen Konflikte widerspiegeln.[36] Trotzdem war es überraschend, wie in der Pandemie angesichts der Einschränkungen durch die Corona-Maßnahmen der Freiheitsbegriff – auch und gerade unter Bezugnahme auf seine verfassungsrechtliche Bedeutung – plötzlich wieder in die Diskussion geraten ist. Hier zeigten sich Missverständnisse in der Kommunikation zwischen Verfassungsrecht, politischer Philosophie und politischer Öffentlichkeit, die im Folgenden nur angedeutet werden können.

Eine große Konfusion entstand in der Frage, wie absolut der Freiheitsschutz ausgestaltet sein muss. Maßnahmenskeptische Stimmen beharrten darauf, dass es einen individuellen Freiheitsraum geben müsse, der dem Staat unter jeglichen Bedingungen unzugänglich sei; im Zusammenhang mit der Diskussion über eine Impfpflicht wurde insoweit gern die Körpergrenze als absolute Schranke angesehen. Auf der Grundlage dieser Position musste die Formulierung eines

---

[34] Zur »fatalen deutschen Sehnsucht« nach einer »unpolitischen, aseptisch-wissenschaftlichen Entscheidung« vgl. bereits deutlich *Dreier*, Demokratie oder Virolokratie?

[35] Das Themenfeld der wissenschaftlichen Politikberatung und ihrer Ausgestaltung hat zuletzt in der und durch die Pandemie erhebliche Aufmerksamkeit gefunden; vgl. etwa – aus unterschiedlichen disziplinären Perspektiven – *Andreas Busch*, Wissen allein genügt nicht: Die Nutzung von politikberatenden Institutionen während der Corona-Pandemie im Vergleich, in: Martin Florack/Karl-Rudolf Korte/Julia Schwanholz (Hrsg.), Coronakratie, Frankfurt/New York 2021, S. 283 ff.; *Klaus F. Gärditz*, Freie Wissenschaft als Gelingensbedingung der politischen Willensbildung in der Pandemie, in: JöR 69 (2021), S. 505 ff.; *ders.*, Hoflieferanten, 2023; *Richard Münch*, Die Herrschaft der Inzidenzen und Evidenzen, 2022; *Laura Münkler*, Expertokratie, 2020; *dies.*, »Nothing else matters«, in: JöR 69 (2021), S. 535 ff.; *Hans-Heinrich Trute*, Follow the Science? Zum Verhältnis von Wissenschaft und Politik/Verwaltung in der COVID-19-Pandemie, in: Margrit Seckelmann/Veith Mehde (Hrsg.), Der öffenliche Dienst »nach Corona«, Tübingen 2023, S. 49 ff.; *Urban Wiesing u. a.*, Wissenschaftliche (Politik-)Beratung in Zeiten von Corona: Die Stellungnahmen der Leopoldina zur Covid-19-Pandemie, in: ethikundgesellschaft 1 (2021), https://open-journals.uni-tuebingen.de/ojs/index.php/eug/article/view/1-2021-art-6.

[36] Vgl. *Ronald Dworkin*, Gerechtigkeit für Igel, Frankfurt/M. 2012, S. 268 ff.

Bundeskanzlers, es gebe bei der Pandemiebekämpfung »keine roten Linien« mehr, ebenso auf Empörung treffen wie das Versäumnis der Gerichte, gegenüber der Pandemiepolitik die Wesensgehaltsgarantie der Grundrechte zu mobilisieren. Aus einer grundrechtsdogmatischen Sicht beruht diese Kritik auf einem Missverständnis: Dass es keine absoluten Grenzen und geschützten Freiheitsräume gibt, bedeutet nicht, dass der Freiheitsschutz leerläuft – er ist eben nur ein relativer, von Verhältnismäßigkeitsüberlegungen abhängiger Schutz. Dass es – wenn man nicht ganz unplausible Ergebnisse produzieren will – nahezu unmöglich ist, absolut geschützte Freiheitssphären zu benennen, ist die Erkenntnis einer jahrzehntelangen verfassungsrechtlichen und -gerichtlichen Abwägungsdogmatik, in der die Wesengehaltsgarantie des Art. 19 Abs. 2 GG deshalb auch keine maßgebliche Rolle gespielt hat.[37] Das ist in der Pandemie nicht anders: Dass z.B. eine Impfpflicht einen begründungsbedürftigen Freiheitseingriff darstellt, ändert nichts daran, dass es immer wieder Konstellationen geben wird, in denen diese Rechtfertigung gelingt[38] – in diesem, aber auch nur in diesem Sinne gibt es tatsächlich weithin »keine roten Linien«. Man muss sich daher schon auf die Analyse der konkreten Konstellation einlassen und kann sich ihr nicht mit der Annahme entziehen, eine Impfpflicht sei per se und immer verfassungswidrig. Auch die gelegentlich gezogene Parallele zur Entscheidung zum Luftsicherheitsgesetz[39] greift nicht: Denn bei der Impfung geht es nicht darum, konkrete Menschen zugunsten der Rettung anderer Menschen zu opfern, sondern um die Auferlegung eines minimalen Risikos für eine unbestimmte Allgemeinheit, um das sehr viel größere Risiko durch die Erkrankung zu vermeiden.[40]

Wollte man dies anders sehen, bräche sich ein Absolutismus des Gesundheits- und Lebensschutzes Bahn, der gerade den Befürwortern entschiedener Pandemiemaßnahmen kritisch vorgehalten wurde. Tatsächlich lässt sich spiegelbildlich auch zur Rechtfertigung der Pandemiemaßnahmen nicht auf einen strikten Vorrang des Lebens- und Gesundheitsschutzes verweisen: Wenn es nicht um das Leben konkreter Menschen, sondern eine bloße Risikoerhöhung für eine unbestimmte Vielzahl von Menschen geht, kann man sich das politische und

---

[37] Vgl. dazu nur *Huster*, Rechte und Ziele, S. 80ff. m.w.N. Anders gelagerter Versuch einer Reaktivierung der Norm jetzt bei *Nils Schaks*, Demokratische Dekonsolidierung, Tübingen 2023.

[38] Zur Diskussion vgl. nur jüngst BVerfGE 161, 299ff. (einrichtungsbezogene Covid-19-Impfpflicht); BVerfGE 162, 378ff. (Masernimpfpflicht); *Friederike Gebhard*, Impfpflicht und Grundgesetz, 2022; *Martin Nettesheim*, Impfpflichten, 2023.

[39] BVerfGE 133, 241ff. Darauf beruft sich etwa *Dagmar Schulze-Heuling*, Ethik und Corona, in: Zeitschr. f. Politikwiss. 31 (2021), S. 417(426f.); *dies.*, Negative und positive Pflichten. Über eine wichtige Unterscheidung für eine ethische Politik gegen Pandemien, in: RPhZ 2021, S. 357 (370).

[40] Rechtsdogmatisch gewendet: Es geht hier nicht mehr (nur) um Gefahrenabwehr, sondern (auch) um Risikovorsorge; vgl. dazu *Andrea Kießling*, Von der punktuellen Gefahrenabwehr zur planerischen Risikovorsorge im Infektionsschutzrecht, in: JZ 2022, S. 53ff.

juristische Abwägen im Einzelfall nicht ersparen.[41] Es ist eigentlich erstaunlich, dass man in der Pandemiediskussion an derartige Trivialitäten erinnern musste.[42]

Eine ähnliche Verwirrung betraf schließlich – was hier nur kurz angesprochen werden kann – den Freiheitsbegriff selbst. Der grundrechtsdogmatische Freiheitsbegriff beschreibt bekanntlich nach überwiegender Auffassung zunächst eine weite und nicht durch substantielle Vorgaben eingeschränkte Willkürfreiheit. Aber diese Freiheit ist dann eben erst eine »prima facie-Freiheit«, die im politischen und juristischen Diskurs mit anderen Freiheiten und Rechtsgütern zu einem Ausgleich gebracht werden muss.[43] In der Pandemiediskussion haben sich nun Extrempositionen gebildet, die sich jeweils nur auf eine Seite dieser verfassungsrechtlichen Medaille bezogen haben. Während es in manchen »vulgärliberalen«[44] Stellungnahmen so klingt, als sei jede Freiheitseinschränkung des Teufels,[45] scheinen andere behaupten zu wollen, dass jedes nicht gemeinwohlverträgliche (»solidarische«) Verhalten schon aus dem Freiheitsbegriff herausfalle.[46] Beide Positionen berufen sich dabei gerne auch auf den Freiheitsbegriff des Grundgesetzes. Das ist irreführend, denn der Verfassung lässt sich nur entnehmen, dass Einschränkungen der Freiheit rechtfertigungsbedürftig sind; das Ob und Wie dieser Einschränkungen muss dann noch im politischen und juristischen Diskurs geklärt werden.

---

[41] Vgl. dazu *Stefan Huster*, Zwischen Sozialversicherung, medizinischer Infrastruktur und kollektiven Freiheitsbeschränkungen: Die staatliche Verantwortung für Leben und Gesundheit und die Auswahl ihrer Mittel, in: Klaus Günther/Uwe Volkmann (Hrsg.), Freiheit oder Leben? Das Abwägungsproblem der Zukunft, Berlin 2022, S. 124 ff.; *Lepsius*, JöR 69 (2021), S. 731 ff.; insoweit zutreffend auch *Dietrich Murswiek*, Die zwei Schutzgüter des Rechts auf Leben. Über Abwägungsfehler bei der Anwendung des Rechts auf Leben am Beispiel der Corona-Politik, in: FS für Gilbert Gornig, 2023, S. 475 ff.

[42] Ähnlich *Dreier*, Verfassungsrechtliche Grenzen des Infektionsschutzes, S. 106.

[43] Vgl. dazu nur *Martin Borowski*, Grundrechte als Prinzipen, 3. Auflage Baden-Baden 2018.

[44] Den Begriff verwenden *Birte Förster/Armin Nassehi*, Wie die Freiheit unter die Räder kommt, FAZ v. 9. September 2021, S. 6; ähnlich *Jürgen Kaube*, Die intellektuelle Verwahrlosung der Libertären, https://www.faz.net/aktuell/politik/inland/warum-freiheit-keine-obsession-werden-darf-18871928.html. Ein Beispiel für diese Position ist *Anna Schneider*, Freiheit beginnt beim Ich, München 2022. Zur Auseinandersetzung vgl. wiederum *Jan Skudlarek*, Wenn jeder an sich denkt, ist NICHT an alle gedacht, Stuttgart 2023.

[45] Kritisch dazu auch *Hans Peter Bull*, Freiheitsbegriff, Staatsverständnis und politische Ethik im Wandel, in: RuP Beiheft 10 (2022), S. 26 (34 ff.).

[46] In diese Richtung etwa die Konstruktion bei *Rainer Forst*, Freiheit quergedacht ist auf den Hund gebracht, in: FAZ v. 18. Januar 2022, S. 11; ähnlich im Ergebnis *Christoph Bublitz*, Es gibt keine Freiheit, Teil einer Infektionskette zu sein: Solidarität und Pflicht in der Pandemie, https://www.praefaktisch.de/covid-19/es-gibt-keine-freiheit-teil-einer-infektionskette-zu-sein-solidaritaet-und-pflicht-in-der-pandemie.

4. Diskursverengungen und -zerstörungen

Gelitten hat in der Pandemie sicherlich die öffentliche Diskussionskultur, wobei insoweit zwei gegenläufige und sich gegenseitig hochschaukelnde Entwicklungen zu beobachten waren. Auf der einen Seite gab es auf Seiten der tonangebenden Politiker und ihrer Unterstützer hier und da die Tendenz, jede kritische Stellungnahme zur Pandemiepolitik als Angriff auf das politische System aufzufassen, die Kritiker hart anzugehen und auf diese Weise den Diskurs zu verengen. Der Autor dieses Textes hat diese Erfahrung trotz einiger sehr früher kritischer Äußerungen zur Pandemiepolitik[47] nie gemacht, aber musste erleben, dass seine Mitarbeiterin (und jetzige Kollegin) und ein Kollege aufgrund juristisch wohlbegründeter Kritik in einer Anhörung von einem Bundestagsabgeordneten öffentlich der AfD- und Querdenker-Nähe bezichtigt wurden.[48] Dass die Nerven in der Pandemie gelegentlich blank lagen, kann derartige Vorgänge erklären, aber nicht rechtfertigen.

Auf der anderen Seite ist nicht zu leugnen, dass in der und über die Pandemie bis heute eine unglaubliche Fülle an Desinformationen verbreitet wurde und wird – und tatsächlich häufig von Personen und Gruppen, die »Kritik« an der Pandemiepolitik für ihre Generalopposition gegen das politische System instrumentalisieren,[49] so wie dies zuvor bereits in der Migrations- und Flüchtlingspolitik geschehen war und nun im Ukrainekrieg und in der Klimapolitik wieder geschieht.[50] Tatsächlich ist dabei gar nicht einmal – jedenfalls bis zu einer gewissen Grenze – die mehr oder weniger offen zur Schau getragen extremistische[51] oder populistische politische Haltung das Hauptproblem, sondern

[47] Bereits aus dem März 2020 vgl. *Stefan Huster,* Grenzen der Solidarität, VerfBlog, 2020/3/22, https://verfassungsblog.de/grenzen-der-solidaritaet; *ders./Kingreen/Volkmann*, Der infizierte Rechtsstaat.

[48] Zum Vorgang und seiner Einordnung vgl. *Stephan Rixen,* Heribert Hirte und die Wissenschaft: Wer künftig als Sachverständige_r im Deutschen Bundestag auftritt, sollte auf der Hut sein, VerfBlog, 2021/1/20, https://verfassungsblog.de/heribert-hirte-und-die-wissenschaft; und dazu dann die Antwort von *Heribert Hirte,* Auch Sachverständige tragen Verantwortung für die Gesellschaft und sind Teil der politischen Willensbildung: Meine Antwort auf den Beitrag »Heribert Hirte und die Wissenschaft« von Stephan Rixen, in: VerfBlog, 2021/1/23, https://verfassungsblog.de/auch-sachverstandige-tragen-verantwortung-fur-die-gesellschaft-und-sind-teil-der-politischen-willensbildung.

[49] Besonders augenfällig ist dies im Fall der AfD, die die Bundesregierung zunächst wegen ihrer Untätigkeit in der Pandemie kritisiert und einschneidende Maßnahmen gefordert hat, https://www.afd.de/alice-weidel-covid19-nichtstun-der-bundesregierung-gefaehrdet-leib-und-leben-der-menschen, um ab dem Moment, in dem die geforderten Maßnahmen ergriffen wurden, sich zu deren schärfster Kritikerin zu wandeln.

[50] Interessanterweise ist die Querdenkerfront in dem Israel-Palästina-Konflikt zerbrochen – mit der Folge, dass man nun das politische System bekämpft, weil es Israel unterstützt oder dies gerade nicht (hinreichend) tut. Man wird auch das als Beleg dafür nehmen können, dass es bestimmten Kräften auf die »Systemopposition« als solche ankommt und sie sich dafür geeignete Anlässe suchen.

[51] Dazu werden hier auch extrem libertäre Haltungen gezählt, die – in den USA verbreiteter als in Deutschland – die Pandemiepolitik vor allem deshalb kritisieren, weil sie hier einen über-

die jede rationale öffentliche und wissenschaftliche Debatte zerstörende Verbreitung von Falschinformationen, Halbwahrheiten und Verschwörungstheorien, wie sie in den Jahren zuvor bereits in den USA zu beobachten war.[52] Den Verbreitern von »alternativen Fakten« wird man kaum rechtlich, sondern nur dadurch begegnen können, dass man ihnen widerspricht und ihr Gebaren scharf zurückweist.[53] Nicht jeder an sich wohlmeinende und konstruktive Kritiker der Coronapolitik hat aber immer den gebührenden Abstand zu extremistischen oder querdenkerischen Kreisen gehalten, was seine Kritik dann politisch diskreditiert hat. Dabei ist zuzugeben, dass zwischen verantwortungsvoller Debattenhygiene und übertriebener »Cancel Culture« eine dünne Linie verläuft, die manchmal überschritten worden sein mag, aber eine gewisse Grauzone lässt sich insoweit in einer freiheitlichen und demokratischen Gesellschaft wohl nicht vollständig vermeiden.[54] Den einen oder anderen zunächst durchaus wohlmeinenden und politisch unauffälligen Kritiker der Pandemiepolitik könnten die schroffen Abwehrreaktionen auch erst in das politische Randlager abgedrängt haben;[55] ob und inwieweit dies der Fall war, lässt sich nur in jedem Einzelfall ergründen.

III. »Aufarbeitung«? Was von der Pandemie übrig bleibt

Nach wie vor wird in Deutschland diskutiert, ob und wie die Pandemiepolitik der letzten Jahre »aufgearbeitet« werden soll. Hier vermischen sich – wieder einmal – unterschiedliche Ebenen und politische Intentionen, was eher zu einer gewissen Skepsis gegenüber dem Vorhaben nötigt.[56]

---

griffigen »administrative state« am Werk sehen, den sie generell ablehnen. Dass auch Vertreter der viel diskutierten »Great Barrington Declaration« unter das Dach derartiger Gruppierungen geschlüpft sind (vgl. https://brownstone.org/articles/the-declaration-that-wasnt-supposed-to-happen), wirft mancherlei Fragen auf.

[52] Vgl. *Romy Jaster/David Lanius*, Die Wahrheit schafft sich ab, 2019; *Nils C. Kumkar*, Alternative Fakten, 2022.

[53] Aus diesem Grunde hat der Autor dieses Textes eine gemeinsame Kommentierung mit Hans-Georg Maaßen in einem Grundgesetzkommentar sowie einen Auftritt bei einer Veranstaltung mit u.a. Stefan Homburg und Ulrike Guerot abgesagt; vgl. dazu *Stefan Huster*, Person und Sache in der Jurisprudenz. Warum ich das Grundgesetz nicht mehr gemeinsam mit Hans-Georg Maaßen kommentieren möchte, in: FAZ v. 17. August 2022, S. N 3; und den Bericht von *Matthias Meisner* bei https://www.volksverpetzer.de/aktuelles/ikonen-der-querdenker-szene-sollen-bei-tagung-an-hochschule-in-witten-sprechen.

[54] Vgl. dazu mit sehr unterschiedlichen Einschätzungen nur *Adrian Daub*, Cancel Culture Transfer, Berlin 2022; *Julian Nida-Rümelin*, »Cancel Culture« – Ende der Aufklärung?, München 2023.

[55] Dieser Verdacht liegt etwa nahe bei der Entwicklung von *Christoph Lüttge/Michael Esfeld*, Und die Freiheit?, 2021; hin zu *Michael Esfeld*, Land ohne Mut – Eine Anleitung für die Rückkehr zu Wissenschaft und Rechtsordnung, Berlin 2023.

[56] Vgl. auch *Thorsten Kingreen*, Jenseits der Pandemie, VerfBlog, 2023/3/07, https://verfassungsblog.de/jenseits-der-pandemie: »keine gute Idee«.

Umstritten ist bereits, welches Ziel mit einer »Aufarbeitung« verfolgt werden soll. Dass man aus den Fehlern der Coronapolitik zu lernen versuchen sollte, um auf die nächste Pandemie – oder eine vergleichbare Bedrohungslage – besser vorbereitet zu sein, wird kein vernünftiger Mensch bestreiten. Das ist aber wohl leichter gesagt als getan. Das Interesse richtet sich insoweit regelmäßig auf die Evaluation einzelner Maßnahmen der Pandemiebekämpfung: Haben Masken, Schulschließungen, Lockdowns geholfen oder waren sie wirkungslos oder haben sie sogar geschadet? Insoweit ist aber zum einen unklar, ob man das eindeutig klären können wird: Die Erhebung der Daten zur Wirksamkeit und zu den Nebenfolgen der Maßnahmen, die damals unterlassen wurde, kann nicht mehr nachgeholt werden.[57] Die »Lessons learned«-Erkenntnisse werden sich daher oft auf einem recht hohen Abstraktionsniveau bewegen – etwa der Erkenntnis, dass man demnächst gleichzeitig mit den Maßnahmen eine Begleitforschung aufsetzen sollte.[58] Zum anderen könnte eine Evaluation einzelner Maßnahmen, die in der Covid-19-Pandemie ergriffen wurden, für die Bewältigung zukünftiger Herausforderungen nur sehr begrenzt hilfreich sein, weil hier sehr viel von der konkreten Bedrohungslage – etwa den Eigenschaften des jeweiligen Virus – abhängt. Dass z.B. Schulschließungen gegen das Coronavirus nur begrenzt sinnvoll waren, weil Kinder und Jugendliche nicht stärker oder sogar weniger als Erwachsene zur Verbreitung beigetragen haben, wird sich nicht umstandslos auf das nächste Virus übertragen lassen, weil dieses möglicherweise gerade Kinder und Jugendliche anspricht und gefährdet. Die Gewinnung hochabstrakter struktureller Erkenntnisse – etwa zur Datengenerierung oder zur wissenschaftlichen Politikberatung – wird dadurch nicht irrelevant, aber sie ist ersichtlich von begrenzter politischer Kraft.

Sie wird daher diejenigen Stimmen nicht zufriedenstellen, die mit der »Aufarbeitung« ganz andere, nämlich nicht zukunftsbezogen-gestalterische, sondern vergangenheitsbezogene Ziele verfolgen, die von einer gesellschaftlichen Befriedung bis hin zu einer strafrechtlichen »Abrechnung« reichen. Wenn man in diesem »Abrechnungsmodus« ist, muss es natürlich um die Frage gehen, wer mit welchen bösen Absichten wann welche Maßnahme ergriffen hat. Für dieses Projekt bieten sich dann parlamentarische Untersuchungsausschüsse an, die tatsächlich – maßgeblich auf Betreiben der AfD – in einigen Bundesländern eingerichtet worden sind und nun Entscheidungsträger der Corona-Politik hoch-

---

[57] Zu den methodischen Problemen vgl. den erwähnten Bericht »Evaluation der Rechtsgrundlagen und Maßnahmen der Pandemiepolitik«, S. 25ff.

[58] Vgl. etwa Deutsche Gesellschaft für Allgemeinmedizin und Familienmedizin (DEGAM) (Hrsg.), Positionspapier: Lessons learned aus der Pandemie, 2023. Für Österreich vgl. Alexander Bogner (Hrsg.), Nach Corona. Reflexionen für zukünftige Krisen, Wien 2023; für die Schweiz *Michael Funk u.a.*, Wirksamkeit von Corona-Massnahmen in der Schweiz – Empirische Analyse basierend auf Daten der zweiten Welle (Grundlagen für die Wirtschaftspolitik Nr. 36), Bern 2022.

notpeinlich befragen. Zur Gewinnung von Erkenntnissen für den Umgang mit der nächsten Pandemie ist dieses Vorgehen offensichtlich sinnlos – da böte sich auf Parlamentsebene allenfalls die Einrichtung einer Enquetekommission an –, aber um derartige Erkenntnisse geht es hier wohl auch gar nicht, sondern um nachträgliche (vermeintliche) Rechthaberei. Dass hier ein Rückschaufehler nach dem anderen gemacht[59] und das »richtige« Ergebnis – dass die Maßnahmen nämlich grotesk falsch waren – einfach vorausgesetzt wird, liegt auf der Hand.

Eine sinnvolle Aufarbeitung der Pandemiepolitik wäre daher zu wünschen, setzt aber Zeit und Ressourcen und wissenschaftliche Begleitung voraus – und wird sich kaum für populistische Skandalisierungen eignen.[60] Eine – gar strafrechtliche – Abrechnung mit den Entscheidungsträgern unterstellt dagegen, dass die deutsche Politik in der Pandemie geradezu kriminell versagt habe. Das ist schon deshalb nicht sehr plausibel, weil nahezu alle anderen vergleichbaren Länder eine sehr ähnliche Politik gemacht haben; Deutschland hat insoweit in manchen Hinsichten besser, in anderen schlechter abgeschnitten, aber bestimmt nicht katastrophal versagt. Man muss schon – was manche bekanntlich tun – die Existenz einer Pandemie schlechthin leugnen und eine weltweite globalistische Verschwörung mit ganz anderen sinistren Zielen unterstellen, um zu Verdammungsurteilen über die überall (und vielfach noch sehr viel härter als in Deutschland) ergriffenen Maßnahmen zu gelangen. Das wäre aber weder in der Sache nachvollziehbar noch entspricht es der Bewertung durch die deutsche Bevölkerung, die die Maßnahmen mit großer Mehrheit mitgetragen hat.

Auch für den juristischen Umgang mit der Pandemie wird man letztlich zu einer differenzierten Bewertung kommen müssen. Das IfSG als Rechtsgrundlage hat – erwartbarerweise – nicht viel geholfen und müsste nun neu aufgestellt werden, was aber vermutlich zeitnah nicht passieren wird. Das passt damit zusammen, dass der Bundesgesetzgeber sich auch in der Pandemie vorrangig durch Zurückhaltung ausgezeichnet hat, anstatt die Standards vorzugeben. Fehlten damit sachhaltige Vorgaben, konnte man von der Justiz nicht erwarten, dass sie alle Lücken befriedigend schließt.[61] Auf diese strukturellen Probleme hat Horst Dreier frühzeitig hingewiesen.[62]

---

[59] Zum Rückschaufehler aus juristischer Sicht vgl. die Beiträge in Heft 2 der Zeitschrift Rechtswissenschaft 10 (2019).

[60] Zu den Fallstricken der Aufarbeitung und Erinnerung vgl. jetzt *Philipp Sprengholz u. a.*, Historical narratives about the COVID-19 pandemic are motivationally biased, in: Nature 2023 Nov; 623 (7987), S. 588 ff., https://pubmed.ncbi.nlm.nih.gov/37914928/.

[61] Ähnlich im Fazit auch *Anika Klafki*, Kontingenz des Rechts in der Krise, in: JöR 69 (2021), S. 583 (601).

[62] Vgl. die oben in Fn. 7 genannten Beiträge.

Der demokratische Staat und seine Arkana

Michael Kilian

I. Demokratie als ideale Staats- und Regierungsform

»Demokratie ist der Schlachtruf unserer Zeit geworden. Jedermann ist für die Demokratie, wie er sie gerade versteht« (*Carl J. Friedrich*, 1953[1]), aber: »Wer heute von Demokratie spricht, kann von ihrer Krise nicht schweigen« (*Horst Dreier*, 2023[2]). Spätestens seit der Wende ab 1990 mit dem Zusammenbruch des Kommunismus in der Sowjetunion gilt die demokratische Staats- und Regierungsform, jedenfalls im sog. »Westen«, als Ziel der Geschichte, die an ihrem Ende angekommen ist (*Francis Fukuyama*). Ihre Eigenschaften: Friedfertigkeit, Teilhabe aller (= Partizipation), Parlamentarische Repräsentation, Grundrechtsgarantien, Rechtsstaat, Gerechtigkeit, Gewaltenteilung, Gleichheit und Freiheit, Pluralismus und Toleranz sowie Transparenz erheben sie zum auf andere Weise nicht erreichbaren Idealbild des modernen, humanen Staates. Ungeachtet aller ihrer Mängel (*Winston Churchill*) steht die Demokratie (= Volksherrschaft) an der Spitze der denkbaren Regierungsformen, da sie in idealtypischer Weise der Formel von Gettysburg entspricht: Herrschaft des Volkes, durch das Volk und für das Volk (*Abraham Lincoln* am 19. November 1863: »government of the people, by the people, for the people)«. Dennoch bleibt ein Rest an Bangigkeit, dem im Folgenden nachgegangen werden soll.

II. Das Unbehagen im demokratischen Staat

Der Beitrag für meinen Freund *Horst Dreier* soll deshalb mit einem Zitat des Journalisten und Juristen *Johannes Gross* (1932–1999) eingeleitet werden:[3]

»[…] Zweitens spielt bei den Massendemokratien die Mogelei von der Identität der Regierenden und Regierten eine Rolle. Seit die Demokratien angetreten sind, arbeiten sie gern mit dem Rousseauistischen Schema, die Regierenden seien nichts anderes als die

---

[1] S. *Carl J. Friedrich*, Der Verfassungsstaat der Neuzeit, Heidelberg 1953, S. 1.

[2] *Horst Dreier*, Metamorphosen der Demokratie, in: J. Burckhardt-Gespräche auf Castelen 41 (2024), S. 7.

[3] *Johannes Gross*, Unsere letzten Jahre. Fragmente aus Deutschland, Stuttgart 1980, S. 216–217.

Regierten, sie seien bloß zeitweise zur funktionellen Verwaltung der Regierungsgeschäfte im Sinne und Auftrag der Verwalteten ausgesondert. Das wird auch in Schulen gelehrt. Tatsächlich erfährt aber der Bürger einen anderen Sachverhalt als Verkehrsteilnehmer, der dem Polizisten gegenübertritt, als Steuerpflichtiger, wenn die Steuerfahndung ins Haus kommt, als Zeuge oder Angeklagter bei Gericht. In jedem Augenblick, außer dem des Wahlaktes, nimmt er, wie in jeder anderen Staatsverfassung auch, die problematischer, ihn zugleich entlastende wie belästigende Unterscheidung wahr zwischen Gewaltunterworfenen und Gewaltausübenden – und anders ist es auch nicht denkbar [...]«. Dennoch: ohne Rousseaus Gedanken geht es nicht.[4]

Gilt dieses, frei nach *Sigmund Freud,* »Unbehagen in der Demokratie«, schon gegenüber Polizei, Finanzamt und Gericht (und gegenüber unzähligen anderen staatlichen Einrichtungen und Behörden), die sich dem Bürger offen gegenüber stellen, und die durch den Rechtsstaat quasi »gezähmt« werden können, so muss dies erst recht für die »Arkana« des demokratischen Staates gelten, von denen im Folgenden die Rede sein soll. Denn das alltägliche Unbehagen muss in den Fällen lauern, in denen der Bürger die Ahnung beschleicht, dass es nicht mit rechten Dingen zugeht und dass sich Kräfte und Mächte im demokratischen Staat bilden, die ihm verschlossen sind. Die alles tun, um sich ihm zu entziehen (oft überzeugt, in seinem wohlverstandenen Interesse zu handeln), und die unwillkürlich ein diffuses Gefühl der Bedrohung erzeugen. Hierzu gehören neben anderen die Geheimdienste, Sonderpolizeien, das oft undurchsichtige Gebaren der Staatsanwaltschaften, der Parteien und Verbände sowie der Medien, die nicht alles offen legen, sowie die auswuchernde Bürokratie. Ist dies aber die »Freiheit«, von der *Rousseau* ausgeht?[5] Es wird dem Bürger plötzlich bewusst, dass der Politiker (oder die Politikerin), der (oder die) ihn vom Wahlplakat her anlächeln und Versprechungen machen, die Reden halten und Hände schütteln, das »Bad in der Menge« nehmen, Kinder tätscheln, talk shows besuchen, eben diejenigen Personen sind – oder zu werden hoffen – die diese staatlichen Machtapparate nach ihrer Wahl steuern, beaufsichtigen und deren Mittel notfalls ein- und durchsetzen.

Jeder Staat hat seine Arkana, ein Staat ohne solche gibt es nicht. Aber wie ist es beim demokratisch geführten Staat bestellt? Die Demokratie gilt, bei aller berechtigten Kritik, als die ideale Staats- und Regierungsform. Sie ist der »Parsifal« unter den Regierungsformen, sie ist rein, Böses kennt sie nicht, ihren blanken Schild kann nichts trüben.[6] Jedoch: sowohl die allgemeine Wehrpflicht

---

[4] Zur Problematik der These von der Identität von Regierten und Regierenden s.a. *Hans Kelsen*, Vom Wesen und Wert der Demokratie, 2018, S. 22f. S.a. *Joachim Fest,* Die schwierige Freiheit, 2. Auflage 1994.

[5] S. *Kelsen,* Wesen und Wert, S. 12.

[6] S. dazu *David Halberstam*, Die Elite (engl. The Best and the Brightest), Hamburg 1974, S. 314 über US-Außenminister Dean Rusk: »[...] die Demokratien waren (nach seiner Auffassung) von Natur aus gut und die Totalitären von Natur aus schlecht. [...] er rechnete nicht mit der Launenhaftigkeit der Geschichte. Er begriff nicht, daß infolge des geschichtlichen Wandels Demokratien ebenso leicht aggressiv werden konnten, daß große Demokratien auf viele kleine

als Grundelement einer Demokratie wie die Aussage, Demokratien hätte noch nie einen Krieg begonnen, sind nicht hinterfragte Mythen. Die allgemeine Wehrpflicht (levée en masse) ist eine illegitime Frucht der französischen Revolution,[7] viele Demokratien kennen keine Wehrpflicht. Demokratische Staaten wie die USA oder etwa Indien haben sehr wohl Kriege begonnen, ganz abgesehen von den europäischen Demokratien mit ihren unzähligen Kolonialkriegen.[8]

Auch der demokratische Staat muss sich den wechselnden Zeitumständen stellen, und immer wieder seine Strukturen (Grundrechtsbindung, demokratische Legitimation, Rechtsstaat, Meinungsfreiheit) von Neuem gegen Anfechtungen bewahren.[9] Die Demokratie kennt Machtverschiebungen weg vom Souverän, dem Volk.[10] Sie kennt inzwischen auch das Phänomen des »tiefen Staates«. Der tiefe Staat als das Unheimliche des Staates, jedes Staates, und somit auch des demokratischen Staates.[11] Ähnliches gilt für den lange verschollen geglaubten Begriff der »Staatsraison«.

Wer dort hineinleuchtet, macht sich leicht selbst verdächtig, wird rasch schief angesehen, oder gilt gar als Paranoiker, und wird in der Regel beiseite geschoben und so entsorgt. So ging es dem Politiker *Andreas von Bülow* mit seinen Büchern.[12] Es war leicht, ihn nach kurzer Phase der Aufmerksamkeit, ja der Verblüffung ob seines Wagnisses, als Verschwörungstheoretiker abzuqualifizieren und so mundtot zu machen. Wer Geheimnisse und Verborgenheiten – Arkana – zu wahren sucht, greift rasch und gerne zum Mittel des Beiseiteschiebens, Verdeckens, der Verleugnung, ja der subtilen Verleumdung von Kritikern. Man stellt sich nicht gerne diesen Abgründen; so behandeln die deutschen Lehrbücher der Allgemeinen Staatslehre und des Staatsrechts derartige Bereiche entweder gar nicht, oder streifen sie nur kurz. Im Deutschland der Nachkriegs- und Wiedervereinigungszeit scheint sich die Öffentlichkeit den »dark and bloody grounds«, der Schattenseite des Staates, eher verschämt zu genieren.[13] Auch die Medien sind hier zurückhaltend, nur der frühe SPIEGEL hatte hier weniger Skrupel. In

Staaten tyrannisch wirkten und daß man unter Gerechtigkeit und Rechtschaffenheit in verschiedenen Teilen der Welt etwas Unterschiedliches verstand«.

[7] S. *Friedrich*, Verfassungsstaat der Neuzeit, S. 21.

[8] Auch Demokratien können expansiv, ja aggressiv sein und andere Staaten bedrohen, s. *Kel*sen, Wesen und Wert, S. 18. Zur heutigen Lage s. *Christoph Möllers,* Der vermisste Leviathan, 2008.

[9] S. etwa *Hans Herbert v. Arnim*, Demokratie vor neuen Herausforderungen, in: ZRP 1995, S. 340 ff. S.a. *Horst Dreier/David Kuch*, Demokratische Legitimation der Verwaltung, in: Kahl/Ludwigs (Hrsg.), Handbuch des Verwaltungsrechts, Band III, 2022, § 60.

[10] S. dazu *Walter Leisner*, Der unsichtbare Staat-Machtabbau oder Machtverschiebung, 1994.

[11] Zum Gebrauch und zum Missbrauch des Demokratiebegriffs erhellend *Kelsen,* Wesen und Wert, S. 7.

[12] Speziell: *Andreas von Bülow*, Im Namen des Staates, 2000, Taschenbuch 2008.

[13] S. *Günter Anders*, »Ich bin doch bitte unschuldig«. Der Fall Vera Brühne, 4. Auflage 2012. Für die völkerrechtliche Ebene *Michael Kilian*, Völkerrechtliche Ächtung von Akten des staatlichen Terrorismus: Wunschtraum oder Möglichkeit?, in: Peter Hilpold/Christoph Perathoner

der Staatsrechtslehre gibt es manche »weiße Flecken«, man könnte auch sagen Tabus,[14] so vor allem die Bereiche »Souveränität«, Sicherheit, Staatsschutz und Geheimdienste, Staatsästhetik und Staatsidentität, Notstand und Staatsraison. Notstandsverfassung und Staatsschutzdelikte sind keine Prüfungsstoffe im juristischen Staatsexamen und werden im Studium deshalb auch nicht gelehrt. Tauchen daher derartige Begriffe[15] in deutschen Werken kaum oder gar nicht auf, vom juristischen Unterricht ganz zu schweigen, so stammen kritische Sachbücher in Mitteleuropa oft von Außenseitern, so z. B. von *Wilhelm Schlötterer.*[16] Arkana im Staat sind jedoch grundsätzlich gefährlich für das Gemeinwesen, denn das Misstrauen der Bürgerinnen und Bürger gegen Staat und Politik zerstört über kurz oder lang die Demokratie an ihren Wurzeln: das unbedingte Vertrauen des Bürgers in den demokratisch geführten Staat.[17] Das Wahrnehmungsraster in der spezifischen deutschen Nachkriegsdemokratie lässt sich wie folgt umschreiben: es besteht ein diffuses, ungutes Gefühl; das Sicherheitsbedürfnis des Bürgers gesteht seinem Staat zwar bestimmte Geheimhaltungen und den Schutz der inneren Sicherheit zu (Bsp. Terrorismusabwehr[18]). Dieses »notwendige Übel« bis hin zur Existenz von Geheimdiensten wird toleriert, soweit dabei ein rechtlicher Rahmen und eine effektive Kontrolle garantiert ist.[19] Bei aller Einsicht in diese Notwendigkeiten bleiben jedoch eine reservierte Distanz, oft auch eine Skepsis bestehen.

Um dieses Unbehagen zu bannen, besteht ein umfangreicher Grundrechtskatalog und ein fast lückenloser Rechtsschutz im Rechtsstaat mit Gewaltenteilung. Angesichts eines tief eingewurzelten öffentlichen Misstrauens gegen Macht-, Geheim-, Gewalt- und Kriegsdenken aller Art kommt eine in bestimmten Lagen und Krisen sich aufdrängende Erkenntnis hinzu, dass es mit der Volkssouveränität des Art. 20 Abs. 2 S. 1 GG so seine Tücken hat. Denn, wenn alle Staatsgewalt vom Volke ausgeht, dann ist eben dieses Volk auch verantwort-

(Hrsg.), Völkerrecht – Europarecht – Deutsches Recht, FS für Gilbert Gornig, Band II, Wien 2023, S. 393–430 (Fall Jamal Khashoggi).

[14] Dazu auch *Kelsen,* Wesen und Wert, S. 113. Danach ist die Volkssouveränität eine »totemistische Maske«.

[15] Grundlegend *Otto Kirchheimer*, Politische Justiz (1961), 1981; vgl. a. *Horst Sendler*, Politische Prozesse damals und heute, SoDr. 1997.

[16] Darin der tragische Fall eines nach Mafia-Manier tödlich verunfallten Ulmer Oberstaatsanwalts.

[17] Etwa darin, dass sich die Polizei strikt an die Rechtsregeln hält (v. a. die Unschuldsvermutung).

[18] Vgl. auch *Jürgen Stock* (Interpol-Generalsekretär), Die Organisierte Kriminalität ist eine Epidemie ungeahnten Ausmaßes, in: Profil Nr. 50 v. 9. Dezember 2023, S. 28f. Grundsätzlich: *Ludwig Marcuse,* Das Märchen von der Sicherheit, 1981.

[19] *Wolfgang Graf Vitzthum*, Exterritoriale Rechtsgeltung. Zu Bedingungen nachrichtendienstlicher Auslandsaufklärung, in: ders., Kleine Schriften II, Berlin 2021, S. 75–94. Der BND darf auch außerhalb des deutschen Territoriums nicht zu rechtswidrigen Methoden greifen. S. a. BVerfGE 154, 152.

lich dafür, was mit dieser Gewalt geschieht (bis hin zum Rüstungsexport), und es darf bis in die letzten Ecken, Spalten und Lücken hinein Rechenschaft von den also Beauftragten fordern. Denn eine beschränkte oder gespaltene Volkssouveränität gibt es begrifflich nicht (»Alle Staatsgewalt«), sonst wäre das Volk nicht »souverän« zu nennen. *Hans Kelsen* hat das erkannt: »Demokratie bedeutet Beteiligung an der Errichtung staatlicher Ordnung«[20]. Aber respektiert diese Ordnung auch ihre eigenen Regeln?

Begonnen hat das Unbehagen breiter Kreise mit der größten politischen Affäre der jungen Bundesrepublik, der »Spiegel-Affäre« im Jahr 1962. Hier ging es plötzlich um Landesverrat und andere politische Delikte, um polizeiliche Besetzung eines kritischen Presseorgans, um eine Bundesanwaltschaft, die man zuvor kaum kannte, um Verhaftungen bis hin im Ausland: alle altbekannten Elemente des Obrigkeitsstaates tauchten mit einem Mal aus der Versenkung hervor, in der man sie – offenbar allzu arglos – vermeintlich entsorgt zu haben glaubte Es ist bezeichnend, dass in den letzten Jahren – wie erwähnt – ein Begriff in den Medien auftauchte, der so der Öffentlichkeit bisher nicht geläufig war und vielfach ein Raunen auslöste: der erwähnte »tiefe Staat«. Dieser widerspricht freilich in eklatanter Weise einem der vornehmsten Postulate, mit dem sich der demokratische Staat schmückt, seiner möglichst unbedingten Transparenz, der Klarheit und Durchsichtigkeit seiner Strukturen, somit der Kontrolle, im Gegensatz zum undurchsichtigen Obrigkeitsstaat. Schlicht: der demokratischen Öffentlichkeit.

Die Untiefen der Demokratie und des demokratisch verfassten Staates erzeugen Peinlichkeiten, ein verschämtes Verstecken all dessen, was den hohen, sich selbst gesetzten ethischen Ansprüchen nicht genügt. Benötigt eine rechtsstaatliche Demokratie Geheimdienste? Darf es Staatsgeheimnisse und Zensur geben? Darf es eine Staatsraison geben? Darf es ein politisches Strafrecht geben? Wie weit dürfen die staatlichen Organe bei ihrer Tätigkeit gehen (Bsp. Einsatz von V-Leuten,[21] agents provocateurs, false flag, Desinformation) u.v.a. Fragen. Ein Verweis und ein Vertrauen in den Rechtsstaat und vor allem den Verfassungsstaat mit seiner Gewaltenteilung und seinen sonstigen Beschränkungen kann, aber muss den Bürger nicht beruhigen. Der Rechtsstaat ist eine notwendige Bedingung der Demokratie, aber ist er auch immer hinreichend?

Demokratie wird oft als per se schwache und schutzbedürftige Staatsform angesprochen, der man in Gefahren keine Opfer bringe, bis es zu spät ist. Viele fühlen sich daher berufen, sie zu verteidigen und die wahren – oft auch nur die vermeintlichen, weil ein Weltbild störenden – Feinde der Demokratie auszumachen. Dabei wird meist übersehen, dass die Postulate der Demokratie: Meinungsfreiheit und andere Grundrechte, Offenheit, Transparenz, Pluralismus usf. für alle gelten und es keine »staatlich geprüften Demokraten« gibt. Zwar gilt

---

[20] *Kelsen,* Wesen und Wert, S. 25 bzw. S. 90.

[21] Beispielsweise der Fall Kirsti Weiß.

der Spruch: »keine Freiheit für die Feinde der (demokratischen) Freiheit«, aber unter der Einschränkung »zur Beseitigung der Freiheit« (*Otto Bachof*). Es gibt die »wehrhafte Demokratie«, wobei hier die Grenzen unbestimmt sind. Denn Demokratie bedeutet Gegenmeinungen, Opposition, Konflikte, Streit, Uneinigkeit, ja auch Feindschaften. Alles andere wäre weltfremdes Pharisäertum und Doppelmoral, und der Rechtsstaat gilt für alle gleichermaßen.

In der Literatur sind die staatlichen Arkana – wie erwähnt – selten Gegenstand von Erörterungen und Schilderungen. In der deutschen schöngeistigen Literatur (als ein Indiz der öffentlichen Aufmerksamkeit) finden solche Themen eher marginale Erwähnung. Beispiele sind *Carl Amery, Friedrich Christian Delius* oder *Herbert Rosendorfer*, für die DDR vor allem *Erich Loest.*[22] In der Essayistik *Hans Magnus Enzensberger.* Andere Literaturen, namentlich die britische[23] und vor allem die US-amerikanische, sind hier sehr viel reichhaltiger, gibt es doch eine ganze »Geheimdienstliteratur« mit Sachbüchern, Romanen und Filmen. Vor allem der investigative Journalismus in den USA ist berühmt: *Seymour Hersh, Bob Woodward, Carl Bernstein, David Halberstam, Norman Mailer* und zahlreiche andere.

III. Die Arkana und das Unbehagen in der Demokratie

Im Laufe der Jahrzehnte ist das staatliche Misstrauen gegenüber dem Bürger eher gewachsen als gesunken. Neue Überwachungsmöglichkeiten durch Drohnen oder künstliche Intelligenz[24] lassen Schlimmes für die künftige Bürgerfreiheit ahnen. Der dunkel so genannte »tiefe Staat«, wie der Staat ganz allgemein, ist auch in der Demokratie grundsätzlich misstrauisch gegenüber dem Bürger, der ja eigentlich als der Souverän gilt (Art. 20 Abs. 2 GG). Zwar soll Transparenz herrschen, diese besteht aber oft nur in einer Vertrauensanheischung. Ihr begegnen allzu zahlreiche Hemmnisse: in den Informationsfreiheitsgesetzen, in den Archivgesetzen und anderswo. Das Staatsgeheimnis bildete jahrzehntelang ein Refugium der Macht. Aber wer entscheidet, ob etwas ein Staatsgeheimnis ist oder nicht? Da auch Demokratie Herrschaft bedeutet und verkörpert, gibt es auch in ihr die Nachtseite dieser Herrschaft. Auch in der Demokratie gilt das »eiserne Gesetz der Oligarchie« (*Robert Michels*).[25] Dies gilt nicht nur für die landläufige

---

[22] *Erich Loest,*Die Stasi war mein Eckermann, Göttingen 1991.

[23] *Ian Fleming, John le Carré, Frederik Forsythe, Eric Ambler, Somerset Maugham, Graham Greene.* Etliche dieser Autoren waren selbst im oder für den Geheimdienst tätig. Dasselbe gilt für den polnischen Reisereporter *Ryszard Kapuściński.*

[24] S. dazu *Gerd Gigerenzer,* Klick. Wie wir in einer digitalen Welt die Kontrolle behalten und die richtigen Entscheidungen treffen, 2022, speziell S. 271, 343. *Andreas Schwarz,* Der gläserne Finne. Daten von der Wiege bis zur Bahre, in: KURIER Wien v. 28. Oktober 2023, S. 8.

[25] Ausführlich *Kelsen,* Wesen und Wert, S. 111 ff. zur Führerauslese in der Demokratie unter Bezug auf *Michels.*

Korruption, Vetternwirtschaft, Postenschacher u. dgl., sondern auch für schlimmere Missstände und Skandale bis zum politischen Mord als Extremfall. Oft bleibt dieser unaufgeklärt. Ein besonderes Kapitel bildet in diesem Zusammenhang das Phänomen des »Verrats«, das im politischen Strafrecht eine große Rolle spielt. *Margret Bovery* hat hierzu die große Untersuchung angestellt,[26] *Carl von Ossietzky* lieferte das delikate Beispiel, der Diplomat *Talleyrand* den nötigen Spott.[27] Der BGH bestrafte mit seiner »Mosaiktheorie«[28] die menschliche Intelligenz, während *Hans Magnus Enzensberger* von vornherein die Absurdität des Staatsgeheimnisverrats nachwies.[29] Die Gerichte schließlich verurteilen mit den Spionagedelikten unwerte Taten, die man sehr gerne gegenüber anderen verübt: ein klassisches tu quoque,[30] »ich liebe den Verrat, aber ich hasse den Verräter« (angeblich von *Julius Caesar*). Der demokratische Staat sieht sich so in ein Geflecht menschlicher Sachlagen verstrickt, das seinen hehren ethischen Ansprüchen niemals gerecht werden kann. Und der Bürger bemerkt diese Absicht, und ist entsprechend verstimmt.

IV. Staatliche Arkana in ausgewählten Bereichen

1. Arkana und Geheimhaltung in der Demokratie

Laut *Kelsen* zeichnet die Demokratie die »Publizität der Herrschaftsakte« gegenüber ihrer Geheimhaltung aus.[31] Das Wort »geheim«, besonders in Verbindung mit Geheimhaltung, Staatsgeheimnis, Geheimdienst oder gar Geheimpolizei weckt nach wie vor Schauder und passt nicht in eine demokratische Struktur, die auf Offenheit angelegt ist. Geheimes wirkt für den Bürger im Wortsinne »unheimlich« und stellt so im Grundsatz ein Fremdkörper in einer Demokratie dar.

2. Amts- und Staatsgeheimnis

Jeder Staat birgt seine Geheimnisse, die nicht oder nicht vollständig aufgeklärt werden. Aktuell gehören dazu der NSU-Fall[32] und die North-Stream-Sprengung. Andere demokratische Staaten haben ebenfalls ihre unaufgeklärten Ge-

---

[26] Der Verrat im XX. Jahrhundert, in vier Bänden, in: Rowohlts deutsche Enzyklopädie 23 (1956), 24 (1956), 58 (1957), 105/106 (1960).

[27] »Verrat ist nur eine Frage des Datums«.

[28] S. BGHSt 1, 53.

[29] S. *Hans Magnus Enzensberger,* Zur Theorie des Verrats, in: ders., Deutschland, Deutschland unter anderem. Äußerungen zur Politik, 1967, S. 49–69. Dort ist alles Nötige gesagt.

[30] »Drei Breitengrade werfen die ganze Justiz über den Haufen [...] eine schöne Gerechtigkeit, deren Grenze ein Fluss ist« (*Pascal,* Pensees, Art. III Nr. 319).

[31] S. *Kelsen,* Wesen und Wert, S. 115.

[32] S. BVerfGE B.v. 13. April 2016, 2 BvE 2/15 zu PUAG § 18 Abs. 3.

heimnisse. Nicht nur das demokratische Nachkriegsdeutschland (etwa *Rosemarie Nitribitt, Vera Brühne, Uwe Barschel*), viele weitere Demokratien haben ihre »Leichen im Keller«, von Schweden (Fall *Olaf Palme*) über Österreich (Fall *Lütgendorf* und zahlreiche andere),[33] Belgien (Fall *Dutroux*), Frankreich (Fälle *Charles Ailleret, Prince Broglie*), Italien (Fall *Moro*), Großbritannien (Fälle *Stephen Ward, Roberto Calvi, David Kelly*), Polen (Fall *Lech Kaczynski*), Tschechoslowakei (Fall *Massaryk*), Tschechien (Fall *Dubcek*) bis hin zur USA (Fälle *George Patton, John Forrestal, J.F. Kennedy, J. Epstein, Jimmy Hoffa*).

Von ausländischem Einflüssen und Vorbildern ausgehend drang auch in Deutschland der Gedanke durch, ein Informationszugangs- und -Freiheitsrecht zu installieren.[34] Nicht in allen Demokratien ist dies selbstverständlich, so waren derartige Rechte z.B. in Österreich bis vor kurzem umkämpft und werden erst jetzt gesetzlich zugestanden, drohen sie doch das seit den Zeiten *Metternichs* hermetisch geschützte System des Amtsgeheimnisses zu durchlöchern. Wissen ist Macht, und wer gibt schon – selbst in einer Demokratie – gerne selbst einen Teil seiner Macht freiwillig ab? Aber auch im IFG gibt es für den Bürger unübersteigbare Barrieren: so schließen §§ 3 Nr. 1–8, 4–6 IFG den Zugang zu Informationen des Staates dann strikt ab, wenn andere öffentlich wie private Interessen Vorrang haben.[35] Und wer denkt da nicht an die Aussage des früheren Innenministers *de Maiziere*, wonach bestimmte Tatsachen »die Bevölkerung verunsichern könnten«? Der Staat als die große Mutter, die ihre Kinder fürsorglich vor Schlimmem bewahrt. Ähnliche Hürden gelten für die Archivgesetze mit ihren Sperrfristen, oder für das Stasi-Unterlagengesetz. Es besteht hier offenbar eine Wasserscheide: diejenigen, die Geheimnisse besitzen und verwalten, und diejenigen (der normale Bürger), denen dies versagt ist.

3. Geheimdienste

Jeder Staat, auch der demokratische, benötigt wie selbstverständlich zu seinem Schutz einen oder mehrere Geheimdienste samt dem dazu gehörenden Agentennetz in In- und Ausland. Die demokratische USA verfügt über 25 Dienste im Bund (einige mit Abteilungen in Ministerien) und 50 Dienste der Gliedstaaten. Die Bundesrepublik verfügt über 16 Landesdienste und drei Bundesdienste.

Es ist aber keineswegs selten, dass Geheimdienste, die den Staat nach außen schützen sollen, von der Politik gegen die eigenen Bürger instrumentalisiert werden. Man denke hier an den Schweizer »fichen-Skandal« oder die MAD-Liste von 30 000 Namen von Bundesbürgern im Kalten Krieg in den achtziger

---

[33] *Kurt Tozzer/Günther Kallinger*, Todesfalle Politik. Vom OPEC-Überfall bis zum Sekyra-Selbstmord, St. Pölten/Wien 1999, speziell zu Lütgendorf S. 29–45.

[34] IFG vom 5. September 2005, BGBl. I S. 2722.

[35] Das IFG wird exzellent kommentiert von *Friedrich Schoch*, IFG, Kommentar, 2. Auflage München 2016.

Jahren.[36] Nach den Erfahrungen des Ersten Weltkriegs wollte die Völkerrechtsgemeinschaft Geheimdiplomatie und Geheimverträge als gefährliche Kriegsursachen abschaffen. Dies ist aber ebenso wenig gelungen wie die Ächtung von Geheimdiensten und ähnlichen Systemen.[37] Dies ungeachtet der Tatsache, dass mit Geheimdiensten auch Illegalität, Doppelmoral, Paranoia bis hin zu schwersten Verbrechen »von Staats wegen« Eingang in den staatlichen Umgang miteinander finden.[38]

4. Rüstung und staatliche Macht

Nach 1945 hätte niemand in der Welt mehr gedacht, dass ein deutscher Staat jemals wieder zu einer – selbst kleineren oder mittleren – Macht gelangen würde, oder dass er jemals wieder eine auch nur kleine Rüstungsindustrie besitzen würde.[39] Am meisten muss man sich darüber wundern, dass sich niemand darüber wundert. Eine besondere Arkan-Problematik weist deshalb besonders Deutschland mit seinen historischen Erfahrungen mit Krieg und totaler Rüstungsindustrie auf. Demokratie, Friedenspolitik und Rüstungsforschung sowie Rüstungsindustrie sind angesichts dieser Erfahrungen nur schwer miteinander in Einklang zu bringen. Da sieht man dann von Staats wegen nicht gerne, wenn die Studentenschaften an den Universitäten auf »Zivilklauseln« bei der Forschung bestehen.

Ein weiteres heikles Thema im demokratischen Staat ist die Macht, und damit die Ausübung der Staatsgewalt. Auch der demokratische Staat übt Macht aus und muss diese im Sinne des Gemeinwohls ausüben, schon weil er das Gewaltmonopol beansprucht. Macht ist jedoch regelmäßig negativ besetzt (*Lord Acton, Carl Jacob Burckhardt*, s. dazu auch: *Elias Canetti* und *Michel Foucault*). Umso mehr muss die Demokratie auf Gewaltenteilung achten, es gibt nur eine Macht auf Zeit, und ein Machtwechsel und ein Machtübergang müssen strikt geregelt vor sich gehen. Ein demokratisch verfasster Staat schützt leider weder vor Poli-

---

[36] Persönliche Erinnerung des Verfassers. S. MAD-Skandal am 23. August 1985. Zur beschränkten Aufsichtskompetenz des Bundestags-Kontrollauschusses, obwohl der MAD Private umfangreich ausspäht, *Corbinian Ruckerbauer*, in: TAZ v. 1. Dezember 2023. Der MAD hat geschätzt 7000 Mitarbeiter (ebenso wie der BND), das OKW zählte im Krieg 4000 Mitarbeiter. S. a. *Christian Trar*, Die Geheimniskrämerei des Verfassungsschutzes, in: Kleine Zeitung Graz v. 9. Januar 2014, S. 4. Zum deutschen Verfassungsschutz jetzt *Ronen Steinke*, »Verfassungsschutz«. Wie der Geheimdienst Politik macht, Berlin/München 2023, dazu *Patrick Bahners*, Behörde für Wettbewerbsverzerrung, in: FAZ v. 27. Januar 2024. Neuerdings auch: *Thomas Riegler*, Österreichs geheime Dienste, 2024.

[37] In der Kulturgeschichte zählt die Spionage neben der Prostitution und dem Ackerbau zu den ältesten Gewerben.

[38] *Kilian*, Völkerrechtliche Ächtung, S. 393 ff.

[39] Je nach Statistik verfügt die Bundesrepublik über die drittgrößte Rüstungsindustrie der Welt.

zeibrutalität[40] noch vor Willkür in den Streitkräften. Wie (auch) demokratische Staaten mit ihren Wehrpflichtigen umgehen, zeigt der österreichische Erlebnisbericht »Hosenabschluss« von *Andreas Pauschenwein.*[41] Aufgeklärt wird hier selten etwas, bestraft schon gar nicht.

Dass sich der demokratische Staat mit der (staatlichen) Macht generell schwer tut, zeigt schon eine Reihe von verharmlosenden Umschreibungen, die vieles eher als Camouflage verschleiern denn offen legen. Der deutsche demokratische Staat der Nachkriegszeit neigt dazu, Unangenehmes, auf die Macht und Gewalt des Staates Hindeutendes, in seinem offiziellen Sprachgebrauch möglichst zu vermeiden. Er greift in seinem offiziellen Sprachgebrauch oft zu Euphemismen, um den Bürger nicht unnötig zu schrecken und die Staatsmacht nicht allzu offensichtlich zu demonstrieren; nur ein Beispiel: Bundesleistungsgesetz.

5. Zeitenwende und Kriegstüchtigkeit

Nimmt man den zeitgenössischen Sprachgebrauch in Politik und Medien, so spricht man oft von (noch) wirtschaftlich erfolgreicher »Mittelmacht«, die international und besonders in Europa Verantwortung zu übernehmen hat. Wie man eine solche Mittelmacht definiert, bleibt freilich in der Regel offen.[42] Ob es genügt, Wirtschaftsmacht zu sein (wie lange noch?),[43] oder eine Art peace-keeping-Macht weltweit (»wirtschaftlicher Riese und politischer Zwerg«) gehört zur innenpolitischen Debatte, fast seit die Bundesrepublik besteht. Etwas konkreter wird es, wenn es nach innen um die »wehrhafte Demokratie« geht, wenn neue Parteien auftauchen, wenn Machtverhältnisse sich ändern[44] und, wenn wie derzeit, Krisen sich zeigen, die zu einer »Zeitenwende« führen (Bundeskanzler Scholz). Deutschland soll die »Führungsmacht Europas« sein, die den Aufbau der »mächtigsten Armee Europas« betreibt (*Lars Klingbeil*), was die »stärkste Armee Europas« zur Folge haben müsse (*Rolf Mützenich* am 5. November 2023), gar eine »Kriegstüchtigkeit« sei herzustellen (*Boris Pistorius*).[45] Sogar eine

---

[40] Beispiele Dublin 2023, Covid-Demos, Stuttgart 21, Genua-Gipfel 2010, Spanien Katalonien, Hainburg/Österreich.

[41] Erinnerungen an ein versunkenes Militär (österr. Miliz), Linz 2021.

[42] Im geschichtsfernen Nachkriegsdeutschland weiß niemand mehr, dass das Kanzleramt in Berlin auf dem Boden des Gebäudes des preußisch-deutschen Generalstabs *Moltkes d. Ä.*, *Waldersees*, *Schlieffens* und *Moltkes d. J.* steht. Die Geister der deutschen Geschichte sind also stets präsent – auch ein Arkanum.

[43] *Walter Hallstein* sagte mir einmal, die wichtigste und personell am besten ausgestattete Abteilung jeder deutschen Botschaft sei die handelspolitische Abteilung (»Abt. HPol«).

[44] *Hans-Herbert von Arnim*, Die Strategien der Macht und das Problem ihrer Kontrolle, in: NVwZ 2014, S. 846ff.

[45] Der Verf. hat vom damaligen Verteidigungsminister *Georg Leber* noch etwas ganz anders gehört, aber *Leber* hat auch (als Unteroffizier) am Zweiten Weltkrieg teilgenommen. Diese erfahrungsgesättigte Generation lebt nicht mehr.

Nuklearbewaffnung der Bundesrepublik wird »angedacht«[46]. Dabei werden die alten Fakten übersehen, die schon zwei Mal Deutschland ins Unglück gestürzt haben: die maßlose Überschätzung der eigenen Möglichkeiten.

Nach 1945 wollte man diesmal alles besser machen in Herrenchiemsee und im Parlamentarischen Rat: kein Machtstaat mehr, (vorerst) keine bewaffnete Macht, keine Geheimpolizei und keinen Geheimdienst, und auch keine Rüstungsindustrie mehr (*Carlo Schmid*[47]) und damit auch keine Rüstungsexporte. Doch es kam anders: es kamen der Kalte Krieg mit dem »roll back«, die Berlinkrisen, der Koreakrieg, die atomare Bedrohung, die Gefahr einer kommunistischen Revolution. Also wurden in den entmilitarisierten Ländern wie Italien, Österreich und (West-)Deutschland Geheimsysteme aufgebaut für den Fall der Fälle eines kommunistischen Aufstands oder einer Besetzung: Gladio,[48] die B-Gendarmerie, die sog. Schnez-Truppe, die Organisation Gehlen. Man wuchs wieder – nolens volens – in die gewohnten staatlichen Machtregularien hinein. Vieles davon ist bis heute unaufgeklärt geblieben und blieb geheim. Immerhin wollte man 1952 die Grundlage einer deutschen Rüstungsindustrie, die Schwerindustrie im Ruhrgebiet, in der »Montanunion« als Nukleus einer europäischen Union vergemeinschaften. Nahm das deutsche Volk als Souverän die Wiederbewaffnung nach Protesten noch zähneknirschend hin, so wurden die sog. Auslandseinsätze der neuen (Wehr-)Macht bis heute niemals populär. Auch der Satz einer »Übernahme von Verantwortung«, von dem einen oder anderen Bundespräsidenten gebraucht, stieß ganz überwiegend auf Misstrauen in der Bevölkerung. Dasselbe gilt für das Bemühen, im UN-Sicherheitsrat einen ständigen Sitz anzustreben. Dies, obwohl doch die sog. Feindstaatenklauseln der UN-Charta nach wie vor in Kraft sind (Art. 107 UN-Charta). Rechtlich würde man sich dadurch im Erfolgsfalle selbst unter Kuratel stellen. An zahlreichen »Arkana« mangelt es also auch hier nicht.

Demokratie ohne Machtausübung nach innen wie nach außen gibt es, wie vermerkt, nicht. Welche Art von »Macht« möchte aber die demokratische Bundesrepublik sein, was ist ihr Selbstverständnis (*Martin Morlok*[49])? Es bleibt ein Arkanum der Politik und wird nicht öffentlich diskutiert. Da es keine geschlossene Machtkonzeption gibt – und wer möchte eine solche in Deutschland schon aufstellen? – kann nur ein lockeres Mosaik von Geschehnissen hier weiterhelfen und Anzeichen bieten: der entsetzte Aufschrei in den Medien, als Bundesprä-

---

[46] *Michael Hesse,* Carlo Masala über deutsche Atomwaffen: »Politisch eine Katastrophe«, in: Frankfurter Rundschau v. 25. Januar 2021, https://www.fr.de/kultur/gesellschaft/sicherheitsexperte-carlo-masala-wir-haetten-die-staerkste-konventionelle-armee-in-europa-92783151.html (14. März 2024).

[47] S. Zit. in: P. Häberle/M. Kilian/H. A. Wolff (Hrsg.), Staatsrechtslehrer des 20. Jahrhunderts, 2. Auflage 2018, S. 578.

[48] *Leo A. Müller*, Gladio – das Erbe des Kalten Krieges, 1992.

[49] *Martin Morlok,* Selbstverständnis als Rechtskriterium, Tübingen 1993.

sident *Horst Köhler* im Flugzeug in der Türkei das Weißbuch zur Sicherheitspolitik zitierte, wonach die Bundeswehr (auch) die Aufgabe habe, internationale Handelswege zu schützen (wie jetzt etwa am Roten Meer). War Afghanistan ein »Krieg« oder nicht? Der Neubau des BND in der Berliner Chausseestrasse, also nahe dem Regierungszentrum, übertrifft in seinen Ausmaßen *Nicolae Ceauşescus* Volkspalast in Bukarest und soll das größte Gebäude Europas sein.[50]

Bereits vor einigen Jahren – vor dem Ukraine-Krieg – hatte die Forscherin eines sog. »think tanks« im FOCUS dazu aufgerufen, die deutsche Bevölkerung müsse endlich (wieder) psychologisch »kriegsbereit« gemacht werden. Was schlummerte da bereits im Untergrund? Da trifft es sich gut, dass sowohl in Deutschland wie in Österreich[51] Umfragen unter der Jugend im Jahre 2023 das Ergebnis brachten, 80 % bzw. 60 % der Befragen würde in einem Krieg nicht zur Waffe greifen. Die Umfragen verschwanden sehr rasch wieder aus den Medien. Aus einer Umfrage wurde ein Arkanum.

6. Kontrolle des Staates in der Demokratie

Demokratie benötigt, wie erwähnt, vor allem das Vertrauen in ihre Institutionen. Dieses Vertrauen im Volk zu bewahren ist ein zartes Pflänzchen. Vertrauen fußt wiederum zum wesentlichen Teil auf Kontrolle und auf dem Vermögen, etwas zu ändern. Nur so ist man in der Lage, Arkana aufzuspüren und zu erhellen. Je mächtiger in der Demokratie eine Einrichtung erscheint – und Macht schafft wie von selbst Arkanbereiche – desto engmaschigen und effizienter muss das Kontrollinstrumentarium sein. An vorderster Stelle sind dies Bundestag und Landtage mit entsprechenden Ausschüssen. Schon in der antiken Demokratie galt der Satz »Quis custodiet ipsos custodes?« (*Juvenal*). Hierzu dient das Institut des Rechtsstaats (Art. 20 Abs. 2 S. 2 GG). Aber der Apparat weiß sich zu wehren, hat er doch die Politik, die ihm ihre Macht verdankt, auf seiner Seite.

Kontrolleinrichtungen können vor allem sein: Ombudsleute, Beauftragte und Gruppenanwälte,[52] weiters Volksanwaltschaften, die Frage der Unabhängigkeit, weil Weisungsfreiheit der Staatsanwaltschaft,[53] eine spezielle Wirtschafts- und Korruptionsstaatsanwaltschaft (wie in Österreich), ein transparente, von Parteieneinflüssen freie Bestellung der Richter und besonders der Höchstrichter, Rechnungshöfe mit eigenen, effektiven Sanktionsmöglichkeiten, demokratische und von Parteieneinfluss möglichst freie Besetzung der Gremien öffentlich-rechtlicher Rundfunkanstalten (ein großes Thema in Österreich). Denn die

---

[50] Auskunft des rumänischen Journalisten Radu Golban gegenüber dem Verfasser.

[51] »Heer: Schießen sollen die anderen«, in: DIE PRESSE Wien v. 20. November 2023, S. 4.

[52] Bsp. in Österreich der Patientenanwalt. S. weiter *Michael Jungwirth*, Kleine Zeitung Graz vom 21. Februar 2024, S. 6 und ebd. *Carina Kerschbaumer* vom 24. Februar 2024, S. 6.

[53] Diese Debatte wird derzeit in Österreich heftig geführt. S. etwa *Martin Ulrich*, in: DIE PRESSE Wien v. 16. August 2021, S. 9.

vorhandenen demokratischen Kontrolleinrichtungen erscheinen oft zahnlos:[54] Untersuchungsausschüsse gehen in parteilichen Grabenkämpfen unter,[55] parlamentarische Aufsichtsgremien kontrollieren oft in eigener Sache, nicht im Auftrag der Öffentlichkeit, Rechnungshöfe »ohne Biss«, weisungs-unterworfene Staatsanwaltschaften sind oft Diener der Politik, nicht des Rechts.[56] In diesen Zusammenhang gehört auch eine Verstärkung der direkten Demokratie auf Bundesebene.

Dem Schutz des Souveräns dienen nicht zuletzt auch die nötigen (Gewaltenteilungs-)-Trennungen von Polizei- und Geheimdienstbefugnissen, das (grundsätzliche) Verbot des Einsatzes des Militärs im Innern sowie die Trennung der politischen und der militärischen Führung und deren Unterstellung unter die Politik. Ebenso ist die Strafverfolgung durch Kripo und Staatsanwaltschaft von der Strafrechtsprechung strikt zu trennen.[57]

7. Kontrolle des demokratischen Souveräns durch den demokratischen Staat

Im Staat der Demokratie gehört die Kontrolle der Bürger zu den heikelsten Bereichen, denn es ist der Souverän selbst, der hier zum Objekt von Kontrollen gemacht wird. Eigentlich ein Widerspruch in sich und ständige Quelle des Unbehagens in der den Staat tragenden Gesellschaft. Auch hier gilt offenbar der *W. I. Lenin* zugesprochene Satz »Vertrauen (in den Bürger) ist gut, Kontrolle ist besser«. Denn der Staat liebt es, seine Bürger auszuforschen, er traut seinem Souverän offenbar nicht über den Weg. Dieser »Sicherheitswahn« (*Juli Zeh*) wird durch zahlreiche Mechanismen und Vorkehrungen ausgeübt, mit deren Hilfe der Staat trachtet, die Arkana der Gesellschaft zu ergründen.[58]

Die junge Demokratie war (und ist) nicht immun gegen Ämter- und Postenschacher, Korruption, Kungelei, Wahlbetrug, nudging, dirty campaigning,

---

[54] Es verschwinden Akten (z. B. Lockheed-Affäre), es werden handy-Daten gelöscht, es verschwinden Laptops (Cumex), Strafverfahren laufen ins Leere (NSU); s dazu *Kathrin Röggla*, Laufendes Verfahren, 2023, dazu *Anne-Catherine Simon*, Der NSU-Prozess war voll von Surrealem, in: DIE PRESSE Wien v. 8. August 2023, S. 19.

[55] Lt. BVerfGE B.v. 13. Oktober 2016, Az. 2 BvE 2/15 zu § 18 Abs. 3 PUAG überwiegt die Geheimhaltung aus Staatsinteresse das Aufklärungsinteresse des Parlaments. Nach der Gewaltenteilung hat aber das Parlament Vorrang.

[56] S. dazu das EuGH-Urt. v. 27. Mai 2019 (C-508/18) zur mangelnden Unabhängigkeit der deutschen Staatsanwaltschaften und die Äußerung des Wissenschaftlichen Dienstes des Deutschen Bundestags von 2023 dazu. S. a. *Klaus Ferdinand Gärditz*, Unionsrechtliches Ende der weisungsabhängigen Staatsanwaltschaft?, in: GSZ 4 (2019), S. 133 ff.

[57] S. dazu bedenkliche Formen einer »Verpolizeilichung« des Strafverfahrens in Düsseldorfer Staatsschutzverfahren bei *Rainer Zaczyk*, Strafjustiz oder Präventivjustiz?, in: Chr. Fahl u. a. (Hrsg.), Ein menschengerechtes Strafrecht als Lebensaufgabe, FS f. Werner Beulke, Heidelberg 2015, S. 69–78.

[58] *Juli Zeh/Ilja Trojanow*, Angriff auf die Freiheit: Sicherheitswahn, Überwachungsstaat und der Abbau bürgerlicher Rechte, 2009.

Nepotismus/Vetternwirtschaft u. dgl. Zwar gingen die meisten dieser Affären von der Politik, vom Staat und seinen Behörden sowie von den Auswirkungen staatlicher Maßnahmen (Rüstung, Waffenexporte, Spionage) aus. Dennoch blieb eine Art von »Generalmisstrauen« des Staates, der Politik und der Bürokratie gegenüber den eigenen Bürgern stets virulent.[59] So ist folgerichtig die Inanspruchnahme der Meinungsfreiheit als Teil der Zivilcourage außerhalb des sog. mainstreams leider nicht die Regel.[60] Der Bürger ist so nicht »Souverän«, sondern Objekt. Eine Vielzahl von Gesetzen veranlasst den Bürger, sich zu »outen« und sich durchleuchten zu lassen: Bsp. Sicherheitsüberprüfungsgesetz, Beamtengesetze usw. usw. Das Misstrauen steht auf Seiten des Staates, nicht auf Seiten seiner Bürger. Diese müssen ihre Vertrauenswürdigkeit gegenüber dem Staat nachweisen, nicht umgekehrt. Einen demokratischen Vertrauensbonus gibt es nicht. Es gibt z. B. demokratische Staaten, die kein Meldewesen kennen (Bsp. Frankreich, Großbritannien), keine Ausweichpflicht gibt es in Großbritannien, Irland, in den USA, in der Schweiz, in den Niederlanden erst seit 2005. Als die EU für Pässe eine Fingerabdruckpflicht einführte,[61] galt dies nicht für Großbritannien (das zu dieser Zeit noch EU-Mitglied war). In Deutschland gab es hiergegen keinen öffentlichen Protest.

In den letzten Jahren bildete sich staatlicherseits[62] ein »institutionalisiertes Misstrauen«.[63] Solch grundsätzliches Misstrauen gegenüber dem »Untertanen« ist aber Kennzeichen des klassischen Obrigkeitsstaates. Es äußert sich in vielerlei Formen: durch sog. Melde- und Anti-Diskriminierungsportale,[64] die auch Sachverhalte »unterhalb der Strafbarkeitsschwelle« erfassen sollen[65] (was bräuchte es sonst ein Demokratiefördergesetz), ein Whistleblower-Schutzgesetz, spezielle Stiftungen[66] und think tanks (sic: tanks!), ein Vorratsdatenspeichergesetz, ein Digital Service Act der EU, ein Netzdurchsuchungsrecht,[67] die Vorratsdatenspeicherung und die sog. »Staatstrojaner«, neuerdings die 10000 Euro Bargeldgrenze. Besonders bemerkenswert sind Pläne des Bundesministerium des Innern, dem Verfassungsschutz durch Änderungsgesetz des VerfSchG die Möglichkeit

---

[59] Bereits Shakespeare war der »Übermut der Ämter« bekannt.

[60] BVerfGE 7, 198 – Lüth, Meinungsfreiheit als »the matrix, the indisponsible condition of merely every other form of freedom« (Cardozo).

[61] Eine Verfassungsbeschwerde dagegen, eingelegt von Juli Zeh, scheiterte.

[62] Man kann auch sagen, von Seiten der Parteieneliten.

[63] Bsp. die deutsche Gesellschaft sei latent und potentiell »rassistisch«, fremdenfeindlich u. dgl.

[64] Dazu *Frank A. Meyer*, in: CICERO v. 24. Oktober 2023: »Petzrepublik Deutschland, Denunziation zum demokratischen Akt erhoben.«

[65] Was zahlreichen rechtsstaatlichen Vorgaben widerspricht.

[66] Auch die Parteistiftungen sollen jetzt (endlich) durch ein – lückenhaftes – Stiftungsfinanzierungsgesetz geregelt werden.

[67] *Frank Fechner*, Ach wie gut, dass niemand weiß […] oder Das Märchen vom Recht auf anonyme Meinungsäußerung in: Peter Hilpold/Christoph Perathoner (Hrsg.), Völkerrecht Europarecht Deutsches Recht, FS für Gilbert Gornig, Band II, Wien 2023, S. 431 ff.

zu verschaffen, seine Erkenntnisse an Private weiter zu geben.[68] Gegenkontrollen der Bürger sind unerlässlich, denn die größten Gefahren solcher staatlich abgeschotteter Einrichtungen sind oft die Verselbständigung, sie werden zum Selbstzweck mit der Tendenz, zum Staat im Staate zu werden, der eigene Zwecke verfolgt.

Gegenabsicherungen der Bürgerfreiheit liegen demgegenüber auf Eis: dies ist bei einem BND-Gesetz der Fall[69] sowie mit der Anregung der FDP, eine Freiheitskommission zur Vorprüfung der überbordenden Sicherheitsgesetze zu installieren.[70] Eine große Begeisterung hierüber war in Politik und Medien nicht zu erkennen, der Bürger fühlt sich dem eher hilflos ausgesetzt. Eine Bundestags-Kommission zur Aufsicht über die Nachrichtendiensten wird zwar diskutiert, aber offenbar nicht weiter betrieben.[71] Umgekehrt ist interessant, dass geplant ist, einen Beauftragten für die Bundespolizei einzusetzen, um so vermeintlicher oder echter Polizeigewalt, etwa racial profiling, vorzubeugen.[72] Zwingend anzuraten wäre daher die Aufnahme eines neuen Abwehrgrundrechts in die Verfassung (»Art. 1a GG oder Art. 2a GG«), welches die Freiheit des Bürgers vor staatlicher Ausspähung absichert und so die Asymmetrie gegenüber staatlichen Zugriffsmöglichkeiten ausgleicht. Andernfalls zöge eine »Krise des Vertrauens in die Demokratie auf, die viel gefährlicher wäre als alle Links- und Rechtsextremisten zusammen.«[73]

8. Skandale und Affären

Auch die Demokratie bleibt von Affären, Skandalen, Intrigen, Tabus und dergleichen nicht verschont. Entscheidend ist aber die Form und der Erfolg bei deren Aufarbeitung und bei der Behebung von erkannten Missständen, der Selbstreinigung und ihren Kräften.[74] Ob und inwieweit ein demokratischer Staat und seine Institutionen in der Lage ist, eine solche Selbstreinigung erfolgreich durchzuführen und abzuschließen, zeugt von seiner Reife und Stärke.

---

[68] S. dazu www.norberthaering.de/machtkontrolle/faeser-verfassungsschutz (31. Januar 2024) und *Matthias Brodkorb*, CICERO v. 19. November 2023.

[69] S. FOCUS Internet v. 25. August 2023.

[70] Gemeint sind Innenministerium, Polizeien, Geheimdienste, Zoll, s. FOCUS Internet v. 22. September 2023.

[71] Eine Kommission des Bundestags zur Aufsicht über die Nachrichtendienste soll geschaffen werden. Allerdings müsste sie mit dem entsprechenden Fachleute-Pool ausgestattet werden, um ihrer Kontrollaufgabe überhaupt nachkommen zu können.

[72] Aus Kreisen der Polizei wurde dagegen heftig protestiert. Etwas Ähnliches ist auch in Österreich geplant.

[73] So der Doyen der österreichischen Publizistik Otto Schulmeister, zit. nach *Hans Pretterebner*, Der Fall Lucona, Ost-Spionage, Korruption und Mord im Dunstkreis der Regierungsspitze, 1989, S. 663.

[74] Dazu eingehend *Karl Otto Hondrich*, Enthüllung und Entrüstung. Eine Phänomenologie des politischen Skandals, 2002, S. 55 ff.

Der Soziologe *Karl-Otto Hondrich* rechnet Skandale sogar zu unverzichtbaren Krisen, die wie Entzündungen im Körper Fehlentwicklungen anzeigen.[75] Ohne die Fähigkeit zur Selbstreinigung wäre der demokratische Staat aber »ein Staat wie jeder andere auch« im internationalen Korruptionsindex. Man könnte fast die Regel aufstellen: je staatspolitisch bedeutsamer eine Skandalaffäre ist, desto weniger wird sie am Ende aufgeklärt.

Über die Rolle der Medien als Kontrollinstanzen in der Demokratie ist schon viel gesagt worden. Rundfunk und Presse sollten als Wachhund der Demokratie gegenüber den Arkana des Staates dienen, als »Sturmgeschütz« (*Rudolf Augstein*), nicht als Erziehungsinstrument und Sprachrohr der Herrschenden, quasi als Schatten-Obrigkeit. Anstelle einer »Staatsfixiertheit« sieht die duale Rundfunkverfassung (*Thomas Oppermann,* st. Rspr. BVerfG) daher die grundsätzliche Staatsferne der öffentlich-rechtlichen Medien vor.[76]

9. Verfassungsarkana und Stilfragen

Es existiert sowohl eine »ungeschriebene Verfassung«[77] wie eine apokryphe »Verfassung vor/hinter der Verfassung«, s. die Wunsiedel-Entscheidung des BVerfG.[78] Das Grundgesetz enthält manche Vorschriften, die mit der Realität nichts mehr zu tun haben, quasi verfassungsrechtliche Unriefen darstellen (Verfassung und Verfassungswirklichkeit[79]). Dabei geht es um Vorschriften wie Art. 21 Abs. 1 S. 1 GG, die größte Untertreibung der ganzen Verfassung, Art. 38 Abs. 1 S. 1 GG, der kaum seine Wirkung entfaltet, da materiell »Fraktionszwang« herrscht; die Abstimmungsmöglichkeit in Art. 20 Abs. 2 GG umfasst lediglich die eher periphere Länderneugliederung.

Eine Reihe von verfassungsrechtlich bedenklichen Exekutivleistungen sorgten in den letzten Jahren für Aufmerksamkeit, ohne dass sie den Medien (mangels Kompetenz?) fachlich besonders bewusst gewesen wären: die Sparkontengarantie in der Bankenkrise 2006,[80] der mangelnde Grenzschutz 2015, das

---

[75] Eine kleine Auswahl: *Michael Sika*, Mein Protokoll. Innenansichten einer Republik, 2001; *Pretterebner*, Fall Lucona; *Wilhelm Schlötterer*, Wahn und Willkür. Strauß und seine Erben oder Wie man ein Land in die Tasche steckt, 2. Auflage 2015; *ders.*, Staatsverbrechen. Der Fall Möllath, 2021; Georg M. Hafner/Edmund Jacoby (Hrsg.), Die Skandale der Republik, 1992 und 1994; *Hans-Herbert von Arnim*, Demokratie ohne Volk. Plädoyer gegen Staatsversagen, Machtmißbrauch und Politikverdrossenheit, 1993.

[76] *Thomas Oppermann/Michael Kilian*, Rechtsgrundsätze der Finanzierung öffentlich-rechtlichen Rundfunks in der dualen Rundfunkverfassung der Bundesrepublik Deutschland, 1989, S. 60f.

[77] Dazu *Heinrich A. Wolff*, Ungeschriebenes Verfassungsrecht unter dem Grundgesetz, 2000.

[78] BVerfGE 124, 300 (Rn. 78, 82, 85, 94, 49, 50).

[79] S. z.B. *Wolfgang Hennis*, Verfassung und Verfassungswirklichkeit – Ein deutsches Problem, in: Die mißverstandene Demokratie, 1973, S. 53ff.

[80] Verstoß gegen die Budgethoheit des Parlaments.

Rückgängigmachen einer Ministerpräsidentenwahl, die Bildung des Rüstungs-Sondervermögens.[81] Einige anscheinend »klar rechtswidrige« Erscheinungsformen mancher oppositioneller Gruppen sind verfassungsrechtlich keineswegs so eindeutig zu beurteilen, wie in den Medien meist angenommen wird. So waren sich bei der Rechtsprechung zu Art. 131 GG Bundesverfassungsgericht und Bundesgerichtshof bei der Frage der Fortsetzung oder der Beendigung der Beamtenverhältnisse im Reich keineswegs einig, sondern kamen zu gegensätzlichen Schlussfolgerungen. Mit den Beamtenverhältnissen, die Treueverhältnisse sind, hängt die Kontinuität des Staates aufs Engste zusammen.[82] Ähnliches gilt für die Äußerung des BfV-Präsidenten *Thomas Haldenwang* zur »Delegitimierung des Staates« durch öffentliche Proteste.[83] Die Ausübung der Grundrechte aus den Art. 5, 8 und 9 GG ist, auch wenn sie sich in heftiger, ja übersteigerter Kritik äußert, noch keine Delegitimierung. Nähme man dies an, so wäre man sehr rasch bei Art. 1 i. V. m. § 106 StGB der DDR v. 12. Januar 1968. Es gab manche Erscheinungen, die den Staatsbürger stutzig machen mussten: der Fall *Margot Käßmann*,[84] der Selbstmord eines Bundeswehr-Obersten in einem Hotel im Irak,[85] die Genehmigung von Streubomben für den Ukrainekrieg trotz völkerrechtlicher Ächtung, die Ausfuhr von Kampfflugzeugen nach Saudi-Arabien,[86] der Umgang mit zivilem und militärischem Spitzenpersonal.[87]

Eine Demokratie, welche Stilfragen ignoriert, bietet dem Bürger keine »ästhetische Heimat«[88]. Denn »Zukunft braucht Herkunft« (*Odo Marquard*[89]). Zur Demokratie gehört aber auch ein gewisser Stil des Umgangs miteinander. Dieser ist sowohl im Kleinen wie im Großen in Gefahr.[90] Da Stilfragen kaum oder gar

---

[81] Bei allen klassischen Sondervermögen (ERP, Lastenausgleich, Bahn, Post) handelte es sich um echte Vermögen mit Geld und Sachwerten. Das Rüstungssondervermögen ist eine reine Kreditaufnahme an der Kreditbeschaffungsvorschrift des Art. 115 Abs. 1 und 2 GG vorbei. Seine Aufnahme in den Verfassungstext (Art. 87a GG) macht die Lage nicht besser. Mit dieser Fonds- oder »Töpfewirtschaft« entmachtet sich das Parlament selbst. S. kürzlich BVerfGE v. 15. November 2023, 2 BvF 1/22.

[82] S. BVerfGE 3, 58; BGHZ v. 28. Juni 1951, in: DVBl. 1951, S. 729.

[83] Dazu *Dietrich Murswiek*, Wer delegitimiert wen?, in: Legal Tribune Online v. 24. November 2022. S. a. kürzlich *Steinke*, »Verfassungsschutz«.

[84] Kurz nach ihrer Kritik am Afghanistan-Einsatz wird sie bei einer Trunkenheitsfahrt »zufällig« ertappt.

[85] Ein Oberst der Bundeswehr wurde in einem Hotel im Irak getötet. Warum und wer stand dahinter?

[86] Die wertegeleitete Außenpolitik scheint sich am Fall Jamal Khashoggi nicht zu stören.

[87] S. auch unten Stilfragen. Namen sollen hier nicht genannt werden, sie sind aber allgemein bekannt.

[88] S. dazu *Michael Kilian*, Staatsästhetik, Tübingen 2022, früher schon *Wilhelm Hennis*, Zum Begriff und Problem des politischen Stils, in: Politik als praktische Wissenschaft, Aufsätze zur politischen Theorie und Regierungslehre, München 1968, S. 230 ff.

[89] *Odo Marquard*, Zukunft braucht Herkunft, phil. Essays, 2015, S. 234 ff.

[90] Beispiele im Kleinen ist das Blumenstraußwerfen im Landesparlament oder ein pöbelhaft schlechtes Gedicht im Bundestag auf einen zulässigen Antrag der Opposition hin. Im Großen

nicht diskutiert werden, gehören auch sie zu den – stillen – Arkana im Staat der deutschen Demokratie.[91]

10. Staatsraison

Der Begriff der Staatsraison ist ein eher umstrittener, dunkler und auch nicht ungefährlicher Topos der Staatsrechtslehre.[92] In der angloamerikanischen Staatslehre ist er nicht anerkannt.[93] Im ursprünglichen juristischen Sinn umschreibt Staatsraison das Selbstschutzrecht des Staates, d. h. ein (Not-)Handeln des Staates, wonach er sich an Verfassung und Recht nicht (mehr) zu halten braucht, wenn es um seine Existenz geht.[94] Es gilt also »Macht vor Recht«, *Carl J. Friedrich* spricht hier von einer »Diktatur der Ordnung«, dies vor allem anderen.[95] So gesehen gehört auch dieser Begriff und seine Verwendung zu den Arkana des demokratischen Staates.[96]

V. Resumee: Arkanum und Volkssouveränität

Alle Erörterungen um staatliche Arkana laufen auf den verfassungsrechtlichen Begriff der »Volkssouveränität« des Art. 20 Abs. 2 S. 1 GG zu. Er ist der Schlüssel zur legalen wie legitimen Ausübung staatlicher Macht in einem demokratischen Staat. Soll der Begriff keine bloße Leerformel bleiben,[97] bedarf

---

die Abberufung eines hohen Behördenchefs aufgrund einer Invektive eines sog. Fernsehkabarettisten oder die Anschwärzung einer legalen politischen (Oppositions-)Partei bei Gremien der deutschen Wirtschaft durch die Bundes-Innenministerin. Ein Verstoß gegen das Prinzip verfassungspolitischer (Amts-)Neutralität. S. dazu *Klaus Schlaich*, Neutralität als verfassungsrechtliches Prinzip, Tübingen 1972. Im Völkerrecht das Zeigen einer Armbinde in Katar in offizieller Funktion (Verstoß gegen die Courtoisie).

[91] Der Verf. erinnert sich, dass Ministerrücktritte früher weitaus üblicher und häufiger waren, oft geschahen sie aus verhältnismäßig nichtigen Anlässen.

[92] Hierzu *Friedrich Meinecke*, Die Idee der Staatsraison in der neueren Geschichte, 1924; Roman Schnur (Hrsg.), Staatsraison, Studien zur Geschichte eines politischen Begriffs, 1975.

[93] S. *Friedrich*, Verfassungsstaat der Neuzeit, S. 21. Das deutsche Evangelische Staatslexikon (Neuausgabe 2006) enthält den Begriff der Staatsraison ebenfalls nicht.

[94] *Karl Doehring*, Allgemeine Staatslehre, 3. Auflage 2004, § 20, Rn. 490; zur S. s. a. *Hermann Heller*, Staatslehre, 5. Auflage Tübingen 1983, S. 256 f. sowie Beispiele bei *Wilhelm G. Grewe*, Spiel der Kräfte in der Weltpolitik, 1970, S. 220, 256, 264 f.; *Herbert Krüger*, Allgemeine Staatslehre, 2. Auflage Stuttgart 1966, umschreibt die S. als immanente Selbsterhaltung des Staates, S. 41.

[95] *Friedrich*, Verfassungsstaat der Neuzeit, S. 671.

[96] Wenn daher die Bundeskanzlerin die Existenzsicherung Israels zur »deutschen Staatsraison« erklärt, so wäre es staatsrechtlich zutreffender, hier von einer Beistandsgarantie oder einer Israel-Doktrin zu reden.

[97] S. dazu etwa *Walter Leisner*, Das Volk – realer oder fiktiver Souverän?, 2005. Historisch umfassend auch *Josef Isensee*, Das Volk als Grund der Verfassung, in: NRW-Akad. d. Wiss. (Hrsg.), Vorträge 334 (1995), besonders S. 9 ff., 20 ff., 74 ff.

es einer verfassungsdogmatischen Unterlegung, wie in den letzten Jahrzehnten bei anderen zentralen Verfassungspostulaten wie »freiheitliche Demokratie«, »Rechtsstaat«, »Bundes-« und »Sozialstaat« durch Staatsrechtswissenschaft und Verfassungsrechtsprechung geschehen ist. Erst spät wurde der Begriff der »Republik« (Art. 20 Abs. 1 GG) von Staatsrechtlern wie *Werner Henke, Josef Isensee* und *Rolf Gröschner* Konturen verliehen. Es wäre zu wünschen, dass solches auch dem Begriff der »Volkssouveränität« (eigentlich dem wichtigsten von allen) endlich geschehen möge. Es ist daher *Morlok* recht zu geben, der auf den Menschenwürdekern der Volkssouveränität aufmerksam macht und dabei auf Art. 79 Abs. 3 GG verweist.[98] Da damit demokratische Öffentlichkeit und Offenheit verbunden ist,[99] wird offensichtlich, dass Arkana im demokratischen Staat soweit wie irgend möglich zu vermeiden sind.

Dem Souverän des Grundgesetzes bleibt auf Bundesebene im Gegensatz zum Schweizer Souverän aus mancherlei Gründen eine direkte Mitbestimmung in Sachfragen versagt.[100] Bundeskanzlerin Merkel war ehrlich genug zuzugestehen, dass die wesentlichen Entscheidungen Nachkriegsdeutschlands in keinem einzigen Fall vom Volk selbst getroffen worden seien.[101] Damit handelt es sich hier um eine – zum Wohl des Souveräns? – »kupierte Volkssouveränität«. Der demokratische Staat verkörpert so – folgt man *Johannes Gross* – ein »demokratisches Paradox«, man kann es auch »Dilemma« nennen. *Hans Kelsen* brachte es auf den Punkt, als er für die Demokratie wesensnotwendig ein großes Maß an »Frustrationstoleranz«, man könnte auch sagen, Zumutbarkeit, einforderte.[102] Dies gilt vor allem auch für ihre Arkana.

Was soll das »Leitbild« der gegenwärtigen deutschen Demokratie[103] des »Staates ohne Gott« (*Horst Dreier*[104]) sein? Demokratie mit ihren Werten als neue Ersatzreligion (neben dem Klimaschutz), Toleranz, Friedensbewahrung, Einigung Europas, der soziale Rechtsstaat? Oder doch die »Volkssouveränität« als Frei-

---

[98] *Morlok,* Selbstverständnis, S. 296f. S.a. *Bernd Stegemann,* Die Öffentlichkeit und ihre Feinde, 2. Auflage 2021 und *Peter Häberle/Markus Kotzur,* Europäische Verfassungslehre, 8. Auflage 2016, Rn. 322 und 323f.

[99] *Morlok,* Selbstverständnis, S. 297.

[100] Laut *Kelsen,* Wesen und Wert, S. 21 tritt an die Stelle der Freiheit des Individuums – quasi stellvertretend – die Souveränität des Volkes. Zum Verhältnis von Volkssouveränität und Repräsentation s. dort S. 47.

[101] Als Beispiele: Währungsreform (kurz vor Gründung der Bundesrepublik), Grundgesetz ohne Referendum, Wiederbewaffnung, NATO-Beitritt, EWG-Beitritt, Ostpolitik, Raketenaufstellung, Wiedervereinigung, Auslandseinsätze, Euro-Einführung. Bankenkrise, Migration.

[102] *Kelsen,* Wesen und Wert, S. 13ff., 17.

[103] Dazu *Michael Kilian,* Ohne Leitbild. Von deutscher Republik im Zeitalter der Zuwanderung – Versuch einer Bestandaufnahme, in: Katharina Gräfin von Schlieffen (Hrsg.), Republik Rechtsverhältnis Rechtskultur, Tübingen 2018, S. 431–448. S.a. *Bernhard Mohr,* Deutschland zwischen Größenwahn und Selbstverleugnung, 2021.

[104] S. *Horst Dreier,* Staat ohne Gott. Religion in der säkularen Moderne, München 2018.

heitspostulat?[105] Ganz sicher nicht eine Kriegstüchtigkeit, zu recht das Trauma der deutschen Nachkriegsgesellschaft ![106] Ein offenbar ständiges Phänomen ist die Angst der Etablierten vor dem Wähler als dem Souverän.[107] Denn auch das Volk selbst stellt ein Arkanum dar, es ist »geheimnisvoll und unerforschlich« (*Josef Isensee*).[108] Sollte also das eigentliche Arkanum im demokratischen Staat der Souverän sein? Dann müsste die Demokratietheorie neu geschrieben werden.

---

[105] Knapp, aber treffend *Peter Häberle*, Europäische Verfassungslehre, 8. Auflage 2016, Rn. 263.

[106] S. oben. Dazu *Peter Häberle*, Die »Kultur des Friedens« – Thema der universalen Verfassungslehre , Berlin 2017. Von »Kriegstüchtigkeit« ist es nicht weit zur »Kriegsbereitschaft«.

[107] Vgl. den Ausspruch von MP Daniel Günther in CICERO v. 21. Januar 2024: »Wir dürfen nicht tolerieren, dass Menschen eine solche Partei wählen«.

[108] *Isensee,* Volk als Grund, S. 21.

Kelsen, Schmitt und Voegelin

Repräsentation jenseits der Demokratie

Reinhard Mehring

I. Zur Einleitung

Horst Dreier bin ich persönlich über Hasso Hofmann verbunden: Dreier verließ Würzburg, als ich in weit loserer Anbindung für zwei Jahre fachfremd als Mitarbeiter zu Hofmann gelangte. Es wäre eine viel zu starke Behauptung, dass wir zwei Seiten einer faustischen Seele in asymmetrischer Parallelaktion bearbeiteten. Dreiers Analyse der rechtstheoretischen und rechtspositivistischen Fundamente des Projekts liberaler Demokratie und Verfassungsstaatlichkeit steht ungleich gewichtiger im Fach als meine Historisierungen des Falls Carl Schmitt. Schmitt hatte mich aber zu Hofmann geführt.[1]

Hofmann ging in seiner wegweisenden Schmitt-Dissertation[2] von der Opportunismus-These und Kritik Karl Löwiths aus. Seine problemgeschichtliche Rekonstruktion pointierte aber nicht nur Schmitts polemische Strategie, »Legitimität« gegen Legalität auszuspielen, sondern begriff die Legitimitätsfrage auch als eine rechtsphilosophische Suchbewegung und Grundfrage, die Schmitt selbst allerdings nicht als solche bearbeitete. Hofmann nobilitierte Schmitts Werk so als eine in den Zeitgeist versponnene und verlorene Rechtsphilosophie. Meine Dissertation ging ausdrücklich von Hofmann aus und suchte das »Legitimitätsdenken als Werkeinheit«[3] mit Hegel weiter zu klären, indem sie der juristischen Problemanalyse in sehr eiliger und unzureichender Weise eine Art geistesgeschichtliche Explikation und Kontextualisierung zur Seite stellte. Die Schwächen dieser Dissertation, spätere Öffnung des Nachlasses und die Fülle neuer Quellen haben mich getrieben, dieses Bild weiter auszubuchstabieren. Eine starke Gegenthese habe ich bis heute kaum entwickelt.

---

[1] *Reinhard Mehring,* Rites de passage Würzburg/Berlin. Erinnerungen an Hasso Hofmann 1991/1993, in: Jahrbuch des Öffentlichen Rechts 70 (2022), S. 777–783.

[2] *Hasso Hofmann,* Legitimität gegen Legalität. Der Weg der politischen Philosophie Carl Schmitts, 1964, 6. Auflage Berlin 2020.

[3] *Reinhard Mehring,* Pathetisches Denken. Carl Schmitts Denkweg am Leitfaden Hegels: katholische Grundstellung und antimarxistische Hegelstrategie, Berlin 1989, S. 12ff.

Horst Dreier dagegen hat Kelsen dem neueren rechtswissenschaftlichen Theoriediskurs zurückgewonnen, eine rechtsdogmatisch anschlussfähige Tradition rehabilitiert und eine analytisch überaus differenzierte und tragende Übersetzung in die »Idee und Gestalt« des freiheitlichen Verfassungsstaates vorgenommen. Wirft man nur einen flüchtigen Blick auf sein quantitativ wie qualitativ eminentes Werk, so zeigen drei Bände gesammelter Schriften[4] eine Doppelbewegung der Klärung von Legalität und Legitimität, die Kelsen in den polemischen Kontext des Weimarer Methoden- und Richtungsstreites stellt und das Ringen der deutschen Staatsrechtslehre um die Idee und Gestalt eines freiheitlichen Verfassungsstaates in den Wirrungen von Demokratie und Diktatur betrachtet. Hat Horst Dreier also in seiner Weise Hofmanns Problembefund der Spannung von Legalität und Legitimität weiter bearbeitet und die Geschichte des Öffentlichen Rechts in ihrer systematischen Bedeutung von der deutschen Verfassungsgeschichte gelöst? Zweifellos fand er von der Auseinandersetzung mit Kelsen ausgehend eine eindrucksvolle Antwort. Ein dogmatischer »Kelsenianer« und Anhänger der »Reinen Rechtslehre« ist er aber nicht. So hat er in den letzten Jahren verstärkt den »Wertrelativismus« Kelsens problematisiert und die religiöse Neutralität und These vom »Staat ohne Gott«[5] revidiert. Zwar profilierte er Schmitt – wie auch andere Autoren des Richtungsstreites – gelegentlich als antipodisches »Gegenmodell«. Dabei thematisierte er auch einige Kritikpunkte, die schon Schmitt empörten. Die Antworten blieben freilich divers.

Säkularisierung und Sakralität bestreitet die »sakrale Substanz«[6] im Verfassungsstaat. Dreier bejaht zwar die Freisetzung von Kirche und Konfession im »postsäkularen« Staat der Glaubensfreiheit als eine »Stärkung der Glaubensmacht«,[7] negiert aber eine »Resakralisierung« der Verfassung, unterscheidet die »Menschenwürde« von ihrer christlichen Vorgeschichte und betont, dass der Verfassungsstaat »keiner sakralen Aura und keines Mythos«[8] bedarf. Ausdrücklich unterscheidet er hier die »appellative« Politische Theologie Schmitts von dem ideologiekritischen Gebrauch, den Kelsen von der Analogie und Parallele zwischen »Gott und Staat« gemacht habe. Dreier spricht von der »Tarnung«

[4] *Horst Dreier,* Kelsen im Kontext. Beiträge zum Werk Hans Kelsens und geistesverwandter Autoren, hrsg. Mattias Jestaedt/Stanley L. Paulson, Tübingen 2019; *ders.,* Staatsrecht in Demokratie und Diktatur, hrsg. Mattias Jestaedt/Stanley L. Paulson, Tübingen 2016; *ders.,* Idee und Gestalt des freiheitlichen Verfassungsstaates, Tübingen 2014; zum Methodenbekenntnis vgl. auch *ders.,* Rechtswissenschaft als Wissenschaft – zehn Thesen, in: ders. (Hrsg.), Rechtswissenschaft als Beruf, Tübingen 2018, S. 1–65.

[5] *Horst Dreier,* Staat ohne Gott. Religion in der säkularen Moderne, München 2018; dazu vgl. Michael Kühnlein (Hrsg.), Gottloser Staat? Im interdisziplinären Gespräch mit Horst Dreier, Baden-Baden 2022.

[6] *Horst Dreier,* Säkularisierung und Sakralität. Zum Selbstverständnis des modernen Verfassungsstaates, Tübingen 2013, S. 11.

[7] *Dreier,* Säkularisierung und Sakralität, 2013, S. 40.

[8] *Dreier,* Säkularisierung und Sakralität, 2013, S. 112.

einer »Re-Theologisierung« und »Theologie der Politik«.[9] Dass Kelsen nicht nur die »autokratische« Weltanschauung bekämpfte, sondern seine Option für Demokratie ausdrücklich an eine »relativistische« Weltanschauung band, der philosophischen Weltanschauungsanalyse also einen Primat für die Staatsformenfrage zusprach, erörtert er nicht derart eingehend. Gegen die verbreitete »Verfassungssakralisierung«[10] setzt er das »offene« und »riskante« Projekt des Verfassungsstaates. Den Präambel-Gott des Grundgesetzes deutet Dreier als »Demutsformel« der Betonung von »Endlichkeit und Relativität«.[11] Er beantwortet Kelsens Konnex von »Staatsform und Weltanschauung« also weiter differenziert. Kelsens teils haarsträubende Polemiken gegen das überlieferte »Naturrecht«, Platon und die »Illusion« der Gerechtigkeit oder der eilige Anschluss an Freud und die Psychoanalyse interessieren ihn weniger. Auch die brüskierenden Berufungen auf Pilatus gegen Jesus sind ihm fremd. Damit gehört er selbstverständlich auch zu den Kritikern, die Kelsen seit frühesten Wiener Tagen, wie von Korb[12] vorzüglich dargestellt, stets gesucht und gefunden hat und zu denen Schmitt in seiner Weise zählte.

II. Schmitt über Kelsen

Spätestens seit der systematischen Rekonstruktion und Kritik Horst Dreiers muss man Kelsen nicht mehr als Antipoden Schmitts und Schulpapst neuerer Demokratietheorie kritisch schonen. Man ehrt ihn nicht, wenn man seine Schwachstellen verschweigt. In Kelsens Schriften ist vieles polemisch überzogen, anstößig und falsch. Manche seiner Selbstaussagen sind pures Selbstmarketing. Olechwoski[13] zeigt, dass Kelsens Referenzen an die Heidelberger Rechtswissenschaft und den Neukantianismus, Jellinek und Windelband, nicht wirklich auf engeren Kontakten und Auseinandersetzungen gründen. Auch das Verhältnis zu Freud war eher marginal. Die Wiener Avantgarde konnte sich vielleicht nur polemisch und dogmatisch auf Kosten mancher Konflikte und Häresien durchsetzen. Das zeigt sich nicht nur bei Kelsen, sondern auch bei Sigmund Freud, Arnold Schönberg oder Karl Raimund Popper. Zweifellos setzte Schmitt eine antiliberale Demokratiekonzeption gegen Kelsens Liberalismus, Parlamentarismus und Pluralismus. Er hat Kelsen aber nicht aus Köln vertrieben,[14] sondern

---

[9] *Dreier,* Säkularisierung und Sakralität, 2013, S. 74 f.

[10] Dazu auch *Horst Dreier,* Gilt das Grundgesetz ewig? Fünf Kapitel zum modernen Verfassungsstaat, München 2009.

[11] *Dreier,* Staat ohne Gott, 2018, S. 185.

[12] *Axel-Johannes Korb,* Kelsens Kritiker. Ein Beitrag zur Geschichte der Rechts- und Staatstheorie (1911–1934), Tübingen 2010.

[13] *Thomas Olechowski,* Hans Kelsen. Biographie eines Rechtswissenschaftlers, Tübingen 2020; dazu meine Rezension, in: Der Staat 59 (2020), S. 451–462.

[14] *Reinhard Mehring,* Carl Schmitt in Köln. Sinnwandel eines Semesters. Vom Agon mit

im Herbst 1932 mit seinem Wechsel nach Köln vielmehr die direkte akademische Konkurrenz gesucht, ohne Kelsen persönlich zu befeinden. Kelsen hat Schmitts Berufung nach Köln zwar nicht gewollt, als Dekan aber akzeptiert und mit betrieben. Vielleicht ist heute die Zeit gekommen, das Verhältnis zwischen beiden entspannter zu rekonstruieren und nicht von 1933 her zu betrachten.

Schmitt hat sich mit Kelsen nur einmal eingehender auseinandergesetzt: in seiner Programmschrift *Politische Theologie* von 1922. Der Methoden- und Richtungsstreit begann damals erst, Kelsen wie Schmitt waren gerade Ordinarien geworden und standen am Anfang ihrer antipodischen Wirkungen. Schmitt erörterte Kelsens Werk 1922 in zwei verschiedenen Kapiteln und Sachzusammenhängen: einerseits im zweiten Kapitel, das das einleitende Definitionskapitel um eine kritische Auseinandersetzung mit neuerer Literatur ergänzt, und andererseits im titelgebenden Kapitel »Politische Theologie«. Es ist ohne Weiteres plausibel, dass er seiner »Definition der Souveränität« eine Auseinandersetzung mit Kelsen zur Seite stellte. Auf vier Seiten referiert er hier den normativistischen Ansatz: Er führt das Referat bis zur »Grundnorm« und bezeichnet die juristische Konstruktion der »Einheit« der Rechtsordnung als eine »monistische Metaphysik« (PT 29), die »alles, was sich der Systematik widersetzt, als unrein ausscheidet« (PT 30). Kelsens methodologische »Beschwörungen und Begriffsschärfungen« ignorierten das »Problem der Souveränität« und »Rechtsverwirklichung«.

An diese Kelsen-Kritik schließt Schmitt weitere Auseinandersetzungen mit Krabbe, Wolzendorff und Erich Kaufmann an. Der Gedankengang seines Kapitels ist heute auch dadurch verunklärt, dass seit der zweiten Auflage von 1933 alle Ausführungen zu Erich Kaufmann[15] konsequent gestrichen sind und der antithetische Bezug auf Hobbes als »klassischen« Vertreter des Dezisionismus so sehr plötzlich am Schluss steht. Eigentlich hatte Schmitt sein Kapitel als Gegenstück zu Kaufmanns »Kritik der neukantianischen Rechtsphilosophie« angelegt und Hobbes gegen Kaufmanns Kant ausgespielt.[16] Schmitt scheint mit seinem Kapitel über die Kelsen-Kritik hinaus zeigen zu wollen, dass die neukantianische Rechtslehre in ihren jüngsten Varianten zu einer formalistischen »Objektivität« strebt, die »alles Personalistische vermeidet« (PT 39). So schreibt er: »Eines ist jedenfalls in diesem Bestreben der modernen Staatslehre sicher zu erkennen: die Form soll aus dem Subjektiven ins Objektive verlegt werden.« (PT 39) Schmitt spielt Max Weber und Thomas Hobbes gegen diese »neueren Schriften zur Staatslehre« aus. Die Weber-Referenzen erklären sich dabei auch durch den Rahmen der Erstveröffentlichung: die »Erinnerungsgabe« für Max

Kelsen zum Probelauf des »Kronjuristen«, in: Steffen Augsberg/Andreas Funke (Hrsg.), Kölner Juristen im 20. Jahrhundert, Tübingen 2013, S. 137–161; überarbeitet auch in *ders.,* Kriegstechniker des Begriffs. Biographische Studien zu Carl Schmitt, Tübingen 2014, S. 73–98.

[15] *Carl Schmitt,* Politische Theologie, München 1922, bes. S. 14f., 26–28, 30, 39.

[16] Zur Bedeutung der Kaufmann-Kritik vgl. *Reinhard Mehring,* Carl Schmitts Gegenrevolution, Hamburg 2021, S. 34–37.

Weber. Die Referenz an Hobbes klärt Schmitt anschließend im titelgebenden dritten Kapitel durch seine »Soziologie des Souveränitätsbegriffes« (PT 55). Die Rede von »Soziologie« und »Begriffssoziologie« lässt sich dabei ebenfalls als Referenz an Weber und den Publikationskontext verstehen. Sachlich bietet Schmitt eine philosophie- oder metaphysikgeschichtliche Skizze im Stile von Wilhelm Diltheys *Einleitung in die Geisteswissenschaften*: Er konstatiert einen Umbruch im Weltbild: einen Übergang von der »Transzendenz Gottes« zu modernen »Immanenzvorstellungen« (PT 63), die die neuere demokratische Staatslehre tragen.

Über diese Säkularisierungsthese, ihre begriffsgeschichtlichen Implikationen und ihren metaphysikgeschichtlichen Sachgehalt ist viel geschrieben worden. Einige Jahre später lieferte Schmitt mit seiner Rede vom »Zeitalter der Neutralisierungen und Entpolitisierungen«[17] eine differenziertere Version nach. Für seinen Ansatz verweist Schmitt zunächst auf diverse Autoren, hebt dann aber sehr deutlich hervor: »Kelsen hat das Verdienst, seit 1920 mit dem ihm eigenen Akzent auf die methodische Verwandtschaft von Theologie und Jurisprudenz hingewiesen zu haben.« (PT 54) Die Formulierung klingt wie eine Parteinahme für Kelsen in dessen damaligem Prioritätsstreit mit Fritz Sander, den Korb wie Olechowski[18] eingehend dargestellten. Der Hinweis auf den »eigenen Akzent« Kelsens ist aber kritisch gemeint: Er wendet sich gegen Kelsens Konnex von »Staatsform und Weltanschauung« und Kelsens »Bekenntnis zur Demokratie« (PT 55) als »Ausdruck eines politischen Relativismus« (PT 55), für das Schmitt ausdrücklich auch die erste Fassung der Schrift *Vom Wesen und Wert der Demokratie* zitiert. Schmitt exponiert und profiliert sein – im vierten Kapitel anschließendes – Bekenntnis zur »Staatsphilosophie der Gegenrevolution« schon 1922 damals gegen Kelsens Konnex von »Relativismus« und Demokratie. Schmitt sieht sich mit der »Gegenrevolution« metaphysikgeschichtlich in der Defensive. In metaphysikgeschichtlicher Perspektive kann die Gegenrevolution nicht mehr unproblematisch an den alten Konnex von »Personalismus« und »Dezisionismus« anknüpfen, der noch Hobbes trug. Die »Transzendenz Gottes« und Evidenz der personalen Entscheidung hat ihre alten Voraussetzungen im neuzeitlichen Säkularisierungsprozess verloren; später wird Schmitt immer wieder Hobbes ins alte christliche Weltbild zurückstellen und auf der »Transzendenz« Gottes bestehen.[19] Systematisch betont er durchgängig einen Konnex von Transzendenz, Personalität und Dezision: Seiner Auffassung nach ist die autoritative Dezision und Rechtsordnung eigentlich nur in einem prämodernen Weltbild begründbar. Hobbes und Kelsen erscheinen hier am Anfang und Ende des neu-

---

[17] *Carl Schmitt,* Der Begriff des Politischen, 1932, Berlin 1963, S. 79–95.

[18] *Korb,* Kelsens Kritiker, S. 276 ff.; *Olechowski,* Hans Kelsen, S. 321–344.

[19] Dazu jetzt Martin Braun u. a. (Hrsg.), Erst Leviathan ist der Ausdruck vollendeter Reformation. Briefwechsel Carl Schmitt/Dietrich Braun 1963–1966, Berlin 2022.

zeitlichen Säkularisierungsprozesses als Antipoden. Die Kontroverse zwischen Schmitt und Kelsen in der Frage nach »Staatsform und Weltanschauung« lässt sich deshalb buchstäblich nicht einfach in die Unterscheidung zwischen einem appellativen »Theologen der Politik« und einem Ideologiekritiker auflösen. Beide, Schmitt wie Kelsen, betrachten den Gegensatz vielmehr als philosophisches Problem und Weltanschauungsfrage.

Schmitts Option für Transzendenz hat eine »personalistische« Zielführung: Sie vertritt die These, dass die starken personalistischen Voraussetzungen autoritativer Dezision nur in einem religiösen Weltbild begründet sind. Eine solche These ist nicht mit simplen Unterscheidungen von Theologie und Philosophie semantisierbar. Kant argumentierte mit seiner Postulatenlehre ähnlich. Für den Weimarer Kontext ließe sich etwa auf Max Scheler verweisen. Philosophiegeschichtlich betrachtet gehörte Schmitt mit seinem theologisch grundierten philosophischen Idealismus eher zu den Platonikern als den Sokratikern. Anders als die zeitgenössischen Sokratiker ging er nicht, mit Gadamer zu sprechen, vom individuellen »Selbstverständnis«, sondern von den paradigmatischen Analogien und Spiegelungen in der Frage nach der »Stellung des Menschen im Kosmos« (Scheler) aus, wie es der katholischen Staatsphilosophie nahelag. Schmitts Primat des religiösen Transzendenzbezugs: die These von der Fundierung der menschlichen Freiheit in einem Gottesverhältnis, erklärt sein relatives Desinteresse an Sokratikern, wie (damals) Spranger, Strauss oder Kuhn, und sein größeres Interesse an einem Platoniker wie Eric Voegelin,[20] von dem noch zu sprechen ist.

Kehren wir zur philosophischen Exposition des Gegensatzes von Dezisionismus und Normativismus zurück: zu Hobbes und Kelsen, wie es Schmitt 1922 in seiner *Politischen Theologie* exponierte, so ist beachtlich, dass Schmitt sich zu beiden Autoren, anders als etwa zu Donoso Cortés, in den folgenden Jahren nicht eingehender äußerte und die kritische Darstellung auf Bonner Schüler und Dissertationsthemen verwies. Im Juli 1925 promovierte er Heinrich Lenz mit einer Arbeit über *Autorität und Demokratie in der Staatslehre von Hans Kelsen*, die im Auszug 1926 in Schmollers Jahrbuch[21] erschien, sowie gleichzeitig Werner Becker mit einer Arbeit *Über die Staatslehre des Hobbes*; beide Arbeiten können als Explikationen des Gegensatzes von Hobbes und Kelsen gelesen werden, den Schmitt 1922 mit seiner Broschüre *Politische Theologie* programmatisch publizierte. Die Dissertationsgutachten sind erhalten: An der Kelsen-Dissertation lobt Schmitt den Nachweis, »daß ein so entscheidender Begriff wie Autorität sich

[20] Zur Differenz zwischen Voegelin und Strauss vgl. Peter J. Opitz (Hrsg.), Voegelin/Strauss. Glaube und Wissen. Der Briefwechsel zwischen Eric Voegelin und Leo Strauss von 1934 bis 1964, München 2010; dazu meine Besprechung in: Zeitschrift für Ideengeschichte 5/2 (2011), S. 146–147.

[21] *Heinrich Lenz,* Autorität und Demokratie in der Staatslehre von Hans Kelsen, in: Schmollers Jahrbuch 50 (1926), S. 589–620.

bei K.[elsen] in eine widersprüchliche Vieldeutigkeit auflöst«;[22] an der Hobbes-Dissertation seines engen Schülers Werner Becker lobt er, dass sie »mit einem grossen, ganz neuen Ausblicke eröffnenden Hinweis« auf ein »homo homini deus«[23] ende. Die antipodische Erörterung von Hobbes und Kelsen zeigt sich nach 1933 noch in Schmitts antisemitischer Codierung der Rechtswissenschaftsgeschichte. Die Programmatik seiner Rede über »Das Judentum in der Rechtswissenschaft« von 1936 löste er dabei am ehesten mit seinem Hobbes-Buch von 1938 ein. Während er 1936 den »Juden Kelsen« (GS 488) noch ausdrücklich erwähnte, beschloss er 1938 seine Polemik gegen die »jüdische« Auslegung und »Front« (L 108) aber mit Julius Stahl.

Schmitt hat sich also nach Exposition des Gegensatzes in der Programmschrift von 1922 niemals mehr eingehend zu Kelsen geäußert. Der antipodische Gegensatz ist zwar in der *Verfassungslehre* von 1928 schon mit dem ersten Paragraphen zum »absoluten Verfassungsbegriff« scharf exponiert (Verfassung als »Form der Formen« oder »Norm der Normen«) und bekanntlich auch in der Frage nach dem »Hüter der Verfassung« deutlich. Anders als Kelsen selbst hat Schmitt aber nach 1922, vor und nach 1933, niemals mehr eingehend über seinen Antipoden geschrieben. Blickt man in die Tagebücher und Korrespondenzen der Weimarer Zeit, finden sich auch nur wenige signifikante Erwähnungen: Im Zusammenhang mit seinem Jenaer Vortrag vom April 1924 über die »Diktatur« des Reichspräsidenten notiert Schmitt ausdrücklich »Angst vor Kelsen« (TB III, 328) und Nervosität (TB III, 336). In der Korrespondenz mit Feuchtwanger ärgert er sich über den publizistischen Stil und die Präsenz der Kelsen-Schule. Bilfinger bittet Schmitt im Dezember 1925: »Schlachten Sie, bitte, Kelsen einmal gnadenlos ab«.[24] Schmitt macht es nicht. Kelsens kritische »Pamphlete« nimmt er nur beiläufig auf. Am 28. Dezember 1930 notiert er einmal: »Ekel vor dem Scheißjuden Kelsen, gar keine Angst mehr.« (TB V, 73) Mit solcher Einstellung kann er sich in das Wagnis eines Wechsels nach Köln stürzen.

Zweifellos sah er sich als Rivale. 1931 wäre er fast Nachfolger von Kelsen in Wien geworden. An Feuchtwanger schreibt Schmitt dazu am 20. März: »Othmar Spann und die Relikte von Kelsen sind plötzlich durch die gemeinsame Feindschaft gegen mich verbunden und suchen es mit allen Mitteln zu verhindern, dass das Kultusministerium dem Vorschlag der Fakultät entspricht.«[25] Im Herbst 1932 hat er dann positive Begegnungen und Kontakte mit Kelsen und entscheidet

---

[22] Abdruck des ganzen Dissertationsgutachtens bei *Reinhard Mehring,* Carl Schmitt zur Einführung, Hamburg 4. Auflage 2011, S. 118 (5. Auflage 2017, S. 117).

[23] Abdruck des ganzen Dissertationsgutachtens bei Reinhard Mehring (Hrsg.), Briefwechsel Carl Schmitt/Rudolf Smend, 2. Auflage Berlin 2012, S. 164–165.

[24] *Carl Bilfinger* am 14. Dezember 1925 an Schmitt, in: Hauptstaatsarchiv NRW, Nachlass Carl Schmitts, RW 265-1349.

[25] *Schmitt* am 20. März 1931 an Feuchtwanger, in: Rolf Rieß (Hrsg.), Carl Schmitt/Ludwig Feuchtwanger. Briefwechsel 1918 bis 1935, Berlin 2007, S. 335.

sich für den Wechsel und die direkte akademische Konkurrenz. Kelsens Deutung des Leipziger Urteils »Preußen contra Reich« schätzt er damals strategisch. Die wichtigsten Kontroverspunkte zwischen Schmitt und Kelsen liegen aber wohl in der Haltung zur liberalen Demokratie, zum »Hüter der Verfassung« und nicht zuletzt in den Grenzen der Verfassungsänderung. Hat Schmitt hier mit dem Grundgesetz über Kelsens »Relativismus« gesiegt? Wie Kelsen glaubte er jedenfalls an weltanschauliche Voraussetzungen der Staatsformenfrage. Die Grenzen der Verfassungsänderung fundierte er aber nicht in einem metajuristischen Wertekanon. Böckenfördes starken Glauben an Grundrechte und Menschenwürde teilte er nicht.

III. Repräsentation als metaphysischer Grundbegriff: Schmitts Korrespondenz mit Voegelin

Schmitts »Gegenmodell« zu Kelsen, sein Konzept antiliberaler »Demokratie«, wird oft von der *Verfassungslehre* her rekonstruiert. Schlüsselbegriffe sind dann »Identität«, »Homogenität«, und »Substanz«. Die NS-Programmschrift *Staat, Bewegung, Volk* erscheint dann mit ihrer Umdeutung der demokratischen »Gleichheit« zur »Gleichartigkeit« (aber schon VL 234) als politischer Klartext auf die nationalistische und völkisch-rassistische Essentialisierung der Begriffe. Zweifellos hat Schmitt oft in diese Richtung assoziiert und formuliert. Andererseits priorisierte er den Feindbegriff gegenüber starken Konzepten politischer Zusammengehörigkeit. Schmitt vertrat ein politisches Nationskonzept. »Nation« heißt das politisch existierende Volk. Politische Identität entsteht durch Unterscheidungen, die »Substanz« einer Verfassung lebt in der Summe konstitutiver Verfassungsentscheidungen. Die *Verfassungslehre* unterscheidet zwar zwischen den »Formprinzipien« von »Identität« und »Repräsentation«. Werkgeschichtlich betrachtet gibt es aber einen eindeutigen Vorrang der »Repräsentation«. »Repräsentieren heißt, ein unsichtbares Sein durch ein öffentlich anwesendes Sein sichtbar machen und vergegenwärtigen.« (VL 209) Die scholastische Vorgeschichte dieses Begriffs hat Hasso Hofmann[26] ausgeleuchtet. Schmitt nennt die politische Existenz und Repräsentation »eine höhere und gesteigerte, intensivere Art Sein« (VL 210). Diese intensive Erfahrung und Selbstbegegnung des Volkes lebt massendemokratisch im Akt der »Akklamation«. »Repräsentiert wird die politische Einheit als Ganze« (VL 212), schreibt Schmitt: »Nur wer regiert, hat teil an der Repräsentation« (VL 212). Schmitt zählt diese »Metaphysik« der Selbsterfahrung oder Selbstoffenbarung eines Volkes auch zur »Lehre von der politischen Theologie« (VL 80).

[26] *Hasso Hofmann,* Repräsentation. Studien zur Wort- und Begriffsgeschichte von der Antike bis ins 19. Jahrhundert, Berlin 1974.

Diese politische Repräsentation ist nicht an die modernen Zeiten, das Immanenz- oder Identitätsdenken und die Lehre von der Demokratie gebunden. Der Kenner frühneuzeitlicher Verhältnisse dachte eher an die dynastische Repräsentation absolutistischer Zeiten, das Barockzeitalter[27] sowie die päpstliche Repräsentation und katholische Kirche. Schmitts »Gegenmodell« zu Kelsen sollte deshalb nicht zu eng vom Konzept der antiliberalen Demokratie und kollektivistischer »Identität« her rekonstruiert werden. Kelsen hat das auch nicht getan, sondern seine Konfrontation von Demokratie und Autokratie vom Gegensatz der »metaphysisch-absolutistischen Weltanschauung« her begriffen. In *Vom Wesen und Wert der Demokratie* heißt es: »Der metaphysisch-absolutistischen Weltanschauung ist eine autokratische, der kritisch-relativistischen die demokratische Haltung zugeordnet.«[28] Weite Teile von Kelsens ausuferndem Werk widmen sich nicht der Demokratiebegründung im engeren Sinne, sondern der Ideologiekritik des »Naturrechts«. Unermüdlich focht Kelsen dabei vor allem gegen Platon. Sein Werk ist ein Pendant zu Poppers 1945 erstmals erschienenem Werk über *Die offene Gesellschaft und ihre Feinde.* Hier wie da hat die scharfe Platon-Kritik erbitterte Antikritiken eingefahren. Das ist hier aber nicht weiter zu diskutieren.

Im Folgenden möchte ich nur auf eine Korrespondenz Schmitts mit einem frühen Kelsen-Schüler und -Kritiker näher eingehen: auf die Beziehung zu Eric Voegelin. Damit stelle ich ihn in die Reihe früher Kritiker und zeige, dass der Primat des Begriffs der »Repräsentation« auch bei anderen zu finden war. Schmitts Beziehungen zur Wiener Universität, Österreich und den Kelsen-Schülern sind noch kaum erschlossen. Interessant wäre hier schon das Verhältnis zu Alfred Verdross, das vor wie nach 1933 und 1945 ziemlich intensiv war. Es gibt einen umfangreichen Briefwechsel mit Verdross, der noch nicht ediert ist. Die schmale erhaltene Korrespondenz mit Voegelin liegt dagegen vor.[29] Für die Beziehungen zwischen Schmitt und Voegelin spielt zwar auch die Frage nach dem »Austrofaschismus« hinein. Ich möchte die Fragen aber von biographischen Quellen ausgehend eng diskutieren und auch die spätere Auseinandersetzung mit »po-

[27] Dazu aus den Schmitt-Kreisen auch *Roman Schnur,* Individualismus und Absolutismus. Zur politischen Theorie vor Thomas Hobbes, Berlin 1963.

[28] *Hans Kelsen,* Vom Wesen und Wert der Demokratie, 2. Auflage Tübingen 1929, S. 101.

[29] In: Reinhard Mehring (Hrsg.), Carl Schmitt im Gespräch mit Philosophen, in: Schmittiana N.F. 2 (2014), S. 119–199 (183–199); zur Orientierung vgl. *Michael Henkel,* Eric Voegelin zur Einführung, Hamburg 1998; grundsätzlich *Volker Gerhardt,* Politik und Existenz. Eric Voegelins Suche nach der Ordnung in uns selbst, in: Philosophische Rundschau 48 (2001), S. 172–195; zur »seelsorgerischen« Dekadenzkritik vgl. *Alexander Demandt,* Abkehr vom Zeitgeist. Zum Weltbild Eric Voegelins, in: Archiv für Kulturgeschichte 96 (2014), S. 139–171; vgl. etwa auch *Richard Faber,* Politische Dämonologie. Über modernen Marcionismus, Würzburg 2007; *Claus Helmes,* Politik und Transzendenz. Ordnungsdenken bei Carl Schmitt und Eric Voegelin, Berlin 2009; *Giuseppe Duso,* Die Repräsentation jenseits der repräsentativen Demokratie?, in: Giuliana Parotto (Hrsg.), Democracy and Representation. The Meaning of Eric Voegelin's Theory of Representation, München 2023, S. 3–22.

litischer Religion«, Gnosis und »Gnostizismus« herauslassen, für die Schmitt in der *Politischen Theologie II* mehr Ernst Topitsch zitiert (PT II, 38 ff.). Voegelins Schriften interessieren hier also nur, soweit sie in der schmalen erhaltenen Korrespondenz angesprochen sind. Das persönliche Verhältnis war nachweislich eher marginal. Keine einzige persönliche Begegnung ist in Schmitts Tagebüchern bis 1934 verzeichnet. Schmitt und Voegelin haben aber miteinander korrespondiert und sind sich mindestens zwei Mal persönlich begegnet.

Voegelin wird in Korbs ausgezeichneter Darstellung der »Kritiker Kelsens« nicht eigens behandelt, weil Korb sich auf die »Juristen« im engeren Sinne beschränkt. Günther Winkler hat das persönliche Verhältnis und die Entwicklung von Voegelins Kritik in seiner Neuausgabe des Buches *Der autoritäre Staat* rekonstruiert und den »Gesinnungswandel«[30] Kelsens gegen Voegelin mit dessen Rezeption Schmitts in Verbindung gebracht. Voegelins Verhältnis zu Kelsen war bekanntlich komplex und schwierig. Zwar promovierte er, 1901 in Köln geboren und in Wien aufgewachsen, bereits 1922 in Wien bei Othmar Spann und Kelsen, war kurze Zeit, bis Kelsens Wechsel nach Köln, dann auch ein Mitarbeiter von Kelsen, gehörte aber als Staatsphilosoph schon früh zu den Kritikern. Zwar ist Voegelin formal eher als Schüler Spanns zu bezeichnen, dessen Ansatz Schmitt schon in den frühen 1920er Jahren als »politische Romantik« vehement bekämpfte; spätestens seit seinen mehrjährigen Studienaufenthalten in den USA ist er aber philosophisch eigenständig: ein sperriger, geradezu querköpfiger Autor, der sich als brillanter akademischer Außenseiter, lange ohne feste Stellung, keinem Fach und keiner Schule fügte. Dass Voegelin Schmitts *Verfassungslehre* rezipierte und rezensierte, lag nahe. Wie es zur Publikation in der *Zeitschrift des öffentlichen Rechts* kam, die zuvor mit Margit Fuchs-Kraft[31] bereits eine gewichtige Besprechungsabhandlung publiziert hatte, ist ungeklärt.

Am 27. März 1931 notiert Schmitt ins Tagebuch: »Las den Aufsatz von Voegelin, der sehr gut ist.« (TB V, 101) Voegelin hatte die Korrekturfahnen seines Aufsatzes – die Drucklegung des Heftes war bereits am 15. März abgeschlossen – vermutlich mit einem Begleitschreiben geschickt, das aber nicht erhalten ist. Schmitt dankt umgehend im ersten erhaltenen Brief vom 30. März und legt ein Exemplar seines »neuen Buches« über den *Hüter der Verfassung* bei. Voegelins »Aufsatz« lobt er in hohen Tönen:

»Heute kommt es mir nur darauf an, Ihnen für Ihre musterhaft klare, sachliche und gerechte Art der Kritik zu danken. Es ist das erste Mal, daß meine ›Verfassungslehre‹ einen Kritiker findet, von dem kritisiert zu werden und mit dem sich auseinanderzusetzen ich

[30] *Günther Winkler,* Geleitwort, in: Eric Voegelin, Der autoritäre Staat. Ein Versuch über das österreichische Staatsproblem (1936), Wien 1997, S. XXIII f., vgl. S. VIII ff.; zum definitiven Bruch Kelsens mit Voegelin nach dem Erscheinen der »New Science« vgl. auch *Thomas Olechowski*, Hans Kelsen. Biographie eines Rechtswissenschaftlers, 2020, S. 840 ff., 848 ff.

[31] *Margit Kraft-Fuchs,* Prinzipielle Bemerkungen zu Carl Schmitts Verfassungslehre, in: Zeitschrift für öffentliches Recht 9 (1930), S. 511–541.

als eine fruchtbare Weiterführung der Erkenntnis empfinde: sowohl in den prinzipiellen Fragestellungen (des transzendenten oder immanenten Standpunktes je einer kritischen Idee) wie in allen Einzelfragen, besonders der Unterscheidung von Identität und Repräsentation, in deren Kritik Sie treffend erkennen, daß Identität kein Formprinzip ist. Ich darf nochmals wiederholen, daß ich hier zum ersten Male einer Kritik begegne, die mich zum größten menschlichen und sachlichen Respekt bewegt.«[32]

So hat Schmitt selten gedankt, und seine Abgrenzung der »Repräsentation« von der »Identität« als Formprinzip liest sich wie eine Definition des Themas, das beide weiter miteinander verbindet. Etwas mäkelige Bemerkungen Hubers zur Besprechung weist er deshalb auch umgehend zurück.[33] Voegelins umfassende Besprechungsabhandlung gliedert sich in einen darstellenden und einen kritischen Teil; sie kritisiert Schmitts »Begriffsapparat«[34] und unterscheidet Bedeutungsschichten insbesondere des Begriffs der Repräsentation, um den Anteil an symbolischer Repräsentation und Versinnbildlichung der »Identität« des Volkes schärfer zu fassen. Voegelin fragt über Schmitt hinaus nach der »Bildfähigkeit« und dem »Sinnbild« der Einheit des Staates, nach der »Staatsverbildlichung«,[35] und möchte den »Bildverfall«, »Verfall der Form«[36] und die »Negativität« des Volkes stärker formuliert wissen. Seine Kritik mündet in den terminologischen Vorschlag, statt von »Identität« mehr von »Amorphie«[37] zu sprechen. Voegelin betont auch, dass Schmitt nicht die »Staatsrealität« beschrieben habe, sondern lediglich eine »idealtypische Konstruktion des konstitutionellen Ideensystems«[38] in »immanenter« Rekonstruktion; dagegen fordert er den Aufbau einer Verfassungslehre »vom transzendenten Standpunkt«[39] aus: also eine Staatsphilosophie.

Analytisch erscheint es zwar durchaus sinnvoll, diverse Formen von Repräsentationsverhältnissen und symbolischer Artikulation zu unterscheiden; Voegelin scheint die demokratische Identität aber als einen defizienten Modus zu betrachten, der ohne herrschaftliche Repräsentation nicht möglich ist. Terminologisch zielt er bereits auf die Exposition eines Sinn- und Symbolbegriffs, der »extern« ansetzt und nicht dem heutigen Ansatz liberaldemokratischer Willensbildung entspricht. Seine Schmitt-Besprechung liest sich wie ein programmatischer Auftakt zum weiteren Werk. Obgleich Voegelin Schmitts Ansatz grundsätzlich kritisiert und die juristisch-immanente Rekonstruktion von extern-philosophischer

---

[32] Schmittiana N.F. 2 (2014), S. 185f.

[33] *Schmitt* am 2. Mai 1931 nach Hubers Bemerkungen vom 29. April, in: Ewald Grothe (Hrsg.), Schmitt/Huber. Briefwechsel 1926–1981, Berlin 2014, S. 81, 83.

[34] *Eric Voegelin,* Die Verfassungslehre von Carl Schmitt. Versuch einer konstruktiven Analyse, in: Zeitschrift für öffentliches Recht 11 (1931), S. 89–109 (102).

[35] *Voegelin,* Die Verfassungslehre von Carl Schmitt, S. 104.

[36] *Voegelin,* Die Verfassungslehre von Carl Schmitt, S. 105.

[37] *Voegelin,* Die Verfassungslehre von Carl Schmitt, S. 106.

[38] *Voegelin,* Die Verfassungslehre von Carl Schmitt, S. 108.

[39] *Voegelin,* Die Verfassungslehre von Carl Schmitt, S. 109.

Kritik unterscheidet, erkennt Schmitt doch sogleich das Niveau und würdigt den Beitrag als scharfsinnige »konstruktive« Kritik.

Eine regelmäßige Korrespondenz entstand dennoch nicht, obgleich Voegelins akademische Stellung in Wien nach dem Weggang Kelsens ungesichert war. So ist eine Antwort auf die Übersendung des *Hüters der Verfassung* nicht erhalten. Voegelin rezipiert später zwar Schmitts »Begriff des totalen Staates« in seinem Buch *Der autoritäre Staat,*[40] zitiert für den Nationalsozialismus nicht Schmitt, sondern Huber, und spricht für Österreich lieber vom »autoritären Staat«. Zuvor, am 3. Juni 1933, schickte er sein Buch *Rasse und Staat* mit einem defensiven Begleitschreiben: »Ich glaube, dass die Abhandlung Sie interessieren wird, da ein Versuch, das Rasseproblem im Rahmen eines Systems der Staatslehre zu behandeln, meines Wissens noch nicht gemacht wurde.«[41] Mit keinem Wort deutet Voegelin hier seine Kritik der modernen »Rasseidee« an. Es gibt auch keinen Hinweis darauf, dass Schmitt das Parallelwerk der »Geistesgeschichte« der »Rasseidee« oder spätere Bücher durch Voegelin selbst erhielt. Stattdessen verstummt die erhaltene Korrespondenz und beginnt erst wieder 1950 nach einer Vermittlung durch Schmitts Schüler Joseph Kaiser. Schmitt schreibt Voegelin nun direkt am 30. Juni 1950 an, schickt seine gerade erschienenen Bücher über *Die Lage der europäischen Rechtswissenschaft* sowie *Ex Captivitate Salus* und bitte seinerseits um Buchsendungen:

> »Meine Bemühungen, Ihre seit 1938 erschienenen Schriften kennen zu lernen, sind leider ohne Erfolg geblieben. Im Goethe-Jahr habe ich die letzten Kapitel Ihrer ›Rasseidee in der Geistesgeschichte vor 1933‹ wieder gelesen und wieder einmal festgestellt, daß die Lautverstärker der heutigen Öffentlichkeit alles Wesentliche mit Sicherheit verfehlen oder ignorieren.«[42]

Schmitt zitiert den Titel von Voegelins Buch etwas ungenau und datiert seine Relektüre auf das »Goethe-Jahr« 1949, obgleich er es bereits 1947 erneut las. Mit den »Lautverstärkern« spielt er auf *Ex Captivitate Salus* an und bittet Voegelin gleichsam um eine polemische Stellungnahme zum aktuellen Goethe-Kult. Der Hinweis auf die »Schriften seit 1938« schließt Voegelins Buch von 1936 über den »autoritären Staat« eigentlich aus und bittet stattdessen mehr um die Sendung des Buches *Die politischen Religionen* von 1938. Andere Bücher hatte Voegelin »seit 1938« nicht publiziert.

In seiner Autobiographie schreibt Voegelin, seine anthropologischen Studien seien von Max Scheler ausgegangen.[43] Seine beiden Bücher von 1933 gehören damit zur Bewegung der »philosophischen Anthropologie« vor 1933, die mit

---

[40] *Voegelin,* Der autoritäre Staat, S. 10ff., 26ff.

[41] Schmittiana N.F. 2 (2014), S. 187.

[42] Schmittiana N.F. 2 (2014), S. 188.

[43] *Eric Voegelin,* Autobiographische Reflexionen, München 1994, S. 56f.; dazu vgl. *ders.,* Rasse und Staat, Tübingen 1933, S. 10, 23ff.

Paul Ludwig Landsbergs *Einführung in die philosophische Anthropologie*[44] 1934 noch einen gewichtigen Nachzügler fand. Der Beitrag Voegelins über Scheler und Plessner hinaus lässt sich in erster Annäherung leicht benennen: Voegelin trennte die ideengeschichtliche Annäherung von der systematischen Untersuchung, und er kritisierte die Naturalisierung und Anthropologisierung der Staatslehre von einem dezidiert religiösen Menschenbild ausgehend. Wo Scheler wie Plessner eine systematische Mensch-Tier-Unterscheidung profilierten, kritisierte Voegelin die moderne Fundierung des Staates auf die »Rasseidee«. Sein Doppelwerk von 1933 ist eine Fundamentalkritik der Relation von »Rasse und Staat«. Voegelin bekämpft nicht nur den NS-Naturalismus und -Rassismus, sondern die gesamte Naturalisierung des Menschenbildes und Fundierung des Staatsdenkens auf die »Rasseidee«. »Das Wissen vom Menschen ist aus den Fugen geraten«,[45] erklärt er schon mit dem ersten Satz seines Einleitungswerkes. Zwar betont er den »Grundverhalt, daß der Mensch der Schöpfer des Staates ist«; anderseits meint er aber: »Die Aufgabe, ein System der Staatslehre aus der Wesenslehre des Menschen zu entwickeln, ist noch nicht gelöst«.[46] In diesem Zusammenhang findet sich eine distanzierende Formulierung gegen Schmitt, dessen »Versuche« noch nicht zum »System« gelangt seien. Voegelin könnte hier einerseits das »anthropologische Glaubensbekenntnis« (BP 59–68) des *Begriffs des Politischen* meinen, andererseits die Bezeichnung der *Verfassungslehre* als »Versuch eines Systems«.[47]

Es ist beachtlich, dass Schmitt nach 1945 nicht die systematischen Bücher *Rasse und Staat* und *Der autoritäre Staat* erwähnt, sondern nur das Buch über *Die Rasseidee in der Geistesgeschichte von Ray bis Carus*. Am 21. Dezember 1947 notiert er ins *Glossarium:*

»Was verbindet mich mit Erich[48] Voegelin? Er hat die zentrale Bedeutung Goethes erkannt und zwar kritisch erkannt, wenn ein Unheil eingetreten ist, so kann es geistesgeschichtlich nur auf den Goethe-Kult zurückgeführt werden. Vor allem ist der spezifisch neudeutsche Rassebegriff nur aus dem Goethe-Kult erklärlich. Alles weitere ergibt sich durch die Vermassung von selbst, wenn einer ›wagt, sich zu erdreisten‹ und die bêtes féroces, die im Hintergrund jedes Kultes lauern, einmal entfesselt werden. Bei Schiller ist die Wendung zu Goethe bereits vollzogen (9. Brief über die ästhetische Erziehung des Menschen), der vollkommene Mensch war Goethe (Voegelin, S. 140). Carus: Goethes ›Wohlgeborenheit‹[49]

---

[44] *Paul Ludwig Landsberg,* Einführung in die philosophische Anthropologie, Frankfurt 1934; dazu vgl. *Reinhard Mehring,* Carl Schmitt und die Weimarer Universitätsphilosophie (Strauss, Kuhn, Heidegger, Plessner, Landsberg), in: Rainer Adolphi/Andrzey Gniadowski/Zdzislaw Krasnodebski (Hrsg.), Philosophische Anthropologie zwischen Soziologie und Geschichtsphilosophie, Nordhausen 2018, S. 269–295.

[45] *Eric Voegelin,* Die Rasseidee in der Geistesgeschichte von Ray bis Carus, Berlin 1933, S. 1.

[46] *Voegelin,* Rasse und Staat, S. 7.

[47] *Carl Schmitt,* Verfassungslehre, München 1928, S. IX.

[48] Schmitt zitiert hier nach der Schreibweise der Bücher von 1933. Erst im Exil nannte Voegelin sich amerikanisierend Eric.

[49] Dazu noch Schmitts Brief vom 14. Dezember 1972 an Hans-Dietrich Sander, in: Briefwechsel 1967–1981, Schnellroda 2008, S. 247.

des genialen und dämonischen Menschen (Wir werden es bei der 2. Jahrhundertfeier 1949 ja sehen!) liefert die Rassentheorie: Kommerell, Der Dichter als Führer, 1928 (über die Führerrolle Goethes). Goethe hat auch keinen neben sich geduldet, der diesem Kulte sich entzog: so sind Hölderlin, Kleist, sogar Schubert von ihm erledigt worden. Goethe war eben ein so großer Dichter, der größte Dichter, daß er Kulturstifter werden mußte. Diese Notwendigkeit hat er aber ins individualistisch-Gebildete abgebogen; und alle folgen ihm auch darin nach; Endergebnis: das schöne Tier und das Erscheinungsbild der 1936 [1933] in Deutschland zur Macht kommenden bewußten ›Elite‹; das Ende eines Weges, zu dessen wesentlichen Bereitern ein ehrlicher Engländer, H. St. Camberlain, und ein ehrlicher Jude, Otto Weininger, gehören.« (GL 49)

Schmitt bezieht sich hier auf den zweiten Hauptteil der geschichtlichen Herleitung Voegelins, die mit Carus endet, und verknüpft Voegelin mit Max Kommerell, der für seine Deutung des Nationalsozialismus zentral war.[50] Er stellt Voegelin damit in die Mythos-Analysen des George-Kreises zurück. Mit dem Hinweis auf die »ehrlichen« Chamberlain und Weininger scheint er darüber hinaus die fortgesetzte Geschichte des Antisemitismus zu zitieren, die Voegelin im Parallelwerk *Rasse und Staat* skizzierte. Das Kapitel »Die Juden als Gegenidee«[51] entwarf dort eine kurze Geschichte des deutschen Antisemitismus von Fridrich Rühs, Bruno Bauer und Renan bis Chamberlain und Weininger.

Anders als heute geläufige Geschichten des Antisemitismus betont Schmitts Geschichte des deutschen Antisemitismus, mit Voegelin, also nicht die naturalistisch-biologistische Wendung zum Rassismus seit Darwin. Betrachtet man Voegelins »Geistesgeschichte« der »Rasseidee« näher, so erwähnt er auch nicht die geistesgeschichtliche Diagnose eines Übergangs vom »mechanischen« zum »organischen« Denken und einer »Verinnerlichung« des Rassedenkens durch organische Begriffe von »Leib und Person« – einen Übergang, der Schmitt seit seiner *Politischen Romantik* in metaphorologischer Perspektive immer wieder interessiert hatte; Schmitt erwähnt stattdessen vor allem die Ausführungen zu Goethe.

Voegelin hatte sein Kapitel über die »Entfaltung der organischen Formenwelt« mit einem Abschnitt über das »Leben als Urphänomen« beschlossen und den zweiten Hauptteil seiner Untersuchung, die »Verinnerlichung der Person« überschrieben, um die »Person Goethes als Vorbild« für Schiller und Humboldt zentriert. Mit Napoleon und Goethe trat die heidnische »Idee des Dämonischen«[52] in die Welt. Zutreffend las Schmitt diese »Geistesgeschichte« als eine Mythos-Analyse im Stile des George-Kreises, die die »Unsterblichkeit der Person« an den Goethe-Mythos knüpfte. Voegelin beschloss seine Geistesgeschichte mit

[50] Dazu *Reinhard Mehring,* Hitler-Schiller. Carl Schmitts nachgelassene Hitler-Reflexionen im Spiegel von Max Kommerells Schiller-Deutung, in: Leviathan 33 (2005), S. 216–239; *ders.,* Friedrich Schillers »Demetrius«. Ein später Baustein zu Carl Schmitts Hitler-Bild, in: *ders.,* Kriegstechniker des Begriffs, Tübingen 2014, S. 111–136.

[51] *Voegelin,* Rasse und Staat, S. 181–208, hier bes. S. 203 ff.

[52] *Voegelin,* Rasseidee, 1933, S. 8.

Carus, der die »Wohlgeborenheit« Goethes zum »klassischen« Maßstab einer »Rasseneinteilung« erhoben habe, was in neueren Entwürfen nachwirke. Die anschließende Monographie *Rasse und Staat* ging die neuere Geschichte der »Rasseidee« weiter durch und analysierte den »systematischen Gehalt« neuerer Rassetheorien bis hin zu NS-Autoren wie Günther und Clauß, um dann Konsequenzen der »Rassenidee« für den »Aufbau der Gemeinschaft« zu erörtern.

Voegelins Buch *Rasse und Staat* entwickelt also keine systematische Anthropologie, die biologistisch-naturalistisch argumentieren würde, sondern erörtert geistesgeschichtliche Korrelationen zwischen »Leibideen« und politischen Gemeinschaftsformen. Von der Konstruktion des corpus mysticum des »Reiches Christi« unterscheidet es dabei neuere Konstruktionen »partikulärer« Gemeinschaftsvorstellungen und schließt mit einer Konfrontation der »Juden als Gegenidee«[53] mit Fichtes »Urvolk« und der »nordischen Idee« neuerer antisemitischer und rassistischer Autoren. Voegelins Bücher von 1933 sind also alles andere als eine Apologie der »anthropologischen« und naturalistischen Staatsbegründung und des Rassismus; sie sind eine »geistesgeschichtliche« Fundamentalkritik des NS-Antisemitismus in dessen neuzeitlich-naturalistischen Voraussetzungen.

So sperrig und verfehlt Voegelins Rezeption des Rassenseele-Diskurses uns heute auch erscheint, weil die biologische Verwissenschaftlichung fortgeschritten ist (DNA, Genom-Entschlüsselung), kann und muss sie als eine »geistesgeschichtliche« Kritik des modernen Antisemitismus und Rassismus betrachtet werden, die in eigener Weise Konsequenzen der Konstruktion partikularer »Leibideen« und Gemeinschaftskonzepte für das Staatsverständnis erörtert. Methodisch wäre das weniger mit einem systematisierenden Ansatz wie Hellers *Staatslehre* als etwa mit Hannah Arendts Geschichte des Rassismus und Antisemitismus im Rahmen der *Elemente und Ursprünge totaler Herrschaft* zu vergleichen.[54] Es ist beachtlich, dass Schmitt in der Korrespondenz nicht an *Rasse und Staat* und Voegelins Konfrontation der »nordischen Idee« mit den »Juden als Gegenidee« anknüpft, sondern lediglich an die Kritik des Goethe-Mythos, die er teilte. Wie das *Glossarium* zeigt, erörterte er die geistesgeschichtlichen Voraussetzungen des Führer-Kultus nach 1945 vom Geniekult seit der Romantik ausgehend. Auch Arendt gab dem »romantischen Genie- und Persönlichkeitskult«[55] eine wichtige Rolle bei der Wendung zum modernen Rassismus. Und sie schrieb: »Carl Schmitts *Politische Romantik* ist immer noch das beste Werk über diesen Gegenstand«.[56] Anders als etwa Heidegger glaubte Schmitt niemals an das »Charisma« Hitlers oder anderer NS-Spitzenpolitiker; er sah auch Göring und Frank, die er näher kannte, bald recht distanziert.

---

[53] *Voegelin,* Rasse und Staat, S. 181 ff., 208 ff.

[54] Dazu vgl. *Hannah Arendt,* Elemente und Ursprünge totaler Herrschaft, Frankfurt 1955, S. 260 ff.

[55] *Arendt,* Elemente und Ursprünge, S. 276.

[56] *Arendt,* Elemente und Ursprünge, S. 275 Fn.

Kehren wir zur Korrespondenz mit Voegelin zurück, so antwortete Voegelin zwar bereits am 3. Juli 1950, schickte aber nicht das erwünschte Buch über *Die politischen Religionen*, weil er nur »Abhandlungen« publiziert habe; er lobt zwar die Broschüre *Die Lage der europäischen Rechtswissenschaften*, verspricht Bemühungen, »sie in einer amerikanischen Zeitschrift herauszubringen«, dankt auch ausdrücklich für die Sendung des »sehr persönlichen« Bekenntnisbüchleins *Ex Captivitate Salus*, greift aber dann nur einen Aspekt heraus, der das weitere Gespräch bestimmt: Ausführungen zu Jean Bodin und zur Frage, ob Bodin einen religiös »neutralen« Staat oder »einen neuen pouvoir spirituel schaffen«[57] wollte. Schmitt antwortet seinerseits am 16. Juli bereits umgehend, legt eine Besprechung von Verdross[58] sowie Aufsätze über die »Legisten« und »Das Problem der Legalität« bei und dankt für Bemühungen um eine amerikanische Publikation.

Voegelin antwortet nun erst wieder im Mai 1951, nach »ungebührlich langem Schweigen«, fast ein Jahr nach der Wiederaufnahme der Beziehungen, mit einer Fehlanzeige in Sachen amerikanischer Publikation und eingehenden Ausführungen zu Bodin. Er bezieht sich nun auf die von Schmitt berührte »Frage der jüdischen Mutter« und das »›Judaisieren‹ Bodin's« und formuliert unter Bezug auf das Religionsgespräch *Heptaplomeres* seine These, dass »die spezifische Toleranz Bodin's ihre Wurzeln in einer Mystik hat«.[59] Das hatte er 1941 in Studien[60] ausgeführt, die Bodins platonisches und »kosmologisches Denken« betonten. Er spricht von einer »Irrelevanz der dogmatischen Differenzen im Licht der Mystik«,[61] weist antisemitische und konfessionelle Deutungen also zurück und verweist auf »dionysische Mystik«: auf neuplatonische Auffassungen in der Linie auch des Dionysios Areopagita, die Voegelin durch die Beilage einer Marx-Studie[62] kritisch vom neuzeitlichen Gnostizismus und »Problem der revolutionären Legitimität«[63] absetzt.

Zu den geistesgeschichtlichen Referenzen dieses gewichtigen Briefes wäre einiges zu sagen. Schmitt dankt im August 1951 mit der Erwartung weiterer Bodin-Studien, vor allem aber nun für die »Kritik des Marxismus«, die er über Lukács und Hegel auf das ältere verbindende Thema zurückverweist:

»Es ist erstaunlich, wie dieses Zeitalter des deutschen Geistes – 1770 bis 1815 – immer neue Hintergründe zeigt: hinter Goethe und Schiller tauchte Hölderlin-Kleist auf (mit einem neuen Goethe); heute liest man die Phänomenologie des Geistes mit einer Spannung, die

[57] Schmittiana N. F. 2 (2014), S. 189.

[58] *Carl Schmitt,* Rezension zu Alfred Verdross, Grundlinien der antiken Rechts- und Staatsphilosophie, Wien 1951, in: Universitas 4 (1949), S. 587–588.

[59] Schmittiana N. F. 2 (2014), S. 192; zur »Mystik« bei Platon vgl. *Eric Voegelin,* Die Neue Wissenschaft der Politik. Eine Einführung, München 1959, S. 100 ff., 216 ff.

[60] *Eric Voegelin,* Jean Bodin, hrsgg. von Peter J. Opitz, München 2003.

[61] Schmittiana N. F. 2 (2014), S. 194.

[62] *Eric Voegelin,* The Formation oft the Marxian Revolutionary Idea, in: Review of Politics 12 (1950), S. 275–302.

[63] Schmittiana N. F. 2 (2014), S. 194.

sie auch zu einem literarischen Meisterwerk erhebt, was unseren Shakespeare lesenden Grossvätern wohl als ein portentum [Vorzeichen] erscheinen würde.«[64]

Schmitt legt einen kurzen Hobbes-Artikel[65] bei und wünscht weitere Korrespondenz wie Begegnungen. Die Korrespondenz verstummt nun aber für Jahre erneut. Schmitt scheint sich damals mit jungen Schülern über Voegelin auszutauschen. Koselleck schreibt ihm am 20. April 1955:

»Vögelins ›New Science of Politics‹ hat mich ziemlich enttäuscht. V. ist mit einem soliden europäischen Wissen nach den USA ausgewandert, wobei sich sein Wissen in ein Mehrwissen verwandelte, das er nunmehr sektiererhaft und prophetisierend verkündet. Dass er dabei manchen seinen Lehrmeister verschweigt, mag begreiflich sein, macht seine Verkündigung aber nicht glaubhafter.«[66]

Vermutlich hatte Schmitt sich als »Lehrmeister« bezeichnet; am 1. Mai antwortet er: »Voegelin ist wirklich enttäuschend. Aber daß er bei dem Begriff der ›Repräsentation‹ ansetzt, zeigt seine gute Herkunft.«[67] Damals wünscht er eine kritische Äußerung Nicolaus Sombarts gegen Voegelin.[68] Vom 30. April 1955 datiert ein Briefentwurf, der an eine negative Besprechung der 1952 erschienenen Programmschrift *The New Science of Politics* anknüpft, die erst 1959 in deutscher Fassung[69] erschien. Schmitt betont: »Heute schreibe ich nach langer Überlegung.« Spielt er damit auf Bedenken an, die Korrespondenz wiederaufzunehmen? Ausdrücklich schreibt er: »Ich habe Ihnen verschiedene Aufsätze geschickt und verstehe es, dass Sie mir nicht schreiben.« Er spricht von »schwarzen Listen und Verfehmungen« und bricht seinen Briefentwurf ab. Es ist nicht gesichert, ob er damals eine andere Fassung des Briefes abschickte. Das ist aber zu vermuten, weil es nachweislich im Frühling oder Sommer 1955 zu einer Begegnung in Heidelberg kam.

Schmitts Brief zur *New Science* von 1952 betonte »das Problem der Repräsentation« und (unter Verweis auf den *Nomos der Erde)* den sachlichen Punkt einer Differenz von Kat-echon- und »renovatio-Ideen«: »Ich verstehe nicht, warum Sie den κατέχων einfach verschweigen. Solange ein κατέχων vorhanden ist, präsent, bedarf es keiner Repräsentation. Das ist also die Lücke in Ihrem Buch.«[70] Sein Briefentwurf kreist also, wie schon 1931, erneut um das »Form-

[64] Schmittiana N. F. 2 (2014), S. 196.

[65] *Carl Schmitt,* Dreihundert Jahre Leviathan. Zum 5. April 1951, in: Die Tat, vom 5. April 1951.

[66] *Koselleck* am 20. April 1955 an Schmitt, in: Jan Eike Dunkhase (Hrsg.), Koselleck/Schmitt. Der Briefwechsel 1953–1983, Berlin 2019, S. 83.

[67] *Schmitt* am 1. Mai 1955 an Koselleck, in: Dunkhase (Hrsg.), Koselleck/Schmitt, S. 87.

[68] *Schmitt* am 10. Mai 1955 an Sombart, in: Martin Tielke (Hrsg.), Schmitt und Sombart, Berlin 2015, S. 79.

[69] *Voegelin,* Die neue Wissenschaft; dazu Voegelins rückblickende Selbstdeutung in *ders.,* Autobiographische Reflexionen, 1994, S. 84–89.

[70] Schmittiana N. F. 2 (2014), S. 197.

prinzip« der »Repräsentation« und die Frage nach einer Präsenz oder Identität, die Repräsentation irgendwie absorbiert. Zweifellos schrieb Schmitt nicht alles, was ihn störte. So wird ihm nicht entgangen sein, dass Voegelin sich explizit auf Petersons Kritik berief und das »Ende der politischen Theologie im orthodoxen Christentum«[71] erklärte. Auch stimmte er Voegelins Thesen zur »gnostischen« »Immanentisierung« des Sinns der Geschichte seit Joachim de Fiore und der Bevorzugung der russischen Auslegung Moskaus als »Drittes Reich« gegenüber der nationalsozialistischen Propaganda schwerlich zu.[72] Hier kann nicht diskutiert werden, ob seine brieflichen Bemerkungen zum Verhältnis von katechontischer Präsenz und Repräsentation eine letztgültige Antwort auf die Verhältnisbestimmung von Identität und Repräsentation waren, die schon Voegelins Besprechung hervorhob. Zweifellos ist der Begriff der Repräsentation aber für Voegelins Programm einer »neuen Wissenschaft« von der Politik zentral.

Die Programmschrift unterscheidet Repräsentation im »deskriptiven«, »existentiellen« und »transzendenten« Sinn und erörtert dann den »Kampf um die Repräsentation im Römischen Reich« und die »gnostische Revolution« des Puritanismus und den Gnostizismus als »Wesen der Modernität«. Voegelins schwierige und höchst umstrittene Ausführungen sind hier nicht zu rekonstruieren. Schmitt verweist für die geschichtliche Darstellung des »Kampfes« um die Repräsentation und Übergang zum Hochmittelalter jedenfalls auf seinen geschichtstheologischen Schlüsselbegriff des Kat-echon. Näherhin unterscheidet er hier zwischen dem »Kaisertum der Ottonen« und neueren renovatio-Ideen, was im *Nomos der Erde* ausgeführt ist. Dort unterscheidet er das christliche Kaisertum »der fränkischen und ottonischen Zeit« (NE 29) von der hochmittelalterlichen Formierung des Verhältnisses von Kirche und Reich, in dem bereits ein Dualismus und eine Säkularisierungstendenz angelegt sei. So schreibt er: »Die politischen oder juristischen Konstruktionen der Weiterführung des Imperium sind im Vergleich zu der Lehre vom Kat-echon nicht das Wesentliche; sie sind schon Abfall und Entartung von der Frömmigkeit eines gelehrten Mythos.« (NE 30) »Alle solche Renovationen sehen vom Kat-echon ab und können folgerichtig statt eines christlichen Kaisertums doch nur einen Caesarismus entstehen lassen.« (NE 32)

Schmitt grenzt den modernen Caesarismus und die Tyrannis im *Nomos der Erde* also durch das christliche Geschichtsbild vom alten Kaisertum ab. Damit distanziert er sich 1950 auch vom Nationalsozialismus. Er bekämpft aber, wie Voegelin, die ganze moderne Säkularisierung der politischen Repräsentation. In seinem Briefentwurf verweist er dafür beiläufig auch auf die Schiller- und Thomas Mann-Feiern von 1955 und schlägt so die Brücke zurück zur früheren Kritik der neuhumanistischen Wendung der »Geistesgeschichte« seit Goethe.

[71] *Voegelin,* Die Neue Wissenschaft, S. 151, vgl. S. 146 Fn.
[72] *Voegelin,* Die Neue Wissenschaft, S. 161 ff.

Wie zuvor bietet er sich damit als Gesprächspartner in der geistesverwandten Kritik des modernen »Gnostizismus« an. Die erhaltene Korrespondenz endet dann aber plötzlich mit einem Brief vom 26. Oktober 1955, in dem Voegelin für die Heidelberger Begegnung dankt, die vielleicht schon Mitte Mai 1955 erfolgte:

»Lassen Sie mich sagen, wie sehr ich mich gefreut habe, Sie in Heidelberg nach so vielen Jahren so frisch und energisch wieder zu sehen. Und ein besonderes Vergnügen war es, Ihre bezaubernde Tochter kennen zu lernen.«[73]

Voegelin verweist auf weitere »Pläne betreffend Gastvorlesungen oder dergl.« und bietet also Möglichkeiten einer Wiederbegegnung an. Weitere Korrespondenz ist aber nicht erhalten und es ist nicht geklärt, ob es spätere Begegnungen gab, wie sie spätestens nach Voegelins Remigration und Wechsel nach München leicht möglich gewesen wären. Die erhaltene Korrespondenz gibt gewiss nur einen schmalen Einblick, der nicht zu überdeuten ist. Dokumentiert sie den ganzen Beziehungsbogen, so stand die »geistesgeschichtliche« Deutung von »Repräsentation« im Zentrum der Auseinandersetzung. Beide betrachteten »Repräsentation« im platonisch-christlichen Rahmen als eine metaphysische Fundierung politischer Ordnung wie des humanen Selbstverständnisses, was nicht auf Repräsentation im liberaldemokratischen Sinne zu verengen sei. Voegelin hielt zu Schmitt aber politische Distanz und thematisierte den Differenzpunkt des Antisemitismus im Spiegel von Bodin. Zweifellos respektierten sich beide dabei im intellektuellen Rang.

Blickt man in Schmitts Schülerkorrespondenzen, zeigt sich allerdings ein etwas anderes Bild. Die Rückkehr Voegelins nach München scheint Schmitt nicht begrüßt zu haben. An Böckenförde schreibt er 1959: »Mohler hatte auch die Antrittsvorlesung von Prof. Eric Voegelin (auf dem Katheder von Max Weber in München!) bei sich. ›Wissenschaft, Politik‹ etc. ist der Titel; sie ist bei Kösel erschienen; toll; ich nehme an, daß man als Hörer den Geist Max Webers hat spuken sehen.«[74] Später schreibt er dazu an Mohler: »Voegelin hat in seiner Antrittsvorlesung Hegel und Marx als ›Gottesmörder‹ bezeichnet. Seit dieser Zeit fällt mir zu Voegelin nichts mehr ein.«[75] Als eine Briefmarke aus der Serie »Große Deutsche« Franz Oppenheimer abbildet, schlägt Schmitt ironisch, mit antisemitischem Akzent, eine »volkspädagogisch-illustrierte Ausgabe« mit Abbildern von »Aristoteles, Voegelin, Helmuth Plessner«[76] vor. Gelegentlich frotzelt er auch über die Voegelin-Schule. 1976 spottet er einmal über »Voegelins

[73] Schmittiana N.F. 2 (2014), S. 198.

[74] *Schmitt* am 8. Mai 1959 an Böckenförde, in: Reinhard Mehring (Hrsg.), ›Welch gütiges Schicksal‹, Ernst-Wolfgang Böckenförde/Carl Schmitt: Briefwechsel 1953–1984, Baden-Baden 2022, S. 199; vgl. *Eric Voegelin,* Die Grösse Max Webers, hrsgg. von Peter J. Optiz, München 1995; gemeint ist *Eric Voegelin,* Wissenschaft, Politik und Gnosis, München 1959.

[75] *Schmitt* am 18. Mai 1961 an Mohler, in: Armin Mohler (Hrsg.), Carl Schmitt – Briefwechsel mit einem seiner Schüler, Berlin 1995, S. 306.

[76] *Schmitt* am 6. November 1964 an Mohler, in: Mohler (Hrsg.), Briefwechsel, S. 343.

›Ziviltheologie‹«.[77] Er bezieht sich hier vermutlich auf die Hobbes-Deutung der *New Science.* Dort heißt es: »Hobbes erkannte, daß ohne eine unbestrittene Ziviltheologie öffentliche Ordnung unmöglich war.«[78] Voegelin bezeichnet den modernen »Gnostizismus« explizit als die »Ziviltheologie der modernen Welt«.[79]

Gegen Voegelin besteht Schmitt darauf, dass die Kontinuität des Christentums seit der Spätantike nicht durch eine »gnostische Revolution« ersetzt wurde. Dabei lehnte er gewiss auch Voegelins Konfrontation der »deutschen Revolution« mit dem »Hoffnungsstrahl« der »amerikanischen und englischen Demokratien«[80] ab. Taubes zitiert Schmitts Katechon-Einwand noch in seiner Einladung zu einer Vortragsreihe »Politische Theologie als hermeneutisches Problem«, die auch unter dem Label »Politische Theologie III« firmierte: »Das Gespenst der Gnosis geht um als polittheologische Interpretationswaffe zur Kritik der Neuzeit. Voegelin und seine Schule haben ausgiebig dieses Arsenal benutzt.«[81] Als Voegelin also in die bundesdeutsche Diskussion trat und dessen Modernitätskritik in schulförmige Konkurrenz geriet, grenzten Schmitt und die bundesdeutsche Schülergeneration sich kritisch ab. Darüber sind die Nähen im »geistesgeschichtlichen« Vorgehen wie der modernitätskritischen Stoßrichtung aber nicht zu übersehen.

Mein Beitrag ging von Horst Dreiers bedeutenden Forschungen zur analytischen Verhältnisbestimmung von »Gott und Staat« aus: zur Rekonstruktion des Prozesses der Säkularisierung und der Frage nach »sakralen« Relikten im Verfassungsstaat, für die Dreier die ideologiekritische Stoßrichtung Kelsens von den Resakralisierungsbestrebungen Schmitts unterschied. Dagegen verwies ich auf Kelsens weltanschauliches Bekenntnis zum »Relativismus« und Schmitts – mit Hobbes chiffrierte – systematische These, dass dezisionäre Autorität nur in einem personalistisch-theistischen Weltbild gesichert sei und der neuzeitliche Säkularisierungsprozess mit dem Christentum auch die personalistischen Voraussetzungen juristischer Autorität untergrabe. Mit dem modernen Immanenzdenken steht für Schmitt auch die demokratische »Identität« in Frage.

Meine Studie richtete sich gegen allzu einfache Rekonstruktionen seines »Gegenmodells« zu Kelsen und trat der geläufigen Sicht von Schmitt als Apostel des plebiszitären Führerstaates entgegen. Dafür wandte sie sich der erhaltenen Korrespondenz mit Voegelin zu, in der durchgängig ein systematischer Primat der »Repräsentation« vertreten wird. Repräsentation erscheint hier im platonisch-christlichen Rahmen als eine komplexe paradigmatische Spiegelung von Relationen und Strukturverhältnissen, für die Schmitt in der Programmatik seiner

[77] *Schmitt* am 15. August 1976 an Böckenförde, in: Mehring (Hrsg.), Briefwechsel, S. 602.
[78] *Voegelin,* Die Neue Wissenschaft, S. 221, vgl. S. 224f.
[79] *Voegelin,* Die Neue Wissenschaft, S. 245.
[80] *Voegelin,* Die Neue Wissenschaft, S. 259.
[81] *Jacob Taubes,* Einladungsschreiben vom 16. August 1979, in: Herbert Kopp-Oberstebrink u. a. (Hrsg.), Jacob Taubes/Carl Schmitt. Briefwechsel, München 2012, S. 174.

»Politischen Theologie« von einer »Metaphysik« der Strukturidentitäten sprach. Voegelin bestand in der Korrespondenz mit Schmitt gegen eine konfessionelle, antisemitisch getönte Engführung am Beispiel Bodins auf philosophischer »Mystik«. An Horst Dreier als prädestinierten Leser adressiert lautet das kurze Fazit meiner kritischen Bemühung um die Ehrung eines bedeutenden Staatsrechtslehrers also: Kelsen vertrat eine »Weltanschauung«; Schmitts »Gegenmodell« bejahte den plebiszitären »Führerstaat« nicht gänzlich vorbehaltlos und unkritisch, sondern vertrat, Voegelin vergleichbar, eine prämoderne »Metaphysik«, die politische Repräsentation von der individuellen Willensbildung entkoppelte. Sein nationalsozialistisches Engagement steht aber außer Frage.

Kelsens Zwiespalt

Demokratie zwischen Liberalismus und Sozialismus

Laura Münkler

I. Demokratietheoretische Umschwünge im Werk Kelsens

Kelsens Leben und Werk ist von mehreren Umbrüchen gekennzeichnet.[1] Werkgeschichtlich schlagen sich diese insbesondere in der Veränderung von Kelsens demokratietheoretischen Grundannahmen nieder. Wie von Horst Dreier in seiner Dissertationsschrift herausgearbeitet wurde, wechselt nicht lediglich der über die Zeit auf demokratietheoretische Fragen eingenommene Fokus Kelsens.[2] Vielmehr nimmt der von ihm zunächst prinzipiell statuierte »Gegensatz von Demokratie und Liberalismus« in der Werkentwicklung zunehmend ab und kehrt sich schließlich in die Idee einer »liberal democracy« um.[3] Anders als die erkenntnistheoretischen Prämissen von Kelsens Demokratietheorie, die durch sein gesamtes Werk hinweg weitgehend – von Beginn an einem relativistischen Standpunkt folgend – konstant geblieben sind und dieses fundieren,[4] hat er seine übrige Demokratietheorie demnach in verschiedener Hinsicht fortentwickelt.[5]

---

[1] Siehe hierzu zuletzt *Horst Dreier,* Hans Kelsen zur Einführung, Hamburg 2023, S. 19ff. Vgl. ferner *ders.*, Hans Kelsen (1881–1973): »Jurist des Jahrhunderts«?, in: Heinrichs/Franzki/Schmalz/Stolleis (Hrsg.) Deutsche Juristen jüdischer Herkunft, München 1993, S. 705–732.; *Oliver Lepsius*, Kelsens Demokratietheorie, in: Ehs (Hrsg.), Hans Kelsen. Eine politikwissenschaftliche Einführung, Baden-Baden 2009, S. 67–89.

[2] *Horst Dreier*, Rechtslehre, Staatssoziologie und Demokratietheorie bei Hans Kelsen, 2. Auflage Baden-Baden 1990, S. 262ff.

[3] *Horst Dreier*, Kelsens Demokratietheorie: Grundlegung, Strukturelemente, Probleme, in: Walter/Jabloner (Hrsg.), Hans Kelsens Wege sozialphilosophischer Forschung, Wien 1977, S. 79–102 (94); *ders.*, Kelsen zur Einführung, S. 156ff. A. A. wohl *Sara Lagi*, Democracy in Its Essence, Lanham 2021, S. 25ff., die Kelsens Demokratietheorie von Beginn an als liberal liest.

[4] Vgl. hierzu *Hans Kelsen*, Foundations of Democracy, in: Jestaedt/Lepsius (Hrsg.), Verteidigung der Demokratie, Tübingen 2006, S. 248–385 (269ff.). Vgl. *Dreier*, Rechtslehre, S. 280; *Hans Kelsen*, Verteidigung der Demokratie (1932), in: Jestaedt/Lepsius (Hrsg.), Verteidigung der Demokratie, Tübingen 2006, S. 229–237 (231, 236); *Kelsen*, Foundations, S. 269ff. Eine Ausweitung der erkenntnistheoretischen Annahme in eine ethisch-normative Betrachtungsweise annehmend, *Marcus Llanque*, Die politische Differenz zwischen absoluter Gerechtigkeit und relativem Rechtsstaat bei Hans Kelsen, in: Münkler/ders. (Hrsg.), Konzeptionen der Gerechtigkeit, Baden-Baden 1999, S. 219–240 (230).

[5] *Dreier*, Kelsens Demokratietheorie, S. 80; *Lepsius*, Kelsens Demokratietheorie, S. 67.

Über die Zeit geschärft hat er insbesondere seine Begründung der Bedeutung des Mehrheitsprinzips für Demokratien, die Betonung der Relevanz des Parlamentarismus, die Bedeutung politischer Freiheit und des Kompromisses sowie der Stellung von Parteien. Hiermit zusammenhängend, hat sich zugleich seine Positionierung zum Verhältnis von Demokratie zu Sozialismus und Liberalismus partiell gewandelt.[6]

Die Hintergründe dieser Modifikationen haben Horst Dreier wiederkehrend beschäftigt. Dabei ist es ihm gelungen verschiedene Faktoren, die die Verschiebung der maßgeblichen Basisannahmen in der Entwicklung von Kelsens demokratietheoretischen Analysen bedingen, auszumachen und diese vor dem Hintergrund seiner Biographie, der zeitgeschichtlichen Entwicklungen, seiner Rezeption verschiedener anderer Autoren sowie seines Gesamtwerks[7] zu erläutern.[8] Seine weiterführenden Einordnungen haben die demokratietheoretischen Einsichten Kelsens für die deutsche Rechtswissenschaft sowohl anschlussfähig gemacht als auch einen breiten Rezeptionsprozess mit angestoßen.[9] Hierdurch ist es gelungen, die Bedeutung sowie Legitimität von Mehrheitsentscheidungen, des Kompromisses,[10] den Sinn von Repräsentation,[11] die Rolle von Parteien für die Demokratie,[12] des Parlamentarismus,[13] der direkten Demokratie,[14] der Relativität und Revisibilität[15] von Entscheidungen wie auch des Minderheiten-

[6] Vgl. *Dreier*, Rechtslehre, S. 262ff. sowie *ders.*, Kelsens Demokratietheorie, S. 93ff. wobei dessen Einordnung zwischen Fortentwicklung und Modifikation schwankt. Ähnlich auch *Marcus Llanque*, Hans Kelsen, Vom Wesen und Wert der Demokratie (1920), in: Brocker (Hrsg.), Geschichte des politischen Denkens. Das 20. Jahrhundert, Berlin 2018, S. 129–144 (135, 139).

[7] *Dreier*, Rechtslehre, S. 250ff. Kritisch hierzu *Llanque*, Hans Kelsen, S. 138, der meint, Kelsens Demokratietheorie ließe sich nicht aus seiner Rechtstheorie ableiten.

[8] *Dreier*, Rechtslehre, S. 262ff.; *ders.*, Kelsens Demokratietheorie, S. 93ff.; *ders.*, Kelsen zur Einführung, S. 156ff.

[9] *Matthias Jestaedt/Stanley L. Paulson*, Vorwort, in: dies. (Hrsg.), Kelsen im Kontext, Tübingen 2019, S. V–VII (VI). Zur Rezeption Kelsens in Deutschland siehe etwa *Horst Dreier*, Rezeption und Rolle der Reinen Rechtslehre, in: Schriftenreihe des Hans Kelsen-Instituts, Band 22, Wien 2001, S. 1–34. Siehe auch *Horst Dreier*, Die (Wieder-)Entdeckung Kelsens in den 1980er Jahren – Ein Rückblick (auch in eigener Sache), in: Matthias Jestaedt (Hrsg.), Hans Kelsen und die deutsche Staatsrechtslehre, Tübingen 2013, S. 175–191 (187, passim)., der insoweit darauf hinweist, dass Kelsen nicht im Zuge der »(neo-)marxistischen Rechtstheorie« rezipiert wurde, sondern stattdessen das Abflauen der Naturrechtsrenaissance sowie die Hinwendung zur analytischen Philosophie und Wissenschaftstheorie für maßgeblich hinsichtlich der (Neu-)Rezeption hält.

[10] *Hans Kelsen*, Vom Wesen und Wert der Demokratie (2. Auflage 1929), in: Jestaedt/Lepsius (Hrsg.), Verteidigung der Demokratie, Tübingen 2006, S. 149–228 (193ff.).

[11] *Kelsen*, Wesen und Wert 1929, S. 176ff.

[12] Siehe hierzu etwa *Kelsen*, Wesen und Wert 1929, S. 165ff.

[13] *Kelsen*, Wesen und Wert 1929, S. 174ff.

[14] *Kelsen*, Allgemeine Staatslehre, hrsgg. von Matthias Jestaedt, Tübingen 2019, S. 835ff.; *ders.*, Wesen und Wert 1929, S. 183f. Die Ergänzungsfunktion direktdemokratischer Elemente in der Demokratietheorie Kelsens hervorhebend, *Dreier*, Kelsens Demokratietheorie, S. 87.

[15] Darauf hinweisend, dass Demokratien mit Revisibilität, nicht indes Reversibilität von Entscheidungen einhergingen, *Hasso Hofmann/Horst Dreier*, Repräsentation, Mehrheitsprinzip

schutzes[16] im Anschluss an Kelsen rechtswissenschaftlich wie auch demokratietheoretisch näher zu ergründen.[17]

Bisher weniger in den Fokus geraten ist im Kontext der deutschen rechtswissenschaftlichen Rezeption von Kelsens Demokratietheorie hingegen dessen Auseinandersetzung mit dem Verhältnis von Sozialismus und Demokratie[18] sowie seiner hierauf aufbauenden Analyse kommunistischer Theorien und deren Demokratiekonzeptionen,[19] obgleich gerade der zeitliche Werkkontext wie auch verschiedene seiner demokratietheoretischen Einlassungen zeigen, dass ein enger gedanklicher Entstehungs- wie auch Begründungzusammenhang hierzwischen besteht.[20] Geschuldet sein dürfte diese Zurückhaltung in der Rezeption vornehmlich der jeweils zeitbedingten Problemwahrnehmung.[21] Angesichts der erneut verstärkt aufkommenden wissenschaftlichen Auseinandersetzung mit dem Verhältnis von Liberalismus und Demokratie, erster Anstalten einer republikanischen »Neukonzeption« liberaler Ideen,[22] der zunehmenden Beschäftigung

---

und Minderheitenschutz, in: Hans-Peter Schneider/Wolfgang Zeh (Hrsg.), Parlamentsrecht und Parlamentspraxis in der Bundesrepublik Deutschland, Berlin 1989, § 5 Rn. 58.

[16] *Kelsen*, Foundations, S. 253 f.

[17] So *Dreier*, Kelsens Demokratietheorie, S. 83 ff.

[18] Hierauf knapp eingehend *Dreier*, Kelsens Demokratietheorie, S. 93. Ähnlich im Umgang *Lepsius,* Kelsens Demokratietheorie, S. 68. Etwas ausführlicher demgegenüber *Dreier*, Kelsen zur Einführung, S. 189 ff. Etwas ausführlicher *Alexander Somek*, Das Mehrheitsprinzip in der Demokratie, in: DZPhil 49 (2001), S. 397–420, dessen Fokus indes insoweit auf dem Mehrheitsprinzip liegt. Implizit begründet dies *Dreier*, (Wieder-)Entdeckung, S. 187 f. damit, dass die marxistische Rechtstheorie sich als unergiebig erwiesen habe.

[19] *Hans Kelsen*, Sozialismus und Staat, in: Gruenberg Archiv (Archiv für Geschichte des Sozialismus IX) 1921, S. 1–129 (29 ff.); *ders.* The Political Theory of Bolshevism: A Critical Analyses, Berkeley 1948, S. 39 ff.; *ders.*, The Communist Theory of Law, London 1955, in welcher er sich neben Marx und Engels insbesondere auch mit Stucka und Pashukanis beschäftigt.

[20] Ausführlicher zu Kelsens (potentiellen) persönlichen Kontakten zu den Austromarxisten und russischen Revolutionären sowie den Hintergründen seiner intensiven Auseinandersetzung mit dem Marxismus *Miriam Gassner*, Hans Kelsen und die sowjetische Rechtslehre, in: Clemens Jabloner/Thomas Olechowski/Klaus Zeleny (Hrsg.), Das internationale Wirken Hans Kelsens, Wien 2016, S. 141–167 (143 ff.).

[21] Einen weiteren Grund dürfte darstellen, dass die Aufarbeitung von Kelsens Schriften am Kelsen-Institut hiermit zwar mit einsetzte – der dritte Band der vom Institut herausgegebenen Schriftenreihe widmet sich 1978 diesem Aspekt –, sich hiervon indes über die Zeit wegentwickelt hat.

[22] *Elif Özmen*, Was ist Liberalismus?, Berlin 2023, S. 30 ff.; *Felix Heidenreich;* Nachhaltigkeit und Demokratie. Eine politische Theorie, Berlin 2023, S. 95 ff.; *Raymond Geuss*, Nicht wie ein Liberaler denken, Berlin 2023, S. 49 ff. Die verschiedenen Positionen mit Blick auf das Verhältnis von Liberalismus und Demokratietheorie aus der Perspektive radikaler Demokratietheoretiker darstellend, *Grit Straßberger*, Kritik oder Radikalisierung des Liberalismus, in: Dagmar Comtesse/Oliver Flügel-Martinsen/Franziska Martinsen/Martin Nonhoff (Hrsg.), Radikale Demokratietheorie, Berlin 2018, S. 730–745. Kritisch zum breiten Missverständnis von Liberalismus *Karsten Fischer/Sebastian Huhnholz*, Liberalismus heute: Zwischen Tradition und Selbstbehauptung, in: dies. (Hrsg,), Liberalismus: Traditionsbestände und Gegenwartskontroversen, Baden-Baden 2019, S. 7–18 (8, 10).

mit radikalen Demokratietheorien[23] sowie einer neuerlich verstärkten Rezeption marxistischer Rechtstheorie[24] erscheint eine Analyse der Beweggründe Kelsens, seine demokratietheoretische Zurückhaltung gegenüber dem Liberalismus und anfängliche Zuneigung zum Sozialismus aufzugeben, indes aus heutiger Sicht als gewinnbringend.[25] Die Hintergründe sowie letztendliche Positionierung Kelsens Demokratietheorie zwischen Liberalismus und Sozialismus sollen daher im Folgenden in Ergänzung zu der bereits erfolgten präzisen Aufarbeitung von Kelsens demokratietheoretischen Positionen sowie ihrem Verhältnis zu seiner Reinen Rechtslehre durch Horst Dreier näher in den Blick genommen werden. Die Ausführungen zielen insoweit zugleich darauf, zumindest einem Teil der Enttäuschungserfahrung, die Horst Dreier in der Reflektion seiner Promotionszeit in Bezug auf die damalige Auseinandersetzung mit der Theorie Kelsens kommuniziert hat,[26] abzuhelfen.

II. Kelsen als Befürworter und Kritiker »sozialistischer Demokratie«

Obgleich Kelsens demokratietheoretische Ausführungen zu den »großen Demokratiebegründungsschriften überhaupt«[27] gezählt werden, bereitet die genaue Einordnung seiner demokratietheoretischen Position – nicht ohne Grund –[28] Schwierigkeiten: Historisch gesehen ist dies mit einer breiten Ablehnung gegenüber der Theorie Kelsens sowie seiner Person verbunden, welche indes die Ambivalenz seines Werks durchaus einfängt: Denn einesteils wurde er als staatsverneinender Liberaler oder gar Anarchist verachtet, andernteils ist er demgegenüber als Affirmant der herrschenden Machtverhältnisse sowie Etatist abgelehnt worden.[29] Neben Fehleinordnungen und antisemitischen Vorurteilen dürfte Grund hierfür wohl ebenfalls sein, dass sich Kelsens Position nicht vollkommen klar in die überkommenen Lager einordnen lässt. Denn seine Ausführungen zur

[23] *Dagmar Comtesse/Oliver Flügel-Martinsen/Franziska Martinsen/Martin Nonhoff*, Demokratie, in: dies. (Hrsg.), Radikale Demokratietheorie, Berlin 2018, S. 457–483, passim.

[24] Neuerdings hierzu etwa *Daria Bayer*, Tragödie des Rechts, Berlin 2021, S. 62 ff.; *Daniel Uhlig*, Das Recht bei Marx und im Materialismus, Berlin 2020, S. 220 ff., passim. Vgl. ferner *Tim Wihl*, Aufhebungsrechte, Weilerswist 2019, S. 19 ff. Ausführlich zuvor bereits *Sonja Buckel*, Subjektivierung und Kohäsion. Zur Rekonstruktion einer materialistischen Theorie des Rechts, 2. Auflage Weilerswist 2015, S. 75 ff.

[25] Auch *Dreier*, Kelsen zur Einführung, S. 144 weist darauf hin, dass die demokratietheoretischen Schriften Kelsens in der »heutigen Lage« nochmals an Relevanz gewinnen dürften.

[26] *Dreier*, (Wieder-)Entdeckung, S. 185 f. So auch schon *ders.*, Rechtslehre, S. 92 Fn. 2.

[27] *Hans Boldt*, in: Politische Wissenschaft und politische Ordnung. Festschrift zum 65. Geburtstag von Rudolf Wildenmann, hrsgg. von Max Kaase, Opladen 1986, S. 217–232 (217).

[28] *Dreier*, Kelsen zur Einführung, S. 156 meint insoweit, Kelsens Position in der Weimarer Republik »changiere«.

[29] *Dreier*, Rezeption, S. 29.

Bedeutung von Liberalismus respektive Sozialismus für die Demokratie erweisen sich im Gegensatz zum restlichen Werk[30] als vergleichsweise ambivalent.[31] Dies bestätigt in gewisser Weise auch Kelsens – außerhalb seines wissenschaftlichen Werks – 1954 getroffene Selbstbeschreibung als die eines »liberal socialist«[32].

Hinzu kommt, dass sich Kelsens Verhältnis zu Sozialismus sowie Liberalismus über die Zeit – zeitgleich und hiermit wohl zusammenhängend mit der zunehmend stärker realistischen anstatt idealtypischen Konzeption seiner demokratietheoretischen Erwägungen –[33] gewandelt hat,[34] sodass verschiedene Lesarten – abhängig von Werkphase[35] und Hervorhebung bestimmter Passagen – plausibel sind.[36] Darüber hinaus wird der Begriff Liberalismus generell divergent genutzt und einesteils auch als ökonomischer, andernteils demgegenüber als rein politischer Liberalismus verstanden,[37] was ebenfalls dazu beiträgt, dass die verschiedenen Werkpassagen – gerade in den Foundations of Democracy – in Bezug hierauf unterschiedlich gedeutet werden können.[38] So finden sich an verschiedenen Stellen seines Beitrags – obgleich terminologisch an sich präzise – dem Anschein nach widersprüchliche Aussagen, sofern er einerseits postuliert,

---

[30] Die Klarheit und Prägnanz der kelsenschen Ausführungen wiederkehrend hervorhebend, *Dreier*, Kelsens Demokratietheorie, S. 79; *ders.*, ad Hans Kelsen. Rechtspositivist und Demokrat, Hamburg 2021, S. 39.

[31] So auch *Stefan Matern*, Hans Kelsens kritischer Liberalismus, in: ZPTh 11 (2020), S. 225–239 (228 f.). Demgegenüber Kelsen stärker liberal deutend, *Erhard Mock*, Hans Kelsens Verhältnis zum Liberalismus, in: Rechtstheorie Beiheft 4 (1982), S. 439–444 (440 ff.).

[32] *Oliver Rathkolb*, Hans Kelsen und das FBI während des McCarthysmus in den USA, in: Walter/Ogris/Olechowski (Hrsg.), Hans Kelsen: Leben – Werk – Wirksamkeit, Wien 2009, S. 339–348 (347), der insoweit einen FBI-Ermittlungsbericht heranzieht.

[33] Besonders deutlich wird dies im Text *Hans Kelsen*, Demokratie, in: Demokratie und Sozialismus, hrsgg. von Norbert Leser, Darmstadt 1967, S. 11–39 (23), in welchem er betont, »echte« Demokratie stelle eine Überspannung des Demokratiegedankens in realer Umsetzung dar. Hiermit hängt ferner auch die zunehmende Verrechtlichung seines Demokratieverständnisses durch die Einnahme eines konstitutionellen Blickwinkels zusammen, *Lagi*, Essence, S. 64 ff., die allerdings annimmt, dass Kelsen von Beginn an eine idealistische Perspektive auf Demokratie kritisiert hätte.

[34] Vgl. *Gassner*, Sowjetische Rechtslehre, S. 165.

[35] Vgl. zu dessen verschiedenen Perioden *Stanley L. Paulson*, Four Phases in Hans Kelsen's Legal Theory? Reflections on Periodization, in: Oxford Journal of Legal Studies 18 (1998), S. 153–166 (161); *Carsten Heidemann*, Die Norm als Tatsache. Zur Normentheorie Hans Kelsens, Baden-Baden 1997, S. 21 ff., die auch mit den Modifikationen in Kelsens demokratietheoretischen Überlegungen zusammenfallen, wobei gerade die Verschiebung von einer »transcendental/neo-kantian« zu einer »realist« bzw. »hybrid[en]« Phase auf die demokratietheoretische Konstruktion Einfluss zu nehmen scheint.

[36] Vgl. zum Wandel der Bedeutung der Grundrechte in Kelsens Demokratietheorie *Dreier*, Rechtslehre, S. 262 ff.

[37] Vgl. *Fischer/Huhnholz*, Liberalismus heute, S. 8. Ähnliches gilt überdies auch in Bezug auf die Verwendung des Begriffs »soziale Demokratie«, hierauf im Kontext der Auseinandersetzung zwischen Kelsen und Adler hinweisend, *Manfred Prisching*, Formale und soziale Demokratie, in: Rechtstheorie Beiheft 4 (1982), S. 459–482 (462 ff.).

[38] Vgl. hierzu *Kelsen*, Foundations, S. 253 f., 356, 365 ff.

»modern democracy cannot be separated from political liberalism«[39], andererseits jedoch zugleich betont, er selbst sei nicht gegen das politische Programm des Sozialismus und meine, »democracy is compatible with socialism«[40]. Hintergrund dieser Einlassungen ist letzten Endes, dass Kelsen zwar politischen Liberalismus als notwendig erachtet, hingegen der Überzeugung ist, dass der Kapitalismus der Demokratie nicht zwangsläufig näherstehe als der Sozialismus, weil wirtschaftliche und geistige Freiheit in keinem Bedingungsverhältnis stünden.[41] In Anbetracht der aktuellen Auseinandersetzung mit dem Liberalismus, vor dem Hintergrund des Klimawandels sowie befürchteter gesellschaftlicher Spaltung erscheint somit eine nähere Analyse gerade dieser Stoßrichtung seines Werkes als lohnend.

1. Werkgeschichtliche Aspekte

Hierbei ist es zum einen maßgeblich, einige Ausgangsannahmen Kelsens im Blick zu behalten,[42] insbesondere sein Verständnis der Begriffe Staat und Rechtsordnung sowie deren konzeptuelle Inverhältnissetzung zu Zwang und Freiheit.[43] Ferner gilt es Kelsens demokratietheoretische Ausführungen in ihrem zeitgeschichtlichen Kontext wie auch mit Blick auf den von ihm anvisierten Adressatenkreis zu würdigen. Insoweit ist zum einen zu bemerken, dass sich sowohl der politische Kontext[44] als auch der Adressatenkreis zwischen 1920 und 1955 drastisch gewandelt hat, was mancherlei Verschiebungen erklärt. Während von ihm zunächst vor allem Vertreter der Rätedemokratie adressiert werden und seine Einlassungen auch als Positionierung mit Blick auf die Ausrichtung der Sozialdemokraten zu lesen sind,[45] bewegen Kelsen 1955 gänzlich andere Gesichtspunkte.

Des Weiteren ist darauf hinzuweisen, dass die demokratietheoretische Beschäftigung Kelsens ihren Beginn darin nimmt, das Verhältnis von Demokratie und (nach seinem Verständnis marxistischem) Sozialismus bestimmen zu wol-

---

[39] *Kelsen*, Foundations, S. 287.

[40] *Kelsen*, Foundations, S. 356.

[41] *Hans Kelsen*, Demokratie und Sozialismus, in: Demokratie und Sozialismus, hrsgg. von Norbert Leser, Darmstadt 1967, S. 170–201 (177, 186f.); *ders.*, Foundations, S. 347ff.

[42] Dies ist insbesondere deshalb maßgeblich, weil diese im Diskurs mit Vertretern der marxistischen Rechtstheorie für Missverständnisse gesorgt haben, vgl. *Alfred Pfabigan*, Hans Kelsens und Max Adlers Auseinandersetzung um die marxistische Staatstheorie, in: Hans Kelsen-Institut (Hrsg.), Reine Rechtslehre und marxistische Rechtstheorie, Band 3, Wien 1978, S. 63–81 (68ff.).

[43] Vgl. *Hans Kelsen*, Vom Wesen und Wert der Demokratie (1. Auflage 1920), in: Jestaedt/Lepsius (Hrsg.), Verteidigung der Demokratie, Tübingen 2006, S. 1–33 (2f.). Zu bemerken ist insoweit, dass Kelsen angesichts seiner Konzeption von Staat- und Rechtsordnung davon ausgeht, dass Freiheit nicht zwangsläufig positiv geregelt werden müsse, wenngleich er sodann indes zwischen negativen und positiven Freiheitsrechten unterscheidet, vgl. *Hans Kelsen*, Reine Rechtslehre, 2. Auflage 1960, hrsgg. von Matthias Jestaedt, Tübingen 2017, S. 91ff.

[44] Ausführlicher hierzu *Lagi*, Essence, S. 5ff.

[45] *Llanque*, Hans Kelsen, S. 135.

len.[46] Während Kelsen den Liberalismus zunächst als eine quasi staatsfeindliche, anarchistische Theorie[47] ansah und diesen daher zunächst ablehnte,[48] lässt sich – trotz erheblicher Kritik an verschiedenen Aspekten –[49] insoweit anfänglich eine positive Grundstimmung gegenüber sozialistischen Ansinnen im Werk Kelsens ausmachen.[50] Zu Beginn scheint es Kelsen in seiner Auseinandersetzung mit dem Verhältnis von Demokratie und Sozialismus vor allem darum zu gehen, »den Sozialismus« an seine demokratische Stoßrichtung zu erinnern und ihn von seinen autoritären Zügen zu befreien.[51] Hieran hält Kelsen zwar bis zum Ende hin auf theoretischer Ebene fest.[52] Dezidiert ablehnend äußert er sich jedoch in Bezug auf die erfolgte Umdefinition von Demokratie in der sowjetischen Praxis in der 2. Auflage zum Wesen und Wert der Demokratie und erst recht in den Foundations of Democracy, in welchen er davon ausgeht, dass der sowjetische Sozialismus unter dem Deckmantel demokratischer Terminologie auf eine Diktatur ausgerichtet sei.[53] Ein hiermit gleichzeitig einhergehender Umschwung lässt sich mit Blick auf Kelsens Positionierung gegenüber dem Liberalismus ausmachen,[54] zu welcher seine Auseinandersetzung mit Carl Schmitt das ihrige beiträgt.[55] Während Demokratie und Freiheitsrechte im Werk Kelsens folglich zunächst tendenziell unverbunden nebeneinanderstehen,[56] sucht er später nach einem Begründungszusammenhang und verknüpft »die Herrschaftslegitimation des Volkes mit der individuellen Freiheit«[57].

---

[46] Vor seiner Veröffentlichung zum Wesen und Wert der Demokratie hat sich Kelsen bereits intensiv mit marxistischer Staatstheorie und dem Sozialismus in seinen verschiedenen Verständnisweisen auseinandergesetzt. Zudem schlagen sich seine Diskussionen mit Max Adler in seinen Ausführungen nieder, vgl. *Llanque*, Hans Kelsen, S. 138f.

[47] *Kelsen*, Sozialismus und Staat, S. 7.

[48] *Hans Kelsen*, Marx oder Lassalle, in: Demokratie oder Sozialismus, hrsgg. von Leser, Darmstadt 1967, S. 137–169 (138).

[49] Näher hierzu *Ossip K. Flechtheim*, Kelsens Kritik am Sozialismus, in: Rechtstheorie Beiheft 4 (1982), S. 309–318 (309); *Bayer*, Tragödie, S. 67ff. Einen fundamentalen Gegensatz zwischen Kelsens und der marxistischen Denkweise ausmachend, *Norbert Leser*, Kelsens Verhältnis zum Sozialismus und Marxismus, in: Rechtstheorie Beiheft 4 (1982), S. 423–438 (423).

[50] Deutlich insbesondere in den Ausführungen *Kelsen*, Sozialismus und Staat, S. 114ff., 126ff. Siehe ferner *Kelsen*, Wesen und Wert 1920, S. 2. Dies ebenfalls annehmend *Pfabigan*, Auseinandersetzung, S. 73.

[51] Vgl. *Kelsen*, Sozialismus und Staat, S. 1f., 92ff. Vgl. zum politischen Hintergrund auch *Mock*, Verhältnis zum Liberalismus, S. 441f.

[52] *Kelsen*, Foundations, S. 356.

[53] *Kelsen*, Foundations, S. 250f.

[54] Vgl. *Mock*, Verhältnis zum Liberalismus, S. 442ff., der insoweit darauf hinweist, dass Kelsen in seiner Habilitationsschrift zumindest neoliberale Züge für sich gelten lassen möchte.

[55] Näher hierzu *Horst Dreier*, The Essence of Democracy – Hans Kelsen and Carl Schmitt Juxtaposed, in: Dan Diner/Michael Stolleis (Hrsg.), Hans Kelsen und Carl Schmitt. A Juxtaposition, Gerlingen 1999, S. 71–79.

[56] *Dreier*, Kelsens Demokratietheorie, S. 94.

[57] *Oliver Lepsius*, Zwischen Volkssouveränität und Selbstbestimmung, in: Hauke Brunkhorst/Rüdiger Voigt (Hrsg.), Rechts-Staat, Baden-Baden 2008, S. 15–37 (18).

Ferner ist bei der Analyse der demokratietheoretischen Schriften einzubeziehen, dass Kelsen sich zeitlich gleichlaufend mit seiner Beschäftigung hiermit, wenngleich die Qualität der Erfassung der zugrundeliegenden Literatur ambivalent beurteilt wird,[58] vertieft mit dem Marxismus, Sozialismus und Kommunismus sowie Bolschewismus auseinandergesetzt hat. Neben gewissen Gemeinsamkeiten zwischen Kelsens Konzeption und sozialistischen Vorstellungen, wie insbesondere der Kritik an der Eigentumsordnung,[59] werden in diesem Rahmen allerdings einige grundlegende – auf unterschiedlichen Wissenschafts- und Methodenverständnissen beruhende – konzeptuelle Divergenzen offenbar, die sich in vielfältiger Hinsicht auch terminologisch – gerade in den Begriffen Recht[60] und Staat[61] – niederschlagen und Kelsens Position deutlich von sozialistischen Theorien scheiden.[62] Dies betrifft sowohl die anthropologischen Grundannahmen als auch die Konzeptualisierung des Verhältnisses von Staat und Gesellschaft,[63] äußert sich indes ebenfalls in der Ablehnung naturrechtlicher Vorstellungen durch Kelsen, wie sie dem Marxismus seines Erachtens letztlich zugrunde liegen,[64] und kommt im Besonderen im disparaten Umgang mit dem Sein-Sollens-Dualismus[65] zum Ausdruck,[66] welcher bewirkt, dass Kelsen marxistische Theorien als methodensynkretistisch kritisiert und letztlich nicht als wissenschaftlich betrachtet.[67] Insgesamt lässt sich mit Blick hierauf konstatieren, dass Kelsen »den marxistischen und revolutionären Sozialismus, insbesondere den leninistisch-stalinistischen Kommunismus« ablehnte, einem Staatssozialismus lassallscher

[58] Vgl. hierzu einerseits *Flechtheim*, Kritik am Sozialismus, S. 310 und andererseits *Pfabigan*, Auseinandersetzung, S. 63 f. sowie *Umberto Cerroni*, Marx und das moderne Recht, Frankfurt a. M. 1974, S. 137.

[59] Vgl. *Leser*, Verhältnis zum Sozialismus, S. 434.

[60] Vgl. *Kelsen*, Demokratie und Sozialismus, S. 170 ff.

[61] Gerade die Unterschiede in der Terminologie und Inverhältnissetzung von Recht und Staat bewirken mit Blick auf die »Absterbe-These« einen Grundwiderspruch. Ausführlicher zum Staats- und Rechtsbegriff bei Paschukanis und den Divergenzen zu Kelsen *Norbert Reich*, in: Schriftenreihe des Hans-Kelsen-Instituts, Reine Rechtslehre und marxistische Rechtstheorie, 1978, S. 19–35 (20 ff.); *Bayer*, Tragödie, S. 67 ff.

[62] Einen ausführlicheren Vergleich zwischen Reiner Rechtslehre und marxistischer Rechtstheorie anstellend, *Ralf Dreier*, Reine Rechtslehre und marxistische Rechtstheorie. Aspekte eines Theorienvergleichs, in: Schriftenreihe des Hans-Kelsen-Instituts, Reine Rechtslehre und marxistische Rechtstheorie, Wien 1978, S. 121–140 (121 ff.). Ebenfalls verschiedene Hauptdivergenzen herausarbeitend, *Leser*, Verhältnis zum Sozialismus, S. 423 ff.

[63] Vgl. *Leser*, Verhältnis zum Sozialismus, S. 426, 429 f.

[64] Vgl. *Kelsen*, Demokratie und Sozialismus, S. 193.

[65] *Kelsen*, Reine Rechtslehre, S. 21 ff. Dies mit Blick auf die Inspiration durch den Neukantianismus näher aufarbeitend *Dreier*, Rechtslehre, S. 33 ff.

[66] Näher zu den hiermit verbundenen Unterschieden *R. Dreier*, Reine Rechtslehre und marxistische Theorie, S. 129 f. Diesen Aspekt als einen der Hauptkritikpunkte Kelsens am Marxismus ausmachend *Dreier*, Kelsen zur Einführung, S. 191. Zugleich stellt dies auch aus Sicht der sowjetischen Rechtstheorie den entscheidenden Unterschied und daher Kritikpunkt an der Konzeption Kelsens dar, vgl. *Gassner*, Sowjetische Rechtslehre, S. 158.

[67] *Kelsen*, Sozialismus und Staat, S. 3 f.

Prägung indes durchaus aufgeschlossen bis fordernd gegenüberstand.[68] Denn Kelsen tritt generell für eine demokratische Reform und sozialpolitische Gesetzgebung anstatt Revolution sowie einen Ausgleich im Wege des Kompromisses anstelle der Diktatur des Proletariats ein.[69] Wiederkehrend betont er, dass prinzipiell ein politischer Relativismus anstatt Absolutismus demokratisch geboten sei, weshalb die mit dem Marxismus einhergehende Ideologie des Sozialismus, obgleich ursprünglich seines Erachtens als Demokratie gedacht, in einem gewissen Spannungsverhältnis zur Demokratie stehe.[70]

2. *Ambivalente Werkfacetten*

Dass Kelsen trotz dessen teils unumwunden als liberaler Demokratietheoretiker betrachtet wird,[71] weil die Idee der Freiheit den Ausgangspunkt[72] seiner demokratietheoretischen Beschäftigung bilde und von ihm »axiomatisch vorausgesetzt« sowie als Grund für das Rechtfertigungsbedürfnis von Herrschaft herangezogen werde,[73] dürfte eine Lesart darstellen, die seine Ausführungen stark auf die – gerade in der Rechtswissenschaft – vorherrschende Position des Liberalismus zurichtet.[74] Gegen ein solches ungebrochen liberales Verständnis seiner Demokratietheorie spricht indes, dass Kelsen es auch in seinen späteren demokratietheoretischen Schriften ablehnt, durch demokratische Prozeduren entstandenen sozialen Ordnungen bestimmte Inhalte zwangsläufig zuzuschreiben[75] und darüber hinaus betont, die liberale Demokratie stelle zwar eine mög-

---

[68] Vgl. hierzu insbesondere *Kelsen*, Marx oder Lassalle, S. 168f. Vgl. ferner *Kelsen*, Foundations, S. 351ff. Siehe ebenfalls *Flechtheim*, Kritik am Sozialismus, S. 310; *Gassner*, Sowjetische Rechtslehre, S. 148; *Robert van Ooyen*, Hans Kelsen und die offene Gesellschaft, 2. Auflage Wiesbaden 2017, S. 31.

[69] Vgl. *Kelsen*, Allgemeine Staatslehre, S. 846f.; *ders.*, Wesen und Wert 1920, S. 29; *ders.*, Marx oder Lassalle, S. 142, 168f.

[70] Vgl. *Kelsen*, Sozialismus und Staat, S. 15f., 128f.; *ders.*, Marx oder Lassalle, S. 140.

[71] So etwa *Nadia Urbinati/Carlo Invernizzi Accetti*, Introduction, in: dies. (Hrsg.), The Essence and Value of Democracy, Lanham 2013, S. 6–24 (19), die Kelsen aber zugleich als »left-leaning liberal« kennzeichnen. *Lagi*, Essence, S. 8ff., 15ff. kennzeichnet Kelsens Demokratietheorie zwar vornehmlich als pluralistisch, ordnet ihn indes ebenfalls als liberal ein. Ähnlich, allerdings unter breiter Diskussion der hiergegen anführbaren Gesichtspunkte, *Dreier*, Kelsens Demokratietheorie, 93ff.; *ders.*, ad Hans Kelsen, S. 10; *Ooyen*, Hans Kelsen, S. 108 ordnet Kelsen insoweit als sozial-liberal ein. Eher kritisch mit Blick auf die Einordnung Kelsens als liberalem Demokratietheoretiker demgegenüber *Llanque*, Hans Kelsen, S. 130.

[72] *Llanque*, Hans Kelsen, S. 130; *Dreier*, Rechtslehre, S. 252.

[73] *Dreier*, Kelsens Demokratietheorie, S. 81.

[74] Vgl. *Dreier* Kelsens Demokratietheorie, S. 94. Diese Einordnung basiert darauf, dass Kelsen politische Freiheit und Demokratie in eine zwingende Verbindung zueinander bringt, *Kelsen*, Foundations, S. 254, 287. Die Schwierigkeit andeutend, sofern betont wird, Kelsens Werk sei zumindest nicht allein als »Theorie liberal-demokratisch verfasster Gesellschaften« zu lesen, *Dreier*, Rechtslehre, S. 250. Kritisch insoweit *Llanque*, Hans Kelsen, S. 139.

[75] Vgl. *Kelsen*, Reine Rechtslehre, S. 666f. Hierauf ebenfalls hinweisend *Dreier*, Rechtslehre, S. 251.

liche, jedoch nicht zwangsläufige Spielart von Demokratie dar.[76] Auch seine Erwägungen zur Erziehung,[77] die Kennzeichnung »wirtschaftlicher Gleichheit« als demokratisches Ideal[78] und die seinerseits angenommene weitläufige Möglichkeit der Negation des liberalen Ideals von Freiheit qua demokratischer Entscheidung[79] sprechen tendenziell gegen eine derartige Einordnung seiner Demokratietheorie. Auch 1955 macht Kelsen noch einen gewissen Antagonismus zwischen Demokratie und Liberalismus aus und nimmt zudem an, Demokratie und Sozialismus seien im Grundsatz miteinander kompatibel.[80] Weil Kelsen politisch die Sozialdemokratie für die vollkommene Demokratie erachtet, da wirtschaftliche Gleichheit seines Erachtens zwar keine Bedingung für Demokratie darstellt, diese aber stärke,[81] scheint er auch theoretisch nach einer Synthese von Demokratie und Sozialismus zu suchen.[82] Insoweit postuliert Kelsen:

»[D]as Ideal der Demokratie [ist] unabhängig von dem Umfang, in dem die staatliche Ordnung die – sie erzeugenden – Individuen erfaßt, das heißt unabhängig von dem Grade, in dem sie in ihre ›Freiheit‹ eingreift. Auch bei schrankenloser Ausdehnung der Staatsgewalt gegen das Individuum, also bei völliger Vernichtung der individuellen ›Freiheit‹ und Negation des *liberalen* Ideals, ist Demokratie [...] noch möglich.«[83]

Gleichzeitig betont er jedoch verschiedentlich einen Funktionszusammenhang zwischen »political liberalism« und Demokratie[84] und nimmt zudem an, dass die Freiheit den Ausgangs- und Endpunkt von Demokratie darstelle und der Gleichheit ein im Vergleich zur Freiheit nachgeordnetes Gewicht zukäme.[85] Seine Ausführungen zur Bedeutung von Verfassungsgerichten lassen sich, obgleich weitläufig von der den Grundrechten zugewiesenen Bedeutung abhängig, ebenfalls als liberal deuten. Weitere Faktoren, die dem Liberalismus zugeordnet werden

---

[76] *Kelsen*, Foundations, S. 253.

[77] *Kelsen*, Wesen und Wert 1920, S. 25ff.; *ders.*, Politische Weltanschauung und Erziehung, in: Annalen für soziale Politik und Gesetzgebung 2 (1912), S. 1–26 (9ff.).

[78] *Kelsen*, Wesen und Wert 1920, S. 30.

[79] *Kelsen*, Wesen und Wert 1929, S. 160.

[80] *Kelsen*, Foundations, S. 253, 356. Ähnlich auch *ders.*, Wissenschaft und Demokratie (1937), in: Jestaedt/Lepsius (Hrsg.), Verteidigung der Demokratie, Tübingen 2006, S. 238–247 (241). Noch weitergehend die »Sozialdemokratie [als] eine vollkommene Demokratie« kennzeichnend, *ders.*, Wesen und Wert 1920, S. 30.

[81] *Kelsen*, Wesen und Wert 1920, S. 30; *ders.*, Foundations, S. 356. Hierauf ebenfalls hinweisend *Flechtheim*, Kritik am Sozialismus, S. 310.

[82] Auf sein persönliches Eintreten für die Sozialdemokratie etwa hinweisend, *Pfabigan*, Auseinandersetzung, S. 73. Von dieser »getragen« wollte Kelsen jedoch nicht sein, weshalb er die erneute Berufung zum Verfassungsrichter als Kandidat der Sozialdemokraten ablehnte, vgl. *Dreier*, Hans Kelsen (1881–1973), S. 715; *ders.*, Kelsen zur Einführung, S. 59.

[83] *Kelsen*, Wesen und Wert 1929, S. 160.

[84] *Kelsen*, Foundations, S. 287.

[85] *Kelsen*, Verteidigung, S. 231; *ders.*, Wesen und Wert 1929, S. 220f. Näher begründet wird dies damit, dass Gleichheit, sofern nicht rein formal, sondern materiell verstanden, ein mit verschiedenen Gehalten anreicherbares Gerechtigkeitskriterium darstelle, welches auch gegen die Demokratie gewendet werden könne, *ders.*, ebd., S. 256ff.

und Kelsens demokratietheoretisches Werk kennzeichnen, stellen ferner sein Rationalismus und seine Konsens- anstatt Dissensausrichtung[86] dar sowie, dass er die potentielle Perpetuierung gesellschaftlicher Ungleichheits- und Herrschaftsverhältnisse durch Recht für nicht zwangsläufig erachtet und zudem Demokratie als Führerauslese begreift.[87] Des Weiteren erachtet er partiell eine »minimization of government« wie auch eine realistische statt exzessiv überspannt idealistische Betrachtung von Demokratie im Sinne radikaler Demokratisierung für notwendig,[88] sodass seine Theorie insoweit fast sämtliche Elemente, die typischerweise liberalen Demokratietheorien zugeschrieben werden, aufgreift.

Dennoch hält er auch im Kontext dieser Erwägungen den Liberalismus bei idealtypischer Betrachtung für eine Einschränkung von Demokratie und befindet selbst im Rahmen einer realtypischen Analyse die angenommenen liberalen Elemente als gegenüber demokratischen Entscheidungen nachrangig.[89] Zudem enthält seine demokratietheoretische Konzeptionalisierung eine weitgehende Kritik am Individualismus[90] und bezieht Grund- und Menschenrechte nur zurückhaltend ein.[91] Die liberalen Wurzeln seines Demokratieverständnisses bleiben insoweit rein auf politische Freiheiten bezogen,[92] ohne weitergehende private Freiheiten – gerade die Eigentumsfreiheit –[93] als hierfür notwendige Bedingung zu erachten.[94] Kelsen gibt zudem seine ursprüngliche Ablehnung eines Zusammenhangs zwischen Kapitalismus und Wirtschaftsliberalismus zu Demokratie in seinem gesamten Werk nicht auf.[95] Die Gewährleistung von politischen Freiheitsrechten wird von Kelsen dementsprechend rein demokratiefunktional betrachtet. Angesichts dessen bleiben zwar gewisse Zweifel mit Blick auf seine Einordnung als genuin liberaler Demokratietheoretiker zurück. Dem »politischen Liberalismus«[96] lässt sich Kelsen aber jedenfalls zuordnen.

---

[86] Kritisch zu diesem Punkt der liberalen Demokratietheorie etwa *Claude Lefort/Marcel Gauchet*, in: Ulrich Rödel (Hrsg.), Autonome Gesellschaft und libertäre Demokratie, Frankfurt a.M. 1990, S. 89ff., 106ff.

[87] Vgl. zur Einordnung als liberal *Straßberger*, Kritik oder Radikalisierung, S. 732f. Das Vorhandensein in Kelsens Demokratietheorie zeigt sich deutlich in *Kelsen*, Foundations, S. 286ff. sowie *Kelsen*, Wesen und Wert 1920, S. 24.

[88] Vgl. *Kelsen*, Demokratie, S. 23; *ders.*, Foundations, S. 286ff.

[89] *Kelsen*, Foundations, S. 253f.

[90] *Kelsen*, Demokratie, S. 16; *ders.*, Erziehung, S. 7ff.

[91] Vgl. *Llanque*, Hans Kelsen, S. 139.

[92] Vgl. *Kelsen*, Foundations, S. 354. Noch deutlicher *ders.*, Verteidigung, S. 236. Zu den politischen Freiheiten zählt er insbesondere die Gewissens-, Presse-, Meinungs- und Wissenschaftsfreiheit.

[93] *Kelsen*, Demokratie und Sozialismus, S. 201.

[94] Kritisch mit Blick auf Kelsens Konzeption insoweit *Dreier*, Rechtslehre, S. 268.

[95] Hierauf ebenfalls hinweisend *Dreier*, Kelsens Demokratietheorie, S. 96.

[96] Vgl. zum Unterschied hierzwischen *Fischer/Huhnholz*, Liberalismus heute, S. 8.

3. Ansätze sozialistischer Demokratietheorie?

Zugleich lassen sich einige über sonstige liberal demokratietheoretische Konzeptionen hinausgehende Ansätze im Werk Kelsens erkennen. Diese sind zwar nicht im Engeren als Momente einer sozialistischen Demokratietheorie anzusehen, erscheinen jedoch als von den Lektüreeinsichten Kelsens in sozialistische und marxistische Theorie zumindest inspiriert. Denn obgleich Kelsen verschiedene vom Sozialismus betonte Faktoren, wie die Demokratisierung der Verwaltung sowie verschiedener gesellschaftlicher Strukturen für demokratietheoretisch bedenkenswert hält, lehnt er die konkret vorgeschlagenen Mechanismen wegen ihrer totalitären Tendenzen dezidiert ab und sucht stattdessen die seinerseits als neuralgisch wahrgenommenen Gesichtspunkte in liberaler Weise demokratietheoretisch einzubinden.[97] Dies zeigt sich zum einen im Rahmen seiner Auseinandersetzung mit der Rätedemokratie, welche er – wiewohl er ihr anfangs durchaus positiv gegenüberstand[98] und zunächst als weiteren Schritt der Demokratisierung wahrnahm – letzten Endes aus verschiedenen Gründen als demokratische Organisationsform zurückweist.[99] Zum anderen schlägt sich dies in seinen Ausführungen zur Bedeutung materieller Gleichheit, der Kollektivbildung sowie des Kompromisses für Demokratien nieder.

Während Max Adler etwa in marxistischer Prägung soziale Gleichheit als Bedingung von Einheit und damit zugleich Demokratie ansieht,[100] lehnt Kelsen, wenngleich er hierfür persönlich ebenfalls politisch eintritt,[101] eine zwangsläufige Verbindung hierzwischen demokratietheoretisch ab,[102] da die Idee materieller Gleichheit Demokratie zu unterlaufen vermöge. Ferner meint Kelsen, obzwar er den soziologisch bestehenden Pluralismus weder negiert noch als demokratietheoretisches Problem nivelliert,[103] dass die politischen, sozialen und geistigen Mindestvoraussetzungen, die notwendig für die integrative Kraft des demokratischen Prozesses seien, in substanzieller Hinsicht rechtlich nicht gewährleistbar wären, ohne dass sich die Demokratie hierdurch gegen

[97] Vgl. zur insoweit getroffenen Selbstbeschreibung dieses Vorgehens von Kelsen, *Rathkolb*, Hans Kelsen und das FBI, S. 347.

[98] *Kelsen*, Wesen und Wert 1920, S. 13 spricht insoweit von »echteste[r] Demokratie«. Vgl. ferner *Gassner*, Sowjetische Rechtslehre, S. 148.

[99] Vgl. *Kelsen*, Sozialismus und Staat, S. 4, 114ff., 126f. Vgl. hierzu auch *Leser*, Verhältnis zum Sozialismus, S. 432. Insoweit ist indes zu bemerken, dass Kelsen gewisses Potential für eine weitere Demokratisierung der Verwaltung sieht, vgl. *Hans Kelsen*, Zeitschrift für Verwaltung 54 (1921), S. 5ff. und zudem weitgehende Einschränkungen des freien Mandats für möglich hält, vgl. *ders.*, Wesen und Wert 1920, S. 12f.; *ders.*, Wesen und Wert 1929, S. 185f. Kritisch zu letzterem *Dreier*, Kelsens Demokratietheorie, S. 87.

[100] Vgl. *Max Adler*, Die Staatsauffassung des Marxismus, Wien 1922, S. 122ff.

[101] Vgl. etwa *Kelsen*, Foundations, S. 356.

[102] Ausführlicher hierzu *Somek*, DZPhil 2001, S. 399f.

[103] *Kelsen*, Wesen und Wert 1920, S. 22; *ders.*, Allgemeine Staatslehre, S. 839ff.; *ders.*, Sozialismus und Staat, S. 126f.

sich selbst wende.[104] Ähnlich verfährt er auch im Kontext seiner Betonung des Kompromisses sowie verschiedener Formen des Kollektivismus. In detaillierter Auseinandersetzung mit marxistischen Autoren und deren Interpretation der Schriften von Marx und Engels sowie unter Einbeziehung der sozialpolitischen Gesetzgebung gelangt Kelsen zur Überzeugung, individuelle und gesellschaftliche Interessenwidersprüche ließen sich prinzipiell nicht zugunsten einer Seite hin überzeugend lösen, sondern allenfalls dialektisch im Kompromiss verarbeiten und demokratisch qua Reformen umsetzen.[105] Vor diesem Hintergrund lehnt er das herrschende Programm des Marxismus und Sozialismus ab[106] und sieht stattdessen den Kompromiss als genuin demokratisch an, weil letzten Endes nur er die individuelle Tolerierbarkeit der Mehrheitsherrschaft bewirke, da die Minderheit hierdurch in die Mehrheitsentscheidungen einbezogen werde.

Hiermit einhergehend erachtet er die Schaffung der organisatorischen Bedingungen für die Ausbildung von Gruppeninteressen als notwendig, da diese seines Erachtens die Basis dafür darstellt, dass zwischen den divergenten Interessenlagern Kompromisse entstehen können.[107] Kelsen vertritt demnach keine rein individualistische Position, sondern hält eine gewisse Form von Kollektivismus für unumgänglich.[108] Deshalb stellt die Möglichkeit der Gemeinschafts- qua Gruppenbildung einen wichtigen Baustein in Kelsens Werk dar.[109] Er hebt insoweit hervor, dass eine Integration der isolierten Individuen notwendig sei, damit sie soziale Kraft entfalten können.[110] Angesichts dessen sucht Kelsen nach demokratischen Formen von Kollektivbildung und betont die Relevanz von pluralistischen Verbands- und Vereinsstrukturen – insbesondere von Parteien –[111] als Aspekt »notwendiger Gruppenbildung«[112]. Darüber hinaus hält er auch berufsständische Gruppenbildung[113] für sinnvoll, solange hierdurch die multiplen Interessen und verschiedenen Gruppenzugehörigkeiten einer Person nicht negiert würden.[114] Insofern scheinen in Kelsens Demokratietheorie durchaus einige Annahmen auf, die üblicherweise dem Sozialismus zugeschrieben werden. Diese werden indes demokratisch und in diesem Kontext oft zugleich liberal gefasst.

[104] Vgl. *Kelsen*, Verteidigung, S. 237; *ders.*, Demokratie, S. 37.

[105] Vgl. *Kelsen*, Marx oder Lassalle, S. 146ff.; *ders.*, Allgemeine Staatslehre, S. 839ff. Hierauf ebenfalls hinweisend *Somek*, DZPhil 2001, S. 398f.

[106] *Kelsen*, Sozialismus und Staat, S. 128f.

[107] Vgl. *Kelsen*, Wesen und Wert 1929, S. 170f.

[108] Vgl. *Kelsen*, Demokratie und Sozialismus, S. 178f. Dies liegt auch daran, dass er davon ausgeht, ein »Urinstinkt« dränge den Menschen zu einer geselligen Lebensweise, vgl. *Kelsen*, Wesen und Wert 1920, S. 2.

[109] *Dreier*, Rechtslehre, S. 255.

[110] *Kelsen*, Wesen und Wert 1929, S. 172.

[111] Siehe hierzu etwa *Kelsen*, Wesen und Wert 1929, S. 165ff.

[112] Hierauf hinweisend *Dreier*, Kelsens Demokratietheorie, S. 84f.

[113] *Kelsen*, Wesen und Wert 1929, S. 170.

[114] *Kelsen*, Wesen und Wert 1929, S. 190f.

III. Grundzüge eines demokratischen Freiheitsverständnisses

Die Einordnung Kelsens als liberaler Demokratietheoretiker ruht dementsprechend unter anderem auf der Annahme, ihm sei es gelungen, Demokratie mit einem liberalen Freiheitsverständnis in Ausgleich zu bringen.[115] Dem ist jedenfalls insoweit zuzustimmen, als dass er nach Wegen sucht, die größtmögliche Freiheit des Einzelnen im Kollektiv zu erhalten. Das Eintreten Kelsens für eine Ausweitung des liberalen zu einem sozialen Freiheitsbegriff kann insoweit allerdings womöglich auch als Versuch gelesen werden, die Ideen des Sozialismus demokratisch einzuhegen.[116]

1. Die Freiheit des Einzelnen im Kollektiv

Demokratie rechtfertigt sich laut Kelsen als Staatsform daraus, dass sie die Freiheit im Vergleich der Staatsformen untereinander am besten zu verwirklichen vermag.[117] »Basiswert der Demokratie bildet [...] in der Analyse *Kelsens* [daher] die Freiheit, und zwar im Kern die Freiheit des Einzelnen (nicht die eines Kollektivs), sowie die gleiche Freiheit aller«[118], wobei die individuelle Freiheit im Kern in der »Autonomie, Selbstbestimmung und Selbstgesetzgebung«[119] verortet wird. Obgleich Demokratie demnach in der kelsenschen Konzeption auf Freiheit gründet, wäre es verfehlt, diese mit einem liberalen Freiheitsverständnis zu identifizieren. Schließlich verbleibt laut Kelsen vom natürlichen Verständnis der Freiheit lediglich eine »bloße Annäherung an die ursprüngliche Idee«[120], da der Konflikt zwischen individueller Freiheit und der Idee sozialer Ordnung im letzten Punkt unlösbar ist.[121] Freiheit stellt laut Kelsen auch in der Demokratie demzufolge ein Ideal dar, weil soziale Ordnung und individuelle Freiheit letztlich in einem unauflösbaren Konflikt zueinanderstehen, dessen Paradoxie lediglich im Wege eines Bedeutungswandels des Freiheitsverständnisses verarbeitet zu werden vermag.[122] Aufgrund des ausgemachten Spannungsverhältnisses zwischen Freiheit und sozialer Ordnung wählt Kelsen eine komplexe Konstruktion zu deren Erhaltung: Die individuelle Freiheit soll gewährleistet werden, indem der Freiheitsbegriff verdoppelt wird und sowohl die Herrschaft des Kollektivs als auch die Freiheit des Individuums

---

[115] *Lagi*, Essence, S. 9f.

[116] Näher hierzu *Axel Honneth*, Die Idee des Sozialismus, Berlin 2017, S. 23ff., 121ff.

[117] *Kelsen*, Foundations, S. 307.

[118] *Dreier*, Kelsens Demokratietheorie, S. 80. So auch *Lepsius*, Kelsens Demokratietheorie, S. 79.

[119] *Dreier*, Hans Kelsen (1881–1973), S. 709.

[120] *Kelsen*, Allgemeine Staatslehre, S. 757.

[121] *Kelsen*, Wesen und Wert 1920, S. 4.

[122] So bereits *Kelsen*, Wesen und Wert 1920, S. 4f.

als Formen der Freiheit anerkannt werden.[123] Dies erfolgt im Wege einer Metamorphose der Freiheit.

2. *Zur Metamorphose der Freiheit*

Mit der Metamorphose der Freiheit bezeichnet Kelsen einen in mehreren Stufen ablaufenden und seinerseits systematisch zu begründen versuchten[124] Wandlungsprozess von der natürlichen zur »sozialen oder politischen Freiheit«[125], mittels welchem der Gedanke der Freiheit in der Demokratie zu erhalten gesucht wird, ohne Herrschaft zu negieren.[126] Anarchische Freiheit wandelt sich hierbei in staatlich gewährleistete, indes stets beschränkte Freiheit im Staat.[127] Dabei wird die größtmögliche Selbstbestimmung in sozialen Ordnungen laut Kelsen aufgrund der jederzeitigen Änderbarkeit individueller Entscheidungen durch absolute anstatt qualifizierte Mehrheitsentscheidungen gewährleistet.[128] Dies gilt seines Erachtens insbesondere, sofern das Mehrheitswahlrecht mit dem Verhältniswahlrecht kombiniert wird, weil dies die Notwendigkeit von Kompromissen hervorrufe, welche als weiterer maßgeblicher Mechanismus betrachtet werden, individuelle Freiheit in sozialen Ordnungen zu gewährleisten.[129]

Soziale Ordnung lässt sich laut Kelsen insoweit nur freiheitlich denken, sofern sie als mittelbare Demokratie konstruiert wird.[130] Als weitere Stufe des Wandlungsprozesses werden daher Parlamentarismus und Repräsentation angesehen.[131] Diese erscheinen Kelsen zum einen aus Gründen der Arbeitsteilung als notwendig, ermöglichen es seines Erachtens jedoch zum anderen, die individuelle Freiheitssphäre jedes Einzelnen in demokratischen Entscheidungen aufrechtzuerhalten. Grund hierfür ist, dass diese Organisationsweise es erlaube, an der sozialen Ordnungsbildung mitzuwirken, ihr indes zugleich aus individualrechtlicher Sicht entgegenzutreten.[132] Anders als bei *Rousseau*, dessen Ausführungen Kelsens demokratietheoretische Schriften inspirierten, kommt es im Rahmen der Metamorphose der Freiheit – wie insbesondere in seinen späteren demokratie-

[123] *Matthias Jestaedt/Oliver Lepsius*, Der Rechts- und Demokratietheoretiker Hans Kelsen – Eine Einführung, in: dies. (Hrsg.), Verteidigung der Demokratie, Tübingen 2006, S. VII–XXIX (XXII, XXV).

[124] *Dreier*, Kelsens Demokratietheorie, S. 82 f.

[125] *Kelsen*, Wesen und Wert 1920, S. 3; *ders.*, Allgemeine Staatslehre, S. 755 f.

[126] Vgl. *Dreier*, Rechtslehre, S. 253 ff.

[127] *Kelsen*, Wesen und Wert 1929, S. 156. Vgl. ferner *Dreier*, Hans Kelsen (1881–1973), S. 709.

[128] *Kelsen*, Allgemeine Staatslehre, S. 759; *ders.*, Foundations, S. 282 f., 286 f.; *ders.*, Wesen und Wert 1920, S. 6.

[129] Vgl. *Kelsen*, Wesen und Wert 1920, S. 10.

[130] *Jestaedt/Lepsius*, Rechts- und Demokratietheoretiker, S. VII, XXII.

[131] Vgl. *Kelsen*, Wesen und Wert 1929, S. 176. Näher hierzu *Dreier*, Kelsens Demokratietheorie, S. 85.

[132] Vgl. *Kelsen*, Foundations, S. 277 ff.

theoretischen Schriften betont wird – somit nicht zu einer kompletten Entäußerung der individuellen Freiheit.[133] Grund hierfür ist, dass Kelsen – anders als Schmitt – nicht von einer Identität zwischen Herrschern und Beherrschten ausgeht,[134] sondern auch demokratische Entscheidungen letztlich als fremden Willen deklariert. Hiermit zusammenhängend kennzeichnet Kelsen die Rede vom Volkswillen als Fiktion.[135] Repräsentation darf ihm zufolge demnach nicht als Abbildung des Volkswillens gedeutet oder mit dem »wahren Willen«[136] des Volkes argumentiert und hiermit Herrscher und Beherrschte – obgleich idealtypisches Ziel von Demokratie – in eins gesetzt werden. Dieser Kniff ermöglicht es, das Zwangsmoment sozialer Ordnungen weiterhin erkennen zu können,[137] wodurch trotz demokratischer Entscheidungsfindung ein Rechtfertigungsbedürfnis gegenüber der individuellen Freiheit ausgelöst wird.

»Indem nun die Freiheit als politische Selbstbestimmung in der Demokratie sich nicht mehr auf das Individuum, sondern auf das Kollektivum des Volksganzen bezieht und so zur Volkssouveränität wird, zieht sich die individuelle Freiheit in die Vorstellung der angeborenen und unveräußerlichen *Menschen- und Bürgerrechte* zurück.«[138]

Dadurch, dass die individuelle Freiheit des Einzelnen damit nicht als durch kollektivistische Entscheidungen konsumiert betrachtet wird,[139] gelingt es, die Aufhebung von Freiheitsrechten in der Demokratie zu überwinden. Die demokratische Dimension und liberal-negatorische Funktion der Grundrechte treten demnach nebeneinander, ohne einander zu verdrängen oder ein Rangverhältnis zu statuieren.[140] Demokratische Entscheidungen verbleiben hierdurch gegenüber dem Einzelnen rechtfertigungsbedürftig, wodurch die Demokratietheorie Kelsens eine genuin freiheitliche Dimension erlangt. Der Freiheit kommt insoweit ein »Doppelcharakter«[141] zu.

---

133 Ausführlicher hierzu *Dreier*, Kelsens Demokratietheorie, S. 82 ff.

134 Aus diesem Grund stimmt die Zurechnung des Organwillens gegenüber dem Volk, weil dieser hierin erst zum Entstehen gelangt, *Kelsen*, Allgemeine Staatslehre, S. 728 ff.; *ders*, Wesen und Wert 1929, S. 176 ff.; *ders.*, Foundations, S. 252, letztlich auch nicht mit der zivilrechtlichen Stellvertretung überein.

135 *Kelsen*, Wesen und Wert 1920, S. 24.

136 Kritisch hierzu *Kelsen*, Foundations, S. 255.

137 Deutlich insoweit *Kelsen*, Wesen und Wert 1920, S. 7, der davon spricht, die staatliche Ordnung träte dem einzelnen »als fremder Wille« entgegen und betont »auch in der Demokratie [sei] [...] Herrschaft [unvermeidbar]«.

138 *Kelsen*, Wesen und Wert 1920, S. 9.

139 *Jestaedt/Lepsius*, Rechts- und Demokratietheoretiker, S. XXV.

140 Dies hervorhebend *Dreier*, Dimensionen der Grundrechte, 1993, S. 39.

141 *Jestaedt/Lepsius*, Rechts- und Demokratietheoretiker, S. XXII, XXV.

IV. Lehren aus Kelsens demokratietheoretischem Zwiespalt

Welche Lehren können aus dem Zwiespalt Kelsens und dessen demokratietheoretischer Verarbeitung insoweit mit Blick auf aktuelle demokratietheoretische Diskussionen gezogen werden? Neben einem genaueren Verständnis der Hintergründe liberaler Konstruktionen, die im Rahmen der – wenngleich notwendigen – Diskussion über deren Problematik momentan teils in Vergessenheit geraten, erscheinen insbesondere die Beweggründe Kelsens dafür, gegen Akklamation[142] und Antagonismus einzutreten und stattdessen den Kompromiss sowie die Bedeutung wissenschaftlicher Vernunft[143] zu betonen, als bedeutsam. Folglich erscheint es mir zum einen als notwendig zu erkennen, dass ein formales und zugleich liberales Verständnis von Demokratie demokratischen Entscheidungen zwar den Charakter eines Allheilmittels nimmt. Hierdurch wird jedoch die individuelle wie auch kollektive Verantwortung sowohl für die getroffenen als auch nicht-getroffenen Entscheidungen betont und Gemeinwohlansprüche dementsprechend der individuellen und gemeinschaftlichen Bewältigung aufgegeben, anstatt sie aufzugeben. Zum anderen ist daran zu erinnern, dass Demokratie zwar mit Wettbewerb einhergeht,[144] hierin jedoch nicht aufgeht, sondern es vielmehr der Toleranz und des Kompromisses bedarf.[145] In den Worten Kelsens:

»*Demokratie ist die politische Form des sozialen Friedens*, des Ausgleichs der Gegensätze [...] [und] der gegenseitigen Verständigung auf einer mittleren Linie.«[146]

---

[142] *Dreier*, Kelsens Demokratietheorie, S. 91.
[143] *Kelsen*, Wissenschaft und Demokratie, S. 245.
[144] *Kelsen*, Foundations, S. 369 ff.
[145] Vgl. *Dreier*, Rechtslehre, S. 255, 263.
[146] *Kelsen*, Verteidigung, S. 233.

Die »verbundene Mehrheitsregel« im Bundeswahlrecht

Eine verfassungskonforme Spielart des Majoritätsprinzips?

*Stefanie Schmahl**

I. Einführung einer »verbundenen Mehrheitsregel« in das BWahlG

Im Juni 2023 ist das mit einfacher Mehrheit im Bundestag beschlossene Gesetz zur Änderung des BWahlG in Kraft getreten,[1] das vorbehaltlich seiner Verfassungsmäßigkeit die rechtliche Grundlage für die Wahl zum 21. Deutschen Bundestag bilden wird. Das novellierte BWahlG verfolgt das Ziel einer Verkleinerung des Bundestages, der mit 736 Abgeordneten in der 20. Legislaturperiode allenthalben als zu groß angesehen wird. Zwar bestehen keine unabdingbaren Gründe für eine Reduktion der Abgeordnetenzahl, da auch der gegenwärtige Bundestag seine Funktionsfähigkeit nicht eingebüßt hat.[2] Dennoch sprechen rechtspraktische Aspekte für eine Verkleinerung des Bundestages. Mit zunehmender Größe eines Parlaments wird es schwieriger, die Entscheidungsfindung zwischen den Parlamentariern im Gesetzgebungsverfahren, in der Ausschussarbeit und bei der Kontrolle der Regierung effizient und effektiv zu organisieren.[3]

Es ist unbestritten, dass der maßgebliche Grund für die Übergröße des 20. Deutschen Bundestages in den ausgleichspflichtigen Überhangmandaten des § 6 BWahlG a. F. zu sehen ist.[4] Daher erschien es bei der Reform des Wahlrechts naheliegend, vor allem an dieser Stelle anzusetzen, zumal der Bundesgesetzgeber über einen Gestaltungsspielraum bei der Ausgestaltung des Wahlsystems verfügt,

---

* Aus Gründen der besseren Lesbarkeit verwendet der im Januar 2024 fertiggestellte Beitrag das generische Maskulinum. Alle Geschlechter (m/w/d) sind ausdrücklich einbezogen.

[1] BGBl. 2023 I Nr. 147 v. 13. Juni 2023.

[2] Vgl. *Bernd Grzeszick*, Gleichheit der Wahl und Wahlrechtssystem, in: NVwZ 2023, S. 286 (292). Ausführlich zur Problematik *Wolfgang Zeh*, Abgeordnetenzahl im Parlament – zu groß, zu klein, gerade richtig?, in: ZParl 49 (2018), S. 744 (751–753).

[3] Vgl. *Philipp Austermann*, Zum Wahlrechtsreform-Vorschlag der Ampel-Koalition, in: RuP 58 (2022), S. 300 (300 f.).

[4] Näher *Stefanie Schmahl*, Wahlsystem der verbundenen Mehrheitsregel (Kappungssystem) versus modifiziertes echtes Zwei-Stimmen-Wahlrecht (asymmetrisches Grabenwahlrecht): Welches System ist verfassungskonform?, in: ZParl 54 (2023), S. 180 (181 f.).

sofern er die von der Verfassung vorgegebenen Bestimmungen achtet.[5] Bereits in ihrem Zwischenbericht sprach sich die gemäß § 55 BWahlG eingesetzte Reformkommission mehrheitlich für das Modell einer »verbundenen Mehrheitsregel« aus.[6] Auf den Grundzügen dieses vorgeschlagenen Modells baut das neue Wahlrecht auf. Seine Quintessenz besteht darin, ein Wahlkreismandat nur dann zu vergeben, wenn der Partei in dem jeweiligen Bundesland entsprechende, durch Listenstimmen errungene Mandate zustehen. Auf diese Weise können keine Überhangmandate entstehen, die Ausgleichsmandate notwendig werden lassen.[7]

Im Einzelnen sieht das neue Wahlrecht vor, dass der Deutsche Bundestag aus 630 Abgeordneten besteht und sich die Wahl nach den Grundsätzen der Verhältniswahl richtet (vgl. § 1 Abs. 1 S. 1, Abs. 2 S. 1 BWahlG). Dennoch haben die Wähler gemäß § 1 Abs. 2 S. 2 BWahlG wie bisher zwei Stimmen: (1.) eine Erststimme, mit der nach den Prinzipien der relativen Mehrheitswahl eine Person in den Wahlkreis gewählt wird, und (2.) eine Zweitstimme, die für die parteiliche Zusammensetzung des Bundestages im Sinne der Verhältniswahl maßgeblich ist, sofern der Schwellenwert der 5 %-Sperrklausel nach § 4 Abs. 2 S. 2 Nr. 2 BWahlG überschritten wird.[8] Obwohl damit an der tradierten Übung zur Stimmabgabe festgehalten und die Fortführung von Bestehendem suggeriert wird,[9] besteht das grundstürzend Neue des geänderten Wahlrechts jedoch darin, dass die Frage, welche Abgeordneten über die Wahlkreisstimme als direkt gewählte Abgeordnete ins Parlament einziehen, sich nicht mehr wie früher allein nach der relativen Mehrheit der Stimmen im Wahlkreis (also der Erststimme) richtet. Als zusätzliche Bedingung für die Mandatsrelevanz muss gemäß § 6 Abs. 1 BWahlG künftig stets eine Listenstimmendeckung durch die Zweitstimme vorliegen.

Die Listenstimme wird damit zur entscheidenden Determinante des Wahlergebnisses. Die Erststimme wird – anders als bislang[10] – umfänglich von der Zweitstimme abhängig. Bewerber, die zwar die Wahl im Wahlkreis gewinnen, für die aber angesichts einer zu geringen Anzahl an Zweitstimmen ihrer Partei nicht

---

[5] Grundlegend BVerfGE 3, 19 (24); st. Rspr. Aus jüngerer Zeit etwa BVerfGE 121, 266 (296); 131, 316 (334 ff.).

[6] Unterrichtung durch die Kommission zur Reform des Wahlrechts und zur Modernisierung der Parlamentsarbeit: Zwischenbericht, BT-Drucks. 20/3250, S. 24 f.

[7] *Stefanie Schmahl*, Reformen des Wahl- und Parlamentsrechts des Bundes: Möglichkeiten und Grenzen, in: ZG 2023, S. 223 (225 f.).

[8] Parteien nationaler Minderheiten sind von der »5 %-Hürde« befreit, vgl. § 4 Abs. 2 S. 3 BWahlG.

[9] Vgl. *Frank Schorkopf*, Abschied von Adenauer oder weshalb die Wahlrechtsreform ein Verfassungsrechtsproblem ist, Verfassungsblog v. 24. März 2023, https://verfassungsblog.de/abschied-von-adenauer-oder-weshalb-die-wahlrechtsreform-ein-verfassungsrechtsproblem-ist/ (hier und im Folgenden 31. Januar 2024).

[10] Schon die (ausgleichspflichtigen) Überhangmandate belegen, dass die bisherige Wahlkreiswahl kein bloßes »Vorschaltverfahren« war, so aber *Thomas Wischmeyer*, Erststimmensieger ohne Direktmandat?, in: JZ 2023, S. 105 (108).

genug Listensitze zur Verfügung stehen, erhalten keinen Sitz im Bundestag.[11] Eine Sonderregelung besteht lediglich für parteipolitisch unabhängige Wahlkreisbewerber, die ihr Mandat auch dann erhalten, wenn sie – mangels Bezugs zu einer Landesliste – über keine Listenstimmendeckung verfügen.[12] Der Grund für diese Ausnahmeregelung liegt darin, dass nach der Rechtsprechung des BVerfG ein Parteienmonopol bei der Kandidatenaufstellung unzulässig ist.[13]

Weitere Ausnahmen von der »verbundenen Mehrheitsregel« sieht das neue Wahlrecht nicht vor. Insbesondere die nach § 6 Abs. 3 S. 1 Alt. 2 BWahlG a. F. geltende Grundmandatsklausel wurde im Laufe des Gesetzgebungsprozesses gestrichen. In der Tat ist die Grundmandatsklausel im System der »verbundenen Mehrheitsregel« ein Fremdkörper, da sie das Direktmandat vom ansonsten bestehenden Erfordernis der Zweitstimmendeckung vollständig löst.[14] Allerdings führt der ersatzlose Wegfall der Grundmandatsklausel bei gleichzeitiger Aufrechterhaltung der bundesweiten 5 %-Sperrklausel dazu, dass kleinere Parteien, die regional verankert sind und dort Wahlkreise gewinnen, künftig um den Einzug in den Bundestag bangen müssen. Deshalb hätte die Streichung der Grundmandatsklausel entweder mit einer Senkung der bundesweiten oder mit einer Föderalisierung der Sperrklausel einhergehen müssen.[15] Denn auch die Ausgestaltung der auf das Verhältniswahlsystem ausgerichteten Sperrklausel muss der Integrationsfunktion der Wahl Rechnung tragen und darauf hinwirken, dass sich »gewichtige Anliegen im Volk« in der Volksvertretung wiederfinden.[16] Nicht von ungefähr hat das BVerfG eine regionalisierte Sperrklausel, wonach alle Parteien am Verhältnisausgleich teilnehmen, die in einem Bundesland 5 % der für ihre Landeslisten abgegebenen Stimmen erreichen, anlässlich der ersten gesamtdeutschen Wahl gebilligt.[17]

---

[11] Vgl. *Grzeszick*, Gleichheit der Wahl, S. 286; ähnlich bereits *Jochen Rauber*, Mandatslose Wahlkreissieger – Verfassungsrechtliche Überlegungen zur Verkleinerung des Bundestags durch die Kappung von Direktmandaten, in: ZG 2020, S. 149 (153).

[12] Vgl. §§ 6 Abs. 2, 20 Abs. 3, 27 Abs. 4 S. 2 BWahlG.

[13] BVerfGE 41, 399 (416 f.).

[14] Vgl. *Schmahl*, Reformen, S. 229 f. m. w. N. A. A. *Dominik Rennert*, Die Abschaffung der Grundmandatsklausel als verfassungsrechtlichen Problem der Wahlrechtsreform 2023, in: NJW 2023, S. 3410 (3411 f.).

[15] *Schmahl*, Reformen, S. 230 f. Ebenso *Thorsten Kingreen*, Vom Chancentod zur Chance: Ein wahlrechtlicher Vorschlag zur Güte, Verfassungsblog v. 21. März 2023, https://verfassungsblog.de/vom-chancentod-zur-chance-ein-wahlrechtlicher-vorschlag-zur-gute/; *Thomas Groß*, Die Fünf-Prozent-Klausel – Das Hauptproblem der Wahlrechtsreform, in: NVwZ 2023, S. 1282 (1285 f.). Vgl. auch die Stellungnahme von Venedig-Kommission und ODHIR, Germany: Joint Opinion on the Amendments to the Federal Election Act, CDL-AD(2023)020/ODIHR-471/2023, Rn. 51.

[16] BVerfGE 146, 327 (355). Ebenso mit Blick auf die Zulässigkeit der Grundmandatsklausel: BVerfGE 95, 408 (420 ff.).

[17] BVerfGE 82, 322 (347 ff.).

Bekanntlich sind gegenwärtig Verfahren gegen das 2023 reformierte BWahlG vor dem BVerfG anhängig.[18] Wie die Entscheidung des Zweiten Senats ausfallen wird, liegt im Bereich der Spekulation. Das Anliegen dieses Beitrags ist aber ohnehin auf eine spezifische Frage fokussiert: Untersucht werden soll, ob die »verbundene Mehrheitsregel« im Bundeswahlrecht eine verfassungskonforme Spielart des Majoritätsprinzips ist, sie also mit dem grundgesetzlichen Demokratie- und Rechtsstaatsprinzip (Art. 20 Abs. 2, 3 GG) in Einklang steht. Darf der Gesetzgeber die Ausgestaltung der Mehrheitsregel bei Wahlentscheidungen von Bedingungen abhängig machen, die nicht vorgeschaltet und daher bei der Stimmabgabe nicht überschaubar sind?

II. Geltung, Ausgestaltung und Tragweite des Majoritätsprinzips in der repräsentativen Demokratie

Geltung, Ausgestaltung und Tragweite des Majoritätsprinzips in der repräsentativen Demokratie beschäftigen Rechtsprechung und Literatur schon seit langem.[19] Auch *Horst Dreier* hat sich mit den Grundlagen und Grenzen des Mehrheitsprinzips in der demokratischen Staatsform in luzider Weise auseinandergesetzt[20] und u.a. darauf aufmerksam gemacht, dass sich der Anwendungsbereich der Mehrheitsregel historisch keineswegs allein auf demokratisch verfasste politische Verbände beschränkte.[21] Unter seiner Betreuung ist darüber hinaus eine im Jahr 2014 publizierte Dissertation entstanden, die das Majoritätsprinzip im Verfassungsrecht des Bundes und der Länder facettenreich aus-

[18] Es handelt sich dabei um ein von der Bayerischen Staatsregierung in Gang gesetztes abstraktes Normenkontrollverfahren (2 BvF 1/23) und um mehrere Organstreitverfahren, die von der CSU einerseits und der Partei Die Linke andererseits initiiert worden sind (2 BvE 2/23, 2 BvE 9/23 und 2 BvE 10/23).

[19] Aus der Judikatur vgl. etwa BVerfGE 29, 154 (165); 44, 125 (141 f.); 112, 118 (140); 142, 123 (189). Aus der Fülle an Literatur vgl. nur *Ulrich Scheuner*, Das Mehrheitsprinzip in der Demokratie, 1973; *Werner Heun*, Das Mehrheitsprinzip in der Demokratie, 1983; Bernd Guggenberger/Claus Offe (Hrsg.), An den Grenzen der Mehrheitsdemokratie, 1984; *Egon Flaig*, Die Mehrheitsentscheidung. Entstehung und kulturelle Dynamik, 2013; *Reiner Schmidt*, Das Mehrheitsprinzip in der Moderne, in: DÖV 2023, S. 405 ff.

[20] *Hasso Hofmann/Horst Dreier*, Repräsentation, Mehrheitsprinzip und Minderheitenschutz, in: Hans-Peter Schneider/Wolfgang Zeh (Hrsg.), Parlamentsrecht und Parlamentspraxis in der Bundesrepublik Deutschland, 1989, § 5, S. 165–197; *Horst Dreier*, in: ders. (Hrsg.), Grundgesetz, Kommentar, Band II, 3. Auflage 2015, Art. 20 (Demokratie) Rn. 67 ff.

[21] *Horst Dreier*, Das Majoritätsprinzip im demokratischen Verfassungsstaat, in: ZParl 17 (1986), S. 94 (94 ff.). Früh bereits *Otto von Gierke*, Über die Geschichte des Majoritätsprinzips, in: Schmollers Jahrbuch für Gesetzgebung, Verwaltung und Volkswirtschaft im Deutschen Reiche 39 (1915), Heft 2, S. 7 (8 ff.); *Ferdinand Elsener*, Zur Geschichte des Majoritätsprinzips (Pars maior und Pars sanior), insbesondere nach schweizerischen Quellen, in: Zeitschrift der Savigny-Stiftung für Rechtsgeschichte (Kanon. Abt.) XLIII (1956), S. 73 (76 ff.).

leuchtet.[22] Soweit ersichtlich, findet die »verbundene Mehrheitsregel« dort wie auch im sonstigen wissenschaftlichen Schrifttum allerdings keine Erwähnung. Dies ist nicht erstaunlich, hat diese Regel doch erstmals durch das 2023 novellierte BWahlG einen gewissen Bekanntheitsgrad erlangt. Dennoch lassen sich den Analysen zum Majoritätsprinzip in der bundesdeutschen Demokratie verschiedene Merkmale entnehmen, die als Blaupause oder Kontrastfolie für die Frage nach der verfassungsrechtlichen Zulässigkeit einer »verbundenen Mehrheitsregel« im Wahlrecht dienen können. Für die Zwecke dieser Überlegungen geht es um folgende Parameter:

1. Regelhaftigkeit von Mehrheitsentscheidungen

Zunächst ist augenfällig, dass im Verfassungsleben sowohl auf der Bundes- als auch auf der Landesebene das Mehrheitsprinzip an vielen Stellen ausdrücklich oder implizit Erwähnung findet.[23] In der vom Grundgesetz verfassten Demokratie entscheidet regelmäßig der Mehrheitswille. Zum Schutz der Minderheit geschieht dies allerdings stets unter Beachtung von Grundrechten und rechtsstaatlichen Prinzipien.[24]

Einstimmigkeitserfordernisse sind nahezu nicht vorhanden, da in freiheitlichen Demokratien, die von sachlicher Meinungsvielfalt und echten Auswahlmöglichkeiten bei Personalentscheidungen leben,[25] allseitige Übereinstimmung in mitgliederstarken Organen nicht oder kaum jemals zu erzielen ist. Wäre Einstimmigkeit rechtliche Voraussetzung, käme es zur Blockade jeglicher Entscheidungen mit der Folge, dass sich die Mehrheit letztlich dem Willen der Minderheit beugen müsste.[26] Eine solche Vetoposition der Minderheit wäre mit der gleichen Freiheit aller, die Art. 38 Abs. 1 S. 1 GG hervorhebt, unvereinbar.[27] Die raren Fälle einer Einstimmigkeitsregel betreffen daher auf der Bundesebene nur

---

[22] *Niels Magsaam*, Mehrheit entscheidet. Ausgestaltung und Anwendung des Majoritätsprinzips im Verfassungsrecht des Bundes und der Länder, 2014.

[23] Das Grundgesetz nennt das Mehrheitsprinzip etwa in Art. 42 Abs. 2 S. 1, Art. 52 Abs. 3 S. 1 und Art. 121 GG; zur letztgenannten Vorschrift kritisch *Christian Pestalozza*, Die »gesetzliche Mitgliederzahl«: Art. 121 GG, LKV 2008, S. 49 (50ff.). Art. 2 Abs. 2 S. 1 BayVerf. ist besonders deutlich: »Mehrheit entscheidet«.

[24] BVerfGE 45, 125 (141, 145); 68, 1 (87); vgl. auch *Georg Jochum*, Materielle Anforderungen an das Entscheidungsverfahren in der Demokratie, 1997, S. 60ff. Demgegenüber waren der radikalen Mehrheitstheorie von *Carl Schmitt*, Legalität und Legitimität, 1932, S. 33f., rechtsstaatliche Gedanken fremd.

[25] Vgl. *Scheuner*, Mehrheitsprinzip, S. 57ff.; vgl. auch *Peter Häberle*, Das Mehrheitsprinzip als Strukturelement der freiheitlich-demokratischen Grundordnung, in: JZ 1977, S. 241 (243).

[26] *Heun*, Mehrheitsprinzip, S. 102; *Bernd Grzeszick*, in: Günter Dürig/Roman Herzog/ Rupert Scholz (Hrsg.), Grundgesetz, Kommentar, 99. Lieferung, 2022, Art. 20 II Rn. 42.

[27] *Dreier*, Art. 20 (Demokratie) Rn. 67. Weitergehend *Christian Hillgruber*, Die Herrschaft der Mehrheit, in: AöR 127 (2002), S. 460 (463), der insoweit sogar dem Erfordernis einer qualifizierten Mehrheit skeptisch gegenübersteht.

besondere Konstellationen. Dies gilt im sachbezogenen Bereich etwa für die Entscheidungen des BVerfG bei Kammer-, Notsenats- oder *a limine*-Verfahren.[28] Im Rahmen von Personalentscheidungen ist das Einstimmigkeitsprinzip nach der sog. Königsteiner Abrede von 1950[29] allein der Wahl des Bundesratspräsidenten vorbehalten. Hierbei handelt es sich aber bloß um eine tradierte Übung, von der ohne Bruch der Legalität auch wieder Abstand genommen werden könnte, da nach Art. 52 Abs. 1 i. V. m. Abs. 3 S. 1 GG die absolute Stimmenmehrheit für die Wahl des Bundesratspräsidenten genügt. Auf der Landesebene sind Konsensentscheidungen ebenfalls äußerst selten und lediglich relevant, wenn Alternativverfahren mangels Anwesenheit der erforderlichen Stimmberechtigten zuvor gescheitert sind.[30] So greift beispielsweise das Einstimmigkeitserfordernis bei der Anklage von Mitgliedern der Bürgerschaft nach Art. 85 Abs. 1 S. 4 Verf. Bremen nur, wenn weniger als drei Viertel der Mitglieder bei der Abstimmung anwesend sind.

2. *Varianten der Mehrheitsentscheidung*

Mehrheitsentscheidungen sind also sowohl auf der Bundes- als auch auf der Landesebene die ganz überwiegende Regel. Die konkrete Ausgestaltung des Mehrheitsprinzips als »Entscheidungstechnik kollegialer Beschlusskörper«[31] variiert jedoch, insbesondere mit Blick darauf, ob Sach- oder Personalentscheidungen zu treffen sind.[32]

a) Ausgestaltung des Majoritätsprinzips bei Sachentscheidungen

Bei Sachentscheidungen ist der Rückgriff auf einfache Mehrheitsentscheidungen üblich. Dies gilt jedenfalls für die Sachentscheidungen des Bundestags nach Art. 42 Abs. 2 S. 1 GG, soweit keine besonderen Qualifizierungen einschlägig sind. Auch das Landesverfassungsrecht sieht für den Großteil der Abstimmungen in den Volksvertretungen die einfache Mehrheit der abgegebenen Stimmen als ausreichend an; illustrierend kann auf Art. 23 Abs. 1 BayVerf. und Art. 19 Verf. Hamburg hingewiesen werden.

Die absolute oder die qualifizierte (Mitglieder-)Mehrheit ist auf der Bundesebene lediglich ausgewählten Entscheidungen des Bundestags vorbehalten. Dabei geht es um Bereiche, die über die Legislaturperiode hinausweisende Sachfragen betreffen und daher geeignet sind, die dissentierende »Minderheit von heute« als

[28] Vgl. §§ 24 S. 1, 32 Abs. 7 S. 1, 81a S. 1, 93d Abs. 3 S. 1 BVerfGG.

[29] Die Königsteiner Abrede ist nicht urkundlich fixiert, sondern Bestandteil einer Archivakte des Agrarausschusses, vgl. *Magsaam*, Mehrheit entscheidet, S. 287, dort Fn. 875.

[30] *Magsaam*, Mehrheit entscheidet, S. 578.

[31] *Hofmann/Dreier*, Repräsentation, § 5 Rn. 48.

[32] Dem steht nicht entgegen, dass die Grenzziehung zwischen Sach- und Personalentscheidung im Einzelfall diffizil sein kann, vgl. exemplarisch *Heun*, Mehrheitsprinzip, S. 147 ff.

potenzielle »Mehrheit von morgen« inhaltlich zu binden.[33] In diesem Fall ist die Verwirklichung des Mehrheitswillens in besonderem Maße von der Zustimmung der Minderheit abhängig.[34] Neben diesem Minderheitenschutz enthält das Erfordernis einer qualifizierten Mehrheit auch eine Appellfunktion an den Gesetzgeber, der sich der weitreichenden Bedeutung der Angelegenheit bewusst werden soll. Deutlich wird dies vor allem bei den Entscheidungen zur Begründung des Spannungs- oder des Verteidigungsfalls.[35] Auch verfassungsrechtliche Grundentscheidungen sind unter einen besonderen Schutz gestellt. Das Quorum einer jeweiligen Zweidrittelmehrheit in Bundestag und Bundesrat bei Verfassungsänderungen nach Art. 79 Abs. 2 GG gilt sogar als Prototyp der qualifizierten Mehrheitsentscheidung. Die Landesverfassungen greifen das Erfordernis einer Zweidrittelmehrheit bei Verfassungsänderungen ebenfalls vielfach auf.[36] Soweit die Änderung einiger Landesverfassungen auch auf direktdemokratischem Wege durchgeführt werden kann, wird die erforderliche Mehrheit der Abstimmenden regelmäßig mit einer Mindestzustimmung der Wahlberechtigten verknüpft, um eine hinreichende demokratische Legitimation zu gewährleisten.[37]

Anders als der Bundestag trifft der Bundesrat als gesetzgebende Körperschaft seine Entscheidungen fast ausschließlich unter Rückgriff auf absolute Mehrheiten unter Bezugnahme auf die gesetzliche Stimmenzahl (Art. 52 Abs. 3 S. 1 GG).[38] Einfache Mehrheiten gelangen bei Sachentscheidungen des Bundesrates kaum zur Anwendung. Denn beim Bundesrat handelt es sich um ein Verfassungsorgan, das die Sicherung des föderalen Prinzips und der nach Einwohnerzahl gestaffelten Gleichheit der Bundesländer auf der Bundesebene sicherstellen soll.

Nur ausnahmsweise kennt das Bundesrecht bei Entscheidungen mit Sachbezug doppelt qualifizierte Mehrheiten. Dies betrifft etwa die Konstellation, dass der Bundesrat im Gesetzgebungsverfahren des Bundes mit Zweidrittelmehrheit seiner Stimmen Einspruch gegen ein Bundestagsgesetz einlegt. Die Zurückweisung des Einspruchs von Seiten des Bundestages ist gemäß Art. 77 Abs. 4

---

[33] *Dreier*, Majoritätsprinzip, S. 94 (107); *Magsaam*, Mehrheit entscheidet, S. 570. Grundlegend *Hans Kelsen*, Wesen und Wert der Demokratie, 2. Auflage 1929, S. 56ff.

[34] Vgl. *Christoph Möllers*, Demokratie, in: Matthias Herdegen/Johannes Masing/Ralf Poscher/Klaus F. Gärditz (Hrsg.), Handbuch des Verfassungsrechts, 2021, § 5 Rn. 44.

[35] Vgl. Art. 80a Abs. 1 S. 2, Art. 115a Abs. 1 S. 2 und Art. 115e Abs. 1 GG. Die Rückkehr in den Normalzustand nach Art. 115l GG erfolgt indes durch einfachen Mehrheitsbeschluss des Bundestages; im Bundesrat ist die absolute Stimmenmehrheit erforderlich.

[36] Vgl. z.B. Art. 129 Abs. 1 Verf. Rheinland-Pfalz; Art. 74 Abs. 2 Verf. Sachsen. In Bayern bedarf es neben der Zweidrittelmehrheit im Landtag (Art. 75 Abs. 2 S. 1 BayVerf.) einer anschließenden Volksabstimmung gemäß Art. 75 Abs. 2 S. 2 BayVerf. i.V.m. Art. 88 Abs. 2, Art. 79 Abs. 1 BayLWahlG. Das Zustimmungsquorum i.H.v. 25 % geht auf BayVerfGHE 52, 104 (134ff.) zurück.

[37] Vgl. *Hans-Detlef Horn*, Mehrheit im Plebiszit, in: Der Staat 38 (1999), S. 399ff.; *Stefan Schwerdtfeger*, Legitimation von Quoren in der direkten Demokratie, 2018, insbes. S. 189ff.

[38] Eine Ausnahme bildet das qualifizierte Mehrheitserfordernis einer Zweidrittelmehrheit nach Art. 79 Abs. 2 GG.

S. 2 GG nur mit Zweidrittelmehrheit der Abstimmenden möglich, sofern diese zugleich die Mehrheit der Mitglieder des Bundestages repräsentieren.

b) Ausgestaltung des Majoritätsprinzips bei Personalentscheidungen

Anders als Sachentscheidungen unterliegen Personalentscheidungen kaum jemals einem qualifizierten oder gar doppelt qualifizierten Mehrheitserfordernis. Der Grund hierfür liegt auf der Hand: Qualifizierte Mehrheiten im Rahmen von Wahlen und Personalentscheidungen sind fragwürdig. Zwar verschafft eine qualifizierte Mehrheit die größtmögliche Legitimation des Amtsträgers. Allerdings erschwert sie die Besetzung des Amtes mit der Folge legitimatorisch problematischer Vakanzen oder Interimslösungen.[39] Daher sind auf der Bundesebene qualifizierte Mehrheiten bei Personalentscheidungen nur in Konstellationen anzutreffen, die entweder wegen ihrer verfassungsrechtlichen Tragweite oder angesichts ihrer exzeptionellen Situation einer erhöhten demokratischen Legitimation bedürfen. Dies ist etwa der Fall bei der Wahl der Mitglieder des BVerfG gemäß § 6 Abs. 5, § 7 BVerfGG oder bei der Neuwahl eines Bundeskanzlers im Rahmen eines konstruktiven Misstrauensvotums durch den Gemeinsamen Ausschuss nach Art. 115h Abs. 2 S. 2 GG. Auch auf der Ebene der Länder kommt die qualifizierte Mehrheit bei Personalentscheidungen lediglich bei der Wahl der Mitglieder einiger Landesverfassungsgerichte zur Anwendung.[40] In Niedersachsen und Sachsen-Anhalt wird die Zweidrittelmehrheit der Anwesenden außerdem mit einem Zustimmungsquorum in Höhe der Mitgliedermehrheit zu einer doppelt qualifizierten Mehrheit kombiniert.[41] Für die in ihren politischen wie rechtlichen Folgen weitreichende Anklage von Landtagsmitgliedern findet sich gelegentlich sogar ein dreifaches Mehrheitserfordernis. So müssen in Baden-Württemberg und Sachsen bei einer Mindestanwesenheit von zwei Dritteln der gesetzlichen Mitgliederzahl auch zwei Drittel der Abstimmenden für den Antrag votieren, die zugleich die Mehrheit der gesetzlichen Mitglieder darstellen müssen.[42]

Überwiegend werden Personalentscheidungen mit der absoluten Mehrheit der gesetzlichen Mitgliederzahl getroffen. Absolute Mehrheitserfordernisse sind bei Wahlen auf Bundesebene gängig, etwa bei der Wahl des Bundeskanzlers oder des Bundespräsidenten (Art. 63 Abs. 2 GG; Art. 54 Abs. 6 S. 1 GG). Auch auf der Landesebene werden Personalentscheidungen meist an die absolute Mehrheit gebunden, so etwa bei der Wahl der Ministerpräsidenten.[43] Lediglich in Einzel-

---

[39] *Magsaam*, Mehrheit entscheidet, S. 571 f.

[40] Mit Beispielen näher *Magsaam*, Mehrheit entscheidet, S. 446 f.

[41] Vgl. Art. 55 Abs. 2 S. 1 Verf. Niedersachsen; Art. 74 Abs. 3 Verf. Sachsen-Anhalt.

[42] Art. 42 Abs. 2 S. 2 Verf. Baden-Württemberg; Art. 118 Abs. 2 S. 2 Verf. Sachsen.

[43] Vgl. z. B. Art. 83 Abs. 1 S. 1 Verf. Brandenburg; Art. 34 Abs. 1 Verf. Hamburg. Nach Art. 44 Abs. 1 i. V. m. Art. 23 Abs. 1 BayVerf. ist für die Wahl des bayerischen Ministerpräsidenten die absolute Abstimmungsmehrheit erforderlich.

fällen kennen die Landesverfassungen die Möglichkeit von einfachen Abstimmungsmehrheiten, etwa bei der Wahl des Präsidiums der Landtage.[44] Ansonsten genügt die einfache oder relative Mehrheit in der Regel erst dann, wenn das beim ersten (und ggf. auch beim zweiten) Wahlgang bestehende Erfordernis absoluter Mitgliedermehrheit nicht erreicht ist. Wird das absolute Mehrheitsquorum in einem oder mehreren Wahlgängen verfehlt, scheiden diejenigen Bewerber aus dem weiteren Wahlprozess aus, die am schlechtesten abgeschnitten haben. Ist das Bewerberfeld auf zwei Kandidaten reduziert, genügt die einfache Mehrheit, also eine Stimmenquote von mehr als der Hälfte (50 % plus eine Stimme).[45] Die relative Mehrheit kommt zum Zuge, wenn der Zwischenschritt der Reduktion auf zwei Kandidaten entfällt, also weiterhin mehrere Kandidaten zur Auswahl stehen. Der siegreiche Vorschlag muss dann keine Mehrheit, sondern bloß mehr Stimmen erzielen als jede andere Option. Damit wird beim Erfordernis einer relativen Mehrheit die Entscheidung nicht notwendigerweise von einer Majorität getragen; auch eine Pluralität kann genügen.[46] So ist gemäß Art. 63 Abs. 4 S. 1 GG im dritten Wahlgang zum Bundeskanzler gewählt, wer die meisten Stimmen erhält. Entsprechendes gilt nach Art. 54 Abs. 6 S. 2 GG für die Wahl des Bundespräsidenten.

3. Quoren und Bezugsgrößen bei der Anwendung von Mehrheitsregeln

Alle Mehrheitsentscheidungen, seien sie sach- oder personalbezogener Natur, bedürfen einer Bezugsgröße, da anderenfalls die Mehrheit oder zumindest die Pluralität (wovon?) nicht bestimmt werden könnte. Sowohl auf der Bundes- als auch auf der Landesebene dominiert als Bezugsgröße die gesetzliche Mitglieder- oder Stimmenanzahl.[47] Normativ eher selten ist im deutschen Staatsrecht als Richtgröße die Abstimmungs- oder Anwesenheitsmehrheit anzutreffen,[48] die vor allem bei einfachen und relativen Mehrheitsentscheidungen regelmäßig an ein Beteiligungsquorum in Form von Beschlussfähigkeitsregelungen gekoppelt ist. Ohne eine solche Verknüpfung würde die demokratische Legitimation bei zu geringer Anwesenheit entfallen. Darüber hinaus bedarf es bei Abstimmungsmehrheiten einer Regelung, wie mit ungültigen Stimmen und Enthaltungen

[44] Vgl. z.B. Art. 20 Abs. 1 S. 1 i.V.m. Art. 22 Abs. 1 S. 1 Verf. Schleswig-Holstein.

[45] Zum Problem der Stimmengleichheit s. *Thorsten Ingo Schmidt*, Die Entscheidung trotz Stimmengleichheit, in: JZ 2003, S. 133ff.

[46] *Roman Kaiser*, Mehrheitserfordernisse im Staatsrecht, in: JuS 2017, S. 221 (222).

[47] Paradebeispiel für die Mitgliedermehrheit ist die Wahl des Bundeskanzlers nach Art. 63 Abs. 2 S. 1 i.V.m. Art. 121 GG. Die Stimmenmehrheit kommt beim Bundesrat zum Zuge, vgl. Art. 52 Abs. 3 S. 1 i.V.m. Art. 51 Abs. 3 S. 1 GG.

[48] Auf die Abstimmungsmehrheit stellen z.B. Art. 42 Abs. 2 S. 1 GG bei Sachentscheidungen sowie Art. 44 Abs. 2 Verf. NRW und Art. 44 Abs. 1 i.V.m. Art. 23 Abs. 1 BayVerf. bei Personalentscheidungen ab. Anwesenheitsmehrheit sehen etwa § 80 Abs. 2 S. 1 und § 126 GOBT vor.

umgegangen wird. Während erstere stets unberücksichtigt bleiben, hängt die Behandlung von Enthaltungen vom Telos der konkreten Vorschrift ab.[49] Finden absolute oder qualifizierte Mehrheiten Anwendung, wird in aller Regel auf das Erfordernis einer Mindestanwesenheit verzichtet. Absolute und qualifizierte Quoren sind meistens mit der Bezugsgröße der gesetzlichen Mitglieder- oder Stimmenzahl kombiniert.[50]

4. Zwischenergebnis

Im Willensbildungs- und Entscheidungsprozess der bundesdeutschen Demokratie bildet der Grundwert »Gleichheit« den Maßstab und der Grundwert »Freiheit« das Ziel.[51] Mit Blick auf diese beiden Grundwerte findet die Mehrheitsregel als Entscheidungsprinzip zur größtmöglichen Annäherung an Gleichheit und Freiheit der Staatsbürger ihre Rechtfertigung.[52] Insgesamt zeigt sich, dass das Majoritätsprinzip in den Vertretungskörperschaften auf der Bundes- und der Landesebene vielfältig ausgestaltet ist. Von einfacher und relativer Mehrheit über absolute, qualifizierte und doppelt oder gar dreifach qualifizierte Mehrheiten ist im deutschen Verfassungsrecht alles zu finden. Auch die Bezugsgrößen und Quorenhöhen sind variantenreich. Anwendung finden die Richtgrößen der anwesenden oder abstimmenden Mitglieder oder die gesetzliche Mitglieder- oder Stimmenzahl. Typischerweise geht mit zunehmender Wichtigkeit eines Entscheidungsgegenstandes eine Verschärfung der zu erreichenden Mehrheitsquoren einher.[53] Durch die Erhöhung von Mehrheitsquorum und zugrundeliegender Bezugszahl steigt die Legitimierung von Sachentscheidungen. Zugleich wird dadurch ein erhöhter Minderheitenschutz garantiert und Missbrauch erschwert.[54] Bei Personalentscheidungen erfolgt die Reihung der Mehrheitsquoren indes eher in umgekehrter Richtung. Werden absolute Mehrheiten nicht erreicht, kann auch die einfache oder relative Mehrheit in späteren Wahlgängen genügen.

---

[49] Nach h.M. bleiben Stimmenthaltungen bei der Abstimmung im Bundestag gemäß Art. 42 Abs. 2 S. 1 GG unberücksichtigt, da nur so zur Geltung komme, dass sich enthaltende Abgeordnete gerade keine Meinung geäußert haben, vgl. nur *Martin Morlok*, in: Horst Dreier (Hrsg.), Grundgesetz-Kommentar, Band II, 3. Auflage 2015, Art. 42 Rn. 34 m.w.N. A.A. *Wolfram Höfling/Christian Burkiczak*, Das Mehrheitsprinzip im deutschen Staatsrecht – ein systematisierender Überblick, in: JURA 2007, S. 561 (565f.).

[50] Vgl. *Norbert Achterberg*, Die Grundsätze der parlamentarischen Verhandlung, in: DVBl. 1980, S. 512 (518).

[51] Treffend *Winfried Steffani*, Mehrheitsentscheidungen und Minderheiten in der pluralistischen Verfassungsdemokratie, in: ZParl 17 (1986), S. 569 (574).

[52] *Dreier*, Majoritätsprinzip, S. 94 (105); gleichsinnig *Scheuner*, Mehrheitsprinzip, S. 45ff.

[53] Vgl. *Helmuth Schulze-Fielitz*, Theorie und Praxis parlamentarischer Gesetzgebung – besonders des 9. Deutschen Bundestages (1980–1983), 1988, S. 444ff.

[54] *Magsaam*, Mehrheit entscheidet, S. 585.

III. Sonderfall des Bundeswahlrechts

1. Keine klar umgrenzte Bezugsgröße

Vor diesem Hintergrund nimmt sich das Wahlsystem zum Bundestag in mancherlei Hinsicht als ein Sonderfall aus. Eindeutig geht es dabei um die Personalauswahl oder, im Falle der Listenwahl, um die Auswahl von Gruppierungen. Für das Staatsvolk stellt sich in Wahlen – anders als nach dem Urvertrag *Rousseaus*[55] – jedenfalls keine Sach-, sondern nur eine individuelle oder gruppenprogrammbezogene Personalalternative.[56] Die Besonderheit des Bundeswahlrechts zeigt sich außerdem daran, dass es keine näher konturierte Bezugsgröße und keine Beteiligungsquoren kennt.[57] Wahlberechtigt sind nach Art. 38 Abs. 2 Hs. 1 GG alle deutschen Staatsbürger im Sinne von Art. 116 Abs. 1 GG, die am Wahltag das 18. Lebensjahr vollendet haben und die weiteren Voraussetzungen des § 12 BWahlG erfüllen. Eine Wahlpflicht der Berechtigten, die eine feststehende Bezugsgröße herstellen könnte, besteht nicht.[58] Auch ein Mindestquorum der an der Wahl Teilnehmenden oder Abstimmenden ist nicht vorgesehen. Damit bleibt der kollegiale Beschlusskörper »deutsches Staatsvolk« für die Technik der Personalentscheidung im Wahlrecht vergleichsweise unbestimmt. Festgelegt ist nur das Höchstmaß der Teilnehmer, nicht aber ein Mindestmaß.[59]

2. Verhältniswahl

Nach dem im Jahr 2023 novellierten Wahlrecht folgt die Sitzverteilung im Bundestag dem Grundsatz der Verhältniswahl, obgleich jeder Wähler – ebenso wie bei der früheren personalisierten Verhältniswahl – über zwei Stimmen verfügt (§ 1 Abs. 2 BWahlG). Die Anzahl der Abgeordneten, die eine Partei über die Landeslisten in den Bundestag entsenden darf, entspricht demjenigen Anteil an Zweitstimmen, der insgesamt auf die jeweilige Partei im gesamten Bundesgebiet entfällt. Im Einzelnen berechnet sich die proportionale Sitzverteilung nach den Vorgaben von §§ 4 und 5 BWahlG. Für die Verhältniswahl spricht, dass sie die zu vergebenden Mandate proportional gemäß der zugrundeliegenden Stimmen-

---

[55] *Jean-Jacques Rousseau*, Du contrat social, ou principes du droit politique, in: Collection complète des oeuvres, 1780–1789, Band 1, Buch I, Kap. 6.

[56] Vgl. *Christoph Gusy*, Das Mehrheitsprinzip im demokratischen Staat, in: AöR 106 (1981), S. 329 (331 f., 348).

[57] Im Ansatz ähnlich *R. Schmidt*, Mehrheitsprinzip, S. 405 (406).

[58] Die Einführung einer Wahlpflicht im Sinne einer obligatorischen Wahlbeteiligung wäre auch nicht unproblematisch, vgl. *Horst Dreier*, Das Demokratieprinzip des Grundgesetzes, in: JURA 1997, S. 249 (254).

[59] Ständig sinkende Wahlbeteiligungen könnten jedoch künftig Quoren zur Feststellung materieller Legitimation erforderlich werden lassen, vgl. *Julian Krüper*, Das Glück der größten Zahl – Zum Mehrheitsprinzip als Funktionsregel im Verfassungsstaat, in: ZJS 2009, S. 477 (483).

anteile verteilt und sich anders als die Mehrheitswahl nicht auf die Gewährleistung des gleichen Zählwertes beschränkt. Dies führt zu einer weitgehend spiegelbildlichen Wiedergabe der Stärkeverhältnisse im Parlament.[60] Lediglich die Sperrklausel des § 4 Abs. 2 S. 2 Nr. 2 BWahlG, die wegen des Wegfalls der Grundmandatsklausel in ihrer Höhe oder bundesweiten Reichweite fragwürdig ist,[61] verhindert die Gleichsetzung von Zähl- und Erfolgswertgleichheit der Wählerstimmen, um die Funktionsfähigkeit des Bundestages zu garantieren.

3. Mehrheitswahl in den Wahlkreisen

Im bis zum Inkrafttreten des BWahlG 2023 geltenden System der personalisierten Verhältniswahl war die Mehrheitswahl in den Wahlkreisen durch die Erststimme legitimatorisch eigenständig.[62] In jedem Wahlkreis wurde ein Abgeordneter gewählt. Das Mandat erhielt nach § 5 S. 2 BWahlG a. F. jeweils diejenige Person, die die meisten Stimmen im Wahlkreis auf sich vereinigte. Maßstab war die Zahl der abgegebenen Stimmen, nicht die Zahl der im jeweiligen Wahlkreis Stimmberechtigten. Die auf diese Weise gewählten Bewerber zogen direkt in den Bundestag ein. Über die Erststimme wurden damit bisher – personenbezogen – konkrete Bewerber nach dem relativen Mehrheitsprinzip gewählt.

Anders als die Besetzung einzelner Ämter, wie z. B. diejenigen von Bundeskanzler und Bundespräsident, bei denen das Vorliegen einer absoluten Mehrheit das primär gewünschte Ziel darstellt, begnügt sich die Konstitution parlamentarischer Gremien – sofern das Mehrheitswahlrecht einschlägig ist – typischerweise von vornherein mit der relativen Mehrheit. Der Grund hierfür liegt wohl darin, dass das tatsächliche Ergebnis, also die Mandatsverteilung, als Ausdruck des politischen Gesamtwillens des Wahlvolkes schnellstmöglich und ohne weitere Wahlgänge ermittelt werden soll.[63] Daher war die relative Mehrheitswahl nach § 5 S. 2 BWahlG a. F. nicht an weitere Bedingungen gekoppelt. Zwar sah auch das alte Wahlrecht in der endgültigen Berechnung der Sitzverteilung eine Kombination zwischen relativer Mehrheits- und Verhältniswahl vor. So wurden die Mehrheitsverhältnisse im Bundestag anhand der auf die einzelnen Parteien entfallenden Zweitstimmenanteile bestimmt. Bei der konkreten Besetzung der Sitze spielte die Erststimme eine gewisse Rolle. Nicht berücksichtigt wurden gemäß § 6 Abs. 1 S. 2 BWahlG a. F. die Zweitstimmen derjenigen Wähler, die ihre

---

[60] Vgl. dazu nur *Hofmann/Dreier*, Repräsentation, § 5 Rn. 35–37 m. w. N.

[61] Vgl. Fn. 15.

[62] Wie hier *Bernd Grzeszick*, Ausschuss-Drucks. 20(4)171 F, S. 10; a.A. *Rennert*, Abschaffung, S. 3410 (3412).

[63] Ähnlich *Krüper*, Glück der größten Zahl, S. 477 (480); vgl. auch *Heinz Josef Varain*, Die Bedeutung des Mehrheitsprinzips im Rahmen unserer politischen Ordnung, in: ZfP 11 (1964), S. 239 (243).

Erststimme für einen im Wahlkreis erfolgreichen Bewerber abgegeben hatten.[64] Allerdings verblieben der Partei die in den Wahlkreisen aufgrund der Mehrheitswahl errungenen Sitze in jedem Fall, also auch dann, wenn sie die nach § 6 Abs. 2, 3 BWahlG a. F. ermittelte Anzahl an Sitzen überstieg, die der Partei aufgrund der Zweitstimmenverteilung in den Ländern zugestanden hätte (vgl. § 6 Abs. 4 S. 2 BWahlG a. F.). Gewann eine Partei also mehr Direktmandate über die Erststimme als ihr nach der Zweitstimmenverteilung in einem Land Sitze zustanden, verblieben ihr auch ebenjene »überzähligen« Sitze.[65] Der vom BVerfG geforderte Ausgleich dieser Überhangmandate für die übrigen Parteien[66] erfolgte über § 6 Abs. 5, 6 BWahlG a. F. mit dem Ziel, das bundesweite Verhältnis der Verteilung der Zweitstimmen auf die Parteien möglichst genau in der Sitzverteilung des Bundestages widerzuspiegeln.

Wenngleich also nach dem bisherigen Wahlrecht bei der Berechnung von Sitzverteilung und Mandatszuteilung eine Verknüpfung zwischen Mehrheits- und Verhältniswahl durchgeführt wurde, galt dies gerade nicht für die Erfolgschance der Erststimme. Diese war vielmehr von der Zweitstimme losgelöst. Das novellierte Wahlrecht verkoppelt durch die »verbundene Mehrheitsregel« indes die relative Mehrheitswahl in den Wahlkreisen schon von vornherein und zwingend mit dem Ausgang der Verhältniswahl. Anders als die tradierten Bezugsgrößen und Quorenhöhen, die bei Sach- und Personalentscheidungen aufgrund der Mehrheitsregel schon bei der Stimmabgabe feststehen, werden die Wähler angesichts der neu eingeführten variablen Richtgröße des (erst später ermittelbaren) Ausgangs der Verhältniswahl über die Erfolgsmöglichkeit ihrer Erststimmenabgabe im Unklaren gelassen.[67] Infolge der konditionalen Verknüpfung von Erst- und Zweitstimme besteht zudem das Risiko, dass der nach der Wahlkreiswahl Erstplatzierte kein Mandat erhält und das Majoritätsprinzip insoweit legitimatorisch leerläuft. Ferner zwingt der Modus der Stimmabgabe den Wähler, will er die Erfolgschance seiner Wahlkreisstimme bestmöglich einplanen, auf eine gleichlautende Parteienwahl bei der Abgabe seiner Listenstimme. Dadurch wird ein Stimmensplitting strategisch erschwert, und die Wahl ist nicht mehr völlig frei.

Nachteilig tritt hinzu, dass das neue Wahlrecht die unausweichliche Verbindung zwischen Listen- und Wahlkreisstimme den Wählern nicht hinreichend

---

[64] Vgl. *Henner Jörg Boehl*, in: Wolfgang Schreiber (Hrsg.), BWahlG, Kommentar, 11. Auflage 2021, § 6 Rn. 2.

[65] *Stefanie Schmahl*, in: Philipp Austermann/Stefanie Schmahl (Hrsg.), Abgeordnetenrecht, 2. Auflage 2023, § 1 Rn. 29.

[66] Vgl. BVerfGE 131, 316 (368 ff.).

[67] Vgl. *Schmahl*, Wahlsystem, S. 180 (185 f.); ähnlich *Heinrich Lang*, Wahlrecht – Das Kappungsmodell als Systemänderung oder -bruch?, in: ZRP 2023, S. 56 (57). A. A. *Sophie Schönberger*, Sturm im Wasserglas: Das neue Bundeswahlgesetz auf dem Prüfstand der Verfassung, in: NVwZ 2023, S. 785 (788).

offenlegt. Da es weiterhin auf Erst- und Zweitstimme aufbaut, verschleiert das BWahlG 2023, dass allein die Verhältniswahl entscheidet und die Wahlkreiswahl keine echte (relative) Mehrheitswahl mehr ist, sondern nur noch eine »Chance auf ein Mandat« im Sinne einer Vorauswahl von Bewerbern in der Konkurrenz um Listenmandate.[68] Das BVerfG unterstreicht aber zu Recht, dass das Wahlrecht die wichtigste staatsbürgerliche Teilhabeform zur Ausübung der Staatsgewalt sei und es deshalb so formuliert werden müsse, dass die Mehrheit der wahlberechtigten Staatsbürger in der Lage sei, es in seinen Voraussetzungen und Wirkungen nachzuvollziehen.[69] Die Vorhersehbarkeit und Berechenbarkeit des Wahlrechts sind nicht nur ein Gebot der Rechtsstaatlichkeit und der politischen Praktikabilität, sondern auch legitimatorische Bedingung für die Akzeptanz bei den Bürgern.[70] Dementsprechend hat das BVerfG die »im Wahlrecht in besonderem Maße gebotene Rechtsklarheit« verschiedentlich betont.[71]

Dass das BVerfG in seiner Entscheidung vom November 2023 zum Bundeswahlrecht 2020 hervorhebt, die erforderliche Bestimmtheit von §§ 6, 48 BWahlG a. F. richte sich primär an die mit der Durchführung der Wahl beauftragten Staatsorgane und nicht unmittelbar an die Wahlberechtigten,[72] widerspricht diesem Befund nicht. §§ 6, 48 BWahlG a. F. sind vorrangig Regelungen des mathematisch komplizierten Sitzzuteilungsverfahrens, die sich vor allem an die Wahlorgane als Rechtsanwender richten.[73] Die »verbundene Mehrheitsregel« adressiert jedoch zuvörderst die Wähler, die Erst- und Zweitstimme zeitgleich abgeben, ohne bei der Stimmabgabe auch nur erahnen zu können, in welchem Umfang sich die in § 6 Abs. 1 BWahlG vorgesehene Zweitstimmenverknüpfung auf die Erfolgschance ihrer Erststimme auswirkt. Angesichts dieser durchaus elementaren Änderung des Wahlsystems können die Wähler auch nicht auf Erfahrungen und die Praxis vorangegangener Wahlen für das Verständnis der Neuregelung zurückgreifen – ein Argument, auf das der Zweite Senat für die Annahme der hinreichenden Rechtsklarheit von §§ 6, 48 BWahlG a. F., der keinerlei Systemmodifikation bewirkt hatte, wesentlich rekurriert.[74] Denn auch »Normumfeld, Regelungsgeschichte und Verfassungswirklichkeit« prägen die Bestimmtheit einer Norm.[75] Es ist zweifelhaft, ob die Mehrheitsregel bei Personalentscheidungen vom Gesetzgeber mit Bedingungen versehen werden darf,

[68] In der Begründung ähnlich, im Ergebnis anders *Fabian Michl/Johanna Mittrop*, Abschied von der Personenwahl: Der Entwurf der Ampelkoalition zur Wahlrechtsreform, Verfassungsblog v. 17. Januar 2023, https://verfassungsblog.de/abschied-von-der-personenwahl/.

[69] BVerfGE 121, 266 (316); 131, 316 (343 f.).

[70] Vgl. BT-Drucks. 20/3250, S. 13.

[71] BVerfGE 79, 161 (168), 121, 266 (316); 122, 304 (311).

[72] BVerfG, Urt. v. 29. November 2023, 2 BvR 1/21, Rn. 150 ff.

[73] Kritisch hierzu die abweichende Meinung der Vizepräsidentin *König* sowie der Richter *Müller* und *Maidowski* zu BVerfG, Urt. v. 29. November 2023, 2 BvR 1/21.

[74] BVerfG, Urt. v. 29. November 2023, 2 BvR 1/21, Rn. 157.

[75] BVerfG, Urt. v. 29. November 2023, 2 BvR 1/21, Rn. 156.

die der Wähler bei Abgabe seiner Stimmen nicht erkennen und daher auch nicht in seine Auswahlentscheidung einbeziehen kann.

Nicht zuletzt wird mit der Einführung der »verbundenen Mehrheitsregel« der mit der Wahlkreisstimme verfolgte Zweck konterkariert. Denn die Wahlkreisstimme soll zum einen eine direkte Verbindung zwischen Wähler und Abgeordneten schaffen und stärken sowie der (inzwischen spürbar zunehmenden) Politikverdrossenheit entgegenwirken.[76] Zum anderen bildet die personenbezogene Erststimme ein Korrektiv zur dominierenden Stellung der Parteien, die in den starren Landeslisten (vgl. § 27 Abs. 1 BWahlG) zum Ausdruck kommt.[77] Nach dem BWahlG 2023 gewinnen indes Stellung und Einflussnahme der politischen Parteien über die Listenwahl, die mit der Zweitstimme verbunden ist, erheblich an Gewicht.

IV. Fazit

Es besteht kein Zweifel daran, dass zu den fundamentalen Funktionselementen des grundgesetzlichen Demokratieprinzips die Mehrheitsregel gehört.[78] Diese lässt sich jedoch nicht beliebig definieren.[79] Der gesetzgeberische Spielraum erstreckt sich zwar darauf, dass er die Mehrheitsregel als einfache, relative, absolute oder (mehrfach) qualifizierte Mehrheit ausgestalten und die quantitativen Bezugsgrößen festsetzen kann.[80] Eine auf den in der Verhältniswahl erzielten Proporz konditionierte Mehrheitsregel ist dem Demokratieprinzip aber fremd.[81] Wie zutreffend bemerkt worden ist, ist das wesentliche Merkmal eines demokratischen Abstimmungsmodus seine strukturelle Indifferenz. Damit der Wählerwille nicht verfälscht wird, darf der Wahlmechanismus keine eingebaute Tendenz zu der einen oder anderen Alternative enthalten.[82]

Das neue Wahlrecht fügt den im deutschen Verfassungsrecht bestehenden Ausprägungen des Majoritätsprinzips eine bislang unbekannte »verbundene Mehrheitsregel« hinzu, die mit dem Telos des Mehrheitsprinzips – demokratische Legitimitätsstiftung und Sicherstellung der Folgebereitschaft der unterle-

---

[76] Vgl. BVerfGE 131, 316 (365 f.).

[77] Vgl. BVerfGE 95, 335 (352 f.); 131, 316 (365 f.).

[78] Vgl. BVerfGE 44, 125 (141).

[79] Vgl. *Matthias Friehe*, Gewählt ist der Letztplatzierte?, in: FAZ Einspruch (online) v. 31. Mai 2022, https://www.faz.net/einspruch/einspruch-exklusiv-gewaehlt-ist-der-letztplatzierte-18071651.html. Vgl. auch *Alexander Dütz*, Gibt es eine alternative Mehrheit?, in: ZRP 2017, S. 247 (248).

[80] Vgl. *Michael Sachs*, in: ders. (Hrsg.), Grundgesetz, Kommentar, 9. Auflage 2021, Art. 20 Rn. 24.

[81] Ohne nähere Begründung a.A. *Schönberger*, Sturm im Wasserglas, S. 787.

[82] *Wolfgang Fach*, Demokratie und Mehrheitsprinzip, in: ARSP 61 (1975), S. 201 (220).

genen Minderheit[83] – nur schwerlich in Einklang zu bringen ist. Denn bei der Wahlkreiswahl entscheidet ab sofort nicht mehr die (relative) Mehrheit, sondern vorwiegend der sich aus der Verhältniswahl ergebende Proporz, ohne dass dies für den Wähler bei der Abgabe von Erst- und Zweitstimme hinreichend ersichtlich wird. Die Vorteile eines Mischsystems zwischen Verhältnis- und Mehrheitswahl[84] werden hierdurch nahezu vollständig aufgegeben, obgleich andere – verfassungskonforme – Alternativen für eine Modernisierung des Bundeswahlrechts zur Verfügung gestanden hätten.[85] Auch wenn über das Bundeswahlrecht gemäß Art. 38 Abs. 3 GG formal mit einfacher Mehrheit beschlossen werden kann, werden hiermit doch substanziell gewichtige Weichen für die repräsentative Demokratie gestellt.[86] Daher wäre ein parteiübergreifender Konsens bei seiner Änderung sinnvoll, ja politisch erforderlich gewesen. Nicht in allen Fragen des Organisationsverfassungsrechts erweist sich die normativ vorgesehene einfache Mehrheitsregel als goldener Weg.

[83] *Dreier*, Majoritätsprinzip, S. 94 (117).

[84] Vgl. nur *Peter Badura*, Machtbehauptung durch Mehrheitswahl, in: Politikon – Göttinger Studentenzeitschrift für Niedersachsen 7 (1967), S. 11 (11 f.).

[85] Zu denken ist etwa an eine Verhältniswahl mit offener Liste (Einstimmensystem mit der Möglichkeit der Kumulation) oder an ein asymmetrisches Zwei-Stimmen-System, das auf dem Grabenwahlrecht beruht, aber die Balance zwischen den Sitzanteilen der Verhältnis- und der Mehrheitswahl in Richtung Verhältniswahl verschiebt; zu Letzterem *Bernd Grzeszick/Rudolf Mellinghoff/Stefanie Schmahl*, Kommissions-Drucks. 20(31)027.

[86] *Ernst-Wolfgang Böckenförde*, Demokratie als Verfassungsprinzip, in: Josef Isensee/Paul Kirchhof (Hrsg.), Handbuch des Staatsrechts, Band II, 3. Auflage 2004, § 24 Rn. 54 f.

Mehr als Gesetzesgehorsam wird nicht verlangt

*Reiner Schmidt**

I. Vom Schwinden der Demokratie

Unter dem dramatischen Titel »Wie Demokratien sterben« haben die Autoren *Steven Levitsky* und *Daniel Ziblatt* einen Weltbestseller geschrieben.[1] Das Buch befasst sich schwerpunktmäßig mit den USA. Es enthält aber auch allgemeine Lehren, vor allem im Kapitel »Leitplanken der Demokratie«. Zurückhaltender nennt *Horst Dreier* seinen Beitrag im Rahmen einer Vortragsreihe der Siemens-Stiftung über die Zukunft der Demokratie »Vom Schwinden der Demokratie«.[2] Er ist primär auf die Lage der Bundesrepublik in Europa bezogen.

Im Folgenden wird versucht, die Entwicklung der Demokratie und des Parlamentarismus in der Bundesrepublik im weltweiten Zusammenhang unter besonderer Einbeziehung des Werks von *Horst Dreier* zu sehen. Schon vorweg sei gesagt, dass *Dreier* die Hauptprobleme der Demokratie nicht in einem »Verfall der politischen Kommunikation« (so aber *Colin Crouch*) sieht und auch nicht im Existenzkampf einer »wilden Demokratie« gegen ein verhasstes repräsentatives System. Weder ein »drastischer Mangel an Responsivität« noch ein allgemeiner Verfall der öffentlichen Diskussion seien zu erkennen. Stattdessen benennt und erläutert *Dreier* Abwanderungsprobleme, vor allem durch Internationalisierung, Europäisierung und Privatisierung, die sinkende Wahlbeteiligung, die Entparlamentarisierung, die Missachtung des Gesetzesvorrangs und die Vernachlässigung der Forumsfunktion des Parlaments.[3] Im Einzelnen kann nicht auf alle diese wichtigen Einzelprobleme eingegangen werden, sie sollen aber Anlass zu einer schwerpunktmäßigen Behandlung des Zustands und der Zukunft unserer Demokratie sein.

---

* Für die sehr sorgfältige Betreuung des Manuskripts danke ich herzlich Frau *Sophie Borchert*, wissenschaftliche Assistentin von Prof. *Martin Kment*, Juristische Fakultät der Universität Augsburg.

[1] *Steven Levitsky/Daniel Ziblatt*, How Democracies Die, London 2018.

[2] *Horst Dreier*, Vom Schwinden der Demokratie, in: Friedrich Wilhelm Graf/Heinrich Meier (Hrsg.), Die Zukunft der Demokratie, München 2018, S. 29–81.

[3] *Dreier*, Schwinden der Demokratie, S. 41 ff.

II. Die weltweite Vertrauenskrise

Unter konstitutionellen Demokratien sind Staaten zu verstehen, zu deren Grundlagen freie Wahlen, Mitwirkungsrechte, insbesondere die Meinungsfreiheit, Versammlungsrechte, die Herrschaft des Rechts einschließlich der Möglichkeit der gerichtlichen Kontrolle gerechnet werden. Nach neuerem Verständnis wird dabei Recht nicht nur in seiner begrenzenden Funktion, sondern als inhaltliches Programm und als Leitlinie für die weitere Entwicklung verstanden.

Weltweit gesehen befindet sich diese Art von konstitutionellen Demokratien im Niedergang, zumindest in der Krise.[4] In den Beiträgen des von *Uwe Volkmann* besprochenen Sammelbandes finden sich alarmierende Erkenntnisse wie die, dass heute »die Blaupause der guten Gesellschaft nicht mehr in der konstitutionellen Demokratie, sondern in anderen autoritären Ordnungsmodellen« gesehen wird. Man erhoffe sich die Erfüllung der Versprechen, die man der konstitutionellen Demokratie nicht mehr abnehme, von Modellen wie dem russischen, dem türkischen oder dem ungarischen.[5] Die von *Volkmann* behandelten 28 Länderberichte lassen auf eine tiefere und grundlegende Erschütterung, auf eine Vertrauenskrise schließen, welche an »die innersten Legitimationsgründe des Projekts eines demokratischen Konstitutionalismus« rühre.[6] Als Alarmzeichen werden der weltweite Rückgang der Wahlbeteiligung, die Schwächung der politischen Parteien und die neuen Populismen gesehen. Institutionen wie Medien und Parteien pflegten einen neuen Kult der Unmittelbarkeit und förderten die Polarisierung der Gesellschaft. Man fühle sich mit dem eigenen Anliegen im demokratischen System nicht mehr ausreichend repräsentiert. Die spezifische Krankheit des *constitutional rot*, einer inneren Auszehrung, sei auch auf die wachsende ökonomische Ungleichheit und auf offenkundiges Politikversagen zurückzuführen. Es könnte sein, dass wir in einer ersten wirklichen Krise steckten, weil die Verkopplung von Demokratie und Verfassung nicht mehr funktioniere. Das gemeinsame Projekt der demokratischen Selbstbestimmung gründe sich letztlich auf die universalen Werte, die zur gesamten Menschheit hin offenen Werte der Verfassung. Gleichzeitig meldeten sich heute verdrängte Bindekräfte der Religion zurück wie ein konservativer Katholizismus, ein militanter Hindunationalismus, eine Rückkehr zu den islamischen Wurzeln und

---

[4] Vgl. die Sammelrezension von *Uwe Volkmann*, Krise der konstitutionellen Demokratie?, in: Der Staat 58 (2019), S. 643–658 (644) m. w. N. in Fn. 7, darunter die bereits genannte Monographie von *Levitsky/Ziblatt*, How Democracies Die. Besonders ergiebig der Sammelband von Mark A. Graber/Sanford Levinson/Mark Tushnet (Hrsg.), Constitutional Democracy in Crisis?, New York 2018.

[5] Vgl. *Volkmann*, Krise, S. 648.

[6] So *Volkmann*, Krise, S. 649.

die Pflege orthodoxer jüdischer Traditionen.[7] Man könnte darin einen Aufstand gegen die Säkularisierung sehen und damit auch gegen moderne Verfassungen, die Staat und Kirche trennen oder zumindest auf Distanz halten.

Die zwei ungeschriebenen Grundnormen für das Funktionieren einer Demokratie, so sehen es *Steven Levitsky* und *Daniel Ziblatt*, seien gegenseitige Achtung und institutionelle Zurückhaltung. Unter Zurückhaltung sei geduldiges, selbstbeherrschtes, nachsichtiges und tolerantes Verhalten zu verstehen. Man könne sich darunter ein Unterlassen von Handlungen vorstellen, die den Buchstaben der Gesetze genügten, ihren Geist aber offensichtlich verletzen.[8] Ähnlich ist bei *Hans Kelsen* Demokratie eine Respektkultur:

> »Es ist der tiefste Sinn des demokratischen Prinzips, daß das politische Subjekt die Freiheit, auf die es abzielt, nicht nur für sich selbst, sondern auch für die andern, daß das Ich die Freiheit auch für das Du will, weil das Ich das Du als wesensgleich empfindet. Eben darum muss die Idee der *Gleichheit* zu der Idee der Freiheit, diese beschränkend, hinzutreten, damit demokratische Gesellschaftsform zustande kommen kann.«[9]

Die zentrale Lektion der Pandemie kann darin gesehen werden, dass die Demokratie ihre Selbstverständlichkeit verloren hat. Die Pandemie wirkte nur als Katalysator. Die aus ihr gewonnenen Erkenntnisse sind verallgemeinerungsfähig und -bedürftig.

Besorgniserregend viele Menschen sind an der Demokratie irregeworden. Besonders bedenklich ist, dass Menschen, die in freien politischen Verhältnissen leben, ohne Zwang politische Kräfte, die diese Freiheit beseitigen wollen, wählen.[10] Dies zeigt sich auch daran, dass Demokratie als Lebensform, als selbstverständlich gemeinsam geteilter Raum der Gesellschaftsgestaltung an Ansehen eingebüßt hat. Die Kultur der Gleichheit, die Kultur von Gleichen in Einsichtsfähigkeit und Rechte, dieser Rahmen an Gemeinsamkeit ist nicht mehr national. Das macht das Fällen gemeinsamer Entscheidungen und deren Durchsetzung schwieriger. Zu fragen ist, wie die notwendige Gemeinsamkeit gewonnen werden kann?[11]

---

[7] *Volkmann*, Krise, S. 656 f. unter Berufung auf *Jack M. Balkin*, Constitutional Crisis and Constitutional Rot, in: Mark A. Graber/Sanford Levinson/Mark Tushnet (Hrsg.), Constitutional Democracy in Crisis?, New York 2018, S. 13–28.

[8] Vgl. *Steven Levitsky/Daniel Ziblatt*, Wie Demokratien sterben, München 2018, S. 125 der deutschsprachigen Ausgabe. Siehe für die englischsprachige Fassung Fn. 1.

[9] *Hans Kelsen*, Wissenschaft und Demokratie (1937), in: ders., Verteidigung der Demokratie, hrsgg. von Matthias Jestaedt/Oliver Lepsius, Tübingen 2006, S. 238–247 (238 f.) (Hervorhebung im Original).

[10] So mit Beispielen *Matthias Mahlmann*, Demokratie im Notstand?, in: VVDStRL 80 (2021), S. 69–100 (97). Grundsätzlich und eindrucksvoll *Anne Applebaum*, Die Verlockung des Autoritären, 2. Auflage München 2021.

[11] Vgl. *Mahlmann*, Demokratie im Notstand?, S. 99.

III. Die Notwendigkeit von Homogenität

Es wird nicht genügen, Demokratie formal als die Möglichkeit von Mehrheitsentscheidungen durch das Volk zu betrachten, sondern es ist tiefergehend danach zu fragen, welche materiellen Rahmenbedingungen gegeben sein müssen, um Demokratie zu konstituieren und auf Dauer zu bewahren. Nach *Ernst-Wolfgang Böckenförde* geht es um ein Wir-Gefühl, das sich darin zeige, »dass mental wie auch emotional dasjenige, was die anderen betrifft, auch mich angeht, nicht von der eigenen Existenz getrennt wird. Auf dieser Grundlage kommt es – Ausdruck von Solidarität – zur Anerkennung gemeinsamer Verantwortung von Einstandspflichten und wechselseitiger Leistungsbereitschaft«. Entscheidend sei das Bewusstsein, eine Gemeinschaft zu bilden, an ihr in guten und schlechten Zeiten teilzuhaben.[12]

Es geht um den Zusammenhalt und um die Handlungsfähigkeit von Gemeinschaften, die sich durch die Opferbereitschaft ihrer Mitglieder bilden, was sich vor allem in Krisenzeiten zeige. Im Gegensatz dazu sind Gesellschaften nur die Agglomeration von sozialen Klassen. Gerade in Demokratien ist eine grundsätzliche Opferbereitschaft der Bürger gefordert, weil diese im Gegensatz zu anderen Systemen auf der Basis kollektiver Willensentscheidungen beruhen. Die Grundfrage hierbei ist, ob ein Bürgerbegriff zugrunde liegen muss, der sich primär am Gemeinwohl orientiert,[13] oder ob mit *Horst Dreier* gesagt werden kann: »Mehr als Gesetzesgehorsam wird nicht verlangt.«[14]

Damit ist eine der Grundlagen des freiheitlichen Verfassungsstaates angesprochen. Schließt das Freiheitsprinzip der Verfassung wirklich »jede rechtliche Inanspruchnahme des Menschen für letzte Güter, Ziele, Zwecke oder Werte aus, die ihn übersteigen«, wie dies *Hasso Hofmann* formuliert,[15] oder muss es ein »Minimum eines an der Idee eines Gemeinwohls ausgerichteten Gemeinschaftsdenken geben, das unerlässlich ist, um einen pluralistischen Staat lebensfähig zu erhalten«?[16]

---

[12] So *Ernst-Wolfgang Böckenförde*, Europa und die Türkei, in: ders., Wissenschaft, Politik, Verfassungsgericht, Berlin 2011, S. 281–298 (289f.).

[13] So *Egon Flaig*, Wie entscheidungsfähig sind Demokratien? Historische Rückbesinnung auf Gemeinwohl und politische Kohäsion, in: Friedrich Wilhelm Graf/Heinrich Meier (Hrsg.), Die Zukunft der Demokratie, München 2018, S. 121–169 (126).

[14] *Horst Dreier*, Säkularisierung und Sakralität. Zum Selbstverständnis des modernen Verfassungsstaates, Tübingen 2013, S. 34.

[15] *Hasso Hofmann*, Verfassungsrechtliche Annäherungen an den Begriff des Gemeinwohls, in: Herfried Münkler/Karsten Fischer (Hrsg.), Gemeinwohl und Gemeinsinn im Recht. Konkretisierung und Realisierung öffentlicher Interessen, Berlin 2002, S. 25–41 (28f.).

[16] *Ernst Fraenkel*, Die Wissenschaft von der Politik und die Gesellschaft (1963), in: ders., Reformismus und Pluralismus. Materialien zu einer ungeschriebenen politischen Autobiographie, hrsgg. von Falk Esche/Frank Grube, Hamburg 1973, S. 337–353 (346).

Das Gemeinwohl ist in der Demokratie nicht a priori vorgegeben, sondern muss in einem Diskussionsprozess erst gefunden werden. Nach *Ernst Fraenkel* allerdings bewegen sich die Diskussionen im Rahmen »einer vorgegebenen Wertordnung«.[17] Ein »consensus omnium« aus gemeinsamer Sprache, Kulturbewusstsein, Tradition, Abstammung und Verfassungsvorstellungen, Übereinstimmung im ökonomischen Verhalten, eingeschliffene Verhaltensweisen, umfassende Verfahrens- und Verhaltensregeln, aber auch politische und soziale Prinzipien wie Volkssouveränität, Gleichheit vor dem Gesetz, traditionelle Freiheitsrechte und Überparteilichkeit der Justiz werden unter dem Begriff »Homogenität« verstanden. Sie sei die Basis für einen originären oder gemeinen Gesamtwillen. Bedarf es dieser Homogenität, oder können wir es bei dem Gesetzesgehorsam von *Horst Dreier* belassen? Eliminierte man die Faktoren Sprache und Geschichtsbewusstsein, dann bliebe nach der Meinung von *Egon Flaig* nur eine »unkultivierte Masse von taubstummen Konsumenten und Produzenten«.[18]

Ähnlich fragt *Böckenförde*, woraus der Staat lebe, worin er »die ihn tragende homogenitätsverbürgende Kraft und die inneren Regulierungskräfte der Freiheit [finde], deren er bedarf, nachdem die Bindungskraft der Religion für ihn nicht mehr essentiell ist und sein kann«?[19] Homogenität bezieht *Böckenförde* auf die Gesellschaft. Der freiheitliche Staat könne Homogenität nicht erzwingen, weil er einen Totalitätsanspruch stellen müsse, der ihn unglaubwürdig mache. Seine Aufgabe bestünde nur in der »Gewährleistung der Rahmenordnung als notwendige Regelung gesellschaftlicher Freiheit«.[20] Zu dieser Rahmenordnung gehöre, dass der Staat die Verantwortung für die Erhaltung der Gesellschaft trage, »auch die Garantie der sozialen Voraussetzungen zur Realisierung der Freiheit«.[21] Vereinfacht gesagt ist für *Böckenförde* diese Homogenität nichts anderes als die gemeinsame Vorstellung, wie man zusammen leben will. Wegen der Ausdifferenzierung der modernen Gesellschaft in Teilsysteme, die ihrer eigenen Funktionslogik folgen, bedürfe es zur Erhaltung der Steuerungsfähigkeit des politischen Systems der Demokratie ethischer Voraussetzungen bei den Bürgern und politischen Amtsträgern.[22] Zu diesen gehörten der Verzicht

---

[17] *Ernst Fraenkel*, Strukturdefekte der Demokratie und deren Überwindung (1964), in: ders., Deutschland und die westlichen Demokratien, 7. Auflage Stuttgart 1979, S. 48–68 (63 f.).

[18] *Flaig*, Wie entscheidungsfähig sind Demokratien?, in: Graf/Meier (Hrsg.), Die Zukunft der Demokratie, 2018, S. 121 (135, 144).

[19] *Ernst-Wolfgang Böckenförde*, Die Entstehung des Staates als Vorgang der Säkularisation, in: Säkularisation und Utopie. Ebracher Studien, Festschrift Ernst Forsthoff zum 65. Geburtstag, Stuttgart 1967, S. 75–94 (92).

[20] *Ernst-Wolfgang Böckenförde*, Die Bedeutung der Unterscheidung von Staat und Gesellschaft im demokratischen Sozialstaat der Gegenwart (1972), in: ders., Recht, Staat, Freiheit, Frankfurt a. M. 2006, S. 209–243 (228).

[21] *Böckenförde*, Bedeutung der Unterscheidung, S. 232.

[22] *Ernst-Wolfgang Böckenförde*, Demokratie als Verfassungsprinzip, in: Josef Isensee/Paul Kirchhof (Hrsg.), Handbuch des Staatsrechts der Bundesrepublik Deutschland, Band II: Verfassungsstaat, 3. Auflage Heidelberg 2004, § 24 Rn. 74 ff.

auf einen ideologischen Absolutheitsanspruch, Offenheit für Argumentation und Kompromiss, Loyalität gegenüber Mehrheitsentscheidungen und die Anerkennung demokratischer Spielregeln. Verkürzt gesagt geht es um das Gemeinwohl, das der normative Bezugspunkt politischer Entscheidungen sein müsse.[23] Dabei handelt es sich um »vorrechtliche Voraussetzungen«.[24] Für das Bundesverfassungsgericht sind das »auch kulturelle Fragen wie die Verfügung über die Sprache, die Gestaltung der Familien- und Bildungsverhältnisse, die Ordnung der Meinungs-, Presse- und Versammlungsfreiheit oder der Umgang mit dem religiösen oder weltanschaulichen Bekenntnis«.[25] Die Grundfrage hierbei ist, ob der Verfassungsstaat seine Existenz solchen vorkonstitutionellen Elementen verdankt, wie dies die Formulierung des Bundesverfassungsgerichts vermuten lässt, ob dem Staat »an sich« jede Wirklichkeit abzusprechen ist.[26]

Letztlich kann diese philosophische Grundfrage in unserem Zusammenhang offenbleiben, wenn man wie *Jürgen Habermas* »lediglich legales Verhalten zur Pflicht machen, also die Motive für regelkonformes Verhalten *freistellen*« muss.[27] Oder anders: Wir landen wieder bei *Horst Dreier*, der kürzer und klarer als alle anderen gesagt hat: »Mehr als Gesetzesgehorsam wird nicht verlangt.«[28] Bei dieser Sicht sind Gemeinschaftswerte wie die genannten zwar wichtige, unverzichtbare Voraussetzungen für die Demokratie, sie können aber nicht vom Staat verbindlich verordnet werden. Nach dem berühmten vielzitierten Diktum von *Böckenförde* lebt der freiheitliche, säkularisierte Staat von Voraussetzungen, die er selbst nicht garantieren kann. Will man den eingangs geschilderten Fehlentwicklungen entgegenwirken, dann darf weniger auf rechtlichen Zwang als auf bürgerliches Wohlverhalten abgestellt werden, das wiederum von politischer, auch rechtspolitischer Steuerung abhängt. Praktisch gesehen heißt dies, es wäre naiv, Staaten ohne demokratische Tradition die demokratische Staatsform implantieren zu wollen. Es kann vielmehr nur darum gehen, mit Augenmaß die Voraussetzungen für demokratische Entwicklungen zu schaffen.

IV. Die Bedeutung des Parlaments

Zum »Schwinden der Demokratie« gehört vor allem das Phänomen der Entparlamentarisierung. *Horst Dreier* setzt hier zu Recht einen Schwerpunkt.[29]

---

[23] *Böckenförde*, Demokratie als Verfassungsprinzip, § 24 Rn. 78.

[24] So *Rolf Grawert*, Homogenität, Identität, Souveränität, in: Der Staat 51 (2012), S. 189–213 (190).

[25] BVerfGE 123, 267 (358).

[26] Vgl. hierzu die Diskussion bei *Grawert*, Homogenität, S. 209.

[27] *Jürgen Habermas*, Faktizität und Geltung, 2. Auflage Frankfurt a.M. 1992, S. 11 (Hervorhebung im Original).

[28] Siehe oben Fn. 14.

[29] *Dreier*, Schwinden der Demokratie, S. 57 ff.

Erscheinungen wie Gesetzgebungsoutsourcing[30], Entformalisierung, »paktierte« Gesetzgebung, die Missachtung des Gesetzesvorrangs, die Vernachlässigung der Forumsfunktion des Parlaments u. a. sind von anhaltender Aktualität.

Das Thema ist ausgiebig und tiefgründig bearbeitet worden von *Thomas Puhl* unter dem Titel »Entparlamentarisierung und Auslagerung staatlicher Entscheidungsverantwortung« im Handbuch des Staatsrechts[31] und in den Staatsrechtslehrerreferaten von *Matthias Herdegen* und *Martin Morlok* »Informalisierung und Entparlamentarisierung politischer Entscheidungen als Gefährdungen der Verfassung«.[32] Wegen der andauernden zentralen Bedeutung des Themas verdient es durchaus eine weitere Behandlung. Die jüngsten Erfahrungen mit der rechtsstaatlichen Bekämpfung der Corona-Pandemie können als gutes Beispiel für die Notwendigkeit eines leistungsfähigen Parlamentarismus dienen.

Der Bundestag ist das zentrale Organ der repräsentativen Demokratie (Art. 20 Abs. 2 S. 2 GG). Das Volk ist in der Demokratie der Träger aller Staatsgewalt, der Bundestag ist sein »unmittelbares Vertretungsorgan«.[33] Zunächst war es in der Pandemie durchaus zweifelhaft, ob ein Parlament mit mehr als 700 Abgeordneten angesichts zahlreicher Krankheitsausfälle arbeitsfähig sein würde. Mangels eines für diesen Fall rechtlich vorgesehenen Notausschusses, wie dies im Verteidigungsfall in Art. 53a GG geregelt ist, entschied man sich für eine pragmatische Lösung und reduzierte durch eine befristete Änderung der Geschäftsordnung des Bundestags die Beschlussfähigkeit auf ein Viertel der Abgeordneten.[34] Trotzdem trat der Bundestag als solcher kaum in Erscheinung. Das Parlament »hat sich weggeduckt« und seine wichtigste Rolle nicht wahrgenommen.[35] Dieser bedenkliche Ausfall des Gravitationszentrums der Demokratie, ähnlich wie schon in der Flüchtlingskrise, führte zu einer Verlagerung der Entscheidungen auf die Exekutive, auf die verfassungsrechtlich nicht vorgesehene Ministerpräsidentenkonferenz im Kanzleramt. Zwar blieb die Feststellung des Vorliegens einer »epidemischen Lage von nationaler Tragweite« letztlich dem Bundestag vorbehalten (§ 5 Abs. 1 IfSG). Ursprünglich hatte der Gesetzgeber sogar im IfSG eine umfassende Befugnis geschaffen (§ 5 Abs. 2 S. 1 Nr. 3 IfSG), durch Rechts-

---

[30] Näheres bei *Klaus Meßerschmidt*, Private Gesetzgebungshelfer – Gesetzgebungsoutsourcing als privatisiertes Regulierungsmanagement in der Kanzleiendemokratie?, in: Der Staat 51 (2012), S. 387–415.

[31] *Thomas Puhl*, Entparlamentarisierung und Auslagerung staatlicher Entscheidungsverantwortung, in: Josef Isensee/Paul Kirchhof (Hrsg.), Handbuch des Staatsrechts der Bundesrepublik Deutschland, Band III: Demokratie – Bundesorgane, 3. Auflage Heidelberg 2005, § 48 Rn. 1 ff.

[32] *Matthias Herdegen*, Informalisierung und Entparlamentarisierung politischer Entscheidungen als Gefährdungen der Verfassung?, in: VVDStRL 62 (2003), S. 7–32 und *Martin Morlok*, Informalisierung und Entparlamentarisierung politischer Entscheidungen als Gefährdungen der Verfassung?, in: VVDStRL 62 (2003), S. 37–80.

[33] BVerfGE 80, 188 (217).

[34] § 126a Abs. 1 GOBT, durch Fristablauf am 31. Dezember 2020 inzwischen erledigt.

[35] Vgl. *Dreier*, Schwinden der Demokratie, S. 70 f. und *ders.*, Rechtsstaat, Föderalismus und Demokratie in der Corona-Pandemie, in: DÖV 2021, S. 229–243 (241 f.).

verordnung von jeder Bestimmung des IfSG abzuweichen, »um die Abläufe im Gesundheitswesen und die Versorgung der Bevölkerung aufrecht zu erhalten«. Der Gesetzgeber erkannte aber rechtzeitig, dass er zu weit gegangen war, und schaffte die Vorschrift wieder ab.[36]

Die Regierungsfraktionen versäumten es jedoch, ihre ureigene Aufgabe wahrzunehmen, nämlich den Austausch von Argumenten und die Gegenüberstellung kontroverser Positionen. Man beschränkte sich auf ein Mitspracherecht.[37] Damit wurde eine wesentliche Funktion des Bundestags missachtet. Er ist nämlich nicht nur Kreations- und Kontrollorgan,[38] das Parlament sollte vielmehr »der Brennpunkt der öffentlichen Meinungsbildung, die repräsentative Stätte der Umformung öffentlicher Meinung in politischen Gesamtwillen«[39], ein »Forum der Nation«[40] sein. Ihm ist die Fortentwicklung der demokratischen und politischen Kultur durch Vorbild und Überzeugung aufgegeben.[41] Im Parlament sollen gegensätzliche Positionen ausgetauscht werden. Die integrierende Wirkung der Artikulation verschiedener politischer Meinungen ist unverzichtbar,[42] weil immer mehr einzelne Identitätsmerkmale individuell festgeschrieben werden sollen, was die demokratische Repräsentation der pluralistischen Diversität unserer Gesellschaft schwieriger, aber notwendiger denn je macht.[43] In der Demokratie, einem sich beständig wandelnden System, muss es schon im Interesse der Stabilisierung um die Rückbindung an den Souverän, um die Rückführbarkeit des Unterschiedlichen und um institutionelle Absicherung gehen.[44]

---

[36] Vgl. *Jens Kersten/Stephan Rixen*, Der Verfassungsstaat in der Corona-Krise, 2. Auflage München 2021, S. 247. Eine zu zögerliche Rückbindung der Maßnahmen der Exekutive an das Parlament beklagt *Mahlmann,* Demokratie im Notstand?, S. 90. Vgl. zum Ganzen *Anika Klafki*, Mehr Parlament wagen? – Die Entdeckung des Art. 80 IV GG in der Corona-Pandemie, in: NVwZ 2020, S. 1718–1722. Für eine bessere, deutlicher auf das Parlament bezogene Infektionsmaßnahmeregelung vgl. *Hans-Georg Dederer/Marina Preiß*, Wesentlichkeitstheorie und Pandemiegesetzgebung. Grundlegungen und Regelungsansätze für eine allgemeine Pandemiegesetzgebung, in: AöR 148 (2023), S. 289–350.

[37] *Dreier,* Corona-Pandemie, S. 241 f.; kritisch auch *Klaus Ferdinand Gärditz/Florian Meinel*, Unbegrenzte Ermächtigung?, in: FAZ Nr. 73 v. 26. März 2020, S. 6.

[38] Vgl. *Dreier,* Corona-Pandemie, S. 242.

[39] So schon *Ernst Friesenhahn*, Parlament und Regierung im modernen Staat, in: VVDStRL 16 (1958), S. 9–65 (32).

[40] So *Johannes Masing*, Parlamentarische Untersuchungen privater Sachverhalte, Tübingen 1998, S. 105 ff.

[41] Vgl. *Roland Sturm*, Parlament, Parlamentarismus, in: Werner Heun/Martin Honecker/Martin Morlok/Joachim Wieland (Hrsg.), Evangelisches Staatslexikon, Stuttgart 2006, S. 1732–1737 (1732).

[42] Vgl. *Michael Brenner*, Das Prinzip Parlamentarismus, in: Isensee/Kirchhof (Hrsg.), Handbuch des Staatsrechts III, § 44 Rn. 39 ff.

[43] Vgl. *Jens Kersten*, Parlamentarisches Regierungssystem, in: Matthias Herdegen/Johannes Masing/Ralf Poscher/Klaus Ferdinand Gärditz (Hrsg.), Handbuch des Verfassungsrechts, München 2021, § 11 Rn. 9.

[44] Vgl. *Indra Spiecker gen. Döhmann*, Kontexte der Demokratie: Parteien, Medien und Sozialstrukturen, in: VVDStRL 77 (2018), S. 9–59 (24 f.).

1. Internationalisierung

Allerdings lassen sich im Zeitalter der Globalisierung und der Liberalisierung der Märkte die notwendigen Entscheidungen nicht mehr allein dem nationalen Gesetzgeber zurechnen. Im Rahmen der internationalen Entwicklung kann realistischerweise vielfach nicht einmal ein Vetorecht durchgesetzt werden.[45] Die notwendigen Vereinbarungen werden zumeist von der Gubernative ausgehandelt. Statt nationaler Bindungen sind nunmehr völkerrechtliche Verpflichtungen zu beachten (u. a. Menschenrechtsschutz, Umweltvölkerrecht, Welthandelsrecht, Investitionsschutzrecht, Flüchtlingsrecht, Bekämpfung von Terrorismus und Geldwäsche).[46] Die Außenpolitik und das Aushandeln völkerrechtlicher Verträge liegt weitgehend in der Hand der Regierung, ja ein großer Teil des Verkehrs liegt außerhalb jeder staatlichen Kontrolle, sodass sogar die Frage aufgeworfen wird, ob der Staat im internationalen System der Gegenwart überhaupt noch die zentrale Analyseeinheit sein kann.[47] Die parlamentarische Möglichkeit für eine Einflussnahme auf den Inhalt völkerrechtlicher Verträge bleibt gering. Nach Art. 59 Abs. 2 GG können Bundestag und Bundesrat das von der Bundesregierung ausgehandelte Paket nur annehmen oder verwerfen. Änderungsanträge zum Vertragstext sind nach §§ 81 Abs. 4, 82 Abs. 2 GOBT nicht zulässig. Dem Bundestag ist damit eine unmittelbare Einflussnahme auf den Vertragstext nicht möglich. Zwar steht auch nach Auffassung des Bundesverfassungsgerichts die auswärtige Gewalt nicht außerhalb der parlamentarischen Kontrolle. Andererseits weist das Grundgesetz die auswärtige Politik »in Anknüpfung an die traditionelle Staatsauffassung dem Funktions- und Verantwortungsbereich der Regierung zu«.[48] Bei völkerrechtlichen Verträgen, welche die politischen Beziehungen des Bundes regeln, ist der Bundestag gem. Art. 59 Abs. 2 S. 1 GG auf die nachträgliche Zustimmung verwiesen. Dies wird als Anwendungsfall der parlamentarischen Kontrolle der Exekutive angesehen. Es handelt sich, auch nach Auffassung des Bundesverfassungsgerichts, funktional nicht um Gesetzgebung im Sinne von Art. 20 Abs. 2 S. 2 GG.[49] Letztlich erfolgt die Willensbildung auf

---

[45] Vgl. *Johannes Masing*, Verfassung im internationalen Mehrebenensystem, in: Herdegen/Masing/Poscher/Gärditz (Hrsg.), VerfassungsR-HdB, § 2 Rn. 158.

[46] Vgl. *Puhl,* Auslagerung, § 48 Rn 3; *Ralf P. Schenke*, Rechtsquellen des Verwaltungsrechts, in: Wolfgang Kahl/Markus Ludwigs (Hrsg.), Handbuch des Verwaltungsrechts, Band I: Grundstrukturen des deutschen Verwaltungsrechts, Heidelberg 2021, § 7 Rn. 22. Zu den Referenzgebieten siehe *Reiner Schmidt*, Internationalisierung des Verwaltungsrechts, in: Kahl/Ludwigs (Hrsg.), Handbuch des Verwaltungsrechts I, § 9 Rn. 21 ff.

[47] Vgl. schon *Reiner Schmidt*, Der Verfassungsstaat im Geflecht der internationalen Beziehungen, in: VVDStRL 36 (1978), S. 65–104 (68 ff.).

[48] St. Rspr.; zuletzt BVerfGE 143, 101 (140 f. Rn. 7 ff.).

[49] Zum Ganzen siehe *Hans-Detlef Horn*, Das parlamentarische Regierungssystem, in: Klaus Stern/Helge Sodan/Markus Möstl (Hrsg.), Das Staatsrecht der Bundesrepublik Deutschland im europäischen Staatenverbund, Band II: Staatsorgane, Staatsfunktionen, Finanzwesen, 2. Auflage München 2022, § 34 Rn. 104 f.

internationaler Ebene und wird national durchgesetzt, d.h. der Ausgleich der Interessen ist ausgelagert.[50] Die Rechtserzeugung, die prinzipiell auf die Volksvertretung fokussiert ist, lässt sich eben nur »innerhalb gewisser Komplexitätsgrößen verwirklichen« oder anders, das parlamentarische System kommt im Bereich internationaler Vereinbarungen und deren Eigendynamik »an die Grenzen seiner Leistungsfähigkeit«.[51]

2. *Europäisierung*

In Angelegenheiten der Europäischen Union wird das Parlament durch Art. 23 Abs. 2, 3 GG in Verbindung mit dem EUZBBG stärker eingebunden. Es hat ein Informationsrecht, bei Rechtsetzungsakten der Union vor einer Mitwirkung der Bundesregierung auch ein Recht zur Stellungnahme. Dieses Recht kann gemäß Art. 45 GG auf einen reaktionsschnelleren Ausschuss delegiert werden.[52] Auch völkerrechtliche Verträge sind eingeschlossen, die in einem besonderen Näheverhältnis zum Recht der Union stehen.[53]

Das Rechtsetzungsrecht ist in der Union vor allem eine Angelegenheit der mitgliedstaatlichen Exekutiven im Europäischen Rat (Art. 15 Abs. 1 EUV). Das Initiativrecht für europäische Gesetzgebungsakte liegt allein bei der Kommission (Art. 17 Abs. 2 EUV). Aus dem Demokratieprinzip des Grundgesetzes ergibt sich eine »zweitaktige Legitimationsstruktur«[54] der Europäischen Union. Die Mitwirkung der nationalen Parlamente an der demokratischen Legitimation der europäischen Hoheitsgewalt ist unverzichtbar. Für das Bundesverfassungsgericht hat die demokratische Legitimation des Europäischen Parlaments nur eine »stützende Funktion«.[55] Dem Bundestag kommt insoweit eine besondere Europafunktion, eine Integrationsverantwortung zu, dies nicht nur als Recht, sondern als Pflicht.[56] Die Bürger sollen nur einer Hoheitsgewalt unterworfen werden, die sie legitimieren und beeinflussen können.[57]

Art. 23 GG, der Europa-Artikel, hat insgesamt die Rechtsstellung von Bundestag sowie Bundesrat in Angelegenheiten der Europäischen Union gestärkt.[58] Spezifische Mitwirkungs- und Kontrollrechte, vor allem die Ausdehnung des Gesetzgebungsrechts in Art. 23 Abs. 1 S. 2 GG, haben »zu einer erheblichen

---

[50] So *Masing*, Verfassung im internationalen Mehrebenensystem, in: Herdegen/Masing/Poscher/Gärditz (Hrsg.), VerfassungsR-HdB, § 2 Rn. 157.

[51] So *Herdegen*, Informalisierung, S. 29.

[52] *Horn*, Regierungssystem, § 34 Rn. 105 f.; *Puhl*, Auslagerung, § 48 Rn 14.

[53] BVerfGE 131, 152 (199).

[54] *Horn*, Regierungssystem, § 34 Rn. 106.

[55] BVerfGE 89, 155 (186).

[56] BVerfGE 157, 1 (23 Rn. 70, 24 f. Rn. 76).

[57] BVerfGE 142, 123 (191 Rn. 127).

[58] So zu Recht *Ferdinand Wollenschläger*, in: Horst Dreier (Hrsg.), Grundgesetz-Kommentar, Band II, 3. Auflage Tübingen 2015, Art. 23 Rn. 161.

normativen Parlamentarisierung der Europapolitik beigetragen«.[59] Andererseits zeigt die Staatspraxis angesichts des an Wissen und Organisationskraft überlegenen Regierungsapparats, dass die eingeräumten Rechte tatsächlich eher von bescheidener Wirkung sind.[60]

3. Externalisierung und Ausdünnung

Auf der großen Verlustliste[61] der Entparlamentarisierung finden sich neben der Internationalisierung und der Europäisierung zahlreiche unterschiedliche Phänomene wie der Bedeutungsverlust des Parlaments durch den »Verbundföderalismus«, die Schwäche der etablierten Parteien,[62] die Eröffnung weisungsfreier Räume, die Entformalisierung, die Ausdünnung des Budgetrechts, die Kompetenzverschiebung zur Verfassungsgerichtsbarkeit und zu Expertengremien,[63] die Verwendung zu weit gefasster Verordnungs- und Satzungsermächtigungen, die großzügige Verwendung unbestimmter Rechtsbegriffe, die Delegation zu privater Rechtsetzung.[64] Durch die 1985 beschlossene »Neue Konzeption auf dem Gebiet der technischen Harmonisierung und der Normung« sind der Regelsetzung durch Normierungsverbände wichtige Aufgaben übertragen worden.[65]

Ein wesentlicher Grund für diese Entwicklung ist der enorme Aufgabenzuwachs der Politik, der deren Entscheidungs- und Verantwortungskapazitäten übersteigt.[66]

V. Der geforderte Gesetzgeber

Das »Schwinden der Demokratie«, wie es von *Dreier* eindrucksvoll dargestellt wurde, insbesondere die Probleme des Parlamentarismus und die Lehren aus der Pandemie zeigen, dass die Demokratie, diese anspruchsvolle Kultur »prinzipiengeleiteter Stärkung«, der Überzeugung von deren Rechtfertigungsfähigkeit bedarf. Der demokratische Verfassungsstaat begrenzt Willkür, er ist eine

---

[59] Vgl. *Horn*, Regierungssystem, § 34 Rn. 110.

[60] So *Horn*, Regierungssystem, § 34 Rn. 111.

[61] Siehe die umfangreiche Darstellung bei *Hans H. Klein/Kyrill-Alexander Schwarz*, in: Dürig/Herzog/Scholz, Grundgesetz. Kommentar, Band IV, hrsgg. von Roman Herzog/Rupert Scholz/Matthias Herdegen/Hans H. Klein, 101. EL München 2023, Art. 38 Rn. 57.

[62] Sie haben nach *Samuel Issacharoff*, Die Defizite der Demokratie, in: Der Staat 56 (2017), S. 329–355 (335) »ihre partizipativen Eigenschaften weitgehend eingebüßt«.

[63] Zum Hauptproblem der Rückbindung von Entscheidungen an das Volk vgl. *Laura Münkler*, Expertokratie, Tübingen 2020, S. 306 ff.

[64] Näheres bei *Meßerschmidt*, Private Gesetzgebungshelfer, S. 387 ff.

[65] Siehe *Gertrude Lübbe-Wolff*, Europäisches und nationales Verfassungsrecht, in: VVDStRL 60 (2001), S. 246–287 (269).

[66] *Lübbe-Wolff*, Europäisches Verfassungsrecht, S. 267.

Respektkultur der Gleichheit und gemeinsamer Entscheidungen, die keine rein nationalen mehr sind. Das Recht der Moderne steht in einem Spannungsfeld zwischen Generalität und Singularität. Unsere Gesellschaft und damit unser Staat sind verletzlicher geworden. Krisenhafte Veränderungen werden in allen Lebensbereichen wahrgenommen. Das Gefühl der Verletzlichkeit der sozialen Lebenswelt führt zu gesellschaftlicher Verunsicherung. Die Bundesrepublik wird als »vulnerable Gesellschaft« gesehen.

Unsere Gesellschaft müsste deshalb wieder mehr analytischen und programmatischen Realitätssinn gewinnen. Dazu gehört vor allem eine engagierte Politik der infrastrukturellen Daseinsvorsorge, d. h. sie müsste sich auf die Bewältigung von Risiken, Gefahren und Schäden vorbereiten. Gefordert ist in erster Linie der Gesetzgeber, für den durch den Klimabeschluss des Bundesverfassungsgerichts eine völlig neue Situation entstanden ist. Durch die über Art. 20a GG gewonnene Schutzpflicht zum Klimaschutz gewinnt das Klimaschutzgebot eine internationale Dimension und wird zur justiziablen Rechtsnorm, die den politischen Prozess zugunsten ökologischer Belange an die künftigen Generationen binden soll. Gerade die besondere Öffentlichkeitsfunktion des Gesetzgebungsverfahrens sei Grund für die Notwendigkeit gesetzlicher Regelung. Es ist die ureigene Funktion des Parlaments, »die die Nation betreffenden und bewegenden politischen und gesellschaftlichen Fragen zu diskutieren und gewissermaßen vor aller Welt, vor allem aber vor der betroffenen Bevölkerung und dem Wahlvolk, zu erörtern. Schon allein darin liegt, unabhängig von jeder Regelungskompetenz oder irgendeiner Regelungsnotwendigkeit ein eigenständiger Wert. Der Bundestag sollte wie jedes gute Parlament ›Forum der Nation‹ (Johannes Masing) und Ort der Debatte aktueller Probleme von zentraler Bedeutung sein«.

Die Demokratie ist gewiss eine riskante Ordnung. Die dargestellten Probleme zeigen, dass sich daran in absehbarer Zeit wohl nichts ändern wird. Kleinere staatsrechtliche Reformen wie die Einführung von Bürgerräten oder die limitierte Ergänzung durch Plebiszite mögen durchaus sinnvoll sein. Ein grundsätzlicher Bedeutungsgewinn für den Parlamentarismus ist davon allerdings nicht zu erwarten. Entscheidend bleibt die Revitalisierung des Parlaments durch eine nach vorne gerichtete, kraftvolle Wahrnehmung seiner Kompetenzen und die Rückgewinnung der politischen Kultur.

Das Zwei-Stimmen-Wahlrecht bei der Bundestagswahl

Zu Entstehungsgeschichte und Problematik einer verfehlten Wahltechnik

Christoph Schönberger

I. Einführung

Das Bundestagswahlrecht ist seit Jahren in einer Dauerkrise. Im Jahr 2023 hat sich der Wahlgesetzgeber schließlich zu einer grundlegenden Reform durchgerungen, die mehr als Flickwerk ist und die Chance auf eine dauerhafte Stabilisierung bietet.[1] Ein Element des seit der frühen Bundesrepublik praktizierten Wahlrechts bleibt indes auch nach dieser tiefgreifenden Reform erhalten. Die Wählerin hat weiterhin zwei Stimmen, eine »Erststimme« für die Wahl eines einzelnen Abgeordneten im Wahlkreis, eine »Zweitstimme« für die Landesliste einer Partei (§ 1 Abs. 2 Satz 2 BWahlG), und beide Stimmen werden miteinander verrechnet. Das Zwei-Stimmen-System bei der Bundestagswahl gehört, so will es scheinen, zum staatsrechtlichen Inventar der Bundesrepublik. Erfunden im ersten Bundeswahlgesetz aus dem Juni 1953, ist es im politischen Raum danach niemals mehr ernsthaft in Frage gestellt worden und hat wie selbstverständlich auch die jüngste Reform überlebt.

In auffälligem Kontrast zu dieser Beharrungskraft steht es, dass das Zwei-Stimmen-System in der Geschichts-, Politik- und Staatsrechtswissenschaft immer wieder grundsätzlich kritisiert worden ist, weil es manipulationsanfällig sei und dem Wähler überdies eine Entscheidungsmöglichkeit vorgaukele, die er tatsächlich überhaupt nicht besitze.[2] Vor diesem Hintergrund ist es erklärungs-

---

[1] Gesetz zur Änderung des Bundeswahlgesetzes und des Fünfundzwanzigsten Gesetzes zur Änderung des Bundeswahlgesetzes vom 8. Juni 2023, BGBl. I, Nr. 147. Zu dieser Reform siehe nur *Sophie Schönberger*, Sturm im Wasserglas: Das neue Bundeswahlgesetz auf dem Prüfstand der Verfassung, in: NVwZ 2023, S. 785–791; *Michel Göbel*, Die Wahlrechtsreform zwischen falsch verstandener Folgerichtigkeit und Konfrontationskurs, in: DÖV 2023, S. 569–577.

[2] *Erhard H. M. Lange*, Wahlrecht und Innenpolitik. Entstehungsgeschichte und Analyse der Wahlgesetzgebung und Wahlrechtsdiskussion im westlichen Nachkriegsdeutschland 1945–1956, Meisenheim am Glan 1975, S. 411 ff., 795; *Eckhard Jesse*, Wahlrecht zwischen Kontinuität und Reform. Eine Analyse der Wahlsystemdiskussion und der Wahlrechtsänderungen in der Bundesrepublik 1949–1983, Düsseldorf 1985, S. 261 ff.; *Sophie-Charlotte Lenski*, Paradoxien der personalisierten Verhältniswahl, in: AöR 134 (2009), S. 473–512 (497 ff.).

bedürftig, warum es im Jahr 1953 überhaupt zur Einführung des Zwei-Stimmen-Wahlrechts für Bundestagswahlen kam. Der Beitrag beleuchtet in einem ersten Schritt die Entstehungsgeschichte dieses Systems in der ersten Wahlperiode des Bundestages und dessen Bestätigung in der zweiten (dazu unter II.). Im Anschluss werden systematisch die Gründe für die Einführung des Zwei-Stimmen-Systems in der Adenauerzeit und die dadurch entstehende Problematik untersucht (dazu unter III.). Der Beitrag fragt dann nach den Gründen für die Beharrungskraft des Zwei-Stimmen-Systems in den letzten siebzig Jahren (dazu unter IV.) und plädiert abschließend für die Wiedereinführung eines Einstimmenwahlrechts bei der Bundestagswahl (V).

II. Die Erfindung des Zwei-Stimmen-Wahlrechts im ersten Bundestag

Wahlrechtsfragen sind auch Machtfragen. Das war nie anders und galt besonders schon in der jungen Bundesrepublik. Das Grundgesetz hatte die nähere Ausgestaltung des Bundestagswahlrechts dem Gesetzgeber überlassen. Eine gewisse Vorentscheidung war insofern allerdings schon vor Gründung der Bundesrepublik gefallen, im Wahlgesetz für die erste Bundestagswahl 1949, das vom Parlamentarischen Rat erarbeitet und schließlich nach Modifikationen aufgrund einer Intervention der Alliierten von den Ministerpräsidenten verkündet worden war.[3] Dieses Wahlgesetz, das allein für die Bundestagswahl 1949 galt, sah ein Verhältniswahlrecht vor, wobei 60 Prozent der Abgeordneten in Wahlkreisen nach dem einfachen Mehrheitswahlrecht bestimmt wurden. Die gewonnenen Wahlkreismandate wurden von den der jeweiligen Partei nach ihrem Stimmenanteil zustehenden Listenmandaten abgezogen. Jeder Wähler hatte eine Stimme, die zugleich für die Wahl eines Kandidaten im Wahlkreis zählte und für die Landesliste der jeweiligen Partei.

1. Das Interesse der Adenauerregierung an der Förderung eines »Bürgerblocks« mit den Mitteln des Wahlrechts

Der Wahlrechtskompromiss im Parlamentarischen Rat war noch hinter dem Schleier des Nichtwissens über die künftigen Chancen der Parteien bei bundesweiten Wahlen zustande gekommen. Insbesondere die Unionsparteien, in denen es starke Bestrebungen zur Einführung eines Mehrheitswahlrechts gab, waren damit unzufrieden. Nach der ersten Bundestagswahl vom August 1949 und der Bildung einer bürgerlichen Regierungskoalition aus CDU/CSU, FDP und Deut-

[3] *Erhard Lange*, Der Parlamentarische Rat und die Entstehung des ersten Bundestagswahlgesetzes, in: Vierteljahreshefte für Zeitgeschichte 20 (1972), S. 280–318.

scher Partei (DP) mit knapper Mehrheit im Bundestag hatten sich die Ausgangsbedingungen für die anstehende Wahlrechtsgesetzgebung geändert.[4] Nunmehr wollte die Regierung Adenauer ein Wahlrecht durchsetzen, das die Chancen für eine Bestätigung der bürgerlichen Koalition bei der Bundestagswahl 1953 optimieren sollte. Der Hintergrund dafür war die zu Anfang der Bundesrepublik noch sehr starke Fragmentierung der Parteien insbesondere im bürgerlichen Spektrum. Der Konzentrationsprozess des Parteiensystems, der sich im Verlauf der 1950er Jahre schrittweise vollzog und im Bundestag ab 1961 für gut zwei Jahrzehnte nur die Parteien CDU/CSU, SPD und FDP übrigließ, war während der ersten Wahlperiode noch keineswegs absehbar. Zumal angesichts verlorener Landtagswahlen und sinkender Umfragewerte suchten die Regierungsparteien vielmehr gerade auch auf dem Gebiet des Wahlrechts nach Regelungen, die einen erneuten Wahlsieg bei der Bundestagswahl 1953 so stark wie möglich begünstigen würden. Ihre entsprechenden wahlrechtlichen Bestrebungen fügen sich in das Bild einer insgesamt machtpolitisch wenig zimperlichen Regierungskoalition ein, die etwa auch die indirekten Möglichkeiten der Parteienfinanzierung der bürgerlichen Parteien durch die Industrie über neu gegründete Fördervereine mit langfristigen Folgen konsequent ausbaute.[5] In dieses Bild passt es auch, dass damals die CDU/CSU ihren dominanten Einfluss auf die Fördervereine nutzte, um die FDP – im Ergebnis erfolglos – durch finanziellen Druck zur Zustimmung zu ihren Wahlrechtsvorstellungen zu nötigen.[6]

Wie genau man allerdings die Zielsetzung eines erfolgreichen »Bürgerblocks« wahlrechtlich fördern wollte, darüber bestand innerhalb von Adenauers fragiler Regierungskoalition keine Einigkeit. Innerhalb der CDU hoffte man zwischenzeitlich zudem, sich vielleicht noch mit der oppositionellen SPD auf die Einführung eines Mehrheitswahlrechts verständigen zu können, was sich indes als unrealistisch erwies. Im Bundesinnenministerium ließ Minister Robert Lehr (CDU) schließlich drei Vorlagen ausarbeiten:[7] das absolute Mehrheitswahlrecht mit Möglichkeit der Stichwahl, wie es vor 1918 für die Reichstagswahlen im Kaiserreich praktiziert worden war und bis heute für die Wahl der französischen Nationalversammlung gilt; die Wahl in Dreierwahlkreisen mit der Möglichkeit von Listenverbindungen zwischen den Parteien; schließlich ein Zwei-Stimmen-System mit einer Kombination aus relativer Mehrheitswahl in den Wahlkreisen und Verhältniswahl für die übrigen Mandate, das später die Bezeichnung »Grabensystem« erhielt, weil die im Wahlkreis errungenen Mandate nicht auf die Listenmandate angerechnet werden sollten. Alle drei Modelle dienten auf der Grundlage der zeitgenössischen Berechnungen wie selbstverständlich in erster

[4] Eingehend dazu *Lange*, Wahlrecht und Innenpolitik, S. 411 ff.

[5] *Frank Bösch*, Die Adenauer-CDU. Gründung, Aufstieg und Krise einer Erfolgspartei 1945–1969, Stuttgart/München 2001, S. 195 ff.

[6] Näher dazu *Lange*, Wahlrecht und Innenpolitik, S. 473 ff.

[7] Siehe dazu näher *Lange*, Wahlrecht und Innenpolitik, S. 455 ff.

Linie der Interessenlage der CDU[8] und stießen deshalb bei den kleineren Koalitionspartnern überwiegend auf Ablehnung oder Skepsis. Man verhandelte in der Folge jahrelang über unterschiedliche Arten und Komponenten von Mehrheitswahlrecht und wahlrechtlichen Verbindungen zwischen Parteien, bis der heranrückende Wahltermin eine Entscheidung unausweichlich machte.

2. *Das Zwei-Stimmen-System als ein von der FDP geprägter Koalitionskompromiss*

Das in der ersten Jahreshälfte 1953 durchgeführte Gesetzgebungsverfahren war äußerst windungsreich und mündete schließlich in einen maßgeblich durch einen Vorschlag aus der FDP geprägten Kompromiss, eben das bis heute angewandte Zwei-Stimmen-System.

a) Der Regierungsentwurf: Grabenwahl mit Listenverbindungen

Ausgangspunkt des damaligen Gesetzgebungsprozesses war zunächst der von der Bundesregierung nach langem Hin und Her – und der Verwerfung der drei ersten Vorlagen aus dem Bundesinnenministerium – beschlossene Entwurf von Bundesinnenminister Robert Lehr, den Bundeskanzler Adenauer im Februar 1953 dem Bundestag übermittelte.[9] Dieser äußerst komplizierte Entwurf sah seiner Grundanlage nach ein Grabenwahlsystem vor, in dem die Hälfte der Abgeordneten in den Wahlkreisen nach relativer Mehrheitswahl gewählt werden sollte, die andere Hälfte über Parteilisten nach Verhältniswahl. Jeder Wähler sollte – insoweit ähnlich wie bei der Bundestagswahl 1949 – eine einzige Stimme abgeben, die zugleich für die Wahl im Wahlkreis und für die Wahl von Parteilisten galt. Die Listenmandate sollten grundsätzlich ohne Berücksichtigung errungener Direktmandate vergeben werden. Dieses System wurde allerdings durch zwei weitere Elemente relativiert. Im Wahlkreis war eine »Hilfsstimme« vorgesehen, durch die der Wähler einen zweiten Kandidaten für den Fall unterstützen konnte, dass der eigene Kandidat nicht die meisten Hauptstimmen erzielen würde; diese Eventualstimme hatte also die Bedeutung einer vorweggenommenen Stichwahl. Zugleich wurden im Hinblick auf die Verteilung der Listenmandate Listenverbindungen zwischen den Parteien ermöglicht. Bei der entsprechenden Mandatsverteilung auf die verbundenen Listen der Parteien sollten die errungenen Wahlkreismandate nun wiederum durchaus angerechnet werden. Zwischen verbundenen Listen sollte es mithin einen internen Proporz mit Anrechnung der Wahlkreismandate geben, ansonsten aber nicht.

Der politische Sinn dieses ausgeklügelten Systems war offenkundig: Man wollte sicherstellen, dass die parteipolitische Zersplitterung des bürgerlichen

[8] *Lange*, Wahlrecht und Innenpolitik, S. 459f.

[9] BT-Drs. 1/4090 v. 19. Februar 1953; näher dazu *Jesse*, Wahlrecht, S. 158ff.

Regierungslagers sich bei der Wahl nicht auswirken würde. Die Hilfsstimme sollte Wahlkreissiege der CDU/CSU auf Kosten der SPD ermöglichen. Die Verrechnungsmöglichkeit bei verbundenen Listen sollte die Unterstützung der Wähler kleinerer bürgerlicher Parteien im Wahlkreis wiederum durch Listenmandate für diese Parteien ausgleichen. Unter den Parteien des Regierungslagers sollte so im Ergebnis für die gesamte Mandatsverteilung das Proportionalprinzip gelten, für alle anderen Parteien hingegen zur Hälfte die Mehrheitswahl.[10] Bei allen Unsicherheiten über das künftige Verhalten von Parteien und Wählern war der Gesetzentwurf damit auf die Interessenlage der CDU/CSU und ihrer kleineren Partner zugeschnitten, insoweit sich diese in einen festen »Bürgerblock« unter Führung der Union einfügen wollten. Der Entwurf stieß deshalb in der öffentlichen Meinung überwiegend auf heftige Ablehnung, die den Vorschlag als »Koalitionssicherungsgesetz« empfand,[11] und wurde im Bundestag in der Folge nicht mehr eigenständig beraten.

b) Der FDP-Entwurf: Zwei Stimmen mit Verrechnungsmöglichkeit

Das später beschlossene System ging vielmehr aus den Beratungen eines vom Bundestag eingesetzten Wahlrechtssonderausschusses hervor.[12] Der Regierungsentwurf lebte dort nur noch in einer modifizierten Form fort, die auf einen Antrag des Wahlrechtsexperten der CDU/CSU, des Hamburger Bankiers Hugo Scharnberg, zurückging. In diesem Scharnberg-Entwurf tauchte erstmals das Zwei-Stimmen-System auf. Der Wähler sollte nun zwei Stimmen haben, eine für den Direktkandidaten, eine für die Landesliste einer Partei. Anders als im ursprünglichen Regierungsentwurf war in den Wahlkreisen keine »Hilfsstimme« mehr vorgesehen, sondern das absolute Mehrheitswahlrecht mit der Möglichkeit der Stichwahl. Ansonsten blieb es auch im Scharnberg-Entwurf bei der Regelung, dass die gewonnenen Wahlkreismandate nur zwischen den Parteien mit verbundenen Listen auf die Listenmandate angerechnet werden sollten. Für dieses Grabenwahlsystem mit internem Proporz im Fall von Listenverbindungen konnte die Union jedoch weder im Wahlrechtsausschuss noch im Bundestag eine Mehrheit finden.

Besonders beim Koalitionspartner FDP stießen die Unionspläne auf Widerstand. Anders als die in Niedersachsen regional starke DP hatte die FDP überwiegend weder ein Interesse an Wahlkreisbündnissen vor Ort noch an einer äußeren Listenverbindung mit den Unionsparteien bereits im Vorfeld von

---

[10] Treffend *Jesse*, Wahlrecht, S. 101.

[11] *Lange*, Wahlrecht und Innenpolitik, S. 497ff.; besonders pointiert zeitgenössisch *Dolf Sternberger*, Kerls, wollt ihr denn ewig regieren? (1953), in: ders., Die große Wahlreform, Köln/Opladen 1964, S. 87–93.

[12] Siehe dazu zusammenfassend den Bericht Willy Brandts als Berichterstatter des Wahlrechtsausschusses vom 17. Juni 1953: BT-Plenarprotokoll 1/272, 13450ff.

Bundestagswahlen. Nicht zufällig kam denn auch der entscheidende Kompromissvorschlag vom Wahlrechtsexperten der FDP, dem niedersächsischen Abgeordneten Alfred Onnen.[13] Onnens Entwurf behielt das Zwei-Stimmen-System der äußeren Form nach bei. Er gab aber das Grabenwahlsystem ebenso auf wie die Möglichkeit der Listenverbindung. Die durch Mehrheitswahl im Wahlkreis gewonnenen Mandate sollten nunmehr allesamt mit den Listenmandaten der jeweiligen Partei verrechnet werden. Auf der Grundlage dieses FDP-Vorschlags beschloss der Bundestag schließlich am 25. Juni 1953 mit den Stimmen von SPD, FDP und eines größeren Teils der CDU das neue Wahlgesetz für die Bundestagswahl 1953. Das Zwei-Stimmen-System hielt seinen Einzug in das Bundestagswahlrecht.

Da das neue System seiner Anlage nach durchaus starke Ähnlichkeiten mit dem bereits 1949 praktizierten Wahlrecht aufwies, fiel der Wechsel vom Einstimmenwahlrecht zum Zwei-Stimmen-System den Zeitgenossen besonders auf. So merkte der Bonner Korrespondent der Frankfurter Allgemeinen Zeitung, Alfred Rapp, bei der Vorstellung des neuen Wahlrechts im Juli 1953 an:

»Viele allerdings werden fragen, warum es notwendig sei und warum der Bundestag es nicht beim Einstimmenverfahren von 1949 belassen habe, bei dem der Wähler mit seiner Stimmabgabe für einen Kandidaten im Wahlkreis zugleich dessen Partei gewählt hat, da diese Stimme automatisch auch auf die Liste der Partei des Kandidaten verrechnet wurde.«[14]

c) Das endgültige Scheitern des Grabenwahl-Systems im Jahr 1956

Der Beginn des Zwei-Stimmen-Systems war allerdings erst einmal nur provisorisch, galt doch das beschlossene Bundeswahlgesetz ausdrücklich nur für die Bundestagswahl 1953. Nach dieser Wahl, mit der die im engeren Sinne bundesdeutsche Wahlgeschichte eigentlich erst anfing[15], begann daher der Streit um das Wahlrecht erneut. Das politische Umfeld dafür hatte sich aber durch den Ausgang der Bundestagswahl 1953 erneut grundlegend verändert. Denn diese Wahl bedeutete einen großen Triumph Konrad Adenauers. Die Unionsparteien besaßen damals nach dem Übertritt eines Zentrumsabgeordneten sogar eine knappe absolute Mehrheit der Mandate im Bundestag. Insbesondere im Hinblick auf die anstehenden Verfassungsänderungen im Zusammenhang mit Westintegration und Wiederbewaffnung bildete Adenauer gleichwohl eine breite

---

[13] *Lange*, Wahlrecht und Innenpolitik, S. 529f.; *Jesse*, Wahlrecht, S. 100.

[14] *Alfred Rapp*, Das Zweistimmen-Wahlrecht für 1953. Der politische Hintergrund des neuen Bundeswahlgesetzes, in: FAZ vom 7. Juli 1953, S. 2.

[15] *Jürgen W. Falter*, Die Bundestagswahl 1949 zwischen Weimar und Bonn, in: PVS 22 (1981), S. 236–263; *Mathias Friedel*, Die Bundestagswahl 1953, in: Nikolaus Jackob (Hrsg.), Wahlkämpfe in Deutschland. Fallstudien zur Wahlkampfkommunikation 1912–2005, Wiesbaden 2007, S. 112–136.

Regierungskoalition mit FDP, DP und dem GB/BHE. Das schuf in der Wahlrechtsfrage von vornherein eine Spannungslage innerhalb der Koalition: Die kleineren Partner hatten Interesse daran, das Wahlrecht so schnell wie möglich in ihrem Sinne zu regeln; die Unionsparteien, die nach wie vor die Einführung des Mehrheitswahlrechts anstrebten, konnten hingegen von einer Verschleppung profitieren, um das Wahlrecht möglicherweise später mit der eigenen Mehrheit zu verabschieden.[16]

Im Wahlrechtssonderausschuss des Bundestages kam es schließlich in der Mitte der Wahlperiode zum Eklat: CDU/CSU und DP schlugen dort gemeinsam ein Grabenwahlsystem vor, bei dem 60 Prozent der Mandate im Wahlkreis direkt vergeben werden sollten und 40 Prozent über die Landeslisten. Über die Hälfte der Bundestagssitze wären auf diese Weise ausschließlich nach Mehrheitswahlrecht besetzt worden.[17] Weite Teile der FDP empfanden diesen Vorschlag als existenzielle Bedrohung. Es kam zu einer dramatischen innenpolitischen Krise und letztlich dem Austritt der FDP aus Adenauers Regierungskoalition.[18] Die Union lenkte in diesem Zug aber zwischenzeitlich ein, weil sie die FDP als potentiellen Koalitionspartner nicht dauerhaft verprellen wollte, und ließ die Forderung nach dem Grabenwahlsystem fallen. Auf der Grundlage von Vorschlägen der FDP wurde schließlich 1956 ein Bundeswahlgesetz verabschiedet, welches im Kern das 1953 provisorisch eingeführte System auf Dauer stellte. In der Union tröstete man sich damit, auch das neue Wahlgesetz sei im Hinblick auf die Wiedervereinigung seinerseits wiederum nur ein »Provisorium ..., das hoffentlich keine allzu lange Dauer hat. Das endgültige Wahlgesetz wird mit der endgültigen Verfassung die erste gesamtdeutsche Nationalversammlung beschließen«.[19] Nun ließ die Wiedervereinigung jahrzehntelang auf sich warten, und von einer gesamtdeutschen Nationalversammlung wollte im Jahr 1990 schließlich gerade die CDU/CSU nichts mehr wissen. Es entbehrt nicht einer gewissen Ironie, dass das Zwei-Stimmen-System, das der CDU-Abgeordnete Scharnberg im ersten Bundestag ersonnen hatte, um das Grabenwahlsystem einzuführen, sich endgültig gerade in dem Moment etablierte, in dem sich dieses als unerreichbar erwies. Die Einführung des Mehrheitswahlrechts blieb eine Chimäre der Unionsparteien. Das Zwei-Stimmen-System war hingegen gekommen, um zu bleiben.

---

[16] *Jesse*, Wahlrecht, S. 103; näher *Lange*, Wahlrecht und Innenpolitik, S. 605 ff.

[17] *Lange*, Wahlrecht und Innenpolitik, S. 635 ff.

[18] *Gerhard Papke*, Unser Ziel ist die unabhängige FDP. Die Liberalen und der Machtwechsel in Nordrhein-Westfalen 1956, Baden-Baden 1992, S. 137 ff. (dort auch eingehend zum parallelen konstruktiven Misstrauensvotum in Nordrhein-Westfalen, wo die FDP an der Seite der SPD den Sturz des CDU-Ministerpräsidenten Karl Arnold herbeiführte).

[19] *Adolf Cillien* (CDU/CSU), Rede vom 15. März 1956, BT-Plenarprotokoll 2/134, 6954.

III. Die Gründe für das Zwei-Stimmen-System und dessen grundsätzliche Problematik

Das Zwei-Stimmen-System entstand aus einem Bündel von Gründen heraus, die im Folgenden zusammenfassend dargestellt werden sollen. Auf dieser Grundlage kann dann die grundsätzliche Problematik dieses Systems näher analysiert werden.

1. Die Gründe für die Einführung des Zwei-Stimmen-Systems

a) Äußere Nachahmung des Scharnberg-Entwurfs

Der offenkundigste Grund für die Einführung des Zwei-Stimmen-Systems war historisch-kontingent der Beratungssituation im Wahlrechtsausschuss des ersten Bundestages geschuldet, die Dolf Sternberger zeitgenössisch zu der scharfen Kritik veranlasste, es handele sich um ein »Gesetz aus dem Dschungel«[20]. Denn der prägende Entwurf des FDP-Abgeordneten Alfred Onnen lehnte sich in der äußeren Form an den dem Wahlrechtsausschuss zuvor vorgelegten Entwurf des CDU-Abgeordneten Hugo Scharnberg an. Da Scharnberg ein Grabenwahlsystem konzipiert hatte, hatte das Zwei-Stimmen-System dort einen klar erklärlichen Sinn: Die Wahl im Wahlkreis und die Listenwahl waren zwei unterschiedliche und der Anlage nach getrennte Wege, um jeweils einen Teil der Abgeordneten zu bestimmen. Den beiden Stimmen entsprachen zwei Abgeordnetenkohorten, die einmal nach Mehrheitswahlrecht im Wahlkreis, einmal nach Verhältniswahlrecht über Parteilisten gewählt wurden. Alfred Onnen behielt nun in seinem Entwurf die beiden Stimmen bei, obwohl in seinem Konzept die im Wahlkreis nach Mehrheitswahl errungenen Mandate umfassend auf die der jeweiligen Partei nach ihrem Zweitstimmenanteil zugeteilten Listenmandate angerechnet wurden, es also gerade nicht zwei nach ihrem Bestellungsmodus verschiedene Abgeordnetenkohorten gab. Ohne das Vorbild des Scharnberg-Entwurfs hätte Alfred Onnen wohl kaum ein Zwei-Stimmen-System für ein Wahlrecht entwickelt, das in der Sache sehr stark dem Einstimmenwahlrecht von 1949 ähnelte.[21] Die Nachahmung des Scharnberg-Vorschlags in der Form kann dabei durchaus auch als eine äußere Konzession an die Union und die Befürworter des Mehrheitswahlrechts verstanden werden, die in der Sache unschädlich war, weil für die parteimäßige Zusammensetzung der Zweitstimmenanteil maßgeblich blieb und das neue Wahlrecht »in Wahrheit eben nur ein verkleidetes und aufgeputztes Verhältnissystem«[22] war, wie Dolf Sternberger damals treffend

[20] *Dolf Sternberger*, Gesetz aus dem Dschungel, in: Der Wähler 3 (1953), S. 137–140.

[21] Treffend *Jesse*, Wahlrecht, S. 264; vgl. bereits *Sternberger*, Gesetz aus dem Dschungel, S. 138.

[22] *Sternberger*, Gesetz aus dem Dschungel, S. 137 f.

anmerkte. Eine eigenständige Begründung für die Einführung des Zwei-Stimmen-Systems bietet diese historische Kontingenz freilich nicht.

b) Wahl von »Persönlichkeiten«, nicht von Parteien

Das zweite Motiv war die im bürgerlichen Nachkriegswestdeutschland verbreitete Ideologie, welche die Wahl von »Persönlichkeiten«, nicht von Parteien in den Vordergrund rückte. Hiermit wurde eine seit der Weimarer Zeit anhaltende Kritik an einem Verhältniswahlrecht mit starren Listen fortgeführt, die als Förderung von Parteibonzentum galt.[23] Die selbständige Erststimme sollte dem Wähler die Möglichkeit geben, im Wahlkreis eine Persönlichkeit seines Vertrauens unabhängig von seiner parteipolitischen Einstellung zu wählen. Umgekehrt sollte es ihm ebenso möglich sein, eine Partei zu wählen, ohne zugleich deren Wahlkreiskandidaten unterstützen zu müssen.[24]

c) Ermöglichung von Wahlkreisbündnissen der Parteien

Der dritte und letztlich maßgebliche Grund war schließlich, dass das Zwei-Stimmen-System Wahlkreisabsprachen zwischen den Parteien ermöglichte. Anders als beim Einstimmenwahlrecht konnten die Parteien im Wahlkreis auf die Aufstellung von Kandidaten verzichten, ohne damit ihren Mandatsanteil zu vermindern. Auf diese Weise konnten bestimmte Kandidaten im Wahlkreis durch die Unterstützung verbündeter Parteien das Direktmandat gewinnen.[25]

Diese Möglichkeit war zunächst interessant im Hinblick auf die ebenfalls im Wahlgesetz 1953 vorgesehene Möglichkeit, dass eine kleinere Partei auch bei Verfehlung der Fünf-Prozent-Sperrklausel mit ihrem gesamten Zweitstimmenanteil an der Mandatsverteilung teilnahm, wenn sie zumindest ein Direktmandat (seit 1956: drei Direktmandate) erreicht hatte.[26] Diese Grundmandatsklausel machte ein Huckepacksystem zwischen großen Parteien und kleineren Bündnispartnern möglich. So kam es bei den Bundestagswahlen 1953 und 1957 zu Wahlabsprachen der CDU mit dem Zentrum und der Deutschen Partei. Beispielsweise verzichtete die CDU bei der Bundestagswahl 1953 im Wahlkreis Oberhausen, wo der Zentrumsvorsitzende Johannes Brockmann kandidierte, auf die Aufstellung eines eigenen Kandidaten. In der Folge errang das Zentrum

---

[23] *Jesse*, Wahlrecht, S. 65 ff.

[24] *Jesse*, Wahlrecht, S. 264.

[25] *Sternberger*, Gesetz aus dem Dschungel, S. 138; *Jesse*, Wahlrecht, S. 264; zu derartigen Wahlbündnissen bei den Bundestagswahlen 1949, 1953 und 1957 zusammenfassend *Marie-Luise Recker*, Wahlen und Wahlkämpfe in der Bundesrepublik Deutschland 1949–1969, in: Gerhard A. Ritter (Hrsg.), Wahlen und Wahlkämpfe in Deutschland. Von den Anfängen im 19. Jahrhundert bis zur Bundesrepublik, Düsseldorf 1997, S. 267–309 (283 ff.).

[26] Zur Entstehungsgeschichte der Grundmandatsklausel zusammenfassend *Helmut Nicolaus*, Die Verfassungswidrigkeit der Grundmandatsklausel und ihre Folgen, in: KritV 79 (1996), S. 385–409 (386 ff.).

das Oberhausener Direktmandat und zog mit insgesamt drei Mandaten in den zweiten Bundestag ein.[27] Durch den Übertritt eines der drei für das Zentrum gewählten Abgeordneten zur Unionsfraktion nach der Wahl besaß die CDU/CSU im Bundestag während der zweiten Wahlperiode eine knappe absolute Mehrheit der Mandate.[28]

Darüber hinaus zielte das Zwei-Stimmen-System darauf ab, es den Parteien zu ermöglichen, durch Wahlbündnisse im Wahlkreis gemeinsam einen Kandidaten durchzubringen, ohne dass die unterstützenden Parteien, die im Wahlkreis auf einen eigenen Kandidaten verzichteten, dafür einen geminderten Stimmenanteil bei der Listenwahl in Kauf nehmen mussten.[29] Diese Möglichkeit hatte das 1949 praktizierte Einstimmenwahlrecht gerade nicht eröffnet, bei dem der Wähler durch die Stimmabgabe für einen Kandidaten im Wahlkreis zugleich automatisch dessen Partei gewählt hatte. Bei einer flächendeckenden Praxis entsprechender Wahlbündnisse in den Wahlkreisen – wenn also beispielsweise die FDP in den Wahlkreisen regelmäßig auf eigene Kandidaten verzichtet und zur Wahl des Unionskandidaten aufgerufen hätte, die Union hingegen ihrerseits zur Zweitstimmenabgabe für die FDP – hätte das jeweilige Wahlbündnis seinen gesamten Mandatsanteil vielleicht deutlich steigern können, indem es eine größere Zahl von Überhangmandaten erzielte. Der gut informierte Bonner Korrespondent der Frankfurter Allgemeinen Zeitung, Alfred Rapp, hat damals in dieser Möglichkeit einer Mehrheitsprämie für Parteienbündnisse den eigentlichen politischen Sinn der Einführung des Zwei-Stimmen-Wahlrechts gesehen.[30]

2. *Die grundsätzliche Problematik des Zwei-Stimmen-Systems*

In der Darstellung der Entstehungsgeschichte des Zwei-Stimmen-Systems hat sich bereits angedeutet, dass dieses System grundsätzlichen Einwänden ausgesetzt ist. Hier seien zunächst die für die Einführung im Jahr 1953 maßgeblichen Gründe kritisch durchgemustert (dazu unter a), um die Einwände im Anschluss nochmals systematisch zu vertiefen (dazu unter b).

---

[27] *Lange*, Wahlrecht und Innenpolitik, S. 572 f.; zu ähnlichen Absprachen der CDU mit der Deutschen Partei bei der Bundestagswahl 1957: *Lange*, Wahlrecht und Innenpolitik, S. 753 f.; *Jesse*, Wahlrecht, S. 284 f. Derartige Vereinbarungen konnten aber natürlich auch erfolglos bleiben, wenn die Wähler die Signale »ihrer« Parteien hinsichtlich der Abgabe der Erststimme missachteten. So scheiterte beispielsweise eine oberfränkische Wahlabsprache zwischen CSU, Bayernpartei und FDP zugunsten eines Kandidaten der Bayernpartei im Wahlkreis Bayreuth bei der Bundestagwahl 1953, wo der sozialdemokratische Kandidat das Mandat gewann: *Lange*, Wahlrecht und Innenpolitik, S. 577 f.

[28] *Lange*, Wahlrecht und Innenpolitik, S. 589.

[29] *Jesse*, Wahlrecht, S. 262.

[30] *Rapp*, Zweistimmen-Wahlrecht, S. 2.

a) Die Fragwürdigkeit der Gründe für die Einführung des Zwei-Stimmen-Systems

Betrachtet man die Gründe für die Einführung des Zwei-Stimmen-Wahlrechts im Jahr 1953 näher, erweisen sie sich insgesamt als höchst fragwürdig:

Das gilt zunächst für das Motiv der Wahl von »Persönlichkeiten« unabhängig von parteipolitischen Einstellungen im Wahlkreis. Bei keiner Bundestagswahl seit 1953 hat diese Möglichkeit irgendeine Bedeutung gehabt.[31] Gewählt wurden in den Wahlkreisen stets Kandidaten, die einer politischen Partei angehörten. Dabei kam es zwar immer wieder vor, dass einzelne Kandidaten im Wahlkreis aufgrund ihrer persönlichen Popularität über lange Jahre hinweg ein höheres Ergebnis erzielten als es dem örtlichen Zweitstimmenergebnis ihrer Partei entsprach: etwa der CDU-Politiker Wolfgang Bosbach im Rheinisch-Bergischen Kreis oder der Grünen-Politiker Hans-Christian Ströbele in Friedrichshain-Kreuzberg. Mit einer Wahl von parteipolitisch ungebundenen »Persönlichkeiten«, wie sie in der Nachkriegszeit besonders im bürgerlichen Spektrum gern propagiert wurde, hatte das aber nichts zu tun. Ohnehin waren selbst diese Fälle charismatischer Wahlkreisabgeordneter seltene Ausnahmen, während im Übrigen die Wahlkreiskandidaten den Wählerinnen und Wählern vor Ort zumeist völlig unbekannt waren und sind.[32]

Auf andere Weise fragwürdig war auch die Begründung der Ermöglichung von Wahlbündnissen der Parteien in den Wahlkreisen. Denn diese warf von vornherein grundlegende verfassungsrechtliche Zweifel an dieser durch das Zwei-Stimmen-System eröffneten Möglichkeit auf. Insoweit damit die Option eröffnet wurde, über die Grundmandatsklausel einen kleineren Partner bei dem Erringen einzelner Wahlkreismandate zu unterstützen und ihn dadurch mit seinem gesamten Zweitstimmenanteil an der Sperrklausel vorbei in den Bundestag zu hieven, verstärkte diese Möglichkeit die verfassungsrechtlichen Einwände, denen sich die Grundmandatsklausel seit jeher ausgesetzt sah.[33] Denn der darin liegende Gleichheitsverstoß gegenüber anderen Parteien, die ohne Grundmandate an der Sperrklausel scheiterten, konnte allenfalls durch die örtliche Stärke der Partei in einzelnen Wahlkreisen gerechtfertigt werden.[34] Beruhte diese örtliche Stärke indes auf Wahlbündnissen mit anderen Parteien, wurde die Privilegierung von Parteien mit einer Mindestzahl von Wahlkreismandaten verfassungsrechtlich noch fragwürdiger, weil hier in der Sache letztlich nicht länger

---

[31] *Christian Nestler*, Einzelbewerber bei den Bundestagswahlen von 1949 bis 2013: zahlreich, aber chancenlos, in: ZParl 45 (2014), S. 796–811.

[32] *Christian Mackenrodt*, Wie wichtig ist die Person? Zur Bedeutung von Persönlichkeitsfaktoren von Wahlkreisbewerbern bei Bundestagswahlen, in: ZParl 39 (2008), S. 69–83.

[33] Die Einwände zusammenfassend etwa *Nicolaus*, Verfassungswidrigkeit der Grundmandatsklausel, S. 385 ff.

[34] Diese Rechtfertigung hat das Bundesverfassungsgericht für ausreichend gehalten: BVerfGE 6, 84 (95 f.); 95, 408 (421 ff.).

Parteien, sondern Parteienbündnisse prämiert wurden. Tatsächlich wurden derartige Wahlbündnisse in der Bundesrepublik seit der Bundestagswahl 1961 nicht mehr geschlossen. Da die Grundmandatsklausel durch die Reform von 2023 aus dem Bundeswahlgesetz gestrichen wurde[35], ist diese fragwürdige Begründung für das Zwei-Stimmen-System nunmehr ohnehin gegenstandslos geworden.

Erst recht verfassungsrechtlich nicht zu rechtfertigen war die Begründung, man könne durch das Zwei-Stimmen-System Wahlbündnisse ermöglichen, die es den beteiligten Parteien in größerem Stil erlauben würden, ihren Gesamtmandatsanteil durch Überhangmandate zu steigern. Denn die Bundestagswahl trug unbeschadet der Direktwahl der Wahlkreiskandidaten den Grundcharakter einer Verhältniswahl.[36] In der Zuteilung von Wahlkreismandaten über den Zweitstimmenanteil der jeweiligen Partei hinaus lag daher ein verfassungsrechtlich rechtfertigungsbedürftiger Eingriff in die Wahlgleichheit und die Chancengleichheit der Parteien. Diese Ungleichbehandlung war nur sehr begrenzt durch das Personalisierungselement verfassungsrechtlich rechtfertigungsfähig. Denn die Zuteilung zusätzlicher Bundestagssitze außerhalb des Proporzes durfte nicht dazu führen, dass der Grundcharakter der Wahl als einer am Ergebnis der für die Parteien abgegebenen Stimmen orientierten Verhältniswahl aufgehoben wurde. Der Gesetzgeber war deshalb verfassungsrechtlich verpflichtet, Vorkehrungen gegen einen übermäßigen Anfall von Überhangmandaten zu treffen.[37] Wenn für das Zwei-Stimmen-System ins Feld geführt wurde, es ermögliche durch Wahlbündnisse in den Wahlkreisen die Erzielung einer größeren Zahl von Überhangmandaten, dann war diese Begründung also nicht tragfähig, weil sie auf offen verfassungswidrige Ergebnisse abzielte. Ohnehin ist diese Begründung für das geltende Wahlrecht entfallen. Sie wurde zunächst bereits durch die Vorschrift des § 5 Abs. 5 BWahlG 2013[38] gegenstandslos, wo ein Vollausgleich von Überhangmandaten vorgesehen war. Sie ist es nunmehr erst recht dadurch, dass seit der Wahlrechtsreform 2023 ein Wahlkreisbewerber einer Partei nur noch dann als Abgeordneter gewählt ist, wenn er die meisten Erststimmen auf sich vereinigt und eine hinreichende Zweitstimmendeckung vorliegt (vgl. § 6 Abs. 1 Satz 1 BWahlG). Wahlkreisbündnisse, die auf die Erzielung einer den Verhältnisausgleich übersteigenden Mehrheitsprämie abzielen, sind dadurch nicht mehr möglich.

---

[35] Zur verfassungsrechtlichen Kritik an der Streichung der Klausel siehe etwa *Dominik Rennert*, Die Abschaffung der Grundmandatsklausel als verfassungsrechtliches Problem der Wahlrechtsreform 2023, in: NJW 2023, S. 3410–3415. Die Einwände greifen nicht durch, weil das Grundgesetz keine verfassungsrechtliche Pflicht zur Föderalisierung oder Regionalisierung des Wahlrechts kennt: *Christoph Schönberger*, Ein Nachruf ohne Tränen. Das Ende der Grundmandatsklausel, VerfBlog, 2023/3/18, https://verfassungsblog.de/ein-nachruf-ohne-tranen/ (hier und im Folgenden 31. Januar 2024); *S. Schönberger*, Sturm im Wasserglas, S. 790 ff.

[36] BVerfGE 131, 316 (359).

[37] Eingehend BVerfGE 131, 316 (370 ff.).

[38] BT-Drs. 17/11819, S. 5 f.

b) Die fehlende Verständlichkeit und Erklärbarkeit des Zwei-Stimmen-Systems

Wie aus dem Vorhergehenden ersichtlich, waren die zeitgenössischen Gründe für die Einführung des Zwei-Stimmen-Wahlrechts irreal – was die Wahl nicht parteigebundener »Persönlichkeiten« anging – oder sogar offen verfassungswidrig. Jenseits dieser Gründe leidet das Zwei-Stimmen-System seit jeher daran, dass es von den Wählern nicht verstanden wird (dazu unter aa) und die rechtlichen Wirkungen der Stimmabgabe bei der Erststimme auch für Sachkenner lediglich tatsächlich rekonstruierbar sind, nicht aber in nachvollziehbarer Weise erläuterungsfähig (dazu unter bb).

aa) Das fehlende Verständnis der Wähler

Das Zwei-Stimmen-System leidet seit seiner Einführung im Jahr 1953 daran, dass die Wähler es nur unzureichend verstehen und insbesondere die Verrechnung zwischen Erst- und Zweitstimmen nicht nachvollziehen. Die Schwierigkeiten fangen insoweit bereits bei der Bezeichnung der beiden Stimmen an, weil die weniger wichtige Stimme »Erststimme« heißt, die wichtige hingegen »Zweitstimme«. Um die durch diese Bezeichnungen entstehenden Missverständnisse über das Gewicht der jeweiligen Stimme abzubauen, hatte der Entwurf der Parteien der Ampelkoalition für die grundlegende Reform des Bundeswahlgesetzes im Jahr 2023 ursprünglich vorgesehen, die bisherige Zweitstimme nunmehr »Hauptstimme« zu nennen, die Erststimme hingegen »Wahlkreisstimme«. Dadurch sollte die entscheidende Bedeutung der Stimme für eine Parteiliste für die Zusammensetzung des Bundestages hervorgehoben werden.[39] Im beschlossenen Bundeswahlgesetz ist es aber schließlich bei der herkömmlichen Terminologie geblieben, die seit jeher Verwirrung stiftet. So kommt es immer wieder vor, dass Wähler ihre Erststimme dem Kandidaten einer kleinen Partei geben, die Zweitstimme hingegen einer größeren Partei. Das dürfte in den wenigsten Fällen intendiert sein, sondern schlicht auf Unkenntnis des Wahlverfahrens beruhen.[40] Zweitstimmen-Kampagnen der kleineren Koalitionsparteien, wie es sie in Bundestagswahlkämpfen immer wieder gegeben hat, machten sich diese verbreitete Unkenntnis oder zumindest Unsicherheit manchmal bis zur Grenze der Unseriösität zunutze.[41]

---

[39] BT-Drs. 20/5370, S. 2f., 5.

[40] *Eckhard Jesse*, Plädoyer für ein Einstimmensystem bei der Bundestagswahl, ergänzt um eine Ersatzstimme, in: ZParl 47 (2016), S. 893–903 (899).

[41] Siehe dazu *Jesse*, Wahlrecht, S. 265ff.; vgl. auch *Dietrich Thränhardt*, Die DVU: eine virtuelle Partei, durch manipulierbares Wahlrecht begünstigt – ein Plädoyer zur Wahlrechtsreform, in: ZParl 29 (1998), S. 441–448 (445f.).

bb) Ein rekonstruierbares, aber nicht erläuterungsfähiges System

Die Verunsicherung der Wähler durch das Zwei-Stimmen-Wahlrecht lässt sich auch nicht allein als laienhafte Uninformiertheit abtun, der durch Wahlrechtspädagogik abzuhelfen wäre, etwa durch die Belehrung, dass für die Zusammensetzung des Bundestages eben die Zweitstimme maßgeblich sei. Denn die Bedeutung der Erststimme in diesem System lässt sich zwar durchaus in ihren rechtlichen Wirkungen rekonstruieren, aber nicht in irgendeiner Weise nachvollziehbar erläutern:

Auf den ersten Blick wirkt die Wahlentscheidung, die mit der Erststimme getroffen wird, zwar durchaus einfach. Der Wähler, so scheint es, wählt im Wahlkreis unter den verschiedenen Wahlkreisbewerbern aus. Auf diese einfache und klar verständliche Weise ließe sich die Abgabe der Erststimme allerdings nur dann rekonstruieren, wenn die Personenwahl mit der Erststimme und die Parteilistenwahl mit der Zweitstimme zwei wechselseitig abgeschlossene Vorgänge wären, wenn es also ein Grabenwahlsystem gäbe. Da das Bundestagswahlrecht aber seit 1949 Wahlkreismandate und Listenmandate miteinander verrechnet, steht die Erststimme indes immer in Wechselwirkung mit dem Zweitstimmenergebnis. Die Beschreibung, der Wähler entscheide sich mit der Erststimme zwischen den Wahlkreiskandidaten, ist daher zumindest verkürzend und unvollständig.[42] Der Wähler entscheidet mit seiner Erststimme nämlich nicht nur, ob der Direktkandidat A oder B in den Bundestag kommt, sondern mit zumindest gleich hoher Bedeutung darüber, ob die der A-Partei nach ihrem Zweitstimmenanteil zustehenden Mandate durch den Direktkandidaten oder einen Listenkandidaten besetzt werden sollen. Diese Entscheidung ist aber selbst dann irrational, wenn der Wähler mit beiden Stimmen den Kandidaten und die Liste der A-Partei wählt. Denn der Wähler entscheidet hier zwischen dem Wahlkreiskandidaten und einem im Vorhinein nicht bekannten Listenkandidaten. Diese Entscheidung, die dem Wähler ohnehin gar nicht vor Augen steht, trifft der Wähler zwar tatsächlich durch seine Stimmabgabe, kann sie aber mangels Kenntnis des alternativen Listenkandidaten überhaupt nicht auf irgendeine rationale Weise treffen.

Die Irrationalität der Erststimmenvergabe wird im Fall des sogenannten Stimmensplitting – wenn der Wähler also mit der Erststimme den Kandidaten einer anderen Partei wählt als derjenigen, deren Liste er mit seiner Zweitstimme unterstützt – sogar nochmals überboten. Denn eine gewisse instrumentelle Rationalität hatte dieses Stimmensplitting nur solange, wie es auf die Erzielung von

[42] Eingehend hierzu und zum Folgenden *Lenski*, Paradoxien der personalisierten Verhältniswahl, S. 497 ff.; *Sophie Schönberger*, Die personalisierte Verhältniswahl – eine Dekonstruktion, in: JöR 67 (2019), S. 1–22 (9 ff.); *Martin Morlok*, Das Verhältnis von Erst- und Zweitstimme aus juristischer Sicht, in: Torsten Oppelland (Hrsg.), Das deutsche Wahlrecht im Spannungsverhältnis von demokratischer Legitimität und politischer Funktionalität, Berlin 2015, S. 91–104 (97 ff.); *Christoph Schönberger/Sophie Schönberger*, Die Lebenslüge des deutschen Wahlrechts. Die personalisierte Verhältniswahl braucht einen Neustart, in: FAZ vom 9. Mai 2019, S. 6.

Überhangmandaten durch eine befreundete Partei und damit auf ein doppeltes Stimmgewicht der abgegebenen Stimmen insgesamt zielte[43] – um den Preis, dass das Wahlrecht jahrelang an der Grenze der Verfassungswidrigkeit entlang balancierte. Diese politische Möglichkeit ist indes zunächst durch den kompletten Ausgleich der Überhangmandate im BWahlG 2013 und nunmehr nach dem BWahlG 2023 dadurch entfallen, dass Wahlkreismandate nach § 6 Abs. 1 Satz 1 BWahlG nur noch dann zugeteilt werden, wenn der Abgeordnete nicht nur die meisten Erststimmen auf sich vereinigt, sondern für den Sitz auch eine hinreichende Zweitstimmendeckung vorliegt.

Unter diesen Bedingungen erweist sich das Stimmensplitting heute mehr denn je als widersprüchliche Entscheidung. Denn der Wähler, der mit seiner Zweitstimme die A-Partei wählt, nimmt durch seine Erststimme für den Kandidaten der B-Partei Einfluss auf die personelle Zusammensetzung einer Bundestagsfraktion, deren Zustandekommen er durch seine Stimmabgabe überhaupt nicht unterstützt.[44] Die dem Wähler regelmäßig nicht bewusste und rational nicht zu treffende Entscheidung zwischen dem Wahlkreiskandidaten und einem vorher nicht bekannten Listenkandidaten derselben Partei wird geradezu absurd, wenn er dadurch auf die Zusammensetzung einer Bundestagsfraktion Einfluss nimmt, deren Entstehen er durch seine Stimmabgabe in keiner Weise fördert. Bei dieser ernüchternden Rekonstruktion ist im Übrigen noch nicht einmal in Rechnung gestellt, dass in der politischen Praxis der Parteien ein Großteil der in Wahlkreisen aufgestellten Bewerber zugleich auf der Landesliste nominiert wird[45], so dass selbst die Möglichkeit des Wählers, personell zwischen Direktkandidat und Listenkandidat zu entscheiden, tatsächlich nicht selten ins Leere geht.

IV. Die Beharrungskraft des Zwei-Stimmen-Systems

Trotz seines verwirrenden Charakters und der fehlenden Möglichkeit, die dadurch eröffnete Entscheidungsmöglichkeit des Wählers irgendwie rational zu rekonstruieren, weist das Zwei-Stimmen-System eine erstaunliche Beharrungskraft auf und hat sich auch im Landtagswahlrecht immer stärker ausgebreitet[46]. Politisch maßgeblich war dafür zunächst einmal das Interesse der FDP an diesem System. Die Liberalen waren in der Person ihres Wahlrechtsexperten Alfred Onnen bereits die eigentlichen Erfinder dieses Wahlrechts. In der Bundesrepublik waren sie nicht selten an Koalitionsregierungen in Bund und

[43] *Lenski*, Paradoxien der personalisierten Verhältniswahl, S. 499.

[44] Grundlegend herausgearbeitet bei *Lenski*, Paradoxien der personalisierten Verhältniswahl, S. 498 f.

[45] *Hans Herbert von Arnim*, Wählen wir unsere Abgeordneten unmittelbar?, in: JZ 2002, S. 578–588 (580 f.); *Lenski*, Paradoxien der personalisierten Verhältniswahl, S. 500.

[46] Siehe dazu *Jesse*, Plädoyer, S. 895. Zuletzt geschah das noch 2022 in Baden-Württemberg.

Ländern beteiligt, und es gelang ihnen so, das Zwei-Stimmen-Wahlrecht mehr und mehr auch auf Landesebene zu etablieren. Die Wahl mit zwei Stimmen erlaubte ihnen aus Koalitionsregierungen heraus mehr oder minder erfolgreiche Zweitstimmenkampagnen. Diese Kampagnen verstanden es immer wieder, die Fehleinschätzungen und Unsicherheiten in der Bevölkerung über Stellenwert und Wirkungsweise der beiden Stimmen zum eigenen Vorteil zu nutzen.[47] Ganz generell dürften kleinere Parteien befürchten, bei einem Wechsel zu einem Einstimmensystem mit etwas schlechteren Ergebnissen rechnen zu müssen.[48] Daneben erklärt sich die Beharrungskraft des Zwei-Stimmen-Systems in starkem Umfang durch Trägheit und Gewöhnung an eine immerhin seit 1953 praktizierte Form der Stimmabgabe. Grundlegende Reformen im Wahlrecht sind selten und benötigen politisches Kapital. Die Irrationalität des Zwei-Stimmen-Systems richtet aber keinen offenkundigen und einfach zu verstehenden Schaden an, der in der Öffentlichkeit zur Begründung für eine Reform dienen könnte. Gäbe man das Zwei-Stimmen-System etwa wieder zugunsten eines Einstimmensystems auf, könnte beim von Status quo geprägten Wähler überdies der Eindruck entstehen, man nähme ihm etwas weg, weil er nun eine Stimme »weniger« hätte.[49] Deshalb steht leider zu befürchten, dass das Zwei-Stimmen-System auch in der absehbaren Zukunft nicht abgeschafft, sondern die Bundesrepublik noch eine ganze Weile durch ihre weitere Wahlrechtsgeschichte begleiten wird.

V. Bilanz und Ausblick

Fassen wir zusammen: Das Zwei-Stimmen-Wahlrecht bei der Bundestagswahl entstand in den 1950er Jahren maßgeblich deshalb, um Wahlbündnisse befreundeter Parteien in den Wahlkreisen zu ermöglichen, die auf die Umgehung der Sperrklausel für kleinere Parteien durch den Erwerb von »Grundmandaten« oder auf die Erzielung von Überhangmandaten durch Wahlabsprachen ausgerichtet waren. Die so verfolgten Ziele waren aufgrund der grundgesetzlich verbürgten Wahlrechtsgleichheit verfassungsrechtlich problematisch. Im seit 2023 geltenden Wahlrecht sind sie aufgrund der Abschaffung der Grundmandatsklausel und der Notwendigkeit einer hinreichenden Zweitstimmendeckung für die Wahlkreismandate endgültig bedeutungslos geworden.

Das Zwei-Stimmen-System leidet seit jeher daran, dass die Wähler es nicht verstehen und vor jeder Bundestagswahl grundlegende Unsicherheiten aufs Neue hervortreten. Dieser Verwirrung lässt sich auch durch Wahlrechtspädagogik nicht abhelfen. Denn die einzige einfache Möglichkeit, welche die Erststimme

[47] Siehe dazu *Jesse*, Plädoyer, S. 895; *Thränhardt*, DVU: eine virtuelle Partei, S. 448.
[48] *Jesse*, Plädoyer, S. 902.
[49] *Thränhardt*, DVU: eine virtuelle Partei, S. 447; *Jesse*, Plädoyer, S. 903.

tatsächlich eröffnet: die Wahl einer parteiunabhängigen »Persönlichkeit«, ist in der Parteiendemokratie ohne Bedeutung, und die Wähler haben davon denn auch seit 1953 noch nie Gebrauch gemacht. Im Übrigen besteht die tatsächliche Bedeutung der Erststimme bestenfalls in einer Entscheidung zwischen dem Wahlkreiskandidaten und einem im Zeitpunkt der Wahl unbekannten Listenkandidaten seiner Partei, die der Wähler nicht rational treffen kann und für ihn ohnehin nicht von Interesse ist.

In diesem Befund liegt ein grundlegendes demokratisches Legitimitätsproblem des Zwei-Stimmen-Wahlrechts. Denn es kann nicht ohne Folgen für die Legitimität des Wahlvorgangs und des dadurch bestellten Bundestages bleiben, wenn bereits die einfache und klare Wahlhandlung des Bürgers von vornherein in Nebel gehüllt ist. Die Abhilfe liegt nahe, nämlich die Rückkehr zu einem Einstimmensystem, bei dem die Stimme für den Wahlkreiskandidaten zugleich für die Liste der jeweiligen Partei zählt.[50] Dieses müsste auch nicht neu erfunden werden, weil es bei der ersten Bundestagswahl 1949 bereits praktiziert worden ist. Es bleibt zu hoffen, dass sich irgendwann eine Bundestagsmehrheit aufraffen kann, zu dieser einfachen und verständlichen Form der Stimmabgabe zurückzukehren. Das Zwei-Stimmen-System, dieser etwas klapperige Nierentisch aus der Adenauerzeit, könnte dann seinen verdienten Platz im wahlrechtlichen Museum einnehmen.

---

[50] *Jesse*, Plädoyer; *Morlok*, Verhältnis von Erst- und Zweitstimme, S. 102f.; *Schönberger/Schönberger*, Lebenslüge des deutschen Wahlrechts, S. 6.

Demokratie als Kommunikation

Ein kulturwissenschaftlicher Essay

Gunnar Folke Schuppert

I. Einige einleitende Bemerkungen

Just als ich mit der Abfassung dieses Beitrages beginnen wollte, ließ mir Wolfgang Merkel – mein früherer Kollege am Wissenschaftszentrum Berlin für Sozialforschung (WZB) – sein neuestes Buch mit dem Titel »Im Zwielicht. Zerbrechlichkeit und Resilienz der Demokratie im 21. Jahrhundert«[1] zukommen. Ich warf – wie man dies auch tun sollte – zunächst einen Blick auf das Inhaltsverzeichnis, in dem insgesamt fünfzehn Kapitelchen aufgelistet waren, in denen »Demokratie« jeweils in eine Verbindung mit einem bereichsspezifischen Thema gebracht wurden, und zwar durch das verbindende Wörtchen »und«, was dann – in hier willkürlicher Auswahl – sich so liest:
- Demokratie und Zeit
- Demokratie und Krise oder auch
- Demokratie und Resilienz.

Wir haben hier einen etwas anderen Ansatz im Sinn und nennen unseren Beitrag daher unter bewusster Hinweglassung irgendeines Bindegliedes »Demokratie als Kommunikation«. Damit soll zum Ausdruck gebracht werden, dass wir Demokratie vor allem als eine *kommunikative Veranstaltung* verstehen und dass man dem Kern von Demokratie u.E. am nächsten kommt, wenn man Demokratie als ein kommunikativ geprägtes Verfahren der Legitimation und der Kritik politischer Herrschaft begreift. Damit soll keineswegs geleugnet werden – nichts läge mir ferner –, dass die »Veranstaltung Demokratie« ganz zentral auch rechtlich geprägt ist, sei es über die Idee der Verfassung, das Wahlrecht, die Grundrechte, das Ideal der Gerechtigkeit etc.[2], so dass ich vorschlagen möchte, von Demokratie als einer *rechtlich flankierten kommunikativen Veranstaltung* zu sprechen.

---

[1] *Wolfgang Merkel*, Im Zwielicht. Zerbrechlichkeit und Resilienz der Demokratie im 21. Jahrhundert, Frankfurt a. M./New York 2023.

[2] Siehe dazu meine Beiträge: Eine globale Ideengeschichte in der Sprache des Rechts, Max Planck Institute for European Legal History research paper series No. 2019–02, sowie: Buon Governo e Giustizia. Gerechtigkeit – ein Qualitätsmerkmal des Regierens?«, WZB Discussion Paper SPV 2017–01, April 2017.

II. Zur kommunikativen Dimension jedweder, insbesondere aber demokratischer Herrschaft

Dieser Überschrift liegt die basale Einsicht zugrunde, dass die Folgebereitschaft der Regierten »in the long run« nur zu erreichen ist, wenn an die Stelle purer Macht kommunikativ vermittelte Autorität tritt[3]; dies gilt jedenfalls für politische Ordnungen wie die Demokratie, die sich in periodisch stattfindenden Wahlen dem Urteil der Regierten unterwirft. Nur wenn die Regierung neben Macht auch über *Überzeugungskraft* verfügt, wird sie die Bürger dafür gewinnen, freiwillig ihren Regulierungsversuchen und Empfehlungen zu folgen; ob sie überzeugen kann, ist sozusagen die Nagelprobe ihrer Regierungsfähigkeit. Diesen Sachverhalt hat der Politik- und Verwaltungswissenschaftler Thomas Ellwein mit der Formulierung *»Regierung als politische Führung«* einzufangen versucht[4]; politische Führung aber kann nur beanspruchen, wer sie kommunikativ zu vermitteln vermag und sich dazu einer Sprache bedient, die von denen verstehbar ist, die für die Unterstützung oder zumindest Tolerierung der Regierungsmaßnahmen gewonnen werden sollen: dies gilt umso mehr, wenn den Regierten – wie z.B. bei der Corona-Pandemie oder zur Überwindung der Energiekrise – *Verhaltensänderungen* zugemutet werden müssen. Der norwegische Politikwissenschaftler Stein Ringen hat in seinem Beitrag »The Powerlessness of Powerful Governments« dafür die folgenden klaren Worte gefunden:

> »Governments rule by taxing, spending and regulating, but that is not enough. They in addition depend on speaking. They need to inform, to explain, to »sell« their policies, to make themselves trusted or at least believed, to encourage, to persuade – and to manipulate when that is called for. A government needs to be seen and heard and to make itself the centre of attention, to out-manoeuvre those trying to out-manoeuvre it. It needs to control the issues that become salient in the press and public awareness and to not let others take hold of the agenda. It needs to lead and to display leadership.«[5]

Wenn man diese Passage auf sich wirken lässt, hat man fast das Gefühl, als lese man das »Dienstzeugnis« der gegenwärtigen Ampelregierung.

Nach diesen Vorüberlegungen scheint uns der Boden bereitet zu sein für unseren ersten thematischen Schwerpunkt, für den wir die folgende Überschrift gewählt haben:

---

[3] *Gunnar Folke Schuppert,* Über Herrschaft. Praktiken, Verständnisse und Rechtfertigungen von Herrschaft – ein soziologischer und historischer Streifzug, Tübingen 2023, S. 25ff., sprechen wir daher von der *Notwendigkeit der Herrschaftsvermittlung*.

[4] *Thomas Ellwein*, Regierung als politische Führung, Band 3, Teil 1 der Reihe Politik, Regierung, Verwaltung. Untersuchungen zum Regierungsprozess in der Bundesrepublik, Stuttgart u.a. 1970; daran anknüpfend *Gunnar Folke Schuppert*, Die verfassungsgerichtliche Kontrolle der Auswärtigen Gewalt, Baden-Baden 1973, S. 58ff.

[5] *Stein Ringen*, The Powerlessness of Powerful Government. Discussion Paper, Oxford 2005.

1. Legitimation und Kritik demokratischer Herrschaft durch und als Kommunikation

Wenn man nach einer passenden Antwort auf die gern gestellte Frage »Was ist Demokratie?«[6] sucht, so halten wir nach wie vor einen Diskussionsbeitrag von Peter Badura für ebenso prägnant wie zutreffend: »Demokratie ist ein Verfahren der Legitimation, der Kontrolle und der Kritik politischer Herrschaft«[7]. Von hier ist es kein weiter Weg zu einer ebenso bündigen Aussage, die wir ebenfalls nicht nur für richtig, sondern nahezu für »self evident« halten und die da lautet: Legitimation, Kontrolle und Kritik politischer Herrschaft sind Früchte von Kommunikationsprozessen.

Wegen dieser »self evidence« sei zu ihrer Bekräftigung nur eine einzige Stimme gehört, nämlich die von Ulrich Sarcinelli: »Legitimität in der modernen offenen Gesellschaft erfordert [...] die ständige Erneuerung durch kommunikative Vermittlung ihrer Geltungsgründe. Politische Kommunikation ist deshalb eine conditio sine qua non von Legitimität. Diese bedarf der Legitimation durch Information und Kommunikation. Insofern ist Legitimität Determinante und Resultat politischer Kommunikation.«[8]

Wenn dies alles – wie wir finden – plausibel ist, dann ergeben sich daraus vor allem *vier Folgerungen*:

– Erstens kommt im Verständnis von Demokratie als einer rechtlich flankierten kommunikativen Veranstaltung den sog. *Kommunikationsgrundrechten*[9] mit der verfassungsrechtlichen Garantie der Meinungsfreiheit eine schlechthin zentrale Rolle zu.[10]

– Zweitens umfasst der Bereich der Kommunikationsrechte zwingend auch die *Versammlungs- und Vereinigungsfreiheit*, um dem »organisierten Menschen«[11] einen angemessenen Platz in der Demokratietheorie zu geben.

---

[6] *Wolfgang Merkel*, Was ist Demokratie?, in: ders., Im Zwielicht, S. 39–54.

[7] Diskussionsbeitrag, in: VVDStRL 29 (1971), Das demokratische Prinzip im Grundgesetz, S. 95 f., 97.

[8] *Ulrich Sarcinelli*, Legitimität, in: Otfried Jarren/Ulrich Sarcinelli/Ulrich Saxer (Hrsg.), Politische Kommunikation in der demokratischen Gesellschaft. Ein Handbuch mit Lexikonteil, Opladen/Wiesbaden 1998, S. 253.

[9] Fast schon klassisch dazu *Wolfgang Hoffmann-Riem*, Kommunikations- und Medienfreiheit, in: Ernst Benda/Werner Maihofer/Hans-Jochen Vogel (Hrsg.), Handbuch des Verfassungsrechts der Bundesrepublik Deutschland, 2. Auflage Berlin/New York 1994, S. 191–262; siehe auch *Gunnar Folke Schuppert*, Grundrechte und Demokratie, in: EuGRZ 1985, S. 525 ff.

[10] Grundlegend *Hans-Peter Schneider*, Eigenart und Funktionen der Grundrechte im demokratischen Verfassungsstaat, in: Joachim Perels (Hrsg.), Grundrechte als Fundament der Demokratie, 1979, S. 1 ff.

[11] Siehe dazu *Gunnar Folke Schuppert*, Assoziative Demokratie. Zum Platz des organisierten Menschen in der Demokratietheorie, in: Ansgar Klein/Rainer Schmalz-Bruns (Hrsg.), Politische Beteiligung und Bürgerengagement in Deutschland. Möglichkeiten und Grenzen, Bonn 1997, S. 114–152.

– Drittens hat in einer auf einer funktionierenden Legitimationskommunikation aufruhenden politischen Ordnung eine diesbezügliche Legitimitätspolitik ein – wie Nullmeier et al. zu Recht hervorheben – integraler Bestandteil von Politik zu sein: »Diskursive Legitimitätspolitik richtet sich darauf, normative Maßstäbe zur Bewertung von Ordnungen zu setzen, zu verändern, neu zu interpretieren und selektiv einzusetzen, die gesellschaftlich als Leitlinie der Akzeptanz oder Nichtakzeptanz einer Ordnung gegenüber zur Geltung zu kommen [...]. Legitimitätspolitik ist daher nicht eine einfache Politik der Akzeptanzbeschaffung. *Legitimitätspolitik ist reflexiv angelegt.*«[12]

– Viertens schließlich muss angesichts der Zentralität von Legitimationskommunikation die *Qualität der Kommunikations- und Diskussionskultur*[13] ein zentraler Bestandteil ihrer Funktionsfähigkeit als Legitimationsinstanz sein.

So weit, so gut.

Jetzt aber wollen wir den Jubilar und hoffentlich noch weitere Leser zu einem vielleicht etwas ungewohnten Perspektivenwechsel einladen und einen Ausflug in das weite Feld der »Menschenbilder«[14] unternehmen.

2. *Der »homo narrans« als demokratieaffines Menschenbild*

Menschenbilder begegnen uns unablässig und in den verschiedensten Varianten.[15] Wohl jedermann bekannt ist der mir nicht sonderlich sympathische, auf die Maximierung seiner eigenen Interessen fixierte »homo oeconomicus«. Immer häufiger begegnet man heutzutage aus naheliegenden Gründen dem »homo digitalis«[16], während der renommierte Althistoriker Greg Woolf in seinem Buch über »Aufstieg und Niedergang antiker Städte«[17] die Menschen als *urbane Wesen* kennzeichnet und ihnen in seinem Buch ein eigenes Kapitel widmet, in dem er sie als *»Urbane Affen«* bezeichnet: »Unsere hochgradige Sozialität und die großen, teuren, sperrigen Gehirne, die diese Sozialität möglich machen, öffneten die Welt der Städte. Wir wurden durch unsere großen sozialen Gehirne für ein Leben als urbane Affen vorangepasst.«[18]

---

[12] *Frank Nullmeier/Anna Geis/Christopher Daase,* Der Aufstieg der Legitimationspolitik, in: Dieselsen (Hrsg.), Der Aufstieg der Legitimationspolitik, Leviathan Sonderband 27/2012, S. 24.

[13] Zur Kommunikationskultur als Bestandteil der politischen Kultur eines Gemeinwesens siehe *Gunnar Folke Schuppert*, Politische Kultur, Baden-Baden 2008, S. 233–342; Sascha Kneip (Hrsg.), Diskurskultur, in: Aus Politik und Zeitgeschichte 43–45/2023 vom 21. Oktober 2023.

[14] Als einführender Überblick sei verwiesen auf das Reclam-Büchlein von *Michael Zichy*, Die Macht der Menschenbilder. Wie wir andere wahrnehmen, Stuttgart 2021.

[15] Siehe nunmehr auch *Gunnar Folke Schuppert*, Über Menschenbilder. Wie sie unser Denken und Handeln bestimmen, Baden-Baden 2023.

[16] Näher dazu *Thomas Vesting*, Gentleman, Manager, Homo Digitalis. Der Wandel der Rechtssubjektivität in der Moderne, Weilerswist 2021.

[17] *Greg Woolf*, Metropolis. Aufstieg und Niedergang antiker Städte, Stuttgart 2022.

[18] *Woolf*, Metropolis, S. 61.

Von hier ist es kein weiter Weg zum Menschen als *»Erzählenden Affen«*, so der Titel des Buches von Samira El Quassil und Friedemann Karig, in dem es darum geht – und dies ist unser Thema –, »Wie Geschichten unser Leben bestimmen.«[19] Es geht ihnen also – und darauf wollen auch wir hinaus – um den von ihnen so genannten *»homo narrans«*[20] bzw. das *»story telling animal«*.

Ihre These ist, dass Menschen – um es extrem zu vereinfachen – sich Geschichten erzählen bzw. in Geschichten denken, um die Herausforderungen der komplexen und immer unübersichtlicheren Welt besser verarbeiten zu können. Was eindeutig für diese These spricht, sind zunächst einmal zwei eindeutige Befunde:

– Der erste hier aufzurufende Befund ist die beobachtbare steile Karriere von *Verschwörungstheorien*, die in der einschlägigen Literatur als »Kinder der Krise« gelten[21]; ihre sozialpsychologische Funktion ist von Laura Luise Hammel wie folgt klar herausgearbeitet worden:

»Aus Sicht der Wissenschaft erfüllen Verschwörungstheorien in erster Linie die Funktion einer *kognitiven Dissonanzreduktion*[22], mit deren Hilfe die Komplexität eines Sachverhaltes, beispielsweise einer persönlich erfahrenen oder auch gesellschaftlichen Krise, drastisch reduziert werden kann, um diesen so besser verstehen und psychisch verarbeiten zu können. [...] Viele Wissenschaftler sind zudem der Meinung, Verschwörungstheorien dienten *der Kontingenzbewältigung*[23], indem sie Menschen dabei helfen würden, zufällige schicksalhafte Ereignisse wie Naturkatastrophen, Terroranschläge oder auch Unglücke wie Flugzeugabstürze zu verarbeiten, da sie eine Antwort darauf geben, warum diese stattgefunden haben und wer sie verursacht hat. Die Identifikation von Verursachern für *Krisensituationen* entlastet vom Gefühl der eigenen Ohnmacht angesichts dieser zufälligen, schicksalhaften Ereignisse. Indem solchen Katastrophen eine Ursache unterstellt wird, die auf planvollem menschlichem Handeln basiert, erhalten sie einen nachträglichen Sinn.«[24]

– Der zweite Befund ist die Beobachtung, dass die politischen Parteien in der Bundesrepublik ihren Konkurrenzkampf um Wählerstimmen mit dem Instrument von Erzählungen oder – wie es heute heißen muss – von *Narrativen*[25] austragen. Es geht um die *narrative Hegemonie*, die zu erringen diejenige Partei die größten Chancen hat, die über die besten Geschichten verfügt. Unzweifel-

---

[19] *Samira El Quassil/Friedemann Karig*, Erzählende Affen. Mythen, Lügen, Utopien. Wie Geschichten unser Leben bestimmen, Berlin 2021.

[20] *Quassil/Karig*, Erzählende Affen, S. 80.

[21] Siehe dazu m. w. N. *Gunnar Folke Schuppert*, Verschwörungstheorien und digitale Demokratie, in: Rechtswissenschaft 2022, S. 28–60.

[22] *Ute Caumanns/Mathias Niendorf*, Raum und Zeit, Mensch und Methode: Überlegungen zum Phänomen der Verschwörungstheorie, in: Ute Caumanns (Hrsg.), Verschwörungstheorien. Anthropologische Konstanten und historische Varianten, Osnabrück 2001, S. 197–210.

[23] *Dieter Groh*, Verschwörungstheorien revisited. in: Ute Caumans (Hrsg.), Verschwörungstheorien, S. 187–196.

[24] *Laura Luise Hammel*, Verschwörungsglaube, Populismus und Protest, in: Politikum 2017/3, S. 36.

[25] Vgl. dazu die Beiträge in: Franz Gadinger/Sebastian Jarzebski/Taylan Yildiz (Hrsg.), Politische Narrative. Konzepte – Analysen – Forschungspraxis, Wiesbaden 2014.

haft präsentiert die AfD die plakativsten und eingängigsten Narrative, während die FDP bemüht ist, mit ihrem Meisternarrativ von der Lösungskapazität des Marktes ihre Stammklientel bei der Stange zu halten und die Narrative der Grünen in der gegenwärtigen Bündelung von Krisen deutliche Kollisionsspuren mit den Realien der Weltpolitik hinzunehmen haben.

Sucht man nach tiefer liegenden Erklärungen, so sind – wenn ich recht sehe – zwei Angebote besonders interessant. In einer neueren Veröffentlichung hat Fritz Breithaupt unter dem Titel »Das narrative Gehirn«[26] Neuro- und Literaturwissenschaft zu einer Theorie des Erzählens verbunden mit dem demokratietheoretisch höchst relevanten Befund, dass unser Gehirn eine *narrative Struktur* aufweist. Samira El Quassil und Friedemann Karig hingegen sprechen – letztendlich gleichsinnig – davon, dass unser Gehirn *nach Geschichten regelrecht süchtig sei*:

> »Jedes Wahrnehmen ist ein Versuch, Ordnung in ein chaotisches Universum zu bringen. Geschichten sind eine Manifestation dieses Prozesses. Wenn wir Informationen erhalten, baut unser Gehirn automatisch Geschichten, um den empfangenen Inhalten einen Sinn zu geben. Dass und wie wir sie erzählen, ist selten einer individuell bewussten Wahl und auch nicht einer kollektiven kreativen Erfindungsgabe geschuldet. Wir reproduzieren in ihnen nur eine grundsätzlich durch neuronale Strukturen ermöglichte Weltsicht. Wir entdecken überall Geschichten, weil wir überall welche finden *wollen* beziehungsweise finden *müssen*, selbst wenn es sich um abstrakte Formen handelt. Unser Gehirn sucht nicht nur nach Geschichten – es ist regelrecht süchtig nach ihnen.«[27]

Was bedeutet dies nun alles für unser Thema »Demokratie als Kommunikation«?

Die Antwort ist – so will uns scheinen – eigentlich eindeutig: der Mensch ist offenbar aufgrund seiner Sozialität und seiner neuronalen Beschaffenheit eine ebenso kommunikationsfähige wie kommunikations*bedürftige* Spezies. Dies wird noch einmal eindrucksvoll bestätigt, wirft man einen Blick auf die folgenden vier Menschentypen, nämlich den nach Arnold Gehlen *orientierungsbedürftigen Menschen* – ihm fehlt der handlungsleitende Instinkt –[28], den von Axel Honneth popularisierten *anerkennungsbedürftigen Menschen*[29], den *gemeinschaftsbedürftigen Menschen* der Kommunitaristen[30] sowie den seit 2016 dazu gekommenen

---

[26] *Fritz Breithaupt*, Das narrative Gehirn. Was unsere Neuronen erzählen, Berlin 2022.

[27] *El Quassil/Karig*, Erzählende Affen, S. 90.

[28] *Arnold Gehlen*, Zur Systematik der Anthropologie, in: Studien zur Anthropologie und Soziologie, Neuwied 1963, S. 11–63.

[29] *Axel Honneth*, Kampf um Anerkennung. Zur moralischen Grammatik sozialer Konflikte, Frankfurt a. M. 1992; vgl. auch *Fabian Schuppert*, Being Equals: Analysing the Nature of Social Egalitarian Relationships, in: Carina Fourie/Fabian Schuppert/Ivo Wallimann-Helmer (Hrsg.), Social Equality. On What it Means to Be Equals, Oxford 2015, S. 141–158.

[30] Siehe dazu *Ulf Bohmann/Hartmut Rosa*, Das Gute und das Rechte. Die kommunitaristischen Demokratietheorien, in: Oliver W. Lembcke/Claudia Ritzi/Gary S. Schaal (Hrsg.), Zeitgenössische Demokratietheorie, Band 1: Normative Demokratietheorien, Wiesbaden 2012, S. 127–156.

resonanzbedürftigen Menschen[31]. All diese Menschentypen sind – dies bildet die sie verbindende Klammer – *kommunikationsbedürftige Menschen*[32]. Denn Anerkennungsverhältnisse, Resonanzverhältnisse und Gemeinschaftsverhältnisse funktionieren nur durch *kommunikativen Austausch*.

Wenn sich dies so verhält, müssen uns drei Dinge interessieren:

– Was bedeutet es, wenn in einer Gesellschaft die von uns so genannte *Kommunikationsmacht* unterschiedlich verteilt ist?

– Macht es einen Unterschied, mittels *welcher Medien* sich der kommunikative Austausch vollzieht?

– Was bewirken diese beiden Aspekte für die jeweils obwaltende *Kommunikations- bzw. Diskurskultur*?

III. Demokratie und Kommunikationsmacht

1. *Amtsmacht oder kommunikative Prägemacht?*

Herrschaft durch Kommunikation hat es immer mit Macht zu tun und zwar – wie Udo Di Fabio in u.E. weiterführender Weise unterscheidet – mit *Amtsmacht* oder mit der von ihm so genannten *kommunikativen Prägemacht*: »Es geht darum, an Hebeln der Macht zu sitzen, um andere zum Gehorsam zu bringen. Das kann [...] Amtsmacht oder kommunikative Prägemacht im öffentlichen Meinungsraum sein. Aber es geht immer um Macht.«[33]

Zur Begründung dieser von ihm vorgeschlagenen und uns durchaus einleuchtenden Unterscheidung der beiden Machttypen stellt Di Fabio die folgenden Überlegungen an:

»Im politischen System ist die Normativierung der Sprache, also Sprachvorschriften, ein ständiges Thema, und zwar in allen Herrschaftsordnungen, der Diktatur wie der Demokratie. Auch im politischen System ist es wieder die *Verwendung von markanten Signalbegriffen*, die durch eine akzentuiert auftretende moralische Imprägnierung gekennzeichnet sind. [...] Politisch gemeinte Sprachänderungsvorschläge kommen in offenen Gesellschaften regelmäßig nicht aus dem, was bei rein institutioneller Betrachtung als Kern des politischen Systems verstanden wird, also aus dem Ämtergefüge des Staates. Im Ämtergefüge wird meist nur nachvollzogen, was anderwärts vorgegeben wurde. Die Vorschläge und Forderungen kommen aus dem im Kommunikationszusammenhang politischer Herrschaft wesentlich zentraleren Bereichen. [...] Dieser Kreis besteht aus wissenschaftlichen oder künstlerischen Avantgarden, massenmedialen Akteuren und politischen Aktivisten, also aus den Bereichen jenes Teils der Gesellschaft, die sich unter Berufung auf *Antonio Gramsci* gerne ›Zivilgesellschaft‹ nennen. Sie sehen sich in einem Kampf um das

---

[31] *Hartmut Rosa*, Resonanz. Eine Soziologie der Weltbeziehung, Berlin 2016.

[32] Ausführlich zu allem mein Buch Über Menschenbilder. Wie sie unser Denken und Handeln bestimmen, Baden-Baden 2023.

[33] *Udo Di Fabio*, Herrschaft und Gesellschaft, Tübingen 2018, S. 113.

gute Bewusstsein, im ›*struggle for the mind*‹. Autokratien und Diktaturen wollen unter Berufung auf nationale Souveränität häufig genau diese Kräfte ausschalten.«[34]

Begreift man das politische System als Kommunikationssystem, so sei die Schlussfolgerung eigentlich unausweichlich, dass nicht die institutionalisierte Amtsmacht, sondern die kommunikative Prägemacht ausschlaggebend sei:

»Begreift man das politische System als Kommunikationssystem – und nicht vornehmlich als Organisation von Personal- und Sachmitteln – und vermutet deshalb das Zentrum dort, wo die Imprägnierung mit Zielen des Gemeinwohls stattfindet und wo am Paradigma der Herrschaftsausübung mit Wirkung für die Legitimitätspotentiale wirksam gearbeitet wird, kommt etwas anderes in den Blick: Nicht – jedenfalls nicht notwendig – die Amtsträger an der Spitze einer Amtshierarchie sind das Zentrum des politischen Systems, sondern *die Vordenker*, die Aktivisten und die Instanzen politischer Moral *im öffentlichen Meinungsraum*. [...] Entweder sehen wir die Auseinandersetzung um die Erlangung und Verteidigung von Amtsmacht oder das Ringen auf jener kommunikativen Bühne, auf der Trends und Gemeinwohldefinition gesetzt werden und damit die Kartographie des politisch Möglichen (also des nach herrschender Meinung für möglich gehaltenen) bestimmt wird.«[35]

Wenn man – wie der Autor dieses Beitrages – ein neugieriger Mensch ist, wüsste man natürlich gern, *an welchen Orten* sich die Akteure der kommunikativen Prägemacht vorzugsweise aufhalten; wenn nicht in den Amtsstuben, wo dann?

Zum Beispiel an besonderen innovationsträchtigen Orten, was uns bewogen hat, nunmehr eine kleine Ortsbegehung vorzunehmen und dabei *vier Ortstypen* einen jeweils kurzen Besuch abzustatten.

– *Nicht-Orte, anthropologische und soziale Orte*

Die Bezeichnung *»Nicht-Orte«* geht auf den französischen Ethnologen Marc Augé zurück[36], der sie ausführlich besucht und beschrieben hat. Typische Nicht-Orte sind für ihn Flughäfen, Bahnhöfe, Autobahn-Raststätten, Supermärkte, aber auch die Schalterhallen von Bankfilialen, in denen man das gerade benötigte Bargeld abhebt.

Von den Nicht-Orten zu unterscheiden sind die *anthropologischen Orte*, die Augé ebenfalls ausführlich behandelt[37] und die es Sophie Schönberger besonders angetan haben; deshalb soll sie an dieser Stelle zu Wort kommen:

»In seiner Verwendung des Begriffs bezeichnet der anthropologische Ort einen physischen räumlichen Bereich, der sich durch drei Wesensmerkmale auszeichnet: Er ist identitätsstiftend, relational im Sinne von beziehungsstiftend sowie historisch. Seiner räumlich physischen Existenz entsprechen jeweils eine Gesamtheit von Möglichkeiten, Vorschriften und Verboten, deren Inhalt sowohl räumlich als auch sozial konnotiert ist. Es geht mithin

[34] *Di Fabio*, Herrschaft, S. 83 f.
[35] *Di Fabio*, Herrschaft, S. 84 f.
[36] *Marc Augé*, Nicht-Orte, 4. Auflage München 2014.
[37] *Augé*, Nicht-Orte, S. 49 ff.

um Orte, die durch überkommene gemeinsame soziale Regeln geprägt und über sie mit Sinn aufgeladen sind.

Dieses Konzept des anthropologischen Ortes findet sich etwa idealtypisch wieder in klassischen Vorstellungen des urbanen Marktplatzes.«[38]

Von den anthropologischen Orten ist es kein weiter Weg zum »Soziale-Orte-Konzept«[39], bei denen es um die Orte der Förderung des Zusammenhalts in einer vulnerablen Gesellschaft geht.[40] Was die Autoren dieses Konzepts umtreibt, erläutern sie uns wie folgt:

»Wir wollen zugleich sozial und liberal leben, gemeinsam und zugleich unabhängig voneinander. Doch es stellt sich immer mehr die Frage, wo wir dieses Spannungsfeld leben wollen, *also die Frage nach dem konkreten Ort, an dem gesellschaftlicher Zusammenhalt (noch) möglich wird.* Es fehlt nicht an individueller Freiheit in unserer Gesellschaft, oftmals aber an Solidarität, Begegnungsmöglichkeiten und an Sozialen Orten, an denen wir gemeinsam als Bürgerschaft einer demokratischen Gesellschaft zusammenkommen.

Dieser zunehmende Verlust Sozialer Orte in unserer Gesellschaft ist uns in der Corona-Pandemie besonders schmerzlich bewusst geworden. Wir vermissen ein soziales Miteinander, das für uns ›früher‹ selbstverständlich war: sich spontan mit Freunden oder Nachbarn zu treffen, ›einfach so‹ ins Theater und ins Stadion zu gehen. […]

Wir verlieren derzeit zu viele Soziale Orte, ohne dass dies durch vollkommen neue soziale Dimensionen unseres digitalen Lebens kompensiert würde.«[41]

Von hier ist es nur ein Katzensprung zu den uns besonders interessierenden kommunikativen Orten.

2. *Kommunikative Orte: Cafés, was sonst?*

Cafés gelten vielen als die kommunikativen Orte schlechthin, wird in ihnen doch nicht nur viel geredet – was mich an die Charakterisierung von Zusammentreffen von Mitgliedern eines Netzwerkes wie das der G7 zum Beispiel durch Anne-Marie Slaughter erinnert: »Their members talk a lot.«; in Cafés wurden und werden auch neue Ideen ausgebrütet und diskursiv getestet, Umsturzpläne geschmiedet oder Revolutionen initiiert.

– Als erstes Café besuchen wir die Cafés der Existentialisten, wobei uns Sarah Bakewell als Reiseführerin begleitet[42]; wie es dort zuging, schildert sie uns wie folgt:

---

[38] *Sophie Schönberger*, Wandel des Verhältnisses von Staat und Gesellschaft – Folgen für Grundrechtstheorie und Grundrechtsdogmatik, in: VVDStRL 79 (2020), S. 295.

[39] *Jens Kersten/Claudia Neu/Berthold Vogel*, Das Soziale-Orte-Konzept. Ein Beitrag zur Politik des sozialen Zusammenhalts, in: Umwelt- und Planungsrecht (UPR) 2017, S. 50–56.

[40] *Dies.*, Das Soziale-Orte-Konzept. Zusammenhalt in einer vulnerablen Gesellschaft, Bielefeld 2022.

[41] *Kersten/Neu/Vogel*, Zusammenhalt, S. 7f.

[42] *Sarah Bakewell*, Das Café der Existentialisten. Freiheit, Sein und Aprikosencocktails, 2. Auflage München 2019.

»Die existenzialistische Subkultur der vierziger Jahre fand ihren Mittelpunkt in dem Viertel der Kirche Saint-Germain-des-Prés am linken Seine-Ufer. Sartre und Simone de Beauvoir wohnten hier jahrelang in billigen Hotels und saßen tagsüber in den Cafés, um zu schreiben, weil es dort wärmer war als in ihrem unbeheizten Hotelzimmer. Zu ihren Lieblingstreffpunkten gehörten das Café de Flore, das Café Les Deux Magots und die Bar Napoléon, die alle an der Kreuzung Boulevard Saint-Germain/Rue Bonaparte liegen. Der Besitzer des Café de Flore stellte ihnen sogar einen Raum im ersten Stock zur Verfügung, in den sie sich zum Arbeiten zurückziehen konnten, wenn neugierige Journalisten oder Gäste allzu aufdringlich wurden. Trotzdem liebten sie, zumindest anfangs, den Trubel unten im Lokal. Sartre arbeitete gern *in öffentlichen Räumen*, wo es laut und hektisch zuging. Er und Beauvoir *hielten Hof* mit Freunden, Kollegen, Künstlern, Schriftstellern, Studenten und Geliebten, die, von Zigaretten- und Pfeifendunst eingenebelt, alle gleichzeitig redeten.«[43]

– Eine wichtige Rolle spielten Cafés auch beim Schmieden von Umsturzplänen und der Initialzündung revolutionärer Erhebungen. In seinem Bestseller »Die Schlafwandler« hat Christopher Clark anschaulich die Atmosphäre der Belgrader Caféhäuser geschildert, in denen der serbische Nationalismus und eine dementsprechende antiösterreichische Stimmung gepflegt wurde:

»[...] war es (G. F. S.) das *Milieu der Kaffeehäuser*, das jungen bosnischen Serben, die sich in Belgrad aufhielten, ein gewisses Zugehörigkeitsgefühl vermittelte. Čabrinović ging häufig ›zum Eichelkranz, zum Grünen Kranz und zum Goldfischlein‹, wo er, wie er sich später erinnerte, ›allerlei Reden‹ aufschnappte und mit ›Studenten, Typographen, Komitatschis (Freischärlern)‹ verkehrte, vor allem aber mit bosnischen Serben. Die jungen Männer speisten, rauchten und sprachen über Politik oder debattierten über Zeitungsartikel. Ausgerechnet im Eichelkranz und im Grünen Kranz dachten Čabrinović und Princip zum ersten Mal über die Möglichkeiten nach, den österreichischen Thronerben zu ermorden; der hohe Aktivist der Schwarzen Hand, der den jungen Männern Browning-Pistolen und Schachteln mit Munition verschaffte, war ebenfalls ›eine in den Kaffeeschänken gern gesehene Persönlichkeit‹. An diesen Orten herrschte überwiegend eine ultranationalistische und antiösterreichische Stimmung.«[44]

Auch in Clarks neuestem Buch über die europäischen Revolutionsjahre 1848/49 spielen die Kaffeehäuser eine große Rolle; mit der nachstehenden Passage aus diesem Buch soll unsere Reise durch die Caféhäuser Europas denn auch beendet sein:

»Die von Radikalen und Liberalen frequentierten Kaffeehäuser wurden zu *Kraftzentren der revolutionären Stadt* (gemeint ist Mailand, G. F. S.). In Rom waren die Cafés Orte politischer Geselligkeit: Demonstrationen begannen, wenn die Menschen die Cafés verließen; in den Cafés erfuhr man, was vor sich ging, und einigte sich auf kollektive Reaktionen; und wenn man Unterstützer brauchte, suchte man sie dort [...]. Für die fast ausschließlich männlichen Angehörigen dieses Milieus waren die Cafés ein Verbindungsort zwischen der

---

[43] *Blakewell*, Das Café, S. 25 f.

[44] *Christopher Clark*, Die Schlafwandler. Wie Europa in den Ersten Weltkrieg zog, 2. Auflage München 2013, S. 85.

adligen Welt der Salons, die von Frauen beherrscht wurde, und dem ungezügelten Leben auf den Straßen und Plätzen. In Wien, Mailand, Venedig, Berlin und vielen anderen Städten waren Cafés ein Ort, an dem man Zeitungen las und diskutierte […]. Hatte eine Gruppe von Gästen die Neuigkeiten gelesen und diskutiert, machte sie der nächsten Platz. Die Cafés waren die Synapsen der Stadt. Besonders wichtig waren sie für jene Gruppen, die keine anderen Geselligkeits- und Diskussionsforen besaßen.«[45]

3. *Zur infrastrukturellen Macht der Informationsmediäre*[46]

Im Unterschied zur Vorläuferorganisation der Thurn- und Taxis'schen Post[47] agieren die sog. Informationsmediäre[48] – dazu zählen, um nur die wichtigsten zu nennen, Facebook, Twitter, YouTube und Google – nicht aufgrund eines Herrschaftsvertrages oder einer Beleihung; vielmehr haben sie sich eigenständig als neuartige Institutionen entwickelt:

»Sie
– wurden von institutionellen Unternehmern *(institutional entrepreneurs)* entwickelt und als private Dienstleistung eingeführt;
– beruhen auf neuen Leitideen;
– sind nicht politisch-rechtlich oder kulturell (durch ein normatives nationalstaatliches Regelwerk bzw. aus der Medienbranche heraus) begründet worden;
– beruhen auf Sprache, also einer fundamentalen gesellschaftlichen Institution, die sie für die rasche Verbreitung wie Routinisierung des Gebrauchs nutzen;
– haben ein neues technisch-ökonomisches Geschäftsmodell;
– institutionalisieren sich im Prozess unter Beteiligung ihrer Nutzer.
Zur Besonderheit dieser Institutionen gehört, dass sie Kommunikation nicht nur ermöglichen, sondern ihren Nutzern neue Kommunikationsmacht verleihen.«[49]

Und diese sehr komprimierte, aber alle wesentlichen Aspekte umfassende Zusammenfassung ergänzt Otfried Jarren noch wie folgt:

»Die Anbieter geben die Struktur vor und definieren das Nutzer- und Nutzungsverhältnis. Der Nutzer wirkt nicht an der Plattform selbst mit. Die institutionelle Legitimität beruht konstitutiv auf der Ermöglichung von Individualkommunikation im Sinne der *freedom of speech*. Und sie beruht auf dem Versprechen der Plattform an die Nutzer: Einerseits

---

[45] *Christopher Clark*, Frühling der Revolution. Europa 1848/49 und der Kampf für eine neue Welt, München 2023, S. 482f.

[46] Wir übernehmen hier einige Passagen aus *Schuppert*, Über Herrschaft, S. 88f.

[47] Materialreich *Wolfgang Behringer*, Thurn und Taxis. Die Geschichte ihrer Post und ihrer Unternehmen, München/Zürich 1990.

[48] Begriff bei *Wolfgang Schulz/Kevin Danert*, Die Macht der Informationsmediäre. Erscheinungsformen, Struktur und Regulierungsoptionen, hrsgg. von der Friedrich-Ebert-Stiftung, Bonn 2016; zur Macht der Internetkonzerne siehe auch *Ulrich Dolata*, Internetkonzerne: Konzentration, Konkurrenz und Macht, in: ders./Jan-Felix Schraper (Hrsg.), Kollektivität und Macht im Internet. Soziale Bewegungen – Open Source Communities – Internetkonzerne, Wiesbaden 2018, S. 101–130.

[49] *Otfried Jarren*, Fundamentale Institutionalisierung: Social Media als neue globale Kommunikationsinfrastruktur, in: Publizistik 2019, S. 172.

können sie selbst ein Netzwerk kommunikativ aufbauen und gestalten. Und andererseits können sie, allein oder mit anderen, kommunikativen Einfluss nehmen oder sogar kommunikative Macht erlangen. Social Media sind ein kommunikatives Versprechen.«[50]

Durch den enormen Erfolg dieser plattformgestützten Intermediäre erlangten sie – und deshalb gehören sie in jeden Beitrag, der sich mit Herrschaftsphänomenen beschäftigt – infrastrukturelle Macht: »Wesentlich ist [...] die mit den neuen Intermediären sich etablierende Infrastruktur-, Software- und Marktmacht. Suchmaschinen und Social Media-Plattformen sind *de facto eine neue globale Infrastruktur* für Information, Kommunikation und den Zugang zu Wissen geworden.«[51]

Es kann daher nicht überraschen, wenn die großen Internetkonzerne als »powerful player« wahrgenommen werden, deren infrastrukturelle Macht ein nicht zu unterschätzendes Gefährdungspotential innewohnt und deren Aktivitäten mit den Mitteln des Rechts nur begrenzt beizukommen ist.

Angesichts dessen kann es nicht verwundern, wenn immer häufiger gefragt wird, ob Facebook und Co. noch als private Anbieter zu qualifizieren sind oder ob sie sich nicht wegen ihrer unbestrittenen infrastrukturellen Macht einer besonderen *Gemeinwohlverantwortung* stellen müssten.[52] Genau dies ist die Stoßrichtung eines soeben erschienenen Buches einer Gruppe von Autoren verschiedener Disziplinen, die sich zum »Foundational Economy Collective« zusammengeschlossen haben und fordern, dass für die wichtigsten Infrastrukturbereiche so etwas wie eine »gesellschaftliche Lizensierung« eingeführt werden müsse;[53] gerade am Beispiel Englands zeigten sich die negativen Folgen einer drastischen Privatisierungspolitik, die die fundamentalen ökonomischen Infrastrukturen dem Markt und damit der gewinnorientierten Funktionslogik privater Betreiber überlassen hätten. In der Tat – so unser Eindruck – scheint der Zenit einer einseitig neoliberalen Wirtschaftspolitik überschritten zu sein, wie der zunehmende Rückkauf von veräußerten Wohnungsbeständen oder auch Wasserwerken seitens der Kommunen belegt.

---

[50] *Jarren*, Fundamentale Institutionalisierung, S. 172.

[51] *Otfried Jarren*, Kommunikationspolitik für die Kommunikationsgesellschaft, in: Aus Politik und Zeitgeschichte 40/41 (2018), S. 26.

[52] Offenbar in Reaktion auf die breite Kritik an Facebook, »zu wenig gegen Hassrede und Desinformation zu unternehmen, zur Radikalisierung und Polarisierung der Gesellschaft beizutragen und die Integrität von Wahlen zu gefährden«, will der Konzern »ein unabhängiges Gremium installieren, das besonders umstrittene Entscheidungen des Konzerns noch einmal verhandelt und die Regeln des Konzerns kontrolliert. Facebook nennt das Gremium ›Oversight Board‹. Funktionieren soll es wie eine Mischung aus Verfassungsgericht, Ethikrat und parlamentarischen Ausschuss.« so *Max Hoppenstedt*, Im Namen der Nutzer, in: SZ Nr. 146 vom 27. Juni 2019, S. 21.

[53] *Foundational Economy Collective (Autorenkollektiv),* Die Ökonomie des Alltagslebens. Für eine neue Infrastrukturpolitik, Berlin 2019.

IV. Demokratiegeschichte als Kommunikations- und Mediengeschichte

Wenn es in diesem Beitrag um Demokratie und Kommunikation geht, also vor allem um *Kommunikation als Legitimationsmodus demokratischer Herrschaft*, dann taucht ganz von allein als zentrale Frage auf, wie eigentlich kommuniziert wird und unter Einsatz welcher Art von Medien. Insofern ist *Kommunikationsgeschichte immer auch Mediengeschichte*. Statt die bekannten Stationen der Schriftlichkeit und des Buchdrucks »abzuklappern«, wollen wir einen Schritt zurücktreten und einen Blick auf die jahrhundertelang praktizierte Kommunikation unter Anwesenden werfen.

1. Kommunikation und Vergesellschaftung unter Anwesenden

Mit dieser Überschrift nehmen wir Bezug auf den gleichnamigen Aufsatz von Rudolf Schlögl[54], in dem er sich aus kommunikations- und medientheoretischer Perspektive mit anwesensbasierten Formen des Sozialen beschäftigt, also vor den fundamentalen Transformationen durch den Gebrauch von Schrift und Druck. Aus diesem grundlegenden Beitrag haben wir neben vielem anderen vor allem drei wichtige Dinge gelernt:

– Diese Kommunikation ist stets *räumlich konnotiert*, d.h. diese Art der Kommunikation findet in bestimmten Räumlichkeiten statt: »*Funktional spezialisierte Räume*, die nur bestimmte Rede- und Verhaltensweisen zulassen und sie für die an Kommunikation jeweils Beteiligten erwartbar machen, wie etwa Kirchenräume oder Gerichtssäle, sind solche Erfolgsmedien. Man kann sie als Orte bezeichnen.«[55]

– Kommunikation – so unsere zweite Lesefrucht – ist in hohem Maße organisationsbedürftig: »Anwesenheit muss ›arrangiert‹ werden, indem geklärt wird, wer ›da‹ ist, wer ›zählt‹, ob Anwesende als nicht präsent behandelt werden oder so behandelt werden müssen [...]. Anwesenheitskommunikation ist für die Hervorbringung streitiger Entscheidungen erst geeignet, wenn es gelingt, sie durch rigide Reglementierung des Verhaltens und der Wahrnehmungen *verfahrensmäßig zu ordnen*.«[56]

– Das »Arrangieren« von Kommunikation unter Anwesenden in bestimmten Räumlichkeiten *produziert in der Regel hierarchische Abstufungen*: »Die innere Gliederung des Raumes mit seinen primären Differenzierungen der Raumori-

[54] *Rudolf Schlögl*, Kommunikation und Vergesellschaftung unter Anwesenden. Formen des Sozialen und ihre Transformation in der Frühen Neuzeit, in: Geschichte und Gesellschaft 34 (2008), S. 155–224.

[55] *Schlögl*, Kommunikation, S. 188.

[56] *Schlögl*, Kommunikation, S. 173, 195.

entierung macht den Raum [...] in einer besonderen Weise geeignet, um *skalierbare Unterschiede herzustellen* und sie dauerhaft (wiederholbar) zu befestigen. Deswegen ist der Raum das bevorzugte Kommunikationsmedium, wenn es gilt, hierarchische Ordnungen zu reproduzieren.«[57]

Wir können an alle drei Befunde problemlos anknüpfen, da sie keineswegs nur für die Vormoderne Geltung beanspruchen können:

– Was zunächst die *räumliche Konnotation* angeht, so denkt man in demokratiegeschichtlicher Hinsicht automatisch an die Frankfurter Paulskirche und damit an ein Phänomen, das Christopher Clark als *»Revolution der Versammlungen«* bezeichnet hat:

»Die Revolution von 1848 war eine *Revolution der Versammlungen*: die Konstituierende Versammlung in Paris, die den Weg für die Legislative mit einer Kammer namens Assemblée nationale freimachte; die Preußische Nationalversammlung in Berlin, die nach eigens zu diesem Zweck erlassenen Gesetzen gewählt worden war; das Parlament in Frankfurt, das im noblen Rundbau der Paulskirche in der Frankfurter Innenstadt einberufen wurde. Der ungarische Landtag war ein sehr altes Gremium, doch im Lauf der ungarischen Revolutionen von 1848 trat in der Stadt Pécs ein neuer nationaler Landtag zusammen. Die revolutionären Aufständischen von Neapel, Sardinien, von der Toskana und dem Kirchenstaat gründeten allesamt neue parlamentarische Gremien. Die Revolutionäre von Sizilien, die sich von der neapolitanischen Herrschaft befreien wollten, gründeten ihr eigenes, rein sizilianisches Parlament, das im April 1848 den neapolitanischen Bourbonen, König Ferdinand II., absetzte.«[58]

– Was die *Notwendigkeit einer verfahrensmäßigen Ordnung* der Anwesenheitskommunikation angeht, so haben sich die Verfasser der »Geschäftsordnung des Deutschen Bundestages« diese offenbar zu Herzen genommen und penibel geregelt

- die Worterteilung und Wortmeldung (§ 27)
- die Reihenfolge der Redner (§ 28)
- die Form der Rede, grundsätzlich in freiem Vortrag (§ 33)
- den Platz des Redners (§ 34) sowie
- die Rededauer (§ 35).

– Was schließlich die *Reproduktion von Hierarchien* angeht, so zeigt schon ein kurzer Blick auf die Debattenpraxis des Bundestages, dass hier in der Reihenfolge gesprochen wird, wie sie dem Standing des jeweiligen Redners in der Fraktion entspricht, was nicht ausschließt, dass auch rhetorisch begabte (noch-) Hinterbänkler gelegentlich zu Worte kommen.

---

[57] *Schlögl*, Kommunikation, S. 190f.
[58] *Clark*, Frühling der Revolution, S. 17.

2. Kommunikation im Sog der Digitalisierung: die »wahre« Zeitenwende?

Die bekannte und auch von mir geschätzte Schriftstellerin Eva Menasse hat unlängst eine buchförmige Streitschrift vorgelegt[59], in der sie beredt die These vertritt, dass die globale Digitalisierung als die eigentliche, wahre Zeitenwende angesehen werden müsse:

»Die Digitalisierung aller Lebensbereiche ist mit einer Wucht und Geschwindigkeit über die Menschheit hereingebrochen wie keine andere Erfindung zuvor. Sie verändert sich und uns immer weiter, beständig nur in ihrem lawinenhaften Charakter. [...]

Mensch und Gesellschaft wurden folgenreicher und vor allem viel schneller umgeformt als selbst durch die Industrialisierung. In eineinhalb Jahrzehnten sind die Bedingungen des Menschseins grundlegend andere geworden. Die globale Digitalisierung ist daher die einzige und wahre Zeitenwende – eine solche kann niemals ausgerufen, sondern erst in der Rückschau bemerkt werden. Kein Krieg, keine Wirtschaftskrise, auch nicht die Pandemie hatten vergleichbare Auswirkungen. Die Art, wie Menschen die Welt wahrnehmen, ist eine andere geworden, ihr Verhalten und ihre kognitiven Fähigkeiten haben sich ebenso verändert wie die Grundlagen des Zusammenlebens, die Ansprüche an-, die Ungeduld mit-, der Hass aufeinander.«[60]

Nach dieser Einstimmung kann es nicht überraschen, dass die Autorin der *Debattenkultur* in der Digitalmoderne ein verheerendes Zeugnis ausstellt:

»Das Internet mag als Werkzeug gedacht gewesen oder es in Teilen noch immer sein. Aber eine Fähigkeit, an der vorab niemand einen Nachteil hätte erkennen mögen, hat unter den Menschen *enorme Verheerungen* angerichtet: die digitale Massenkommunikation. Nichts hat innerhalb von wenigen Jahren menschliches Leben und Verhalten so massiv verändert. Als wäre es eine Weltformel, können die Dauervernetzheit der Menschen, ihr Dauergespräch, ihr Dauerstreit zur Erklärung von so vielem, fast allem, herangezogen werden, was in den letzten Jahren scheinbar so unerklärlich angeschwollen ist, die Wut, der Hass, die Überforderung, der Frust, der grassierende Irrationalismus, die Verschwörungserzählungen und die politische Extremisierung.«[61]

Ob das Internet wirklich an allem Schuld ist, mag hier dahinstehen. Aber eine Sorge treibt auch uns um, nämlich die – wie es scheint – *paradoxe Situation*, dass die Menschen zwar im Gefolge der »Plattformisierung von Öffentlichkeit«[62] *technisch-instrumentell immer kommunikationsfähiger werden*, aber gleichzeitig durch eine vom Internet begünstigte Emotionalisierung, Radikalisierung und abnehmende Toleranz der gesellschaftspolitischen Diskurse die Fähigkeit, mit anderen *inhaltlich milieu- und lagerüberbrückend zu kommunizieren*, ständig

---

[59] *Eva Menasse*, Alles und nichts sagen. Vom Zustand der Debatte in der Digitalmoderne, Köln 2023.

[60] *Menasse*, Alles und nichts, S. 10, 17.

[61] *Menasse*, Alles und nichts, S. 12.

[62] Siehe dazu *Otfried Jarren/Renate Fischer*, Die Plattformisierung von Öffentlichkeit und der Relevanzverlust des Journalismus als demokratische Herausforderung, in: Leviathan, 49. Jg. Sonderband 37 (2001), S. 370–387.

abnimmt. Dies veranlasst uns, zum Abschluss dieses Beitrages noch einige wenige Überlegungen zur Beschaffenheit der demokratischen Kommunikationskultur in unserem Gemeinwesen anzustellen.

V. Demokratische Kommunikationskultur – ein Opfer gesellschaftlicher Spaltung?

Auf den ersten Blick spricht in der Tat einiges dafür, die zweifellos in einem gewissen Umfang beobachtbare Erosion demokratischer Diskurskultur[63] als eine Folge der Spaltung einer Gesellschaft anzusehen und ein Blick auf den Niedergang der politischen Kultur in den USA[64] liefert dafür zahlreiche warnende Beispiele. Wenn man solchen *»Lagerdiagnosen«* anhängt[65], dann ist es nicht weit zu dem, was Samira El Quassil und Friedemann Karig als *»digitalen Tribalismus«* bezeichnen und wie folgt erläutern:

»Die sozialen Netzwerke verstärken solche tribalistischen Tendenzen auf beispiellose Weise. Sie schaffen Online-Tribes, man könnte sie mit dem Medienwissenschaftler Bernhard Pörksen auch ›Konnektive‹ nennen (aus Kollektiv und Konnektivität), die um eine kollektive Identität organisiert sind. Diese Tribes respektieren unsere Individualität und bieten uns zugleich Schutz durch Zugehörigkeiten, die wir dort für uns oftmals selbst schaffen oder auswählen, zum Beispiel bei Fankulturen. Das Verteidigen der eigenen Mitgliedschaft zu einem solchen Stamm wird Ausdruck einer identitätstiftenden Selbstbehauptung, die sich aus dem Gefühl eines imaginierten ›WIRs‹ ergibt. Es reicht also für das eigene Selbstverständnis nicht mehr aus, bloß Teil einer Fanblase, einer Berufsgruppe oder einer Subkultur zu sein, nein, erst durch das Verteidigen dieser Gruppenzugehörigkeit wird sie real. Das Internet wird dadurch zu einer Maschine, die in einem fort Identitäten erzeugt, zementiert, kritisiert und zerlegt.«[66]

Diese Argumentation kann aber nur überzeugen, wenn die vorausgesetzte *profunde Spaltung der Gesellschaft tatsächlich besteht*. Mit einer solchen Annahme wäre ich jedoch äußerst zurückhaltend.

Aus meiner in den letzten Wochen intensiven Beschäftigung mit Krisen, Bedrohten Ordnungen[67], Zeitenwenden und Resilienz[68] habe ich gelernt, dass man

---

[63] Siehe dazu die Beiträge in Kneip (Hrsg.), Diskurskultur, aus denen insbesondere der Beitrag von *Ruth Wodak* über »Rechtspopulistische Diskursverschiebungen« hervorzuheben ist.

[64] Eindrucksvoll dazu *Torben Lütjen*, Amerika im kalten Bürgerkrieg. Wie ein Land seine Mitte verliert, Darmstadt 2020.

[65] Vgl. dazu das Cicero-Streitgespräch zum Thema »Wie zerrissen ist die Gesellschaft?« zwischen *Steffen Mau* und *Wolfgang Merkel*, in: Cicero 11.2023, S. 98–102.

[66] *El Quassil/Karig*, Erzählende Affen, S. 205.

[67] Bezugnahme auf Ewald Frie/Mischa Meier (Hrsg.), Aufruhr – Katastrophe – Konkurrenz – Zerfall. Bedrohte Ordnungen als Thema der Kulturwissenschaften, Tübingen 2014.

[68] Forthcoming dazu *Gunnar Folke Schuppert*, Krisen – Bedrohte Ordnungen – Zeitenwenden – Resilienz. Regieren in gestressten Gesellschaften, Baden-Baden 2024.

sorgfältig unterscheiden muss zwischen tatsächlichen und gefühlten Krisen, zwischen tatsächlichen und gefühlten Bedrohungen[69] sowie zwischen tatsächlichen und gefühlten Zeitenwenden. Tiefsitzende Ängste und Unsicherheiten, das Meinungsklima in gestressten Gesellschaften begünstigen ganz offenbar das Entstehen solcher Krisen- und Bedrohungsgefühle oder auch das Gefühl, sozial und kulturell abgehängt zu sein.[70]

In einer solchen *gefühlsbetonten Welt* bedarf es offenbar anderer Messinstrumente als des mit objektiven Daten arbeitenden Barometers; Steffen Mau, Thomas Lux und Linus Westheuser plädieren daher in ihrem gerade erschienenen, äußerst lehrreichen Buch über das Phänomen sog. *Triggerpunkte*[71] für die Verwendung eines *Gefühlsthermometers*, um den Hitzegrad einer Diskussion messen zu können.

Die von ihnen so genannten *Triggerpunkte* spitzen Streitpunkte auf eine Weise zu, die Menschen zu sehr vehementen, gegensätzlichen und oft auch stark *emotionalen Positionierungen* veranlassen: »Während sich ein sehr großer Anteil der Bevölkerung darauf einigen kann, dass sexuelle Minderheiten in Frieden leben sollen, dass der Klimawandel besorgniserregend ist und dass der Staat für gerechten Ausgleich sorgen muss, gehen die Meinungen deutlich auseinander, *wenn es stärker ›ans Eingemachte‹* geht, etwa weil Konsequenzen für das eigene Leben sichtbar werden oder *Figuren* ins Feld geführt werden, die Empathie oder Angst hervorrufen. In unseren Gruppendiskussionen spürt man den Übergang vom Konsensualen ins Strittige daran, dass sich *das Klima plötzlich merklich erhitzt.*«[72]

Um zu verstehen, wie das Gefühlsthermometer funktioniert, seien hier einige Beispiele für Sozialfiguren genannt, die nach den empirischen Messungen von Mau und Co. besonders geeignet sind, Sympathien und Antipathien verlässlich hervorzurufen:

»Für die Oben-Unten-Arena[73] fragen wir Sympathie und Antipathie gegenüber einem ›Langzeitarbeitslosen‹ und einem ›Konzernlobbyisten‹ ab, in der Innen-Außen-Arena verwendeten wir die Figuren eines ›Migranten aus dem arabischen Raum‹ und eines ›Migrationsgegners‹, in der Wir-Sie-Dimension eine Person, ›die ihr biologisches Geschlecht geändert hat‹ und eine ›überzeugte Feministin‹. In Bezug auf Heute-Morgen-Ungleichheiten nutzten wir schließlich einen ›SUV-Fahrer‹ und einen ›Fridays-for-Future-Aktivisten‹. Danach baten wir zusätzlich noch um eine Bewertung zweier parteipolitisch klar verortete

[69] Vgl. dazu *Fabian Fechner u. a.*, »We are gambling with our survival!« Bedrohungskommunikation als Indikator für bedrohte Ordnungen, in: Frie/Meier (Hrsg.), Aufruhr, S. 141–173.

[70] Siehe dazu die eindrücklichen Befunde bei *Arlie Russell Hochschild*, Fremd in ihrem Land. Eine Reise ins Herz der amerikanischen Rechten, Frankfurt a. M./New York 2017.

[71] *Steffen Mau/Thomas Lux/Linus Westheuer*, Triggerpunkte. Konsens und Konflikt in der Gegenwartsgesellschaft, Berlin 2023.

[72] *Mau/Lux/Westheuer*, Triggerpunkte, S. 244.

[73] *Mau u. a.* unterscheiden vier sog Ungleichheitsarenen: Oben-Unten, Innen-Außen, Wir-Sie und Heute-Morgen.

Figuren: des ›AFD-‹ und des ›Grünen‹-Anhängers. Die Sozialfiguren betrachten wir nicht als Realgruppen, sondern als Chiffren gesellschaftspolitischer Positionierungen.«[74]

Wenn über solche Sozialfiguren oder auch andere Triggerpunkte wie z.B. das »Gendern« oder besondere Schwimmzeiten für Transpersonen in kommunalen Schwimmbädern diskutiert wird, spielen Gefühle und Vorurteile[75] eine zentrale Rolle und es kommt – wie Mau und seine Ko-Autoren es nennen – zu einer *»affektiven Polarisierung«*; in nicht mehr zu übertreffender Kürze: »Nicht die Meinungen haben sich polarisiert, sondern der Diskurs.«[76]

So weit, so gut.

Die nicht so gute Nachricht für unsere Demokratie ist, dass es vor allem die rechtspopulistischen Parteien sind, die von einer solchen affektiven Polarisierung profitieren.[77]

---

[74] *Mau/Lux/Westheuer,* Triggerpunkte, S. 325 f.

[75] Hilfreich dazu *Juliane Degner*, Vorurteile haben immer nur die anderen, Berlin 2022.

[76] Zwischenüberschrift im Cicero-Streitgespräch zur Kennzeichnung der Position von Steffen Mau.

[77] *Klaus Hurrelman*, Partei der Profiteure. Corona, Krieg, Klima: Die Gesellschaft zeigt Anzeichen einer posttraumatischen Belastungsstörung. Das nutzt vor allem: der AfD, in: SZ Nr. 167 vom 22./23. Juli 2023, S. 15.

Gelingensbedingungen eines demokratischen Wahlrechts

Zum Zusammenspiel von Verfassungsmäßigkeit und Legitimität

Alexander Thiele

I. Die mühelose Herausforderung

Geht man davon aus, dass ein verfassungsrechtlicher Festschriftbeitrag stets einen Bezug zum wissenschaftlichen Werk des Geehrten haben sollte, erweist sich die Themenwahl in diesem Fall als ebenso mühelos wie herausfordernd. Mühelos, weil *Horst Dreier* praktisch zu jedem verfassungsrechtlichen Thema bereits in irgendeiner Form Stellung genommen hat. Das gilt für den Bereich der Grundrechte (sowohl aus historischer[1] als auch aus rechtstheoretischer[2] Perspektive), wobei hier neben der Menschenwürde[3] zuletzt die Religionsfreiheit und das Kirchenrecht[4] eine größere Rolle gespielt haben, aber selbstverständlich auch für den staatsorganisationsrechtlichen Teil des modernen demokratischen Verfassungsstaates, der ihn schon in seiner bis heute viel zitierten Habilitationsschrift[5] und seitdem immer wieder beschäftigte.[6] In Erinnerung rufen möchte ich auch die wohlwollend-kritische Besprechung der Doktorarbeit meines allzu früh

---

[1] Erwähnt sei etwa *Horst Dreier*, Die Zwischenkriegszeit, in: Detlef Merten/Hans-Jürgen Papier (Hrsg.), Handbuch der Grundrechte in Deutschland und Europa, Band I, Heidelberg 2004, § 4 sowie *ders.*, Grundrechtsrepublik Weimar, in: ders./Christian Waldhoff (Hrsg.), Das Wagnis der Demokratie. Eine Anatomie der Weimarer Reichsverfassung, München 2018, S. 175 ff.

[2] *Horst Dreier*, Dimensionen der Grundrechte. Von der Wertordnungsjudikatur zu den objektiv-rechtlichen Grundrechtsgehalten, 1993; *ders.*, Subjektiv-rechtliche und objektiv-rechtliche Grundrechtsgehalte, in: JURA 1994, S. 505 ff.

[3] *Horst Dreier*, in: ders. (Hrsg.), Grundgesetz-Kommentar, Band I, 3. Auflage Tübingen 2013, Art. 1 I Rn. 1 ff. Diese Kommentierung soll auch eine Rolle dabei gespielt haben, dass Horst Dreier nicht an das Bundesverfassungsgericht gewählt wurde. Für das Verfassungsgericht war diese unberechtigte Kampagne, die von einigen konservativ-christlichen Stimmen angeführt wurde, zweifellos ein Verlust.

[4] Statt vieler Beiträge sei nur genannt *Horst Dreier*, Staat ohne Gott. Religion in der säkularen Moderne, 2. Auflage München 2018.

[5] *Horst Dreier*, Hierarchische Verwaltung im demokratischen Staat. Genese, aktuelle Bedeutung und funktionelle Grenzen eines Bauprinzips der Exekutive, Tübingen 1991.

[6] Siehe zur Demokratie etwa *Horst Dreier*, Vom Schwinden der Demokratie, in: Friedrich Wilhelm Graf/Heinrich Meier (Hrsg.), Die Zukunft der Demokratie. Kritik und Plädoyer, München 2018, S. 29 ff.

verstorbenen akademischen Lehrers *Werner Heun*,[7] die zur langjährigen Freundschaft dieser beiden prägenden Stimmen der Staatsrechtslehre wahrscheinlich beitrug, ihr jedenfalls aber nicht im Wege stand.[8] Allein in seiner Maßstäbe setzenden Erläuterung des Demokratieprinzips des Art. 20 Abs. 1 GG in dem von ihm selbst herausgegebenen Kommentar[9] wird man immer wieder fündig, wenn es darum geht, einen Einstieg in aktuelle Probleme zu finden.

Dementsprechend finden sich natürlich auch Beiträge, die direkt oder indirekt demokratische Wahlen und das Wahlrecht thematisieren[10] und auch mit der Legitimität hat sich *Horst Dreier* frühzeitig beschäftigt.[11] Aus formalen Gründen ist gegen die hier getroffene Themenwahl also nichts einzuwenden. Sie bleibt gleichwohl herausfordernd, eben weil sich nicht irgendwer, sondern *Horst Dreier* mit diesen Themen beschäftigt hat. Das Meiste wird dementsprechend bereits gesagt sein und zwar nicht nur argumentativ überzeugend und ausgewogen in der Sache, sondern zugleich in einer Sprache und einem Stil, den man nur bewundern kann. Wer seine Beiträge liest, wird sich fragen, warum nicht alle wissenschaftliche Beiträge in dieser Art verfasst sein können – nur um selbst immer wieder an diesem Anspruch zu scheitern. Es ist eben eine Kunst, die nur partiell erlernbar ist.[12]

Insofern gilt es die eigenen aber auch die Erwartungen der Leserinnen und Leser ein wenig zu dämpfen. Im Folgenden findet sich also nichts fundamental Neues, vielmehr soll lediglich die Debatte um das unlängst verabschiedete und gegenwärtig in Karlsruhe anhängige »neue« Wahlrecht zum Deutschen Bundestag um eine legitimitätstheoretische Perspektive angereichert werden. Auch diese findet sich der Sache nach aber schon bei *Horst Dreier*, wenn er im Jahr 1987 festhält, dass der Bestand des demokratischen Verfassungsstaates davon abhängt, »ob der stabilisierende, festigende Effekt des Legitimitätsglaubens das für jedes Herrschaftsverhältnis auf Dauer unentbehrliche Maß an Gehorchenwollen der Gewaltunterworfenen sicherstellen kann.«[13] Dass die Ausgestaltung des Wahlrechts insoweit eine Rolle spielt, versteht sich von selbst.

---

[7] *Werner Heun*, Das Mehrheitsprinzip in der Demokratie. Grundlagen, Struktur, Begrenzungen, Berlin 1983.

[8] *Horst Dreier*, Das Majoritätsprinzip im demokratischen Verfassungsstaat, in: Zeitschrift für Parlamentsfragen 17 (1986), S. 94 ff.

[9] *Horst Dreier*, in: ders. (Hrsg.), Grundgesetz-Kommentar, Band II, 3. Auflage München 2015, Art. 20 I (Demokratie) Rn. 1 ff.

[10] Siehe nur *Dreier*, Art. 20 I (Demokratie) Rn. 73, 94 ff.

[11] *Horst Dreier*, Staatliche Legitimität, Grundgesetz und neue soziale Bewegungen, in: Joseph Marko/Armin Stolz (Hrsg.), Demokratie und Wirtschaft, Wien/Köln 1987, S. 139 ff.

[12] Vielleicht schließt sich an die wissenschaftliche ja auch eine literarische Karriere an. *Bernhard Schlink* hat es vorgemacht.

[13] *Dreier*, Staatliche Legitimität, S. 139 f.

II. Das Wahlrecht als zentraler demokratischer Umschalthebel

In einer repräsentativen demokratischen Ordnung bildet das Wahlrecht den entscheidenden Umschalthebel zwischen dem konstituierten Staatsvolk[14] und dem Parlament. Es ist mithin das Wahlrecht, das darüber entscheidet, in welcher konkreten Form das Volk im Parlament repräsentiert wird und wie sich die Teilhabe des Volkes an der gesetzgebenden Gewalt im Einzelnen realisiert. Die Ausgestaltung des Wahlrechts ist folglich – natürlich – nicht beliebig, vielmehr zentral für die Funktionsfähigkeit nicht nur des Parlaments, sondern der demokratischen Ordnung insgesamt: Wo das Wahlrecht versagt, wird die repräsentative Demokratie sich nicht lange halten können. Die Parlamentswahlen stellen nach Ansicht des Bundesverfassungsgerichts daher den für die »Willensbildung im demokratischen Staat entscheidenden Akt dar,«[15] in dem »sich der Bürger als Glied des Staatsorgans Volk im status activus«[16] bestätigt. An anderer Stelle spricht es von den Wahlen als »Grundakt demokratischer Legitimation.«[17] Und gewohnt elegant formuliert *Horst Dreier*: »Der integrative Vorgang der Wahl knüpft das Band, welches das Volk mit der Vertretungskörperschaft verbindet, die dadurch als einziges ›besonderes Organ‹ iSd Art. 20 II 2 GG unmittelbar von diesem legitimiert ist.«[18] Schon ein flüchtiger historischer Rückblick bestätigt, dass die Geschichte der Demokratie im Kern auch und gerade eine Geschichte des veränderten, genauer: des ausgeweiteten Wahlrechts ist, also immer mehr Bürgern und später (zu spät)[19] auch Bürgerinnen das Wahlrecht zusprach.[20] Gerade die englische Demokratiegeschichte bestätigt diesen Befund sehr anschaulich. Diese Ausweitungsgeschichte wird dabei bis heute, auch in Deutschland, fortgeschrieben, wenn es darum geht, das Wahlalter herabzusetzen oder die Frage aufgeworfen wird, unter welchen Voraussetzungen es gerechtfertigt sein kann, bestimmte Personengruppen von den allgemeinen Wahlen auszuschließen.[21] Die Demokratie im Allgemeinen und die Ausgestaltung des Wahlrechts im Besonderen sind mithin Dauerprojekte, weil beide auf veränderte gesellschaftliche Vorstellungen reagieren müssen.

---

[14] Dazu *Alexander Thiele*, Allgemeine Staatslehre, 2. Auflage Tübingen 2022, S. 84 f.; 133 ff.

[15] BVerfGE 20, 56 (113); 29, 145 (164 f.).

[16] BVerfGE 83, 60 (71).

[17] BVerfGE 122, 304 (307).

[18] *Dreier*, Art. 20 (Demokratie) Rn. 94. Siehe auch *Martin Morlok*, in: Horst Dreier (Hrsg.), Grundgesetz-Kommentar, Band II, 3. Auflage, Tübingen 2015, Art. 38 Rn. 51: »Das zentrale Verfahren der demokratischen Willensbildung.«

[19] In Deutschland erstmals in Art. 22 WRV.

[20] Vgl. *Morlok*, Art. 38 Rn. 7: »Das Wahlrecht, das aktive wie das passive, erfuhr in seiner Geschichte nach anfänglicher hochgradiger Selektivität eine ständige Verbreiterung seiner Basis.«

[21] Zuletzt hat das BVerfG insoweit klargestellt, dass der pauschale Ausschluss betreuter Personen vom Wahlrecht verfassungsrechtlich nicht haltbar ist, siehe BVerfGE 151, 1 ff.

Wenn damit ein so enger Zusammenhang zwischen dem Wahlrecht und der Funktionsfähigkeit der Demokratie besteht, stellt sich die Frage nach den Gelingensbedingungen eines demokratischen Wahlrechts. Wie muss ein demokratisches Wahlrecht ausgestaltet sein, damit es diese stabilisierende Funktion effektiv erfüllen kann? Was ist, anders gesprochen, der Maßstab an dem sich ein Wahlrecht messen lassen muss? Wenn es im Folgenden auch um die Bewertung der aktuellen Wahlrechtsreform geht, ist die Frage nach dem konkreten Maßstab von grundlegender Bedeutung. Sie wird gleichwohl in der aktuellen Debatte nur selten gestellt oder zumindest nicht wirklich befriedigend beantwortet. Nicht immer kann man daher sicher sein, dass der öffentlichen Bewertung – oder Empörung[22] – ein solchermaßen objektiver Maßstab zugrunde liegt oder ob mit dieser nicht lediglich individuelle politische Interessen unter dem Deckmantel eines vermeintlichen Einsatzes für die Demokratie vorgebracht werden sollen.

Im Folgenden soll daher ein solcher (doppelter) Maßstab für ein gutes Wahlrecht entwickelt werden, bevor dieser im Anschluss – nach einem knappen Blick auf die Entwicklung des Wahlrechts in Deutschland – auf das neue Wahlrecht angewandt wird. Dabei wird sich zeigen: Als gelungen wird man das neue Wahlrecht nicht ansehen können. In verfassungsrechtlich überzeugende Argumente – und auf diese kommt es in Karlsruhe an – lassen sich diese Bedenken jedoch nur schwer transformieren.

1. Gelingensbedingungen eines guten demokratischen Wahlrechts

Blicken wir also zunächst auf den Bewertungsmaßstab. Insoweit ist zwischen einem verfassungsrechtlichen (a) und einem legitimitätstheoretischen Maßstab (b) zu unterscheiden.

a) Verfassungsmäßigkeit

Der erste Teil des Maßstabs ist nicht überraschend, der Sache nach völlig unumstritten und bereitet im Grundsatz auch keine Probleme: Das Wahlrecht muss mit den Vorgaben der Verfassung vereinbar sein. In der Verfassung sind nicht nur die prinzipiellen Vorstellungen einer Gesellschaft über das allgemeine Zusammenleben normiert,[23] vielmehr lassen sich ihr – jedenfalls in der Regel – zugleich Anforderungen entnehmen, denen die Ausgestaltung der Teilhabe der Bevölkerung an der Staatsgewalt zu genügen hat, wozu meist auch Vorgaben für

---

[22] Gerade das hier zu besprechende neue Wahlrecht hat erhebliche, bisweilen sehr emotionale Äußerungen provoziert (insbesondere bei der CSU), bei denen sich jedoch unterschiedliche Aspekte vermischen und bei denen nicht immer klar ist, welche Maßstäbe hier angelegt werden.

[23] Die Verfassung begründet damit stets eine neue politische Ordnung, die sich von vorherigen abgrenzt und häufig auch bewusst abgrenzen will, vgl. dazu ausführlich *Werner Heun/ Alexander Thiele*, Die Verfassungsordnung der Bundesrepublik Deutschland, 2. Auflage Tübingen 2024.

die Regelung des Wahlrechts gehören. Häufig werden dabei zugleich (negative) historische Erfahrungen verarbeitet, weshalb die konkreten Vorgaben nicht nur inhaltlich, sondern auch in ihrem Umfang stark variieren können. Dass etwa der amerikanische Präsident in den USA geboren sein muss,[24] hängt mit den Entstehungsbedingungen der ersten modernen Demokratie zusammen.[25] Abgesehen von diesen individuellen Besonderheiten herrscht mittlerweile weitgehend Einigkeit, dass demokratische Ordnungen sich prinzipiell und unabhängig von gewissen Modifikationen an den auch in Art. 38 Abs. 1 GG genannten fünf Wahlgrundsätzen zu orientieren haben. Das gilt für die USA ebenso wie für Großbritannien, Japan, Peru, Botswana oder Australien. Über die Einhaltung dieser verfassungsrechtlichen Vorgaben wacht dann – sofern vorhanden – das jeweilige Verfassungsgericht. Wenig überraschend ist es daher, dass sich sowohl der amerikanische Supreme Court[26] als auch das Bundesverfassungsgericht[27] immer wieder mit dem Wahlrecht befasst haben.

b) Legitimität

Die Verfassungsmäßigkeit genügt für sich genommen freilich noch nicht, um ein Wahlrecht als umfänglich gelungen ansehen zu können. Hinzukommen muss vielmehr die Akzeptanz dieses verfassungsmäßigen Wahlrechts durch die Bevölkerung. Der Grad dieser Akzeptanz kann bei unterschiedlich gestalteten aber für sich genommen verfassungsmäßigen Wahlrechten insofern unterschiedlich ausfallen. Ein wirklich gelungenes Wahlrecht ist mithin nicht nur verfassungsgemäß, sondern stößt zudem auf eine möglichst große faktische Akzeptanz auf Seiten der Bevölkerung, weil es in seiner Ausgestaltung ihrer Erwartung an eine gelungene Partizipation entspricht. Bei der Ausfüllung des von der Verfassung in der Regel eröffneten Gestaltungsspielraums sollte der Gesetzgeber mithin versuchen, ein Maximum an ebensolcher Legitimität[28] zu erzielen. Das hängt wiederum davon ab, dass der Gesetzgeber die konkreten und in der Zeit veränderlichen Teilhabeerwartungen erfüllt. Die Verfassung wird mit ihren Wahlgrundsätzen und sonstigen Vorgaben versuchen, die vorherrschenden und allgemein akzeptierten Legitimitätserwartungen aufzunehmen, ohne diese jedoch

---

[24] Siehe Art. 2 Sec. 1 US-Constitution.

[25] Zur Entstehung der amerikanischen Verfassung knapp *Alexander Thiele*, Der konstituierte Staat, Frankfurt a.M. 2021, S. 65ff.

[26] Zuletzt etwa Supreme Court, Moore v. Harper, 27. Juni 2023, wo er die Independent State Legislature Theorie verwarf.

[27] Zuletzt BVerfG, Urteil v. 29. November 2023, 2 BvF 1/21; zuvor siehe u.a. BVerfGE 151, 1; 83, 47; 59, 119; 36, 139.

[28] Zum Begriff der Legitimität knapp *Alexander Thiele*, Allgemeine Staatslehre, 2. Auflage Tübingen 2022, S. 98ff. Eine Übertragung legitimitätstheoretischer Prämissen auf die Europäische Union findet sich bei *Alexander Thiele*, Defekte Visionen. Eine Intervention zur Zukunft der Europäischen Union, Frankfurt a.M. 2024.

im Einzelnen auszubuchstabieren. Hier finden sich, anders gewendet, die fundamentalen Legitimitätsanforderungen, die zu keiner Zeit unterschritten werden dürfen. Ein verfassungswidriges Wahlrecht ist damit nicht nur illegal, sondern stets auch illegitim, sodass die beiden hier genannten Maßstäbe insoweit nicht berührungslos nebeneinanderstehen, sondern sich partiell überschneiden. Eine dauerhafte Kongruenz von Verfassungsmäßigkeit und Legitimität ist jedoch schon deshalb unwahrscheinlich, weil sich Teilhabeerwartungen mit der Zeit verändern können und vermutlich auch verändern werden. Aktuell zeigt sich das an der Debatte über die paritätische Besetzung von Parlamenten – ein Aspekt, der im Jahr 1949 keine Rolle spielte und zumindest auf der Bundesebene im Wahlrecht auch noch nicht aufgegriffen worden ist.[29] Gerade deshalb aber tut eine Verfassung gut daran, es mit ihren verbindlichen Vorgaben für das Wahlrecht nicht zu übertreiben, um es dem Gesetzgeber zu ermöglichen, solche Entwicklungen zu berücksichtigen und das Wahlrecht gegebenenfalls erwartungsgerecht anzupassen. Die Verfassungsmäßigkeit präsentiert sich damit als notwendige, aus sich heraus aber nicht stets hinreichende Bedingung für ein gutes Wahlrecht: Ein gutes Wahlrecht muss legal und legitim sein.

In der Regel dürfte sich der Legitimitätsraum für das Wahlrecht dabei im Zeitablauf eher verengen, weil bereits mit dem ersten Wahlrecht einer neuen politischen Ordnung auch die zukünftigen Erwartungen der Bevölkerung partiell mitgeformt werden. Das gilt in besonderer Weise, wenn sich dieses erste Wahlrecht in den folgenden Jahrzehnten als prinzipiell erfolgreich bewährt. Veränderungen des Wahlrechts sind dann zwar weiterhin möglich, müssen aber diesen modifizierten Legitimitätsraum berücksichtigen, was in der Regel jedenfalls fundamentale Neuerungen außerhalb akuter Krisensituationen ausschließen wird. Das erfolgreiche Wahlrecht geht dann gewissermaßen in die politische Lebenswelt der Bevölkerung ein,[30] der es bisweilen schwerfällt, eine grundsätzlich andere Ausgestaltung desselben überhaupt als legitim anzuerkennen. Für die Wahlen zum Europäischen Parlament waren die Mitgliedstaaten vermutlich auch deshalb nicht bereit, auf ihren typischen Wahltag zu verzichten – die Wahlen ziehen sich daher seit 1979 über mehrere Tage hin.[31]

---

[29] Von einigen Landesverfassungsgerichten wurden entsprechende Regelungen bereits für verfassungswidrig erklärt, vgl. VerfG des Landes Brandenburg v. 23. Oktober 2020 – VfGBbg 55/19; Thüringer VfGH v. 15. Juli 2020 – VerfGH 2/20. Kritisch dazu auch *Christoph Möllers*, Krise der demokratischen Repräsentation vor Gericht: zu den Parité-Urteilen der Landesverfassungsgerichte in Thüringen und Brandenburg, in: JZ 2021, S. 338. Siehe generell auch *Martin Morlok/Alexander Hobusch*, Ade Parité? Zur Verfassungswidrigkeit verpflichtender Quoten bei Landeslisten, in: DÖV 2019, S. 14 ff.; *Hans Meyer*, Verbietet das Grundgesetz eine paritätische Frauenquote bei Listenwahlen zu Parlamenten?, in: NVwZ 2019, S. 1245 ff.

[30] Zum Konzept der Lebenswelt siehe nur *Felix Heidenreich*, Nachhaltigkeit und Demokratie, Berlin 2023, S. 64 ff. Zur historischen Entwicklung *Rüdiger Welter*, Der Begriff der Lebenswelt. Theorien vortheoretischer Erfahrungswelt, München 1986.

[31] Eine solchermaßen verlängerte Wahl ist aus demokratietheoretischer Perspektive nicht

Den größten Spielraum für die Ausgestaltung des Wahlrechts hat der Gesetzgeber meist zu Beginn einer politischen Ordnung, weil sich dann Verfassungsmäßigkeits- und Legitimitätsraum zumindest theoretisch decken können. Nicht selten wird sich aber schon zu diesem Zeitpunkt der Legitimitätsraum als enger darstellen, da auch politische Neugründungen an eine verfassungsrechtliche Vergangenheit und Pfadabhängigkeiten anknüpfen, die nicht einfach übergangen werden können. Eingeübte Praktiken und Normalitätsvorstellungen wird eine Bevölkerung auch nach einer politischen Neugründung ohne Not nur behutsam (wenn überhaupt) ablegen wollen. Jedenfalls aber wird man festhalten können: Je länger ein Wahlsystem in einer politischen Ordnung besteht und damit in seiner Ausgestaltung auch von der Bevölkerung mit dieser verknüpft wird und je erfolgreicher dieses politische System aus der Sicht der Bevölkerung bisher war, desto schwieriger dürfte es werden, ausgerechnet im Wahlrecht fundamentale Veränderungen vorzunehmen – und zwar unabhängig von deren Verfassungsmäßigkeit. Während sich der verfassungsmäßig gewährte Handlungsspielraum zwar im Kern unverändert zeigen wird, verkleinert sich der legitimitätstheoretische Handlungsspielraum, da die entsprechenden Erwartungen in der Bevölkerung gefestigt und normalisiert sind und nicht mehr hinterfragt werden. Die Besonderheiten des tradierten Wahlrechts werden als nachgerade natürlich angesehen. Wie sich Teilhabe in der konkreten und etablierten politischen Ordnung realisiert, was als normal und vernünftig bewertet wird, orientiert sich zunehmend an der bestehenden Ausgestaltung. Die verfassungsrechtlichen Vorgaben markieren damit lediglich den theoretischen, nicht aber den tatsächlich realisierbaren Handlungsrahmen. Das Verfassungsrecht erlaubt dann zwar grundlegende Veränderungen. Solange die Erwartungen auf Seiten der Bevölkerung durch das Bestehende nicht fundamental enttäuscht wurden, besteht in diesen Fällen aber ein erhebliches Risiko von Legitimitätsdefiziten, die – gerade im Wahlrecht – in signifikante Gefährdungen der politischen Ordnung resultieren können. Denn anders als bei punktuell nicht akzeptierten Entscheidungen – für das Jahr 2023 wird man auf das umstrittene Gebäudeenergiegesetz verweisen können – infiziert ein nicht akzeptiertes Wahlrecht potenziell sämtliche Entscheidungen eines Parlaments für die gesamte Legislaturperiode. Es besteht mithin das Risiko, dass die dort getroffenen Entscheidungen unabhängig von ihrem Inhalt als nicht mehr hinreichend legitim angesehen werden. Zur Ablehnung des gesamten politischen Systems ist es dann nur noch ein kleiner Schritt – was auch die Vorgänge in den USA nach der Wahl *Joe Bidens* und dem Sturm auf das Kapitol belegen.[32]

Hinzu kommt, dass sich solche radikalen Veränderungen schnell dem Vorwurf ausgesetzt sehen können, allein machtpolitisch motiviert zu sein: Welches andere

---

unproblematisch, da das Mehrheitsprinzip grds. auch die Gleichzeitigkeit der Abstimmung verlangt.

[32] Dazu *Alexander Thiele*, Die lädierte Demokratie, in: RW 13 (2022), S. 1ff.

Motiv sollte es rechtfertigen, ein funktionierendes und akzeptiertes Wahlrecht fundamental zu ändern? Abhängig von der Sensibilität der Bevölkerung in diesen Fragen wird dann zumindest erwartet, dass solche Veränderungen ergebnisneutral erfolgen, jedenfalls aber keine Seite im Vergleich zur Situation im bestehenden Wahlrecht offenkundig bevorteilen oder benachteiligen, obwohl ein solches Erfordernis der Verfassung nicht entnommen werden kann, die grundsätzlich »vergangenheitslos« allein auf die Neuregelung blickt.

2. Die Entwicklung des Wahlrechts in Deutschland

Blicken wir unter Berücksichtigung dieses doppelten Maßstabs knapp auf die Entwicklung des Wahlrechts in Deutschland seit 1949 (a), um im Anschluss eine Einordnung der im Jahr 2023 erfolgten Neuregelung vornehmen zu können (b). Verfassungsrechtlich haben die Mütter und Väter des Grundgesetzes[33] vor nunmehr 75 Jahren vergleichsweise wenig vorgegeben. Die fünf Wahlgrundsätze[34] eröffnen einen weiten Gestaltungsspielraum für den Gesetzgeber,[35] den auch das Bundesverfassungsgericht frühzeitig betont hat.[36] »Verfassungsrechtlich zulässig ist danach sowohl ein reines Mehrheits- als auch ein reines Verhältnis- oder ein kombiniertes Wahlrecht.«[37] Allerdings wird man wohl schon für das Jahr 1949 bezweifeln können, ob dem einfachen Gesetzgeber dieser verfassungsrechtliche Möglichkeitsraum tatsächlich umfassend zur Verfügung stand. Wäre es damals denkbar gewesen, ein relatives Mehrheitswahlrecht einzuführen, wie es – bis heute – in Großbritannien besteht?

a) Das Wahlrecht bis zum Jahr 2023

Sowohl verfassungsrechtlich als auch legitimitätstheoretisch war es jedenfalls eine nachvollziehbare Entscheidung, dass sich der Gesetzgeber gegen eine solchermaßen radikale Veränderung und prinzipiell für die Fortführung des bereits in Weimar[38] bestehenden Verhältniswahlrechts entschied, ergänzt um eine Sperrklausel in Höhe von fünf Prozent, die allerdings erst ab der zweiten Bundestagswahl von 1953 einheitlich für das gesamte Bundesgebiet galt.[39] Hinzu kamen

---

[33] Überblick zur Entstehung des Grundgesetzes bei *Alexander Thiele*, Das Grundgesetz. Verständlich erklärt, Ditzingen 2023, S. 23 ff.

[34] Verfassungsrechtlich vorgegeben ist in Art. 38 Abs. 2 GG zudem das Wahlalter, das bereits mehrfach verändert worden ist und aktuell bei 18 Jahren liegt.

[35] Siehe zu diesen im Überblick *Christoph Degenhart*, Staatsorganisationsrecht, 39. Auflage 2023, Rn. 83 ff.

[36] BVerfGE 59, 119 (124 f.).

[37] *Jörn Ipsen/Ann-Katrin Kaufhold/Thomas Wischmeyer*, Staatsrecht I, 35. Auflage 2023, § 4, Rn. 43.

[38] Vgl. Art. 22 WRV.

[39] Zuvor galt sie jeweils in den einzelnen Bundesländern.

vereinzelte Elemente der Mehrheitswahl,[40] um eine gewisse Personalisierung und Regionalisierung der Wahl zu ermöglichen. Diese personalen Elemente sollten sich aber allein darauf auswirken, wer für eine Partei in den Bundestag einzieht, nicht aber, wieviele Abgeordnete von einer Partei gestellt werden dürfen. Das Ergebnis der Verhältniswahl sollte folglich nicht verfälscht werden. Dieser Kompromiss war technisch kompliziert, aber erstaunlich erfolgreich: Die deutschen Parlamente erzielten eine beachtliche Repräsentativität und auch das Bundesverfassungsgericht hatte keine prinzipiellen Einwände. Insbesondere die 5 %-Sperrklausel sah es als gerechtfertigt an:[41] Die Weimarer Erfahrungen lagen noch nicht allzu lange zurück.

Diese Entscheidung des Gesetzgebers war gleich doppelt folgenreich: Erstens, und das ist an dieser Stelle zwar weniger entscheidend aber doch interessant, prägte sie maßgeblich die Entwicklung der Bundesrepublik zu einer Konkordanzdemokratie, die in der politischen Theorie vom britischen Westminster-Modell unterschieden wird.[42] Zweitens wurden dadurch aber auch die Erwartungen der Bevölkerung im Hinblick auf eine angemessene Teilhabe an der politischen Herrschaft geformt. Dass der Bundestag prinzipiell alle Meinungen in der Bevölkerung abbildet und insoweit repräsentativ im Sinne von proportional zusammengesetzt ist, scheint uns heute so selbstverständlich, dass der Blick auf andere Systeme – nicht zuletzt das britische – teilweise für Kopfschütteln sorgt, obwohl auch diese verfassungs*rechtlich* zulässig wären. In diese wahlrechtliche Lebenswelt der Bürgerinnen und Bürger wurde dabei nicht zuletzt die 5 %-Hürde aufgenommen, die zwar eine Beeinträchtigung des Proportionalsystems bewirkt, mittlerweile aber als nachgerade natürlich angesehen und daher auch nicht mehr ernsthaft in Frage gestellt wird – und zwar nicht nur auf der Bundes-, sondern auch auf der Landesebene. Für die Möglichkeit der Direktwahl, der Erststimme, hat sich eine solche Verankerung in diesem Sinne hingegen nie zu entwickeln vermocht. Kaum jemand kennt seinen Wahlkreiskandidaten oder seine Wahlkreiskandidatin und die mediale Berichterstattung fokussiert sich auf den zu erwartenden Zweitstimmenanteil der Parteien (»Sonntagsfrage«).

Seit jeher war diesem im Detail komplexen System allerdings das Phänomen der Überhangmandate eingeschrieben. Solange die Parteienlandschaft von zwei Parteien dominiert wurde und Erst- und Zweitstimme nicht auf verschiedene Parteien aufgeteilt wurden, blieb die Anzahl solcher Überhangmandate vergleichsweise gering. Gerade in der Anfangszeit der Bundesrepublik spielten sie daher keine große Rolle, was auch das Bundesverfassungsgericht zunächst

[40] *Morlok*, Art. 38 Rn. 134.

[41] BVerfGE 1, 208 (248f.); 4, 31 (40). Für das Europäische Parlament gilt das allerdings (und wenig überzeugend) nicht, vgl. BVerfGE 129, 300 (324); 135, 259 (280ff.). Im Jahr 1979 hatte es das noch anders gesehen, siehe BVerfGE 51, 222.

[42] Vgl. zu dieser Einteilung ausführlich *Arend Lijphart*, Patterns of Democracy: Government Forms and Performance in Thirty-Six Countries, 2. Auflage 2012.

zufrieden stellte: Überhangmandate beeinträchtigten zwar die Gleichheit der Wahl, dies könne aber zur Sicherung der Personalisierung (noch) gerechtfertigt werden.[43] Als ebenfalls gerechtfertigt sah es die sog. Grundmandatsklausel an, die bis zuletzt allerdings den wenigsten Wählerinnen und Wählern wirklich geläufig war. Das Bundesverfassungsgericht sah darin zwar erneut eine Beeinträchtigung der Gleichheit der Wahl, hielt diese partielle Rücknahme des durch die Sperrklausel bewirkten Eingriffs aber zur Integration des Volkes für zulässig.[44] In der Literatur wurde diese Einschätzung freilich nicht umfassend geteilt.[45] Sie spielte in der Praxis jedoch nur eine untergeordnete Rolle – nach 1953 und 1957 dauerte es bis zum Jahr 1994, bis sie einer Partei wieder zum Einzug ins Parlament verhalf. Im Jahr 2021 profitierte dann erneut die Partei »Die Linke« von dieser besonderen Regelung. Insgesamt wird man der Grundmandatsklausel legitimitätstheoretisch aber nicht die gleiche Bedeutung zusprechen können, wie der 5 %-Hürde.

Ab den 80er Jahren einsetzende gesellschaftliche Veränderungen, vor allem die Reckwitz'sche »Singularisierung der Gesellschaft«[46] wirkte sich zunehmend auch auf das Wählerverhalten aus. Mit den Grünen kam eine neue Partei auf, die natürliche Parteibindung sank, Loyalitäten wechselten von Legislaturperiode zu Legislaturperiode. Dadurch sank die Dominanz der beiden Volksparteien, zugleich nahm das sog. Stimmensplitting[47] zu. Zwar gewannen die Volksparteien in der Regel weiterhin die einzelnen Wahlkreise – hier galt das relative Mehrheitswahlrecht –, in der Folge stieg aber die Zahl der Überhangmandate erheblich an, so dass sich das Bundesverfassungsgericht im Jahr 2008 zur Intervention veranlasst sah: Überhangmandate müssten zumindest ab einer gewissen Anzahl durch Ausgleichsmandate neutralisiert werden, damit der Charakter der Gesamtwahl als Verhältniswahl nicht unterhöhlt würde.[48] Die folgende Anpassung des Wahlrechts sah schließlich einen vollständigen Ausgleich der Überhangmandate vor, was aufgrund der vergrößerten Zahl an in das Parlament einziehenden Parteien zu einem stetig wachsenden Bundestag führte. Die exakte Größe hing zudem vom konkreten Wahlverhalten der Wählerinnen und Wähler ab. Wie groß ein neuer Bundestag sein würde, blieb bis zum Ende der Wahl unklar – die gesetzlich vorgesehene Größe von 598 Abgeordneten wurde zur stets überschrittenen Mindestgröße. Vereinzelte Prognosen hielten einen Bundestag mit bis zu 1000 Abgeordneten für denkbar – ein Worst-Case-Szenario, das sich am

[43] BVerfGE 7, 63 (74 f.); 16, 130 (140); 79, 169 (171 f.) und bereits sehr skeptisch BVerfGE 95, 335 (349 ff.)

[44] BVerfGE 6, 84 (96); 95, 408 (421 f.).

[45] *Morlok*, Art. 38 Rn. 116.

[46] *Andreas Reckwitz*, Die Gesellschaft der Singularitäten, Berlin 2017.

[47] Die Erst- und Zweitstimme wurden also immer häufiger nicht den Kandidatinnen und Kandidaten der gleichen Partei gegeben.

[48] BVerfGE 131, 316 (370).

Ende nicht realisierte. Dass es einer erneuten Reform bedarf, war gleichwohl schnell konsentiert. Zwar war das bestehende System noch nicht verfassungswidrig – die Funktionsfähigkeitsgrenzen des Bundestages waren und sind bis heute nicht erreicht. Es drohte aber eine auch mediale Legitimitätskrise des Parlaments, wenn dieses trotz immer wieder artikulierten Reformbedarfs nicht in der Lage sein sollte, eine Verkleinerung des Bundestages zu beschließen.

b) Das neue Wahlrecht

Diese Reform zog sich über etliche Jahre und mehrere Legislaturperioden hin und drohte sogar umfänglich zu scheitern – obwohl der Reformbedarf von keiner Seite ernsthaft bestritten wurde. Unter Berücksichtigung politischer Rationalitäten war das allerdings erwartbar: Es geht bei der Ausgestaltung des Wahlrechts um die berufliche Existenz jedes einzelnen Abgeordneten und keiner derselben trug bei der Bewertung der Reformvorschläge den Rawls'schen Schleier des Nichtwissens. Viele Vorschläge wären damit zwar verfassungsgemäß gewesen, mussten aber mit erheblichen Legitimitätsrisiken rechnen, wenn sie durch die jeweilige Mehrheit eingeführt worden wären. Es war daher richtig, sich um eine Reform zu bemühen, die jedenfalls eine proportionale Ergebnisneutralität sichert: Denn natürlich würden einzelne Abgeordnete ihr Mandat verlieren müssen – eine Verkleinerung des Bundestages war das Ziel der Reform. Dann aber sollten zumindest alle im Parlament vertretenen Parteien und Fraktionen mehr oder weniger im gleichen Verhältnis verlieren. Eine Reform, die vornehmlich zu Lasten etwa der kleineren Parteien gegangen wäre, hätte insofern unabhängig von ihrer Verfassungsmäßigkeit kaum die erforderliche Akzeptanz generieren können.

Auch eine solchermaßen neutrale Reform sollte allerdings zunächst nicht gelingen, so dass für die Bundestagswahl 2021 nur eine von der Mehrheit beschlossene Regelung in Kraft treten konnte, die eine gewisse Verbesserung dadurch versprach, dass einige wenige Überhangmandate nicht mehr ausgeglichen wurden. Ergebnisneutral war das nicht, da davon allein die größeren Parteien profitierten. Aber auch eine effektive Verkleinerung wurde dadurch nicht erreicht: Der aktuelle Bundestag hat 736 Abgeordnete. Auch wenn diese Reform durch das Bundesverfassungsgericht gebilligt wurde,[49] war daher von Anfang an klar, dass es sich hier nur um eine Zwischenlösung handeln konnte.

Eine effektive Verkleinerung würde man dabei nur erreichen, wenn man beim Personalwahlelement ansetzte. Es war allein dieses Element, dass in letztlich systemwidriger Weise die Vergrößerung herbeiführte. Legitimitätstheoretisch war das an sich eine gute Nachricht, da dieser Teil des Wahlrechts nicht so stark die wahlrechtliche Lebenswelt prägte wie der Verhältnisteil. Reformen, auch

---

[49] BVerfG, Urteil v. 29. November 2023, 2 BvF 1/21.

grundlegende, sollten hier also prinzipiell einfacher möglich sein. Ziel musste es sein, Überhangmandate effektiv auszuschließen. Dazu waren nur zwei Wege denkbar: Zunächst hätte man die Zahl der Wahlkreise signifikant reduzieren können. Das hätte Überhangmandate zumindest sehr unwahrscheinlich, wenngleich nicht völlig unmöglich gemacht. Allerdings hätte dieser Weg eine Veränderung der bestehenden Wahlkreise erfordert und es war schnell klar, dass das erneut Akzeptanzprobleme mit sich gebracht hätte. Zudem wären die Wahlkreise dadurch sehr groß geworden, was die Möglichkeit des persönlichen Kontakts des oder der Abgeordneten mit den Wählerinnen und Wählern erschwert hätte. Die Ampel entschied sich daher für den zweiten Weg und modifizierte die Regeln zur Wahl innerhalb eines Wahlkreises. Sofern eine Partei danach in einem Bundesland Überhangmandate erzielt, ziehen diejenigen Abgeordneten nicht in den Bundestag ein, die in ihrem Wahlkreis die kleinste relative Mehrheit erzielt haben. Für den Einzug eines Direktwahlkandidaten bedarf es mithin einer relativen Mehrheit und einer sog. Zweitstimmendeckung.

Dadurch wird das Reformziel erreicht: Überhandmandate treten nicht mehr auf, die Regelgrenze des Bundestages wird stets eingehalten. Aber auch aus verfassungsrechtlicher Sicht – der erste Teil des Maßstabs – erscheint diese Reform gelungen, zumindest die Gleichheit der Wahl steht dem nicht entgegen:[50] Denn erstens wird der gleiche Erfolgswert bei der Parlamentsbesetzung jetzt nachgerade in Reinkultur gewährleistet. Es kommt im Parlament zu keinerlei Verzerrung der Proportionalitätsverhältnisse mehr. Und im Hinblick auf die Erststimme, bei der es sich um eine Mehrheitswahl handelt, sind der gleiche Zählwert und die gleiche Erfolgschance jeder Stimme gewährleistet.[51] Faktisch wird die Wahl in den einzelnen Wahlkreisen dadurch lediglich stärker in die Wahl innerhalb des ganzen Bundeslandes integriert, so dass auch das endgültige Ergebnis im Wahlkreis vom Ausgang der Wahl im gesamten Bundesland abhängt. Das erscheint verfassungsrechtlich unproblematisch, zumal die Regelgröße des Bundestages auf 630 angehoben wurde, wodurch die Wahrscheinlichkeit von Überhangmandaten bei weiterhin 299 Wahlkreisen noch einmal reduziert wird. Es geht also – wenn überhaupt – nur um sehr wenige Wahlkreise, die tatsächlich betroffen sind. Dass einzelne Wahlkreise dann möglicherweise durch keinen Wahlkreiskandidaten vertreten sind, ist verfassungsrechtlich ebenfalls unbedenklich – das neue Wahlrecht stärkt das Verhältniswahlsystem, und behält gleichwohl den bisherigen Personalisierungsteil im Kern bei. Ohnehin handelt es sich dann um Wahlkreise, in denen teilweise nur sehr geringe relative Mehrheiten erzielt wurden, die teilweise unter 20 % der Wählerstimmen liegen. Verfassungsrechtlich ist damit nichts zu erinnern.

---

[50] Wie hier auch *Ipsen/Kaufhold/Wischmeyer*, Staatsrecht I, § 4, Rn. 49.

[51] *Michel Göbel*, Die Wahlrechtsreform zwischen falschverstandener Folgerichtigkeit und Konfrontationskurs, in: DÖV 2023, S. 569 (570 ff.).

Das gilt im Ergebnis aber auch für den zweiten Teil des Maßstabs, denn: Diese Reform erweist sich zugleich als ergebnisneutral. Nicht zuletzt die CSU macht hier bisweilen anderes geltend, allerdings war ihre besondere Situation der eigentliche Auslöser für die Vergrößerung des Bundestages. Sie war aus der Perspektive der Verhältniswahl im Hinblick auf die Anzahl ihrer Abgeordneten im Bundestag überrepräsentiert. Da darüber hinaus allein der Personalwahlteil betroffen ist, dürfte die Änderung zudem – wie erwähnt – auch im Übrigen keine größeren Akzeptanzprobleme hervorrufen, da dieser Teil gerade nicht in der gleichen Weise in die Lebenswelt der Wählerinnen und Wähler übergegangen ist.

Kurz vor Verabschiedung des neuen Wahlrechts kam es jedoch zu einer überraschenden Wendung: In einem undurchsichtigen Prozess wurde kurzfristig die Grundmandatsklausel gestrichen. Das aber führt zu einer gänzlich neuen Bewertung der Reform. Zwar erscheint die Streichung dieser Grundmandatsklausel auf den ersten Blick tatsächlich wie eine systemkonforme Bereinigung des Verhältniswahlrechts[52] – bei der Grundmandatsklausel handelte es sich stets um eine rechtfertigungsbedürftige Ausnahme vom Proportionalitätsprinzip. Ihre Streichung wird man vor dem Hintergrund der mit der Reform einhergehenden Stärkung des Verhältniswahlrechts verfassungsrechtlich sogar als konsequent ansehen können.[53] Anders gewendet: Der verfassungsrechtliche Raum steht einer solchermaßen »reineren« Verhältniswahl mit Sperrklausel ohne Grundmandatsklausel nicht entgegen – hätte man dieses Wahlrecht im Jahr 1949 eingeführt, hätte niemand ernsthaft Bedenken angemeldet.

Das Problem liegt hier damit bei der Legitimität der Reform, obwohl die Grundmandatsklausel in der Lebenswelt der Wählerinnen und Wähler bisher keine besondere Rolle gespielt hat. Ihre Streichung begründet nun jedoch die beachtliche Gefahr, dass die Ergebnisneutralität der Reform massiv beeinträchtigt wird und daher der Eindruck entsteht, dass sich die Ampel-Regierung einer lästigen Opposition entledigen will. Betroffen sind dabei zwei Parteien – die Linke und die CSU. Für letztere stellt die Grundmandatsklausel nachgerade ihre Lebensversicherung dar, gerade vor dem Hintergrund des veränderten Wählerverhaltens. Weil sie allein in Bayern antritt, ist es nicht sicher, dass sie auch in Zukunft über der für das gesamte Bundesgebiet geltenden 5 %-Hürde bleiben wird. Mehr oder weniger sicher ist jedoch, dass sie weiterhin den Großteil, wenn nicht sogar sämtliche Direktmandate in Bayern gewinnen wird. Ohne Grundmandatsklausel wäre es damit aber möglich, dass die CSU zwar sämtliche Direktmandate in einem Bundesland gewinnt, aber gleichwohl nicht in den Bundestag einzieht.

---

[52] Anders, insoweit aber nicht überzeugend *Volker M. Haug/Arne Pautsch*, Das neue Bundestagswahlrecht: Ein fahrlässiger Umgang mit der Demokratie, in: NJ 2023, S. 377 (379 f.).

[53] Siehe aber *Dominik Rennert*, Die Abschaffung der Grundmandatsklausel als verfassungsrechtliches Problem der Wahlrechtsreform 2023, in: NJW 2023, S. 3410 (3411 f.), der darlegt, dass die Grundmandatsklausel im neuen Wahlrecht gleichwohl keinen Systembruch darstellt, weil die Regionalisierung weiterhin von Bedeutung ist.

Unabhängig davon, wie man zur CSU und ihrer allein historisch zu erklärenden Sonderrolle steht, könnte das eine veritable Staatskrise zur Folge haben, indem die Mehrheitsverhältnisse gewaltig durcheinandergewirbelt würden. Für die Linke wären die Folgen wohl weniger dramatisch – es ist eher die Ausnahme, dass sie drei Direktmandate gewinnt. Gleichwohl: Legt man das letzte Wahlergebnis zugrunde, wäre sie im Bundestag nicht vertreten.

c) Was tun?

Die Opposition hat eine abstrakte Normenkontrolle gegen das neue Wahlrecht eingeleitet und es ist richtig, dass dieses zentrale Umschaltrecht von jedem verfassungsrechtlichen Zweifel befreit wird, bevor es bereits im Jahr 2025 erstmalig angewandt wird. Verfassungsrechtlich wird man gegen das neue Wahlrecht allerdings nur schwer etwas vorbringen können. Das Problem liegt nicht im verfassungsrechtlichen, sondern im Legitimitätsmaßstab, den das Bundesverfassungsgericht aber nicht, jedenfalls nicht formal, zugrunde legen kann. Lässt sich die drohende Staatskrise verfassungsrechtlich also nicht abwenden?

Mit ein wenig dogmatischer Kreativität – und eine solche wird man dem Bundesverfassungsgericht generell nicht absprechen wollen – lässt sich hier möglicherweise doch eine Lösung finden. Denkbar wäre zunächst, dass das Bundesverfassungsgericht das Erfordernis einer gewissen Ergebnisneutralität großer Wahlrechtsreformen unmittelbar aus dem Demokratieprinzip ableitet.[54] Das wäre jedoch eher nicht überzeugend, denn selbst mit großen Mehrheiten verabschiedeten Reformen könnte ein solches Prinzip dann entgegengehalten werden, was der Sache nach zu einer Versteinerung des bestehenden Wahlrechts führen könne. Ohnehin werden die Staatsstrukturprinzipien des Art. 20 Abs. 1 GG in der Rechtsprechung eher zu schnell herangezogen. Realistischer erscheint mir daher ein Weg, bei dem stattdessen die konkreten Prinzipien des Art. 38 Abs. 1 GG ins Spiel gebracht werden, indem das Gericht zwar nicht die Streichung der Grundmandatsklausel moniert – das wäre, wie erwähnt, auch wenig nachvollziehbar –, sondern den Blick in einer Art wertenden Gesamtbetrachtung nicht zuletzt auf die 5 %-Hürde richtet. Vor dem Hintergrund der veränderten gesellschaftlichen Rahmenbedingungen und der Erfahrungen der letzten Jahrzehnte im Hinblick auf die Funktionsfähigkeit des Parlaments ließe sich insoweit argumentieren, dass diese jedenfalls jetzt – und anders als in der bisherigen Rechtsprechung – als zu hoch angesehen werden muss. Entscheidungen des Verfassungsgerichts postulieren keine absolut und für alle Zeit gültigen Wahrheiten, sondern hängen vom gesellschaftlich-politischen Kontext ab, in

[54] *Rennert*, Abschaffung der Grundmandatsklausel, S. 3413 will hier in Anlehnung an eine jüngere Entscheidung zur Parteienfinanzierung (BVerfG, NJW 2023, S. 672) zumindest eine unzulässige Entscheidung in eigener Sache annehmen, weil es an einer tragfähigen Begründung fehle.

denen sie getroffen werden. Veränderte Rahmenbedingungen müssen bei der Auslegung der Verfassung Berücksichtigung finden und auch das Gericht hat die 5 %-Hürde zumindest dann als problematisch angesehen, »wenn sie gewichtige Anliegen« von der Volksvertretung ausschließt.[55] In diesem Fall könnte das bedeuten: In einem pluralistischen Umfeld, wo Wählerinnen und Wähler nicht mehr so festgelegt sind, die Zahl an Parteien zugenommen hat und eine ernsthafte Funktionsbeeinträchtigung des Parlaments gleichwohl nicht zu befürchten ist, erschwert die 5 %-Hürde kleineren und regionalen Parteien den Einzug in den Bundestag in nicht mehr zu rechtfertigender Weise, auch weil mit der Grundmandatsklausel ein zweiter Weg in das Parlament geschlossen wurde. Der potenzielle Nichteinzug der CSU trotz des Gewinns sämtlicher Direktmandate wäre dieser Argumentation nach eine nicht mehr zu rechtfertigende Beeinträchtigung der »Integrationsfunktion«[56] der Wahl.[57] Dass auch bei einer 4 %-Hürde die Funktionsfähigkeit des Parlaments nicht gefährdet wäre, scheint jedenfalls gut vertretbar. Die verfassungsrechtlich an sich unbedenkliche Streichung der Grundmandatsklausel würde sich verfassungsrechtlich also zumindest mittelbar auf die Sperrklausel auswirken und deren Senkung erzwingen. Insbesondere die CSU dürfte dann wieder von einem Einzug in das Parlament ausgehen. Als verfassungsrechtlich zwingend wird man eine solche Entscheidung aber nicht ansehen können, weil es eine anerkannte Methodik zur Implementierung von Legitimitätserwägungen in die Interpretation des Verfassungsrechts nicht gibt (wenngleich anerkannt ist, dass das Bundesverfassungsgericht die Folgen der eigenen Rechtsprechung – in welcher Form auch immer – berücksichtigen muss. Zudem hätte eine solche Entscheidung vermutlich erhebliche Auswirkungen auf die Landeswahlgesetze.

III. Ausblick

Das Wahlrecht ist in einer Demokratie besonders sensibles Recht. Es muss nicht nur den verfassungsrechtlichen Anforderungen genügen, sondern zugleich sicherstellen, dass es die veränderlichen Teilhabeerwartungen der Bevölkerung angemessen spiegelt. Das ist keine leichte Aufgabe, die aber in den 75 Jahren unter dem Grundgesetz bisher erstaunlich gut gelungen ist. Diese besondere Stabilität sollte nicht aufs Spiel gesetzt werden. Dass wäre aber der Fall, wenn ein zwar verfassungsgemäßes aber gleichwohl illegitimes Wahlrecht eingeführt werden würde. Es kann natürlich sein, dass auch das neue Recht nicht zu einer

[55] BVerfGE 146, 327, Rn. 71.

[56] BVerfGE 146, 327, Rn. 71.

[57] So auch *Rennert*, Abschaffung der Grundmandatsklausel, S. 3414 ff.; siehe auch *Göbel*, Wahlrechtsreform, S. 575 f.; *Thomas Groß*, Die Fünf-Prozent-Klausel – Das Hauptproblem der Wahlrechtsreform, in: NVwZ 2023, S. 1282.

entsprechenden Krise führt. Das hängt gegenwärtig jedoch allein vom Verhalten der Wählerinnen und Wähler ab, wird also vom politischen Raum aus der Hand gegeben. Ein Wahlrecht mit einem solchermaßen unkontrollierbaren Risiko wird man nicht als gelungen bezeichnen können. Hier sollte daher nachgebessert werden, ohne auf das Verfassungsgericht zu warten – nicht zum Wohle der CSU oder der Linken, sondern der Demokratie.

Demokratietheorie ohne Demokratie?

Vom Wert der politischen Philosophie Hans Kelsens für unsere Zeit

Uwe Volkmann

I. Gradmesser guter Theorie

Fragt man, wie es Horst Dreier in seiner bahnbrechenden Dissertation aus dem Jahre 1986 und in verschiedenen aufeinander aufbauenden Veröffentlichungen getan hat,[1] nach der Aktualität und Bedeutung von Hans Kelsens politischer Theorie, die im Kern eine Theorie der Demokratie ist, bieten sich für die Antwort verschiedene Probiersteine an. Ein erster und vergleichsweise einfacher läge in der Präsenz im wissenschaftlichen Diskurs, also in Grad und Ausmaß der heutigen Rezeption. Wo und wie beschäftigt man sich also heute mit Kelsens Demokratietheorie, wer arbeitet sich an ihr ab und wem dient sie als eigene Inspirationsquelle? Hier fällt die Bilanz trotz verschiedener Aktualisierungsversuche gemischt, wenn nicht ernüchternd aus.[2] Man findet durchaus einige politikwissenschaftliche Arbeiten, die Kelsens Werk für das Fach fruchtbar zu machen versuchen,[3] aber noch in einem jüngeren – und immerhin von einer echten Philosophin herausgegebenen – Sammelband zu Hans Kelsens politischer Philosophie heißt es einleitend mit milder Resignation, sie spiele in der zeitgenössischen Debatte bestenfalls eine marginale Rolle.[4] In den einschlägigen Lehrbüchern zur politischen Theorie, die den interessierten Studierenden einen Überblick über die Diskussionslage im Fach bieten sollen, kommt Kelsen – anders als Schmitt und interessanterweise auch Smend – praktisch nicht vor.[5]

---

[1] *H. Dreier*, Rechtslehre, Staatssoziologie und Demokratietheorie bei Hans Kelsen, 2. Auflage 1990, S. 249ff.; *ders.*, Kelsens Demokratietheorie: Grundlegung, Strukturelemente, Probleme, in: R. Walter/C. Jabloner (Hrsg.), Hans Kelsens Wege sozialphilosophischer Forschung, Wien 1997, S. 79ff.; *ders.*, Joh 18, Wertrelativismus und Demokratietheorie, in: R. Walter/K. Zeleny (Hrsg.), Reflexionen über Demokratie und Recht, 2009, S. 13ff.; *ders.*, Der Preis der Moderne. Hans Kelsens Rechts- und Sozialtheorie, in: E. Özmen (Hrsg.), Hans Kelsens Politische Philosophie, Tübingen 2017, S. 3ff.

[2] Durchaus als Startschuss für eine intensivere Beschäftigung mit *Kelsen* gedacht die Herausgabe von sieben zentralen demokratietheoretischen Abhandlungen durch M. Jestaedt/O. Lepsius (Hrsg.), Hans Kelsen. Verteidigung der Demokratie, 2006.

[3] T. Ehs (Hrsg.), Hans Kelsen. Eine politikwissenschaftliche Einführung, 2009; *R. C. van Ooyen*, Hans Kelsen und die offene Gesellschaft, 2010.

[4] *E. Özmen*, Einleitung der Herausgeberin, in: dies. (Hrsg.), Politische Philosophie, S. XIf.

[5] *M. G. Schmidt*, Demokratietheorien. Eine Einführung, 6. Auflage 2019, mit zwei ganz

Allerdings ist wissenschaftliche Rezeption auch nicht alles und, wie man weiß, ihrerseits Konjunkturen und Moden unterworfen; möglicherweise steht Kelsens große Zeit als Demokratietheoretiker ja noch bevor. Ein zweiter und wichtigerer Probierstein für die Güte einer politischen Theorie liegt dementsprechend in ihrer sachlichen Überzeugungskraft, die sich ihrerseits aus drei innerlich miteinander zusammenhängenden Quellen speist: zum einen – natürlich – aus der Plausibilität der Argumente, die für sie vorgebracht werden, zum zweiten aus der Integration dieser Argumente in einen größeren Gesamtentwurf, der zugleich die wesentlichen Leit- und Ordnungsideen sichtbar macht, und zum dritten aus der Übereinstimmung mit unseren normativen Intuitionen, die in der Theorie auf die angemessenen Begriffe gebracht werden sollen. Gerade die Demokratie muss man heute nicht mehr neu erfinden, sondern sie ist Teil unserer historischen Wirklichkeit, und eine Theorie von ihr steht im Wesentlichen vor der Aufgabe, den »vernünftigen Gehalt der Normen und Praktiken«, die in ihr wirksam sind, rational zu rekonstruieren.[6] Gelingt dies Kelsen mit seiner Lesart von Demokratie? Man findet darin viele Bausteine versammelt, die für Demokratie, insbesondere als parlamentarische Demokratie, heute wichtig sind: die vorbehaltlose Anerkennung des »Faktums des Pluralismus«, das für moderne Gesellschaften konstitutiv ist, die Hervorhebung der politischen Parteien, deren Notwendigkeit für die politische Willensbildung klar herausgearbeitet wird, vor allem das entschiedene Bekenntnis zum politischen Kompromiss, der immer wieder gegen seine verbreitete Geringschätzung in Schutz genommen wird.[7] Die Frage wäre freilich, ob es Kelsen gelingt, diese einzelnen Elemente in ein zusammenhängendes Gedankengebäude einzubinden, und zwar so, dass darin zuletzt auch etwas von der Idee der Demokratie sichtbar wird.

Dies führt zu einem dritten und letzten Probierstein, der auf die möglichen Herausforderungen von Demokratie verweist. Hält Kelsens Demokratietheorie eine angemessene Antwort auf diese Herausforderungen bereit oder lassen sie sich, wie es überhaupt auch nur die Aufgabe von Theorie sein kann, von ihr aus zumindest besser erkennen? Die Frage ist im Falle von Hans Kelsen gerade deshalb interessant, weil er seine wesentlichen Schriften zur Demokratie in einer Zeit verfasste, als ihr Grund keineswegs gesichert, sie im Gegenteil von allen Seiten bedroht war: Als im Jahr 1920 die erste Auflage von »Wesen und Wert der Demokratie« erschien, versuchten in Deutschland rechte Brigaden im Kapp-Putsch die junge Demokratie zu stürzen, danach wechselte eine Krise die andere

---

kursorischen Erwägungen, S. 146 und 221. In den drei Bänden von A. Brodocz/G.S. Schaal (Hrsg.), Politische Theorien der Gegenwart, 4. Auflage 2016, finden sich in Band I Beiträge zu *Schmitt* und *Smend*; in letzterem wird dann auch *Kelsens* Kritik an der Integrationslehre referiert, S. 340 ff.

[6] *J. Habermas*, Ein neuer Strukturwandel der Öffentlichkeit?, 2022, S. 12.

[7] Das »Faktum des Pluralismus« bei *J. Rawls*, Political Liberalism (1993), dt. Politischer Liberalismus, 2003, S. 12 f.

ab, und als 1932 die »Verteidigung der Demokratie« herauskam, war der Kampf um sie hier schon so gut wie verloren. Auch heute ist Demokratie längst nicht mehr *the only game in town*, das man um die Jahrtausendwende noch hoffnungsvoll in ihr sehen mochte,[8] allenthalben wachsen die Sympathien für populistische oder auch offen autoritäre Strömungen, und wenn von ihr geschrieben wird, dann meist in den Begriffen des Verfalls und des Niedergangs.[9] Gerade wegen dieser äußeren Parallelität könnte es sich anbieten, bei Kelsen nachzuschlagen und zu fragen, ob wir von ihm etwas über unsere Situation lernen können und, wenn ja, was.

II. Leerstellen des Begründungsprogramms

Die Eigenart von Kelsens Zugriff lässt sich am besten erfassen, wenn man ihn mit dem seiner Weimarer Antipoden Smend und Schmitt vergleicht. Während Smend sich der Demokratie wie dem Staat insgesamt von der von ihm propagierten »geisteswissenschaftlichen Methode« her nähern wollte und sie von hier aus als eine Summe integrierender »Sinnerlebnisse« verstand,[10] hatte Schmitt mit verschiedenen Überidealisierungen gearbeitet, die den angeblichen Geist der demokratischen Institutionen gegen ihre schlechtere Realität ausspielten, um sie damit insgesamt zu diskreditieren.[11] Gerade hier schlägt Kelsen den umgekehrten Weg ein. In seiner Demokratietheorie unterwirft er die Demokratie einer radikalen Ausnüchterungskur, die vor allem den Zweck hat, sie vor den überzogenen Erwartungen in Schutz zu nehmen, die sich allenthalben auf sie richten. Immer wieder wird in diesem Sinne der »Ideologie« der Demokratie ihre »Realität« entgegengestellt, jene als dieser gegenüber gefährlich, ja tendenziell zerstörerisch entlarvt – dieser Grundzug durchzieht in der zentralen Programmschrift das gesamte Werk.[12] Die Ideologie, das ist »die in der sozialen Realität nicht erreichbare *Freiheit*«, die Realität aber ist »der *Friede*«, heißt es an einer charakteristischen Stelle, und gerade in dessen Ermöglichung liegt die wesentliche praktische Leis-

---

[8] *J. Linz/A. Stepan*, Toward Consolidated Democracies, in: Journal of Democracy 16 (2005), S. 14 (15).

[9] Knappe Auflistung bei M. Graber/S. Levinson/M. Tushnet (Hrsg.), Constitutional Democracy in Crisis?, 2018, Introduction, S. 1 ff.: »democracy in retreat, democratic recession, backsliding, deconsolidation, retrogression, failure« etc. Der globale Bestseller ist *S. Levitsky/D. Ziblatt*, How Democracies Die, 2018, etwas Licht verbreiten *T. Ginsburg/A. Z. Huq*, How to Save a Constitutional Democracy, 2018.

[10] *R. Smend*, Verfassung und Verfassungsrecht, jetzt in: ders., Staatsrechtliche Abhandlungen und andere Aufsätze, 4. Auflage 2010, S. 119 (123 ff., 148 ff.).

[11] *C. Schmitt*, Die geistesgeschichtliche Lage des heutigen Parlamentarismus, 10. Auflage 2017.

[12] *H. Kelsen*, Vom Wesen und Wert der Demokratie, 2. Auflage 1929, erstmals S. 14 ff.; man findet im Folgenden kaum eine Seite, die frei davon ist.

tung der Demokratie. Diese selbst bekommt dadurch im Ergebnis einen stark technischen Grundzug; sie ist »nur eine *Form*, nur eine *Methode* […], die soziale Ordnung zu erzeugen«, so wie auch der Parlamentarismus, auf den sie zuläuft, als »spezifisches, sozialtechnisches Mittel zur Erzeugung der sozialen Ordnung« beschrieben wird, als »notwendiger Kompromiss zwischen der primitivierenden Idee der politischen Freiheit und dem Prinzip differenzierter Arbeitsteilung«[13]. Der »ganze Gefühlswert, den das Schlagwort der Demokratie dank deren Freiheitsideologie mit sich führt«, ist Kelsen demgegenüber verdächtig, weil er notwendig den Umschlag zur Diktatur in sich trägt.[14] Gerade in dieser immer wiederkehrenden Wendung gegen die Ideologie könnte freilich auch das Problem dieses Zugriffs liegen: dass er zusammen mit der Ideologie der Demokratie auch die Idee austreibt, ohne die sie gar nicht angemessen verstanden werden kann. Hätte Kelsen dann am Ende eine Demokratietheorie ohne Demokratie hinterlassen, so wie man auch schon seiner Staatslehre vorgeworfen hat, eine »Staatslehre ohne Staat« zu sein?[15] Das wäre angesichts der vielen zutreffenden Beobachtungen zur Demokratie sicher ungerecht. Allerdings weist gerade sein Begründungsprogramm einige charakteristische Leerstellen auf, in denen er dieser Gefahr nicht entgangen ist und die es zweifelhaft erscheinen lassen, ob wir gerade bei Kelsen die Antwort auf die Fragen finden, die uns heute bewegen.

1. Demokratie ohne normativen Grund

Die erste Leerstelle betrifft die Frage nach der prinzipiellen Legitimität von Demokratie, bei der schon unklar ist, ob sie sich für Kelsen überhaupt stellt. Die Schwierigkeiten beginnen damit, dass man nicht recht sagen kann, ob es sich bei seiner Demokratietheorie überhaupt um eine in irgendeinem Sinne normative oder nicht vielmehr um eine deskriptive oder analytische Theorie handelt. Die primäre Erfassung der Demokratie von ihrer vermeintlichen »Realität« her, auf der Kelsen bis zur Penetranz insistiert, deutet auf eine deskriptive Theorie, wie sie auch Kelsens am Objektivitätsanspruch der Naturwissenschaften ausgerichteten Wissenschaftsideal entspräche: Wissenschaft darf danach immer nur beschreiben, aber nicht werten; wo sie sich in das Reich der Wertungen begibt, hört sie auf, Wissenschaft zu sein.[16] Das ist, wie man heute weiß, ein nicht durchzuhaltendes

---

[13] *Kelsen,* Wesen und Wert, S. 98, 32f.

[14] *Kelsen,* Wesen und Wert, S. 94.

[15] *H. Heller,* Staatslehre, in: ders., Gesammelte Schriften, hrsgg. von C. Müller, Band III, 2. Auflage 1992, S. 79 (147). *Kelsen* selbst scheint dies nicht groß gestört zu haben, s. die offensive Verteidigung in *ders.*, Der soziologische und der juristische Staatsbegriff, 2. Auflage 1928, S. 207f.: Die Psychologie sei, schreibt er, mittlerweile ja auch eine »Seelenlehre ohne Seele«.

[16] Das entsprechende Credo für die Rechtswissenschaft etwa in *H. Kelsen*, Reine Rechtslehre, 2. Auflage 1960, S. VIf., VIII, 70; zum kelsenschen Wissenschaftsprogramm und dem erstrebten Anschluss an die Naturwissenschaften *Dreier*, Rechtslehre, S. 104ff.

und für die Geisteswissenschaften überhaupt ganz untaugliches Ideal. Tatsächlich ist gerade Kelsens Theorie der Demokratie durchweg mit starken Wertungen durchsetzt, wie sie auch seinem leidenschaftlichen Eintreten für diese Staatsform entsprechen, dem seine diesbezüglichen Schriften ihre Sympathien bis heute wesentlich verdanken. Dafür bedürfte es aber eines normativen Grundes, der die Demokratie von innen her trägt und erhält. Gerade an dieser Stelle bleibt Kelsens Entwurf leer. Er selbst sieht diesen inneren Grund, zumindest im Sinne einer beherrschenden Leit- und Ordnungsidee, im Prinzip der individuellen Freiheit, und zwar nicht der souveränen Freiheit des für sich bleibenden Individuums gemäß ihrer – vermeintlichen – Ideologie, sondern einer mit den Bedürfnissen des gesellschaftlichen Zusammenlebens vermittelten Freiheit; gerade diese Notwendigkeit der Vermittlung soll dann Schritt für Schritt, als »Metamorphose des Freiheitsgedankens«, zur Demokratie hinführen.[17]

Die Freiheit bekommt damit aber mehr aufgebürdet, als sie im Ergebnis zu tragen vermag. Vorgestellt wird sie als eine Art Naturtrieb des Menschen, nämlich als einer von »zwei Urinstinkt[en] des geselligen Lebewesens«, die in der Wirklichkeit nach Befriedigung drängen.[18] Daraus kann normativ aber nichts folgen, wenn man es mit der unüberbrückbaren Kluft von Sein und Sollen hält, wie sie von Kelsen mit äußerster Rigorosität verfochten wird.[19] Auch die Demokratie hat deshalb für ihn immer nur eine relative Legitimität und ist, wie er an anderer Stelle schreibt, »eine gerechte Staatsform nur unter der Voraussetzung, daß die Wahrung individueller Freiheit der höchste Zweck ist.«[20] Diese Voraussetzung lässt sich allerdings für die Demokratie ihrerseits nicht sinnvoll aufstellen, wenn diese, wie Kelsen weiter meint, der Anwendungsfall eines »politischen Relativismus« ist[21] und überhaupt der Relativismus die »Weltanschauung« sein soll, »die der demokratische Gedanke voraussetzt«.[22] Alle entsprechenden Zwecksetzungen haben dann immer nur relative Gültigkeit mit der Folge, dass auch ganz entgegengesetzte Zwecksetzungen möglich sind.[23] Das entspricht Kelsens erkenntnistheoretischem Ausgangspunkt eines radikalen Nonkognitivismus, der aus der Unmöglichkeit, »absolute Werte«, eine »absolute Moral« oder eine »absolute Wahrheit« zu erkennen, folgern will, dass alle diesbezüglichen Meinungen und Standpunkte den gleichen Geltungs-

---

[17] *Kelsen,* Wesen und Wert, S. 3 ff., 14; knapp bereits *H. Kelsen*, Allgemeine Staatslehre, 1925, S. 321 ff.

[18] *Kelsen,* Wesen und Wert, S. 3.

[19] S. erneut *Kelsen*, Reine Rechtslehre, 1960, S. 5.

[20] *H. Kelsen*, Was ist Gerechtigkeit?, 2016, S. 23.

[21] *H. Kelsen*, Foundations of Democracy, in: Ethics 66 (1955), Nr. 1, Teil 2, S. 1 (38 ff.).

[22] *Kelsen,* Wesen und Wert, S. 101.

[23] *Kelsen,* Foundations, S. 38: »That value judgments have only relative validity – one of the basic principles of philosophical relativism – implies that opposite value judgments are neither logically nor morally excluded.«

anspruch und ein gleiches Recht auf Existenz haben.[24] Diese Folgerung ist »schlicht und einfach falsch«, wie zutreffend gesagt worden ist: Warum soll man auch bei Einsicht in die prinzipielle Fehlbarkeit und Widerlegbarkeit menschlichen Urteilens nicht zwischen plausibleren und weniger plausiblen Standpunkten, zwischen rational begründbaren und völlig abstrusen Meinungen unterscheiden können?[25]

Entscheidend ist aber, dass Kelsen damit auch der Demokratie unter der Hand das Fundament wegzieht, auf dem sie nach seiner Auffassung einzig zu stehen imstande ist. Denn natürlich kann unter diesen Prämissen auch die Freiheit als »Basiswert der Demokratie«[26] von dem Verflüssigungssog nicht ausgenommen werden, in den sie durch diesen radikalen Nonkognitivismus und Relativismus gerät. Kelsens Demokratie wird auf diese Weise im eigentlichen Sinne grundlos und hängt, um eine klassische Formulierung Hegels aufzugreifen, »in der Luft«[27]. Kelsen selbst versucht dieser selbstgeschaffenen Aporie dadurch zu entgehen, dass er den Relativismus selbst zu einem moralischen Prinzip erheben und aus ihm die Forderung nach wechselseitiger Toleranz ableiten will: Wenn alle Standpunkte den gleichen Anspruch auf sachliche Richtigkeit erheben können wie mein eigener, muss ich auch die der anderen als gleichberechtigt anerkennen; dies soll dann notwendig auf die Demokratie hinführen.[28] Auch das funktioniert aber nicht, weil sich aus dem Relativismus seinem eigenen Inhalt nach keinerlei gültige Aussagen, gleich in welche Richtung, ableiten lassen. Wenn immer auch das Gegenteil von allem gültig sein kann, kann auch die Auffassung, die dies behauptet, keine Gültigkeit beanspruchen, hatte schon Platon gegen Protagoras eingewandt.[29] Jedenfalls führt von einem wie auch immer verstandenen Relativismus mit den Mitteln deduktiver Logik kein Weg zur Toleranz: Ich kann ohne Weiteres die prinzipielle Fehlbarkeit und Irrtumsanfälligkeit meiner Überzeugungen anerkennen und trotzdem versuchen, sie anderen aufzuzwingen oder sie gegen andere mit Gewalt durchzusetzen, vor

[24] Vgl. *Kelsen*, Reine Rechtslehre 1960, S. 65ff.; die Übertragung auf die Demokratie dann in *Kelsen,* Wesen und Wert, S. 101. Moralische Aussagen sind danach weder einer rationalen Begründung fähig noch kann man über sie rational diskutieren, sondern die Entscheidung zwischen ihnen wird immer nur von emotionalen Faktoren bestimmt, s. *Kelsen,* Gerechtigkeit?, S. 15, 24. Gerade diese Einstellung ist typisch für den harten moralischen Nonkognitivismus, s. *M. van Roojen*, in: Moral Cognitivism vs. Non-Cognitivism, in: Stanford Encyclopedia of Philosophy, https://plato.stanford.edu/entries/moral-cognitivism/ (31. Januar 2024).

[25] *P. Koller*, Zu einigen Problemen der Rechtfertigung der Demokratie, in: W. Krawietz/E. Topitsch/P. Koller (Hrsg.), Ideologiekritik und Demokratietheorie bei Hans Kelsen, in: Rechtstheorie Beiheft 4 (1982), S. 319 (325f.). Noch schärfer *T. Gutmann*, Kelsens Begriff normativer Begründung, in: Özmen (Hrsg.), Politische Philosophie, S. 51 (58ff.).

[26] *Dreier*, Kelsens Demokratietheorie, S. 80.

[27] *G. F. W. Hegel*, Grundlinien der Philosophie des Rechts, 1821, in: ders., Werke, hrsgg. von E. Moldenhauer/K. M. Michel, 1986, Band 7, § 265 Zusatz.

[28] *Kelsen,* Gerechtigkeit?, S. 45ff.

[29] *Platon*, Theaitetos, S. 171a ff.

allem wenn es statt um – politische und moralische – Überzeugungen um nackte Interessen geht.[30] Der Grundlosigkeit seiner Demokratietheorie kann Kelsen auf diese Weise nicht entkommen.

2. *Demokratie ohne demokratische Subjekte*

Nun mag es prinzipiell möglich sein, auch unter der Annahme ihrer vollständigen Grundlosigkeit zumindest die inneren Funktionsgesetze der Demokratie herauszuarbeiten.[31] Dafür müssten sich diese aber aus den freischwebenden Prämissen zumindest ableiten lassen oder damit überhaupt in einem sinnvollen Zusammenhang stehen. Auch das ist aber nicht der Fall, wenn man mit Kelsen die zentrale und im Grunde einzige Prämisse in der Freiheit als einem vorausgesetzten Naturtrieb oder Urinstinkt des Menschen sieht. Von einem solchen führt kein erkennbarer Weg zur Demokratie, jedenfalls nicht im Sinne eines *Verfahrens*, in dem um Positionen und Interessen gestritten und das am Ende mit Mehrheitsentscheidung abgeschlossen wird. Das liegt einmal daran, dass der Begriff inhaltlich in keiner Weise entfaltet und theoretisch völlig unterbelichtet bleibt. Aus sich heraus ist Freiheit ein notorisch unscharfes Konzept, das von der politischen Philosophie deshalb seit jeher in verschiedenen Gegensatzpaaren behandelt wird: Willensfreiheit und Handlungsfreiheit, natürliche und rechtliche Freiheit, negative und positive Freiheit, subjektive und objektive Freiheit, formale und reale Freiheit, private und politische Freiheit, um nur die wichtigsten zu nennen. Einzelne dieser Begriffe tauchen in leicht variierter Form – Freiheit im Sinne einer »negativen Forderung«, »natürliche Freiheit«, »soziale oder politische Freiheit«, »Willensfreiheit«, »Freiheit als politische Selbstbestimmung des Bürgers« – bei Kelsen zwar auf, werden aber nicht in eine sinnvolle Ordnung gebracht, jedenfalls nicht in eine solche, die auf irgendeine Weise die »Metamorphosen« auf dem Weg zur Demokratie erklärt; dazu erfährt man wenig mehr, als dass sich von der »*natürlichen* Freiheit« irgendwann – aber wodurch und wie? – die »soziale oder *politische* Freiheit ab[löst]«[32]. Bestimmt man die

---

[30] Zu diesem fehlenden Ableitungszusammenhang kurz und bündig *Gutmann*, Begriff, S. 75 f. m. w. N.; so in der Sache auch bereits *Dreier*, Rechtslehre, S. 287 mit Fn. 154; *ders.*, Kelsens Demokratietheorie, S. 99.

[31] *Dreier*, Kelsens Demokratietheorie, S. 80.

[32] Die Begriffe allesamt in *Kelsen*, Wesen und Wert, S. 3 ff., im grundlegenden Abschnitt über die Freiheit. Im Gegensatz zur analytischen Schärfe und sprachlichen Präzision, die *Kelsens* Schriften sonst kennzeichnet, ist dieser von einer außerordentlichen Schwammigkeit, die Unklarheit des Gedankens wird hier durch blumige Wendungen überdeckt. Charakteristisch ist die folgende Passage auf S. 5 f.: »Man pflegt die Freiheit als politische Selbstbestimmung des Bürgers, als Mitwirkung an der Bildung des herrschenden Willens im Staate, als die *antike Freiheitsidee* der germanischen entgegenzusetzen, die sich in der Vorstellung eines Freiseins von Herrschaft, eines Freiseins vom Staate überhaupt erschöpft.« Damit wären immerhin zwei mögliche Freiheitsbegriffe bezeichnet, die sich für die Demokratietheorie fruchtbar machen ließen, so wie es etwa *J. Habermas* mit seiner spezifischen Relationierung der privaten und

natürliche Freiheit als Forderung der »Natur selbst, die sich darin gegen die Gesellschaft aufbäumt«, als »Protest gegen den fremden Willen, dem sich der eigene beugen muss«, so wäre ihr jedenfalls in Autokratien mit marktradikalem Programm – also etwa: vollständige Freiheit der Wirtschaft, wenige und niedrige Steuern, keine sozialstaatlichen Maßnahmen, keine Umweltgesetzgebung etc. – möglicherweise besser gedient als in vielen heutigen Demokratien mit ihrem ausgreifenden Regulierungsanspruch, der praktisch keinen Lebensbereich mehr ausspart. Noch klarer sieht man dies, wenn man Kelsens Begründung des Mehrheitsprinzips hinzunimmt, nach der dieses die *»relativ größte Annäherung an die Idee der Freiheit«* bedeutet, weil danach *»möglichst viele frei sein können«*, d. h. immerhin mehr Menschen in Übereinstimmung mit ihrem eigenen Willen leben können als im umgekehrten Fall.[33] Das könnte jeder Diktator genauso hinbekommen, wenn er nur diesen Willen – in der Sache also die Freiheitsinteressen der einzelnen Bürger – kennt. Demokratische Verfahren erscheinen demgegenüber bestenfalls als ein Hilfsmittel zur Erkenntnis dieses Willens, das sich aber durch jedes beliebige andere ersetzen ließe, wenn es nur dieselben oder sogar bessere Leistungen erbrächte.

Auch wenn man es ungern zugibt, so hatte Carl Schmitt gerade dies schärfer gesehen, wenn er Demokratie als »Identität von Regierenden und Regierten« – eben auch im Sinne sachlich-inhaltlicher Übereinstimmung – bestimmte und daraus folgerte, dass auch eine Diktatur »auf demokratischer Grundlage möglich« ist und diktatorische und cäsaristische Methoden »unmittelbare Äußerungen demokratischer Kraft und Substanz« sein können.[34] Kelsens Denkfehler liegt demgegenüber darin, dass die von ihm im Sinne einer »negativen Forderung« verstandene Freiheit noch nicht das politische Subjekt konstituiert,

öffentlichen Autonomie eines Publikums von Staatsbürgern unternimmt, s. *ders.*, Faktizität und Geltung, 1992, S. 109 ff., 166 ff. *Kelsen* selbst interessiert sich indes für diese Begriffe überhaupt nicht; man erfährt dazu von ihm wenig mehr, als dass es sich »nicht eigentlich um einen historisch-ethnographischen Unterschied« handele. Um dann wie folgt fortzufahren: »Der Schritt von der germanischen zu der sogenannten antiken Gestaltung des Freiheitsproblems ist nur die erste Stufe jenes unvermeidlichen Wandlungsprozesses, jener Denaturierung, der der ursprüngliche Freiheitsinstinkt auf dem Wege unterworfen ist, den das menschliche Bewusstsein aus dem Zustand der Natur in den Zustand der staatlichen Zwangsordnung zurücklegt. Dieser Bedeutungswandel im Begriffe der Freiheit ist überaus charakteristisch für die Mechanik unseres sozialen Denkens. Die ungeheure, gar nicht überschätzbare Bedeutung, die gerade dem Freiheitsgedanken in der politischen Ideologie zukommt, ist nur erklärlich, sofern er aus einer letzten Quelle der menschlichen Seele, aus eben jenem staatsfeindlichen Urinstinkt entspringt, der das Individuum *gegen* die Gesellschaft stellt.« Unvermeidlicher Wandlungsprozess, ungeheure, gar nicht überschätzbare Bedeutung, letzte Quelle der menschlichen Seele – das ist nicht weit entfernt von der »verschwurbelten Geheimratsprosa«, die man sonst gern *Smend* zuschreibt, s. *C. Schönberger*, Kelsen-Renaissance?, in: M. Jestaedt (Hrsg.), Hans Kelsen und die deutsche Staatsrechtslehre, 2013, S. 207 (212), und über die *Kelsen* selbst sich in ätzender Schärfe erhebt, s. *ders.*, Der Staat als Integration, 1930.

[33] *Kelsen*, Wesen und Wert, S. 9 f.; Hervorhebungen im Original.

[34] *C. Schmitt*, Verfassungslehre, 11. Auflage 2017, S. 236 f.; *ders.*, Parlamentarismus, S. 23.

auf dem Demokratie überhaupt erst basiert. Dieses hat nicht nur ein Interesse in Gestalt einer naturhaften Freiheit, die möglichst nicht eingeschränkt werden soll, sondern auch eine Stimme, mit der es sich einbringen kann. Gerade sie wird aber von Kelsen nicht erfasst, wenn er zwar von den »politischen Rechten« oder auch der »politischen Freiheit« spricht, die sich in der Gesellschaft von der natürlichen Freiheit »ablöst«, diese dann aber so bestimmt, dass ihr Inhaber »zwar untertan, aber nur seinem eigenen, keinem fremden Willen untertan ist«[35]. Das ist offensichtlich verkürzt und passt schon nicht zu Kelsens Lesart des Mehrheitsprinzips, nach der die Minderheit, weil zahlenmäßig unterlegen, am Ende ja doch in Widerspruch zu ihrem eigenen Willen regiert wird. Das Problem, auf das die Demokratie eine Antwort sein soll, ist aber nicht das formale Überstimmtwerden, sondern die darin liegende Würdeverletzung, »das Übergangenwerden, das Nicht-Zählen, das legitimatorische ›Luftsein‹«[36]. Grundeinheit der Demokratie ist in diesem Sinne die moralische Person, die einen Anspruch auf gleiche Beachtung und Respekt hat, und aus diesem wiederum leitet sich ein prinzipieller Anspruch auf Rechtfertigung gegenüber allen sie beschränkenden Maßnahmen ab.[37]

Weil Kelsen dies nicht sieht, erscheint ihm auch eine Ordnung, in der über 80 % der erwachsenen Bevölkerung von der politischen Mitwirkung ausgeschlossen sind, ohne weiteres als Demokratie, ohne darin einen Widerspruch oder auch nur ein Problem zu sehen.[38] Gerade in der Qualität jedes Einzelnen als moralischer Person liegt aber auch der Grund dafür, dass die Mehrheit über die Minderheit nicht beliebig verfügen darf und ihrem Zugriff auf den Einzelnen durch die Grund- und Freiheitsrechte Schranken gesetzt sind. Diese Schranken und speziell das Erfordernis eines Minderheitenschutzes spricht Kelsen zwar verschiedentlich an, kann sie aber nicht in seine Konzeption integrieren, wie vielfach notiert worden ist.[39] Sie ergeben sich vielmehr erst daraus, dass sich

---

[35] *Kelsen,* Wesen und Wert, S. 4.

[36] So die schöne Formulierung von *R. Forst*, Der Grund der Kritik. Zum Begriff der Menschenwürde in sozialen Rechtfertigungsordnungen, in: ders., Kritik der Rechtfertigungsverhältnisse, 2011, S. 119 (122).

[37] Recht auf gleiche Beachtung und Respekt: *R. Dworkin*, Taking Rights Seriously (1967), dt. Bürgerrechte ernstgenommen, 1984, S. 289 ff.; Recht auf Rechtfertigung: *R. Forst*, Das Recht auf Rechtfertigung, 2007.

[38] *Kelsen,* Wesen und Wert, S. 17 f. Dass demokratische Mitwirkungsrechte, worauf *Kelsen* hinweist, auch heute noch den Staatsangehörigen vorbehalten sind, hebt diesen Widerspruch nicht auf. Einerseits kann auch von der hier vorgestellten Grundeinheit aus politische Teilhabe von der Einbindung in ein umfassenderes Verantwortungsverhältnis abhängig gemacht werden, wie es traditionell durch die Staatsangehörigkeit begründet wird. Andererseits hört eine sich demokratisch nennende Ordnung, die sich mit Fremden auf Dauer einrichtet, von Ihnen Steuern kassiert und sie der Polizeigewalt unterwirft, ohne sie an den politischen Entscheidungen zu beteiligen, von irgendeinem Zeitpunkt an auf, dem eigenen Anspruch zu genügen, s. *C. Möllers*, Demokratie – Zumutungen und Versprechen, 2009, S. 25. Gerade dieser Anspruch – oder in *Möllers'* Worten: das »demokratische Versprechen« – wird von *Kelsen* gar nicht gesehen.

[39] S. bereits *D. Grimm*, Zum Verhältnis von Interpretationslehre, Verfassungsgerichtsbarkeit

Bürger in der Demokratie wechselseitig als Personen mit einem Anspruch auf gleiche Beachtung und Respekt – oder wie man verkürzt oft sagt: als Freie und Gleiche – *anerkennen* und sich auf diesem Unterbau wechselseitig zu Ko-Autoren ihrer Rechtsordnung einsetzen. Auch zu diesem Grund von Demokratie dringt Kelsen aber nicht vor. Möglicherweise liegt das daran, dass er jedenfalls in seinen frühen Schriften die Gleichheit gegenüber der Freiheit deutlich in die zweite Reihe stellt.[40] Später, vor allem in dem kleinen Text über »Wissenschaft und Demokratie«, betont er zwar auch sie stärker und leitet daraus die Forderung ab, dass »das politische Subjekt die Freiheit, auf die es abzielt, nicht nur für sich selbst, sondern auch für die anderen, dass das Ich die Freiheit auch für das Du will, weil das Ich das Du als wesensgleich empfindet«[41]. Eingeführt wird das so bestimmte Subjekt aber im Wesentlichen nur als ein der Demokratie entgegenkommender »Charakter«- oder »Persönlichkeitstypus«, nicht aber als für ihren Begriff in irgendeiner Weise konstitutiv.[42] So wie zuvor schon der Grund fehlt seiner Demokratietheorie in diesem Sinne auch ihr Subjekt; jedenfalls gelingt es ihm nicht, dies angemessen zu bestimmen.

3. Demokratie ohne demokratischen Prozess

Möglicherweise hängt es mit dieser Verkürzung zusammen, dass das Recht der Bürger auf politische Teilhabe oder überhaupt gleichberechtigte Mitwirkung an der politischen Willensbildung an keiner einzigen Stelle des Œuvres näher entfaltet wird: Die verschiedenen Freiheitsrechte wie Meinungs-, Rede- oder auch Pressefreiheit, die auf eine solche Mitwirkung gerichtet sind, werden zwar hier und da kursorisch angeführt, aber ohne dass erkennbar wird, was sie für den gesamten Prozess der politischen Willensbildung überhaupt bedeuten;[43] das Wirken der politischen Parteien wird zwar ausführlich gewürdigt, aber mehr mit dem Ziel ihrer Einfügung in die organisierte Staatlichkeit als aus dem Ge-

---

und Demokratieprinzip bei Hans Kelsen, in: Krawietz u. a. (Hrsg.), Ideologiekritik, S. 149 (156); *Koller*, in: ebda., S. 323 ff. Dass in »Wesen und Wert« Mehrheitsentscheidung einerseits und individuelle Freiheitsrechte andererseits unverbunden nebeneinanderstehen, räumt auch *Dreier* ein, s. *ders.,* Kelsens Demokratietheorie, S. 94 f., sieht dies aber durch spätere Ergänzungen und Präzisierungen *Kelsens* behoben, vor allem in den »Foundations of Democracy«, wenn dort Rechte wie Meinungs- und Rede-, aber auch Religions- und Wissenschaftsfreiheit als »essential to democracy« bezeichnet werden, s. *Kelsen,* Foundations, S. 31, weitere entsprechende Wendungen auf S. 4, 39, 81 oder 83. Aber die bloße Erwähnung oder auch rhetorische Verbeugung vor diesen Rechten scheint mir noch keine Einfügung in die sachliche Konzeption.

[40] *Dreier,* Rechtslehre, S. 252 m. w. N.

[41] *H. Kelsen,* Wissenschaft und Demokratie, 1937, hier zitiert nach Jestaedt/Lepsius (Hrsg.), Hans Kelsen, S. 238 f.

[42] *Kelsen,* Wesen und Wert, S. 239 f.

[43] Vgl. *Kelsen,* Wesen und Wert, S. 53 ff.; *ders.,* Foundations, S. 4, 27, 31, zur Einschätzung bereits oben Fn. 39. Die Versammlungsfreiheit taucht, wenn ich nichts übersehen habe, an keiner Stelle auf.

danken der Verwirklichung jenes Rechts heraus;[44] und auch das allgemeine und gleiche Wahlrecht wird nur ganz kurz und in der Sache als Bedingung für die Willensbildung in den Parlamenten genannt, deren Funktionsweise Kelsens eigentliches Interesse gilt.[45] Das entspricht seiner Grundannahme, dass der Kampf gegen die Autokratie und für die politische Freiheit »im Wesentlichen ein Kampf für den Parlamentarismus« war.[46] Das Parlament selbst erscheint ihm dadurch als die eigentliche Herzkammer der Demokratie, und in der dort eröffneten Möglichkeit zum Ausgleich der Interessen und der Erzielung von Kompromissen entfaltet sich sogar »die eigentliche Bedeutung des Majoritätsprinzips in der realen Demokratie«[47]. Dazu muss das Parlament freilich nicht nur rechtlich wie in der Garantie des freien Mandats der Abgeordneten, sondern auch sachlich-inhaltlich vom Volk und den Bürgern unabhängig gestellt werden, weil sich nur so die »sozialtechnischen Vorteile der Arbeitsteilung«, denen es seine Notwendigkeit wie sein Dasein überhaupt verdankt, realisieren lassen.[48] Im Parlamentarismus wird dann aber nicht die »Idee der Demokratie« eingelöst, sondern er gehört im Gegenteil zu ihren »einschränkenden Elementen«, ist sogar unter ihnen »vielleicht das Bedeutendste«[49]. Auch »Repräsentation«, also die Vorstellung, dass das Parlament für und im Namen des Volkes handelt, gilt Kelsen deshalb als eine bloße »Fiktion«, für die er nur Spott übrig hat; sie soll – gleichsam für schlichtere Gemüter – »die positive Rechtslage verschleier[n]« und will »diejenigen, die durch die Verfassung von der Gesetzgebung ausgeschlossen sind, glauben machen, dass sie, wenn auch nur vom Parlament repräsentiert, doch den Willen des Staates bestimmen«[50]. In der Sache beschränkt sich die Rolle des Volkes ihm gegenüber auf die reine »Kreationsfunktion«, also den einmaligen Akt der Wahl; mehr könne, meint Kelsen, über die Beziehung zwischen ihnen gar nicht ausgesagt werden.[51]

Auch darin spiegelt sich wieder ein methodischer Ansatz, der die Realität der Demokratie vor ihrer angeblichen Ideologie in Schutz nehmen will, um allfälligen Enttäuschungen vorzubeugen. Daran ist richtig gesehen, dass demokratische Repräsentation nicht einfach Spiegelbildlichkeit in dem Sinne bedeutet, dass alle in der Gesellschaft vorhandenen Ansichten ein ihrem Anteil entsprechendes Recht auf Vertretung im Parlament haben und die Parlamente nur das umsetzen,

---

[44] *Kelsen,* Wesen und Wert, S. 18ff. Dazu nunmehr ausführlich *M. Feldmann,* Die Parteien(staats-)theorie Hans Kelsens, in: MIP 25 (2019), S. 30 (34ff.).

[45] *Kelsen,* Wesen und Wert, S. 27ff.

[46] *Kelsen,* Wesen und Wert, S. 27.

[47] *Kelsen,* Wesen und Wert, S. 57.

[48] *Kelsen,* Wesen und Wert, S. 314.

[49] *Kelsen,* Wesen und Wert, S. 25.

[50] *Kelsen,* Allgemeine Staatslehre, S. 314f.; ähnlich *Kelsen,* Wesen und Wert, S. 31f. Dass das nicht abwertend gemeint ist, wie *Dreier,* Kelsens Demokratietheorie, S. 86, es sieht, erschließt sich mir nicht.

[51] *Kelsen,* Allgemeine Staatslehre, S. 315.

was in der Gesellschaft zu einem bestimmten Zeitpunkt gerade mehrheitlich befürwortet wird.[52] Gerade solche diffusen Vorstellungen munitionieren den derzeit grassierenden Populismus, der den »wahren Willen« des Volkes zu vertreten beansprucht und dies mit einem Misstrauensvotum gegen den parlamentarischen Betrieb verbindet.[53] In seinem Bemühen um ein realistischeres Bild schießt Kelsen aber über das Ziel hinaus und entgeht ihm ganz die eigentliche Pointe demokratischer Repräsentation. Schon von Hegel hätte sich lernen lassen, dass die Beziehung zwischen Repräsentanten und Repräsentierten eine solche ist, die sich auf »Zutrauen« gründet, ein Zutrauen in den Repräsentanten dahingehend, »dass er meine Sache als seine Sache«, »nach seinem besten Wissen und Gewissen behandelt«. Repräsentation hat dann nicht nur die Bedeutung, dass »einer an die Stelle eines anderen sei«, sondern die Sache, »das Interesse selbst« ist in dem Repräsentanten gegenwärtig und soll es sein.[54] Heute wird das meist so formuliert, dass Repräsentation nicht nur eine äußere Seite hat, die sich in der formalen Zurechnung auf die Repräsentierten erschöpft (das »acting for«), sondern auch eine innere, die auf die Begründung eines umfassenderen Verantwortungszusammenhangs zielt (das »standing for«).[55] Aktualisiert wird dieser in Vorgängen der wechselseitigen Rückkopplung und des Austausches, also in dem, was das Bundesverfassungsgericht in einer mittlerweile eingespielten Terminologie als »Kommunikationsprozess zwischen Volk und Staatsorganen«, bezogen auf das Parlament als »beständigen Dialog« mit den gesellschaftlichen Kräften bezeichnet.[56] Zentrale Bedeutung kommt dafür einer politischen Öffentlichkeit zu, und zwar als »Inbegriff derjenigen Kommunikationsbedingungen, unter denen eine diskursive Meinungs- und Willensbildung eines Publikums von Staatsbürgern zustande kommen kann«[57]. An diese wiederum muss die Willensbildung in den Parlamenten angeschlossen bleiben, damit von Demokratie gesprochen werden kann. Demokratie ist nicht schon dann, wenn alle vier oder fünf Jahre gewählt wird; stattdessen lebt sie, wie es wiederum das Bundesverfassungsgericht zutreffend formuliert hat, »zuerst von und in einer funktionsfähigen öffentlichen Meinung«, die die politischen Alternativen erst sichtbar macht und sie auch für einzelne Sachentscheidungen fortlaufend in Erinnerung ruft.[58] Demokratische

---

[52] Gegen die Vorstellung einer solchen Spiegelbildlichkeit entschieden *C. Möllers*, Demokratie in: M. Herdegen/J. Masing/R. Poscher/K.-F. Gärditz (Hrsg.), Handbuch des Verfassungsrechts, 2021, § 5 Rn. 50f.

[53] Statt vieler *J.-W. Müller*, Was ist Populismus?, 2016, S. 42ff., 48f.

[54] *Hegel*, Grundlinien, § 309 Zusatz, § 311.

[55] Grundlegend *H. Pitkin*, The Concept of Representation, 1967, S. 11ff.; daraus auch die Begriffe; aufgegriffen etwa von *E.-W. Böckenförde*, Demokratische Willensbildung und Repräsentation, in: J. Isensee/P. Kirchhof (Hrsg.), Handbuch des Staatsrechts der Bundesrepublik Deutschland, Band III, 3. Auflage 2005, § 34 Rn. 16ff., 29.

[56] BVerfGE 132, 39 (51); 151, 1 (20).

[57] *J. Habermas*, Strukturwandel der Öffentlichkeit, Neuauflage 1990, S. 38.

[58] BVerfGE 123, 267 (358). Ebenso klar und zugleich mit anschaulicher Entfaltung des

Repräsentation kann man sich unter diesen Bedingungen nicht anders als dynamisch und diskursiv vorstellen. Man hat sie deshalb zutreffend als einen Prozess der »Angleichung zwischen zwei maßgeblichen Einheiten« beschrieben, über den sichergestellt werden soll, dass sich die je und je Repräsentierten in den Entscheidungen der Repräsentanten auch wiederfinden können, was durchaus Impulse in beide Richtungen einschließt.[59]

Zu alledem findet sich bei Hans Kelsen, wenn man ehrlich ist, so gut wie nichts. Wo die Grundrechte, die einen solchen Prozess fundieren müssten, vor allem also Meinungs-, Rede- oder auch Pressefreiheit, von ihm überhaupt angesprochen werden, erscheinen sie allesamt nur als Möglichkeiten, die genutzt werden können, aber nicht müssen; werden sie es nicht, ist das für die Qualität oder gar den Begriff von Demokratie ohne Belang. Von politischer Öffentlichkeit oder auch öffentlicher Meinung ist bei Kelsen überhaupt nicht die Rede, obwohl sie schon zu seiner Zeit in ihrer Bedeutung für Demokratie stark diskutiert wurden;[60] »öffentlich« figuriert für ihn nur als Gegenbegriff zu »geheim« und bedeutet dann etwa für das Parlament, dass dieses nicht hinter verschlossenen Türen verhandeln soll.[61] Wenn man es deshalb für eine der zentralen Herausforderungen heutiger Demokratie hält, dass sich die Vorstellung einer solchen Öffentlichkeit in den digitalen Echokammern der sozialen Medien zusehends auflöst, dass überhaupt die »rationalisierende Kraft der öffentlichen Auseinandersetzungen« in vielen Ländern nachgelassen hat, in manchen fast schon versiegt ist,[62] wird man sie jedenfalls von Kelsens Demokratietheorie aus nicht adressieren können.[63] Aber das ist nur ein Ausschnitt des tieferen Problems, das sich diese mit der Halbierung von Repräsentation einhandelt: Indem Kelsen das, was hier als ihre innere Seite bezeichnet ist, vollständig ausblendet, kupiert

Konzepts »demokratischer Öffentlichkeit« *H. Dreier*, Metamorphosen der Demokratie, 2024, S. 48 ff.: »Der dauerhafte kritische Dialog unter den Bürgerinnen und Bürgern, aber natürlich vor allem zwischen dem Parlament und den gesellschaftlichen Kräften erweist sich insgesamt für die Legitimität demokratischer Ordnung als ebenso wichtig wie der Wahlakt selbst.«

[59] Das Zitat bei *M. Sobolewski*, Politische Repräsentation im modernen Staat der bürgerlichen Demokratie, in: H. Rausch (Hrsg.), Zur Theorie und Geschichte der Repräsentation und Repräsentativverfassung, 1968, S. 419 (434 ff.); für das Grundgesetz fruchtbar gemacht von *C. Wefelmeier*, Repräsentation und Abgeordnetenmandat, 1991, S. 131 f. Ähnliches Verständnis auch bei *H. Hofmann/H. Dreier*, Repräsentation, Mehrheitsprinzip und Minderheitenschutz, in: H.-P. Schneider/W. Zeh (Hrsg.), Parlamentsrecht und Parlamentspraxis, 1989, § 5 Rn. 17 f.

[60] Zur bis in das 18. Jh. zurückreichenden Etymologie der öffentlichen Meinung *Habermas*, Strukturwandel, S. 161 ff.; zur politischen Öffentlichkeit ebenso grundlegend wie bahnbrechend *J. Dewey*, The Public and its Problems, 1927.

[61] *Kelsen*, Wesen und Wert, S. 58. Der Versuch *Dreiers*, gerade *Kelsen* für die von ihm anschaulich herausgearbeitete Notwendigkeit und Funktionsweise demokratischer Öffentlichkeit zu reklamieren, s. *Dreier*, Kelsens Demokratietheorie, S. 94 f., ist deshalb zwar ehrenwert, findet aber im Werk selbst keine Stütze.

[62] *Habermas*, Strukturwandel, S. 27.

[63] S. dazu knapp zusammenfassend *Dreier*, Metamorphosen, S. 51 ff., dort wie überhaupt im ganzen Text ohne jede Bezugnahme auf *Kelsen*.

er sie gerade um dasjenige Element, dem sie ihre demokratische Qualität oder jedenfalls ihre grundsätzliche Funktion für die Demokratie überhaupt erst verdankt. Auf diese Weise lässt sich dem verbreiteten Vorwurf, Repräsentation sei geradezu das Gegenteil von Demokratie und mit ihr unvereinbar, natürlich nichts entgegensetzen;[64] Kelsen selbst leistet ihm mit der prinzipiellen Abkoppelung des Repräsentationsbegriffs von der Volkssouveränität und verschiedenen unglücklichen Formulierungen – etwa der von der »Unabhängigkeitserklärung des Parlamentes gegenüber dem Volke« – im Gegenteil noch Vorschub.[65]

4. Demokratie ohne politische Gemeinschaft

Was Kelsen dadurch zuletzt ganz aus dem Blick verliert, ist die Eigenart von Demokratie als derjenigen politischen Ordnung, an der sich die Bürger mit ihren individuellen Beiträgen nicht nur beteiligen, sondern in der sie sich mit diesen Beiträgen *auch in Beziehung zueinander setzen*. Dabei kommt es hier nicht darauf an, wie man sich diese Beziehung näher vorzustellen hat und von welcher Qualität und Intensität sie ist. Man mag sie relativ lose als Aufeinanderprallen konkurrierender Hegemonieansprüche in der politischen Sphäre konzeptionieren, wie es heute von »agonalen« oder »agonistischen« Demokratietheorien einer Chantal Mouffe versucht wird.[66] Man mag den demokratischen Prozess weitergehend als eine Form des öffentlichen Vernunftgebrauchs verstehen, der sich in einer Praxis des Nehmens und Gebens von Gründen realisiert, wie es von John Rawls oder Jürgen Habermas vertreten wird.[67] Man mag auch zu noch dichteren und intensiveren Formen der Verbindung kommen, wenn man Demokratie mit Kelsens anderem Weimarer Kontrahenten Herrmann Heller auf die »bewusste politische Einheitsbildung« hinordnet[68] oder sie überhaupt als »gemeinschaftliches Unternehmen« von Bürgern bestimmt, wie es Ronald Dworkin mit seiner »Partnerschaftskonzeption« vorgeschlagen hat.[69] Über all das mag man streiten, und man kann auch Gründe dafür finden, den Demokratiebegriff nicht zu anspruchsvoll zu gestalten. Aber dass Demokratie irgendeine Art von Beziehung zwischen den Bürgern oder den gesellschaftlichen Gruppen stiftet, müsste in

---

[64] Prominent erneut *Schmitt,* Parlamentarismus, S. 205, mit dem letztlich alles »entscheidenden Gegensatz von Identität und Repräsentation«. Aus heutiger Zeit etwa *J. Rancière,* La haine de la démocratie, dt. Der Hass der Demokratie, 2. Auflage 2012, S. 65; einflussreich *B. Manin,* Principes du gouvernement représentatif (1995), dt. Kritik der repräsentativen Demokratie, 2007.

[65] *Kelsen,* Wesen und Wert, S. 30 f.

[66] *C. Mouffe*, Agonistik, 2. Auflage 2016, dort insbes. S. 27 ff., 198 ff.

[67] *Rawls*, Politischer Liberalismus, S. 312 ff.; *Habermas,* Faktizität und Geltung, insbes. S. 109 ff., 166 ff., 349 ff.; pointiert auch *Forst,* Recht auf Rechtfertigung, S. 224 ff.

[68] *H. Heller*, Demokratie und soziale Homogenität, in: ders., Staatslehre, S. 421 (427).

[69] *R. Dworkin*, Freiheit, Selbstregierung und der Wille des Volkes, in: S. Gosepath/G. Lohmann (Hrsg.), Philosophie der Menschenrechte, 1998, S. 292 (295, 301); die Bezeichnung als »partnership conception« etwa in: *ders.,* Justice for Hedgehogs, 2011, S. 83 ff.

einer Theorie von ihr doch wenigstens ansatzweise zum Ausdruck kommen. Für Kelsen existieren, seinem halbierten Begriff demokratischer Repräsentation entsprechend, solche Beziehungen im Wesentlichen nur auf der Ebene des Parlaments, wo sie vor allem durch das Verhältniswahlrecht und die daraus resultierende Notwendigkeit der Kompromissfindung erzwungen werden. Gerade hier herrsche deshalb der Geist eines Sich-Vertragens.[70] Für die Gesellschaft geht Kelsen demgegenüber von einem harten Pluralismus aus, der die Gesellschaft ganz grundsätzlich in eine Vielzahl isolierter Gruppen aufgespalten sieht und deren Einheit nur noch in der Unterworfenheit unter dieselbe Rechtsordnung erkennen kann.[71]

Gerade dieser Pluralismus ist aber, worauf schon seine klassischen Theoretiker immer wieder hingewiesen haben, in hohem Maße voraussetzungsvoll und nur möglich bei einem grundlegenden Einigsein über die Grundprinzipien des Zusammenlebens, die der Auseinandersetzung zwischen den verschiedenen Interessen und den Gruppen vorausliegt.[72] Gerade formale Demokratiekonzeptionen wie diejenige Kelsens müssen deshalb in ein »dichtes Netz funktionierender und begründeter normativer Praktiken« eingelassen sein, die ihrerseits eine Grundstruktur wechselseitiger Anerkennung fundieren und diese in die Zeit hinein allererst tragen.[73] Auch Kelsen sieht dies durchaus, wenn er an einer Stelle von der »Erziehung zur Demokratie« schreibt und diese sogar zu einer der »praktischen Hauptforderungen« der Demokratie erhebt.[74] Auch die faktischen Voraussetzungen der Demokratie, etwa die Toleranz gegenüber anderen Überzeugungen, werden immer wieder klar benannt. Sie können aber erneut nicht sinnvoll in seine Konzeption integriert werden, so dass auch der Geist des Sich-Vertragens in den Parlamenten am Ende freischwebend bleibt und nichts findet, woran er andocken könnte.[75] Nicht einmal der Menschen- oder Charaktertyp, den die Demokratie nach Kelsen fordert, weist so, wie er ihn beschreibt, auf eine mögliche Lösung des Problems hin; es ist, zugespitzt formuliert, der introvertierte Melancholiker mit notorisch schlechtem Gewissen, der zwar anderen nichts tut, den man aber mit Politik besser nicht behelligt.[76] Zu einer wie auch immer bestimmten Konzeption politischer Gemeinschaft dringt man so nicht vor.

---

[70] *Kelsen,* Wesen und Wert, S. 57 ff.

[71] *Kelsen,* Wesen und Wert, S. 14 f.

[72] *E. Fraenkel,* Deutschland und die westlichen Demokratien, 9. Auflage Baden 2011, S. 245 f.: »kontroverser« vs. »konsensualer« Sektor. Auch in den neueren agonalen Demokratietheorien wird diese Notwendigkeit klar gesehen, vgl. *Mouffe,* Agonistik, S. 29 ff.

[73] *Gutmann,* Begriff, S. 70 f.

[74] *Kelsen,* Wesen und Wert, S. 91.

[75] Zu diesem Grundproblem bereits *Dreier,* Rechtslehre, S. 286 f.

[76] Zugegeben eine polemische Charakterisierung, s. aber *Kelsens* eigene in: *ders.,* Wissenschaft, S. 239: »Typus des relativ herabgesetzten Ich-Gefühls, der Typus des sympathisierenden, friedliebenden, nicht aggressiven Menschen, des Menschen, dessen primärer Aggressionstrieb

Die Gründe mag man erneut in dem reduktionistischen und normativ entleerten Begriff der Freiheit finden, auf den Kelsen zusammen mit dem aus sich heraus ebenfalls nicht tragfähigen Wertrelativismus seine gesamte Demokratiekonzeption zu gründen versucht. Von diesem aus können die rechtlichen Verhältnisse und überhaupt jede Art von gesellschaftlichen Beziehungen zwischen Bürgern immer nur als Beschränkungen aufgefasst werden, weil die Freiheit danach eben aus »jenem staatsfeindlichen Urinstinkt entspringt, der das Individuum *gegen* die Gesellschaft stellt«[77]. Demokratie bedeutet aber überhaupt nicht nur einfach Zuordnung und Ausgleich kollidierender Freiheiten, wie es einem minimalistischen oder libertären Politikverständnis à la Hayek oder Nozick entspräche; eine solche Bestimmung griffe schon für die Rechtsordnung insgesamt zu kurz. Stattdessen geht es um die Bewältigung von Problemen, die die Gesellschaft als Ganzes betreffen, es geht um die Festlegung und Bestimmung der Ziele, die von der politisch organisierten Gesamtheit verfolgt werden sollen, und es geht um die dabei zu treffenden Vorrangentscheidungen und die hierfür vorzunehmenden Abwägungen: zwischen Sicherheit und Freiheit, Ökologie und Ökonomie, Selbstverantwortung und sozialer Gerechtigkeit, Internationalisierung und Protektionismus, Zulassung und Begrenzung von Einwanderung, um nur einige zu nennen; mit Blick auf die Mittel geht es nicht zuletzt immer auch um die Entscheidung zwischen Markt und Staat. Und alle diese Entscheidungen werden typischerweise aufgrund von Voreinstellungen und Welthaltungen getroffen, an denen sich Konflikte als politische überhaupt erst entzünden können: links gegen rechts, liberal gegen sozial, konservativ gegen modern, religiös gegen säkular, kosmopolitisch gegen lokal – anhand solcher Gegensätze formiert sich die demokratische Identität der Bürger, und gerade dies konstituiert die Demokratie als eine politische Gemeinschaft, in der solche Fragen am Ende gemeinsam entschieden werden.[78] In Hans Kelsens Demokratietheorie wird man sie nicht finden.

III. Demokratischer Minimalismus heute

Die Antwort auf die Frage, von der dieser Text seinen Ausgang nahm, fällt nach alldem enttäuschend aus. Mit Kelsens Demokratietheorie ist heute nicht mehr viel Staat – und erst recht nicht Demokratie – zu machen, dazu fehlen ihr wesentliche Voraussetzungen. Blendet man zurück auf die dafür angeführten Gradmesser, so findet man immerhin eine Erklärung dafür, warum sich die benachbarten Disziplinen für Kelsen nicht nennenswert interessieren: Für die politische

---

nicht so sehr nach außen, sondern nach innen gekehrt ist und sich hier als Neigung zu Selbstkritik und erhöhte Disposition für Schuldgefühl und Verantwortungsbewusstsein äußert«.

[77] *Kelsen,* Wesen und Wert, S. 5 f.

[78] Vgl. *Möllers,* Zumutung, S. 48 ff.

Theorie ist seine Erklärung von Demokratie intellektuell zu anspruchslos und in sich nicht einmal konsistent; den mehr praktisch orientierten Zweigen der Politikwissenschaft gibt er nichts auf den Weg, was diese nicht schon wüssten oder mit ihren empirischen Methoden nicht besser untersuchen könnten.[79] Mit ihrer Halbierung des Repräsentationsbegriffs und der weitgehenden Ausblendung des demokratischen Inputs der Bürger dürfte diese Erklärung auch kaum der Anforderung an gute Theorie gerecht werden, die Intuitionen zu rekonstruieren, die unserem Sprechen über Demokratie zugrunde liegen. Allerdings könnte all dies zweitrangig sein gegenüber der Frage, an der sich vielleicht das Überleben der Demokratie überhaupt entscheidet: ob man nicht heute, da die Demokratie in vielen Ländern existentiell herausgefordert ist und auch bei uns die extremen Ränder immer mehr an Zulauf gewinnen, wieder zu Kelsen zurückkehren, sich überhaupt auf die von ihm intendierte »Verteidigung der Demokratie« stärker besinnen sollte. Es bleibt Kelsens unverlierbares Verdienst, sich in ihrer geschichtlich bislang dunkelsten Stunde auf die Seite der Demokratie geschlagen und aus einer unbeirrbaren intellektuellen Redlichkeit heraus Heimat und berufliche Stellung riskiert zu haben; davor kann man auch heute noch nur den Hut ziehen. Und könnte nicht gerade das radikale Ausnüchterungsprogramm, das er der Demokratie verschrieben hat, ein probates Mittel dagegen sein, dass sich immer mehr Bürger enttäuscht von ihr abwenden?

Tatsächlich haben reduktionistische und minimalistische Konzepte von Demokratie in ihrer derzeitigen Krise wieder Konjunktur: Man müsse sich, schreibt etwa der amerikanische Politikwissenschaftler Adam Przeworski, damit begnügen, Demokratien als politische Systeme zu begreifen, in denen Parteien Wahlen verlieren können; wenn es gelinge, diese Verteidigungslinie zu halten, sei schon viel gewonnen.[80] Das reagiert auf die schleichende Aushöhlung von Demokratie durch demokratisch gewählte Regierungen, die dann vom Zeitpunkt ihrer Wahl an den Pfad in den Autoritarismus einschlagen. Typische Mittel auf diesem Wege sind: die formelle Verfassungsänderung im Fall entsprechender Mehrheiten, die Steuerung der Medien durch Auswechslung des Personals in den Rundfunkanstalten oder Übernahme der Presse durch regierungstreue Oligarchen, die Zentralisierung und Politisierung exekutiver Gewalt, zuletzt die Beseitigung institutioneller Gegengewichte, indem man etwa die Verfassungsgerichte mit den eigenen Leuten besetzt.[81] Äußerlich bleiben dann die Institutionen der Demokratie intakt, aber sie haben ihren legitimierenden Sinn verloren, weil man die Regierung praktisch nicht mehr abwählen kann. Gerade dies wird

[79] Aus der politischen Theorie stellvertretend die neuere Stellungnahme von *J. Habermas* zu *Kelsens* Begründung des Mehrheitsprinzips: »This is a patently weak justification and it utterly fails to capture the core idea of democracy«, *ders.*, Foreword, in: E. Prattico (Hrsg.), Habermas and the Crisis of Democracy, 2022, S. XIII f.

[80] *A. Przeworski*, Crises of Democracy, dt. Krisen der Demokratie, 2019, S. 11 ff.

[81] *Ginsburg/Huq*, Constitutional Democracy, S. 90 ff.

durch die angeführte Minimalbedingung erfasst, indem sie exakt den Punkt bezeichnet, an dem Demokratie in Nicht-Demokratie umschlägt. Ob dies auch von Kelsens Theorie aus so zu sehen wäre, ist demgegenüber bereits nicht klar; ansatzweise könnten hier immerhin seine Überlegungen zur »Führerauslese«, in denen die Möglichkeit des Regierungswechsels mitgedacht ist, weiterhelfen.[82] Weitergehend liefert Kelsen, sieht man von einigen praktischen Vorteilen wie dem immerhin friedlichen Austrag von Konflikten oder einer vergleichsweise effektiven Personalrekrutierung ab, den Bürgern aber auch keinen Grund, warum sie sich für die Demokratie überhaupt einsetzen sollten. Wenn Bürger die Demokratie innerlich bejahen oder sich sogar in ihr engagieren, geschieht dies aus der Erwartung heraus, dass sie sich mit dem, was sie für richtig halten, in den politischen Entscheidungen wiederfinden können; zumindest müssen sie den Eindruck haben, dass sie mit ihrer Stimme gehört werden und diese wichtig ist. Kelsen erklärt ihnen demgegenüber, dass sie sich von allen solchen Erwartungen besser verabschieden sollten. Damit wird man dem verbreiteten Unbehagen an der Demokratie nichts entgegensetzen können; es bestätigt im Gegenteil den Verdacht, den ihre Gegner schon immer gegen sie hatten.

---

[82] *Kelsen,* Wesen und Wert, S. 79f. Auch hier steht allerdings ganz die erstmalige »Kreation« oder Wahl der Regierung bzw. des »Führers« im Vordergrund; von der Möglichkeit der Auswechselung des Führers heißt es nur, sie bestehe in der Demokratie »erfahrungsgemäß«, S. 90; zu ihren begrifflichen Bedingungen gehört sie dann offenbar nicht.

IV. Menschenwürde und Grundrechte

Grundrechtsdimensionen und Rechtsverhältnisse

*Hartmut Bauer**

I. Grundrechtsdimensionen und Rechtsverhältnisse bei *Horst Dreier*

»Dimensionen der Grundrechte«[1] üben seit langem hohe Anziehungskraft auf *Horst Dreier* aus und sind für ihn bis in die allerjüngste Vergangenheit[2] ein zentrales Thema seines wissenschaftlichen Interesses geblieben. In »seinem« Kommentar hat der Jubilar die Grundrechtsdimensionen in die Vermessung der Allgemeinen Grundrechtslehren[3] eingestellt. Dort behandelt er in fünf Abschnitten Begriff und Bedeutung der Grundrechte, Arten und Charakter der Grundrechte, Dimensionen der Grundrechte, Grundrechtsberechtigte und Grundrechtsverpflichtete sowie die auf Eingriffsabwehr fokussierte »Struktur der Grundrechtsprüfung«. Danach besteht kein Zweifel: Grundrechtsdimensionen spielen in *Dreiers* Œuvre eine herausragende Rolle.

Ganz anders verhält es sich mit der Rechtsverhältnislehre. Mit dieser Lehre hat sich der Jubilar, soweit ersichtlich, nie eingehender beschäftigt. Gleichwohl ist er dort frühzeitig mit einer markanten Stellungnahme hervorgetreten. Darin ist die Rede von »bislang eher frucht- und konturenlos gebliebenen Vorschlägen [...], die Lehre vom Verwaltungsrechtsverhältnis in die ›Systemmitte‹ des Verwaltungsrechts zu rücken«[4]. Die seinerzeit gewiss nur sehr beiläufige Bemerkung »eher frucht- und konturenlos« hat in dem schon damals nicht auf das Verwaltungsrecht beschränkten[5] Rechtsverhältnisdiskurs Karriere gemacht. Sie ist bis heute als vielzitierter Standardbeleg präsent[6] und in das Umfeld negativer bis

---

* Für (wie stets weiterführende) Gespräche über Grundrechtsverhältnisse nach den Maximen dialogischer Jurisprudenz danke ich *Rolf Gröschner*. Die leserunfreundliche Ausdünnung des Fußnotenapparats ist der Limitierung des Umfangs geschuldet.

[1] *Dreier*, Dimensionen der Grundrechte, 1993.

[2] *Dreier*, DÖV 2024, S. 413 ff.

[3] *Dreier*, in: ders. (Hrsg.), Grundgesetz-Kommentar, Band I, 3. Auflage 2013, Vorb. vor Art. 1 Rn. 63 ff.

[4] *Dreier*, Merkls Verwaltungsrechtslehre und die heutige deutsche Dogmatik des Verwaltungsrechts, in: Walter (Hrsg.), Adolf J. Merkl – Werk und Wirksamkeit,1990, S. 55 (82).

[5] Z.B. *Achterberg*, Die Rechtsordnung als Rechtsverhältnisordnung, 1982, etwa S. 89 ff., S. 120 ff.; *ders.*, Parlamentsrecht, 1984, S. 747 ff.; *Henke*, DÖV 1984, S. 1 ff.; *Schulte*, VerwArch 81 (1990), S. 415 ff.

[6] Statt vieler *Nowrot*, Republik als Rechtsverhältnisordnung(?), in: Gräfin von Schlieffen

abfälliger Äußerungen eingeordnet, die bekanntlich bis hin zum Vorwurf der völligen Inhaltslosigkeit des Rechtsverhältnisses reichen.[7]

Die Geringschätzung des Rechtsverhältnisses regt zu einem Gedankenaustausch mit *Horst Dreier* über Grundrechtsdimensionen und Rechtsverhältnislehre an. Der Gedankenaustausch betritt kein Neuland. Abgesehen von prinzipieller ansetzenden Kontaktaufnahmen[8] arbeiten die Allgemeinen Grundrechtslehren in der Sache nämlich schon bisher mit rechtsverhältnisdogmatischen Grundbegriffen[9] wie den an grundrechtlichen Beziehungen beteiligten Rechtssubjekten, subjektiven Rechten etc.[10] und leisten damit bereits inzident und sich selbst kaum noch bewusst einen Beitrag zur Dogmatik der Grundrechtsverhältnisse.[11] Das lässt vermuten, dass das Denken in Rechtsverhältnissen hier wie auch andernorts[12] als dogmatischer Ordnungsrahmen bei der Bereinigung von Problemfeldern von Nutzen sein[13] kann.

Die rechtsverhältnisdogmatische Einmischung in die Grundrechtsdebatten steht allerdings vor einem stattlichen Berg an Allgemeinen Grundrechtslehren, der über die Jahrzehnte hinweg einen nicht mehr wirklich überschaubaren Umfang angenommen hat.[14] Das schließt bei den vorgegebenen Limitierungen selbst eine auch nur sehr holzschnittartige Problemskizze aus und zwingt zu rigoroser Beschränkung auf einige wenige kursorische Randnotizen zum Verhältnis von Grundrechtstheorie und Grundrechtsdimensionen (II.), zum Rückgriff der Grundrechtsdimensionen auf Statuslehren (III.) und zur rechtsverhältnisdogmatischen Öffnung der Grundrechtsdimensionen (IV.).

(Hrsg.), Republik Rechtsverhältnis Rechtskultur, 2018, S. 163 (165); *Wimmer*, Rechtsverhältnisse im öffentlichen Recht, 2019, S. 6f.; *Kuch*, ZÖR 77 (2022), S. 921 (922); vgl. auch *Eichenhofer/Wimmer*, Das Rechtsverhältnis – Ein Perspektivenwechsel im Öffentlichen Recht?, https://www.rechtsverhaeltnis.org (hier und im Folgenden 20. Januar 2024).

[7] Zusammenstellung bei *Nowrot*, Republik, S. 164ff. m.w.N.

[8] Z.B. *Henke*, DÖV 1984, S. 1ff.; *Schmidt*, Öffentliches Wirtschaftsrecht, 1990, S. 94ff. (114ff.); *Calliess*, Rechtsstaat und Umweltstaat, 2001, S. 256ff., 344ff., 373ff.; *Aulehner*, Grundrechte und Gesetzgeber, 2011, insb. S. 351ff.

[9] Die Grundbegriffe beruhen auf der gängigen Begriffsbestimmung des Rechtsverhältnisses als »*rechtsnormgestaltete Beziehung zwischen zwei oder mehreren Subjekten*« (*Achterberg*, Rechtsordnung, S. 31; ähnlich *Wimmer*, Rechtsverhältnisse, S. 18f., 23 [»rechtsnormbegründete Beziehung zwischen mindestens zwei Entitäten«]): Rechtssubjekte, subjektive Rechte und Pflichten, Rechtsnormgestaltung (*Bauer*, Lehren vom Verwaltungsrechtsverhältnis, 2022, Tz. 60ff. m.w.N.).

[10] So bei *Dreier*, Vorb. vor Art. 1 Rn. 66, 109ff.

[11] Ähnlich zum Verwaltungsrecht *Krause*, VVDStRL 45 (1987), S. 212 (218).

[12] Vgl. näher *Bauer*, DÖV 2023, S. 733ff.

[13] Dazu für das Verwaltungsrecht *Gröschner*, Die Verwaltung 30 (1997), S. 301ff.

[14] Vgl. dazu nur Isensee/Kirchhof (Hrsg.), Handbuch des Staatsrechts der Bundesrepublik Deutschland, Band IX, 3. Auflage 2011; Merten/Papier (Hrsg.), Handbuch der Grundrechte in Deutschland und Europa, Bände II (2006) und III (2009); Stern/Sodan/Möstl (Hrsg.), Das Staatsrecht der Bundesrepublik Deutschland im europäischen Staatenverbund, Band III, 2. Auflage 2022.

II. Über Grundrechtstheorien und Grundrechtsdimensionen

Allgemeine Grundrechtslehren und -dimensionen sind oftmals hintergründig durch Grundrechtstheorien beeinflusst, in denen teilweise Grundrechtsdiskurse aus der Weimarer und bisweilen noch weiter zurückliegender Zeit nachwirken. Das Spektrum der Theorien ist breit: liberale, institutionelle, wertebasierte, demokratisch-funktionale, sozialstaatliche Grundrechtstheorien[15] und manch anderes mehr.[16] Ungeachtet der hohen Inspirationskraft solcher Theorien ist jedoch ein die Interpretation sämtlicher Grundrechtsnormen gleichermaßen leitendes »Grundrechtsverständnis des Grundgesetzes« verfassungsrechtlich nicht nachweisbar.[17] Das bestätigt nicht zuletzt die bundesverfassungsgerichtliche Judikatur, die abwechselnd verschiedene Theorieelemente erwähnt, heranzieht, verwertet und gegebenenfalls auch kombiniert.[18]

Horst Dreier setzt mit seinen »Dimensionen der Grundrechte« denn auch etwas konkreter an. Im dogmatischen Zugriff unterscheidet er subjektiv-rechtliche und objektiv-rechtliche Dimensionen.[19] Den subjektiv-rechtlichen Dimensionen schlägt er Grundrechtssätze zu, die den Grundrechtsträgern einen auf Abwehr oder Leistung gerichteten Rechtsanspruch gegen den Staat einräumen. Demgegenüber dienen die objektiv-rechtlichen Dimensionen als Sammelbecken für sehr heterogene Phänomene wie Ausstrahlungswirkung (insb. Drittwirkung), Schutzpflichten, Einrichtungs- bzw. Institutsgarantien, Organisation und Verfahren – und dies alles mit unsicherer »Resubjektivierung«.

Die auch bei anderen Autoren anzutreffende Unterscheidung von subjektiven und objektiven Grundrechtsgehalten[20] ist freilich etwas missverständlich. Trotz der historisch längere Zeit umstrittenen, spätestens mit dem Grundgesetz aber selbstverständlich gewordenen Deutung der Grundrechte als subjektive Rechte[21] bedürfen nämlich auch die subjektiven Grundrechte nach heutigem Verständnis einer normativen Grundlage, also einer Verankerung im objektiven Verfassungsrecht.[22] Bei der Rückführung auf Grundrechtsnormen besteht zwischen den beiden Grundrechtsdimensionen demnach kein Unterschied. Beide sind von

---

[15] *Böckenförde*, NJW 1974, S. 1529ff.

[16] Frühe Impulse bei *Häberle*, Die Wesensgehaltgarantie des Art. 19 Abs. 2 Grundgesetz, 3. Auflage, 1983.

[17] *Schwabe*, Probleme der Grundrechtsdogmatik, 1977, S. 5ff.; *Häberle*, Wesensgehaltgarantie, S. 349; *Schmidt*, Wirtschaftsrecht, S. 114f.; *Alexy*, Theorie der Grundrechte, 9. Auflage 2020, S. 28ff.

[18] Treffend *Suhr*, EuGRZ 1984, S. 529 (529).

[19] Dazu und zum Folgenden *Dreier*, Vorb. vor Art. 1 Rn. 83ff., 94ff.; m. dieser Ausrichtung bereits *Dreier*, Jura 1994, S. 505ff.

[20] Z.B. bei Stern/Sodan/Möstl (Hrsg.), Staatsrecht III, §§ 65f., 67ff.

[21] Dazu *Dreier*, Dimensionen, S. 27ff.; *Bauer*, Geschichtliche Grundlagen der Lehre vom subjektiven öffentlichen Recht, 1986, S. 54ff., 90ff., 129ff.

[22] Vgl. zur Entwicklung *Sachs*, in: Stern, Das Staatsrecht der Bundesrepublik Deutschland, Band III/1, 1988, S. 473ff.

Rechtsnormen abhängig und durch sie ausgestaltet (Rechtsnormgestaltung). Erst anschließend trennen sich die Wege:

Die den subjektiv-rechtlichen Dimensionen zugeordneten Abwehr- und Leistungsansprüche von Grundrechtsberechtigten »gegen den Staat« arbeiten von vornherein mit den beiden weiteren Kategorien des Rechtsverhältnisses (Subjekte, Rechte und korrespondierende Pflichten)[23] und schwenken so in der Sache auf den dogmatischen Ordnungsrahmen der Rechtsverhältnislehre ein. Damit kann es für die subjektiv-rechtliche Seite vorerst sein Bewenden haben.

Bei den objektiv-rechtlichen Grundrechtsgehalten steht am Ende zwar ebenfalls die Frage nach einer »Resubjektivierung«[24]. Doch entzieht sich das Sammelsurium der unter dem Dach der objektiv-rechtlichen Dimensionen zusammengeführten Phänomene einer einheitlichen Antwort. Hier erweisen sich Nachwirkungen aus der Weimarer Staatsrechtslehre als besonders störend. Das betrifft namentlich die Institutsgarantien, die ursprünglich bestimmte privatrechtliche Einrichtungen (wie Ehe, Eigentum und Erbrecht) in einem wie auch immer näher zu bestimmenden Kernbereich dem unbegrenzten Zugriff des Gesetzgebers entziehen sollten.[25] Dieses Anliegen ist in der verfassungsrechtlichen Ordnung des Grundgesetzes mit der umfassenden Grundrechtsbindung auch des Gesetzgebers (Art. 1 Abs. 3 GG) jedoch bereits durch subjektiv-rechtliche Grundrechtsdimensionen in Verbindung mit Art. 19 Abs. 2 GG abgedeckt; das macht die Fortführung der Institutsgarantien entbehrlich.[26] Und bei den verfahrens- und organisationsrechtlichen Grundrechtsgehalten[27] ist schon unklar, ob sie überhaupt den objektiven Dimensionen zuzuschlagen sind oder sich, wofür vieles spricht, konventionell subjektiv-rechtlich be- und verarbeiten lassen und im Übrigen lediglich heuristische Funktionen haben.[28] Auf die »Resubjektivierung« der nach dieser Abschichtung verbleibenden objektiv-rechtlichen Dimensionen wird zurückzukommen sein.

---

[23] Fn. 9.

[24] *Dreier,* Vorb. vor Art. 1 Rn. 95 m. w. N.

[25] *Dreier,* Vorb. vor Art. 1 Rn. 107f.; *ders.*, in: Merten/Papier (Hrsg.), HGR I, 2004, § 4 Rn. 35; *Groh*, DÖV 2019, S. 598 (604f.); *Cornils*, in: Stern/Sodan/Möstl (Hrsg.), Staatsrecht III, § 67 Rn. 9ff., 25.

[26] *Waechter*, Die Verwaltung 29 (1996), S. 47ff.; *Cornils,* § 67 Rn. 1ff. (10), 79ff., 95ff.; vgl. auch *Dreier,* Vorb. vor Art. 1 Rn. 108; anders *Stern*, in: Isensee/Kirchhof (Hrsg.), HStR IX, § 185 Rn. 75; *Kloepfer*, in: Merten/Papier (Hrsg.), HGR II, 2006, § 43 Rn. 36ff., 43, 68ff. Der wohl bekannteste Fall aus der bundesverfassungsgerichtlichen Spruchpraxis betrifft die Ehe (BVerfGE 105, 313 [342ff.]) und ist inzwischen durch § 1353 Abs. 1 BGB erledigt.

[27] Frühe Zusammenfassung in BVerfGE 53, 30 (69ff.).

[28] Dazu *Michael*, in: Stern/Sodan/Möstl (Hrsg.), Staatsrecht III, § 70 Rn. 3f. m. Fn. 3, 33f., 51ff.; differenzierend *Dreier,* Vorb. vor Art. 1 Rn. 105; Abschichtung bei *Schmidt-Aßmann*, in: Merten/Papier (Hrsg.), HGR II, 2006, § 45 Rn. 1ff., 22ff.; vgl. auch *Denninger*, in: Isensee/Kirchhof (Hrsg.), HStR IX, § 193. Wegen der Vielschichtigkeit der Problemfelder und der über weite Strecken bestehenden Optionen zur Anknüpfung an subjektiv-rechtlichen Dimensionen bleiben Organisation und Verfahren im Folgenden als verselbständigte Dimension außer Betracht.

III. Von Statuslehren zur Rechtsverhältnislehre

Das Fehlen einer »Grundrechtstheorie des Grundgesetzes« und die verschiedenen objektiv-rechtlichen Grundrechtsgehalte regen für die systematisierende Ordnung der Grundrechte zur Ausschau nach anderen Lehren an. Dafür liefert die auf *Georg Jellinek* zurückgehende Statuslehre einen traditionsreichen und noch immer verbreiteten Ansatzpunkt. Sie gilt manchen »als das großartigste Beispiel analytischer Theoriebildung im Bereich der Grundrechte«[29] und ist auch in *Dreiers* Grundrechtsdimensionen prominent rezipiert.[30]

In der auf das Staat-Bürger-Verhältnis »verkürzten Rezeptionsperspektive«[31] arbeitet die Statuslehre mit vier Statusverhältnissen, in die das Individuum kraft »seiner Zugehörigkeit zum Staate« versetzt ist.[32] Gedankliche Basis ist ein umfassender status subiectionis (passiver Status), der die Grundbefindlichkeit des Einzelnen als »Unterwerfung unter den Staat« darstellt. Neben dieser »Grundform«[33] präsentiert *Jellinek* zur erschöpfenden Erfassung der Stellung des Einzelnen im Staat drei weitere Status: den negativen Status (status libertatis, Freiheit vom Staat), den positiven Status (status civitatis, Ansprüche auf staatliche Leistungen) und den aktiven Status (Status aktiver Zivität, politische Rechte). Die darin angelegte Systematik wirkt als Grundlage für die Einteilung der Grundrechte bis in die Gegenwart nach.[34]

Inzwischen hat sich allerdings die Einsicht durchgesetzt, dass die ursprüngliche Konzeption der Statuslehre schon allein wegen der Gründung in einem umfassenden Zustand der Unterwerfung mit dem heutigen Verfassungsrecht nicht zu vereinbaren ist.[35] Denkbar wäre daher allenfalls eine »Revision« oder ein »Umbau«[36], der die Statuslehre von ihrer obrigkeitsstaatlichen Verwurzelung ablöst und beispielsweise lediglich die drei verbleibenden Status (status negativus, status positivus, status activus) verwendet.[37] Indes bliebe die systembildende

---

[29] *Alexy*, Grundrechte, S. 243; vgl. auch *Kersten*, Georg Jellineks System. Eine Einleitung, in: ders. (Hrsg.), Georg Jellinek System der subjektiven öffentlichen Rechte, 2011, S. *51.

[30] *Dreier*, Vorb. vor Art. 1 Rn. 80, 84, 89; zuletzt *ders.*, DÖV 2024, S. 419.

[31] So *Kluth*, Statuslehre verwaltungsrechtlich. Spiegeln sich die Status von Bürger und Staat auch in der modernen Verwaltungsrechtsdogmatik wider?, in: Brugger/Gröschner/Lembcke (Hrsg.), Faktizität und Normativität, 2016, S. 161 (165).

[32] *Jellinek*, System der subjektiven öffentlichen Rechte, 2. Auflage 1905, S. 82 ff., 94 ff. (Zitat: 85).

[33] *Hesse*, Grundzüge des Verfassungsrechts der Bundesrepublik Deutschland, 20. Auflage 1995, Rn. 281.

[34] *Alexy*, Grundrechte, S. 243 m. w. N.; *Sachs*, in: Stern, Staatsrecht III/1, S. 388 (426 ff.); *Saurer*, in: Stern/Sodan/Möstl (Hrsg.), Staatsrecht III, § 64 Rn. 3; *Dreier*, DÖV 2024, S. 419; *Stober*, in: Wolff/Bachof/Stober/Kluth, Verwaltungsrecht I, 13. Auflage 2017, § 32 Rn. 14 ff.

[35] Statt vieler *Hesse*, Verfassungsrecht, Rn. 281; *Bauer*, Lehren, Tz. 48 ff., 56 m. w. N.

[36] *Häberle*, VVDStRL 30 (1972), S. 42 (80).

[37] Dazu *Rehbinder*, Statusbegriffe von Sir Henry S. Maine über Georg Jellinek bis heute, in: Brugger/Gröschner/Lembcke (Hrsg.), Faktizität, S. 125 (133).

Kraft der Statuslehre auch dann sehr beschränkt. Denn die drei Status sind nicht überschneidungsfrei und gehen bei der Einordnung von Rechten teilweise sogar fließend ineinander über. So gewährleistet das Wahlrecht ein ganzes Bündel unterschiedlich strukturierter subjektiver Rechte – von Ansprüchen auf Unterlassung verfassungswidriger Eingriffe in Wahlvorbereitungs- und Wahlhandlungen über Ansprüche auf Aushändigung eines Wahlzettels bis hin zu Ansprüchen auf Entgegennahme des Wahlzettels und Berücksichtigung der Ausübung des politischen Stimmrechts bei der Stimmenauszählung.[38] Ähnlich liegen die Dinge bei dem (multifunktionalen) Petitionsrecht, das ebenfalls Rechtsansprüche auf Unterlassung, Leistung und (partizipative) Mitwirkung bündelt[39] und deshalb in einem Dreier-Modell allen drei Status zuzuordnen wäre.[40] Diese und andere Unzulänglichkeiten[41] haben vom »status naturalis« über den »status constituens« und den »status culturalis« bis hin zum »status universalis« variantenreiche Ergänzungen angeregt,[42] die der heute veränderten Rechtsstellung des Einzelnen Rechnung tragen sollen, aber kein über die Öffnung der tradierten Status hinausgehendes gemeinsames Ziel verfolgen. Sie zeigen, dass selbst bei einer abstrahierenden Reduktion der *Jellinekschen* Statuslehre auf idealtypische Erscheinungsformen die Generierung immer neuer idealtypischer Konstruktionen unvermeidlich ist.[43]

Ein gegen die Statuslehre *Jellineks* gerichteter und sich prinzipiell davon unterscheidender *»verfassungsrechtlicher Status des Einzelnen«*[44], der zugleich den Doppelcharakter der Grundrechte (als subjektive Rechte und als [objektive] Grundelemente) verbindet, findet sich bei *Konrad Hesse*. »Dieser verfassungsrechtliche Status bildet den Kern des allgemeinen staatsbürgerlichen Status, der [...] konkrete, inhaltlich bestimmte und begrenzte Rechte und Pflichten [umschließt], in deren Aktualisierung und Erfüllung die rechtliche Ordnung des Gemeinwesens Wirklichkeit gewinnt.«[45] Mit den »Rechten und Pflichten« verweist der verfassungsrechtliche Status auf Elemente von Rechtsverhältnissen und somit schlussendlich wieder auf Kategorien der Rechtsverhältnislehre.[46]

[38] Zu diesem Bsp. einer grundrechtsdogmatischen »Kombination von negatorischen und positiven Ansprüchen« *Dreier*, Vorb. vor Art. 1 Rn. 80 und 89, und bereits *Jellinek*, System, S. 161 ff.

[39] *Klein/Schwarz*, in: Dürig/Herzog/Scholz, Grundgesetz, Kommentar, EL August 2023, Art. 17 Rn. 82; *Kloepfer*, Verfassungsrecht II, 2010, § 76 Rn. 9 ff.

[40] *Achterberg*, Allgemeines Verwaltungsrecht, 2. Auflage 1986, § 20 Rn. 38; Näheres bei *Bauer*, in: Merten/Papier (Hrsg.), HGR V, 2013, § 117 Rn. 36 f., 45 ff. m. w. N.; vgl. auch bereits *Jellinek*, System, S. 130 ff.

[41] Zu den Unstimmigkeiten eingehender *Sachs*, in: Stern, Staatsrecht III/1, S. 427 ff.; ferner *Alexy*, Grundrechte, S. 229 ff., 243 ff.

[42] Zu einer Auswahl der Neuschöpfungen *Sachs*, in: Stern, Staatsrecht III/1, S. 426 f. Fn. 181, und *Bauer*, Lehren, Tz. 54, jew. m. w. N.

[43] *Rehbinder*, Statusbegriffe, S. 141.

[44] *Hesse*, Verfassungsrecht, Rn. 280 (Hervorhebung im Original).

[45] *Hesse*, Verfassungsrecht, Rn. 280 (im Original teilw. hervorgehoben).

[46] Bezeichnenderweise fallen Probleme der Abstimmung von Status und subjektivem Recht

Derartige »Doppelgänger der Rechte und Pflichten« können der Veranschaulichung dienen,[47] sind aber für die Darstellung und Ordnung der in Grundrechtsverhältnisse eingestellten Rechte und Pflichten entbehrlich. Damit ist erneut der Kontakt der Grundrechtsdimensionen zum Denken in Rechtsverhältnissen hergestellt.

IV. Rechtsverhältnisdogmatische Öffnung der Grundrechtsdimensionen

Die Kontaktaufnahme führt auf mehrere gemeinsame Themenfelder, von denen hier nur zwei anzusprechen sind, nämlich das allgemeine Rechtsverhältnis (1.) und die Verarbeitung von Grundrechtsdimensionen im rechtsverhältnisdogmatischen Ordnungsrahmen (2.). In beiden Bereichen geht es im Kern um eine zeitgemäße Öffnung von Engführungen der konventionellen Arbeit mit Grundrechtsdimensionen – bei den von vielen als zu eng empfundenen Statuslehren mit all ihren Anachronismen, Widersprüchen und Systembrüchen[48] durch den Übergang zum allgemeinen Rechtsverhältnis, bei den von Anbeginn zu einseitig konzipierten und deshalb wiederholt zu Anbauten gezwungenen Grundrechtsdimensionen durch deren Einstellung in den rechtsverhältnisdogmatischen Ordnungsrahmen.

1. Allgemeines Rechtsverhältnis

Statt eines Rückgriffs auf Statuslehren empfiehlt die Rechtsverhältnislehre zur Erfassung der »Rechtsstellung des Einzelnen« auch im Verfassungsrecht die Arbeit mit dem allgemeinen Rechtsverhältnis.[49] Das Rechtsverhältnis ist in jüngerer Zeit zwar vornehmlich im Verwaltungsrecht diskutiert, geht aber auf die Allgemeine Rechtslehre zurück[50] und fügt sich in der Grundstruktur problemlos in das Verfassungsrecht ein. Danach nimmt die Rechtsordnung »jeden, der ihr

in das Feld der zahlreichen Unklarheiten und Ungereimtheiten in *Jellineks* Statuslehre; dazu *Sachs,* in: Stern, Staatsrecht III/1, S. 427ff., und *Alexy,* Grundrechte, S. 236f. Ähnlich verhält es sich m. der Abstimmung von Status, Rechtsverhältnis und subjektivem Recht, wenn bei *Jellinek*, System, die subjektiven Rechte mal aus den Rechtsverhältnissen (S. 41f.) und mal aus dem Status »entspringen« (S. 105f.).

[47] Dazu bereits *Richter*, AöR 47 (1925), S. 1 (60).

[48] *Rehbinder,* Statusbegriffe, S. 134f.; dazu bereits oben bei Fn. 32ff.

[49] Frühe Weichenstellung bei *Henke*, DÖV 1980, S. 621 (624); später etwa *Gröschner,* Die Verwaltung 30 (1997), S. 325f.; *Kellner*, Haftungsprobleme bei informellem Verwaltungshandeln, 2004, S. 51ff.; *Schoch*, Das Verwaltungsrechtsverhältnis zwischen Heuristik und Dogmatik, in: Gräfin von Schlieffen (Hrsg.), Republik, S. 225 (239f.); *Bull/Mehde*, Allgemeines Verwaltungsrecht mit Verwaltungslehre, 10. Auflage 2022, Rn. 296.

[50] *Kellner,* Haftungsprobleme, S. 51ff. m.w.N.; *Röhl/Röhl*, Allgemeine Rechtslehre, 3. Auflage 2008, S. 353, 401ff.

unterworfen ist, in Pflicht und gibt jedem bestimmte Rechte, angefangen von den Grundrechten der Verfassung. Deshalb steht jeder zum Staat in einem ›allgemeinen Rechtsverhältnis‹«[51].

Die Ausrichtung auf das Rechtsverhältnis kann frühe Aussagen der bundesverwaltungs- und der bundesverfassungsgerichtlichen Judikatur zu Grundsätzen und Leitideen des Grundgesetzes für sich in Anspruch nehmen. Das betrifft zum einen »die Auffassung über das Verhältnis des Menschen zum Staat: Der Einzelne ist [...] nicht Untertan, sondern Bürger. Darum« wird er »als selbständige sittlich verantwortliche Persönlichkeit und deshalb als Träger von Rechten und Pflichten anerkannt«[52]. Zum anderen geht es um das »Menschenbild des Grundgesetzes«, das »nicht das eines isolierten souveränen Individuums [ist]; das Grundgesetz hat vielmehr die Spannung Individuum – Gemeinschaft im Sinne der Gemeinschaftsbezogenheit und Gemeinschaftsgebundenheit der Person entschieden, ohne dabei deren Eigenwert anzutasten«[53].

Die beiden Schlüsselformeln lassen sich zwanglos zusammenführen und mit Vorarbeiten in der Literatur kombinieren: Das allgemeine Rechtsverhältnis verbindet die Mitglieder des rechtlich verfassten Gemeinwesens, verknüpft die Bürger mit ihrem Staat und bindet sie zugleich in die Rechtsgemeinschaft ein. Diese Grundrelation macht bewusst, dass sich die Grundbefindlichkeit des Menschen im Gemeinwesen notwendig aus Rechten und Pflichten zusammensetzt; sie unterstreicht die verbindende Funktion des Rechts und trägt überdies der sozialen Wirklichkeit Rechnung. In der rechtlich gestalteten Wirklichkeit ist der Einzelne nämlich nicht als isoliertes Rechtssubjekt oder Träger von einseitig verabsolutierten Rechten anzutreffen, sondern als Rechtsperson eingebunden in ein bewegliches, lebendiges und pulsierendes Netzwerk von äußerst unterschiedlich ausgestalteten konkreten Rechtsverhältnissen mit vielfältig abgestuften intersubjektiven Einzelberechtigungen und -verpflichtungen, Forderungen und Verbindlichkeiten, Ansprüchen auf und Pflichten zu Rücksichtnahme etc.[54]

Das allgemeine Rechtsverhältnis versteht sich als (abstrakte) Grundrelation und stellt die Weichen hin zu einem Denken vom Rechtsverhältnis her. Das ist nicht gering zu veranschlagen,[55] weil danach immerhin alles Recht »Relation von Rechtssubjekten«[56] ist. Damit ist aber noch nichts über konkrete Rechtsverhältnisse gesagt. Aus dem allgemeinen Rechtsverhältnis lassen sich nämlich in aller

---

[51] *Bull/Mehde,* Allgemeines Verwaltungsrecht, Rn. 296 (im Original teilw. hervorgehoben).

[52] BVerwGE 1, 159 (161).

[53] BVerfGE 4, 7 (15f.).

[54] Näheres bei *Bauer,* Geschichtliche Grundlagen, S. 169f. m.w.N.

[55] Vorbehalte wegen der Abstraktionshöhe bei *Martens,* KritV 1 (1986), S. 104 (121f.).

[56] *Jellinek,* System, S. 50. Die Berufung auf *Jellinek* mag wegen der Kritik an dessen Statuslehre (oben III.) überraschen; doch beruhen etwaige Irritationen auf den zahlreichen Unklarheiten in dessen Werk, die bereits von anderen gerügt wurden und auch das bei *Jellinek* undeutlich gebliebene Verhältnis von Status, Rechtsverhältnis und subjektivem Recht betreffen (dazu bereits oben Fn. 41 und 46).

Regel keine konkreten Einzelberechtigungen und -verpflichtungen ableiten.[57] Vielmehr handelt es sich bei dem allgemeinen Rechtsverhältnis noch nicht um ein konkretes, gerichtlich feststellbares Rechtsverhältnis im Sinne des Prozessrechts.[58] Bis zu einer konkreten »Berührung« zwischen Staat und Bürger bleiben die Rechtsbeziehungen zwischen diesen beiden Rechtssubjekten[59] latent, »sie ›ruhen‹. Gerade in dieser ›*Latenz*‹ des allgemeinen Rechtsverhältnisses zeigt sich der rechtsstaatliche Charakter des Gemeinwesens: der Staat nimmt den Bürger konkret nur in Anspruch, wenn ein besonderer Anlass dazu besteht, der Bürger braucht auf seine allgemeinen Rechte gegen den Staat erst zurückzugreifen, wenn er schon in einen engeren Kontakt zum Staat getreten ist. Erst dann entsteht ein« konkretes Verfassungs- oder Verwaltungsrechtsverhältnis.[60]

2. *Grundrechtsdimensionen im rechtsverhältnisdogmatischen Ordnungsrahmen*

Der Zugang zu solchen Grundrechtsverhältnissen wird allerdings irritiert durch gedankliche Engführungen und anschließende kompensatorische Erweiterungen der Lehre von den Grundrechtsdimensionen (a). Die Irritationen lassen sich jedoch zumindest teilweise bereinigen durch Rückgriffe auf die Rechtsverhältnislehre, die mit den an Grundrechtsverhältnissen beteiligten Rechtssubjekten (b) sowie den in Grundrechtsverhältnisse eingestellten Rechten und Pflichten (c) weiterführende Kategorien für die Grundrechtsdogmatik anbietet.

a) Grundrechtsdimensionale Engführungen und Erweiterungen

»Ohne Zweifel sind die Grundrechte in erster Linie dazu bestimmt, die Freiheitssphäre des einzelnen vor Eingriffen der öffentlichen Gewalt zu sichern; sie sind Abwehrrechte des Bürgers gegen den Staat. Das ergibt sich aus der geistesgeschichtlichen Entwicklung der Grundrechtsidee wie aus den geschichtlichen Vorgängen, die zur Aufnahme der Grundrechte in die Verfassungen der einzelnen Staaten geführt haben. [...] Ebenso richtig ist aber, daß das Grundgesetz [...] in seinem Grundrechtsabschnitt auch eine objektive Wertordnung aufgerichtet hat [...]. Der Rechtsgehalt der Grundrechte als objektiver Normen entfaltet sich im Privatrecht durch das Medium der dieses Rechtsgebiet unmittelbar beherrschenden Vorschriften.«[61]

---

[57] Vgl. *Henke*, DÖV 1980, S. 642; *Bull/Mehde*, Allgemeines Verwaltungsrecht, Rn. 296; *Gröschner*, Die Verwaltung 30 (1997), S. 325f.

[58] Vgl. zum Problem *Maurer/Waldhoff*, Allgemeines Verwaltungsrecht, 21. Auflage 2024, § 8 Rn. 18.

[59] Dazu näher bei IV.2.b).

[60] So zum Verwaltungsrecht *Bull/Mehde*, Allgemeines Verwaltungsrecht, Rn. 296 (Hervorhebung im Original); zustimmend *Gröschner*, Die Verwaltung 30 (1997), S. 325f.; *Kellner*, Haftungsprobleme, S. 52. Die im Text dargelegte »Latenz« betrifft nicht nur die Rechtsbeziehungen zwischen Staat und Bürger, sondern allgemeiner die Beziehungen zwischen zwei oder mehreren Subjekten.

[61] BVerfGE 7, 198 (204f.).

Die vielzitierte Passage aus der Lüth-Entscheidung enthält frühe Weichenstellungen für den Doppelcharakter der Grundrechte als subjektive Rechte und objektive Normen. Sie legt damit zugleich den Grundstein für objektiv-rechtliche Grundrechtsdimensionen, die längst über die sog. Drittwirkung hinaus namentlich für die Begründung von staatlichen Schutzpflichten[62] zum Einsatz gekommen sind. Der Jubilar hat die seinerzeit neue Grundrechtsdimension in seine Darstellung aufgenommen und mit all ihren Fortentwicklungen nachgezeichnet.[63] Danach sind auch für ihn »Grundrechte i.S.d. status negativus in erster Linie ›Abwehrrechte des Bürgers gegen den Staat‹«[64], und ähnlich wie für das Bundesverfassungsgericht[65] bildet für ihn diese »negatorische Seite [...] die Systemmitte der Grundrechtsdogmatik«[66].

Für die Grundrechtsdimensionen ist die Lüth-Formel sowohl wegen der gedanklichen Engführungen als auch wegen der anschließenden Erweiterungen von Interesse. In der subjektiv-rechtlichen Dimension sind die Grundrechte geradezu mit Abwehrrechten identifiziert und in der Stoßrichtung einseitig auf isolierte subjektive Rechte des Bürgers gegen den Staat reduziert. Die wohl nur aus der Zeitgebundenheit heraus erklärbare[67] Engführung des verfassungsgeschichtlichen Rückgriffs ist allerdings erkennbar zu einseitig geraten, enthält Leerstellen und schafft Schutzlücken. Gleichsam als Lückenschließer dient die »neue« Deutung der »Grundrechte als objektive Normen«, die über die Jahre hinweg immer wieder neue objektive Dimensionen hervorgebracht hat.[68] Die objektiv-rechtlichen Dimensionen fungieren demnach als Hebel, um sich aus dem ohne Not und selbstverschuldet viel zu eng geschnürten Korsett des Abwehrpanzers zu befreien.

Das Hin und Her hat für beträchtliche rechtsdogmatische Unruhe gesorgt, bei deren Entschärfung die Grundbegriffe der Rechtsverhältnislehre hilfreiche Dienste leisten könnten. Das betrifft insbesondere die an Grundrechtsverhältnissen beteiligten Rechtssubjekte und deren in Grundrechtsverhältnisse eingestellte subjektive Rechte und Pflichten.[69]

b) Pluralisierung der an Grundrechtsverhältnissen beteiligten Rechtssubjekte

Die Reduktion der subjektiv-rechtlichen Dimension auf »Abwehrrechte des Bürgers gegen den Staat« beschränkt im ersten Zugriff die an Grundrechtsver-

[62] Wegweisend BVerfGE 39, 1 (41 f.).

[63] *Dreier*, Vorb. vor Art. 1 Rn. 94 ff.

[64] *Dreier*, Vorb. vor Art. 1 Rn. 84.

[65] BVerfGE 61, 82 (101: »Sinnmitte«); *Dreier*, DÖV 2024, S. 419.

[66] *Dreier*, Vorb. vor Art. 1 Rn. 84 (im Original teilw. hervorgehoben).

[67] Im historischen Rückblick lassen sich die Grundrechte nicht auf subjektive Abwehrrechte reduzieren; dazu *Dreier*, Vorb. vor Art. 1 Rn. 85 und die Nachw. in Fn. 21.

[68] Dazu oben nach Fn. 19.

[69] Zu den drei Begriffselementen oben bei und in Fn. 9.

hältnissen Beteiligten auf »den Bürger« und auf »den Staat«. Die verkürzende Engführung im Singular blendet im gedanklichen Ansatz sowohl die Vielfalt der durch Grundrechtsnormen Berechtigten[70] als auch die Vielfalt der Grundrechtsverpflichteten[71] aus. Diese Feststellung ist nicht besonders originell und in der Kommentarliteratur schon bisher in differenzierenden Analysen der grundrechtsberechtigten und -verpflichteten Subjekte verarbeitet.[72]

Daher mag die Redeweise von »dem Bürger« und »dem Staat« als einleitende Sammelbezeichnung noch angehen. Die Sammelbegriffe werden aber spätestens dann zum Problem, wenn aus der staatstheoretischen Hintergrundfolie einer »strikten Trennung« von Staat und Gesellschaft[73] ein »Dualismus zwischen staatlicher Grundrechtsverpflichtung und privater Grundrechtsberechtigung« abgeleitet wird und danach »nur« die nicht der staatlichen Sphäre zuzuordnenden Personen als grundrechtsberechtigt und private Rechtssubjekte als nicht grundrechtsverpflichtet eingestuft werden: »Tertium non datur«[74]. In dieser Allgemeinheit schlicht unzutreffend ist die apodiktische Abschichtung freilich schon wegen der weithin unbestrittenen Grundrechtsberechtigung von »öffentlich-rechtlichen« Rechtssubjekten in Regelungsbereichen von Art. 4 GG (Kirchen, Religions- und Weltanschauungsgemeinschaften) sowie von Art. 5 GG (Rundfunkanstalten, Universitäten und Fakultäten etc.)[75] und der wohl ebenfalls unbestrittenen Grundrechtsbindung Privater bei der Koalitionsfreiheit (Art. 9 Abs. 3 GG).[76]

Hinzu kommen umstrittene Fälle wie die Grundrechtsberechtigung von Kommunen, die zwar vom Bundesverfassungsgericht (vorerst) negativ verbeschieden sein mögen,[77] im Landesverfassungsrecht aber teilweise anders behandelt werden.

---

[70] Aktueller Überblick bei *Berger*, in: Stern/Sodan/Möstl (Hrsg.), Staatsrecht III, §§ 72 und 73.

[71] Zu einem aktuellen Überblick *Schaefer*, in: Stern/Sodan/Möstl (Hrsg.), Staatsrecht III, §§ 74 ff. Allgemein zur Auffächerung des Staates in eine Vielzahl von Rechtssubjekten *Bauer*, »Der Staat« und die »staatlichen« Rechte im Ordnungsrahmen der Rechtsverhältnislehre. Zugleich Bemerkungen zur »Neuen Verwaltungsrechtswissenschaft«, in: Gräfin von Schlieffen (Hrsg.), Republik, S. 263 (270).

[72] Siehe dazu nur *Dreier*, Vorb. vor Art. 1 Rn. 109 ff.; *ders.*, in: ders. (Hrsg.), Grundgesetz-Kommentar, Band I, 3. Auflage 2013, Art. 19 III Rn. 31 ff.

[73] Zum Diskussionshintergrund einerseits *Böckenförde*, Die verfassungstheoretische Unterscheidung von Staat und Gesellschaft als Bedingung der individuellen Freiheit, 1973, und andererseits *Hesse*, DÖV 1975, S. 437 ff.; zur Fortführung *Kahl*, Jura 2002, S. 721 ff.; *ders.*, in: ders./Waldhoff/Walter (Hrsg.), Bonner Kommentar zum Grundgesetz, Art. 1 Abs. 3 (Lfg. Dezember 2022) Rn. 164.

[74] Zu diesem Ableitungszusammenhang (jeweils m. Hinw. auf *Isensee*) *Berger* (Fn. 70), § 72 Rn. 12 (m. Fn. 31) und § 73 Rn. 5 (m. Fn. 17).

[75] *Berger*, § 73 Rn. 29: »Ausnahmetrias«. Indes finden sich w. Bspe. bei den Verfahrens- und Prozessgrundrechten; dazu *Dreier*, Art. 19 III Rn. 40 m. w. N.

[76] *Kahl*, Art. 1 Abs. 3 Rn. 300 m. w. N.

[77] Insb. BVerfGE 61, 82 (100 ff.), wo am Ende allerdings ein »Schlupfloch« offengehalten ist (109).

Ein bekanntes Beispiel ist die mit Art. 14 Abs. 1 Satz 1 GG fast wortlautidentische Eigentumsgarantie in Art. 103 Abs. 1 Bayerische Verfassung, die bei Vorliegen einer grundrechtstypischen Gefährdungslage von Kommunen (und anderen juristischen Personen des öffentlichen Rechts) als Anspruchsgrundlage gegen »den Staat« in Stellung gebracht werden kann.[78] In Bayern gibt es mit dem Recht auf Naturgenuss auch ein schönes Beispiel für eine sehr umfangreiche Grundrechtsverpflichtung Privater, weil sich das dort jedermann eingeräumte Grundrecht zum »Betreten von Wald und Bergweide«, zum »Befahren der Gewässer« und zur »Aneignung wildwachsender Waldfrüchte in ortsüblichem Umfang« auch gegen private Eigentümer richtet.[79] Rechtsvergleichende Seitenblicke nach Österreich zeigen im unmittelbaren Vergleich mit der bundesdeutschen Staatsrechtsdogmatik einen wesentlich offeneren Umgang mit den an Grundrechtsverhältnissen beteiligten Subjekten, und zwar sowohl bei den Grundrechtsberechtigten als auch bei der Grundrechtsverpflichtung Privater.[80] Und das Unionsrecht kennt nach der Judikatur des Europäischen Gerichtshofs jedenfalls für Grundfreiheiten und Vertragsgrundrechte auch nicht-staatliche Akteure und Private als Grundrechtsverpflichtete.[81] Nicht zuletzt haben in jüngerer Zeit sogar bundesverfassungsgerichtliche Entscheidungen in der Sache den in Lüth-Tradition zu eng geratenen gedanklichen Zugriff relativiert, im Grunde in Frage gestellt[82] und eine intensive Beschäftigung mit der Grundrechtsverpflichtung Privater ausgelöst.[83]

Selbst auf dem Forum der Staatsrechtslehrertagungen verweist die grundrechtsdogmatische Verarbeitung des »Wandels des Verhältnisses von Staat und Gesellschaft« vor allem auf Problemfelder der Grundrechtsberechtigung und der Grundrechtsverpflichtung.[84] Themen dieser Analyse »des grundrechtlichen Rechtsverhältnisses«[85] sind auf der Seite der Grundrechtsberechtigten jenseits verfehlter »Konfusions-Vorstellungen« juristische Personen des öffentlichen Rechts und staatsnahe Private sowie neuartige Entitäten mit Potentialen zur Grundrechtsberechtigung (emergente Kollektivität, technisch generierte Enti-

[78] Dazu *Lindner*, in: Lindner/Möstl/Wolff, Verfassung des Freistaates Bayern. Kommentar, 2009, Art. 103 Rn. 25f.

[79] Art. 141 Abs. 3 Bayerische Verfassung; dazu *Möstl*, in: Lindner/Möstl/Wolff, Verfassung, Art 141 Rn. 15ff. (15).

[80] Überblick bei *Kucsko-Stadlmayer*, in: Merten/Papier (Hrsg.), HGR VII/1, 2009, § 187 Rn. 30f., 43ff.

[81] Überblick bei *Schaefer*, § 78 Rn. 20ff. m.w.N.; eher abwehrend *Dreier*, in: ders. (Hrsg.), Grundgesetz-Kommentar, Band I, 3. Auflage 2013, Art. 1 III Rn. 10, 14; eingehender *Cornils*, § 69 Rn. 54ff., 57ff.

[82] Dazu BVerfGE 128, 226 (246f., 247ff.); 143, 246 Rn. 184ff.; 148, 267 Rn. 33, 39ff., 44ff.; 152, 152 Rn. 85ff.; BVerfG (3. Kammer des ersten Senats), 1 BvQ 25/15, Beschl v. 18. Juli 2015, Rn. 5ff.; näher unten bei Fn. 123ff.

[83] *Schaefer*, § 78; *Kulick*, Horizontalwirkung im Vergleich, 2020; *ders.*, AöR 145 (2020), S. 649ff. (m. Ausrichtung auf horizontale Rechtsverhältnisse); *Dreier*, DÖV 2024, S. 420 m.w.N.

[84] *Muckel*, VVDStRL 79 (2020), S. 246 (253ff., 273ff.).

[85] *Muckel*, VVDStRL 79 (2020), S. 273.

täten) und auf der Seite der Grundrechtsverpflichteten sozial mächtige Private sowie die Verpflichtung Privater zur Achtung grundrechtlicher Schutzgüter. Gewiss sind die Problemfelder allein mit ihrer Benennung noch lange nicht gelöst. Mit der Einordnung in den rechtsverhältnisdogmatischen Ordnungsrahmen ist ihnen aber ein systemgerechter Standort zugewiesen, der die sachadäquate Problembearbeitung erleichtert.

Über alle Einzelaspekte hinweg veranlasst der facettenreiche Befund zu der Rückfrage an Lüth-gesteuerte Betrachtungsweisen: Wirklich »tertium non datur«? – und zu der rechtsverhältnisdogmatisch inspirierten Anregung einer pluralistischeren Konzeption der an Grundrechtsverhältnissen beteiligten Rechtssubjekte unter Offenhaltung für perspektivisch neu entstehende Subjekte bzw. Entitäten.[86]

c) Pluralisierung der in Grundrechtsverhältnisse eingestellten Rechte und Pflichten

Über die Engführung der Beteiligten hinaus ist die Reduktion der subjektivrechtlichen Dimension auf »Abwehrrechte des Bürgers gegen den Staat« auch deshalb prekär, weil sie die subjektiv-defensive, negatorische Funktion in die »Sinn-« bzw. »Systemmitte«[87] einer auf zwei Subjekte beschränkten Grundrechtsdogmatik rückt. Dadurch werden bereits grundrechtliche Leistungsrechte zum Problemfall,[88] und mehrpolige Grundrechtsverhältnisse kommen erst gar nicht ins Blickfeld. Auch hier kann die Rechtsverhältnislehre für zeitgemäße Öffnungen sorgen. Normativ setzt die Öffnung u. a. an Art. 1 Abs. 1 GG an, in dem bei unbefangener Lektüre über die Menschenwürde hinaus die Verpflichtung aller staatlichen Gewalt zur Achtung und zum Schutz der Grundrechte angelegt ist.[89] Zusammen mit andern Grundrechtsnormen erleichtert dies eine durchgängig subjektiv-rechtliche Erfassung der Grundrechtsdimensionen im rechtsverhältnisdogmatischen Ordnungsrahmen. Im Einzelnen:

Für die »*abwehrrechtliche Grundrechtsdimension*« korrespondiert danach in der bipolaren Grundkonstellation der Achtungspflicht ein Achtungsanspruch, der aus der Sicht des Grundrechtsberechtigten zuallererst als Unterlassungsanspruch wirkt.[90] Das schließt Einwirkungen auf den Gegenstand der jeweiligen grundrechtlichen Gewährleistung nicht aus. Vielmehr sind die an sich Grundrechtsverpflichteten auf der Grundlage und nach Maßgabe der in den einzelnen Grundrechtsnormen enthaltenen Eingriffs-, Beschränkungs-, Rege-

---

[86] Vgl. zu Digitalisierungsprozessen *Eichenhofer*, RphZ 2023, S. 333 (345, 346f., 349f.), und zur Natur als Rechtssubjekt *Kersten*, APuZ 11/2020, S. 27ff., jew. m. w. N.

[87] Oben bei Fn. 65f.

[88] *Dreier*, Jura 1994, S. 507.

[89] *Calliess*, JZ 2006, S. 321 (327f.).

[90] Vgl. *Schwabe*, Grundrechtsdogmatik, S. 13ff., 17ff., 23ff.

lungs-, Gestaltungsvorbehalte usw., gegebenenfalls auch verfassungsimmanenter Vorbehalte zu Einwirkungen und zu Konkretisierungen der grundrechtlichen Gewährleistungsgehalte befugt, die eine verbreitete Grundrechtsdogmatik unter dem Begriff des »Eingriffs« zusammenfasst. Diesen »Eingriffsrechten«[91] korrespondieren Duldungs- und gegebenenfalls Befolgungspflichten des an sich Grundrechtsberechtigten – allerdings nur, wenn und soweit die »Eingriffe« verfassungsmäßig sind, sich also insbesondere auf eine der erwähnten Rechtsgrundlagen zurückführen lassen, verfahrensrechtliche Vorschriften beachten und auch im Übrigen den verfassungsrechtlichen Anforderungen genügen. Dazu gehört nicht zuletzt das Prinzip der verhältnismäßigen Rechtsanwendung, das sich bis in die Antike zurückverfolgen lässt[92] und in Gestalt des Verhältnismäßigkeitsgrundsatzes in der verfassungsgerichtlichen Spruchpraxis »zum wichtigsten Element« der »Kontrolle von Gesetzgebung, Verwaltung und Rechtsprechung«[93] herangewachsen ist. Sind diese Voraussetzungen nicht erfüllt, können die Grundrechtsberechtigten ihren Unterlassungsanspruch und gegebenenfalls Ansprüche auf Störungs- und Folgenbeseitigung[94] geltend machen, denen der Grundrechtsverpflichtete entsprechen muss. Die demnach in Grundrechtsverhältnissen gebündelten Ansprüche[95] stimmen mit den dazugehörigen Pflichten im praktischen Ergebnis mit gängigen Betrachtungsweisen[96] überein.

Bei der *»leistungsrechtlichen Grundrechtsdimension«* ist die rechtsverhältnisdogmatische Einordnung normstrukturell »einfach: Rechte auf Leistungen lassen sich geradezu als Prototyp einer Berechtigung«[97] mit der korrespondierenden Verpflichtung eines anderen erfassen. Bei diesen Rechtsverhältnissen ist die Lüth-Formel aus anderen Gründen prekär, nämlich wegen der Abdrängung der leistungsrechtlichen Dimension in die nachrangige zweite Linie, die noch heute gerne als Ouvertüre angestimmt und als Auftakt für den Einstieg in die Grundrechtsdogmatik genutzt wird.[98] Doch enthält schon das Grundgesetz eine ganze Reihe leistungsrechtlicher Tatbestände,[99] die zusammen mit über Art. 3 Abs. 1 GG vermittelten derivativen Teilhabe- und Leistungsrechten[100] »vielfältige Anwendungsfälle« und »eine breite Palette« möglicher Leistungsansprü-

---

[91] Dazu *Henke,* DÖV 1984, S. 4.

[92] *Wieacker,* Geschichtliche Wurzeln des Prinzips der verhältnismäßigen Rechtsanwendung, in: Lutter/Stimpel/Wiedemann (Hrsg.), FS für Robert Fischer, 1979, S. 867ff.

[93] *Schlink,* Der Grundsatz der Verhältnismäßigkeit, in: Badura/Dreier (Hrsg.), Festgabe 50 Jahre Bundesverfassungsgericht, Band II, 2001, S. 445 (445).

[94] Vgl. *Sachs,* in: Stern, Staatsrecht III/1, S. 619 (671ff.).

[95] Vgl. zum »Anspruchs*bündel*« *Schwabe,* Grundrechtsdogmatik, S. 21, 22, 37ff.

[96] *Dreier,* Jura 1994, S. 506f.

[97] *Dreier,* Jura 1994, S. 507.

[98] Z.B. *Lüdemann,* in: Stern/Sodan/Möstl (Hrsg.), Staatsrecht III, § 65 Rn. 1ff. (22); *Sodan,* ebd., § 66 Rn. 1ff.

[99] Dazu *Sachs,* in: Stern, Staatsrecht III/1, S. 687 (706f.); Überblick bei *Sodan,* § 66 Rn. 10ff., 36ff.; zum Recht auf schulische Bildung BVerfGE 159, 355 Rn. 42ff.

[100] *Martens,* VVDStRL 30 (1972), S. 7 (21ff.).

che aufweisen.[101] Dem Gesetzgeber belassen diese Ansprüche zwar regelmäßig weite Gestaltungsspielräume, und sie stehen überdies unter dem »Vorbehalt des Möglichen«[102]. Die relative inhaltliche Offenheit[103] entspricht jedoch lediglich der Eigenart dieser Rechtsbeziehungen und wahrt parlamentarisches Haushaltsrecht ebenso wie demokratische Gestaltungsfreiheit. Unabhängig davon begründen Leistungsgesetze in großer Vielfalt (Sozial-)Rechtsverhältnisse, die wechselseitige Rechte und Pflichten der Beteiligten regeln und bündeln. Dabei sind Verzahnungen von Verfassungs- und einfachem Gesetzesrecht zu beobachten. Musterbeispiel ist das »Grundrecht auf Gewährleistung eines menschenwürdigen Existenzminimums«, das als »unmittelbar[er] verfassungsrechtliche[r] Leistungsanspruch« […] *dem Grunde nach*« in Art. 1 Abs. 1 GG verankert ist, *dem Umfang nach* aber grundsätzlich der inhaltlichen »Konkretisierung und stetigen Aktualisierung durch den Gesetzgeber« bedarf.[104] Mit hierher gehört auch der seit Jahrzehnten anerkannte Rechtsschutz- und Justizgewähranspruch,[105] der verbreitete Finanzierungsvorbehalte in der bisweilen vorgetragenen Allgemeingültigkeit deutlich relativiert.[106]

Der Rechtsschutz- und Justizgewähranspruch leitet bereits über zur »*Dimension grundrechtlicher Schutzpflichten*«, die normativ zunächst auf objektiv-rechtliche Grundrechtsgehalte gestützt,[107] alsbald jedoch für das Recht auf Leben normtextorientierter auf die in Art. 1 Abs. 1 Satz 2 GG ausformulierte Schutzverpflichtung umgestellt[108] und anschließend tendenziell auf alle Grundrechte erweitert wurden.[109] Im rechtsverhältnisdogmatischen Zentrum der nicht zuletzt wegen ihrer »Umkehrung der tradierten Abwehrfunktion der Grundrechte«[110] problemüberfrachteten Lehre[111] stehen (staatliche) Pflichten, »sich schützend und fördernd« vor das jeweils grundrechtlich Gewährleistete zu stellen und »es auch vor rechtswidrigen Eingriffen von seiten anderer zu bewahren«[112],

---

[101] So trotz aller Zurückhaltung zu Art. 3 Abs. 1 GG *Dreier,* Vorb. vor Art. 1 Rn. 93.

[102] Z.B. BVerfGE 33, 303 (330ff., insb. 333); 159, 355 Rn. 53 m.w.N.

[103] Relative inhaltliche Offenheit ist, wie ein Seitenblick auf §§ 315ff. BGB zeigt, keine exklusive Besonderheit der Leistungsgrundrechte.

[104] BVerfGE 125, 175 (222ff., Zitate: 222, 223 und 224; Hervorhebung hinzugefügt); 132, 134 Rn. 62ff. (Zitat: 62).

[105] Z.B. BVerfGE 107, 393 (401); 117, 71 (121f.); *Rixen,* in: Stern/Sodan/Möstl (Hrsg.), Staatsrecht III, § 131 Rn. 5ff., 33ff.; ferner bereits *Jellinek,* System, S. 124.

[106] *Sachs,* in: Stern, Staatsrecht III/1, S. 716ff.

[107] BVerfGE 39, 1 (41f.).

[108] BVerfGE 46, 160 (164); vgl. auch *Calliess,* JZ 2006, S. 321; aus der Spruchpraxis m. überflüssigem Umweg über die »objektive Funktion« etwa BVerfGE 157, 110 Rn. 145.

[109] Zur Entwicklung *Dreier,* Vorb. vor Art. 1 Rn. 101ff. m.w.N. insb. in Fn. 497; ferner *Sodan,* § 66 Rn. 25ff.

[110] *Dreier,* Jura 1994, S. 512.

[111] Aktuelle Zusammenfassung bei *Möstl,* in: Stern/Sodan/Möstl (Hrsg.), Staatsrecht III, § 68.

[112] So die klassische Formulierung in BVerfGE 46, 160 (164); zu Parallelen auf anderen Regelungsebenen *Möstl,* § 68 Rn. 4f., 8ff.

und zwar richtiger Ansicht nach mit korrespondierenden Schutzansprüchen.[113] Dass auch in diesen Grundrechtsverhältnissen dem Gesetzgeber ein mehr oder weniger weiter Gestaltungsspielraum,[114] gegebenenfalls nach einem wie auch immer näher zu bestimmenden »Untermaßverbot«[115] eingeräumt ist, ist nach den Ausführungen zu grundrechtlichen Leistungsansprüchen keine Besonderheit der Schutzansprüche. Besondere Aufmerksamkeit wecken die Schutzpflichten vielmehr wegen ihrer zwar nicht ausschließlichen, aber häufigen Ausrichtung auf Grundrechtsverhältnisse mit mehreren Beteiligten. Die grundrechtlich determinierten Beziehungen betreffen in diesem Segment nämlich in der Sache oftmals den Schutz des Grundrechtsberechtigten vor grundrechtsgefährdenden Über- und Eingriffen von Dritten, in Sonderheit von Privaten. Die Grundrechtsbeziehung verlässt dann das abwehr- oder leistungsrechtliche Zwei-Personen-Verhältnis und weitet sich zu einem Konflikt in dem »Grundrechtsdreieck Staat-Opfer-Störer«[116], in dem unterschiedliche Grundrechtspositionen mehrerer Grundrechtsträger, in Sonderheit abwehr-, leistungs- und schutzrechtlicher »Dimensionen« miteinander in Konflikt geraten.

Für solche Konstellationen stellt die Rechtsverhältnislehre die Kategorien der komplexeren mehrpoligen[117] Rechtsverhältnisse bereit. Unter ausdrücklichem Rückgriff auf die Rechtsverhältnislehre[118] hat insbesondere *Christian Calliess* die grundrechtliche Schutzpflicht näher untersucht, Abwehrrecht und Schutzpflicht gleichberechtigt in den rechtsverhältnisdogmatischen Ordnungsrahmen eingestellt und im mehrpoligen Verfassungsrechtsverhältnis eingehender analysiert. Danach fordert die Perspektivenerweiterung auf das mehrpolige Verfassungsrechtsverhältnis von vornherein eine ausgewogene Ausbalancierung der Rechte und Pflichten aller Beteiligten, die *Calliess* bis hin zu verfahrens- und organisationsrechtlichen Ausgestaltungsvorgaben sowie einem an Schutzkonzepten orientierten Prüfungsraster vorstellt.[119] Dabei kann der Gesetzgeber namentlich bei komplexen Regelungsgegenständen den Ausgleich zwischen den

[113] Zu der – wegen des verbreiteten Umwegs über objektiv-rechtliche Grundrechtsgehalte – mühsamen (Re-)Subjektivierung *Möstl,* § 68 Rn. 11 ff., der eine überschießende objektive Schutzpflicht annimmt. In dem hier interessierenden Zusammenhang ist von einer inhaltlichen Entsprechung von Schutzpflicht und Schutzanspruch auszugehen (vgl. BVerfGE 157, 30 Rn. 145); wie hier etwa *Klein,* NJW 1989, S. 1633 (1637); *Klein,* Die grundrechtliche Schutzpflicht, in: ders., Das Parlament im Verfassungsstaat, 2006, S. 179 (188, 193); *Calliess,* JZ 2006, S. 323, 327 f. m. w. N.

[114] Z. B. BVerfGE 92, 26 (46); 133, 59 Rn. 45 m. w. N.

[115] BVerfGE 88, 203 (254).

[116] *Isensee,* in: ders./Kirchhof (Hrsg.), HStR IX, § 191 Rn. 5; ähnlich *Möstl,* § 68 Rn. 1; präziser *Stern,* in: ders. (Hrsg.), Staatsrecht III/1, S. 888 (946).

[117] Zu Ansätzen in der Spruchpraxis vgl. etwa BVerfGE 61, 81 (114); 115, 205 (232 ff.); 116, 1 (15, 19, 21); 143, 101 Rn. 177; 143, 246 Rn. 193; 152, 152 Rn. 87; BVerwGE 60, 297 (303).

[118] Fn. 8.

[119] *Calliess,* JZ 2006, S. 325 ff.; *ders.,* in: Merten/Papier (Hrsg.), HGR II, 2006, § 44 Rn. 18 ff.; *ders.,* Rechtsstaat, S. 256 ff., 344 ff., 373 ff.

grundrechtlich fundierten Ansprüchen aller Beteiligten normativ in gewissem Umfang auch der Verwaltung zur Ausbalancierung in mehrpoligen Verwaltungsrechtsverhältnissen zuordnen. Bezeichnenderweise greift längst auch die Arbeit mit mehrpoligen Rechtsverhältnissen im Verwaltungsrecht gleichsam von unten auf multipolare Grundrechtsrechtskonflikte zu[120] und bringt sie rechtsverhältnisdogmatisch zur Geltung[121] – eine Entwicklung, die auch der Jubilar frühzeitig interessiert und wohlwollend zur Kenntnis genommen hat.[122]

Um mehrpolige Rechtsverhältnisse geht es schließlich auch bei der »*Dimension grundrechtlicher Drittwirkung*«. Sie verweist jenseits der heute allgemein anerkannten Grundrechtsbindung des Privatrechtsgesetzgebers[123] auf Problemfelder der Grundrechtsgeltung im Privatrecht. Die umstrittene Privatrechts- oder Horizontalwirkung der Grundrechte wird verbreitet anhand des wenig hilfreichen[124] Begriffspaars der mittelbaren und unmittelbaren Drittwirkung erörtert. In einer instruktiven Aufbereitung des Problemfeldes hat *Matthias Cornils* unlängst gezeigt, dass in der Gesamtbetrachtung die Kontroversen weniger die Ergebnisse in der Sache betreffen, sondern vor allem Konstruktionsfragen und etwaige substanzielle Divergenzen des Grundrechtsschutzes.[125] Nach dieser Analyse bewegt sich das Bundesverfassungsgericht zwar mit schwankender Intensität noch immer auf den durch die Lüth-Entscheidung eingeschlagenen Pfaden,[126] es spricht von mittelbarer und unmittelbarer Drittwirkung, von verfassungsrechtlichen Wertentscheidungen, von Ausstrahlungswirkungen auf Generalklauseln und unbestimmte Rechtsbegriffe, von Einwirkungen auf die Auslegung des Zivilrechts usw.[127] Unter Beibehaltung des Sprachspiels hat sich das Gericht im Sachspiel aber davon weit entfernt, wenn es ausführt, dass die (mittelbare) Grundrechtsbindung Privater je nach Gewährleistungsinhalt und Fallkonstellation im Ergebnis »einer Grundrechtsbindung des Staates [...] nahe oder auch gleichkommen«[128] kann. Solche Formulierungen haben dem Gericht den Vorwurf eingetragen, unter dem »Deckmantel der überkommenen Drittwirkungs- und Ausstrahlungsrhetorik« eine »situativ staatsgleiche Grundrechtsbindung privater Akteure« etabliert zu haben.[129]

---

[120] Vgl. *Schmidt-Preuß*, Die Konfliktschlichtungsformel. Zur Neubegründung des subjektiven öffentlichen Rechts, in: Baumeister/Roth/Ruthig (Hrsg.), FS für Wolf-Rüdiger Schenke, 2011, S. 1168 (1174 ff.).

[121] Näheres zur hier verfolgten Konzeption bei *Bauer*, Lehren, Tz. 178 ff.

[122] *Dreier*, Dimensionen, S. 60 m. Fn. 255a f. und Rückverweis auf Fn. 240.

[123] *Dreier*, Jura 1994, S. 509.

[124] *Rüfner*, in: Isensee/Kirchhof (Hrsg.), HStR IX, § 197 Rn. 83 ff. (88); *Dreier*, Vorb. vor Art. 1 Rn. 100.

[125] *Cornils*, § 69 Rn. 6 f., 12 ff., 49 ff., 68 ff., 89 ff.

[126] *Cornils*, § 69 Rn. 34 ff.

[127] Z. B. BVerfGE 148, 267 Rn. 33 f., 44; 152, 152 Rn. 76 f., 86 ff.

[128] BVerfGE 152, 152 Rn. 88; ähnlich bereits BVerfGE 128, 226 (249).

[129] *Michl*, JZ 2018, S. 910 (910); ähnlich *Seyderhelm*, Grundrechtsbindung Privater, 2021, S. 93.

Demgegenüber haben sich in der Wissenschaft nach grundsätzlicher Fundamentalkritik[130] für die Bewältigung der Drittwirkungsfragen in der Grundstruktur zwei Optionen herauskristallisiert, nämlich eine strikt abwehrrechtliche und eine (auch) schutzrechtliche Konzeption.[131] Nach dem abwehrrechtlichen Ansatz gestaltet der grundrechtsgebundene Zivilrichter durch seine Entscheidungen bei der Abgrenzung der Rechte zwischen Privaten unweigerlich Privatrechtsverhältnisse; wegen der mit seinen Entscheidungen einhergehenden Duldungspflicht kann der Zivilrichter bei dieser Abgrenzung in Grundrechte eingreifen und Unterlassungsansprüche auslösen. Die strikt abwehrrechtliche Konstruktion setzt zwar an dem bipolaren Grundrechtsverhältnis[132] an, kann aber letztlich nicht in Abrede stellen, dass Rechte Dritter bei der Beurteilung der Verfassungsmäßigkeit des Eingriffs in das bipolare »Staat-Bürger-Verhältnis« hineinspielen und diese Beziehung dadurch der Sache nach zu einem »mehrpoligen« Grundrechtsverhältnis erweitern.[133] Nach der heute im Schrifttum wohl überwiegend vertretenen Lösung resultiert die Drittwirkung aus der Kombination von Abwehrrecht und Schutzpflicht, die schon im Ansatz auf ein mehrpoliges Grundrechtsverhältnis nach dem bereits vorgestellten Modell ausgerichtet ist. Hier wie dort spielen im praktischen Ergebnis oftmals auf die jeweiligen Sachstrukturen bezogene Abwägungen zwischen den Rechtspositionen aller Beteiligten eine ausschlaggebende Rolle; daher sollten Konstruktionsfragen nicht überbewertet werden,[134] zumal beide Optionen mit (bi- oder tripolaren) Rechtsverhältnissen arbeiten, die Umwege über objektiv-rechtliche Grundrechtsgehalte entbehrlich machen. Die Probleme der sog. Drittwirkung können demnach in der Dogmatik der Grundrechtsverhältnisse aufgehen.

Über alle Einzelaspekte hinweg veranlassen die Befunde zu der Rückfrage an die Arbeit mit Grundrechtsdimensionen, ob es nicht an der Zeit wäre, die weichenstellenden Engführungen der Lüth-Formel zu öffnen – und zu der daran anschließenden rechtsverhältnisdogmatisch inspirierten Anregung, die bisherigen objektiven Grundrechtsgehalte in einer pluralistischeren Konzeption der in Grundrechtsverhältnisse eingestellten subjektiven Rechte und Pflichten zu verarbeiten.

---

130 *Schwabe*, Die sogenannte Drittwirkung der Grundrechte, 1971.

131 *Dreier,* Vorb. vor Art. 1 Rn. 100; Näheres bei *Cornils,* § 69 Rn. 21 ff., 27 ff. m. w. N. Bspe. für eine konsequent abwehrrechtliche Konstruktion sind *Koch*, Der Grundrechtsschutz des Drittbetroffenen, 2000, S. 304 ff., und *Poscher*, Grundrechte als Abwehrrechte, 2003, S. 315 ff., Bspe. für eine schutzpflichtenrechtliche Konzeption *Holoubek*, Grundrechtliche Gewährleistungspflichten, 1997, S. 243 ff., und *Dolderer*, Objektive Grundrechtsgehalte, 2000, S. 205 ff.

132 *Schwabe*, JZ 2007, S. 135 (137).

133 *Cornils,* § 69 Rn. 67.

134 Mitunter geht es nur um Fragen der begrifflichen Darstellung; vgl. *Cornils,* § 69 Rn. 26, 31, 52 f., 65 ff., 68 f., 70 f. und passim.

V. Rechtsverhältnisdogmatische Aufbruchstimmung und Aufbrüche

»Dimensionen der Grundrechte« sind eine Plattform für den Grundrechtsdiskurs. Das Gesprächsformat ermöglicht die Zusammenführung, Ordnung und Diskussion der »eher verwirrende[n] Vielfalt ganz heterogener Funktionen«[135] von Grundrechten. In den Debatten hat sich für eine erste grobe Orientierung zwar die Unterscheidung von subjektiv-rechtlichen und objektiv-rechtlichen Grundrechtsdimensionen eingebürgert. Indes ist diese Gegenüberstellung schon allein deshalb prekär, weil sich auch mit den »objektiven Gehalten« subjektive Rechte verbinden, die mit einer unklar bleibenden »Resubjektivierung« hintangestellt und nur unzureichend erfasst sind. Hinzu kommen einseitige Überhöhungen der Abwehrfunktion, die gewiss unverzichtbar ist, wegen dogmatischer Engführungen der rechtlich gestalteten Wirklichkeit jedoch beileibe nicht mehr allein gerecht wird. Weitere Folge sind bei vielen grundrechtlichen Schlüsselfragen auftretende Anschlussprobleme – so etwa bei Fragen nach dem verfassungsrechtlichen Status des Einzelnen, nach den an Grundrechtsverhältnissen Beteiligten und nach der dogmatischen Erfassung der grundrechtlichen Beziehungen.

Rechtsverhältnisdogmatische Randnotizen deuten darauf hin, dass die auch in anderen Bereichen wieder im Vordringen begriffene[136] Rechtsverhältnislehre mit all ihren Vorzügen[137] und Aufbrüchen wichtige Beiträge zur Entschärfung der Probleme leisten könnte. Das auch im Verfassungsrecht keineswegs neue Denken von Rechtsverhältnissen her bietet einen traditionsreichen und zugleich zeitgemäßen rechtsdogmatischen Ordnungsrahmen, der sowohl die Positionierung des Einzelnen im allgemeinen Rechtsverhältnis als auch die Pluralisierung der an grundrechtlichen Beziehungen beteiligten Subjekte und der in Grundrechtsverhältnisse eingestellten Rechte und Pflichten sachgerecht erfassen kann. In der subjektiv-rechtlich fundierten, konsequent rechtsverhältnisdogmatischen Aufbereitung lassen sich neben abwehrrechtlichen und leistungsrechtlichen Grundrechtsdimensionen auch die Dimensionen der grundrechtlichen Schutzpflichten und der sog. Drittwirkung normadäquat bearbeiten, und dies alles mit der gebotenen Offenheit für sich perspektivisch abzeichnende neue Herausforderungen etwa in Europäisierungs-, Internationalisierungs-, Privatisierungs-, Ökologisierungs- und Digitalisierungsprozessen.

Über die »klassischen« zweipoligen Rechtsbeziehungen hinaus haben sich in den Entwicklungsprozessen die drei- und mehrpoligen Grundrechtsverhältnisse als besonders attraktiv erwiesen. Das hat einen einfachen Grund: Mehr-

---

[135] *Dreier,* Jura 1994, S. 505.
[136] *Droege*, JZ 2023, S. 469 ff.
[137] *Schulte*, Schlichtes Verwaltungshandeln, 1995, S. 208.

polige, polygonale Grundrechtsverhältnisse sind komplex(er)en grundrechtlichen Problemkonstellationen fast wie auf den Leib geschneidert und dürfen in der Welt multifunktionaler grundrechtlicher Vieldimensionalität[138] auf weiteren Bedeutungszuwachs hoffen.

Dass mit der Bereitstellung des rechtsverhältnisdogmatischen Ordnungsrahmens nicht alle Probleme schlagartig gelöst und noch viel weitergehende Entwicklungsfelder relationalen Rechtsdenkens[139] in der Grundrechtsdogmatik[140] bestenfalls angedeutet sind, versteht sich. Ein Anstoß für eine intensivere Beschäftigung mit Grundrechtsverhältnissen ist sie aber allemal. Mehr war mit der Marginaliensammlung nicht angestrebt und davon auch nicht zu erwarten.

---

[138] Dazu *Häberle,* Wesensgehaltgarantie, S. 342 ff.

[139] Vgl. *Lepsius*, Relationen: Plädoyer für eine bessere Rechtswissenschaft, 2016.

[140] Vgl. zum Themenspektrum nur das Programm der in Fn. 6 angesprochenen Tagung von *Eichenhofer* und *Wimmer*.

Menschenwürdegarantie und Lebensrecht für das Ungeborene

Reformbedarf beim Schwangerschaftsabbruch

Frauke Brosius-Gersdorf

Zu den Themen, bei denen *Horst Dreier* Meilensteine in der rechtswissenschaftlichen Diskussion gesetzt hat, gehören der Schwangerschaftsabbruch und die damit verbundenen Fragen der Geltung der Menschenwürdegarantie und des Lebensrechts vor Geburt. Die Probleme sind immer noch aktuell, wie die Diskussion über den Reformbedarf beim Schwangerschaftsabbruch zeigt.

I. Geltende Regelung des Schwangerschaftsabbruchs im Strafrecht

Nach geltendem Recht ist der Abbruch einer Schwangerschaft grundsätzlich strafbar (§ 218 StGB). Ausnahmsweise straflos, wenngleich rechtswidrig,[1] ist der Schwangerschaftsabbruch, wenn er innerhalb der ersten 12 Wochen seit Empfängnis nach Beratung durch eine Schwangerschaftskonfliktberatungsstelle (s. § 219 StGB) durchgeführt wird (§ 218a I StGB). Als straflos und rechtmäßig gilt der Abbruch, wenn er angezeigt ist, um eine Lebens- oder schwerwiegende Gesundheitsgefahr für die Schwangere abzuwenden, und die Gefahr nicht auf andere zumutbare Weise abwendbar ist (medizinische Indikation, § 218a II StGB). Ebenfalls straflos und rechtmäßig ist ein Abbruch innerhalb der ersten 12 Wochen seit Empfängnis, wenn die Schwangerschaft auf einem Sexualdelikt beruht (kriminologische Indikation, § 218a III StGB).

[1] Statt fast aller *Gropp/Wörner*, in: Erb/Schäfer (Hrsg.), Münchener Kommentar zum StGB, 4. Auflage 2021, § 218a Rn. 4 ff.; *Safferling*, in: Matt/Renzikowski (Hrsg.), StGB, 2. Auflage 2020, § 218a Rn. 9; a.A. *Merkel*, in: Kindhäuser/Neumann/Paeffgen/Saliger (Hrsg.), StGB, 6. Auflage 2023, § 218a Rn. 52 ff.

II. Kernfrage: Vorgeburtliche Geltung von Menschenwürdegarantie und Lebensrecht?

§§ 218 ff. StGB sind das Resultat zweier Entscheidungen des Bundesverfassungsgerichts aus den Jahren 1975[2] und 1993,[3] in denen es dem Embryo/Fetus (jedenfalls) ab Nidation den vollen Schutz der Menschenwürdegarantie (Art. 1 I GG) und des Grundrechts auf Leben (Art. 2 II 1 GG) zuerkannt hat.[4] Da die Grundrechte des Ungeborenen grundsätzlich für die gesamte Dauer der Schwangerschaft Vorrang hätten gegenüber den Grundrechten der Schwangeren,[5] müsse der Gesetzgeber den Schwangerschaftsabbruch als Unrecht ansehen und verbieten.[6] Ausnahmen könnten nur bei einer medizinischen, kriminologischen und embryo-/fetopathischen Indikation gelten (Rechtmäßigkeit des Abbruchs).[7]

Im Schrifttum ist die Frage der Grundrechtsgeltung vor Geburt bis heute umstritten. Relevant ist im Kontext des Schwangerschaftsabbruchs, ob dem Embryo/Fetus Grundrechtsschutz ab Nidation zukommt. Ob die Grundrechte ab einem noch früheren Zeitpunkt wie der Kernverschmelzung Anwendung finden, ist nicht relevant (vgl. § 218 I 2 StGB). Soweit die Grundrechte vor Geburt gelten, treffen den Gesetzgeber Schutzpflichten für das Ungeborene auch gegenüber der Schwangeren.[8]

1. Menschenwürdegarantie (Art. 1 I GG)

Zur vorgeburtlichen Geltung und Reichweite der Menschenwürdegarantie werden im Wesentlichen vier Auffassungen vertreten. Zum Teil wird Art. 1 I GG erst für den Menschen ab Geburt zur Anwendung gebracht.[9] Nach der Gegenpositionen, die auch das Bundesverfassungsgericht vertritt, gilt Art. 1 I GG auch für den Embryo/Fetus (jedenfalls) ab Nidation mit vollem Schutz wie für

---

[2] BVerfGE 39, 1.

[3] BGBl. I 1297.

[4] BVerfGE 39, 1 (37); 88, 203 (251 ff.).

[5] BVerfGE 88, 203 (251 ff.); s. auch BVerfGE 39, 1 (42 ff.) ohne Bezugnahme auf Art. 1 I GG für die Schwangere.

[6] BVerfGE 39, 1 (44); 88, 203 (255).

[7] BVerfGE 39, 1 (48 ff.); 88, 203 (255 ff., s. auch 272).

[8] S. nur *Antoni*, in: Wolff (Hrsg.), Grundgesetz, 13. Auflage 2022, Art. 2 Rn. 11; *Hofmann*, in: Schmidt-Bleibtreu/Hofmann/Henneke (Hrsg.), Grundgesetz, 15. Auflage 2022, Art. 1 Rn. 12, 22 und Art. 2 Rn. 62; *Lang*, in: Epping/Hillgruber (Hrsg.), BeckOK Grundgesetz, 56. Ed. 15. August 2023, Art. 2 Rn. 250, 257.

[9] *Dreier*, DÖV 1995, S. 1036 (1036 ff.); *Dreier*, in: ders. (Hrsg.), Grundgesetz-Kommentar, Band I, 3. Auflage 2013, Art. 1 I Rn. 68 ff.; *Enders*, in: Höfling/Augsberg/Rixen (Hrsg.), Berliner Kommentar zum Grundgesetz, Band 1, S. 13. Erg.-Lfg. VII/05, Art. 1 Rn. 133; *Ipsen*, DVBl. 2004, S. 1381 (1384); *Merkel*, Forschungsobjekt Embryo. Verfassungsrechtliche und ethische Grundlagen der Forschung an menschlichen embryonalen Stammzellen, 2022, S. 110 ff.; *Podlech*, in: Alternativkommentar-Grundgesetz, 3. Auflage 2001, Art. 1 I Rn. 57; *Schmidt-Jortzig*, DÖV 2001, S. 925 (927 ff.).

den geborenen Menschen.[10] Dazwischen steht der Ansatz, dass Art. 1 I GG für das Ungeborene mit geringerem Schutzstandard als nach Geburt zur Anwendung kommt. Vertreten wird insbesondere ein Konzept des gestuften oder kontinuierlich anwachsenden Würdeschutzes, demzufolge die Schutzintensität des Art. 1 I GG mit fortschreitender Entwicklung des Embryos/Fetus im Mutterleib zunehme.[11] Schließlich wird angenommen, dass Art. 1 I GG zwar erst für den Menschen ab Geburt gelte, die Menschenwürde aber punktuelle Vorwirkungen in die vorgeburtliche Lebensphase des Menschen hinein entfalte,[12] die bei Güterabwägungen zu berücksichtigen seien.[13]

a) Gute Gründe für Geltung des Art. 1 I GG erst ab Geburt

Für die Geltung des Art. 1 I GG erst ab Geburt spricht, dass zwischen dem Ungeborenen und dem geborenen Menschen trotz ihrer beider Zugehörigkeit zur Spezies Mensch, der kontinuierlichen Entwicklung des Embryos/Fetus, seiner Identität mit dem späteren geborenen Menschen und seinem Potenzial, sich zum geborenen Menschen zu entwickeln (sog. SKIP-Argumente)[14] im Hinblick auf die Würdebegabung Unterschiede bestehen.[15] Die SKIP-Argumente verfangen nicht zur Begründung von vorgeburtlichem Würdeschutz.[16] Würdeschutz für den Embryo/Fetus folgt auch nicht aus der vorgeburtlichen Geltung

---

[10] BVerfGE 39, 1 (41); 88, 203 (252); *Dederer*, AöR 127 (2002), S. 1 (8 ff.); *Goos*, Innere Freiheit. Eine Rekonstruktion des grundgesetzlichen Würdebegriffs, 2011, S. 207 f.; *Hillgruber*, in: Stern/Sodan/Möstl (Hrsg.), Das Staatsrecht der Bundesrepublik Deutschland im europäischen Staatenverbund, 2. Auflage 2022, § 100 Rn. 80 ff.; *Höfling*, in: Sachs (Hrsg.), Grundgesetz, 9. Auflage 2021, Art. 1 Rn. 61 f.; *Jarass*, in: Jarass/Pieroth, Grundgesetz, 17. Auflage 2022, Art. 1 Rn. 8; *Mahlmann*, Elemente einer ethischen Grundrechtstheorie, 2008, S. 359 ff.; *Sacksofsky*, KritJ 36 (2003), S. 274 (276 ff.); *Starck*, in: v. Mangoldt/Klein/Starck (Hrsg.), Grundgesetz, 7. Auflage 2018, Art. 1 Rn. 19; *Müller-Terpitz*, Der Schutz des pränatalen Lebens. Eine verfassungs-, völker- und gemeinschaftsrechtliche Statusbetrachtung an der Schwelle zum biomedizinischen Zeitalter, 2007, 333 ff.

[11] Für einen abgestuften Menschenwürdeschutz *Hufen*, JZ 2004, S. 313 (315); *Herdegen*, in: Dürig/Herzog/Scholz (Hrsg.), Grundgesetz, Werkstand: 102. EL August 2023, Art. 1 I Rn. 60, 69 ff.; *Kloepfer*, JZ 2002, S. 417 (420 f.) geht von einem anwachsenden Würdeschutz bei gleichzeitiger Annahme von Grundrechtsschutz in Gestalt einer »Grundrechtsanwartschaft« für das Ungeborene aus.

[12] *Dederer*, Jahrbuch für Recht und Ethik 28 (2020), S. 53 (74); *Kersten*, Das Klonen von Menschen, 2004, S. 482 ff., 497 ff., 515; *Siehr*, VVDStRL 78 (2019), S. 393 (427 f.); *Wapler*, in: Brosius-Gersdorf (Hrsg.), Dreier-Grundgesetz-Kommentar, Band I, 4. Auflage 2023, Art. 1 I Rn. 90. Ablehnend gegenüber einer Vorwirkung der Grundrechte wegen ihrer Zielrichtung als Schutzgarantien für konkrete Rechtssubjekte *Dreier*, DÖV 1995, S. 1039; *Enders*, Art. 1 Rn. 138.

[13] *Wapler*, Art. 1 I Rn. 90.

[14] Kompakte Darstellung der SKIP-Argumente bei *Dreier*, Bioethik. Politik und Verfassung, 2013, 42 ff.; *Taupitz*, in: Tag (Hrsg.), Lebensbeginn im Spiegel des Medizinrechts, 2011, S. 33 (34 f.).

[15] Vgl. *Schmidt-Jortzig*, DÖV 2001, S. 925 (930).

[16] Näher *Enders*, Art. 1 Rn. 134 f.; *Merkel*, in: Festschrift Müller-Dietz, 2001, S. 493 (508 ff.).

des Art. 2 II 1 GG, weil[17] der personale Schutz von Art. 1 I und Art. 2 II 1 GG nicht kongruent sind.[18] Die Annahme, dass die Menschenwürde überall gelte, wo menschliches Leben existiert,[19] ist ein biologistisch-naturalistischer Fehlschluss.[20] Menschenwürde- und Lebensschutz sind rechtlich entkoppelt.[21]

b) Bei Geltung des Art. 1 I GG ab Nidation: volle Schutzintensität

Erstreckte man Art. 1 I GG gleichwohl auf den Embryo/Fetus ab Nidation, überzeugte es wenig, die Menschenwürde mit geringerem Schutz zur Geltung zu bringen als für den geborenen Menschen. Dies bräche mit der tradierten Dogmatik, dass die Menschenwürde einer Relativierung und Abwägung nicht zugänglich ist.[22] Eine Abstufung des vorgeburtlichen Würdeschutzes nach Maßgabe der Entwicklung des Embryos/Fetus relativierte die Bedeutung des Art. 1 I GG und würde seiner herausragenden Stellung als oberstem Verfassungswert[23] und tragendem Konstitutionsprinzip[24] des Grundgesetzes nicht gerecht. Deutet man die jüngere Rechtsprechung des Bundesverfassungsgerichts so, dass die Menschenwürdegarantie einer Abwägung mit kollidierendem Verfassungsrecht nicht per se unzugänglich ist,[25] spricht das ebenfalls für den gleichen, vollen Würdeschutz vor und nach Geburt. Auch dann wäre (erst recht) nicht erkennbar, worin noch die verfassungsrechtliche Besonderheit des Art. 1 I GG, seine Bedeutung als höchster Rechtswert innerhalb der verfassungsmäßigen Ordnung[26] bestehen soll.

c) Bei Geltung des Art. 1 I GG ab Nidation mit vollem Schutz: Wohl kein generelles Abwägungsverbot

Ginge man von einer vorgeburtlichen Geltung des Art. 1 I GG mit umfassendem Schutz aus, stünde dies einer Abwägungsfähigkeit mit kollidierenden Grundrechtspositionen der Schwangeren wohl nicht generell entgegen. Das gilt

---

[17] Dazu II.2.

[18] So aber BVerfGE 39, 1 (41); 88, 203 (252); *Hillgruber*, Staatsrecht, § 100 Rn. 80; *Huber*, in: Merten/Papier (Hrsg.), Handbuch der Grundrechte in Deutschland und Europa, Band 2, 2006, § 49 Rn. 9; *Isensee*, § 87 Rn. 200; *Starck*, Art. 1 Rn. 20.

[19] BVerfGE 39, 1 (41); 88, 203 (252); ebenso *Hillgruber*, Staatsrecht, § 100 Rn. 80; *Huber*, § 49 Rn. 9.

[20] *Dreier*, Art. 1 I Rn. 68.

[21] *Dreier*, Art. 1 I Rn. 69; *Wapler*, Art. 1 I Rn. 89.

[22] S. bei Fn. 30.

[23] S. nur BVerfGE 6, 32 (41); 109, 279 (311); vgl. BVerfGE 27, 1 (6); 30, 173 (193); 32, 98 (108); 102, 370 (389); 117, 71 (89); 140, 317 (341); st. Rspr.

[24] BVerfGE 6, 32 (36); 45, 187 (227); 87, 209 (228); 96, 375 (398); 109, 133 (149); 109, 279 (311); 131, 268 (286); 140, 317 (341); st. Rspr.

[25] Dazu II.1.c).

[26] BVerfGE 140, 317 (341); vgl. BVerfGE 27, 1 (6); 30, 173 (193); 32, 98 (108); 117, 71 (89); st. Rspr.

insbesondere, wenn man den Wunsch der Frau nach einem Schwangerschaftsabbruch ebenfalls als durch Art. 1 I GG geschützt ansieht.[27] Vom Grundsatz der Unabwägbarkeit der Menschenwürdegarantie[28] wurden seit jeher Ausnahmen für Konflikte »Menschenwürde gegen Menschenwürde« erwogen.[29] Auch das Bundesverfassungsgericht ist in seinem Schwangerschaftsabbruchsurteil von 1993 in eine Abwägung zwischen dem Würdeschutz des Embryos/Fetus und den Grundrechten der Schwangeren einschließlich ihrer Menschenwürdegarantie eingetreten.[30] In seinem Urteil von 1975 hat das Bundesverfassungsgericht eine Abwägung zwischen der Menschenwürde des Embryos/Fetus und dem Persönlichkeitsrecht sowie den Grundrechten auf Leben und körperliche Unversehrtheit der Frau vorgenommen.[31]

Nach jüngerer Rechtsprechung des Bundesverfassungsgericht ist Art. 1 I GG letztlich auch in anderen Fällen abwägungsfähig mit kollidierendem Verfassungsrecht. Bei Eingriffen des Staates in personenbezogene Daten hat das Bundesverfassungsgericht aus Art. 1 I GG die Notwendigkeit gesetzlicher Vorkehrungen zum Schutz des absolut gewährleisteten Kernbereichs privater Lebensgestaltung (Kernbereichsschutz) entwickelt.[32] Bei Zugriffen auf personenbezogene Daten hat der Staat zwar »so weitgehend wie möglich sicherzustellen, dass Daten mit Kernbereichsbezug nicht erhoben werden.«[33] Da es allerdings insbesondere beim heimlichen Zugriff auf informationstechnische Systeme »praktisch unvermeidbar« sei, »Informationen zur Kenntnis zu nehmen, bevor ihr Kernbereichsbezug bewertet werden kann,«[34] müsse in diesem Fall »für hinreichenden Schutz in der Auswertungsphase gesorgt sein. Insbesondere müssen aufgefundene und erhobene Daten mit Kernbereichsbezug unverzüglich gelöscht und ihre Verwertung ausgeschlossen werden«[35]. Dieser Kernbereichsschutz in der Auswertungsphase erfordere eine Durchsicht der erhobenen Daten durch (unabhängige) staatliche Stellen.[36]

---

[27] So BVerfGE 88, 203 (254); näher bei Fn. 78.

[28] S. nur BVerfGE 93, 266 (293); *Dreier*, ZRP 2002, S. 377; *Schmidt-Jortzig*, DÖV 2001, S. 931; *Sacksofsky*, KritJ 36 (2003), S. 284f.

[29] *Dreier*, DÖV 1995, S. 1040; *Wapler*, Art. 1 I Rn. 130 mit dem Ergebnis eines Vorrangs der Würde der Schwangeren; weitergehend *Kloepfer*, JZ 2002, S. 422f., der von der Einschränkbarkeit des Art. 1 I GG durch kollidierendes Verfassungsrecht ausgeht.

[30] BVerfGE 88, 203 (251ff.).

[31] BVerfGE 39, 1 (42ff.).

[32] BVerfGE 120, 274 (335ff.); 141, 220 (276ff.); BVerfG, Beschl. v. 9. Dezember 2022 – 1 BvR 1345/21, Rn. 100ff.

[33] BVerfGE 120, 274 (337); vgl. BVerfGE 141, 220 (278); BVerfG, Beschl. v. 9. Dezember 2022 – 1 BvR 1345/21, Rn. 108, 111.

[34] BVerfGE 120, 274 (337); vgl. BVerfGE 141, 220 (279); BVerfG, Beschl. v. 9. Dezember 2022 – 1 BvR 1345/21, Rn. 112.

[35] BVerfGE 120, 274 (337, s. auch 339); vgl. BVerfGE 109, 279 (318); 113, 348 (391f.); BVerfG, Beschl. v. 9. Dezember 2022 – 1 BvR 1345/21, Rn. 117.

[36] Vgl. BVerfGE 120, 274 (337ff.); 141, 220 (301).

Das Bundesverfassungsgericht betont zwar, dass der Kernbereich privater Lebensgestaltung unter keinem Abwägungsvorbehalt stehe.[37] Die Sichtung von Kernbereichsdaten durch staatliche Stellen bewirkt aber einen Eingriff in die Menschenwürdegarantie.[38] Damit löst sich das Bundesverfassungsgericht von der Vorstellung einer absolut geltenden Menschenwürde, also von der Nichtabwägungsfähigkeit des Art. 1 I GG.[39] Wäre Art. 1 I GG nicht abwägungsfähig, wäre die vom Bundesverfassungsgericht für zulässig erachtete Sichtung und Auswertung kernbereichsrelevanter Daten verfassungswidrig.[40] Diese Konsequenz zieht das Bundesverfassungsgericht zu Recht nicht,[41] womit es implizit am absoluten Schutz der Menschenwürdegarantie rüttelt. Dementsprechend hat das Bundesverfassungsgericht festgestellt, dass staatliche Überwachungsmaßnahmen »typischerweise zur Erhebung kernbereichsrelevanter Daten führen« können, was gleichwohl nicht stets eine Menschenwürdeverletzung begründe.[42]

d) Bei Geltung des Art. 1 I GG ab Nidation mit vollem Schutz: Keine Verletzung der Menschenwürde des Embryos/Fetus durch Schwangerschaftsabbruch

Ungeachtet dessen erscheint bei (unterstellter) Annahme von vollwertigem Menschenwürdeschutz für den Embryo/Fetus Art. 1 I GG durch einen Schwangerschaftsabbruch nicht betroffen und mithin nicht verletzt.

Art. 1 I GG ist nach der breit konsentierten, wenngleich in ihrer Leistungsfähigkeit begrenzten[43] Objektformel nur verletzt, wenn der Einzelne zum Objekt staatlichen Handelns herabgewürdigt wird.[44] Ob und unter welchen Voraussetzungen die Objektformel zur Anwendung kommt, wenn Übergriffe auf Grundrechte nicht vom Staat, sondern von einem Grundrechtsträger (hier: der Schwangeren) ausgehen, ist nicht geklärt und erscheint fragwürdig. In jedem Fall dürfte eine Objektivierung nur in Betracht kommen, wenn die Subjektqualität des Einzelnen infrage gestellt wird,[45] etwa durch Kategorisierungen als

---

[37] BVerfGE 141, 220 (277 f.); BVerfG, Beschl. v. 9. Dezember 2022 – 1 BvR 1345/21, Rn. 108, 112.

[38] Näher *Gersdorf*, in: Gersdorf/Paal (Hrsg.), BeckOK Informations- und Medienrecht, 42. Ed. 1. Mai 2021, Art. 2 GG Rn. 104.

[39] *Gersdorf*, Art. 2 GG Rn. 104.

[40] *Gersdorf*, Art. 2 GG Rn. 104.

[41] Vgl. BVerfGE 141, 220 (278): »[…] kann ein unbeabsichtigtes Eindringen in den Kernbereich privater Lebensgestaltung im Rahmen von Überwachungsmaßnahmen nicht für jeden Fall von vornherein ausgeschlossen werden.«

[42] BVerfGE 141, 220 (277 f.); BVerfG, Beschl. v. 9. Dezember 2022 – 1 BvR 1345/21, Rn. 108.

[43] Vgl. BVerfGE 109, 279 (312); BVerfG, Urteil vom 23. Januar 2024 – BvB 1/19, Rn. 252.

[44] S. nur BVerfGE 27, 1 (6); 45, 187 (228); 109, 133 (149 f.); 131, 268 (286); st. Rspr.; aus dem Schrifttum statt vieler *Mahlmann*, Grundrechtstheorie, S. 189 f.; *Sacksofsky*, KritJ 36 (2003), S. 282.

[45] BVerfGE 27, 1 (6); 45, 187 (228); 109, 133 (149 f.); 131, 268 (286); BVerfG, Urteil vom 23. Januar 2024 – 2 BvB 1/19, Rn. 252; st. Rspr.

»lebenswert« oder »lebensunwert«[46]. Die Tötung eines Menschen ohne herabwürdigende Begleitumstände, die ihm seine Subjektqualität absprechen, verletzt Art. 1 I GG nicht.[47]

Ein Schwangerschaftsabbruch dürfte die Menschenwürde des Embryos/Fetus schon deshalb nicht verletzen, weil er nicht vom Staat, sondern von der Frau ausgeht.[48] Zudem ist mit dem Abbruch regelmäßig kein Unwerturteil über den Embryo/Fetus verbunden.[49] Die Schwangerschaft wird nicht beendet, weil das Ungeborene als lebensunwert erachtet wird, sondern weil für die Frau eine Mutterschaft nicht vorstellbar ist.[50] Das Ungeborene wird deshalb nicht instrumentalisiert.[51]

e) Bei Vorwirkungen des Art. 1 I GG: Abwägungsfähigkeit und keine Würdeverletzung

Einem Konzept von Vorwirkungen des Art. 1 I GG auf den Embryo/Fetus ist die Abwägungsfähigkeit immanent.[52] Im Übrigen scheidet eine Verletzung der Menschenwürde des Ungeborenen durch einen Schwangerschaftsabbruch auch bei Annahme von Vorwirkungen des Art. 1 I GG aus den besagten Gründen aus.

2. Grundrecht auf Leben (Art. 2 II 1 GG)

Anders als bei Art. 1 I GG besteht im Schrifttum weitgehend Einigkeit, dass das Grundrecht auf Leben (und körperliche Unversehrtheit) aus Art. 2 II 1 GG nicht erst für den Menschen ab Geburt gilt,[53] sondern bereits dem Embryo/Fetus zusteht. Umstritten ist, ob für den Beginn des Lebensschutzes auf die Verschmelzung von Ei- und Samenzelle[54] oder auf die Nidation[55] abzustellen ist, wobei für

---

[46] *Sacksofsky*, KritJ 36 (2003), S. 282; *Weilert*, ZfL 19 (2010), S. 70 (76).

[47] Vgl. *Dreier*, Art. 1 I Rn. 69; *Herdegen*, Art. 1 I Rn. 112.

[48] *Herdegen*, Art. 1 I Rn. 112; *Sacksofsky*, in: Masing/Wieland (Hrsg.), Menschenwürde – Demokratie – Christliche Gerechtigkeit, 2011, S. 23 (35); *Wapler*, Art. 1 I Rn. 89, 128; *Zippelius*, in: Kahl/Waldhoff/Walter (Hrsg.), Bonner Kommentar zum Grundgesetz, Band 1, 73. Lieferung Mai 1995, Art. 1 I und II Rn. 76.

[49] *Sacksofsky*, KritJ 36 (2003), S. 286; gleichsinnig *Wapler*, Art. 1 I Rn. 128.

[50] *Sacksofsky*, KritJ 36 (2003), S. 286.

[51] *Wapler*, Art. 1 I Rn. 128; a.A. *Mahlmann*, Grundrechtstheorie, S. 313.

[52] Oben bei Fn. 13.

[53] So aber *Hoerster*, NJW 1997, S. 773 (773 ff.); *Merkel*, Forschungsobjekt Embryo, S. 110 ff.; s. auch *Weißer*, GA 2023, S. 541 (549 ff.), die für eine Grundrechtsfähigkeit des Fetus ab Lebensfähigkeit ex utero eintritt.

[54] S. etwa *Antoni*, Art. 2 Rn. 11; *Hillgruber*, Staatsrecht, § 101 Rn. 36; *Höfling*, in: Thomas/Kluth (Hrsg.), Das zumutbare Kind, 1993, S. 119 (124); *Huber*, § 49 Rn. 9; *Isensee*, in: ders./Kirchhof (Hrsg.), Handbuch des Staatsrechts, Band 9, 3. Auflage 2011, § 191 Rn. 222; *Kluth*, ZfL 13 (2004), S. 100 (104); *Kunig/Kämmerer*, in: v. Münch/Kunig (Hrsg.), Grundgesetz, Band 1, 7. Auflage 2021, Art. 2 Rn. 96; *Lang*, Art. 2 Rn. 168; *Lorenz*, in: Kahl/Waldhoff/Walter (Hrsg.), Bonner Kommentar zum Grundgesetz, Band 1, 157. Aktualisierung Juni 2012, Art. 2 II 1 Rn. 421, 426, 431; *Mahlmann*, Grundrechtstheorie, S. 293 ff.; *Müller-Terpitz*, in: Spickhoff,

den Schwangerschaftsabbruch allein relevant ist, ob das Lebensrecht ab Nidation gilt. Vereinzelt wird der Beginn des verfassungsrechtlichen Lebensschutzes auf den Zeitpunkt der Hirntätigkeit,[56] der Empfindungsfähigkeit[57] oder der extrauterinen Lebensfähigkeit[58] des Fetus datiert.

Soweit Art. 2 II 1 GG vorgeburtlich ganz überwiegend jedenfalls ab Nidation bejaht wird, wird teilweise ein voller Lebensschutz ebenso wie nach Geburt angenommen.[59] Nach anderer Auffassung soll pränatal ein Konzept des gestuften oder kontinuierlich anwachsenden Lebensrechts gelten.[60] Die Abstufungen sollen sich am jeweiligen Entwicklungsstadium des Embryos/Fetus (z. B. Nidation, Organanlage, Empfindungsfähigkeit, Hirntätigkeit, Lebensfähigkeit ex utero) orientieren, sodass der Lebensschutz mit fortschreitender Ontogenese von einem geringen Niveau bis zu einem dem geborenen Leben gleichwertigen Schutzniveau anwächst.[61] Ab Lebensfähigkeit ex utero[62] bzw. spätestens ab Geburt (unstreitig) entfalte Art. 2 II 1 GG vollen Schutz.

a) Geltung des Art. 2 II 1 GG ab Nidation mit geringerem Schutz als nach Geburt

Für die Geltung des Art. 2 II 1 GG für den Embryo/Fetus spricht, dass biologisch-physiologisch menschliches Leben bereits vor der Geburt existiert.[63]

Medizinrecht, 4. Auflage 2022, Art. 2 GG Rn. 23; *Rixen*, in: Sachs (Hrsg.), Grundgesetz, 9. Auflage 2021, Art. 2 Rn. 143, 145; *Schulze-Fielitz*, in: Dreier (Hrsg.), Grundgesetz-Kommentar, Band I, 3. Auflage 2013, Art. 2 II Rn. 29; *Schmidt-Jortzig*, DÖV 2001, S. 926.

[55] Für die Geltung des Art. 2 II 1 GG ab Nidation *Dreier*, Bioethik, S. 38 ff.; *Anderheiden*, KritV 84 (2001), S. 353 (379); *Di Fabio*, in: Dürig/Herzog/Scholz (Hrsg.), Grundgesetz, Werkstand: 102. EL August 2023, Art. 2 II 1 Rn. 24; *Jarass*, Art. 2 Rn. 98; *Krüper*, in: Brosius-Gersdorf (Hrsg.), Dreier-Grundgesetz-Kommentar, Band I, 4. Auflage 2023, Art. 2 II 1 Rn. 34 ff., 50.

[56] *Joerden*, JuS 2003, S. 1051 (1053); vgl. auch *Spickhoff*, NJW 2003, S. 1701 (1710).

[57] Vgl. *Weißer*, GA 2023, S. 555, auch zum Zeitpunkt des Eintritts der Empfindungsfähigkeit des Fetus.

[58] *Brugger*, NJW 1986, S. 896 (898); *Weißer*, GA 2023, S. 549 ff.

[59] S. etwa *Duttge*, Schlusswort: Quo vadis?, in: Schumann (Hrsg.), Verantwortungsbewusste Konfliktlösungen bei embryopathischem Befund, 2008, S. 95 (109 f.); *Horn*, in: Stern/Becker (Hrsg.), Grundrechte-Kommentar, 3. Auflage 2019, Art. 2 Rn. 131; *Lorenz*, Art. 2 II 1 Rn. 432; *Müller-Terpitz*, Der Schutz des pränatalen Lebens, S. 289 f.; *Wiedemann*, in: Umbach/Clemens (Hrsg.), Grundgesetz, Band 1, 2002, Art. 2 II Rn. 299.

[60] *Dreier*, JZ 62 (2007), S. 261 (268 ff.); ebenso *Alleweldt*, in: Dörr/Grote/Marauhn (Hrsg.), EMRK/GG, Konkordanzkommentar zum europäischen und deutschen Grundrechtsschutz, Band 1, 3. Auflage 2022, Kap. 10 Rn. 22 f.; *Ipsen*, DVBl. 2004, S. 1386; *Krüper*, Art. 2 II 1 Rn. 63; *Sacksofsky*, KritJ 36 (2003), S. 279 f.; im Ergebnis ebenso die abweichende Meinung der Richter *Rupp-v. Brünneck* und *Simon* zu BVerfGE 39, 1 (BVerfGE 39, 1 [78]); abweichende Meinung der Richter *Mahrenholz* und *Sommer* zu BVerfGE 88, 203 (BVerfGE 88, 203 [342 f.]).

[61] So die Beschreibung bei *Müller-Terpitz*, in: Isensee/Kirchhof (Hrsg.), Handbuch des Staatsrechts, Band 7, 3. Auflage 2009, § 147 Rn. 59.

[62] So wohl *Schumann*, Verantwortung für das ungeborene Leben im Kontext von Pränataldiagnostik und Schwangerschaftsspätabbruch, in: dies. (Hrsg.), Konfliktlösungen, S. 1 (8).

[63] *Müller-Terpitz*, Medizinrecht, Art. 2 GG Rn. 23; *Schulze-Fielitz*, Art. 2 II Rn. 29.

Anders als bei Art. 1 I GG gibt es beim pränatalen Lebensrecht aber gute Gründe für ein geringeres Schutzniveau. Anders als der geborene Mensch ist das Ungeborene bis zur Lebensfähigkeit ex utero existenziell abhängig vom Organismus der Schwangeren. Der Embryo/Fetus ist für seine Lebensfähigkeit angewiesen auf die körperliche Einheit mit der Schwangeren.[64] Und auch danach hängt seine Existenz als Mensch noch vom Geburtsakt ab. Dieser durch leibliche Einheit mit der Schwangeren gekennzeichneten besonderen Situation des Ungeborenen entspricht die Annahme eines geringeren Schutzstandards des Art. 2 II 1 GG als beim geborenen Menschen.

Die SKIP-Argumente tragen eine lebensrechtliche Gleichordnung des Ungeborenen mit dem Menschen ab Geburt nicht.[65] Sie blenden im Gegenteil die besondere Situation des Ungeborenen, das für seine Überlebensfähigkeit auf die leibliche Einheit mit der Schwangeren angewiesen ist, aus. Aus der Zugehörigkeit des Embryos/Fetus zur Spezies Mensch, der kontinuierlichen Entwicklung des Ungeborenen, seiner Identität mit dem später geborenen Menschen und seinem Entwicklungspotenzial zum geborenen Menschen folgt nicht, dass eine Abstufung des Schutzes von Art. 2 II 1 GG nach Maßgabe embryonaler Entwicklungsstadien unzulässig ist.[66]

Bei Geltung des Art. 2 II 1 mit vollwertigem Schutz für das Ungeborene wäre im Übrigen der Konflikt mit den Grundrechten der Schwangeren selbst bei einer Lebensgefahr für sie kaum lösbar. Bei einer Kollision »Leben gegen Leben« stünden sich zwei gleichrangige und gleichgewichtige Verfassungsrechtsgüter gegenüber. Ein genereller Vorrang des Lebensrechts der Frau gegenüber dem Lebensrecht des Embryos/Fetus wäre nicht begründbar, sodass ein Schwangerschaftsabbruch selbst bei medizinischer Indikation unzulässig wäre.[67] Es gälte nichts anderes als bei einem Konflikt zwischen dem Lebensrecht zweier geborener Menschen. Der geborene Mensch soll nicht einmal verpflichtet sein, vergleichsweise geringfügige Gesundheitsbeeinträchtigungen wie eine Blutspende hinzunehmen, um das Leben anderer zu retten.[68]

Ohne medizinische Indikation bestünde ein Güterkonflikt zwischen einem vollwertigen Lebensrecht des Embryos/Fetus und dem Persönlichkeitsrecht sowie dem Recht auf körperliche Unversehrtheit der Frau. Angesichts des Hochwerts des Grundrechts auf Leben und der vollständigen Vernichtung dieses Schutzguts durch einen Schwangerschaftsabbruch wäre dem Lebensrecht des Embryos/Fetus grundsätzlich Vorrang einzuräumen vor den Grundrechten der Frau.

---

[64] Vgl. nur *Wapler*, Art. 1 I Rn. 88f.

[65] Vgl. *Dreier*, Bioethik, S. 42ff.; a.A. etwa *Lorenz*, Art. 2 II 1 Rn. 431f.

[66] Vgl. *Dreier*, Bioethik, S. 42ff.; *Alleweldt*, EMRK/GG, Kap. 10 Rn. 22.

[67] Ebenso *Dreier*, JZ 62 (2007), S. 269f.; *Alleweldt*, EMRK/GG, Kap. 10 Rn. 22; *Brugger*, NJW 1986, S. 899 und 900.

[68] Zum Problem *Sacksofsky*, ZöR 77 (2022), S. 747 (751); *Weißer*, GA 2023, S. 553f.

Ein geringerer Lebensschutz des Embryos/Fetus ist auch widerspruchsfrei zum umfassenden Lebensrecht des geborenen Menschen, bei dem sich wegen der formalen Gleichwertigkeit aller Menschen jede Schutzabstufung verbietet. Denn beim geborenen Menschen existiert keine vergleichbare existenzielle Abhängigkeit vom Körper eines anderen wie beim Embryo/Fetus. Mit Blick auf die Einzigartigkeit der Situation des Ungeborenen ist ein Konzept des pränatal gestuften oder kontinuierlich anwachsenden Lebensschutzes kein Einfallstor für postnatale Lebensrechtsdifferenzierungen.[69]

Einem abgestuften oder kontinuierlich anwachsenden vorgeburtlichen Lebensschutz widerspricht es auch nicht, bei (unterstellter) Geltung des Art. 1 I GG für den Embryo/Fetus ab Nidation von einem vollwertigen Würdeschutz auszugehen. Anders als Art. 1 I GG unterliegt Art. 2 II 1 GG einem einfachen Gesetzesvorbehalt (s. Art. 2 II 3 GG) und ist daher mit der Menschenwürdegarantie als Höchstwert und tragendem Konstitutionsprinzip der Verfassung[70] nicht vergleichbar.

b) Gleichbleibend geringerer oder gestufter bzw. kontinuierlich anwachsender Lebensschutz?

Ob Art. 2 II 1 GG während des gesamten Zeitraums ab Nidation bis zur extrauterinen Lebensfähigkeit des Embryos/Fetus mit gleichbleibend geringerem Schutz als nach Geburt zum Tragen kommt oder ob ein Konzept des gestuften bzw. kontinuierlich anwachsenden Lebensrechts zwischen Nidation und Geburt gilt, bedarf keiner Entscheidung. Für einen gleichbleibend geringeren Schutz zwischen Nidation und Lebensfähigkeit ex utero könnte sprechen, dass eine Abstufung des Lebensrechts nach Maßgabe verschiedener Entwicklungsstufen des Embryos/Fetus schwierig und letztlich willkürlich ist. Ob und mit welchen embryonalen Entwicklungsstufen ein Lebensrechtszuwachs einhergeht, ist durch die Verfassung nicht festgelegt. Gerade wegen der Offenheit der Verfassung dürfte aber dem Gesetzgeber ein Gestaltungsspielraum zustehen, ob er von einem gleichbleibend geringeren pränatalen Schutz des Art. 2 II 1 GG oder von einem gestuften bzw. kontinuierlich anwachsenden vorgeburtlichen Lebensrecht ausgeht und welche Entwicklungsstufen er insoweit als prägend ansieht.

Im Kontext des Schwangerschaftsabbruchs ist dies nicht entscheidend, weil in beiden Fällen Art. 2 II 1 GG einer Abwägung mit den Grundrechten der Schwangeren zugänglich ist. Zudem käme Art. 2 II 1 GG in beiden Fällen im Rahmen der Abwägung in einer frühen Schwangerschaftsphase ein geringeres Gewicht zu als in späteren Schwangerschaftsabschnitten.[71] Auch gilt Art. 2 II 1

---

[69] Vgl. im Ergebnis ebenso *Dreier*, ZRP 2002, S. 382; a.A. *Müller-Terpitz*, Der Schutz des pränatalen Lebens, S. 286.

[70] S. bei Fn. 26.

[71] Näher IV.

GG ab Geburt (unstreitig) mit vollem Schutz. Starker Schutz, der dem des geborenen Lebens nahekommt, dürfte Art. 2 II 1 GG für das Ungeborene aber bereits ab extrauteriner Lebensfähigkeit entfalten. Ab diesem Zeitpunkt ist der Fetus bei entsprechender medizinischer Behandlung allein überlebensfähig und nicht mehr auf die leibliche Einheit mit der Schwangeren angewiesen. Das spricht dafür, dem extrauterin lebensfähigen Fetus starken Lebensschutz zuzuerkennen, der dem des geborenen Menschen nahekommt. Für gewisse Schutzabstufungen in der Zeit zwischen Lebensfähigkeit ex utero und Geburt einerseits (starker, aber kein vollwertiger Schutz des Art. 2 II 1 GG) und nach Geburt andererseits (vollwertiger Schutz des Art. 2 II 1 GG) spricht, dass auch der extrauterin lebensfähige Fetus zur Menschwerdung noch auf die Geburt und damit auf einen Mitwirkungsakt der Schwangeren angewiesen ist. Wendete man Art. 2 II 1 GG für den Fetus ab Lebensfähigkeit ex utero mit gleicher, umfassender Schutzintensität an wie für den Menschen nach Geburt, läge in der Spätphase der Schwangerschaft bei einem Konflikt mit dem Lebensrecht der Schwangeren eine kaum lösbare verfassungsrechtliche Kollisionslage vor und wäre ein Schwangerschaftsabbruch selbst bei medizinischer Indikation unzulässig.

III. Grundrechtspositionen der Schwangeren

Auf Seiten der Schwangeren ist ihr Persönlichkeitsrecht (Art. 2 I i. V. m. Art. 1 I GG) zu berücksichtigen,[72] das die Selbstverantwortung umfasst, sich gegen eine Mutterschaft zu entscheiden.[73] Wegen der Auswirkungen einer Schwangerschaft auf die physische und psychische Gesundheit der Schwangeren kommt auch ihr Grundrecht auf körperliche Unversehrtheit (Art. 2 II 1 Alt. 2 GG) zur Anwendung.[74] Gefährdet die Schwangerschaft das Leben der Frau, ist Art. 2 II 1 Alt. 1 GG betroffen.[75] Anders als das Lebensrecht des Embryos/Fetus (Schutzpflichten)[76] sind die Grundrechte der Schwangeren durch eine gesetzliche Regulierung des Schwangerschaftsabbruchs in ihrer abwehrrechtlichen Position berührt.[77]

Ob der Wunsch der Frau nach einem Abbruch der Schwangerschaft auch den Schutz der Menschenwürdegarantie genießt, ist weniger eindeutig.[78] Jedenfalls

[72] Statt vieler BVerfGE 39, 1 (43); 88, 203 (254); *Di Fabio*, Art. 2 II 1 Rn. 43; *Klein*, Reproduktive Freiheiten, 2023, S. 371 f.; *Kunig/Kämmerer*, Art. 2 Rn. 107.

[73] BVerfGE 39, 1 (43).

[74] S. nur BVerfGE 88, 203 (254); *Antoni*, Art. 2 Rn. 11, 22; *Hofmann*, Art. 1 Rn. 12 und Art. 2 Rn. 62; *Kunig/Kämmerer*, Art. 2 Rn. 107.

[75] Statt vieler BVerfGE 88, 203 (254); *Di Fabio*, Art. 2 II 1 Rn. 43; *Hofmann*, Art. 1 Rn. 12, 22 und Art. 2 Rn. 62.

[76] Bei Fn. 8.

[77] Vgl. *Di Fabio*, Art. 2 II 1 Rn. 44.

[78] Dafür BVerfGE 88, 203 (254); *Antoni*, Art. 2 Rn. 11; *Hermes/Walther*, NJW 1993, S. 2337 (2343); *Klein*, Reproduktive Freiheiten, S. 371; *Mahlmann*, Grundrechtstheorie, S. 312 ff.

in bestimmten Fällen wie einer Schwangerschaft nach Vergewaltigung kann eine Fortsetzung der erzwungenen Schwangerschaft eine Verletzung der Menschenwürde der Frau bedeuten.[79] Selbst wenn man aber Art. 1 I GG auch außerhalb solcher Ausnahmesituationen zur Anwendung brächte, spräche viel dafür, dass die Menschenwürde der Frau nicht durch jede gesetzliche Regulierung des Schwangerschaftsabbruchs betroffen wäre. Andere Grundrechtspositionen der Frau scheiden aus oder treten jedenfalls in den Hintergrund.[80]

IV. Auflösung des grundrechtlichen Güterkonflikts

Bei der Auflösung des Konflikts zwischen dem Lebensrecht des Ungeborenen und den Grundrechten der Schwangeren kommt Art. 2 II 1 GG für den Embryo/Fetus mit geringerem Gewicht zum Tragen als beim geborenen Menschen. Bei einem gleichbleibend geringeren Gewicht des Art. 2 II 1 GG zwischen Nidation und extrauteriner Lebensfähigkeit ist das Lebensrecht in dieser Phase im Rahmen der Abwägung durchgehend mit demselben (geringen) Gewicht zu berücksichtigen. Bei einem Konzept des gestuften oder kontinuierlich anwachsenden Lebensschutzes nimmt die Schutzintensität des Art. 2 II 1 GG mit fortschreitender embryonaler Entwicklung zwischen Nidation und Geburt zu. In beiden Fällen gilt Art. 2 II 1 GG ab extrauteriner Lebensfähigkeit des Embryos/Fetus mit starkem Schutz und ab Geburt mit vollem Schutz.[81]

Diametral haben die Grundrechte der Schwangeren[82] zu Beginn der Schwangerschaft starkes Gewicht und verlieren danach an Schutzintensität, weil die Zumutbarkeit einer Fortsetzung der Schwangerschaft mit ihrer Dauer und der entsprechenden Verantwortungsübernahme für das ungeborene Leben durch die Frau steigt. Je länger die Schwangerschaft besteht, desto eher ist der Frau eine Fortsetzung der Schwangerschaft und das weitere Austragen des Kindes bis zur Geburt zumutbar.[83]

Aus der Betroffenheit unterschiedlicher Funktionen des Lebensrechts des Ungeborenen (Schutzpflicht) und der Grundrechte der Schwangeren (Abwehrrecht) folgt kein genereller Vorrang der einen oder anderen Grundrechtsposition. Zwar

---

[79] Vgl. *Di Fabio*, Art. 2 II 1 Rn. 44; *Mahlmann*, Grundrechtstheorie, S. 316; *Wapler*, Art. 1 I Rn. 130.

[80] Zur Unanwendbarkeit der Gewissensfreiheit BVerfGE 88, 203 (308); zur Unanwendbarkeit des Familien- und Elterngrundrechts *Brosius-Gersdorf*, in: Brosius-Gersdorf (Hrsg.), Dreier-Grundgesetz-Kommentar, Band I, 4. Auflage 2023, Art. 6 Rn. 254, 310, 358 ff., 376; zur Diskussion, ob ein Zwang zur Fortsetzung der Schwangerschaft an Art. 3 II 1, III 1 GG zu messen ist, *Hochreuter*, KJ 27 (1994), S. 67 (69); *Klein*, Reproduktive Freiheiten, S. 377 ff., 415.

[81] Dazu II.

[82] Dazu III.

[83] Vgl. *Mahlmann*, Grundrechtstheorie, S. 213.

steht dem Gesetzgeber bei der Verwirklichung grundrechtlicher Schutzpflichten regelmäßig ein größerer Gestaltungsspielraum zu als bei Eingriffen in Grundrechte.[84] Das betrifft aber nur die Art und Weise der Erfüllung der Schutzpflicht. Das »Ob« der Schutzpflichtverwirklichung ist dem Staat verfassungsrechtlich ebenso verbindlich vorgegeben wie das Unterlassen nicht gerechtfertigter Eingriffe in Grundrechte.[85] Wegen der prinzipiellen Gleichrangigkeit von staatlicher Handlungspflicht (Schutzpflicht) und Unterlassungspflicht (Abwehrrecht)[86] resultiert aus der Betroffenheit unterschiedlicher Grundrechtsfunktionen nicht per se ein Vorrang der Rechte der Schwangeren oder des Embryos/Fetus.

1. *Erste Schwangerschaftswochen nach Nidation (frühe Schwangerschaftsphase)*

Bei dieser grundrechtlichen Konfliktlage haben die Belange des Embryos/Fetus in der Frühphase der Schwangerschaft Nachrang gegenüber den Grundrechten der Schwangeren. In den ersten Wochen nach Nidation hat das Lebensrecht des Ungeborenen geringes Gewicht. Gleichzeitig genießt der Wunsch der Frau nach einer Beendigung der Schwangerschaft grundrechtlich starken Schutz. Ein Zwang zur Fortsetzung der vergleichsweise kurz andauernden Schwangerschaft stellt wegen der gravierenden und langandauernden Auswirkungen auf den körperlichen und seelischen Zustand sowie die persönliche Lebensführung der Frau einen gewichtigen, nicht zu rechtfertigenden Grundrechtseingriff dar. Der Frau ist in dieser Schwangerschaftsphase eine Fortsetzung der Schwangerschaft unzumutbar. Ihr steht ein Recht auf Schwangerschaftsabbruch zu. Der Gesetzgeber muss daher den Schwangerschaftsabbruch in der Frühphase der Schwangerschaft erlauben, d.h. ihn als rechtmäßig (und straflos) qualifizieren. § 218, § 218a I StGB werden dem nicht gerecht.

2. *Ab Lebensfähigkeit des Fetus ex utero (späte Schwangerschaftsphase)*

In der Spätphase der Schwangerschaft ist es umgekehrt, dann genießt das Lebensrecht des Fetus grundsätzlich Vorrang vor den Grundrechten der Schwangeren. Ab extrauteriner Lebensfähigkeit des Fetus gilt Art. 2 II 1 GG mit starkem Schutz, der dem des geborenen Menschen nahekommt. Demgegenüber haben die grundrechtlich geschützten Belange der Schwangeren mit Blick auf die bereits längere Dauer der Schwangerschaft vergleichsweise geringes Gewicht. Die

---

[84] Vgl. nur *Di Fabio*, Art. 2 II 1 Rn. 41; *Höfling*, in: Höfling/Augsberg/Rixen (Hrsg.), Berliner Kommentar zum Grundgesetz, Band 1, 39. Erg.-Lfg. XI/12, Art. 2 Rn. 112.

[85] Vgl. nur *Isensee*, § 191 Rn. 299.

[86] S. nur *Isensee*, § 191 Rn. 297; a.A. *Berghäuser*, Das Ungeborene im Widerspruch. Der symbolische Schutz des menschlichen Lebens in vivo und sein Fortwirken in einer allopoietischen Strafgesetzgebung und Strafrechtswissenschaft, 2015, S. 59f.

Fortsetzung einer Schwangerschaft, die bereits mehrere Monate andauert ist eher zumutbar als in der Frühphase der Schwangerschaft. Dem Fetus steht in dieser späten Schwangerschaftsphase grundsätzlich ein »Recht auf Austragung bis zur Geburt« zu, sodass der Gesetzgeber den Schwangerschaftsabbruch untersagen muss. Eine Strafbewehrung des rechtswidrigen Schwangerschaftsabbruchs in der Spätphase der Schwangerschaft ist zulässig.[87] Ob sie verfassungsrechtlich geboten ist, erscheint weniger eindeutig.[88] Das Bundesverfassungsgericht hält den Gesetzgeber nicht für verpflichtet, die gleichen Maßnahmen strafrechtlicher Art zum Schutz des Ungeborenen zu ergreifen wie zum Schutz des geborenen Menschen.[89]

Ausnahmen müssen gelten, wenn der Frau die Fortsetzung der Schwangerschaft unzumutbar ist. In diesem Fall kehrt sich das Ergebnis der grundrechtlichen Güterabwägung um und die Grundrechte der Frau gehen dem Lebensrecht des Fetus vor, sodass der Schwangerschaftsabbruch gesetzlich zu erlauben ist (Rechtmäßigkeit). Unzumutbar ist die Fortsetzung der Schwangerschaft insbesondere, wenn dadurch das Leben oder erheblich die Gesundheit der Schwangeren gefährdet wird und sich die Gefahr nicht anders als durch einen Abbruch der Schwangerschaft abwenden lässt (medizinische Indikation). Die Unzumutbarkeit der Aufopferung eigener Lebens- und Gesundheitswerte zugunsten anderer ist selbst im Verhältnis zwischen geborenen Menschen anerkannt.[90] Das Gleiche gilt erst recht im Verhältnis zwischen Schwangerer und Fetus, dessen Lebensrecht ab extrauteriner Lebensfähigkeit zwar starken, aber geringeren Schutz als für den geborenen Menschen hat.

Problematisch erscheint die medizinische Indikation allerdings in Konstellationen, in denen die Gefahr für die Frau nicht in einem vorgeburtlichen akut lebens- oder gesundheitsbedrohenden Befund (z. B. Gebärmutterhalskrebs) besteht, sondern aus den Belastungen durch die prä- und postnatale Existenz des Kindes, also aus dem weiteren Austragen und der Verantwortung für das Kind nach der Geburt resultiert.[91] Solche Belastungen lassen sich möglicherweise dadurch abwenden, dass die Frau das Kind zur Welt bringt und zur Adoption

---

87 Zum Gestaltungsspielraum des Gesetzgebers bei der Festlegung des Bereichs strafbaren Handelns s. nur BVerfG, NJW 2020, S. 2953 (2954) m. w. N.; *Appel*, Verfassung und Strafe. Zu den verfassungsrechtlichen Grenzen staatlichen Strafens, 1998, S. 171 ff., 182 ff. und 596 f.

88 Gegen eine verfassungsrechtliche Pflicht zum Erlass von Strafnormen zum Schutz des Ungeborenen *Breuer*, in: Ipsen/Rengeling/Mössner/Weber (Hrsg.), Verfassungsrecht im Wandel, 1995, S. 25 (48 f.); *Kunig/Kämmerer*, Art. 2 Rn. 105; *Krüper*, Art. 2 II 1 Rn. 86; *Vasel*, NJW 2022, S. 2378 (2382); für eine verfassungsrechtliche Pflicht zum Erlass von Strafnormen zum Schutz des Ungeborenen *Starck*, Art. 1 Rn. 94 und Art. 2 Rn. 214.

89 Bezogen auf die Frühphase der Schwangerschaft BVerfGE 39, 1 (45); ebenso *Lorenz*, Art. 2 II 1 Rn. 596.

90 Vgl. bei Fn. 68.

91 Vgl. Bundesärztekammer (Hrsg.), Erklärung zum Schwangerschaftsabbruch nach Pränataldiagnostik, Deutsches Ärzteblatt 47 (1998), A-3013 ff.; *Gropp*, in: Schumann (Hrsg.), Konfliktlösungen, S. 19 (26 f.); *Weilert*, ZfL 19 (2010), S. 78.

freigibt.[92] Ob und unter welchen Voraussetzungen dies der Frau zumutbar ist, ist nicht geklärt.

Das Problem besteht insbesondere beim embryo-/fetopathischen Befund, der seit 1995 als Unterfall von der medizinischen Indikation i.S.d. §218a II StGB erfasst ist.[93] Eine medizinische Indikation kann nach allgemeiner Ansicht auch bei einer Behinderung des Embryos/Fetus vorliegen.[94] Die Gefährdung der Frau wird in der Verantwortung für das Kind nach der Geburt gesehen.[95] Ebenso wie bei der medizinischen Indikation ohne embryo-/fetopathischen Befund stellt sich aber auch hier die Frage, ob der Befund einen Schwangerschaftsabbruch rechtfertigt oder es der Frau zumutbar ist, das Kind lebend zur Welt zu bringen und ggf. zur Adoption freizugeben.[96] Allerdings ist zu berücksichtigen, dass Kinder mit Behinderung kaum Chancen auf eine Adoption oder auf Pflegeeltern haben, sodass oftmals nur die Unterbringung im Heim bleibt.

Eine hiervon zu unterscheidende Frage ist, ob und unter welchen Voraussetzungen ein Schwangerschaftsabbruch wegen eines pränataldiagnostischen Befundes unabhängig von einer Lebens- oder Gesundheitsgefahr für die Frau zulässig ist. Bei einer schwerwiegenden und nicht heilbaren Krankheit des Fetus (vgl. §3a II ESchG), zumal wenn sie mit hoher Wahrscheinlichkeit zum frühen Tod nach der Geburt führt, könnte unter dem Gesichtspunkt des Grundrechts des Kindes auf selbstbestimmtes Sterben (Art. 2 I i.V.m. Art. 1 I GG)[97] ein Schwangerschaftsabbruch auch bei extrauteriner Lebensfähigkeit des Fetus zulässig sein.[98] Ob und unter welchen Voraussetzungen ein Sterbensrecht für das Ungeborene besteht und wer hierüber zu entscheiden hätte, ist nicht einmal ansatzweise geklärt.

Denkbar erscheint auch eine Parallele zum Behandlungsabbruch bzw. zum Unterlassen einer lebensrettenden Behandlung beim geborenen Menschen, durch die sein Tod eintritt.[99] Weist ein Fetus eine derart schwerwiegende, unbehandelbare Krankheit auf, die auch postnatal beim geborenen Menschen die

[92] So *Kluth*, FamRZ 1993, S. 1382 (1387f.); a.A. *Lorenz/Bade*, ZfL 29 (2020), S. 429 (432, 453f.).

[93] BT-Drs. 13/1850, S. 26, auch zu den Gründen für die Gesetzesänderung (S. 25f.).

[94] S. nur *Eschelbach*, in: v. Heintschel-Heinegg (Hrsg.), BeckOK StGB, 59. Ed. 1. November 2023, §218a Rn. 24; *Merkel*, StGB, §218a Rn. 95.

[95] *Weißer*, GA 2023, S. 559.

[96] Dafür *Duttge*, Quo vadis?, 110; *Kluth*, FamRZ 1993, S. 1388; *Weilert*, ZfL 19 (2010), S. 76ff. und 81f.; *Wiebe*, ZfL 2008, S. 83 (84); zumindest die sorgfältige Prüfung einer Lebendgeburt als Alternative zum Schwangerschaftsabbruch anmahnend *v. Dewitz*, ZfL 18 (2009), S. 74 (80f. und 84f.); a.A. *Geiger/v. Lampe*, Jura 1994, S. 20 (25); vgl. auch *Hofmann*, Art. 1 Rn. 24.

[97] Zum Grundrecht auf selbstbestimmtes Sterben grundlegend BVerfGE 153, 182.

[98] Für einen ausnahmsweise zulässigen Schwangerschaftsabbruch in der Spätphase der Schwangerschaft bei infauster Prognose *Weilert*, ZfL 19 (2010), S. 78.

[99] Vgl. *Weißer*, GA 2023, S. 560. Zu den Voraussetzungen des Unterlassens lebensrettender Maßnahmen beim geborenen Menschen *Lorenz/Bade*, ZfL 29 (2020), S. 450.

Einstellung lebenserhaltender Maßnahmen rechtfertigten, wird ein Schwangerschaftsabbruch durch Fetozid zum Teil für zulässig gehalten.[100]

Der Gesetzgeber sollte diese Problemlagen überdenken und die medizinische Indikation partiell neu regeln. Die Erfassung der embryo-/fetopathischen Indikation in § 218a II StGB als Unterfall der medizinischen Indikation ist intransparent.[101] Es existieren keine gesetzlichen Kriterien für die Beurteilung, unter welchen Voraussetzungen bei einem pränataldiagnostisch auffälligen Befund ein Schwangerschaftsabbruch zulässig ist und welche anderen Möglichkeiten zur Abwendung einer Lebens- oder Gesundheitsgefahr für die Frau zumutbar sind.[102] Letztlich treffen derzeit die Ärztinnen und Ärzte im Wege der Prognose die Entscheidung über das Vorliegen einer medizinischen Indikation bei embryo-/fetopathischem Befund.[103]

3. Zwischen Ende der frühen Schwangerschaftswochen und Lebensfähigkeit des Fetus ex utero (mittlere Schwangerschaftsphase)

Für die mittlere Phase der Schwangerschaft ergibt sich kein vergleichbar klares Bild der grundrechtlichen Güterabwägung. Zwischen dem Ende der frühen Schwangerschaftswochen bis zur extrauterinen Lebensfähigkeit des Fetus hat sein Lebensrecht entweder nach wie vor das gleiche geringere Gewicht wie in der Frühphase der Schwangerschaft (Konzept des gleichbleibend geringeren Lebensrechts) oder bei einem Konzept des gestuften bzw. kontinuierlich anwachsenden Lebensschutzes stärkeres Gewicht als in den ersten Wochen nach Nidation, aber keinen vollen Schutz wie beim geborenen Menschen. Gleichzeitig kommt dem Abbruchwunsch der Schwangeren ein geringeres Gewicht zu als in der Frühphase der Schwangerschaft, weil die Schwangerschaft bereits einige Zeit andauert. Dem Gesetzgeber dürfte in dieser mittleren Phase der Schwangerschaft ein weiter Gestaltungsspielraum zustehen, wie er den grundrechtlichen Güterkonflikt auflöst und inwieweit er den Schwangerschaftsabbruch zulässt oder verbietet. Es gilt, dass die Grundrechte der Frau umso eher Vorrang haben gegenüber dem Lebensrecht des Ungeborenen, je kürzer die Schwangerschaft besteht, und dass umgekehrt das Lebensrecht des Ungeborenen umso eher vorgeht, je fortgeschrittener das Gestationsalter ist. Ebenso wie in der Spätphase der Schwangerschaft muss der Gesetzgeber einen Abbruch in jedem Fall erlauben, wenn der Frau eine Fortsetzung der Schwangerschaft unzumutbar ist wie insbesondere bei medizinischer Indikation.[104]

[100] Vgl. Bundesärztekammer (Hrsg.), Erklärung, A-3013 ff. Diese Parallele ablehnend *Lorenz/Bade*, ZfL 29 (2020), S. 450; *Hillenkamp*, in: Festschrift Amelung, 2009, S. 425 (444).

[101] Ebenso *Weißer*, GA 2023, S. 559 ff.

[102] Vgl. *v. Dewitz*, ZfL 18 (2009), S. 80 f.; *Schumann*, Verantwortung, S. 3.

[103] Näher *Weißer*, GA 2023, S. 559 f.

[104] Vgl. IV. 2., auch zum Regelungsbedarf bei medizinischer Indikation.

Die dritte Abtreibungsentscheidung des Bundesverfassungsgerichts

Zur Neuvermessung des Konfliktfelds Würde gegen Selbstbestimmung

Christoph Enders

I. Die Strafbarkeit der Abtreibung – ein deutsches Dauerthema im Wandel rechtlicher Perspektiven

Der Streit um die Strafbarkeit der Abtreibung markiert ein Dauerthema deutscher Rechts-, insbesondere Strafrechtspolitik und der sie begleitenden gesellschaftlichen Auseinandersetzungen: Die Reform des strikten strafgesetzlichen Abtreibungsverbots, wie es mit §218 des Strafgesetzbuchs für das Deutsche Reich vom 15. Mai 1871[1] etabliert worden war, war bereits das Anliegen von Reformbemühungen, die sich noch im Kaiserreich, befördert von einer zu Beginn des 20. Jahrhunderts erstarkenden Frauenbewegung, formiert hatten und die sich in der Weimarer Republik fortsetzten und verstärkten.[2] In diesen Kontext gehört ein 1920 von einer Gruppe von Mitgliedern der SPD-Reichstagsfraktion eingebrachter Antrag, die Abtreibung – bei gleichzeitiger Ablehnung einer Indikationenlösung – innerhalb der ersten drei Monate der Schwangerschaft straflos zu stellen, nicht zuletzt unter Hinweis darauf, so der Wortführer der Initiative, *Gustav Radbruch*, dass das Abtreibungsverbot ein »krasses Klassenstrafrecht« bewirke[3] und mit der Strafbarkeit der Abtreibung die schwangere Frau »nicht als eine Persönlichkeit, sondern als ein Gegenstand« gesehen werde.[4] Dem Antrag blieb der Erfolg versagt. Die Debatte um das strafbewehrte Abtreibungsverbot, die in Weimar nicht zu einem Ende kam,[5] dauerte – nach ihrer nationalsozia-

---

[1] RGBl. S. 127.

[2] *Dirk von Behren*, Kurze Geschichte des Paragrafen 218 Strafgesetzbuch, in: Aus Politik und Zeitgeschichte (APuZ) 2019, S. 12–19 (13).

[3] *Gustav Radbruch*, Das Verbrechen gegen das keimende Leben (1920), in: ders., Gesamtausgabe, hrsgg. v. Arthur Kaufmann, Band 9, Heidelberg 1992, S. 191–193 (192).

[4] *Gustav Radbruch*, Die Abtreibung der Leibesfrucht vom Standpunkt des Strafrechts, in: Alfred Grotjahn/ders., Die Abtreibung der Leibesfrucht. Zwei Gutachten, Berlin 1921, S. 23–32 (25).

[5] Das Reichsgericht hatte angesichts der unverändert fortbestehenden Strafbarkeit der Abtreibung wenigstens der »medizinischen Indikation« in der Sache Geltung verschafft und die

listischen Pervertierung im Sinne einer Bevölkerungspolitik der »Auslese« und »Ausmerze«[6] – auch in der Bundesrepublik an.

Ihr weiteres Schicksal ist durch die beiden Entscheidungen des Bundesverfassungsgerichts zum Schwangerschaftsabbruch gekennzeichnet:[7] Mit seiner ersten Abtreibungs-Entscheidung vom 25. Februar 1975 erklärte das Bundesverfassungsgericht die Fristenlösung des Fünften Strafrechtsreformgesetzes (vom 18. Juni 1974[8]), nach dem der Schwangerschaftsabbruch in den ersten zwölf Wochen seit der Empfängnis unter bestimmten Voraussetzungen straffrei bleiben sollte, für unvereinbar mit dem Grundgesetz und nichtig.[9] Ein Indikationenmodell (medizinisch-soziale, embryopathische, kriminologische, sonstige Notlagen-Indikation) trat in der Folge mit dem 15. Strafrechtsänderungsgesetz vom 18. Mai 1976[10] an die Stelle der Fristenlösung.[11] Nach der Wiedervereinigung musste es freilich gemäß der Vorgabe des Einigungsvertrags mit Blick auf die in der DDR abweichende Rechtslage, die in den neuen Bundesländern lediglich zeitlich befristet fortbestehen sollte, erneut auf den Prüfstand gestellt werden[12] und führte zu einer Neuregelung (mit dem Schwangeren- und Familienhilfegesetz vom 27. Juli 1992[13]). Nach dieser sollte im Kern der ordnungsgemäß beratene, ärztliche Abbruch innerhalb von 12 Wochen seit der Empfängnis als nicht rechtswidrig gelten und straflos bleiben, ebenso wie ein Abbruch im Falle der medizinisch-sozialen oder embryopathischen Indikation.[14] Auch diese Regelung wurde indessen vom Bundesverfassungsgericht in seiner zweiten Abtreibungsentscheidung (vom 28. Mai 1993) als unvereinbar mit dem Grundgesetz verworfen: Ein Schwangerschaftsabbruch müsse grundsätzlich als (strafbares) Unrecht gekennzeichnet und könne nur in einer Notsituation ausnahmsweise gerechtfertigt sein. Seine Rechtmäßigkeit dürfe nicht, wie nach dem Beratungsmodell des Schwangeren- und Familienhilfegesetzes, von der Entscheidung der Schwangeren abhängig gemacht werden.[15] Dieses Verdikt fand Ausdruck in der

---

Abtreibung für den Fall einer gegenwärtigen Gefahr des Todes oder einer schweren Gesundheitsbeeinträchtigung aus dem Gedanken des übergesetzlichen Notstands für gerechtfertigt erklärt (RGSt 61, 242 [243, 254]), vgl. *Gustav Radbruch*, Der künstliche Abort im geltenden und im künftigen Strafrecht (1928), Gesamtausgabe, Band 9, S. 283–287 (283); *Behren*, Kurze Geschichte, S. 13f.

[6] *Behren*, Kurze Geschichte, S. 14.

[7] *Horst Dreier*, Menschenwürdegarantie und Schwangerschaftsabbruch, in: DÖV 1995, S. 1036–1040 (1037), bezeichnet sie als »Leitentscheidungen«.

[8] BGBl. I S. 1297.

[9] BVerfGE 39, 1 (2). *Martin Heger*, in: Lackner/Kühl/Heger (Hrsg.), StGB, Kommentar, 30. Auflage München 2023, Vorbemerkung zu den §§ 218–219b Rn. 2.

[10] BGBl. I S. 1213.

[11] Vgl. BVerfGE 88, 203 (214f.); *Heger*, Vor §§ 218–219b Rn. 3; *Behren*, Kurze Geschichte, S. 17f.

[12] Vgl. BVerfGE 88, 203 (220); *Behren*, Kurze Geschichte, S. 18.

[13] BGBl. I S. 1398. *Heger*, Vor §§ 218–219b Rn. 6.

[14] Vgl. BVerfGE 88, 203 (227); *Heger*, Vor §§ 218–219b Rn. 7.

[15] BVerfGE 88, 203 (insbesond. Leitsätze 4 und 15; 255, 262); bereits BVerfGE 39, 1 (44).

Neuregelung durch das Schwangeren- und Familienhilfeänderungsgesetz (vom 21. August 1995[16]). Danach ist die Abtreibung weiterhin strafbar. Abtreibungen sind aber bei medizinisch-sozialer und kriminologischer Indikation unter den einschlägigen Voraussetzungen gerechtfertigt, bleiben als beratene Abbrüche innerhalb der 12-Wochen-Frist dagegen lediglich straffrei.[17] Auch der damit erreichte Rechtszustand bezeichnet nicht das Ende des Streits um die Abtreibung und um die Frage, wie mit ihr rechtlich umzugehen sei:[18] Der Koalitionsvertrag von SPD, Bündnis 90/Die Grünen und FDP vom 24. November 2021 stellt eine Regulierung von Schwangerschaftsabbrüchen gänzlich außerhalb des Strafgesetzbuchs in Aussicht, eine Position, die teils nachdrücklich unterstützt wird,[19] aber auch heftige Kritik erfährt, weil sie sich in Widerspruch setze zum Standpunkt der Verfassung, wie ihn das Bundesverfassungsgericht herausgearbeitet hat.[20]

Im Dauerstreit um die Abtreibung begegnet also eine gewisse, epochenübergreifende Kontinuität.[21] Und doch zeichnet sich – in der streitigen Diskussion des Problems wie in seiner rechtlichen Regelung – ein Wandel ab: Bezeichnete das Gesetz ursprünglich das vorgeburtliche menschliche Leben als »Leibesfrucht«, erachtete man bereits in den Beratungen zum Fünften Strafrechtsreformgesetz das Schutzobjekt des Abtreibungsverbots als selbständiges Rechtsgut von hohem Rang.[22] Demgemäß meidet auch das Bundesverfassungsgericht den Begriff »Leibesfrucht«[23]. Es spricht stattdessen vom ungeborenen, sich entwickelnden menschlichen Leben, vom »nasciturus«[24] oder schlicht nur vom »Ungeborenen«[25], jeweils auf die Potentialität anspielend und auf die (mögliche) Zukunft der Existenz als menschliches Individuum verweisend. Ratio legis ist damit nicht mehr die Bevölkerungspolitik, Schutzgut der Norm nicht länger die Volksver-

---

[16] BGBl. I S. 1055 ff.

[17] *Heger*, Vor §§ 218–219b Rn. 9, mit Kritik Rn. 21 ff.; zur fortbestehenden Rechtswidrigkeit des nach § 218a Abs. 1 StGB beratenen Abbruchs, ebd., § 218a Rn. 21a.

[18] Von *Dreier*, DÖV 1995, S. 1036 (1040) bereits zutreffend prognostiziert.

[19] Etwa vom Deutschen Juristinnenbund mit dem Policy Paper vom 8.12.2022: Neues Regelungsmodell für den Schwangerschaftsabbruch, https://www.djb.de/fileadmin/user_upload/presse/stellungnahmen/st22-26_Policy_Paper_Schwangerschaftsabbruch.pdf (hier und im Folgenden 20. Februar 2024); vgl. *Hartmut Kreß*, Reform der Rechtsnormen zum Schwangerschaftsabbruch: Eckpunkte und Anschlussfragen, in: MedR 2023, S. 699–704.

[20] Beispielhaft die Stellungnahme der Bayerischen Staatsministerin für Familie, *Ulrike Scharf*, am 10. Januar 2023: »Abschaffung von § 218 StGB wäre verfassungswidrig«, in: Legal Tribune Online, 11. Januar 2023, https://www.lto.de/persistent/a_id/50722.

[21] Das hat auch das Bundesverfassungsgericht konstatiert: BVerfGE 39, 1 (35).

[22] Vgl. zum Gesetzgebungsverfahren BVerfGE 39, 1 (40 f.).

[23] Gelegentlich findet der Begriff noch Verwendung: BVerfGE 39, 1 (43); zur »Leibesfrucht« als Schutzobjekt Martin Heger, in: Lackner/Kühl/Heger (Hrsg.), StGB, Kommentar, 30. Auflage München 2023, § 218 Rn. 2.

[24] BVerfGE 39, 1 (37, 42, 43, 44 ff.); BVerfGE 88, 203 (255).

[25] BVerfGE 88, 203 (251, 252).

mehrung.[26] Das ungeborene menschliche Leben ist zum Individualrechtsgut avanciert. Das Bundesverfassungsgericht geht noch einen Schritt weiter, indem es den damit verbundenen Schutzanspruch unmittelbar auf Verfassungsebene verortet: Weil die »Würde des Menschseins [...] auch für das ungeborene Leben im Dasein um seiner selbst willen« liege, stehe ihm ein eigenes Recht auf Leben zu. »Dieses Lebensrecht, [...] das [...] dem Ungeborenen schon aufgrund seiner Existenz zusteht, ist das elementare und unveräußerliche Recht, das von der Würde des Menschen ausgeht«, heißt es in der zweiten Abtreibungsentscheidung.[27]

Zu dieser Grundsatzposition[28] scheinen allerdings in der Tat Überlegungen, auf ein strafbewehrtes Verbot der Abtreibung gänzlich zu verzichten und auf eine Regelung außerhalb des Strafrechts zu bauen, schlecht zu passen. Denn das Bundesverfassungsgericht hat es mit Rücksicht auf die Schutzpflicht des Staates für das ungeborene Leben, die es aus der unantastbaren Würde des Menschen abgeleitet hat, für unumgänglich gehalten, dass dieses Rechtsgut für Dritte indisponibel gestellt und darum der Schwangerschaftsabbruch als Unrecht angesehen und strafrechtlich geahndet wird.[29]

II. Der Schutz des Ungeborenen: Eine Forderung der Menschenwürde – und innere Widersprüche

1. Das Ungeborenen-Recht als »Recht, das von der Würde des Menschen ausgeht«

Wenn die erste Abtreibungsentscheidung eine gewisse Unsicherheit erkennen lässt, ob sie ihre Argumentation zugunsten des Lebensrechts des nasciturus ganz auf den objektiv-rechtlichen Gehalt des Grundrechts auf Leben und körperliche Unversehrtheit, der unabhängig von der Grundrechtsfähigkeit vorgeburtlichen menschlichen Lebens zum Tragen komme, stützen will oder zur Begründung jedenfalls auch auf die Menschenwürde abheben sollte,[30] nutzt die zweite Abtreibungsentscheidung das Potential eines mit dem Bekenntnis zur Menschenwürde sehr offen formulierten und in Art. 1 Abs. 1 Satz 1 GG nur thesenartig normier-

---

[26] *Radbruch*, Abtreibung der Leibesfrucht, S. 25f., 32; *ders.*, »Wie stehen Sie zu § 218?« – Antwort auf eine Rundfrage (1929), Gesamtausgabe, Band 9, S. 315.

[27] BVerfGE 88, 203 (252); bereits BVerfGE 39, 1 (41): »Wo menschliches Leben existiert, kommt ihm Menschenwürde zu [...]«.

[28] Man hat sie als unaufgebbaren Bestandteil der deutschen Verfassungsidentität bezeichnet, *Christian Hillgruber*, Ein Angriff auf die deutsche Verfassungsidentität, in: FAZ vom 23. März 2023, Nr. 70, S. 7.

[29] BVerfGE 88, 203 (255, 257); bereits BVerfGE 39, 1 (44).

[30] BVerfGE 39, 1 (41): Die einschlägige Schutzpflicht des Staates ergebe sich »auch aus der ausdrücklichen Vorschrift des Art. 1 Abs. 1 Satz 2 GG; denn das sich entwickelnde menschliche Leben nimmt auch an dem Schutz teil, den Art. 1 Abs. 1 GG der Menschenwürde gewährt«.

ten Rechts »auf Rechte«[31]. Die Entscheidung macht diesen Verweis auf Rechte, die dem Menschen nicht nach Herkunft, Verdienst oder als Wohltat vom Staat zugewiesen werden (und wieder aberkannt werden können), die ihm vielmehr als Menschen (»um seiner selbst willen«[32]) zustehen,[33] für den Schutz des vorgeburtlichen menschlichen Lebens fruchtbar: Sie versteht das Lebensrecht des Ungeborenen als Teil des »elementare(n) und unveräußerliche(n) Recht(s), das von der Würde des Menschen ausgeht«. Denn nach dieser Vorstellung strahlt der mit der Würde des Menschen sich (als »Ur-Recht« des Menschen) verbindende Anspruch auf rechtliche Anerkennung[34] auf alle Phasen menschlicher Existenz aus und kann also dem Grundsatz nach auch das Recht des Ungeborenen auf Achtung seines Lebensrechts begründen – selbst wenn dieses Recht im einzelnen (etwa: die Frage der Grundrechtsfähigkeit) erst noch rechtskonstruktiv zu erschließen und zu entfalten bleibt. Insofern werden »Gegenstand und […] Maß (der Schutzpflicht) […] durch Art. 2 Abs. 2 GG näher bestimmt«[35].

Damit wertet das Gericht die Funktion, die dem Verfassungsbekenntnis zur Würde des Menschen in der Debatte um das Lebensrecht des Ungeborenen zukommt, entscheidend auf:[36] Es sieht in ihm nicht eine weitere mögliche Begründung, sondern das tragende Argument für einen existenziellen Rechtsanspruch, dem die verfassungsrechtliche Schutzpflicht zugunsten des ungeborenen mensch-

---

[31] Die von *Theodor Heuss* in den Beratungen des Parlamentarischen Rats geprägte Wendung von der Menschenwürde als »nicht interpretierter These« bei *Klaus-Berto v. Doemming/Rudolf Werner Füßlein/Werner Matz*, Entstehungsgeschichte der Artikel des Grundgesetzes, in: JÖR N.F. Band 1, 1951, S. 49; näher *Horst Dreier*, in: ders. (Hrsg.), Grundgesetz-Kommentar, Band I, 3. Auflage Tübingen 2013, Art. 1 I Rn. 26. *Heuss* wollte ebenso die an die Würde des Menschen sich knüpfenden, ihrem Schutz dienenden Menschenrechte (Art. 1 Abs. 2 GG) als These verstanden wissen, die dann von den nachfolgenden Grundrechten konkretisierend interpretiert werde, *Christoph Enders*, Die Menschenwürde in der Verfassungsordnung, Tübingen 1997, S. 416ff., 422 m. Fn. 268. Zur Offenheit der Normierung *Friederike Wapler*, in: F. Brosius-Gersdorf (Hrsg.), Dreier-Grundgesetz-Kommentar, Band I, 4. Auflage Tübingen 2023, Art. 1 I Rn. 51f.

[32] BVerfGE 88, 203 (252).

[33] *Enders*, Menschenwürde, S. 427, 502f.; ähnlich *Rainer Forst*, Die Würde des Menschen und das Recht auf Rechtfertigung, in: DZPhil 53 (2005), S. 589–596 (593). Der Gedanke ist alt, vgl. etwa *Franz Edler von Zeiller*, Commentar über das allgemeine bürgerliche Gesetzbuch für die gesammelten Deutschen Erbländer der Oesterreichischen Monarchie, Erster Band, Wien/Triest 1811, § 16, S. 102f.: Der Mensch, der sich als »sinnlich *vernünftiges* Wesen« bewusst sei, »daß er um seiner selbst Willen […] (als *Selbstzweck*) existire«, habe – als Person – ein Recht auf Freiheit. »Aus diesem formellen (Ur-)Rechte ergeben sich eben so viele (scil.: unbenannte) Rechte, als es mögliche Handlungsarten gibt, die sich mit dem geselligen Zustande vereinbaren lassen«. Den Gedanken eines »Rechts auf Rechte« hat gegen Ende des Zweiten Weltkriegs der französische Philosoph *Jacques Maritain*, The Rights of Man and Natural Law, London 1944, S. 37, aufgegriffen und in die internationale Diskussion eingeführt; *Manfred Baldus*, Kämpfe um die Menschenwürde, Berlin 2016, S. 53f.

[34] Vgl. *Enders*, Menschenwürde, S. 251, 279, 430.

[35] BVerfGE 88, 203 (251).

[36] *Hasso Hofmann*, Methodische Probleme der juristischen Menschenwürdeinterpretation, in: Ivo Appel/Georg Hermes (Hrsg.), Mensch – Staat – Umwelt, Berlin 2008, S. 47–78 (70).

lichen Lebens entspricht, dessen Rechtsposition sich auf diese Weise aus der Würdegarantie ableitet. Dieser Umstand erschwert freilich den Ausgleich mit kollidierenden Interessen, von der auch beim Schutz des ungeborenen menschlichen Lebens nicht vollständig abgesehen werden kann, wie insbesondere die medizinische Indikation belegt, die den Abbruch einer Schwangerschaft erlaubt, deren Fortführung eine Gefährdung von Leben oder Gesundheit der Schwangeren bedeuten würde.[37] Während das Grundrecht auf Leben und körperliche Unversehrtheit nur unter Vorbehalt gewährleistet ist (Art. 2 Abs. 2 S. 3 GG) und bei ausreichender Rechtfertigung Einschränkungen zulässt, die im Falle von Eingriffen in das Leben dessen Beendigung bedeuten,[38] ist die Menschenwürde »unantastbar« (Art. 1 Abs. 1 S. 1 GG). Nach allgemeiner Auffassung ist diese Eigenschaft Ausdruck eines absoluten Geltungs- und Durchsetzungsanspruchs, der jede rechtfertigende Abwägung mit anderen Rechtsgütern ausschließt und jegliche Beeinträchtigung des Schutzguts zur nicht rechtfertigbaren Verletzung der Menschenwürde deklariert.[39]

2. Die Forderung nach einer Entkoppelung von Würde- und Lebensschutz

Und doch wollte das Bundesverfassungsgericht in seiner zweiten Abtreibungsentscheidung die medizinische, kriminologische und embryopathische Indikation als Rechtsgründe für einen existenzvernichtenden Eingriff in das werdende Leben anerkannt wissen: Hier sei es der Schwangeren, obwohl sie eine »Rechtspflicht zum Austragen des Kindes«[40] treffe, unzumutbar, dieser Pflicht auf Kosten ihrer vitalen Interessen zu genügen.[41] Die Beratungslösung reagiert demgegenüber nicht auf eine für die Schwangere spezifisch unzumutbare Konfliktsituation. Sie erkennt die Schwangerschaft überhaupt als existenziell schwierige und konfliktträchtige Lebenslage an, in der alles von der Entscheidung der Schwangeren und insofern von deren Rahmenbedingungen abhängt. Weil aber auch hier der Schwangerschaftsabbruch eine Ausnahme vom grundsätzlichen Verbot markiert, wirft er erneut die Frage nach dem Rang der Rechtsgüter auf: Das Beratungskonzept darf mit Rücksicht auf das eigene Lebensrecht des nasciturus »nicht dazu führen, die Grundrechtsposition der Frau denen des ungeborenen Lebens überzuordnen«[42]. Eine Beratungslösung kommt also in Betracht, soweit sie dieses Rangverhältnis klarstellt.

[37] Vgl. BVerfGE 39, 1 (48ff.).

[38] *Thorsten Kingreen/Ralf Poscher*, Grundrechte – Staatsrecht II, 39. Auflage Heidelberg 2023, Rn. 576.

[39] *Dreier*, Art. 1 I Rn. 46, 130; bereits *ders.*, DÖV 1995, S. 1036 (1039f.); *Kingreen/Poscher*, Grundrechte, Rn. 515.

[40] BVerfGE 88, 203 (255ff.).

[41] BVerfGE 88, 203 (256f.).

[42] BVerfGE 88, 203 (267); gleichsinnig BVerfGE 39, 1 (44), der Staat dürfe die Wertung in

Angesichts des Absolutheitsanspruchs, mit dem das Lebensrecht des Ungeborenen sich dank seiner Verankerung in der Würde des Menschen geltend macht, leuchtet indessen nicht ein, wie das Bundesverfassungsgericht überhaupt Ausnahmen vom Verbot des Schwangerschaftsabbruchs rechtfertigen will. Absolutheit des Geltungs- und Durchsetzungsanspruchs und Ausnahmen zur Konfliktlösung im Einzelfall vertragen sich nicht: Jede Ausnahme vom Abtreibungsverbot bedeutet – ungeachtet ihrer näheren Begründung – stets den vollständigen Untergang der Rechtsposition des ungeborenen Lebens.[43] Die Indikationslösungen bestreiten dem ungeborenen menschlichen Leben, indem sie mit Blick auf die Unzumutbarkeit der Situation für die Schwangere dessen gezielte Beendigung zulassen, die Existenzberechtigung ganz direkt. Sie stehen damit im Widerspruch zum Lebensrecht, als einem Recht, »das von der Würde des Menschen ausgeht«. Ein Beratungskonzept spricht die Wertung nicht unmittelbar aus, sofern es sie der Schwangeren überlässt. Selbst wenn aber die Beratung den Abbruch der Schwangerschaft nicht rechtfertigt, sondern dieser rechtswidrig, obzwar straflos bleibt, liegt doch auf der Hand, dass hinter dieser Rechtskonstruktion im Grundsatz eine Abwägung zulasten des Lebensrechts des nasciturus steht, indem dieses in gewissem Umfang in die Hand der Schwangeren gegeben wird.[44]

Dieser Widerspruch zwischen der Absolutheit des vom Bundesverfassungsgericht aus der Menschenwürde abgeleiteten Lebensrechts des Ungeborenen und einer abwägenden Entscheidung des Abtreibungskonflikts, die dem Lebensrecht ein je nach Dauer der Schwangerschaft und der Art des Konflikts unterschiedliches Gewicht im Verhältnis zur Selbstbestimmung der Schwangeren beimessen will, blieb nicht unbemerkt. Richtig wurde auch konstatiert, hier zeige sich in lediglich besonders deutlicher Weise das Grundsatzproblem, dass der absolute Geltungs- und Durchsetzungsanspruch der Menschenwürde im Konflikt mit kollidierendem Freiheitsgebrauch stets uneingeschränkte Berücksichtigung verlange und darum nie ohne Brüche eine Anpassung an die Umstände der konkreten Situation zulasse, die aber »unter den Bedingungen einer Welt, in der Freiheitsressourcen knapp sind«, unabdingbar sei.[45] Um jedenfalls das Konfliktfeld, auf dem sich Lebensrecht des Ungeborenen und Selbstbestimmung der Schwangeren gegenüberstehen, zu befrieden, hat vor allem *Horst Dreier* gefordert, »Menschenwürdegarantie und Lebensschutz […] zu entkoppeln«[46].

---

der Vorrangfrage nicht in Anerkennung eines rechtsfreien Raums »der eigenverantwortlichen Entscheidung des Einzelnen« überlassen.

[43] Deutlich BVerfGE 39, 1 (43): »Ein Ausgleich […] ist nicht möglich, da Schwangerschaftsabbruch immer Vernichtung des ungeborenen Lebens bedeutet«.

[44] Vgl. *Dreier*, Art. 1 I Rn. 71, 73.

[45] *Baldus*, Kämpfe, S. 163f.

[46] *Dreier*, DÖV 1995, S. 1036 (1038); *ders.*, Art. 1 I Rn. 68ff. Ferner etwa *Hans-Georg Dederer*, Menschenwürde des Embryo in vitro?, in: AöR 127 (2002), S. 1–26 (18); *Hofmann*, Methodische Probleme, S. 47 (77).

Der Schwangerschaftsabbruch werfe Probleme des Lebensschutzes auf, der, wegen des hier eingeräumten Gesetzesvorbehalts, grundrechtlich nur relativ gewährleistet sei, was es erlaube, in Abkehr von der Fixierung auf den absoluten Geltungs- und Durchsetzungsanspruch der Würdegarantie »konsistente, gestufte Lösungen [zu] suchen«[47].

3. Das missverstandene Würdeargument und die berechtigte Kritik

Handelt es sich möglicherweise um ein Missverständnis? Indem das Bundesverfassungsgericht in seiner zweiten Abtreibungsentscheidung erstmals – für die menschliche Existenz vor der Geburt, für die mit Rücksicht auf Wortlaut und Entstehungsgeschichte der Grundrechtsschutz (die Grundrechtsfähigkeit[48]) unsicher ist[49] – die Funktion der Menschenwürde als eines »Rechts auf Rechte« geltend macht, behauptet es nicht die gänzliche Unabwägbarkeit des Rechtsguts Leben im Verhältnis zu anderen Interessen und Rechtsgütern. Das Leben wäre sonst im anerkannten Regelfall, als Recht der lebenden Person, weniger stark geschützt, als vor der Geburt. Dem Bundesverfassungsgericht geht es um einen Gedanken, den es bereits an anderer Stelle aus der Menschenwürde abgeleitet hatte und aus dem kein Abwägungs-, sondern ein Verfügungsverbot folgt: »Eine Verfassung, welche die Würde des Menschen in den Mittelpunkt ihres Wertsystems stellt, kann bei der Ordnung zwischenmenschlicher Beziehungen grundsätzlich niemandem Rechte an der Person eines anderen einräumen, die nicht zugleich pflichtgebunden sind und die Menschenwürde des anderen respektieren«[50].

Diese Überlegung zielt auf die Rechtsfähigkeit des Menschen als Person,[51] seine Eigenschaft als Rechtssubjekt,[52] die sich im Umgang mit anderen Personen in Rechtsverhältnissen wechselseitig gleicher Rechte und Pflichten entfaltet. Rechtsverhältnisse zwischen Personen kennen keine unbegrenzten Rechte. Jedes Recht ist durch Pflichten, die ihre Wurzel in der Personqualität des Rechtsträgers haben und zugleich Ausdruck des Respekts vor der Person des anderen sind, limitiert. Eingriffe in die Rechtssphäre sind insofern rechtfertigungsbedürftig. Das gilt für den Staat als juristische Person nicht weniger als für »natürliche« Personen. In diesem Rahmen mag es durchaus zur Abwägung kommen und kann ein Rechtsgrund selbst das ausnahmsweise Zurücktreten des Lebensrechts

---

[47] *Dreier*, DÖV 1995, S. 1036 (1040).

[48] BVerfGE 39, 1 (41).

[49] Die Entstehungsgeschichte ergibt kein eindeutiges Bild: *v. Doemming/Füßlein/Matz*, JÖR N.F., Band 1, 1951, S. 61; nicht überzeugend die Schlussfolgerung in BVerfGE 39, 1 (40), die Entstehungsgeschichte der Grundrechtsnorm spreche für die Einbeziehung des keimenden Lebens.

[50] BVerfGE 24, 119 (144).

[51] Denn Würde kommt dem Menschen kraft seines Personseins zu, BVerfGE 30, 173 (194); BVerfGE 115, 118 (153); vgl. BVerfGE 153, 182 (261 Rn. 206).

[52] BVerfGE 30, 1 (26); 115, 118 (153); 144, 20 (206f. Rn. 539f.); 153, 182 (264 Rn. 211).

legitimieren: In der Situation eines Angriffs auf die eigene Existenz darf der Angegriffene und nicht weniger ein Nothelfer den Angreifer abwehren – auch wenn Notwehr oder Nothilfe dessen Leben kosten sollte. Und ebenso darf der Staat in einer solchen Situation (etwa der Geiselnahme) kraft seiner Hoheitsgewalt dem mit dem Tode Bedrohten mit dem letzten Mittel des gezielten Rettungsschusses zur Seite stehen und, wenn es nicht anders geht, das Leben des Aggressors vernichten, um die Rechtssphäre des Angegriffenen vor der sonst völligen Negation zu bewahren.[53] Auch ist denkbar, dass die staatlich verfasste Rechtsgemeinschaft sich einig ist, zu ihrer Selbstbehauptung, sollte einmal ihre Existenz auf dem Spiel stehen und sollten andere Abhilfemaßnahmen schlechterdings keinen Erfolg versprechen, ausnahmsweise Individualinteressen auch jenseits persönlicher Verantwortlichkeit zurücktreten zu lassen, etwa das Lebensrecht des Soldaten, der sein Leben im Kampfeinsatz aufs Spiel setzt und es zu opfern gezwungen sein kann,[54] möglicherweise auch das Lebensrecht von Mannschaft und Passagieren in dem von Terroristen entführten und als Waffe missbrauchten Verkehrsflugzeug, wenn dieses zur Abwehr der existenziellen Gefahr abgeschossen werden soll.[55]

Einem Menschen aber das Existenzrecht als solches ohne ersichtlichen, den Entzug rechtfertigenden Grund abzusprechen oder auch nur, es ohne rechtlich einschränkende Bedingung zur beliebigen Disposition Dritter zu stellen, hieße, im Widerspruch zur Würde des Menschen seine Subjektqualität, sein »Recht auf Rechte« leugnen.[56] Und eben diesen Tatbestand sieht offenbar das Bundesverfassungsgericht mit der Freigabe der Abtreibung im Rahmen einer Fristenlösung als erfüllt an: Mit Rücksicht auf die verfassungsgebotene »Orientierung an Art. 1 Abs. 1 GG« moniert schon die erste Abtreibungsentscheidung, der Staat dürfe die Wertung, ob eine Schwangerschaft fortgesetzt werden müsse oder abgebrochen werden dürfe, keinesfalls »der eigenverantwortlichen Entscheidung des Einzelnen« und auch nicht der Schwangeren überlassen, weil deren Selbstbestimmungsrecht nicht die Befugnis umfassen könne, »in die geschützte Rechtssphäre eines anderen ohne rechtfertigenden Grund einzugreifen«[57]. Noch deutlicher formuliert diesen Standpunkt die zweite Abtreibungsentscheidung. Die »Verfügung über das Lebensrecht des nasciturus, wenn auch nur für eine begrenzte Zeit der freien, rechtlich nicht gebundenen Entscheidung eines Dritten, und sei es selbst der Mutter« zu überantworten, widerspreche der aus Art. 1 Abs. 1 GG

[53] BVerfGE 115, 118 (160 f.).

[54] *Dreier*, Art. 1 I Rn. 70 mit weiteren Beispielen; ferner, auch zum Problem der Triage, *Ralf Poscher*, Menschenwürde, in: Matthias Herdegen u. a. (Hrsg.), Handbuch des Verfassungsrechts, München 2021, § 17, S. 1101–1161, Rn. 97.

[55] Das Bundesverfassungsgericht wollte einen solchen Rechtsgrund nicht anerkennen, BVerfGE 115, 118 (159). Dagegen *Dreier*, Art. 1 I Rn. 136; *Christoph Enders*, Der Staat in Not, in: DÖV 2007, S. 1039–1046 (1043); *Poscher*, § 17, Rn. 91 f., 97.

[56] Vgl. BVerfGE 115, 118 (153, 154); *Poscher*, § 17, Rn. 94, 96, 99 (»Objektifizierungsverbot«).

[57] BVerfGE 39, 1 (44, 43).

abgeleiteten Verpflichtung des Staates zum Schutz des Lebensrechts (»das von der Würde des Menschen ausgeht«).[58] Ein Schutzkonzept müsse zwingend »so ausgestaltet sein, daß es geeignet ist, den gebotenen Schutz zu entfalten und nicht in eine – zeitlich begrenzte – rechtliche Freigabe des Schwangerschaftsabbruchs übergeht oder als solche wirkt«[59].

Das damit aus der Vorstellung des Rechtsverhältnisses zwischen Personen entwickelte, ohne Ausnahme und tatsächlich absolut geltende Recht auf Rechtfertigung, das stets einen tragfähigen Grund für die Zurücksetzung der Rechtsposition verlangt,[60] steht der Entkoppelung von Menschenwürdegarantie und Lebensschutz entgegen. Denn es ist mit der Rechtssubjektivität des Menschen unauflöslich verknüpft und lässt sich unter keinen Umständen von der einzelnen (gleich welcher) Grundrechtsposition, die ja überhaupt nur kraft der Rechtssubjektivität des Menschen zum Tragen kommen kann, loslösen. Zu Recht heißt es darum (und nur in diesem Sinne), die Menschenwürde sei der Grund, die Grundlage oder die Wurzel sämtlicher Grundrechte.[61] Das Anliegen, das hinter der Forderung steht, absoluten Würde- und relativen Lebensschutz normativ zu entkoppeln, behält dennoch seine Berechtigung: Bei näherem Hinsehen tritt der Widerspruch zwischen der absoluten Unverfügbarkeit des Lebensrechts und den vom Bundesverfassungsgericht für zulässig erachteten Modalitäten des Schwangerschaftsabbruchs im Lichte des Rechtsverhältnisgedankens eher noch deutlicher hervor: Dass im Konflikt zwischen vital-existenziellen Interessen der Schwangeren (wie sie die Indikationen bezeichnen) und dem Lebensrecht des Ungeborenen die Indikationslagen die Zurücksetzung des Lebensrechts des ungeborenen Kindes rechtfertigen sollen, hat seinen Grund in der (nicht offengelegten) Annahme, es sei das Lebensrecht im unentwickelten Stadium vor der Geburt von geringerem Rang als beim geborenen Menschen; auch jenseits einer eigentlichen Lebensgefahr für die Schwangere sei ihr Interesse, als dasjenige eines in die menschliche Gemeinschaft bereits voll integrierten Menschen, höher zu bewerten und schutzwürdiger als die Fortexistenz des nasciturus, der »noch nicht ›Namen und Art‹ hat«[62]. Nur unter dieser Voraussetzung unterschiedlicher Wertigkeit leuchtet die rechtfertigende Wirkung der vom Bundesverfassungsgericht anerkannten Indikationen ein. Gäbe es dagegen keine Unterschiede im

---

[58] BVerfGE 88, 203 (255, 252).

[59] BVerfGE 88, 203 (262).

[60] Vgl. *Enders*, Menschenwürde, S. 430f. für das Verhältnis zum Staat; *Rainer Forst*, Das grundlegende Recht auf Rechtfertigung, in: Hauke Brunkhorst u.a. (Hrsg.), Frankfurt/M. 1999, S. 66–105 (75); auch *Horst Dreier*, Verbindungsweg: Würde und Freiheit, in: Rolf Gröschner u.a. (Hrsg.), Wege der Würde, Tübingen 2022, S. 49–66 (53).

[61] BVerfGE 30, 173 (194); 93, 266 (293); 107, 275 (284). Zutreffend demgegenüber die Kritik bei *Dreier*, Art. 1 I Rn. 161, 162ff., soweit das Verhältnis von Menschenwürde und Grundrechten im Sinne eines materialen Wert- und Kerngehalts der Grundrechte verstanden wird.

[62] So deutlich *Hans-Heinrich Jescheck*, Lehrbuch des Strafrechts, Allgemeiner Teil, 3. Auflage Berlin 1978, S. 291, zum Folgenden S. 406f.

Rang des Lebensrechts vor und nach der Geburt, wie dies die Bezugnahme auf die Menschenwürde insinuiert, könnte ein Abbruch der Schwangerschaft allenfalls als entschuldigt gelten und auch dies nur dann, wenn das Leben der Schwangeren ernsthaft gefährdet wäre, im Fall der medizinischen Indikation also.[63]

Es fügt sich daher nicht nur die Beratungslösung nicht ein in das Schema von Grund und Gegengrund, wie es im Rechtsverhältnis zwischen Personen den allfälligen Rechtsverlust einer Seite zu legitimieren vermag. Dass das Bundesverfassungsgericht in den Indikationslagen die Vernichtung ungeborenen menschlichen Lebens für gerechtfertigt hält, steht im Widerspruch zu seiner Ausgangsthese, ihm komme nicht anders als dem geborenen Menschen das Lebensrecht zu, als »das elementare und unveräußerliche Recht, das von der Würde des Menschen ausgeht«. Denn beim ungeborenen menschlichen Leben handelt es sich weder um eine Sache, die störend von außen in eine fremde Rechtssphäre eindringt und beseitigt werden, noch um einen Angreifer, der um den Preis seines Lebens abgewehrt werden dürfte. Alle gängigen Rechtfertigungsgründe versagen. Indem das Bundesverfassungsgericht das »Recht auf Rechte« auf die Entwicklung des Menschen bereits vor seiner Geburt erstreckt, damit schon für diese Phase seinen Anspruch auf vollumfängliche Rechtfertigung jeden Eingriffs anerkennt, verwickelt es sich mit seiner Argumentation zur verfassungsrechtlichen Einordnung der Abtreibung in unauflösliche Widersprüche.

III. Argumentationspotential im Streit um die Abtreibung: Der neue Rang der »autonomen Selbstbestimmung«

1. Ein Leistungsanspruch auf viele besondere Rechte als Gegenstand der Würdegarantie

Möglicherweise finden die Widersprüche, in die sich das Bundesverfassungsgericht mit seiner Argumentation zur Abtreibung verstrickt hat, eine Auflösung in der Entwicklungsgeschichte des »Rechts auf Rechte« seit der zweiten Abtreibungsentscheidung. Ursprünglich bezeichnet dieses, das steht auch im Zentrum der zweiten Abtreibungsentscheidung, lediglich die Rechtsfähigkeit des Menschen,[64] seinen allgemeinen Anspruch, mit aller Konsequenz als Person anerkannt zu sein und kraft dieser unverlierbaren Qualität jederzeit Rechtfertigung für Schmälerungen seiner Rechtssphäre verlangen zu können. Das Bundesverfassungsgericht ist über diesen rechtsstaatlich etablierten, mit dem Satz von der Würde des Menschen lediglich auf den Punkt gebrachten Stand moderner

---

[63] Vgl. *Dreier*, DÖV 1995, S. 1036 (1040); *ders.*, Art. 1 I Rn. 71; *Hofmann*, Methodische Probleme, S. 47 (71).

[64] *Enders*, Menschenwürde, S. 503.

Verfassungskultur weit hinausgegangen und hat mit dem »Recht auf Rechte« weiteren »Facetten der Selbstbestimmung«[65] den Rang verfassungsunmittelbarer Rechtspositionen eingeräumt: Es hat in Gestalt eines Anspruchs »auf Gewährleistung eines menschenwürdigen Existenzminimums« ein Recht auf Fürsorgeansprüche in Fällen sozialer Not auf Verfassungsebene etabliert – obwohl derartige Sorge des Menschen um seine Existenz seine Stellung als Rechtssubjekt in keiner Weise berührt.[66] Es hat zur Sicherung der Selbstbestimmung aus einem – so das Gericht – in der Würde des Menschen verankerten »menschenrechtlichen Kern des Demokratieprinzips« einen originären Individualanspruch auf Demokratie abgeleitet, der ignoriert, dass das Grundgesetz die Rechtssubjektstellung des Individuums in Einzelgrundrechten konkretisiert, die vom Staat die Rechtfertigung von Hoheitsakten verlangen, nicht, wie das Demokratieprinzip, politische Beteiligung (Art. 1 Abs. 3 GG).[67]

Dem »Recht auf Rechte« wird dadurch als Anspruch auf weitere der Selbstbestimmung nützliche Rechtspositionen ein leistungsrechtlicher Charakter eingeschrieben. In dieser Interpretation als »Recht auf besondere Rechte« überspielt es Strukturentscheidungen des Grundgesetzes und hat zuletzt auch die abwehrrechtliche Seite der Grundrechte erreicht. In seiner Suizidhilfe-Entscheidung hat das Gericht nochmals nachdrücklich dem Autonomiepostulat des Würdesatzes seine Reverenz erwiesen. Wie eine »Freiheit zur Krankheit« anzuerkennen ist, weil selbst medizinisch indizierte, auf Heilung zielende Eingriffe ohne Einwilligung des Adressaten (und insoweit Rechtfertigung) sich als unzulässige Fremdbestimmung disqualifizieren,[68] gibt es auch ein »Recht auf selbstbestimmtes Sterben, welches das Recht auf Selbsttötung einschließt«[69]. Dieses Recht sei »Ausdruck personaler Freiheit«. Denn die »selbstbestimmte Verfügung über das eigene Leben ist unmittelbarer Ausdruck der der Menschenwürde innewohnenden Idee autonomer Persönlichkeitsentfaltung; sie ist, wenngleich letzter Ausdruck von Würde«[70]. Das vom Bundesverfassungsgericht zu beurteilende strafrechtliche Verbot geschäftsmäßiger Sterbehilfe (§ 217 StGB a. F.) lässt freilich die »selbstbestimmte Verfügung über das eigene Leben« unberührt, verbietet die Sterbehilfe, nicht die Selbsttötung. Die Verfassungsbeschwerden der Sterbewilligen, die strafgesetzlich verbotene Suizidhilfe in Anspruch nehmen wollten, hatten dennoch Erfolg. Denn das Bundesverfassungsgericht steigert das Recht

---

[65] *Baldus*, Kämpfe, S. 219ff.

[66] BVerfGE 125, 175 (224); vgl. BVerfGE 132, 134. Dazu *Baldus*, Kämpfe, S. 230ff., 236.

[67] BVerfGE 123, 267 (341); 129, 124 (169); 151, 202 (275 Rn. 92, 285f. Rn. 116, 118); vgl. BVerfGE 144, 20 (208 Rn. 542). Skepsis bei *Baldus*, Kämpfe, S. 226 mit S. 393f.; *Dreier*, Würde und Freiheit, S. 49 (55).

[68] Ausgangsentscheidung BVerfGE 128, 282 (302), hier unter Berufung auf Art. 2 Abs. 2 S. 1 GG; zusammenfassend BVerfGE 158, 131 (159 Rn. 71); vgl. auch BVerfGE 153, 182 (262 Rn. 209).

[69] BVerfGE 153, 182 (261 Rn. 208).

[70] BVerfGE 153, 182 (262 Rn. 210, 264 Rn. 211).

auf Selbsttötung in letzter Konsequenz zu einem Recht auf die Rechte anderer: Den Sterbewilligen wird ein Recht auf die Rechte der Suizidhelfer zugesprochen, deren Freiheit (Sterbewünsche zu unterstützen) sie in den Dienst der eigenen, autonomen Zweckverfolgung stellen wollen. Unter solcher Ausdehnung der Rechtssphäre der Sterbewilligen (und damit des Rechtsverhältnisses zum Staat) greift das an die Sterbehelfer adressierte Verbot zugleich in das Recht derjenigen ein, die Sterbehilfe in Anspruch nehmen wollen und die daher ein Recht Dritter, das Recht der Sterbehelfer (unabhängig davon, ob diese sich auf ihr Recht berufen) in eigenem Namen geltend machen können.[71] Die abwehrrechtlich überraschende Konsequenz unterstreicht den Leistungscharakter des Rechts auf Rechte.

2. *Ein »Recht auf Abtreibung«?*

Dieser Leistungsperspektive liegt auch ein Recht »auf Abtreibung« nicht fern, wie es nach einer Entschließung des Europäischen Parlaments vom 7. Juli 2022 in die Europäische Grundrechte-Charta Eingang finden soll (Art. 7a: »Jeder hat das Recht auf sichere und legale Abtreibung«).[72] Wenn Selbstbestimmung Verfügung über Rechtspositionen bedeutet und diese Verfügungsbefugnis sich im Bedarfsfall auf die Rechte Dritter erstreckt, wie es die Suizidhilfeentscheidung dargelegt hat, mag sie, nach Maßgabe der individuellen Bedeutung für den Begünstigten, auch den Rechtsverzicht Dritter einschließen. Dergestalt die Rechtssphäre der Schwangeren auszudehnen im Sinne eines (dem Grunde nach gegebenen) Anspruchs auf den Rechtsverzicht des Ungeborenen würde der Abwägung ihres Selbstbestimmungsinteresses mit dem Lebensrecht des nasciturus eine normative Basis und einen rechtsdogmatischen Rahmen geben.

Indessen ist gegen eine solche, vom Standpunkt der Sterbehilfe-Entscheidung aus durchaus plausible Ausdehnung der individuellen »autonomen Selbstbestimmung« der Schwangeren zum »Grundrecht auf Abtreibung« zu erinnern, dass mit ihr die klassische Funktion der Grundrechte als Abwehrrechte im Kontext des Verfassungsrechtsverhältnisses zum Staat überdehnt und entwertet wird. Denn Grundrechte gewährleisten in ihrer Abwehrfunktion das Recht, »sich entsprechend dem eigenen Selbstbild autonom (zu) bestimmen« nicht etwa im Sinne eines Rechts »auf« gelingende Selbstverwirklichung,[73] sei es durch die Vereinnahmung fremder Rechtssphären, sei es durch Garantie jeweils zweckdienlicher

---

[71] BVerfGE 153, 182 (260 Rn. 203, 264f. Rn. 212f.); die Zulässigkeit einer Verfassungsbeschwerde scheint unabhängig vom Prozessverhalten des eigentlichen Rechtsinhabers.

[72] ABl. C 47 v. 7. Februar 2023, S. 268; und inzwischen als »Freiheit der Frau, ihre Schwangerschaft zu beenden«, Eingang in Art. 34 der Französischen Verfassung gefunden hat. Dazu *Hillgruber*, in: FAZ vom 23. März 2023, Nr. 70, S. 7.

[73] Einerseits BVerfGE 153, 182 (262 Rn. 209). Andererseits BVerfGE 101, 361 (380); 120, 180 (198): kein Anspruch, in bestimmter Weise sozial zu wirken und wahrgenommen zu werden.

materieller oder immaterieller Leistungen, sei es in Gestalt bestimmter Zustände. Grundrechte statuieren – im Rechtsverhältnis zum Staat – einen Anspruch auf Rechtfertigung staatlicher Freiheitseingriffe, fragen also besonders danach, ob die getroffenen Maßnahmen zur Zielerreichung geeignet und im Ausmaß der mit ihnen verbundenen Belastung wirklich nötig sind. Dadurch schützen sie die betroffenen Einzelnen in ihrem individuellen Bestreben, das erwünschte Verhalten Dritter herbeizuführen, die erwünschten Zustände zu erreichen, was ihnen einerseits ohne tragfähige Begründung nicht verwehrt werden, andererseits aber mit Rücksicht auf Rechte anderer und Belange der Allgemeinheit verboten werden darf. In diesem Sinne hat *Gustav Radbruch* seinerzeit mit Blick auf den Gesetzesvorschlag einer befristeten Freigabe der Abtreibung betont: »Unser Antrag will nicht ein Recht verleihen, er will nur eine Strafe aufheben. Wir denken nicht daran, ein unbegrenztes Recht der Frau über den eigenen Körper hinauf bis zur Vernichtung ihrer Leibesfrucht zu behaupten«[74]. In der Tat: Als Eingriff in die Freiheit der Schwangeren wie der behandelnden Ärztinnen und Ärzte muss ein strafgesetzliches Abtreibungsverbot verfassungsrechtlichen Anforderungen genügen, ohne dass es dazu der Konstruktion eines »Grundrechts auf Abtreibung« bedürfte.

3. Die Gemeinschaftsbezogenheit und -gebundenheit der Person als Freiheitsgrenze

Darum greifen auch Parolen wie: »Mein Bauch gehört mir« oder »Mein Körper, meine Entscheidung« zu weit. Sie mögen das Bekenntnis der Suizidhilfe-Entscheidung zur »autonomen Selbstbestimmung« des Menschen als Person für sich in Anspruch nehmen, weisen aber wie dieses in die falsche Richtung. Zu Recht hat man diese Perspektive des Bundesverfassungsgerichts als »neuen Rechtsindividualismus« und Übersteigerung des Autonomiegedankens zum Rechtsegoismus kritisiert, der sein Ideal des »souveränen Individuums«[75] zum Zentrum des Rechts und alleinigen Orientierungsmaßstab erhebt. Diese Freiheitsauffassung kenne nur mehr eine »Selbstbestimmung ohne Nomos, eine Autonomie, von der nur das *autos*, das Selbst bleibt«[76]. Relationalität von Freiheit, darauf macht diese Kritik zutreffend aufmerksam, wird hier falsch verstanden: Das Lebensumfeld wird nicht als tatsächliche (Gelingens-)Bedingung, aber auch Grenze von Freiheit begriffen. Das Verhalten Dritter wie die gesamte Konfigurierung der sozialen Wirklichkeit scheint als Inhalt von Leistungsansprüchen des Individuums gewissermaßen dessen eigener Rechtssphäre zugeschlagen. Tatsächlich erhält die Rechtssphäre ihre konkrete Gestalt erst in der gesetzlichen Vermitt-

[74] *Radbruch*, Abtreibung der Leibesfrucht, S. 23 (31); *ders.*, Verbrechen, S. 191.
[75] BVerfGE 4, 7 (15).
[76] *Thomas Vesting*, Staatstheorie, München 2018, Rn. 302. Positiv würdigt die Entscheidung *Dreier*, Würde und Freiheit, S. 49 (60).

lung des rechtlich anerkannten Einzelinteresses mit den Rechten anderer und Gemeinwohlbelangen.

Richtig hat darum das Bundesverfassungsgericht darauf abgehoben, dass das ungeborene menschliche Leben nicht einfach integraler Bestandteil des mütterlichen Organismus sei und damit der Rechtssphäre der Schwangeren und ihrer Vergfügungsbefugnis vollumfänglich unterworfen. Insofern kann tatsächlich die natürlich vorgezeichnete, wenn auch nur mögliche Entwicklung dieses noch ungeborenen menschlichen Lebens nicht ausgeblendet werden, dessen spezifische Potentialität es zu einem Belang von allgemeinem Interesse erhebt und dem Schwangerschaftsabbruch eine »soziale Dimension« verleiht, »die ihn der Regelung durch den Staat zugänglich und bedürftig macht«[77]. Der Schwangerschaftsabbruch ist mit anderen Worten möglicher Gegenstand gesetzlicher Aufmerksamkeit und eines gesetzlichen Interessenausgleichs, den das Bundesverfassungsgericht frühzeitig mit dem Hinweis auf die »Gemeinschaftsbezogenheit und Gemeinschaftsgebundenheit der Person« gerechtfertigt hat.[78] Hier können, hier müssen auch die berechtigten Interessen der Schwangeren in Rechnung gestellt werden, damit am Ende ihre »Eigenständigkeit als Person« gewahrt bleibt.

IV. Der Schutz des »Ungeborenen« im Licht der Verfassung

1. Der Rechtsstatus des ungeborenen menschlichen Lebens

Könnte der Interessenausgleich, der Konsequenzen aus der »Gemeinschaftsbezogenheit und Gemeinschaftsgebundenheit« der Schwangeren zieht, auf eine befristete Freigabe der Abtreibung, gar auf eine Regelung des Schwangerschaftsabbruchs überhaupt außerhalb des Strafgesetzbuchs hinauslaufen? Als Belang von allgemeinem Interesse ist das werdende menschliche Leben mögliches Schutzgut der Rechtsordnung. Um aber den hier gebotenen Interessenausgleich auf verlässlicher Basis vorzunehmen, muss die Frage nach dem Verfassungsrang des ungeborenen Lebens gestellt und beantwortet werden.

Das Bundesverfassungsgericht meinte in seiner ersten wie besonders in der zweiten Abtreibungsentscheidung durch einen Rekurs auf die Würde des Menschen dem Problem der (Grund-)Rechtsfähigkeit des werdenden Lebens ausweichen zu können, da zwischen den Phasen menschlicher Existenz nicht differenziert werden dürfe. Indessen kommt Würde dem Menschen gerade als Person zu, wie das Bundesverfassungsgericht oft betont und in seiner Suizidhilfeentscheidung erneut bekräftigt hat. Als Person und nur als Person ist er Träger

[77] BVerfGE 39, 1 (42), ein Anwendungsfall der »Sphärentheorie«.

[78] BVerfGE 4, 7 (15 f.) zum »Menschenbild des Grundgesetzes«; *Andreas Funke*, Parallelweg: Menschenwürde und Menschenbild, in: Rolf Gröschner u. a. (Hrsg.), Wege der Würde, Tübingen 2022, S. 83–116 (106 ff., 110): »kommunitäre Dimension des Menschen«.

von Rechten und Pflichten. Der Mensch vor seiner Geburt ist nach der Rechtsvorstellung der Moderne nicht Person (vgl. § 1 BGB)[79] und darum allenfalls ausnahmsweise und in einzelnen Hinsichten rechtsfähig (§ 844 Abs. 2 Satz 2 und § 1923 Abs. 2 BGB). Der Verweis auf das Bekenntnis zur Würde des Menschen in Art. 1 Abs. 1 GG ändert daran nichts: Eine (naturwissenschaftliche) Aussage über den Beginn (oder auch das Ende) des menschlichen Lebens sollte mit ihm nicht getroffen werden. Vielmehr wollte sich das Grundgesetz in die Tradition der Menschenrechtsidee stellen (Art. 1 Abs. 2 GG), für welche die Rede von den »angeborenen Rechten« (etwa in § 16 des Österreichischen ABGB von 1811[80]) kennzeichnend ist. Sie kommt nicht von ungefähr: Die besondere Qualität der allgemeinen Rechtsfähigkeit, seine Würde als Person, eignet dem Menschen nach dieser Tradition mit der Geburt, die so als der letzte schlechthin heteronome Akt menschlicher Entwicklung und paradoxe Transformation von Natur in Freiheit erscheint.[81] Zuvor ist menschliches Leben in seiner Entwicklung in gesteigertem Maße schutzwürdig, der Schwangerschaftsabbruch ein »Eingriff in den heiligsten Naturvorgang, den wir kennen«[82] – aber das ist keine Schutzwürdigkeit kraft eigenen subjektiven Rechts.

Damit ist auch der Ausweg versperrt, den das Bundesverfassungsgericht in seiner ersten Abtreibungsentscheidung einschlagen wollte: Auch als objektive Verfassungsprinzipien setzen die Grundrechte ein Subjekt voraus als Träger der Rechtsposition, auf deren Schutz sie verstärkend abzielen.[83] Ihre objektiv-rechtliche Wirkung vom zu schützenden Subjekt als Träger des Rechts ablösen zu wollen, ist, wie das Bundesverfassungsgericht an anderer Stelle dezidiert betont hat, konstruktiv ausgeschlossen[84] und auch sinnwidrig: was sollte der Inhalt eines Rechts sein, das seinen Träger nicht kennt. Wird der objektive Prinzipiencharakter stark gemacht, weil dessen Rechtswirkung auf ein Subjekt nicht angewiesen sei, so verliert nicht allein der Tatbestand der Norm jegliche Kontur, ihr Schutzzweck, der die Zurücksetzung kollidierender Belange legitimieren soll, verschwindet im unüberschaubaren Gewirr möglicher Kausalzusammenhänge.[85] Auch als objektiv-rechtliche Fundierung von Schutzpflichten setzen daher die Grundrechte ein Rechtssubjekt, den (geborenen) Menschen als Person voraus.

[79] *Friedrich Carl von Savigny*, System des heutigen Römischen Rechts, Zweiter Band, Berlin 1840, § 61, S. 4; *Georg Geismann*, Kant und ein vermeintes Recht des Embryo, in: Kant-Studien 95 (2004), S. 443–469, 453 f.; vgl. auch *Dreier*, Art. 1 I Rn. 66, 83; *Wapler*, Art. 1 I Rn. 92.

[80] »Jeder Mensch hat angeborne, schon durch die Vernunft einleuchtende Rechte, und ist daher als eine Person zu betrachten«.

[81] *Immanuel Kant*, Metaphysik der Sitten, in: Werke, hrsgg. v. Wilhelm Weischedel, Band IV, 1983, S. 303–364, Rechtslehre § 28 (S. 393 f.); *Geismann*, Kant-Studien 95, S. 443 (461 f., 463 f.).

[82] So *Radbruch*, Verbrechen, S. 191.

[83] BVerfGE 7, 198 (204 f.).

[84] BVerfGE 50, 290 (337). Vgl. *Enders*, Menschenwürde, S. 493 f.

[85] Er scheint etwa zur Sanktionierung von Familienangehörigen zu verpflichten, die »der Bereitschaft zum Austragen des Kindes« entgegenwirken, BVerfGE 88, 203 (Ls. 9).

2. *Vorwirkungen der Grundrechte?*

Dieser Befund präjudiziert auch die Antwort auf die Frage, ob der Grundrechtsschutz des Lebens, obwohl die Grundrechte nur dem geborenen Menschen als Person zustehen, nicht wenigstens in Gestalt einer Vorwirkung dem nasciturus zugute kommen könnte.[86]

Vorwirkungen können die Grundrechte indessen vor allem in der Abwehrrichtung entfalten. Weil der Grundrechtseingriff stets seinen tatsächlichen Anknüpfungspunkt in einem äußerlich wahrnehmbaren, positiven Verhalten hat (das dann noch als »Eingriff« begrifflich zu qualifizieren bleibt), lässt er sich, anknüpfend an hinreichend sicher prognostizierbare Kausalzusammenhänge, die aktuelles Verhalten mit künftigen grundrechtsrelevanten Folgen verbinden, im Wege der Vorwirkung selbst mit Blick auf künftige Grundrechtssubjekte konstruieren, solange die Identität von Eingriffsgegenstand und Schutzgut in der Person des (künftigen) Grundrechtsträgers gewährleistet ist.[87] Das normative Konstrukt der grundrechtlichen Schutzpflicht geht demgegenüber von einem bereits existenten Grundrechtssubjekt aus, dessen Rechtsanspruch im Falle einer Gefährdung oder Beeinträchtigung den Rechtsbefehl auslöst, Maßnahmen zu seinem Schutz zu ergreifen. Die Maßnahmen sind angesichts der großen Spielräume und Vielfalt denkbarer Handlungsmöglichkeiten[88] als grundrechtsgeboten (i.S. der Schutzpflicht) kenntlich allein durch das Grundrechtssubjekt, dessen Schutz sie erforderlich macht. Ohne diesen Bezug auf das Grundrechtssubjekt fehlt es ihnen an einem verfassungsrechtlichen Zurechnungspunkt. Aus der – ohne Grundrechtsbezug – ganz allgemeinen Verpflichtung des Staates zum Schutz der Menschenwürde (Art. 1 Abs. 1 Satz 2 GG), lassen sich keine bestimmten Handlungsaufträge ableiten. Wohl aus diesem Grund hat das Bundesverfassungsgericht in seiner Klimaschutzentscheidung zum einen klargestellt, dass noch nicht geborenen Menschen keine subjektive Grundrechtsberechtigung zukommt.[89] Zum anderen hat es zwar der Schutzpflicht zugunsten von Leben und Gesundheit (neben Art. 20a GG) rechtfertigende Wirkung zugunsten belastender Klimaschutzmaßnahmen zugebilligt, diese Maßnahmen selbst aber doch lieber an abwehrrechtlichen Maßstäben gemessen: soweit sie nämlich »eingriffsähnliche Vorwirkung« entfalten, also in der Zukunft zu belastenden Folgemaßnahmen führen, die dann nicht mehr mit Aussicht auf Erfolg angegriffen werden können.[90]

---

[86] *Wapler*, Grundgesetz, Art. 1 I Rn. 90f.

[87] *Enders*, Menschenwürde, S. 494ff.; *ders.*, in: Wolfram Höfling u.a. (Hrsg.), Berliner Kommentar zum Grundgesetz (13. Erg.-Lief. 2005), Rn. 138ff.

[88] BVerfGE 96, 56 (64); 157, 30 (114 Rn. 152). *Dieter Grimm*, Rückkehr zum liberalen Grundrechtsverständnis?, in: recht 1988, S. 41–50 (49).

[89] BVerfGE 157, 30 (95 Rn. 109).

[90] BVerfGE 157, 30 (113f., Rn. 151, 114ff. Rn. 154ff. [Schutzpflichten nicht verletzt]; 130f., Rn. 183f.; 133f. Rn. 189ff.).

3. Der Spielraum des Gesetzgebers

Lässt sich eine spezifische grundrechtliche Schutzpflicht zugunsten des ungeborenen Lebens mangels Grundrechtssubjektivität nicht überzeugend begründen, genießt der Gesetzgeber größere Gestaltungsfreiheit bei der Regelung der Abtreibungsfrage. Diese hat ihren Grund indessen nicht allein darin, dass dem ungeborenen menschlichen Leben noch nicht der Rang eines Grundrechtssubjekts zukommt und aus der allgemeinen Schutzverpflichtung zugunsten der Menschenwürde keine exakten Maßgaben folgen. Wenn das Bundesverfassungsgericht immer wieder vom menschenrechtlichen Kern des Demokratieprinzips spricht,[91] erinnert es an den Zusammenhang von individueller Selbstbestimmung und politischer Teilhabe. Den Regelungen des Gesetzgebers kommt, da in ihnen der allgemeine Wille der politischen Gemeinschaft Ausdruck findet, eine eigenständige, sie vor der individuellen Freiheit legitimierende Dignität zu. Sie verleihen, indem sie kraft Auftrags der Bürgerinnen und Bürger die Bedingungen der Freiheitsausübung mit Wirkung für und gegen alle festsetzen, der Freiheitsbestimmung des Menschen ebenso positiv Ausdruck wie dies die Grundrechte tun, indem sie die Freiheitssphäre des Einzelnen von der Einflusssphäre des Staates negativ abgrenzen. Gesetze, die die Freiheit der Einzelnen beschränken, definieren so zugleich, oft nach intensiver und kontroverser Diskussion im Parlament und immer wieder neu, die Gemeinschaftsbezogenheit und -gebundenheit des Menschen als Person vor dem Hintergrund aktueller sozialer Herausforderungen. Aus diesem Umstand spricht gerade auch in politisch umstrittenen Fragen viel für eine weitgehende Einschätzungsprärogative des demokratisch legitimierten Gesetzgebers. Seine Einschätzung als Verfassungsverstoß von der Hand zu weisen, erfordert gewichtige und in der Verfassung klar zum Ausdruck kommende Gründe.

V. Die dritte Abtreibungsentscheidung des Bundesverfassungsgerichts

Sollte der Gesetzgeber künftig die Abtreibung befristet freigeben oder insbesondere sie außerhalb des Strafgesetzbuchs regeln, spricht viel dafür, dass das neue Gesetz im Wege der abstrakten Normenkontrolle angegriffen und so dem Bundesverfassungsgericht zur Prüfung vorgelegt wird. Dann wird es zu entscheiden haben, ob es an den Grundsätzen festhalten will, die es in den beiden Abtreibungsentscheidungen aufgestellt hat.

Hat sich seither etwas verändert in der maßgeblich vom Bundesverfassungsgericht geprägten Verfassungslandschaft? Das Gericht hat eine »Freiheit zur

[91] BVerfGE 144, 20 (208 Rn. 542).

Krankheit« und ein Recht auf selbstbestimmtes Sterben anerkannt und damit nachdrücklich betont, dass dem Menschen Würde kraft seines Personseins zukommt und die damit verbundene Rechtsfähigkeit, die in den Grundrechten konkrete Gestalt annimmt, seine Sonderstellung in der Organisation des sozialen Lebens ausmacht. Darin liegt, auch ungeachtet des Umstands, dass es dem vorgeburtlichen Leben an dieser zentralen Qualität gerade fehlt, eine neue und verstärkte Akzentuierung der Autonomie, die auch ohne verfehlte Übersteigerung zu einem grenzenlosen »Recht auf besondere Rechte« jeder Einschränkung, besonders wenn sie höchstpersönliche Entscheidungen betrifft, eine hohe Begründungslast auferlegt. Vor allem wird mit Blick auf die Verhältnismäßigkeit der Regelung ein altes Argument neu zu erörtern und zu bewerten sein: ob wirklich allein das Strafrecht effektiven Schutz des ungeborenen Lebens verspricht und nicht vielleicht eine Regelung, die auf Kriminalisierung verzichtet, diesen Schutzzweck ebensogut oder besser erfüllt.[92] Es wäre jedenfalls fatal, dem demokratisch legitimierten Gesetzgeber zu unterstellen, er könne den besonderen Rang des ungeborenen Lebens nicht erkennen und einschätzen und ihm so das Verantwortungsbewusstsein und die Differenzierungsfähigkeit abzusprechen, deren es bedarf, um dem besonderen Status, der menschlichem Leben auch vor der Geburt zukommt, gebührend Rechnung zu tragen.

[92] *Radbruch*, Verbrechen, S. 191 (192); *ders.*, Abtreibung der Leibesfrucht, S. 23 (26). *Joachim Wieland*, Recht auf Schwangerschaftsabbruch und väterlicher Stichentscheid, in: ZÖR 2022, S. 835–839 (837).

Weimars Grundrechtsverfassung

Christoph Gusy

Die Feiern zum 100. Jahrestag des Inkrafttretens der WRV brachten eine Reihe wichtiger Synthesen, aber nur wenige wirklich neue Erkenntnisse, Themen und Thesen. Aus diesem Kontext ragt die Formulierung von der »Grundrechtsrepublik Weimar« heraus. Sie war wirklich neu und hat wohl schon deshalb nicht nur Zustimmung, sondern auch verhaltene Reaktionen namentlich aus der Geschichtswissenschaft ausgelöst. Umso herausfordernder erscheint es, ihr nachzugehen und mögliche Leistungen für die Verfassungsgeschichte der Republik und für die Verfassungstheorie nutzbar zu machen.

I. »Grundrechtsrepublik Weimar«

Die Formulierung von der »Grundrechtsrepublik Deutschland« war ursprünglich eine Aussage über die Bundesrepublik.[1] Sie beschreibt das Ergebnis eines Siegeszuges der Grundrechte, wie ihn die Verfassungsväter und -mütter von 1949 nicht vorausgesehen haben. Dieser Wandel geschah durch Verfassungsauslegung, vor allem durch die Rechtsprechung des BVerfG.

Die Formel ist von *H. Dreier* erstmals zur Charakterisierung von Weimars Grundrechtsverfassung herangezogen worden.[2] Ihm geht es damit um die in neuerer Zeit mehrfach diskutierte Widerlegung der Bewertung des 2. Hauptteils der WRV als »leerlaufend«, als »bloße Programmsätze«, denen der Charakter als unmittelbar geltende und anwendbare Rechtsnormen gefehlt habe.[3] Dazu kehrt er zurück zu den Quellen, dem Text der WRV, den Beratungen von Nationalversammlung und Verfassungsausschuss, dem Stand der Weimarer Grundrechtsdiskussion und der damaligen Verfassungsrechtsprechung und -rechtswissenschaft. Dieses Vorgehen entspricht den Ansätzen der Weimarforschung, die sich namentlich nach 1990 zeithistorischen Quellen und Methoden geöffnet und

[1] *Friedhelm Hufen*, Staatsrecht II, 7. Auflage 2018, Randnummer 20. Zitate ebd.

[2] *Horst Dreier*, in: ders./Christian Waldhoff (Hrsg.), Das Wagnis der Demokratie, 2018, S. 175. Zitate ebd.

[3] Wichtige Vorarbeiten dazu bei *Horst Dreier*, in: Detlef Merten/Hans-Jürgen Papier (Hrsg.), Handbuch der Grundrechte I, 2004, § 4 Rn 8ff. Siehe schon zuvor *Ernst Rudolf Huber*, Deutsche Verfassungsgeschichte VI, 1981, S. 96ff.; *Christoph Gusy*, ZNR 1993, S. 163; *ders.*, 100 Jahre Weimarer Verfassung, 2018, S. 236ff. (alle mit Nachw.).

gegenüber der Reproduktion von vermeintlich gesicherten Erkenntnisständen der überbordenden Sekundärliteratur ein Stück weit Skepsis gezeigt hat. Dort kann die These von der Grundrechtsrepublik Anschluss suchen und finden.

Sie legt einen differenzierenden Ansatz zugrunde. Die insgesamt 57 Artikel des 2. Hauptteils müssen danach ebenso differenzierend ausgelegt und verstanden werden. Als eine Aufgabe der Rechtswissenschaft formulierte schon in der Republik *G. Anschütz*, die Bestimmungen, welche bereits gegebene Gesetze sind, zu unterscheiden von denen, welche nur Richtlinien für künftig zu gebende Gesetze enthalten und daher der aktuellen Geltung und Anwendbarkeit entbehren.[4] Das war die Antithese zu einer verbreiteten historisch-genetischen Auffassung, wonach die Streichung des geplanten Art. 107 zur WRV (»Die Grundrechte und Grundpflichten bilden Richtschnur und Schranke für die Gesetzgebung, die Verwaltung und die Rechtspflege in Reich und Ländern«) aus den Verfassungsentwürfen in der Nationalversammlung zugleich die Entscheidung gegen eine unmittelbare Grundrechtsgeltung bewirkt habe.[5] Vielmehr sei die Ermittlung der Grundrechtswirkung eine Aufgabe der Auslegung der Grundrechtsgarantien selbst. Sie ist in der Staatsrechtslehre der Zeit versucht worden, wobei die Ergebnisse ebenso differenzierend ausfielen wie die Aufgabe. Damit erscheint ein Weg zur Entdeckung der Grundrechtsrepublik geöffnet. Sie konstatiert schon im Normtext einzelner Garantien starke Indizien für eine unmittelbare Grundrechtsgeltung auch gegenüber dem Gesetzgeber. Solche Garantien (etwa das strafrechtliche Rückwirkungsverbot des Art. 116 WRV) enthielten nicht nur Verbürgungen, welche den damals anerkannten Einsichten vom Eingriffsverbot und vom Gesetzesvorbehalt entsprachen. Zahlreiche Garantien des 2. Hauptteils der WRV bestätigten nicht nur die Befunde der einfach-rechtlichen Rechtslage, sondern enthielten eigenständige Rechtsfolgen und seien schon deshalb nicht »leerlaufend«. Solche Thesen werden durch einzelne Gerichtsurteile und Stimmen aus der zeitgenössischen Rechtswissenschaft untermauert. Aufschlussreich ist zudem die Rekonstruktion der Leerlaufsthese, die sich auf missverständliche Formulierungen ausgerechnet von *R. Thoma* stützt. Der gründlichste verfassungsloyale Interpret der WRV hatte in Wiederaufnahme seiner früheren Erkenntnisse aus dem Konstitutionalismus postuliert: »Wenn ohnehin der Satz gilt, daß sogenannte Eingriffe in Freiheit und Eigentum nur durch Gesetz oder aufgrund einer gesetzlichen Ermächtigung statthaft sind, dann braucht nicht noch einmal gesagt zu werden, daß eine Verhaftung oder eine Einschränkung der Verfügung über das Eigentum oder dergleichen nur nach Maßgabe der gesetzlichen Bestimmungen statthaft sei.«[6] Das klang einerseits wie die Leerlaufsthese,

[4] *Gerhard Anschütz*, Die Verfassung des Deutschen Reichs, 14. Auflage 1933, S. 514.
[5] Dazu näher *Jörg Detlef Kühne*, in: Festschrift für Rudolf Wendt, 2005, S. 237.
[6] *Richard Thoma*, in: ders., Rechtsstaat – Demokratie – Grundrechte. Ausgewählte Abhandlungen aus fünf Jahrzehnten (hrsgg. von Horst Dreier), 2008, S. 139.

lässt sich andererseits aber auch gegenläufig verstehen. Was früher eine bloße Erkenntnis der konstitutionellen Rechtslehre – nicht zuletzt *R. Thomas* – gewesen sei, nahm fortan Verfassungsrang ein und wurde dadurch bindendes Recht. Schon deshalb sprach *G. Anschütz* damals von einer Vermutung für den Charakter der Grundrechtsgarantien als unmittelbar geltendes Recht.[7]

Dieser Ansatz eröffnete Raum für eine differenzierende Grundrechtsbetrachtung. Wenn die Grundrechte weder insgesamt bindend noch insgesamt leerlaufend seien, werde die Ermittlung ihrer Adressaten (nur Exekutive oder Justiz oder zudem die Legislative) ebenso wie diejenige ihrer Rechtsfolgen (rechtliche Vorgabe oder Aufgabe) ein Anliegen der Interpretation der einzelnen Garantien. Hier zeigten die Weimarer Verfassungsrechtsprechung und -rechtswissenschaft ein erstaunlich vielschichtiges Bild. Je länger je mehr wurde der Charakter von immer mehr Garantien als unmittelbares Recht postuliert und begründet. Grundlagen war etwa die Bindung der Länder an die WRV (Art. 13 WRV), die neue Lehre von den »institutionellen Garantien«, die formell und/oder materiell limitierten Einschränkungsermächtigungen zahlreicher Rechte und grundrechtliche Verfassungsaufträge und Staatszielbestimmungen, die Zielvorgaben und die Entscheidungsfreiheit des Gesetzgebers auf die Auswahl der Mittel begrenzten. In Zweifelsfällen ergab sich aus der Summe dieser Bindungen eine »Vermutung zu Gunsten aktueller Anwendbarkeit und gegen den bloßen Defensivcharakter« der einzelnen Garantien.[8] Damit war und ist das primäre Anliegen von *H. Dreiers* Abhandlung erfüllt. Die These vom Leerlaufen aller Weimarer Grundrechtsgarantien ist widerlegt. Selten fand und findet man derart konsistente und im Ergebnis eindeutig formulierbare Forschungsergebnisse auf dem knappen Raum eines Beitrags zu einem Sammelband wie bei ihm.

Aber war Weimar deshalb bereits eine »Grundrechtsrepublik«? Lässt das ausgebreitete Material wirklich einen Siegeszug der Grundrechte erkennen? So weit ist es wohl in der Republik (noch?) weder in der Theorie noch in der Praxis gekommen. Gewiss, wichtige Ansatzpunkte waren gelegt. Die notwendigen Rechtsgrundlagen dazu waren damals schon in Kraft. Doch gab es auf dem Weg zum Siegeszug Hindernisse und Defizite, welche nicht allein in den Grund- und Menschenrechtsgarantien selbst, sondern in ihrem normativen, namentlich institutionellen und interpretatorischen Umfeld lagen. Die kurze Geltung der WRV führte zwar zu einem intensiven Richtungsstreit, der zugleich Methodenfragen aufwarf, aber die dogmatischen Folgerungen der begrenzten Zahl verfassungsloyaler Autoren überließ. Sie verdeckten die Garantien der WRV nicht im Nebel allgemeiner Theorien, die das rechtsstaatliche Verteilungsprinzip der Grundrechte aus der konstitutionellen Staatsrechtslehre übernahmen und der WRV unterlegten; ein Unterfangen, welches Text und Intentionen des 2. Hauptteils

[7] *Anschütz*, Verfassung, S. 514ff., 516.

[8] *Dreier*, Wagnis, S. 191.

völlig überging. Die verfassungsloyalen Autoren[9] erschlossen das Material, das möglicherweise einen Siegeszug hätte eröffnen können. Dazu kam es jedoch bis 1933 nicht. Die Neuorientierung der Staatsrechtswissenschaft hin zu einer Verfassungslehre und -dogmatik der demokratischen Republik brauchte Zeit, mehr Zeit, als Weimar zur Verfügung stand. Das galt nicht nur damals, sondern vergleichend in der späteren Bundesrepublik. Unter dem GG ist die Entwicklung des Übermaßverbots[10] als allgemeiner Maßstab mit Verfassungsrang und Bindungswirkung auch für die Legislative – nach meiner Lesart – vom BVerfG erstmals im Jahr 1961 ausformuliert worden, fast zwölf Jahre nach Inkrafttreten des GG.[11] Zwölf Jahre nach Inkrafttreten der WRV befand sich die Republik bereits in ihrer finalen Krise. Für einen Siegeszug entsprechend der Rechtslage unter dem späteren GG war damals keine Zeit. Ein noch größeres Hindernis war damals ein anderer Gesichtspunkt: Die defizitäre Verfassungsloyalität wichtiger Staatsorgane der Republik. Nach dem Mehrheitsverlust der Weimarer Koalitionsparteien im Jahr 1920 war der politische Anreiz einer Verfassungsentwicklung durch Gesetzgebung jedenfalls auf der zentralen Ebene[12] erheblich geschwächt. In der finalen Phase stand eher Abbau als Ausbau der demokratischen Republik einschließlich ihrer Grundrechte auf der Agenda. Unterschiedlich ausgeprägt war auch die Verfassungsloyalität der übrigen Staatsorgane, bei denen neben leuchtenden Einzelbeispielen der Stärkung und Fortentwicklung der WRV andere Fälle eines Ignorierens, Verdrängens oder Marginalisierens der WRV zu finden waren. Die von H. Dreier aufgezeigten Entscheidungen und Begründungen waren eine wichtige, aber eben nur eine Seite der Medaille – leider![13]

Als Zwischenbilanz lässt sich festhalten:

– Die These von den leerlaufenden Grundrechten der WRV ist nun hoffentlich definitiv widerlegt.

– Die WRV als Rechtsquelle ist primär aus sich selbst, ihrer Entstehungs- und Wirkungsgeschichte zu verstehen. Dieser Zugang wurde durch die Entwicklung von Großtheorien in der Zeit jedenfalls nicht immer erleichtert.

– Es gab in der Republik eine gewisse Eigenständigkeit des Rechts gegenüber der Politik. Die WRV war weder bloß Ursache noch bloß Teil einer allgemeinen Niedergangsgeschichte. Sie ist auch als eine Antithese zu begreifen. Was damals geschah, war im Verfassungstext vielfach nicht einfach angelegt, sondern wesent-

---

[9] Zu ihnen eingehend *Kathrin Groh*, Demokratische Staatsrechtslehrer in der Weimarer Republik, 2010.

[10] Zu dessen Geschichte im deutschen Verfassungsrecht etwa *Alexander Tischbirek*, Die Verhältnismäßigkeitsprüfung, 2017.

[11] BVerfGE 13, 97 (104) u. ö.

[12] Dies mochte in einzelnen Ländern partiell anders aussehen. Dem kann hier nicht nachgegangen werden. Zur unterschiedlich ausgeprägten Verfassungsloyalität der Länder am Beispiel des Republikschutzes *Christoph Gusy*, Weimar – Die wehrlose Republik?, 1991, S. 301 ff.

[13] Ausschnitthafter Überblick bei *Gusy*, ZNR 1993, S. 163.

lich Folge einer Umbildung des Rechts und eines sukzessiven Ausstiegs aus der WRV. Dies impliziert zugleich die Notwendigkeit einer gewissen Distanz der Weimarer Verfassungsgeschichtsschreibung als Rechtsgeschichtsschreibung von der allgemeinen politischen Geschichtsschreibung zur Republik.

Das sind wohl zentrale Einsichten, die aus den Ausführungen *Dreiers* hergeleitet werden können. Dass der Siegeszug der Grundrechte damals politische oder rechtliche Realität geworden sei, bezweifelt er selbst und versieht m. E. zu Recht die »Grundrechtsrepublik Weimar« in seiner Zusammenfassung mit einem Fragezeichen.[14] Dies bedeutet nicht, dass sein Ansatz widerlegt wäre. Er ist primär eine steile These, die wie alle steilen Thesen einerseits produktiv wirken und andererseits kritische Forschungen auf sich ziehen können, die weitere Erkenntnisfortschritte motivieren. Insoweit ist sie weniger Beschreibung, sondern eher kritische Anfrage.

II. Neue Antworten – neue Fragen

Umso lohnenswerter ist es, die Anfrage ernst zu nehmen und zu reflektieren, welche neuen Ansätze zur Weimarforschung sich aus ihr ergeben können. Die Debatten zum 100-jährigen Jubiläum haben eine gewisse Erschöpfung der älteren Themen und Thesen gezeigt. Sind die tradierten Fragestellungen und Hypothesen ausdiskutiert? Umso wichtiger und zukunftsträchtiger mag es erscheinen, neue Frage- und Untersuchungsrichtungen aufzuzeigen, an denen weitergearbeitet werden könnte. Dafür sind steile Thesen ein wichtiger Ausgangspunkt, dem hier in einigen Fragerichtungen nachgegangen werden soll. Ein Festschriftbeitrag kann die Fragen stellen, aber nicht beantworten. Das kann und soll hier auch nicht versucht werden.

1. Die Republik in der WRV – nur ein negatives oder auch ein positives Konzept?

Zu den Gemeinsamkeiten der Weimarer und der bundesrepublikanischen Staatsrechtslehre zählt: Mit dem Republikprinzip wussten beide wenig anzufangen. Dabei waren ihm in der Geschichte bereits die unterschiedlichsten Bedeutungsgehalte beigelegt worden.[15] Die älteren und jüngeren Umschreibungen haben gezeigt, dass es Republiken ohne Grundrechte ebenso geben kann wie Grundrechte außerhalb republikanischer Staats- und Rechtsordnungen. Das zeigt einen ebenso herausfordernden wie provozierenden Gehalt der These von der

---

[14] *Dreier*, Wagnis, S. 191. Zurückhaltend z. B. *Andreas Wirsching*, in: Horst Dreier/Christian Waldhoff, Weimars Verfassung, 2019, S. 306 f.

[15] *Wolfgang Mager*, in: Werner Conze/Reinhard Koselleck (Hrsg.), Geschichtliche Grundbegriffe, Band 5, 2004, S. 549.

Grundrechtsrepublik auf. Wie konnte die republikanische Staatsform auf das Konzept der Weimarer Grundrechte wirken? Und wie konnten diese auf jene Staatsform wirken? Ein vorgegebenes, fest umrissenes Begriffskonzept fand sich im Jahr 1918 also nicht. Gerade für unsere Fragestellung muss vorangeschickt werden: Hier hilft auch die damals verbreitete eingedeutschte Redeweise von der Republik als »Freistaat« nicht weiter. Sie umschrieb die Freiheit des Staates vom Monarchen, nicht die Freiheit der Menschen im Staat. Sie war eher Freiheit des Staates als Freiheit im Staat – eine wichtige Differenz, da beide Konzepte nicht voneinander abhängen und auch nicht notwendig zusammenhängen. Freistaaten teilen also das Schicksal der Republiken: Es kann die Staatsform ohne Grundrechte und Grundrechte ohne jene Staatsform geben. Auch in dieser Formel waren die Grundrechte also nicht zwingend mitgedacht.

Auf eine solche Formel konnten die Weimarer Verfassunggeber daher nicht zurückgreifen. Umso mehr mag die Zurückhaltung der damaligen Rechtswissenschaft erstaunen. Im Handbuch des Deutschen Staatsrechts, von prononciert verfassungsloyalen Herausgebern ediert, findet sich kein eigenes Kapitel. Und die Ausführungen von *R. Thoma* hierzu im Kontext des Demokratieprinzips umfassten weniger als eine Seite.[16] Darin unterschied sich das Handbuch nicht von den großen Theorieentwürfen der zeitgenössischen Verfassungslehre, welche sich zwar anschickten, politische Gehalte der Verfassung zu entdecken und zu entfalten, die Republik aber nur vereinzelt erwähnten und schon gar nicht elaborierten.[17] Und wo das Prinzip erwähnt war, wurde es am ehesten negativ bestimmt. Die Republik sei eine Staatsform ohne Monarch. Die Begriffsbestimmung war also eine fast allein negative. Wo keine Monarchie ist, da ist eine Republik. Damit wäre der Einleitungssatz der WRV bereits durch die Revolution, also vor seiner Inkraftsetzung, erfüllt oder erledigt gewesen. Vielleicht erklärt sich dadurch das geringe Interesse an dem Prinzip. Uns Nachgeborenen bleibt am ehesten die Volkswahl des Staatsoberhaupts im Gedächtnis, also ein demokratischer Gedanke. Das war innovativ, waren doch zuvor Republik und Demokratie eher unterschiedlich, wenn nicht gar gegensätzlich gedeutet worden.[18] Es ging damals also nicht um irgendeine, sondern um eine demokratische Republik. Hier überwölbte der Art. 1 Abs. 2 WRV den Gehalt seines Abs. 1 zumindest teilweise.

Auffällig ist demgegenüber das weitgehende[19] Fehlen positiver Inhaltsbestimmungen. Das mag verwundern. Der Satz stand am Anfang der WRV, gleichsam

---

[16] *Richard Thoma*, in: Anschütz/ders., Handbuch des Deutschen Staatsrechts (HDStR) I, 1930, S. 186f.; gleichfalls eher knapp *Hugo Preuß*, Gesammelte Schriften, Band IV, 2008, S. 307, 310f., 321 (»Preußisches Kaisertum und deutsche Republik«). Krit. *Groh*, Staatsrechtslehrer, S. 390ff.

[17] *Carl Schmitt*, Verfassungslehre, 1928, S. 24, 220, 223; *Rudolf Smend*, Verfassung und Verfassungsrecht, in: Staatsrechtliche Abhandlungen, 3. Auflage 1994, S. 221.

[18] Dazu *Manfred Wiegand*, Demokratie und Republik, 2017.

[19] Einzelne positive Aspekte sind erwähnt bei *Thoma*, HDStR I, S. 186f.

leitsatzhaft und allen anderen Regelungen vorangestellt. Und er stand unmittelbar neben dem Demokratieprinzip (Art. 1 Abs. 2 WRV) in einem damals durchaus als spannungsreich empfundenen Verhältnis. Das war neu. Rhetorisch stark, aber inhaltlich ausfüllungsfähig angesichts der traditionell unterschiedlichen Deutung beider Prinzipien. Aber offenbar sollte das eine Prinzip im anderen nicht einfach aufgehen. Das Nebeneinander war zugleich ein Mit- und Ineinander, wie die Bestimmungen über die demokratische Wahl des republikanischen Staatsoberhaupts (Art. 41 ff. WRV) indizierten. Das hätte jedenfalls eine demokratische Deutung des Republikprinzips und eine republikanische Deutung des Demokratieprinzips nahegelegt.

Dass die »Republik« daneben und darüber hinaus einen zumindest symbolischen Überschuss aufwies, zeigt die zeitgenössische Verwendung des Terminus. Dort war »republikanisch« – anders als die Demokratie – dasjenige Stichwort, welches die Gesellschaft sowohl einen als auch spalten konnte.[20] Das Prinzip war seit 1919 für positive Aufladungen offen. Konnte das auch für die Verfassung und ihre Wissenschaft gelten? Immerhin stand das Prinzip am Anfang der geltenden Verfassung und leitete von der sehr allgemeinen, damals als nicht rechtlich geltend verstandenen Präambel[21] über zur Verfassung selbst. An deren Beginn stand leitsatzhaft ihr Art. 1 WRV mit beiden Absätzen. Über solche Leitsätze ist in späterer Zeit viel und tief reflektiert worden.[22] Wenn etwa im Grundgesetz die Menschenwürde nicht nur als Norm, sondern daneben als eine Art Präambel des Grundrechtsabschnitts des GG verstanden werden kann, so kann sich an die WRV die Frage stellen, ob das Republikprinzip zugleich eine (weitere) Präambel zur Weimarer Verfassung darstellen könnte. Wenn sich dieser Nachweis erbringen lässt, würde dies bedeuten: Republik ist der Staat der nachfolgenden Verfassung, ist ein Bekenntnis zur Verfassungsstaatlichkeit. Das ließe sich als Bekenntnis lesen, als abstrakte Option für Verfassungsstaatlichkeit allgemein. Es ließe sich zudem lesen als konkretes Bekenntnis zur nachfolgenden WRV. Republik ist dann der Weimarer Verfassungsstaat nach Maßgabe der WRV. Immerhin sah die Formulierung des Art. 1 Abs. 1 WRV das Reich als Republik, es »ist« eine Republik. Das Prinzip ging also von einem Gestaltungswillen nicht nur für die Form, sondern zugleich die Substanz der Staatlichkeit aus. Das »Reich« sollte in der Form der WRV existieren und sich nach Maßgabe der WRV entfalten können.

[20] Näher zahlreiche Beiträge bei: Dirk Schumann u. a. (Hrsg.), Demokratie versuchen, 2021; prononciert *Nadine Rossol*, ebd., S. 203.

[21] *Anschütz*, Verfassung, S. 31.

[22] Tiefgründig *Christoph Enders*, in: Karl-Heinz Friauf/Wolfram Höfling (Hrsg.), Kommentar zum Grundgesetz, Loseblatt, Stand: 2003, Art. 1 Rn 128 ff. (Nachw.).

Ein positives Republikkonzept könnte so das Konzept der Verfassungsstaatlichkeit[23] erfassen. Die Nationalversammlung begriff die Republik zentral als Verfassungsstaat. Und was diese ausmacht, ist der WRV durch Auslegung zu entnehmen. Dazu zählten namentlich – das wird noch zu zeigen sein – die rechtliche Konstitution von Staatlichkeit, die Demokratie, ein gemischtes Konzept von Rechtsbindung und Rechtsstaatlichkeit und die Grundrechte in ihrer Vielfalt. So würde das Prinzip aus einer rein staatsorganisatorischen Betrachtung herauswachsen und jedenfalls materialisierende Rechtsgehalte erlangen. Und im verfassungstheoretischen Sinne würde sie die demokratisch-politischen und die rechtsstaatlichen Verfassungsgehalte in beiden Hauptteilen umfassen. Die Republik wäre dann zwar noch längst keine Grundrechtsrepublik, würde aber eine inhaltliche Prägung nicht nur aus dem Staatsorganisationsrecht, sondern zugleich aus den Grundrechten erfahren können. Sie wäre dann auch die Staatsform der Grundrechte und damit eine Antithese zur RV 1871. War sie so gemeint? War das in der WRV angelegt? Das wären neue Fragen an die Verfassungsgeschichtsschreibung.

2. *Vom Staatsrecht zum Verfassungsrecht*

Schon jene Fragen an die damalige Staatsrechtslehre muten auf den ersten Blick kontraintuitiv an. Die bekannteste Aussage zu ihrer Beantwortung findet sich bei *C. Schmitt*, der zwischen den beiden Hauptteilen der WRV einen nicht nur thematischen, sondern zudem inhaltlich-rangmäßigen Unterschied sah. Er unterschied zwischen den demokratischen und den rechtsstaatlichen, d.h. namentlich grundrechtlichen Verfassungsinhalten. Erstere begriff er jedenfalls für die WRV als politische. »Das Politische kann nicht vom Staat getrennt werden, und das Staatsrecht entpolitisieren hieße nichts anderes als das Staatsrecht entstaatlichen.«[24] Der Staat macht die politische Verfassung, und diese macht den Staat. Das zeigte sich bis in die Selbstbeschreibung der Wissenschaft hinein. Die Verfassung begründete das Recht des Staates und damit Staatsrecht. So war es im Kaiserreich gewesen. Die RV 1871 hatte auf Staat und Staatlichkeit fokussiert und damals als Verfassung gegolten. Daneben sei nach *Schmitt* ein rechtsstaatlicher Abschnitt nur ein Teil moderner Verfassungen. Er bedeutet überhaupt nicht »Ziel und Inhalt des Staates, sondern nur Art und Charakter, dieselben zu

---

[23] Nach der Konzeption dieser Abhandlung vertrat *Armin v. Bogdandy* im Grundlagenarbeitskreis der VDStRL ein jedenfalls terminologisch vergleichbares Konzept des – dort ungeschriebenen – Republikkonzepts für die EU. Während sie also in der WRV eine Vorgabe gewesen wäre, wäre sie nach Art. 1–3 EUV eine Aufgabe. Die Terminologie ist vergleichbar, die Inhalte wären hingegen noch entwicklungsbedürftig. Darauf kann und soll hier wegen der unterschiedlichen Themenstellungen und der unterschiedlichen Ableitungsbedürfnisse und -begründungen nicht näher eingegangen werden.

[24] *Schmitt*, Verfassungslehre, S. 125. Zitat ebd., S. 125f., unter Bezugnahme auf F.J. Stahl.

verwirklichen«. Aus der Sicht eines solchen Denkens vom Staat her bestimmt die politische Verfassung die Substanz der Staatlichkeit, die rechtsstaatliche Verfassung hingegen nur ihre äußere Form und ihr Handeln. Von daher zeigen sich nicht nur gegenständliche, sondern rangmäßige Differenzierungen. Die politische Verfassung begründet, was die rechtsstaatliche benötigt und worauf sie notwendigerweise aufbaut. Damit komme dem politischen Teil ein Vorrang vor dem rechtsstaatlichen Element zu. Jener Zweiteilung entsprach nach seiner Verfassungslehre vielleicht nicht vollständig, aber doch wesentlich die Einteilung der WRV in die beiden Hauptteile. Eine solche Sichtweise unterschied rangmäßig zwischen Staatsform und Rechtsform, zwischen Republik und Grundrechten. Die These von einer Grundrechtsrepublik wäre auf jener Grundlage schwer begründbar, wenn nicht gar unmöglich gewesen.

Eine solche Zweiteilung des Weimarer Staatsrechts ging über die formale Anknüpfung an die Gliederung der WRV in zwei Abschnitte hinaus und überhöhte sie in gegenständlicher, inhaltlicher und rangmäßiger Hinsicht. Das war eine theoretische Vorgabe, nicht das Ergebnis ihrer Auslegung. Bei näherer Betrachtung von Text und Entstehungsgeschichte der WRV hätte sich zeigen können, dass der politische Teil der WRV zahlreiche rechtsstaatliche Elemente enthielt. Und der Abschnitt über Grundrechte und Grundpflichten wies politische Gehalte auf. Jedenfalls *Schmitts* Verfassungstheorie hatte sich von ihrem Gegenstand entfernt, war keine deskriptive, sondern eher eine normative, deren Status und Berechtigung mehr behauptet als begründet war. Sein Verständnis stand aber einer wechselseitigen Prägung der beiden Abschnitte der WRV tendenziell entgegen.

Das lenkt den Blick auf die Leistungsfähigkeit des Republikprinzips als Bekenntnis zur Verfassungsstaatlichkeit. Es hätte der Entgegensetzung beider Hauptteile entgegenwirken und zu einem übergreifenden Denken nicht vom Staat, sondern vom Recht her führen können. Das hätte die normativen Kontexte der WRV weiter ausschöpfen können, namentlich die Demokratieaffinität der Grundrechte und die Grundrechtsaffinität der Demokratie. Sensiblen Betrachtern erschienen sie schon damals nicht mehr bloß als Gegensätze, als Schutz der Minderheiten vor den wechselnden Mehrheiten, sondern zugleich als normative Basis der demokratischen Ordnung in der Gesellschaft.[25] Sie begriffen ihren Gegenstand und Inhalt nicht vom Staat, sondern vom Recht her, also primär der Summe ihrer Normen. Und die WRV konstituierte eben nicht nur Staat, Staatspolitik und Demokratie, sondern zugleich einen Grundrechtsstaat. Als überwölbendes Prinzip könnte das Republikprinzip gelten als Postulat der Verfassungsstaatlichkeit in seiner Gesamtheit und seiner Einheit. Die WRV wäre dadurch nicht mehr bloß »Staatsrecht« gewesen, sondern Verfassungsrecht geworden, nicht wie bei *R. Smend* getrennt von und unter einer vorausgesetzten

[25] *Thoma*, HDStR I, S. 190, zum Verfassungsbegriff der Demokratie.

geistigen Verfassung (»Verfassung und Verfassungsrecht«), sondern als rechtliche Verfassung, als rechtliche Einheit von Verfassung und Verfassungsrecht. In einer solchen Sichtweise erschiene Art. 1 Abs. 1 WRV als Wegmarke vom Staatsrecht zum Verfassungsrecht. In diesem Sinne würde die These von der »Grundrechtsrepublik« einen gewandelten Blick auf den Gegenstand der Rechtswissenschaft nahelegen. Heute sind wir auf diesem Weg weiter vorangeschritten. Für die Republik lässt sich fragen, ob das verfassungshistorisch der von ihr eingeschlagene und verfassungstheoretisch begründbare Weg war.

3. Staatsrechtswissenschaft als Verfassungsrechtswissenschaft

Eine solche Sichtweise könnte weiter das Selbstverständnis der verfassungsauslegenden Rechtswissenschaft geprägt haben. Ihre Summa war 1930/1932 das »Handbuch des Deutschen Staatsrechts«[26] und eben nicht ein solches des Verfassungsrechts. Und nicht nur der Titel, sondern auch der Inhalt war überwiegend noch von den tradierten Gegenständen geprägt. Von insgesamt 107 Abschnitten befassten sich 100 mit historischen und organisationsrechtlichen Fragen (einschließlich einzelner Kapitel zum Rechtsschutz) und nur 7 mit den »Grundrechten und Grundpflichten des deutschen Volkes« (einschließlich des Schulwesens). Die Staatsrechtswissenschaft war allenfalls auf dem Weg, zumindest partiell zu einer Grundrechtswissenschaft zu werden. Das zeitgleich erschienene Handbuch der Grundrechte[27] wiederum konzentrierte sich entsprechend seinem Titel auf den Zweiten Hauptteil der Verfassung. Hier schienen die Grundrechte als Teilverfassungen, als Synthesen von Freiheit und Ordnungen des Lebens der Menschen auf, denen verfassungsrechtliche Relevanz zukam. Auf der anderen Seite schienen die parallelen Handbücher eher die Trennungsthese Schmitts als die Einheitsthese einer republikanisch verstandenen Verfassungsstaatlichkeit zu bestätigen.

Der Weg zur Grundrechtsrepublik war also noch weit. Und der Weg von der Staatsrechtswissenschaft zur Verfassungsrechts- oder gar Grundrechtswissenschaft war es gleichfalls. Dabei enthielten zahlreiche Bestimmungen zu den Grundrechten und Grundpflichten zugleich organisationsrechtliche Regelungen bundesstaatlicher und gewaltenteilender Art. Sie bestimmten Ziele und z. T. Mittel ihrer Erfüllung mit und prägten so nicht nur die Außenseite, sondern Elemente des Um-Willens, der Inhalte zeitgenössischer Staatlichkeit mit.[28] Das ist den Zeitgenossen nicht verborgen geblieben. Einzelne Defizite und Desiderata auf diesem Weg waren Gegenstände intensiver rechtswissenschaftlicher Debatten,

---

[26] Anschütz/Thoma, HDStR I, II, 1930/32.

[27] Hans Carl Nipperdey (Hrsg.), Handbuch der Grundrechte I–III, 1929/1930/32. Zahlreiche Autoren dort waren keine Staatsrechtsprofessoren, sondern Praktiker aus Justiz und Exekutiven.

[28] Näher dazu *Gusy*, 100 Jahre, S. 227ff.

etwa der Begriff des Gesetzes als demokratischer und/oder grundrechtlicher;[29] der Rechtsschutz (Art. 107 WRV) als Grundrechtsschutz und seine Folgen für Organisation und Wirken der Dritten Gewalt;[30] die Gleichheit vor dem Gesetzgeber und dem Gesetz;[31] grundrechtliche Prägungen des Leistungsrechts.[32] Auf dem Höhepunkt der Verfassungskrise 1931/32 hätte das Wahlrechtsthema zu einer übergreifenden Analyse von freien Bürgern, freier Gesellschaft, freier Wahl und freiem Volk einladen können. Die Zeitumstände haben dies verhindert.[33] Relevante Fragestellungen waren vorhanden, ein entsprechendes Problembewusstsein jedenfalls bei einzelnen Referenten und Diskussionsteilnehmern war es auch. Die Debatten und die neuen Erkenntnisse waren kontrovers, gewiss nicht immer und überall auf methodische und inhaltliche Erneuerung gerichtet. Aber sie waren nicht stets allein retrospektiv.[34]

Nach gegenwärtigem Erkenntnisstand stand vor 1933 der Wandel der Disziplin noch aus. Der Weg von der Staats- zur Verfassungsrechts- oder gar Grundrechtswissenschaft war beschritten, aber er sollte noch ein weiter sein. Wo und wenn es um die Einheit des Gegenstandes und die Einheit des Zugangs zu ihm ging, hätte das Republikprinzip als Bekenntnis zur Verfassungsstaatlichkeit neue Impulse für das Selbstverständnis des Fachs und seiner Vertreter geben können.

4. Von der Staatsgerichtsbarkeit zur Verfassungsgerichtsbarkeit

Die Weimarer Verfassung war auf viele Organe und Verfahren zu ihrer Durchsetzung angewiesen. Im Vordergrund standen Parlamente und Gesetzgeber, die zahlreiche Zielbestimmungen und Normsetzungsaufträge umsetzen sollten. Sie standen nach dem Verständnis der Verfassunggeber an der Nahtstelle von Freiheit und Staatlichkeit. Wenn das Volk durch seine Verfassung die Staatsgewalt selbst in die Hand nimmt, so würde es diese zur Verwirklichung eben jener Verfassung nutzen. Demokratische, volkslegitimierte Politik sollte zugleich verfassungsverwirklichende Politik sein.[35]

Eine weitere Instanz zur Verfassungsdurchsetzung und zur Kontrolle der anderen Staatsgewalten war der StGH (Art. 108 WRV). Er war das Verfassungsgericht der Republik.[36] Es gibt keinen feststehenden Begriff der Verfassungs-

---

[29] Dazu *Hermann Heller/Max Wenzel*, in: VVDStRL 4 (1928), S. 98/136.

[30] *Walter Jellinek/Gerhard Lassar*, in: VVDStRL 2 (1925), S. 8/81.

[31] *Erich Kaufmann/Hans Nawiasky*, in: VVDStRL 3 (1927), S. 2/25.

[32] Grundrechtlich damals noch stark unterbelichtet bei *Lutz Richter/Arnold Köttgen*, in: VVDStRL 6 (1929), S. 69/105.

[33] *Heinrich Pohl/Gerhard Leibholz*, in: VVDStRL 7 (1932), S. 131/159. Knappe, aber sehr instruktive Skizze zum Thema in der Republik bei *Volker Neumann*, Volkswille, 2020, S. 129ff.

[34] Würdigender Rückblick bei *Michael Stolleis*, Geschichte des öffentlichen Rechts in Deutschland, Band III, 1999, S. 186ff., 206ff.

[35] Zu dieser Intention *Gusy*, 100 Jahre, S. 8.

[36] Zum folgenden Abschnitt ganz grundsätzlich *Horst Dreier*, in: Thomas Simon (Hrsg.),

gerichtsbarkeit. Dieses Konzept ist vielmehr aus den monarchischen Anfängen gewachsen und dabei in ständigem Wandel gewesen. Im Vordergrund hatten dabei föderalistische Rechtsstreitigkeiten und solche zwischen Staatsorganen gestanden. In jener Tradition standen die Streitverfahren, die Art. 15 Abs. 3; 18 Abs. 7; 19; 59; 90; 170 Abs. 2; 171 Abs. 2 WRV ihm zuwiesen. Die Summe der zitierten Einzelnormen macht deutlich: Hier waren Staaten und Staatsorgane unter sich, das Gericht trug die Bezeichnung »Staatsgerichtshof« zu Recht. Die herkömmlichen Verfahrensarten und -normen, die unter den Bedingungen des Konstitutionalismus entstanden waren, zeigten sich den neuen Anforderungen eines demokratischen Rechtsstaates immer weniger angemessen. Einzelne Verfahrensarten büßten ihre Relevanz vollständig ein, die entsprechenden Spruchkörper des Gerichtshofs wurden niemals tätig. Andere Regelungen änderten ihre Bedeutung, Streitgegenstände und streitentscheidende Normen nahmen unter der neuen Verfassung eine gewandelte Bedeutung ein und änderten so die Reichweite und die Relevanz der Tätigkeit des StGH. Dieser Wandel war der Staatsrechtslehre bewusst. Er wurde unter den Begrifflichkeiten von »formellem« und »materiellem« Verfassungsrechtsstreit diskutiert, um so die Neuerungen angemessen erfassen zu können. Dabei befanden sich sowohl die Begrifflichkeiten selbst und ihr Verhältnis zueinander in einer raschen Entwicklung.

Neue Tätigkeitsschwerpunkte, die zugleich eine zentrale Wegmarke des Begriffs-, des Aufgaben- und des Zuständigkeitswandels begründen sollten, waren Parlaments-, Wahl- und Parteienrecht.[37] Hier ging es nicht mehr bloß um die Anteile von Legislativen und Exekutiven an der Staatsgewalt, etwa die Reichweite von Gesetzesvorbehalten oder Normsetzungsrechten. Das waren klassische Gegenstände von Organstreitigkeiten. Alsbald ging es weiter um Legitimationsfragen der Parlamente, also die Verfassungsmäßigkeit ihrer Wahl, die Wahlrechte von Bürgerinnen und Bürgern, die Rolle der politischen Parteien bei der Verhältniswahl (Art. 17, 21 WRV) und der von ihnen gestellten Fraktionen in den Volksvertretungen. Zwar ging es dabei wegen der Ausgestaltung der Verfahrensarten regelmäßig um Länderparlamente, doch war allen Beteiligten und Interpreten bewusst, dass die dazu entwickelten Auslegungsmaßstäbe für die WRV und die Republik insgesamt Bedeutung erlangen würden. Entsprechend war die Begründungspraxis des StGH, der schon wegen der Homogenitätsklausel des Art. 17 Abs. 1 WRV diese als zumindest ergänzenden Maßstab für knappe und bisweilen defizitäre Bestimmungen des Landesrechts heranzog. Das geschah damals noch nicht aufgrund eigenständiger Methoden der Verfassungsinter-

---

Schutz der Verfassung, 2014, S. 317. Zeitgenössisch wichtig *Ernst Friesenhahn*, in: Anschütz/Thoma, HDStR II, S. 523.

[37] *Dreier*, Schutz der Verfassung, S. 317; s. a. *Christoph Gusy*, Die Lehre vom Parteienstaat in der Weimarer Republik, 1991, S. 32 ff., 46 ff.; *ders.*, Die Weimarer Reichsverfassung, 1997, S. 121 ff., 213 ff.

pretation. Die der Praxis entstammenden nebenamtlichen Verfassungsrichter gingen über den Richtungsstreit der Staatsrechtslehre hinweg und orientierten sich eher an den zeitgenössischen Methoden der Fachgerichte, die sich ihrerseits in einem Wandel befanden. In ihrem Gefolge orientierte sich nicht nur die Wissenschaft, sondern zudem die Rechtsprechung von der Früh- zur Spätphase der Republik um. Exemplarisch mag hier unser Anschauungsobjekt des Wahl- und Parlamentsrechts stehen. Nicht nur die Volksvertretung insgesamt, sondern je länger je mehr Parteien und Fraktionen als Wahlvorbereitungsorgane und Organteile der gewählten Volksvertretungen rückten an die Stellung von Verfassungsorganen heran – und zwar ungeachtet der theoretischen Debatten, ob damals die Parteien als konstitutionelle oder extrakonstitutionelle Erscheinungen anzusehen seien.[38] Prozessual maßgeblich dafür sollte nicht die formelle Zuordnung der Parteien zum Verfassungsrechtskreis, sondern die materielle Qualifikation des Rechtsstreits stehen. Entscheidend sei, dass der Gegenstand des Streits die Verfassung betraf.

Dies hätte eine Ausweitung und Neuorientierung jedenfalls der Zuständigkeiten des Gerichtshofs bewirken können. Ein Rechtsstreit um die Verfassung hätte in der Folge nicht nur von Staatsorganen geführt werden können. Und er hätte nicht zwingend auf die Normen des Staatsorganisationsrechts begrenzt werden müssen. Jedenfalls im Wahlrecht wäre es mit dieser Argumentationsfigur möglich gewesen, die aktiven und passiven Wahlrechte der Bürgerinnen und Bürger, möglicherweise ihr Recht auf gleichberechtigte Vertretung im und durch die Volksvertretungen geltend zu machen. Das wäre jedenfalls dann möglich gewesen, wenn ihre Rechte als staatsorganisationsrechtsähnliche, als organähnliche anerkannt worden wären, Bürger und Volk also an die Verfassungsorgane herangerückt erschienen wären. Diesen letzten Schritt ist die Rechtsprechung des StGH damals nicht gegangen. Doch befand sie sich auf dem Weg dorthin, die Argumentationsfiguren waren gesetzt, mit denen der StGH über seine tradierten Grenzen hinaus zu einem Verfassungsgericht in einem erneuerten Sinne hätte mutieren können. Der Wandel vom Staatsrecht zum Verfassungsrecht hätte dann einen Wandel des Staatsgerichtshofs zum Verfassungsgerichtshof nach sich gezogen. Das hätte dann zu einer weiteren Relativierung der kardinalen Zweiteilung der Verfassungsrechte aus dem Ersten und dem Zweiten Hauptteil der WRV führen können. Die Grundlagen waren gelegt und die ersten Schritte gegangen.

---

[38] Für die erstgenannte Auffassung prononciert *Gerhard Radbruch,* in: Anschütz/Thoma, HDStR I, S. 285, 294; *Hans Kelsen*, in: Gerhard Leser (Hrsg.), Demokratie und Sozialismus, 1967, S. 26ff.; s.a. *Richard Thoma*, in: Anschütz/ders., HDStR I, S. 190. Für die zweite Auffassung ebenso prononciert *Heinrich Triepel*, Die Staatsverfassung und die politischen Parteien, 2. Auflage 1930, S. 29f.

5. Staatsverfassung und Gesellschaftsverfassung – Vom Gegeneinander zum Miteinander?

In Deutschland gehören Staat und Verfassung notwendig zusammen. Eine Verfassung bezieht sich auf den Staat – oder sie ist keine Verfassung.[39] Diese Erkenntnis war schon älter als die WRV und hat sich sowohl unter ihrer Geltung als auch danach in der Rechtswissenschaft erhalten. In jüngster Zeit hat sie sich in ganz grundsätzlichen Debatten um die Verfassungsfähigkeit Europas je nach Lesart entweder stabilisiert oder aber relativiert.

Aber war das ein Konzept der WRV? In der nachrevolutionären Phase und z. T. in der Nationalversammlung sind Ideen einer Wirtschafts- bzw. Gesellschaftsverfassung ganz grundsätzlich diskutiert worden. Die Mehrheit dort ist ihnen nicht gefolgt, sondern hat stattdessen den ersten Entwürfen einen Zweiten Hauptteil angefügt, der sich zentral auf nicht-staatliche Akteure, auf Wirtschaft, Verbände und Organisationen sowie die einzelnen Menschen bezog. Sie sollten Grundrechtsberechtigte und Grundpflichtverpflichtete sein. Deren Konkretisierung oblag gewiss primär ihnen selbst, die Freiheit, Gleichheit und Bindung leben sollten. Ihre rechtliche Zuordnung, inhaltliche Konkretisierung, Abstimmung und Beschränkung oblag den Gesetzgebern im Rahmen der zahlreichen und differenzierten Staatszielbestimmungen, Gesetzgebungsaufträge und Gesetzesvorbehalte. Hier trafen sich Grundrechtsverpflichtete und-berechtigte, Staat und Menschen. Damit waren beide Hauptteile der WRV inhaltlich und teleologisch aufeinander bezogen. Es war der Staat, der die Ordnung der Gesellschaft nach den Grundsätzen des Zweiten Hauptteils mit seinen spezifischen Mitteln verwirklichen sollte. Und es waren die freien Menschen und ihre Organisationen, welche den Staatswillen demokratisch prägen und legitimieren sollten. Instrumente dazu waren die fortzuentwickelnden Lehren von den Grundrechtsdimensionen des status negativus, des status positivus und des status activus. Sie eröffneten eine Sichtweise auf die Gesellschaft nicht bloß als Grenze, sondern zugleich als politische Gestalterin des Staates und seiner Politik. Und umgekehrt ermöglichten sie eine Perspektive auf den Staat nicht bloß als Gegner, sondern als fördernde, aktivierende und garantierende Instanz der in der WRV vorausgesetzten Funktionen der Gesellschaft.

Für die Weimarer Verfassunggeber standen also beide Seiten nicht einfach nebeneinander, sondern waren aufeinander bezogen und miteinander verschränkt. Wirtschaftliche und soziale Freiheit wurden in diesem Sinne nicht bloß vorausgesetzt, sondern als gesetzlich herstellungs- und schutzbedürftig qualifiziert. Wichtige Einzelfragen der Wirtschaft und Gesellschaft waren in der WRV selbst angesprochen und z. T. entschieden, z. T. zur Regelung aufgegeben: Recht auf

[39] Darstellend und differenzierend jüngst *Björn Schiffbauer,* Formale Verfassungslehre, 2021 (Nachw.).

ein menschenwürdiges Leben (Art. 161 ff. WRV), Recht auf Mitgestaltung von Arbeitnehmerinnen und Arbeitsnehmern an den Arbeits- und Wirtschaftsbedingungen (Art. 165 Abs. 1 WRV), das Zusammenwirken der später sog. »Sozialpartner« in gemeinsamen Gremien (Art. 165 WRV) und die subsidiäre Zuständigkeit öffentlich-rechtlicher Körperschaften für die soziale Sicherung. Das waren gestufte Elemente einer Wirtschafts- und Sozialordnung, die nicht bloß regelungsbedürftig, sondern im Grundansatz bereits geregelt waren.[40] Und der WRV waren nicht nur Aufträge zu deren Herstellung, sondern weitere Garantien zur Teilhabe an ihren Ergebnissen zu entnehmen. Das war noch keine Wirtschaftsverfassung. Aber die WRV statuierte normative Grundsätze und Handlungsaufträge zunächst an die Grundrechtsträger selbst, darüber hinaus an alle Staatsgewalten, namentlich die Legislative. Dafür statuierte der Verfassungstext Leitbilder und Grenzen. Es ging nicht um Sozialstaatlichkeit oder Grundrechte, sondern um Sozialstaatlichkeit durch Grundrechte. Dass es zu deren Verwirklichung damals nur in defizitärem Maße kam, war jedenfalls keine Folge mangelnder Rechtsnormen, sondern eine solche der schweren Wirtschaftskrisen und politischer Widerstände in den Gesetzgebungsorganen.

Verfassungsstaatlichkeit im republikanischen Sinne sollte damals längst mehr als bloße Staatlichkeit sein. Sie reichte über den tradierten Anwendungsbereich hinaus weit in die Gesellschaft hinein. Das war den Weimarer Verfassunggebern bewusst und in Verfassungsausschuss und Nationalversammlung stark kompromisshaft geregelt worden. Doch die Grundlagen waren gelegt. Die zeitgenössische Staatsrechtswissenschaft hat diese Entscheidung nur z. T. nachvollzogen[41] und unter dem Paradigma der Rechtsstaatlichkeit nicht selten zu relativieren versucht. Der Befund aus der WRV selbst ist ein anderer. Nicht nur die staatsorganisationsrechtlichen Normen waren geeignet, die Gestaltung der Gesellschaft zu prägen. Umgekehrt waren die Regelungen des Zweiten Hauptteils geeignet, diejenigen des vorangegangenen systematisch zu beeinflussen. Staatsziele, Konzepte der Gewaltenteilung, der Selbstverwaltung und der Mitwirkung der Menschen an der Gestaltung der Politik waren im Lichte der Grundrechte und Grundpflichten zu verstehen. Verfassungsstaatlichkeit war nicht bloß Auftrag an die Legislative, sondern ein Grundprinzip der ganzen Republik. Doch waren das im Verfassungstext Zielbestimmungen. »Weimar« war keine Grundrechtsrepublik, hätte aber zu einer solchen ausgebaut werden können. Die Grundlagen waren gelegt, der Weg aber noch weit.

---

[40] Überblick mit Nachw. bei *Gusy*, 100 Jahre, S. 236 ff., 252 ff. Zitat ebd., S. 252.

[41] Am ehesten in zahlreichen Beiträgen bei Nipperdey (Hrsg.), Handbuch der Grundrechte.

III. Statt eines Fazits: Die Grundrechtsrepublik nicht als Deskription, sondern als Herausforderung

Steile Thesen haben im besten Fall eine ambivalente Wirkung. Einerseits können sie enttäuschen, weil sie nicht eingelöst werden können. Andererseits können sie inspirieren, wenn sie zur Stützung oder Widerlegung motivieren. Die Formulierung von der Grundrechtsrepublik Weimar ist eine steile These. Sie kann nach dem gegenwärtigen Erkenntnisstand nicht verifiziert werden. Aber sie ist sehr wohl geeignet, neue Fragen an die WRV, die Staatsrechtswissenschaft und die Verfassungsgeschichtsschreibung zu stellen. Einige von ihnen sind hier zu skizzieren versucht worden. Sie sind primär rechtswissenschaftlicher Art und können die normativen Potentiale der WRV herausstellen. Diese war eigenständig und im besten Sinne ein Stück weit kontrafaktisch. Diese Feststellung kann ganz grundsätzliche Fragen stellen nach der Leistungsfähigkeit von Recht, Rechtswissenschaft und Rechtsanwendung in der Gesellschaft, über die sie hinausdenkt und hinauswirken soll. Gefragt ist dann aber weiter die Eigenständigkeit der Verfassungsgeschichte in und gegenüber der Geschichtswissenschaft. Wenn die WRV ein Stück weit eine Antithese zur Realität von 1919 war, muss dann nicht auch die Verfassungsgeschichte ein Stück weit Distanz suchen von der politischen Geschichte? Die Weimarer Rechtswissenschaft hatte hier gewiss Nachholbedarf, und unsere Verfassungsgeschichtsschreibung hat ihn möglicherweise auch. Sahen wir die Theorienentwicklung zwischen 1919 und 1933 lange überwiegend retrospektiv im Schatten konstitutionell geprägter Großtheorien und dogmatischer Figuren? Die These von der Grundrechtsrepublik könnte die Blickrichtung umdrehen: Weg von der primären Vergangenheits- hin und zugleich zu einer Zukunftsorientierung in zweifacher Hinsicht. Die WRV als Meilenstein auf dem Weg zur demokratischen und grundrechtsgeleiteten Republik, und die Weimarer Rechtswissenschaft auch als Nukleus und Ausgangspunkt der Staatsrechtslehre zum Grundgesetz nach 1945. Die Verfassungstheorie mag hier eine methodische Brücke eröffnen.

Die These von der Grundrechtsrepublik ist wohl (noch?) nicht die Antwort, aber sie stellt wichtige und richtige Aufgaben und Fragen. Dafür sei *H. Dreier* gedankt – und für so Vieles mehr!

Zur Menschenwürdegarantie des Grundgesetzes

Rechtstheoretische Reflexionen

Eric Hilgendorf

I. Menschenwürde als juristische Herausforderung

Hans Kelsen zufolge pflegt die Jurisprudenz die allgemeinen kulturellen und geistigen Entwicklungen eher nachzuvollziehen als voranzutreiben.[1] Dies ist nicht falsch, man sollte jedoch nicht übersehen, dass es durchaus ein Vorzug und Zeichen von Charakter sein kann, nicht jeder Mode nachzulaufen. Gerade der strukturelle Konservativismus der Jurisprudenz trägt zu einer gewissen Resilienz des Rechts und insbesondere der Verfassungsordnung bei und stabilisiert damit auch die politische Entwicklung. Diese Wirkung zeigt sich gerade an einer Bestimmung wie der Menschenwürdegarantie, Art. 1 Abs. 1 GG, die nach dem Willen des Verfassungsgebers »unantastbar« (Art. 1 Abs. 1 GG) und veränderungsfest (Art. 79 Abs. 3 GG) ist.

Das juristische Verständnis von »Menschenwürde« wird dadurch erschwert, dass der Begriff im Alltag und den Massenmedien häufig verwendet wird, um an unhinterfragte Moralbestände[2] zu appellieren. Darüber hinaus findet er sich in vielen anderen Disziplinen, etwa der Moraltheologie und der praktischen Philosophie, wo »Menschenwürde« allerdings häufig in ganz unterschiedlichen Bedeutungen verwendet wird, die überdies oft wenig mit der juristischen Interpretation zu tun haben. Hinzu tritt die internationale Verbreitung des Konzepts »Menschenwürde« nach dem Zweiten Weltkrieg,[3] die u. a. zur Herausbildung kulturell unterschiedlich angereicherter Menschenwürdeverständnisse beigetragen hat. Alles in allem lässt sich feststellen, dass es sich bei »Menschenwürde« nicht um einen einfachen Rechtsbegriff handelt, sondern um ein Konzept, das wie nur wenige andere kulturelle und auch politische Entwicklungen in sich

---

[1] Kelsen formuliert diesen Gedanken noch etwas schärfer und bezeichnet die Rechtswissenschaft als »eine dem Zentrum des Geistes entlegene Provinz, die dem Fortschritt nur langsam nachzuhumpeln pflegt«, *Kelsen,* Reine Rechtslehre, 2. Auflage 1960, S. IV.

[2] Albert spricht zu Recht von einem »natürliche[n] Wertplatonismus der alltäglichen Weltorientierung«, in: *Albert,* Traktat über kritische Vernunft, 5. Auflage 1991, S. 66.

[3] Dazu *Wapler,* in: Brosius-Gersdorf (Hrsg.), Dreier-Grundgesetz-Kommentar, Band I, 4. Auflage 2023, Art. 1 I Rn. 30 ff.

aufgenommen hat. Umso wichtiger wird die Bestimmung dessen, was die Menschenwürdegarantie in Art. 1 Abs. 1 des Grundgesetzes für unsere Gesellschaft genau bedeuten soll.

Dabei hilft zunächst ein Blick auf ihre historischen Ursprünge. Es wäre verfehlt, ihre Wurzeln vor allem im religiösen Bereich zu sehen. Zu den wesentlichen Leistungen der vor knapp 30 Jahren erstmals erschienenen großen Kommentierung von Horst Dreier[4] gehört die Richtigstellung der verfehlten These, die Menschenwürdegarantie sei ausschließlich oder auch nur in erster Linie durch das Christentum bestimmt worden. Vielmehr münden in diese Fundamentalnorm ganz unterschiedliche Einflüsse ein, wobei neben dem Christentum (dessen Bedeutung sicherlich nicht gering einzuschätzen ist) der Humanismus der Antike in seiner durch die Renaissance aktualisierten Form und vor allen die Philosophie der Aufklärung eine besondere Relevanz beanspruchen können.[5] Hinzu kommen die Unrechtserfahrungen des »Dritten Reichs«. Art. 1 Abs. 1 Grundgesetz kann als eine direkte Antwort des deutschen Verfassungsgebers auf die staatlich organisierten Verbrechen zwischen 1933 und 1945 gedeutet werden.[6] Ganz offensichtlich hatten die tradierten Vorstellungen von Menschenrechten nicht ausgereicht, um die Entwicklung hin zum totalitären Unrechtsstaat rechtzeitig zu verhindern. Die Menschenwürdegarantie stellt den Versuch dar, eine Wiederholung vergleichbarer Verbrechen verfassungsrechtlich so weit wie möglich zu unterbinden oder zumindest zu verlangsamen.

Im Folgenden soll es darum gehen, Impulse für eine Fortentwicklung der Dogmatik der Menschenwürde zu geben. Es geht also um die Identifikation möglicherweise noch nicht hinreichend geklärter Problemstellungen und neuer Herausforderungen, die jedoch noch im Detail analysiert und in den öffentlich-rechtlichen Diskurs eingebettet werden müssen.[7] Dabei weiß ich mich im Einklang mit dem verehrten Jubilar, dessen zu Recht gerühmte Kommentierung von Art. 1 Grundgesetz gerade auch dadurch beeindruckt, dass es ihm gelungen ist, Debatten aus der Moralphilosophie und Politikwissenschaft kenntnisreich einzubeziehen und für die juristische Auseinandersetzung fruchtbar zu machen.

---

[4] Erstpublikation 1996, zuletzt *Dreier,* in: ders. (Hrsg.), Grundgesetz Kommentar, Band 1, 3. Auflage 2013, Art. I 1 Rn. 1 ff. Diese Version wird im Folgenden zitiert.

[5] *Dreier,* Art 1 I Rn. 3 ff., dem folgend z. B. *Hufen,* Staatsrecht II: Grundrechte, 10. Auflage 2023, § 10 Rn. 1 ff.

[6] *Dreier,* Art 1 I Rn. 24.

[7] Dass dabei nicht alle aktuellen Themenbereiche angesprochen werden konnten, liegt auf der Hand. Ausgespart blieb insbesondere die Problemstellung »Menschenwürde vs. Menschenwürde« (»Würdekollisionen«), dazu eindringlich *Dreier,* Art. 1 I Rn. 133 ff.

II. Zum »vorrechtlichen« Charakter der Menschenwürdegarantie

Ein erstes Problemfeld, welches nähere Aufmerksamkeit verdient, bildet die Frage, ob bzw. in welchem Sinne die Menschenwürde vorstaatlichen Charakter besitzt. In der traditionellen Verfassungsdogmatik wird die Frage nicht selten im positiven Sinn beantwortet. So heißt es bei Klaus Stern: »Die in der Menschenwürde zum Ausdruck gebrachte Wesensbestimmtheit des Menschen ist Grundwert und Grundnorm. Das Grundgesetz hat die Eigenschaft der Menschenwürde den Menschen nicht verliehen, sondern nur anerkannt und zu einem fundamentalen Bestandteil seiner rechtlichen Grundordnung gemacht. Sie ist »positiviertes überpositives« Recht geworden.«[8]

Sieht man genauer hin, so wirft Sterns These allerdings eine Reihe von schwerwiegenden Problemen auf. Soll mit ihr ausgedrückt werden, dass es juridische Rechte ohne Gesetzgeber gibt?[9] Wörtlich genommen, würde dies auf die These eines Naturrechts hinauslaufen, die in anderen Zusammenhängen längst als obsolet gilt. Die nicht näher begründete starke These einer »vorpositiven« Geltung der Menschenwürde als Recht im Sinne einer naturrechtlichen Vorgegebenheit überzeugt deshalb kaum. Oder meint Stern, dass der Verfassungsgeber in Art. 1 Abs. 1 GG die europäische Moralentwicklung nachvollzogen hat, also ein Recht (bzw. ein Bündel von Rechten), welches in Moral und Sozialethik bereits anerkannt war, zu Verfassungsrang erhoben hat? In dieser schwachen Variante lässt sich die These von der »Vorgegebenheit« der Menschenwürde weit eher verteidigen, denn es ist kaum zu bezweifeln, dass die Kulturentwicklung seit der Renaissance mit ihrer Fokussierung auf Individualität und (seit der Aufklärung) auch auf Rechte des Individuums die Anerkennung von positivierten Grundrechten und auch der Menschenwürde vorbereitet hat.[10]

In diesem schwachen Sinn verstanden, wird man allerdings auch den anderen Grundrechten und auch vielen Bestandteilen des einfachen Rechts das Siegel der »Vorstaatlichkeit« nicht verweigern können. Außerdem dürfen sozialethische

---

[8] *Stern,* Idee der Menschenrechte und Positivität der Grundrechte, in: Isensee/Kirchhof (Hrsg.), Handbuch des Staatsrechts, Band IX, 3. Auflage 2011, § 184 Rn. 5. In der Moralphilosophie werden derartige Positionen als »kognitivistisch« bezeichnet, weil ihnen zufolge das »richtige« Verständnis von »Menschenwürde« und anderen Normen oder Werten dem Menschen vorgegeben ist und von ihm auch erkannt werden kann. Dagegen sind Vertreter des Non-Kognitivismus der Meinung, vorgegebene Normen oder Werte existierten nicht oder könnten jedenfalls nicht mit Sicherheit erkannt werden. In der Rechtsphilosophie spricht man oft auch von »Relativismus«.

[9] Die klassische Kritik an dieser Vorstellung stammt von *Jeremy Bentham,* Unsinn auf Stelzen (1795), in: Schriften zur Französischen Revolution, hrsgg. von Peter Niesen, 2013, S. 137–186; dazu *Hilgendorf,* Subjektive Rechte bei Jeremy Bentham, in: ders./Zabel (Hrsg.), Die Idee subjektiver Rechte, 2021, S. 101–124 (114 ff.).

[10] Siehe oben I.

Überzeugungen und Standards nicht mit (juridischen) Rechten konfundiert werden; Moral kann Recht, auch und gerade Verfassungsrecht, vorbereiten, stützen, und auch verändern, ist damit jedoch nicht gleichzusetzen. Auch dies sollte auf der Grundlage der modernen Rechtstheorie und Rechtsphilosophie eigentlich eine Selbstverständlichkeit sein,[11] wird aber gerade im Kontext der Interpretation der grundgesetzlichen Menschenwürdegarantie immer noch und immer wieder gerne übersehen.

III. Nachvollziehende Deutung oder Gestaltung der Menschenwürdegarantie?

Eine in einem strengen Sinne vorpositive Menschenwürdegarantie würde, wenn sie auch nur einigermaßen bestimmt formuliert ist, Verfassungsgeber und Verfassungsinterpreten binden und kaum Raum für Neuerungen lassen.[12] Für die hier präferierte und auch von der wohl überwiegenden Meinung in der Verfassungslehre unterstützte Perspektive gilt dies nicht: Gleich, ob man die Menschenwürde als nur in einem schwachen Sinne »vorstaatlich« oder gleich offen als menschliche Setzung apostrophiert, wird man dem Verfassungsgeber einen großen Spielraum bei der Ausgestaltung der Menschenwürdegarantie zugestehen müssen. Zusammengefasst bedeutet dies: Folgt man der auch sonst ganz überwiegend akzeptierten Meinung, dass der Traum eines Naturrechts ausgeträumt ist, so handelt es sich bei der Menschenwürde um eine Setzung des Verfassungsgebers, die auf bestimmten kulturellen Entwicklungen und historischen Erfahrungen beruht, und insofern keineswegs willkürlich ist. Dennoch handelt es sich um Menschenwerk, welches mit Blick auf die jeweiligen Aufgaben der Menschenwürdegarantie zu gestalten und zu interpretieren ist.

Mit der Anerkennung, dass die Menschenwürdegarantie eine staatliche Setzung darstellt, gewinnt also die teleologische Perspektive an Bedeutung: Was ist das Ziel der Menschenwürdegarantie? Welche Ziele verband der Verfassungsgeber damit, und welche Ziele wollen wir heute verwirklichen? Und, daran anschließend: Welche Interpretationen der Menschenwürde sind in besonderer Weise geeignet, diese Ziele zu erreichen?[13] Die Fragestellungen helfen, der großen Versuchung zu widerstehen, im Rahmen einer Interpretation von Menschenwürde die eigenen moralischen und politischen Einstellungen als von Verfassungs wegen dem demokratischen Diskurs entzogen und damit sozusagen sakrosankt

---

[11] Siehe nur *Kelsen,* Reine Rechtslehre 1960, S. 60ff. (Kapitel II).

[12] Man kann hierin eine Parallele zum »Originalismus« in der US-Amerikanischen Verfassungslehre sehen.

[13] Die juristische Interpretation wird hierdurch zu einem Mittel der Sozialgestaltung, m.a.W. zur »Sozialtechnologie«. Die verbreitete Abwehr dieses Konzepts gerade in der Verfassungslehre ist unbegründet.

darzustellen, eine Versuchung, der nicht nur akademische Interpretinnen und Interpreten der Verfassung ausgesetzt sind, sondern auch die Gerichte, unter Einschluss des Bundesverfassungsgerichts.[14]

Schon der Entstehungszeitpunkt der verfassungsrechtlichen Menschenwürdegarantie macht deutlich, dass es sich dabei um eine Antwort auf die beispiellosen Verbrechen der Nationalsozialisten an den europäischen Juden und anderen Minderheiten handelt. Die der neuen Verfassung vorangestellte Garantie der Menschenwürde sollte sicherstellen, dass sich dergleichen nicht wiederholen kann. Natürlich wird den Vätern und Müttern der Verfassung klar gewesen sein, dass Rechte auf dem Papier, selbst wenn es sich dabei um eine Verfassung handelt, politische Entwicklungen zu antiliberalen, autoritären und totalitären Systemen nicht mit Sicherheit aufhalten können. Es dürfte aber doch außer Zweifel stehen, dass bestimmte Verfassungspositionen und Rechte, wenn sie als »unabänderlich« festgeschrieben und so in das juristische Ethos der Juristinnen und Juristen einer Gesellschaft eingeschrieben sind, Verteidigern der alten Ordnung Möglichkeiten an die Hand geben, die sie ohne eine solche Festschreibung nicht hätten. Die Idee einer »wehrhaften« freiheitlich-demokratischen Grundordnung lässt sich also gerade durch eine als unantastbar festgeschriebene Menschenwürde stützen. Die Menschenwürdegarantie schließt einen Rückfall in die Barbarei nicht aus, erschwert ihn aber im Zusammenspiel mit anderen Schutzmechanismen zur Verteidigung der freiheitlich demokratischen Grundordnung doch wesentlich.

IV. Zu Zielsetzung und Rechtscharakter der Menschenwürdegarantie

Folgt man dem Ansatz, die grundgesetzliche Garantie von Menschenwürde als Antwort auf die schlimmsten Verbrechen des Dritten Reichs zu interpretieren, so wird rasch deutlich, gegen welche Arten von Angriffen Bürgerinnen und Bürger künftig »unabänderbar« geschützt werden sollten: Entrechtung, Entzug des materiellen Existenzminimums, Versklavung, Folter, Grausamkeit und grenzenlose Demütigung. Abstrakter ließe sich von der Zufügung extremen Leids sprechen. Hinzu tritt als Ziel die Sicherung menschlicher Freiheit. Dass Menschen gerade Verletzungen wie die eben geschilderten als besonders leidvoll erfahren, erklärt sich aus basalen menschlichen Anlagen und Bedürfnissen, die teils biologisch, teils in unserer Natur als soziale Lebewesen verankert sind.[15]

[14] »Klassische« Einfallstore unreflektierter Eigenwertung finden sich etwas im Recht der Sterbehilfe. Ein aktuelles Problemfeld bilden Abschiebungshindernisse im Asylrecht, dazu *Hufen*, Staatsrecht II, § 20 Rn. 23.

[15] Man kann den oben skizzierten Ansatz deshalb als »anthropologisch« (auf die empirische Wirklichkeit des homo sapiens abstellend) oder auch als »naturalistisch« (metaphysische Aspekte ausblendend) bezeichnen. Auch die Kennzeichnung als »humanistisch« trifft zu.

Der »Grund« der Menschenwürdegarantie liegt also in unserer spezifischen Verletzlichkeit als Menschen. Oder, um auf die irreführende »Grund«-Metapher zu verzichten: Die Menschenwürdegarantie ist eine Antwort auf unsere spezifische Verletzlichkeit und damit Leidensfähigkeit. Folgt man dem, so ergibt sich zwanglos, dass ethnische oder religiöse Unterschiede bei der Zuschreibung von Menschenwürde ebenso wenig eine Rolle spielen dürfen wie besondere Fähigkeiten, etwa die Fähigkeit der Betroffenen zu »Autonomie«. Letztere soll ermöglicht und gesichert werden, »begründet« die Menschenwürdegarantie aber nicht.

Interpretiert man die Menschenwürdegarantie als staatliches Versprechen[16] zur Sicherung jedes Einzelnen gegen die Zufügung extremen Leids, und als normativen Anker des Grundgesetzes und unserer freiheitlich-demokratischen Verfassungsordnung, so wird sie zum normativen Orientierungspunkt allen staatlichen Handelns. Ihr zentraler und durch keine anderen Erwägungen einschränkbarer Rang innerhalb der Rechtsordnung spricht dafür, die Menschenwürdegarantie einerseits sehr eng zu interpretieren, andererseits aber so stark wie möglich auszugestalten. Dies bedeutet, dass Art. 1 Abs. 1 GG nicht bloß als Fundamentalnorm, Grundnorm, Grundsatz, Zielvorstellung oder Leitwert zu deuten ist, sondern ihr den Rechtscharakter zuzugestehen, der die reale Wirkung der Menschenwürde am wirkungsvollsten sicherstellen kann, nämlich als subjektives Recht bzw. als Ensemble subjektiver Rechte.[17] Durch die Bezeichnung dieser Rechte als »unantastbar« hat der Verfassungsgeber zusätzlich verdeutlicht, dass es nicht möglich sein soll, sie legal einzuschränken. Art. 1 Abs. 1 GG sollte also als ein (subjektives Grund-)Recht bzw. Ensemble von eng verstandenen Grundrechten interpretiert werden. Die Menschenwürde unterscheidet sich von den anderen Grundrechten allerdings dadurch, dass sie nicht legal einschränkbar ist.

Horst Dreier zufolge spricht die Singularität der Menschenwürde gegen ihre Einordnung als (subjektives) Grundrecht. Die Menschenwürde sei nicht über den tradierten Code »Schutzbereich« und »Schranke« zu erfassen, weil jeder Eingriff in die Menschenwürde rechtswidrig sei. Zwischen »gerechtfertigten Beeinträchtigungen und ungerechtfertigten Verletzungen« ließe sich bei Art. 1 Abs. 1 GG nicht unterscheiden.[18] Die Menschenwürde sei deshalb »Grundsatz, nicht Grundrecht«[19]. Dies führe auch »keineswegs zur normativen Irrelevanz«: »Als Konstitutionsprinzip und Kerngarantie des Grundgesetzes bildet Art. 1 I GG den denkbar höchsten Maßstab für die Ausübung der staatlichen Gewalt

[16] *Hofmann,* Die versprochene Menschenwürde, in: AöR 118 (1993), S. 353–377.

[17] *Hilgendorf,* Die missbrauchte Menschenwürde. Probleme des Menschenwürdetopos am Beispiel der bioethischen Diskussion, in: Jahrbuch für Recht und Ethik 7 (1999), S. 137–158 (148f.).

[18] *Dreier,* Art. 1 I Rn. 124.

[19] *Dreier,* Art. 1 I Rn. 125.

und wirkt in der Rechtspraxis in flexibler Weise auf das Verständnis der Grundrechte wie der gesamten Verfassungsordnung ein.«[20] Dem lässt sich entgegenhalten, dass die Menschenwürdegarantie dies auch dann leisten kann, wenn man sie als subjektives Grundrecht bzw. als ein Ensemble solcher Grundrechte deutet. Und auch die Singularität der Menschenwürde wird dadurch nicht in Frage gestellt, denn es handelt sich um das einzige Grundrecht, bei dem jeder Eingriff in den Schutzbereich rechtswidrig ist. Gerade aus einer teleologischen Perspektive, die die Zielsetzung der Menschenwürdegarantie als Leitwert der Verfassungsordnung ernst nimmt, erscheint die Rückstufung des Menschenwürdeschutzes zu einem bloßen Grundsatz nicht überzeugend.[21]

Interpretiert man die Menschenwürdegarantie als Ensemble von Grundrechten, so stellt sich die Frage, welchen Inhalt diese Grundrechte haben. Mit Blick auf die Verletzungsformen, die Anlass zur Einführung der Menschenwürdegarantie gegeben haben, lässt sich von einem Recht auf ein materielles Existenzminimum, auf minimale Freiheitsrechte, auf Freiheit von lang andauerndem schweren Schmerz, auf Wahrung eines Kerns von Privatsphäre, auf geistig-seelische Integrität, auf grundsätzliche Rechtsgleichheit und auf minimale Achtung sprechen.[22] Diese Liste (die bei Auftreten neuer Möglichkeiten extremer Verletzungen erweitert werden kann) besitzt den Vorzug der Klarheit, theoretischen Konsistenz und Anschlussfähigkeit an die historische Entwicklung und Rechtsprechung. Durch die Bezeichnung bestimmter Schutzrichtungen gewinnt sie an Präzision. Darin lässt sich jedoch auch eine Schwäche sehen, denn durch Präzisierung sinkt das Interpretationspotential der Menschwürdegarantie und damit mittelbar auch ihr Identifikationspotential. Es ist deshalb erforderlich, stets auch den Leitgedanken der Menschenwürdegarantie im Blick zu behalten: die Sicherung des Individuums vor extremen Verletzungen.

V. Menschenwürde und Autonomie

Die Menschenwürdegarantie wird häufig auf den Topos »Autonomie des Menschen« gegründet oder Menschenwürde mit Autonomie gleichgesetzt.[23] Dies wirft in mehrfacher Hinsicht Probleme auf. Die Rede von einer »Begründung« der Menschenwürde könnte zunächst dahingehend missverstanden werden, hier würde der grundgesetzliche Menschenwürdeschutz logisch aus der menschlichen Autonomie hergeleitet. Doch selbst wenn Menschen (alle oder nur eine

[20] *Dreier,* Art. 1 I Rn. 125.

[21] Kritisch auch *Dederer,* JöR NF 57 (2009), S. 89 (96f.).

[22] *Hilgendorf,* Missbrauchte Menschenwürde, S. 148f.

[23] Dazu *Dreier,* Art. 1 I Rn. 14 m.w.N. Ebd. Rn. 15 warnt Dreier vor »einer unbesehenen Übernahme der Lehre Kants als maßgeblicher oder gar alleiniger Interpretationsmaxime für den Menschenwürdesatz des Grundgesetzes«.

Teilgruppe) »autonom entscheiden« könnten (was immer dies genau bedeuten soll), würde daraus nicht folgen, dass Menschen bestimmte Rechte, etwa Menschenwürde, besitzen. Aus Tatsachen und Annahmen über Tatsachen folgen weder Normen noch Werte,[24] oder, in der Sprache der traditionellen deutschen Rechtsphilosophie, aus einem »Sein« folgt kein »Sollen«[25]. Hinzu tritt die Frage, warum gerade Autonomie als Begründung für ein so weitgehendes Recht herangezogen werden sollte. Aus wissenschaftstheoretischer Perspektive kann schon die Vorstellung einer »letzten Begründung« als naiv gelten; Letztbegründungen existieren in der Ethik und Rechtsphilosophie genauso wenig wie in den Naturwissenschaften und anderen empirischen Disziplinen.[26]

Vor allem in der älteren Rechtsprechung und Literatur wurde häufig die Frage nach der »Personalität« eines Wesens aufgeworfen,[27] mit dem Autonomiekonzept verknüpft und die Menschenwürde so mit »Personalität« in Verbindung gebracht.[28] Heute wird dieser Ansatz wesentlich skeptischer gesehen. Die Verwendung des Personkonzepts ist in vielen Fällen redundant; statt darüber zu spekulieren, welche Eigenschaften Personalität konstituieren, und so konstituierten Personen dann Menschenwürde zuzuschreiben, ließe sich die Menschenwürde auch unmittelbar mit den erwähnten Eigenschaften legitimieren. Hinzu kommt, dass der Personbegriff in einer ganz unübersehbaren Fülle von Bedeutungen verwendet wird, die keineswegs alle sinnvoll mit der Menschenwürde in Verbindung gebracht werden können. Gerade in der Strafrechtswissenschaft wurde vertreten, die »Menschenwürde« i.S.d. Grundgesetzes sei strikt von der »Personenwürde« abzugrenzen.[29] Alles in allem dürfte die philosophische Karriere des Personkonzepts der Vergangenheit angehören, und es spricht wenig dafür, ihre Laufzeit im juristischen Kontext zu verlängern, indem man die Konzepte »Person« und »Autonomie« verknüpft. Ein solches sprachliches Manöver führt jedenfalls nicht zu einer argumentativen Stärkung des Konzepts der »Autonomie«.

---

[24] Zum Unterschied zwischen Normen und Werten und einem präzisierten Begriff von »Wert« *Hilgendorf,* Werte in Recht und Rechtswissenschaft, in: Krobath (Hrsg.), Werte in der Begegnung. Wertgrundlagen und Wertperspektiven ausgewählter Lebensbereiche, 2011, S. 227–243 (228ff.).

[25] *Kelsen,* Reine Rechtslehre 1960, S. 5ff.

[26] Mit *Albert,* Traktat, S. 43 lässt sich diese Position als »Fallibilismus« bezeichnen.

[27] Einen guten Überblick geben *Krebs/Kambartel/Jantschek,* Artikel »Person«, in: Mittelstraß (Hrsg.), Enzyklopädie Philosophie und Wissenschaftstheorie, Band 6, 2. Auflage 2016, S. 147–151.

[28] »Der Mensch als Person ist Träger höchster geistig-sittlicher Werte und verkörpert einen sittlichen Eigenwert, der unverlierbar und auch jedem Anspruch der Gemeinschaft, insbesondere allen rechtlichen und politischen Zugriffen des Staates und der Gesellschaft gegenüber eigenständig und unantastbar ist. Würde […] ist dieser innere und zugleich soziale Wert- und Achtungsanspruch, der dem Menschen um dessentwillen zukommt.« BayVGH N.F. 1, II. Teil, 29 (32).

[29] Siehe unten VII.

Die »Gründung« von Menschenwürde auf eine angebliche Autonomie wird im Übrigen auch nicht dadurch überzeugender, dass man das Autonomiekonzept mit dem Namen des Philosophen Immanuel Kant verbunden hat.[30] Kants Autonomievorstellungen entstammen der Psychologie des 18. Jahrhunderts; besser wäre es, von Populär- oder Protopsychologie zu sprechen, denn als Wissenschaft ist die Psychologie als eigenständige wissenschaftliche Disziplin erst gegen Ende des 19. Jahrhunderts entstanden.[31] Inzwischen wissen wir über die Motivation menschlichen Verhaltens sehr viel mehr.[32] Die Überhöhung menschlicher »Selbstbestimmung« und die Vorstellung, menschliche Willensbildung involviere (immer oder jedenfalls meistens) einen für und gegen eine bestimmte Entscheidung sorgsam abwägenden Entscheidungsprozess, konnte aber wohl schon im 18. Jahrhundert als naiv angesehen werden. Das Modell trifft offensichtlich nicht einmal für erwachsene Menschen in »Normalsituationen« zu. Neugeborenen, Kleinkindern, psychisch Kranken, aber auch unter Drogen stehenden Menschen und anderen Menschen in besonderen Schwächesituationen sprechen wir die Autonomie (ganz oder zumindest teilweise) ab. Dasselbe gilt für Menschen in extremen Notsituationen. Aber wo genau liegen die Grenzen und was sind die Kriterien für die Grenzziehung? Unklar ist auch, wie das Vorliegen der Kriterien überprüft werden soll. Solange die menschliche Willensbildung nicht empirisch genauer geklärt ist, bedeutet Autonomie kaum mehr als eine Fiktion, deren Grenzen unscharf bleiben.

Die Verabsolutierung von »Autonomie« im Kontext der Menschenwürde ist aber nicht bloß eine unbestimmt bleibende Fiktion, sie steht häufig auch mit den Ideen der Fürsorge und des Schutzes anderer Menschen in einem Spannungsverhältnis: Gibt es eine (rechtliche oder auch nur moralische) Pflicht, in Extremfällen von Prostitution einzuschreiten, wenn sich die Betroffene doch »autonom« dafür entschieden hat? Inwieweit sollten wir uns um das Schicksale Schwerstkranker und Sterbender kümmern, wenn die sich doch »freiverantwortlich« um ihre Belange kümmern könnten (und sich wohl schon »autonom« für ihren gegenwärtigen Zustand entschieden haben)? Der Verweis auf »Autonomie« liefert nur allzu häufig vermeintlich gute Gründe dafür, bequem wegzusehen und die Verletzlichkeit und das Leiden Anderer zu ignorieren.

---

[30] Gerade in der deutschen Rechtswissenschaft stößt man oft auf eine überaus unkritische, fast dogmatische Kant-Rezeption, die mit der Forderung des Philosophen nach »Selbstdenken« kaum in Einklang zu bringen ist. Originell und anregend jetzt *Buchenau,* Menschenwürde. Kant und die Aufklärung, 2023.

[31] *Maderthaner,* Psychologie, 3. Auflage 2021, S. 22f.

[32] *Maderthaner,* Psychologie, S. 167ff.; *Schönpflug/Schönpflug,* Die Grundlagen der Psychologie, 4. Auflage 1997, Kap. 9; *Spitzer,* Selbstbestimmen. Gehirnforschung und die Frage: Was sollen wir tun?, 2004; siehe auch Gorr/Bauer (Hrsg.), Was treibt uns an? Motivation und Frustration aus Sicht der Hirnforscher, 2018.

VI. Wer ist »Träger« von Menschenwürde?

Ein weiteres zentrales Problem des Menschenwürdediskurses stellt nach wie vor die Frage nach den möglichen »Trägern« von Menschenwürde dar,[33] also den Inhabern der entsprechenden subjektiven Rechte. Erneut zeigen sich hier die Schwächen bisheriger Begründungsansätze: Gründet man Menschenwürde auf Topoi wie »Selbstbestimmung« oder »Autonomie«, so ist der typische Träger von Menschenwürde das autonomiebegabte vernünftige Individuum. Es ist allerdings offensichtlich, dass keineswegs alle Menschen die Kriterien erfüllen, welche wir an autonomiebegabte vernünftige Individuen stellen, man denke nur an Neugeborene und Kleinkinder, psychisch Kranke und Komatöse. Noch problematischer ist die Frage, ob man auch Ungeborene als menschenwürdebegabt ansehen kann. Das Autonomiekriterium greift hier offensichtlich nicht. Das Bundesverfassungsgericht hat auf den Potentialitätsgedanken abgestellt,[34] was allerdings ebenfalls kaum überzeugt: Genauso wie der Prinz zwar ein potentieller König ist, jedoch als Prinz noch keineswegs über die Rechte des Königs verfügt, ist auch der Embryo zwar ein potentieller Mensch, daraus folgt jedoch nicht, dass er bereits über die Rechte verfügt, die er als Mensch besitzen wird. Für die meisten Rechte ist dies allgemein anerkannt – warum sollte für die Menschenwürde etwas anderes gelten? Die Überlegenheit des Kriteriums der Leidensfähigkeit ist hier erneut offensichtlich.

Diskutieren lässt sich auch, ob Tote noch Menschenwürde besitzen können. Mit Blick auf den Autonomiegedanken, erst Recht aber mit Blick auf die Leidensfähigkeit Verstorbener ist sie eher zu verneinen. Andere vertreten, analog zur »vorwirkenden« Menschenwürde beim Embryo, eine Art »nachwirkende« Menschenwürde bei Toten. Zu wenig diskutiert ist die Frage, ob auch Kollektive oder ganze Gattungen (die Menschheit) würdebegabt sein können.[35] In der gegenwärtigen Philosophie wird unter der Flagge »kollektiver Identität« und »Identitätspolitik« intensiv über Gruppenrechte nachgedacht, jedoch haben diese Debatten bislang kaum in die deutsche Verfassungslehre Eingang gefunden. Immerhin wird beim Ehrenschutz, der jedenfalls historisch mit dem Würdeschutz verwandt ist, schon lange die Beleidigungsfähigkeit von Gruppen (unter bestimmten Voraussetzungen) angenommen. Gegen den Würdeschutz von Kollektiven spricht, dass leidensfähig nur der Einzelne ist; Gruppen leiden nur insoweit, wie ihre individuellen Gruppenmitglieder leiden. Dagegen erscheint der Autonomie-Topos auf Gruppen durchaus anwendbar; es spricht sogar einiges dafür, dass Kant die Vorstellung individueller Auto-

---

[33] *Dreier,* Art. 1 I Rn. 64 ff.

[34] BVerfGE 39, 1 (41).

[35] Dazu aber *Dreier,* Art. 1 I Rn. 115.

nomie von der älteren Idee einer »Selbstgesetzgebung« politischer Gruppen übernommen hat.[36]

Debattiert wird außerdem, ob und inwieweit Tieren Rechte, zumal Grundrechte und vielleicht auch Würde, zugesprochen werden können.[37] Stellt man auf Gesichtspunkte wie Verletzbarkeit und Leidensfähigkeit ab, so wird man nicht bezweifeln können, dass auch Tiere schutzbedürftig sind. Die Vorstellung, eine Gesellschaft könne entscheiden, bestimmte Extremformen der Verletzung von Tieren unter keinen Umständen rechtlich zu akzeptieren, und zu diesem Zweck in der Verfassung eine »unantastbare Tierwürde« jedenfalls für besonders empfindungsfähige Tiere festzuschreiben, ist keineswegs abwegig. Wenn man mit dem Leitgedanken der Leidensfähigkeit Ernst macht, ist ein so starker Tierschutz sogar naheliegend. Wem die Ausweitung der Debatte über eine mögliche Trägerschaft von Würdeschutz für Tiere zu weit geht, sei an Jeremy Bentham erinnert, der bereits vor 250 Jahren für eine Berücksichtigung der Leidensfähigkeit von Tieren eintrat.[38] Dagegen spielt der Tierschutz bei Kant nur eine untergeordnete Rolle, insofern nämlich rohes Verhalten gegenüber Tieren zu einer Verrohung von Menschen führen kann.[39]

Über »Rechte der Natur« wird schon lange debattiert. Auch hier ist der Gedanke einer rechtlich festgelegten »Unantastbarkeit« gegenüber extremen Fällen von Naturzerstörung jedenfalls nicht abwegig, obwohl man der Natur kaum eine spezifische »Leidensfähigkeit« unterstellen kann. Weitgehend neu ist die Debatte über die Möglichkeit einer Personqualität und damit evtl. zusammenhängender Würdebegabung technischer Artefakte. Immerhin hat das europäische Parlament im Jahr 2017 eine Entschließung angenommen, wonach Computersystemen unter bestimmten Voraussetzungen ein Personstatus zugesprochen werden soll.[40] Hier zeigt sich aber einmal mehr die Vieldeutigkeit des Konzepts »Person«. Die Vorstellung eines Personstatus von Computersystemen mit Grundrechten und Menschenwürde erscheint, gemessen an der europäischen juristischen Tradition, geradezu abwegig. Sehr viel eher zu diskutieren und vom europäischen Par-

---

[36] Artikel »Autonomie«, in: Willaschek u.a. (Hrsg.), Kant-Lexikon in drei Bänden, Band 1, 2021, S. 200–203 (203).

[37] *Ach,* Menschenrechte und Tierrechte, in: Pollmann/Lohmann (Hrsg.), Menschenrechte. Ein interdisziplinäres Handbuch, 2012, S. 453–459.

[38] Die klassische Passage findet sich bei *Bentham,* Eine Einführung in die Prinzipien der Moral und Gesetzgebung (engl. 1780/1789), 2013, Kapitel XVII, § 1, Abschnitt 4, Fn 1. Es dürfte sich um die berühmteste Fußnote der Philosophiegeschichte handeln. In der hier benutzten deutschen Ausgabe des Werkes findet sie sich auf S. 311 f.

[39] Näher zu den Thesen Kants, Benthams und anderer klassischer Autoren zum Tierschutz *Hilgendorf,* Mensch und Tier in der Philosophie. Ein Überblick über die klassischen Positionen, in: Hirte/Deutsch (Hrsg.), »Hund und Katz – Wolf und Spatz«. Tiere in der Rechtsgeschichte, 2020, S. 189–204.

[40] *Mady Delvaux,* BERICHT mit Empfehlungen an die Kommission zu zivilrechtlichen Regelungen im Bereich Robotik, Europäisches Parlament, https://www.europarl.europa.eu/doceo/document/A-8-2017-0005_DE.html?redirect (hier und im Folgenden: 31. Januar 2024).

lament auch gemeint ist die Frage, ob es sinnvoll sein könnte, autonome Systeme als Haftungssubjekte auszuzeichnen. Die damit aufgeworfenen Fragen können hier allerdings offenbleiben. Leidensfähig sind derartige Systeme nicht, und daher gibt es jedenfalls derzeit keinen Anlass, über einen möglichen »Unantastbarkeitsschutz« technischer Artefakte zu spekulieren.

VII. Würde und Ehre

Ein weiteres Problemfeld, welches möglicherweise nähere Aufmerksamkeit verdient, ist das Verhältnis von Würde und Ehre. Im Grundgesetz wird das Recht der Ehre in Art. 5 Abs. 2 als Grenze der Meinungsfreiheit bezeichnet. Dies bedeutet, dass auch die Ehre ein Verfassungsgut darstellt.[41] Damit nur schwer in Einklang zu bringen ist die Tatsache, dass das Bundesverfassungsgericht über viele Jahre hinweg den Ehrenschutz zugunsten der Meinungsfreiheit zurückgedrängt hat.[42]

Die Probleme mit dem Schutz der persönlichen Ehre rühren teilweise daher, dass schon der Ausdruck »Ehre« lange Zeit obsolet wirkte. Es handelt sich um ein Konzept, welches seit dem späten 19. Jahrhundert in der Kritik steht, man denke nur an die Duelle des 19. Jahrhunderts oder die Instrumentalisierung des Ehrenschutzes im Dritten Reich. Mit dem Slogan »Meine Ehre heißt Treue«, der auf den Koppelschlössern der SS angebracht war, versuchten die Nationalsozialisten, das Ehrbewusstsein der SS-Mitglieder in Unterstützung für das Regime umzumünzen. Es überrascht deshalb nicht, dass nach 1945 das Ehrkonzept kaum noch Unterstützer fand. Trotzdem blieb die »Ehre« im Strafgesetzbuch als geschütztes Rechtsgut der Beleidigungsdelikte erhalten.[43]

Die heutige Debattenlage ist dadurch gekennzeichnet, dass der »Ehre« nach wie vor ein altmodischer Beiklang anhaftet, andererseits aber das Beleidigungsstrafrecht nicht bloß anerkannt ist, sondern vom Gesetzgeber verstärkt und ausgeweitet wird. Hintergrund hierfür ist, dass die Sensibilität für verletzende Sprache in den letzten 20 Jahren enorm zugenommen hat, auch und gerade bei jungen Menschen. Um dieser Entwicklung gerechtzuwerden, bietet es sich an, nicht mehr von »Ehrenschutz« zu sprechen, sondern vom Schutz eines basalen, für das menschliche Miteinander notwendigen »Respekts«. Diese Interpretation ist auch deshalb möglich, weil in den §§ 185 ff. StGB von »Ehre« nicht die Rede

---

41 *Hufen,* Staatsrecht II, § 11 Rn. 14 ff.

42 Erst in jüngster Zeit ist die überfällige Kurskorrektur erfolgt, siehe BVerfG vom 19. Mai 2020, in: NJW 2020, S. 2622, 2629, 2631 und 2632; detaillierter Überblick bei *Hufen,* Staatsrecht II, § 25 Rn. 26 ff. mit Prüfschema in Rn. 36.

43 *Hilgendorf,* Strafrecht im Wandel des Zeitgeistes. Zum »Ehrenschutz« in der alten Bundesrepublik, in: Steinberg/Koch/Popp (Hrsg.), Strafrecht in der Berliner Republik, 2024, S. 195–221 (S. 203 ff.).

ist. Eine Umbenennung des geschützten Rechtsgutes wäre deswegen im Beleidigungsstrafrecht ohne größere Schwierigkeiten möglich.[44]

Dagegen wird »Ehre« im Grundgesetz ausdrücklich erwähnt, Art. 5 Abs. 2. Dies macht es notwendig, das Verhältnis von Menschenwürde und Ehre bzw. Respekt näher zu bestimmen. Es ist bemerkenswert, dass die deutsche Strafrechtsdogmatik der späten 60er und 70er Jahre eher um eine Abgrenzung zu der grundgesetzlich garantierten Menschenwürde als um ihre Integration in die Dogmatik des Beleidigungsstrafrechts bemüht war. Dies zeigt sich besonders deutlich in der einflussreichen, 1967 erschienenen Arbeit von Hans J. Hirsch über »Ehre und Beleidigung«[45]. »Es führt«, schrieb Hirsch, »kein Weg daran vorbei, die Grundlage der Ehre allein in der Personalität und der darauf beruhenden Personwürde zu sehen. Sie leitet sich weder ganz noch teilweise aus der Gemeinschaft ab, der ein Mensch angehört, geschweige denn, dass sie zu deren Disposition steht.« Es geht für Hirsch also nicht um die Berücksichtigung der Ehrvorstellungen in der jeweiligen Gruppe, sondern um eine abstrakte »Personwürde«.

Diese »Personwürde« ist für Hirsch aber gerade nicht mit Menschenwürde i.S.d. Art. 1 GG identisch: »Fälschlich wurde der Personwürde häufig die Menschenwürde i.S. des Art. 1 GG gleichgesetzt [...] Während jedoch die Personwürde, ein Begriff der Ethik, den *gesamten* achtungsfordernden Bereich der Persönlichkeit umfasst, vielfach gerechtfertigte Eingriffe zulässt und sich zudem nicht unerheblich über das Gebiet des überhaupt rechtlich Relevanten hinaus erstreckt, geht es bei dem Begriff der Menschenwürde i.S. des Abs. 1 GG nur um einen unantastbaren elementaren Teilbereich: nämlich den gewaltunterworfenen Menschen bei der Ausübung von Macht, namentlich der Machtmittel des Staates, als menschliches Wesen zu respektieren.«[46]

In der Rechtsdogmatik wird häufig darauf hingewiesen, dass das Ehrkonzept historisch gesehen mit Statusvorstellungen verknüpft war. Dasselbe gilt für ältere Vorstellungen von Würde. Beide Konzepte, Ehre und Würde, sind offensichtlich eng miteinander verwandt. Das Menschenwürdeverständnis des Grundgesetzes hat sich allerdings von dem alten Status-Modell emanzipiert, und auch die Neuinterpretation des Beleidigungsrechts als Recht zum Schutz eines basalen Respekts orientiert sich nicht an Statusvorstellungen. Eine neue Perspektive auf das Verhältnis beider Konzepte könnte sein, dass der Schutz eines Minimums an Respekt zu den Rechten gezählt wird, die die Menschenwürde konstituieren. Man könnte von einem »Recht auf minimalen Respekt« sprechen. Ein Anwendungsbeispiel hierfür wäre etwa die öffentlich in Szene gesetzte extreme Demütigung eines Menschen. Dogmatisch würde die Zuordnung bestimmter extremer Formen der Respektverletzung zum Menschenwürdeschutz bedeuten,

[44] *Hilgendorf*, Strafrecht im Wandel des Zeitgeistes, S. 221.
[45] *Hirsch*, Ehre und Beleidigung. Grundfragen des strafrechtlichen Ehrenschutzes, 1967.
[46] *Hirsch*, Ehre und Beleidigung, S. 53.

dass einfache Beleidigungen unter Umständen gerechtfertigt werden können (z. B. über § 193 StGB), Verletzungen des menschenwürdegeprägten minimalen Respekts hingegen nicht.

VIII. Setzt eine Menschenwürdeverletzung einen Verletzer voraus?

Ein interessantes, in der Verfassungslehre soweit ersichtlich aber nicht diskutiertes Problem liegt in der Frage, ob es eine Menschenwürdeverletzung ohne Verletzer geben kann.[47] Folgt man zur Bestimmung einer Menschenwürdeverletzung der wohl immer noch herrschenden »Objektformel«, so wäre diese Frage zu verneinen, denn »als Objekt behandelt« werden kann das Opfer nur, wenn es einen handelnden Akteur gibt. Dasselbe gilt für den Instrumentalisierungsansatz, der auf Intentionen eines Akteurs abstellt.

Sieht man hingegen, wie hier vertreten, Menschenwürdeverletzungen als Fälle schwerer Verletzung basaler menschlicher Bedürfnisse, so wird eine Menschenwürdeverletzung ohne menschlichen Verletzer denkbar. So verletzt etwa das qualvolle Verdursten eines Schiffbrüchigen dessen Menschenwürde auch dann, wenn die Verletzung keinem menschlichen Akteur zuzurechnen ist. Das Problem gewinnt u. a. deshalb an Bedeutung, weil wir in Zukunft mit Mensch-Maschine-Interaktionen zu tun haben werden, bei denen aller Voraussicht nach auch Fälle auftreten werden, in denen Menschen durch Maschinen schwer verletzt werden, unter Umständen in einer Weise, die (auch) als Menschenwürdeverletzung anzusehen ist.

In vielen, aber nicht in allen derartigen Fällen wird man den Betreibern entsprechender Maschinen die Menschenwürdeverletzung zurechnen können, und auf diese Weise doch wieder zu einem menschlichen Akteur gelangen. In anderen Fällen erscheint eine solche Rückbindung an einen menschlichen Verletzer aber nicht möglich. Angenommen, in einem Krankenhaus der (nahen) Zukunft werden Operation von einem Roboter vorgenommen. Infolge eines technischen Defekts erleidet der Patient infolge der fehlerhaften Operation über einen längeren Zeitraum hinweg extreme Schmerzen. M. E. spricht wenig dagegen, hierin eine Menschenwürdeverletzung zu sehen, auch wenn der Operationsroboter kaum als »verletzender Akteur« eingestuft werden kann.[48] Menschenwürdever-

---

[47] *Hilgendorf,* Menschenwürde und Demütigung. Eine Kritik, in: ders. (Hrsg.), Menschenwürde und Demütigung. Die Menschenwürdekonzeption Avishai Margalits, 2013, S. 127–137 (135 f.).

[48] Dasselbe würde für ein Tier gelten, welches einen im Hochgebirge verunglückten schwerverletzten und deswegen hilflosen Menschen bei lebendigem Leib verzehrt – Menschenwürdeverletzung, aber kein (menschlicher) Menschenwürdeverletzer.

letzungen setzen möglicherweise nicht einmal voraus, dass der Verletzte oder irgendein anderer die Verletzung bemerkt. Das Thema verdient mehr Aufmerksamkeit, als ihm bislang zuteilgeworden ist.

IX. Kann man auf den Schutz der Menschenwürdegarantie rechtswirksam verzichten?

Ein überaus interessantes und noch nicht überzeugend gelöstes Problem im Zusammenhang mit der Menschenwürde stellt schließlich die Frage dar, inwieweit auf Menschenwürde verzichtet werden kann. Die (hier abgelehnte) Begründung von Menschenwürde aus der Autonomie spricht dafür, Verletzungen eines Individuums, die von ihm konsentiert werden, nicht als Menschenwürdeverletzungen anzusehen. Man kann hier von einer Ausprägung des Grundsatzes »volenti non fit injuria« sprechen.[49] Andererseits soll die Menschenwürde nach dem Willen der Verfassungsgeber eine Art unantastbaren und veränderungsfesten normativen Anker bilden, was dafür spricht, Menschenwürde nicht einmal der Dispositionsfreiheit des Trägers selbst zu unterstellen.

Für eine Unverfügbarkeit von Menschenwürde selbst ihrem Träger gegenüber spricht auch, dass die Figur einer »freiverantwortlichen Entscheidung« über die Preisgabe der eigenen Menschenwürde bei näherem Hinsehen Zweifel erregt, denn die Voraussetzungen von Freiverantwortlichkeit und die Kriterien für ihr Vorliegen sind alles andere als geklärt. Notlagen sollen eine Freiverantwortlichkeit noch nicht ausschließen, extreme Drucksituationen aber schon. Depressionen ändern an der Freiverantwortlichkeit wenig, psychische Erkrankungen sehr viel. Die Grenzziehung ist in beiden Fällen umstritten, auch deshalb, weil eindeutige Abgrenzungskriterien fehlen. Die Freiheitsrhetorik des Bundesverfassungsgerichts in der Entscheidung über § 217 StGB a. F. geht an der Wirklichkeit vorbei.[50] Andererseits wäre es widersprüchlich, die Würdegarantie, gerade wenn man sie primär als Freiheitsverbürgung deutet, als Instrument von Freiheitsbeschränkungen einzusetzen. Überzeugend warnt der Jubilar davor, die Menschenwürde »schlicht als normativ höchstrangiges Substrat paternalistischer Moralvorstellungen und fixer gesellschaftlicher Ordnungsmuster« zu begreifen und sie dann »gegen individuelle Autonomie und Selbstbestimmung über das eigene Leben auszuspielen«[51].

---

[49] *Geddert-Steinacher,* Menschenwürde als Verfassungsbegriff. Aspekte der Rechtsprechung des Bundesverfassungsgerichts zu Art. 1 Abs. 1 Grundgesetz, 1990, S. 86.

[50] *Hilgendorf,* Rettungsweg: Menschenwürdiges Sterben, in: Gröschner/Kirste/Lembcke (Hrsg.), Wege der Würde, 2022, S. 191–217 (203 ff.) zu BVerfGE 153, 182.

[51] *Dreier,* Art. 1 I Rn. 150.

Um die angedeuteten Probleme zu lösen, sollte zuerst geprüft werden, ob es sich im Einzelfall tatsächlich um eine Würdeverletzung handelt. Folgt man dem hier vertretenen engen Würdekonzept, so stellt etwa der Auftritt in einer Peepshow keine Verletzung der Menschenwürde des Darstellers bzw. der Darstellerin dar. Dasselbe gilt grds. auch beim konsentierten Zwergenweitwurf,[52] der Teilnahme an einer TV-Reality-Nacktshow und der Prostitution.[53] Die Gesellschaft kann die Möglichkeit derartiger Darbietungen begrenzen, indem sie auf die »guten Sitten« abstellt, welche seit jeher z.B. bei der Körperverletzung der rechtfertigenden Kraft einer Einwilligung (§ 228 StGB) Grenzen ziehen. Für die verbleibenden, praktisch wohl nicht allzu häufigen Fälle kann man darauf abstellen, dass jedenfalls ein nicht rückgängig zu machender Autonomie-Verlust einen Menschenwürdeverstoß darstellt, der nicht einmal durch die Zustimmung des Betroffenen selbst gerechtfertigt werden kann. Beispiele wären etwa (unwiderruflich) lebenslange Selbstversklavung oder eine Lobotomie. Eine weitere Fallgruppe könnten Würdeverletzungen darstellen, die nicht nur die eigene, sondern auch die Würde anderer Personen verletzen.[54]

Letztlich wird das, was eine Gesellschaft als eine so extreme Verletzung versteht, dass sie nicht einmal vom Betroffenen selbst konsentiert werden kann, aus historischer Sicht einem Wandel unterliegen. So würde man heute wohl auch grausame öffentliche Folterungen oder Formen von Prostitution, bei denen sich Menschen mittels Drogen des Bewusstseins berauben und in diesem Zustand willenlos beliebigen »Nutzern« zur Verfügung stellen,[55] nicht nur als Verstoß gegen die guten Sitten, sondern als nicht konsentierbare und deshalb unter allen Umständen rechtswidrige Menschenwürdeverletzungen ansehen.

X. Zusammenfassung

1. Versteht man die grundgesetzliche Menschenwürdegarantie als menschliche Setzung, so wirft ihre Interpretation angesichts des sehr knappen Wortlauts und der herausgehobenen Stellung der Menschenwürdegarantie im Grundgesetz besondere Probleme auf. Es geht dabei weniger um den Nachvollzug eines erkennbaren Willens des historischen Gesetzgebers als vielmehr um eine Gestaltungs- und Konstruktionsaufgabe, die teleologische Gesichtspunkte einbeziehen muss.

[52] VG Neustadt/W., NVwZ 1993, S. 98.

[53] Man sollte dabei bedenken, dass die Realität der Prostitution ein überaus weites Spektrum abdeckt – vom Luxus-Escort-Service und der Gelegenheitsprostitution über die Tätigkeit in einem Edel-Bordell bis hin zu »Flatrate-Bordellen« und zum »Straßenstrich« von Drogenabhängigen und Minderjährigen.

[54] *Hufen,* Staatsrecht II, § 10 Rn. 36.

[55] Das Beispiel stammt aus dem Science-Fiction-Klassiker »Neuromancer« von William Gibson (1984), Kapitel 3.

2. Ihre Funktion als »normativer Anker« der Verfassung und Instrument zur Sicherung eines als unverzichtbar empfundenen Minimums an Individualschutz spricht dafür, die Menschenwürdegarantie möglichst »stark« zu konstruieren und als subjektives Recht bzw. ein Ensemble von subjektiven Rechten zu verstehen.

3. Die Garantie von Menschenwürde ist eine Antwort auf die spezifische Verletzlichkeit und Leidensfähigkeit von Menschen. Sie »gründet« nicht in ihrer angeblichen Autonomie.

4. Der Bezug auf Verletzlichkeit und Leidensfähigkeit lässt es denkbar erscheinen, auch anderen empfindungs- und leidensfähigen Wesen einen absoluten Schutz gegenüber bestimmten Formen extremer Misshandlung zuzugestehen.

5. Menschenwürdeverletzungen setzen keinen Verletzer voraus. Auch Zustände, die nicht auf einen menschlichen Akteur zurückzuführen sind, können eine Menschenwürdeverletzung darstellen.

6. Ein Verzicht auf Menschenwürdeschutz durch den jeweiligen Träger der Menschenwürde ist möglich, allerdings sind dabei Grenzen zu beachten, deren theoretische Klärung bislang nicht gelungen ist.

Selbstbestimmung als Kern der Menschenwürde

Friedhelm Hufen

I. Einleitung

Wenn es einen besonderen Schwerpunkt im wissenschaftlichen Werk von *Horst Dreier* gibt, dann ist es der Grundsatz der Menschenwürde. Im Grundsätzlichen, aber auch in der Analyse der Rechtsprechung[1] sowie zu Einzelfragen[2] hat er sich bahnbrechend geäußert. Besonders aber seine fulminante Kommentierung zu Art. 1 GG wird weit über die 3. Auflage seines Kommentars hinaus bleibende Wirkung entfalten – auch wenn er inzwischen den Staffelstab ab der 4. Auflage an meine Mainzer Kollegin *Friederike Wapler* weitergegeben hat. Auch in seinem aktiven Wirken im Ethikrat und anderen Gremien hat die Menschenwürde immer wieder im Mittelpunkt gestanden.

Im bis auf seine Studienzeit in Hannover zurückreichenden wissenschaftlichen Gespräch zwischen *Horst Dreier* und dem Autor dieser Zeilen hat die Menschenwürde immer wieder eine Rolle gespielt. Selbst das Thema »Selbstbestimmung als Teil der Menschenwürde« war schon konkreter Gegenstand einer spannenden Diskussion anlässlich eines Geburtstagssymposiums zu Ehren unseres gemeinsamen Mentors *Hans-Peter Schneider*, bei dem ich die These einer Gefährdung der durch die Menschenwürde geschützten Selbstbestimmung durch fortschreitenden staatlichen Paternalismus in den Raum stellte. *Horst Dreier* stimmte meiner Erinnerung nach zwar grundsätzlich zu, wies aber auf die problematische Abgrenzung eines menschenwürde-geschützten Kerns der Selbstbestimmung einerseits und der allgemeinen Entfaltungsfreiheit des Art. 2 Abs. 1 GG andererseits hin und warnte vor der »Fallhöhe«, die der Menschenwürde drohe, wenn alltägliche Ausprägungen der Selbstbestimmung zur Menschenwürdegarantie gerechnet würden. Auch seine bis in die 3. Auflage vertretene, von mir nie geteilte Auffassung, dass die Menschenwürde jedenfalls kein »normales« Grundrecht mit eigenständigem Schutzbereich, Schranke usw.

---

[1] *Dreier*, Menschenwürde in der Rechtsprechung des Bundesverwaltungsgerichts, in: Festgabe 50 Jahre Bundesverwaltungsgericht, 2003, S. 201 ff.

[2] *Dreier*, Menschenwürdegarantie und Schwangerschaftsabbruch, in: DÖV 1995, S. 1036–1040; *ders.*, Lebensschutz und Menschenwürde in der bioethischen Diskussion, in: ders./Huber (Hrsg.), Bioethik und Menschenwürde (= Münstersche Theologische Vorträge, Band 4), 2002, S. 9–49.

sei,[3] mag aus diesem grundsätzlichen Respekt vor dem über allen anderen Grundsätzen schwebenden Prinzip der Menschenwürde herrühren.

Im Folgenden geht es um die Fortsetzung dieses Gesprächs – aber nicht etwa um die von *Dreier* zu Recht skeptisch betrachtete Frage eines »Menschenwürdekerns«[4] von Art. 2 Abs. 1 GG oder die gleichfalls zu Recht skeptisch betrachtete Zugehörigkeit zum abstrakten »Menschenbild des Grundgesetzes«[5], sondern originär und direkt um den Kern des Gewährleistungsinhalts von Art. 1 Abs. 1 GG – ob unter der Überschrift »Schutzbereich«, »oberstes Verfassungsprinzip« oder wie auch immer.

II. Vom Kern der Aufklärungsphilosophie zum Kern der Verfassungsgarantie

1. Menschenwürde als angewandte Philosophie

Betrachtet man die philosophische und die verfassungsrechtliche Literatur zur Menschenwürde, so fällt zunächst die weitgehende Parallelität in den Problemen, Begriffen und Anwendungsfeldern auf. Das kommt nicht von ungefähr – ist doch keine andere Verfassungsnorm so sehr von der philosophischen und insbesondere ethischen Ideengeschichte der Menschenwürde geprägt wie Art. 1 GG. Als hauptsächliche Wurzeln werden in der Regel die christliche Tradition mit der Gottesebenbildlichkeit des Menschen und die Philosophie der Aufklärung benannt. Beide Wurzeln sind bedeutsam, aber für unser Thema der Selbstbestimmung nicht gleichgewichtig. Mündet das Bild der Gottesebenbildlichkeit im verfassungsrechtlichen Kontext doch in den sogenannten »Mitgifttheorien«, die die Menschenwürde als etwas von Gott oder wem auch immer Geschenktes begreifen, das der Mensch gleichsam nur zu verwirklichen und zu verwalten, aber nicht autonom zu gestalten habe. Konkrete Auswirkungen hat das auf alle Fragestellungen der Gegenwart, die sich um den Schutz des Menschen vor sich selbst, um Entmündigung und dem in gerade in der Gegenwart fortschreitenden Paternalismus des modernen »pädagogischen Sozialstaats« drehen. Dagegen bildet die Selbstbestimmung für die Aufklärungsphilosophie geradezu den Dreh- und Angelpunkt.

[3] S. *Dreier*, in: ders. (Hrsg.), Grundgesetz-Kommentar, Band I, 3. Auflage 2013, Art. 1 I Rn. 121 einerseits; *Friedhelm Hufen*, Staatsrecht II. Grundrechte, 10. Auflage 2023, § 10, Rn. 9 ff. andererseits.

[4] Dazu vor allem BVerfGE 109, 279 (309) – Großer Lauschangriff; zurückgehend auf *Dürig*, in: Maunz/Dürig, GG, Art. 1 Rn. 81, 85 – Erstkommentierung; *ders.*, AöR 81 (1956), S. 117; *Hong*, Der Menschenwürdegehalt der Grundrechte, 2019, S. 598 ff.; zust. *F. Wapler*, in: Brosius-Gersdorf (Hrsg.), Dreier-Grundgesetz-Kommentar, Band I, 4. Auflage 2023, Art. 1 I Rn. 164; skeptisch *Dreier*, Art. 1 I Rn 162; *Hufen*, StaatsR II, § 1, Rn. 46.

[5] Exemplarisch BVerfGE 4, 7 (15); 27, 1 (6); w. Nachw. bei *Wapler*, Art. 1 I Rn 165; skeptisch auch insofern *Dreier*, Art. 1 I Rn. 167; diff. *Hufen*, StaatsR II, § 10, Rn. 16.

2. *Immer wieder Kant*

Ohne die Bedeutung der von *Dreier* zu Recht hervorgehobenen Vorgänger wie *Pico della Mirandola*, *Blaise Pascal* und *Samuel Pufendorf* zu vernachlässigen,[6] kann in einer Festschrift für *Horst Dreier* die Bedeutung *Immanuel Kants* für die Menschenwürde im Allgemeinen und die Selbstbestimmung im Besonderen schlicht als selbstverständlich vorausgesetzt werden.[7] Exemplarisch formuliert dieser in seiner *Metaphysik der Sitten* die Begründungselemente und begrifflichen Umschreibungen für die Menschenwürde: Den absoluten Wert des Menschen als Person, die Autonomie und vor allem den berühmten Satz, wonach der Mensch nicht als Mittel zum Zwecke eines anderen, sondern als Zweck an sich zu schützen sei.[8] *Kant* ist Zeuge dafür, dass die Selbststimmung des Menschen zum Kern der Menschenwürde gehört: »Der Wille wird als ein Vermögen gedacht, der Vorstellung gewisser Gesetze gemäß sich selbst zum Handeln zu bestimmen. Und ein solches Vermögen kann nur in vernünftigen Wesen anzutreffen sein. Nun ist das, was dem Willen zum objektiven Grunde seiner Selbstbestimmung dient, der Zweck und dieser, wenn er durch bloße Vernunft gegeben wird, muss für alle vernünftigen Wesen gleich gelten«. Die menschliche Vernunft und die Selbstbestimmung sind also die beiden zentralen Kategorien, auf denen *Kant* das Verzweckungsverbot aufbaut. Der Mensch besitzt eine Würde, weil er Subjekt einer moralisch-praktischen Vernunft ist. Würde, Bewusstsein und Vernunft sind auf das Engste verbunden und bilden die Grundlage menschlicher Autonomie. Unentbehrlich für unser Thema ist auch die Brücke zur wohl meistzitierten Schrift *Immanuel Kants* »Beantwortung der Frage: Was ist Aufklärung?« (1784) und deren Definition als »Ausgang des Menschen aus selbstverschuldeter Unmündigkeit«[9]. Die Absage an die selbsternannten Vormünder und die Aufforderung zum »sapere aude«, also sich seines eigenen Verstandes zu bedienen, ist zugleich Voraussetzung jeglicher Selbstbestimmung und damit auch jeder Gewährleistung der Menschenwürde.

3. *Selbstbestimmung in der aktuellen Philosophie*

Die Rückbesinnung des Verfassungsrechts auf die Aufklärungsphilosophie im Allgemeinen und *Immanuel Kant* im Besonderen stellt nicht nur zeitlich

---

[6] Zu diesen *Dreier*, Art. 1 I Rn. 11.

[7] Vertiefend *Hofmann*, Menschenrechtliche Autonomieansprüche, in: JZ 1992, S. 165ff.; *Hufen*, JuS 2013, S. 1ff.; *Dederer*, JöR NF 57 (2009), S. 89ff. (103); *R.A. Lorz*, Modernes Grund- und Menschenrechtsverständnis und die Philosophie der Freiheit Kants, 1993, S. 119ff.

[8] *Immanuel Kant*, Grundlegung zur Metaphysik der Sitten (1785), abgedruckt in: *Johann Hermann von Kirchmann*, 1996, S. 76; *ders.*, Die Metaphysik der Sitten. Zweiter Teil (1797), §§ 11, 38.

[9] Urfassung: *Immanuel Kant*, Beantwortung der Frage: Was ist Aufklärung?, in: Berlinische Monatsschrift 4 (1784), S. 481–494.

einen »großen Sprung« dar, sondern führt auch zur Frage, ob und inwieweit die Interpretation des Art. 1 GG Schritt mit den Entwicklungen gehalten hat, die sich in Philosophie und Ethik im Hinblick auf Selbstbestimmung, Autonomie und die damit bestehenden Bezüge zur Menschenwürde getan haben und weiterhin tun. Dabei kann es hier selbstverständlich nicht darum gehen, unter dem Stichwort »Beiträge der Nachbardisziplinen« 200 Jahre Geschichte der Philosophie nachzuzeichnen. Gleichwohl gibt es große wissenschaftliche Leistungen in diesem Bereich, die durch die Rechtswissenschaft noch zu erschließen sind. So kann die Selbstbestimmung in der wissenschaftlichen Ethik als eins der leitenden Motive bezeichnet werden. Offenkundige Bezüge bestehen nicht nur zur Medizinethik, vom Gedanken an die Selbstbestimmung über den eigenen Körper bis zur Bestimmung über den eigenen Tod, sondern es geht auch um grundsätzliche Fragen, wie z. B. den Einwand inhaltlicher Unbestimmtheit der Menschenwürde.[10] Im Anschluss an *Kant*, aber auch in durchaus eigenständiger Sorge kümmert man sich um die Instrumentalisierung des Menschen und um die Voraussetzungen der Autonomie.[11] Etwas überraschend greift die ethische Debatte ihrerseits immer wieder Themen auf, die auch zum Standard der juristischen Debatte zählen – so etwa Identität, Intimität, Mitgift- Leistungstheorien und Abwägungsverbot.[12] Geblieben ist das Abstellen auf die spezifischen Fähigkeiten, die dem Menschen im Unterschied zu anderen Lebewesen im Prinzip zukommen, in deren Mitte dann selbstverständlich auch Autonomie, Vernunft und Selbstbestimmung stehen. Während sich die aktuellen Texte eher auf konkrete »Nicht-Standardfälle« im Embryonenschutz, Experimente am Menschen, Sterbehilfe usw. beziehen, wird doch erkennbar, dass das Recht auf Selbstbestimmung als zumindest einer der Kerngehalte der Menschenwürde als selbstverständlich vorausgesetzt wird.[13]

4. Die Umsetzung in die Interpretation der Menschenwürdegarantie

a) Konzentration auf Eingriffe und Schranken

Unabhängig von der Frage, ob es sich bei der Menschenwürdegarantie des Art. 1 GG um einen allgemeinen Grundsatz oder ein konkretes Grundrecht handelt, empfiehlt es sich, im ersten Schritt den Inhalt der verfassungsrechtlichen Gewährleistung zu bestimmen und erst dann zu möglichen Eingriffen

[10] *Birnbacher,* Menschenwürde-Skepsis, in: Joerden/Hilgendorf/Thiele (Hrsg.), Menschenwürde und Medizin. Ein interdisziplinäres Handbuch, 2013, S. 159 ff. (160).

[11] *Birnbacher,* Annäherungen an das Instrumentalisierungsverbot, in: Brudermüller/Seelmann (Hrsg.), Menschenwürde. Begründung, Konturen, Geschichte, 2008, S. 1 ff.

[12] *Birnbacher,* Menschenwürde – abwägbar oder unabwägbar?, in: Kettner (Hrsg.), Biomedizin und Menschenwürde, 2004, S. 249–271.

[13] So ein führender Vertreter des Faches, *Dieter Birnbacher*, in einem persönlichen Schreiben an den Verfasser vom 21. April 2023.

und Schranken zu kommen.[14] Dann wäre jedenfalls Raum geschaffen, neben den »passiven« Schutzgütern wie Identität, Integrität und Intimität auch ein aktives Element wie die Bestimmung über das eigene Tun und Entscheiden zu entwickeln.

Stattdessen steigt die wohl immer noch vorherrschende »Objektformel«[15] sogleich auf der Eingriffsebene ein und trägt damit zu einer tendenziellen Vernachlässigung des »aktiven« Elements bei.

b) »Aktive« Definition

Im allgemeinen Sprachgebrauch meinen Selbstbestimmung und Autonomie dasselbe: Die eigenverantwortliche Entscheidung des Menschen vor allem (aber nicht nur) über sich selbst und die Absage an jede Form der Fremdbestimmung. Normativ gewendet, bedeutet Selbstbestimmung die Gewähr zur grundsätzlichen Freiheit der Entscheidung und der ebenso grundsätzliche Ausschluss jeglicher Fremdbestimmung. Deren Schranken sind nicht von vornherein Inhalte des Schutzbereichs, sondern – wie auch sonst in der Grundrechtsdogmatik – erst nach der Feststellung eines Eingriffs zu prüfen. Aus der Rechtsgeschichte hat der Begriff auch etwas mit Selbst-Ermächtigung, Eigenverantwortung und Herrschaft zu tun – in der Regel in nicht zufälliger etymologischer Nähe zur Mündigkeit – historisch als »Mundschaft« bezeichnet (noch gebräuchlich die heute durch die Betreuung ersetzte Vor-Mundschaft).[16] Im Sinne eines Verfassungsgebots umschreiben lässt sich das Recht auf Selbstbestimmung auch als Anspruch auf Beachtung der menschlichen Individualität.

c) Selbstbestimmung in der Rechtsprechung des Bundesverfassungsgerichts

In der Rechtsprechung des BVerfG wird die Selbstbestimmung im Wesentlichen nicht Art. 1 GG, sondern dem allgemeinen Persönlichkeitsrecht oder der allgemeinen Handlungsfreiheit zugeordnet. So findet sich das Stichwort »Selbstbestimmung« im Register des alle Bände der amtlichen Sammlung umfassenden Sammelwerks von *Grashof* nur in der Vorbemerkung zu Art. 1 GG, wo der schöne Satz aus dem Volkszählungsurteil zitiert wird: »Im Mittelpunkt der grundgesetzlichen Ordnung stehen Wert und Würde der Person, die in freier Selbstbestimmung als Glied einer freien Gesellschaft wirkt.«[17] Schon im nächsten Satz biegt das Gericht dann aber wieder zum allgemeinen Persönlichkeitsrecht ab, das »dem Schutz der Menschenwürde dient« und das in nahezu

[14] *Hufen*, Menschenwürde: Vor die »Objektformel« hat die Grundrechtsdogmatik die Bestimmung des Schutzbereichs gesetzt, in: FS Eibe Riedel, 2013, S. 459ff.

[15] *Dürig*, Art. 1 Abs. 1 Rn. 28 – Erstkommentierung; Übernahme durch das BVerfG std. Rspr. seit BVerfGE 27, 1 (6).

[16] *Heider*, Die Geschichte der Vormundschaft seit der Aufklärung, 2011.

[17] BVerfGE 65, 1 (41).

allen Fällen, in denen es um die menschliche Selbstbestimmung geht (über den Körper, über die Persönlichkeitssphäre, nicht zuletzt über die eigenen Daten), den Schlüssel zur Falllösung bildet. Von der Menschenwürde bleibt so nur das »in Verbindung mit Art. 1 GG« innerhalb der »Hausnummer« des Allgemeinen Persönlichkeitsrechts (*Art. 2 Abs. 1 i. V. m. Art. 1 GG*).[18] Wird – abseits der Selbstbestimmung – Art. 1 GG selbst geprüft, dann wendet das Gericht fast immer die »Objektformel« *Günter Dürigs* an, die in unverkennbarer Parallele zum Kant'schen Verzweckungsverbot den Inhalt der Norm von den möglichen Eingriffen (Schmähung, Erniedrigung, Demütigung usw.) her definiert und dabei weitgehend offenlässt, in was nicht eingegriffen werden darf.[19] Dass der Mensch auch durch Eingriffe in den Kern der Selbstbestimmung zum Objekt werden kann, kommt – soweit ersichtlich – nicht vor.

d) Selbstbestimmung im Kommentar von Horst Dreier (bis 3. Auflage)

Ausweislich des Registers des ersten Bandes des *Dreier*'schen Kommentars gehört die Selbstbestimmung in den ersten drei Auflagen in den Gewährleistungsbereich von Art. 1 GG, wobei einzelne Entfaltungsformen auch Art. 2 I und anderen Grundrechten zugeordnet werden. Bereits erwähnt wurde, dass *Horst Dreier* auf der Einordnung als höchster Grundsatz der Rechtsordnung (statt »normales Grundrecht«) beharrt.[20] Die Selbstbestimmung kann deshalb nicht Teil einer Aufzählung der Elemente eines Schutzbereichs sein. Immerhin ist bei den (sehr kurz gefassten) »konsentierten Grundaussagen« noch der »liberale Grundsatz der Wahrung der Subjektqualität« zu finden.[21] Bei der Kommentierung von Einzelproblemen wird dann aber durchaus deutlich, dass *Dreier* die individuelle Autonomie des Menschen und damit die Selbstbestimmung nicht nur als Teil der Ideengeschichte,[22] sondern sehr wohl auch als Teil des Gewährleistungsgehalts von Art. 1 GG begreift – so vor allem, wenn er Versuche kritisiert, die Menschenwürde als solche gegen die individuelle Autonomie (»Würdeschutz gegen sich selbst«) in Stellung zu bringen[23] oder einseitig für das »christliche Menschenbild« zu vereinnahmen.[24] Stattdessen tritt das Menschenbild der Aufklärung und damit die Verankerung in der Individualität und der moralisch-praktischen Vernunftbegabung des Menschen in den Mittelpunkt und erlangt für *Dreier* eine bleibende und denkbar große Bedeutung, auch und gerade

[18] Exemplarisch BVerfGE 54, 148 (153).
[19] Exemplarisch BVerfGE 107, 275 (280) – Benetton II.
[20] *Dreier*, Art. 1 I Rn. 121.
[21] *Dreier*, Art. 1 I Rn. 62.
[22] So etwa in Rn. 12 zu Pufendorf, und in Rn. 157 zur Aufklärung insgesamt.
[23] *Dreier,* Art. 1 I Rn 149 ff.; allgemein dazu auch *von Münch*, Grundrechtschutz gegen sich selbst?, in: FS Ipsen, 1977, S. 113 ff.; *Klimpel*, Bevormundung oder Freiheitsschutz?, 2003, S. 227.
[24] *Dreier,* Art. 1 I Rn. 6–7.

für die modernen Debatten.[25] Dass die historischen Vorbilder für eine moderne Interpretation des Art. 1 GG nicht eins zu eins übernehmbar sind,[26] versteht sich von selbst, ändert aber nichts an der grundlegenden Einbeziehung menschlicher Autonomie und vernunftgeleiteter Selbstbestimmung in den normativen Gehalt des heutigen Art. 1 GG. Unter den philosophisch begründeten Grundmodellen der Menschenwürdegarantie entfällt schon damit jede Variation der »Mitgifttheorie«, die die Menschenwürde als etwas von Gott oder wem auch immer Geschenktes begreift. Auch zum zentralen Problem der notwendigen Abgrenzung von menschenwürde-geschützter Selbstbestimmung einerseits und lediglich »freier Entfaltung« im Sinne von Art. 2 I GG andererseits hat *Dreier* viel zu sagen, wenn er vor Inflationsgefahr und Trivialisierung warnt.[27]

e) Selbstbestimmung in der Kommentierung von Friederike Wapler

Weit mehr als eine bloße Fortschreibung als vielmehr eine geglückte Neubearbeitung bei Wahrung der Grundlinien ist die Kommentierung von *Friederike Wapler* in der nunmehr von *Brosius-Gersdorf* herausgegebenen 4. Auflage des *Dreier'schen* Kommentars. Hier finden sich bereits im Stichwortverzeichnis zu Art. 1 GG nicht weniger als sechs Bezugsstellen zum Stichwort »Selbstbestimmung«. Geblieben ist die Betonung der Aufklärungsphilosophie *Immanuel Kants* und die Bedeutung der Selbstgesetzgebung des autonomen Willens vernünftiger Wesen.[28] Besonders wichtig ist die Herausarbeitung des klaren Brückenschlags von *Kants* sittlicher Autonomie des moralischen Subjekts hin zu einem rechtlichen Fundamentalgrundsatz in der konkreten heutigen Verfassungsnorm der Menschenwürde.[29] Unter den im Inhalt der Menschenwürde bestimmenden Theorien formuliert *Wapler* als eigenständige Kategorie die »Selbstbestimmungstheorien«, freilich mit dem einschränkenden Zusatz der unterschiedlichen Voraussetzungen der auf Vernunft basierten Entscheidungen.[30] Die Einordnung der Fähigkeit zur Selbstbestimmung als ein wesentlicher und schützender Bestandteil der menschlichen Identität bedeutet selbstverständlich keine verminderte Menschwürde für diejenigen Menschen, die ihr Leben nicht oder nur eingeschränkt selbstbestimmt gestalten können. Gegenüber der Demütigung ist die Instrumentalisierung (Verzweckung) des Menschen ein eigenständiger Eingriff in den Kern der Menschenwürde: »Zur menschlichen Identität gehört darüber hinaus ein Raum der freien Selbstbestimmung, dem der Staat Respekt schuldet und der seinem Zugriff entzogen ist.«[31]

[25] *Dreier*, Art. 1 I Rn 13.
[26] *Dreier*, Art. 1 I Rn. 16.
[27] *Dreier*, Art. 1 I Rn 49.
[28] *Wapler*, Art. 1 I Rn. 13.
[29] *Wapler*, Art. 1 I Rn. 40.
[30] *Wapler*, Art. 1 I Rn. 59.
[31] *Wapler*, Art. 1 I Rn. 62.

Dabei kommt es nicht unbedingt auf eine exakte Grenzziehung zwischen den Schutzbereichen von Art. 1 GG und Art. 2 Abs. 1 GG an, die beide diese Zustimmung (möglicherweise in unterschiedlichen Bedeutungsstufen) schützen. Eine Formulierung wie: »Zumeist in Verbindung mit Art. 2 Abs. 1 GG schützt die Menschenwürde auch gegen subtilere Beeinträchtigungen wie die Missachtung der Geschlechtsidentität und Eingriffe in die Privat- und Intimsphäre«[32], ist daher vollauf berechtigt und dient in der Regel nicht dazu, exakt festzulegen, wo die Menschenwürde einsetzt und welcher Bereich ausschließlich durch Art. 2 I GG geschützt ist.

5. *Zwischenbilanz*

a) »Schutzbereich«

Neben der Identität als Mensch und Individuum, körperlicher und seelischer Integrität und Intimität gehören grundsätzlich Autonomie und Selbstbestimmung zum Schutzbereich der Menschenwürde. Wenn seit der Aufklärung ein Kern der Menschenwürde in der Autonomie und der Selbstbestimmung des Menschen liegt, dann muss auch die Interpretation des Grundrechts diesen Kern wiedergeben.[33] Die ideengeschichtliche Hauptwurzel in der Philosophie der Aufklärung und die Bedeutung der Selbstbestimmung als Kern menschlicher Identität und Individualität berechtigen zu dieser Annahme. Der freie Wille und die freie Entscheidung prägen die Identität des Menschen und unterscheiden ihn von allen anderen Lebewesen. Auch die Zurechnung zum wie auch immer definierten »Kern« der Menschenwürde ist gerechtfertigt.

Während diese Tradition in der gegenwärtigen Philosophie und in beiden Versionen des Kommentars von Dreier ungebrochen ist, neigen die Rechtsprechung des BVerfG und die Mehrzahl weiterer Kommentierungen[34] dazu, die Selbstbestimmung allenfalls abstrakt als Element der Menschenwürde zu betonen, sie aber im Allgemeinen Persönlichkeitsrecht und in der allgemeinen Handlungsfreiheit sowie einzelnen Grundrechten aufgehen zu lassen. Damit geht das grundlegende »aktive« Element gegenüber passiv und defensiv bestimmten Inhalten verloren, und die Selbstbestimmung verliert die allein Art. 1 GG zukommende Unantastbarkeit.

---

[32] *Wapler*, Art. 1 I Rn. 68.

[33] Grundlegend *Goos*, Innere Freiheit. Eine Rekonstruktion des grundgesetzlichen Würdebegriffs, 2011.

[34] Nur abstrakte Nennung oder Umschreibungen finden sich etwa bei *Jarass/Pieroth*, GG, 18. Auflage 2024, Art. 1 Rn. 6; *Sachs*, GG, 3. Auflage 2003, vor Art. 1 Rn. 43; *Isensee*, HdbGrundR IV § 87, Rn. 170; nur Teil des Persönlichkeitsrechts bei *Hillgruber*, in: Stern/Sodan/Möstl, StaatsR IV, § 100.

Die Zurückhaltung gegenüber einer Zuordnung der Selbstbestimmung zu Art. 1 GG dürfte im Problem der Abgrenzung vom unantastbaren Kern der Selbstbestimmung einerseits und der bloßen »Freien Entfaltung der Persönlichkeit« andererseits liegen. Abgesehen davon, dass Schwierigkeiten einer exakten Definition und Grenzziehung zu Nachbargrundrechten keine Vernachlässigung der Norm als solcher rechtfertigen, lassen sich durchaus Kern- oder Residualbereiche der durch Art. 1 GG und nicht lediglich durch Art. 2 Abs. 1 GG oder das allgemeine Persönlichkeit geschützten Selbstbestimmung und konkrete Eingriffsverbote benennen. Das gilt etwa für die Selbstbestimmung über den eigenen Körper und das eigene Bewusstsein, die eigene Willensbildung und – ja, ich wage diese Einbeziehung – die eigene Seele und die prägenden Merkmale der eigenen Identität. Zu diesem Kern gehört auch die Entscheidung darüber, ob der Mensch etwas sagt und wie er es sagt. Schon Stichworte wie Folter, Gehirnwäsche, Versklavung, Entmündigung belegen im Übrigen, dass es Eingriffe gibt, die den Kern menschlicher Identität und Individualität antasten und deshalb unter keinen Umständen zu rechtfertigen sind.

Die Fokussierung auf Vernunft und Selbstbestimmung bedeutet aber selbstverständlich nicht, dass Kinder, Jugendliche und Erwachsene mit psychischen oder mentalen Einschränkungen nicht Träger des Grundrechts der Selbstbestimmung wären. Jede Form der fürsorglichen Einschränkung bedarf deshalb der kritischen Prüfung, ob der Kern der Autonomie betroffen ist.[35] Umgekehrt ist aber klar, dass der künstlichen Intelligenz, bloßen Algorithmen und virtuellen Kreaturen schon definitionsmäßig keine Selbstbestimmung und auch keine Würde zukommt. Auch im Hinblick auf einen Embryo kann von Selbstbestimmung noch keine Rede sein.

b) Keine Rechtfertigung für Eingriffe

Wie bei anderen Elementen des Schutzbereichs kommt bei Eingriffen in den durch die Menschenwürde geschützten Kern der Selbstbestimmung eine Rechtfertigung nicht in Betracht.

Besonders schwierig zu lösen sind aber auch hier die Fälle, in denen »objektiv« ein Eingriff in die Menschenwürde in Betracht kommt, diese aber durch einen erwachsenen Menschen im vollen Bewusstsein des Vorgangs und ohne äußeren Zwang oder Druck in Kauf genommen oder sogar gewollt wird. Dazu ist immer wieder klarzustellen, dass die »Aufklärungswurzel« der Menschenwürde den freien Willen des Menschen auch in diesen Fällen vor überzogenem staatlichem Paternalismus schützt. Das Recht auf Selbstbestimmung ist auch zu beachten, wenn es sich aus objektiver Sicht gegen den Menschen selbst richtet. Zwar kann es unterste Grenzen geben, die auch bei freiwilliger Entscheidung des Betrof-

[35] *Wapler*, Art. 1 I Rn. 124f.

fenen nicht überschritten werden dürfen. Im Übrigen aber hat der Staat keinen Anlass, jede freiwillig eingegangene Geschmacklosigkeit, Verhöhnung oder körperliche Beeinträchtigung auch dann zu verbieten, wenn sie mit dem Willen eines erwachsenen Menschen geschieht. Deshalb gehen weder die »Peepshow«[36] noch Geschmacklosigkeiten vom Typ »Big Brother«[37] oder »Dschungelcamp« den Staat etwas an.

c) Objektive Schutzfunktion

Angesichts der offenkundigen Probleme einer individualrechtlichen Definition und Abgrenzung des Schutzbereichs kommt der objektiven Funktion des Grundrechts besondere Bedeutung zu. Wie andere Grundrechte ist die Menschenwürde nicht nur Abwehrrecht, sondern sie gewährleistet über subjektive Abwehransprüche hinaus auch objektive Schutzpflichten, Teilhaberechte, Verfahrensgarantien und institutionelle Gewährleistungen. Offenkundig ist hier die Nähe zur Interpretation der Menschenwürde als oberster Grundsatz und tragendes Konstitutionsprinzip der Verfassung.[38] Dies ist hier aber nicht als Gegensatz zur Interpretation der Menschenwürde als subjektives Grundrecht gemeint, sondern wirkt nur ergänzend.

Im Sinne einer objektiven Schutzpflicht hat der Staat dafür zu sorgen, dass die Selbstbestimmung als Kernprinzip der Menschenwürde Leitlinie staatlichen Handelns ist, die zugleich jede vom Staat ausgehende ungerechtfertigte Einschränkung verbietet. Das betrifft nicht nur den klassischen Polizeistaat sondern auch übertriebene sozialstaatliche Steuerung, Bevormundung und Bekehrung sowie den paternalistischen Schutz des Menschen vor den Ergebnissen der eigenen Selbstbestimmung (dazu unten III 3).

Im Hinblick auf die Teilhabefunktion des Grundrechts liegt es nahe, die durch das BVerfG mehrfach hervorgehobene Sicherung des menschenwürdigen Existenzminimums[39] auch für die Voraussetzungen eines selbstbestimmten Lebens fruchtbar zu machen. Wenn die Menschenwürde nicht nur die materiellen Voraussetzungen für die physische Existenz, sondern auch ein Mindestmaß an Teilhabe am gesellschaftlichen, kulturellen und politischen Leben umfasst,[40] dann müssen auch die materiellen Grundbedingungen psychischer Entscheidungsfähigkeit und damit Selbstbestimmung gewährleistet sein.

---

[36] BVerwGE 64, 247; 84, 314.

[37] Für Verbot *Hinrichs*, NJW 2000, S. 2173; *Schmitt Glaeser*, ZRP 2000, S. 395; dagegen *Huster*, NJW 2000, S. 3477; *Dörr*, Big Brother und die Menschenwürde, 2000; *Hintz/Winterberg*, ZRP 2001, S. 293; *Köhne*, ZRP 2001, S. 435; *Fink*, AFP 2001, S. 189.

[38] So insbesondere *Böckenförde*, JZ 2003, S. 809, aber auch *Dreier*, Art. 1 I bis zur 3. Auflage Rn. 121; *Teifke*, Das Prinzip der Menschenwürde, 2011.

[39] *Dreier*, Art. 1 I Rn. 146; BVerfGE 82, 60 (85 ff.).

[40] BVerfGE 125, 175 (222).

In ihrer verfahrensrechtlichen Ausprägung gewährleistet die Menschenwürde im Prinzip die Transparenz der Entscheidungsprozesse, Beteiligung und Beratung bei allen den Kern der Autonomie betreffenden Vorgängen. Der Einzelne darf in seiner Autonomie nicht zum Objekt mehr oder weniger undurchsichtiger staatlicher Verfahren werden.

III. Anwendungsfelder

Die vergleichsweise seltene Nennung der Selbstbestimmung als Teil der Menschenwürde dürfte auch damit zusammenhängen, dass es bei der Verfassungsinterpretation – im Gegensatz zur ethischen Diskussion – zumeist bei abstrakten Grundsätzen verbleibt und konkrete Fälle beim allgemeinen Persönlichkeitsrecht, der allgemeinen Handlungsfreiheit oder Spezialgrundrechten wie Wohnungsfreiheit oder Briefgeheimnis abgehandelt werden. Deshalb seien hier abschließend einige konkrete Fallgruppen genannt, in denen es zumindest **auch** um den Schutzbereich der Menschenwürde im Sinne von Art. 1 Abs. 1 GG geht. Ihnen ist gemeinsam, dass neben Identität, Intimität und Integrität – und teilweise in Überschneidung mit diesen – Kernbereiche des menschlichen Willens, Wissens und Entscheidens betroffen sind oder – im Kant'schen Sinne – der Sitz der Vernunft als solcher berührt ist.

1. Folter

Folter wird zu Recht als ultimative Erniedrigung des Menschen und größtmöglicher Eingriff in die körperliche und seelische Integrität gesehen.[41] Der letzte Grund einer Verletzung der Menschenwürde durch Folter liegt aber darin, dass dieses Mittel eingesetzt wird, um den Willen und damit die Selbstbestimmung des Menschen zu brechen und ihn zu einem Tun oder einer Äußerung, insbesondere einem Geständnis oder Offenbarung eines Geheimnisses, zu zwingen. Sie ist – ohne dass es hier auf die zuweilen schwierige Abgrenzung zum unmittelbaren Zwang ankommt – immer ein Eingriff in die Menschenwürde und deshalb durch nichts und niemanden – auch nicht zum Schutz der Menschenwürde des Menschen selbst oder eines anderen – zu rechtfertigen.[42] Der Folter in diesem Sinne gleichgestellt sind Versklavung, Zwangsprostitution, Zwangsheirat und

[41] Ausführlich dazu st. w. Nachw. *Dreier,* Art. 1 I bis 3. Auflage Rn. 131 ff.; *Wapler,* Art. 1 I Rn. 109 ff.; *Hufen,* StaatsR II, § 10, Rn. 63.

[42] So auch *Wapler*, Art. 1 I Rn. 109; *Enders,* DÖV 2007, S. 1039; *Gebauer*, NVwZ 2004, S. 1405; *Hamm*, NJW 2003, S. 946; *Kühne*, FS Würtenberger, 2013, S. 725; *Möhlenbeck,* Das absolute Folterverbot, 2008; *Scheller*, NJW 2009, S. 705; klausurmäßige Bearbeitung bei *Geis,* Examens-Repetitorium Staatsrecht, S. 156; teilw. a.A. aber *Brugger,* JZ 2000, S. 165; *Erb,* Jura 2005, S. 24; differenzierend *Hilgendorf*, JZ 2004, S. 331; *Wittreck*, DÖV 2003, S. 873.

die Genitalverstümmelung.[43] Auch die Durchbrechung des freien menschlichen Willens durch Zwangsernährung eines bewusst die Nahrungsaufnahme verweigernden Terroristen dürfte selbst zur Rettung des Lebens nicht gerechtfertigt sein, weil sie einen Eingriff in die Menschenwürde darstellt.

2. Sonstige Formen der Ausschaltung oder Umgehung der Selbstbestimmung

Auch Eingriffe in die menschliche Freiheit, Identität, Intimität und Integrität erlangen eine zusätzliche Dimension der Verletzung der Menschenwürde, wenn sie unter Ausschaltung oder Umgehung der menschlichen Selbstbestimmung unmittelbar auf das Gehirn einwirken. Deshalb ist dem sogenannten Lügendetektor mit Skepsis zu begegnen – mit möglichen Ausnahmen, wenn er aufgrund einer freien Entscheidung zur Entlastung eines Beschuldigten eingesetzt wird. Dasselbe gilt für unmittelbare Einwirkungen auf das Gehirn durch elektronische Impulse, Chips, chemische Mittel, sog. »neuro enhancement«[44] , Gehirnwäsche, Erregung von Hysterie, Massensuggestion oder auch Hypnose. Die Beispiele zeigen, dass es nicht auf die physische Einwirkung auf das Gehirn ankommt, sondern auch eine mehr oder weniger starke psychische Beeinflussung durch Drohung, Erregung, Hysterie und Massensuggestion (»Du bist nichts, dein Volk ist alles«) reichen können.

Die Grenzen in diesen Fallgruppen sind besonders fließend. Selbstverständlich sind nicht jede Werbung, jeder Fanclub oder jedes Influencen gemeint. Im Gegenteil: Wie die freie Meinungsäußerung zur freiheitlichen Demokratie, so gehört Werbung zu einer freiheitlichen Wirtschaftsordnung. Anders aber, wenn der Staat seine Herrschafts- und Kommunikationsformen bewusst einsetzt, um seine Bürger in eine erwünschte Richtung zu »schubsen« (nudging).[45] Hier müssen die Grenzen zwischen erlaubter Information und Beratung einerseits sowie Zwangsbeglückung und Bevormundung andererseits gerade im Umwelt- und Gesundheitsrecht beachtet werden.

3. Grenzen paternalistischer Bevormundung

Schon beim eingangs zitierten Vortrag in Hannover am heftigsten umstritten war meine These, dass aus dem Menschenwürdekern der Selbstbestimmung auch zumindest im objektivrechtlichen Sinne eine Schranke sozialstaatlicher Betreuung und paternalistischer Bevormundung erwächst. Gleichwohl wiederhole und bekräftige ich diese These an dieser Stelle und fühle mich hierin sowohl durch

[43] Weitere Beispiele bei *Wapler,* Art. 1 I Rn. 123.

[44] *Gärditz*, Pharmakologisches Neuro-Enhancement als Rechtsproblem, in: PharmR 2011, S. 46; *Lindner,* »Neuro-Enhancement« als Grundrechtsproblem, in: MedR 2010, S. 463.

[45] Dazu *Hufen,* FS Schmidt-Preuß, 2018, S. 99, u. *ders.,* JuS, 2020, S. 1ff.; *Holle*, ZLR 2016, S. 596.

die tatsächliche als auch durch die rechtliche Entwicklung bestärkt. Zum einen hat sich der Trend zum »paternalistischen Sozialstaat« anscheinend noch verstärkt, in dem die Bürger vor allen nur denkbaren Gefahren und Risiken bewahrt werden sollen, um dann nur noch mehr in den Zustand der selbstverschuldeten Unmündigkeit zu fallen. Problembereiche sind z.B. Gesundheitsschutz, Verbraucherschutz, Schutz vor Suchtgefahren und Missbrauchsschutz im Bereich der sogenannten Sterbehilfe.

Zum anderen hat das BVerfG spätestens im Sterbehilfeurteil[46] anerkannt, dass es einen geschützten Willen des Einzelnen gibt, selbst über Leben und Gesundheit zu verfügen. Ein ähnlicher Gedanke findet sich in der Kommentierung von *Dreier:* »Es ist verfehlt, Menschenwürde als ein objektives Wertkonzept zu interpretieren und gegen ihr eigentliches Fundament, nämlich individuelle Autonomie und Selbstbestimmung über das eigene Leben auszuspielen«[47]. Die darin liegende Umdeutung zur staatlichen Eingriffsermächtigung würde den Sinn der Menschenwürde in ihr Gegenteil verkehren, und es schützt erwachsene Menschen vor paternalistischer Bevormundung und erzwungenem Selbstschutz.[48] Deshalb schließt Art. 1 GG im Grundsatz sowohl die Konzeption des betreuten und betreuungsbedürftigen unmündigen Bürgers als auch eine Interpretation des Sozialstaatsgebots und der übrigen Grundrechte aus, die den Menschen primär zum Objekt staatlicher, wenn auch wohlgemeinter Fürsorge, Anleitung und Beeinflussung macht. Es ist diese objektive Funktion der Menschenwürde, in der letztlich auch das Subsidiaritätsprinzip und der Grundsatz der Verhältnismäßigkeit wurzeln. Der Staat darf sich um das Wohl und Weh des Einzelnen nur kümmern, soweit dieser ggf. auch mit Hilfe intermediärer Träger, Selbsthilfegruppen und Vereinigungen dazu nicht in der Lage ist.

IV. Schluss

Zum guten Schluss: Es widerspräche fundamental *Horst Dreiers* Verständnis von Wissenschaft im Allgemeinen und vom Nachdenken über die Menschenwürde im Besonderen, würde hier der Anspruch erhoben, zeitlos Gültiges, Beständiges, nicht sogleich wieder in Frage zu Stellendes zu liefern. In diesem Sinne stellen diese Gedanken nur einen »Zwischenstopp« bei einem immerwährenden Diskurs dar. Dessen Offenheit und »nie ganz Abgeschlossenheit« steht keineswegs im Gegensatz zur Festigkeit und Unantastbarkeit dieses obersten Grundsatzes der Verfassung. Im Gegenteil: Sie gewährleistet gerade, dass die Menschenwürde auch angesichts sich ständig beschleunigender Wandlungsprozesse und bis vor

---

[46] BVerfGE 153, 182; schon zuvor *Hufen*, in dubio pro dignitate, in: NJW 2001, S. 849ff.
[47] *Dreier*, Art. 1 I Rn. 150.
[48] So zu Recht *Chinnow*, DVBl 2014, S. 74.

Kurzem unvorstellbarer Herausforderungen bewähren kann und bewähren muss. Das Ziel des Beitrags ist schon erreicht, wenn die Verfassungsrechtswissenschaft nicht mehr (zwar) die Selbstverständlichkeit der Zugehörigkeit der Selbstbestimmung zur Menschenwürdegarantie abstrakt betont, dann aber – wenn es zum Schwur kommt – eben diese Selbstbestimmung bequem in die mit vielfachen Vorbehalten versehenden Schutzbereiche des allgemeinen Persönlichkeitsrechts oder gar der angeblich »freien Entfaltung der Persönlichkeit« abschiebt.

Dass dies in der Wissenschaft, aber auch in der Praxis der Rechtsprechung und der Anwendung des Art. 1 GG trotz der großen »Fallhöhe« bisher in der Bundesrepublik hervorragend gelungen ist, daran hat *Horst Dreier* einen bleibenden Anteil, und dafür gebührt ihm jede Anerkennung.

Wissenschaftsvorbehalt und medizinisch unterstützte Fortpflanzung

Kurze Überlegungen im Lichte der italienischen Verfassungsrechtsprechung

*Federico Pedrini**

I. Einleitung

Einen Meister wie Horst Dreier zu ehren, ist keine leichte Aufgabe, erst recht nicht für jemanden, der nicht in seiner eigenen Sprache schreibt. Der Jubilar wird mir also die sehr gestraffte und umgangssprachliche Form dieser Seiten verzeihen, die dem Thema des sogenannten »Wissenschaftsvorbehalts« in der italienischen Verfassungsordnung gewidmet sind, und zwar unter besonderer Berücksichtigung der Frage der medizinisch unterstützten Fortpflanzung (von hier an »muF«).

Die Wahl dieses Themas ergibt sich aus Überlegungen, die ich im Rahmen eines europäischen Forschungsprojekts[1], das ich zu koordinieren die Ehre habe, anstellen konnte, und es hat zwei Vorteile: zum einen überschneidet es sich mit den allgemeinen Interessen von Horst Dreier im Bereich der Bioethik; zum anderen kann es den deutschsprachigen Lesern einige nützliche vergleichende Ideen zu einem ähnlichen Rechtssystem bieten.

Mit diesem kurzen Beitrag möchte ich im Wesentlichen vier Ziele erreichen.

Erstens möchte ich das Thema kurz in das allgemeinere Verhältnis zwischen Verfassungsrecht und Wissenschaft einordnen.

Zweitens soll geklärt werden, in welchem Sinne man in diesem Rahmen von einem »Wissenschaftsvorbehalt« im italienischen Verfassungsrecht sprechen kann.

Drittens soll die derzeitige Position des italienischen Verfassungsgerichts durch einen Überblick über die wichtigsten Entscheidungen zu diesem Thema zusammengefasst werden.

---

* Der Autor dankt Herrn *Julian Marbach*, Universität Bern, für die sprachliche Überarbeitung.

[1] The JUST PARENT project: Legal Protection for Social Parenthood (https://justparent.eu/, hier und im Folgenden 31. Januar 2024), in Zusammenarbeit mit der Università degli Studi di Milano-Bicocca, der Universidad de Granada, der Uppsala Universitet und der Berliner Kanzlei Krause-Tiefenbacher.

Viertens soll die Anwendung des Wissenschaftsvorbehalts auf den Fall des Gesetzes über die muF analysiert werden, wobei Vorzüge und kritische Aspekte der Rechtsprechung hervorgehoben werden.

II. Das Verhältnis zwischen Verfassungsrecht und Wissenschaft

Das Thema, mit dem wir uns befassen, kann als ein spezieller Fall des allgemeineren Verhältnisses zwischen Recht und Wissenschaft bzw. Technik verstanden werden.

Auch in Italien wird diese Dialektik in der Literatur unter verschiedenen Gesichtspunkten eingehend untersucht[2]. Im Folgenden werden wir uns auf einige Aspekte konzentrieren, die für die Analyse des positiven Rechts und insbesondere des Verfassungsrechts von Bedeutung sind.[3]

Aus spezifisch verfassungsrechtlicher Sicht scheinen zwei Konstellationen am interessantesten zu sein. In der ersten Konstellation ist die Wissenschaft unmittelbar Gegenstand des Verfassungsrechts. In der zweiten Konstellation ist die Wissenschaft eine »de facto«-Grundlage, die indirekt die Anwendung der Verfassung steuert, indem sie die Art und Weise bestimmt, in der andere verfassungsmäßige Rechte oder Grundsätze verwirklicht werden können oder sollen.

Der erste Aspekt, der sich auf die Wissenschaft als Gegenstand der Verfassungsrechtslehre bezieht, wird in der Eingangsformel von Artikel 33 der italienischen Verfassung zusammengefasst: »Kunst und Wissenschaft sind frei und frei ist ihre Lehre«. Es geht also um den verfassungsrechtlichen Wert der Autonomie der Wissenschaft gegenüber heteronomen normativen Zwängen, die dem Wissenschaftler von außen vorschreiben, was er zu tun oder wie er etwas zu tun hat.[4]

Um gut zu funktionieren, muss die Wissenschaft frei sein. Und dies gilt sowohl für ihre reine Dimension der theoretischen Forschung (und Lehre) als auch für ihre praktische Dimension der technologischen Anwendung. Dies bedeutet natürlich nicht, dass das Recht der wissenschaftlichen Forschung und/oder ihren technologischen Anwendungen keine Grenzen setzen kann. Diese Grenzen kön-

---

[2] Für eine erste sehr allgemeine Darstellung des Themas s. zumindest *Natalino Irti/Emanuele Severino*, Dialogo su diritto e tecnica, Rom/Bari 2000; *Natalino Irti*, Il diritto nell'età della tecnica, Neapel 2007; *Stefano Rodotà*, Tecnologie e diritti, Bologna 2021.

[3] In jüngerer Zeit s. zumindest *Gianpaolo Fontana*, Ricerca scientifica e libertà di cura. Scientismo ed antiscientismo nella prospettiva costituzionale, Neapel 2019; *Giada Ragone*, Eine empirische Wende? La Corte costituzionale e le sfide della complessità tecnico-scientifica, Turin 2020.

[4] Vgl. *Sergio Labriola*, Libertà di scienza e promozione della ricerca, Padua 1979; *Lorenzo Chieffi*, Ricerca scientifica e tutela della persona. Bioetica e garanzie costituzionali, Neapel 1993; *Roberto Bin*, Libertà di ricerca scientifica in campo genetico, in: Marilisa D'Amico/Barbara Randazzo (Hrsg.), Alle frontiere del diritto costituzionale. Scritti in onore di Valerio Onida, Mailand 2011, S. 215–230.

nen jedoch nicht rein ethischer Natur sein oder vom Gesetzgeber frei gewählt werden. Sie müssen vielmehr ihre genaue Rechtfertigung in anderen verfassungsrechtlich relevanten Gütern finden. Mit anderen Worten: Die Wissenschaft ist – sowohl in spekulativer als auch in praktischer Hinsicht – grundsätzlich verfassungsrechtlich frei, vorbehaltlich der Notwendigkeit, diese Freiheit mit anderen Verfassungsgrundrechten oder -gütern abzuwägen, die durch die Ausübung dieser Freiheit konkret beeinträchtigt zu werden drohen.

Die Verfassung garantiert also – sowohl grundsätzlich als auch innerhalb der genannten Grenzen – die Zurückhaltung des Gesetzgebers bezüglich wissenschaftlicher Angelegenheiten. Wir werden sehen, wie dieses »defensive« Element ein wichtiger Bestandteil des von der Verfassungsrechtsprechung entwickelten Konzepts des »Wissenschaftsvorbehalts« ist.

In der zweiten der genannten Beziehungen zwischen der Verfassung und der Wissenschaft ist die Wissenschaft nicht mehr unmittelbar Gegenstand der verfassungsrechtlichen Regelung, wie es bei Artikel 33 der Verfassung der Fall ist, sondern eine besondere faktische Grundlage, die mittelbar die Anwendung von Verfassungsnormen beeinflussen kann.

Dies ist lediglich die verfassungsrechtliche Konsequenz einer allgemeineren Tatsache. Das Aufkommen neuer wissenschaftlicher Entdeckungen und neuer Technologien, die neue praktische Möglichkeiten eröffnen, kann gleichzeitig neue Probleme der rechtlichen Qualifizierung und Regulierung aufwerfen (und tut dies häufig auch). Mit anderen Worten: Neue Sachverhalte und Verhaltensweisen müssen unter die schon bestehenden Tatbestände eingeordnet werden, und wenn dies nicht ausreicht, um eine erwünschte soziale Ordnung zu erreichen, müssen manchmal neue Regeln aufgestellt werden.[5]

Beispiele für solche Situationen gibt es in allen Bereichen. Es genügt, hier an die neuen digitalen Medien[6], das autonome Fahren[7] oder die künstliche Intelligenz[8] zu erinnern. Es handelt sich um Technologien, die es eindeutig ermöglichen, wünschenswerte Ziele zu erreichen. Gleichzeitig werfen sie Fragen bezüglich ihrer mehr oder weniger großen Angemessenheit (*de jure condendo*) und ihrer derzeitigen Rechtmäßigkeit auf, so insbesondere, ob bestimmte Verhaltensweisen, die nun faktisch möglich geworden sind, mit der Verfassung vereinbar (*de jure condito*) sind.

---

[5] Vgl. *Amedeo Santuosso/Marta Tomasi*, Diritto, scienza, nuove tecnologie, Mailand 2021; für eine verfassungsrechtliche Perspektive s. *Emilio Castorina*, Scienza, tecnica e diritto costituzionale, in: Rivista AIC 2015/4, S. 1–49.

[6] Vgl. *Tommaso Edoardo Frosini*, Apocalittici o integrati. La dimensione costituzionale della società digitale, Modena 2021.

[7] Vgl. *Michele Ferrazzano*, Dai veicoli a guida umana alle autonomous car. Aspetti tecnici e giuridici, questioni etiche e prospettive per l'informatica forense, Turin 2019.

[8] Vgl. *Guido Alpa*, L'intelligenza artificiale. Il contesto giuridico, Modena 2021.

Beschränken wir nun unseren Betrachtungshorizont auf den medizinischen Bereich, so denken wir zum Beispiel an die veränderte Qualifikation der Homosexualität, die von der medizinischen Wissenschaft nicht mehr (wie früher) als pathologischer Zustand angesehen wird und die heute nicht mehr im klinischen Sinne »geheilt« werden kann als wäre sie eine Krankheit.[9]

Denken wir auch an die jüngsten gesundheitspolitischen Maßnahmen gegen Covid-19, die zur Einführung eines generellen Drucks – und für bestimmte Gruppen einer regelrechten Verpflichtung –, sich zu impfen, geführt haben, was die Notwendigkeit einer Abwägung zwischen individuellem und kollektivem Gesundheitsschutz mit sich gebracht hat.[10] Die rechtliche Rechtfertigung solcher Maßnahmen kann nur auf der Grundlage einer doppelten Tatsachenannahme erfolgen, die nur mit den Methoden der medizinischen und epidemiologischen Wissenschaft getroffen werden kann: zum einen der Annahme einer hohen Wirksamkeit des Impfstoffs (in Bezug auf die Verhinderung der Krankheit und/oder die Abschwächung ihrer schwereren Folgen, falls sie dennoch auftritt) und zum anderen jener der geringen statistischen Häufigkeit schwerer Nebenwirkungen, die kausal mit seiner Verabreichung zusammenhängen.

Um schließlich zu dem Thema zu kommen, das uns am meisten beschäftigt, betrachten wir die Technologien der muF.[11] Einerseits schaffen sie Möglichkeiten, die vorher praktisch nicht bestanden, wie die nichtbiologische Elternschaft oder die Eugenik. Andererseits machen sie es gerade wegen dieses Elements der Neuheit erforderlich, sowohl ihre Wirksamkeit für die Verwirklichung von Verfassungsrechten oder -grundsätzen (z. B. das Recht, Eltern zu werden) als auch ihre Vereinbarkeit mit denselben oder anderen in der Verfassung enthaltenen Grundrechten oder Grundsätzen (z. B. der Menschenwürde der schwangeren Frau oder des Embryos/Fötus) zu prüfen.

In all diesen Fällen hätte die rechtliche Argumentation (*de jure condito* und *de jure condendo*) ohne den Rückgriff auf wissenschaftliche Daten nicht richtig formuliert werden können. In der Tat hätte das Verfassungsrecht in den oben genannten Beispielen nicht genau angewendet werden können, ohne 1) die Kriterien für die Unterscheidung zwischen Wissenschaft und anderen (pseudowissen-

---

[9] Vgl. *Paolo Rigliano/Jimmy Ciliberto/Federico Ferrari*, Curare i gay? Oltre l'ideologia riparativa dell'omosessualità, Mailand 2012.

[10] Die Literatur zu diesem Thema ist mittlerweile sehr umfangreich und in Bezug auf die Ansätze und argumentativen Ergebnisse äußerst vielfältig. Aus verfassungsrechtlicher Sicht s. zumindest Francesco Saverio Marini/Gino Scaccia (Hrsg.), Emergenza covid-19 e ordinamento costituzionale, Turin 2020; *Ida Angela Nicotra*, Pandemia costituzionale, Neapel 2021; *Ugo De Siervo*, Il contenimento di Covid-19: interpretazioni e Costituzione, Modena 2021; *Massimo Luciani*, Salus, Modena 2022.

[11] Vgl. *Lorenzo Chieffi*, La procreazione assistita nel paradigma costituzionale, Turin 2018; *Francesca Angelini*, Profili costituzionali della procreazione medicalmente assistita e della surrogazione di maternità, Neapel 2020; *Fabio Ferrari*, Interesse del minore e tecniche procreative. Principi costituzionali e ordine pubblico, Mailand 2023.

schaftlichen oder nicht-wissenschaftlichen) Wissenserscheinungen zu kennen und 2) zu wissen, was die Wissenschaft in den einzelnen Bereichen aussagt. In diesem Sinne könnte man auch sagen, dass sowohl der abstrakte Begriff der »Wissenschaft« als auch konkrete wissenschaftliche Erkenntnisse eine Voraussetzung für die Anwendung von Verfassungsnormen darstellen.

III. Die Rechtsprechung des Verfassungsgerichts und der Wissenschaftsvorbehalt

Die Rechtsprechung des Verfassungsgerichts zum »Wissenschaftsvorbehalt« bestätigt diese Schlussfolgerungen.

Die Entscheidungen, in denen das Verfassungsgericht seine Annahmen zu diesem Thema entwickelt hat, betrafen fast immer Fälle, in denen die Kläger wegen einer Verletzung des Grundrechts auf Gesundheit klagten. Um die Verhältnismäßigkeit der gesetzgeberischen Eingriffe in dieses Recht zu beurteilen, hat das Verfassungsgericht daher auf Elemente (Daten, Bewertungen, Statistiken, Protokolle usw.) zurückgegriffen, die hauptsächlich aus der medizinischen Wissenschaft, aber auch aus der Pharmakologie, Epidemiologie usw. stammen.[12]

Die Berücksichtigung solcher Elemente im gesetzgeberischen Entscheidungsprozess wird vom Verfassungsgericht als Mindestgarantie für dessen Rationalität und damit auch für die verfassungsrechtliche Konformität von regulatorischen Eingriffen im Gesundheitsbereich angesehen. Dies beruht auf der Annahme, dass die evidenzbasierten Wissenschaften – einschließlich der Pharmakologie, der Epidemiologie und der Medizin selbst – die besten derzeit verfügbaren Mittel zum Schutz der Gesundheit des Einzelnen und der Gemeinschaft darstellen.

Die Schlussfolgerung, zu der sowohl die Freiheit der Kunst und Wissenschaft (Art. 33 Cost.) als auch das Grundrecht auf Gesundheit des Einzelnen und der Gemeinschaft (Art. 32 Cost.) führen, lautet: In Gesundheitsfragen muss der Gesetzgeber sein Ermessen unter Berücksichtigung wissenschaftlicher Daten ausüben und kann daher nicht willkürlich mit seinen eigenen, rein politischen Entscheidungen an die Stelle wissenschaftlich kompetenterer Akteure treten, um die entsprechenden technischen Feststellungen zu treffen. Diese Schlussfolgerung kann auch als eine erste allgemeine Definition der Bedeutung des »Wissenschaftsvorbehalts« dienen.

In diesem Sinne äußert sich die Leitentscheidung Nr. 282 des Verfassungsgerichts aus dem Jahr 2002. In diesem Urteil werden im Wesentlichen drei Kriterien genannt, an denen sich der Gesetzgeber bei seinen Eingriffen im therapeutischen Bereich orientieren muss und die eine Voraussetzung für die Ver-

[12] S. insbesondere *Stefano Penasa*, La legge della scienza: nuovi paradigmi di disciplina dell'attività medico-scientifica, Neapel 2015.

hältnismäßigkeit dieser Eingriffe darstellen. Die ersten beiden Kriterien stehen in unmittelbarem Zusammenhang mit dem Wissenschaftsvorbehalt und gewährleisten die »innere« Verhältnismäßigkeit gesetzgeberischer Eingriffe im Gesundheitsbereich im Hinblick auf das Recht auf Gesundheit. Das dritte Kriterium hingegen hat nicht direkt etwas mit dem Wissenschaftsvorbehalt zu tun, sondern stellt eher eine Grenze dar und gewährleistet die »externe« Verhältnismäßigkeit gesetzgeberischer Eingriffe im Gesundheitsbereich, bei denen das Grundrecht auf Gesundheit gegen andere gleichrangige Güter oder Rechte abgewogen werden muss.

Das erste Kriterium deckt sich mit einer allgemeinen Präferenz für die Zurückhaltung des Gesetzgebers zugunsten der autonomen Entscheidung des Arztes. In der Terminologie des Verhältnismäßigkeitsprinzips ausgedrückt: In Gesundheitsfragen wird davon ausgegangen, dass ein Eingreifen des Gesetzgebers nicht erforderlich ist.

In der Tat stellt das Verfassungsgericht fest:

»der Gesetzgeber kann in der Regel nicht unmittelbar und konkret festlegen, welche therapeutischen Praktiken mit welchen Grenzen und unter welchen Bedingungen zulässig sind. Da die Ausübung der ärztlichen Kunst auf wissenschaftlichen und experimentellen Erkenntnissen beruht, die sich ständig weiterentwickeln, ist die Grundregel in dieser Angelegenheit die Autonomie und Verantwortung des Arztes, der – immer mit Zustimmung des Patienten – seine beruflichen Entscheidungen auf der Grundlage des verfügbaren Wissensstandes trifft.«[13]

Das zweite Kriterium regelt die möglichen Ausnahmen von der Regel, nämlich das Eingreifen des Gesetzgebers. Ein solches Eingreifen ist nicht absolut unzulässig. Um verfassungsrechtlich gerechtfertigt zu sein, bedarf es jedoch zusätzlicher Voraussetzungen, die in irgendeiner Weise seine bessere Wirksamkeit (verglichen mit der Möglichkeit, die Frage der Autonomie des Arztes zu überlassen) für den Schutz der Gesundheit, vor allem der Gesundheit des einzelnen Patienten, belegen.

Der Gerichtshof stellt nämlich fest:

»All dies bedeutet nicht, dass jedes Eingreifen des Gesetzgebers ausgeschlossen ist. So wäre es z. B. durchaus möglich, Rechtsvorschriften zu erlassen, die besondere Verfahren für den Einsatz ›riskanter‹ therapeutischer Mittel vorschreiben, um – möglicherweise mit Hilfe mehrerer Fachleute – die Angemessenheit der therapeutischen Entscheidungen und die Einhaltung der erforderlichen Vorsichtsmaßnahmen besser zu gewährleisten.«[14]

Soweit der Gesetzgeber eingreift, verlangt der Grundsatz des Wissenschaftsvorbehalts eine besonders strenge Prüfung der Verhältnismäßigkeit der betroffenen gesetzlichen Regelung. Je mehr der Gesetzgeber in therapeutische Belange ein-

[13] Corte cost., 3. Juli 2002, sent. n. 282, § 4 (die Angabe der Paragraphen bezieht sich immer auf den »Considerato in diritto« [rechtliche Betrachtung]).

[14] Corte cost., 3. Juli 2002, sent. n. 282, § 5.

greift und damit die Autonomie des Arztes einschränkt, desto mehr muss er sich bei seinen Eingriffen auf die aus technisch-wissenschaftlicher Sicht besten verfügbaren Erkenntnisse stützen.

Das Verfassungsgericht führt weiter aus:

»ein Eingriff in die Begründetheit der therapeutischen Entscheidungen in Bezug auf ihre Angemessenheit darf nicht auf rein politischen Ermessensentscheiden des Gesetzgebers beruhen, sondern muss die Ausarbeitung von Leitlinien vorsehen, die auf der Überprüfung des Stands der wissenschaftlichen Erkenntnisse und der gewonnenen experimentellen Beweise beruhen, und zwar durch hierfür bestimmte – in der Regel nationale oder supranationale – Einrichtungen und Gremien; dies angesichts der ›wesentlichen Bedeutung‹, die den ›technisch-wissenschaftlichen Organen‹ diesbezüglich zukommt (vgl. Urteil Nr. 185 von 1998). Auf jeden Fall muss er das Ergebnis einer solchen Überprüfung sein.«[15]

Was das Verfassungsgericht vom Gesetzgeber verlangt, ist jedoch nicht die Übernahme eines bestimmten wissenschaftlichen Ansatzes im medizinischen Bereich oder eines einzigen Therapiemodells, das als richtig im engeren Sinne bezeichnet werden kann. Dies bereits aus dem guten Grund, dass es aus erkenntnistheoretischer Sicht äußerst schwierig, wenn nicht gar unmöglich wäre, die Richtigkeit einer wissenschaftlichen Theorie zu beweisen – man muss sich vielmehr mit ihrer Nicht-Widerlegbarkeit und ihrer besseren Vertretbarkeit gegenüber möglichen Alternativen begnügen.

Aus verfassungsrechtlicher Sicht sieht sich das Verfassungsgericht daher nicht in der Lage, die wissenschaftlich exakte Lösung anzugeben, sondern lediglich die offensichtliche wissenschaftliche Unvernunft gesetzgeberischer Entscheidungen im Gesundheitsbereich zu überprüfen.[16] Wie kürzlich erneut bekräftigt:

»Die von diesem Gericht geforderte Kontrolle setzt voraus, dass überprüft wird, ob der Gesetzgeber – unter Verwendung der von den Fachbehörden zur Verfügung gestellten medizinisch-wissenschaftlichen Daten – in einem Bereich ›wissenschaftlicher Zuverlässigkeit‹ geblieben ist und ob er eine Entscheidung getroffen hat, die nicht unvertretbar sowie angemessen und nicht unverhältnismäßig im Hinblick auf das verfolgte Ziel ist.«[17]

---

[15] Corte cost., 3. Juli 2002, sent. n. 282, § 5. Vgl. auch Corte cost., 18. Januar 2018, sent. n. 5. In dieser Entscheidung wird bekräftigt, dass »das Recht auf eine wirksame Behandlung nach den Regeln der Wissenschaft und der ärztlichen Kunst und auf Achtung der physischen und psychischen Integrität (Urteile Nr. 169 von 2017, Nr. 338 von 2003 und Nr. 282 von 2002) unter gleichen Bedingungen im ganzen Land durch eine allgemeine staatliche Gesetzgebung gewährleistet werden muss, die sich auf die gemeinsamen Leitlinien der nationalen und internationalen wissenschaftlichen Gemeinschaft stützt« (§ 7.2.2), um »die Entwicklungsdynamik der medizinisch-wissenschaftlichen Erkenntnisse zu fördern, die den ordnungspolitischen Entscheidungen im Bereich der Gesundheit zugrunde liegen müssen« (§ 8.2.5).

[16] Vgl. *Gladio Gemma*, Giurisprudenza costituzionale e scienza medica, in: Antonio D'Aloia (Hrsg.), Bio-tecnologie e valori costituzionali. Il contributo della giustizia costituzionale, Turin 2005, S. 31–93 (35 f.).

[17] Corte cost., 15. Februar 2023, sent. n. 14, § 9. Vgl. Corte cost., 22. April 1998, sent. n. 114, § 4: »Dieser Gerichtshof will gewiss nicht ausschließen, dass die Überprüfung der Verfassungsmäßigkeit von Gesetzen, sei es wegen offensichtlicher Unvernünftigkeit oder auf der Grundlage

Aus dieser Perspektive kann man auch die Vertretbarkeitsvermutung verstehen, welche für wissenschaftliche Modelle (Theorien und Daten) gilt, die den gesetzgeberischen Entscheidungen in Gesundheitsfragen zugrunde liegen, wenn diese Modelle von »offiziellen« technisch-wissenschaftlichen Organen, in der Regel nationaler oder supranationaler Natur, stammen.[18] Das Verfassungsgericht

»ist nicht dazu berufen und kann auch nicht dazu berufen sein, sein eigenes Urteil an die Stelle der Bewertungen zu setzen, die nach dem Gesetz von den zuständigen Stellen vorgenommen werden müssen, da es sich der wesentlichen Bedeutung bewusst ist, die den technisch-wissenschaftlichen Organen auf diesem Gebiet zukommt.«[19]

In der einschlägigen verfassungsrechtlichen Rechtsprechung wird ständig auf die Bedeutung dieser Organe hingewiesen.[20] Das Verfassungsgericht spezifiziert jedoch nicht, was diese technisch-wissenschaftlichen Organe sind, gibt kein Kriterium an, anhand dessen sie in ihrem jeweiligen Zuständigkeitsbereich identifiziert werden können, und macht nicht deutlich, welche Art von Beteiligung am Prozess der Willensbildung des Gesetzgebers erforderlich ist.

Das dritte und letzte Kriterium für einen gesetzgeberischen Eingriff in therapeutische Belange hat nichts direkt mit dem Wissenschaftsvorbehalt zu tun. Vielmehr kann es diesen relativieren, wenn bestimmte Voraussetzungen erfüllt sind. Bei diesen Voraussetzungen handelt es sich um Erfordernisse, welche weiteren Verfassungsgütern zuzuordnen sind, die im vorliegenden Fall relevant sind. Der Gesetzgeber kann nämlich auch dann eingreifen, wenn in einer Logik der

---

anderer aus der Verfassung ableitbarer Parameter, auch dann erfolgen kann und muss, wenn die gesetzgeberische Entscheidung zuverlässigen wissenschaftlichen Bezugspunkten oder dem Erfordernis der genauen Übereinstimmung mit der Realität jener Lebenssachverhalte, welche der Gesetzgeber regeln wollte, widerspricht. [...] Damit jedoch die Verfassungswidrigkeit festgestellt werden kann, müssen die tatsächlichen Annahmen, auf die sich das Gesetz stützt, unbestreitbar fehlerhaft sein oder einen solchen Grad an Unbestimmtheit erreichen, dass es dem Gericht unmöglich ist, sie vernünftig auszulegen und anzuwenden«.

[18] Vgl. zu diesem Punkt Corte cost., 19. November 2003, sent. n. 338, § 5.3: »die restriktive Bezugnahme auf eine nicht näher bezeichnete ›toskanische wissenschaftliche Gemeinschaft‹ als fachliche Grundlage für die Ausarbeitung der Leitlinien steht im Widerspruch zum nationalen oder supranationalen Charakter der technisch-wissenschaftlichen Erhebungen und Bewertungen, auf deren Grundlage die Angehörigen der Gesundheitsberufe tätig werden sollen, da es sicherlich nicht möglich ist, aus demselben Grund, der regionale gesetzgeberische Eingriffe in die Begründetheit therapeutischer Entscheidungen ausschließt, in einer einzelnen Region die Einschränkung zu akzeptieren, nur die Empfehlungen einer einzigen, territorial begrenzten Untergruppe der wissenschaftlichen Gemeinschaft zu beachten«.

[19] Corte cost., 3. Juli 1998, sent. n. 185, § 8. Vgl. auch Corte cost., 21. Juni 2000, sent. n. 188, § 3, in dem hervorgehoben wird, dass der Gerichtshof selbst »nicht in die den technischen und wissenschaftlichen Gesundheitseinrichtungen vorbehaltenen Zuständigkeiten eingreifen« darf, und in dem bekräftigt wird, dass der Gerichtshof »sein Urteil nicht an die Stelle der Bewertungen setzen kann, die nach dem Gesetz in den zuständigen Einrichtungen vorgenommen werden müssen, da er sich der Befugnisse und Verantwortlichkeiten dieser Einrichtungen bewusst ist«.

[20] Vgl. *Simone Penasa*, Il dato scientifico nella giurisprudenza della Corte costituzionale, in: Politica del diritto, 46/2 (2015), S. 271–324.

möglichen Abwägung mit dem individuellen Recht des Patienten auf Gesundheit »andere Verfassungsrechte oder -pflichten ins Spiel kommen«.[21]

Manchmal sind die gegensätzlichen Verfassungsrechte oder -pflichten in Bezug auf das Recht des Einzelnen auf Gesundheit gleichartig. Dies ist der Fall, wenn der Gesetzgeber im therapeutischen Bereich eingreift, um die Gesundheit anderer Einzelpersonen oder die kollektive Gesundheit zu schützen. Denken wir im ersten Fall an die Abwägung zwischen dem Recht der Mutter auf Gesundheit und dem Recht ihres Kindes, das noch nicht entbunden wurde. Denken wir im zweiten Fall an die Abwägung zwischen dem Recht des Einzelnen auf Gesundheit und therapeutische Selbstbestimmung und der Notwendigkeit des Schutzes der kollektiven Gesundheit, die sich ergibt, wenn eine Impfpflicht festgelegt wird. In solchen Fällen unterliegt auch die Art und Weise, wie der Gesetzgeber die Gesundheit anderer Individuen oder der Gemeinschaft schützen will, den Zwängen, die sich aus dem Wissenschaftsvorbehalt ergeben.

In anderen Fällen sind die Güter, die mit dem Recht auf Gesundheit in Einklang gebracht werden, im Hinblick auf das Recht des Einzelnen auf Gesundheit andersartiger Natur. Denken wir an den Fall der Verweigerung eines Arztes aus Gewissensgründen, die unter bestimmten Bedingungen seinen Verzicht auf bestimmte therapeutische Praktiken legitimieren könnte. Man denke auch an die Würde des Embryos oder der schwangeren Mutter, deren Schutz ebenfalls unter bestimmten Umständen bestimmte medizinische Praktiken verhindern könnte, die ansonsten möglich und rechtmäßig gewesen wären. In solchen Fällen hängen die Möglichkeiten des Gesetzgebers, das Gewissen des Arztes oder die Würde des Embryos zu schützen, nicht unmittelbar von wissenschaftlichen Daten und Bewertungen ab und unterliegen daher nicht den Zwängen, die sich aus dem oben genannten Wissenschaftsvorbehalt ergeben.

Sowohl bei der Abwägung mit Verfassungsgütern gleichartiger Natur als auch bei der Abwägung mit Gütern andersartiger Natur muss die Abwägung mit dem Recht auf Gesundheit unter Beachtung des Verhältnismäßigkeitsgrundsatzes vorgenommen werden. Das Abwägungsergebnis hängt daher vom konkreten Gewicht der beiden abzuwägenden Grundrechte ab.

IV. Wissenschaftsvorbehalt und medizinisch unterstützen Fortpflanzung

Die muF ist einer der wichtigsten Bereiche, in denen das Verfassungsgericht die in seiner Rechtsprechung zum Vorbehalt der Wissenschaft entwickelten Kriterien anwenden konnte. Dieser Bereich ist auch deshalb von besonderer Bedeutung, weil es sich um einen der wenigen Fälle handelt, in denen das Gericht

[21] Corte cost., 3. Juli 2002, sent. n. 282, § 4.

ein Gesetz wegen seiner wissenschaftlichen Unvernünftigkeit für verfassungswidrig erklärt hat.

In Italien wird die muF durch das Gesetz Nr. 40 vom 19. Februar 2004 (Norme in materia di procreazione medicalmente assistita) geregelt. Dieses Gesetz betrachtet die muF ausschließlich als Instrument zur »Lösung von Fortpflanzungsproblemen, die sich aus menschlicher Sterilität oder Unfruchtbarkeit ergeben« (Art. 1) und wurde von der Lehre wegen seines äußerst restriktiven Ansatzes stark kritisiert. Die sehr restriktiven Zugangsvoraussetzungen für die muF, die Starrheit des medizinischen Verfahrens und die strengen Sanktionen, die vorgesehen sind, haben sogar dazu geführt, dass von einem »Gesetz zur Bekämpfung der muF« gesprochen wird.[22]

Der Verfassungsgerichtshof hat sich daher häufig mit der Beurteilung der Verfassungsmäßigkeit dieses Gesetzes befasst. Hier sollen insbesondere zwei wichtige Entscheidungen erwähnt werden, in denen das Verfassungsgericht ein Gesetz aus wissenschaftlichen Gründen für unrechtmäßig befunden und daher die betreffenden Gesetzesteile für nichtig erklärt hat.

Im ersten Fall (Urteil Nr. 151 aus dem Jahr 2009) erklärte das Gericht das Gesetz über die muF für verfassungswidrig, da es vorschrieb, dass Techniken der mFA nicht mehr Embryonen erzeugen dürfen, als für eine einzige und gleichzeitige Einpflanzung unbedingt erforderlich sind, und in keinem Fall mehr als drei.

Das Gericht konstatierte

> »die Notwendigkeit einer Vervielfachung der Befruchtungszyklen (auch im Widerspruch zum in Artikel 4 Absatz 2 zum Ausdruck gebrachten Grundsatz des abgestuften Vorgehens und der geringeren Invasivität der Technik der assistierten Fortpflanzung), da die drei schließlich erzeugten Embryonen nicht immer genügen, um eine Schwangerschaft herbeizuführen.«[23]

Der Grund dafür war insbesondere folgender:

> »Die Erfolgschancen variieren [...] sowohl in Abhängigkeit der Eigenschaften der Embryonen als auch der subjektiven Umstände der Frauen, die sich dem Verfahren der muF unterziehen, sowie schließlich ihres Alters, mit dessen Fortschreiten die Wahrscheinlichkeit einer Schwangerschaft allmählich abnimmt.«[24]

Aus diesem Automatismus, der eine Einzelfallprüfung verhinderte, resultierte die Verletzung des Rechts auf Gesundheit (der Frau und des Fötus):

> »die in Frage stehende gesetzliche Beschränkung führt somit einerseits dazu, dass sie – indem sie die Wiederholung der Zyklen der ovariellen Stimulation notwendig macht, wenn die erste Einnistung nicht erfolgreich ist – eine Erhöhung der Risiken des Auftretens

---

[22] *Emilio Dolcini*, Responsabilità del medico e reati in materia di procreazione assistita. Ambiguità e rigori della legge italiana n. 40 del 2004, in: Stato, Chiese e pluralismo confessionale (Dezember 2008), S. 1–27 (26).

[23] Corte cost., 13. Mai 2009, sent. n. 151, § 6.1.

[24] Corte cost., 13. Mai 2009, sent. n. 151, § 6.1.

von Pathologien im Zusammenhang mit dieser Überstimulation begünstigt; andererseits in den Fällen, in denen die Einnistungschancen größer sind, eine andere Art von Schaden für die Gesundheit der Frau und des Fötus bei Vorliegen von Mehrlingsschwangerschaften verursacht, dies angesichts des Verbots der selektiven Embryonenreduktion bei solchen Schwangerschaften (mit Ausnahme der Inanspruchnahme der Abtreibung) gemäß Artikel 14 Absatz 4. Der Grund dafür ist, dass die gesetzliche Bestimmung dem Arzt nicht die Möglichkeit einräumt, auf der Grundlage der aktuellsten und anerkanntesten technischen und wissenschaftlichen Erkenntnisse den einzelnen Behandlungsfall zu beurteilen und folglich von Fall zu Fall jene zahlenmäßige Begrenzung der einzupflanzenden Embryonen festzulegen, die für einen ernsthaften Versuch der assistierten Fortpflanzung als angemessen erachtet wird, wobei das Risiko für die Gesundheit der Frau und des Fötus auf das denkbare Minimum beschränkt wird.«[25]

Nachdem das Gericht ausdrücklich auf das erste Prüfkriterium des Wissenschaftsvorbehalts verwiesen hatte, wonach »in Fragen der therapeutischen Praxis die Grundregel die Selbstbestimmung und Verantwortung des Arztes sein muss, der mit Zustimmung des Patienten die notwendigen beruflichen Entscheidungen trifft (Urteile Nr. 338 von 2003 und Nr. 282 von 2002)«[26], kam es zum folgenden Schluss:

»Die Vorschrift, dass höchstens drei Embryonen erzeugt werden dürfen, ohne dass die subjektiven Umstände der Frau, die sich jeweils dem Verfahren der muF unterzieht, berücksichtigt werden, verstößt letztlich gegen Artikel 3 der Verfassung, unter dem doppelten Gesichtspunkt des Grundsatzes der Angemessenheit und des Gleichheitsgrundsatzes, da der Gesetzgeber die gleiche Behandlung unterschiedlicher Sachverhalte vorsieht, und auch gegen Artikel 32 der Verfassung wegen der damit verbundenen Beeinträchtigung der Gesundheit der Frau sowie möglicherweise, wie wir gesehen haben, jener des Fötus.«[27]

Im zweiten Fall (Urteil Nr. 162 aus dem Jahr 2014) entschied das Verfassungsgericht erneut zuungunsten des Gesetzes 40/2004 und erklärte diesmal die Rechtswidrigkeit des Verbots der heterologen Befruchtung für alle Fälle, in denen bei einem (heterosexuellen) Paar absolute und irreversible Sterilität oder Unfruchtbarkeit diagnostiziert worden war.

Die Prämisse lautet:

»Die Entscheidung, ein Kind zu bekommen oder nicht zu bekommen, kann, da sie die intimste und unantastbare Sphäre der menschlichen Person betrifft, selbst bei absolut sterilen oder unfruchtbaren Paaren nur unzulässig sein, wenn sie nicht gegen andere Verfassungsgüter verstößt, und zwar auch dann, wenn sie durch die Entscheidung, zu diesem Zweck auf die heterologe muF-Technik zurückzugreifen, ausgeübt wird, weil auch letztere jene Sphäre berührt.«[28]

---

[25] Corte cost., 13. Mai 2009, sent. n. 151, § 6.1.
[26] Corte cost., 13. Mai 2009, sent. n. 151, § 6.1.
[27] Corte cost., 13. Mai 2009, sent. n. 151, § 6.1.
[28] Corte cost., 18. Juni 2014, sent. n. 162, § 6.

Diese Prämisse wird zusätzlich zum allgemeinen Grundsatz der Selbstbestimmung aufgestellt. Tatsächlich wird bemerkt:

»Die fraglichen Regelungen berühren auch das Recht auf Gesundheit, das nach ständiger Rechtsprechung des Gerichtshofs ›im Sinne von Artikel 32 der Verfassung zu verstehen ist und nicht nur die körperliche, sondern auch die psychische Gesundheit umfasst‹ (Urteil Nr. 251 aus dem Jahr 2008; ebenso Urteile Nr. 113 aus dem Jahr 2004; Nr. 253 aus dem Jahr 2003) und ›deren Schutz das gleiche Niveau aufweisen muss wie der der körperlichen Gesundheit‹ (Urteil Nr. 167 aus dem Jahr 1999). Diese Auffassung entspricht im Übrigen derjenigen der Weltgesundheitsorganisation, wonach ›der Besitz des höchstmöglichen Gesundheitsniveaus ein Grundrecht jedes Menschen darstellt‹ (Gründungsurkunde der WHO, unterzeichnet in New York am 22. Juli 1946).«[29]

In Bezug auf die Verletzung des Rechts auf Gesundheit führt der Gerichtshof Folgendes aus:

»Die Unterschiede zwischen homologer und heterologer muF sind nicht ausschlaggebend, obwohl nur erstere die Geburt eines Kindes ermöglicht, das genetisch beiden Mitgliedern des Paares zugeordnet werden kann. Selbst unter Berücksichtigung der Unterschiede, die diese Techniken kennzeichnen, steht fest, dass die Unmöglichkeit, mit dem Partner eine Familie mit Kindern zu gründen, indem man auf die heterologe muF zurückgreift, sich auf die Gesundheit des Paares negativ, sogar in erheblichem Maße negativ, auswirken kann, so dass ein diesbezügliches Recht im Sinne der obigen Ausführungen gewährt werden muss.«[30]

Diese Behauptung beruht auf einer doppelten Annahme: Die erste, völlig selbstverständliche Annahme besteht darin, dass Unfruchtbarkeit eine Pathologie ist; die zweite, keineswegs selbstverständliche Annahme ist, dass der Zugang zur heterologen Befruchtung indirekt ein therapeutisches Heilmittel für diese Pathologie ist, da er die aus dieser Pathologie resultierende Einschränkung, nämlich die Unmöglichkeit, Kinder zu bekommen, beheben würde. Tatsächlich stellt der Gerichtshof fest:

»Im Falle von Krankheiten, die zu einer Behinderung führen – ein Begriff, der aus offensichtlichen Gründen der Solidarität in einem weiten Sinne verstanden werden muss – entspricht der Ermessensspielraum des Gesetzgebers bei der Festlegung von Maßnahmen zum Schutz der Betroffenen auch der Grenze der ›Wahrung eines unantastbaren Kerns von Garantien für die betroffenen Personen‹ (Urteile Nr. 80 von 2010 und Nr. 251 von 2008).«[31]

Der Verfassungsgerichtshof bekräftigt außerdem Folgendes:

»Ein Eingriff in die Begründung der therapeutischen Entscheidungen in Bezug auf ihre Angemessenheit darf nicht auf rein politischen Ermessensurteilen des Gesetzgebers basieren, sondern muss auch Leitlinien berücksichtigen, die auf der Überprüfung des

[29] Corte cost., 18. Juni 2014, sent. n. 162, § 7.
[30] Corte cost., 18. Juni 2014, sent. n. 162, § 7.
[31] Corte cost., 18. Juni 2014, sent. n. 162, § 7.

Stands der wissenschaftlichen Erkenntnisse und der experimentellen Beweise beruhen, die durch hierfür bestimmte Institutionen und Einrichtungen gewonnen wurden (Urteil Nr. 8. 2011); dies auch im Hinblick auf die Feststellung des Vorliegens eines Verstoßes gegen das Recht auf psychische Gesundheit und die Eignung und die Wirksamkeit einer bestimmten Technik, deren Schutz in dem Maße gewährleistet werden muss, wie es im Lichte des oben dargelegten Verständnisses erforderlich ist.«[32]

Der Verfassungsgerichtshof kommt daher zu diesem Schluss:

»Es geht nicht darum, den Begriff der Gesundheit zu subjektivieren oder dem Wunsch nach Selbstverwirklichung der Eheleute nachzugeben, indem man die Technik zu konsumistischen Zwecken missbraucht, sondern darum, zu berücksichtigen, dass der Begriff der Pathologie, einschließlich jenes der psychischen Pathologie, seine Auswirkungen auf das Recht auf Gesundheit sowie das Vorhandensein von therapeutischen Praktiken, die geeignet sind, dieses Recht zu schützen, im Lichte von der medizinischen Wissenschaft vorbehaltenen Beurteilungen zu ermitteln sind, unbeschadet der Notwendigkeit, zu prüfen, ob die betreffende Entscheidung nicht mit gleichwertigen Interessen kollidiert.«[33]

Die beiden soeben untersuchten Fälle scheinen auf den ersten Blick relativ unkomplizierte Anwendungen der zuvor von der Verfassungsrechtsprechung herausgearbeiteten Grundsätze zum Wissenschaftsvorbehalt zu sein.

In beiden Fällen, die in den jeweiligen Urteilen untersucht wurden, griff der Gesetzgeber in therapeutische Angelegenheiten ein und schränkte die Autonomie des Arztes bei der Suche nach der für den jeweiligen Fall am besten geeigneten Lösung ein. Im ersten Urteil schrieb das angefochtene Gesetz ein strenges Protokoll für die Einpflanzung des Embryos vor, und gerade die Strenge dieses Protokolls war wissenschaftlich nicht gerechtfertigt und barg das Risiko, die Gesundheit der Mutter und des Fötus zu schädigen. Im zweiten Urteil hat das Gesetz die heterologe Befruchtung absolut verboten und damit den Arzt daran gehindert, eine therapeutische Behandlung (die Praxis der heterologen Befruchtung) durchzuführen, von der die medizinische Wissenschaft annahm, dass sie gesundheitliche Schäden, auch solche psychischer Art, hätte verhindern können.

Aus inhaltlicher Sicht sind beide Urteile zu begrüßen. Die Art und Weise, in der der Gerichtshof zu diesen Schlussfolgerungen gelangt ist, wirft jedoch einige Fragen auf.

In beiden Entscheidungen erklärte der Gerichtshof bestimmte gesetzgeberische Entscheidungen für verfassungswidrig, weil sie im Widerspruch zu (angeblichen) wissenschaftlichen Erkenntnissen stünden. Der Gerichtshof hat diese (angeblichen) Beweise in seiner Argumentation direkt berücksichtigt. Er hat jedoch in keiner Weise die Quelle(n) der wissenschaftlichen Informationen angegeben, aus denen diese Beweise angeblich abgeleitet wurden. Diese Unterlassung macht es schwierig, wenn nicht sogar unmöglich, zu beurteilen, ob die wissen-

---

[32] Corte cost., 18. Juni 2014, sent. n. 162, § 7.

[33] Corte cost., 18. Juni 2014, sent. n. 162, § 7.

schaftliche Position, die das Verfassungsgericht als empirische Grundlage für seine Entscheidung herangezogen hat, tatsächlich die einzige wissenschaftlich vertretbare ist. Dies gilt umso mehr, wenn man bedenkt, dass das Gericht in den genannten Urteilen nicht einmal den Versuch unternimmt, allfällige wissenschaftliche Quellen des Gesetzgebers, seien diese richtig oder falsch, in Betracht zu ziehen.

Wie bereits erwähnt, verbietet es die verfassungsrechtliche Rechtsprechung zum Wissenschaftsvorbehalt dem Gesetzgeber, sich willkürlich mit seinen eigenen rein politischen Entscheidungen an die Stelle derjenigen zu setzen, die wissenschaftlich kompetent sind, um die entsprechenden technischen Feststellungen zu treffen. Auf diese Weise verpflichtet der Gerichtshof den Gesetzgeber im Wesentlichen dazu, sich auf den Stand der wissenschaftlichen Erkenntnisse und experimentellen Beweise zu stützen, die durch hierfür bestimmte nationale oder supranationale Einrichtungen und Gremien zu erlangen sind, und zwar in Anbetracht der wesentlichen Bedeutung, die den wissenschaftlichen und technischen Gremien diesbezüglich zukommt.[34]

Es stellt sich dann die Frage, warum der Gerichtshof selbst sich nicht verpflichtet fühlen sollte, diese Einrichtungen zu Rate zu ziehen, insbesondere, wenn er gesetzgeberische Entscheidungen auf der Grundlage alternativer wissenschaftlicher Annahmen anfechten will. Dies gilt umso mehr, als der Gerichtshof in seiner Rechtsprechung zum Wissenschaftsvorbehalt wiederholt gezeigt hat, dass er den ausdrücklichen Standpunkt dieser Organe als unanfechtbar ansieht, wenn er die Entscheidungen des Gesetzgebers im Bereich der Gesundheitsvorsorge rechtfertigt.[35]

Damit soll nicht in Abrede gestellt werden, dass das Verfassungsgericht in den beiden genannten Urteilen subjektiv von den besten verfügbaren wissenschaftlichen Informationen ausgegangen sein mag. Wenn und soweit das Gericht dies jedoch getan hat, dann sicherlich nicht mit Hilfe der ihm zur Verfügung stehenden weitreichenden Untersuchungsbefugnisse.[36] Dies gilt zumindest, wenn man sich auf die *formellen* Untersuchungsbefugnisse bezieht.

Die Lage verbessert sich jedoch nicht, wenn man auch andere, weniger offizielle Arten von Ermittlungen annimmt, die vielleicht von einem einzelnen Verfassungsrichter unter Mitwirkung seiner Studienassistenten durchgeführt werden.[37] Das Problem ist, dass in solchen Situationen der Rückgriff auf so

---

[34] Diese Aussage findet sich wortwörtlich bereits im Corte cost., 3. Juni 1998, sent. n. 185.

[35] Vgl. zuletzt Corte cost., 15. Februar 2023, sent. n. 14.

[36] Vgl. hierzu *Tania Groppi*, I poteri istruttori della Corte costituzionale nel giudizio sulle leggi, Mailand 1997.

[37] Vgl. *Luisa Cassetti*, I poteri regolamentari della Corte e la disciplina dell'istruttoria nel processo costituzionale: le prospettive delle ordinanze istruttorie nel giudizio sulle leggi in via principale, in: Francesco Cerrone/Mauro Volpi (Hrsg.), Sergio Panunzio. Profilo intellettuale di un giurista, Neapel 2007, S. 217–260 (229).

genannte »informelle Ermittlungen« bestenfalls zu Undurchsichtigkeit führt.[38] Schlimmstenfalls besteht sogar die Gefahr, dass das Verfassungsgericht genau die rein politischen Entscheidungen trifft, die der Grundsatz des Wissenschaftsvorbehalts dem Gesetzgeber im therapeutischen Bereich verbieten würde, indem er sie den zuständigen Fachorganen vorbehält.

Schon das zweite oben zitierte Urteil (162/2014) enthält Passagen, die in dieser Hinsicht mehr als nur einen Zweifel begründen, insbesondere im Lichte der späteren verfassungsgerichtlichen Rechtsprechung zu diesem Punkt.

Denn das Verfassungsgericht rekonstruiert nicht nur und nicht so sehr die »Möglichkeit, mit dem Partner eine Familie mit Kindern zu gründen«, als ein Element der psychischen Gesundheit. Eine solche Aussage wäre an sich schon problematisch, da sie, wie bereits erwähnt, durch keine in der Urteilsbegründung angeführte Studie oder wissenschaftliche Grundlage gestützt wird. Würde man sie jedoch ernst nehmen, so hätte eine solche Anerkennung der Möglichkeit, gemeinsam mit dem Partner eine Familie mit Kindern zu gründen, als Bestandteil des Rechts auf Gesundheit unweigerlich dazu geführt, dass gleichgeschlechtlichen Paaren der Zugang zur heterologen Befruchtung ermöglicht worden wäre: einen Zugang, den das Gesetz verbietet und dessen verfassungsrechtliche Notwendigkeit der Gerichtshof selbst stets verneint hat.[39]

Um eine solche Verweigerung zu rechtfertigen, scheint das Verfassungsgericht dann auf eine zweite und sehr viel fragwürdigere Behauptung zurückzugreifen, wonach die heterologe Befruchtung ein Heilmittel darstellen würde, und zwar nicht so sehr direkt (1) für den psychologischen Schaden, der sich aus der Tatsache ergibt, dass ein Paar keine Kinder haben kann, obwohl es sich welche wünscht, sondern indirekt (2) für die Situation der Sterilität oder der absoluten Unfruchtbarkeit, deren Folge die Behinderung (Unfähigkeit zur Empfängnis) wäre. Diese Behauptung scheint jedoch nicht nur in Bezug auf ihre wissenschaftliche Zuverlässigkeit höchst unsicher, sondern auch in Bezug auf ihre logische Gültigkeit recht problematisch. Jedes echte Heilmittel gegen Sterilität oder absolute Unfruchtbarkeit würde nämlich notwendigerweise die genetische Erzeugung *eigener* Kinder ermöglichen, während die heterologe Zeugung per definitionem eine (zumindest teilweise) *fremde* genetische Ausstattung voraussetzt.

Kurzum, es verbleiben starke Zweifel, ob hinter dieser zweiten Annahme nicht eher ein rhetorischer Kunstgriff als ein streng wissenschaftliches oder medizinisches Argument steht. Eine Erläuterung der wissenschaftlichen Quellen hätte dem Verfassungsgericht vielleicht geholfen, diesen Verdacht zu zerstreuen. Es hätte sicherlich der Stringenz seiner Argumente geholfen.

---

[38] *Marilisa D'Amico*, La Corte costituzionale e i fatti: istruttoria ed effetti delle decisioni (relazione introduttiva all'omonimo volume), in: Marilisa D'Amico/Francesca Biondi (Hrsg.), La Corte costituzionale e i fatti: istruttoria ed effetti delle decisioni, Neapel 2018, S. 17–46 (24–32).

[39] Vgl. zuletzt Corte cost., 30. Oktober 2019, sent. n. 221.

V. Fazit

Das Ermessen des Gesetzgebers ist ein verfassungsrechtlicher Wert, der nicht nur vom positiven Recht (Art. 28 des Gesetzes Nr. 87 vom 11. März 1953), sondern auch vom Verfassungsgericht selbst anerkannt wird. Eine seiner Grenzen bildet der Wissenschaftsvorbehalt, der das allgemeine Erfordernis der genauen Übereinstimmung der Gesetzgebung mit den Tatsachen und damit das Prinzip der Verhältnismäßigkeit gesetzgeberischer Eingriffe insbesondere im Bereich der Gesundheit zum Ausdruck bringt. Die verfassungsgerichtliche Rechtsprechung zur muF verdeutlicht das Potenzial der vom Verfassungsgericht bei bestimmten gesetzgeberischen Entscheidungen ausgeübten Kontrolle der wissenschaftlichen Angemessenheit. Diese Prüfung zeigt jedoch auch die Gefahren dieser Art von Kontrolle der Handlungen des Gesetzgebers auf, insbesondere dann, wenn das Gericht die Herkunft und Zuverlässigkeit der wissenschaftlichen Modelle, die es als Grundlage für seine Entscheidungen verwendet, nicht klar angibt.

Kann die Menschheit sich selbst beschränken?

Philosophische Überlegungen am Beispiel der Menschenrechte

Ludwig Siep

Was Menschen nach bisheriger Erkenntnis unter allen Tieren allein können, ist, sich auf Regeln zu verpflichten, die sie in allgemeinen Begriffen und Sätzen formulieren können. Zu deren Einhaltung können sie sich wechselseitig zur Rechenschaft zu ziehen. Tiere gerichtlich zur Verantwortung zu ziehen, ist nicht mehr »tiergerecht«. Gleichwohl fällt Menschen kaum etwas so schwer, wie sich selbst zu beschränken. Das gilt für Macht, Reichtum, Konsum, Wahrheitsansprüche usw. Heute ist die verbindliche Selbstbeschränkung der Menschheit als Gattung eine Bedingung ihres Überlebens auf der Erde geworden. Zugleich ist sie erforderlich, wenn es überhaupt noch eine selbständige Natur statt einer gänzlich »instrumentalisierten«, kontrollierten und perfektionierten geben soll.

Gegenwärtig wird vor allem in der Klimapolitik versucht, eine Beschleunigung und radikale Verhaltensänderung durch Klagen mit Berufung auf Grund- oder Menschenrechtsverletzungen zu erreichen. Außer Aktionen des zivilen Ungehorsams setzen vor allem junge Kläger auf die verfassungs- oder völkerrechtlichen Verpflichtungen zum Schutz der Menschenrechte auch künftiger Generationen. Das zu kommentieren ist vor allem Aufgabe des Rechtswissenschaftlers. Für die philosophisch-begriffliche Reflexion haben es die Menschenrechte ganz grundsätzlich mit der Selbstbeschränkung der Menschheit zu tun – jedenfalls, wenn sie begriffs- und kulturgeschichtlich verstanden werden.

Selbstbeschränkung nenne ich im Folgenden die freiwillige Verpflichtung zur Achtung und zur Förderung der Ansprüche anderer, auch der Mitglieder der eigenen Gruppe. Verpflichtungen sind zwar immer Ausschluss von Handlungsoptionen, aber man kann sich auch zu Eroberungen, Missionierungen, Selbststeigerungen etc. verpflichten. Was Menschenrechte vor allem beschränken, ist Souveränität oder Verfügungs- und Entscheidungsmacht. Man kann davon sprechen, dass mit den Pakten über Menschenrechte bis 1976 eine »Magna Charta des völkerrechtlichen Menschenrechtsschutzes«[1] entstanden ist. Schutz schließt

---

[1] *Angelika Nußberger*, Das Völkerrecht, München 2009, S. 93, die auf Eleanor Roosevelts Äußerung zur Deklaration von 1949 zurückgreift. Viele Vorkämpfer der Menschenrechte im Völkerrecht waren damals noch enttäuscht von den fehlenden Sanktionen und Souveränitätseinschränkungen. Vgl. *Samuel Moyn*, The Last Utopia. Human Rights in History, Cambridge/Massachusetts 2010, S. 82f.

aktive Momente der Ermutigung, Förderung und Inklusion ein. Die globale Bewegung staatlicher und nichtstaatlicher Unterstützung der Menschenrechte hat aber noch nicht zu einer Verteilungsgerechtigkeit materieller Güter und Chancen geführt – obwohl die individuellen und kollektiven Rechte auf Entwicklung zumindest eine Angleichung des wirtschaftlichen Niveaus intendieren.[2]

Kritiker behaupten, dass Menschenrechtspolitik selber dafür verantwortlich sei. Sie stelle vor allem ein Alibi für Wirtschaftsimperialismus und »Neoliberalismus« dar – also der grenzenlosen Aneignung durch Private und Gruppen.[3] In der Tat hat die wirtschaftsliberale Usurpation der Freiheitsrechte eine lange Tradition.[4] Aber zum einen desavouiert der politische Mißbrauch, wie früher schon der Abschaffung von Sklaverei, nicht die richtigen Normen. Zum anderen zielt die Renaissance der Menschenrechte im letzten halben Jahrhundert vor allem auf die Verhinderung elementarer Verletzungen (Genozid, Rassismus, Folter). Aber unbestreitbar gibt es Konflikte zwischen Menschenrechten. Zudem bleibt ein Dilemma zwischen Notwendigkeit und Bedrohlichkeit staatlicher Souveränität.[5]

Im Folgenden geht es zunächst um die konsistente Verwendung der Begriffsbestandteile »Recht« (I.) und »Mensch« (II.). Konsistenz bezogen auf eine historische Rechtsordnung ist aber nicht genug. Rechte »des« Menschen erheben Anspruch auf Unterlassungen und Leistungen, die allen Menschen auch in Zukunft zustehen. Es muss gute Gründe geben, die normative Geschichte der Menschenrechte als Lerngeschichte mit irreversiblen Schwellen zu verstehen (III.).

I. »Recht« der Menschen, ein inkonsistenter Begriff?

»A very bad idea« hat der Philosoph Raymond Geuss die Menschenrechte genannt.[6] Nicht nur wegen ihres politischen Mißbrauchs, sondern vor allem ihrer internen Widersprüchlichkeit. Ihr Anspruch ist der eines »naturrechtlichen«

---

[2] Etwa nach der Declaration on the Right to Development von 1986. Zu einem Menschenrecht auf Befreiung von Armut vgl. Tessa Debus/Regina Kreide/Michael Krennerich (Hrsg.), Menschenrechte und Armut, in: zeitschrift für menschenrechte 2/2008.

[3] Vgl. *Samuel Moyn*, Not Enough. Human Rights in an Unequal World, Cambridge/Massachusetts 2019. Zur Kritik vgl. *Margot E. Salomon/Martin Scheinin*, Review of Moyn's book »Not enough« in: Leiden Journal of International Law, Band 32 (2019), S. 609–613, sowie *Heiner Bielefeldt*, Sources of Solidarity. A Short Introduction to the Foundation of Human Rights, Erlangen 2022, Kap. 3.

[4] Zur Kritik am Primat der Wirtschaftsfreiheit seit dem 19. Jh. vgl. *Martin Kriele*, Zur Geschichte der Grund- und Menschenrechte, in: Öffentliches Recht und Politik. Festschrift für Hans Ulrich Scupin, hrsgg. von Norbert Achterberg, Berlin 1973, S. 187–211 (S. 210f.).

[5] Die rechtstaatliche Entwicklung des Schutzes gegen den »Schützer« ist ein zentrales Thema in Horst Dreiers Schriften.

[6] *Raymond Geuss*, Human Rights: A very bad idea. Interview with Lawrence Hamilton, in: Theoria, Ausgabe 135, Band 60, Nr. 2, 2013, S. 83–103; vgl. *ders.*, Human Rights, in: ders., History and Illusion in Politics, Cambridge 2001, S. 138–146.

Maßstabes zur Kritik positiver Gesetze und darauf gestützter Handlungen. Über die Natur des Menschen, der praktischen Vernunft, des Rechts überhaupt gibt es aber keine Übereinstimmung mehr, weder im Commonsense noch in der Rechtswissenschaft oder der Philosophie. Zudem müssen Rechte erzwingbar sein. Das sind Menschenrechte aber erst, wenn sie positives Recht geworden sind, eine vor allem im globalen Rahmen sehr ungewisse Aussicht. Rechtlicher Zwang und überpositiver Maßstab schließen sich wechselseitig aus. Also sind Menschenrechte nicht mehr als moralische Überzeugungen, die eine Gruppe zu positiven Gesetzen machen möchte.

Unabhängig von der Frage, wieweit Menschenrechte heute sanktionierbar sind, lässt sich Geuss' Verständnis von Recht bis auf Kant zurückführen. Zumindest das »strikte Recht« ist für diesen mit der »Befugnis zu zwingen verbunden« (VI, 233)[7]. Diese Befugnis ist aber mit der gerechtfertigten Forderung und der prinzipiellen Möglichkeit (232) bereits erfüllt. Demgemäß bezeichnet Kant die »Freiheit (Unabhängigkeit von eines Anderen nöthigender Willkür), sofern sie mit jedes Anderen angeborener Freiheit nach einem allgemeinen Gesetz zusammenbestehen kann«, als »jedem Menschen kraft seiner Menschheit zustehende[s] Recht« (237). Allerdings gibt es für Kant auch nur dieses eine Menschenrecht, dem das strikte Recht in Staaten und, zumindest in Annäherung, auch das Recht der Völker entsprechen müssen. Aus heutiger Perspektive tun das aber auch viele Rechte der Kantischen philosophischen Rechtslehre nicht, etwa im Familien-, Straf- oder Verfassungsrecht.[8]

Schon Hegel hat gegen Kant unterschiedliche Stufen rechtlicher Ansprüche und ihrer Verwirklichung geltend gemacht.[9] Weder das »Recht« auf eigene Überzeugungen, noch das Recht auf Zuwendung, etwa in einer Familie, ist strikt zu erzwingen, allenfalls können Hindernisse mit Rechtszwang ausgeräumt werden. Zudem reicht für Hegel ein zeitloses Vernunftprinzip zur Beurteilung differenzierter Rechtssysteme nicht aus. Die Philosophie muss ihre Begriffe von Freiheit und Recht durch das Verständnis der historischen Entwicklung konkretisieren. Das schließt aber Unüberholbares nicht aus: etwa Kants Begriffe der Freiheit als Unabhängigkeit von nötigender Willkür Anderer oder der Autonomie als Recht der Mitgesetzgebung in einer Rechtsgemeinschaft. Auch Kants Analyse des Bewusstseins von Moral und Recht als Achtung vor einer immanenten Forderung der Vernunft, die von jedem übermenschlichen Gesetzgeber unabhängig ist, bleibt ein notwendiger Schritt auf dem Weg zu einer weltanschauungsneutralen Philosophie und Rechtsordnung.

---

[7] Ich zitiere Kant nach *Immanuel Kant*, Werke, Akademie Textausgabe (I–X), Berlin 1968 ff.

[8] Ausführlicher *Ludwig Siep*, Der Staat als irdischer Gott, Tübingen 2015, Kap. I.4.

[9] Die er in seinen Grundlinien der Philosophie des Rechts entwickelt (Gesammelte Werke, Band 14.1, hrsgg. von Klaus Grotsch/Elisabeth Weisser-Lohmann, Hamburg/Düsseldorf 2009).

Nicht unüberholbar ist dagegen Kants Begriff einer von den leiblichen Eigenschaften des Menschen ganz unabhängigen Vernunft, auf den auch die Einzigkeit des »angeborenen« Menschenrechts zurückgeht. Akzeptiert man die Mehrstufigkeit von »Recht« und die unterschiedlichen Formen von Sanktionen, kann man den Rechtscharakter von Menschenrechten philosophisch vielleicht folgendermaßen skizzieren:

a) Es sind Ansprüche, die allgemein zu rechtfertigen sind, vom Standpunkt eines unparteiisch wohlwollenden Beobachters (moral point of view) und im Lichte des bestmöglichen verfügbaren Wissens.

b) Sie sind prinzipiell in einer Gruppe durchsetzbar mit von allen Mitgliedern legitimiertem Zwang. Bei Menschenrechten ist die legitimierende Gruppe letztlich die aller zustimmungsfähigen Menschen. Von besonderen Gruppen und Institutionen ausgeübter Zwang kann aber (subsidiär oder antizipierend) gerechtfertigt sein.

c) Es gibt verschiedene Stärken dieser Ansprüche und ihrer Sanktionen, nicht nur die der legitimen physischen Gewalt in einem Territorium (Weber). Auch völkerrechtliche Sanktionen gegen die Verletzung von Verträgen über Menschenrechte sind in verschiedenen Formen wirksam.[10]

d) Rechte, deren universale Sanktion noch »utopisch« ist, hören nicht auf, gerechtfertigte Ansprüche dieser Art zu sein. Das gilt etwa für viele Formen der Rechtsansprüche gegen Diskriminierung, die auf die Erfahrung und Artikulation von Einzelnen und Gruppen angewiesen sind.

Weder dieser formale Begriff noch die gegenwärtigen Gehalte der Menschenrechte setzen eine geschichtsunabhängige normative Natur oder übermenschliche Vernunft voraus. Man kann sie verstehen als Resultat des Prozesses der Beschränkung von Autorität und Herrschaft gegenüber Rechten von Einzelnen und Gruppen. Martin Kriele hat die Ideen- und Rechtsgeschichte der Grund- und Menschenrechte als Zurückweisung der »Herausforderung« von Souveränität gedeutet.[11] Da »Souveränität« als letztinstanzliche Befugnis erst mit der frühen Neuzeit von menschlichen Herrschern beansprucht wird,[12] kann erst dann von ihrer *Selbst*beschränkung gesprochen werden. Der Gedanke des sich selbst »souverän« bindenden Gottes – in der rationalistischen Theologie – und seines irdischen Stellvertreters ist aber älter. Mit der Wertschätzung der autonomen Vernunft in allen Menschen wird Selbstbindung an Regeln, die Freiheit und Wohl aller bezwecken, zur universalen Forderung. »Souveränität« ist dann durch die Sanktionierung dieser Regeln legitimiert.

[10] Auch nichtstaatliche Organisationen sind für das Monitoring von Menschenrechtsverletzungen zunehmend von Bedeutung.

[11] *Kriele*, Geschichte, S. 187–211, vor allem S. 194.

[12] Vgl. *Dieter Grimm*, Souveränität. Herkunft und Zukunft eines Schlüsselbegriffs, Berlin 2009. – Die umfangreichen neueren verfassungs- und völkerrechtlichen Debatten, vor allem zum staatlichen Souveränitätsverzicht, werden im Folgenden ausgespart.

Zwischen der kollektiven Autonomie in einem Gemeinwesen und den Rechten von Individuen und Gruppen ist damit eine Spannung programmiert: Der souveräne Staat ist zugleich Bedingung und Bedrohung dieser Rechte. Philosophisch ist das vor allem seit der deutschen Rezeption der französischen Revolution erörtert worden. Gegen Kants Ziel, einzelstaatliche Souveränität republikanisch und völkerrechtlich einzuhegen, rechtfertigt Hegel ihre Stärkung – auch um der Unabhängigkeit und eigenen Sinnstiftung des Staates gegenüber der Religion und der bürgerlichen Wirtschaftsgesellschaft willen.[13] Rechtlich ist dafür bei ihm die Kompetenz über den inneren und äußeren Notstand entscheidend: das Recht zum Krieg, nicht nur zur Verteidigung, ist die höchste Manifestation der Souveränität und relativiert alle besonderen Rechte (Grundlinien §§ 323, 324). Das hat sich spätestens im 20. Jahrhundert als unzureichend für den Grund- und Menschenrechtsschutz erwiesen.[14] Dafür muss es, wie Hans Kelsen schon nach dem Ersten Weltkrieg fordert, eine »Weltrechtsgemeinschaft« mit bindender Gerichtsbarkeit geben.[15]

Philosophische Basis, rechtliche Forderung und politische Einlösung der Menschenrechte klaffen gerade in den von Aufklärung und Christentum geprägten Ländern bekanntlich lange auseinander. Ihr »Verrat« – in den inneren und äußeren Kolonisierungsprozessen – seit den ersten modernen Proklamationen wird erst am Ende des 20. Jahrhunderts in voller Deutlichkeit sichtbar.[16] Dennoch hat die Erfahrung der »Menschheitsverbrechen« vor allem in der ersten Hälfte zu einer neuen Form normativer Selbstbindung mit Berufung auf ein Entsetzen der Menschheit über sich selbst geführt.[17] Eine solche rationale und emotionale Empörung bleibt aber brüchig, wie man in den weltweit wiederkehrenden nationalistischen Verdrängungsversuchen sieht. Sie muss zumindest durch bindende Pakte und das »forum externum« völkerrechtlicher Gerichtsbarkeit stabilisiert werden.

---

[13] Vgl. *Siep*, Staat als irdischer Gott, Kap. I.5.

[14] Dass der fortwirkende »sovereigntism« und die völkerrechtliche Hinnahme von Angriffskriegen bis heute den Schutz von Menschenrechten unterlaufen, ruft jüngst *Claus Kreß* in Erinnerung (The Ukraine War and the Crime of Aggression, Nuremberg Academy Lecture, Mai 2023).

[15] »Die Souveränitätsvorstellung freilich muß radikal verdrängt werden« und zu einem »Menschheitsbewußtsein« ausgeweitet. *Hans Kelsen*, Das Problem der Souveränität und die Theorie des Völkerrechts (1920), in: M. Jestaedt (Hrsg.), Hans Kelsen Werke, Band 4, Tübingen 2013, S. 572. Kelsen zielt aber nicht auf die Aufgabe staatlicher Souveränität, sondern auf ihre Unterordnung unter das Völkerrecht. Vgl. *Horst Dreier*, Hans Kelsen zur Einführung, Hamburg 2023, S. 169–180.

[16] Für die Schizophrenie etwa der amerikanischen Tradition (Indianer-Genozid) vgl. *Michael Mann*, The Dark Side of Democracy. Explaining Ethnic Cleansing, New York 2005.

[17] Vgl. die Präambel der Allgemeinen Erklärung der Menschenrechte von 1948 (»outraged the conscience of mankind«) https://www.ohchr.org/en/human-rights/universal-declaration/translations/english (hier und im Folgenden 31. Januar 2024). Wie verbreitet das Entsetzten war, und wie nachhaltig es sein wird, gehört zur Wirkungs-, nicht zur Normgeschichte.

II. »Mensch« als Träger und Adressat von Rechtsansprüchen

Wenn es um das Recht jedes Menschen geht – und möglicherweise darüber hinaus um berechtigte Ansprüche in der nicht-menschlichen Natur –, dann muss sich die »Menschheit« selber beschränken. Umstritten ist aber sowohl der Umfang (Extension) von »Mensch« als Träger der Menschenrechte (1.) wie das Subjekt »Menschheit«, an das sich die Forderung einer Selbstbindung richten könnte (2.).

1. Der Umfang des Begriffes »Mensch«

»Mensch« als Bestandteil des Begriffs »Menschenrechte« steht in einem normativen Kontext, der sich historisch verändert hat. Obwohl Träger von Menschenrechten heute alle Mitglieder der biologischen Gattung mindestens seit ihrer Geburt sind, folgt das nicht aus biologischen Fakten – das wäre ein naturalistischer Fehlschluss. Unabhängig von partikularen religiösen Offenbarungen kann man sich auch nicht mehr auf eine normative Natur- oder Schöpfungsordnung stützen. Sie müssen im handelnden Umgang entdeckt werden.[18] Rechte kommen meist erst durch die Verletzungen dessen zu Bewußtsein, was für Menschen wichtig und unaufgebbar ist – etwa die Freiheit religiöser Überzeugungen. Oder eben durch Übersteigerung von Herrschaftsansprüchen und ihre schrittweise Einschränkung. Gegen die Muster der Ordnung und Beherrschung in der menschlichen Sozialgeschichte wehren sich auf Dauer die dadurch Benachteiligten, sowohl gegen die tatsächliche Macht wie die legitimierenden Lehren und Erzählungen – vor allem dann, wenn der Glaube an Entschädigung in einem anderen Leben schwindet. Mit Hegel kann man diesen Prozess als »Kampf um Anerkennung« verstehen.

Normgeschichtlich handelt es sich um einen Prozess der Inklusion, wenn auch nicht linear, sondern mit Umwegen und Rücknahmen. Die generelle Richtung entspricht der Ausweitung des moralischen Standpunkts über enge Zugehörigkeitskreise (»Binnenmoral«) hinaus. Rechtshistorisch relevant ist vor allem der Abbau von Ausschlusskriterien und Privilegien aufgrund natürlicher Eigenschaften oder ererbter Ansprüche. Aus den Erfahrungen der Gewalt und Entwürdigung der jüngeren Vergangenheit ist nicht nur ein globaler Kanon der Menschenrechte entstanden, sondern auch ein veränderter Begriff des Menschen. Er hat seine Würde in seiner Sterblichkeit und Verletzlichkeit selber, nicht erst in seiner Teilhabe an einer absoluten, den Menschen überschreitenden Vernunft.[19]

---

[18] »Human beings create their ›essential‹ nature through social action on themselves ... ›Human nature‹ is a social project«: *Jack Donelly*, Universal Human Rights in Theory and Practice, 3. Auflage Ithaca 2013, S. 15.

[19] Vielen religiösen Menschen wird allerdings die Begründung durch Gottebenbildlichkeit

Besondere Bedeutung kommt dem – unabgeschlossenen – Prozess der Entkolonialisierung zu.[20] Der institutionelle Versuch, die Menschenrechte zur Basis einer alle Völker bindenden und über die staatliche Souveränität hinausgehenden justiziablen Rechtsordnung (»Weltrecht«) zu machen, geht maßgeblich auf Initiativen des »globalen Südens« zurück.[21]

Dass aus natürlichen Eigenschaften keine Normen folgen, heißt nicht, dass sie keine Rolle für das spielten, was Menschen als Recht zuerkannt wird. Sie sind zum einen bedeutsam für Verletzlichkeit und Entwicklungsmöglichkeit (»capability«) jedes Menschen. Zum anderen sind sie Indikator dafür, Menschenrechte in Anspruch nehmen zu können – zwar nicht aufgrund dieser Eigenschaften, aber als Resultat der Ausweitung von Inklusion. Natürliche Bedürfnisse der biologischen Spezies ebenso wie Fähigkeiten seines Sprach- und Vernunftgebrauchs sind für die anerkannten Ansprüche vorauszusetzen. Solche Eigenschaften werden zwar in verschiedenen Kulturen unterschiedlich gedeutet und gewichtet, aber es gibt Konstanten, die in den Pakten zwischen Völkern verschiedener Kulturen als hinreichend gleich betrachtet werden. Das wechselseitige Verständnis sowohl innerhalb wie außerhalb der Kulturen – die selber nicht homogen sind – ist selber auf einen historischen Prozess der Entwicklung von Emotionen, vor allem Empathie, angewiesen.[22]

Die biologische Gattungszugehörigkeit ist demnach nicht die Quelle der Rechte, sondern der Umfang der Inklusion. Eingeschlossen ist jedes als Individuum lebende menschliche Wesen, ungeachtet seiner körperlichen und geistigen Fähigkeiten. Sie können allenfalls seine aktiven Mitwirkungsrechte beeinflussen, aber nicht seine Rechte auf Schutz und Förderung. Ungeklärt durch übereinstimmende soziale Praxis und Rechtsentwicklung ist allerdings der Grad des Schutzes für werdendes menschliches Leben, das noch Teil eines anderen menschlichen Körpers ist oder biotechnisch aus Zellmaterial gezüchtet werden kann. Was das vorgeburtliche menschliche Leben angeht, so wird die Orientierung an einem biologischen Potential immer problematischer. Biotechnisch lässt sich zunehmend aus jeder menschlichen Zelle der Keim eines Individuums entwickeln. Es kommt auf den beabsichtigten und rechtfertigungsfähigen Zweck[23] an: den Weg zur Geburt eines Menschen oder die medizinische Erkenntnis zur

---

oder eine göttliche »Gabe« überzeugender erscheinen (Vgl. *Hans Joas*, Die Sakralität der Person, Berlin 2011, S. 249f.).

[20] Vgl. *Jan C. Jansen/Jürgen Osterhammel*, Dekolonisation. Das Ende der Imperien, München 2013, S. 107.

[21] »The Global South civilized the West« schreibt *Steven L. B. Jensen* über die Menschenrechtskonventionen der 60er Jahre. (The Making of International Human Rights, Cambridge 2016, S. 279).

[22] Zur Bedeutung dieses Prozesses für die Entwicklung der Menschenrechte vgl. *Lynn Hunt*, Inventing Human Rights. A History, London 2007.

[23] Auch Horst Dreier betont die »Finalität« der Handlungen beim Umgang mit dem Embryo: *Dreier*, in: ders. (Hrsg.), Grundgesetz-Kommentar, Band I, 3. Auflage 2012, Art 1 I Rn. 113.

Bekämpfung menschlicher Leiden. Handlungen, die zu diesen Zwecken führen, muss man getrennt halten, um Instrumentalisierung des werdenden Menschen zu verhindern. Die Unterscheidung von Entwicklungsstufen kann dazu beitragen.[24] Schützenswert ist die Chance, selbständiges Individuum und Würdeträger zu werden – in Übereinstimmung mit der Mutter und ihrem Recht auf Selbstbestimmung über den eigenen Körper.

Ein solches Verständnis der normativen Entwicklung bedeutet für viele Kritiker, dass Würde und Rechte des Menschen von anderen verliehen und damit »konventionell« seien. Daran ist richtig, dass alle historischen Normen auf Menschen zurückgehen, die sie gefordert und allein oder gemeinsam mit Autorität verbunden haben – wieder abgesehen von dem Glauben an religiöse Offenbarungen. Es bedeutet aber nicht, dass sie beliebig revidierbar seien. Jedenfalls dann nicht, wenn die Inklusionsgeschichte eine des Lernens und Entdeckens ist (u. III.).

Inwieweit müßte die Inklusion auch auf die nicht-menschliche Natur ausgedehnt werden? Andere Lebewesen teilen nicht nur die – seit Bentham moralrelevante – Empfindlichkeit für Schmerz und Leid, sondern auch andere Fähigkeiten der Kommunikation, der Individualität und der Bewältigung sozialer Konflikte, die lange dem Menschen vorbehalten wurden.[25] Im Fortgang der Übertragung menschlicher Fähigkeiten und Empfindlichkeiten auf Maschinen entstehen auch da Fragen, welche Ansprüche, evtl. rechtlicher Art, zu berücksichtigen sind.

Gemeinsam ist diesen Problemen die Notwendigkeit einer Graduierung, die Menschenrechte nicht »verwässert« oder nivelliert, Ansprüche aber auch ohne symmetrische Wechselseitigkeit der Rechte und Pflichten legitimiert. Vom Gesichtspunkt des unparteiisch wohlwollenden Beobachters aller Wesen mit Bedürfnissen, Empfindungen und Zwecken erscheint Gerechtigkeit auch über menschliche Ansprüche hinaus gefordert. Aber selbst menschenähnliche Tiere können sich nicht bewußt auf Regeln verpflichten und dafür zur Rechenschaft gezogen werden. Sie haben daher auch andere Formen der Selbstachtung und Verletzlichkeit. »Rechte«, die advokatorisch wahrgenommen werden müssen,[26] kann man ihnen einräumen, aber keine bewußt einzufordernden »Menschenrechte«. Bei menschenähnlichen Maschinen bleibt ihre Instrumentalität erhalten – sie zu Gleichberechtigten zu machen, die auf Mitbestimmung Anspruch erheben können, gefährdet die Rechte ihrer menschlichen Konstrukteure. Den

---

[24] Vgl. *Horst Dreier*, Stufungen des vorgeburtlichen Lebensschutzes, in: ZRP 2002, S. 377–383.

[25] Vgl. etwa *Frans de Waal*, Wilde Diplomaten, aus dem Amerikanischen von Ellen Vogel, München/Wien 1991; *Norbert Sachser*, Der Mensch im Tier, Reinbek 2018.

[26] Zur Differenz der Stellvertretung für Menschen und nicht-menschliche Wesen vgl. *Heiner Bielefeldt*, Moving beyond Anthropocentrism? Human Rights and the Charge of Speciesism, in: Human Rights Quarterly 43 (2021), S. 515–537 (534).

Menschen selber zu unverletzbaren Maschinen zu perfektionieren – wie der Transhumanismus fordert – würde selber die Basis für Recht und Moral, die Abhängigkeit und Verletzlichkeit, untergraben.[27] Es ist denkbar, das auch mit rechtlichen Mitteln zu verhindern.

2. *»Menschheit« als Adressat von Pflichten*

Auch der Begriff »Menschheit« (mankind, humanity) ist nicht nur ein Sammelbegriff von Mitgliedern einer Gruppe von Lebewesen, nicht einmal, wenn man sie in der Folge ihrer Generationen oder ihrer kulturellen Geschichte zusammenfasst. Bei Kant etwa bedeutet »Menschheit« auch das Wesen des Menschen, dessen praktische Vernunft von seiner biologischen Gattung ganz unabhängig ist.[28] Beide Begriffe, der des Wesens wie der Kollektivbegriff für eine historische Kontinuität von »Menschengeschlechtern«, sind geprägt von einer Geschichte der Rechtsordnungen und Rechtsverständnisse. Das gilt auch für die so stark durch eine Rechtskultur wie die römische geprägte europäische Geschichte. »Menschheit« hat eine andere Bedeutung als in früheren Epochen, wenn (fast) alle Völker und Kulturen in ständigem instantanem Austausch stehen und an globalen Vereinbarungen beteiligt sind.

Dieser Menschheit kann man kollektive Verpflichtungen zuschreiben – gegenüber allen Menschen und auch der nicht-menschlichen Natur. »The total world would be concerned with the total world« lautete das Programm der völkerrechtlichen Positivierung der Menschenrechte seit den 60er Jahren.[29] Die Strafbarkeit sowohl von Vertragsverstößen der Staaten wie von individuellen Verbrechen gegen die Menschlichkeit, unabhängig von einzelstaatlicher Souveränität, sind Schritte, sie auch rechtsverbindlich zuzurechnen. »Humanity« ist auch ein Träger von Rechten geworden, die verletzt werden können: es gibt in Rechtsquellen und Gerichtsverfahren »crimes against humanity«.[30] Dabei geht es vor allem um die Schwere der Rechtsverletzungen, aber auch um den Umfang der Betroffenen (Genozid), wenngleich nicht unbedingt um den Kollektivbegriff

---

[27] Vgl. *Ludwig Siep*, Menschenrechte und Techniken der Selbstperfektion, in: Michael Krennerich/Michaela Lissowsky/Marco Schendel (Hrsg.), Die Freiheit der Menschenrechte. Festschrift für Heiner Bielefeldt zum 65. Geburtstag, Frankfurt a. M. 2023, S. 151–172.

[28] Die »Menschheit« in einer »noumenalen« Person und die Menschheit als geschichtlich sich entwickelnde Gattung sind bei ihm verschiedene Begriffe. Er benutzt für den Kollektivbegriff in der Regel »Menschengattung«, aber gelegentlich auch »Menschheit« (vgl. AA VIII, 25, 27 und 45 ff. mit Bezug auf Herder).

[29] Redebeitrag des UN-Vertreters Jamaikas in einer Debatte von 1961. Nach *Jensen*, The Making of Human Rights, S. 28.

[30] Etwa im Statut des Internationalen Strafgerichts (»Römisches Statut« von 1998). Mit Verbrechen gegen die »Menschlichkeit«, wie die deutsche Übersetzung lautet, sind radikal »unmenschliche« Handlungen gemeint, nicht bloß ein Mangel an »Menschenfreundlichkeit«, wie Kritiker unterstellt haben.

aller jetzt lebender Menschen. Erörtert wird allerdings, ob auch die Zerstörung der Lebensgrundlagen der künftigen Menschheit unter diese Kategorie fällt. Da Intentionalität und direkte Kausalität kaum zu identifizieren sind, ist das mit den Mitteln des Völker- oder Weltstrafrechts offenbar schwierig zu fassen.[31] Bei den künftigen Generationen sind ja auch Anzahl und Identität der »möglichen Personen« offen. Es leuchtet aber nicht ein, dass die Verhinderung des Lebens auch einer unbestimmten Vielzahl künftiger Menschen kein strafbares Unrecht darstellt.

Offenbar ist der Begriff der »Menschheit« nicht bloß eine kollektive Einbildung bzw. Fiktion, wie etwa die »Nation«. Sie ist nicht, wie diese, die Projektionsfläche eines kollektiven Ehrgefühls, das sich von anderen Kollektiven abgrenzt, mit ihnen konkurriert und sich ihnen überlegen zeigen will. Zumindest dann, wenn der Mensch seine »Würde« – jetzt im Sinne des graduierbaren Rangbegriffes[32] – nicht durch die Überlegenheit gegenüber anderen Tieren oder der gesamten Natur behaupten will. Weder die Theorien der Verwandtschaft mit übernatürlichen Entitäten noch die der Herrschaftsansprüche aus anderen spezifischen Fähigkeiten überzeugen noch allgemein. Hinsichtlich der technischen Überlegenheit könnten artifizielle Produkte bald eines Besseren belehren. Die Fähigkeit zur Selbstverpflichtung auf Regeln und unparteiisches Wohlwollen begründet gerade keine Herrschaftsansprüche.

Die »Menschheit«, obwohl keine raumzeitlich abgrenzbare Gruppe, kann Gegenstand von Rechtsverstößen sein. Das Umgekehrte ist ebenso einleuchtend: dass sie allein als Ganze die Menschenrechte, vor allem insofern sie von global »vernetzten« ökonomischen und ökologischen Bedingungen abhängen, sichern kann. In diesem Sinne kann unter »Menschheit« der umfassende Adressat von Forderungen verstanden werden, Ansprüche und Rechte zu schützen bzw. zu fördern. Das erfordert die verpflichtende Einschränkung von Macht ebenso wie die Mobilisierung von Kräften – auch ohne eine zentrale rechtliche Repräsentanz.

Das einzige »Gegenüber« der Menschheit als Inbegriff aller in Gruppen und Institutionen lebenden Individuen ist die Natur.[33] Der Mensch ist ein Teil von ihr, steht ihr als Handelnder aber auch gegenüber, im technischen Zeitalter vor allem mit dem Ziel der Kontrolle und Nutzbarmachung. Auch der Kollektivbegriff »Natur« ist schwer zu bestimmen. Am ehesten kommt man dem durch einige grundlegende (»familienähnliche«) Eigenschaften von Prozessen, Ökosystemen oder Lebewesen nahe, die der vollständigen Kontrolle durch menschliches Han-

[31] *Bernhard Kuschnik*, Der Gesamttatbestand des Verbrechens gegen die Menschlichkeit. Herleitungen, Ausprägungen, Entwicklungen, Berlin 2009, S. 457–461.

[32] Gegen den Begriff der Gattungswürde zu Recht skeptisch: *Thomas Gutmann*, Gattungsethik als Grenze der Verfügung des Menschen über sich selbst, in: Wolfgang van den Daele (Hrsg.), Biopolitik, Wiesbaden 2005, S. 235–264.

[33] Jedenfalls außerhalb der nicht mehr universal geteilten theistischen Annahmen.

deln noch entzogen sind. Dazu gehören Spontaneität, selbständige Reproduktion und Evolution, in der eine Mannigfaltigkeit von Formen entsteht.[34] In Bezug auf den Menschen kann »Natur« in diesem Sinne schädliche – nicht intendiert »feindliche« – ebenso wie nützliche und gleichgültige Aspekte haben. Sich zu schützen oder Umgebung zu nutzen ist für jedes Lebewesen selber »natürlich«. Ob ein selbständiges »Gegenüber« der Menschheit überhaupt erhalten bleibt, ist aber zunehmend abhängig von menschlicher Selbstbeschränkung, auch des technischen Fortschritts. Gründe dafür, auch dem nicht-menschlichen »Gegenspieler« Schutz und Förderung zuzugestehen, sind verschiedener Art: sowohl der Nützlichkeit für den Menschen im Sinne nachhaltiger Selbstreproduktion, als auch der Erfahrung der Selbstzweckhaftigkeit und des intrinsischen Wertes natürlicher Wesen und Prozesse.

Ansprüche der nicht-menschlichen Natur lassen sich teilweise auf Menschenrechte selber zurückführen, wie das Recht auf sauberes Wasser und Luft, lebensförderliches Klima usw. als Bedingung der körperlichen Integrität. Bei der nötigen Einschränkung des »Massenkonsums« und der profitablen Aneignung von natürlichen Materialien können die Menschenrechte ins Spiel gebracht werden. Internationale Vereinbarungen zur Begrenzung von Emissionen und Ressourcennutzung haben grundsätzlich dieselbe Form wie Menschenrechtspakte. Bei der Ausführung durch einzelne Staaten[35] treten sie in Konkurrenz zu anderen Menschenrechten, wie der persönlichen Entwicklung unter privater Aneignung von Mitteln oder von Sozialleistungen aufgrund von Steuern und Wirtschaftskraft.

In der neueren umweltrechtlichen Diskussion wird vorgeschlagen, der Natur selber subjektive Rechte, auch Eigentumsrechte, einzuräumen.[36] Übernutzung natürlicher Güter oder Störung von Ökosystemen könnten dann als Schädigung des Eigentümers behandelt werden. Die erreichte Schutzfunktion der an der menschlichen Subjektivität orientierten Begriffe der Rechtsperson oder des subjektiven Rechts[37] sollte aber nicht aufs Spiel gesetzt werden. Nötig sind auch die Abwägung wechselseitiger Interessen innerhalb der nicht-menschlichen Natur sowie der Respekt vor Diversität, ungesteuerter Evolution und Gleichgültigkeit gegenüber menschlichen Interessen. Auch diese Aufgaben richten sich an die

---

[34] Vgl. *Ludwig Siep*, Ethics and the Limits of Technology, Paderborn 2022, Kap. 2.2.

[35] Dass es auch hier um Transformation, nicht Aufgabe einzelstaatlicher Souveränität (als Gegengewicht gegen das »Bündnis der auf wirtschaftliches Wachstum und technischen Fortschritt eingeschworenen sozialen Kräfte«) geht, vertritt *Peter Cornelius Mayer-Tasch*, Ökologie und Souveränität, in: Natur 11 (1983), S. 64–67 (66).

[36] Vgl. *Andreas Fischer-Lescano*, Natur als Rechtsperson. Konstellationen der Stellvertretung im Recht, in: Zeitschrift für Umweltrecht 2018/4, S. 205–216, *Tilo Wesche*, Die Rechte der Natur. Vom nachhaltigen Eigentum, Berlin 2023. Wesche vertritt eine werttheoretische Eigentumstheorie und betrachtet Ökosysteme als Wertschöpfer (S. 203, 213).

[37] »Person« oder »Subjekt« steht in diesen Diskussionen zumeist für den Träger von Rechten – nicht für einen Akteur, der Rechte in Anspruch nehmen kann oder nicht, Rechte verletzen, dafür zur Rechenschaft gezogen werden u.s.w.

Menschheit und sind Resultat historischer Erfahrungen und Normentwicklungen.

Der Begriff der Menschenrechte nach seinen beiden Bestandteilen kann konsistent verwendet werden, wenn man ihn von der kulturellen Entwicklung und Selbstbindung der Menschen her versteht. Aber reduziert eine solche Historisierung nicht zugleich den Anspruch auf überzeitliche Gültigkeit?

III. Entwicklung der Menschenrechte als Lerngeschichte?

Wenn die kulturelle Geschichte der Selbstbindung das Naturrecht oder den Vernunftapriorismus ersetzen soll, dann muss es sich um eine Lerngeschichte mit irreversiblem Kern handeln. Ohne einen metaphysischen Begriff von Vorsehung oder Vernunft gibt es keinen garantierten Fortschritt in der Geschichte – auch soziale oder ökonomische Gesetze dafür haben sich empirisch nicht bestätigt. Partielle Lerngeschichten sind aber nicht ausgeschlossen. Sie sind anzunehmen im Bereich der Wissenschaften und des know how, vor allem der Technik. Derartige »Techniken« gibt es auch in sozialen Kontexten, einschließlich des Rechts. Mit ihrer Übernahme »vererben« sich zugleich Gerechtigkeitsvorstellungen – man denke an »audiatur et altera pars«. Gibt es Lerngeschichten auch bei den Menschenrechten – als Normgeschichte, nicht als faktische Erfolgsgeschichte? Dazu vier kurze Überlegungen:[38]

1. »Sed contra«: Es wird immer wieder Entgrenzung und Exklusion geben, einseitige Anmaßungen von Befugnissen und neue Diskriminierung. Zirkel, Eliten und »Clans« werden sich abgrenzen und andere ausschließen. Auch das Bedürfnis nach Gefolgschaft und Opfer scheint unausrottbar. Macht, auch institutionelle, und Reichtum, der durch Marktprozesse exponentiell anwachsen kann, werden stets erneut Vorrechte erzeugen. Für all das bietet das Zeitalter der Informationstechnik gesteigerte Möglichkeiten.

2. Es gibt aber gute Argumente und erfahrungsgestützte Hoffnungen, dass in der Rechtsgeschichte einiges Erlernte erhalten bleibt. Das gilt für Institute des Privatrechts, die auch in Systemen kollektiven Eigentums an Produktionsmitteln funktionsnotwendig sind (Verträge, Verantwortlichkeiten). Auch für die Humanisierung des Strafrechts ist davon auszugehen, wenn die Entwicklungsgeschichte der Emotionen nicht abreißt.[39] Dass die Regeln des Völkerrechts, auch wenn sie vielerorts wieder der Gewalt weichen, ganz »vergessen« werden, ist unwahrscheinlich. Das in Institutionen wie in Werkzeugen »sedimentierte« Gedächtnis ist auch gegen erzwungene Amnesie widerstandsfähig.

---

[38] Ausführlicher *Ludwig Siep*, Technisierung der Natur – Historisierung der Moral, Paderborn 2020, Kap. 4.2.

[39] Vgl. *Hunt*, Inventing Human Rights.

3. Emanzipations- und Inklusionsgeschichten ist eine Richtung eigen, die sowohl »normlogisch« wie im kulturellen Gedächtnis schwer umkehrbar ist: einmal erreichte Freiheiten werden immer wieder eingefordert,[40] entlarvte »Natürlichkeit« oder Sakralität von Hierarchien ist nicht mehr zu restituieren. Rechtssysteme, etwa das der subjektiven Rechte, haben ihre eigene, unumkehrbare Entwicklungslogik.[41] Bei den Umweltrechten kommen die natürliche Irreversibilität (»Kipppunkte«) und die bleibenden Motive der Selbsterhaltung hinzu.

4. Vieles ist faktisch denkbar, zumal im Zeitalter möglicher technischer Veränderung des Menschen. Aber Normgeschichten sind mit dem Wandel von Rechtfertigung verbunden. Für »Rechte« der Demütigung und Ausrottung von Menschen gibt es keine denkbare Rechtfertigung mehr. Den »Kern« der Menschenrechte zu verneinen, ist unvereinbar mit dem moralischen »Sprachspiel« des wohlwollend unparteiischen Beobachters – eine Art »Suizid der Moral«.

Nicht jeder Zug der Weiterentwicklung der Menschenrechte ist in diesem starken Sinne endgültig normativ gerechtfertigt. Die Frage nach einem Kern oder Sockel der Menschenrechte, der für die Zukunft unzerstörbar ist, wirft allerdings eine Reihe von Problemen auf, sowohl im Verfassungsrecht wie im Völkerrecht.[42] Der Versuch, nur den »Abwehrrechten« den Status eigentlicher Menschenrechte zuzugestehen, ist in der modernen Debatte nicht mehr konsensfähig. Die übrigen – etwa soziale oder ökologische – gehören selber zu ihren Voraussetzungen und können zunehmend eingeklagt werden.[43] Man kann dafür plädieren, dass alle Menschenrechte Abwehr-, Schutz- und Leistungsdimensionen enthalten.[44] Es ist von einem »Holismus« der wechselseitigen Abhängigkeit auszugehen[45] – aber mit einer Schwelle bei allen, die nicht unterschritten werden darf. Im Völkerrecht ist etwa von »notstandsfesten« Menschenrechten[46] die Rede

---

[40] Vgl. *Hegel,* Enzyklopädie (3. Auflage 1830, Gesammelte Werke, Band 30), § 482. Eine normative Irreversibilität setzt aber keinen notwendigen Fortschritt voraus.

[41] *Thomas Gutmann,* Claiming Respect. Historische Erfahrung und das Einfordern von Rechten, in: Genesis und Geltung, hrsgg. von Thomas Gutmann u. a., Tübingen 2018, S. 285–304 (S. 303 f.).

[42] Vgl. *Dreier,* Art. 1 I Rn. 26: »Vor allem aber muß zwischen Menschenwürdegehalt, Menschenrechtsgehalt und Wesensgehalt stets streng unterschieden werden«. Dem »Wesensgehalt« des Grundgesetzes korrespondiert aber wohl die »substance« der Menschenrechte bei völkerrechtlich zulässigen Einschränkungen. Vgl. *Bielefeldt,* Sources of Solidarity, S. 117, 122.

[43] Vgl. *Michael Krennerich,* Soziale Menschenrechte. Zwischen Recht und Politik, Schwalbach/Ts. 2013, vor allem S. 116–123. Skeptischer zum Einklagen sozialer Rechte *Moyn,* Not Enough, S. 200 ff.

[44] *Krennerich,* Soziale Menschenrechte, S. 109.

[45] Die Abhängigkeit gilt allerdings nicht für die Gültigkeit, sondern für die volle Verwirklichung der Grund- und Menschenrechte. Sonst könnte man nicht für Bewegungs- und Meinungsfreiheit oder gegen Geschlechterdiskriminierung eintreten, wenn soziale Rechte etwa der Tariffreiheit oder der Krankenversicherung noch nicht oder erst unzureichend gewährt werden.

[46] *Manfred Mohr,* Einmischung für die Menschenrechte contra staatliche Souveränität?, in:

oder von »minimum core obligations« durch die Menschenrechtspakte.[47] Auch für die Rechtfertigung des internationalen Schutzes einer Bevölkerung gegen ihre eigene Regierung muss ein solches Minimum umrissen werden.[48]

Bei diesen grundlegenden Rechten handelt es sich nicht nur um Individualrechte, wie körperliche Integrität, Gewissensfreiheit, Recht auf Rechte (Hannah Arendt)[49] oder »fair trial«. Es geht auch um Gruppenrechte, etwa um Minderheiten, deren Diskriminierung oder Vertreibung nicht mehr tolerierbar ist. Bei ethnischen und religiösen Minderheiten sind immer auch kulturelle Traditionen sowie religiöse Praktiken und Überzeugungen im Spiel. Das sind öffentliche bzw. »kommunale« Güter.[50] Sowohl zu körperlicher Integrität wie zu Lebensformen gehören auch Umweltbedingungen, die nur gemeinsam erwirkt, erhalten und »genossen« werden können.

Ein solcher Rechtsbestand, der nicht mehr aufzugeben ist, folgt nicht aus einer zeitlosen Anthropologie. Denn Selbstverständnis und Begriff des »Menschen« ändern sich, wie erörtert, in der Kulturgeschichte. Der Begriff ist selber Resultat einer Geschichte von Erfahrungen mit dem, was allen Gattungsmitgliedern zusteht für ihre Würde, ihr Wohlergehen und ihre Selbstachtung. Die Rechtfertigung durch ein »Werden zu sich« (Hegel) ist die Alternative zu naturrechtlichen und transzendentalphilosophischen Begründungen der Menschenrechte. Der Begriff des Menschen ist von seinen elementaren Rechten untrennbar geworden und enthält eine normative Grenze. Ein radikaler »Paradigmenwechsel« ist keine Frage der Phantasie: Die Folgen sind vielmehr längst mit kollektivem Entsetzen erfahren worden. In diesem Sinne kann die Geschichte der Menschenrechte als Lerngeschichte[51] verstanden werden: mit Normen qua Forderungen sowie ihrer

---

Heiner Bielefeldt/Volkmar Deile/Bernd Thomson (Hrsg.), Amnesty International. Menschenrechte vor der Jahrtausendwende, Frankfurt a. M. 1993, S. 88–100 (97).

[47] Vgl. *John Tasioulas*, Minimum Core Obligations: Human Rights in the Here and Now. World Bank, Washington D. C. 2017. Unterschieden wird zwischen »immediate compliance« beim Kern und »progressive realization« bei Pflichten, deren Erfüllung vom ökonomischen Entwicklungsstand abhängen (S. 13). Die ersteren gelten als verletzt, »if any significant number of individuals is deprived of essential foodstuffs, of essential primary health care, of basic shelter and housing, or of the most basic forms of education.« (S. 9) Zum »harten Kern« im Völkerrecht vgl. auch *Eckart Klein*, Schutz der Menschenrechte, in: Graf Vitzthum (Hrsg.), Völkerrecht, 3. Auflage Berlin 2004, 4. Abschn. Rn. 203.

[48] Trotz der gewachsenen Skepsis gegen »humanitäre Interventionen« ist eine solche Verantwortung im modernen Völkerrecht nicht grundsätzlich umstritten. Vgl. *Claus Kreß*, Zur Lage des völkerrechtlichen Gewaltverbots, in: Zeitschrift für Außen- und Sicherheitspolitik 12 (2019), S. 453–476, Abschnitt 3.3.

[49] Vgl. *Bielefeldt*, Sources of Solidarity. Allerdings ist in den modernen Migrations- und Asyldebatten gerade dieses Recht von seiner Verwirklichung weit entfernt (ebd. S. 53).

[50] Vgl. *Jeremy Waldron*, Can Communal Goods be Human Rights?, in: ders., Liberal Rights. Collected Papers 1981–1991, Cambridge u. a. 1993, S. 339–369.

[51] Von »Lerngeschichte« spricht Horst Dreier bezüglich des Verhältnisses von Religion und Staat (*Horst Dreier*, Staat ohne Gott, München 2018, S. 21). Das gilt wohl auch für die Entwicklung des modernen Rechtsstaates insgesamt.

möglichen Institutionalisierung, noch nicht der für ihre Erfüllung ausreichenden Bedingungen. Wenn der Menschheit noch Zeit bleibt für ein nachhaltiges Lernen der Selbstbegrenzung im Umgang mit der Natur, dann wird es auch dabei irreversible Momente geben, die sich aus dem Umschlag überzogener Dominanz[52] in Selbstbeschränkung ergeben.

Das »Modell« der menschenrechtlichen Selbstbeschränkung ist aber nicht einfach auf die Beschränkung der Naturbeherrschung zu übertragen. Nicht nur ist das Problem der globalen Kooperation einer Vielzahl selbständiger Akteure noch gravierender. Auch das der Trennung von rechtlicher Gleichheit und materieller Ungleichheit entsteht in neuer Schärfe. In der Entwicklung der Menschenrechte ist sie nur ansatzweise überwunden worden.[53] Jetzt aber müssen Nachteile von Naturveränderungen, und vermutlich auch elementare Mittel der Lebensfreude – des Konsums, der Fortbewegung, der Freizeitgestaltung etc. – eingeschränkt werden. Beides wird die Wohlhabenden, unter den Völkern wie den Individuen, erheblich weniger »kosten« als die weniger Begüterten. Normativ erzwungener Verzicht und Benachteiligung, die disproportional die Schwachen treffen, sind in einer Kultur der gleichen Rechte aller Menschen nicht zu rechtfertigen. Was die Menschenrechtsbewegung bisher nicht erreicht hat, wird die Selbstbeschränkung der menschlichen Naturnutzung leisten müssen: die Verzichte zu Lasten der »Bessergestellten« zu verteilen.

---

[52] Vgl. Hasso Hofmanns Diagnose des »Natur-Nihilismus der Moderne«: *Hasso Hofmann*, Natur und Naturschutz im Spiegel des Verfassungsrechts, in: ders., Verfassungsrechtliche Perspektiven, 1995, S. 410, 418f.

[53] Vgl. *Salomon/Scheinin*, Review of »Not enough«.

Grundsatz oder Grundrecht?

Die Menschenwürde in den Beratungen über die Allgemeine Erklärung der Menschenrechte und im Parlamentarischen Rat im Vergleich

*Christian Walter**

Wer nach einem Beweis dafür sucht, dass Kommentare eigene wissenschaftliche Akzente setzen können, wird in den Kommentierungen im »Dreier« an vielen Stellen fündig, ganz besonders aber bei der Menschenwürdegarantie des Art. 1 Abs. 1 GG. Die Abschnitte zur Ideengeschichte[1] oder auch zur Bedeutung der Menschenwürde in der bioethischen Debatte[2] spiegeln wichtige Ausschnitte aus dem wissenschaftlichen Werk von Horst Dreier wider.[3] Der nachfolgende Beitrag nimmt die Entstehungsgeschichte der Menschenwürdegarantie in der Allgemeinen Erklärung der Menschenrechte (AEMR) zum Ausgangspunkt für historisch-vergleichende Überlegungen mit Diskussionen zu Art. 1 Abs. 1 GG. Zum besseren Verständnis des Hintergrunds wird zunächst grob der Ablauf der Beratungen über die AEMR skizziert (I.). Anschließend erfolgt eine knappe Darstellung der Aufnahme der Menschenwürde in Art. 1 AEMR (II.), bevor vor diesem Hintergrund zwei Grundfragen der Menschenwürdegarantie im Vergleich näher betrachtet werden, ihre Fundierung im Überpositiven (III.) und ihre konkrete normative Bedeutung (IV.). In Bezug auf beide Komplexe zeigen sich deutliche Parallelen in den Diskussionen in den Vereinten Nationen und im Parlamentarischen Rat.

---

* Der Autor dankt Herrn *Broder Ernst* für wertvolle Unterstützung bei der Vorbereitung des Beitrags.

[1] *Horst Dreier*, in: ders. (Hrsg.), Grundgesetz-Kommentar, Band I, 3. Auflage Tübingen 2013, Art. 1 I Rn. 1ff.

[2] *Dreier*, Art. 1 I Rn. 79ff.

[3] Als Beispiele seien genannt: *Horst Dreier*, Bioethik – Politik und Verfassung, 2013; *ders.*, Lebensschutz und Menschenwürde in der bioethischen Diskussion, in: ders./Wolfgang Huber (Hrsg.), Bioethik und Menschenwürde, Münster 2002, S. 9ff.; *ders.*, Idee und Gestalt des freiheitlichen Verfassungsstaates, Tübingen 2014, S. 3ff.; *ders.*, Kanonistik und Konfessionalisierung – Marksteine auf dem Weg zum Staat, in: JZ 2002, S. 1ff.; *ders.*, Naturrecht und Rechtspositivismus. Pauschalurteile, Vorurteile, Fehlurteile, in: Wilfried Härle/Bernhard Vogel (Hrsg.), »Vom Rechte, das mit uns geboren ist«. Aktuelle Probleme des Naturrechts, Freiburg/Basel/Wien 2007, S. 127ff.

I. Der Ablauf der Beratungen über die AEMR

Der enge Bezug der AEMR zu den Gräueln des Zweiten Weltkriegs und des Holocaust ist offensichtlich. Schon bei den Beratungen über die UN-Charta war klar, dass es einen internationalen Menschenrechtskatalog geben sollte. So legten etwa Panama und Kuba direkt eigene Entwürfe vor.[4] Nicht zuletzt auf Drängen der Sowjetunion und des Vereinigten Königreichs beschloss man aber, die Beratungen über einen Katalog von Menschenrechten auf die Zeit nach dem Inkrafttreten der UN-Charta zu verschieben.[5] Die UN-Charta erwähnt folgerichtig die Menschenrechte in allgemeiner Form in der Präambel, bei den Zuständigkeiten der Generalversammlung (Art. 13 Abs. 1 UN-Charta) und vor allem bei der Rolle des Wirtschafts- und Sozialrats (Art. 62 Abs. 2 UN-Charta) und der von ihm einzusetzenden UN-Menschenrechtskommission (Art. 68 UN-Charta) sowie allgemein bei den Zielen der Wirtschafts- und Sozialpolitik (Art. 55 lit c) UN-Charta). Einen eigenständigen Katalog von Menschenrechten enthält sie aber nicht.

Der Wirtschafts- und Sozialrat kam der Aufgabe, die UN-Menschenrechtskommission einzusetzen, zügig nach und beschloss bereits am 16. Februar 1946 ihre Errichtung.[6] Zunächst kam ein Vorbereitungskomitee, bestehend aus neun Gründungsmitgliedern, vom 29. April bis 20. Mai 1946 zusammen. Das Gründungskomitee empfahl unter anderem, möglichst rasch mit der Arbeit an einem Menschenrechtskatalog zu beginnen und für die endgültige Zusammensetzung der Menschenrechtskommission anstelle von weisungsgebundenen Staatenvertretern unabhängige Experten zu wählen.[7] Während sich die Forderung nach Unabhängigkeit der Mitglieder nicht durchsetzen konnte, wurde der Arbeit an einem Menschenrechtskatalog auch vom Wirtschafts- und Sozialrat hohe Priorität eingeräumt. Außerdem erteilte er der Menschenrechtskommission ein sehr allgemein formuliertes Mandat zur Beschäftigung mit Menschenrechtsfragen.[8] Die schließlich aus 18 Mitgliedern bestehende UN-Menschenrechtskommission kam vom 27. Januar bis 10. Februar 1947 zu ihrer ersten Sitzung zusammen.

[4] Siehe zum Vorschlag Panamas United Nations Conference on International Organization, Documents, Band 3, UN Doc. 2 G/7 (g) (2), 5. Mai 1945, S. 265 (266ff.) und zum Vorschlag Kubas United Nations Conference on International Organization, Documents, vol. 3, UN Doc. 2 G/14 (g), 2. Mai 1945, S. 493 (500ff.).

[5] United Nations Conference on International Organization, Documents, Band 6, UN Doc. 944 I/1/34 (1), 13. Juni 1945, S. 446 (456).; allgemein hierzu *Bardo Fassbender*, Menschenrechteerklärung – Neuübersetzung, Synopse, Erläuterung, Materialien, München 2009, S. 7; *Daniel-Erasmus Khan*, Preamble, Rn. 18, in: Simma u.a. (Hrsg.),The Charter of the United Nations, 4. Auflage Oxford 2024 (im Erscheinen).

[6] UN Doc. E/27 vom 22. Februar 1946.

[7] UN Doc. E/38 vom 17. Mai 1946, S. 8ff.

[8] UN Doc. E/RES/9(II) vom 21. Juni 1946; näher *Philip Alston*, The United Nations and Human Rights: A Critical Appraisal, Oxford 1992, S. 127f.

Auf dieser ersten Sitzung wurde *Eleanor Roosevelt*, die von den USA benannt worden war, zur Vorsitzenden gewählt.

Die Menschenrechtskommission behandelte die AEMR in insgesamt drei Sitzungen (27.1.–10.2.1947; 2.12.–10.12.1947 und 24.5.–18.6.1948). In ihrer ersten Sitzung beschloss sie zunächst, die Erarbeitung eines Entwurfs in die Hände einer sehr kleinen Gruppe (Vorsitzende, stellvertretender Vorsitzender, Berichterstatter und Unterstützung durch das Sekretariat) zu legen.[9] Nachdem sich im Wirtschafts- und Sozialausschuss sehr rasch Widerstand gegen diese Entscheidung regte, wurde die Gruppe zu einem achtköpfigen Drafting Committee erweitert.[10] Dieses arbeitete in seiner ersten (9.6.–25.6.1947, also zwischen erster und zweiter Sitzung der Menschenrechtskommission) und seiner zweiten Sitzung (3.5.–21.5.1948, also zwischen zweiter und dritter Sitzung der Menschenrechtskommission) an den jeweiligen Entwürfen zur AEMR.[11] Die Menschenrechtskommission selbst behandelte die Entwürfe in ihrer zweiten und ihrer dritten Sitzung im Dezember 1947 und im Frühsommer 1948. Der Wirtschafts- und Sozialrat beriet hierüber in seinen sich jeweils anschließenden Sitzungen im Frühjahr 1948 und im Sommer 1948. Abschließend fand eine Behandlung in der Generalversammlung statt. Dort wurde der Entwurf zuerst zwischen dem 30.9. 1948 und dem 7.12.1948 erörtert. Das Plenum der Generalversammlung beriet am 9.12. und am 10.12.1948, dem Tag, an dem die Erklärung schließlich mit 48 Ja-Stimmen und acht Enthaltungen angenommen wurde.[12]

II. Die Aufnahme der Menschenwürde in Art. 1 AEMR

Der erste Entwurf vom 4.6.1947,[13] den der kanadische Jurist *John P. Humphrey* für die ursprüngliche Dreiergruppe vorbereitete,[14] enthielt zwar in der Vorschrift zum Verbot der Sklaverei und von Zwangsarbeit (Art. 8) einen expliziten Bezug zur Menschenwürde. Art. 1 dieses Entwurfs war aber noch ausschließlich menschlichen Grundpflichten gewidmet.[15] Für die nicht ausformulierte, sondern

---

[9] Economic and Social Council, Official Records, Second Year: Fourth Session; Supplement No. 3, Report of the Commission on Human Rights, S. 2.

[10] Es bestand nun aus: William Hodgson (Australien), Hernán Santa Cruz (Chile), Peng-chun Chang (China), René Cassin (Frankreich), Charles Habib Malik (Libanon), Alexander E. Bogomolov (Sowjetunion), Charles Dukes (Lord Dukeston, Vereinigtes Königreich), Eleanor Roosevelt (USA); außerdem stand dem Komitee John P. Humphrey als Mitglied des Sekretariats der Vereinten Nationen zur Verfügung.

[11] UN Doc. E/CN.4/SR.12, 5; UN Doc. E/CN.4/AC.1/2, S. 5.

[12] General Assembly Official Records, Third Session, Part 1; 1948, Plenary Meetings of the General Assembly, Summary Records of Meetings, S. 933.

[13] UN Doc. E/CN.4/AC.1/3 vom 4. Juni 1947.

[14] Vgl. oben Fn. 8 und zugehörigen Text.

[15] »Everyone owes a duty of loyalty to his State and to the (international society) United Nations. He must accept his just share of responsibility for the performance of such social duties

nur in Stichpunkten angedeutete Präambel findet sich der Hinweis, dort solle deutlich gemacht werden, »that there can be no human freedom or dignity unless war and the threat of war is abolished.«

Nach der Erweiterung des Redaktionskomitees auf acht Mitglieder (plus erneut *John P. Humphrey* für das Sekretariat) hielt man es für zweckmäßig, zunächst einen Entwurf durch eine kleine Redaktionsgruppe[16] erstellen zu lassen, sodass dieser letztlich doch von einem sehr kleinen Kreis vorbereitet wurde. Auf der Basis dieses Entwurfs sollte dann beraten werden.[17] In diesem Entwurf vom 16.6.1947 findet sich dann erstmals ein Art. 1 mit Bezug zur Menschenwürde: »All men are brothers. Being endowed with reason, members of one family, they are free and possess equal dignity and rights.«[18]

Die weitere Diskussion über die Menschenwürde konzentrierte sich stark auf Art. 1 AEMR. Andere Teile der AEMR mit Bezügen zur Menschenwürde (Präambel sowie Art. 22 und Art. 23 zur sozialen Sicherheit) wurden erst relativ spät ergänzt und gaben keinen Anlass mehr zu grundsätzlichen Diskussionen.[19] In den Debatten über Art. 1 AEMR und verschiedenen Änderungsvorschlägen, die im Laufe der Beratungen eingebracht und diskutiert wurden, werden unterschiedliche Grundpositionen zur Menschenwürde sichtbar, welche die Debatte um die Menschenwürde auch in Deutschland bis heute prägen. Diese werden nachfolgend im Vergleich betrachtet.

III. Überpositive Herleitung der Menschenwürde

Die Mitglieder der Menschenrechtskommission standen in gleicher Weise wie diejenigen des Parlamentarischen Rats vor der Frage, ob sie eine Begründung

and his share of such common sacrifices as may contribute to the common good.«

[16] Bestehend aus den Vertretern Frankreichs (René Cassin), des Libanon (Charles Malik), des Vereinigten Königreichs (Geoffrey Wilson) und der amerikanischen Vorsitzenden (Eleanor Roosevelt).

[17] Für diese Vorarbeiten wiederum war der von Humphrey vorbereitete Entwurf des Sekretariats der UN (oben Fn. 5) zentral. Zur besonderen Rolle von John P. Humphrey (1905–1995), der als erster Direktor der neu geschaffenen Menschenrechtsabteilung im Sekretariat der Vereinten Nationen von Anfang an in die Arbeiten einbezogen war, näher *Johannes Morsink*, The Universal Declaration of Human Rights. Origins, Drafting, and Intent, Pennsylvania 1999, S. 5ff.; der daraus resultierende Streit um die Urheberschaft für den ersten Entwurf (vgl. dazu *A.J. Hobbis*, René Cassin and the Daughter of Time: The First Draft of the Universal Declaration of Human Rights, Fontanus II [1989], S. 7ff.) spielt für die Menschenwürde keine zentrale Rolle, da diese in dem von *Humphrey* verfassten Text nicht enthalten war, ebd., S. 13.

[18] E/CN.4/AC.1/W.1 vom 16. Juni 1947.

[19] Eine gewisse Ausnahme bildet ein Versuch der Niederlande, in der Präambel einen Gottesbezug der Menschenwürde herzustellen (UN Doc. A/C.3/219), der zwar zu einer längeren Diskussion führte, aber keine zusätzlichen Argumente gegenüber denjenigen brachte, die auch im Kontext von Art. 1 AEMR und dortigen Versuchen, einen Gottesbezug aufzunehmen, diskutiert wurden.

für den Menschenwürdesatz geben oder zumindest andeuten sollen. In beiden Gremien war eine solche Herleitung umstritten. In beiden Gremien entschied man sich mit guten Gründen dagegen. Dabei hatte die Debatte in der Menschenrechtskommission einen nicht unerheblichen Einfluss auf die Beratungen im Parlamentarischen Rat und indirekt auf die dreigliedrige Struktur von Art. 1 GG.

1. Die Diskussion im Parlamentarischen Rat

Der Parlamentarische Rat führte im Rahmen der Debatten um Art. 1 GG eine intensive Diskussion um Rolle und Bedeutung des Naturrechts. Der vom Abgeordneten *Ludwig Bergsträsser* (SPD) unterbreitete erste Formulierungsvorschlag für Art. 1 Abs. 1 lautete: »Die Würde des Menschen ruht auf ewigen, einem Jeden von Natur aus eigenen Rechten.«[20] Der naturrechtliche Bezug dieser Formulierung ist offensichtlich. *Theodor Heuss* (FDP) unterbreitete einen Gegenvorschlag (»Die Würde des Menschen steht im Schutze der staatlichen Ordnung«[21]), für den unterschiedliche Motive ausschlaggebend waren. Eines davon waren Bedenken gegen eine naturrechtliche Herleitung der Menschenwürde: »Der erste Satz muß sozusagen das Ganze decken. Ich habe da vor mir selber ein Gefühl der Unsicherheit. Ich möchte bei der Formung des ersten Absatzes von der Menschenwürde ausgehen, die der Eine theologisch, der Andere philosophisch, der Dritte ethisch auffassen kann.«[22] Am anderen Ende des Spektrums unterschiedlicher Positionen standen Vorschläge, einen Gottesbezug der Menschenwürde herzustellen. So betonte der Abgeordnete Dr. *Süsterhenn* (CDU) am 20. Oktober 1948 im Plenum die Notwendigkeit einer »metaphysischen Verankerung« und schlug dafür die Formulierung »Die Würde des Menschen ist begründet in ewigen, von Gott gegebenen Rechten.«[23] vor. Ähnlich hatte der Abgeordnete Dr. *Seebohm* (DP) bereits im Hauptausschuss eine Einordnung der Freiheits- und Menschenrechte als »von Gott gegeben« gefordert, war damit aber knapp mit 11:10 in der Abstimmung gescheitert.[24] Am Ende überwog die Zurückhaltung gegenüber einer naturrechtlichen Begründung der Menschenwürde.[25]

Blickt man auf die Debatte, so wird deutlich, dass zwar ganz überwiegend eine irgendwie geartete vorstaatliche Verankerung der Menschenwürde oder auch der Grundrechte insgesamt für notwendig gehalten wurde. Aber diese vorstaat-

---

[20] Der Parlamentarische Rat 1948–1949, Akten und Protokolle, Band 5/I, S. 62 mit Fn. 3.

[21] Der Parlamentarische Rat 1948–1949, Akten und Protokolle, Band 5/I, S. 67.

[22] Der Parlamentarische Rat 1948–1949, Akten und Protokolle, Band 5/I, S. 67; ähnlich auch die Abg. Dr. *Weber* (CDU), ebd., S. 69.

[23] Der Parlamentarische Rat 1948–1949, Akten und Protokolle, Band 9, S. 185.

[24] Der Parlamentarische Rat 1948–1949, Akten und Protokolle, Band 14/II, S. 1292.

[25] Vgl. dazu auch die Wortmeldung von *Carlo Schmid* zu einem recht frühen Zeitpunkt der Debatte, in: Der Parlamentarische Rat 1948–1949, Akten und Protokolle, Band 5, S. 64f.

liche Verankerung konnte und sollte nicht näher konkretisiert werden.[26] Der Parlamentarische Rat nutzte hier eine Ausweichmöglichkeit, die sich aufgrund der von Anfang an vorhandenen dreigliedrigen Struktur von Art. 1 bot. Er konzipierte Art. 1 Abs. 2 GG als einen Brückenschlag ins überpositive Recht, indem er dort mit dem Bekenntnis zu »unverletztlichen und unveräußerlichen Menschenrechten, der Grundlage jeder menschlichen Gemeinschaft, des Friedens und der Gerechtigkeit in der Welt« die Menschenrechtsidee jenseits des mit der Verfassungsgebung geschaffenen positiven Rechts verortete.[27] Dabei orientierte sich der Parlamentarische Rat eng an der von der Menschenrechtskommission in der Präambel zur Allgemeinen Erklärung der Menschenrechte gefundenen Formulierung.[28]

Dass mit dieser Anlehnung an die Formulierung der UN-Menschenrechtskommission gerade auch eine Verankerung im überpositiven Recht erreicht werden sollte, wird in einer Äußerung von *Hermann von Mangoldt* (CDU) deutlich. Hintergrund war eine Kritik *Richard Thomas* an der zu diesem Zeitpunkt vorliegenden Formulierung »Die Würde des Menschen ruht auf ewigen, einem Jeden von Natur aus eigenen Rechten«. *Thomas* Kritik zielte auf die Richtung der Verknüpfung. Es sei nicht richtig, dass die Würde auf den Menschenrechten gründe, sondern die Menschenrechte folgten vielmehr umgekehrt aus der Würde.[29] *Von Mangoldt* nahm dies zum Anlass, die Wendung von den »ewigen Rechten« in Zweifel zu ziehen: »Die Würde des Menschen ist nicht allein in diesen ewigen Rechten begründet. Das kann man so nicht sagen. Sie sind eine der Grundlagen dafür. In dieser Absolutheit sagt der Satz zuviel.«[30] Als Alternative zur Streichung griff er dann auf die von der Menschenrechtskommission verwendete Formulierung zurück, und zwar mit dem Hinweis, dass man sich dort besonders gründlich Gedanken gemacht habe.[31] Daraus ergab sich die schließlich angenommene Fassung von Art. 1 GG, bei der Absatz 1 in seiner apodiktischen Formulierung auf jedwede Begründung, Herleitung oder Verankerung im über-

---

[26] So auch die Analyse bei *Matthias Hong*, Der Menschenwürdegehalt der Grundrechte, S. 227 f.

[27] *Christian Walter*, in: Wolfgang Kahl/Christian Waldhoff/Christian Walter (Hrsg.), Bonner Kommentar zum Grundgesetz, Art. 1 Abs. 2 Rn. 36 f.

[28] Diese lautet: »Da die Anerkennung der angeborenen Würde und der gleichen und unveräußerlichen Rechte aller Mitglieder der Gemeinschaft der Menschen die Grundlage von Freiheit, Gerechtigkeit und Frieden in der Welt bildet [...]«.

[29] Die Kritik von *Richard Thoma* ist abgedruckt in: Der Parlamentarische Rat 1948–1949, Akten und Protokolle, Band 5/I, S. 361 ff.

[30] Der Parlamentarische Rat 1948–1949, Akten und Protokolle, Band 5/II, S. 593.

[31] Der Parlamentarische Rat 1948–1949, Akten und Protokolle, Band 5/II, S. 593: »Ich bin der Auffassung, man sollte diese Sätze nicht herauslassen. Man braucht sie auch nicht herauszulassen. Wir finden sie auch in jener Erklärung der Menschenrechte, die von der umfassendsten internationalen Körperschaft ausgearbeitet worden ist, allerdings in monatelanger Arbeit. Dort schreibt man solche Dinge nicht in zwei oder drei Wochen hin, da sind monatelange Überlegungen am Werk gewesen. Aber wenn die das können, müßten wir es eigentlich auch können.«

positiven Recht verzichtet, Absatz 2 dagegen eine solche Funktion zumindest teilweise übernimmt, indem er die von der Menschenrechtskommission geprägte Formulierung der Präambel zur AEMR aufgreift, um die Grundrechte so in einen überpositiven Begründungszusammenhang zu stellen.[32]

2. Die Diskussion in Menschenrechtskommission und Generalversammlung

Diese Verknüpfung der Debatten gibt Anlass, nun die Diskussionen in den Gremien der UNO etwas genauer zu betrachten. Die von *von Mangoldt* angesprochene intensive Diskussion fand zwar weniger über den vom Parlamentarischen Rat in Bezug genommenen Präambelabsatz statt, sondern vor allem im Hinblick auf Art. 1 AEMR. Da diese Diskussionen aber den späteren Präambelberatungen zeitlich vorausgingen und zudem besonders intensiv waren, lassen sie sich gleichwohl heranziehen, um die Haltungen und Hintergründe zur Aufnahme der Menschenwürde in die AEMR insgesamt zu beleuchten. Dabei zeigen sich interessante Parallelen gerade auch im Verlauf der Diskussion.

Wie bei Art. 1 GG legte auch der erste intensiver beratene Entwurf für Art. 1 AEMR mit der Bezugnahme auf die Vernunft (»reason«) eine bestimmte philosophische und ideengeschichtliche Fundierung der Menschenwürde nahe.[33] Diese Fundierung wurde in den Beratungen des Plenums der Menschenrechtskommission in deren zweiter Sitzung zur Allgemeinen Erklärung der Menschenrechte noch verstärkt. Zwar wurde der Text in erster Linie sprachlich verändert, eine zusätzliche inhaltliche Akzentuierung erfolgte aber durch einen neu hinzugenommenen ausdrücklichen Verweis auf die Natur: »All men are born free and equal in dignity and rights. They are endowed *by nature* with reason and conscience, and should act towards one another like brothers.«[34] Nachdem ein Vorschlag des chinesischen Vertreters *Peng-chun Chang*, die entsprechende Passage zu streichen,[35] in der Menschenrechtskommission knapp gescheitert war,[36] kam es im Dritten Ausschuss der Generalversammlung zu einer ausführlicheren Debatte über die naturrechtliche Ableitung der Menschenwürde. Diese Debatte wurde durch den Umstand verstärkt, dass Brasilien eine religiöse Rückbindung vorgeschlagen hatte.[37]

[32] *Ernst-Wolfgang Böckenförde*, Grundrechte als Grundsatznormen, in: Der Staat 29 (1990), S. 1 (2): »Damit sind die Grundrechte meta-positiv verankert, in einen bestimmten Begründungszusammenhang hineingestellt.«

[33] Siehe den Text bei Fn. 8.

[34] Commission on Human Rights (Hrsg.), Report to the Economic and Social Council on the 2nd Session of the Commission, held at Geneva, from 2 to 17 December 1947: 01/01/1948, UN Doc. E/600/SUPP, S. 15 (Hervorhebung vom Verfasser).

[35] 50. Sitzung der Menschenrechtskommission am 27. Mai 1948, UN Doc. CN.4/SR.50, S. 11.

[36] UN Doc. CN.4/SR.50, S. 15.

[37] »Created in the image and likeness of God, they are endowed with reason and conscience,

Hierzu ergriff der belgische Vertreter die Initiative und argumentierte, dass der Zusatz »by nature« gestrichen werde solle: »Those words might be ambiguous and lead to long, philosophical arguments, and certain proposed amendments to them, such as the Brazil proposal [...] to state that all human beings were ›created in the image and likeness of God‹, were of a particularly delicate character.«[38] Diese Position wurde nachdrücklich und ausführlich vom Vertreter Chinas, dem immer wieder mit europäischer und chinesischer Philosophie und unterschiedlichen kulturellen Traditionen argumentierenden Diplomaten Peng-chun Chang, unterstützt.[39] Die Worte »by nature« sollten gestrichen werden, denn dadurch würden theologische Fragen vermieden, die von einer auf universelle Geltung gerichteten Erklärung nicht aufgeworfen werden dürften. Das Protokoll fasst seine weitere Äußerung wie folgt zusammen:

»The Chinese representative recalled that the population of his country comprised a large segment of humanity. That population had ideals and traditions different from those of the Christian West. Those ideals included good manners, decorum, propriety and consideration for others. Yet, although Chinese culture attached the greatest importance to manners as a part of ethic, the Chinese representative would refrain from proposing that mention of them should be made in the declaration. He hoped that his colleagues would show equal consideration and withdraw some of the amendments to article 1 which raised metaphysical problems. For Western civilization, too, the time for religious intolerance was over.«[40]

Es kam im Anschluss zu einer längeren Debatte, in der Brasilien seinen Vorschlag nochmals verteidigte[41] und dabei vor allem aus Südamerika durchaus auch Unterstützung fand.[42] Wenig überraschend gab es klaren und deutlichen Widerspruch von Seiten der Sowjetunion.[43] Am Ende war es *Peng-chun Chang*, der den Weg zur Lösung bereitete:

»Mr. CHANG (China) thought that the basic text of article 1, with the amendments proposed by the Belgian [...] and Lebanese [...] representatives, would be acceptable to the Committee if it were understood on the basis of eighteenth century philosophy. [...]

He thought the Committee should [...] agree to delete the words ›by nature‹, as proposed by the Belgian delegation. If the words ›by nature‹ were deleted, those who believed

---

and should act towards one another in a spirit of brotherhood.«, UN Doc. A/C.3/215 vom 2. Oktober 1948.

[38] General Assembly Official Records, Third Session, Part 1; 1948, 3rd Committee, Summary Records of Meetings, S. 96.

[39] Siehe zur Rolle Changs im Rahmen der Allgemeinen Erklärung der Menschenrechte auch *Hans Ingvar Roth*, P.C. Chang and the Universal Declaration of Human Rights, Philadelphia 2018, S. 115ff.; sowie *Mary Ann Glendon*, A World Made New. Elleanor Roosevelt and the Universal Declaration of Human Rights, New York 2001, S. 147f.

[40] *Glendon*, A World, S. 98.

[41] *Glendon*, A World, S. 91.

[42] *Glendon*, A World, S. 109 (Argentinien), S. 112 (Kolumbien) und S. 113 (Bolivien).

[43] *Glendon*, A World, S. 111.

in God could still find in the strong opening assertion of the article the idea of God, and at the same time others with different concepts would be able to accept the text.

Mr. Chang hoped that in the light of his explanation the Brazilian delegation would be willing to withdraw its amendment […] and spare the members of the Committee the task of deciding by vote on a principle which was in fact beyond the capacity of human judgment.«[44]

Der Dritte Ausschuss folgte diesem Vorschlag: Brasilien nahm seinen Änderungsantrag zurück[45] und die Formulierung »by nature« wurde gestrichen.[46]

Eine vergleichbare Diskussion wiederholte sich dann bei der Formulierung der Präambel. Der Vorschlag der Menschenrechtskommission enthielt bereits den heutigen Wortlaut: »Whereas recognition of the inherent dignity and of the equal and inalienable rights of all members of the human family is the foundation of freedom, justice and peace in the world«.[47] Hierzu brachten die Niederlande einen Änderungsvorschlag ein, nach dem hinter »human family« die Worte »based on man's divine origin and immortal destiny« eingefügt werden sollten.[48] Auch hier kam es zu einer längeren Debatte, an deren Ende der Antrag genauso zurückgezogen wurde, wie zuvor derjenige Brasiliens zu Art. 1.[49] Man kann also festhalten, dass am Ende bewusst eine Formulierung gewählt wurde, die sich gerade nicht in eine bestimmte ideengeschichtliche Tradition stellt.[50]

3. Vergleichende Beobachtungen

Was lässt sich in der Zusammenschau aus den Debatten im Parlamentarischen Rat und den Gremien der UNO vergleichend ableiten? Auffällig ist zunächst die Übereinstimmung in der Grundentscheidung, keine Rückbindung entweder der Menschenwürde im Besonderen oder der Grundrechte im Allgemeinen an eine bestimmte ideengeschichtliche Tradition vorzunehmen. Das ist vor allem deswe-

---

[44] *Glendon*, A World, S. 113f.

[45] *Glendon*, A World, S. 117.

[46] *Glendon*, A World, S. 125; siehe zum Ganzen *Johannes Morsink*, The Universal Declaration of Human Rights for a New Generation, Pennsylvania 2022, S. 24f.; *ders.*, Universal Declaration, S. 281ff.

[47] Report of the 3rd Session of the Commission on Human Rights, Lake Success, 24 May to 18 June 1948: 28/06/1948, UN Doc. E/800, S. 10.

[48] UN Doc. A/C.3/219; dazu die Erläuterungen des niederländischen Vertreters, General Assembly Official Records, Third Session, Part 1; 1948, 3rd Committee, Summary Records of Meetings, S. 755f.

[49] UN Doc. A/C.3/219, Erläuterungen, General Assembly Official Records, Third Session, Part 1; 1948, 3rd Committee, Summary Records of Meetings, S. 777.

[50] So auch ausdrücklich die Erinnerungen von *Eleanor Roosevelt*, Writing the Universal Declararation of Human Rights: Some Recollections, in: Fassbender (Hrsg.), Menschenrechteerklärung, S. 31ff. (33); siehe auch *Klaus Dicke*, Die der Person innewohnende Würde und die Frage der Universalität der Menschenwürde, in: Heiner Bielefeld u.a. (Hrsg.), Würde und Recht des Menschen. Festschrift für Johannes Schwärtländer zum 70. Geburtstag, Würzburg 1992, S. 161 (170f.).

gen bemerkenswert, weil es keineswegs so war, dass diese Entscheidung in dem rechtskulturell sehr unterschiedlich geprägten Kosmos der Vereinten Nationen eindeutiger oder offensichtlicher gefallen wäre als im Parlamentarischen Rat. Vielmehr bedurfte es hier wie dort längerer und auch kontroverser Diskussionen.

Bemerkenswert ist weiter, dass die Mitglieder der Menschenrechtskommission und des Dritten Ausschusses der Generalversammlung ohne nähere Diskussion bereit waren, auf eine überpositive Verankerung zu verzichten. Einziger Anhaltspunkt ist das Adjektiv »inherent«, mit dem die Würde qualifiziert wird. Hieran entzündete sich aber kein Streit. Auch sonst wird nirgends explizit gemacht, dass die Wendung ins Überpositive verweisen soll. Es scheint, als sei für die UNO die überpositive Rückbindung selbstverständlicher gewesen, jedenfalls gab es kein besonderes Bedürfnis, eine solche Rückbindung in irgendeiner Weise explizit zu machen. Die *Heuss*'sche Charakterisierung der Menschenwürde als »nicht interpretierte These« kommt dieser Haltung ziemlich nahe. Umgekehrt erscheint damit die Lesart der Präambel zur AEMR durch *Hermann von Mangoldt* ein Stück weit als Überinterpretation. Der Verweis ins Überpositive, nach dem er suchte, findet sich dort allenfalls indirekt.

Schließlich verdient im Kontext der ideengeschichtlichen Verankerung von Menschenwürde und Menschenrechten die Rolle des chinesischen Vertreters *Peng-chun Chang* besondere Hervorhebung. Offenbar war seine breite philosophische Bildung gerade auch in der europäischen Ideengeschichte ein maßgeblicher Faktor dafür, dass er eine wichtige Vermittlerrolle in den Debatten um eine naturrechtliche oder gar religiöse Fundierung spielen konnte. Das macht ihn wohl noch nicht zum »chief drafter of the declaration«,[51] aber seine Person und sein Einfluss (gerade auch im Vergleich mit *Eleanor Roosevelt*, *René Cassin* und *Charles Malik*) haben in den vergangenen Jahren zu Recht zunehmend Aufmerksamkeit erfahren.[52]

IV. Normative Bedeutung der Menschenwürdegarantie

Auch für die normative Bedeutung der Menschenwürdegarantie lassen sich interessante Parallelen zwischen dem Grundgesetz und der AEMR ausmachen. Während an der Einordnung von Art. 1 Abs. 1 GG als Rechtssatz keine Zweifel bestehen, ist für das Grundgesetz die Frage der Qualifikation als subjektives Recht und Grundrecht umstritten geblieben. Das Bundesverfassungsgericht geht ganz selbstverständlich von einer Einordnung als Grundrecht aus und widmet

[51] So die sehr euphorische und idealisierende Charakterisierung bei *Sun Pinghua*, Pengchun Chang's Contributions to the Drafting of the UDHR, in: J Civil Legal Sci 5 (2016), Issue 5, S. 1.

[52] Siehe etwa *Glendon*, A World, S. XX und S. 147f.; sowie namentlich *Roth*, P.C. Chang, S. 115ff.

der Frage in seinen Entscheidungen keine besondere Aufmerksamkeit.[53] In der Literatur gibt es dagegen eine beachtliche Gegenmeinung, zu der so unterschiedliche Autoren wie *Josef Isensee*,[54] *Winfried Brugger*[55] und eben auch *Horst Dreier*[56] gehören.[57] In der neueren Literatur hat sich namentlich *Matthias Hong* mit der Entstehungsgeschichte auseinandergesetzt und zieht sie als zusätzliches Argument für eine Qualifikation von Art. 1 Abs. 1 GG als Grundrecht heran.[58] Diese Positionen geben den Anlass für die nachfolgende vergleichende Betrachtung der Positionen in Menschenrechtskommission und Generalversammlung einerseits und im Parlamentarischen Rat andererseits.

1. Die Diskussion in Menschenrechtskommission und Generalversammlung

In der Menschenrechtskommission selbst wie auch im Drafting Committee gab es keine intensivere Auseinandersetzung um die normative Bedeutung von Art. 1 AEMR. Man war offenbar der Meinung, ein Menschenrecht zu formulieren, das sich jedenfalls nicht prinzipiell von den danach kodifizierten Garantien unterschied. Strittig war die im voranstehenden Abschnitt behandelte ideengeschichtliche Verankerung. Es finden sich aber keine Auseinandersetzungen über die (Menschen-)Rechtsqualität von Art. 1 AEMR. Das mag auch daran liegen, dass eine Diskussion über die Präambel erst zu einem sehr späten Zeitpunkt einsetzte. Zwar enthielten sowohl der erste Entwurf vom 4.6.1947[59] als auch der Entwurf des Drafting Committee vom 16.6.1947[60] unterschiedlich umfangreiche Vorschläge für eine Präambel. Auch gab es in beiden Versionen jeweils Bezüge zur Menschenwürde. In den späteren Beratungen klammerte man dann allerdings über längere Zeit die Präambel aus. Erst in der dritten Sitzung der Menschenrechtskommission – und damit relativ spät – wurde wieder über die Präambel gesprochen.[61] Zu Beginn dieser Sitzung warf die Vorsitzende die Frage auf, ob zunächst über die Präambel oder über die einzelnen Artikel des Entwurfs in ihrer numerischen Reihenfolge gesprochen werden sollte. Man entschied sich für eine Diskussion der Artikel, aber ohne die Frage der Präambel damit komplett ans

---

[53] Schon im ersten Band heißt es: »Die Bemessung der Renten verstößt weder gegen das Grundrecht des Art. 1 noch gegen die Grundrechte der Art. 2 und 6 GG.« (BVerfGE 1, 96 [106]); aus neuerer Zeit auch ausdrücklich: BVerfGE 125, 175 (222); ebenfalls in Leitsatz 2.

[54] *Josef Isensee*, in: Detlef Merten/Hans-Jürgen Papier (Hrsg.), HGR IV, § 87, Rn. 106 f.

[55] *Winfried Brugger*, Menschenwürde, Menschenrechte, Grundrechte, Baden-Baden 1997, S. 17 ff.

[56] *Dreier*, Art. 1 I Rn. 124 ff.

[57] Als weiterer Vertreter dieser Position sei noch *Christoph Enders*, Berliner Kommentar, Art. 1 Rn. 63 ff. genannt.

[58] *Hong*, Menschenwürdegehalt, S. 404 f.

[59] UN Doc. E/CN.4/AC.1/3.

[60] UN Doc. E/CN.4/AC.1/W.1.

[61] UN Doc. E/CN.4/SR.64 vom 8. Juni 1948.

Ende schieben zu wollen.[62] Dementsprechend wurde im Kontext der Beratungen einzelner Artikel immer wieder auch über die Präambel gesprochen. Meist ging es um die Frage, ob diese nicht der geeignetere Ort für die betreffende Regelung wäre.[63] Bemerkenswerterweise hat diese Frage im Kontext der Beratungen zu Art. 1 AEMR keine Rolle gespielt. Sie wurde zwar nach erfolgter Abstimmung von der Sowjetunion doch noch aufgeworfen, aber als verspätet nicht mehr in der Sache behandelt.[64] Die Menschenrechtskommission sah offenbar für den Regelungsgehalt von Art. 1 AEMR zur Menschenwürde in der Präambel gerade keine Option.

Diese einvernehmliche Haltung zu Art. 1 AEMR änderte sich dann im Dritten Ausschuss der Generalversammlung. Dort meldeten sich verschiedene Staaten zu Wort, die nicht an den Beratungen in der Menschenrechtskommission beteiligt waren. Dabei wurden unterschiedliche Positionen zur normativen Bedeutung der Menschenwürde erkennbar. Gemeinsamer Nenner der Kritik war, dass man einen Unterschied zu den nachfolgenden Menschenrechtsgarantien sah. Guatemala sah in der Aussage, »all human beings are born free and equal in dignity and rights« eine Tatsachenaussage (»fundamental statement of fact«) und beantragte die Streichung von Art. 1 und die Aufnahme einer entsprechenden Aussage in die Präambel. Die nachfolgenden Einzelgarantien beruhten auf der genannten Tatsache, mit ihr selbst sei aber gerade kein Rechtssatz verbunden.[65] Ähnlich, wenn auch eher mit einer Qualifikation der Aussagen in Art. 1 AEMR als Grundsätze, argumentierte Venezuela. Auch hier war das Argument für die Verschiebung, dass die nachfolgenden Rechte auf den in Art. 1 genannten Grundsätzen beruhten (»foundation for the rights later defined in the other articles«).[66] Andere Staaten bevorzugten die Ausweisung eines eigenen Abschnitts zwischen der Präambel und den Einzelgarantien. Dieser könne mit »Essential Principles«, so der Vorschlag von Kuba,[67] oder »Statement of Principles« (Philippinen)[68] überschrieben werden. Auch Uruguay argumentierte in diese Richtung und schlug vor, den Gehalt von Art. 1 als eine Art Interpretationsleitlinie den übrigen Vorschriften voranzustellen.[69] Gemeinsam ist diesen Positionen, dass

---

[62] UN Doc. E/CN.4/SR.48 siehe auch nochmals E/CN.4/SR.50, S. 6.

[63] UN Doc. E/CN.4/SR.62, S. 6; E/CN.4/SR.64, S. 17; E/CN.4/SR.65, S. 3; E/CN.4/SR.67, S. 14; E/CN.4/SR.71, S. 13.

[64] UN Doc. E/CN.4/SR.34, S. 5.

[65] Guatemala, General Assembly Official Records, Third Session, Part 1; 1948, 3rd Committee, Summary Records of Meetings, S. 96.

[66] Venezuela, General Assembly Official Records, Third Session, Part 1; 1948, 3rd Committee, Summary Records of Meetings, S. 104.

[67] Kuba, General Assembly Official Records, Third Session, Part 1; 1948, 3rd Committee, Summary Records of Meetings, S. 105.

[68] Philippinen, General Assembly Official Records, Third Session, Part 1; 1948, 3rd Committee, Summary Records of Meetings, S. 107.

[69] Uruguay, General Assembly Official Records, Third Session, Part 1; 1948, 3rd Committee, Summary Records of Meetings, S. 101.

sie die Menschenwürde nicht als eigene Rechtsposition des Individuums verstehen, sondern als Fundament der Einzelgarantien. Als solches wirkt sie interpretationsanleitend oder die konkreten Rechtspositionen fundierend, nicht aber selbst als Menschenrecht.

Gegen diese Einwände setzte sich am Ende *René Cassin* durch. Er sprach sich nachdrücklich gegen eine Streichung und Verschiebung in die Präambel aus. Art. 1 AEMR bilde den »Rahmen« für die nachfolgenden Menschenrechte. Er verstand Art. 1 AEMR zwar auch als eine Prinzipienerklärung, ging aber erkennbar davon aus, dass der von ihm angesprochene Rahmen normativer Natur ist und angesichts der Gräuel des Faschismus gerade keine Tatsache feststellt.[70]

Damit werden freilich eher symbolische Aspekte angesprochen. Abgesehen von der Position Guatemalas erkennen alle Stellungnahmen der Aussage von Art. 1 AEMR normative Bedeutung zu. Auch die Voten für eine Einordnung als Prinzipien oder als Interpretationsleitlinie lassen sich in einem normativen Sinn verstehen. Gestritten wurde also weniger über die Frage des Ob eines normativen Gehalts von Art. 1 AEMR als vielmehr um den richtigen Ort und damit verbunden die Intensität der beabsichtigten Signalwirkung. Dabei gilt es auch zu sehen, dass sich den Debatten jenseits der grundsätzlichen Betonung eines normativen Anspruchs von Art. 1 AEMR nur ansatzweise eine Positionierung zu konkreten normativen Wirkungen der Vorschrift entnehmen lässt (Rechtsprinzip, Interpretationsanleitung etc.). Insbesondere wurde die Frage der Einordnung als individuelle Rechtsposition nicht näher thematisiert. Auch die Aussagen von *René Cassin* lassen sich eher im Sinne eines objektiven Prinzips verstehen als im Sinne einer subjektiven Rechtsposition. Letztlich ging es ihm wohl um die Betonung des normativen Anspruchs von Art. 1 AEMR, den er bei einer Verschiebung in die Präambel gefährdet sah. Eine wesentliche Erklärung der hier verbleibenden Ungenauigkeit dürfte nicht zuletzt darin liegen, dass zum Zeitpunkt der Beratungen im Dritten Ausschuss feststand, dass es bei dem avisierten Dokument um eine unverbindliche Erklärung gehen würde, der zu einem späteren Zeitpunkt noch eine vertragliche Festlegung folgen sollte.[71] Für die Zwecke einer solchen Erklärung war eine Festlegung als subjektive Rechtsposition nicht wirklich entscheidend.

2. *Die Diskussion im Parlamentarischen Rat*

Mit Blick auf die Frage der normativen Einordnung der Menschenwürde zeigen sich erneut interessante Parallelen zwischen den Diskussionen im Parlamen-

[70] General Assembly Official Records, Third Session, Part 1; 1948, 3rd Committee, Summary Records of Meetings, S. 99 und die Abstimmung S. 107; vgl. auch die Bezugnahmen von Australien und Bolivien auf die französische Position, ebd., 103; zum Ganzen *Dicke*, Innewohnende Würde, S. 170.

[71] *Faßbender*, Menschenrechteerklärung, S. 13.

tarischen Rat und im Dritten Ausschuss der Generalversammlung. Eine explizite Auseinandersetzung mit der Qualität als subjektives Recht gab es auch im Parlamentarischen Rat nicht. Wohl aber waren das Verhältnis zur Präambel einerseits und das zu den »nachfolgenden Grundrechten« andererseits wichtige Themen. Auch der programmatische Charakter der Vorschrift wurde in ähnlicher Weise betont wie in den Vereinten Nationen.

Wie im Dritten Ausschuss stellte sich die Frage nach der Funktion von Art. 1 GG zwischen der Präambel und den im Anschluss ausformulierten Einzelgarantien. Und in ganz vergleichbarer Weise wie dort gab es Stimmen, die in Art. 1 GG eine Art Vorspruch zu den Grundrechten sahen. So formulierte *Hermann von Mangoldt* in der Debatte um die bereits erwähnte Kritik *Richard Thomas* an der Arbeit des Ausschusses für Grundsatzfragen, dass die allgemeinen Aussagen des Art. 1 »von uns mehr präambelmäßig für die ganzen Grundrechte gedacht waren«,[72] und *Carlo Schmid* (SPD) verstand schon sehr früh Art. 1 als »Generalklausel für den ganzen Grundrechtskatalog«; er sei der »eigentliche Schlüssel für das Ganze«.[73] Diese Einordnungen decken sich in auffälliger Weise mit den Charakterisierungen von *René Cassin* für Art. 1 AEMR.[74] Und in ganz ähnlicher Weise wie in den Vereinten Nationen gingen die an den Entwürfen zunächst beteiligten Akteure selbstverständlich von einer eigenen Bestimmung aus und haben ungeachtet des von ihnen selbst erkannten »präambelmäßigen Charakters« nicht näher erwogen, den Inhalt statt in Art. 1 in der Präambel zum Ausdruck zu bringen.

Die Alternative einer Regelung in der Präambel scheint nur an einer eher versteckten Stelle und wohl auch vor dem Hintergrund eines Missverständnisses auf. Im Vorfeld der Interfraktionellen Sitzung vom 28.4.1949 hatte die SPD einen »Vereinfachten Entwurf« vorgelegt, der umfangreiche Streichungen im Grundrechtsteil, darunter den vollständigen Wegfall der Präambel und von Art. 1, vorsah.[75] Darauf reagierte *Adolf Süsterhenn* mit einer Verteidigungsrede, in der er u.a. festhielt, dass »Art. 1 Abs. 1 mehr als ein Vorspruch [sei], er habe unmittelbar Rechtscharakter und dieser werde beeinträchtigt, wenn er in die Präambel aufgenommen werde.»[76] Bei dieser Äußerung muss ein Missverständnis vorgelegen haben, weil der SPD-Vorschlag auch die Präambel streichen wollte, eine Verschiebung also gar nicht in Rede stand.[77] In der Sache ist die Aussage aber interessant, weil sie – formuliert von einem Mitglied des Ausschusses für

[72] Der Parlamentarische Rat 1948–1949, Akten und Protokolle, Band 5/II, S. 594.

[73] Der Parlamentarische Rat 1948–1949, Akten und Protokolle, Band 5/I, S. 64.

[74] Siehe oben Fn. 29 und zugehöriger Text.

[75] Der Parlamentarische Rat, Band 7, S. 462ff. (462).

[76] Der Parlamentarische Rat 1948–1949, Akten und Protokolle, Band 11, S. 209.

[77] Siehe dazu auch die Einordnungen bei *Hong*, Menschenwürdegehalt, S. 282 und *C. Goos*, Innere Freiheit. Eine Rekonstruktion des grundgesetzlichen Würdebegriffs, Göttingen 2011, S. 78.

Grundsatzfragen, das von Anfang an die dortigen Beratungen zu Art. 1 mitgeprägt hatte – nochmals die Signalwirkung von Art. 1 zu Beginn des Grundrechtsabschnitts betont. Gut belegen lässt sich, dass neben der Signalwirkung Einigkeit darüber bestand, einen verbindlichen Rechtssatz zu formulieren.[78]

3. Vergleichende Überlegungen mit Blick auf die Qualifikation der Menschenwürde als subjektives Recht

Was bedeutet das nun für die Frage der Einordnung der Menschenwürde als subjektives Recht? *Matthias Hong*, der in seiner Monographie die Entstehungsgeschichte für die Lesart von Art. 1 Abs. 1 als subjektives Recht fruchtbar machen will, argumentiert insoweit nicht mit der Entstehungsgeschichte selbst, sondern mit einer Fortschreibung der erkennbar gewollten Festlegung als Rechtssatz und der Bedeutung der Menschenwürde für die übrigen Grundrechte. Aus der These vom Menschenwürdegehalt aller Grundrechte folge als notwendiges logisches Korrelat, dass die verfassungsgebende Gewalt in der Menschenwürdegarantie entweder selbst ein Grundrecht sah oder jedenfalls ein funktionales Äquivalent dafür. Es entspreche ihrer entstehungsgeschichtlichen Bedeutung, der Menschenwürdegarantie selbst Grundrechtscharakter beizumessen.[79]

Eine vergleichende Betrachtung der Debatten in New York und im Parlamentarischen Rat weckt Zweifel daran, dass sich von der Rechtssatzqualität der Menschenwürde einerseits und dem Menschenwürdegehalt der Einzelrechte andererseits logisch zwingend auf den Charakter der Menschenwürde als subjektives Recht schließen lässt. Im Vordergrund stehen überall objektive Rechts(!)wirkungen der Menschenwürde, sei es als Fundament der Einzelgarantien, als Interpretationsleitlinie für deren Auslegung oder als programmatische Norm für das Gesamtverständnis der jeweiligen Kodifikation von Grund- bzw. Menschenrechten. Die dafür für notwendig gehaltene Symbolkraft war maßgeblicher Faktor für ihre eigenständige Ausweisung am Beginn der Kataloge. Es gibt gute systematische und konzeptionelle Gründe, warum man die Menschenwürde darüber hinaus auch als subjektives Recht verstehen kann. Aber in der Entstehungsgeschichte von AEMR und Grundgesetz erweist sie sich eher als Grundsatz denn als Grundrecht.[80]

---

[78] Das ist überzeugend und detailreich aufgearbeitet bei *Hong*, Menschenwürdegehalt, S. 269ff.

[79] *Hong*, Menschenwürdegehalt, S. 404f.

[80] So die eingängige Formulierung für die Interpretation von Art. 1 Abs. 1 GG bei *Dreier*, Art. 1 I Rn. 125.

Menschenwürde und Schwangerschaftsabbruch

Das Verhältnis zwischen Art. 1 Abs. 1 GG und 2 Abs. 2 Satz 1 GG

Joachim Wieland

I. Problemaufriss

Unter den zahlreichen Forschungsschwerpunkten von Horst Dreier nimmt die Garantie der Menschenwürde in Art. 1 GG einen besonderen Platz ein. Seine Kommentierung der Vorschrift stand nicht nur am Anfang des von ihm herausgegebenen Kommentars zum Grundgesetz. Sie ist auch beispielhaft für die Arbeitsweise von Horst Dreier. Profunde rechtsphilosophische Kenntnisse fließen in seine scharfsinnigen Ausführungen zur Rechtsdogmatik ein und stärken deren Überzeugungskraft. Dabei hält sich Horst Dreier stets an den Satz »suaviter in modo, fortiter in re«, der dem Generalsuperior der Societas Jesu Claudio Acquaviva zugeschrieben wird. Er scheut die wissenschaftliche Auseinandersetzung nicht, wenn sie geboten ist. Seine Positionen sind klar und eindeutig. Das gilt auch für die kritische Auseinandersetzung mit der Rechtsprechung des Bundesverfassungsgerichts. Gerade weil das Gericht so eine herausragende Bedeutung für das Verständnis und die Entwicklung des Verfassungsrechts in Deutschland hat, ist es auf die kritische Begleitung seiner Rechtsprechung angewiesen. Daraus spricht nicht etwa fehlender Respekt für das oberste Gericht und Verfassungsorgan, sondern die gemeinsame Verantwortung von Verfassungsgericht und Wissenschaft für die Pflege des Verfassungsrechts. Das zeigt sich besonders deutlich an der Kommentierung der Rechtsprechung des Bundesverfassungsgerichts zum Verhältnis zwischen Menschenwürdeschutz und Schwangerschaftsabbruch durch Horst Dreier,[1] die an einen von ihm 1995 veröffentlichten Aufsatz anknüpft.[2]

Die Ausführungen des Bundesverfassungsgerichts zur Bedeutung des Schutzes der Menschenwürde für die Regelung der Strafbarkeit des Schwangerschaftsabbruchs ist nur vor dem Hintergrund der schon 150 Jahre zurückreichenden Diskussion über § 218 StGB zu verstehen. Nur wenige andere Strafnormen sind so umstritten und immer wieder Gegenstand von Reformdiskussionen gewesen. Als der Erste Senat des Bundesverfassungsgerichts 1975 über die Vereinbarkeit

---

[1] *Dreier*, Art. 1 I Rn. 47ff., in: ders. (Hrsg.), Grundgesetz-Kommentar, Band I, 1. Auflage 1996. Soweit nicht anders angegeben, beziehen sich die folgenden Zitate auf diese erste Auflage.

[2] *Dreier*, Menschenwürdegarantie und Schwangerschaftsabbruch, in: DÖV 1995, S. 1036.

der Fristenregelung mit der Verfassung zu entscheiden hatte, konzentrierte sich die Debatte auf die Grundrechte der Schwangeren und des nasciturus. Damit wandelte sich die Reformdiskussion von einer strafrechtspolitischen Auseinandersetzung hin zu einer grundrechtsdogmatischen Erörterung. Es war wenig überraschend, dass sowohl die Befürworter als auch die Gegner der vom Gesetzgeber beschlossenen Fristenlösung vor dem Bundesverfassungsgericht ihre jeweilige Position grundrechtsdogmatisch zu untermauern versuchten. Der in das 19. Jahrhundert zurückreichende Streit über die Strafbarkeit des Schwangerschaftsabbruchs wurde zur grundrechtsdogmatischen Auseinandersetzung.

II. Vorgeschichte

Die Frage, wie ein Schwangerschaftsabbruch rechtlich zu bewerten ist, hat den Gesetzgeber, die Rechtsprechung und die Rechtswissenschaft seit langer Zeit beschäftigt. Eine Schwangere, die ihre Frucht vorsätzlich abgetrieben oder im Mutterleib getötet hatte, wurde gemäß § 218 des Strafgesetzbuches für das Deutsche Reich vom 15. Mai 1871[3] mit Zuchthaus bis zu fünf Jahren bestraft. Diese Vorschrift stimmte wörtlich mit der Regelung im Strafgesetzbuch des Norddeutschen Bundes vom 31. Mai 1870[4] überein. Vorbild für diese Regelung wiederum waren §§ 181 f. des Strafgesetzbuchs für die Preußischen Staaten vom 14. April 1851[5]. Die Strafandrohung in § 218 StGB wurde 1926[6] dahin gemildert, dass grundsätzlich der Schwangerschaftsabbruch mit einer Gefängnisstrafe bedroht und nur noch für die gewerbsmäßige Fremdabtreibung eine Zuchthausstrafe vorgesehen war. Schon kurz nach Beginn der nationalsozialistischen Herrschaft wurden in §§ 219 f. Vorbereitungshandlungen zu Zwecken der Abtreibung unter Strafe gestellt.[7] Während des Zweiten Weltkriegs wurde die Strafandrohung in § 218 StGB 1943[8] erheblich verschärft. Gemäß § 218 Abs. 3 Satz 2 StGB drohte demjenigen die Todesstrafe, der durch das »Abtöten der Leibesfrucht« die Lebenskraft des deutschen Volkes fortgesetzt beeinträchtigte. Das Inverkehrbringen von Mitteln zur Verhütung einer Schwangerschaft oder von Geschlechtskrankheiten wurde in § 219 StGB unter Strafe gestellt. 1947 wurden diese Tatbestandsalternativen aufgehoben.[9] 1953 bestätigte das dritte

---

[3] RGBl. S. 127.

[4] Bundes-Gesetzblatt des Norddeutschen Bundes S. 197.

[5] Gesetz-Sammlung S. 101.

[6] Durch das Gesetz zur Abänderung des Strafgesetzbuchs vom 18. Mai 1926, RGBl. I S. 169.

[7] Siehe das Gesetz zur Abänderung strafrechtlicher Vorschriften vom 26. Mai 1933, RGBl. I S. 295.

[8] Durch die Verordnung zur Durchführung der Verordnung zum Schutz von Ehe, Familie und Mutterschaft, RGBl. 1943 I S. 169.

[9] Siehe die Verordnung zur Änderung des § 219 des Strafgesetzbuchs, Verordnungsblatt für die Britische Zone 1947, Nr. 2 S. 22.

Strafrechtsänderungsgesetz diese Rechtsänderung.[10] Die Neubekanntmachung des Strafgesetzbuches enthielt die Drohung mit der Todesstrafe bei fortgesetzter Beeinträchtigung der »Lebenskraft des deutschen Volkes« nicht mehr.[11] Erst 1969 wurde die Strafandrohung bei Selbstabtreibung durch die Streichung der Strafverschärfung für einen besonders schweren Fall und die Herabstufung der Fremdabtreibung zu einem Vergehen gemildert.

Das Reichsgericht hatte allerdings schon am 11. März 1927 im Falle der sogenannten medizinischen Indikation einen Rechtfertigungsgrund des übergesetzlichen Notstands nach den Grundsätzen der Pflichten- und Güterabwägung anerkannt. Das hatte zur Folge, dass die Rechtswidrigkeit der Tat bei einer ernsten, auf andere Weise nicht erkennbaren Gefahr für das Leben oder die Gesundheit der Schwangeren entfiel, sofern der Eingriff von einem Arzt mit Einwilligung der Schwangeren nach den Regeln der ärztlichen Kunst vorgenommen wurde. § 14 Abs. 1 des Gesetzes zur Verhütung erbkranken Nachwuchses[12] legte diese Voraussetzungen für eine aus medizinischen Gründen zulässige Schwangerschaftsbeendigung 1935 gesetzlich fest. Nach 1945 galt diese Vorschrift nur in einigen Bundesländern fort. Auch wenn sie aufgehoben worden war, waren die darin angeführten Voraussetzungen nach der Rechtsprechung des Bundesgerichtshofs vom 15. Januar 1952[13] als Mindestvoraussetzungen für die Zulässigkeit der Schwangerschaftsunterbrechung nach den Grundsätzen des übergesetzlichen Notstandes zu beachten. Der Bundesgerichtshof hatte zuvor schon in einer Reihe von Entscheidungen die Fortgeltung des § 218 StGB in der verschärften Fassung von 1943 bejaht.[14]

Die Rechtswissenschaft hat die Gesetzgebung und die Rechtsprechung zur Strafbarkeit des Schwangerschaftsabbruchs praktisch von Anfang an kritisch begleitet. Die Strafwürdigkeit und das generelle Verbot der Abtreibung waren alles andere als unbestritten. Ein wesentliches Streitthema war die Frage nach dem Rechtsgut, das durch das Abtreibungsverbot geschützt werden solle. Daneben wurden Ausnahmen von dem uneingeschränkten Verbot des Schwangerschaftsabbruchs diskutiert. Umstritten war auch die richtige Bemessung der Strafandrohung. Eine Straflosigkeit des Schwangerschaftsabbruchs wurde in der Begründung zum Entwurf von 1919 »im Hinblick auf die schweren Schädigungen, die aus dem Umsichgreifen der Abtreibung für das Volkswohl erwachsen«, abgelehnt.[15] in der Weimarer Republik wurde die Strafbarkeit der Abtreibung intensiv diskutiert. Gesetzentwürfe, die in den Reichstag eingebracht wurden, sahen zum Teil die völlige Straflosigkeit des Schwangerschaftsabbruchs, zum

[10] BGBl. I S. 735.
[11] Vom 25. August 1953, BGBl. I S. 1083.
[12] In der Fassung des Änderungsgesetzes vom 26. Juni 1935, RGBl. I S. 773.
[13] BGHSt 2, 111.
[14] BGHSt 1, 41, 139, 278 und 280.
[15] Zitiert nach BVerfGE 39, 1 (8).

Teil einen Verzicht auf Strafe während der ersten drei Monate einer Schwangerschaft vor. Prof. Radbruch, Frau Schuch und 53 weitere Mitglieder der SPD-Fraktion brachten einen Gesetzentwurf zur Straflosigkeit der Abtreibung in den Reichstag ein, »wenn sie von der Schwangeren oder einem staatlich anerkannten (approbierten) Arzt innerhalb der ersten drei Monate der Schwangerschaft vorgenommen worden« war.[16] Dieser und weitere einschlägige Entwürfe wurden jedoch in der Weimarer Republik nicht umgesetzt.[17]

Nachdem in der nationalsozialistischen Zeit die Bestrebungen abgesehen von der Anerkennung einzelner Indikationsfälle auf strengere Strafen zum »Schutz der Volkskraft« gerichtet und Schwangerschaftsabbrüche als »Angriffe auf Rasse und Erbgut« qualifiziert worden waren,[18] mündeten in der frühen Bundesrepublik die Bemühungen um eine Strafrechtsreform in Beschlüssen der Großen Strafrechtskommission und einem vom Bundesjustizministerium 1960 vorgelegten Gesamtentwurf.[19] Danach blieb der Schwangerschaftsabbruch strafbar. Bei einer medizinischen Indikation sollte Straffreiheit bestehen. Bei einer ethischen Indikation sollte für zwölf Wochen Straffreiheit gelten. Diese Indikationsregelung wurde jedoch von der Bundesregierung nicht in ihren Reformentwurf übernommen,[20] der in der dritten Wahlperiode des Bundestags auch nicht mehr beraten wurde. Das gleiche Schicksal traf einen inhaltlich entsprechenden Regierungsentwurf aus dem Jahr 1962.[21] In der fünften Wahlperiode des Bundestages brachte eine Gruppe von Bundestagsabgeordneten den Regierungsentwurf 1962 als Initiativgesetzentwurf in den Bundestag ein.[22] Ein Sonderausschuss des Parlaments für die Strafrechtsreform erörterte den Initiativentwurf ebenso wie den Allgemeinen Teil eines sogenannten Alternativ-Entwurfs, den deutsche und schweizerische Strafrechtsprofessoren 1966 vorgelegt hatten. Die lange diskutierte Strafmilderung für Schwangerschaftsabbrüche wurde dann 1969 im Ersten und Zweiten Gesetz zur Reform des Strafrechts normiert. Gleichzeitig wurde jedoch betont, dass eine umfassende Reform der Bestrafung des Schwangerschaftsabbruchs noch ausstand.[23] Das entsprach auch der Auffassung, die 1970 dem Besonderen Teil des Alternativ-Entwurfs zugrunde lag.[24] Er sprach sich mehrheitlich dafür aus, den Schwangerschaftsabbruch in den ersten drei Monaten der Schwangerschaft straffrei zu lassen. Der Kerngedanke dieses Vorschlags war es, »dass dem Entschluss einer Frau zur Schwangerschaftsunterbrechung und seiner Verwirklichung nur

---

[16] Dazu *Radbruch,* in: Grotjahn-Radbruch, Die Abtreibung der Leibesfrucht, 1921.

[17] Vgl. BVerfGE 39, 1 (9).

[18] Vgl. auch insoweit den Bericht in BVerfGE 39, 1 (9).

[19] Entwurf eines Strafgesetzbuchs (StGB) – E 1960 – mit Begründung, 1960.

[20] BR-Drs. 270/60 S. 38 und 278.

[21] BR-Drs. 200/62, S. 35 ff.

[22] BT-Drs. V/32.

[23] Vgl. die Ausführungen des Abgeordneten Dr. *Müller-Emmert,* 5. Wahlperiode, 144. Sitzung des Sonderausschusses für Strafrechtsreform, StenProt. S. 3195.

[24] Alternativ-Entwurf, Besonderer Teil, Erster Halbband, 1970, S. 25 ff.

dadurch entgegengewirkt werden kann, dass der Schwangeren in den Grenzen des Möglichen Hilfe bei der Behebung der materiellen, sozialen und familiären Schwierigkeiten gewährt wird, die zur Schwangerschaftsunterbrechung drängen, und dass ihr durch eine persönliche Beratung und offene Aussprache eine überlegte und verantwortliche Entscheidung ermöglicht wird.«[25] Nach Ablauf von drei Monaten seit der Empfängnis sollte ein Schwangerschaftsabbruch nur bei Vorliegen medizinischer oder eugenischer Indikation straflos sein. Der von der Bundesregierung 1972 vorgelegte Entwurf eines Fünften Gesetzes zur Reform des Strafrechts hielt an der grundsätzlichen Strafbarkeit des Schwangerschaftsabbruchs mit der Begründung fest, dass das Grundgesetz in Art. 1 und Art. 2 Abs. 2 eine Wertentscheidung für das Leben getroffen habe.[26] Damit wurde maßgeblich auf den Schutz der Menschenwürde in Art. 1 GG als Maßstab für die Regelung des Schwangerschaftsabbruchs abgehoben. Eine Fristenlösung wurde ausdrücklich verworfen. Stattdessen sollte eine Indikationenlösung in das Strafgesetzbuch aufgenommen werden. Ein Gegenentwurf um den Abgeordneten Dr. de With sprach sich für eine Fristenlösung aus.[27]

III. Fristenregelung vor dem Bundesverfassungsgericht

Je mehr die Fristenregelung in der rechtspolitischen Debatte an Bedeutung gewann, desto stärker rückte die grundrechtsdogmatische Frage nach der Bedeutung des Schutzes der Menschenwürde in den Fokus. Nach der vorzeitigen Auflösung des 6. Deutschen Bundestags wurden in der 7. Wahlperiode vier Gesetzentwürfe zum Schwangerschaftsabbruch aus der Mitte des Bundestags vorgelegt, die von einer Fristenregelung[28] über eine Indikationenregelung bei Straffreiheit der Schwangeren[29] und eine engere Indikationenregelung[30] bis hin zu einer nur die medizinische Indikation umfassenden Regelung[31] reichten. Der Sonderausschuss für die Strafrechtsreform des Parlaments sah sich nicht in der Lage, dem Plenum bestimmte Beschlüsse zu empfehlen.[32] Der Bundestag beschloss schließlich mehrheitlich die von den Fraktionen der SPD und FDP vorgeschlagene Fristenregelung.[33] Strafrechtlich gesichert war danach nur noch die Pflicht der Schwangeren, sich einer umfassenden Beratung zu unterziehen und den Eingriff von einem Arzt vornehmen zu lassen. Der Schutz des wer-

---

[25] Alternativ-Entwurf, 1970, S. 27.
[26] BR-Drs. 58/72.
[27] BT-Drs. 6/3137.
[28] Entwurf der Fraktionen der SPD und der FDP, BT-Drs. 7/375.
[29] Entwurf des Abgeordneten Dr. *Müller-Emmert*, BT-Drs. 7/443.
[30] Entwurf der Fraktionen der CDU/CSU, BT-Drs. 7/554.
[31] Entwurf des Abgeordneten Dr. *Heck*, BT-Drs. 7/561.
[32] Vgl. BT-Drs. 7/1981 (neu), 7/1982, 7/1983, 7/1984 (neu).
[33] BT, StenProt 7/96 S. 6503.

denden Lebens sollte durch ein Beratungssystem gewährleistet werden. Die bisherige Strafandrohung habe sich als weitgehend wirkungslos erwiesen. Eine Frau, die strafrechtliche Sanktionen fürchten müsse, nehme kaum Beratung und Hilfe in Anspruch.[34] Außerdem beschloss der Deutsche Bundestag das Strafrechtsreform-Ergänzungsgesetz, in dem Ansprüche auf ärztliche Beratung über Fragen der Empfängnisregelung sowie auf ärztliche Hilfe beim Schwangerschaftsabbruch als Leistungen der gesetzlichen Krankenversicherung und der Sozialhilfe vorgesehen waren.[35]

Auf Antrag der Landesregierung von Baden-Württemberg ordnete der Erste Senat des Bundesverfassungsgerichts am 21. Juni 1974 an, dass die Fristenregelung einstweilen nicht in Kraft trat.[36] Mit Urteil vom 25. Februar 1975 erklärte der Senat die Fristenregelung auf Antrag von 193 Mitgliedern des Deutschen Bundestages, der Regierung des Landes Baden-Württemberg, der Regierung des Saarlandes, der Regierung des Freistaates Bayern und der Regierung des Landes Schleswig-Holstein für verfassungswidrig.[37] Die Antragsteller hatten ihren Antrag damit begründet, dass das Grundrecht aus Art. 2 Abs. 2 Satz 1 GG als das fundamentalste und ursprünglichste Menschenrecht in umfassender Weise auch das ungeborene Leben schütze. Das Grundrecht bilde die Grundlage für einen positiven Schutzanspruch gegenüber dem Staat auch für das Verhältnis zu Dritten. »Diese Verpflichtung ergebe sich aber auch unmittelbar aus Art. 1 Abs. 1 Satz 2 GG.«[38] Dieser Argumentation folgte der Senat. Er entschied, dass Art. 2 Abs. 2 Satz 1 GG auch das sich im Mutterleib entwickelnde Leben als selbstständiges Rechtsgut schütze. Offen blieb, ob der nasciturus selbst Grundrechtsträger sei.[39] Die umfassende objektivrechtliche Schutzpflicht des Staates aus Art. 2 Abs. 2 Satz 1 GG bestehe grundsätzlich auch gegenüber der Mutter. Zu deren Intimsphäre, die durch Art. 2 Abs. 1 in Verbindung mit Art. 1 Abs. 1 GG verfassungsrechtlich verbürgt sei, gehöre auch die Schwangerschaft. Das Recht der Frau auf freie Entfaltung ihrer Persönlichkeit umfasse zwar auch die Selbstverantwortung der Frau, sich gegen eine Elternschaft und die daraus folgenden Pflichten zu entscheiden. Dieses Recht sei aber nicht uneingeschränkt gewährt, sondern durch die Rechte anderer, die verfassungsmäßige Ordnung und das Sittengesetz begrenzt. Der Lebensschutz des nasciturus und das Persönlichkeitsrecht der Schwangeren seien bei der deshalb erforderlichen Abwägung beider Verfassungswerte »in ihrer Beziehung zur Menschenwürde als dem Mittelpunkt des Wertsystems der Verfassung zu sehen«.[40]

[34] Näher dazu der Bericht des Sonderausschusses, BT-Drs. 7/1981 (neu), S. 9f.
[35] Vgl. BT-Drs. 7/1753.
[36] BVerfGE 37, 324.
[37] BVerfGE 39, 1.
[38] BVerfGE 39, 1 (20).
[39] BVerfGE 39, 1 (41).
[40] BVerfGE 39, 1 (43).

Mit diesem Satz, der ein wörtliches Zitat aus dem Lebach-Urteil des Ersten Senats vom 5. Juni 1973 übernahm, stellte das Bundesverfassungsgericht eine Verbindung zwischen dem Schutz des Lebens des nasciturus und der Menschenwürde her. Im Lebach-Urteil bezog sich der Satz allerdings auf Konflikte zwischen der Anerkennung der Eigenständigkeit der individuellen Persönlichkeit auf der einen und der Sicherung eines freiheitlichen Lebensklimas durch die Rundfunkfreiheit auf der anderen Seite. Beide Verfassungswerte sollten in ihrer Beziehung zur Menschenwürde als dem Mittelpunkt des Wertsystems der Verfassung gesehen werden. Vom Verhältnis zwischen dem Lebensschutz und der Menschenwürde war noch nicht die Rede. Nunmehr schlussfolgert der Senat, dass »bei einer Orientierung an Art. 1 Abs. 1 GG« die Entscheidung zugunsten des Vorrangs des Lebensschutzes für die Leibesfrucht vor dem Selbstbestimmungsrecht der Schwangeren fallen müsse. Warum eine Orientierung am Schutz der Menschenwürde zu einem Vorrang des Selbstbestimmungsrechts der Schwangeren vor dem Lebensschutz des nasciturus führen soll, wird nicht gesagt. Der Lebensschutz wird in dieser Argumentation durch den Bezug auf Art. 1 Abs. 1 GG aber im Ergebnis so weit aufgewertet, dass die Grundrechte der Schwangeren zurücktreten müssen. Unerwähnt bleibt, dass Schwangerschaften mit gesundheitlichen Beeinträchtigungen einhergehen können. Vielmehr nimmt der Senat eine Pflicht zur Austragung der Schwangerschaft an und entscheidet, dass der Schwangerschaftsabbruch vom Staat »grundsätzlich als Unrecht« anzusehen ist: »In der Rechtsordnung muss die Missbilligung des Schwangerschaftsabbruchs klar zum Ausdruck kommen.«[41] Art. 1 Abs. 1 GG wird damit zur Grundlage einer Pflicht des Staates zur rechtlichen Missbilligung des Schwangerschaftsabbruchs.

Dieser Entscheidung widersprachen die einzige Richterin im Ersten Senat des Bundesverfassungsgerichts, Rupp-von Brünneck, und der Richter Simon in ihrer Abweichenden Meinung entschieden: »Aus der Verfassung kann unter keinen Umständen eine Pflicht des Staates hergeleitet werden, den Schwangerschaftsabbruch in jedem Stadium der Schwangerschaft unter Strafe zu stellen. Der Gesetzgeber durfte sich sowohl für die Beratungs- und Fristenregelung wie für die Indikationenlösung entscheiden.«[42] Zur Begründung dieser Aussage verwiesen die beiden Senatsmitglieder darauf, dass das Leben jedes einzelnen Menschen selbstverständlich ein zentraler Wert der Rechtsordnung sei und dass die verfassungsrechtliche Pflicht zum Schutz dieses Lebens auch seine Vorstufe vor der Geburt umfasse. Daraus folge aber nicht eine Pflicht zur Bestrafung oder zur gesetzlichen Missbilligung des Schwangerschaftsabbruchs. Der Schutz der Menschenwürde spielt für die Argumentation der Abweichenden Meinung keine Rolle.

[41] BVerfGE 39, 1 (44).
[42] BVerfGE 39, 1 (69).

Auf das Urteil des Bundesverfassungsgerichts hin beschloss der Deutsche Bundestag das Fünfzehnte Änderungsgesetz zum Strafgesetzbuch.[43] Ein Schwangerschaftsabbruch nach Abschluss der Nidation war danach grundsätzlich strafbar, es sei denn, er wurde innerhalb bestimmter Fristen durch einen Arzt vorgenommen, die Schwangere willigte ein und der Abbruch war nach ärztlicher Erkenntnis mit Rücksicht auf bestimmte schwerwiegende Notlagen der Schwangeren angezeigt.[44] Auch diese Regelung blieb umstritten. Die Bayerische Staatsregierung stellte im März 1990 einen Antrag auf eine abstrakte Normenkontrolle der Regelungen über das Beratungs- und Indikationsfeststellungsverfahren sowie über Krankenversicherungsleistungen bei Schwangerschaftsabbrüchen aufgrund der allgemeinen Notlagenindikation.[45] Anlass für eine neue Regelung der Strafbarkeit eines Schwangerschaftsabbruchs waren dann nach der Wiedervereinigung die unterschiedlichen Regelungen über die Strafbarkeit des Schwangerschaftsabbruchs in den beiden Teilen Deutschlands: Im Gebiet der alten Bundesrepublik galt die Indikationenregelung von 1976, während im Beitrittsgebiet eine Fristenregelung weiter Bestand hatte.[46] Der Einigungsvertrag verpflichtete den gesamtdeutschen Gesetzgeber, spätestens bis zum 31. Dezember 1992 eine Regelung zu treffen, die den Schutz des vorgeburtlichen Lebens und die verfassungskonforme Bewältigung von Konfliktsituationen besser gewährleiste, als dies in den beiden Teilen Deutschlands nach der Wiedervereinigung der Fall war.[47] Nach kontroversen Debatten beschloss der Bundestag am 25. Juni 1992[48] eine Fristenregelung,[49] die das »Gesetz zum Schutz des vorgeburtlichen/werdenden Lebens, zur Förderung einer kinderfreundlicheren Gesellschaft, für Hilfen im Schwangerschaftskonflikt und zur Regelung des Schwangerschaftsabbruchs (Schwangeren- und Familienhilfegesetz)«[50] ergänzte. Der Zweite Senat des Bundesverfassungsgerichts ordnete durch Urteil vom 4. August 1992 auf Antrag der Bayerischen Staatsregierung und von 248 Abgeordneten des Deutschen Bundestages im Wege der einstweiligen Anordnung an, dass die neue Regelung einstweilen nicht in Kraft trat.[51]

Die Bayerische Staatsregierung und 249 Mitglieder des Deutschen Bundestages stellten im Herbst 1992 Anträge auf eine abstrakte Normenkontrolle der

---

[43] Vom 18. Mai 1976, BGBl. I S. 1213.

[44] Siehe dazu §§ 218, 218a und 219 StGB.

[45] BVerfGE 88, 203 (218).

[46] Nach dem Gesetz über die Unterbrechung der Schwangerschaft vom 9. März 1972, GBl. DDR I S. 89; zur Fortgeltung dieses Gesetzes siehe den Einigungsvertrag vom 31. August 1990 in Verbindung mit dem Einigungsvertragsgesetz vom 23. September 1990, BGBl. II S. 885 mit der Anlage II, Kapitel III, Sachgebiet C, Abschnitt I Nr. 4.

[47] § 31 Abs 4 des Einigungsvertrags.

[48] BT-StenProt. 12/99, S. 8377.

[49] BT-Drs. 12/2605 (neu) und 12/2875, S. 85 ff.

[50] BGBl. 1992 I S. 1398.

[51] BVerfGE 86, 390; die einstweilige Anordnung wurde durch Beschluss vom 25. Januar 1993 wiederholt, BVerfGE 88, 83.

Neuregelung[52]. Zur Begründung der von ihnen angenommenen Verfassungswidrigkeit der Regelung verwiesen sie darauf, dass das Grundgesetz in Art. 2 Abs. 2 Satz 1 in Verbindung mit Art. 1 Abs. 1 das sich im Mutterleib entwickelnde Leben unter den Schutz des Staates stelle. Sogar für den verfassungsändernden Gesetzgeber seien die Verbürgungen der einzelnen Grundrechte insoweit einer Einschränkung entzogen, als sie zur Aufrechterhaltung einer dem Art. 1 Abs. 1 und 2 GG entsprechenden Ordnung unverzichtbar seien.[53] Die Verbindung des Schutzes des Lebens in Art. 2 Abs. 2 Satz 1 GG mit dem Schutz der Menschenwürde sollte danach den jahrzehntelangen strafrechtspolitischen Streit über die Strafbarkeit eines Schwangerschaftsabbruchs sogar einer Lösung durch den verfassungsändernden Gesetzgeber entziehen.

Mit Urteil vom 28. Mai 1993 erklärte der Zweite Senat des Bundesverfassungsgerichts die Neuregelung für unvereinbar mit Art. 1 Abs. 1 in Verbindung mit Art. 2 Abs. 2 Satz 1 GG und setzte durch eine Rechtsfolgenanordnung gemäß § 35 BVerfGG eine vorläufige Neuregelung in Kraft. Danach fand § 218 StGB keine Anwendung, wenn die Schwangerschaft innerhalb von zwölf Wochen nach der Empfängnis durch einen Arzt abgebrochen wurde, die schwangere Frau den Abbruch verlangte und dem Arzt durch eine Bescheinigung nachgewiesen hatte, dass sie sich mindestens drei Tage vor dem Eingriff von einer anerkannten Beratungsstelle hatte beraten lassen. Das grundsätzliche Verbot des Schwangerschaftsabbruchs blieb auch in diesen Fällen unberührt.[54] Die detaillierte richterliche Rechtsfolgenanordnung nahm praktisch die folgende gesetzliche Neuregelung vorweg. Mit der Verabschiedung des Schwangeren- und Familienhilfeänderungsgesetzes[55] folgte der Gesetzgeber in allen wesentlichen Punkten der Rechtsfolgenanordnung des Bundesverfassungsgerichts und stellte den »beratenen Schwangerschaftsabbruch« innerhalb der ersten zwölf Wochen einer Schwangerschaft zwar straffrei, erklärte ihn aber weiterhin für rechtswidrig.

Das Urteil des Zweiten Senats hob den Schutz der Menschenwürde des nasciturus noch stärker hervor als das Urteil des Ersten Senats. Es betonte die Pflicht des Staates, sich schützend und fördernd vor das ungeborene Leben zu stellen und es vor rechtswidrigen Eingriffen von Seiten anderer zu bewahren. »Ihren Grund hat diese *Schutzpflicht* in Art. 1 Abs. 1 GG, der den Staat ausdrücklich zur Achtung und zum Schutz der Menschenwürde verpflichtet; ihr Gegenstand und – von ihm her – ihr Maß werden durch Art. 2 Abs. 2 GG näher bestimmt.«[56] Der Zweite Senat sieht die Schutzpflicht für das menschliche Leben nicht in Art. 2 Abs. 2 GG, sondern in der Pflicht des Staates zum Schutz der Menschen-

---

[52] BVerfGE 88, 203 (237) mit Abweichenden Meinungen der Richter *Mahrenholz, Sommer* und *Böckenförde.*

[53] BVerfGE 88, 203 (238).

[54] BVerfGE 88, 203 (208 ff.).

[55] Vom 21. August 1995, BGBl. I S. 1050.

[56] BVerfGE 88, 203 (251); Hervorhebung im Original.

würde verankert. Das Grundrecht auf Leben bestimmt nur den Gegenstand und das Maß der Pflicht des Staates.[57] Das Lebensrecht des Ungeborenen ist nach dem Urteil »das elementare und unveräußerliche Recht, das von der Würde des Menschen ausgeht«.[58] Die Erfüllung der Schutzpflicht für das ungeborene Leben »obliegt aller staatlichen Gewalt (Art. 1 Abs. 1 Satz 2 GG).«[59] Die Verankerung des Lebensschutzes in der jeglicher Verfassungsänderung entzogenen Verfassungspflicht zum Schutz der Menschenwürde bildet für den Senat den Übergang zu der Feststellung, dass ein Schutz des Ungeborenen gegenüber seiner Mutter nur möglich sei, »wenn der Gesetzgeber ihr einen Schwangerschaftsabbruch grundsätzlich verbietet und ihr damit die grundsätzliche Rechtspflicht auferlegt, das Kind auszutragen. Das grundsätzliche Verbot des Schwangerschaftsabbruchs und die grundsätzliche Pflicht zum Austragen des Kindes sind zwei untrennbar verbundene Elemente des verfassungsrechtlich gebotenen Schutzes.«[60] Durch die Verankerung des Schutzes des ungeborenen Lebens in der Garantie der Menschenwürde wird dessen Rechtsposition gegenüber den Rechten der Schwangeren auf Schutz und Achtung ihrer Menschenwürde, ihres Rechts auf Leben und körperliche Unversehrtheit sowie ihres Persönlichkeitsrechts[61] so gestärkt, dass dem Senat bei einer Abwägung das grundsätzliche Verbot eines Schwangerschaftsabbruchs von der Verfassung geboten erscheint. Der Weg zu einer Fristenlösung ist damit schon von Verfassungs wegen verbaut. Die jahrzehntelange strafrechtspolitische Auseinandersetzung über die Strafbarkeit eines Schwangerschaftsabbruchs ist durch cin verfassungsdogmatisches Diktum aus Karlsruhe zunächst beendet worden. Erst mit einer Änderung der Rechtsprechung des Bundesverfassungsgerichts kann die Grundlage für eine neue rechtspolitische Diskussion geschaffen werden. Eine solche Rechtsprechungsänderung ist aber nur zu erwarten, wenn nicht nur politische Kritik an der Verfassungsrechtsprechung geäußert wird, sondern wenn überzeugende Argumente gegen deren verfassungsdogmatische Grundlage vorgetragen werden. Das betrifft vor allem die Ableitung der Pflicht des Staates zum Schutz des ungeborenen Lebens aus der Pflicht zum Schutz der Menschenwürde.

IV. Kritik der Rechtsprechung

Horst Dreier hat vor allem in seiner Kommentierung von Art. 1 Abs. 1 GG einen wesentlichen und überzeugenden Beitrag zu der gebotenen wissenschaftlichen Auseinandersetzung mit der Rechtsprechung beider Senate des Bundes-

[57] Der Bezug auf Art. 1 Abs 1 GG wird wiederholt in BVerfGE 88, 203 (252).
[58] BVerfGE 88, 203 (Rn. 159).
[59] BVerfGE 88, 203 (Rn. 160).
[60] BVerfGE 88, 203 (Rn. 161).
[61] Dazu BVerfGE 88, 203 (Rn. 165).

verfassungsgerichts zu dem verfassungsrechtlichen Rahmen für die Regelung der Strafbarkeit eines Schwangerschaftsabbruchs geleistet. Schon in einem Aufsatz aus dem Jahr 1995[62] und in der ersten Auflage des von ihm herausgegebenen Grundgesetzkommentars 1996 hat er die argumentativen Schwächen der Verfassungsrechtsprechung zum Verhältnis zwischen dem Grundrecht auf Schutz des Lebens und der verfassungsrechtlichen Pflicht zum Schutz der Menschenwürde klar und überzeugend herausgearbeitet. Er hat sorgfältig begründet, warum die Feststellung »Wo menschliches Leben existiert, kommt ihm Menschenwürde zu« im ersten Urteil[63] »in der Begründung zweifelhaft und in ihren Konsequenzen schwerlich haltbar« ist.[64] Die daran anknüpfende Aussage im zweiten Urteil »Diese Würde des Menschseins liegt auch für das ungeborene Leben im Dasein um seiner selbst willen«[65] bezeichnet Horst Dreier zu Recht als »noch grundsätzlicher (und dunkler)«[66]. Zur Begründung seiner Kritik des Bundesverfassungsgerichts zeigt er auf, dass zwar die Menschenwürde eines personalen menschlichen Trägers bedarf, dass das Vorliegen eines solchen Trägers aber nicht automatisch zur Anwendbarkeit des Grundrechts der Menschenwürde führt. Seine Kernaussage ist, dass eine Verletzung menschlichen Lebens nicht mit der Verletzung der Menschenwürde identisch ist. Vielmehr müssen die Garantie der Menschenwürde und der Schutz des menschlichen Lebens entkoppelt werden. Das ist in der rechtswissenschaftlichen Diskussion auch in vielen Fällen selbstverständlich. So müssen Soldaten, Polizisten und Feuerwehrleute zwar ihr Leben für die Allgemeinheit einsetzen. Darin ist aber ebenso wenig eine Verletzung der Menschenwürde zu sehen wie in einem Todesschuss der Polizei auf einen Geiselnehmer zur Rettung einer Geisel. In diesen Fällen liegt zwar ein Eingriff in das Grundrecht auf Leben aus Art. 2 Abs. 2 Satz 1 GG, nicht aber eine Verletzung der Menschenwürde vor. Nicht jede Tötungshandlung stellt auch eine Verletzung der Menschenwürde dar. Auch ein Schwangerschaftsabbruch beendet das Leben des nasciturus, ohne dass damit notwendig eine Verletzung der Menschenwürde einhergeht. Horst Dreier verweist zu Recht auf den Vorwurf der Inkonsistenz, dem sich die Rechtsprechung des Bundesverfassungsgerichts ausgesetzt sieht: Das Bundesverfassungsgericht hält nämlich ungeachtet der von ihm angenommenen Beeinträchtigung der Menschenwürde einen Schwangerschaftsabbruch nicht nur bei einer medizinischen Indikation, sondern auch bei einer embryopathischen und bei einer kriminologischen Indikation für zulässig.[67] Das ist aber unvereinbar mit dem Unbedingtheitsanspruch und dem Absolutheitsgehalt der

[62] *Dreier*, Menschenwürdegarantie, S. 1036.
[63] BVerfGE 39, 1 (41).
[64] *Dreier*, Art. 1 I Rn. 47.
[65] BVerfGE 88, 203 (252).
[66] *Dreier*, Art. 1 I Rn. 47, Fn. 110.
[67] BVerfGE 39, 1 (49); 88, 203 (257).

Verpflichtung zum Schutz der Menschenwürde, wie Horst Dreier zutreffend feststellt.[68]

Der zweite grundlegende Einwand gegen die Rechtsprechung des Bundesverfassungsgerichts besteht darin, dass in der Qualifizierung der unvermittelten Verknüpfung von Lebensschutz und Menschenwürde ein »biologistisch-naturalistischer Fehlschluss« zu sehen ist.[69] In der Begründung dieser Kritik kann Horst Dreier auf seine Forschungen zur Rechtsphilosophie zurückgreifen. Er erinnert daran, dass etwas nicht automatisch Träger der Menschenwürde ist, nur weil es im biologisch-naturwissenschaftlichen Sinne menschliches Leben darstellt. Tragendes Argument für diese Feststellung ist, dass es dem Embryo an allen Voraussetzungen wie Ich-Bewusstsein, Vernunft und Fähigkeit zur Selbstbestimmung fehlt, die konstitutiv für die Menschenwürde sind. Horst Dreier legt überzeugend dar, nur die Mitgifttheorie in ihrer christlichen Variante könne die Annahme stützen, dass das ungeborene, unbewusste menschliche Leben Art. 1 Abs. 1 GG unterfalle. Er greift insoweit auf seine Analyse der theoretischen Ansätze für die Bestimmung der Menschenwürde zurück: In der christlichen Variante versteht die Mitgifttheorie die Menschenwürde als eine nur den Menschen als Abbild Gottes auszeichnende Qualität, die auf der besonderen Auszeichnung des Menschen im Rahmen der göttlichen Schöpfungsordnung beruht.[70] Sehr zurückhaltend spricht Horst Dreier mit Bezug auf diese Theorie von einer »bewegten Dogmengeschichte« des kanonischen Rechts und seinen Wandlungen.[71] Deren Tragfähigkeit hält er im religiös-weltanschaulich neutralen Staat zu Recht für sehr begrenzt.[72] Er verfolgt die Mitgifttheorie, die stark von Thomas von Aquin geprägt wurde, bis zu ihren Anfängen zurück. Danach war die Menschenwürde »verpflichtende Gabe Gottes«. Horst Dreier stellt jedoch zutreffend und prägnant fest: »Aus alledem folgt noch nichts Konkretes oder Verbindliches für Stellung, Wert und Würde des Menschen in der staatlichen Ordnung oder für eine bestimmte Ausgestaltung derselben.«[73] Nicht nur diese überzeugende Aussage zeigt den rechtsphilosophisch geschulten Wissenschaftler. Horst Dreier verwirft auch mit klarer Begründung andere denkbare philosophische Ansätze und Begründungswege für die vom Bundesverfassungsgericht vorgenommene Verknüpfung von Lebensschutz und Menschenwürde. Das gilt zum einen für die auf Günter Dürig zurückgehende »Objektformel«,[74] die Horst Dreier zu Recht für vage hält.[75] Unabhängig davon scheidet eine Erniedrigung oder Ver-

[68] *Dreier*, Art. 1 I Rn. 49.
[69] *Dreier*, Art. 1 I Rn. 50.
[70] *Dreier*, Art. 1 I Rn. 41.
[71] *Dreier*, Art. 1 I Rn. 50.
[72] Näher dazu *Dreier*, Menschenwürdegarantie, S. 1038 f.
[73] *Dreier*, Art. 1 I Rn. 5.
[74] *Günter Dürig*, AöR 81 (1956), S. 117 (127).
[75] *Dreier*, Art. 1 I Rn. 39.

ächtlichmachung des nasciturus aus. Die Verknüpfung von Lebensschutz und Menschenwürde kann sich zum anderen auch nicht auf die Leistungstheorie stützen, nach der Würde in einem gelungenen Prozess der Identitätsbildung und Selbstdarstellung erst gewonnen werden muss.[76] Zu einer solchen Leistung ist ein Embryo offensichtlich nicht in der Lage. Weiter kann die Verknüpfung auch nicht mit der Kommunikationstheorie begründet werden, derzufolge Schutzgut der Menschenwürde die mitmenschliche Solidarität ist.[77] Ungeborenes Leben hat nicht an einer solidarischen Anerkennungsgemeinschaft teil. Schließlich trägt auch das Naturrecht die Verknüpfung von Lebensschutz und Menschenwürde nicht. Horst Dreier hält die in der naturrechtlichen Theorie bemühte »Potentialität der Würdeerlangung« mit guten Gründen für eine problematische Kategorie.[78] Die Verknüpfung von Lebensschutz und Menschenwürde, die leitend für die Rechtsprechung des Bundesverfassungsgerichts ist, wird also nicht nur vom Gericht selbst in seinen beiden Urteilen nicht auf eine belastbare Begründungsgrundlage gestellt. Auch rechtsphilosophische Begründungsansätze vermögen die Verknüpfung nicht zu rechtfertigen. Das ist ein ernüchternder Befund der rechtswissenschaftlichen Analyse. Wenn weder das Bundesverfassungsgericht eine Begründung für die von ihm vorgenommene Verknüpfung von Lebensschutz und Menschenwürde liefert, noch rechtsphilosophische Begründungsansätze sich als tragfähig erweisen, stellt sich für den Wissenschaftler notwendig die Frage nach den Konsequenzen.

Diese Konsequenzen sind für Horst Dreier ganz klar: Starke Argumente sprechen beim ungeborenen Leben für eine Verlagerung von der Menschenwürde zum Lebensschutz.[79] Anders als für den Schutz der Menschenwürde in Art. 1 Abs. 1 GG sieht die Verfassung beim Lebensschutz in Art. 2 Abs. 2 GG einen Gesetzesvorbehalt vor, der gestufte Lösungen erlaubt. Da auch das Bundesverfassungsgericht im Ergebnis eine gestufte Lösung für den Schutz des ungeborenen Lebens vorsieht, entspricht dessen Verortung beim Grundrecht auf Schutz des Lebens dogmatisch durchaus den Vorstellungen des Gerichts. Während die Zulassung eines Schwangerschaftsabbruchs bei eugenischer, ethischer und sozialer Indikation sowie das Beratungskonzept in einem Wertungswiderspruch zum absoluten Schutz der Menschenwürde stehen, erlaubt Art. 2 Abs. 2 Satz 1 GG ohne Wertungswiderspruch einen gestuften Schutz des ungeborenen Lebens. Diese Argumentation ist so überzeugend, dass Horst Dreier sie praktisch unverändert in die Kommentierung des Art. 1 Abs. 1 GG der beiden folgenden Auflagen seines Kommentars übernehmen konnte.[80] In der Literatur wird die herbe

---

[76] *Dreier*, Art. 1 I Rn. 42.
[77] *Dreier*, Art. 1 I Rn. 43.
[78] *Dreier*, Art. 1 I Rn. 50.
[79] *Dreier*, Art. 1 I Rn. 51; ebenso schon *ders.*, Menschenwürdegarantie, S. 1040.
[80] *Dreier*, Art. 1 I Rn. 66ff., in: ders. (Hrsg.), Grundgesetz-Kommentar, Band I, 2. Auflage

Kritik an der Inkonsistenz der Argumentation des Bundesverfassungsgerichts weithin geteilt. Horst Dreier zitiert in der Kommentierung in der dritten Auflage seines Grundgesetzkommentars[81] die von ihm als »vernichtend« bezeichnete Kritik von Matthias Herdegen: »Diese Judikatur opfert grundrechtsdogmatische Konsistenz auf dem Altar ergebnisorientierter Geschmeidigkeit.«[82]

Nur vereinzelt ist die Rechtsprechung des Bundesverfassungsgerichts auf Zustimmung gestoßen. So will Hillgruber dem menschlichen Leben von Beginn seiner Existenz an – das ist für ihn der Zeitpunkt der Befruchtung, d.h. der Verschmelzung der Vorkerne – Menschenwürde zuerkennen, weil zu diesem Zeitpunkt die vom Bundesverfassungsgericht aufgestellten Kriterien eines entwicklungsfähigen Individuums vorlägen; die weitere Entwicklung des Embryos sei seit seiner Entstehung durch Kernverschmelzung ihm selbst als fertiges Programm angelegt, das nur noch »gestartet« werden müsse, ohne dass das sich anschließende Wachsen des Menschen noch substantielle Zäsuren aufweise.[83] Die Verknüpfung von Lebensschutz und Schutz der Menschenwürde durch das Bundesverfassungsgericht wird von ihm unterstützt, allerdings ebenso wenig begründet wie durch das Bundesverfassungsgericht. Wer diese Auffassung vertritt, wird auch nicht mehr die vom Bundesverfassungsgericht postulierte gestufte Regelung des Schwangerschaftsabbruchs vertreten können.[84]

V. Konsequenzen

Was folgt nun aus der vor allem von Horst Dreier so klar und prägnant vorgetragenen Kritik an der Verknüpfung des Schutzes des Lebens des nasciturus mit der Verfassungspflicht zum Schutz der Menschenwürde durch das Bundesverfassungsgericht? Da das Ansehen und die Wirkungsmacht des Bundesverfassungsgerichts zu einem erheblichen Teil auf der Überzeugungskraft seiner Entscheidungen beruht, ist zu hoffen, dass das Gericht Gelegenheit erhalten wird, seine Argumentation aus den beiden Entscheidungen zum Schwangerschaftsabbruch noch einmal auf ihre Stichhaltigkeit hin zu überprüfen. Ohne ein neues Verfahren über die Vereinbarkeit einer gesetzlichen Regelung des Schwangerschaftsabbruchs mit den Grundrechten aus Art. 2 Abs. 2 Satz 1 GG und über die Bedeutung des Art. 1 Abs. 1 GG für die Bewertung der Rechtmäßigkeit eines

2004 und *Dreier*, Art. 1 I Rn. 68ff., in: ders. (Hrsg.), Grundgesetz-Kommentar, Band I, 3. Auflage 2013.

[81] *Dreier*, Art. 1 I (3. Auflage 2013) Rn. 71, Fn. 117.

[82] *Matthias Herdegen*, in: Dürig/Herzog/Scholz (Hrsg.), Grundgesetz-Kommentar, Mai 2009, Art. 1 Abs 1 Rn. 112.

[83] *Christian Hillgruber*, in: BeckOK Grundgesetz, Epping/Hillgruber, 56. Auflage 2023, Art. 1 Rn. 4.

[84] So äußert denn auch *Hillgruber* im Staatslexikon der Görres Gesellschaft scharfe Kritik an der Beratungslösung, Band V, 2021, Stichwort Schwangerschaftsabbruch II. 4.

Schwangerschaftsabbruchs bleibt die verfassungsgerichtliche Regelung bestehen. Als Gericht kann das Bundesverfassungsgericht seine Rechtsprechung nur in einem neuen Verfahren ändern, in dem die streitigen Rechtsfragen ihm noch einmal zur Entscheidung vorgelegt werden. Über 30 Jahre nach dem bislang letzten einschlägigen Urteil des Bundesverfassungsgerichts besteht kein Normwiederholungsverbot für den Gesetzgeber. Das Bundesverfassungsgericht geht in ständiger Rechtsprechung davon aus, dass der Gesetzgeber nur an die Verfassung gebunden ist und eine vom Bundesverfassungsgericht für verfassungswidrig erklärte Norm wegen seiner Gestaltungsfreiheit und Gestaltungsverantwortung inhaltsgleich neu erlassen kann, wenn er das für erforderlich hält.[85] Er darf dabei allerdings die vom Bundesverfassungsgericht festgestellten Gründe der Verfassungswidrigkeit des ursprünglichen Gesetzes nicht übergehen. Vielmehr muss er die besonderen Gründe darlegen, die aus seiner Sicht zu einer wesentlichen Änderung der für die verfassungsrechtliche Beurteilung maßgeblichen tatsächlichen oder rechtlichen Verhältnisse oder der ihr zugrunde liegenden Anschauungen geführt haben.[86]

Wenn der Gesetzgeber neue Regeln für den Schwangerschaftsabbruch erlässt, muss er die Grundrechtsposition der Schwangeren mit der des nasciturus abwägen. Der Staat ist verpflichtet, das Grundrecht des nasciturus auf Leben aus Art. 2 Abs. 2 Satz 1 GG zu schützen. Ihn trifft insoweit eine Schutzpflicht. Nach dem »juristischen Paukenschlag«[87] des ersten Urteils zum Schwangerschaftsabbruch hat das Bundesverfassungsgericht unter Zustimmung der Literatur die Schutzpflichtendogmatik in einer Reihe von Entscheidungen entfaltet. Horst Dreier betont zu Recht, dass ältere Regelungen des Strafrechts damit eine grundrechtliche Dimension erhalten haben.[88] Bei der Erfüllung der grundrechtlichen Schutzpflichten steht dem Gesetzgeber nach ständiger Rechtsprechung ein »weiter Einschätzungs-, Wertungs- und Gestaltungsspielraum« zu. Aus einer grundrechtlichen Schutzpflicht folgt nach der Rechtsprechung des Bundesverfassungsgerichts in der Regel keine bestimmte Handlungsvorgabe. Es ist vielmehr Aufgabe des Gesetzgebers, in eigener Verantwortung zu entscheiden, wie er eine Schutzpflicht erfüllt.[89] Mit dieser seit längerem ständigen Rechtsprechung des Bundesverfassungsgerichts ist eine Pflicht, den Schwangerschaftsabbruch zu bestrafen, wie sie das Bundesverfassungsgericht im ersten Urteil zum Schwangerschaftsabbruch postuliert hat,[90] nicht zu vereinbaren. Horst Dreier spricht denn auch mit Recht von einem »letztendlichen Scheitern« dieses Ansatzes und konstatiert, dass die Herleitung der Schutzpflicht für das ungeborene

---

[85] BVerfGE 77, 84 (103 f.).
[86] BVerfGE 96, 260 (263); vergleiche auch BVerfGE 135, 259 (281 f., Rn. 36 f.).
[87] *Josef Isensee*, Das Grundrecht auf Sicherheit, 1983, S. 27.
[88] Näher dazu *Dreier*, Vorb. (3. Auflage 2013) Rn. 102.
[89] BVerfGE 125, 39 (78, Rn. 135) mit weiteren Nachweisen zur Rechtsprechung.
[90] BVerfGE 39, 1 (65 f.).

Leben aus der Menschenwürdegarantie letzten Endes nicht überzeugen kann.[91] Grundlage der Pflicht des Staates, das Leben des nasciturus zu schützen, ist nicht Art. 1 Abs. 1 GG, sondern Art. 2 Abs. 2 Satz 1 GG. Bei der Erfüllung seiner Schutzpflicht muss der Staat die Grundrechte der Schwangeren beachten. Das sind nach der Rechtsprechung des Bundesverfassungsgerichts neben dem Anspruch der schwangeren Frau auf Schutz und Achtung ihrer Menschenwürde vor allem ihr Recht auf Leben und körperliche Unversehrtheit aus Art. 2 Abs. 2 Satz 1 GG und ihr Persönlichkeitsrecht aus Art. 2 Abs. 1 GG.[92] In diesem mehrpoligen Grundrechtsverhältnis[93] hat der Gesetzgeber einen weiten Abwägungsspielraum. Eine Verfassungspflicht, Schwangerschaftsabbrüche für rechtswidrig oder sogar für strafbar zu erklären, dürfte sich dogmatisch nicht begründen lassen. Vielmehr hat der Gesetzgeber bei der Erfüllung seiner Schutzpflicht für das Leben des nasciturus in Abwägung mit den Grundrechten der schwangeren Frau einen weiten Gestaltungsspielraum, der auch eine Fristenregelung umfasst. Die Forschung von Horst Dreier hat wesentlich zur Herausarbeitung dieser Erkenntnis auf der Grundlage von Verfassungsdogmatik und Rechtsphilosophie beigetragen.

---

[91] *Dreier*, Vorb. (3. Auflage 2013) Rn. 103, Fn. 509.

[92] BVerfGE 88, 203 (254).

[93] Dazu *Matthias Cornils*, in: Stern/Sodan/Möstl, Das Staatsrecht der Bundesrepublik Deutschland im europäischen Staatenverbund, 2. Auflage 2022, § 69, Rn. 95 ff.

Die COVID-19-Pandemie als Herausforderung für das Grundgesetz

Ausgangsbeschränkungen, Freiheit der Person und die Dogmatik der grundgesetzlichen Gesetzesvorbehalte

*Ferdinand Wollenschläger**

Die zur Bekämpfung der dritten COVID-19-Pandemiewelle im Frühjahr 2021 erlassene Bundesnotbremse, die Infektionsschutzmaßnahmen wie Ausgangsbeschränkungen oder Schulschließungen erstmals unmittelbar durch Parlamentsgesetz angeordnet hat, hat das selbstvollziehende Gesetz in den Mittelpunkt des rechtswissenschaftlichen Interesses gerückt. Für die Dogmatik der grundgesetzlichen Gesetzesvorbehalte hat sich insoweit die Frage gestellt, ob mittels dieses Gesetzestyps in nur auf Grund eines Gesetzes beschränkbare Grundrechte eingegriffen werden darf. Anknüpfend an das reiche Œuvre des Jubilars (I.) ordnet der Beitrag diese Thematik in die zahlreichen Herausforderungen der COVID-19-Pandemie für das Grundgesetz ein (II.) und untersucht anhand von Ausgangsbeschränkungen, ob sich diese als Freiheitsbeschränkung i. S. d. Art. 2 Abs. 2 Satz 2, Art. 104 GG erweisen (III.) und bei Statuierung durch selbstvollziehendes Gesetz der Schranke dieses Grundrechts genügen, das Eingriffe nur auf Grund eines Gesetzes zulässt (IV.).

I. Prolog

Horst Dreier hat ein in Umfang, Tiefe und Bandbreite beeindruckendes Œuvre vorgelegt. Dieses erstreckt sich sowohl auf Grundlagendisziplinen wie die Rechtsphilosophie, die Rechtstheorie oder die Verfassungsgeschichte als auch auf das geltende Verfassungsrecht. Für letzteres steht der *Dreier*, nicht nur einer der führenden Kommentare zum Grundgesetz, sondern auch das Jubilar und Autor dieser Zeilen in besonderer Weise verbindende Werk. *Horst Dreiers* starke Grundlagenorientierung schließt nicht aus, auch dies zeichnet ihn aus, zu genauso aktuellen wie fundamentalen gesellschaftlichen Fragen Position zu be-

---

* Der Verfasser hat die Bundesregierung in den Verfahren zur Bundesnotbremse vor dem Bundesverfassungsgericht vertreten und den Deutschen Bundestag als Experte im Rahmen der Anhörung zum Vierten Bevölkerungsschutzgesetz beraten.

ziehen, sei es im Bereich der Bioethik,[1] des Verhältnisses von Staat und Religion[2] oder jüngst der COVID-19-Pandemie[3]; dass seine Stimme dabei auch jenseits des wissenschaftlichen Diskurses Gewicht hat, unterstreichen Mitgliedschaften im Nationalen Ethikrat oder im Sachverständigenausschuss zur Evaluation der Pandemiebekämpfungsmaßnahmen. An diese Befassung *Horst Dreiers* mit Verfassungsfragen der COVID-19-Pandemie knüpft der vorliegende Beitrag an und folgt damit dem Aufruf des Jubilars, sich der auch in verfassungsrechtlicher Hinsicht notwendigen Debatte über die erfolgte und künftige Pandemiebekämpfung zu stellen.[4]

II. Die COVID-19-Pandemie als Herausforderung für das Grundgesetz

Die Bekämpfung der COVID-19-Pandemie haben das Verfassungsrecht und damit natürlich auch den Jubilar herausgefordert. Aufgerufen war nicht nur die Frage der Verhältnismäßigkeit staatlicher Schutzmaßnahmen, mit denen Grundrechtseingriffe einhergingen, die, wie nicht nur der Jubilar hervorhob, »in Umfang, Breite und Tiefe historisch einmalig, ohne Beispiel und ohne Vorbild« waren.[5] Vielmehr standen auch die Architektur der Pandemiebekämpfung und damit, um den Titel eines maßgeblichen Beitrags von *Horst Dreier* aufzugreifen, »Rechtsstaat, Föderalismus und Demokratie in der Corona-Pandemie«[6] im Mittelpunkt der Diskussion.

---

[1] Siehe nur *H. Dreier*, Bioethik – Politik und Verfassung, Tübingen 2013.

[2] Dazu *H. Dreier*, Staat ohne Gott. Religion in der säkularen Moderne, München 2018.

[3] Siehe *H. Dreier*, Rechtsstaat, Föderalismus und Demokratie in der Corona-Pandemie, in: DÖV 2021, S. 229; *ders.*, Verfassungsrechtliche Grenzen des Infektionsschutzes, in: A. W. Lohse (Hrsg.), Infektionen und Gesellschaft. COVID-19, frühere und zukünftige Herausforderungen durch Pandemien, 2021, S. 90; *ders.*, Verfassungsrechtliche Aspekte der Pandemiebekämpfung, in: A. W. Lohse/T. C. Mettenleiter (Hrsg.), Infektionen und Gesellschaft, 2022, S. 124; *ders.*, Der Verfassungsstaat des Grundgesetzes in der Corona-Pandemie, in: Die Handlungsfähigkeit des demokratischen Verfassungsstaates in Krisenzeiten. Bitburger Gespräche. Jahrbuch 2022, 2023, S. 23.

[4] *Dreier*, Aspekte, S. 132. Zu Notwendigkeit und Grundlegung einer allgemeinen Pandemiegesetzgebung *H.-G. Dederer/M. Preiß*, AöR 202 (2023), S. 289 (323 ff.). Siehe überdies den Regelungsvorschlag von *J. Gallon/A.-L. Hollo/A. Kießling*, Epidemiegesetz. Entwurf eines Gesetzes zur Neuordnung der Rechtsgrundlagen der Epidemiebekämpfung, Baden-Baden 2023.

[5] *Dreier*, Grenzen, S. 105; ferner *ders.*, Verfassungsstaat, S. 23 (23). Ähnlich BayVGH, BeckRS 2020, 28521, Rn. 30; *C. Möllers*, Parlamentarische Selbstentmächtigung im Zeichen des Virus, in: VerfBlog, 2020/3/26, https://verfassungsblog.de/parlamentarische-selbstentmaechtigung-im-zeichen-des-virus/ (hier und im Folgenden 29. April 2024): »massivste kollektive Grundrechtseingriff in der Geschichte der Bundesrepublik«.

[6] DÖV 2021, S. 229.

1. Rechtsstaat, Föderalismus und Demokratie in der COVID-19-Pandemie

Angesichts der sich schnell einstellenden Dominanz der Handlungsform (Landes)Rechtsverordnung schien sich nicht nur das Diktum, Krisen seien Stunden der Exekutive,[7] zu bewahrheiten.[8] Es stellte sich insbesondere[9] die Frage, ob das Infektionsschutzrecht den verfassungsrechtlichen Anforderungen an die exekutive Rechtssetzung, namentlich Art. 80 Abs. 1 GG und dem Parlamentsvorbehalt qua Wesentlichkeit[10] genügende Ermächtigungsgrundlagen beinhaltete.[11] Dies galt sowohl für die zu Beginn der Pandemie mangels Alternative herangezogene, nicht spezifisch auf Pandemien zugeschnittene und im Wesentlichen schlicht zur Anordnung der »notwendigen Schutzmaßnahmen« bei Feststellung Kranker ermächtigende Generalklausel des § 28 Abs. 1 Satz 1 1. HS i. V. m. § 32 IfSG[12] als auch für die mit dem Dritten Bevölkerungsschutzgesetz vom 18. November 2020[13] eingeführte spezifische exekutive Handlungsermächtigung zur Bekämpfung des Coronavirus SARS-CoV-2 (§ 28a IfSG). In beiden Fällen lag indes, wie andernorts näher ausgeführt, eine verfassungskonforme Ermächtigungsgrundlage vor.[14]

Gewissermaßen in Umkehr dieser Perspektive kam sodann im Zuge der Verabschiedung des Vierten Bevölkerungsschutzgesetzes vom 22. April 2021[15] die Frage nach einem möglicherweise verfassungswidrigen Zuviel an parlamentarischer Steuerung auf. Um die dritte Welle im Frühjahr 2021 zu brechen, hat der Deutsche Bundestag nämlich angesichts und für den Fall eines hochgradigen Infektionsgeschehens erstmals selbst Maßnahmen der Pandemiebekämpfung

---

[7] Siehe etwa der frühere Bundesinnenminister *G. Schröder* im Kontext der Debatte um die Notstandsgesetzgebung, in: Plen. Prot. 3. WP, 124. Sitzung am 28. September 1960, S. 7177 (C). Umfassende Nachweise bei *A.-B. Kaiser*, Ausnahmeverfassungsrecht, 2020, S. 30.

[8] Ebenso *A. Klafki*, NVwZ 2020, S. 1718 (1718). Kritisch *V. Boehme-Neßler*, DÖV 2021, S. 243 (243 f.); *F. Hase*, JZ 2020, S. 1107 (1108 Fn. 11).

[9] Siehe ferner zur Problematik der Einräumung von Abweichungsbefugnissen von (parlaments)gesetzlichen Regelungen *F. Wollenschläger*, Die COVID-19-Pandemie als Stunde der Exekutive und die parlamentarische Demokratie des Grundgesetzes, in: A. Koch/M. Kubiciel/F. Wollenschläger/W. Wurmnest (Hrsg.), FS 50 Jahre Juristische Fakultät der Universität Augsburg, 2021, S. 651 (673 ff.); die Verfassungskonformität verneinend *H. Dreier*, DÖV 2021, S. 229 (235 ff.); *ders.*, Grenzen, S. 90 (95 ff.); *ders.*, Aspekte, S. 124 (125 ff.); *ders.*, Verfassungsstaat, S. 23 (36 ff.).

[10] Siehe nur BVerfGE 150, 1 (96 ff., Rn. 190 ff.).

[11] Näher zu den Anforderungen, gerade auch im Pandemie-Kontext *H. Dreier*, DÖV 2021, S. 229 (230 ff.); *ders.*, Grenzen, S. 91 ff.; ferner *H.-G. Dederer/M. Preiß*, AöR 202 (2023), S. 289; *Wollenschläger*, COVID-19-Pandemie, S. 651 (666 ff.).

[12] Siehe dazu nur *H. Dreier*, DÖV 2021, S. 229 (230 f.).

[13] BGBl. 2020 I, 2397.

[14] Zur ersten Frage BVerwGE 177, 60 (66 ff.), NVwZ 2023, 1846 (1849 ff.); *Wollenschläger*, COVID-19-Pandemie, S. 659 ff.; kritisch *Dreier*, Verfassungsstaat, S. 23 (27 f., 34). Zur zweiten Frage *Wollenschläger*, COVID-19-Pandemie, S. 676 ff.; positiv auch *Dreier*, Verfassungsstaat, S. 29.

[15] BGBl. 2021 I 802.

durch Parlamentsgesetz angeordnet, etwa Ausgangsbeschränkungen oder Schulschließungen (»Bundesnotbremse«). Die – bis zum 30. Juni 2021 befristeten – Maßnahmen griffen bundeseinheitlich mit Erreichen des (kreisbezogenen) Schwellenwerts einer Sieben-Tage-Inzidenz von 100 (bzw. 165 für die Untersagung des Präsenzunterrichts in Schulen) und galten unmittelbar, d.h. ohne die Notwendigkeit eines Verordnungserlasses auf Landesebene wie bei §§ 28, 28a, 32 IfSG. In dieser »Notbremse« (§ 28b IfSG a.F.) liegt eine (partielle) Abkehr vom zuvor skizzierten Modell einer Grobsteuerung durch Parlamentsgesetz bei Konkretisierungsbefugnis der Landesregierungen, in den Worten des Jubilars eine »signifikante Abweichung vom bisherigen Regelungsmodell«,[16] ein »Systemwechsel«[17]. Hinzuzufügen ist, dass der Bundesgesetzgeber auch nach Außerkrafttreten der Bundesnotbremse Ende Juni 2021 (und trotz Kritik) an dieser Regelungstechnik festgehalten und Schutzmaßnahmen unmittelbar parlamentsgesetzlich angeordnet hat, so im Gesetz zur Änderung des Infektionsschutzgesetzes vom 22. November 2021 (§ 28b IfSG: Homeoffice-Gebot, 3G-Regelung am Arbeitsplatz, 3G-Regelung und Maskenpflicht im Personenverkehr)[18] und zuletzt im insoweit bis zum 7. April 2022 befristeten Gesetz zur Stärkung des Schutzes der Bevölkerung und insbesondere vulnerabler Personengruppen vor COVID-19 vom 16. September 2022 (Maskenpflicht im öffentlichen Fernverkehr).[19]

Stand vor Einführung des § 28b IfSG ein Zuwenig an parlamentarischer Steuerung im Zentrum der Kritik, wurde nunmehr, teils von denselben Stimmen, ein Zuviel gebrandmarkt.[20] Auch beim Jubilar ist diese Regelungstechnik auf Ablehnung gestoßen, sei der Einsatz selbstvollziehender Normen »zumindest ungewöhnlich«[21] und empfehle sich »eine Wiederholung dieses Schrittes [...] keineswegs«[22]. Bekanntermaßen hat das Bundesverfassungsgericht diese Regelungstechnik in seinen beiden Beschlüssen Bundesnotbremse I und II vom 19. November 2021 nicht beanstandet,[23] und zwar zu Recht, was hier nicht vertieft werden kann; der Jubilar hat dies kritisiert, habe das Gericht »[d]ie selbstaus-

[16] *Dreier*, Aspekte, S. 127; *ders.*, Verfassungsstaat, S. 30.

[17] *Dreier*, Aspekte, S. 127.

[18] BGBl. 2021 I 4906.

[19] BGBl. 2022 I 1454.

[20] *T. Barczak*, JZ 2022, S. 981 (987f., 988f.); *A. Blankenagel*, DVBl 2023, S. 179 (182f.); *T. Kingreen*, Stellungnahme, BT-Drs. 19(14)323(19), S. 3; *O. Lepsius*, Der Staat 60 (2021), S. 609 (620); *K. Ritgen*, ZG 37 (2022), S. 102 (110); *U. Volkmann*, Das Parlament als Polizeibehörde, in: FAZ Einspruch vom 20. April 2021, https://www.faz.net/einspruch/corona-notbremse-das-parlament-als-polizeibehoerde-17303021.html. Kritisch ferner *C. Möllers*, Stellungnahme, Ausschussdrs. 19 (14) 323 (2).

[21] *Dreier*, Verfassungsstaat, S. 31.

[22] *Dreier*, Aspekte, S. 127. Kritisch auch *ders.*, Verfassungsstaat, S. 31 f. Ebenso Bericht des Sachverständigenausschusses nach § 5 Abs. 9 IfSG, S. 113. Für einen Vorrang vollzugsbedürftiger Normen *H.-G. Dederer/M. Preiß*, AöR 202 (2023), S. 289 (347).

[23] Siehe BVerfGE 159, 223 (285ff., Rn. 134ff.); 159, 355 (405, Rn. 108).

führenden Normen der Bundesnotbremse [...] praktisch nicht näher problematisiert, auch nicht die damit vor allem verbundene Reduzierung des gerichtlichen Rechtsschutzes, die sich auch mit schlanken Hinweisen auf die Möglichkeit einer vorbeugenden oder negativen Feststellungsklage nicht einfach erledigen lässt.«[24]

2. *Ausgangsbeschränkungen durch Parlamentsgesetz und der Gesetzesvorbehalt des Art. 2 Abs. 2 Satz 3, Art. 104 Abs. 1 Satz 1 GG*

Die Anordnung von Schutzmaßnahmen unmittelbar durch Parlamentsgesetz hat nicht nur die vorstehend angedeutete allgemeine staatsrechtliche Frage nach der Verortung des Typs des selbstvollziehenden Gesetzes in der grundgesetzlichen Ordnung aufgeworfen. Vielmehr hat sich spezifisch mit Blick auf die in § 28b Abs. 1 Satz 1 Nr. 2 IfSG a. F. statuierte Ausgangsbeschränkung die Frage gestellt, ob, so man diese als Eingriff in die Freiheit der Person (Art. 2 Abs. 2 Satz 2, Art. 104 GG) qualifiziert, dem Gesetzesvorbehalt des Art. 2 Abs. 2 Satz 3, Art. 104 Abs. 1 Satz 1 GG Genüge getan ist, der Beschränkungen *nur auf Grund* eines Gesetzes bzw. eines förmlichen Gesetzes zulässt und damit, jedenfalls bei strikter Interpretation, nicht (unmittelbar) *durch Gesetz*.

Dieser strikten Interpretation hat sich das Bundesverfassungsgericht in seinem Beschluss Bundesnotbremse I vom 19. November 2021 indes nicht angeschlossen. Es hat zwar die Ausgangsbeschränkung als Freiheitsbeschränkung und damit als Eingriff in Art. 2 Abs. 2 Satz 2, Art. 104 GG eingeordnet;[25] allerdings hat es Freiheitsbeschränkungen auch unmittelbar durch Parlamentsgesetz für vom Gesetzesvorbehalt gedeckt erachtet.[26] Beim Jubilar ist dies auf Kritik gestoßen: »Recht leicht macht es sich das Gericht zudem damit, dass die Freiheit der Person gemäß Art. 2 Abs. 2 S. 3, 104 Abs. 1 Satz 1 GG ›nur auf Grund eines förmlichen Gesetzes‹ und nicht unmittelbar durch Gesetz eingeschränkt werden kann, wie es durch die Bundesnotbremse möglich war. Die Hinweise, warum das entgegen dem Wortlaut möglich sein soll, sind wenig überzeugend.«[27]

In Anknüpfung hieran verortet der vorliegende Beitrag zunächst Ausgangsbeschränkungen im Grundrechtsregime des Grundgesetzes (III.) und spürt sodann der nicht nur von *Horst Dreier* aufgeworfenen Frage nach, ob diese angesichts des Gesetzesvorbehalts des Art. 2 Abs. 2 Satz 2, Art. 104 Abs. 1 GG überhaupt durch selbstvollziehendes Parlamentsgesetz angeordnet werden können (IV.).

Als Basis der folgenden Überlegungen sei die Regelung der nächtlichen Ausgangsbeschränkung durch § 28b Abs. 1 Satz 1 Nr. 2 IfSG a. F. kurz skizziert.

---

[24] *Dreier*, Aspekte, S. 128. Ebenso *ders.*, Verfassungsstaat, S. 31. Kritisch auch *U. Volkmann*, Von der Logik der Form zur Logik der Tat, in: Bitburger Gespräche. Jahrbuch 2022, S. 51 (60).

[25] Siehe BVerfGE 159, 223 (328 ff., Rn. 240 ff.).

[26] Siehe BVerfGE 159, 223 (338 ff., Rn. 267 ff.).

[27] *Dreier*, Aspekte, S. 128; ferner *ders.*, Verfassungsstaat, S. 31.

Diese Schutzmaßnahme griff, so die Sieben-Tage-Inzidenz in einem Landkreis oder einer kreisfreien Stadt an drei aufeinander folgenden Tagen den Schwellenwert von 100 überschritt, ab dem übernächsten Tag und untersagte grundsätzlich den »Aufenthalt von Personen außerhalb einer Wohnung oder einer Unterkunft und dem jeweils dazugehörigen befriedeten Besitztum [...] von 22 Uhr bis 5 Uhr des Folgetags«. Dabei galten Ausnahmen für Aufenthalte, die bestimmten Zwecken dienten, nämlich »a) der Abwendung einer Gefahr für Leib, Leben oder Eigentum, insbesondere eines medizinischen oder veterinärmedizinischen Notfalls oder anderer medizinisch unaufschiebbarer Behandlungen, b) der Berufsausübung im Sinne des Artikels 12 Absatz 1 des Grundgesetzes, soweit diese nicht gesondert eingeschränkt ist, der Ausübung des Dienstes oder des Mandats, der Berichterstattung durch Vertreterinnen und Vertreter von Presse, Rundfunk, Film und anderer Medien, c) der Wahrnehmung des Sorge- oder Umgangsrechts, d) der unaufschiebbaren Betreuung unterstützungsbedürftiger Personen oder Minderjähriger oder der Begleitung Sterbender, e) der Versorgung von Tieren, f) aus ähnlich gewichtigen und unabweisbaren Zwecken oder g) zwischen 22 und 24 Uhr der im Freien stattfindenden allein ausgeübten körperlichen Bewegung, nicht jedoch in Sportanlagen«.

III. Ausgangsbeschränkungen im Grundrechtsregime des Grundgesetzes

1. Ausgangs- als Freiheitsbeschränkungen i. S. d. Art. 2 Abs. 2 Satz 2, Art. 104 GG?

Die in Art. 2 Abs. 2 Satz 2 i. V. m. Art. 104 Abs. 1 GG gewährleistete Freiheit der Person »schützt die im Rahmen der geltenden allgemeinen Rechtsordnung gegebene tatsächliche körperliche Bewegungsfreiheit vor staatlichen Eingriffen«[28]. Dabei ist umstritten und für die Qualifikation der nächtlichen Ausgangs- als Freiheitsbeschränkung entscheidend, ob und inwieweit diese Verbürgung über unzweifelhaft erfasste Maßnahmen mit physischer Zwangswirkung wie »Verhaftung, Festnahme und ähnliche Maßnahmen des unmittelbaren Zwangs«[29] hinaus auch sonstige Beschränkungen der Fortbewegungsfreiheit umfasst.[30]

[28] BVerfGE 159, 223 (329, Rn. 241).

[29] BVerfGE 159, 223 (330, Rn. 243). Entsprechend restriktiv formuliert BVerfGE 149, 293 (318, Rn. 65). Ebenso *C. Degenhart*, in: M. Sachs (Hrsg.), GG, 9. Auflage 2021, Art. 104 Rn. 4 (siehe aber auch Rn. 7); *V. Mehde*, in: G. Dürig/R. Herzog/R. Scholz (Hrsg.), GG, Art. 104 Rn. 34 (Stand: 86. EL Januar 2019).

[30] Einen Eingriff bejahen *A. Funke*, in: F. Brosius-Gersdorf (Hrsg.), Dreier-Grundgesetz-Kommentar, Band I, 4. Auflage 2023, Art. 2 II 2 Rn. 15; *A. Kießling*, in: dies. (Hrsg.), IfSG, 3. Auflage 2022, § 28a, Rn. 41; *T. Kingreen*, NJW 2021, S. 2766 (2771); *ders./R. Poscher*, Grundrechte, 39. Auflage 2023, Rn. 595; *D. Kuch*, Freiheitsentziehung, Tübingen 2023, S. 185 ff.,

Für ein enges Verständnis spricht zunächst die Normtradition: Art. 2 Abs. 2 Satz 2 und Art. 104 GG stehen »in der Tradition des zunächst in England entwickelten Instituts ›Habeas corpus‹, mit dessen Hilfe Festnahmen und verwandte, mit körperlichem Zwang verbundene Freiheitsbeschränkungen durch die öffentliche Gewalt begrenzt und verfahrensrechtlichen Anforderungen unterworfen wurden«[31]. Systematisch spiegelt sich dies auch in der Verortung des Art. 104 GG bei den Justizgrundrechten. Ein enges Verständnis der Freiheitsentziehung legt auch Art. 104 Abs. 1 Satz 2 GG nahe, nach dem »[f]estgehaltene Personen […] weder seelisch noch körperlich mißhandelt werden« dürfen. Dies impliziert eine physische Einwirkungsmöglichkeit auf die festgehaltene Person. Auch der Regelungszusammenhang des Art. 2 Abs. 2 Satz 2 GG mit Satz 1 (körperliche Unversehrtheit) verdeutlicht das Erfordernis körperlichen Zwangs.[32] Vor diesem Hintergrund hat auch das Bundesverfassungsgericht – wiewohl erst im Kontext der Bestimmung der Reichweite des Gesetzesvorbehalts – konstatiert, dass »Normprogramm und Schutzrichtung der Schrankenregelung […] grundsätzlich auf solche Eingriffe in die Fortbewegungsfreiheit zugeschnitten [sind], die selbst bereits unmittelbar körperlichen Zwang entfalten oder solchen für den Einzelfall gestatten. Die prozeduralen und materiellen Sicherungen des Art. 104 Abs. 1 GG sind in den Fällen erforderlich, in denen die staatliche Gewalt unmittelbaren körperlichen Zugriff auf eine Person hat.«[33]

227f., 257ff.; *P. Kunig/J.-A. Kämmerer*, in: I. von Münch/P. Kunig (Begr.), GG, Band I, 7. Auflage 2021, Art. 2 Rn. 132, 143; *O. Lepsius*, Der Staat 60 (2021), S. 609 (627f.); *R. Penßel*, JZ 2022, S. 535 (541); *F. Schmitt*, NJW 2020, S. 1626 (1626f.); *K.-A. Schwarz*, COVuR 2021, S. 258 (260f.); *S. Wagner*, COVuR 2021, S. 647 (648f.); *T. Wißgott*, Keine ›self-executing‹ Ausgangssperre, in: VerfBlog 2021/4/24, https://verfassungsblog.de/keine-self-executing-ausgangssperre/. A. A. BayVerfGH, COVuR 2021, S. 106 (107, Rn. 18); BeckRS 2021, 1765, Rn. 61ff.; BayVGH, BeckRS 2021, 3811, Rn. 21, 25; *H. Greve/P. Lassahn*, NVwZ 2021, S. 665 (668); *T. Kingreen*, JURA 2020, S. 1019 (1023); *A.K. Mangold*, Kurzgutachten, S. 13, https://freiheitsrechte.org/uploads/publications/Demokratie/Kurzgutachten-Ausgangssperren-2021-Gesellschaft-fuer-Freiheitsrechte-Corona.pdf: »Grundrechtliche Bewertung einer Ausgangssperre zur Pandemiebekämpfung«.

[31] *H.D. Jarass,* in: ders./B. Pieroth, GG, 18. Auflage 2024, Art. 2 Rn. 128. Siehe auch BayVerfGH, BeckRS 2020, 32354, Rn. 42; *T. Kingreen*, JURA 2020, S. 1019 (1023). Kritisch *S. Wagner*, COVuR 2021, S. 647 (649).

[32] Siehe auch *Mangold*, Kurzgutachten, S. 13. Abl. *Kingreen/Poscher*, Grundrechte, Rn. 592.

[33] BVerfGE 159, 223 (341, Rn. 272), erläuternd S. 340f., Rn. 271: »Ungeachtet dessen liegt Art. 2 Abs. 2 Satz 2 und 3 sowie Art. 104 Abs. 1 Satz 1 GG an sich ein erkennbar auf den administrativen Vollzug freiheitsbeschränkender Maßnahmen und die hierbei zu wahrenden legislativen und judikativen Vorgaben ausgerichtetes Normprogramm zugrunde. Die übrigen in Art. 104 Abs. 1 Satz 1 GG formulierten Anforderungen an die Einschränkungen der Freiheit der Person verstärken diesen Eindruck. Die Regelung schreibt einen rechtlich geordneten Ablauf der Freiheitsbeschränkung vor und stellt insoweit formelle sowie materielle Vorgaben auf. Erreicht die Eingriffsintensität das Niveau einer Freiheitsentziehung […], wird diese in den folgenden Absätzen unter weitere prozedurale Voraussetzungen gestellt. Entsprechend folgt aus Art. 104 Abs. 2 Satz 4 GG ein Regelungsauftrag an den Gesetzgeber, den Richtervorbehalt in einer Art und Weise verfahrensrechtlich auszugestalten, die den unterschiedlichen Anwendungs-

Gleichwohl erachtet das Bundesverfassungsgericht die Anwendung körperlichen Zwangs nicht als notwendige Voraussetzung für die Bejahung eines Eingriffs: »Im Sinne einer Vorwirkung des von der Fortbewegungsfreiheit ausgehenden Schutzes prüft das Bundesverfassungsgericht seit jeher auch schon solche Akte der öffentlichen Gewalt an diesem Grundrecht, die einen mit unmittelbarem Zwang durchsetzbaren Eingriff anordnen, wie etwa die Verurteilung zu einer Freiheitsstrafe [...], den Erlass eines Untersuchungshaftbefehls oder den Widerruf seiner Außervollzugsetzung [...]. Darüber hinausgehend unterliegen selbst Maßnahmen des Gesetzgebers der Überprüfung nach Art. 2 Abs. 2 Satz 2 GG, die eine gesetzliche Grundlage für Anordnungen von Eingriffen in die Fortbewegungsfreiheit im Einzelfall bilden, ohne sich selbst unmittelbar auf diese Freiheit zu beziehen. So wird sowohl die Strafandrohung eines mit Freiheitsstrafe bewehrten Straftatbestandes an Art. 2 Abs. 2 Satz 2 GG gemessen [...] als auch das bei Strafandrohung verbotene Verhalten als solches [...], selbst wenn dieses unmittelbar keinen Bezug zur Fortbewegungsfreiheit aufweist.«[34] Dementsprechend genügt, dass physischer Zwang »angedroht wird oder ein Akt der öffentlichen Gewalt die rechtliche Grundlage für die Anwendung derartigen Zwangs schafft«[35].

Darüber hinaus kann nach dem Beschluss des Bundesverfassungsgerichts vom 19. November 2021 (Notbremse I) »in die Fortbewegungsfreiheit auch durch allein psychisch vermittelten Zwang eingegriffen werden. Um einen gegen den Willen auf Ausübung der Fortbewegungsfreiheit gerichteten staatlichen Eingriffsakt annehmen zu können, bedarf es einer davon ausgehenden Zwangswirkung, die nach Art und Ausmaß einem unmittelbar wirkenden physischen Zwang vergleichbar ist [...]. Ob eine vergleichbare Zwangswirkung gegeben ist, richtet sich nach den konkreten tatsächlichen und rechtlichen Umständen. Für einen Eingriff können staatlich angeordnete Verbote genügen, einen bestimmten Ort oder Bereich nicht ohne Erlaubnis zu verlassen«[36].

Eine hinreichende Zwangswirkung hat das Bundesverfassungsgericht für die hier betrachtete Ausgangsbeschränkung bejaht. Zwar genüge eine Bußgeldbewehrung – anders als eine Strafbewehrung – hierfür nicht.[37] Allerdings sei die

---

zusammenhängen gerecht wird, auf die jeweils zur Entscheidung stehende Freiheitsentziehung abgestimmt ist und sicherstellt, dass dem Betroffenen vor der Freiheitsentziehung alle diejenigen rechtsstaatlichen Sicherungen gewährt werden, die mit einem justizförmigen Verfahren verbunden sind [...]. Der damit aktivierte Grundrechtsschutz durch Verfahren lässt sich nur bei dem Vollzug von Freiheitsbeschränkungen durch die Exekutive umfänglich gewährleisten.« Siehe auch *T. Kingreen*, JURA 2020, S. 1019 (1023).

[34] BVerfGE 159, 223 (330, Rn. 245) m. w. N.; ferner S. 330 f., Rn. 245 für Aufenthaltsgebote bzw. -verbote als Weisungen im Rahmen der Führungsaufsicht (§ 68b Abs. 1 Satz 1 StGB).

[35] BVerfGE 159, 223 (331, Rn. 246).

[36] BVerfGE 159, 223 (331 f., Rn. 246). Siehe auch, aber strikter BayVerfGH, BeckRS 2020, 32354, Rn. 43. Weiter demgegenüber *R. Penßel*, JZ 2022, S. 535 (541 f.): Schutz der Fortbewegungsfreiheit vor substantiellen Beeinträchtigungen.

[37] BVerfGE 159, 223 (332, Rn. 247). Ebenso (Bußgeld nicht ausreichend) BayVerfGH, CO-

Ausgangsbeschränkung regelmäßig mittels einer Ingewahrsamnahme auf der Basis von Befugnissen des allgemeinen Gefahrenabwehrrechts durchsetzbar gewesen, was allein ebenfalls keine hinreichende Zwangswirkung begründe, da sich ansonsten »Art. 2 Abs. 2 Satz 2 GG wegen der Möglichkeit, mit gefahrenabwehrrechtlichen Maßnahmen auf jeden Verstoß gegen die objektive Rechtsordnung zu reagieren, zu einer Art Übergrundrecht wandeln« würde.[38] Hinzu komme aber ein klarer Bezug zur Fortbewegungsfreiheit: »Die Ausgangsbeschränkungen verboten den Aufenthalt außerhalb einer Wohnung oder Unterkunft im Grundsatz für einen Zeitraum von sieben Stunden pro Tag und damit ein knappes Drittel der Tageszeit. Dass das Verbot die Nachtstunden und damit Zeiten regelmäßig geringerer Mobilität betraf, hat Bedeutung für das Gewicht des Eingriffs, nicht aber für sein Vorliegen als solches. Damit ging außerdem eine einfach zu bewerkstelligende Kontrolle der Einhaltung des Verbots einher, was für das Ausmaß der vom Verbot ausgehenden psychisch vermittelten Zwangswirkung von Bedeutung ist. In der Gesamtschau war damit die Schwelle zum Eingriff in Gestalt der Freiheitsbeschränkung bereits überschritten.«[39]

Entgegen halten lässt sich dieser Qualifikation auf der Basis eines restriktiven, auf das Erfordernis einer physischen bzw. einer dem gleichkommenden psychischen Zwangswirkung abhebenden Ansatzes, dass lediglich eine Durchsetzungsmöglichkeit bestand, ohne dass mit der sofortigen Ausübung unmittelbaren Zwanges bei Nichtbeachtung zu rechnen war, wie im Schrifttum für die Annahme einer Freiheitsbeschränkung gefordert.[40] Zudem dürfte die Reaktion auf Verstöße im Regelfall schon aus Gründen der Verhältnismäßigkeit nicht in einer polizeilichen Ingewahrsamnahme, mithin physischem Zwang, sondern einer Aufforderung, in die Wohnung zurückzukehren, nebst Verhängung eines Bußgelds bestehen. Des Weiteren gab die Ausgangsbeschränkung keinen bestimmten Aufenthaltsort vor,[41] griff nur zeitlich beschränkt (von 22 bzw. 24 bis 5 Uhr)[42] und war mit zahlreichen Ausnahmen versehen (§ 28b Abs. 1 Satz 1 Nr. 2 2. HS IfSG a. F.).

VuR 2021, S. 106 (107, Rn. 18); OVG Münster, BeckRS 2020, 17887, Rn. 12; *Mangold,* Kurzgutachten, S. 13.

[38] BVerfGE 159, 223 (332, Rn. 248).

[39] BVerfGE 159, 223 (332 f., Rn. 249). Ebenfalls die Zwecksetzung betonend *O. Lepsius*, Der Staat 60 (2021), S. 609 (628).

[40] *H. Greve/P. Lassahn*, NVwZ 2021, S. 665 (668); *Mangold,* Kurzgutachten, S. 13; *E. Pohlreich*, in: W. Kahl/C. Waldhoff/C. Walter (Hrsg.), Bonner Kommentar zum Grundgesetz, Art. 104 Rn. 31 (Stand: 199. EL Juli 2019); *H. Schulze-Fielitz*, in: H. Dreier (Hrsg.), Grundgesetz-Kommentar, Band I, 3. Auflage 2013, Art. 2 II Rn. 104; Band III, 3. Auflage 2018, Art. 104 Rn. 24. Siehe auch *T. Kingreen*, JURA 2020, S. 1019 (1023); *R. Penßel*, JZ 2022, S. 535 (538).

[41] Siehe auch *H. Greve/P. Lassahn*, NVwZ 2021, S. 665 (668).

[42] Zur Verneinung eines Grundrechtseingriffs, wenn sich der »Zwang«, wie im Fall der Schulpflicht, »allein aus der Vorgabe eines angeordneten Zeitpunktes« ergibt, *Schulze-Fielitz*, Art. 2 II Rn. 105.

Dass das Bundesverfassungsgericht für eine Freiheitsbeschränkung jedenfalls das Vorliegen eines mit physischem Zwang vergleichbaren psychisch vermittelten Zwangs fordert, verdeutlicht, dass es eine Beschränkung der Fortbewegungsmöglichkeit allein nicht für die Bejahung eines Grundrechtseingriffs genügen lässt. Demgegenüber wird im Schrifttum angesichts der nur beschränkten Zwangswirkung der Ausgangsbeschränkung das Fazit gezogen, das Bundesverfassungsgericht habe in der Sache nicht auf eine besondere Zwangswirkung, sondern eine erhebliche Beschränkung der Fortbewegungsfreiheit abgestellt, und hierin eine Annäherung an die Fortbewegungsfreiheit der EMRK gesehen.[43] Ein derartiger, auf substantielle Beeinträchtigungen der Fortbewegungsfreiheit abhebender und damit Ausgangsbeschränkungen ohne Weiteres erfassender Ansatz wird im Übrigen auch als vorzugswürdige Konzeption des Gewährleistungsgehalts des Freiheitsgrundrechts erachtet,[44] wohingegen wiederum andere Stimmen das Schutzanliegen in der Gewährleistung der Fortbewegungsmöglichkeit als Voraussetzung für die Ausübung grundrechtlicher Freiheiten sehen.[45]

Zu Recht hat das Bundesverfassungsgericht schließlich eine Qualifikation der Ausgangsbeschränkung als Freiheitsentziehung i. S. d. Art. 104 Abs. 2 GG, mithin als die »schwerste Form der Freiheitsbeschränkung« verneint. Hierfür müsste nämlich »die Bewegungsfreiheit nach jeder Richtung hin aufgehoben« worden sein, »was eine besondere Eingriffsintensität und grundsätzlich eine nicht nur kurzfristige Dauer der Maßnahme voraussetzt«. Diese Schwelle erreichte die in § 28b Abs. 1 Satz 1 Nr. 2 IfSG a. F. statuierte nächtliche Ausgangsbeschränkung nicht. Sie war nämlich »tageszeitlich begrenzt und betraf Zeiten regelmäßig geringer Mobilität. Auch wurde kein bestimmter Ort des Aufenthalts vorgegeben. Jedenfalls im Rahmen der zulässigen Kontakte (vgl. § 28b Abs. 1

[43] *R. Penßel*, JZ 2022, S. 535 (538, 539 ff.). Wegen der geforderten Vergleichbarkeit mit physischem Zwang ist nicht lediglich die »Freiheit vor Angst und Furcht« geschützt, so aber *Funke*, Art. 2 II 2 Rn. 15 (»wohl«); kritisch auch *Kuch*, Freiheitsentziehung, S. 307 Fn. 272.

[44] *R. Penßel*, JZ 2022, S. 535 (541 f.); für einen Schutz der Fortbewegungsfreiheit auch *S. Rixen*, in: M. Sachs (Hrsg.), GG, 9. Auflage 2021, Art. 2, Rn. 229; pauschal auch *O. Lepsius*, Der Staat 60 (2021), S. 609 (627 f.).

[45] *Kingreen/Poscher*, Grundrechte, Rn. 588, 593; ferner *Funke*, Art. 2 II 2 Rn. 11, 15 – geschützt ist die freie Entscheidung Einzelner darüber, »wohin sie sich begeben, um ihre Grundrechte wahrzunehmen, und sei es die allgemeine Handlungsfreiheit nach Art. 2 I GG«, womit die Ausgangsbeschränkung als Eingriff zu qualifizieren sei. Vgl. ferner die Konzeption von *David Kuch*, der die Freiheit der Person in ihrer hier relevanten Wirkrichtung als »Garantie von Grundrechtsausübungsvoraussetzungen« versteht, die »jedermann das Recht [gewährleistet], seinen Handlungsfreiheiten den je für ihn spezifischen Sinn zu geben«, womit das Grundrecht »eine dienende, akzessorietätssichernde Funktion für andere Freiheitsrechte, besonders solche der individuellen Mobilität und sozialen Interaktion« umfasst – so zusammenfassend *Kuch*, Freiheitsentziehung, S. 456, im Einzelnen S. 171 ff. Für einen Eingriff erforderlich ist eine über die Anwesenheitspflicht hinausgehende Zwangswirkung, die vorliegt, wenn »nicht nur die Ausübung, sondern die Ausübbarkeit von Grundrechten beschränkt wird«, was für Ausgangsbeschränkungen bejaht wird, da »die Anwesenheitspflicht nicht der Verhinderung der Kontaktaufnahme dient, sondern deren bloße Eventualität unterbindet« (ebd., S. 185 ff., ferner S. 227 ff.).

Satz 1 Nr. 1 IfSG) konnte der Ort (solange es sich um eine Wohnung oder Unterkunft handelte) frei gewählt werden. Das Eingriffsgewicht wurde zudem durch die Ausnahmevorschriften erheblich gemindert. Damit unterschied sich der Eingriff durch die hier angegriffenen Ausgangsbeschränkungen deutlich von einem Hausarrest«[46].

2. Alternative Verortung

Folgt man der Qualifikation des Bundesverfassungsgerichts nicht, liegt jedenfalls ein Eingriff in die allgemeine Handlungsfreiheit (Art. 2 Abs. 1 GG) vor.[47] Die Freizügigkeitsgarantie (Art. 11 GG) ist demgegenüber nur in bestimmten Konstellationen betroffen, greift sie doch nicht bei jedweder Beschränkung von Fortbewegungsmöglichkeiten, sondern lediglich bei solchen, denen auf der Basis einer wertenden Gesamtbetrachtung eine gewisse Bedeutung zukommt.[48] Dass die nächtliche Ausgangsbeschränkung durch besondere Freiheitsrechte geschützte Tätigkeiten behindern bzw. verunmöglichen kann, etwa Wissenschaft oder Kunst, ist aufgrund der nur mittelbaren Auswirkung auf die durch ein besonderes Freiheitsrecht geschützten Tätigkeit und der nicht final auf die Grundrechtsausübung ausgerichteten Maßnahme nicht ohne Weiteres mit einem Eingriff gleichzusetzen; so hat das Bundesverfassungsgericht einen Eingriff strafprozessualer Ermittlungsmaßnahmen, die sich auf die Berufstätigkeit auswirken, in die Berufsfreiheit mit dem Argument verneint, dass sich derartige Regelungen »an jedermann [richten], ohne zu fragen, ob und gegebenenfalls welchen Beruf er ausübt«[49]. Die besondere Begründungsbedürftigkeit des Vorliegens eines Eingriffs, wenn lediglich mittelbare Folgen im Raum stehen, gilt dabei generell und nicht nur für die Berufsfreiheit.[50] Das Bundesverfassungsgericht hat schließlich Eingriffe »in das Familiengrundrecht und die Ehegestaltungsfreiheit aus Art. 6 Abs. 1 GG sowie in das Recht auf freie Entfaltung der Persönlichkeit aus Art. 2 Abs. 1 GG« bejaht, da die Ausgangsbeschränkung eine freie Gestaltung von Zusammenkünften im familiären und partnerschaftlichen Kontext beeinträchtigte.[51]

[46] BVerfGE 159, 223 (333, Rn. 250). Ebenso *Funke*, Art. 2 II 2 Rn. 16; *Kingreen/Poscher*, Grundrechte, Rn. 597; *Kuch*, Freiheitsentziehung, S. 259; *R. Penßel*, JZ 2022, S. 535 (542 Fn. 64). A.A. *F. Schmitt*, NJW 2020, S. 1626 (1627); ferner *S. Wagner*, COVuR 2021, S. 647 (651): »zumindest nahekommt«.

[47] Im Übrigen für eine Verdrängung sonstiger Freiheitsrechte bei Anwendbarkeit des Art. 2 Abs. 2 GG *S. Wagner*, COVuR 2021, S. 647 (649).

[48] Näher *F. Wollenschläger*, in: F. Brosius-Gersdorf (Hrsg.), Dreier-Grundgesetz-Kommentar, Band I, 4. Auflage 2023, Art. 11 Rn. 27 ff. m. w. N. – zum Meinungsspektrum bei Ausgangsbeschränkungen ebd., Rn. 30 m. Fn. 132. Zu pauschal *T. Kingreen*, JURA 2020, S. 1019 (1022).

[49] BVerfGE 129, 208 (267); ferner BVerfG (K), NJW 2018, S. 2395 (2396). Siehe dazu auch *F. Wollenschläger*, in: F. Brosius-Gersdorf (Hrsg.), Dreier-Grundgesetz-Kommentar, Band I, 4. Auflage 2023, Art. 12 Rn. 62 ff.

[50] Siehe etwa für die Pressefreiheit BVerfGE 113, 63 (76 f.).

[51] BVerfGE 159, 223 (334, Rn. 251).

IV. Ausgangsbeschränkungen durch selbstvollziehendes Parlamentsgesetz im Lichte der Dogmatik der grundgesetzlichen Gesetzesvorbehalte

Qualifiziert man mit dem Bundesverfassungsgericht die von der Bundesnotbremse umfasste Ausgangs- als Freiheitsbeschränkung, stellt sich die Frage, ob sie mit dem Schrankenvorbehalt der Art. 2 Abs. 2 Satz 3 und 104 Abs. 1 GG in Einklang steht. Denn dieser gestattet Beschränkungen nur *auf Grund* eines (förmlichen) Gesetzes und damit, so ließe sich jedenfalls eine strikte Interpretation formulieren, nicht *durch Gesetz*. Vergegenwärtigt man sich, dass das Bundesverfassungsgericht bereits strafrechtliche Verhaltens- und Sanktionsnormen als Freiheitsbeschränkung versteht, zöge die strikte Auslegung die Verfassungswidrigkeit des Kriminalstrafrechts nach sich. Dies illustriert die Folgeprobleme eines weiten Verständnisses des Gewährleistungsgehalts des Freiheitsgrundrechts. Zu Recht hat das Bundesverfassungsgerichts jedenfalls als Konsequenz der Einbeziehung legislativer Eingriffe, die naturgemäß keine körperliche Zwangswirkung entfalten können, auch die Schrankenregelung entsprechend weit verstanden.[52]

Zunächst hat das Bundesverfassungsgericht im Wortlaut kein zwingendes Argument für die strikte Interpretation gesehen, da auch der identisch formulierte Gesetzesvorbehalt für Beschränkungen des Post- und Fernmeldegeheimnisses (Art. 10 Abs. 2 Satz 1 GG) nicht entsprechend eng verstanden würde.[53.54] Auch in umgekehrter Perspektive hat die Rechtsprechung im Übrigen anerkannt, dass eine Regelungsbefugnis nur »durch Gesetz« (Art. 12 Abs. 1 Satz 2 GG a.F.) Eingriffe auf Grund eines Gesetzes nicht ausschließt, wofür spricht, dass auch derartige Eingriffe im Gesetz angelegt sind.[55] Beschränkungen vorbehaltslos gewährleisteter Grundrechte aufgrund kollidierenden Verfassungsrechts sind

---

[52] BVerfGE 159, 223 (338ff., Rn. 267ff.). Ebenso *Funke*, Art. 2 II 2 Rn. 17; *Jarass*, Art. 2 Rn. 138; *H. Radtke*, in: BeckOK-GG, Stand: 57. Edition vom 15. August 2023, Art. 104 GG, Rn. 6.2; *F. Wittreck*, Freiheit der Person, in: J. Isensee/P. Kirchhof (Hrsg.), Handbuch des Staatsrechts, 3. Auflage 2009, § 151, Rn. 27 Fn. 129. Anders *U. Di Fabio*, in: G. Dürig/R. Herzog/R. Scholz (Hrsg.), GG, Art. 2 II 2 Rn. 42 (Stand: EL Mai 2009); *O. Lepsius*, Der Staat 60 (2021), S. 609 (628f.); *ders.*, JZ 2021, S. 955 (955); *C. Starck*, in: H. von Mangoldt/F. Klein/C. Starck (Hrsg.), GG, 7. Auflage 2018, Art. 2 Rn. 198; *S. Wagner*, COVuR 2021, S. 647 (650f.); *T. Wißgott*, VerfBlog 2021/4/24; *ders.*, Doch eine ›self-executing‹ Ausgangssperre, in: VerfBlog, 2021/12/02, https://verfassungsblog.de/doch-eine-self-executing-ausgangssperre/; ferner *T. Kingreen*, NJW 2021, S. 2766 (2771): problematisch.

[53] Siehe BVerfGE 125, 260 (313). Ebenso im Schrifttum für den Verlust der Staatsangehörigkeit, der gemäß Art. 16 Abs. 1 Satz 2 GG »nur auf Grund eines Gesetzes [...] eintreten [...]« darf, *U. Becker*, in: P.M. Huber/A. Voßkuhle (Hrsg.), GG, 8. Auflage 2024, Art. 16 Rn. 43.

[54] BVerfGE 159, 223 (339, Rn. 269).

[55] BVerwGE 21, 203 (204f.); ferner BVerfGE 20, 283 (295); 21, 72 (72f.), zsf. BVerfGE 33, 125 (156). Näher zum Hintergrund *Wollenschläger*, Art. 12 Rn. 9, 97.

schließlich ohne jedwede Grundlage im Normtext zulässig.[56] Damit ist freilich noch nicht begründet, dass die weite Auslegung des Gesetzesvorbehalts zutrifft.[57]

Gegen eine strikte Wortlautinterpretation spricht aber, dass ein Grundrechtseingriffe lediglich auf Grund eines Gesetzes zulassender Gesetzesvorbehalt nicht als gänzlicher Ausschluss einer Beschränkungsmöglichkeit durch Parlamentsgesetz verstanden werden kann. Denn Beschränkungen auf Grund eines Gesetzes bedürfen stets einer Grundlage in einem Parlamentsgesetz, das seinerseits in das fragliche Grundrecht eingreift; damit muss die Befugnis zur Beschränkung eines Grundrechts auf Grund eines Gesetzes stets die Befugnis zur Beschränkung durch Gesetz einschließen. Um eigenständige Bedeutung zu erlangen, muss man die Möglichkeit einer Beschränkung (nur) auf Grund eines Gesetzes als Verwaltungsvorbehalt verstehen, mithin so, dass eine Beschränkung nicht durch, sondern nur durch selbstvollziehendes Gesetz ausgeschlossen ist. Diese Differenzierung kommt im Wortlaut indes nicht zum Ausdruck.

Eine weitere Relativierung des Wortlauts folge, so das Bundesverfassungsgericht, aus der Entstehungsgeschichte, liege den Schrankenregelungen doch keine übergreifende Systematik zugrunde.[58] Überdies deuteten Erwägung des Redaktionsausschusses darauf hin, dass die Formulierung »auf Grund eines Gesetzes« gewählt worden sei, um beide Eingriffsgrundlagen einzubeziehen.[59] Hinzuzufügen ist, dass der Verfassunggeber bei Freiheitsbeschränkungen im Gegensatz zur Rechtspraxis der Weimarer Republik gerade eine möglichst starke Stellung des Parlamentsgesetzgebers anstrebte.[60] So heißt es im schriftlichen Bericht des Abgeordneten *Zinn* über den »Abschnitt IX. Die Rechtsprechung« mit Blick auf die im Parlamentarischen Rat gefundene Formulierung: »Von besonderer Wichtigkeit ist noch, daß die Freiheit der Person, die gemäß Art. 2 Abs. 2 Satz 2 unverletzlich ist, nach Art. 104 Abs. 1 nur auf Grund eines förmlichen Gesetzes und nur unter Beachtung der darin vorgeschriebenen Formen beschränkt werden darf. Damit ist der Gesetzesvorbehalt in dem weiten Sinne, wie ihn Art. 114 der Weimarer Verfassung kannte, und wodurch damals dieses wichtige Grundrecht leerlaufend wurde, weil jede Rechtsnorm irgendwelcher Art, insbesondere auch eine auf Gewohnheitsrecht beruhende polizeirechtliche

---

[56] *Kuch*, Freiheitsentziehung, S. 308.

[57] Kritisch zur Fassung als Wortlautargument *T. Wißgott*, VerfBlog, 2021/12/02.

[58] BVerfGE 159, 223 (339f., Rn. 270).

[59] BVerfGE 159, 223 (340, Rn. 270), unter Verweis auf Deutscher Bundestag/Bundesarchiv (Hrsg.), Der Parlamentarische Rat 1948–1949. Akten und Protokolle, Band 7: Entwürfe zum Grundgesetz, 1995, S. 211f.

[60] Siehe das Protokoll der Vierten Sitzung des Ausschusses für Grundsatzfragen vom 23. September 1948, in: Deutscher Bundestag/Bundesarchiv (Hrsg.), Der Parlamentarische Rat 1948–1949. Akten und Protokolle, Band 5/I: Ausschuß für Grundsatzfragen, 1993, S. 62 (78). Siehe auch *H. Greve*/*P. Lassahn*, NVwZ 2021, S. 665 (668f.); *Kuch*, Freiheitsentziehung, S. 308.

Norm als ausreichend angesehen wurde, beseitigt.«[61] Im Fokus stand mithin ein Ausschluss anderer als parlamentsgesetzlicher Eingriffsgrundlagen, nicht aber das selbstvollziehende Gesetz. In diesem Sinne konzedieren auch Vertreter einer strikten Interpretation, dass es für den Ausschluss von Eingriffen durch Gesetz »an expliziten entstehungsgeschichtlichen Aussagen fehlt«.[62]

Jenseits von Wortlaut und Genese verlange nach dem Notbremse I-Beschluss des Bundesverfassungsgerichts vor allem aber das weite, auch legislative Eingriffe ohne unmittelbar physische Zwangswirkung einbeziehende Verständnis des Gewährleistungsgehalts eine entsprechende Erweiterung des Gesetzesvorbehalts, der keine Belange des Grundrechtsschutzes entgegenstünden: »Nichts spricht dafür, dass Art. 2 Abs. 2 Satz 2 und Art. 104 Abs. 1 GG nach ihrem Zweck gegenüber dem Gesetzgeber ein absolutes, uneinschränkbares Recht begründen soll. Wird der Gesetzgeber selbst unmittelbar an dieses Grundrecht gebunden, muss er umgekehrt auch von der vorgesehenen Beschränkungsmöglichkeit Gebrauch machen können. Der Schrankenvorbehalt steht dem nicht entgegen. Bei Eingriffen in die Fortbewegungsfreiheit unmittelbar durch Gesetz droht kein mit dem Schutzzweck der Schranken unvereinbarer Verlust an Rechtsschutz. Die gesetzliche Anordnung des Freiheitseingriffs schafft keine Lage, die die Schutzmechanismen des Art. 104 Abs. 1 Satz 1 zweiter Halbsatz und Satz 2 GG auslösen müsste. Teleologische Gründe sprechen daher bei einem erweiterten Eingriffsverständnis dagegen, die Schrankenregelungen in Art. 2 Abs. 2 Satz 3 und Art. 104 Abs. 1 Satz 1 GG kompetenziell als Verwaltungsvorbehalt auszulegen.«[63]

Das weite Verständnis überzeugt. Die Entstehungsgeschichte konfligiert, wie aufgezeigt, nicht mit ihm, fokussiert sich vielmehr auf die Notwendigkeit einer parlamentsgesetzlichen Grundlage, der Wortlaut ist nicht eindeutig. Lediglich psychisch wirkende Beschränkungen stehen, wie auch das Bundesverfassungsgericht konstatiert hat, nicht im Fokus von »Normprogramm und Schutzrichtung der Schrankenregelung«; diese sind vielmehr »auf solche Eingriffe in die Fortbewegungsfreiheit zugeschnitten, die selbst bereits unmittelbar körperlichen Zwang entfalten oder solchen für den Einzelfall gestatten.«[64] Auch das Schrifttum erachtet Eingriffe durch Gesetz »bei den Rechten auf Leben, körperliche Unversehrtheit und Freiheit der Person [als] schwerlich vorstellbar [...]: Gesetze können nicht unmittelbar töten, verletzen oder gefangen nehmen; es bedarf hier stets einer Durchführungshandlung, zu der das Gesetz ermächtigt, die mithin ›aufgrund eines Gesetzes‹ ergeht.«[65]

[61] H.-P. Schneider/J. Kramer (Hrsg.), Das Grundgesetz. Dokumentation seiner Entstehung, Band 24, 2019, S. 781; siehe ferner S. 715f., 757, 764; *Pohlreich*, Art. 104 Rn. 20, 41ff.

[62] *K. Stern/M. Sachs/J. Dietlein*, Staatsrecht, Band IV/1, 2006, S. 1106. Gegenläufig (als Möglichkeit und ohne Beleg) *K. Ritgen*, ZG 2022, S. 102 (116).

[63] BVerfGE 159, 223 (341, Rn. 272).

[64] BVerfGE 159, 223 (341, Rn. 272).

[65] *Kunig/Kämmerer*, Art. 2 Rn. 145.

Legt man aber nun den Schutzbereich weit aus und bezieht die weder im Fokus des Verfassunggebers noch im Zentrum der Norm liegenden Einschränkungen durch Parlamentsgesetz ein, die bei nicht vollzugsbedürftigen Anordnungen wie im Falle der nächtlichen Ausgangsbeschränkung als Ge- bzw. Verbote nur psychisch vermittelt wirken können, muss sich diese weite Auslegung in einem weit verstandenen, auch Eingriffe durch selbstvollziehendes Parlamentsgesetz zulassenden Gesetzesvorbehalt niederschlagen. Dieser Interpretationsansatz erweist sich nicht als zirkelschlüssig,[66] da der Gesetzesvorbehalt nicht schon deswegen Eingriffe durch Gesetz zulassen muss, weil in das Grundrecht auch durch Gesetz eingegriffen werden kann; entscheidend ist vielmehr, dass lediglich psychische Zwangswirkung erzeugende Eingriffe durch Gesetz nicht im Fokus von Normprogramm und Schutzrichtung der Grundrechtsgarantie stehen, weshalb der Gesetzesvorbehalt und die Diskussion in der Genese auch nicht auf diese Konstellation fokussiert sind bzw. waren; erweitert man nun den Schutzgehalt der Freiheitsgarantie auf Eingriffe durch Gesetz mit lediglich psychisch vermittelter Zwangswirkung, erweist sich ein eng als Verwaltungsvorbehalt formulierter Gesetzesvorbehalt als fragwürdig, da er dem nunmehr erweiterten Normgehalt nicht Rechnung trägt. Folglich »vermag« mit *Fabian Wittreck* »ein Ausschluss von Eingriffen unmittelbar durch Parlamentsgesetz« letztlich nicht zu überzeugen: »Naturgemäß sind Freiheitsentziehungen durch Gesetz schwer vorstellbar. [...] Daß das Grundgesetz sie umstandslos ausschließen wollte, erscheint fernliegend, zumal sich nicht erschließt, wovor ein Verbot von Einschränkungen der persönlichen Freiheit unmittelbar durch Gesetz eigentlich schützen soll.«[67]

Richtig ist indes, dass ein Verwaltungsvorbehalt den Freiheitsschutz stärken kann, bezieht eine Aufspaltung der Entscheidungsbefugnis zwischen Exekutive und Legislative doch mehrere Akteure in den Entscheidungsprozess ein und verbürgt damit »checks and balances«, erweist sich Verwaltungshandeln sowohl in prozeduraler (Begründung; Anhörung) als auch in inhaltlicher Hinsicht im Vergleich zur Gesetzgebung als einzelfallsensitiver[68] und ist regelmäßig fachgerichtlicher Rechtsschutz eröffnet.[69] Einen derartigen Verwaltungs- in den Gesetzesvorbehalt hineinzulesen, vermag indes in der Sache nicht zu überzeugen.

In grundsätzlicher Hinsicht ist der damit einhergehenden Absage an den Typ des selbstvollziehenden Gesetzes entgegenzuhalten, dass hiermit, obgleich

---

[66] Siehe zu diesem Einwand *Kuch*, Freiheitsentziehung, S. 307 Fn. 271; *L. Michael*, ZJS 2022, S. 106 (116); *T. Wißgott*, VerfBlog 2021/4/24; *ders.*, VerfBlog, 2021/12/02. Kritisch auch *K.A. Schwarz*, NVwZ-Beilage 2022, S. 3 (5).

[67] *Wittreck*, § 151, Rn. 27 Fn. 129. Ebenso im Übrigen *R. Wiedemann*, in: D.C. Umbach/T. Clemens (Hrsg.), GG, Bd. 1, 2002, Art. 2 II Rn. 393 Fn. 243.

[68] Zum Begriff BVerfGE 159, 223 (291, Rn. 150).

[69] Siehe *T. Kingreen*, NJW 2021, S. 2766 (2771); *Kuch*, Freiheitsentziehung, S. 309 Fn. 278; *O. Lepsius*, Der Staat 60 (2021), S. 609 (626 f.); *L. Michael*, ZJS 2022, S. 106 (114 f.); *S. Wagner*, COVuR 2021, S. 647 (650 f.); *T. Wißgott*, VerfBlog 2021/4/24; *ders.*, VerfBlog, 2021/12/02.

dies hier nicht vertieft werden kann, eine nicht unerhebliche Beschneidung parlamentarischer Handlungsmöglichkeiten einherginge.[70] Es bestünde ein Zwang zur Entscheidungsdelegation. Die Statuierung – auch dringlicher – Maßnahmen unmittelbar durch Parlamentsgesetz wäre ausgeschlossen, obgleich der Gesetzgeber abstrakt-generell Verhaltenspflichten statuiert hat und damit Gesetzgebung vorliegt.[71] Die strikte Auslegung konfligiert auch mit dem Parlamentsvorbehalt, den Art. 104 Abs. 1 Satz 1 GG mit seiner Bezugnahme auf das Erfordernis eines förmlichen Gesetzes als Eingriffsgrundlage besonders betont, was, wie ausgeführt, auch ein besonderes Anliegen des Verfassunggebers darstellte. Die geltend gemachte Schutzfunktion durch eine Aufspaltung der Anordnungsbefugnis auf Legislative und Exekutive verliert nämlich in dem Maße an Gewicht, in dem der Parlamentsgesetzgeber im Interesse einer Stärkung von demokratischer Legitimation, parlamentarischem Einfluss und parlamentarischer Kontrolle sowie Transparenz und Öffentlichkeit die Programmierung der Exekutive erhöht; in dem Maße reduziert sich nämlich deren Handlungsspielraum und damit die Wirkung der »checks and balances«. Besonders deutlich zeigt sich dies an der vorgeschlagenen Alternativkonstruktion, Pandemiebekämpfungsmaßnahmen anstatt unmittelbar durch Parlamentsgesetz durch eine Verpflichtung der Länder, die Maßnahmen im Verordnungswege anzuordnen, umzusetzen;[72] in diesem Fall erschöpft sich die Rolle der Exekutive nämlich darin, den Inhalt eines formellen Gesetzes in ein nur materielles Gesetz umzugießen, ohne dass ein zusätzlicher Freiheitsschutz erreicht würde.[73] Überdies schützt der Verhältnismäßigkeitsgrundsatz vor zu undifferenzierten Freiheitsbeschränkungen, da sich eine abstrakt-generelle gesetzliche Regelung gerade in ihrer Allgemeinheit als angemessen und damit hinreichend einzelfallsensitiv erweisen muss. Mit dem Bundesverfassungsgericht ist des Weiteren zu berücksichtigen, dass in den hier fraglichen Konstellationen die alternative exekutive Handlungsform nicht die Einzelfallentscheidung gewesen wäre, sondern der ebenso generalisierende und kaum prozedurale Sicherungen umfassende Verordnungserlass.[74] Des Weiteren verbleibt auch bei Handeln durch Parlamentsgesetz Raum für am Vollzug ansetzenden verwaltungsgerichtlichen Rechtsschutz im Wege der Feststellungsklage,[75] und erweist sich die Individualverfassungsbeschwerde als adäquates Instru-

[70] Siehe auch *Funke*, Art. 2 II 2 Rn. 17; *H. Greve/P. Lassahn*, NVwZ 2021, S. 665 (669); *L. Michael*, ZJS 2022, S. 106 (117).

[71] Siehe auch *M. Sachs*, JuS 2022, S. 182 (184).

[72] *T. Kingreen*, Stellungnahme, Ausschussdrs. 19(14)323(19), S. 6; *L. Michael*, ZJS 2022, S. 106 (117); *C. Möllers*, Stellungnahme, Ausschussdrs. 19(14)323(2), S. 7.

[73] Siehe auch *H. Greve/P. Lassahn*, NVwZ 2021, S. 665 (668f.).

[74] BVerfGE 159, 223 (291, Rn. 150). Vgl. aber, den Ausschluss auch von Eingriffen durch Rechtsverordnung erwägend, *L. Michael*, ZJS 2022, S. 106 (115).

[75] BVerfGE 159, 223 (290f., Rn. 149). Siehe BVerwGE 136, 54; 157, 126 (128f.); BVerwGE 166, 265 (268ff.). Dies bekräftigend *H. Greve/P. Lassahn*, NVwZ 2021, S. 665 (669f.); *L. Mi-*

ment zur Prüfung der Grundrechtskonformität (parlaments-)gesetzgeberischen Handelns.

Unabhängig von der grundsätzlichen Frage nach der Verortung selbstvollziehender Gesetze in der grundgesetzlichen Ordnung überzeugt es jedenfalls nicht, den Gesetzesvorbehalt derart aufzuladen. Für eine strikte Lesart des Gesetzes- als Verwaltungsvorbehalt bietet schon der Wortlaut keine hinreichenden Anhaltspunkte, ebenso wenig die Genese, die vielmehr das Anliegen einer Stärkung der Rolle des Parlaments betont. Überdies erscheint es systematisch fragwürdig, das alle Grundrechte gleichermaßen betreffende Anliegen eines gestärkten Freiheitsschutzes durch Ausschluss selbstvollziehender Gesetze (unabhängig von seiner hier nicht erörterten Tragfähigkeit) auf wenige Grundrechte zu beschränken, würden doch etwa Eingriffe in die Fortbewegungsfreiheit anderen Schranken als Eingriffe in das – überdies einem qualifizierten Gesetzesvorbehalt unterliegende – Freizügigkeitsgrundrecht unterworfen. Die aufgeworfenen Fragen nach den Grenzen eines Rekurses auf die Handlungsform »Parlamentsgesetz« erweisen sich überdies als anderweitig im Grundgesetz verortet, nämlich als solche des Allgemeinheitsgebots (Art. 19 Abs. 1 Satz 1 GG), der Gewaltenteilung einschließlich ihrer Rechtsschutzdimension (Art. 20 Abs. 2 Satz 2 GG) und des Grundrechtsschutzes.[76]

Systematisch lässt sich schließlich mit *David Kuch* argumentieren, dass eine Freiheitsbeschränkung durch Gesetz zur Realisierung kollidierenden Verfassungsrechts geboten sein kann und damit eine entsprechende verfassungsimmanente Schranke anzuerkennen ist.[77] Diese Voraussetzungen lagen vor, da der Gesetzgeber zum Schutz von Leib und Leben und damit kollidierenden Verfassungsrechts (Art. 2 Abs. 2 Satz 1 GG) gehandelt hat und ein Handeln gerade durch Parlamentsgesetz auch gerechtfertigt war.[78]

V. Fazit

Um die von *Horst Dreier* eingangs aufgeworfene Frage zu beantworten: Ausgangsbeschränkungen mittels selbstvollziehenden Parlamentsgesetzes, wie sie die zur Bekämpfung der dritten COVID-19-Pandemiewelle im Frühjahr 2021 erlassene Bundesnotbremse angeordnet hat, stehen mit dem Gesetzesvorbehalt des Art. 2 Abs. 2 Satz 3 und Art. 104 Abs. 1 Satz 1 GG in Einklang, obgleich dieser Eingriffe seinem Wortlaut nach nur auf Grund eines Gesetzes zulässt. Dabei stellt sich diese Auslegungsfrage erst infolge des weiten Verständnis-

chael, ZJS 2022, S. 106 (116). Kritisch *A. Blankenagel*, DVBl. 2023, S. 179 (182f.).

[76] Vgl. auch BVerfGE 159, 223 (295ff., Rn. 135ff.; 334f., Rn. 255).

[77] So und auf diesen Fall beschränkt *Kuch,* Freiheitsentziehung, S. 306ff. (und im Übrigen, S. 307, bei einer Freiheitsentziehung ablehnend).

[78] Vgl. BVerfGE 159, 223 (288, Rn. 143). A. A. *K. Ritgen*, ZG 37 (2022), S. 102 (111f.).

ses der Freiheit der Person. Auch jenseits der hier fokussierten Dogmatik der grundrechtlichen Gesetzesvorbehalte, dies haben die Diskussion um die Bundesnotbremse und dieser Beitrag gezeigt, fordern selbstvollziehende Gesetze die grundgesetzliche Ordnung heraus. Forschungsbedarf besteht damit weiterhin. In diesem Sinne: ad multos annos, lieber Herr Dreier!

V. Religion

»Verfassungspredigt«

Eine Skizze zum »Verfassungstag« von Weimar

Friedrich Wilhelm Graf

I. Religiös inszenierte Gedenktage

Im Juni 1919, also noch vor dem Inkrafttreten der neuen Reichsverfassung, veröffentlichte der damals in Heidelberg lehrende Praktische Theologe Friedrich Niebergall in der liberalprotestantischen Monatszeitschrift »Evangelische Freiheit« einen programmatischen Text über die ideenpolitischen und moralischen Herausforderungen, die die Revolution des November 1919 für die deutschen Protestanten mit sich bringe. Die Revolution zwinge die an staatskirchlichen Autoritätskult und Obrigkeitsgehorsam gewöhnten Protestanten zu einem fundamentalen religiös-sittlichen Umdenken. Mit Blick auf die Beratungen zur Reichsverfassung in Weimar erklärte Niebergall: »Neue Begriffe von Menschenrecht und Menschenwert, von Eigentum und Arbeitsertrag ringen sich offenbar hervor«[1]. Fromme Protestanten müssten darin den »Willen Gottes« erkennen. Vor allem mit Blick auf die Pfarrer und deren Aufgabe, ihren Gemeinden in als äußerst krisenhaft empfundenen Zeiten hilfreiche Orientierung zu bieten, betonte er: »Wir müssen dazu beitragen, dass die innere Bereitschaft für die *demokratische* Denkweise hergestellt werde. Jahrhundertelang hat die Kirche den Gehorsam gegen die Spitzen des staatlichen Wesens gepflegt; jetzt muss sie die sittlichen Voraussetzungen der volksstaatlichen Regierungsform schaffen helfen. Und die liegen vor allem einmal in dem Bewusstsein, dass jeder für das Ganze mitverantwortlich ist. […] Es muss sich jeder um seines Gewissens willen um die staatlichen Dinge kümmern; denn er ist nun ein Stück der Obrigkeit, die früher in dem Herrscher und in den Herren gesehen wurde.«[2] Seine Mahnung, dass insbesondere die Pfarrer sich konstruktiv auf die neue republikanische Ordnung einstellen und zur Stärkung der Demokratie beitragen müssten, begründete

[1] *Friedrich Niebergall*, Unsere Aufgaben gegenüber der Revolution, in: Evangelische Freiheit. Monatsschrift für die kirchliche Praxis in der gegenwärtigen Kultur. Der Zeitschrift für praktische Theologie Neue Folge 19 (1919), S. 173–179 (173). Zu Niebergalls theologischem Programm siehe: David Käbisch (Hrsg.), Friedrich Niebergall. Werk und Wirkung eines liberalen Theologen, Tübingen 2016.

[2] *Niebergall*, Unsere Aufgaben, S. 175.

Niebergall auch mit einem Verweis auf das Vorbild des Schweizer reformierten (bzw. calvinistischen), demokratieaffinen Protestantismus und dessen Kultur der religiösen Deutung der eidgenössischen Verfassung: »Vielleicht können wir in der Beziehung von der Schweiz manches lernen; dort findet an jedem Nationalfeiertag ein Gottesdienst mit Predigten statt, die uns bisher ganz fremde Töne anschlagen.«[3] Auch wenn die große Mehrheit der evangelischen Pfarrer dem neuen republikanischen Staat distanziert oder oft auch aggressiv ablehnend gegenüberstand[4] und zudem zahlreiche protestantische Universitätstheologen der parlamentarischen Demokratie jegliche Legitimität absprachen,[5] fand Niebergall mit seiner Forderung durchaus Resonanz.

In der protestantisch-kirchlichen Erinnerungskultur der Weimarer Republik standen zwar Feiertage wie der 18. Januar, also der Tag der Reichsgründung, und der 28. Juni, der Tag der Unterzeichnung des Versailler Vertrags, im Vordergrund – an beiden Tagen fanden überall im Reich Gedenkgottesdienste statt. Auch machten die evangelischen Landeskirchen ähnlich wie die römisch-katholischen Bistümer und die Synagogengemeinden den staatlicherseits 1925 eingeführten Volkstrauertag zu einem auch religiös inszenierten Tag des Gedenkens an die im Kriege Gefallenen. Zudem wurde in Gottesdiensten immer wieder der einstigen monarchischen Herrscher gedacht. Aber zugleich machten sich eine ganze Reihe von Pfarrern die seit 1923 und bis 1929 Jahr für Jahr vorgetragene Bitte des Reichsinnenministeriums und von Behörden der Länder zu eigen, den sog. »Verfassungstag«, also den 11. August, mit einem Gottesdienst zu feiern. Dies geschah entweder am Sonntag vor dem 11. August oder aber in einem eigenen Gottesdienst am »Verfassungstag« selbst. Diese Verfassungsgottesdienste waren innerhalb der evangelischen Kirche umstritten. Als der Präsident des Kirchenausschusses Reinhard Moeller 1924 den Wunsch der Reichsregierung unterstützte, »stieß er auf heftigen Widerstand rechtsorientierter Kreise. Zwischen 1925 und 1928 leitete der Ev. Oberkirchenrat derartige Anfragen deshalb kommentarlos an die betreffenden Gemeinden weiter.«[6] Erst mit Blick auf den zehnten Jahrestag des Inkrafttretens der Reichsverfassung beschloss der hier stark von dem Staatsrechtslehrer und Reichstagsabgeordneten Wilhelm Kahl beeinflusste Kirchenausschuss, »sich aktiver als bisher an den vorgesehenen Veranstaltungen

[3] *Niebergall*, Unsere Aufgaben, S. 175.

[4] Zahlreiche Belege bei: *Kurt Nowak*, Evangelische Kirche und Weimarer Republik. Zum politischen Weg des deutschen Protestantismus zwischen 1918 und 1932, Göttingen 1981.

[5] Dazu grundlegend: *Klaus Tanner*, Die fromme Verstaatlichung des Gewissens. Zur Auseinandersetzung um die Legitimität der Weimarer Reichsverfassung in Staatsrechtswissenschaft und Theologie der zwanziger Jahre (Arbeiten zur Kirchlichen Zeitgeschichte Reihe B, Band 15), Göttingen 1989.

[6] *Jonathan R. C. Wright*, »Über den Parteien«. Die politische Haltung der evangelischen Kirchenführer 1918–1933 (Arbeiten zur Kirchlichen Zeitgeschichte Reihe B, Band 2), Göttingen 1977, S. 89f. Gemeint ist der Oberkirchenrat der Evangelischen Kirche der altpreußischen Union.

zu beteiligen«.[7] Die meisten Landeskirchen folgten dem, ohne jedoch Loyalität gegenüber der parlamentarischen Demokratie oder dem republikanischen Staat zu bekunden.[8] Ein von Heinrich Tilemann, dem Präsidenten des Evangelischen Oberkirchenrats, stammender offiziöser Text zum zehnten Jahrestag der Verfassung betonte deren »Kompromisscharakter« und klagte eine Revision ein: »Das Werk von 1919 als einen für seine Zeit bedeutsamen Fortschritt anerkennen heißt nicht soviel als die Weimarer Verfassung zu glorifizieren. Dafür trägt sie gar zu sehr die Spuren zeitlicher Bedingtheit an sich. Und es ist lebhaft zu bedauern, daß im haßerfüllten Streit der Parteien die weitverbreitete Einsicht in Mängel des Werkes bis heute noch nicht zu einer entschlossenen Ueberarbeitung geführt hat – eine Stagnation, die den Ernst unserer Lage grell beleuchtet.«[9] Tilemann gelang das Kunststück, über die Weimarer Reichsverfassung zu schreiben, ohne das Wort »Demokratie« zu benutzen.

Verlässliche quantitative Aussagen über die Zahl der am »Verfassungstag« veranstalteten Gottesdienste lassen sich (noch) nicht machen. Es bedürfte umfassender Recherchen in Kirchenarchiven und einer Auswertung von Kirchenpresse und Tageszeitungen, um festzustellen, wo und wann zu Gottesdiensten am »Verfassungstag« eingeladen wurde oder auf die neue Reichsverfassung bezogene Gottesdienste am Sonntag zuvor stattfanden. Einige »Verfassungspredigten«[10] wurden als Broschüren oder in Kirchenzeitschriften publiziert. Eine bibliographische Übersicht fehlt. Aber es scheinen deutlich mehr »Verfassungspredigten« gehalten worden zu sein als bisher bekannt. Noch 1926 beklagte der Marburger Systematische Theologe Martin Rade, ein Abgeordneter der »Deutschen Demokratischen Partei« (DDP) im preußischen Landtag,[11] ein mangelndes Engagement der evangelischen Kirche zugunsten der Reichsverfassung. In der von ihm herausgegebenen liberalprotestantischen Zeitschrift »Die Christliche Welt« machte er den Brief eines Lesers publik: »In unserm Badeort gab es keine *Verfassungsfeier*. Kein Mund, keine Hand, keine Fahnenstange rührte sich. Die

---

[7] *Wright*, »Über den Parteien«, S. 90. Der Kirchenausschuss war das Exekutivgremium des im Mai 1922 gegründeten Deutschen Evangelischen Kirchenbundes, dem alle Landeskirchen angehörten.

[8] Dies betont zurecht: *Karl-Heinz Fix*, Die deutschen Protestanten und die Feier der Weimarer Reichsverfassung, in: Evangelische Arbeitsgemeinschaft für Kirchliche Zeitgeschichte. Mitteilungen 21 (2003), S. 53–79.

[9] *[Heinrich] Tilemann*, Erhöhte Verantwortlichkeit. Zum Verfassungstage 1929, in: Das Evangelische Deutschland. Kirchliche Rundschau für das Gesamtgebiet des Deutschen Evangelischen Kirchenbundes, VI. Jahr Nr. 32, Berlin, 11. August (1929), S. 263 f. (264). Noch nicht zugänglich war mir: *Reinhard Moeller*, Evangelische Kirche und Verfassungstag, in: Berliner Lokal-Anzeiger Nr. 398, 23. August 1928, S. 1.

[10] Der Begriff »Verfassungspredigt« findet sich bei: *Wilhelm Schubring*, Vorrede, in: ders. (Hrsg.), Politische Predigten. Unter dem Gesichtspunkt der Überparteilichkeit gesammelt, Görlitz 1930, S. 5–8 (6).

[11] Zur politischen Biographie Rades siehe: *Anne Christine Nagel*, Martin Rade – Theologe und Politiker des Sozialen Liberalismus. Eine politische Biographie (Religiöse Kulturen der Moderne Band 4), Gütersloh 1996.

Kurdirektion, sonst jeden Anlaß begierig erfassend, blieb völlig abgeneigt. Wie die Christen in den Katakomben gedachten wir ganz heimlich, aber um so zuversichtlicher an diese Grundlegung unsers Staats. *Wann werden die Kirchen, die evangelischen Kirchen begreifen, was für ethische Momente aus der Weimarer Verfassungsurkunde herauszuholen sind?*«. Rade, der in seiner Zeitschrift immer wieder politischen Realismus und Akzeptanz der geschichtlichen Tatsachen einklagte,[12] kommentierte dies: »Der Einsender hat recht; man könnte geradezu eine Reihe Predigten halten, wenn nicht über die Verfassung, so zur Verfassung. [...] Und der heutige Staat kann ja gar nicht zu Ruhe und innerm Bestande kommen, wenn die Kirchen sich mit seiner Verfassung nicht befreunden, wenn sie ihr wohl gar entgegenarbeiten, statt sie in der Volksseele tiefer zu gründen. Die verantwortlichen Vertreter der Kirchen sollen sich wohl fragen, ob sie den Dienst, den hier der bestehende Staat von ihnen braucht, ihm auf die Dauer schuldig bleiben wollen. Schon ist genug versäumt. Daß der Verfassungstag der einzige Tag im Jahre ist, der sich zu einem gemeinsamen öffentlichen Feiertage eignet, sollte man überall einsehen.« Die evangelische Kirche könne durch Gottesdienste am »Verfassungstag« einen Beitrag zur »innere[n] Einigung« der Deutschen leisten. »Die Prediger der großen Städte müssen mit guter Tat vorangehn.«[13] Vier Jahre später konnte Rade auf einige Erfolge verweisen. Anfang August 1930 erklärte er abermals, dass »die Reichsverfassung ein *Predigtthema* ersten Ranges für die deutsche Kirche« sei. »Als solche wird sie auch je länger je mehr von den Predigern begriffen. Wir haben ja auch sonst mehr zu reden von dem, was sein soll, als von dem, was ist.«[14] Dabei betonte er den Unterschied zwischen den von staatlichen Institutionen angeordneten Festakten und den freiwilligen Feiern zivilgesellschaftlicher Akteure. Gerade aufgrund der mit der Weimarer Verfassung gegebenen Trennung von Staat und Kirche sei die evangelische Kirche hier in einer günstigen Lage. »Sie nimmt an dem Tage *freiwilligen* Anteil, nicht gezwungenen. Darum ist ihre Rede die berufene Vermittlerin. Wie gesagt, die Pfarrer begreifen das je länger je mehr; nach jedem Verfassungstage gehn uns ihm

---

[12] Nur ein Beispiel: »Ans Vaterland, ans teure, schließ dich an. An das Vaterland, welches ist. An das Vaterland, welches sein wird. Nicht an das, welches war, wie liebe und unentreißbare Erinnerungen dich begleiten mögen. Nicht an das Vaterland, welches du dir wünschest, sondern an das Vaterland, in das Gott und die Geschichte dich hineingestellt hat. Auch dich Kirche. Alle nationalistischen und bolschewistischen Utopien fördern nichts. Den Gehorsam der Stunde lernen, das gilts. Und den Gehorsam der Stunde lehren, desgleichen.« *Martin Rade*, Vom Tage. 11. August 1923 (Verfassungstag), in: Die Christliche Welt 37 (1923), Sp. 590.

[13] *Martin Rade*, Kleine Mitteilungen, in: Die Christliche Welt 40 (1926), Sp. 879f. – 1929 wiederholte Rade die Aufforderung, über die Verfassung zu predigen: »Am 11. August aber gedenken wir dankbar der Verfassung, die unser Volk in einer harten, wilden Zeit sich zu geben von Gott befähigt worden ist. Kein Wunderwerk für die Ewigkeit, aber ein Wunderwerk, wenn wir erwägen, wie es damals in und um uns stand. Ihr zweiter Teil zum mindesten ist so, daß man sehr wohl über mehr wie einen Paragraphen predigen kann. Und das ist nicht zufällig.« *Martin Rade*, Zwischen zwei Feiertagen, in: Die Christliche Welt 43 (1929), Sp. 740–744 (744).

[14] *Martin Rade*, Zum Verfassungstage, in: Die Christliche Welt 44 (1930), Sp. 752f. (752).

zu Ehren gehaltene Predigten zu, gedruckte und geschriebene, an denen man nur seine Freude haben kann.«[15]

Interesse an Gottesdiensten zum »Verfassungstag« lässt auch die Tatsache erkennen, dass der bekannte Marburger Systematische Theologe Rudolf Otto 1925 den Entwurf einer speziellen Liturgie für den »Vaterlands-Sonntag (Verfassungstag)« veröffentlichte,[16] den er leicht überarbeitet im darauffolgenden Jahr noch einmal in einer Zeitschrift für Pfarrer und Kirchenvorsteher bekannt zu machen suchte.[17] Die »Liturgische Arbeitsgemeinschaft für Hannover« vertrieb eine Broschüre mit »Praktischen Winken zur Ausgestaltung einer kirchlichen Feier des Verfassungstages (11. August)«, die auch in einer Zeitschrift für Pfarrer und kirchlich Engagierte publiziert wurden.[18] Otto, der 1913 im Wahlkreis Göttingen als Abgeordneter der Nationalliberalen in das Preußische Abgeordnetenhaus gewählt worden war und 1919 für die DDP ein Mandat in der Preußischen Landesversammlung wahrnahm[19] und mit seiner Partei vergeblich dafür eintrat, den 11. August zum Nationalfeiertag zu erklären,[20] ließ die Gemeinde zu Beginn des Gottesdienstes für den »Verfassungstag« »Ein feste Burg ist unser Gott« singen. Gelesen wurde Römer 12, 1–7. Die Predigt sollte »über das Gut von Volk und Staat und über die Pflicht gegen Volk, Staat und Obrigkeit«[21] gehalten werden. Zum »Freien Gebet« heißt es: »Bekenntnis mannigfacher Verfehlung am eigenen Volk und an der Volkspflicht, des Widerstrebens gegen die neue Ordnung, der Mitschuld an der sozialen Not und der inneren Zerrissenheit. Fürbitte für Staat und Regierung, für die notleidenden Schichten, für Arbeit und Gewerbe für den Wiederaufstieg unseres Volkes.«[22] Als abschließender Gemeindegesang war im Entwurf von 1926 »Nun danket alle Gott« vorgesehen. 1925 sollte hingegen die erste und dritte Strophe von »Deutschland, Deutschland über alles« gesungen werden.

---

[15] *Rade*, Zum Verfassungstage, Sp. 752.

[16] *Rudolf Otto*, Zur Erneuerung und Ausgestaltung des Gottesdienstes (Aus der Welt der Religionen. Liturgische Reihe Band 2), Gießen 1925, S. 72–78.

[17] *Rudolf Otto*, Eine Gottesdienstordnung für den Vaterlands-Sonntag (Verfassungstag), in: Liturgische Blätter für Prediger und Helfer. Erste Reihe Heft 6 (Nummer 42–50), Gotha 1926, S. 185–190. Die von Otto mitherausgegebenen »Liturgischen Blätter« erschienen ebenso wie »Die Christliche Welt« im liberalprotestantischen Leopold Klotz-Verlag in Gotha.

[18] *Paul Graff*, Praktische Winke zur Ausgestaltung einer kirchlichen Feier des Verfassungstages (11. August), in: Monatsschrift für Gottesdienst und kirchliche Kunst 34 (1929), S. 214–216.

[19] Dazu siehe: Beatrix Herlemann/Helga Schatz (Hrsg.), Biographisches Lexikon niedersächsischer Parlamentarier 1919–1945, Hannover 2004, S. 268f.

[20] Zu den entsprechenden parlamentarischen Initiativen siehe: *Gotthard Jasper*, Der Schutz der Republik. Studien zur staatlichen Sicherung der Demokratie in der Weimarer Republik 1922–1930, Tübingen 1963, S. 229–239; *Fritz Schellack*, Nationalfeiertage in Deutschland von 1871 bis 1945 (Europäische Hochschulschriften Reihe III, Band 415), Frankfurt am Main 1990, S. 133–261. Nur Baden machte 1923 den 11. August zu einem gesetzlichen Feiertag. Hessen folgte 1929.

[21] *Otto*, Eine Gottesdienstordnung für den Vaterlands-Sonntag (Verfassungstag), S. 187.

[22] *Otto*, Eine Gottesdienstordnung für den Vaterlands-Sonntag (Verfassungstag), S. 189.

II. Predigten zum Verfassungstag

In einer Sammlung von 25 »Politischen Predigten«, die der an der Berliner Marienkirche tätige Pfarrer Wilhelm Schubring 1930 herausgab, finden sich acht Predigten zum »Verfassungstag«. Sie wurden in den Jahren 1924 bis 1929 von Pfarrern unterschiedlicher theologischer Richtungen gehalten, die auch in politischen Fragen gegensätzliche Positionen einnahmen: Einige der Prediger gehörten der »Deutschnationalen Volkspartei« an, andere der »Deutschen Demokratischen Partei«. In seiner »Vorrede« betonte Schubring, der als Generalsekretär des »Deutschen Protestantenvereins« und Leiter der Geschäftsstelle des »Verbandes des freien Protestantismus« seit 1925 im liberalprotestantischen Milieu über erheblichen Einfluss verfügte und sich politisch von 1925 bis 1933 in der DDP engagierte,[23] die »*Überparteilichkeit der Kirche*«, die auch die »Forderung der politischen Überparteilichkeit der Predigt«[24] einschließe. »Überparteilichkeit« bedeute keineswegs »politische Gleichgültigkeit, sondern eine vorsichtige Zurückhaltung beim amtlichen, dienstlichen Wirken, d. h. vor allem bei der Predigt«. Man könne »das politische Gebiet nicht aus der Predigt ausschalten«, müsse die Predigt doch »von dem ganzen Umfang des Christlich-Frommen handeln«, das eben das öffentliche Leben einschließe. Mit seiner Auswahl wollte Schubring dem weit verbreiteten Eindruck entgegentreten, dass die evangelische Pfarrerschaft in großer Mehrheit den antirepublikanischen Rechtsparteien nahe stehe: »Gegenüber dem Bildc, das weite Kreise der Öffentlichkeit, nicht ohne Schuld der Kirche, von der politischen Einseitigkeit der Kirche oder sagen wir der Pfarrerschaft haben, möchte unsere Sammlung darauf hinweisen, daß man sich doch auch in der Kirche von Anfang an im neuen Staat bemüht hat, überparteilich zu predigen.« Den von »rechtsradikalen Kreisen« erhobenen Vorwurf, dass mit der »kirchliche[n] Beteiligung an der Verfassungsfeier« die politische »Neutralität« der Kirche – die Rede von der »politischen Neutralität der Kirche« geht auf einen Beschluss der preußischen Generalsynode 1920 zurück –[25] verletzt werde, wies Schubring zurück: »Denn Staatsgesinnung zu pflegen, gehört zu den Aufgaben der christlichen Predigt von den Tagen des Apostels Paulus an«. Aber niemals dürfe das Politische »Zweck und Ziel der Predigt« sein. Der »politische Stoff« sei nur als »ein Gleichnis oder ein Beispiel« für den »eigentliche[n] Inhalt jeder Predigt«, für ihren religiösen Gehalt, die »Verkündigung von Sünde und Gnade«[26] zu thematisieren.

---

[23] Dazu siehe: *Jörg Metzinger*, Art.: Schubring, Wilhelm, in: Biographisch-Bibliographisches Kirchenlexikon. Begründet und hrsgg. von Friedrich Wilhelm Bautz. Fortgeführt von Traugott Bautz, IX. Band, Herzberg 1995, Sp. 1042–1044, bes. Sp. 1043.

[24] *Schubring*, Vorrede, S. 5.

[25] *Wilhelm Schubring*, Kirchenpolitisches ABC. Eine Einführung in das kirchenpolitische Leben der Gegenwart. Mit einem Anhang: Darstellung der neuen preußischen Kirchenverfassung, Dritte Auflage Berlin 1925, S. 22.

[26] *Schubring*, Kirchenpolitisches ABC, S. 8.

Um den vor allem von Politikern der Rechtsparteien erhobenen Vorwurf zu entkräften, dass die evangelische Kirche mit Verfassungsgottesdiensten ihre politische Neutralität preisgebe, betonen mehrere Kanzelredner gleich zu Beginn ihrer Predigten, dass, so der Berliner Pfarrer H. Pankow am 10. Jahrestag der Verabschiedung der Reichsverfassung 1929, »hier natürlich alle Parteipolitik ausgeschaltet ist«. »Die Kirche will und muß über den Parteien stehen.«[27] Pfarrer Dr. Hachmeister sagt in der Berliner St.-Jacobi-Kirche, dass er »die Weimarer Verfassung heute ganz aus dem Spiele lassen«[28] wolle.

Einige Prediger erklären ihren Hörern, warum eine kirchliche Feier der Reichsverfassung geboten sei. Dabei wird die Tradition kirchlich begangener Feiertage der Nation im Kaiserreich beschworen. Pfarrer Schwencke teilt seiner Gemeinde 1928 in Berlin-Treptow mit: »wenn wir nun je in alten Zeiten auch in der Kirche nationale Feiertage festlich begangen haben, so haben wir allen Anlaß, auch unseren Verfassungstag kirchlich zu begehen«.[29] Der Frankfurter liberalprotestantische Pfarrer Johannes Kübel, ein Pfarrerssohn, der 1919 Vorstandsmitglied der Verfassunggebenden Landeskirchenversammlung gewesen war, seitdem auch das Evangelische Wochenblatt »Die Gemeinde« herausgab und sich bis 1929 in der DNVP politisch engagierte, erklärt im Jahr darauf: »Den Verfassungstag feiern wir guten Gewissens.« Und zwar freiwillig: »Wir tun's nicht auf Befehl des Staates. Dank der Verfassung, deren Feier uns verbindet, empfängt die Kirche vom Staat keine Befehle mehr.« In der Nikolaikirche sei es gute Tradition, die Reichsverfassung zu feiern. »Wir haben's all die Jahre her schon getan, willig und loyal, gehorsam gegen Gottes Befehl: ›Gebet jedermann, was ihr schuldig seid: Furcht, dem die Furcht gebührt; Ehre, dem die Ehre gebührt.‹«[30]

Mehrfach beschwören die Prediger die Pflicht jedes einzelnen, politische Themen endlich ernst zu nehmen. Der religiös konservative, im »Bund der Bekenner des biblischen Evangeliums« aktive Dortmunder Pfarrer Homann beklagt am 11. August 1926 »eine unsagbare große *Hilflosigkeit* in Fragen des politischen Lebens«. »Wollen wir vor Gott und Menschen wahrhaftig sein, so müssen wir uns doch eingestehen, daß wir alle in bezug auf die Verfassung des Reiches und unsere Stellung als Staatsbürger zu ihr eine mehr oder minder unklare und ungeklärte Auffassung hegen«.[31] Der liberale Theologe Johannes Kübel

---

[27] *H. Pankow*, Wir und unser Staat. Predigt gehalten am Verfassungstag 1929 in der alten Pfarrkirche zu Berlin-Pankow, in: Schubring (Hrsg.), Politische Predigten, S. 84–90 (84).

[28] *Dr. Hachmeister*, Des Christen Stellung zum Staat. Predigt gehalten am 12. August 1928 in der St.-Jacobi-Kirche zu Berlin, in: Schubring (Hrsg.), Politische Predigten, S. 69–73 (69).

[29] *Pfarrer Schwencke*, Das Heil des Landes. Predigt gehalten am 12. August 1928 in Berlin-Treptow, in: Schubring (Hrsg.), Politische Predigten, S. 62–68 (62).

[30] *Johannes Kübel*, Verfassungstag. Predigt gehalten zum Verfassungstag am 11. August 1929 in der alten Nikolaikirche zu Frankfurt a. M., in: Schubring (Hrsg.), Politische Predigten, S. 91–96 (91). Der Kritiker der Nationalsozialisten trat 1932 dem »Stahlhelm« bei.

[31] *Pfarrer Homann*, Christentum und Staatsbürgertum. Predigt gehalten am Verfassungstag, 11. August 1926, in der Marienkirche zu Dortmund, in: Schubring (Hrsg.), Politische Predigten,

appelliert deshalb an seine Frankfurter Gemeinde, endlich die Reichsverfassung genau zu studieren. »Laßt euch den Verfassungstag dazu nützen, daß ihr euch in ihre Tiefen versenkt.«[32] Pfarrer Thieß fragt: »Wer kennt denn die Verfassung, dieses Gesetzbuch des Deutschen Reiches? Wer nicht beruflich oder sonstwie gezwungen ist, liest kein Gesetzbuch, das ist uns viel zu trocken, und mit Gesetzesparagraphen beschäftigt sich der Deutsche nicht gern. 99 von 100 haben in der deutschen Verfassung noch niemals geblättert, aber schimpfen, nörgeln und kritisieren – das tut jeder Deutsche, besonders über Dinge, die er nicht kennt.«[33] Pfarrer Schwencke spricht von »unsere[r] viel zu wenig gelesene[n] viel zu wenig gekannte[n] Verfassung«[34] und erinnert an die »Pflicht als freie Staatsbürger«: »Laßt Euch von den Dingen des öffentlichen Lebens, des *Gemeinwohls* bewegen und nicht nur von den Dingen eines einzelnen, persönlichen oder häuslichen Lebens!«[35] Max Scheibe, ein doppelt promovierter Philosoph und Theologe, appelliert an seine reformierte Gemeinde, im Rahmen der republikanischen Ordnung konstruktiv mitzuarbeiten: »Redliche Benutzung der neuen, unserem Volk gegebenen Lebensformen statt einer kalten oder sogar gegen sie offen oder im geheimen wühlenden Haltung, die ihre Auswirkungsmöglichkeit lähmt, ihr Wesen bedroht, das scheint mir das Gebot der Stunde.«[36]

Die Weimarer Verfassungsschöpfung wird von allen Predigern dafür gelobt, nach dem Chaos der Revolutionstage neue staatliche Ordnung durchgesetzt zu haben. Max Scheibe erklärt im August 1926 in der Reformierten Kirche zu Leipzig: »Der Umsturz wurde abgelöst durch Aufbauarbeit. Daß so bald nach der Zertrümmerung der bisherigen Formen zu einer neuen Bildung geschritten wurde, daß man so schnell als möglich dem aller Revolution stark anhaftenden Geist der Zerstörung, der Negation zu entrinnen sich bemühte und den Sinn auf das Positive, auf eine, wenn auch in vielem anders geartete, doch aber nicht minder an gegebene wertvolle Grundlagen anknüpfende Wiederaufrichtung lenkte, das ist eine Tatsache, die man dankbar feiern kann.«[37] In der Lützower Kirche zu Charlottenburg dankt Pfarrer Paarmann »dem Herrn unserm Gott«, »daß wir – was immer sich änderte – eine feste staatliche Ordnung behalten oder neu erlangt haben, und daß wir in ihr volksmäßiger Selbständigkeit uns freuen dürfen«. »Wir

---

S. 44–51 (44). Die Predigt war zunächst erschienen in: Das alte Evangelium. Christliches Sonntagsblatt, ausgegeben von der Ortsgruppe des Bundes der Bekenner des biblischen Evangeliums. Nr. 34 vom 22. August 1926.

[32] *Kübel*, Verfassungstag, S. 93.

[33] *Pfarrer Thieß*, Unsere Reichsverfassung im Lichte des Gotteswortes. Predigt gehalten zum Verfassungstage am 11. August 1929 in Zeuthen in der Mark, in: Schubring (Hrsg.), Politische Predigten, S. 97–101 (98).

[34] *Schwencke*, Heil des Landes, S. 67.

[35] *Schwencke*, Heil des Landes, S. 65.

[36] *Max Scheibe*, Verfassungsfeier. Predigt gehalten am 8. August 1926 in der Reformierten Kirche zu Leipzig, in: Schubring (Hrsg.), Politische Predigten, S. 56–61 (57).

[37] *Scheibe*, Verfassungsfeier, S. 56.

haben Gott dafür zu danken, daß er solche Kräfte in deutsches Wesen hineingelegt hat, die wilde Wirrnis schnell bannten und gröbsten Ausschreitungen ein Wehr setzten.«[38] Pfarrer Schwencke sucht in seiner Predigt über Lukas 19, 41–46 1928 seiner Gemeinde zu vermitteln: »Unsere neue deutsche Reichsverfassung bedeutet ja nichts Geringeres als den Bestand unseres Deutschen Reiches überhaupt, die Erhaltung der Einheit unseres Reiches und die Schöpfung einer neuen Rechtsordnung.«[39] Er lobt die Väter der Verfassung dafür, einen Bürgerkrieg verhindert zu haben. Sein Kollege H. Pankow sieht dies im Jahr darauf genauso: »Seit dem 11. August 1919 war es sicher: das Reich hat den schlimmsten Sturm überstanden, es kehrt Ordnung und Sicherheit zurück für den Staat und für die Kirche. Beides hat seine Form, eine andere, aber wieder eine feste Form, gefunden in der Verfassung. Wenn wir so an die wilde, wirre Zeit vorher denken heute in geordnetem Staats- und Kirchenleben, dann ist unser erstes Gefühl Preis und Dank gegen unseren Gott, der uns aus der Gefahr heraus auf einen neuen sicheren Weg geführt hat.«[40] Auch für den radikalen Nationalisten Johannes Kübel hat die Verfassungsschöpfung mitgeholfen, »den Frieden unseres Volkes und den gesellschaftlichen Fortschritt zu fördern«.[41]

Allen Predigern ist bewusst, dass ihre Gemeinden politisch tief gespalten sind. Sie leiden darunter und geben zugleich ihren Stolz darauf zu erkennen, dass wenigstens im Gotteshaus die vielfältig Verfeindeten noch friedlich miteinander singen und beten können. Sie sprechen diese harten Gegensätze an und wollen, so H. Pankow, »unsere Lage schonungslos zum Bewußtsein bringen«. Der Prediger klagt »Selbstbesinnung« ein. »Unsere Lage ist so, daß unser Volk im tiefsten zerrissen ist, und daß dieser furchtbare Zwiespalt gerade heute am Verfassungstage besonders schmerzlich wird.«[42] Pfarrer Thieß preist Gott dafür, »daß in der heillosen Zerklüftung unseres Volkes die Kirche fast die einzige Stelle ist, wo der Mensch nicht nach seiner Partei und nach seinem Berufe gefragt wird«.[43] Die tiefen Gegensätze zwischen den Anhängern der Monarchie und den Republikanern bedeuteten, »daß ungefähr die eine Hälfte unseres Volkes gegen ungefähr die andere Hälfte in heißem Hader steht«. Es sei »schlimm«, dass solche »Gegensätze da sind«. »Viel schlimmer« noch sei es, »wie sie ausgefochten werden«.[44]

---

[38] *Pfarrer Paarmann*, Predigt gehalten zum Verfassungstage am 8. August 1926 in der Lützower Kirche zu Charlottenburg, in: Schubring (Hrsg.), Politische Predigten, S. 52–55 (54).

[39] *Schwencke*, Heil des Landes, S. 62. »Vorher« sei das »Vaterland« ein »verfassungsloses Land« gewesen.

[40] *Pankow*, Wir und unser Staat, S. 84.

[41] *Kübel*, Verfassungstag, S. 91. »Wir feiern sie nicht, weil sie die Verfassung des alten Deutschen Reichs verdrängt hat; nein, weil sie die Geister des 9. November gebannt und nach der unheimlichen Zerstörung den Wiederaufbau begründet, nach dem Chaos die Ordnung wiederhergestellt hat.« Hier heißt es S. 92: »Das Große war damals, daß in all der Wirrnis überhaupt ein Werk zustande kam, daß sich der Wille zu Volk und Reich durchgesetzt hat«.

[42] *Pankow*, Wir und unser Staat, S. 85.

[43] *Thieß*, Unsere Reichsverfassung im Lichte des Gotteswortes, S. 97.

[44] *Pankow*, Wir und unser Staat, S. 85.

Wer als Pfarrer einen Gottesdienst zum Verfassungstag feiert, hat die neue republikanische Ordnung mehr oder minder als geltende, den Christen bindende Ordnung akzeptiert, selbst wenn er kein Demokrat aus Überzeugung oder ein Gesinnungsrepublikaner ist. Jenen Gemeindemitgliedern, die von Restauration der Monarchie träumen oder die parlamentarische Demokratie als eine nur westliche, undeutsche Herrschaftsform ablehnen, gilt deshalb ihre besondere Aufmerksamkeit. Sie wollen diese Gemeindeglieder davon überzeugen, den neuen Staat als von Gott gewollte Ordnung innerlich zu akzeptieren. Dazu rekurrieren Hachmeister und Homann auf den locus classicus, das 13. Kapitel des Römerbriefs. Homann bekundet zunächst einiges Verständnis für die Gegner der Republik: »Es sind doch viele und wirklich nicht die schlechtesten unter uns, die wollen und können sich nur widerstrebend der neuen Ordnung und Verfassung unseres deutschen Volkes fügen, weil es ihnen aus Gewissensgründen *schwer* fällt oder gar *unmöglich ist, darin oder dahinter irgendwie Gottes Willen und Wirken zu sehen.*«[45] Aber zugleich betont er »eine ganz starke und ernste Bindung« an die von Gott gegebene Obrigkeit.[46]

Dr. Hachmeister sucht in seiner Predigt über Römer 13, 1–10 den Apostel so zu aktualisieren, dass deutlich wird, »wie man gerade auch bei politisch abweichendem Standpunkt doch als Christ zum Staate stehen kann, ja muß«. Paulus habe selbst unter der Herrschaft Neros »in der Staatsordnung schlechthin Gottes Willen« gesehen und »deshalb in ihr einen hochzuschätzenden sittlichen Wert«[47] anerkannt. Eindringlich appelliert er an seine Gemeinde: »wem es schwer wird, diese hohe Bewertung des Staatsbegriffes auch auf unseren Staat anzuwenden, der denke an Paulus«.[48] Der Prediger macht auf »heilige Pflichten«[49] des Bürgers gegenüber dem Staat aufmerksam und klagt »Ehrfurcht« gegenüber denen ein, die an der »Spitze des Staates stehen und seine Geschichte zu lenken haben«.[50] Gerade im Wissen um die Umstrittenheit der Reichsverfassung betont auch H. Pankow: »Unser Reich mit der Verfassung, wie sie jetzt ist, ist Gottes Ordnung.« Vom Christen sei deshalb »Ehrerbietung« gegenüber der Verfassung geboten.[51] »Sie ist von Gott geordnet – dürfen wir, was Gott geordnet ist, herabsetzen?«[52] Analog klagt Pfarrer Schwencke über »Achtung und Ehrerbietung vor den Gesetzen und Einrichtungen unseres Staates« hinaus ein »Bekenntnis« zur Reichsverfassung ein: »unsere Verfassung ist uns gegeben, und sie ist uns gegeben, ›unser Reich in Freiheit und Gerechtigkeit zu erneuern und zu festigen, dem

---

[45] *Homann*, Christentum und Staatsbürgertum, S. 46.
[46] *Homann*, Christentum und Staatsbürgertum, S. 45.
[47] *Hachmeister*, Des Christen Stellung zum Staat, S. 70.
[48] *Hachmeister*, Des Christen Stellung zum Staat, S. 71.
[49] *Hachmeister*, Des Christen Stellung zum Staat, S. 71.
[50] *Hachmeister*, Des Christen Stellung zum Staat, S. 72.
[51] *Pankow*, Wir und unser Staat, S. 88.
[52] *Pankow*, Wir und unser Staat, S. 89.

inneren und äußeren Frieden zu dienen und den gesellschaftlichen Fortschritt zu fördern‹, und wer diese Ziele will – und wer sollte die nicht wollen: Freiheit, Gerechtigkeit, Friede, Fortschritt?! –, der darf sich zu dieser unserer Verfassung, zu unserem deutschen Vaterland, wie es jetzt verfaßt ist, getrost bekennen.«[53] Die von dem Münchner Zeithistoriker Karl-Heinz Fix vertretene These, dass den »meisten an den Verfassungsfeiern beteiligten Theologen« die Republik »nicht als gottgesetzte Obrigkeit galt«[54], ist falsch.

Einige Prediger kritisieren die ideologische Überhöhung des Bündnisses von Thron und Altar, wie sie für die politische Kultur des alten monarchischen Staates signifikant war. Auch wenn sie zur Schonung der Republikgegner mahnen, konfrontieren sie diese doch mit kritischen Bemerkungen zum Kaiserreich. »Es war Verhängnis und Unrecht des deutschen Menschen von ehedem, daß er sich selbst zum Maßstab aller Dinge genommen hat; und soweit wir fromm waren, fromm sein wollten, war es Unrecht und Verhängnis, daß wir die Sache unseres Volkes, als verstünde sich's von selbst, in eines geschaut haben mit der Sache Gottes.«[55]

Der Leipziger Pfarrer Max Scheibe, der als Privatdozent bis 1911 in der Theologischen Fakultät der Universität Vorlesungen zur Kirchengeschichte des reformierten Protestantismus hielt, wirbt auf seiner Kanzel offensiv für die Vorzüglichkeit der parlamentarischen Demokratie. Er bezieht sich auf gleich drei Predigttexte: »Der Gute freut sich der Ordnung« (Sprüche 21, 15), »Erzeigt Ehre jedermann« (1. Petrus 2, 17), »Dienet einander, ein jeder mit der Gabe, die er empfangen hat, als gute Verwalter der mannigfachen Gnadengaben Gottes« (1. Petrus 4, 10). Auf dieser Textbasis sucht er eine innere »Wahlverwandtschaft« von rechtverstandenem Christentum und parlamentarischer Demokratie zu entfalten. Mit dem bedeutenden Heidelberger kulturprotestantischen Ethiker Richard Rothe, einem nationalliberalen Gründungsmitglied des »Deutschen Protestantenvereins«, betonte er, »daß die politische Freiheit die legitime Schwester des Christentums sei«.[56] Habe die alte Ordnung nur die Herrschaft Weniger über Viele bedeutet, sei durch die Verfassung nun eine »Staatsform« etabliert worden, »die der Volks-*Gesamtheit*, die *allen* wahlmündigen Gliedern des Volkes kraft eines Grundgesetzes die Möglichkeit, über das Leben der Nation zu bestimmen, einräumt, wie ja auch an der Beschlußfassung über das Verfassungswerk selbst alle Volksgenossen durch ihre Vertreter mitgewirkt haben«. Deutschland sei damit »wieder ein Verfassungsstaat«. »Eine auf verfassungsmäßigem Weg zustandegekommene, Rechtscharakter tragende Ordnung, sie erst ist wahre Ordnung; und mag sie auch nicht jedermann gefallen, sie darf Anspruch erheben auf

[53] *Schwencke*, Heil des Landes, S. 66.
[54] *Fix*, Die deutschen Protestanten und die Feier der Weimarer Reichsverfassung, S. 78.
[55] *Kübel*, Verfassungstag, S. 92.
[56] *Scheibe*, Verfassungsfeier, S. 59.

Achtung bei den vernünftig Denkenden und sittlich Empfindenden und wird sie dort auch finden.«[57] Das »Wesen des demokratischen Freistaates« sei es, »daß der Wille des Volkes diejenigen bestimmt, die regieren sollen«. Da der Volkswille »nur in den seltensten Fällen ein einheitlicher« sei, gebe es zum Mehrheitsprinzip keine Alternative. Die »Minderheit« werde dadurch nicht vergewaltigt. »Indem sie ihrem Verhältnis nach durch die Wahlen ihre Abgeordneten in die Volksvertretung entsendet, hat sie die Freiheit der Aussprache; und ist sie beträchtlich, dann kann sie häufig genug erreichen, daß auch ihr Wille nicht ganz unberücksichtigt bleibt; und vor allem, sie hat die gesetzlich verbürgte Möglichkeit, bei neuen Wahlen zur Mehrheit zu werden und dann ihrerseits den Charakter der Regierung zu bestimmen.«[58]

Scheibe weist seine Gemeinde darauf hin, dass die moderne »Idee des Volksstaates« auch durch die »Selbständigkeitsbestrebungen auf religiösem Gebiet« gefördert worden sei. Es sei eine »Auswirkung des Protestantismus,« dass »mit der Durchsetzung des Rechtes, in Sachen des Glaubens, der Frömmigkeit auf sich selbst zu stehen, das Trachten nach Selbstbestimmung auch im Bereich des öffentlichen Lebens, des Staates Hand in Hand gegangen« sei. Im allgemeinen Wahlrecht spiegele sich »der christliche Gedanke der Ebenbürtigkeit, der Gleichheit aller vor Gott«. »Sollte man in der christlichen Kirche nicht Sinn haben für das Ideal der Gerechtigkeit, der Achtung vor Menschenwürde, des Respektes vor allem, was Menschenantlitz trägt, für das ideale Bemühen, jeden zu gebührender Geltung, zu frischer Entfaltung seiner Kraft kommen zu lassen und alle Teile heranzuziehen zu gemeinsamer Arbeit, das im demokratisch verfaßten Staat nach Verwirklichung drängt?«[59] Für Scheibe ist evident: »Die sittlichen Werte, die die Staatsform in sich schließt, die unsere gegenwärtige Verfassung vertritt, wird man gerade als Christ nicht bestreiten können«.[60]

Mehrere Prediger kommen auf die spezifische Aufgabe der Kirche in der von hartem Parteienstreit und politischer Radikalisierung geprägten deutschen Gesellschaft zu sprechen. Für Max Scheibe hat die evangelische Kirche ein Mandat zur »*Erziehung* des Volkes dazu, daß es reif werde, seine Verfassung zu seinem Heil zu gebrauchen«.[61] Die Schlusspassage seiner Predigt lautet: »Bekämpfung des Klassenhochmutes und des Klassenhasses, Hebung des Gemeinsinns, Ausbildung des Staatsgefühles, Schärfung des Bewußtseins um den hohen Ernst, ein freier, für die Förderung der Gesamtheit innerlich mithaftbarer Bürger seines Volkes zu sein, Gewöhnung an ein möglichst leidenschaftsloses Urteil, an nüchterne Einsicht, an Selbstdisziplin, Einprägung der Überzeugung, daß gerade die Autorität, das Ansehen eines Volksstaates abhängt und sich nur geltend

[57] *Scheibe*, Verfassungsfeier, S. 57.
[58] *Scheibe*, Verfassungsfeier, S. 58.
[59] *Scheibe*, Verfassungsfeier, S. 59.
[60] *Scheibe*, Verfassungsfeier, S. 60.
[61] *Scheibe*, Verfassungsfeier, S. 60.

machen kann, wenn seine Bürger ihn achten, seinen Ordnungen freien, freudigen Gehorsam zollen, das ist es, was nottut, und das ist's, wo gerade die Kirche erzieherisch mitzuwirken imstande ist. Möchte sie es tun! Dann werden wir nur immer dankbarer Verfassungsfeier begehen können!«[62] Ganz ähnlich betont auch H. Pankow die integrative Aufgabe der Kirche. »Von dieser hohen Warte über den Parteien muß sie mit heiligem Ernst versuchen, Gottes Geist und Willen in das Parteigetriebe hineinzutragen, ganz allein getrieben von dem einzigen Drang, Gegensätze zu mildern, die geistige Luft zu entgiften, aus der Zwietracht zur Eintracht und Einheit, zur Zusammenarbeit zu führen.«[63] Die staatsbürgerliche Verantwortung der Christen liege darin, »Gemeinschaft schaffen zu helfen, indem wir Verständnis gewinnen für die Andersdenkenden«. Er spricht von einer »Pflicht zum Zusammenfinden«.[64]

Einige Prediger nehmen direkten Bezug auf die Verfassung und zitieren aus ihrem »Zweiten Hauptteil« über die »Grundrechte und Grundpflichten der Deutschen«. Johannes Kübel will seine Gemeinde davon überzeugen, daß die Verfassung dem Reich Gottes dienen solle. »Und gottlob! die Verfassung *kann* es.«[65] Sein Argument: Hier sei »Wahrheit niedergelegt«. Er zitiert dann, nicht ohne die pathetische Beschwörung des »Höret!«, 18 Artikel der Reichsverfassung. Dabei betont er, erneut dramatisierend, dass nicht »einzelne Lehrer der Moral, nicht weltfremde Theologen oder Soziologen« in der Verfassung sprächen: »das deutsche Volk bekennt sich feierlich zu diesen Grundrechten und Grundpflichten der Deutschen«. Kübel sakralisiert die Artikel des Zweiten Hauptteils zu einer lex aeterna: »Die Grundrechte und Grundpflichten ziehen die Summe aus der gesamten sittlichen Menschheitsentwicklung: sie strömen ewige Wahrheit, sie strömen Gottes Wort und Willen aus.«[66] Doch weil er so hoch – man muss sagen: viel zu hoch – von der Verfassung denkt, kann er die Verfassungswirklichkeit nur als defizitär beschreiben. »Heute singt mancher ihren Ruhm, der doch erzittern müßte vor ihrer Forderung.«[67] Gegen die Verfassung, wie sie im politischen Alltag ihre Bindungskraft entfaltet, macht er, erneut nicht ohne Pathos, den normativen Überschuss des Verfassungstextes geltend: »meßt an diesen Grundrechten und Grundpflichten der Deutschen die Wirklichkeit! Steht auch nur *ein* Satz drinnen, der in der Wirklichkeit schon anerkannt und durchgeführt wäre?«[68].

Tendenzen der Sakralisierung des Grundrechtskatalogs lassen sich auch bei anderen Predigern beobachten. Der Berliner Pfarrer Hachmeister beschwört die lex divina, um die Geltungskraft der Reichsverfassung zu stärken. »Wenn

---

[62] *Scheibe*, Verfassungsfeier, S. 61.
[63] *Pankow*, Wir und unser Staat, S. 84f.
[64] *Pankow*, Wir und unser Staat, S. 88.
[65] *Kübel*, Verfassungstag, S. 93.
[66] *Kübel*, Verfassungstag, S. 95.
[67] *Kübel*, Verfassungstag, S. 93.
[68] *Kübel*, Verfassungstag, S. 95.

wir damit aber dem Grundsatz der Nächstenliebe huldigen und ihn [...] in Tat und Wahrheit umsetzen, dann bringen wir dem Staat in sein Gefüge des Rechts und der Ordnung, das sonst leicht kalt und hart anmuten kann, einen Hauch von Wärme und freudiger Kraft hinein; dann helfen wir, die Rechtsgemeinschaft zu einer Gesinnungsgemeinschaft zu erheben, die Staatsgesetze zu Gottesgesetzen zu adeln, die Staatsordnung als Gottesordnung zu weihen.«[69] Andere Prediger hingegen betonen, dass die 1919 entworfene Reichsverfassung ein »Menschenwerk« sei und wie alle anderen staatlichen Ordnungen auch keinen Anspruch auf ewige Geltung erheben könne. Selbst Johannes Kübel kann von seiner Kanzel verkünden: »Hüten wir uns davor, die Verfassung zu vergöttern!«[70]

III. Fazit

»Verfassungspredigten« sind ein ambivalentes Phänomen. Von der Kanzel im Gotteshaus herab von Republikgegnern Rechtsgehorsam und Loyalität gegenüber der Reichsverfassung einzuklagen, lässt sich als ein konstruktiver Akt zur Sicherung des gesellschaftlichen Friedens und Stärkung der demokratischen Institutionen deuten. Auch das Werben für eine christliche, speziell protestantische Legitimität der parlamentarischen Demokratie, wie es vor allem in Scheibes Predigt begegnet, ist als ein Versuch zu würdigen, die vielfältig bedrohte Stabilität der parlamentarisch-demokratischen Republik zu fördern. Religiöse Legitimation politischer Ordnung tendiert jedoch, wie Horst Dreier auch im Rekurs auf einschlägige Arbeiten von Andreas Kley[71] mehrfach gezeigt hat,[72] schnell zu einer Überlegitimation, die die Verfassung und den Streit um deren Auslegung dem demokratischen Prozess entzieht. Sie schränkt Spielräume der Deutung ein und erzeugt mit ihren Fiktionen metahistorisch ewiger, naturrechtsgleicher Geltung nur falsche Eindeutigkeit. Gut nur, dass in Gottesdiensten nicht bloß gepredigt, sondern auch miteinander gebetet wird. »Gott, der Herr, aber gebe denen, die in unserem Vaterlande etwas zu sagen und zu tun haben, Weisheit, Frieden, Gewissen, heilige Gedanken und ein reines Herz« lautet die Fürbitte, mit der Dr. Hachmeister seine Predigt beschließt.[73] Ein solches Gebet kann auch unter demokratischen Bedingungen nicht falsch sein.

---

[69] *Hachmeister*, Des Christen Stellung zum Staat, S. 73.

[70] *Kübel*, Verfassungstag, S. 92.

[71] *Andreas Kley*, Säkularisierung von Staatsrecht und Politik, in: Mélanges en l'honneur de Pierre Moor, Bern 2005, S. 95–117.

[72] *Horst Dreier*, Gilt das Grundgesetz ewig? Fünf Kapitel zum modernen Verfassungsstaat (Carl Friedrich von Siemens Stiftung, Themen Band 91), München 2009, S. 102–111; *ders.*, Säkularisierung und Sakralität (Fundamenta Juris Publici 2), Tübingen 2013.

[73] *Hachmeister*, Des Christen Stellung zum Staat, S. 73.

Kindesmissbrauch und Körperschaftsstatus

Organisationsrechtliche Konsequenzen systemischer sexualisierter Gewalt am Beispiel der katholischen Kirche

Julian Krüper

I. Der Missbrauchsskandal der (deutschen) katholischen Kirche

Als sich der Jesuitenpater *Klaus Mertes* im Januar 2010 an über 600 ehemalige Schüler des Berliner Canisius-Kollegs wandte, um Fälle sexualisierter Gewalt an der Schule aufzuklären, entfaltete sich, nunmehr auch vor den Augen der Öffentlichkeit, der Missbrauchsskandal der katholischen Kirche in Deutschland.[1] In einem nie abgerissenen Strom neuer Missbrauchsmeldungen ist seither ein Ausmaß sexualisierter Gewalt in den »Dunkelräumen«[2] einer »kirchlichen Separatwelt«[3] offenbar geworden, das die Kirche selbst zum Schauplatz der *Theodizee* hat werden lassen.

Von Beginn an war der Missbrauchsskandal mehr als die Summe seiner Einzeltaten, die es in unterschiedlich großer Zahl auch in anderen Religionsgemeinschaften,[4] besonders in den evangelischen Kirchen in Deutschland,[5] sowie in nicht-kirchlichen Institutionen gibt.[6] Seine besondere Gestalt gewinnt der Skan-

---

[1] Zur Bedeutung der Vorfälle am Canisius-Kolleg *T. Großbölting*, Die schuldigen Hirten, 2022, S. 44 ff.; *G. Prüller-Jagenteufel/W. Treitler*, Einleitung, in: dies. (Hrsg.), Verbrechen und Verantwortung, 2021, S. 9 zur »Vorgeschichte«; zum Missbrauch von Erwachsenen in der Kirche *U. Leimgruber*, Victim or Non-Victim?, in: Ley/Stein/Essen (Hrsg.), Semper reformanda, 2023, S. 147 (149 ff.).

[2] Nach Aschmann (Hrsg.), Katholische Dunkelräume, 2022.

[3] *M. Wirth/I. Noth/S. Schroer*, Sexualisierte Gewalt und das Problem kirchlicher Separatwelten, in: dies. (Hrsg.), Sexualisierte Gewalt in kirchlichen Kontexten, 2022, S. 1 ff.

[4] S. etwa *R. Spies*, Sexuelle Gewalt gegen Kinder in der Gemeinschaft der Zeugen Jehovas als Ausdruck gesellschaftlich geduldeter Gewaltstrukturen, in: Prüller-Jagenteufel/Treitler (Hrsg.), Verbrechen und Verantwortung, S. 93 ff.

[5] Nach Fertigstellung dieses Beitrags hat die EKD eine eigene Missbrauchsstudie vorgelegt, deren Ergebnisse nicht mehr systematisch berücksichtigt werden konnten, die aber einer vergleichbaren rechtlichen Würdigung bedürfen. Die Studie ist abrufbar unter https://www.forum-studie.de/wp-content/uploads/2024/02/Abschlussbericht_ForuM_21-02-2024.pdf (hier und im Folgenden 11. März 2024).

[6] *Aschmann*, Einleitung, in: dies. (Hrsg.), Katholische Dunkelräume, S. XV; *B. Rulofs/K. Wahnschaffe-Waldhoff/M. Neeten/A. Söllinger*, Sexualisierte Gewalt und sexueller Mißbrauch im Kontext des Sports, hrsgg. von der Unabhängigen Kommission zur Aufklärung sexuellen Kindesmissbrauchs, 2022; *B. Mitzscherlich/T. Ahbe/U. Diedrich/C. Wustmann/P. Ei-*

dal vielmehr durch das Zusammentreffen eines quantitativen, eines materiellen und eines institutionellen Elements. Zunächst ist die Zahl der Beschuldigten[7] und Betroffenen über Jahrzehnte und bundesweit hoch. Hinzu kommt der Begehungskontext einer »gierigen Institution« (*Lewis Coser*), die für sich in Anspruch nimmt, über moralische Maßstäbe zu verfügen und die Menschen nach diesen Maßstäben be- und vor allem auch verurteilt. Zusätzlich anstößig aber ist der amtskirchliche Umgang mit den Missbrauchstaten, der teils bis heute darauf zielt, Schaden von *mater ecclesia,* nicht aber von ihren Kindern abzuwenden[8] und der sich damit nicht nur in Widerspruch zu eigenen moralischen Maßstäben, sondern auch zu staatlichem und kirchlichem Recht setzt. Diese über Jahrzehnte andauernde Gleichzeitigkeit von Vergehen, Verbrechen und Vertuschen erlaubt es, von einem systemischen Missbrauchsunrecht zu sprechen.[9] Es handelt sich dabei um ein Problem nicht nur der deutschen katholischen, sondern der Weltkirche insgesamt,[10] das hohe und höchste Würdenträger einschließt.[11] Daher

sewicht, Sexueller Kindesmissbrauch in Institutionen und Familien in der DDR, hrsgg. von der Unabhängigen Kommission zur Aufklärung sexuellen Kindesmissbrauchs, 2019, beide Studien abrufbar unter www.aufarbeitungskommission.de; s. auch *A. Censebrunn-Benz*, Stiefkinder der Republik, 2022.

[7] Im Rahmen dieses Beitrags wird überwiegend in einem nicht-strafprozessualen Sinne von Beschuldigten gesprochen, weil nicht alle in den verschiedenen Studien erfassten Sachverhalte als erwiesen gelten können und eine Bezeichnung als Täter insofern nicht zutreffend wäre. Dessen ungeachtet sind viele der Beschuldigten auch Täter.

[8] *Großbölting*, Hirten, S. 127ff., 167ff.; *B. S. Anuth*, Kirchenschutz vor Kinderschutz?, in: Hilpert/Leimgruber/Sautermeister u. a. (Hrsg.), Sexueller Missbrauch von Kindern und Jugendlichen im Raum von Kirche, 2020, S. 129ff.; *M. Wirth*, Die Banalisierung sexueller Gewalt im Gestus ihrer Entschuldigung, in: ders./Noth/Schroer (Hrsg.), Sexualisierte Gewalt in kirchlichen Kontexten, 2022, S. 355ff.; *J. Isensee*, Die Amtsverantwortung der Hierarchen, in: FAZ v. 21. September 2023, S. 6 zu den Betroffenen: »hilflos, wehrlos, sprachlos«; ein Beispiel der Banalisierung der Vorgänge bei *P. J. Cordes*, FAZ v. 10. März 2023, S. 22.

[9] Sautermeister/Odenthal (Hrsg.), Ohnmacht. Macht. Missbrauch, 2021 zu theologischen Analysen »eines systemischen Problems«; von »strukturellen Ermöglichungsbedingungen« spricht *E. Gräb-Schmidt*, Der Abgrund menschlicher Möglichkeiten und der Anspruch des Anderen, in: Wirth/Noth/Schroer (Hrsg.), Sexualisierte Gewalt in kirchlichen Kontexten, S. 307 (309); *A. Loretan*, Systemische Ursachen der sexualisierten Gewalt in der Kirche, in: Ley/Stein/Essen (Hrsg.), Semper reformanda, S. 163ff.; journalistisch *D. Deckers*, Verbrecher in Soutane, in: FAS v. 10. September 2011, S. 2; *ders.*, Arme Kirche, in: FAZ v. 4. März 2023, S. 8: »Vertuschungs-, Verdrängungs- und Verleugnungsmuster«; *J. Isensee*, Interview mit L. Ring-Eifel/S. Kajan, 10. Juni 2002, abrufbar unter www.katholisch.de: »systemisch versagt«; *ders.*, Amtsverantwortung, in: FAZ v. 21. September 2023, S. 6.

[10] Zur »Geschichte eines internationalen Skandals« s. *W. Damberg*, Missbrauch, in: Aschmann (Hrsg.), Katholische Dunkelräume, S. 3ff.; *U. Ruh*, Chronik der Ereignisse, in: Hilpert/Leimgruber/Sautermeister u. a. (Hrsg.), Sexueller Missbrauch, S. 31ff.; *Großbölting*, Hirten, S. 57ff. zur Situation in den USA; eine mehrbändige Studie zu den irischen Missbrauchsfällen ist abrufbar unter www.childabusecommission.ie; *N. Bajos/J. Ancian/J. Tricou* u. a., Child Sexual Abuse in the Roman Catholic Church in France. Prevalence and Comparison With Other Social Spheres, in: Journal of Interpersonal Violence 38 (2023), S. 5452ff. zur Situation in Frankreich; für Spanien siehe den Bericht des Ombudsmanns für Grundrechte aus 2023, abrufbar unter https://www.defensordelpueblo.es.

[11] Zum Fall des Wiener Kardinals *Hans Hermann Groër N. N.*, Anwürfe gegen den Wiener

ist der Umgang mit dem Missbrauch auch zu einem Thema des Pontifikats des amtierenden Papstes und der seiner beiden Vorgänger geworden, freilich mit je unterschiedlichen Akzentsetzungen.[12] War man auch innerkirchlich lange von einem Skandal mit »spezifisch katholische(m) Geschmack«[13] ausgegangen, hat das im Januar 2024 vorgelegte Gutachten über den Missbrauch in den evangelischen Kirchen in Deutschland diese Annahme stark relativiert.

Organisationsrechtlich betrachtet ist das Unrecht der Missbrauchstaten kirchlicher Amts- und Würdenträger in einen besonderen Kontext eingebettet, denn die Kirchen genießen in Deutschland den Status einer Körperschaft des öffentlichen Rechts und stehen damit unter der Erwartung ihrer dauerhaften Rechts- und Verfassungstreue. Gleichwohl ist die Frage nach dem Fortbestand des Körperschaftsstatus angesichts des Missbrauchsskandals juristisch völlig randständig geblieben. Auch wenn eine Aberkennung des Status rechtlich voraussetzungsvoll, verfahrensmäßig kompliziert und politisch heikel wäre, ist das Schweigen der Rechtswissenschaft erstaunlich.[14] An religionsverfassungsrechtlichem Desinteresse kann es kaum liegen, angesichts der Intensität, mit der die deutsche Staatsrechtslehre vor Jahren die Verleihung des Körperschaftsstatus an die *Zeugen Jehovas* erörtert hat.

Zu fragen ist daher, ob die katholische Kirche infolge des Skandals den Status als Körperschaft des öffentlichen Rechts verlieren könnte. Dieser Frage ist der vorliegende Beitrag gewidmet, der sich als Annäherung an eine tatsächlich wie rechtlich komplexe Antwort versteht.[15]

II. Begriff und Ausmaß des Missbrauchs

Um dieser Antwort näher zu kommen, ist es hilfreich, sich des Missbrauchsbegriffs zu versichern, in strafrechtlicher und in empirischer Hinsicht.[16]

Erzbischof, in: FAZ v. 29. März 1995, S. 8; *C. Geyer*, Du sollst diskret sein!, in: FAZ v. 12. Mai 2010, S. 31; der australische Kardinal *George Pell* ist von den Missbrauchsvorwürfen in letzter Instanz freigesprochen worden.

[12] Zur Rolle *Karol Wojtylas* s. *G. Gnauck*, Kampf um den Papst, in: FAZ v. 21. Mai 2023, S. 5.

[13] *K. Mertes*, Was ich in den letzten drei Monaten gelernt habe, 2010, abrufbar unter www.zdk.de; zur systemischen Dimension *P. Beer*, Interview mit E. Finger, in: Die Zeit v. 27. Januar 2022, S. 58.

[14] In der 2020 erschienenen dritten, knapp 3500 Seiten starken Auflage des Handbuchs des Staatskirchenrechts der Bundesrepublik Deutschland wird der sexuelle Missbrauch in der (katholischen) Kirche, soweit durch eine Stichwortrecherche erkennbar, nicht mit einem Wort erwähnt; zu fehlenden Interventionen des Staates *K. Mertes*, Zur Rolle des Staates bei der Aufarbeitung des sexuellen Missbrauchs in der katholischen Kirche, in: Ley/Stein/Essen (Hrsg.), Semper reformanda, S. 193 ff.

[15] Eingehend *R. Röger*, Die Aberkennung des Körperschaftsstatus von Religionsgemeinschaften im Lichte der Schutzpflichtenlehre, in: Muckel (Hrsg.), FS Rüfner, 2003, S. 749 ff.

[16] S. auch *Großbölting*, Hirten, S. 23 ff.

1. Begriff des Missbrauchs

Der Begriff des Kindesmissbrauchs wird ebenso wie der der sexuellen oder der sexualisierten Gewalt in der politischen Diskussion zumeist als Sammelbegriff für eine Reihe unterschiedlicher Begehungsformen strafrechtlichen Unrechts verwendet.[17] Juristisch findet der Begriff des Missbrauchs von Kindern in den §§ 176 ff. StGB Verwendung, die neben der Vorbereitung des Missbrauchs, § 176b StGB, auch Begehungsformen ohne Körperkontakt mit dem Kind, § 176a StGB, sowie unrechtsverschärfende Qualifikationen umfassen, §§ 176c, d StGB. Während Kinder Personen unter 14 Jahren sind, wird auch der Missbrauch von Jugendlichen unter Strafe gestellt, §§ 174, 182 StGB. Die Sexual- und unter ihnen insbesondere die Missbrauchsdelikte sind also tatbestandlich hoch differenziert, vor allem im Hinblick auf das Alter des Opfers, sein Verhältnis zum Täter und die Begehungsform des Missbrauchs. Je nach Zusammentreffen dieser Faktoren ist das Unrecht der begangenen Tat von unterschiedlichem Gewicht. Systematisch werden daher auch im Bereich der Sexual- und Missbrauchstaten Vergehen und Verbrechen unterschieden, etwa in § 176a Abs. 1 Nr. 1 StGB und § 176c Abs. 1 Nr. 2 a) StGB.

2. Empirische Grundlagen

a) Tatsächliche Varianz und Folgen des Missbrauchs

Eine abschließende Bestimmung der Art und des Ausmaßes, in dem Kinder und Jugendliche von katholischen Amts- und Würdenträgern missbraucht worden sind, ist kaum möglich. Eine Metaanalyse vorhandener Studien über den Missbrauch in der katholischen *Weltkirche*[18] liefert allerdings kriminologisch-statistische Parameter, die Grundmuster des klerikalen Missbrauchs verdeutlichen und die im Wesentlichen auch für Deutschland gelten.

Danach haben sich Beschuldigte im statistischen Mittel an 2,7 Personen vergangen, die ein Alter von durchschnittlich zwölf Jahren hatten. In 68 % aller erfassten Fälle handelte es sich um mehrfache Übergriffe. Diese gingen in knapp 48 % aller Fälle mit Drohungen, Gewaltandrohungen oder ausgeübter Gewalt einher. Die Begehungsform der Taten ist unterschiedlich: In 24,5 % der Fälle handelte es sich um Handlungen ohne Berührung des Körpers der Betroffenen. Dazu zählen etwa Formen des Exhibitionismus oder das Zeigen pornographischer Materialien. In 75,5 % der ausgewerteten Fälle handelte es sich um sogenannte *hands on*-Handlungen, die von Berührungen über oder unter

---

[17] *G. Schreiber*, Begriffe vom Unbegreiflichen, in: Wirth/Noth/Schroer (Hrsg.), Sexualisierte Gewalt in kirchlichen Kontexten, S. 123 ff.; zu Varianten des Missbrauchs *D. Dölling/D. Herrmann/B. Horten* u. a., Metaanalyse zum sexuellen Missbrauch an Minderjährigen im Rahmen der katholischen Kirche. Erste Ergebnisse, in: Forensische Psychiatrie, Psychologie und Kriminologie 10 (2016), S. 103 (110 ff.).

[18] Angaben nach *Dölling/Herrmann/Horten* u. a., Metaanalyse, S. 103 ff.

der Kleidung der Betroffenen oder der Beschuldigten bis hin zu Fällen analer, vaginaler oder oraler Penetration reichen, zu der es in rund 35 % der erfassten Fälle gekommen ist.

Die Folgen von Missbrauchshandlungen umfassen regelmäßig somatische, psychische und verhaltensbezogene Störungen der Betroffenen, darunter im somatischen Bereich Schlafstörungen, Kopfschmerzen oder Essstörungen, im psychischen Bereich Angststörungen, Panikattacken, Depressionen und Selbstwertstörungen, außerdem Störungen in der Unterhaltung intimer Beziehungen sowie im verhaltensbezogenen Bereich Rückzugs- und Isolationstendenzen, suizidales Verhalten und Leistungsabfälle in Schule und Beruf.[19]

b) Zahlenmäßiges Aufkommen von Missbrauch

Aufgrund verschiedener bistumsbezogener Studien in Deutschland gibt es Hinweise auf Beschuldigten- und Betroffenenzahlen, die hier nur beispielhaft referiert werden können.[20] Nach wie vor haben nicht alle deutschen Bistümer solche Studien vorgelegt. Die in den vorliegenden Untersuchungen analysierten Zeiträume variieren, reichen aber in jedem Fall mehrere Jahrzehnte zurück. Auch die methodische Anlage der Studien ist verschieden und konzentriert sich teils stärker auf qualitative Forschung anhand von Fallstudien, teils stärker auf die quantitative Erfassung des Missbrauchsgeschehens. Zumeist werden für den untersuchten Zeitraum Betroffenen- und Beschuldigtenzahlen genannt. Wo dies nicht geschieht, ist dies der Untersuchungsperspektive auf strukturelle Faktoren wie das Verhalten einzelner Bischöfe geschuldet. Regelmäßig werden auch systemische Bedingungsfaktoren des Missbrauchs analysiert.

Zwischen der sogenannten MHG-Studie der Deutschen Bischofskonferenz und den in den Bistümern erstellten Untersuchungen bestehen Überschneidungen im Datenbestand, so dass die nachfolgenden Zahlen nicht schlicht addiert werden können. Teils kommen die neueren bistumsbezogenen Untersuchungen auch zu Ergebnissen, die von der MHG-Studie abweichen.[21]

Neben die nachfolgend ausdrücklich genannten Untersuchungen treten eine Reihe von Einzelstudien und -gutachten, etwa zu Missbrauchsfällen in der Schule Kloster Ettal,[22] dem Bonner Aloisius-Kolleg[23] oder bei den Regens-

[19] *Dölling/Herrmann/Horten* u. a., Metaanalyse, S. 111 ff.

[20] *A. Jud/M. Jarczok*, Zur Häufigkeit von sexuellem Missbrauch von Kindern und Jugendlichen im Kontext der katholischen Kirche, in: Hilpert/Leimgruber/Sautermeister u. a. (Hrsg.), Sexueller Missbrauch, S. 65 ff.

[21] *B. Frings/T. Großbölting/K. Große Kracht* u. a., Macht und sexueller Missbrauch in der katholischen Kirche, 2022, S. 267.

[22] *H. Keupp/F. Straus/P. Mosser* u. a., Sexueller Missbrauch und Misshandlungen in der Benediktinerabtei Ettal, 2017; *dies.*, Schweigen – Aufdeckung – Aufarbeitung, 2017, zum Missbrauch im Benediktinerstift Kremsbeuren.

[23] Hagenberg-Miliu (Hrsg.), Unheiliger Berg. Das Bonner Aloisiuskolleg der Jesuiten und

burger Domspatzen.[24] Die ermittelten Zahlen beziehen sich auf aktenkundige und/oder kirchenrechtlich oder gerichtlich verfolgte Taten. Sie bilden nur einen Teilausschnitt aus der Gesamtwirklichkeit, weil im Bereich der Straftaten gegen die sexuelle Selbstbestimmung ein erhebliches Dunkelfeld besteht.[25] Nimmt man die Untersuchungen in den Blick, ergibt sich folgendes Bild.

	Betroffene	Beschuldigte
MHG-Studie	3677	1610
Gutachten Bistum Aachen	175	81
Gutachten Erzbistum Berlin	121 erwiesen 17 vermutet	61
Gutachten Bistum Essen	–	171
Gutachten Bistum Hildesheim	–	71
Gutachten Erzbistum Köln	314	127 Kleriker 66 Laien
Gutachten Bistum Mainz	401	181
Gutachten II Erzbistum München-Freising	235	63 erwiesen 115 plausibel
Gutachten Bistum Münster	610	196

c) Zwischenfazit

Es zeigt sich, dass in deutschen Bistümern über Jahrzehnte von einer in die Tausende gehenden Zahl von Beschuldigten Kinder und Jugendliche sexuell missbraucht worden sind. Dabei umfassen die Modalitäten der Tatbegehung ein weites Feld unterschiedlichen Unrechts, das die §§ 176 ff. StGB vertatbestandlichen. Wiewohl dies in jedem Einzelfall Fragen strafrechtlicher Verantwortung aufwirft, bleibt zu fragen, ob das massenhafte Vorkommen und die strukturellen Ermöglichungsbedingungen des Missbrauchs auch institutionelle Konsequenzen

die Aufarbeitung des Missbrauchsskandals, 2014; fiktionalisierter Bericht bei *M. A. Ostrowski*, Sacro Pop, 2004; Gutachten von *J. Zinsmeister/P. Ladenburger/I. Mitlacher*, Schwere Grenzverletzungen zum Nachteil von Kindern und Jugendlichen im Aloisiuskolleg Bonn-Bad Godesberg, 2011, abrufbar unter www.aloisiuskolleg.de.

[24] *U. Weber/J. Baumeister*, Vorfälle von Gewaltausübung an Schutzbefohlenen bei den Regensburger Domspatzen, 2019, S. 24 ff. mit Daten zu (dominierender) nicht-sexueller sowie sexueller Gewalt; s. auch *B. Frings/B. Löffler*, Der Chor zuerst, 2019, zu Gewaltstrukturen; allgemein *P. Beer*, Missbrauch an katholischen Schulen, in: Aschmann (Hrsg.), Katholische Dunkelräume, S. 116 ff.

[25] Zu Entwicklungslinien *B. Horten/D. Dölling/D. Hermann* u. a., Gesundheitswesen 2018, S. 1042 ff.

entfalten können. Damit rückt der Körperschaftsstatus in den Blick, der »rätselhafte Ehrentitel«[26] der korporierten Religionsgemeinschaften.[27]

III. Gegenstand, Trägerschaft und Erwerb des Körperschaftsstatus

1. Der Körperschaftsstatus als Bündel von Rechten

Die katholische Kirche in Deutschland ist neben anderen Religionsgemeinschaften als Körperschaft des öffentlichen Rechts organisiert. Sie hat diesen Status nicht unter dem Grundgesetz erhalten, sondern bereits bei Inkrafttreten der Weimarer Reichsverfassung innegehabt und wird durch Art. 140 GG/Art. 137 Abs. 5 S. 1 WRV in diesem Status in die neue Verfassungsordnung überführt.[28] Der Status als Körperschaft des öffentlichen Rechts ist mit verschiedenen Rechten und Privilegien verbunden,[29] unter anderem dem Recht auf Kirchensteuererhebung, Art. 140 GG/Art. 137 Abs. 6 GG, der Dienstherrenfähigkeit, der Organisationsgewalt, der Rechtsetzungsgewalt und dem Parochialrecht[30] sowie einem als »Privilegienbündel« apostrophierten Strauß sonstiger Einzelrechte.[31] Es handelt sich um einen vorteilhaften Rechtsstatus, der unter dem Grundgesetz einer Reihe weiterer Religions- und Weltanschauungsgemeinschaften verliehen worden ist,[32] die neben die sogenannten Altkorporierten treten. Ergänzt wird er bei allen Religionsgemeinschaften unabhängig von ihrer Organisationsform um das aus Art. 140 GG/Art. 137 Abs. 3 GG folgende Selbstbestimmungsrecht.[33]

[26] *R. Smend*, Staat und Kirche nach dem Bonner Grundgesetz, in: ders., Staatsrechtliche Abhandlungen, 4. Auflage 2010, S. 411 (416).

[27] *E. D. Bohl*, Der öffentlich-rechtliche Körperschaftsstatus der Religionsgemeinschaften, 2001; *H. M. Heinig*, Öffentlich-rechtliche Religionsgesellschaften, 2003, S. 256ff.; *S. Magen*, Körperschaftsstatus und Religionsfreiheit, 2004; *C. Walter*, Religionsverfassungsrecht, 2006, S. 546ff.; *E. Towfigh*, Die rechtliche Verfassung von Religionsgemeinschaften, 2008.

[28] *S. Magen*, in: Pirson/Rüfner/Germann/Muckel (Hrsg.), HStKR, Band 1, 3. Auflage 2020, § 27 Rn. 37ff.; *M. Morlok*, in: Dreier (Hrsg.), Grundgesetz-Kommentar, Band III, 3. Auflage 2018, Art. 140 Rn. 45.

[29] BVerfGE 102, 370 (387); *S. Muckel*, Religionsgemeinschaften als Körperschaften des öffentlichen Rechts: Zur aktuellen Diskussion um die Verleihung der Körperschaftsrechte, in: Der Staat 38 (1999), S. 569 (575f.).

[30] *Morlok*, Art. 140 GG/Art. 137 WRV Rn. 91ff.

[31] *Magen*, Körperschaftsstatus, S. 90ff.; *Towfigh*, Religionsgemeinschaften, S. 163ff.; *Morlok*, Art. 140 GG/Art. 137 WRV Rn. 100f.

[32] *Walter*, Religionsverfassungsrecht, S. 548f.; *H. M. Heinig*, Die Verfassung der Religion, 2014, S. 216ff.; *S. Korioth*, in: Dürig/Herzog/Scholz (Hrsg.), GG, 102. Egl., Art. 140 GG/Art. 137 WRV Rn. 70f.

[33] *Morlok*, Art. 140 GG/Art. 137 WRV Rn. 59.

2. *Trägerschaft des Status*

Während üblicherweise davon die Rede ist, dass die Kirchen Träger des Körperschaftsstatus sind, ist dies organisationsrechtlich ungenau. Weder *die* katholische Kirche und weniger noch *die* evangelische Kirche in Deutschland sind Träger des Status, sondern ihre verschiedenen Untergliederungen, im Fall der katholischen Kirche etwa Bistümer, Gemeinden,[34] Ordensgemeinschaften und neuerdings auch »Katholische Datenschutzzentren«[35]. Der Status der Körperschaft des öffentlichen Rechts *der* Kirchen ist insofern als eine Mehrzahl einzelner Status verschiedener der Kirchen jeweils zuzurechnender Träger zu verstehen.[36]

3. *Voraussetzungen der Verleihung des Status – Rechtstreue insbesondere*

Abgesehen von den durch Art. 140 GG/Art. 137 Abs. 5 S. 1 GG erfassten altkorporierten Religionsgemeinschaften wird die Frage der Verleihungsvoraussetzungen des Körperschaftsstatus seit jeher intensiv diskutiert. Zuständig für die Verleihung sind die Länder, die allerdings an die verfassungsrechtlichen Verleihungsvoraussetzungen gebunden sind. Ihnen bleibt insofern allein die organisationsmäßige Vollzugskompetenz.[37] Als wesentliche Verleihungsvoraussetzung legt Art. 140 GG/Art. 137 Abs. 5 S. 1 GG eine durch innere Verfassung und Mitgliederzahl begründete Gewähr einer hinreichenden Bestandsdauer fest. Neben dieser geschriebenen sind es aber ungeschriebene Voraussetzungen, die etwa auf eine besondere Gemeinwohldienlichkeit, eine bestimmte kulturelle Basis oder eine Loyalität zum Staat zielen sollen, die Anlass zu Diskussionen gegeben haben, die hier nicht nachgezeichnet werden können.[38] Entscheidend bleibt nach der Rechtsprechung des Bundesverfassungsgerichts allein das ungeschriebene Kriterium der Rechts- und Verfassungstreue, das in der Entscheidung zu den *Zeugen Jehovas* näher konturiert worden ist.[39] Das Gericht hat die Rechts- und Verfassungstreue zwar als Voraussetzung des Körperschaftsstatus einer Religionsgemeinschaft postuliert, diese aber auf die Gewähr des Einstands für die in Art. 79 Abs. 3 GG geschützten Verfassungsgüter, die Garantie der Grundrechte Dritter und die Beachtung der Prinzipien eines freiheitlichen Religions- und Staatskirchenrechts beschränkt.[40] Es stellt fest:

---

[34] Dazu etwa *Bohl*, Körperschaftsstatus, S. 38.

[35] *A. Hense*, in: Sydow/Marsch (Hrsg.), DS-GVO/BDSG, 3. Auflage 2022, Art. 91 DS-GVO Rn. 29f.

[36] *S. Haering*, in: Pirson/Rüfner/Germann/Muckel (Hrsg.), HStKR, 3. Auflage 2020, Band 1, § 20 Rn. 2.

[37] BVerfGE 139, 321 (366f.); *Magen*, HStKR, § 27 Rn. 62ff.

[38] S. etwa *Walter*, Religionsverfassungsrecht, S. 560ff.; *Heinig*, Verfassung, S. 226ff., 242ff. m.w.N.; *Röger*, Aberkennung, S. 755; *Muckel*, Religionsgemeinschaften, S. 592ff.

[39] *Heinig*, Verfassung, S. 233; *Magen*, Körperschaftsstatus, S. 141ff.; *Towfigh*, Religionsgemeinschaften, S. 179ff.

[40] BVerfGE 102, 370 (386ff.); zu einem Abwägungsmodell zwischen Art. 137 Abs. 5 S. 2

»Eine systematische Beeinträchtigung oder Gefährdung dieser vom Grundgesetz auf Dauer gestellten Grundsätze darf der Staat nicht hinnehmen, auch nicht von Seiten einer als Körperschaft des öffentlichen Rechts verfassten Religionsgemeinschaft.«[41]

Weiter führt das Gericht aus:

»Das Grundgesetz unterstellt die Menschenwürde und andere Grundrechte dem Schutz der Verfassung. So verpflichtet es den Staat, menschliches Leben und die körperliche Unversehrtheit zu schützen [...]. Kinder können staatlichen Schutz ihres Grundrechts aus Art. 2 Abs. 1 und Abs. 2 Satz 1 GG beanspruchen. [...] Korporierte Religionsgemeinschaften haben einen öffentlichrechtlichen Status und sind mit bestimmten hoheitlichen Befugnissen ausgestattet. Sie verfügen damit über besondere Machtmittel und einen erhöhten Einfluss in Staat und Gesellschaft. Ihnen liegen deshalb die besonderen Pflichten des Grundgesetzes zum Schutz der Rechte Dritter näher als anderen Religionsgemeinschaften. Diese Pflichten verbieten die Verleihung des Status einer Körperschaft des öffentlichen Rechts an eine Religionsgemeinschaft, gegen die einzuschreiten der Staat zum Schutz grundrechtlicher Rechtsgüter berechtigt oder gar verpflichtet wäre.«[42]

Für die juristische Bewertung des Missbrauchsskandals handelt es sich dabei um eine Feststellung von Gewicht, weil sie nicht nur die tatsächliche Beeinträchtigung, sondern auch die Gefährdung der geschützten Rechtsgüter und damit sowie durch den Hinweis auf den systematischen Charakter etwaiger Rechtsverstöße auch die institutionelle Dimension und die strukturellen Bedingungsfaktoren von Rechtsverstößen in den Blick rückt.

IV. Aberkennung des Körperschaftsstatus

Dass einer Religionsgemeinschaft der Status einer Körperschaft des öffentlichen Rechts, neben freiwilligem Verzicht, auch staatlich entzogen werden kann, entspricht allgemeiner Auffassung.[43] Die Perpetuierung des Körperschaftsstatus der Altkorporierten ›unter das Grundgesetz‹ schafft insoweit keinen bedingungslosen Bestandsschutz. Insbesondere bedarf die Aberkennung ihres

---

WRV und dem sonstigen Verfassungsrecht, insbesondere den Grundrechten Dritter auch *M. Morlok/H. M. Heinig*, Parität im Leistungsstaat – Körperschaftsstatus nur bei Staatsloyalität?, in: NVwZ 1999, S. 697 (704 f.).

[41] BVerfGE 102, 370 (392).

[42] BVerfGE 102, 370 (393).

[43] *Walter*, Religionsverfassungsrecht, S. 567 ff.; *K. Stein*, Die Beendigung des öffentlich-rechtlichen Körperschaftsstatus bei Religionsgemeinschaften, Diss. iur. Düsseldorf 2007, S. 170 ff.; *Morlok*, Art. 140 GG/Art. 137 WRV Rn. 114 ff.; *D. Ehlers*, in: Sachs (Hrsg,), GG, 9. Auflage 2021, Art. 140 GG/Art. 137 WRV Rn. 31; *H. Jarass*, in: ders./B. Pieroth (Hrsg.), GG, 17. Auflage 2022, Art. 140 GG/Art. 137 WRV Rn. 24; *Korioth*, Art. 140 GG/Art. 137 WRV Rn. 81; *U. Mager*, in: v. Münch/Kunig (Hrsg.), GG, Band 2, 7. Auflage 2021, Art. 140 GG/Art. 137 WRV Rn. 58 ff.; *P. v. Unruh*, in: v. Mangoldt/Klein/Starck (Hrsg.), GG, Band 3, 7. Auflage 2018, Art. 140 GG/Art. 137 WRV Rn. 131 ff.

Körperschaftsstatus *nicht* einer vorhergehenden Verfassungsänderung.[44] Diese teils begründungslos erhobene Forderung überzieht die normative Kraft der als Übergangslösung in das Grundgesetz inkorporierten Weimarer Staatskirchenartikel[45] und schafft Privilegien im Verhältnis zwischen Alt- und Neukorporierten, für die es keine materielle Begründung gibt.[46]

1. Formelle Voraussetzungen der Aberkennung

a) Rechtsgrundlage und Verfahren

Weitgehend unstreitig sind die formellen Voraussetzungen einer Aberkennung des Status einer Körperschaft des öffentlichen Rechts. Ob die Entziehung einer gesetzlichen Grundlage bedarf, wird mit guten Gründen bezweifelt,[47] aber von der herrschenden Lehre angenommen. Indes fehlt es in den meisten Bundesländern bis dato an einer solchen Rechtsgrundlage. Wo, wie etwa in Bayern, Bremen und Nordrhein-Westfalen, Entzugsregelungen bestehen, werden die Altkorporierten davon ausgenommen. Ermächtigungsnormen des allgemeinen Gefahrenabwehrrechts oder Art. 9 Abs. 2 GG werden zu Recht nicht für zureichend gehalten.[48] Eine politische Debatte, Rechtsgrundlagen für den Körperschaftsentzug zu schaffen, wird, soweit erkennbar, nicht geführt. In welchem Verfahren der Status aberkannt wird und in welcher Form, ist in die Vollzugskompetenz der Länder gegeben und vom Einzelfall der zuvor gewählten Verleihungsform abhängig (*actus contrarius*).[49]

b) Aberkennungsadressat

In Ermangelung eines Gesamtträgers des Körperschaftsstatus muss Adressat einer etwaigen Aberkennungsentscheidung eine mit Körperschaftsstatus ausgestattete Einheit der Organisation Kirche sein, die durch Zurechenbarkeit von Missbrauchstaten als einstandspflichtig für die Rechts- und Verfassungstreue anzusehen ist. Das dürften im Falle der (verfassten) katholischen Kirche die

---

[44] So auch *Heinig*, Verfassung, S. 252 ff. m. w. N.; *Magen*, HStKR, § 27 Rn. 64; *Röger*, Aberkennung, S. 773 f.; *M. Germann*, in: Hillgruber/Epping (Hrsg.), BeckOK GG, 56. Ed.,2023 Art. 140 GG/Art. 137 WRV Rn. 79; *Morlok*, Art. 140 GG/Art. 137 WRV Rn. 115; wohl auch *Ehlers*, Art. 140 GG/Art. 137 WRV Rn. 31 sowie *Mager*, Art. 140 GG/Art. 137 WRV Rn. 67, die zwischen Entziehung (Gesetz) und Abschaffung (Verfassungsänderung) des Körperschaftsstatus unterscheidet; a.A. etwa *Korioth*, Art. 140 GG/Art. 137 WRV Rn. 82; *Unruh*, Art. 140 GG/Art. 137 WRV Rn. 243.

[45] *Walter*, Religionsverfassungsrecht, S. 574.

[46] *Morlok*, Art. 140 GG/Art. 137 WRV Rn. 115.

[47] *C. Walter*, Religionsverfassungsrecht, S. 572.

[48] *Bohl*, Körperschaftsstatus, S. 109 ff. mit Erwägungen zum Rückgriff auf bestehende allgemeine Normen, etwa das Vereinsgesetz oder die polizeiliche Generalklausel.

[49] *Heinig*, Verfassung, S. 243 ff.

einzelnen Bistümer sein, deren Bischöfe mit Aufsichtspflichten gegenüber den ihnen nachgeordneten Gemeinden ausgestattet sind.[50] Eine bistumsbezogene Perspektive ermöglicht zudem eine verhältnismäßigkeitswahrende Behandlung der jeweils vorfindlichen Sachlage.

Unberücksichtigt bleibt an dieser Stelle daher Missbrauch, wie er in Einrichtungen der privatrechtlich organisierten katholischen Caritas (und parallel der evangelischen Diakonie) verübt worden ist.

2. Materielle Voraussetzungen der Aberkennung

Der Entzug des Körperschaftsstatus setzt weiter voraus, dass die materiellen Verleihungsvoraussetzungen entfallen sind.[51] Zu erörtern ist hier allein die Rechts- und Verfassungstreue. Systematische Beeinträchtigungen oder Gefährdungen der durch Art. 79 Abs. 3 GG geschützten Rechtsgüter sowie der Grundrechte Dritter sind dabei als Ausdruck mangelnder Rechts- und Verfassungstreue anzusehen. Zu untersuchen ist daher, ob der Missbrauchskomplex a) als Verletzung oder Gefährdung der Grundrechte Dritter zu verstehen ist,[52] b) ob und wie eine Zurechnung zu kirchlichen Körperschaften erfolgen kann, c) in welchem Verhältnis Diagnose und Prognose der Rechts- und Verfassungstreue stehen und ob d) immanente Aberkennungsschranken zu beachten sind.

a) Missbrauch als Grundrechtsverletzung

Schaut man zunächst auf die grundrechtliche Seite des Problems, rücken erneut die Tatbestände des 13. Abschnitts des StGB in den Blick. In einer dogmatischen Gesamtschau werden den Sexualstraftaten verschiedene Schutzgüter zugeordnet, vor allem die sexuelle Selbstbestimmung als Abwehrrecht, die Intimsphäre und die Menschenwürde, Leben und körperliche Unversehrtheit sowie die psychische Gesundheit.[53] Entsprechend formuliert die strafrechtliche Literatur die Schutzgüter der einzelnen Delikte als »Schutz der sexuellen Selbstbestimmung« und die »ungestörte sexuelle Entwicklung von Kindern und Jugendlichen«,[54] gleichsinnig auch als »Schutz der Möglichkeit zur freien Entwicklung sexueller Selbstbestimmungsmöglichkeiten«[55] und im weiteren Sinne als den Schutz und

---

[50] *Haering*, HStKR, § 20 Rn. 45 ff.

[51] S. etwa *Heinig*, Verfassung, S. 261 ff.

[52] Sehr weitgehend *Bohl*, Körperschaftsstatus, S. 107 f.

[53] Eingehend *T. Hörnle*, in: Laufhütte/Rissing-van Saan/Tiedemann (Hrsg.), LK-StGB, Band 10, 13. Auflage 2023, Vorb. § 174 Rn. 33 ff.

[54] *K. Schumann*, in: Kindhäuser/Neumann/Paeffgen/Saliger (Hrsg.), StGB, 6. Auflage 2023, § 174 Rn. 8 ff.; *R. Eschelbach*, in: Matt/Renzikowski (Hrsg.), StGB, 2. Auflage 2020, § 176 Rn. 4; *J. Eisele*, in: Schönke/Schröder (Hrsg.), StGB, 30. Auflage 2019, § 174 Rn. 1; *T. Fischer*, StGB, 71. Auflage 2024, § 174 Rn. 1.

[55] *Fischer*, § 176 Rn. 2.

die Bewahrung einer »Sexualverfassung«.[56] In den Qualifikationen des § 176 StGB treten noch weitere Rechtsgüter hinzu, bei §§ 176c, 177 StGB etwa der Schutz des Lebens sowie der körperlichen und geistigen Unversehrtheit.[57]

Die grundrechtliche Unterfütterung der strafrechtlichen Schutzgüter ist bis in ihre konkrete Benennung hinein offenkundig. Der Bereich der sexuellen Selbstbestimmung und der Intimsphäre ist grundrechtsdogmatisch durch das Allgemeine Persönlichkeitsrecht aus Art. 2 Abs. 1 i.V.m. Art. 1 Abs. 1 GG geschützt. Es zielt in einem umfassenden Sinne auf den Schutz personaler Autonomie,[58] vor allem durch den Schutz der Selbstentfaltung und der Grundbedingungen der Persönlichkeit. Die durch Missbrauch teils mitbetroffenen Rechtsgüter Leib und Leben werden durch Art. 2 Abs. 2 S. 1 GG und die psychische Unversehrtheit jedenfalls dann durch die gleiche Norm geschützt, wenn ihre Beeinträchtigung, wie es bei Missbrauch typischerweise der Fall ist, durch Einwirkungen auf den Körper verursacht worden ist.[59] Im Regelfall einer Missbrauchstat dürfte die Berührung des jeweiligen grundrechtlichen Schutzguts durch die Tathandlung auch hinreichend erheblich sein, um sie, jedenfalls im Zusammenhang mit weiteren Taten, als Problem der Rechts- und Verfassungstreue der Körperschaft zu problematisieren.

b) Zurechenbarkeit der Taten zur kirchlichen Körperschaft

Körperschaftsstatusrechtliche Konsequenzen könnten aus dem Missbrauchskomplex jedoch nur dann gezogen werden, wenn die jeweilig adressierte Körperschaft rechtlich für das Missbrauchsgeschehen verantwortlich, es ihr also zuzurechnen wäre. Zu unterscheiden ist dabei einerseits das *Täterverhalten* und andererseits das *Funktionsträgerverhalten* im Umgang mit dem Missbrauch durch Dritte.

Den juristischen Rahmen des Zurechnungsvorgangs bildet die Verpflichtung der korporierten Religionsgemeinschaften zur Achtung der Grundrechte Dritter.[60] Das Bundesverfassungsgericht statuiert eine solche Pflicht ausdrücklich auch dort, wo die Religionsgemeinschaften nicht hoheitlich tätig werden.[61] Es handelt sich dabei um eine fortdauernde Verpflichtung aller korporierten Religionsgemeinschaften,[62] die nicht nur das Unterlassen von Eingriffen (Täter-

[56] *G. Wolters*, in: Wolter (Hrsg.), SK-StGB, 9. Auflage 2017, § 174 Rn. 6.

[57] *Schumann*, § 176c Rn. 6 und § 177 Rn. 5.

[58] *H. Dreier*, in: ders. (Hrsg.), Grundgesetz-Kommentar, Band I, 3. Auflage 2013, Art. 2 I Rn. 69.

[59] *J. Krüper*, in: Brosius-Gersdorf (Hrsg.), Dreier-Grundgesetz-Kommentar, Band I, 4. Auflage 2023, Art. 2 II 1 Rn. 44.

[60] BVerfGE 102, 370 (391); zur Grundrechtsbindung der Kirchen allgemein *Dreier*, Art. 1 III Rn. 74 ff.

[61] BVerfGE 102, 370 (391).

[62] *Walter*, Religionsverfassungsrecht, S. 572.

verhalten), sondern auch angemessenen Schutz durch die Körperschaft selbst verlangt (Funktionsträgerverhalten).

Dabei setzt eine körperschaftsstatusrelevante Zurechnung zunächst mehr als bloße Einzelfälle von qualifizierten Rechtsverletzungen in der jeweiligen Körperschaft voraus, die nach Auffassung des Bundesverfassungsgerichts nicht geeignet sind, den Wegfall der Rechts- und Verfassungstreue zu begründen.[63] Die Literatur verlangt insoweit die Begehung von Verstößen in »qualitativ schwerwiegender und quantitativ wiederholter Weise«.[64] Indes dürfen die qualitativen Anforderungen im Hinblick auf den hohen Rang der durch den Missbrauch verletzten Rechtsgüter nicht überzogen werden. Jedenfalls dort, wo Beschuldigte- und Opferzahlen in die Hunderte gehen, wird man von einer hinreichenden Zahl an Rechtsverstößen und damit auch von einer systemischen Dimension des Problems ausgehen dürfen. Zurechnungsdogmatisch lassen sich danach verschiedene Konstellationen unterscheiden:

– *Täterverhalten* kann der Körperschaft dort zugerechnet werden, wo es in einem zeitlichen, räumlichen oder sachlichen *Zusammenhang mit Kerntätigkeiten der Körperschaft* stattfindet. Das ist zum Beispiel der Fall, wenn Missbrauch im Rahmen von Kommunions- oder Firmunterricht, bei Messdienern im zeitlichen Umfeld von Gottesdiensten, in Kirchen und Pfarrhäusern, bei Exerzitien oder Ferienfreizeiten stattfindet,[65] zumal in diesen Kontexten oft die besondere priesterliche Autorität wirkt.[66] Dies gilt auch für Missbrauch in kirchlichen Schulen. Täterverhalten, das außerhalb dieser Kontexte und ohne Ausnutzung priesterlicher Autorität stattfindet, etwa bei Gelegenheit eines Urlaubs, ist danach grundsätzlich nicht zurechenbar.

– *Funktionsträgerverhalten* ist der Körperschaft in verschiedenen Konstellationen zurechenbar. Wiewohl es dabei nicht im alleinigen Sinne um strafrechtliche Zurechnung geht, bietet die Dogmatik zur Garantenstellung bei Unterlassungsdelikten gewisse Orientierung. Verschiedene zurechnungsgeeignete Fallgruppen haben sich dabei im Missbrauchsskandal herauskristallisiert:

– Wo ein Funktionsträger in der Position *disziplinarrechtlicher Beherrschung* des Missbrauchstäters steht und die damit verbundene Aufsichts- und Sanktionsgewalt nicht angemessen ausübt, kann dieses Verhalten der Körperschaft zugerechnet werden.[67] Eine solche Beherrschung ergibt sich aus dem kanonischen

---

[63] BVerfGE 102, 370 (391).

[64] *Röger*, Aberkennung, S. 772; ähnlich *Heinig*, Religionsgesellschaften, S. 364.

[65] *Dölling/Herrmann/Horten* u. a., Metaanalyse, S. 109.

[66] *Großbölting*, Hirten, S. 177: »Pastoralmacht«; *W. Treitler*, Von der Kirchenkrise zur Gotteskrise, in: Prüller-Jagenteufel/ders. (Hrsg.), Verbrechen und Verantwortung, S. 125 (130 ff.); *G. Essen*, Das kirchliche Amt zwischen Sakralisierung und Auratisierung, in: Striet/Werden (Hrsg.), Unheilige Theologie, 2019, S. 78 ff.; *A. Odenthal*, Priesterbild – Gottesdienst – Missbrauch, in: Hilpert/Leimgruber/Sautermeister u. a. (Hrsg.), Sexueller Missbrauch, S. 199 ff.

[67] *V. Haas*, in: Matt/Renzikowski (Hrsg.), StGB, 2. Auflage 2020, § 13 Rn. 70; *A. Hobusch*, Zurechnung im Recht, 2023, S. 180 ff.

Recht im Verhältnis zwischen den Bischöfen und den ihrem Bistum zugehörigen Personen, c. 381 § 1 CIC, über die der Bischof Ordnungsgewalt ausübt.[68]

– Geht man mit dem Bundesverfassungsgericht von einer fortdauernden allgemeinen Pflicht zur Beachtung der Grundrechte Dritter aus, kann auch eine *Zurechnung kraft schlichten Wissens* erfolgen, sofern Missbrauchshandeln zur Kenntnis von unzuständigen Funktionsträgern gelangt ist und diese – etwa informatorisch gegenüber den zuständigen Funktionsträgern – nicht tätig geworden sind.[69] Die Lösung der variantenreichen Einzelfälle dieser Konstellation kann sich an der Dogmatik zum Problem der außerdienstlichen Kenntnisnahme von Straftaten durch Amtsträger orientieren.[70]

– In engem Zusammenhang damit steht eine Zurechnung kraft *Risikoerhöhung*. Davon kann in jenen Fällen ausgegangen werden, in denen Missbrauchstäter mit ungeeigneten Mitteln sanktioniert wurden, etwa einer bloßen Versetzung oder einem Verbot des seelsorgerischen Umgangs mit Kindern und Jugendlichen, dessen Einhaltung nicht gewährleistet wurde.[71]

– Eine tatbestandliche Variante der *Zurechnung kraft Ingerenz* liegt auch in Maßnahmen der *Straf- und Sanktionsvereitelung*. Gemeint sind Fälle, in denen staatliche Strafverfolgung von Missbrauchstaten durch kirchliche Amtsträger (gezielt) verhindert worden ist und/oder kirchenrechtliche Sanktionen unterblieben sind. Dazu zählt auch das Einwirken auf Betroffene und ihre Familien, etwa durch Drohungen oder Geldleistungen, um Strafanzeigen zu verhindern. Auch das Eingreifen in und das Vernichten von Akten, die Teil des bischöflichen Archivwesens sind, fällt in diese Kategorie.[72]

Die Verantwortung für das Missbrauchsgeschehen gewinnt dort eine systemische Qualität, wo diese nicht allein durch eine Zuordnung einzelnen Täterverhaltens zum Wirkungskreis der Körperschaft begründet wird, sondern dort, wo verschiedene Ebenen der Organisation, namentlich die verantwortlichen Bischöfe, Kenntnis vom Missbrauch erlangt haben und daraus keine, unzureichende oder ungeeignete Konsequenzen gezogen haben, bis hin zur gezielten Verschleierung.[73] Dass das »intrinsische Unrecht«[74] der begangenen Taten von den Amts- und Funktionsträgern der Kirche nicht grundsätzlich erkannt worden wäre, kann nach allem, was als systemische Beteiligung am Missbrauchsunrecht als erwiesen gelten muss, nicht angenommen werden.

---

[68] *Haering*, HStKR, § 20 Rn. 46.
[69] *Hobusch*, Zurechnung, S. 186 f., 227 ff.
[70] *Haas*, § 13 Rn. 116 ff.
[71] Zur Risikoerhöhung *Hobusch*, Zurechnung, S. 187 ff., 229 ff.
[72] *Haering*, HStKR, § 20 Rn. 50.
[73] *R. Werden*, Systemische Vertuschung, in: Striet/dies. (Hrsg.), Unheilige Theologie, S. 41 ff.; *Großbölting*, Hirten, S. 127 ff., 167 ff.
[74] *Hörnle*, Vorb. § 174 Rn. 44.

Nach Maßgabe der vorgenannten Prinzipien wird man, summarisch betrachtet, in einer erheblichen Zahl von Fällen die erforderliche institutionelle Zurechnung begründen können, auch wenn etwa mit der Verteilung von Fällen in der Zeit und über die Amtszeiten verschiedener Bischöfe hinweg anspruchsvolle Zurechnungsfragen zu beantworten bleiben. Hilfreich dürfte aber die Überlegung sein, dass Zurechnungsadressat *die Körperschaft* ist, die unabhängig von ihren wechselnden Amtsträgern besteht und sich daher nicht unter Hinweis auf den steten Wechsel in Leitungsämtern und eine dadurch bewirkte Verantwortungsdiffusion exkulpieren kann. Dies gilt erst recht, wenn die Muster des Umgangs mit Missbrauchsfällen über die Amtsperioden der verschiedenen Zuständigen gleich oder vergleichbar geblieben sind oder sogar bewusst perpetuiert wurden.

c) Rechts- und Verfassungstreue zwischen Prognose und Diagnose

Das Kriterium der Rechts- und Verfassungstreue als Bestandsvoraussetzung des Körperschaftsstatus ist für die Altkorporierten bislang nicht relevant geworden. Das Kriterium ist in der juristischen Diskussion deswegen zumeist als *Verleihungsvoraussetzung*, nicht aber sein Fehlen oder sein Wegfall als *Aberkennungsvoraussetzung* erörtert worden.[75] Im Verleihungszusammenhang ist das Kriterium Gegenstand einer behördlichen Entscheidung, die danach fragt, ob die Religionsgemeinschaft *künftig* Gewähr der Rechts- und Verfassungstreue bietet.[76]

»Das setzt eine komplexe Prognose voraus. Dabei muss eine Vielzahl von Elementen zusammengestellt und gewürdigt werden. Mathematische Genauigkeit ist nicht zu erreichen. Für eine solche Prognose nicht untypisch wäre die Annahme, dass sich eine Gefährdung der genannten Schutzgüter erst aus dem Zusammenwirken vieler einzelner Umstände ergibt. Andererseits stellen bloß punktuelle Defizite die geforderte Gewähr nicht in Frage. Hier ist den Fachgerichten eine typisierende Gesamtbetrachtung und Gesamtwürdigung aller derjenigen Umstände aufgegeben, die für die Entscheidung über den Körperschaftsstatus von Bedeutung sind.«

Anknüpfungspunkt der Prognoseentscheidung ist nicht das Glaubensprogramm der Religionsgemeinschaft, sondern ihr tatsächliches Verhalten.[77] Einzelne Rechtsverstöße, die sich etwa aus der Kollision von religiösen Glaubens- mit staatlichen Rechtssätzen ergeben, lassen die Rechts- und Verfassungstreue, wie bereits dargestellt, nicht entfallen.[78]

---

[75] *Heinig*, Verfassung, S. 250 zur Konzentration der Diskussion auf die Verleihung; *Röger*, Aberkennung, S. 759.

[76] Jüngst *H. M. Heinig*, (Kein) Kulturkampf reloaded, in: Ley/Stein/Essen (Hrsg.), Semper Reformanda, S. 100 (102).

[77] BVerfGE 102, 370 (394).

[78] BVerfGE 102, 370 (391); zustimmend *Magen*, HStKR, § 27 Rn. 64; zu legitimen Differenzen etwa *Heinig*, Kulturkampf, S. 107.

Die Situation bei der Aberkennungsentscheidung ist der der Verleihungsentscheidung insofern ähnlich, als auch hier nur unter Rückgriff auf vergangenes Verhalten für die Zukunft entschieden werden kann. Dabei sind an die Rechts- und Verfassungstreue einer bereits korporierten Religionsgemeinschaft zumindest keine geringeren Anforderungen zu stellen als an jene einer Religionsgemeinschaft, die diesen Status erst erlangen möchte. Insbesondere ist die Verpflichtung auf den Schutz der Rechte Dritter in Ansatz zu bringen.[79] Insofern trägt die Entscheidung über den Wegfall der Verleihungsvoraussetzung der Rechtstreue bei korporierten Religionsgemeinschaften stärker ein Element der *Diagnose* als die Prognoseentscheidung bei der Verleihung, ohne dass damit der prognostische Charakter einer Aberkennungsentscheidung gänzlich entfiele.[80]

Dass die Missachtung sexueller Selbstbestimmung von Kindern und Jugendlichen nicht zum Glaubensprogramm der katholischen Kirche gehört, kann die Institution nicht exkulpieren, weil es auf das tatsächliche und zurechenbare Verhalten ihrer Angehörigen ankommt. Die Verstöße gegen die Grundrechte Dritter durch den Missbrauch sind quantitativ und qualitativ auch dann noch erheblich, wenn man die absoluten Zahlen auf die Zahl der Mitglieder der katholischen Kirche insgesamt beziehungsweise einzelner Bistümer bezieht, wiewohl eine rein zahlenmäßige Quantifizierung der Grundrechtsgeltung dem Verfassungs- wie dem Strafrecht ohnehin wesensfremd wäre. Hinzu kommt, dass Missbrauchsvorfälle bis in die Gegenwart hinein kirchenamtlich gezielt verschleiert oder nicht oder nicht konsequent geahndet worden sind. Defizite im Bereich der kirchlichen Aktenführung und Mängel im kirchlichen Strafrecht kommen hinzu.[81]

Dass sich ein Wegfall der Verleihungsvoraussetzungen für verschiedene katholische Körperschaften jedenfalls grundsätzlich begründen ließe, zeigt eine Kontrollüberlegung: Es erscheint nämlich sehr unwahrscheinlich, dass einer Religionsgemeinschaft mit einer vergleichbaren und bis in die Gegenwart reichenden Geschichte systemischen Missbrauchsunrechts der Körperschaftsstatus verliehen würde, beantragte sie ihn erstmals.[82]

Dagegen lässt sich einwenden, dass es, freilich erst auf massiven öffentlichen Druck, vor allem seit 2010 Bemühungen einzelner Bischöfe, Bistümer, Ordensgemeinschaften und der Deutschen Bischofskonferenz gibt, Missbrauchsvor-

---

[79] BVerfGE 102, 370 (393); *C. Hillgruber*, Der öffentlich-rechtliche Körperschaftsstatus nach Art. 137 Abs. 5 WRV, in: Heinig/Walter (Hrsg.), Staatskirchenrecht oder Religionsverfassungsrecht, 2007, S. 213 (220) zum Näheverhältnis.

[80] Zur Unterscheidung von Diagnose und Prognose jüngst *K. Werner-Kappler*, Das Recht der Extremismusbekämpfung, in: AöR 148 (2023), S. 204 (215 f.).

[81] Dazu etwa das Gutachten der Kanzlei Westphal/Wastl/Spilker, Sexueller Missbrauch Minderjähriger und erwachsener Schutzbefohlener durch Kleriker im Bereich des Bistums Aachen im Zeitraum 1965 bis 2019, S. 179 ff., abrufbar unter www.westphal-spilker.de.

[82] Zur Methode einer solchen Perspektivenumkehr auch *Heinig*, Verfassung, S. 257.

fälle aufzuklären und Missbrauch durch Prävention vorzubeugen. An deren Redlichkeit ist nicht grundsätzlich zu zweifeln, sieht man vom Agieren einzelner Bischöfe und strategischen Erinnerungslücken von Funktionsträgern einmal ab. Jedoch wird auch jenseits dessen die Qualität der Aufarbeitungsbemühungen unterschiedlich beurteilt, teils ist auch innerkirchlich von einem »Kreislauf des Scheiterns« die Rede.[83] Zugleich arbeiten viele katholische Christen in Gemeinden und Initiativen an einer Änderung der institutionellen Kultur, durch die dem Missbrauch vorgebeugt werden soll. Zu nennen ist etwa die Initiative *Maria 2.0* sowie der sogenannte *Synodale Weg*. Offenkundig ist auch das vielfältige karitative Engagement der Kirche etwa in Gestalt der Kranken- und Altenpflege und der Kinderbetreuung. Das darf allerdings nicht zu dem Fehlschluss verleiten, die Feststellung der Rechts- und Verfassungstreue einer Religionsgemeinschaft sei Ergebnis einer generalisierenden Abwägung zwischen dem Gewicht ihrer Rechtsverstöße einerseits und dem gesellschaftspolitischen Nutzen ihres sonstigen Handelns andererseits. Insbesondere kann karitatives Handeln Missbrauch an anderer Stelle nicht aufwiegen. Vor dem Hintergrund des stärker diagnostischen Urteils über den Wegfall der Rechts- und Verfassungstreue in der Aberkennungssituation dürfen Bemühungen um Aufarbeitung und Prävention daher zwar nicht unberücksichtigt bleiben, vermögen aber den diagnostischen Befund nicht in einen rein prognostischen umzudeuten.

d) Keine immanenten Schranken des Aberkennungsrechts

Einigkeit herrscht, dass der Wegfall der Verleihungsvoraussetzungen ein hinreichender Grund ist, einer Religionsgemeinschaft den Körperschaftsstatus abzuerkennen. Dazu zählen die geschriebenen *strukturbezogenen* Voraussetzungen des Art. 137 Abs. 5 WRV sowie das ungeschriebene *handlungsbezogene* Kriterium der Rechts- und Verfassungstreue. In der Literatur werden zwischen den beiden Voraussetzungstypen im Hinblick auf eine mögliche Aberkennungsentscheidung kaum Unterscheidungen getroffen. Vereinzelt wird allerdings gefordert, dass eine Aberkennung wegen Wegfalls der Rechts- und Verfassungstreue nur in solchen Fällen in Betracht kommen solle, in denen die Religionsgemeinschaft gerade die *körperschaftlichen Rechte* rechts- oder verfassungswidrig gebraucht habe. Zweck der Aberkennung wäre danach, der Religionsgemeinschaft ein spezifisches körperschaftliches Handlungsmittel aus der Hand zu schlagen, um ihren Wirkungskreis zu beschränken.[84]

Auf den ersten Blick kann eine solche Engführung der Aberkennungsvoraussetzungen Plausibilität für sich beanspruchen. Zugleich ist zu gewärtigen, dass sich das Merkmal der Rechts- und Verfassungstreue nach der Rechtsprechung

[83] *Mertes*, Rolle des Staates, S. 193; kritisch auch *Großbölting*, Hirten, S. 209ff.
[84] *Röger*, Aberkennung, S. 749ff.

des Bundesverfassungsgerichts gerade auch auf Grundrechte Dritter bezieht, deren Gefährdung oder Verletzung auch dann der Religionsgemeinschaft zugerechnet werden können muss, wenn diese nicht Folge der unmittelbaren Ausübung körperschaftlicher Rechte sind. Es ist insofern konsequent, wenn zugleich gefordert wird, dass bei der Feststellung des Zusammenhangs zwischen Körperschaftsrechtsausübung und Rechtsverstoß auch die »besondere soziale und rechtliche Machtfülle«[85] und der mit der Inkorporierung verbundene »Prestigegewinn«[86] berücksichtigt werden müsse.

Im Falle des Missbrauchsskandals lassen sich der auf die Ausübung von Korporationsrechten bezogene Engführungs- und der auf soziale Macht und institutionelles Prestige abstellende Weiterungsansatz indes miteinander verbinden. Denn wenn auch die institutionelle und personelle Autorität der katholischen Kirche in der Erfahrungswelt der Missbrauchsbetroffenen kaum als Ausdruck der körperschaftsrechtlichen Verfassung der Kirche erlebt werden dürfte, so besteht doch ein Zusammenhang, der über die körperschaftsrechtliche *Organisationsgewalt* der Kirche hergestellt und durch das Selbstbestimmungsrecht aus Art. 140 GG/Art. 137 Abs. 3 S. 1 WRV verstärkt wird.[87] Denn die Organisationsgewalt betrifft nicht allein die Makroebene der kirchlichen Ordnung in Bistümern, Dekanaten oder Gemeinden, sondern auch die Organisation des kirchlichen Personals und die Konzeptualisierung der kirchlichen Leitungsämter. Das verweist auf einen für den Missbrauchsskandal wesentlichen Punkt: Im Mittelpunkt der katholischen »Theologie und Pastoral der Sakramente« steht der auratisierte Priester[88] als »Vermittler zwischen Gott und Mensch«.[89] Durch die entsprechende Gestaltung der theologischen und praktischen Organisations- und Handlungszusammenhänge des Priesteramtes hat sich eine spezifisch katholische Organisationskultur herausgebildet und verfestigt, die als *Klerikalismus* bezeichnet wird und in der ein fortwirkender Bedingungsfaktor des Missbrauchsunrechts in der katholischen Kirche liegt.[90] Klerikalismus ist gekennzeichnet durch die Maximierung klerikaler Privilegien, aber auch durch eine Kultur der Überhöhung der geistlichen Ämter und ihrer Autorität im Verhältnis zu den Laien sowie um eine falsche Form der Rücksichtnahme und des Schutzes zwischen geistlichen Amts- und Würdenträgern, namentlich zwischen Bischöfen und missbrauchsbeschuldigten Priestern.[91] Das Zusammenspiel dieser

---

[85] *Röger*, Aberkennung, S. 778.

[86] *Muckel*, Religionsgemeinschaften, S. 575 f.

[87] *Röger*, Aberkennung, S. 768.

[88] *Essen*, Kirchliches Amt, S. 83 ff.

[89] *Großbölting*, Hirten, S. 178.

[90] *Großbölting*, Hirten, S. 177 ff.; Westphal/Wastl/Spilker, Gutachten Bistum Aachen, S. 179 ff.

[91] Der ehemalige Vorsitzende der deutschen Bischofskonferenz, *Robert Zollitsch*, hat dies in seiner Stellungnahme zu Vertuschungsvorwürfen ihm gegenüber beschrieben als ein » System, das im Umgang mit sexualisierter Gewalt von einer gewachsenen und einvernehmlich getrage-

Faktoren hat, in den Worten *Thomas Großböltings*, zur Ausbildung einer »Täterideologie« geführt, in der »die Umrisse einer religiös begründeten Sonderwelt deutlich (werden), in der andere Vorstellungen von richtig und falsch, von Recht und Gerechtigkeit gelten als in der Gesellschaft insgesamt.«[92]

Es ist vor allem das Fortbestehen struktureller Bedingungsfaktoren des kirchlichen Missbrauchskomplexes, die bei allem Bemühen um Aufklärung und Prävention ein Einschreiten des Staates durch Entzug des Körperschaftsstatus plausibel werden lassen. Dass im Hinblick auf die einzelnen Aberkennungsadressaten das Missbrauchsgeschehen, das Vertuschungshandeln, aber auch die Bemühungen um Aufklärung und Prävention zueinander in Bezug gesetzt werden müssten, versteht sich von selbst. Dieser Beitrag nimmt nicht für sich in Anspruch, auf diese Fragen abschließende Antworten zu geben. Der privilegierte Status der Altkorporierten wirkt in der Aberkennungssituation allerdings eher als Bürde, denn es geht stärker als bei der Verleihung um die Befundung des Gewesenen, weniger um die Prognose des Werdenden.

V. Fazit

Dass einem Bistum oder einem Orden der katholischen Kirche in Deutschland aufgrund des Missbrauchsskandals der Status der Körperschaft des öffentlichen Rechts aberkannt wird, steht nicht zu erwarten. Eine Aberkennung ist mit (verfassungs-)rechtlichen Unwägbarkeiten verbunden, das Rechtsschutzrisiko daher hoch. Regelmäßig fehlen die notwendigen Rechtsgrundlagen und ein politischer Wille, diese zu schaffen, ist nicht zu erkennen. Auch damit mag das zögerliche Handeln der katholischen, aber auch der evangelischen Kirche(n) bei der Aufklärung des Missbrauchskomplexes zu tun haben, denn ein Verlust der körperschaftsrechtlichen Privilegien steht nicht zu befürchten, gleichgültig, wie massiv die Missbrauchsvorkommnisse waren oder noch immer sind.

Verfassungsrechtlich bietet der Sachverhalt umso mehr Anlass zur Vergewisserung, weil die vergleichsweise abstrakt gebliebenen Diskussionen um die Rechts- und Verfassungstreue (alt-)korporierter Religionsgemeinschaften anhand des Missbrauchsskandals eine greifbare Dimension gewinnen, die eigener rechtlicher Reflexion bedarf – im Hinblick auf das Verhältnis von Prognose und Diagnose der Rechts- und Verfassungstreue, die Zurechnung von Missbrauchsverhalten an die kirchlichen Körperschaften, die Möglichkeit der Exkulpation durch Aufklärung und Prävention und das hier weitgehend ausgeblendete Gewicht kirchlicher Gegenrechte. Verfassungspolitisch schließlich

nen Kultur des Schweigens und der Verschwiegenheit nach außen, des Korpsgeistes und des Selbstschutzes« gekennzeichnet war; abrufbar unter www.robert-zollitsch.de.

[92] *Großbölting*, Hirten, S. 194f.

ist ein neues Nachdenken geboten, weil der Missbrauchsskandal anspruchsvolle Gemeinwohlerwartungen[93] gegenüber kirchlichen Körperschaften in kaum für möglich gehaltener Weise in Frage gestellt hat.

---

[93] Zur Gemeinwohldimension s. *Magen*, Körperschaftsstatus, S. 153 ff.

Religion im Verfassungsrecht

Matthias Mahlmann

I. Ein Beispiel und eine wichtige Frage

Religionen gehören zu den einflussreichsten Bewegungskräften der menschlichen Geschichte. Sie ergreifen Menschen im Innersten ihrer Existenz, bestimmen ihre Weltinterpretationen, leiten ihre Sinnsuche als vergängliche Wesen, bieten ihnen ethische Orientierung und häufig auch Leitlinien der gerechtfertigten Gestaltung menschlicher Gesellschaften. Religiöse Vorstellungen haben zu machtvollen sozialen und rechtlichen Institutionen geführt, einige der größten Kunstwerke der menschlichen Geschichte inspiriert, aber auch geistige Freiheit unterdrückt, kreative Ausdrucksformen und wissenschaftliche Erkenntnis behindert und blutige Konflikte verursacht.

Die Frage, wie Religion in der Grundordnung eines Staates geregelt werden soll, bildet entsprechend eine der wichtigsten, schwierigsten und umstrittensten Probleme des Verfassungsrechts und der Theorie des Konstitutionalismus. Diese Frage hat auch durch einen Säkularisierungsprozess in der Moderne nichts an Bedeutung verloren.[1] Im Gegenteil, die letzten Jahrzehnte zeigen keine Spuren eines grundlegenden Bedeutungsverlustes religiöser Weltauslegungen, ja politisch radikal interpretierte Religionen haben sogar an Einfluss gewonnen – von fundamentalistischen evangelikalen Christen in den USA und ihrer Rolle bei der Unterstützung von Donald Trump und den politischen Ideologien, die er repräsentiert, bis hin zu sogar gewalttätigen, brutalen und atavistischen Bewegungen wie den Taliban oder dem IS.

Die folgenden Bemerkungen werden bestimmte Teilaspekte des verfassungsrechtlichen Umgangs mit Religion aufgreifen und anhand ihres Beispiels eine fundamentale Frage des Verhältnisses von Verfassungsstaat und Religion in Umrissen zu beantworten suchen. Das schwierige Verhältnis von Gleichheit und Freiheit im Religionsverfassungsrecht in seinen individualrechtlichen und korporativen Dimensionen bildet die konkrete verfassungsrechtliche Problemlage, die aufgegriffen wird, die heute noch weiter durch die Einbettung von Verfassungsstaaten in rechtliche Mehrebenensysteme kompliziert wird.[2] Die Frage,

---

[1] Zum Begriff der Säkularisierung und seinen Bedeutungen: *Horst Dreier*, Staat ohne Gott: Religion in der säkularen Moderne, 2. Auflage München 2018, S. 19ff.

[2] Vgl. *Matthias Mahlmann*, Vielfalt der Religionen, Einheit der Gleichheit?, in: Juliane Ko-

auf die die Diskussion dieser schon an sich grundsätzlich für die normative Kalibrierung des Religionsverfassungsrechts wichtigen Problematik dann zusteuert, lautet: Welche Rolle spielen Konzeptionen des Religionsverfassungsrechts für die Aufgabe, die rechts- und gerade verfassungsethischen Überzeugungen zu erhalten, die eine demokratiestützende Lebenswelt als Existenzbedingung des demokratischen Verfassungsstaates gegen die Angriffe ihrer alten und vielen neue Feinde schützen – eine Aufgabe, die sich demokratischen Gesellschaften in der ersten Hälfte des 20. Jahrhundert mit einer neuen, überraschenderweise existentiell dringlichen Weise stellt?

II. Rechtsprechungslinien im Religionsverfassungsrecht

Das umstrittene Beispiel, dass den Ausgangspunkt der Überlegungen bilden soll, ist das kirchliche Arbeitsrecht, indem sich die genannten Problemdimensionen von Individualrecht und korporativen Rechten von Religionsgesellschaften ebenso kristallisieren wie die neueren, die Mehrebenensysteme erzeugen, konkret insbesondere durch die Einwirkung von EU-Recht auf deutsches Verfassungsrecht – und umgekehrt.

Verfassungsrechtlicher Maßstab für die Ausgestaltung des Arbeitsrechtes von Kirchen und Religionsgemeinschaften ist Art. 140 GG i. V. m. 137 Abs. 3 WRV sowie Art. 4 Abs. 1 und 2 GG in seiner spezifischen Schutzdimension als korporative Religionsfreiheit. Beide verfassungsrechtlichen Gewährleistungen bilden einen eng verzahnten Regelungskomplex, wobei Art. 4 Abs. 1 und 2 GG »den leitenden Bezugspunkt des deutschen staatskirchenrechtlichen Systems darstellt.«[3]

Die Gewährleistungen aus 140 GG i. V. m. 137 Abs. 3 WRV haben die Funktion, die Verwirklichung der individuellen Religionsfreiheit in Gemeinschaften von Mitgläubigen zu ermöglichen, die selbstständig geordnet und verwaltet werden.[4] Sie sind deshalb im Lichte der individuellen Religionsfreiheit auszulegen. Gleichzeitig konkretisieren sie den Gewährleistungsgehalt des Art. 4 Abs. 1 und 2 GG in Form der korporierten Religionsgesellschaften. Die Schrankenregelung des Art. 137 Abs. 3 WRV ist dabei *lex specialis* des vorbehaltslos gewährleisteten Art. 4 Abs. 1 und 2 GG insoweit das Selbstbestimmungsrecht der Religionsgesellschaften durch diese Regelung der Schranke des für alle geltenden Gesetzes unterworfen wird.[5]

kott/Ute Mager (Hrsg.), Religionsfreiheit und Gleichberechtigung der Geschlechter, Tübingen 2014, S. 3 ff.

[3] BVerfGE 137, 273 (303).

[4] Vgl. *Korioth,* in: Maunz/Dürig, Grundgesetz, 102. Ergänzungslieferung, 2023, Art. 137 WRV Rn. 21.

[5] Vgl. *Ehlers,* in: Sachs, Grundgesetz, 9. Auflage 2021, Art. 137 WRV Rn. 11.

Da nach Art. 4 Abs. 1 und 2 GG die korporative Religionsfreiheit vorbehaltslos gewährleistet und diese dem für eine freiheitliche Ordnung konstitutiven Grundrecht der Religions- und Gewissensfreiheit funktional zugeordnet ist, besitzt das Selbstbestimmungsrecht und damit das Selbstverständnis der Religionsgemeinschaften ein besonderes verfassungsrechtliches Gewicht. Die Regelung des Art. 137 Abs. 3 WRV sowie 4 Abs. 1 und 2 GG sind Grundlage und konkretisierender Ausdruck des Prinzips der offenen weltanschaulich-religiösen Neutralität des GG, nach dem Staat und Religionsgesellschaften sowie Weltanschauungsgemeinschaften nicht laizistisch getrennt werden, sondern kooperieren.[6]

Aufgrund der weltanschaulichen Neutralität des Staates ist es dem Staat nicht erlaubt, Glaubens- und Lehrinhalte einer Kirche oder Religionsgemeinschaft zu bewerten.[7] Auch die Eigenständigkeit kirchlicher Rechtsordnungen hat der Staat zu respektieren. Die den Kirchen in bestimmter Weise zugeordneten Institutionen, Gesellschaften, Organisationen und Einrichtungen werden in diesen Schutz einbezogen.[8]

Das BVerfG versteht die Kirchen aufgrund dieses Regelungsgefüges als verselbständigte Herrschaftsträger: »Der Staat erkennt damit die Kirchen als Institutionen mit dem originären Recht der Selbstbestimmung an, die ihrem Wesen nach unabhängig vom Staat sind und ihre Gewalt nicht von ihm herleiten.«[9]

Aufgrund ihres Selbstbestimmungsrechts können Religionsgesellschaften frei und autonom darüber entscheiden, in welcher Rechtsform sie ihre Aktivitäten entfalten wollen. Das BVerfG hat festgehalten, dass die Religionsgesellschaften zur Organisation ihrer Tätigkeit einschließlich der Aufrechterhaltung einer internen Organisationsstruktur, zur Auswahl ihrer Angestellten und zur Festlegung der religiösen Grundsätze, welche die Grundlage ihrer Tätigkeiten sein sollen, ermächtigt werden.[10]

Art. 4 Abs. 1 und 2 GG als einheitliches Grundrecht gewährleistet zudem auch die Freiheit, sich mit anderen aus gemeinsamem Glauben oder gemeinsamer weltanschaulicher Überzeugung zusammenzuschließen.[11] Die Formulierung des so genannten kirchlichen Propriums steht allein den Kirchen zu und ist als ein elementarer Bestandteil der korporativen Religionsfreiheit durch Art. 4 Abs. 1 und 2 GG verfassungsrechtlich geschützt.[12]

Die derartig extensiv auszulegende Religionsausübung erfasst in der Rechtsprechung des BVerfGs nicht nur den Bereich des Glaubens und der Gottes-

---

[6] BVerfGE 137, 273 (304 f.).
[7] BVerfGE 137, 273 (305).
[8] BVerfGE 70, 138 (162 f.); 137, 273 (306).
[9] BVerfGE 137, 273 (308).
[10] BVerfGE 70, 138 (165 f.); 137, 273 (308).
[11] BVerfGE 137, 273 (309).
[12] BVerfGE 137, 273 (309 f.).

dienste, sondern darüber hinaus andere Formen der Entfaltung der nach dem Selbstverständnis der Religionsgesellschaften bestehenden religiösen Aufgaben in Staat und Gesellschaft. Dazu ist im Fall der christlichen Kirchen insbesondere das karitative Wirken zu zählen, das nach ihrem Selbstverständnis einen Kern der christlichen Glaubensüberzeugungen bildet. Diese Weichenstellung ist von großer praktischer Wirksamkeit, weil die christlichen Kirchen und die ihnen zugeordneten Organisationen in der Geschichte der Bundesrepublik die Anzahl ihrer Mitarbeitenden erheblich gesteigert haben und inzwischen zu den größten Arbeitgebern Deutschlands gehören.[13] Diese religiös fundierte »Dienstgemeinschaft« definiert Loyalitätsobliegenheiten, die ihren christlichen Charakter bestimmen.

Der Gehalt der Schrankenbestimmung nach Art. 140 GG i.V.m. Art. 137 Abs. 3 WRV ist seit der Weimarer Zeit im Einzelnen und bis heute umstritten. Auch die Rechtsprechung hat dabei unterschiedliche Wege eingeschlagen.[14] Aus Sicht des BVerfG ergibt sich ihr Regelungsgehalt durch eine Auslegung im Licht des besonderen Gewichts des Selbstbestimmungsrechts und des Selbstverständnisses der Religionsgesellschaften. Die Einbeziehung der kirchlichen Arbeitsverhältnisse in das staatliche Arbeitsrecht hebe deren Zugehörigkeit zu den eigenen Angelegenheiten der Kirche nicht auf. Gesetzliche Regelungen seien deswegen durchwegs im Lichte der verfassungsrechtlichen Wertentscheidungen zugunsten der kirchlichen Selbstbestimmung auszulegen. Art. 137 Abs. 3 Satz 1 WRV sichere mit Rücksicht auf das zwingende Erfordernis friedlichen Zusammenlebens von Staat und Kirche sowohl das selbständige Ordnen und Verwalten der eigenen Angelegenheiten durch die Kirchen als auch den staatlichen Schutz der Rechte anderer und für das Gemeinwesen bedeutsamer Rechtsgüter. Dieser Wechselwirkung von Kirchenfreiheit und Zweck der gesetzlichen Schrankenziehung sei durch eine entsprechende Güterabwägung Rechnung zu tragen.[15]

Bei arbeitsrechtlichen Streitigkeiten über Loyalitätsobliegenheiten kirchlicher Arbeitnehmer haben nach den Vorgaben des BVerfGs die staatlichen Gerichte den organischen Zusammenhang von Statusrecht (Art. 140 GG i.V.m. 137 Abs. 3 WRV) und Grundrecht (Art. 4 Abs. 1 und 2 GG) im Rahmen einer zweistufigen Prüfung zu beachten und umzusetzen:

---

[13] Als Illustration: Die Diakonie beschäftig mehr als 620.000, die Caritas mehr als 690.000 Personen. 1948 wurden »rund 82 000 Berufskräfte« in der Inneren Mission gezählt, vgl. Unser Werk. Ein ABC der Inneren Mission, hrsgg. von Wilhelm Engelmann, 2. Auflage, Witten 1948. 1970 lag die Mitarbeitendenzahl der Diakonie bei knapp 125.000, vgl. Diakonisches Werk der Evangelischen Kirche in Deutschland e.V. (Hrsg.), Die Entwicklung der Diakonie von 1970 bis 1990 in Zahlen, Stuttgart 1994, S. 11. Ich danke der Diakonie für diese Informationen.

[14] Vgl. z.B. zu Heckelscher Formel, Bereichs- oder Abwägungslehre: *Ehlers*, Art. 137 WRV Rn. 11 ff. m.w.N.; *Korioth*, Art. 137 WRV Rn. 44 ff.

[15] BVerfGE 70, 138 (167); 137, 273 (314).

Auf einer ersten Stufe ist danach zu prüfen, ob eine Organisation oder Einrichtung an der Verwirklichung des kirchlichen Grundauftrags teilhabe, ob eine bestimmte Loyalitätsobliegenheit Ausdruck eines kirchlichen Glaubenssatzes ist und welches Gewicht dieser Loyalitätsobliegenheit und einem Verstoß hiergegen nach dem kirchlichen Selbstverständnis zukomme, wobei lediglich eine Plausibilitätskontrolle auf Grundlage des glaubensdefinierten Selbstverständnisses der Kirche erforderlich und erlaubt sei. Dabei müsse das kirchliche Proprium in seiner Eigenart berücksichtigt werden.[16]

Die Formulierung des kirchlichen Propriums obliege dabei allein und ausschließlich den verfassten Kirchen und ist als elementarer Bestandteil der korporativen Religionsfreiheit durch Art. 4 Abs. 1 und 2 GG verfassungsrechtlich geschützt. Ebenso seien für die Frage, welche kirchlichen Grundverpflichtungen als Gegenstand des Arbeitsverhältnisses bedeutsam sein könnten, allein die von der verfassten Kirche anerkannten Maßstäbe von Belang. Auch die Entscheidung darüber, ob und wie innerhalb der im kirchlichen Dienst tätigen Mitarbeiter eine ›Abstufung‹ der Loyalitätsobliegenheiten eingreifen solle, ist aus Sicht des BVerfG eine dem kirchlichen Selbstbestimmungsrecht unterliegende Angelegenheit.[17]

Die Plausibilitätskontrolle bedeute, dass die staatlichen Gerichte sich über diese entsprechenden Vorgaben der verfassten Kirche nicht hinwegsetzen dürften, solange sie nicht in Widerspruch zu grundlegenden verfassungsrechtlichen Gewährleistungen stünden. Dazu gehörten insbesondere Grundprinzipien der Rechtsordnung wie das allgemeine Willkürverbot Art. 3 Abs. 1 GG, die guten Sitten § 138 Abs. 1 BGB und der *ordre public* Art. 6 EGBGB.[18]

Nach der ersten Stufe der Plausibilitätskontrolle hätten die Gerichte dann auf einer zweiten Stufe das Selbstbestimmungsrecht der Kirchen mit den Interessen und Grundrechten der Arbeitnehmer in einer offenen Gesamtabwägung auszugleichen.[19] Dem Selbstverständnis der Kirchen sei dabei ein besonderes Gewicht beizumessen, ohne dass die Interessen der Kirche die Belange des Arbeitnehmers dabei prinzipiell überwögen, wie das BVerfG betont.[20]

Diese Maßstäbe stehen aus Sicht des BVerfG im Einklang mit der Rechtsprechung des EGMR.[21] Wäre dies in Bezug auf eine (unzulässige) gerichtliche Bewertung der Nähe der Tätigkeit zum Verkündigungsauftrag anders, bestehe, so das BVerfG in seiner jüngsten Rechtsprechung, ein Rezeptionshindernis gegenüber der EMRK.[22] Die spezifische Interpretation des kirchlichen Selbst-

---

[16] BVerfGE 137, 273 (314 f.).
[17] BVerfGE 70, 138 (168); 137, 273 (315).
[18] BVerfGE 70, 138 (168); 137, 273 (316).
[19] BVerfGE 137, 273 (317 ff.).
[20] BVerfGE 137, 273 (319).
[21] BVerfGE 137, 273 (320 ff.).
[22] BVerfGE 137, 273 (329).

bestimmungsrechts wird mithin gegenüber der EMRK normativ abgeschirmt – wie weit, bleibt allerdings im Einzelnen unklar.

III. Neujustierungen im Unionsrecht

1. Die Entscheidungen EuGH, Egenberger[23] *und IR v. JQ*[24]

Diesen Verfassungsrechtskonkretisierungen des BVerfGs stehen nun neuere Rechtsprechungslinien des EuGH gegenüber, die von manchen als unvereinbar mit den Regelungen des Grundgesetzes in der Auslegung durch das BVerfG und als eine Verletzung der Kompetenzordnung des UN-Primärrechts, ja gar der Verfassungsidentität des Grundgesetzes angesehen werden.[25]

Der unionsrechtliche Ausgangspunkt der Auseinandersetzung bildet Art. 4 Abs. 2 RL 2000/78/EG, der eine komplexe, offensichtlich durch politische Kompromisse geprägte Sonderregelung für die Rechtfertigung von Ungleichbehandlungen aufgrund der Religion enthält.[26] Die Richtlinie konkretisiert laut EuGH in dem von ihr erfassten Bereich das seit ihrem Inkrafttreten in Art. 21 GRCh niedergelegte allgemeine Diskriminierungsverbot.[27]

Der EuGH interpretiert Art. 9 der Richtlinie 2000/78/EG im Lichte ihres 29. Erwägungsgrundes, nach dem die Mitgliedstaaten Verfahren vorzusehen haben, mit denen Ansprüche aus dieser Richtlinie insbesondere gerichtlich geltend gemacht werden können. Der EuGH weist zudem auf die Beweislasterleichterung von Art. 10 RL 2000/78/EG hin.

Weiter zieht der EuGH Art. 47 GRCh heran, nach dem jede Person das Recht auf wirksamen gerichtlichen Schutz der ihr aus dem Unionsrecht erwachsenen Rechte hat. Die Charta sei anwendbar, weil mit dem AGG die Richtlinie 2000/78/EG i. S. v. Art. 51 Abs. 1 GRCh im deutschen Recht durchgeführt werde und da der Rechtsstreit eine Person betreffe, die im Rahmen des Zugangs zu einer Beschäftigung eine Ungleichbehandlung wegen ihrer Religion erfahren habe.[28]

---

[23] EuGH, Urteil vom 17. April 2018, Egenberger, C-414/16, EU:C:2018:257.

[24] EuGH, Urteil vom 11. September 2018, IR v. JQ, C-68/17, EU:C:2018:696.

[25] Aufgrund dieser Einschätzungen hat die Diakonie Verfassungsbeschwerde gegen das die Entscheidung EuGH, Egenberger umsetzende Urteil des BAG, 25. Oktober 2018 – 8 AZR 501/14, eingelegt. Der Autor hat in diesem Verfahren die Stellungnahme für einen Verfahrensbeteiligten, den Senat des Landes Berlin, verfasst. Dieser Beitrag nimmt verschiedene Argumente dieser Stellungnahme auf.

[26] *O'Cinneide/Liu*, in: Monika Schlachter (Hrsg.), EU-Labour Law, A Commentary, Alphen am Rhein 2015, S. 95; *Evelyn Ellis/Philippa Watson*, EU-Anti-Discrimination Law, 2. Auflage Oxford 2012, S. 394: »The Article […] is possibly one of the most opaque to be found on any statute book«.

[27] EuGH, Urteil vom 17. April 2018, Egenberger, C-414/16, EU:C:2018:257, Rn. 48.

[28] EuGH, Urteil vom 17. April 2018, Egenberger, C-414/16, EU:C:2018:257, Rn. 49.

Der EuGH betont weiter, dass zugunsten von Kirchen und anderen öffentlichen oder privaten Organisationen, deren Ethos auf religiösen Grundsätzen oder Weltanschauungen beruht, die Verbürgungen aus Art. 17 AEUV und Art. 10 GRCh, der Art. 9 der EMRK entspricht, berücksichtigt werden müssten. Art. 4 Abs. 2 RL 2000/78/EG selbst sei darauf gerichtet, diesen spezifischen Gewährleistungen Rechnung zu tragen, die sich auf den Respekt und das Verbot der Beeinträchtigung religionsrechtlicher Statusregelungen in den Mitgliedstaaten beziehen, Art. 17 AEUV, sowie auf die Religionsfreiheit, Art. 10 GRCh. Art. 4 Abs. 2 Richtlinie 2000/78/EG ist aus Sicht des EuGH auf den Ausgleich der aus dem Grundrecht der Religionsfreiheit sowie aus der Statusverbürgung der mitgliedstaatlichen Verfassung erwachsenden spezifischen Rechte von Kirchen und anderen religiös-weltanschaulichen Organisationen sowie der Grundrechte der Arbeitnehmer gerichtet.[29] Art. 4 Abs. 2 RL 2000/78/EG benenne die Kriterien, die zur Herstellung eines angemessenen Ausgleiches zu berücksichtigen seien. Die vorzunehmende Abwägung sei von einer unabhängigen Stelle und letztlich von einem innerstaatlichen Gericht zu überprüfen.[30]

Der Verweis in Art. 4 Abs. 2 RL 2000/78/EG auf zum Zeitpunkt der Annahme der Richtlinie geltende nationale Rechtsvorschriften sowie auf die zu diesem Zeitpunkt bestehenden einzelstaatlichen Gepflogenheiten dürfe nicht so verstanden werden, dass die Norm den Mitgliedstaaten gestatte, die Einhaltung der in dieser Bestimmung genannten Kriterien einer wirksamen gerichtlichen Kontrolle zu entziehen. Deswegen sei das Berufen einer Kirche oder einer religiös-weltanschaulichen Organisation auf die Ausnahmeregelung des Art. 4 Abs. 2 RL 2000/78/EG gerichtlich dahingehend zu überprüfen, ob die genannten Kriterien im konkreten Fall erfüllt seien.[31]

Auch die Berücksichtigung von Art. 17 AEUV ergebe kein anderes Ergebnis. Diese Bestimmung entspreche nämlich im Wortlaut der Erklärung Nr. 11 zum Amsterdamer Vertrag. Dass der Unionsgesetzgeber im 24. Erwägungsgrund der Richtlinie ausdrücklich auf diese Erklärung Bezug genommen habe, zeige, dass er sie beim Erlass dieser Richtlinie und insbesondere bei der Fassung von Art. 4 Abs. 2 RL 2000/78/EG berücksichtigt haben müsse, da diese Vorschrift unter Aufnahme des Aussagegehaltes von Erklärung Nr. 11 gerade auf die zum Zeitpunkt der Annahme der Richtlinie geltenden Rechtsvorschriften und einzelstaatlichen Gepflogenheiten verweise. Im Übrigen sei der Regelungsgehalt von Art. 17 AEUV auf die Bewahrung der Neutralität der Union gegenüber der rechtlichen Gestaltung der Mitgliedstaaten gegenüber den Kirchen und re-

[29] EuGH, Urteil vom 17. April 2018, Egenberger, C-414/16, EU:C:2018:257, Rn. 51. Eine umfassende Abwägung unter Einbezug von Art 17 AEUV hat auch schon die Stellungnahme der Kommission gegenüber dem EuGH in der Rs. Egenberger enthalten, vgl. Europäische Kommission, 7/11/2016, sj.d(2016)6875869, Rn. 28 ff.

[30] EuGH, Urteil vom 17. April 2018, Egenberger, C-414/16, EU:C:2018:257, Rn. 53.

[31] EuGH, Urteil vom 17. April 2018, Egenberger, C-414/16, EU:C:2018:257, Rn. 55.

ligiösen Vereinigungen gerichtet. Sein Regelungsgehalt erlaube aber nicht, die Einhaltung der in Art. 4 Abs. 2 RL 2000/78/EG genannten Kriterien einer wirksamen Kontrolle zu entziehen.

Der EuGH bestimmt weiter genauer die Kriterien, die im Einzelfall zu prüfen sind, um festzustellen, ob die Ausnahmeregelung von Art. 4 Abs. 2 RL 2000/78/EG eine Ungleichbehandlung aufgrund der Religion erlaubt oder nicht. Einleitend betont der EuGH, im Einklang auch mit der Rechtsprechung des EGMR, dass die Mitgliedstaaten und ihre Behörden, insbesondere ihre Gerichte, im Rahmen der nach Art. 4 Abs. 2 RL 2000/78/EG erforderlichen Abwägung davon Abstand zu nehmen hätten, abgesehen von ganz außergewöhnlichen Fällen, die Legitimität des Ethos der betreffenden Kirche oder Organisation als solche zu beurteilen. Dies entspricht dem Grundansatz auch des BVerfG. Nichtsdestotrotz hätten sie aber darüber zu wachen, dass das Recht der Arbeitnehmer, unter anderem wegen der Religion oder Weltanschauung keine Diskriminierung zu erfahren, nicht verletzt werde. Auch diese Begrenzung des Selbstbestimmungsrechts findet seine Parallele in der zweiten Stufe des Prüfprogramms des BVerfG. Dabei komme es aus Sicht des EuGH nach der ausdrücklichen Regelung des Art. 4 Abs. 2 RL 2000/78/EG auf die Art der fraglichen Tätigkeit oder die Umstände ihrer Ausübung an, ob die Anforderung wesentlich, rechtmäßig und gerechtfertigt sei:[32]

> »Die Rechtmäßigkeit einer Ungleichbehandlung wegen der Religion oder der Weltanschauung nach Maßgabe dieser Vorschrift hängt also vom objektiv überprüfbaren Vorliegen eines direkten Zusammenhangs zwischen der vom Arbeitgeber aufgestellten beruflichen Anforderung und der fraglichen Tätigkeit ab. Ein solcher Zusammenhang kann sich entweder aus der Art dieser Tätigkeit ergeben – z. B., wenn sie mit der Mitwirkung an der Bestimmung des Ethos der betreffenden Kirche oder Organisation oder einem Beitrag zu deren Verkündigungsauftrag verbunden ist – oder aus den Umständen ihrer Ausübung, z. B. der Notwendigkeit, für eine glaubwürdige Vertretung der Kirche oder Organisation nach außen zu sorgen.«[33]

Damit ist der Kern der Meinungsverschiedenheit von EuGH und BVerfG erreicht, aber auch ihre Grenzen sind deutlich sichtbar geworden. Während der EuGH wegen Art. 4 Abs. 2 RL 2000/78/EG nach Art der Tätigkeit und den Umständen ihrer Ausübung differenziert, macht das BVerfG diesen Schritt nicht, sondern überlässt es den Religionsgesellschaften zu entscheiden, welche Tätigkeiten nach Art und Ausübungsumständen ethosgebunden seien und welche nicht.

Weiter müsse die Anforderung nach Art. 4 Abs. 2 RL 2000/78/EG dem Grundsatz der Verhältnismäßigkeit entsprechen.[34]

---

[32] EuGH, Urteil vom 17. April 2018, Egenberger, C-414/16, EU:C:2018:257, Rn. 62.
[33] EuGH, Urteil vom 17. April 2018, Egenberger, C-414/16, EU:C:2018:257, Rn. 63.
[34] EuGH, Urteil vom 17. April 2018, Egenberger, C-414/16, EU:C:2018:257, Rn. 68.

Der EuGH führt seine bereits in anderen Entscheidungen entwickelte Rechtsprechung zur Wirkung von Art. 21 GRCh und der diese Norm konkretisierenden sekundärrechtlichen Regelungen im nationalen Recht fort.[35] Der Gerichtshof führt aus, dass die unionsrechtskonforme Auslegung auch erfordere, dass nationale Gerichte eine gefestigte Rechtsprechung änderten, wenn sie mit den Zielen einer Richtlinie unvereinbar seien.[36] Wenn eine richtlinienkonforme Auslegung nicht möglich sei, sei zu berücksichtigen, dass die Richtlinie den Grundsatz der Gleichbehandlung in Beschäftigung und Beruf nicht selbst originär aufstelle, sondern lediglich in einem spezifischen Bereich einen allgemeinen Rahmen zur Bekämpfung verschiedener Formen der Diskriminierung schaffe. Das Verbot der Diskriminierung wegen der Religion oder Weltanschauung sei ein allgemeiner Grundsatz des Unionsrechts mit zwingendem Charakter: »Dieses in Art. 21 Abs. 1 der Charta niedergelegte Verbot verleiht schon für sich allein dem Einzelnen ein Recht, das er in einem Rechtsstreit, der einen vom Unionsrecht erfassten Bereich betrifft, als solches geltend machen kann.«[37]

Diese den Diskriminierungsschutz grundrechtlich stärkende Auslegung von Art. 21 GRCh wird durch verwandte Interpretationen zur Wirkung von Unionsrecht zwischen Privaten gestützt: Nach verschiedenen Bestimmungen der Verträge werden Formen der Diskriminierung auch dann verboten, wenn sie sich aus Verträgen zwischen Privatpersonen ergeben.[38]

Art. 47 GRCh, der das Recht auf wirksamen Rechtsschutz betrifft, entfalte ebenfalls wie Art. 21 GRCh Wirkung und verleihe dem Einzelnen ein Recht, das er als solches geltend machen könne. Infolgedessen sei das nationale Gericht verpflichtet, wenn eine unionsrechtskonforme Auslegung nicht möglich sei, im Rahmen seiner Befugnisse den dem Einzelnen aus Art. 21 und Art. 47 GRCh erwachsenden Rechtsschutz zu gewährleisten und für die volle Wirksamkeit dieser Bestimmung zu sorgen, indem das Gericht entgegenstehende nationale Vorschriften unangewendet lasse.[39]

Die Tatsache, dass es sich um ein mehrpoliges Grundrechtsverhältnis handelt, stehe diesen Rechtswirkungen von Art. 21 und Art. 47 der Charta nicht entgegen, weil auch in diesem Fall im Rahmen einer Abwägung, die dem Grundsatz der Verhältnismäßigkeit verpflichtet sei, der Ausgleich zwischen Privaten wirkender Rechte möglich sei.[40] Insbesondere obliege es dem nationalen Gericht, im Rahmen der Anwendung von Art. 21 und Art. 47 der Charta bei der Abwägung

---

[35] EuGH, Urteil vom 17. April 2018, Egenberger, C-414/16, EU:C:2018:257, Rn. 71.

[36] EuGH, Urteil vom 17. April 2018, Egenberger, C-414/16, EU:C:2018:257, Rn. 73.

[37] EuGH, Urteil vom 17. April 2018, Egenberger, C-414/16, EU:C:2018:257, Rn. 76; ebenso EuGH, Urteil vom 22. Januar 2019, Cresco/Achatzi, C-193/17, EU:C:2019:43, Rn. 76ff.

[38] EuGH, Urteil vom 17. April 2018, Egenberger, C-414/16, EU:C:2018:257, Rn. 77 m. w. N. aus der Rechtsprechung.

[39] EuGH, Urteil vom 17. April 2018, Egenberger, C-414/16, EU:C:2018:257, Rn. 79.

[40] EuGH, Urteil vom 17. April 2018, Egenberger, C-414/16, EU:C:2018:257, Rn. 80.

mehrerer beteiligter Interessen den durch den Unionsgesetzgeber in Richtlinie 2000/78/EG geschaffenen Ausgleich zu berücksichtigen und auf dieser Basis zu klären, welche Verpflichtungen sich konkret aus der Charta ergäben.

2. *Keine grenzenlose Auslegung*

Das Ergebnis der Auslegung des EuGH des maßgeblichen Unionsrechts überrascht nicht. Der Wortlaut von Art. 4 Abs. 2 RL 2000/78/EG legt die Interpretation des EuGH nahe und ist jedenfalls für sie offen. Entstehungsgeschichte, Systematik und Zweck der Norm sprechen dafür, dass die Tatbestandsmerkmale »Art der Tätigkeiten« und »Umstände ihre Ausübung« eine vom Ethos unabhängige, maßstabbildende Rolle bei der Rechtfertigung von unmittelbaren Ungleichbehandlungen aufgrund der Religion spielen. Die Entstehungsgeschichte der Norm stützt die Auslegung des EuGH.[41] Eine andere Auslegung würde die differenzierten Tatbestandselemente des Art. 4 Abs. 2 RL.2000/78/EG überflüssig machen und mit der systematischen Stellung der Norm im System der Rechtfertigungsgründe von unmittelbaren Ungleichbehandlungen in der RL 2000/78/EG und anderen Regelungen des Gleichbehandlungsrechts der EU unvereinbar sein. Eine andere Auslegung würde auch dem Zweck der Regelung als Teil des gleichbehandlungsrechtlichen Rechtfertigungsregimes widersprechen, in eng begrenzten Ausnahmefällen durchweg funktional begrenzt Rechtfertigungen von unmittelbaren Ungleichbehandlungen zuzulassen, in Art. 4 Abs. 2 RL 2000/78/EG unter Berücksichtigung der besonderen Stellung von Religions- und Weltanschauungsgesellschaften und ihres je spezifischen rechtlichen Status in den Mitgliedstaaten.

Art. 17 Abs. 1 AEUV bildet keine Bereichsausnahme, sondern eine negative Kompetenznorm verbunden mit einem Berücksichtigungsgebot der Belange von Religionsgesellschaften bei der Setzung, Auslegung und Anwendung von Unionsrecht.[42] Die Entstehungsgeschichte von Art. 17 Abs. 1 AEUV bestätigt diese Auslegung.[43] Dass Unionsrecht auch Bereiche indirekt berühren kann, für

---

[41] Vgl. Generalanwalt Evgeni Tanchev, Schlussantrag zu EuGH, Urteil vom 17. April 2018, Egenberger, C-414/16, EU:C:2018:257, Rn. 85 ff.; vgl. zur Entstehungsgeschichte auch z.B. *Heidi Reichegger*, Die Auswirkungen der Richtlinie 2000/78/EG auf das kirchliche Arbeitsrecht unter Berücksichtigung von Gemeinschaftsgrundrechten als Auslegungsmaxime, Frankfurt a.M. u.a. 2005, S. 192 ff. H. Reichegger kommt entsprechend zu einer Auslegung der Norm, die der des EuGH entspricht.

[42] Vgl. z.B. *Waldhoff*, in: Calliess/Ruffert, EUV/AEUV, 6. Auflage 2022, Art. 17 Rn. 10; *Ehlers*, in: Sachs, Grundgesetz, 9. Auflage 2021, Art. 140 Rn. 11: Berücksichtigungsgebot, nicht strikte negative Kompetenznorm; *Kotzur*, in: Geiger/Khan/Kotzur, European Union Treaties, 2015, Art. 17 TFEU Para 4, 5; *Streinz*, EUV/AEUV, 3. Auflage 2018, Art. 17 Rn. 10; Im Ergebnis ebenso: *Classen*, in: Grabitz/Hilf/Nettesheim/Classen, Das Recht der Europäischen Union, 80. Ergänzungslieferung, 2023, Art. 17 AEUV, Rn. 3: eng begrenzte Bereichsausnahme vom Unionsrecht.

[43] Vgl. zur Entstehungsgeschichte: Generalanwalt Evgeni Tanchev, Rechtssache C-414/53,

die keine Unionskompetenz besteht und die wegen Art. 5 Abs. 1 und 2 EUV nicht begründet werden kann, ist nicht überraschend. Das Datenschutzrecht der Union etwa schränkt die Autonomie der Religionsgesellschaften wie die anderer Vereinigungen ein, ohne damit Art. 17 Abs. 1 EUV oder Art. 5 Abs. 1 und 2 EUV zu verletzen.[44] Die speziellen Bedürfnisse von Religionsgesellschaften werden dabei auch hier, wie von Art. 17 AEUV geboten, berücksichtigt.

Auch eine unionsgrundrechtskonforme Auslegung von Art. 4 Abs. 2 RL 2000/78/EG stützt diese Sicht: Die Entscheidung des EuGH bildet in ihren Grundwertungen keinen ausbrechenden Rechtsakt, im Gegenteil, sie folgt durch Orientierung am Selbstbestimmungsrecht von Religionsgesellschaften, Art. 10 GRCh und Art. 9 EMRK, und durch die Verpflichtung auf den Schutz von Individualgrundrechten, insbesondere der Religionsfreiheit von Arbeitnehmer, Art. 10 GRCh und Art. 9 EMRK, den gleichen zentralen normativen Parametern wie das Religionsverfassungsrecht des GG und seine Konkretisierung durch das BVerfG oder die Rechtsprechung des EGMR[45], nuanciert sie nur (aber immerhin) in Bezug auf eine Differenzierungserfordernis hinsichtlich der Art der Tätigkeit und den Umständen ihrer Ausübung, was übrigens zunehmend Eingang in die Normen und die Praxis der christlichen Kirchen findet.[46]

IV. Staat und Religion

Im Zentrum der Kritik dieser Rechtsprechungslinien des EuGH steht die Frage, ob damit der oben rekonstruierte spezifische Regelungsgehalt von Art. 140 GG i. V. m. Art. 137 Abs. 3 WRV verletzt wird und welche Folgen sich ergäben, wäre dies der Fall.

Art. 140 GG i. V. m. Art. 137 Abs. 3 WRV ist ein »doppelter Kompromiss«: Die Garantie des Art. 137 WRV ist zunächst Ausdruck eines vielschichtigen staats-, verfassungs- und religionsrechtlichen Kompromisses mächtiger gesellschaftlicher politischer Interessenträger. Sein Hintergrund bilden jahrhundertelange wechselhaften Auseinandersetzungen um das Verhältnis von Staat und

Rn. 97; aus der kirchlichen Binnensicht: *Patrick Roger Schnabel*, Die Entstehung eines »europäischen Religionsrechts« – Kirchliche Interessen und kirchlicher Beitrag, in: Zeitschrift der Savigny-Stiftung für Rechtsgeschichte, Kanonistische Abteilung, 2011, S. 441, mit der Schlussfolgerung, dass Art. 17 AEUV keine Bereichsausnahme bilde, S. 470.

[44] EuGH, Urteil vom 10. Juli 2018, Tietosuojavaltuutettu, C-25/17, EU:C:2018:551, Rn. 4, mit ausdrücklichem Bezug auf die Rs. Egenberger. Die maßgebliche RL 95/46/EG enthält eine Bereichsausnahme für Gegenstände außerhalb der Kompetenz der EU, die der EuGH als spezifische Kompetenz staatlicher Stellen eng auslegt, ebd., Rn. 39. Vgl. Art. 9 Abs. 1 Verordnung (EU) 2016/679.

[45] Vgl. z. B. die Differenzierungen in EGMR (GC), 12. Juni 2014, app. 56030/07, Fernández Martínez, Rn. 131–132.

[46] Vgl. dazu u. Fn. 70.

Kirche, nicht selten zugespitzt um die Vorherrschaft von religiöser oder weltlicher Macht: »Stets hat die Staatsgewalt danach gestrebt, die Unterstützung der Kirche zu gewinnen, stets hat aber die Kirche ihre Eigengesetzlichkeit zu wahren versucht und die politische Macht zu ihrem Dienst veranlassen wollen.«[47]

Diese Auseinandersetzungen mündeten im Konstitutionalismus in die Frage nach der Stellung von organisierten Religionsgemeinschaften, im europäischen und amerikanischen verfassungsrechtlichen Kontext vor allem der christlichen Kirchen in der Verfassungsordnung. Diese Frage wird in verschiedenen Verfassungstraditionen unterschiedlich beantwortet, häufig allerdings in so vielschichtigen verfassungsrechtlichen Kompromissen wie in Art. 137 WRV und nie in einer einfachen, statischen, vom Wandel der Gesellschaften und der Verfassungs- und der Religionsverständnisse unberührter Form. In Normen wie Art. 137 WRV werden Prinzipien der Notwendigkeit der verfassungsrechtlichen Einbettung organisierter Religionsgemeinschaften, der rechtlichen Einhegung ihrer faktischen sozialen Macht, die in der Geschichte nicht nur in unproblematischer Weise genutzt wurde, mit der Glaubensfreiheit als einem der höchsten Güter eines an Freiheit orientieren Verfassungsstaats und der Notwendigkeit des Schutzes von Religionsgemeinschaften gegen staatliche Übergriffe und Bevormundung zu einem Ausgleich gebracht.[48] In Anbetracht der existentiellen Bedeutung von Religionen im Leben von Menschen und der gerade auch europäischen Erfahrung, zu welchen verheerenden Folgen religiöse Auseinandersetzungen führen können, ist dieser Ausgleich von verfassungsrechtlich zentraler Bedeutung. Der Kompromiss von Weimar wurde selbst Teil eines weiteren, zweiten Kompromisses, der der Inkorporation von Art. 136, 137, 138, 139 und 141 WRV ins GG zugrunde liegt.[49] R. Smend hat dazu festgehalten: »Der Art. 140 ist nicht das Ergebnis einer klar bewußten grundsätzlichen staatskirchenpolitischen Entscheidung des Parlamentarischen Rats, sondern gehört mehr unter die Verlegenheitsergebnisse verfassungsgebender Parlamentsarbeit, er ist nicht weit entfernt vom Typus des sogenannten Formelkompromisses«.[50] Dieses komplexe Normengefüge ist Teil des GG geworden und dadurch neu geprägt worden.[51] Es ist deshalb nicht verwunderlich, dass die genauen Gehalte dieses

[47] *Hermann Heller*, Staatslehre, 6. Auflage Tübingen 1983, S. 238.

[48] Zum rechtsgeschichtlichen Hintergrund und Gehalt der Weimarer Regelungen, vgl. *Horst Dreier*, Kirche ohne König, Tübingen 2020.

[49] Vgl. *Hollerbach*, Zur Entstehungsgeschichte der staatskirchenrechtlichen Artikel des Grundgesetzes, in: Dieter Blumenwitz/Klaus Gotto/Hans Maier/Konrad Repgen/Hans-Peter Schwarz (Hrsg.), Konrad Adenauer und seine Zeit: Politik und Persönlichkeit des ersten Bundeskanzlers, Band 2, Stuttgart 1976, S. 367, 377.

[50] *Rudolf Smend*, Staat und Kirche nach dem Bonner Grundgesetz, in: Zeitschrift für evangelisches Kirchenrecht, 1951, S. 11.

[51] Darauf hat schon der Abg. Brentano in seinem schriftlichen Bericht zum XI. Abschnitt des GG hingewiesen. Vgl. *Hollerbach*, Entstehungsgeschichte, S. 378.

komplexen »doppelten Kompromisses« in kontroversen Debatten entwickelt und immer wieder in Frage gestellt worden sind.

Es besteht hier nicht die Möglichkeit, die verschiedenen Interpretationsansätze von Art. 137 Abs. 3 WRV und konkurrierenden religionsverfassungsrechtlichen Hintergrundtheorien und Vorverständnisse in der Weimarer Republik und unter der Geltung des GG nachzuzeichnen, die den kontroversen Auslegungsansätzen der Norm bis heute zugrunde liegen.[52] Mehr als eine Illustration, wie umstritten auch der genaue Gehalt des Selbstbestimmungsrechts ist und welche Rolle dabei staatlichen Gerichten zukommt, liefern allerdings schon prominente Diskussionen aus der Weimarer Zeit, die verdienen, hervorgehoben zu werden. Anschütz etwa hält dazu lapidar fest: »Der *gegenständliche Umfang* (Inhalt und Grenzen) des religionsgesellschaftlichen Selbstbestimmungsrechts ist schon unter der Herrschaft des aRechts (vor allem zwischen dem Staat und der kath. Kirche) streitig gewesen; er ist es noch heute.«[53] Er fährt fort: »Gegenstand des Selbstbestimmungsrechts sind ›ihre‹, d.h. die den Religionsgesellschaften *eigenen* Angelegenheiten. Welche Angelegenheiten hiermit gemeint sind, ist eine Frage, die im Streitfalle vom Richter – insbesondere vom RG gemäß Art. 13 Abs. 2 oder vom StGH gemäß Art. 19 – in unabhängiger Auslegung des Abs. 3 zu entscheiden ist. Diese Auslegungsfreiheit kann durch Landesgesetze, die zur ›Durchführung‹ des Art. 137 ergehen (Abs. 8!) nicht beschränkt werden«.[54]

Anschütz führt eine Reihe von Gegenständen an, die unstreitig vom Selbstbestimmungsrecht erfasst werden, grenzt sich aber gegenüber weitergehenden Auffassungen ab.[55] Dabei richten sich die Meinungsverschiedenheiten zum Schutzbereich und den normativen Folgen des Selbstbestimmungsrechts beispielsweise auf die Vereinbarkeit von rechtlich verankerten staatlichen Einflussmöglichkeiten auf die Verleihung von Kirchenämtern an bestimmte Personen, einschließlich eines Rechts auf Einspruch, mithin auf Art. 137 Abs. 3 S. 2 WRV, die andere Stimmen der Weimarer Verfassungsrechtslehre gerade für unzulässig

[52] Vgl. im Überblick *Christian Walter*, Religionsverfassungsrecht, Tübingen 2006, S. 188ff.; *Ehlers*, Art. 137 WRV Rn. 11ff. m.w.N.; *Korioth*, Art. 137 WRV Rn. 23, 44ff.; *Bernhard Schlink*, Die Angelegenheiten der Religionsgesellschaften, in: JZ 2013, S. 209ff.

[53] *Gerhard Anschütz*, Die Verfassung des Deutschen Reiches vom 11. August 1919. Ein Kommentar für Wissenschaft und Praxis in 4. Bearbeitung, 14. Auflage Berlin 1933, S. 635 (Herv. i. Org., Nachweise ausgelassen).

[54] *Anschütz*, Verfassung, S. 636, (Herv. i. Org.). Zu dieser »objektiven« Auslegung und der im Unterschied dazu leitend am Selbstverständnis der Religionsgesellschaft anknüpfenden alternativen Auslegung: *Korioth*, Art. 137 WRV Rn. 27f. Beispiele für eine »objektive« Auslegung der eigenen Angelegenheiten (die aber nicht einfach identisch mit z.B. der Konzeption von Anschütz ist), finden sich auch in der Rechtsprechung des Bundesverfassungsgerichts, vgl. z.B. BVerfGE 18, 385 (387); 42, 312 (334) (Natur der Sache, Zweckbeziehung).

[55] *Anschütz*, Verfassung, S. 636, unter kritischem Verweis auf *Josef Ebers*, in: Hans Carl Nipperdey (Hrsg.), Die Grundrechte und Grundpflichten der Reichsverfassung, Band 2, Berlin 1930, Art. 137, 138, 140, 141, S. 258ff.

hielten.[56] Damit ist erstreckte sich der Streit auf sogar auf einen Bereich, der heute selbstverständlich unter das Selbstbestimmungsrecht von Kirchen fällt.[57] Es verwundert deshalb nicht, dass C. Schmitt die Regelungen zu Staat und Kirche in Art. 137 zu »den typischen Beispielen dilatorischer Formelkompromisse« zählte, deren offener Kompromisscharakter bei der Auslegung nicht vergessen werden dürfe, um sich nicht in Spiegelfechtereien zu verlieren.[58]

Dabei war für Vertreter eines weiten Selbstbestimmungsrechts der Religionsgesellschaften unstreitig, dass sie der durch ihre Gerichte inhaltlich bestimmten staatlichen Rechtsordnung unterworfen blieben, ohne dass die dabei zugrundeliegende Konzeption des Verhältnisses von Staat und Kirche damals (und heute) jeden überzeugt hätte: »Die Worte ›innerhalb der Schranken des für alle geltenden Gesetzes‹ haben aber auch einen stark *positiven* Gehalt. Sie sichern nicht nur den Religionsgesellschaften die Freiheit von staatlichen Eingriffen in ihr Selbstbestimmungsrecht, sondern sprechen zugleich ihre *Unterordnung unter die Staatshoheit* aus.«[59]

Auch unter der Geltung des Grundgesetzes ist die Inhaltsbestimmung und Schrankenregelung Gegenstand verschiedener wissenschaftlicher und gerichtlicher Auseinandersetzungen geworden. Die neuere Rechtsprechung des BVerfG zum Gehalt des Selbstbestimmungsrechts von Religionsgemeinschaften ist etwa durch ein Urteil geprägt worden, das gerade in Auseinandersetzung mit andere Akzente setzenden Urteilen des BAG formuliert wurde, das nach Tätigkeit »abgestufte« Arbeitnehmerpflichten annahm.[60]

Diese häufig religions- und verfassungspolitisch tief motivierten Auseinandersetzungen zeigen sehr deutlich, dass der verfassungsrechtliche Gehalt von Art. 137 Abs. 3 WRV alles andere als klar ist. Klassische und heute vertretene Interpretationen sind dabei sicherlich mit den Leitlinien, die der EuGH entwickelt hat, vereinbar, nicht zuletzt, weil die relative Offenheit der Normen betont wurde und wird. Aufgrund des Anwendungsvorrangs des Unionsrechts ist deshalb die Bestimmung des Verhältnisses von individueller und kooperativer Religionsfreiheit, Art. 10 GrCH und Art. 9 EMRK, Art. 17 AEUV und grundrechtlichem und sekundärrechtlichen Diskriminierungsverbot aus Art. 21 GrCH und Art. 4 Abs. 2 RL 2000/78/EG bei der Auslegung von Art. 140 GG i.V.m. Art. 137 Abs. 3 WRV von innerstaatlichen Gerichten zu rezipieren. Ein ultra-vires Akt des EuGH kann bei einer, wie dargelegt, plausiblen Auslegung des Unionsrechts durch den EuGH nicht angenommen werden. Auch eine Verletzung der Verfassungsidentität des GG ist nicht erkennbar. Eine überzeugende Auslegung dieses Begriffs wird auf die Grundsätze von Art. 79 Abs. 3 GG

[56] Vgl. *Anschütz*, Verfassung, S. 640 einerseits und *Ebers*, Grundrechte, S. 392 ff. andererseits.
[57] Zu noch heute strittigen Fragen vgl. *Ehlers*, Art. 137 WRV Rn. 9.
[58] Vgl. *Carl Schmitt*, Verfassungslehre, Berlin 1928, S. 32 ff.
[59] *Ebers*, Grundrechte, S. 400 (Herv. i. Org.).
[60] Vgl. z. B. BAGE 47, 144–160 m. w. N.

zurückgreifen, deren Verletzung durch die Neujustierung eines Teilaspekts des kirchlichen Arbeitsrechts nicht betroffen wird. Auch bei einem weiteren Verständnis des Begriffs ist nicht ersichtlich, warum die Auslegungsdifferenz zwischen dem BVerfG und dem EuGH so außerordentlich gewichtig sein soll, dass sogar die Identität der Verfassung Deutschlands verletzt wäre. Die Interpretation des EuGH deckt sich mit den Grundprinzipien, die der Auslegung des BVerfG des Selbstbestimmungsrechts der Religionsgesellschaften zugrunde liegen und weicht lediglich bei der Spezialfrage, ob hinsichtlich der Art der Tätigkeit und den Umständen ihrer Ausübung nach Verhältnismäßigkeitsgesichtspunkten zu differenzieren sei oder nicht, von der Auslegung des BVerfG ab.

V. Normative Voraussetzungen des Verfassungsstaats – politische Theologie, Religion und reflexive Rechtsethik

Ernst Cassirer hat nach den Katastrophen des 2. Weltkrieges als ein zentrales Ergebnis seiner Analyse der Existenzvoraussetzungen von Demokratien festgehalten, dass nicht Wohlstand und Machtmittel das Überleben eines Staates garantierten, sondern die »Verfassung, die in das Denkens der Bürger eingeschrieben« sei: »Written constitutions or legal charters have no real binding force, if they are not the expression of a constitution that is written in the citizens' minds. Without this moral support the very strength of a state becomes its inherent danger.«[61] Nicht nur die Analyse des Totalitarismus im 20. Jahrhundert, sondern auch die unmittelbare Gegenwart von innen her ausgehöhlter politischer Systeme mit einsturzgefährdeten demokratischen Fassaden bestätigt die grosse Wichtigkeit dieser Erkenntnis.[62] In der deutschen Diskussion wird häufig auf die spätere Formulierung eines verwandten Gedankens Bezug genommen, das sogenannte Böckenförde-Diktum, das diese Einsicht nur unterstreicht.[63] Die Erhaltung einer mit demokratischen Werten gesättigten Lebenswelt hängt neben anderen geopolitischen, ökonomischen oder strukturell-institutionellen Faktoren nicht unwesentlich von der beständigen reflexiven Selbstvergewisserung über die normativen Prinzipien ab, die einer verfassungsstaatlichen, international integrierten Demokratie und Grundrechtsordnung zugrunde liegen.[64] Dabei geht es

[61] *Ernst Cassirer*, The Myth of the State, New Haven 1946, S. 76.

[62] Vgl. zur Anatomie dieser Bewegungen: *Andras Sájo*, Ruling by Cheating. Governance in Illiberal Democracy, Cambridge 2021.

[63] Vgl. *Ernst Wolfgang Böckenförde*, Die Entstehung des Staates als Vorgang der Säkularisation, in: ders., Staat, Gesellschaft, Freiheit, Berlin 1976, S. 60; dazu *Dreier*, Staat ohne Gott, S. 189ff.

[64] Vgl. zu dem, was vom Böckenförde-Diktum bleibt: *Dreier*, Staat ohne Gott, S. 213: »[D]aß ohne die Grundrechtsaktivität der Bürger, ohne anhaltendes politisches Engagement, ohne die Fähigkeit zum Austragen von Konflikten eine freiheitliche demokratische Ordnung auf Dauer nicht wird bestehen können, schein mir sicher.«

im säkularen Staat[65] nicht um politische Theologie,[66] sondern um innerweltliche, reflexive Verfassungs- und Menschenrechtsethik.[67] Mit ihren kritisch gehärteten, epistemologisch aufgeklärten Mitteln muss dieses demokratischen Kerngeschäft betrieben werden – politisch, kulturell, aber auch rechtswissenschaftlich.[68]

Auch religiösen Gemeinschaften und gerade den christlichen Kirchen wird eine wichtige Rolle zugeschrieben, die ethischen Grundlagen eines demokratischen Verfassungsstaates zu erhalten. Aufgrund der eingangs unterstrichenen Bedeutung von religiösen Orientierungen für Menschen trifft dies sicherlich zu. Das heißt nun (vermutlich offensichtlich) nicht, dass religiöse Gemeinschaften diese Aufgabe nur erfüllen könnten, wenn sie ein Selbststimmungsrecht genössen, nach dem bei der Formulierung von bestimmten Beschäftigungsvoraussetzungen und Loyalitätsanforderungen nicht nach der Art der Tätigkeit unterschieden werden müsste. Eine differenzierte Lösung des Spannungsverhältnisses von individueller und kooperativer Religionsfreiheit und Diskriminierungsschutz, wie sie im deutschen Recht seit langem immer wieder gefordert wird und die vom EuGH unionsrechtlich verankert wurde, steht der konstruktiven Rolle, die Religionen spielen können, einen Beitrag zu den Wertgrundlagen einer Verfassungsordnung zu leisten, die der Staat selbst nicht garantieren kann, sicher nicht entgegen.

Im Gegenteil: Einen Beitrag aus religiöser Sicht dazu zu leisten, dass diese Wertgrundlagen erhalten bleiben, setzt die Entwicklung von religiösen Überzeugungen von Individuen und ihren Ausdruck im praktischen Handeln voraus, die durch Individualgrundrechte aus Freiheitsverbürgungen wie durch Verbote der Diskriminierung aufgrund der Religion geschützt werden. Gerade der letztere Aspekt verdient, da manchmal unterschätzt, hervorgehoben zu werden: Schutz gegen Diskriminierung aufgrund der Religion ist ein wichtiger Trumpf im Kampf um eine Glaubensfreiheit, die ihren Namen verdient und die auch sozial, kulturell und politisch einflussreiche religiöse Gemeinschaften schon im lang-

---

[65] *Dreier*, Staat ohne Gott, S. 59: »Gerade in historischer Perspektive besteht die Säkularität des modernen Staates gewissermaßen in einer großen und evolutionär durchaus unwahrscheinlichen Verzichtsleistung – dem Verzicht auf Transzendenz als Begründungsressource, dem Verzicht auf Identifikation mit einer bestimmten Religion, dem Verzicht auf Einmischung in die inneren Angelegenheiten der verschiedenen Glaubensrichtungen, dem Verzicht auf ein Votum in religiösen oder weltanschaulichen Wahrheitsfragen.«

[66] Vgl. *Carl Schmitt*, Politische Theologie, München/Leipzig 1934 und kritisch zu gegenwärtigen Ansätzen, die nach religiösen Wurzeln von Rechtsbegriffen suchen und darüber hinaus religiöse Reste in solchen Begriffen aufzufinden meinen, mit Recht: *Dreier*, Staat ohne Gott, S. 141 ff. Derartige Thesen übersehen den Ursprung auch religiöser Begriffe in notwendig diesseitigem menschlichem Denken.

[67] Vgl. *Matthias Mahlmann*, Mind and Rights. The History, Ethics, Law and Psychology of Human Rights, Cambridge 2023; *ders.*, Elemente einer ethischen Grundrechtstheorie, Baden-Baden 2008.

[68] *Matthias Mahlmann*, Der politische Moment der Rechtsphilosophie, in: Rechtswissenschaft 2017, 8/2, S. 181–220.

fristigen Eigeninteresse nicht schwächen sollten. Ob nicht gerade die christliche Botschaft auf Offenheit, Weitherzigkeit und den grundsätzlichen Einbezug von Menschen unabhängig von ihren Identitäten, Merkmalen und Überzeugungen in die Aktivitäten christlicher Gemeinschaften hindeutet, wenn auch mit Modifizierungen je nach Tätigkeit, ist eine Frage, die die rechtliche Reflexion nicht beantworten kann, sondern der Interpretation der Religion durch die Glaubensgemeinschaft obliegt.[69] Die Aufgabe der rechtliche Reflexion ist bescheidener, aber nichtsdestotrotz anspruchsvoll: Den Gehalt einer normativen Ordnung immer wieder neu zu bestimmen, in deren Rahmen Menschen frei und gleich ihrer geteilten Würde gemäß ihren je persönlichen Weg eines sinnorientierten Lebens suchen können.

[69] Zu einem entsprechenden menschenrechtlichen Plädoyer aus der Sicht katholischer Theologie, vgl. z. B. *Peter Kirchschläger*, Menschenrechte und Religionen: Nichtstaatliche Akteure und ihr Verhältnis zu den Menschenrechten, Paderborn 2016. Die Praxis der christlichen Religionen hat sich dabei zunehmend hin auf eine Differenzierung nach Tätigkeitsarten entwickelt, vgl. z. B. Art. 3 Abs. 2, Art. 6 Grundordnung des kirchlichen Dienstes vom 22. November 2022 für die katholische Kirche und § 4 Richtlinie des Rates über Anforderungen an die berufliche Mitarbeit in der Evangelischen Kirche in Deutschland und ihrer Diakonie (Mitarbeitsrichtlinie), Neufassung vom 1. Januar 2024, die mit Anforderungen des EU-Rechts weitgehend übereinstimmt.

Religionsrecht aus Vertrag

Besonderheiten, Merkwürdigkeiten und Probleme

*Martin Morlok**

I. Einführung

Eine Besonderheit des Religionsrechts in Deutschland liegt darin, dass es stark in vertraglichen Grundlagen fixiert ist.[1] Eine über 100-jährige Tradition hat diese Praxis der Verträge zwischen Staat und Religionsgesellschaften beibehalten und auch in jüngerer Zeit wieder auf das Instrument der vertraglichen Gestaltung religionsrechtlicher Einzelheiten zurückgegriffen (unten II. 1.) Diese Heranziehung des Vertrages als Instrument des Religionsrechts ist insofern bemerkenswert, als das übliche Instrument des Staates zur Regelung gesellschaftlicher Bereiche das Gesetz ist. Von vereinzelter Kritik abgesehen[2] gilt die Schaffung von Religionsrecht durch Vertrag aber als »bewährt«[3].

Diese relativ unbefragte religionsrechtliche Praxis überrascht insofern, als diese Verträge sich durch mancherlei Merkwürdigkeiten auszeichnen, offensichtlich verfassungswidrige Inhalte bleiben erhalten[4], auch die Einordnung dieser Verträge als Staatsverträge ist nicht unbestritten, andere Qualifikationen haben auch ihre Plausibilität. Der Vorschlag, ihre Rechtsform als solche sui generis zu verstehen,[5] deutet auf die Problematik dieser Verträge hin. Auch der gegenüber früheren Zeiten, etwa den Fünfzigerjahren, veränderte religionssoziologische

---

* Der Autor dankt *Lisa Qashou* für tätige Unterstützung.

[1] So der allgemeine Befund, siehe etwa *Stefan Mückl*, Verträge zwischen Staat und Kirchen sowie anderen Religionsgemeinschaften, in: Dietrich Pirson/Wolfgang Rüfner/Michael Germann/Stefan Muckel (Hrsg.), Handbuch des Staatskirchenrechts der Bundesrepublik Deutschland, 3. Auflage, Berlin 2020, § 10 Rn. 1; *Axel Freiherr von Campenhausen/Heinrich de Wall*, Religionsverfassungsrecht, 5. Auflage, München 2022, § 11 Rn. 15; *Gerhard Czermak/Eric Hilgendorf*, Religions- und Weltanschauungsrecht, 2. Auflage, Berlin 2018, S. 191.

[2] *Gerhard Czermak*, Rechtsnatur und Legitimation der Verträge zwischen Staat und Religionsgemeinschaften, in: Der Staat 39 (2000), S. 69 ff.; *Ludwig Renck*, Der sogenannte Rang der Kirchenverträge, in: DÖV 1997, S. 929 ff.

[3] So etwa *Mückl*, Verträge, § 10 Rn. 11.

[4] Dazu bereits *Alexander Hollerbach*, Verträge zwischen Staat und Kirche, Frankfurt a. M. 1965, S. 135 ff.; *Hermann Weber*, Grundprobleme des Staatskirchenrechts, Bad Homburg v.d.H./Berlin/Zürich 1970, S. 51 f. m. w. N. aus der Literatur; aus jüngerer Zeit *Czermak/Hilgendorf*, Religions- und Weltanschauungsrecht, S. 204 f.

[5] *Hollerbach*, Verträge, S. 100 f.

Befund wirft Fragen nach der Angemessenheit dieses Instrumentes auf: Zu einer Zeit, als der ganz überwiegende Teil der Bevölkerung Mitglied einer der beiden großen Kirchen (»Volkskirchen«) war, hatten Verträge zwischen Staat und diesen Großorganisationen eine andere Plausibilität als heute, wo die Mitgliedschaft in der evangelischen wie der katholischen Kirche deutlich zurückgeht, zugleich auch andere Religionsgemeinschaften sich melden, auch relativ kleine, und schließlich der Islam mit seinen organisatorischen Besonderheiten wieder andere Fragen aufwirft.

Im Folgenden können wegen der Begrenztheit des zur Verfügung stehenden Raumes nur einige Aspekte der vertraglichen Regelung des Religionsrechts angeleuchtet, nicht ausgeleuchtet werden. Zunächst soll der Blick auf die Motive für den Abschluss solcher Verträge gerichtet werden (II.), um danach die Qualifikation dieser Verträge zu betrachten und unterschiedliche Typen auseinanderzuhalten (III.). Sodann werden Probleme der religionsrechtlichen Verträge und ihrer Folgen benannt werden (IV.), um endlich ein kurzes Resümee zu wagen (V.).

II. Motive und Ziele dieser Verträge

1. Phasen der Verträge

Sinnvollerweise lässt man die Geschichte der uns heute interessierenden Verträge mit der religionsrechtlichen Neuregelung durch die Weimarer Verfassung beginnen. Das Ausziehen längerer Traditionslinien, wie es bisweilen geschieht, etwa bis zum sogenannten Wormser Konkordat von 1122, ist angesichts der in verschiedener Hinsicht damals völlig anderen Umstände nicht angezeigt.

Mit der Weimarer Reichsverfassung und der dort in Art. 137 Abs. 3 garantierten Selbstverwaltung der Religionsgesellschaften endete das Hineinwirken staatlicher Stellen in die (evangelische) Kirche und es begann mit der Abschaffung des Staatskirchentums durch Art. 137 Abs. 1 ganz offensichtlich eine neue Epoche im Verhältnis zwischen Staat und Religionsgesellschaften.[6] In dieser Lage erwuchs ein gesteigerter Bedarf nach Klärung und Selbstversicherung des Religionsrechts. Die während der Weimarer Republik geschlossenen Verträge (so etwa das Konkordat mit Bayern von 1924 und das Preußenkonkordat von 1929 oder die entsprechenden Verträge mit den evangelischen Kirchen) konnten als sinnvoll angesehen werden zur Klärung der neuen Rechtslage und zur Ver-

[6] Zu den Traditionsbeständen des Staatskirchenrechts *Hans Michael Heinig*, Öffentlich-rechtliche Religionsgesellschaften, Berlin 2003, S. 74 ff.; ausführlicher *Dietrich Pirson*, Geschichtliche Grundlagen des Staatskirchenrechts in Deutschland, in: ders./Wolfgang Rüfner/Michael Germann/Stefan Muckel (Hrsg.), Handbuch des Staatskirchenrechts der Bundesrepublik Deutschland, 3. Auflage, Berlin 2020, Band 1, § 1 Rn. 58 ff. zur Lage im 19. Jahrhundert.

sicherung der neuen Selbstständigkeit der evangelischen Kirche gegenüber dem Staat. Auf die besonderen Motive zum Abschluss des Reichskonkordats bereits kurz nach der Machtübernahme durch die Nationalsozialisten 1933 soll hier nicht weiter eingegangen werden.

In der jungen Bundesrepublik wurde diese Tradition der religionsrechtlichen Verträge fortgesetzt.[7] Dabei waren ähnliche Motive wie nach 1918/19 wirksam: Es ging um die Sicherung und Fortführung der erreichten rechtlichen Gewährleistungen. Paradigmatisch für diese Phase[8] der Verträge war der Loccumer Vertrag von 1955 zwischen dem Land Niedersachsen und den dortigen evangelischen Landeskirchen. Die Inhalte dieser Verträge entsprachen weitgehend den vorhergehenden. Hervorzuheben ist aber ein neuer Ton. Nach der moralischen Diskreditierung des Staates in der Zeit des Nationalsozialismus gewannen die Kirchen eine neue Bedeutung und ein neues Selbstbewusstsein in Hinblick auf ihre Rolle als wesentliche moralische Autorität. Dies schlug sich auch in der sogenannten Koordinationslehre nieder, wonach es eine grundsätzliche Gleichordnung von Staat und Kirche als eigenständige Gewalten gebe. Dem entspreche eben die Regelung der Beziehungen durch Vertrag. Dieses gesteigerte Selbstbewusstsein der Kirche und ihrer Bedeutung für das Gemeinwesen kam insbesondere in der Präambel dieses Vertrags zum Ausdruck; Staat und Kirche stünden in einer »gemeinsamen Verantwortung«. Insbesondere wird dort der »Öffentlichkeitsauftrag«[9] der Kirchen anerkannt. Eine ganze Reihe weiterer Verträge wurde in dieser zweiten Phase geschlossen, die sich mehr oder weniger am Vertrag von Loccum orientierten.

Nach der Wiedervereinigung setzte eine neue Welle von Verträgen zwischen Staat und Kirchen ein, beginnend mit dem Wittenberger Vertrag von 1993 zwischen Sachsen-Anhalt und den dortigen evangelischen Landeskirchen. Die in der Präambel wiederum verwendete Loccumer Formel ist dabei jedoch – nachdem die Koordinationslehre aufgegeben worden war – in einen neuen Deutungszusammenhang getreten, der den Öffentlichkeitsauftrag der Kirchen als selbstgewählte Aufgabe[10] unter dem grundrechtlichen Schutz der Meinungsfreiheit sieht und nicht mehr als eine Wächterrolle gegenüber dem Staat versteht. Im Gegensatz zu früheren Verträgen wurde hier die Freiheit, die Unabhängigkeit

---

[7] Dazu etwa *Hollerbach*, Verträge, S. 256f.

[8] Im Anschluss an *Michael Germann*, Die Staatskirchenverträge der Neuen Bundesländer: eine dritte Generation im Vertragsstaatskirchenrecht, in: Stefan Mückl (Hrsg.), Das Recht der Staatskirchenverträge, Berlin 2007, S. 91ff. wird oft eine Einteilung in Generationen oder Phasen der Vertragsschlusspraxis unternommen.

[9] Dazu *Martin Morlok*, Das Recht der Kirchen und anderen Religionsgemeinschaften zum öffentlichen Wirken, in: Dietrich Pirson/Wolfgang Rüfner/Michael Germann/Stefan Muckel (Hrsg.), Handbuch des Staatskirchenrechts der Bundesrepublik Deutschland, 3. Auflage, Berlin 2020, Band 2, § 35 S. 1407 (1440ff.) = Rn. 78ff.

[10] Zum aktuellen Verständnis des öffentlichen Wirkens der Religionsgemeinschaften *Morlok*, Öffentliches Wirken, S. 1407ff.

der Religionsgesellschaften von staatlichen Ingerenzmöglichkeiten betont, zumal bei der Besetzung kirchlicher Ämter.

Für die ostdeutschen Länder gab es nach der in der DDR praktizierten dezidierten Säkularisierung und Zurückdrängung der Religionsgesellschaften nach der Wiedervereinigung die Aufgabe, das bundesdeutsche Religionsrecht zu übernehmen. Das umfasste auch das System der Staatskirchenverträge. Diese wurden in drei Landesverfassungen ausdrücklich erwähnt,[11] in den ostdeutschen Ländern kam es auch zum Abschluss von Konkordaten, die allerdings nicht so benannt wurden. Auf katholischer Seite wurde die Vertragsentwicklung eingeleitet durch Verträge, die sich auf die Einrichtung und Abgrenzung von Bistümern bezogen, also einen begrenzten Gegenstand hatten.

Im weiteren Verlauf, man kann von einer vierten Phase sprechen, kam es zu zahlreichen Verträgen mit kleineren Religionsgemeinschaften und auch Weltanschauungsgemeinschaften. Besondere Erwähnung verdienen die Verträge mit den jüdischen Gemeinden, die in allen Ländern geschlossen wurden, außerdem hat der Bund mit dem Zentralrat der Juden einen Vertag geschlossen, in dem es wesentlich um Staatsleistungen ging. In vielen Bundesländern wurden neue Verträge mit der evangelischen wie mit der katholischen Kirche geschlossen, so etwa in Hamburg, was für den Stadtstaat eine Novität war. Besondere Beachtung verdienen die Verträge von Hamburg und Bremen mit dem Islam, vertreten durch die drei Dachverbände Schura, DITIB und VIKZ – Verband der Islamischen Kulturzentren.

2. Motive und Funktionen der Verträge

Wie gezeigt, stand am Anfang der Vertragspraxis das Bestreben nach Absicherung der kirchlichen Selbständigkeit. Später sollten die Verträge das Erreichte fortführen. Was auf Seiten der vertragsschließenden Parteien als Motiv wirksam ist, mag aus objektiver Perspektive als Funktionen der Verträge beschrieben werden.

Für die Kirchen haben sie insoweit eine Perpetuierungsfunktion. In Zeiten schwindender Bedeutung der Religionsgesellschaften und eines Verlusts an Mitgliedern mag dies eine zunehmende Rolle spielen. Angesichts dessen, dass sich die Tätigkeitsfelder von Staat und Religionsgemeinschaft in manchen Bereichen überschneiden, erwähnt sei nur Religionsunterricht, theologische Fakultäten, Anstaltsseelsorge oder Denkmalschutz, besteht offensichtlich ein Regelungsbedarf, wie Staat und Religionsgemeinschaft sich gemeinsam diesen Aufgaben widmen. Es geht also um die konkrete Ausgestaltung der Kooperation in einzelnen Bereichen. Weiter enthalten diese Verträge typischerweise auch Leistungen

[11] Z.B. Art. 109 Abs. 2 S. 3 SächsVerf: »Die Beziehungen des Landes zu den Kirchen und Religionsgemeinschaften werden im übrigen durch Vertrag geregelt.«; siehe etwa auch Art. 8 Verf. BW oder Art. 23 Verf. NRW.

des Staates an die Religionsgesellschaften, es geht also um die Förderung dieser. In den ostdeutschen Ländern auf dem Gebiet der Militärseelsorge und den Verträgen mit den Muslimen in Hamburg und Bremen tritt eine weitere Funktion in den Vordergrund: Die Religionsgesellschaften übernehmen hier Verpflichtungen. Angesichts der Skepsis der ostdeutschen evangelischen Kirchen gegenüber einer staatlichen Militärseelsorge enthalten die religionsrechtlichen Verträge über die Militärseelsorge dort auch die Verpflichtung der ostdeutschen Landeskirchen, für die Seelsorge in der Bundeswehr zu sorgen, dabei sollten die Geistlichen aber in dem Dienst der Kirche stehen.[12] Die Verträge mit den muslimischen Verbänden in den beiden norddeutschen Hansestädten sind in zwei Hinsichten bemerkenswert. Zum einen werden die muslimischen Dachverbände in dem jeweiligen Vertrag als Religionsgemeinschaften anerkannt. Dies ist für die muslimischen Dachverbände bekanntlich eine umstrittene Frage.[13] Zum zweiten sollen diese Verträge offensichtlich auch eine Integration des Islams in dem Sinne befördern, dass sie eine Verpflichtung der islamischen Religionsgemeinschaften zum Inhalt haben, sich zu den »verfassungsmäßig verbrieften Wertegrundlagen des Grundgesetzes« zu bekennen, was in einzelnen Aspekten aufgeführt wird und insbesondere auch die Gleichberechtigung der Geschlechter und die gleichberechtigte Teilhabe von Frauen und Männern an den verschiedenen Sektoren des gesellschaftlichen Lebens zum Inhalt hat. Der Vertragsschluss sollte also mit dem Zuckerbrot der Anerkennung als Religionsgemeinschaft Einfluss auf die Muslime nehmen. Ob die Anerkennung als Religionsgemeinschaft durch Vertrag möglich ist, verdient eigene Betrachtung.[14]

III. Typen, Formen und Inhalte der religionsrechtlichen Verträge

1. Vertragstypen

Die Grundfrage, ob der Staat überhaupt Regelungen in der Form des Vertrages mit den Regelungsadressaten setzen dürfe, ist seit langem entschieden: Er darf. »Der Staat paktiert nicht« ist längst überholt, der »kooperative Staat«[15] ist geläufiges Schlagwort geworden, das für eine breite Praxis staatlichen Handelns in der Form des Vertrags steht.[16]

---

[12] Zur Militärseelsorge in den neuen Ländern *Hans Ulrich Anke*, Die Neubestimmung des Staat-Kirche-Verhältnisses in den neuen Ländern durch Staatskirchenverträge, Tübingen 2000, S. 4ff.

[13] Zu dieser Frage BVerwGE 123, 56ff.; *von Campenhausen/de Wall*, Religionsverfassungsrecht, § 15 Rn. 5f.; *Claus Dieter Classen*, Religionsrecht, 3. Auflage Tübingen 2021, Rn. 373ff.

[14] Dazu *Ansgar Hense*, Staatsverträge mit Muslimen: Eine juristische Unmöglichkeit?, in: Stefan Mückl (Hrsg.), Das Recht der Staatskirchenverträge, Berlin 2007, S. 115 (151ff.).

[15] *Ernst-Hasso Ritter*, Der kooperative Staat, in: AöR 104 (1979), S. 189ff.

[16] Siehe z.B. *Lothar Michael*, Rechtsetzende Gewalt im kooperierenden Verfassungsstaat – normsetzende und normprägende Absprachen zwischen Staat und Wirtschaft, Berlin 2002.

Die Verträge lassen sich grob typisieren in zwei Arten. Zum einen gibt es Verträge, welche die ganze Bandbreite der Beziehungen zwischen dem Staat und der jeweiligen Religionsgemeinschaft regeln wollen, also Verträge mit kodifikatorischem Charakter. Die Konkordate und entsprechenden Verträge mit den evangelischen Kirchen gehören in der Regel zu dieser Kategorie. Daneben und gegebenenfalls auch ergänzend gibt es Verträge, die einem einzelnen Gegenstand gelten, etwa der Militärseelsorge.

2. *Qualifizierung der Verträge*

Eine kontrovers diskutierte Frage ist die nach der rechtlichen Einordnung der religionsrechtlichen Verträge. Welche Rechtsnatur kommt ihnen zu? Für die Konkordate ist die herrschende Auffassung, sie stellten völkerrechtliche Verträge dar. Das wird damit begründet, dass sie mit dem Völkerrechtssubjekt des Heiligen Stuhls abgeschlossen würden. Dementsprechend bedürfen diese Verträge der Zustimmung des Parlaments, wodurch sie innerstaatliche Geltung erlangen. Aus Gründen der Parität werden die Verträge mit den evangelischen Kirchen auch in den Rang von Staatsverträgen gesetzt, die gleichfalls durch das Parlament gebilligt werden müssen. Diese Einordnung begegnet durchaus Bedenken. Staatsverträge sind sonst den Vereinbarungen zwischen dem Bund und einem oder mehreren Ländern vorbehalten oder Verträgen zwischen den Ländern oder auch Verträgen zwischen einem Land und auswärtigen Staaten nach Art. 32 Abs. 3 GG. Die Deutung der Konkordate als völkerrechtliche Verträge übergeht die Tatsache, dass diese rein innerstaatliche Inhalte regeln.[17] Bei Konkordaten ist auch der Papst nicht als Staatsoberhaupt beteiligt, sondern als oberste Instanz der katholischen Kirche in Deutschland. Seit vielen Jahren wird die Rechtsnatur dieser Verträge kontrovers diskutiert, ohne dass ein Ergebnis sich herauskristallisierte, die verschiedensten Vorschläge werden gemacht, vom völkerrechtlichen Vertrag über den quasi-völkerrechtlichen Vertrag bis zum Vertrag sui generis, man schlägt auch vor, einen solchen Vertrag als »staatsrechtlichen Vertrag« zu verstehen.[18] Schließlich werden diese Verträge auch den normalen verwaltungsrechtlichen Verträgen zugeordnet[19] mit der Folge der Anwendbarkeit der §§ 54 ff. VwVfG. Dies entspreche auch der Form, in welcher der Staat mit sonstigen Organisationen der Gesellschaft Verträge schließt. Eine Hochzonung zum Staatsvertrag überrascht in der Tat auch insofern, als wohl niemand auf die Idee kommt, gegebenenfalls geschlossene Verträge mit Gewerk-

---

[17] *Renck*, Kirchenverträge, S. 929 ff.; *Czermak*, Rechtsnatur, S. 69 ff.

[18] *Dirk Ehlers*, Problemstellungen des Vertragsstaatskirchenrechts, in: ZevKR 46 (2001), S. 286 (298).

[19] *Renck*, Kirchenverträge, S. 929 (934); *Czermak/Hilgendorf*, Religions- und Weltanschauungsrecht, S. 204 f.

schaften, Arbeitgeberverbänden oder dem BUND als Staatsvertrag zu verstehen und das Parlament einzuschalten.

Die Diskussion um die rechtliche Qualifizierung dieser Verträge kann hier nicht nachgezeichnet und schon gar nicht entschieden werden. Das sehr heterogene Meinungsspektrum mag aber auch verstanden werden als Hinweis auf die Problematik dieses Regelungsinstruments. Wenn es so schwer fällt oder gar unmöglich ist, sich auf eine Deutung zu einigen, so mag dies als Indiz dafür verstanden werden, dass diese Verträge problembehaftet sind.

3. Vertragsinhalte

Wie bereits gesagt enthalten diese Verträge typischerweise breite Wiederholungen der verfassungsrechtlichen Gewährleistungen der Religionsgesellschaften. Insoweit kann man sie, jedenfalls in einem funktionierenden Verfassungsstaat mit Verfassungsgerichtsbarkeit, für überflüssig erachten.[20] Die besondere Bestandskraft, die durch Vertragsschluss diesen Gewährleistungen zukommen soll – Verträge können im Normalfall nicht einseitig geändert werden – wird noch unten behandelt (IV.). Die weiteren Gegenstände, die in diesen Verträgen geregelt sind, betreffen traditionellerweise Fragen der Organisation der Religionsgesellschaften (z.B. Diözesanzuschnitt) und auch die Besetzung kirchlicher Ämter, etwa von Bischofssitzen; der traditionelle Treueeid von Bischöfen oder die sogenannte politische Klausel stehen hierfür. Die Verfassungsmäßigkeit solcher Vorschriften ist allerdings in Ansehung von Art. 140 GG / Art. 137 Abs. 3 S. 1 und auch S. 2 WRV fraglich. Insbesondere wird in diesen Verträgen das Feld der gemeinsamen Angelegenheiten (res mixtae) ausgestaltet, es geht also um Regelungen des Religionsunterrichts, der theologischen Fakultäten und der Anstaltsfürsorge. Das Sonn- und Feiertagsrecht wird behandelt, weiterhin werden die Rechte der korporierten Religionsgesellschaften näher ausformuliert. Denkmalschutz und Friedhofsrecht werden behandelt und auch die Präsenz im Rundfunk.

IV. Fragen und Probleme

1. Vorteile und daraus folgende Probleme der Regelung durch Vertrag

Die Regelung religionsrechtlicher Fragen durch Verträge mit den jeweils betroffenen Religionsgemeinschaften hat offensichtliche Vorteile. Die dem Vertragsschluss vorhergehenden Verhandlungen erlauben die Berücksichtigung der Be-

---

[20] So auch etwa *Ludwig Renck*, Rechtsstellungsgesetze für Bekenntnisgemeinschaften, in: ZRP 2006, S. 87 (88); *Czermak*, Rechtsnatur, S. 81.

sonderheiten der jeweiligen Religion bzw. Weltanschauung und der Situation, in der sich diese befindet. Die Regelung durch Vertrag ermöglicht also passgenaue Bestimmungen, hilft der Angemessenheit der rechtlichen Ausgestaltung. Man mag sagen, eine Regelung durch Vertrag ermöglicht ein responsives Recht, ein Recht, das auf die Bedürfnisse der Regelungsunterworfenen eingeht. Dies dürfte die Akzeptanz der vereinbarten Bestimmungen nicht unerheblich steigern.

Freilich, genau wegen dieser Angepasstheit an die jeweiligen Umstände und Eigenarten der betroffenen Religionsgemeinschaft entstehen auch Probleme. Diese Fertigung des Rechts nach Maß widerspricht der Allgemeinheit und Gleichheit des Rechts, was im Folgenden unter dem einen oder anderen Aspekt noch näher zu betrachten ist. Jedenfalls ist festzuhalten, dass die rechtliche Regelung eines Lebensbereichs durch Vertrag ungewöhnlich ist, der normale Weg ist die Rechtsetzung durch Gesetz. Dass die Staatsverträge durch Gesetz erst wirksam werden, kann insofern vernachlässigt werden. Entscheidend ist der Modus, in dem das für die jeweilige Religion geltende Recht produziert wird (dazu sogleich noch 6.). Die skizzierte Schwierigkeit bei der rechtlichen Qualifizierung dieser Verträge mag auch eine Folge dieser ungewöhnlichen Technik der Schaffung von Recht sein.

2. *Überflüssige Vertragsinhalte*

Die religionsrechtlichen Verträge geben Anlass zur Verwunderung insofern, als in ihnen vieles festgeschrieben wird, was schlicht überflüssig ist, nämlich die Wiederholung der verfassungsrechtlichen Gewährleistungen der Religionsfreiheit und der Selbstverwaltung der Religionsgesellschaften, insbesondere also der Art. 4 und Art. 140 GG i. V. m. Art. 137 Abs. 3 WRV. Diese Wiederholung und Bekräftigung der verfassungsrechtlichen Garantien mag aus der Anfangszeit der hier betrachteten Verträge, also der Verträge aus der Weimarer Republik oder auch aus der Anfangszeit der Bundesrepublik, noch verständlich erscheinen, die Weiterführung dieser Praxis erscheint aber unbegründet, zumal in einem gesicherten Rechtsstaat. Bedeutung wächst dieser Wiederholung von Verfassungsinhalten, insbesondere aber auch anderen Vertragsregelungen zu im Hinblick auf die Verträgen eigene Bindungswirkung (dazu sogleich 4.).

3. *Verfassungswidrige Inhalte*

Staunen möchte man auch über offenkundig verfassungswidrige Vertragsbestimmungen. Die staatlichen Rechte bei der innerkirchlichen Ämterbesetzung, etwa die politische Klausel bei Bischofsernennungen oder der Forderung nach deren Treueeid, verstoßen gegen die Selbstverwaltungsgarantie der Religionsgesellschaften, insbesondere gegen Art. 140 GG i. V. m. Art. 137 Abs. 3 S. 2 WRV. Solche Bestimmungen, die sich insbesondere im Reichskonkordat von 1929 finden, mag man zu rechtfertigen versuchen mit dem Prinzip »volenti non fit iniuria«, dem steht aber die auch objektiv-rechtliche Verpflichtung des Staats aus Art. 140 GG i.V.m. Art. 137 Abs. 1 und Abs. 3 WRV gegenüber. Verfassungsrechtlich unhaltbar sind auch die Bestimmungen im – wiederholt geänderten – Konkordat mit Bayern von 1924. Hiernach bedarf es für die Besetzung von Lehrstühlen im Bereich der Lehrerbildung (Pädagogik, Politik, Soziologie, Philosophie) – wohlbemerkt, nicht der Theologie – der kirchlichen Billigung in Form eines »nihil obstat«. Diese Regelung verstößt gegen mehrere Verfassungsbestimmungen, so gegen Art. 140 GG i.V.m. Art. 136 Abs. 2 WRV, gegen Art. 33 Abs. 2 GG und Art. 5 Abs. 3 GG. Dass die bayerischen Bischöfe 2013 erklärt haben, sie wollen diese Rechte bei der Besetzung dieser Lehrstühle nicht wahrnehmen,[21] ist schön, einen verfassungswidrigen Vertragsinhalt aber weiterhin einfach hinzunehmen, ist unbefriedigend. Auch wenn diese verfassungswidrigen Vertragsinhalte wohl (hoffentlich) keine Rolle mehr spielen, so zeugen sie doch von dem Geist, der hinter solchen und anderen vertraglichen Regeln steckt, nämlich der einer Staatsnähe und einer besonderen Privilegierung der Religionsgemeinschaften, damals der beiden großen Kirchen. Die Frage stellt sich, ob das Instrument des religionsrechtlichen Vertrages in seiner Breite auch unabhängig von solchen Motiven, die unter dem Gesichtspunkt der staatlichen Neutralität ohnehin fragwürdig sind, noch angemessen ist.

4. Bindungswirkung der Verträge

Ein wichtiger Punkt, der auf den Kern der Regelung religionsrechtlicher Angelegenheit durch Vertrag führt, ist die Frage der Bindungswirkung dieser Verträge. Pacta sunt servanda, eine Selbstverständlichkeit. Verträge werden gerade deshalb geschlossen, weil man sich auf die konsentierten Vertragsinhalte verlassen können soll. Werden diese unangemessen, so kann der Vertrag einvernehmlich geändert werden. Kommt darüber zwischen den Vertragspartnern keine Einigung zustande, so sieht das Gesetz immerhin die Vertragsanpassung nach § 313 BGB wegen Störung der Geschäftsgrundlage vor. In den religionsrechtlichen Verträgen gibt es regelmäßig eine Klausel, wonach bei Änderungsbedarf in freundschaftlichen Verhandlungen eine Anpassung des Vertragsinhalts gesucht werden solle. Zum Problem wird die grundsätzliche Bindungswirkung des Vertrags, wenn ein solches Einverständnis nicht erzielt werden kann. Kann dann die staatliche Seite einseitig eine andere Regelung durchsetzen oder ist sie durch den Vertrag gehindert, etwas Abweichendes zu statuieren?[22]

---

[21] Erklärung der Freisinger Bischofskonferenz vom 31. Januar 2013.

[22] Diese Frage stellt nach *Weber*, Grundprobleme, S. 53, »eines der wohl nie endgültig zu lösenden Ewigkeitsprobleme des Staatskirchenrechts« dar.

Der Vertragsinhalt, jedenfalls bei den sogenannten Staatsverträgen, erhält durch das vom Parlament verabschiedete Transformationsgesetz innerstaatliche Verbindlichkeit. Gesetze können grundsätzlich geändert werden: Es greift die lex posterior-Regel. Eine Bindung an den religionsrechtlichen Vertag, die auch gegenüber dem Gesetzgeber gilt, liefe dem zuwider. Umgekehrt spricht der vom Rechtsstaatsprinzip geschützte Vertrauensschutz für die Bindung an den Vertrag.

Demgegenüber verlangt das Demokratieprinzip die Möglichkeit der Änderung aller Gesetze, zumal wenn durch Wahl eine neue Mehrheit im Parlament eingezogen ist. Aber auch unabhängig von veränderten Mehrheitsverhältnissen gehört die Offenheit der Regelungsmöglichkeiten zum Kern demokratischer Gesetzgebung. Neue Präferenzsetzungen, auch in religionspolitischen Fragen, müssen möglich sein. Eine Versteinerung des einmal vertraglich Vereinbarten steht im Widerspruch zum Demokratieprinzip. Die Positivität des Rechts, und das heißt seine grundsätzliche Änderbarkeit, gilt auch für das Religionsrecht. Die in der Literatur[23] zum Teil vertretene strikte Bindung auch des Gesetzgebers, die bis zu der These geht, vertragswidrige Gesetzgebung sei nichtig, steht im Widerspruch zur grundsätzlichen Offenheit des Regelungszugriffs des parlamentarischen Gesetzgebers. Die Zukunftsoffenheit der Demokratie verbietet, die zu einem bestimmten Zeitpunkt vereinbarte vertragliche Regelung versteinern zu lassen.

Konkret bedeutet dies, dass der Gesetzgeber sich über vertraglich gesetzte religionsrechtliche Bestimmungen hinwegsetzen kann.[24] Der Gesetzgeber kann vertragsbrüchig werden, darf es aber nicht, so die übliche Beschreibung. Die Folgen eines Vertragsbruchs sind gegebenenfalls sekundärrechtlich abzufedern. Welche Rechtsfolgen zum Schutz oder zur Kompensation des verletzten Vertrauens greifen sollen, ist im jeweiligen Einzelfall unter Berücksichtigung der wechselseitigen Interessen zu bestimmen.

Einer solchen Möglichkeit des Gesetzgebers scheinen die Bestimmungen in einzelnen Landesverfassungen entgegenzustehen, so erhebt Art. 8 der Verfassung Baden-Württemberg solche Verträge sogar über die Verfassung: »Rechte und Pflichten, die sich aus Verträgen mit der evangelischen und katholischen Kirche ergeben, bleiben von dieser Verfassung unberührt.« Auch die nordrhein-westfälische Verfassung verlangt in Art. 23 Abs. 2 für eine Änderung von Kirchenverträgen außer einem Landesgesetz auch die Zustimmung der Vertragspartner. Art. 67 S. 2 Verfassung Hessen sichert Staatsverträge (jeder Art) gegen gesetzliche Änderungen.[25] Diese dauerhafte Fixierung der vertraglich getroffenen religions-

---

[23] Zu einer knappen Übersicht über die vertretenen Positionen in der Bindungsfrage mit Nachweisen *Mückl*, Verträge, § 10 S. 433 (463 f.) = Rn. 46. Weiter etwa *Heinig*, Öffentlich-rechtliche Religionsgesellschaften, S. 252 ff.; *von Campenhausen/de Wall*, Religionsverfassungsrecht, § 19 Rn. 20 ff.

[24] So BVerfGE 6, 309 (362 f.).

[25] Die Bestimmung steht in der hessischen Verfassung im Zusammenhang mit dem Vorrang

rechtlichen Regelungen widerspricht dem Demokratieprinzip, das nach Art. 28 Abs. 1 GG auch für die Länder gilt. Ein Element des Demokratieprinzips ist die zeitliche Begrenzung der Herrschaft und damit die Eröffnung der Möglichkeit, später andere Regelungen zu setzen.[26] Diese Normen der Landesverfassungen sind bundesverfassungswidrig.

Die Problematik der Bindungswirkung der religionsrechtlichen Verträge macht wiederum deutlich, dass das Instrument des Vertrages zur Schaffung von Religionsrecht problematisch ist.

5. Vertrag als Gegenseitigkeitsordnung

Die Leitidee des Vertrages ist ein Interessenausgleich der Partner, der sich in Rechten beider Seiten gegenüber der jeweils anderen manifestiert, die komplementär entsprechende Pflichten hat. Die Wechselseitigkeit von Rechten und Pflichten ist also vertragstypisch. Das schließt einseitige Verpflichtungen nicht kategorisch aus, diese sind aber untypisch.

Betrachtet man die religionsrechtlichen Verträge, so zeigt sich, dass sie überwiegend neben den (wiederholenden) Gewährleistungen der Religionsfreiheit und der Selbstverwaltung der Religionsgesellschaften weitgehend nur der staatlichen Seite Pflichten gegenüber den Religionsgemeinschaften begründen. Die häufig fehlende Reziprozität in diesen Verträgen ist auffällig und setzt ein weiteres Fragezeichen an die Praxis des Vertragsinstruments. Pflichten der Religionsgemeinschaften, die dem Staat gegenüber zu erfüllen sind, gibt es nur vereinzelt, so etwa in der Rahmenvereinbarung zwischen der Bundesrepublik und der EKD zur Militärseelsorge in den ostdeutschen Ländern. Die Landeskirchen verpflichteten sich darin, Seelsorger zum Dienst in der Bundeswehr abzustellen.[27]

Überwiegend wird die Leistung der Kirchen aber gesehen als ihr Beitrag zum Gemeinwohl: »Die kirchliche ›Leistung‹ [...] besteht in der Form ihres Wirkens als Beitrag für das Gemeinwohl und für die Grundlagen des Gemeinwesens, die der Staat alleine nicht zu sichern vermag.«[28] Solche Beiträge der Religionsgesellschaften zum Gemeinwohl sind nicht in Abrede zu stellen, als Grund für die

---

des Völkerrechts. Ob sie sich auch auf religionsrechtliche Staatsverträge erstreckt, verdient durchaus Diskussion.

[26] *Horst Dreier*, in: ders. (Hrsg.), Grundgesetz-Kommentar, Band II., 3. Auflage Tübingen 2015, Art. 20 I (Demokratie) Rn. 73.

[27] Dazu mit näheren Einzelheiten *Anke*, Neubestimmung, S. 6 ff. Dort auch zu weiteren Verpflichtungen der Kirchen und ihrer Organisationen in den Verträgen, ebd. S. 353 ff., diese stellten oft nur Voraussetzungen staatlicher Leistungen dar.

[28] *Mückl*, Verträge, § 10 S. 457 = Rn. 37. In der Präambel des Güstrower Vertrages zwischen dem Land Mecklenburg-Vorpommern und der evangelisch-lutherischen Landeskirche Mecklenburg und der pommerschen Landeskirche vom 20. Januar 1994 wird ausdrücklich »die Bedeutung, die christlicher Glaube, kirchliches Leben und diakonischer Dienst im religiösen neutralen Staat für das Gemeinwohl und den Gemeinsinn der Bürger haben« gewürdigt.

Wahl der außergewöhnlichen Form des Vertrags zur rechtlichen Regelung der religiösen Materien überzeugen sie aber nur begrenzt. Zum einen sind solche Beiträge zum Gemeinwohl ungewiss, jedenfalls schlecht bestimmbar, gar messbar, hier ist vieles Sache wertender Einschätzung. Zum anderen und vor allem sollte Religion nicht instrumentalisiert werden, rechtlich nicht zum Verfolg eines Zweckes geschützt werden: Die Religionsfreiheit ist zwecklos:[29] Die Rechtsordnung schützt die Religion um ihrer selbst willen: Selbstzweckhaftigkeit von Religion.[30] Das Verbot einer Staatskirche in Art. 140 GG i.V.m. Art. 137 Abs. 1 WRV soll gerade einer Indienststellung der Religion durch den Staat entgegenwirken.

6. *Kein ordentliches Gesetzgebungsverfahren*

Religionsrecht, das durch Vertrag geschaffen wird, unterscheidet sich wesentlich in seinem Herstellungsmodus von gesetzlichen Regelungen, die im normalen Gesetzgebungsverfahren gesetzt werden. Das parlamentarische Gesetzgebungsverfahren kennt die Teilhabe unterschiedlicher Kräfte und Interessen, zunächst repräsentiert durch deren Vertreter im Parlament. Es findet unter den Augen der Öffentlichkeit statt (die Nichtöffentlichkeit der Ausschusssitzungen im Bundestag macht hiervon eine Ausnahme), das ermöglicht verschiedenen interessierten Kreisen ihre Stimme zu erheben. Anhörungen betroffener Gruppen und auch von Sachverständigen gehören zum Alltag parlamentarischer Rechtsetzung. Das Gesetzgebungsverfahren hat seine eigene Rationalität, die auf die Vielfalt der Interessen und Überzeugungen einer pluralistischen Gesellschaft eingestellt ist. Zugleich wird das Gesetzgebungsverfahren der Allgemeinheit des Gesetzes gerercht.[31] Diese Allgemeinheit entspricht dem Universalisierungsgedanken, der ein maßgebliches Element der Gerechtigkeit darstellt. Die Allgemeinheit des Gesetzes ist ebenso freiheitssichernd wie gleichheitssichernd. Kurz, das parlamentarische Gesetzgebungsverfahren ist unersetzlich.[32] Nicht zuletzt ist es in besonderer Weise demokratisch legitimiert.

Demgegenüber ist die Schaffung von Religionsrecht durch Vertrag unzulänglich.[33] Diese Verträge werden ausgehandelt zwischen der Ministerialbürokratie und den jeweiligen Religionsgesellschaften, ohne dass die Öffentlichkeit oder

---

[29] Im Sinne von *Rolf Gröschner*, Warum Freiheit zwecklos ist, in: Roman Herzog Institut (Hrsg.), Freiheit ist zwecklos, München 2015, S. 15ff.

[30] *Horst Dreier*, Staat ohne Gott, München 2018, S. 128f., siehe dort auch die gründliche Auseinandersetzung mit dem sog. Böckenförde-Diktum, S. 189ff., hier bes. S. 205ff. Weiter etwa *Heinig*, Öffentlich-rechtliche Religionsgesellschaften, S. 46f.

[31] Dazu *Gregor Kirchhof*, Die Allgemeinheit des Gesetzes, Tübingen 2009; *Christian Starck*, Der Gesetzesbegriff des Grundgesetzes, Baden-Baden 1970, S. 195ff.

[32] Siehe dazu *Helmuth Schulze-Fielitz*, Theorie und Praxis parlamentarischer Gesetzgebung, Berlin 1998, besonders S. 206ff.

[33] *Weber*, Grundprobleme, S. 49f.; *Czermak*, Rechtsnatur, S. 80f.

entgegengesetzte Interessen darüber informiert sind oder gar teilhaben könnten. Die Staatsverträge werden zwar in einem Gesetzgebungsakt rechtsverbindlich gemacht, diesem geht aber kein normales Gesetzgebungsverfahren voraus. Vielmehr ist das Parlament in eine Ratifikationslage gestellt, in der es den fertig verhandelten Vertag nur billigen oder ablehnen kann. Verhandlungen mit externen Akteuren reduzieren die Mitwirkungsmöglichkeiten der Parlamente erheblich. Zur Kompensation solcher Mängel kennt das Grundgesetz in Art. 23 Abs. 2 und 3 die Mitwirkung des Bundestages in Angelegenheiten der Europäischen Union. Entsprechendes gilt nach den Absätzen 4 und 5 für den Bundesrat und die Länder. Diese Bestimmungen sind für unseren Zusammenhang zu lesen als Indiz für die Defizienz einer Rechtsetzung durch Vertrag.

Zur Beantwortung der Frage, ob religiöse Angelegenheiten durch Gesetz oder durch Verträge vorzunehmen seien, mag auch ein Blick auf die Parallele anderer Verbände gerichtet werden. Die Religionsgesellschaften stehen in der Gesellschaft nicht allein, sondern sie sehen sich konfrontiert mit einer Vielzahl von anderen Verbänden, die ihre Interessen öffentlich vorbringen, für sie werben und ihre Anliegen durchzusetzen versuchen, nicht zuletzt auch im politischen Prozess, der in die Gesetzgebung mündet. In dieser Perspektive sind die Religionsgesellschaften, auch die großen Kirchen, Verbände unter Verbänden.[34] Die Regelungen, die diese Verbände betreffen, werden nun in aller Regel vom Gesetzgeber gesetzt. Dies gilt auch für diejenigen Verbände, die durch eigene Verfassungsbestimmungen hervorgehoben wurden, so die Gewerkschaften und Arbeitgeberverbände in Art. 9 Abs. 3 GG, die Parteien in Art. 21 GG und eben auch die Religionsgemeinschaften in Art. 140 GG i. V. m. Art. 137 WRV. Bislang ist niemand auf die Idee gekommen, das Parteienrecht zu schaffen durch Verträge zwischen Staat und den verschiedenen Parteien, das kollektive Arbeitsrecht durch Verträge zwischen Staat und Arbeitgeberverbänden und Gewerkschaften. Diese beiden Verbände haben kraft der Tarifautonomie das Recht, ihre Angelegenheiten vertraglich, durch Tarifverträge, zu regeln. Aber eben nicht durch Vertrag zwischen Staat und den Tarifvertragsparteien. Deren vertraglichen Einigungen können staatlicherseits durch die Erklärungen der Allgemeinverbindlichkeit übernommen werden. Dass das kollektive Arbeitsrecht, insbesondere was den Arbeitskampf angeht, am Mangel einer gesetzlichen Regelung leidet, wird angesichts von Streiks im Bereich der öffentlichen Infrastruktur deutlich. Im Übrigen ist zu sehen, dass in diesem Bereich der Gesetzgeber versucht, die Vielfalt zu begrenzen, weshalb er ein Tarifeinheitsgesetz erlassen hat.[35]

---

[34] Dazu *Ernst Gottfried Mahrenholz*, Die Kirchen in der Gesellschaft der Bundesrepublik, 2. Auflage Göttingen 1972; *Klaus-Georg Meyer-Teschendorf*, Staat und Kirche im pluralistischen Gemeinwesen, Tübingen 1979.

[35] Das Tarifeinheitsgesetz vom 3. Juli 2015, BGBl. I S. 1130, wurde vom Bundesverfassungsgericht für überwiegend mit der Verfassung vereinbar gehalten, BVerfGE 146, 71 ff.

7. Rechtspluralismus

Gegenüber der Formierungsepoche der deutschen religionsrechtlichen Verträge in den 1920er und dann wieder in den 1950er Jahren hat sich die religiöse Landschaft stark ausdifferenziert. Neben den beiden großen Kirchen haben sich in relevanten Größenordnungen auch andere Religionsgesellschaften etabliert, auch solche nichtchristlicher Art. Hinzukommt auch eine Binnendifferenzierung innerhalb einer Religion oder religiösen Richtung. Wenn das Religionsrecht entsprechend den Spezifitäten der jeweiligen Religionsgesellschaft vertraglich geregelt werden soll, führt das zu einer Vielzahl von religionsrechtlichen Verträgen. Diese Vielzahl ist zu verstehen als Antwort auf die Unterschiedlichkeit der Religionen und ihrer Eigenarten. Diese Passgenauigkeit hat freilich auch Nachteile. Sie führt zu einem Rechtspluralismus[36]. Damit ist ein Zustand bezeichnet, in dem für die gleichen Sachverhalte mehrere unterschiedliche Regelungen nebeneinander stehen. Das Bemühen, es allen recht zu machen, hat aber eigene Kosten.

Die offenbare Folge der vielen religionsrechtlichen Verträge ist eine Parzellierung des Religionsrechts. Dieses wird dadurch verschärft, dass nach Art. 140 GG i.V.m. Art. 137 Abs. 8 WRV die Zuständigkeit zur Ausgestaltung der verfassungsrechtlichen Vorgaben bei den Ländern liegt. Demgemäß existiert eine erhebliche Anzahl von Verträgen mit Religionsgesellschaften. Dies gefährdet die Einheit der Rechtsordnung,[37] allerdings nur im Rahmen dessen, was das (Bundes-)Religionsverfassungsrecht vorgibt. Die Formel von der »Einheit der Rechtsordnung« darf in ihrer tatsächlichen Bedeutung auch nicht überschätzt werden. Die gesellschaftliche Differenzierung hat auch eine Ausdifferenzierung des Rechts in unterschiedliche Rechtsgebiete mit eigenen Regeln nach sich gezogen.[38] Paradigmatisch stehe dafür das Handelsrecht. Für einen bestimmten Sachverhalt greift gleichwohl aber nur eine rechtliche Regelung, es gelten nicht wie unter Bedingungen des Rechtspluralismus für verschiedene Gruppierungen unterschiedliche Bestimmungen. Jedenfalls schafft die Vielzahl der Verträge eine Unübersichtlichkeit; auch führt die vertragliche Anerkennung der Besonderheiten der verschiedenen Religionsgesellschaften zu praktischen Folgeproblemen. Diese Verträge enthalten regelmäßig die staatliche Verpflichtung, auf die jeweiligen religiösen Feiertage Rücksicht zu nehmen, praktisch bedeutet dies für Schulen und Universitäten, dass an diesen Tagen keine Prüfungen oder

---

[36] Für ein anspruchsvolles Konzept *Ralf Seinecke*, Das Recht des Rechtspluralismus, Tübingen 2015; dazu die Besprechung von *Gunnar Folke Schuppert*, Das Recht des Rechtspluralismus, in: AöR 142 (2017), S. 614ff. m.w.N.

[37] Dazu *Karl Englisch,* Die Einheit der Rechtsordnung, Neudruck Darmstadt 1987; *Manfred Baldus*, Die Einheit der Rechtsordnung, Berlin 1995; *Dagmar Felix*, Einheit der Rechtsordnung, Tübingen 1998.

[38] Hierzu *Klaus Friedrich Röhl/Hans Christian Röhl,* Allgemeine Rechtslehre, 4. Auflage, Köln/München 2021, § 56 II.

Klausuren abgehalten werden sollen. Damit sind freitags und samstags solche Prüfungen ausgeschlossen und auch sonst gibt es immer wieder Überraschungen wegen der verschiedenen Feiertage.

Die Regelung religionsrechtlicher Fragen durch Vertrag hat strukturell mit zwei Herausforderungen zu kämpfen: Wie wird man kleinen Gemeinschaften gerecht und wie Minderheiten innerhalb einer Religionsgemeinschaft?

Staatliche Verträge setzen Partner einer gewissen Größe voraus. Kleine Religionsgemeinschaften tun sich schwer, als Vertragspartner anerkannt zu werden und damit in den Genuss eigener, oft förderlicher Regelungen zu kommen. Dieses Erfordernis der Vertragstauglichkeit begründet einen faktischen Zwang zur Bündelung der internen Verschiedenheiten, was wiederum den Regelungszugriff erleichtert. Damit verbunden ist eine Stärkung dieser Verbände. Wer in einem kooperativen Verhältnis zum Staat steht, hat Vorteile. Damit wird in umgekehrter Wirkrichtung diesen Verbänden eine Vereinheitlichungs- und Disziplinierungsfunktion aufgelastet. Die Vertragspraxis kann oder soll sogar zur Ausbildung stärkerer einheitlicher Strukturen führen. Dies dürfte ein Motiv im Verhältnis zu den islamischen Verbänden sein.

Die Ausdifferenzierung der Religion erfasst auch deren Binnenbereich. Wenn es zu einem Vertrag zwischen dem Staat und einer Religionsgesellschaft kommt, so orientiert sich der Vertrag fast zwangsläufig an der Mehrheit in dieser Religionsgesellschaft. Minderheiten werden bei einer Adressierung des Rechts an die organisierte Gruppe zwangsläufig ausgeblendet und damit potenziell benachteiligt. Diese Problematik wurde virulent bei den Verträgen zwischen der Bundesrepublik und dem Zentralrat der Juden wie zwischen einigen Ländern und den dortigen jüdischen Gemeinschaften. Im Wesentlichen ging es darum, dass der Vertrag eine finanzielle Förderung der jüdischen Gemeinde vorsah. Innerhalb des Judentums gibt es aber unterschiedliche Strömungen. Die Verteilung der Mittel wurde dem Vertragspartner überlassen, in der Folge wurden bestimmte Strömungen, so die gesetzestreuen Juden und das liberale Judentum, nicht mit Fördermitteln bedacht. Diese vertragliche Ausgestaltung verletzte die staatliche Neutralität gegenüber den Religionsgemeinschaften und deren Gleichbehandlung.[39] Diese Gefährdung von Minderheiten innerhalb einer Glaubensrichtung ist vertraglichen Regelungen inhärent: Bestimmte Rechte werden erst durch die größere Gruppe, die Vertragspartner des Staates ist, vermittelt. Die Allgemeinheit einer Regelung durch Gesetz, im Gegensatz zur Spezifität einer vertraglichen, zeigt hier ihre Vorteile. Sie erfasst alle Grundrechtsträger unmittelbar.

[39] Siehe dazu den Brandenburger Vertrag zwischen dem Land und der Jüdischen Gemeinde vom 11. Januar 2005, dazu BVerfGE 123, 148 (177ff.).

V. Resümee

Die Regelung religionsrechtlicher Fragen durch Vertrag mit den Religionsgemeinschaften ist eine in Deutschland weit verbreitete Praxis. Religionsrechtliche Verträge sind mit einer erheblichen Anzahl seit langer Zeit strittiger rechtlicher Schwierigkeiten[40] behaftet. Diese offensichtlich unausräumbaren Schwierigkeiten können als Symptome für die Problematik des Vertrages als Instrument zur rechtlichen Regelung religiöser Sachverhalte gesehen werden.

Zu beachten ist auch die Struktur der gegenwärtigen religiösen Landschaft. Anders als in den 1920er oder 1950er Jahren, als der Vertrag sich als Regelungsinstrument Geltung verschaffte, ist die Bevölkerung nicht mehr ganz überwiegend in den zwei großen Kirchen vereint, die sich als Vertragspartner anboten. Die Auffächerung der Religionen ist demgegenüber weit fortgeschritten, auch die Säkularisierung hat nicht kleine Kreise der Bevölkerung von der Religion entfremdet. Schließlich gibt es auch eine frei flottierende Religiosität, die nicht in festen organisatorischen Strukturen sich anbindet. Damit wird die Tauglichkeit des Vertrags als Regelungsinstrument gemindert, auch seine Legitimität, insofern der Vertrag als Sonderverbindung einer besonderen Rechtfertigung bedarf als Ausnahme von der Allgemeinheit des Gesetzes.

Die Ausweitung der Vertragspraxis auf eine große Anzahl von Religionsgesellschaften und auch auf Weltanschauungsgemeinschaften schafft Probleme des rechtlichen Pluralismus. Insbesondere wird es schwierig herauszufinden, wo welche Regelung gilt. Strukturell ungeeignet sind Verträge gegenüber kleinen religiösen Gruppierungen und gegenüber Minderheiten im Binnenbereich einer Religion.

Verträge setzen taugliche Vertragspartner voraus. Die Vertragstauglichkeit wird in der bisherigen Praxis von der Ministerialbürokratie bejaht oder verneint. Demgegenüber ist es vorzugswürdig, die Voraussetzungen für das Eingehen einer vertraglichen Partnerschaft mit dem Staat gesetzlich zu regeln. Dabei ist durchaus zu sehen, dass für Bereiche der *res mixtae*, also Felder notwendiger Zusammenarbeit von Staat und Religionsgemeinschaft, Verträge ein angemessenes, ja notwendiges Instrument sein können. Wegen der staatlichen Neutralität darf von Seiten des Staates keine inhaltliche Bestimmung religiöser Inhalte erfolgen. Deswegen und insoweit braucht es die Kooperation mit Religionsgemeinschaften beim Religionsunterricht, bei der Ausbildung von Religionslehrern, bei den theologischen Fakultäten und auch der Anstaltsseelsorge. Gleichwohl ist hier genau zu prüfen, ob die Voraussetzungen für eine und die Ausgestaltung der Kooperation auch gesetzlich erfolgen kann. Hierfür spricht die Rationalität des parlamentarischen Gesetzgebungsverfahrens, nicht zuletzt seine Öffentlichkeit und damit die Anbindung an die öffentliche Diskussion. Religionsrecht ist ein

[40] Als kappen Überblick siehe *Ehlers*, Problemstellungen, S. 286ff.

wichtiges und kontroverses Gebiet geworden. Die Erörterung und letztliche rechtliche Fixierung religionspolitischer Präferenzen sollte im Gesetzgebungsverfahren erfolgen. Dies hat nicht zuletzt den Vorteil, dass eine gesetzliche Regelung auch unproblematischerweise bei sich wandelnden Verhältnissen und/oder Überzeugungen geändert werden kann.

Abschied vom Staatskirchenrecht

Rudolf Steinberg

Vor nahezu 50 Jahren saß ein junger Student aus dem zweiten Jahrgang der Einstufigen Juristenausbildung in Hannover im Grundrechtskurs des Verfassers dieser Zeilen. Dabei wurde sicherlich auch das Grundrecht der Religionsfreiheit verhandelt. Der junge Student war kein anderer als der heute zu Ehrende, dem man seine strahlende Karriere im Öffentlichen Recht noch nicht ansah.

Im Folgenden wird die Entwicklung des staatlichen Religionsrechts in den Blick genommen. Die Überlegungen beschränken sich allerdings auf die Untersuchung einer zentralen Frage des Verhältnisses von Staat und Religionsgesellschaften, der Rechtsstellung der Religionsgesellschaften. Nach Betrachtungen zur Weimarer Reichsverfassung (I.) und zum Bonner Grundgesetz (II.) werden sodann Gedanken zu einem neuen Verständnis der öffentlich-rechtlichen Körperschaft in Art. 137 Abs. 5 WRV dargestellt (III.).

I. Die Religionsfreiheit nach der Weimarer Reichsverfassung

Während bei der individuellen Religionsfreiheit die Weimarer Reichsverfassung von 1919 der Paulskirchenverfassung 1848/49 folgte, unterschied sie sich bei der Bestimmung des Verhältnisses von Staat und Religionsgesellschaften grundlegend. Zwar gleichen einige Bestimmungen den Regelungen der Paulskirchenverfassung: keine Staatskirche – übrigens das einzige Mal, wo der Begriff der Kirche in der Verfassung auftaucht[1] –, die Freiheit der Vereinigung zu Religionsgemeinschaften ohne staatliche Anerkennung, die Selbstverwaltung innerhalb der Schranken des für alle geltenden Gesetzes. Insoweit sind die Religionsgesellschaften tatsächlich – anders als die bisherige Rechtslage in vielen Ländern des Deutschen Reiches – staatsfrei.

Der Paulskirchenverfassung war es aber wichtig, neben der individuellen Religionsfreiheit die »Unabhängigkeit der Religion und Kirche vom Staat« vorzusehen. Begründet wird dieser vor allem von den katholischen Vertretern verfolgte kirchliche Unabhängigkeitsanspruch im Verhältnis zum Staat mit dem

[1] *H. Dreier*, Kirche ohne König, Tübingen 2020, S. 1 ff. (12 ff.) entschlüsselt die »rätselhafte Schlüsselnorm« des Art. 137 Abs. 1 WRV, der es eigentlich um die Beendigung des bis 1918 fortbestehenden landesherrlichen Kirchenregiments ginge.

Prinzip der religiösen Freiheit.[2] Von dem Demokraten Robert Blum stammt die Formulierung des § 147 Abs. 2 – keine Vorrechte für eine Religionsgesellschaft –, die der »non-establishment-clause« der US-amerikanischen Verfassung gleicht.[3]

Demgegenüber folgen in der WRV Normierungen, durch die die Religionsgesellschaften in enger Verbindung zum Staat gehalten werden: die Beibehaltung des Status als Körperschaft des öffentlichen Rechts (Art. 137 Abs. 5 WRV) sowie das damit verbundene Recht der Steuererhebung auf Grund der bürgerlichen Steuerlisten (Art. 137 Abs. 6 WRV). Vordergründig findet sich in Art. 138 Abs. 1 WRV das Ablösungsgebot der sog. Staatsleistungen, deren Status ohne das Grundsätzegesetz bis zum heutigen Tage jedenfalls de facto gesichert bleibt, schließlich die Anstaltsseelsorge. Ferner werden der Sonntag mit seinem »religiöse(n), in der christlichen Tradition wurzende(n) Gehalt«[4] und die staatlich anerkannten Feiertage gesetzlich geschützt (Art. 139 WRV). Und das sind unverändert vor allem christliche Feiertage. Die Einfügung dieser Bestimmungen ist vor allem dem Geschick der bürgerlichen Parteien in der Nationalversammlung unter maßgeblicher Mitwirkung von Friedrich Naumann zu verdanken, gegen die sich die Sozialdemokraten aus Schwäche, Uninformiertheit und Desinteresse nicht durchsetzen konnten.[5]

Wegen dieser Bestimmungen lässt sich deshalb von einer wirklichen Trennung von Staat und Religionsgesellschaften auch heute kaum sprechen, man spricht deshalb bildlich von einer sog. hinkenden Trennung (U. Stutz), die Horst Dreier als »in gewisser Weise erlösende […] Formel« würdigt.[6] Überwiegend sind die Kirchenartikel der WRV als »Kulturkompromiss«[7] oder als »zugleich liberaler und schonender Ausgleich der staatskirchenrechtlichen Probleme«[8] – wohlgemerkt der Probleme vor mehr als 100 Jahren – gewürdigt worden.

Wesentlich erscheint auch die Feststellung, dass eine zentrale Verbürgung der Paulskirchenverfassung – Art. 147 Abs. 2: »Keine Religionsgesellschaft genießt vor anderen Vorrechte durch den Staat« – entgegen den ersten Entwürfen aus der

---

[2] *H. Zwirner*, Zur Entstehung der Selbstbestimmungsgarantie der Religionsgesellschaften i.J. 1848/49, in: Zeitschrift der Savigny-Stiftung für Rechtsgeschichte, kan. Abt., 1987, S. 210ff. (213).

[3] *Zwirner*, Entstehung, S. 276f.

[4] BVerfGE 125, 39 (81).

[5] *L. Richter*, Kirche und Schule in den Beratungen der Weimarer Nationalversammlung, Düsseldorf 1996, S. 350ff., 542ff., 642ff.

[6] *Dreier*, Kirche ohne König, S. 136, der dann aber weniger auf den Aspekt der Trennung als vielmehr die »wechselseitige Unabhängigkeit von Kirche und Staat« abstellen will, ebd., S. 146. Anders *Ch. Hillgruber*, Kommentar, in: Dreier, Säkularisierung und Sakralität, Tübingen 2013, S. 119ff. (121f.), der beim Weimarer Kirchen- und Schulkompromiss eine Trennung lediglich in der Beseitigung einer bestimmten, engen Verbindung zwischen Staat und Kirche durch Art. 137 Abs. 1 WRV, »im Kern« jedoch den Erhalt eines »status quo« sieht.

[7] *E. R. Huber*, Verfassungsgeschichte der Neuzeit seit 1789, Band 6, Stuttgart 1981, S. 858.

[8] *M. Stolleis*, Geschichte des öffentlichen Rechts in Deutschland, Band 3, München 1999, S. 85.

Feder des liberalen Staatsrechtslehrers und ersten Innenministers der Weimarer Republik Hugo Preuss nach heftigen Diskussionen in der Nationalversammlung nicht in die WRV übernommen wurde.[9] Einen Schritt in Richtung eines offenen pluralistischen Religionsrechts stellte – neben dem bereits in der Paulskirchenverfassung verwandten Begriff der »Religionsgesellschaft« – die Gleichstellung der Weltanschauungsvereinigungen in Art. 137 Abs. 7 WRV dar.

II. Die Religionsfreiheit im Grundgesetz

Lässt sich feststellen, dass die in der Paulskirchenverfassung begründete individuelle Religionsfreiheit auch unter der Geltung des Grundgesetzes umfassend gewährt wird, gilt dies jedoch nicht für das Verhältnis von Staat und Religionsgemeinschaften.

Die Fortdauer des 1919 begründeten und 1949 festgeschriebenen staatskirchenrechtlichen Modells wird zunehmenden Fragen ausgesetzt. Bereits 1951 hatte Rudolf Smend Art. 140 GG »eher unter die Verlegenheitsergebnisse verfassungsgebender Parlamentsarbeit«, nicht aber »als das Ergebnis einer klar bewussten grundsätzlichen staatskirchenpolitischen Entscheidung des Parlamentarischen Rates« gewertet. Für alle Auseinandersetzungen zwischen Staat und Kirche eine Grundlage zu finden, sei eine große und dringende Aufgabe der Wissenschaft.[10] Diese 1951 geschriebenen Worte besitzen eine ungebrochene Aktualität.

Die erstere speziellere wird unter dem Aspekt staatlicher Neutralität, die zweite eher allgemeinere unter dem Verlust an Legitimität betrachtet.

1. Neutralität

So lässt sich fragen, ob nicht die institutionellen Bestimmungen über die Religionsgesellschaften in der WRV den ständigen Bekundungen des Bundesverfassungsgerichts widersprechen: »Das Grundgesetz begründet für den Staat als Heimstatt aller Staatsbürger [...] die Pflicht zu weltanschaulich-religiöser Neutralität. Es [...] untersagt die Privilegierung bestimmter Bekenntnisse ebenso wie die Ausgrenzung Andersgläubiger. Der Staat hat auf eine am Gleichheitssatz orientierte Behandlung der verschiedenen Religions- und Weltanschauungsgemeinschaften zu achten und darf sich nicht mit einer bestimmten Religionsgemeinschaft identifizieren.«[11] Anzumerken ist jedoch, dass der Staat

---

[9] *Richter*, Kirche und Schule, S. 144, 165, 306; zum »Vorentwurf Preuss« *G. J. Ebers*, Staat und Kirche im Neuen Deutschland, München 1930, S. 108ff.

[10] *R. Smend*, Staat und Kirche nach dem Bonner Grundgesetz, jetzt in: Staatsrechtliche Abhandlungen, 2. Auflage Berlin 1968, S. 411ff., 418, 422.

[11] BVerfGE 108, 283 (299f.); 138, 296 (338f.); ebenso BVerfGE 153, 1 (36); ständ. Rechtsprechung seit BVerfGE 19, 206 (216).

als Heimstatt nicht nur aller deutschen Staatsbürger, sondern aller derjenigen verpflichtet ist, die den grundrechtlichen Schutz der Religionsfreiheit genießen.[12] Und beim Zweiten Senat heißt es in seinem Kopftuchbeschluss vom 14. Januar 2020: »Es verwehrt die Einfügung staatskirchlicher Rechtsformen und untersagt die Privilegierung bestimmter Bekenntnisse ebenso wie die Ausgrenzung Andersgläubiger.«[13] Übernimmt das Bundesverfassungsgericht mit diesen Aussagen nicht den gerade zitierten, nicht in die WRV aufgenommenen Satz über die Gleichheit der Religionsgesellschaften? Ohne dass dies bislang zu institutionellen Konsequenzen geführt hätte?

Horst Dreier hat sich grundlegend mit dem Gebot religiös-weltanschaulicher Neutralität des Staates in der grundgesetzlichen Verfassungsordnung befasst.[14] Überzeugend legt er dar, dass sich die Bestimmungen des Grundgesetzes, die sich wie Art. 137 Abs. 5 WRV als Privilegierung der christlichen Kirchen lesen lassen, keinen Verstoß gegen das verfassungsrechtliche Gebot staatlicher Neutralität schon deshalb darstellen können, weil es sich um Regelungen auf der Ebene der Verfassung handelt.[15] Aber lässt sich angesichts der Ausstattung bestimmter Religionsgesellschaften mit hoheitlicher Gewalt wirklich behaupten, »jede Form institutioneller Verklammerung staatlicher und kirchlicher Einrichtungen ist damit prinzipiell ausgeschlossen«[16]? Auf die institutionellen Verbindungen beim Religionsunterricht in staatlichen Schulen, den theologischen Fakultäten an staatlichen Universitäten sowie die konkordatären und staatskirchenrechtlichen Vereinbarungen sei ebenfalls hingewiesen.

Es lässt sich wohl kaum bestreiten, dass die Neutralität der Weimarer Reichsverfassung und damit auch die des Grundgesetzes anders als die der Paulskirchenverfassung ein Bias zugunsten der christlichen Kirchen besitzt. Denn es ist klar, dass mit der Garantie der Körperschaft des öffentlichen Rechts »in erster Linie an die großen christlichen Religionsgesellschaften, die Kirchen im engeren und eigentlichen Sinne gedacht« wurde – so Gerhard Anschütz, der Kommentator der WRV.[17] Dass sie damit nicht zum Teil der staatlichen Organisation wurden, wurde schon unter der WRV angenommen, dass sie auch nicht unter staatlicher Aufsicht stehen, ist erst heute – anders als in Weimar – allgemein anerkannt. Sie sind jedoch – so nochmal Anschütz – mit öffentlicher Gewalt ausgestattet,[18] und – so Rudolf Smend – auch nach 1949 »›als Träger öffentlicher Gewalt‹

[12] So *W. Huber*, Religionsfreiheit heute, in: M. Kühnlein (Hrsg.), Gottloser Staat?, Baden-Baden 2022, S. 137 ff. (140). – Ob *Dreier*, Säkularisierung und Sakralität, Tübingen 2013, S. 42 deshalb das Diktum des Bundesverfassungsgerichts auf »Heimstatt aller Bürger« verkürzt?

[13] BVerfGE 153, 1 (36).

[14] *H. Dreier*, Staat ohne Gott. Religion in der säkularen Moderne, München 2018, S. 65 ff.

[15] *Dreier*, Staat ohne Gott, S. 73 ff.

[16] *H. Dreier*, Staat ohne Gott, in: M. Kühnlein (Hrsg.), Gottloser Staat?, 2022, S. 13 ff. (20).

[17] *G. Anschütz*, Die Verfassung des Deutschen Reichs, Kommentar, 14. Auflage Berlin 1933, Art. 137 Anm. 8.

[18] *Anschütz*, Art. 137 Anm. 8.

anerkannt.«[19] Das Trennungsprinzip, für das sich in der Nationalversammlung allein die Sozialdemokraten stark gemacht hatten,[20] wurde »durch eine ganze Reihe von Ausnahmen staatskirchenrechtlichen Charakters durchbrochen«, wie Gerhard Giese betont:[21] Es bleiben die mit dem Status verbundenen hoheitlichen Sonderrechte, die die Kirchen herkömmlich besaßen: Recht, Behörden und Ämter zu unterhalten, Dienststrafrecht über Geistliche und Kirchenbeamte, Verwaltungszwangsrechte, Vollstreckungsschutz, d.h. eine Vielzahl von Rechten, die man als sog. Privilegienbündel bezeichnet. Das Bedeutsamste der Privilegien stellt aber unzweifelhaft das Besteuerungsrecht dar.

Der Erwerb des Körperschaftsstatus und der damit verbundenen Privilegien steht nun – so bestimmt Art. 137 Abs. 5 Satz 2 WRV – auch anderen Religionsgesellschaften zu, wenn sie – und das stellt die wesentliche Voraussetzung dar – durch ihre Verfassung und die Zahl ihrer Mitglieder die Gewähr auf Dauer bieten. Und diese Voraussetzungen erfüllen – das wird bisher überwiegend angenommen – nicht die muslimischen Gemeinschaften.[22] Ganz wesentlich fehle ihnen die mitgliedschaftliche Organisation und lasse sich auch deshalb angesichts einer unsicheren finanziellen Basis die Dauerhaftigkeit schwerlich dartun.

Die muslimischen Religionsgemeinschaften würden damit gezwungen – wollten sie in den Genuss der genannten Privilegien gelangen –, sich in die staatskirchenrechte Formensprache einzufügen. Aber stellt dies nicht mittlerweile ein Prokrustesbett dar, das immer weniger zu der dramatisch veränderten Rolle von Religion in unserem Gemeinwesen passt? 1919 und 1949 haben die Väter und Mütter der Verfassung noch überhaupt nicht an die Existenz einer in Deutschland neuen, der muslimischen Religionsgemeinschaften denken können. Treffend mutmaßt der Münsteraner Religionswissenschaftler Ulrich Willems: Wäre der Islam bei der Verabschiedung des GG Ende der 1940er Jahre ähnlich bedeutsam gewesen wie heute, hätte man für ihn nicht den Körperschaftsstatus, sondern ein anderes Instrument oder aber neben dem Körperschaftsstatus eine Alternative etabliert?[23]

2. *Legitimität*

Hat sich auch die Wissenschaft schwer getan mit dieser »Verlegenheitslösung« (E. Forsthoff) oder diesem »etwas rätselhaften Ehrentitel der ›öffentlichen Kor-

---

[19] *R. Smend*, Zur Gewährung der Rechte einer Körperschaft des öffentlichen Rechts an Religionsgesellschaften gemäß Art. 137 WRV (1952/53), jetzt in: ders., Abhandlungen zum Kirchen- und Staatskirchenrecht, Tübingen 2019, S. 27ff. (29).

[20] *Richter*, Kirche und Schule, S. 77ff., 335ff.; *Ebers*, Staat und Kirche, S. 110.

[21] *G. Giese*, Die Verfassung des Deutschen Reiches, 8. Auflage Berlin 1931, Art. 137 Anm. 1.

[22] *Ch. Waldhoff*, Neue Religionskonflikte und staatliche Neutralität, Gutachten D zum 68. Deutschen Juristentag, München 2010, D 81ff. m.umf.Nachw.

[23] *U. Willems*, Religionspolitik vor neuen Herausforderungen, in: D. Gerster u.a. (Hrsg.), Religionspolitik heute, Freiburg i.Br. 2018, S. 38ff. (48).

poration‹« (R. Smend), so stellte dies solange kein Problem dar, wie diejenigen Religionsgesellschaften Körperschaften des öffentlichen Rechts blieben, »soweit sie solche bisher waren« (Art. 137 Abs. 5 Satz 1 WRV) und sich das Staatskirchenrecht als Recht der Kirchen »in bemerkenswerter Ruhe« auf der Grundlage eines hohen Maßes an religiöser Homogenität entfaltete.[24]

Diese Situation und mit ihr die Rolle und Bedeutung der Religionsgesellschaften haben sich jedoch in den letzten Jahrzehnten in Deutschland grundlegend verändert. Betrug der Anteil der christlichen Gläubigen Anfang der 1950er Jahre noch mehr als 90 % der Bevölkerung, so ist er mittlerweile auf weniger als 50 % geschrumpft; deren Zahl soll sich bis 2060 den Annahmen der Freiburger Studie zufolge weiter halbieren,[25] eine Einschätzung, die nach den dramatisch gestiegenen Austrittszahlen der letzten Jahre deutlich nach unten zu korrigieren ist.[26] Die Soziologen Detlef Pollack/Gergely Rosta konstatieren, »dass der Erosionsprozess der Kirchen mit einer zunehmenden Geschwindigkeit verläuft.«[27] Die Zahl der Konfessionslosen mit mehr als einem Drittel der Bevölkerung (35,9 %), wobei der Osten Deutschlands dazu in erheblich höherem Maße beiträgt,[28] übersteigt inzwischen die der Katholiken und die der Protestanten. Selbst von den Kirchenmitgliedern findet ein hoher Anteil, dass die Kirchen zu viel Macht haben, hält die kirchlichen Privilegien gegenüber anderen Glaubensgemeinschaften für ungerecht und wird die dominante Stellung der eigenen Religionsgemeinschaft kritisch gesehen.[29] Aber auch was die Inhalte des Glaubens angeht, haben mehr und mehr Kirchenmitglieder »ein selektives Verhältnis zur kirchlichen Lehre«[30] und halten zentrale Lehren der Kirche nicht mehr für verbindlich.[31]

In seiner Analyse der Mittelstandsgesellschaft seit dem Ende der 1980/1990er Jahre erkennt Andreas Reckwitz in den westlichen Ländern eine neue Mittelklasse, für die anders als für die »alte Mittelklasse« der Handwerker und mittleren Beamten als Instrument der Kontingenzbewältigung der Buddhismus besser

---

[24] So *Dreier*, Religionsverfassung in 70 Jahren Grundgesetz, in: JZ 2019, S. 1005 ff. (1010 f.).

[25] *D. Gutmann u. a.*, Kirche – ja bitte, 2. Auflage Freiburg i. Br. 2020, S. 24.

[26] Nach *D. Gutmann/F. Peters*, Freiburger Studie 2.0, in: Herder Korrespondenz Spezial, April 2023, S. 33 ff. hat sich die Austrittsquote 2021 verdoppelt, so dass auch die Kirchensteuer auf nur noch ein Drittel reduziert würde. – Vgl. auch *R. Steinberg*, Vom Staatskirchenrecht zu einem zeitgemäßen Religionsrecht, Baden-Baden 2021, S. 27 ff. auch zum Folgenden.

[27] *D. Pollack/G. Rosta*, Religion in der Moderne, 2. Auflage Frankfurt/New York 2022, S. 101.

[28] Bertelsmann Stiftung (Hrsg.), Religionsmonitor 2023, S. 10.

[29] Nachweise bei Bertelsmann Stiftung (Hrsg.), Religionsmonitor kompakt – Dezember 2022, Die Zukunft der Kirchen – zwischen Bedeutungsverlust und Neuverortung in einer vielfältigen Gesellschaft, S. 5 f.

[30] *Pollack/Rosta*, Religion, S. 139.

[31] Eine Begründung hierfür gibt aus theologischer Sicht *M. Striet*, Menschenrechtsdiskurse und die Transformation des europäischen Katholizismus, in: F. W. Graf/J.-U. Hartmann (Hrsg.), Religion und Gesellschaft, Berlin 2019, S. 271 ff. (278 f.); vgl. auch *Steinberg*, Vom Staatskirchenrecht, S. 29 f. m. w. N.

passe als die traditionelle Religion.[32] Auch Pollock/Rosta kommen aufgrund einer ähnlichen gesellschaftlichen Analyse zu dem ernüchternden Befund: »Die christlichen Kirchen in Deutschland scheinen in vielfacher Hinsicht kaum noch einen Einfluss auf ihre eigene Entwicklung nehmen zu können und äußeren Faktoren ausgesetzt zu sein, denen sie wenig entgegenzusetzen haben.«[33] Der Religionsmonitor 2023 der Bertelsmann-Stiftung kommt in seiner Untersuchung auch aufgrund der Auflösung religionsbezogener Sozialisation zu dem Schluss, dass es vermutlich auch in Zukunft keine einfache Revitalisierung institutioneller Religion geben wird – zumindest für die christlichen Religionsgemeinschaften.[34] Und Detlef Pollack sieht sich gar als »Zeugen der Erosion der katholischen Kirchen, die in ihren inneren Strukturen im Augenblick zusammenbricht.«[35]

Nimmt die Entkirchlichung der Gesellschaft zu, so steigt umgekehrt die Zahl der Muslime auf 5,6 Millionen (etwa 6,7% der Gesamtbevölkerung), wobei die Zahl der Gläubigen allerdings wohl deutlich niedriger ausfällt; von den konfessionsgebundenen Muslimen gibt nur jeder Vierte an, Mitglied einer Gemeinde oder eines muslimischen Vereins zu sein.[36]

Was bedeutet dies konkret für die Legitimität der öffentlich-rechtlich verfassten Kirchen? Bereits vor mehr als einem halben Jahrhundert hat Konrad Hesse auf die Legitimitätsprobleme hingewiesen, die dadurch entstanden seien, dass sich die Körperschaftsstellung von ihren Grundlagen gelöst habe.[37] Ist es in dieser Situation nicht endlich Zeit, »die Crux der staatskirchenrechtlichen Problematik der Kirchen« zu überwinden, wie Hesse bereits damals angemahnt hat, wenn er betont: »Der besonderer Auftrag der Kirche, Grundlage der Gewährleistung ihrer Freiheit, erfordert nicht den öffentlich-rechtlichen Status; dieser kann sich sogar als Hemmnis des Lebens aus geistiger Substanz erweisen.« Die Rolle »einer freien Kirche im demokratischen Gemeinwesen« lasse sich nicht länger in einem »System der institutionellen Verfestigung privilegierter Positionen der großen Kirchen« begründen, »die substantiell auszufüllen die Kirchen kaum mehr im Stande sind.«[38]

---

[32] *A. Reckwitz*, Das Ende der Illusionen, 4. Auflage Berlin 2020, S. 63ff.; ders., Die Gesellschaft der Singularitäten, 2. Auflage Berlin 2020, S. 273ff. (409ff.) – Einen »Buddhismus light« sieht auch *A. Nassehi*, Erstaunliche religiöse Kompetenz, in: Bertelsmann Stiftung (Hrsg.), Religionsmonitor 2008, S. 113ff., 118, 123, 125, den er als Ausdruck einer »Individualisierung des religiösen Erlebens und der religiösen Praxis« im Sinne einer »postbürgerlichen Form« von Religion versteht.

[33] *Pollack/Rosta*, Religion, S. 166 und S. 158.

[34] Bertelsmann Stiftung (Hrsg.), Religionsmonitor 2023, Zusammenleben in religiöser Vielfalt, S. 32.

[35] Interview in: FAZ vom 30. Juli 2023, S. 11.

[36] So Bertelsmann Stiftung (Hrsg.), Religionsmonitor 2023, Zusammenleben, S. 17.

[37] *K. Hesse*, Grundzüge des Verfassungsrechts der Bundesrepublik Deutschland, 4. Auflage Heidelberg 1970, S. 191.

[38] *K. Hesse*, Freie Kirche im demokratischen Gemeinwesen (1965), jetzt in: ders., Ausgewählte Schriften, Heidelberg 1984, S. 452ff. (470f.).

Konkret gefragt: Lassen sich die öffentlichen Vorrechte und wirtschaftlichen Vorteile der Kirchen als »Teil der öffentlichen Ordnung« (Ludwig Richter)[39] oder »als Anerkennung als einer souveränen Daseinsmacht« (E.R. Huber)[40] – von beiden zur WRV formuliert – heute angesichts des fundamentalen sozialen Wandels, der sich auch in einer merklichen Abschwächung ihrer gesellschaftlichen Relevanz, der Abnahme ihrer Integrationskraft und des geringen ihnen entgegengebrachten Vertrauens,[41] wirklich noch rechtfertigen? Möglicherweise stellen die Kirchen eine »öffentliche Daseinsmacht« allenfalls noch im sozialen Bereich dar, aber unterscheiden sie sich darin wesentlich von anderen sozialen Organisationen wie dem DRK oder der Arbeiterwohlfahrt?[42]

Wenn die Religionssoziologen Detlef Pollack und Gergely Rosta die christlichen Kirchen als »Großmächte aus einer vergangenen Zeit« bezeichnen, bei denen es sich »um überlebte Großorganisationen [handelt], die mit immer noch mächtigen Beständen ausgerüstet sind, aber ihre beste Zeit hinter sich haben«[43], stellt dann nicht die Behauptung des öffentlich-rechtlichen Status eine Anmaßung dar, für die immer weniger Verständnis besteht? Und wird der Druck der Delegitimierung des überkommenen staatskirchenrechtlichen Systems der »hinkenden Trennung« von Staat und Kirchen nicht zunehmen? Sollten nicht deshalb die Kirchen die letztlich aus der Epoche des landesherrlichen Kirchenregiments stammenden Attribute ablegen und freie gesellschaftliche religiöse Vereinigungen im demokratischen Gemeinwesen werden? Den muslimischen Gemeinschaften in Deutschland böte dies umgekehrt die Chance, endlich im System des staatlichen Religionsrechts einen gleichberechtigten Platz »auf Augenhöhe« mit den Kirchen zu finden.

III. Wege aus dem Staatskirchenrecht

Für den Bertelsmann Religionsmonitor 2023 stellt sich aus den vorliegenden Daten angesichts der Sperrigkeit des deutschen Kooperationsmodells gegenüber Religionsgemeinschaften wie den meisten muslimischen Gemeinschaften, die nicht kirchenähnlich organisiert sind, die Aufgabe, »staatskirchenrechtliche Arrangements auf den Prüfstand zu stellen und neue, ergänzende Formen der

[39] *Richter*, Kirche und Schule, S. 647.

[40] *E.R. Huber*, Verfassungsgeschichte, S. 870.

[41] *Pollack/Rosta*, Religion, S. 109. – Vgl. dazu jetzt auch die Ergebnisse der 6. Kirchenmitgliedschaftsuntersuchung, in: EKD (Hrsg.), Wie hältst du's mit der Kirche?, 2023.

[42] *Preuß*, in: AK-GG, Band 2, Neuwied/Darmstadt 1984, Art. 140 Rz. 20ff. (54) begründet mit Hilfe der Verbandstheorie die in Art. 137ff. WRV/Art. 140 GG zum Ausdruck gekommene Legitimation der Kirchen wegen ihrer sozialen Relevanz für das Gemeinwesen. Nachdem diese weitgehend eingebüßt sei, verlören die traditionellen Regelungen und Institutionen ihre Legitimation.

[43] *Pollack/Rosta*, Religion, S. 163.

Kooperation zu erleichtern. [...] Sollte es nicht gelingen, tragfähige Lösungen zu finden, steht daher zu erwarten, dass mit der weiteren religiösen Pluralisierung das gewachsene Kooperations- und Privilegiensystem zwischen Staat und Kirchen an gesellschaftlichem Rückhalt verliert und damit grundsätzlich infrage steht.«[44] Die Vorrangstellung der beiden großen Volkskirchen spiegele sich auch in dem noch aus der Weimarer Zeit stammenden Staatskirchenrecht. In diesem historisch gewachsenen verfassungsrechtlichen Rahmen müsse eine gegenwartstaugliche Religionspolitik gleichwohl der religiös-weltanschaulichen Vielfalt verpflichtet sein, die sich längst als gesellschaftliche Normalität etabliert habe. »Eine pluralistisch-offene Neutralität des Staates ist nicht nur Voraussetzung für die gebotene Gleichbehandlung aller religiösen und weltanschaulichen Gruppen. Sie gewährleistet auch eine faire und friedliche Konfliktlösung in einer superdiversen Gesellschaft.«[45]

1. Vom Staatskirchenrecht zum Religionsrecht

Bemerkenswert erscheint, dass die Staatsrechtslehre nach 1949 sich überhaupt auf den »unpassenden« Begriff des Staatskirchenrechts kapriziert hat, besteht doch nach Art. 140 GG i.V. mit Art. 137 Abs. 1 WRV keine Staatskirche und betreffen die verfassungsrechtlichen Regelungen alle Religionsgesellschaften.[46] Treffend wäre daher eher der Begriff des »Religionsgesellschaftsrecht« gewesen. Aber hinter der Verengung des Begriffs steht auch die Verengung des Aufmerksamkeitshorizonts der Staatsrechtslehre, die bewusst oder unbewusst die in der Verfassung angelegte Öffnung des Religions- und Weltanschauungsrechts in Richtung einer religiös-weltanschaulichen Pluralität ausblendet.[47] Doch das mag nachvollziehbar erscheinen, da in einem in den ersten Jahrzehnten der Nachkriegszeit weitgehend religiös homogenen Land kein Bedürfnis nach Pluralität bestand.

Das hat sich offensichtlich verändert. Schon ein Blick auf neuere Entscheidungen des Bundesverfassungsgerichts lässt die neue Vielfalt erkennen, die sich grundlegend von den Entscheidungen der 1960er bis Anfang 1980er Jahre unterscheidet, in denen vorwiegend Fragen der christlichen Kirchen im Vordergrund standen.[48] Es erscheint deshalb konsequent, dass der Begriff des »his-

---

[44] Bertelsmann Stiftung (Hrsg.), Religionsmonitor kompakt, S. 7f.

[45] Bertelsmann Stiftung (Hrsg.), Religionsmonitor 2023, Zusammenleben, S. 14. Es wird aber ebd., S. 34 auch eine zunehmende rechtliche Anerkennung festgestellt.

[46] *M. Morlok*, in: H. Dreier (Hrsg.), Grundgesetz-Kommentar, Band III, 3. Auflage Tübingen 2018, Art. 140 Rn. 26. Ähnlich *U.K. Preuß*, Art. 140 Rz. 1.

[47] So *W. Huber*, Religionsfreiheit heute, S. 141f.; vgl. auch *Dreier*, Religionsverfassung, S. 1010.

[48] Vgl. die Übersicht bei *H. Dreier*, Religion im Grundgesetz – Integrationsfaktor oder Konfliktherd?, in: H.-J. Große Kracht/G. Schreiber (Hrsg.), Wechselseitige Erwartungslosigkeit?

torisch befrachteten Staatskirchenrecht(s)« (F. Hufen) überwiegend durch den des Religions- oder Religionsverfassungsrechts ersetzt wird.[49] Diese semantische Anpassung hat allerdings zunächst einmal eher symbolische Bedeutung.

2. *Religionsgesellschaften als »qualifizierte Körperschaften«*

Das wäre anders, wenn mit der Rückkehr zur Paulskirchenverfassung die vollständige verfassungsrechtliche Trennung von Staat und Religionsgesellschaften verwirklicht würde. Dem stünde vor allem auch die Qualifizierung der Religionsgesellschaften als Körperschaften des öffentlichen Rechts im Wege. Eine derartige Lösung erscheint jedoch wegen des tiefen Einschnitts in den rechtlichen Bestand in absehbarer Zeit auch angesichts der hohen rechtlichen Hürden wenig wahrscheinlich, aber auch kaum wünschenswert.

Denn statt eines Bruchs mit dem bestehenden Ordnungsmodell liegt eine vorsichtige Öffnung des Körperschaftsbegriffs näher, die es auch kleineren, nichtkirchlich verfassten Religionsgesellschaften erlaubt, sich dieser Organisationsgestalt zu bedienen. Dies war auch 1919 durchaus mit der Öffnungsklausel des Art. 137 Abs. 5 Satz 2 WRV angestrebt.[50] Dazu wäre es notwendig, sich von dem Verständnis der Körperschaft des öffentlichen Rechts nach dem Modell der mittelbaren Staatsverwaltung zu verabschieden und einen den Religionsgesellschaften angemessenen neuen Begriffsinhalt zu entwickeln. Dies liegt auch deshalb nahe, weil schon in den Beratungen der Nationalversammlung für die Bedeutung dieses Begriffs höchste Unklarheit herrschte; im Kern ging es seinen Verfechtern vor allem um das Besteuerungsrecht.[51] Genau deswegen nämlich – so urteilt Friedrich Naumann, dem ganz wesentlich die Ausgestaltung der Religionsartikel in der WRV zu verdanken ist, – wurde der Begriff der Körperschaft des öffentlichen Rechts gewählt »nicht als Ehrenzeugnis für die Kirche, die dessen nicht bedarf«, sondern »als ein notwendige(r) Hilfsbegriff zur Erreichung des finanziellen Aufbaus, ohne den der Übergang vom Staatskirchentum zum freien Protestantismus nicht gemacht werden kann.«[52]

Ein derartiges neues Konzept hat der katholische Kölner Staatsrechtlehrer und spätere österreichische Verfassungsrichter Godehard Josef Ebers bereits während der Weimarer Zeit entwickelt. Ebers will die Religionsgesellschaften

---

Die Kirchen und der Staat des Grundgesetzes – gestern, heute, morgen, Berlin 2019, S. 337ff. (357).

[49] So auch *H. Dreier*, Religionsverfassung, S. 1005; vgl. auch *Steinberg*, Vom Staatskirchenrecht, S. 66ff.

[50] Dazu *Richter*, Kirche und Schule, S. 532.

[51] *Richter*, Kirche und Schule, S. 342ff. (343 Fn. 308), wonach Preuß auf die Bitte von Naumann nach einer allgemeingültigen Definition erwiderte: »Ich werde mich hüten« und sprach sich gegen die Festlegung »einer so schwankenden Erscheinung als legalen Begriff [...] in die Verfassung und in die Grundrechte« aus.

[52] Zit. b. *Steinberg*, Vom Staatskirchenrecht, S. 80.

nach Art. 137 Abs. 5 WRV im Anschluss an Fritz Fleiner als »qualifizierte Körperschaften« verstehen, da sie mangels der Belehnung mit staatlichem Herrschaftsrecht nicht im eigentlichen Sinne Körperschaften des öffentlichen Rechts seien, sondern nur wie solche behandelt würden. Aus dem Begriff der weltlichen Korporation dürften deshalb keine Schlüsse auf den Inhalt der Körperschaftsrechte der öffentlich-rechtlichen Religionsgesellschaften gezogen werden. Deren Inhalt im Einzelnen zu bestimmen sei Sache der Landesgesetzgebung. Diese könne den Inhalt der öffentlichen Körperschaftsrechte abändern, mindern oder vermehren – allerdings nur einheitlich für alle öffentlichen Religionsgesellschaften des Landes. Allerdings dürfe die Minderung nicht das in Art. 137 Abs. 6 WRV eingeräumte Besteuerungsrecht abschaffen.[53] Im Ansatz teilt auch das Bundesverfassungsgericht dieses Verständnis des Körperschaftsbegriffs des Art. 137 Abs. 5 WRV: Die korporierten Religionsgemeinschaften unterschieden sich grundlegend von der Körperschaft des öffentlichen Rechts im verwaltungs- und staatsorganisatorischen Verständnis.[54]

Das Gericht unterscheidet sich dann jedoch von Ebers, wenn es »die geschriebenen und ungeschriebenen Voraussetzungen« der Anerkennung als Körperschaft des öffentlichen Rechts i.S. von Art. 137 Abs. 5 WRV als »alleiniger und verbindlicher Prüfungsmaßstab« bezeichnet, die den Ländern keinen Gestaltungs- oder Ermessensspielraum ließe.[55] Allerdings ist die Landesgesetzgebung – so auch Ebers – an den Rahmen des Reichsrechts gebunden. Und der sieht in Art. 137 Abs. 5 Satz 2 WRV als Voraussetzung für die Gewährung des Körperschaftsstatus an »andere Religionsgesellschaften« vor, dass sie »durch ihre Verfassung und die Zahl ihrer Mitglieder die Gewähr der Dauer bieten.« Das Bundesverfassungsgericht übersieht dabei, dass es während der Weimarer Republik die ganz herrschende Lehre war, dass die Länder die Kompetenz zur eigenständigen Ausgestaltung des Körperschaftsstatus besäßen.[56] Gerade von seiner Deutung des Körperschaftsbegriffs als »Mantelbegriff«[57], der auf Ausfüllung zwangsläufig angelegt ist, hätte ein Blick auf die klare Kompetenznorm des Art. 137 Abs. 8 WRV die Zuständigkeit der Landesgesetzgebung zur Bestimmung weiterer Regelungen erkennen lassen.

Zu Recht stellt das Bundesverfassungsgericht hierbei auf den tatsächlichen Zustand einer Gemeinschaft, ihre Verfasstheit ab. Denn dieser könne eine aussagekräftige Grundlage für die Einschätzung des künftigen Fortbestehens bieten,

[53] *Ebers*, Staat und Kirche, S. 207 ff. unter Hinweis auf *F. Fleiner*, Institutionen des deutschen Verwaltungsrechts, 8. Auflage (1928) Aalen 1963, S. 104.

[54] BVerfGE 102, 370 (387 f.).

[55] BVerfGE 139, 321 (355 f.).

[56] So eingehend *H. de Wall*, Auf der Suche nach dem kirchenpolitischen System, in: Zeitschrift der Savigny-Stiftung für Rechtsgeschichte, kan. Abt. 106 (2020), S. 50 ff. (62) m.w.N.; und bereits *Ebers*, Staat und Kirche, S. 142 f.

[57] BVerfGE 83, 341 (357); 102, 370 (388); 139, 321 (350).

um das es in Art. 140 GG/137 Abs. 5 Satz 3 WRV vor allem gehe. Es solle – hier wird aus den Beratungen der Nationalversammlung zitiert – nicht auf ein zufälliges, äußeres Kriterium, sondern »auf das tiefere Moment des Inhalts der Verfassung« gestützt sein.[58] An einer anderen Stelle der Verfassungsberatungen wird deutlich, dass durch die Prüfung der Gewähr der Dauer »diese(.) Kleinkirchen [...], diese wolkenartigen Religionsgebilde(.), von denen man noch gar nicht weiß, wie lange sie noch leben«, von der Zubilligung gleicher Rechte ausgeschlossen werden sollten.[59]

Die prognostische Einschätzung der Dauer ihres Bestehens muss deshalb ausschlaggebend sein, wenn die Landesgesetzgeber den »Mantelbegriff« des Art. 137 Abs. 5 WRV ausfüllen. Dabei erscheint es problematisch, den Begriff der »Zahl ihrer Mitglieder« in einem wörtlichen, etwa einem vereinsrechtlichen Sinne zu verstehen. Denn auch bei den Kirchen lässt sich wegen deren anstaltlichen, hierarchischen Struktur[60] nur sehr eingeschränkt von »Mitgliedern« sprechen. Ebenso problematisch erscheint es, auf die vom Steuerrecht erfassten Kirchensteuerzahler abzustellen. Wenn es auf die durch die »Zahl der Mitglieder« verbürgte Gewähr der Dauer des Bestehens ankommt, dann sollte man eher auf die Zahl der Gläubigen schauen, die mit einer Religionsgesellschaft verbunden sind, ohne dass es auf eine förmliche Mitgliedschaft ankäme. Indiz hierfür könnte die Existenz organisatorischer Strukturen sein, etwa durch die dauerhafte Einrichtung einer Moscheegemeinde oder eines islamischen Verbandes.

In den letzten Jahren ist der Status der Körperschaft des öffentlichen Rechts einer wachsenden Zahl von Religions- und Weltanschauungsgemeinschaften zuerkannt worden.[61] Und auch die Judikatur scheint die früher recht hohen Hürden für den Erwerb des Körperschaftsstatur zu senken. Stellt das Bundesverfassungsgericht noch 1991 in einem obiter dictum fest, dass die Bahá'i-Gemeinschaft nicht die Eigenschaft als Körperschaft des öffentlichen Rechts erlangen könne, weil sie in der Bundesrepublik nur 4.000 bis 5.000 Mitglieder habe, die sich zudem auf etwa 50 örtliche Bahá'i-Gemeinden verteilten,[62] hat das Bundesverwaltungsgericht in seiner Entscheidung vom 28. November 2012 die Versagung des Körperschaftsstatus der Bahá'i aufgrund der geringen Zahl für rechtswidrig erachtet.[63] Entscheidend sei nicht auf eine bestimmte Zahl,

---

[58] BVerfGE 102, 370 (385).

[59] *Richter*, Kirche und Schule, S. 537.

[60] So BVerfGE 83, 341 (357) zur katholischen Kirche. – Auch *Anschütz*, Art. 137 WRV Nr. 2 m. Anm. 2. weist auf die unterschiedliche Struktur der Religionsgesellschaften hin, die sich für eine gesellschaftliche, körperschaftlich-genossenschaftliche oder anstaltliche (katholische Kirche!) entscheiden könnten. – Die Komplexität des Begriffs »Kirche« lässt sich erahnen, wenn man die umfangreichen Ausführungen dazu im Evangelischen Staatslexikon, 2. Auflage Stuttgart 1975, Sp. 1117–1139 verfolgt.

[61] Vgl. *Dreier*, Religionsverfassung, S. 1009.

[62] BVerfGE 83, 341 (356f.).

[63] BVerwG, Urt. v. 28. November 2012, NVwZ 2013, S. 943ff., Rn. 9ff.

sondern auf den Gesamtzustand einer Religionsgemeinschaft abzustellen, der eine Prognose über den dauerhaften Bestand erlaube. Die Zahl der Mitglieder habe keine eigenständige Bedeutung, sie stelle lediglich ein wesentliches Element dieses Gesamtzustands dar, daneben werden eine Reihe weiterer Elemente wie die Dauer der Gemeinschaft oder ihr zu erwartendes Wachstum genannt. Allerdings betont das Gericht auch, dass der Status der Körperschaft des öffentlichen Rechts als einem Personenverband eine mitgliedschaftlich verfasste Organisation erfordere.[64] Bereits vorher war der 6. Senat des Bundesverwaltungsgerichts gerade selbstverständlich davon ausgegangen, dass Moscheegemeinden Gläubige zur Praktizierung ihres gemeinschaftlichen Bekenntnisses zusammenfassen. Das religiöse Gemeinschaftsleben entfalte sich namentlich durch die Versammlung der Gläubigen zum Gottesdienst und dadurch, dass sie somit mitgliedschaftlich organisiert seien.[65]

Zunehmend wird deshalb zu Recht in der Literatur vorgeschlagen, die Voraussetzungen für die Zuerkennung des Körperschaftsstatus im Hinblick auf die sich von den Kirchen unterscheidenden Formen der Organisation religiöser Gemeinschaft modifiziert zu sehen.[66] Dabei bleiben die Elemente der Gesamtverfassung, wie sie etwa das Bundesverwaltungsgericht in seiner Entscheidung vom 28. November 2012 aufzählt, weiter und unverändert relevant. So wäre etwa zu fragen nach der Dauer einer Moscheegemeinde, der Existenz einer Moschee, der Anstellung eines Imans ebenso wie nach der Zahl der an den Gottesdiensten teilnehmenden Gläubigen sowie den finanziellen Grundlagen. All dies können Indizien für die Stabilität der Gesamtverfassung darstellen, lediglich auf die Existenz einer zahlenmäßig relevanten vereinsrechtlichen Mitgliedschaft wird verzichtet.

Auf diese Weise würde die Existenz der muslimischen Religionsgemeinschaften in flexibler Form zugelassen, um ihnen eine Teilnahme am Rechtsverkehr zu ermöglichen, und das Arsenal der Rechtsform des Art. 137 Abs. 5 WRV offen und freiheitsaffin gestaltet werden.[67] Hierzu sind die Landesgesetzgeber aufgerufen, eine angemessene Rechtsgestalt der »qualifizierten Körperschaft« für die Religionsgesellschaften zu schaffen, denen alle oder einzelne Privilegien einschließlich des Besteuerungsrechts nach Art. 137 Abs. 6 WRV zugemessen

[64] BVerwG, Urt. v. 28. November 2012, NVwZ 2013, S. 943 ff., Rn. 21.

[65] BVerwGE 123, 49 (54 f., 58); dazu *R. Steinberg*, Zwischen Grundgesetz und Scharia. Der lange Weg des Islam nach Deutschland, Frankfurt a. M. 2018, S. 192 f., 199 ff.

[66] Vgl. etwa *Th. Lemmen*, Muslimische Organisationen in Deutschland, in: P. Antes/R. Ceylan (Hrsg.), Muslime in Deutschland, Wiesbaden 2017, S. 314 ff.; *G. Robbers*, Kooperation von Staat und Muslimen in religionsbezogenen Angelegenheiten – Islam und Religionsverfassungsrecht in Deutschland. Verfassungsrechtliche Rahmenbedingungen, Impulsreferat im Bundeshaus am 26. Februar 2013.

[67] So die Forderung von *H. Wißmann*, Freiheit braucht Form!?, in: D. Gerster u. a. (Hrsg.), Religionspolitik heute, Freiburg i. Br. 2018, S. 177 ff. (184) allerdings zu Formen jenseits des Körperschaftsstatur.

werden können. Dabei ist festzuhalten, dass – wie Ebers betont –, dass in einem Land alle Körperschaften denselben Regeln unterliegen.[68] Dabei ist es auch nicht ausgeschlossen, den nach Art. 137 Abs. 5 Satz 1 WRV privilegierten Körperschaften einzelne Privilegien zu entziehen; denn in dieser Norm wird nur der Erhalt des Status, nicht aber damit verbundener einzelner Rechte garantiert.[69]

Welche Rechte im Einzelnen den qualifizierten Körperschaften zuzumessen sind, wird auf Landesebene mit den religiösen Gemeinschaften zu erörtern sein. Maßgeblich dafür ist die Feststellung, inwieweit sie in der Lage und geeignet sind, ihren Auftrag im Gemeinwesen in optimaler Weise wahrzunehmen. Denn der Rechtsstatus stellt – wie das Bundesverfassungsgericht zutreffend ausführt – »ein Mittel zur Entfaltung der Religionsfreiheit« dar; er »soll die Eigenständigkeit und Unabhängigkeit der Religionsgemeinschaften unterstützen.«[70] Hierzu hat Stefan Muckel eine Reihe von erwägenswerten Vorschlägen gemacht.[71] Erhalten bleiben muss auf jeden Fall gemäß Art. 137 Abs. 6 WRV die Berechtigung, aufgrund der bürgerlichen Steuerlisten nach Maßgabe der landesrechtlichen Bestimmungen Steuern zu erheben. Davon muss eine Körperschaft selbstverständlich keinen Gebrauch machen. Auf jeden Fall sollte sie auf die Einziehung durch die staatliche Steuerverwaltung verzichten, um den Schein einer zu engen Verbindung von Staat und Religionsgemeinschaft zu vermeiden.[72] Für dieses in Deutschland eingespielte Verfahren stellt jedenfalls heute die bloße Zweckmäßigkeit keine Rechtfertigung dar.[73]

Dieses Neuverständnis der Körperschaft des öffentlichen Rechts im Sinne des Art. 137 Abs. 5 WRV stellt zweifellos eine weitreichende Neudeutung des – wie ausgeführt – 1919 wie auch 1949 auf die Kirchen zugeschnittenen Körperschaftsstatus dar. Aber – so wird zu Recht gefragt – sind nicht »historisch gewachsene und nur deshalb erklärbare Rechtspositionen in einem säkularen und freiheitlichen Gemeinwesen ein Anachronismus« und könnte es nicht notwendig sein, »das Religionsrecht des Grundgesetzes neu zu interpretieren«[74]? Und: Gelten nicht hier dieselben Überlegungen wie nach 1949, wonach den Kirchenartikeln

---

[68] *Ebers*, Staat und Kirche, S. 208f.

[69] Vgl. *Richter*, Staat und Schule, S. 446f.

[70] BVerfGE 102, 370 (387).

[71] *St. Muckel*, Körperschaftsstatus im 21. Jahrhundert – Anachronismus oder Zukunftsmodell?, in: ZevKR 63 (2018), S. 30ff., 53ff.; ähnlich *Wißmann*, Freiheit braucht Form!?, S. 177ff., 189f.

[72] So etwa *F. Segbers*, in: B. Leven, Privileg Kirchensteuer, Interview mit Clemens Stroppel und Franz Segbers, in: Herder Korrespondenz Spezial 2023, S. 20ff. – Zu bedenken ist, dass rund drei Viertel aller Menschen in Deutschland die Kirchensteuer für nicht mehr zeitgemäß halten. Und selbst diejenigen, die noch Mitglied einer Kirche sind, geben zu 43 Prozent an, das Zahlen der Kirchensteuer könne sie zum Austritt bewegen. Nachw. bei t-online.de v. 16. Juli 2023.

[73] Zur österreichischen Praxis des Kirchenbeitrags vgl. *A. Uhle*, Die Mischung macht's. Kirchenfinanzierung im europäischen Vergleich, in: Herder Korrespondenz Special, S. 24ff. (25).

[74] *St. Muckel/L. Hentschel*, Das Religionsrecht im Pluralismus des offenen Verfassungsstaates, in: KuR 26 (2020), S. 169ff. (171).

in der Weimarer Reichsverfassung und dem Grundgesetz trotz ihres unveränderten Wortlauts eine unterschiedliche Bedeutung zugesprochen wurde?[75] 1919 galt es nach der grundsätzlichen Trennung von Staat und Kirche vor allem, der evangelischen Kirche einen schonenden Übergang in den säkularen Staat zu ermöglichen; 1949 sollten die Kirchen mit ihrem – vermeintlichen – moralischen Kredit »in einer Epoche tiefer Schwäche des Staatsbewusstseins«[76] den desavouierten Staat stabilisieren und sicherten sich mit einem sog. Öffentlichkeitsauftrag eine koordinatäre Stellung zum Staat. Und heute gilt es im Kontext einer massiven Entkirchlichung und einer zunehmend multireligiösen Gesellschaft auch den Nicht-Kirchen eine rechtliche Position nach Maßgabe strikter staatlicher Neutralität auf Augenhöhe mit den Kirchen zu verschaffen. Es lässt sich deshalb mit Dreier zu Recht auch heute von einer »Auswechslung des verfassungsrechtlichen Hintergrundes« sprechen.[77]

Ein verändertes Verständnis einer Norm ist dabei nichts Ungewöhnliches. Denn auch eine Norm des Verfassungsrechts »stellt keine Attacke auf die Wirklichkeit dar, sondern ist eine ordnende und anordnende Kraft aus ihr.« (F. Müller). Die Änderung der Wirklichkeit verändert deshalb die Norm. Genau so begründet Rudolf Smend sein Diktum, »dass angesichts der veränderten Lage der Dinge die wörtlich übernommenen Sätze der Weimarer Reichsverfassung in der Welt der wirklichen Geltung unbeabsichtigt, aber unvermeidlich etwas anders besagen, als früher im Zusammenhang der Weimarer Verfassung.«[78] Auch heute, 75 Jahre nach der Verabschiedung des GG, hat sich wiederum die »Lage der Dinge« so tiefgreifend verändert, dass die wörtlich übernommenen Sätze des Art. 140 GG »unbeabsichtigt, aber unvermeidlich etwas anderes besagen.«[79] Angesichts des tiefgreifenden sozialen Wandels im Bereich der Religionen in Deutschland erscheint insoweit ein neues Verständnis des Begriffs der Körperschaft in Art. 137 Abs. 5 WRV durchaus naheliegend.

Die so aus dem Kreis der übrigen Vereine als qualifizierte Körperschaften hervorgehobenen religiösen Gemeinschaften bedürften jedoch der Anerkennung durch den Staat. Voraussetzung hierfür stellte vor allem ihre Bereitschaft dar, ihr Verhalten an den Prinzipien von Rechtsstaat und Demokratie sowie der Achtung der fundamentalen Rechte der Person auszurichten. Das erlaubte ein äußerst breites Spektrum religiöser Überzeugungen und Praktiken. Es erscheint jedoch zweifelhaft, ob etwa eine Gemeinschaft des politischen Salafismus diese Voraussetzungen erfüllen würde.[80] Dazu gehörte auch eine Transparenz in finanziellen

---

[75] *R. Smend*, Staat und Kirche nach dem Bonner Grundgesetz (1951), jetzt in: ders., Staatsrechtliche Abhandlungen, 2. Auflage Berlin 1968, S. 411 ff. (418).
[76] *Smend*, Staat und Kirche, S. 418.
[77] *Dreier*, Religion im Grundgesetz, S. 352 f.
[78] *Smend*, Staat und Kirche, S. 418.
[79] *Smend*, Staat und Kirche, S. 418.
[80] *Steinberg*, Zwischen Grundgesetz und Scharia, S. 139 ff.

Fragen und die Unabhängigkeit von einem ausländischen Staat oder einer ausländischen religiösen Organisation.[81]

V. Schluss

Horst Dreier hat zu Recht darauf hingewiesen, dass die Bedeutung des Gebots religiös-weltanschaulicher Neutralität des Staates in einer multireligiösen und multikulturellen Gesellschaft zunehmen wird. Die Herausforderungen lägen in den Veränderungen der Religionsempirie und der staatlichen Reaktion darauf: Dem Staat müsse es gelingen, »das Gleichheitsversprechen für alle Religionen und Weltanschauungsgemeinschaften auch angesichts einer deutlich erhöhten religiösen Pluralisierung durchzuhalten.«[82] Meiner Ansicht bedarf dies mutiger institutioneller Veränderungen, die keinen Bruch, sondern eine Fortentwicklung des verfassungsrechtlichen Religionsrechts darstellen. So kann das Staatskirchenrecht zu einem modernen Religionsrecht entwickelt werden, in dem die christlichen Kirchen einen respektablen, ihrer heutigen Bedeutung angemessen Platz behalten, in dem aber auch die muslimischen Gemeinden ein respektvolles Miteinander auf Augenhöhe finden können.

---

[81] *R. Steinberg*, Auslandsfinanzierung von Religionsgemeinschaften, in: ZRP 2020, S. 222ff.
[82] *Dreier*, in: Kühnlein (Hrsg.), Gottloser Staat?, S. 22, ähnlich *ders.*, Staat ohne Gott, S. 68.

Der Text als Norm

Dogmatik in Rechtswissenschaft und Theologie

Christian Waldhoff

I. Einleitung

1. Religion und Rechtswissenschaft im Werk Horst Dreiers

Horst Dreier hat sich in seinem Œuvre intensiv mit der »Schnittstelle« zwischen Recht und Religion befasst. Neben religionsverfassungsrechtlichen Analysen, oft mit historischem Bezug und weit über das Juristische hinausgehend,[1] hat er sich auch auf das Gebiet der (historischen) Kanonistik vorgewagt.[2] Stets ringt der Jubilar mit und streitet für klare Abgrenzung der unterschiedlichen Sphären. Auch existieren aus seiner Feder eingehende Reflexionen über das Fach Rechtswissenschaft.[3] In dem ihm gewidmeten Beitrag soll es an den Berührungsstellen von Recht und Religion nicht um das Verhältnis des kanonischen zum weltlichen Recht, der Kanonistik zur säkularen Rechtswissenschaft gehen – das wäre ein lohnenswertes eigenes Thema.[4] Beabsichtigt ist hier ein Vergleich bestimmter Methoden von Jurisprudenz und Theologie – und das bezogen auf die Gegenwart.[5] In jüngerer Zeit sind im Zusammenhang mit der neuen Wissenschafts- und

[1] *Horst Dreier*, Säkularität und Sakralität, Tübingen 2013; *ders.*, Staat ohne Gott, München 2018; *ders.*, Kirche ohne König, Tübingen 2020; *ders*, Vom Stabilitätsgaranten zum Gefahrenherd: Kirchen und Religionen als Beratungsgegenstand der Staatsrechtslehrervereinigung, in: Pascale Cancik/Andreas Kley/Helmuth Schulze-Fielitz/Christian Waldhoff/Ewald Wiederin (Hrsg.), Streitsache Staat, Tübingen 2022, S. 497–518.

[2] *Horst Dreier*, Kanonistik und Konfessionalität – Marksteine auf dem Weg zum Staat, in: JZ 2002, S. 1–13.

[3] *Horst Dreier*, Rechtswissenschaft als Wissenschaft – Zehn Thesen, in: ders. (Hrsg.), Rechtswissenschaft als Beruf, Tübingen 2018, S. 1–65.

[4] Vgl. zu Rezeptionsprozessen *Dreier*, Kanonistik; zur Methodik am Beispiel der Auslegung etwa *Matthias Jestaedt*, Auslegung nach kanonischem Recht, in: Christoph Grabenwarter/Norbert Lüdecke (Hrsg.), Standpunkte im Kirchen- und Staatskirchenrecht, Würzburg 2002, S. 100–116.

[5] Dabei wird von der Rechtswissenschaft ausgegangen und auch zu ihr zurückgekehrt werden, vgl. ähnlich *Josef Isensee*, Hermeneutik. Studien über den Umgang der Jurisprudenz mit Normtexten im Vergleich zur biblischen Theologie und zur Literaturwissenschaft, 2023, S. 1.

Methodensensibilität der Jurisprudenz in Deutschland[6] dazu bemerkenswerte Arbeiten entstanden.[7]

Diese Fragestellung hat eine – zeitweise abgebrochene – Tradition. Auf Strukturähnlichkeiten zwischen Theologie und Rechtswissenschaft hatte bereits der auch theologisch produktive Jurist *Gottfried Wilhelm Leibniz* hingewiesen. Dies in einem ganz spezifischen Kontext, der Erarbeitung von Bibliothekssystematiken, die den Wissenskosmos seiner Zeit systematisch abbilden sollten.[8] In der frühen Schrift des *Nova methodus* führt er aus:

»§ 4. Aus gutem Grund aber haben wir unser Einteilungsmuster für die Jurisprudenz von der Theologie übernommen, weil die Ähnlichkeit beider Fakultäten erstaunlich ist. Beide nämlich besitzen ein zweifaches Prinzip: einerseits die Vernunft, aus der die natürliche Theologie und die Naturrechtslehre entspringen [...], andererseits eine Schriftquelle, d. h. ein für echt befundenes Buch mit positiven Gesetzen, und zwar dort mit göttlichen, hier mit menschlichen. [...]

§ 5. So ist es kein Wunder, daß in der Jurisprudenz notwendig dasselbe wie in der Theologie geschieht, denn die Theologie ist eine gewisse Unterart der Jurisprudenz, diese in einem allgemeinen Sinne verstanden.«[9]

Leibniz stellt damit Gemeinsamkeiten von i.w.S. Normtexten für beide Wissenschaften heraus. Auch *Dreier* hat die Rechtswissenschaft stets als »Normwissenschaft« eingeordnet.[10] Gegenstand dieses Beitrags ist damit das Verhältnis zwischen den beiden *Wissenschaften* – und zwar nicht institutionell, sondern

[6] Zur »Konjunktur« von Rechtsdogmatik *Matthias Jestaedt*, Wissenschaft im Recht. Rechtsdogmatik im Wissenschaftsvergleich, in: JZ 2014, S. 1–12, 1; *Nils Jansen*, Rechtsdogmatik, Rechtswissenschaft und juristische Praxis, in: AöR 143 (2018), S. 623, 658, 623 f., 626 (dort ist gar von »Überhitzung« in der juristischen Dogmatikdiskussion die Rede).

[7] Pionierfunktion hatte der Sammelband Georg Essen/Nils Jansen (Hrsg.), Dogmatisierungsprozesse in Recht und Religion, Tübingen 2011; erste monographische Behandlung durch *Philipp Sahm*, Elemente der Dogmatik, Weilerswist 2019; 2023 schließlich unter Einbeziehung der Literaturwissenschaft als dritter »Textwissenschaft« *Isensee*, Hermeneutik; stärker auf die Bibel als Rechtsquelle ausgerichtet auch *Andreas Thier*, Bibel, Recht und Rechtswissenschaft, in: Pierre Bühler (Hrsg.), Die Bibel und die Wissenschaften, Zürich 2019, S. 113–131.

[8] Näher *Stephan Waldhoff*, Die Theologie in Leibniz' Entwürfen einer Bibliothekssystematik, in: Friedrich Beiderbeck/Stephan Waldhoff (Hrsg.), Pluralität der Perspektiven und Einheit der Wahrheit im Werk von G. W. Leibniz, Berlin 2011, S. 45–56 (46 ff.), auch zu späteren Schriften nach dem *Nova methodus*. Zur Naturrechtskonzeption in diesem Kontext *Jan Schröder*, Recht als Wissenschaft, Band 1, 3. Auflage München 2020, S. 115 f. mit Fn. 91.

[9] *Gottfried Wilhelm Leibniz,* Nova methodus discendae docendaeque jurisprudentiae, in: ders., Sämtliche Schriften und Briefe, Reihe VI: Philosophische Schriften, Band 1, Berlin 1990, S. 259-364 (zuerst erschienen Frankfurt/M. 1667), hier zitiert nach der Übersetzung bei Hubertus Busche (Hrsg.), G. W. Leibniz. Frühe Schriften zum Naturrecht, Hamburg 2003, S. 29; der Kontext ist das Konzept einer Reform des seinerzeitigen juristischen Studiums mit Vergleichen und Anleihen bei der Theologie, näher *Waldhoff*, Bibliothekssystematik, S. 49 ff.; vgl. auch *Hans-Peter Schneider*, Die Reform der Juristenausbildung in Hannover – vor dreihundert Jahren und heute, in: FS zur 150-Jahr-Feier des Rechtsanwaltsvereins Hannover e.V. (1831–1981), Hannover o. J., S. 211–240.

[10] *Dreier*, Rechtswissenschaft, S. 2.

methodisch: Wie ähneln oder unterscheiden sich die Methoden in Theologie und Rechtswissenschaft, insbesondere die Dogmatik, und was sagt uns das?

2. *Was ist Dogmatik?*

Als Ausgangspunkt können wir festhalten, dass es sich bei Dogmatik im Bereich von Wissenschaft um einen bestimmten Zugang, um eine spezifische Denkform handelt, die in gewissen Grenzen fachübergreifend ist. Text- und Normbezogenheit und der Anspruch, über reine Hermeneutik hinaus Lehrsätze zu formulieren, können als die zentralen Gemeinsamkeiten identifiziert werden. In beiden Fächern herrscht darüber selbstverständlich keine völlige Einigkeit. Zunächst mögen Ausgangsumschreibungen für beide Disziplinen reichen. Für die Rechtswissenschaft kann der Einleitungssatz von *Christian Bumkes* Monographie »Rechtsdogmatik« zitiert werden: »Die Rechtsdogmatik lässt sich als eine Disziplin beschreiben, die das positive Recht durchdringen und ordnen will, um die rechtliche Arbeit anzuleiten, und jene Fragen zu beantworten sucht, die die Rechtspraxis aufwirft.«[11] Für die Theologie ist die Teildisziplin der Dogmatik die Wissenschaft vom Dogma im Sinne von theologischen Lehraussagen.[12] Darin wird die Glaubenslehre des christlichen Religionsverbandes, also der Kirche, wie sie in der Hl. Schrift grundgelegt ist, in der Tradition sich entwickelt hat in der Gegenwart in Form wissenschaftlicher Reflexion bewahrt und fortentwickelt.[13] Es geht um das »vernunftverpflichtete Verstehen des christlichen Glaubenszeugnisses.[14] Zumeist wird das nicht allein auf Dogmen im formellen, d.h., aus der Perspektive der römisch-katholischen Kirche gesprochen, lehramtlichen Sinn bezogen. Für die Theologie stellt sich schon hier das Problem der konfessionellen Differenz (um vom Judentum und Islam ganz zu schweigen). Damit mag auch die Beobachtung auf rechtswissenschaftlicher Seite zusammenhängen, dass der Begriff des »Dogmas« dort weithin ungebräuchlich ist. Was das rechtswissenschaftliche Äquivalent von »Dogma« ist, wäre noch genauer zu untersuchen. In protestantischer Sicht wurde Dogmatik, oftmals als systematische Theologie bezeichnet, eher als unabgeschlossener Prozess gesehen, der aus einer Spannung von überkommener Lehre und individueller Kritik lebt, der ohne

---

[11] *Christian Bumke*, Rechtsdogmatik, Tübingen 2017, S. 1.

[12] Vgl. insgesamt *Gerhard Sauter*, Art. »Dogmatik I«, in: Gerhard Müller (Hrsg.), Theologische Realenzyklopädie (TRE), Band 9, Berlin 1982, S. 41–77.

[13] Vgl. *Sahm*, Dogmatik, S. 49; *Thomas Marschler*, Art. »Dogmatik (theologisch)«, in: Görres-Gesellschaft/Verlag Herder (Hrsg.), Staatslexikon, Band 1, 8. Auflage Freiburg i. Br. 2017, Sp. 1465–1468 (1465).

[14] *Georg Essen*, »... zu gut fürs Ungefähr«. Überlegungen zu Selbstverständnis und Aufgabenstellung dogmatischer Theologie, in: Andreas Leinhäupl-Wilke/Magnus Striet (Hrsg.), Katholische Theologie studieren: Themenfelder und Disziplinen, Münster 2000, S. 149–164 (151).

kirchliches Lehramt in der Wissenschaft ausgefochten wird.[15] Der Begriff »Dogmatik« kommt in der Theologie an der Wende vom 16. zum 17. Jahrhundert auf, also kaum zufällig im Zeitalter verstärkter konfessioneller Auseinandersetzung und Abgrenzung mit ihrem Bedürfnis nach verlässlicher Darstellung des Glaubensinhalts und insofern immer auch als Selbstbeschreibung der jeweiligen Konfessionen.[16]

Dogmatik wird im vorliegenden Rahmen als Kern von Jurisprudenz verstanden.[17] »Das Kernstück [der Rechtswissenschaft] bildet die Rechtsdogmatik als Lehre vom geltenden Recht. Ihr Gegenstand ist die ›lex lata‹; sie hat durch Interpretation Sinn und Begründungszusammenhang der einzelnen Rechtssätze und Rechtsinstitute aufzuweisen, sie auf tragende Rechtsgedanken zurückzuführen und in ein stimmiges System zu bringen.«[18] Man könnte hinsichtlich dogmatischen rechtswissenschaftlichen Arbeitens auch von einer Operation *im Recht* sprechen. Nach diesem Modell sind Rechtsphilosophie/-theorie, Rechtsgeschichte, Rechtssoziologie, ökonomische Analyse des Rechts usw. Bespiegelungen des Gegenstands »Recht« *von außen* mit den Methoden der jeweils herangezogenen Wissenschaften, Philosophie, Geschichts-, Sozial- und Wirtschaftswissenschaften. Erkenntnisgegenstand und Erkenntnismethode fallen disziplinär auseinander. Dass eine solche Einteilung weder synchron noch diachron universalisierbar ist, versteht sich von selbst.[19] Falsch dürfte jedoch die Aussage sein, der anglo-amerikanische Rechtskreis kenne – »legal doctrine« hin oder her – keine Rechtsdogmatik.

Wenn hier von Theologie die Rede ist, ist primär christliche, d. h. katholische und evangelische Theologie gemeint. Ob es entsprechende Konzepte im Judentum und im Islam gibt, ist nicht so klar, wie die Gründung entsprechender Institute im Hochschulbereich in den letzten Jahren vermuten lässt.[20] Insbesondere die Zwischenebene der Dogmatik tritt nach meiner Beobachtung nicht gleich deutlich hervor, die Schriftbehandlung etwa des Korans erscheint viel unmittelbarer. Das mag auch damit zusammenhängen, dass der Koran als offenbarte

---

[15] Vgl. etwa *Nils Jansen*, Dogmatisierungsprozesse in Recht und Religion, in: Essen/ders. (Hrsg.), Dogmatisierungsprozesse, S. 1–22 (4).

[16] Vgl. *Sahm*, Dogmatik, S. 49; *Eilert Herms*, Art. »Dogmatik«, in: Hans Dieter Betz u. a. (Hrsg.), Religion in Geschichte und Gegenwart (RGG), 4. Auflage (online); *Hubert Filser*, Dogma, Dogmen, Dogmatik. Eine Untersuchung zur Begründung und zur Entstehungsgeschichte einer theologischen Disziplin von der Reformation bis zur Spätaufklärung, Münster 2001.

[17] *Dreier*, Rechtswissenschaft, S. 25 ff. Dies kommt im Œuvre des Jubilars nicht zuletzt in dem herausragenden dreibändigen Grundgesetz-Kommentar zum Ausdruck: Horst Dreier (Hrsg.), Grundgesetz-Kommentar, 3 Bände, 3. Auflage Tübingen 2013–2018.

[18] *Alexander Hollerbach*, Art. »Rechtswissenschaft«, in: Görres-Gesellschaft (Hrsg.), Staatslexikon, Band 4, 7. Auflage Freiburg i. Br. 1988, Sp. 751–760 (751 f.).

[19] *Hollerbach*, Art. »Rechtswissenschaft«, Sp. 32 ff.

[20] Zur Islamischen Theologie etwa *Tilman Nagel*, Geschichte der islamischen Theologie, München 1994.

Schrift gilt,[21] während nach christlicher Doktrin Gott Jesus als den Christus offenbart hat und die inspirierten Evangelien das bezeugen. Die Normativität der Hl. Schrift ist damit von vornherein anders gelagert als diejenigen von Gesetzen.[22]

Auch auf Seiten der christlichen Theologie muss ich Eingrenzungen und Einschränkungen vornehmen: Im hiesigen Kontext stehen Exegese und Dogmatik bzw. systematische Theologie im Vordergrund.[23] Hier bestehen konfessionelle Unterschiede, konkret in der Frage der Erforderlichkeit der Kirche für die Heilsgewissheit. Aber auch für die Theologien gilt: Kirchengeschichte ist die Bespiegelung von Religion und Religionsgemeinschaften in historischer Perspektive mit Mitteln der Geschichtswissenschaft; praktische Theologie, darunter das Kirchenrecht, könnten sich im Anwendungsbezug erschöpfen. Mir ist bewusst, dass diese Verhältnisbestimmungen in der Schwesterwissenschaft selbst umstritten sind.

3. Dogmatikkritik

Wenn es um Dogmatik geht, muss ein Wort zur Dogmatikkritik verloren werden. Der von juristischer Seite bisher einzige[24] umfassende Vergleich zwischen den beiden Dogmatiken, die bei *Gunther Teubner* angefertigte Frankfurter Dissertation von *Philipp Sahm*, überschreibt ihr erstes inhaltliches Kapitel mit »Das Unbehagen an der Dogmatik« und bezieht das auf Rechtswissenschaft *wie* auf Theologie.[25] In der Alltagssprache ist das Adjektiv »dogmatisch« geradezu ein vernichtendes Urteil: Unbeweglichkeit, Verbohrtheit, Rückwärtsgewandtheit, Rechthaberei, ja im Wortsinn »Dogmatismus« als intellektuelles wie charakterliches Defizit werden damit oft verbunden. Das findet in den Disziplinen teilweise eine Entsprechung: Die Dogmen stehen auch in der Theologie nicht hoch im Kurs. Dazu muss kaum auf das Erste Vatikanum[26] zurückgegriffen werden, auch das einzige päpstlich-lehramtlich förmlich »unfehlbar« verkündete Dogma der leiblichen Aufnahme Mariens in den Himmel von 1950[27] besitzt für die

[21] Vgl. nur *Hartmut Bobzin*, Der Koran, 9. Auflage München 2015, S. 17, 26ff.; *Johann Figl*, Art. »Offenbarung I. Religionswissenschaftlich«, in: Hans Dieter Betz u.a. (Hrsg.), RGG, 4. Auflage (online); damit hängt das Problem der Übersetzbarkeit des Korans zusammen, ebd., S. 126ff.; zur Problematik von Bibelübersetzung *Isensee*, Hermeneutik, S. 32ff.

[22] Zum Merkmal von »Normativität« bei Heiligen Schriften *Ulrich Vollmer*, Art. »Schriften, Heilige«, in: Gerhard Müller (Hrsg.) TRE, Band 30, Berlin 1999, S. 499–511 (499f.).

[23] Zum Zusammenhang etwa *Georg Essen*, Kommentieren ohne Kommentar, in: David Kästle/Nils Jansen (Hrsg.), Kommentare in Recht und Religion, Tübingen 2014, S. 297–316 (310ff.).

[24] Etwas anders ausgerichtet und unter Einschluss der Literaturwissenschaft *Isensee*, Hermeneutik.

[25] *Sahm*, Dogmatik, S. 14ff.

[26] Vgl. nur *Hans Erich Feine*, Kirchliche Rechtsgeschichte, 5. Auflage Köln 1972, S. 662ff.; *Hubert Wolf*, Der Unfehlbare, 3. Auflage München 2020.

[27] Durch die apostolische Konstitution *Munificentissimus Deus* vom 1. November 1950.

Bürgerin und den Bürger des Jahres 2023 vermutlich kaum mehr Plausibilität als die Primärtexte. Dass entsprechende normative Formalisierungen von Glaubenssätzen im protestantischen Kontext auf wenig Gegenliebe stoßen können (zumal sofern sie Produkt des kirchlichen, und das heißt heute weitgehend päpstlichen Lehramtes sind), muss nicht herausgestellt werden. Aber auch in der Rechtswissenschaft ging das neue und beachtliche Interesse an der Rechtsdogmatik seit gut 20 Jahren sogleich mit entsprechender Dogmatikkritik einher: Diese Herangehensweise führe zu einer bewussten, nach Ansicht der Kritiker problematischen doppelten Abschottung des Faches, nach außen, gegenüber den Rechtswissenschaften anderer Staaten bzw. Rechtskreise wie im Innern gegenüber anderen Disziplinen, die mit der Rechtsdogmatik nichts anfangen könnten.[28]

II. Essentielle und äußerliche Strukturähnlichkeiten zwischen Rechtswissenschaft und Theologie

1. Primärtextbezug

Zentraler Ausgangspunkt meiner Beobachtungen ist, dass beide Disziplinen von vorgegebenen Texten mit normativem Anspruch ausgehen und sich diesen hermeneutisch nähern.[29] Das Textverständnis ist dann Basis und Ausgangspunkt für dogmatisches Arbeiten. Es versteht sich von selbst, dass Normativität in Bezug auf Gesetze und in Bezug auf religiöse Offenbarungsschriften sich in verschiedener Weise grundlegend unterscheidet und hier nur in einem sehr weiten Sinn verstanden werden kann.[30] Jenseits dieser Frage ist damit der Primärtextbezug der Dogmatik angesprochen. »Die Rechtsdogmatik arbeitet am geltenden Recht(stext) und die theologische Dogmatik an den Quellen der Offenbarung, insbesondere der Bibel. Der vorgegebene Primärtext ist ausschließlicher Bezugspunkt der jeweiligen Dogmatik.«[31] In historischer Perspektive bedeutete das

---

[28] *Oliver Lepsius*, Kritik der Dogmatik, in: Gregor Kirchhof/Stefan Magen/Karsten Schneider (Hrsg.), Was weiß Dogmatik?, 2012, S. 39–62; *Matthias Jestaedt*, Wissenschaft im Recht, in: JZ 2014, S. 1–12.

[29] *Jansen*, Dogmatisierungsprozesse, S. 5, 16ff.; *Sahm*, Dogmatik, S. 77; für seine hermeneutische Fragestellung spricht *Isensee*, Hermeneutik, S. 15, vom »Text als Vorgabe«; ebd., S. 43ff. zur »Verbindlichkeit« der Primärtexte in Theologie und Rechtswissenschaft; es geht hier nicht um das Auffinden von Rechtssätzen in der Hl. Schrift, d.h. nicht um das Verhältnis biblischer Aussagen zum Kirchenrecht, und auch nicht um biblische Begründung von Rechtsgeltung, sondern um den allgemein theologischen Anspruch der Schrift; vgl. *Thier*, Bibel, S. 115ff., 120ff.; *Philip N. Spahn*, Die Bibel als Norm?, Frankfurt a.M. 2022.

[30] Exemplarisch für die Vielfalt von Normativität in einem weiten Sinn einerseits etwa *Christoph Möllers*, Die Möglichkeit der Normen, Frankfurt a.M. 2015; andererseits *Loraine Daston*, Regeln, Frankfurt a.M. 2023.

[31] *Sahm*, Dogmatik, S. 77.

»Denken am Text« für das Recht wie für die Theologie einen Rationalisierungsschub.[32] Die dogmatischen (Sekundär-)Texte besitzen eine dienende Funktion in Bezug auf den Haupttext. Der Primärtext wird dabei nicht als bloße Zeichenfolge, sondern als Sinn vermittelnde Sprache erfasst; die Differenz zwischen Text und Sinn ist stets mit zu bedenken.[33] Hinzutreten muss die Kanonizität des Primärtextes.[34] *Jan Assmann* hat hierfür zwei Kriterien gefordert:[35] Der Text muss verbindlich festgelegt sein, ein bestimmter Textumfang wurde als schriftzugehörig festgelegt, darf also von seinen Anwendern nicht ohne weiteres abgeändert werden; und er muss fundierende Funktion haben. Bei Letzterer kann zwischen normativer (Gebote und Verbote) und formativer Verbindlichkeit (handlungsleitend für die soziale Praxis) unterschieden werden. Die normative Verbindlichkeit der Hl. Schrift ist dabei das Ergebnis theologischer Arbeit,[36] ist dem Text nicht in gleicher Weise immanent wie Gesetzestexten, die per definitionem normativ sind.[37] Zwar könnten theoretisch auch Gesetzestexte rein literarisch gelesen werden – das wäre jedoch weitgehend sinnlos und würde letztlich ihren sozialen Sinn verfehlen. Die Kanonizität der rechtlichen Primärtexte ergibt sich aus der Kompetenz zur Rechtsetzung: Was verfassungskonform in Geltung gesetzt ist, bildet den »Kanon« in diesem Sinn. Der Primärtext der Rechtsdogmatik ist im demokratischen Verfassungsstaat dabei grundsätzlich veränderbar, kontingent. Im Bereich der Theologie wird teilweise von »Offenbarungstexten« gesprochen. Das mag für den Koran zutreffend sein. In der christlichen Theologie stimmt es nicht; Gott offenbart sich nach christlichem Verständnis in seinem Sohn, dass also Jesus der Christus ist. Die Hl. Schrift ist dann (bloß) eine Offenbarungs*quelle*[38] Nicht eine Schrift, sondern eine Person mit ihrer Botschaft wurde offenbart. Nur vor diesem Hintergrund ist die Redeweise vom »Wort Gottes« in Bezug auf die Hl. Schrift zutreffend.[39] Für die Theologie scheidet die Änderung

---

32 *Spahn*, Bibel als Norm, S. 277.

33 *Isensee*, Hermeneutik, S. 26ff.; vgl. auch *Dreier*, Rechtswissenschaft, S. 14ff.

34 *Sahm*, Dogmatik, S. 78ff.

35 *Jan Assmann*, Text und Kommentar. Einführung, in: ders./Burkhard Gladigow (Hrsg.), Text und Kommentar. Archäologie der literarischen Kommunikation, Band IV, München 1995, S. 9–33 (10).

36 Zur Entwicklung des Kanons der Bibel *Anton Ziegenaus*, Kanon, Freiburg i. Br. 1990; *Lee Martin McDonald*, The Biblical Canon, Grand Rapids 2007; Eve-Marie Becker/Stefan Scholz (Hrsg.), Kanon in Konstruktion und Dekonstruktion, Berlin 2012.

37 Vgl. etwa *Klaus F. Röhl/Hans Christian Röhl*, Allgemeine Rechtslehre, 3. Auflage Köln 2008, S. 189: »Das Recht besteht aus Normen und nur aus Normen.«

38 Vgl. zum komplexen christlichen Offenbarungsverständnis etwa *Horst Balz*, Art. »Offenbarung IV. Neues Testament«, in: Gerhard Müller (Hrsg.), TRE, Band 25, Berlin 1995, S. 134–146; *Eilert Herms*, Art. »Offenbarung V. Theologiegeschichte und Dogmatik«, ebd., S. 146–210; ferner *Sahm*, Dogmatik, S. 100.

39 Vgl. differenziert zur theologischen Vielschichtigkeit *Klaus Haacker*, Art. »Wort Gottes II. Neues Testament«, in: Gerhard Müller (Hrsg.), TRE, Band 36, Berlin 2004, S. 298–311.

der Texte und Inhalte der Offenbarung aus.[40] Der Kanon der Hl. Schrift ist das Ergebnis jahrhundertelanger, z. T. nicht abgeschlossener theologischer Auseinandersetzungen.[41] Aufgrund der gravierenden Unterschiede in zeitlichem und kulturellem Abstand von Primärtext und dogmatischen Texten stellen sich relevante Probleme der Überlieferung, Verständnis- und Übersetzungsfragen praktisch nur[42] bei den theologischen Texten. Ein Unterschied im Primärtextbezug besteht noch darin, dass die rechtlichen Normtexte hierarchisch strukturiert sind,[43] während es in den religiösen Offenbarungsschriften eine solche Abstufung kaum gibt.

2. *Professionswissenschaften*

Historisch wie aktuell werden beide Fächer in den sog. Professionsfakultäten[44] gelehrt, die schon *Kant* in seinem »Streit der Fakultäten« 1798 als von staatlicher oder kirchlicher Gängelung bedroht, womöglich nicht allein der Wahrheit verpflichtet und damit abwertend gesehen hatte. Auch *Kant* weist auf die Strukturähnlichkeit, nämlich den Bezug auf Texte mit normativer Autorität hin.[45] Sein Wissenschafts-Ideal sah er in der vierten, der philosophischen Fakultät aufgehoben. Selbstverständlich gehörte auch die Medizin zu den auf eine konkrete Praxis ausgerichteten drei vorderen Fakultäten – und so ist es womöglich kein Zufall, dass die Medizin ursprünglich auch als dogmatisch arbeitende Wissenschaft angesehen wurde.[46] In der Gegenwart folgt die Medizin völlig anderen Vorgehensweisen. Aufgabe der genannten Professionsfakultäten war und ist es, wissenschaftlich ausgebildete Pfarrer, Richter und Staatsanwälte sowie Ärzte hervorzubringen, derer das Gemeinwesen bedarf. Theologie und Rechtswissenschaft zeichnen sich damit durch einen praktischen Anwendungsbezug aus.

---

[40] Verbindung zum Kanon-Problem *Claudia Sticher*, »Nichts hinzufügen – nichts wegnehmen«. Zur Bedeutung des Kanons für die christliche Theologie, in: FG für Rainer Berndt zum 65. Geb., Münster 2016, S. 19–36.

[41] *Walter Künneth*, Art. »Kanon«, in: Gerhard Müller (Hrsg.), TRE, Band 17, Berlin 1988, S. 562–570.

[42] Das ist bei völkerrechtlichen oder mehrsprachigen Rechtsnormen – man denke etwa an die Schweiz – freilich relativiert.

[43] Zur Normenhierarchie m. w. N. *Christoph Grabenwarter*, Die Verfassung in der Hierarchie der Rechtsordnung, in: Otto Depenheuer/Christoph Grabenwarter (Hrsg.), Verfassungstheorie, Tübingen 2010, § 11.

[44] Vgl. etwa *Friedrich Paulsen*, Die deutschen Universitäten und das Universitätsstudium, Berlin 1902, S. 22 f., 495–526; *Wissenschaftsrat*, Perspektiven der Rechtswissenschaft in Deutschland, Berlin 2012, S. 5; *Dreier*, Rechtswissenschaft, S. 45 ff.

[45] Vgl. etwa *Immanuel Kant*, Der Streit der Fakultäten, in: ders., Gesammelte Schriften. Akademie-Ausgabe, Band 7, 2. Auflage Berlin 1917, S. 1–115 (22).

[46] *Maximilian Herberger*, Dogmatik, Frankfurt a. M. 1981, der den Vergleich zur Medizin zieht.

3. Probleme der Wissenschaftlichkeit

Damit hängt der regelmäßig erhobene Vorwurf mangelnder Wissenschaftlichkeit zusammen. Bei der Theologie, weil sie als integraler Bestandteil einer Religion oder Konfession an Grenzen der Freiheit des Denkens stoße, bei der Jurisprudenz wegen der Kontingenz und Wertbelastung des Erkenntnisgegenstandes Recht – man denke nur an das vielzitierte, jedoch unselige Federstrich-Makulatur-Bonmot *von Kirchmanns*.[47] Wir müssen uns hier nicht länger aufhalten, da klar ist, dass alles vom jeweiligen Wissenschaftsbegriff abhängt. Das hat das Bundesverfassungsgericht für die Theologie auch klar herausgestellt.[48] Aus der Rechtswissenschaft sei *Alexander Hollerbach* zitiert: »Jurisprudenz wird nicht dadurch zur Unwissenschaft, daß sie es mit einem Gegenstand zu tun hat, bei dem das Werten und Entscheiden zur Sache selbst gehört. Andererseits bedeutet die Wertrelationalität von Recht und R[echtswissenschaft] alles andere als eine Absage an das wissenschaftliche Grundpostulat der Rationalität und damit an das Gebot der methodisch geleiteten, argumentativen Vermittlung von normativen Aussagen bzw. Entscheidungen. Diese müssen nachvollziehbar und kontrollierbar sein.«[49] Ohnehin dürften sich derartige Bedenken auf die Rechtsdogmatik fokussieren, nicht auf die sog. Grundlagenfächer, die Recht von außen bespiegeln.[50]

4. Literaturgattungen

Auf dem bisher Dargelegten aufbauend zeigen sich Strukturähnlichkeiten auch im Bereich der einschlägigen wissenschaftlichen Literaturgattungen.[51] Ich denke natürlich an den Kommentar, also Werke, die von dem Basistext ausgehen, diesen abdrucken, kommentieren, mit Materialien anreichern usw.[52] In einer kulturwissenschaftlich inspirierten Arbeit über juristische Kommentare lesen wir: »Wesentlich für einen Kommentar ist sein Rekurs auf einen Referenztext. Er denkt ausgehend von einem anderen Text. Diesen legt er seiner Betrachtung als fundamental zugrunde, lehnt sich strukturell an ihn an und bekräftigt damit auch

[47] Zur Problematik der Wissenschaftlichkeit auch *Dreier*, Wissenschaft, S. 6ff., zu dem von Kirchmann-Zitat S. 10ff.; allgemein zur rechtswissenschaftlichen Diskussion *Röhl/Röhl*, Rechtslehre, § 9.

[48] Für die Theologie BVerfGE 122, 89 (105f.); allgemein BVerfGE 35, 79 (112ff.); 127, 87 (115f.).

[49] *Hollerbach*, Rechtswissenschaft, S. 758.

[50] Vgl. zur Wissenschaftlichkeitsfrage *Jan Schuhr*, Rechtsdogmatik als Wissenschaft, Berlin 2006.

[51] Auch hier könnte wieder an *Leibniz'* Überlegungen angeknüpft werden, oben Fn. 8f.

[52] Historisch *Dietmar Willoweit*, Juristische Literatur des 20. Jahrhunderts, in: ders. (Hrsg.), Rechtswissenschaft und Rechtsliteratur im 20. Jahrhundert, München 2007, S. 3–61 (16ff.); *David Kästle-Lamparter*, Welt der Kommentare, Tübingen 2016; Vergleich zur Theologie Kästle/Jansen (Hrsg.), Kommentare.

implizit die Relevanz dieses Textes. Damit lenkt der Kommentar den Blick des Rezipienten auf den Text. Der juristische Kommentar vermittelt die Botschaft, dass das Recht in diesem Text vorgegeben ist und nur entfaltet werden muss. Der Kommentar geriert sich als juristischer Sekundärtext, der zum Recht hinzutritt.«[53] Der Kommentar verkörpert den Textbezug einer Wissenschaft wie kaum eine andere Literaturgattung und prägt den Wissenschaftsdiskurs jeweils mit.[54] Hauptadressat solcher Kommentare ist die Praxis, durchaus rückgekoppelt an die Wissenschaft: »In diesem Sinne lassen sich juristische Kommentare als Medien einer von den Juristen formierten ›Textgemeinschaft‹ beschreiben, die sich um die hermeneutische Erschließung eines Referenztextes für den Diskurs bemüht.«[55] Für den Bibelkommentar ist im Idealfall der die Sonntagspredigt vorbereitende Pfarrer ein Hauptadressat.[56] Kommentare in der Theologie beziehen sich – der Bibelkommentar ist der Hauptfall[57] – auf die Hl. Schrift; sie sind freilich damit eher in der Exegese als in der Dogmatik beheimatet.[58] Insgesamt wird man feststellen müssen, dass die Bedeutung der Literaturgattung des Kommentars in der Rechtswissenschaft wesentlich größer ist als in der gegenwärtigen Theologie.[59]

III. Norm und Institution – Institutionelle Verankerung von Dogmatik in Rechtswissenschaft und Theologie

1. *Anwendungsbezug*

Zentral für beide Dogmatiken ist ihr – wiederum je unterschiedlicher – Anwendungsbezug.[60] Das ist ein Unterschied zwischen rechtlichen und theologischen Primärtexten einerseits, rein literarischen Texten (zumindest der schöngeistigen Literatur) andererseits. Es gibt zwar auch Gebrauchstexte mit Anwendungsbezug, ich denke etwa an die unabsehbare Ratgeberliteratur oder an Gebrauchsanleitungen für technische Geräte. Diesen Texten fehlt jedoch die Normativität i. e. S.,[61] sie dienen der Information. Zudem wird nicht der Text als solcher angewendet.

[53] *Kästle-Lamparter*, Welt der Kommentare, S. 12.

[54] *Nils Jansen*, Einführung, in: Kästle/ders. (Hrsg.), Kommentare, S. 1 f.

[55] *Kästle-Lamparter*, Welt der Kommentare, S. 301 f.; *Jansen*, Einführung, S. 3.

[56] *David Kästle*, Juristische Kommentare – theologische Kommentare, in: ders./Jansen (Hrsg.), Kommentare, S. 393–450 (421); zu Korankommentierungen *Bobzin*, Koran, S. 117 ff.; zu Kommentaren als Literaturgattung im Judentum *Ronen Reichman*, Kommentare als diskursive Einheiten in der rabbinischen Literatur, in: Kästle/Jansen (Hrsg.), Kommentare, S. 99–124.

[57] *Eckart Otto*, Kommentieren in den Bibelwissenschaften, in: Kästle/Jansen (Hrsg.), Kommentare, S. 347–361.

[58] *Essen*, Kommentieren, S. 297, 311 f.

[59] *Kästle*, Juristische Kommentare – theologische Kommentare, S. 394.

[60] *Isensee*, Hermeneutik, S. 141 ff.; für die Jurisprudenz etwa *Dreier*, Rechtswissenschaft, S. 18.

[61] Für literarische Texte *Isensee*, Hermeneutik, S. 56 ff.

Juristische Dogmatik dient der Anwendbarmachung von Recht, theologische Dogmatik der Vertiefung und Bestätigung des Glaubens, vorzugsweise wie er sich in den Offenbarungsschriften niedergeschlagen hat. In beiden Fächern wird dabei mittels Dogmatik eine mittlere Abstraktionsebene angestrebt, die sich aus dem Spannungsverhältnis zwischen den konkreten Fragen des Alltags einerseits, dem Systematisierungsbedürfnis andererseits quasi notwendig ergibt und dabei Dogmatik weder als reine Praxis, noch als reine Theorie konstituiert: Systembildung in Bezug auf die Anwendung, Dogmatik als »Reflexion gesellschaftlicher Praxis« aus einer Teilnehmerperspektive heraus (*im* Rechtssystem; *in* der praktischen Glaubensvermittlung). Die gesellschaftliche Praxis, die aus dem Anwendungsbezug resultiert, ist einmal die Rechtsanwendung in ihrer ganzen Breite durch die Justiz, durch die Verwaltung, durch den professionellen Rechtsstab insgesamt. Die gesellschaftliche Praxis von Theologie ist nicht ganz so klar zu bestimmen: Neben Predigt und Verkündigung wäre die individuelle, private Glaubenspraxis sicherlich dazuzuzählen.[62] In jedem Fall ist der praktische Vollzug für den Glauben essentiell.[63] Doch auch in der Rechtswissenschaft ist die Möglichkeit, das »Jedermann« zum Interpreten wird, bedacht worden.[64] In beiden Fällen führt das zu einem je unterschiedlich ausgestalteten Interdependenzverhältnis von Wissenschaft und Praxis. Die juristische Dogmatik hat dabei einen tendenziell konfliktbasierten Realitätsbezug, während die theologische Dogmatik sich den Adressaten zumindest im Ausgangspunkt konfliktfrei nähert: Ein Gottesdienst ist keine Strafverhandlung. Theoretisch wäre durch eine Praxis wie Gottesdienste als Explikationsforum von Dogmatik ein breiterer Zugang denkbar. Bemerkenswert ist, dass beide Disziplinen (auch hier beziehe ich mich nur auf die katholische Theologie) die Unterscheidung zwischen Professionsmitgliedern und »Laien« pflegen: Die »Parallelwertung in der Laiensphäre«[65] im Strafrecht korrespondiert mit der für das katholische Verständnis von Kirche grundlegenden Unterscheidung zwischen Geweihten und Nichtgeweihten, Klerus und Laien, wie dies etwa in can. 207 CIC niedergelegt ist.[66]

---

[62] Zur »privaten« Bibelauslegung etwa *Isensee*, Hermeneutik, S. 205 f.; *Arnold Angenendt*, Religiosität und Theologie, in: Archiv für Liturgiewissenschaft 20/21 (1978/79), S. 28–55; *Lucian Hölscher*, Geschichte der protestantischen Frömmigkeit in Deutschland, München 2005, S. 72 ff.

[63] *Essen*, Ungefähr, S. 156 ff.

[64] *Peter Häberle*, Die offene Gesellschaft der Verfassungsinterpreten, in: JZ 1975, S. 297–305; *Isensee*, Hermeneutik, S. 202 ff.

[65] Vgl. etwa BGHSt 10, 35 (41): »Kenntnis nach Laienart«; Kritik bei *Ingeborg Puppe*, in: Urs Kindhäuser/Ulfrid Neumann/Hans-Ullrich Paeffgen/Frank Saliger (Hrsg.), Nomos Kommentar Strafgesetzbuch, Band 1, 6. Auflage Baden-Baden 2023, § 16 Rn. 46 ff.

[66] Zu der Unterscheidung etwa *Gerda Riedl*, Die Laien, in: Stephan Haering/Wilhelm Rees/Heribert Schmitz (Hrsg.), Handbuch des katholischen Kirchenrechts, 3. Auflage Regensburg 2015, § 18; *Heinrich de Wall/Stefan Muckel*, Kirchenrecht, 5. Auflage München 2017, § 17 Rn. 23 ff. Es könnten weitere Parallelen gezogen werden: Laienpredigtverbot und Rechtsberatungsverbote, Fachsprache versus Volkssprache u. a. m.

Theologie wie Rechtswissenschaft sind angesichts des Anwendungsbezugs »Entscheidungswissenschaften«. Sie bereiten verbindliche Festsetzungen zumindest vor. *Josef Isensee* spricht hier von unterschiedlichen »Kompetenzen zur Interpretation«.[67] *Hollerbach* sieht daher für die Rechtswissenschaft einen normativ-dezisiven Zug: »Zwar entscheidet die Wissenschaft als solche nichts, dafür fehlt ihr im demokratischen Gemeinwesen die rechtliche Kompetenz und politische Legitimation. Aber die wissenschaftliche Aufbereitung des Rechtsstoffes und auch die wissenschaftliche Ausbildung der Juristen sind in starkem Maße hingeordnet auf den Entscheidungscharakter des Rechts als einer verbindlichen Sollensordnung.«[68]

Das ist in der Theologie ähnlich. Das kirchliche Lehramt ist nicht identisch mit wissenschaftlicher Theologie. Parallelen zur Herstellung verbindlicher juristischer Entscheidungen liegen auf der Hand – von der Gesetzgebung bis zur Verfassungsrechtsprechung (wobei es auf die m. E. für Deutschland positive Tradition hinzuweisen gilt, dass zumindest die obergerichtliche Rechtsprechung sich auch als Dialog mit der Rechtswissenschaft auf dogmatischer Ebene versteht[69]).

2. *Institutionalisierungen der Auslegung im und durch Recht*

Der entscheidende Punkt, der einen Unterschied der Auslegung von Rechtstexten im Vergleich etwa zu literarischen Texten ausmacht, ist ihre wiederum durch Rechtsnormen erfolgende Institutionalisierung. Das stellt zugleich einen wichtigen Faktor bei der Relativierung einer angeblichen Wortlautgrenze dar.[70] Neben der sich als Normhierarchie gerierenden Texthierarchie – Normenhierarchie durchaus als Wechselwirkung verstanden – tritt hinzu, dass juristische Textinterpretation stets Anwendungsbezug besitzt. Das hat zur Folge, dass juristische Auslegung in der Regel nicht abstrakt mit der Intension derjenigen Begriffe befasst ist, die in den Rechtstexten enthalten sind. Sie muss nicht nur Texte verstehen, sondern diese zugleich auf Realien beziehen. Vor allem besteht jedoch eine Besonderheit juristischer Auslegung darin, dass der genannte Anwendungskontext seinerseits Gegenstand rechtlicher Regelung ist. Das Recht

---

[67] *Isensee*, Hermeneutik, S. 187 ff.

[68] *Hollerbach*, Rechtswissenschaft, Sp. 758; *Dreier*, Rechtswissenschaft, S. 50 ff.; es sei nur darauf hingewiesen, dass die Historische Rechtsschule des 19. Jahrhunderts auch wissenschaftliche (dogmatische) Ergebnisse selbst als Rechtsquelle auffasste, vgl. *Jan Schröder*, Recht als Wissenschaft, Band 1, 3. Auflage München 2020, S. 251 ff.

[69] *Dreier*, Rechtswissenschaft, S. 47 ff.; vgl. jedoch auch die Verlustliste für die Rechtswissenschaft in der vergleichenden kritischen Analyse bei *Christoph Schönberger*, Der »German Approach«, Tübingen 2015, S. 1–53.

[70] Dazu ausführlich *Christian Waldhoff/Christian Neumeier*, Contra legem – zu den Grenzen juristischer Auslegung, in: Dieter Grimm/Christoph König (Hrsg.), Lektüre und Geltung, Göttingen 2020, S. 221–244.

institutionalisiert Verfahren, in denen es ausgelegt wird.[71] Diese Verfahren sind in modernen rechtsstaatlichen Demokratien typischerweise arbeitsteilig organisiert und das nicht nur aus funktionalen, sondern aus normativen Gründen.[72] Juristische Auslegung betrifft damit auch das Verhältnis von Gerichten, Parlamenten und Verwaltungen. Auf die Gerichte bezogen bedeutet dies eine Koppelung von Rechtsbindung und institutioneller Verselbständigung. Gesetzesbindung und richterliche Unabhängigkeit stehen in einem Komplementärverhältnis zueinander. Pointiert: Juristische Auslegung ist über die Bedeutung der Explikation von Rechtstexten hinaus soziale Praxis der Rechtsanwendung in einer konkreten Rechtsordnung.[73]

3. Kirchliches Lehramt und akademische Theologie

Die Relativierung des (Primär-)Textes durch ein institutionelles Setting der Auslegung ist in der Theologie ähnlich deutlich wie in der Rechtswissenschaft.[74] Bei der Frage des Verhältnisses zwischen Norm und Institution tut sich hier endgültig eine fundamentale konfessionelle Differenz auf. Zwar ist auch das Priestertum aller Gläubigen auf fundierte theologische Information angewiesen; jenseits von Freikirchen und Erweckungsbewegungen predigen im Wesentlichen ordinierte, d. h. dazu kirchenamtlich befugte Pfarrerinnen und Pfarrer.[75] Der Abstand zum Lehramt im katholischen Bereich bleibt jedoch groß. Um Letzteres soll es hier in der vergleichenden Perspektive primär gehen. Kirchenrechtlich in den Abschnitt über den Verkündigungsdienst aufgenommen ist es nach katholischem Verständnis Aufgabe der Kirche, die offenbarte Glaubenswahrheit – das *depositum fidei* – zu bewahren, zu erforschen, auszulegen und zu verwalten (can. 747 § 1 CIC). »Im Zentrum des Verkündigungsdienstes stehen das Lehramt, die Verbindlichkeit seiner Lehräußerungen sowie der ihm geschuldete Gehorsam der Gläubigen.«[76] Zwar ist auch das *depositum fidei* der Kirche als Ganzer anvertraut; damit ist prinzipiell die Einbeziehung grundsätzlich aller Gläubigen angesprochen, die Befugnis der authentischen Auslegung ist gleichwohl beim Lehramt konzentriert. Das Lehramt leitet und überwacht den gesamten Bereich der Verkündigung. Dieses Lehramt steht dem Papst allein oder zusammen mit dem

---

[71] *Waldhoff/Neumeier*, Contra legem, S. 228 f.; *Oliver Lepsius*, Relationen: Plädoyer für eine bessere Rechtswissenschaft, Tübingen 2016, S. 1–67 (36 ff.).

[72] *Christoph Möllers*, Gewaltengliederung, Tübingen 2005.

[73] Aus positivistischer Sicht *Andrei Marmor*, Interpretation and Legal Theory, Oxford 2005; vgl. auch *Dreier*, Rechtswissenschaft, S. 17.

[74] *Isensee*, Hermeneutik, S. 194 ff.

[75] Vgl. etwa *Heinrich de Wall*, Pfarrer und Kirchenbeamte, in: Hans Ulrich Anke/Heinrich de Wall/Hans Michael Heinig (Hrsg.), Handbuch des evangelischen Kirchenrechts, Tübingen 2016, § 6 Rn. 14, 70; *Hendrik Munsonius*, Gottesdienst und Verkündigung, ebd., § 16 Rn. 50 f.

[76] *Winfried Aymans*, Begriff, Aufgabe und Träger des Lehramts, in: Haering/Rees/Schmitz (Hrsg.), Handbuch, § 62; *de Wall/Muckel*, Kirchenrecht, § 20.

Bischofskollegium zu.[77] In der Ämterhierarchie wird das heruntergebrochen – wobei die katholische Unterscheidung zwischen Klerus und Laien stets bewusst bleibt und eine erstaunliche Parallele zur Jurisprudenz aufweist. Unterhalb« dieser Schwelle des »feierlichen« Lehramts ist die Verbindlichkeit der besonders umstrittenen Lehraussagen nicht stets klar und schon gar nicht unumstritten. Die Spannungen, die eine solche Institutionalisierung hervorruft, betreffen weniger die Glaubenspraxis der Gläubigen; die entscheidende, auch konfessionell relevante, Spannungslage besteht zur wissenschaftlichen Theologie. Konkret brechen hier regelmäßig Konflikte zwischen Rationalität und Autorität auf, die sich einfangen lassen, wenn das Lehramt intellektuell gut beraten ist.

4. Unterschiedliche Bedeutung der Hierarchie in der institutionellen Einbindung von Dogmatik

In der Kirche besteht Kongruenz zwischen ihrem hierarchischen Aufbau als Organisation[78] und der hierarchischen Institutionalisierung von Dogmatik. Genau dieser Punkt fällt im säkularen Bereich des Rechts in der Gegenwart auseinander: Der sich auf das Prinzip der Volkssouveränität stützende demokratische Verfassungsstaat baut seine Legitimation »von unten nach oben«, vom Legitimationssubjekt Staatsvolk zu den Staatsorganen auf.[79] Die rechtsanwendenden Instanzen sind demgegenüber hierarchisch strukturiert. Das gilt in je unterschiedlicher Weise für die durch eine Weisungshierarchie gekennzeichnete Verwaltung wie auch für die Rechtsprechung mit ihrem Instanzenzug. Für das Bundesverfassungsgericht hat dies *Rudolf Smend* bereits früh herausgestellt: »Das Grundgesetz gilt nunmehr praktisch so, wie das Bundesverfassungsgericht es auslegt, und die Literatur kommentiert es in diesem Sinn«.[80] Mit diesem scheinbaren Widerspruch ist ein Thema des Jubilars angesprochen. *Horst Dreier* hat in seiner Habilitationsschrift gezeigt, dass ein hierarchisch angelegter Vollzug nicht Widerspruch, sondern gerade Bedingung für die Verwirklichung demokratisch getroffener Entscheidungen ist.[81] Dies kann entsprechend für die Kontrolle des Vollzugs, d. h. für die Rechtsprechung expliziert werden.

---

[77] *De Wall/Muckel*, Kirchenrecht, § 20 Rn. 4 ff.

[78] *Winfried Aymans*, Gliederungs- und Organisationsprinzipien, in: Haering/Rees/Schmitz (Hrsg.), Handbuch, § 26 S. 436 f.; *de Wall/Muckel*, Kirchenrecht, § 18.

[79] BVerfGE 44, 125 (138 ff.); 83, 37 (50 f.).

[80] *Rudolf Smend*, Das Bundesverfassungsgericht (1962), in: ders., Staatsrechtliche Abhandlungen, 3. Auflage Berlin 1994, S. 581–593 (582).

[81] *Horst Dreier*, Hierarchische Verwaltung im demokratischen Staat, Tübingen 1991; vgl. auch Darstellung und Kritik bei *Thomas Groß*, Die Verwaltungsorganisation als Teil der Staatsorganisation, in: Andreas Voßkuhle/Martin Eifert/Christoph Möllers (Hrsg.), Grundlagen des Verwaltungsrechts, Band 1, 3. Auflage München 2022, § 15 Rn. 60 ff.

IV. Das Zeitmoment – Zur Funktion von Dogmatik in Rechtswissenschaft und Theologie

Welche Funktion hat Dogmatik in beiden Fächern vor dem bisher skizzierten Hintergrund? Meiner Beobachtung nach besteht hier ein grundsätzlicher Unterschied: Rechtsnormen sind – im Einzelfall nach der Normenhierarchie abgestuft – veränderbar; religiöse Offenbarungsschriften sind prinzipiell unveränderbar:[82] »Der Gültigkeitsanspruch der Bibel tendiert zum Überzeitlichen. Das ist im Fall von Rechtstexten aber nur selten der Fall.«[83] Was folgt daraus für die Dogmatik in beiden Fächern?[84]

Vorab kann festgehalten werden, dass Grundlagen der heutigen Methodik und damit Dogmatik sowohl in der Rechtswissenschaft als auch in der Theologie (dort vorrangig der Exegese) mit der Neuorientierung der Hermeneutik im Gefolge *Schleiermachers* zu Beginn des 19. Jahrhunderts gelegt wurden.[85] Für beide Disziplinen geht die Neuorientierung mit den gestiegenen Rationalitätsanforderungen in der Wissenschaft allgemein einher. In der Rechtswissenschaft kommen – zeitlich versetzt – Tendenzen wie zunehmende Normierung verbunden mit einer Wendung zum voluntaristischen Rechtsbegriff, die Kodifikationsbewegung und der Rechtspositivismus hinzu.[86]

1. *Dogmatik als Stabilitätsanker angesichts der Volatilität von Recht*

Als – nicht abschließende – Funktion von Rechtsdogmatik ist auf einer mittleren Abstraktionsebene die Anwendbarmachung generell-abstrakter Normen in der konkreten Fallsituation unter Wahrung von Rechtssicherheit, Berechenbarkeit und Verlässlichkeit hervorgehoben worden.[87] Der Anwendungsbezug steht ganz im Vordergrund und wird u.a. etwa durch didaktische Funktionen ergänzt. Dogmatik ist keine Rechtsquelle, sondern rechtsnormakzessorische Rechtserkenntnisquelle. Sie erweist sich einerseits als ein Erkenntnisverfahren (die Methodenlehre muss man sinnvollerweise hinzuzählen[88]) und zugleich ein

---

[82] Vgl. etwa *Spahn*, Bibel als Norm, S. 277.

[83] *Thier*, Bibel, S. 123; ferner *Isensee*, Hermeneutik, S. 28f.

[84] Auch *Jansen*, Dogmatisierungsprozesse, S. 4f., 8f., fragt, wie Dogmatik »normatives Wissen […] verfestigt und stabilisiert – oder auch umgekehrt flexibilisiert und dynamisch fortbildet«.

[85] *Wilhelm Dilthey*, Die Entstehung der Hermeneutik (1900), in: ders., Die geistige Welt, Erste Hälfte, Leipzig 1924, S. 317–331; zur heutigen Diskussion etwa Andreas Arndt/Jörg Dierken (Hrsg.), Friedrich Schleiermachers Hermeneutik. Interpretationen und Perspektiven, Berlin 2016.

[86] Vgl. *Schröder*, Recht als Wissenschaft, S. 216ff., 285ff.

[87] *Bumke*, Rechtsdogmatik, S. 45ff.

[88] So die überzeugende Kernthese von *Jannis Lennartz*, Dogmatik als Methode, Tübingen 2017.

Speicher von Begriffen, Lehrsätzen und Rechtsinstituten. Aus einer Perspektive des 19. Jahrhunderts oder auch noch der großen Kodifikation hat Dogmatik damit entweder die Aufgabe, überkommenes, womöglich jahrhundertealtes oder rezipiertes Recht in der Gegenwart anwendbar zu machen oder eine notwendig hochabstrakte Kodifikation wie das BGB für die Einzelfallentscheidung systematisch zu konkretisieren und zu erklären.[89] Doch gilt das noch unter den Bedingungen des demokratischen Verfassungsstaats zu Beginn des 21. Jahrhunderts? Recht und Gesetz können in der geltenden Verfassungsordnung (nur) als in Rechtsform gegossene politische Entscheidungen, normhierarchisch abgestuft nur als voluntativ in ihrer instrumentellen Funktion verstanden werden.[90] Im Verfassungsstaat als Rechtsstaat ist das Recht das Hauptsteuerungsinstrument des Staates.[91] Seine Entstehung und oft auch sein Inhalt sind in hohem Maße politisch. In ihrer Anwendung unterwerfen die sich in den Rechtssätzen gespeicherten politischen Dezisionen jedoch der juridischen Sachlogik und ermöglichen so rationale Herrschaft. Auch die Doppelnatur des Rechtsstaats wird so deutlich: Dieser bildet durch die Rechtsbindung zwar auch die Möglichkeit von Kontrolle und Rechtsschutz; in historischer Perspektive war jedoch gleichwertig die Effektuierung von Herrschafts-, später Staatsgewalt intendiert.[92] Die Rechtsinhalte unterliegen im demokratisch-parlamentarischen Verfassungsstaat den sich beschleunigt wandelnden Lebensverhältnissen und – damit verbunden – der Dynamik des politischen Prozesses. *Dreier* spricht anschaulich von der »Dauerdynamik unablässiger Rechtsproduktion«.[93] Angesichts dieser Lage sind die Leitlinien, die Rechtsdogmatik idealerweise in das Recht einzieht, notwendig, um die juridische Rationalität in der Rechtsanwendung zu gewährleisten. Trotz »motorisierten« Gesetzgebers[94] bleibt so verlässliche Rechtsanwendung möglich. Das ist jedoch genau das, was den Kern von Rechtsstaatlichkeit ausmacht: Die staatliche Steuerung mittels Recht setzt dessen Anwendbarkeit voraus; Rechtssicherheit, Verlässlichkeit und Verstehbarkeit verlangen die Rückkopplung an dogmatische Figuren.[95] Rechtsdogmatik ist damit rechtsstaatlich als notwendiger

---

[89] Vgl. etwa *Calliess*, Kommentar und Dogmatik, S. 385.

[90] *Dieter Grimm*, Recht und Politik, in: JuS 1969, S. 501–510; *Christian Waldhoff*, Das Gesetz zwischen Recht und Politik, in: ZfP 66 (2019), S. 98–114.

[91] *Fritz Ossenbühl*, Gesetz und Recht – Die Rechtsquellen im demokratischen Verfassungsstaat, in: Josef Isensee/Paul Kirchhof (Hrsg.), Handbuch des Staatsrechts der Bundesrepublik Deutschland, Band 5, 3. Auflage Heidelberg 2007, § 100 Rn. 19 ff.

[92] *Eberhard Schmidt-Aßmann*, Der Rechtsstaat, in: Josef Isensee/Paul Kirchhof (Hrsg.), Handbuch des Staatsrechts der Bundesrepublik Deutschland, Band 2, 3. Auflage Heidelberg 2004, § 26 Rn. 1.

[93] *Dreier*, Wissenschaft, S. 12.

[94] *Carl Schmitt*, Die Lage der europäischen Rechtswissenschaft, in: ders., Verfassungsrechtliche Aufsätze aus den Jahren 1924–1954, 2. Auflage Berlin 1973, S. 386–429 (407).

[95] Auf die Methodenlehre bezogen – die hier als Teil von Rechtsdogmatik verstanden wird (vgl. Fn. 85) – auch *Dreier*, Rechtswissenschaft, S. 20 ff.

temporaler Ruhepunkt einer funktionsfähigen Rechtsordnung vorausgesetzt.[96] Als selbst nicht oder nur selten in Rechtsnormen gegossene Methodik ist sie letztlich Bestandteil des Rechtsstaatsprinzips – und zwar nicht in dessen Auffangfunktion, um all das wirklich oder vermeintlich Wünschenswerte unterzubringen, für das es keine expliziten Anhaltspunkte im Verfassungstext gibt,[97] sondern im Kerngehalt der Rechtsstaatlichkeit, der kontrollierbaren Rechtsbindung jeglichen staatlichen Handelns.[98] Diese These der Rechtsdogmatik als Stabilitätsanker im sich stets verändernden Rechtssystem wird in verschiedenen Kontexten unterschiedlich plausibel: Gerade in so dynamischen Rechtsgebieten wie dem Steuer-, dem Sozial- oder auch dem Arbeitsrecht ist sie einleuchtender als im auf größere Stabilität angelegten Verfassungsrecht.[99] Das sind jedoch m. E. nur graduelle und nicht kategoriale Abstufungen.

2. Dogmatik als Flexibilisierungsinstrument angesichts unveränderbarer religiöser Primärtexte

Die Funktion von Dogmatik stellt sich im theologischen Kontext genau umgekehrt dar: Die Glaubenstexte sind alt, sehr alt sogar, wurden vor einem vollständig anderen historischen Hintergrund verfasst und sind für die Gegenwart nicht nur teilweise wenig plausibel, sondern für den Nicht-Spezialisten größtenteils schlicht unverständlich. Ohne »Aufbereitung« würden sie ihren normativen Anspruch klar verfehlen. Gleichwohl hat auch das Zweite Vatikanum noch den normativen Aussageanspruch des Glaubens für die Gegenwart betont.[100] Daher ist neben der möglichst präzisen Bestimmung der Glaubensinhalte aus der schriftlichen und traditionalen Überlieferung und der Herstellung einer Art inneren Zusammenhangs zwischen diesen Aussagen als dritte Funktion der theologischen Dogmatik »das Bemühen um Plausibilisierung und Kontextualisierung der kirchlichen Glaubenslehre in sich verändernden Denkformen, Kultur- und Sprachsituationen« herausgestellt worden.[101] Anders gewendet: Das

[96] Im Ansatz bereits *Waldhoff*, Dogmatik, S. 34; ähnlich auch *Christian Seiler*, Methodenlehre und Gesetzesvorbehalt im Steuerrecht, in: Michael Droege/Christine Osterloh-Konrad/Christian Seiler (Hrsg.), Methoden steuerrechtlicher Entscheidungsfindung, Tübingen 2023, S. 19–35 (26).

[97] Zu dieser Funktion ausführlich *Philip Kunig*, Das Rechtsstaatsprinzip, Tübingen 1986; *Schmidt-Aßmann*, Rechtsstaat, Rn. 7 ff.

[98] *Schmidt-Aßmann*, Rechtsstaat, Rn. 21 ff.

[99] Andererseits führt die regelmäßig größere sprachliche Offenheit verfassungsrechtlicher Normen aus anderen Gründen zum Bedürfnis dogmatischer Leitlinien im Hinblick auf die Operationalisierbarkeit einer Verfassung; *Konrad Hesse*, Grundzüge des Verfassungsrechts der Bundesrepublik Deutschland, 20. Auflage 1999, Rn. 60 ff., hat das mit dem Begriff der Konkretisierung (statt Auslegung) der Verfassung beschrieben.

[100] Mit Nachweisen *Marschler*, Dogmatik, Sp. 1465 f.

[101] *Marschler*, Dogmatik, Sp. 1466; *Essen*, Ungefähr, S. 162 f.; *ders.*, Kommentieren, S. 312; *ders./Thomas Pröpper*, Aneignungsprobleme der christologischen Überlieferung, in: Rudolf

Evangelium war stets so zu verkünden, dass es in der konkreten Situation verständlich wurde – man kann das als geschichtliche Entfaltung des Evangeliums bezeichnen.[102] In der Sache bedeutet dies die Einbeziehung philosophischer Erkenntnisse sowie historischer Erfahrung; dies war in der Theologiegeschichte in unterschiedlichem Ausmaß stets anerkannt. Eine solche Sichtweise steht auf einen ersten Blick in einem Spannungsverhältnis zum vermeintlich unverrückbaren Dogma im technischen Sinn. Das ist als Paradox der Aktualisierung zeitlos gültiger Wahrheiten bezeichnet worden.[103] Dieses Problem hat in der Gegenwart der katholische Münsteraner Dogmatiker *Michael Seewald* unter dem Schlagwort »Dogma im Wandel« entfaltet.[104] Er stellt die Kirche und Theologie als in der Geschichte erstaunlich dynamisch dar und hat dazu eine »Tradition dogmatischer Entwicklungstheorien«[105] freigelegt. In der Beschreibung führt dies zu einer »Gleichzeitigkeit von Kontinuität und Diskontinuität«.[106] Dazu differenziert er verschiedene Stufen von »Dogmen«, beginnend mit der »Gesamtheit der christlichen Glaubenslehren« und endend mit den päpstlichen ex cathedra-Entscheidungen.[107] Letzteres stellt den Gipfel doktrinärer theologischer Entwicklung im Kontext der Aufrichtung einer in dieser Form vorbildlosen Papstkirche im 19. Jahrhundert dar.[108]

3. Grenzen dogmatischen Arbeitens

Bei alledem gilt es, die hermeneutische Selbstverständlichkeit der Unterscheidung von Text und Sinn erneut in Erinnerung zu rufen.[109] Jeder Text ist entgegen der Idee *Luthers*, die Bibel interpretiere sich selbst,[110] interpretationsbedürftig, eine wörtliche Textauslegung ist auch schon Interpretation bzw. sie ist unmöglich.[111] Das hatte schon *Schleiermacher* erkannt.[112] Trotz aller Fehlentwicklungen und Missstände ist der Dreiklang Text – Tradition – Lehramt moderner und anschlussfähiger als jegliches fundamentalistisches Textverständnis.[113] Interpretation wie dogmatische Arbeit insgesamt dient der Freilegung des hinter dem

Laufen (Hrsg.), Gottes ewiger Sohn, Paderborn 1997, S. 163–178.

[102] Vgl. etwa *Gerhard Ebeling*, Die Geschichtlichkeit der Kirche und ihrer Verkündigung als theologisches Problem, Tübingen 1954; auch *Thier*, Bibel, S. 123.

[103] *Sahm*, Dogmatik, S. 102.

[104] *Michael Seewald*, Dogma im Wandel. Wie Glaubenslehren sich entwickeln, Freiburg i. Br. 2018.

[105] *Seewald*, Dogma, S. 276 ff.

[106] *Seewald*, Dogma, S. 18 f.

[107] *Seewald*, Dogma, S. 271 ff.

[108] Vgl. die Nachweise oben Fn. 26.

[109] Statt vieler nur *Isensee*, Hermeneutik, S. 26 ff.

[110] Vgl. etwa *Spahn*, Bibel als Norm, S. 121.

[111] Ausführlich *Isensee*, Hermeneutik, S. 67 ff.

[112] *Jansen*, Dogmatisierungsprozesse, S. 4.

[113] Vgl. auch *Jansen*, Dogmatisierungsprozesse, S. 6.

Text stehenden Sinns.[114] Die Dominanz des Primärtextes findet von vornherein darin eine Grenze. Die Autorität des Primärtextes wird dann auch durch die von *Philipp Sahm* so bezeichnete »Aufmerksamkeitsverschiebung« auf dogmatische Aussagen hin relativiert.[115] Die Grenze liegt in der Verselbständigung der dogmatischen Diskussion, im Verlust der Rückkoppelung an den Primärtext. Dem Juristen fallen sofort Verselbständigungstendenzen dogmatisch konstruierter Staatsstrukturentscheidungen unter dem Grundgesetz ein wie beispielsweise religiös-weltanschauliche Neutralität des Staates[116] oder Steuerstaatlichkeit[117]. Hier lenkt Dogmatik in der Tendenz vom Primärtext ab. Solche Dogmatisierungsprozesse zeigen sich im Recht in den typischen dogmatischen Figuren, die mehr sind als Abstraktionen von Kasuistik. Bis zu einem gewissen Grad ist eine solche Verschiebung freilich notwendig, um den Anwendungsbezug nicht zu verlieren. *Sahm* spricht von den Anforderungen der sozialen Praxis von Recht und Religion, die das erfordern.[118] Bei einem zweitausend Jahre alten Text, der zudem aus einem völlig anderen sozialen und intellektuellen Kontext stammt, liegt dies auf der Hand. Aber auch unter dem Grundgesetz hatten wir schon Diskussionen über Probleme der »alternden Verfassung«.[119] Diese Flexibilisierung von Interpretation und Anwendung ist in beiden Bereichen – Recht und Offenbarung – notwendig und mündet in eine Dialektik von Bindung und Freiheit. Vermeintlich »zeitlose Wahrheiten« können so durch Reformulierung neu kontextualisiert werden. Dogmatische Konstruktion beruht damit auf einem dialektischen Verhältnis von Primärtextbindung und Freiheit,[120] sie formt in der Sache den Primärtext mit.

---

[114] *Sahm*, Dogmatik, S. 82 ff.

[115] *Sahm*, Dogmatik, S. 91 ff.; ähnlich *Isensee*, Hermeneutik, S. 263 ff.: Substitution oder zumindest Mediatisierung des Textes.

[116] BVerfGE 108, 282 (299 f.).

[117] BVerfGE 78, 249 (266 f.).

[118] *Sahm*, Dogmatik, S. 92.

[119] *Christoph Möllers*, Vom Altern einer Verfassung, in: Aus Politik und Zeitgeschichte 18/19 (2009), S. 5–7; *Christian Waldhoff*, Das andere Grundgesetz, München 2019, S. 35 ff.

[120] *Sahm*, Dogmatik, S. 109.

Schriftenverzeichnis Horst Dreier*

I. Selbständige Schriften

1. Rechtslehre, Staatssoziologie und Demokratietheorie bei Hans Kelsen, Baden-Baden 1986, 332 Seiten.

   (Besprechungen: *R. Walter*, ÖJZ 1987, S. 157f.; *W. Thiele*, DVBl. 1987, S. 538f.; *A.J. Noll*, Demokratie und Recht 1987, S. 465ff.; *M. Schulte*, ARSP 73 [1987], S. 288ff.; *P. Römer*, Der Staat 26 [1987], S. 592ff.; *G. Parodi*, Materiali per una storia della cultura giuridica XVII [1987], S. 263ff.; *D. Zolo*, Quaderni Fiorentini 17 [1988], S. 438ff.; *I. Staff*, ZNR 10 [1988], S. 248ff.; *E. V. Heyen*, Ius Commune XV [1988], S. 309ff.; *S. L. Paulson*, Ratio Juris 1 [1988], S. 269ff.; *F. Lehne*, ZRG GA 105 [1988], S. 433ff.; *C. Gusy*, Zeitschrift für Politik 36 [1989], S. 332ff.; *T. Vesting*, Kritische Justiz 23 [1990], S. 372ff.)

1.a) Rechtslehre, Staatssoziologie und Demokratietheorie bei Hans Kelsen, 2. Auflage Baden-Baden 1990, 348 Seiten.

   (Besprechungen: *U. Habfast*, PVS 32 [1991], S. 720f.; *H. Köchler*, AöR 117 [1992], S. 128f.; *N.N.*, Droits 16 [1992], S. 170; *R. Walter*, ZöR 55 [2000], S. 214.)

2. Hierarchische Verwaltung im demokratischen Staat. Genese, aktuelle Bedeutung und funktionelle Grenzen eines Bauprinzips der Exekutive, Tübingen 1991, XVI u. 353 Seiten.

   (Besprechungen: *J. Demmelbauer*, Die Gemeinde 47 [1992], S. 27f.; *R. Stahl*, Staatsanzeiger für das Land Hessen 3/1992, S. 280f.; *G. Frankenberg*, Kritische Justiz 25 [1992], S. 112ff.; *G. Püttner*, DÖV 1992, S. 460; *W. Henke*, NVwZ 1992, S. 1075f.; *B. Becker*, DVBl. 1992, S. 1559f.; *H. Goerlich*, JZ 1993, S. 408; *I.E. Schäfer*, PVS 34 [1993], S. 365f.; *N.N.*, Droits 17 [1993], S. 177f.; *S. Pesendorfer*, Zeitschrift für Verwaltung 1993, S. 125f.; *H.-H. Trute*, REDP/ERPL 4 [1992], S. 243ff.; *E. Czerwick*, NPL 38 [1993], S. 118ff.; *G.F. Schuppert*, Der Staat 32 [1993], S. 581ff.; *R. Miccú*, Diritto e Cultura 4 [1994], S. 119ff.)

3. Dimensionen der Grundrechte. Von der Wertordnungsjudikatur zu den objektiv-rechtlichen Grundrechtsgehalten, Hannover 1993, 65 Seiten.

   (Besprechungen: *K. Kröger*, ZRG GA 112 [1995], S. 461f.; *R. Alexy*, AöR 121 [1996], S. 155ff.)

4. Grundrechtsschutz durch Landesverfassungsgerichte, Berlin–New York 2000, 39 Seiten.

   (Besprechungen: *H. Günther*, Staatsanzeiger für das Land Hessen Nr. 14 v. 3. April 2000, S. 1135; *E. Röper*, Das Parlament Nr. 29–30 v. 14./21. Juli 2000, S. 19.)

5. Rezeption und Rolle der Reinen Rechtslehre. Festakt aus Anlaß des 70. Geburtstags von Robert Walter. Mit Laudationes von Jabloner und Adamovich sowie einer Bibliographie des Jubilars (Schriftenreihe des Hans Kelsen-Instituts, Band 22), Wien 2001 (darin S. 17–34).

* Stand: 31. Mai 2024.

6. Gilt das Grundgesetz ewig? Fünf Kapitel zum modernen Verfassungsstaat (Carl Friedrich von Siemens Stiftung, Reihe »Themen«, Band 91), München 2009, 121 Seiten.

   (Besprechungen: *M. Stolleis,* Süddeutsche Zeitung Nr. 16 v. 21. Januar 2010, S. 12; *M. Boldt,* NPL 2010, S. 522 ff.; *M. Sachs,* AöR 136 [2011], S. 675 ff.)

   Italienische Übersetzung: Lo Stato costituzionale moderno. Presupposti e limiti della Legge fondamentale, a cura di Agostino Carrino, Napoli 2011, 98 Seiten.

7. Bioethik – Politik und Verfassung, Tübingen 2013, 107 Seiten.

   (Besprechungen: *N. Münch,* Portal für Politikwissenschaft https://www.pw-portal.de/themen/bioethik_44603 [12/2013]; *H.-G. Dederer,* MedR 2013, S. 850 ff.; *N. N.,* Allgemeines Ministerialblatt der Bayerischen Staatsregierung 2014, S. 107; *K. Seelmann,* JZ 2014, S. 789; *R. K. Kobald,* ZfMER [Zeitschrift für Medizin–Ethik–Recht], 5 [2014], S. 102 ff.)

8. Säkularisierung und Sakralität. Zum Selbstverständnis des modernen Verfassungsstaates (mit Kommentaren von *Christian Hillgruber* und *Uwe Volkmann*), Tübingen 2013, 151 Seiten (durchgesehener Nachdruck 2014.)

   (Besprechungen: S. *Schlotter,* Staatsanzeiger für das Land Hessen Nr. 3 v. 13. Januar 2014, S. 60; *M. Steinbeis,* Die letzte Instanz sind wir selbst, in: Frankfurter Allgemeine Zeitung Nr. 294 v. 18. Dezember 2014, S. 26; *mic [Michael Strauß],* in: Evangelische Perspektiven 2014, S. 18; *M. Droege,* Fachbuchjournal 4/2014, S. 41; *W. Rüfner,* DVBl. 2014, S. 1383 f.; *T. Freudenberger,* Portal für Politikwissenschaft, https://www.pw-portal.de/themen/saekularisierung-und-sakralitaet-45111, veröffentlicht am 13. November 2014; *N. Brieskorn,* Theologie und Philosophie 89 [2014], S. 599 ff.; *H. Kreß,* ethica 22 [2014], S. 372 f.; *E. Schmidt-Gräb,* Theologische Literaturzeitung 139 [2014], Sp. 1529 ff.; *V. Schürmann,* Philosophische Rundschau 62 [2015], S. 92 ff.; *S. Mückl,* Archiv für katholisches Kirchenrecht 184 [2015], S. 643 ff.; *J. Luther,* Lo Stato 2018, S. 561.)

9. Idee und Gestalt des freiheitlichen Verfassungsstaates, Tübingen 2014, 528 Seiten.

   (Besprechungen: *H.-P. Bull,* DÖV 2015, S. 288 ff.; *R. C. v. Ooyen,* Portal für Politikwissenschaft, https://www.pw-portal.de/themen/idee-und-gestalt-des-freiheitlichen-verfassungs staates-46810, veröffentlicht am 30. April 2015; *M. Fuchs,* DVBl. 2015, S. 896; *A. Carrino,* Lo Stato 2015, S. 290 f.; *R. Mehring,* Zeitschrift für Politik 62 [2015], S. 361 f.)

10. Staatsrecht in Demokratie und Diktatur. Studien zur Weimarer Republik und zum Nationalsozialismus, hrsgg. von Matthias Jestaedt und Stanley L. Paulson, Tübingen 2016, 449 Seiten.

    (Besprechungen: *R. Mehring,* Philosophischer Literaturanzeiger 70 [2017], S. 53 ff.; *H. Goerlich,* SächsVBl. 2017, S. 183 f.; *A. Carrino,* Lo Stato 2017, S. 386 f.; *M. Fuchs,* DVBl. 2017, S. 1225 f.; *A. Carrino,* Lo Stato 2018, S. 596.)

11. Staat ohne Gott. Religion in der säkularen Moderne, München 2018, 256 Seiten.

    (Besprechungen: *R. Lamprecht,* Süddeutsche Zeitung Nr. 65 v. 19. März 2018, S. 13; *A. Pfahl-Traughber,* Humanistischer Pressedienst v. 21. März 2018, https://hpd.de/artikel/staat-ohne-gott-15394, auch in: Aufklärung und Kritik 2/2018, S. 240 f.; *V. Feneberg,* Der Tagesspiegel v. 28. März 2018, S. 23; *M. Schuhmann,* Kultur und Politik v. 2. April 2018, https://kultur-und-politik.de/staat-ohne-gott/; *J. Schnurer,* socialnet Rezensionen v. 6 April 2018, https://www.socialnet.de/rezensionen/24165.php; *J. Weil,* pro. Christliches Medienmagazin v. 10. April 2018, https://www.pro-medienmagazin.de/kultur/buecher/2018/04/10/autor-religioese-neutralitaet-ist-kernstueck-des-staates/; *M. Stolleis,* in: Frankfurter Allgemeine Zeitung Nr. 87 v. 14. April 2018, S. 12; *G. Czermak,* Institut für Weltanschauungsrecht v. 14. April 2018, https://weltanschauungsrecht.de/horst-dreier-staat-ohne-gott; *C. Möllers,* Die ZEIT Nr. 17 v. 19. April 2018, S. 47; *O. Höffe,*

Neue Zürcher Zeitung Nr. 96 v. 26. April 2018, S. 40; *K. Gräf,* H-Soz-Kult v. 2. Mai 2018, https://www.hsozkult.de/publicationreview/id/rezbuecher-29304; *D. Bogner,* Frei ohne Gott? Ein Staatsrechtler über den Platz der Religion in der Demokratie, in: Christ in der Gegenwart, https://www.herder.de/cig/cig-ausgaben/archiv/2018/20-2018/frei-ohne-gott/; *A. Gillmann,* Horst Dreiers »Staat ohne Gott«: Warum staatliche Neutralität not bis gut tut, ursprünglich unter: https://saekulareszeitalter.wordpress.com/2018/05/28/horst-dreiers-staat-ohne-gott; *M. Koch,* Neue Zürcher Zeitung am Sonntag v. 27. Mai 2018, S. 20; *J. H. Claussen,* Nicht religiös überhöhen. Der Staatsrechtler Horst Dreier legt ein wichtiges Werk zur Religion im modernen Staat vor, in: Zeitzeichen. Evangelische Kommentare zu Religion und Gesellschaft, 19. Jahrgang (Juni 2018), S. 16 ff.; *M. Lehmann-Pape,* Rezension v. 3. Juni 2018, https://www.buchtips.net/rez10034.htm; *H. Boberski,* Wiener Zeitung Nr. 112 v. 12. Juni 2018, S. 23; *H. M. Heinig,* ZevKR 63 [2018], S. 225 ff.; *I. U. Dalferth,* Theologische Literaturzeitung 143 [2018], Heft 7/8 (»Buch des Monats«); *O. Schmitt,* Eulenfisch, Literaturblog, https://www.eulenfisch.de/literatur/blog/rezension/horst-dreier-staat-ohne-gott/; *W. Tappert,* DRiZ 2018, S. 361; *A. Schilberg,* Materialdienst der EZW (Evangelische Zentralstelle für Weltanschauungsfragen) 7/2018, S. 277 ff.; *H. Blasius,* Nordrhein-Westfälische Verwaltungsblätter 2018, S. 439 f.; *S. Sasse,* Die Tagespost v. 21. November 2018, https://www.die-tagespost.de/aktuelles/forum/weder-feind-noch-freund-art-193582; *H. Preßler,* Evangelische Aspekte 28 [2018], https://evangelische-aspekte.de/horst-dreier-staat-ohne-gott; *W. Hecker,* NVwZ 2018, S. 1622 f.; *T. Heinrichs,* humanismus aktuell. Zeitschrift für Kultur und Weltanschauung 2018, Heft 2, https://humanismus-aktuell.de/staat-ohne-gott-horst-dreier/, eingestellt am 20. November 2018; *H. Weber,* Recht und Politik 54 [2018], S. 469 ff.; *M. Wirth,* Kirche und Recht 24 [2018], S. 277 ff.; *G. Luf,* österreichisches Archiv für recht & religion 65 (2018), S. 230 ff.; *H. Goerlich,* DVBl. 2019, S. 99 ff.; *T. Fuß,* Zeitschrift für evangelische Ethik 63 [2019], S. 77 ff.; *M. E. Geis,* Zeitschrift für Lebensrecht [ZfL] 28 [2019], S. 1 ff.; *S. Huster,* ZfL 28 [2019], S. 5 ff.; *W. Kluth,* ZfL 28 [2019], S. 9 ff.; *P. Schallenberg,* ZfL 28 [2019], S. 13 ff.; *W. H. Spindler,* ZfL 28 [2019], S. 17 ff.; *J. Stagl,* ZfL 28 [2019], S. 23 ff.; *D. Rennert,* Der Staat 58 [2019], S. 411 ff.; *T. Meckel,* Ethik und Gesellschaft 2/2019, https://dx.doi.org/10.18156/eug-2-2019-rez-3, S. 1 ff.; *A. Kerkemeyer,* AöR 144 [2019], S. 316 ff.; *J. F. Lindner,* BayVBl. 2020, S. 180; *H.-M. Stamm,* Archiv für katholisches Kirchenrecht 186 [2017–2019], S. 820 ff.; *L. Kähler,* Theologische Literaturzeitung 146 [2021], Sp. 211 ff.)

12. Kelsen im Kontext. Beiträge zum Werk Hans Kelsens und geistesverwandter Autoren, hrsgg. von Matthias Jestaedt und Stanley L. Paulson, Tübingen 2019, 453 Seiten.

    (Besprechungen: *R. Mehring,* JZ 2019, S. 1098; *H. Kreß,* Rezension vom 6.5.2020, https://www.socialnet.de/rezensionen/26576.php; *P. Techet,* in: H-Soz-Kult, 28.08.2020, https://www.hsozkult.de/publicationreview/id/reb-49758; *N. Lehner,* Wiener Zeitung v. 26.12.2020, https://www.wienerzeitung.at/h/rechtspositivist-und-rechtspragmatiker-kelsen; *ders.,* Österreichische Richterzeitung 2021, S. 57 f.; *ders.,* Österreichisches Anwaltsblatt 2021, S. 216 f.)

13. Kirche ohne König. Das Ende des landesherrlichen Kirchenregiments (»Bündnis von Thron und Altar«) 1918/19 unter besonderer Berücksichtigung Preußens und Württembergs, Tübingen 2020, 253 Seiten.

    (Besprechungen: *R. Penßel,* ZNR 43 [2021], S. 143 ff.; *S. Muckel,* DVBl. 2021, S. 937 f.; *C. Link,* SächsVBl. 2021, S. 275 ff.; *D. Klose,* Zeitzeichen, 22. Jahrgang [Dezember 2021], S. 64 f.; *H. de Wall,* Theologische Literaturzeitung 147 [2022], Sp. 336 f.; *B. Brunner,* ZevKR 67 [2022], S. 101 f.; *C. Gusy,* Zeitschrift der Savigny-Stiftung für Rechtsgeschichte. Germanistische Abteilung 139 [2022], S. 369 ff.; *A. Jansen,* Zeitschrift der Savigny-Stiftung für Rechtsgeschichte. Kanonistische Abteilung 108 [2022], 402 ff.; *H. Weber,* Recht und Politik 58 [2022], 445 ff.)

14. ad Hans Kelsen. Rechtspositivist und Demokrat, Hamburg 2021, 143 Seiten.

    (Besprechung: *C. Adair-Toteff,* Austrian Journal of Political Science 50 [2021], S. 15 f. [DOI 10.15203/ozp.3784.vol50iss3].)

15. Hans Kelsen zur Einführung, Hamburg 2023, 276 Seiten.

    (Besprechungen: *C. Neumeier,* in: Frankfurter Allgemeine Zeitung Nr. 91 v. 19. April 2023, S. 10; *A. Pfahl-Traughber,* haGalil v. 16. Mai 2023, https://www.hagalil.com/2023/05/hans-kelsen/; *J. Riedl,* in: Die ZEIT Nr. 23/2023; *T. Kinzel,* in: Informationsmittel [IFB]: digitales Rezensionsorgan für Bibliothek und Wissenschaft, http://www.informationsmittel-fuer-bibliotheken.de/showfile.php?id=12087; *M. Mahlmann,* DÖV 2024, S. 199 ff.; *H. Mayer,* ZöR 79 (2024), S. 213 ff.)

16. Metamorphosen der Demokratie, Basel 2024, 63 Seiten.

II. Herausgeberschaft

1. Parlamentarische Souveränität und technische Entwicklung, Berlin 1986, 216 Seiten (gemeinsam mit Jochen Hofmann).

2. Grundgesetz-Kommentar, Band I (Präambel, Art. 1–19), Tübingen 1996, XXVII u. 1219 Seiten.

   (Besprechungen: *Anonymus,* Beilage zur ZAP [Zeitschrift für die Anwaltspraxis] 1/1997, S. 2 f.; *H.-W. Arndt,* JuS 5/1997, S. XLI f.; *H. Hablitzel,* ThürVBl. 1997, S. 96; *H. Günther,* Staatsanzeiger für das Land Hessen Nr. 22 v. 2. Juni 1997, S. 1680; *S. Ott,* vorgänge. Zeitschrift für Bürgerrechte und Gesellschaftspolitik Nr. 138, Heft 2/1997, S. 92 ff.; *C. Raap,* NZWehrR 1997, S. 131 f.; *O. Lembcke,* Zeitschrift Politikwissenschaft 7 [1997], S. 615 f.; *R. Rixecker,* Gemeinsames Ministerialblatt Saarland v. 30. September 1997, S. 235 f.; *M. Kutscha,* Ansprüche [Forum demokratischer Juristinnen und Juristen] 1997, S. 40; *U. Becker,* FamRZ 1997, S. 1265 ff.; *W. Höfling,* NJW 1998, S. 43; *J. Oebbecke,* DÖV 1998, S. 396; *U. Di Fabio,* BayVBl. 1998, S. 384; *A.-K. Fricke,* VBlBW 1998, S. 358; *E. De Sio,* Diritto e cultura 1998, S. 214.)

3. Grundgesetz-Kommentar, Band II (Art. 20–82), Tübingen 1998, XXXI u. 1654 Seiten.

   (Besprechungen [teils auch zu Band I]: *H. Günther,* Staatsanzeiger für das Land Hessen Nr. 12 v. 22. März 1999, S. 890; *H.-G. Henneke,* Der Landkreis 5/1999, S. 370 f.; *H. Hablitzel,* ThürVBl. 1999, S. 148; *H.-W. Arndt,* JuS 7/1999, S. XLV; *A. Hollerbach,* JZ 1999, S. 888 f.; *S. Ott,* vorgänge 38 [1999], S. 123 f.; *F.-W. Dollinger,* SächsVBl. 1999, S. 258 f.; *E. Röper,* ZParl. 39 [1999], S. 1025 f.; *C. Raap,* NZWehrR 1999, S. 261 f.; *S. Anastasyadis,* European Review of Public Law 11 [1999], S. 1414; *A. Carrino,* Diritto e cultura 1999, S. 259 f.; *J. Oebbecke,* DÖV 2000, S. 43; *W. Höfling,* NJW 2000, S. 1011 f.; *A.-K. Fricke,* VBlBW 2000, S. 247; *Egon Schneider,* Beilage zu ZAP [Zeitschrift für die Anwaltspraxis] 19/2000, S. 15 f.; *F. Hufen,* DVBl. 2001, S. 108 f.; *W. Kluth,* AöR 126 [2001], S. 304 ff.)

4. Grundgesetz-Kommentar, Band III (Art. 83–146), Tübingen 2000, XXXV u. 1640 Seiten.

   (Besprechungen [teils auch zu Band I und II]: *H. Günther,* Staatsanzeiger für das Land Hessen Nr. 3 v. 15. Januar 2001, S. 339; *H.-W. Arndt,* JuS 3/2001, S. XXVII; *H. Hablitzel,* ThürVBl. 2001, S. 192; *A. Hollerbach,* JZ 2001, S. 1083; *E. Röper,* ZParl. 32 [2001], S. 912 f.; *E. Schneider,* Beilage zur ZAP [Zeitschrift für die Anwaltspraxis] 5/2001; *A. Carrino,* Diritto e cultura 2001, S. 196; *J. Ipsen,* NdsVBl. 2002, S. 112; *J. Oebbecke,* DÖV 2002, S. 627; *C. Raap,* NZWehrR 2002, S. 174 ff.; *M. Kutscha,* Ansprüche. Forum demokratischer Juristinnen und Juristen 2002, S. 48 f.; *A. Kupke,* Kirchliches Amtsblatt der Evangelischen Kirche von Westfalen 2003, S. 369 f.; *C. Tietje,* Die Verwaltung 36 [2003], S. 239 ff.)

5. Rechtssoziologie am Ende des 20. Jahrhunderts. Gedächtnissymposion für Edgar Michael Wenz, Tübingen 2000, 349 Seiten.

   (Besprechungen: *G. Roellecke,* DÖV 2001, S. 835; *M. P. Waßmer,* Archiv für Kriminologie 208 [2001], S. 63.)

6. Philosophie des Rechts und Verfassungstheorie. Geburtstagssymposion für Hasso Hofmann, Berlin 2000, 149 Seiten.

7. Festschrift 50 Jahre Bundesverfassungsgericht, Tübingen 2001, 2 Bände, Band 1: XI, 760 Seiten; Band 2: IX, 976 Seiten (gemeinsam mit Peter Badura).

   (Besprechungen: *M. Stolleis,* Frankfurter Allgemeine Zeitung Nr. 293 v. 17. Dezember 2001, S. 48; *A. Carrino,* Diritto e cultura 2001, S. 183 f.; *Egon Schneider,* Der Deutsche Rechtspfleger 2002, S. 103 f.; *H. Günther,* Staatsanzeiger für das Land Hessen Nr. 8 v. 25. Februar 2002, S. 883; *H. Sendler,* DÖV 2002, S. 487 f.; *A. Hense,* SächsVBl. 2002, S. 155 f.; *W. Pauly,* Der Staat 41 [2002], S. 290 ff.; *H.-G. Henneke,* Der Landkreis 2002, S. 461 f.; *E. Pache,* BayVBl. 2002, S. 544; *H. Hattenhauer,* Das Historisch-Politische Buch 50 [2002], S. 95 f.; *LE,* ZfP 2002, S. 1289 f.; *H. A. Wolff,* ZG 17 [2002], S. 391 ff.; *H. Boldt,* NPL 48 [2003], S. 142 ff.; *H. Weber,* NJW 2003, S. 2968 f.; *H. Goerlich,* Comparativ 13 [2003], S. 99 ff.; *J. Brage Camazano,* Anuario Iberoamericano de Justicia Constitucional 8 [2004], S. 655 ff.)

8. Raum und Recht. Festschrift 600 Jahre Würzburger Juristenfakultät, Berlin 2002, 771 Seiten (gemeinsam mit Hans Forkel und Klaus Laubenthal).

   (Besprechungen: *P. Lerche,* BayVBl. 2003, S. 542 f.; *T. Nitzsche,* Portal für Politikwissenschaft, http://pw-portal.de/rezension/18286-raum-und-recht_21161, veröffentlicht am 1. Januar 2006 = ZPol-Biographie 2/2003, S. 1338 f.; *P. Häberle,* AöR 130 [2005], S. 319 ff.)

9. Grundgesetz-Kommentar, Band I (Präambel, Art. 1–19), 2. Auflage Tübingen 2004, XXXV u. 1741 Seiten.

   (Besprechungen: *B. Krenberger,* ursprünglich unter: studjur-online.de/stud.rl/studium/stud_lit_0704.lasso; *H. Günther,* Staatsanzeiger für das Land Hessen Nr. 40 v. 4. Oktober 2004, S. 3184; *R. Hansen,* ursprünglich unter: duessellaw.de/grundgesetzkommentar.htm; *H. Weber,* NJW 2004, S. 3762 f.; *Anonymus,* Beilage zur ZAP [Zeitschrift für die Anwaltspraxis], 4/2004, S. 3 f.; *W. Pauly,* Der Staat 44 [2005], S. 154 f.; *H. Hablitzel,* ThürVBl. 2005, S. 96; *K. F. Schobert,* Humanes Leben, Humanes Sterben, 25. Jg. [2005], S. 35; *F. Hufen,* DVBl. 2005, S. 559 f.; *H. Sendler,* DÖV 2006, S. 42 f.; *M. Stolleis,* JZ 2006, S. 297 f.; *J. Back,* http://www.fachbuchkritik.de/html/dreier_gg.html; *C. Raap,* NZWehrR 2006, S. 131 f.; *H. Maurer,* ZevKR 51 [2006], S. 211 ff.; *G. Rüpke,* RDV 2006, S. 135 f.; *H. Goerlich,* Comparativ 16 [2006], S. 175 f.)

10. Rechts- und staatstheoretische Schlüsselbegriffe: Legitimität – Repräsentation – Freiheit. Symposion für Hasso Hofmann zum 70. Geburtstag, Berlin 2005, 219 Seiten.

    (Besprechungen: *W. Leisner,* DVBl. 2006, S. 615 f.; *D. Hildebrand,* Das Historisch-Politische Buch 54 [2006], S. 238.)

11. Grundgesetz-Kommentar, Band II (Art. 20–82), 2. Auflage Tübingen 2006, XXXIX u. 1996 Seiten.

    (Besprechungen [teils auch zu Band I und zum Supplementum 2007]: *H. Holste,* justament fünf 2006, S. 26; *B. Krenberger,* ursprünglich unter www.studjur-online.de; *Anonymus,* Beilage zur ZAP [Zeitschrift für die Anwaltspraxis], 24/2006, S. 4 ff.; *H. Goerlich,* Comparativ 16 [2006], S. 342 ff.; *T. Kingreen,* NZS 2007, S. 26; *R. Summer,* ZBR 2007, S. 69 f.; *H. Günther,* Staatsanzeiger für das Land Hessen Nr. 12 v. 19 März 2007, S. 622; *M. Stolleis,*

JZ 2007, S. 515 f.; *H. Weber,* NJW 2007, S. 1797 f.; *R. Hansen,* ursprünglich unter: www.juralit.com [19.7.2007]; *W. Pauly,* Der Staat 46 [2007], S. 293 ff.; *E. Benda,* DÖV 2008, S. 259 f.; *C. Raap,* NZWehrR 2008, S. 218 f.; *F. Hufen,* DVBl. 2008, S. 1434 ff.)

12. Grundgesetz. Textausgabe mit sämtlichen Änderungen und andere Texte zum Verfassungsrecht, Tübingen 2006, XXV u. 570 Seiten (gemeinsam mit Fabian Wittreck).
(Besprechung: *G. Köbler,* ZRG GA 124 [2007], S. 831.)

13. Grundgesetz-Kommentar, Band II (Art. 20–82), Supplementum 2007, 2. Auflage Tübingen 2007, XXXVII u. 287 Seiten.
(Besprechungen: *H. Weber,* NJW 2008, S. 428; *H. Günther,* Staatsanzeiger für das Land Hessen Nr. 13 v. 24. März 2008, S. 889; *H.-G. Henneke,* Der Landkreis 2008, S. 539 f.)

14. Grundgesetz. Textausgabe mit sämtlichen Änderungen und andere Texte zum deutschen und europäischen Verfassungsrecht (gemeinsam mit Fabian Wittreck), 2. Auflage Tübingen 2007, XXV u. 727 Seiten; 3. Auflage 2008, XXVII u. 729 Seiten; 4. Auflage 2009, XXX u. 763 Seiten; 5. Auflage 2010, XXVIII u. 893 Seiten; 6. Auflage 2011, XXVIII u. 893 Seiten; 7. Auflage 2012, XXVIII u. 899 Seiten; 8. Auflage 2013, XXIX u. 899 Seiten; 9. Auflage 2014, XXIX u. 903 Seiten; 10. Auflage 2015, XXIX u. 903 Seiten; 11. Auflage 2017, XXIX u. 913 Seiten; 12. Auflage 2019, XXXII u. 913 Seiten.
(Besprechungen: *G. Köbler,* ZRG GA 127 [2010], S. 1010; *K. Ruppert,* http://www.koeblergerhard.de/ZIER-HP/ZIER-HP-05-2015/GrundgesetzTextausgabe9-Ruppert.htm.)

15. Kulturelle Identität als Grund und Grenze des Rechts. Akten der IVR-Tagung v. 28.–30. September 2006 in Würzburg (= ARSP-Beiheft Nr. 113), Stuttgart 2008, 374 Seiten (gemeinsam mit Eric Hilgendorf).
(Besprechungen: *C. Grethlein,* Theologische Literaturzeitung 134 [2009], Sp. 862 ff.; *W. Kluth,* ZAR 2009, S. 326 f.; *S. Kirste,* ARSP 96 [2010], S. 263 ff. [266 ff.].)

16. Grundgesetz-Kommentar, Band III (Art. 83–146), 2. Auflage Tübingen 2008, XLI u. 2010 Seiten.
(Besprechungen [teils auch zu Band I und II sowie zum Supplementum]: *H. Weber,* NJW 2008, S. 3482; *E. Schneider,* ZAP Nr. 4 v. 11. Februar 2009, S. 155 f.; *H. Günther,* Staatsanzeiger für das Land Hessen Nr. 9 v. 23. Februar 2009, S. 553; *W. Pauly,* Der Staat 48 [2009], S. 129 ff.; *F. Hufen,* BayVBl. 2009, S. 448; *M. Wiemers,* Verwaltungsrundschau 2009, S. 251 f.; *M. Gebhardt,* www.webcritics.de/page/book.php?id=3383 [21.2.2010]; *M. Stolleis,* JZ 2010, S. 134 f.; *C. Raap,* NZWehrR 2012, S. 131 f.)

17. Richard Thoma, Rechtsstaat – Demokratie – Grundrechte. Ausgewählte Abhandlungen aus fünf Jahrzehnten, Tübingen 2008, LXXXI u. 606 Seiten.
(Besprechungen: *S. Augsberg,* Zeitschrift für Politikwissenschaft [www.zpol.de] v. 26. Februar 2009; *W. Pauly,* Der Staat 48 [2009], S. 312 f.; *H. Günther,* Staatsanzeiger für das Land Hessen Nr. 30 v. 20. Juli 2009, S. 1674; *C. Gusy,* Journal der Juristischen Zeitgeschichte 2/2009, S. 80 ff.; *M. Stolleis,* Die Verwaltung 42 [2009], S. 461 f.; *K. Stein,* AöR 134 [2009], S. 611 ff.; *J. Lilla,* Informationsmittel für Bibliotheken 4/2010, http://ifb.bsz-bw.de; *U. Karpen,* DÖV 2010, S. 443 ff.; *R. C. van Ooyen,* ARSP 96 [2010], S. 420 ff. [423 ff.]; *G. Köbler,* ZRG GA 128 [2011], S. 828 f.)

18. Macht und Ohnmacht des Grundgesetzes. Sechs Würzburger Vorträge zu 60 Jahren Verfassung, Berlin 2009, 199 Seiten.
(Besprechungen: *F. Schale,* Zeitschrift für Politikwissenschaft [www.zpol.de] v. 23. März 2010; *W. Leisner,* DVBl. 2010, S. 1096 f.; *P. Badura,* AöR 135 [2010], S. 431 ff.)

19. Wissenschaft und Politik, Stuttgart 2010, XII u. 275 Seiten (gemeinsam mit Dietmar Willoweit).

 (Besprechungen: *AA [=Arne Arps]*, https://www.pw-portal.de/themen/wissenschaft-und-politik_39762, erschienen 19. Januar 2011; *W. v. Bredow,* Das Historisch-Politische Buch 60 [2012], S. 12f.); *P. Collin,* Der Staat 51 [2012], S. 308ff.)

20. Grundgesetz-Kommentar, 2. Auflage Supplementum 2010, Tübingen 2010, XXXIX u. 287 Seiten.

 (Besprechung: *H. Günther,* Staatsanzeiger für das Land Hessen Nr. 4 v. 24. Januar 2011, S. 118f.)

21. Staatswissenschaften und Staatspraxis, Baden-Baden 2011, 473 Seiten (gemeinsam mit Friedrich Wilhelm Graf und Joachim Jens Hesse).

 (Besprechung: *T. Preuß,* PVS 2012, S. 541ff.)

22. Grundgesetz-Kommentar, Band I (Präambel, Art. 1–19), 3. Auflage Tübingen 2013, XXXIV und 1937 Seiten.

 (Besprechungen: *M. Heinemann*, http://dierezensenten.blogspot.com/search?q=heinemann+Grundgesetz; *J. M. Schmittmann*, Verwaltungsrundschau 2013, S. 390; *H. Günther*, Staatsanzeiger für das Land Hessen Nr. 1–2 v. 6. Januar 2014, S. 41; *G. Neureither*, NVwZ 2014, S. 41; *W. Kahl*, VBlBW 2014, S. 78f.; *H.J. Sandkühler*, KritJ 47 [2014], S. 105ff.; *W. Durner*, DVBl. 2014, S. 301f.; *H.-W. Laubinger*, Fachbuchjournal 2/2014, S. 32ff.; *F. Hufen*, BayVBl. 2014, S. 417f.; *M. W. H. Möllers*, RuP 2014, S. 188f.; *D. Tolkmitt*, SächsVBl. 2014, S. 272; *C. Raap*, NZWehrR 2015, S. 261f.; *S. Storr*, ZöR 71 [2016], S. 183ff.)

23. Grundgesetz-Kommentar, Band II (Art. 20–82), 3. Auflage Tübingen 2015, XLII und 2248 Seiten.

 (Besprechungen [teilweise auch zu Band I]: *H.-W. Laubinger*, Fachbuchjournal 1/2016, S. 53f.; *H.J. Sandkühler*, JZ 2016, S. 358f.; *C. Raap*, BWV 2016, S. 95f.; *W. Durner*, DVBl. 2016, S. 699f.; *M. Wiemers*, GewArch. 2016, S. 256; *H. Günther*, Staatsanzeiger für das Land Hessen Nr. 25 v. 20. Juni 2016, S. 626; *H. Holste*, Recht und Politik 2016, S. 189f.; *H.-G. Henneke*, Der Landkreis 2016, S. 700f.; *F. Hufen*, BayVBl. 2016, S. 867f.; *M. Stern*, www.justament.de/archives/8624 [6/2017]; *H. Goerlich*, Comparativ 27 [2017], S. 132ff.)

24. Grundgesetz-Kommentar, Band III (Art. 83–146), 3. Auflage Tübingen 2018, L und 2127 Seiten.

 (Besprechungen [teils auch zu Band I und II]: *H.-G. Henneke*, Der Landkreis 2018, S. 312f.; *M. Droege*, Fachbuchjournal 4/2018, S. 40f.; *R. Zuck*, NJW 2018, S. 2459; *W. Durner,* DVBl. 2018, S. 1144f.; *C. Raap,* Bundeswehrverwaltung 2018, S. 263f.; *H. Günther,* Staatsanzeiger für das Land Hessen Nr. 50 v. 10. Dezember 2018, S. 1494f.; *C. P. Starke,* http://dierezensenten.blogspot.com/2018/12/rezension-gg.html; *H. Goerlich,* Comparativ 28 [2018], S. 104ff.; *D. Tolkmitt,* SächsVBl. 2019, S. 179f.; *J. Rückert,* ZRG GA 136 [2019], S. 387ff.; *P.-S. Metzger,* Unterrichtsblätter für die Bundeswehrverwaltung 60 [2021], S. 96; *F. Hufen,* BayVBl. 2022, S. 144.)

25. Rechtswissenschaft als Beruf, Tübingen 2018, 255 Seiten.

26. Das Wagnis der Demokratie. Eine Anatomie der Weimarer Reichsverfassung, München 2018, 424 Seiten (gemeinsam mit Christian Waldhoff).

 (Besprechungen: *R. Lamprecht,* Vorbild und Mahnung, SZ Nr. 214 v. 17. September 2018, S. 15; *A. Gallus,* Der Reichsadler als erschrockener Papagei, FAZ Nr. 234 v. 9. Oktober 2018, S. 10; *H. Prantl,* SZ.de v. 21.10.2018; *P. Badura,* AöR 143 [2018], S. 659ff.; *V. Feneberg,* Verfassung und Gesinnung, taz v. 9. Januar 2019, S. 15; *S. Muckel,* JA 2/2019, S. IVf.; *H.-E. Bött-

cher, Recht und Politik 55 [2019], S. 93 ff.; *J. Plebuch,* in: H-Soz-Kult, 16. Mai 2019, www.hsozkult.de/publicationsreview/id/rezbuecher-30498; *J. Berkemann,* DÖV 2019, S. 584 ff.; *H. Weber,* NVwZ 2019, S. 1103 f.; *C. Gusy,* ZNR 41 [2019], S. 167 ff.; *R. Scholz,* DVBl. 2019, S. 1191 f.; *H. Goerlich,* SächsVBl. 2019, S. 302 ff.; *M. Neves,* Rg 27 [2019], S. 443 ff.; *J. Scholtyseck,* Francia-Recensio 4/2019, https://doi.org/10.11588/frrec.2019.4.68529; *M. Otto,* ZRG GA 137 [2020], S. 695; *H.-C. Kraus,* ZNR 43 [2021], S. 244 ff.)

27. Weimars Verfassung. Eine Bilanz nach 100 Jahren, Göttingen 2020, 396 Seiten (gemeinsam mit Christian Waldhoff).
    (Besprechungen: *H.-G. Henneke,* Der Landkreis 2020, S. 40; *A. Carrino,* Lo Stato 2020, S. 571; *M. Droege,* Fachbuchjournal 1/2021, S. 14 ff.)

28. Repräsentation und Legitimität im Verfassungs- und Umweltstaat. Gedächtnissymposion für Hasso Hofmann, Berlin 2022, 207 Seiten.
    (Besprechung: *M. Kilian,* DÖV 2023, S. 511 ff.)

III. Beiträge in Zeitschriften und Sammelwerken

1. Mitbestimmung unter Vorbehalt? Anmerkung zum Mitbestimmungsurteil des Bundesverfassungsgerichts v. 1. März 1979, in: KritJ 12 (1979), S. 173–181 (gemeinsam mit *Uwe Berlit* und *Heinz Uthmann*).
2. Ambivalenz der Ausbildungsreform – Auseinandersetzung mit einem Erfahrungsbericht, in: KritJ 14 (1981), S. 150–159 (gemeinsam mit *Uwe Berlit*).
3. Refugee Processing Centres, in: AWR-Bulletin (Vierteljahresschrift für Flüchtlingsfragen), 19. (28.) Jg. (1981), S. 108–115.
4. Hans Kelsen und Niklas Luhmann: Positivität des Rechts aus rechtswissenschaftlicher und systemtheoretischer Perspektive, in: Rechtstheorie 14 (1983), S. 419–458.
5. Die legislative Auseinandersetzung mit dem Terrorismus, in: Fritz Sack/Heinz Steinert, Protest und Reaktion (= Analysen zum Terrorismus, hrsgg. vom Bundesminister des Innern, Band 4/2), Opladen 1984, S. 227–318 (gemeinsam mit *Uwe Berlit*).
6. Das Majoritätsprinzip im demokratischen Verfassungsstaat, in: Zeitschrift für Parlamentsfragen 17 (1986), S. 94–118.
7. Der Ort der Souveränität, in: Parlamentarische Souveränität und technische Entwicklung, hrsgg. von Horst Dreier und Jochen Hofmann, Berlin 1986, S. 11–44.
8. Fortsetzungsfeststellungswiderspruch und Kostenentscheidung bei Erledigung des Verwaltungsaktes im Vorverfahren, in: NVwZ 1987, S. 474–479.
9. Vorbeugender Verwaltungsrechtsschutz, in: JA 1987, S. 415–428.
10. Erkennungsdienstliche Maßnahmen im Spannungsfeld von Gefahrenabwehr und Strafverfolgung, in: JZ 1987, S. 1009–1017.
11. Staatliche Legitimität, Grundgesetz und neue soziale Bewegungen, in: Demokratie und Wirtschaft, hrsgg. von Joseph Marko und Armin Stolz, Wien–Köln–Graz 1987, S. 139–185.
12. Artikel »Souveränität«, in: Staatslexikon der Görres-Gesellschaft, Band 4, 7. Auflage Freiburg–Basel–Wien 1988, Sp. 1203–1209.

13. Demokratische Repräsentation und vernünftiger Allgemeinwille. Die Theorie der amerikanischen Federalists im Vergleich mit der Staatsphilosophie Kants, in: AöR 113 (1988), S. 450–483.

14. 40 Jahre Israel – Staat ohne Verfassung?, in: Universitas. Zeitschrift für Wissenschaft, Kunst und Literatur, 43. Jg. (1988), Nr. 510, S. 1288–1301.

15. Präventive Klagen gegen hoheitliches Handeln im Gewerberecht, in: NVwZ 1988, S. 1073–1078.

16. Repräsentation, Mehrheitsprinzip und Minderheitenschutz, in: Hans-Peter Schneider/Wolfgang Zeh (Hrsg.), Parlamentsrecht und Parlamentspraxis in der Bundesrepublik Deutschland, Berlin–New York 1989, S. 165–199 (gemeinsam mit *Hasso Hofmann*).

17. Regelungsform und Regelungsinhalt des autonomen Parlamentsrechts, in: JZ 1990, S. 310–321.

18. Merkls Verwaltungsrechtslehre und die heutige deutsche Dogmatik des Verwaltungsrechts, in: Adolf J. Merkl. Werk und Wirksamkeit, hrsgg. von Robert Walter, Wien 1990, S. 55–88.

19. Die Radbruchsche Formel – Erkenntnis oder Bekenntnis?, in: Staatsrecht in Theorie und Praxis. Festschrift Robert Walter zum 60. Geburtstag, Wien 1991, S. 117–135; auch in: Die Natur des Rechts bei Gustav Radbruch, hrsgg. von Martin Borowski und Stanley L. Paulson, Tübingen 2015, S. 1–22.

20. Zur »Eigenständigkeit« der Verwaltung, in: Die Verwaltung 25 (1992), S. 137–156; in spanischer Übersetzung erschienen unter dem Titel »En torno a la ›independencia‹ de la Administración« in: Documentación Administrativa no. 234 (Abril-Junio 1993), S. 257–280.

21. Artikel »Rechtslehre«, in: Joachim Ritter/Karlfried Gründer (Hrsg.), Historisches Wörterbuch der Philosophie, Band 8, Darmstadt 1992, Sp. 288–292.

22. Gesellschaft, Recht, Moral, in: Universitas. Zeitschrift für interdisziplinäre Wissenschaft, 48. Jg. (1993), Nr. 561, S. 247–257.

23. Rechtsethik und staatliche Legitimität, in: Universitas. Zeitschrift für interdisziplinäre Wissenschaft, 48. Jg. (1993), Nr. 562, S. 377–390.

24. Hans Kelsen (1881–1973): »Jurist des Jahrhunderts«?, in: Helmut Heinrichs/Harald Franzki/Klaus Schmalz/Michael Stolleis (Hrsg.), Deutsche Juristen jüdischer Herkunft, München 1993, S. 705–732.

25. Die Ethik des Rechts, in: Wissenschaft und Ethik. Mainzer Universitätsgespräche (SS 1991 und WS 1991/92), S. 24–58.

26. Informales Verwaltungshandeln, in: Staatswissenschaften und Staatspraxis 4 (1993), S. 647–681; in englischer Sprache erschienen unter dem Titel »Informal Administrative Actions«, in: Jahrbuch zur Staats- und Verwaltungswissenschaft, Band 7, Baden-Baden 1994, S. 159–193.

27. Grenzen demokratischer Freiheit im Verfassungsstaat, in: JZ 1994, S. 741–752.

28. Subjektiv-rechtliche und objektiv-rechtliche Grundrechtsgehalte, in: Jura 1994, S. 505–513.

29. Einheit und Vielfalt der Verfassungsordnungen im Bundesstaat, in: Karsten Schmidt (Hrsg.), Vielfalt des Rechts – Einheit der Rechtsordnung? Hamburger Ringvorlesung, Berlin 1994, S. 113–146.

30. Menschenwürdegarantie und Schwangerschaftsabbruch, in: DÖV 1995, S. 1036–1040.

31. Kommentierung der Präambel, in: Horst Dreier (Hrsg.), Grundgesetz-Kommentar, Band I (Präambel, Art. 1–19), Tübingen 1996, S. 5–32.

32. Vorbemerkungen vor Art. 1 GG, in: Horst Dreier (Hrsg.), Grundgesetz-Kommentar, Band I (Präambel, Art. 1–19), Tübingen 1996, S. 33–89.

33. Kommentierung von Art. 1 GG, in: Horst Dreier (Hrsg.), Grundgesetz-Kommentar, Band I (Präambel, Art. 1–19), Tübingen 1996, S. 90–163.

34. Kommentierung von Art. 2 Abs. 1 GG, in: Horst Dreier (Hrsg.), Grundgesetz-Kommentar, Band I (Präambel, Art. 1–19), Tübingen 1996, S. 164–201.

35. Kommentierung von Art. 19 Abs. 1–3 GG, in: Horst Dreier (Hrsg.), Grundgesetz-Kommentar, Band I (Präambel, Art. 1–19), Tübingen 1996, S. 1069–1120.

36. Kelsens Demokratietheorie: Grundlegung, Strukturelemente, Probleme, in: Robert Walter/Clemens Jabloner (Hrsg.), Hans Kelsens Wege sozialphilosophischer Forschung, Wien 1997, S. 79–102.

37. Das Demokratieprinzip des Grundgesetzes, in: Jura 1997, S. 249–257; in italienischer Übersetzung erschienen unter dem Titel »Il principio di democrazia della Costituzione tedesca«, in: Democrazia, diritti, costituzione. I fondamenti costituzionali delle democrazie contemporanee, a cura di Gustavo Gozzi, Bologna 1997, S. 19–52.

38. Gustav Radbruch und die Mauerschützen, in: JZ 1997, S. 421–434 (durchgesehener und geringfügig geänderter Abdruck in: Julian Krüper/Heiko Sauer [Hrsg.], Staat und Recht in Teilung und Einheit, Tübingen 2011, S. 88–126).

39. Ein Staatsrechtslehrer in Zeiten des Umbruchs: Gerhard Anschütz (1867–1948), in: ZNR 20 (1998), S. 28–48; unter dem Titel »Gerhard Anschütz (1867–1948): Staatsrechtslehrer in Zeiten des Umbruchs« auch erschienen in: Peter Ulmer (Hrsg.), Geistes- und Sozialwissenschaften in den 20er Jahren: Heidelberger Impulse, Heidelberg 1998, S. 89–127.

40. Der Kampf um das Budgetrecht als Kampf um die staatliche Steuerungsherrschaft – Zur Entwicklung des modernen Haushaltsrechts, in: Wolfgang Hoffmann-Riem/Eberhard Schmidt-Aßmann (Hrsg.), Effizienz als Herausforderung an das Verwaltungsrecht, Baden-Baden 1998, S. 59–105.

41. Kommentierung von Art. 20 GG (Einführung), in: Horst Dreier (Hrsg.), Grundgesetz-Kommentar, Band II (Art. 20–82), Tübingen 1998, S. 1–8.

42. Kommentierung von Art. 20 GG (Republik), in: Horst Dreier (Hrsg.), Grundgesetz-Kommentar, Band II (Art. 20–82), Tübingen 1998, S. 9–19.

43. Kommentierung von Art. 20 GG (Demokratie), in: Horst Dreier (Hrsg.), Grundgesetz-Kommentar, Band II (Art. 20–82), Tübingen 1998, S. 20–78.

44. Kommentierung von Art. 28 GG, in: Horst Dreier (Hrsg.), Grundgesetz-Kommentar, Band II (Art. 20–82), Tübingen 1998, S. 475–564.

45. Kommentierung von Art. 31 GG, in: Horst Dreier (Hrsg.), Grundgesetz-Kommentar, Band II (Art. 20–82), Tübingen 1998, S. 603–633.

46. Kommentierung von Art. 79 GG, in: Horst Dreier (Hrsg.), Grundgesetz-Kommentar, Band II (Art. 20–82), Tübingen 1998, S. 1476–1525.

47. Die Natürlichkeit des Menschen und die Künstlichkeit des Rechts, in: Hans Michael Baumgartner/Winfried Böhm/Martin Lindauer (Hrsg.), Streitsache Mensch – Zur Auseinandersetzung zwischen Natur- und Geisteswissenschaften (Neuntes Würzburger Symposium der Universität Würzburg), Stuttgart–Düsseldorf–Leipzig 1999, S. 281–303.

48. The Essence of Democracy – Hans Kelsen and Carl Schmitt Juxtaposed, in: Dan Diner/Michael Stolleis (eds.), Hans Kelsen and Carl Schmitt. A Juxtaposition, Gerlingen 1999, S. 71–79.

49. Artikel »Rückwirkungsverbot«, in: Peter Prechtl/Franz-Peter Burkard (Hrsg.), Metzler Philosophie-Lexikon, Stuttgart–Weimar 1999, S. 518–519.

50. Kontexte des Grundgesetzes, in: DVBl. 1999, S. 667–679.

51. Landesverfassungsänderung durch quorenlosen Volksentscheid aus der Sicht des Grundgesetzes, in: BayVBl. 1999, S. 513–523.

52. Bestandssicherung kodifizierten Verfassungsrechts am Beispiel des Grundgesetzes, in: Okko Behrends/Wolfgang Sellert (Hrsg.), Der Kodifikationsgedanke und das Modell des Bürgerlichen Gesetzbuches (BGB), Göttingen 2000, S. 119–141.

53. Verantwortung im demokratischen Verfassungsstaat, in: Ulfrid Neumann/Lorenz Schulz (Hrsg.), Verantwortung in Recht und Moral, Stuttgart 2000, S. 9–38.

54. Einleitung, in: Horst Dreier (Hrsg.), Rechtssoziologie am Ende des 20. Jahrhunderts. Gedächtnissymposion für Edgar Michael Wenz, Tübingen 2000, S. 1–7.

55. Positivisten, Antipositivisten und Österreicher [Besprechungsaufsatz von: Michael Stolleis, Geschichte des öffentlichen Rechts in Deutschland, Dritter Band: Staats- und Verwaltungsrechtswissenschaft in Republik und Diktatur 1914–1945, München 1999], in: Rechtshistorisches Journal 19 (2000), S. 82–107.

56. Kommentierung von Art. 102 GG, in: Horst Dreier (Hrsg.), Grundgesetz-Kommentar, Band III (Art. 83–146), Tübingen 2000, S. 580–605.

57. Kommentierung von Art. 142 GG, in: Horst Dreier (Hrsg.), Grundgesetz-Kommentar, Band III (Art. 83–146), Tübingen 2000, S. 1393–1438.

58. Kommentierung von Art. 144 GG, in: Horst Dreier (Hrsg.), Grundgesetz-Kommentar, Band III (Art. 83–146), Tübingen 2000, S. 1465–1480.

59. Kommentierung von Art. 145 GG, in: Horst Dreier (Hrsg.), Grundgesetz-Kommentar, Band III (Art. 83–146), Tübingen 2000, S. 1481–1487.

60. Kommentierung von Art. 146 GG, in: Horst Dreier (Hrsg.), Grundgesetz-Kommentar, Band III (Art. 83–146), Tübingen 2000, S. 1488–1516.

61. Die deutsche Staatsrechtslehre in der Zeit des Nationalsozialismus, VVDStRL 60 (2001), S. 9–72.

(Besprechungen: *M. Vec*, Frankfurter Allgemeine Zeitung Nr. 269 v. 19. November 2001, S. 48; *R. Groß*, Staatsanzeiger für das Land Hessen Nr. 47 v. 19. November 2001, S. 4152; *H. Sendler*, DÖV 2002, S. 790; *M. Stolleis*, AöR 127 [2002], S. 519f.; *G. Sydow*, JR 2003, S. 42f.; *B. Rüthers*, ZRG GA 120 [2003], S. 860ff.; *A. Buschmann*, ZNR 27 [2005], S. 152ff.)

62. Rechtsdeutung zwischen Normativierung der Natur und Naturalisierung des Normativen am Beispiel von Kelsens Rechtsbegriff, in: Clemens Jabloner/Friedrich Stadler (Hrsg.), Beziehungen zwischen dem Wiener Kreis und der Hans Kelsen-Schule, Wien–New York 2001, S. 291–305.

63. Verfassungsstaatliche Vergangenheitsbewältigung, in: Peter Badura/Horst Dreier (Hrsg.), Festschrift 50 Jahre Bundesverfassungsgericht, Band I, Tübingen 2001, S. 159–208.

64. Konsens und Dissens bei der Interpretation der Menschenwürde. Eine verfassungsrechtliche Skizze, in: Christian Geyer (Hrsg.), Biopolitik. Die Positionen, Frankfurt/M. 2001, S. 232–239 (zuvor unter dem Titel: »Große Würde, kleine Münze« in: Frankfurter Allgemeine Zeitung Nr. 153 v. 5. Juli 2001, S. 8).

65. Kanonistik und Konfessionalisierung – Marksteine auf dem Weg zum Staat, in: Georg Siebeck (Hrsg.), Artibus ingenuis. Beiträge zu Theologie, Philosophie, Jurisprudenz und Ökonomik, Tübingen 2001, S. 133–169 (auch in: JZ 2002, S. 1–13).

66. Die drei Staatsgewalten im Zeichen von Europäisierung und Privatisierung, in: Clemens Jabloner/Heinz Mayer/Wolfgang Pesendorfer (Hrsg.), 125 Jahre Verwaltungsgerichtshof. Österreichischer Verwaltungsrechtlicher Tag 2001, Wien 2002, S. 79–101 (auch in: DÖV 2002, S. 537–547).

67. Lebensschutz und Menschenwürde in der bioethischen Diskussion, in: Horst Dreier/Wolfgang Huber, Bioethik und Menschenwürde, hrsgg. von Hans-Richard Reuter (= Münstersche Theologische Vorträge, Band 4), Münster 2002, S. 9–49.

68. Stufungen des vorgeburtlichen Lebensschutzes, in: ZRP 2002, S. 377–383 (auch in: Zeitschrift für Biopolitik, 1. Jg., Heft 2, S. 4–11).

69. Wirtschaftsraum – Großraum – Lebensraum. Facetten eines belasteten Begriffs, in: Horst Dreier/Hans Forkel/Klaus Laubenthal (Hrsg.), Raum und Recht. Festschrift 600 Jahre Würzburger Juristenfakultät, Berlin 2002, S. 47–84.

70. Grundrechtsdurchgriff contra Gesetzesbindung? Exemplarische Betrachtungen zum Verhältnis von Verfassungs- und Verwaltungsrecht anhand der Rechtsprechung des Bundesverwaltungsgerichts, in: Die Verwaltung 36 (2003), S. 105–136.

71. Menschenwürde in der Rechtsprechung des Bundesverwaltungsgerichts, in: Festgabe 50 Jahre Bundesverwaltungsgericht, hrsgg. von Eberhard Schmidt-Aßmann/Dieter Sellner/Günter Hirsch/Gerd-Heinrich Kemper/Hinrich Lehmann-Grube, Köln–Berlin–Bonn–München 2003, S. 201–222.

72. Erosionsprozesse des Verfassungsstaates, in: Christof Gestrich (Hrsg.), Die herausgeforderte Demokratie. Recht, Religion, Politik (= Beiheft 2003 zur Berliner Theologischen Zeitschrift), Berlin 2003, S. 54–73 (auch in: Lerke Osterloh/Karsten Schmidt/Hermann Weber [Hrsg.], Staat, Wirtschaft, Finanzverfassung. Festschrift für Peter Selmer zum 70. Geburtstag, Berlin 2004, S. 51–70).

73. Die Zwischenkriegszeit, in: Detlef Merten/Hans-Jürgen Papier (Hrsg.), Handbuch der Grundrechte in Deutschland und Europa, Band I, Heidelberg 2004, § 4 (S. 153–199).

74. Kommentierung der Präambel, in: Horst Dreier (Hrsg.), Grundgesetz-Kommentar, Band I (Präambel, Art. 1–19), 2. Auflage Tübingen 2004, S. 1–38.

75. Kommentierung der Vorbemerkungen vor Artikel 1 GG, in: Horst Dreier (Hrsg.), Grundgesetz-Kommentar, Band I (Präambel, Art. 1–19), 2. Auflage Tübingen 2004, S. 39–138.

76. Kommentierung von Art. 1 GG, in: Horst Dreier (Hrsg.), Grundgesetz-Kommentar, Band I (Präambel, Art. 1–19), 2. Auflage Tübingen 2004, S. 139–287.

77. Kommentierung von Art. 2 Abs. 1 GG, in: Horst Dreier (Hrsg.), Grundgesetz-Kommentar, Band I (Präambel, Art. 1–19), 2. Auflage Tübingen 2004, S. 288–345.

78. Kommentierung von Art. 19 Abs. 1–3 GG, in: Horst Dreier (Hrsg.), Grundgesetz-Kommentar, Band I (Präambel, Art. 1–19), 2. Auflage Tübingen 2004, S. 1523–1603.

79. Rechtszerfall und Kontinuität. Zur asynchronen Entwicklung von Staatsrecht und Wirtschaftssystem in der Zeit des Nationalsozialismus, in: Der Staat 43 (2004), S. 235–265 (auch in: Dieter Gosewinkel [Hrsg.], Wirtschaftskontrolle und Recht in der nationalsozialistischen Diktatur, Frankfurt/M. 2005, S. 39–74).

80. Kants Republik, in: JZ 2004, S. 745–756 (auch in: Horst Dreier [Hrsg.], Rechts- und staatstheoretische Schlüsselbegriffe: Legitimität – Repräsentation – Freiheit. Symposion für Hasso Hofmann zum 70. Geburtstag, Berlin 2005, S. 151–192 und in: Volker Gerhardt [Hrsg.], Kant im Streit der Fakultäten, Berlin–New York 2005, S. 134–170).

81. Does Cloning Violate the Basic Law's Guarantee of Human Dignity?, in: Silja Vöneky/Rüdiger Wolfrum (eds.), Human Dignity and Human Cloning, Leiden–Boston 2004, p. 77–85.

82. Bedeutung und systematische Stellung der Menschenwürde im deutschen Grundgesetz, in: Kurt Seelmann (Hrsg.), Menschenwürde als Rechtsbegriff (ARSP-Beiheft Nr. 101), Stuttgart 2004, S. 33–48 (durchgesehene und partiell aktualisierte Fassung in: GreifRecht, Heft 12, Oktober 2011, S. 73–82).

83. Artikel »Sander«, in: Neue Deutsche Biographie, hrsgg. von der Historischen Kommission bei der Bayerischen Akademie der Wissenschaften, 22. Band: Rohmer–Schinkel, Berlin 2005, S. 420–421.

84. Menschenwürde aus verfassungsrechtlicher Sicht, in: Wilfried Härle/Reiner Preul (Hrsg.), Menschenwürde (Marburger Jahrbuch Theologie XVII = Marburger Theologische Studien 89), Marburg 2005, S. 167–210.

85. Artikel »Hierachie (J)«, in: Werner Heun u. a. (Hrsg.), Evangelisches Staatslexikon, Neuausgabe, Stuttgart 2006, Sp. 951–954.

86. Artikel »Person (J)«, in: Werner Heun u. a. (Hrsg.), Evangelisches Staatslexikon, Neuausgabe, Stuttgart 2006, Sp. 1765–1769.

87. Kommentierung von Art. 20 GG (Einführung), in: Horst Dreier (Hrsg.), Grundgesetz-Kommentar, Band II (Art. 20–82), 2. Auflage Tübingen 2006, S. 1–10.

88. Kommentierung von Art. 20 GG (Republik), in: Horst Dreier (Hrsg.), Grundgesetz-Kommentar, Band II (Art. 20–82), 2. Auflage Tübingen 2006, S. 11–25.

89. Kommentierung von Art. 20 GG (Demokratie), in: Horst Dreier (Hrsg.), Grundgesetz-Kommentar, Band II (Art. 20–82), 2. Auflage Tübingen 2006, S. 26–105.

90. Kommentierung von Art. 28 GG, in: Horst Dreier (Hrsg.), Grundgesetz-Kommentar, Band II (Art. 20–82), 2. Auflage Tübingen 2006, S. 584–694.

91. Kommentierung von Art. 31 GG, in: Horst Dreier (Hrsg.), Grundgesetz-Kommentar, Band II (Art. 20–82), 2. Auflage Tübingen 2006, S. 736–769.

92. Kommentierung von Art. 79 GG, in: Horst Dreier (Hrsg.), Grundgesetz-Kommentar, Band II (Art. 20–82), 2. Auflage Tübingen 2006, S. 1759–1826.

93. Grenzen des Tötungsverbotes, in: Hans Joas (Hrsg.), Die Zehn Gebote. Ein widersprüchliches Erbe?, Köln–Weimar–Wien 2006, S. 65–106 (in aktualisierter Version auch in: JZ 2007, S. 261–270, 317–326.).

94. Das Grundgesetz für die Bundesrepublik Deutschland: Entstehung und Entwicklung, Gestalt und Zukunft, in: Horst Dreier/Fabian Wittreck (Hrsg.), Grundgesetz. Textausgabe mit sämtlichen Änderungen und andere Texte zum Verfassungsrecht, Tübingen 2006, S. XI–XXV (gemeinsam mit *Fabian Wittreck*).

95. Hans Kelsens Wissenschaftsprogramm, in: Helmuth Schulze-Fielitz (Hrsg.), Staatsrechtslehre als Wissenschaft, Berlin 2007, S. 81–114.

96. Grundlagen und Grundzüge staatlichen Verfassungsrechts: Deutschland, in: Armin von Bogdandy/Pedro Cruz Villalón/Peter M. Huber (Hrsg.), Handbuch Ius Publicum Europaeum, Band I, Heidelberg 2007, § 1 (S. 3–85).

97. Naturrecht und Rechtspositivismus. Pauschalurteile, Vorurteile, Fehlurteile, in: Wilfried Härle/Bernhard Vogel (Hrsg.), »Vom Rechte, das mit uns geboren ist«. Aktuelle Probleme des Naturrechts, Freiburg–Basel–Wien 2007, S. 127–170.

98. Integration durch Verfassung? Rudolf Smend und die Grundrechtsdemokratie, in: Friedhelm Hufen (Hrsg.), Verfassungen – Zwischen Recht und Politik. Festschrift zum 70. Geburtstag für Hans-Peter Schneider, Baden-Baden 2008, S. 70–96.

99. Religion und Verfassungsstaat im Kampf der Kulturen, in: Horst Dreier/Eric Hilgendorf (Hrsg.), Kulturelle Identität als Grund und Grenze des Rechts (= ARSP-Beiheft Nr. 113), Stuttgart 2008, S. 11–28.

100. Kommentierung von Art. 102 GG, in: Horst Dreier (Hrsg.), Grundgesetz-Kommentar, Band III (Art. 83–146), 2. Auflage Tübingen 2008, S. 687–717.

101. Kommentierung von Art. 142 GG, in: Horst Dreier (Hrsg.), Grundgesetz-Kommentar, Band III (Art. 83–146), 2. Auflage Tübingen 2008, S. 1681–1739.

102. Kommentierung von Art. 144 GG, in: Horst Dreier (Hrsg.), Grundgesetz-Kommentar, Band III (Art. 83–146), 2. Auflage Tübingen 2008, S. 1778–1797.

103. Kommentierung von Art. 145 GG, in: Horst Dreier (Hrsg.), Grundgesetz-Kommentar, Band III (Art. 83–146), 2. Auflage Tübingen 2008, S. 1798–1804.

104. Kommentierung von Art. 146 GG, in: Horst Dreier (Hrsg.), Grundgesetz-Kommentar, Band III (Art. 83–146), 2. Auflage Tübingen 2008, S. 1805–1838.

105. Verfassungsänderung, leicht gemacht, in: ZSE (Zeitschrift für Staats- und Europawissenschaften) 6 (2008), S. 399–407 (auch abgedruckt in: Hans-Günter Henneke [Hrsg.], Wege zu einer verfassungskonformen SGB II-Organisation, Berlin 2008).

106. »Unbeirrt von allen Ideologien und Legenden« – Notizen zu Leben und Werk von Richard Thoma, in: Richard Thoma, Rechtsstaat – Demokratie – Grundrechte. Ausgewählte Abhandlungen aus fünf Jahrzehnten, hrsgg. und eingeleitet von Horst Dreier, Tübingen 2008, S. XIII–LXXXI.

107. Rechtswissenschaft, in: Stephan Günzel (Hrsg.), Raumwissenschaften, Frankfurt/M. 2009, S. 338–353 (gemeinsam mit *Fabian Wittreck*).

108. Das Grundgesetz – eine Verfassung auf Abruf?, in: Aus Politik und Zeitgeschichte (APuZ) 18–19/2009, S. 19–26.

109. Joh 18, Wertrelativismus und Demokratietheorie, in: Robert Walter/Klaus Zeleny (Hrsg.), Reflexionen über Demokratie und Recht. Festakt aus Anlass des 60. Geburtstages von Clemens Jabloner, Wien 2009, S. 13–31.

110. Artikel »Hans Kelsen, Reine Rechtslehre«, in: Kindlers Literatur Lexikon, 3., völlig neu bearbeitete Auflage, hrsgg. von Heinz Ludwig Arnold, Band 8, Stuttgart–Weimar 2009, S. 785–787.

111. Rechtskolumne. Die drei gängigsten Irrtümer über die Weimarer Reichsverfassung, in: Merkur. Deutsche Zeitschrift für europäisches Denken 63 (2009), Nr. 727, S. 1151–1156.

112. Das Grundgesetz unter Ablösungsvorbehalt? Zu Deutung und Bedeutung des Art. 146 GG, in: Horst Dreier (Hrsg.), Macht und Ohnmacht des Grundgesetzes. Sechs Würzburger Vorträge zu 60 Jahren Verfassung, Berlin 2009, S. 159–189.

113. Der freiheitliche Verfassungsstaat als riskante Ordnung, in: Rechtswissenschaft. Zeitschrift für rechtswissenschaftliche Forschung 1 (2010), S. 11–38.
Selbständige Publikation in italienischer Übersetzung: Lo Stato Costituzionale delle libertá come ordinamento azzardato, Modena 2013, 80 Seiten.

114. Artikel »Grundrechte«, in: Handwörterbuch zur deutschen Rechtsgeschichte, 2., völlig überarbeitete und erweiterte Auflage, hrsgg. von Albrecht Cordes u. a., 11. Lieferung, Berlin 2010, Sp. 591–599.

115. Rechtskolumne. Staatsbildung als Vorgang der Konfessionalisierung, in: Merkur. Deutsche Zeitschrift für europäisches Denken 64 (2010), Nr. 732, S. 429–433.

116. Repräsentative und direkte Demokratie im Grundgesetz, in: Lars P. Feld u. a. (Hrsg.), Jahrbuch direkte Demokratie 2009, Baden-Baden 2010, S. 11–39 (gemeinsam mit *Fabian Wittreck*). Auch in: Horst Meier/Gerhard Panzer (Hrsg.), Direkte Demokratie im Grundgesetz? (Hofgeismarer Protokolle 353), Hofgeismar 2010, S. 7–44.

117. Staatswissenschaften und Staatspraxis: ein herausfordernd prekäres Verhältnis, in: Zeitschrift für Staats- und Europawissenschaften 8 (2010), S. 24–58 (gemeinsam mit *Friedrich Wilhelm Graf* und *Joachim Jens Hesse*); auch in: Staatswissenschaften und Staatspraxis, hrsgg. von Horst Dreier/Friedrich Wilhelm Graf/Joachim Jens Hesse, Baden-Baden 2011, S. 439–470.

118. Artikel »Rechtsstaat«, in: Enzyklopädie Philosophie, hrsgg. von Hans Jörg Sandkühler, Hamburg 2010, Band 3, S. 2265–2272.

119. Artikel »Verfassung«, in: Enzyklopädie Philosophie, hrsgg. von Hans Jörg Sandkühler, Hamburg 2010, Band 3, S. 2867–2875.

120. Max Webers Postulat der Wertfreiheit in der Wissenschaft und die Politik, in: Horst Dreier/Dietmar Willoweit (Hrsg.), Wissenschaft und Politik, Stuttgart 2010, S. 35–70.
Selbständige Publikation in italienischer Übersetzung: Wertfreiheit. Il Postulato di Max Weber sull'Avalutatività della Scienza. Traduzione di Federico Pedrini, Modena 2020.

121. Rechte Konfession – Konfession im Recht. Rezension zu: Christoph Strohm, Calvinismus und Recht. Weltanschaulich-konfessionelle Aspekte im Werk reformierter Juristen, Tübingen 2008, 568 Seiten, in: Archiv für Reformationsgeschichte 101 (2010), S. 321–334.

122. Die deutsche Revolution 1918/19 als Festtag der Nation? Von der (Un-)Möglichkeit eines republikanischen Feiertages in der Weimarer Republik, in: Rolf Gröschner/Wolfgang Reinhard (Hrsg.), Tage der Revolution – Feste der Nation, Tübingen 2010, S. 145–189.

123. Über den Sinn der Wissenschaft – eine Rekapitulation von Max Webers Wertfreiheitspostulat, in: Grenzüberschreitende Diskurse. Festgabe für Hubert Treiber, hrsgg. von Kay Waechter, Wiesbaden 2010, S. 149–167.

124. Rechtskolumne. Rätselhafter Doppelstaat: Ernst Fraenkels klassische Studie, in: Merkur. Deutsche Zeitschrift für europäisches Denken 64 (2010), Nr. 739, S. 1190–1196.

125. Rechtskolumne. Direkte Demokratie versus Grundgesetz?, in: Merkur. Deutsche Zeitschrift für europäisches Denken 65 (2011), Nr. 744, S. 434–440.

126. Was ist doppelt in Ernst Fraenkels »Doppelstaat«?, in: Franz-Joseph Peine/Heinrich Amadeus Wolff (Hrsg.), Nachdenken über Eigentum. Festschrift für Alexander v. Brünneck zur Vollendung seines siebzigsten Lebensjahres, Baden-Baden 2011, S. 412–433.

127. Wozu dienen Ethikräte?, in: Öffentliches Recht im offenen Staat. Festschrift für Rainer Wahl zum 70. Geburtstag, hrsgg. von Ivo Appel/Georg Hermes/Christoph Schönberger, Berlin 2011, S. 57–73.

128. Säkularisierung des Staates am Beispiel der Religionsfreiheit, in: Rechtsgeschichte 19 (2011), S. 72–86.

129. Zerrbild Rechtspositivismus. Kritische Bemerkungen zu zwei verbreiteten Legenden, in: Vom praktischen Wert der Methode. Festschrift Heinz Mayer zum 65. Geburtstag, hrsgg. von Clemens Jabloner u. a., Wien 2011, S. 61–91.

130. Die »guten Sitten« zwischen Normativität und Faktizität, in: Gedächtnisschrift für Theo Mayer-Maly zum 80. Geburtstag, hrsgg. von Friedrich Harrer u. a., Wien 2011, S. 141–158.

131. Entscheidungshelfer, in: Pharmazeutische Zeitung 156 (2011), Heft 40, S. 19–21.

132. Rechtskolumne. Auf der Suche nach dem deutschen Nationalfeiertag, in: Merkur. Deutsche Zeitschrift für europäisches Denken 65 (2011), Nr. 751, S. 1142–1148.

133. Benedikt XVI. und Hans Kelsen, in: JZ 2011, S. 1151–1154.

134. Rechtskolumne. Kleine Verfassungsgeschichte der Religionsfreiheit in Deutschland, in: Merkur. Deutsche Zeitschrift für europäisches Denken 66 (2012), Nr. 756, S. 427–433.

135. Nachwort: Was ist doppelt am »Doppelstaat«? Zu Rezeption und Bedeutung der klassischen Studie von Ernst Fraenkel, in: Ernst Fraenkel, Der Doppelstaat, 3. Auflage, hrsgg. von Alexander v. Brünneck, Hamburg 2012, S. 274–300 (auch in: Alexander von Brünneck/Horst Dreier/Michael Wildt, ad Ernst Fraenkel. Der Doppelstaat, Hamburg 2021, S. 27–76).

136. Recht und Willkür, in: Christian Starck (Hrsg.), Recht und Willkür, Tübingen 2012, S. 1–25.

137. Artikel »Achtung und Schutz«, in: Rolf Gröschner/Antje Kapust/Oliver W. Lembcke (Hrsg.), Wörterbuch der Würde, München 2013, S. 329–330.

138. Artikel »Grund- und Menschenrechte«, in: Rolf Gröschner/Antje Kapust/Oliver W. Lembcke (Hrsg.), Wörterbuch der Würde, München 2013, S. 333–334.

139. Das Volk als Gesetzgeber, in: Ulrike Davy/Manuela Lenzen (Hrsg.), Demokratie morgen. Überlegungen aus Wissenschaft und Politik, Bielefeld 2013, S. 35–49.

140. Das Bundesministerium der Justiz und die Verfassungsentwicklung in der frühen Bundesrepublik Deutschland, in: Manfred Görtemaker/Christoph Safferling (Hrsg.), Die Rosenburg. Das Bundesministerium der Justiz und die NS-Vergangenheit – eine Bestandsaufnahme, Göttingen 2013, S. 88–118.

141. Kommentierung der Präambel, in: Horst Dreier (Hrsg.), Grundgesetz-Kommentar, Band I (Präambel, Art. 1–19), 3. Auflage Tübingen 2013, S. 1–41.

142. Vorbemerkungen vor Art. 1 GG, in: Horst Dreier (Hrsg.), Grundgesetz-Kommentar, Band I (Präambel, Art. 1–19), 3. Auflage Tübingen 2013, S. 42–153.

143. Kommentierung von Art. 1 GG, in: Horst Dreier (Hrsg.), Grundgesetz-Kommentar, Band I (Präambel, Art. 1–19), 3. Auflage Tübingen 2013, S. 154–329.

144. Kommentierung von Art. 2 Abs. 1 GG, in: Horst Dreier (Hrsg.), Grundgesetz-Kommentar, Band I (Präambel, Art. 1–19), 3. Auflage Tübingen 2013, S. 330–400.

145. Kommentierung von Art. 19 Abs. 1–3 GG, in: Horst Dreier (Hrsg.), Grundgesetz-Kommentar, Band I (Präambel, Art. 1–19), 3. Auflage Tübingen 2013, S. 1700–1788.

146. Die (Wieder-)Entdeckung Kelsens in den 1980er Jahren – Ein Rückblick (auch in eigener Sache), in: Matthias Jestaedt (Hrsg.), Hans Kelsen und die deutsche Staatsrechtslehre. Stationen eines wechselvollen Verhältnisses, Tübingen 2013, S. 175–191.

147. Vom mythologischen Weltbild zur demokratischen Staatsordnung – Hans Kelsen als politischer Soziologe (1988), in: Gedenkschrift Robert Walter, hrsgg. von Clemens Jabloner u. a., Wien 2013, S. 123–144.

148. »Secular Religion« im Kontext von Kelsens Gesamtwerk, in: Clemens Jabloner/Thomas Olechowski/Klaus Zeleny (Hrsg.), Secular Religion. Rezeption und Kritik von Kelsens Auseinandersetzung mit Religion und Wissenschaft, Wien 2013, S. 1–18.

149. Verfassungsgerichtsbarkeit in der Weimarer Republik, in: Thomas Simon/Johannes Kalwoda (Hrsg.), Schutz der Verfassung: Normen, Institutionen, Höchst- und Verfassungsgerichte (= Beihefte zu »Der Staat«, Band 22), Berlin 2014, S. 317–372.

150. Human dignity in German law, in: The Cambridge Handbook of Human Dignity, hrsgg. von Marcus Düwell, Jens Braarvig, Roger Brownsword and Dietmar Mieth, Cambridge 2014, S. 375–385.

151. Revolution und Recht, in: Zeitschrift für öffentliches Recht 100 (2014), S. 805–853.

152. Hans Kelsen (1881–1973), in: Peter Häberle/Michael Kilian/Heinrich Amadeus Wolff (Hrsg.), Staatsrechtslehrer des 20. Jahrhunderts. Deutschland – Österreich – Schweiz, Berlin/Boston 2015, S. 219–241; 2. Auflage 2018, S. 281–303.

153. Gewalt – notwendiges Übel? Eine staatsrechtliche Betrachtung, in: Grundrechtspolitik und Rechtswissenschaft. Beiträge aus Anlass des 70. Geburtstages von Helmut Goerlich, hrsgg. von Liv Jaeckel, Benno Zabel und Ralph Zimmermann, Tübingen 2015, S. 63–72.

154. Zur Bedeutung der Reformation bei der Formierung des säkularen Staates, in: Reformation und Politik, hrsgg. von Maik Reichel, Hermann Otto Solms und Stefan Zowislo, Halle (Saale) 2015, S. 301–346.

155. Die juristische Person als Grundrechtsträger. Aus einem Kommentar zu Artikel 19 Absatz 3 GG, in: Rolf Gröschner/Stephan Kirste/Oliver W. Lembcke (Hrsg.), Person und Rechtsperson. Zur Ideengeschichte der Personalität, Tübingen 2015, S. 323–343

156. Der verfassungsrechtliche Status politischer Parteien in der Weimarer Republik, in: Julian Krüper/Heike Merten/Thomas Poguntke (Hrsg.), Parteienwissenschaften, Baden-Baden 2015, S. 41–57 (in portugiesischer Übersetzung: O status constitucional dos partidos políticos na República de Weimar, in: Partidos Políticos: Um Endoque Transdisciplinar, Rio de Janeiro 2020, S. 41–57).

157. Auf dem Weg zu den Vereinigten Staaten von Europa?, in: Merkur. Deutsche Zeitschrift für europäisches Denken 69 (2015), Nr. 796, S. 85–93.

158. Artikel »Menschenrechte«, in: Handwörterbuch zur deutschen Rechtsgeschichte, 2., völlig überarbeitete und erweiterte Auflage, hrsgg. von Albrecht Cordes u. a., 22. Lieferung, Berlin 2015, Sp. 1452–1460.

159. Kommentierung von Art. 20 GG (Einführung), in: Horst Dreier (Hrsg.), Grundgesetz-Kommentar, Band II (Art. 20–82), 3. Auflage Tübingen 2015, S. 1–10.

160. Kommentierung von Art. 20 GG (Republik), in: Horst Dreier (Hrsg.), Grundgesetz-Kommentar, Band II (Art. 20–82), 3. Auflage Tübingen 2015, S. 11–26.

161. Kommentierung von Art. 20 GG (Demokratie), in: Horst Dreier (Hrsg.), Grundgesetz-Kommentar, Band II (Art. 20–82), 3. Auflage Tübingen 2015, S. 27–116.

162. Kommentierung von Art. 28 GG, in: Horst Dreier (Hrsg.), Grundgesetz-Kommentar, Band II (Art. 20–82), 3. Auflage Tübingen 2015, S. 657–762.

163. Kommentierung von Art. 31 GG, in: Horst Dreier (Hrsg.), Grundgesetz-Kommentar, Band II (Art. 20–82), 3. Auflage Tübingen 2015, S. 804–837.

164. Kommentierung von Art. 79 GG, in: Horst Dreier (Hrsg.), Grundgesetz-Kommentar, Band II (Art. 20–82), 3. Auflage Tübingen 2015, S. 1986–2059.

165. Die Europäische Union auf dem Weg zu den Vereinigten Staaten von Europa?, in: Anthony B. Atkinson/Peter M. Huber/Harold James/Fritz W. Scharpf (Hrsg.), Na-

tionalstaat und Europäische Union. Eine Bestandsaufnahme. Liber Amicorum für Joachim Jens Hesse, Baden-Baden 2016, S. 79–94.

166. Recht und Gerechtigkeit, in: Assunta Verrone/Peter Nickl (Hrsg.), Welche Gerechtigkeit? Texte zum 4. Festival der Philosophie Hannover 2014, Berlin 2016, S. 64–80.

167. Der Preis der Moderne. Hans Kelsens Rechts- und Sozialtheorie, in: Elif Özmen (Hrsg.), Hans Kelsens Politische Philosophie, Tübingen 2017, S. 3–27.

168. Republik und Demokratie in den Federalist Papers, in: Republik – Rechtsverhältnis – Rechtskultur, hrsgg. von Katharina Gräfin von Schlieffen in Verbindung mit Horst Dreier, Martin Morlok und Helmuth Schulze-Fielitz, Tübingen 2018, S. 23–38.

169. Kommentierung von Art. 102 GG, in: Horst Dreier (Hrsg.), Grundgesetz-Kommentar, Band III (Art. 83–146), 3. Auflage Tübingen 2018, S. 739–768.

170. Kommentierung von Art. 142 GG, in: Horst Dreier (Hrsg.), Grundgesetz-Kommentar, Band III (Art. 83–146), 3. Auflage Tübingen 2018, S. 1876–1925.

171. Kommentierung von Art. 144 GG, in: Horst Dreier (Hrsg.), Grundgesetz-Kommentar, Band III (Art. 83–146), 3. Auflage Tübingen 2018, S. 1993–2011.

172. Kommentierung von Art. 145 GG, in: Horst Dreier (Hrsg.), Grundgesetz-Kommentar, Band III (Art. 83–146), 3. Auflage Tübingen 2018, S. 2012–2018.

173. Kommentierung von Art. 146 GG, in: Horst Dreier (Hrsg.), Grundgesetz-Kommentar, Band III (Art. 83–146), 3. Auflage Tübingen 2018, S. 2019–2053.

174. Das Problem der Volkssouveränität, in: Pirmin Stekeler-Weithofer/Benno Zabel (Hrsg.), Philosophie der Republik, Tübingen 2018, S. 37–56.

175. Vom Schwinden der Demokratie, in: Friedrich Wilhelm Graf/Heinrich Meier (Hrsg.), Die Zukunft der Demokratie. Kritik und Plädoyer, München 2018, S. 29–81.

176. Rechtswissenschaft als Wissenschaft – Zehn Thesen, in: Horst Dreier (Hrsg.), Rechtswissenschaft als Beruf, Tübingen 2018, S. 1–65.

177. Grundrechtsrepublik Weimar, in: Horst Dreier/Christian Waldhoff (Hrsg.), Das Wagnis der Demokratie. Eine Anatomie der Weimarer Reichsverfassung, München 2018, S. 175–194.

178. »Der freiheitliche, säkularisierte Staat lebt von Voraussetzungen, die er selbst nicht garantieren kann« – Das Böckenförde-Diktum im Streit der Interpretationen, in: Jahrbuch der Juristischen Gesellschaft Bremen 2018, Bremen 2018, S. 7–27.

179. Mehr Gerechtigkeit für die Weimarer Verfassung, in: Merkur. Deutsche Zeitschrift für europäisches Denken 73 (2019), Nr. 839, S. 5–14.

180. »We the People« – Verfassunggebung als Gestaltungsprogramm, in: Kurt Bayertz/Matthias Hoesch (Hrsg.), Die Gestaltbarkeit der Geschichte, Hamburg 2019, S. 203–222.

181. Die Weimarer Reichsverfassung: Vorbild oder Gegenbild des Grundgesetzes?, in: Aus Politik und Zeitgeschichte 69 (2019), Heft 16–17, S. 19–26.

182. Das Grundgesetz – Eine »Anti«-Verfassung?, in: Verfassungsrecht im Widerstreit. Gedächtnisschrift für Werner Heun (1953–2017), hrsgg. von Joachim Münch und Alexander Thiele, Tübingen 2019, S. 13–49.

183. Verfassungsgerichtsbarkeit in Weimar, in: DÖV 2019, S. 609–621.

184. Verfassungsfragen der Weimarer Republik, in: Der Landkreis. Zeitschrift für kommunale Selbstverwaltung 89 (2019), S. 413–419.

185. Religion im Grundgesetz – Integrationsfaktor oder Konfliktherd?, in: Hermann-Josef Große Kracht/Gerhard Schreiber (Hrsg.), Wechselseitige Erwartungslosigkeit? Die Kirchen und der Staat des Grundgesetzes – gestern, heute, morgen, Berlin–Boston 2019, S. 337–390.

186. Recht und Religion: Zur (Un-)Möglichkeit religiös-weltanschaulicher Neutralität des Staates, in: Friedrich Wilhelm Graf/Jens-Uwe Hartmann (Hrsg.), Religion und Gesellschaft. Sinnstiftungssysteme im Konflikt, Berlin–Boston 2019, S. 49–81.

187. Religionsverfassung in 70 Jahren Grundgesetz – Rückblick und Ausblick, in: JZ 2019, S. 1005–1015.

188. Verfassungskontroversen der Weimarer Republik, in: Horst Dreier/Christian Waldhoff (Hrsg.), Weimars Verfassung. Eine Bilanz nach 100 Jahren, Göttingen 2020, S. 9–56.

189. »Staat ohne Gott« – Eine Antwort auf kritische Einwände, in: Zeitschrift für Lebensrecht 29 (2020), S. 1–17.

190. Das Grundgesetz im Prozess seiner permanenten Veränderung: Ein Mahnruf zur Verfassungsentwicklung, in: Lars Lüdicke (Hrsg.), Deutschland in bester Verfassung?, 70 Jahre Grundgesetz, Berlin 2020, S. 89–103 (auch abgedruckt in: Liber Amicorum Agostino Carrino. A cura di Carmine De Angelis e Antonino Scalone, Mailand 2020, S. 229–242).

191. Zur Rolle der Religion in der Öffentlichkeit – verfassungsrechtlich betrachtet, in: Zeitschrift für Pastoraltheologie 40 (2020), S. 167–173.

192. Rechtsstaat, Föderalismus und Demokratie in der Corona-Pandemie, in: DÖV 2021, S. 229–243.

193. Verfassungsrechtliche Grenzen des Infektionsschutzes, in: Ansgar W. Lohse (Hrsg.), Infektionen und Gesellschaft. COVID-19, frühere und zukünftige Herausforderungen durch Pandemien, Berlin 2021, S. 90–113.

194. Zur Einführung: Genese und Funktion des freien Mandats, in: *Christoph Müller*, Das imperative und das freie Mandat. Überlegungen zur Lehre von der Repräsentation des Volkes. Neuausgabe mit einer Einführung von Horst Dreier, Hamburg 2021, S. i–ix.

195. Hans Maier über »Politische Religionen«. Eine Miszelle, in: Ahmet Cavuldak (Hrsg.), Hans Maier. Werk und Wirken in Wissenschaft und Politik, Baden-Baden 2021, S. 181–189.

196. Demokratische Legitimation der Verwaltung, in: Wolfgang Kahl/Markus Ludwigs (Hrsg.), Handbuch des Verwaltungsrechts, Band III: Verwaltung und Verfassungsrecht, Heidelberg 2022, § 60, S. 79–125 (gemeinsam mit *David Kuch*).

197. Staat ohne Gott, in: Michael Kühnlein (Hrsg.), Gottloser Staat? Im interdisziplinären Gespräch mit Horst Dreier, Baden-Baden 2022, S. 13–23.

198. Gottloser Staat? Eine Erwiderung, in: Michael Kühnlein (Hrsg.), Gottloser Staat? Im interdisziplinären Gespräch mit Horst Dreier, Baden-Baden 2022, S. 223–238.

199. Vom Stabilitätsgaranten zum Gefahrenherd: Kirchen und Religionen als Beratungsgegenstand der Staatsrechtslehrervereinigung, in: Streitsache Staat. Die Vereinigung der Deutschen Staatsrechtslehrer 1922–2022, im Auftrag der Vereinigung der Deutschen Staatsrechtslehrer hrsgg. von Pascale Cancik, Andreas Kley, Helmuth Schulze-Fielitz, Christian Waldhoff und Ewald Wiederin, Tübingen 2022, S. 498–518.

200. Verfassungsrechtliche Aspekte der Pandemiebekämpfung, in: Ansgar W. Lohse/Thomas C. Mettenleiter (Hrsg.), Infektionen und Gesellschaft, Berlin 2022, S. 124–132.

201. Autorität des Staates – Autorität der Kirche. Ein historischer Schnelldurchgang in fünf Schritten, in: Ilona Nord/Thomas Schlag (Hrsg.), Wer hat die Autorität? Evangelische Kirche in der Dynamik neuer Institutionalisierungsformen, Leipzig 2022, S. 49–60.

202. Der Verfassungsstaat des Grundgesetzes in der Corona-Pandemie, in: Die Handlungsfähigkeit des demokratischen Verfassungsstaates in Krisenzeiten (= Bitburger Gespräche. Jahrbuch 2022), München 2023, S. 23–42.

203. Die Weimarer Reichsverfassung zwischen Tradition und Innovation, in: Alexander Gallus/Ernst Piper (Hrsg.), Die Weimarer Republik als Ort der Demokratiegeschichte. Eine kritische Bestandsaufnahme, Bonn 2023, S. 81–98.

204. Verbindungsweg: Würde und Freiheit, in: Rolf Gröschner/Stephan Kirste/Oliver W. Lembcke (Hrsg.), Wege der Würde. Philosophenwege – Rechtswege – Auswege, Tübingen 2022, S. 49–66.

205. Die Grundgesetzliche »Ewigkeitsklausel« zwischen Demokratieermöglichung und Verfassungszementierung, in: Robert Chr. van Ooyen/Martin H.W. Möllers (Hrsg.), Handbuch Bundesverfassungsgericht im politischen System, Wiesbaden 2023. https://doi.org//10.1007/978-3-658-37532-4_60-1.

206. Grundrechtsexpansion. Zur Entwicklung der Grundrechte in 75 Jahren Grundgesetz, in: DÖV 2024, S. 413–425.

IV. Diskussionsbeiträge

1. Diskussionsbeitrag zu den Berichten von Christian Starck, Wilfried Berg und Bodo Pieroth über »Die Aufarbeitung der vor-rechtsstaatlichen Vergangenheit«, in: VVDStRL 51 (1992), S. 137–138.

2. Diskussionsbeitrag zu den Berichten von Joachim Burmeister, Walter Krebs, Christian Autexier, Johannes Hengstschläger und Rainer J. Schweizer über »Verträge und Absprachen zwischen der Verwaltung und Privaten«, in: VVDStRL 52 (1993), S. 336–337.

3. Diskussionsbeiträge in: »Gott im Grundgesetz?«, Loccumer Protokolle 14/1993, Loccum 1994, S. 36, 126–129, 132–133, 154–155.

4. Diskussionsbeitrag zu den Berichten von Detlef Merten, Walter Berka und Otto Depenheuer über »Bürgerverantwortung im demokratischen Verfassungsstaat«, in: VVDStRL 55 (1996), S. 173–175.
5. Schlußwort zum Bericht »Die deutsche Staatsrechtslehre in der Zeit des Nationalsozialismus«, in: VVDStRL 60 (2001), S. 140–146.
6. Diskussionsbeitrag zu den Berichten von Stefan Korioth und Armin von Bogdandy über »Europäische und nationale Identität: Integration durch Verfassungsrecht«, in: VVDStRL 62 (2003), S. 211–212.
7. Diskussionsbeitrag zu den Berichten von Christian Hillgruber und Uwe Volkmann über »Verfassungsrecht zwischen normativem Anspruch und politischer Wirklichkeit«, in: VVDStRL 67 (2008), S. 102–103.
8. Diskussionsbeitrag zu den Berichten von Markus Möstl und Margarete Schuler-Harms über »Elemente direkter Demokratie als Entwicklungsperspektive«, in: VVDStRL 72 (2013), S. 473–474.
9. Diskussionsbeitrag zu den Berichten von Lothar Michael und Ferdinand Wollenschläger über »Verfassung im Allgemeinen Verwaltungsrecht: Bedeutungsverlust durch Europäisierung und Emanzipation?«, in: VVDStRL 75 (2016), S. 280–281.
10. Diskussionsbeitrag zu dem Bericht von Markus Müller über »Neutralität als Verfassungsgebot? Der Staat und religiöse oder weltanschauliche Überzeugungen«, in: VVDStRL 81 (2022), S. 367–368.

V. Beiträge in Zeitungen

1. Minderheiten geraten in die außerparlamentarische Opposition, in: Deutsches Allgemeines Sonntagsblatt Nr. 39 v. 25. September 1998, S. 46.
2. Große Würde, kleine Münze, in: Frankfurter Allgemeine Zeitung Nr. 153 v. 5. Juli 2001, S. 8.
3. Das Europa der Administrationen, in: Frankfurter Allgemeine Zeitung Nr. 126 v. 4. Juni 2002, S. 7.
4. Berlin ist nicht Weimar. Das verfassungsrechtliche Problem einer Auflösung des Deutschen Bundestages, in: Neue Zürcher Zeitung Nr. 137 v. 15. Juni 2005, S. 35.
5. Verfassungsstaat im Kampf der Kulturen, in: Frankfurter Allgemeine Zeitung Nr. 230 v. 4. Oktober 2007, S. 10.
6. Die Freiheit des Andershandelnden, in: Frankfurter Allgemeine Zeitung Nr. 203 v. 30. August 2008, S. 8.
7. Vorsicht, Grundgesetz!, in: DIE WELT v. 29. Oktober 2008, S. 7.
8. Was ist Wahrheit? Pontius Pilatus, Hans Kelsen und die Frage nach Wertrelativismus und Demokratie, in: Süddeutsche Zeitung Nr. 83 v. 9./10. April 2009, S. 11.
9. 60 Jahre und kein bisschen heilig. Wer das Grundgesetz zur Bibel verklärt, schadet der Demokratie, in: DIE ZEIT Nr. 20 v. 7. Mai 2009, S. 13.

10. Diesseits der Grenze zum Menschen. Die Präimplantationsdiagnostik verstößt nicht gegen die Grundrechte der Verfassung, in: Süddeutsche Zeitung Nr. 86 v. 13. April 2011, S. 12.
11. PID: Nicht unbedingt ein Verstoß gegen die Verfassung, in: Frankfurter Allgemeine Zeitung Nr. 143 v. 22. Juni 2011, S. 7.
12. Wozu taugen Ethikräte?, in: Frankfurter Allgemeine Zeitung Nr. 190 v. 17. August 2011, S. N 5.
13. Ein neues Deutschland, in: DIE ZEIT Nr. 43 v. 20. Oktober 2011, S. 15.
14. Hier irrte der Papst – Kelsen blieb bei seiner Lehre, in: Frankfurter Allgemeine Zeitung Nr. 256 v. 3. November 2011, S. 8.
15. Das Volk als Gesetzgeber, in: Süddeutsche Zeitung Nr. 47 v. 25./26. Februar 2012, S. 16.
16. Recht und Willkür, in: Frankfurter Allgemeine Zeitung Nr. 176 v. 31. Juli 2012, S. 6.
17. »Wir hatten Gerechtigkeit erhofft …«, in: Frankfurter Allgemeine Zeitung Nr. 3 v. 5. Januar 2015, S. 6.
18. Gott und Spott, in: Süddeutsche Zeitung Nr. 274 v. 27. November 2015, S. 11.
19. Unter dem Kreuz?, in: Frankfurter Allgemeine Zeitung Nr. 290 v. 12. Dezember 2016, S. 6.
20. Der Staat darf sich nicht mit einer Religion identifizieren, in: Die WELT Nr. 100 v. 30. April 2018, S. 21.
21. Staat ohne Gott, in: Rheinische Post Nr. 98 v. 27./28. April 2019, S. 2.
22. Änderungen nur mit Referendum, in: Frankfurter Allgemeine Zeitung Nr. 119 v. 23. Mai 2019, S. 10.
23. Höchste Zeit für die Freiheit, in: Die WELT am Sonntag Nr. 32 v. 8. August 2021, S. 2–3.
24. Grundrechte als Gefahr? Die Risiken einer freiheitlichen Verfassung, in: Frankfurter Allgemeine Zeitung Nr. 197 v. 26. August 2021, S. 6.
25. Fanal der Freiheit, in: Das Parlament 73 (2023), Nr. 15–16 v. 11. April 2023, S. 6.

VI. Berichte

1. Umschuldung in der Krise – Finanzverfassung in der Bewährung – Gewerberecht im Wandel. Bericht über die 26. Tagung der wissenschaftlichen Mitarbeiter der Fachrichtung »Öffentliches Recht«, in: DÖV 1986, S. 561–564.
2. Diskussionsbericht, in: Edgar Michael Wenz/Otmar Issing/Hasso Hofmann (Hrsg.), Ökologie, Ökonomie und Jurisprudenz, München 1987, S. 135–143 (gemeinsam mit *Peter Sickenberger*).

3. Bericht über die Sitzung des Arbeitskreises »Verwaltungslehre« in der Vereinigung der Deutschen Staatsrechtslehrer am 4. Oktober 1989 in Hannover, in: DVBl. 1990, S. 33–35.

4. Technische Entwicklung und parlamentarische Souveränität – Die 25. Assistententagung in Würzburg vom 5. bis 8. März 1985, in: Perspektiven des Öffentlichen Rechts. Festgabe 50 Jahre Assistententagung Öffentliches Recht, hrsgg. von Marcel Dalibor u. a., Baden-Baden 2011, S. 309–319 (gemeinsam mit *Jochen Hofmann-Hoeppel*).

VII. Rezensionen

1. *Wilhelm Hennis/Peter Graf Kielmansegg/Ulrich Matz* (Hrsg.), Regierbarkeit. Studien zu ihrer Problematisierung, 2 Bde., Stuttgart 1977 u. 1979, in: KritJ 13 (1980), S. 226–231 (gemeinsam mit *Heinz Uthmann*).

2. *Dieter Deiseroth/Friedhelm Hase/Karl-Heinz Ladeur* (Hrsg.), Ordnungsmacht? Über das Verhältnis von Legalität, Konsens und Herrschaft, Frankfurt/M. 1981, in: KritJ 15 (1982), S. 206–212.

3. *Rüdiger Voigt* (Hrsg.), Verrechtlichung. Analysen zu Funktion und Wirkung von Parlamentarisierung, Bürokratisierung und Justizialisierung sozialer, politischer und ökonomischer Prozesse, Königstein/Ts. 1980, in: Zeitschrift für Rechtssoziologie 4 (1983), S. 101–114.

4. *Dieter Wyduckel*, Ius Publicum. Grundlagen und Entwicklung des Öffentlichen Rechts und der deutschen Staatsrechtswissenschaft, Berlin 1984, in: JZ 1985, S. 570–572.

5. *Walter Leisner*, Wohnungsgemeinnützigkeit und Verfassungsrecht. Grundrechtliche Schranken einer Indienstnahme Privater, Köln–Berlin–Bonn–München 1986, in: AöR 112 (1987), S. 155–156.

6. *Stanley L. Paulson/Robert Walter* (Hrsg.), Untersuchungen zur Reinen Rechtslehre. Ergebnisse eines Wiener Rechtstheoretischen Seminars 1985/86, Wien 1986, in: Zeitschrift für Verwaltung 12 (1987), S. 414–416.

7. *Bernd Rüthers*, Rechtsordnung und Wertordnung, Konstanz 1986, in: JZ 1988, S. 300.

8. *Johannes Kimme*, Das Repräsentativsystem unter besonderer Beachtung der historischen Entwicklung der Repräsentation und der Rechtsprechung des Bundesverfassungsgerichts, Berlin 1988, in: Der Staat 29 (1990), S. 156–157.

9. *Peter Häberle*, Das Menschenbild im Verfassungsstaat, Berlin 1988, in: AöR 116 (1991), S. 623–628.

10. *Gunther Teubner*, Das Recht als autopoietisches System, Frankfurt/M. 1989, in: Der Staat 31 (1992), S. 129–134.

11. *Winfried Becker/Klaus Gretschmann/Klaus Mackscheidt*, Präferenzen für Staatsausgaben. Zur theoretischen und empirischen Bestimmung der Nachfrage nach öffentlichen Gütern, Baden-Baden 1992, in: Die Verwaltung 26 (1993), S. 113–115.

12. *Günther Winkler*, Studien zum Verfassungsrecht. Das institutionelle Rechtsdenken in Rechtstheorie und Rechtsdogmatik, Wien–New York 1991, in: AöR 118 (1993), S. 135–139.

13. *Ulrich Guttenberg*, Weisungsbefugnisse und Selbsteintritt. Eine verwaltungsorganisationsrechtliche Untersuchung, Berlin 1992, in: DÖV 1994, S. 574–575.

14. *Jens Kersten*, Das Klonen von Menschen. Eine verfassungs-, europa- und völkerrechtliche Kritik, Tübingen 2004, in: Süddeutsche Zeitung Nr. 45 v. 24. Februar 2005, S. 16.

15. *Arnd Uhle*, Freiheitlicher Verfassungsstaat und kulturelle Identität, Tübingen 2005, in: Süddeutsche Zeitung Nr. 274 v. 28. November 2005, S. 16.

16. *Robert Walter*, Hans Kelsen als Verfassungsrichter, Wien 2005, in: Süddeutsche Zeitung Nr. 36 v. 13. Februar 2006, S. 14.

17. *Friedrich Wilhelm Graf*, Moses Vermächtnis. Über göttliche und menschliche Gesetze, München 2006, in: Süddeutsche Zeitung Nr. 62 v. 15. März 2006, S. 16.

18. *Detlef Horster*, Jürgen Habermas und der Papst. Glauben und Vernunft, Gerechtigkeit und Nächstenliebe im säkularen Staat, Bielefeld 2006, in: Süddeutsche Zeitung Nr. 60 v. 13. März 2007, S. 16.

19. *Michael Hecker*, Napoleonischer Konstitutionalismus in Deutschland (Schriften zur Verfassungsgeschichte, Band 72), Berlin 2005, in: DVBl. 2007, S. 753–754.

20. *Rudolf Weiler* (Hrsg.), Die Wiederkehr des Naturrechts und die Neuevangelisierung Europas, Wien–München 2005, in: Theologische Literaturzeitung 132 (2007), Sp. 719–722.

21. *Matthias Pohlig/Ute Lotz-Heumann/Vera Isaiasz/Ruth Schilling/Heike Bock/Stefan Ehrenpreis*, Säkularisierungen in der Frühen Neuzeit. Methodische Probleme und empirische Fallstudien, Berlin 2008, in: Theologische Literaturzeitung 135 (2010), Sp. 1131–1134.

22. *Bernd Mertens*, Rechtsetzung im Nationalsozialismus (Beiträge zur Rechtsgeschichte des 20. Jahrhunderts, Band 62), Tübingen 2009, in: Göttingische Gelehrte Anzeigen 263 (2011), S. 73–92.

23. *Hermann-Josef Große Kracht/Klaus Große Kracht* (Hrsg.), Religion – Recht – Politik. Studien zu Ernst-Wolfgang Böckenförde, Paderborn u. a. 2014, in: Theologische Literaturzeitung 141 (2016), Sp. 372–376.

24. *Rochus Leonhardt*, Religion und Politik im Christentum. Vergangenheit und Gegenwart eines spannungsreichen Verhältnisses, Baden-Baden 2017, in: Zeitzeichen. Evangelische Kommentare zu Religion und Gesellschaft, 20. Jahrgang (Januar 2019), S. 62.

25. *Thomas Olechowski*, Hans Kelsen. Biographie eines Rechtswissenschaftlers, Tübingen 2020, in: Frankfurter Allgemeine Zeitung Nr. 194 v. 21. August 2020, S. 10.

26. *Alexander Thiele,* Der konstituierte Staat. Eine Verfassungsgeschichte der Neuzeit, Frankfurt/M.–New York 2021, in: Ethik und Gesellschaft 2/2021, S. 1–10. Download unter: https://dx.doi/10.18156/eug-1-2021-rez-15

27. *Oliver F. R. Haardt,* Bismarcks ewiger Bund. Eine neue Geschichte des Deutschen Kaiserreichs, Darmstadt 2020, in: Akademische Blätter III/2021, S. 8–15.

28. *Dieter Grimm,* Verfassungsgerichtsbarkeit, Berlin 2021, in: Frankfurter Allgemeine Zeitung Nr. 294 v. 17. Dezember 2021, S. 12.
29. *Reinhard Mehring,* Kafkanien. Carl Schmitt, Franz Kafka und der moderne Verfassungsstaat. Dekonstruktion und Dämonisierung des Rechts, Frankfurt/M. 2022, in: Frankfurter Allgemeine Zeitung Nr. 88 v. 14. April 2022, S. 12.
30. *Florian Meinel* (Hrsg.), Verfassungsgerichtsbarkeit in der Bonner Republik. Aspekte einer Geschichte des Bundesverfassungsgerichts, Tübingen 2019, in: Zeitschrift der Savigny-Stiftung für Rechtsgeschichte. Germanistische Abteilung 139 (2022), S. 475–480.
31. *Thomas Schüller,* Unheilige Allianz. Warum sich Staat und Kirche trennen müssen, in: Frankfurter Allgemeine Zeitung Nr. 280 v. 1. Dezember 2023, S. 12.

VIII. Varia

1. Die Mauerschützenprozesse und die Radbruchsche Formel, in: stud.jur – Das junge Jura-Magazin 11 (1997), Heft 3, S. 11–15.
2. Rede aus Anlaß der Überreichung der »Festschrift 50 Jahre Bundesverfassungsgericht« am 28. September 2001, in: Hans-Jürgen Papier (Hrsg.), Das Bundesverfassungsgericht 1951–2001, Heidelberg 2002, S. 42.
3. Hasso Hofmann 70, in: JZ 2004, S. 788–789.
4. Jahrestagung 2004, in: VVDStRL 64 (2005), S. 5–6.
5. Jahrestagung 2005, in: VVDStRL 65 (2006), S. 5–6.
6. Ethik aus Expertenhand? Aus dem Blickwinkel des Verfassungsrechtlers, in: Infobrief. Informationen und Nachrichten aus dem Nationalen Ethikrat Nr. 14 (Juni 2007), S. 1–2.
7. Schlußwort, in: JZ 2008, S. 297–299.
8. Sterben, selbstbestimmt, in: Gina Bucher (Hrsg.), Alphabet der Möglichkeiten. 99 Handlungsanweisungen für eine bessere Welt, München 2009, S. 142–143.
9. Zur Einführung, in: Horst Dreier/Dietmar Willoweit (Hrsg.), Wissenschaft und Politik, Stuttgart 2010, S. IX–XII (gemeinsam mit *Dietmar Willoweit*).
10. Gewalt als notwendiges Übel? Eine staatsrechtliche Betrachtung, in: Evangelischer Pressedienst. Dokumentation Nr. 16/2014, S. 9–13.
11. Der Staat ist der wichtigste Garant unserer Freiheit – und ihr größter Widersacher, in: 95 Anschläge. Thesen für die Zukunft, hrsgg. von Friederike von Bünau und Hauke Hückstädt, Frankfurt/M. 2017, S. 61–62.
12. »Es besteht keine Staatskirche«. Was bedeutet »religiös-weltanschauliche Neutralität des Staates«?, in: Magazin aviso. Zeitschrift für Wissenschaft & Kunst in Bayern, Heft 4/2017, S. 16–19.
13. Mit Gott Staat machen?, in: Publik-Forum 13/2018, S. 38–39.

14. Der lange Weg zur Religionsfreiheit, in: Zeitzeichen. Evangelische Kommentare zu Religion und Gesellschaft, 20. Jahrgang (März 2019), S. 24–26.

15. Exposition, in: Zur Debatte. Themen der Katholischen Akademie in Bayern, Heft 3/2019, S. 7–9.

16. Zum Verhältnis von Staat und Religion. 100 Jahre Weimarer Verfassung – Folgen für die Kirchen, in: Evangelische Orientierung, Heft 2/2019, S. 6–7.

17. Die Entwicklungsgeschichte des Grundgesetzes im Spiegel seiner Veränderungen, in: Evangelischer Pressedienst. Dokumentation Nr. 7/2020, S. 13–22.

18. Demokratie oder Virolokratie?, in: FAZ.NET v. 26.11.2020, Einspruch exklusiv.

19. Hasso Hofmann (1934–2021): Ein Nachruf, in: ARSP 107 (2021), S. 300–302.

20. Interview mit Niko Härting, in: Niko Härting/Kyrill-Alexander Schwarz (Hrsg.), Corona im Rechtsstaat. Gespräche über ein Virus und seine Auswirkungen auf die Gesellschaft, Berlin 2021, S. 247–256.

21. Fraenkel, Ernst, in: NDB-online, veröffentlicht am 1. März 2024, https://www.deutsche-biographie.de/118534602.html#dbocontent.

22. Ein rechtsstaatlicher Demokrat von Adel: Alexander v. Brünneck (1941–2023), in: KritJ 57 (2024), S. 5–9 (gemeinsam mit *Uwe Berlit*).

Verzeichnis der Autorinnen und Autoren

Auer, Marietta, Prof. Dr., M.A., LL.M., S.J.D. (Harvard), Max-Planck-Institut für Rechtsgeschichte und Rechtstheorie, Hansaallee 41, 60323 Frankfurt am Main, E-Mail: auer@lhlt.mpg.de

Bauer, Hartmut, Prof. Dr., Universität Potsdam, August-Bebel-Str. 89, 14482 Potsdam, E-Mail: hbauer@rz.uni-potsdam.de

Berlit, Uwe-Dietmar, Prof. Dr., VPräsSächsVerfGH a.D., VRiBVerwG a.D., Tschaikowskistraße 10, 04105 Leipzig, E-Mail: berlit@berlit.de

Bock, Wolfgang, Prof. Dr., Justus-Liebig-Universität Gießen, Hein-Heckroth-Straße 5, 35390 Gießen, E-Mail: pbock@yahoo.com

Brosius-Gersdorf, Frauke, Prof. Dr., LL.M., Universität Potsdam, Lehrstuhl für Öffentliches Recht, insbesondere Verfassungsrecht, August-Bebel-Straße 89, 14482 Potsdam, E-Mail: brosius-gersdorf@uni-potsdam.de

Carrino, Agostino, Prof. Dr., Universität Neapel Federico II, o. Professor für Öffentliches Recht und Rechtsphilosophie, E-Mail: agocar@tin.it

Enders, Christoph, Prof. Dr., Professor i.R. für Öffentliches Recht, Staats- und Verfassungslehre, Universität Leipzig, Juristenfakultät, Burgstraße 21, 04109 Leipzig, E-Mail: chenders@uni-leipzig.de

Engländer, Armin, Prof. Dr., Ludwig-Maximilians-Universität München, Lehrstuhl für Strafrecht, Strafprozessrecht, Rechtsphilosophie und Rechtssoziologie, Ludwigstraße 29, 80539 München, E-Mail: armin.englaender@jura.uni-muenchen.de

Fischer, Franz-Alois, Prof. Dr., M.A., FOM Hochschule für Ökonomie München, Professor für Öffentliches Recht, Arnulfstraße 30, 80335 München, E-Mail: faf@faf-law.de

Funke, Andreas, Prof. Dr., Friedrich-Alexander-Universität Erlangen-Nürnberg, Lehrstuhl für Öffentliches Recht und Rechtsphilosophie, Schillerstraße 1, 91054 Erlangen, E-Mail: andreas.funke@fau.de

Goerlich, Helmut, Prof. Dr. Dr. iur. h.c., Universität Leipzig, Institut für Staats- und Verwaltungsrecht, Burgstraße 27, 04109 Leipzig, E-Mail: helmut.goerlich@posteo.de

Graf, Friedrich Wilhelm, Prof. Dr. Dr. h.c., Ludwig-Maximilians-Universität München, Evangelisch-Theologische Fakultät, Abteilung für Systematische Theologie, Geschwister-Scholl-Platz 1, 80539 München, E-Mail: FriedrichW.Graf@evtheol.uni-muenchen.de

Grimm, Dieter, Prof. Dr. Dr. h.c. mult., LL.M. (Harvard), Humboldt-Universität zu Berlin, Juristische Fakultät, Unter den Linden 6, 10099 Berlin, E-Mail: grimm@wiko-berlin.de

Gröschner, Rolf, Prof. Dr., Stormstraße 39, 90491 Nürnberg, E-Mail: rolf.groeschner@t-online.de

Gusy, Christoph, Prof. Dr., Universität Bielefeld, Fakultät für Rechtswissenschaft, Universitätsstraße 25, 33615 Bielefeld, E-Mail: christoph.gusy@uni-bielefeld.de

Hilgendorf, Eric, Prof. Dr. Dr., Julius-Maximilians-Universität Würzburg, Lehrstuhl für Strafrecht, Strafprozessrecht, Rechtstheorie, Informationsrecht und Rechtsinformatik, Domerschulstraße 16, 97070 Würzburg, E-Mail: hilgendorf@jura.uni-wuerzburg.de

Hörnle, Tatjana, Prof. Dr., M.A. (Rutgers), Max-Planck-Institut zur Erforschung von Kriminalität, Sicherheit und Recht, Günterstalstraße 73, 79100 Freiburg, E-Mail: criminallaw@csl.mpg.de

Hofmann-Hoeppel, Jochen, Dr. iur. utr., Allerseeweg 18, 97204 Höchberg, E-Mail: drhofmann-hoeppel@web.de

Huber, Peter M., Prof. Dr., BVR a.D., Ludwig-Maximilians-Universität München, Lehrstuhl für Öffentliches Recht und Staatsphilosophie, Professor-Huber-Platz 2, 80539 München, E-Mail: peter.m.huber@jura.uni-muenchen.de

Hufen, Friedhelm, Prof. Dr., Johannes-Gutenberg-Universität Mainz, ehem. Lehrstuhl für Öffentliches Recht – Staats und Verwaltungsrecht, Backhaushohl 62, 55099 Mainz, E-Mail: hufen.friedhelm@t-online.de

Huster, Stefan, Prof. Dr., Ruhr-Universität Bochum, Lehrstuhl für Öffentliches Recht, Sozial- und Gesundheitsrecht und Rechtsphilosophie, Universitätsstraße 150, 44780 Bochum, E-Mail: stefan.huster@rub.de

Jabloner, Clemens, Prof. Dr. Dr. h.c., Universität Wien, Institut für Rechtsphilosophie, Schenkenstraße 8–10, A-1010 Wien, E-Mail: clemens.jabloner@univie.ac.at

Jestaedt, Matthias, Prof. Dr., Albert-Ludwigs-Universität Freiburg, Institut für Staatswissenschaft und Rechtsphilosophie, 79085 Freiburg im Breisgau, E-Mail: matthias.jestaedt@jura.uni-freiburg.de

Kilian, Michael, Prof. Dr., Universität Halle-Wittenberg, Juristische Fakultät, Universitätsplatz 3–5, Juridicum, 06099 Halle (Saale), E-Mail: michael.kilian@jura.uni-halle.de

Kley, Andreas, Prof. Dr. rer publ. Dr. iur. h.c., Universität Zürich, Rechtswissenschaftliche Fakultät, Rämistraße 74/34, CH-8001 Zürich, E-Mail: andreas.kley@ius.uzh.ch

Kraft, Ingo, Prof. Dr., VRiBVerwG, c/o Bundesverwaltungsgericht, Simsonplatz 1, 04107 Leipzig, E-Mail: ingo.kraft@bverwg.bund.de

Krüper, Julian, Prof. Dr., Ruhr-Universität Bochum, Lehrstuhl für Öffentliches Recht, Verfassungstheorie und interdisziplinäre Rechtsforschung, 44780 Bochum, E-Mail: julian.krueper@rub.de

Kuch, David, Prof. Dr., Universität Konstanz, Lehrstuhl für Öffentliches Recht mit Schwerpunkt Verwaltungsrecht, Universitätsstraße 10, 78464 Konstanz, E-Mail: david.kuch@uni-konstanz.de

Ludwigs, Markus, Prof. Dr., Julius-Maximilians-Universität Würzburg, Lehrstuhl für Öffentliches Recht und Europarecht, Domerschulstraße 16, 97070 Würzburg, E-Mail: markus.ludwigs@uni-wuerzburg.de

Mahlmann, Matthias, Prof. Dr., Universität Zürich, Lehrstuhl für Philosophie und Theorie des Rechts, Rechtssoziologie und Internationales Öffentliches Recht, Treichlerstraße 10, CH-8032 Zürich, E-Mail: lst.mahlmann@ius.uzh.ch

Mayer, Heinz, Prof. DDr., Johannessteig 8/10, A-2340 Mödling, E-Mail: heinz.mayer@univie.ac.at

Mehring, Reinhard, Prof. Dr., Pädagogische Hochschule Heidelberg, Institut für Gesellschaftswissenschaften, Postfach 104240, 69032 Heidelberg, E-Mail: mehring@ph-heidelberg.de

Meier, Horst, Dr., www.horst-meier-autor.de

Merli, Franz, Prof. Dr., Universität Wien, Institut für Staats-und Verwaltungsrecht, Schottenbastei 10–16, A-1010 Wien, E-Mail: franz.merli@univie.ac.at

Morlok, Martin, Prof. Dr., Heinrich-Heine-Universität Düsseldorf, Juristische Fakultät, Universitätsstraße 1, 40225 Düsseldorf, E-Mail: martin.morlok@hhu.de

Moxter, Michael, Prof. Dr., Universität Hamburg, Institut für Systematische Theologie, Gorch-Fock-Wall 7, 20354 Hamburg, E-Mail: michael.moxter@uni-hamburg.de

Münkler, Laura, Prof. Dr., Rheinische Friedrich-Wilhelms-Universität Bonn, Lehrstuhl für Öffentliches Recht und Rechtsphilosophie, Adenauerallee 24–42, 53113 Bonn, E-Mail: muenkler@uni-bonn.de

Müßig, Ulrike, Prof. Dr., Universität Passau, Lehrstuhl für Bürgerliches Recht sowie Deutsche und Europäische Rechtsgeschichte, Innstraße 39, 94032 Passau, E-Mail: ulrike.muessig@uni-passau.de

Neumann, Ulfrid, Prof. Dr. Dr. h.c., Goethe-Universität Frankfurt am Main, Fachbereich Rechtswissenschaft, Institut für Kriminalwissenschaften und Rechtsphilosophie, Postfach 111932, 60629 Frankfurt am Main, E-Mail: U.Neumann@jur.uni-frankfurt.de

Paulson, Stanley L., Prof. Dr. Dr. h.c., Christian-Albrechts-Universität Kiel, Leibnizstraße 2, 24118 Kiel, E-Mail: spaulson@law.uni-kiel.de

Pedrini, Federico, Prof. Dr., Università degli Studi di Modena e Reggio Emilia, Dipartimento di Giurisprudenza, Via San Geminiano 3, IT-41121 Modena, E-Mail: federico.pedrini@unimore.it

Preuß, Ulrich K., Prof. Dr., Hertie School of Governance Berlin, Schlossplatz 1, 10178 Berlin, E-Mail: ukpreuss@hertie-school.org

Schmahl, Stefanie, Prof. Dr., LL.M., Julius-Maximilians-Universität Würzburg, Lehrstuhl für deutsches und ausländisches öffentliches Recht, Völkerrecht und Europarecht, Domerschulstraße 16, 97070 Würzburg, E-Mail: stefanie.schmahl@uni-wuerzburg.de

Schmidt, Reiner, Prof. Dr. Dr. h.c., Universität Augsburg, Professor em. für Öffentliches Recht, Wirtschaftsverwaltungsrecht und Umweltrecht, Universitätsstraße 24, 86159 Augsburg, E-Mail: rein.schmidt@t-online.de

Schmidt-Aßmann, Eberhard, Prof. Dr. Dr. h.c. mult., Universität Heidelberg, Institut für deutsches und europäisches Verwaltungsrecht, Friedrich-Ebert-Anlage 6–10, 69117 Heidelberg, E-Mail: schmidt-assmann@uni-hd.de

Schoch, Friedrich, Prof. Dr., Albert-Ludwigs-Universität Freiburg, Platz der Universität 3, 79085 Freiburg, E-Mail: friedrich.schoch@jura.uni-freiburg.de

Schönberger, Christoph, Prof. Dr., Universität zu Köln, Seminar für Staatsphilosophie und Rechtspolitik, Albertus-Magnus-Platz 1, 50923 Köln, E-Mail: christoph.schoenberger@uni-koeln.de

Schuppert, Gunnar Folke, Prof. Dr., Wissenschaftszentrum Berlin für Sozialforschung, Forschungsprofessur Neue Formen von Governance, Reichpietschufer 50, 10785 Berlin, E-Mail: schuppert@wzb.eu

Siep, Ludwig, Prof. Dr., Universität Münster, Philosophisches Seminar, Domplatz 23, 48143 Münster, E-Mail: siep@uni-muenster.de

Steinberg, Rudolf, Prof. Dr., em. Präsident der Goethe-Universität Frankfurt am Main, Wingertstraße 2A, 65719 Hofheim, E-Mail: rudolf-steinberg@t-online.de

Thiele, Alexander, Prof. Dr., BSP Business and Law School, Professur für Staatstheorie und Öffentliches Recht, insbesondere Staats- und Europarecht, Calandrellistraße 1–9, 12247 Berlin, E-Mail: alexander.thiele@businessschool-berlin.de

Thienel, Rudolf, Prof. Dr., PräsVerwGH, Judenplatz 11, A-1010 Wien, E-Mail: rudolf.thienel@univie.ac.at

Tschentscher, Axel, Prof. Dr., LL.M., Universität Bern, Lehrstuhl für Staatsrecht, Rechtsphilosophie und Verfassungsgeschichte, Institut für öffentliches Recht, Schanzeneckstraße 1, CH-3001 Bern, E-Mail: axel.tschentscher@unibe.ch

Volkmann, Uwe, Prof. Dr., Goethe-Universität Frankfurt am Main, Fachbereich Rechtswissenschaft, Theodor-W.-Adorno-Platz 4, 60629 Frankfurt am Main, E-Mail: volkmann@jura.uni-frankfurt.de

Waldhoff, Christian, Prof. Dr., Humboldt-Universität zu Berlin, Lehrstuhl für Öffentliches Recht und Finanzrecht, Unter den Linden 6, 10099 Berlin, E-Mail: christian.waldhoff@rewi.hu-berlin.de

Walter, Christian, Prof. Dr., Ludwig-Maximilians-Universität München, Lehrstuhl für Völkerrecht und Öffentliches Recht, Prof.-Huber-Platz 2, 80539 München, E-Mail: cwalter@jura.uni-muenchen.de

Walther, Manfred, Prof. Dr., Leibniz Universität Hannover, Königsworther Platz 1, 30167 Hannover, E-Mail: manfred.walther@jura.uni-hannover.de

Wieland, Joachim, Prof. Dr., LL.M., Deutsche Universität für Verwaltungswissenschaften Speyer, Lehrstuhl für öffentliches Recht, Finanz- und Steuerrecht, Postfach 1409, 67324 Speyer, E-Mail: wieland@uni-speyer.de

Wittreck, Fabian, Prof. Dr., Universität Münster, Institut für Öffentliches Recht und Politik, Universitätsstraße 14–16, 48143 Münster, E-Mail: fwitt_01@uni-muenster.de

Wollenschläger, Ferdinand, Prof. Dr., Mitglied des Bayerischen Verfassungsgerichtshofs, Universität Augsburg, Lehrstuhl für Öffentliches Recht, Europarecht und Öffentliches Wirtschaftsrecht, Universitätsstraße 24, 86159 Augsburg, E-Mail: ferdinand.wollenschlaeger@jura.uni-augsburg.de

Woopen, Christiane, Prof. Dr., Rheinische Friedrich-Wilhelms-Universität Bonn, Hertz-Professorin für Life Ethics, Center for Life Ethics, Schaumburg-Lippe-Straße 7, 53113 Bonn, E-Mail: chwoopen@uni-bonn.de